内 容 简 介

本书是郑州市文物工作者编写的第三部考古文集，是对郑州市近年来考古工作和科研成果的全面概括和总结。文集内容分两部分：第一部分为文物考古调查与发掘，收录考古发掘简报、报告50余篇，内容包括旧石器时代考古、新石器时代考古、商夏周时期考古、战国秦汉及唐宋元明时期考古资料，内容丰富，资料新颖，是了解和研究郑州市古代优秀文化遗产的重要资料；第二部分为理论探讨与研究，收录学术论文90余篇，内容涉及原始社会至夏商周时期社会性质、文化面貌、聚落考古等诸多领域的研究论述，同时还包括彩陶、青铜器、玉器、钱币、瓷器、墓志的专题研究和科技考古、古建筑及遗产保护、文物影响评估、测绘和科技应用等方面的研究文章。

本书可供从事考古学、历史学、博物馆学、民俗学、方志学、古建筑及文化遗产保护等领域的研究人员及高等院校相关专业的师生参考、阅读。

图书在版编目（CIP）数据

郑州文物考古与研究．三：全三册 / 顾万发主编；郑州市文物考古研究院编著.—北京：科学出版社，2016. 4
（中国・郑州考古；16）
ISBN 978-7-03-047981-5

Ⅰ. ①郑…　Ⅱ. ①顾…　②郑…　Ⅲ. ①文物–考古–郑州市–文集
Ⅳ. ①K872. 611. 4-53

中国版本图书馆CIP数据核字（2016）第062254号

责任编辑：张亚娜　叁壹肆 / 责任校对：张凤琴　钟　洋　彭　涛
责任印制：肖　兴 / 封面设计：陈　敬

科学出版社 出版
北京东黄城根北街16号
邮政编码：100717
http：//www.sciencep.com
北京通州皇家印刷厂 印刷
科学出版社发行　各地新华书店经销

*

2016年4月第　一　版　开本：787 × 1092　1/16
2016年4月第一次印刷　印张：98
字数：2 297 000

定价：480.00元（全3册）

中国・郑州考古（十六）

CHINA ZHENGZHOU ARCHAEOLOGY（XVI）

郑州文物考古与研究（三）

上

顾万发　主编

郑州市文物考古研究院　编著

科学出版社

北京

前　言

郑州作为华夏文明历史传承创新区核心区，具有极其丰富和重要的文物资源。近年来，我院在学术研究方面先后与中国科学院地质与地球物理研究所、中国科学院南京地理与湖泊研究所、中国社会科学院考古研究所、北京大学考古文博学院、中国科技大学、首都师范大学、郑州大学、河南省科学院地理研究所等科研单位合作，开展系列学术攻关，对嵩山地区7万年以来的环境与人文聚落变迁问题、晚更新世古人类发展问题、旧新石器过渡问题、中原地区农业起源问题、中原地区早期国家形成与发展问题等进行深层次调查、发掘及多学科研究，取得一系列重要成果。在环境方面，初步确认郑州东西部存在浅沼泽相沉积的边界范围以及有关古水系的时代走向；在农业研究方面，唐户遗址发现了重要的黍、稻混合耕作迹象；在旧新石器过渡方面，发现了距今10500～8600年的新密李家沟遗址，为李家沟文化奠定了基础；在早期国家形成与发展方面，发现了点军台仰韶古城、三城“叠套”的东赵城、西史村夏代城、曲梁夏代城，等等。同时近年来，郑州地方经济发展非常快，地方经济建设项目中发现数量庞大的重要考古发现，不少材料对于学术研究非常重要。

《郑州文物考古与研究（三）》是我院2010年以来单位研究成果的汇集，分为文物考古调查与发掘和理论探讨与研究两部分，共收录文章147篇，包括未公开发表材料。第一篇文物考古调查与发掘，收录文章52篇，是我院历年来基本建设考古和主动科研项目的调查勘探发掘报告或简报。时间跨度较大，有旧石器时代的新密李家沟遗址，郑州朱寨、中牟宋庄的裴李岗文化遗存，荥阳娘娘寨二里头文化遗存，新郑望京楼、郑州老坟岗二里冈文化遗存，荥阳娘娘寨西周墓地、春秋战国时期的新郑铁岭墓地，郑州紫光小区的汉墓，上街区晋墓，以及唐宋时期至明代文化遗存。第二篇理论探讨与研究，收录文章95篇，包括中华文明起源研究、古代文献研究、田野考古的理论研究、出土器物纹饰研究、出土墓志考证、动物遗骸的研究、文化遗产的保护，以及通讯报道和大遗址发现散记等。

顾万发

2015年11月

目　　录

第一篇　文物考古调查与发掘

第二篇　理论探讨与研究

第一篇

文物考古调查与发掘

河南新密李家沟遗址北区2009年发掘报告

何嘉宁　张松林　汪松枝　王佳音　赵静芳　高霄旭　王幼平

李家沟遗址位于河南省新密市岳村镇岗坡村（李家沟自然村）西约200米处，椿板河（即溱水河上游）东岸的二级阶地上，地理坐标为北纬34°33′55″，东经113°31′25″（图一），海拔约200米。该处地形为低山丘陵区，地势由东北向西南部倾斜，黄土堆积发育。

该遗址是2004年年底由郑州市文物考古研究院在旧石器考古专项调查中发现的。

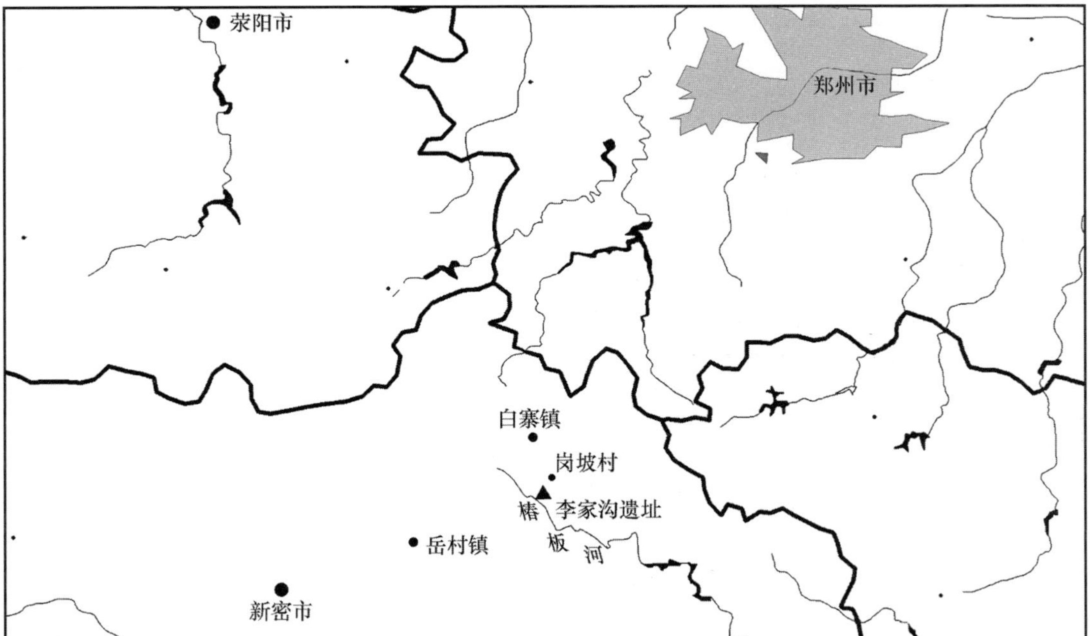

图一　李家沟遗址地理位置示意图

一条沿断层破碎带形成的沟谷呈东西向横穿遗址。经多年的自然风化和人为破坏，沟谷两侧及靠近椿板河一侧的断壁剖面遭显著破坏，垮塌严重。为全面了解遗址文化内涵。提供相应的保护对策与方案，2009年8～10月，北京大学考古文博学院与郑州市文物考古研究院联合考古队对该遗址进行了抢救性发掘。发掘区涵盖了沟南、沟北两个部分，发掘面积近30平方米，其中北区10余平方米，南区近20平方米（图二），发现了大量石制品、数量较多的动物骨骼及陶片等珍贵文化遗物。由于南、北两区地层堆积不同，且出土遗物有明显差别，因而对南、北两区的发掘情况分别进行说明，本文为北区的发掘报告。

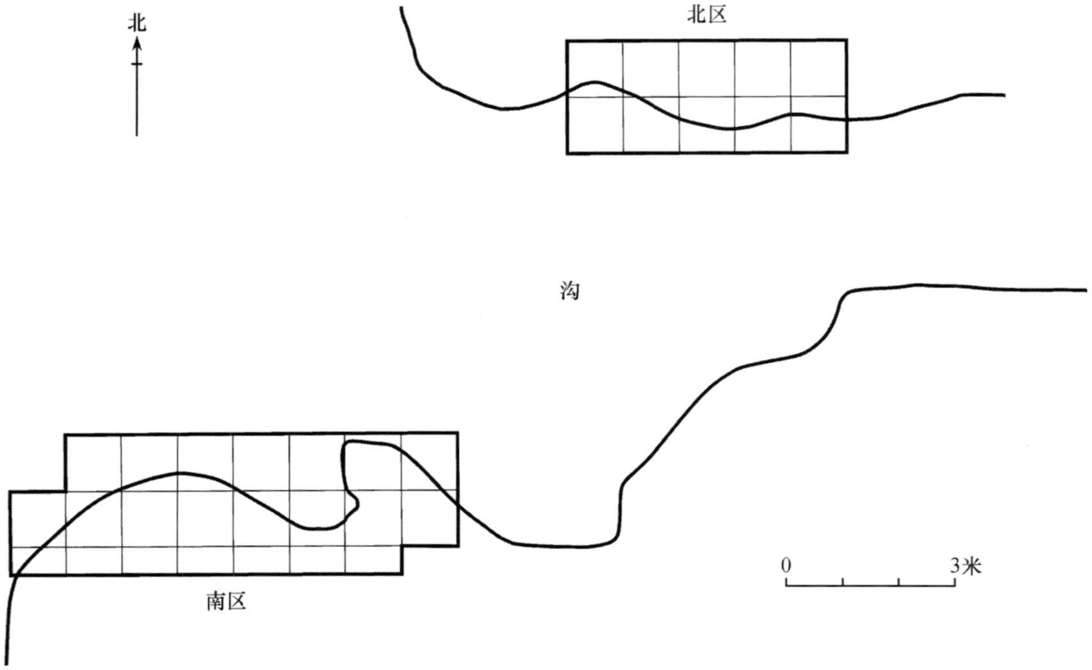

图二　李家沟遗址探方分布图

一、地貌、地层堆积概况

李家沟地处低山丘陵地区，椿板河从西北向东南流经遗址西侧。这一地区河谷狭窄，在遗址附近的河流可见有2级阶地，阶地的性质是以马兰黄土为基座的基座阶地。李家沟遗址就位于河流东岸2级阶地的前缘处，高出河面约12米（图三）。由于近几十年的平整土地、修建水库、农业耕作、林业种植及煤矿开采等活动，遗址及阶地均已受到很大程度的破坏。

李家沟遗址北区的地层堆积可以划分为7层，以北壁剖面图为例（图四），具体描述如下。

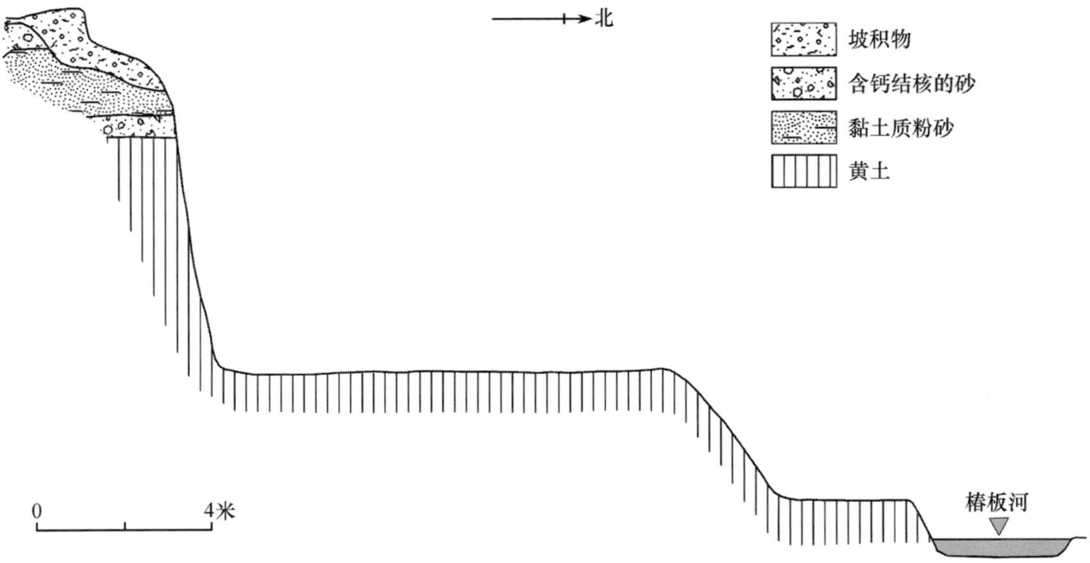

图三　李家沟遗址附近椿板河谷剖面示意图

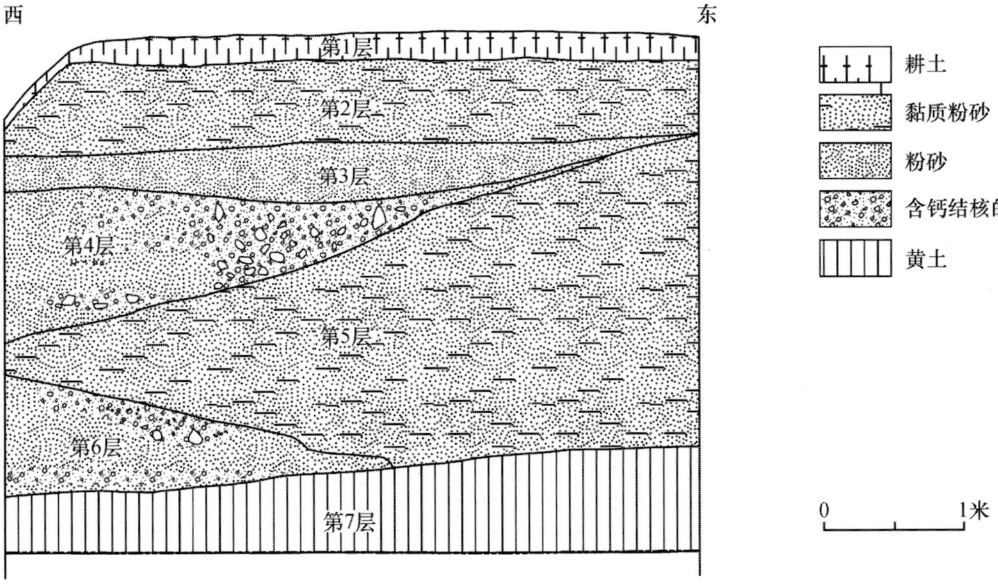

图四　李家沟遗址北区北壁剖面图

第1层：耕土层，厚10～20厘米，黑褐色黏土质粉砂，含现代瓷片、砖块、塑料、陶片、料姜石等。

第2层：现代扰土层，厚45～60厘米，黄褐色黏土质粉砂，含砖块、塑料、骨片、红烧土、料姜石等。

第3层：近代扰土层，厚0～40厘米，灰黄色粉砂，含很少量红烧土颗粒、螺壳、黑陶片等。

第4层：文化层，厚0～80厘米，西侧为质地细腻疏松的灰白色—棕黄色粉砂，夹带有具水平层理的锈黄色或灰黄色粗砂，以及粒径0.2～5厘米的料姜石；东侧以灰黄色或锈黄色的粗砂为主，含大量粒径1～5厘米的料姜石，偶见粒径10厘米以上的料姜石。出土物包含少量炭屑、螺壳等；遗物多出自料姜石密集区，包括石制品、动物骨骼以及少量夹砂红陶。

第5层：文化层，厚20～220厘米，顶部为灰黑色黏质粉砂，有锈黄色斑点。东侧中部夹杂有巨大的黄色砂质黏土块，土块致密、有锈黄色斑点。西侧下部夹杂灰白色及灰黄色粉砂，呈花土状，局部可见细砂水平层理，内含0.2～0.5厘米粒径的料姜石，包含螺壳、炭屑等物。遗物包括石制品、动物骨骼以及较多的夹粗砂红陶片。

第6层：文化层，厚0～85厘米，灰黄色粉砂层。东侧上部及底部夹粗砂透镜体，可见水平层理，含粒径0.5～3厘米的稍有磨圆的料姜石，少量粒径达5厘米以上。遗物多出自粗砂透镜体内，包括石制品、动物骨骼及较多的夹砂红陶片，还包含有螺壳、炭屑等。

第7层：文化层，未见底，发掘深度45～75厘米，黄褐色粉砂质黏土，质地较细腻纯净，含少量石制品。

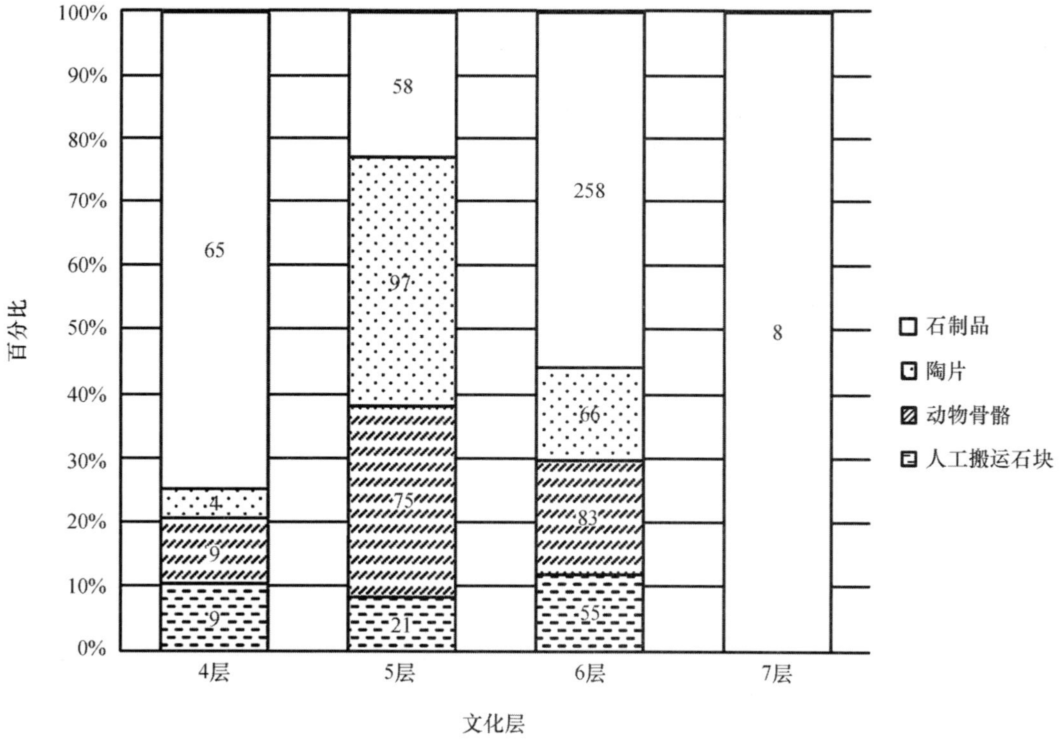

图五　李家沟遗址北区各文化层出土遗物的数量和比例

二、遗物、埋藏情况及文化层的划分

李家沟遗址北区各文化层出土遗物的数量及比例见图五。遗物主要出土于4～6层，包括陶片、石制品、动物骨骼及人工搬运石块；第7层只有少量石制品，未发现动物骨骼和陶片。

各文化层出土遗物的平面和垂直分布情况见图六～图九。

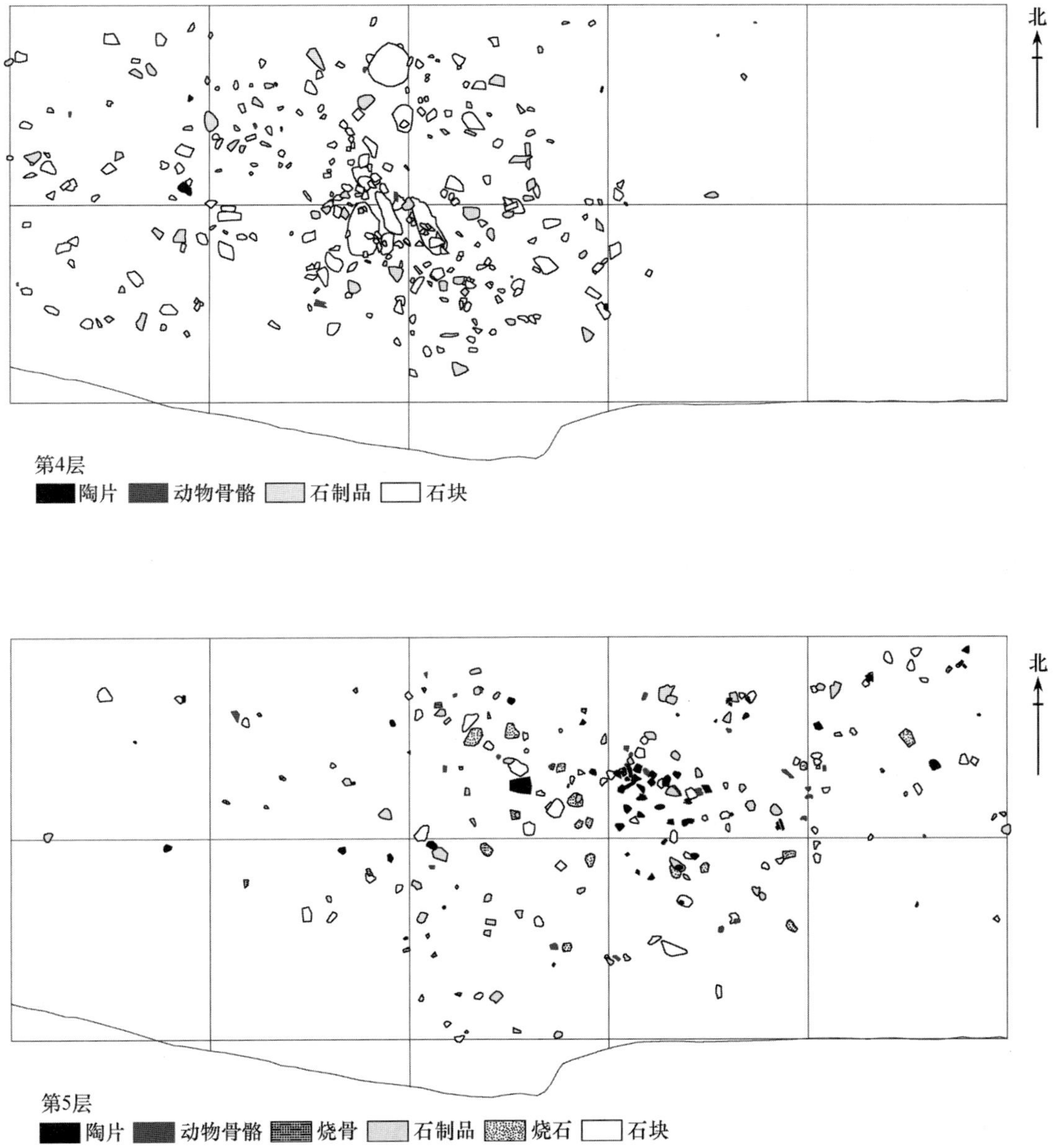

图六　李家沟遗址北区第4～5层遗物平面分布图

遗物出土时的产状及风化、磨蚀程度可以反映埋藏状况。图一〇示意了报告中对遗物出土时长轴、倾向的定义。出土遗物的长轴有1～4共四个方向：倾向则有0～9个方向，其中0为水平、9为垂直。倾角则分为水平、倾斜、垂直三种。对于遗物的风化、磨蚀程度，都将其分为了无、轻、中、重四个级别。

图一一和表一显示了4～7层遗物出土时的产状分布及石制品的风化、磨蚀情况。可以看出，各层出土石制品多数未受风化和磨蚀影响；存在少量轻度风化和磨蚀遗物及极少量的中度风化、磨蚀标本；未见重度风化磨蚀情况。其中陶片和动物骨骼发生风化和磨蚀的比例更是极低，说明部分存在轻度风化或磨蚀的石制品可能是由人类活动而带入

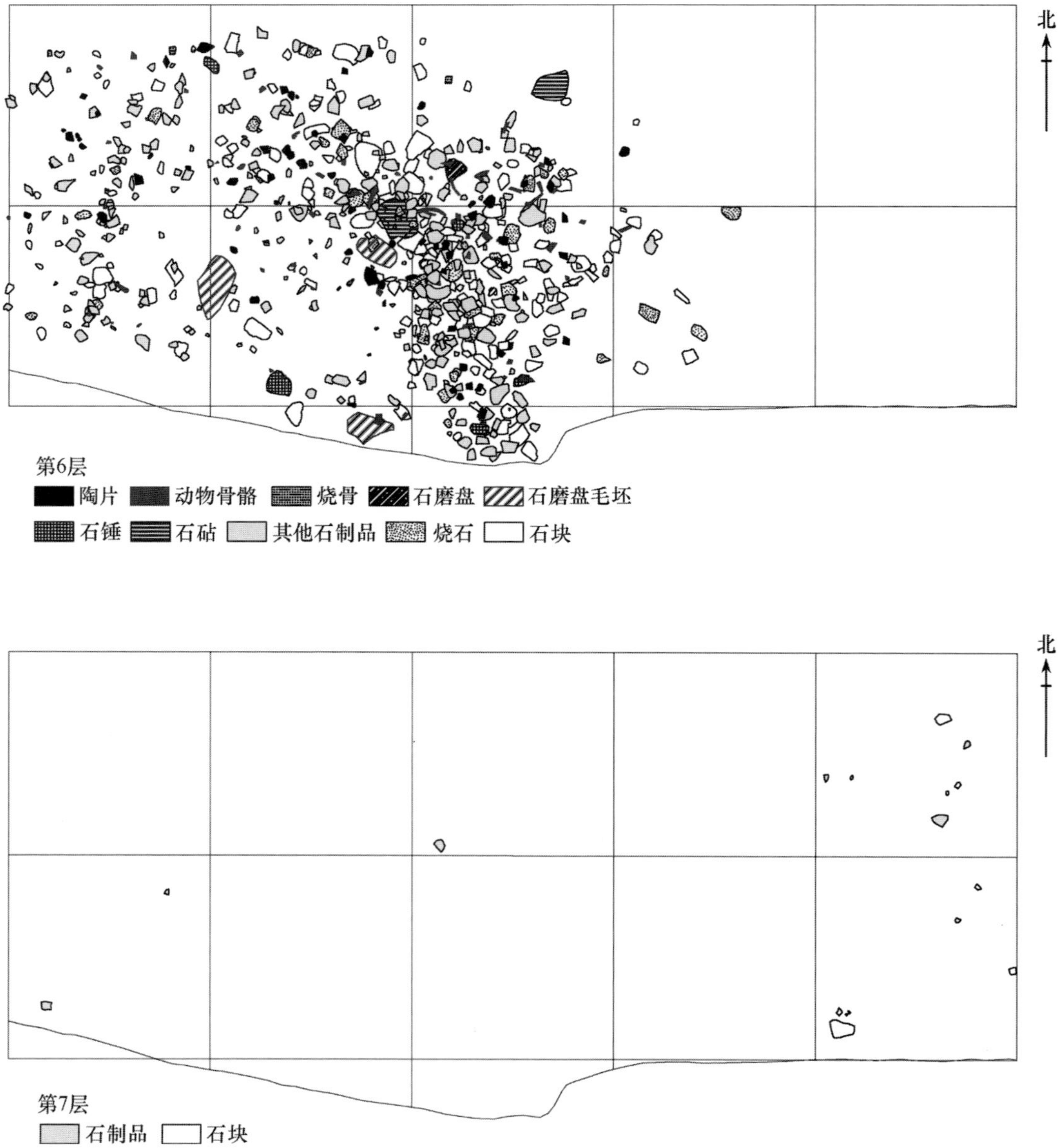

图七　李家沟遗址北区第6～7层遗物平面分布图

遗址的。就产状来说，4～6层遗物长轴的4个方向所占比例相近，没有哪个方向明显占优；在倾向的分布上，都以水平占比最高，垂直次之，其他方向比例相对较少；此外，第4、5层倾向为4和5（即倾向朝南）的遗物比例似稍高于倾向为1～3及7～8的比例，但差异很小，而在6层则1～8八个方向比例相差都很小。在倾角上，4～6层都以倾斜为主。这种情况说明，虽然4～6层遗物多出自含料姜石较多的粗砂透镜体内，但遗物长轴、倾向分布缺少水流作用所导致的规律性。包括陶片、骨骼在内的遗物只有少量存在轻度风化、磨蚀的现象，说明遗物几乎未受到水流作用的影响，基本属原地埋藏的。由地貌和堆积情况判断，埋藏过程中也存在着微弱的水流作用，但其结果只是将砂及料姜石带入

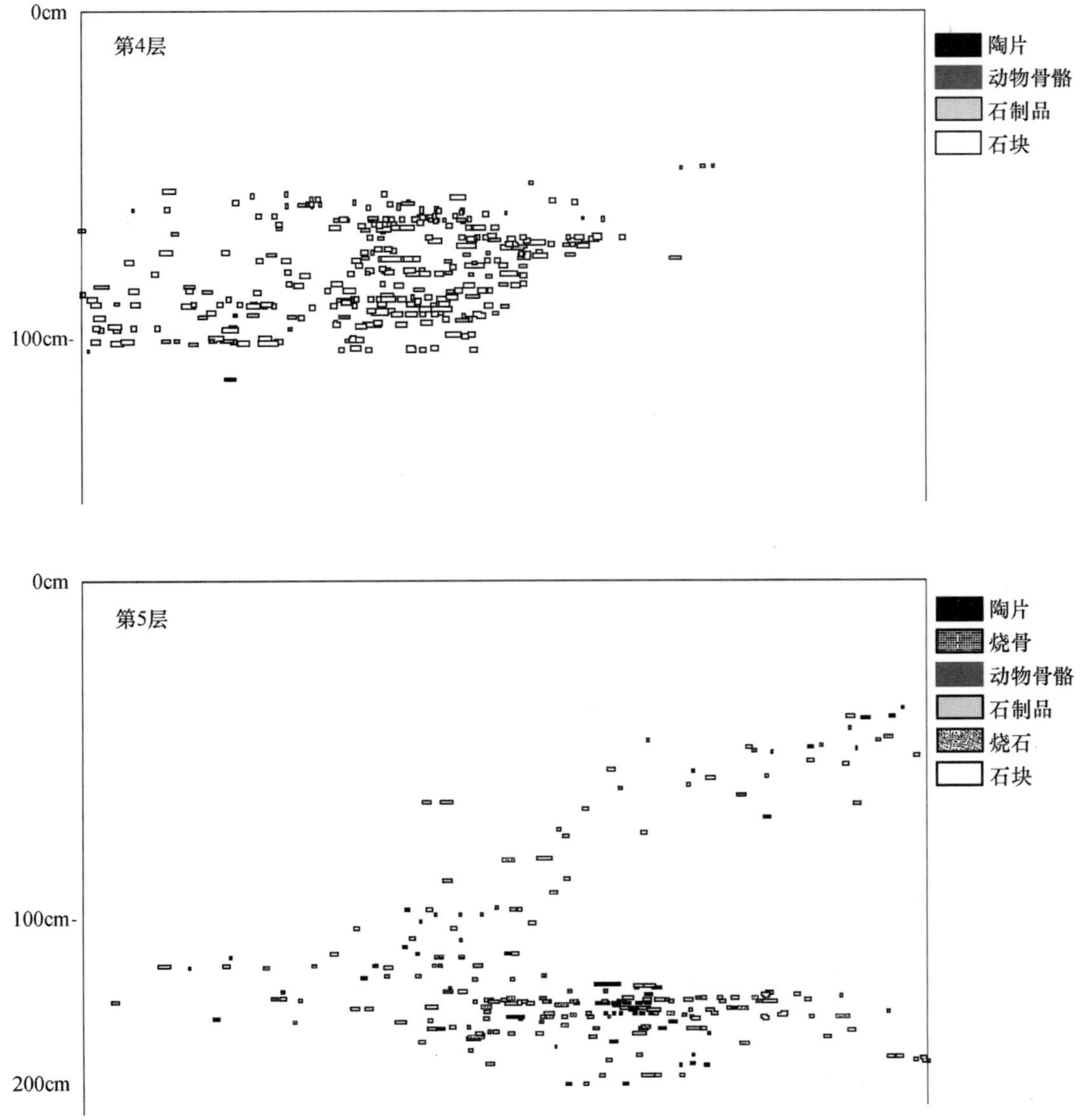

图八　李家沟遗址北区第4～5层遗物垂直分布图

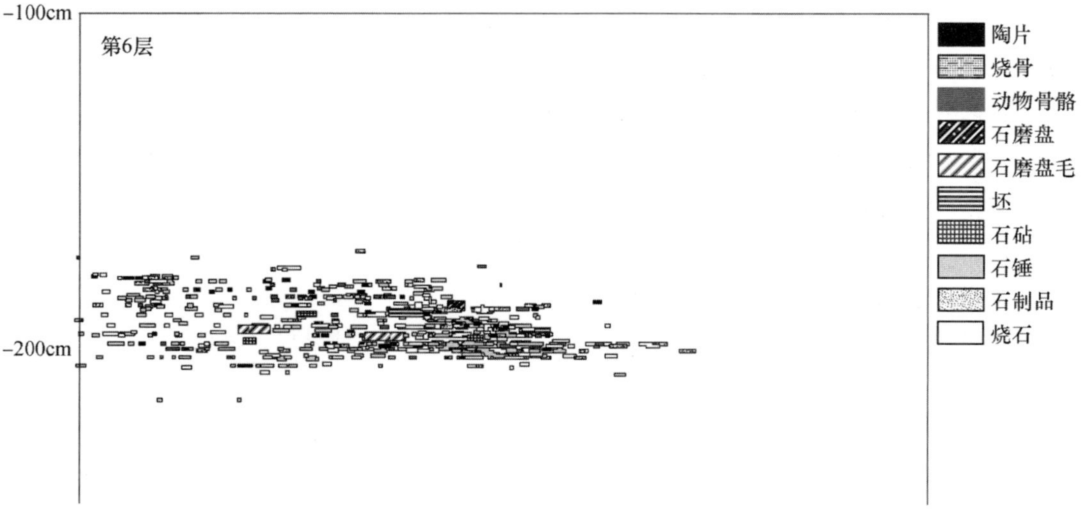

图九　李家沟遗址北区第6～7层遗物垂直分布图

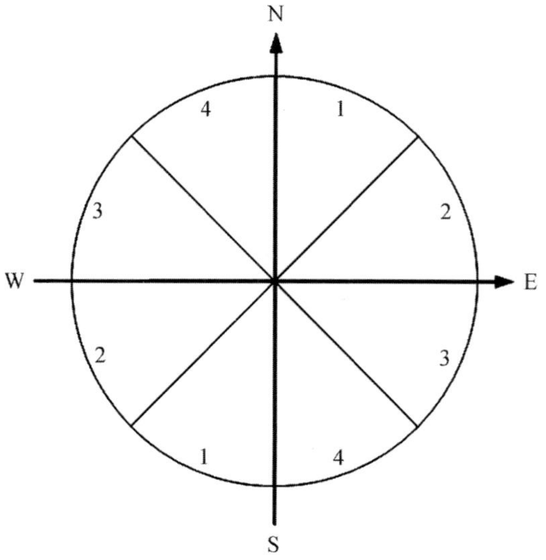

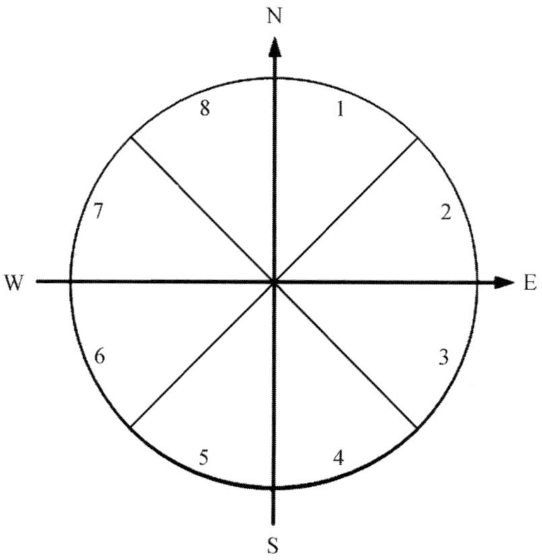

图一〇　出土遗物长轴（左）、倾向（右）的定义

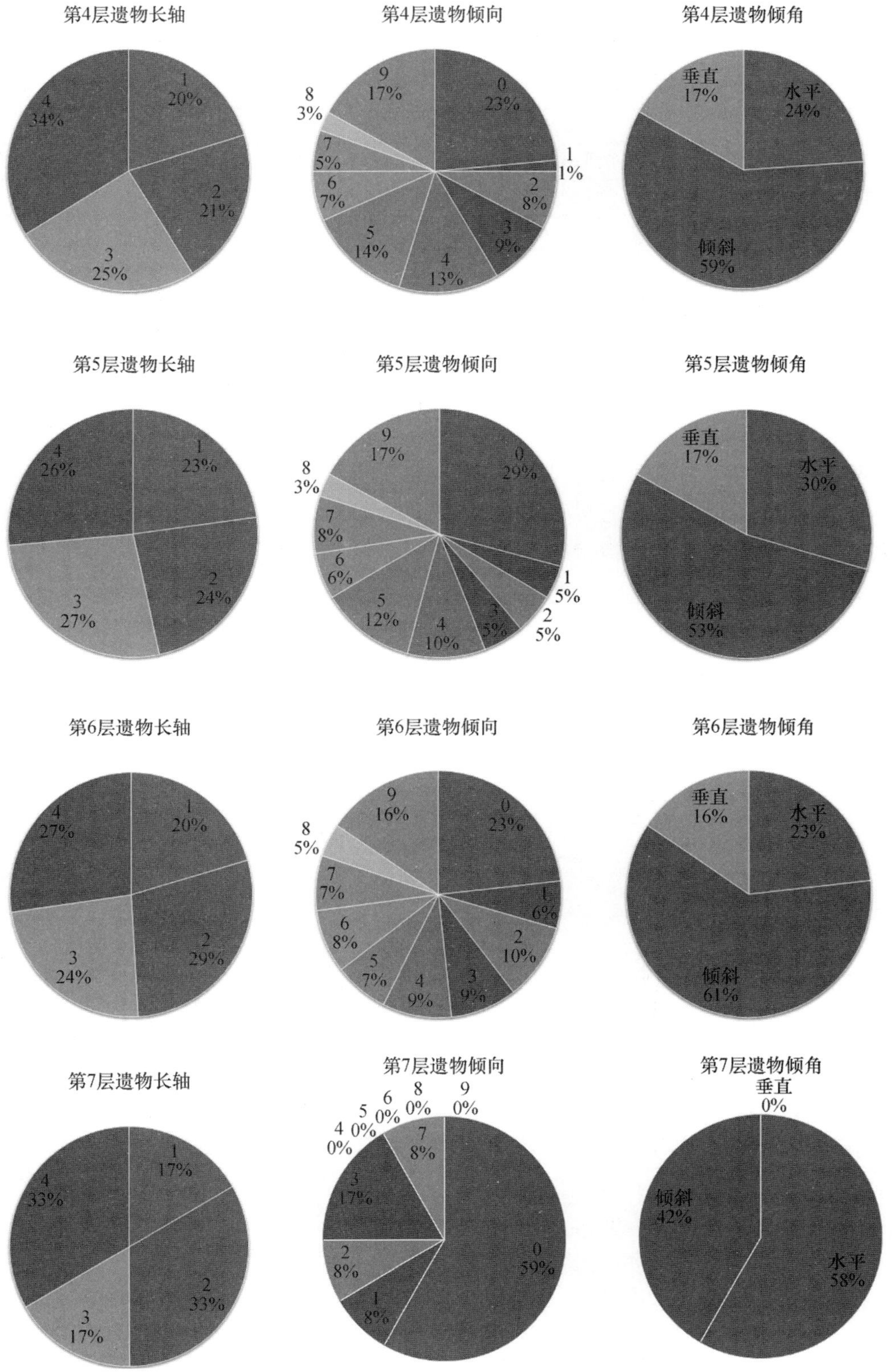

图一一　李家沟遗址北区第4～7层遗物出土产状分布图

表一　李家沟北区出土石制品的风化、磨蚀情况

	风化			磨蚀		
	无（%）	轻（%）	中（%）	无（%）	轻（%）	中（%）
第4层	71.8	26.8	1.4	73.2	26.8	0.0
第5层	71.4	28.6	0.0	88.3	11.7	0.0
第6层	66.5	31.3	2.3	77.4	21.6	1.0
第7层	100.0	0.0	0.0	87.5	12.5	0.0

遗址，却未对遗物的分布产生显著影响。

第7层出土遗物较少，容易发生统计上的误差。但其石制品倾向为水平的比例高达半数以上，与4～6层明显不同，似乎暗示着第7层黄土样堆积的沉积环境与第4～6层存在一定差异。

从陶片、动物骨骼出土的情况及地层沉积状况分析，结合石制品情况判断（详见后文），第4～6层出土遗物所反映的文化面貌与第7层存在明显差异。第4～6层遗物多出自含料姜石较多的砂透镜体内，堆积的形成与水流有一定关系，但遗物基本仍为原地埋藏；遗物包含有石磨盘、陶片、动物骨骼及人工搬运石块，各层之间差异不大，为新石器时代文化层。与南区地层相比照，北区第4层和5、6层分别相当于南区第2层和3层。第7层遗物出自黄土样堆积内，数量少，密度低，未见石磨盘、陶片、动物骨骼及人工搬运石块等遗物，与南区最底部的第5层为同一层位，是旧石器时代文化层。

以下分别对上、下部文化层的出土遗物及遗迹现象的具体情况进行说明。

三、上文化层（4~6层）

（一）遗迹现象

第6层是北区出土遗物最多、密度最大的一层。6层遗物分布不均匀，以石制品为主，整体表现为不规则半环形石块聚集区。该石块聚集区靠东部的遗物分布最为集中，存在较多的人工搬运石块及其他体型较大的石制品，遗物密集分布在探方N108E101大部分区域及探方N109E101、N108E100、N109E100局部区域内。这其中包含有北区唯一一件具有典型磨制特征的石磨盘，以及石锤、石磨盘毛坯、石砧等大型遗物，也包括了本层内仅发现的两件砍砸器。向西部遗物分布密度趋于降低，尺寸变小：石块聚集区中部和南部遗物分布最为稀疏（图七）。

从产状判断，第6层遗物为原地埋藏。石块聚集区内包括了较多大型石制品，还包含了很多烧石、烧骨、陶片等遗物，明显与人类生活、用火有关；部分骨骼带有明显的人工切割痕迹，表明了古代人类曾在此进行动物骨骼的加工。这种半环形的石块聚集区应是一种相比于旧石器时代人群相对更稳定的与居住活动有关的遗迹现象。

（二）陶片

李家沟遗址北区3～6层共发现陶片标本167件，多出自第5、6层内，第4层数量很少，但陶片的特征基本一致（图一二）。各层陶片发现状况见表二、表三。陶片几乎全部为夹粗砂陶片。陶色有一定变化，从黄红色到红褐色不等，以红褐色为主。羼和料主要为1～5毫米石英砂，少量为料姜石和云母，羼和比例占陶胎的40%左右。陶胎较坚硬，部分因埋藏所致较松脆，显示此时已具备较高的烧造水平。纹饰包括压印纹、绳纹与压印纹的组合纹、刻划纹及素面。其中压印纹为最主要纹饰，少数陶片的压印纹较稀疏或较细小。施纹方法为滚印或压印，手法较纯熟。因陶片较破碎，未发现完整器物。从现有口沿观察，器形均为直口的桶罐类器物。另外，由于未发现陶器的底部，却发现一些有明显曲度的厚陶片，推测器形可能以圜底为主。从加工方法上看，少量陶片可见疑似泥条盘筑与泥片贴筑的痕迹，口沿及内壁均有抹光。各层陶片从样式到组合上均无明显差异。以下选取部分特征显著者进行较详细描述。

表二　李家沟遗址北区陶片数量分类统计

		压印纹	绳纹与压印纹的组合纹	刻划纹	素面	合计
第4层	件数	3	0	0	1	4
	所占比例（%）	80.0	0	0.0	20.0	100
第5层	件数	90	0	2	5	97
	所占比例（%）	92.8	0.0	2.1	5.1	100
第6层	件数	51	1	9	5	66
	所占比例（%）	77.3	1.5	13.6	7.6	100
合计	件数	144	1	11	11	167
	所占比例（%）	86.2	0.6	6.6	6.6	100

表三　李家沟遗址北区陶片重量分类统计　（单位：克）

		压印纹	绳纹与压印纹的组合纹	刻划纹	素面	合计
第4层	重量	69	0	0	5	74
	所占比例（%）	93.2	0.0	0.0	6.8	100
第5层	重量	1493	0	24	0	1517
	所占比例（%）	98.4	0.0	1.6	0.0	100
第6层	重量	844	54	115	34	1047
	所占比例（%）	80.6	5.1	11	3.3	100
合计	重量	2406	54	139	39	2638
	所占比例（%）	91.2	2.0	5.3	1.5	100

09XLL·659，陶片，口沿，长72.1毫米，宽101.2毫米，厚14.2毫米，重98.1克，口径约450毫米。夹粗砂，羼和料为石英与云母，羼和比例约20%，粒径1～5毫米，有一定分选。口沿形状为直口方唇。内外壁陶胎均呈砖红色。外壁为压印纹，施纹方式先由右

图一二　李家沟遗址北区出土陶片照片

1. 09XLL：694　2. 09XLL：659　3. 09XLL：623　4. 09XLL：701正视　5. 09XLL：701俯视
6. 09XLL：612　7. 09XLL：671正视　8. 09XLL：671俯视　9. 09XLL：614

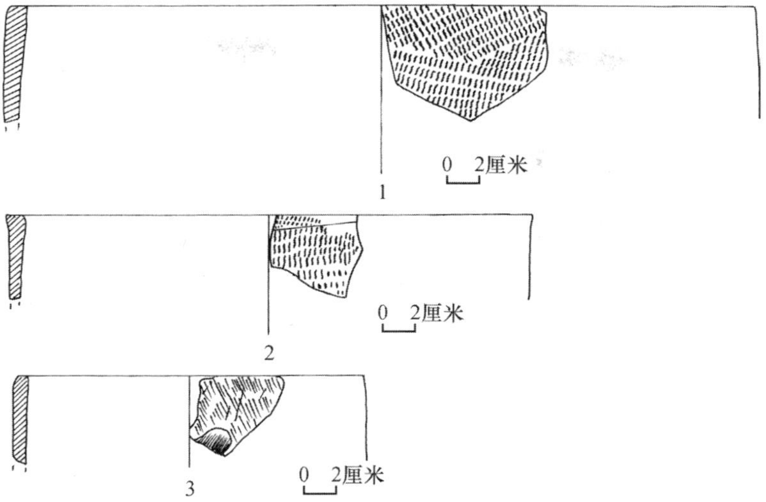

图一三 李家沟遗址北区出土陶器

1. 09XLL：659 2. 09XLL：701 3. 09XLL：623

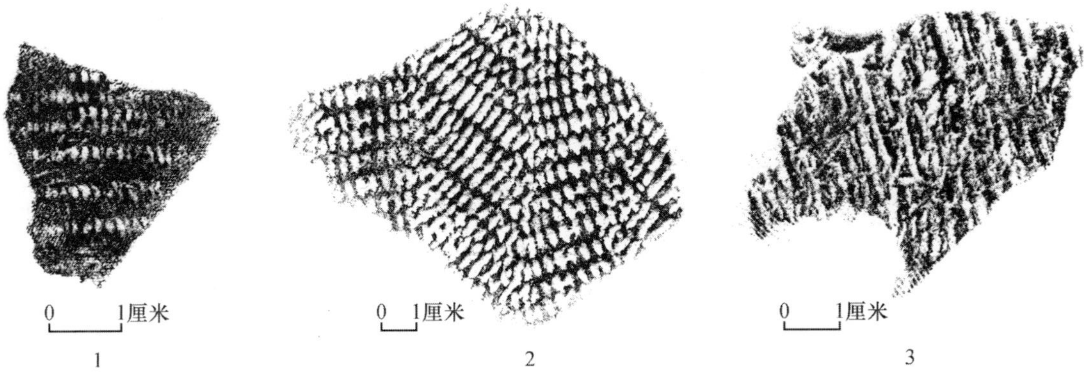

图一四 李家沟遗址北区出土陶片拓片

1. 09XLL：612 2. 09XLL：738 3. 09XLL：623

上至左下方向滚印，后下部沿左上至右下方向滚印，将之前纹饰部分叠压。加工方式不明，口沿与内壁抹光（图一二、图一三）。

09XLL·701，陶片，口沿，长53.2毫米，宽58.3毫米，厚14.2毫米，重38.4克，口径不明。夹粗砂，羼和料为石英与砂岩，羼和比例约15%，粒径1～7毫米，几无分选。口沿形状为直口方唇。外壁砖红色，内壁褐色，陶胎双色，外砖红，内褐色。外壁有沿左下至右上方向的压印纹，口沿处亦沿内外方向印压印纹。加工方式不明，内壁抹光（图一二、图一三）。

09XLL·623，陶片，口沿，长65毫米，宽59.7毫米，厚9.7毫米，重40.5克。口径不明。夹粗砂，羼和料为料姜石，羼和比例约20%，粒径1～5毫米，有一定分选。口沿形状不规整，近直口方唇。外壁灰黄色，内壁黄褐色，陶胎双色，外灰黄，内黄褐。外壁沿左上至右下方向有近平行的刻划线纹。加工方式不明，内壁及口沿抹光（图一二～图一四）。

09XLL · 671，陶片，口沿，长57.1毫米，宽53.5毫米，厚15.2毫米，重53.9克，口径不明。夹粗砂，羼和料为石英与料姜石，羼和比例约15%，粒径1～3毫米，分选较好。口沿形状为直口方唇。内外壁均呈褐色，陶胎中部呈砖红色夹心。外壁沿有由上至下方向的压印纹，口沿下方沿左右方向叠压绳纹一条。口沿处亦有沿左右方向的压印纹。加工方式不明，内壁抹光（图一二）。

（三）石制品

上部分文化层共出土石制品466件，包括石核、石片、断裂片、石器、细石器、断块、人工搬运石块等（图一五），各层石制品比例见表四。第4～6层各类石制品的比例差别不大，均以断块为主，约占一半；其次为人工搬运石块；细石器、石核、工具等，比例最低。

表四　李家沟遗址北区上部文化层石制品分类统计

		石片	石核	工具	断块	断裂片	细石器	人工搬运石块	合计
第4层	件数	8	1	4	44	7	1	9	74
	所占比例（%）	10.8	1.4	5.4	59.5	9.5	1.4	12.2	100.0
第5层	件数	8	7	4	37	2	0	21	79
	所占比例（%）	10.1	8.9	5.1	46.8	2.5	0.0	26.6	100.0
第6层	件数	28	18	24	174	11	3	55	313
	所占比例（%）	8.9	5.8	7.7	55.6	3.5	1.0	17.6	100.0
合计	件数	44	26	32	255	20	4	85	466
	所占比例（%）	9.4	5.6	6.9	54.7	4.3	0.9	18.2	100.0

李家沟北区第4～6层出土石制品的原料均以石英砂岩为主，其余少量为燧石、石英和灰岩，各层之间石制品原料的比例差别很小（表五）。

表五　李家沟北区上部文化层石制品石料统计

		燧石、玛瑙	石灰岩	石英	石英砂岩	合计
第4层	件数	6	6	5	57	74
	所占比例（%）	8.1	8.1	6.8	77.0	100.0
第5层	件数	4	2	8	65	79
	所占比例（%）	5.1	2.5	10.1	82.3	100.0
第6层	件数	31	13	28	241	313
	所占比例（%）	9.9	4.2	8.9	77.0	100.0
合计	件数	41	21	41	363	466
	所占比例（%）	8.8	4.5	8.8	77.9	100.0

图一五　李家沟遗址北区出土石制品照片

1. 09XLL：202边刮器　2. 09XLL：008细石核　3. 09XLL：244边刮器　4. 09XLL：072边刮器
5. 09XLL：367边刮器　6. 09XLL：200边刮器　7. 左，09XLL：411石磨盘；右，09XLL：405石砧　8. 09XLL：205砍砸器

从北区出土石器的分类统计来看（表六），各层石器均以边刮器为主。但第6层内出土有其他各层所未见的石磨盘、磨盘毛坯、石砧、石锤等物，边刮器、砍砸器等工具的绝对数量也是各层中最高的。

表六　李家沟北区出土石器分类统计

	边刮器	砍砸器	石磨盘	磨盘毛坯	石砧	石锤	合计
第4层	3	1					4
第5层	4						4
第6层	11	2	1	3	2	5	24
合计	18	3	1	3	2	5	32

1. 石核

共26件，占上部各文化层石制品总数的5.6%。石核各项测量值的统计情况见表七。

锤击石核共23件，原料以石英砂岩占绝大多数，另有2件灰岩和1件石英石核。石英砂岩和灰岩石核的体型较大。石英石核是所有石核中体型最小的。台面形状多不规则，自然台面和打击台面分别占约70%和30%。双片疤石核占48%；单片疤者占30%；其余为多片疤石核，片疤最多可达8个。片疤多较浅、平。片疤面积占石核表面积的比例达2/3以上者有11件，1/3～2/3者为8件，不足1/3者为4件。若按台面数量分类，这些锤击石核包括单台面石核15件，占65%；双台面石核8件，占35%；未见多台面石核。

砸击石核有3件，其原料2件为燧石、1件为石英，体型均较小。片疤数量2～8个，较浅平。片疤面积占石核整体表面积的比例较高，为70%～100%。台面窄小呈刃状或点状。

表七　李家沟北区第4～6层石核测量统计

		重量（克）	长（毫米）	宽（毫米）	厚（毫米）	台面长（毫米）	台面宽（毫米）	台面角（度）
锤击石核	均值	232.1	48.5	63.6	55.6	52.7	55.3	77.9
	n	23	23	23	23	23	23	23
	SD	269.63	20.01	23.62	24.05	26.54	23.60	12.27
	max	1102.0	92.2	103.6	110.3	108.7	104.3	98.0
	min	9.9	17.3	26.6	18.0	14.5	22.8	55.0
砸击石核	均值	2.8	22.6	12.5	8.2	8.4	0.0	
	n	3	3	3	3	2	2	
	SD	1.89	5.37	2.04	4.39	0.42	0.00	
	max	5.0	28.7	14.0	13.2	8.7	0.0	
	min	1.5	18.6	10.2	5.0	8.1	0.0	

2. 石片

共44件，占上部各文化层出土石制品总数的9.4%。其中锤击石片43件，砸击石片1件。石片的测量统计情况见表八。

表八　李家沟北区第4～6层石片测量统计

	原料		重量（克）	长（毫米）	宽（毫米）	厚（毫米）	台面长（毫米）	台面宽（毫米）	石片角（度）
锤击石片	石英	均值	1.2	14.7	16.0	6.8	5.7	11.2	106.7
		n	3	3	3	3	3	3	3
		SD	0.45	4.54	2.55	1.95	1.32	2.40	2.52
		max	1.6	17.6	18.6	8.7	7.2	13.3	109.0
		min	0.7	9.5	13.5	4.8	4.7	8.6	104.0
	石英砂岩和灰岩	均值	72.8	49.6	58.0	22.9	16.5	34.7	103.0
		n	27	27	27	27	25	25	26
		SD	73.66	19.51	19.36	9.10	5.64	14.26	13.47
		max	298.1	90.5	96.7	46.2	27.9	65.9	135.0
		min	2.6	18.2	21.9	6.5	3.4	6.6	74.0
	燧石	均值	4.1	18.9	19.6	8.2	12.8	11.4	97.3
		n	13	13	13	13	12	12	12
		SD	7.05	10.41	7.29	7.24	28.84	5.24	11.35
		max	26.2	46.7	29.8	24.1	104.0	21.6	113.0
		min	0.2	6.7	11.4	2.1	1.4	3.4	70.0
砸击石片	石英	均值	1.4	22.2	13.8	5.6			
		n	1	1	1	1			

锤击石片的原料以石英砂岩为主，有25件，占58%；燧石原料13件，占30%；石英和灰岩最少，分别只有3件和2件。自然台面和打击台面分别有20件和22件，占47%和51%；点状台面石片1件，占2%。根据石片台面及背面自然面的比例将锤击石片分类，以Ⅱ、Ⅴ、Ⅵ型石片最多，Ⅰ、Ⅲ型较少，未见Ⅳ型石片。石片远端形态以尖灭为主，占75%；阶梯状占23%；其他类型占2%。台面形状多不规则。石片背面石片疤数量不一。背面为自然面者4件，占9%；1～2片疤者16件，占37%；3～4片疤者11件，占26%；5个片疤以上者12件，占28%；其中最多者可见10个片疤。石片破裂面上打制特征多不明显，半锥体、同心波、放射线清晰者较少，但多数石片的打击泡可以观察到。有使用痕迹的石片17件，约占40%。

标本09XLL·299出自第6层，石英砂岩石片。长、宽、厚为77.8毫米×76.6毫米×19.8毫米，重102.7克，石片角109°。自然台面，形状不规则，台面长13.8毫米，宽34毫米。石片背面可见6个片疤，片疤面积占背面面积的比例约为90%。无使用痕迹（图一六）。

砸击石片仅有1件。标本09XLL·353出自第6层，为石英砸击石片，长、宽、厚为22.2毫米×13.8毫米×5.6毫米，重仅1.4克，可见2个片疤，无使用痕迹。

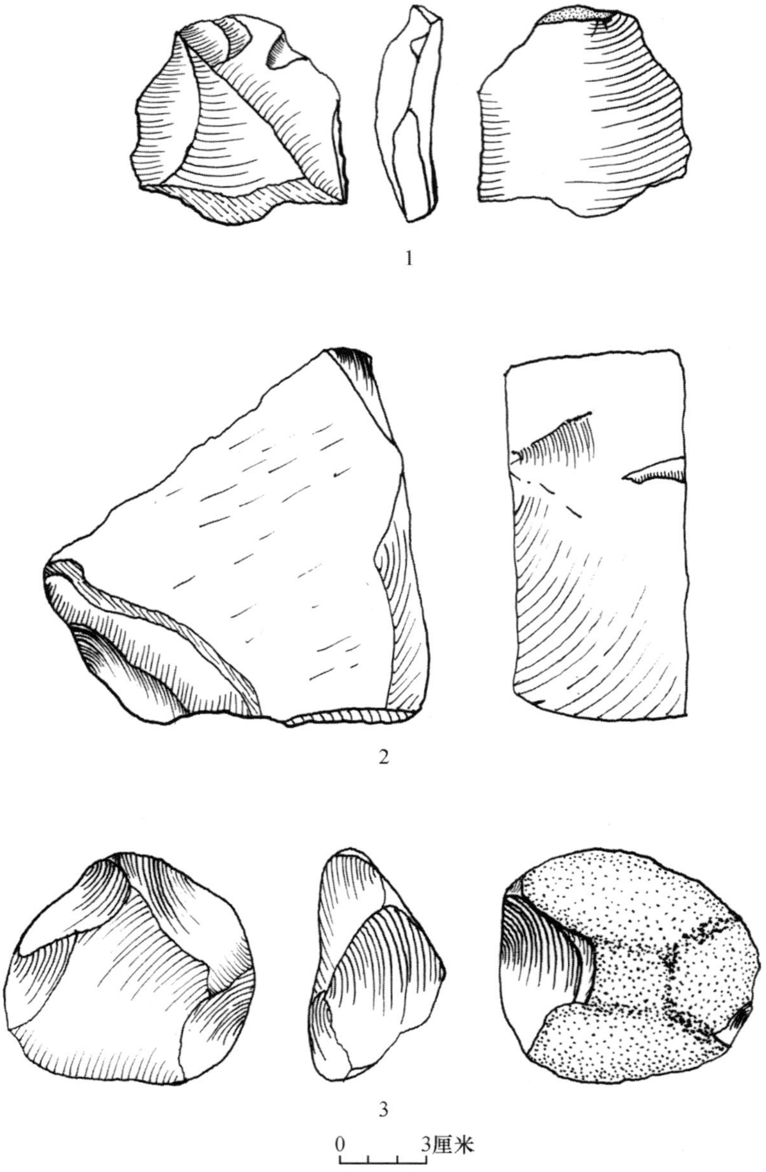

图一六　李家沟遗址北区石制品（石片、石磨盘、砍砸器）

1. 石片，6层09XLL：299　2. 石磨盘，6层09XLL：411　3. 砍砸器，6层09XLL：205

3. 断裂片

共20件，占石制品总数的4.3%。其中远端断片12件，近端断片2件，裂片6件。以砂岩为原料者有17件，占85%，灰岩、石英、燧石者各1件。断裂片中燧石原料所占的比例（约5%）明显小于完整石片中燧石所占的比例（约30%），与燧石更易加工成完整石片有关。

4. 石器

共计32件，占石制品总数的6.9%，包括刮削器、砍砸器、石磨盘、石砧、石锤、磨盘毛坯等。其中小型工具（边刮器）的原料以燧石为主；大型工具如砍砸器、磨盘、石锤、石砧等的原料均为石英砂岩。石器的测量统计见表九。

表九 李家沟北区第4～6层石器测量统计

工具类型	岩性		重量（克）	长（毫米）	宽（毫米）	厚（毫米）
边刮器	石英	均值	3.7	22.1	15.0	11.0
		n	5	5	5	5
		SD	1.78	5.14	2.85	2.92
		max	6.0	28.2	18.1	14.0
		min	1.2	14.1	10.6	7.7
	石英砂岩和灰岩	均值	135.4	42.2	55.0	36.7
		n	4	3	4	4
		SD	96.79	12.97	12.32	24.06
		max	255.0	57.2	64.0	71.4
		min	22.4	34.2	36.8	15.8
	燧石	均值	10.1	31.5	23.4	11.2
		n	9	9	9	9
		SD	8.31	9.73	6.95	4.45
		max	23.4	46.6	33.5	17.6
		min	1.1	15.6	11.8	4.7
砍砸器	石英砂岩	均值	459.0	100.4	97.6	45.2
		n	3	3	3	3
		SD	214.76	27.08	19.72	4.21
		max	704.4	131.5	118.9	47.6
		min	305.5	82.3	80.0	40.3
石磨盘	石英砂岩	均值	1460.5	128.3	127.3	65.0
		n	1	1	1	1
石磨盘毛坯	石英砂岩	均值	3973.3	168.3	92.0	91.5
		n	3	3	3	3
		SD	716.63	127.70	65.57	16.91
		max	4615.0	270.0	152.0	103.1
		min	3200.0	25.0	22.0	72.1
石锤	石英砂岩	均值	532.9	93.9	80.4	145.0
		n	5	5	5	5
		SD	530.83	33.03	38.16	206.41
		max	1466.0	150.8	147.7	514.0
		min	181.0	73.3	53.0	40.5

续表

工具类型	岩性		重量（克）	长（毫米）	宽（毫米）	厚（毫米）
石砧	石英砂岩	均值	5675.0	186.7	153.4	133.9
		n	2	2	2	2
		SD	3577.96	54.16	9.40	36.98
		max	8205.0	225.0	160.0	160.0
		min	3145.0	148.4	146.7	107.7

边刮器　18件，其中原料为燧石者9件，占50%，为石英者5件，为石英砂岩者3件，为灰岩者1件。除取材于石核和断片者各1件外，其余原型均为断块或残片。以石英砂岩为原料的边刮器体型和重量较大，石英边刮器体型最小。以刃缘数量计算，单刃者13件，占72%，除2件刃缘为凸刃外，其余11件均为直刃；刃缘正向加工者10件，占77%；反向加工者3件，占23%。双刃者4件，占22%，其中刃缘同向加工者2件，异向加工者2件。复刃边刮器仅1件，占6%，标本09XLL · 123有4个修理刃缘，均为直刃，转向加工。边刮器修理疤痕形态以微小者居多。

标本09XLL · 072出自第5层，双刃边刮器，原料为黑色燧石。长38.9毫米，宽24.1毫米，厚16.6毫米，重12.6克。原型为断块。两个刃分别为直刃和凸刃，以有凸刃的一端为近端、较平的一面为正面。近端和远端右侧有加工疤痕。从近端左侧至近端可见连续修理疤，近端左侧为反向修理，近端为正向修理，刃缘长度29.3毫米，刃角58°。远端右侧为正向修理，刃缘长度18.9毫米，刃角60°（图一五、图一七）。

标本09XLL · 202出自第6层，单直刃刮削器，原料为粉色燧石，长46.6毫米，宽33.5毫米，厚15.1毫米，重23.4克。原型为石块，右侧沿正向连续修理系列片疤，形成一直刃，刃长43毫米，刃角为65°～75°。刃缘局部分布微疤，可能为使用所致。除刃缘外，其他部位均为自然面（图一五、图一七）。

标本09XLL · 244出自第6层，单凸刃边刮器，原料为石英。长23.8毫米，宽18.1毫米，厚12.1毫米，重6克。原型为带石皮的断块。以较厚的一面为远端、有石皮的一面为反面。在正面、反面均可见修理疤痕。正面的修理疤痕位于近端及右侧。至少可见4个打击疤痕。由于石英的脆性，远端的片疤呈阶梯状。反面在近端和远端均有疤痕，近端3个片疤连续分布，远端有一个大片疤。两面的疤痕共同组成刃缘。长度35毫米，刃角57°～70°（图一五、图一七）。

09XLL · 200出自第6层，单凸刃边刮器，原料为含有方解石条带的灰岩。长72.2毫米，宽59.5毫米，厚29毫米，重154.6克。原型为断块。以刃部为左侧、相对应的一侧为右侧。以带石皮的一面为反面、相对应的一面为正面。可见左侧有至少4个反向修理的疤痕，共同构成弧形凸刃，疤痕大小不一，延伸长度6.8～25.1毫米。刃缘长度62.6毫米。刃部较陡，刃角72°～87°，刃部有连续分布的微疤和磨圆，应为使用所致（图一五、图一七）。

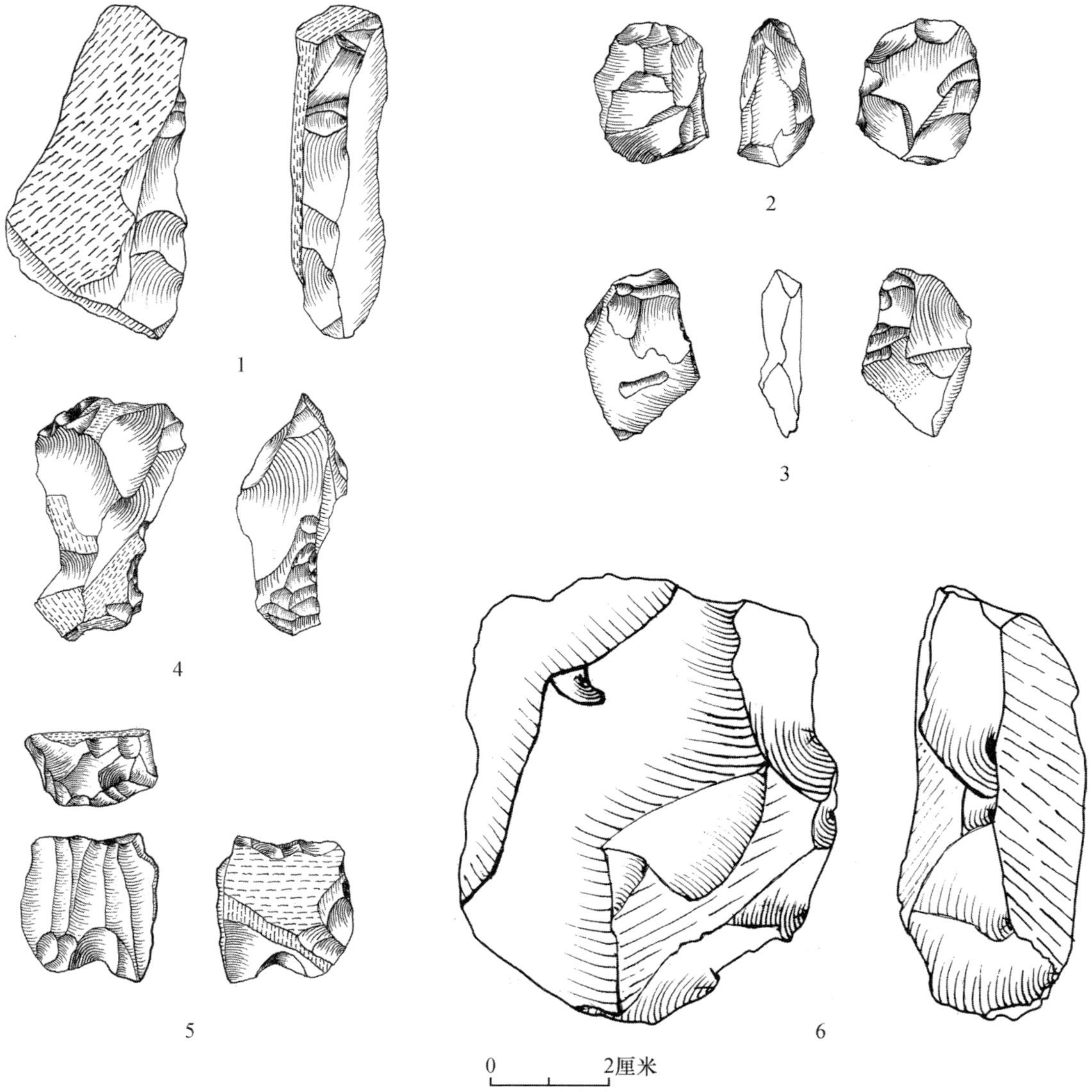

图一七　李家沟遗址北区石制品（刮削器，细石核）

1～4. 边刮器，分别为6层09XLL：202、6层09XLL：244、7层09XLL：367、5层09XLL：072
5. 细石核，4层09XLL：008　6. 边刮器，6层09XLL：200

砍砸器　3件，原料均为石英砂岩，原型为断块、石块、石片者各1件。刃缘均圆凸，2件为反向加工，1件为正向加工。其尺寸和重量均较大，修疤大小为中一大。

标本09XLL·205出自第6层，原料为石英砂岩，长87.3毫米，宽93.8毫米，厚47.6毫米，重367克，原型为石块。刃缘有3个修理片疤，均为反向加工。刃角72°～85°，刃缘长约15厘米。片疤较宽，长度不大，最大的一个片疤长宽为35.9毫米×57.3毫米。刃部未见崩疤，但有轻度的磨圆。与刃缘相对的远端较厚。自然面占石器表面的比例约为50%（图一五、图一六）。

石磨盘　仅存1件。标本09XLL · 411出自第6层，以石英砂岩石块为毛坯。其长128.3毫米，宽127.3毫米，厚65毫米，重1460.5克。上下表面平坦，几近平行，上表面为明显的磨平面。四周缘破损，有明显的人工打击痕迹（图一五、图一六）。

石磨盘毛坯　石英砂岩石块的石磨盘毛坯3件，体型均较大。上下表面存在近平行、较大的平坦表面，与前述石磨盘形制相仿；平面为岩石的解理面，缺乏明显的磨制痕迹。如此大型的有平坦平面的石块被搬运到遗址内，应是制作石磨盘的毛坯。

石砧　2件。标本09XLL · 405为石英砂岩石砧，出自第6层，长148.4毫米，宽146.7毫米，厚107.7毫米，重3145克。上下表面较平坦，彼此近平行。从上面观，石砧呈不规则四边形，四个侧缘表面中的三个为自然破裂面，另一侧缘呈较规整的弧形，与石砧的上表面平滑过渡。石砧上表面及该侧缘表面可见明显砸痕及密集的浅平坑疤（图一五）。

石锤　共5件，石料均为石英砂岩，石锤的原型1件为双台面石核，1件为砾石，其余3件为石块及断块。其体型和重量较大，一端或两端表面粗糙，可见明显砸痕或较密集的浅平坑疤。

5. 细石器

细石核1件，细石叶断片3件，占石制品总数的0.9%。

标本09XLL · 008为细石核，出自第4层，原料为质地细腻的白色燧石，长23.6毫米，21.2毫米，厚11.8毫米，重7.3克。原型为带有石皮的断块。纵剖面呈正方形。台面为修理而成的平面，中间略凹，不规则形，可见至少5个修理疤，台面长17.4毫米，宽10.7毫米，台面角85°。与台面相对的一面为凹刃状，可见4个修理疤痕，左边2个平行分布，右边2个一大一小重叠。这几个修疤较为完整，打破了细石叶的剥片疤，为最后打制而形成。台面与刃状缘之间为剥片面，可见至少10个窄长、浅平的剥片疤，平行分布，较规整，长度10～22.5毫米，宽度3～5毫米。与剥片对应的一面基本为自然面，右侧有几个微小的疤痕，呈阶梯状分布（图一五、图一七）。

3件细石叶断片包括2件远端断片和1见中间断片，都以燧石为原料。重量均为0.1克，长5.3～8.2毫米，宽5.6～6.8毫米，厚1.4～2毫米。背面常有剥细石叶所留下的纵脊，与两侧缘大体平行。

6. 断块和残片

共255件，占全部石制品的55%，其中残片28件，断块227件。断块中以石英砂岩比例最高，共有200件，占88%；石灰岩、石英和燧石断块分别有10、9、8件。断块的重量的分布范围较大，0.6～770.3克，其中以石英砂岩、灰岩断块较重，燧石者次之，石英断块最小、最轻。残片中石英原料最多，共有20件，占全部残片的71%，其余为石英砂岩5件、燧石3件。残片重量范围0.2～34.9克，石英砂岩残片重于石英和燧石残片。有使用痕迹的断块和残片15件，约占6%。

7. 人工搬运石块

石块多呈扁平块状，岩性为砂岩或石英砂岩，尺寸较大，有些有火烧痕迹。它们都来自遗址附近的原生岩层，其用途尚不清楚，但应与当时人类居住生活有关。

（四）动物骨骼

李家沟遗址北区第4～6层共出土编号动物骨骼标本167件（表一〇），其中可初步鉴定部位的标本142件，占85%；可初步鉴定种类的标本95件，占56.9%。但骨骼整体上比较破碎。多只能鉴定到目或科。这些骨骼中有烧骨47件，占全部骨骼的28%。烧骨和非烧骨的大小存在一定差异，烧骨的重量更轻，平均重量只是非烧骨的1/3，即相对更为破碎，应与人类活动有关（图一八）。

表一〇　李家沟北区上部文化层出土动物骨骼数量

层位	可鉴定烧骨数	烧骨总数	可鉴定骨骼数	骨骼总数
第4层	1	1	5	9
第5层	30	33	63	78
第6层	13	13	74	80
合计	44	47	142	167

动物骨骼的初步观察和鉴定结果见表一一。

表一一　李家沟北区可鉴定动物骨骼数量统计

	食肉类	偶蹄类					兔类	奇蹄类	啮齿类	鸟类	蚌类	合计
		鹿类	羊	猪	牛	待查		马				
第4层		3										3
第5层	5	21				9				3	1	39
第6层	2	26	2	4	1	10	1	1	2	4		53
合计	7	50	2	4	1	19	1	1	2	7	1	95

从数量上看，各层均以鹿类的标本最多，其他种类动物的比例均不高。在鹿类中，以中小型鹿所占比例较高。骨骼的保存部位以肢骨碎片和牙齿最多：鸟类的标本则主要为蛋皮。

部分骨骼标本表面可见明显的人工痕迹，其中有切割痕迹标本6件、磨制痕迹标本1件，合占骨骼总数的4.2%。这些标本均出自第5层和第6层。

标本09XLL·511，出自第5层，重0.8克，烧骨，肢骨残片。其一端尖，但略有折断，另一端较宽，四周缘较锐，整体呈近似三角形的薄骨片，可能是一件残破的骨刀。骨片的一面因磨制而十分光滑，另一面则可见数十条明显磨痕，彼此近平行、与骨片最长的一条边缘斜交（图一九）。

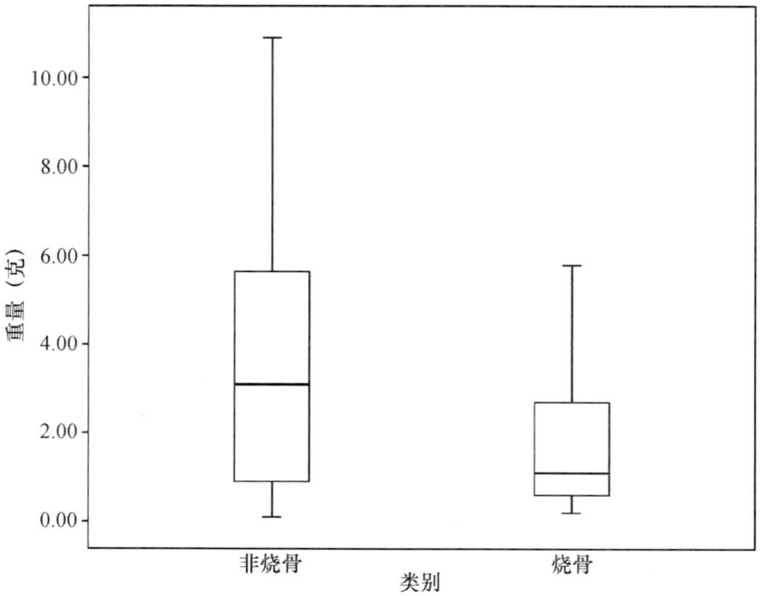

图一八　李家沟北区出土动物骨骼重量分布及比较

标本09XLL·588，出自第6层，重21.1克，鹿的左跖骨上端，局部有轻微的火烧痕迹。在跖骨块下端断面上保留有半环形的锯切痕迹，深达骨壁厚度的一半。锯切面仅在跖骨下端的前面和内侧面保留，与骨表呈45°斜交；后表面及外侧面下端骨质有破损，是否也曾锯切，不详。沿长轴方向观察锯切面，可见其表面存在很多半环形的切割线，与骨表近平行。在接近下端断面的内、外侧骨表面上，还可观察到十余条切割痕，与骨干长轴垂直，与锯切面平行（图一九）。

四、下文化层（第7层）

第7层仅发现少量石制品，也未见人工搬运石块。但与上部文化层相比，似乎表现出断块比例下降，工具和石核比例升高的趋势。从石制品原料来看，第7层石制品石英砂岩所占比例有所降低，但石英所占比例明显增高，灰岩原料则完全未见。石制品的类别、数量、原料均与上部文化层有所区别。第7层共有石制品8件，包括石核、断裂片、石器、断块（表一二、表一三）。

表一二　李家沟遗址北区下部文化层石制品分类统计

		石核	工具	断块	断裂片	合计
第7层	件数	2	2	3	1	8
	百分比（%）	25.0	25.0	37.5	12.5	100.0

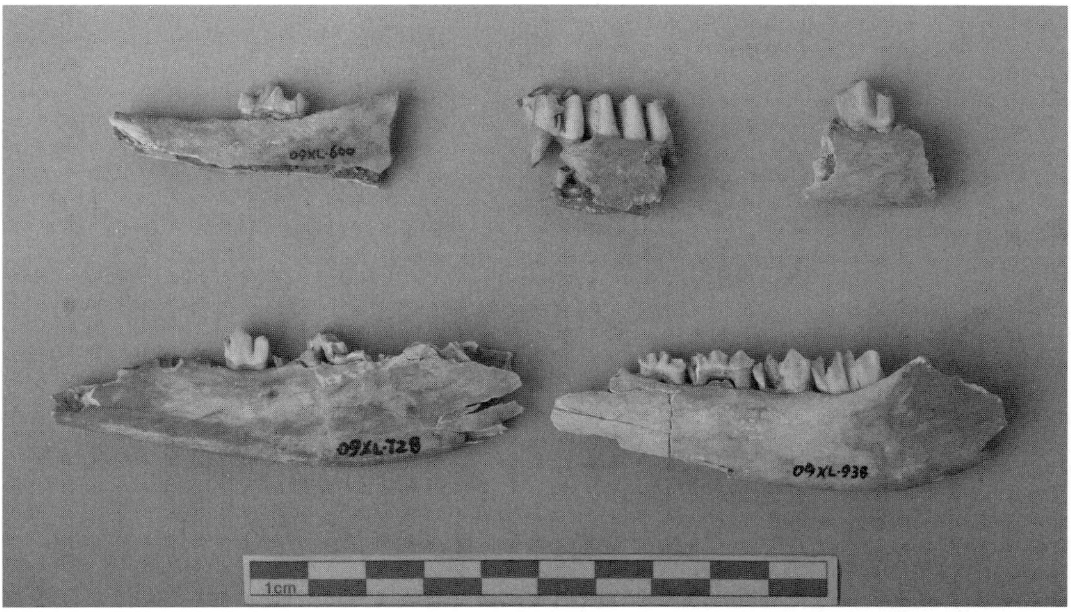

1

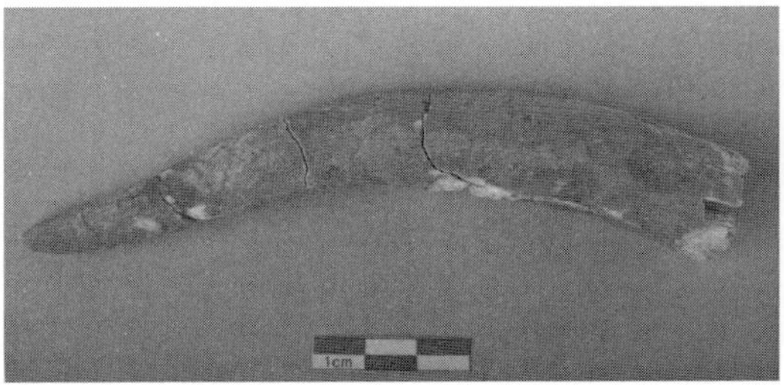

2

3

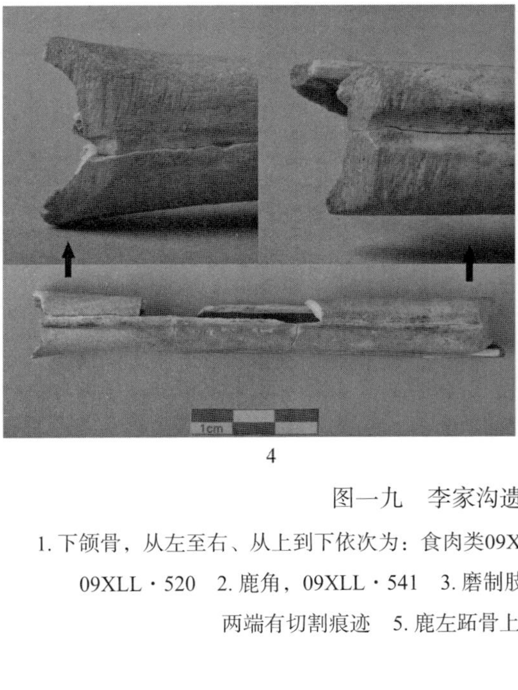

4

5

图一九　李家沟遗址北区出土动物骨骼

1. 下颌骨，从左至右、从上到下依次为：食肉类09XLL·564，鹿09XLL·522、09XLL·505、09XLL·516、09XLL·520　2. 鹿角，09XLL·541　3. 磨制肢骨片，09XLL·511　4. 鹿左跖骨，09XLL·572；两端有切割痕迹　5. 鹿左跖骨上端，09XLL·588，末端有切割痕迹

表一三　李家沟北区下部文化层石制品石料统计

		燧石、玛瑙	石灰岩	石英	石英砂岩	合计
第7层	件数	2	0	3	3	8
	百分比（%）	25.0	0.0	37.5	37.5	100.0

1. 石核

锤击石核、砸击石核各1件。

标本09XLL·369为单台面石英砂岩锤击石核，长43毫米，宽80.4毫米，厚72.7毫米，重251.1克。自然台面呈三角形，台面长61毫米，宽74.8毫米，台面角96°。可见2个片疤，深度较浅，剥片面的面积占整个石核表面积的比例约40%。

09XLL·366为砸击石核，原料为石英，长22.3毫米，宽14毫米，厚8.3毫米，重2.4克。台面呈点状，可见1个片疤，片疤浅平。

2. 断裂片

1件。标本09XLL·370为左裂片，原料为石英。长26.8毫米，宽30.8毫米，厚11.5毫米，重10.7克，石片角98°。台面为自然台面，呈三角形，长10.3毫米，宽12毫米。无半椎体、同心波，仅可见不发达的打击泡。背面有片疤5个。无使用痕迹。

3. 石器

边刮器2件。

标本09XLL·367为单直刃边刮器，原料为灰色玛瑙。长29.7毫米，宽19.3毫米，厚6.8毫米，重3.5克。原型为石片。台面为自然面，近三角形，长5.3毫米，宽10.7毫米。修理集中在腹面右侧边缘。右侧近端边缘可见一系列修理微疤，有正向和反向两种，形成直刃。反向修理的微疤连续分布，分布形态普通，中间一段由于石料原因呈阶梯状分布。正向修理的疤痕在背面连续、平行分布，疤痕浅平而窄长，应为压制修理，最长的修理疤达7.6毫米，已经到达背脊。刃缘长度16.5毫米，刃角40°～55°。在右侧和远端可见微小疤痕，为使用所致（图一五、图一七）。

标本09XLL·368，单直刃边刮器，原料为黑色燧石，原型为断块。长18.6毫米，宽21.6毫米，厚7.8毫米，重2.4克。修理部位在近端，修理刃缘长21.8毫米，正向加工，疤痕连续、平行分布，无使用痕迹。

4. 断块和残片

断块2件，原料为石英砂岩，重161.6～169.6克。石英残片1件，重0.6克。断块和残片均无使用痕迹。

五、遗址的时代和性质

对地层内出土炭屑及动物骨骼^{14}C（AMS）的年代测定，北区第4层至第6层经树轮校正后的年代距今10200～8500年（表一四）。从测年结果及出土遗物判断，李家沟遗址是一个典型的旧、新石器时代过渡遗址。

表一四　李家沟北区^{14}C年代测定

Lab编号	样品	地层	^{14}C年代（BP）	树轮校正后年代（BC）	
				1σ（68.2%）	2σ（95.4%）
BA091416	木炭	4	7740±40	6610BC（68.2%）6500BC	6650BC（95.4%）6480BC
BA091417	木炭	5	8015±35	7060BC（21.1%）7000BC 6970BC（22.9%）6910BC 6890BC（24.3%）6830BC	7070BC（95.4%）6810BC
BA091494	木炭	6	8950±40	8250BC（35.5%）8180BC 8120BC（8.2%）8090BC 8080BC（3.9%）8060BC 8050BC（20.6%）7990BC	8280BC（44.2%）8160BC 8140BC（51.2%）7960BC

六、小　　结

晚更新世至早全新世是人类社会和文化发生重大变革的时期，旧、新石器时代过渡的研究成为世界性的重大学术课题。近年来在华北、华南发现了这一阶段的很多重要遗址，为了解东亚地区这一时期人类社会演变提供了很多重要的研究资料[1～5]。中原地区作为连接我国及东亚大陆南北东西的地带，是探讨中华文明起源的核心。然而，在这一地区旧石器时代晚期文化和已发现的新石器时代裴李岗文化之间，却存在着明显的缺环。李家沟遗址的发现，从地层堆积、工具组合、生计方式等多角度提供了中原地区旧、新石器时代过渡进程的重要信息。

从地层上看，位于李家沟北区的早期新石器时代遗址可分为上下两个文化层，上文化层为第4～6层，是连续堆积的新石器时代文化层，厚度约2米，距今8450～10200，包含北区所发现的绝大部分遗存，显示遗址使用具有一定的规模及相对于旧石器时代晚期更强的稳定性。下文化层为第7层，仅发现零星石制品，石制品面貌尚不明确，未发现陶片及化石，依地层判断，应与南区底部层位相当，属旧石器时代晚期。

北区上部文化层中发现了较清楚的人类活动遗迹，即第6层所发现的石块聚集区。遗迹中心由体型较大的磨盘、石砧与多块扁平石块构成。间或夹杂着数量较多的烧石碎块、石器断块、陶片及动物骨骼碎片等，工具所占比例较低，这可能与遗迹区特定的活动相关。遗迹区发现有明显人工切割痕迹的食草类动物长骨断口，表明遗迹区可能进行过加工动物骨骼的活动。而大量烧石的存在则说明这里亦具有烧火的功能。这与那些以细石器文化为主要特征的、反映较强人群流动性的旧石器时代晚期遗存明显不同。虽然尚未发现柱洞等建筑遗迹，但半环形石块聚集区明显与当时人类相对于旧石器时代晚期采集狩猎人群更稳定的居住活动有关，人们在此可进行工具生产与食物加工等活动。

上部文化层另一项重要的收获是发现了160多片陶片。除部分因埋藏原因而较松脆，多数未经风化磨蚀，且产状分布均无一定规律，有些甚至呈直立状，应属原地埋藏，说明当时人类就在发掘区原地或附近使用陶器。已发现的陶片均为夹粗砂陶。陶片颜色以红褐色为主。多数质地较坚硬，显示出较高的烧成技术。从纹饰上看，除发现少量的刻划纹外，其余大量器表施压印纹，加工手法较纯熟。然而。这批陶片虽然包括多件不同陶器的口沿部分，但器形较单调，均为直口的桶形罐类器物，器形较大，仍保留有早期陶器的特点。从总体来看，李家沟新发现的陶器无论是器物类型还是纹饰风格，均与本地区年代稍晚、广泛分布的裴李岗文化有比较明显的区别，可将其命名为李家沟文化。李家沟文化具有相对较成熟的制陶技术，其起源和发展需要进一步探讨。

从石制品看，北区上文化层的细石核、细石器的应用相较于旧石器时代晚期开始衰落，仅包括第4层发现一件宽台面柱状细石核和第6层发现少量的细石叶断片，技术特点与南区旧石器时代文化层细石器工业有所不同。石英砂岩加工的权宜型石制品，数量则较多。这类石制品，形体粗大，加工简单，与南区细石器工业的精制品组合不同，应是适应不同生计活动的结果。同时，北区上文化层还发现了大量人工搬运石块和形体较大的扁平砂岩石块。从发现的石磨盘残段观察，部分扁平砂岩石块可能为加工磨盘的原料或荒坯。但更多的石块还可能与当时人类的居住活动相关。这些都反映出人类的流动性较旧石器时代晚期已经有所下降。北区下文化层仅有少量石制品发现，根据地层关系，结合南区下部旧石器文化层，可以来探讨其文化内涵。

北区上文化层发现的动物化石种类亦较丰富，数量较多的是中型和小型鹿类，大型食草类动物则仅见零星的牛类与马类骨骼碎片，另外也可见到少量的羊、猪及食肉类动物的骨骼遗存。这与南区旧石器文化层发现较多大型食草类化石不同。结合石制品的发现状况，这可能表明专业化狩猎活动的减少。且大型的陶制容器的出现，也暗示本阶段的生计方式可能向采集植物类食物与狩猎并重的方向发展。但是对北区上文化层土样的初步浮选结果显示，浮选物中植物遗存数量稀少，尚无明确的作物种子发现，这可能与发掘范围小、浮选土样样本量较少有关，有待进一步研究。

综合以上发现，李家沟北区所发现遗存显示出较强新旧石器时代过渡阶段的特征，结合南区的发现，显示出当地史前居民由流动性较强、狩猎大型食草动物的旧石器阶段逐渐向具有一定稳定性、植物采集与狩猎并重的新石器时代的演化过程，填补本地区该阶段历史发展的缺环，为进一步揭示旧、新石器时代过渡时期人类行为及文化特征发展提供了重要材料。

附记：本文为国家社科基金重大项目成果（项目编号：11&ZD120）。领队为王幼平、张松林；执笔为何嘉宁、张松林、汪松枝、王佳音、赵静芳、高霄旭、王幼平。此遗址的发掘得到国家文物局、河南省文物局、郑州市文物局和新密市政府的大力支持。郑州市文物考古研究院胡亚毅等同志承担了很多工作。北京大学考古文博学院年代实验室在测年上给予了帮助，北京大学城市与环境学院夏正楷教授多次亲临现场指导地层划分与环境样品取样等。在此一并致谢!

注释

[1] 保定地区文物管理所等：《河北徐水县南庄头遗址试掘简报》，《考古》1992年第11期。

[2] 北京大学考古文博学院等：《北京市门头沟区东胡林史前遗址》，《考古》2006年第7期。

[3] 谢飞等：《泥河湾旧石器文化》，花山文艺出版社，2006年。

[4] 严文明等：《仙人洞与吊桶环——华南史前考古的重大突破》，《中国文物报》2000年7月5日。

[5] 周国兴：《中国广西柳州白莲洞石器时代洞穴遗址——对华南地区旧石器时代晚期文化向新石器时代早期文化过渡的探索》，《东南文化》1986年第2期。

[原载于《古代文明》（第9卷），文物出版社，2013年]

河南新密李家沟遗址南区2009年发掘报告

赵静芳　张松林　汪松枝　何嘉宁　高霄旭　王佳音　王幼平

李家沟遗址隶属于河南省郑州市新密市岳村镇岗坡村李家沟村（图一）。2004～2006年，郑州市文物考古研究院进行了旧石器考古专项调查，发现了数量众多的旧石器和动物化石地点，李家沟遗址为其中之一。2009年4月、6月，北京大学考古文博学院和郑州市文研院共同对该遗址进行了复查。在出露的南、北断崖中发现了一批文化遗物，包括陶片、石制品、动物骨骼等。石制品中有用较小的燧石制成的凹缺刮器，也

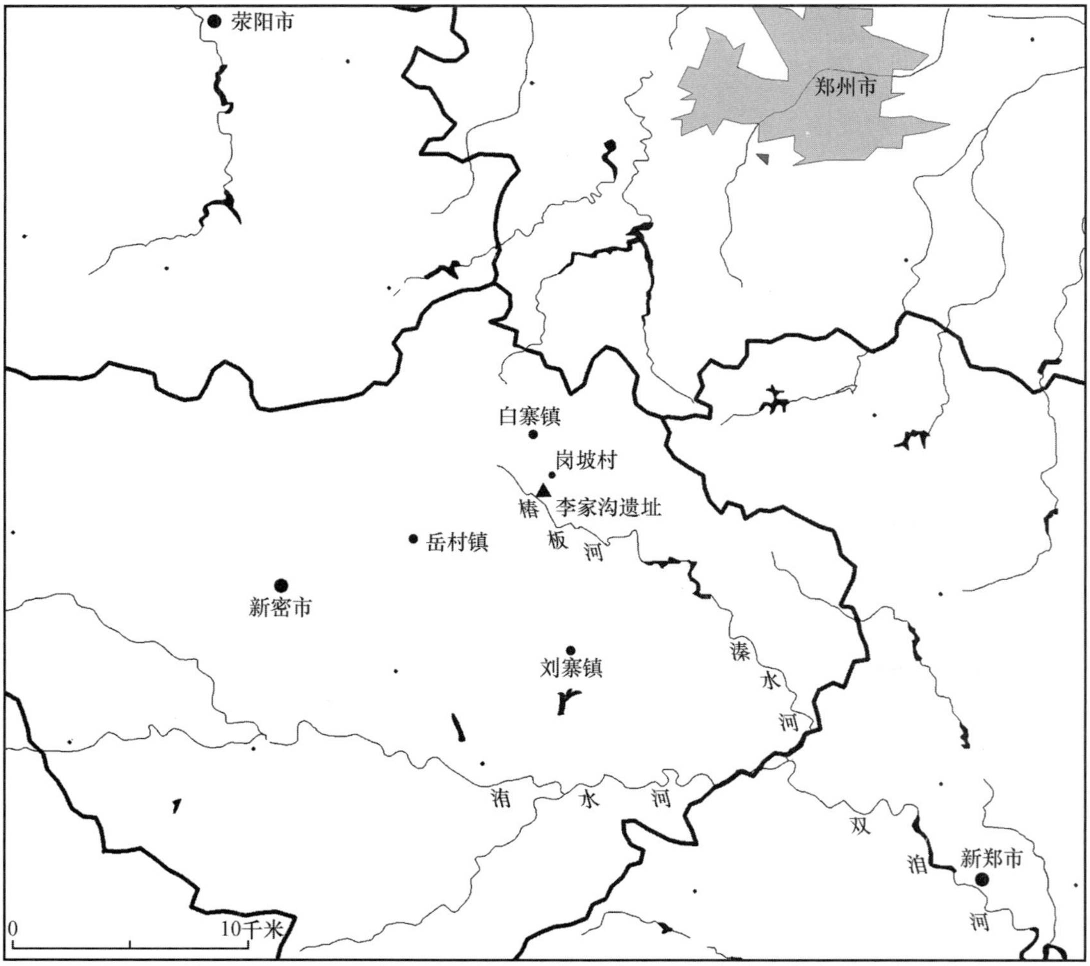

图一　李家沟遗址地理位置示意图

有石英砂岩制作而成的扁平石块。根据这些遗物初步判断，李家沟遗址为一处旧、新石器时代过渡的遗址，其时代可填补郑州地区史前文化的空白。

由于遗址周围分布有煤矿，已有多处区域出现塌陷，加之降水和河流侧蚀等自然因素的影响，临河一侧已经出现严重垮塌。为了抢救和保护这一重要遗址，经国家文物局审批，北京大学考古文博学院和郑州市文物考古研究院组成联合考古队，于2009年8～10月对该遗址进行了第一次抢救性发掘。本次发掘发现了旧石器向新石器过渡的连续剖面，以及新石器早期遗迹和陶片、典型的细石器等大量重要文化遗存。

发掘区分布于一条沿断层破碎带形成的沟谷两侧，形成南、北两区，布方情况如图（图二）。本报告仅涉及南区。

发掘工作按照国际上通行的旧石器考古的发掘方法，南区共布1米×1米探方24个，实际面积约16平方米。在发掘过程中按照田野考古新规程的要求，对遗址文化层出土遗物全部进行了筛洗，并对遗物集中区域的土进行了浮选，对发掘过程进行了照相、摄像和文字记录。在该区发现了大量的文化遗物，包括典型的细石器、打制石器、人工搬运石块、动物骨骼等。

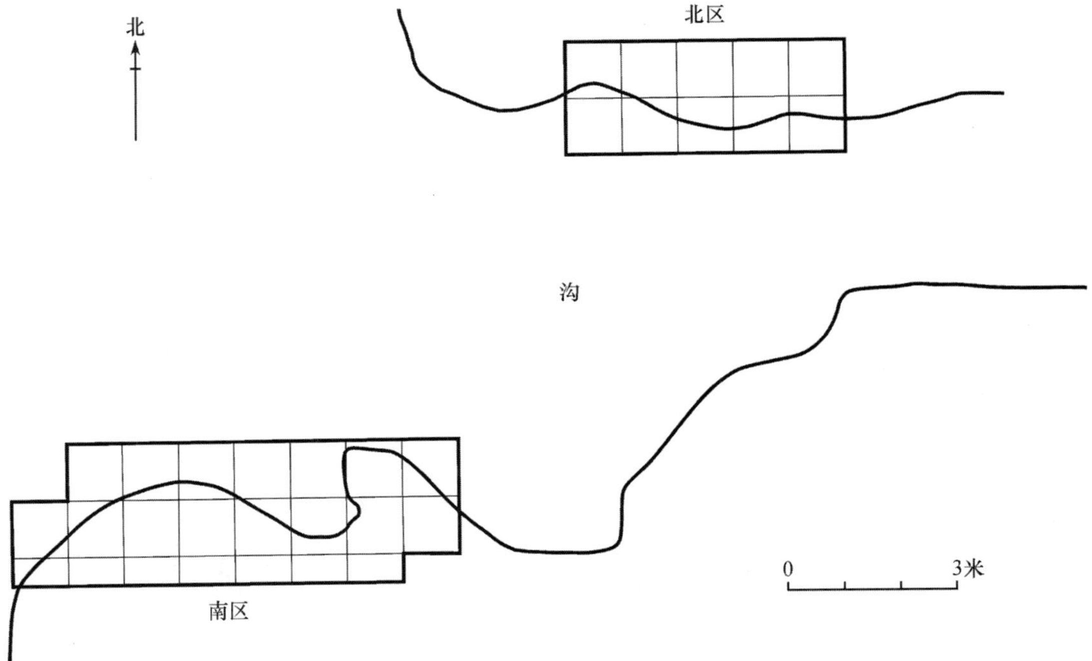

图二　李家沟遗址布方示意图

一、地貌和地层

李家沟遗址位于李家沟村西，椿板河（淮河水系溱水河上游）东岸的2级阶地上（图三、图四）。地理坐标北纬34°33′55″，东经113°31′25″，海拔高度200米。阶地性质为

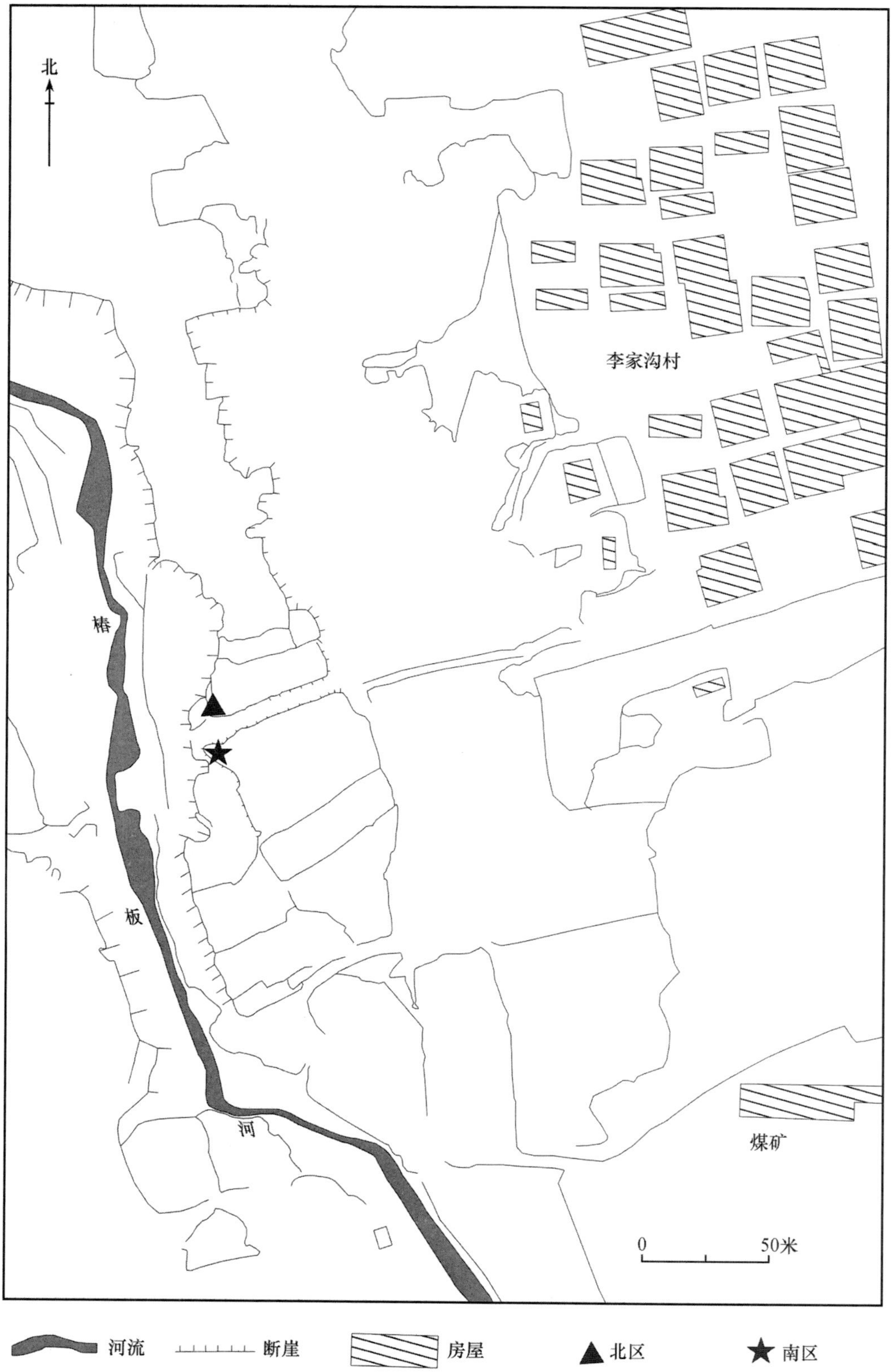

图三　李家沟遗址地形平面图

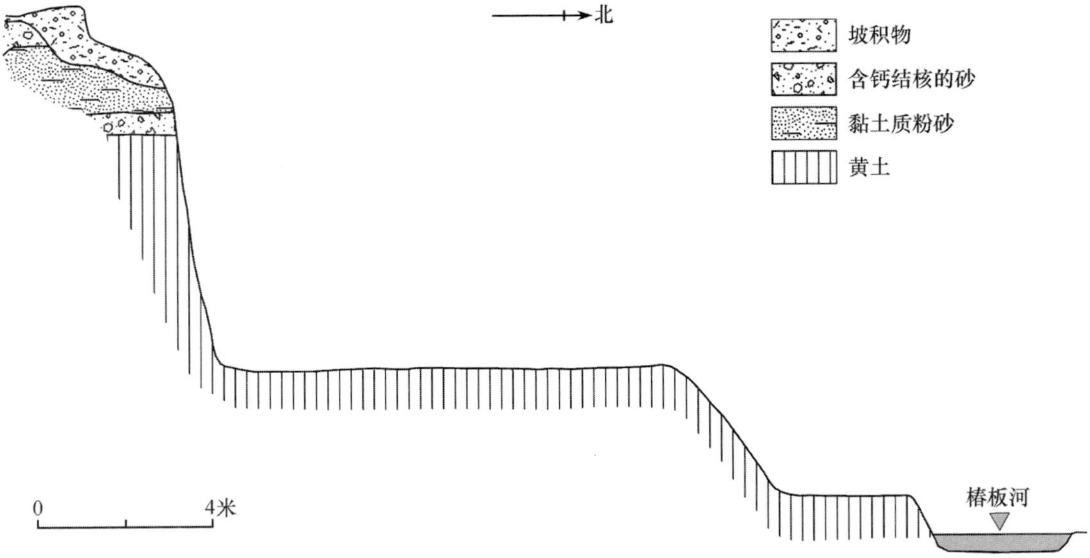

图四　李家沟遗址附近椿板河谷剖面示意图

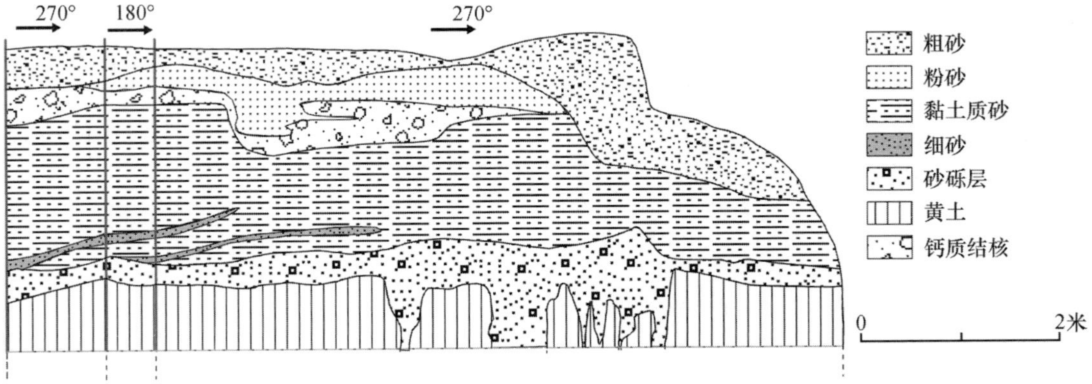

图五　李家沟遗址南区南壁剖面图

以马兰黄土为基座的基座阶地。附近是低山丘陵地貌，地势由东北向西南倾斜。黄土堆积发育。南区分布有大量人工种植的杨树。附近分布有现代小型煤矿。

以南壁剖面为例，李家沟南区地层分为5层（图五）。

第1层：扰土层，厚6～130厘米，棕褐色碳酸钙胶结物层，以褐色粗砂为主，包含大量料姜、灰岩石块，少量瓷片、砖块，塑料等现代物品。该层虽被现代人扰乱，但以褐色碳酸钙胶结物和粗砂构成的特点十分显著，是较普遍存在于该地区的一类地层，在新郑唐户遗址该层即被叠压在裴李岗文化地层之下。

第2层：文化层，厚0～75厘米，灰白色粉砂—粗砂，下部有锈黄色条带，偶见灰黑色黏土块，表面有许多裂隙，在发掘区未见文化遗物。但在发掘区东部的相同地层中可见陶片，其陶质、陶色和纹饰均与李家沟北区所出陶片一致。

第3层：文化层，厚30～160厘米，黄褐—黑褐色黏土质粉砂，靠近下部有2层锈黄色砂层，可见水平层理，包含少量料姜石，极少量石制品和动物骨骼。

第4层：文化层，厚8～？厘米（局部未见底），褐色砂砾层，含大量料姜砾石，剖面上可见多个竖立的料姜砂砾柱，深入到第5层，未见底。包含大量文化遗物，包括典型的细石器、动物骨骼和极少量的烧骨。

第5层：马兰黄土层，未见底，黄褐色黏土质粉砂，暂未见文化遗存。

二、埋藏状况和出土遗物分布

据初步统计，李家沟遗址南区出土遗物情况如表一。

表一　李家沟遗址南区出土遗物

	石制品（n①）	动物骨骼（NISP②）	烧骨（NISP）	合计
第3层	12	10	0	22
第4层	725	90	4	819
合计	737	100	4	841

注：①石制品的数量为室内观察标本数，实际数量要多于此数字，其余标本为没有人工痕迹的搬运石块。②NISP，动物骨骼可鉴定标本数

从上表统计可知，南区仅第3、4层出土文化遗物。其中，第3层出土数量非常少，为22件，仅占总数的2.6%，第4层出土物非常丰富，仅室内观察标本就有819件，占有绝对多数。

所有出土标本当中，以石制品数量最多，动物骨骼次之，还有极少量的烧骨。

出土遗物的产状和风化、磨蚀状况可以显示埋藏状况。产状由长轴、倾向、倾角三个要素组成，具体划分规则见北区发掘报告。

第3层出土标本较少（图六），统计数据可能会不准确。从图八可以看出，长轴、倾向各个方向均有分布，无明显集中分布的趋势，倾角以倾斜状态为主，可能表明遗物的分布未受到水流等外力因素的干扰。

就风化、磨蚀来讲（表二），第3层的动物骨骼以轻度、中度风化为多，没有重度风化。没有标本经过磨蚀。而石制品则以无风化占有绝对优势，无磨蚀或轻度磨蚀的标本较多，没有重度的风化、磨蚀。

第4层出土遗物丰富（图七）。从图九来看，长轴没有明显集中的趋势，各个方向的标本数量非常接近。但是方向“2”数量略多，其次为“3”“4”，方向“1”数量最少，还有7%为垂直状态。倾向的分布亦较为平均。以水平者最多，其次以“2”“8”方向稍多。倾角以倾斜状态为多，平行数量也占有一定比例，垂直状态最少。这类产状表明了遗物在埋藏过程中较少地受到外力影响。

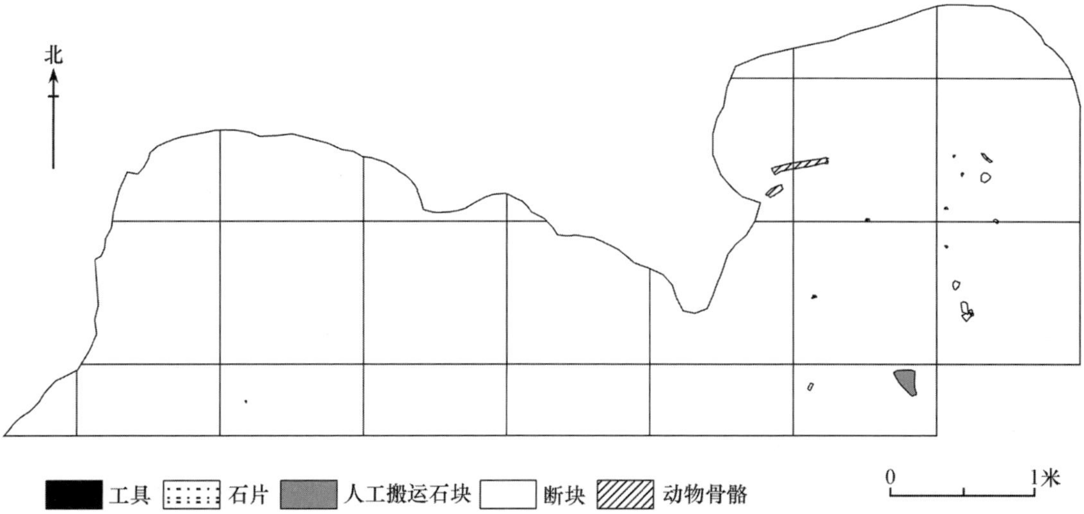

图六　李家沟遗址南区第3层遗物分布平面图

表二　李家沟南区第3层风化、磨蚀统计表

		风化				磨蚀			
		无	轻度	中度	重度	无	轻度	中度	重度
动物骨骼	n	1	4	5	0	0	0	0	0
	所占比例（%）	10.0	40.0	50.0	0.0	0	0	0	0
石制品	n	10	1	1	0	8	3	1	0
	所占比例（%）	83.3	8.3	8.3	0.0	66.7	25.0	8.3	0.0

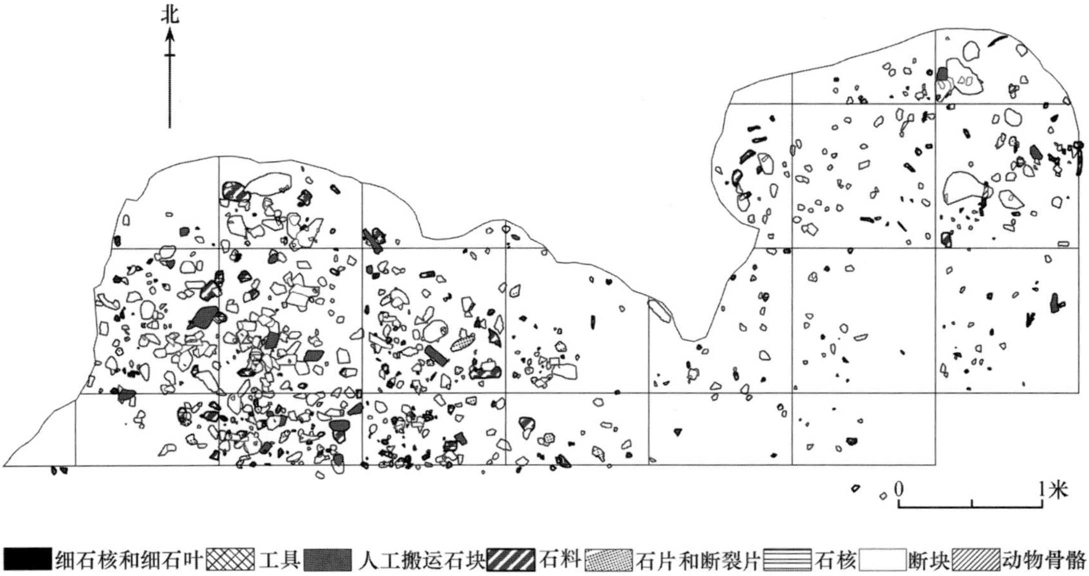

图七　李家沟遗址南区第4层遗物分布平面图

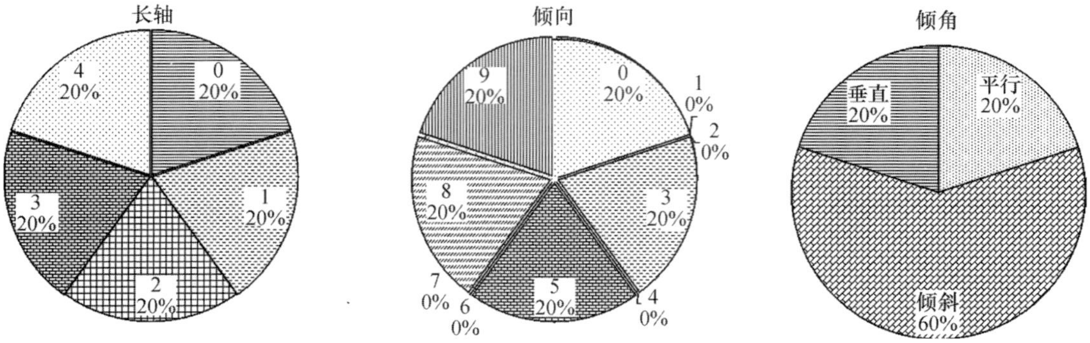

图八　李家沟遗址南区第3层出土遗物产状统计图

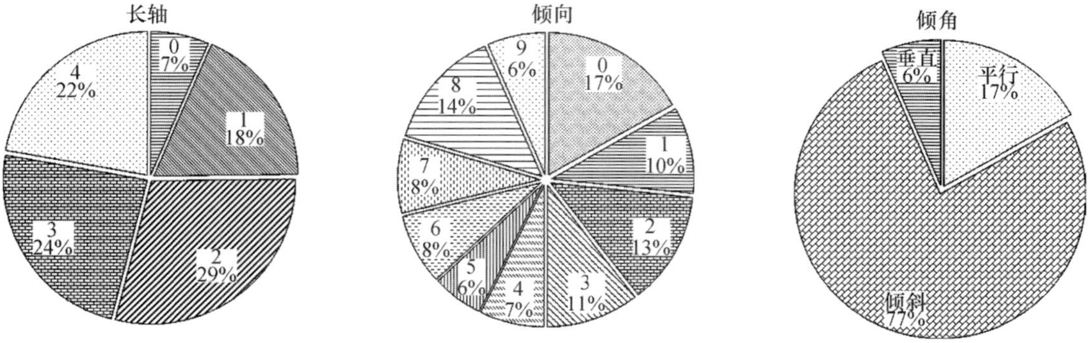

图九　李家沟遗址南区第4层出土遗物产状统计图

就风化程度而言（表三），第4层出土的动物骨骼以没有风化和轻度风化略占优势，有不足1/3的标本有中度风化，仅有1件标本重度风化。石制品中则以没有风化占绝对优势，少量的轻度和中度风化，没有重度风化。

表三　李家沟南区第4层风化、磨蚀统计表

		风化				磨蚀			
		无	轻度	中度	重度	无	轻度	中度	重度
动物骨骼	n	35	33	25	1	84	9	1	0
	所占比例（%）	37.2	35.1	26.6	1.1	89.4	9.6	1.1	0
石制品	n	671	50	3	0	611	111	2	0
	所占比例（%）	92.7	6.9	0.4	0.0	84.4	15.3	0.3	0

就磨蚀程度而言（表三），第4层出土的动物骨骼大部分没有经过磨蚀，占89.4%，有少量的轻度磨蚀，占9.6%，中度磨蚀仅1件，没有重度磨蚀。84.4%的石制品未经磨蚀，15.3%轻微磨蚀，仅2件标本中度磨蚀，没有重度磨蚀。

总之，第3、第4层出土遗物产状没有明显的分布规律，但第4层在个别方向上的数量略多，表明可能受到轻微外力作用的影响。动物骨骼中多数有风化，以轻度和中度为主，重度极少，表明动物骨骼在埋藏之前曾经暴露在地表一段时间。动物骨骼一般没有经过磨蚀，仅有少数轻度磨蚀。石制品以没有经过风化、磨蚀者为多，也存在少量经过轻度风化、磨蚀，还有零星的中度风化、磨蚀，未见重度。以上统计表明，该遗址在埋藏过程中受到一定自然力作用的影响，但作用较小，基本上属于原地埋藏。在发掘过程当中，我们对所有文化层的土进行了筛洗，没有发现大量打制石器的碎屑，说明该地并不是制造石器的场所。

从遗物分布图（图六、图七）来看，石制品集中分布在发掘区的西侧，其种类十分丰富，可分为石料、石核、石片、断裂片、断块碎屑、细石器、人工搬运石块等，显示人类曾在此地频繁活动。动物骨骼则分布于东侧，多为大型食草类的肢骨、角等，少量的食肉类、鸟类、蚌类等，可能为人类肢解动物的场所。

三、第3层出土遗物

第3层出土遗物22件，其中石制品12件，动物骨骼10件。

（一）石制品

第3层出土石制品12件（表四）。与第4层相比，数量非常少，种类也比较单一，包括工具1件，完整石片3件，断块7件，人工搬运石块1件。需要说明的是人工搬运石块与断块不同，是一类没有人工打制痕迹的石制品，具体定义将在下文第4层中详细说明。

表四　李家沟南区出土石制品类型统计

		细石核	细石叶	人工搬运石块	石料	石核	完整石片	断裂片	工具	断块	总计
第3层	n	0	0	1	0	0	3	0	1	7	12
	所占比例（%）	0.0	0.0	8.3	0.0	0.0	25.0	0.0	8.3	58.3	99.9
第4层	n	8	11	23	27	29	114	43	53	417	725
	所占比例（%）	1.1	1.5	3.2	3.7	4.0	15.7	5.9	7.3	57.5	99.9
合计	n	8	11	24	27	29	117	43	54	424	737
	所占比例（%）	1.1	1.5	3.3	3.7	3.9	15.9	5.8	7.3	57.5	100

原料种类有燧石、石英砂岩、石英、灰岩四种（表五）。其中燧石利用率最高，占41.7%，一般用于制作工具、石片等种类，也会产生断块；其次是石英砂岩，占33.3%，均为断块。石英和灰岩利用率很低，种类以断块为主。

表五　李家沟南区第3层石制品原料与类型统计

		燧石	石英砂岩	石英	灰岩	总计
工具		1				1
完整石片		2		1		3
断块		2	3	1	1	7
人工搬运石块			1			1
合计	n	5	4	2	1	12
	所占比例（%）	41.7	33.3	16.7	8.3	100

依照石制品的最大长宽可以分为5个等级，微型（小于20毫米）、小型（大于等于20毫米、小于50毫米）、中型（大于等于50毫米、小于100毫米）、大型（大于等于100毫米、小于200毫米）和巨型（大于200毫米）[1]。第3层石制品的尺寸变化大，长度为11.8～238毫米。主要以微型、小型、中型标本为多，共有11件，只有1件特大型标本。标本的尺寸与岩性有密切的关系，燧石普遍为微型标本。石英砂岩变化很大，为55.8～238毫米，总体比燧石要大得多，属于中型、大型标本。石英的尺寸居中，在10～25毫米。

石制品的重量变化也很大，范围为0.2～1825克。与尺寸相适应，燧石的标本很轻，平均重量只有0.8克；石英砂岩的重量差别较大，平均重量超过500克。

石片　共3件，均为锤击石片，2件燧石，1件石英，长度范围为11.8～15.5毫米，平均重量0.8克。标本09XLS・001，燧石制的V型石片，即台面为人工打制、背面为半人工打制的石片。长15.5毫米，宽17.3毫米，厚4.7毫米，重1.1克。石片角122°，台面为打击台面，长5毫米，宽12.5毫米，形状不规则，打击点、打击泡非常清晰，亦可见同心波和放射线，背面自然面比例30%。在远端右侧可见使用痕迹。

工具　仅1件。标本09XLS・002，单直刃边刮器，原料为燧石，长18.6毫米，宽12.2毫米，厚6.9毫米，重1.5克，原型为断块，刃角54°，刃缘长10.9毫米。修理疤痕以微型和小型为主，可见使用痕迹。

断块　共7件，包括3件断块和4件残片，长度范围为12～84.9毫米，平均重量48.5克。原料为燧石、石英砂岩、石英、灰岩。

人工搬运石块　仅1件。09XLS・725，原料为石英砂岩，长238毫米，宽151.5毫米，厚59.8毫米，重1825克。重量大，呈扁平状。

（二）动物骨骼

第3层出土动物骨骼10件，经初步鉴定有大型鹿、中型鹿、牛、马等体型较大的食草类动物，初步统计各1个个体。保存的骨骼不仅有鹿角、下颌、牙齿等头骨骨骼，还包括四肢骨。如09XLS・808为鹿角残块，09XLS・739为马牙，09XLS・816为一件完整的桡骨。未见烧骨。

（三）小结

第3层出土石制品和动物骨骼数量均较少。石制品种类也比较单一，包含石片、工具、断块等类型，并且包括人工搬运石块这类有显著特点的石制品。动物种类以大型食草类为主。

四、第4层出土遗物

第4层共出土遗物819件，其中石制品725件，动物骨骼94件（含烧骨4件）。

（一）石制品

第4层出土石制品725件。其中细石核8件，细石叶11件，石料27件，石核29件，石片114件，断裂片43件，工具53件，断块417件，人工搬运石块23件（表四）。

1. 原料

经初步统计，以石英砂岩、燧石、石英三种岩性为主，也有一定数量的灰岩，以及少量的玛瑙、石英岩、硅质灰岩和绢云母片岩（表六）。三种主要岩性中，又以石英砂岩利用率最高，占40.3%，其次为燧石，占31.7%，石英最少，20.6%。除了细石核、细石叶之外，各类石制品中均有石英砂岩。其中断块数量最多，达208件，占石英砂岩总数的71.2%，石片的数量其次，完整石片和断裂片共41件，工具最少，只1件。需要指出的是，人工搬运石块的原料通常为石英砂岩，23件搬运石块中有17件，接近3／4，另有一部分灰岩。与石英砂岩不同，燧石则主要用来制作细石核、细石叶、工具、石片等种类。除了断块外，以燧石为原料的石片最多，完整石片和断裂片共74件，工具35件，细石核、细石叶19件则全部用燧石制成。石英中断块数量占65.8%，还有少量的石片和工具，各占13.4%和10.6%。

表六　李家沟南区第4层石制品原料与类型统计

		石英砂岩	燧石	石英	灰岩	玛瑙	石英岩	硅质灰岩	绢云母片岩	总计
细石核			8							8
细石叶			11							11
石核		13	7	8				1		29
石料		12	12	1	2					27
完整石片		22	58	20	11	2	1			114
断裂片		19	15	7	2					43
工具		1	35	15	2					53
断块		208	84	98	24	1	1		1	417
人工搬运石块		17			6					23
合计	n	292	230	149	47	3	2	1	1	725
	%	40.3	31.7	20.6	6.5	0.4	0.3	0.1	0.1	100

2. 石制品大小及重量

从图一〇可以看出，南区的石制品以微型、小型、中型标本为多。大型标本也占有一定数量，巨型标本最少。其中燧石标本普遍尺寸较小，以微、小型占绝对多数，少量标本为中型，个别标本超过100毫米。石英砂岩标本则尺寸较大，以中型标本为多，大型标本也有一定数量。

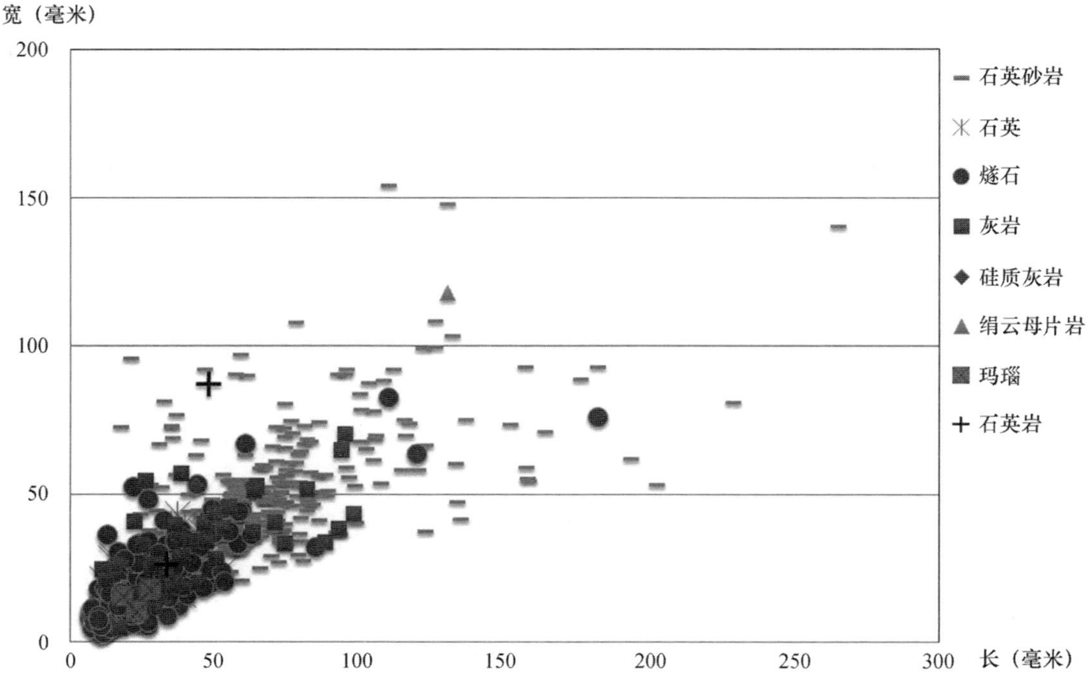

图一〇　李家沟遗址南区第4层石制品长、宽坐标图

就石制品的重量而言，以1～25克最多，占49.9%；25～100克的次之，占22.2%，小于1克和100～500克的较少，大于500克最少。各原料中重量分布也有区别，石英砂岩以25～500克最集中；石英以1～25克为多；燧石则以小于25克者最多（表七）。

表七　李家沟南区第4层石制品重量分布图

		<1克	1～25克	25～100克	100～500克	>500克	总计
石英砂岩			60	118	93	21	292
燧石		59	149	16	4	2	230
石英		11	126	11	1		149
灰岩		4	23	14	6		47
玛瑙			3				3
石英岩			1	1			2
硅质灰岩				1			1
绢云母片岩					1		1
合计	n	74	362	161	105	23	725
	%	10.2	49.9	22.2	14.5	3.2	100

3. 细石核和细石叶

共19件，包括细石核8件、细石叶11件，占第4层石制品总数的2.6%，原料均为燧石（表八）（图一一、图一二）。

表八　李家沟南区第4层细石器分类统计

	细石核		细石叶		总计
类型	船型细石核	柱状细石核	完整细石叶	不完整细石叶	
数量	6	2	9	2	
合计	8		11		19

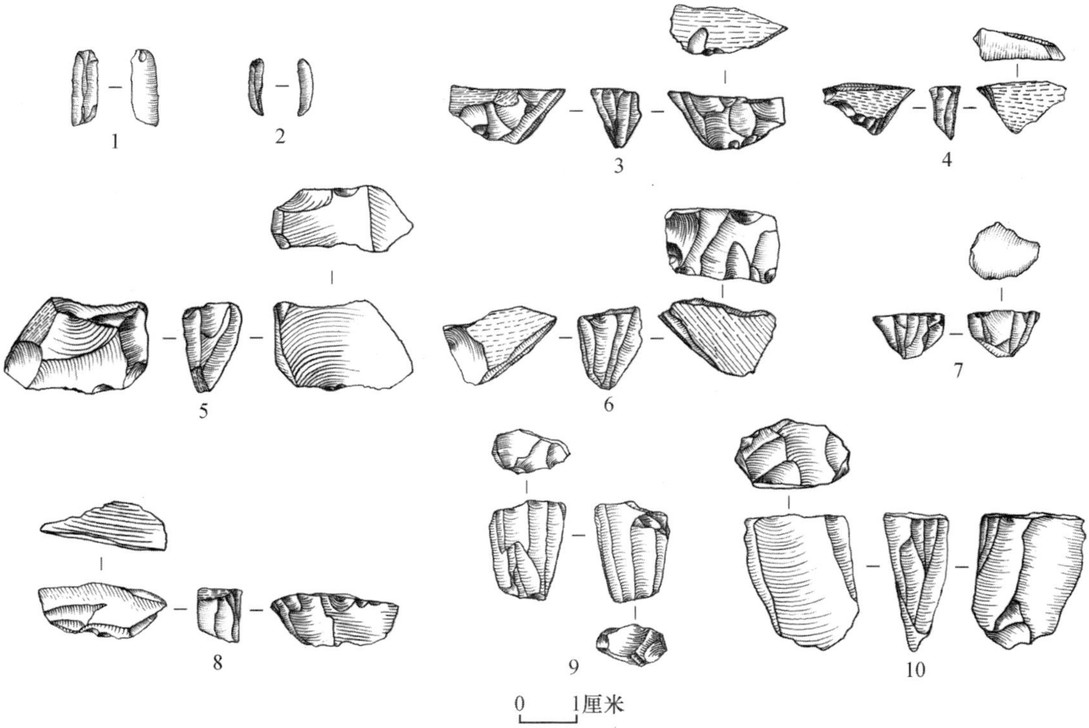

图一一　李家沟遗址南区细石核、细石叶

1、2. 细石叶（09XLS · 567、09XLS · 327）　3～8. 船型细石核（09XLS · 559、09XLS · 561、09XLS · 410、509XLS · 523、09XLS · 153、09XLS · 105）　9、10. 柱状细石核（09XLS · 491、09XLS · 224）

细石核又可分为船型细石核和柱状细石核，测量数据如表九。其中船型6件，柱状2件。船型细石核的台面有自然、打击、修理三种，以打击台面为主。如09XLS · 561为自然台面，09XLS · 105、09XLS · 153、09XLS · 410、09XLS · 559为打击台面，09XLS · 523为修理台面。无论哪种都是以一个较平坦的面为台面，与台面对应一面为一个小平面或者刃状，然后进行剥片，与剥片面对应的一面一般也呈刃状。柱状石核的台面则均为修理。09XLS · 491有上下两个台面，09XLS · 224一个台面已经成为刃状。从形状和剥片程度分析，柱状石核与船型石核的技术差别不大，亦有可能属于细石核剥片的不同阶段。

09XLS · 561，船型细石核，原料为褐色燧石。长10.7毫米，宽5.8毫米，厚16.3毫米，重0.6克。原型为两面均带石皮的断块，从侧面看纵剖面呈三角形。台面为自然面，呈不

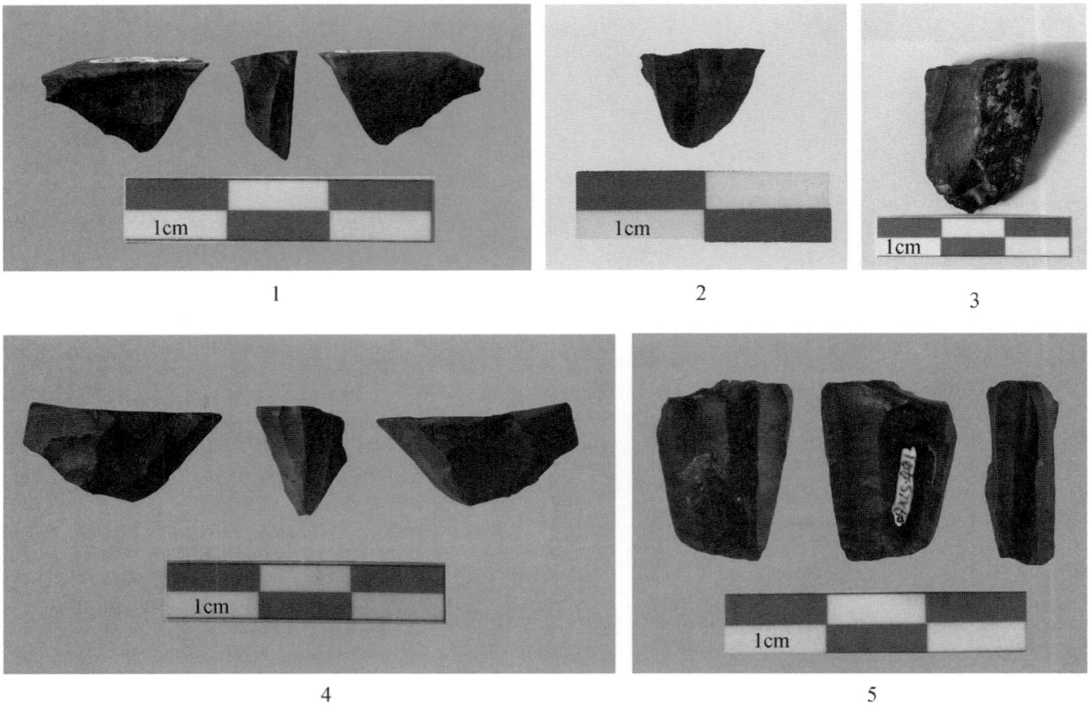

图一二　李家沟遗址南区石制品

1、2、4. 船型细石核（09XLS · 561、09XLS · 153、09XLS · 559）

3、5. 柱状细石核（09XLS · 224、09XLS · 491）

规则长条形，长16.3毫米，宽5.8毫米，台面角62°。与台面对应的一面修理成刃状，分布有连续的几个小片疤，片疤长度在2～3毫米之间，修理的刃状缘长度7.9毫米。台面与刃状缘之间可见平行分布的3个细长疤痕，最左1个片疤最完整，中间次之，最右的片疤仅剩很窄的一个窄面，可知是从右至左剥取细石叶。疤痕中最长者8.8毫米，宽3.4毫米。与剥片面相对的一侧为很短的刃状，有1个向剥片面的片疤（图一一，4；图一二，1）。

09XLS · 105，船型细石核，原料为黑色燧石。长9.6毫米，宽7.7毫米，厚22.9毫米，重2克。原型为带有石皮的断块，整体呈船底状。台面为剥片之前打击而成的平面，未进行修理，呈不规则形，长23毫米，宽7.6毫米。台面角57°～70°。与台面对应的一面，即底面基本为一平面，可见至少2个小疤。台面与底面之间可见剥片面，平行分布有4个细长疤痕，为剥取细石叶所致。其中3个延伸至底面，1个延伸不足一半。疤痕中最长者长9.3毫米，宽3.8毫米。与剥片面相对一侧为刃状，可见2条向剥片面的片疤，较浅平（图一一，8）。

09XLS · 153，船型细石核，为剥片结束阶段的产品。原料为黑色燧石，长7.6毫米，宽11.5毫米，厚9.9毫米，重0.9克。原型为断块，形状近似锥状。台面为剥片前打击所得平面，无修理痕迹，形状不规则，长9.7毫米，宽11.3毫米，台面角70°～80°。沿台面一周向底部压制细石叶，共剥取细石叶10片，深度浅平，长度约10毫米，宽3毫米。片疤在底部汇集于一点（图一一，7；图一二，2）。

09XLS·410，船型细石核，原料黑色燧石，长16.3毫米，宽12.1毫米，厚26.8毫米，重5.1克。原型为断块，形状近似船底。台面为剥片前打击所得平面，形状不规则，长17.1毫米，宽11毫米，一侧分布两个略呈阶梯状片疤。台面角80°～88°。石核左侧前缘分布一窄长片疤，应为剥取细石叶所致。右侧为剥取石片所得阴疤。与台面相对的底部呈刃状，无加工痕迹，局部分布微疤，可能为镶嵌或使用所致。石核前缘遗留一窄长片疤，为剥取细石叶所致，深度浅平，长度16毫米，宽4.3毫米（图一一，5）。

09XLS·559，船型细石核，原料为褐色燧石。长9.8毫米，宽8.9毫米，厚20.1毫米，重1.7克。原型为带有石皮的断块，从侧面看纵剖面呈四边形。台面为打击而成的平坦平面，近三角形，长20.1毫米，宽8.9毫米，台面角48°。台面上有若干打击的小疤，连续打击，呈阶梯状分布。与台面相对的一面修理成刃状，两侧均可见一系列修理微疤，大者长达6.1毫米，小者不足1毫米，亦呈阶梯状，刃缘总长13.2毫米，修理过的刃缘长9.9毫米。台面与底部刃缘之间为剥片面，平行分布有5个连续的细长疤痕，为剥取细石叶所致。其中3片疤痕较完整，最长者长12.3毫米，宽3.1毫米。与剥片面相对的一面为自然面与以前打击面形成的刃状，无片疤（图一一，3；图一二，4）。

09XLS·523，船型细石核，原料褐色燧石，长19.2毫米，宽12.4毫米，厚11.4毫米，重3.4克。原型为断块。台面修理，片疤3个，形状不规则，长6.9毫米，宽10.6毫米，台面角68°。石核前缘平行分布细石叶片疤3片，深度浅平，均延伸至底部，长约17毫米，宽6.4毫米。石核右侧为自然平面，左侧为节理面，左右两侧与前后缘在底部汇聚成点状（图一一，6）。

09XLS·224，柱状细石核，原料为黑色燧石，长23.5毫米，宽11.2毫米，厚18.4毫米，重5.5克。原型为断块。台面修理，片疤8个，组成一较平平面，形状略呈椭圆状，长17.7毫米，宽11毫米，台面角91°。石核前缘及右侧共分布5片细石叶片疤，较浅平，延伸至底部。后缘分布1片细石叶片疤，亦延伸至底。底部呈刃状，为石核左右两侧面相交而成（图一一，10；图一二，3）。

09XLS·491，柱状细石核，为剥片中间阶段的产品，原料为黑色燧石。长18.2毫米，宽13.7毫米，厚7.1毫米，重2.2克。原型不可知，整体呈柱状，上部略大，纵剖面呈上大下小的梯形。上下两个台面均剥取过细石叶。上部台面为不规则形，较平，可见3个小片疤，应为修理台面所致，长13.7毫米，宽7.1毫米，台面角87°。下部台面亦为不规则形，略向两边翘起，可见1个小疤。略小于上部台面，长7.5毫米，宽5毫米，台面角78°。核身通体平行分布有十几个长条形片疤，为剥取细石叶所致。其中最长一个片疤长17.2毫米，宽3.9毫米。一些片疤没有延展至末端，而是中途折断（图一一，9；图一二，5）。

细石叶包括9件完整和2件细石叶断片（表九）。完整细石叶平均重量只有0.15克，重量范围0.02～0.4克，长度范围7.7～26.6毫米。台面没有片疤者2件，一个片疤者3件，二个片疤者1件，三个片疤者2件。背面仅1件标本带50%自然面，其余均为片疤。有二个片疤者2件，三个片疤者4件，四至六个片疤者各1件。

表九　李家沟南区第4层细石器测量统计表

种类	统计	重量（克）	长（毫米）	宽（毫米）	厚（毫米）	台面长（毫米）	台面宽（毫米）	台面角（度）
细石核	n	8	8	8	8	7	7	4
	平均值	2.7	14.4	10.4	16.6	15.8	9.5	67.3
	标准差	1.83	5.71	2.68	6.78	5.66	2.11	17.91
	最大值	5.5	23.5	13.7	26.8	23.0	11.3	91.0
	最小值	0.6	7.6	5.8	7.1	6.9	5.8	48.0
完整细石叶	n	9	9	9	9	7	7	4
	平均值	0.15	13.5	4.87	1.93	1.3	3.4	92.3
	标准差	0.15	5.46	1.39	1.02	1.23	1.59	8.10
	最大值	0.4	26.6	6.7	4	4.0	6.2	100.0
	最小值	0.02	7.7	2.7	1.1	0.3	1.4	83.0

09XLS · 567，完整细石叶，原料为黑色燧石，长14毫米，宽4.7毫米，厚1.3毫米，重0.1克，左右两缘平行。台面打击，由左右两个微疤组成，形状不规则，长1.1毫米，宽3毫米，石片角83°。腹面较平缓，近端可见打击点，半椎体，打击泡及同心波，锥疤尤为明显。背面有3片以前剥取细石叶的片疤，形状平行，延伸至整个背面，在背面中部形成一略高背脊。细石叶左右两侧遗留有细小微疤，可能为使用所致（图一一，1）。

09XLS · 327，细石叶，原料为黑色燧石，长9.9毫米，宽2.7毫米，厚1.1毫米，重0.02克。两侧刃缘平行。台面为极小的打击面，几成点状。腹面较平缓，近端可见打击泡。远端尖灭。背面3个以前剥取细石叶所遗留的片疤，形状平行，延伸至整个背面，在中部形成一略高的脊。右侧遗留细小微疤，可能为使用所致（图一一，2）。

4. 石料

这类石制品的原料组成与遗址内石核、石片、工具等类型一致，一般没有剥片或可见1个剥片疤，可能是用来测试原料是否可用，作为进一步制作工具的备选物品，属于石制品操作链条上较早阶段的产品。

共27件，占第4层石制品总数的3.7%。其中燧石、石英砂岩各12件，灰岩2件，石英1件（表一〇）。

表一〇　李家沟南区第4层石料测量统计表

原料	统计	重量（克）	长（毫米）	宽（毫米）	厚（毫米）
石英砂岩	n	12	12	12	12
	平均数	443.1	81.8	74.3	62.6

续表

原料	统计	重量（克）	长（毫米）	宽（毫米）	厚（毫米）
石英砂岩	标准差	267.38	20.72	31.60	34.24
	最大值	983.7	109.6	154.5	121.9
	最小值	83.6	46.1	32.8	29.2
燧石	n	12	12	12	12
	平均数	282.7	53.7	52.9	33.6
	标准差	628.81	34.61	45.65	24.44
	最大值	2220.0	119.7	182.0	97.7
	最小值	3.1	12.7	13.5	8.1
灰岩	n	2	2	2	2
	平均数	73.1	36.2	44.5	35.8
	标准差	20.29	14.78	14.42	1.48
	最大值	87.4	46.6	54.7	36.8
	最小值	58.7	25.7	34.3	34.7
石英	n	1	1	1	1
	平均数	61.6	55.1	38.0	24.8
合计	n	27	27	27	27
	平均数	330.3	64.9	61.2	46.3
	标准差	460.79	30.89	38.28	31.18
	最大值	2220.0	119.7	182.0	121.9
	最小值	3.1	12.7	13.5	8.1

5. 石核

共29件，占第4层石制品总数的4%。原料以石英砂岩为主，13件，石英和燧石其次，分别为8件、7件，硅质灰岩1件（表一一、图一三）。

表一一　李家沟南区第4层石核原料与种类统计表

		锤击石核			砸击石核	总计
		单台面	双台面	多台面		
石英砂岩		11	1	1		13
燧石		2	2		3	7
石英		4	2		2	8
硅质灰岩		1				1
合计	n	18	5	1	5	29
	%	62.1	17.2	3.4	17.2	99.9

按照技术将石核分为锤击石核和砸击石核（表一二）。

表一二　李家沟南区第4层石核测量统计表

	种类	统计	重量（克）	长（高）（毫米）	宽（毫米）	厚（毫米）	台面长（毫米）	台面宽（毫米）	台面角（度）
锤击石核	单台面石核	n	18	18	18	18	18	18	18
		平均数	120.1	34.1	47.3	38.9	33.5	41.7	83.4
		标准差	164.97	16.31	21.91	25.16	22.19	24.16	14.10
		最大值	633.7	71.1	97.4	95.8	83.8	96.6	110.0
		最小值	2.8	10.8	21.4	5.9	4.4	6.6	60.0
	双台面石核	n	5	5	5	5	5	5	5
		平均数	51.5	37.7	32.6	38.7	28.4	31.9	91.5
		标准差	37.17	11.01	10.25	22.08	18.88	11.26	21.61
		最大值	111.5	52.9	48.2	70.5	59.1	49.5	123.0
		最小值	15.8	26.5	22.2	8.8	9.4	20.3	76.0
	多台面石核	n	1	1	1	1	1	1	1
		平均数	1070.0	77.8	108.3	113.4	115.1	111.5	81.0
	合计	n	24	24	24	24	24	24	24
		平均数	145.4	36.7	46.8	41.9	35.8	42.6	84.8
		标准差	244.83	17.23	24.11	28.01	26.74	26.18	15.13
		最大值	1070.0	77.8	108.3	113.4	115.1	111.5	123.0
		最小值	2.8	10.8	21.4	5.9	4.4	6.6	60.0
砸击石核		n	5	5	5	5	5	5	5
		平均数	5.7	24.4	16.4	10.6	12.0	11.3	85.5
		标准差	4.82	5.58	8.66	3.58	6.08	5.04	10.61
		最大值	12.7	30.2	27.2	15.8	16.3	15.7	93.0
		最小值	1.3	18.2	7.4	7.7	7.7	5.8	78.0

锤击石核24件，占石核总数82.7%。锤击石核又分为单台面、双台面、多台面石核。

单台面石核18件，占石核总数的62.1%。原料主要是石英岩，其次为石英，还有少量燧石和硅质灰岩。单片疤者10件，双片疤6件，三个片疤者2件，各占总数的66.7%、33.3%、11.1%。台面性质以自然台面占绝对多数，17件，仅有1件为打击台面。台面形状多不规则，13件，其余为三角形和四边形。就自然面比例来讲，以自然面面占1/4至一半之间标本数量最多，共6件，小于1/4者4件，大于一半者8件，总之，单台面石核均带有一定程度的自然面。有的石核还有直接使用的痕迹。

双台面石核5件，占石核总数17.2%。原料有石英、燧石和石英砂岩。双片疤者2件，3～5个片疤者各1件。台面性质以打击台面为多，4件，只有1件是自然台面。台面形状不规则2件，1件三角形、2件四边形。双台面石核都带有自然面，自然面比例小于1/4的有2件，1/4至一半仅1件，大于3/4者有2件。亦有标本直接可观察到使用痕迹。

多台面石核仅1件，原料为石英砂岩。标本号09XLS・282，长77.8毫米，宽108.3毫

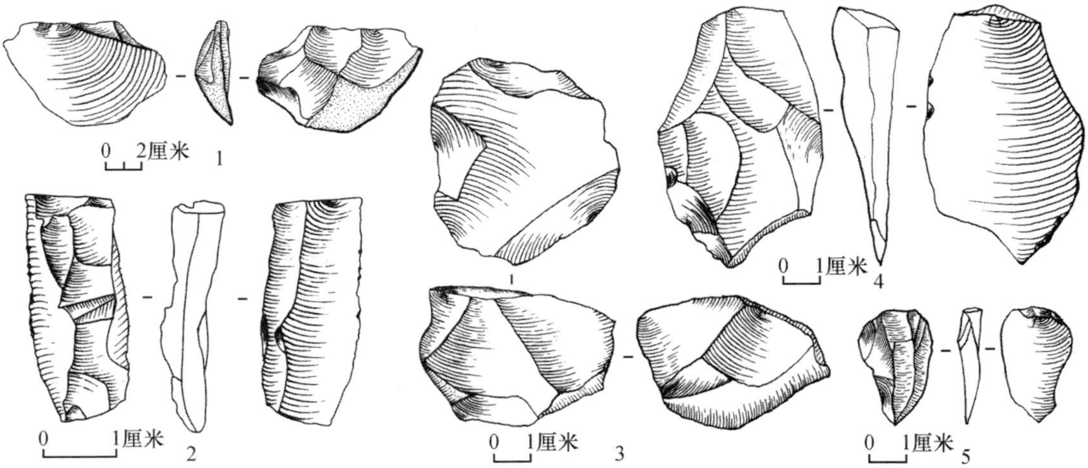

图一三　李家沟遗址南区石核、石片

1、5. V型石片（09XLS·320、09XLS·645）　2. 石叶远端断片（09XLS·160）
3. 多台面石核（09XLS·282）　4. Ⅵ型石片（09XLS·692）

米，厚113.4毫米，重1070克。共有台面3个，片疤4个。主台面为打击台面，形状不规则，台面角约81°。主片疤正向加工，长、宽为49.7毫米×67.5毫米。除4个典型片疤外，石核表面还有不完整片疤若干，多向剥片。自然面占石核表面的10%左右（图一三，3）。

砸击石核5件，占石核总数17.2%。其中燧石3件、石英2件。台面为点状或刃状。片疤有时呈平行分布。主片疤一般浅平，延展程度较深。

6. 完整石片与断裂片

共157件，占第4层石制品总数的21.7%，主要原料为燧石（73件），其次为石英砂岩（41件），也有少量的石英和灰岩（27件、13件），以及零星的玛瑙和石英岩（2件、1件）（表七）。

完整石片　共114件，按照技术分为锤击石片和砸击石片（表一三、表一四）。

表一三　李家沟南区第4层完整石片类型统计表

	锤击石片						砸击石片	总计
	Ⅰ	Ⅱ	Ⅲ	Ⅳ	Ⅴ	Ⅵ		
石英砂岩	3	4	4		7	4		22
燧石	2	16	3	2	18	15	2	58
石英	2	1	3		5	8	1	20
灰岩	1	2	2	1	2	3		11
玛瑙					1		1	2
石英岩					1			1
合计	8	23	12	3	34	30		
n						110	4	114
%						96.5	3.5	100

表一四　李家沟南区第4层完整石片测量统计表

	岩性	统计	重量（克）	长（毫米）	宽（毫米）	厚（毫米）	台面长（毫米）	台面宽（毫米）	石片角（度）
锤击石片	燧石	n	56	56	56	56	50	53	47
		平均数	2.8	18.5	19.3	6	4	10.2	105.3
		标准差	5.2	8.41	9.05	3.76	2.63	5.42	12.72
		最大值	35.4	45.2	53.3	17.4	13.8	25	138
		最小值	0	6.8	6.5	1.5	0.2	2	74
	石英砂岩	n	22	22	22	22	20	21	20
		平均数	85.1	56.3	55.6	23.2	15.9	32.4	99.8
		标准差	127.36	31.66	17.91	16.3	7.42	15.49	12.06
		最大值	604.3	163.8	90.4	79	31.6	67.1	122
		最小值	8	23.4	24.7	8.2	4.7	11.7	77
	石英	n	19	19	19	19	16	16	16
		平均数	5.6	21.9	21.8	7.6	5.7	12.7	101.8
		标准差	8.45	6.86	8.25	3.4	3.09	7	9.85
		最大值	29.7	37	43.5	16.5	12.2	23	120
		最小值	0.6	12.9	13.3	3.1	1.1	1.8	86
	灰岩	n	11	11	11	11	11	11	10
		平均数	6.4	24.9	29.6	7.8	9.2	21	104.3
		标准差	6.63	8.78	11.87	3.22	7.54	8.64	11.13
		最大值	23.4	38.2	57	12.6	29	36.1	117
		最小值	0.4	10.8	15.8	3	1.8	9.1	84
	玛瑙	n	1	1	1	1	1	1	1
		平均数	1.8	27.6	17.8	6.7	1.2	3.3	65
	石英岩	n	1	1	1	1	1	1	1
		平均数	62.2	47.7	87.3	20.2	7.7	41.4	97
	合计	n	110	110	110	110	99	103	95
		平均数	20.6	27.7	28.6	10	7.3	16.5	102.9
		标准差	65.08	21.51	18.96	10.34	6.57	12.71	12.52
		最大值	604.3	163.8	90.4	79	31.6	67.1	138
		最小值	0	6.8	6.5	1.5	0.2	1.8	65
砸击石片	燧石	n	2	2	2	2	1	2	
		平均数	0.5	12.4	11.3	3.4	1.8	7.2	
		标准差	0.07	0.92	4.88	0.28			
		最大值	0.5	13	14.7	3.6	1.8	9.6	
		最小值	0.4	11.7	7.8	3.2	1.8	4.8	
	玛瑙	n	1	1	1	1			
		平均数	1.6	23	10.2	7.3			

续表

	岩性	统计	重量（克）	长（毫米）	宽（毫米）	厚（毫米）	台面长（毫米）	台面宽（毫米）	石片角（度）
砸击石片	石英	n	1	1	1	1			
		平均数	0.7	23.8	7.8	3.4			
	合计	n	4	4	4	4	1	2	
		平均数	0.8	17.9	10.1	4.4	1.8	7.2	
		标准差	0.55	6.41	3.25	1.96			
		最大值	1.6	23.8	14.7	7.3	1.8	9.6	
		最小值	0.4	11.7	7.8	3.2	1.8	4.8	

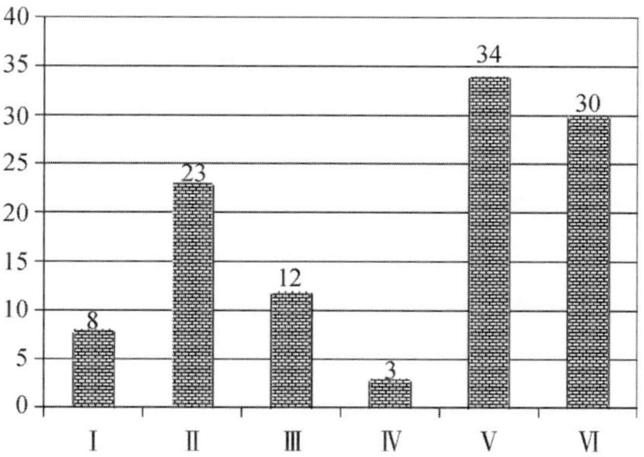

图一四　李家沟遗址南区第4层完整石片类型统计图

锤击石片110件，占完整石片的96.5%。根据石片台面和背面自然面的比例将锤击石片分为Ⅰ～Ⅵ型。从图一四可知，以Ⅴ、Ⅵ型石片数量最多，分别为34件和30件，其次是Ⅱ型石片，23件，Ⅳ型石片最少，仅3件。锤击石片中以利用燧石原料为主，56件，占50.9%，其次是石英砂岩和石英，分别为22件和19件，各占20%和17.3%，另有玛瑙2件和石英岩1件。石片远端以尖灭状为主，69件，占62.7%。折断状18件，占16.4%，阶梯状16件，占14.5%，内卷、外翻较少，分别为5件和2件。台面性质以打击台面为主，67件，其次为自然台面，42件，仅有1件为修理台面。台面形状以不规则为主，三角形和四边形也有一定数量。另外还有3件零台面石片，以及少量点状、刃状、线状台面。石片腹面特征中，通常可见半锥体和打击泡，而同心波、放射线、锥疤不多见。不见半锥体者41件，可见半锥体51件，十分明显者18件；不见打击泡者15件，可见打击泡68件，打击泡明显者27件。石片背面全部为自然面者11件占10%，1～2片疤者31件占28.2%，3～4片疤者40件占36.4%，5个以上片疤者28个占25.5%，其中最多可见12个片疤。有47件石片有使用痕迹，占42.7%，接近半数。

标本09XLS·320，原料为石英砂岩，Ⅴ型石片。长60.6毫米，宽90.4毫米，厚20.3毫米，重84.7克。台面打击，由左右两片疤组成，长8.3毫米，宽39.2毫米，可见两处打击点。腹面双生半锥体，可见打击泡，放射线。远端尖灭，略内卷，局部有微疤，可能是使用所致。背面分布片疤6个，远端遗留部分自然面，约占40%（图一三，1）。

砸击石片4件，占完整石片的3.5%。2件燧石、1件玛瑙、1件石英。台面均为打制，形状呈刃状或不规则状。打击点不清楚。可见2～3条剥片疤。

断裂片　共43件。远端断片数量最多，22件，近端断片和中间断片较少，分别为3件、2件。右裂片10件，左裂片6件。断裂片中石英砂岩比例稍高，占19件，其次为燧石，15件，以及少量石英，7件（表一五）。

表一五　李家沟南区第4层断裂片类型统计表表

	断片			裂片		总计
	近端断片	中间断片	远端断片	左裂片	右裂片	
石英砂岩	2		9	3	5	19
燧石		2	8	3	2	15
石英	1		4		2	7
灰岩			1		1	2
合计	3	2	22	6	10	
n			27		16	43
%			62.8		37.2	100

09XLS·160，石叶断片，台面缺失，保留中部和远端，原料为黑色燧石。残长28.7毫米，宽12.6毫米，厚6.1毫米，重2.7毫米。两侧边缘接近平行。腹面较平缓，中部略凹。背面有以前剥取石叶的片疤，没有延展至整个背面，而是中途断掉。这些片疤大体形成两条不太规则的背脊。右侧边缘有一些连续分布的细小碎疤，可能为使用所致，使用刃缘长22.2毫米（图一三，2）。

7. 工具

共53件，占第4层石制品总数的7.3%。种类包括边刮器、端刮器、雕刻器、琢背刀、石镞等（表一六）。原料以燧石为最多，35件，占石器总数的66.0%。其次为石英，15件，占28.3%。灰岩和石英砂岩很少。

表一六　李家沟第4层石器统计表

		边刮器	端刮器	雕刻器	琢背刀	石镞	砍砸器	总计
燧石		28	4	1	1	1		35
石英砂岩							1	1
灰岩		2						2
石英		15						15
合计	n	45	4	1	1	1	1	53
	%	84.9	7.5	1.9	1.9	1.9	1.9	100

边刮器　45件，占石器总数的84.9%。原料以燧石为主，还有一定数量的石英，以及少量的灰岩。制作边刮器的原型种类比较多，以断块、残片、断片为主，共28件，占52.2%，其次是石片9件，占20%。还有2件以石叶、1件以石核为原型，另有1件直接用砾石制成。按照刃缘数量可分为单刃、双刃和复刃边刮器，其中以单刃者最多，35件，占

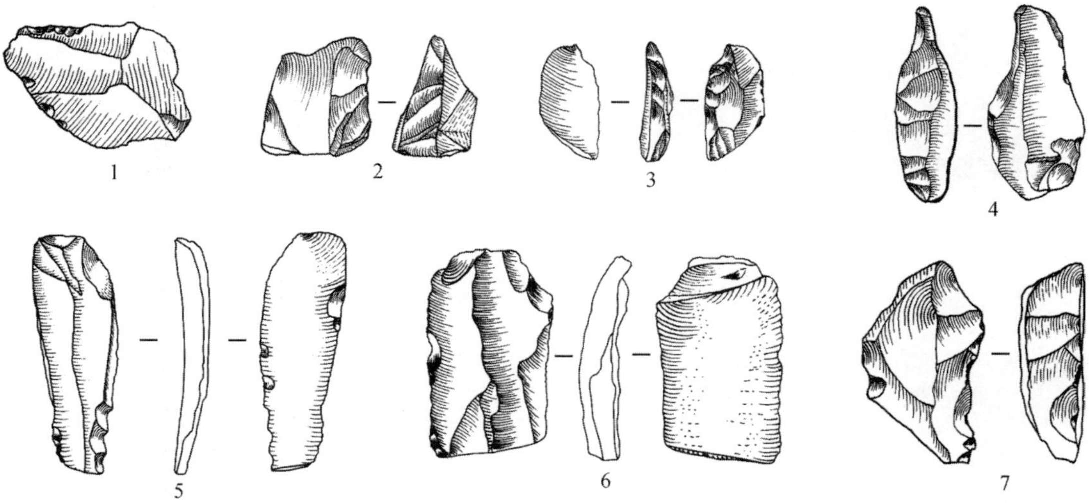

图一五 李家沟遗址南区工具

1、2、4、6. 单直刃边刮器（09XLS·128、09XLS·566、09XLS·177、09XLS·633）
3、7. 单凸刃边刮器（09XLS·571、09XLS·413） 5. 双直刃边刮器（09XLS·507）

77.7%，其次为双刃，9件，复刃仅1件。单刃边刮器中，加工方式以正向加工为主，24件，占53.3%；其次为转向加工（即一个刃缘上既有正向也有反向加工），7件，还有4件为反向加工。双刃边刮器中，有同向也有异向加工者。根据刃缘形状又可分成直刃、凸刃、凹刃等。有43件可观察到使用痕迹，占95.6%。具体测量数据如表一七。

表一七 李家沟南区第4层边刮器测量统计表

	重量（克）	长（毫米）	宽（毫米）	厚（毫米）
n	45	45	45	45
平均数	14.1	32.5	22.9	11.2
标准差	21.28	17.03	9.73	6.54
最大值	90.7	84.7	51.7	28.5
最小值	0.4	7.9	9.2	2.6

09XLS·128，单直刃边刮器，原料为黑色燧石。长22.1毫米，宽29.5毫米，厚7.3毫米，重3.3克。原型为一件带有石皮的残片。以较宽的一侧边缘为近端。修理即位于近端边缘上，断续分布着小片疤，延伸长度为1～3毫米，其中3个呈平行分布。刃缘总长度19.6毫米，刃角53°。在修理的边缘上亦可见微疤和磨圆，应为使用所致（图一五，1）。

09XLS·177，单直刃边刮器，原料为黑色燧石。长29.6毫米，宽14.8毫米，厚8毫米，重3.1克。原型为石片。右侧断续分布正向修理的小片疤，形成刃部，刃角44°，刃缘长度13毫米，亦可见使用微疤（图一五，4；图一六，7）。

09XLS·566，单直刃边刮器，原料为灰色燧石，长17.4毫米，宽16.3毫米，厚11.1

图一六　李家沟遗址南区石制品

1. 端刮器（09XLS · 510）　2. 端刮器（09XLS · 346）　3. 琢背刀（09XLS · 347）　4. 石镞（09XLS · 521）　5. 单直刃刮削器（09XLS · 633）　6. 单凸刃边刮器（09XLS · 413）　7. 单直刃边刮器（09XLS · 177）　8. 双直刃边刮器（09XLS · 507）

毫米，重3.7克。原型为断块。右侧分布系列平行片疤，呈一较陡直刃，刃角70°～90°，刃长9毫米。刃缘及石器近端分布细小微疤，可能为使用所致（图一五，2）。

09XLS · 571，单直刃边刮器，原料为黑色燧石，长17.9毫米，宽9.2毫米，厚4.2毫米，重0.6克。原型为石片，近远端均折断。左侧由劈裂面向背面修理一系列片疤，分布连续，形状近平行，刃缘长度18.4毫米，刃角约35°。刃缘可见微疤，可能为使用所致（图一五，3）。

09XLS · 633，单直刃边刮器，原料为黑色燧石。长32.4毫米，宽20.3毫米，厚6.9毫米，重4.9克。原型为长石叶的远端断片。两侧边缘接近平行。左侧边缘有分布连续的微型片疤，形成刃缘。刃缘长度为29毫米，刃角29°。由腹面向背面正向修理，形状普通，多数片疤延伸长度小于2毫米，个别为5毫米。在修理过的左侧刃缘和没有修理的右侧刃缘均可见微疤和磨圆，应为使用所致。背面可见之前剥取石叶留下的细长片疤（图一五，6；图一六，5）。

09XLS · 132，单凹刃边刮器，原料为石英。长45.1毫米，宽37.6毫米，厚22.6毫米，重35.5克。原型为5型厚石片，背面有部分为自然面。石片右侧正向、连续修理出若干片疤，片疤延伸长度2～5毫米不等。刃缘形状为凹刃，刃缘长度40毫米，刃角73°～76°。修理边缘亦可见细小微疤，应为使用所致。

09XLS·413，单凸刃边刮器，原料为石英。长31.1毫米，宽19.3毫米，厚9.1毫米，重5.6克。原型为一断块。左侧由较平的一面向较凸的一面修理一系列片疤，分布连续，形状普通，刃缘长度31毫米。刃角较陡，为65°～75°。刃部边缘可见微疤和磨圆，可能为使用所致（图一五，7；图一六，6）。

09XLS·507，双直刃边刮器，原料为黑色燧石。长37.2毫米，宽12.3毫米，厚5.1毫米，重2.4克。原型为一完整的石叶。一侧边缘较直，另一侧略凸。打击点不太清晰，打击泡较明显，台面为自然面，边缘呈唇状。腹面整体较平，中部略凹。背面有2条之前剥取石叶留下的窄长片疤，构成3条平行的背脊。在远端的左右侧均可见明显的修理，较为对称，均为直刃。左侧有3个连续的小片疤，长度2～4毫米。右侧同一位置有4个连续的小片疤，相对较小，延伸长度为1～2.5毫米。左侧刃缘以及右侧刃缘中部分布着很细小的微疤，系使用所致（图一五，5；图一六，8）。

端刮器 4件，占石器总数的7.5%。原料均为燧石。原型为石片、残片和断片。3件正向修理，1件反向修理。刃缘形状以凸状为主。均可观察到使用痕迹。具体测量数据如表一八。

表一八 李家沟南区第4层端刮器测量数据表

	重量（克）	长（毫米）	宽（毫米）	厚（毫米）
n	4	4	4	4
平均数	3.0	22.4	19.0	6.4
标准差	1.74	4.53	4.37	1.77
最大值	4.9	28.6	22.3	8.2
最小值	1.2	18.5	12.7	4.8

09XLS·150，端刮器，原料为灰色—暗红色燧石。长22.8毫米，宽22.3毫米，厚8.2毫米，重4.9克。原型为典型的V型石片，台面为打击而成，石片形状为四边形。腹面较平。背面带有30%的灰色石皮。在远端和右侧分布有正向修理的连续片疤，形成刃缘。远端从腹面向背面进行陡刃修理，共有8个平行的规整小片疤，延伸长度1.6～5.6毫米不等，从远端向右侧逐渐减小。远端刃缘长21.2毫米，刃角85°～90°。右侧顺着远端的片疤继续修理，亦为正向。右侧刃缘长8毫米，刃角29°（图一七，3）。

09XLS·346，端刮器，原料为褐色燧石。长18.5毫米，宽12.7毫米，厚4.8毫米，重1.2克。原型为一残片。由背面向破裂面反向修理若干片疤，刃缘形状为凸弧状，刃缘长度12毫米，刃部较陡，刃角68°。修理片疤排列较为规整，均为5毫米左右的小疤，平行、连续分布。在刃部可见细小碎疤，可能为使用所致（图一六，2；图一七，2）。

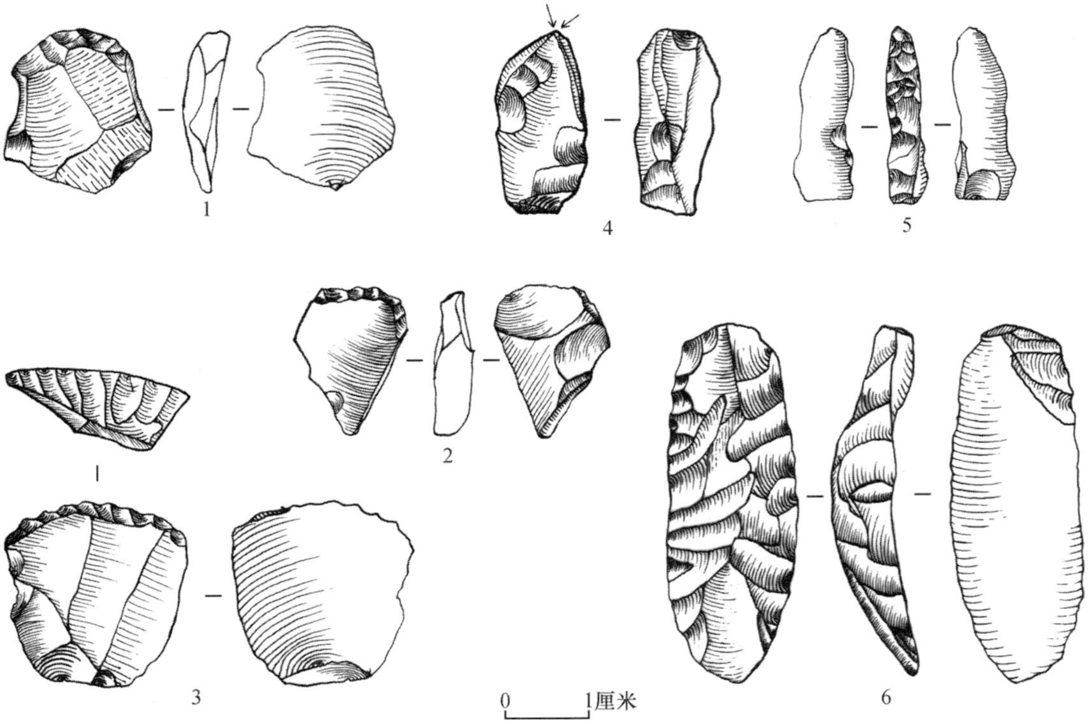

图一七　李家沟遗址南区工具

1～3. 端刮器（09XLS · 510、09XLS · 346、09XLS · 150）　4. 雕刻器（09XLS · 416）
5. 琢背刀（09XLS · 347）　6. 石镞（09XLS · 521）

09XLS · 510，端刮器，原料为红色燧石。长19.6毫米，宽19.2毫米，厚5毫米，重1.8克。原型为一石片远端断片。石片远端分布有若干向背面修理的片疤，刃缘形状为凸弧状，刃角66°。修理片疤较为规整。远端为一系列平行排列的小片疤，片疤延伸长度3～5毫米不等。远端右侧为一系列呈阶梯状分布的小疤，与远端的小疤连成一条刃，刃缘总长度26毫米。远端和近端左侧可观察到细小碎疤，可能为使用所致（图一六，1；图一七，1）。

琢背刀　1件。标本09XLS · 347，原料黑色燧石，长21.4毫米，宽6.6毫米，厚4.4毫米，重0.6克。原型为细石叶。石片右侧保留未经修理的直刃，刃角32°～38°，刃缘长度22毫米，局部有使用微疤。石片左侧加工为厚钝断面，断面上分布有大量微小层叠的修理片疤，修理方向以背面向劈裂面为主，应为镶嵌部位（图一六，3；图一七，5）。

雕刻器　1件。09XLS · 416，屋脊形，原料为黑色燧石。长24毫米，宽11.2毫米，厚11毫米，重2.8克。原型为断块。以刃部为近端，相对的一端为远端。刃部由三个面和两个剥片疤共同组成。两个片疤为从顶端交叉打击而形成的雕刻器小面，共同组成一个宽为4毫米的凿形刃口，刃角75°。较凸一侧的小面两侧基本平行，到尾端略收，长12.3毫米，宽4.1毫米。较平一侧的小面细长，延伸至器身中部，呈倒置的等腰梯形，长13.7

毫米，宽4.4毫米。器身上还可见若干打击的小疤（图一七，4）。

石镞 1件。标本09XLS·521，原型为黑色燧石石叶。长40.4毫米，宽15.9毫米，厚15.3毫米，重4.8克。石叶的打击泡明显，表面呈黄灰色似有轻度风化。石器的整体随石叶毛坯由近端向远端的延展而均匀弯曲，腹面凹，背面凸。加工修理痕迹主要位于背侧面，为正向加工。加工精细，除台面外，其余周缘均经修理。两侧的刃缘几近平行。修疤细长规则，依次叠压。刃角22°～54°，末端刃角较小，两侧缘较大。石叶的腹面右侧缘近台面处，也有3条依次细长石片疤。未见使用痕迹。应系尚未完成加工的半成品（图一六，4；图一七，6）。

砍砸器 1件。标本09XLS·296，原料为石英砂岩。长74.3毫米，宽47.5毫米，厚78.8毫米，重245.8克。原型为断块。打击台面，台面形状不规则，破裂面仅可见较弱的打击泡，半锥体、同心波、放射线均不见，台面角约128°。自打击点附近石片垂直断裂，仅保留有左侧半。背侧面约80%区域有明显的剥片痕迹，有片疤9个。但除左侧缘中部这一从破裂面正向加工的石片疤外，其他片疤的打击点及破裂面特征均不清楚，大小不一，为不完整片疤，为之前所打制。此外在断裂面的上部，也可见一个反向加工的小片疤，打击点清晰。未见使用痕迹。

8. 断块

共417件，占第4层石制品总数的57.5%，包括断块330件、残片87件。断块中石英砂岩最多，169件，占半数以上，其次是石英和燧石，还有少量灰岩，以及零星的玛瑙、石英、绢云母片岩等。残片也以石英砂岩为主，39件，接近半数，其次为石英和燧石，以及少量灰岩。127件断块或残片可观察到使用痕迹，占30.4%（表一九）。

表一九 李家沟南区第4层断块和残片测量统计表

		重量（克）	长（毫米）	宽（毫米）	厚（毫米）
断块	n	330	330	330	330
	平均数	85.2	52.3	35.7	21.0
	标准差	156.04	32.53	21.78	13.35
	最大值	1147.0	193.7	147.9	73.2
	最小值	0.3	11.5	4.8	4.0
残片	n	87	87	87	87
	平均数	20.1	36.7	26.1	9.3
	标准差	41.34	22.04	16.03	5.32
	最大值	253.1	115.7	87.7	29.1
	最小值	0.3	12.8	7.0	2.7

9. 人工搬运石块

共23件，占第4层石制品总数的3.2%。原料为石英砂岩或者灰岩，灰岩尺寸较小，石英砂岩较大（表二〇）。这类石制品没有人工打制的痕迹，其特点是：原型为石块，多数体型大、分量重；具有一个或两个扁平面，有的平面上似有研磨的痕迹；颜色斑驳，有的具有裂缝，似经过火烧。这类石块的具体用途尚不清楚，但同时出现在李家沟南北遗址区域，当与此阶段人类的生活密切相关。

表二〇　李家沟南区第4层人工搬运石块测量统计表

	统计	重量（克）	长（毫米）	宽（毫米）	厚（毫米）
石英砂岩	n	17	17	17	17
	平均值	628.8	120.0	64.9	47.9
	标准差	775.33	62.04	24.57	20.11
	最大值	3157.0	265.0	140.5	101.8
	最小值	80.9	40.2	29.6	31.8
灰岩	n	6	6	6	6
	平均值	70.2	55.2	34.9	23.6
	标准差	68.23	22.38	11.41	9.45
	最大值	191.4	97.7	45.7	37.3
	最小值	8.7	35.1	18.8	13.1
合计	n	23	23	23	23
	平均值	483.1	103.1	57.1	41.5
	标准差	707.91	61.30	25.49	20.81
	最大值	8.7	35.1	18.8	13.1
	最小值	3157.0	265.0	140.5	101.8

（二）动物骨骼

第4层发现动物骨骼90件，烧骨4件。经初步统计，鹿类34件，牛类8件、马类5件，食肉类标本6件，猪2件，啮齿类2件，鸟类10件，蚌类1件。另有标本17件肢骨残片或牙齿残片，无法鉴定种属。根据对标本的初步观察统计，这些动物骨骼至少代表大型鹿3个个体、中型鹿、马、牛、食肉类各2个个体，小型鹿、鸟类、猪、蚌各1个个体。总体来讲，以大型食草类动物的数量占有优势，小型动物数量偏少。

动物骨骼一般比较破碎，保存有各个部分的残块。鹿类保存有鹿角、牙齿、肢骨残片，如09XLS・809、09XLS・835、09XLS・800、09XLS・829、09XLS・814为鹿角各段残块，09XLS・840为下颌骨残块等。马类主要是牙齿残块。牛类包括有牙齿、指骨、肢骨、椎骨残块。食肉类主要保存有牙齿，还有零星肢骨、距骨等。啮齿类保存有门齿，鸟类均为蛋皮。

（三）小结

第4层出土的石制品和动物骨骼都比较丰富。

石制品种类多样，包括典型的细石器、打制石器各个阶段的产品以及具有显著特征的人工搬运石块。

整体而言，石制品的原料以石英砂岩最多，其次为燧石和石英。但细石器、工具、石片则多为燧石制成。人工搬运石块、石核、断块等多为石英砂岩制成。石制品以微型、小型、中型为多，少量大型和巨型。石制品的大小与原料的关系相当密切。

细石核有船型和柱状两种，形制较为稳定，以前者数量略多。打制石核包括锤击和砸击两种。石核当中以单台面者较多，双台面也占有一定数量。与石片数量相比，石核显得较少。石片亦包括锤击和砸击两种。各个类型的锤击石片均有，以Ⅴ、Ⅵ型为主，即以打击台面、打击背面或部分打击背面的石片较多。工具数量较多，种类齐全，且多为精致加工。边刮器占石器当中的绝度多数，以单刃数量最多，也存在双刃和复刃。个别边刮器以石叶为原型。端刮器、琢背刀、雕刻器、石镞等以压剥技术制作而成，制作精美。人工搬运石块数量不多，但特点鲜明，一般外形扁平，形体较大，或有火烧、或有研磨痕迹。

动物骨骼则主要以大型食草类为主，如大型鹿、马、牛等。

五、总　　结

（一）李家沟南区文化特点

根据上文所述，李家沟遗址南区本年度发掘收获概括如下。

（1）地层方面，发现了从旧石器向新石器过渡的剖面。第2层为包含陶片地层。第3层出土了少量石制品和动物骨骼等遗物。该层出土的石制品种类较单一，包括打制石器和人工搬运石块，未发现细石器。动物骨骼以大型食草类为主。第4层则出土了丰富的石制品和动物骨骼，典型的细石器和精湛制作的打制石器，并且与人工搬运石块共存；动物骨骼仍以大型食草类为主。这一剖面清楚地反映了该地区从旧石器时代向新石器时代过渡的轨迹，尤以第4层旧石器时代晚期遗存最为典型。

（2）从出土遗物的产状、风化、磨蚀来分析，本区基本为原地埋藏，但受到过一定程度的外力影响。各类石制品集中分布于东部，而动物骨骼多出现在西部，表明了人类曾在此地频繁活动，并且不同场所的人类行为有所区别[2]。

（3）李家沟遗址南区出土细石器工艺非常典型，以船型和柱状细石核为代表。形制稳定，剥取细石叶技术较为娴熟。存在少量以石叶为原型的石器，说明当时人们已经掌握了应用石叶技术制作工具。以端刮器、雕刻器、琢背刀、石镞组成的工具组合当与专业化狩猎相适应。这些工具使用的原料也多是不见于本地的优质燧石，应为远距离采集运输所得。

（4）打制石器大量存在，以锤击技术为主，辅以砸击技术。

（5）人工搬运石块的存在可能与稳定的栖居形态相关联。这类石块不见于更早的旧石器文化遗址当中，而与稍晚的新石器时代的发现比较接近，应该是过渡阶段新出现的具有标志意义的文化现象。

（6）动物化石的种类以大型食草类为主，保存鹿角、头骨、脊椎、肢骨等各个部位的骨骼。

李家沟遗址北区与南区仅一沟之隔，文化面貌却有所不同（详见北区报告）。地层方面，北区亦发现了旧石器时代向新石器时代过渡的剖面。其上文化层遗存较为丰富，呈现新石器时代早期文化面貌，下文化层遗物稀少，为仅含打制石器的旧石器时代文化层。北区上文化层发现了石块聚集区遗迹，以及早期陶片、细石器、打制石器、人工搬运石块等遗物。其中石块聚集区的发现，与当时人类相对稳定的居住活动有关，南区则未发现此类遗迹。北区发现早期陶片百余件，南区也有类似发现，但数量极少。石制品方面，北区仅出现个别宽台面柱状细石核，细石器的应用明显衰落，其技术特点也与南区明显不同。北区打制石器加工粗糙，以权宜型石制品数量为多，与南区制作精致的石器形成鲜明对比。北区亦发现外形扁平的人工搬运石块，而且数量众多，形成鲜明特色，部分扁平石块可能是磨盘的原料或荒坯。与南区不同，北区动物种类以中、小型鹿类为主，大型食草类仅见牛类与马类的骨骼碎片，不见较为完整的骨骼部位。

（二）年代及意义

根据出土遗迹遗物来看，李家沟南区属于旧石器时代晚期向新石器时代过渡的时期。加速器^{14}C数据进一步提供了可靠的年代，细石器文化层（第4层）的三个木炭样品均在距今10500～10300年（经树轮校正）。

李家沟遗址的发现，为我们展示了中原地区从旧石器时代向新石器时代过渡的发展轨迹。一直以来，中原地区旧石器时代晚期至新石器裴李岗文化之间存在严重缺环，这一缺环严重制约着学术界对该地区旧新石器时代过渡、农业起源等重大学术课题的探讨。李家沟的发现从地层堆积、工具组合、栖居形态到生计方式等多角度地提供了这一阶段的信息，比较清楚地揭示该地区本阶段历史发展的特殊性，填补了上述缺环。

近年来，华北地区陆续发现一些处在旧石器时代向新石器时代过渡的遗址。如河南舞阳大岗、许昌灵井、山西吉县柿子滩、陕西宜川龙王迪、河北阳原于家沟和徐水南庄头、北京怀柔转年和门头沟东胡林，山东沂源扁扁洞等。这些遗址的发现使得人们可以深入地探讨该地区农业起源、陶器起源等有关人类生计方式发生转变的重大课题。李家沟遗址发现的连接两个时代剖面、典型细石器与新文化因素共存关系以及早期新石器遗存为这一地区探讨旧石器时代向新石器时代过渡提供了重要资料。

附记：本文为国家社科基金重大项目成果，项目编号为11&ZD120。在发掘和整理工作中，国家文物局、河南省文物局、郑州市文物局、新密市政府、北京大学考古文博学院年代实验室以及北京大学城市与环境学院夏正楷教授、郑州市文物考古研究院顾万发院长和胡亚毅女士给予了大力支持，在此致谢。

领　队：王幼平　张松林
发　掘：何嘉宁　汪松枝
赵静芳　王佳音
高霄旭

注　释

[1] 卫奇：《石制品观察格式探讨》，《第八届中国古脊椎动物学学术年会论文集》，海洋出版社，2001年。

[2] 李家沟遗址南区于2010年进行扩方发掘，揭露出石制品与人工搬运石块共同形成的石圈遗迹。2009年已清理了大部分，2010年揭露出南部的一小部分。

［原载于《古代文明》（第9卷），文物出版社，2013年］

河南中牟县宋庄遗址发现裴李岗文化遗存

鲍颖建

一、遗址概况及发掘经过

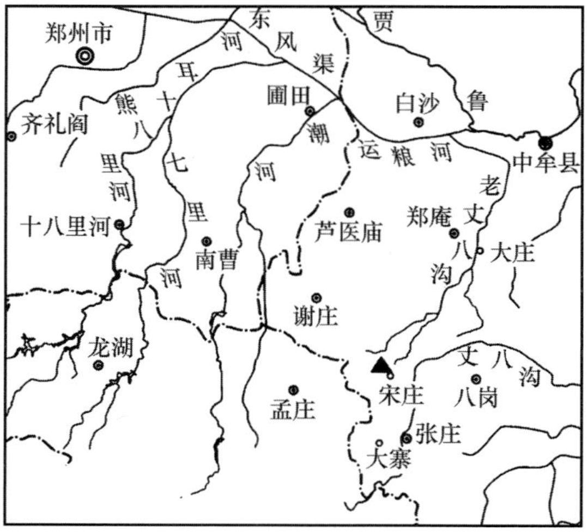

图一　宋庄遗址位置示意图

宋庄遗址位于河南中牟县张庄镇宋庄村西约250米、宋湛公路以南，东北距中牟县城约16.5千米，西北距郑州市约27千米（图一）。该遗址由中牟县文管所在南水北调干渠调查中发现，河南省文物考古研究所、郑州市文物考古研究所等单位进行了勘察与复核，确认了遗址范围。宋庄遗址东西长约250、南北宽约200米，占地面积约5万平方米，南水北调干渠从该遗址中穿过。

2010年8～11月，郑州市文物考古研究院受河南省文物管理局南水北调文物保护办公室委托，对渠道占压的宋庄遗址进行钻探、发掘。根据遗址范围采用象限法统一布方，本次发掘位于第一象限即Ⅰ区内。共发掘10米×10米探方23个，发掘面积为2300平方米，清理各类遗迹106处。尤为重要的是，在遗址北部新发现有较集中的裴李岗文化遗迹，清理灰坑10个，出土了一批较重要的文化遗物。现将该遗址裴李岗文化遗存的发掘情况简报如下（为方便叙述，下文省略了探方、遗迹及遗物编号前的“2010ZZS”）。

二、地层堆积

宋庄遗址为高低起伏的沙丘岗地，裴李岗文化遗存集中分布于遗址北部的沙岗之下，其上层局部区域已遭人为取土破坏。从发掘情况看，裴李岗文化地层堆积厚薄不一，南部较薄，随地势向北渐厚。南部裴李岗文化层多被宋代、汉代文化层叠压，北部则直接叠压于明清文化层下。现以T1203西壁剖面为例介绍如下（图二）。

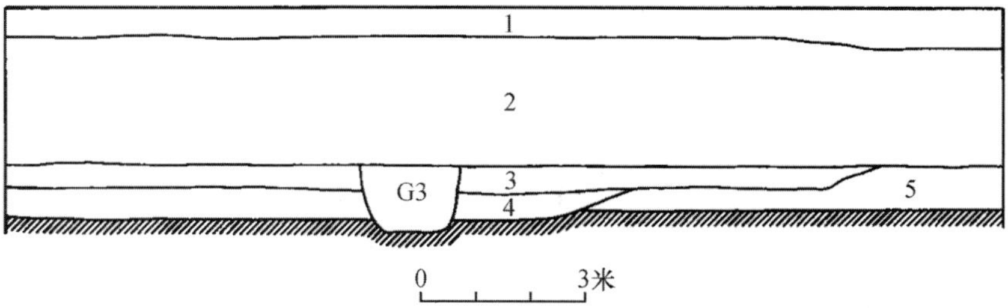

图二 T1203西壁剖面图

1. 浅灰色土 2. 黄色沙土 3. 浅黄色黏土 4. 褐色黏土 5. 红褐色土

第1层：耕土层。浅灰色土，土质疏松，厚0.25～0.35米。出有瓷片、砖块等。

第2层：明清文化层。黄色沙土，土质松软，较为纯净，深0.25～0.35、厚1.05～1.15米。出有白釉、黑釉瓷片与陶片等。G3开口于该层下，年代为宋代。

第3层：宋代文化层。浅黄色黏土，含沙，土质较疏松，内含少量烧土颗粒，深约1.4、最厚0.25米。出有青瓷片、泥质灰陶片等遗物。

第4层：汉代文化层。分布于探方南部。褐色黏土，含沙量较小，结构较致密，内含少量烧土块、炭粒等，深1.6～1.65、最厚0.3米。出有绳纹瓦片等遗物。

第5层：裴李岗文化层。分布于探方北部。红褐色土，结构致密，土质黏硬，内含炭粒及烧土颗粒等，深1.4～1.6、最厚0.4米。出有红褐色夹砂陶片。

第5层下为浅黄色沙土，即生土。

三、遗　　迹

共清理灰坑10个。平面形状可分为椭圆形、圆形、不规则形三种，以椭圆形灰坑居多。灰坑均开口于第4层下，打破第5层及生土。口径相差较大，最小的直径1米，最大的直径2.56米，但坑深较一致，在0.4～0.65米。灰坑皆为斜壁，平底，口大底小。

1. 椭圆形灰坑

6个。以H64、H80为例介绍如下。

H64　位于T1304北部。坑壁、底加工规整。坑口距地表深约1.5米，坑口长1.2、宽0.86米，底长1.12、宽0.8米，坑深0.4米。坑内填红褐色土，结构致密，土质黏硬，内含少量炭粒及烧土块等。出土陶片以夹砂红褐陶居多，夹砂红陶次之，少量为泥质红陶及灰陶。可辨器形有罐等（图三）。

H80　位于T1303中北部。坑口距地表深约1.6米，坑口长1.8、宽1米，底长1.68、宽0.88米，坑深0.56米。坑内填红褐色土，土质较黏硬，内含少量烧土颗粒。出土遗物有陶器、石器等。陶片以夹砂红褐陶为主，少量为泥质红陶。可辨器形有罐、壶、鼎等。石器有磨盘等（图四）。

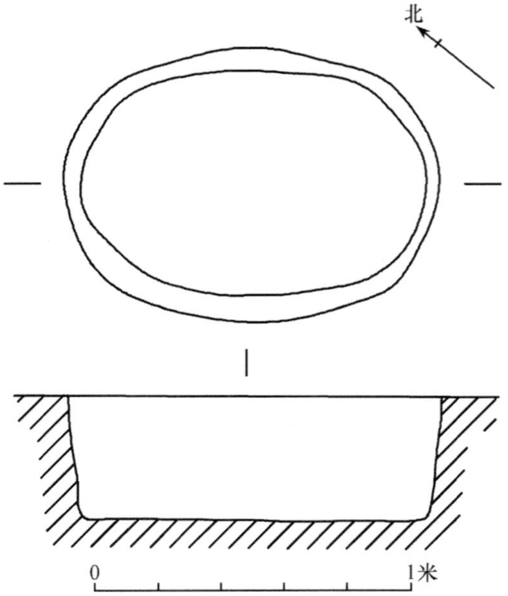

图三　H64平、剖面图

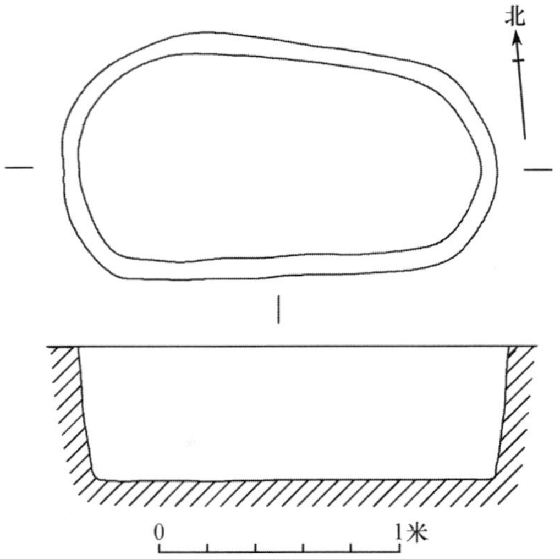

图四　H80平、剖面图

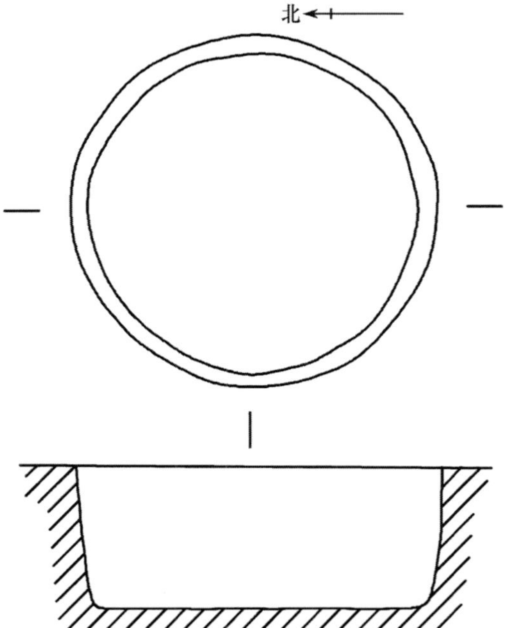

图五　H63平、剖面图

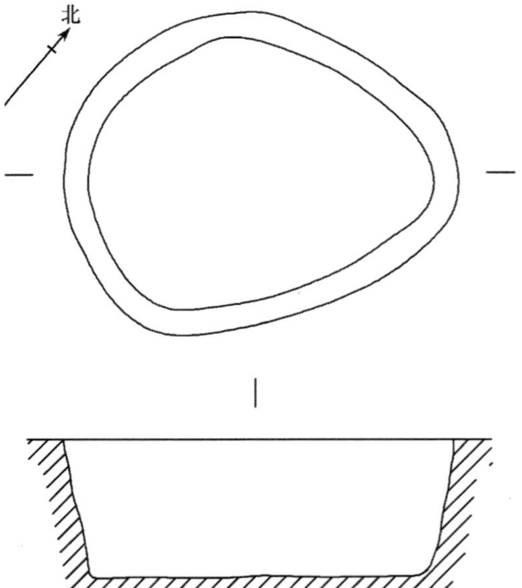

图六　H78平、剖面图

2. 圆形灰坑

2个。以H63为例介绍如下。

H63　位于T1304西北部。坑口距地表深约1.5米，口径1.14～1.2、底径1～1.1、深0.46米。坑内填红褐色灰黏土，土质硬，内含少量烧土颗粒等。出土遗物以夹砂红褐色陶片居多，泥质红陶片和灰陶片较少。器形主要有罐等（图五）。

3. 不规则形灰坑

2个。以H78为例介绍如下。

H78　位于T1303西南角。坑口距地表深约1.6米，坑口长1.6、最宽1.4米，底长1.4、最宽1.1米，坑深0.56米。坑内填灰褐色黏土，结构致密，质地较黏硬，内含少量烧土颗粒等。出土陶片多为夹砂红褐陶，少量为泥质红陶。可辨器形有罐、钵等（图六）。

四、遗　　物

出土遗物有陶器、石器，均残，没有可复原者。

1. 陶器

因烧制火候太低，陶片质地疏松，破碎较甚，有些几乎成粉末状。多为生活用器，均手制。陶器以夹砂陶居多，约占68%；少量为泥质陶，约占32%。夹砂陶中多不同程度地掺有蚌料，约占60%；另有少量掺入炭屑，约占13%。陶色以红陶为主，约占68%；红褐陶次之，约占18%；少量为灰陶，约占9%；个别陶器因在烧制过程中未能全部氧化而呈灰褐色，仅为5%。器表均素面，少量磨光。器形主要有罐、壶、钵、碗、鼎足等。

罐　出土陶片数量较多。几乎全为夹砂陶，其中多数夹粗砂，少量夹细砂，而且夹砂陶片中多掺杂蚌片。陶色以红陶居多，褐红陶较少。据口沿形态的差异，分三型。

A型　侈口罐。筒状深腹。多为夹砂掺蚌红陶或灰褐陶。据口、腹形态的差异，分为二式。

Ⅰ式：直腹。H63∶1，夹粗砂掺蚌灰褐陶，砂粒裸露在外，内壁有黑灰色斑块。口径15、残高3.4厘米（图七，3）。

Ⅱ式：口沿外侈较甚，深腹微鼓。H50∶1，夹粗砂红陶，内掺少量蚌片。残高10.2厘米（图七，11）。

B型　卷沿罐。多为夹砂掺蚌红陶，个别为夹砂掺炭红陶。沿外翻。据器身变化，分三式。

Ⅰ式：圆唇或尖圆唇，腹较直或略内收。H66∶1，夹砂掺蚌红陶，器表掺杂细小蚌片。尖圆唇，腹部微内收。口径14、残高2.3厘米（图七，1）。H79∶2，夹砂夹蚌红陶，器表裸露粗砂粒。圆唇，直腹。口径17，残高4厘米（图七，18）。H81∶1，夹砂

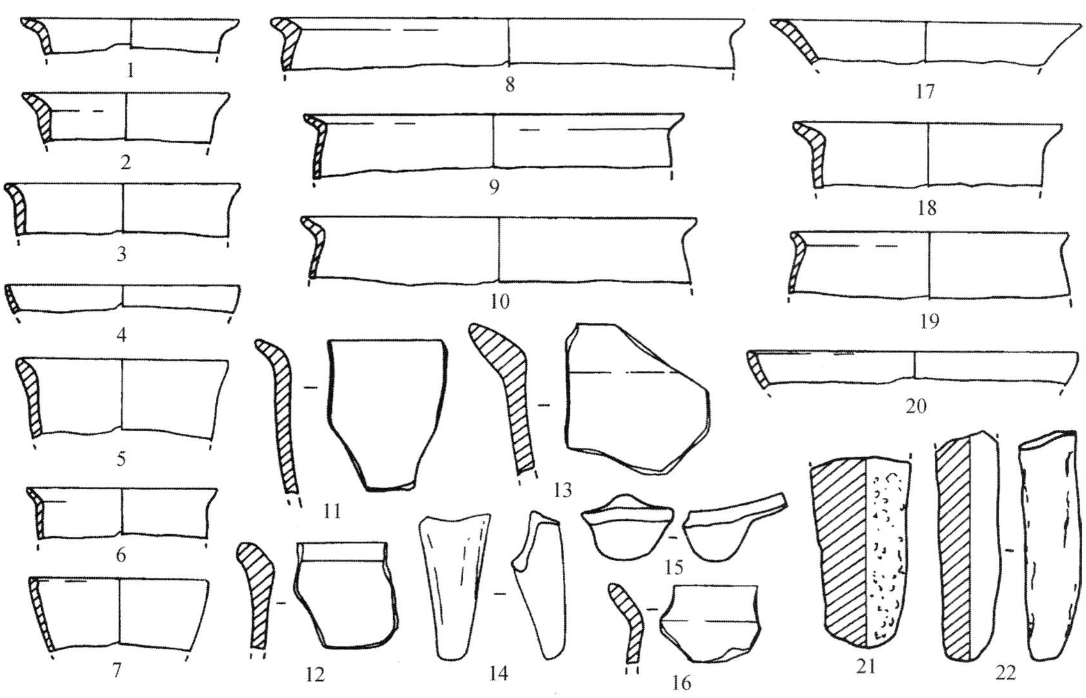

图七　出土陶器

1、6、18. BⅠ式罐（H66：1、H81：1、H79：2）　2、13. BⅡ式罐（H78：2、5）　3. AⅠ式罐（H63：1）　4、20. 钵（H81：2、H78：4）　5. A型壶（H80：5）　7. B型壶（H80：2）　8～10. CⅡ式罐（H78：1、H51：1、H80：1）　11. AⅡ式罐（H50：1）　12、16. CⅠ式罐（H78：3、H79：3）　14. 钵足（H80：4）　15. 器足（H66：3）　17. 碗（H80：3）　19. BⅢ式罐（H79：1）　21. B型鼎足（H66：2）　22. A型鼎足（H51：2）

掺蚌红陶。尖圆唇，深直腹。口径12、残高3.2厘米（图七，6）。

Ⅱ式：颈部内弧，微鼓腹。H78：2，夹粗砂红陶，掺少量炭屑，内壁黑灰色。口径13、残高3厘米（图七，2）。H78：5，夹砂掺蚌红陶，砂粒较小。残高5厘米（图七，13）。

Ⅲ式：腹外鼓较甚。H79：1，夹砂掺蚌红陶，砂粒裸露在外。圆唇。口径27、残高6.4厘米（图七，19）。

C型　折沿罐。多为夹砂红陶或褐红陶。素面。据具体形态的差异，分二式。

Ⅰ式：折沿微卷，腹较直或微鼓。H78：3，夹粗砂褐红陶，沿部较厚，内壁黑灰色。残高3.5厘米（图七，12）。H79：3，夹细砂红褐陶。圆唇。残高2.5厘米（图七，16）。

Ⅱ式：折沿较甚，腹外鼓。H51：1，夹砂掺蚌褐红陶，蚌片较大，内壁呈浅黑灰色。尖圆唇。口径24、残高4厘米（图七，9）。H78：1，夹砂掺蚌红陶。口径30、残高3.2厘米（图七，8）。H80：1，夹砂掺蚌红陶，蚌片较大。尖圆唇。口径25、残高4.2厘米（图七，10）。

壶　均为口沿残片。泥质红陶。据口沿形态，分二型。

A型　侈口。H80：5，颈部略内折。口径7、残高2.5厘米（图七，5）。

B型　微敛口。H80：2，内壁浅灰色。弧颈。口径12、残高4.6厘米（图七，7）。

钵　2件。口沿残片。敞口，弧腹。H78：4，细砂质红陶，内壁略呈浅灰色。口径21、残高2.2厘米（图七，20）。H81：2，细泥质灰陶，内外壁磨光。口径15、残高1.9厘米（图七，4）。

钵足　1件（H80：4）。泥质红陶。鸭嘴形扁状足，足斜直。残高4.8厘米（图七，14）。

碗　1件（H80：3）。仅存口沿残片。泥质灰陶。敞口，尖唇，斜直腹。口径10、残高1.3厘米（图七，17）。

鼎足　多为夹砂红陶，素面。据形态不同，分二型。

A型　圆柱状足。H51：2，夹细砂红陶。足根部略呈圆形。残高7.5厘米（图七，22）。

B型　扁凿状足。H66：2，夹砂夹炭红陶。横断面扁平。残高6.2厘米（图七，21）。

器足　1件（H66：3）。泥质褐陶。乳状足粗矮，横断面呈椭圆形。残高2.3厘米（图七，15）。

2. 石器

出自灰坑内，多为生产工具。磨制。器形主要有铲、磨盘等。

铲　2件。均残。器身扁平。H66：4，褐色粗砂质岩。两面均有磨痕，一面略凹，一面较平，刃部因长期使用而微凹。残长6.1、宽5.3、厚1.7厘米（图八，1）。H79：4，青灰色角闪石。平面近半月形，弧背，双面弧刃，刃部磨损较甚。通体磨光。残长7.5、宽4.8、厚1.9厘米（图八，2）。

磨盘　1件（H80：6）。已残。灰黄色粗砂岩琢磨而成。前端微弧，盘面有微凹的磨痕，底部残存一较短的柱状足。残长7.2、宽6、高3.6厘米（图八，3）。

尽管宋庄遗址发掘的裴李岗文化遗存面积不大，出土遗物多为残器，但器类较丰富。既有罐、壶、钵、碗、鼎足等典型裴李岗文化陶器，又有铲、磨盘等具有显著裴李岗文化特色的石制生产工具。

从器物类型对比来看，宋庄遗址出土的A型Ⅰ式罐H63：1、B型Ⅰ式罐H81：1与裴李岗遗址上层墓地出土的Ⅱ式罐M37：3[1]、Ⅲ式罐M33[2]相似；壶H80：5、敛口钵H78：4、钵足H80：4与唐户遗址出土的同类器A型Ⅲ式壶H80：1、Ⅰ式钵H80：5[3]和B型Ⅲ式钵足T1012⑥A：1[4]基本相同；碗H80：3、石磨盘H80：6与裴李岗遗址碗M37：4[5]、石磨盘M1：1[6]接近；B型鼎足H66：2与唐户遗址B型Ⅰ式鼎足ⅣT0315③：1基本相同。新郑裴李岗文化遗存实际上可分为四组（期），而M37、M67及第二次发掘的M33应归入第二组[7]。据此，初步推测宋庄遗址裴李岗文

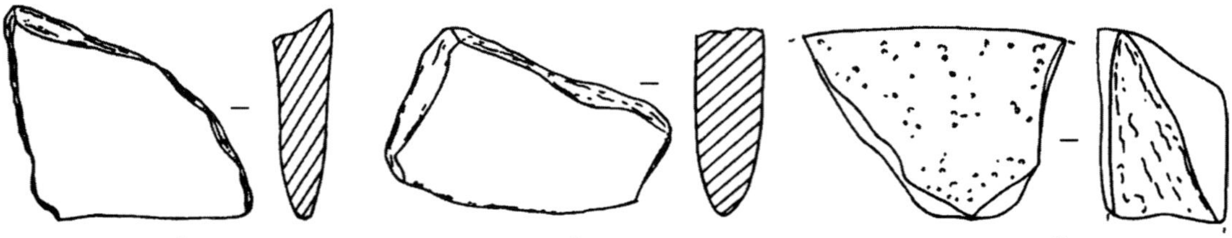

1　　2　　3

图八　出土石器

1、2. 铲（H66：4、H79：4）　3. 磨盘（H80：6）

化遗存的年代约当裴李岗文化第二期。

宋庄遗址裴李岗文化遗存的发掘，使中牟县境内除了已发现的业王、冯庄等遗址[8]外，又新增了一处裴李岗文化遗址。它的发现不仅进一步丰富了郑州地区裴李岗文化的内涵，还为裴李岗文化研究提供了新材料。

附记：此次发掘领队为张松林，参加发掘的人员有刘彦锋、鲍颖建、张吉民、曹铁良。线图由李杨、王庆丽绘制。本文在写作过程中得到刘彦锋研究员的悉心指导，在此表示衷心的感谢！

注　释

［1］ 中国社会科学院考古研究所河南一队：《1979年裴李岗遗址发掘报告》，《考古学报》1984年第1期。

［2］ 开封地区文物管理委员会等：《裴李岗遗址一九七八年发掘简报》，《考古》1979年第3期。

［3］ 郑州市文物考古研究院、河南省文物管理局南水北调文物保护办公室：《河南新郑市唐户遗址裴李岗文化遗存2007年发掘简报》，《考古》2010年第5期。

［4］ 河南省文物管理局南水北调文物保护办公室、郑州市文物考古研究院：《河南新郑市唐户遗址裴李岗文化遗存发掘简报》，《考古》2008年第5期。

［5］ 中国社会科学院考古研究所河南一队：《1979年裴李岗遗址发掘简报》，《考古》1982年第4期。

［6］ 开封地区文管会、新郑县文管会：《河南新郑裴李岗新石器时代遗址》，《考古》1978年第2期。

［7］ 靳松安：《试论裴李岗文化的分期与年代》，《中原文物》2007年第6期。

［8］ 开封地区文物管理委员会：《河南开封地区新石器时代遗址调查简报》，《考古》1979年第3期。

（原刊于《考古》2012年第7期）

河南新郑市华阳城遗址的调查简报

索全星　姜　楠

2010年7～11月，郑新快速通道从华阳故城西墙外侧通过，为配合该项工程建设，郑州市文物考古研究院报请国家文物局同意，进行考古发掘。发掘期间，对华阳城遗址进行初步的调查，为深入了解该遗址的文化内涵增添新资料。据调查所知，华阳城遗址面

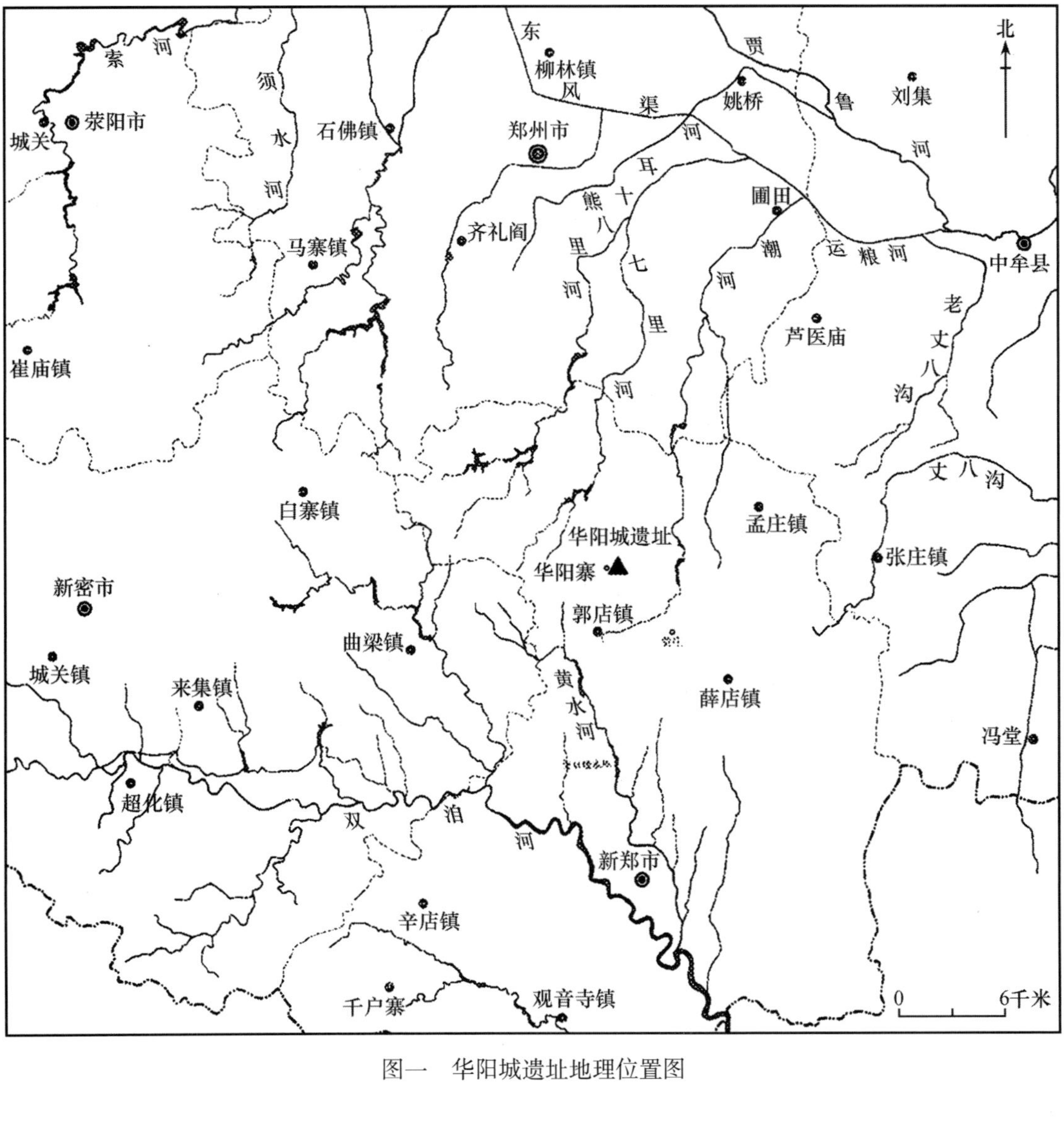

图一　华阳城遗址地理位置图

积约120万平方米，文化内涵丰富，不仅有东周时期遗存，还包括仰韶文化、商代二里冈期、晚商时期等多个文化遗存。考古发掘的东周遗存另文发表，本文仅对调查发掘的仰韶文化、商代二里冈文化、晚商文化等遗存进行报告。

一、遗址简介及现状

华阳城遗址位于河南省新郑市郭店镇华阳寨村，北距郑州市约25千米，南距新郑市20千米。遗址中心在东经34°33′43.02"、北纬113°42′46.50"，海拔189米（图一）。这里地势高爽，是现今贾鲁河支流潮河的源头。据目前调查所知，遗址面积约120万平方米，不仅有东周时期的城址，还包括仰韶文化、商代二里冈期、晚商时期等多个遗存（图二）。古城东北距海寨村约300米，西南距郭店村500米。1986年该遗址的东周城址被公布为省级重点文物保护单位。

东周城址坐北朝南，方向10°，平面呈束腰式曲折长方形，周长约2600米，南墙西段被村庄占压，北城墙及东墙、西墙的北部保存较好，其余城墙破坏比较严重，但地下城基尚存。城址修建于缓坡岗地上，城东南最高。北城墙基宽15～30米，城墙高6～8米。四面城墙中间各有一个缺口，我们做了重点考察和勘探工作，北缺口、南缺口、西缺口均有古代的道路连接，应与城门有关，东缺口因长期冲刷较甚，地面已为深沟巨壑，周围遗迹也多无存，是否为城门尚需继续工作。西、南两个城门的右侧有前伸的马面，左侧有城墙作环护，北城门右侧有前凸遗迹，左侧有马面拱卫，对城门安全防护极为重视，具有明显的军事防守作用。

城墙的四角和四边中部分别筑有10个向外凸出的马面，用于守城和瞭望。北墙中部、西墙北部之马面保存完整。我们将西北城角的马面称作1号马面，自此顺时针方向依次编排序号，8号马面的西侧是这次考古工作的发掘区。通过发掘，发现战国中晚期的城壕、防御墙、防卫坑等重要遗迹，应是战国时期发生的“华阳之战”的主要战场，为研究华阳城建筑历史、城防设施及“华阳之战”提供了新资料。

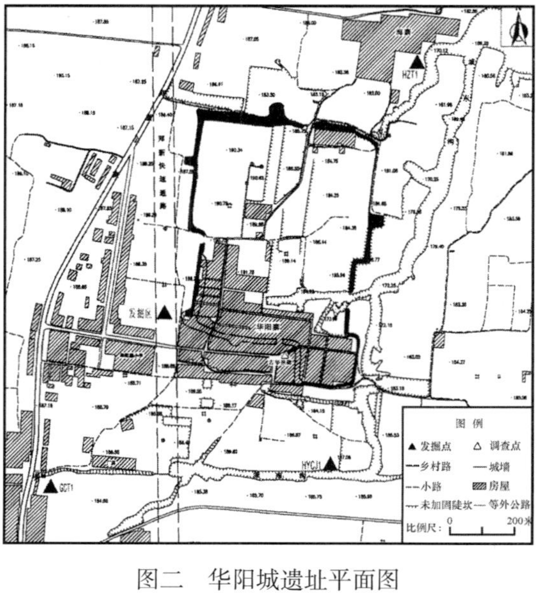

图二　华阳城遗址平面图

近代的晚期寨墙在城墙顶部利用城墙外侧陡直而建，有的地方残存高度近2米，宽1～3米。南门处的“古华邑”石碣，系清代咸丰年间修建寨墙时所刻，今镶嵌于华阳寨清真寺寺门上。

城南200米有一条自西向东的深沟，俗

称城南沟，系一古河道（古称“华水”，今潮河源头），源自郭店东南的岗地。城南沟两侧为商代二里冈期遗存，经钻探可知文化层厚达2米，遗迹遗物丰富。沿城南沟向西至郭店为仰韶时期遗存，由于20世纪八九十年代村民取土烧砖，地表2～3米的土层多被破坏。城南沟东端北折至海寨称为城东沟，城东沟东部为东周墓葬，海寨至城东北部为殷墟文化遗存。城东沟北延较为宽阔深浚，20世纪六七十年代曾作为灌溉农田的水库。

二、发掘区的仰韶时期遗物

在郑新快速通道的发掘区G2①内，发现有仰韶时期的遗物。G2①的大量遗物系垫平G2所为，为第二堆积地点。依据遗物的倾倒方向分析，为城内的废弃物，城内某地是其第一堆积地点，仰韶遗物应是城内仰韶遗存的遗物。可辨器形有盆、缸等。

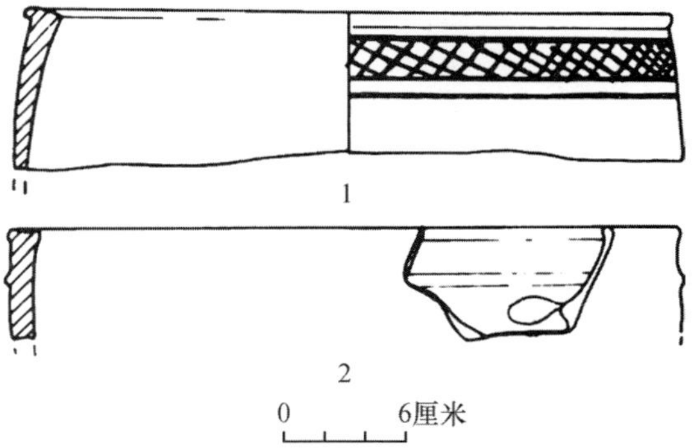

图三　发掘区仰韶时期遗物
1. 彩陶罐（T2008G2①：4）　2. 红陶缸（T20008G2①：5）

盆　HYZT2008G2①：4，泥质红陶，直口平沿，圆唇，直腹，沿下饰黑彩网带纹、弦纹各一周。口径31.6厘米，残高6.2厘米（图三，1）。

缸　1件，HYZT2008G2①：5，棕砂质红陶，直口，平沿小圆唇，沿下饰一周凸弦纹，器壁装鸡冠耳。口径32.6厘米，残高5.4厘米（图三，2）。

三、郭店仰韶时期遗存

（一）遗存介绍及文化层堆积

郭店新石器仰韶文化遗存位于华阳城遗址西南部、郭店村东北，部分被砖瓦厂取土破坏或平整为耕地，地面散布有少许仰韶时期、商代的陶片。遗址中部为一条发源于郭店东南岗地的南北向古河道，向北分为东西两支，西流者至黄水河，东流者为华阳城的城南沟，古称为“华水”。在郭店村东北的台地上，试掘10米×5米的探方一个，编号为GDT1。T1位于古“华水”与西流河道的西南拐角处，T1⑦层下清理灰坑3个，属仰韶文化第四期。以T1东壁剖面为例，文化层堆积如下（图四）。

第1层：即耕土层，灰褐色，土质疏松，含有植物根系、树根等，厚0.2米。

第2层：黄褐色，土质疏松，杂有碎砖块、植物根茎。该层分布于探方东北部，厚0.1～0.25米。

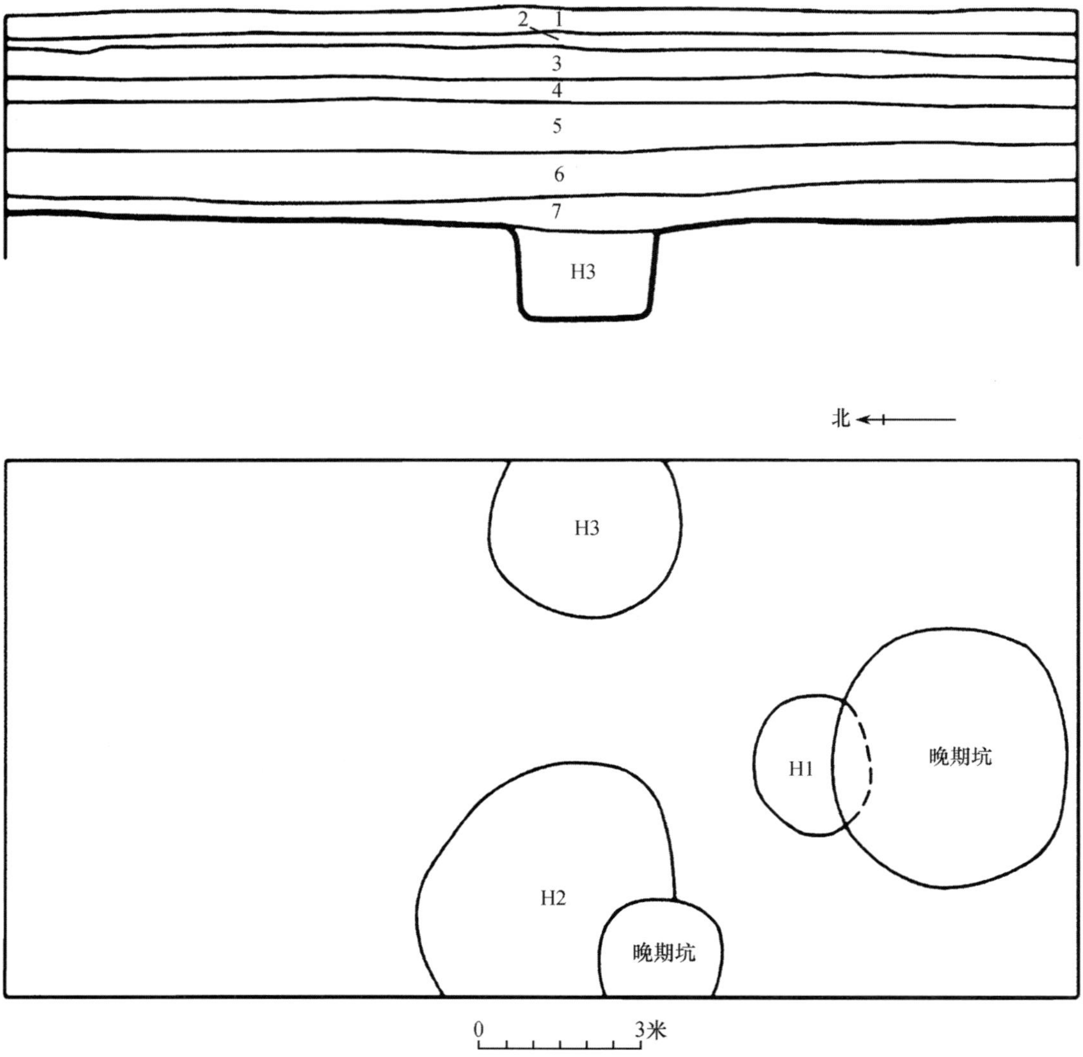

图四　郭店T1平面图、东壁剖面图

第3层：黄灰色，土质疏松，该层分布全方，包含有瓷片、碎陶片，深0.2～0.4米，厚0.15～0.3米，属明清时期堆积。

第4层：红褐色，土质细腻松软，分布全方，呈平面堆积，包含物少许，主要为碎陶片，器形有板瓦、罐、瓮等，层厚0.3米，属战国时期文化堆积。

第5层：灰褐色，松散，出土少量碎陶片，分为泥质灰陶、夹砂陶，除素面外，纹饰有绳纹、弦纹等，能辨识出罐、盆、豆等器形，属商代文化层。深0.9米，厚0.3～0.4米。

第6层：黑褐色，土质细腻致密，含有少许烧土颗粒、炭粒，分布全方，包含极少的碎陶片，可辨识出罐、深腹罐、杯等器形，属龙山早期文化层，厚0.3～0.35米。

第7层：黑灰色，土质松散，含有生土颗粒、炭粒，分布全方，由北向南倾斜堆积而成，厚0.1～0.3米，包含物有少量的仰韶时期陶片，该层下暴露3个灰坑。其中H1、H3出

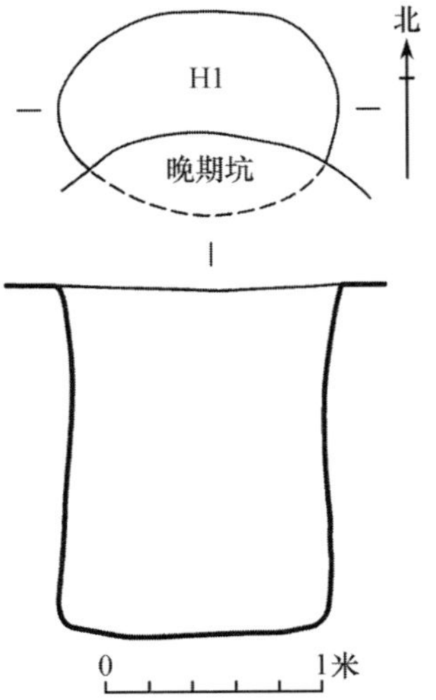

图五　郭店H1平、剖面图

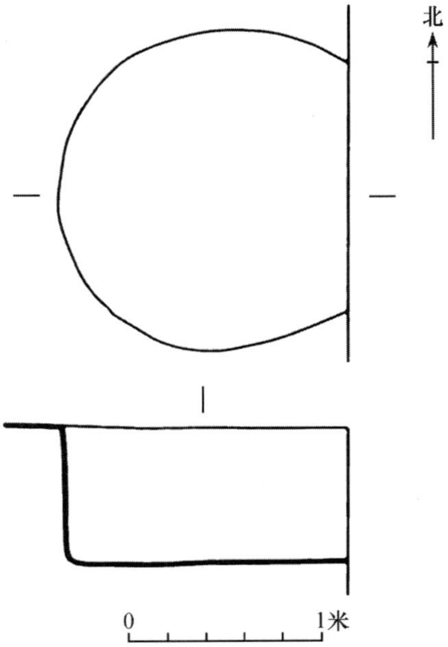

图六　郭店H3平、剖面图

土遗物较为丰富。

H1，位于GDT1南部中间，开口于第7层下。坑口平面呈椭圆形，壁较直，平底。口长1.55米，宽0.55米，深1.6米，底长1.2米，宽1米（图五）。填黑灰色土，土质细软，含炭粒、烧土块，出土碎陶片，有泥质灰陶、夹砂陶、红陶，除素面外，另有素面及绳纹、弦纹等纹饰，器形有高领罐、鼎足、罐、陶环及兽骨等，小件有陶网坠、陶纺轮、石环（残）、陶杯、陶鼎、陶拍等。

H3，位于GDT1东壁下，开口于第7层下。坑口近椭圆形，壁较直，平底。口长1.9米，宽1.5米，深0.8米，底长1.85米，宽1.4米。填黄灰色土，土质疏松，略净，出土碎陶片，可分泥质灰陶、加砂陶，有素面及绳纹纹饰，器形有高领罐、深腹罐、陶壶、陶罐等（图六）。

（二）出土遗物

郭店古文化遗存试掘面积仅50平方米，但仍出土了较多的文化遗物，有陶、石两类，陶器残片为其大宗。从出土的陶片看，陶质可分泥质陶、夹砂陶两大类，夹砂陶较多；陶色主要有棕陶、红陶、灰陶，器表以绳纹、素面为主，附加堆纹、弦纹较少。完整器及据陶片可辨器形有鼎、夹砂罐、泥质罐、杯、壶、陶拍、纺轮、瓮、豆、陶饰件等，其中罐、瓮、壶较多。

1. 陶器

夹砂罐　标本25件。分为棕、灰、红等陶胎，多数器表装饰有黑、灰、黄灰色，红等陶较少，常见绳纹，较少弦纹、附加堆纹、压印纹。夹砂罐的标本多为口沿残片，以

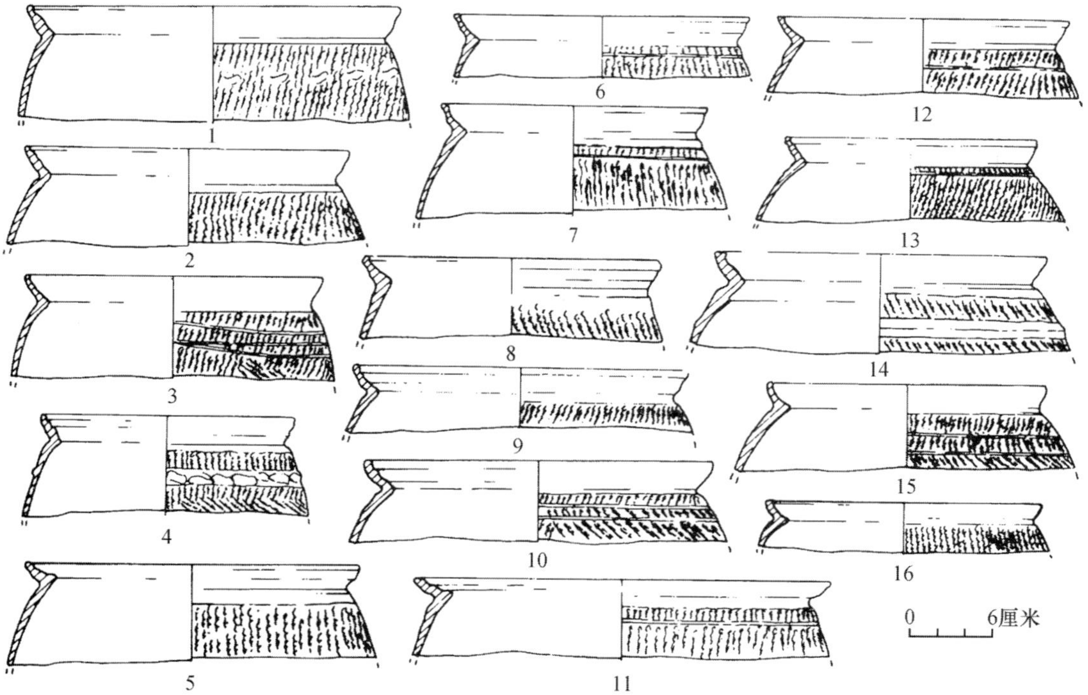

图七　郭店H1出土夹砂陶罐

1. Aa型（H1：23）　2. Aa型（H1：34）　3. Ab型（H1：37）　4. Ac型（H1：28）　5. Ab型（H1：16）　6. Ab型（H1：32）　7. Ab型（H1：39）　8. Ab型（H1：36）　9. Ac型（H1：38）　10. Ac型（H1：26）　11. Ac型（H1：33）　12. Ab型（H1：32）　13. Ac型（H1：25）　14. Ab型（H1：24）　15. Ab型（H1：29）　16. Ab型（H1：14）

口沿形状分为三型。

A型　折沿，以沿面情况分为三亚型。

Aa型　沿面较平整。灰陶。H1：23，弧肩，鼓腹，肩部饰一周间断压点纹，口径27厘米，残高8厘米（图七，1）。H1：34，圆鼓腹，口径8厘米，残高6.8厘米（图七，2）。H3：17，圆唇，溜肩，颈部绳纹被修抹，口径21厘米，残高4厘米（图一一，8）。

Ab型　沿面凹似反卷。H1：16，棕陶，浅黄灰色，口径24厘米，残高6.6厘米（图七，5）。H1：22，棕红陶，灰色皮，颈下划压一周弦纹，口径21厘米，残高5.6厘米（图七，12）。H1：24，棕陶，腹腔及沿面为黑皮，颈下饰一周附加堆纹，器表为浅灰色，口径24厘米，残高7厘米（图七，14）。H1：32，灰陶，肩部饰一周凹弦纹，口径21厘米，残高4.2厘米（图七，6）。H1：38，灰陶，溜肩，口径22厘米，残高5.4厘米（图七，8）。H1：37，灰陶，鼓肩，颈下划压三周弦纹，口径23厘米，残高7.2厘米（图七，3）。H1：39，棕陶，黑皮，颈下划压二周弦纹，口径19厘米，残高7.6厘米（图七，7）。H1：14，灰陶，浅灰皮，方唇，鼓肩，口径20厘米，残高3.6厘米（图七，16）。H1：29，灰陶，淡灰色皮，鼓肩，器表绳纹较深，肩部划压二周浅弦纹，口

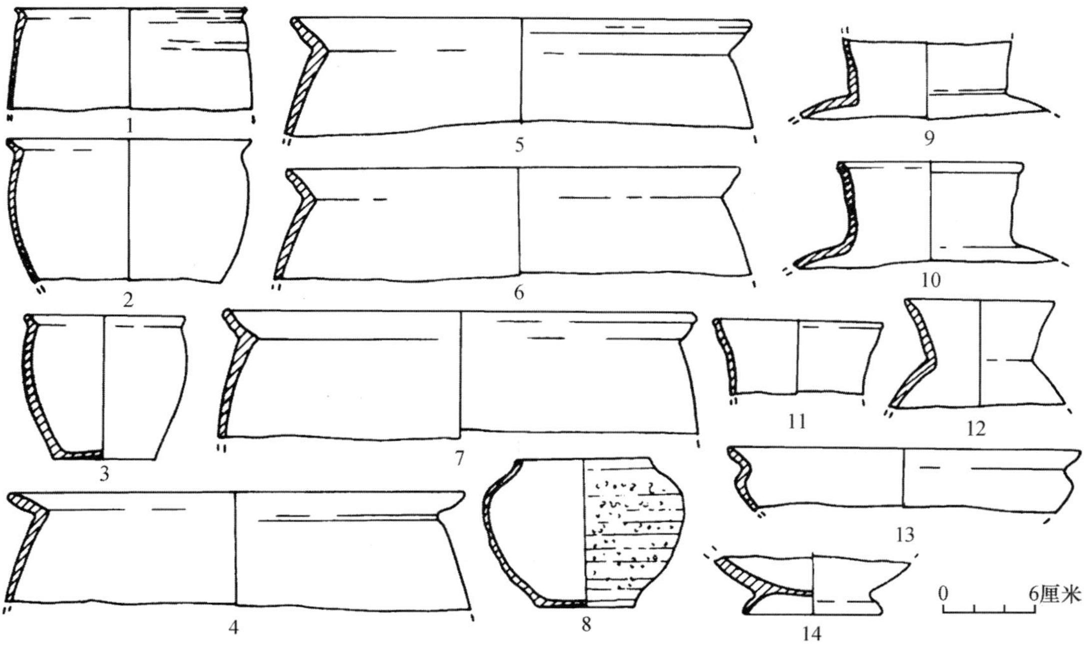

图八　郭店H1出土陶器

1. Ca型泥罐（H1：10）　2. B型泥罐（H1：43）　3. B型泥罐（H1：5）　4. Ab型泥罐（H1：11）　5. Aa型泥罐（H1：12）　6. Aa型泥罐（H1：9）　7. Ac型泥罐（H1：13）　8. D型泥罐（H1：8）　9. 瓮（H1：6）　10. 瓮（H1：17）　11. 壶（H1：18）　12. 壶（H1：20）　13. 盆（H1：27）　14. 豆（H1：40）

径20厘米，残高5.8厘米（图七，15）。H1：15，棕褐陶，浅灰皮，竖绳纹较深，颈下划压二周弦纹，口径28厘米，残高8.8厘米（图一一，6）。H1：15，灰陶，方唇，颈部饰一周凸棱，口径31.5厘米，残高6.6厘米（图一二，2）。

Ac型　沿面有凸棱或凹槽。H1：25，灰陶，圆唇，弧肩，圆腹。肩部饰一周凹弦纹。口径18厘米，残高5.6厘米（图七，13）。H1：28，灰陶，淡黄皮，肩部按压一周附加堆纹，口径18.4厘米，残高6.8厘米（图七，4）。H1：33，棕褐陶，淡黄皮，沿面饰二周凹弦纹，肩部饰一周凹弦纹，口径30厘米，残高5.6厘米（图七，11）。H1：35，棕灰陶，灰色皮，尖唇，圆鼓腹，沿面饰一周凹弦纹，口径27厘米，残高6厘米（图一二，4）。H1：38，棕陶，浅黄皮，口径24厘米，残高4.2厘米（图七，9）。H3：2，棕褐陶，黑皮，颈下划压二周粗弦纹，口径11厘米。残高3.2厘米（图一一，12）。H3：22，棕灰陶，黑皮，沿面饰数周弦纹，颈根有横向抹压痕，口径23厘米，残高3.6厘米（图一一，2）。H3：27，沿面饰三周弦纹，口径18.6厘米，残高3.8厘米（图一一，9）。H1：26，灰陶，浅黄皮，颈下划压二周粗弦纹，口径25厘米，残高5.8厘米（图七，10）。H3：16，棕灰陶，黑皮，肩部划压二周弦纹，口径23厘米，残高5厘米（图一一，7）。

B型　卷沿，标本1件。H3：10，棕灰陶，浅灰皮，方唇，鼓腹，腹饰绳纹。口径15

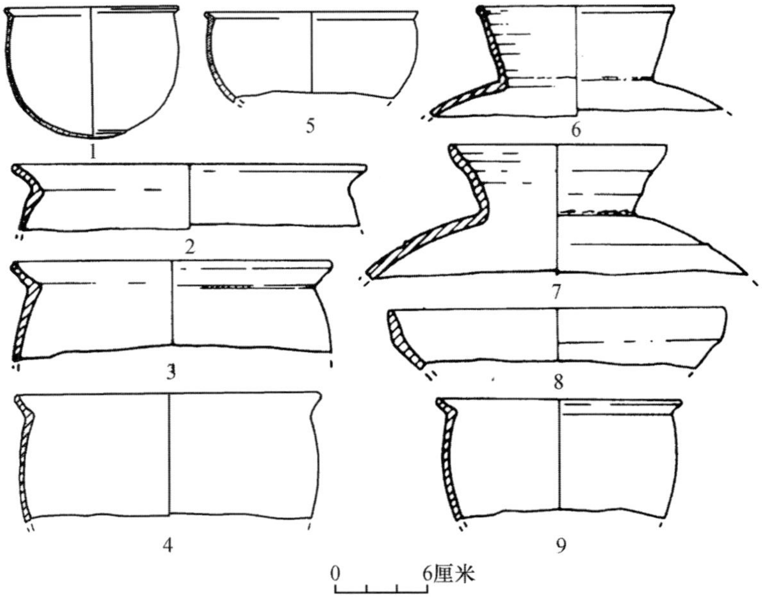

图九　郭店H3出土陶器

1. Cb型泥罐（H3：8）　2. Ac型泥罐（H3：11）　3. Ac型泥罐（H3：14）　4. B型泥罐（H3：13）
5. Cb型泥罐（H3：12）　6. 瓮（H3：9）　7. 瓮（H3：18）　8. 豆（H3：4）　9. B型泥罐（H3：3）

厘米，残高6厘米（图一一，4）。

鼎　夹砂陶，有棕、灰、红三种陶色，以整体形状可分三型。

A型　釜形鼎，1件。H1：7，红陶，修复。喇叭口，圆唇，鼓肩，扁鼓腹，圜底，鸭嘴形足。腹上饰一周凸棱，凸棱以上为泥陶，以下为夹砂陶。口径13厘米，腹径19.8厘米，残高13厘米（图一一，1）。

B型　罐形鼎，标本2件。灰陶，大敛口，小斜沿，圆唇。肩部饰一周凸弦纹，腹饰竖绳纹。以腹之浅深分为二亚型。

Ba型　溜肩，鼓腹较深。H3：19，口径25厘米，残高6.8厘米（图一一，3）。

Bb型　折肩，斜浅腹。H1：19，口径20厘米，残高5.2厘米（图一一，5）。

C型　盆形鼎。标本4件，棕褐陶，敛口，折沿，垂腹。腹部饰绳纹。据口沿情况分为三亚型。

Ca型　沿面平，方唇。H1：21，尖唇，腹较直。颈部饰一周凸棱。口径较大（图一一，1）。

Cb型　沿面凹似反卷，腹较直。H3：26，口沿残片，沿面上卷，口径较大（图一一，10）。

Cc型　沿面微凹，有凸棱，颈部饰一周凸棱。H1：30，圆唇，溜肩，口径44厘米，残高9厘米（图一二，1）。H3：20，方唇，口径36厘米，残高6.3厘米（图一二，3）。

鼎足　6枚，分三式。

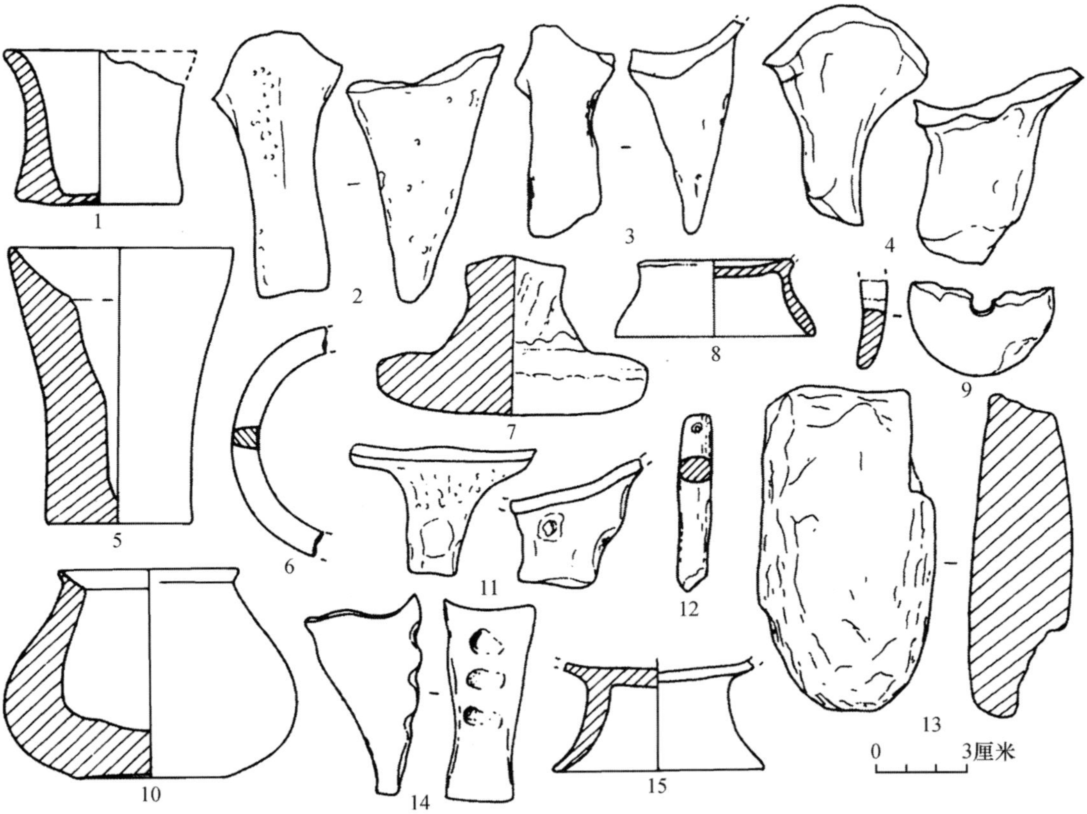

图一〇 郭店仰韶文化遗物

1. 陶杯（H1：42） 2. 鼎足（H1：47） 3. 鼎足（H3：23） 4. 鼎足（H1：45） 5. 陶杯（H1：4） 6. 石环（H1：3） 7. 陶拍（H1：4） 8. 陶豆（H3：25） 9. 陶纺轮（H1：2） 10. A型壶（H3：7） 11. 鼎足（H1：46） 12. 陶饰件（H1：1） 13. 石斧（H1：31） 14. 鼎足（H3：6） 15. 陶豆（H1：44）

凿式：2枚，截面大致呈等腰三角形，素面。H1：47，棕陶，高8.5厘米（图一〇，2）；H3：23，灰陶，高7厘米（图一〇，3）。

鸭嘴式：3件，棕陶，类似凿形足但内外面弧曲不等，正面多有刻槽或按压窝痕。H1：46，足面按压窝纹，足顶部横穿一孔，残高4厘米（图一〇，11）；H3：6，正面刻出三道窝痕，高6.5厘米（图一〇，14）；H3：24，粗壮，足面有按压窝纹，残高4厘米。

鸡腿式：1枚，H1：45，棕陶，手握成形，足根较粗大，经修抹（图一〇，4）。

泥质罐 14件，素面，以口沿及整体情况区分为五型。

A型 沿面宽，器形大，折沿，灰陶。以沿面情况分为三亚型。

Aa型 沿面斜直，标本2件。敛口，圆唇，鼓腹。H1：9，黑皮，口径30厘米，残高6.8厘米（图八，6）。H1：12，口径30厘米，残高6.8厘米（图八，5）。

Ab型 沿面斜平，1件。H1：11，口径30厘米，残高7.2厘米（图八，4）。

Ac型 沿面微凹或微弧，标本3件。H1：13，口径30厘米，残高7.6厘米（图八，

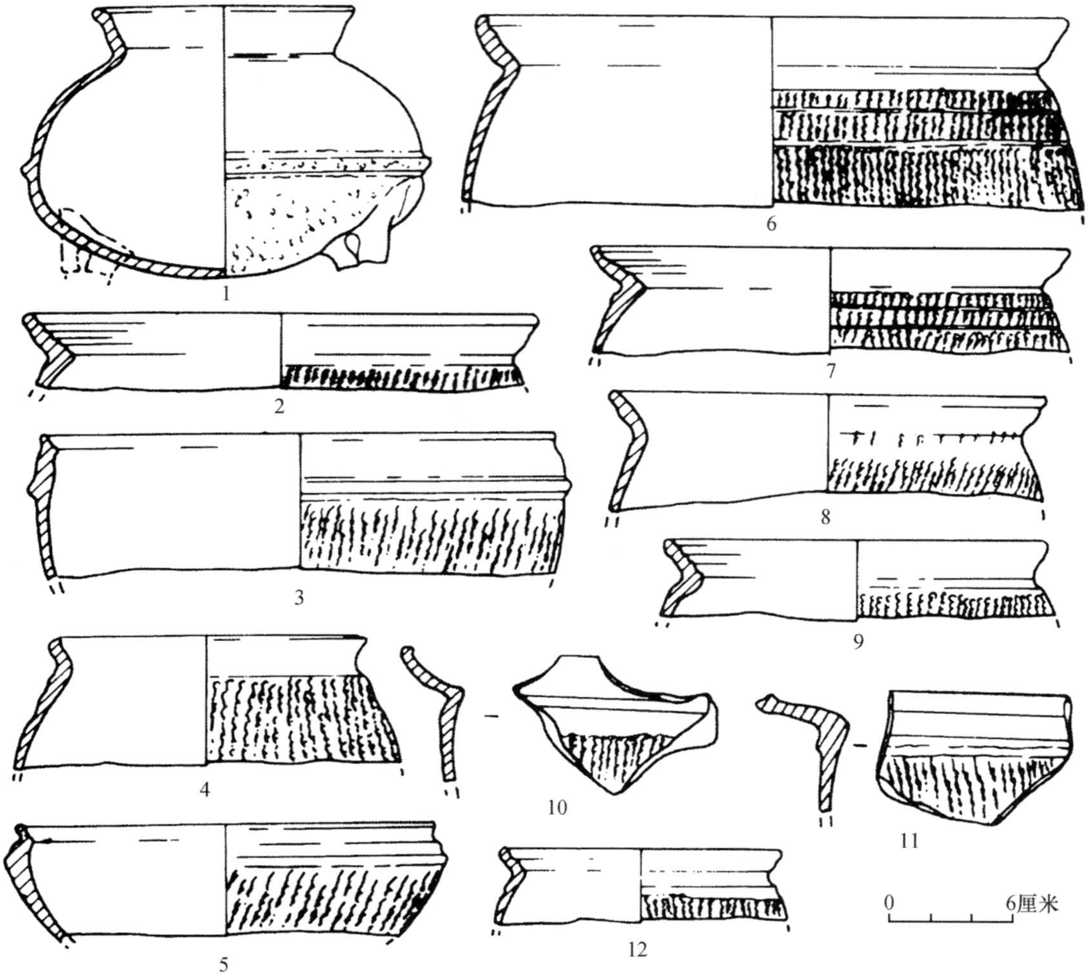

图一一　郭店仰韶文化陶器

1. A型鼎（H1：7）　2. Ac型夹砂罐（H3：22）　3. Ba型鼎（H3：19）　4. B型夹砂罐（H3：10）　5. Bb型鼎（H1：9）　6. Ab型夹砂罐（H3：15）　7. Ac型夹砂罐（H3：16）　8. Aa型夹砂罐（H3：17）　9. Ac型夹砂罐（H3：27）　10. Cb型鼎（H3：26）　11. Ca型鼎（H3：21）　12. Ac型夹砂罐（H3：2）

7）。H3：11，红皮，口径23厘米，残高3.8厘米（图九，2）。H3：14，口径21厘米，残高5.8厘米（图九，3）。

B型　沿面较窄，折沿。标本4件。H1：5，修复，红陶，垂腹略鼓，平底，口径10.2厘米，腹径10.5厘米，底径6.6厘米，高9.2厘米（图八，3）。H1：43，灰陶，圆鼓腹，口径16厘米，残高9.4厘米（图八，2）。H3：3，红陶，微鼓腹，口径16厘米，腹径15厘米，残高7.4厘米（图九，9）。H3：13，灰陶，垂腹，口径20厘米，腹径19.2厘米，残高8厘米（图九，4）。

C型　斜折沿，标本3件。细泥灰陶，圆唇。以整体情况分为二亚型。

Ca型　1件，垂腹较深。H1：10，底残，口径15厘米（图八，1）。

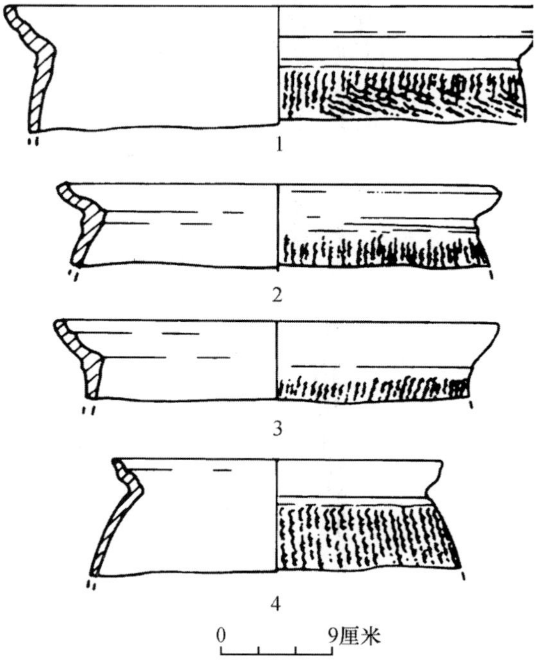

图一二　郭店仰韶文化陶器

1. Cc型鼎（H1：30）　2. Ab型夹砂罐（H1：15）
3. Cc型鼎（H3：20）　4. Ac型夹砂罐（H1：35）

Cb型　2件，直腹较浅，圜底。H3：8，修复，垂腹略鼓，底部饰一周凸弦纹，口径11厘米，高8.5厘米（图九，1）。H3：12，垂腹，腹下圆弧斜收，底残，口径14厘米，腹径13.8厘米，残高5.6厘米（图九，5）。

D型　1件，修复，矮领，平底。H1：8，灰陶，圆肩，鼓腹，腹下斜收较甚。器表旋修，较糙。口径8.8厘米，腹径13.2厘米，底径6.3厘米，高9.6厘米（图八，8）。

瓮　标本4件，喇叭口，圆唇，肩圆鼓。H1：6，泥灰陶，唇部残，口径11厘米，残高4.6厘米（图八，9）。H1：17，夹砂棕灰陶，灰皮，口径12厘米，残高6.6厘米（图八，10）。H3：9，泥灰陶，唇部饱满，口径13厘米，残高6.8厘米（图九，6）。H3：18，泥灰陶，口外撇较甚，肩部饰一周凸弦纹，口径14厘米，残高8.2厘米（图九，7）。

陶拍　1件，修复，H1：41，棕灰砂陶，黑皮，菌状，柱状柄。拍面有使用痕迹，根部修抹痕迹。拍面直径8.9厘米，通高5.2厘米（图一〇，7）。

杯　2件，修复。H1：4，泥质灰陶，敞口，口以下渐收，平底。腹腔呈尖状漏斗形。口径7.4厘米，底径4.7厘米，高9.1厘米（图一〇，5）。H1：42，夹砂红陶，侈口圆沿，腰微束，平底。此器为喇叭状圈足器的底部再利用。口径6.4厘米，底径5.5厘米，高5厘米（图一〇，1）。

豆　豆盘残片1件。H3：4，泥质红陶，侈口，尖唇，折腹斜收，口径22厘米，残高3.8厘米（图九，8）。

豆底残片　3件，喇叭形圈足，泥质灰陶。H1：40，腹下部斜收，圜底，矮圈足，足径9厘米（图八，14）。H1：44，底较平，足径7厘米（图一〇，15）。H3：25，圜底，足径6.6厘米，残高2.6厘米（图一〇，8）。

小壶　1件，修复，H3：7，夹砂棕褐陶，黑皮，敛口，斜沿，尖唇，削肩，扁鼓腹，平底。腹、底厚胎，壶内腔容积较小。素面磨光。口径5.6厘米，腹径9.7厘米，底径5.2厘米，高6.9厘米（图一〇，10）。

壶　标本2件，口沿残片。小喇叭口，素面。H1：20，泥质灰陶，尖圆唇，溜肩，其余部分残。口径10厘米，残高6.8厘米（图八，12）。H1：18，泥质红陶，仅存喇叭口，口径11厘米，残高4.6厘米（图八，11）。

纺轮　1件，H1：2，泥质灰陶，圆饼形，上面鼓凸，底面微凹，圆缘，中心钻一圆孔。径4.8厘米，厚0.9厘米，孔径0.7厘米（图一○，9）。

陶饰件　1件，H1：1，泥质灰陶，圆柱体，顶部略扁，穿一小圆孔。残长6厘米，径1.1厘米（图一○，12）。

盆　标本1件。H1：27，泥质灰陶，折沿，尖唇，折肩，斜收腹。口径23厘米，肩径22厘米，残高4厘米（图八，13）。

2. 石器

石环　1件，H1：3，灰石质，内缘厚直，外缘薄圆，磨制精巧。内径6厘米，外径8厘米（图一○，6）。

石斧　1件，H1：31，砂灰岩，斧形坯件，琢制较粗糙。长10.8厘米，宽5.9厘米，厚3.4厘米（图一○，13）。

3. 郭店H1、H3的时代

郭店古文化遗存试掘面积仅50平方米，清理3个灰坑，H1、H3出土的遗物较为丰富，主要有夹砂折沿绳纹罐、鼎及素面泥罐等，器物风格较为单一，与仰韶文化晚期大河村类型文化一致。其中，郭店A型夹砂罐、瓮、陶杯（H1：4）分别与大河村遗址第四期的G型罐、BⅠ式瓮、BⅢ式杯相同[1]，A型鼎（H1：7）与谷水河遗址二期陶鼎（Y2：45）相同[2]，但夹砂陶鼎盛行绳纹，器形与种类较多，这与谷水河三期的器物特征相似。总体而言，大河村遗址四期、谷水河遗址三期均为仰韶文化向河南龙山文化的过渡期，故郭店遗存的时代应与之相当，应为新石器时代仰韶文化晚期，属大河村类型文的晚期。

四、城南沟商代遗存

（一）遗存分布情况

商代遗存主要分布于城南沟两岸，沿沟至郭店村东北一带，叠压于仰韶文化大河村类型遗存之上，面积较大。在城南沟调查发现有卜骨、骨簪、石斧等遗物，断崖壁上发现有水井、灰坑等遗迹，勘探获知文化层厚2～3米。我们对城南沟北崖壁上的一处水井遗迹作了清理，编号为2010HYCJ1。水井开口距地表约0.5米，平面为圆角长方形竖井式，方向0°。长壁中间有相对的脚窝，底部较平整。口长2.2米，宽1米，深5.2米（图一三）。J1为一次性堆积，深灰色土，含草灰烬、炭粒及少量烧土颗粒，出土陶片较多，另有少量石器、骨器等。陶片可辨器形有鬲、大口尊、豆、罐、缸、瓮、爵、盆等，分为夹砂、泥质两类，以灰陶、褐陶为主，纹饰有绳纹、弦纹、同心圆等。

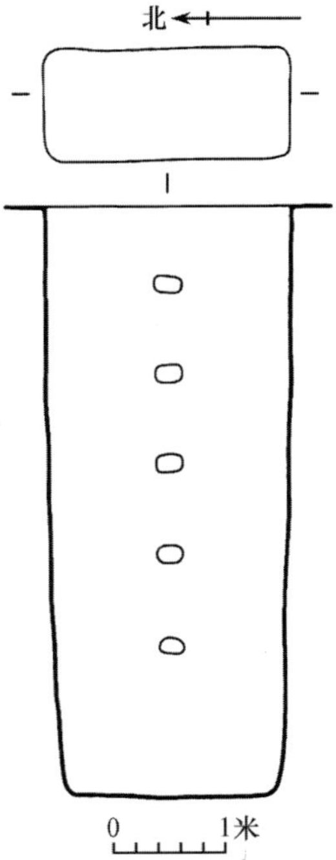

图一三 城南沟商代J1平、剖面图

（二）遗物

1. 陶器

鼎 1件。J1：6，夹砂灰陶。方唇，折沿，沿面有凸棱一周，直腹，腹部饰两周凹弦纹。口径13厘米，残高4.8厘米（图一四，16）。

鬲 6件。侈口，束颈，鼓腹。以整体形态不同分为三型。

A型 1件。夹砂灰陶。折沿，方唇，沿面上部平折，颈部以下饰中绳纹，颈部修抹，遗有绳纹痕迹。J1：25，口径16厘米，残高3.4厘米（图一四，15）。

B型 4件。夹砂灰陶。折沿，沿上缘折起似盘口，方唇，下缘微下垂，颈部多饰有两周凹弦纹，中间加饰同心圆纹，腹饰中绳纹。J1：49，口径19厘米，残高6厘米（图一四，12）。J1：50，口径27厘米，残高5厘米（图一四，9）。J1：51，口径17.6厘米，残高9.6厘米（图一四，11）。J1：52，口径13厘米，残高7厘米（图一四，13）。

C型 1件。夹砂棕陶。卷沿，沿上缘凸起，窄方唇，颈以下饰中绳纹。J1：53，口径15厘米，残高5.2厘米（图一四，14）。

夹砂罐 8件，夹砂灰陶较多，棕褐陶少。侈口，折沿或卷沿，沿边上折，方唇，束颈，颈下饰绳纹。以口部形状不同分为二型。

A型 3件，以唇面不同分二亚型。

Aa型 1件。卷沿，唇外上缘收缩明显，唇面下部圆鼓，颈以下饰中绳纹。J1：34，口径19厘米，残高5.2厘米（图一四，3）。

Ab型 2件。折沿，宽唇面，唇面下缘下垂较甚，颈下饰较深的中粗绳纹。J1：47，唇外缘微凸，口径20厘米，残高7.2厘米（图一四，1）。J1：46，唇外缘饰凸弦纹两周，口径20厘米，残高5厘米（图一四，2）。

B型 5件。折沿，腹饰中绳纹。以唇部不同分四亚型。

Ba型 1件。垂腹，灰陶。J1：24，口径14.2厘米，残高9厘米（图一四，5）。

Bb型 2件，灰陶。似盘口，方唇外凸，溜肩。J1：26，鼓腹，口径18厘米，残高6.8厘米（图一四，7）。J1：28，棕褐陶，灰皮，折沿微卷，深腹，肩部饰一周堆纹，口径19厘米，残高11.8厘米（图一四，6）。

Bc型 1件，灰陶。盘口，方唇外凸不明显，腹微鼓。J1：48，口径20厘米，残高8厘米（图一四，4）。

Bd型 1件，棕褐陶。深腹。J1：33，口径119厘米，残高8.6厘米（图一四，8）。

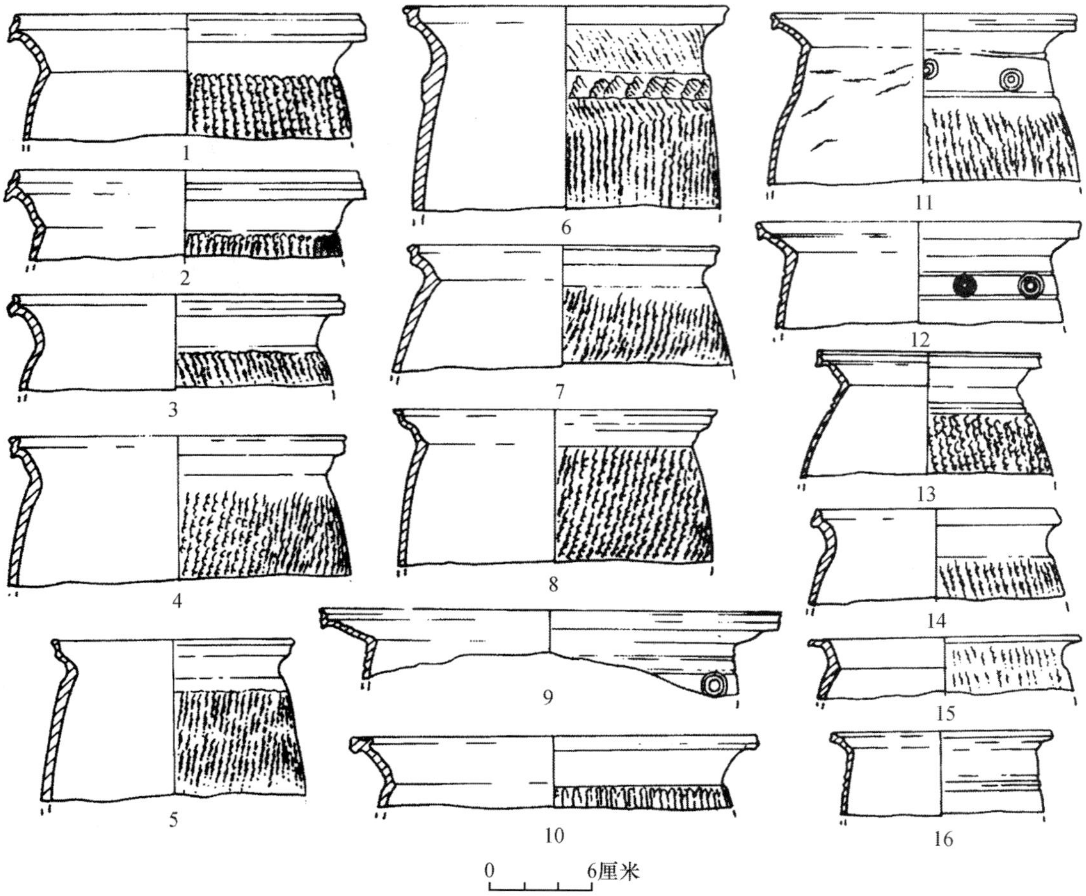

图一四　城南沟J1商代遗物

1. Ab型罐（J1：47）　2. Ab型罐（J1：46）　3. Aa型罐（J1：34）　4. Bc型罐（J1：48）　5. Ba型罐（J1：24）　6. Bb型罐（J1：28）　7. Bb型罐（J1：26）　8. Bd型罐（J1：33）　9. B型鬲（J1：50）　10. 甗（J1：12）　11. B型鬲（J1：51）　12. B型鬲（J1：49）　13. B型鬲（J1：52）　14. C型鬲（J1：53）　15. A型鬲（J1：25）　16. 鼎（J1：6）

甗　1件，甗足1件。J1：12，夹砂灰陶。侈口，方唇，折沿，沿面微弧，沿上部凸棱形成一周凹槽。颈下饰粗绳纹。口径24厘米，残高14.4厘米（图一四，10）。J1：22，甗足，长圆锥体。顶部深凹，糙面，系黏接甗体。残高11.2厘米（图一五，15）。

爵　3件，夹细砂灰陶，素面。J1：43，敛口，圆唇，折肩，深腹束腰，器身中部有一带状桥形耳鋬。底、足残。残高5.5厘米（图一七，2）。J1：44，足、底残片。直腹，平底，耳鋬残，圆锥形长足。残高10厘米（图一七，8）。J1：45，足、底残片，束腰，平底。圆锥形长足，残。残高6厘米（图一七，3）。

大口尊　4件。泥质灰陶或棕褐陶，陶质硬。大敞口，折沿，方唇，窄肩，肩部有刻花或压花的附加堆纹。以肩部差别区分为二型。

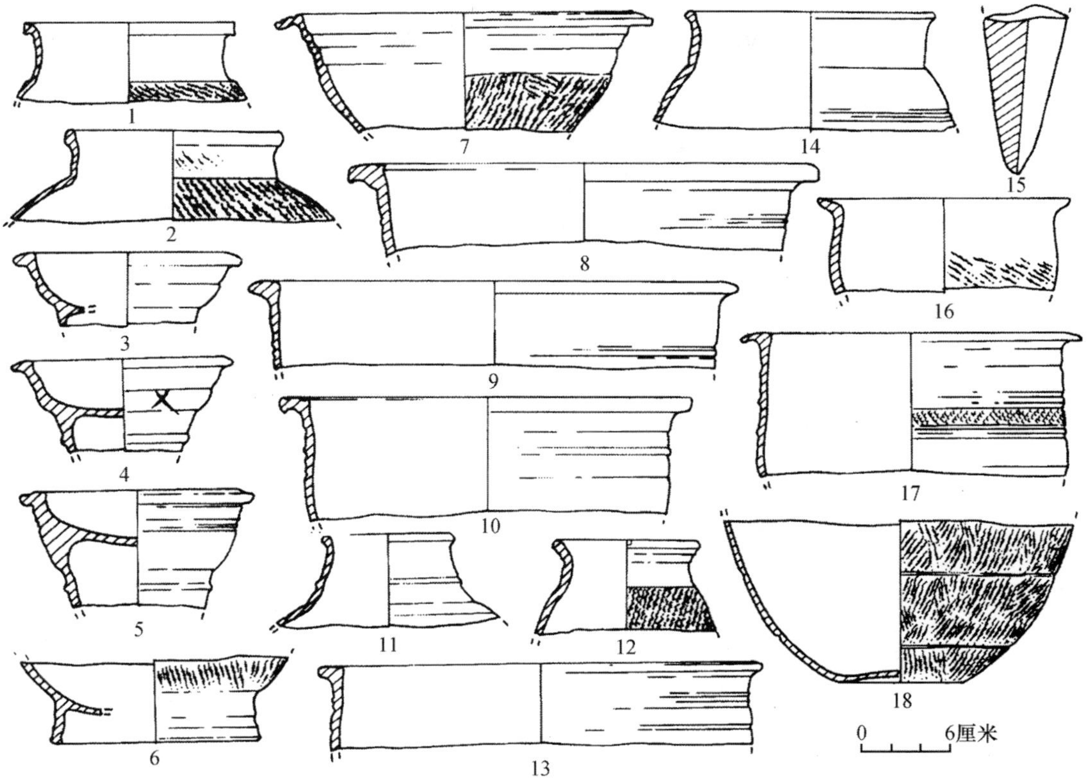

图一五 城南沟商代J1出土陶器

1. 瓮（J1：41） 2. 瓮（J1：35） 3. A型豆（J1：37） 4. A型豆（J1：40） 5. B型豆（J1：39） 6. 簋（J1：36） 7. 浅腹盆（J1：9） 8. B型簋（J1：11） 9. B型簋（J1：15） 10. C型簋（J1：17） 11. Ab型瓮（J1：20） 12. 捏口罐（J1：42） 13. C型簋（J1：16） 14. Aa型瓮（J1：18） 15. 甗足（J1：22） 16. 小盆（J1：14） 17. A型簋（J1：19） 18. 瓮（J1：30）

A型　2件。肩部饰两周附加堆纹。J1：29，方唇外凸，肩部饰刻花和压花堆纹，沿下饰一周凸弦纹，肩下饰两周阴弦纹。口径29厘米，残高14.1厘米（图一六，2）。J1：10，棕褐陶，黑灰皮，方唇外凸，肩部以下残。沿下饰两周阴弦纹。口径32厘米，残高5.7厘米（图一六，4）。

B型　1件。肩部饰一周齿状堆纹和一周凸棱，腹部饰弦断绳纹。J1：7，肩径22厘米，残高21厘米（图一六，3）。

肩部残片　1件。J1：8，饰有二周刻齿堆纹，两个对称耳鋬，耳鋬上黏一枚泥扣（图一六，8）。

折沿浅腹盆　1件。J1：9，泥质灰陶。方唇，折沿，沿面上有两周凹弦纹，壁内上部有凸弦纹一周，浅腹，弧腹斜收，腹部饰中绳纹。口径38厘米，残高8.2厘米（图一五，7）。

敞口深腹盆　4件。泥质灰陶，敞口，鼓腹。以口沿上有无凹槽分为二型。

A型　1件。圆唇外折。肩部饰二周凹弦纹。J1：32，口径43厘米，残高7厘米（图一六，7）。

B型　3件，沿面上有两周凹槽，圆唇。以唇部的差别分为二亚型。

Ba型　2件。唇面中间微起棱，宽沿，折沿处有一周凸棱，内壁点戳成毛面，腹饰中细绳纹。J1：23，鼓腹弧收。肩部饰二周凹弦纹。口径37厘米，残高13.2厘米（图一六，6）。J1：21，肩部饰一周凸棱，口径39厘米，残高10厘米（图一六，1）。

Bb型　1件。唇部肥大，肩部饰二周凹弦纹。J1：5，口径32.7厘米，残高7.5厘米（图一六，5）。

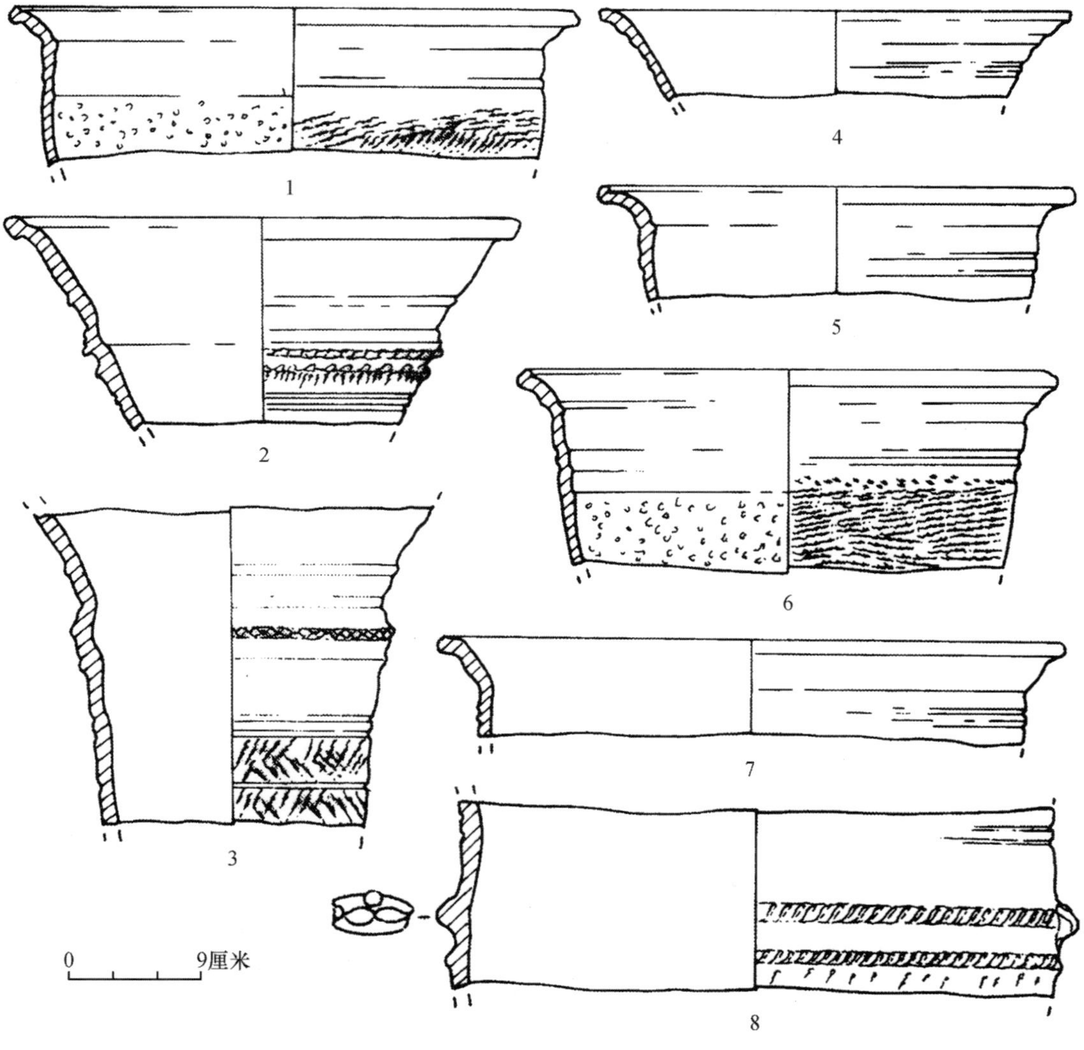

图一六　城南沟商代J1出土陶器

1. Ba型深腹盆（J1：21）　2. Aa型大口尊（J1：29）　3. B型大口尊（J1：7）　4. A型大口尊（J1：10）　5. Bb型深腹盆（J1：39）　6. Ba型深腹盆（J1：23）　7. A型深腹盆（J1：32）　8. 大口尊（J1：8）

小盆　1件。J1：14，夹细砂灰陶，尖圆唇，窄平沿，腹微鼓弧收，饰斜中粗绳纹。口径17厘米，残高6.2厘米（图一五，16）。

簋　6件。泥质灰陶或夹细砂褐灰皮。直口，折沿，方唇或圆唇。腹下残。以整体形态不同分三型。

A型　1件。圆唇，平沿微弧。腹微鼓。腹部饰斜方格纹，上下各饰一周凸弦纹。J1：19，口径23厘米，残高9.2厘米（图一五，17）。

B型　2件。折平沿，直腹，残。上腹部饰二周凹弦纹。J1：15圆唇。口径33厘米，残高5.8厘米（图一五，9）。J1：11，夹细砂褐胎，灰皮，方唇。口径32厘米，残高5.6厘米（图一五，8）。

C型　2件。颈部微束，下腹微鼓。J1：16，方唇，沿内及腹部各饰一周凹弦纹，肩饰二周凸弦纹。口径30厘米，残高5.6厘米（图一五，13）。J1：17，方唇，沿面饰二周凹弦纹，肩部饰一周凸弦纹。口径28厘米，残高8.2厘米（图一五，10）。

圈足残片　1件。底斜收，圜底，矮圈足。腹部饰绳纹，足部饰一周凸弦纹。J1：36，足径4厘米，残高5.6厘米（图一五，6）。

腹部残片　2件。HYC采：9（图一七，9），HYC采：10（图一七，10），饰饕餮纹和云雷纹。

捏沿罐　1件。J1：42，夹细砂棕褐胎，灰皮，侈口，圆唇，束颈，削肩，鼓腹，口沿上有手捏痕。颈部有轮修的旋痕，腹饰中绳纹。口径10厘米，残高5.8厘米（图一五，12）。

小口瓮　4件，泥质灰陶，小口，广肩，鼓腹。以整体形态不同分二型。

A型　2件。敛口微侈，圆唇。以颈部差别区分为二亚型。

Aa型　1件。颈高，肩部饰有一周凸弦纹。J1：18，腹以下残。口径17厘米，残高8厘米（图一五，14）。

Ab型　1件。颈低，颈部饰有一周凸弦纹，肩部饰两周凹弦纹。J1：20，口径15厘米，残高6.2厘米（图一五，11）。

B型　2件。颈以下饰中绳纹。以口部形态不同分为二亚型。

Ba型　1件。直口，圆唇外凸，弧肩，圆腹。J1：35，口径14厘米，残高6厘米（图一五，2）。

Bb型　1件。方唇，唇面内凹，下缘下垂，溜肩。J1：41，口径14厘米，残高5.2厘米（图一五，1）。

瓮底残片　1件。鼓腹弧收，圜底上凸。饰弦断绳纹。J1：30，腹径23.8厘米，底径8.2厘米（图一五，18）。

豆　3件。泥质灰陶，磨光。浅盘，侈口，唇外凸，圈足。以整体形态不同分二型。

A型　2件。真腹豆，盘腹斜收。J1：37，方唇，盘腹饰一周阴弦纹。口径15.5厘米，残高4.8厘米（图一五，3）。J1：40，尖圆唇，盘腹刻“X”符号。口径40厘米，残高6.2厘米（图一五，4）。

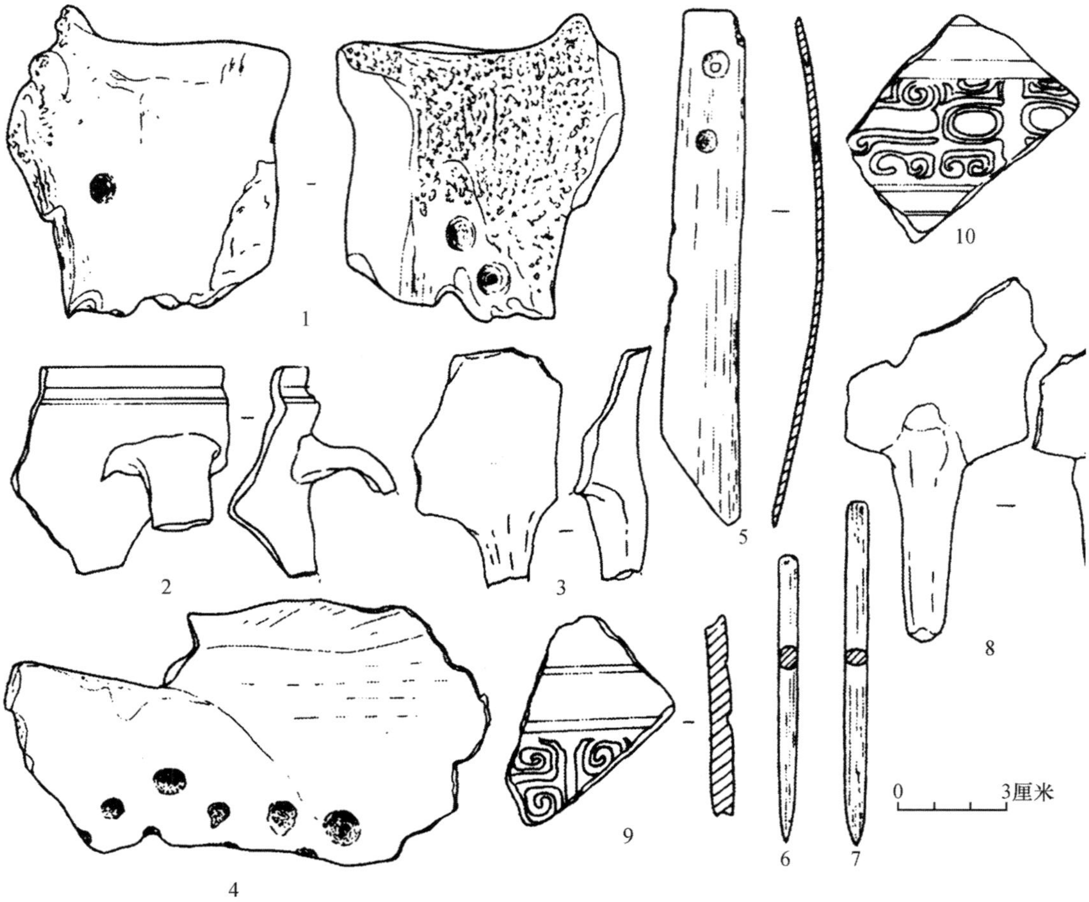

图一七　城南沟商代遗物

1. 卜骨（HYC采：7）　2. 陶爵（J1：43）　3. 陶爵（J1：45）　4. 卜骨（HYC采：8）
5. 骨匕（J1：1）　6. 骨簪（HYC采：16）　7. 骨簪（J1：55）　8. 陶爵（J1：44）
9. 陶簋残片（HYC采：9）　10. 陶簋残片（HYC采：10）

B型　1件。假腹豆。圆唇，盘腹饰二周阴弦纹，足部饰一周凸弦纹。J1：39，口径16厘米，残高8厘米（图一五，5）。

缸　1件。J1：27，夹粗砂棕红陶，黄灰皮，厚胎，直腹。腹部饰一周附加堆纹，器表饰绳纹。残高6.7厘米，腹径35厘米。

2. 石器

斧　2件，灰砂岩。弧形双面刃。截面呈圆角长方形。J1：4，较粗糙，顶部略有残毁。长15.4厘米，宽6厘米（图一八，1）。HYC采：15，磨制光滑，长11厘米，宽5.6厘米（图一九，6）。

铲　3件。灰质岩。以整体形态不同分二型。

A型　2件。长条板铲。J1：54，弧状刃，锋利，两侧有残损，顶部残。宽9.8厘米，残长14厘米，厚1.3厘米（图一八，3）。HYC采：11，舌形刃，顶部残。宽8厘米，残长11.8厘米，厚1.6厘米（图一八，4）。

B型　1件。带肩板铲，刃部残。J1：31，宽8.2厘米，残长14.5厘米，厚1.3厘米（图一八，2）。

刀　4件，梯形直背或弧背。J1：2，黑曜石，凸弧刃，锋利。残长6厘米，高3.8厘米，厚0.5厘米（图一九，5）。J1：3，黑曜石，直刃。残长8.8厘米，高4.4厘米，厚0.8厘米（图一九，7）。HYC采：13，红砂岩，对钻一圆孔，侧面直刃，残长6.9厘米，高4.8厘米，厚1厘米（图一九，3）。HYC采：12，黑曜石，直刃，锋利。残长7.2厘米，高5.1厘米，厚0.7厘米（图一九，1）。

镰　1件。HYC采：14，黑曜石，弧背窄刃。残长9.5厘米（图一九，4）。

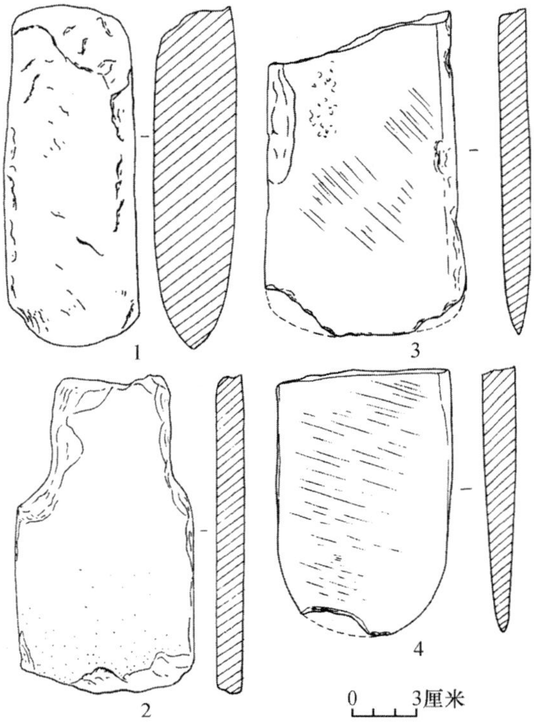

图一八　城南沟商代遗物

1. 石斧（J1：4）　2. B型石铲（J1：31）　3. A型石铲（J1：54）　4. A型石铲（HYC采：11）

砺石　1件。J1：38，黄灰色砂岩，琢制。斜面光滑，平底，截面呈长梯形。宽18厘米，残长12.5厘米，厚3～6厘米。依其形状推测应为石磨盘残器（图一九，2）。

3. 骨器

匕　1件。J1：1，动物肋骨，弧曲，修磨光滑。柄部对钻二孔，其中一孔未钻通。残长13.2厘米，宽2.1厘米，厚0.3厘米（图一七，5）。

簪　2件，长梃圆锥形，光滑。J1：55，扁圆梃，平顶，顶一面斜刹。长9.4厘米，梃径0.6厘米（图一七，7）。HYZ采：16，平弧顶，长7.9厘米，径0.5厘米（图一七，6）。

卜骨　2件，牛肩胛骨，残片。HYZ采：7，残存钻灼3穴，长7.3厘米，宽6.9厘米（图一七，1）。HYZ采：8，残存钻灼4穴，边缘可辨痕迹4处。长13.2厘米，宽6.7厘米（图一七，4）。

（三）J1及城南沟两岸应是商代二里冈期文化遗存

J1的B型鬲颈部带有圆圈纹，与《郑州二里冈》H1[3]的同类器物相同，时代为典型的商代二里冈上层阶段。但是该灰坑的某些出土器物也呈现了一些较晚的特征，主要表现在捏沿罐、夹砂罐和豆上。如捏沿罐侈口、厚圆唇，同于郑州南顺城街的H1[4]，盛行于白家庄

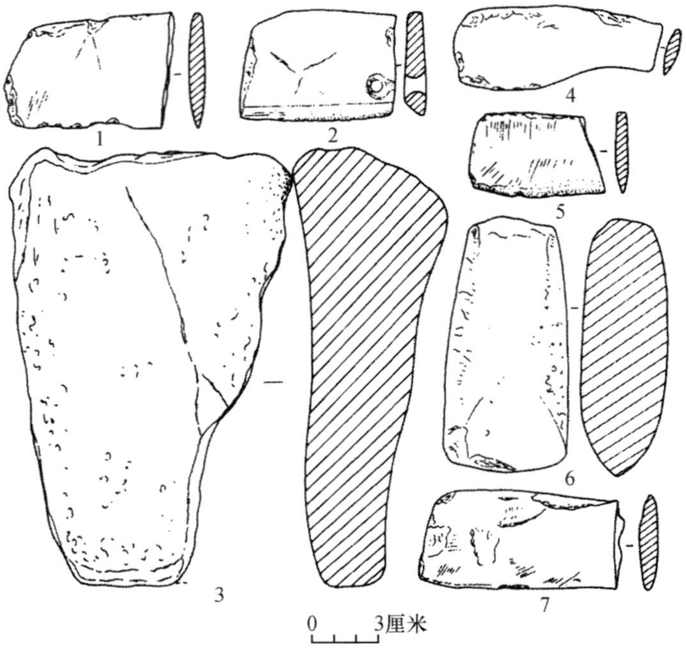

图一九　城南沟商代遗物

1. 石刀（HYC采：12）　2. 砺石（J1：38）　3. 石刀（HYC采：13）　4. 石镰（HYC采：14）　5. 石镰（J1：2）　6. 石斧（HYC采：15）　7. 石镰（J1：3）

期，B型夹砂罐、B型假腹豆的形态特征也主要存在于白家庄期。J1的整体面貌与郑州木材公司97H1[5]相同。所以，综合考虑，J1的时代应为二里冈上层的晚期阶段。

五、海寨殷墟文化遗存

（一）文化遗存分布及地层堆积

海寨殷墟文化遗存，分布于华阳城东北部，向北延及海寨村一带。城东沟西侧断崖上调查发现有一个灰坑遗迹，采集的陶片中，可辨器形有鬲、盆、瓮、簋等。在此灰坑西部、海寨村高瑞喜家东侧的台地上试掘12米×5米的探方1个，编号为HZT1，清理灰坑3个。T1内灰坑编号为H1～H3，其中T1H1出土物丰富且特征明显，其他灰坑出土物较少（图二〇）。调查发现的灰坑编号为H4，作为其中的一个遗迹单元。

海寨文化遗存的地层堆积情况，以HZT1南壁剖面为例介绍如下。

第1层：耕土层，青灰色，土质疏松，含有植物根系、塑料、煤渣等，厚0.25米。

第2层：近代扰土层，黄灰色，土质松散沙性大，含树根及少许瓷片、白灰等，厚0.45米。

第3层：唐宋层，可分3a、3b两小层。3a层，黄褐色，土质松软，略净，分布全方，

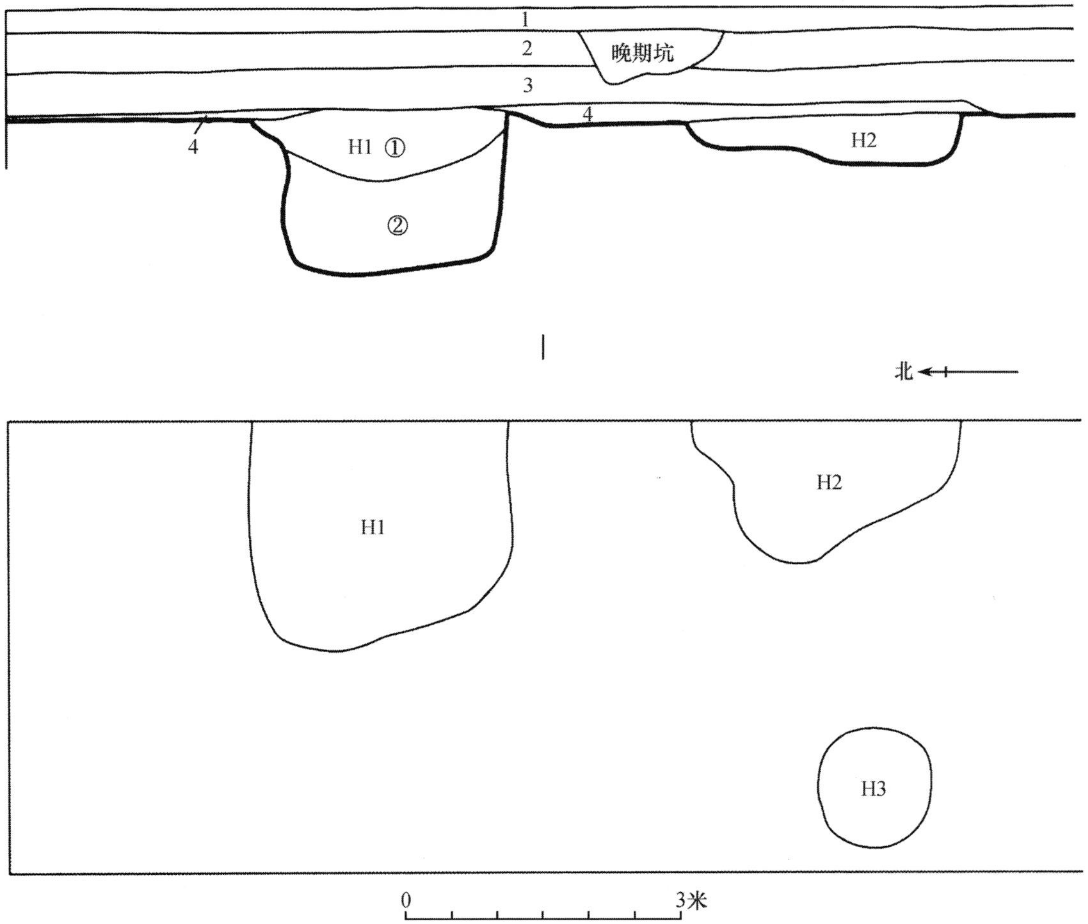

图二〇　海寨T1平面图、东壁剖面图

呈平面堆积，包含物极少，有少许瓷片、零星碎陶片等，层厚0.2～0.6米。3b层浅黄色，土质松软，较纯净，系淤积形成，分布全方，未见包含物，厚0.1米。T13b层下发现3个殷墟时期的灰坑。

H1，位于HZT1东北部，开口3b层下。平面近似圆形，少部分压于东隔梁下，壁较直，底规整，口径2.4米～2.8米，深1.8米（图二一）。坑内堆积可划为两层，H1①为灰褐土，土质松散，含有烧土块、炭粒，包含物少许。H1②为黑灰土，土质松散，含有炭粒、少许烧土，出土陶片较多，可分泥质灰陶、加砂灰陶和少许红陶，纹饰为绳纹、弦纹、三角纹、附加堆纹和素面，器形有鬲、罐、簋、盆、瓮等，另有少量兽骨。

（二）遗物

1. 陶器

鬲　11件。夹砂陶。侈口或敛口，束颈，鼓腹。器表饰绳纹。以整体形态差别分为

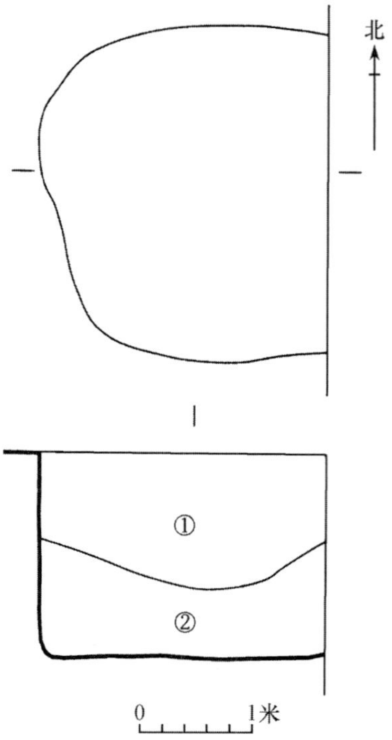

图二一　海寨H1平、剖面图

三型。

A型　3件。棕褐陶，黑皮。圆唇，折沿，沿面平。以口部差别分为三亚型。

Aa型　1件。修复。沿面上有三周凹弦纹，沿下肥厚，短颈，矮裆，实足根较矮，有修抹的痕迹。腹部饰交错的细绳纹。H1：2，口径15.8厘米，腹径16.5厘米，高14厘米（图二二，10）。

Ab型　1件。沿面有三周凹弦纹，沿下稍内凹，颈较长，颈以下饰粗绳纹。H1：27，口径18厘米，残高10厘米（图二二，3）。

Ac型　1件。H4：1，平沿，沿下肥厚，口径20.4厘米，残高2.8厘米（图二二，12）。

B型　3件。圆方唇，斜沿，沿面微凹。以口部差别分为三亚型。

Ba型　1件。沿下增厚不明显，颈稍长。H1：9，颈以下饰中绳纹，口径19厘米，残高9厘米（图二二，1）。H1：4，口径19.6厘米，残高10厘米（图二二，2）。

Bb型　1件。器形较大，沿下略有加厚，颈部饰一周凹弦纹，H1：8，颈以下饰中粗绳纹，口径26厘米，残高8.6厘米（图二二，11）。

Bc型　1件。沿下微内凹。H1：29，陶胎含砂量大，表皮脱落，饰中粗绳纹，口径33厘米，残高5.8厘米（图二二，6）。

C型　5件。灰皮灰陶或棕褐陶，敛口，折沿，沿面向下内斜，微凹，沿下肥厚。以口部差别分三亚型。

Ca型　2件，方唇，肩微鼓，颈部以下饰中粗绳纹。H1：3，口径23厘米，残高8.4厘米（图二二，7）。H1：18，颈部有修抹的痕迹，口径20厘米，残高9.8厘米（图二二，9）。

Cb型　2件。腹稍直，颈以下饰粗绳纹。H1：14，方唇，肩部附加一周泥带，口径33厘米，残高6.4厘米（图二二，5）。H1：16，方唇，颈肩不明显，直腹，口径33厘米，残高9.8厘米（图二二，4）。H4：2，口微侈，尖圆唇，微弧腹。腹部附加一周泥带压印间断横绳纹。口径26.4厘米，残高10.8厘米（图二四，2）。

Cc型　1件，尖圆唇，沿面上伸，稍宽，矮颈，鼓肩。H1：15，颈部饰中绳纹，口径32厘米，残高5.6厘米（图二二，8）。

簋　2件，泥质灰陶。圆唇，折沿。以整体形态区别分为二型。

A型　1件，敛口。H1：1，修复。鼓腹，下部弧收，圜底，圈足。肩、腹饰细绳纹，肩部饰三周凹弦纹。口径29.5厘米，底径17.1厘米，高21厘米（图二四，6）。

B型　1件。H4：4，侈口，方唇，斜收腹。腹部饰二周凹弦纹。口径27.4厘米，残

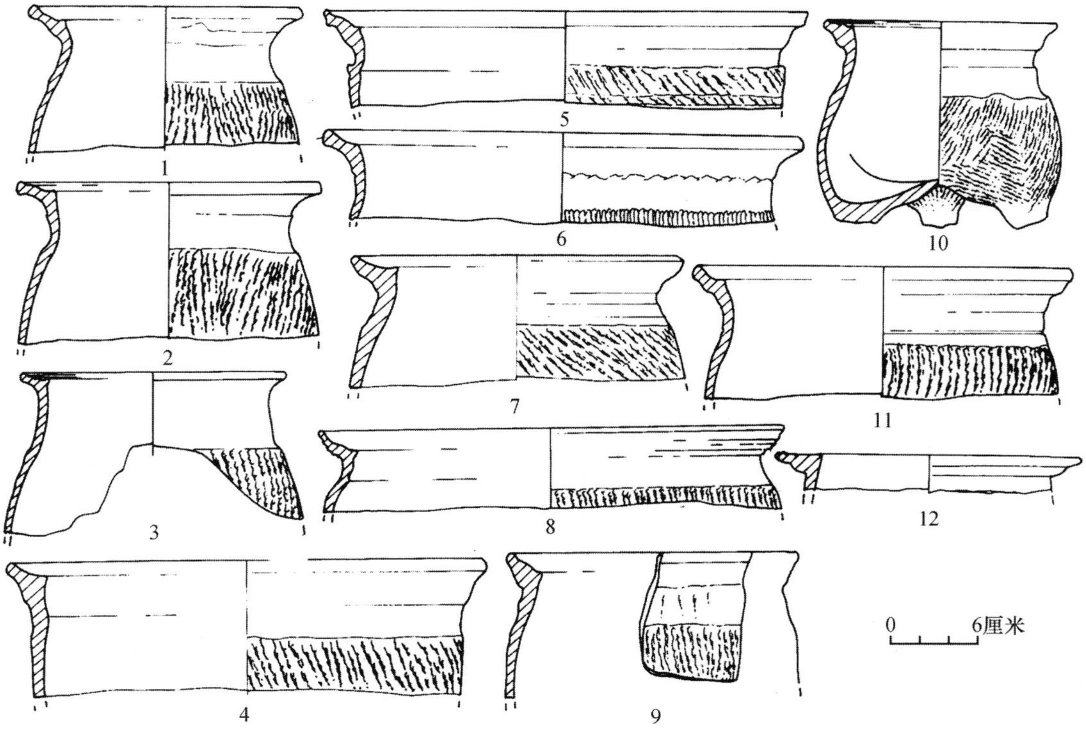

图二二　海寨殷墟文化陶鬲

1. Ba型鬲（H1∶9）　2. Ba型鬲（H1∶4）　3. Ab型鬲（H1∶27）　4. Cb型鬲（H1∶16）　5. Cb型鬲（H1∶14）　6. Bc型鬲（H1∶29）　7. Ca型鬲（H1∶3）　8. Cc型鬲（H1∶15）　9. Ca型鬲（H1∶15）　10. Aa型鬲（H1∶2）　11. Bb型鬲（H1∶8）　12. Ac型鬲（H4∶1）

高8.8厘米（图二四，4）。

盆　6件，泥质灰陶。折沿，敞口。腹部以下残。以整体差别分为二型。

A型　2件。直口微侈或侈口，沿面上伸，器表磨光。以腹部差别分为二亚型。

Aa型　1件。直腹。上腹部饰二周凹弦纹。H1∶7，口径28厘米，残高6.4厘米（图二三，2）。

Ab型　1件。折腹，斜肩，肩部饰二周凹弦纹，下部斜收。H1∶13，口径29厘米，残高11.2厘米（图二三，8）。

B型　4件。以整体形态不同区分为三亚型。

Ba型　1件。圆唇，口部经磨光，沿下微鼓，直腹。H1∶23，腹饰中绳纹，口径33厘米，残高6.2厘米（图二三，6）。

Bb型　1件。方唇，沿面微凹，鼓肩。H1∶25，腹饰竖中细绳纹，口径34厘米，残高8.2厘米（图二三，1）。

Bc型　2件。鼓腹。H1∶21，圆唇，沿下绳纹经抹修，腹部饰中绳纹。口径25厘米，残高8.2厘米（图二三，7）。H4∶3，方唇，腹部抿压一周弦纹，口径34.4厘米，残

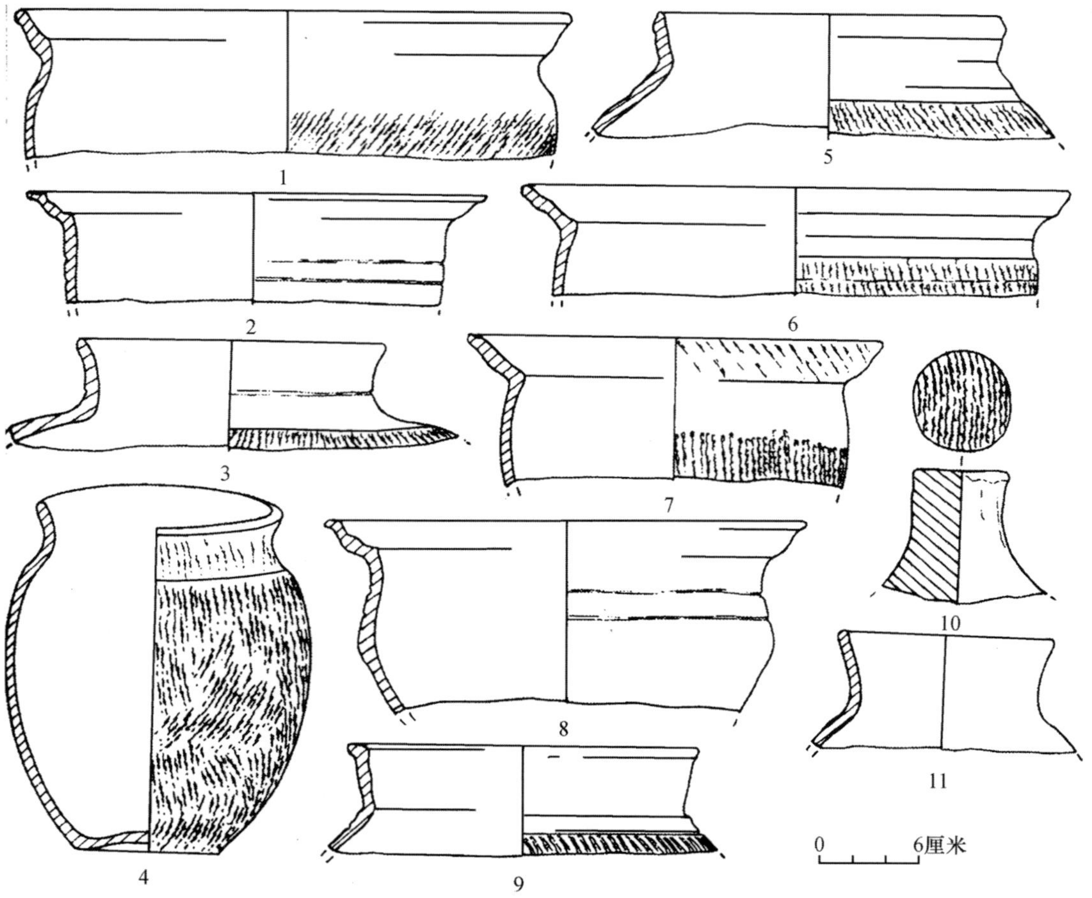

图二三　海寨殷墟文化陶器

1. Bb型盆（H1：25）　2. Aa型盆（H1：7）　3. B型小口瓮（H1：6）　4. 罐（H1：5）　5. 大口瓮（H1：10）
6. Ba型盆（H1：23）　7. Bc型盆（H1：21）　8. Ab型盆（H1：13）　9. A型小口瓮（H1：12）
10. 器盖（H1：21）　11. 高领瓮（H1：17）

高12.4米（图二四，1）。

罐　1件。H1：5，修复，泥质灰陶，侈口，圆唇，矮颈，溜肩，鼓腹较深，腹下部弧收，圜底。颈部抹修，腹饰细绳纹。口径15厘米，腹径18.8厘米，底径8.6厘米，高21.8厘米（图二三，4）。

高领瓮　1件。H1：17，泥质红褐陶胎，深灰色皮。高领，领口外张，方唇，溜肩，素面。口径13厘米，残高6.8厘米（图二三，1）。

小口瓮　4件。泥质灰陶，小口，矮领。以整体差别区分为二型。

A型　2件。直口，口微张。H1：12，尖圆唇，溜肩，肩部饰一周凹弦纹，以下饰中细纹。口径21厘米，残高8.6厘米（图二三，9）。H1：11，圆唇，颈部有隐约可见的绳纹。口径23厘米（图二四，9）。

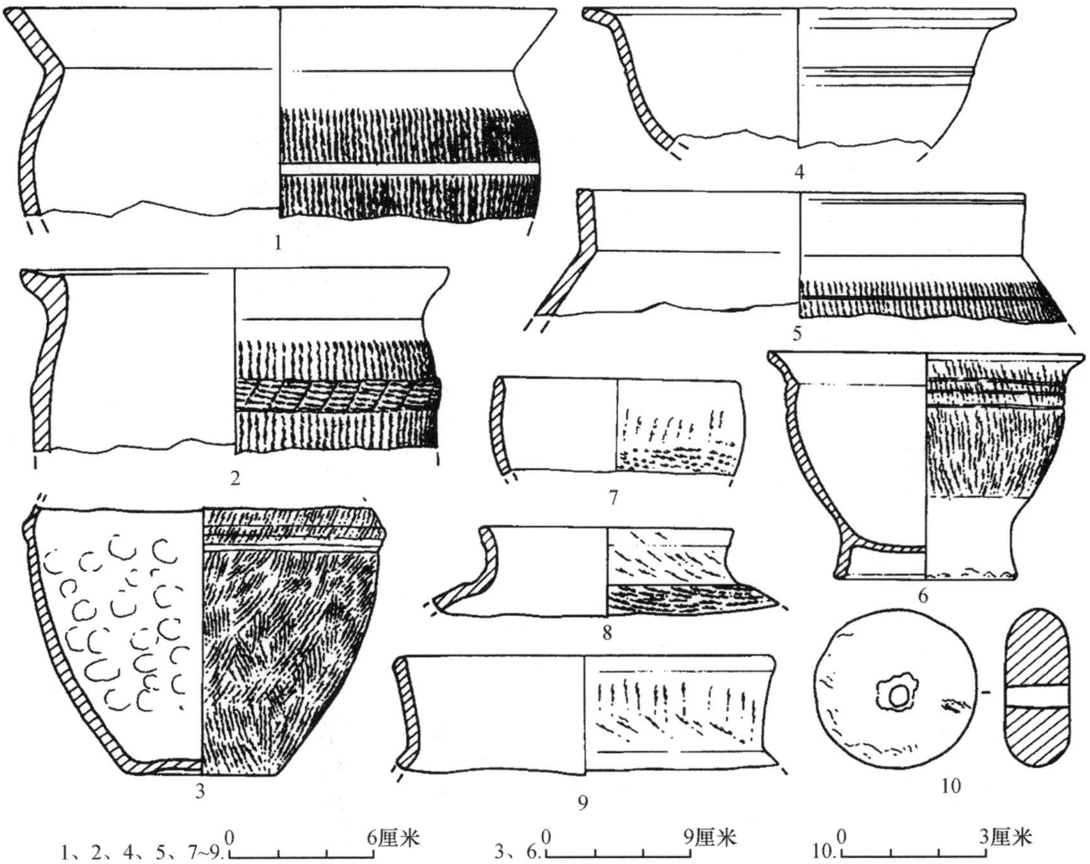

图二四 海寨殷墟文化陶器

1. Bc型盆（H4：3） 2. Cb型鬲（H4：2） 3. 瓮（H1：22） 4. B型簋（H4：4） 5. 直口瓮（H4：5）
6. Aa型簋（H1：1） 7. 钵（H1：28） 8. B型小口瓮（H1：26） 9. A型小口瓮（H1：4）
10. A型陶纺轮（H4：8）

B型 2件。侈口，圆唇，颈以下饰中绳纹。H1：6，广肩，颈部饰一周凹弦纹，口径18厘米，残高6.2厘米（图二三，3）。H1：26，圆鼓肩。口径16厘米，残高4.2厘米（图二四，8）。

大口瓮 1件。H1：10，泥质灰陶。大口，近直，圆唇，唇外有凸棱一周，圆肩，鼓腹，腹饰中绳纹。口径19厘米，残高8.6厘米（图二三，5）。

直口瓮 1件。H4：5，大口，直领，斜敞肩，肩部饰一周凹弦纹。口径28厘米，残高7.6厘米（图二四，5）。

瓮底残片 H1：22，泥质灰胎红皮。鼓腹下部斜收，平底微圜。腹部饰交错的细绳纹，中间饰一周凹弦纹。器内壁有按窝。腹径33.9厘米，底径14.1厘米，残高24.6厘米（图二四，3）。

钵 1件。H1：28，泥质灰陶。敛口，尖圆唇，鼓腹，腹下部斜收，下腹饰中细绳

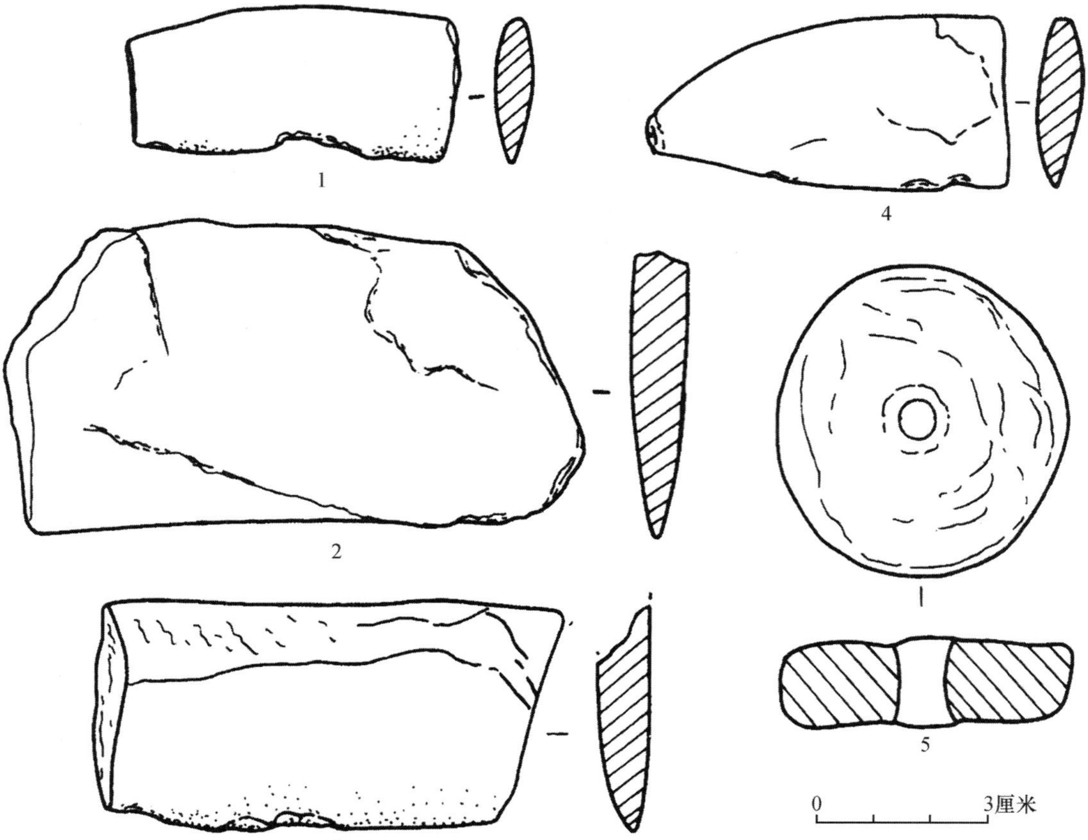

图二五　海寨殷墟文化遗物

1. 石镰（HZ采：7）　2. 石刀（HZ采：6）　3. 石铲（H1：19）　4. 石镰（H1：20）
5. B型陶纺轮（HZ采：9）

纹。口径15厘米，残高5.6厘米（图二四，7）。

器盖　1件。H1：24，夹砂灰褐陶，带柄圆形。圆形盖面，束腰柱式柄，适于手握，顶面饰中绳纹。柄径6厘米，残高8厘米（图二三，10）。

纺轮　2件。据其形状分为二型。

A型　算珠式。H4：8，泥质黑灰陶，平面，中心穿一圆孔，圆弧缘。径5厘米，厚2厘米，孔径0.6厘米（图二四，10）。

B型　圆壁式。H4：9，泥质红陶，面部较粗糙，中心对穿一圆孔，直缘。径5.1厘米，厚1.3厘米，孔径0.8厘米（图二五，5）。

2. 石器

铲　2件，H1：19，黑曜石，仅残剩刃部一段，侧面刃，推测应为板铲，刃部残长6.8厘米（图二五，3）。

镰 2件。黑曜石，背月式，均残。H1：20，凸刃，锋利，宽2.9厘米，残长6.2厘米（图二五，4）。HZ采：7，中段，刃部微凹，宽2.5厘米，残长5.4厘米（图二五，1）。

刀 1件。HZ采：6，赭色页岩，梯形。直刃，锋利。残长10厘米，高5.2厘米（图二五，2）。

（三）海寨遗存的时代

海寨陶器的形制特征总体上与郑州人民公园二期[6]、郑州关帝庙[7]的器物风格相似，海寨Ca型鬲与关帝庙凹折沿鬲（H747：2）相似，海寨的Aa型鬲与人民公园的凹沿鬲（C7M108：1）、长颈鬲（C7M103：2）相近，显示出一致的器物特征。在南水北调中线郑州段马良寨遗址也发现了与海寨遗存类似的陶器遗物[8]。郑州人民公园二期、郑州关帝庙遗存处于商代晚期的殷墟二期，海寨遗存不早于此，但海寨陶鬲颈沿处之肥厚更具特征。比较典型的平沿鬲（HZH4：1，西墙剖沟5a层）、折沿簋不见于郑州人民公园、关帝庙，则显示出其时代较晚的信息，时代应处在殷墟三期。HZH4似应稍晚于HZH1。

海寨遗存试掘的面积较小，清理3个灰坑，调查1个灰坑，未见文化层的堆积，文化面貌较为单纯，通过调查和试掘，殷墟文化遗存大致分布于城址北部及城外东北部。

六、相关遗存的初步认识

（1）通过调查和试掘，初步认定华阳城遗址分布面积较大，不少于120万平方米。遗址时代除了东周城址外，还发现有郭店、城南沟、海寨等地点的仰韶、商代二里冈期、殷墟时期的遗存，这些遗存是这次调查发现的重要成果。遗存错落分布，一些地方也发现有早期的文化遗存和晚期遗存叠压现象。遗址基本的演变轨迹和发展规模，是从郭店沿城南沟、城东沟西侧及海寨逐渐发展而成。由于调查工作的局限，我们了解到的遗址的文化内涵尚是粗略的，一些迹象表露出该遗址可能还存在龙山和西周时期的遗存，相信随着调查的深入和发掘的增多，会不断丰富和翔实。

（2）文献记载华阳城遗址与商周时期“华国”地望相合，为进一步研究古华国提供了新线索。《史记·韩世家》《史记·白起王翦列传》等文献记载，这里是古代的“华阳”，战国晚期的华阳大战就发生于此。近期考古发现的壕沟、城墙及大量的箭镞说明这里确实发生了大规模的战争。《国语·郑语》载，西周末年，郑桓公谋安国之策，史伯建议其东迁至虢、郐、华等“十邑”之地。“十邑”之地就有“华”，这时的华国已沦为较小等级的封国。后郑武公灭掉“十邑”，建立郑国。《路史·国名纪四》：“华，子国，郑十邑华。”《水经注》称为“华城”“华阳城”，称城南沟、城东沟为“华水”[9]现代学者认为，华国“在今河南新郑县北”，并明确指出即新郑市郭店镇华阳寨村[10]。

这次考古调查发现了丰富的商代遗存，与郑州商城的商代二里冈期、人民公园期一致，具有典型的商代文化特征，说明在商代，这是一处重要的聚落，为探寻古“华国”提供了重要的资料。

（3）郭店仰韶遗存应是较重要的发现，将华阳城遗址的文化内涵向前延伸至新石器时代仰韶时期，为探索华夏文明的起源与形成提供了新线索。

郭店H1、H3属于仰韶文化晚期，与大河村遗址的第四期、西山遗址的第5组相当。大河村类型是继裴李岗文化之后的新石器时代仰韶文化类型，主要分布于嵩山周围地区，而嵩山东部则是其主要区域。大河村类型有发达的原始农业和手工业经济，其中，晚期出现夯土城、大房子、极少有随葬品的墓地、灰坑葬、乱葬坑，因地理位置居中而又成为与周边大汶口文化、屈家岭文化交汇融合的最前沿和社会文明因素勃发的中心，成为一支优胜者，并发展为河南龙山文化，奠定了华夏文明在中原地区形成、建立的基础和条件。这是社会生产力发展到一定时期，内因、外因共同作用的结果。

一般认为“华”地“西为嵩山，是夏族旧居”[11]。华族所处的地理位置，表明了其与夏族的亲近关系。目前，禹州瓦店遗址[12]、登封阳城遗址[13]、新密新砦遗址[14]、偃师二里头遗址等被认定为“夏族旧居”，前三者恰在嵩山东部，这正是大河村类型的分布中心区，显示出大河村类型与“华”地或古华族的密切关系。华族、夏族是嵩山一带最有影响的两个古老的氏族或部落，先后形成早期的文明社会，经过河南龙山时期进一步的融合发展，夏族代“华”而起，建立我国历史上第一个夏王朝。“所以华即是夏，中华民族起于此”，嵩山地区被称为“华夏文明之根”[15]。郭店仰韶遗存的发现提示我们，探索华夏文明的起源应重视对仰韶文化大河村类型的深入研究。

领　队：索全星
调查与发掘：郭存良　王延生　孙国强
王中军　郭现军　郝会生
绘　图：李　杨　焦建涛
测　绘：赵向莉
照　相：蔡　强

注　释

［1］郑州市文物考古研究所：《郑州大河村》，科学出版社，2001年。
［2］河南省博物馆：《河南禹县谷水河遗址发掘简报》，《考古》1979年第4期。
［3］河南省文化局文物工作队：《郑州二里冈》，科学出版社，1959年。
［4］河南省文物考古研究所、郑州市文物工作队：《郑州南顺城街青铜器窖藏坑发掘简报》，《华夏考古》1998年第3期。

[5] 郑州市文物考古研究所：《郑州市木材公司97及2000年度商代遗址发掘简报》《郑州文物考古与研究》，2001年。
[6] 河南省文物考古研究所：《郑州商城（中册）》，文物出版社，2001年。
[7] 河南省文物考古研究所：《河南荥阳市关帝庙遗址商代晚期遗存发掘简报》，《考古》2008年第7期。
[8] 郑州马良寨遗址为河南省文物考古研究所2011年发掘的南水北调中线工程的考古项目，现正在整理发掘资料。
[9] 《水经注校证·卷二十二》，中华书局，2007年，第527页。
[10] “华国，西周时国，在今河南新郑县北”，出自：《中国历史地名辞典》，江西教育出版社，1988年，第315页；马世之：《郑州市域夏商周诸侯国国都探索》，《古都郑州（下卷）》，2004年，第252页；《郑州市文物志·华阳故城》，河南人民出版社，1999年，第150页。
[11] 唐兰：《西周青铜器铭文分代史征·命簋》，中华书局，1986年，第337页。“华，地名……在今河南省密县（今属新郑），西为嵩山，是夏族旧居，所以华即是夏，中华民族起于此。”这是西周铜器对“华”的最早记载。
[12] 方燕明：《河南禹州瓦店龙山文化遗址2007～2010年考古工作取得重要收获》，《中国文物报》2011年1月21日第12版。
[13] 北京大学考古文博学院、河南省文物考古研究所：《登封王城岗考古发现与研究（下）》，大象出版社，2007年，第785～790页。
[14] 赵春青、张松林等：《河南新密新砦遗址发现夏代早期城址》，《中国文物报》2004年3月3日第1期。
[15] 杜金鹏：《华夏文明之根——嵩山地区在华夏文明起源及早期发展中的地位》，《中原文物》2002年第2期。

（原刊于《中原文物》2013年第3期）

郑州市西史赵村仰韶文化遗址发掘简报

信应君　刘青彬

2011年4～7月，郑州市文物考古研究院在郑州市庙李镇西史赵村东北部的普罗旺世住宅小区四期工程范围内发掘了一处古文化遗址。该遗址位于郑州市北部的宏达路与普庆路相交处，北距黄河9千米，东北距郑州大河村遗址约6千米。地理坐标为东经118°38′14″、北纬34°49′30″，海拔95米（图一）。遗址处在黄河冲淤积平原区，地势平坦，地貌单一。由于地表建筑拆迁并经平整，遗址现存表层低于原地表1.2～1.8米。

以普庆路为界，我们将该遗址分为两个发掘区，西侧为Ⅰ区，东侧为Ⅱ区。本次发掘中，Ⅰ区布10米×10米的探方14个，Ⅱ区布10米×10米的探方8个，加上扩方，实际发掘面积近2300平方米。此次发掘发现有仰韶文化时期遗存及商代遗存。仰韶文化遗存主要分布在Ⅰ区，商代文化遗存主要分布在Ⅱ区。本文主要报道Ⅰ区的仰韶文化遗存，其他时期遗存将另文介绍。

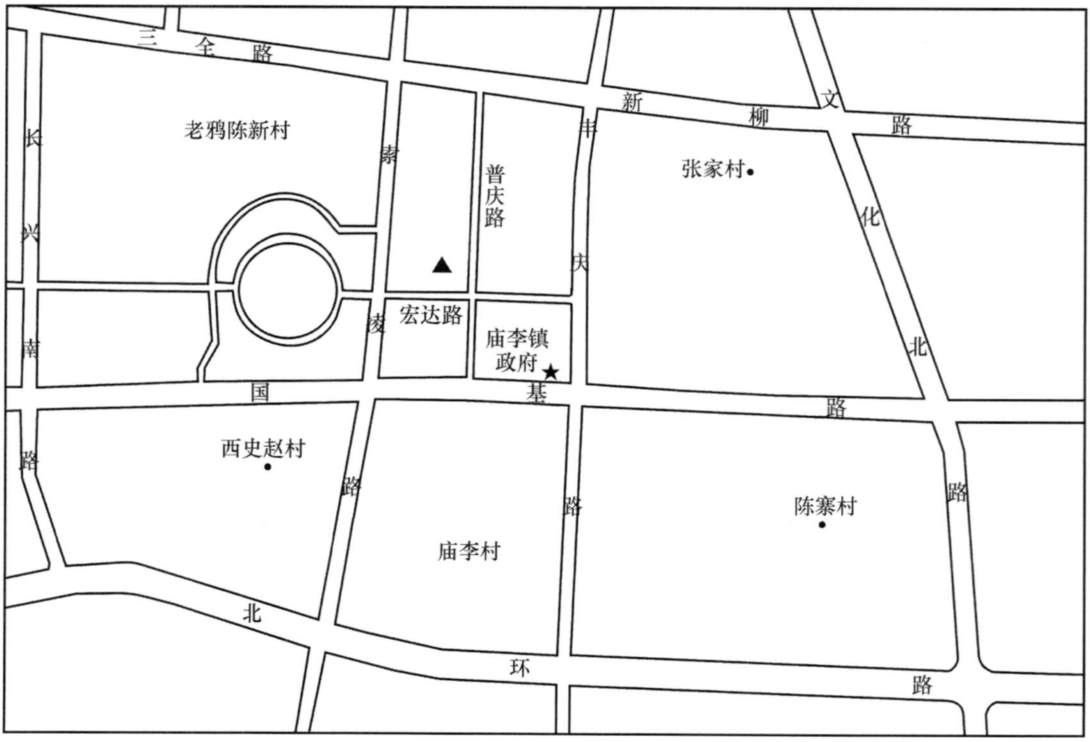

图一　遗址位置示意图

一、地层堆积

发掘区地层堆积较厚，共分为5层，各探方相应地层的时代基本一致。现以2011ZXPITS08W05（以下遗迹和遗物所涉及探方编号中省略2011ZXPI）北壁剖面为例，介绍如下（图二）。

第1层：现代扰土层。黄灰色土，结构细密松散，含沙量大，质地较软，厚0.3～0.4米。此层包含物有陶片、瓷片及现代砖、瓦残块等。

第2层：近代黄河冲积层。黄褐色土，西北部较厚，向东南渐薄，结构疏松，含细沙及少量红烧土颗粒，并夹杂有沉积胶泥，深0.5～0.7、厚0.15～0.4米。此层包含物有少量陶片、瓷片等。

第3层：汉代文化层。红褐色土，结构略为密实，较黏而硬，夹杂红烧土颗粒及炭粒，深0.7～0.95、厚0.1～0.3米。此层包含物有少量陶片及板瓦等。

第4层：仰韶文化层。灰褐色土，结构紧密，较黏而硬，夹杂红烧土颗粒及炭粒，深1.2～1.45、厚0.35～0.5米。此层出土较多陶片、石器、兽骨及蚌壳等，陶器有罐、瓮、鼎、钵、盆、缸等，石器有铲、刀、锤等，多残断。H15、H16及M8叠压于本层下。

第5层：仰韶文化层。青灰色土，夹杂黄色土块，结构较疏松，质地较软，夹杂有较多红烧土块及炭粒，深2.1～2.65、厚0.8～1.15米。此层出土较多陶片、石器及骨器、角器、蚌器等，陶器有罐、盆、瓮、钵等，石器有铲、凿、锤等。H33、H34叠压于本层下。

第5层以下为生土。

已发掘的区域，以TS09W04至TS09W07为界，遗址北部文化层较薄，东南部稍厚。在TS07W07探方内第5层下有一薄层青褐色土，呈冲积状，无包含物，不予详述。

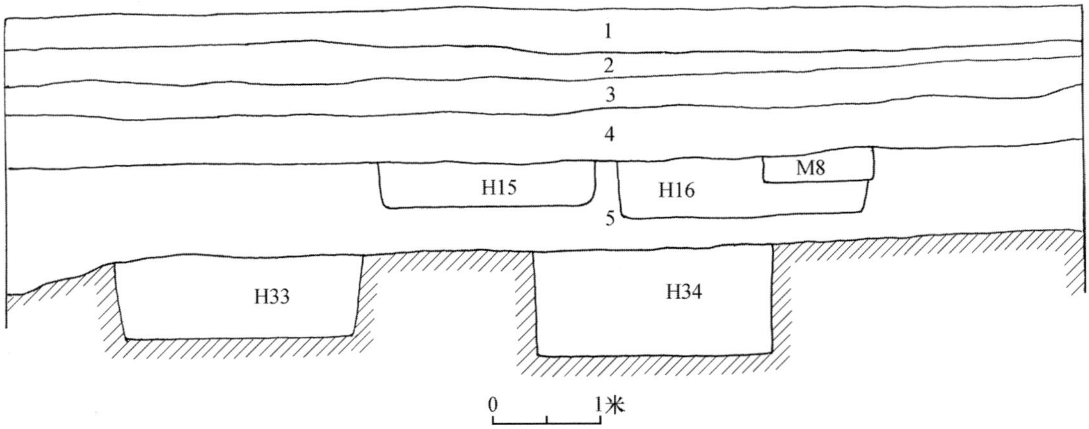

图二　TS08W05北壁剖面图

1. 黄灰色土　2. 黄褐色土　3. 红褐色土　4. 灰褐色土　5. 青灰色土

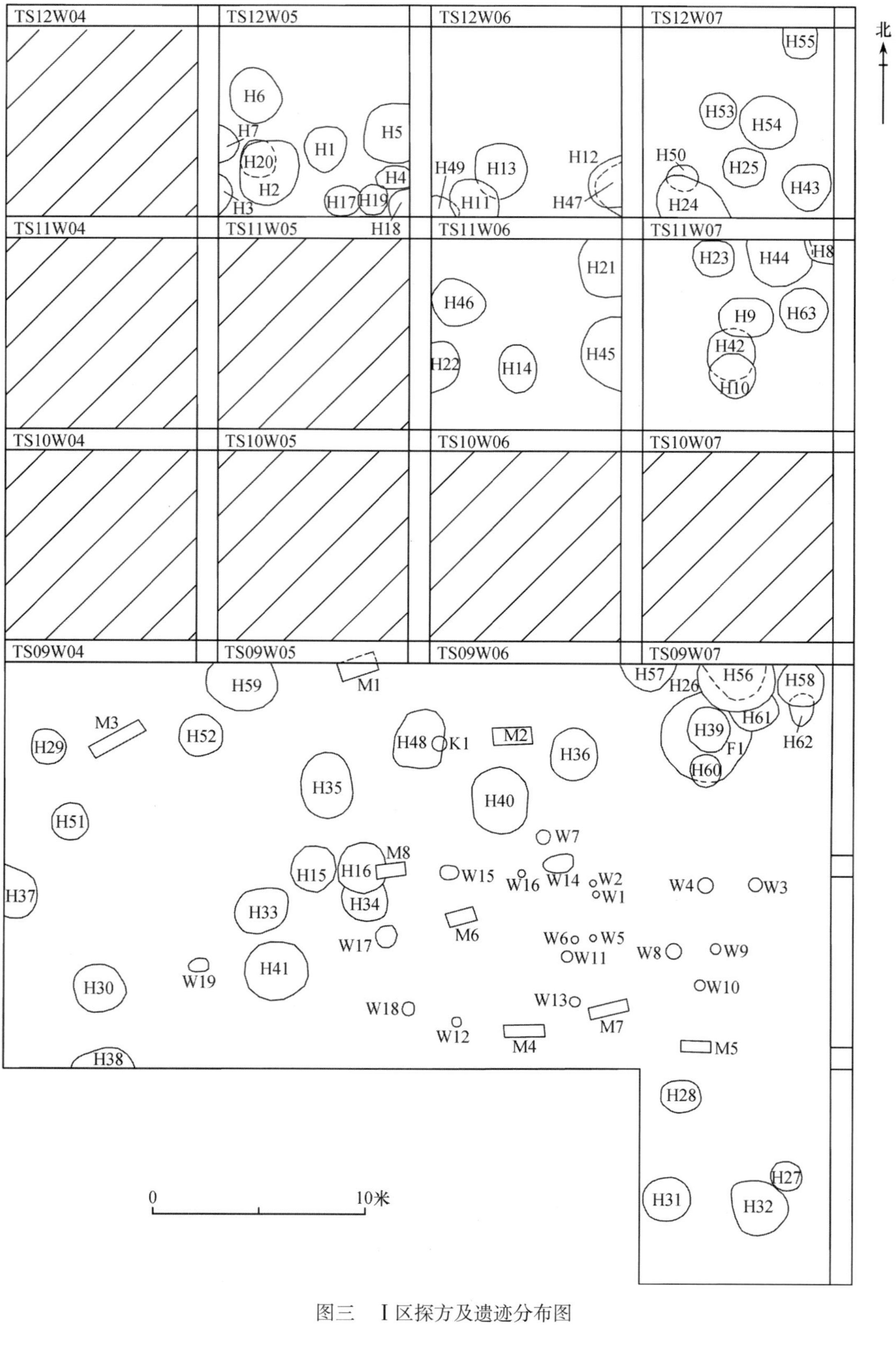

图三　Ⅰ区探方及遗迹分布图

二、遗　迹

属于仰韶文化的遗迹主要有灰坑、土坑墓、瓮棺葬及房基等（图三、图四）。

（一）灰坑

共63座。依平面形状可分为圆形、椭圆形及不规则形三类。

1. 圆形坑

共29座。

H11　位于TS12W06西南部，叠压于第4层下，打破第5层。直壁，平底，坑口径2.1、底径2.1、深1米。坑内填土呈灰褐色，土质松软，包含有大量红烧土块、陶片、草木灰及炭屑等。陶片以泥质及夹砂灰陶为主，有少量红陶及彩陶；纹饰有绳纹、弦纹、附加堆纹等；器形有罐、钵、鼎、盆、碗等（图五）。

H61　位于TS09W07中北部，叠压于第5层下，打破生土，西北部被第4层下的灰坑H56打破。斜壁内收，底较平，坑口径2.4、底径2～2.2、深0.6米。坑内填土呈青灰色，土质松软，包含有少量红烧土块及陶片、炭屑等。陶片以泥质及夹砂灰陶为主，有少量红陶；纹饰有绳纹、弦纹及附加堆纹等；可辨器形包括罐、钵、瓮、盆等（图六）。

图四　Ⅰ区遗迹局部（东南—西北）

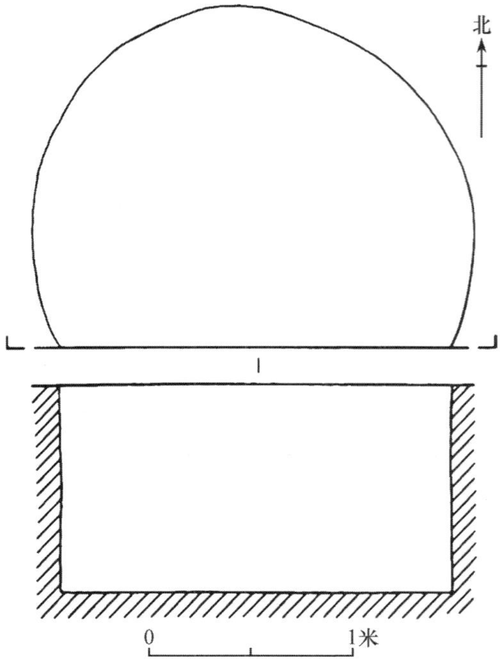

图五　H11平、剖面图

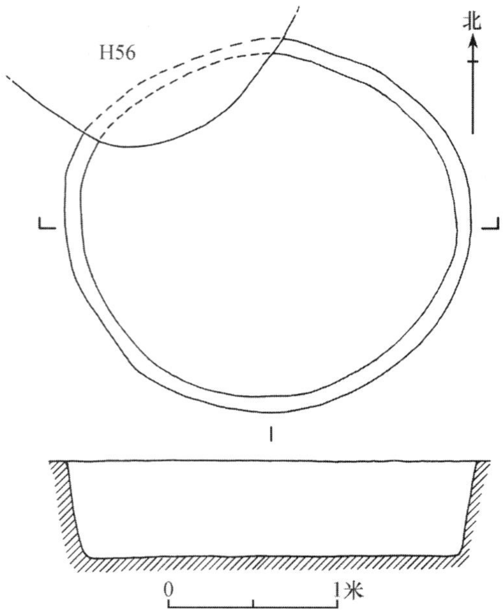

图六　H61平、剖面图

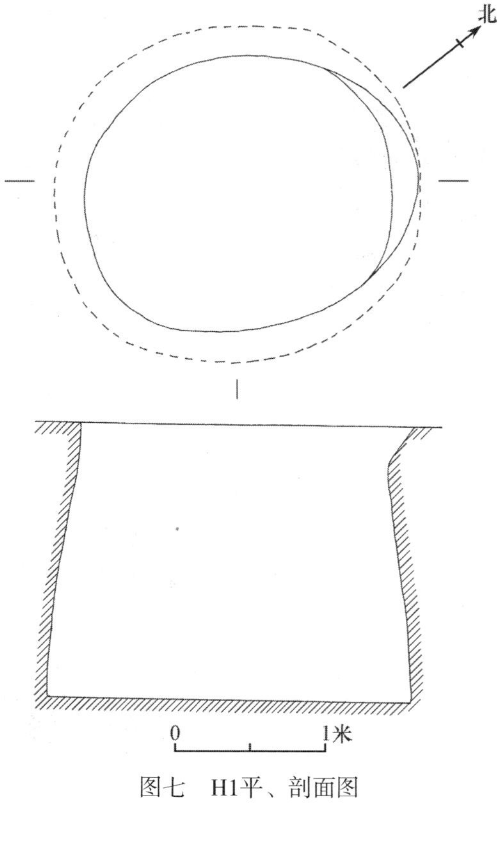

图七　H1平、剖面图

图八　H1（北—南）

2. 椭圆形坑

共24座。

H1 位于TS12W05南部，叠压于第4层下，打破第5层。袋状坑，斜壁微弧，平底，坑口径1.8～2.2、底径2.2～2.4、深1.8米。坑内填土呈浅灰褐色，土质松软，夹杂有较多草木灰，包含大量红烧土块、陶片、兽骨、炭屑，部分红烧土块上呈现清晰的植物茎叶痕迹。坑底放置彩陶壶及陶罐各1件。陶片以泥质灰陶为主，夹砂灰褐陶次之，红陶及彩陶较少；纹饰有绳纹、弦纹及捺窝纹等，彩陶图案有弧线纹、草叶纹等；可辨器形包括罐、鼎、盆、钵、壶、陶球等。还出土有石铲及鹿角等（图七、图八）。

3. 不规则形坑

共10座。

H2 位于TS12W05西南部，叠压于第4层下，打破第5层下的灰坑H20。斜壁微弧，袋状平底；坑东侧外凸，坑壁上部呈一台阶状，下部略呈袋状。坑口长轴3.1、短轴2.65米；坑底呈圆形，直径3、深1.5米。坑内填土呈灰褐色，土质松软，夹杂有大量红烧土块、陶片、兽骨及炭屑等。陶片以泥质及夹砂灰陶为主，还有少量红陶及彩陶；器表纹饰有绳纹、弦纹、附加堆纹等；可辨器形包括罐、瓮、壶、缸、盆、环、纺轮等。另外

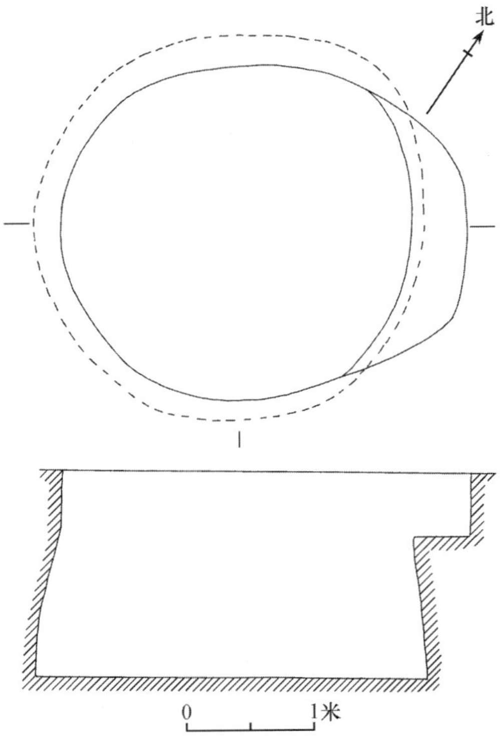

图九 H2平、剖面图

图一〇 H2（西南—东北）

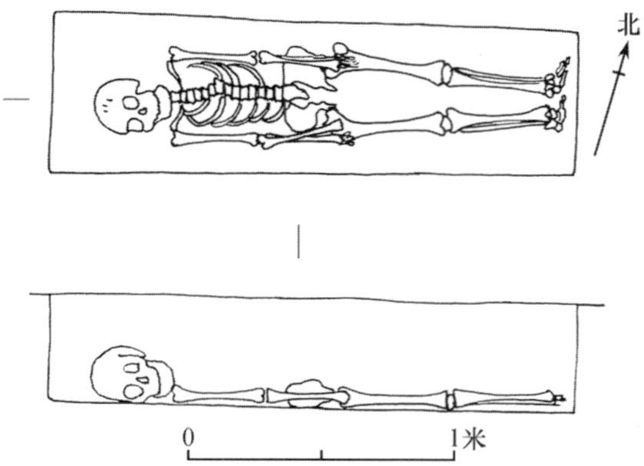

图一一　M8平、剖面图

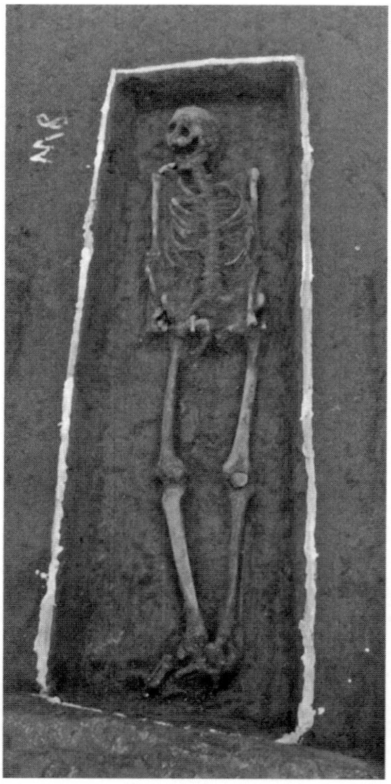

图一二　M8（东北—西南）

还出土有1件石铲（图九、图一〇）。

（二）土坑墓

共8座，分布于发掘区的南部，叠压于第4层下，方向为东西向或略偏东北。均为长方形竖穴，墓坑多窄而浅，宽0.3～0.6、深0.2～0.6米。未见葬具，葬式为单人一次葬，仰身直肢，皆无随葬品。

M8　位于TS08W05东北部，打破同层下的灰坑H16，方向为264°。直壁，平底，墓口长1.95、东宽0.54、西宽0.6、深0.4米。墓内填浅灰褐色土，土质松软，夹杂有少量红烧土颗粒及陶片等。墓内发现1具人骨，头向西，面向南，为仰身直肢一次葬。人骨保存较好，经鉴定为中年男性（图一一、图一二）。

（三）瓮棺葬

共19座，均位于发掘区南部，大多保存较差，其中16座叠压于第4层下，3座叠压于第5层下。葬具以陶罐、鼎为主，也有缸、钵、尖底缸等；有些上部倒置陶钵，与缸等器物扣合而成；还发现将陶器打碎，将人放置于两层平铺陶片中间的情况。瓮棺内大多仅见残碎的婴幼儿骸骨，多为头骨或牙齿。

W7　位于TS09W06南部，叠压于第4层下，打破第5层。坑口平面略呈圆角长方形，方向为270°。直壁，坑底东部较平，西侧下凹，坑口长1.7、宽0.6、深0.4～0.5米。坑内填土呈灰褐色，土质松软，夹杂少量红烧土颗粒及陶片等。坑内发现1具人骨，仰身直肢，不见头骨。葬具则为平铺的两层陶片，一层垫于人骨之下，一层覆于人骨之上，已复原陶罐3件（图一三、图一四）。

W17　位于TS08W05东部，叠压于第5层下，打破生土。坑口平面略呈椭圆形，方向为46°。近直壁，平底，坑口长轴1.06、短轴1、深0.4米。坑内填灰褐色土，土质松软，夹杂少量烧土颗粒。葬具为相互扣合的陶钵和尖底缸各1件，尖底缸腹内发现少量残碎头

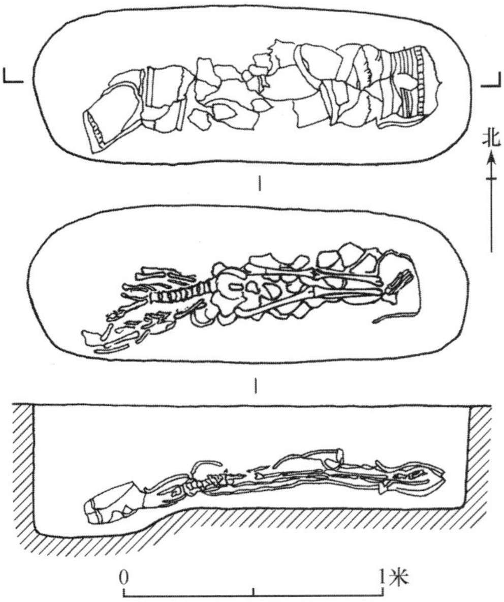

图一三　W7平、剖面图

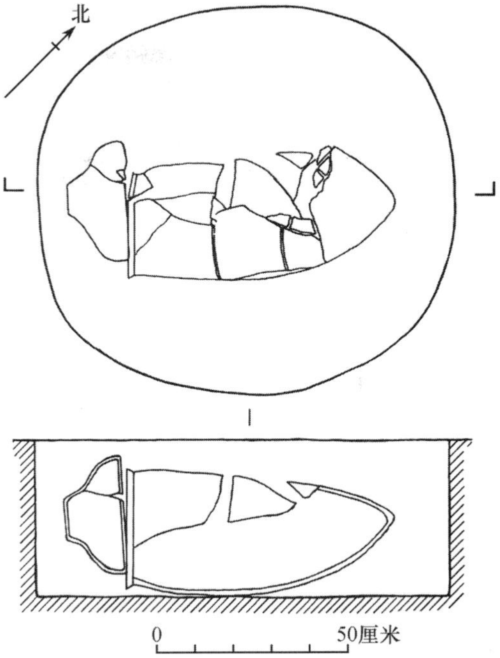

图一五　W17平、剖面图

图一四　W7（南—北）

图一六　W17（东南—西北）

骨（图一五、图一六）。

（四）房基

仅发现1座（F1），位于TS09W07西北部，叠压于第5层下，被同层下的灰坑H26、H39、H60、H61打破。保存较差，平面呈椭圆形，残存部分长轴4、短轴3.5、深0.1米。为地面式建筑，仅残存部分墙体及两个柱洞（图一七）。

三、出土遗物

出土的仰韶文化遗物以陶器为主，另有部分石器及少量骨器、角器、蚌器等。

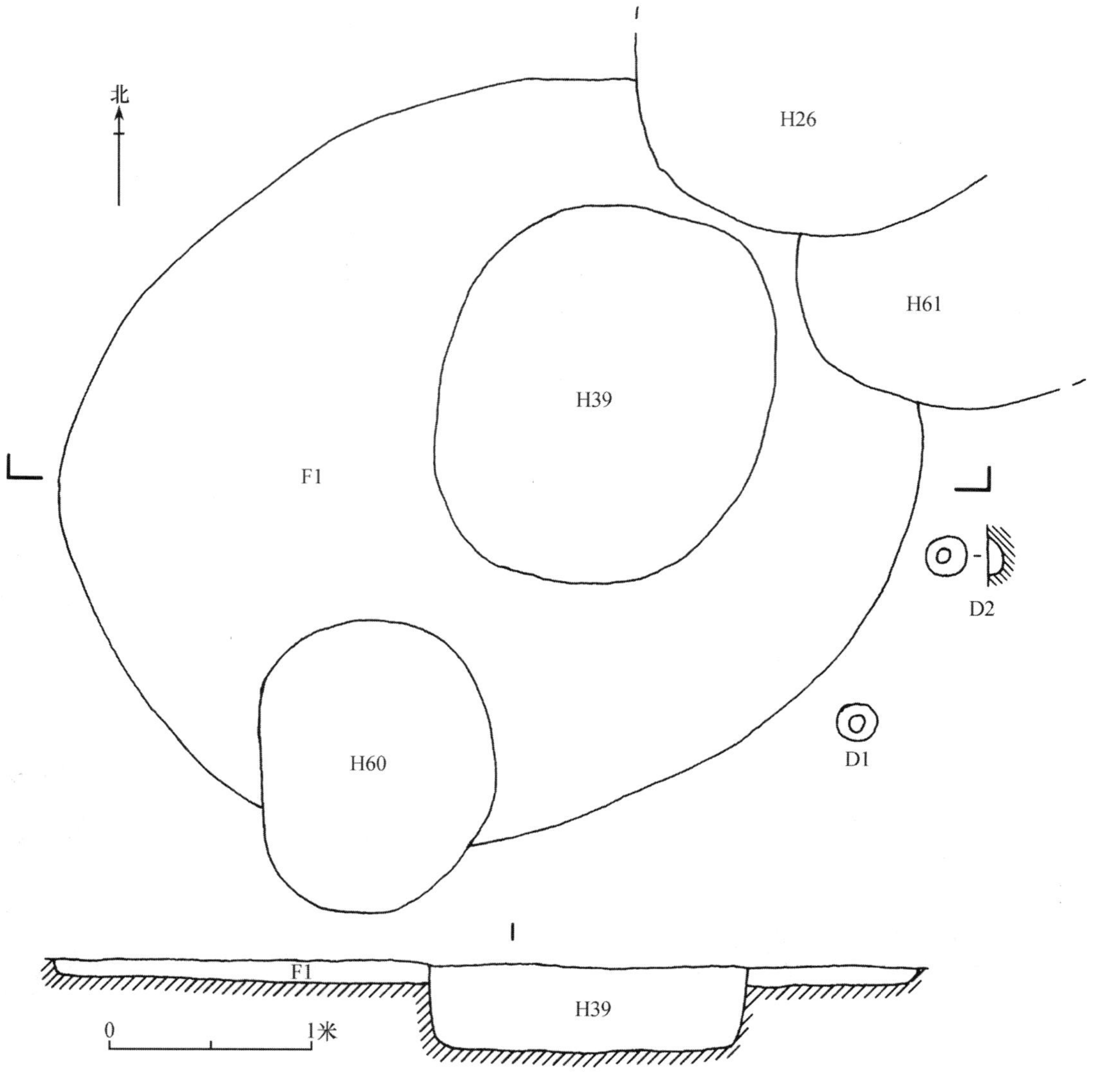

图一七　F1平、剖面图

（一）陶器

数量最多，以泥质陶为主，约占总数的75.3%，夹砂陶约占24.7%。夹砂陶以夹粗砂为主，少量夹细砂或夹蚌。陶色以灰陶为主，褐陶次之，少量为红陶，黑皮陶和黑陶极少见。泥质陶有较大比例为素面，部分磨光，夹砂陶则多施有纹饰。纹饰以绳纹为主，弦纹、附加堆纹及刻划纹占一定比例，有少量方格纹，部分器物口沿及底部压印花边纹，腹部常见有鸡冠形耳，鼎足多施捺窝或刻槽。彩陶较少，有红陶黑彩、红陶红彩、灰陶红彩等，少量施白色及红色陶衣，图案主要有平行直线纹、网纹、弧边三角纹、波浪纹、草叶纹、横“S”形纹、“X”形纹及圆点纹等。陶器多为手制，口部经慢轮修整。器形主要有罐、鼎、缸、钵、盆、瓮、豆、杯、尖底瓶、器盖等，其中罐、鼎的数量最多，

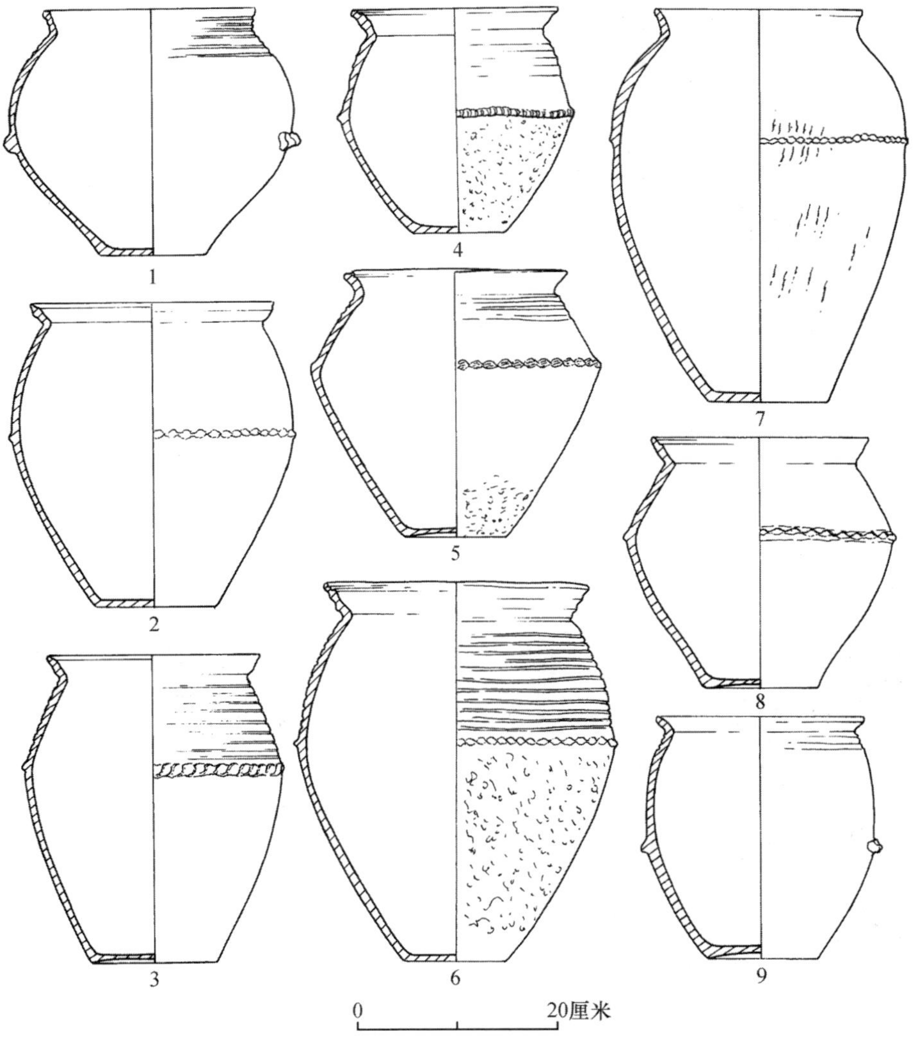

图一八　出土陶器

1. C型罐（W19：1）　2、3、6. Ab型罐（W7：2、W6：1、W7：3）
4、5、8. B型罐（W14：2、W11：1、W15：2）　7. Ac型罐（W7：1）　9. Aa型罐（W16：1）

其次为缸、钵，盆、瓮、豆也占一定比例，杯、尖底瓶、器盖较少见。下面选择部分较完整的典型器物加以介绍。

罐　依腹部形态，可分三型。

A型　筒腹罐。依腹部变化，可分三亚型。

Aa型　弧腹微垂，平底内凹。W16：1，泥质灰陶。侈口，折沿微外卷，尖圆唇。肩部饰数周凹弦纹，腹部有对称的鸡冠形耳。口径20.4、底径10.8、高24厘米（图一八，9）。

Ab型　深腹微弧，下腹部斜内收或微弧内收，平底或底微内凹。W6：1，夹砂红褐陶。侈口，折沿，尖唇，平底微内凹。肩部饰凹弦纹，腹部饰附加堆纹。口径21、底径

图一九　Ab型罐（W6：1）

图二〇　Ac型陶罐（W7：1）

图二一　B型陶罐（W15：2）

图二二　C型陶罐（W19：1）

12.3、高30.3厘米（图一八，3；图一九）。

W7：2，夹砂灰褐陶。侈口，折沿，尖唇，平底。腹部饰一周附加堆纹。口径24、底径12、高30厘米（图一八，2）。W7：3，夹砂灰褐陶。侈口，折沿，尖圆唇，平底。肩部饰凹弦纹，腹部饰一周附加堆纹，下腹部饰刻划纹。口径25.8、底径9.9、高37.5厘米（图一八，6）。

Ac型　深弧腹，平底。W7：1，夹砂红褐陶。侈口，折沿，尖唇，矮领，弧肩。上腹部饰附加堆纹，下腹部饰稀疏划纹。口径20.4、底径12、高38.7厘米（图一八，7；图二〇）。

B型　折腹罐。侈口，折沿，平底或底内凹。W11：1，夹砂红褐陶。圆唇，平底内凹。沿下饰数周凹弦纹，折腹处饰一周附加堆纹，下腹饰刻划纹。口径21.9、底径10.2、高26.4厘米（图一八，5）。W14：2，夹砂灰褐陶。折沿微卷，圆唇，平底。肩部饰凹弦纹，折腹处饰一周附加堆纹，下腹部饰有刻划纹。口径20.4、底径9、高22.2厘米（图一八，4）。W15：2，夹砂灰褐陶。尖唇，平底内凹。折腹处饰一周附加堆纹。口径21.3、底径11.1、高24.9厘米（图一八，8；图二一）。

C型 鼓腹罐。平底或底内凹。W19：1，泥质灰陶。侈口，折沿，圆唇，矮领，下腹微弧内收，平底。领部及肩部饰数周凹弦纹，中腹部有对称的鸡冠形耳。口径20.7、底径10.5、高24.3厘米（图一八，1；图二二）。

鼎依腹部形态，可分二型。

A型 罐形鼎。夹砂褐陶。侈口，折沿，鼓腹或球腹，圜底。W2：1，器表颜色不一，局部有褐色斑块。尖圆唇，矮领，镂空锛形足已残。素面，器表抹光。口径15、腹径20.4、高20.4厘米（图二三，9）。W3：1，器表颜色不一，腹部以下呈红褐色。尖唇，扁足已残，足根外侧有捺窝。口径28.5、腹径31.9、高27.3厘米（图二三，1）。W13：1，尖唇，鸭嘴形足。口沿内侧饰数周凹弦纹，腹底相接处饰一周凸弦纹。口径22.5、腹径25.9、高24厘米（图二三，3）。W18：1，器身略变形。尖唇，折沿，镂空锛形足。腹底相接处饰一周凸弦纹。口径21.6、腹径25.8、高24.9厘米（图二三，2；图二四）。

B型 盆形鼎。夹砂灰褐陶。W10：1，口部残，直腹，下腹部有一周凸棱，圜底，镂空锛形足。素面。腹径20、残高14.6厘米（图二三，17）。

壶 H1：1，泥质红陶。喇叭形口，尖、圆唇，高领，弧肩，鼓腹，平底。颈部饰红彩直线纹，肩部饰两组红彩直线纹和网纹，腹部饰一组红彩直线纹和短斜线纹。口径13、底径11.4、高28.5厘米（图二三，4；图二五）。

杯 TS07W07⑤：2，泥质红陶。侈口，折沿，圆唇，直腹微弧，圜底，圈足残。腹部饰三组竖划纹。口径7.2、残高5.8厘米（图二三，12；图二六）。

盆 H51：1，夹砂灰陶。敞口，方唇，斜腹，平底微内凹。腹部饰绳纹，中间有对称的鸡冠形耳。口径34.5、底径20.7、高14.7厘米（图二三，8；图二七）。

钵 W19：2，泥质红陶。敛口，圆唇，上腹外鼓，下腹斜内收，平底。素面。口径21.9、底径9、高13.8厘米（图二三，15）。H51：2，泥质灰陶。敛口，内折沿，方唇，折肩，上腹外鼓，下腹斜内收，平底。素面。口径21、底径93、高13.8厘米（图二三，14）。

豆 TS09W07④：1，泥质灰陶。敛口，内折沿，尖圆唇，浅弧腹，圈足矮小。素面。口径23.4、底径3.9、高9.9厘米（图二三，13）。

缸 依口、腹、底部的形制差异，可分四型。

A型 折肩缸。敛口，平底。W8：1，夹砂灰褐陶。敛口，内折沿，圆唇，上腹微鼓，下腹斜内收，小平底。肩部饰凹弦纹，腹部饰刻划纹。口径20.4、底径10.5、高21.9厘米（图二三，16）。

图二三　出土陶器

1～3、9. A型鼎（W3：1、W18：1、W13：1、W2：1）　4. 壶（H1：1）　5. 器盖（H23：2）　6、7. B型缸（W14：3、1）　8. 盆（H51：1）　10. C型缸（W15：1）　11. D型缸（W17：1）　12. 杯（TS07W07⑤：2）　13. 豆（TS09W07④：1）　14、15. 钵（H51：2、W19：2）　16. A型缸（W8：1）　17. B型鼎（W10：1）

图二四　A型陶鼎（W18：1）

图二五　陶壶（H1：1）

图二六　陶杯（TS07W07⑤：2）

图二七　陶盆（H51：1）

图二八　B型陶缸（W14：3）

图二九　C型陶缸（W15：1）

图三〇 D型陶缸（W17：1）

图三一 陶器盖（H23：2）

B型 直口深腹缸。平底。W14：1，夹砂红褐陶。口微敛，方唇，上腹较直，下腹近底处弧形内收。口沿下方及下腹部各饰一周附加堆纹，上腹部饰绳纹，下腹部饰刻划纹。口径27.2、底径16.8、高58.9厘米（图二三，7）。W14：3，夹砂红褐陶。直口，方唇，上腹较直，下腹近底处弧形内收。口沿饰花边纹，沿下饰一周附加堆纹，下腹部饰三周附加堆纹，器身通体皆饰绳纹。口径26、底径13.6、高51.4厘米（图二三，6；图二八）。

C型 敛口鼓腹缸。平底。W15：1，夹砂红褐陶。方唇，下腹弧形内收。口沿饰花边纹，中腹处饰一周附加堆纹并有对称的鸡冠形耳，器身通体饰绳纹。口径22.5、底径9.9、高34.5厘米（图二三，10；图二九）。

D型 大口尖底缸。W17：1，夹砂红陶。口微敛，卷沿，方唇，上腹较深，直壁略外扩，下腹微弧内收，尖底。口沿下有对称的鸡冠形耳，器身通体饰刻划纹。口径32、高61.6厘米（图二三，11；图三〇）。

器盖 H23：2，夹砂褐陶。覆碗形。敞口，尖圆唇，浅斜腹，平顶，柄为假圈足状。盖柄饰花边纹。口径11.4、底径6.2、高5厘米（图二三，5；图三一）。

环 数量较多。皆为泥质陶。环身横截面有圆形、三角形、圆角方形、椭圆形等。TS09W07④：7，泥质灰陶。横截面呈圆角方形。外径5.3、内径3.9、厚0.6厘米（图三二，3）。TS08W07⑤：1，泥质灰陶。横截面呈三角形。外径7.2、内径5.4、厚0.7厘米（图三二，7）。

纺轮 数量较多。TS08W04④：2，泥质灰陶。穿孔较大。器表磨光。直径5、厚1.3厘米（图三二，2）。H35：2，泥质灰陶。弧形面，纵截面呈纺锤形。器表饰指甲纹。

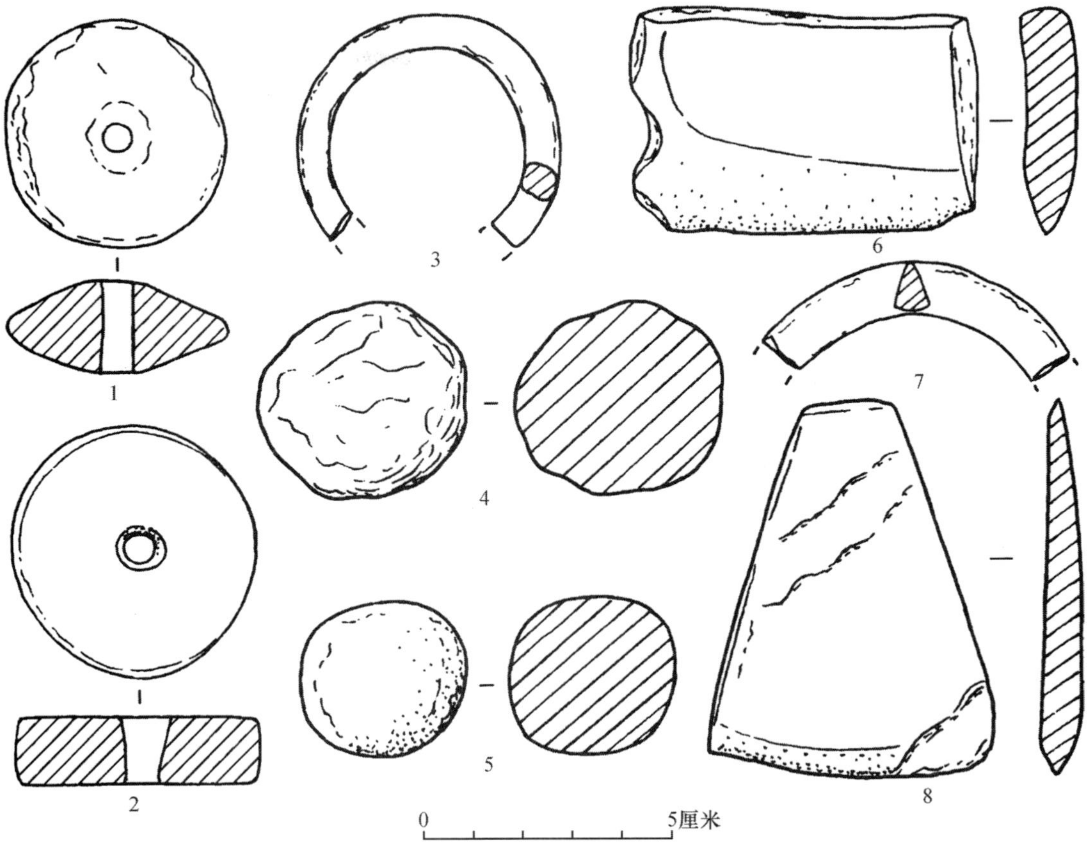

图三二　出土陶器

1、2. 纺轮（H35：2、TS08W04④：2）　3、7. 环（TS09W07④：7、TS08W07⑤：1）
4、5. 陶球（TS09W05④：1、H4：2）　6. 刀（H2：2）　8. 锛（H59：2）

直径4.4、厚1.8厘米（图三二，1）。

陶球　H4：2，夹砂褐陶。球体略扁。素面。直径3.2厘米（图三二，5）。TS09W05④：1，夹砂红陶。球体略扁。素面。直径4.1厘米（图三二，4）。

刀　H2：2，夹砂灰陶。已残，长方形，背部磨光，中间有一穿孔；刃部略弧，使用痕迹明显。残长6.9、宽4.4厘米（图三二，6）。

锛　H59：2，夹砂红陶。梯形，两侧磨平，圆弧状单面刃，有使用痕迹。上宽1.8、下宽5.6、高7.2厘米（图三二，8）。

（二）石器

数量较多，多为磨制，个别标本局部为打制。器形主要有铲、斧、凿、镰、锤、磨盘、杵、球、纺轮、网坠等。

铲　数量较多，多通体磨光。依肩部不同，可分二型。

A型　平肩。TS09W06④：4，通体磨光，刃部使用痕迹明显。扁平长方形，直背，单面刃平直。长21.2、宽11.8、厚1.2厘米（图三三，1）。H36：1，通体磨光，刃部有明显使用痕迹。扁平梯形，平顶，直背，中间钻有一圆孔，圆弧状双面刃。长11.8、顶宽6.6、刃宽8.8、厚1.3厘米（图三三，10）。

B型　溜肩。TS12W07⑤：1，器身扁平，肩部打制，两侧略经打制，刃部磨光，有明显使用痕迹。长23.6、宽9.6、厚1.3厘米（图三三，5）。

斧　TS09W05⑤：5，顶部及刃部打制粗糙，使用痕迹明显。扁平长方形，顶微弧，直背，双面斜刃。长13.9、宽8、厚3.2厘米（图三三，3）。

凿　TS08W04⑤：1，肩部及器身两侧略经打制，刃部使用痕迹明显。扁平长方形，微弧，斜背，单面直刃。长10、宽3.1、厚2.4厘米（图三三，2）。TS09W05⑤：3，顶部及两侧略经打制，刃部使用痕迹明显。扁平长方形，顶微弧，斜背，单面弧刃。长11.8、宽4.5、厚2.9厘米（图三三，8）。

镰　TS09W06⑤：3，背部及柄部略经打制，其余器身皆磨制，刃部有使用痕迹。斜背略弧，平直双面刃。长13.6、宽4.3、厚1.4厘米（图三三，4）。

锤　TS09W07④：3，四面磨光，两端使用痕迹明显。圆角方形，较为厚重。长9.4、宽5.6、厚4.3厘米（图三三，6）。

杵　W2：1，长条形柱状，两端皆有使用痕迹。长18.7、宽5.4、厚3.9厘米（图三三，9）。

磨盘　TS08W05④：1，已残断，呈扁平三角形。使用面磨光，略内凹，背面平。残长6.5、宽5.1、厚1.2厘米（图三三，7）。TS09W06⑤：2，已残断，大致呈扁平方形。使用面磨光，略内凹。残长19、宽16.4、厚4.2厘米（图三三，11）。

纺轮　H35：1，器身纵截面呈长方形，穿孔纵截面呈梯形。直径4.2、厚0.9厘米（图三四，1）。H23：1，器身通体磨光。穿孔较大。直径5、厚1.1厘米（图三四，2）。TS09W05⑤：1，穿孔较小，表面有较多划痕。直径4.1、厚0.5厘米（图三四，3）。

网坠　TS09W06⑤：5，表面磨光。圆形，亚腰。最大直径3.5、高2.7厘米（图三四，5）。

石球　TS12W07④：1，通体磨光。直径6.5厘米（图三四，7）。

（三）骨、角、蚌器

骨刀　TS12W05④：1，扁平三角形，背部保留锯齿状骨缝，单面平直刃。长9.3、宽7.2、厚1厘米（图三四，9；图三五）。

骨料　H59：1，不规则形，顶端有明显的切割痕迹。长10.5、宽5.8、厚3.7厘米（图三四，10）。

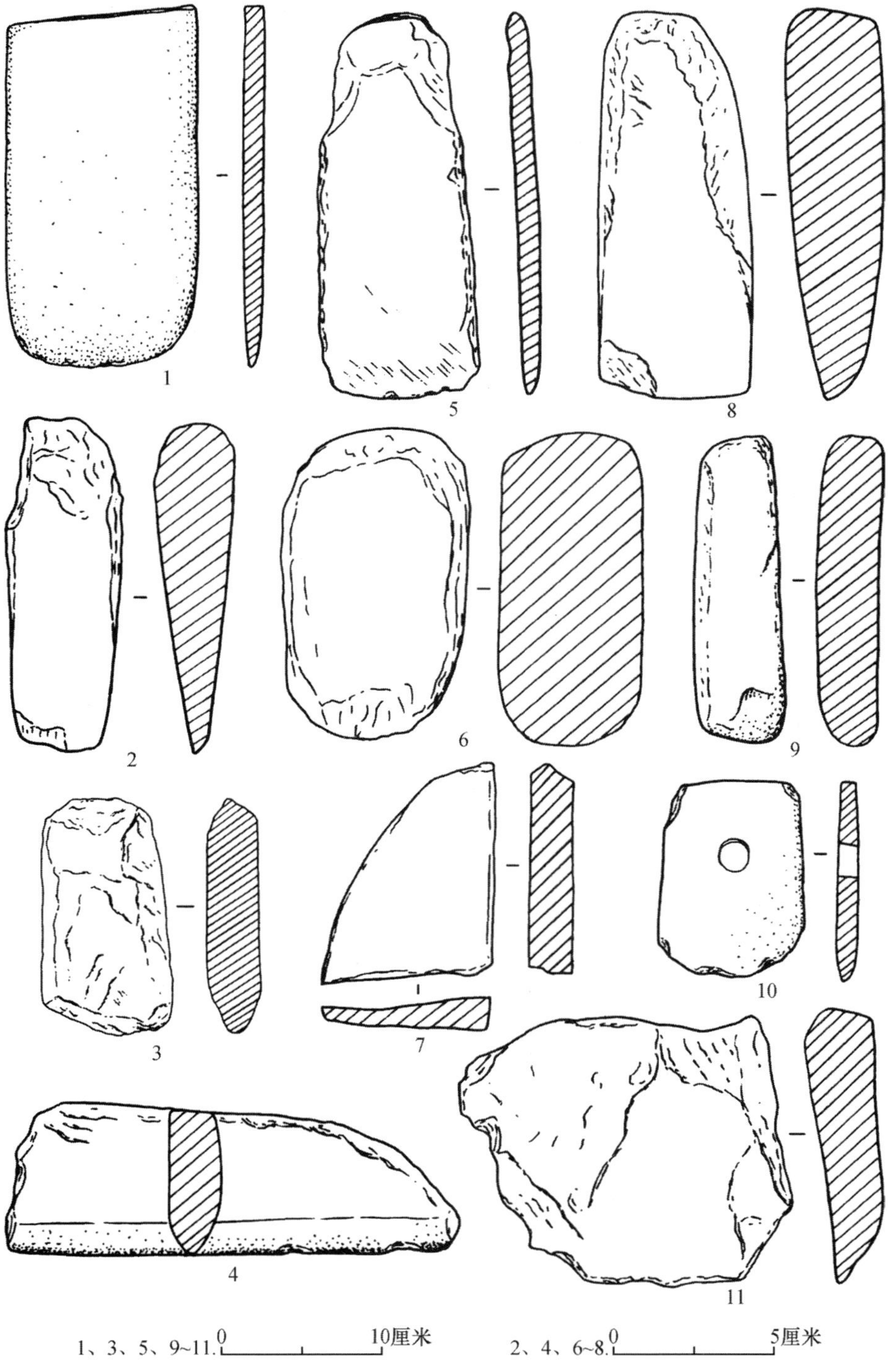

图三三　出土石器

1、10. A型铲（TS09W06④：4、H36：1）　2、8. 凿（TS08W04⑤：1、TS08W04⑤：3）
3. 斧（TS08W04⑤：5）　4. 镰（TS09W06⑤：3）　5. B型铲（TS12W07⑤：1）　6. 锤（TS09W07④：3）
7、11. 磨盘（TS09W05④：1、TS09W06⑤：2）　9. 杵（W2：1）

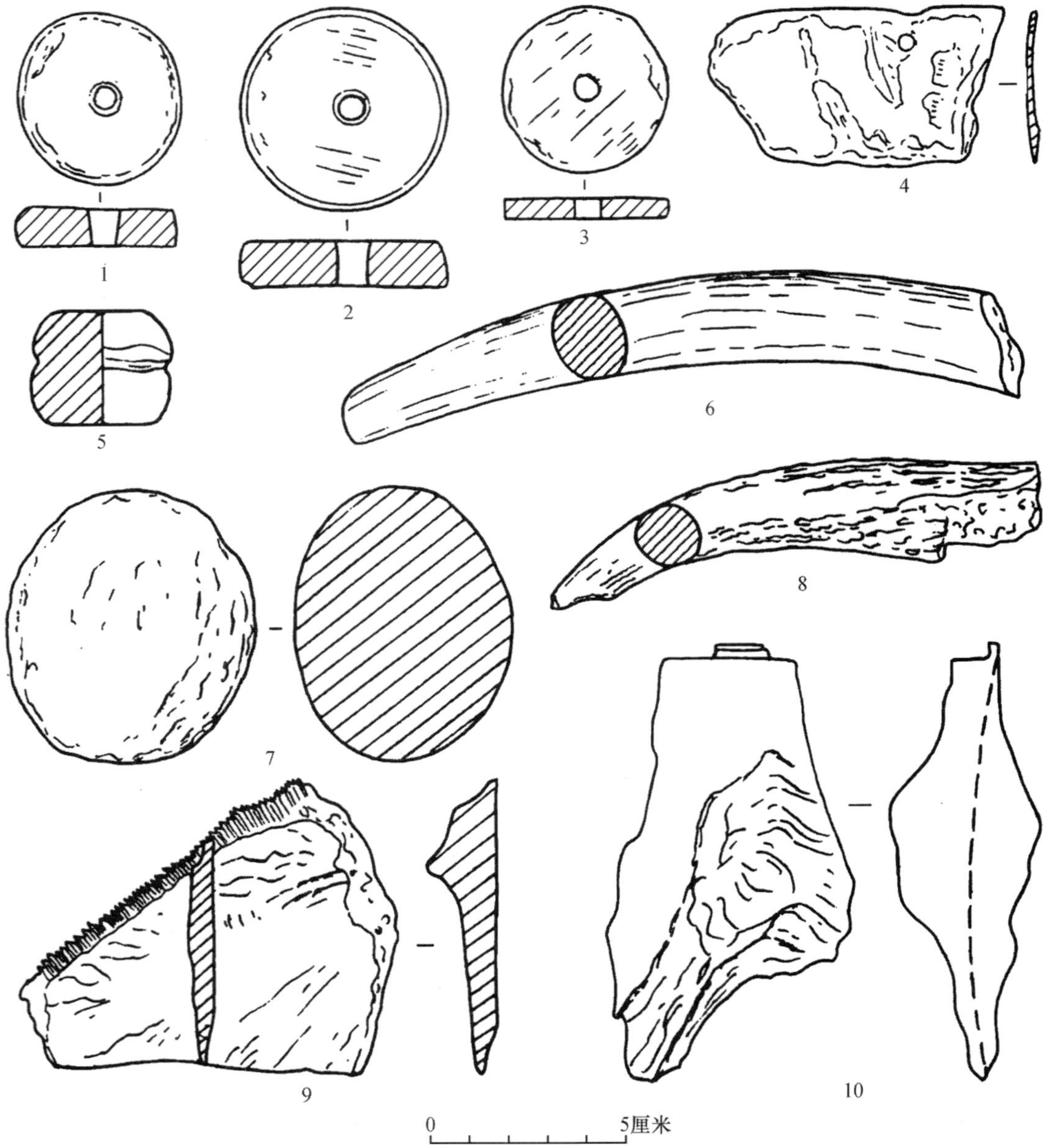

图三四　出土遗物

1～3. 石纺轮（H35：1、H23：1、TS09W05⑤：1）　4. 蚌刀（TS09W07④：5）　5. 石网坠（TS09W06⑤：5）
6、8. 鹿角（H1：3、TS09W06⑤：1）　7. 石球（TS12W07④4：1）　9. 骨刀（TS12W05④：1）
10. 骨料（H59：1）

鹿角　2件。皆残断，未见明显加工和使用痕迹。H1：3，断面呈椭圆形。长16.6厘米（图三四，6）。TS09W06⑤：1，长12.2厘米（图三四，8）。

蚌刀　TS09W07④：5，已残断，刃部使用痕迹明显。长方形扁平体，直背，中部上方有一圆形穿孔，单面直刃。残长7、宽3.8厘米（图三四，4）。

四、结　语

本遗址的布局情况不甚清楚，房址、灰坑及墓葬交错分布。但如以TS09W04至TS09W07为界，仍可看出土坑墓及瓮棺葬全部位于发掘区的南部，并集中于TS08W05、TS08W06、TS08W07三个探方内，可以看做遗址的墓葬区。由于发掘面积有限，房址发现较少，尚不清楚遗址居住区的分布情况。

图三五　骨刀（TS12W01④：1）

本遗址出土的器物与郑州西山遗址第四组[1]、郑州站马屯遗址第三期[2]特征吻合，且均可在大河村四期文化中找到相似甚至完全相同的器物。如本文报道的Ab型罐（W7：3）、A型鼎（W18：1）、盆（H51：1）、瓮（H1：1），分别与大河村遗址[3]的AⅠ式罐（W7付1：1）、AⅩ式鼎（T42④：16）、EⅢ式盆（T54③：5）、C型瓮（T42④：118）器形相同。整体来看，夹砂罐的形制多样，以深腹居多，肩腹部多饰一周附加堆纹。彩陶数量较少，纹饰也较为简单。出土的罐形鼎、折腹罐、A型折肩缸、矮圈足豆、喇叭口彩陶壶、敞口盆等器物，均具有仰韶文化晚期的特征，属秦王寨文化类型[4]。

仰韶文化晚期的豫中地区，尤其是以大河村三期、四期文化为代表的伊洛河流域，仰韶文化遗址的数量大为增加。本遗址的发掘，既是对黄河流域仰韶文化小型聚落的补充，也为聚落群之间布局与结构关系的研究提供了有益的例证。

附记：本次发掘领队为信应君，参加发掘的人员还有刘青彬、张永清、张吉民、王玉红、梁艳娟、刘猛、康乐。资料整理由信应君、刘青彬、梁艳娟负责。秦秀花、周喜花修复了器物，本文所用插图由李杨、潘敏绘制，照片由蔡强、刘青彬拍摄。

注　释

[1] 国家文物局考古领队培训班：《郑州西山仰韶时代城址的发掘》，《文物》1999年第7期。

[2] 中国社会科学院考古研究所河南新砦队、河南省文物局南水北调文物保护办公室：《郑州市站马屯西遗址新石器时代遗存》，《考古》2012年第4期。

[3] 郑州市文物考古研究所：《郑州大河村》，科学出版社，2001年。

[4] 孙祖初：《秦王寨文化研究》，《华夏考古》1991年第3期。

（原刊于《考古》2014年第4期）

登封南洼2004～2006年二里头文化聚落发掘简报*

张继华　韩国河　朱君孝

南洼遗址隶属河南省登封市君召乡南洼村，南临郑洛公路，向北约1千米即为君召乡政府所在地，西距登封市区约20千米。地理坐标为北纬34°24.2′，东经112°48.6′，海拔在461米左右。遗址北依马鞍山（属少室山），南望伏牛山余脉，东部为较高的岗地，向西地势开阔。洑水自东北向西南穿过遗址北部和西部，后西折汇人伊河支流白降河（图一）。遗址面积约30万平方米，地表种植有玉米、小麦、油菜等。

2004年3月至6月，郑州大学历史学院和郑州市文物考古研究所联合对该遗址进行了调查、勘探与试掘，在遗址南部（即遗址Ⅱ区）发现了二里头文化的灰沟（编号为G1）、墓葬、水井及较为丰富的白陶等遗存[1]。另外，在遗址东部还勘探出了一条规模较大的沟状遗迹（编号为G2）[2]。2004年10月至2005年11月，结合2002、2003级考古专业本科生教学实习，郑州大学历史学院和郑州市文物考古研究所联合开展了进一步的勘探与正式发掘。其中，一个重要收获是在探寻G1东段过程中，又发现了比较规则的二里头文化的环壕（编号为G3）。另外，在遗址北部（即遗址Ⅰ区）发现了数座二里头文化的陶窑、墓葬、水井等遗迹。随后，为进一步判断该环壕聚落的性质与年代，2006年又进行了重点发掘，对G1南部缺口处及G3南段进行了解剖。通过2004年10月以来的正式发掘，我们共布设探沟8条，探方59个，发掘面积约1900平方米（图二），发现了二里头文化、殷墟文化、春秋及唐宋等诸时期的遗存。现将2004年秋季以来该遗址发现的二里头文化环壕聚落情况简报如下。

一、遗　　迹

（一）壕（围）沟

南洼遗址共发现三条沟状遗迹。其中，G2仅做过勘探，未经解剖，时代不明。该沟南端消失于遗址东南的洼地，北部越过洑水后继续北向延伸。从其走向及结构来看，很可能是一条河道。在此着重介绍属于二里头文化时期的G1和G3。

---

* 本文是国家社科基金项目“登封南洼：2004～2006年田野考古发掘报告”（编号10BKG008）的阶段性成果。

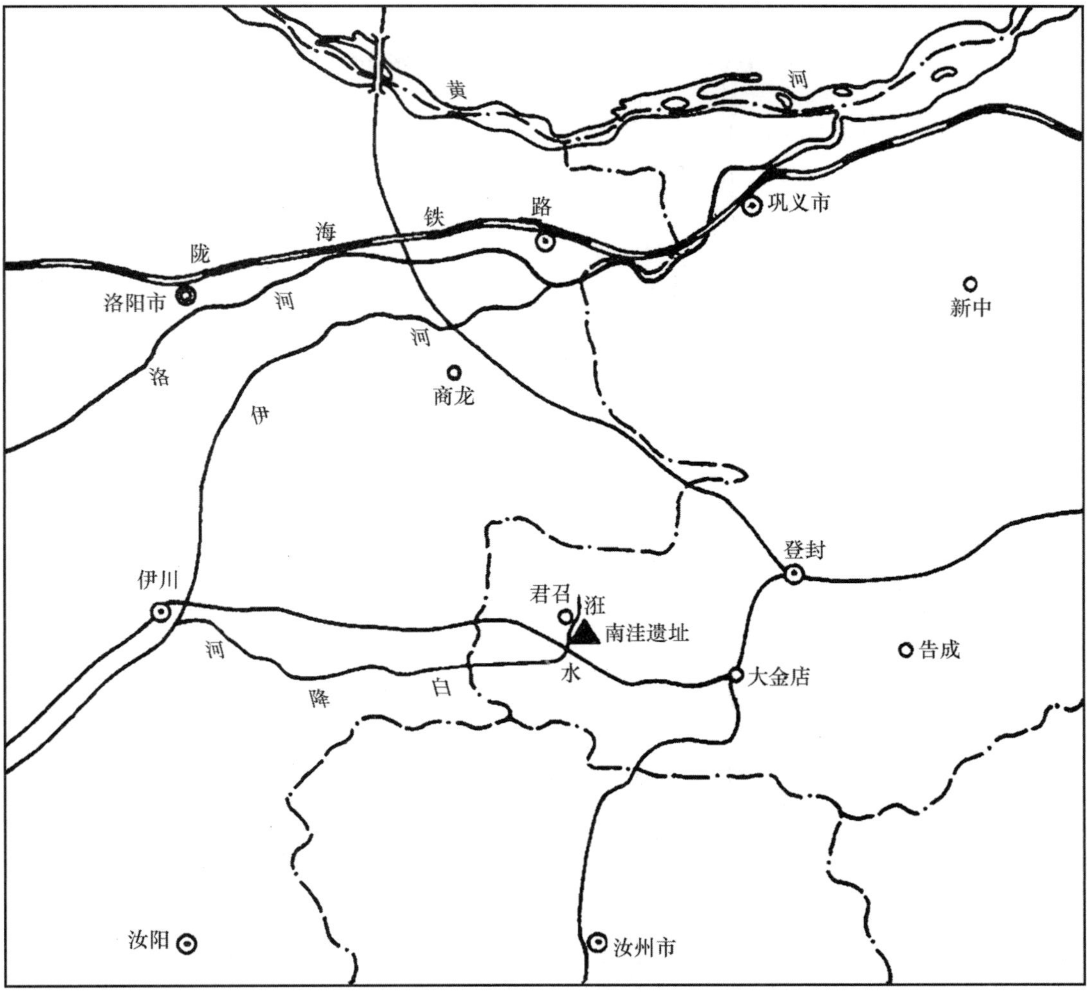

图一 南洼遗址位置示意图

1. G1

2004年春季发现G1南段，2004年秋季进一步勘探出其东段和部分北段。东段长约604米，走向不甚规则，向西因受洧水河道摆动影响，情况不明。就现存情况看，G1与洧水合围的面积约11.3万平方米（图二）。

为判断G1年代及性质，2004年上半年又在T1西侧布设了T5，在G1和G3相交处布设了T3、T4和T6。为了解G1南段中断处状况，2006年下半年又布设了T7和T8。上述解剖表明，G1在与G3相交处被后者打破（图三）。G1南段中断处最窄约4.5米，直接叠压于近代层下，可能为一出入口。但未见踩踏面或路土，估计被后期破坏。根据沟内填土及相关层位判断，G1主要使用于二里头二期或更早时期。

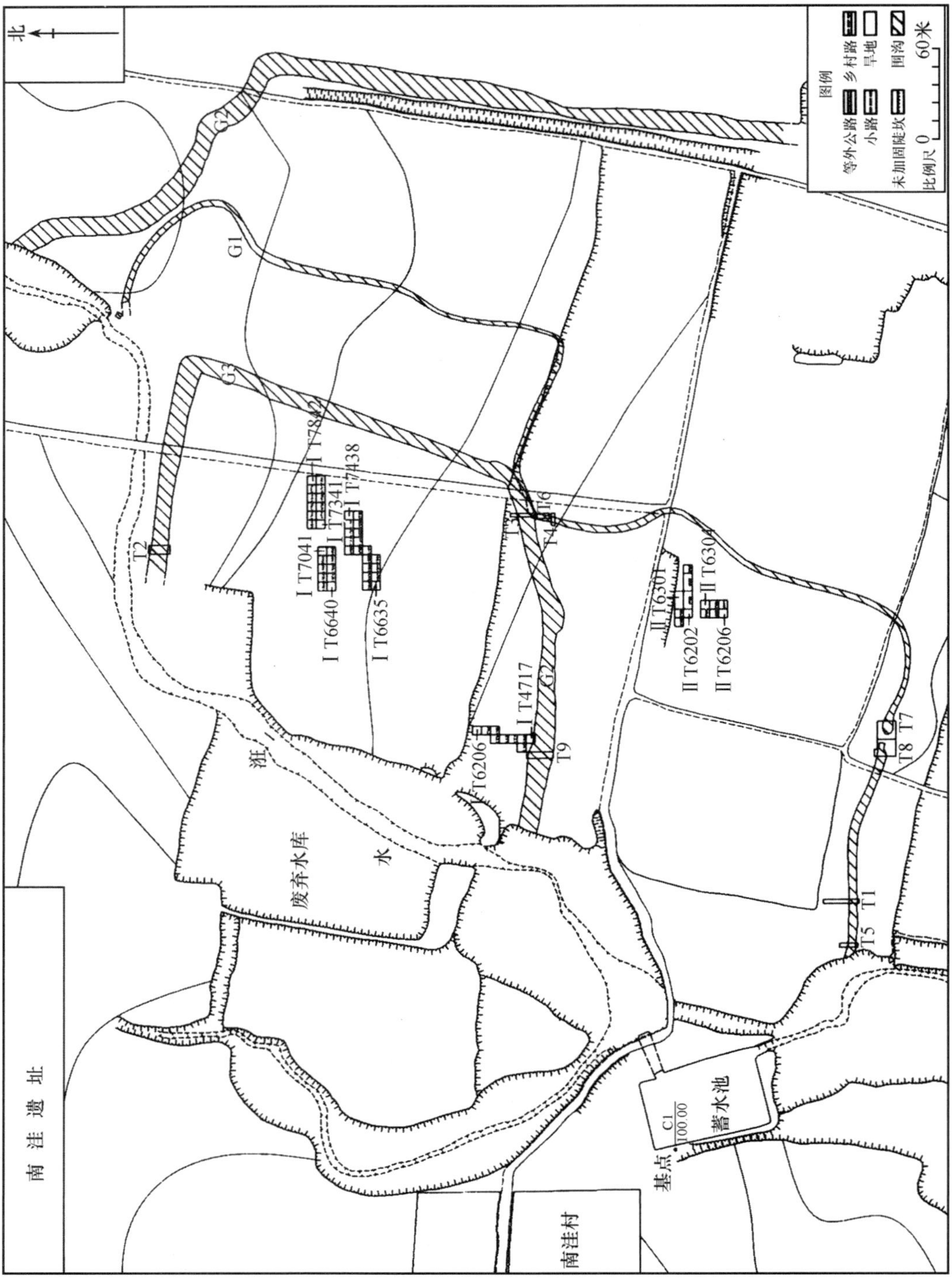

图二　南洼遗址壕沟与探方分布图

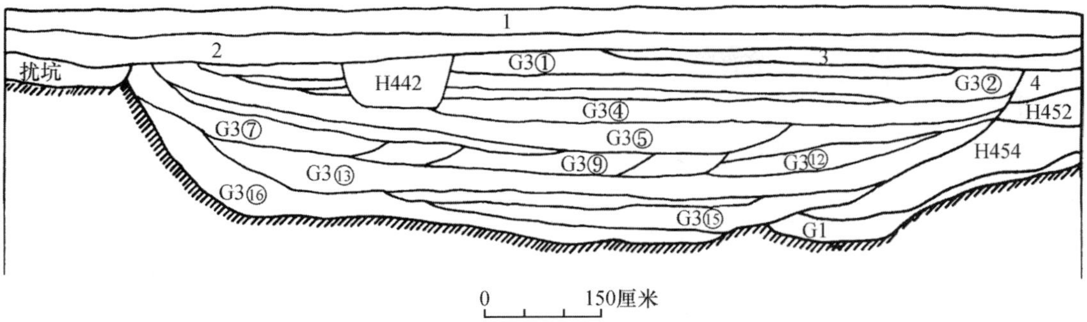

图三　T3东壁剖面图

2. G3

G3位于G1内侧偏北部，走向比较规整。南段长216米，在洧水东岸尚能看到冲刷出来的剖面。东段长约195米，北段长约125米，向西因邻近洧水岸边，渐趋消失。西段情况不明。G3与洧水合围的面积约4.6万平方米（图二）。

为了解G3的年代及性质，共布设探沟三条，分别是T2、T3和T9。现以T3和T9为例，介绍G3结构及其与G1的关系。

就T3东壁来看，G3开口于3层下，被东周时期灰坑打破，打破南侧G1底部堆积。沟口距地表深0.5 ~ 0.73米，宽10.25 ~ 11.7米。沟底距沟口深2.42 ~ 2.54米，宽约5.5米。沟北壁较斜直，南壁略斜弧（图三）。沟内堆积可分为16层。1 ~ 4层以黄褐色为主，各层分布面积较大，较为水平。5 ~ 12层以黑褐色为主，各层分布范围较小，略显杂乱。13 ~ 16层以深褐色为主，各层分布范围较大。填土内出土遗物有深腹罐、圆腹罐、鼎足、捏口罐、深腹盆、平底盆、三足盘、豆、矮领尊和白陶片等。

T9处对G3的解剖提供了一个不同的场景。T9内G3开口于3层下，沟口宽12.9 ~ 14.2米，距地表深0.25 ~ 0.55米。沟底宽约6米，沟底至沟口深约3.2米。沟壁略呈阶梯状。沟内填土可分为6层。其中，1 ~ 3层属殷墟文化时期，出有鬲、甗、簋、盆和罐等。4 ~ 6层为二里头文化时期，出有深腹罐、圆腹罐、甑、深腹盆、平底盆、三足盘、豆和器盖等。值得注意的是，G3②层下发现了殷墟时期的窖穴、烧土坑和陶窑等遗迹。这些迹象表明G3至殷墟文化时期还远未填平，并被改作他用。综合上述探沟解剖情况判断，G3主要使用于二里头二期至四期或更晚。

（二）陶窑

陶窑共发现7座。皆为竖穴式，多数仅存火膛部分。火膛平面皆呈马蹄形，内部有一长条形窑柱与火膛较宽的一端相连。火门，未发现，推测应位于火膛较窄一端更高处位置。据此，陶窑方向有南向、北向和西向等不同。火膛内多见窑箅及窑壁的残块。除一

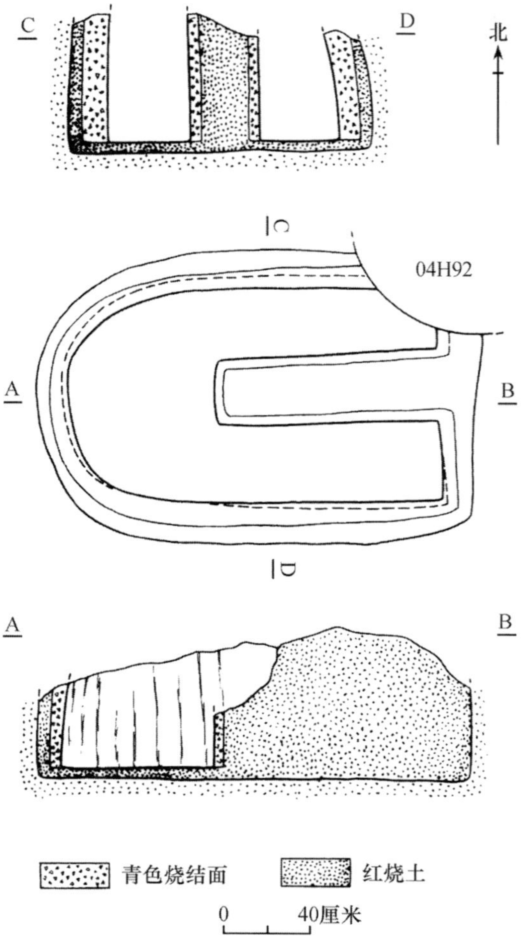

图四　2004DNY2平、剖面图

座位于遗址Ⅱ区T6205～T6206内，其余陶窑皆集中分布于G3环绕范围内的中心部位，构成该聚落一个陶器烧造作业区。现以04Y2为例，介绍该聚落陶窑的基本结构。

04Y2位于ⅠT6940东南部，部分跨入ⅠT7040内，开口第4层下，东北部被04H92打破。火膛东端较直，西端圆弧，南北壁近直而平行。东西向长轴约2米，南北向短轴约1.34米。窑体残高0.45～0.7米。窑底较平，略向西部抬升。窑柱位于窑体东部，平面近长方形，长约1.16米，宽约0.3米，高0.3～0.7米。残存窑壁自下而上内收，其中南壁和东壁弧度较小，北壁和西壁弧度较大。除窑底为红色烧土面外，火膛内壁普遍被烧成青灰色，最厚处约0.1米。窑壁内侧还发现有多道狭长的工具痕。窑门、窑箅、窑顶和窑前工作面情况不明。但窑西侧0.1米处的M20填土内出有较多烧土块，可能系打破窑前工作面所致。窑内堆积分为3层。1层为黄褐色，夹有少量料姜石和烧土粒等，为窑废弃后填入的堆积。此层在Y2南侧还见有两根交叉摆放的肢骨，另出有饰细绳纹的白陶片等。2层为含大量烧土和青灰色烧结块的倒塌堆积。3层为灰白色和灰黑色炭灰，含有大量烧土颗粒，为窑的使用堆积。该层多见于窑西部，相应地，窑底西部形成的烧土也较东部略厚。这表明燃料主要在西端使用，窑门也应在西端。上述堆积中出有深腹罐、圆腹罐、深腹盆和豆等（图四）。

（三）水井

2004年秋季以来新发现水井三处，横截面皆为长方形，但有的井口近似椭圆形，可能系坍塌所致。现举一例。

04J2　位于ⅠT7041北部，开口第3层下。井口近椭圆形，长径2.2米，短径1.8米；井壁下部则呈较规整的长方形，南北长1.9米，东西宽约1.2米。井口距地表约0.9米。清理至距井口4米处时因遇地下水而停止。井壁较直，但不规整。井内填土比较复杂，分为6层。出土陶器以灰陶为主，少量红褐陶、泥质黑皮磨光陶及白陶；纹饰以绳纹为主，其次为少量附加堆纹、弦纹、篮纹、“S”形纹、刻划纹等；可辨器物有深腹罐、圆腹罐、捏口罐、尊、盆、三足盘、平底盘、鼎、白陶爵足、鬶足和网坠形器等。此外，还发现青铜工具一个，锈甚，器形不可辨。

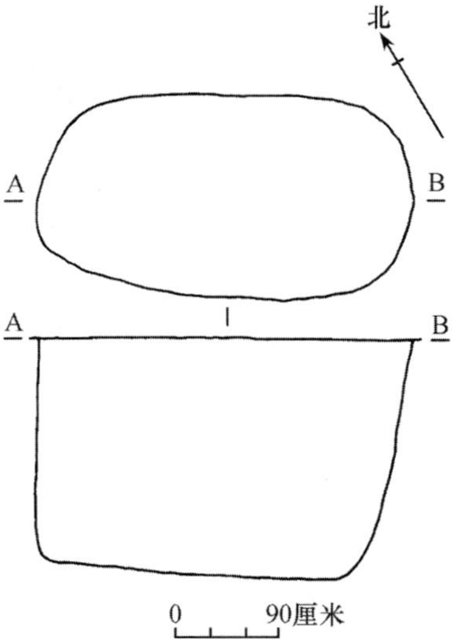

图五　2005DNH90平、剖面图

（四）灰坑

共发现灰坑700多个。坑口形状分为圆形、椭圆形、长条形和不规整四类。一般为直壁或斜壁。现举四例。

04H228　位于ⅠT6840东南部和ⅠT6940西南部，开口第4层下，东西两端分别被殷墟时期M29和M17打断。坑口平面为长条形，东西长2.76米，南北宽1.5米，坑口距地表深0.8米。壁较直，平底。填土较杂，含较多灰白色灰烬。出土遗物以灰陶和黑陶为主，次为褐陶和少量白陶；纹饰以绳纹和篮纹多见；器类有深腹罐、圆腹罐、深腹盆（或甑）、浅腹盆、三足盘、瓮、器盖等，白陶可辨器物为鬶（或盉）鋬和爵足等。

04H120　位于ⅠT6941西南部，部分延伸到ⅠT6940、ⅠT6841和ⅠT6840内，开口3层下。坑口为不规则圆形，东西长1.95米，南北长约1.48米，斜弧壁，底较平，深约0.46米。填土褐青色，含有沙子、炭屑和红烧土粒。底部北侧有较多石块。出土陶器以夹砂陶为主，次为泥质；陶色多见灰陶和灰黑陶，次为灰褐和少量白陶；绳纹多见，次为素面、弦纹、篮纹和附加堆纹；可辨器物有深腹罐、圆腹罐、捏口罐、三足盘等，其中出有白陶绳纹罐口残片和青铜刀一把。

05H90　位于T7841东中部。开口3层下。坑口呈椭圆形，坑壁较直，坑底较平。坑口长径3.4米，短径1.8米；坑底长径3.4米，短径1.8米；深2.1米。坑内填土分两层。1层为灰褐土，厚0.7米。2层为疏松的草木灰，夹杂有较硬的黄土。出土陶器有深腹罐、圆腹罐、鼎、刻槽盆、深腹盆、三足盘、豆、壶、敛口罐、捏口罐、高领罐、缸、瓮、鬶、大口尊、器盖和盅等，以及石刀、石铲和石凿等（图五）。

05H206　位于T4719东北角，大部分被压在隔梁下。开口1层下，坑口近圆形，坑壁斜直，坑底平整，坑口直径为3米，坑底直径为2.2米，深2.1米。坑内填土为黑灰色，土质疏松，含较多草木灰。出土陶器有深腹罐、圆腹罐、鼎和大口尊等。骨器有锥和针，石器有铲、斧和刀等。

（五）墓葬

新发现墓葬13座，包括11座土坑竖穴墓，2座灰坑葬。土坑竖穴墓中北向者8座，南

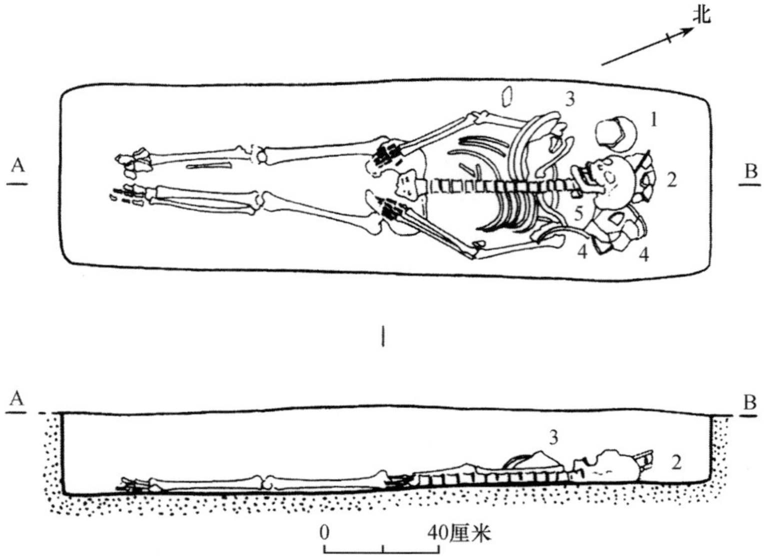

图六　2004DNM9平、剖面图

1. 豆柄　2. 豆盘　3. 深腹盆　4. 圆腹罐　5. 绿松石管饰

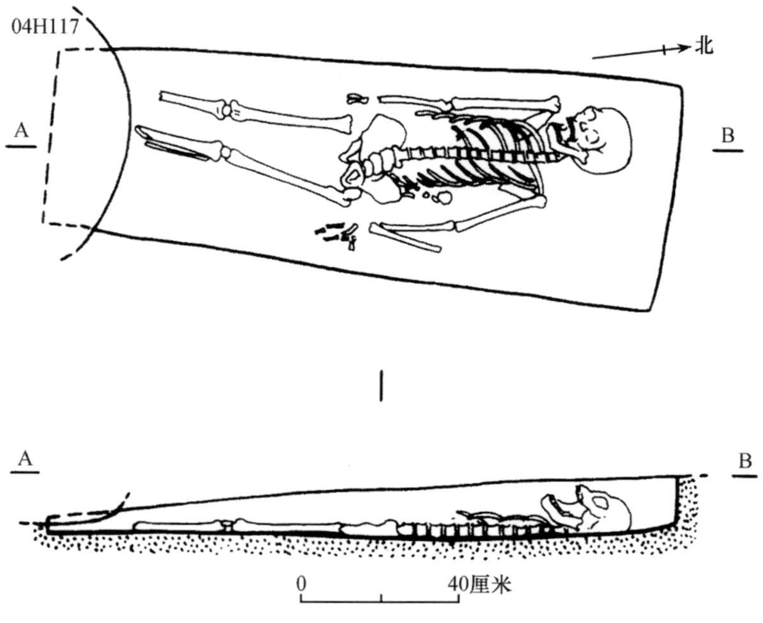

图七　2004DNM18平、剖面图

向者3座。墓圹较浅。未发现葬具。多数没有随葬品，少数随葬有圆腹罐、深腹盆、豆、爵、敛口罐和瓮等，另有少量白陶项饰和绿松石饰品等。现举三例。

04M9　位于ⅠT6941中部。开口于2层下，打破3层。平面呈长方形，方向20°，竖穴土坑墓，直壁，平底。墓口长2.25米，宽0.69米，距地表深0.3米；墓底长2.25米，宽0.69

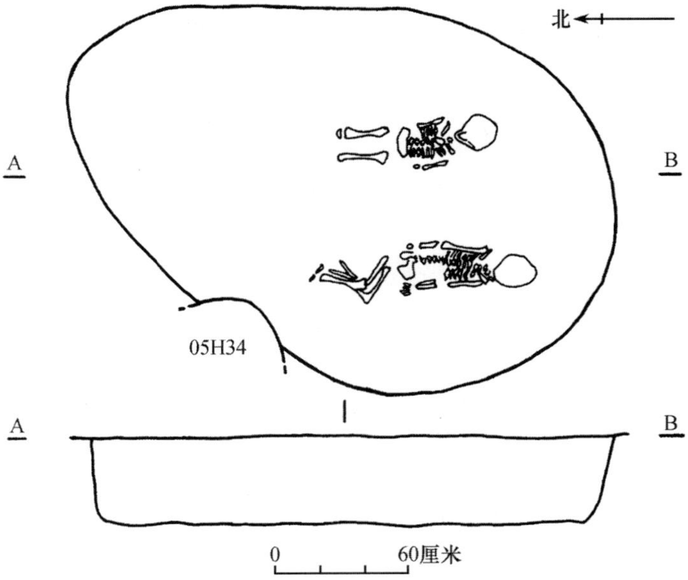

图八　2005DNM5平、剖面图

米，距墓口深0.29米。填土为褐色花土，夹杂有草拌泥烧土块和灰土。骨架1具，保存较好，仰身直肢，头向北，面向西，未发现葬具。随葬陶器有圆腹罐、深腹盆和豆各1件，颈下发现一绿松石管饰（图六）。

04M18　位于ⅠT7038北部，大部分压于北隔梁下。开口于2层下，打破3层。平面呈长方形，方向11°，竖穴土坑墓，直壁，墓底北高南低。墓口长1.46米、宽0.4～0.6米，墓底长1.46米、宽0.4～0.6米，深0.04～0.35米。填土为黄色沙土与深褐土相夹杂，土质松软，含有极少量的炭屑和碎陶片。骨架1具，保存较好，仰身直肢葬，头向北，面向西。未发现葬具。颈下发现29枚白陶制成的串珠。其中两枚较大，呈水滴状，顶有一穿孔的纽（图七）。

05M5　位于T7441的东北角，部分压于北隔梁下。开口于2层下。平面近椭圆形，直壁，平底，为灰坑葬。坑口长径为2.5米，短径为1.8米，坑底距坑口深0.4米。填土呈红褐色，土质较松软，包含红烧土块和炭粒。发现儿童骨架两具，保存较差，头向北，面向上，一为仰身直肢，一为仰身屈肢。无葬具及随葬品（图八）。

二、遗　　物

南洼遗址出土有丰富的遗物。从功能来看，包括生产工具、生活用具和饰品等。从质地来看，有石器、骨角器、蚌器、陶器和少量铜器等。

（一）生产工具

1. 铜器

发现有刀和凿等。标本04H120：3，锋残，背部较厚，双面刃，刃部呈弧形，柄首呈扁环状。残长17厘米，刀身宽1.9厘米，柄宽1.4厘米（图九，4）。

2. 石器

铲　标本04H438：2，灰岩，灰白色。横截面为圆角长方形，平顶，舌状刃略残。残长16.5厘米，宽3.5～7厘米，厚1厘米（图九，1）。

斧　标本05H69：73，钙质粉砂岩，褐色，通体磨光，横截面为椭圆形，平顶略残，刃下部残。残长11.6厘米，宽5.4厘米，厚3.5厘米（图九，2）。

锛　标本05H167：150，变粒岩，青灰色，局部粗略打磨，器身保留较多琢制痕迹，横截面为梯形，平顶。长11厘米，宽2.5～4厘米，厚2.7厘米（图九，3）。

凿　标本05H133：27，变粒岩，棕绿色，器身磨光，平顶，双面刃，刃缘保存较好。长9.4厘米，宽2.2厘米，厚2.9厘米（图九，5）。标本05H15：73，片岩，青灰色，平顶略残，单面刃，刃部较锋利。长6.5厘米，宽2.8厘米，厚1.6厘米（图九，6）。

刀　标本04H142：2，砂岩，灰色。长9.5～11.5厘米，宽5.4厘米，厚0.5厘米，孔径0.5厘米（图九，8）。

镰　标本05H15：76，砂岩，灰色，磨制精细，弧背平刃，单面刃较锋利，尾部较短。长14厘米，宽5厘米，厚1厘米（图九，9）。标本04H97：1，砂岩，浅棕色，磨制精细，器短小，尾部宽长，短刃内曲，前端较细。残长13.8厘米，宽4.5厘米，厚0.9厘米（图九，10）。

镞　标本04T3G3⑬：65，粉砂岩，青灰色，磨制精细，镞身为三棱柱形，短圆柱铤。长5厘米（图九，21）。

3. 陶器

纺轮　标本04H71：7，泥质红陶，梭形，中有一小孔。直径3.3厘米，高2.6厘米（图九，13）。标本04H209：1，泥质灰黑陶，磨光，圆饼形，中有一小孔。直径3.8厘米，厚1厘米，孔径0.4厘米（图九，14）。

网坠　标本04H149：3，泥质白陶，长方体，棱角突出，顶面及底面略内凹，各有两条短凹槽，两侧面各有一道长凹槽。长3.9厘米，宽2.3厘米，厚1.5厘米（图九，15）。

陶垫　标本04ⅠT6741④：29，夹砂浅褐陶，底呈蘑菇形，柱状柄残。底径6.8厘米，残高3.6厘米（图九，16）。

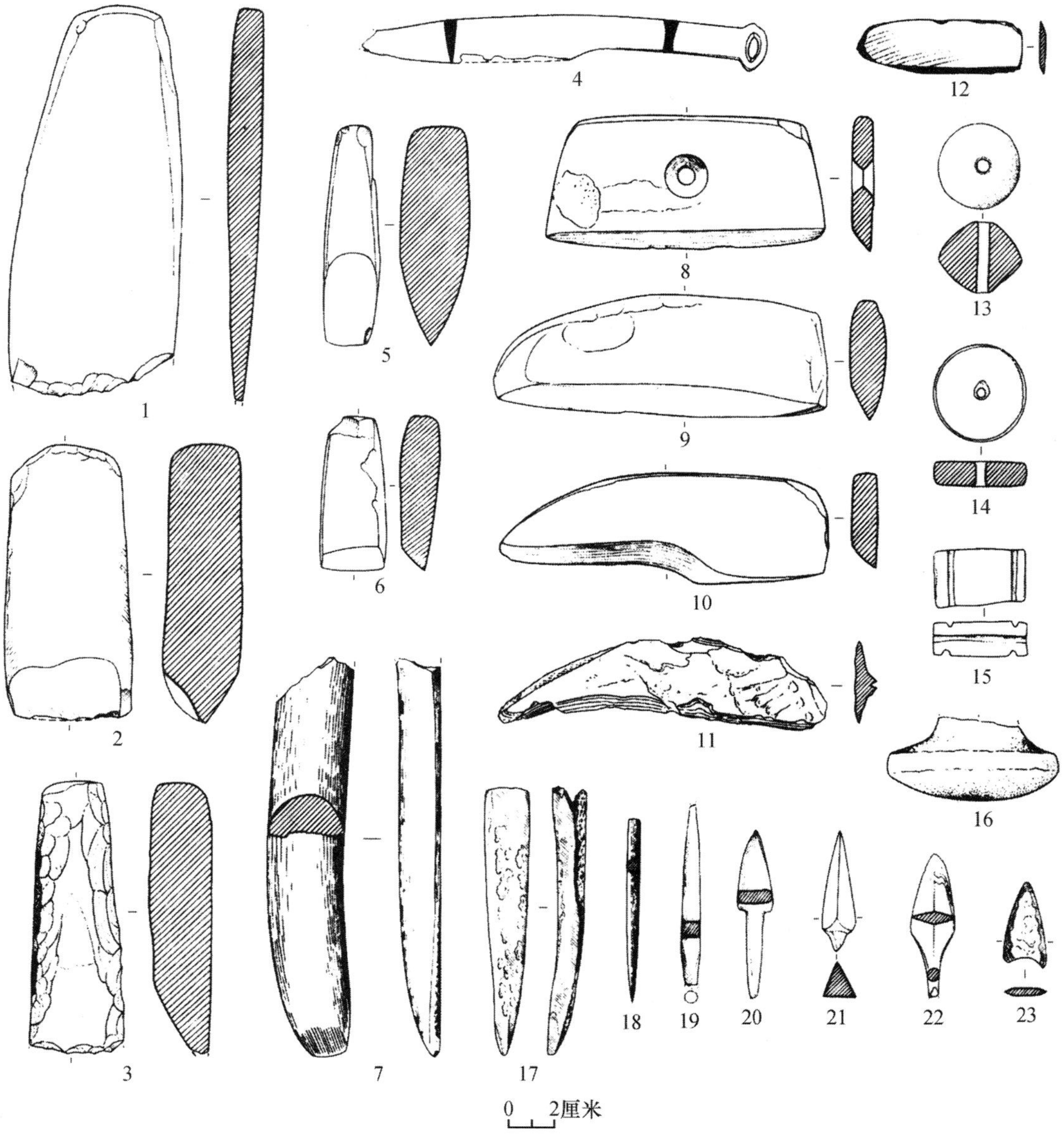

图九 二里头文化的生产工具

1. 石铲（04H438：2） 2. 石斧（05H69：73） 3. 石锛（05H167：150） 4. 铜刀（04H120：3） 5. 石凿（05H133：27） 6. 石凿（05H15：73） 7. 骨凿（04H306：1） 8. 石刀（04H142：2） 9. 石镰（05H15：76） 10. 石镰（04H97：1） 11. 蚌镰（04242：3） 12. 蚌刀（04H180：1） 13. 陶纺轮（04H71：7） 14. 陶纺轮（04H209：1） 15. 陶网坠（04H149：3） 16. 陶垫（04ⅠT6741④：29） 17. 骨锥（05H69：80） 18. 骨锥（04H71：21） 19. 骨镞（04H363：4） 20. 骨镞（04H375：14） 21. 石镞（04T3G3⑬：65） 22. 蚌镞（04H438：6） 23. 蚌镞（04H180：2）

4. 骨器

凿　标本04H306：1，灰色，器体较大，由大型动物肢骨略经磨制而成，上端残，下端磨为单面刃，直刃较钝。残长15.6厘米（图九，7）。

锥　标本05H69：80，浅黄色，体曲，上端保留有骨槽，尖部为锥状，稍有磨损。残长7.7厘米（图九，17）。标本04H71：21，灰白色。器表磨光，平顶，锥干近圆，尖较锋利。长7.5厘米（图九，18）。

镞　标本04H363：4，暗黄色，镞身细长，前锋略残，圆锥形铤残。残长7.6厘米（图九，19）。标本04H375：14，灰色，镞身短宽，前锋略钝，扁圆锥形铤略残。镞身长3.2厘米，残长6.9厘米（图九，20）。

5. 蚌器

镰　标本04H242：3，银白色，弧背，前端尖，尾端较圆，单面刃略弧，刃部有锯齿。长13.7厘米，宽3.9厘米，厚0.4厘米（图九，11）。

刀　标本04H180：1，银白色，磨制精细，器体呈长条形，尾端较直，前端略圆弧，边缘不规整，直背弧刃，单面刃。长7厘米，残宽2.2厘米，厚0.2厘米（图九，12）。

镞　标本04H438：6，磨制精细，横剖面呈扁菱形，铤部由关部向末端削平，末端略残。残长6厘米，宽1.4厘米（图九，22）。标本04H180：2，灰黑色，器表凹凸不平，镞身成扁长三角形，尾部内弧，前锋略残。长3.5厘米，宽1.6厘米（图九，23）。

（二）生活用具

主要为陶器，分为夹砂和泥质两类。陶色有黑色、灰色、褐色和白色。主要器类有深腹罐、圆腹罐、鼎、甑、捏口罐、深腹盆、平底盆、豆、尊、瓮、缸、觚、爵、鬶、盉、三足盘、圈足盘和器盖等。

1. 深腹罐

数量多，皆夹砂。陶色有黑皮褐胎或灰胎、灰陶以及褐陶。纹饰有篮纹和绳纹等。可分为折沿、卷沿和有领三型。

A型　折沿。根据唇部特征，分为尖平唇、方或圆唇、唇外缘凸起并抹圆，三亚型。

Aa型　尖平唇，平底，篮纹或细绳纹。常见黑陶施篮纹及灰陶施细绳纹两类。标本04H228：19，夹砂褐陶，局部为黑色。饰斜向篮纹。唇面有一周凹槽。口径15厘米，残高3厘米（图一〇，1）。

Ab型　方唇或圆唇，分四式。

Ⅰ式：折沿处折棱比较明显，平底，多施篮纹，少量粗绳纹，大多黑色，少量灰色或褐色。标本04H228：16，夹砂黑皮陶红胎。沿面有两道细弦纹，唇面有一凹槽，器表饰竖向篮纹。方唇，下腹及底部缺失。口径21厘米，残高5.1厘米（图一〇，2）。

Ⅱ式：平底，多施细绳纹或较细绳纹，灰色或褐色。标本05H55：5，夹细砂，深灰陶。腹部滚压细绳纹。口径24厘米，腹径26.8厘米，底径9厘米，高37厘米（图一〇，3）。

Ⅲ式：圜底，绳纹较细。标本04H431：9，夹砂黑陶。腹部饰绳纹，外壁粘有红烧土块。口径26厘米，高34厘米（图一〇，4）。

Ⅳ式：圜底，绳纹较粗或有部分粗绳纹，上腹近口处器表有较宽的绳纹抹平带，并常见多周轮修痕。该式部分深腹罐最大腹径偏上，似为肩部。标本05H15：5，夹细砂浅灰陶。上腹滚压竖向中绳纹，底部拍印斜向粗绳纹。下腹及底部附有红烧土。方唇上缘凸出。口径22.4厘米，腹径25厘米，高32.4厘米（图一〇，5）。

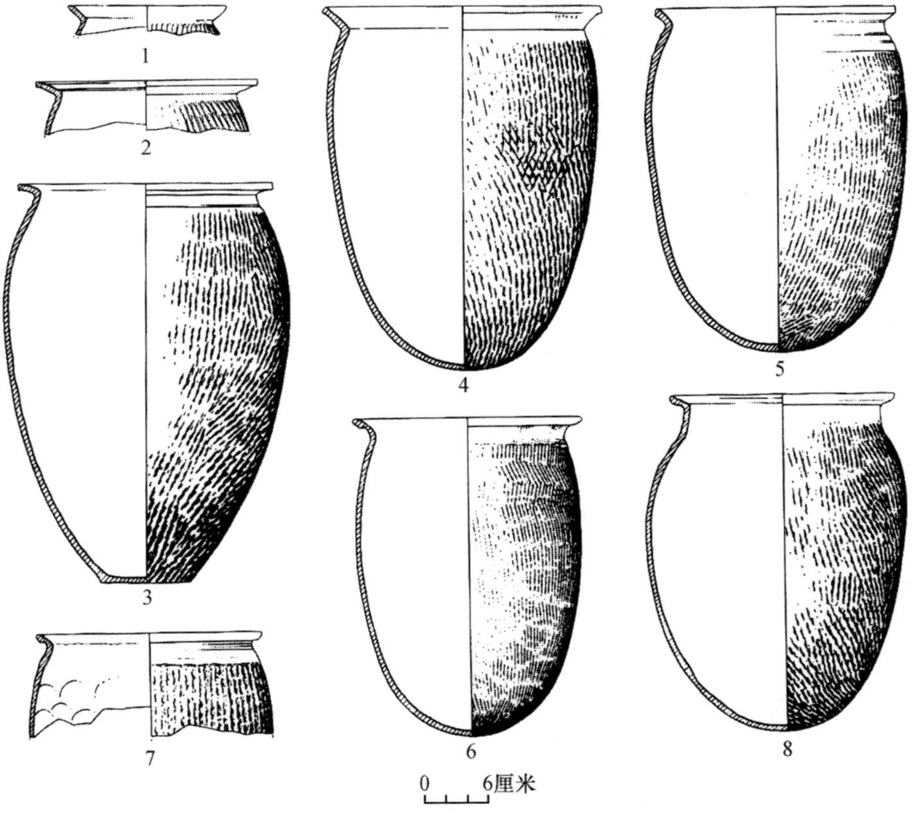

图一〇 二里头文化的生活用具（一）

1. Aa型深腹罐（04H228：19） 2. Ab型Ⅰ式深腹罐（04H228：16） 3. Ab型Ⅱ式深腹罐（05H55：5）
4. Ab型Ⅲ式深腹罐（04H431：9） 5. Ab型Ⅳ式深腹罐（05H15：5） 6. Ac型Ⅰ式深腹罐（05H122：1）
7. Ac型Ⅱ式深腹罐（04H226：3） 8. C型深腹罐（04J2④：22）

Ac型　唇外缘凸起并抹圆。这种特点一般是在制坯时，将唇部泥条向外翻卷折叠于沿背，加以抹圆或抹平而成。也有少量是将方唇下缘直接抹圆而成。分二式。

Ⅰ式：圜底，绳纹较粗。此式上腹近口处外表常见较窄的绳纹抹平带，可能是唇外缘抹圆时附带形成的。标本05H122：1，夹细砂灰陶，局部褐色。口沿有绳纹痕迹。腹部饰细绳纹。口径21.4厘米，腹径21厘米，高29.2厘米（图一〇，6）。

Ⅱ式：圜底，绳纹较粗或有部分粗绳纹，上腹近口处器表常见较宽的绳纹抹平带及多周轮修痕。标本04H226：3，夹砂灰褐陶，局部黑色。腹饰竖向粗绳纹。口径21.2厘米，残高9.6厘米（图一〇，7）。

B型　卷沿，较少见。

C型　有领，折沿或卷沿。标本04J2④：22，夹砂灰黑陶，局部红褐色。腹饰绳纹。仰折沿，圆唇微鼓，束颈，最大腹径偏上，圜底。口径21.2厘米，腹径24.4厘米，高31厘米（图一〇，8）。

2. 圆腹罐

数量最多，皆为夹砂陶，但复原较少。依据口沿及领部形态，分为折沿、卷沿和有领三类。

A型　折沿、圆鼓腹。少数唇面压印花边。标本06H22：40，夹细砂，灰陶。圆唇，唇部压印出齿状花边。腹饰斜向绳纹。口径15.1厘米，腹径16.6厘米，底径9.4厘米，高13.4厘米（图一一，1）。

B型　卷沿近平，圆鼓腹或瘦长腹，唇面压印花边。标本05H90：24，夹细砂灰陶。唇面压印花边。标本05H90：24，夹细砂灰陶。唇面压印锯齿状花边，腹饰粗篮纹。口径15厘米，腹径16.2厘米，残高18.5厘米（图一一，2）。

C型　有领。根据口部装饰情况，可分为四亚型。

Ca型　饰花边。根据领部高矮并参考腹部形态，分三式。

Ⅰ式：高领，腹部瘦高或圆鼓，饰篮纹或细绳纹。标本04H342：2，夹砂灰陶。口外侧饰一周花边及两个舌形小鋬。腹饰篮纹。高领较斜直，圆鼓腹，底残。口径14.8厘米，腹径16.7厘米，残高15.4厘米（图一一，3）。

Ⅱ式：领部较高，腹部瘦高或圆鼓，饰绳纹。标本04H228：2，夹砂褐陶，局部为灰黑色。上腹部饰竖向绳纹，下腹及底部饰交错绳纹。口径11.1～12.5厘米，腹径14厘米，底径6厘米，高14厘米（图一一，4）。

Ⅲ式：矮领，腹部多肥鼓，少量略瘦高，饰绳纹。标本04H136：20，夹砂灰陶。唇面饰一周极细的弦纹，领部隐约有绳纹痕迹，腹部饰竖向绳纹。口径18厘米，残高5.8厘米（图一一，5）。

Cb型　饰凸棱或宽带状凸起。

Ⅰ式：领部较高。标本04H166：7，夹砂灰陶。上腹饰竖向绳纹，下腹饰交错绳

图一一　二里头文化的生活用具（二）

1. A型圆腹罐（06H22：40）　2. B型圆腹罐（05H90：24）　3. Ca型Ⅰ式圆腹罐（04H342：2）　4. Ca型Ⅱ式圆腹罐（04H228：2）　5. Ca型Ⅲ式圆腹罐（04H136：20）　6. Cb型Ⅰ式圆腹罐（04H166：7）　7. Cb型Ⅱ式圆腹罐（05H15：8）　8. Cb型Ⅲ式圆腹罐（04DNM11：1）　9. Cc型Ⅰ式圆腹罐（05H55：40）　10. Cc型Ⅱ式圆腹罐（05H15：17）　11. Cc型Ⅲ式圆腹罐（05H206：4）

纹。尖唇，领部较高。口径14厘米，腹径15.2厘米，残高14厘米（图一一，6）。

Ⅱ式：领部较矮。标本05H15：8，夹细砂，灰陶，底部褐色。通体饰斜向绳纹。口径16.8厘米，腹径24厘米，底径8.2厘米，通高19.9厘米，胎厚0.4厘米（图一一，7）。

Ⅲ式：矮领，鼓肩，整体更矮胖，绳纹粗乱。标本04DNM11：1，夹砂灰陶。口沿处饰两小鋬，上腹部饰竖向粗绳纹，下腹及底部饰交错粗绳纹。沿面略凹，圆唇，鼓肩，最大腹径靠上。口径13.4厘米，腹径15.2厘米，底径6.8厘米，高11.9厘米（图一一，8）。

Cc型　方唇或尖唇，口外无花边或凸棱装饰。分三式。

Ⅰ式：领部较高。标本05H55：40，夹细砂。黑灰陶，腹部为红褐色。通体饰竖向绳纹，方唇。口径12.6厘米，残高6.4厘米（图一一，9）。

Ⅱ式：矮领，腹较肥鼓。标本05H15：17，夹细砂。灰黑陶。通体饰细绳纹。口沿及颈部残留有绳纹痕迹。口外有三个分布不均的三角形小鋬。斜方唇，沿面微凹。口径15.3厘米，腹径18厘米，残高17.8厘米（图一一，10）。

Ⅲ式：矮领，鼓腹，整体更矮胖，多施粗乱绳纹。标本05H206：4，夹细砂，黑灰陶。通体饰粗绳纹。方唇下缘微凸。口径16.6厘米，腹径19.3厘米，底径8.2厘米，高18.9厘米（图一一，11）。

3. 鼎

皆为夹砂陶，陶色有灰色、褐色或黑色。多饰绳纹。根据鼎腹形态，分为二型。

A型　盆形鼎。分三式。

Ⅰ式：直沿上仰，方唇，深腹，平底。除侈口外，还常见敛口。标本06H10：1，夹砂黑皮红胎陶，中腹以下为褐色，有烟炱。中腹以下饰细绳纹。深腹微鼓，圜底近平。鼎足内外侧均有指捺窝。口径15厘米，腹径14.5厘米，腹深12.5厘米，复原高约18厘米（图一二，1）。

Ⅱ式：直沿或曲沿上仰，除方唇外，还见尖圆唇或唇外缘凸起者，腹壁斜收，较浅。不见敛口。标本05ⅠT6835④：37，夹砂黑陶。腹部饰绳纹，仰折沿，沿面凹，斜方唇略抹圆。斜弧腹。口径18厘米，残高8.8厘米（图一二，2）。

Ⅲ式：沿部平折，尖唇或圆唇外缘凸起，圜底，浅腹，鼎腹常饰附加堆纹。不见敛口。标本05H206：6，夹细砂，黑灰陶褐胎。通体饰绳纹，腹饰附加索状堆纹二周。鼎足外侧有捏窝痕。口径18厘米，底径10厘米，残高9厘米，胎厚0.7～0.9厘米（图一二，3）。

B型　罐形鼎。根据腹部形态，可分为三亚型。

Ba型　鼎腹为有领圆腹罐。标本05H166：1，夹细砂黑灰陶。领中部及肩上部各有一道凸棱，肩下部有两道凹弦纹。足内外两侧均有对称捏窝。桥形耳。平底。足部被火烧成红褐色。口径11.8厘米，腹径14.4厘米，残高16.6厘米（图一二，4）。

Bb型　折沿，深腹，最大腹径居中或偏下。05H90：2，夹细砂灰陶。腹饰绳纹。鸡冠耳较小。平底。三足残，外侧有对称捏窝。口径20厘米，腹径21.5厘米，底径9.5厘米，残高22厘米（图一二，5）。

Bc型　敛口，无沿或矮领，鼓腹。标本05H90：27，夹细砂灰陶。足部因受热成红褐色。腹饰竖向绳纹，下腹为交错绳纹。上腹有三周附加堆纹及一对鸡冠耳。球形腹，敛口，圆唇，唇外侧略鼓。口径12.8厘米，腹径22.5厘米，腹深17.4厘米，复原高度27.4厘米（图一二，6）。

4. 甑

多为泥质，陶色有黑色、灰色或红褐色。根据口沿及领部形态，可分为三型。

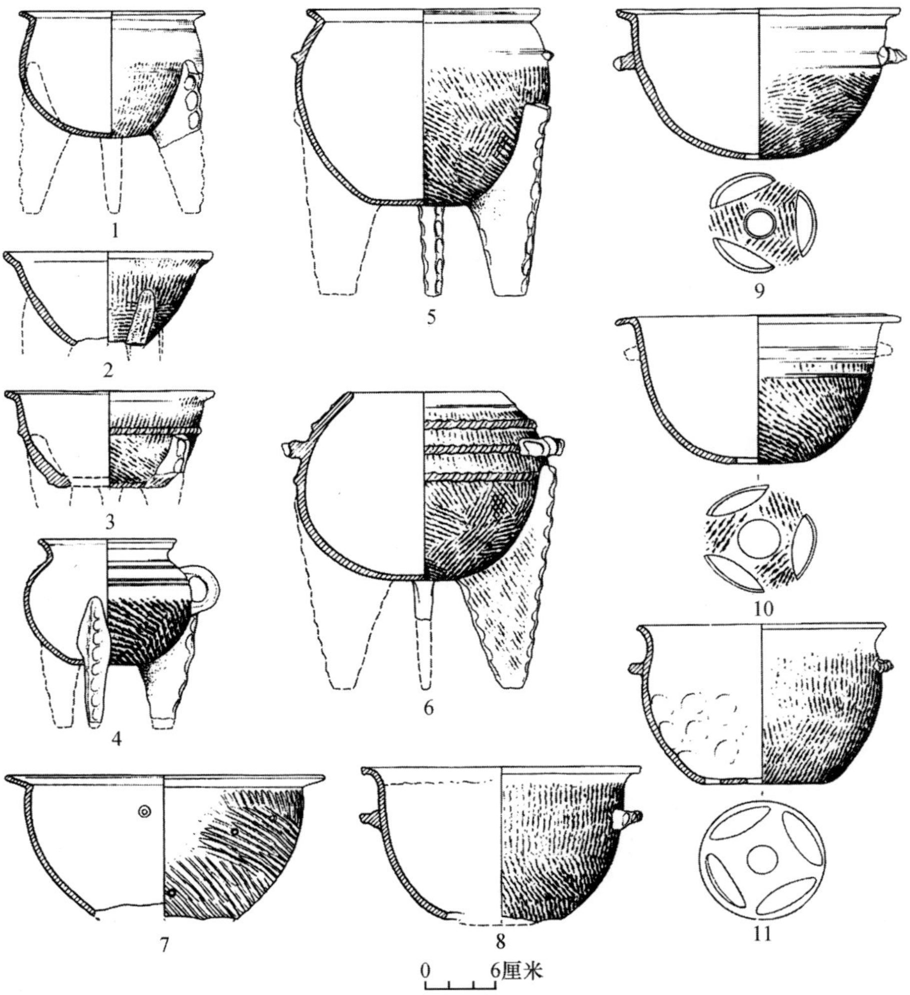

图一二　二里头文化生活用具（三）

1. A型Ⅰ式鼎（06H10：1）　2. A型Ⅱ式鼎（05ⅠT6835④：37）　3. A型Ⅲ式鼎（05H206：6）　4. Ba型鼎（05H166：1）　5. Bb型鼎（05H90：2）　6. Bc型鼎（05H90：27）　7. A型Ⅰ式甑（04H228：6）　8. A型Ⅱ式甑（04H363：13）　9. A型Ⅲ式甑（05H126：3）　10. A型Ⅳ式甑（05H207：10）　11. C型甑（05ⅠT7642⑤：1）

A型　直沿。分为四式。

Ⅰ式：仰折沿，尖圆唇、圆唇或方唇，中腹以下斜收明显，平底，一般为黑陶、饰篮纹。标本04H228：6，泥质黑陶，下腹为褐色。圆唇上缘微凸出沿面，沿面近折沿处有一周浅凹槽。腹饰篮纹。腹部裂纹两旁残留三对两面对钻的圆孔，裂缝断面有磨平痕，由此判断这些圆孔应是甑破裂后缚系修补所用。底部有甑孔痕。口径27.8厘米，残高13厘米（图一二，7）。

Ⅱ式：仰折沿，尖圆唇、圆唇或方唇，中腹以下内收较缓、平底或圜底，多为灰陶和褐陶。底有五孔者。标本04H363：13，夹砂灰黑陶。上腹部有鸡冠耳，腹饰绳纹，方唇唇面微凹，唇下缘微凸，底部仅见一圆形甑孔局部，其余部分缺失。口径24厘米，残高13.7厘米（图一二，8）。

Ⅲ式：沿部仰折或近平，新出现斜方唇或外缘凸起的圆唇，上腹有较明显轮修痕，圜底，底有四孔者。标本05H126：3，泥质黑灰陶。内壁双耳部位有按窝。上腹略磨光，有轮修痕。腹饰绳纹，圜底有四孔。高14厘米，口径24.4厘米，底径9.2厘米，厚0.6厘米（图一二，9）。

Ⅳ式：沿部平折或微耷，圆唇外缘凸起，部分为深腹，其余同Ⅲ式。标本05H207：10，泥质灰陶。腹饰斜向绳纹，局部较凌乱。折沿微耷，沿面内侧有一周凹槽，圆唇。底有四孔。口径24.5厘米，高13.7厘米，胎厚0.5厘米（图一二，10）。

B型　曲沿，复原较少。

C型　侈口，卷沿有领。标本05ⅠT7642⑤：1，夹细砂，灰褐陶。通体饰竖向绳纹。纹饰印痕深浅不一，不清晰。口径20.5厘米，底径11.4厘米，高15厘米（图一二，11）。

5. 刻槽盆

多为泥质，少量夹砂。陶色以灰色为主，少量灰黑皮褐胎。多见绳纹，少量篮纹。分为四式。

Ⅰ式：口径小于或近于腹径，口部内敛、近直或微侈，整体较瘦高，平底，流行竖向绳纹。标本04H363：31，夹砂灰黑陶，胎呈红褐色。腹饰绳纹，内壁刻槽略浅细。直口，圆唇外鼓，平底。口径15厘米，腹径15.4厘米，高13.1厘米（图一三，1）。

Ⅱ式：口径略大于腹径，侈口，圜底，整体略宽矮，常见横向或斜向绳纹，刻槽分区。标本04J2④：32，泥质浅灰陶，局部灰黑色。腹饰横向绳纹，底部有隐约的交错绳纹痕迹。内壁刻槽分为对称两区，皆以盆底中部为中心，向外呈放射状分布。侈口，圆唇，一侧有流，平底近圜。口径20.4厘米，底径6厘米，高15.6厘米（图一三，2）。

Ⅲ式：口径大于腹径，侈口，圜底或平底，腹较宽浅，腹壁外张，多为斜向绳纹，内壁刻槽分区。标本05H15：11，夹细砂黑陶。内壁刻槽分为四区，外壁施横向绳纹，圜底。口径21.6厘米，高14厘米，胎厚0.8厘米（图一三，3）。

Ⅳ式：卷沿（内壁或有折棱），圜底，多见横向绳纹，其余同Ⅲ式。标本05H90：10，泥质，黑灰陶褐胎，上腹近口部磨光。腹饰绳纹。斜方唇，沿与腹交界处内壁有折棱，圜底，口沿上有一浅流。内壁刻槽分为四区。口径22.3厘米，高15.3厘米（图一三，4）。

6. 深腹盆

泥质，以灰黑陶褐胎为主，少量灰陶和红陶。根据口沿及领部特征，分为直沿、曲沿和有领类三型。

A型　直沿。一般为折沿，少量卷沿。口部有敛口及侈口之分。分为三式。

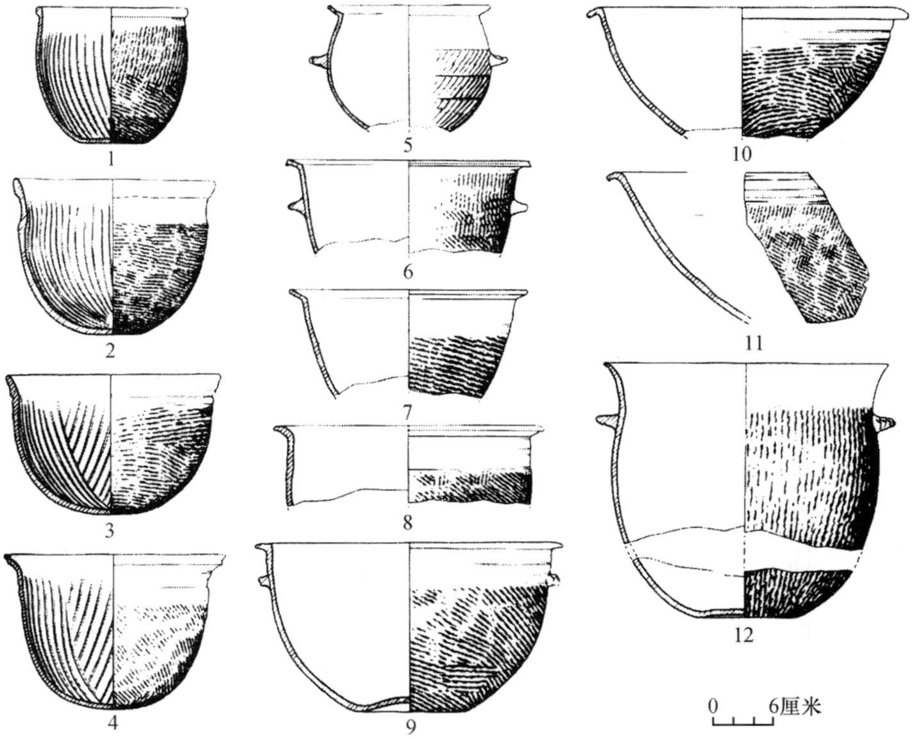

图一三　二里头文化生活用具（四）

1. Ⅰ式刻槽盆（04H363：31）　2. Ⅱ式刻槽盆（04J2④：32）　3. Ⅲ式刻槽盆（05H15：11）　4. Ⅳ式刻槽盆（05H90：10）　5. A型Ⅰ式深腹盆（04H228：37）　6. A型Ⅱ式深腹盆（04H242：16）　7. A型Ⅲ式深腹盆（04H71：18）　8. B型Ⅰ式深腹盆（04H142：11）　9. B型Ⅱ式深腹盆（05H90：4）　10. B型Ⅲ式深腹盆（05H90：26）　11. B型Ⅳ式深腹盆（05H206：28）　12. C型深腹盆（05H55：7）

Ⅰ式：仰折沿，（尖）圆唇或方唇，黑陶，篮纹。04H228：37，泥质灰黑陶，褐胎。口沿及上腹磨光。折沿处有一周凸棱，下腹饰斜向篮纹及两周弦纹。敛口，折沿，圆唇，底部缺失。口径15.9厘米，腹径15.9厘米，残高13.2厘米（图一三，5）。

Ⅱ式：沿部仰折或近平，（尖）圆唇或方唇，平底或凹圜底，灰陶或褐陶，常施绳纹。标本04H242：16，夹砂深灰陶，浅灰胎。腹饰交错绳纹。仰折沿，方唇唇缘凸出，唇面有一周凹槽，底部缺失。口径24厘米，残高9.5厘米（图一三，6）。

Ⅲ式：方唇或圆唇外缘凸起，多为侈口，腹较浅，上腹常见数周较宽弦纹或轮修痕，腹多饰横向绳纹。标本04H71：18，夹砂黑皮陶，灰胎。沿面近折沿处有一周凹槽，腹部饰横向绳纹。圆唇，下腹及底部缺失。口径23.8厘米，残高10.8厘米（图一三，7）。

B型　曲沿，沿面上鼓。折沿或卷沿，一般为直口或侈口，偶见敛口。唇多为尖唇或圆唇，罕见标准的方唇。分四式。

Ⅰ式：沿部上扬，常见交错绳纹。如标本04H142：11，泥质，黑皮灰褐胎。尖唇，腹饰交错绳纹。口径27厘米，残高8厘米（图一三，8）。

Ⅱ式：沿部近平，偏晚者上腹常见多周轮修痕及横向绳纹。标本05H90：4，夹细砂，黑陶。腹饰斜向及交错绳纹。上腹近口部有轮修痕。尖圆唇，沿面内侧有一凹弦纹。凹圜底。口径30.3厘米，底径11厘米，高16.8厘米（图一三，9）。

Ⅲ式：沿部下耷，上腹常见多周轮修痕，多施横向绳纹。标本05H90：26，泥质黑陶。腹饰交错绳纹。折沿，沿面中部微凸。方唇略圆，唇面中部有凹槽，底残。口径33厘米，残高13.2厘米，胎厚0.5～0.8厘米（图一三，10）。

Ⅳ式：腹壁外张较甚，浅腹，其余同Ⅲ式。标本05H206：28，夹细砂，黑陶褐胎。内壁有麻点。腹饰绳纹。圆唇，底残。口径约50厘米，残高15厘米，胎厚0.8厘米（图一三，11）。

C型　有领。标本05H55：7，夹细砂褐陶，内壁局部黑色。腹饰竖向绳纹。领下有对称鸡冠耳。鸡冠耳的装法较别致，是先在腹壁割出一梭形孔，然后将耳装入。尖唇，平底微凹，口径28.4厘米，腹径26.8厘米，底径9.8厘米，复原高度25厘米，胎厚0.7～0.9厘米（图一三，12）。

7. 三足盘

泥质黑陶或灰褐陶，褐胎多见。分三式。

Ⅰ式：深腹，矮足。足有所谓C形与舌形之分。标本06ⅡT6202H14：2，泥质黑陶。内外壁可见轮修痕。通体磨光。圆唇，圜底，“C”形足。口径22.4厘米，通高11.5厘米，盘底深8.3厘米（图一四，1）。

Ⅱ式：腹深与足高接近，C形或舌形足。04H142：3，泥质灰陶，局部呈黄褐色。盘中腹与三足中部各饰三周凹弦纹，三足两侧内卷部分有指窝痕。“C”形足。口径20.4厘米，通高12.2厘米，足高6厘米（图一四，2）。

Ⅲ式：腹较浅，高足，一般为舌形足。04H163：2，泥质灰黑陶，褐胎。外壁经过打磨，较光滑。平底，足残。口径28厘米，底径24.6厘米，残高9.2厘米（图一四，3）。

Ⅳ式：腹更宽浅。04H236：7，夹砂黑皮陶，灰褐胎。盘底有一周宽1厘米，高0.6厘米的凸棱。卷沿下耷，底及足部缺失。口径38厘米，残高6厘米（图一四，4）。

8. 圈足盘

泥质，常见黑陶或灰陶。分二型。

A型　体小，较瘦高，圈足常见镂孔。标本06H14：1，泥质灰陶。通体磨光。中腹及盘底缘皆有一周凸棱。圈足残，有磨平使用痕。口径23.7厘米，残高8.9厘米，盘深7.7厘米（图一四，5）。

B型　体大，较宽扁。标本04J2③：18，泥质灰黑陶，局部浅灰色。器表磨光。口沿下有一周不规整的弦纹，盘底有一周凸棱，圈足缺失。口径22.8厘米，底径16.8厘米，残

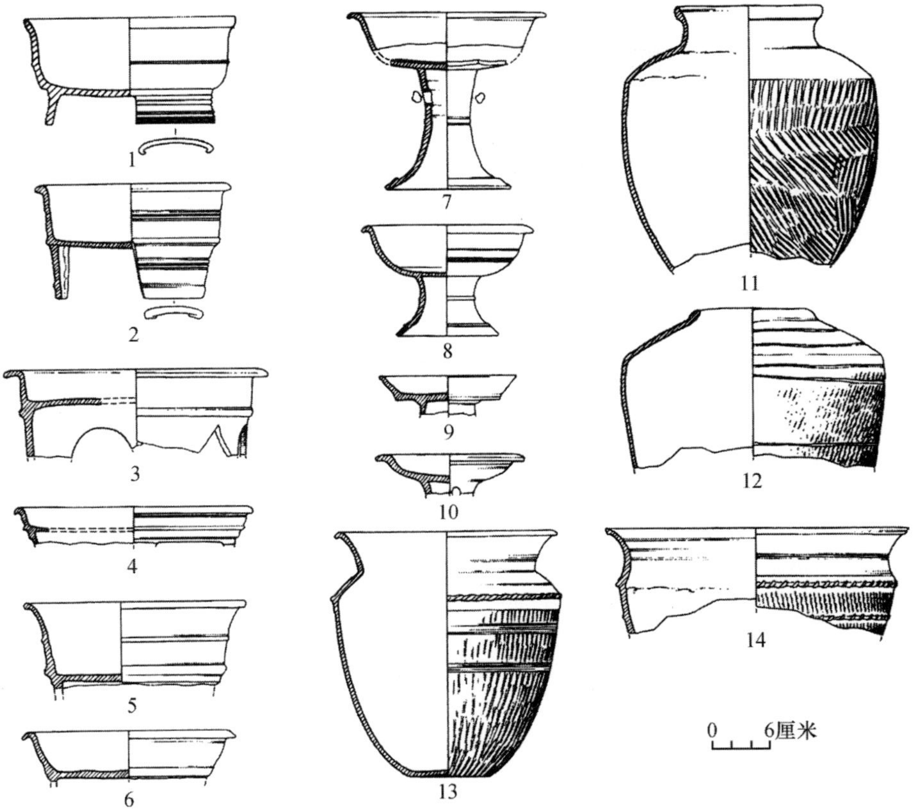

图一四　二里头文化生活用具（五）

1. Ⅰ式三足盘（06H14：2）　2. Ⅱ式三足盘（04H142：3）　3. Ⅲ式三足盘（04H163：2）　4. Ⅳ式三足盘（04H236：7）　5. A型圈足盘（06H14：1）　6. B型圈足盘（04J2③：18）　7. A型Ⅰ式豆（05ⅠT6736④：1）　8. A型Ⅱ式豆（04M9：2）　9. Ba型豆（04H239：2）　10. Bb型豆（04H410：3）　11. A型小口尊（04H289：1）　12. B型小口尊（05ⅠT7642⑤：4）　13. Ⅰ式大口尊（05H15：20）　14. Ⅱ式大口尊（05H253：32）

高5厘米（图一四，6）。

9. 豆

泥质，有黑陶、黑皮褐胎或土黄胎、灰陶和褐陶等，可分深盘和浅盘二型。

A型　深盘豆。分为二式。

Ⅰ式：深盘，盘壁较斜直，与底部转折明显，柄较粗。标本05ⅠT6736④：1，泥质灰陶黄褐胎。内外壁经打磨。柄上部有两镂孔，中部有两道凹弦纹。深盘，近平底。喇叭形底座。口径21厘米，底座直径13厘米，复原高度18.4厘米（图一四，7）。

Ⅱ式：盘壁自中部向内弧收，出现矮柄。04M9：2，夹砂黑皮陶，黑褐胎。豆盘中腹饰一周凸弦纹，其下有三周凹弦纹，豆柄上部饰一周凸棱。粗矮柄。口径18.4厘米，圈足底径10.9厘米，柄高6.4厘米，通高11.7厘米（图一四，8）。

B型　浅盘豆。根据豆盘形态，可分为弧盘与折盘二型。

Ba型　折盘。标本04H239：2，泥质夹少量细砂，黑皮陶，暗红胎。通体磨光。盘腹近底部有一周不甚明显的凹槽，盘柄交界处饰一周凸棱。豆柄及底部缺失。口径14.4厘米，底径11厘米，残高4.4厘米，（图一四，9）。

Bb型　弧盘。标本04H410：3，泥质灰陶。沿面近折棱处有一周凹槽，柄上部残见两对称的圆孔。柄残，断面光滑，经再次利用。口径15.8厘米，残高4.1厘米（图一四，10）。

10. 小口尊

泥质。分为高领、矮领或敛口二型。

A型　高领。标本04DNH289：1，泥质夹少量细砂，灰陶，局部黄褐色。口部外侧呈带状凸起，内侧有一周凹槽。腹饰篮纹。口径16.6厘米，肩径28.2厘米，残高29.1厘米（图一四，11）。

B型　矮领或敛口。标本05ⅠT7642⑤：4，夹细砂，灰陶。肩上有三周凹弦纹。腹饰绳纹及不规整弦纹。敛口，圆唇。下腹及底部残。口径12.7厘米，肩径26厘米，残高17.1厘米，胎厚0.5厘米（图一四，12）。

11. 大口尊

泥质，灰黑色。分二式。

Ⅰ式：口径小于肩径，领稍矮，宽肩，上腹较直或外鼓。标本05H15：20，泥质浅灰陶。口沿及肩部磨光，肩腹交界处有一周索状附加堆纹，肩以下饰竖向篮纹。圆唇，上腹较胖，凹圜底。口径19.4厘米，肩径20.4厘米，领高4.2厘米，通高26厘米（图一四，13）。

Ⅱ式：口径大于肩径，高领，窄肩，上腹或内曲。标本05H253：32，泥质含少量细砂，褐陶。折肩部饰一周索状附加堆纹。腹饰绳纹。口径34厘米，肩径32厘米，领高3.9厘米，残高9.2厘米（图一四，14）。

12. 缸

一般为夹砂，灰色，腹饰绳纹、篮纹及附加堆纹，体形较大。分为鼓腹和折肩尊形二型。

A型　鼓腹。口部有卷沿、折沿和（斜）直口等不同。标本04J2③：17，夹砂灰黑陶，局部红褐色，陶胎暗红色。口外有一周凸棱，腹部饰竖向绳纹及五周附加堆纹，底部饰交错绳纹。圆唇，小平底微凹。口径34.5厘米，腹径32.4厘米，底径9厘米，高38.7厘米（图一五，1）。

B型　折肩尊形。标本04J2：105，夹砂灰黑陶，局部红褐色，褐胎。口内侧有一周

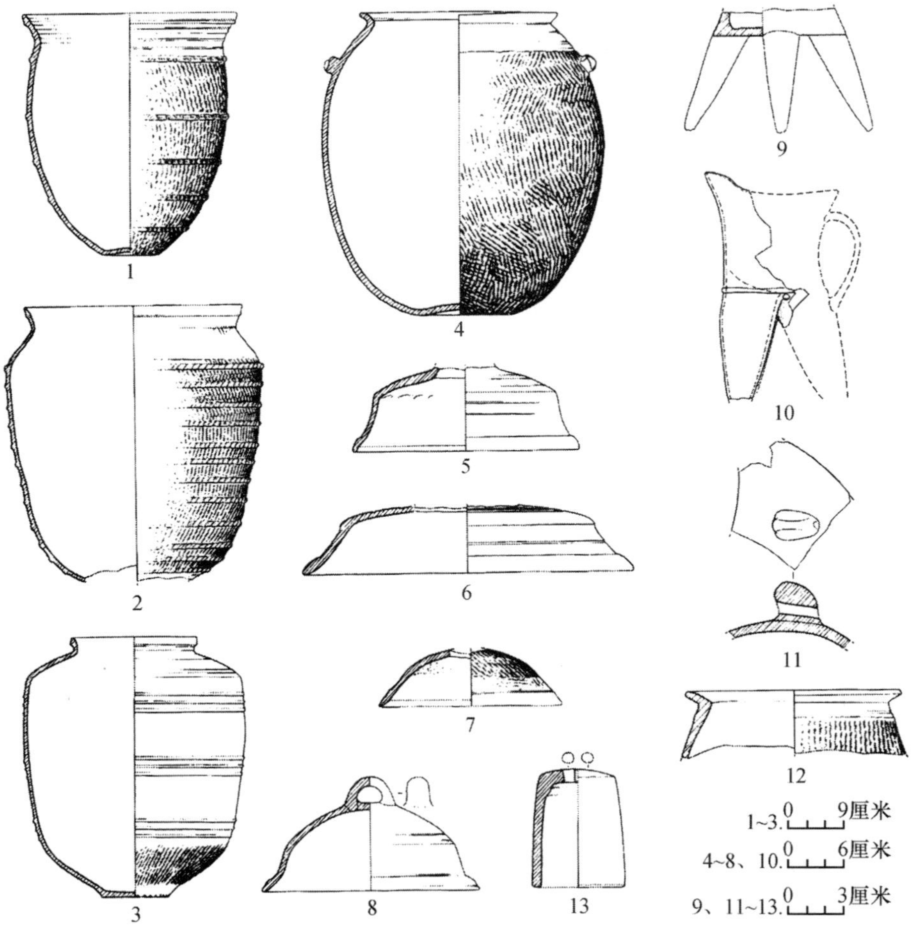

图一五 二里头文化生活用具（六）

1. A型缸（04J2③：17） 2. B型缸（04J2：105） 3. A型瓮（05H167：1） 4. B型瓮（05H15：16） 5. A型Ⅰ式器盖（04H242：14） 6. A型Ⅱ式器盖（05H90：13） 7. B型器盖（04H90：20） 8. C型器盖（05H116：1） 9. 白陶爵（04J2：3） 10. 白陶鬶（04H180：3） 11. 白陶盉（04H149：1） 12. 白陶罐（04H120：2） 13. 白陶铃形器（04H418：1）

凹槽，领肩部有绳纹被抹痕迹，腹部局部绳纹被抹，腹饰12周附加堆纹。尖圆唇，口外侧呈宽带状凸起，矮领，鼓肩，底部缺失。口径35厘米，肩径41.7厘米，残高43.8厘米（图一五，2）。

13. 瓮

泥质或夹细砂。根据口部及肩腹部形态，分为二型。

A型 折肩，或称为罍，体型较小口尊类宽胖。标本05H167：1，泥质灰陶。口沿及外壁磨光。腹饰三组凸弦纹，下腹近底饰斜向绳纹。底部外缘压印有花边。口径22厘米，肩径37厘米，底径10厘米，领高1厘米，通高42厘米（图一五，3）。

B型　鼓腹或圆肩。领部有卷沿或矮领、高领等不同。标本05H15：16，夹细砂黑灰陶。器胎较薄而匀。通体饰绳纹，腹上端饰对称鸡冠耳一对。底部有磨损。深鼓腹，沿面中部有一凹弦纹。凹圜底。口径20.4～21.3厘米，腹径40厘米，底径11厘米，通高31～33.5厘米（图一五，4）。

14. 器盖

泥质，黑陶或灰陶。分三型。

A型　折壁，一般为菌形纽。盘壁下部或外撇，分二式。

Ⅰ式：器壁与顶部转折明显，盖腹较深。标本04H242：14，泥质夹少量细砂，黑皮陶灰胎。器表磨光，饰六周细弦纹，盖顶内侧有隐约的绳纹痕。纽部缺失。口径24厘米，残高9厘米（图一五，5）。

Ⅱ式：器壁与顶部转折较圆缓，口部外张较甚，盖腹变浅。标本05H90：13，泥质，黑陶褐胎。器表磨光，顶部内壁有麻点。顶部两组弦纹间夹一周指甲形戳印纹。口径35.5厘米，残高7.2厘米，厚0.7～1.1厘米（图一五，6）。

B型　弧壁，桥形纽。口部或外撇。标本04H90：20，泥质黑皮陶，陶胎暗红色。顶部饰斜向绳纹，近口部有绳纹被抹痕。纽部缺失。口径20厘米，残高9.5厘米（图一五，7）。

AB型　兼具折壁与隆顶、桥形纽特点。标本05H16：1，夹砂灰陶。器表磨光。敞口，方唇，顶部隆起，内壁顶部可见两个圆柱状的榫头。口径23.3厘米，高12厘米，厚0.4～1厘米（图一五，8）。

15. 白陶器

发现的白陶器有爵、盉、鬶、罐、铃形器和项饰等。

爵　未有复原器物，多为底部和足部。标本04J2：3，泥质含少量砂粒，器表略泛黄，足尖被烟熏成灰色。外壁可见刮抹痕。杯状腹，平底，锥形足。底径7.1厘米，残高6.7厘米（图一五，9）。

鬶　标本04H180：3，泥质，夹有细砂。器表略泛黄。腰部饰凸棱和泥钉。残高24厘米（图一五，10）。另05H133出有带箅鬶等，较为少见。

盉　未有复原器物，发现有管流和盉盖。标本04H149：1为残盉盖，中部有带孔的小捉手（图一五，11）。

罐　标本04H120：2，泥质，含细砂。白色。器表滚压绳纹。方唇略圆。中腹以下残。口径11.4厘米，残高3.5厘米（图一五，12）。

铃形器　标本04H418：1，泥质，含细砂。浅黄色。顶部残留有两个圆形穿孔。高6.3厘米，口径5厘米（图一五，13）。

三、结　语

（一）二里头文化遗存的分期

根据南洼二里头文化聚落丰富的层位关系，现将二里头文化遗存分为五期。

第一期遗存较少，典型单位有04H228、04H289、04H342及05H217等，以及2004年春季发掘的ⅡT6502J1等。本期黑（皮）陶、灰黑陶比例较高，篮纹和细绳纹常见。代表性器形有Aa型、AbⅠ～Ⅱ式深腹罐，CaⅠ～Ⅱ式圆腹罐，AⅠ式甑，Ⅰ式刻槽盆，AⅠ式深腹盆，Ⅰ式三足盘等。本期见有白陶鬶鋬和爵足等。

第二期遗存丰富，典型单位有04H166、04H180、04H242、04H363、05H55和06H10，以及04ⅡT6502H19等。本期有一定比例的黑（皮）陶，但以灰陶为主，流行较细的绳纹。代表性器形有AbⅡ～Ⅲ式深腹罐，CaⅡ～Ⅲ、CbⅠ、CcⅠ式圆腹罐，AⅠ式鼎，AⅡ式甑，Ⅰ式刻槽盆，AⅡ式深腹盆，Ⅱ式三足盘，AⅠ式豆，AⅠ式器盖等。本期白陶遗存丰富，有鬶、盉、爵、觚和网坠等。

第三期遗存丰富，典型单位有04J2、04H78、04H208、05H122等。2004年春季发掘的04ⅡT6602H20、H32、H35和H36等亦属本期。深腹罐除常见AbⅢ、C型外，流行AcⅠ式。圆腹罐与第二期近似，有CaⅡ～Ⅲ、CbⅠ～Ⅱ、CcⅠ～Ⅱ式等。其他有AⅡ式鼎，AⅢ式甑，Ⅱ式刻槽盆，AⅡ～Ⅲ、BⅠ～BⅡ式深腹盆，Ⅱ～Ⅲ式三足盆，AⅠ～Ⅱ式豆和AⅠ式器盖等。新发现有白陶有箅鬶和铃形器，另有青铜工具等。

第四期遗存丰富，典型单位有04H71、04H136、04H379、04M9、05H15、05H90等。深腹罐流行AbⅣ、AcⅡ式和C型等，圆腹罐少见CaⅢ式，有部分CbⅡ式，而CcⅡ式增多。另有AⅢ式鼎，AⅢ式甑，Ⅲ～Ⅳ式刻槽盆，AⅢ、BⅡ～Ⅲ式深腹盆，Ⅲ～Ⅳ式三足盘，AⅡ式豆，Ⅰ式大口尊，AⅡ式、B型器盖。新发现有青铜刀。白陶数量减少，但发现有白陶罐等。

第五期遗存较少。典型单位有04M11、05H147、05H206、05H207和05H253等。深腹罐与四期相近，但粗绳纹比例较高。圆腹罐有CbⅢ、CeⅢ式。另有AⅣ式甑，Ⅲ～Ⅳ式刻槽盆，BⅢ～Ⅳ式深腹盆和Ⅱ式大口尊等。

一般来说，偃师二里头遗址发现的二里头文化遗存可分为四期，并进一步细化为八段[3]。但支持各期分段的层位关系未见公布，这为学界把握各段的特征带来了一定困难。与该分期方案相比，南洼遗址二里头文化遗存的一期、二期、四期和五期可分别与二里头遗址二里头文化的一至四期相对应。南洼遗址二里头文化第三期遗存则具有明显的承前启后的过渡性特征，大约与二里头遗址二里头文化二期偏晚阶段相当。但我们未将其划为二里头文化二期偏晚阶段，原因是我们认为该期与二期的差异并不比其与三期小。

例如，该期深腹罐唇部外侧凸起并抹圆的作风非常流行，04J2中此类深腹罐比例高达50%以上。这一风格在深腹盆和甑上也有明显体现。盆形鼎腹部和刻槽盆渐趋宽浅，曲沿深腹盆、下腹向内弧收的深盘豆、高足三足盘占有相当比例。以曲沿深腹盆为例，04J2内数量少于直沿类，但在被其打破的04H78内，曲沿类深腹盆比例约为55.6%。这些特征非常鲜明，直接开启下一阶段的新风格。同时，该期又有前一阶段的若干特征。尤其是花边圆腹罐依然为主流，并且缺乏典型的大口尊等。基于上述原因，我们将此类遗存作为一期来处理，以表现这种遗物群风格演进过程中呈现出的过渡性特征。至于这一处理方式能否推广，还要视其他二里头文化遗址的具体情况而定。

需要说明的是，南洼遗址二里头文化一期和五期遗存相对较少，复原的器类也较少。因此，这两期的面貌不太完整，与邻近期别的区分依据也嫌薄弱。例如，该遗址第五期遗存明显缺乏二里头遗址所见到的具有下七垣文化因素的成组遗物，是受发掘资料所限，还是由于年代等原因呢?

（二）二里头文化聚落布局及其演进概况

南洼遗址二里头文化聚落遗存经历了上述五个阶段。第一期时发现有水井、灰坑，G1可能已存在。已有少量白陶爵、鬶（或盉）等发现。进入二期后，除G1外，新开挖了防御色彩浓厚的环壕G3。制陶业的资料显著增加，主要表现为陶窑的集中出现。由于陶窑多位于G3环绕的中心范围内，则G3的出现或与陶窑的集中分布有一定关联，可能出现了向以G3为界限的中心区域转移的趋势。白陶种类增多，新发现有盉、觚及网坠等。尽管目前尚未发现烧造白陶的直接证据，但兴盛的白陶制作是该聚落此时的一个显著特点。三期和四期丰富的遗存意味着该聚落持续兴盛。除了新发现的白陶铃形器和罐外，还有青铜刀等工具出土。但第四期的白陶数量已渐趋减少了。至五期时，较少的遗存或许表明该聚落已经衰落乃至终结了。那么，哪些因素可能导致这一结局的出现呢?

该聚落没有发现自然灾变方面的迹象，G3甚至到殷墟时期还远未填平。自然环境变迁似乎不能成为终结该聚落的缘由。不过，南洼遗址也未发现商代二里冈时期的遗存，而是直到殷墟时期才恢复生机。联系到该聚落第五期缺乏成组具有下七垣文化因素的遗物，因此，也没有证据显示该聚落的终结与夏商更替这场大规模的军事冲突有直接关系。但是，这不排除夏王朝出于防御需要而主动放弃该聚落的可能。当然，也可能存在其他社会或文化方面的原因，有待进一步探索。

（三）二里头文化聚落性质初探

考虑到遗址西部已被涯水来回摆动的河道及现代水库破坏，该聚落的实际面积应当更大。就其规模及出土遗物来看，不失为一个区域性的中心聚落。此外，该聚落的突出特点就是白陶遗存非常丰富，种类多样，应是二里头文化中首次发现的一个有可能专业化制作白陶的聚落。我们还一度认为遗址中发现的灰白色土层可能就是制作白陶的原料[4]。尽管后来发现这种灰白土含钙量很高，不能用来制作陶器，但有关微量元素的分析结论仍为进一步在当地寻找白陶制作原料提供了重要支持。

另外一个问题是，该聚落的白陶制品是限于当地消费还是与外地有交流呢?从南洼发现的白陶制品来看，既有通常被视为酒礼器的爵、鬶、盉和觚等，又有日常所用的罐、网坠及项饰等。这些白陶日常用品目前还不见于其他二里头文化遗址，与外地交流的可能性较小。然而，类似的酒礼器在其他遗址中却比较多见，与外界交流的可能性较大。

就南洼遗址本身来看，爵、鬶、盉和觚等一概发现于灰坑和文化层中，墓葬中全然不见。而且，这些白陶制品大多非常破碎，难以拼复，部分可能来自于制作过程中的残次品。这些特征呈现一种该聚落侧重于制作而非消费的印象。当然，这可能与我们的发掘部位多集中于聚落的制陶区域有关。这些地方发现的墓葬规模较小，且没有葬具，少有随葬品，等级较低，不排除墓主属于制陶工匠的可能。这类墓葬或许够不上当时社会有关享用白陶酒器规范的最低要求，至多可制作一些项饰类的饰品用以随葬。如果南洼遗址的白陶酒器还需要提供给该聚落的上层集团使用的话，其数量的异常丰富仍暗示出存在着一种超越该聚落自身需要限度的消费需求。此外，已有研究表明，偃师二里头遗址、灰嘴遗址和伊川南寨遗址中，有一些白陶很可能来自南洼遗址。而且，南洼遗址也并非是二里头文化中唯一的白陶制作中心[5]。总之，更多该聚落与白陶生产、消费及与外界交流的证据和信息，还需要进一步探索。

领　队：韩国河

发掘与整理：（郑州大学历史学院）　韩国河

张继华　朱君孝　张国硕

孙　危　许俊平　胡赵建

张贺君　陈钦龙　崔天兴

蔡亚林　申　文　朱　津

李静兰　张龙丹　崔宗亮

曹永歌等

（郑州市文物考古研究院）　王海军

（登封市文物局）　陈英敏等

绘　图：寇小石

注　释

[1] 郑州大学历史学院考古系、郑州市文物考古研究所：《河南登封南洼遗址2004年春试掘简报》，《中原文物》2006年第3期。

[2] 韩国河、张继华、张松林：《2004年春季登封南洼遗址钻探试掘工作概述》，《中原地区文明化进程学术研讨会文集》，科学出版社，2006年，第334页。

［3］ 参见中国社会科学院考古研究所：《偃师二里头》，中国大百科全书出版社，1999年；中国社会科学院考古研究所：《中国考古·夏商卷》，中国社会科学出版社，2003年等。

［4］ 韩国河、赵维娟、张继华、朱君孝：《用中子活化分析研究南洼白陶的原料产地》，《中原文物》2007年第6期。

［5］ Liu Li，Chen Xingcan and Li Baoping. Non-state crafts in the early Chinese state：An archaeological view from the Erlitou hinterland.Indo-Pacific Prehistory Association Bulletin，27，2007.

（原刊于《中原文物》2011年第6期）

荥阳娘娘寨遗址二里头文化遗存发掘简报

张家强　鲍颖建

娘娘寨遗址位于荥阳市豫龙镇寨杨村西北，西南距荥阳市4千米，东南距郑州市18千米。遗址地理坐标为北纬34°9.908′，东经113°25.830′，海拔122米，索河自西向东从遗址北、东两面环流而行（图一）。2005年4月至2010年1月，为配合南水北调中线干渠工程，受河南省文物局南水北调办公室委托，报经国家文物局批准，郑州市文物考古研究院对娘娘寨遗址进行考古勘探与发掘，共发掘15000余平方米，取得了丰硕的发掘成果。目前，由于大批的发掘资料仍在整理之中，现将该遗址发现的二里头文化遗址简报如下。

一、二里头文化遗存概况

娘娘寨遗址二里头文化遗存因受到后期的严重破坏，保留下来的遗迹较少且大多残破不全、直接坐落于生土上，但出土遗物种类丰富。就其位置而言，二里头文化遗存主要分布于娘娘寨遗址第一象限内，西南部的三个探方T0206、T0207、T0305中有更为集中的发现。这可能是因为遗址西南部两面贴近于两周时期的城墙，而且多为原始高台地，故遭受的后期破坏较少。

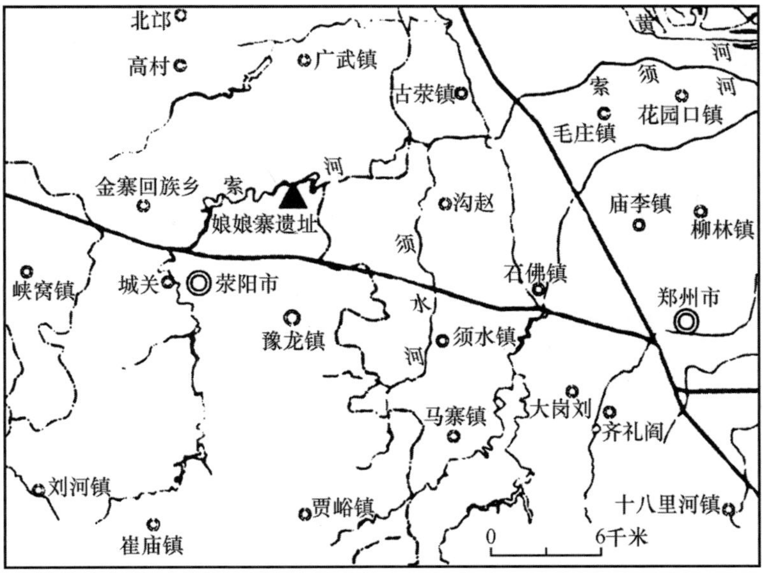

图一　娘娘寨遗址位置图

娘娘寨遗址发现的二里头文化遗迹主要有水井、灰坑等。水井1座，长方形。灰坑8个，依坑口形状可分为长方形、圆形、圆角长方形、椭圆形四类。其中长方形坑最多，圆形、圆角长方形坑较少，椭圆形坑最少。灰坑以直壁平底状居多，少量斜壁平底状。这些遗迹中出土的二里头文化遗物甚为丰富，器类主要有罐、盆、缸、瓮、豆、杯、爵、盉、大口尊等，其中以深腹罐、圆腹罐最为常见。

二、水　　井

IT0207J7　位于探方东南部，开口于4层战国文化层下，被H17、H50、H52、H64打破，本身直接打破生土，坑口距地表深约0.9米。平面形状呈长方形，口大底小，坑口长2.1米，宽1.1米，坑底长1.16米，宽0.52～0.62米，深6.8米，斜壁，平底。坑内填土分为三层。第一层厚约1.5米，红褐花土，土质致密。填土经过夯打，夯层厚0.1～0.15米。第二层厚约3.7米，红褐黄土，土质较致密。

在近底处南部发现两具人骨，骨架堆放散乱，相互叠压，均系男性，年龄在20～35岁。两人皆属非正常死亡，似经过砍杀后丢弃于废井中。第三层厚约1.6米，黄色淤土，土质疏松，底部有一小层陶片。出土遗物主要为陶器。陶片以泥质灰陶居多，一定比例的夹砂灰陶，少量夹砂褐陶、黑皮陶；纹饰以绳纹为主，素面次之，少量磨光、旋纹加绳纹、堆纹加绳纹；主要器形有深腹罐、圆腹罐、刻槽盆、鸡冠耳盆、箍状堆纹缸、大口尊、鼎等（图二）。

深腹罐　标本ⅠT0207J7③：3，夹砂褐陶，卷沿，圆唇，腹饰绳纹。口径16.8厘米，残高6厘米（图三，1）。

圆腹罐　标本ⅠT0207J7③：2，夹砂灰陶，卷沿，圆唇，束颈，口部一侧饰单耳，腹饰中绳纹。口径15.4厘米，残高6.4厘米（图三，2）。

标本　ⅠT0207J7③：4，泥质灰陶，卷沿，斜方唇，唇面带有一周浅而宽的凹槽，口部饰对称两小錾，腹饰斜绳纹。口径15.8厘米，残高6.4厘米（图三，3）。

刻槽盆　标本ⅠT0207J7①：1，泥质灰陶，折沿，圆唇外突，沿面近折处有一周沟槽。器表素面，内壁上部横向刻槽，下部竖行刻槽。口径20.5厘米，残高3.7厘米（图三，8）。

鸡冠耳盆　标本ⅠT0207J7②：2，泥质黑皮陶，卷沿，圆唇，口沿以下饰中绳纹，腹部两侧有一对称的鸡冠鋬。口径22.4厘米，残高5.5厘米（图三，4）。

箍状堆纹缸　ⅠT0207J7②：1，泥质灰陶，敞口，圆方唇，腹饰绳切状堆纹和中绳纹，两道堆纹之间加饰一周旋纹。口径34厘米，残高8.6厘米（图三，6）。

大口尊　ⅠT0207J7③：1，泥质黑皮陶，圆方唇，唇部外突。领部磨光，其中部饰一周凸旋纹，肩部以下饰绳纹，器物内壁自肩部以下密布大麻点。口径32.4厘米，残高6.5厘米（图三，5）。

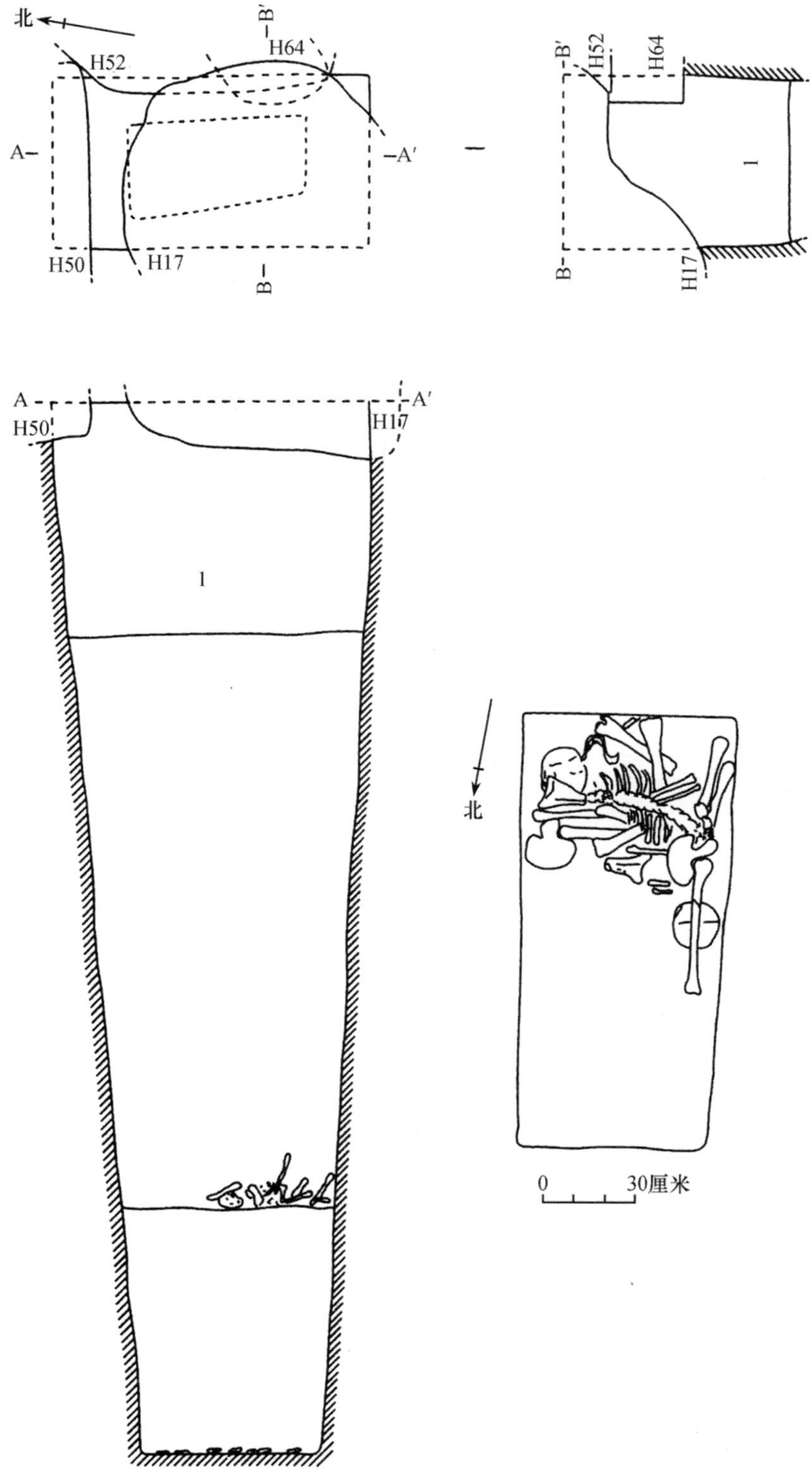

图二 IT0207J7平、剖面图及第二层人骨架平面图

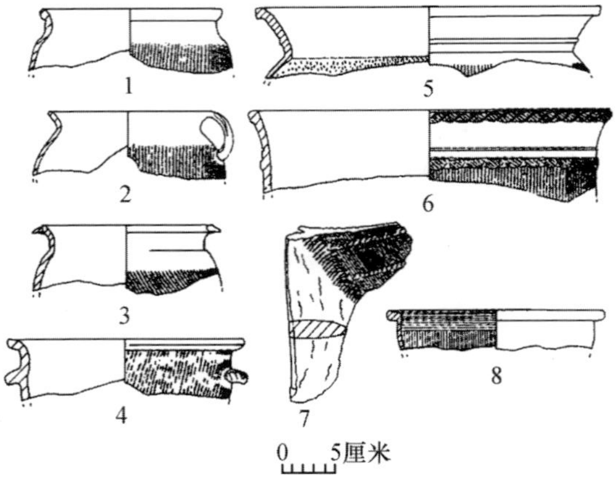

图三　Ⅰ T0207J7出土陶器

1. 深腹罐（Ⅰ T0207J7③：3）　2、3. 圆腹罐（Ⅰ T0207J7③：2、Ⅰ T0207J7③：4）　4. 鸡冠耳盆（Ⅰ T0207J7②：2）　5. 大口尊（Ⅰ T0207J7③：1）　6. 箍状堆纹缸（Ⅰ T0207J7②：1）　7. 鼎足（Ⅰ T0207J7①：2）　8. 刻槽盆（Ⅰ T0207J7①：1）

鼎足Ⅰ T0207J7①：2，夹砂灰陶，扁平状长足，素面，两侧有手抹痕迹，腹饰绳切状堆纹及中绳纹，残高15.3厘米（图三，7）。

三、灰　　坑

二里头文化时期的灰坑共8个，其中长方形坑3个、圆角长方形坑2个、圆形坑2个、椭圆形坑1个。现分述如下。

（一）长方形坑

1. Ⅰ T0305H524

位于探方西南部的高台地上，开口于1b层近现代扰土层下（1b层向下即生土，该处没有其他文化层，可能为原始高地），被H408、H409、J15等打破，直接坐落在生土上。平面形状呈长方形，南北长2.4米，东西宽1.3米，深1.2米，近直壁，平底，加工较规整。坑内填土分为两层。上层厚约1.1米，浅灰黑土，土质较疏松，内含有红烧土颗粒及草木灰。下层厚约0.1米，红褐土，土质较致密。出土遗物主要有陶片、兽骨、蚌壳等，皆出自上层，下层无遗物。陶片以泥质灰陶最多，其次夹砂褐陶，少量夹砂灰陶、泥质黑皮陶；纹饰以绳纹为主，一定比例的磨光、旋纹、绳切状堆纹加绳纹，极少篮纹、斜方格纹；主要器形有深腹罐、圆腹罐、鼓腹罐、中口瓮、小口高领瓮、深腹盆、箍状堆纹缸、刻槽盆等（图四）。

深腹罐　标本Ⅰ T0305H524①：6，夹砂褐陶，卷沿，沿面有一周宽而浅的凹槽，斜

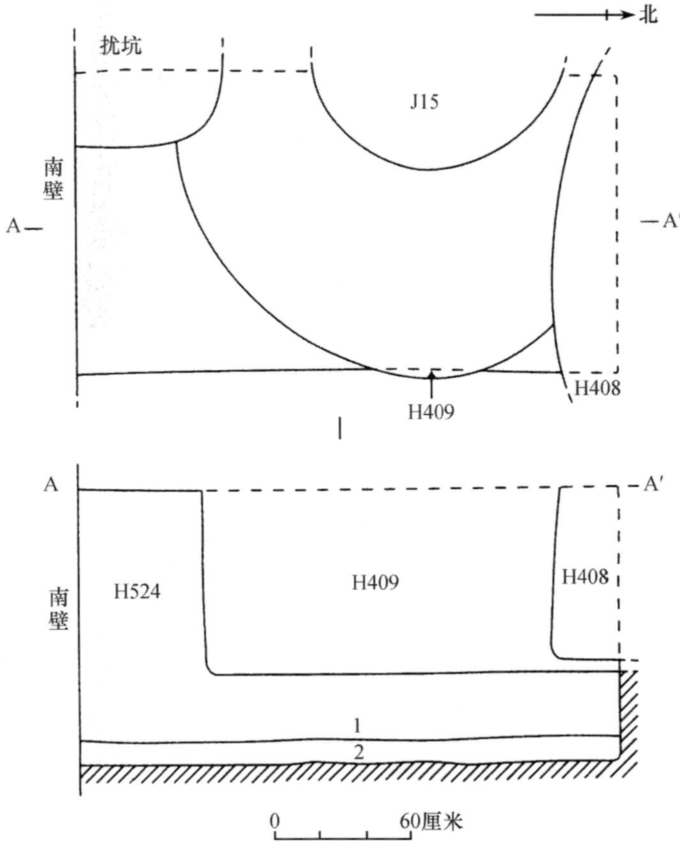

图四 Ⅰ T0305H524平、剖面图

方唇。近直腹，腹饰中细绳纹。口径20.4厘米，残高7.9厘米（图五，4）。

圆腹罐 标本Ⅰ T0305H524①：5，夹砂灰陶，卷缘，小方唇，短颈内曲，斜肩。通体饰中绳纹，颈部绳纹抹去，内壁有明显的轮旋痕迹。口径14.4厘米，残高5.1厘米（图五，2）。

鼓腹罐 标本Ⅰ T0305H524①：11，折沿，圆唇，唇面带有一周沟槽，鼓腹。上腹部饰对称双耳，腹饰绳纹加旋纹。口径20.8厘米，残高14.6厘米（图五，7）。

中口瓮 标本Ⅰ T0305H524①：2，泥质黑皮陶，圆唇外突，唇面有一周浅凹槽，肩较广。口沿及领部磨光，腹饰中绳纹，内壁近唇处有两周凹旋纹。口径24.8厘米，残高6.4厘米（图五，6）。

小口高领瓮 标本Ⅰ T0305H524①：3，泥质灰陶，圆唇外突，短颈内曲，广肩，腹饰凹旋纹及绳纹。口径11.8厘米，残高4.6厘米（图五，1）。

深腹盆 标本Ⅰ T0305H524①：10，泥质灰陶，仰折沿，圆方唇，唇面带有一周沟槽，弧腹，腹饰绳纹加凹旋纹。口径24.2厘米，残高6.2厘米（图五，5）。

箍状堆纹缸 标本Ⅰ T0305H524①：1，残存腹部，夹砂褐陶，腹饰绳切状堆纹和绳

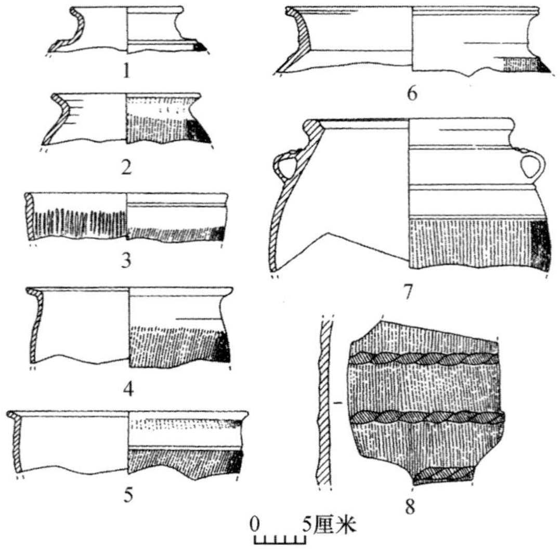

图五　ⅠT0305H524出土陶器

1. 小口高领瓮（ⅠT0305H524①：3）　2. 圆腹罐（ⅠT0305H1524①：5）　3. 刻槽盆（ⅠT0305H524①：9）　4. 深腹罐（ⅠT0305H524①：6）　5. 深腹盆（1T0305H524①：10）　6. 中口瓮（1T0305H524①：2）　7. 鼓腹罐（ⅠT0305H524①：11）　8. 箍状堆纹缸（ⅠT0305H524①：1）

纹（图五，8）。

刻槽盆　标本ⅠT0305H524①：9，泥质黑皮陶，圆唇略外突，近直腹。口沿及领部磨光，沿下有一周凹旋纹，腹饰偏细绳纹，内壁竖行刻槽。口径20.2厘米，残高4.6厘米（图五，3）。

2. ⅠT0709H1898

位于探方中东部，开口于4层战国文化层下，被H1896打破，坐落在生土上，坑口距地表深约1.8米。平面形状基本呈长方形，斜壁，底部较平，壁与底较规整。坑口长2.1米，宽0.65米，底部长2米，宽0.6米，坑深0.4～0.5米。坑内填土分为两层。第一层厚约0.4米，红褐土，土质较致密。第二层为黄花土，土质松软，内含有较多大小不一的圆点状黑色斑块。出土遗物主要为陶片，另有兽骨1块。陶器主要有鸡冠耳盆、小口高领瓮等（图六）。

鸡冠耳盆　标本ⅠT0709ⅠH1898①：1，泥质灰陶，仰折沿，小圆唇，直腹。腹饰中绳纹及对称的鸡冠耳，内壁有明显的轮旋痕迹。口径21.8厘米，残高5.8厘米（图八，4）。

小口高领瓮　标本ⅠT0709H1898①：2，夹砂灰陶，微敞口，圆唇，唇不外突，直领，溜肩，器表素面。口径15.6厘米，残高5.6厘米（图八，3）。

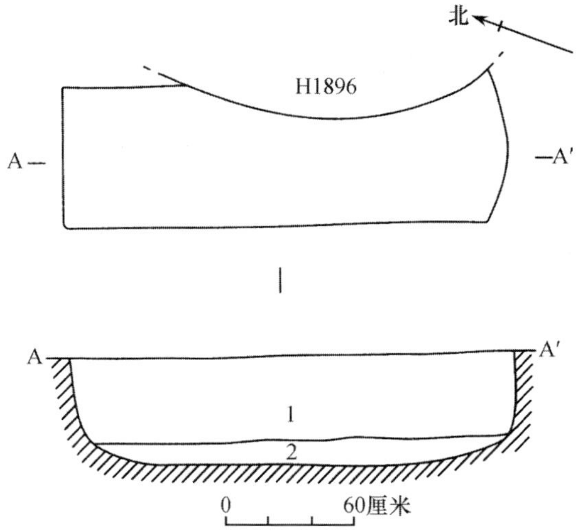

图六 Ⅰ T0709H1898平、剖面图

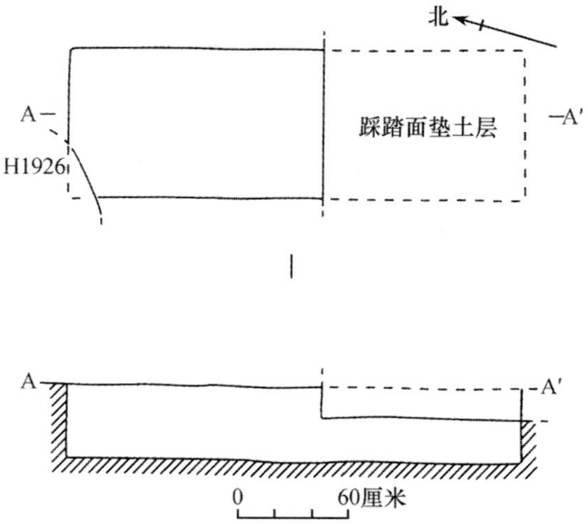

图七 Ⅰ T0709H1927平、剖面图

3. Ⅰ T0709H1927

位于探方中南部，开口于4层战国文化层下，西北角被H1926打破，南部被4层下踩踏面打破，直接坐落在生土上，坑口距地表深约1.9米。平面形状长方形，长2.5米，宽0.8米，深0.4米，直壁，平底。坑内填土为一次性堆积，黄花灰土，土质疏松。出土遗物主要为陶器，主要器形有侈口罐、圆腹罐、鸡冠耳盆等（图七）。

侈口罐 标本Ⅰ T0709H1927：2，夹砂灰陶，翻缘，斜方唇，腹饰中绳纹及旋纹。口径16.2厘米，残高6.5厘米（图八，6）。标本Ⅰ T0709H1927：3，夹细砂褐陶，仰折沿，尖唇，束颈，颈部有明显的轮旋痕迹，腹饰中绳纹。口径13.6厘米，残高3.9厘米（图八，1）。标本Ⅰ T0709H1927：5，夹砂褐陶，折沿，内折棱明显，小方唇，唇面带有一周凹槽，腹饰麻纰状中绳纹。口径18.2厘米，残高5.8厘米（图八，5）。

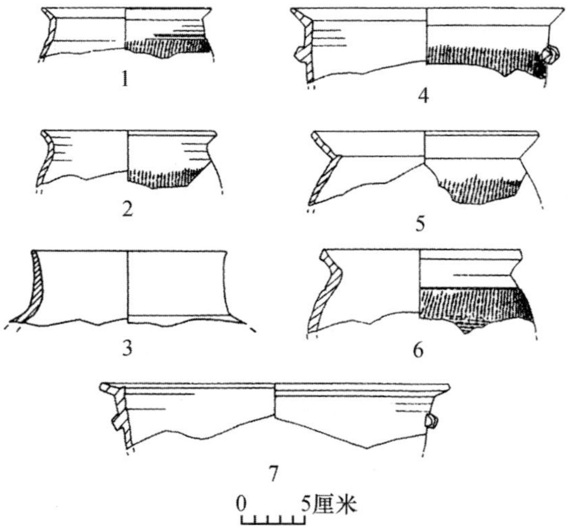

图八 Ⅰ T0709H1898、Ⅰ T0709H1927出土陶器

1、5、6. 侈口罐（Ⅰ T0709H1927：3、Ⅰ T0709H1927：5、Ⅰ T0709H1927：2）
2. 圆腹罐（Ⅰ T0709H1927：4）
3. 小口高领瓮（Ⅰ T0709H1898①：2） 4、7. 鸡冠耳盆
（Ⅰ 10709H1898①：1、1T0709H1927：1）

圆腹罐 标本Ⅰ T0709H1927：4，夹砂灰陶，卷沿，斜方唇，腹饰中绳纹，内外壁均有明显的轮旋痕迹。口径14.1厘米，残高4.6厘米（图八，2）。

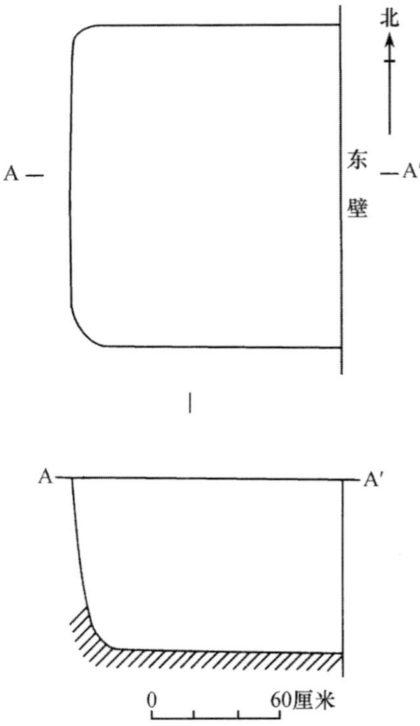

图九　Ⅰ T0206H936平、剖面图

鸡冠耳盆　标本Ⅰ T0709H1927∶1，泥质灰陶，仰折沿，圆方唇，素面。上腹部饰对称的鸡冠錾，器表有明显的轮旋痕迹。口径28.2厘米，残高5厘米（图八，7）。

（二）圆角长方形坑

1. Ⅰ T0206H936

位于探方中东部，开口于2层近现代扰土层下，直接坐落在生土上，坑口距地表深约0.8米。平面形状呈圆角长方形，南北长1.5米，东西宽1.25米，深0.8米，斜壁，平底。坑内填土为灰褐色，土质较疏松。出土遗物有陶、石、骨器等。陶片以夹砂灰陶居多，泥质灰陶次之，部分白陶，极少夹砂褐陶；纹饰以绳纹为主，一定比例的磨光、素面、旋纹，少量刻划纹、绳切状堆纹加绳纹等；主要器形有深腹罐、圆腹罐、箍状堆纹缸、豆、杯、盉、爵、盖柄、大口尊等（图九）。

（1）陶器　11件。

深腹罐　标本Ⅰ T0206H936∶5，夹砂褐陶，仰折沿，圆唇，深直腹，通体饰粗绳纹，部分地方绳纹抹去。口径20.4厘米，残高6.5厘米（图一〇，2）。标本Ⅰ T0206H936∶11，夹砂浅灰陶，宽折沿，沿面近折处有一周浅凹槽，圆方唇，短颈内束，长弧腹，弧收至尖圜底。通体饰中绳纹，器表残留有许多涂抹烧烤成褐色的泥片。口径20.6厘米，最大腹径22厘米，通高30.8厘米（图一〇，8）。

圆腹罐　标本Ⅰ T0206H936∶9，夹砂灰陶，卷沿，小圆唇，高领外卷，小圆肩，鼓腹，凹圜底。口沿一侧饰单耳，领部抹光，腹及底部饰中绳纹。口径16.7厘米，最大腹径19.6厘米，底径8.9厘米，通高18.5厘米（图一〇，7）。标本Ⅰ T0206H936∶13，泥质深灰陶，卷沿，圆唇，束颈，腹饰中绳纹。口径14.8厘米，残高4.2厘米（图一〇，1）。

箍状堆纹缸　标本Ⅰ T0206H936∶10，夹粗砂灰陶，微敞口，圆唇，腹饰绳切状堆纹和中绳纹。口径42厘米，残高8.6厘米（图一一，4）。

豆柄　标本Ⅰ T0206H936∶1，泥质，浅灰色，喇叭形粗柄，中空。器表磨光，柄上部饰一周凹旋纹，内壁有明显的轮旋痕迹。残高14厘米（图一〇，5）。

陶杯　标本Ⅰ T0206H936∶2，夹砂浅灰陶，直口，圆唇，斜直腹，平底，素面，一侧带有宽把手，器表有明显的轮旋痕迹。口径10.8厘米，底径8.8厘米，通高12厘米（图一一，5）。

盉　标本ⅠT0206H936：7，白陶薄胎，器表略呈浅灰色，顶盖隆凸。顶部一流一口，流作短管状，两侧粘贴一对小圆饼，口近椭圆形。通体磨光，顶、腰接接处饰一周凸旋纹，腰饰三周刻划平行线。残高14.4厘米，厚0.25厘米（图一〇，4）。

爵　标本ⅠT0206H936：8，白陶胎，器表浅灰色，单鋬，束腰，平底，柱状足，腹饰较细密的阴线刻划纹。残高8.2厘米（图一〇，6）

盖柄　标本ⅠT0206H936：6，泥质深灰色，近菌状纽，器表经磨光处理。顶部稍隆起，饰一周旋纹，纽中部有一周圆滑凸棱。残高6.8厘米（图一〇，3）。

大口尊　标本ⅠT0206H936：12，泥质灰陶，大敞口，圆唇外突，微折肩。领部磨光并饰一周凸旋纹，肩饰编织纹和凹旋纹，内壁有较多大麻点。口径37.6厘米，残高7.6厘米（图一一，3）。

（2）石器　1件。

石刀　标本ⅠT0206H936：3，青灰色，长方形，单面刃，背微弧，中部有一两面对钻孔。长9.5厘米，宽4.8厘米，厚0.7厘米，孔径0.8厘米（图一一，2）。

（3）骨器　1件。

骨锥　标本ⅠT0206H936：4，红褐色，扁平长条形，一面略鼓，一面较平直，柄端圆滑，锥尖刮磨成圆锥状。器表磨平抛光。长14.1厘米，宽1.25厘米（图一一，1）。

2. ⅠT0613H1735

位于探方西北部，开口于4层战国文化层下，东部被H1424打破，自身又打破生土，坑口距地表深约1.5米。平面形状呈圆

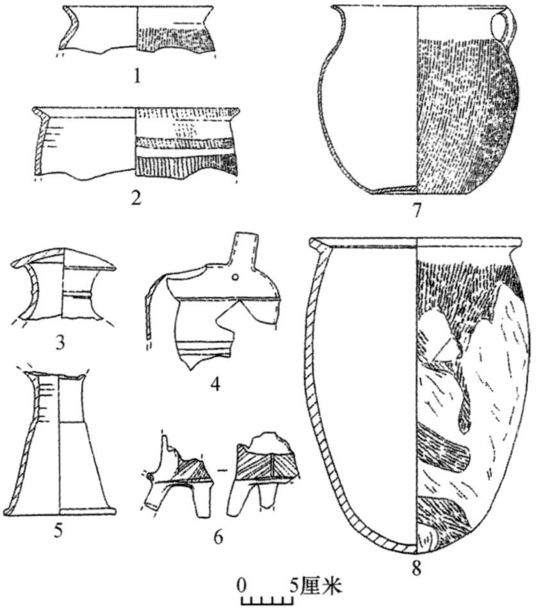

图一〇　ⅠT0206H936出土遗物（之一）

1、7. 圆腹罐（ⅠT0206H936：13、ⅠT0206H936：9）
2、8. 深腹罐（ⅠT0206H936：5、ⅠT0206H936：11）
3. 盖柄（ⅠT0206H936：6）　4. 盉（ⅠT0206H936：7）
5. 豆柄（ⅠT0206H936：1）　6. 爵（ⅠT0206H936：8）

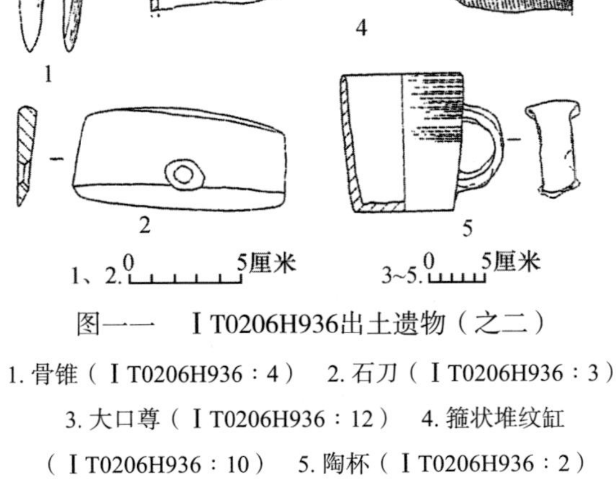

图一一　ⅠT0206H936出土遗物（之二）

1. 骨锥（ⅠT0206H936：4）　2. 石刀（ⅠT0206H936：3）
3. 大口尊（ⅠT0206H936：12）　4. 箍状堆纹缸（ⅠT0206H936：10）　5. 陶杯（ⅠT0206H936：2）

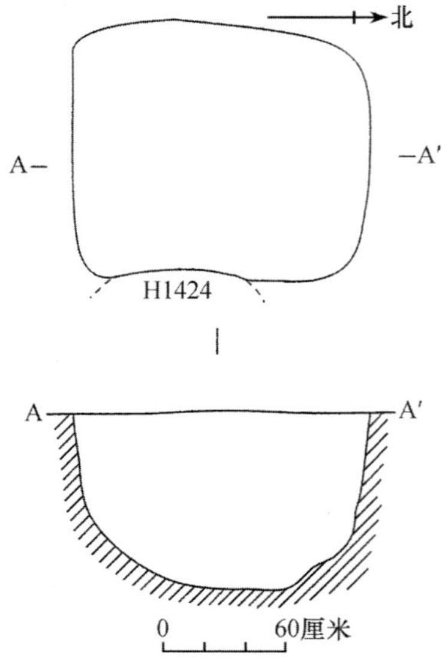

图一二　Ⅰ T0613H1735平、剖面图

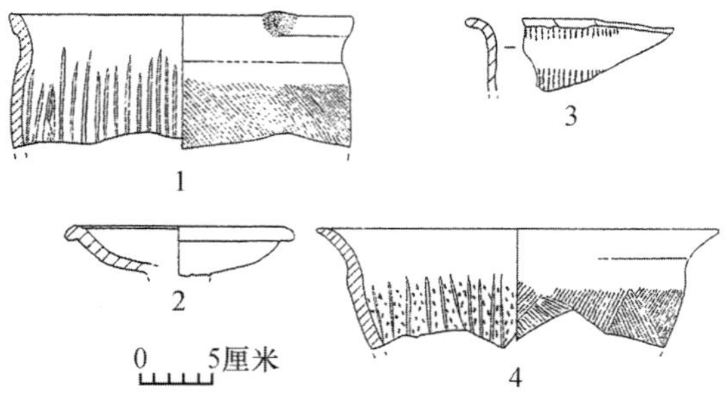

图一三　Ⅰ T0613H1735出土陶器

1、4. 刻槽盆（Ⅰ T0613H1735：4、Ⅰ TP0613H1735：1）　2. 豆盘（Ⅰ TP0613H1735：2）　3. 深腹盆（Ⅰ T0613H1735：3）

角长方形，南北长1.5米，东西宽1.2米，最深处0.86米，斜壁，平底，坑壁加工粗糙。坑内填土灰黑色，土质较致密。出土遗物主要为陶器。陶片以泥质灰陶居多，少量夹砂灰陶、黑皮陶；纹饰以绳纹为主，一部分磨光、素面等；主要器形有刻槽盆、深腹盆、豆盘等（图一二）。

刻槽盆　标本Ⅰ T0613H1735：1，泥质灰陶，尖圆唇，微束颈，斜弧腹。口沿内侧磨光，腹饰斜绳纹，内壁竖行刻槽并带有大麻点。口径27.8厘米，残高7.8厘米（图一三，4）。标本Ⅰ T0613H1735：4，夹砂浅灰色，圆唇，口外敞，近直颈较长，溜肩，弧腹，口部捏有一流。口及颈部素面，腹饰斜行绳纹，内壁有叶脉状刻槽。口径23.8厘米，残高9厘米（图一三，1）。

深腹盆　标本Ⅰ T0613H1735：3，泥质黑皮陶，翻缘，圆唇，近直腹，通体饰较粗绳纹，上腹部绳纹抹去。残高4.9厘米（图一三，3）。

豆盘　标本Ⅰ T0613H1735：2，泥质浅灰色，平折沿，沿面近折处带有一周浅凹槽，圆唇，浅弧盘，素面。口径15.6厘米，残高5.4厘米（图一三，2）。

（三）圆形坑

1. Ⅰ T0206H960

位于探方中东部，开口于第2层近现代扰土层下，坑口距地表深约0.7米，其东部被H936打破，直接坐落在生土上。平面形状近圆形，直径1.35米，深0.6米，直壁，平底。坑内填土黑褐色，土质较疏松，内含有少量红烧土颗粒。出土遗物有陶片、兽骨等。陶器主要有大口尊、圆腹罐、豆盘等（图一四）。

大口尊　标本Ⅰ T206H960：4，泥质灰陶，敞口，圆唇微外突，唇面有一周浅凹

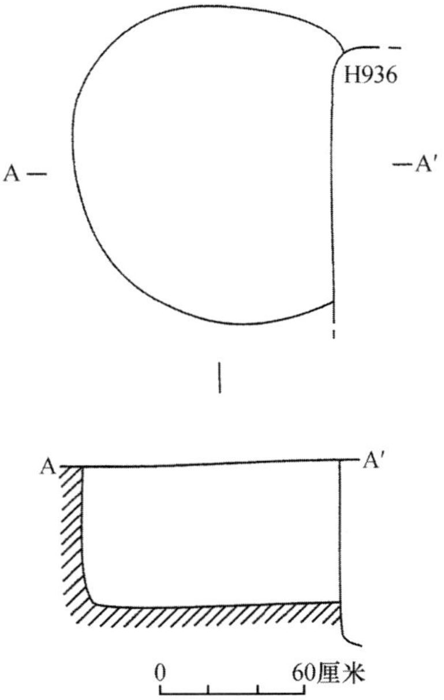

图一四 ⅠT0206H960平、剖面图

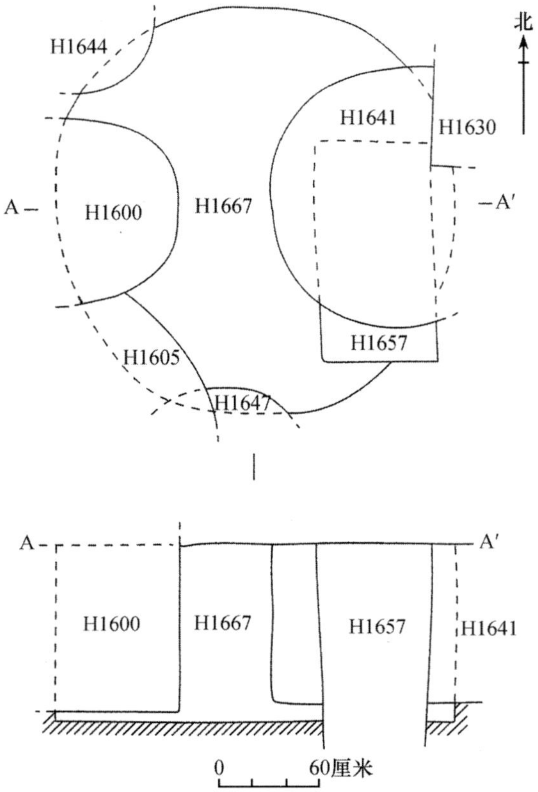

图一五 ⅠT0614H1667平、剖面图

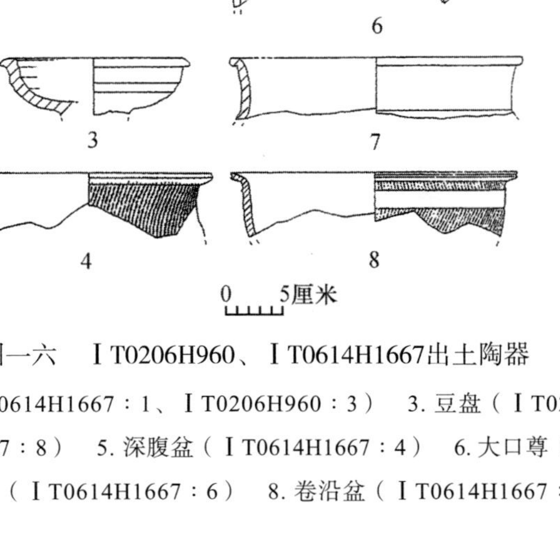

图一六 ⅠT0206H960、ⅠT0614H1667出土陶器

1、2. 圆腹罐（ⅠT0614H1667：1、ⅠT0206H960：3） 3. 豆盘（ⅠT0206H960：2） 4. 深腹罐（ⅠT0614H1667：8） 5. 深腹盆（ⅠT0614H1667：4） 6. 大口尊（ⅠT0206H960：4） 7. 中口瓮（ⅠT0614H1667：6） 8. 卷沿盆（ⅠT0614H1667：3）

槽，直领稍内收，口径略小于肩径。颈部磨光，肩饰偏细绳纹加旋纹，折肩处有一周附加堆纹，腹饰中绳纹。口径25.2厘米，肩径27.2厘米，残高5.6厘米（图一六，6）。

圆腹罐　标本ⅠT0206H960：3，泥质灰陶，薄胎，卷沿，小圆唇，束颈。口沿及颈部素面，腹饰中绳纹。口径13.6厘米，残高6厘米（图一六，2）。

豆盘　标本ⅠT0206H960：2，泥质黑皮陶，平折沿，尖圆唇，斜弧腹，素面。腹饰两周旋纹，内壁有明显的轮旋痕迹。口径16.8厘米，残高5厘米（图一六，3）。

2. ⅠT0614H1667

位于探方西北部，开口于4层战国文化层下，坑口距地表深约1.5米，被开口于3层下的H1600、H1605及开口于第4层下的H1630、H1641、H1644、H1647、H1657打破，其向下打破生土。平面形状基本呈圆形，直径2.4米，深1.06米，直壁，平底，加工较规整。坑内填土为黄褐灰色，土质较致密，内含有少量炭粒和红烧土颗粒。出土遗物有陶片、兽骨等，陶器主要有深腹罐、圆腹罐、深腹盆、卷沿盆、中口瓮等（图一五）。

深腹罐　标本ⅠT0614H1667：8，泥质灰陶，敞口，卷沿，方唇，通体饰中绳纹，颈部绳纹抹去。口径21.8厘米，残高5.6厘米（图一六，4）。

圆腹罐　标本ⅠT0614H1667：1，夹砂灰陶，卷沿，圆唇，短颈，圆肩。口部一侧饰单耳，肩部有一周窄而浅的旋纹，腹饰中绳纹。残高6.1厘米（图一六，1）。

深腹盆　标本ⅠT0614H1667：4，泥质灰陶，敞口，仰折沿，圆唇，近直腹，颈部素面，腹饰细绳纹。口径28厘米，残高8.5厘米（图一六，5）。

卷沿盆　标本ⅠT0614H1667：3，泥质灰陶，卷沿，方唇，唇面带有一周较深的沟槽，近双唇，斜腹微弧。腹饰绳纹与旋纹，上腹部绳纹抹去。口径25.4厘米，残高5.6厘米（图一六，8）。

中口瓮　标本ⅠT0614H1667：6，泥质灰陶，圆唇外突，高领，口沿及领部磨光。口径26厘米，残高5.3厘米（图一六，7）。

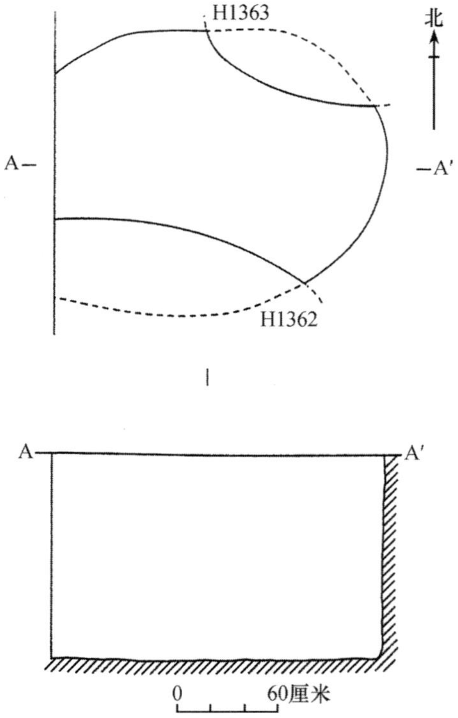

图一七　ⅠT0413H1364平、剖面图

（四）椭圆形坑

ⅠT0413H1364位于探方中西部，开口于5层春秋文化层下，被H1362、H1363打破，直接坐落在生土上，坑口距地表深约1.8米。平面形状近椭圆形，长2米，最宽1.66米，深约1.2米，直壁，近平底。坑内填土灰褐色，土质致密。陶器主要有圈足盘、鼓腹盆、瓮等（图一七）。

圈足盘 标本ⅠT0413H1364：4，泥质黑皮陶，盘及底部均残，器表磨光，竖直粗圈足，饰两周旋纹。残高7.2厘米（图一八，3）。

鼓腹盆 细泥磨光灰或黑皮陶。标本ⅠT0413H1364：1，黑皮陶，折沿，沿面近折处有一周沟槽，圆唇外突，束颈，腹微鼓。上腹部饰一周旋纹，内壁有明显的轮旋痕迹。口径25.8厘米，残高7.9厘米（图一八，2）。标本ⅠT0413H1364：3，薄胎，浅灰色，小卷沿，尖圆唇，腹饰一周旋纹。口径20.5厘米，残高7厘米（图一八，1）。

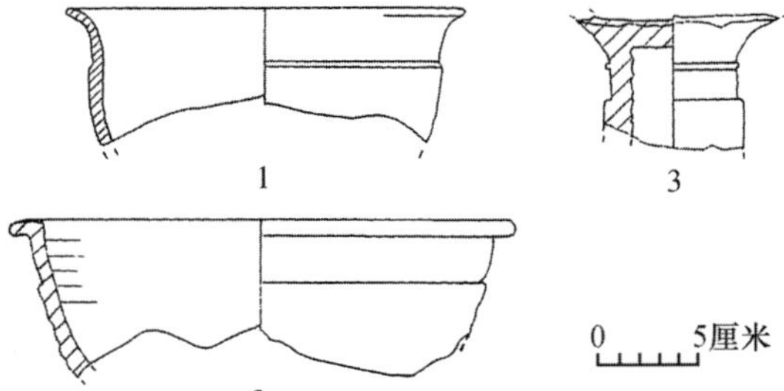

图一八 ⅠT0413H1364出土陶器

1、2. 鼓腹盆（ⅠT0413H1364：3、ⅠT0413H1364：1）

3. 圈足盘（ⅠT0413H1364：4）

四、结　　语

娘娘寨遗址文化堆积丰厚，但发现的二里头文化遗存较少，这可能与长期人类活动的破坏有关。尽管如此，在这1座水井与8个灰坑中出土的陶器，诸如深腹罐、圆腹罐、刻槽盆、大口尊、箍状堆纹缸、平底爵、高领瓮、菌状纽器盖等已具有典型的二里头文化风格。其主要器形特征与偃师二里头遗址[1]、荥阳薛村遗址[2]及距此约5千米的荥阳大师姑城址[3]的同类器近似抑或相同。如ⅠT0206H936：11深腹罐与荥阳薛村遗址ⅡT1117H9：1近同；ⅠT0206H936：9圆腹罐与偃师二里头遗址VH53：10接近。ⅠT0207J7③：4带鋬圆腹罐、ⅠT0206H936：6盖柄、ⅠT0206H936：4骨锥与大师姑城址H71：17、H76：145、H76：161同类器相同；ⅠT0206H936：4大口尊、ⅠT0206H936：8陶爵与偃师二里头遗址ⅣH76：78、82ⅨM8：4同类器接近。由此可见，娘娘寨遗址二里头文化遗存相对年代与上述遗址年代相当，主要为二里头文化第三期偏晚阶段。另就纹饰来看，娘娘寨遗址二里头文化器物较盛行鸡冠耳装饰、大口尊及刻槽盆，内壁又多有大麻点。这些恰是二里头文化第二期、第四期的部分典型特征，表明娘娘寨遗址二里头文化遗存的年代当为二里头文化二期至四期，而第三期是其鼎盛时期。

荥阳娘娘寨遗址主要是一座两周时期的城址，二里头文化遗存的发现，说明先民们早在二里头文化时期便于此地活动。此外，它的发现还丰富了我们对距此仅5千米左右的荥阳大师姑二里头文化城址性质与地位的认识，又为探讨二者关系、二里头文化研究提供了新的材料。

领　队：张松林
发　掘：张家强　黄富成　吴　倩　魏青利
鲍颖建　李　曼　郭中芳　张吉钦
周明生　王兰珍　武云霞
绘　图：王　凯　鲍颖建　王庆丽
摄　影：鲍颖建　张吉钦

注　释

[1] 中国社会科学院考古研究所：《偃师二里头》，中国大百科全书出版社，1999年。
[2] 河南省文物考古研究所：《河南荥阳市薛村遗址2005年度发掘简报》，《华夏考古》2007年第3期。
[3] 郑州市文物考古研究所：《郑州大师姑》，科学出版社，2004年，第35～93页。

（原刊于《中原文物》2014年第1期）

河南新郑望京楼遗址商代小型房址发掘简报

吴 倩 张贺军 魏青利

望京楼遗址位于河南省新郑市新村镇望京楼水库以东，地理坐标为北纬34°26′42.6″，东经113°43′25.4″，海拔119米（图一），为省级文物保护单位。2010年9月～2011年6月，为配合“郑新快速通道”建设，在报请国家文物局批准后，郑州市文物考古研究院对其进行了抢救性发掘，发现了一座二里头文化城址和一座二里冈文化

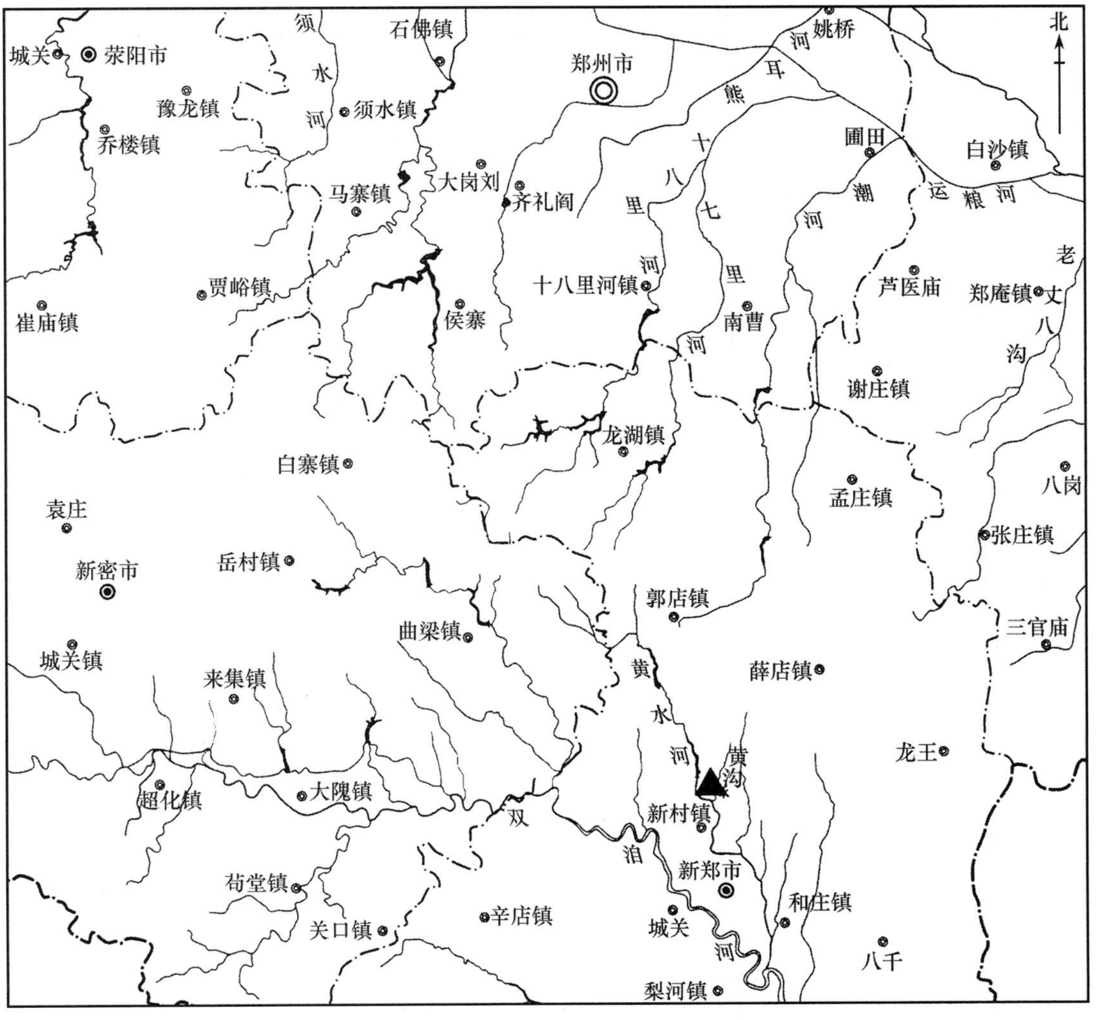

图一 望京楼遗址位置示意图

城址及两座城址内的大量遗迹，出土了一大批具有重要价值的实物资料。其中，在二里冈文化城址之内共发掘了商代小型房址12座，现简报如下。

一、地层堆积

由于遗址面积较大，我们将其分为四个发掘区，这批商代小型房基多数位于Ⅳ区（图二），现以ⅣT1005、ⅣT0905西壁剖面为例介绍地层堆积如下（图三）。

第1层：现代生活层。土色灰黄，结构疏松，厚15～40厘米，土质较松，堆积平整，包含物有现代陶瓷残片、铁丝、塑料薄膜、植物根系等。

第2层：黄色土，土质细腻，结构疏松，堆积较为平整，深15～40厘米，厚35～55厘米，包含物有陶片、白瓷片等，为近代冲淤积层。

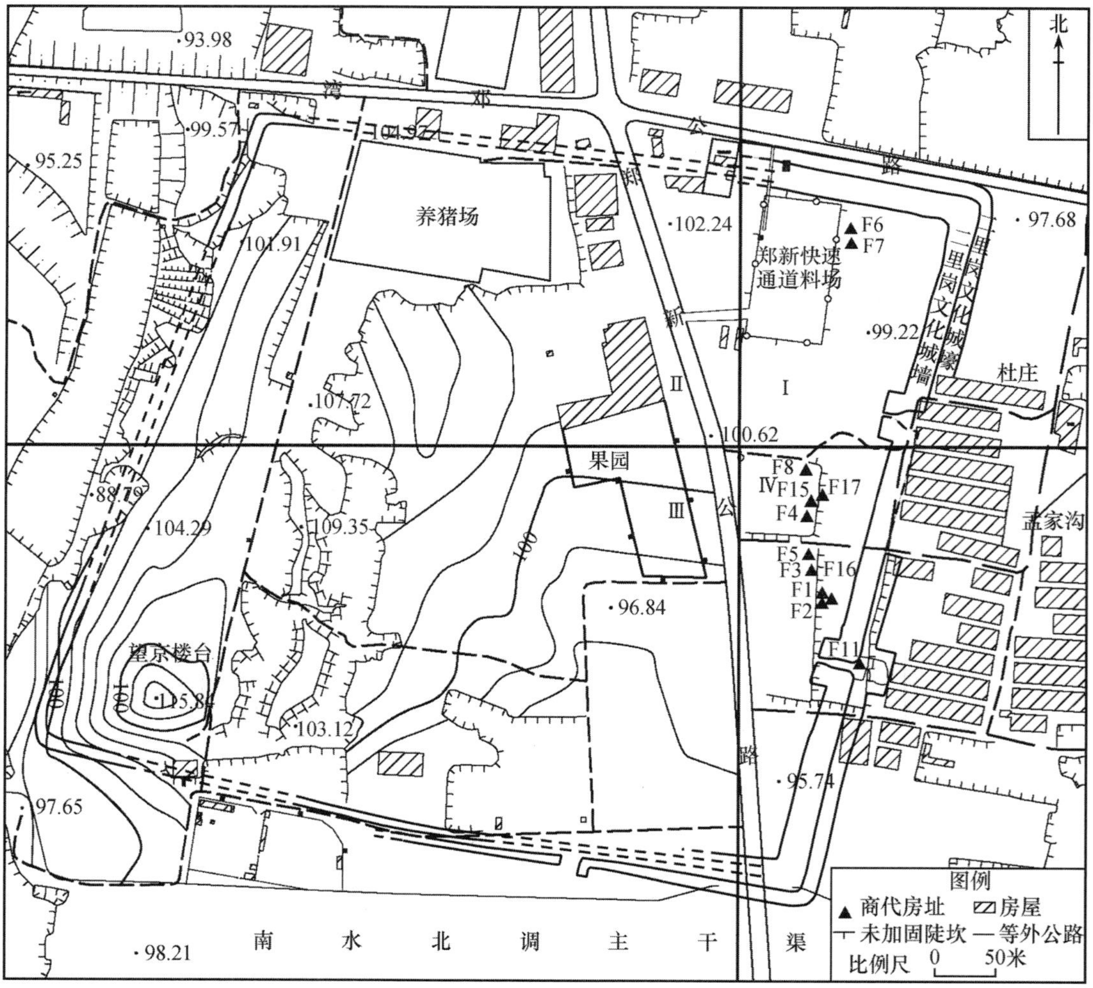

图二　望京楼商代小型房基位置示意图

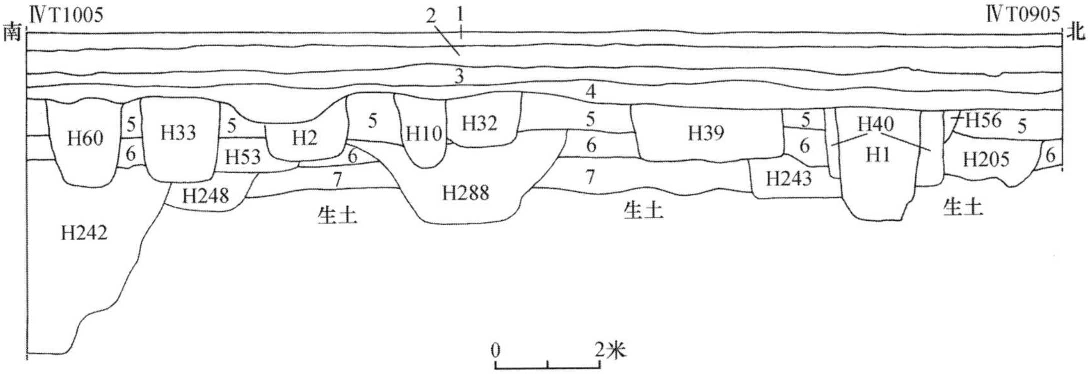

图三　望楼遗址ⅣT1005、ⅣT0909西壁剖面图

第3层：灰褐色土，含黄白色斑点，土质稍硬，结构致密，深50～80厘米，厚20～40厘米。包含物多为陶片、少量为砾石块。陶片可分为夹砂褐陶、泥质褐陶、泥质灰陶，少量夹砂灰陶，纹饰多为绳纹和弦纹，器类为鬲、盆、罐、豆等，时代属战国。

第4层：灰褐色土，土质稍硬，结构致密，深95～110厘米，厚20～75厘米。包含物多为陶片、少量为半加工的石器。陶片可分为夹砂灰陶、泥质灰陶，纹饰多为绳纹，少量为附加堆纹、弦纹，器类为鬲、尊、罐、盆等，时代为商代白家庄期。

第5层：浅灰色土，含黄色土块，土质稍硬，堆积凸凹不平，深120～175厘米，厚30～100厘米。包含物多为陶片，少量残石器、骨器，陶片可分为夹砂灰陶和泥质灰陶，纹饰多为绳纹，少量为附加堆纹、饕餮纹、弦纹等，主要器类为鬲、大口尊、盆、罐等，时代为二里冈文化时期。

第6层：黄灰色土，土质稍松，堆积凸凹不平，深200～220厘米，厚45～70厘米。包含物多为陶片，少量为残石器、骨器，陶片可分为夹砂灰陶和泥质灰陶。纹饰多为细绳纹，少量为附加堆纹、弦纹。器类为圆腹罐、深腹罐、尊、盆、鬲等，时代为二里头文化晚期。

第7层：浅黄灰色土，质较硬，结构细腻致密，有大量水淤积痕迹，深245～260厘米，厚50～70厘米。包含少量陶片、兽骨、蚌器，陶片可分为夹砂灰陶和泥质灰陶，多为粗绳纹，少量附加堆纹，鸡冠耳鋬，器类为深腹罐、圆腹罐、大口尊、刻槽盆、盆等，时代为二里头文化晚期。

7层下为生土，呈黄白色，结构致密，纯净。

二、房址形状及结构

此发掘区域文化堆积较厚，时间跨度很大，所以下层遗存遭上层遗存破坏严重。我们本次仅确定了12座商代小型房址，且房址上部已被完全破坏。

此次发现的商代小型房址均为地面建筑，由规整的长方形房间组成，房间的数目不一，可分为单间和多间。部分房址发现有通向室外的门道，门道朝向不一，说明房址的方向并不十分统一。有的房址可能原来并非为单间建筑，后由于上层遗存破坏，仅残存一间，也列入单间建筑。

房址上部的墙体基本被完全破坏。根据房屋的倒塌堆积推断，原房屋墙体有夯土、草拌泥和土坯等多种形式。除了在个别房间内发现柱洞外，其他房间都未见。现选择部分典型房址，简要介绍如下。

1. 多间

仅见一座，编号F2，是一座三间组合房，中间有隔墙，其南发现屋外踩踏面，推测应为其院落（图四）。

F2位于ⅣT1306北部，开口4层下，方向为188°，被H13、H14、H50、H77、H78、H79及H80打破。三间分别编号为F2-1、F2-2、F2-3。

F2-1位于F2西南部。平面为长方形，东西长280厘米，南北宽192厘米；门道位于其西南部，宽75厘米；东、北、南三面残留部分墙基槽，西部被H78打破，南墙基槽宽30～40

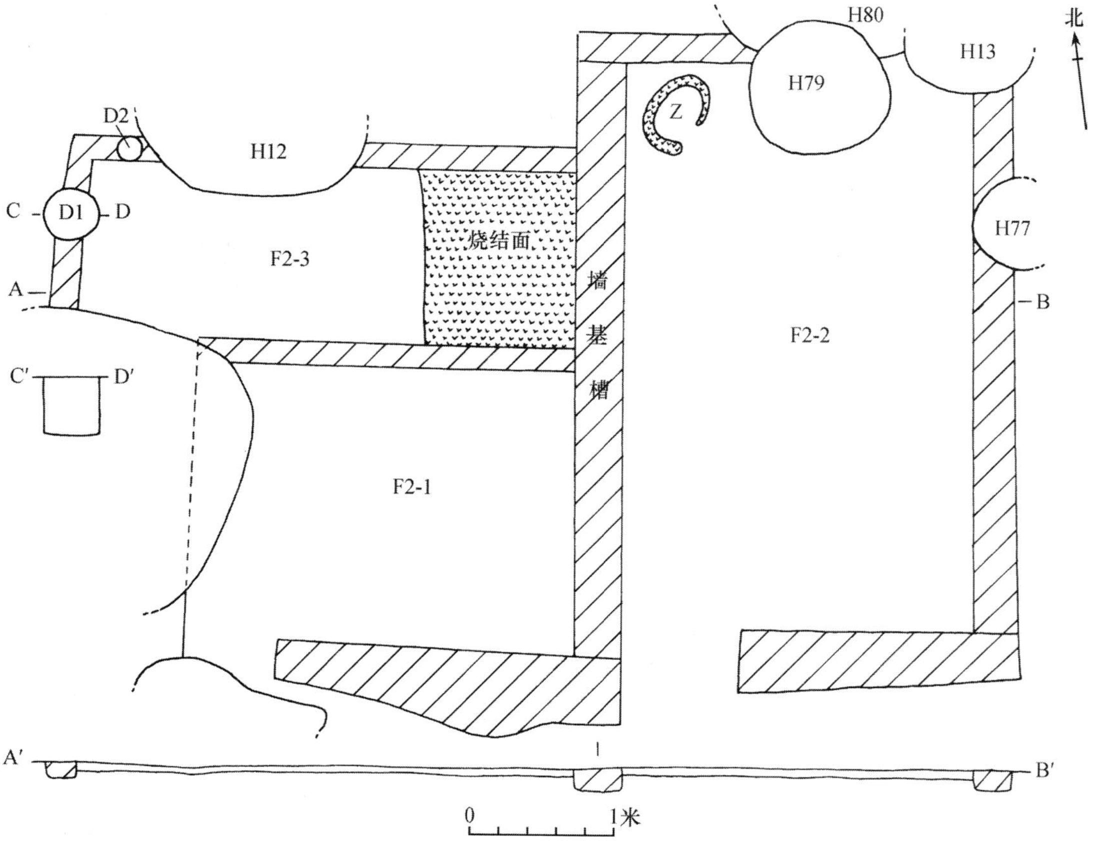

图四　望京楼遗址F2平、剖面图

厘米，北墙基槽宽15厘米，东墙基槽宽34厘米；室内踩踏面残留厚度约为5厘米。

F2-2位于F2东部。平面呈长方形，南北长390厘米、东西宽240厘米；门道位于其西南部，宽90厘米；残留墙体基槽，西墙基槽宽34厘米，南墙基槽宽31～44厘米，北墙基槽宽20厘米，基槽残深10～15厘米；F2-2西墙与F2-1东墙共为一体；其东北角发现残灶一座，平面呈椭圆形，长径43厘米、短径33厘米，周围残留约4厘米的灶壁，火门位于东南；室内踩踏面残留厚度约为5厘米。

F2-3位于F2西北部。平面呈长方形，东西长340厘米，南北宽120厘米；门道位于房屋西南角，被H78破坏严重，宽约90厘米；房内东部地面有120厘米×100厘米的红烧结面，厚1～3厘米，残留西、北墙基槽，宽15～20厘米，北墙基槽残留有一直径为20厘米的柱洞，残深30厘米，西墙基槽上残留有一直径为40厘米的柱洞，残深42厘米；F2-1与F2-3的隔墙宽15厘米，残留柱洞一个，直径为15厘米，残深25厘米；室内踩踏面残留厚度约为5厘米。

房屋以南为踩踏面，厚约5厘米，土色呈灰黄色，质地硬；踩踏面下为垫土，厚约30～50厘米，土色为灰褐色，质地较疏松，因破坏严重范围不清。

房间垫土内出土少量陶片，多为夹砂灰陶，泥质灰陶次之，纹饰以绳纹为主，少量附加堆纹、弦纹，可辨有鬲、罐口沿及大口尊残片。

2. 单间

共11座，择其保存相对完整者说明。

F1 位于ⅣT1206西南角，开口4层下，方向为90°。其形状接近方形，东西长280厘米，南北宽240厘米。仅保存有房屋垫土、柱洞及灶。垫土呈黄灰色，质地硬，残厚20厘米；残存柱洞两个，一个位于房屋中部，直径为40厘米；一个位于房屋的东北角，直径45厘米；柱洞内填土经过夯打；灶仅剩红烧土烧结面，长80、宽62厘米（图五）。

垫土内出土陶片20余片，均为泥质灰陶，纹饰基本为绳纹、弦纹，包括盆、大口尊等陶器腹片。

F3 位于ⅣT1005中东部，开口5层下，方向为210°，被H4、H55及H208打破。长方形，长500厘米，宽260厘米。残存房屋垫土、墙基槽及门道。室内外垫土为黄灰色，土质硬，残留深度为30厘米，被破坏严重，因而无法判断其范围；墙基槽填土灰色，包含大量炭粒、料姜石，土质硬，似经过夯打，宽50、残深30厘米；门道朝向西南，宽110厘米（图六）。

垫土内出土残碎陶器、骨器、石器及蚌器。陶器多为夹砂灰陶，少量为泥质灰陶，纹饰多为中绳纹，少量附加堆纹及弦纹，器形有鬲、爵、深腹罐、高领罐、大口尊、瓮、盆、纺轮等。骨器包括针、卜骨，另有石刀、蚌刀。

F5 位于ⅣT0905东部，开口5层下，方向为128°，被H36、H51、H35、H59及M10打破。长方形，长516厘米，宽175厘米，被破坏较为严重，仅残存室内外垫土及少量墙

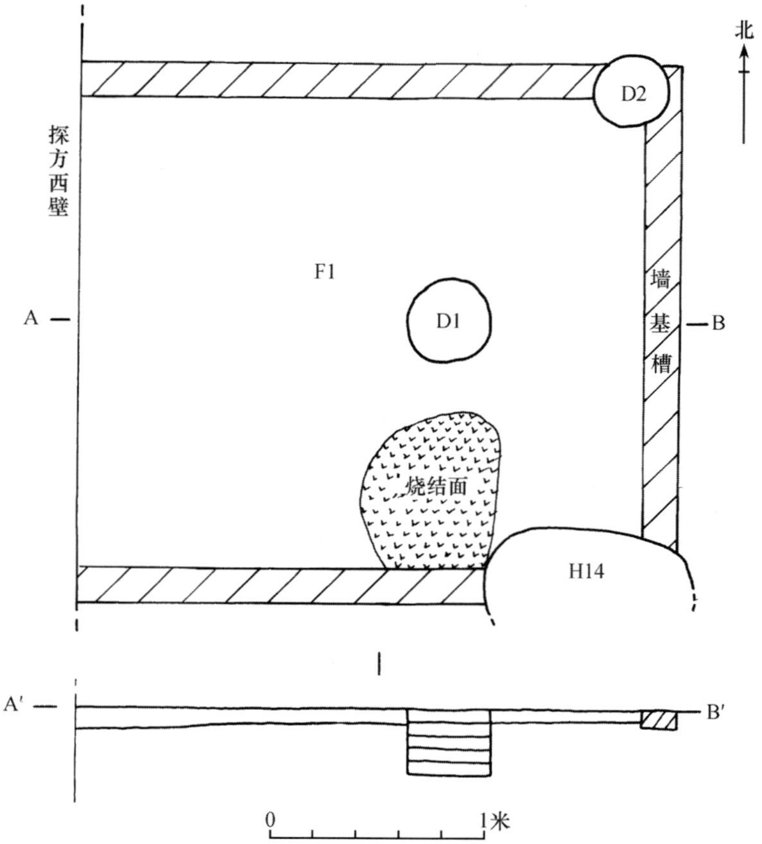

图五　望京楼遗址F1平、剖面图

基槽。垫土土色为黄灰色，土质较硬，厚度为40～46厘米；墙基槽填土灰褐色，土质较硬，宽20厘米，残深10厘米（图七）。

出土物包含陶器、骨器和石器。陶器可分为夹砂灰陶和泥质灰陶残片，纹饰多为细绳纹，少量弦纹，器形为鼎、盆、罐、大口尊、纺轮等。骨器为匕、削，石器为镰。

F15　位于ⅣT0605东部，开口5层下，方向为195°，被H612及H642打破，长方形。门道朝向西南，南北长490厘米，东西宽约350厘米。残存墙基槽、室内垫土、门道及灶。室内垫土为黄花土，含红烧土颗粒，土质稍硬，局部稍显踩踏面，垫土厚5～10厘米；门道位于南墙偏东，宽6厘米；墙基槽填土为黄褐色，稍经夯打，土质硬，宽40～45厘米，残深10厘米；灶位于室内西部，呈圆角长方形，长85厘米、宽53厘米，直壁略内收，缓坡状底南高北低，深14～20厘米。周壁及底部均有一层红色烧结面，灶内填土为散碎红烧土和草木灰（图八）。未见遗物。

F16　位于ⅣT1306东北部，开口5层下，方向为93°，被H71打破。残存房屋垫土、活动面、墙基及柱洞等。垫土分为两层：第1层厚5～10厘米，土色灰黄，结构疏松，内含红烧土、炭粒及极少量陶片；第2层厚20厘米，灰色土，土质疏松，内含炭灰、红烧土

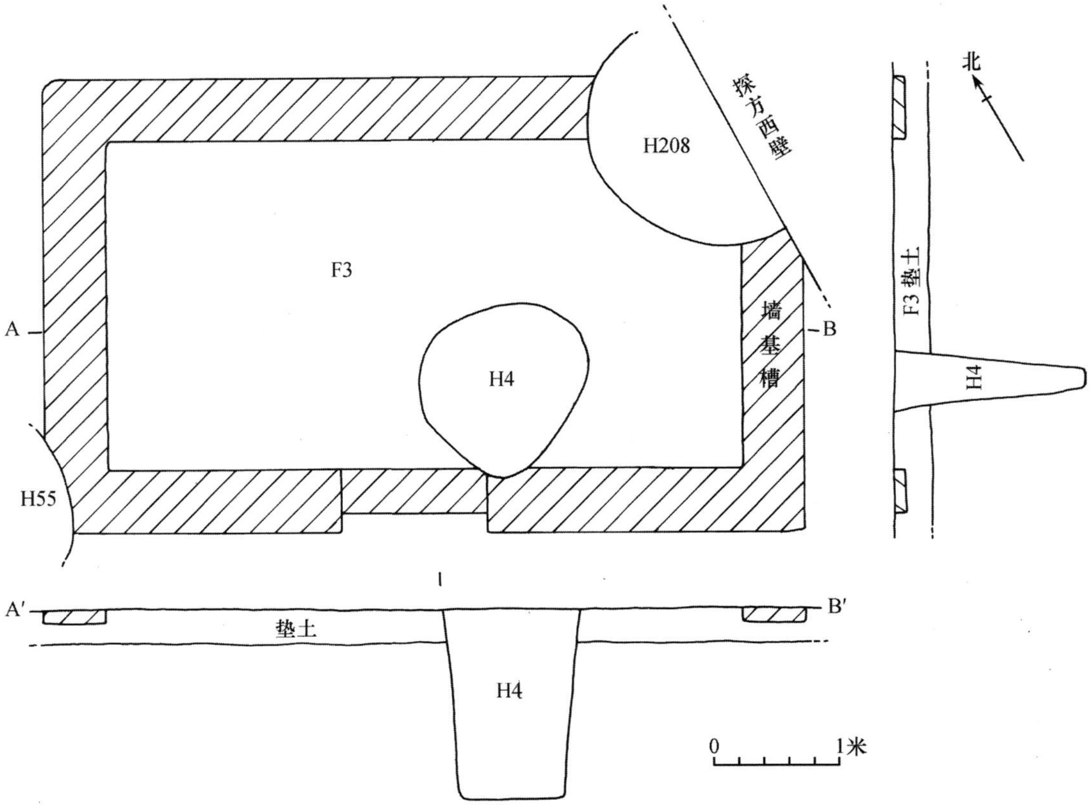

图六　望京楼遗址F3平、剖面图

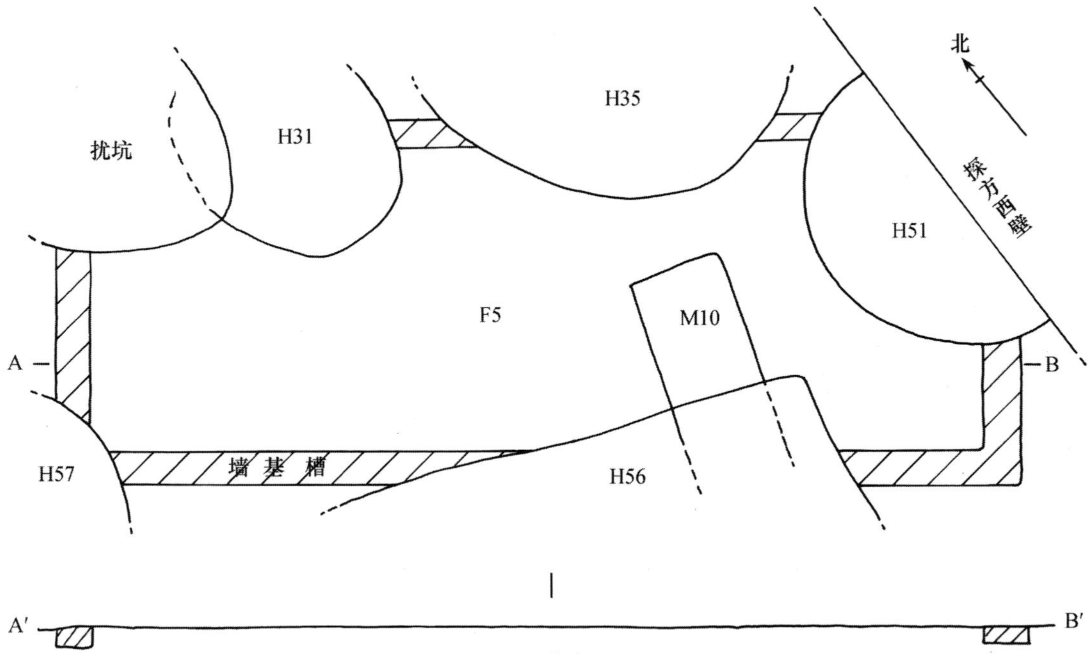

图七　望京楼遗址F5平、剖面图

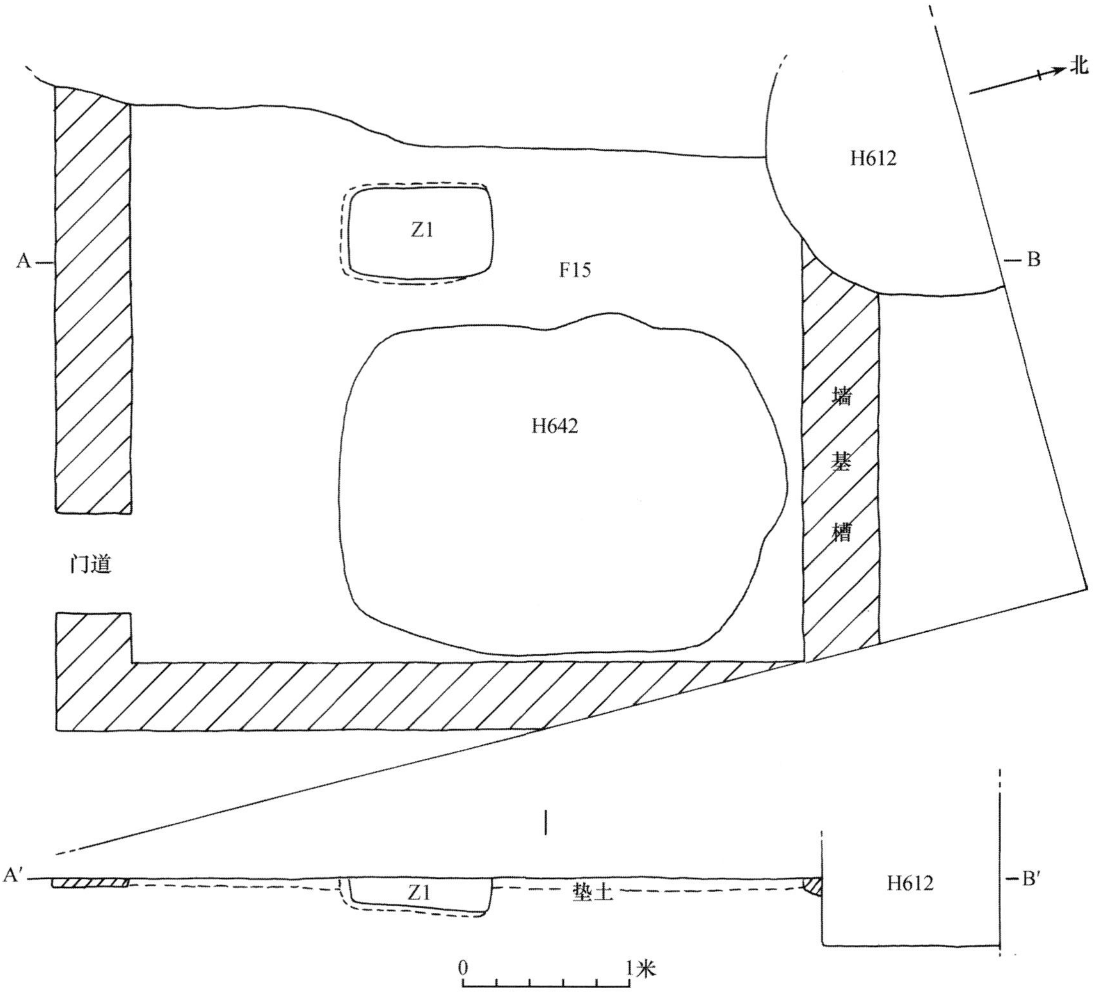

图八　望京楼遗址F15平、剖面图

及少量陶片；垫土之上为活动面，厚10～15厘米，黄色土，结构紧密，较为纯净。北、东、西均有墙基槽，宽40厘米，深40厘米，夯打而成，每层厚约8厘米。在西墙上发现两个柱洞，大小一致，直径为32厘米，中有直径为15厘米的炭灰，应为柱子痕迹，残深13厘米，之下为厚8厘米的小石粒层，应为柱础，柱础下有14厘米厚的夯土，夯层不明显（图九）。

垫土内出土少量陶片，可分为夹砂灰陶和泥质灰陶，纹饰均为绳纹，器形有深腹罐、大口尊、簋。

三、出土遗物

房址内出土的遗物相对较少，且保存状况极差，以日常陶器为主，器类有鬲、鼎、爵、

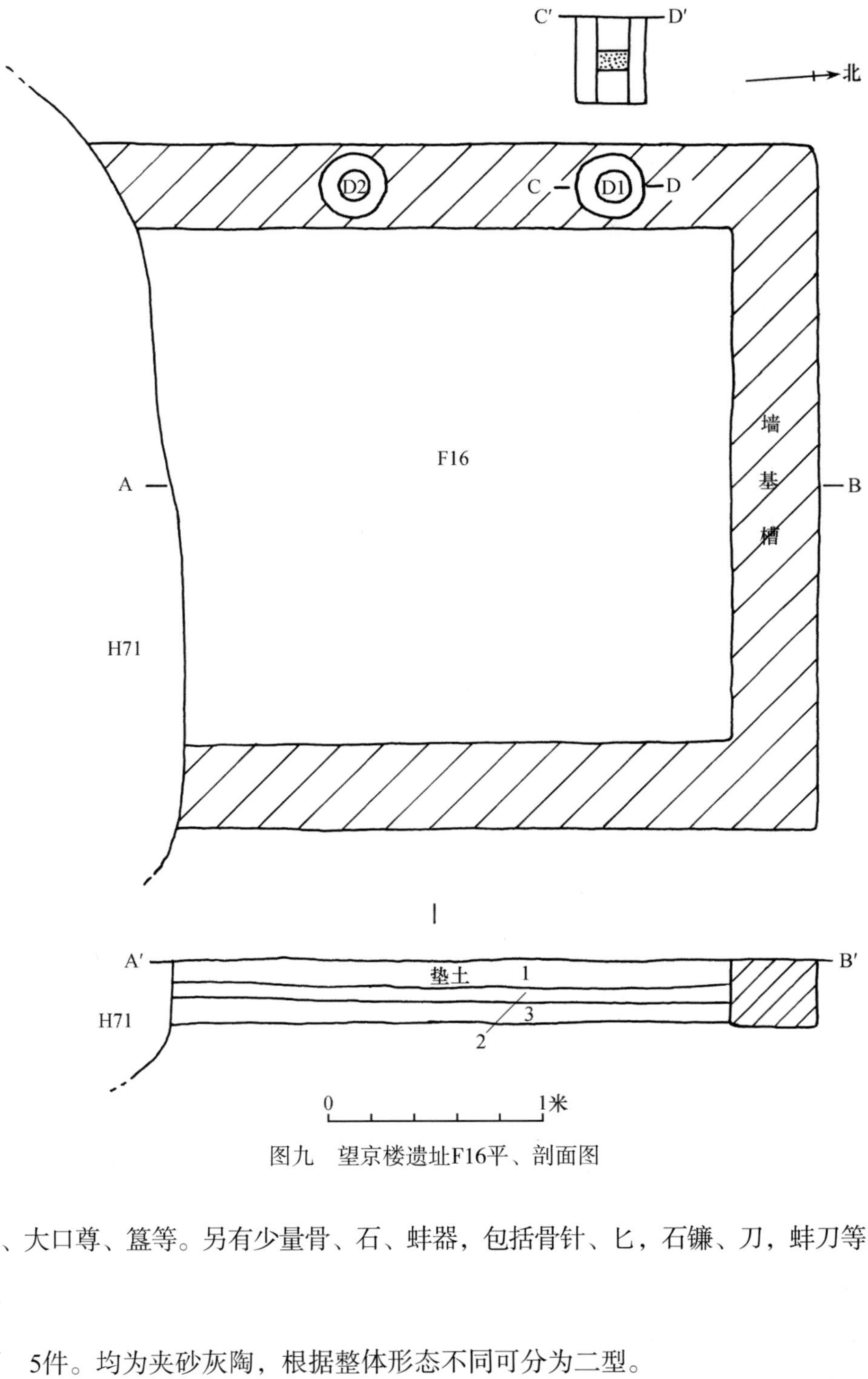

图九　望京楼遗址F16平、剖面图

罐、盆、大口尊、簋等。另有少量骨、石、蚌器，包括骨针、匕，石镰、刀，蚌刀等。

1. 陶器

鬲　5件。均为夹砂灰陶，根据整体形态不同可分为二型。

A型　4件，形体较大。F3：7，敛口，卷沿，双唇，上唇圆，沿面有一周凸棱，有矮束颈，弧肩，肩部饰附加堆纹及中细绳纹。口径22、残高5.5厘米（图一〇，1）。F2：4，敛口，折沿，方唇，溜肩，弧腹，肩部饰附加堆纹，腹部饰附加堆纹及绳纹。口

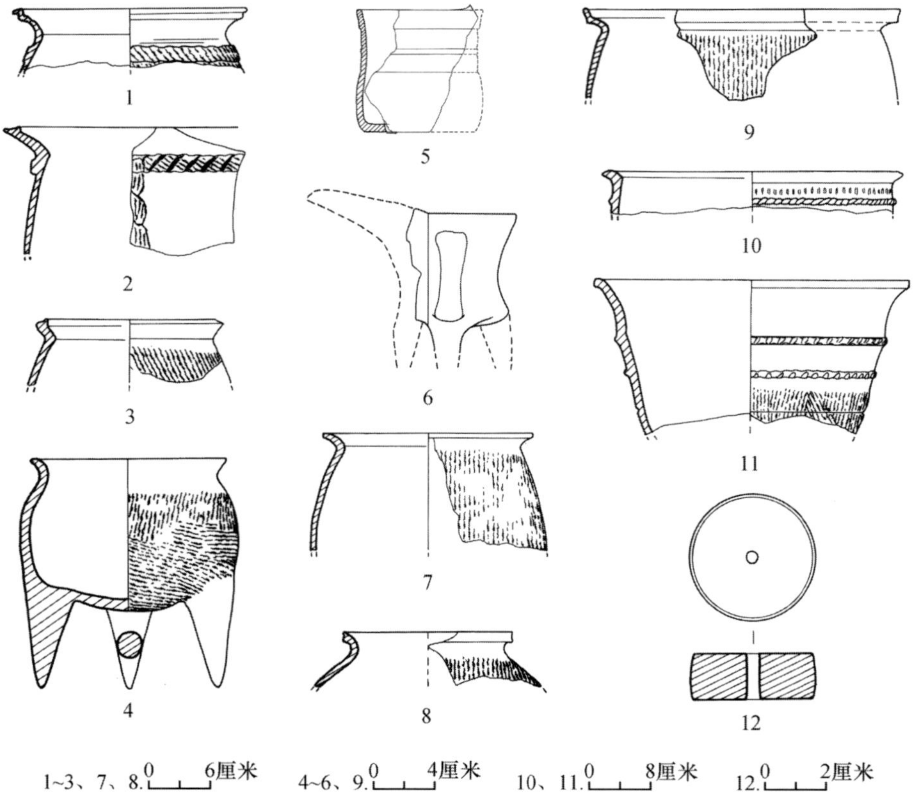

图一〇　望京楼遗址出土陶器

1、2. A型鬲（F3∶7、F2∶4）　3. B型鬲（F2∶5）　4. 鼎（F5∶1）　5、6. 爵（F3∶3、F3∶15）　7. Ⅰ式夹砂深腹罐（F16∶1）　8、9. Ⅱ式夹砂深腹罐（F2∶1、F3∶11）　10. 缸（F3∶26）　11. 大口尊（F2∶2）　12. 纺轮（F3∶6）

径约为22、残高12厘米（图一〇，2）。

B型　1件，体形较小。F2∶5，敛口，折沿，斜方唇，溜肩，下残，肩以下饰绳纹。口径18、残高6厘米（图一〇，3）。

鼎　1件。F5∶1，夹砂灰陶，敛口，卷沿，圆唇，溜肩，弧腹，圜底，锥状足。腹部饰交错绳纹。口径为12.4、高14.5厘米（图一〇，4）。

爵　2件，均为夹砂灰陶，胎体薄。F3∶3，侈口，无沿，束腰，一侧有桥形耳，素面。口径为10、残高9.5厘米（图一〇，5）。F3∶15，侈口，短沿，平底，上腹中部有凸棱一周，素面。口径为8、残高7.7厘米（图一〇，6）。

夹砂深腹罐　共7件。均为夹砂灰陶，可分为二式。

Ⅰ式：2件。F16∶1，夹砂灰陶，卷沿，方唇，溜肩，弧腹，腹下残。腹部饰细绳纹。口径20、残高11厘米（图一〇，7）。

Ⅱ式：5件。F2∶1，夹细砂灰陶，直口，方唇，有矮束颈，肩以下残，肩部饰细绳纹。口径16、残高5厘米（图一〇，8）。F3∶11，宽方唇，卷沿，口微敛，肩部饰细绳

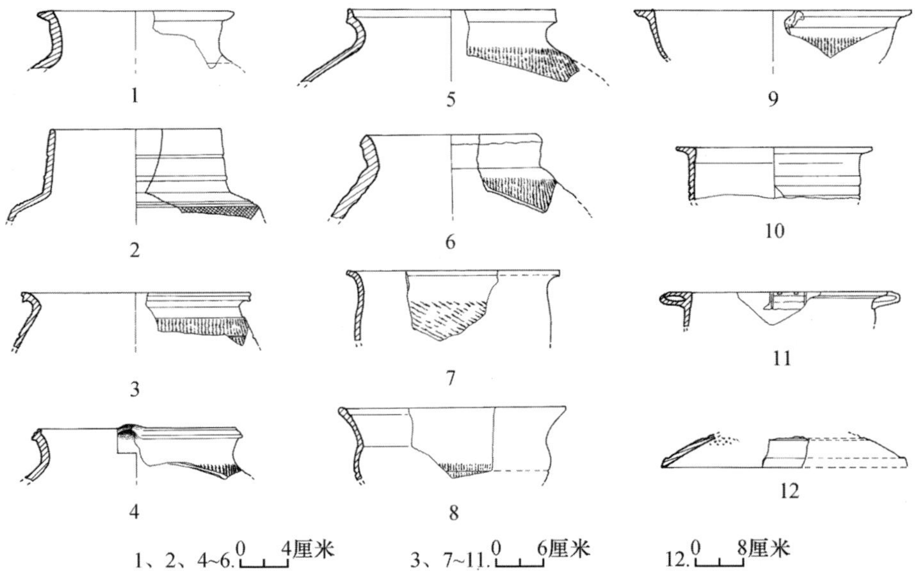

图一一　望京楼遗址出土陶器

1、2. 高领罐（F3：16、F3：17）　3. 无领罐（F3：18）　4. 捏口罐（F3：19）　5、6. 瓮（F3：20、F3：21）　7. A型盆（F5：9）　8、9. B型盆（F3：24、F3：25）　10、11. 簋（F5：8、F5：10）　12. 器盖（F3：27）

纹。口径20、残高5.7厘米（图一〇，9）。

缸　1件。F3：26，夹砂灰陶，侈口，短折沿，尖唇，肩部饰附加堆纹，下残。口径38、残高5.2厘米（图一〇，10）。

大口尊　2件。F2：2，敞口，斜方唇，长颈，微折肩，口径大于肩颈，斜腹，肩部及上腹部分别饰一周附加堆纹，下腹部饰细绳纹，下残。口径40、残高19.2厘米（图一〇，11）。

高领罐　2件。F3：16，泥质灰陶，直口，尖唇，肩以下残。口径16、残高4.6厘米（图一一，1）。F3：17，泥质灰黑陶，敛口，圆唇，无沿，领部有凹槽及凸棱各一周，折肩，肩部饰方格纹。口径14、残高7.4厘米（图一一，2）。

无领罐　1件。F3：18，泥质灰陶，方唇，唇内有凹槽，侈口，肩部饰弦纹及细绳纹，下残。口径为28、残高6.5厘米（图一一，3）。

捏口罐　1件。F3：19，夹细砂灰陶，侈口，有矮颈，肩部饰细绳纹，下残。口径16、残高4厘米（图一一，4）。

瓮　2件。F3：20，夹细砂灰陶，敛口，斜方唇，唇内有浅凹槽，束颈极矮，广肩，肩部饰细绳纹，下残。口径17、残高5.8厘米（图一一，5）。F3：21，夹粗砂灰陶，敛口，斜圆唇，颈部稍高，广肩，肩部饰细绳纹，下残。口径14、残高6.5厘米（图一一，6）。

盆　5件。均为泥质灰陶，根据腹部不同可分为二型。

A型　深腹，1件。F5：9，卷沿，方唇，深弧腹，腹部饰细绳纹，下残。口径26、残高8.5厘米（图一一，7）。

B型　浅腹，4件。F3：24，敞口，卷沿，圆唇，高领，浅腹，素面，腹以下残。口径28、残高8.5厘米（图一一，8）。F3：25，敞口，宽平折沿，圆唇，浅腹，腹部饰细绳纹，下残。口径34、残高5.8厘米（图一一，9）。

簋　2件。F5：8，泥质灰陶，平折沿，方唇，上腹直，腹部有凹弦纹三道，下残。口沿24、残高6.2厘米（图一一，10）。F5：10，宽平折沿，沿外及颈部连接有兽形纽，下残。口沿21.5、残高4厘米（图一一，11）。

器盖　1件。F3：27，泥质灰陶，敞口，尖唇，弧腹，腹中部有凹槽一周，素面，内壁有小麻点。口径40、残高5厘米（图一一，12）。

陶纺轮　1件。F3：6，扁圆形，上下面均为平面，周壁较直，中间有一小圆孔。直径为4、孔径0.3、中厚1.4厘米（图一〇，12）。

2. 骨、石、蚌器

卜骨　1件。F3：1，应为牛肩胛骨磨制，较残。钻口圆而深，但大小不一，灼烧痕迹明显。残长9.6厘米（图一二，1）。

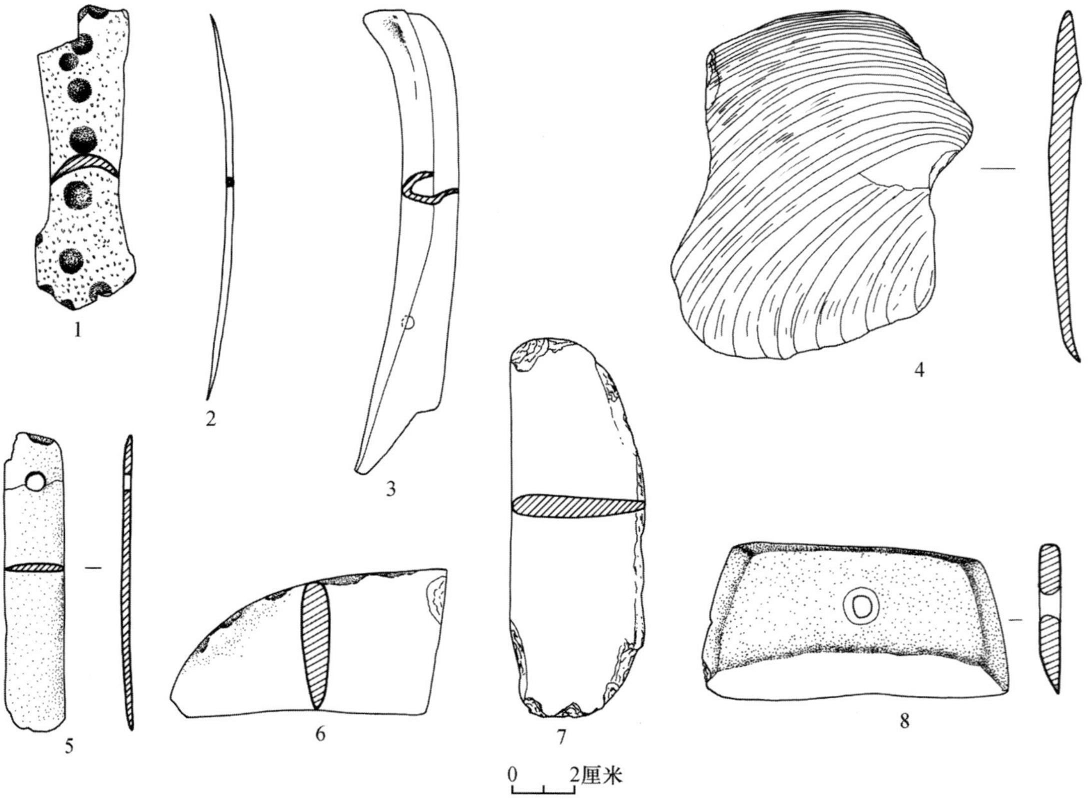

图一二　望京楼遗址出土骨、石、蚌器

1. 卜骨（F3：1）　2. 骨针（F3：2）　3、5、7. 骨匕（F5：4、F5：2、F5：5）　4. 蚌刀（F3：5）　6. 石镰（F5：3）　8. 石刀（F3：4）

骨针 1件。F3：2，细长条，两端均带尖，应为肋骨磨制而成。长12.2厘米，最宽处直径为0.03厘米（图一二，2）。

骨匕 3件。F5：2，扁长方形，底端双面刃，顶端有一孔，双面对钻而成，略残。长9.3、宽1.9、厚0.25厘米，孔直径为0.6厘米（图一二，5）。F5：4，长条状，一侧有刃，靠近底端有一小圆孔。残长14.5厘米，圆孔直径为0 .3厘米（图一二，3）。F5：5，扁平长方形，一侧有刃，残。残长11.8、宽4.2、厚0.7厘米（图一二，7）。

石镰 1件。F5：3，灰色，扁平长方形，双面刃。残长8.6、厚0.9厘米（图一二，6）。

石刀 1件。F3：4，红色砂岩石，刃部较锋利，带一孔，两面对钻而成。长9.6、宽4.3～4.9、厚0.7厘米，孔径0.6厘米（图一二，8）。

蚌刀 1件。F3：5，宽扁不规则形，刃部残，残长10、残宽8厘米（图一二，4）。

四、结 语

1. 房址年代

首先从层位关系分析，如F1、F2、F3开口于4层下，F2、F3被商代白家庄期灰坑打破，三座房址又叠压在5层之上，说明三座房址的年代下限不晚于白家庄期、上限不早于二里冈文化一期。

如F5、F6、F15、F16均开口于5层下，又被二里冈文化时期墓葬及灰坑打破，四座房址均叠压在二里头文化地层之上，说明这些房址下限不晚于二里冈文化一期、上限不早于二里头文化晚期。

部分房屋内出土有比较完整地陶器，它们应是房屋使用时的遗留物品，其他陶器残片均出土于房屋垫土中，或早于房屋或与房屋同时期。通过分析比较可知，房址内出土的陶器或碎片属于二里冈文化上层或属于下层。

综上可以得出结论：开口于4层下的房址属二里冈文化上层一期，开口于5层下的房址属二里冈文化下层二期。

2. 房址发掘的意义

虽然这批房址保存状况一般，但有些还是能够大致看出建筑形式在一定程度上反映了商代前期的建筑水平。在一些房址内出土有卜骨等占卜遗存，这为了解当时一般民众的生活习俗和宗教礼仪情况提供了新资料。

此类建筑具备了最基本的生活设施，应是人们日常生活的居所。但这些房址的面积狭小，设施相对比较简单，应该为较低社会等级人群的居所。尽管整个群体的地位比较低，但其中仍然表现出一定的等级差别。另外，此类建筑与其他形式的建筑（如大型夯土建筑）形成了鲜明的对比，反映了社会的分化，从而为探究当时社会的等级结构提供了新的线索。

3. 房址发现数量少的原因

相对于发掘面积而言，本次发掘的房基数量着实不多，笔者认为有以下几个原因。一是此区域为生活居住区，文化堆积很厚，历经东周、唐宋、明清等多个历史时期居民的破坏，一些房基已经被破坏殆尽。二是商代原有地面破坏严重，而房基不同于灰坑，一般是建筑在地势较高的地方，故极易破坏。三是“商代房基多是半地穴式，灰坑其实就是房子的下半部，非常容易将其归入灰坑类”[1]。

领　队：顾万发
绘　图：郭中芳　张少华

注　释

[1] 袁广阔、朱光华：《关于郑州商城小型房基的几点认识》，《中原文物》2010年第5期。

（原刊于《中国国家博物馆馆刊》2015年第1期）

望京楼二里冈文化城址初步勘探和发掘简报

吴 倩　魏青利　柏天然

2010年9月，为配合“郑州市南出口暨郑新快速通道”的基本建设，经国家文物局批准，郑州市文物考古研究院对望京楼遗址进行了考古发掘，同时为全面了解该遗址的分布范围及内涵，在遗址周边区域进行了大规模的调查及勘探。在勘探过程中，首先在发掘区域东北部发现了城墙遗迹，并在原定保护范围之外发现了大量夏商时期遗存。据此，我们对遗址的面积进行了重新估计，进一步扩大了勘探区域，以了解该城址的分布范围、形制、时代和性质。从10月8日开始，用了近三个月的时间，通过考古勘探和发掘，取得了科学资料，共发现了两重城墙及三重护城河。现将二里冈文化城址初步勘探及发掘情况简报如下。

一

望京楼遗址位于河南省新郑市新村镇望京楼水库（利用黄水河而建）东部（图一），北距郑州市区35千米，地理坐标为北纬34°26′42.6″，东经113°43′25.4″，海拔119米，因遗址西南角的一处夯土台基称为望京楼而得名。黄水河从遗址西侧流过折而向东，郑新公路从遗址中部南北穿过。该遗址发现于20世纪60年代，1965年春及1974年冬群众平整土地时分别出土一批青铜器和玉器。经当时新郑市文化馆钻探调查，遗址南北长300米，东西长400米，面积12万平方米；文化层一般厚2米，最厚达4米。1996年6月，河南省文物考古研究所对该遗址进行了科研发掘，确认其时代属夏商时期。

城墙均掩埋于地下，地面无遗迹可寻，这虽使它免于遭过多的人为破坏，得以较好地保存下来；但也给勘探工作带来了一定困难，单单进行地面调查不易有所发现，只有勘探才能全面了解城址形制。本次勘探和发掘探明，城整体略作方形，方向为北偏东15°（以东城墙为准）。城址范围：东城墙长约590米，北城墙长约602米，南城墙长约630米，西城墙长约560米，面积约为37万平方米（图二）。

东城墙：北起杜村高清林家北165米、万邓公路南17米的东北角，向南穿过杜村、孟家沟村西侧，至南水北调干渠北边线18米。从北向南基本为一条直线，唯在距东北墙角196米、395米两处有缺口，缺口向西转折而后合拢形成“凹”字形，南北长约15.5米，东西长约3.5米。城墙宽约20米，保存厚度为1.2米，城墙夯土可分为深褐色土和包含较多料姜的灰黄色土，土质致密，夯打坚实。夯土距地表深度为0.3～0.8米。

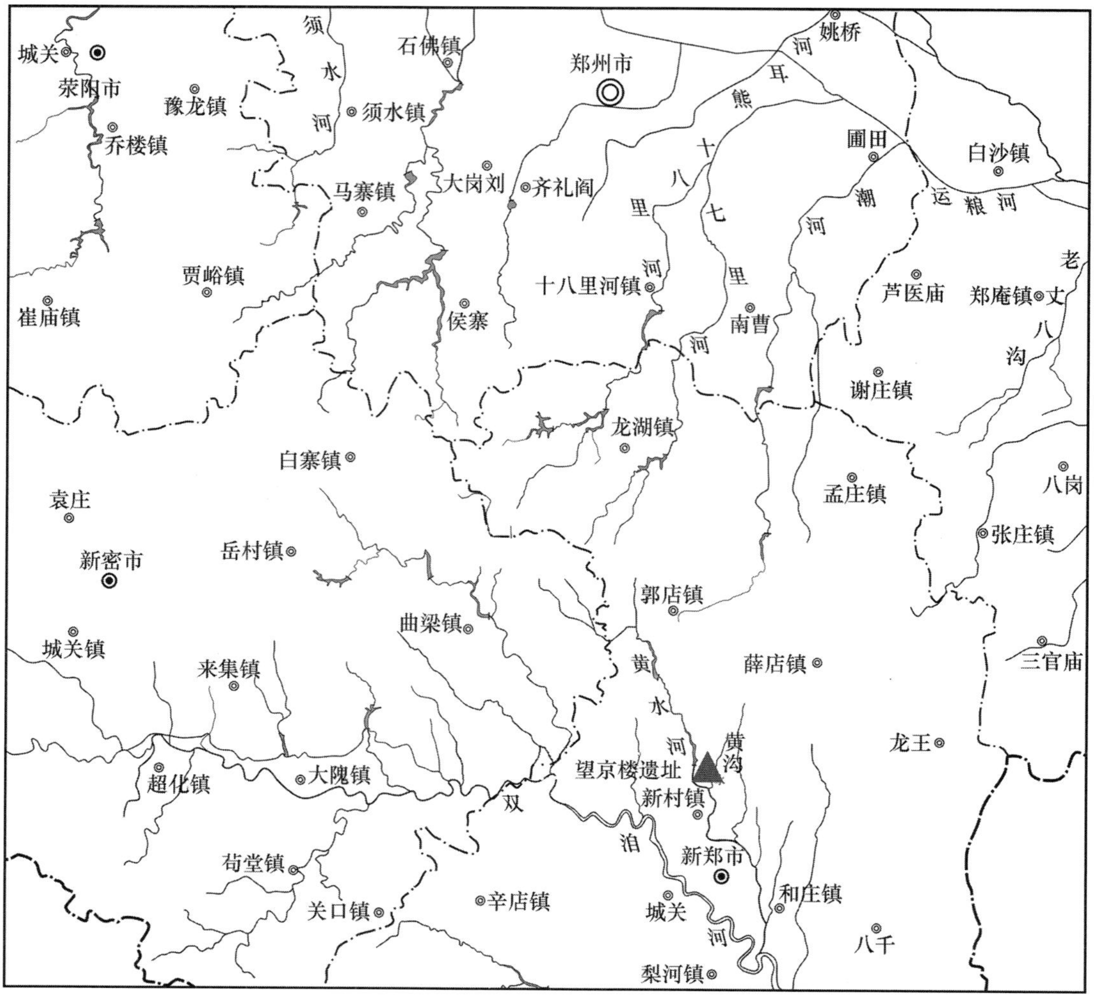

图一　望京楼遗址位置示意图

北城墙：东起东北城角，向西穿过郑新公路至城之西北角，此城角在杜村麦田内，东距郑新公路约300米，墙基的中段因被压在现代居民区下面而无法钻探。城墙宽度为10～19米，夯土厚度为1.5米。夯土的土质、颜色、硬度与东城墙基本相同。城墙夯土距地表深度为0.8米。

南城墙：东起东南拐角，顺南水北调主干渠向西穿过郑新公路、张垌村公墓至城之西南角，此城角位于黄水河东岸。城墙宽度为7～20米，夯土总厚度为0.5～1.5米。郑新公路以东夯土的土质、颜色、硬度与东城墙相同，但郑新公路以西中段保存较好处，土色呈黄褐，结构较为疏松。城墙夯土距地表深度为郑新公路以东0.3米，以西0.8米。

西城墙：南起西南拐角，顺黄水河东岸向北至西北拐角，但墙基大部分已被破坏，仅剩西南角、西北角，北部残存长度为90米，宽度为7～10米，距地表深度为0.4米。

除西城墙之外，紧邻城墙有一道壕沟，宽13～15米，深2.5～4.5米，距地表深度为

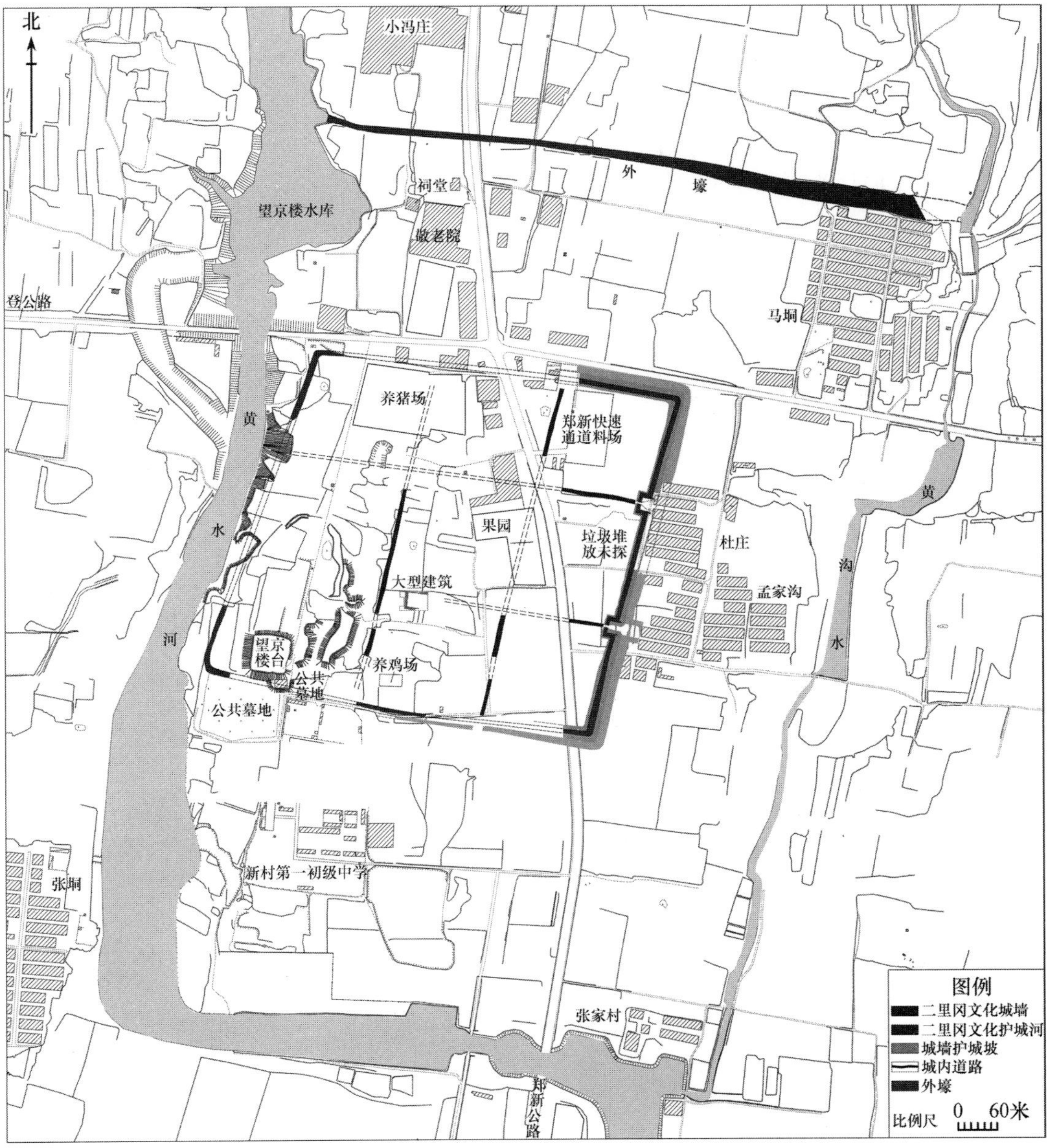

图二 望京楼二里冈文化城址平面图

1～1.5米，壕沟内堆积为淤土、淤沙，并出土有夹砂绳纹灰陶。

在三面城墙上共发现缺口三处：东城墙两处，南城墙一处。在城内发现道路四条，两条东西向，两条南北向（图二）。

东城墙上的两处缺口一南一北基本将城墙分成三等分。居南者距东北拐角为395米，城墙在缺口处向内转折约15.5米；缺口处从上到下分别为耕土层、近代冲积层、淤土和路土（编为L1）；路土为黄褐色，土质硬，目前钻探长度为60米，距地表深度为0.5米，宽度为3～7米，厚度为0.3米。居北者距东北拐角处为196米，位于杜村村民张民德、张建德宅子之下；缺口处从上到下为现代居住面、淤土及极少量的路土迹象（编为L2）。两处缺口的形制完全相同，当是东城墙的两座城门。

南城墙一处缺口距东南拐角190米，缺口处发现少量路土（编为L3），可断续与城内南北路相连，此处当是南城墙的一座城门。南北道路目前已断续钻探长度约为500米，距地表深度为1.2米，宽5～7米，厚度为0.3米，路土为黄褐色，土质硬。由于其北端被压在现代建筑之下而无法钻探，但可以预料，它应是贯通南、北城门的大道。

在据L3西186米、距南城墙22米处，发现路土（编号L4），向北钻探长度约为380米，宽3～4米，厚度为0.2米，路土为灰褐色，土质硬。

距城墙东北角东北约300米的马垌村东北部及村南发现夯土迹象。东北部夯土为一拐角，北部长27、宽5米，东部长20、宽6米，厚度0.3米；村南夯土长4、宽4、厚0.5米。东北部夯土外为一条东西向的人工开凿的壕沟，长1100、宽10～25、深2～3.5米，沟内堆积为淤沙和淤土。据勘探，此壕沟东接黄沟水，西连黄水河。黄沟水及黄水河均为自然河流，望京楼遗址即西、南临黄水河，东有黄沟水，只有北边与陆地相通。这样，该壕沟与黄水河、黄沟水形成一个封闭的防卫圈。在北城墙及外壕之间发现大量灰坑、陶窑、墓葬等遗迹。由此测定遗址的总面积达168万平方米（图二）。

为摸索建筑布局的大概情况，我们采用了拉稀网的方法对城内高地且未种植区域进行钻探，并适当做了一些卡探，发现一处大型夯土基址。

大型夯土建筑位于城址中南部，耕土层下即见，呈东西向长方形，由三块夯土组成。北边一块被一条淤土沟打破，长32.5、残宽0.5～4.5、残存厚度为1.2米。南边一块平面形状为长方形，残长19.5、残宽1～4.5、残存厚度约1米。西边一块平面形状为长方形，残长29、宽4.5～5、残存厚度约1.2米。夯土的土质、颜色、硬度与城墙夯土略同。

根据钻探所知城内地层堆积状况，城内地层堆积为七层。

第1层：为现代耕土层，厚0.3～0.4米。

第2层：为近代冲淤积土，土质细软纯净，呈浅黄色。此层厚度城南部和北部大不相同，南部厚0.3米，随着所在部位的北移，厚度逐渐增加为1.5米左右，局部可达2米。此层的形成可能与长期风沙沉积有关。

第3层：为东周文化层。一般分布在郑新公路以东，郑新公路以西未见，厚薄不均，深0.7～0.8米，厚0.5～0.95米，土色灰褐，含黄白色斑点，质硬。探孔内所见此层遗物，主要为泥质红陶和泥质灰陶陶片，纹饰为弦纹、粗绳纹等，器形为鬲、盆、罐、豆等，多数属东周时期，有的则是商代文化遗物。

第4层：为商代文化层。一般分布在郑新公路以东，郑新公路以西未见，厚薄不均，深1.2～1.75米，厚0.3～1米，土色浅灰色，土质稍硬，含黄色土块。探孔内所见此层遗物，多为夹砂灰陶和泥质灰陶陶片，纹饰多为细绳纹，少量粗绳纹、弦纹等，主要器形为鬲、大口尊、盆、罐等，多数属二里冈文化，有些则属二里头文化。

第5层：分布在郑新公路以东，以西未见，厚度较为均匀，深2～2.2米，厚0.45～0.7米，土色黄灰，土质稍松。探孔内所见此层遗物，主要为泥质灰陶和夹砂灰陶，纹饰多为粗绳纹，少量细绳纹、附加堆纹，器形为盆、罐、大口尊等，时代属二里头文化时期。

第6层：分布在郑新公路以东，厚度为0.5～0.7米，土色浅黄灰色，有大量水淤积痕迹，细腻纯净，质较硬，未见陶片。

第7层：为生土层。呈黄白色，土质细腻，包含大量料姜石。生土距地表深度不等，郑新公路以东为1.5～4米，以西为0.5～2米。

二

确定城墙之后，为廓清城墙结构、建造方法、年代及相互关系，我们在城址北城墙东段、城墙东南拐角处分别开挖了探沟。编号分别为2010XXWⅠT1、2010XXWⅣT1，方向均为15°。ⅠT1南北长30、东西宽5米（图三），ⅣT1南北长65、东西宽6米。本文仅介绍ⅠT1堆积状况及出土遗物。

（一）ⅠT1

1. 地层堆积（以探沟东壁为例，图四）

第1层：为耕土层，厚0.2～0.25米，为浅灰土，土质疏松。

第2层：为近代冲淤积层，距地表0.2～0.25米，厚0.1～0.5米，为浅黄土，土质略松，从南向北略有倾斜。

G1　位于探沟北部，一多半分布在探沟内，开口第2层下，向下打破后期修补夯土及护城河。堆积共分为4层：

G1①层距地表0.65～0.75米，厚0.15～0.9米。土色黄褐，土质略硬，从南向北倾斜堆积。出土少量碎陶片，可分为泥质灰陶、夹砂灰陶、夹砂褐陶，纹饰包含绳纹、附加堆纹、窗棂纹，可辨器形有鬲、大口尊、盆等。

G1②层距地表0.9～1.65米，厚0.5～0.55米。为灰褐夹杂黄色斑块淤积土，土质略松，从南向北倾斜堆积。出土少量陶片及人骨，陶器可分为泥质灰陶、夹砂灰陶、夹砂褐陶，纹饰包含绳纹、附加堆纹、弦纹，少量素面，可辨器形有鬲、罐、盆、大口尊等。

图三　二里冈文化北城墙探沟全景（南—北）

G1③层距地表2～3.25米，厚0.35～0.5米。为黄褐色淤积土，土质疏松，从南向北倾斜堆积。出土少量陶片及兽骨、兽牙，陶器可分为夹砂灰陶、泥质灰陶、泥质褐陶，纹饰有绳纹、附加堆纹、弦纹，

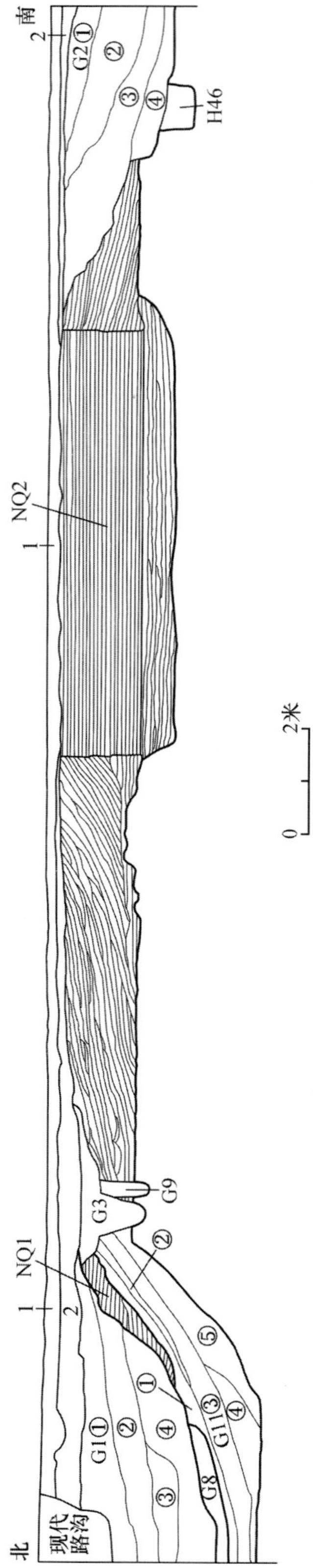

图四　ⅠT1东壁剖面图

少量素面，可辨器形有大口尊、盆、罐、缸等。

G1④层距地表1.5～2.7米，厚0.5～0.9米。为黄沙淤积土，土质疏松，从南向北倾斜堆积。出土少量陶片，可分为夹砂灰陶、泥质灰陶、泥质褐陶、夹砂红陶，纹饰有绳纹、附加堆纹、弦纹，少量素面，可辨器形有大口尊、鬲、盆、罐等。

G2　位于探沟南部，一多半位于探沟内，压在第2层下，向下打破城墙护坡，共分为4层堆积：

G2①层距地表0.4～0.5米，厚0.15～0.6米。黄灰褐土，土质略硬，从北向南倾斜堆积。出土少量陶片，分为夹砂灰陶和泥质灰陶，纹饰包含绳纹、附加堆纹，可辨器形有鬲、罐等。

G2②层距地表0.35～1米，厚0.5～0.9米，为黄沙淤积土，土质疏松，从北向南倾斜堆积。出土少量陶片，可分为夹砂灰陶、泥质灰陶，纹饰包括绳纹、附加堆纹，可辨器形有鬲、斝、大口尊、罐、盆、缸等。

G2③层距地表0.4～1.95米，厚0.3～1米。灰褐土，含青灰土块和较多料姜，土质略硬，堆积北部厚，南部薄。出土少量陶片，可分为夹砂灰陶和泥质灰陶，纹饰有绳纹、弦纹，无可辨器形。

G2④层距地表1.5～2.25米，厚0.15～0.5米。为灰褐色淤积土，土质略松，堆积北厚南薄。出土少量陶片，可分为夹砂灰陶和泥质灰陶，纹饰仅见绳纹，可辨器形为鬲、瓮、罐。

G3　位于探沟北部，开口在第2层下，被G1打破，打破城墙护坡及后期修补夯土，口大底小，口宽2.75、底宽0.35、深1.25米，填土为黄褐土，土质略松，含有少量料姜。出土极少量碎绳纹陶片，无法判断器形。

G8　位于探沟北部，被G1叠压打破，其向下又打破G11，口距地表2.8～3.25米，自身厚0.25～0.4米。为黄灰细沙土，土质疏松，可以看出数层淤积土，从南向北略有倾斜堆积。出土少量陶片及兽骨，陶质有泥质灰陶、夹砂灰陶、夹砂褐陶，纹饰有绳纹、弦纹，少量素面，可辨器形有鬲。

G9　位于城墙外护坡边缘，叠压在G3之下，直壁平底，宽0.25、深1米，填土灰黄色，土质疏松，未见包含物。

H146　位于探沟南部，叠压在G2之下，平面呈不规则形，长0.83、宽0.8、深0.45～0.6米，填土灰褐色，土质疏松，未见包含物。

2. 城墙及护城河

（1）城墙（NQ2）　城墙开口在第2层下，距地表0.25～0.4米，被G2、G3、G9所打破，由墙基、墙体和护坡三部分构成。墙基部分的筑法是：先在黄白色生土中按城墙走向挖出基槽，而后逐层填土夯实。基槽口大底小，上口宽8.8米，底宽7.75米，深0.55米，两壁较为规整。当墙体高出基槽时，内外两侧分别向中心收缩，然后逐层向上夯筑，至现存城墙夯土顶部，城墙宽度为8.2米。现存墙高，从基槽口起算为1.55米，城墙

图五　夯层

图六　夯窝

夯土总厚度为2.1米。夯土土色为酱红色，土质坚硬，其中包含少量碎陶片。夯层清晰，基本平直，每层厚7～8厘米，夯窝排列无规律且多重叠现象，夯窝包含圆形、椭圆形，圜底，直径为3～4厘米。夯土中出土的陶片极少且碎，仅见泥质灰陶，表面均饰细绳纹，无可辨器形。

主体城墙筑起之后，并对内外两侧加工，在两侧夯筑护坡。护坡表面平整且作坡状堆积，靠近墙体一端高，远离墙体一端低。内侧护坡被G2打破，上部宽1米，下部宽3.3米，高1.4米；外侧护坡被G3、G9打破，现存上部宽6.75米，下部宽8.5米，高1.4米。护坡夯土为黄土，含较多料姜和少量褐土块，夯层均匀而清晰，夯层倾斜（图五），夯窝密集（图六）。夯土中包含碎陶片、兽牙。陶质以夹砂灰陶和泥质灰陶为主，还有少量黑皮陶、夹砂红陶，纹饰均为绳纹，可辨器形有鬲、罐等。陶片特征多属二里冈文化下层。

（2）护城河（G11）　紧贴城墙外护坡，分为五层堆积，被G3、G8打破和叠压。

G11①层距地表0.9～3.4米，厚0.15～0.2米。为红褐土，土质略硬，含有夯土块，从南向北倾斜堆积。出土少量陶片，可分为夹砂灰陶、泥质灰陶、泥质褐陶，纹饰多为绳纹，少量刻划菱形方格纹、弦纹、附加堆纹，余为素面。可辨器形有簋、盆。

G11②层距地表1.05～2.5米，厚0.25～0.4米。土色灰褐，质略硬，从南向北倾斜堆积。出土少量陶片，可分为夹砂灰陶和泥质灰陶，纹饰仅见绳纹，陶片较碎，看不出器形。

G11③层距地表1.05～3.75米，厚0.25～0.4米。为黄褐土，含有较多料姜及夯土块，土质略硬，从南向北倾斜堆积。出土少量陶片，可分为泥质灰陶和夹砂灰陶，纹饰多为绳纹，少量附加堆纹，器形不可辨。

G11④层距地表3.1～4米，厚0.2～0.55米。为灰褐淤积土，土质略硬，从南向北略有倾斜堆积。未见包含物。

G11⑤层距地表1.35～4.1米，厚0.1～0.75米。为黄灰褐土，含有料姜和夯土块，土质略硬，从南向北倾斜堆积。出土少量陶片，均为泥质灰陶，纹饰均为绳纹，器形不可辨。

3. 在ⅠT1的发掘中，还发现了一些与修建与修补城墙有关的现象

第一，在护坡夯层最底部的三层及护坡和墙体结合部发现有编织物铺垫的痕迹（图七），其用途尚待进一步判定。

图七 编织物铺垫遗留的痕迹

第二，ⅠT1、ⅣT1均发现G9位于外护坡边缘，似是围绕城墙一周，应与城墙有关联，其具体用途一时尚难判定。

第三，在内护坡底部发现墓葬一座，墓为土圹竖穴，墓口为长方形，东西长1.7、南北宽0.5、深0.3米，墓边不整齐，墓内填土为夯土。墓内放置人骨一具，无任何随葬品。人骨为仰身直肢，双足并拢，手置于盆骨处，肋骨受压变形重叠在一起。从地层叠压关系及埋葬情况来看，死者社会地位甚低，他的死当与这一大型土建工程有着某种联系。

第四，我们在探沟北部发现修补城墙的遗迹，直接叠压在护城河之上（NQ1）。后补部分为黄色，以黄白色生土夯打而成。被G1和G3打破，口距地表0.8米，现存从上至下为倾斜一条，上宽0.5米，下宽0.15米，斜高3米，可以看出25层夯土，夯层厚8厘米左右，夯窝圆形圜底，直径为3～4厘米，深2～3厘米，没有发现出土物。G8则是后期修补城墙的护城河。

（二）文化遗物

此次发掘的两条探沟，出土遗物数量较少，多为陶片，少量为兽骨，陶片多较碎因而无法修复。以下重点介绍陶器出土情况。

出土陶器仅见一件较为完整的器物，可辨认的器形有鬲、罐、斝、盆、簋、大口尊、缸等，其中以鬲、罐最多。陶质主要为夹砂灰陶和泥质灰陶，有少量夹砂褐陶和泥质褐陶。鬲、斝、缸、罐等多为夹砂灰陶，盆、簋、大口尊等皆为泥质灰陶。器物纹饰以中、细绳纹为主，其次为弦纹、附加堆纹，还有少量窗棂纹、刻划菱形方格纹、麻点纹、平底圆窝纹等，其中麻点纹、平底圆窝纹仅施于器物内壁。

罐是出土数量最多的器物，形制种类也多。

深腹罐 侈口，卷沿，宽方唇，唇内有凹槽一周。根据颈部、腹部及纹饰的变化可分为二式。

Ⅰ式：2010XXWG2④：1，有矮颈，上腹部微圆，下残，饰中细绳纹。口径16.4、残高6.4厘米（图八，1）。

Ⅱ式：2010XXWG2②：2，无颈，上腹部斜直，下残，饰中绳纹。口径17.2、残高10.7厘米（图八，2）。

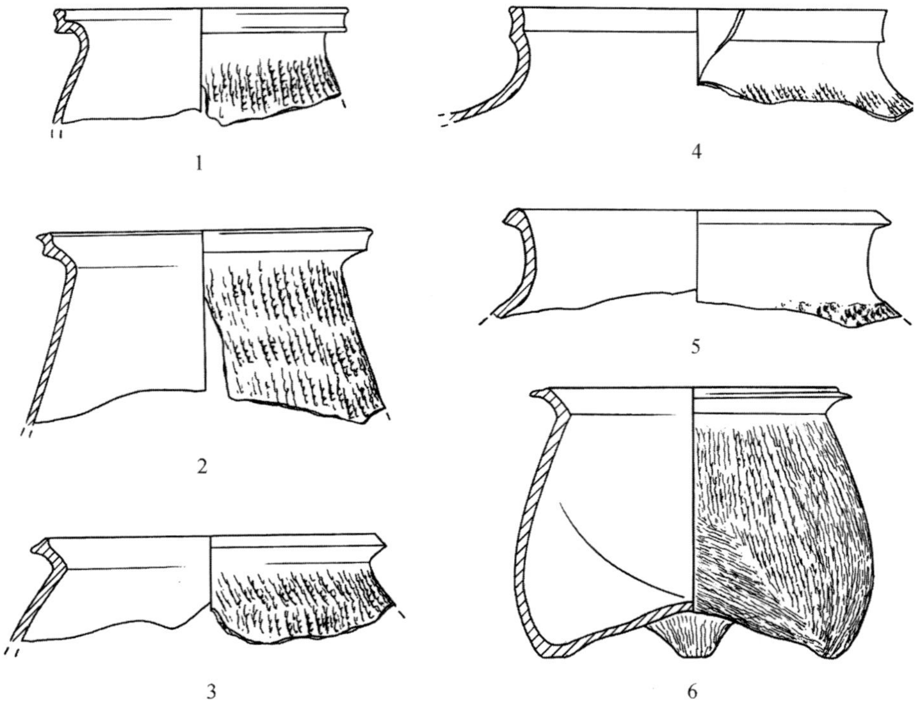

图八　出土陶器

1. Ⅰ式深腹罐（G2④：1）　2. Ⅱ式深腹罐（G2②：2）　3. Ⅱ式鬲（G2②：1）　4. 直口罐（G2④：3）　5. 高领罐（G2③：1）　6. Ⅰ式鬲（G2④：2）

高领罐　2010XXWG2③：1，高领，卷沿，沿面斜直，颈部近于垂直，弧肩，下残，肩部饰有附加堆纹。口径21、残高6厘米（图八，5）。

直口罐　2010XXWG2④：3，陶胎厚，直口，折沿，沿内侧有凹槽一周，宽方唇，唇面微凹，有矮领，广肩，下残，肩部饰附加堆纹。口径20.1、残高6.6厘米（图八，4）。2010XXWG2①：1，陶胎较厚，口微敛，折沿，宽方唇，唇面有窄凹槽一周，有矮领，广肩，下残，肩部饰附加堆纹及绳纹。口径20.4、残高10.2厘米（图九，1）。

鬲　出土数量较多，多见于G1、G2淤土中。多为夹砂灰陶，侈口，体态较肥。根据沿、颈部及纹饰的变化可分为二式。

Ⅰ式：2010XXWG2④：2，折沿，尖唇，矮束颈，分裆部位较低，足尖残，通体饰细绳纹。口径16、通高15.5厘米（图八，6）。

Ⅱ式：2010XXWG2②：1，折沿，方唇，唇之转角鲜明，斜沿面略凹陷，无颈，下残，饰中细绳纹。口径18.4、残高5.8厘米（图八，3）。

盆　见6件。2010XXWG2②：3，残，泥质灰陶，侈口，宽折沿，沿面上有两周凹槽，浅腹，上腹饰两周弦纹，下腹饰绳纹。残高9厘米（图九，6）。

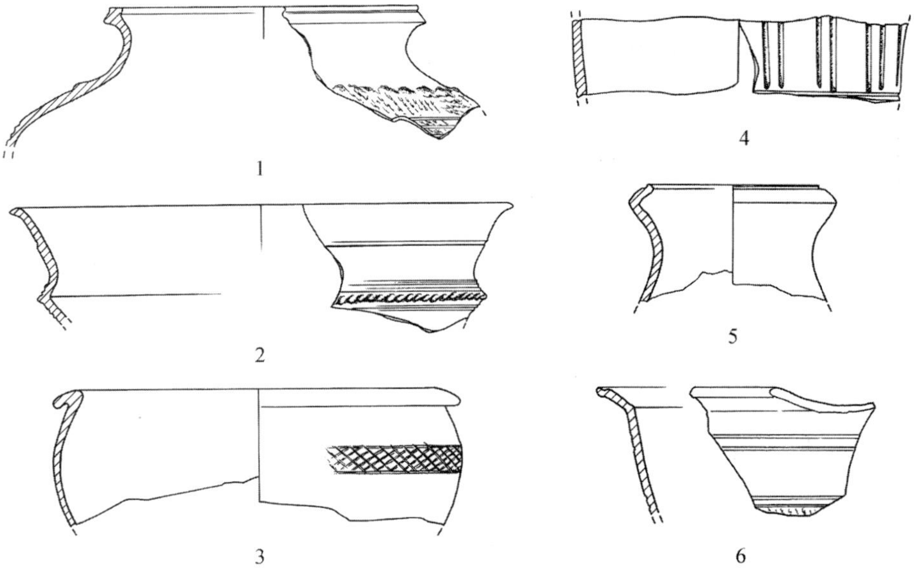

图九　出土陶器

1. 直口罐（G2①：1）　2、4. 大口尊（G1④：3、G1①：2）　3. 簋（G11①：1）
5. 斝（G2②：4）　6. 盆（G2②：3）

大口尊　见5件。2010XXWG1④：3，残，泥质灰陶，敞口，口径大于肩径，圆唇，卷沿，长颈，颈中部有一周凹槽，肩部饰一周附加堆纹。口径36、肩径32、残高8.4厘米（图九，2）。2010XXWG1①：2，残，泥质灰陶，饰窗棂纹。残高5.6厘米（图九，4）。

斝　仅见1件。2010XXWG2②：4，残，夹砂灰陶，敛口，沿外侧有一周凹槽，肩部转角较钝，素面。口径12、残高8.4厘米（图九，5）。

簋　仅见1件。2010XXWG11①：1，残，泥质灰陶，口微敛，宽卷沿，沿缘下垂，圆腹，腹部饰一周刻划的菱形方格纹。口径29.5、残高10厘米（图九，3）。

三

通过三个多月的考古钻探和发掘，我们已经基本查清了望京楼二里冈文化城址的范围、形制，摸清了城内建筑布局的大致情形，并从地层关系和出土文物两个方面找到了足以证明其为二里冈文化城址的可靠证据。

望京楼二里冈文化城址位于郑州商城南部35千米，南距新郑6千米，地理位置优越，规模宏大，城内文化层厚，且发现了大型建筑基址一处，今后还会做较细致的探查，定会发现更多的建筑基址。以上发现意味着，望京楼遗址绝非一般聚落，而应是一座方国都城或军事重镇。当然，其具体性质有待于进一步的发掘和研究。

望京楼二里冈文化城址的全部历史沿革，不是我们所做一点点工作能解决的，需要进行大量工作才能给予较为明确的回答。根据现有勘探和发掘资料，我们有理由断定，商文化的二里冈期应是该城历史上的兴盛期；在与二里冈上层相当的某段时间里，城墙曾做过修补；该城的废弃年代约相当于二里冈上层二期晚段或更迟一些的时期。

望京楼二里冈文化城址的性质、时代即如上述，它的重新面世，为夏商文化分界探讨增添了新的材料，亦将有力促进夏商文化区域聚落形态与政治地理结构研究的深入。

最后应该指出，这座古城址几千年来深埋于地下，遭受后世破坏较少。整个城址地处旷野，城址范围内，除了孟家沟村、杜村、马垌村及公路交叉口有几个临时性店铺，其他概无大面积现代建筑。这些说明，今后进一步考察和保护该城的工作，具有十分可喜的前景。

附记：望京楼遗址的勘探、发掘工作得到了郑州市文物局和郑州市文物考古研究院领导的大力支持。尤其是在钻探发掘未收取任何费用的情况下，张松林院长鼎力支持遗址勘探和发掘工作，由单位垫资并投入大量人力、物力，使得各项工作得以稳步推进并取得一定成果。于此一并致谢。

本次发掘领队顾万发，王羿摄影，焦建涛、孙凯绘图。

（原刊于《中国国家博物馆馆刊》2011年第10期）

河南新郑望京楼二里冈文化城址东一城门发掘简报

吴 倩

望京楼遗址位于河南省新郑市新村镇望京楼水库的东侧，地理坐标北纬34°26′42.6″，东经113°43′25.4″，海拔119米（图一）。2010年9月至2011年4月，为配合市政建设，郑州市文物考古研究院在此发现并发掘了一座二里头文化城址和一座二里冈文化城址。共发现二里冈文化城址的3座城门、1处大型夯土基址、“井”字形道路及城内丰富的文化堆积，基本弄清了城址布局。目前已发掘城门2座、道路2条、大型夯土建筑1座及城内东部的生活区。在东城墙发现的两座城门编号为D1、D2，其中D1距城址东南拐角195米，D2距东北拐角196米。两座城门基本将东城墙三等分。门前有护城河。现将东一城门（D1）的发掘情况简报如下。

一、地层堆积

城门处地层自上而下可分为4层，包括表土层、近代层、商代白家庄期及二里冈文化层其中白家庄期、二里冈文化层仅分布在局部区域。现以T1806～T1810北壁剖面为例（图二），对城门处地层作一介绍。

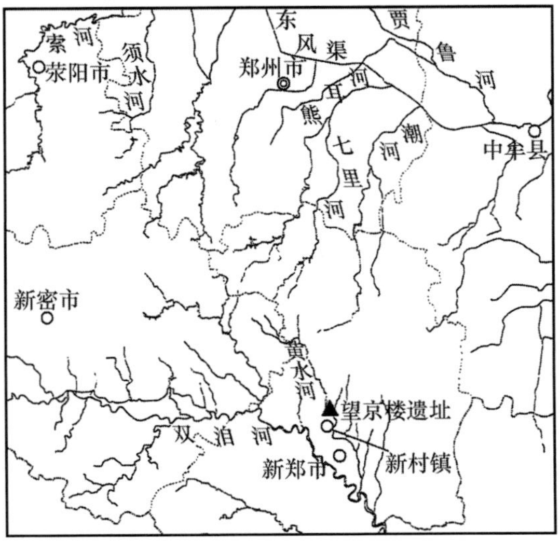

图一　遗址位置示意图

第1层：耕土层。灰褐色，厚20～30厘米。

第2层：唐宋到明清层，根据土质土色的不同又可细分为两个亚层。

第2a层：明清层。黄色，含沙，土质松软。堆积状况西高东低，呈缓坡状。出土少量陶、瓷片，可辨器形的有泥质灰陶盆、黄釉瓷碗残片等。深35～55、厚15～98厘米。

第2b层：唐宋层。黄褐色，土质较松。仅分布在城门前的护城河之上，未见包含物。深70～100、厚20厘米。此层下开口的G5打破城门及道路。

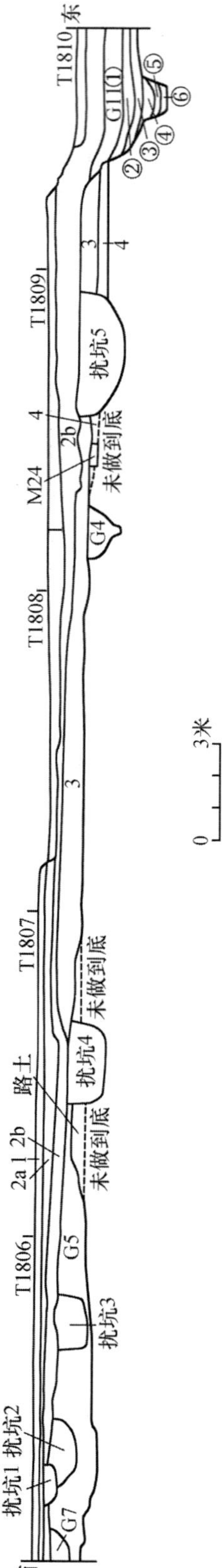

图二　T1806～T1810北壁剖面图

第3层：白家庄期文化层。黄灰色，含有少量料姜颗粒，土质较硬。叠压在城墙及护城河之上，自西向东呈缓坡状堆积。出土少量的泥质灰陶及夹砂灰陶片，多饰绳纹，器类为鬲、盆、尊、豆等。深35～110、厚0～60厘米。此层下开口的H91及M12打破道路，M8、M15、M16等打破城墙，M27、M32打破护城河。

第4层：二里冈文化层。灰褐色，土质稍硬，仅分布在城门与护城河之间区域。出土极少量的夹砂灰陶片，器类为鬲。深125～160、厚0～35厘米。

二、城　　门

东一城门为东西向，方向为105°，平面形状为“凹”字形，占地面积约2000平方米。由城墙、城墙护坡、门墙、门道、门墙内护坡、道路及附属建筑组成。

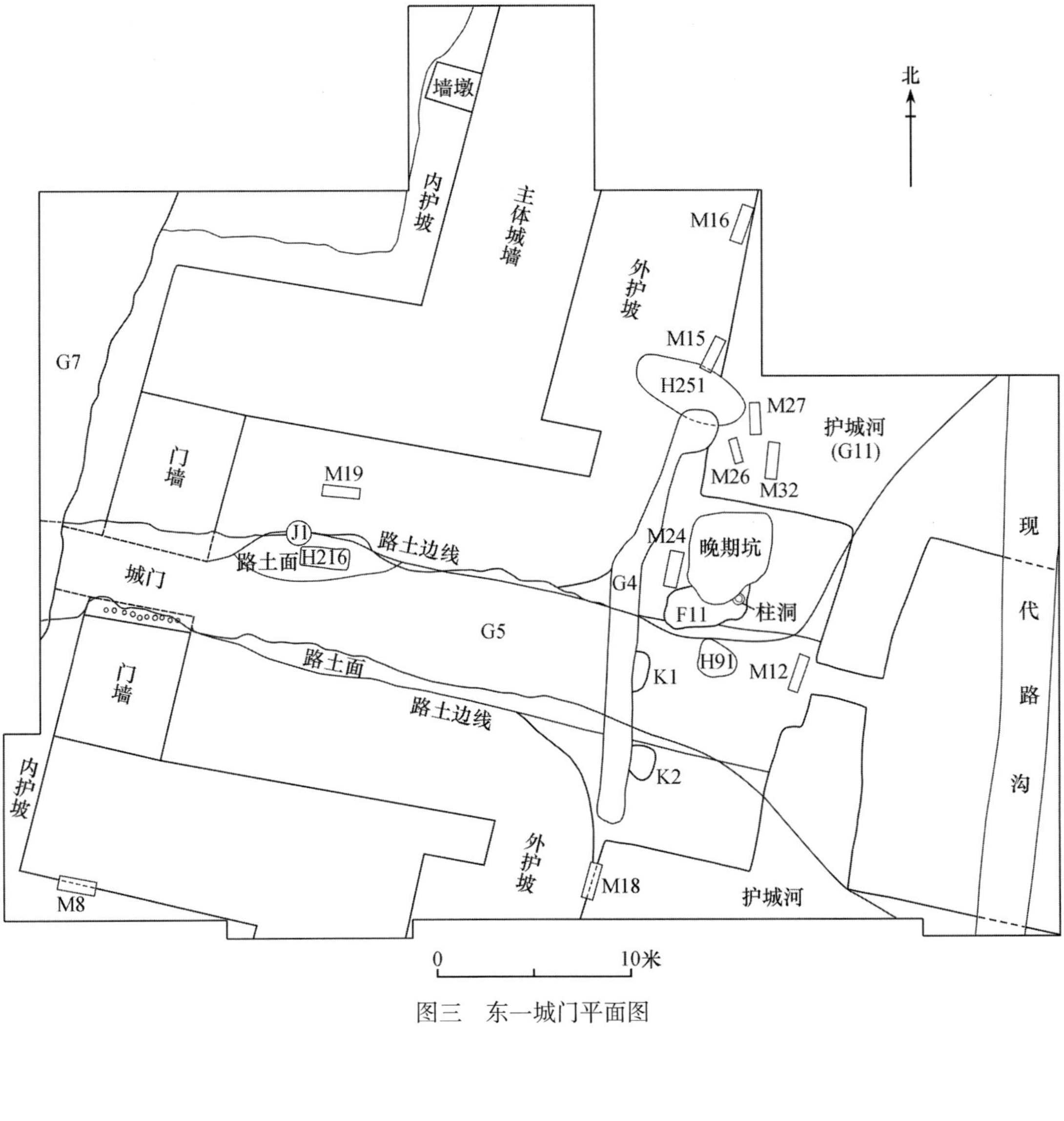

图三　东一城门平面图

城门处的主体城墙宽7.8米。在主体城墙的内、外两侧均匀分布着护墙墩，南北间距约17.5米。护墙墩东西长3、南北宽2米，平夯而成，其保存高度与主体城墙等同。护墙墩的外面被护坡所环绕，其中外护坡宽7.5～8米，内护坡宽2.2～2.5米。城墙用土与护墙墩相同，土色为纯净的酱红色，土质紧硬，夯层整齐。城门以门道为核心，左右两侧对称。东城墙在城门处向内（向西）拐折15.5米，而后修筑门墙。门墙长7.7、宽5.8米。门道长5.8、宽3～3.3米。门道南北两侧各有一条东西向的窄墙，夯打而成，紧贴门墙，宽0.9～1米，残高1米。其夯层、夯窝与主体城墙相同，但土色为深灰色，包含有颗粒状夯土块及炭粒，土质颗粒空隙较大。窄墙内有排列密集的柱洞痕迹，形成暗柱。其中南侧窄墙内发现柱洞10个，北侧被G5破坏殆尽。柱洞底部有础石，础石上原本应有立柱，现已不存，仅见少量木炭。柱洞周壁规整，柱洞直径0.1～0.2、间距为0.1～0.2米。柱础石为砂质岩石，均埋藏较深，一般距路面0.6米，最深的0.9米。

城墙与门墙底部均有护坡，坡底宽于坡顶，坡底东西宽18.8米。其外部与城墙拐折处的外护坡相接。护坡之上发现有路土。

从门道开始有坚实的路面（L1），一直向东延伸至护城河西边，但大部分被G5冲毁。路面厚20～40厘米。门道处的道路宽3～3.3米，门道之外增宽至6～7.5米。路土分为5层，每层厚3～8厘米，可分为黄褐色、黄灰色及黑褐色，每层均含有碎石子和料姜石。第3层与第4层之间夹有垫土层，垫土内含大块料姜石。

东城墙在城门拐折处南北各有一块突出的长方形转角，长3.3、宽2.5米。由夯土筑成，土质土色与主体城墙相同。其外部被护坡包围。

在对应门道24米处略偏南，发现两处遗迹，暂编为K1、K2，均被G4打破（图三）。K1残长1.9、残宽1.3米，K2残长2.1、残宽0.9米，内包含有较多的细碎料姜石、石子。K2东北部有一处用料姜石和石子铺底的遗迹（F11），平面略呈长方形，其北部被晚期坑所打破，残长4.5、残宽1～2.1米。在F11东部发现有柱洞，直径0.54米。

三、护　城　河

护城河的形制亦较为特殊，在对应城墙转折处的南北两端分别向东拐折，并被生土分隔成南、北、东三部分，平面形成“凸”字形。其中南、北部分均为长15、宽10米；护城河东端对应门道处宽仅1米，因遭取土破坏，仅存底部。对应城门的两处生土被宽3.5～5米的窄沟隔开，但生土中部仍以一道宽1.5米的生土横梁相连（图四）。

四、城门处遗迹

城门处遗迹共有19处，包括灰沟、灰坑及墓葬。因灰坑出土物极少且碎小，不具有典型性，暂不介绍。

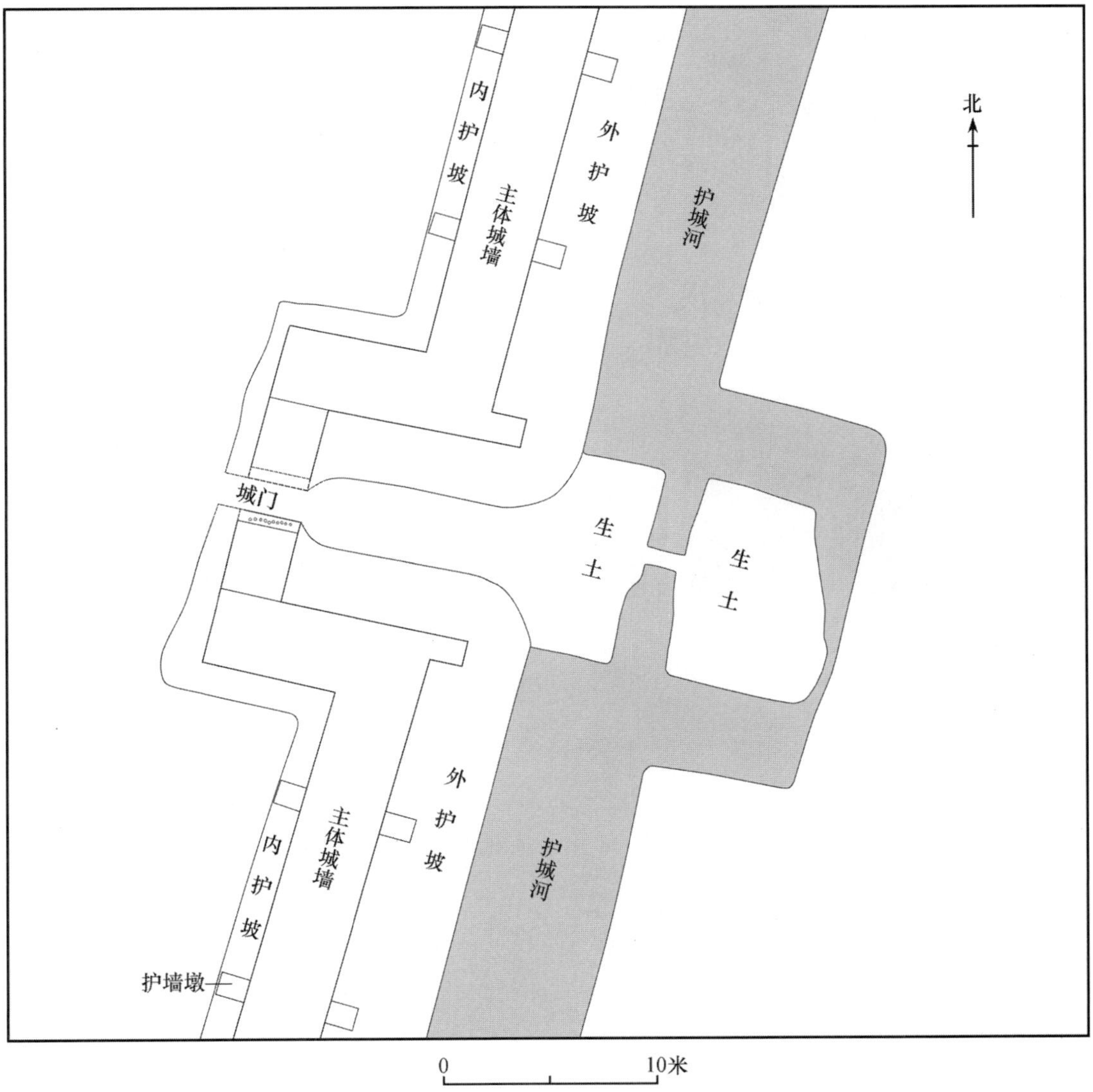

图四 东一城门与护城河平面图

（一）灰沟

3条（G4、G5、G7）。G4位于城门与护城河之间，打破道路。G7位于城墙内护坡的西侧，打破G5。G5位于城门中部，打破门道及道路。下面重点介绍G5。

G5 开口于第2b层下。由于遗址的地势为西高东低，G5应是一条从高处冲下的水沟。由于郑新公路以西被取土破坏，目前G5仅在公路以东发现，长度约为80米。G5内包含大量淤沙，最窄处位于门道处，宽4.2米。护城河处地势平坦，G5便分散成叠压在护城河上部的一层。G5淤沙内包含大量陶片，可分为泥质灰陶和夹砂灰陶，纹饰包括绳纹、弦纹、窗棂纹、饕餮纹等（图五，1～3），器类包括鬲、斝、大口尊、盆等。

图五　G5及墓葬出土陶器纹饰拓片

1～3. G5出土陶片　4. 簋（M16：1）　5. 罐（M27：2）

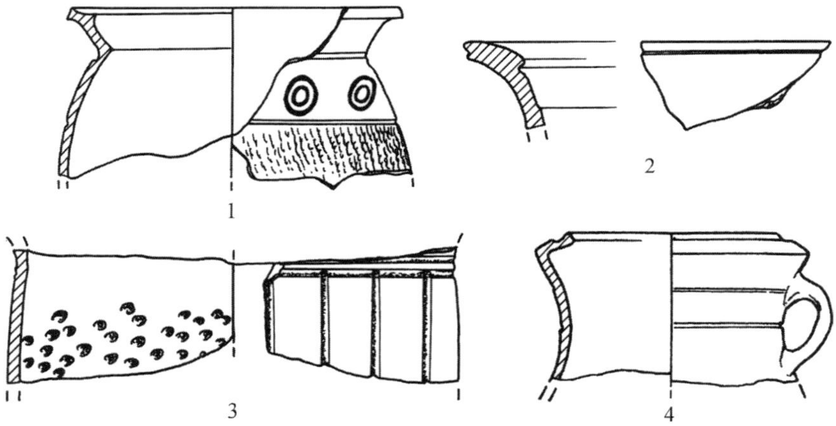

图六　G5出土陶器

1. 鬲（G5：1）　2. 盆（G5：4）　3. 大口尊（G5：3）　4. 斝（G5：2）

陶鬲　1件（G5：1）。夹砂灰陶。折沿，敛口，方唇微下勾，束颈，腹以下残。颈部饰同心圆，腹饰中绳纹。口径18、残高9厘米（图六，1）。

陶斝　1件（G5：2）。夹砂灰陶。敛口，高领，一侧有桥形器耳，颈以下残。颈部饰有弦纹。口径10、残高8厘米（图六，4）。

陶大口尊　1件（G5：3）。泥质灰陶。仅余残片，敞口，上饰窗棂纹。残高7厘米

（图六，3）。

陶盆　1件（G5：4）。泥质灰陶，厚胎。平折沿外卷，浅腹，平底。口径64、残高5.2厘米（图六，2）。

（二）墓葬

12座。其中M7、M26开口于第2a层下，为宋墓。其余10座均开口于第3层下，为商代早期墓葬，M19、M28未见随葬品。现择要介绍如下。

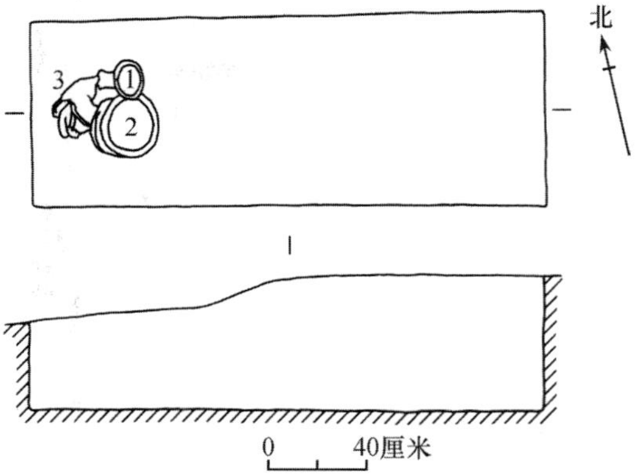

图七　M8平、剖面图

1. 陶豆　2. 陶盆　3. 陶鬲

1. M8

位于门道南部，开口于第3层下，打破主体城墙及护坡。长方形土圹竖穴，长2.1、宽0.75～0.8米，方向102°。未见葬具及人骨。随葬陶鬲、盆、豆各1件，放置于墓室西部（图七）。

陶豆　1件（M8：1）。泥质灰陶。宽平折沿，敞口，圆唇，沿内侧有凹槽一周，弧腹，圜底。豆柄较高，呈亚腰形。柄上部饰3周弦纹，底座饰2周弦纹。口径16、底径9.8、高16.6厘米（图八，2；图一五）。

陶盆　1件（M8：2）。泥质灰陶。平折沿，尖唇，敛口，微弧腹，下腹斜内收，圜底内凹。上腹部饰弦纹数周，下腹饰交错绳纹。口径22.2、底径6.8、高16厘米（图八，3；图一七）。

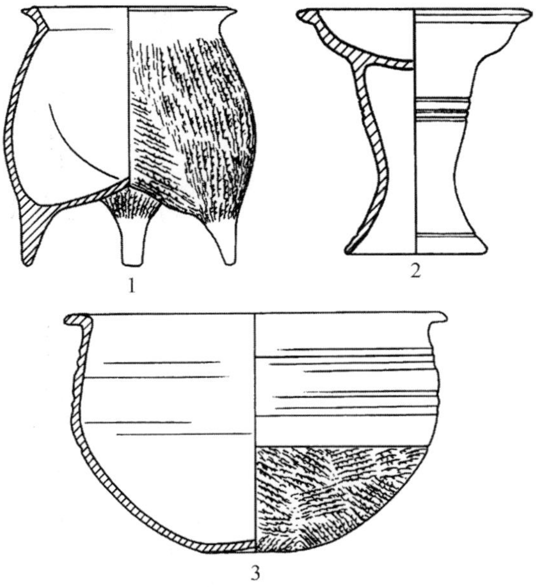

图八　M8出土陶器

1. 鬲（M8：3）　2. 豆（M8：1）　3. 盆（M8：2）

陶鬲　1件（M8：3）。夹砂灰陶，陶胎较薄。窄折沿，尖唇，侈口，束颈，深腹，袋足较肥，实足根较高。通体饰细绳纹。口径13.4、高17.5厘米（图八，1；图一六）。

2. M12

位于护城河内生土横梁的西侧，开口于第3层下，打破第4层。长方形土圹竖穴，墓口长1.95、宽0.55米，方向18°。未见葬具。骨架残缺不全，为一中年男性，头北面东，仰身直肢。随葬陶鼎、盆、豆各1件，均被打碎后放于颅骨西北侧（图九，图一一）。

陶豆　1件（M12：1）。泥质灰陶，器表火候不均。内折沿，尖唇，沿内壁有浅凹槽一周，腹较深，斜壁，圜底。豆柄高粗，底座饰弦纹一周。口径12.6、高10.5厘米（图

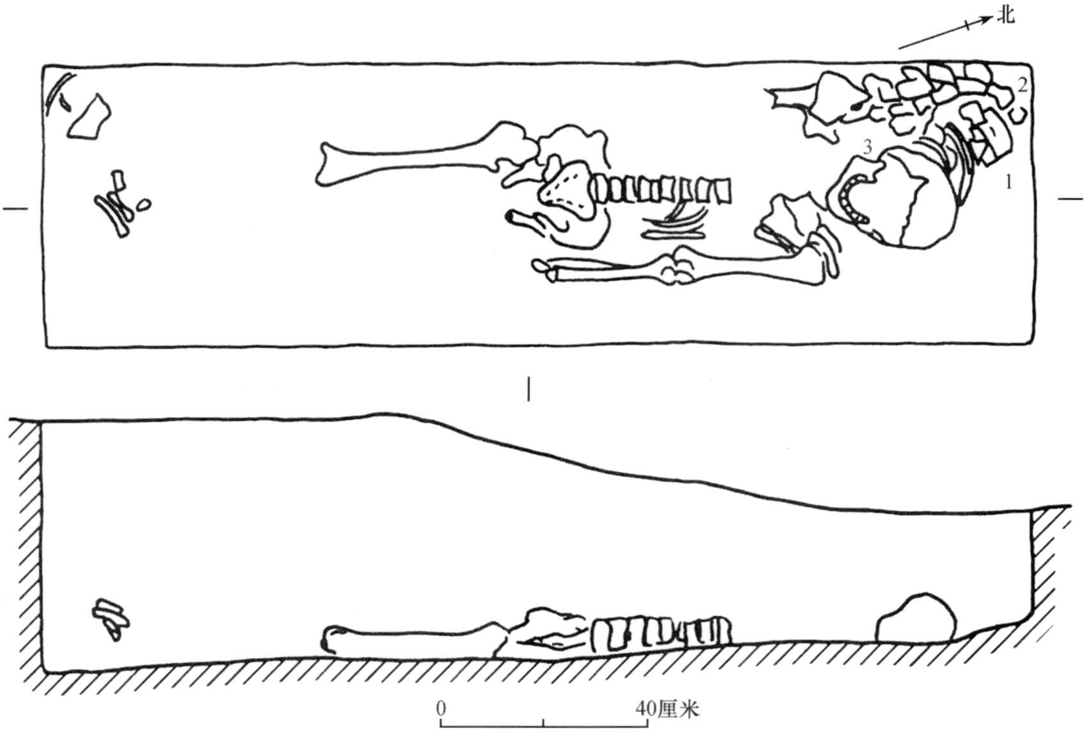

图九　M12平、剖面图

1. 陶豆　2. 陶盆　3. 陶鼎

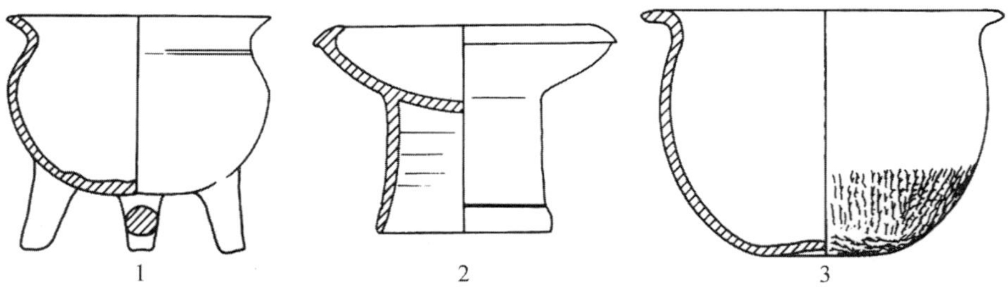

图一〇　M12出土陶器

1. 鼎（M12：3）　2. 豆（M12：1）　3. 盆（M12：2）

一〇，2）。

陶盆　1件（M12：2）。泥质灰陶。平沿下垂，敞口，微鼓腹，平底内凹。上腹素面，有刮抹痕迹；下腹饰中粗绳纹。下残。口径16.6、残高12厘米（图一〇，3）。

陶鼎　1件（M12：3）。夹砂灰陶，器表火候不均，破损严重。折沿，侈口，尖唇，束颈，鼓腹，微圜底，三足外撇。肩部饰弦纹一周，腹部饰交错绳纹。口径13.6、高12.1厘米（图一〇，1；图一八）。

图一一 M12

图一二 M16

图一三 M27

图一四 M32

图一五　陶豆（M8：1）

图一六　陶鬲（M8：3）

图一七　陶盆（M8：2）

图一八　陶鼎（M12：3）

3. M16

开口于第3层下，打破东城墙外的护坡。长方形土圹竖穴，墓口长2.04、宽0.6～0.7米，方向22°。未见葬具，骨架残缺不全。随葬陶器2件，为斝和簋，放置于骨架的左趾骨上（图一二、图一九）。

陶簋　1件（M16：1）。泥质灰陶。口沿外折，沿缘略下垂，尖圆唇，颈微束，肩部饰两周弦纹。鼓腹，下腹急内收，圜底，圈足较高。上腹饰一周饕餮纹，其下饰三周弦纹，下腹饰交错绳纹。圈足上有宽凹槽一周，凹槽内饰3周弦纹。口径27、底径18、高17.3厘米（图五，4；图二〇；图二一，1）。

陶斝　1件（M16：2）。夹砂灰陶，陶胎较薄，器表火候不均。窄折沿，敞口，束颈，腹以下残，锥状高足。口径14.6、高约22.2厘米（图二一，2）。

4. M27

开口于第3层下，打破城门外的护城河。长方形土圹竖穴，墓口长1.75、宽0.56米，方向357°。未见葬具。骨架保存较好，仰身直肢，头向西北，面朝东，墓主为一女性。随葬陶鬲、盆、罐各1件，均被打碎后放于墓室内西南部（图一三、图二二）。

陶盆　1件（M27：1）。泥质灰陶。敞口，方唇，唇面上有凹槽一周，深弧腹，平底。上腹部有刮抹痕迹，饰数周不明显的弦纹，下腹饰竖绳纹加弦纹。口径22、

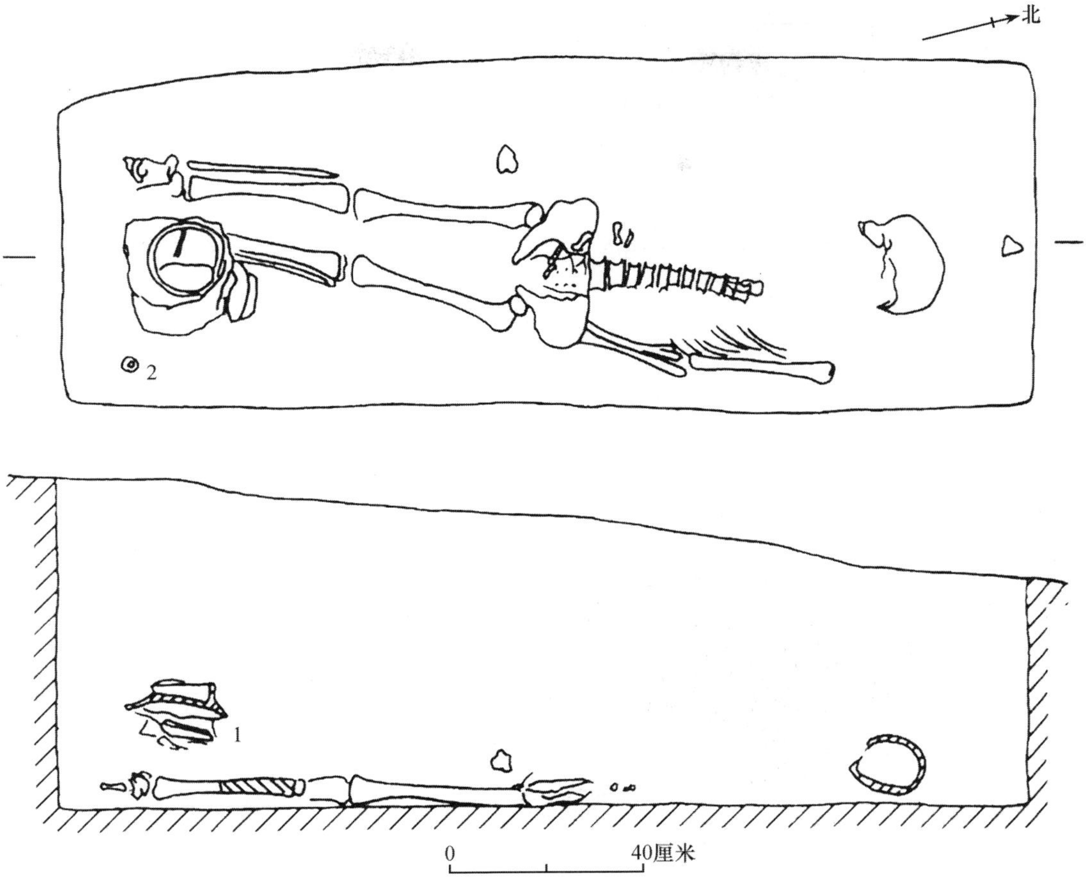

图一九 M16平、剖面图

1. 陶簋 2. 陶斝

底径12、高18.8厘米（图二三，2；图二四）。

陶罐 1件（M27：2）。泥质灰陶。小盘口，折沿，束颈，折肩，弧腹下收，底微凹。肩部饰数周弦纹，之间饰两周卷云纹。上腹部饰数周弦纹，下腹至底部饰交错绳纹。口径13.8、底径8、高25.5厘米（图五，5；图二三，3；图二五）。

图二〇 陶簋（M16：1）

陶鬲 1件（M27：3）。夹砂褐陶，器表火候不均。窄折沿，沿内缘起一周凸棱，尖唇，敛口。深腹略鼓。分裆，三袋足肥硕。实足根较高。颈部有刮抹痕，腹饰中粗绳纹。口径13.2、高17.5厘米（图二三，1；图二六）。

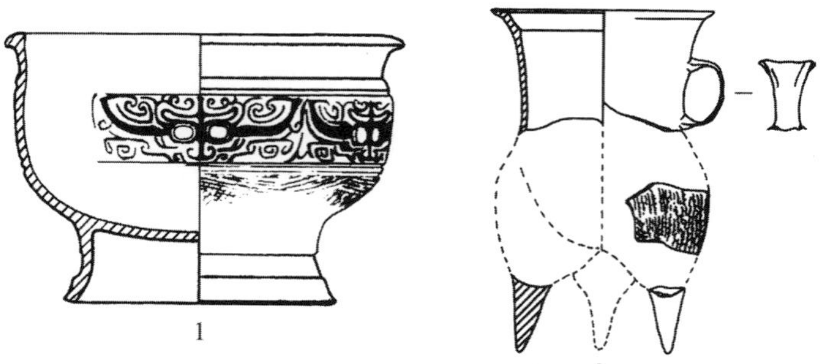

图二一　M16出土陶器

1. 簋（M16：1）　2. 斝（M16：2）

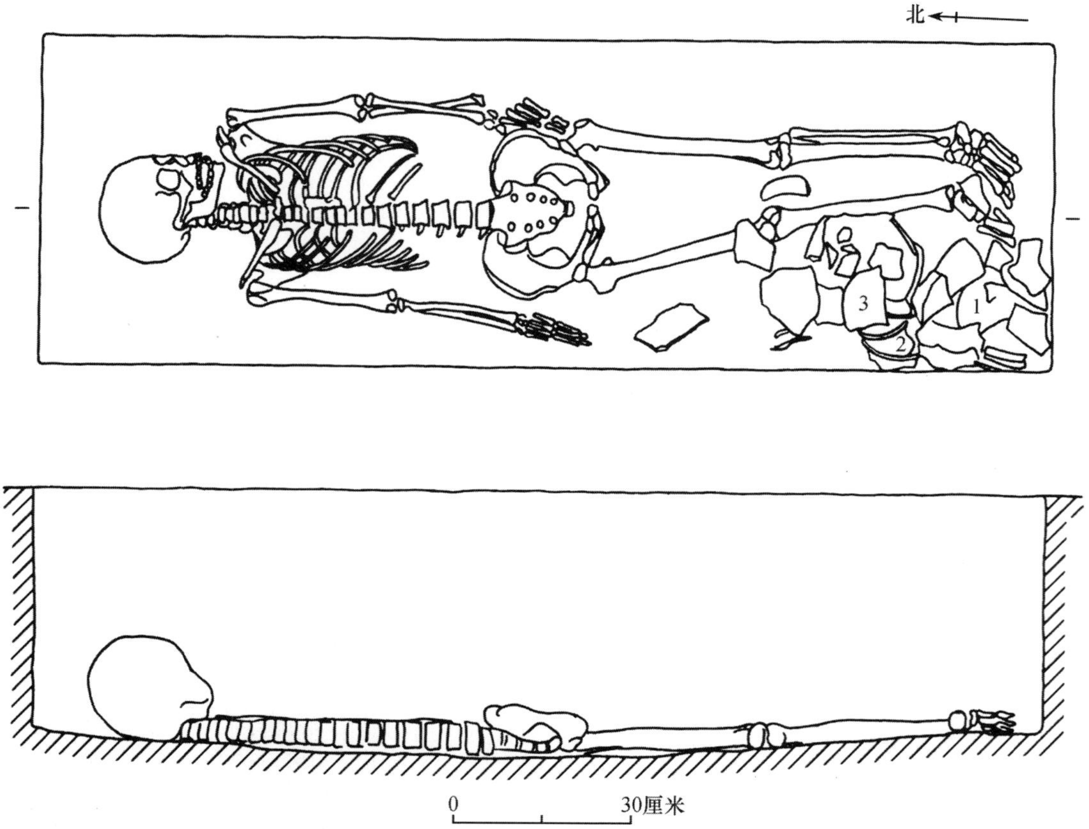

图二二　M27平、剖面图

1. 陶盆　2. 陶罐　3. 陶鬲

5. M32

开口于第3层下，打破城门外的护城河。长方形土圹竖穴，墓口长2、宽0.58米，方向186°。未见葬具，葬式仰身直肢。随葬陶器4件，为鼎、簋、杯、盆，均被打碎后放置

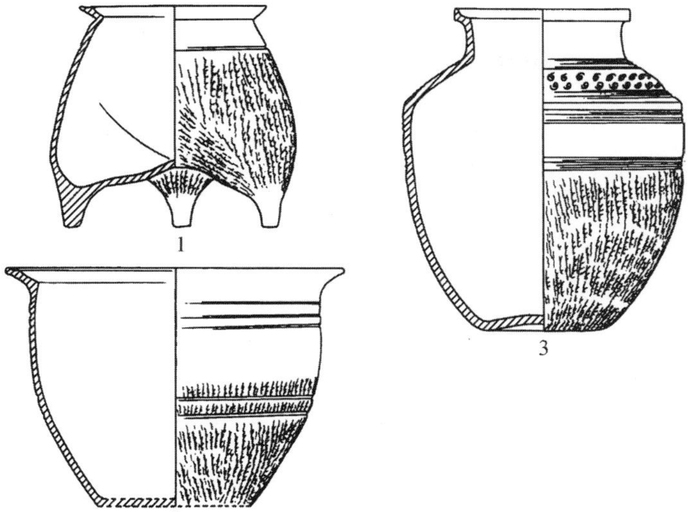

图二三　M27出土陶器

1. 鬲（M27：3）　2. 盆（M27：1）　3. 罐（M27：2）

图二四　陶盆（M27：1）

图二五　陶罐（M27：2）

于墓室北部，压在墓主人小腿骨之上（图一四、图二七）。

陶盆　1件（M32：1）。泥质灰陶。敞口，宽折沿，方唇，唇内有一周不明显凹槽。腹部斜收，上饰竖绳纹，平底。口径29.5、底径12.8、高12.2厘米（图二八，4）。

陶鼎　1件（M32：2）。夹粗砂灰陶，器表火候不均。折沿，方唇，敛口，垂腹，圜底。颈部有浅凹槽两周，腹底饰有粗绳纹，底部留有装足的痕迹。口径13.4、残高11.2厘米（图二八，

图二六　陶鬲（M27：3）

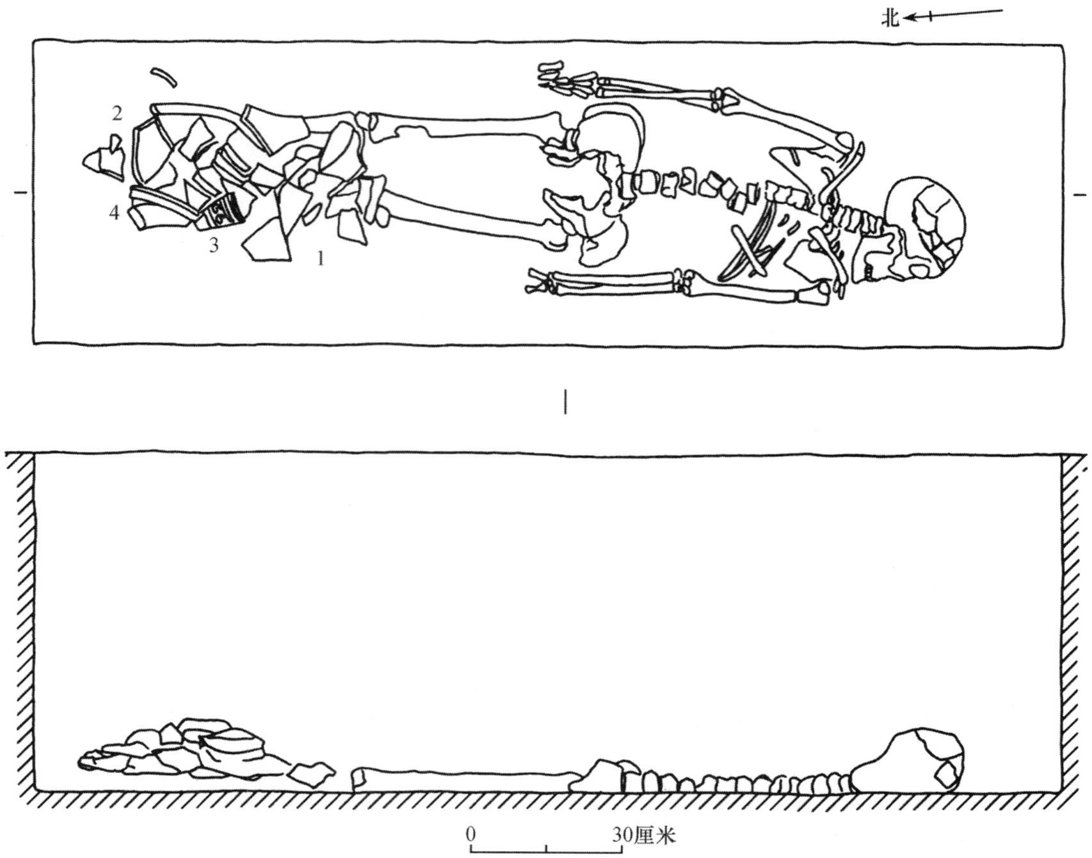

图二七　M32平、剖面图

1. 陶盆　2. 陶鼎　3. 陶杯　4. 陶簋

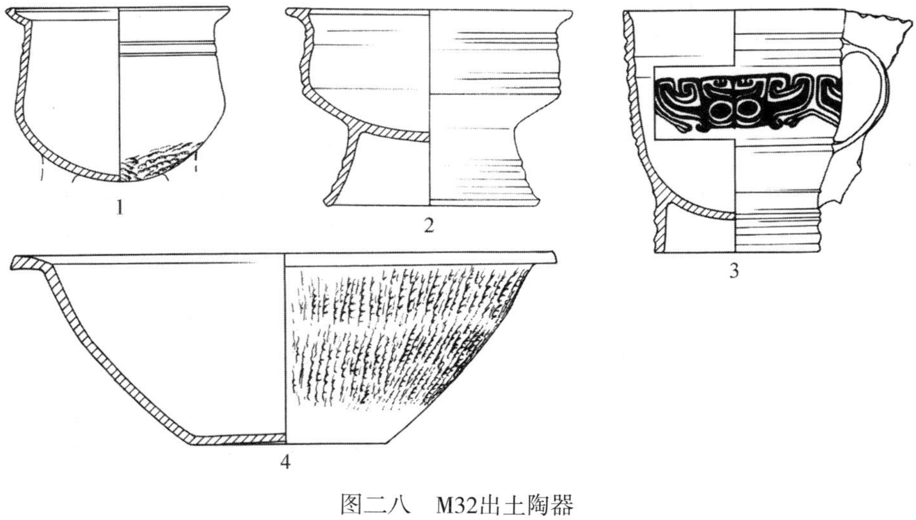

图二八　M32出土陶器

1. 鼎（M32：2）　2. 簋（M32：4）　3. 杯（M32：3）　4. 盆（M32：1）

图二九　陶鼎（M32：2）

图三〇　陶簋（M32：4）

1；图二九）。

陶杯　1件（M32：3）。泥质灰陶。口略敞，微鼓腹，腹上装有带扉棱的把手，圜底，带圈足。颈部有凹槽3周；腹部饰有4组饕餮纹，其下有两周凹槽；圈足上有3周凸棱，底部饰有粗绳纹。口径14.6、底径10.8、高15.5厘米（图二八，3）。

陶簋　1件（M32：4）。泥质灰陶。宽平折沿，沿内有凹槽一周，口部近直，微鼓腹，圜底，圈足较高，呈喇叭状。腹部及圈足上有数周凹槽，外底部饰有粗绳纹。口径16、底径12.4、高12.6厘米（图二八，2；图三〇）。

五、结　　语

（一）墓葬和城址的年代

本次发掘的墓葬都是小型墓，墓穴窄长，无一定方向。M8出土的3件陶器（鬲、盆、豆）相当于二里冈下层二期，M12出土的3件陶器（鼎、盆、豆）相当于二里冈上层一期，M16的年代与M12相当，M27、M32相当于二里冈上层二期。

这些墓打破了城墙、道路、护坡、护城河，所以，从地层上看，城墙的建造年代要早于这批墓葬，城址应始建于商代二里冈下层，废弃于二里冈上层二期偏晚。

（二）关于城门

从形制上看，望京楼二里冈文化城门是目前发现的商代最完备的城门之一，其柱洞遗迹与偃师商城X2城门[1]近似，城门的建造方法也有诸多相似之处，表明二者时代接近，是商代前期城门的代表。

该城门平面呈“凹”字形，且门前有附属建筑设施。据此，有专家认为，此与瓮城有关，这也许是我国最早的形制较为完备的瓮城。

瓮城是指城门外加筑的小城，其用途是增强防御能力。关于瓮城的雏形，有学者认为起源于汉代。北宋曾公亮在《武经总要·守城》中，对瓮城有如下定义："其城外瓮城，或圆或方，视地形为之，高厚与城等，惟偏开一门，左右各随其便。"董琦认为，垣曲商城西城墙北段的缺口应是西城门，西城门外的所谓"第二道城墙"，当是瓮城遗迹。南城墙之外的所谓"二道墙"，可能是南城门的瓮城遗迹。这一发现把瓮城的时代提前到商代早期[2]。望京楼二里冈文化东一城门与垣曲商城虽然曲向不一致，但是仍然具有曲城的特征，有点儿类似后期的内瓮城，如南京明城墙。

（三）望京楼商城的性质

望京楼二里冈文化城址规模宏大，城墙宽厚而且结构严谨。其城门结构复杂，门前护城河防御严密，具有浓重的军事色彩。所以，望京楼二里冈文化城址可能是郑州商城南部的一座军事重镇。

望京楼二里冈文化城址北距郑州商城约35千米，西距偃师商城120千米。我们认为，望京楼二里冈文化城址的发现，有利于证明郑州商城"亳都说"的成立。商灭夏之后，初定郑亳，政权尚未稳定，需要在易发生政变的地区建城以便拱卫都城。商代早期，在亳都两部修建了偃师商城，并且重新利用大师姑二里头文化城址，南部又在望京楼二里头文化城址的基础上重建商城，共同形成了拱卫都城的防御体系。

望京楼商代二里冈文化城址的发现，为研究中国古代早期城池建制及夏商文化分界提供了重要资料。

领　队：顾万发
摄　影：王　羿
绘　图：孙　凯　焦建涛

注　释

［1］中国社会科学院考古研究所河南第二工作队：《1983年秋季河南偃师商城发掘简报》，《考古》1984年第10期。

［2］董琦：《瓮城溯源》，《文物季刊》1994年第4期。

（原刊于《文物》2011年第9期）

郑州市老坟岗商代遗址发掘简报

姜 楠 吴 倩 李根枝

老坟岗是对郑州市铭功路东侧、二七路西侧、太康路南侧、解放路北侧这一片区域的俗称。该区域处于郑州市中心，原为居民集中区。为配合郑州市旧城改造工程，2008年8～12月，郑州市文物考古研究院对铭功路东、民主路西、自由路南、解放路北的区域进行了大面积的发掘（图一），发掘面积为6000平方米，发现了仰韶文化、商代文化遗存及汉、宋墓葬群。现将发掘的商代遗存简报如下。

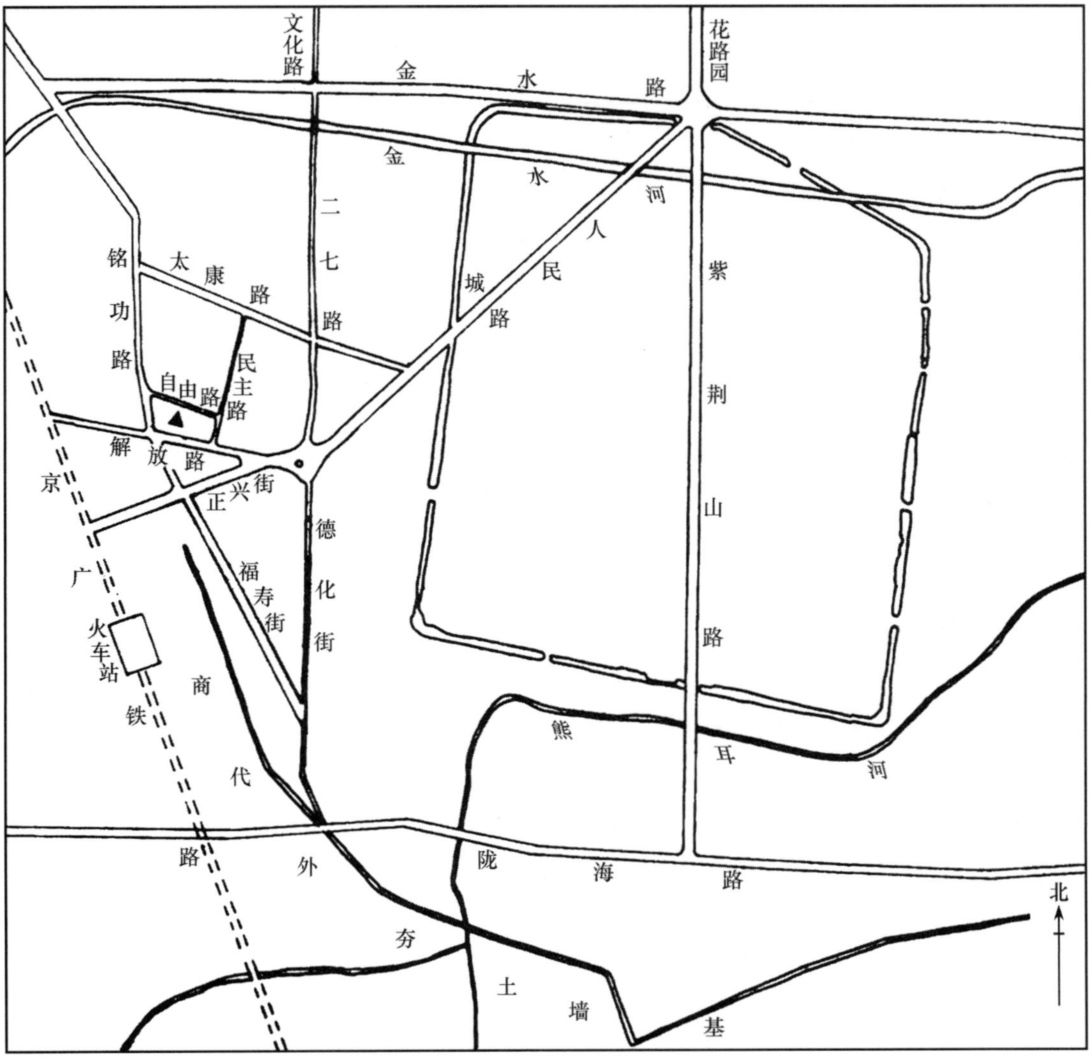

图一 老坟岗遗址发掘位置示意图

一、文 化 堆 积

遗址整体的文化堆积较厚，但极不均匀，总体可分为5层。以夯土墙基为界分东西两部分，夯土墙基以西有4层堆积，没有商代文化层。夯土墙基以东有三层堆积，中部第三层下为商代文化层，东部第三层下有零星的仰韶文化层，无商代文化层，中部和东部之间相距40米，文化遗存被破坏无存。遗址中部被现代建筑严重破坏，有些地方被直接破坏至生土，完全打断了地层。现以T0510的西壁为例介绍如下（图二）。

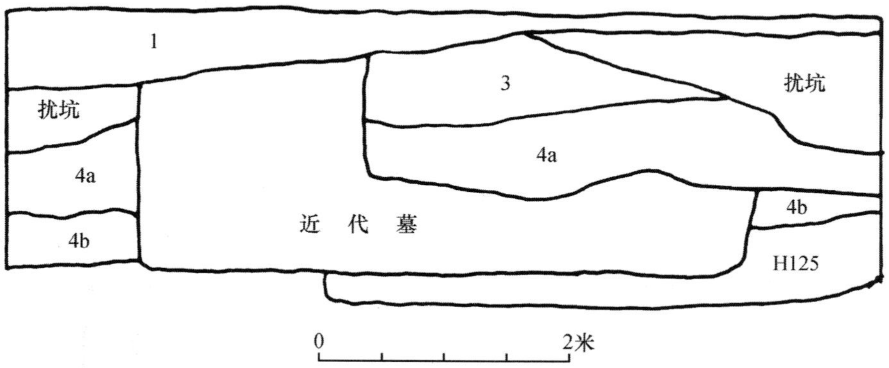

图二　T0510西壁剖面图

1. 黄灰色土　3. 灰褐色土　4a. 灰黑色土　4b. 浅黄褐色土

第1层：现代生活层。黄灰色土，土质杂乱，结构疏松，厚0.1～0.5米。包含大量现代建筑垃圾及生活垃圾。

第3层：灰褐色土，土质稍硬，结构稍紧密，厚薄不均，深0.25～0.5米，厚0.5～0.6米。包含有唐宋时期瓷片、汉代瓦片、陶片等。为唐宋时期的文化堆积。

第4层：分为两亚层，堆积呈北薄南厚，为商代文化层。

4a层：灰黑色土，土质较硬，结构较为紧密，深0.65～1.1米，厚0.35～0.7米。包含商代陶片和少量仰韶时期陶片。

4b层：浅黄褐色土，土质较软，结构较为疏松，深1.55～1.7米，厚0.1～0.4米。包含较多商代陶片、少量仰韶时期陶片。

二、商代文化遗存

包含有文化层、灰坑及夯土墙基。

表一　老坟岗遗址商代文化陶片统计表（08ZKHT0610④a）

纹饰（陶质/陶色）		夹砂				泥质			合计	百分比（%）
		灰	褐	灰黑	灰褐	灰	灰褐	灰黑		
中绳纹		29				53			82	30.37
中粗绳纹		21				13			34	12.59
粗绳纹		7				4			11	4.07
附加堆纹						9			9	3.33
素面						50	10	28	88	32.59
磨光								5	5	1.85
篮纹		9	1						10	3.70
圆圈纹		5							5	1.85
方格纹						2			2	0.74
饕餮纹						1			1	0.37
窗棂纹						3			3	1.11
弦纹						20			20	7.40
小计		71	1			155	10	33	270	
百分比（%）		26.30	0.37			57.41	3.70	12.22		100.00
合计		72				198			270	
百分比（%）		26.67				73.33				100.00
器形	鬲	4							4	9.09
	甗	3							3	6.82
	大口长腹罐				2				2	4.55
	斝	1							1	2.27
	缸		1						1	2.27
	大口尊					10			10	22.73
	敞口深腹盆					1			1	2.27
	折沿浅腹盆					7			7	15.91
	甑					1			1	2.27
	簋					1			1	2.27
	豆					2			2	4.55
	小口瓮					4			4	9.09
	捏口罐					6			6	13.64
	器盖							1	1	2.27
小计		8	1		2	32		1	44	
百分比（%）		18.18	2.27		4.54	72.72		2.27		100.00
合计		11				33			44	
百分比（%）		35.00				75.00				100.00

（一）文化层

依据地层叠压关系及出土遗物的特征，可将此次发掘的文化层分为两期。

1. 第一期文化遗存

即第4a层。出土物多为陶器残片，有极少量残石器。陶质以泥质为主，占73.3%，其次为夹砂，有极少量磨光黑陶；陶色以灰陶为主，占83.7%，其次为灰黑色和灰褐色，另有极少量黄灰色、灰褐色等；纹饰主要是绳纹，其中中绳纹较多，占30.4%，其次为中粗绳纹、粗绳纹、弦纹、附加堆纹等，另有少量的圆圈纹、窗棂纹、方格纹、篮纹等；器形有鬲、甗、大口长腹罐、斝、大口尊、盆、甑、簋、小口瓮、捏口罐、豆、缸等，均残（表一）。

鬲　7件。根据口部形态的不同分为三型。

A型　4件。夹砂灰陶。方唇，折沿，束颈，内沿面有凹槽一周，颈部多饰单圆圈纹，上下各有凹槽一周，腹饰中粗绳纹。依唇面的区别分三亚型。

Aa型　1件。T0610④a：1，唇面向外斜，口径16.8厘米（图三，1）。

Ab型　1件。T0610④a：2，唇面微向内斜，其上微起一棱，口径17.8厘米（图三，3）。

Ac型　2件。唇面稍直。T0610④a：3，唇面中间微鼓，口径17.8厘米；T0610④a：4，唇面平，颈部不饰圆圈纹，口径17.8厘米（图三，2、4）。

B型　2件。敛口，圆唇，折沿，束颈，沿面近唇部内凹。依口部形态的不同分二亚型。

Ba型　1件。T0609④a：2，夹砂灰陶。沿面较平，颈以下饰粗绳纹，口径15厘米（图三，5）。

Bb型　1件。T0609④a：1，夹砂灰棕陶。上缘上翘，颈部饰圜络纹，其下饰中细绳纹，腹部加饰圜络纹，口径18.4厘米（图三，6）。

C型　1件。T0610④a：5，夹砂灰陶。侈口，方唇，唇面微凹，沿面近唇部形成一宽平台，折沿，颈以下饰中粗绳纹，颈部及腹部加饰圜络纹，口径28.4厘米（图三，13）。

甗　3件。夹砂灰陶。方唇，侈口，折沿，束颈，上唇缘内侧有一周凹槽，形成子母口状，口内侧与沿面相交处内凹，颈以下饰粗绳纹。依口部特征分为二型。

A型　1件。T0610④a：10，唇面平，沿面稍宽，有宽且深的凹槽一周，下缘唇下突，口径23厘米（图三，9）。

B型　2件。唇面微内凹。T0610④a：13，沿面窄，中部内凹，口径25.8厘米；T0610④a：19，沿面稍宽，中部微内凹，口径27.2厘米（图三，10、11）。

大口长腹罐　3件。夹砂灰陶。敛口，束颈，鼓腹，颈以下饰粗绳纹。依口部形态的差别分为二型。

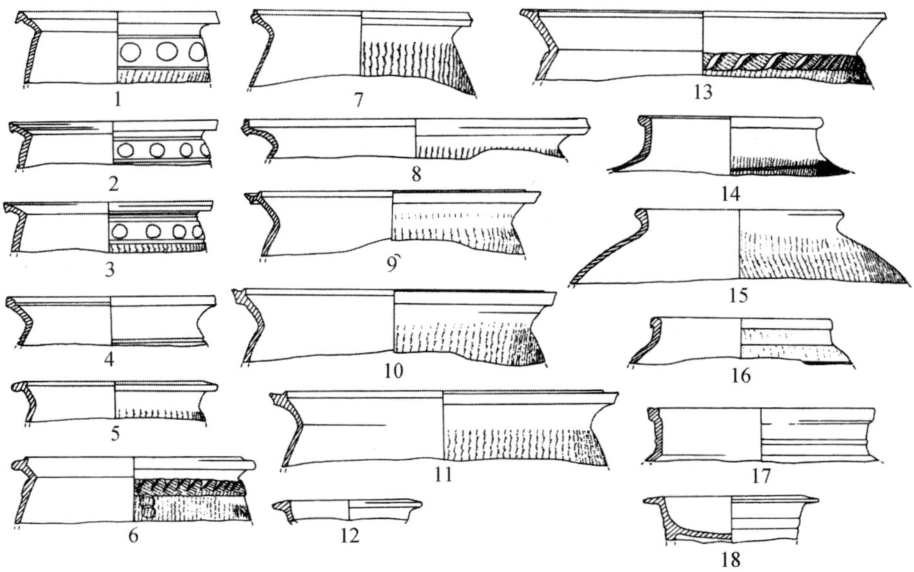

图三　老坟岗商代遗址出土陶器

1～6、13. 鬲（T0610④a：1、T0610④a：3、T0610④a：2、T0610④a：4、T0609④a：2、T0609④a：1、T0610④a：5）　7、8. 大口长腹罐（T0610④a：6、T0610④a：9）　9～11. 甗（T0610④a：10、T0610④a：13、T0610④a：19）　12、18. 豆（TD609④a：7、T0610④a：25）　14～16. 小口瓮（T0610④a：11、T0610④a：14、T0510④4a：12）　17. 大口瓮（T0510④a：15）

A型　1件。T0610④a：6，唇面中间有一凸棱，棱较高，口径18.4厘米（图三，7）。

B型　2件。唇面上部内凹，下部平直，T0610④a：9，口径29厘米（图三，8）。

斝　1件。T0610④a：10，夹砂灰陶。敛口，方唇，唇外侧有凹槽一周，腰部有凹弦纹两周，腹饰中绳纹，口径10.4厘米（图八，3）。

大口尊　8件。陶片数量很多，口沿多为小残片，能确认为此期的有4件，能分型式的仅2件，大敞口，长颈，窄肩。依整体形态的不同分为二型。

A型　1件。T0610④a：15，方唇，唇面上有一周凹槽，折沿，颈部有一周凸棱，肩部饰一周附加堆纹，其下饰一周凸棱，口径36厘米（图四，1）。

B型　1件。T0610④a：16，颈以上残失，肩上有一周凸弦纹，肩部无附加堆纹而呈一凸棱，其下饰一周凸棱。上腹部饰窗棂纹。窗棂纹的上端及下端分饰一周凸弦纹，下腹饰中绳纹，残高30厘米（图四，2）。

敞口深腹盆　6件。泥质灰陶，敞口，深腹，沿面上饰有两周凹槽。T0610④a：22，圆唇，唇面上有一周凹弦纹，口径30厘米；T0510④a：11，圆唇近方，上腹外饰一周凸棱，口径35.6厘米（图四，3、4）。

折沿浅腹盆　5件。泥质灰陶。依口部的不同分为三型。

A型　2件。圆唇，唇部整体被绳纹压印，沿稍宽，沿面鼓，平折沿，沿面靠内侧

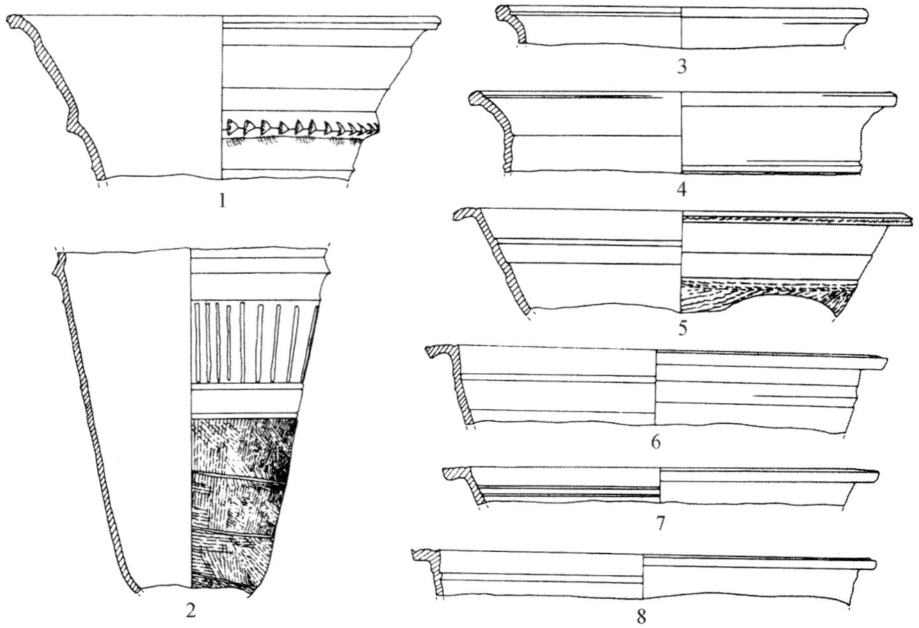

图四　老坟岗商代遗址出土陶器

1、2. 大口尊（T0610④a：15、T0610④a：16）　3、4. 敞口深腹盆（T0610④a：22、T0510④a：11）
5～8. 折沿浅腹盆（T0610④a：26、T0610④a：18、T0610④a：31、T0610④a：17）

微凹，内壁上部有一周凸棱，其下有一周凹槽，外壁上部有两周浅凹槽，下腹饰中粗绳纹。T0610④a：26，口径35.4厘米（图四，5）。

B型　2件。方唇，沿面上均有两周凹槽，腹内壁上部有凸棱一周。以沿面差别分二亚型。

Ba型　1件。T0610④a：18，沿面稍宽，唇部稍下垂，沿面上两道凹槽稍浅，上腹内壁有一周宽凸棱，口径34.4厘米（图四，6）。

Bb型　2件。沿面上两周凹槽明显，上腹内壁有一周凸棱。T0610④a：17，口径35.2厘米（图四，8）。

C型　1件。方唇，沿面近内侧有一周凹槽，上腹内壁有两周凸棱。T0610④a：31，口径32.8厘米（图四，7）。

卷沿浅腹盆　2件。泥质灰陶，圆唇，卷沿，唇缘下勾明显，斜弧腹。T0610④a：20，口径36.4厘米（图五，11）。

簋　2件。泥质灰陶。依口部特征分为二型。

A型　1件。T0609④a：11，器形较小，圆唇，窄折沿，颈微束，口径12厘米（图五，2）。

B型　1件。T0610④a：30，敛口，圆唇，窄沿，沿面有两周窄而浅的凹槽，颈微

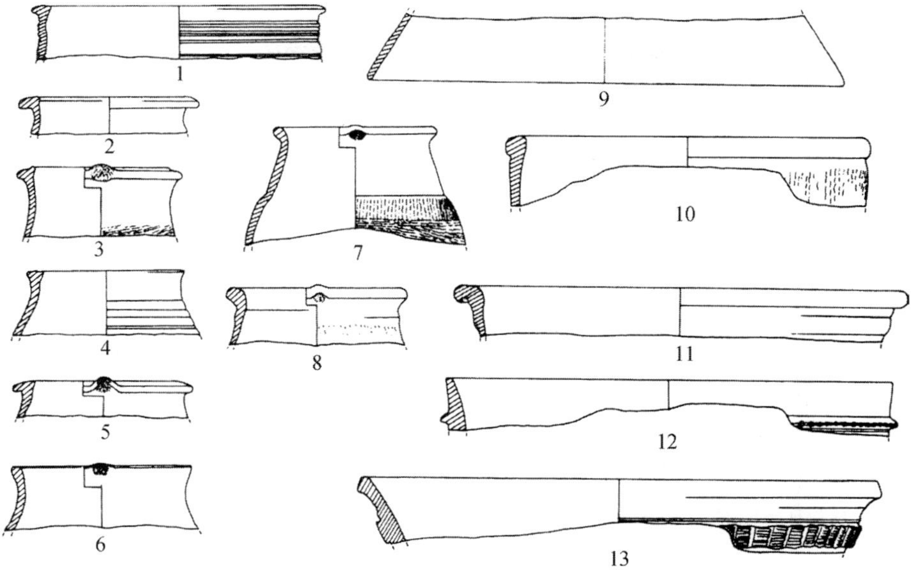

图五 老坟岗商代遗址出土陶器

1、2. 簋（T0610④a：30、T0609④a：11） 3～8. 捏口罐（T0710④a：2、T0610④a：21、T0610④a：23、T0610④a：12、T0610④a：29、T0510④a：9） 9. 器盖（T0610④a：27） 10、12、13. 缸（T0610④a：32、T0610④a：28、T0510④a：3） 11. 卷沿浅腹盆（T0610④a：20）

束，腹微鼓，上腹有弦纹三周，口径22.6厘米（图五，1）。

小口瓮 5件。泥质灰陶。能分型的有3件。依整体形态的不同分为三型。

A型 1件。T0610④a：14，直口微侈，圆唇，短颈，溜肩，颈以下饰中粗绳纹，肩部部分绳纹被抹去，口径16厘米（图三，15）。

B型 1件。T0510④a：12，圆唇外突，直领，溜肩，领、肩相交处有一周凹槽，领部有隐约可见的绳纹，口径14.2厘米（图三，16）。

C型 1件。T0610④a：11，陶胎略厚。圆唇，窄折沿，颈部较高，广肩，颈以下饰中细绳纹，口径13.8厘米（图三，14）。

大口瓮 1件。T0510④a：15，泥质褐陶，方唇，直口，沿外突，颈部有一周凸棱，口径17.4厘米（图三，17）。

捏口罐 7件。泥质灰陶，口部有手捏痕。依整体形态的不同分为三型。

A型 4件。折沿，近似三角缘，以口部形态不同区分为三亚型。

Aa型 1件。T0710④a：2，圆唇，短沿，近内侧起榫，沿面稍平，颈以下饰中绳纹，口径12厘米（图五，3）。

Ab型 2件。圆唇，窄沿，沿面平，中间微鼓，两侧微凹，颈、肩分界不明显。T0610④a：21，口径11厘米（图五，4）。

A c型　1件。T0610④ a ：23，圆唇，沿面平且下斜，近内侧不起榫，口径12厘米（图五，5）。

B 型　3件。圆唇，撇口，长颈，依口部形态不同区分为二式。

Ⅰ式：1件。T0610④ a ：29，口微撇，有短肩，弧腹，颈以下饰中绳纹，口径13.2厘米（图五，7）。

Ⅱ式：2件。唇部肥大，T0510④ a ：9，口径14.4厘米（图五，8）。

C 型　1件。T0610④ a ：12，圆唇，直口，口内侧近唇部微下凹，颈微束，口径14.4厘米（图五，6）。

豆　3件。泥质灰陶。均残。依口部形态不同分二型。

A 型　1件。T0610④ a ：25，残豆盘，圆唇，折沿，沿面微鼓，浅盘，盘壁有凹槽两周，口径12厘米（图三，18）。

B 型　2件。圆唇，窄折沿，沿面较平，T0609④ a ：7，口径10.2厘米（图三，12）。

器盖　1件。T0610④ a ：27，泥质黑陶，口部残片，覆钵状（图五，9）。

缸　7件。夹粗砂厚胎，夹有蚌末。口部形态多样，胎质和器表纹饰均有多种变化。依口部的不同分为三型。

A 型　2件。黄褐陶，敞口，呈喇叭状。圆唇微方，上腹偏上部饰一周附加堆纹，T0510④ a ：3，口径44.6厘米（图五，13）。

B 型　4件。棕红色陶，敞口，呈喇叭状，方唇，唇面微下凹，T0610④ a ：28，口径38.8厘米（图五，12）。

C 型　1件。T0610④ a ：32，红陶，圆唇，唇部外突，器表饰绳纹，口径28.4厘米（图五，10）。

2. 第二期文化遗存

即4 b 层。出土遗物多为陶器残片，另有极少量的残石器及印纹硬陶片。泥质陶数量较多，占57.5%，其次为夹砂陶，极少量磨光黑陶；陶色以灰陶为主，占85.1%，其次为灰黑色和褐色，另有极少量黄灰色、灰褐色等；纹饰以中细绳纹较多，占34%，其次为中绳纹、弦纹、附加堆纹等，另有极少量方格纹、饕餮纹、篮纹等；器形有甗、斝、大口尊、盆、甑、簋、小口瓮、大口瓮、捏口罐、壶、钵、缸等，均残（表二）。

鬲　仅见有腹部残片。

甗　1件。T0610④ b ：2，夹砂褐陶，胎稍厚。圆唇，卷沿近折，束颈，鼓腹，腹饰中粗绳纹，口径24厘米（图六，1）。

斝　1件。T0610④ b ：12，敞口斝。夹砂灰陶，窄方唇，敞口，沿上有两周下凹，直颈，口径15厘米（图六，2）。

大口尊　28件。泥质灰陶。多数为口沿小残片，难以分辨型式。能确认为该期的有

表二　老坟岗遗址商代文化陶片统计表（08ZKHT0610④ｂ）

陶质/陶色/纹饰		夹砂				泥质				合计	百分比（%）
		灰	褐	灰黑	红	灰	褐	灰黑	棕		
中细绳纹		16								16	34.04
附加堆纹			4							4	8.51
燕纹								1		1	2.12
素面						16				16	34.04
弦纹						6				6	12.77
篮纹						1				1	2.12
方格纹						1		2		3	6.38
小计		16	4			24		3		47	
百分比（%）		34.04	8.51			51.06		6.38			100.00
合计		20				27				47	
百分比（%）		42.55				57.45					100.00
器形	鬲	2								2	4.76
	斝	1								1	2.38
	缸		1		4					5	11.90
	大口尊					14				14	33.33
	折沿浅腹盆					6				6	14.28
	折沿深腹盆					2				2	4.76
	簋					1				1	2.38
	甑					2				2	4.76
	捏口罐					7				7	16.66
	印纹硬陶罐								1	1	2.38
	壶					1				1	2.38
小计		3	1		4	33			1	42	
百分比（%）		7.14	2.38		9.51	28.57			2.38		100.00
合计		8				34				42	
百分比（%）		19.05				80.95					100.00

10件，但仅有3件可分型式。以颈部的长短分二式，均为大敞口，长颈，颈外侧中部有一周凸棱。

Ⅰ式：2件。圆唇近方，肩部饰凸弦纹一周，肩部饰一周附加堆纹。T0610④ｂ：9，口径32厘米（图六，3）。

Ⅱ式：1件。T0610④ｂ：10，近似方唇，颈比Ⅰ式长，肩稍窄，肩以下残。口径29.4厘米（图六，4）。

折沿深腹盆　2件。泥质灰陶。平折沿，深腹。以整体形态不同区分为二型。

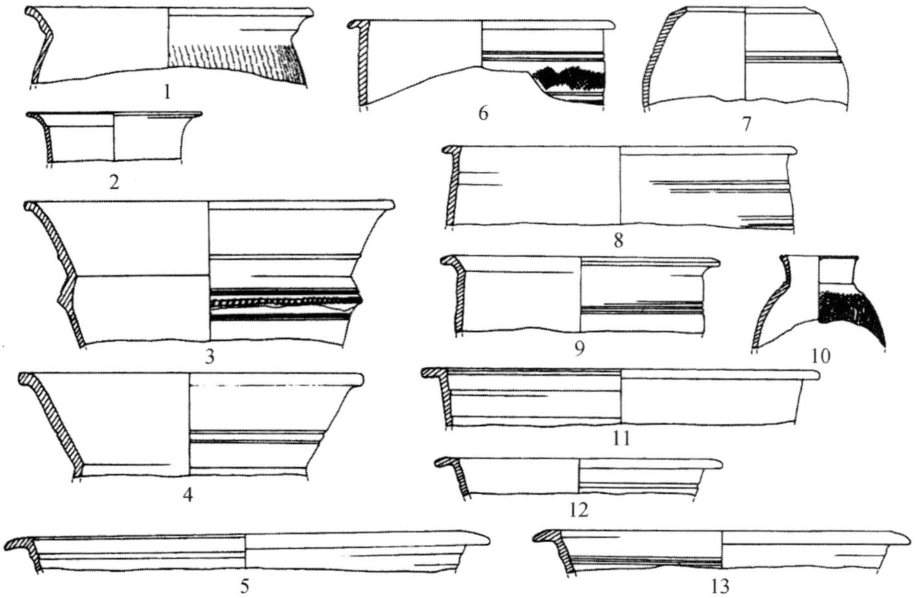

图六　老坟岗商代遗址出土陶器

1. 甗（T0610④b：2）　2. 斝（T0610④b：12）　3、4. 大口尊（T0610④b：9、T0610④b：10）　5、11、13. 折沿浅腹盆（T0609④b：6、T0610④b：21、T0610④b：4）　6、8. 折沿深腹盆（T0610④b：7、T0609④b：9）　7. 壶（T0610④b：18）　9. 敞口深腹盆（T0610④b：17）　10. 印纹硬陶罐（T0610④b：1）　12. 甑（T0610④b：5）

A型　1件。T0610④b：7，尖圆唇，唇部微下垂，腹较直，腹饰一周方格纹，上下各饰一周凸弦纹，口径20厘米（图六，6）。

B型　1件。T0609④b：9，圆唇，窄沿，腹微外弧，口径28.2厘米（图六，8）。

敞口深腹盆　2件。泥质灰陶。圆唇，敞口，深腹，沿面外折，上腹饰两周凸棱。T0610④b：17，口径23厘米（图六，9）。

折沿浅腹盆　6件。泥质灰陶。折沿，浅腹。依整体形态不同分二型。

A型　5件。圆唇，唇缘微下垂，内壁上部有一周凸棱，以沿与内壁相交处有无内凹分二亚型。

Aa型　2件。沿面上无凹槽。T0610④b：4，口径28.8厘米（图六，13）。

Ab型　3件。沿面靠内侧有一窄凹槽，内壁凸棱较粗，T0609④b：6，口径38厘米（图六，5）。

B型　1件。T0610④b：21，方唇，唇面内凹，沿面上有不明显的凹槽，内壁上部有一周凸棱，口径31.4厘米（图六，11）。

甑　2件。折沿，圆唇，弧腹，唇缘下垂，上腹外壁中部有凹槽一周，依口部形态不同区分为二型。

A型　1件。T0610④b：24，下腹饰中绳纹，内壁戳印小坑点，口径22厘米（图

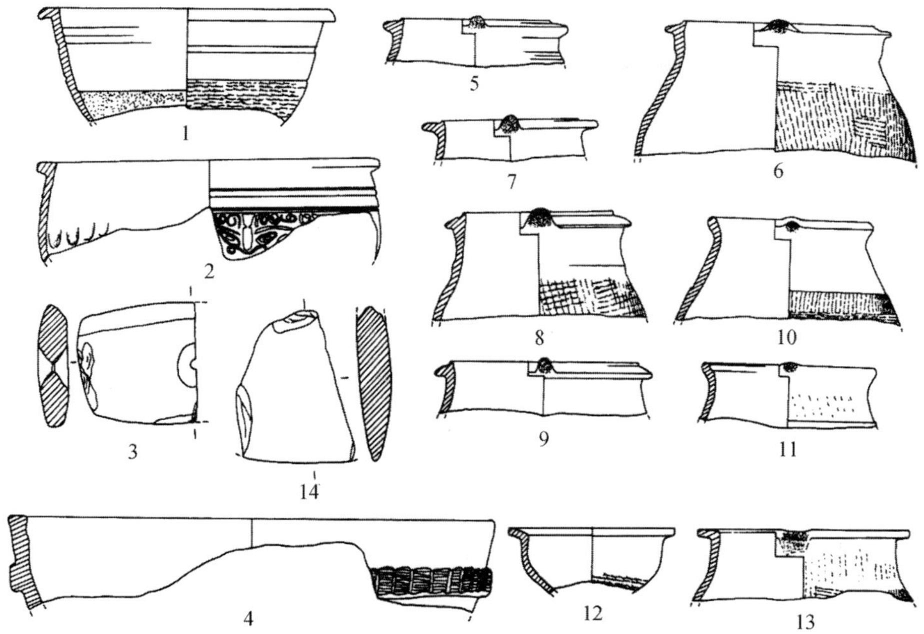

图七　老坟岗商代遗址出土陶器、石器

1. 甑（T0610④b：24）　2. 簋（T0510④b：16）　3. 石刀（T0609④b：14）
4. 缸（T0610④b：11）　5～11、13. 捏口罐（T0609④b：5、T0610④b：28、T0609④b：2、
T0610④b：22、T0609④b：4、T0610④b：3、T0610④b：27、T0609④b：3）
12. 钵（T0610④b：26）　14. 石铲（T0609④b：13）

七，1）。

B型　1件。T0610④b：5，沿稍宽，沿面微鼓，口径21.4厘米（图六，12）。

簋　1件。T0510④b：16，泥质灰陶，圆唇微方，敛口，窄沿，沿面有两周窄而浅的凹槽，圆鼓腹。上腹饰凸弦纹两周，下腹饰饕餮纹，口径26厘米（图七，2）。

壶　1件。T0610④b：18，泥质黑陶，器表磨光。方唇，敛口，唇面内凹，鼓腹，上腹与下腹相交处有凹槽两道，口径11.6厘米（图六，7）。

捏口罐　10件。泥质灰陶。口部有手捏痕，能分型式的8件。依整体形态的不同分为四型。

A型　3件。折沿，近似三角缘，以口部的差别区分为三亚型。

Aa型　1件。T0609④b：2，圆唇，沿面微鼓，近内侧微起棱，口径11.4厘米（图七，7）。

Ab型　1件。T0609④b：5，圆唇，沿面较平，近内侧起棱，口径12.6厘米（图七，5）。

Ac型　3件。尖圆唇，沿面下斜，近口部起棱，沿面稍平，短颈，颈以下饰中粗绳纹。T0610④b：28，口径16厘米；T0610④a：22，近内侧起棱较高，沿面中间微

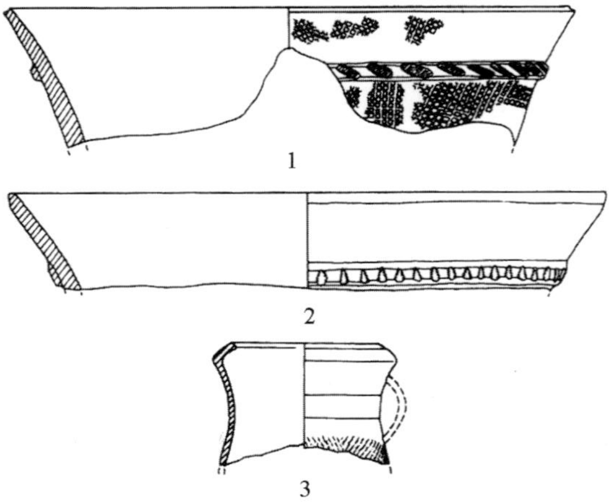

图八　老坟岗商代遗址出土陶器

1、2. 缸（T0610④ b ：8、T0610④ b ：6）

3. 斝（T0610④ a ：10）

鼓，两侧有两周浅凹槽，领与肩分界不明显，腹饰粗绳纹，口径12.6厘米；T0609④ a ：4，口径16厘米（图七，6、8、9）。

B型　2件。T0610④ b ：3，圆唇微外撇。颈、腹之间分界不明显。颈以下饰中细绳纹，口径13.6厘米（图七，10）。

C型　1件。T0609④ b ：3，圆唇近方，宽折沿，沿面较平，器表饰中粗绳纹，口径14.4厘米（图七，13）。

D型　2件。T0610④ b ：27。圆唇，直口，内侧下凹，束颈，口径14厘米（图七，11）。

钵　1件。T0610④ b ：26，泥质褐陶，圆唇近方，侈口，窄折沿，鼓腹，近底部饰粗绳纹，口径14.2厘米（图七，12）。

印纹硬陶罐　1件。T0610④ b ：1，器表棕色，灰胎，方唇，唇面下凹，束颈，颈较高，鼓腹，颈以下饰燕纹，口径6厘米（图六，10）。

缸　3件。夹粗砂厚胎。夹有蚌末。形态多样，胎质和器表纹饰均有多种变化。根据整体形态的不同可分为二型。

A型　1件。T0610④ b ：11，平方唇，口较直，器表近口部饰一周附加堆纹，口径38.8厘米（图七，4）。

B型　2件。均为夹砂褐陶，敞口，呈喇叭状，方唇。依口部差别区分为二亚型。

Ba型　1件。T0610④ b ：6，窄方唇，器表近口部饰一周附加堆纹，口径42.8厘米（图八，2）。

Bb型　1件。T0610④ b ：8，唇面内凹，器表近口部饰一周附加堆纹，下饰方格纹，口径40.8厘米（图八，1）。

石铲　1件。T0609④ b ：13，青石质，一端有刃（图七，14）。

石刀　1件。T0609④ b ：14，青石质，长方形，两端有刃，中间有穿孔（图七，3）。

（二）灰坑

共7个，坑口形状有圆形、长方形和不规则形三种。因遗迹单位较少，依灰坑为单位详述如下。其中H27坑口为长方形，长1.2米，宽0.8米，深7.5米，仅出两片陶片，不再介绍。

H4　位于T0207西北部，开口于扰土坑下，打破第5层。坑口为圆形，直壁平底，直径1.6米，深0.5米（图一四）。坑内堆积为灰褐色土，土质较为疏松，夹杂有炭粒、红烧土粒等。出土陶片不丰富，主要为泥质灰陶，占60%，其次为夹砂灰陶，另有极少量

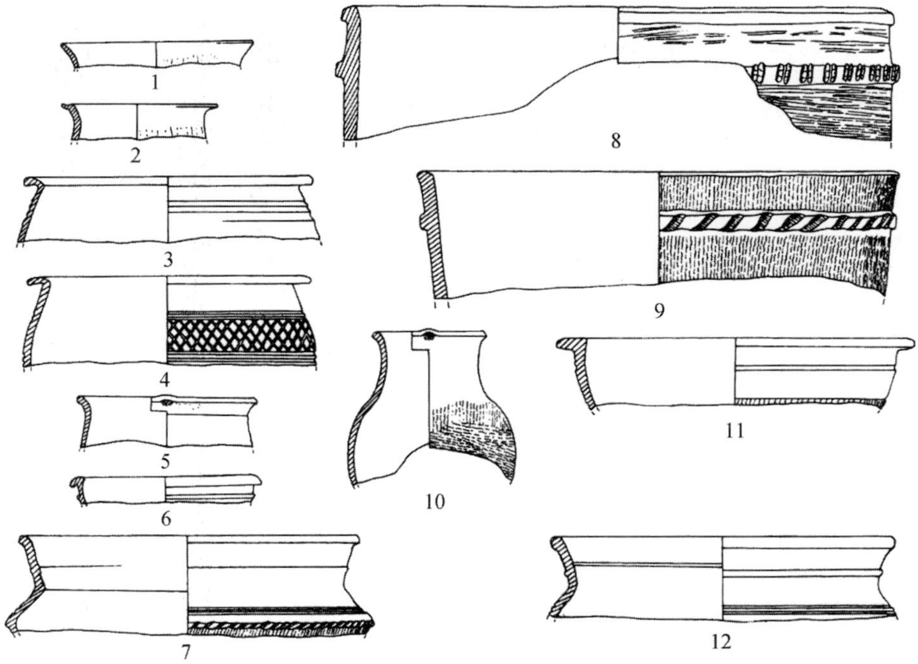

图九　老坟岗商代遗址出土陶器

1、2. 鬲（H4：9、H4：8）　3、4. 折沿鼓腹盆（H4：4、H4：3）　5、10. 捏口罐（H4：10、H4：2）　6. 豆（H4：7）　7、12. 大口尊（H4：1、H125：14）　8、9. 缸（H4：6、H4：5）　11. 折沿浅腹盆（H6：2）

夹粗砂红陶和黑皮棕陶；纹饰以绳纹为主，占80%，其中细绳纹居多，占76%，部分为中细绳纹，其余为弦纹、附加堆纹、斜方格纹等；器形有鬲、大口尊、盆、小口瓮、捏口罐、豆、缸等，均残。

鬲　2件。夹砂棕褐陶。圆唇，卷沿。依口沿形态不同分二型。

A型　1件。H4：9，沿外有隐约可见被抹去的绳纹，口径17厘米（图九，1）。

B型　1件。H4：8，沿端形成一平台，平台微下凹，口径12厘米（图九，2）。

大口尊　1件。H4：1，泥质灰陶。方唇，侈口，短颈，宽肩。颈部有凸棱一周，肩部饰一周凸弦纹，肩、腹相交处饰一周附加堆纹，口径29.2厘米（图九，7）。

折沿鼓腹盆　2件。泥质灰陶，圆唇，窄折沿，鼓腹。以整体形态不同分二型。

A型　1件。H4：4，唇面有浅凹槽一周，沿面上有凸棱一周，沿向内斜，上腹部饰两周凸棱，口径22.4厘米（图九，3）。

B型　1件。H4：3，沿面鼓，唇部下卷，腹部中间饰一周斜方格纹，上、下各饰凸弦纹一周，口径20.8厘米（图九，4）。

捏口罐　2件。泥质灰陶，圆唇，口微侈，束颈，溜肩，鼓腹，依口沿差别区分为二型。

A型　1件。H4：2，颈较瘦，颈以下饰中绳纹，口径9.4厘米（图九，10）。

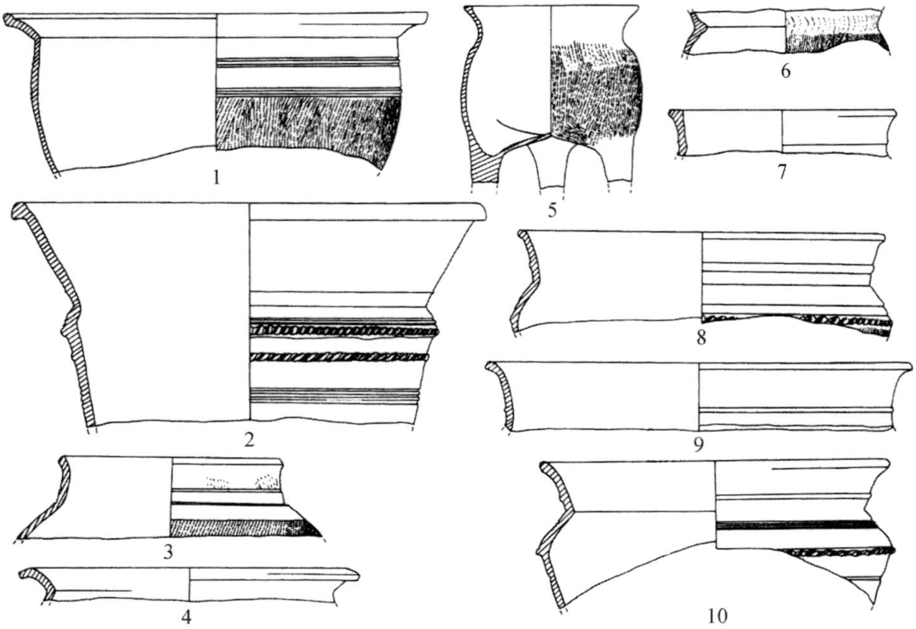

图一〇　老坟岗商代遗址出土陶器

1、4. 敞口深腹盆（H6：1、H85：4）　2、8～10. 大口尊（H85：1、H146：10、H146：8、H146：9）
3. 小口瓮（H85：3）　5. 鬲（H146：4）　6. 甗（H146：13）　7. 大口瓮（H146：12）

B型　1件。H4：10，口部稍厚，微折，口径15.2厘米（图九，5）。

豆　1件。H4：7，泥质灰陶。圆唇，唇部下垂，沿面鼓，盘外饰一周窄凸棱，口径15厘米（图九，6）。

缸　2件。夹粗砂，厚胎。以整体形态不同分二型。

A型　1件。H4：5，黑皮棕陶，方唇，直口，颈部饰一周附加堆纹，器表饰中绳纹，口径40厘米（图九，9）。

B型　1件。H4：6，红陶，方唇外突，直口，颈部饰一周附加堆纹，腹饰篮纹，口径46厘米（图九，8）。

H6　位于T0316西北部，开口1层下，打破仰韶文化层。坑口呈不规则形，长2.35米，宽0.6米，深0.4米。坑内堆积灰褐色土，土质疏松。出土极少量陶片。纹饰多为中细绳纹。可辨器形仅有盆，均为泥质灰陶。

敞口深腹盆　1件。H6：1，圆唇近方，敞口，折沿，沿面近唇部一周微凹，深腹，上腹微鼓，饰凸棱两周，下腹饰中细绳纹，口径31.4厘米（图一〇，1）。

折沿浅腹盆　1件。H6：2，圆唇，平折沿，上腹外壁有凹槽一周，下腹饰中细绳纹，口径26厘米（图九，11）。

H55　位于T0316北部，开口1层下，打破仰韶文化层。坑口呈长方形，口大底小，坑壁斜内收，平底。坑口长3.9米，宽1.7米；坑底长2.5米，宽0.6米，深2.4米（图一五）。坑内堆积为灰褐色土，夹杂大量的红烧土块。包含陶片数量不多。多为夹砂灰陶，占50%，其次为夹砂灰黑陶，占23%，另有少量泥质灰陶；纹饰多为细绳纹，占64.8%，有少量中细绳纹，其余为弦纹、斜方格纹、圈点纹；器形有鬲、甗、大口长腹罐、小口瓮、敛口瓮、捏口罐等，复原两件其余均残（表三）。

表三　老坟岗遗址商代文化陶片统计表（08ZKHH55）

纹饰 \ 陶质 / 陶色		夹砂			泥质			合计	百分比（%）
		灰	黑褐	灰黑	灰	黑褐	灰黑		
细绳纹		27	4	16	1			48	64.86
中细绳纹		6		1	3		8	18	24.32
中绳纹		3					3	6	8.11
斜方格纹		1						1	1.35
弦纹					1			1	1.35
小计		37	4	17	5		11	74	
百分比（%）		50	5.41	22.97	6.76		14.86	100.00	
合计		58			16			74	
百分比（%）		78.38			21.62				100.00
器形	鬲	5		2				7	50.00
	甗	1						1	7.14
	鼎足	1						1	7.14
	大口长腹罐	1						1	7.14
	小口瓮				2			2	14.29
	侈口瓮				1			1	7.14
	捏口罐				1			1	7.14
小计		8		2	4			14	
百分比（%）		57.14		14.29	28.57				100.00
合计		10			4			14	
百分比（%）		71.43			28.57				100.00

鬲　7件。依整体形态特征分为四型。

A型　3件。夹砂灰陶，薄胎。依口沿特征区分为二亚型。

Aa型　1件。H55：2，圆唇，卷沿，弧腹，颈部以下饰中细绳纹，口径18厘米（图一一，2）。

Ab型　2件。尖圆唇，折沿，沿面近唇部有一周凹槽，颈以下饰极细绳纹。H55：3，口径15.2厘米（图一一，1）。

B型　2件。黑皮棕陶，胎稍厚。方唇，卷沿，束颈，鼓腹，颈部绳纹被抹去，颈以下饰细绳纹，上腹部加饰两周凹弦纹。H55：5，口径17厘米（图一一，5）。

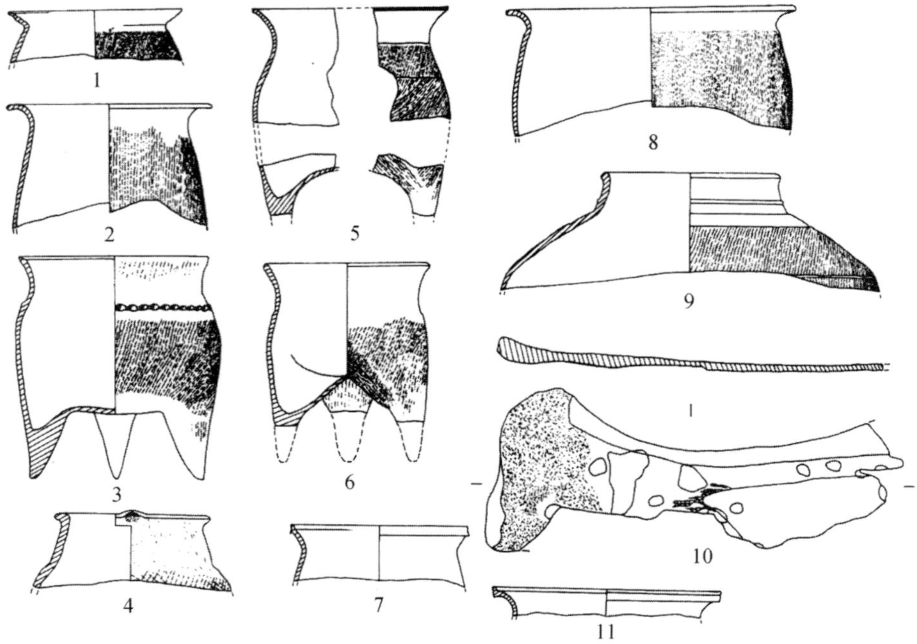

图一一　老坟岗商代遗址出土陶器、骨器

1～3、5、6. 鬲（H55：3、H55：2、H55：4、H55：5、H55：1）　4. 捏口罐（H55：9）
7、11. 大口长腹罐（H55：7、H55：8）　8. 甗（H55：6）　9. 小口瓮（H55：10）　10. 卜骨（H55：13）

C型　1件。H55：4，复原。夹砂褐陶，胎稍厚，方唇，唇面平，微下凹，侈口，束颈，颈部绳纹被抹去，颈、肩相接处饰一周捺点纹，弧腹，底部不分裆，微向外鼓，三实足近似扁三角形，稍外撇。颈以下饰细绳纹，绳纹稍模糊，器表部分贴敷一层泥，有火烧痕。足部上半部饰细绳纹，下半部抹光，口径16.6厘米，高19厘米（图一一，3）。

D型　1件。H55：1，复原。夹砂灰褐陶，胎稍厚。圆唇，敞口，束颈，弧腹，腹较瘦，分裆高，足根残。颈部抹光，颈以下饰细绳纹，纹道稍模糊，口径14厘米，残高13.6厘米（图一一，6）。

甗　1件。H55：6，夹砂灰陶，圆唇，卷沿，束颈，鼓腹。腹部饰极细绳纹，口径23厘米（图一一，8）。

大口长腹罐　3件。薄胎，盘口，方唇，卷沿。依口部形态不同分二型。

A型　2件。夹砂灰陶，唇面上部有一周浅凹槽，下部较平。H55：8，口径19.8厘米（图一一，11）。

B型　1件。H55：7，夹砂灰陶，唇面微凹，下缘呈尖状伸出。器表饰细绳纹，口径15.2厘米（图一一，7）。

小口瓮　1件。H55：10，泥质灰陶。圆唇外翻，小口，高领，领中部饰一周凸棱，领与肩相接处饰一周凹弦纹，广肩，肩部饰中绳纹，稍偏细，口径14.8厘米（图一一，9）。

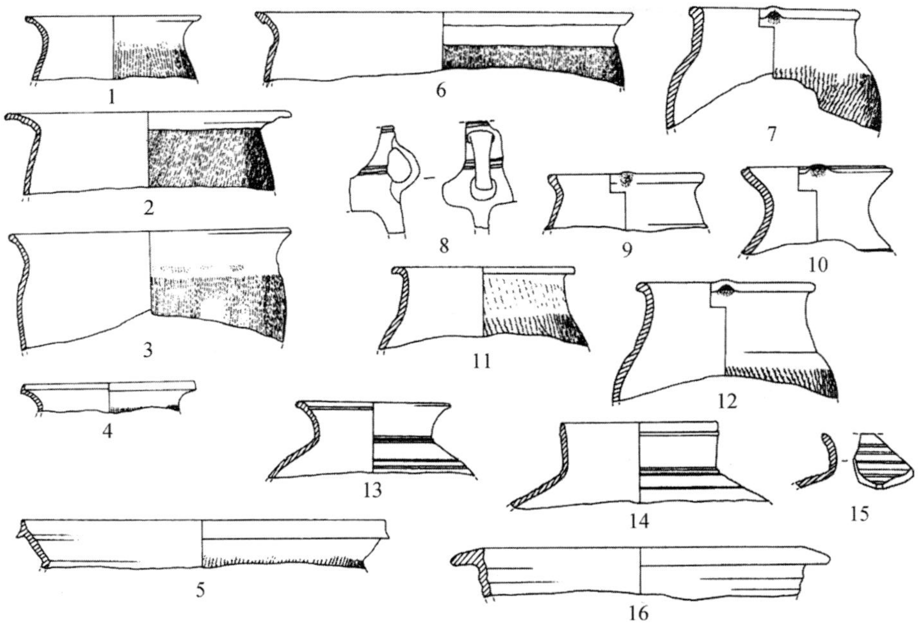

图一二 老坟岗商代遗址出土陶器

1. 鬲（H125∶3） 2、3、6. 甗（H125∶8、H125∶4、H125∶5） 4、5. 大口长腹罐（H125∶7、H125∶9） 7、9～12. 捏口罐（H125∶26、H125∶27、H125∶29、H125∶6、H125∶25） 8. 爵（H125∶1） 13. 侈口尊（H125∶10） 14. 直口尊（H125∶11） 15. 侈口瓮（H55∶12） 16. 折沿浅腹盆（H125∶24）

侈口瓮 1件。H55∶12，口沿小残片。泥质灰陶，圆唇，侈口，广肩，颈部有凸棱两周，肩部饰凹弦纹三周（图一二，15）。

捏口罐 1件。H55∶9，泥质灰陶，圆唇，平折沿，长颈，颈部绳纹被抹去，但隐约可见。腹饰中粗绳纹，口径12厘米（图一一，4）。

卜骨 1件。H55∶13，残，牛肩胛骨，上有数个圆形灼痕（图一一，10）。

H85 位于T0609中西部，开口4b层下，打破第5层。坑口呈长方形，长2米，宽0.6米，深1.7米。斜壁，平底。坑内堆积灰褐色土，质疏松。出土陶片数量很少，基本为大口尊残片，其他器类的陶片不多。器形有大口尊、敞口深腹盆、小口瓮。另有1片折沿深腹盆腹部残片，腹内壁满涂朱砂。

大口尊 3件。形制相同，泥质灰陶。大敞口，圆唇近方，长颈，肩稍窄，颈、肩之上各饰一周凸棱，肩腹相接处饰两周附加堆纹。H85∶1，口径40厘米（图一〇，2）。

敞口深腹盆 1件。H85∶4，泥质灰陶，圆唇近方，敞口，卷沿，沿面外折，口径28厘米（图一〇，4）。

小口瓮 1件。H85∶3。泥质灰陶，圆唇，口微侈，小口，高领，领部有两周凹槽，广肩，肩部饰两周弦纹，肩部饰中细绳纹，口径18.8厘米（图一〇，3）。

H125　位于T0510西北部，开口4b层下，打破第5层。坑口呈不规则形，直壁，底部凸凹不平。坑口长6米，宽5.25米，深0.55～0.8米。坑内堆积灰褐色土，夹杂大量红烧土块及炭粒，质稍硬。包含物均为陶片，陶质分为泥质和夹砂两种，泥质占25.95%；陶色以灰色为主，占66.4%，有少量灰黑色和黑皮红陶；纹饰以细绳纹居多，占59.5%，另有部分中细绳纹和极少量的弦纹、附加堆纹；器形有鬲、甗、爵、大口长腹罐、大口尊、盆、瓮、捏口罐、缸等，复原1件，其余均残（表四）。

表四　老坟岗遗址商代文化陶片统计表（08ZKHH125）

陶质 / 陶色 / 纹饰		夹砂			泥质				合计	百分比（%）
		灰	黄褐	灰黑	灰	黄褐	灰黑	黑皮红陶		
细绳纹		50		28					78	59.54
中细绳纹		9							9	6.87
附加堆纹						5			5	3.82
素面		10					20		30	22.90
弦纹					9				9	6.87
小计		69		28	9	5	20		131	
百分比（%）		52.67		21.37	6.87	3.82	15.27			100.00
合计		97			34				131	
百分比（%）		74.05			25.95					100.00
器形	鬲	2							2	6.67
	甗	3							3	10.00
	大口长腹罐	3							3	10.00
	爵	1							1	3.33
	缸		1						1	3.33
	大口尊				11				11	36.67
	折沿浅腹盆				1				1	3.33
	侈口尊							1	1	3.33
	直口尊							1	1	3.33
	捏口罐				6				6	20.00
小计		9	1		18			2	30	
百分比（%）		30	3.33		60			6.67		100.00
合计		10			20				30	
百分比（%）		33.33			66.67					100.00

鬲　2件。复原1件。卷沿，束颈。根据整体形态的不同区分为二型。

A型　1件。H125：3，夹砂灰陶。圆唇，沿下增厚，颈以下饰细绳纹，口径15.8厘米（图一二，1）。

B型　1件。复原。H125：2，夹砂黑褐陶，胎稍厚。尖圆唇，沿面近唇部呈窄平台，平台面微下凹，唇沿下微增厚，颈部较长，圆鼓腹，锥状足。腹部饰细绳纹，上腹部加饰一周凹弦纹，足部有刮抹痕迹，口径15.8厘米，高23厘米（图一三，1）。

甗　3件。颈以下饰细绳纹。根据整体形态的不同分为二型。

A型　2件，薄胎。卷沿，束颈，鼓腹。以口部不同区分为二亚型。

Aa型　1件。H125：8，夹砂灰陶，圆唇，宽卷沿，沿下微起一棱，口径25.6厘米（图一二，2）。

Ab型　1件。H125：5，夹砂灰皮褐陶，尖圆唇，沿下增厚，口径33.8厘米（图一二，6）。

B型　1件。H125：4，夹砂棕褐陶，胎稍厚。侈口，圆唇，束颈，弧腹，口径25厘米（图一二，3）。

大口长腹罐　3件。夹砂灰陶，依整体形态不同区分为二型。

A型　2件。方唇，盘口，唇面窄。唇面平直，束颈，颈以下饰细绳纹。H125：7，口径15.4厘米（图一二，4）。

B型　1件。H125：9，折沿，敞口，唇面宽且下凹，沿面宽，下缘呈尖状外伸，腹饰中绳纹，口径32.6厘米（图一二，5）。

爵　1件。H125：1，夹砂棕褐陶，直口，口外侧有弦纹两周，腰部微束，上有凹槽一周，圆鼓腹，足残，素面，残高9.6厘米（图一二，8）。

侈口罐　1件。H125：31，夹砂灰褐陶，胎稍厚，尖圆唇，侈口，束颈，鼓腹，素面，口径21.4厘米（图一三，10）。

大口尊　11件。泥质灰陶，多数为口沿小残片，难以看出型式，能看出型式仅两件。圆唇，侈口，短颈，宽肩，颈部饰一周凸棱，肩部饰一周弦纹。H125：14，圆唇，颈短，肩以下残，口径29.2厘米；H125：13，颈稍长，肩、腹相交处饰一周附加堆纹，口径30.8厘米（图九，12；图一三，9）。

折沿浅腹盆　1件。H125：24，泥质灰陶，圆唇，唇缘微下垂，弧腹，口径28厘米（图一二，16）。

直口尊　1件。H125：11，泥质黑皮红陶，表面磨光。尖圆唇，直口，领较高，领外有凸棱两周，广肩，领部与肩部相接处有一周凸弦纹，肩上有一周凹弦纹，口径13.8厘米（图一二，14）。

侈口尊　1件。H125：10，泥质黑皮红陶，表面磨光。圆唇，唇面及唇内侧各有一周凹槽，大敞口，宽沿，广肩，领与肩相接处有凸弦纹一周，肩部有凹弦纹两周，口径12.4厘米（图一二，13）。

捏口罐　6件。泥质灰陶，口部有手捏痕，束颈，溜肩。依整体形态的不同分为四型。

A型　2件。侈口外卷，圆唇。根据口部特征的不同分为二式。

Ⅰ式：1件。H125：6，平卷沿较长，近折，唇面中部饰一周弦纹，领部有隐约可见的绳纹，以下饰中绳纹稍偏粗，口径22厘米（图一二，11）。

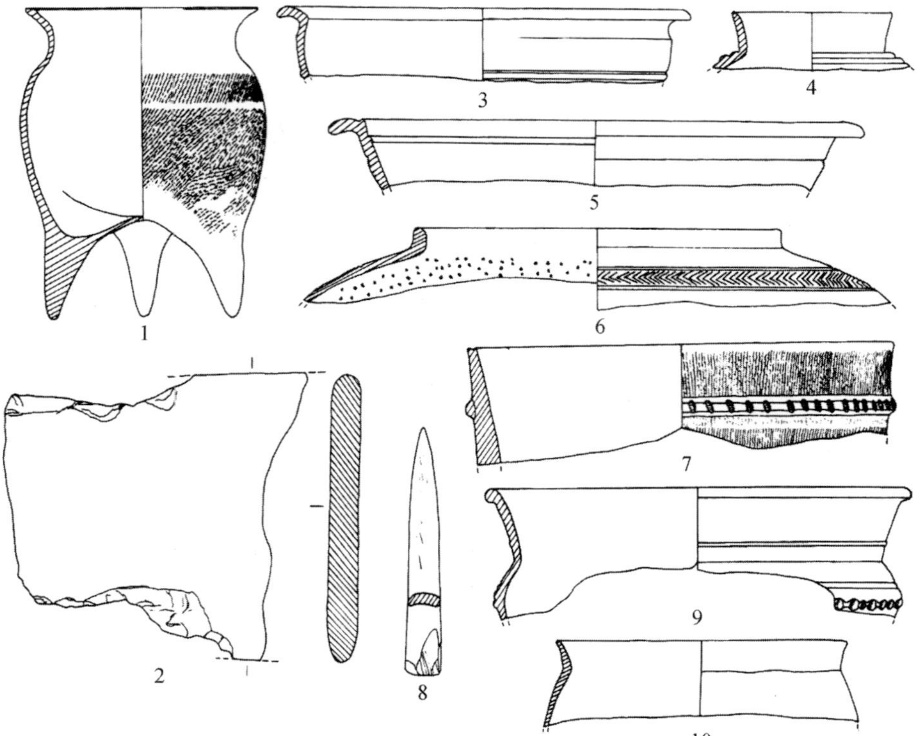

图一三　老坟岗商代遗址出土陶器、石器、骨器

1. 鬲（H125：2）　2. 石铲（H146：2）　3. 敞口深腹盆（H146：7）　4. 侈口瓮（H146：11）　5. 折沿浅腹盆（H146：6）　6. 敛口瓮（H146：5）　7. 缸（H125：30）　8. 骨锥（H146：1）　9. 大口尊（H125：13）　10. 侈口罐（H125：31）

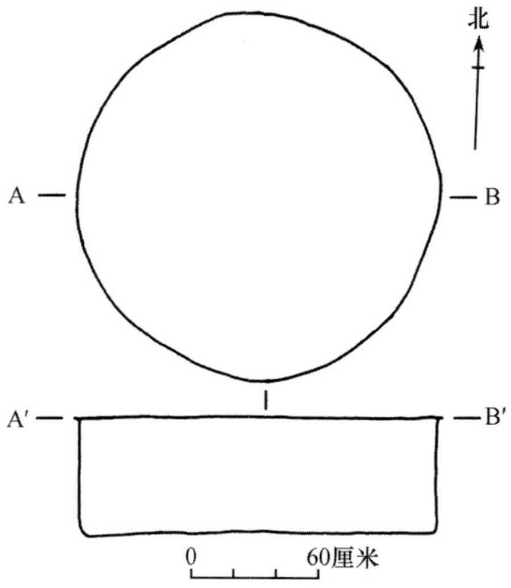

图一四　H4平、剖面图

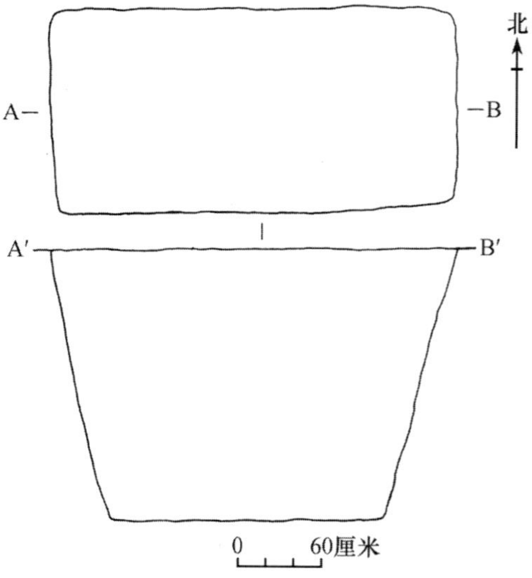

图一五　H55平、剖面图

Ⅱ式：1件。H125：25，卷沿，圆唇，领部饰数周线纹，肩以下饰中绳纹稍偏细，领与肩分界明显，口径14厘米（图一二，12）。

B型 1件。H125：26，平卷沿近折，圆唇近方，沿极短，直领，腹饰中粗绳纹，口径13厘米（图一二，7）。

C型 2件。H125：27，方唇，侈口，沿外突，束颈，溜肩，口径12.4厘米（图一二，9）。

D型 1件。H125：29，敞口，卷沿，方唇，唇内有凹槽一周，束颈幅度较大，口径12厘米（图一二，10）。

缸 1件。H125：30，夹砂黄褐陶，厚胎，质地较为粗糙。直口，平方唇，上腹较直，近口部饰一周附加堆纹，其下饰篮纹，口径31.4厘米（图一三，7）。

H146 位于T0609南部及T0509北部，开口于第4b层下，打破第5层。坑口呈不规则形，直壁，底部凸凹不平。坑口长8.5米，宽8.1米，深0.2～0.4米。坑内堆积灰黑色土，夹杂大量红烧土块及炭粒，质疏松。出土陶片以泥质为主，占89.06%，少量夹砂陶；陶色以灰色为主，占73.44%，少量灰黑色、褐色和橙色；纹饰以绳纹居多，占46.88%，细绳纹最多，少量中细绳纹及中绳纹，其次为弦纹，其余为少量的附加堆纹、斜方格纹、燕纹等；器形有鬲、大口尊、小口瓮、大口瓮、深腹盆、浅腹盆等，复原1件，其余均残。

鬲 1件。H146：4，复原。夹砂灰黑陶，胎稍厚，圆唇，卷沿，沿面近唇部呈一平台，束颈，弧腹，足根残。颈以下饰细绳纹，口径14厘米，残高15.4厘米（图一〇，5）。

甗 1件。H146：13，甗腰残片。夹砂褐陶。有腰隔，器表饰细绳纹（图一〇，6）。

大口尊 6件。泥质灰陶，敞口，短颈，颈部有凸棱一周，宽肩，依口部形态特征不同分二型。

A型 5件。短颈，圆唇，肩、腹相交处饰一周附加堆纹。H146：9，圆唇近方，唇面有一周细凹弦纹，肩上饰凸弦纹两周，口径30.2厘米（图一〇，10）。H146：10，口径32厘米（图一〇，8）。

B型 1件。H146：8，唇部微方，颈稍长，口径37厘米（图一〇，9）。

敞口深腹盆 1件。H146：7，泥质灰陶，胎稍薄，圆唇，卷沿，敞口，沿面稍窄，上腹微鼓，口径24厘米（图一三，3）。

折沿浅腹盆 1件。H146：6，泥质灰陶，圆唇，平折沿，沿面微鼓，近内侧下凹，微起榫，腹内壁上部有一周凸棱，腹壁斜内收，口径34.6厘米（图一三，5）。

侈口瓮 1件。H146：11，泥质灰陶，圆唇，侈口，广肩，肩部有两周凹弦纹，口径12厘米（图一三，4）。

大口瓮 1件。H146：12，泥质灰褐陶，方唇，直口，口径17.6厘米（图一〇，7）。

敛口瓮 2件。H146：5，泥质灰陶，表面磨光，大口，矮领，广肩，肩上饰一周燕纹，燕纹上下各饰一周凸弦纹，内壁有戳印的小坑窝，口径27厘米（图一三，6）。

石铲　1件。H146：2，两端均残，青石质，通体打磨光滑，器体扁平，有肩（图一三，2）。

骨锥　1件。H146：1，完整。通体磨制光滑，前端锐利，后端呈三角形，内侧有凹槽，制作精细，长18.4厘米（图一三，8）。

三、夯土墙基

发掘的夯土墙呈东北—西南走向贯穿发掘区（图一六、图一七），开口于1层下，打破第5层，发掘长度130米，在发掘区的中部略靠北向外弧。剖面形状呈倒梯形，上口东西宽12～14.8米，下口宽10.2～12.5米，现存深度为1.5～2.5米。城墙为分段夯筑，在发掘的区域内，从平面看共分8大段。从南向北分别编号夯1～夯8，宽度不等。在夯3与夯4之间及夯5中各开了一条与城墙基槽垂直的探沟，分别编号为TG1、TG2，宽度均为5米。在TG1和TG2之间且与两者相垂直开了一条2米×14米的探沟，编为TG3。在清理探沟的过程中发现，有些大段中又分为若干小段，如夯4又分为5小段。夯筑方法应是次序逐段逐层夯筑，在有些夯土段之间发现有使用夹板的痕迹。夯层明显，每层厚0.05～0.1米，每一层的土色都比较接近，多为灰褐色，少量黄褐和灰色，土质坚硬，呈颗粒状。每层夯窝均很密集，每平方米包含820多个夯窝，呈圆锥形，直径为0.02～0.06米，深0.03～0.1米，另外，夯窝也存在有重夯的现象。夯土中包含一些陶片，均为仰韶时期。夯土墙仅存基槽部分，上部无存。基槽的某些地方破坏严重，但从残存的部分来看，规模较大，形状整齐。在本段夯土墙基的中部从西侧向西60米内布方进行了发掘，仰韶文化层下为生土，未发现城壕的迹象。

发掘的夯土墙基建造在仰韶文化遗址上，并打破了该遗址。墙基夯土土色接近仰韶文化时期地层的土色，夯土中所包含陶片均属仰韶时期，这表明当时夯打该段城墙所用土为就近取材，取用的即是仰韶文化层的土。

四、结　　语

老坟岗区域2002年由郑州市文物考古研究院做过小规模发掘，首次发现有仰韶文化遗址，且发现了一段夯土墙基[1]。此次因旧城改造而进行的发掘，包含了前次的发掘范围。发现最丰富的仍是仰韶文化遗存，文化层分布于整个发掘区，遗迹、遗物丰富。商代遗存遭后期破坏严重，堆积不丰富。文化层仅分布在发掘区中东部的9个探方内，均在夯土墙的内侧，直接叠压在仰韶文化层之上。

发掘的商代遗存分为两期三个阶段。第二期仅有4a层，所出的方唇带圆圈纹的A型鬲、折沿方唇饰粗绳纹的甗、大口长腹罐、敛口斝、长颈大口尊等均为商代二里冈上层

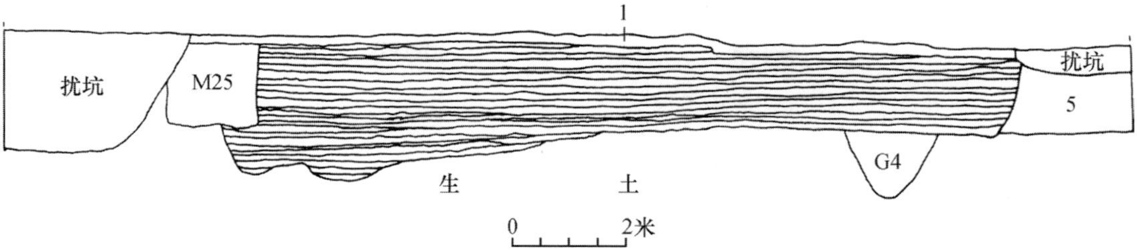

图一六 南壁剖面图

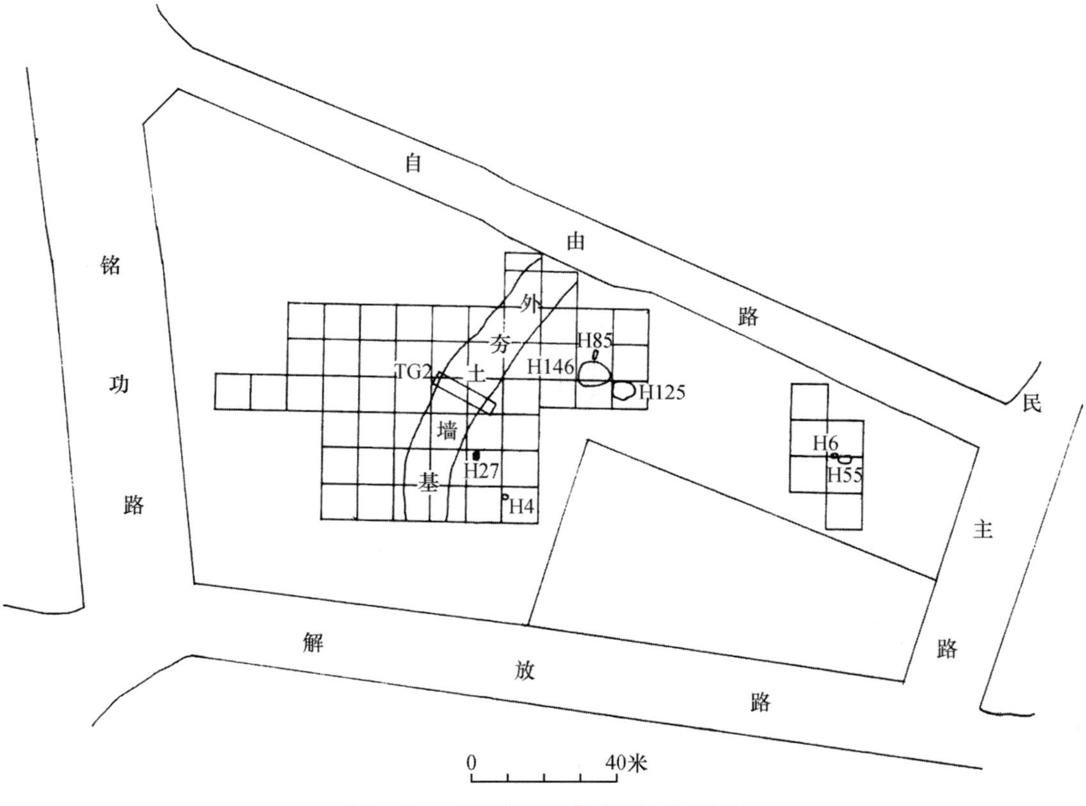

图一七 老坟岗遗址商代遗迹分布图

时期的典型器物[2]，时代为二里冈上层。

第一期包括灰坑和4 b 层，该期又以H4、H6、H55、H125、H146为一组和H85及探方中的4 b 层为一组区分为早晚两段。4 b 层夹砂陶出土少，所出的卷沿圆唇甗具有二里冈下层H17阶段的特征[3]，大口尊颈稍长，簋的腹壁较直，但在部分器物上也呈现出稍晚的特征，如多数器物的器表绳纹较粗，簋的沿面上已出现两周凹槽，因此，该段应属二里冈下层H17阶段中偏晚的一组。

该期早段器物中夹砂陶的绳纹均为细绳纹，卷沿圆唇薄胎细绳纹鬲、窄唇的大口长腹罐、卷沿圆唇薄胎细绳纹甗、短颈宽肩大口尊等与铭功路H3和南关外H62同类器相同[4]，时代与其一致，因此该段应早于H17阶段，属二里冈下层的早期阶段。早段的单位中以H55和H125比较典型，出土器物组合比较完整，其他单位也与其有共同的时代风格。该期中大量文化遗存是二里冈主体文化因素的延续，但有些器物特征则显见来自其他商文化类型，如H55和H125中的长颈鼓腹B型鬲，来源于辉卫型；H55中平底微鼓的C型鬲，H125中的棕褐色束腰鼓腹爵，来源于盘龙城型。这些陶器形态特征，表明了作为早期商文化的中心——郑州商城对周边其他类型的商文化不同程度的影响和吸收。

这段夯土墙基，从其夯筑方法和夯层、夯窝的特征分析，并参考已发表的资料[5]，可以认为是属于商代二里冈期。从走向、所处地理位置及夯筑特征等方面看，应是商代外夯土墙的一部分。但限于此次发掘资料限制，尚无法讨论此夯土墙基的具体年代，对其具体的修筑年代和废弃年代还不能做出明确的判断。

商代外夯土墙基最初发现于20世纪50年代[6]，其后在不同地段对外夯土墙基进行了多次钻探和发掘[7]，范围逐渐清晰。西部于1993年在福寿街和兴隆街交汇处的郑州饭店扩建工程中，发现商代外夯土墙呈南北向穿过基建区中部。再向北仅有钻探材料[8]。此次发掘的这段外夯土墙基，南距福寿街和兴隆街交汇处约300米。从走向上与其相对应，应该是外夯土墙基向北的延伸。近年来，我们在紧邻此地北部的自由路北侧的深国投和太康路与北二七路交叉口西北区域的丹尼斯百货两建设工地发现和发掘了两段夯土墙基[9]。深国投工地与此次发掘的夯土城墙相距约200米，呈西南—东北方向，与其走向能够相连，夯筑方法也相同。北二七路与太康路之间的一段，与深国投发掘的一段相距约150米，中间隔太康路，因条件所限，无法做进一步工作，两者走向虽大致相对照，但夯筑方法与其余发掘的外夯土墙基夯筑方法不甚相同，根据打破此段夯土墙基的商代灰坑和墙基内的包含物，可以确定其时代同于这次发掘的第一期早段而早于二里冈下层H17阶段。其余发掘的外夯土墙基则无商代灰坑或文化层的叠压和打破关系，墙基内也不见商代陶片。因此，两者是否相连，还不能完全确定。从我们这几次发掘的结果看，郑州商城外夯土墙基的功用、走向、建造时代和建造方法是一个比较复杂的问题。其建造方法或许为逐渐修筑的，夯筑方法也不甚一致，其走向不太规则，这些问题还需要在今后工作中逐渐解决。

绘　图：王　凯
摄　影：蔡　强

注　释

［1］　郑州市文物考古研究院发掘资料。

［2］［3］［6］　河南省文化局文物工作队：《郑州二里冈》，科学出版社，1959年。

[4] 郑州市文物考古研究所：《郑州铭功路东商代遗址发掘简报》，《考古》2002年第9期；河南省文物工作队：《郑州南关外商代遗址的发掘》，《考古学报》1973年第1期。

[5][7] 河南省文物考古研究所：《郑州商城外夯土墙基的调查与发掘》，《中原文物》1991年第1期；河南省文物研究所：《郑州三德里、花园新村考古发掘简报》，《郑州商城考古新发现与研究——1985～1992》，中州古籍出版社，1993年；河南省文物考古研究所：《郑州商城外郭城的调查与发掘》，《考古》2004年第3期；郑州市文物考古研究所：《郑州市银基商贸城商代外夯土墙基发掘简报》，《华夏考古》2000年第4期。

[8] 河南省文物考古研究所：《郑州商城外郭城的调查与发掘》，《考古》2004年第3期。

[9] 为配合郑州市旧城改造工程2006年在深国投二七广场店和2007年在丹尼斯梦幻世界店区域内分别发现一段夯土墙基，资料暂未发表。

（原刊于《中原文物》2009年第4期）

河南登封南洼遗址殷墟文化遗存发掘简报*

韩国河　朱　津

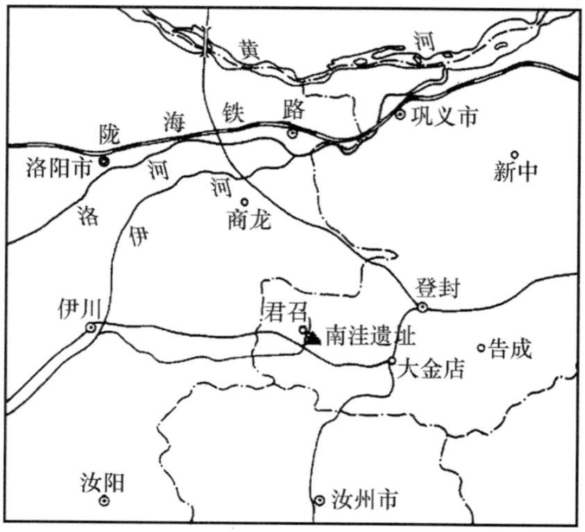

图一　南洼遗址地理位置示意图

登封南洼遗址位于河南省登封市君召乡南洼村东部，南临郑洛公路，向北约1千米即为君召乡政府所在地（图一）。遗址面积约30万平方米，现为河南省重点文物保护单位。遗址北依少室山，南望伏牛山余脉，东部为一道南北向土岗，向西地势开阔，有洭水自东北向西南穿过。

2004年春，郑州大学考古系联合郑州市文物考古研究院对该遗址进行了全面的调查、勘探和试掘。2004年秋至2006年冬，将其作为郑州大学考古系的实习基地，展开了较大规模的发掘，共揭露2140平方米，清理出大量的二里头时期至金元时期的遗存。其中殷墟时期的遗存较为丰富，因此现将该时期的发掘情况简报如下。

一、遗　　迹

该遗址殷墟时期的遗存有房址3座、墓葬12座、灰坑87座、陶窑1座，现举例如下。

2004DNF1位于T2的西部中间偏南位置。开口耕土层下，打破二里头时期的壕沟，被H232打破。F1被破坏严重，其形状和范围不清楚，仅留下灶和部分居住面。居住面褐色黏土，厚度为1～2厘米，比较硬，密度大。灶的形状大致呈葫芦状，灶门大致向西，方向243°。灶坑南北最宽处45厘米，东西最宽43厘米。底部烧土略呈台阶状，东高西低，没有发现烟道。灶的建造应是直接在地表上挖出灶坑，然后烧烤而成。居住面上还发现有破碎的陶鬲1件。F1的居住面应该是在壕沟的填土上踩踏而成，其下未发现人工垫土。居住面之上保留有废弃之后的填土。屋外未发现路土及其他人类活动遗迹（图

* 本文为国家社科基金“登封南洼——2004～2006年田野考古发掘报告（编号10BKG008）”阶段性成果。

二）。

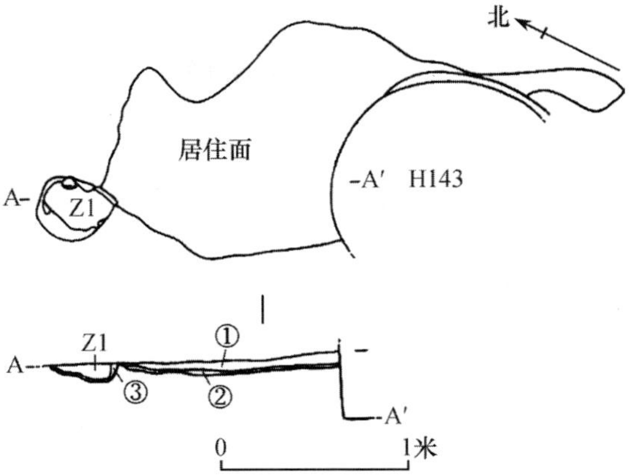

图二　2004DNF1平、剖面图

2004DNM16位于ⅠT6641扩方的东北角，位于Y3之东北方向，开口于2层下，上部被H76打破，打破M10、H86。M16平面呈近长方形，方向175°，竖穴土坑墓，直壁，东西两壁有二层台，平底。墓口长240厘米，宽76～90厘米，墓底长240厘米，宽76～90厘米，深200厘米，二层台距墓口16厘米，台高40厘米，最宽处为5厘米。填土分三层，第一层厚40厘米，为黄褐色土，较软，夹杂料姜石碎粒；第二层厚72厘米，为黄褐色土，土质较硬，包含较多的料姜石、红烧土和炭屑；第三层厚50厘米，为黄褐色土，包含的料姜石较上层锐减，有大量的红烧土和炭屑。在距墓口深140厘米处发现有殉狗1条。骨架1具，保存较好，仰身直肢葬，头向南，面向东，发现有棺痕，葬具应为1具木棺，棺痕长203厘米，宽52～56厘米。随葬品有陶鬲1、海贝2、骨贝1，其中一枚海贝为死者口中所含，另一枚位于左侧肋骨下方（图三）。

2004DNH87位于ⅠT6840西南，开口3层下，东部被M17打破。坑口为长圆形，南北长径194厘米，东西短径残长120厘米，深89厘米。弧壁袋状坑，底部较平。填土青灰色，含较多红烧土和草木灰。出土遗物有鬲、甗、簋和瓮等（图四）。

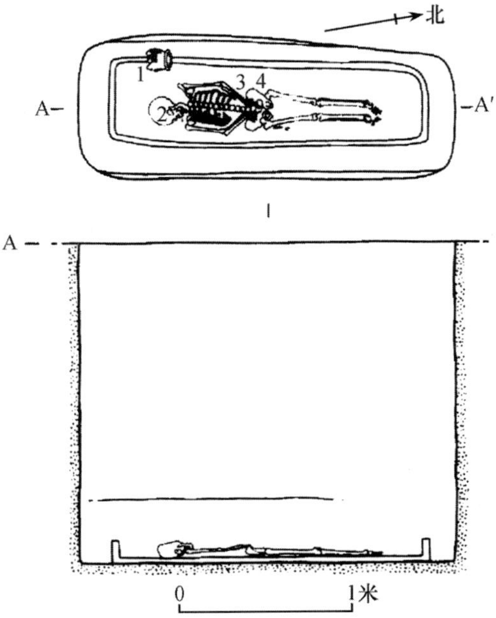

图三　2004DNM16平、剖面图

1. 陶鬲　2、3. 海贝　4. 骨贝

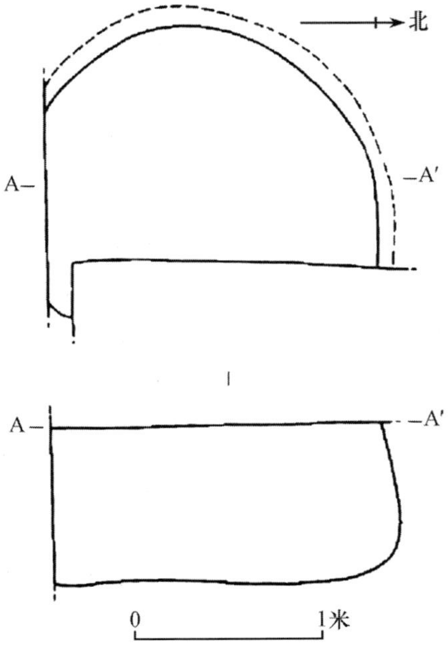

图四　2004DNH87平、剖面图

2005DNH26位于ⅠT7342的西南部，开口于2层下，打破H22和H93。坑口平面呈椭圆形，长径154厘米，短径42厘米，深95厘米。近直壁，平底，灰坑壁加工状况一般。填土分三层，上层为较致密的黑色黏土，中层为松散的浅灰色土，下层为褐土，每层都包含有较多的红烧土粒和炭屑。出土遗物有鬲、瓮、甗、盆等。

二、遗　　物

殷墟时期的遗物可分为陶器、石器、骨器。陶器有鬲、簋、盆、豆、小口罐、瓮、甗、盘、钵、碗等，另外还有陶纺轮。石器有石刀、石凿、石斧、石锛、石纺轮等。骨器有骨锥、骨簪、卜骨等。

1. 陶器

鬲　133件。依据大小分为甲、乙两类。

甲类　大型鬲，依据有无领部分为二型。

A型　无领部。依据口沿形制的不同可分为二亚型。

Aa型　46件。沿面较直，唇部较薄。04H87：68，夹砂灰黑陶，饰中粗绳纹。敛口，折沿，圆唇，腹部微鼓，裆较矮，足根部分缺失。口径20.8厘米，最大腹径23.8厘米，通高23.7厘米（图五，1）。06TG9⑥：5，夹砂灰陶，饰中粗绳纹，腹部有一圈凹弦纹。侈口，折沿，沿上中间有一凹槽，圆唇，鼓腹，裆较低。口径16.8厘米，腹径17.1厘米，通高15.6厘米（图五，2）。

Ab型　折沿，沿外呈裙腰状，多见有厚方唇。依据沿部和裆部的变化分为三式。

Ⅰ式：2件。沿面末端向上直翻，裆部较高。05H26：1，夹砂灰陶，腹部饰粗绳纹。整体呈长方体，敛口，腹略鼓，实足根较高。口径19.3厘米，腹径21.2厘米，通高26厘米（图五，3）。

Ⅱ式：49件。沿面内部平直，厚方唇，裆部较Ⅰ式低，整体较为宽矮。04H428：39，夹砂褐陶，腹部饰中粗绳纹。敛口，腹部微鼓，最大腹径偏下，足根较尖。口径21.5厘米，腹径24.2厘米，通高24厘米（图五，4）。05H158：3，夹砂灰陶，饰中粗绳纹。整体呈长方体，敛口，腹略鼓，实足根较Ⅰ式矮。口径17厘米，通高25厘米（图五，5）。

Ⅲ式：14件。沿面末端斜上翻，裆部较低。04H260：2，夹砂灰陶，腹部饰中绳纹，上腹饰一道凹弦纹。敛口，鼓腹，实足根残缺。口径21.6厘米，腹径23.8厘米，残高19厘米（图五，6）。04H233：10，夹砂灰褐陶，腹近口部绳纹被抹去，以下饰斜向粗绳纹。敛口，弧腹下收，腹部近口部外鼓，腹以下残。口径16厘米，残高5厘米（图五，7）。

B型　有领部。依据口沿的不同可分为二亚型。

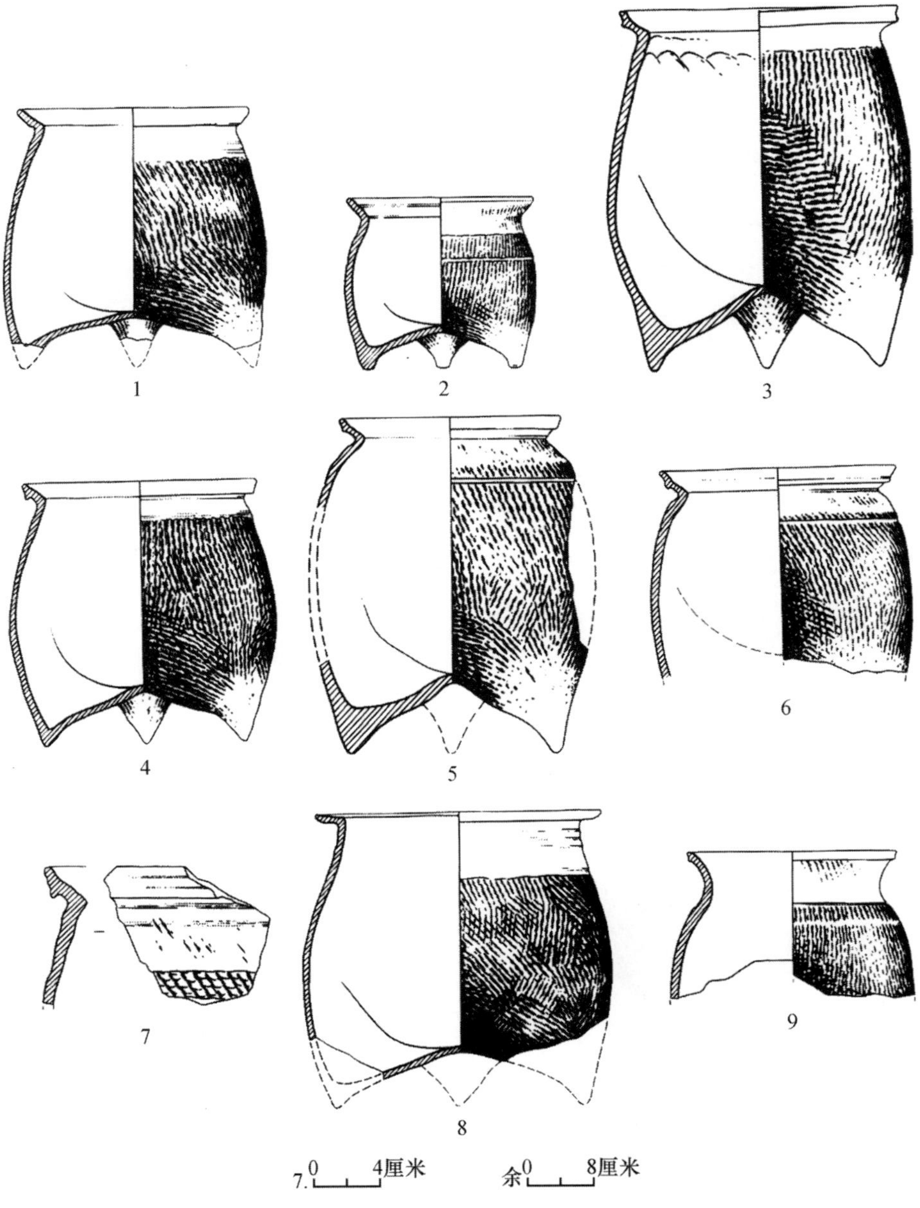

图五 殷墟文化的甲类陶鬲

1、2. Aa型鬲（04H87：68、06TG9⑥：5） 3. Ab型Ⅰ式鬲（05H26：1） 4、5. Ab型Ⅱ式鬲（04H428：39、05H158：3） 6、7. Ab型Ⅲ式鬲（04H260：2、04H233：10） 8. Ba型鬲（04F1：4） 9. Bb型鬲（04H138：1）

Ba型 8件。折沿。04F1：4，夹砂灰陶，领部素面，腹部、袋足及裆部饰交错绳纹。圆唇，敛口，沿微仰，沿面有两周凹槽，鼓腹，最大腹径偏下，足根部分缺失。口径26厘米，腹径28.2厘米，残高23.2厘米（图五，8）。

Bb型 2件。卷沿。04H138：1，夹砂灰陶，饰细绳纹。侈口，斜方唇，唇部中间略凹，圆鼓腹，下腹及足残。口径19.2厘米，腹径22.4厘米，残高13厘米（图五，9）。

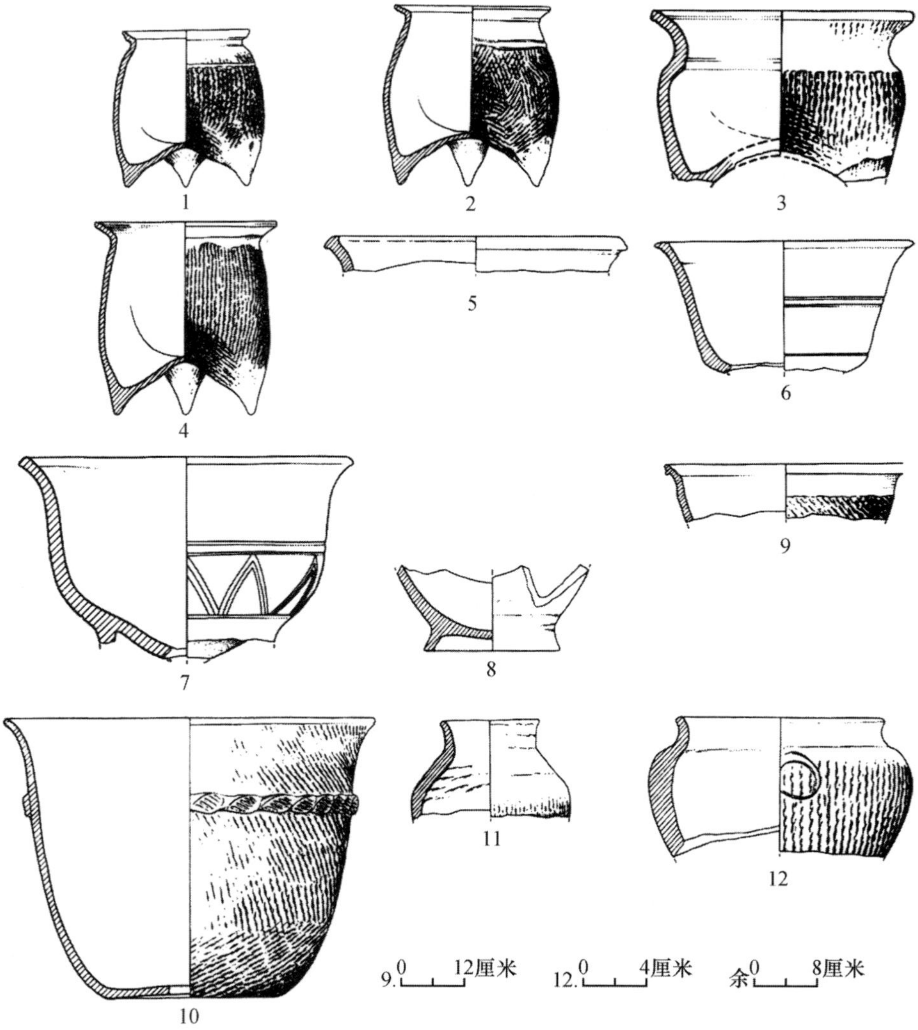

图六　殷墟文化陶器

1. 乙类Aa型鬲（04M16：1）　2. 乙类Ab型鬲（04M32：1）　3. 乙类B型鬲（06H50：6）
4. 异类鬲（04M17：11）　5. A型簋（04H100：4）　6. B型簋（05H146：5）　7. C型簋（06Y7：1）
8. 簋圈足（04H87：45）　9. Ab型盆（04H428：9）　10. Aa型盆（06TG9⑤：2）
11. A型小口罐（04H366：41）　12. B型小口罐（04H407：8）

乙类　小型鬲。依据有无领部可分为二型。

A型　无领部。依据口沿的不同可分为二亚型。

Aa型　7件。折沿，沿面较直。04M16：1，夹砂灰黑陶，上腹部饰一周弦纹，下腹、袋足及裆部饰中粗绳纹，实足根素面。敛口，方唇，下缘较圆，腹部微鼓，最大腹径偏下，足根较尖。口径12.3厘米，腹径14.5厘米，通高14.6厘米（图六，1）。

Ab型　3件。折沿末端上翻，沿外呈裙腰状。04M32：1，夹砂灰黑陶，上腹近口处和袋足下部的绳纹被抹去，腹部饰中粗绳纹。敛口，腹部微鼓，最大腹径偏下，足根较尖。口径14.8厘米，最大腹径16.8厘米，高16.8厘米（图六，2）。

B型　1件。领部较高，卷沿。06H50：6，夹砂灰陶。腹部饰斜向中粗绳纹，口沿及颈部抹平，颈、腹相交处有一凸棱。大侈口，斜方唇，腹略鼓，实足根残缺。口径17.6厘米，残高11.3厘米（图六，3）。

异类　1件。整体瘦高，折沿。04M17：1，夹砂灰陶，饰较细绳纹，敛口，折沿，圆唇，最大腹径偏下，裆部较高，袋足，实足根足底较平。口径17.4厘米，腹径16.2厘米，高18.2厘米（图六，4）。

簋的数量较少，共20件。未见完整器，均为侈口敛腹。依据唇部的不同可分为三型。

A型　3件。方唇，唇部内外缘均凸起，即“铁轨式”。04H100：4，泥质灰陶，口沿为素面，腹部饰斜向绳纹。侈口，口以下残，胎体较厚。口径29.2厘米，残高3.4厘米（图六，5）。

B型　3件。方唇，唇部外缘凸起。05H146：5，泥质红陶，通体磨光，腹中部及靠下处饰不甚规整的凹弦纹。侈口，上腹腹壁较直，下腹明显内敛。口径23.5厘米，残高12.8厘米（图六，6）。

C型　2件。方唇。如06Y7：1。夹砂红陶，通体磨光，腹部饰三道凹弦纹，其中间刻划三角纹，内壁口沿以下约1厘米处有一道阴弦纹。侈口，上腹较直，下腹内敛，圜底，圈足残。口径23.5厘米，残高14.6厘米（图六，7）。

此外还发现有较多簋的圈足，均较矮，外侈。04H87：45，夹砂灰黑陶，素面。下腹较鼓，圜底，以上缺失。底径12.7厘米，残高7.9厘米（图六，8）。

盆　11件，依据口部的不同可分为二型。

A型　敞口，腹部较深。依据唇部的不同可分为二亚型。

Aa型　2件。圆唇，口部外敞幅度较大。06TG9⑤：2，泥质红陶，通体饰斜向较粗绳纹，上腹绳纹之上有一圈附加堆纹。弧腹，平底。口径35.6厘米，底径17.3厘米，通高26.4厘米（图六，10）。

Ab型　2件。方唇，唇部下缘抹出一周凸棱，使口沿外呈裙腰状。04H428：9，夹砂灰黑陶，上腹饰数周弦纹，下腹饰绳纹。弧腹，腹以下残缺。口径35.1厘米，残高7.8厘米（图六，9）。

B型　7件。直口微敛，多为深腹。05H91：1，夹砂褐陶，腹部饰中粗绳纹。仰折沿，沿面较宽，沿上中部凸起，方唇，上腹略鼓，下腹弧收，平底。口径32厘米，底径13厘米，通高28.5厘米。

小口罐　13件。依据口部的不同可分为二型。

A型　7件。直口。04H366：41，夹砂灰陶，腹部饰竖向中粗绳纹。圆唇，高领，斜肩，斜直腹，中腹以下残。口径9.4厘米，肩径15厘米，残高9.2厘米（图六，11）。

B型　6件。侈口。04.H407：8，夹砂褐陶，腹饰竖向绳纹，上腹有一周漩涡状刻划

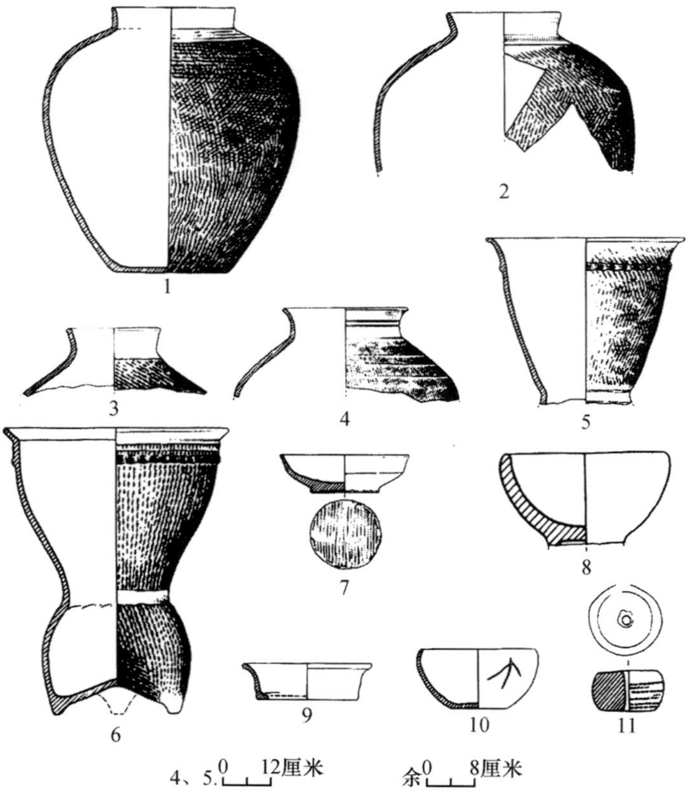

图七　殷墟文化陶器

1. Aa型瓮（04H87：3）　2. Ab型瓮（05H26：9）　3. Ba型瓮（06H50：2）　4. Bb型瓮（06TG9⑥：1）　5. A型甗（04H237：1）　6. B型甗（06G9⑤：3）　7. A型碗（04H249：1）　8. B型碗（06H50：1）　9. 平底盘（04H366：44）　10. 钵（06TG9⑤：1）　11. 纺轮（04H366：1）

符号。方唇，矮领，圆肩，鼓腹，腹以下残。口径10.5厘米，腹径12.7厘米，残高6.3厘米（图六，12）。

瓮　27件。依据领部特征的不同可分为二型。

A型　领部较矮。根据口部的不同又可分为二亚型。

Aa型　9件。口部较直。04H87：3，夹砂灰陶，肩部饰横向绳纹，腹部饰交错绳纹。折沿，圆唇，圆肩，最大腹径偏上，平底。口径15.9厘米，腹径32.6厘米，底径14厘米，高33.5厘米（图七，1）。

Ab型　9件。口部外侈。05H26：9，夹砂灰陶，领部及肩部上缘抹光。肩部和腹部饰中粗绳纹。矮领外张，圆肩，腹略鼓。口径14.5厘米，领高2厘米，残高20.2厘米（图七，2）。

B型　领部较高。依据口部形制不同可分为二亚型。

Ba型　2件。口部较直，微侈。06H50：2，泥质灰陶，含细砂。肩部饰斜向中粗绳纹。仅存领部及肩部部分，方唇，高领，圆肩。口径11.8厘米，领高3.5厘米，残高9.5厘米（图七，3）。

Bb型　6件。口上部外侈明显，束颈。06TG9⑥：1，泥质灰陶，肩部饰细绳纹，领部中间有两道凹槽；肩上饰有三道凹弦纹。仅存领部及肩部部分，方唇，唇部中间有一浅凹槽，腹略鼓，圆肩。口径23.8厘米，领高6.2厘米，残高11.5厘米（图七，4）。

甗　17件。依据口部形态的不同可分为二型。

A型　6件。侈口，卷沿，上部的甑腹部较直。04H237：1，泥质夹少量细砂，灰陶。上腹近口处贴塑一周花边附加堆纹，器身饰交错绳纹，腰部素面。圆唇，束腰，上腹外张，腰以下缺失。口径37.6厘米，腰径9.6厘米，残高31.9厘米（图七，5）。

B型　11件。敛口，折沿，上部的甑上腹部略鼓。06G9⑤：3，夹砂灰陶，腹部饰斜向及竖向粗绳纹，颈、腹相交处有一圈附加堆纹。斜方唇，颈部较短，束腰，大袋足，裆及实足根较矮。口径36.7厘米，通高约41.5厘米（图七，6）。

碗　2件。依据腹部深浅可分为二型。

A型　腹部较浅。04H249：1，夹砂灰陶，素面，底部饰篦纹。敞口，圆唇，斜弧腹，近平底，假圈足。口径16厘米，圈足底径8.6厘米，残高5厘米（图七，7）。

B型　腹部较深。06H50：1，泥质灰陶，素面。直口，圆唇，弧腹，圈足残。口径9.8厘米，底径4.6厘米，残高5厘米（图七，8）。

平底盘　1件。04H366：44，泥质黑陶，素面。敞口，卷沿，圆唇，斜直腹，平底。口径16.2厘米，底径12.6厘米，残高4.6厘米（图七，9）。

钵　1件。06TG9⑤：1，泥质灰陶。素面，腹部刻划三个“个”字纹。体较扁，圆鼓腹，敛口，圆唇，平底。口径14.2厘米，底径7.2厘米，通高7.2厘米（图七，10）。

陶纺轮　4件。04H366：1，泥质，夹细砂，红陶。体厚，弧边，边缘上见有数周线形点状纹饰。直径3.6厘米，厚2.1厘米（图七，11）。

2. 石器

石刀　6件。根据刃部的差异可分为二型。

A型　4件。单面刃。06TG9⑤：100，粉砂岩，浅青色，通体磨光，背部略弧，直刃较锋利，刀面中部见有一钻孔，系双面对钻。长9.5厘米，宽5厘米，厚0.7厘米，孔径0.6厘米（图八，1）。

B型　2件。双面刃。06TG9⑤：102，安山岩，黑色，通体磨制，边缘长大于刃部长，平面形状近半椭圆形，弧背直刃，偏锋，刀身无钻孔。长12厘米，宽5厘米，厚0.7厘米（图八，2）。

石凿　6件。05H249：83，灰岩，灰白色夹红条纹，磨制精细，平面形状为长条形，横截面近方形，顶部较平，单面刃。长6.5厘米，宽2厘米，厚1.6厘米（图八，6）。

石斧　5件。05H249：84，安山岩，上部呈红褐色，下部呈青绿色，器体呈梯形，器身较厚，横截面为椭圆形，上部为圆角舍状，刃部略残。长13.3厘米，宽4.5～6厘米，

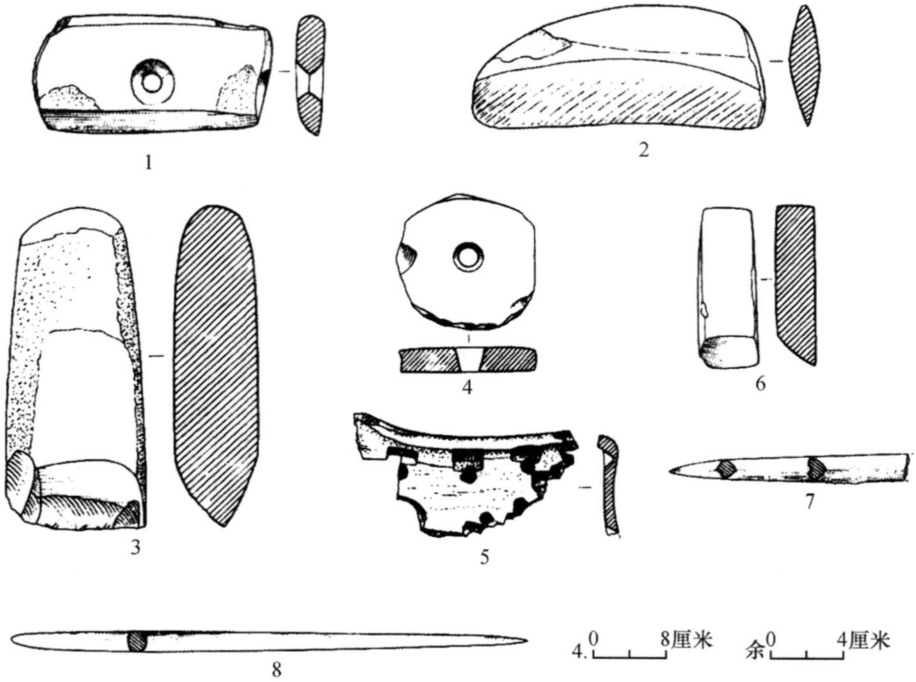

图八　殷墟文化石、骨器

1. A型石刀（06TG9⑤：100）　2. B型石刀（06TG9⑤：102）　3. 石斧（05H249：84）
4. 石纺轮（04T7037④：1）　5. 卜骨（04H225：1）　6. 石凿（05H249：83）
7. 骨锥（05H146：81）　8. 骨簪（05H146：80）

厚3.5厘米（图八，3）。

石纺轮　1件。04T7037④：1，粉砂岩，青灰色。磨制。边缘经打磨。近似饼状，中部有一单面钻孔，边缘不甚规整，一处为直边，推测为石刀改制而成。直径5.7厘米，厚1厘米（图八，4）。

3. 骨器

卜骨　1件。04H225：1，由动物肩胛骨制成，凿灼兼施，骨臼以下残见有三处方凿，其下见有五处灼痕。残长9.5厘米，残宽4.5厘米（图八，5）。

骨簪　3件。05H146：80，由动物肢骨制成，暗黄色微泛红，器形工整，磨制精细，器身细长，体微曲，顶部较尖。长21.2厘米（图八，8）。

骨锥　3件。05H146：81，由动物肢骨制成，呈黑灰色，磨制精细，顶部残，体长，尖部极锋利。残长10厘米（图八，7）。

三、结　　语

登封南洼遗址地处豫中，在晚商时期处于殷墟类型的分布范围之内[1]。该遗址发现的这批殷墟时期的遗存，大多与殷墟遗址的文化面貌相似，但也有自身的一些文化特征。遗址中出土的陶器组合与殷墟遗址非常一致，陶鬲的裆部大多较低，实足根较矮，常见厚方唇，具有明显的殷墟。二期的特征。数量较多的Ab型Ⅱ式鬲和Ab型Ⅲ式鬲分别同殷墟二期早段的Ⅱ式鬲和殷墟二期晚段的Ⅱ式鬲相似。陶簋均为侈口敛腹，圈足较小、外侈，同殷墟第二期早段的Ⅰ式簋相似。B型甗基本与殷墟PNH4：2相同[2]。因此，登封南洼遗址发现的这批遗存对于研究殷墟文化的分布和丰富豫中地区殷墟二期的文化内涵有重要的价值。

领　队：韩国河

发掘、整理：许俊平　张国硕　朱君孝

张继华　赵海洲　孙　危

崔天兴等

绘　图：寇小石

注　释

［1］　中国社会科学院考古研究所：《中国考古学·夏商卷》，中国社会科学出版社，2003年。

［2］　中国社会科学院考古研究所：《殷墟的发现与研究》，科学出版社，1994年。

（原刊于《中原文物》2011年第5期）

河南荥阳娘娘寨城址西周墓葬发掘简报

张家强

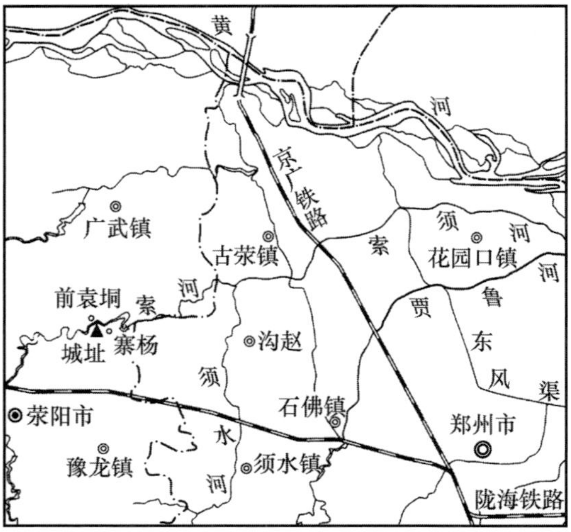

图一　城址位置示意图

娘娘寨城址位于荥阳市豫龙镇寨杨村西北，西南距荥阳市4千米，东南距郑州市18千米。地理坐标北纬34°49.908′，东经113°25.830′。海拔122米（图一）。2004年8月，郑州市文物考古研究院在此发现两周时期城址。城址北邻索河，西南是龙泉寺冲沟，东西长1200、南北宽800多米，城址面积近100万平方米。分为内外两城，其中内城平面呈方形，外城平面略呈长方形。2005年5月至今，郑州市文物考古研究院对其进行了连续发掘，共发掘面积15000平方米，其中包括西周时期墓葬19座。现将这批西周墓葬简报如下。

我们根据娘娘寨城址的地形，以内城西南角为象限基点，将城址分为4个发掘区（Ⅰ区至Ⅳ区），其中Ⅰ区即城址的内城区。Ⅰ区内墓葬分布较为分散，没有规律，应为随意埋葬。在Ⅰ区发掘清理了10座西周时期的墓葬。

Ⅲ区位于外城以西，是整个城址的墓地。Ⅲ区内墓葬分布较集中，排列较整齐，墓葬方向基本一致，均为南北向，应该是按规律统一埋葬。在Ⅲ区已经发现近500座西周时期的小型竖穴土坑墓，我们对农民平整土地时揭露的9座西周墓进行了抢救性发掘。

19座西周墓葬均为长方形竖穴土坑墓，个别的口部为长椭圆形，普遍较为狭长，大小稍有差别。墓口一般长1.9～2.6、宽0.9～1.3、墓深1.5～3.5米，墓内多设有二层台。墓内填土多经过夯打，夯窝大小一致，均为圜底夯窝，直径4～6厘米，夯层厚10～20厘米。墓葬相互之间没有叠压打破关系，均打破生土。

这些墓葬绝大多数骨架尚存，均为单人葬。部分骨架保留较差，仅残留牙齿及一些碎骨。葬式多为仰身直肢，有少量侧身葬。葬具保存较差，多残留有木质单棺痕迹。

Ⅳ区内墓葬基本上都有殉狗的腰坑。10座墓葬中仅有4座有随葬品，随葬品多少不一，随葬品种类及摆放也没有规律可循。Ⅲ区内墓葬则均没有腰坑，基本上都有随葬品。9座墓中仅一座早期墓随葬一豆一罐，其余8座中，有7座均随葬一件陶鬲。陶鬲的摆

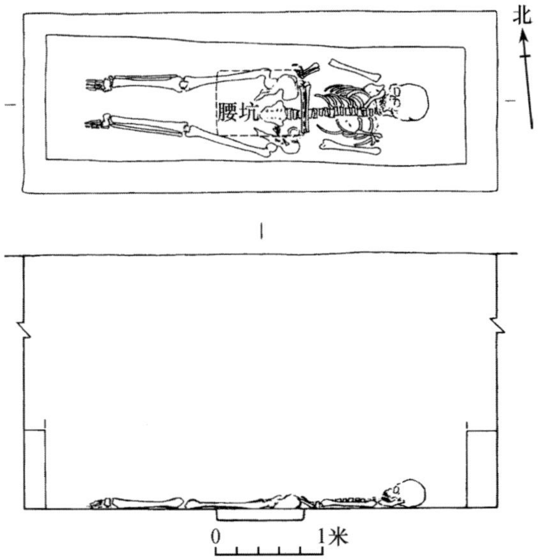

图二　M2平、剖面图

图三　M3平、剖面图

放也有一定规律，男性墓主人的随葬品都放在头的右侧，女性墓主人的随葬品则放在头的左侧。

一、墓葬形制

M2　位于Ⅳ区T0502中部，方向95°。长方形竖穴土坑墓，墓口长2.2、宽1.05、墓深2.3米。墓内填五花夯土，夯层厚0.1～0.12米，夯窝不明显。棺长1.9、宽0.55、残高0.38米，有长方形腰坑。骨架保存较好，葬式为仰身直肢单人葬。墓主头朝东，身高1.6米。墓内未发现随葬品（图二）。

M3　位于Ⅰ区T0502北部偏东，方向95°。长方形竖穴土坑墓，墓壁近直，墓葬在深1.7米处缩小一圈。墓口长2.3、宽1.08米，墓底长2.1、宽0.8米，墓深1.38米。墓内填五花夯土，夯层厚0.12～0.15米，夯窝不甚明显。墓底有木棺，棺长1.9、宽0.55、残高0.3米。棺底有一腰坑，长0.68、宽0.3、深0.1米。腰坑内殉狗，头朝东，狗骨架已朽。单人葬，仰身直肢，墓主头朝东，身高约1.58米。无随葬品（图三）。

M8　位于Ⅰ区T0405中南部，方向0°。长方形竖穴土坑墓，墓口长2.8、宽1.4～1.5、深3.2米。墓壁近直，加工规整。墓内填红褐色花夯土，夯窝不明显。墓底

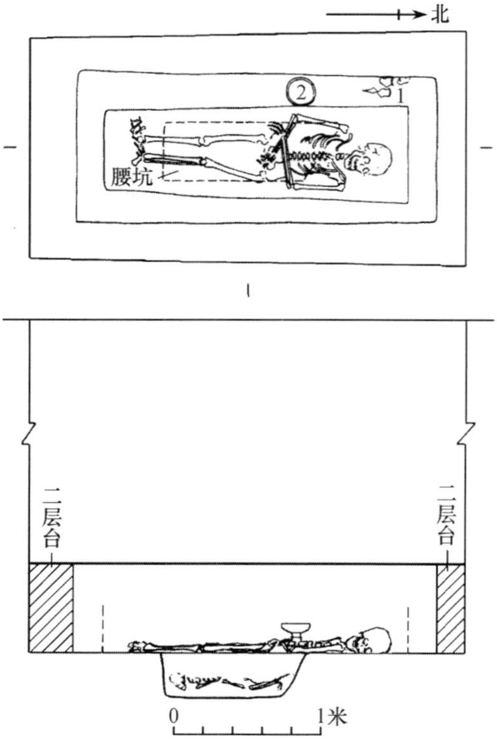

图四　M8平、剖面图

1. 陶鬲　2. 陶豆

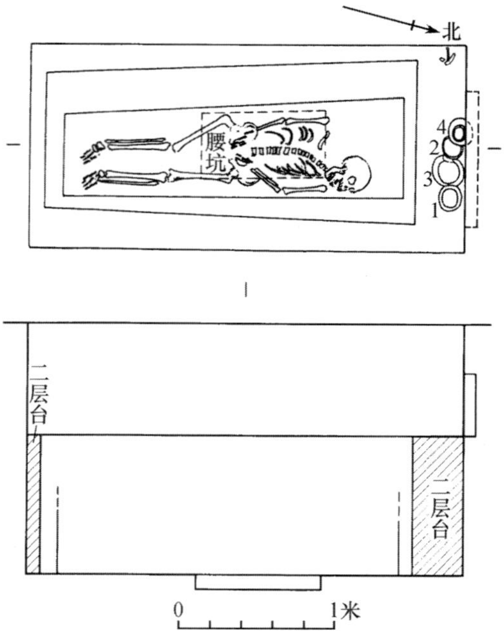

图五　M9平、剖面图

1. 陶鬲　2. 陶豆　3. 陶盆　4. 陶壶

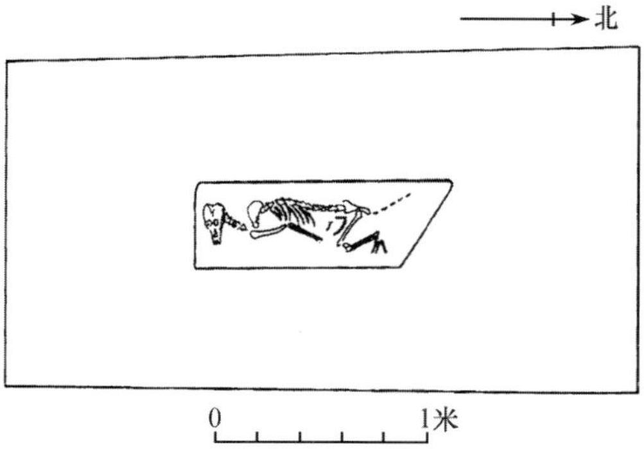

图六　M8腰坑平面图

四周有熟土二层台，宽约0.28、高0.6米。墓主人身下有一腰坑，坑内殉狗。葬具为一椁一棺，外椁内棺，已朽，只有朽痕。墓主头朝北，仰身直肢，面稍向东侧，双手交叉于腹部。保存状况较好，身高近2米。随葬陶鬲、豆各一件（图四、图六）。

M9　位于Ⅰ区T0605的中部偏南，方向345°。长方形竖穴土坑墓，墓口长2.8、宽1.3、深1.74米。墓壁近直。墓内填黄色花夯土，夯层厚0.15～0.2米。墓室北部有壁龛，壁龛长0.9、宽0.1、高0.4米。墓底四周有熟土二层台，宽0.1～0.32米。墓主人身下有一长方形腰坑，腰坑内殉狗，腰坑长1、宽0.46、深0.1米。葬具为一椁一棺，仅留朽痕。椁长2.38、宽0.94、残高0.42米，棺长2.18、宽0.64、高0.4米。葬式为仰身直肢，头朝北，双手交叉于小腹，骨架长约1.84米。在头部壁龛内，放置有陶鬲、壶、豆、罐各一件（图五、图七、图一七）。

M11　位于Ⅰ区T0405西南部，方向350°。长方形竖穴土坑墓，墓口长2.6、宽1.3、

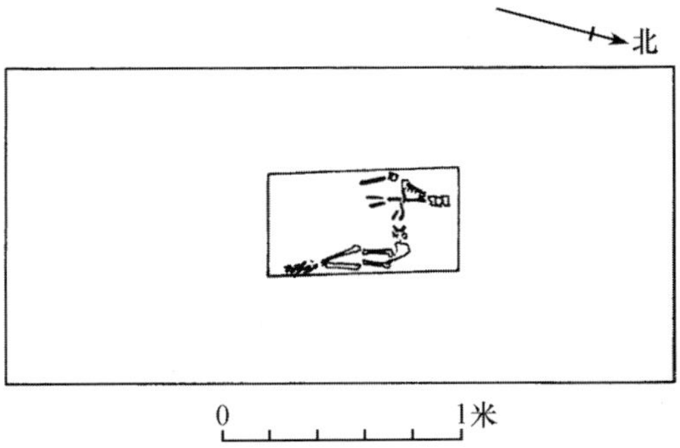

图七　M9腰坑平面图

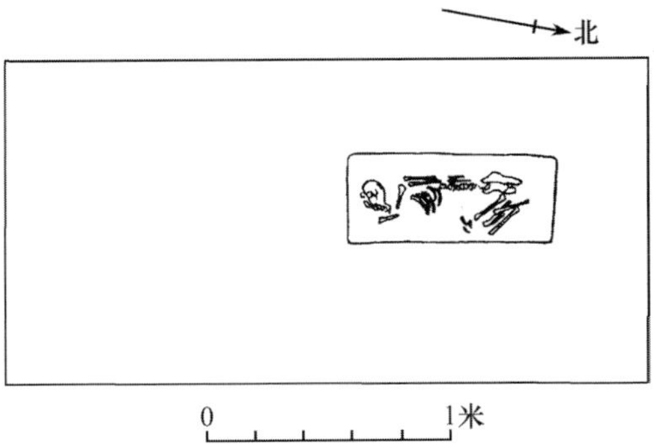

图八　M11腰坑平面图

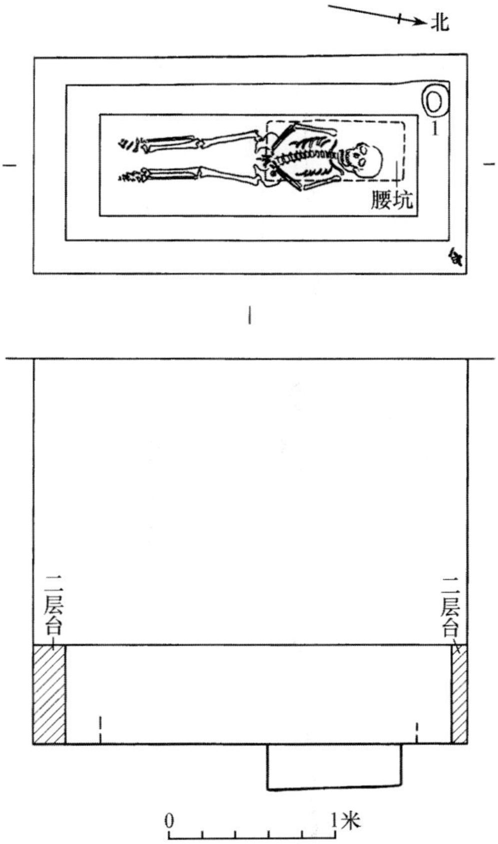

图九　M11平、剖面图

1. 陶罐

墓深2.6米。墓壁近直，加工规整。墓内填浅红褐色花夯土，夯窝不明显。墓底四周有熟土二层台，宽0.1～0.2、高0.6米。墓主人身下有一长方形腰坑，坑内殉狗。葬具一椁一棺，棺已朽，仅留朽痕。葬式为仰身直肢，双手交叉于腹部，骨架保存较好。随葬一件陶罐（图八、图九）。

M12　位于Ⅰ区T0605的南部偏东，方向355°。长方形竖穴土坑墓，墓口长2.6、宽1.34、墓深3米，墓壁近直，加工规整。墓内填黄色花土，经过夯打，夯层厚0.15～0.2米，夯窝不明显。墓底四周有熟土二层台，宽0.1～0.28米。葬具一棺，已朽。棺长2.28、宽0.94、残高0.86米。骨架保存较好，葬式为仰身直肢，头朝北，双手交叉于盆骨上。随葬陶鬲、豆各一件（图一〇）。

M13　位于Ⅰ区T0605的西部偏南，方向175°。长方形竖穴土坑墓，墓口长2.4、残宽1.2、墓深0.9米。墓壁近直，加工规整。墓内填黄花土，土质疏松。墓底四周有熟土二层台，宽0.15～0.26、高0.2米。葬具为一椁一棺，已朽，棺长约1.94、宽0.74、残高0.2米。葬式仰身直肢、头朝南，骨架腐蚀严重。随葬玉璜2件、玉玦4件、玉冲牙1件、玉觿1件、玉饰7件、玛瑙串珠22枚（图一一）。

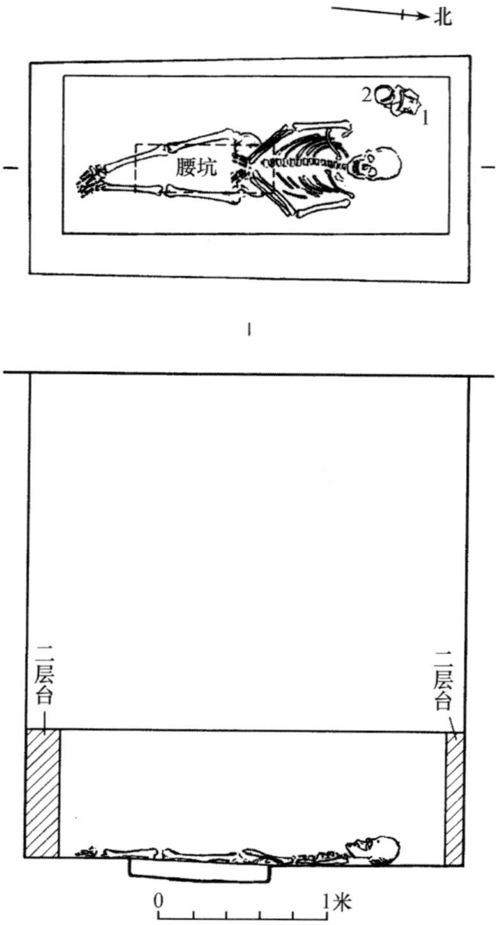

图一〇　M12平、剖面图

1. 陶鬲　2. 陶豆

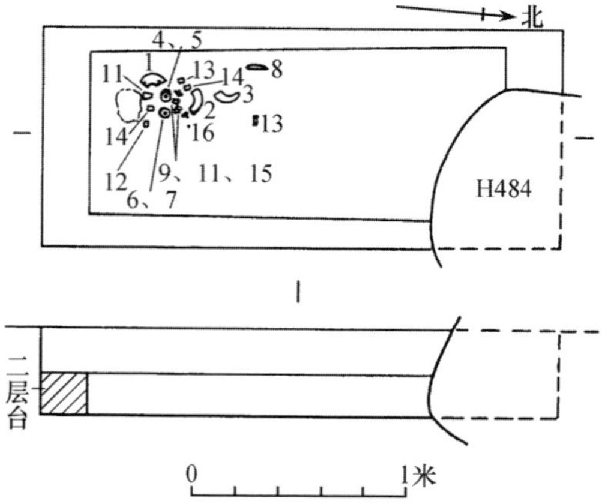

图一一　M13平、剖面图

1、2. 玉璜　3. 玉觿　4 ~ 7. 玉玦　8. 玉冲牙

9 ~ 12、14、15. 玉饰　13. 网坠形玉饰　16. 玛瑙串珠

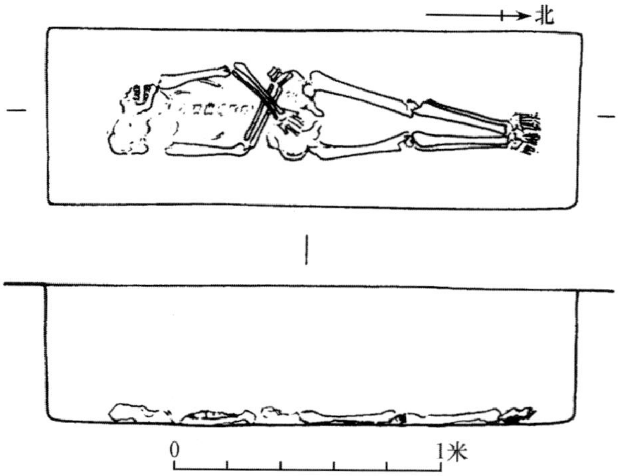

图一二　M25平、剖面图

M25　位于Ⅰ区T0708的西南角，方向180°。长方形竖穴坑墓，墓口长2、宽0.65、墓深0.5米。墓壁近直，加工较为规整。墓内填黄色花土，土质疏松。无葬具。墓式为仰身直肢、头朝南、面向西，双手交叉于腹部，双膝并拢。无随葬品（图一二）。

M26　位于Ⅰ区T0708中部偏西，方向0°。长方形竖穴土坑墓，墓壁近直略内收。墓口长2.15、宽0.83、墓深1.1米，墓底长2、宽0.78米。墓内填花土，土质较硬。无葬具。葬式为仰身直肢，双手交叉于腹部，双腿伸直。无随葬品（图一三）。

M31　位于Ⅰ区T0614的西南部，方向346°。长方形竖穴土坑墓，墓口长2.45、宽1.1、墓深3.2米。墓壁斜直内收，墓底长2.4、宽0.7米。墓底有熟土二层台，高约0.4米。墓内填五花土，经过夯打，夯层与夯窝不明显。葬具为木棺，已严重腐朽。葬式仰身直肢，骨架保存不好。无随葬品（图一四）。

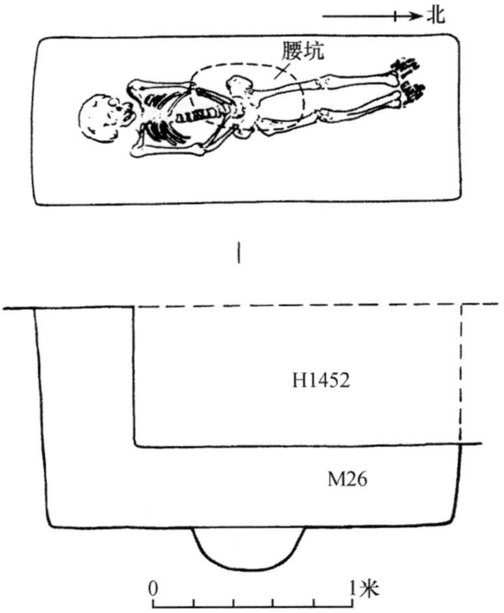

图一三 M26平、剖面图

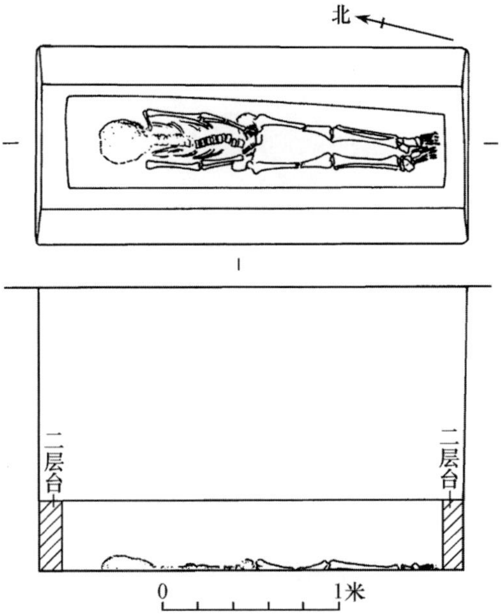

图一四 M31平、剖面图

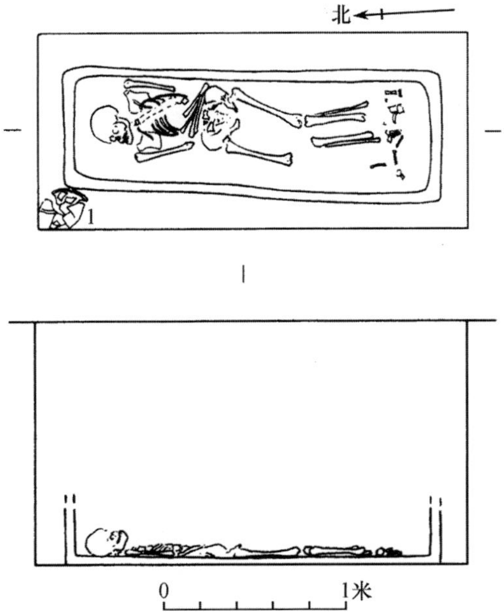

图一五 M34平、剖面图

1. 陶鬲

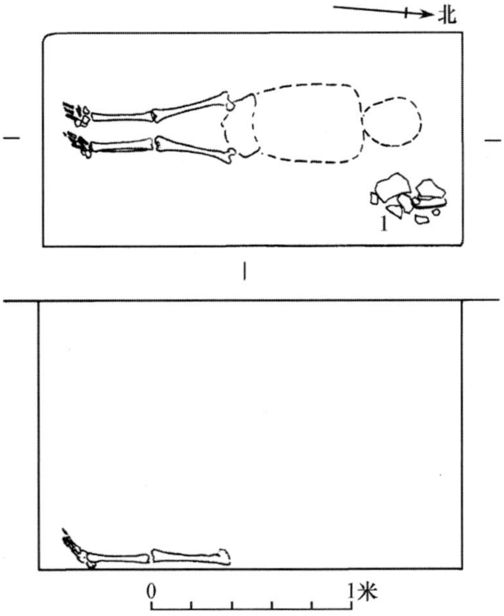

图一六 M35平、剖面图

1. 陶鬲

图一七　M9（南—北）

图一八　M34（南—北）

图一九　M36（南—北）

图二〇　M37（南—北）

图二一　BⅡ式陶鬲（M8：1）

图二二　BⅢ式陶鬲（M39：1）

图二三　BⅣ式陶鬲（M38：1）

图二四　BⅣ式陶鬲（M40：1）

图二五　陶盆（M9：3）

图二六　Ⅱ式陶豆（M8：2）

图二七　玉璜（M13：2）

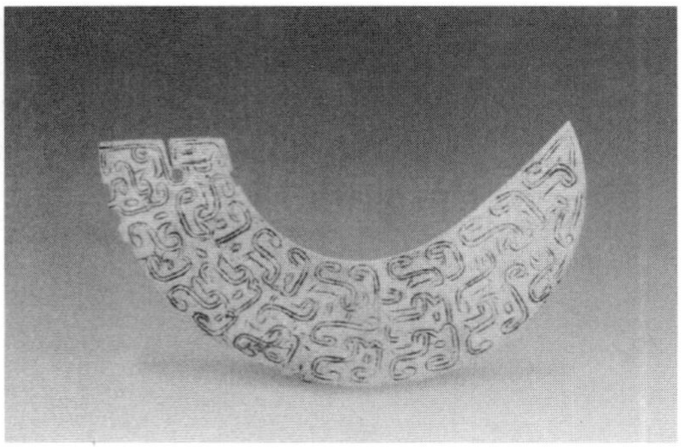

图二八　玉觿（M13：3）

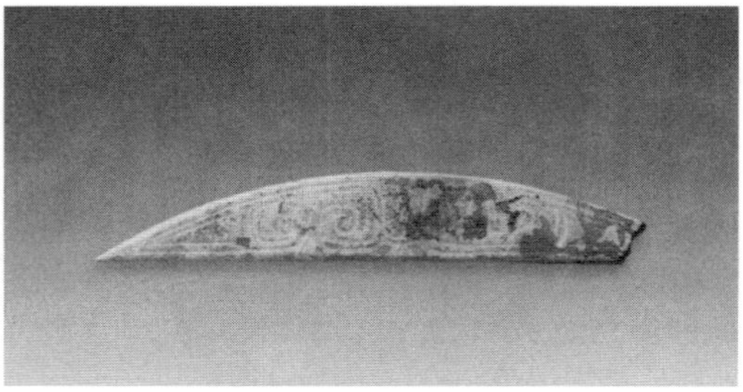

图二九　玉冲牙（M13：8）

M34　位于Ⅲ区T4014的西南部，方向5°。长方形竖穴土坑墓，墓口长2.35、宽1.04、墓深1.25米。墓壁近直，平底。墓内填黄色花夯土。葬具一棺，已朽，长约2.05、宽0.64、残高0.3米。葬式为仰身屈肢，头朝北，双臂置于腹部，双腿稍向右屈。随葬陶鬲一件（图一五、图一八）。

M35　位于Ⅲ区T4014的南部偏西，方向355°。长方形竖穴土坑墓，墓口长2.1、宽1.04、墓深1.3米。墓壁近直，平底。墓内填五花夯土。无葬具。葬式为仰身直肢，头朝北，骨架腐蚀严重。随葬陶鬲一件（图一六）。

M36　位于Ⅲ区T4014的西部，方向350°。长方形竖穴土坑墓，墓口长2.08、宽1、墓深0.5米。墓壁近直，平底。墓内填黄灰色花土，土质疏松。葬具一棺，长约1.98、宽0.68米，棺板厚约0.06米。骨架保存较好，葬式为仰身直肢，头朝北，面向西，双手置于小腹部。随葬陶鬲一件（图一九、图四〇）。

M37　位于Ⅲ区T4014的北部，方向3°。长方形竖穴土坑墓，墓口长2.45、宽1.2、墓深1.58米。墓壁近直。墓内填五花土，土质疏松。葬具一棺，棺长2.1、宽0.6～0.68、残高0.48米。棺已朽，棺板厚6～8厘米。葬式为仰身直肢，头朝北。骨架保存较差。随葬一件陶鬲（图二〇、图四一）。

M38　位于Ⅲ区T4013的西南部，方向355°。长方形竖穴土坑墓，墓口长2.2、宽0.9、墓深0.46米。墓壁近直，不是很规整。墓内填灰色花土，土质疏松。葬具为一木棺，棺长1.88、宽0.5～0.6、残高0.12米，棺板厚约4厘米。骨架保存状况较好，葬式为仰身直肢，头朝北、面向西，双手放于腹部。随葬陶鬲一件（图四二）。

M39　位于Ⅲ区T4013的西北部，方向353°。长方形竖穴土坑墓，墓口长2.56、宽1.1～1.18、墓深1.2米。墓壁近直，墓底平坦。墓内填灰黄色花土，土质疏松。葬具为木棺，已朽。棺残长1.4、宽0.6、残高0.36米，棺板厚约6厘米。此墓被严重盗扰，盗洞口长0.78、宽0.62米。未发现骨架。随葬陶鬲一件（图四三）。

图三〇 玉玦（M13：6）

图三一 玉玦（M13：7）

图三二 玉璜（M13：1）

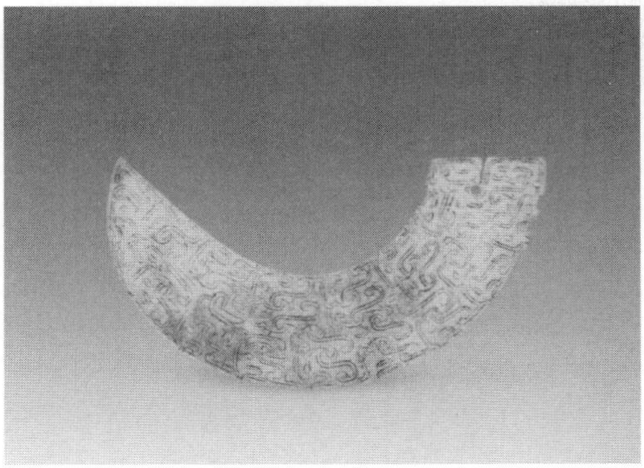

图三三 玉觿（M13：3）背面

图三四 网坠形玉饰（M13：13）

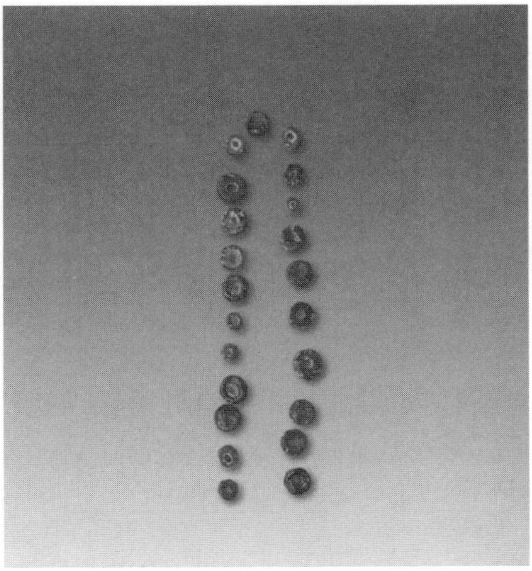

图三五 玛瑙串珠（M13：16）

图三六　玉玦（M13：4）

图三七　玉冲牙（M13：8）背面

图三八　梯形玉饰（M13：9）

图三九　长方形玉饰（M13：14）

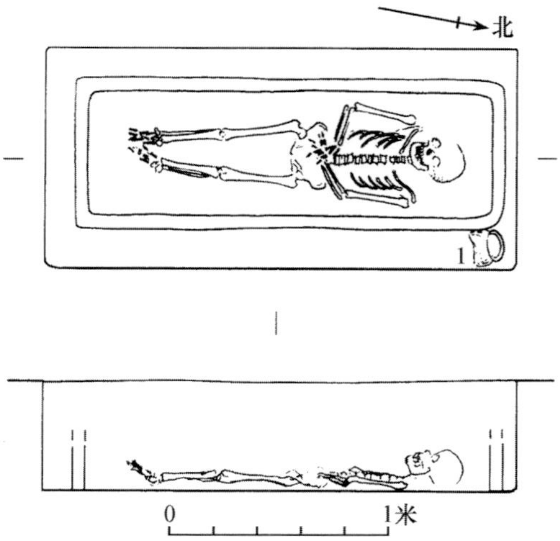

图四〇　M36平、剖面图

1. 陶鬲

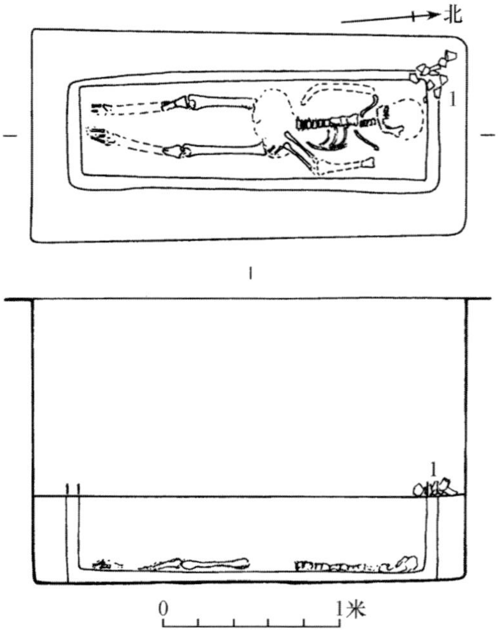

图四一　M37平、剖面图

1. 陶鬲

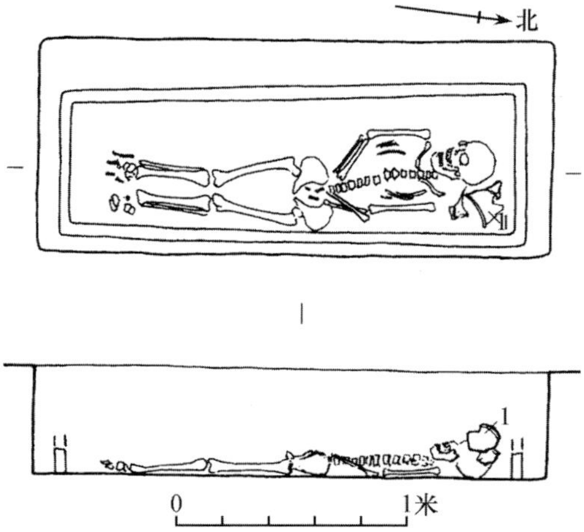

图四二　M38平、剖面图

1. 陶鬲

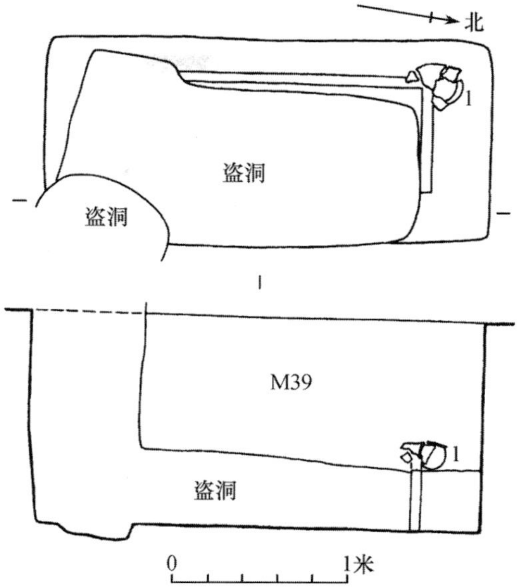

图四三　M39平、剖面图

1. 陶鬲

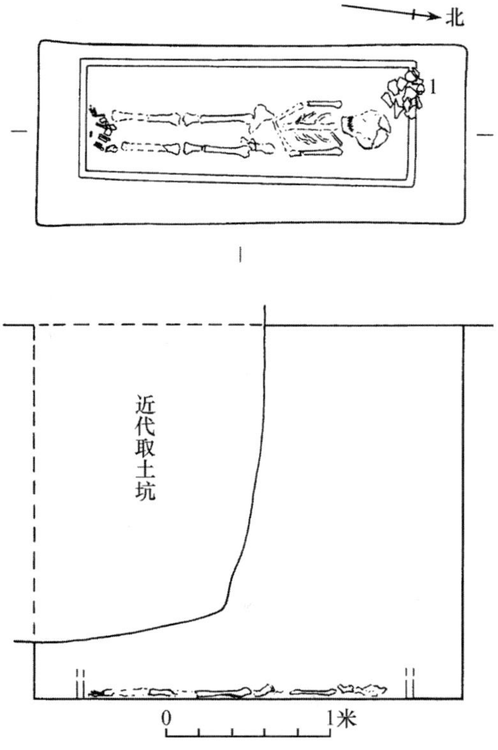

图四四　M40平、剖面图

1. 陶鬲

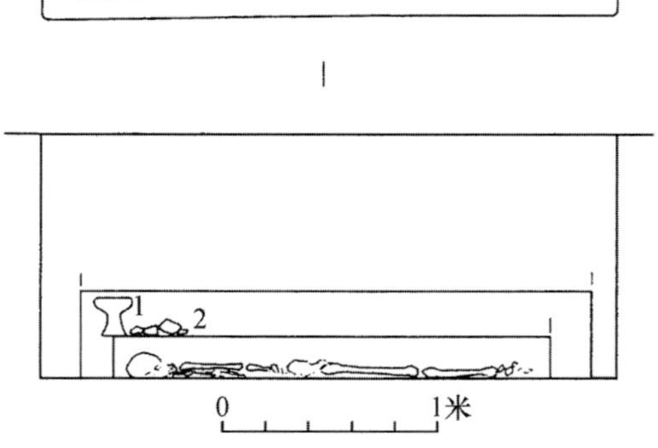

图四五　M41平、剖面图

1. 陶豆　2. 陶罐

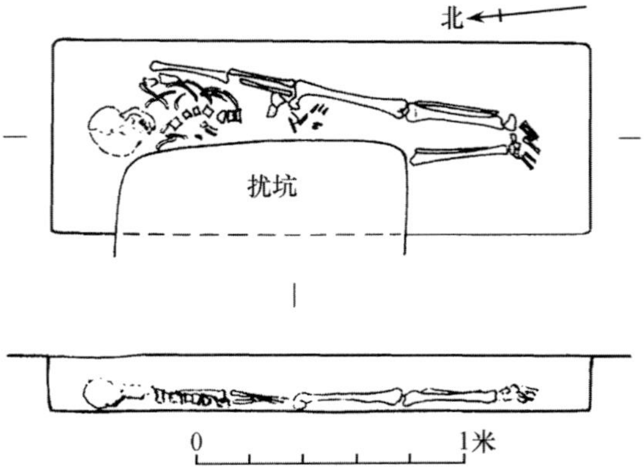

图四六　M42平、剖面图

M40　位于Ⅲ区T4013的东北部，方向353°。长方形竖穴土坑墓，墓口长2.6、宽1.06～1.1、墓深2.2米。墓壁近直，平底。墓内填黄花土，土质疏松。葬具为一棺，棺长2.4、宽0.7～0.76、残高0.1米，棺板厚约4厘米。骨架保存不是很好。葬式为仰身直肢，头朝北，面略向西，双手放于腹部。随葬陶鬲一件（图四四）。

M41　位于Ⅲ区T4013中部，方向5°。长方形竖穴土坑墓，圆角，墓口长2.64、宽1.3、墓深3.74米。墓壁近直，平底。墓内填黄灰色花土，土质疏松。葬具为一椁一棺，已朽。椁长2.37、宽1.04、残高0.4米。棺长2.03、宽0.54～0.57米。骨架保存较好，葬式为侧身直肢，头朝北，面向西，双手交叉放在腹部。随葬陶豆、罐各一件（图四五）。

M42　位于Ⅲ区T4014的西北角，方向5°。为长方形竖穴土坑墓，墓口长2、宽0.7、墓深0.2米。墓壁近直，平底。墓内填黄色花夯土。无葬具。骨架保存较差，葬式为仰身直肢，头朝北，面向西。无随葬品（图四六）。

二、随葬器物

此次清理西周时期墓葬共19座，其中有随葬品的墓葬为14座。随葬品多为陶器，其次是玉石器。

1. 陶器

陶器多为夹砂灰陶，有少量夹砂褐陶和泥质灰陶。制法有手制和轮制两种。纹饰主要是绳纹，有凸弦纹、凹旋纹、云雷纹等，有少量素面陶器。器类有鬲、盆、罐、豆、壶等，以陶鬲居多。陶鬲裆部均有火烧痕迹，应为实用器。

鬲　10件。可以分为弧裆鬲和分裆鬲二型。

A型　1件（M35：1）。弧裆鬲。夹砂灰陶。折沿，尖圆唇，微束颈，无实足根，弧裆，裆较低。颈部抹平，颈以下饰中绳纹。口径17、高14.5厘米（图四七，1）。

B型　9件。分裆鬲。依据口沿及足的不同又分六式。

Ⅰ式：1件（M34：1）。夹砂灰陶。折沿，尖唇，外沿斜伸，微成盘口。袋足分裆，裆较低。颈以下通体饰中绳纹。口径20、高19厘米（图四七，7）。

Ⅱ式：1件（M8：1）。折沿，方唇，沿面内侧有一周凹旋纹。微束颈，低裆近平，小乳足。夹砂褐陶，颈以下饰中绳纹。口径16、高11厘米（图二一；图四七，2）。

Ⅲ式：2件。卷沿，方唇，口微侈，束颈，袋足，低裆近平。标本M12：1，夹粗砂

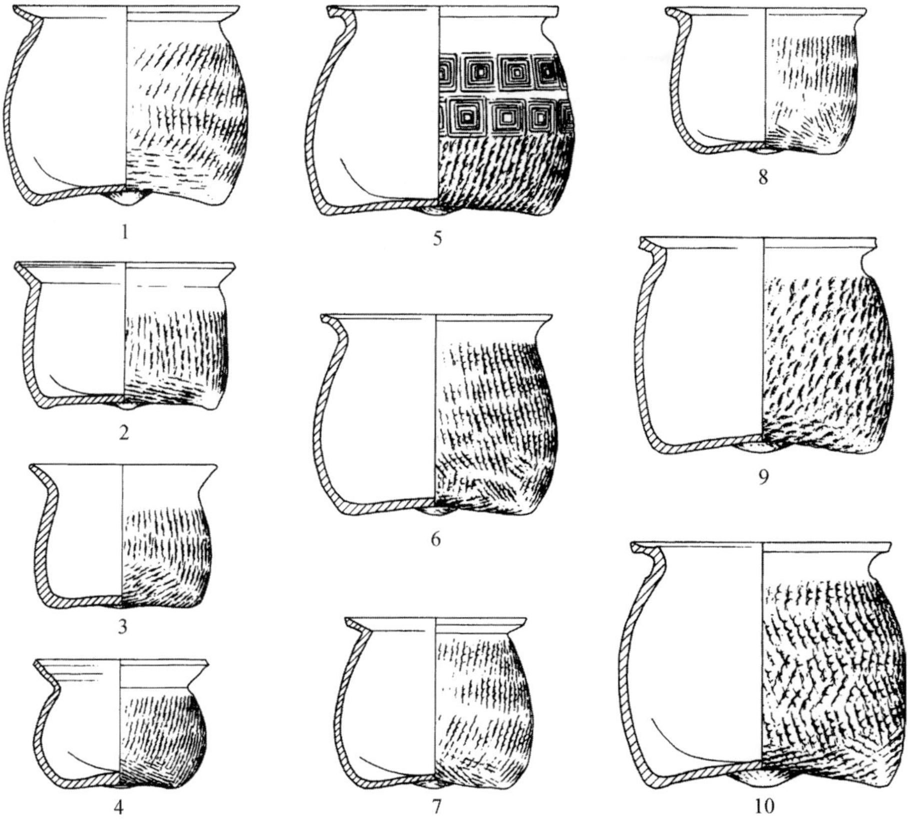

图四七　陶鬲

1. A型（M35：1）　2. BⅡ式（M8：1）　3、6. BⅢ式（M12：1、M39：1）　4. BⅥ式（M9：1）
5、9、10. BⅣ式（M40：1、M37：1、M38：1）　7. BⅠ式（M34：1）　8. BⅤ式（M36：1）

灰陶，饰中绳纹。口径14、高11厘米（图四七，3）。标本M39：1，夹砂灰陶，饰较细绳纹。口径17、高15厘米（图二二；图四七，6）。

Ⅳ式：3件。卷沿近折，平口，方唇，束颈，鼓腹，低裆，袋足。标本M37：1，夹砂灰陶，颈以下饰粗绳纹。口径18、高16厘米（图四七，9）。标本M38：1，夹砂灰陶，饰粗绳纹。口径19、高18厘米（图二三；图四七，10）。标本M40：1，夹砂灰陶。上腹饰两周“回”字纹，下腹饰绳纹。口径11、高15厘米（图二四；图四七，5）。

Ⅴ式：1件（M36：1）。夹砂灰陶。平口，方唇，器身方正，袋足，低裆着地。颈部抹平，饰粗绳纹。口径14、高12厘米（图四七，8）。

Ⅵ式：1件（M9：1）。夹砂灰陶。宽折沿，方唇，沿面内侧有数周凹旋纹，束颈，袋足，低裆着地。颈以下通体饰粗绳纹。口径18.6、高14.1厘米（图四七，4）。

罐　2件。均为泥质灰陶。分二式。

Ⅰ式：1件（M41：2）。卷沿，圆唇，口微侈，宽圆肩，鼓腹内收，平底。器内壁有轮旋痕迹。口径10.5、腹径15、底径6.5、高15厘米（图四八，2）。

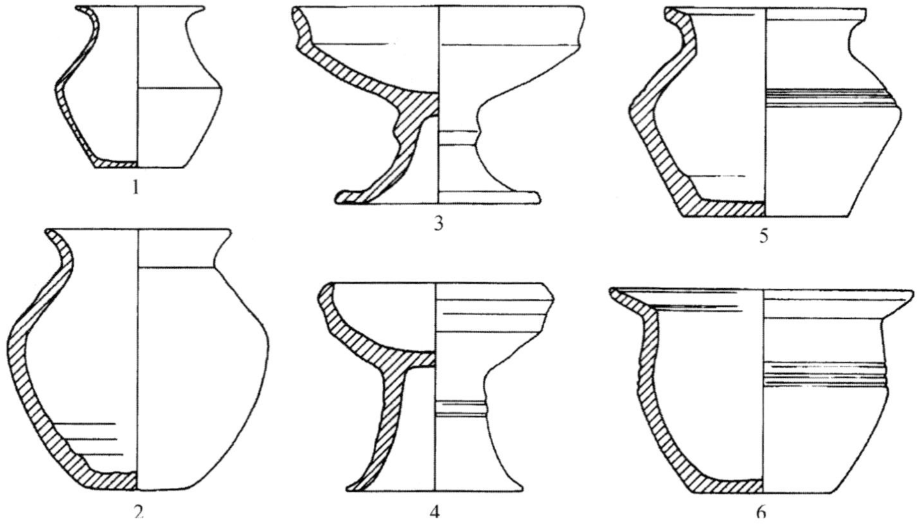

图四八　陶器

1. 壶（M9：4）　2. Ⅰ式罐（M41：2）　3. Ⅱ式豆（M8：2）　4. Ⅰ式豆（M41：1）
5. Ⅱ式罐（M11：1）　6. 盆（M9：3）

Ⅱ式：1件（M11：1）。平口，方唇，束颈折肩，扁腹，大平底。肩部饰两周凹旋纹。口径11.5、腹径15.6、底径9.6、高12厘米（图四八，5）。

豆　2件。泥质灰陶。分二式。

Ⅰ式：1件（M41：1）。豆盘较深，敛口，喇叭状粗柄，柄较高。口径12.5、底径10.2、高12厘米（图四八，4）。

Ⅱ式：1件（M8：2）。豆盘较浅，直口，圆唇，喇叭状柄。柄较细且低，柄上有一周凸棱。口径16.7、底径11.8、高11.3厘米（图二六；图四八，3）。

壶　1件（M9：4）。夹粗砂褐陶。侈口，束颈，折肩，平底。口径11.2、腹径14.1、底径7.6、高13.9厘米（图四八，1）。

盆　1件（M9：3）。泥质灰陶。侈口，宽折沿，方唇，沿面内侧有一道浅槽。深腹微鼓，在鼓腹处饰两周凸弦纹，下腹斜收成平底。口径17.8、底径8.5、高11.8厘米（图二五；图四八，6）。

2. 玉石器

在M13发现了16件（组）玉器，种类有玉璜、玉玦、玉冲牙、玉饰、玛瑙串珠等。

玉璜　2件。均为透闪石软玉。标本M13：1，青绿色，扁体弧形，两端各有一穿孔。素面。长9.8、宽4.2、厚0.45厘米（图三二；图四九，1）。标本M13：2，白色，扁体弧形。单面雕琢双龙纹，另一面光素。两条龙均为头大身小，“臣”字目，长12、宽2.9、厚03～0.4厘米。头向相对，尖尾上下相叠。两端均有扉棱和穿孔，孔中间有台痕。雕刻手法为双阴线，线条粗犷流畅。通体抛光，晶莹温润（图二七；图四九，6）。

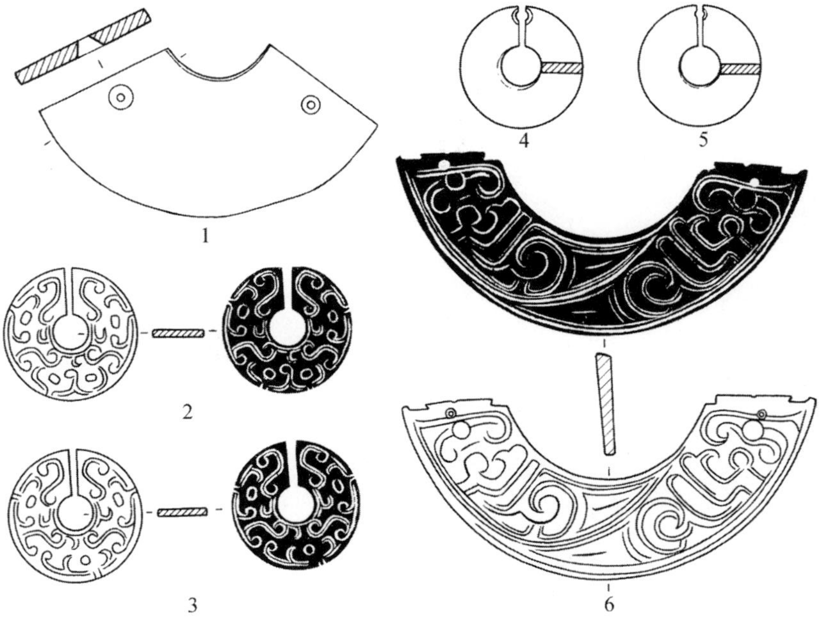

图四九　玉器

1. 璜（M13：1）　2. 玦（M13：6）及拓片　3. 玦（M13：7）及拓片　4. 玦（M13：4）
5. 玦（M13：5）　6. 璜（M13：2）及拓片

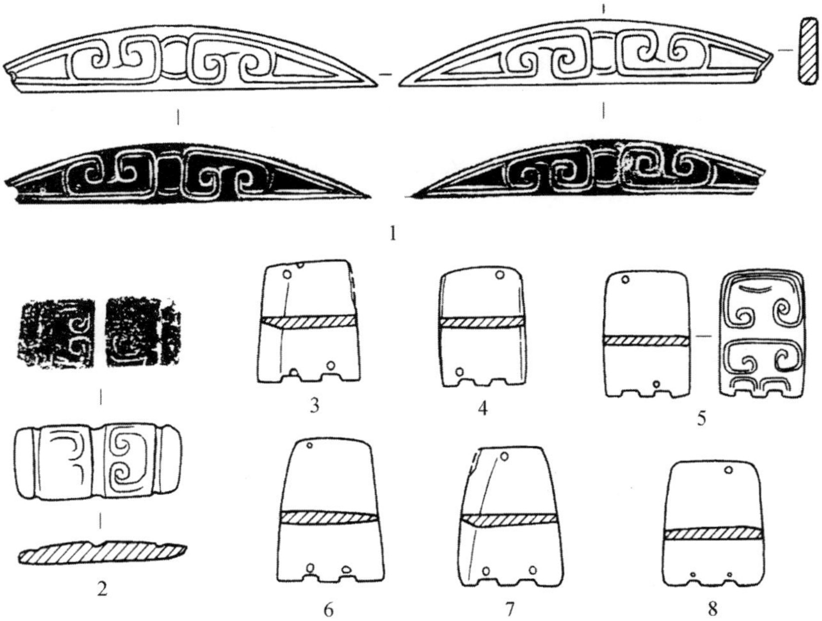

图五〇　玉器

1. 冲牙（M13：8）及拓片　2. 网坠形玉饰（M13：13）及拓片　3、4、6～8. 梯形玉饰（M13：9、M13：11、M13：10、M13：12、M13：15）　5. 长方形玉饰（M13：14）

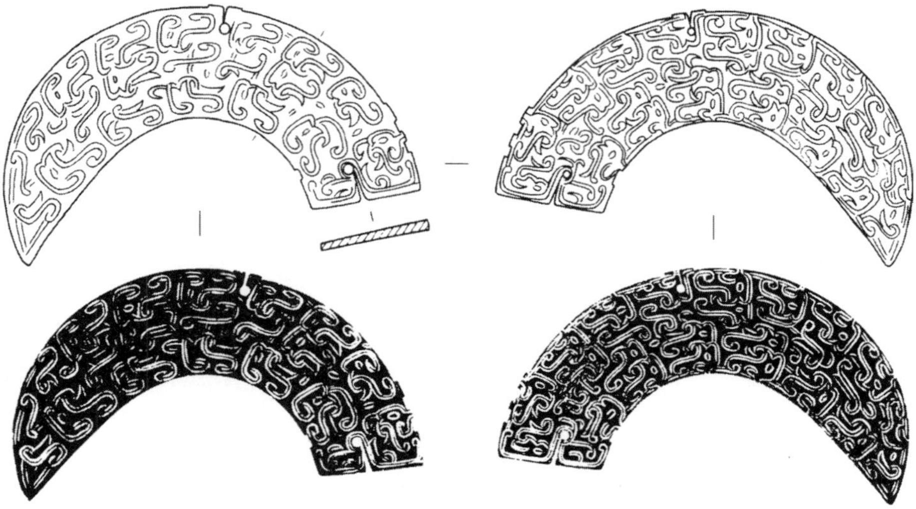

图五一　玉觿（M13：3）及拓片

玉玦　4件。均为透闪石软玉。其中2件素面，另2件刻有龙纹，形制基本相同。标本M13：4、M13：5，白色，素面。直径3.6、厚0.3厘米（图三六；图四九，4、5）。标本M13：6、M13：7，青色，单面阴刻3个虺龙纹。直径3.8、厚2.2厘米（图三〇；图三一；图四九，2、3）。

玉冲牙　1件（M13：8）。透闪石软玉。白色獠牙状，圆端有小穿孔，已残。器身两面阴刻简化龙纹。残长7.5、宽1.3、厚0.4厘米（图二九；图三七；图五〇，1）。

玉觿　1件（M13：3）。白色，方头，弧背，尖尾。头、背部有突起的小扉棱。器身两面满刻虺龙纹，线条繁缛而清晰，刀法硬朗流畅。长10.3、宽2.7、厚0.15～0.2厘米（图二八、图二三、图五一）。

玉饰　7件。分为梯形牌饰、长方形牌饰、网坠形玉饰三种。

标本M13：9、M13：12、M13：15，透闪石软玉，白色玉牌饰，形状、大小相似。均呈梯形，一端有扉棱和1～2个圆形穿孔，另一端有一圆形穿孔。素面。宽1.6～2、长2.5～2.7厘米（图三八；图五〇，3、4、6～8）。

标本M13：13，透闪石软玉，网坠形。白色，器身正面中部下凹，靠近两端也各有一道凹槽。正面刻有简化龙纹。长3.3、宽1.4、厚0.4厘米（图三四；图五〇，2）。

标本M13：14，透闪石软玉。白色玉牌饰，呈长方形，一端有突起的扉棱，两端各有一圆形小穿孔。单面刻有简化龙纹。长2.5、宽1.7厘米（图三九；图五〇，5）。

玛瑙串珠　22个（M13：16）。多为浅红色，体多呈圆柱形，中间有圆形穿孔。直径0.6～1.2、孔径0.1～0.3厘米（图三五、图五二）。

三、结　　语

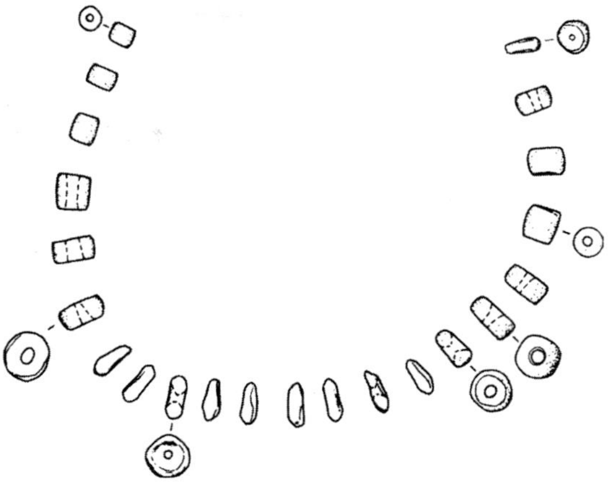

图五二　玛瑙串珠（M13：16）

娘娘寨城址的墓地在城址的西南部，即Ⅲ区。勘探和发掘表明，Ⅲ区内的墓葬分布密集而有规律，随葬陶器具有非常浓厚的商文化因素，典型的宗周文化因素基本不见。其中Ⅰ式罐、Ⅰ式豆、Ⅱ式罐、Ⅱ式豆与国内其他西周遗址及墓地出土的西周早、晚期同类器相似，陶鬲则较有地方特色。例如A型弧裆鬲（M35：1）、BⅠ式分裆鬲（M34：1），器物上部与张家坡西周墓地所出的Ⅱc式鬲基本相同，器物下部则差别较大[1]。鉴于娘娘寨城址西周灰坑、地层中常见这两种鬲，我们初步判断，这两种鬲的时代约为西周早期。BⅡ式分裆鬲与洛阳北窑西周早期Ⅲ式鬲相似[2]，但裆部较低，时代上应稍晚，当为西周中期。其他各式分裆鬲在口沿及颈部特征上，与天马—曲村遗址的西周晚期陶鬲相似，其时代当为西周晚期[3]。综上所述，19座墓葬的时代从西周早期延续至西周晚期。

荥阳娘娘寨城址是郑州地区迄今能够确认的首座西周时期的城址。娘娘寨城址西周时期墓葬的发掘，为研究中原地区的西周时期埋葬制度、人种族属等提供了重要资料。

附记：参加发掘的人员有黄富成、李曼、吴倩、魏青利等。本文在写作过程中，得到郑州市文物考古研究院张松林院长的大力帮助与指导，在此深表感谢。

领　队：张松林
绘　图：焦建涛
摄　影：蔡　强

注　　释

[1] 中国社会科学院考古研究所：《张家坡西周墓地》，中国大百科全书出版社，1999年。

[2] 洛阳市文物工作队：《洛阳北窑西周墓》，文物出版社，1999年。

[3] 北京大学考古学系商周组、山西省考古研究所：《天马—曲村（1980～1989）》，科学出版社，2000年。

（原刊于《文物》2009年第9期）

郑州市中原区白庄东周墓发掘简报

魏青利　张　倩　丁兰坡

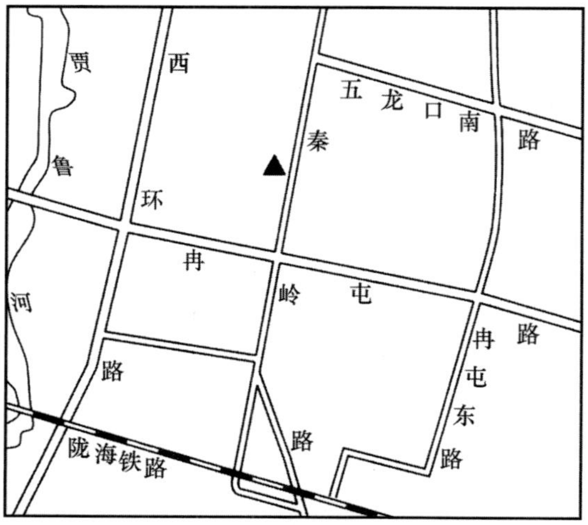

图一　墓葬位置示意图

2007年，为配合郑州甲天下住宅小区工程建设，郑州市文物考古研究院对工程区内古墓葬进行了发掘，共清理东周时期墓葬33座。这批东周墓位于郑州市市区西部，秦岭路以西，化工路以北，白庄路以南，中原区白庄村村东北（图一）。现将这批墓葬的情况简介如下。

一、墓葬形制

33座墓葬，均为长方形竖穴土坑墓（图二）。依长方形竖穴墓葬的结构不同可分为三类。

1. 墓底设有腰坑

共4座。一般墓室口长3.08～3.42、宽2～2.2、底长2.8～3.1、宽1.7～2、深3.6～5.2米。腰坑平面呈长方形，均位于人骨架腰下部，内置有随葬陶器。腰坑长0.3～0.68、宽0.2～0.3、深0.2～0.3米。

M16　长方形土坑竖穴墓，方向10°。墓壁斜直，口大底小，口长3.3、宽2.2、底长2.9、宽1.8、墓深4.9米。墓底置单棺，长2.32、宽1.06米。棺内有人骨架一具，仰身直肢葬，头向北，双手置于腹前。墓底近中部挖有一长宽各0.3、深0.26米的腰坑，坑内置陶罐1件（图三）。

M46　长方形土坑竖穴墓，方向10°。墓壁斜直，口大底小，口长3.4、宽2.1、底长2.8、宽1.9、深5.2米。墓底置单棺。棺长2.1、宽1.4米。无骨架。墓室东北角有两排脚窝，呈不规则馒头形，间距0.7米左右。墓底中部挖有一长0.6、宽0.38～0.46、深0.3米的腰坑，坑内置鼎、豆、壶各1件（图四）。

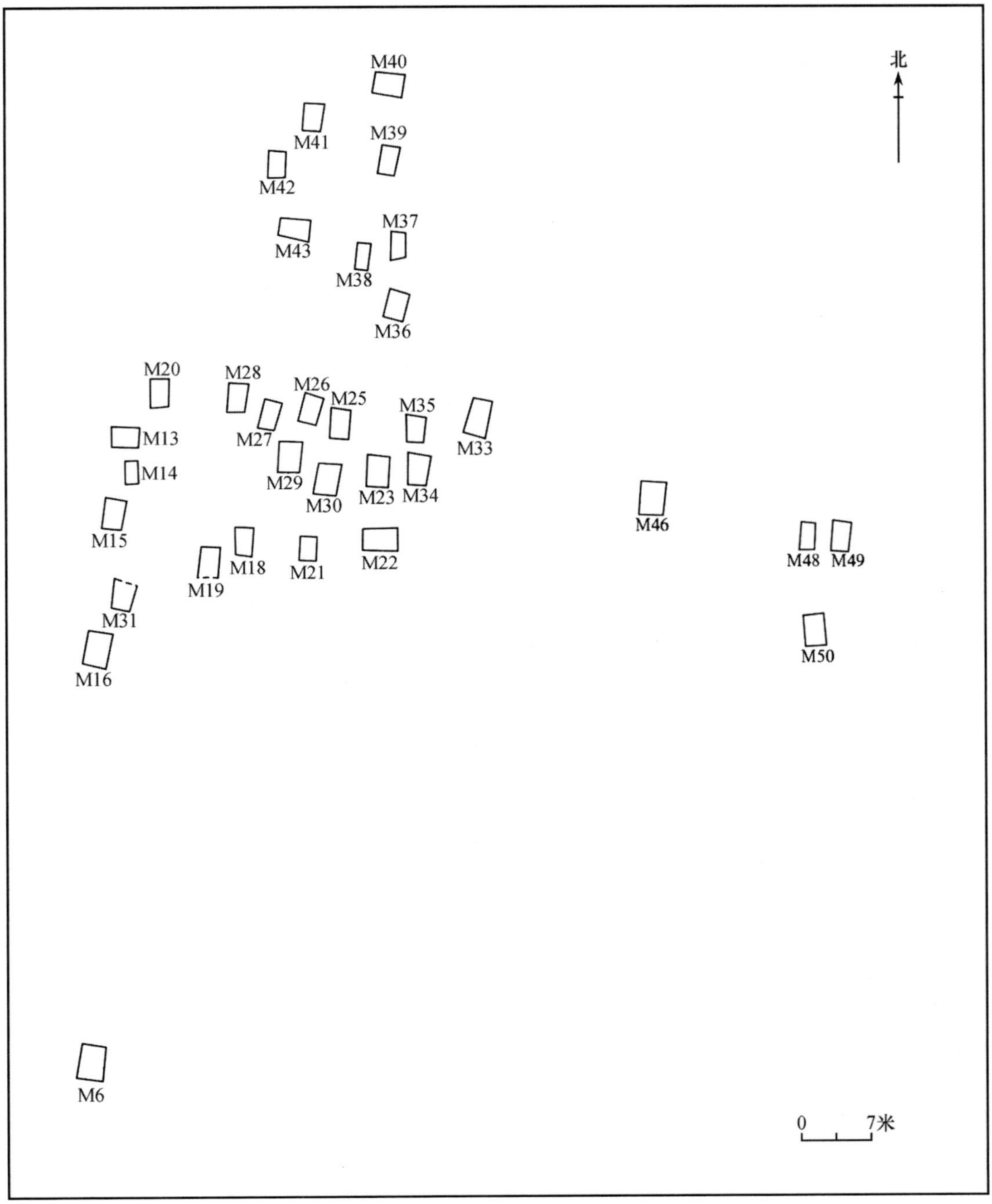
北
M40
M41
M39
M42
M37
M43
M38
M36
M20
M28
M26
M25
M35
M27
M13
M33
M14
M29
M30
M23
M34
M46
M15
M18
M21
M22
M48
M49
M19
M31
M50
M16
M6
0
7米

图二　墓葬分布平面图

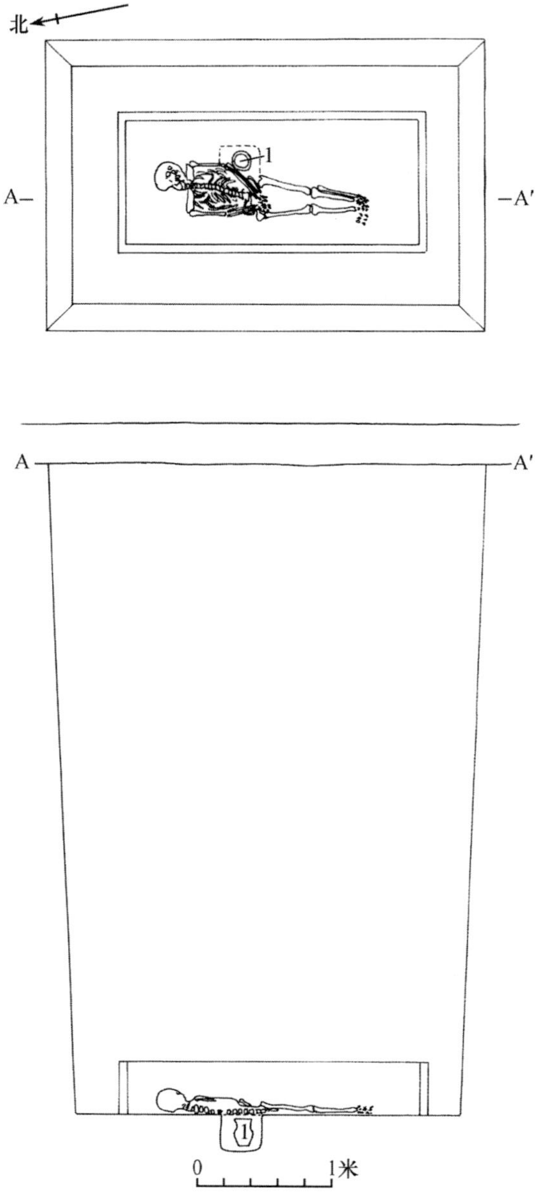

图三　M16平、剖面图

1. 陶罐

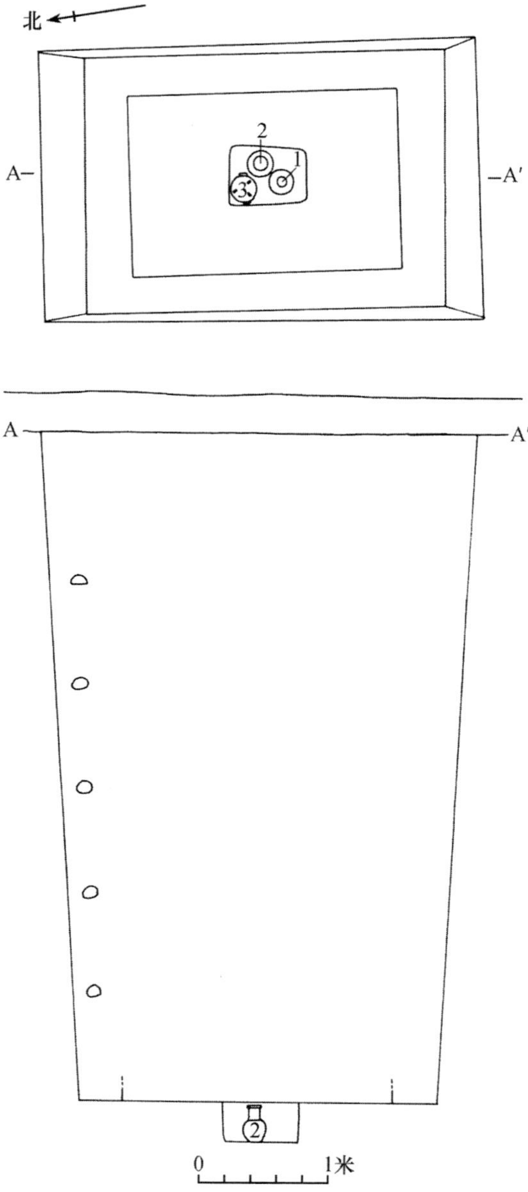

图四　M46平、剖面图

1. 陶豆　2. 陶壶　3. 陶鼎

2. 墓壁设有壁龛

共3座。一般墓室口长2.6～2.9、宽1.5～1.8、底长2.4～2.6、宽1.3～1.5、深1.4～4米。壁龛多设于墓室北壁，平面呈长方形，口宽0.4～0.8、高0.26～0.4、进深0.28～0.6米。M49，长方形土坑竖穴墓，方向5°。墓壁斜直，口大底小，口长2.8、宽1.7、底长2.6、宽1.5、墓深2.2米。墓底置单棺。棺长2.03、宽0.94米。无骨架。墓室北壁设壁龛，长0.66、宽0.32、高0.3米。壁龛内放置鼎、豆、壶、匜各1件（图五）。

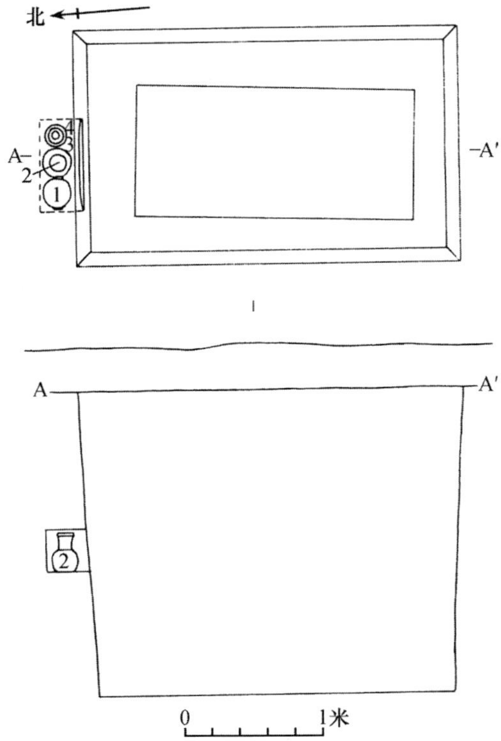

图五　M49平、剖面图

1. 陶鼎　2. 陶壶　3. 陶匜　4. 陶豆

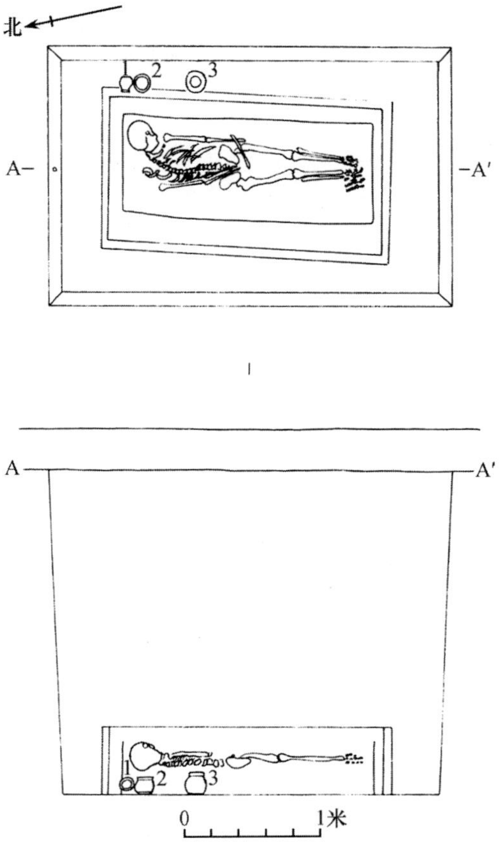

图六　M31平、剖面图

1. 陶鬲　2. 陶盂　3. 陶罐

3. 既无腰坑，又无壁龛

共26座。墓室口长2.2～3.24、宽1.3～2.4、底长2.2～2.8、宽1.3～2.08、深0.6～4.1米。

M31　长方形土坑竖穴墓，方向9°。墓壁斜直，口大底小，口长3、宽1.9、底长2.8、宽1.7、墓深2.4米。墓底置一椁一棺。椁室长2.14、宽1.2、厚0.06～0.1米；棺长1.85、宽0.74米。棺内有人骨架一具，仰身直肢葬，头向北，双手置于腹前。椁外东部偏北放置陶罐、鬲、盂各1件（图六）。

M3　长方形土坑竖穴墓，方向20°。墓壁规整且直，长2.8、宽2、墓深3.2米。墓底置单棺，长2.1、宽0.9～1米。棺内有人骨架一具，仰身直肢葬，头向北，双手置于腹前。无随葬品（图七）。

墓葬中除4座（M13、M22、M40、M43）为东西向外，余均为南北向，方向在3°～285°。墓内葬具除4座（M14、M18、M28、M50）葬具不明外，余均使用木棺椁，但朽蚀严重，仅能见棺椁灰痕，可分为单棺墓（15座）和一棺一椁墓（14座）。葬式除10座墓因骨架不存无法断定外，其余23座墓可分为仰身直肢葬和侧身屈肢葬两种形式。

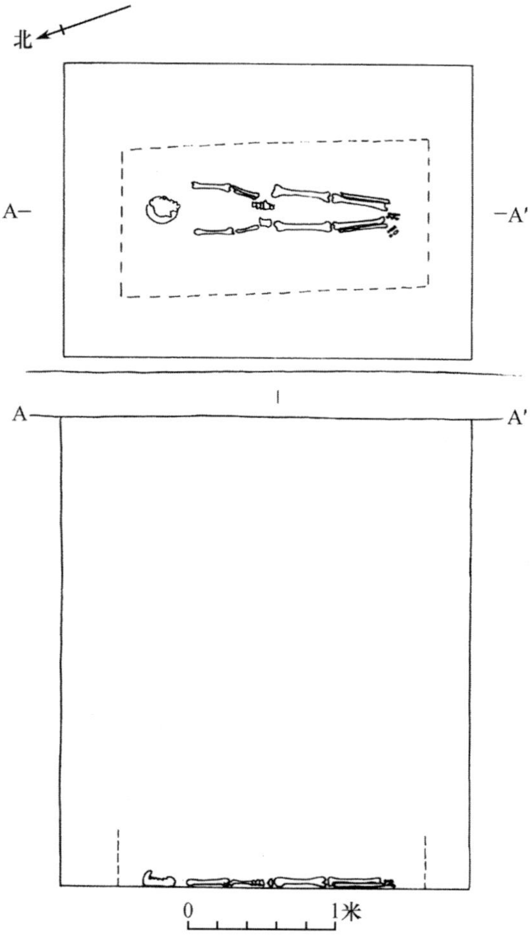

图七　M36平、剖面图

其中仰身直肢葬的为22座，明确为仰身直肢葬的为17座，另5座墓骨架上肢残或不存，下肢直肢，根据侧身及俯身葬式中未有直肢的特征，将这5座墓归于仰身直肢中。侧身屈肢葬1座。

二、随葬器物

33座东周墓中，有7座墓未有随葬品，其余26座墓葬均有随葬器物出上，均为陶器，除少数不能修复外，共修复53件，主要有鬲、鼎、罐、盂、豆、壶、盘、匜、钵、杯等。现分别介绍如下。

鬲　8件。除1件为夹砂灰陶、1件为夹砂褐陶外，余均为泥质灰陶。可分二型。

A型　3件。矮束领。可分二式。

Ⅰ式：2件。形体宽扁，沿面微上仰，最大径在肩部，底部三乳突状足为刮削而成，肩部饰数周弦纹。M31：2，口径9、通高6.9厘米（图八，3）。M21：2，口径10.8、通高10.2厘米（图八，1；图一三）。

Ⅱ式：1件（M6：3）。折沿向下微翻，圆鼓腹，最大径在腹部，底部三乳突状

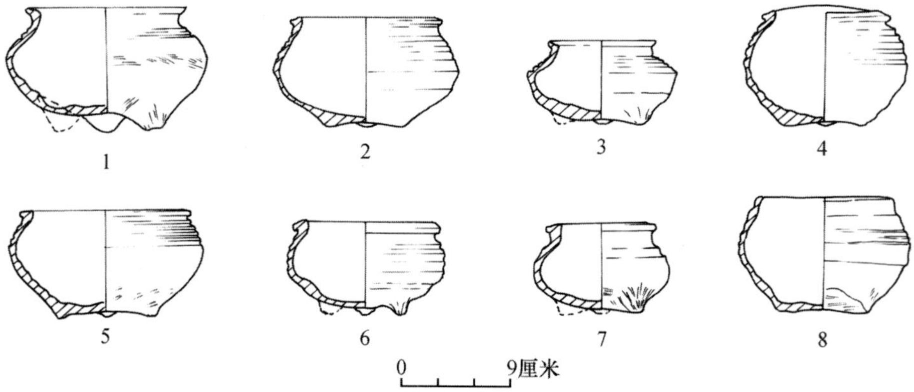

图八　出土陶鬲

1、3. A型Ⅰ式（M21：2、M31：2）　2、5、6. B型Ⅰ式（M25：1、M43：1、M23：1）
4、8. B型Ⅱ式（M13：1、M20：1）　7. A型Ⅱ式（M6：3）

足为刮削而成，肩部饰有一周瓦楞纹。口径9、通高7.5厘米（图八，7）。

B型 5件。无领。可分二式。

Ⅰ式：3件。形体宽扁，裆极低，近成平底。M23：1，方唇，沿面向下翻，腹上部饰数周弦纹，附二乳突状足。口径12、通高10.5厘米（图八，6）。M25：1，尖圆唇，腹上部饰数周弦纹，腹下部饰一周瓦楞纹，三乳突状足为刮削而成。口径10.8、通高8.8厘米（图八，2）。M43：1，方唇，肩部饰数周弦纹，附三乳突状足。口径12.6、通高8.7厘米（图八，5）。

Ⅱ式：2件。均夹砂，形体圆鼓，三乳突状足为刮削而成。M13：1，夹砂灰陶，方圆唇，沿面向下贴，腹上部饰数周弦纹，口径9.6、通高10厘米（图八，4）。M20：1，夹砂褐陶，直口，方唇，口径10.5、通高9.5厘米（图八，8；图一四）。

鼎 4件。均泥质灰陶。可分二式。

Ⅰ式：2件。盖顶弧，上附三半圆形纽。M40：3，子口内敛承盖，深腹，圜底，肩部有长方形双耳外侈。三个兽蹄足接器底处粗，中空。圜底饰有绳纹。口径16.8、残高17.4厘米（图九，2；图一五）。M46：2，三足矮，圜底饰有绳纹。口径17.5、通高17.9厘米（图九，1）。

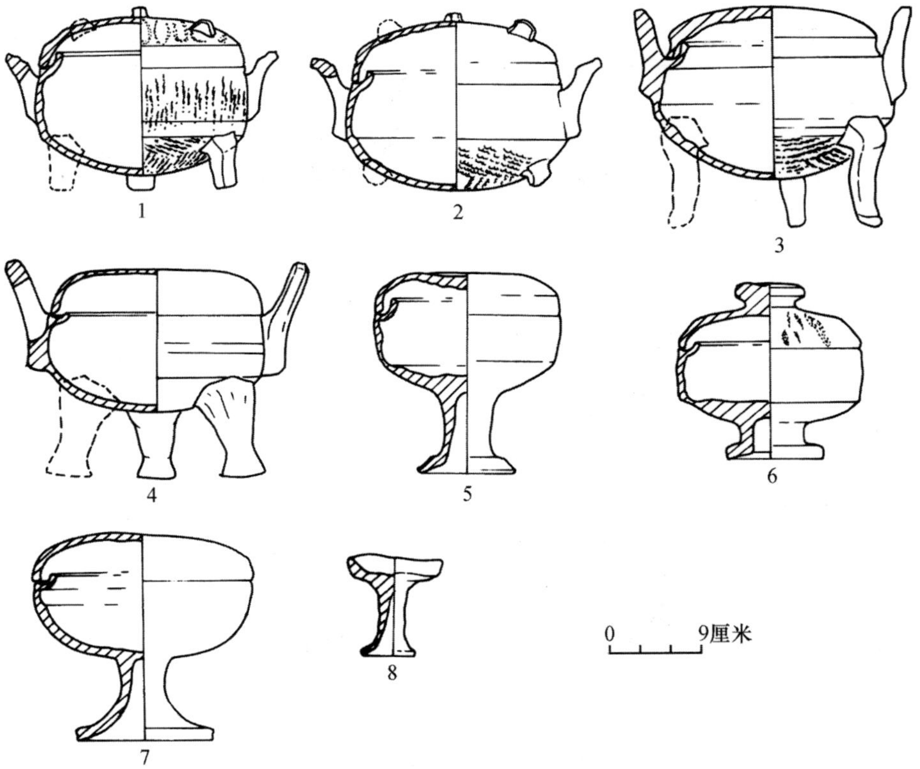

图九 出土陶器（一）

1、2. Ⅰ式鼎（M46：2、M40：3） 3、4. Ⅱ式鼎（M49：1、M50：3） 5、7. Ⅰ式豆（M49：3、M50：4） 6. Ⅱ式豆（M46：1） 8. 陶浅盘豆（M6：4）

Ⅱ式：2件。盖顶平。M49∶1，子口内敛，肩部有长方形穿孔双耳外侈。三个兽蹄足外撇，中空。圜底饰绳纹。口径17.1、通高21.4厘米（图九，3；图一六）。M50∶3，三粗壮兽蹄足外撇，素面。口径18、通高20.9厘米（图九，4）。

盂　14件。均泥质灰陶。可分三式。

Ⅰ式：8件。敛口，深腹，折腹明显，底内凹。M25∶2，尖圆唇，折沿微下翻，口径17.3、通高11.4厘米（图一〇，5；图一七）。M34∶1，方唇，短平沿，口径12.6、通高10.8厘米（图一〇，13；图一八）。M15∶1，口径16.7、通高10.5厘米（图一〇，16）。M15∶2，口径17.1、通高11.1厘米（图一〇，9）。M33∶1，口径17.6、通高12.4厘米（图一〇，1）。M39∶2，口径17.3、通高8.9厘米（图一〇，11）。M40∶1，口径15.4、通高9.9厘米（图一〇，2）。M42∶1，口径16.7、通高11.1厘米（图一〇，12）。

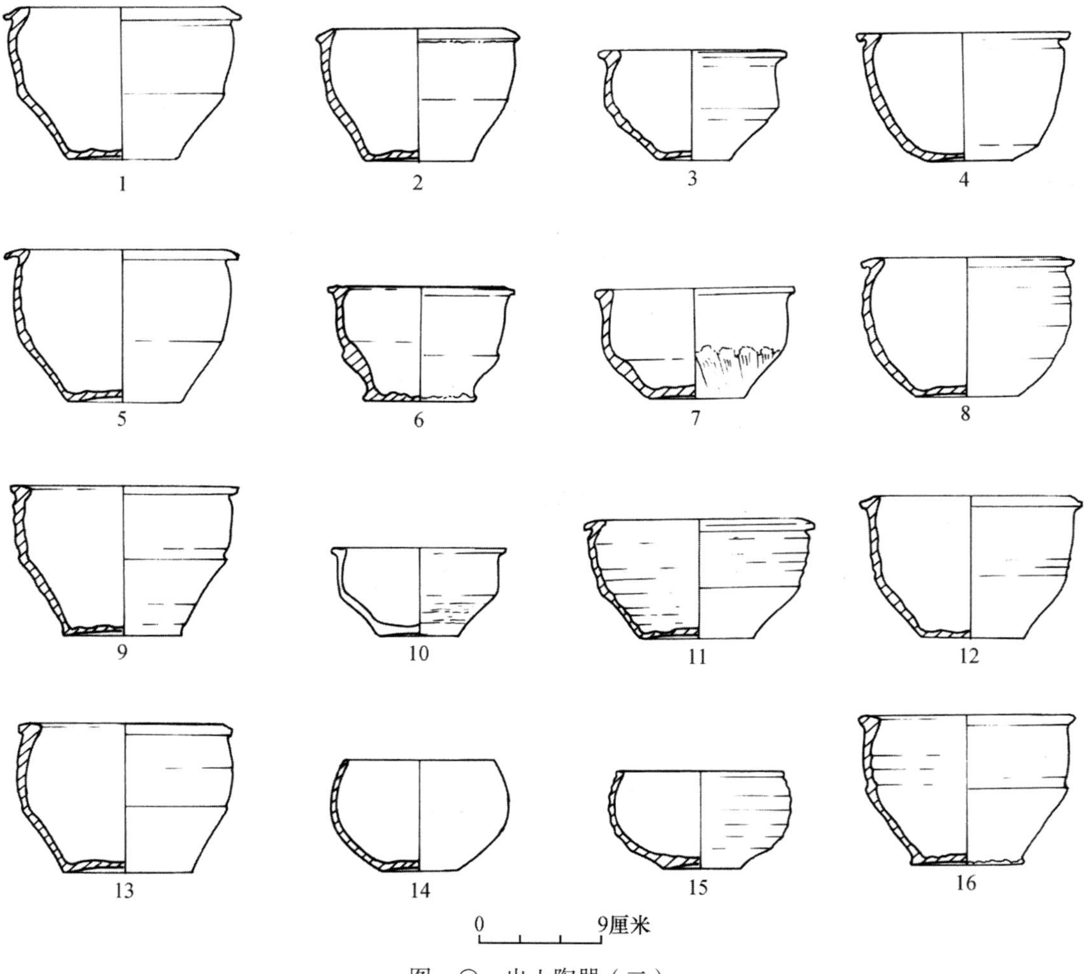

图一〇　出土陶器（二）

1、2、5、9、11～13、16. Ⅰ式盂（M33∶1、M40∶1、M25∶2、M15∶2、M39∶2、M42∶1、M34∶1、M15∶1）　3、6、7、10. Ⅱ式盂（M35∶2、M13∶2、M6∶1、M31∶1）　4、8. Ⅲ式盂（M19∶1、M43∶3）　14、15. 钵（M35∶3、M23∶2）

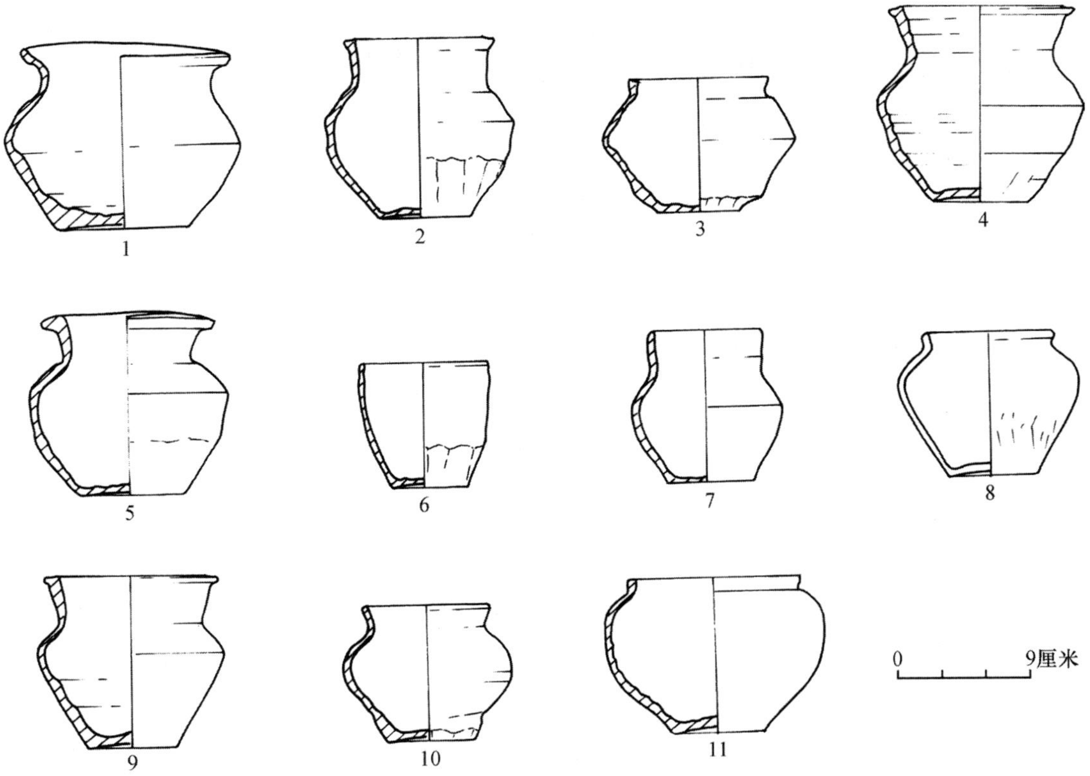

图一一　出土陶器（三）

1、3、10. B型Ⅰ式罐（M19：2、M13：3、M18：1）　2、7. A型Ⅱ式罐（M25：3、M6：2）　4、5、9. A型Ⅰ式罐（M39：1、M43：2、M31：3）　6. 陶杯（M21：1）　8、11. B型Ⅱ式罐（M26：1、M35：1）

Ⅱ式：4件。敛口，短平折沿，方唇，腹稍浅，折腹明显，平底或底内凹。M13：2，沿面有一周凸棱，足微向外撇，平底，口径14、通高8.7厘米（图一〇，6；图一九）。M6：1，底部有刮削痕，底内凹，口径15、通高8.1厘米（图一〇，7；图二〇）。M31：1，口径12.7、通高6.6厘米（图一〇，10）。M35：2，口径14、通高8.3厘米（图一〇，3）。

Ⅲ式：2件。敛口，折沿，方唇，弧腹，底内凹。M19：1，平折沿，口径15.7、通高9.6厘米（图一〇，4）。M43：3，折沿沿面有一周凹弦纹，口径13.2、通高10.2厘米（图一〇，8；图二一）。

罐　10件。根据领部不同可分二型。

A型　5件。可分二式。

Ⅰ式：3件。侈口，斜直领较高，束颈，折肩，最大径在肩部，弧腹或斜直腹内收，底内凹。M43：2，折沿，方唇，折腹，沿面有一周凹弦纹，口径9.6、通高12.4厘米（图一一，5）。M31：3，短折沿，方唇，斜直腹内收，口径10.8、通高12厘米（图一一，9；图二二）。M39：1，口径10.5、通高13.5厘米（图一一，4）。

Ⅱ式：2件。M6∶2，平底，素面，口径7.5、通高11厘米（图一一，7）。M25∶3，沿面有一周凸棱，腹部饰一周瓦楞纹，底部有刮削痕，口径9、通高12.5厘米（图一一，2；图二三）。

B型　5件。可分二式。

Ⅰ式：3件。形体矮扁。折肩或弧腹，最大径在腹部。M19∶2，泥质灰红陶，侈口，方唇，束颈，底微内凹，口径12.6、通高12.9厘米（图一一，1；图二四）。M13∶3，直口，平底，底部有刮削痕迹，口径8.1、通高9.3厘米（图一一，3）。M18∶1，侈口，方圆唇，束颈，圆鼓腹，底内凹，底部有刮削痕，口径7.5、通高9.6厘米（图一一，10）。

Ⅱ式：2件。矮领，直口或口微侈，方唇，弧腹，底内凹。M26∶1，侈口，耸肩，口径9、通高9.9厘米（图一一，8）。M35∶1，直口，溜肩，口径10、通高10.8厘米（图一一，11；图二五）。

浅盘豆　1件（M6∶4）。泥质灰陶。敞口，浅腹，高柄，中空，底座略呈喇叭状。口径9.3、通高9.6厘米（图九，8；图二六）。

豆　3件。均泥质灰陶。可分二式。

Ⅰ式：2件。顶无纽。子口内敛，深腹弧内收，圜底，喇叭口状短柄。M49∶3，顶近平，口径14.7、底径9.3、通高19.3厘米（图九，5）。M50∶4，弧顶，大喇叭状柄。口径18、底径13.2、通高19.8厘米（图九，7）。

Ⅱ式：1件（M46∶1）。弧顶，子口内敛，深腹，圜底，短柄。顶中央有一短柄的圆饼形握手。口径15、底径9.3、通高16.8厘米（图九，6）。

壶　7件。均泥质灰陶。可分五式。

Ⅰ式：2件。折沿，方唇，侈口，束颈，折肩，弧腹内收，底内凹。M34∶2，颈部饰有数周弦纹，口径12、通高22.8厘米（图一二，1；图二七）。M41∶1，颈及腹部饰有绳纹，口径15、通高23.7厘米（图一二，2）。

Ⅱ式：1件（M40∶2）。形体较矮小。口微侈，方唇，束颈，折肩，鼓腹，平底或底内凹。腹部饰数周瓦楞纹，底部有刮削痕，口径9.6、通高17.4厘米（图一二，9；图二八）。

Ⅲ式：2件。子母口承盖，侈口，束颈，溜肩或折肩，鼓腹，底内凹。M49∶2，盖顶近平，溜肩，腹部饰有一周凹弦纹，口径12、底径12、通高28厘米（图一二，5）。M50∶1，盖顶微内凹，折肩，素面，口径10.5、底径12、通高27.6厘米（图一二，6；图二九）。

Ⅳ式：1件（M46∶3）。子母口承盖，侈口，束颈，圆鼓腹，平底，腹部饰有2周凸棱，一周凹弦纹。口径11.7、底径11、通高25厘米（图一二，3；图三〇）。

Ⅴ式：1件（M48∶1）。侈口，平沿，束颈，斜肩，上腹鼓，下腹斜收，底内凹。肩及腹部饰有凸弦纹，下腹饰有一周凹弦纹。口径10.2、底径11.7、通高27.5厘米（图

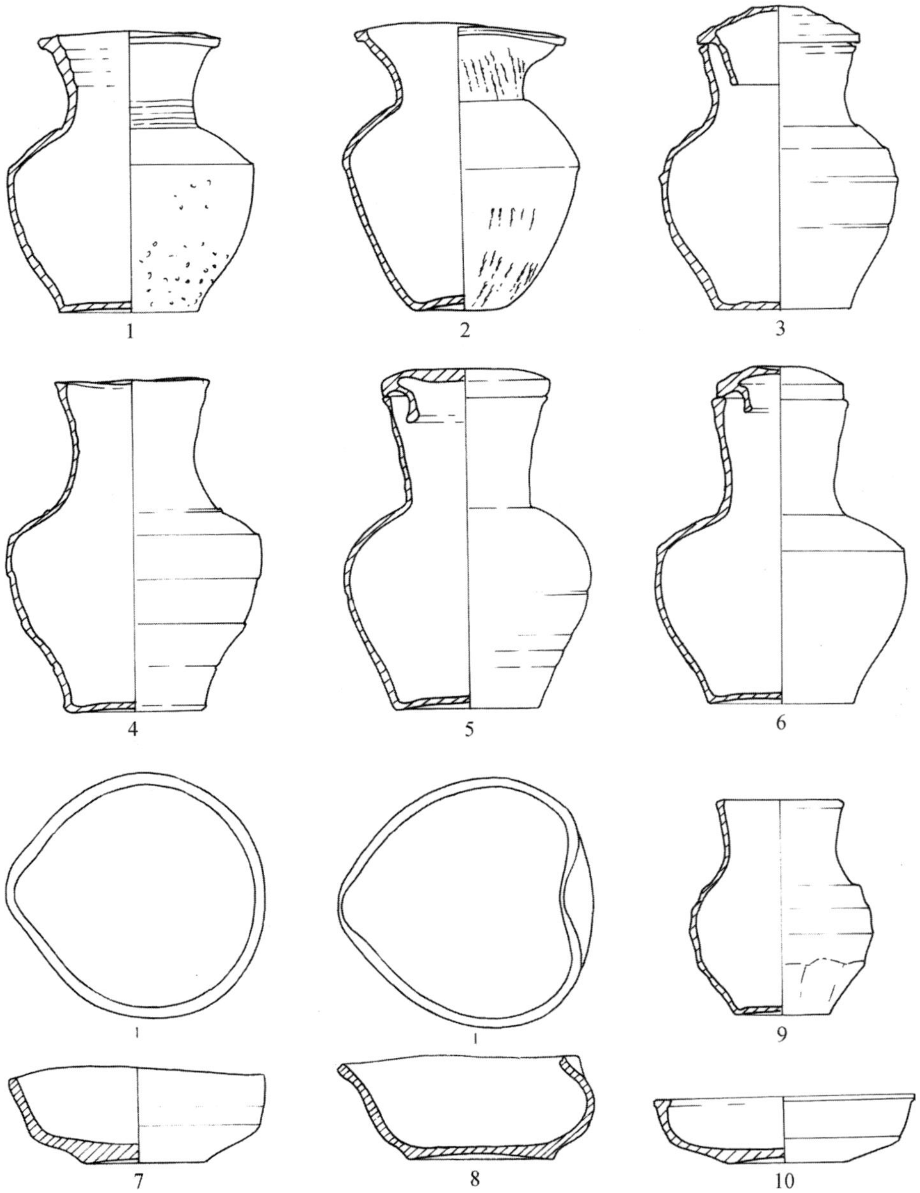

1~6、9、10. 0 9厘米　7、8. 0 6厘米

图一二　出土陶器（四）

1、2. Ⅰ式壶（M34：2、M41：1）　3. Ⅳ式壶（M46：3）　4. Ⅴ式壶（M48：1）　5、6. Ⅲ式壶（M49：2、M50：1）　7. B型匜（M50：5）　8. A型匜（M49：4）　9. Ⅱ式壶（M40：2）　10. 陶盘（M50：4）

图一三　A型Ⅰ式陶鬲（M21：2）

图一四　B型Ⅱ式陶鬲（M20：1）

图一五　Ⅰ式陶鼎（M40：3）

图一六　Ⅱ式陶鼎（M49：1）

图一七　Ⅰ式陶盂（M25：2）

图一八　Ⅰ式陶盂（M34：1）

一二，4；图三一）。

钵　2件。敛口，弧腹，底内凹。M23：2，腹部饰有数周瓦楞纹，口径13.8、通高7.2厘米（图一〇，15；图三二）。M35：3，素面，口径13.4、通高8.3厘米（图一〇，14）。

盘　1件（M50：4）。泥质灰陶。敛口，方圆唇，折腹，底内凹。口径21.3、通高5.3厘米（图一二，10；图三三）。

图一九　Ⅱ式陶盂（M13：2）

图二〇　Ⅱ式陶盂（M6：1）

图二一　Ⅲ式陶盂（M43：3）

图二二　A型Ⅰ式陶罐（M31：3）

图二三　A型Ⅱ式陶罐（M25：3）

图二四　B型Ⅰ式陶罐（M19：2）

图二五　B型Ⅱ式陶罐（M35：1）

图二六　陶浅盘豆（M6：4）

图二七　Ⅰ式陶壶（M34：2）

图二八　Ⅱ式陶壶（M40：2）

图二九　Ⅲ式陶壶（M50：1）

图三〇　Ⅳ式陶壶（M46：3）

图三一　Ⅴ式陶壶（M48：1）

图三二　陶钵（M23：2）

图三三　陶盘（M50：4）

图三四　陶杯（M21：1）

匜　2件（M49：4，M50：5）。均泥质灰陶。可分为二型。

A型　1件（M49：4）。敞口，壁斜弧内收，腹较浅，底微内凹，口沿的边有一小尖流，与流相对的一边微向内凹入，俯视像桃形。口径14、底径8.1、高5.6厘米（图一二，8）。

B型　1件（M50：5）。敞口，折腹，流尖小，底微内凹。口径14、通高5.2厘米（图一二，7）。

杯　1件（M21：1）。口微敛，圆唇，折腹，底内凹，底部有刮削痕。口径9.1、通高8.7厘米（图一一，6）。

三、结　　语

这次发掘的有随葬品的23座墓中，出土陶器都有较为明显的器物组合关系，大致可分为两类。

第一类：以鬲（鼎）、盂、壶、罐、豆为基本组合。根据主要器物式别变化又可细分为二组。

第一组：鬲+盂（Ⅰ式、Ⅱ式、Ⅲ式）+壶（Ⅰ式、Ⅱ式）+罐（Ⅰ式、Ⅱ式），典型墓葬M15、M33、M34、M41、M42、M39、M25、M31、M43、M20、M13、M21、M6、M18、M19。

第二组：鬲（Ⅰ式鼎）+钵+Ⅱ式壶+Ⅲ式罐，典型墓葬M23、M26、M35、M40。

第一组中的折腹Ⅰ式、Ⅱ式、Ⅲ式盂在第二组中被钵所取代。Ⅰ式、Ⅱ式罐侈口，方唇，折腹或折肩，束颈，而Ⅲ式罐则口直，弧肩，弧腹。第二组器物形态明显晚于第一组，所以我们认为第一组墓的时代要早于第二组墓。

第二类：以鼎、豆、壶为基本组合。具体组合关系有以下四种。

a：Ⅱ式鼎+Ⅰ式豆+Ⅲ式壶+匜，典型墓葬M49。

b：Ⅱ式鼎+Ⅰ式豆+Ⅲ式壶+盘+匜，典型墓葬M50。

c：Ⅰ式鼎+Ⅱ式豆+Ⅳ式壶，典型墓葬M46。

d：Ⅴ式壶，典型墓葬M48。

从以上器物组合的差别可以看出，这两类组合关系的墓葬在时代上存在明显差别，根据郑州碧沙岗[1]、岗杜[2]、二里冈[3]、洛阳中州路[4]、禹县白沙[5]、加气混凝厂[6]、纺织机械厂[7]等地大量东周墓葬的发掘成果可知，第一类组合的墓葬早于第二类组合的墓葬。根据墓葬形制、随葬器物组合及器物特征差异，我们将这批墓葬分为二期。

第一期：即第一类器物组合的墓葬（M15、M33、M34、M41、M42、M39、M25、M31、M43、M20、M13、M21、M6、M18、M19、M23、M26、M35、M40）。其陶器组合和器物特征与加气混凝厂[8]、纺织机械厂[9]春秋晚期陶器墓基本相同，部分器物形制完全一致，如罐M13：3与加气混凝厂的Ⅱ式罐M10：1[10]形制相同，鬲M20：1与纺织机械厂的Ⅱ式鬲M20：5[11]相同，盂M34：1与加气混凝厂的Ⅰ式盂M12：1[12]近同。因此，这些墓葬的时代应属于春秋晚期。但第二组墓葬（M23、M26、M35、M40）的陶器组合虽与一组的较为相似，但器物形态及新器类（鼎、钵）等在器物组合中的出现及其比重的增加，说明第二组墓葬的时代晚于第一组，应属于春秋与战国之际，最晚到战国初期。

第二期：即第二类器物组合（M46、M48、M49、M50）。这类墓葬多设有壁龛，随葬品以鼎、豆、壶为基本组合，是战国中期墓葬的典型特征。器物特征与郑州二里冈[13]、碧沙岗[14]、南阳路家世界购物广场[15]等地战国中期墓出土器物相同，因此第二期墓时代应属于战国中期。

M14、M16、M22、M27、M28、M29、M30、M36、M37、M38无随葬品或随葬品未能修复，期别无法归属，但从墓葬形制看，也应与上述墓葬时代相同，即东周时期。

领　队：顾万发
发　掘：丁兰坡　张　凡
　　　　郭存良　席松甫
绘　图：李　杨
摄　影：蔡　强　王　羿

注　释

［1］［14］　河南省文化局文物工作一队：《郑州碧沙岗发掘简报》，《文物参考资料》1956年第3期。

［2］　河南省文化局文物工作一队：《郑州岗杜附近古墓葬发掘简报》，《文物参考资料》1955年第10期。

［3］［13］ 河南省文化局文物工作一队：《郑州二里冈》，科学出版社，1959年。
［4］ 中国科学院考古研究所：《洛阳中州路（西工段）》，科学出版社，1959年。
［5］ 中国科学院考古研究所：《河南禹县白沙战国墓葬》，《考古学报》1959年第7期。
［6］［8］［10］［12］ 郑州市文物考古研究院：《郑州市加气混凝厂东周墓发掘简报》，《华夏考古》2001年第4期。
［7］［9］［11］ 郑州市文物考古研究院：《郑州市纺织机械厂东周墓葬发掘简报》，《郑州文物考古与研究（一）》，科学出版社，2003年。
［15］ 郑州市文物考古研究院：《郑州市南阳路家世界购物广场战国墓葬发掘简报》，《华夏考古》2006年第2期。

附表　郑州市中原区白庄东周墓葬一览表

墓号	墓室 长×宽—深（米）	方向	葬具	葬式	随葬品	备注
M6	3.24×2.4—4.4	5°	棺	骨架不存	AⅡ鬲1，Ⅱ盂1， AⅡ罐1，浅盘豆1	
M13	2.78×2—2.8	100°	棺	骨架不存	BⅡ鬲1，Ⅱ盂1，BⅠ罐1	
M14	2.2×1.4—0.6	3°	不明	骨架不存	无	
M15	2.9×1.9—2.4	10°	棺	仰身直肢， 双手交叉放于腹部	Ⅰ盂2	
M16	3.3×2.2—4.9	10°	棺	仰身直肢， 双手交叉放于腹部	罐1，未修复	器物置于腰坑内
M18	2.7×1.6—1	9°	不明	骨架不存	BⅠ罐1	出土于墓室中部
M19	3.02×1.92—2.6	10°	棺椁	仰身直肢， 双手交叉放于腹部	Ⅲ盂1，BⅠ罐1	出土于 腰部
M20	2.7×1.8—2.8	182°	棺椁	仰身直肢， 双手交叉放于腹部	BⅡ鬲1	出土于 腰部
M21	2.3×1.6—0.9	15°	棺椁	侧身屈肢	AⅠ鬲1，杯1	出土于 胸部
M22	3.08×2—5.4	275°	棺	骨架不存	碎陶片	出土于 腰部
M23	3×2.1—4.6	10°	棺椁	仰身直肢， 双手交叉放于腹部	BⅠ鬲1，钵1，Ⅰ盂1	

续表

墓号	墓室 长×宽—深（米）	方向	葬具	葬式	随葬品	备注
M25	3×1.8—1.3	10°	棺椁	仰身直肢， 双手交叉放于腹部	BⅠ鬲1，Ⅰ盂1，AⅡ罐1	出土于腰部
M26	2.7×1.9—3	10°	棺椁	仰身直肢， 双手交叉放于腹部	BⅡ罐1	出土于左大腿下
M27	2.8×1.7—1.2	10°	棺椁	不明，仅余肢骨	无	
M28	2.9×1.5—1.06	10°	无	骨架不存	无	
M29	2.9×2.2—2.9	10°	棺椁	仰身直肢， 双手交叉放于腹部	豆5，未修复	1件出土于腰部，另4件出土于棺外椁内四角
M30	3×2.2—1.8	10°	棺椁	仰身直肢， 双手交叉放于腹部	无	
M31	3×1.9—2.4	9°	棺椁	仰身直肢， 双手交叉放于腹部	AⅠ鬲1，Ⅱ盂1，AⅠ罐1	椁外东部
M33	3.1×19—1.1	10°	棺椁	仰身直肢， 双手交叉放于腹部	Ⅰ盂1	出土于腰下
M35	2.8×1.6—0.9	15°	棺椁	仰身直肢， 双手交叉放于腹部	Ⅱ盂1，BⅡ罐1，钵1	出土于腰下
M36	2.8×2—3.2	20°	棺	仰身直肢， 双手交叉放于腹部	无	
M37	2.6×1.3—0.96	5°	棺	仅余下肢骨	无	
M38	2.4×1.3—0.7	10°	棺	仅余肢骨	无	
M39	2.5×1.7—3.1	15°	棺	仅余下肢骨	Ⅰ盂1，AⅠ罐1	腰部置盂，棺内骨架右侧置罐
M40	2.9×1.8—5	285°	棺	仰身直肢， 双手交叉放于腹部	Ⅰ鼎1，Ⅰ盂1，Ⅱ壶1	置头骨左侧
M42	2.6×1.6—2.6	10°	棺椁	仰身直肢， 双手交叉放于腹部	Ⅰ盂1	出土于胸部

续表

墓号	墓室 长×宽—深（米）	方向	葬具	葬式	随葬品	备注
M43	3.2×2.3—5.2	275°	棺椁	仰身直肢， 双手交叉放于腹部	BⅠ鬲1，Ⅲ盂1，AⅠ罐1	出土于头骨左侧
M46	3.42×2.1—5.2	10°	棺	骨架不存	Ⅰ鼎1，Ⅱ豆1，Ⅳ壶1	出土于腰坑
M48	2.6×1.5—1.4	5°	棺	仅余下肢骨	Ⅴ壶1	出土于北壁壁龛内
M49	2.8×1.7—2.2	5°	棺	骨架不存	Ⅱ鼎1，Ⅰ豆1，Ⅲ壶1，A匜1	出土于北壁壁龛内
M50	2.9×1.8—4	15°	不明	骨架不存	Ⅱ鼎1，Ⅰ豆1， Ⅲ壶1，B匜1，盘1	出土于北壁壁龛内

（原刊于《洛阳考古》2014年第3期）

河南新郑市华阳城遗址东周遗存的调查与发掘

索全星　江　旭　张云峰

2010年7～11月，为配合郑新快速通道的建设，郑州市文物考古研究院报请国家文物局同意后对河南新郑市华阳城遗址进行考古发掘。通过发掘，进一步了解华阳城的建筑过程及增修情况，发现该城的护城河、防御墙及早期壕沟等东周时期的城防体系。发掘期间，对华阳城遗址进行初步调查，发现仰韶文化遗存、商代文化遗存、西周文化遗存。该遗址的早期遗存简报将另文发表，本文仅对该遗址的东周遗存进行报道。

一、遗址概况

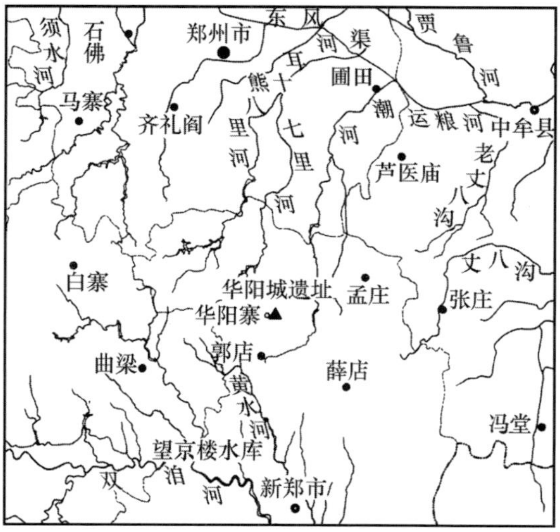

图一　遗址地理位置示意图

华阳城遗址位于河南省新郑市郭店镇华阳寨村，北距郑州市约25千米，南距新郑市20千米。遗址中心在东经34°33′43.02″、北纬113°42′46.50″，海拔189米（图一）。这里地势较高，是现今贾鲁河支流潮河的源头。据目前调查可知，遗址面积约为120万平方米，不仅有东周时期的城址，还有仰韶文化、商代二里冈期、殷墟等多个时期的遗存（图二）。古城东北距海寨村约300米，西南距郭店村500米。1986年该遗址的东周城址被公布为省级文物保护单位。

东周城址修建于缓坡岗地上，城东南最高。城址坐北朝南，方向为10°，平面呈束腰式长方形，周长约2600米，南墙西段被村庄占压，北城墙及东墙、西墙的北部保存较好，其余城墙破坏比较严重，但地下墙基尚存。北城墙基宽15～30米，城墙高6～8米（图三）。四面城墙中间各有一个缺口，我们做了重点考察和勘探工作，北缺口、南缺口、西缺口均有古代的道路连接，应与城门有关；东缺口因长期被冲刷较甚，地面已为深沟巨壑，周围遗迹也多无存，是否为城门尚需继续工作。西、南两个城门的右侧有前伸的马面，左侧有城墙作环护（图四）。北城门右侧有前凸遗迹，左侧有马面拱卫，具有明显的军事防御作用。

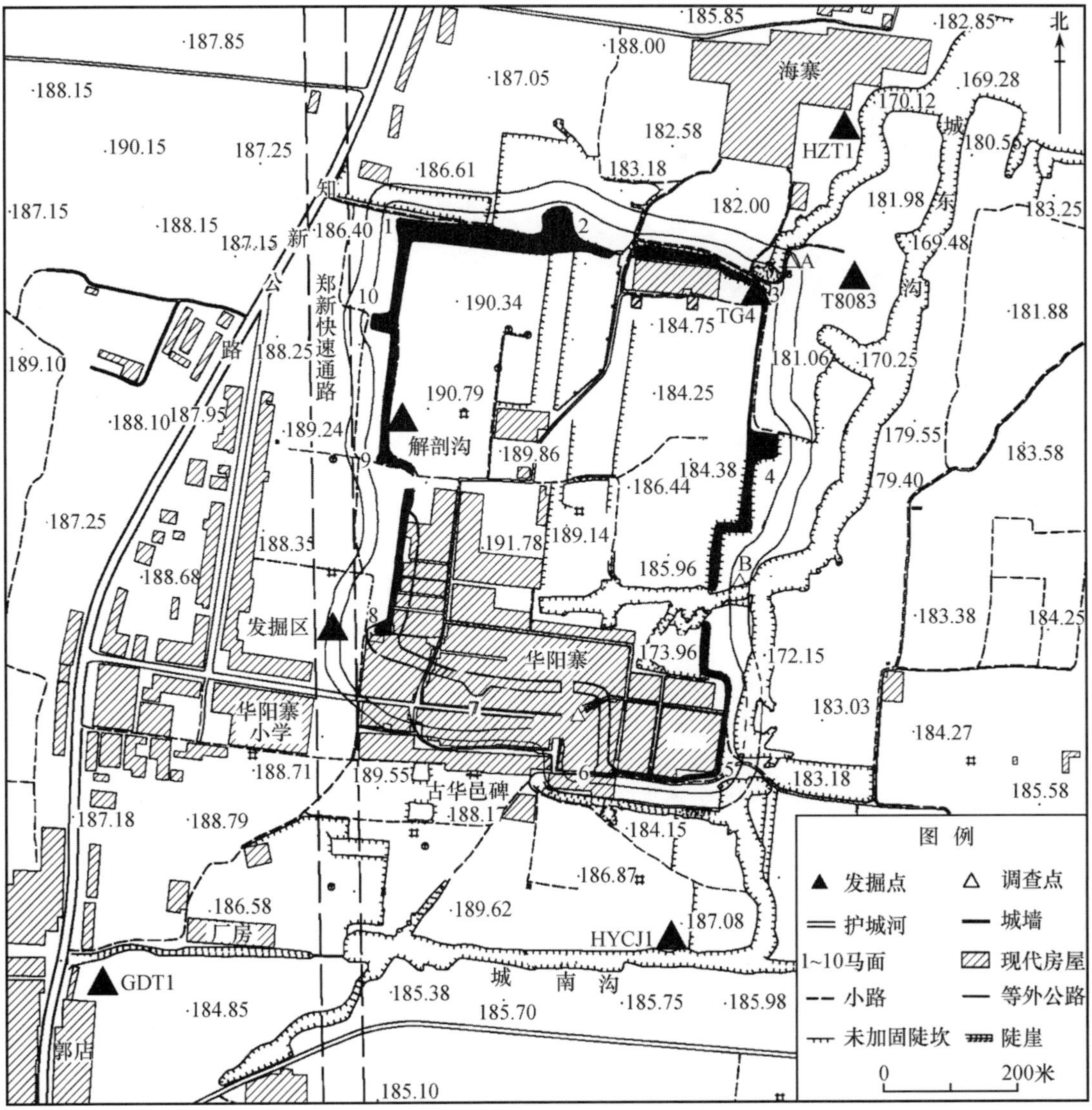

图二 华阳城遗址平面图

城墙的四角和四边中部分别筑有10个向外凸出的马面，用于守城和瞭望。我们将西北城角的马面称作1号马面，自此按顺时针方向依次编号，其中2、4、10号马面保存较完整，城角的马面因20世纪六七十年代平整土地等破坏较甚。8号马面的西侧是这次发掘的重点区域。

城南200米处有一条自西向东的深沟，俗称城南沟，为一古河道，古称“华水”，现为潮河源头，源自郭店东南的岗地。城南沟两侧分布商代二里冈期遗存，经钻探可知，文化层厚达2米，遗迹、遗物丰富，试掘点为HYCJ1。沿城南沟向西至郭店分布仰韶文化时期遗存，遗物丰富，试掘点为GDT1，由于20世纪八九十年代村民取土烧砖，地表2～3米厚的土层多被破坏。城南沟东端北折至海寨称为城东沟，城东沟东部为东周墓葬，海

图三　北城墙与2号马面（西—东）

图四　西城门（西—东）

寨至城东沟北部分布殷墟、西周文化遗存，试掘点为HZT1。城东沟北延部分较为宽深，20世纪六七十年代曾被用为灌溉农田的水库。

二、发掘布方及地层堆积

该遗址的发掘编号为“2010HYZ”。发掘采用象限法布方，以华阳寨小学东南墙角为总坐标基点，华阳故城及此次发掘区域均处在第Ⅰ象限之内。

（一）发掘区布方、地层情况

发掘区选在郑新快速通道与西城墙8号马面西侧的最近地点，发掘面积为2500平方米，清理出护城河、防御墙、城壕、取土坑、灰坑、灰沟等重要遗迹，揭示了华阳城的城防体系（图五、图六）。由于遗迹面积较大，所以由T2604、T2605、T2606、T2607组成TG1（图七），T3204、T3205、T3206、T3207组成TG2，T2204、T2205、T2206、T2207组成TC3（图八），配合钻探工作以了解城防设施的基本情况及其相互关系。发掘情况显示，发掘区的地层堆积基本一致。下面以TG1北壁剖面为例进行说明。

第1层：耕土层，灰褐色土，土质较松软，厚0.25～0.3米，含植物根茎、塑料、瓷片等。

第2层：扰土层，黄褐色土，土质疏松，厚0.15米，含煤渣及少许战国陶片等。护城河、防御墙、防卫坑均开口于该层下。

第3层：垫土层，主要分布于护城河以东，厚0.4～1.2米，包含烧土颗粒、土坯块、木炭泥块及少量陶片等。依堆积先后、土色差别等又可细分为三亚层。G2开口于该图五发掘区遗迹分布图层下。

（二）TG4地层堆积

TG4位于华阳故城东北角，发掘面积为2米×10米，方向59°（以南壁为准），发现夯土墙及2条灰沟。TG4有7层堆积，下面以北壁剖面（图九）为例进行介绍。

第1层：表土层，浅灰褐色，厚0.1～0.22米。

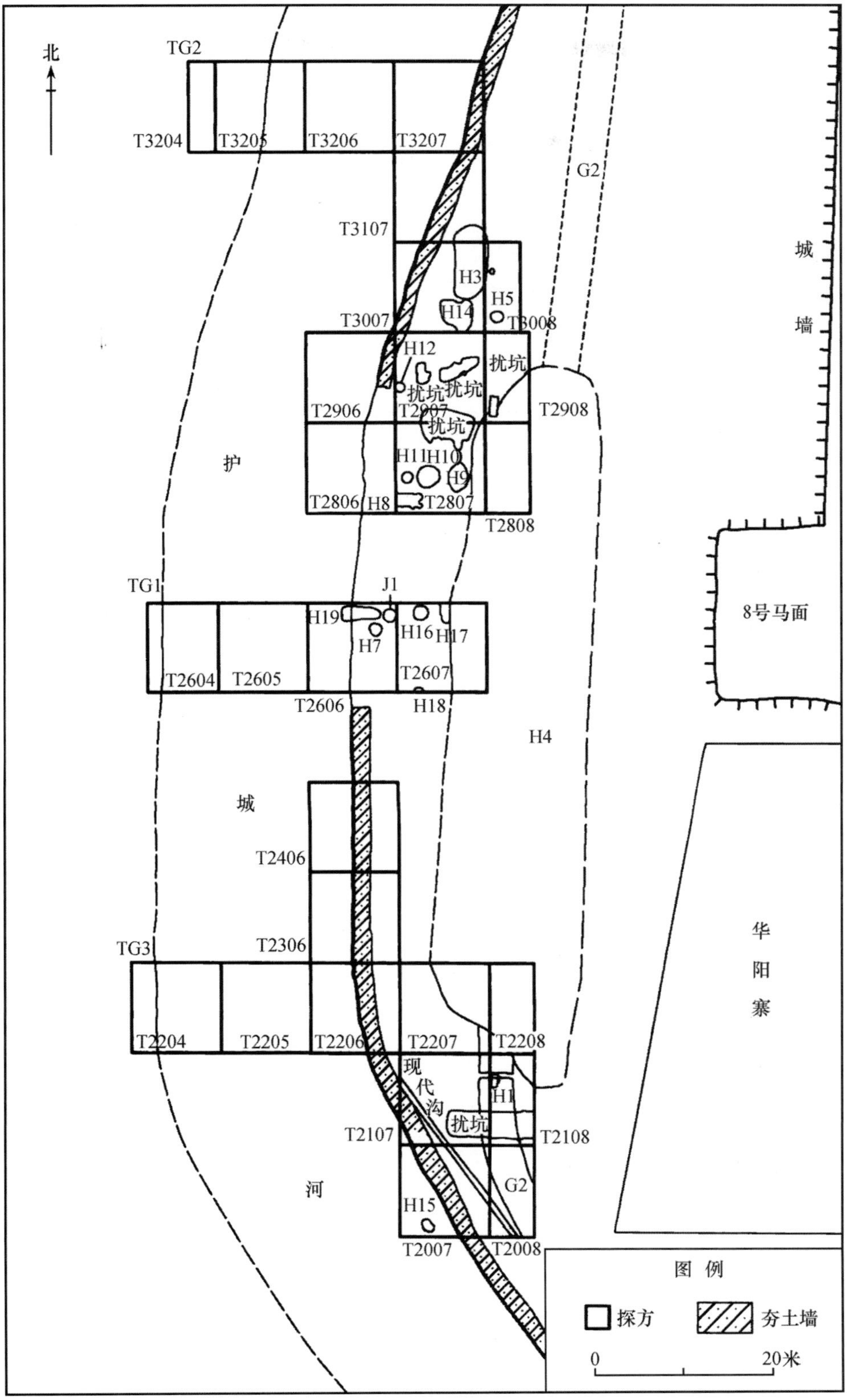
北
TG2
T3204
T3205
T3206
T3207
G2
T3107
H3
H5
H14
T3007
T3008
城
墙
H12
扰坑
扰坑
扰坑
T2906
T2907
T2908
扰坑
护
H11
H10
H9
T2806
H8
T2807
T2808
TG1
J1
H19
H16
H17
H7
8号马面
T2604
T2605
T2607
T2606
H18
H4
城
T2406
TG3
T2306
华
阳
寨
T2204
T2205
T2206
T2207
T2208
现
代
沟
H1
扰坑
T2107
T2108
河
G2
H15
T2007
T2008
图 例
探方
夯土墙
0
20米

图五　发掘区遗迹分布图

图六　发掘区全景（上为东）

第2层：浅灰黄色土，含沙量大，土质松散，深0.1～0.22、厚0.18～1.36米。未出土遗物。

第3层：黄白色土，含料姜石，土质细腻、松软，深0.42～1.36、厚0.15～0.56米，局部含有植物根系。未出土遗物。

第4层：浅黄白色土，含料姜石，土质细腻、松软，但较第3层致密，深0.84～1.83、厚0.32～0.8米。未出土遗物。

第5层：白黄色土，夹杂黄色土块，含少量料姜石，土质致密，较第3、4层坚实，似经简单的夯打。未出土遗物。

以上5层均为城墙内侧培土，靠城墙处较厚实，向外渐薄，呈东高西低的坡状，有保护、加固城墙的作用。

第6层：被城墙基槽叠压打破，以红褐色黏土为主，深3.38～1.67、厚1.96～1.14米。出土少量碎陶片，器形有盆、釜等。该层可分为4个小层，各层自西向东渐薄。

第6A层：由近城墙的红褐色土向西渐变为黄花色土，土质坚实，呈颗粒状，黏性较大，厚0.17～0.82米。

第6B层：由近城墙的红褐色土渐变为黄花色土夹杂红褐色土块，土质坚实，呈颗粒状，黏性大，厚0.06～0.28米。

第6C层：由近城墙的红褐色土渐变为黄花色土、黄花色土夹杂红褐色土块，土质坚实，结构紧密，黏性大，厚0.42～0.76米。

第6D层：红褐色土，含少量黄土，结构紧密，土质坚硬，厚0.07～0.67米。从北壁剖面看，城墙基础叠压在第6D层上，自上而下打破第6A、6B、6C层。

第7层：可分为A、B两个小层。

第7A层：分布于探沟西部，黄沙土，比较纯净，土质松散，略呈东低西高状，厚0.08～0.23米。

第7B层：分布于整个探沟，黄白色淤土，含沙量大，土质细腻、松软，局部夹杂草木灰、炭粒等，厚0.13～0.44米。

第7B层下为生土，叠压于该层下的遗迹有G3、G4，其中C4出土遗物较多，为战国晚期偏早的遗迹。

另外，在西墙缺口北侧作一个解剖沟，在墙基下发现战国中期及西周时期地层和遗物。

（三）城东T8083地层堆积

该探方地层堆积分为4层。

第1层：耕土层，灰褐色土，土质松散，内含大量植物根茎，并夹杂煤渣、瓷片等，

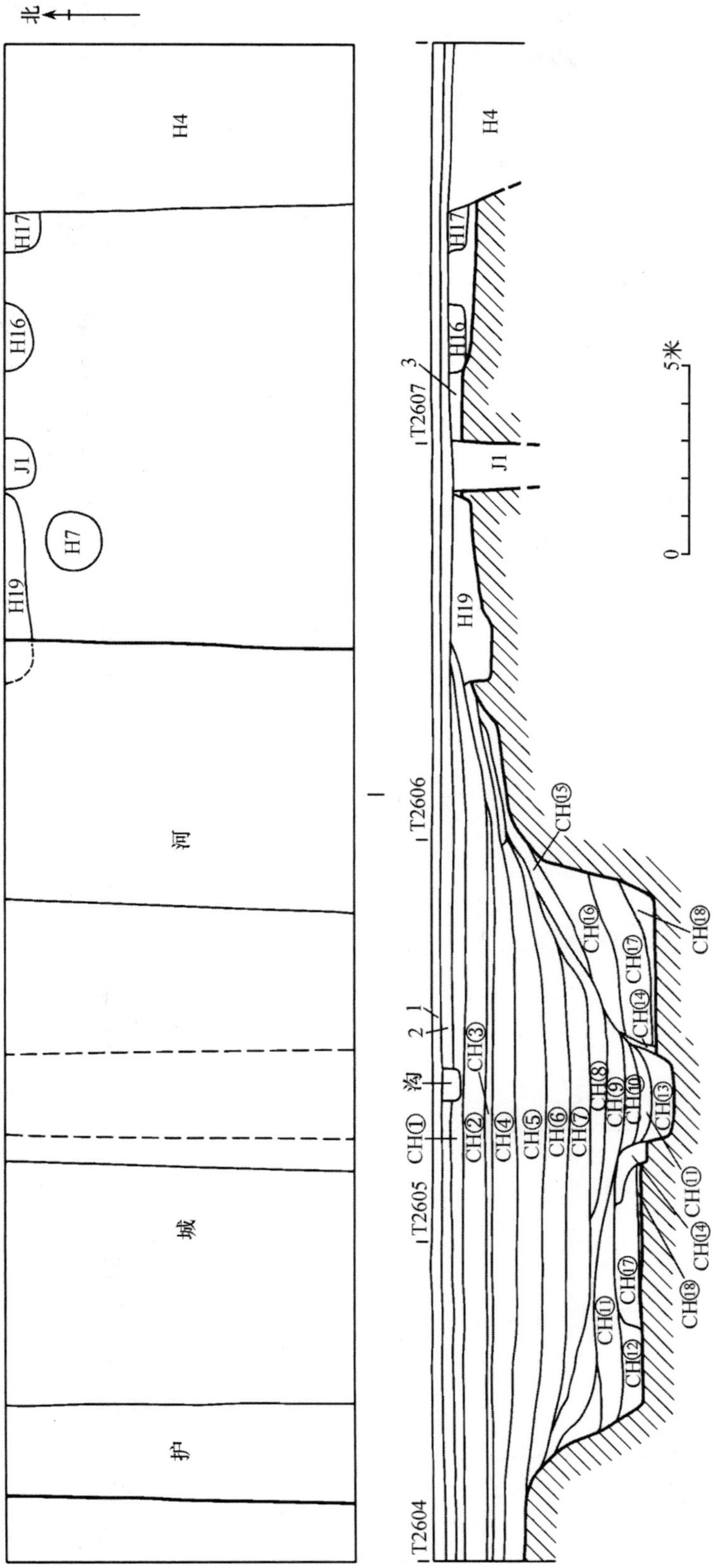

图七　TG1平面图、北壁剖面图

1. 耕土层　2. 扰土层　3. 垫土层　CH①～⑱护城河内堆积

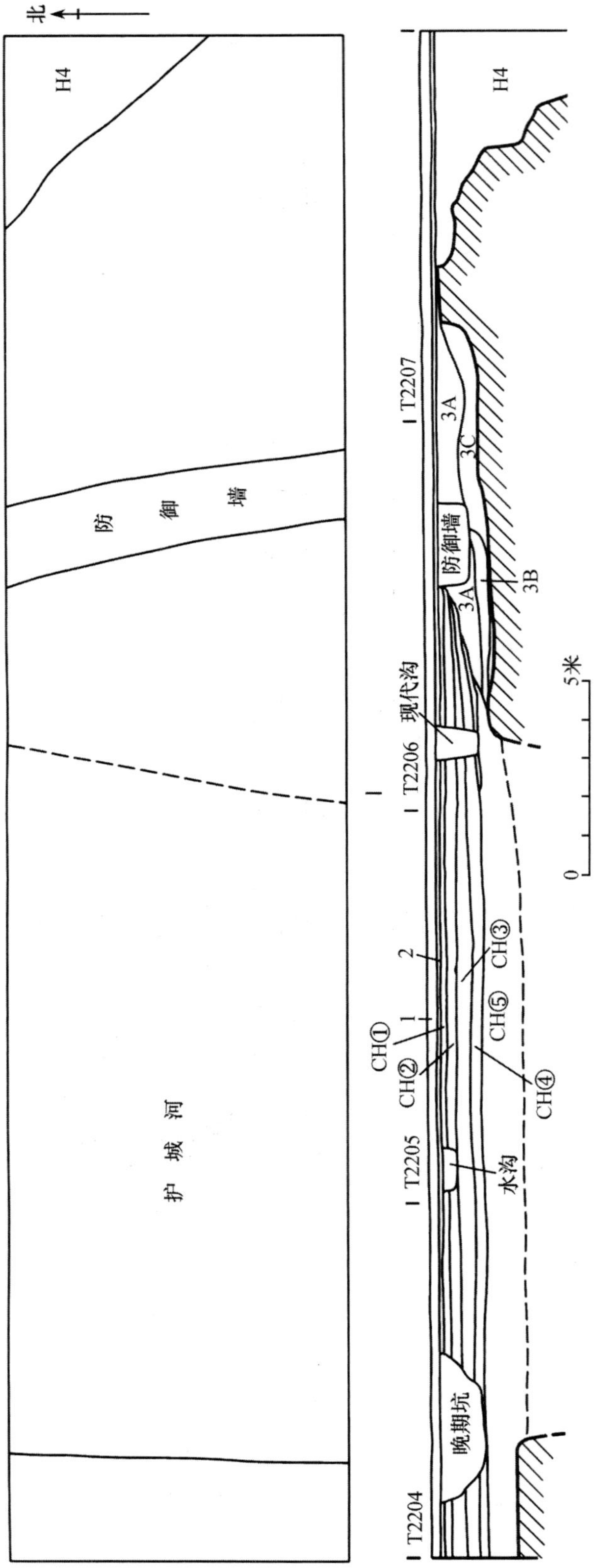

图八　TG3平面图、北壁剖面图

1. 耕土层　2. 扰土层　3. 垫土层　CH①～⑤护城河内堆积

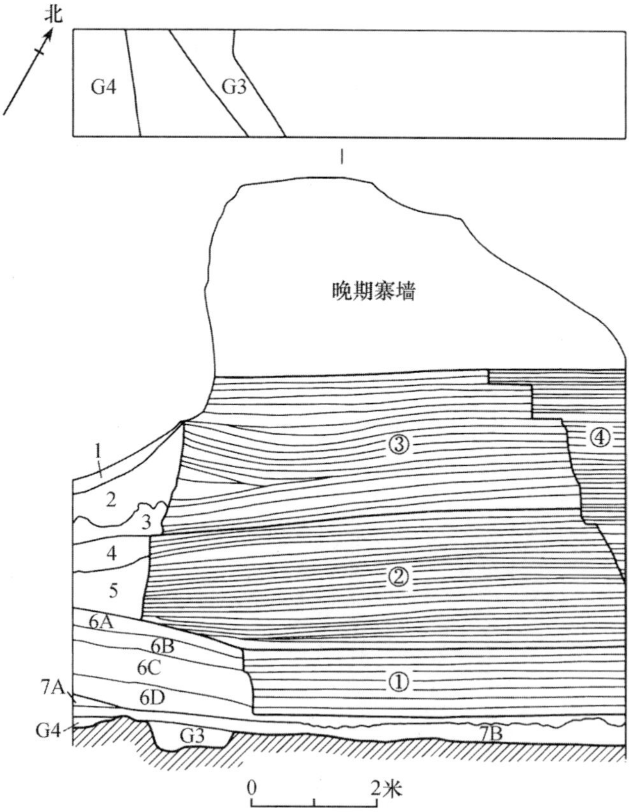

图九　TG4平面图、北壁剖面图

1. 表土层　2. 浅灰黄色土　3. 黄白色土　4. 浅黄白色土　5. 白黄色土　6A. 红褐色土、黄花色土　6B. 红褐色土、黄花色土夹杂红褐色土块　6C. 红褐色土、黄花色土、黄花色土夹杂红褐色土块　6D. 红褐色土　7A. 黄沙土　7B. 黄白色淤土

① 第1次夯土　② 第2次夯土　③ 第3次夯土　④ 第4次夯土

厚0.3米，分布于整个探方。

第2层：扰土层，黄色沙土，土质松散，内含少量陶片、瓷片等，厚0.25～0.75米，在探方内呈南薄北厚状堆积。

第3层：黄褐色淤积层，沙质土，土质松散，堆积由南壁向其余三壁渐薄，厚0.7～2.7米。出土少量秦汉时期碎陶片。

第4层：褐色土层，土质较硬，呈南薄北厚的坡状堆积，厚0.3～0.5米。出土战国时期板瓦、罐等陶片，属战国时期地层。H1开口于该层下，属战国晚期早段遗迹。

第4层下为生土。

三、遗　　迹

壕沟　即G2，位于T2208、T2108、T2008内，叠压于发掘区第3层下，被H4打破

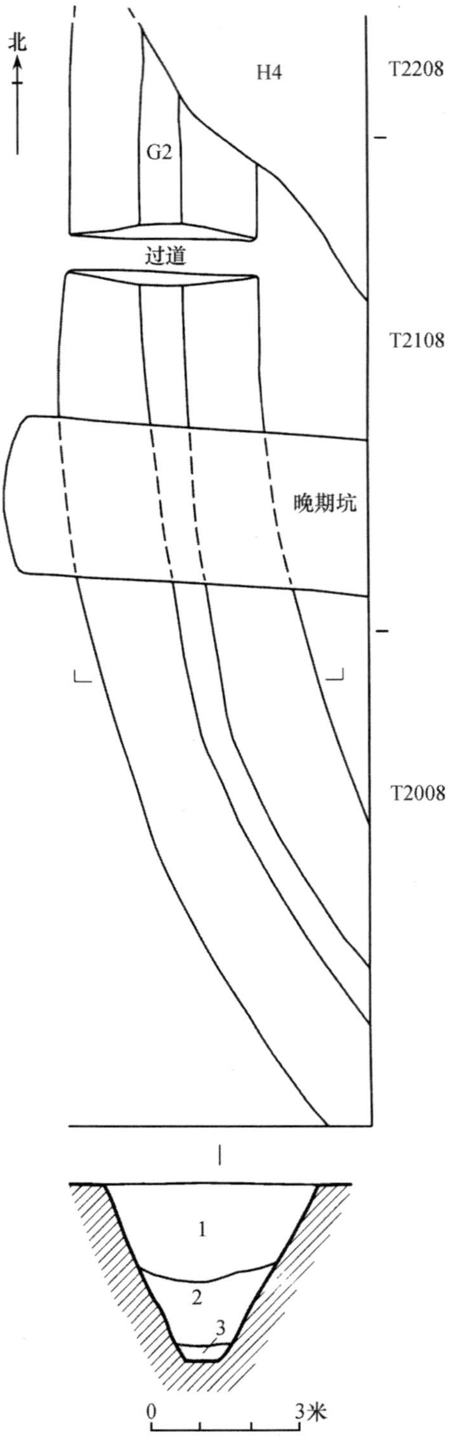

图一〇　G2平、剖面图

1. 石块、烧土块（土坯）、木炭泥块等

2. 淤积层　3. 回填的花土

（图一〇）。G2为南北向，南部略向东弯折，斜壁，平底，挖制规整。发掘长度23米，口宽4.5、底宽0.7、深3.2～3.6米。T2208、T2108之间的壕沟被0.8米的生土过道隔断。从整体情况推测，这条壕沟应呈环状，中间被生土过道分隔成若干段，各段之间不相贯通。壕沟内堆积分三层。第1层为石块、烧土块（土坯）、木炭泥块等，尤其是烧土块量大，多经烧烤，厚1.7～2米，这与第3层的包含物相同，只是第3层的更细碎；第2层为淤积层，出土大量铜镞及少量陶钵残片，厚约1.3米；第3层为回填的花土，出土遗物较少，厚约0.5米。经勘探可知，在H4北部尚有一段壕沟，向北延伸，由南向北逐渐变浅，至护城河消失，长为150余米。

护城河　即CH，叠压于发掘区第2层下。据对TG1的发掘可知，护城河口宽21、深5.7米。河沿内侧高于外侧，河壁较陡直、光滑，底部平缓，河底中间部分有凹槽。护城河内堆积有18层，其中第1、2层为明清层，第3、4层为唐宋层，第5、6层为汉代层，再往下均为战国时期堆积（图七）。说明护城河至汉代时已大致淤平，地表尚有凹沟，没有疏浚迹象。出土有铜镞、板瓦、筒瓦等，铜镞多出土于护城河的外侧。另外，在城东北角外侧、城墙东缺口外侧冲沟断崖上的A点、B点均找到护城河的相应剖面。经勘探得知，护城河环绕城墙一周（图二）。

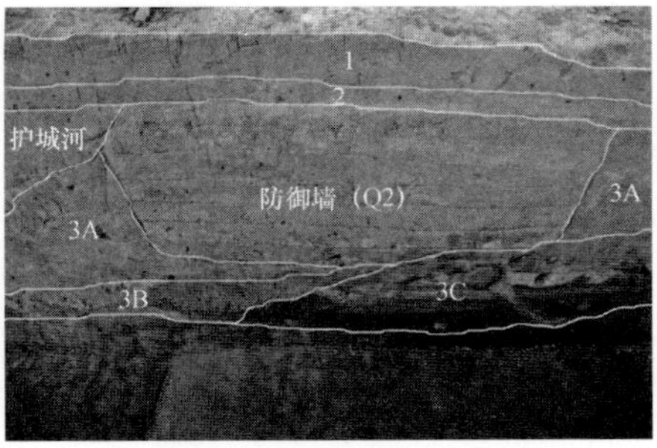

图一一　TG3北壁防御墙剖面（南—北）

防御墙　即Q2，位于护城河的内侧河沿，用夯土筑成，叠压于发掘区第2层下，建在第3层上。夯层厚8～12厘米，含有烧土颗粒及陶钵、板瓦的碎片。夯窝直径5～8厘米，比城墙的坚实程度差。发掘长度为80米，墙宽1.8～2、残高0.7～0.8米（图一一）。对着8号马面处有35米长的缺口。城西的防御墙勘探长度约为500米，北、东两面防御墙因20世纪烧砖取土或平整土地均已破坏殆尽，南面防御墙压在村庄下面，是否存在尚待今后工作。

H4　即取土坑，位于防御墙缺口内侧与8号马面之间，叠压于发掘区第2层下，分别打破第3层和G2。经勘探获知，北至T2908，南到T2108，长约80米，宽近20米，平面呈不规则的长条形坑状。发掘部分处在H4南端的T2207、T2208内，坑口大于底，底略平，壁内收，局部呈斜坡状，坑深5.2米（图一二）。H4内堆积有9层，出土遗物主要有板瓦、筒瓦残片，还有少量陶罐、盆等残片和少许烧

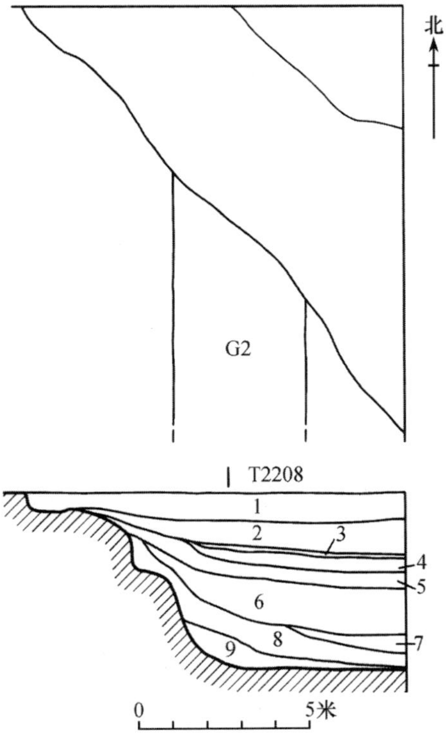

图一二　H4平、剖面图

1～9. H4内堆积

土块、兽骨等。H4是经规划的取土坑，土方可能就近用于夯筑8号马面。该坑正在防御墙处，似应有防卫作用。

总之，从地层的叠压打破关系看，G2应是这组遗迹单位中时间较早的，早晚次序是G2、CH、Q2、H4，而后三者与8号马面构成G2废弃之后新的一套城防体系。

夯土城墙　这是东周遗存中重要的地表遗迹。通过对城东北角TG4的解剖，基本了解了城墙的建造情况。其方法是：先平整墙基的地面，挖上宽下窄的基槽，然后夯筑墙基，墙基高出地面后再加宽墙体；对城墙内侧略加修整后，再培土护墙。TG4北壁剖面显示，夯土墙地面以上部分高约7.8米，其中上部的3～3.2米为晚期寨墙，现地面以下基槽深约1米，夯土墙总高约8.8米。晚期寨墙不规整并且粗糙，层次厚，土质疏松，内含大量植物根系及陶瓷片，应为近代利用老城墙或在其上加高修建的。晚期寨墙之下的墙体自下而上分4次修筑（图九）。

第1次夯土：即夯土墙的基槽部分，夯层明显、均匀，是以灰褐色为主的花土，含有少量料姜石、陶片，夯打坚实，夯层厚10～16厘米，夯窝清楚，大小、深浅不一，夯窝直径5～13、深2～8厘米。这次夯筑城墙残高约1.37米。

第2次夯土：为黄褐色花土，含沙量大，厚薄不均，但夯打坚硬。夯层厚5～20厘米，略呈东高西低状。夯窝亦大小不均，一般直径为5～13、深2～8厘米。接近城墙内侧的夯层较为松软，夯窝也不明显。这次夯筑城墙高1.96～2.91米，处在第1次夯土之上。

第3次夯土：处在第2次夯土之上，上部被晚期寨墙破坏，现残高1.51～1.96米。此次夯土以黄白色花土为主，内含料姜石，质地较松软、细腻。夯层厚8～20厘米，坚实程度逊于此前两次夯土，夯窝亦不明显，局部略呈下凹状。

第4次夯土：在前3次修筑墙体的外侧，用以保护、加固城墙。此次修筑的夯土结构有所改进。夯土为浅黄灰色花土，含沙量大，土质因夯打而变得非常坚硬、致密，夯层厚6～11厘米。夯具分为圜底夯、圆形平底小夯两种。首先采用圜底夯，与第1～3次所用夯具相同；而后铺垫薄土，用圆形平底小夯具夯打平实，夯窝直径5～6、深0.1～0.2厘米，使其结合为一层，并且更加坚实；再用锐利工具将夯层表面打毛。如此层层夯筑，上下层结合牢固。

这4次修建可分为两段，其中第1～3次夯土属前段，为城墙本体，而第4次夯土属后段，为增筑或补修的墙体。

G4　位于城东北角TG4西壁下，叠压于第7B层下，口部距现地表3.82米，沟体打破生土，方向为321°。发掘部分长2.72、宽2.36、深0.6米。从已清理的情况看，该沟呈不规则长条形，沟壁内弧，沟底呈不规则圜状（图一三）。该沟为一次性堆积，填土为灰褐色，土质较粗疏但稍硬，底部有少许淤积土，含有烧土块、炭粒、草木灰等，出土陶片比较丰富，有夹砂及泥质灰、红陶等，可辨器形有釜、罐、盆、碗、板瓦等。该沟原为一条水沟，建城时被垫平。从出土遗物看，G4的时代应属战国晚期偏早或比此稍早。

H1　位于城外东北部T8083内，叠压于第4层下，距地表2.55米，打破生土。H1为

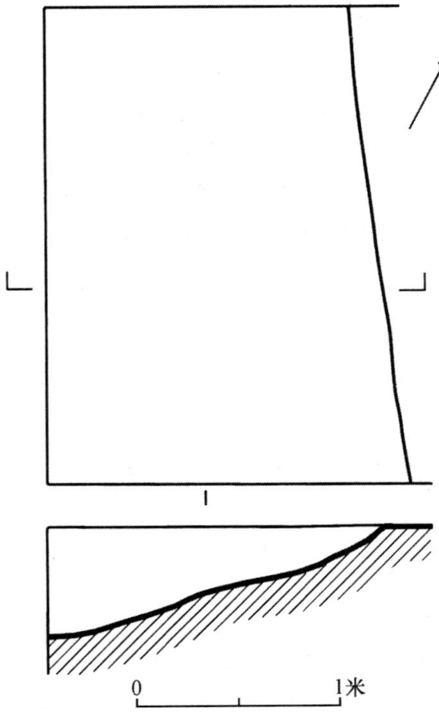

图一三　G4平、剖面图

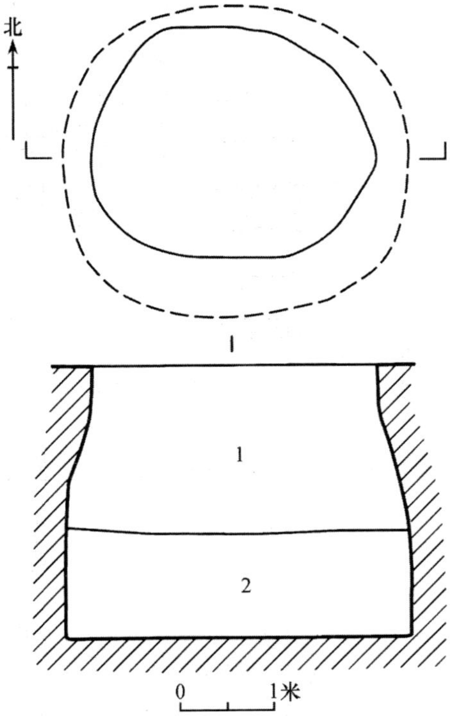

图一四　H1平、剖面图

1. 褐色灰土　2. 黄色坍塌土及部分生土块

椭圆形袋状坑，口径2.45～3.05、底径3.3～3.6、深2.9米，底部修制平整（图一四）。坑内堆积分两层。第1层为褐色灰土，厚1.4～1.6米，略呈西高东低的坡状，系由西向东倾倒垃圾形成，遗物较多，可辨器形有板瓦、筒瓦、钵、罐、缸、纺轮等，也有铁铲、铜镞、“半两”铜钱及兽骨等。有的陶片上有刻画字符和戳印。第2层为黄色坍塌土及部分生土块，较纯净，厚约1.3米。从H1的形状和出土遗物看，H1应是一个储物的窖穴，废弃于战国晚期偏早。

四、出 土 遗 物

出土遗物有陶器、铜器、铁器等。

（一）陶器

釜　4件。均为口沿残片，出土于TG4之内。泥质红陶。敛口，方唇。依口沿差异可分为二型。

A型　3件。卷沿。依口沿、腹部差异可分为二亚型。

Aa型　2件。束颈，弧肩。G4：8，沿、唇上有凹槽。口径35.6、残高11.6厘米

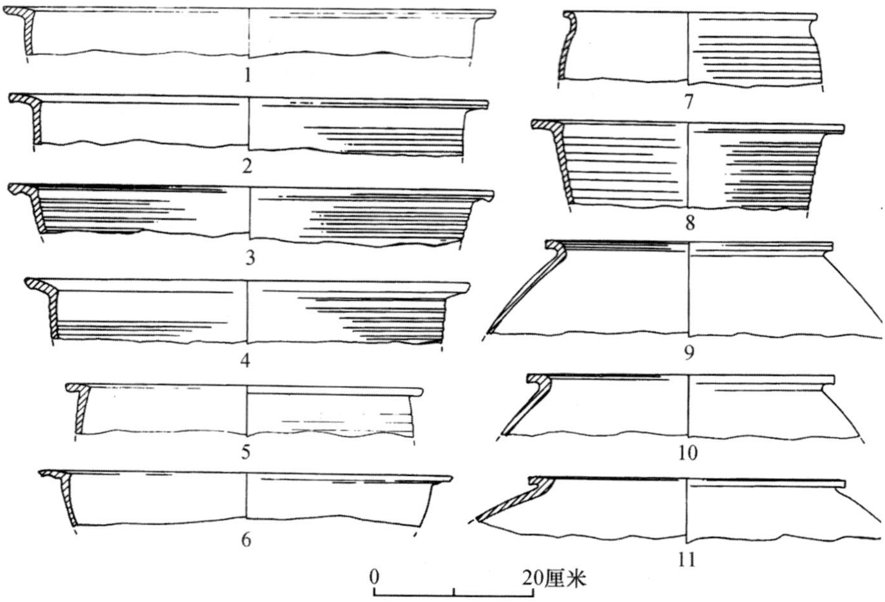

图一五　陶器

1、2、4. Ⅱ式折沿盆（TG4城墙：2、G4：11、G4：7）　3、6、8. Ⅰ式折沿盆（G4：6、G2②：2、G4：1）　5. Ⅲ式折沿盆（TG4城墙：1）　7. Ab型釜（G4：3）　9、10. Aa型釜（G4：8、G4：5）　11. B型釜（G4：9）

（图一五，9）。G4：5，口径38、残高7.4厘米（图一五，10）。

Ab型　1件（G4：3）。窄沿，鼓肩，腹较直。肩、腹部饰轮修的凹弦纹。口径31.4、残高8.8厘米（图一五，7）。

B型　1件（G4：9）。折沿。圆肩。沿面饰三周凸弦纹。口径39.2、残高7.6厘米（图一五，11）。

折沿盆　7件。均为口沿残片。泥质灰陶。折沿。依口部差异可分为三式。

Ⅰ式：3件。敞口。斜直腹，深腹。G4：1，方唇。器壁内外饰凹弦纹。口径38.8、残高10.4厘米（图一五，8）。G4：6，圆唇。沿面饰一周凹弦纹，器壁内外饰凹弦纹。口径60、残高6.6厘米（图一五，3）。G2②：2，方唇，腹部斜收。口径50、残高6.3厘米（图一五，6）。

Ⅱ式：3件。口近直。沿面微弧，直腹。G4：11，方唇。腹部饰凹弦纹。口径59、残高7厘米（图一五，2）。G4：7，尖唇。内外壁饰凹弦纹。口径54.8、残高7.8厘米（图一五，4）。TG4城墙：2，口径60、残高6厘米（图一五，1）。

Ⅲ式：1件（TG4城墙：1）。微敛口。方唇，微鼓腹。腹部隐现凹弦纹。口径43.4、残高6厘米（图一五，5）。

敛口盆　2件。圆唇，弧腹，平底。H1：1，腹下部略显平行线纹，内壁饰凹弦纹。口径25.2、底径7.7、高8.6厘米（图一六，1）。H1：15，腹下部微内曲。口径24.7、底径8.4、高10厘米（图一六，2）。

图一六　陶器

1、2. 敛口盆（H1：1、H1：15）　3. 罐（G2②：3）　4、6、8、15. Ⅰ式钵（H1：5、G2②：9、H1：16、G2②：7）　5、7、11、12、17. Ⅱ式钵（H5：1、T8083④：1、H5：3、G2②：6、H5：2）　9. 双口瓮（西墙剖沟④：1）　10. 缸（H1：19）　13. Ⅰ式碗（G2②：5）　14、16. Ⅱ式碗（H1：10、TG1③：3）

钵　15件。泥质灰陶。敛口，圆唇，弧肩，平底微内凹。依腹下部差异可分为二式。

Ⅰ式：7件。腹下部斜收并略鼓。G2②：7，口沿有三道刻符，腹下部点戳珠纹。口径15.4、底径5.8厘米（图一六，15）。G2②：9，口径16.5、底径7、高6.4厘米（图一六，6）。H1：4，口径15、底径5.5、高6厘米。H1：5，腹下部有轮修的弦纹。口径15.8、底径6.5、高5.9厘米（图一六，4）。H1：16，肩部、腹部各隐现一行珠形纹，外底刻画“卄”符号。口径15.2、底径6.6、高6厘米（图一六，8）。H8：1，圆唇。口径

12.7、底径4.6、高4.4厘米。TG1③：1，圆唇。内壁饰凹弦纹。口径16、底径6.8、高5.8厘米。

Ⅱ式：8件。鼓腹，腹下部内曲明显。部分内壁有平行的凹弦纹。G2②：6，腹部各有一周凹带纹和间断划纹。口径15.2、底径6.4、高6厘米（图一六，12）。T8083④：1，口径13.8、底径4.8、高5.6厘米（图一六，7）。H5：1，口径16.5、底径6.4、高6.6厘米（图一六，5）。H5：2，圆唇。腹下部饰数周线纹，内壁饰凹弦纹，外底弦纹上刻画两组双线纹。口径16、底径6、高6.2厘米（图一六，17）。H5：3，尖唇。内壁饰凹弦纹。口径16.1、底径6.3、高6厘米（图一六，11）。H1：12，口径15.6、底径6、高6厘米。H1：18，口径15.3、底径5.8、高6.2厘米。TG1③：4，圆唇。内壁饰凹弦纹。口径15、底径6.2、高6厘米。

碗　3件。泥质灰陶。敛口，圆弧腹，依底部差异可分为二式。

Ⅰ式：1件（G2②：5）。平底。圆唇。口径18.5、底径7.5厘米（图一六，13）。

Ⅱ式：2件。底部内凹明显。TG1③：3，口径15.3、底径6.1、高6.4厘米（图一六，16）。H1：10，外底刻画一个“X”形符号。口径15.7、底径5.9、高6.2厘米（图一六，14）。

罐　1件（G2②：3）。泥质灰陶。直口，平折沿，方唇，高领，弧肩，腹、底残。口径11.8、残高6.4厘米（图一六，3）。

缸　1件（H1：19）。泥质灰陶。卷沿，方唇，颈微收，鼓肩，垂腹。器内口沿下刻划一周连续纹带，由折线三角纹、三环纹、卷云纹组成；肩、腹部附加四周绳纹泥条带。口径88、残高42厘米（图一六，10）。

双口瓮　1件（西墙剖沟④：1）。口沿残片。泥质红陶。卷沿，小方唇，唇下部斜凹，束颈，鼓肩；肩腹部又开一口，该口仅存上部直边。口径36、残高6厘米（图一六，9）。

纺轮　2件。泥质灰陶。圆形，较平整，中心对穿一圆孔。利用陶片磨制而成，一面有绳纹。TG3③：4，圆弧缘。直径7.5、厚1.3、孔径1.3厘米（图一七，2）。T8083④：9，直缘。直径3.4、厚1.2、孔径约0.7厘米（图一七，4）。

圆陶片　2件。泥质灰陶。利用陶片经初步磨制，有些可能是制作纺轮的半成品。G2②：8，直径6.9厘米（图一七，7）。T2108③：2，直径4.6厘米（图一七，5）。

板瓦　1件（H1：7）。泥质灰陶，略有残破。方唇，直壁，圆弧形。瓦面饰绳纹，头部边缘饰两道凹弦纹。长49、宽45厘米（图一七，6）。

筒瓦　1件（H1：8）。泥质灰陶，残存头部及瓦当。半圆形瓦，中部略上翘。表面饰数周横向凹弦纹，内壁不平。网形瓦当，当面模印阳文纹饰。纹饰在同心圆环间由四组蕉叶纹和卷须纹组成。瓦当直径11.8、瓦残长10厘米（图一七，1；图一八，4；图一九）。

瓦钉　1件（T2908③：1）。残。泥质灰陶。菌状头，锥形钉。菌面模印两周凹弦

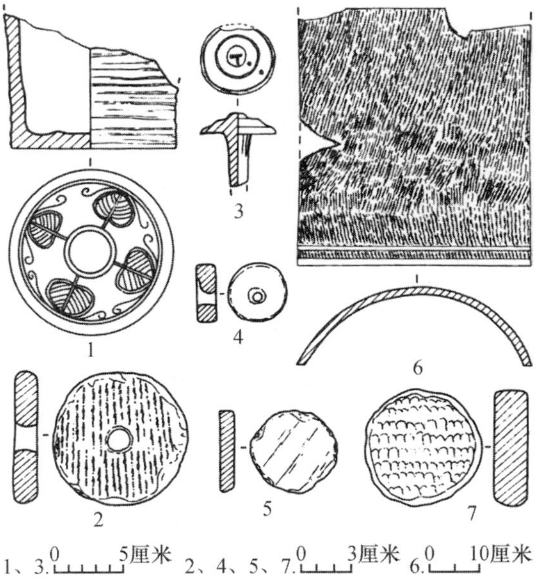

图一七 陶器

1. 筒瓦（H1：8） 2、4. 纺轮（TG3③：4、T8083④：9） 3. 瓦钉（T2908③：1）
5、7. 圆陶片（T2108③：2、G2②：8） 6. 板瓦（H1：7）

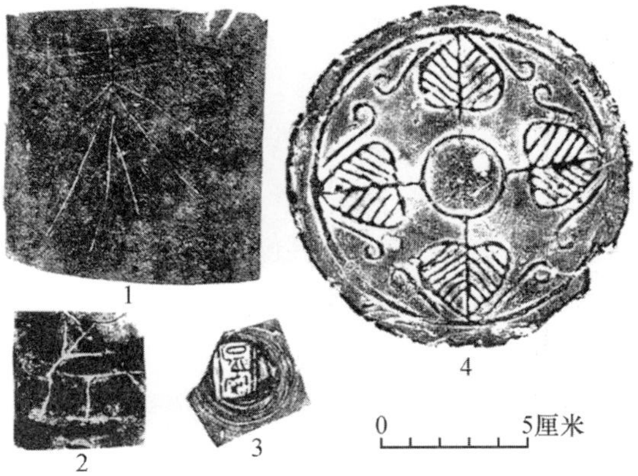

图一八 陶器拓本

1. 盆（H1：45）腹部文字 2. 钵（H1：48）内壁文字 3. 盆（H1：49）底部戳印 4. 筒瓦（H1：8）纹饰

纹，顶面饰“T”形纹和两个乳钉纹。头径5.4、残高5厘米（图一七，3）。

带字陶片 H1出土，带刻画字符或戳印，可初步释读为“左”（图一八，2）、“盟灾”（图一八，3）、“罜”（图一八，1）等。

（二）铜器

镞 出土数量较多，多数残留铁铤，长度不一，完整者有两支。铤的截面为网形、弧边三角形、椭圆形等，表面有木质朽迹，似经髹漆。护城河、G2②内出土较多铜镞。

图一九　筒瓦（H1：8）

依镞的形状差异可分为三型。

A型　三棱状镞，截面呈三角形，棱脊成锋刃。据关的形状及有无倒刺又分三式。

Ⅰ式：G2②出土较多，标本3件。圆形关。G2②：25，锋略折收。镞长3、铤残长2.6厘米（图二〇，11）。G2②：23，镞长2.7、铤残长0.7厘米（图二〇，15）。G2②：16，镞长2.9、铤残长5.5厘米（图二〇，17）。

Ⅱ式：护城河出土数量较多，标本8件。六棱形关。G2②：1，完整，略弯曲。镞长3、铤长26.3厘米（图二〇，6）。G2②：17，镞长2.8、铤残长10.5厘米（图二〇，5）。TG1CH⑨：11，镞长2.9、铤残长6.8厘米（图二〇，14）。TG1CH⑨：12，镞长3.2、铤残长13.6厘米（图二〇，8）。TG1CH⑨：18，镞长2.9、铤残长5.1厘米（图二〇，2）。TG1CH⑨：14，镞长2.8厘米（图二〇，12）。TG1CH⑪：9，完整。镞长2.9、铤长36.3厘米（图二〇，9）。H1：11乙，镞长2.9、铤残长1.3厘米（图二〇，1）。

Ⅲ式：标本2件。裙形关，三棱锋向后延伸成回钩。H1：19，镞长2.9、铤残长2.7厘米（图二〇，16）。H1：13丙，镞长2.3、铤残长0.9厘米（图二〇，20）。

B型　标本3件。圆脊，三刃前聚成锐锋，圆形关。G2②：12，镞长3.7、铤残长10.3厘米（图二〇，3）。G2②：19，锋、刃残。镞残长2.2、铤残长6.2厘米（图二〇，13）。H1：20，镞长3.7厘米（图二〇，18）。

C型　标本4件。镞前部三翼伸展，锋锐刃利，血槽较深，脊不明显，后部圆脊上失翼，裙形关。TG1CH⑪：15，完整。镞长3.7、铤长31.2厘米（图二〇，10）。TG1CH⑧：3，镞长3.7、铤残长1.5厘米（图二〇，7）。TG1CH⑧：4乙，镞长3.4、铤残长1厘米（图二〇，19）。TG1CH⑨：9，镞长3.3、铤残长0.4厘米（图二〇，4；图二一）。

（三）铜钱

半两　1枚（H1：2）。圆形，方孔，无郭。篆文“半两”。直径2.6、孔径0.9厘米（图二二）。

（四）铁器

锄　1件（H12：1）。器身锈蚀。板状圆角等腰梯形，銎部残。残长18、宽11、厚1厘米（图二三，1）。

铲　1件（H1：6）。残。方孔直銎，斜肩，铲面略弧曲，刃部较宽。宽10.3、通高

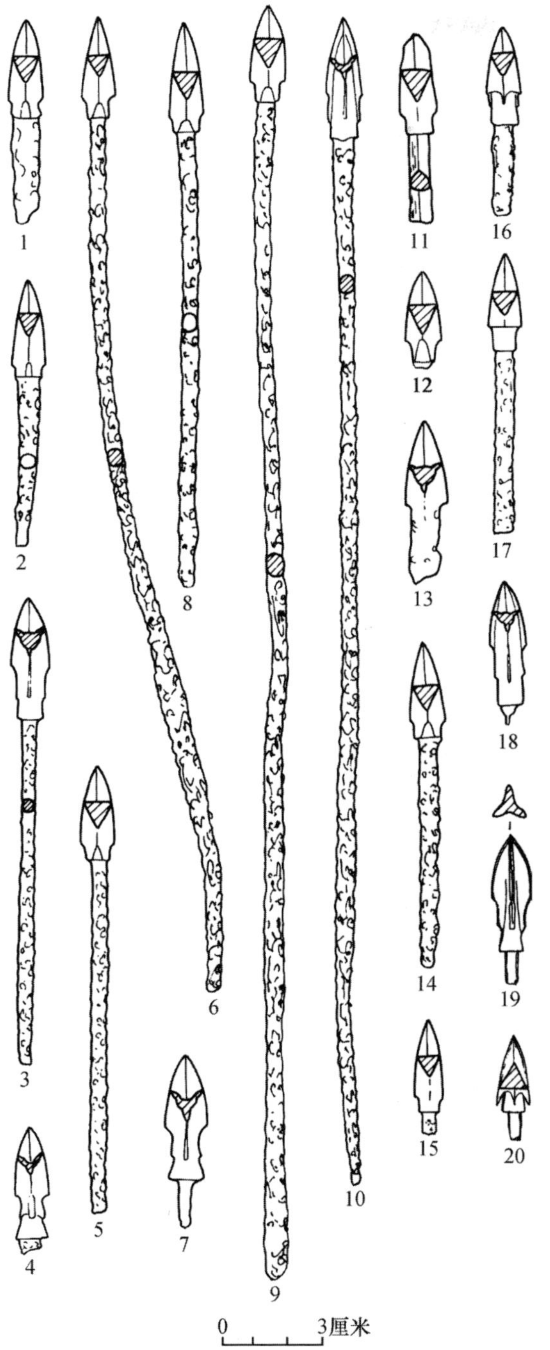

图二〇　铜镞

1、2、5、6、8、9、12、14. AⅡ式（H1：11乙、TG1CH⑨：18、G2②：17、G2②：1、TG1CH⑨：12、TG1CH⑪：9、TC1CH⑨：14、TG1CH⑨：11）　3、13、18. B型（G2②：12、G2②：19、H1：20）　4、7、10、19. C型（TG1CH⑨：9、TG1CH⑧：3、TG1CH⑪：15、TG1CH⑧：4乙）　11、15、17. AⅠ式（G2②：25、G2②：23、G2②：16）　16、20. AⅢ式（H1：19、H1：13丙）

图二一　C型铜镞（TG1CH⑨：9）

15厘米（图二三，2；图二四）。

（五）其他

骨锥　1件（T8083④：1）。兽骨，锥状。长10.8厘米（图二三，4）。

骨簪　1件（T8083④：2）。截面呈椭圆形，表面光滑，残存顶部。直径0.8、残长4.4厘米（图二三，3）。

烧土块（土坯）　主要在发掘区第3层、G2①出土，其中G2①出土尤多，有方形、长方形、不规则形，大小不一，模制夯砸而成，实际上是一种用于建筑的土坯。有的里面掺有红石粉、陶片，有的为黄灰色沙土，经火熏烤，较坚硬。一般长0.38～0.45、宽0.28～0.31、厚0.18～0.22米。这种先用圜底夯夯实、冉经平底圆夯平整的技术，后来也应用于TG4第4次夯土墙的修筑。有的土坯上敷有草拌泥，可能为大型窑炉的毁弃物。

炼渣块　1块。出土于T2807③的西部，为红砂石块熔结体。重约70千克。

五、结　　语

据文献记载，华阳城为西周华国都邑，春秋初年郑武公东迁灭华国[1]，称“华阳”，属郑，战国时属韩。战国时期，这里地势较高，是韩国都城（今新郑市郑韩故城）的北部门户，是一处重要的军事战略要地。发掘情况显示，战国晚期华

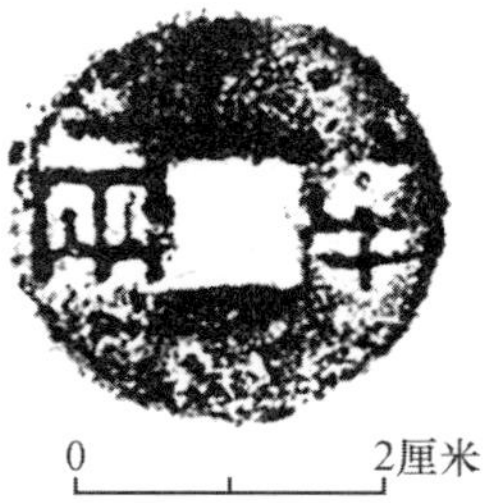

图二二　铜钱（H1：2）拓片

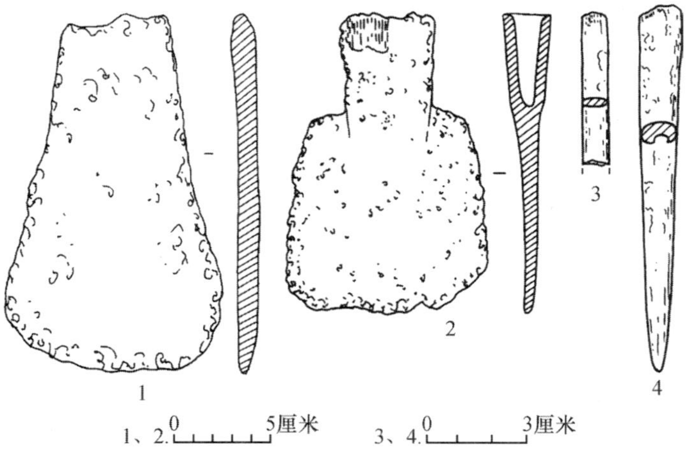

图二三　出土遗物

1. 铁锄（H12：1）　2. 铁铲（H1：6）　3. 骨簪（T8083④：2）　4. 骨锥

图二四　铁铲（H1：6）

阳城有过两次修建。

第一次是始建，代表遗迹有壕沟（G2）和第1～3次夯土城墙。城的北部较宽、南部窄收，依地势随高就低而建，南部的城墙收折明显，具有东周早期建城的遗风，城外主要凭依周围优越地势和壕沟作防御守护。第1次夯土墙叠压G4，故其始建时间不能早于G4的时代。G4出土陶器与新郑中行遗址战国晚期早段遗存[2]的器物风格一致，Aa型釜（G4：5）与新郑中行遗址战国中期B型Ⅱ式釜（T666H2024：59）的口沿相似，Ab型釜、A型盆与新郑中行铸造遗址[3]的Ⅱ式釜（T655H2024：58）、A型Ⅱ式盆（T633G7：58）相似。总体而言，G4的时代属战国晚期早段偏早或再早些。故华阳城的建城时间不晚于战国晚期偏早。G2②内出土较多铜镞，其中AⅠ式铜镞较多，可能与华阳大战（前273年）有关，应视为G2使用或结束时的一次堆积。从H1①、G2①的堆积看，战争对华阳城造成了毁灭性的破坏，这应作为始建城的被毁时间。

第二次修筑城墙规模较大，对华阳城重新规划设计和建造，增筑和补修了高大的城墙、马面、护城河及护城河内侧岸边的防御墙，华阳城的城防体系更加严密完备，代表性遗迹有第4次夯土城墙、护城河、Q2、H4等。这次增筑的城墙运用了新技术——圆形平底夯修面和打毛，城墙修建得更加坚固。

护城河的第11、9、8层出土不少铜镞，其中AⅡ式铜镞出土数量较多，表明护城河使用期间又发生了战争。之后的CH⑥即为汉代层，护城河基本淤平，地面略显凹沟。这说明CH⑧之后，护城河不再疏浚和使用，城防可能弃用。

根据《史记》记载，战国晚期，秦将白起率军打败赵魏联军的华阳之战就发生于此。《史记·韩世家》载："（韩釐王）二十三年赵、魏攻我华阳，韩告急于秦。……八日而至，败赵魏于华阳之下。"《史记·白起王翦列传》载："昭王三十四年（前273年）白起攻魏，拔华阳，走芒卯，而虏三晋将，斩首十三万。与赵将贾偃战，沉其卒二万人于河中。"《史记·赵世家》载："（赵惠王）二十五年与魏共击秦。秦将白起破我华阳，得一将军。"秦军的这次突袭，使赵魏损失15万人的军事力量，瓦解了韩赵魏三国对抗秦国的军事同盟，对战国晚期的社会格局变化产生了重要影响。

华阳大战后，因"韩居中国"，国贫地削，且沦为强秦的附庸，常常"以应天下四击，主辱臣苦，上下相与同忧久矣。修守备，戒强敌，有蓄积，筑城池以守固"[4]。在这样的时代背景下，韩国统治者认识到筑城固防的重要性，华阳城的增筑重修、加强城防就十分必要。

目前华阳城现存完整的城墙、10个马面及北、南、西三个城门，调查发掘发现的护城河、防御墙、壕沟等遗迹，加之周围的城南沟、城东沟等天然屏障，构成一套完整的城防体系，基本反映了华阳城军事防御的情况，表明韩国确实在尽力加强防御。华阳城与韩国的宜阳城、郑韩故城设计手法十分相似，但较其他两城更完善并有所发展。比如，北城都较直，其余各面城墙弯折收缩，都有护城河等，而其他两城曾为韩国都城，仅北城墙配置了马面[5]，华阳城的马面则扩大到城墙四面和四角，护城河内侧新加筑了一道防御墙。华阳城防御能力与郑韩故城周围的军事重镇相比具有明显优势，如苑陵城[6]、负黍城[7]等，尚未见配备马面的迹象。

华阳城的城防系统经过规划设计，与古文献《墨子·城守》的记载多相吻合。古代城防，城外一般修建“池”“藩”“凭垣”“女墙”“大城”等城防设施[8]。“大城”为主城墙，“池”为护城河，“池”与“大城”之间有“凭垣”和“女墙”，而考古发掘在护城河与城墙之间仅有一道墙Q2，又处在护城河内侧岸边，这和“凭垣”的位置一致，可能就是文献记载的“凭垣”。马面是城墙外凸的高台，称为“台城”和“行城”[9]。H4位置特殊，是否为古代的一种“穴”守，尚待继续研究。

附记：本次发掘工作的领队为索全星，工作人员有郭存良、王延生、孙国强、王中军、郭现军、郝会生等，野外测绘由赵向莉完成，线图由李杨、焦建涛绘制，照片由蔡强拍摄。发现的陶文刻符由河南省文物考古研究所蔡全法厘定，工作期间得到张松林、顾万发等先生的帮助和指导，新郑市文物局曾给予大力支持，在此一并致以诚挚的感谢。

注　释

[1] 徐元诰撰，王树民、沈长云点校：《国语集解·郑语》，中华书局，2002年，第462～464页。

[2] 河南省文物考古研究所：《新郑郑国祭祀遗址》（上），大象出版社，2006年，第489页。

[3] 河南省文物考古研究所：《新郑郑国祭祀遗址》（中），大象出版社，2006年，第794页。

[4] 《韩非子·存韩》。

[5] 徐团辉：《战国时期韩国三大都城比较研究》，《中原文物》2011年第1期。

[6] 郑州历史文化丛书编纂委员会：《郑州市文物志》，河南人民出版社，1999年，第154页。苑陵城位于郑州市航空港区城李村东北，居郑韩故城东北部。夯筑城垣，周长约4080米，在城外调查时发现护城河遗迹。该城西周时属郐国，东周时期为郑国、韩国的重要防护城邑。

[7] 郑州历史文化丛书编纂委员会：《郑州市文物志》，河南人民出版社，1999年，第151页。负黍城位于登封市大金店镇南城子村的颍河南岸。城址平面呈正方形，夯筑城垣，周长约为2500米。东周时期属郑国、韩国南部的边防重镇。

[8] 《墨子·旗帜》载：“寇傅攻前池外廉，城上当队鼓三，举一帜；到水中周，鼓四，举二帜；到藩，鼓五，举三帜；到凭垣，鼓六，举四帜；到女墙，鼓七，举五帜；到大城，鼓八，举六帜；乘大城半以上，鼓无休。”

[9] 《墨子·备高临》载：“守为台城，以临羊黔，左右出巨各二十尺。”《墨子·备梯》载：“行城之法，高城二十尺，上加堞，广十尺，左右出巨各二十尺。”

（原刊于《考古》2013年第9期）

新郑市赵庄东周墓葬发掘简报

黄富成　侯新佳　李　曼

赵庄墓葬区位于河南省新郑市新村镇赵庄村西的一条南北向沙岗之上，墓葬区高出周围地面5～7米。20世纪80年代经过平整土地，沙岗高度普遍降低2～3米，所有墓葬均在耕土层下暴露，大部分盗扰严重。墓地南距郑韩故城约3000米，西临黄水河。地理位置为东经113°44′02″，北纬34°26′49″，高程122.57米（图一）。墓葬区南北长约560米，东西宽约200米，总面积超过10万平方米。南水北调中线干渠横穿墓葬区腹心地带，占压墓葬区近万平方米。为配合南水北调中线工程建设，郑州市文物考古研究院于2010年4～12月对该墓葬区进行了考古发掘，在渠线工程范围内发掘东周、汉、宋等时期墓葬206座，以东周墓葬为主。东周墓葬均为土坑竖穴墓，现就几座颇具代表性墓葬的发掘情况简报如下。

一、墓葬形制及埋葬习俗

墓葬均为长方形，大多南北向分布，排列有序。从葬制看，有一棺一椁、单棺葬；埋葬习俗上一部分墓葬还保留有腰坑、头箱，不少墓葬把随葬品置于头端的棺椁间，或

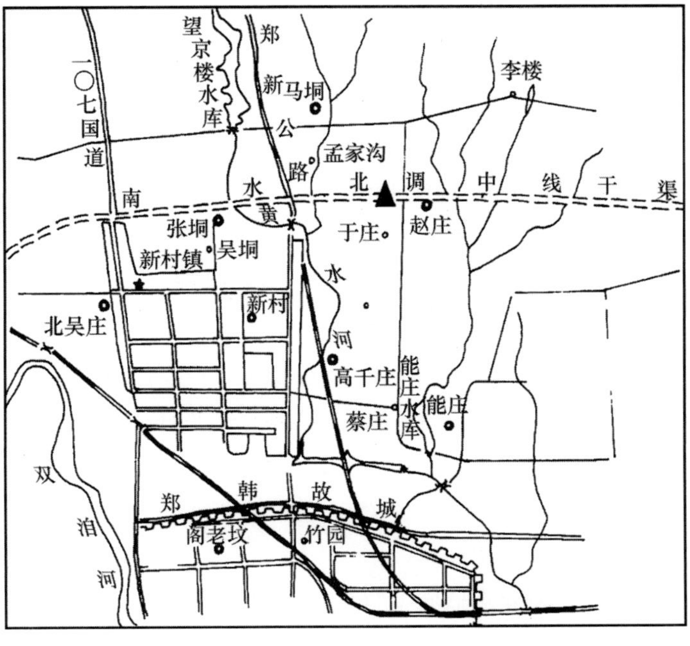

图一　墓葬位置示意图

置于头端的棺外侧；葬式多为仰身直肢。

M8　方向4°，口大底小，斜壁平底，北壁、西壁保留有2个脚窝。墓口长2.9米，宽1.86米；墓底长2.64米，宽1.6米；深2.3米。墓内填土为红褐花土，较致密。葬具为木质单棺，棺木腐朽成灰痕，长2.22米，宽1.25～1.3米，厚度0.06～0.1米，灰痕残高0.4米。墓底骨架腐朽严重，残存头骨及部分左臂肢骨和股骨。头向北，面向上，仰身直肢葬式。

随葬品位于腰腹部和腰坑内，腐朽严重。蚌环2件，位于腹部偏东；铜环4件，位于腹部东侧；铜铃4枚，位于腹腰部东侧；玉串珠（30余粒）位于腹上部；玉璧1件，位于大腿骨上部东侧；铜璜4件，位于腰部及棺内东北、西北、东南角；骨串珠饰品6件，位于玉串珠中间；骨笄2件，位于腹部；陶豆1件，位于蚌环下面；陶盂1件，位于腰部西侧；陶壶1件，位于小腿肢骨下。

腰坑位于骨架腰部正下方，长0.48米，宽0.44米，深0.15米，坑内随葬1件夹砂泥质红陶鬲（图二）。

M32　方向0°，直壁平底，墓壁较规整，墓内填土为红褐花土，结构较致密。墓室长2.5米，宽1.6米，深1.6米。木质单棺朽成灰，灰痕平面呈“亚”字形，北宽南窄，两端长出侧板0.06～0.08米。棺痕长1.76米，宽0.78～0.88米，灰痕厚0.06～0.08米，残高0.14米。墓底人骨1具，腐朽较重，头向北，面向上，仰身直肢葬式。

随葬品陶器排列于头端棺外，有陶罍2件、陶鼎2件、陶匜1件、陶盘1件、陶敦1件，均为泥质灰陶；玉珠2串，1串置于人骨左手侧，另1串放于大腿骨之间；铜铃4枚，置于棺外的箱体内；玉片1件，置于下颌骨内，为口琀。

腰坑位于盆骨下方，长0.5米，宽0.5米，深0.18米，坑内随葬夹砂泥质红陶鬲碎片（图三）。

M45　方向177°，口大底小，斜壁平底，填土为红褐花土，较致密。墓口长2.8米，宽1.7米；底长2.7米，宽1.5～1.6米；深0.96米。木质单棺，带头箱总长2.42米，宽1.1～1.36米。头箱在南端，长1.36米，宽0.46米，棺灰痕厚0.08～0.12米，残高0.16米。墓底残存几段肢骨，头向南，葬式不明。

随葬遗物石圭1件，位于棺内南端；玉玦1件，玉片4件，玉玦和玉片环绕石圭分布。头箱内放置泥质灰陶器，计有陶鼎2件、陶尊2件、陶匜1件、陶盘1件、陶敦1件。陶敦置于箱体东侧的陶鼎内（图四）。

M84　方向10°，口大底小，斜壁平底，填土为红褐夹砂花土，结构疏松。墓口长2.7米，宽1.52米；墓底长2.62米，宽1.4米；深1.9米。葬具为一棺一椁，腐朽成灰。椁板灰痕长2.32米，宽1.06米，残高0.5米，灰痕厚度0.06～0.08米。内棺灰痕长1.74米，宽0.64米，残高0.5米，灰痕厚0.04～0.07米。棺底骨架腐朽严重，残存颅骨、牙齿、股骨等，头北向，面向上，仰身直肢葬式。

在头端的棺椁之间排列随葬陶器有鼎1件、尊2件、匜1件、舟1件、盘1件。在颅骨西侧随葬1件玉圭（图五）。

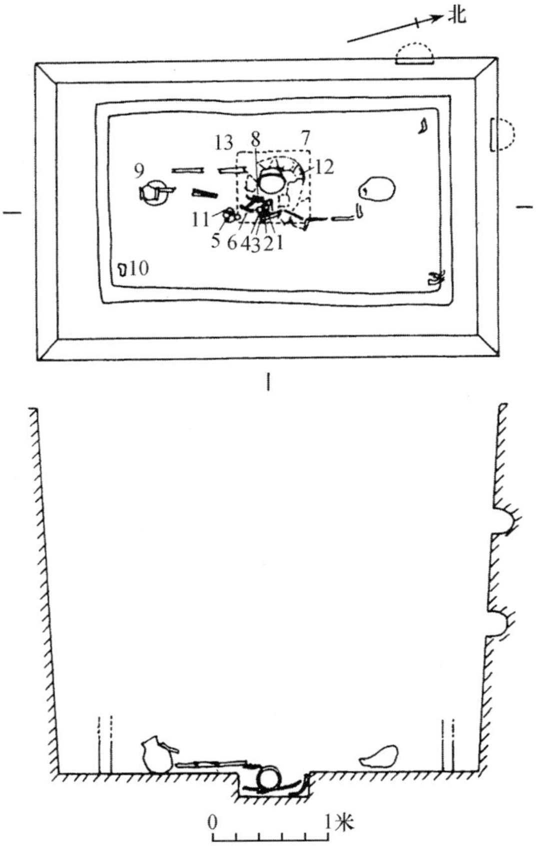

图二　M8平、剖面图

1. 蚌环　2. 陶豆　3、5. 铜环　4. 铜铃　6、8. 玉珠　7. 陶盂　9. 陶尊　10. 铜璜　11. 玉璧　12. 陶鬲　13. 骨笄

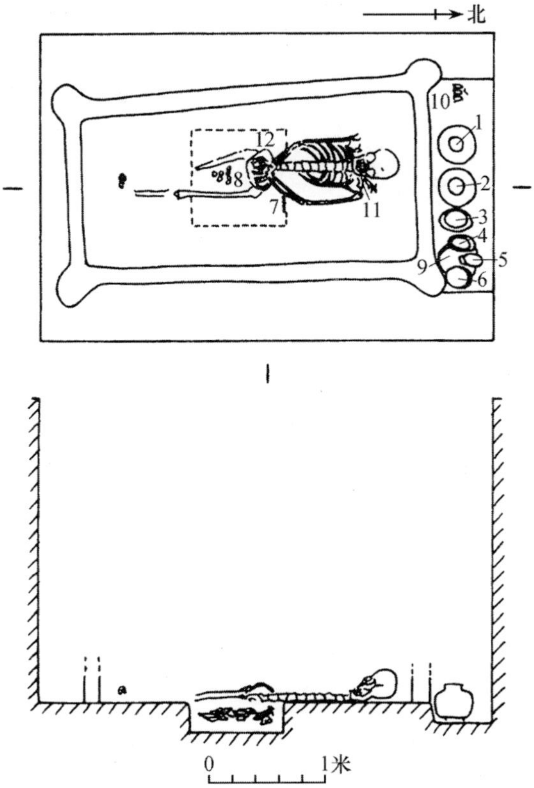

图三　M32平、剖面图

1、2. 陶罍　3、4. 陶鼎　5. 陶匜　6. 陶敦　7、8. 玉珠　9. 陶盘　10. 铜铃　11. 玉琀　12. 陶鬲

M59　方向12°，竖穴直壁，填土为红褐花土，结构疏松。墓室长2.6米，宽1.8米，深1.08米。木质单棺，棺灰痕长1.9米，宽1.2米，残高0.2米，棺灰厚0.06~0.08米。棺内未见骨架，仅残存零星骨灰。

随葬品位于棺南端外侧，陶器计有鼎3件（其中1件压于陶盘之下）、罍2件、盘1件、匜1件、舟1件、器盖1件（图六）。

M86　方向8°，口大底小。墓口长3米，宽1.92米；墓底长2.8米，宽1.58~1.7米；深2.8米。木质单棺，长2.54米，宽1.38~1.48米，残高0.6米，棺厚0.08~0.1米。棺内盗扰严重，残余骨灰，盗洞内出土陶器碎片，器形有鼎、鬲、罍、盘、壶、匜等。

M27　方向0°，口大底小。墓口长2.7米，宽1.76~1.84米；墓底长2.5米，宽1.68米；深1.58米。木质单棺，长2.2米，宽1.24米，残高0.42米，棺厚0.05~0.07米。棺内残余零星骨灰，葬式不详。棺北端外侧随葬陶器有鼎1件、盘2件、鬲1件、罍2件、匜1件。

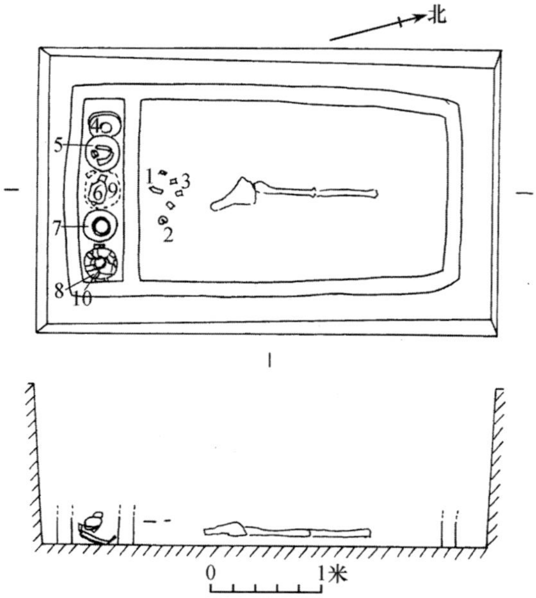

图四　M45平、剖面图

1. 玉圭　2. 玉玦　3. 玉片　4、8. 陶鼎
5、7. 陶壶　6. 陶匜　9. 陶盘　10. 陶敦

M58　方向355°，墓室口大底小。墓口长2.5米，宽1.6米；墓底长2.2米，宽1.26米；深1.32米。木质单棺，长1.85米，宽0.94米，残高0.3米，棺厚0.07～0.1米。棺内残存颅骨轮廓，北向，葬式不详。棺北端外侧随葬陶器有罍2件、匜1件、盘1件、鸟饰件4件（置于盘内）、鼎1件、敦1件、舟1件。夹砂红陶鬲1件，置于棺内中间，打碎平铺，上面残存肢骨。

M24　方向8°，口大底小。墓口长2.5米，宽1.34～1.4米；墓底长2.3米，宽1.2～1.24米；深1.45米。木质单棺，长2.1米，宽0.8～0.96米，残高0.12米，棺厚0.06米。棺内残存几段股骨，葬式不详。棺内随葬物有陶鼎2件，位于棺内西北角；夹砂红陶鬲2件，1件位于棺内北端，破碎，1件

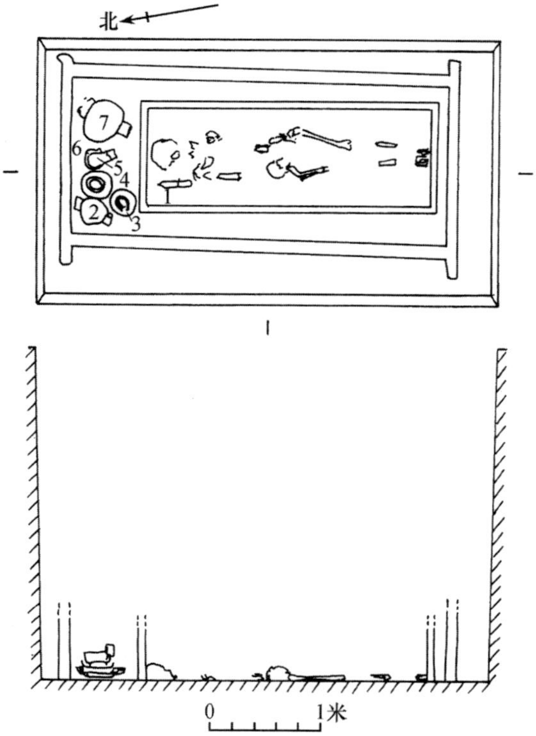

图五　M84平、剖面图

1. 玉圭　2. 陶鼎　3、4. 陶尊　5. 陶匜　6. 陶舟　7. 陶盘

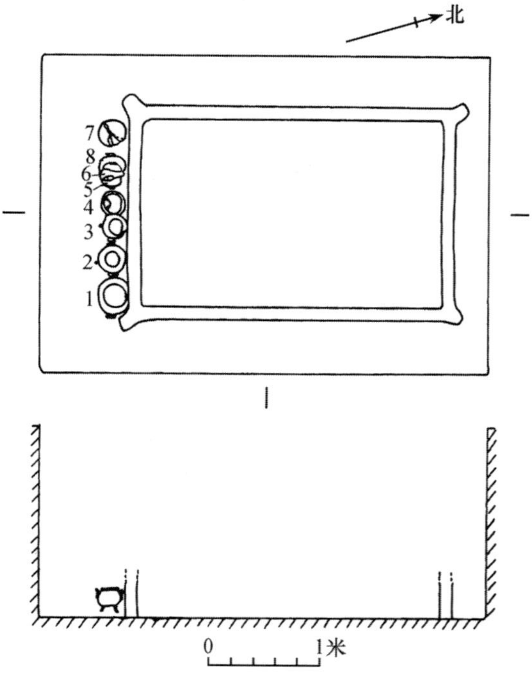

图六　M59平、剖面图

1、4、8. 陶鼎　2、3. 陶罍　5. 陶盘　6. 陶匜　7. 陶器盖

位于棺内中间，打碎平铺，上面残存4段肢骨，显然是压于身下；玉玦1件，置于大腿股骨内侧；玉珠、骨珠45粒，玉璜1件，玉片5件，均置于腿骨上部，应是腹部位置；铜衔环6件，散布于玉珠间；铜铃5枚，位于玉片、玉珠间。

二、随葬器物

随葬遗物包括陶器、玉器、铜器、骨器等，陶器多为明器，玉器、铜器、骨器等多为装饰品。由于盗扰严重，出土遗物以陶器为主。

（一）陶器

除鬲为夹砂红陶外，其余为泥质灰陶。罍的肩部及鼎、敦、舟腹上部流行兽首耳。罍、舟、敦流行矮三足，多为兽首或蹄形足。器表多施白垩陶衣，部分饰彩绘暗纹，以红、白二色为基调，流行三角纹、波浪纹、横条纹。

鬲　1件。标本M58：4，夹砂红陶，卷折沿，敛口，斜折肩，弧腹急收，低裆，袋状足，足尖稍钝。肩饰数周凹弦纹，腹上部饰数周竖向细绳纹，腹下部饰粗绳纹。口径30.2厘米，肩径42厘米，高31厘米（图七，1）。

鼎　2件。标本M59：1，敛口，深腹，圜底，方形折耳，蹄形高足，足内侧有沟槽，外侧刀削修痕明显。足与腹以榫卯结构相接，足的榫头凸出鼎腹内壁。鼎盖弧壁，上有圆形握手。盖及腹上部施白衣，腹下部饰朱绘三角暗纹，间杂密集的点状白斑纹，鼎耳、足部饰红、白斑点相间的横条纹。口径18厘米，高19厘米（图七，2）。标本M84：1，深腹圜底，方形折耳，蹄形足，足的榫头凸出腹内壁，鼎盖上有圆形握手，弧壁。鼎内残留鸡骨数块。器体施白衣。高19.4厘米，宽23.6厘米，口径18.4厘米（图七，3）。

盘　分二型。

A型　2件。敞口，折沿，圜底，方形折耳立于口沿外侧，矮柱状足为手工捏制。标本M27：4，方耳折棱处两侧各嵌刻一排圆环形纹饰。盘身施白衣。口径26.4厘米，宽30.8厘米，高10.4厘米（图七，4）。M86：2，器身施白衣。口径22厘米，宽26厘米，高8厘米（图七，5）。

B型　1件。M45：3，敞口，圜底，弧形折耳外撇，无足。器身施白衣。口径22.4厘米，宽26.4厘米，高4.8厘米（图七，6）。

罍　分三型。

A型　1件。折沿，敞口，溜肩，弧腹，平底，矮柱状足为手工捏制，肩部置兽首耳一对，与半圆形纽饰两两对称分布。标本M59：2，肩、腹上部施白衣，口沿、颈部及腹下部饰朱绘三角暗纹，间杂密集的点状白斑纹，耳、足饰红、白斑点相间的横条纹。口径12.6厘米，底径11厘米，腹径19厘米，高21.6厘米（图八，1）。

B型　1件。折沿，直颈，广肩，圆鼓腹，平底，柱状足。标本M58：2，肩部两

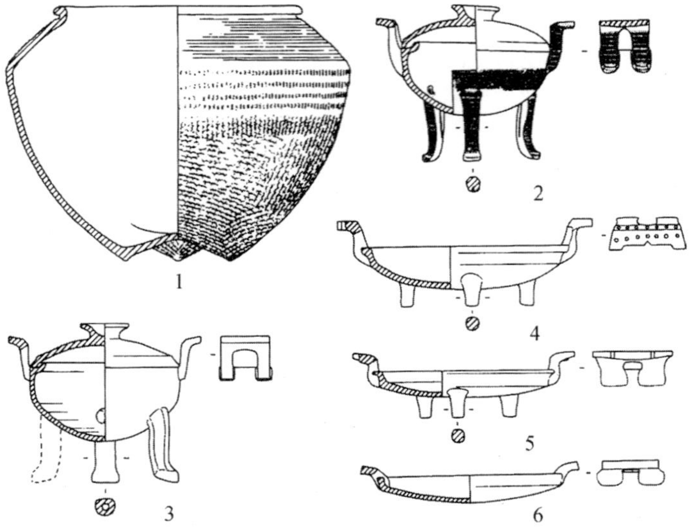

图七

1. 鬲（M58∶4）　2、3. 鼎（M59∶1、M84∶1）　4、5. A型盘（M27∶4、M86∶2）　6. B型盘（M45∶3）

两对称分布兽首耳及半圆形实心纽饰。肩、腹上部、口沿、颈内壁、耳及纽施白衣，颈部饰红、白相间的波浪纹，腹下部饰红、白相间的多重三角纹，足饰红、白相间的横条纹。口径10.6厘米，底径12.2厘米，宽22.6厘米，高19.8厘米（图八，2）。

C型　1件。折沿，敞口，束颈，弧肩，鼓腹，平底。标本M27∶1，肩部饰五道凹弦纹，四个羊首形耳饰两两对称分布，熊首形矮柱状足。器表施白衣。口径12.8厘米，底径12.8厘米，腹径24厘米，高24.6厘米（图八，3）。

敦　分三型。

A型　1件。敛口，弧腹，缓平底，腹部中间饰一道凸弦纹，腹上部一对兽首耳及一对半圆形实心纽两两对称分布，矮蹄形足。标本M86∶1，器盖折沿平顶，上有圆形握手。器表施白衣。口径16.8厘米，高14.2厘米（图八，4）。

B型　1件。敛口，球形腹，兽首耳，腹内壁有轮制凸棱痕数道，腹底外壁有器物刮削痕迹，细柱状足为手工捏制。标本M59∶7，器盖弧壁，上置圆形握手。器盖及腹上部施白衣，腹下部饰朱绘三角暗纹，间杂密集点状白斑纹，耳饰红、白斑点相间的横条纹。口径15.6厘米，高12.9厘米（图八，5）。

C型　1件。敛口，折腹，缓平底，兽首耳，矮柱状足。标本M58∶5，盖佚。器表施白衣。口径12～14厘米，宽20厘米，高8.2厘米（图八，6）。

舟　分三型。

A型　1件。平面呈椭圆形，口微敛，折腹，圜底，兽首耳，蹄形矮足为手工捏制。标本M59∶5，内壁施白衣，外壁饰朱绘三角暗纹，间杂点状白斑纹，耳饰朱绘横条暗纹，间杂点状白斑纹。口径11.6～13.6厘米，高7.4厘米（图八，7）。

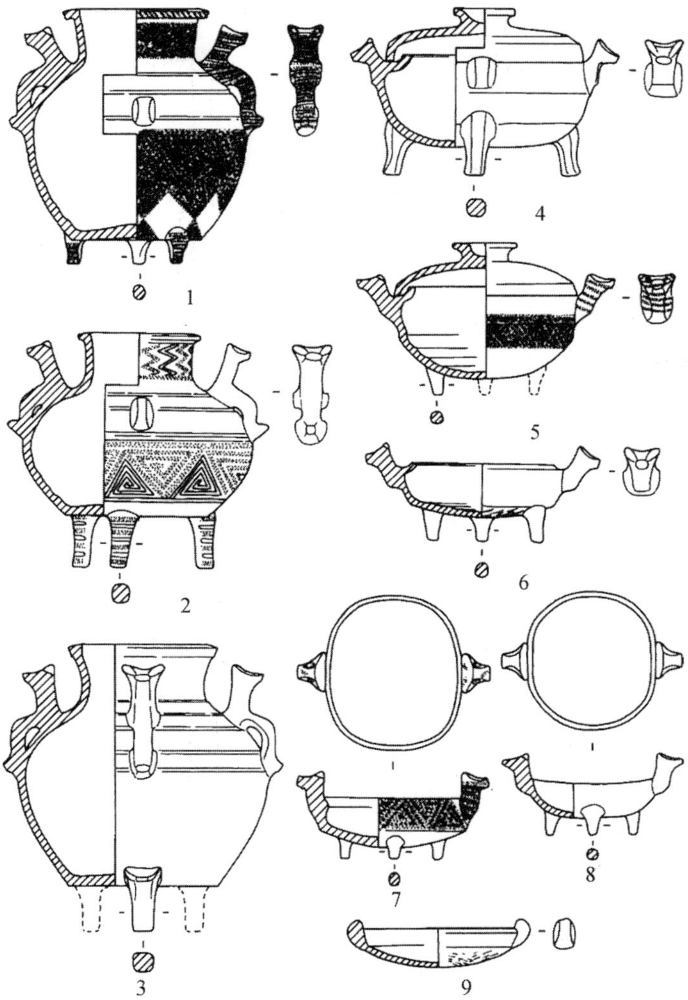

图八

1. A型罍（M59：2） 2. B型罍（M58：2） 3. C型罍（M27：1） 4. A型敦（M86：1） 5. B型敦（M59：7） 6. C型敦（M58：5） 7. A型舟（M59：5） 8. B型舟（M58：6） 9. C型舟（M45：1）

B型 1件。平面呈椭圆形，敞口，弧腹，圜底，兽首耳，蹄形矮足。标本M58：6，器表施白衣。口径10.4～12厘米，宽15.2厘米，高7厘米（图八，8）。

C型 1件。平面呈圆形，敞口，圜底，纽形耳，无足。标本M45：1，器身及纽施白衣。口径12.8厘米，高4厘米（图八，9）。

匜 分三型。

A型 1件。平面近椭圆形，流和尾鋬饰兽首，矮足。M27：3，流口及尾鋬皆为牛首形。器身施白衣。长26.6厘米，宽12.6厘米，腹深4.6厘米，高12.4厘米（图九，1）。

B型 1件。平面近椭圆形，牛首形流，纽形鋬，矮足。标本M59：6，腹内壁施白衣，外壁饰朱绘三角暗纹，间杂点状白斑纹。长18厘米，宽9.4厘米，高8.7厘米（图九，4）。

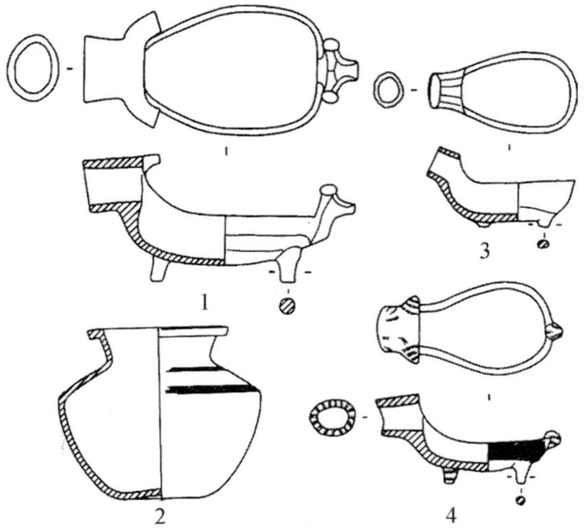

图九

1. A型匜（M27：3）　2. 尊（M45：5）
3. C型匜（M84：2）　4. B型匜（M59：6）

C型　1件。圆形流口，无尾鋬，乳状足。M84：2，长14.4厘米，宽7.8厘米，高7.6厘米（图九，3）。

尊　1件。折沿，束颈，折肩，斜弧腹，内圜底。器身施白衣，肩部饰数道凹弦纹。标本M45：5，口径13.6厘米，腹径19.6厘米，高16.7厘米（图九，2）。

（二）玉石器

墓内随葬玉石器大多质地较差，制作粗糙，纹饰简单。

水晶组佩　M24：7，水晶珠受沁严重，体多呈圆形，中间穿孔。绿松石5粒，呈圆柱体，中间穿孔。串珠散乱于腹部，下部有1件石璜，沁蚀较重，易粉。水晶珠直径0.5～0.8厘米。石璜残长6.3厘米，厚0.2厘米（图一〇，1）。

玉圭　透闪石加工而成。M84：4，白色，粗糙，杂质较多。长21.8厘米，宽2.7厘米，厚0.3厘米（图一〇，2）；M45：6，乳白色，玉质温润，底部有穿孔。残长8厘米，宽2.5厘米，厚0.4厘米（图一〇，3）。

石玦　M45：7，石英岩琢磨而成，素面。直径3.4厘米，厚0.15厘米（图一〇，4）。M24：3，石英岩琢磨而成，素面，直径1.9厘米，厚0.1厘米（图一〇，5）。

玉片　长方形，多残破，为页岩或石英岩等琢磨而成，四角穿孔。M24：4，宽2.1厘米，残长2.4厘米（图一〇，6）。

玉璧　M8：11，碧玉，杂白斑，双面阴刻涡纹。内径1.5厘米，外径4.1厘米，厚0.5厘米（图一〇，7）。M24：9，青玉，杂米粒状黄斑，双面阴刻两周弦纹。内径1.9厘米，外径3.9厘米，厚0.6厘米（图一〇，8）。

（三）铜器

铃　随葬铜铃多以成组形式出现，一般以4～6个为一组，分二型。

A型　椭圆形铃身，截面呈合瓦状，口弧形外侈，平顶，桥形纽。铃舌扁圆，顶部穿孔便于悬系。M24：5，1组5个，高3.6～4.3厘米，口宽2～2.1厘米（图一一，1）。

B型　椭圆形铃身，截面呈合瓦状，口部弧形，两铣呈锥状，平顶，有镂空，桥形纽。柳叶形铃舌，顶部穿孔。M32：7，1组4个，高度介于6.1～6.2厘米之间，口宽3.5～3.9厘米（图一一，2）。

璜　整体呈弧形，近顶部有一圆形穿孔。标本M8：15，残长7.5厘米，宽2.4厘米，

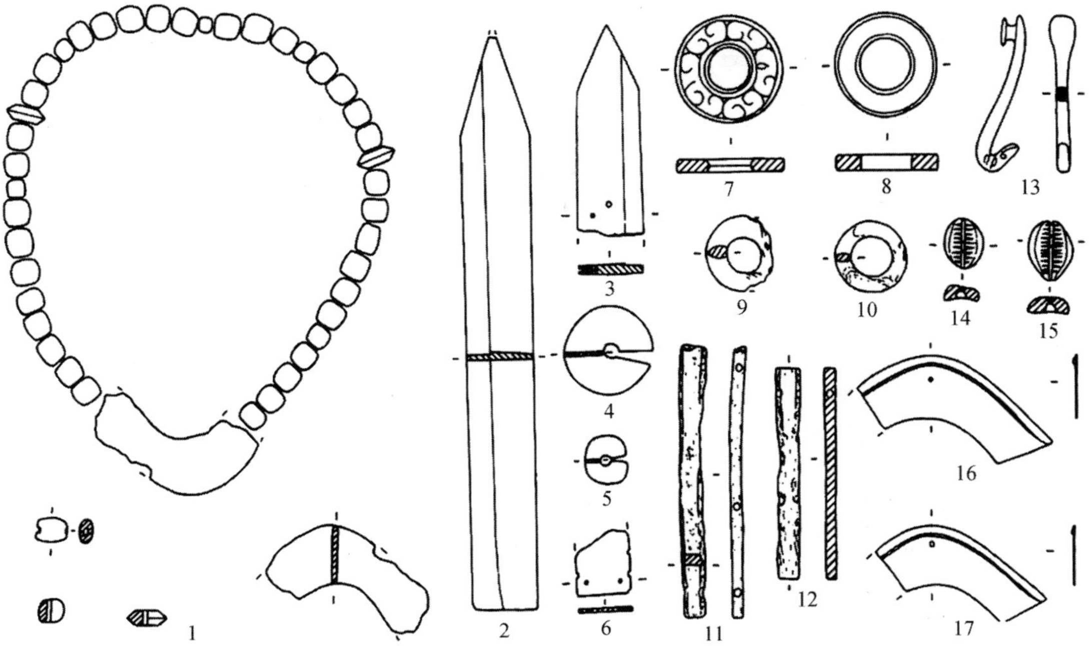

图一〇

1. 水晶组佩（M24：7） 2、3. 玉圭（M84：4、M45：6） 4、5. 石玦（M45：7、M24：3） 6. 玉片（M24：4） 7、8. 玉璧（M8：11、M24：9） 9、10. 蚌环（M8：1、M8：2） 11、12. 骨笄（M8：5、M8：6） 13. 铜带钩（M24：1） 14、15. 骨贝（M24：16、M24：17） 16、17. 铜璜（M8：15、M8：16）

高4厘米（图一〇，16）。M8：16，残长6.6厘米，宽2.3厘米，高3.5厘米（图一〇，17）。

带钩 M24：1，扁圆柱体，圆扣，“V”形钩，漫圆顶，素面。长6厘米（图一〇，13）。

环 因盗扰严重，墓葬内随葬铜环较散乱，有些应是铺首衔环的一部分，分三型。

A型 圆形环。标本M24：12，三环相套连，截面近圆形，环径2.8～3.4厘米（图一一，3）。

B型 近椭圆形。标本M24：13，截面呈椭圆形，顶部近平，中间有箍。环径2.3～3.1厘米（图一一，4）。

C型 筒形环。标本M24：14，截面呈椭圆形，素面。环径0.8～1.5厘米，高1.3厘米（图一一，5）。M24：15，截面呈长椭圆形，饰绞索纹。环径0.8～2厘米，高0.8厘米（图一一，6）。

（四）骨器

骨贝 椭圆形，面部唇槽深凹，齿纹纤细，背面大体磨平，圆形孔位于中间，与唇槽相通。标本M24：16，长1.9厘米，宽1.5厘米，厚0.4～0.6厘米（图一〇，14）。M24：17，

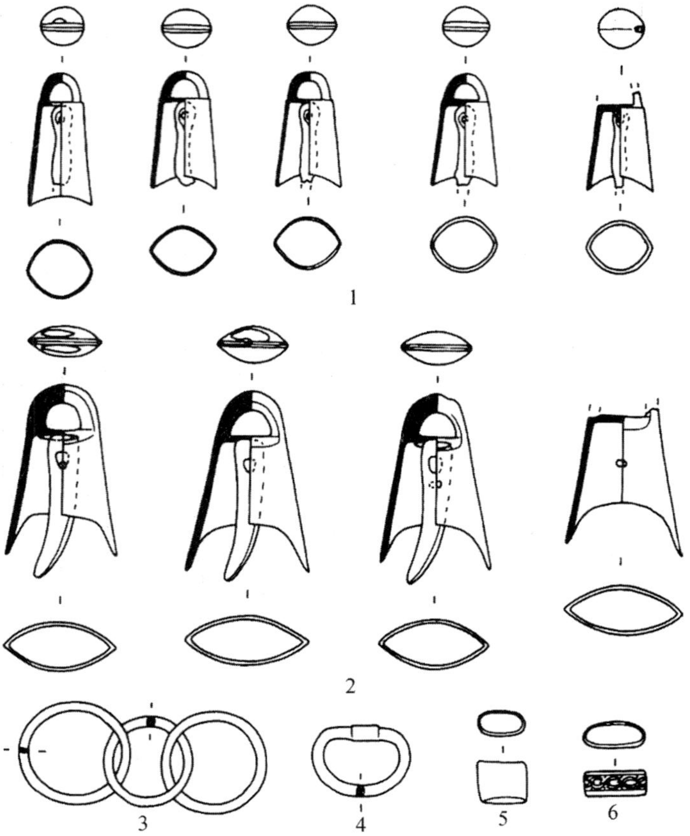

图一一

1. A型铜铃（M24：5）　2. B型铜铃（M32：7）　3. A型铜环（M24：12）
4. B型铜环（M24：13）　5、6. C型铜环（M24：14、M24：15）

长2.3厘米，宽1.7厘米，厚0.6厘米（图一○，15）。

骨笄　动物肢骨磨成，扁平体，体表光滑，两端有圆形穿孔。M8：5，长10.4厘米，宽0.7～0.9厘米，厚0.4厘米（图一○，11）；M8：6，残长8.1厘米，宽0.8厘米，厚0.4厘米（图一○，12）。

蚌环　蚌壳磨制而成。M8：1，截面呈锥形。外径1.9厘米，内径0.8厘米，厚0.5厘米（图一○，9）；M8：2，截面呈椭圆形。外径2.7厘米，内径1.5厘米，厚0.3厘米（图一○，10）。

三、结　语

赵庄东周墓葬单棺居多，头多北向，多仰身直肢葬式，壁龛少见。埋葬习俗上除有腰坑、头箱等外，一部分墓葬是把陶鬲打碎平铺于腰下的位置，如M24、M58等，可能是腰坑习俗的一种文化残留；更多的则还是把随葬陶器置于头端棺外，整齐排列，如

M84、M59、M27、M58等，应当是头箱习俗的一种延伸形式。墓葬陶器多为仿铜器，制作精细但火候较低。器表多施白垩衣，流行斑点纹组成的朱绘暗纹与白色相间的三角形纹、条纹等。流行兽首耳、蹄形足。矮三足器发达，多为手工捏制。墓葬中玉（石）圭、水晶珠、铜铃等较为常见。陶器组合以鬲、鼎、罍、匜、盘、敦、舟为主，或添加壶，或添加尊；以鬲、壶、豆、盂等为基本组合的占少数。赵庄东周墓葬在墓葬习俗上与郑州碧沙岗东周墓略有相近，如多数为单棺，仰身直肢葬式，随葬品置于头前棺外，很多压于棺下腰部[1]。

赵庄东周墓所出陶鼎M59：1、M84：1，竖方形折耳，圜底，鼎足用刀修削，与洛阳中州路东周墓葬Ⅱ式陶鼎M1007：5、M101：22[2]等属同一型式，属春秋三期器。M45、M84、M59、M58等仿铜陶器组合与新郑铁岭东周墓地M429、M550等在陶器组合与器形特征上均十分接近[3]，同属春秋晚期晚段。根据墓葬形制发展的分期特征看，郑韩地区春秋早期墓葬多有壁龛、腰坑，晚期则消失，战国墓不见腰坑[4]。因此，上述墓葬中具有腰坑结构的M8、M32大致相当于春秋中晚期；其余大致为春秋晚期至战国早期时墓葬。赵庄东周墓地是一处大型的平民阶层公共墓地，多为小型墓。随葬品中的仿铜陶礼器反映了这一时期周天子式微，礼崩乐坏的社会变动格局，墓葬形制及其随葬遗物基本反映了春秋中后期以来郑国丧葬文化的地域特点。

领　队：信应君
发掘、整理：黄富成　侯新佳　李　曼
摄　影：黄富成　侯新佳
绘　图：姜凤玲　李　曼
执　笔：黄富成　侯新佳　李　曼

注　释

[1] 河南省文化局文物工作一队：《郑州碧沙岗发掘简报》，《文物参考资料》1956年第3期。

[2] 中国科学院考古研究所：《洛阳中州路（西工段）》，科学出版社，1959年第69、85页。

[3] 郑州市文物考古研究院等：《新郑铁岭墓地M429发掘简报》，《中原文物》2010年第1期；《新郑铁岭墓地M550发掘简报》，《中原文物》2010年第5期。

[4] 中国科学院考古研究所：《洛阳中州路（西工段）》，科学出版社，1959年，第140～147页；张辛：《中原地区东周陶器墓葬研究》，科学出版社，2002年，第120页。

（原刊于《中原文物》2011年第3期）

郑州四方汇泽清华·紫光园小区东周墓发掘简报

信应君　胡亚毅

河南四方汇泽清华·紫光园小区项目工程位于郑州市金水区丰庆路西侧，国基路南侧，同庆路东侧，庙里路北侧。地理坐标为北纬34°49′11″，东经113°38′51″，海拔91～92米（图一）。

2009年7～9月，郑州市文物考古研究院对清华·紫光园小区项目工程范围内古文化遗迹进行了抢救性发掘。共发掘墓葬75座，其中东周墓葬28座（编号2009ZJM1M46～M65，M68～M75），汉代墓葬44座（编号2009ZJM1M1～M25，M27～M45），晋代墓葬2座（编号2009ZJM1M66～M67），时代不详墓葬1座（M26）。现将东周墓葬简报如下。

一、墓葬形制

东周墓位于发掘区的东北部。均为长方形竖穴土坑墓，大多南北向分布（24座），其余为东西向，排列有序，自南向北呈排状分布（图二）。

墓葬一般长2.38～3米，宽1.16～1.94米，深0.6～1.9米。墓壁规整，稍内收，成口大

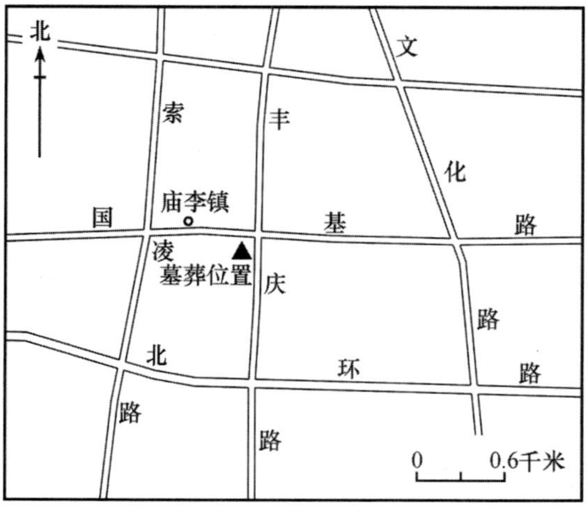

图一　墓地位置图

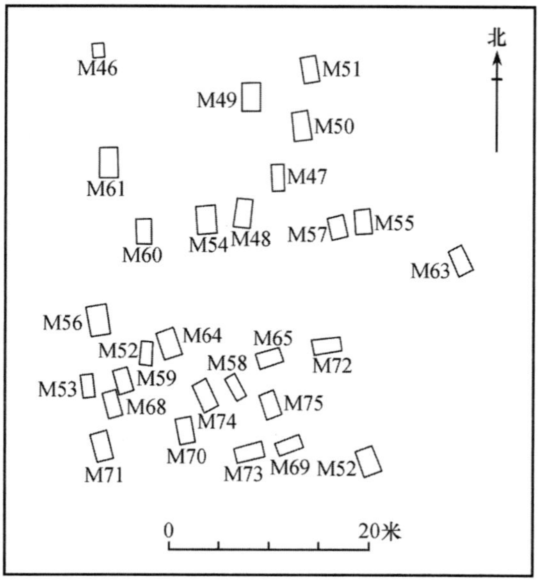

图二　墓葬分布图

底小状。从葬制看，葬具以一棺为主，共23座；一棺一椁的5座。埋葬习俗上，部分墓葬使用腰坑（3座）、头箱（3座）。葬式以仰身直肢葬为主（20座），另有仰身屈肢葬（7座）和俯身直肢葬（1座）。随葬品多置于墓主人头部、腰坑或脚端。人骨，经郑州大学医学院杜百廉教授、马钊教授鉴定，墓主人性别比例为1：1。

M59 方向345°，墓口长2.54米，宽1.52米；墓底长2.42米，宽1.4米；深1.76米。墓内填土为红褐色花土，含沙。葬具一棺一椁，朽成灰痕。椁内壁长1.98米，宽0.92米，残高0.4米。棺内壁长1.76米，宽0.48米，残高0.2米。棺内人骨1具，仰身右屈。随葬品置于墓主人左侧棺椁之间，有陶鬲1件、盂1件、豆2件、罐1件（图三）。

M72 方向84°。墓口长2.8米，宽1.52～1.6米；墓底长2.68米，宽1.36～1.48米；墓深1.24米。墓内填土为红褐色花土，结构疏松。葬具一棺，棺灰痕内壁长2.2米，宽0.96～1.02米，残高0.34米。墓主人头向东，仰身直肢。棺底有腰坑，坑长0.6米，宽0.4米，深0.09米。坑内置陶鬲1件、陶盂1件、陶豆2件（图四）。

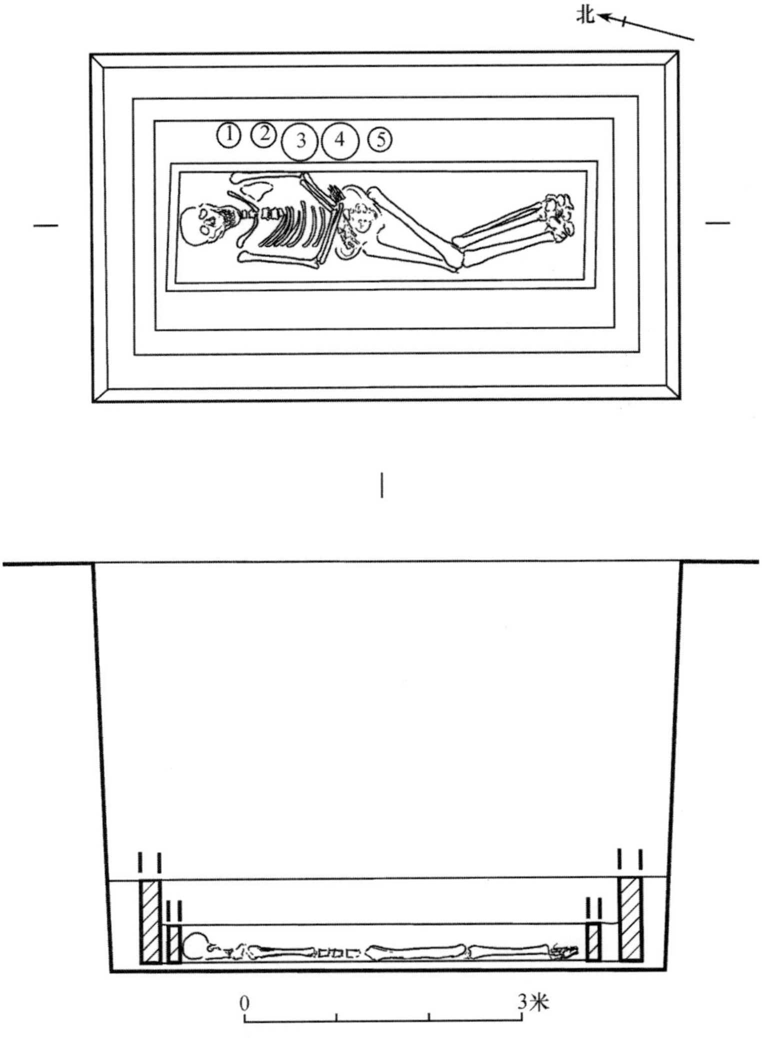

图三 M59

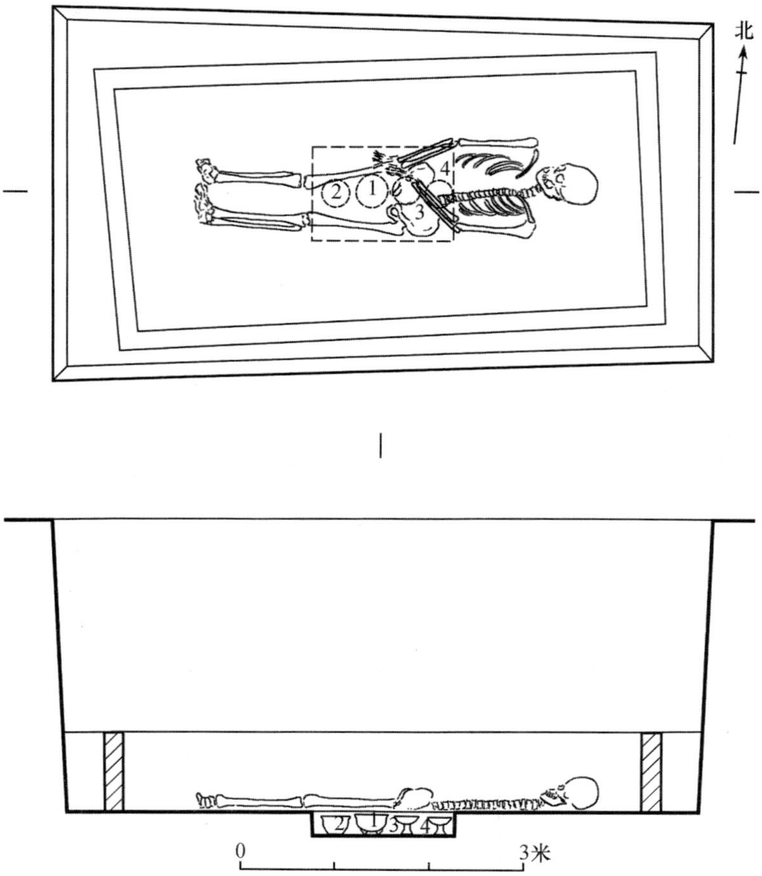

图四　M72

M73　方向75°。墓口长2.96米，宽1.6米；墓底长2.76米，宽1.4米；墓深1米。墓内填土为红褐色花土，结构疏松。葬具一棺，棺前部设有头箱。棺痕内壁长1.74米，宽0.85米，残高0.14米。头箱内壁长0.84米，宽0.28米，深0.16米。棺内人骨1具，头东面上，仰身直肢。随葬品置于头箱内，有陶鬲1件、盂1件、豆2件、罐1件（图五）。

二、随　葬　品

随葬遗物共计65件，均为陶器，发现于19座墓中。器类为鬲、盆、豆、罐四种。

陶鬲　11件，分二型。

A型　8件，袋足鬲。根据口、腹、足等特征可分四式。

Ⅰ式：3件。夹砂红陶，敛口，平折沿较宽，短束颈，三浅袋足，足尖圆钝，分裆近平。标本M73：1，平沿，方唇，球形腹，腹下半部及足饰绳纹。口径13厘米，腹径17.4厘米，高15厘米（图六，1）。标本M70：1，平沿外侧下倾，尖圆唇，鼓腹。肩部饰数周凹弦纹，下腹及足部饰绳纹。口径17厘米，腹径22.4厘米，通高16厘米（图六，2）。

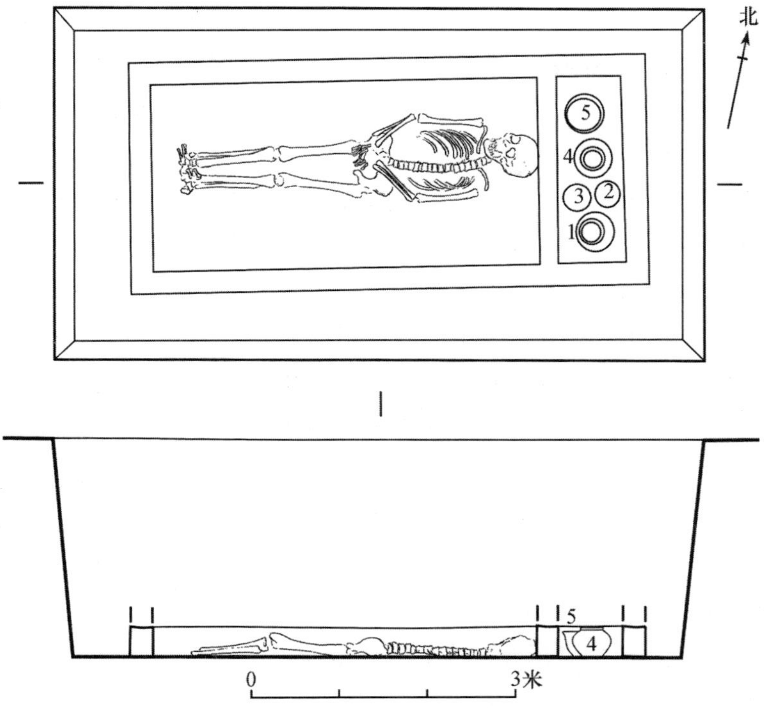

图五　M73

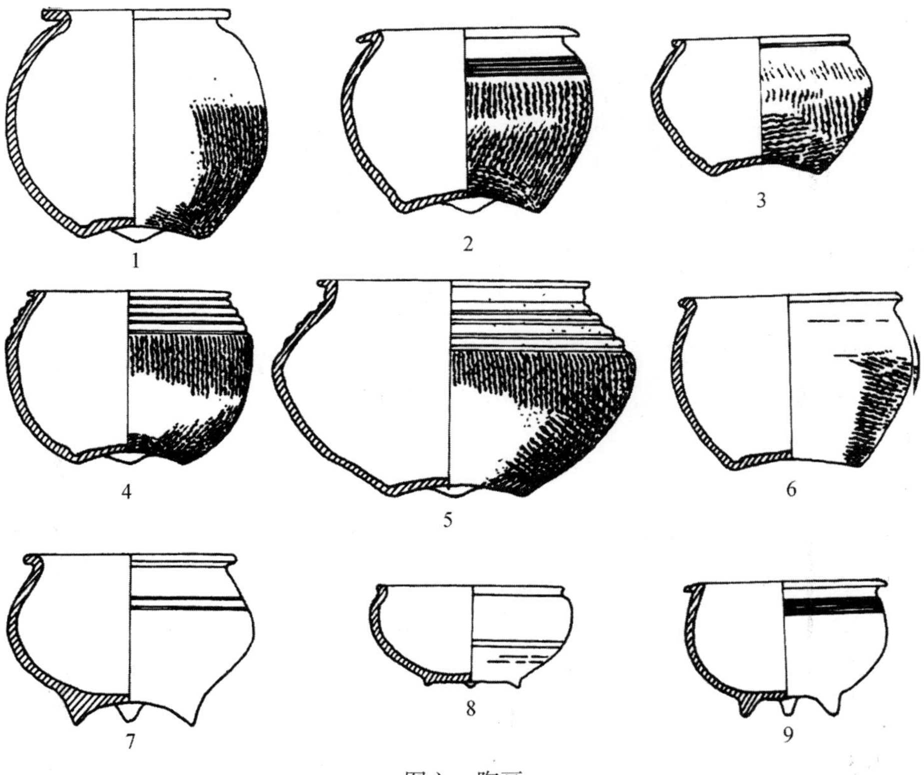

图六　陶鬲

1. A Ⅰ M73：1　2. A Ⅰ M70：1　3. AⅡM69：5　4. AⅡM74：2　5. AⅢM68：1　6. AⅣ M59：2

7. B Ⅰ M57：1　8. BⅡM55：3　9. BⅠM72：1

Ⅱ式：3件，泥质红陶。敛口，窄平沿，短束颈，尖圆唇，弧腹，弧裆稍高。标本M74：2，肩部饰瓦纹，下腹及足部饰细绳纹。口径13.5厘米，腹径16.2厘米，通高11.5厘米，足高0.6厘米（图六，4）。标本M69：5，方唇，折腹，下腹斜收。饰粗绳纹。口径12 厘米，腹径15厘米，高9厘米（图六，3）。

Ⅲ式：1件。标本M68：1，夹砂、夹石英砂陶，平沿，尖圆唇，束颈，弧折肩，下腹斜内收，弧平裆，三足矮小。肩部饰数周瓦纹，下腹及足部饰粗绳纹。口径18厘米，腹径24厘米，通高14厘米（图六，5）。

Ⅳ式：1件。标本M59：2，泥质灰陶，卷沿，尖圆唇，微束颈，弧腹，低裆近平，三袋足更矮小。口径15厘米，腹径16.2厘米，高10.5厘米（图六，6）。

B型　3件，鼎式鬲。均为泥质灰陶，平底，下附三乳状实足。可分二式。

Ⅰ式：2件。敛口，尖圆唇，束颈，鼓腹，足较高。标本M57：1，卷沿，圆唇。器腹上部饰凹弦纹两周。口径14.5厘米，腹径16.5厘米。通高11.5厘米，足高1.5厘米（图六，7）。标本M72：1，平沿外侧下倾，腹上部饰弦纹数周。口径14厘米，腹径14厘米，高9厘米，足高1.5厘米（图六，9）。

Ⅱ式：1件。标本M55：3，直口，平沿，短直领，圆肩，鼓腹，腹下部及底有刮削痕，底部三乳状足几近消失。口径12.5厘米，腹径13.5厘米，通高6.5厘米，足高0.3厘米（图六，8）。

陶盂　14件，均为泥质灰陶，素面。分为三式。

Ⅰ式：6件。敛口，平沿，方唇，折腹，平底。标本M73：5，唇面有凹槽。口径19.5厘米，腹径19厘米，底径9.5厘米，高12.5厘米（图七，1）。

Ⅱ式：7件。敛口，厚沿外斜，腹变浅，腹部弧折，平底。标本M50：1，卷沿，尖唇。口径12厘米，腹径12厘米，底径7厘米，高9.5厘米（图七，5）。标本M59：5，卷沿，尖圆唇。口径12.5厘米，腹径12厘米，底径7.5厘米，高7.8厘米。

Ⅲ式：1件，标本M55：1，直口，平沿，折腹，上腹竖直，下腹斜收，平底。口径12.5厘米，腹径12.5厘米，底径5.5厘米，高8厘米（图七，2）。

陶豆　23件，均为泥质灰陶，喇叭状圈足。除M65中1件破碎外，其余22件依盘的特征可分为二型。

A型　18件，折腹豆。可分为三式。

Ⅰ式：13件。敞口，圆唇，豆盘微曲，腹较深，柄较粗。标本M69：3，盘壁外缘弧收，至折壁处凸起成宽凹槽，弧底，盘内施暗弦纹。口径12厘米，盘深3.6厘米，柄径3.3厘米，足径7厘米，通高10.5厘米（图七，3）。标本M74：4，近平底。口径12厘米，盘深2.4厘米，柄径3.3厘米，底径7厘米，通高10厘米（图七，4）。

Ⅱ式：4件。近直口，腹折线近底部，豆盘变浅。标本M54：1，盘壁近直，浅圜底。口径10.5厘米，盘深3.3厘米，柄径3厘米，底径6厘米，通高9.5厘米（图七，6）。

Ⅲ式：1件。敞口，尖圆唇，浅盘，平底，柄细高。标本M56：2，口径9.5厘米，盘

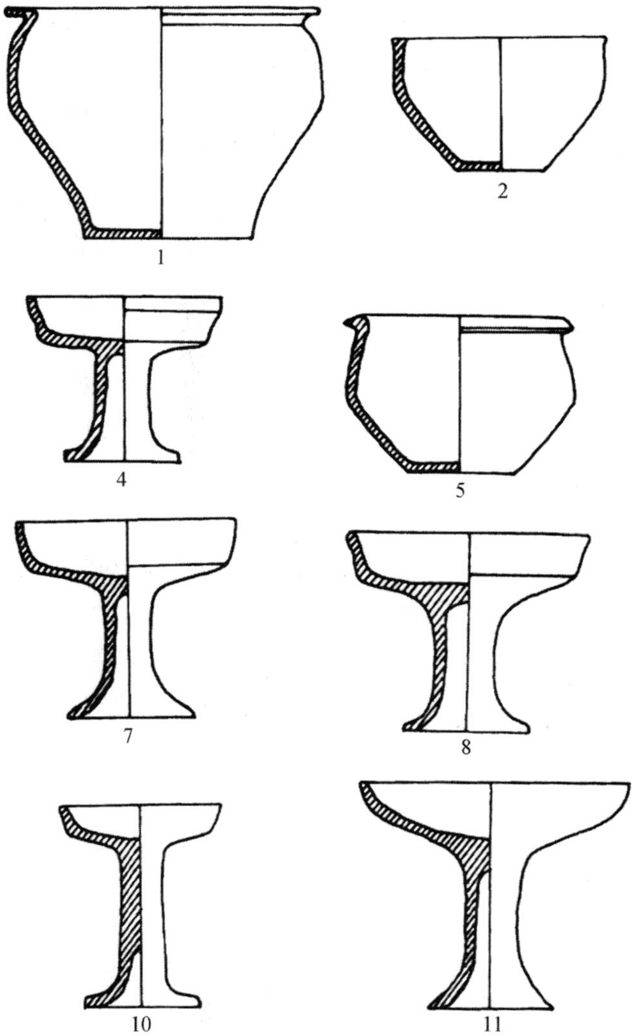

图七　陶盂、陶豆

1. 陶盂Ⅰ式（M73：5）　2. 陶盂Ⅲ式（M55：1）　3. 陶豆AⅠ式（M69：3）　4. 陶豆AⅠ式（M74：4）　5. 陶盂Ⅱ式（M51：1）　6. 陶豆AⅡ式（M54：1）　7. 陶豆BⅡ式（M59：4）　8. 陶豆BⅠ式（M72：4）　9. 陶豆AⅢ式（M56：2）　10. 高柄豆（M46：3）　11. 陶豆BⅢ式（M57：2）

深0.8厘米，柄径2.4厘米，底径5.5厘米，通高8厘米（图七，9）。

B型　5件，弧腹豆。可分三式。

Ⅰ式：1件。标本M72：4，敞口，弧壁，腹较深。口径10厘米，盘深2厘米，柄径2.4厘米，足径3.2厘米，通高18厘米（图七，8）。

Ⅱ式：3件。标本M59：4，尖唇，近直口，浅圜底。口径13.5厘米，盘深3.6厘米，柄径3厘米，底径7.5厘米，通高12厘米（图七，7）。

Ⅲ式：1件。标本M57：2，敞口，尖圆唇，盘变浅，细柄。口径11厘米，盘深2.4厘米，柄径1.1厘米，底径5厘米，通高9厘米（图七，11）。

高柄豆　2件。标本M46：3，口微敞，尖唇，浅盘，折腹，柄细高。口径10厘米，盘深1.8厘米，柄径2.7厘米，底径7厘米，通高12厘米（图七，10）。

陶罐　15件，均为泥质灰陶。除M65中1件破碎外，其余14件根据颈部及腹部特征，分为二型。

A型　4件。分三式。

Ⅰ式：1件。标本M73：4，平沿，方唇，直口微敛，束颈，溜肩，鼓腹，下腹斜内收，平底内凹。口径11.5厘米，腹径16.8厘米，底径8.5厘米，通高13厘米（图八，1）。

Ⅱ式：2件，形制相同。侈口，平底。标本M59：1，颈部饰弦纹一周。口径10厘米，腹径14厘米，底径8厘米，通高10厘米（图八，3）。

Ⅲ式：1件。标本M50：2，侈口，尖唇，束颈，斜肩，垂腹，平底。口径10厘米，腹径13.2厘米，底径6厘米，通高9.8厘米（图八，6）。

B型　10件。根据器腹的不同，分为二亚型。

Ba型　6件，折腹。分二式。

Ⅰ式：4件。侈口或直口，矮领，斜肩，折腹，平底或内凹，肩腹分界线在腹中部。标本M69：1，侈口。口径9厘米，腹径15.5厘米，底径8厘米，通高11.5厘米（图八，4）。标本M70：1，直口，平底微凹。口径10厘米，腹径18厘米，底径10厘米，高12.3厘米（图八，2）。

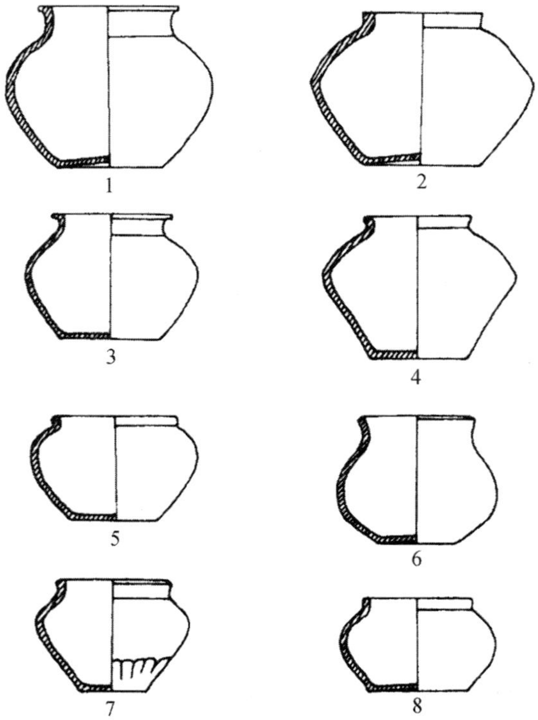

图八　陶罐

1. AⅠM73：4　2. BaⅠM70：1　3. AⅡM59：1　4. BaⅠM69：1　5. BbⅡM56：1　6. AⅢM50：2　7. BaⅡM55：2　8. BbⅠM51：1

Ⅱ式：2件。形制同Ⅰ式，直口或微敞口。肩腹分界线上移。标本M55：2，腹下部有刮痕。口径10厘米，腹径12.6厘米，底径5.5厘米，通高9厘米（图八，7）。

Bb型　4件，弧腹。分二式。

Ⅰ式：2件。直口，圆唇，肩腹分界线在腹中部，平底。标本M51：1，口径9厘米，径12.6厘米，底径8厘米，通高7.5厘米（图八，8）。

Ⅱ式：2件。近直口，肩腹分界线在腹上部，平底。标本M56：1，口径8厘米，腹径12.6厘米，底径6.5厘米，通高8.8厘米（图八，5）。

三、结　语

这次发掘的28座东周墓中，19座墓葬出土有随葬品，这些随葬品形制均较小，系专为死者制作的明器。除M65出土器物火候低，无法修复外，其余18座墓以鬲、盂、豆、罐为基本器物组合，或用这组陶器中的一种、两种或三种器物来随葬，具体的组合关系可以分为如下几种：

鬲、豆、盂、罐（M54、M59、M69、M70、M73、M74）

鬲、豆、盂（M72、M75）

盂、豆、罐（M46）

鬲、豆（M57）

鬲、盂、罐（M55、M68）

盂、豆（M62）

盂、罐（M50）

罐、豆（M56、M65、M71）

盂（M49）

罐（M51）

根据墓葬形制，考察出土器物型式的变化，可以将墓葬分为以下三组。

第一组：AⅠ、AⅡ、BⅠ鬲+Ⅰ、Ⅱ盂+AⅠ豆+AⅠ、Ba Ⅰ、Bb Ⅰ罐（M46、M51、M69、M70、M72、M73、M74、M75）

第二组：AⅡ、AⅢ、B Ⅰ鬲+Ⅱ盂+AⅡ、BⅢ豆+Ba Ⅰ罐（M57、M62、M68）

第三组：AⅣ、B Ⅱ鬲+Ⅱ、Ⅲ盂+AⅡ、AⅢ、BⅡ豆+AⅡ、AⅢ、BaⅡ、BbⅡ罐（M49、M50、M54、M55、M56、M59、M71）

其中第一组中的A1式鬲为宽平沿，具有春秋早中期鬲的特征；AⅡ鬲与郑州碧沙岗M125：1形制相似[1]，Ⅰ式盂与郑州纺织机械厂M44：5[2]、郑州碧沙岗M115：3形制相似，Ⅰ式豆与新郑热电厂M42：1形制相似[3]，AⅠ式罐与洛阳中州路M2409：3[4]相似，因此推测该组墓葬时代为春秋中期。

第二组中的AⅢ、AⅣ式鬲沿较窄，形体扁，三足内聚加大，与郑国祭祀遗址春秋晚期H2095：55相似[5]，Ⅱ式盂为外斜沿，口沿较窄，腹部变浅，在形态上晚于Ⅰ式盂。Ⅱ式豆与郑州碧沙岗M237：4相似，Ba Ⅰ式罐与郑国祭祀遗址春秋中期T632⑤：2[6]相似，因此推测其时代为春秋中期晚段到春秋晚期早段。

第三组中的BⅡ式鬲为平底下附三乳突，为鬲的最后形态，Ⅲ式盂口沿消失，Ⅲ式豆为浅豆盘、细高柄，已接近于当地战国早期陶豆的形制。因此推断该组墓葬时代为春秋晚期晚段。

领　队：信应君
发　掘：胡亚毅　潘寸敏　刘秀秀
　　　　朱葡萄　曹铁良
整　理：胡亚毅　信应君
绘　图：邓建强　焦建涛

注　释

［1］　张辛：《中原地区东周陶器墓葬研究》，科学出版社，2002年。
［2］　郑州市文物考古研究所：《郑州纺织机械厂东周墓葬发掘简报》，《郑州文物考古与研究（一）》，科学出版社，2003年，第625页。
［3］　河南省文物考古研究所：《郑韩故城兴弘花园与热电厂墓地》，文物出版社，2007年，第57页。
［4］　中国社会科学院考古研究所：《洛阳中州路（西工段）》，科学出版社，1959年，第75页。
［5］　河南省文物考古研究所：《新郑郑国祭祀遗址》（上），大象出版社，2006年，第450页。
［6］　河南省文物考古研究所：《新郑郑国祭祀遗址》（上），大象出版社，2006年，第431页。

附表　四方汇泽清华·紫光园工地东周墓葬发掘登记表

编号	形制	方向	墓室（米）（长×宽—深）	葬具及人骨遗存	随葬品	时代
M46	B型	36°	口2.48×（1.32～1.4）—0.6 底2.4×（1.24～1.32）	一棺，人骨1具，头北面朝西，仰身直肢，中年女性	BbⅠ罐，Ⅱ盂，高柄豆2	东周
M47	A型	0°	口2.6×1.2-—1.2 底2.4×1.0	一棺，人骨1具，头北面上，仰身直肢葬，中年男性	无	东周
M48	A型	9°	口2.8×1.6—1.1 底2.68×1.48	一棺，人骨1具，头北面东，仰身屈肢，老年男性	无	东周
M49	A型	0°	口2.8×1.8—0.8 底2.68×1.68	一棺，人骨1具，头北面上，仰身直肢葬，中年女性	Ⅱ盂	东周

续表

编号	形制	方向	墓室（米）（长×宽—深）	葬具及人骨遗存	随葬品	时代
M50	A型	354°	口2.9×（1.6~1.8）—1.46 底2.7×（1.4~1.6）	一棺一椁，人骨1具，头北面上，仰身直肢，老年男性	Ⅱ盂， AⅢ罐	东周
M51	B型	350°	口2.56×1.5—1.54 底2.45×1.38	一棺，人骨1具，仰身屈肢，头北面东，老年男性	BbⅠ罐	东周
M52	A型	5°	口2.54×1.2—0.8 底1.9×0.9	一棺，人骨1具，无头部，脚在南，仰身屈肢，性别不明	无	东周
M53	A型	354°	口2.6×1.2—0.66 底2.5×1.08	一棺，人骨1具，头北面上，仰身右屈，中年女性	无	东周
M54	A型	355°	口2.8×（1.84~1.94）—1.56 底2.66×（1.73~1.83）	一棺一椁，人骨1具，头北面上，仰身直肢葬，老年女性	BaⅡ罐，Ⅱ盂， AⅡ豆2，陶鬲AⅡ	东周
M55	A型	358°	口2.5×1.7—1.0 底2.4×1.6	一棺，人骨1具，头北面西，仰身直肢葬，中年女性	Ⅲ盂，BaⅡ罐， BⅡ鬲	东周
M56	A型	352°	口2.9×1.9—1.7 底2.8×1.8	一棺，人骨1具，头北面西，仰身直肢，中年女性	BbⅡ罐，AⅢ豆	东周
M57	A型	350°	口2.38×1.6—1.9 底2.1×1.44	一棺，人骨1具，头北面西，仰身直肢，中年男性	BⅠ鬲，BⅢ豆1	东周
M58	A型	340°	2.38×1.16—0.86	一棺，头北面上，仰身直肢，壮年女性	无	东周
M59	A型	345°	口2.54×1.52—1.76 底2.0×1.3	一棺一椁，人骨1具，头北面上，仰身右屈，中年女性	AⅡ罐，Ⅱ盂， AⅣ鬲，BⅡ豆2	东周
M60	A型	358°	口2.66×1.56—0.6 底2.46×1.4	一棺，人骨1具，无头，仰身直肢，壮年女性	无	东周
M61	A型	0°	口2.9×1.8—2.1	一棺一椁，人骨1具，头北面东，仰身直肢，壮年男性	无	东周
M62	A型	340°	口2.7×1.8—2.1 底2.6×（1.4—1.5）	一棺，人骨1具，头北面西，仰身直肢，中年男性	Ⅱ盂，AⅡ豆2，BaⅠ罐1	东周
M63	A型	345°	口2.8×1.5—1.3 底2.6×1.4	1棺，人骨1具，俯身直肢葬，头北面西，中年女性	无	东周
M64	A型	341°	口3.0×（1.72~1.88）—1.4 底2.9×（1.58~1.74）	1棺，人骨1具，仰身直肢，头北面西，中年男性	无	东周
M65	A型	82°	口2.62×1.6—1.68 底2.5×1.48	一棺，人骨1具，仰身右屈，头东面北，老年男性`	罐1，BⅡ豆1	东周
M68	A型	347°	口2.66×1.44—1.8 底2.54×1.32	一棺一椁，人骨1具，头北面东，仰身直肢，老年男性	AⅢ鬲，Ⅱ盂，BaⅠ罐	东周
M69	A型	70°	口2.5×1.35—0.9 底2.43×1.3	一棺，人骨1具，头东面北，仰身直肢，壮年女性	BaⅠ罐，AⅠ豆2， Ⅰ盂，AⅡ鬲	东周
M70	C型	350°	口2.78×1.6—0.86 底2.7×1.56	一棺，人骨1具，头北设头箱1，人骨1具，仰身左屈，头北面上，壮年男性	AⅠ鬲，Ⅰ盂， AⅠ豆2，BaⅠ罐	东周
M71	A型	345°	口2.94×1.6—1.64 底2.82×1.48	一棺，人骨1具，头北面西，仰身直肢，壮年女性	AⅠ豆2，BbⅡ罐	东周

续表

编号	形制	方向	墓室（米）（长×宽—深）	葬具及人骨遗存	随葬品	时代
M72	B型	84°	口2.8×（1.44～1.6）—1.24 底2.68×（1.32～1.48）	一棺，人骨1具，头东面上，仰身直肢，中年男性	BⅠ鬲，Ⅰ盂，AⅠ豆1，BⅠ豆1	东周
M73	C型	75°	口2.9×1.6—0.9 底2.75×1.4	一棺，头东有头箱，人骨1具，头东面上，仰身直肢，中年女性	AⅠ鬲，AⅠ豆2，AⅠ罐，Ⅰ盂	东周
M74	C型	340°	口2.9×（1.8～1.84）—0.86 底2.7×（1.6—1.64）	一棺，头北头箱1，出土人骨1具，头北面西，仰身直肢，中年女性	Ⅰ盂，AⅡ鬲，AⅠ豆2，AⅡ罐1	东周
M75	A型	342°	口2.75×（1.5～1.6）—1.3 底2.5×（1.32～1.4）	一棺，人骨1具，头北面上，仰身直肢，老年男性	AⅠ鬲，AⅠ豆2，Ⅰ盂	东周

（原刊于《中原文物》2012年第2期）

新郑铁岭墓地M429发掘简报

郝红星　王振宇　赵　兰

铁岭墓地是郑韩故城外围一处比较重要的东周墓地，郑州市文物考古研究院在河南省文物局南水北调办公室的统筹安排下，自2006年7月起持续对墓地进行了考古发掘（图一），至2009年9月已发掘东周墓葬550余座，其中2009年所发掘的130余座墓葬中有13座为铜器墓，多数被盗，仅见铜鼎、铜盘、铜盏的残片，而M429保存完整，现将情况简介如下。

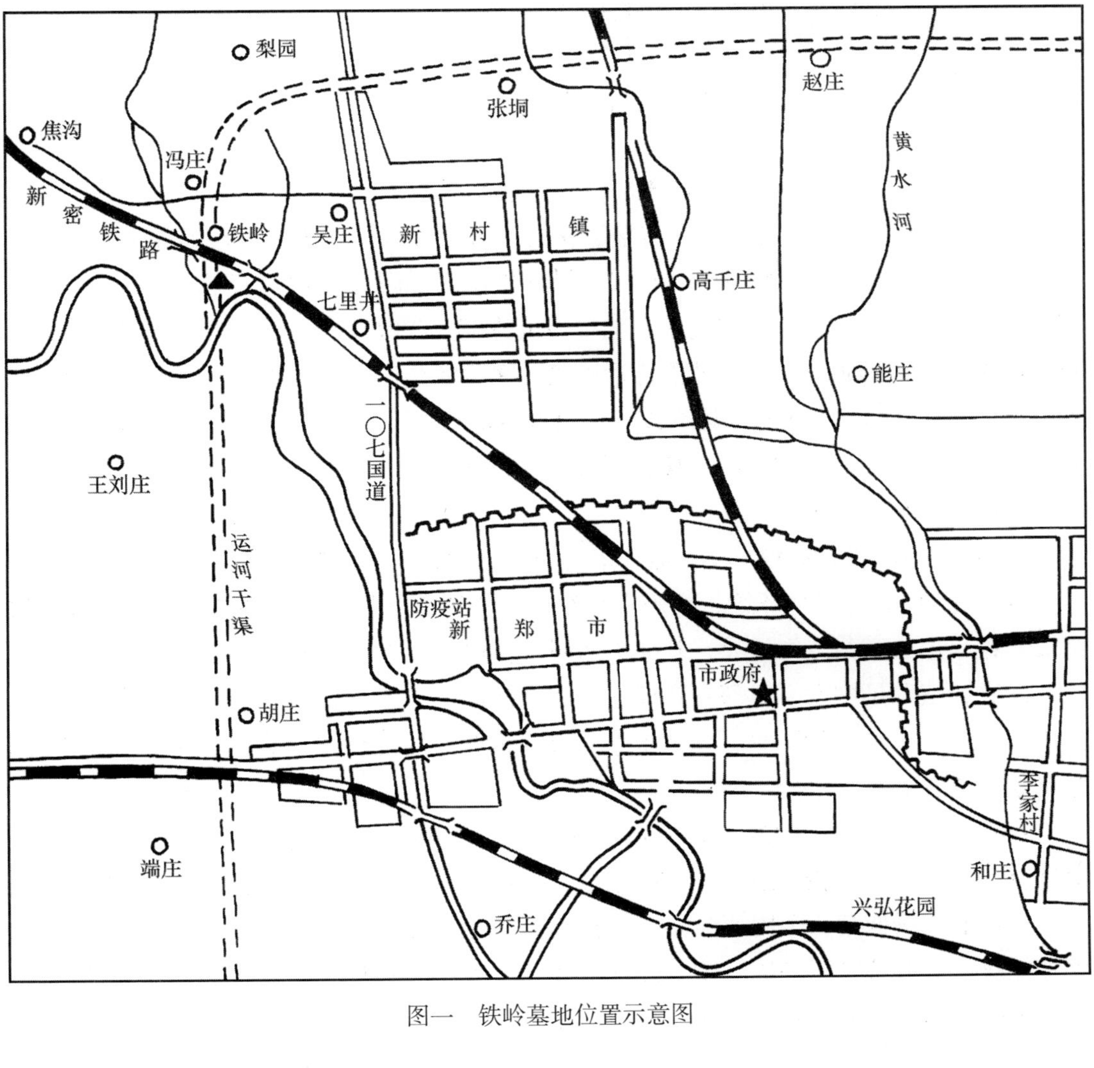

图一　铁岭墓地位置示意图

一、墓葬形制

M429位于墓地Ⅲ区中部，为东西向长方形竖穴土坑墓，方向262°。此处耕土层和宋代文化层已被推走（总厚1米），墓口暴露于生土上。墓口东西长4.1米，南北宽3.1米，墓底东西长3.5米，南北宽2.3米，深7.2米。墓室四壁修整光滑，西北角西壁和北壁上建有方形脚窝，宽0.1米，高0.1米，进深0.08米，脚窝间距0.4～0.5米。墓底放置单椁单棺，椁为亚字形。椁长3.05米，宽1.84米，厚0.08～0.1米，存高0.4米。棺长2.1米，宽1米，厚0.08米，存高0.1米。椁、棺西挡板之间放置随葬品。铜器靠近棺侧，自北向南有鼎、匜、舟、盘、盏、杆帽等；陶器靠近椁板，自北向南有罐、鬲、盂等，一些器物套置在一起，个别器物因火候低已碎；西南角放置泥质器，有鬲、甗、舟、壶、梯形器、饼等。棺内尸骨一具，头西脚东，保存较差，仰身直肢。棺下腰坑一个，长方形，长0.6米，宽0.38米，深0.1米，内见3块碎兽骨（图二）。

二、出土器物

出土铜器6件，陶器12件，泥质器7件，分述如下。

铜鼎　1件。标本M429：1，有盖，侈口，方唇，弧顶，中心一环形提手，有鼻与盖相连，盖缘等距分布3个梯形实纽。提手与纽间两道绹纹，绹纹均有素面底纹带，顶面与侧缘饰蟠虺纹。由于范的质量差，虺纹多未铸出。器敛口，方唇，唇下对称附耳，弧腹，圜底，三蹄足中空。鼎耳外侧饰蟠虺纹，多不清。口沿下一道凸棱用以承盖，但盖大鼎小，不能密合。上腹部一道绹纹，绹纹两侧饰蟠虺纹。腹部3道范线直贯器足，器底有三角形范线，三角形中间一扉棱，俱被烟炱覆盖。足根圆大，似象首吐舌。口径26.6厘米，通高29厘米（图三）。

铜盏　1件。标本M429：5，器盖窄折沿，方唇，弧腹，弧顶。唇外3个等距楔形扣钉；顶外缘对称分布4个环纽，纽侧重环纹；中心置镂空捉手，由18条蟠龙和一周绹纹组成。盖顶中心稍凸，饰涡纹，其外饰两周凸弦纹。器敛口，窄折沿，方唇，束颈，弧腹，圜底，三蹄足中空。腹部一对环纽，纽侧饰重环纹；一对兽环耳，兽展耳，浓眉，凸眼，卷鼻，大口，舌下垂，尔后上卷。腹部饰两周凸弦纹，足饰兽面纹。口径17.8厘米，通高17.5厘米（图四）。

铜盘　1件。标本M429：4，侈口，斜折沿，方唇，沿下两附耳，浅弧腹，腹部一对铺首衔环，4道对称范线明显，圜底，三蹄足中空。附耳顶面中饰兽首，兽卷鼻，长方眼，卷眉上扬似角，旁附两蟠龙。上腹部饰两两一组的蟠龙纹，龙身填蟠虺纹，龙身侧饰蛇纹，蟠龙纹带下一周绹纹。铺首衔环上饰绹纹。足饰兽面纹，兽卷鼻，大眼，浓眉，眼睑、鼻角长须缠绕。口径38.8厘米，高14厘米（图五）。

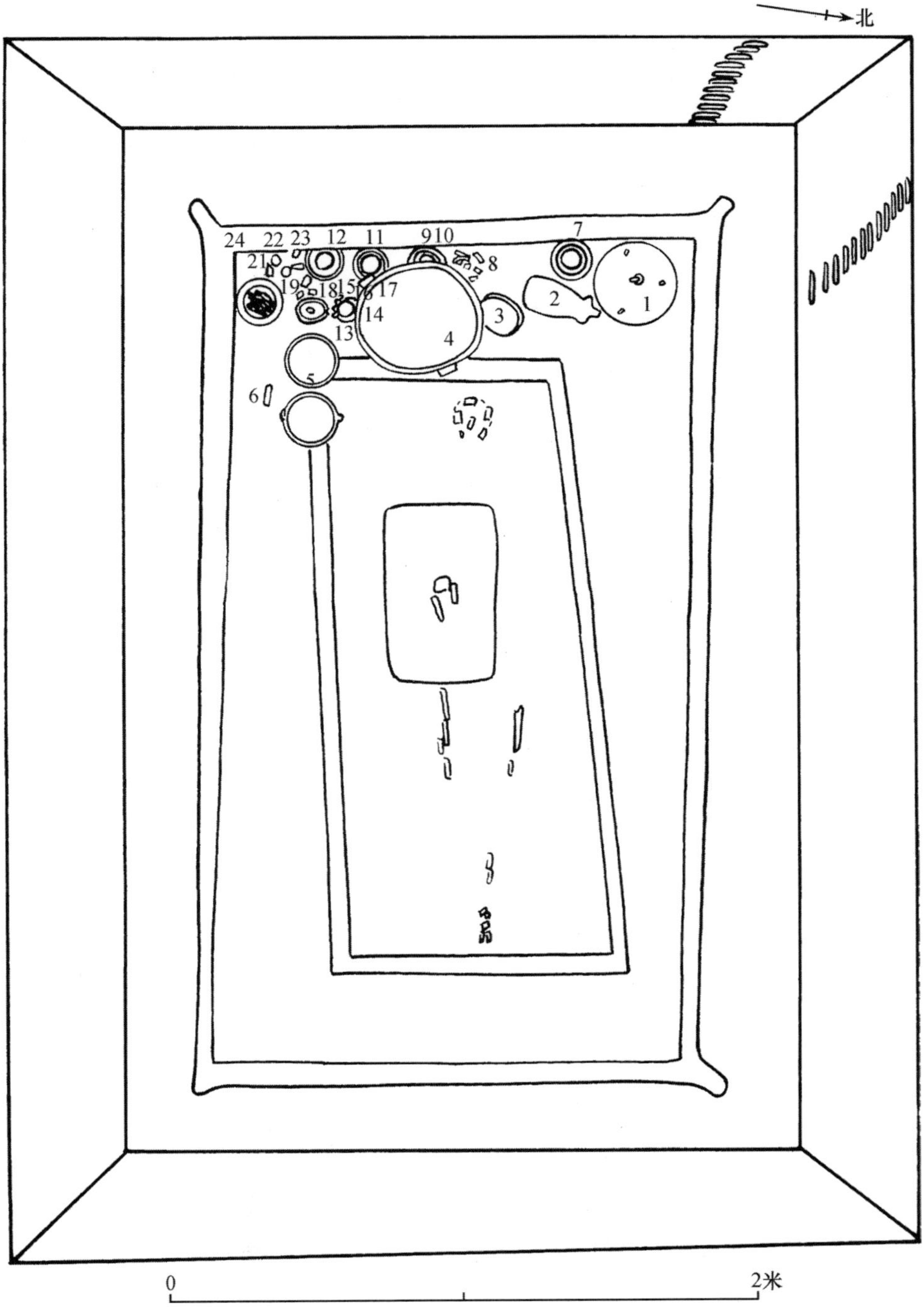

图二　M429平面图

1. 铜鼎　2. 铜匜　3. 铜舟　4. 铜盘　5. 铜盏　6. 铜帽　7、8、11、12. 陶罐　9、13、15、24. 陶鬲　10、14、16、25. 陶盂　17. 泥舟　18. 泥壶　19. 泥甗　20、21. 泥梯形器　22. 泥饼　23. 泥鬲

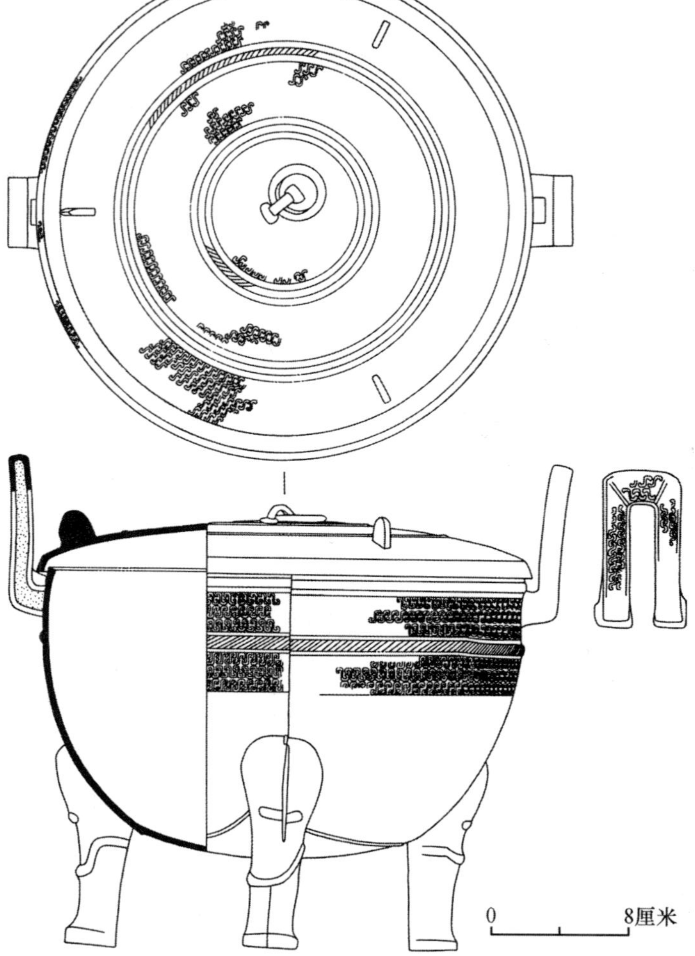

图三　铜鼎（M429：1）

铜舟　1件。标本M429：3，椭圆形，侈口，窄卷沿，圆唇，微束颈，弧肩，鼓腹，下腹弧收甚，圜平底。器无盖，素面，长侧饰对称环耳。口长径16.8厘米，短径12.9厘米；腹长径18.2厘米，短径14.5厘米；底长径8厘米，短径5.5厘米；高7.4厘米（图六）。

铜匜　1件。标本M429：2，前窄后宽，管状流上扬，作夸张牛首形。腹前窄后宽，较深。尾作龙形，龙口衔器沿，双耳高扬，卷尾，身饰重环纹、卷云纹、鳞纹，器底有一道纵向范线。下附中空三蹄足，前两个素面，后一个饰兽面纹与绹纹。长29.7厘米，高14.5厘米（图七，2）。

铜杆帽　1件。标本M429：6，兽首形，鼻嘴部做成圆环，凸眼，圆耳后掠，脑、颈部各有一上下对穿孔，用于固定。长5.4厘米，截面径2厘米（图七，1）。

陶鬲　4件。红陶褐衣，敛口，窄平沿下倾，窄方唇，短束颈，弧肩，鼓腹，下腹弧收，三乳状足极低，平裆或弧平裆。肩部饰凹弦纹，腹、底饰中绳纹。标本M429：9，

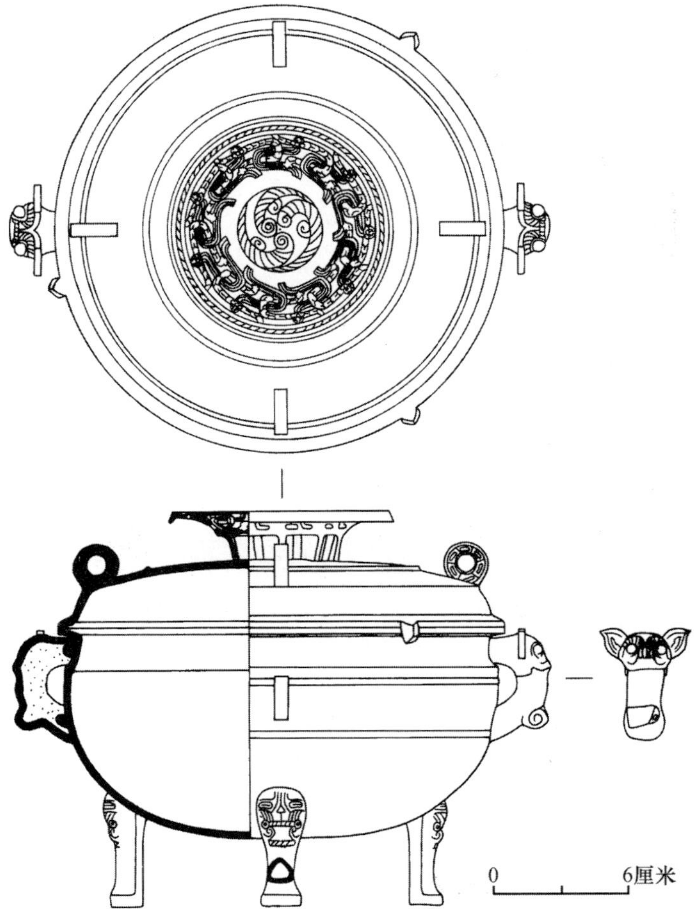

图四 铜盏（M429：5）

肩部略见弦纹，平裆，口径14.4厘米，腹径18.8厘米，高12厘米（图八，1）。标本M429：13，肩部4周浅宽凹弦纹，弧平裆，口径13.2厘米，腹径18.8厘米，高11.2厘米（图八，2）。标本M429：15，器形不整，肩部3周宽凹弦纹，口径17厘米，腹径18.2厘米，高12.5厘米（图八，3）。标本M429：24，裆部呈圜底状，肩部3周宽凹弦纹，口径13.8厘米，腹径18.6厘米，高12厘米（图八，4）。

陶罐 4件。2件红胎褐衣，直口，窄平沿略下倾，方唇，束颈略高，弧折肩，腹部弧内收，平底，肩腹部凸棱明显。标本M429：8，口径8厘米，腹径17厘米，底径10.2厘米，高13.1厘米（图八，5）。标本M429：12，口径8厘米，腹径17.2厘米，底径11厘米，高13厘米（图八，6）。2件灰陶，敛口，尖唇或斜方唇，余同前。标本M429：7，口径7.6厘米，腹径16厘米，底径9.6厘米，高11.2厘米（图八，7）。标本M429：11，口径7.6厘米，腹径16厘米，底径10.2厘米，高11.9厘米（图八，8）。

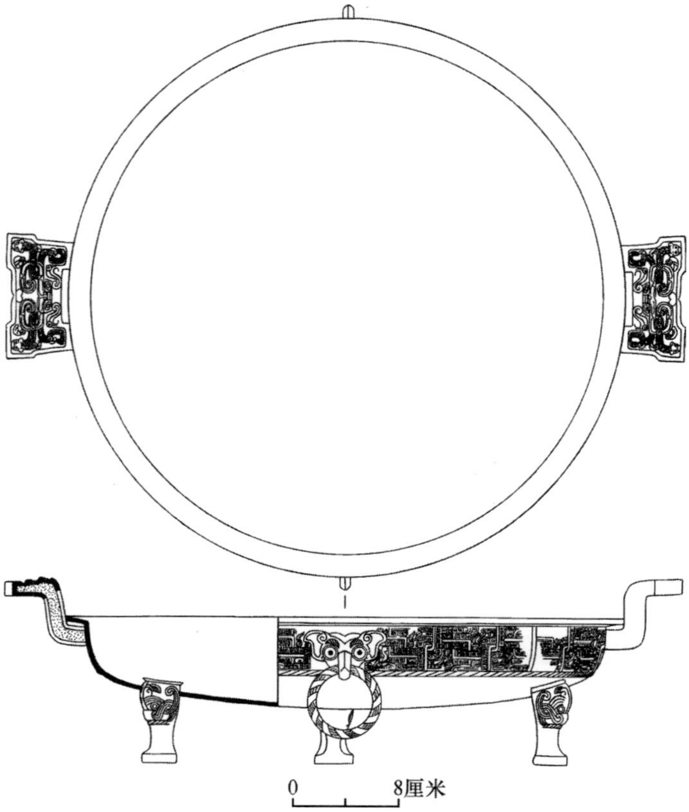

图五　铜盘（M429：4）

陶盂　4件。灰陶，敛口，窄平沿略下倾，窄方唇，短束颈，弧折肩，腹部弧内收，平底。肩腹部凸棱明显，内壁多有轮制时留下的旋痕。标本M429：10，口径9.6厘米，腹径13.4厘米，底径7.2厘米，高8.2厘米（图八，9）。标本M429：14，口径10厘米，腹径13.8厘米，底径7厘米，高8.2厘米（图八，10）。标本M429：16，口径10厘米，腹径12厘米，底径6.5厘米，高7.3厘米（图八，11）。标本M429：25，口径9.4厘米，腹径12.8厘米，底径6.6厘米，高7.4厘米（图八，12）。

泥甗　1件。标本M429：19，甑与鬲间有凸棱，鬲部宽低，低裆。口径5.2厘米，高7.6厘米（图九，1）。

泥鬲　1件。标本M429：23，直壁，平底，三乳头状足，口径3.9厘米，高3.3厘米（图九，2）。

泥壶　1件。标本M429：18，圆形，折腹，平底，口径、底径均为2厘米，腹径3.7厘米，高3.3厘米（图九，4）。

泥舟　1件。标本M429：17，椭圆形，两小耳，长径3.1厘米，高1.8厘米（图九，3）。

泥饼　1件。标本M429：22，圆台体，面径4.4厘米，底径5.1厘米，厚2厘米（图九，5）。

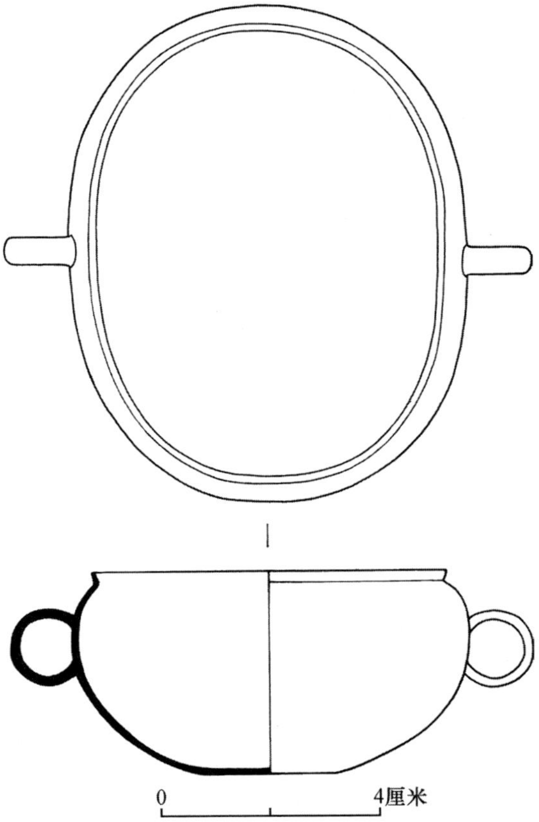

图六　铜舟（M429：3）

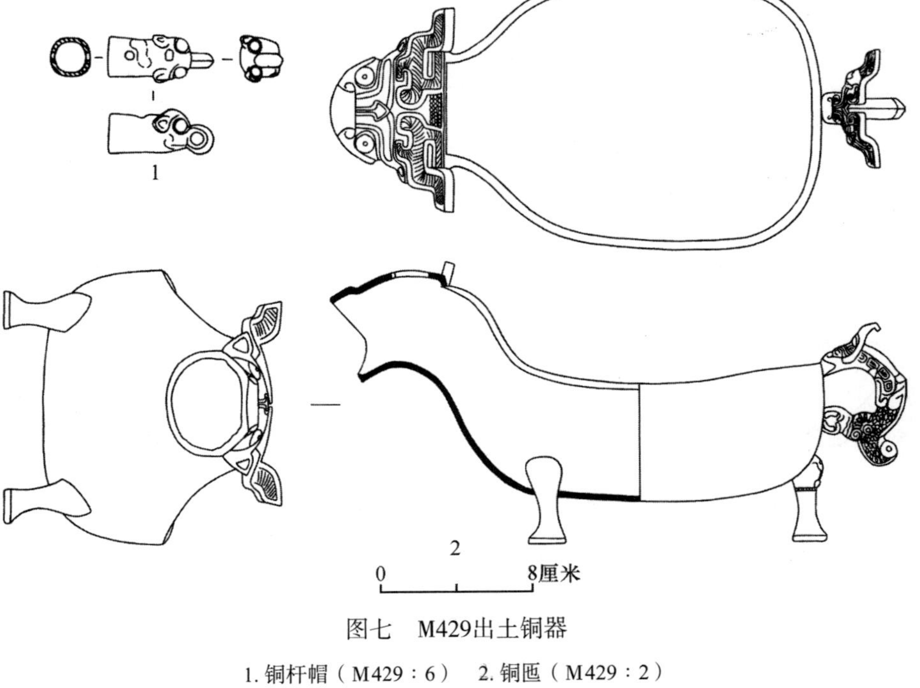

图七　M429出土铜器

1. 铜杆帽（M429：6）　2. 铜匜（M429：2）

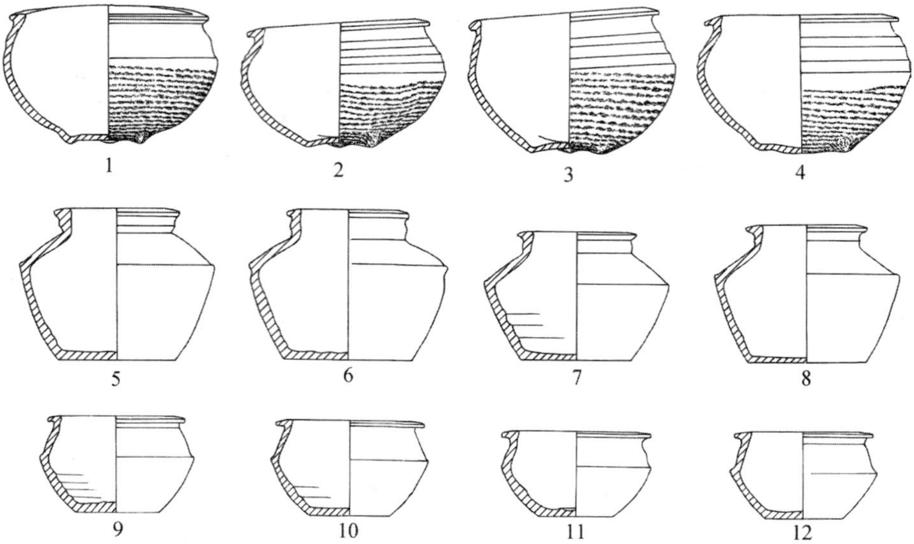

图八　M429出土陶器

1～4. 鬲（M429：9、M429：13、M429：15、M429：24）　5～8. 罐（M429：8、M429：12、M429：7、M429：11）　9～12. 盂（M429：10、M429：14、M429：16、M429：25）

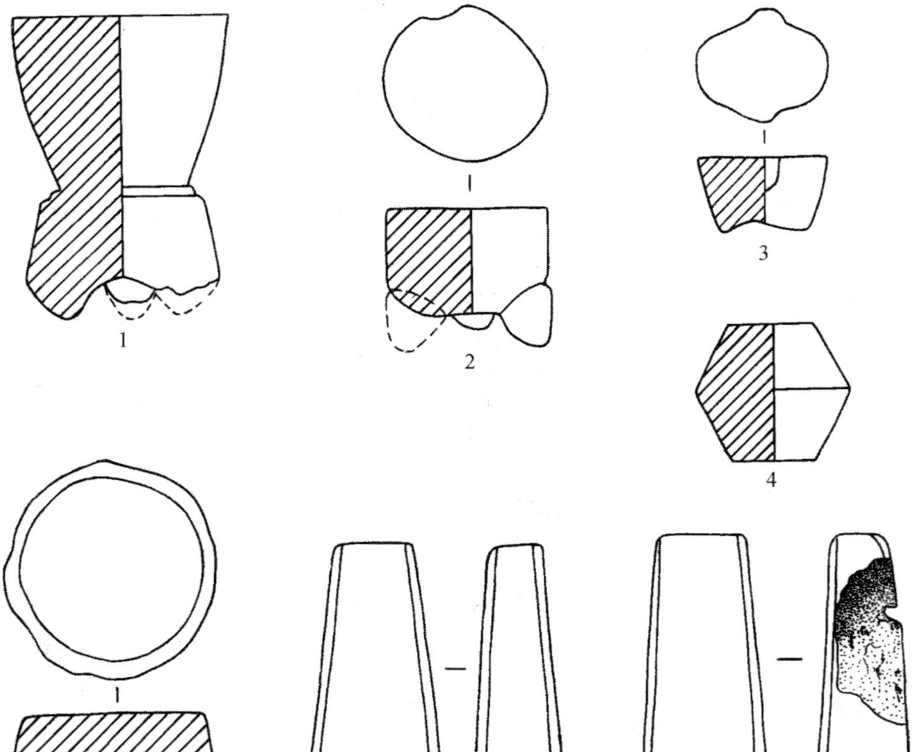

图九　M429出土泥质器

1. 甗（M429：19）　2. 鬲（M429：23）　3. 舟（M429：17）　4. 壶（M429：18）　5. 饼（M429：22）　6、7. 梯形器（M429：20、M429：21）

泥梯形器　2件。标本M429：20、M429：21，长5.8厘米，宽2～3.2厘米，厚1.4～2.1厘米（图九，6、7）。

三、结　语

M429是铁岭墓地为数不多的出土铜、陶、泥三种质地器物的墓葬之一，根据器物特征，时代较易判断。自20世纪80年代，在郑韩故城城内、城外发现数座东周时期的铜器墓，其中城内东南部兴弘花园M35[1]出土铜器和仿铜陶器，铜鼎、铜盏的盖、腹部除凸棱外无其他纹饰，这是铜器发展到春秋晚期的特征。城外黄水河东岸李家村M1[2]亦出铜器和仿铜陶器，铜鼎基本同M35铜鼎，但底部尖；铜敦代替铜盏，铜敦盖纽环上出头；铜盘腹部无纹饰，这些都说明M1比M35晚，已进入战国。铁岭墓地M429的鼎、盘腹部除凸起的绹纹外，还饰有蟠虺纹，显然比M35要早。而郑韩故城西北角防疫站M6[3]与M429有较多的可比性，两墓均出土组合相同的铜器和明器性质的陶器。前者鼎为敛口卷沿鼎，后者为敛口无沿鼎，属于不同类型，但前者鼎腹所饰蟠龙纹、蛇纹与后者盘的腹部纹饰一模一样。盘宽大的双耳均饰蟠龙纹。盏的形制相同，前者盖、腹部均饰蟠虺纹，后者盖、腹部饰凸棱纹。舟、匜大同小异。陶器的鬲、罐、盂基本一样，前者出土有陶豆，后者有泥质器甗、鬲、壶、舟、饼等。这两墓的时代应该非常接近，都比兴弘花园M35早，时代可定在春秋晚期早段，M35定为春秋晚期晚段。

领　队：郝红星
发　掘：李宗权　王振宇
绘　图：郝红星
摄　影：蔡　强

注　释

[1] 河南省文物考古研究所新郑工作站：《河南新郑兴弘花园发现的两座春秋墓》，《文物》2007年第2期。
[2] 河南省文物考古研究所新郑工作站：《河南新郑县李家村发现春秋墓》，《考古》1983年第8期。
[3] 河南省文物考古研究所新郑工作站：《新郑市郑韩路6号春秋墓》，《文物》2005年第8期。

（原刊于《中原文物》2010年第1期）

河南新郑市铁岭墓地M458发掘简报

郝红星　王会波　边　境

铁岭墓地是郑韩故城外围一处比较重要的东周墓地，郑州市文物考古研究院在河南省文物管理局南水北调办公室的统筹安排下，自2006年7月起持续对墓地进行了考古发掘（图一），至2009年12月已发掘东周墓葬630多座，其中2009年所发掘的225座墓葬中有14座为铜器墓，多数被盗，仅见铜鼎、铜盘、铜盏的残片，而M429[1]、M458、M550中的铜器得以保留，现将M458的情况简介如下。

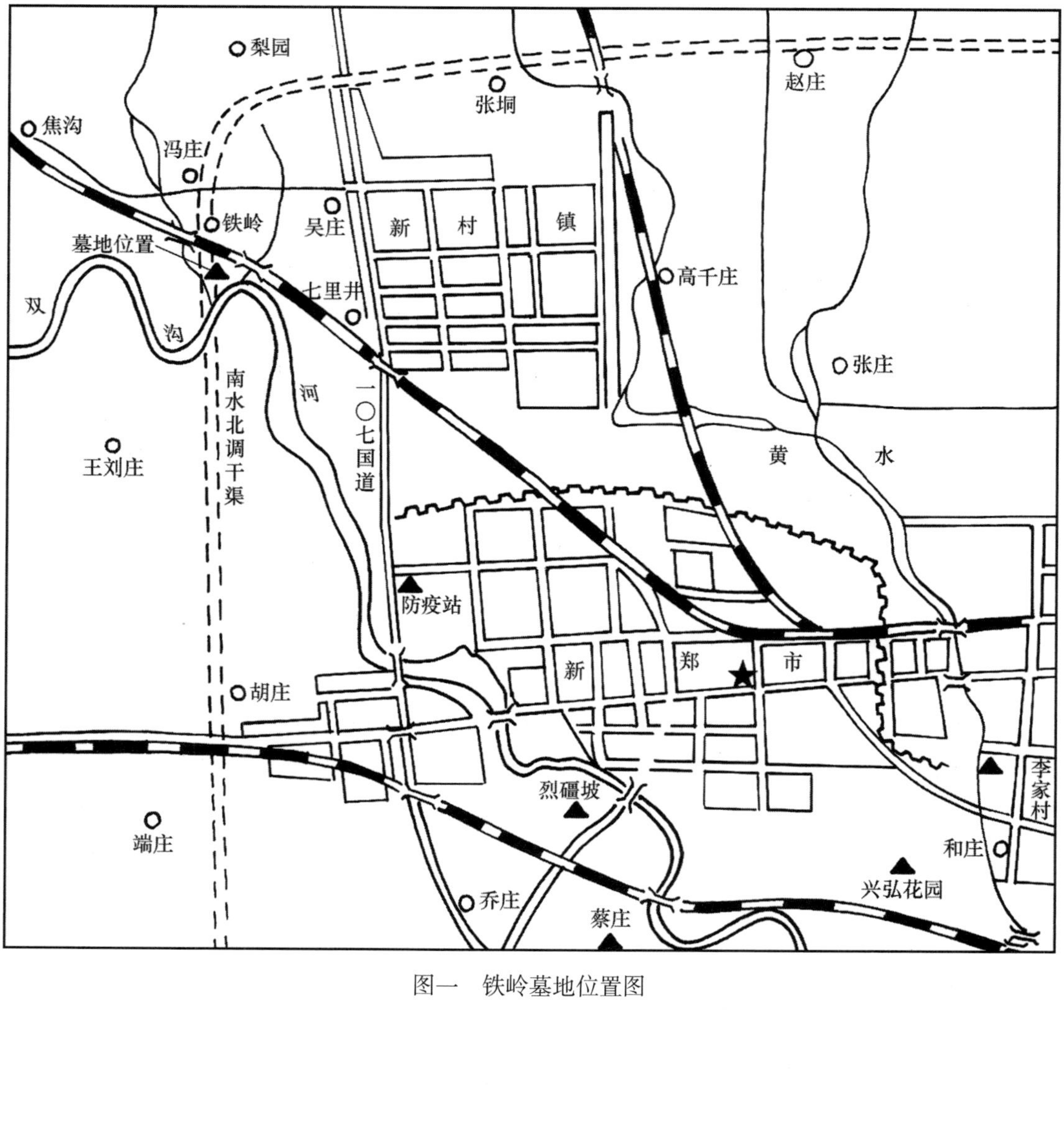

图一　铁岭墓地位置图

一、墓葬形制

M458位于墓地Ⅲ区中部、M429之北12米，东西向长方形竖穴土坑墓，方向280°。墓口现存于生土面上，东西长4.1、南北宽3.3米，墓底东西长3.04、南北宽2.1、深9.5米。墓室四壁修整光滑，西北角、东南角各有两排供上下的方形脚窝，宽0.18、高0.1、进深0.1米，脚窝间距0.4～0.5米。墓底放置单椁单棺，椁呈亚字形。椁长2.7、宽1.68、厚0.04、存高1.2米，棺长1.84、宽0.74、厚0.04、存高0.1米。椁、棺西挡板之间放置随葬品。铜器放在椁棺中间，自南向北有盏、盏盖、鼎、舟盖、舟等；陶器、牛腿骨（？）靠近椁板，自南向北有罐、鬲、盂等，陶器多碎裂；西南角陶器间放有泥质器，有鬲、甗、舟、壶、梯形器等（图二）。

二、出土器物

M458共出土铜器3件、陶器12件、泥质器6件，另见有泥鬲足。依次叙述。

铜鼎　1件。M458：2，有盖，侈口，方唇，弧平顶，顶面以2道粗棱纹、1道细弦纹将纹饰分为内、中、外三区。内区浮雕2条龙，首尾相接；龙长吻上卷，下颌呈钺状，额上有须，脑后有耳，原有四足，龙身饰鳞。中区稍内为1周蟠虺纹，其外为12条两两缠绕在一起的龙；龙首同前，唯额上无须，龙身饰蟠虺纹。外区饰9组顾首龙纹，以相交条纹为界；龙分立两侧，左龙首尾倒置，与右龙首尾相接；龙首细长，额上有横角，吻前一曲体长蛇，左龙尾下一曲体小蛇，右龙尾上二曲体小蛇；外区纹饰上等距焊接3条卧牛，牛臀饰一片羽纹。鼎身敛口，窄折沿，方唇，束颈，鼓腹，圜底近平，三矮蹄足中空，沿下两附耳。附耳由两兽张嘴吐舌上连而成，耳面及内外侧均饰太阳纹与蟠虺纹。鼎腹部两道凸棱纹，棱上饰有与盖外区相同的顾首龙纹，唯两龙尾上均1条小蛇。此鼎上腹部见3条范线，下腹、底、足浑铸在一起，底铸宽条式纹。口径23、腹径26.8、通高22.2厘米。

铜盏　1件。M458：1，器盖，窄折沿，方唇，近直腹，弧顶。唇外三个等距楔形扣钉；顶外缘对称4个环纽，纽两侧饰重环纹；中心置镂空捉手，由20条彼此相缠的蟠龙组成，龙双弯角，头呈蛇头形，身有细鳞。顶中心饰三周纹饰，自内向外依次是涡纹、云雷纹、重环纹。其外为3道绹纹，绹纹两侧饰三角纹、蟠虺纹。盏近直口，斜折沿，方唇，束颈，弧腹，圜底，三蹄足中空。腹部一对环纽，纽侧饰重环纹；一对兽首环耳，兽浓眉，大眼，卷鼻，粗舌下垂后上卷，两角呈平顶菌状。束颈饰蟠虺纹、三角纹各一周；腹部3道绹纹，绹纹间饰蟠虺纹，蟠虺纹下2道细弦纹、1周简体三角蝉纹。足饰卷鼻兽面纹与绹纹。口径21、通高20厘米。

铜舟　1件。M458：3，椭圆形，有盖（图三）。盖敛口，直腹壁，弧顶光素，中心置椭圆捉手，由22条无首龙纹缠绕组成。舟敛口，斜折沿，尖唇，束颈，鼓腹，圜底，

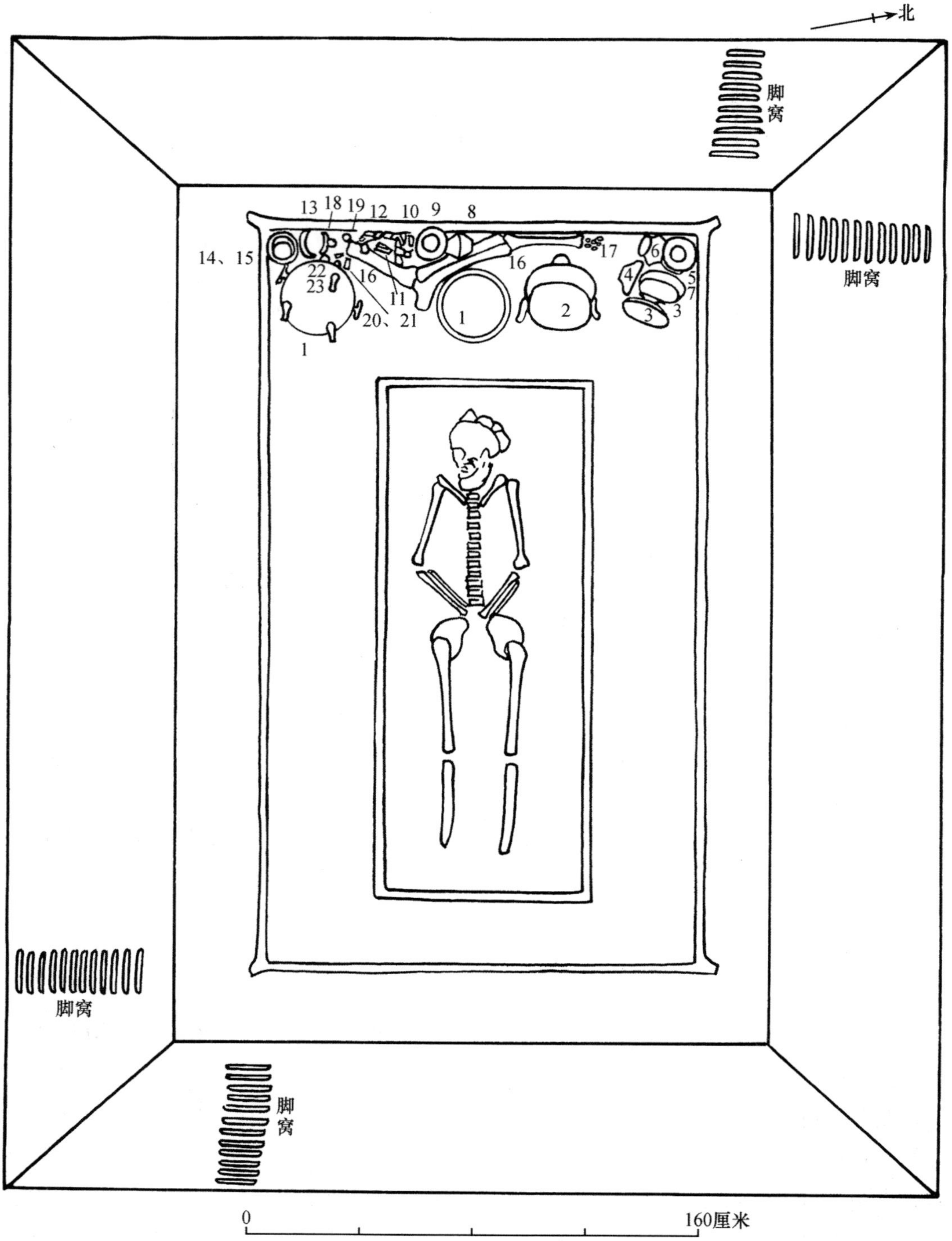

图二　M458平面图

1. 铜盏　2. 铜鼎　3. 铜舟　4、10～12. 陶盂　5、6、8、9. 陶罐　7、13～15. 陶鬲
16. 牛骨　17. 海贝　18. 泥壶　19. 泥舟　20、21. 泥梯形器　22. 泥甗　23. 泥鬲

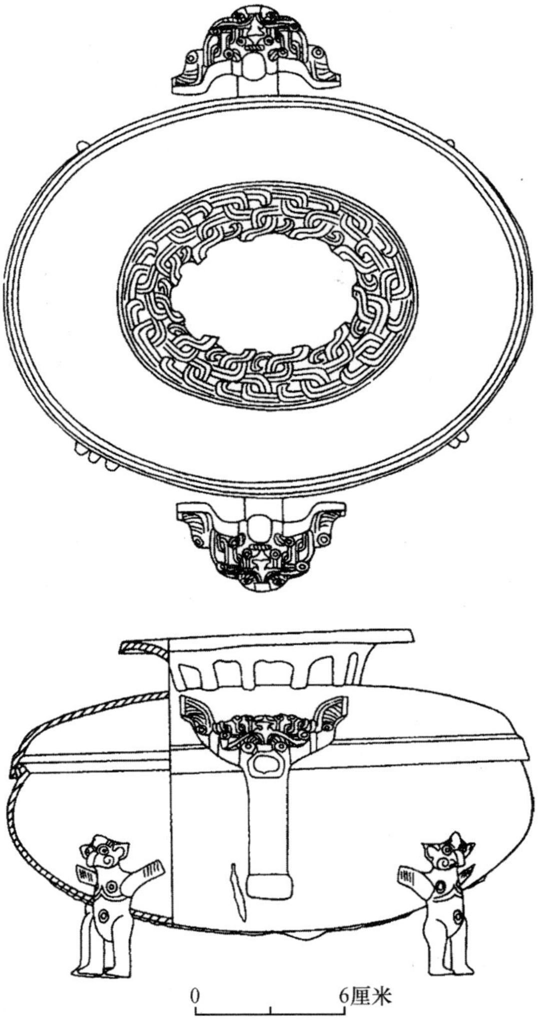

图三 铜舟（M458：3）

器底有“十”字范线。四足作鸟人直立状，与舟身浑铸在一起。鸟人勾喙，凸眼，两招风耳，双翅展起，与颈部、头部一起用力托起舟身。鸟胸部饰双“人”字纹，乳房处、肚脐处饰3个圆圈纹。舟身长侧饰对称兽环耳。兽大嘴，隆鼻，小圆眼，细长眉，双耳上扬，额头饰卷鬣，耳饰羽纹；兽身成环状，环下有卷尾。口长径20、短径14.5、通高13.3厘米。

陶鬲 4件。灰陶，敛口，平沿略下倾，方唇或圆方唇，短束颈，弧肩，鼓腹，3袋足。肩部细绳纹被抹去，上腹饰细绳纹，下腹及袋足饰粗绳纹。M458：7，器形不整，沿面稍凹，窄方唇，口径10.6、腹径15.6、高11.6厘米（图四，1）。M458：13，圆方唇，口径10.2、腹径16.6、高11.6厘米（图四，2）。M458：15，圆方唇，口径12、腹径18、高12.4厘米（图四，3）。

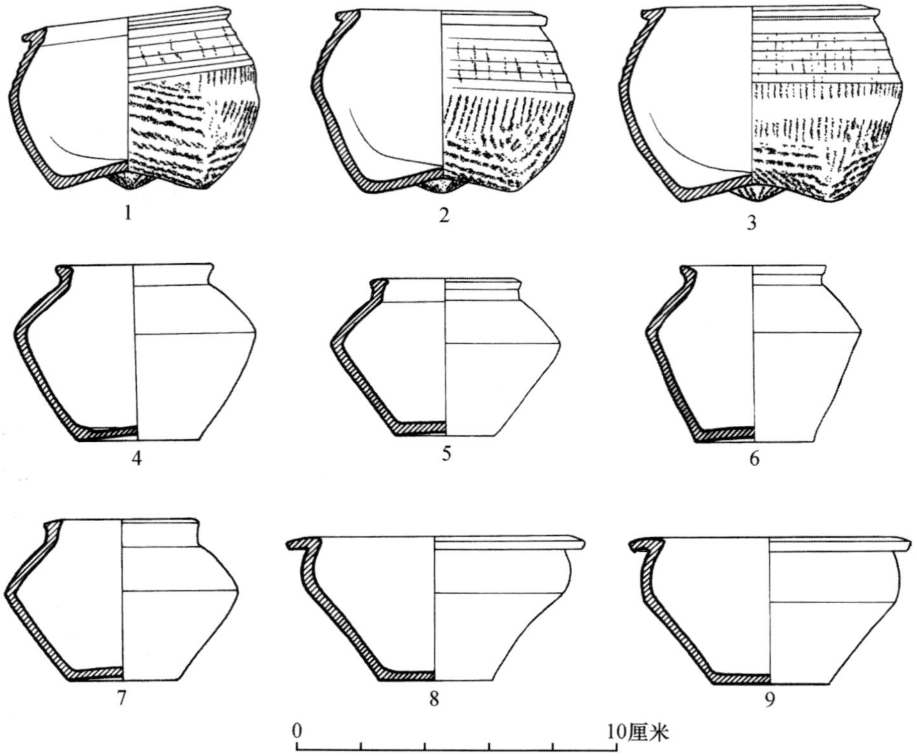

图四　M458出土陶器

1～3. 鬲（M458：7、M458：13、M458：15）　4～7. 罐（M458：5、M458：6、M458：8、M458：9）
8、9. 盂（N458：10、M458：4）

陶罐　4件。3件灰陶，敛口，窄平沿，圆唇，束颈，弧折肩，腹部斜直内收，平底略内凹。M458：5，弧肩较高，口径7.6、腹径15.2、底径8、高11厘米（图四，4）。M458：6，束颈内壁凹，口径7.4、腹径14.4、底径6.4、高9.8厘米（图四，5）。M458：8，沿略上倾，器形瘦，口径7、腹径13.6、底径7.4、高11厘米（图四，6）。1件灰胎褐衣，M458：9，敛口，方唇，直领略束，余同前。口径7.6、腹径14.8、底径7、高10.2厘米（图四，7）。

陶盂　4件。灰胎褐衣，敛口，弧平沿，圆方唇，上腹微鼓，下腹弧内收，腹间有棱线，平底，留绳切旋痕。M458：10，口径13.2、腹径16.2、底径7.4、高9.3厘米（图四，8）。M458：4，口径14、腹径16.8、底径7.2、高9.2厘米（图四，9）。

泥甗　1件。M458：22，足残，鬲部粗矮。口径5.8、高7.3厘米（图五，1）。

泥梯形器　2件。M458：21，残长5.6、厚1.5厘米（图五，2）。

泥壶　1件。M458：18，残。口径2.2、腹径4.1、底径2.8、高4.2厘米（图五，3）。

泥舟　1件。M458：19，残，残径3.3、高1.3厘米（图五，5）。

海贝　7枚。多数残，长2.5～3.1、宽1.8～2.3厘米（图五，4）。

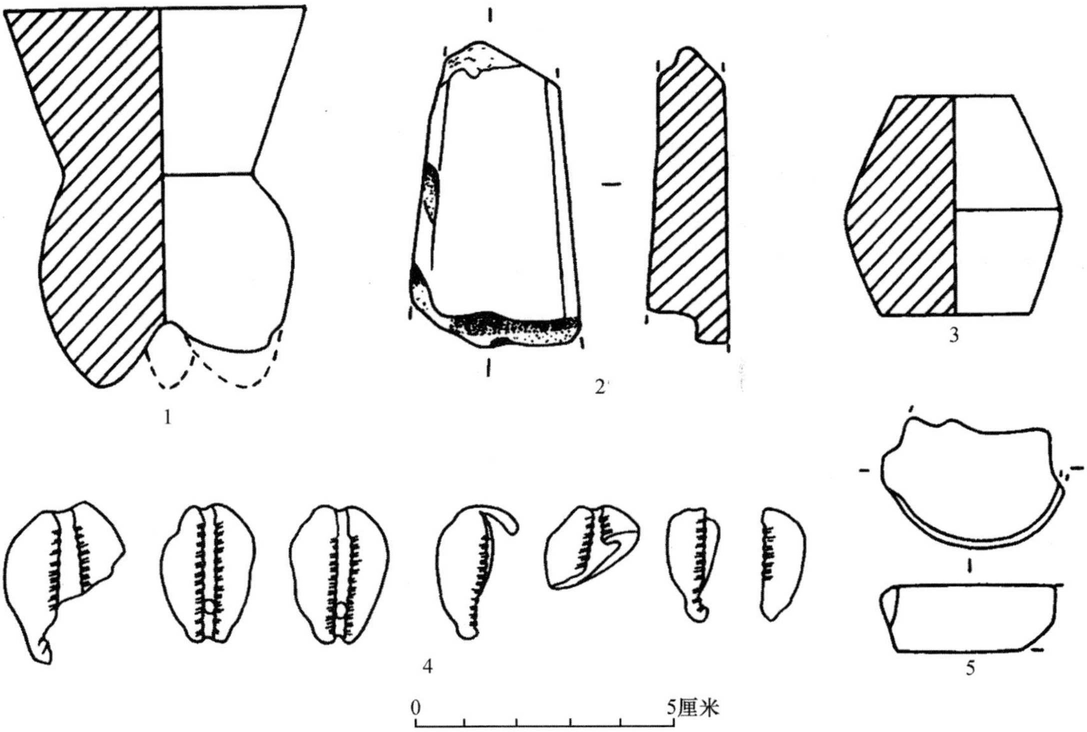

图五　M458出土泥质器

1. 甗（M458：22）　2. 梯形器（M458：21）　3. 壶（M458：18）
4. 海贝（M458：17）　5. 舟（M458：19）

三、结　　语

M458是铁岭墓地3座保存有铜、陶、泥三种质地器物的墓葬之一，根据器物特征，容易判断时代。自20世纪80年代以来，在郑韩故城城内、城外发现为数不少的春秋、战国时期的铜器墓，主要有城南烈疆坡M2、M13[2]、城南蔡庄M37[3]、城东黄水河东岸李家村M1[4]、城内东南部兴弘花园M35、M42[5]、城内西北角防疫站M6[6]等。其中烈疆坡M2、M13所出铜器制作粗俗，器身及盖均无纹饰，M13鼎、盏甚至无棱、无环纽，两墓均出大型红陶鬲，时代已晚至战国中期。蔡庄M37出土铜器有鼎、盏、舟，无陶器，铜器除凸棱外亦无纹饰，但鼎、盏的形状还保持春秋器形。李家村M1出土铜器有鼎、舟、敦、盘、匜等，均无纹饰，敦盖之环纽上出头，是战国早期器物的特征，另有陶器鬲、彩绘莲花瓣豆、无足罍、匜、鸟、玉柱等。兴弘花园M42出土铜器有鼎、盏、舟等，鼎耳尚立在鼎沿上，盏、舟均无足，为春秋中期器。兴弘花园M35出土铜器有鼎、盏、舟，陶器有无足罍、无足盘、匜等。铜鼎为敛口无沿鼎，身及盖无纹饰，与M458的鼎不属一个类型；铜盏与M458的盏形状相似，但盏身及盖除凸棱外均无纹饰；

铜舟无足无盖，两侧有简单兽形环耳。从铜器与陶器上看，兴弘花园M35与M458没有更多的可比性，其时代可能比M458要晚一些。如此一来，能与M458进行对比的就剩下铁岭墓地的M429与防疫站M6。M429出土铜器有鼎、盏、盘、舟、匜，陶器有鬲、罐、盂，泥质器有甗、鬲、壶、舟、饼、梯形器等。M458出土铜器仅有鼎、盏、舟，陶器、泥质器组合同前。从铜器来说，两墓鼎、舟不属一个类型，盏器形相同，可以比较。M458的盏纹饰复杂，M429的盏除凸棱外无纹饰，但M429盘、鼎的纹样及其繁复程度与M458鼎、盏纹饰一样，两墓时代相当接近，应在一个时段内。我们来看防疫站M6出土器物，铜器有鼎、盏、盘、舟、匜，陶器有鬲、罐、盂、豆。它的鼎盖从卧牛到3区纹饰，甚至龙的个数都完全同M458鼎盖；鼎身造型亦同，仅前者为窄卷沿，后者为窄折沿；两鼎腹部所饰顾首龙纹相同，耳部纹样有异。两墓铜盏造型一样，盏盖所饰涡纹、云雷纹、重环纹、蟠虺纹，盏腹所饰三角纹、蟠虺纹纹样及布局均同。铜舟的盖、身及兽耳非常一致，但M6的舟足为简单蹄足，M458的舟足为鸟人形，后者更有创意。从鼎、盏、舟这三种器物来看，这两墓的铜器应该是一批的，不排除是一个铸造厂的产品，因为铜器的主体完全一样，仅配件类如鼎盖卧牛、鼎耳、盏盖与舟盖的捉手、盏身与舟身的兽环耳、盏足与舟足不同，它们多是后加上去的，样式及纹饰有所不同与理相合，这样产品才能更有特色。再看陶器，两墓所出鬲、罐、盂几无差别，也有可能是一个陶器作坊生产的。M6没有出土泥质器，却出土有2件陶豆，此为两墓不同的地方。总之，M458与M6的时代应该相同，可定在春秋晚期早段。附带地说，M6所出铜盘与铜匜的器形、纹饰同M429所出同类器，这三墓应该是一个时代的，这也是郑州地区东周考古的一个重要收获。

附记：本次发掘领队为郝红星；参加发掘工作的有王振宇、郭朝杰等。

绘　图：郝红星
摄　影：蔡　强

注　释

［1］　郑州市文物考古研究院：《新郑铁岭墓地M429发掘简报》，《中原文物》2010年第1期。

［2］　赵清、王文华、刘松根：《河南新郑新禹公路战国墓发掘简报》，《考古》1994年第5期。

［3］　河南省文物研究所新郑工作站：《新郑县蔡庄东周墓葬发掘简报》，《中原文物》1987年第4期。

［4］　河南省文物考古研究所新郑工作站：《河南新郑县李家村发现春秋墓》，《考古》1983第8期。
［5］　河南省文物考古研究所新郑工作站：《河南新郑兴弘花园发现的两座春秋墓》，《文物》2007年第2期。
［6］　河南省文物考古研究所新郑工作站：《新郑市郑韩路6号春秋墓》，《文物》2005年第8期。

［原载于《文物研究》（第17辑），科学出版社，2010年］

河南新郑铁岭墓地春秋晚期仿铜陶器墓发掘简报

郝红星　黄文兵　郝会生

铁岭墓地是郑韩故城外围最为重要的一处东周墓地（图一），郑州市文物考古研究院在此持续工作5年余，共发掘东周墓葬1200多座，其中19座墓葬随葬青铜礼器与小陶器，另有10座墓随葬仿铜陶器与小陶器。通过小陶器这个共有介质，可以追寻铜器与仿铜陶器各自的演变规律及它们的共存关系。现将器物保存较好的M565、M566、M637、M899予以介绍。

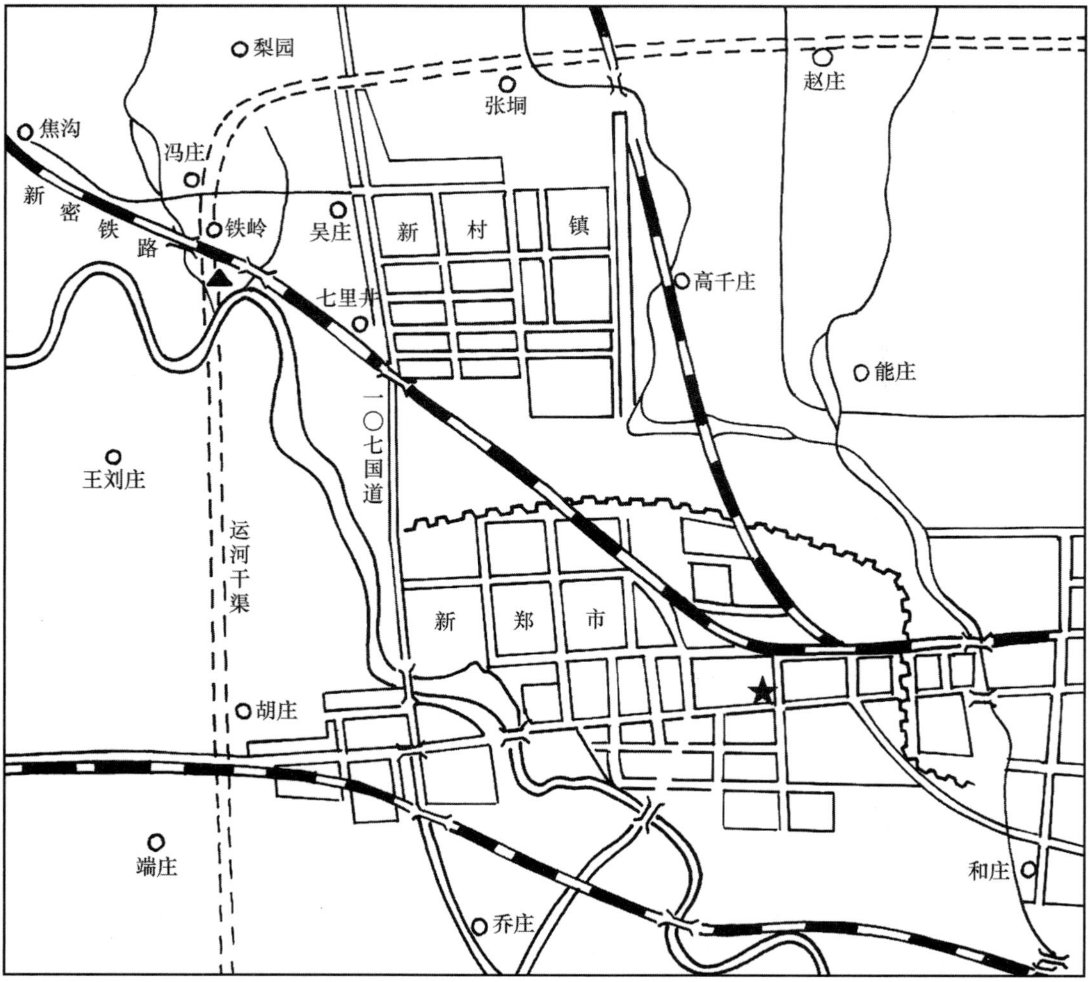

图一　铁岭墓地位置示意图

一、M565

1. 墓葬形制

M565位于墓地Ⅲ区中西部，为东西向长方形竖穴土坑墓，方向274°。此处耕土层和宋代文化层已被推走（堆积厚约1米），墓口暴露于生土上。墓口东西长4.4、南北宽3.9米，墓底东西长3.3、南北宽2.7米，现存深度10.3米。墓室四壁修整光滑，东北角有半圆形脚窝40个，脚窝宽0.1～0.16、高0.12、进深0.1米，间距0.3～0.5米。墓底放置单椁单棺。椁为“亚”字形，长3.04、宽2.09、厚0.1、现存高度0.8米。棺长2.1、西宽1.14、东宽0.98、厚0.04、现存高度0.2米。椁、棺西挡板间放置随葬品，小陶器多数完整，仿铜陶器因火候低而俱碎，不易提取。墓室西部有一直径0.6米的盗洞直达墓底，打破椁西挡板，这一带的陶盂、陶鼎更碎。随葬器物自南向北有盂、鬲、罐、兽骨、壶、鼎、器盖等。棺内尸骨一具，头西脚东，保存极差，仰身直肢，经鉴定为老年女性。口中含贝1枚，左趾处放置贝2枚。棺下偏南位置有椭圆形腰坑一个，长0.4、宽0.26、深0.3米。发掘过程中，在距墓口4.5米和9米的填土中发现3块蚌壳（图二）。

2. 出土器物

主要有小陶器、仿铜陶器和蚌器、贝器共20件，依次叙述。

陶鬲　4件。灰陶，敛口，窄平沿下倾，窄方唇，短束颈，弧肩，鼓腹，下腹弧收，三浅袋足。M565：5，肩部饰六道凹弦纹，腹、足细绳纹多磨灭。口径9.4、腹径13.7、高8厘米（图三，1）。M565：6，肩部饰七道凹弦纹，腹、足饰规整细绳纹，足内较平。口径8.4、腹径13.3、高7.9厘米（图三，2）。

陶罐　3件。灰陶，褐衣脱落殆尽，敛口，矮直领，弧折肩，下腹斜直内收，平底略内凹，内底有轮制时留下的凸起。M565：11，口径5.2、腹径11、底径6、高8.1厘米（图三，3）。M565：9，有盖，矮子口，弧顶较糙。口径5.6、腹径10.4、底径6、高8.9厘米（图三，4）。M565：10，盖子口更低。口径6、腹径10.3、底径5.4、高8.5厘米（图三，5）。

陶盂　4件。灰陶，敛口，窄平沿，方唇或半圆唇，上腹微鼓，下腹弧内收，平底或平底略内凹。M565：4，内底中心一凹坑。口径10.6、腹径12、底径6.4、高6.2厘米（图三，6）。M565：14，窄平沿外侧下倾，内底中部凸起。口径10.2、腹径11.8、底径6.5、高6.3厘米（图三，7）。

陶鼎　2件，未能修复。M565：18，红陶，仅有口沿、耳、足等残件。子口，方唇，上腹部饰二周无首龙纹，间以宽素带纹（图四，3）。附耳顶面饰三朵四瓣花，内侧面饰细密的蟠虺纹（图四，4）。足上部呈兽首状，额饰锯齿状扉棱（图四，5）。另见三个模制卧牛，周身饰云雷纹，应为盖顶饰物（图四，6）。口径40厘米以上。

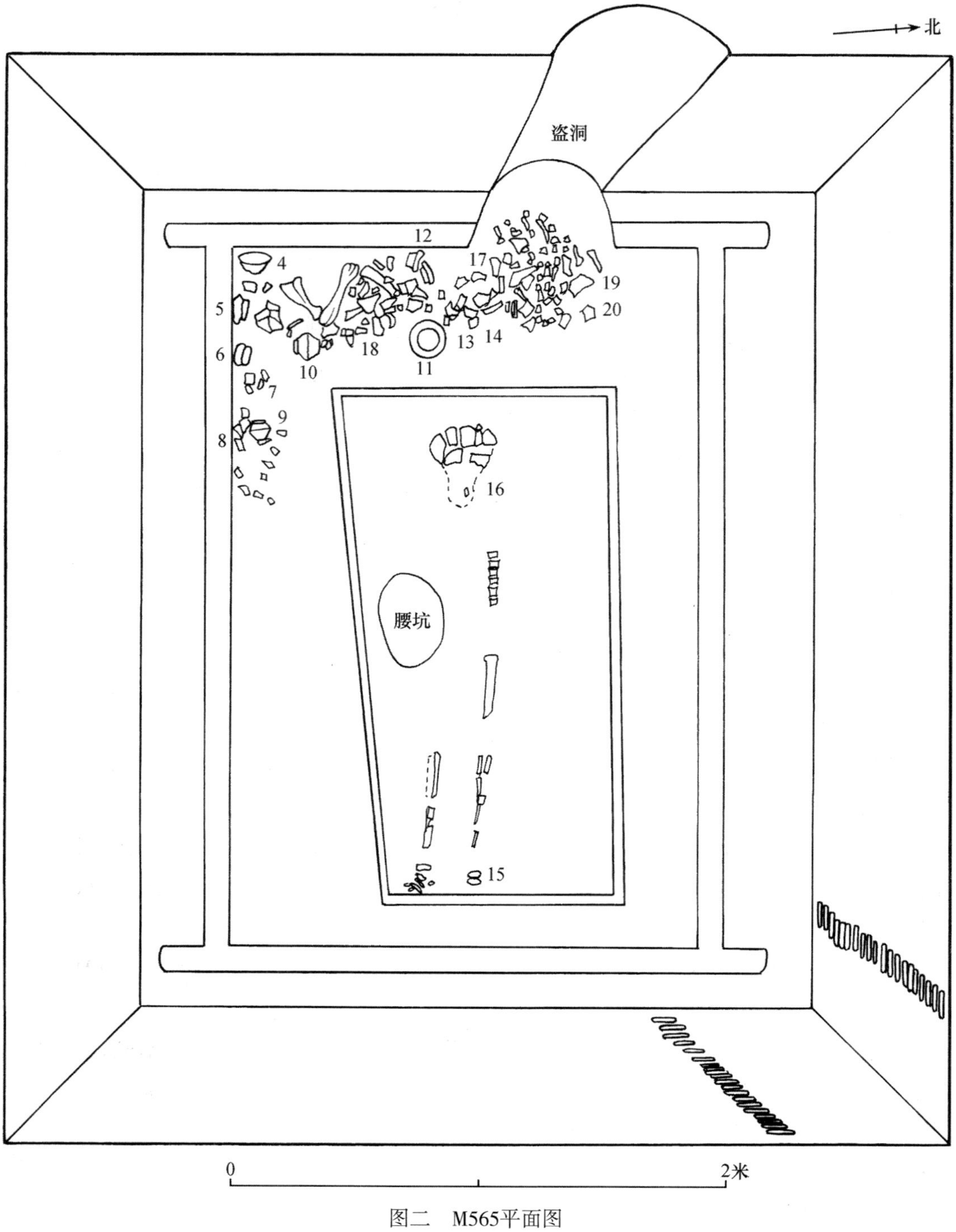

图二　M565平面图

1～3. 蚌壳（填土中）　4、12～14. 陶盂　5～8. 陶鬲　9～11. 陶罐　15. 蚌壳　16. 海贝　17. 陶壶　18、20. 陶鼎　19. 陶器盖

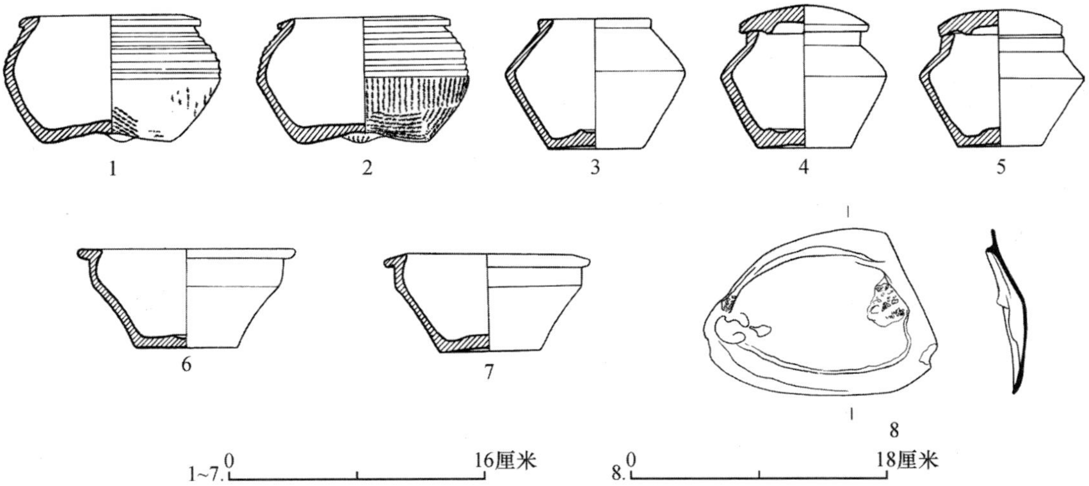

图三　M565出土器物

1、2. 陶鬲（M565：5、M565：6）　3～5. 陶罐（M565：11、M565：9、M565：10）
6、7. 陶盂（M565：4、M565：14）　8. 蚌壳（M565：1）

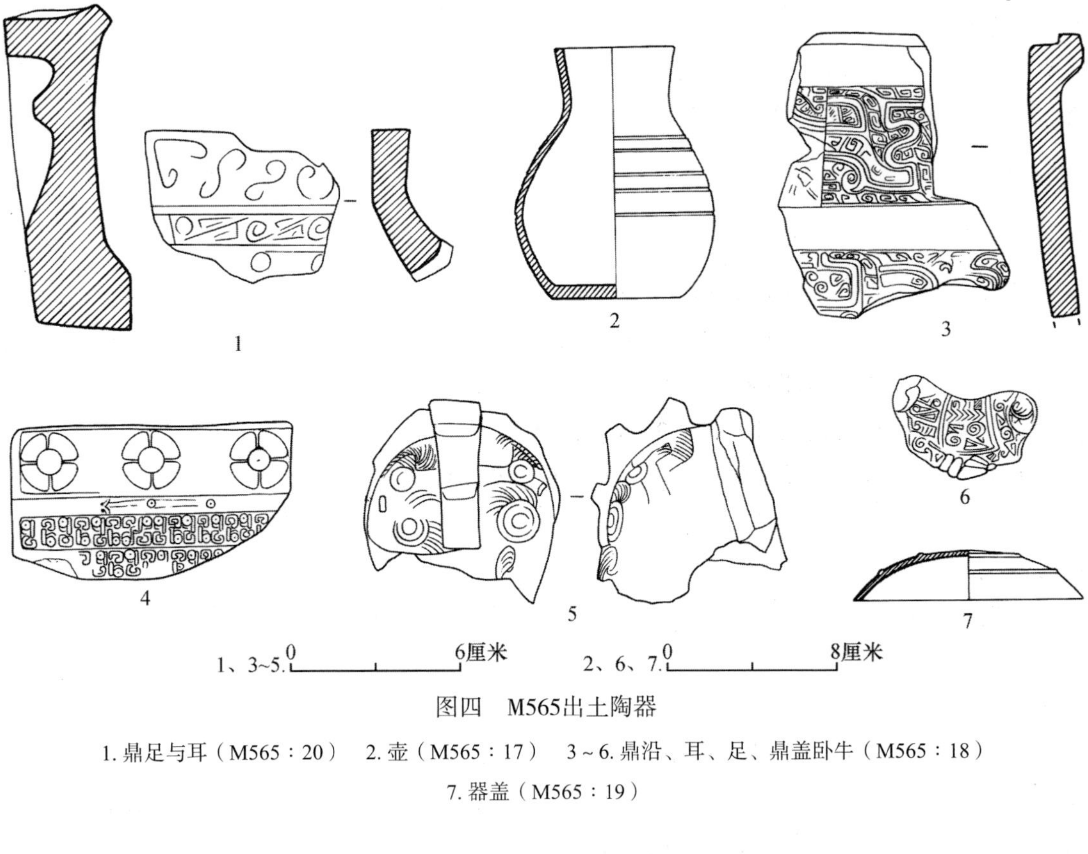

图四　M565出土陶器

1. 鼎足与耳（M565：20）　2. 壶（M565：17）　3～6. 鼎沿、耳、足、鼎盖卧牛（M565：18）
7. 器盖（M565：19）

M565：20，红陶，仅见附耳与蹄足，耳顶面饰云纹，内侧面饰三角云雷纹。足内侧中空，高11.5厘米（图四，1）。

陶器盖　1件。M565：19，灰陶，弧顶，素面。直径24.6、高5厘米，与蟠龙纹鼎不能配合（图四，7）。

陶壶　1件。M565：17，红胎褐衣，侈口，微束颈，弧肩，垂腹，平底。肩腹部饰五道凹弦纹。口径11、腹径21、底径14、高26.4厘米（图四，2）。

蚌壳　4件。M565：1，尾端略残。长22、宽15.7厘米（图三，8）。

海贝　3枚。大者长3～3.2、宽2～2.2厘米，背钻一孔。

二、M566

1. 墓葬形制

M566位于M565西南2米，为东西向长方形竖穴土坑墓，方向275°。墓口东西长4.6、南北宽4米，墓底东西长3.4、南北宽2.6米，现存深度9.6米。墓室四壁经修整，西北角有方形脚窝，脚窝宽0.14、高0.14、进深0.08、间距0.4～0.7米，因西北角有一盗洞打破北壁，脚窝共存22个。墓底放置单椁单棺。椁长3.1、宽2.26、厚0.08、现存高度0.5米。棺长2、宽0.68、厚0.06、现存高度0.1米。椁、棺之间放置随葬品，墓室东北角罍1，东南角鼎1、鬲1，西南角陶器自南向北有罍、鬲、罐、盂，西北角罍1、因盗扰罍、鼎缺片甚多。棺内尸骨1具，头西脚东，保存一般，仰身直肢，口中含贝16枚，经鉴定为壮年女性（图五）。

2. 出土器物

主要有小陶器、仿铜陶器和贝器共14件，依次叙述。

陶鬲　3件。敛口，窄平沿，圆唇，矮束颈，弧肩或折肩，鼓腹，袋足。腹部、袋足饰绳纹，肩部饰三道凹弦纹，绳纹被抹去。M566：4，灰陶，弧肩，袋足瘦，裆稍高，饰细绳纹。口径8.8、腹径12.2、高7.6厘米（图六，1）。M566：3，红陶，平沿更窄，折肩，肥袋足，裆较低，饰细绳纹。口径9、腹径12.5、高7.3厘米（图六，2）。M566：5，灰陶，口沿更窄，折肩，袋足瘦，裆较高，饰粗绳纹。口径8.6、腹径12.6、高7.8厘米（图六，3）。

陶罐　3件。灰陶褐衣，侈口，方唇，高领略束，弧肩，鼓腹，腹中部微折，下腹内收，平底略内凹。盖，子口，圆唇，弧平顶。M566：7，口径8.4、腹径14、底径8.2、高12.8厘米（图六，4）。

盂　3件。灰陶，敛口，窄平沿，半圆唇，上腹微鼓，下腹弧内收，平底或平底略内凹，内底凸起。M566：10，口径12、腹径13、底径6.4、高7.2厘米（图六，5）。M566：11，口径11.6、腹径13.2、底径6.8、高7.2厘米（图六，6）。

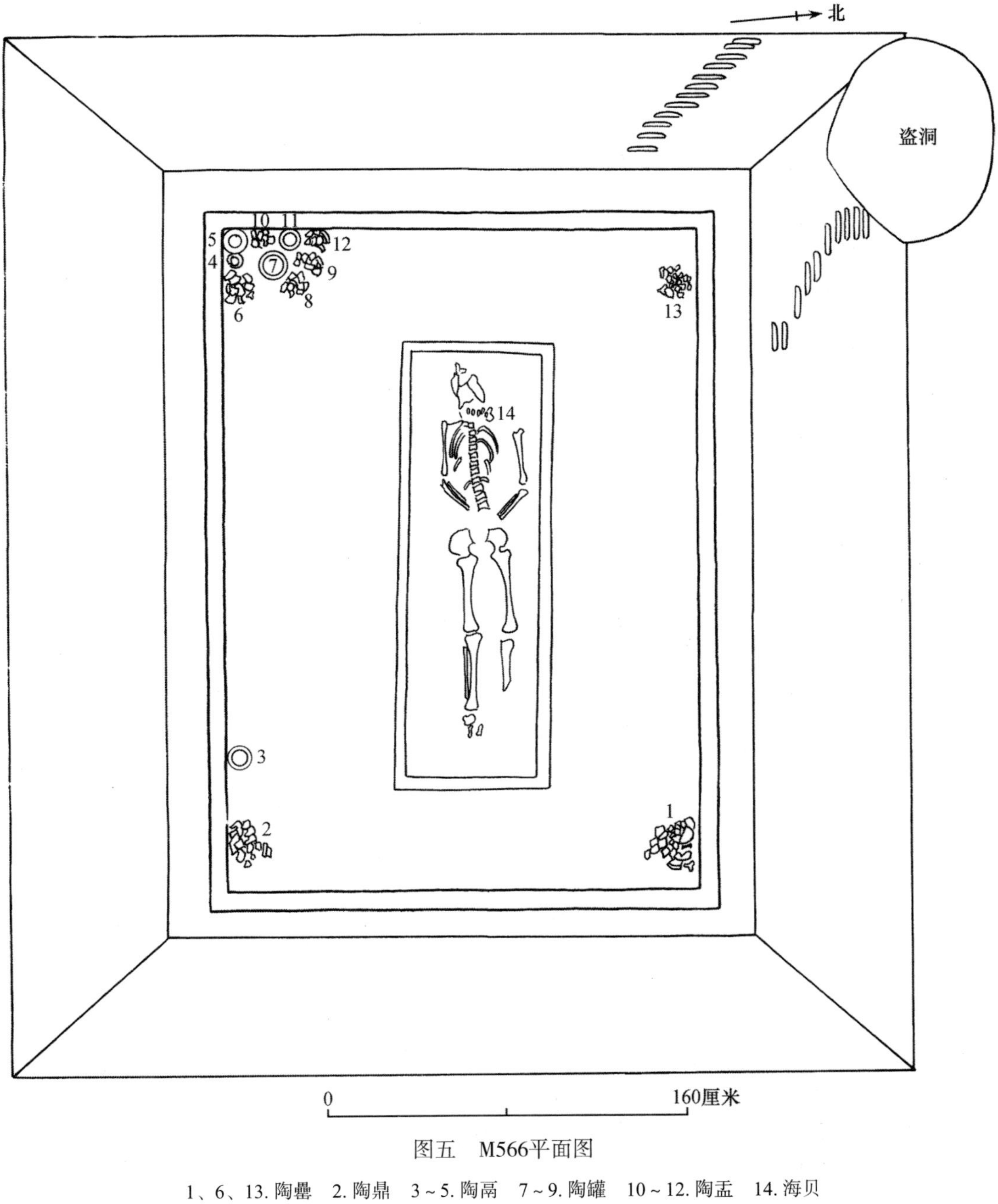

图五　M566平面图

1、6、13. 陶罍　2. 陶鼎　3～5. 陶鬲　7～9. 陶罐　10～12. 陶盂　14. 海贝

鼎　1件。M566：2，灰陶，残缺甚多，子口，矮方唇，口沿外两附耳外撇，微弧腹，圜底，爪式足。鼎耳饰网纹，腹饰两周绹索纹。口径25.4厘米（图七，1）。

罍　3件。M566：13，灰陶，仅留腹部残片及牛首，腹饰夔龙纹（图七，2）。M566：1，黄褐陶，褐衣，侈口，窄平沿，方唇，束颈，弧肩，鼓腹，平底，三兽足。肩部对称四牛首耳，肩腹部饰六道凹弦纹，弦纹间自上而下饰三角网纹、绹索纹、三角

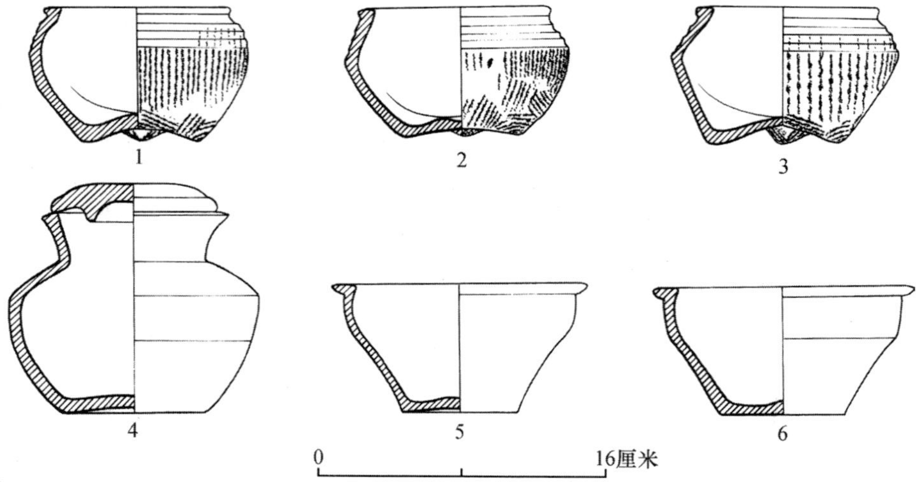

图六　M566出土陶器

1～3. 鬲（M566：4、M566：3、M566：5）　4. 罐（M566：7）　5、6. 盂（M566：10、M566：11）

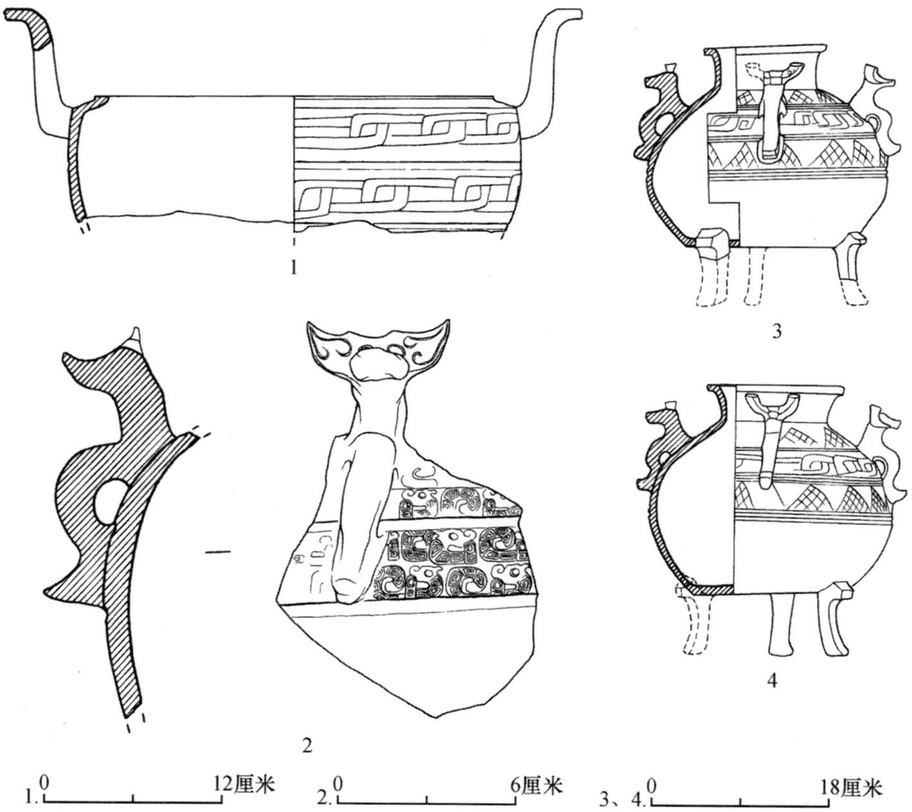

图七　M566出土陶器

1. 鼎（M566：2）　2～4. 罍（M566：13、M566：1、M566：6）

网纹。口径10、腹径24.3、底径16、残高24厘米（图七，3）。M566：6，器形、纹饰同前。口径11.4、腹径24.6、底径15、高27厘米（图七，4）。

三、M637

1. 墓葬形制

M637位于M566以南2米，为东西向长方形竖穴土坑墓，方向280°。墓口东西长4.8、南北宽4米，墓底东西长3.5、南北宽2.8米，现存深度10.2米。墓室四壁经过修整，西北角西壁与北壁上各有19个方形脚窝，直抵墓底。脚窝宽0.2、高0.14、进深0.16、间距0.3～0.5米。距墓口4.8～5.6米，由于空间不够，四壁又各向外扩0.1米，但不在同一高度上。墓底放置单椁单棺。椁呈“亚”字形，长3.3、宽2.4、厚0.08～0.1、现存高度1米。棺可能为漆棺，棺东挡板外侧墓底比较光洁，有漆皮的残迹，上绘有红线龙纹。棺长2、宽1.44、厚0.06、现存高度0.16米。棺底一方形腰坑，长0.5、宽0.4、深0.2米。椁底东西各有一根截面为半圆形的枕木，置于生土槽内。西枕木长2.8、宽0.1、厚0.06米。东枕木长2.8、宽0.16、厚0.06米。器物主要放置在椁、棺西挡板之间，小陶器有鬲、罐、豆、盂，多数完整；仿铜陶器有鼎、罍、簠，为打碎后放入，缺片甚多；陶器间夹杂有铜戈、车軎、马镳、马衔、玉带钩、玉刀、玉柱、玉饰等。北挡板间有马镳、马衔一套，南挡板间有兽骨及铜带扣，东北角有陶盆、玉条、玉柱，东南角有骨贝。棺内尸骨一具，头西脚东，保存较差，仰身直肢，口中含贝，经鉴定为中年男性。棺内西北角有骨贝，腰旁有玉带钩及玉柱（图八）。

2. 出土器物

主要有小陶器、仿铜陶器、玉器、铜器共44件，依次叙述。

鬲　2件。红陶，仅见口沿及袋足，敛口，弧平沿外侧略下倾，圆唇，束颈，弧肩，袋足较厚。M637：25，口径9.6厘米（图九，4）。

罐　4件。灰陶，有盖，低子口，方唇，弧顶，顶经刀削。罐敛口，方唇，直领，弧折肩，下腹斜直内收，外壁有轮制时形成的凸棱，平底。M637：30，盖顶平，边缘有八次刀削痕迹，子口深陷盖内，直径6.6厘米。罐口径4.6、腹径9.3、底径5.7、通高8.6厘米（图九，5）。M637：31，盖顶尖，顶部有七次刀削痕迹，子口陷于盖内，直径6.4厘米。罐口径4.5、腹径9.3、底径5.8、通高8.2厘米（图九，6）。M637：32，盖顶尖，顶部有六次刀削痕迹，子口较矮，直径6厘米。罐口径4.6、腹径9.4、底径5.8、通高7.8厘米（图九，7）。

陶盂　2件。灰陶，仅见口沿。敛口，弧平沿，尖唇，略束颈，上腹稍弧。M637：40，口径10厘米（图九，1）。

豆　6件。5件灰陶，褐衣多脱落，侈口，圆唇，口沿均不平，深腹，圜底，细

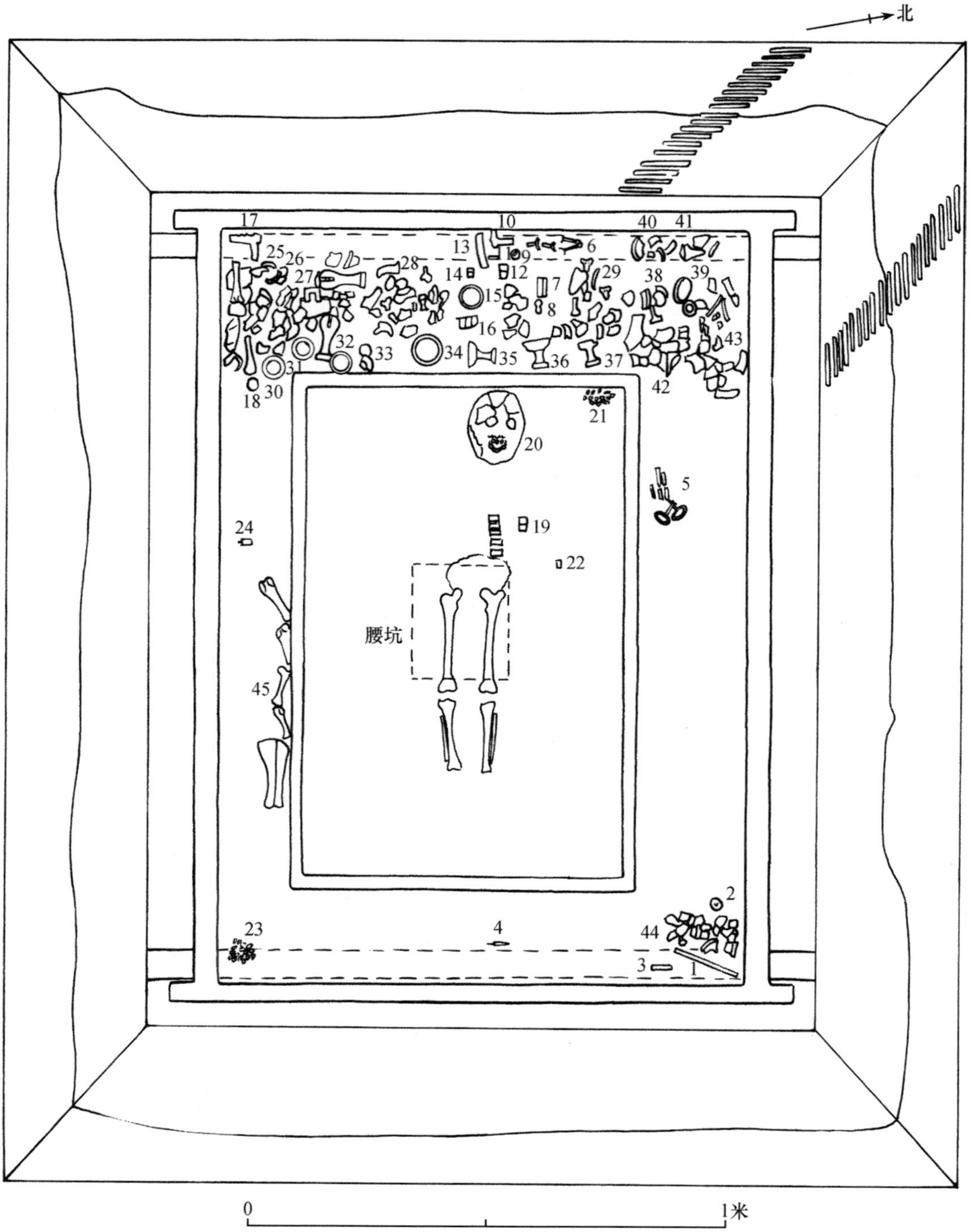

图八　M637平面图

1、3. 玉条　2、9、11、18、22. 玉柱　4. 铜镞　5、6. 马镳、马衔　7. 玉饰　8、12、14、19. 玉带钩　10、17. 铜戈　13. 玉刀　15、16. 铜车軎　20. 海贝　21、23. 骨贝　24. 铜带扣　25、26. 陶鬲　27. 陶鼎　28、29. 陶罍　30～33. 陶罐　34～39. 陶豆　40、41. 陶盂　42、43. 陶簋　44. 陶盆　45. 兽骨

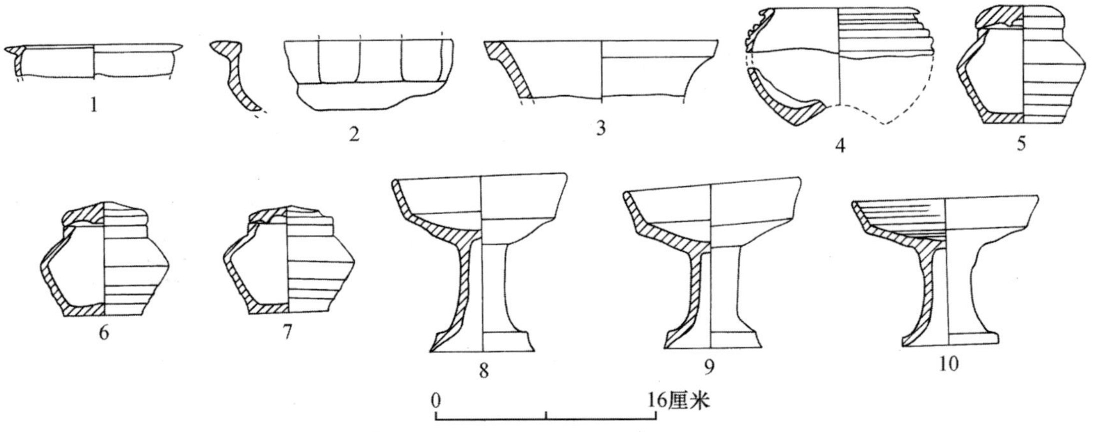

图九 M637出土陶器

1. 盂（M637：40） 2. 盆（M637：44） 3. 罍（M637：28） 4. 鬲（M637：25）
5～7. 罐（M637：30、M637：31、M637：32） 8～10. 豆（M637：34、M637：35、M637：37）

矮柄，喇叭状圈足。M637：34，口径12.2、圈足径7.6、高12.8厘米（图九，8）。M637：35，口径12.4、圈足径7.2、高12.4厘米（图九，9）。1件褐红陶，M637：37，褐衣，侈口，圆唇，浅腹，圜底，细矮柄，喇叭状圈足。内壁有轮制时留下的细弦纹。口径13、圈足径6.8、高10.7厘米（图九，10）。

鼎 1件。M637：27，红陶，缺片甚多，见口沿、耳、三足等。盖，仅见小部分口沿及捉手，敛口，方唇，弧顶，捉手仅存柄部。盖面饰无首龙纹。鼎，子口，方唇，深弧腹，三蹄足。上腹部饰两无首龙纹，附耳顶面饰圆圈纹和三角云雷纹，足上部饰兽面纹，卷鼻，大眼，额中部饰三齿状扉棱，两侧满是卷发。口径35厘米（图一〇）。

盆 1件。M637：44，红陶，敛口，弧平沿，尖唇，沿下两附耳残，浅腹，腹壁略凹，圜底，三足残。腹壁素面。口径33.4、残高5厘米（图九，2）。

罍 2件。红陶，缺片甚多，仅见口沿、底、爪式足、一块腹部残片及5个牛首。侈口，方唇，束颈，鼓腹，平底。M637：28，腹部残片留有牛首耳的短梗，上饰无首龙纹。口径14.4厘米（图九，3）。

簠 2件。红陶，缺片极多，长方形，侈口，方唇，斜直腹，平底，四“［”形足。M637：42，外底饰三角云雷纹，足内侧饰水波纹。M637：43，外底亦饰三角云雷纹，云雷纹较前者为大。

玉条 2件。四棱柱体，滑石质（以下玉器质地均同）。M637：1，正面留有解玉时的五个管钻孔，孔宽0.3～0.5、深0.2厘米，长如玉条宽度。顶端、侧面、底面留有解玉直线痕。长24.2、宽1.5、厚1.3厘米（图一一，1）。M637：3，顶面、左侧面、顶端、底端留解玉直线痕。长7.2、宽1.5、厚1.2厘米（图一一，2）。

玉刀 1件。M637：13，长条形，略有弯曲，顶面、两侧面经磨制，顶面右侧磨成半刃状，底面留有解玉直线痕。长15.9、宽3、厚1.1厘米（图一一，3）。

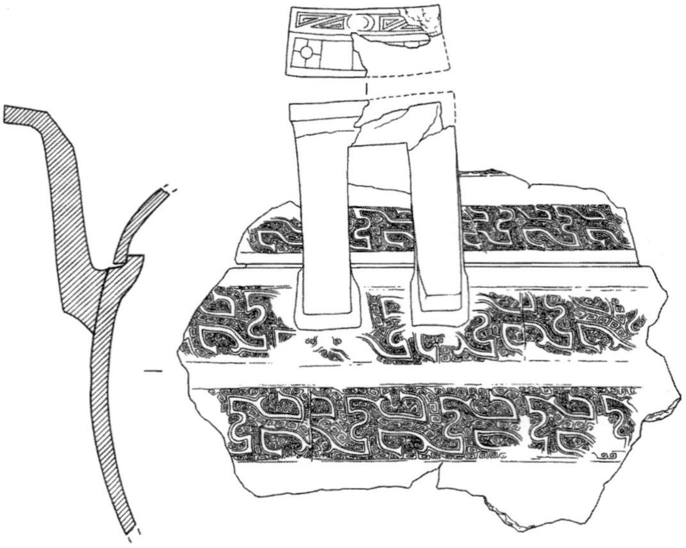

图一〇　陶鼎（M637：27）

玉带钩　4件。俯视长方形，侧视为反“S”形，钩部较短，尾部上卷，顶部一钻孔，不通透。M637：14，器形较小。长2.4、宽2.65、厚1.9厘米（图一一，4）。M637：8，顶面风化严重，侧面解玉痕明显。长6.2、宽3.7、厚3.4厘米（图一一，5）。M637：12，侧面、背面风化严重。长6、宽3.6、厚3.2厘米（图一一，6）。M637：19，周身磨制较精。长5.8、宽3.7、厚3.2厘米（图一一，7）。

玉饰　1件。M637：7，长条形，顶面与左侧面磨成弧面，弧面中部略下凹，两侧留有切割的锯痕，右侧面中部一直径0.7厘米的钻孔，底面右侧被磨成一斜面。长8.9、宽3.6、厚2.8厘米（图一一，8）。

圆玉柱　4件。M637：9，顶中部突起作圆柱状，顶中心与底中心对钻成孔。顶径1.8、底径3.3、高2.4厘米（图一二，1）。M637：18，磨制不精，未成正圆形，顶有一直径0.6厘米的孔，不通透，孔旁有小坑，系钻孔移位时留下的。直径3.1～3.2、高2.75厘米（图一二，2）。M637：2，灰白色，磨制较精，正圆形，顶孔不通透。直径3.4、高2.3厘米（图一二，3）。M637：22，未经磨制，顶端有一残锥。直径1.6～1.7、高1.95厘米（图一二，4）。

方玉柱　1件。M637：11，抹角四棱柱体（四棱磨去），顶有一残锥，右侧面、底面各有一解玉直线痕。长1.5、宽1.2、高4.5厘米（图一二，5）。

车軎　1对。合范铸成，上端无缘，近直口，下端为座，軎身下部范线上有两个长方形辖孔。軎身上部两周凸弦纹，弦纹间饰绹索纹，下部一周凸弦纹，弦纹间饰凸点云纹。M637：15，口径4.4、底座内径5、壁厚0.3、通高5.2厘米（图一三，1）。M637：16，口径4.6、底座内径5、壁厚0.2、通高4.8厘米（图一三，2）。

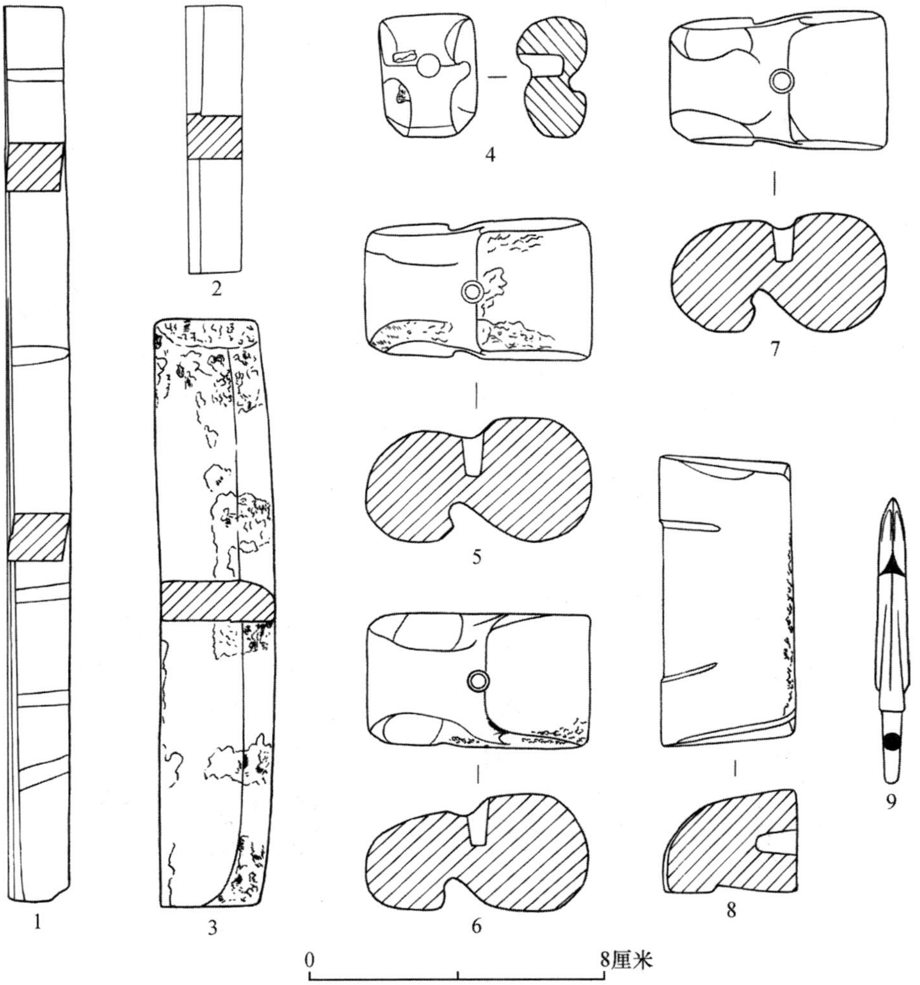

图一一　M637出土器物

1、2. 玉条（M637：1、M637：3）　3. 玉刀（M637：13）　4～7. 玉带钩（M637：14、M637：8、M637：12、M637：19）　8. 玉饰（M637：7）　9. 铜镞（M637：4）

马镳、马衔　2套，各由一衔两镳组成，出土时均破碎，其中一镳穿于衔孔内。马衔，铜制，两节，外侧为大环，内侧为相套的小环。马镳，角质，上端细弯，下端略粗，断面呈六边形，中部两直径0.6厘米的圆孔用于系绳，四个侧面用红漆绘三角云雷纹与虫鸟纹。M637：6，马衔长18、大环长径4.4、小环直径2厘米；马镳均长20、最大断面径均1.9厘米（图一三，3）。

铜戈　2件。M637：10，援断，中起脊，短胡，阑侧三穿，顶穿三角形，长方形内的中部有一长方形横穿。残长12厘米（图一三，4）。M637：17，援断，长胡作弧刃状，阑侧四穿，长方形内后部略残，上、下缘呈刃状，起刃处有一长方形横穿。残长10.5厘米（图一三，5）。

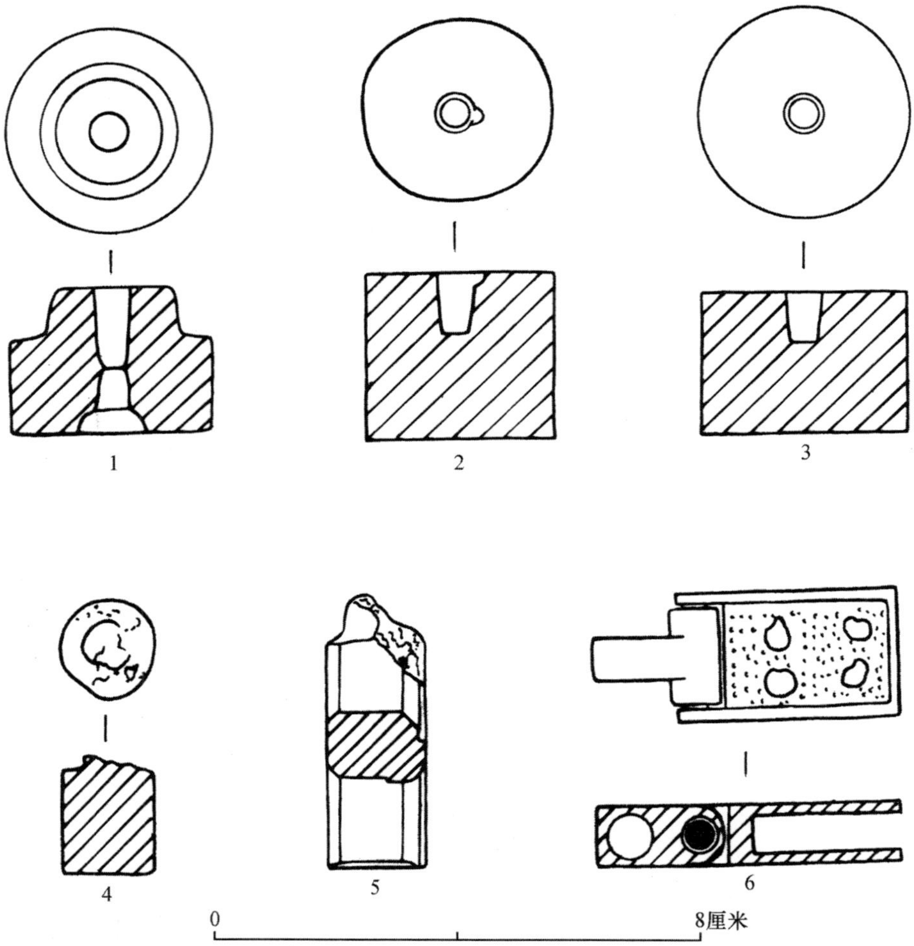

图一二　M637出土器物

1～4. 圆玉柱（M637：9、M637：18、M637：2、M637：22）　5. 方玉柱（M637：11）　6. 铜带扣（M637：24）

铜镞　1枚。M637：4，三棱翼，镞身后部与铤均为圆柱状，锋磨制精细。通长7.8、翼长5.3厘米（图一一，9）。

铜带扣　1件。M637：24，由扣片、轴、活动扣针组成。上、下扣片各有四个孔洞，用于固定革带，面饰布纹。扣针前端有一直径0.7厘米的孔，用来连接革带的另一端。通长5.1、宽2.1、厚1厘米（图一二，6）。

海贝　2枚。存于墓主口中，碎。

骨贝　30枚。管骨片制成，利用骨的曲度做贝的凸面，中间为凹槽，槽侧刻5～10条浅线，背面多数有锯痕，中部钻一圆孔，孔与正面刻槽通透后即停，孔径0.45厘米。M637：21，贝长1.7～2.2、宽1.4～1.5、厚0.3～0.5厘米。

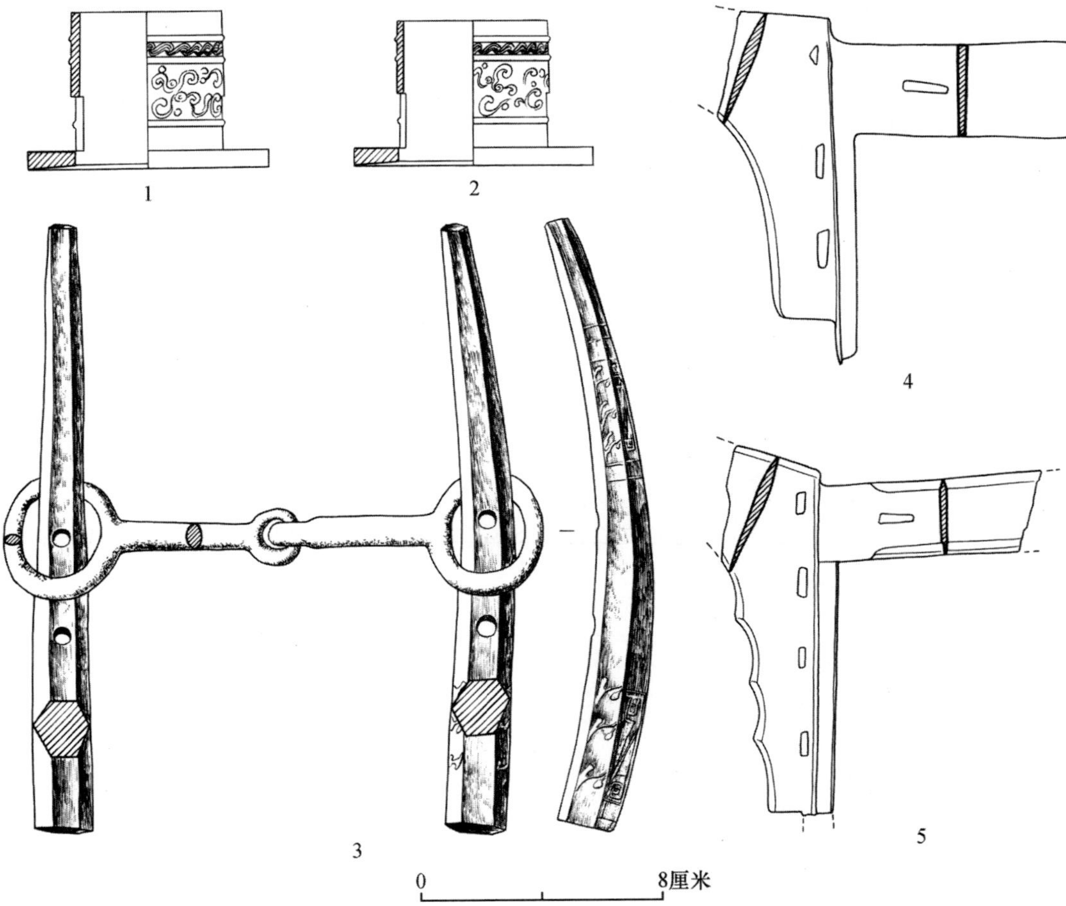

图一三　M637出土器物

1、2. 铜车軎（M637：15、M637：16）　3. 马镳、马衔（M637：6）　4、5. 铜戈（M637：10、M637：17）

四、M899

1. 墓葬形制

M899位于Ⅱ区西南部，为东西向长方形竖穴土坑墓，方向270°，上部被路沟破坏。墓口东西长3.8、南北宽3米，墓底东西长3.24、南北宽2.5米，现存深度6米。墓室四壁经修整，西北角有22个方形脚窝，宽0.12～0.16、高0.14、进深0.12、脚窝间距0.3～0.4米。墓底放置单椁，长2.74、宽2.1、厚0.06、现存高度0.4米。棺与椁底板混在一起，未能清出。椁底东西各有一根枕木，置于生土槽内。西枕木长2.34、宽0.08、厚0.06米。东枕木长2.36、宽0.14、厚0.08米。椁、棺西挡板之间放置随葬品，自南向北有盏1、鼎1、匜1、舟1、兽骨、罐3、盂3、鬲3、盘1。此墓多次进水，填土与墓壁间有较厚的淤泥，椁内尸骨无存及火候低的仿铜陶器多破碎可能与此有关（图一四）。

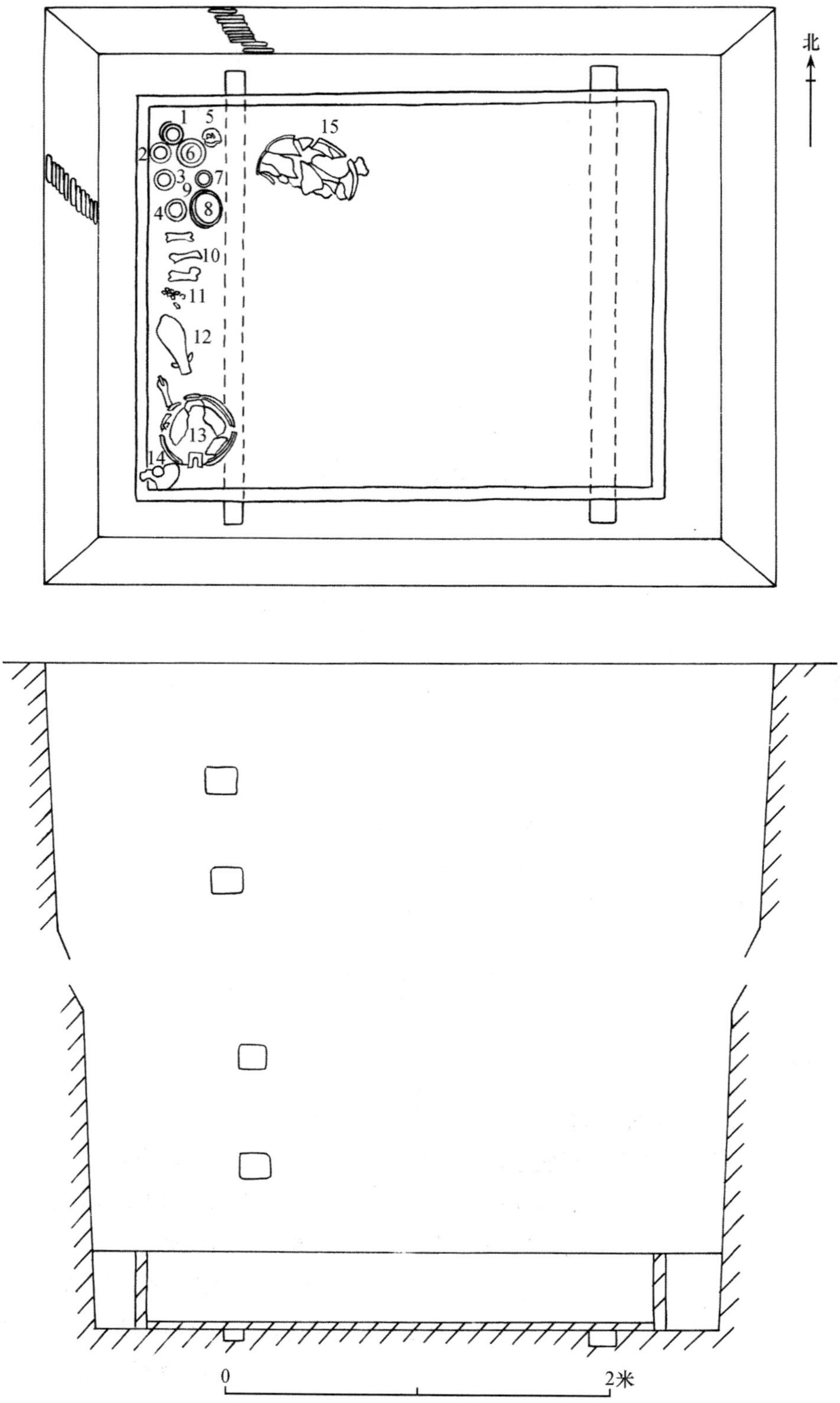

图一四　M899平、剖面图

1、5、7. 陶鬲　2～4. 陶罐　6、8、9. 陶盂　10. 兽骨　11. 陶舟　12. 陶匜　13. 陶鼎　14. 陶盏　15. 陶盘

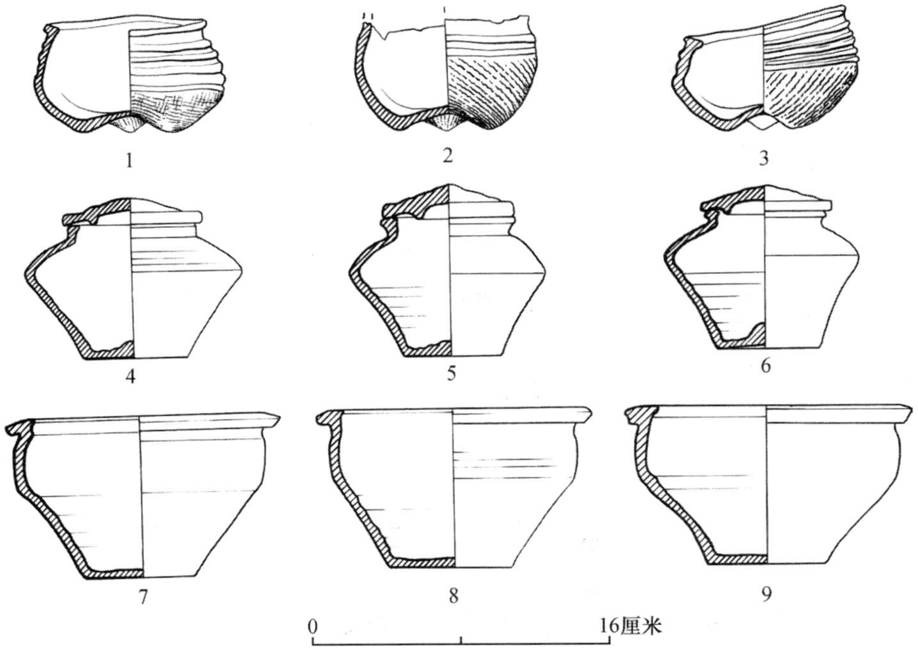

图一五 M899出土陶器

1～3. 鬲（M899：1、M899：5、M899：7） 4～6. 罐（M899：2、M899：3、M899：4）
7～9. 盂（M899：6、M899：8、M899：9）

2. 出土器物

鬲 3件。红陶，敛口，斜折沿，束颈，折肩，鼓腹，下腹弧收，三浅袋足。肩部饰凹弦纹，腹、足饰中绳纹。M899：1，窄方唇，肩部四道凹弦纹。口径7.2、腹径10.4、高6.4厘米（图一五，1）。M899：5，口沿残，肩部饰三道细弦纹。口径约7.6、腹径10、高6厘米（图一五，2）。M899：7，尖唇，肩部饰二道宽凹弦纹。口径6.8、腹径10、高6.8厘米（图一五，3）。

罐 3件。灰陶。M899：2，有盖，低子口，圆唇，弧顶，顶部有五次刀削痕迹，直径7.6厘米。罐敛口，方唇，直领，弧折肩，下腹弧内收，平底，内底锥凸。口径5.7、腹径11.7、底径5.6、高8.6厘米（图一五，4）。另两件形制一样。盖低子口，圆唇，顶部有五次刀削痕迹。罐敛口，平折沿，圆唇，束颈，弧折肩，下腹弧内收，平底。M899：3，内底凸起。盖直径7.1厘米，罐口径5.8、腹径10.4、底径5.6、高8.8厘米（图一五，5）。M899：4，内底一锥凸。盖直径7.4厘米，罐口径5.4、腹径10.8、底径5.5、高9.2厘米（图一五，6）。

盂 3件。灰陶，敛口，弧平沿外侧下倾，方唇，上腹鼓，下腹弧内收，平底，上下腹线明显。M899：6，口径11.8、腹径13.6、底径6、高8.8厘米（图一五，7）。M899：8，口径11.8、腹径13.5、底径6.8、高8.6厘米（图一五，8）。M899：9，口径

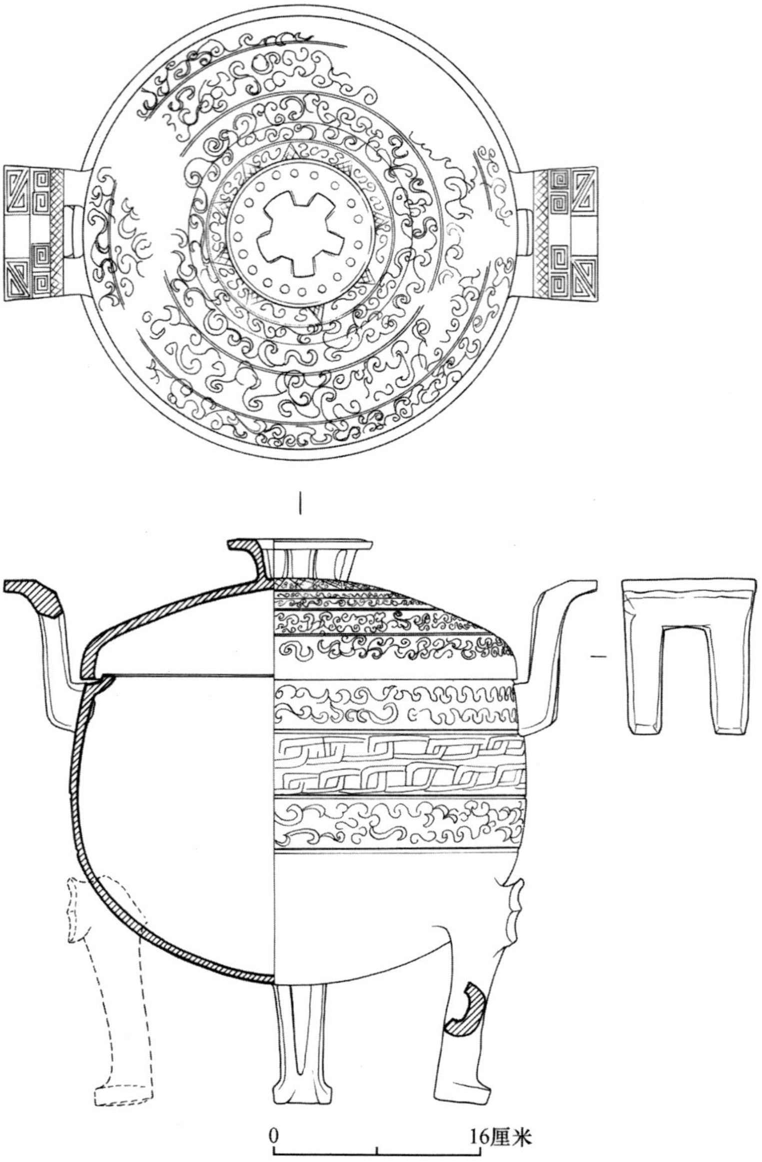

图一六　陶鼎（M899：13）

12.2、腹径14.4、底径6.6、高8.6厘米（图一五，9）。

鼎　1件。M899：13，红胎褐衣，火候低。有盖，直口，方唇，弧顶，中部一镂空捉手。捉手顶面戳印圆圈纹，捉手外三周凹弦纹将顶面分成四个纹饰带，最内为三角网纹与反“S”纹，向外均为双线反“S”纹，杂乱而无严格的规律，粗看似云纹。鼎，子口，矮方唇，口沿外两附耳稍外撇，深腹略垂，圜底，三蹄足通过凸榫与腹连接。耳面饰三角雷纹、方雷纹、网纹；腹部饰三周凹弦纹，弦纹间自上而下依次为双线反“S”纹、双线绹纹、双线反“S”纹；足上端饰三齿扉棱。盖与鼎的纹饰均刻划而成。口径28.5、腹径35.4、通高43.8厘米（图一六）。

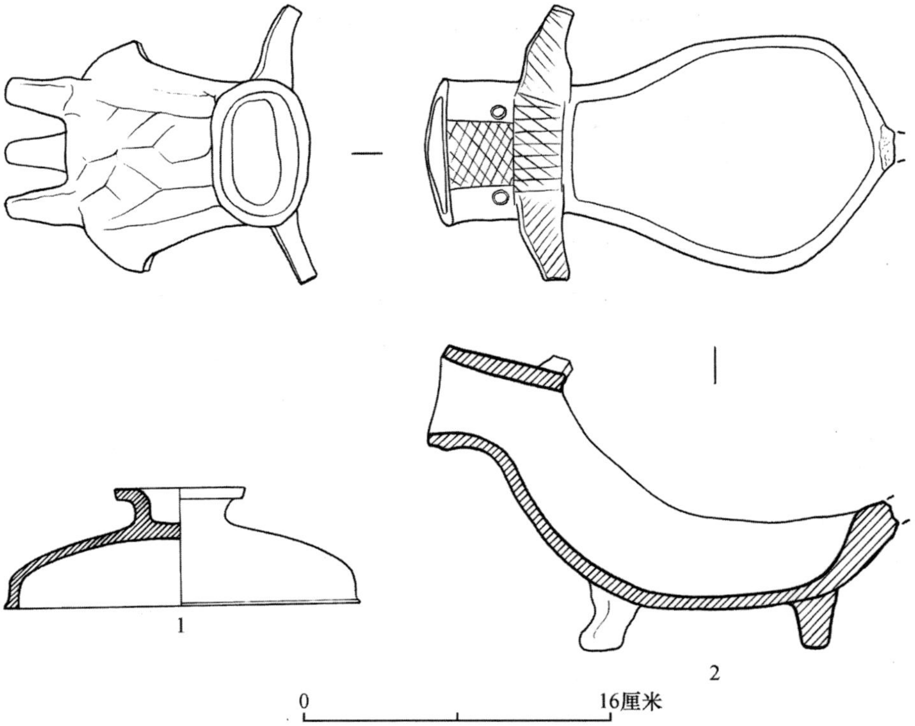

图一七　M899出土陶器

1. 盏盖（M899：14）　2. 匜（M899：12）

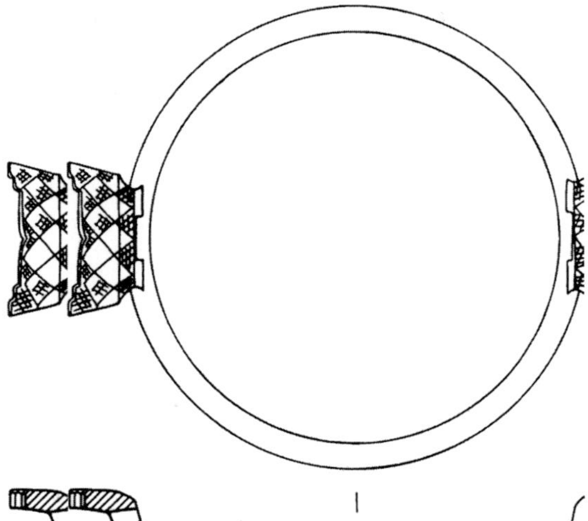

图一八　陶盘（M899：15）

盏　1件。M899：14，体碎甚，红胎褐衣，子口，方唇，腹侧有双兽耳及圆鼻纽，爪式足。盖为直口，方唇，直壁，弧顶，顶中心一圆捉手，光素无纹。盖口径17.4、高6.2厘米（图一七，1）。

盘　1件。M899：15，红胎褐衣，侈口，弧平沿，斜方唇，沿下两附耳，浅腹，腹壁略凹，圜底，三足失。耳面刻划菱形网纹，腹壁素面。口径34、残高10.2厘米（图一八）。

舟　1件。M899：11，特碎，无法修复。

匜　1件。M899：12，红胎褐衣，流呈管状，顶部戳印两眼，后有两耳，体宽如舟，短尾残，下附三方足，前二后一。管状流的顶及耳面刻划网纹。体长24.4、宽12.5、高16厘米（图一七，2）。

五、结　语

1. 墓葬年代

M565、M566、M637三墓在一条纵轴线上，前后相距2米，应为同一家族的墓葬，时代相距不应太远，而陶器也能证明这点。M565、M637的小陶器陶鬲均为平沿、弧肩，陶罐均为直领、下腹斜直内收，这是鬲、罐最主要的特征，完全同铁岭墓地铜器墓M429[1]、M458[2]的小陶器。仿铜陶器中陶鼎腹部均饰有无首龙纹，同M429铜盘腹部、M458铜鼎腹部的顾首龙纹复杂程度相当。因此，这四墓年代应该相同，同为春秋晚期早段。

M566与M565、M637相比，三件陶鬲中一件保持M565、M637的陶鬲特征，两件平沿变窄，肩成折肩，这是陶鬲的新变化。仿铜陶器中陶罍一件饰夔龙纹，两件饰三角网纹与绹纹，陶鼎腹部也饰绹纹，而绹纹与三角网纹是新出的纹饰。因此，从仿铜陶器来看，M566要比M565、M637要晚一些。至于M566为何居于年代早的M565、M637中间，这在铁岭墓地是一个有趣的现象，即墓位事先安排，墓主后逝也要埋在原定的位置。M565西、西北（另一纵轴线上）就有两个大的墓位最终也没有埋人，则可能因特殊因素致使当事人没有回归故里。M566的年代宜定在春秋晚期早段偏后。

M899在M565、M566、M637东北方向百米处，仿铜陶器组合为典型的鼎、盏、盘、舟、匜，与三墓的鼎、罍、壶不一样。通过对比小陶器与仿铜陶器，可以看出它们的先后。陶鬲由平沿变为较窄的折沿，肩为折肩，陶罐下腹弧内收；仿铜陶鼎饰绹纹、三角网纹、反“S”纹，反“S”纹是最新的元素。综合说来，M899要比M566晚，鉴于它的小陶器晚期因素更纯，将其定在春秋晚期晚段。

2. 陶器风格

M565、M566、M637、M899均出土有小陶器与仿铜陶器，通过对比小陶器，我们将四墓的年代作了区分。它们的小陶器为灰陶或红陶，火候较高，即使墓葬遭盗掘，小陶器因有较好的质地，一般不碎。而仿铜陶器一般为红陶，火候低，下葬时已经打碎，且没有全部放入。清理时，手铲一碰即裂，我们用工具将碎陶片成块起出，在屋里晾干后再分离。比较四墓的仿铜陶器，可以发现春秋晚期早段的陶器纹饰以复杂的龙纹为主，晚段则以绹纹、网纹、反“S”纹为主。

附记：本次发掘领队为郝红星，参加发掘工作的有郝会生、薛冰、任丽娟。

绘　图：郝红星
摄　影：蔡　强

注　释

[1] 郑州市文物考古研究院：《新郑铁岭基地M429发掘简报》，《中原文物》，2010年第1期。
[2] 郑州市文物考古研究院：《新郑铁岭墓地M458发掘简报》，《文物研究》（第17辑），科学出版社，2010年。

[原载于《文物研究》（第20辑），科学出版社，2013年]

新郑铁岭墓地M550发掘简报

郝红星　赵　兰　边　境

铁岭墓地是郑韩故城外围一处比较重要的东周墓地，郑州市文物考古研究院在河南省文物局南水北调办公室的统筹安排下，自2006年7月起持续对墓地进行了考古发掘（图一）。至2009年12月，已发掘东周墓葬630座，其中2009年所发掘的225座墓葬中有14座为铜器墓，多数被盗，仅见铜鼎、铜盘、铜盏等器的残片，而M429、M458、M550的铜器被保留下来。M429[1]、M458[2]资料已发表，现将M550的情况介绍如下。

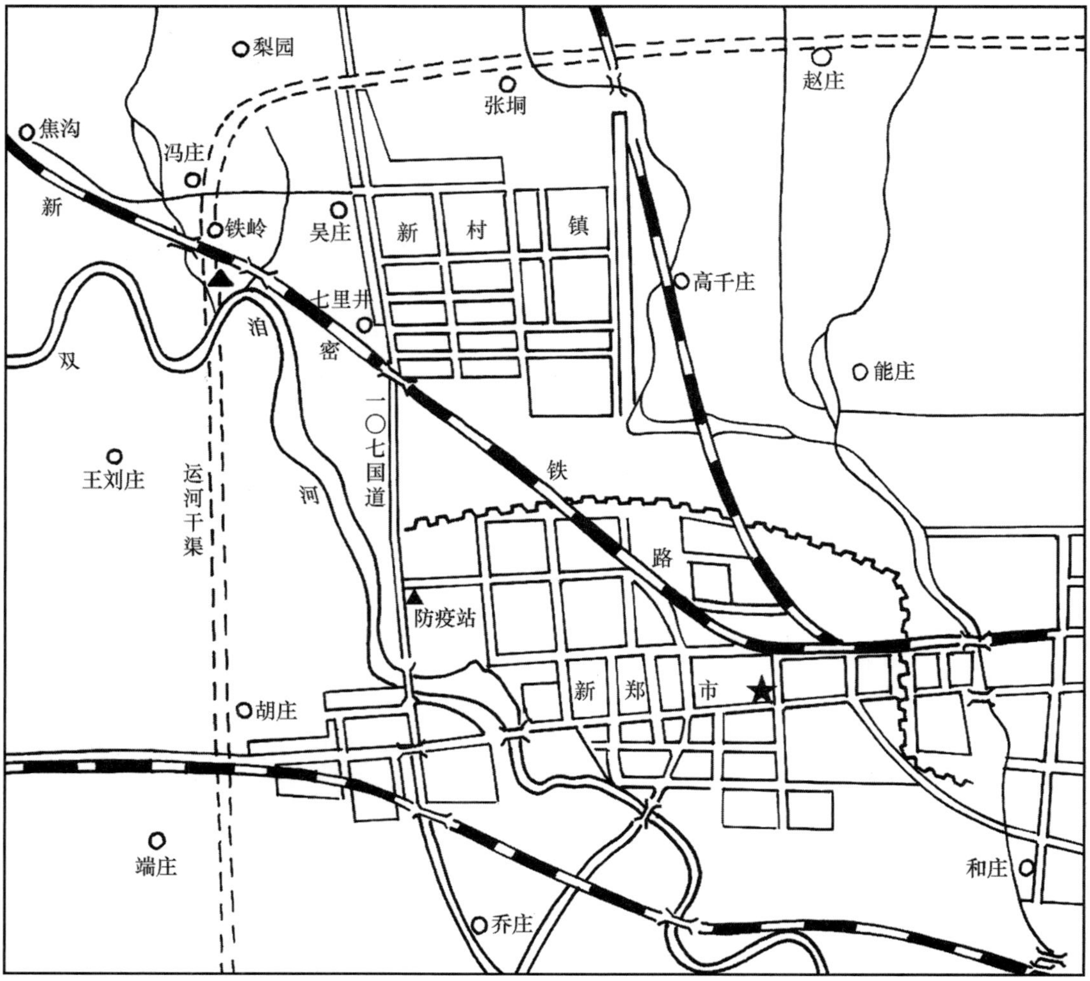

图一　铁岭墓地位置示意图

一、墓葬形制

M550位于墓地Ⅲ区中部、M429西南37米、M458西南40米，其东北方向9米还有一座陪葬的车马坑（K8）。墓葬为东西向长方形竖穴土坑墓，方向281°。墓口现存于生土上，东西长4.9米，南北宽3.8米，墓底东西长3.3米，南北宽2.4米，深10.5米。墓室四壁修整光滑，西北角北壁及西壁上各有一排供上下的方形脚窝，共40个，脚窝宽0.14米，高0.1米，进深0.1米，脚窝间距0.3～0.4米。墓底放置单椁单棺，椁、棺均为长方形。椁长3.2米，宽2.26米，厚0.14米，存高1.2米。棺偏置于椁室南部，长2.06米，宽0.68米，厚0.04米，存高0.1米；棺内尸骨一具，仰身直肢；棺下未见腰坑。椁、棺西挡板之间放置随葬品，铜器贴近椁的西壁，自南向北有盘、盏、舟、匜、鼎等；陶器、车马器放在铜盘、铜鼎之间的中部，自南向北有罐2件、车軎2件、鬲4件、盂2件、豆2件、马衔2件、马镳4件、骨管1件；稍北的位置散置许多贝器，以骨贝为多，另见禽骨少许。由于铜器胎薄，椁顶板塌落后将盘、盏、舟、匜砸碎，鼎置于椁的西北角，得到椁壁支撑，尚算完整（图二）。

车马坑为东西向长方形土坑，方向280°，口长3.5米，口宽3.1米，底长3.6米，底宽3.14米，深4.1米。坑东北角东壁、北壁上各建6个脚窝，脚窝宽0.12米，高0.1米，进深0.13米，间距0.6米。坑底放置两马一车，马头向西，马腿朝南，车辀在西，车舆在东，车轮、车舆上部被民工清去（图三）。

车轮直径1.3米，牙宽0.1米，牙厚0.04～0.06米。毂上装26根辐条，毂端辐条间距0.02米，牙端辐条间距0.12米。毂通长0.46米，轵端、贤端直径均为0.16米，中部直径0.22米，轵端、贤端存有束绳痕。车轴通长3.1米，直径0.08米，轴与轸间有长方形伏兔，伏兔长0.28米，宽0.1米，厚0.02米。轨距2.6米。

车舆周身12根车軨插在车轸上，直径0.02～0.04米。軨间横置藤条以为栏栅，髹红漆，直径0.015米。舆底设桄5根，桄上铺，残存辖痕。舆后设门，门宽0.4米，门两侧各有一铜饰件，一端有孔，用以插入藤条。车舆内长1米，内宽1.2米，存高0.1米。

车辀中部凹陷，颈部翘起，杭端腐朽无存，辀残长3.1米，宽0.08米，厚0.04米。清理过程中未发现衡，但在坑西北角发现衡末骨饰1件。辀两侧马脖子上各有一轭，高0.56米，下宽0.54米。

车舆下有狗骨一具，曲身，头向西。

二、出土器物

墓葬出土铜器5件、车马器9件、兵器1件、陶器10件、泥质器2件、贝530枚，车马坑出土铜车饰2件、骨衡饰1件，依次叙述。

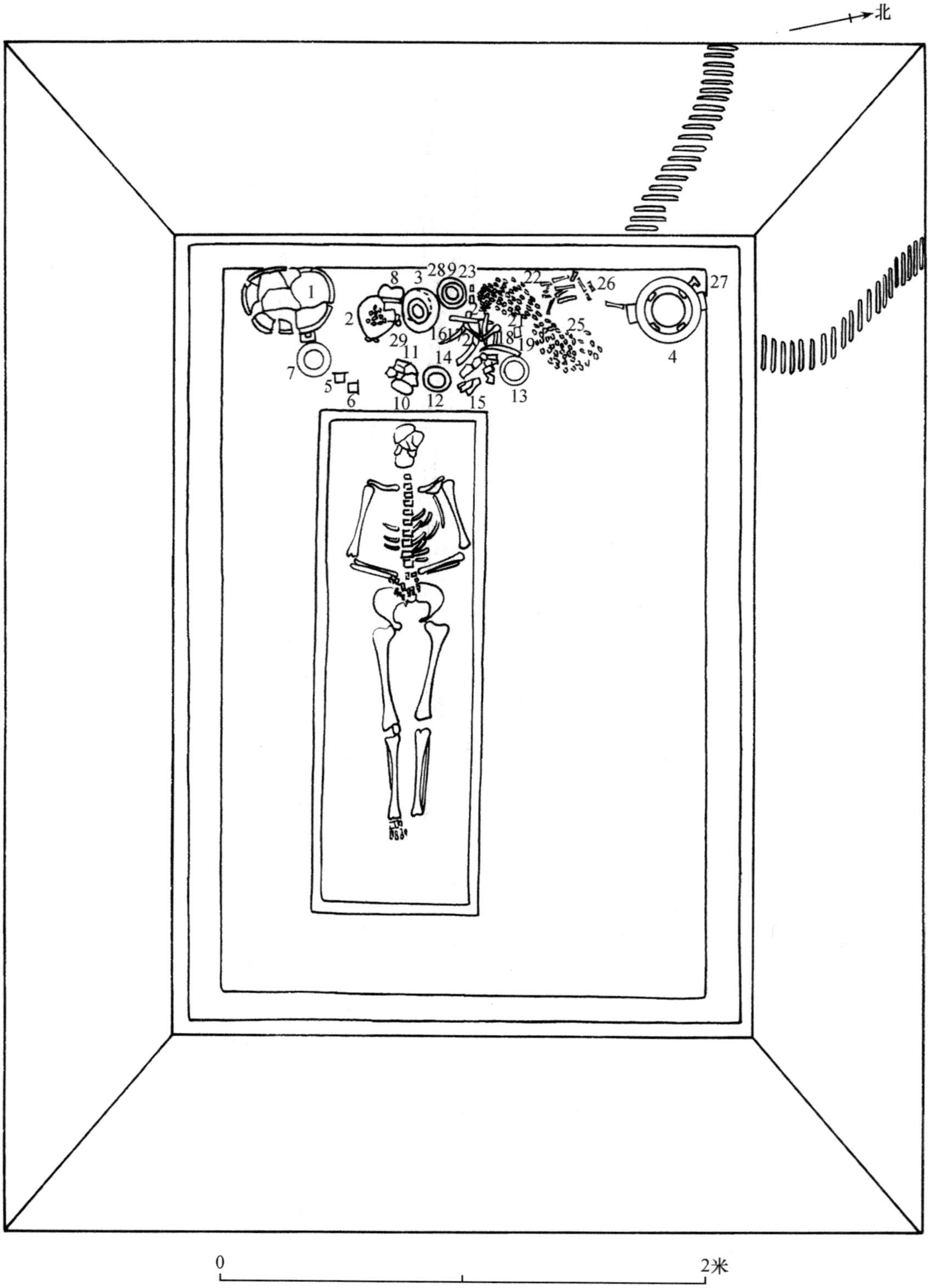

图二　M550平面图

1. 铜盘　2. 铜盏　3. 铜舟　4. 铜鼎　5、6. 铜軎　7、9. 陶罐　8、10、13、28. 陶鬲　11、12. 陶盂　14、15. 陶豆　16～19. 马镳　20、21. 马衔　22. 骨管　23、24. 梯形器　25. 贝器　26. 禽骨　27. 铜戈　29. 铜匜

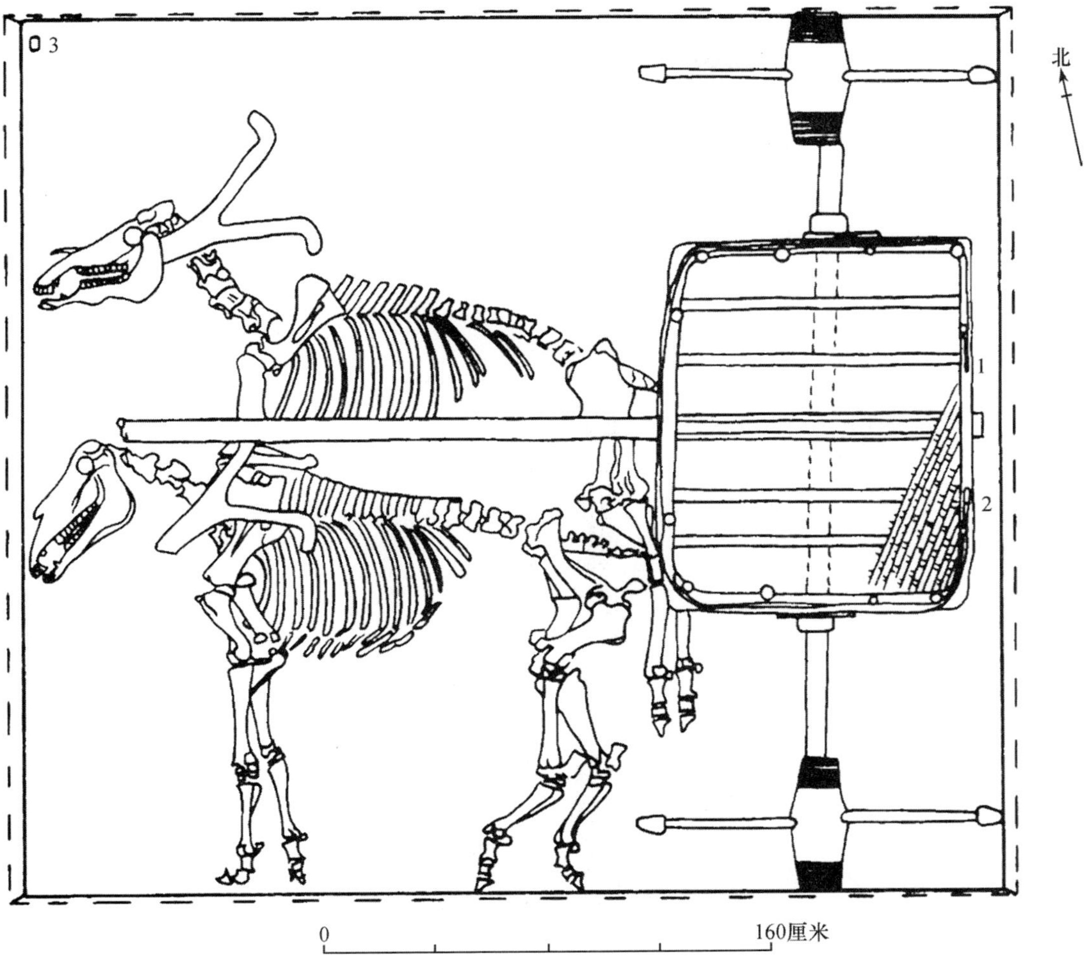

图三 K8平面图

1、2. 铜车饰 3. 骨衡饰

铜器有鼎、盘、盏、舟、匜，其中盘、盏、舟、匜胎薄皆碎，无法修复，线图为复原绘图，尺寸为约数。

铜鼎 1件。标本M550：4，胎薄，制作粗俗，鼎盖未敢硬启。盖侈口，窄折沿，斜方唇，弧顶，顶饰两道凸棱纹，棱纹间等距饰有四头卧牛，牛身饰三角云雷纹与羽纹。鼎敛口，唇形不明，口外两附耳，鼓腹，圜底近平，蹄足中空。上腹部三道凸棱纹，最上一道用以承盖。附耳顶面饰三角雷纹与四珠纹，耳柄下部饰张嘴兽首，上部内外两侧均饰三角纹，唯左耳三角纹朽蚀严重。蹄足饰复合兽面纹，兽宽卷鼻，三角眼，眼眉由两蟠虺组成，额头三重卷鼻纹。腹径27.2厘米，通高27厘米。此鼎鼎身通铸而成，腹、底相接处留有三个较平的焊足点，但三足若接于此，鼎足不能竖直，故向外、向上移动（图四）。

铜盏 1件。标本M550：2，器盖窄折沿，圆方唇，弧腹，弧平顶，顶外缘对称置4

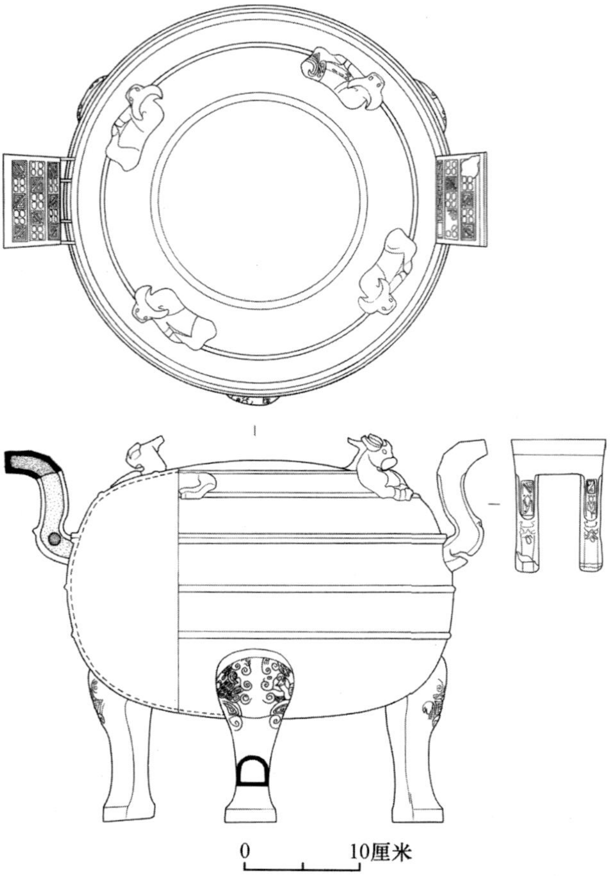

图四　铜鼎（M550：4）

个环纽，中心置圆形镂空捉手，由16条无首蟠龙和一周三角纹组成，捉手外为两周凸弦纹。器侈口，窄折沿，方唇，束颈，弧腹，圜平底，三蹄足中空，上饰兽面纹。腹部饰一周凸弦纹和一对环纽，光素无纹；一对兽环耳，兽的眉、眼、鼻、嘴均没做出，下垂舌仅具象征性。口径19.8厘米，通高14.3厘米（图五）。

铜盘　1件。标本M550：1，侈口，斜折沿，方唇下伸，沿下两附耳，浅腹稍直，腹部一对铺首衔环，圜平底，三蹄足中空。附耳顶面中饰兽首，长方眼，卷眉上扬似角，旁附两蟠龙，龙身有鳞，唯锈蚀严重。盘腹光素，铺首衔环上隐见绹纹。足饰兽面纹，亦不清晰。口径36.4厘米，高12.6厘米（图六）。

铜舟　1件。标本M550：3，椭圆形，有盖。盖敛口，斜直腹壁，弧平顶，中心置椭圆形捉手，由22条无首蟠龙缠绕组成，多锈蚀不清。舟侈口，斜折沿，尖唇，束颈，鼓腹，圜底，四蹄足，足上部饰兽面纹。舟身长侧饰对称兽环耳，兽张嘴，扬耳，眉目不清，短尾。口长径18.2厘米，短径13.4厘米，通高9.9厘米（图七）。

铜匜　1件。标本M550：29，器形如牛，牛凸眼，浓眉，高鼻梁，额顶饰卷毛，两角扬起，平腹，宽臀，尾失，下附中空三蹄足。长22厘米，宽11厘米，高12.5厘米（图八）。

图五　铜盏（M550：2）

车軎　1对。标本M550：5、M550：6，合范铸成，上端为缘，饰绹纹；下端为座，光素。軎身下部范线上有两个长方形辖孔，軎身饰雷纹。缘内径5.2厘米，厚0.2厘米；座内径6.2厘米，厚0.1厘米；高4.5厘米，壁厚0.1厘米（图九，1、2）。

马镳、马衔　两对，各由一衔两镳组成，出土时马镳穿于衔孔内。马衔，铜制，两节，外侧为大环，内侧为小环，小环相套。马镳，角质，磨制，上端细而弯曲，下端略粗，断面呈六棱或八棱形，中部两直径0.7厘米的圆孔。标本M550：16、M550：17、M550：20，马衔长19.5厘米，大环长径4.9厘米，小环直径2.6厘米；马镳长分别为20.2、19.1厘米，最大断面径分别为2.4厘米、2.6厘米（图一〇，1）。标本M550：18、M550：19、M550：21，马衔长19.3厘米，大环长径4.9厘米，小环直径2.6厘米；马镳长分别为19.2厘米、20.8厘米，最大断面径分别为2.2、2厘米（图一〇，2）。

骨管　1件。标本M550：22，禽骨制成，上端直径1.5厘米，下端直径1.7厘米，长2.4厘米（图一一，11）。

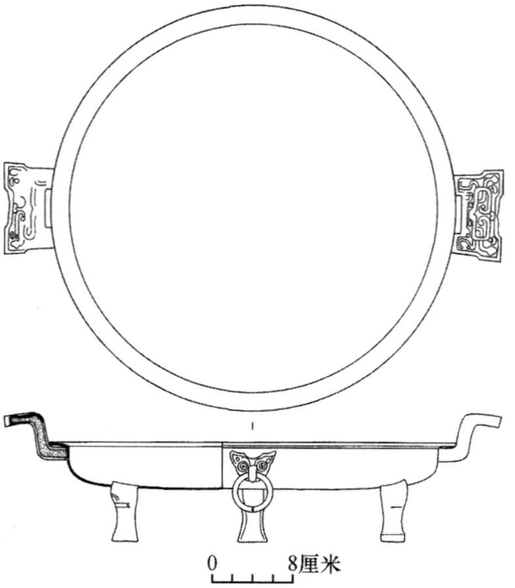

图六　铜盘（M550：1）

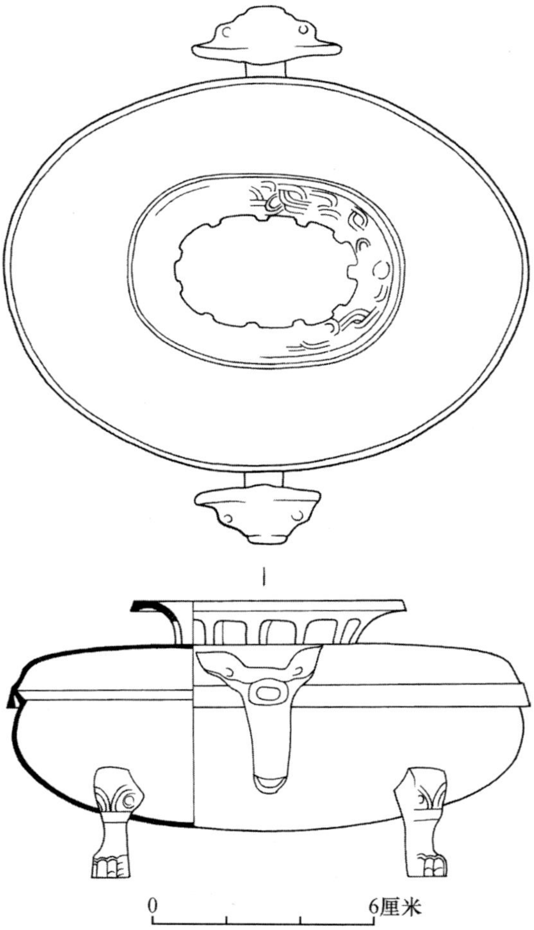

图七　铜舟（M550：3）

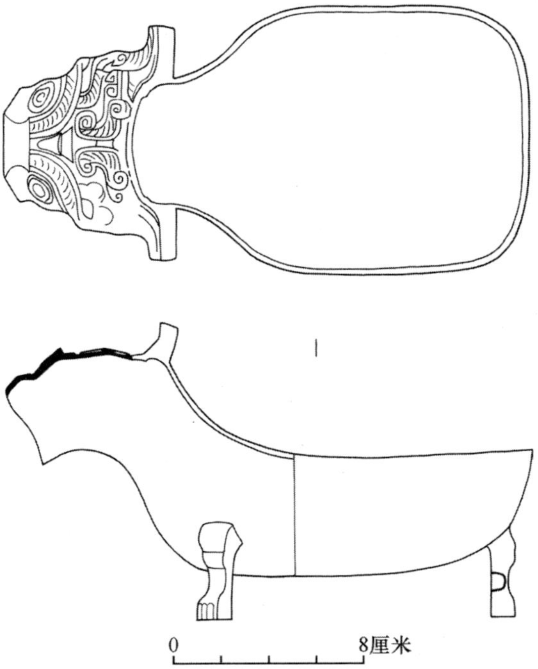

图八 铜匜（M550：29）

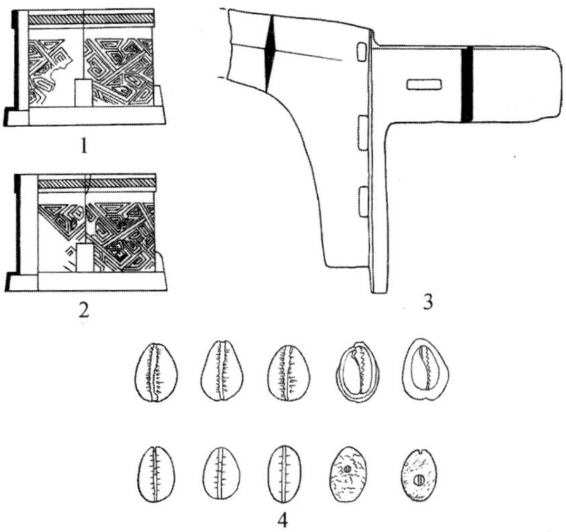

图九 M550出土器物

1、2. 铜軎（M550：5、M550：6） 3. 铜戈（M550：27） 4. 贝（M550：25）

戈　1件。标本M550：27，援断，有折弯痕迹，中起脊，中长胡，阑侧三穿，长方形内，下角略缺，中有一长方形横穿。残长13.2厘米（图九，3）。

陶鬲　4件。敛口，窄平沿，圆唇或方唇，短束颈，弧肩，鼓腹，下腹弧内收，近底处略外侈，多数平底略内凹，腹底相接处等距3削，留下部分以为三足。肩部饰3道宽凹弦纹，下腹及底多有绳纹。标本M550：13，灰陶，方唇，上腹绳纹几乎被抹平，下腹及足绳纹较粗，刀削处无绳纹，底留3处拇指纹，系用刀时留下的。口径9厘米，腹径13厘米，高8.5厘米（图一一，1）。标本M550：28，灰陶，窄平沿外侧下倾，圆唇，底外凸。肩腹处一泥钉，下腹部无绳纹，刀削处、足、底的浅绳纹系用刀后压印在这些地方的。口径8厘米，腹径12.1厘米，高8.4厘米（图一一，2）。标本M550：8，黄褐陶，窄平沿外侧下倾，圆唇，上腹略见凹弦纹，下腹、足、底饰绳纹，刀削处无绳纹，底见3处拇指纹，内底有轮制时留下的旋痕。口径8.6厘米，腹径13厘米，高8.4厘米（图一一，3）。标本M550：10，黄褐陶，窄平沿外侧上倾，方唇，凹弦纹较深，下腹、足、底饰绳纹，刀削处无绳纹，底留4处拇指纹。口径8.4厘米，腹径12.8厘米，高8.1厘米（图一一，4）。

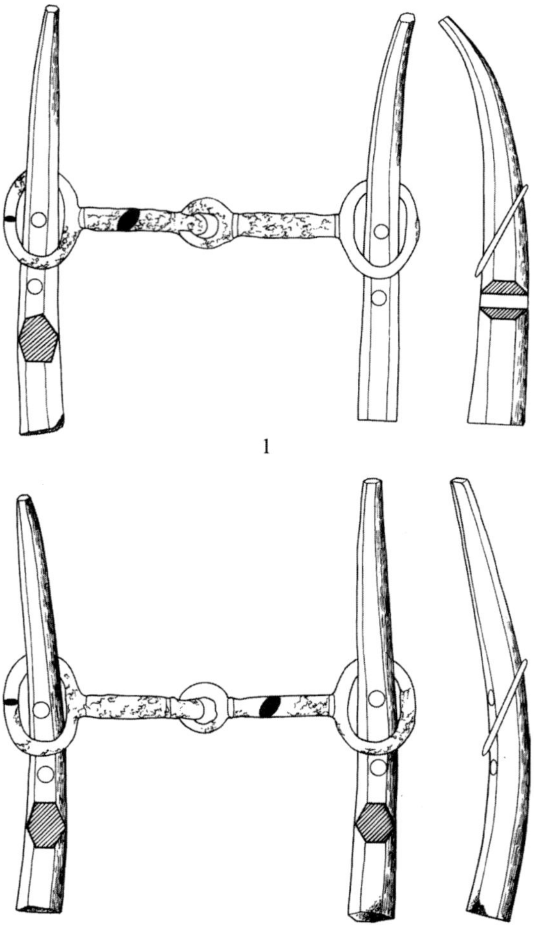

图一〇　M550出土车马器

1. 马镳、马衔（M550：16、M550：17、M550：20）
2. 马镳、马衔（M550：18、M550：19、M550：21）

陶罐　2件。灰陶，敛口，窄平沿，圆唇，短束颈，弧折肩，腹部斜直内收，平底略内凹，内底各有一个管钻圆圈。标本M550：7，胎局部黄褐色。口径7.2厘米，腹径12.6厘米，底径6.6厘米，高8.4厘米；内底圆圈直径1.3厘米，槽深0.1厘米（图一一，5）。标本M550：9，口径7厘米，腹径12.6，底径6.6厘米，高8.7厘米；内底圆圈直径1.4厘米，槽深0.1厘米（图一一，6）。

陶盂　2件。灰陶，敛口，弧平沿，半圆唇，上腹微鼓，下腹弧内收，上下腹间见棱线，平底略内凹。标本M550：11，口径11.2厘米，腹径13.2厘米，底径6.6厘米，高7.6厘米（图一一，7）。标本M550：12，略见束颈，上腹下部略内弧。口径10.6厘米，腹径

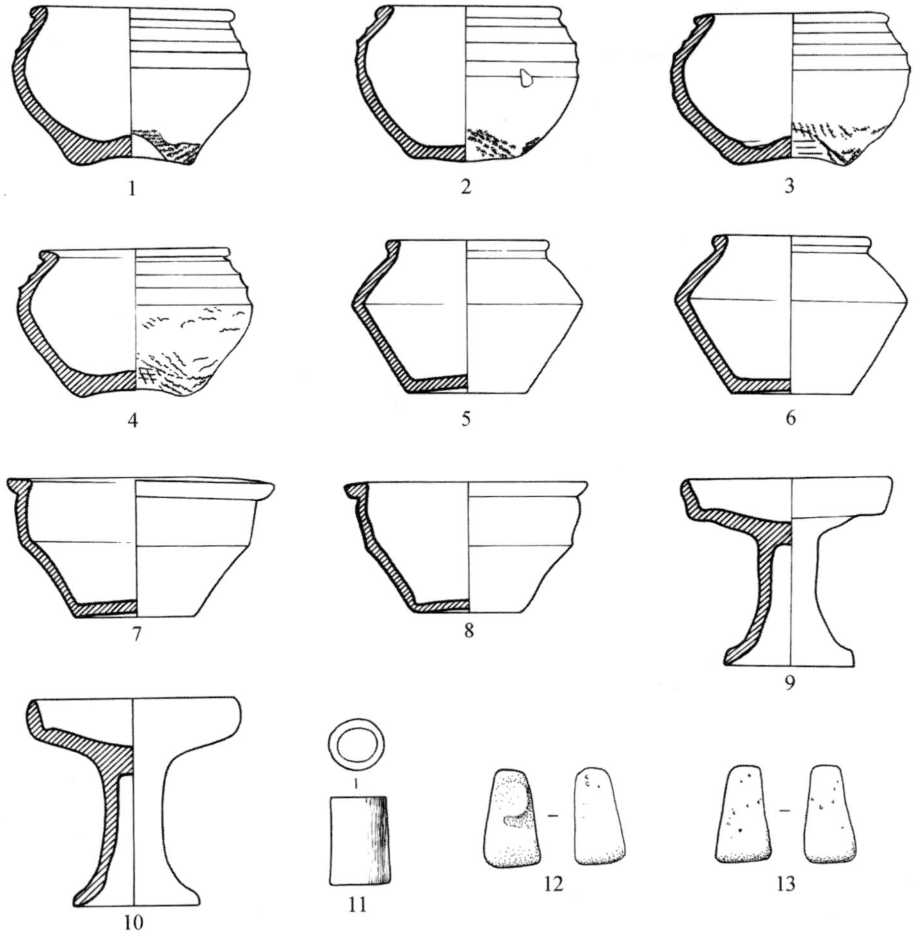

图一一　M550出土器物

1～4. 陶鬲（M550：13、M550：28、M550：8、M550：10）　5、6. 陶罐（M550：7、M550：9）　7、8. 陶盂（M550：11、M550：12）　9、10. 陶豆（M550：14、M550：15）　11. 骨管（M550：22）　12、13. 梯形器（M550：23、M550：24）

12.2厘米，底径6厘米，高7.2厘米（图一一，8）。

陶豆　2件。灰陶褐衣，侈口，圆唇，浅腹，圜底，细矮柄，喇叭状圈足。标本M550：14，外腹壁略束，腹、底转折明显。口径11厘米，圈足径7厘米，高10.5厘米（图一一，9）。标本M550：15，外腹壁略弧，腹、底转折自然。口径11厘米，圈足径6.8厘米，高11.3厘米（图一一，10）。

梯形器　2件，青灰色，铁岭墓地其他墓葬梯形器多为泥质，但此墓用沙土烧制而成，质松，有少许沙眼，立之呈锥体。标本M550：23，底边长1.5厘米，顶边长0.9厘米，高2.6厘米（图一一，12）。标本M550：24，底边长1.4厘米，顶边长0.8厘米，高2.6厘米（图一一，13）。

贝器　标本M550：25，其中海贝52枚、骨贝478枚。海贝大小较为一致，均切去背部，长2～2.4厘米，宽1.3～1.8厘米，厚0.5～0.6厘米（图九，4，上排）。骨贝，用长骨骨片制成，椭圆形，正面磨光，略凸，中刻凹槽，槽宽0.1厘米，深度至骨贝厚度一半，或略过之，槽两侧刻5～7条浅线。背面多数有切痕，个别因骨片较薄，保留骨松质面，背面钻一圆孔，孔与正面刻槽通透后即停，孔径0.25～0.4厘米。骨贝长1.5～2.1厘米，宽1.2～1.5厘米，厚0.3～0.6厘米（图九，4，下排）。

铜车饰　2件。标本K8：1、K8：2，呈异形“n”形，扁体，上部“n”体卷曲，下部“n”枝分成90°，竖枝顶端凸出长方形榫，横枝顶端由方变圆，圆方相接处有一上下通透的椭圆孔，横枝头端亦为一圆孔，均用来纳入车舆藤条末端，横枝拐弯处，下伸一窄枝，与竖枝平行，一同插入车轸。饰件正、背两面纹饰均饰云雷纹，横枝由方变圆处饰三角纹、圆圈纹、卷云纹各两朵，饰件顶面、竖枝外侧亦饰云雷纹。饰件宽7.3厘米，高8.5厘米。

衡饰　1件。标本K8：3，管状，肢骨制成，内径2.2厘米，外径3.3厘米，长3.7厘米。两侧用褐红彩绘两周弦纹，中间一周弦纹，弦纹间绘蟠虺纹。

三、结　　语

M550是铁岭墓地自2006起发掘至今仅有的两座配有车马坑且保留有铜器的墓葬之一，虽然铜器轻薄，纹饰简单，与M429、M458及离铁岭墓地不远的新郑防疫站M6[3]（以下简称防M6）铜器有一定差别，但级别应不低于它们，M550年代比前三墓略晚，时代应在春秋晚期晚段，这从四个方面可以证实。

（1）墓葬位置。通过对铁岭墓地4年来的发掘，已有迹象表明，铁岭墓地Ⅱ、Ⅲ区的东周墓是按从北向南的顺序埋藏的，M550处在M429、M458西南方向近40米处，年代自应比后两者晚。

（2）器物组合。M550出土器物有铜器、陶器、泥质器、车马器、贝器等，其铜器组合为鼎、盏、盘、舟、匜，与M429、防M6的铜器组合完全一样，比M458多盘、匜两样器物；陶器组合为鬲、罐、盂、豆，与防M6陶器组合一样，比M429、M458的鬲、罐、盂组合多出器物豆；泥质器只有梯形器一种，经过火烧，这与M429、M458泥质器较多、但均为泥质相比来说，又有时代上的进步。故而，M550的器物组合同M429、M458、防M6的器物组合十分相近，时代也应相近。

（3）铜器风格。铁岭墓地M429、M458所出铜器厚重，纹饰繁复，防M6出土铜器也具有相同的特点，而M550所出铜器胎薄，除配件上有纹饰外，主体上仅有凸棱纹，器形仍源于前三墓。如M550鼎盖饰卧牛，鼎身圆鼓，饰3道凸棱，鼎底圜平，与防M6铜鼎非常相似，仅鼎盖、鼎身没有纹饰，鼎足比后者高，饰有复合兽面纹而已。铜盏仍保持M429、M458、防M6铜盏窄折沿、束颈、弧腹、圜平底的特征，但饰件耳、足的纹饰已大为简略，纽无纹饰，盖捉手上龙的数量减少。铜盘腹部没有纹饰、凸棱，但耳、铺首衔环同M429铜盘的耳、铺首一模一样，唯尺寸略小。铜舟捉手仍雕饰22条无首龙纹，但舟制作粗俗，无法与M458的铜舟相比。铜匜尾失，匜身及流顶纹饰同M429铜匜。总之，M550铜器器形仍从前三墓铜器，主体纹饰省去，饰件纽、耳、足、捉手上的纹饰有简略、有发展，正反映出国力不济、铜器制造业衰落的事实，因此，M550时代应比前三墓略晚。

（4）陶器风格。M550随葬陶器看上去与M429、M458、防M6的陶器风格差不多，如罐、盂仅在束颈高低、折沿宽窄稍有差别，豆仅盘壁较防M6的内敛，豆腹亦浅。M550所出陶鬲，同三墓的鬲有本质区别，三墓的鬲均为低裆浅袋足，是按鬲的方法制作的，而M550四鬲是在大口凹底小罐的基础上，削底为足，从剖面上看，袋足没有深度，实难称为足，这是制作技术的简省。自M550以南，有不少墓葬的陶鬲，即采用这种制作方法，大有蔚然成风之势。

领　队：郝红星
发　掘：郭朝杰　郝红星等
绘　图：郝红星
摄　影：蔡　强

注　释

［1］郑州市文物考古研究院：《新郑铁岭墓地M429发掘简报》，《中原文物》2010年第1期。
［2］郑州市文物考古研究院：《新郑铁岭墓地M458发掘简报》，《文物研究》（第17辑），科学出版社，2010年。
［3］河南省文物考古研究所新郑工作站：《新郑市郑韩路6号春秋墓》，《文物》2005年第8期。

（原刊于《中原文物》2010年第5期）

新郑铁岭墓地M1404、M1405发掘简报

郝红星　王　丽

铁岭墓地是郑韩故城外围一处最为重要的东周墓地，郑州市文物考古研究院自2006年7月起持续对墓地进行了考古发掘（图一），至2011年9月，共发掘东周墓葬1300余座，包括铜器墓19座、仿铜陶器墓16座、车马坑13座。而2011年所发掘的340座东周墓中，仅11HZXTM1404、11HZXTM1405为铜器墓（以下简称M1404、M1405），它们器形相近，时代相连，特予介绍。

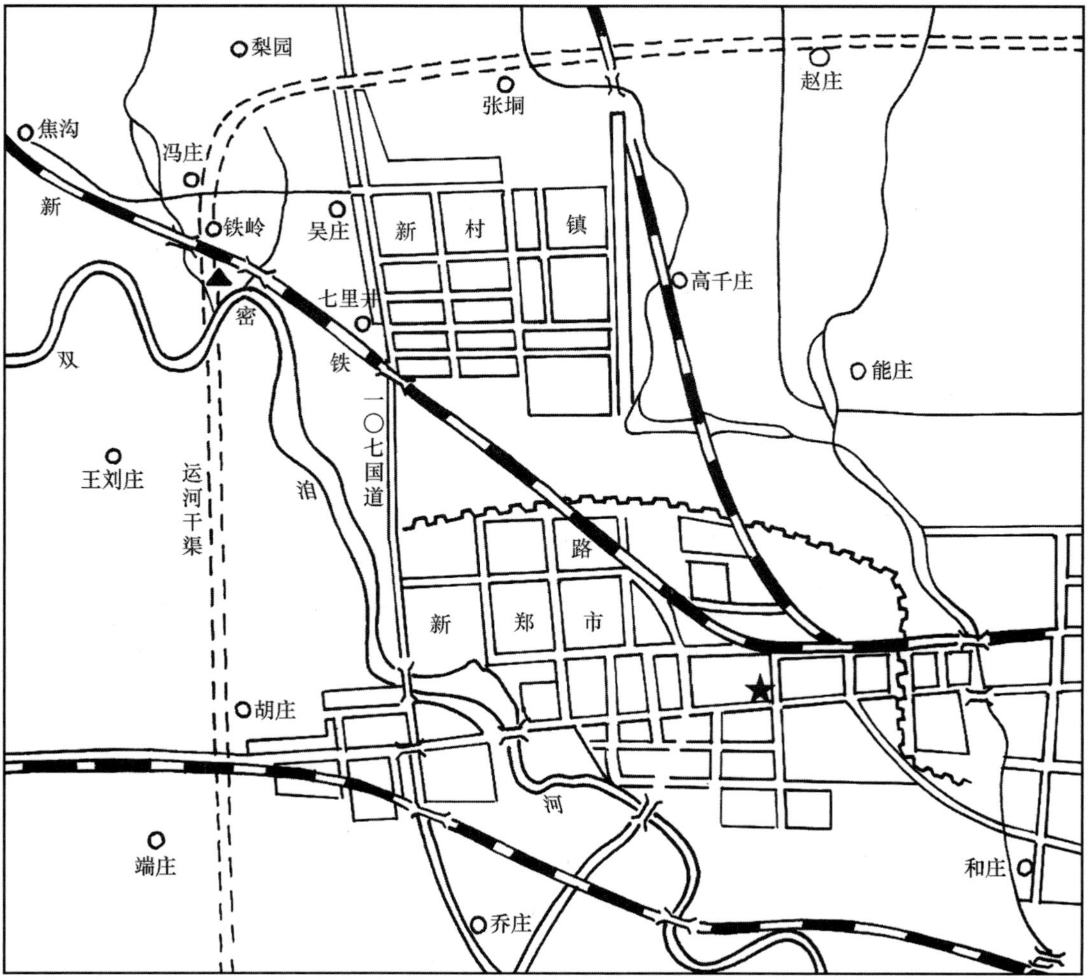

图一　铁岭墓地位置图

一、M1404

1. 墓葬形制

M1404位于铁岭墓地Ⅱ区中南部，为东西向长方形竖穴土坑墓，方向268°。此处原为铁岭村民住宅，拆迁后地基深厚，故用铲车整体推走1米厚的地层，墓口暴露于生土上。墓口东西长4.35米，南北宽3.2米；墓底东西长3.1米，南北宽2.2米；现存深度7.6米。墓室四壁修整光滑，东南角存有18个方形脚窝，宽0.14米，高0.14米，进深0.1米，脚窝间距0.6～0.7米。墓底放置单椁单棺。椁长2.68米，宽1.66米，厚0.06米，存高0.4米。棺长1.73米，宽0.62米，厚0.04米，存高0.1米。椁、棺西挡板之间放置随葬品。铜器在椁西南角。自北向南有兽骨、陶盂、陶罐、陶鬲、陶豆、铜鼎、铜盏、铜盘、铜匜、铜舟等，其中舟、匜放在铜盘上。棺内有尸骨一具，头西脚东，保存一般，仰身直肢，经鉴定，为中年女性（图二）。

2. 出土器物

墓葬出土铜器5件、陶器13件，依次叙述如下。

铜器有鼎、盘、盏、舟、匜，其中鼎、盘、盏胎薄皆碎，线图为复原图。

铜鼎　1件。标本M1404：11，带盖。盖侈口，窄折沿，方唇，浅腹，弧平顶，顶置圆捉手，捉手饰重环纹和三角纹，捉手外侧两周凸弦纹。鼎身敛口，窄折沿，方唇，唇下两附耳，深弧腹，圜底，三蹄足中空且高。鼎腹饰两周凸弦纹，鼎耳内外侧饰蟠虺纹，鼎足饰简体兽面纹。口径26厘米，腹径28厘米，通高31.4厘米（图三）。

铜盏　1件。标本M1404：13，带盖。盖窄折沿，斜方唇，唇外三个等距楔形扣，矮腹，弧顶；顶外缘饰对称四个环纽，纽饰简体重环纹；盖顶饰一周凸弦纹，中心置镂空捉手，由16条蟠龙组成，8条首向外，多不清，8条无首。盏身敛口，窄折沿，方唇，弧腹，圜底，三蹄足中空，腹部饰一对简体重环纹的环纽，足顶饰简体兽面纹。口径17厘米，复原高13.9厘米（图四）。

铜盘　1件。标本M1404：14，直口，斜折沿，方唇，沿下两附耳，浅弧腹，圜底，三蹄足中空。附耳顶饰卷鼻长角兽，旁附两蟠龙。腹部光素，足饰兽面纹。口径36厘米，高11.3厘米（图五）。

铜舟　1件。标本M1404：16，椭圆形，敛口，斜折沿，尖唇，束颈，鼓腹，圜底，四蹄足。足上部饰兽面纹。舟身长侧饰对称兽环耳，兽张嘴，两角侧扬，角饰羽纹，兽身作环状，卷尾。口长径16.4厘米，短径12厘米，通高7.6厘米（图六）。

铜匜　1件。标本M1404：15，侧视作牛形，管状流作牛首较平，额上双眼圆睁，眉羽略显，其余不清。宽浅腹，敛口，三角缘，尾作简体龙形，三蹄足。器身素面无纹饰。长23.5厘米，宽11.3厘米，高12厘米（图七）。

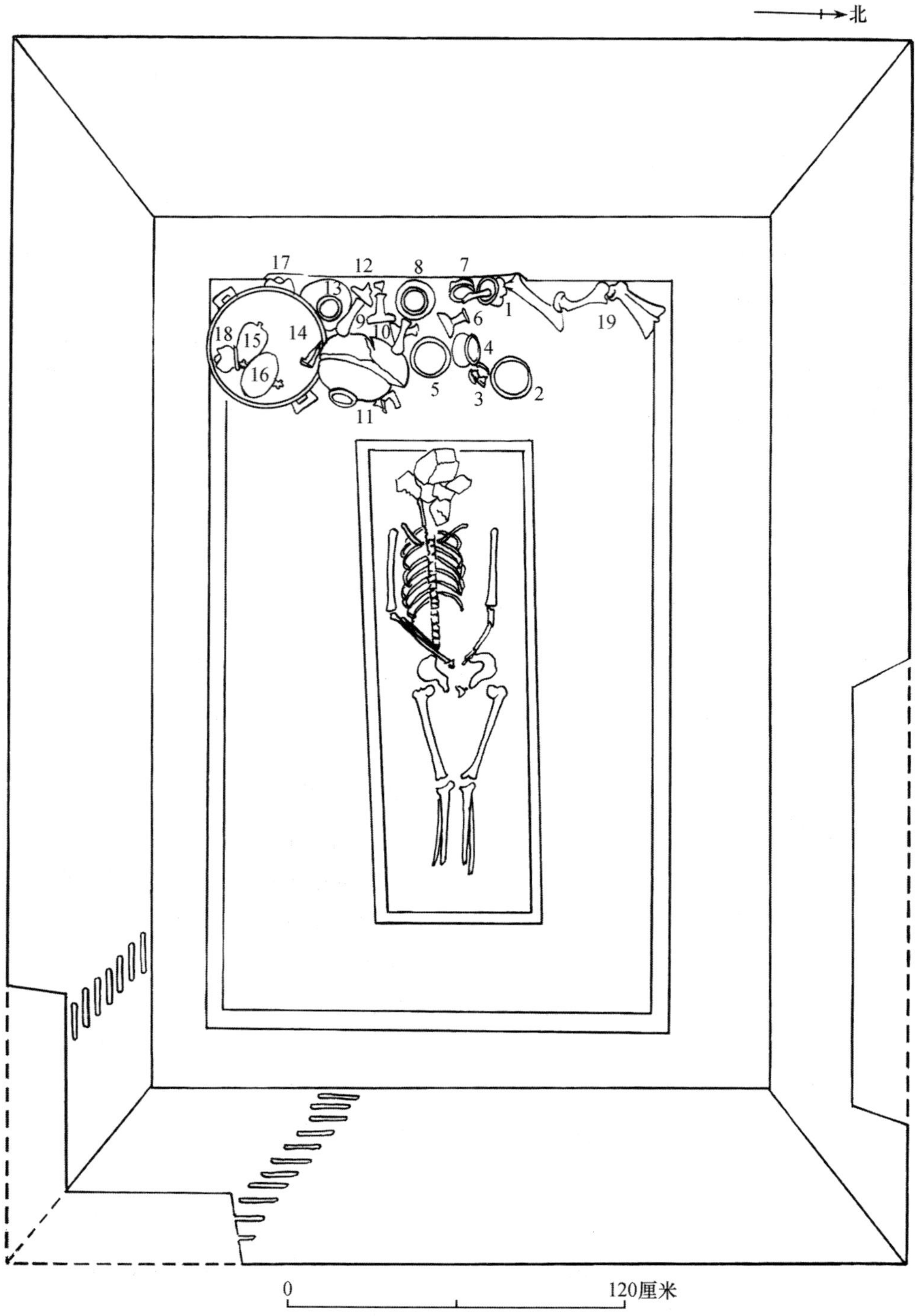

图二　M1404平面图

1、17、18. 陶鬲　2、3、5. 陶盂　4、7、8. 陶罐　6、9、10、12. 陶豆　11. 铜鼎
13. 铜盏　14. 铜盘　15. 铜匜　16. 铜舟　19. 兽骨

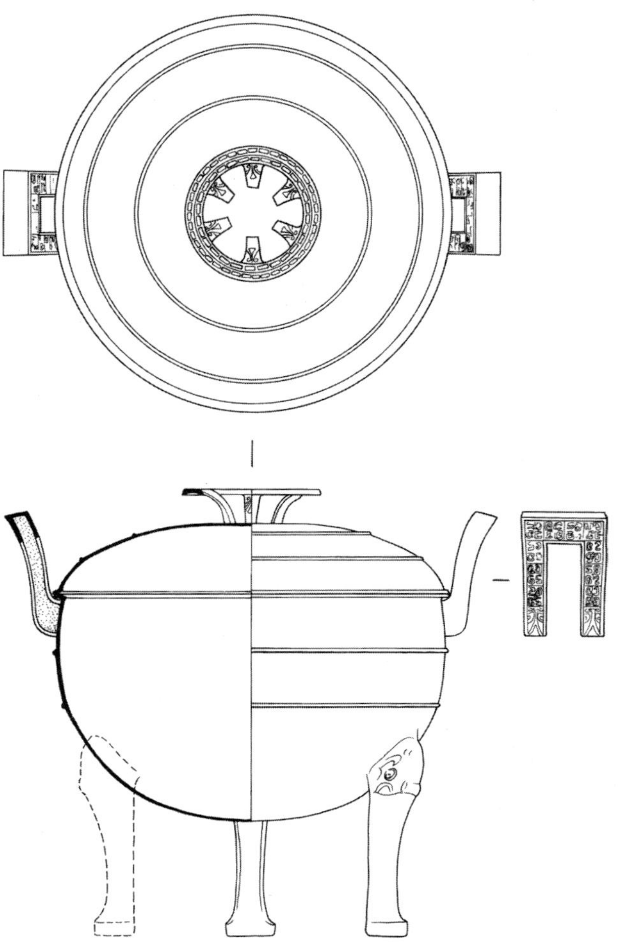

图三　铜鼎（M1404：11）

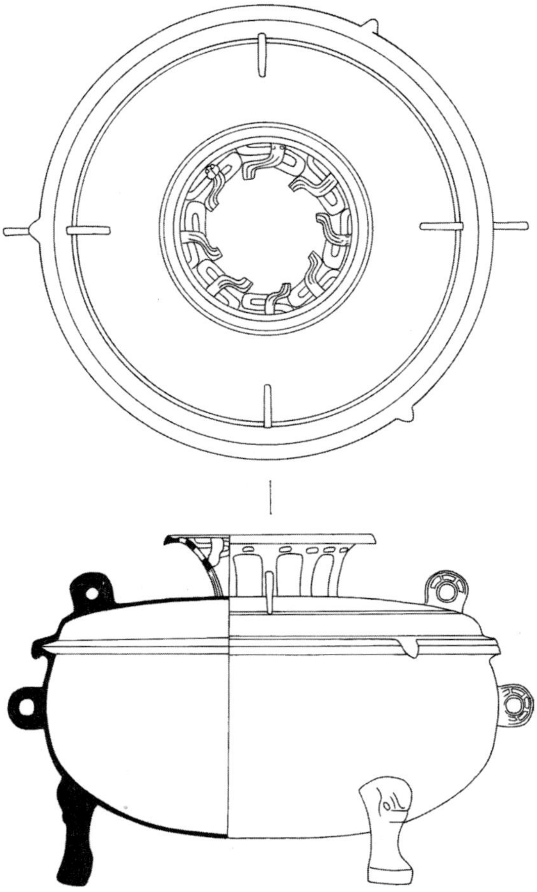

图四　铜盏（M1404：13）

陶罐　3件。灰陶，褐衣多脱落。标本M1404：4，敛口，窄平沿，方唇，束颈较深，弧折肩，腹部斜直内收，平底。口径7.4厘米，腹径12厘米，底径6.2厘米，高8.3厘米（图八，1）。标本M1404：8，直口，窄平沿，尖圆唇，束颈较浅，弧折肩，腹部略弧内收，平底略内凹。口径7厘米，腹径12.2厘米，底径6厘米，高8.6厘米（图八，2）。标本M1404：7，器形同前，唯束颈较深，平底。口径7.6厘米，腹径11.6厘米，底径5.2厘米，高8厘米（图八，3）。

陶鬲　3件。灰陶，褐衣。敛口，窄平沿，局部外侧上倾，尖圆唇，极短束颈，弧肩，鼓腹，下腹弧收，三袋足较低，低裆。肩部饰四至五道凹弦纹，腹、足饰粗绳纹。标本M1404：1。三足较内敛，口径6.4厘米，腹径9.8厘米，高6.5厘米（图八，4）。标本M1404：18，三足较内敛，口径7.4厘米，腹径10.4厘米，高6.8厘米（图八，5）。标本M1404：17，三足距离稍远，口径6.2厘米，腹径10厘米，高7厘米（图八，6）。

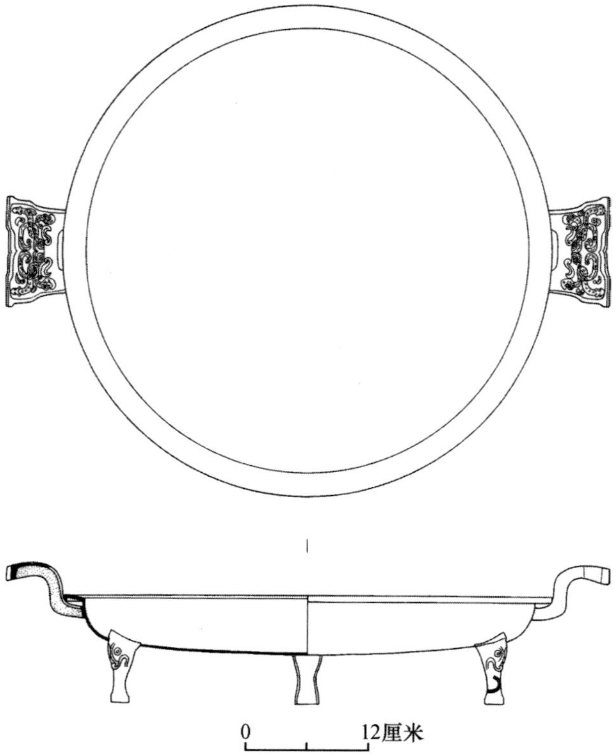

图五　铜盘（M1404：14）

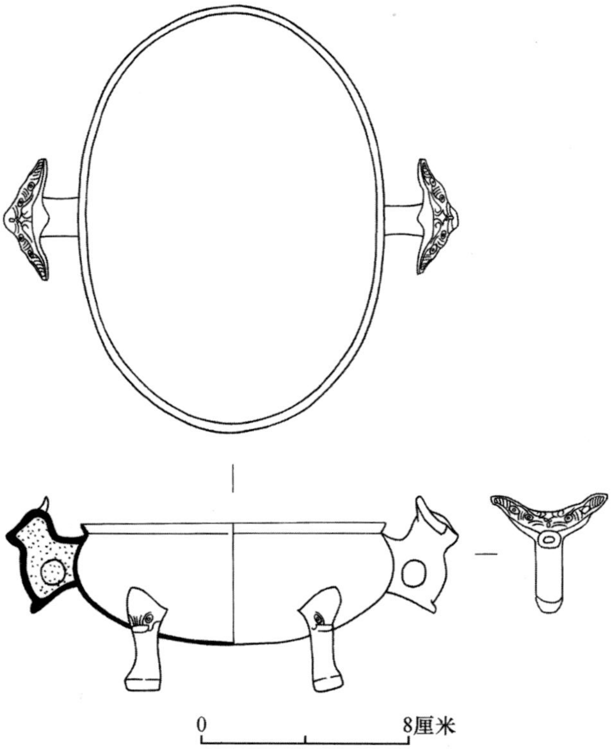

图六　铜舟（M1404：16）

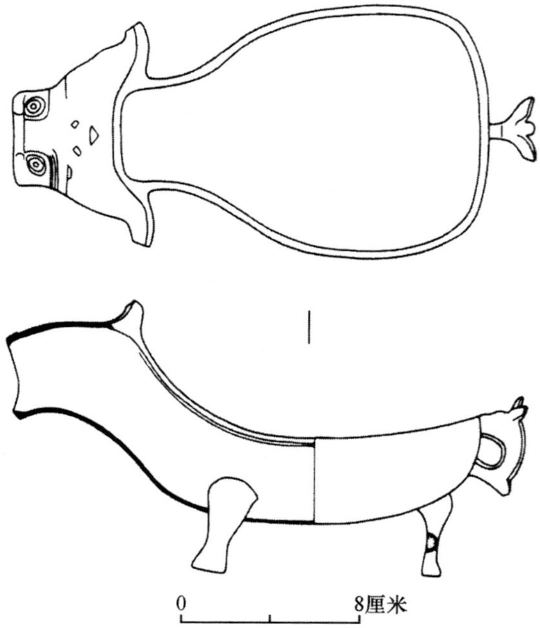

图七　铜匜（M1404：15）

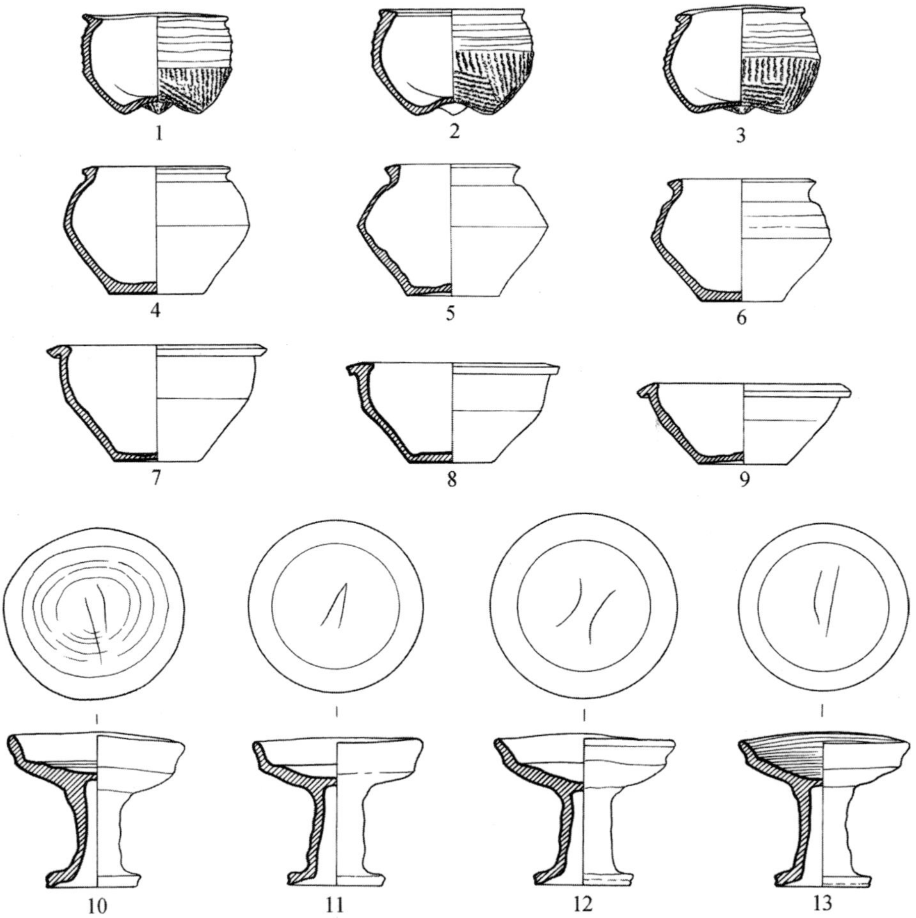

图八　M1404出土陶器

1～3. 陶罐（M1404：4、M1404：7、M1404：8）　4～6. 陶鬲（M1404：1、M1404：18、M1404：17）　7～9. 陶盂（M1404：2、M1404：3、M1404：5）　10～13. 陶豆（M1404：6、M1404：9、M1404：10、M1404：12）

陶盂　3件，灰陶，褐衣多脱落。标本M1404：2，敛口，弧平沿，斜方唇，上腹微鼓，下腹弧内收，平底。口径11厘米，腹径12.6厘米，底径5.2厘米，高7.4厘米（图八，7）。标本M1404：3，器形同前，口径10.4厘米，腹径12.2厘米，底径5.4厘米，高6.4厘米（图八，8）。标本M1404：5，敛口，弧平沿下倾较甚，方唇，上腹斜直，下腹略弧内收，分界不明显，平底略内凹。口径11厘米，底径5.8厘米，高5.2厘米（图八，9）。

陶豆　4件。灰陶，侈口，圆唇，浅腹，外腹壁略束，圜底，细矮柄，喇叭状圈足。内底有刻划符。标本M1404：6，内底有摁压形成浅凹弦纹，刻划符为两线段不相交。口径10.8厘米，圈足径6.2厘米，高8厘米（图八，10）。标本M1404：9，内底有摁压形成的同心圆，多不显，刻划符为两线段相交。口径10.4厘米，圈足径6.4厘米，高9.4厘米（图八，11）。标本M1404：10，内底光素，圜底较深，刻划符呈相背短弧线。口径11厘米，圈足径6.4厘米，高9.8厘米（图八，12）。标本M1404∶12，圜底较深，凹弦纹较显，刻符为两短线不相交。口径10.4厘米，圈足径6.4厘米，高10厘米（图八，13）。

二、M1405

1. 墓葬形制

M1405位于M1404南2米，西南31米处有仿铜陶器墓M899，为东西向长方形竖穴土坑墓，方向269°。墓口东西长5.3米，南北宽3.8米，墓底东西长4.3米，南北宽2.96米，存深8.25米。墓室四壁经修整，东南角、西北角各有24个方形脚窝，宽0.16米，高0.14米，进深0.11米，脚窝间距0.6米。墓底放置单椁单棺。椁长3.45米，宽2.18米，厚0.1米，存高1.25米。棺长2.04米，宽1米，厚0.07米，存高0.06米。棺底有一近圆的腰坑，直径0.32米，深0.3米。椁、棺间放置随葬品，铜器集中在西挡板中南部与南挡板之间，陶器、兵器、车马器集中在西挡板北部及北挡板之间。铜器自北向南有鼎、甗、舟、盏、盘、匜、盘盖等；其余器物自西向东有陶鬲、陶盂、陶罐、兽骨、铜戈、禽骨、骨贝、铜车軎等。棺内尸骨一具，头西脚东，保存一般，仰身直肢，经鉴定，为青年男性（图九）。

2. 出土器物

墓葬出土铜器7件、陶器12件、车马器6件、兵器2件、贝94枚，依次叙述。

铜器中盘、盘盖、盏、舟已碎，线图为复原图。

铜鼎　1件。标本M1405∶1，有盖，敛口，方唇，弧顶较平，顶置四环。鼎子口，方唇，唇下两附耳，鼓腹，圜底，三蹄足较高。底见三条细范线，足两侧各一条范线，器周身无纹饰。口径21.4厘米，腹径26.2厘米，通高32厘米（图一〇）。

铜盏　1件。标本M1405∶6，由盖与盏身组成。盖窄折沿，方唇，唇外三个等距楔形扣，矮腹较直，弧顶；顶外缘对称四个环纽，纽侧面饰重环纹，多不显；中心置镂空捉手，由14条蟠龙组成，但蟠龙锈蚀严重，看不清缠绕方式。盖顶饰两周凸弦纹。盏身敛口，窄折沿，方唇，束颈，深弧腹，圜底，三蹄足中空。腹部一对饰重环纹的环纽，一对兽环耳，兽短立耳，凸眼睛，宽卷鼻，大口含身，尾上卷，额顶起扉棱。腹部饰2周凸弦纹，足顶兽面纹不清。口径18.5厘米，通高18.8厘米（图一一）。

铜盘　1件。标本M1405∶7，有盖，放在盘南侧，已糟朽成片。敛口，方唇，高弧顶，缘置四个环纽，其中两个穿环。口径40.2厘米，高8厘米。盘身直口，斜折沿，方唇，沿下两附耳，浅弧腹，腹部一对铺首衔环，隐见四条对称范线，圜平底，三蹄足中空。附耳顶面中饰卷鼻兽首，咧嘴，长方眼，卷眉上扬成角；旁附两蟠龙，龙身有鳞。腹与底交接处饰一周凸弦纹，铺首之兽作猴头形，环光素。足饰兽面纹，卷鼻，大眼，扉棱状鼻梁，唇上胡须与眉后端上挑。口径38.8厘米，高18.5厘米（图一二）。

铜舟　1件。标本M1405∶3，椭圆形，有盖。盖敛口，方唇，直腹壁，弧顶光素，

图九　M1405平面图

1. 铜鼎　2. 铜壶　3. 铜舟　4. 铜甗　5. 铜镞　6. 铜盏　7. 铜盘　8. 铜匜　9、12. 马衔　10、11. 马镳　13、14. 车軎　15. 铜戈　16. 禽骨　17. 骨贝　18、22、25. 陶罐　19、21、26、28. 陶鬲　20、23、27、30. 陶盂　24. 兽骨　29. 海贝

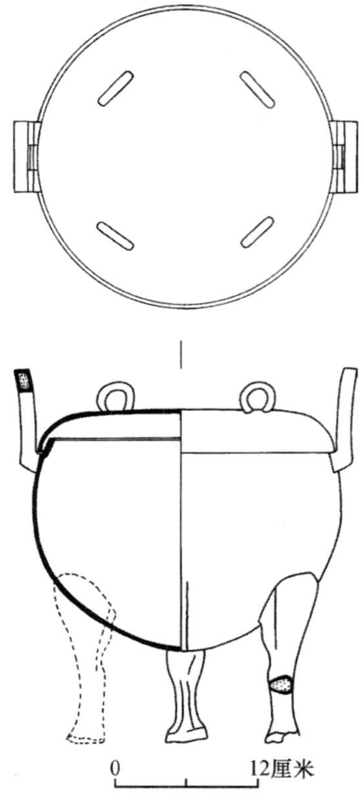

图一〇　铜鼎（M1405∶1）

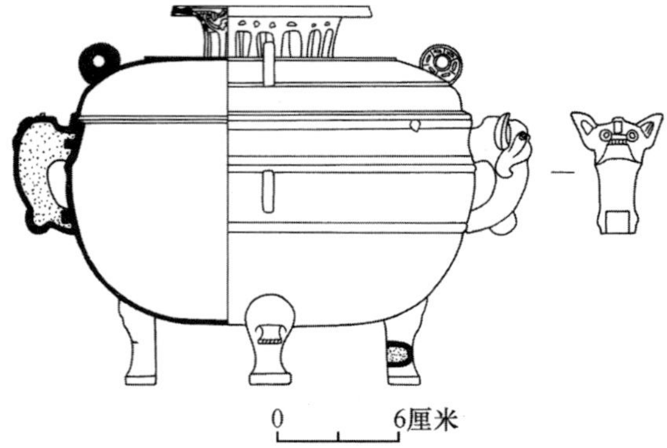

图一一　铜盏（M1405∶6）

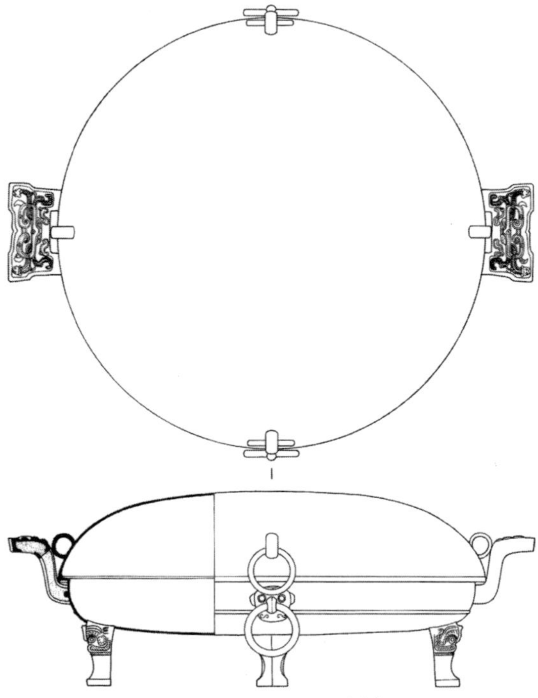

图一二　铜盘（M1405∶7）

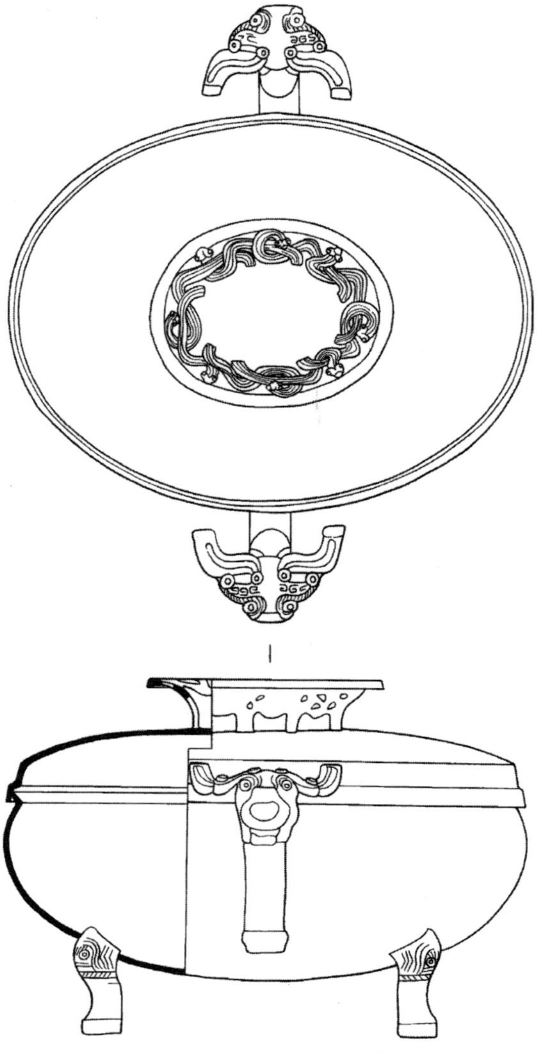

图一三　铜舟（M1405∶3）

中心置椭圆捉手，由8条蟠龙组成。舟身敛口，斜折沿，尖唇，束颈，鼓腹，圜底，蹄足。舟身长侧饰对称兽环耳。兽张嘴，卷鼻，突眼，双角上扬，额头饰云雷纹；兽身成环状，环下有卷尾。口长径17厘米，短径12.6厘米，通高12.3厘米（图一三）。

铜匜　1件。标本M1405：8，整体作虎形，管状流作虎首上扬，额上凸起鼻和卷羽。深腹宽直，口略内敛。尾作龙形，龙口衔器沿，双耳高起，并为一体，卷尾，龙身纹饰不清。三足，前二足作龙爪形，后足作蹄形，上端饰兽首。长29.5厘米，宽12.5厘米，高15.4厘米（图一四）。

铜甗　1件。标本M1405：4，由甑与釜组成。甑，侈口，窄折沿，厚方唇，束颈，颈下两附耳，有扁梗与沿相连，深弧腹，敛圈足，弧平底。颈部饰四周蟠虺纹，多未铸出，耳外侧饰篦点纹，甑底共16个窄长镂孔。口径33.8厘米，底径14厘米，高25.8厘米。釜，侈口，窄折沿，方唇，直束颈，弧肩较宽，肩上两附耳，鼓腹，圜底，三蹄足。腹部饰两周凸弦纹，颈、肩、腹上有三条范线，但肩、上腹范线不显，颈、下腹范线略有错位，底有一圆范线及两块垫片，内底有三圆洞，与蹄足通透。口径16.4厘米，腹径24.4厘米，高24厘米。整体通高47.4厘米（图一五）。

铜壶　1件。标本M1405：2，有盖。盖口内敛，方唇，平顶略弧，中部置一扁圆环。壶侈口，方唇，长束颈，弧肩稍直，鼓腹，圈足，平底。壶作八棱体，正面略鼓，背面扁平。肩、腹部置三个圆环并饰两周由三凸棱组成的横纹带，正、背、体侧各饰一道由三凸棱组成的纵纹带，三凸棱中间者及圈足外观均作绹纹状。口长径9.4厘米，短径5.4厘米，腹长径18厘米，短径7.8厘米，圈足长径8.5厘米，短径4.5厘米，通高31.4厘米（图一六）。

陶鬲　4件。敛口，窄平沿，外侧略下倾，沿面一周浅凹槽，圆唇，短束颈，弧肩，鼓腹，下腹弧收，三袋足较低，低裆。肩部饰四至六道浅宽凹弦纹，腹、底饰规整麦粒状中绳纹，肩部绳纹被抹去。标本M1405：19，口径11.2厘米，腹径16.4厘米，高14.4厘米（图一七，1）。标本M1405：21，口径11.8厘米，腹径17.6厘米，高14厘米（图一七，2）。标本M1405：26，肩部凹弦纹规整。口径11.4厘米，腹径16.8厘米，高12.8厘米（图一七，3）。

陶罐　4件。敛口，平沿外侧稍高，方唇，束颈，弧肩，下腹斜内收，并经刀修，平底或平底略内凹。标本M1405：18，口径7.2厘米，腹径12厘米，底径7厘米，高10厘米（图一七，4）。标本M1405：22，口径7厘米，腹径11.8厘米，底径7厘米，高9.4厘米（图一七，5）。标本M1405：25，口径7.2厘米，腹径12厘米，底径6.8厘米，高9.6厘米（图一七，6）。

陶盂　4件。敛口，平沿外侧稍高，斜方唇，上腹微鼓，下腹修治不精，平底或平底略内凹。标本M1405：23，口径12.8厘米，腹径14.6厘米，底径7厘米，高8.5厘米（图一七，7）。标本M1405：27，口径12厘米，腹径13.6厘米，底径6.4厘米，高8.8厘米（图一七，8）。标本M1405：30，口径12.2厘米，腹径14.6厘米，底径6.8厘米，高8.6厘米（图一七，9）。

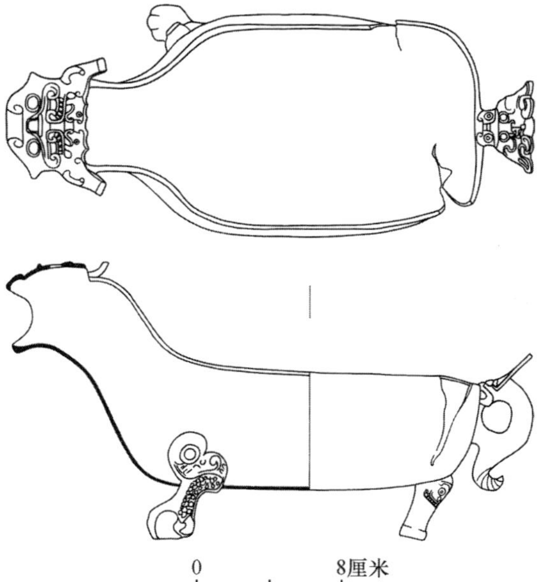

图一四　铜匜（M1405：8）

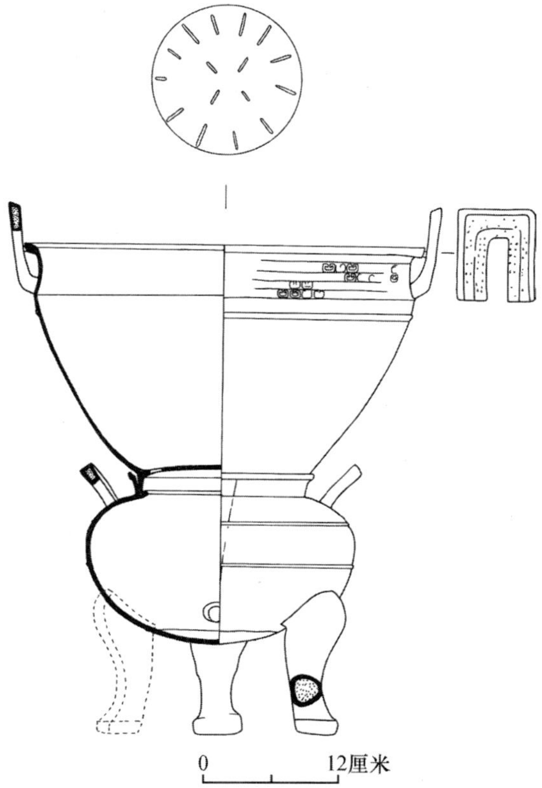

图一五　铜甗（M1405：4）

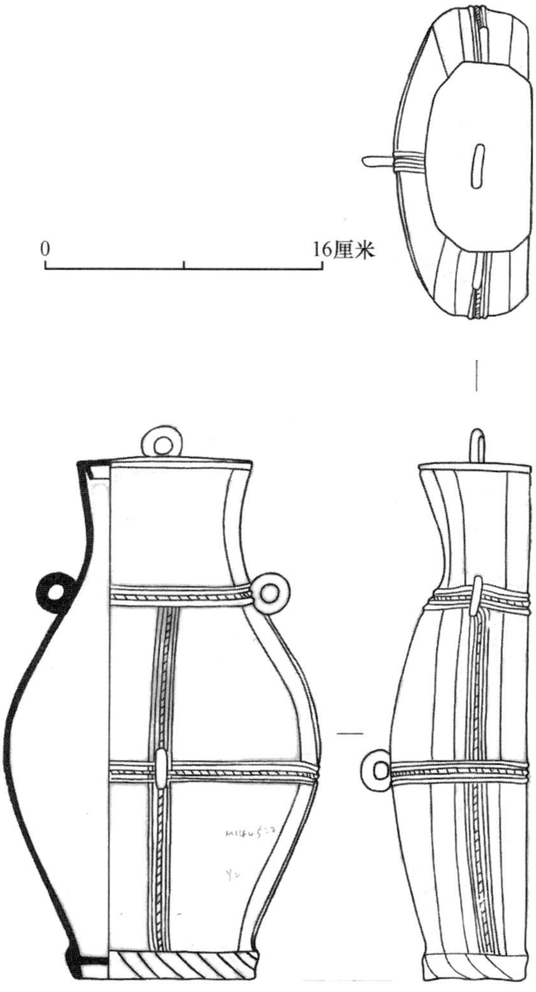

图一六　铜壶（M1405：2）

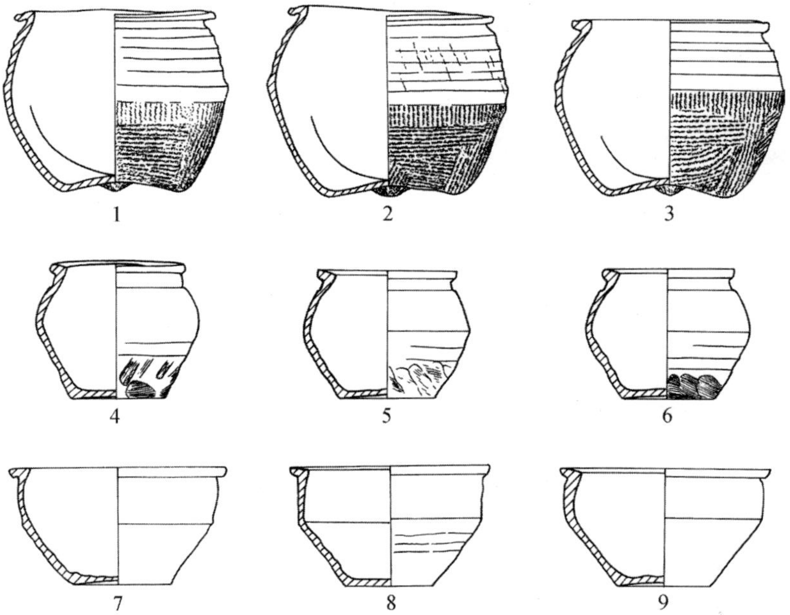

图一七　M1405出土陶器

1～3. 陶鬲（M1405：19、M1405：21、M1405：26）　4～6. 陶罐（M1405：18、M1405：22、M1405：25）
7～9. 陶盂（M1405：23、M1405：27、M1405：30）

铜车軎　1对。标本M1405：13、14，合范铸成，由軎和辖组成。軎上端为缘，饰绹纹；下端为座，上下面内凹，光素；軎身下部范线上有两个长方形辖孔，軎身饰以布纹为地的相连“S”纹。缘内径4.8厘米，厚0.3厘米；座内径5厘米，厚1.3厘米；通高5.5厘米，壁厚0.2厘米。辖，首作简体兽首，卷鼻，圆眼，突点眉，方耳相连。键长方体，光素无纹。长7.6厘米（图一八，1、2）。

铜马衔　2件，一件放在铜盘里，一件放在铜盘盖南侧。标本M1405：9，两节，外侧为大环，内侧为小环，小环相套。通长19厘米，大环径5厘米，小环径2.4厘米（图一九，3）。

铜马镳　4件，两件与铜盘里马衔放在一起，已朽；两件放在铜盘盖里。标本M1405：11，角质，磨制，上细下粗，断面呈八棱形，中部有两个直径0.7厘米的圆孔。长分别为16.5厘米、14.2厘米，最大断面径分别为2厘米、2.2厘米（图一九，1、2）。

铜镞　7枚，多残。标本M1405：5，三棱翼，翼后有倒刺，身的后部与铤均为三棱状。通长7.8厘米，翼长4.9厘米（图一九，4）。

铜戈　1件。标本M1405：15，锈蚀严重，援弯向背侧，不见中脊；中长胡，阑侧三穿，间距不等，大小不同；内中部有一长方形横穿。通长21.5厘米（图一九，5）。

海贝　6枚，置于墓主口中。标本M1405：29，长2.2厘米，宽1.7～2.1厘米（图一九，6）。

骨贝　88枚。标本M1405：17，锯解胫、肱之类管状骨成骨片，利用骨的曲度做贝的凸面。中刻凹槽，槽宽0.1厘米，深度至骨贝厚度一半，槽两侧刻5～13条浅线。背面

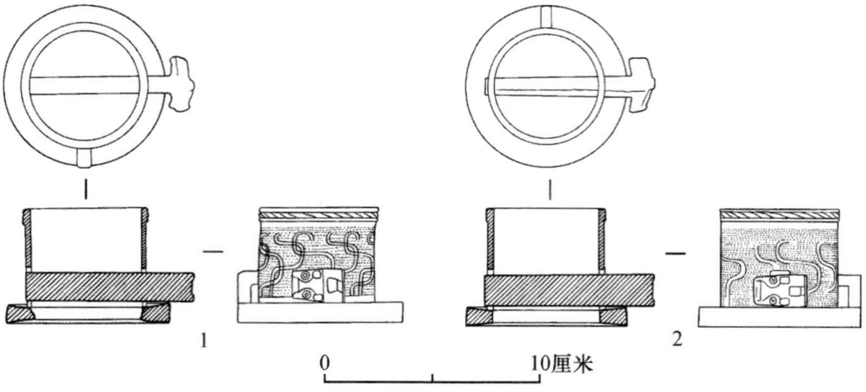

图一八　车軎

1. M1405：13　2. M1405：14

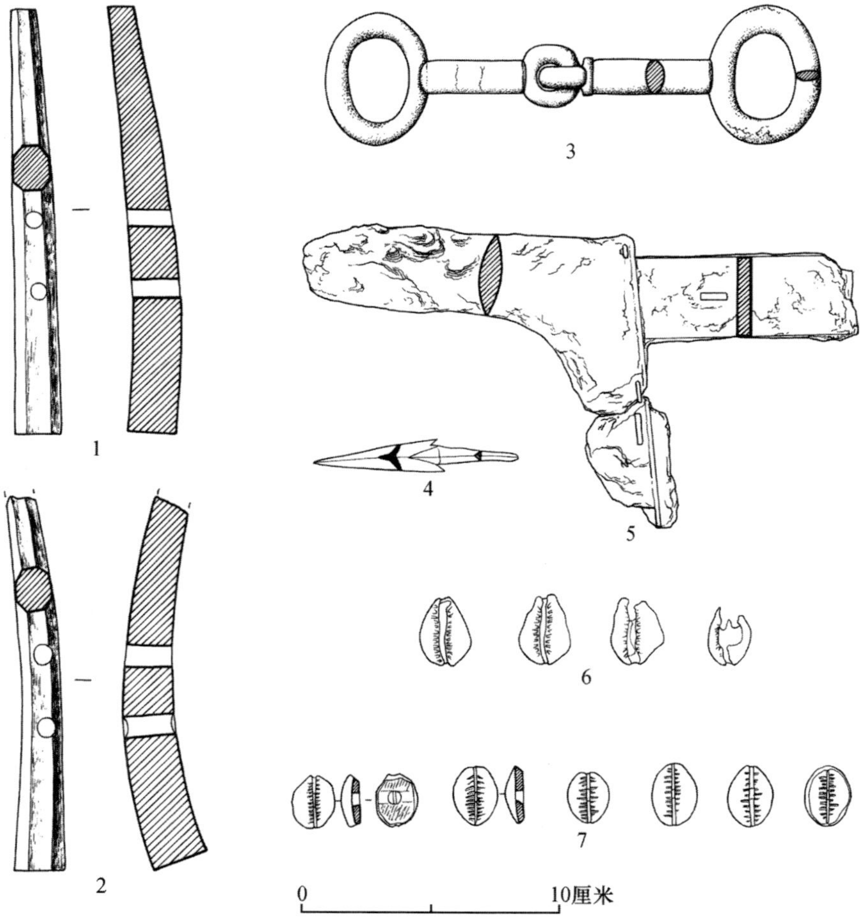

图一九　M1405出土器物

1、2. 马镳（M1405：11）　3. 铜衔（M1405：18）　4. 铜镞（M1405：5）
5. 铜戈（M1405：15）　6. 海贝（M1405：29）　7. 骨贝（M1405：17）

多数有切痕，切后局部尚保留骨松质面，中部钻一圆孔，孔与正面刻槽通透后即停，孔径0.45厘米。贝长1.8～2.5厘米，宽1.5～1.8厘米，厚0.4～0.7厘米（图一九，7）。

三、墓葬年代

M1405、M1404铜器均有鼎、盏、盘、舟、匜，前者比后者多了甗、壶两种器物。从器形来看，两墓铜器相差无几，铜器主体上的纹饰仅有凸弦纹，附件如足、耳、捉手则不尽相同，说明两墓时代相近。M1405甗之甑部的束颈保留有不清晰的蟠虺纹，铜盏有束颈，这是器物年代较早的表现特征。M1405的盏、盘、舟、匜均比M1404的同类器大，这一点也说明，M1405的年代要早，但与M1404还在同一期段。

两墓陶器均有鬲、罐、盂，M1404多出豆。M1404的器形显然较小，特别是它的鬲，斜折沿变窄变薄，有向无沿鬲发展的趋势，而M1405的鬲高大，平沿较宽，袋足饱满。M1404的罐、盂下腹部均弧内收，这是器物较晚的特征，而M1405的罐、盂下腹部均较直。因此，从陶器来看，M1405也早于M1404。

M1405、M1404与铁岭墓地M429[1]、M458[2]相比，铜器、陶器差别较大，与M550[3]则有较多的相同之处，特别是M1405与M550都出土有车軎、马镳、铜戈，可以认为三墓时代相同，同属春秋晚期晚段。

M1405、M1404两墓没有出现大型红陶鬲，其铜鼎、铜盏、铜舟的底部也没有变平的趋势，正像新郑新禹公路M2、M13[4]见到的那样，因此，这两墓时代不能晚到战国早期。

领　队：郝红星
发　掘：张吉钦　郝红星　王磨正等
绘　图：李　杨
摄　影：蔡　强

注　释

[1] 郑州市文物考古研究院：《新郑铁岭墓地M429发掘简报》，《中原文物》2010年第1期。
[2] 郑州市文物考古研究院：《新郑铁岭墓地M458发掘简报》，《文物研究》（第17辑），科学出版社，2010年。
[3] 郑州市文物考古研究院：《新郑铁岭墓地M550发掘简报》，《中原文物》2010年第5期。
[4] 赵清、王文华、刘松根：《河南新郑新禹公路战国墓发掘简报》，《考古》1994年第5期。

（原刊于《中原文物》2012年第2期）

新郑铁岭墓地M709、M722发掘简报

郝红星　王　丽

新郑市铁岭墓地2008～2010年的发掘工作主要集中在铁岭墓地Ⅲ区新密铁路南的一块台地上，2008年发掘东部的一小部分，2009年发掘中部的140余座墓葬，其中有数十座为春秋晚期的铜器墓、仿铜陶器墓[1]，2010年发掘西部（双洎河支流东岸）的260余座墓葬，这些墓葬同中部墓葬一样，分为大、中、小三型，东西向，但随葬有陶器的墓葬极少，M709、M722是杂处其间的随葬鼎、豆、壶、盆、匜的较为特殊的墓葬，这两座墓的形制、随葬品摆放位置、随葬品风格都极其相似，有助于我们认识铁岭墓地的墓葬制度（图一、图二）。

一、M709

1. 墓葬形制

M709位于台地的西南角，西10米为双洎河支流。因这一带为台地边缘，其南面仅有M697，东面墓葬也较稀疏。该墓为长方形竖穴土坑墓，方向272°。此处地表土被取

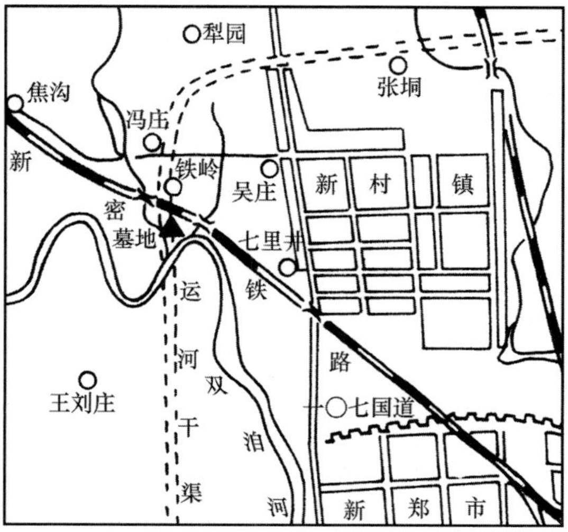

图一　铁岭墓地位置示意图

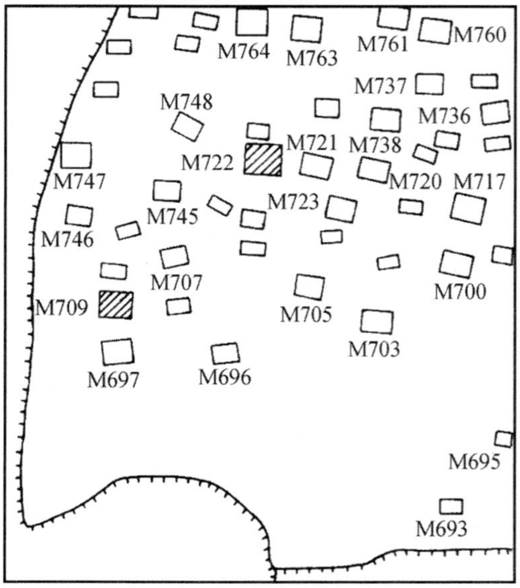

图二　M709、M722位置示意图

走1.2米厚，现口存于生土上。墓口东西长3.7米，南北宽2.8米，墓底东西长2.7米，南北宽2米，现深6.5米。墓室四壁上部经过修整，4.3米以下为毛边，西南角有16个三角形脚窝，脚窝宽14厘米，高14厘米，进深8～12厘米，脚窝间距80～90厘米。墓底放置单椁单棺。椁为长方形，长2.2米，宽1.4米，厚0.06米，残高0.35米。棺偏置于椁内南部，棺长1.98米，宽0.72米，厚0.04米，残高0.15米。棺、椁北壁板间放有陶器，自东向西有鼎2、盖豆2、豆4、小壶2、壶2、盆1、匜1。棺内尸骨一具，保存较差，经鉴定，为中年女性（图三）。

2. 出土器物

出土陶器14件，皆为泥质灰陶。

鼎 2件，形制一样，尺寸相同，外壁通体褐衣，盖褐衣多脱落。子口内敛，圆方唇，附耳外撇，近直腹，平底，蹄足中空。腹饰2道凸弦纹，口沿下有褐色纹饰，凸弦纹间无纹饰。附耳顶及内外两侧均饰列齿纹，蹄足亦饰列齿纹。盖为方唇，弧平顶，顶置3桥纽，自内向外饰二道凸弦纹、一道凹弦纹，纹饰自内向外为列齿歧云纹、列齿纹间反“S”纹。标本M709：1，沿下饰1周对顶的列齿三角纹与反“S”三角纹，口径20厘米，腹径24.9厘米，通高24.9厘米（图四，1）。标本M709：2，沿下饰1周列齿纹间反“S”纹，口径20厘米，腹径24.9厘米，通高24.9厘米（图四，2）。

盖豆 2件。标本M709：7，褐衣多脱落，子口内敛，承盖槽较平，圆唇，近直腹，圜底，细矮柄，大喇叭圈足。上腹饰列齿三角纹加反“S”纹，下腹饰一道素面瓦纹。盖为方唇，弧顶较平，上有圆柄捉手，捉手饰3道瓦纹，瓦纹上均饰一周连齿纹。捉手外的盖面饰4道凹弦纹，弦纹间一周列齿三角纹加反“S”纹。口径17.6厘米，柄径3.9厘米，圈足径13.5厘米，通高24.9厘米（图五，1）。标本M709：8，外壁通体褐衣，器形同前，唯子口承盖槽稍深，上腹饰列齿纹间“X”形反“S”纹，捉手顶面无纹饰，盖面弦纹间亦饰列齿纹间“X”形反“S”纹。口径17.2厘米，柄径3.7厘米，圈足径15.3厘米，通高26.2厘米（图五，2）。

豆 4件，形制一样，尺寸相近。敞口，半圆唇，斜直腹，近平底，细高柄，喇叭足。盘内壁及直腹施褐衣，内底外侧一周露胎，内填褐色连齿纹。豆盘外底、柄、喇叭足均为灰胎，是知褐衣是先涂衣液尔后烧成的，连齿纹应是尖状物蘸着衣液捺划而成。标本M709：9，口径11.7厘米，柄径3厘米，足径8.4厘米，高16.8厘米（图五，3）。

壶 2件。敛口，方唇，束颈，弧肩，鼓腹，假圈足外撇，近平底。标本M709：4，口沿下、颈中部有两周尖状物蘸着衣液摁压旋转而成的宽带纹，宽带纹下露胎，上施两周褐色连齿纹，连齿纹以下至上腹部有七周凹弦纹。壶盖子口内敛，圆唇，瓦纹顶，瓦纹上自内向外饰反“S”纹、列齿纹间反“S”纹。口径10.4厘米，腹径21.3厘米，底径10.8厘米，通高30.6厘米（图五，5）。标本M709：3，颈部以上残，颈中部至上腹部共10道凹弦纹，肩部凹弦间施列齿纹间反“S”纹，多不显。腹径21.2厘米，底径10.5厘米，通高23.5厘米。

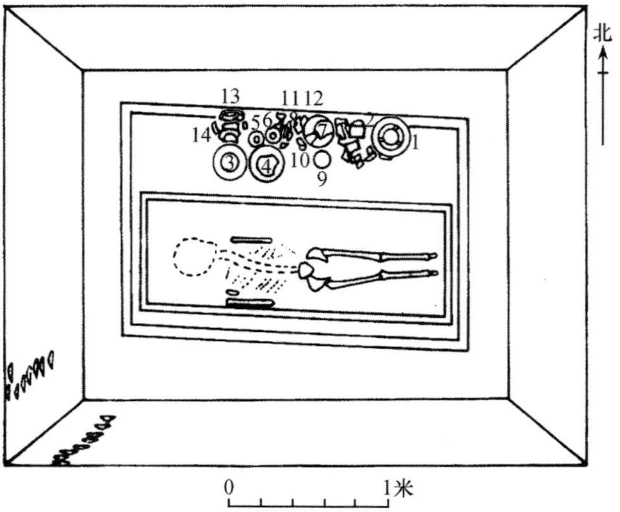

图三　M709平面图

1、2. 鼎　3、4. 壶　5、6. 小壶　7、8. 盖豆　9～12. 豆　13. 盆　14. 匜

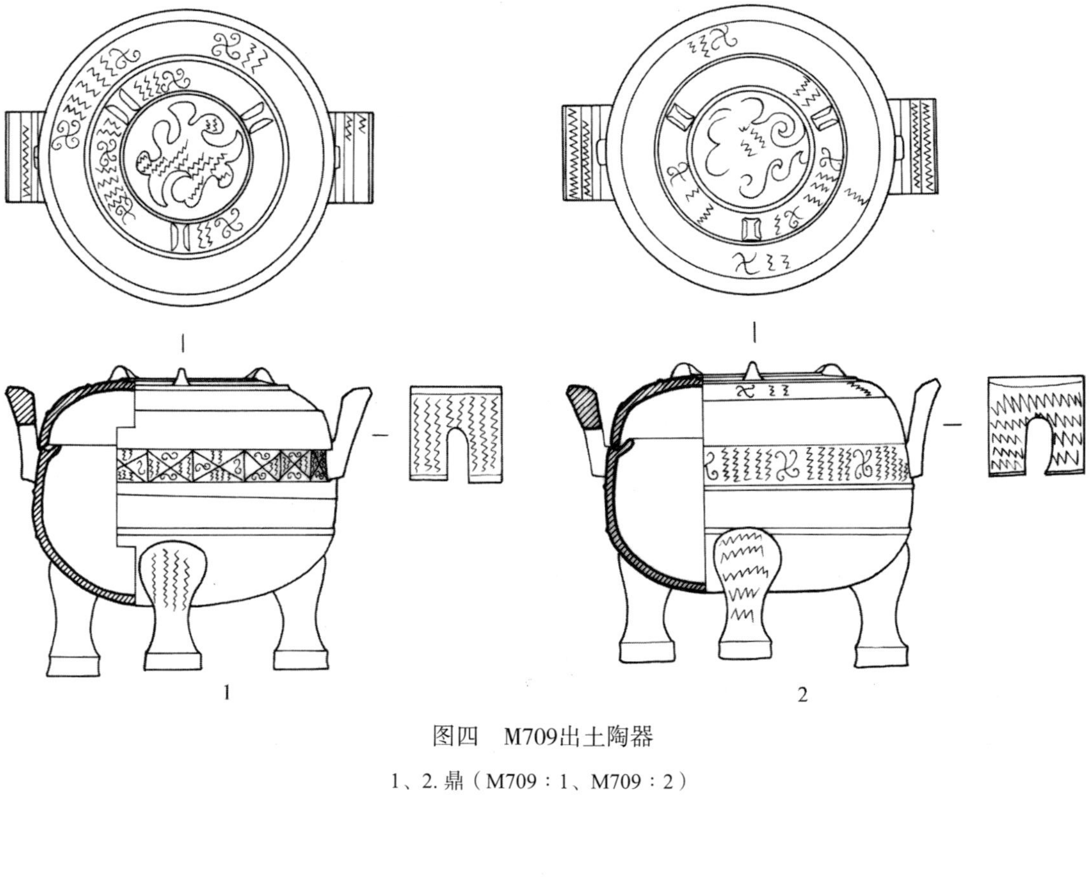

图四　M709出土陶器

1、2. 鼎（M709：1、M709：2）

小壶　2件，形制一样，尺寸相近。口微侈，方唇，束颈，弧肩，鼓腹，中高细柄，喇叭足。颈中部、下腹部至柄中部露胎，其余部位用尖状物摁压旋转形成光面，没蘸褐衣液，肩部三周凹弦纹，颈中部与弦纹间饰褐色连齿纹与列齿纹。盖为子口较直，方唇，瓦纹顶。标本M709：6，口径3.3厘米，腹径10厘米，足径7.4厘米，通高16.1厘米（图五，4）。

盆　1件。标本M709：13，褐衣多脱落。口微敛，弧平沿，圆唇，上腹略弧，下腹斜直，近底处内弧，平底略内凹。内壁饰三周凹弦纹，底中心饰一朵列齿歧云纹，其外依次为列齿三角纹加反“S”纹、列齿纹间反“S”纹。口径25.4厘米，底径13.8厘米，高7.5厘米（图五，6）。

匜　1件。标本M709：14，内外壁大部被污渍覆盖。椭圆形，敞口，平底，管状流略宽，尾部较高，但内收至圆弧线上，内底较平，周线明显，饰列齿歧云纹，内腹壁三周连齿纹，隐约可见。口径15厘米，底径10厘米，高7.2厘米（图五，7）。

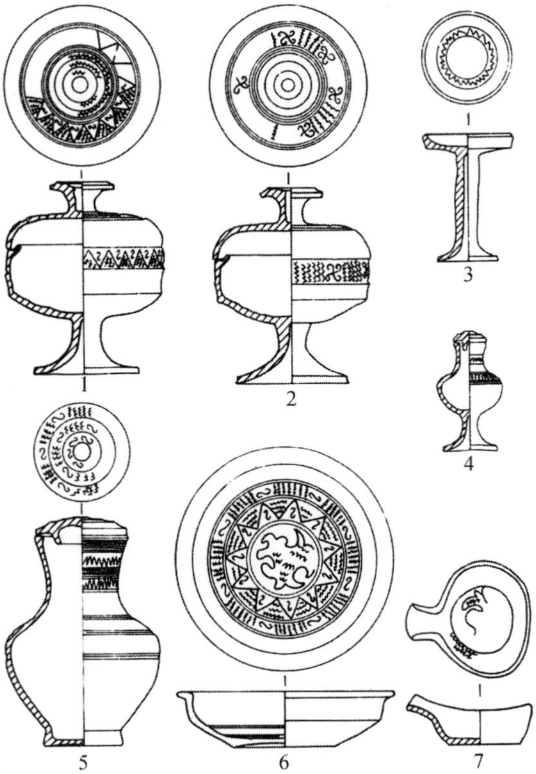

图五　M709出土陶器

1、2. 盖豆（M709：7、M709：8）　3. 豆（M709：9）
4. 小壶（M709：6）　5. 壶（M709：4）
6. 盆（M709：13）　7. 匜（M709：14）

二、M722

1. 墓葬形制

M722位于M709东北18米，西距双洎河支流20米，为长方形竖穴土坑墓，方向273°。此处地表土被取走1.5米厚，开口存于生土上。墓口东西长4米，南北宽3.2米；墓底东西长3.2米，西宽2.3米，东宽2.2米，残深7.4米。墓室四壁上部经过修整，3.2米以下较为毛糙，东南角有15个三角形脚窝，宽14厘米，高12厘米，进深10厘米，脚窝间距70厘米。距墓口2.6米深的西壁偏北处有一长方形洞穴，口宽0.4米，高0.1米，进深0.25米；2.6米深的南壁中部有一长方形洞穴，口宽0.5米，高0.1米，进深0.25米。距墓口3.8米深的北壁西部有一长方形洞穴，口宽0.25米，高0.1米，进深0.15米。距墓口4米深的西壁中部有一长方形洞穴，口宽0.3米，高0.1米，进深0.2米；4米深的北壁东部有一长方形洞穴，口宽0.5米，高0.1米，进深0.25米。墓底放置单椁单棺。椁为“亚”字形，长2.7米，宽1.66米，

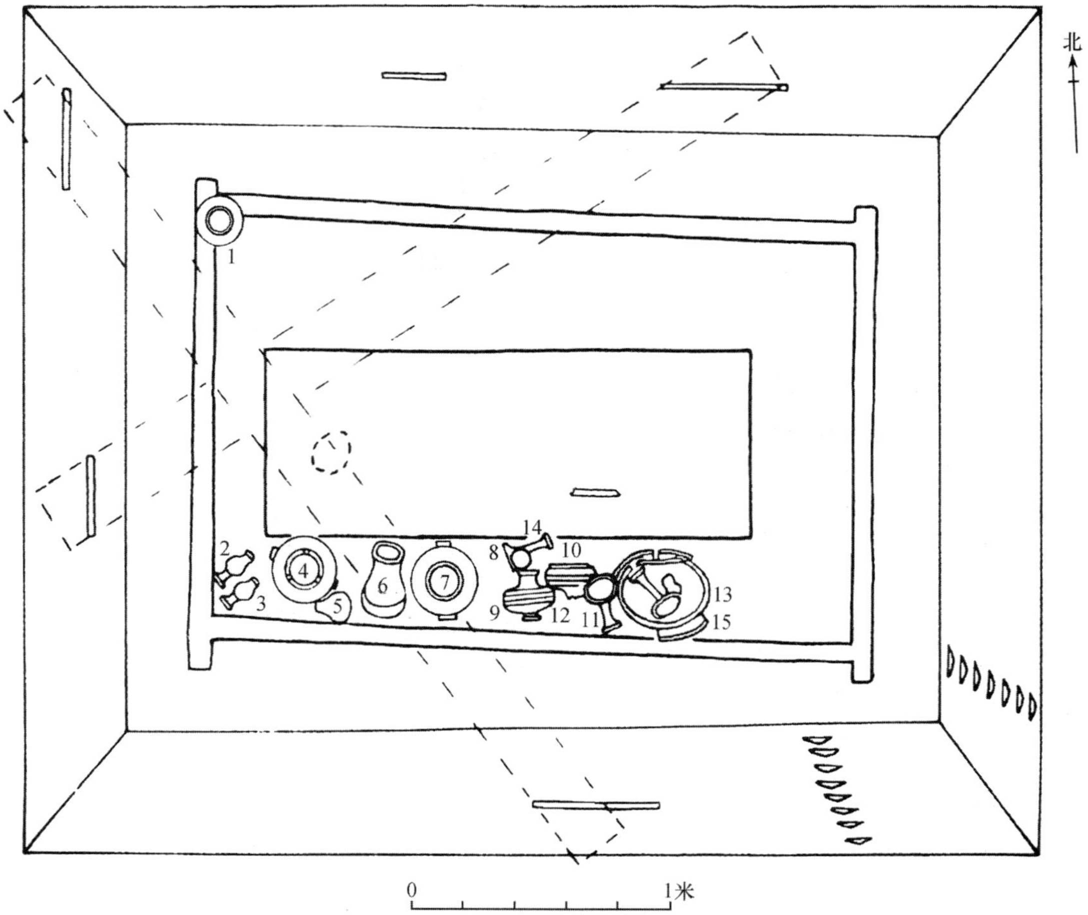

图六　M722平面图

1、6. 壶　2、3. 小壶　4、7. 鼎　5. 匜　8、11、13、14. 豆　9、10. 盖豆　12. 中柱盆　15. 盆

厚0.08米，残高0.8米。棺位于椁内中部偏南，长1.9米，宽0.7米，厚度不明，残高0.1米。棺、椁南壁板间放置陶器，自西向东有小壶2、鼎2、匜1、壶1、盖豆2、豆4、盆1、中柱盆1，椁西北角陶壶1。棺内尸骨一具，朽蚀殆尽，仅余右下肢骨（图六）。

2. 出土器物

出土陶器15件，皆为泥质灰陶。

鼎　2件，形制一样，尺寸相同，外壁通体褐衣。子口内敛，圆方唇，附耳外撇，近直腹略垂，平底，蹄足中空。腹饰两道弦纹，上一道扁平，下一道内凹，平弦纹以上饰一周列齿角云纹，凹弦纹以上饰一周列齿纹，以下饰两周连齿纹。附耳顶部及内外两侧均饰列齿纹，足亦饰列齿纹。鼎盖方唇，弧平顶，顶置3桥纽，自内向外饰两道凸弦纹、一道凹弦纹，纹饰自内向外为列齿歧云纹、列齿三角纹、列齿纹、连齿纹。标本M722：4，口径19.4厘米，腹径25厘米，通高25.2厘米（图七，1）。

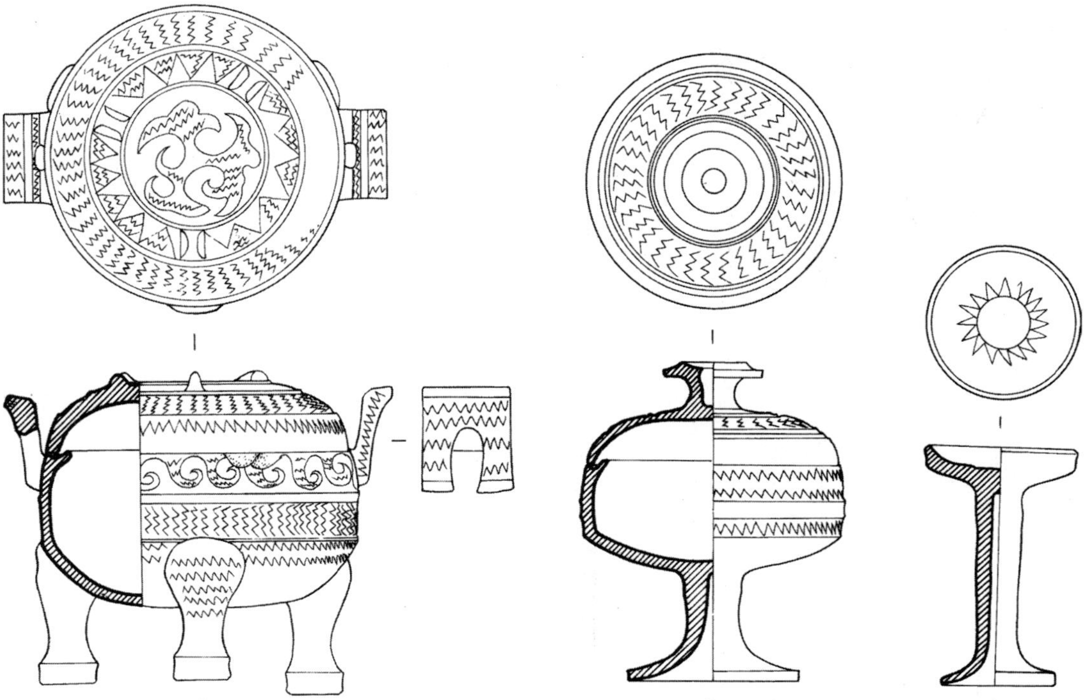

图七 M722出土陶器

1. 鼎（M722：4） 2. 盖豆（M722：9） 3. 豆（M722：13）

盖豆 2件，外壁通体褐衣。子口内敛，方唇，近直腹，圜底，细矮柄，大喇叭圈足。上腹饰两周连齿纹，中、下腹饰两道瓦纹，第二道瓦纹上亦饰连齿纹。盖为弧顶较平，方唇，上有圆柄捉手，捉手外饰四道凹弦纹，弦纹间一周列齿纹。捉手中空，平顶，沿下倾，方唇。标本M722：9，口径16.4厘米，柄径3.6厘米，圈足径13.5厘米，通高24.9厘米（图七，2）。

豆 4件，形制一样，尺寸相近。敞口，半圆唇，斜直腹，圜底，细高柄，喇叭足。盘内壁及直腹施褐衣，内底有一圆形凹坑，中部略凸，坑周围饰一周连齿纹，形似葵花。标本M722：13，口径11.4厘米，柄径3.6厘米，足径9厘米，高18.7厘米（图七，3）。

壶 2件。敛口，方唇，束颈，弧肩，鼓腹，假圈足外撇，平底略内凹。标本M722：1，口沿下、颈中部及颈肩处有3周尖状物蘸着衣液摁压旋转形成的宽带纹，宽带纹间露胎，上施褐色列齿纹，下腹部有一段麦粒纹。壶盖子口外撇，圆唇，瓦纹顶。口径9.6厘米，腹径18.3厘米，底径9.9厘米，通高29.1厘米（图八，1）。标本M722：6，口沿下一周摁压形成的褐衣宽带纹，颈中部一周褐衣宽带纹，宽带纹以下均饰褐色列齿纹，下腹部有三段麦粒纹。盖为子口内敛，方唇，瓦纹顶，瓦纹上饰简体云纹、列齿纹间反“S”纹。口径9.6厘米，腹径19.5厘米，底径10.2厘米，通高30.3厘米（图八，2）。这两壶的内壁、外底及施列齿纹处均露出灰胎，褐衣的形成也是先涂后烧。

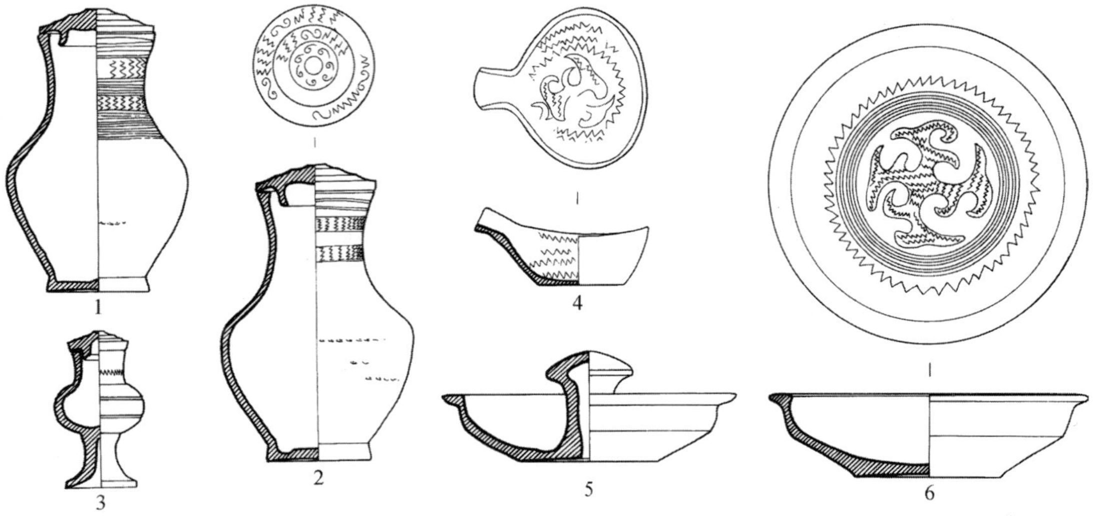

图八　M722出土陶器

1、2. 壶（M722：1、M722：6）　3. 小壶（M722：2）　4. 匜（M722：5）　5. 中柱盆（M722：12）　6. 盆（M722：15）

小壶　2件，形制一样，尺寸极近，外壁通体褐衣。口微侈，方唇，束颈，弧肩，鼓腹，中高细柄，喇叭足，颈部施一周连齿纹。壶盖子口较直，细圆唇，瓦纹顶。标本M722：2，口径3.8厘米，腹径9.4厘米，足径7.5厘米，通高15.9厘米（图八，3）。标本M722：3，盖顶比前者略凸，口径3.8厘米，腹径9.4厘米，足径7.5厘米，通高15.9厘米。

盆　1件。标本M722：15，通体褐衣，敛口，弧平沿，圆唇，上腹略弧，下腹斜直，近底处内弧，平底略内凹。内底中部饰一朵列齿歧云纹，其外为7道刮削而成的浅凹弦纹，再外为一周连齿纹。口径28厘米，底径14.5厘米，高8.5厘米（图八，6）。

中柱盆　1件。标本M722：12，通体褐衣。直口微敛，弧平沿，斜方唇，上腹略弧，下腹斜直，平底略内凹，内底竖一菌状柱，中空。口径25.6厘米，底径13.8厘米，盆高7厘米，柱高11.2厘米（图八，5）。

匜　1件。标本M722：5，褐衣脱落殆尽。椭圆形，敞口，平底，管状流高扬，尾趋于消失，但保留高于周边特征，内底饰歧云纹，内腹壁饰4周连齿纹。口径15.5厘米，底径8.7厘米，高8.2厘米（图八，4）。

三、结　　语

1. 墓葬年代

M709、M722相距18米，同处一片春秋晚期墓之间，且方向、大小、深度接近，前者于墓室西南角建脚窝，后者于墓室东南角建脚窝，均于棺椁之间放置随葬品。从随葬品来看，两墓均随葬鼎、豆、壶、盆、匜，器形几同，只在壶、盆的细微部有差别，纹饰的构成元素也相同。因此，这两墓的年代十分接近，可能M709稍晚于M722。在郑州地区，这些制作规整、胎体厚重、带有褐衣的灰陶器一般视为战国早期器物。

M709、M722位于双洎河支流东岸，其周围是众多东西向的墓葬，这些墓葬仅一两座出土有小型陶器（鬲、罐、盂），其余无论大小均没出陶器。它们同台地中部出土小陶器（鬲、罐、盂）、铜礼器、仿铜陶器的墓葬从形制上、方位上（纬度相同）没什么区别，也应是春秋晚期的墓葬，大部分墓不随葬陶器的原因或与这些墓葬属另一支族有关，这有待于铁岭墓地全部发掘后所做的综合考察。

M709、M722从埋葬位置来看，似为预先留置墓位，人死后葬人，如此，两墓的年代可能为春秋战国之交。这种推测从两墓与其东南200米处一片春秋晚期墓东缘的几座战国早期墓（如M6、M15、M99等）所做的对比可得到证实。这些战国墓所出鼎、豆、壶、盆、匜与M709、M722同类器几无二致，纹饰也相同，但墓葬均为南北向，器物放在北壁所设的壁龛中，细观察，其盖豆的盖顶有凸起之势，与M709、M722盖豆的弧平顶有所不同。因此，这两类墓葬的年代应该有段或组的区别。

2. M722的出土方式

铁岭墓地自2006年7月发掘以来，我们一直在寻找大型墓的出土方法。大墓除了墓角建有供人上下用的脚窝外，墓壁上偶见有表示窗户的横式壁龛或纵式壁龛，也有些墓四壁上建有表示梁枋或椽的凸棱，却绝不见与出土有关的痕迹。M722是已发掘大型墓中唯一一座展现出土方法的墓葬。在距墓口2.6米处，西壁偏北处的长方形洞与南壁中部的长方形洞，可以插一块长3.6米、宽0.24米的木板构成第一平台。距墓口 4米深处，西壁中部的长方形洞与北壁东部的长方形洞，可以插一块长3.2米、宽0.24米的木板构成第二平台。距墓口3.8米深、北壁西部的长方形洞穴，似为设计不周的废弃孔洞。两块木板呈“X”形交叉而不接触，其上各站一人，利用篮筐可以将土传递到地面。木板间距1.4米，这正是人直起腰来即可将篮筐送到上层木板的距离。如果用铁锹类工具将土直接放在木板上，板窄不易存土，人站在板上向上送土也不稳定，因此这种方法似不可行。

3. 中柱盆的用途

中柱盆在商代就已流行，样式多为卷沿，斜壁，平底，柱顶呈菌状。关于它的作用，人们历来纷诉不已。宋豫秦先生曾在《中柱盂功用的民族志类比》[2]中提及器盖类中柱的置取作用，但又着重强调中柱盂“柱上置盛器，盂内注水，防止昆虫叮咬食物”的功用。辨析M722器物组合及中柱盆特征，有助于我们正确认识此墓中柱盆的作用。

M722出土盆两件，其一为水盆，与匜配套使用；其二为中柱盆，按宋先生的解释，用于防虫叮咬，但中柱盆的菌柱高于盆沿4厘米，显然无法放稳盛器，况且本墓已有防虫叮咬食物的盖豆。我们大胆推测中柱盆的作用在于取水注鼎。我们知道，鼎多用来煮肉，火旺肉多，水难免持续减少，煮熟过程中需要不断加水。匜与水盆配合使用早有定论，况匜低矮，若抱起匜往鼎内注水很不方便，而一手能提起的中柱盆则有这方面的优势。原因有三：一是容量比水盆为少，易提；二是柱顶菌状易于把握，手与水不接触，卫生；三是中柱与盆底结合牢固，堪用。M722中柱盆出土时中柱被塌落的墓土砸掉，从接茬看，盆内底中部凹坑大于柱径不少，柱底外撇扩张，增大了粘接面；外底有手指从中柱孔内向外抹泥的痕迹，也是为了增加牢固程度。当然，中柱盆用于注水时，另一只手从后扶持一把更好。

附记：稿成之际，忽然意识到铁岭墓地的大型墓葬均有可能采取M722这种既原始又实用的出土方法，遂加强了对墓室四壁的查看。果然，在随后发掘的大墓墓壁上，均发现了用于插木板的洞穴，而插板的方式又有所不同。M1187在距墓口1.5米时，于墓的东南角、西南角各搭一块木板，同一水平可有两人往上提土；3.1米时，在东南角搭一块木板，4.5米时，在东南角搭一块木板。M1199在距墓口1.5米的深度，于墓的西北角、东南角各搭一块木板；距墓口2.8米时，南北壁中部稍偏西一点各有一个洞穴，可以搭一块南北向的木板，此木板两端各站一人，向第一层的两块木板上送土，为防止木板折断，此木板下搭一根东西向的横梁，插入墓的东西两壁；距墓口3.7米，由于墓的四壁内收较多，空间缩小，只在东南角搭一块木板；距墓口5.3米，东北角搭一块木板。M1214只在墓的东南角搭有木板，M1215只在墓室的西北角搭有木板，两墓木板均为四层，间距1.2～1.4米，互相错开，使木板不在一个垂直面上，便于出土。

现在看来，铁岭墓地的所有大型墓都是这样在墓室四角搭建木板，层层向上送土，板距一般在1.2～1.4米，再大则力有所不迨。上部由于墓口较大，同一水平能够搭两块木板，下边空间狭小，一般只搭一块木板。造成我们工作疏漏的原因有两个方面：一是在墓壁上部，只注意找脚窝而没有注意积满淤土的洞穴；二是埋完人后，大型墓内的填土在雨水、重力作用下，缓慢下沉，由填土中析出的细泥挂在墓室四壁的中下部，形成光洁漂亮的涂层，厚度0.3～0.7厘米，遮掩了脚窝与洞穴。上部洞穴即已漏掉，下部更没有刮去涂层有意识地去寻找洞穴。

领　队：郝红星
发　掘：刘秀秀　任丽娟
绘　图：郝红星
摄　影：蔡　强

注　释

[1] 郑州市文物考古研究院：《南水北调新郑铁岭墓地发掘简报》，《文物春秋》2008年第5期。
[2] 宋豫秦：《中柱盂功用的民族志类比》，《中原文物》1991年第4期。

（原刊于《文物春秋》2012年第1期）

新郑铁岭墓地M308发掘简报

郝红星　姜　楠　宋　歌

2007年秋，郑州市文物考古研究院在新郑铁岭墓地Ⅲ区南部进行发掘，晚上巡夜时，发现发掘区东的玉米地里有人盗墓，我们加强了巡护。秋收后对这块地进行了钻探，墓葬均为南北向，与发掘区多数墓为东西向不同。同年底，我们对这座位于南水北调运河干渠绿化带内的墓葬（编号07HZXTM308，以下简称M308）进行了抢救性发掘（图一）。

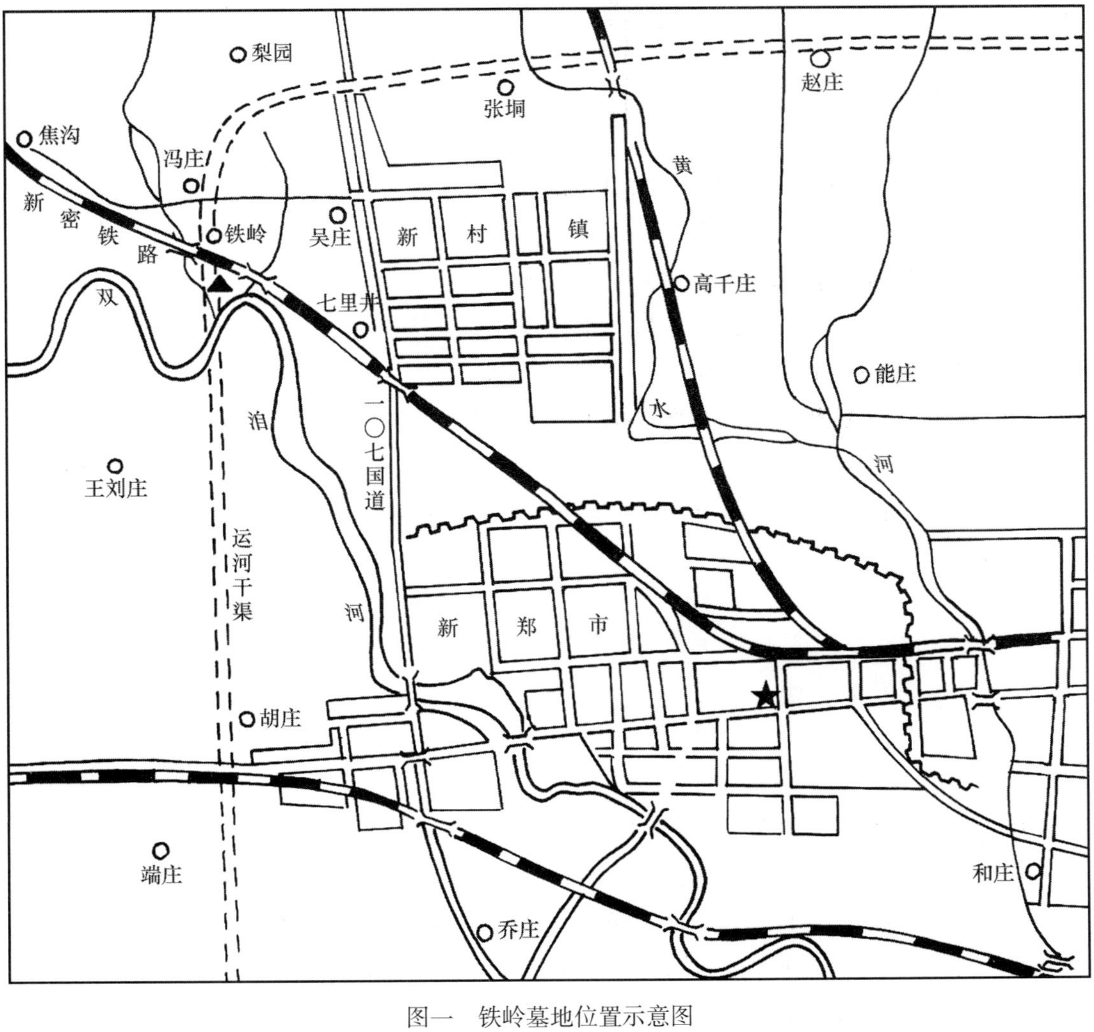

图一　铁岭墓地位置示意图

一、墓葬形制

M308位于铁岭墓地Ⅲ区东南部，西25米有一宽7米的南北向路沟通向双洎河，沟西有宽40米的空白地，没有墓葬，再西即为墓葬稠密的发掘区。M308为南北向长方形竖穴土坑墓，方向35°。墓葬开口于耕土层下，墓口南北长6.5米，东西宽6米，墓底南北长4.7米，东西宽4.4米，深11.5米。墓室四壁修整光滑，西北角存有44个方形脚窝，脚窝宽0.14米，高0.14米，进深0.12米，脚窝间距0.4～0.5米。墓室北壁西半部被直径为0.7米、0.6米的两个盗洞打破，盗洞上有供上下的脚窝。墓室东北部有一直径0.8米的盗洞。三个盗洞均直达墓底，将墓室北半部全部扰乱。墓底放置重椁单棺。外椁保存完整，呈“亚”字形，南北长4.46米，东西宽3.7米，厚0.16米，高1.6米。壁板由7块方木组成，厚0.16～0.3米。底板大约由17块木板组成，厚度0.06米。底板下垫有两根南北向的枕木，枕木置于生土槽内，长同墓底，宽0.18米，厚0.15米，间距2.2米。内椁亦呈“亚”字形，北部小部分被毁，残长2.4米，宽1.6米，厚0.14米，高度不明。棺长1.96米，宽1.02米，厚0.06米，高度不明。棺内尸骨一具，糟朽严重，仰身直肢，经鉴定为壮年男性。棺下有斗形腰坑，口长0.75米，口宽0.5米，底长0.5米，底宽0.25米，深0.3米（图二）。

墓室北部被扰至生土，扰土中发现有玉珩、玉佩、玛瑙环、铺首等。内、外椁东挡板间放置青铜器，自北向南主要器物有铺首、戈、鼎耳、鼎足、大鼎（鼎内两敦）、甑、小鼎、提梁壶、扁壶、大鼎盖（内一勺）、甗等。南挡板间放置小件器物，自东向西有车軎、马镳、马衔、铜铃、玉珩、矛、玉柱、玉条、戈、杆帽等。西挡板间外椁壁附近放置镞、矛等，偏东铺满碎陶片，器形有鼎、簠、罍、豆、碗等（修复后依次编号）。发掘过程中发现，墓室北部的扰土及内、外椁之间的泥土里，散布着大量的玛瑙珠、骨珠、骨管、骨贝、海贝、铜珠等，无规律可言。墓底也见到一些金箔片。棺内随葬器物有腰部的铜剑、铜带钩和头部的玉笄、玉佩、项链、玉璧、玉瑗等。

二、出土器物

出土器物主要有铜器、玉器、骨器、陶器、石器等，共190余件（套），依次叙述。

1. 铜器

有礼器、兵器、车马器、生活用具等，102件。

铜礼器有鼎、敦、壶、甑、甗等，9件。

鼎　3件。标本。M308：26，有盖，侈口，平沿，方唇，弧顶。盖顶面两周凸弦纹，将顶分成内、中、外三个纹饰区。内区最为复杂，中心一小桥纽，纽外依次为三角云雷纹、绹纹、三角云雷纹，这三周纹饰高于其外的无首龙纹、三角云雷纹带。中区一周无首龙纹，并等距分布四个环纽，纽侧饰重环纹，纽顶饰相背雷纹。外区一周无首龙

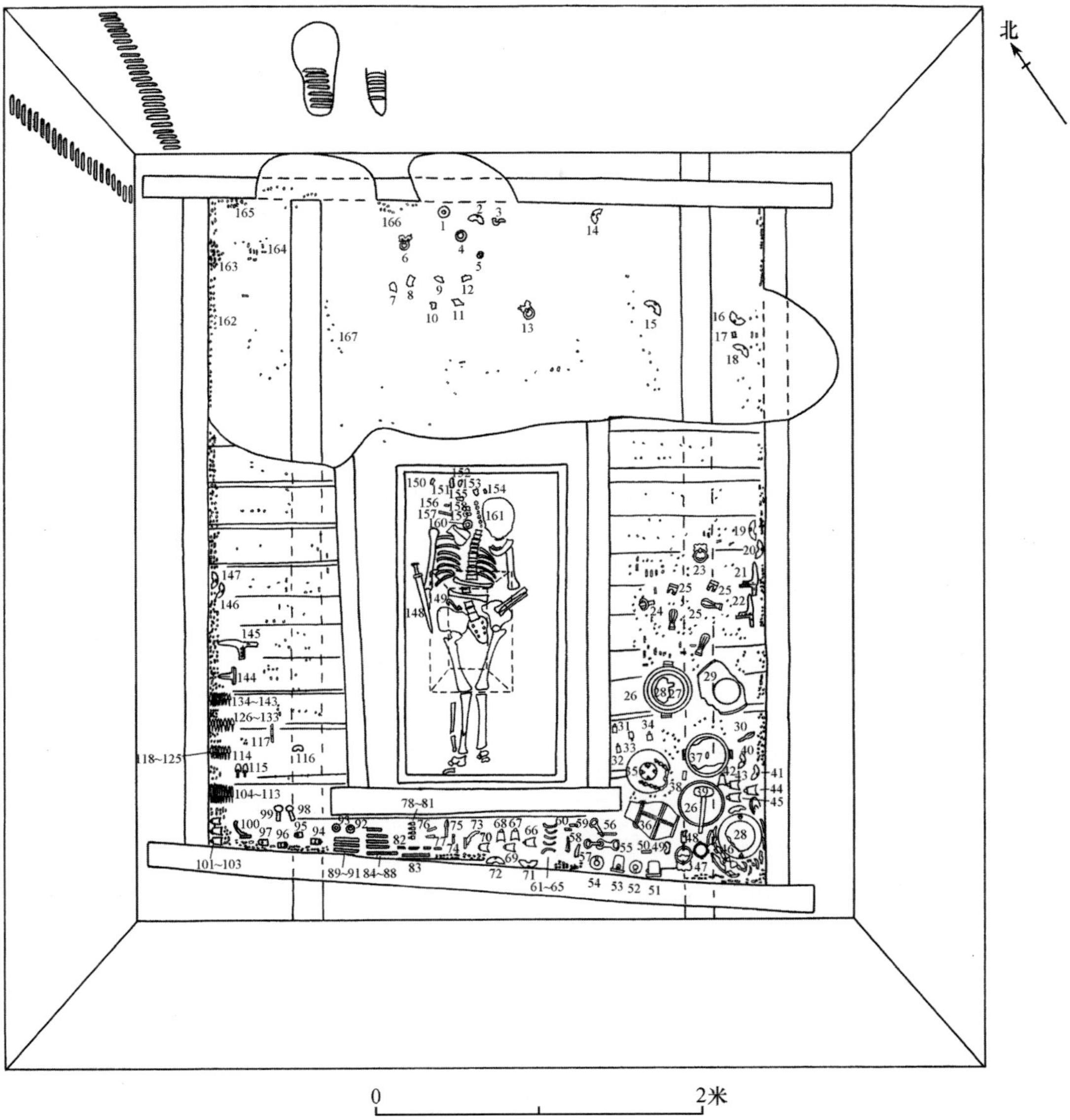

图二　M308平面图

1. 78～81、92、93. 玉柱　2、7～12、14～16、18～20、40、41、71、72、146、147. 玉珩　3. 玉龙佩　4、5. 玛瑙环　6、13、23、48. 铜铺首　17. 方形玉饰　21、22、145. 铜戈　73、100. 铜钜　24、94～99. 铜杆帽　25. 残铜鼎　26、37. 铜鼎　27、28. 铜敦　29. 铜甑　30、75、144. 铜矛　31～34. 铜带钩　35、36. 铜壶　38. 骨管　39. 铜勺　42～45、66～70、101～103. 铜铃　46. 铜甗　47. 铜器配件　49、116. 玉带钩　50. 残铜辖　51～54. 铜軎　55、56. 铜马衔　57、58. 马镳　59、60. 铜盖弓帽　61～65. 铜珩　74. 镞铤　76、77. 玉饰（失）　82～91. 玉条　104～115、117～143. 铜镞　148. 铜剑　149. 铜带钩　150、160. 玉瑗　151、152. 龙佩坯料　153、155、158、159. 玉虎佩　154. 薄玉璧　156、157. 玉笄　161. 项链　162. 玛瑙珠　163. 骨珠　164. 骨管　165. 骨贝　166. 海贝　167. 铜珠

纹，有不等距范线五条。鼎，子口，方唇，沿外对称两附耳，弧腹，圜平底，三蹄足中空。鼎耳内、外侧饰蟠龙纹，顶面饰绹纹。口沿、腹部三道凸弦纹，最上一道呈方唇状，中部一道最高，圆唇状，最下一道呈线状，弦纹间饰两周无首龙纹。足上部饰兽面纹，兽宽卷唇，三角眼，眼眉由三条蟠虺组成，额头满是卷发。腹部五道不等距范线，较细。底部一周圆范线，底与下腹有较厚的烟炱。口径23.5厘米，腹径28.5厘米，通高27.5厘米（图三）。标本M308：37，有盖，侈口，方唇，浅腹，弧顶。盖顶中心一俯首虎纽，长尾拖地，腹部穿一圆环，环饰绹纹，纽外一周曲体蛇纹，再外为一周柿蒂纹，是为纹饰内区。中区为空白带。外区为一周双首龙纹，纹带内侧三个等距矩尺形纽。鼎，子口，方唇，沿外对称两附耳，弧腹，圜底，三蹄足中空。鼎耳顶面饰绹纹。腹中部一周凸弦纹，纹上饰有三角云雷纹，弦纹以下饰双首龙纹、柿蒂纹各一周。足无纹饰。鼎腹三道细范线，打磨尽净。底一周圆范线，底留有烟炱。口径21.5厘米，腹径25厘米，通高22.5厘米（图四）。标本M308：25，仅余三蹄足及两附耳。足，作八棱柱状，中空，无纹饰。附耳由两兽张嘴吐舌上连而成，耳顶面饰三组夔龙纹，内侧面亦饰夔龙纹。足高14厘米，耳高7厘米，宽6.2厘米（图一五，1、2）。

敦　2件，形制、纹饰相同，修复一件。标本M308：28，有盖，敛口，窄折沿，圆唇，圆弧顶，盖顶等距置三圆环。顶中心饰涡纹与曲体蛇纹，其外是三个夔龙纹饰带，各由三周曲体夔龙组成，每周的夔龙头向、大小相同。圆环侧面饰三角云雷纹。敦，子口，方唇，口外两个宽扁圆环，深鼓腹，圜底，三蹄足。上、下腹各有一个三周曲体夔龙组成的纹饰带，圆环顶面饰重环纹与三角云雷纹。足无纹饰。口径16.6厘米，腹径18.6厘米，通高17.2厘米（图五）。

扁壶　1件。标本M308：36，壶作八棱体，正面略鼓，背面扁平，侈口，方唇，束颈，弧肩，鼓腹，圈足，平底。肩部两个半环，腹部一个铺首衔环，肩、腹部并饰两周由三凸棱组成的横纹带、两道纵纹带，相交如“干”字，三凸棱中间者略粗。口长径10.4厘米，短径7.6厘米，腹长径23.4厘米，短径12.2厘米，圈足长径13厘米，短径8.4厘米，通高32厘米（图六）。

提链壶　1件。标本M308：35，有盖，子口内敛，方唇，平顶略弧。盖顶纹饰分三部分，最内饰布纹、三角云雷纹为地的涡纹，其外为蟠虺纹为地的凸点纹，等距分布四个牛鼻环，环饰三角云雷纹，最外为宽凹弦纹。壶，直口，方唇，束颈，溜肩，鼓腹，圈足内敛，平底。颈部光素，等距分布四个鼻环。肩至下腹饰蟠虺纹为地的凸点纹，间以六周宽凹弦纹；肩部并饰两铺首衔环，连以九节提链，中间一节提手作双龙首衔环状，龙身饰三角云雷纹，其余八节两端为环，中间饰筒体绹纹。圈足饰绹纹。口径9.5厘米，腹径23.6厘米，圈足径14.5厘米，通高35厘米（图七）。

铜甑　1件，非实用器。标本M308：29，侈口，平折沿，方唇，束颈，颈上两耳已失，深弧腹，直圈足，平底略上凸。颈部饰一周蟠龙纹，多锈蚀不显。甑底中心一圆孔，周围六个半圆孔，因底范未放好，致使本应成孔的地方未通透，存留一层薄薄的铜

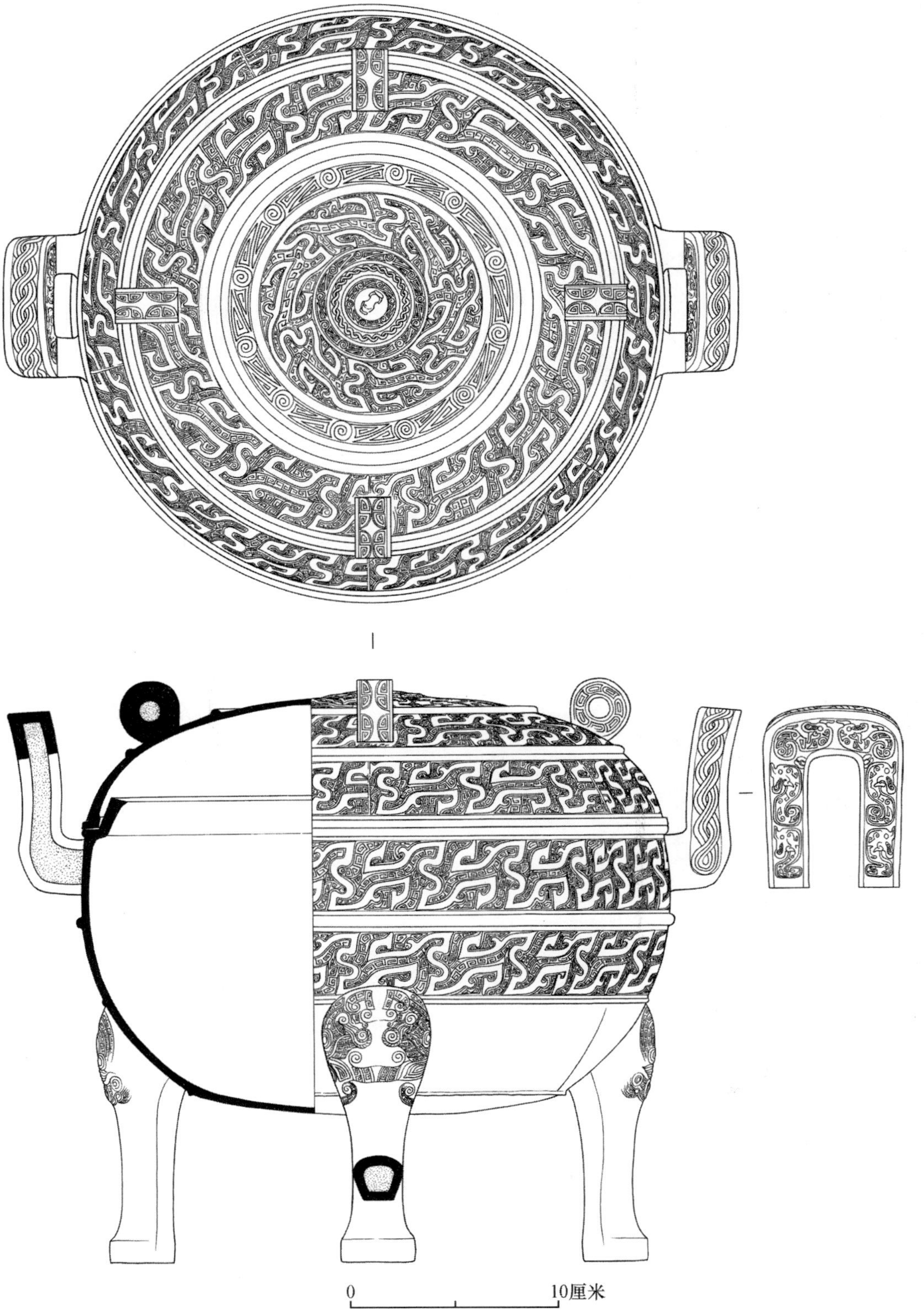

图三　铜鼎（M308：26）

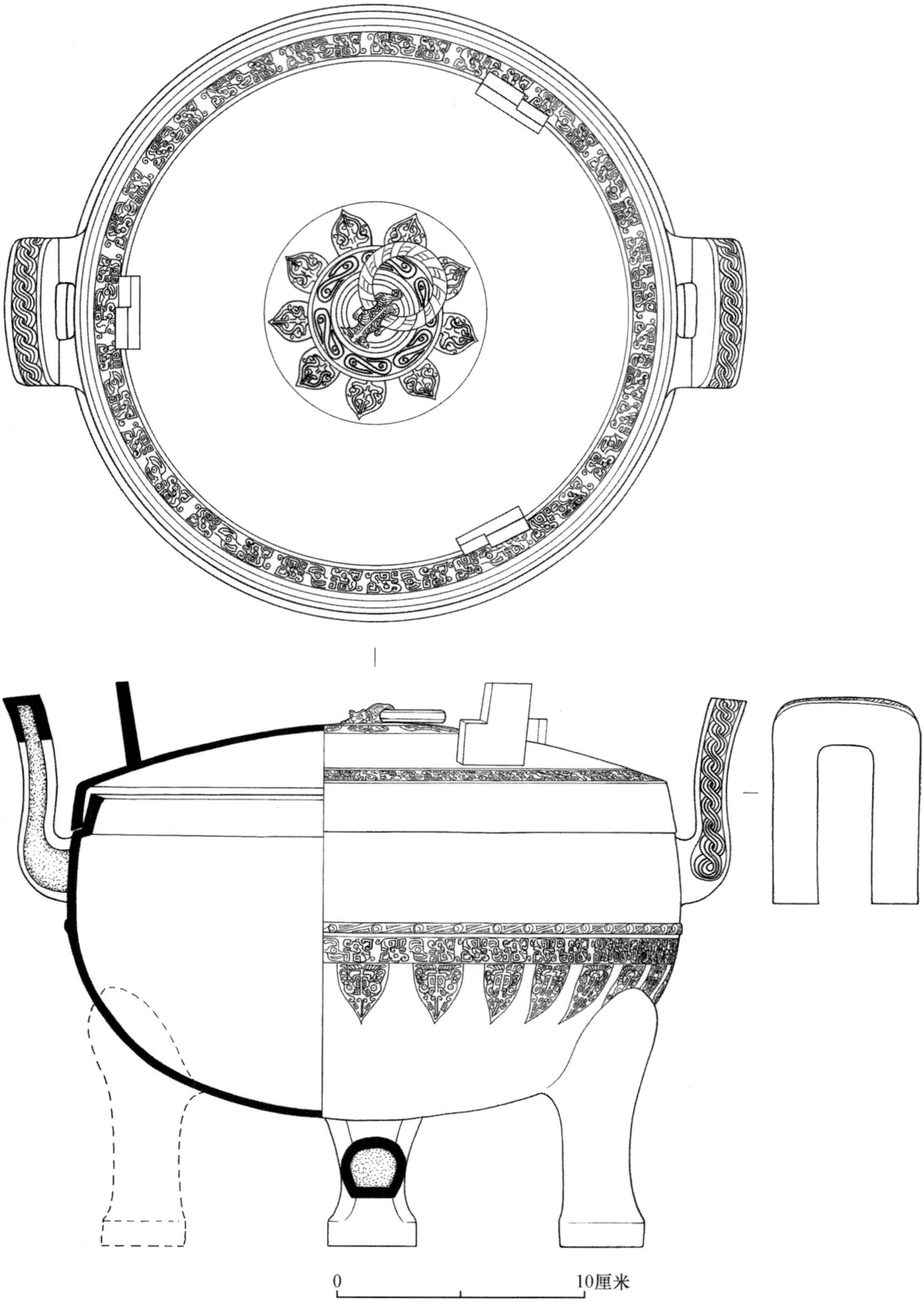

图四　铜鼎（M308：37）

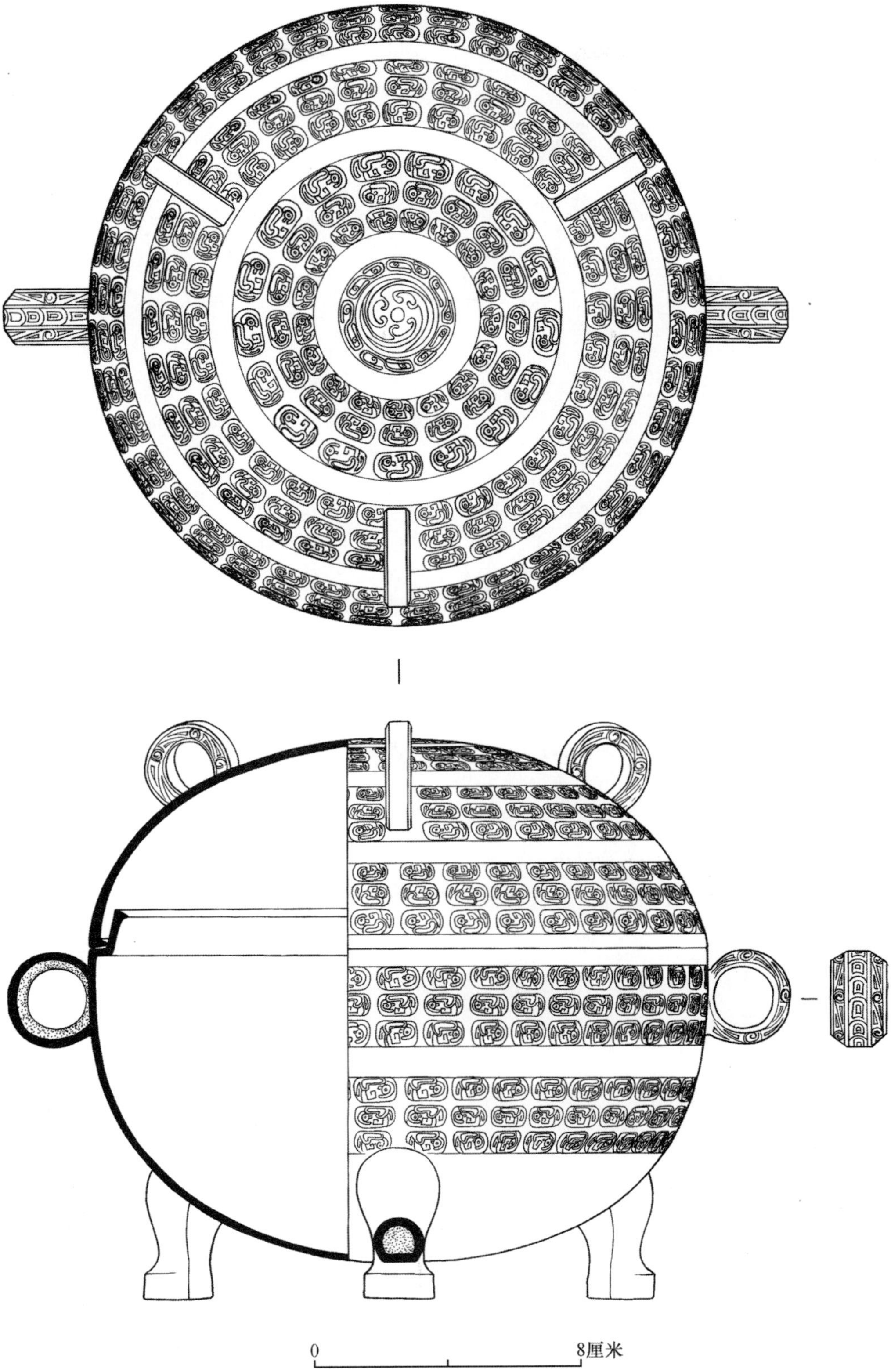

图五 铜敦（M308：28）

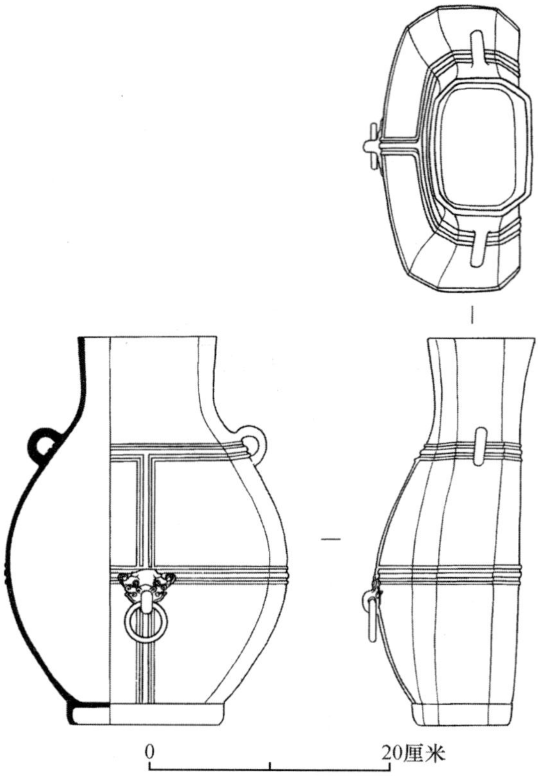

图六　铜扁壶（M308：36）

胎。口径27.8厘米，底径16厘米，高19厘米（图八）。

甗　1件，非实用器。标本M308：46，由釜与甑组成，釜略有变形，甑除口沿外，余皆破碎。釜直口，方唇，矮直领，弧平肩，鼓腹，圜底。肩、腹部两周凸弦纹，并置一对铺首衔环，下腹有三个连接足的凸榫。釜内红色范芯未清除。口径15.6厘米，腹径24.8厘米，高11.2厘米。甑侈口，斜折沿，方唇，沿下四鼻，其中两鼻穿环，环饰反“S”纹与回纹。甑壁厚0.1厘米，碎片多被压平。有一块甑底与甑壁相连，距壁底1厘米，甑孔情况不明。甑可能套在釜的直领上。口径40厘米，复原高度41厘米（图九）。

铜兵器有剑、戈、矛、镞等，49件。

剑　1件。标本M308：148，剑身较长，前锷略窄，平脊，宽从，倒凹格，圆茎上两道箍，中部残缑与茎锈为一体，圆首端面饰四周同心圆。身长38厘米，宽3.6厘米，格宽4.4厘米，首径3.8厘米，通长47.5厘米（图一〇，1）。

戈　3件。直援，援中部鼓起，两侧有刃，阑侧三穿或四穿，长方形内的前部有一长方形横穿。标本M308：21，援端略弯，短胡，内右下角缺。长21.6厘米（图一〇，3）。标本M308：22，器形较大，援刃不明显，内右下角呈弧形。长26.2厘米（图一〇，4）。标本M308：145，援起脊，脊与下刃间略凹，内前部略厚。长23.6厘米（图一〇，5）。

钜　2件。援作钩形，中起脊，下刃呈弧状，内作半管状，用以纳柲。标本M308：73，援端残，长9.7厘米（图一〇，2）。此钜与其西侧的矛M308：75可组合成戟使用。

矛　3件。2件有骹，身与骹呈圆形，三叶，骹内残存木柄，骹中部一直径0.2厘米的钉孔。标本M308：30，叶长6.4厘米，通长12.1厘米（图一一，8）。此矛与钜M308：100相距较远，但二者可组合成戟。1件无骹。标本M308：144，身中空，菱形，上、下有凸脊，两侧有翼，翼向后横延成棘翅。翅与脊上有三孔，用于缚柲。长11.6厘米，残宽5.3厘米，身厚2.1厘米（图一一，9）。此矛北邻戈M308：145，两者可组合成戟使用。

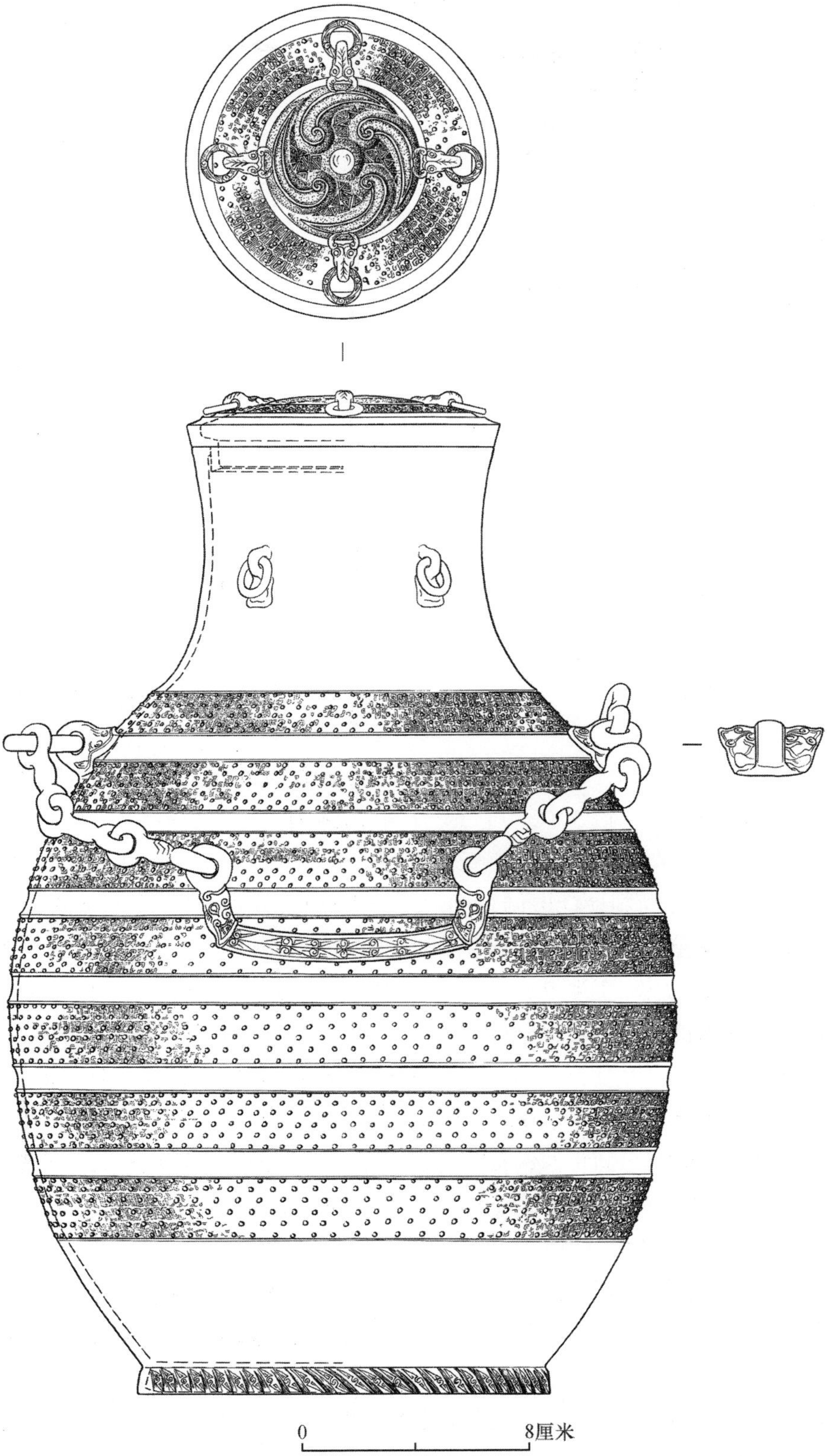

图七 铜提链壶（M308：35）

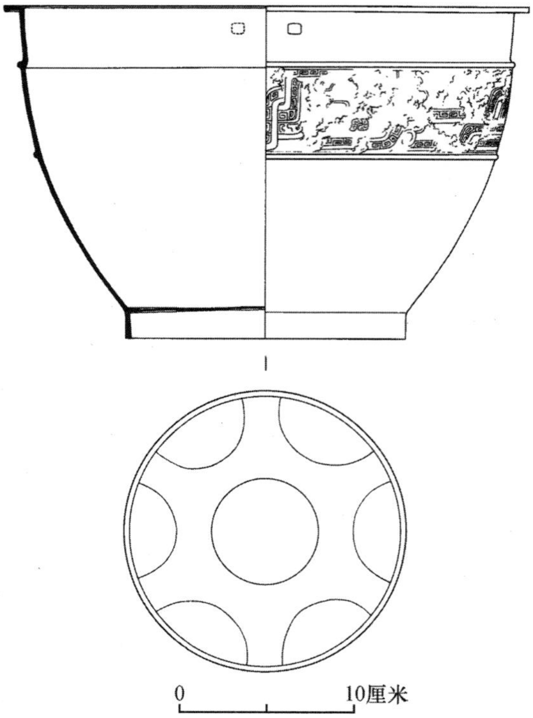

图八　铜甑（M308：29）

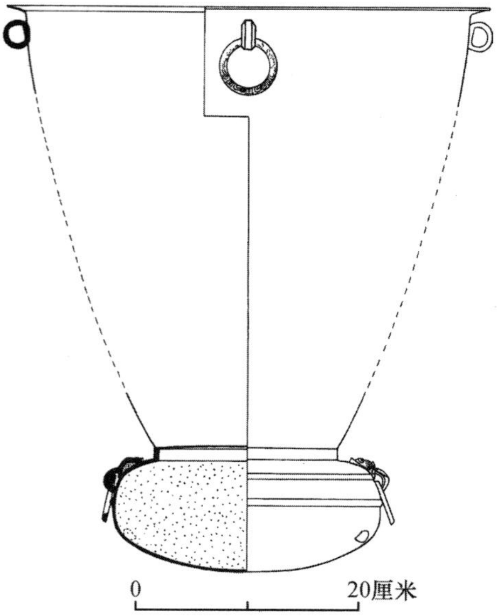

图九　铜甗（M308：46）

镞　三棱翼者36枚，身与铤皆圆形，铤上三道细范线，分窄翼与宽翼两种，前者10枚，后者26枚。标本M308：111，翼窄无倒刺。残长8.9厘米（图一一，1）。标本M309：112，翼窄无倒刺。翼长6.9厘米，残长11.6厘米（图一一，2）。标本M308：118，翼宽有倒刺，锋磨制精细。翼长4.5厘米，通长8.6厘米（图一一，3）。两翼者2枚，扁平翼较宽，后锋成倒刺状，身与铤圆形，铤有两道细范线。标本M308：114，翼长6厘米，通长9.6厘米，宽2.2厘米（图一一，4）。标本M308：115，前锋及刃略残，一刺折断。翼长6厘米，残长9.5厘米，宽2.2厘米（图一一，5）。无翼者1枚。标本M308：117，锋呈亚腰形，身圆柱形，铤残，圆锥形，锋、身、铤有相通的两条范线。残长9.2厘米（图一一，6）。此镞用以弋射。

镞铤　1件。标本M308：74，仅余铤部，上端锈蚀严重，铤面经过打磨，使本来的圆柱体变成20棱柱体，每个棱面宽仅0.13厘米，残长8.3厘米（图一一，7）。

车马器有车軎、马镳、杆帽、带扣等，34件。

车軎　4件。2件大而厚重，实用器。有座，軎身与座相接处铸有辖孔，凸出軎身。辖孔首端呈“十”字形，使辖首陷入并卡死；辖孔末端为长方形，旁有小孔用于穿绳固辖。軎身上部两周凸弦纹，弦纹间饰夔龙纹；下部两组蟠龙纹，每组三条龙，龙身分饰重回纹、方点纹、叶脉纹；軎身两道纵范线。軎顶饰涡纹、三角云雷纹。标本M308：51，顶径5.8厘米，座径8.6厘米，高9.5厘米（图一二，8）。2件较小，筒形，

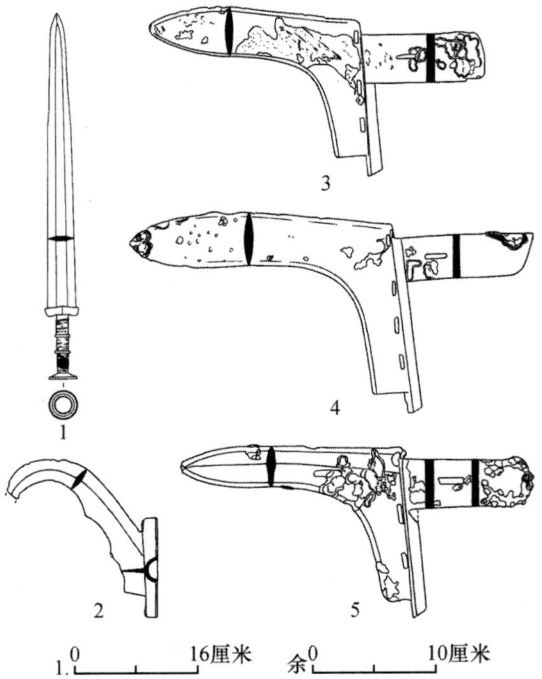

图一〇 M308出土铜兵器

1. 剑（M308：148） 2. 钜（M308：73）
3～5. 戈（M308：21、M308：22、M308：145）

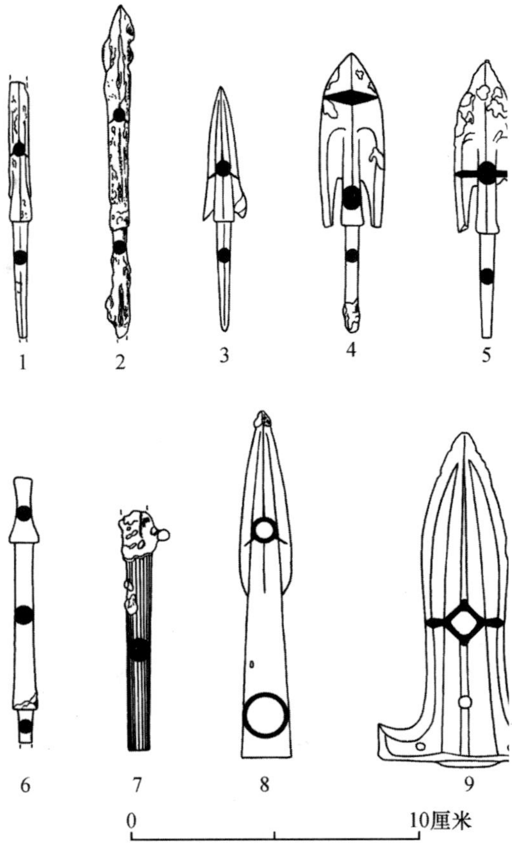

图一一 M308出土铜兵器

1～6. 镞（M308：111、M308：112、M308：118、M308：114、M308：115、M308：117） 7. 镞铤（M308：74） 8、9. 矛（M308：30、M308：144）

口较小，底座厚，軎身旁附方耳，辖孔长方形。軎身上部、中部各饰两周窄凸弦纹及一周三角云雷纹，底座侧面饰对顶三角云雷纹。标本M308：54，顶径4.4厘米，座径7.4厘米，高6.5厘米（图一二，10）。

车辖 1件。标本M308：50，辖首失，非实用器。键呈长条形，中部一纵向孔洞，似为省铜而设。键长4.7厘米，宽1.2厘米，厚0.8厘米（图一二，6）。

马镳 2件。标本M308：57，残，截面椭圆形，磨制光滑。一侧烙有褐色短线纹。残长6.5厘米（图一二，3）。标本M308：58，残，截面八边形，磨制光滑。纹饰已不显。残长7.9厘米（图一二，4）。

马衔 2件。形制一样，两节，小环相套。标本M308：55，大环上、下面饰三角云雷纹，直径4.6厘米。小环磨损严重，直径2.8厘米。通长21.7厘米（图一二，1）。标本M308：56，大环直径5.3厘米，小环直径2.8厘米，通长20.3厘米（图一二，2）。

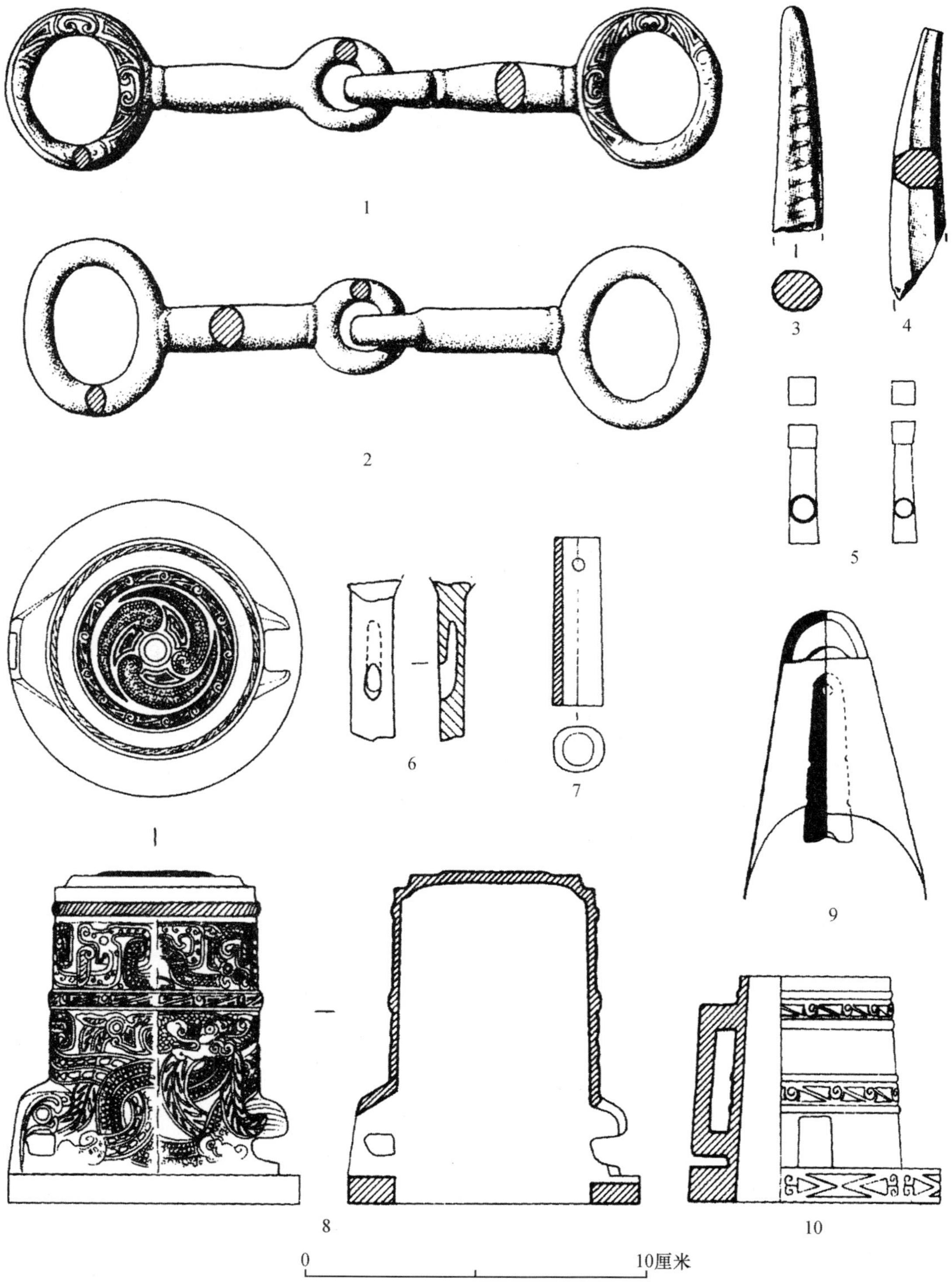

图一二　M308出土器物

1、2. 马衔（M308：55、M308：56）　3、4. 马镳（M308：57、M308：58）　5. 盖弓帽（M308：59、M308：60）　6. 车辖（M308：50）　7. 骨管（M308：38）　8、10. 车軎（M308：51、M308：54）　9. 铃（M308：101）

铃　12件。形制一样。标本M308：101，合瓦形，扁梁，舞部中心凸起（下应有悬挂铃舌的横梁，未铸出），铣尖长。高8.5厘米，宽5.4厘米，厚3.3厘米，壁厚0.05厘米。舌用蚌壳制成，梯形，顶端钻孔，底端半孔，两侧磨有凹槽。长5厘米，宽1.3厘米，厚0.5厘米（图一二，9）。

带扣　4件。由扣片、轴、扣针组成。上、下扣片各有四个钉孔，用来固定革带。轴上穿一活动扣针，前端有孔，用来连接革带的另一端或另一革带。标本M308：31、M308：32，上、下扣片均饰蟠虺纹。钉孔直径0.3厘米，针孔直径0.9厘米，通长5.5厘米，宽2.8厘米，厚1厘米（图一三，1）。标本M308：33、M308：34，上、下扣片饰布纹。前者钉孔直径0.4厘米，针孔直径0.7厘米，通长5.5厘米，宽2.8厘米，厚0.9厘米。后者钉孔直径0.3厘米，针孔直径0.7厘米，通长5.6厘米，宽2.6厘米，厚0.9厘米，比前者略窄（图一三，2）。鉴于带扣两两纹饰、孔径相同，有可能针孔并齐，穿入铜轴，完成革带的连接。

杆帽　7件。分三种。第一种2件，环首，截面为八边形，身成管状，内存朽木。标本M308：98，管末端留有朽绳痕迹。环长径4.9厘米，通长9.9厘米（图一三，3）。标本M308：99，环长径5厘米，通长10.1厘米（图一三，4）。第二种1件，龙首。标本M308：24，圆形，龙首实心，后半部管状，交界处一直径0.4厘米的钉孔。龙抿嘴，口衔一环，环饰三角云雷纹，卷鼻，凸眼，弯角，大耳，下颚、颈饰鳞片，颈后一周绹纹。管径2厘米，环径3.7厘米，长9.3厘米（图一三，6）。第三种，4件（两套），由首与尾组成。杆尾，扁体长方形，中空，存有木柄，顶面前端铸有龙纹，后端一周绹纹。龙卷鼻，大眼，宽眉，双耳。双耳间一直径0.7厘米的通透钉孔，其后一直径0.2厘米的小钉孔。长4.7厘米，宽3.4厘米，厚1.1厘米。首与尾同，顶面无孔，仅龙鼻前多一纽，纽连一直径3.5厘米的环，环饰三角云雷纹。长5.8厘米，宽3.4厘米，厚1.2厘米（图一三，5）。

盖弓帽　2件。方首，圆身，内存白色弓木。标本M308：59，首边长0.8厘米，身径0.9厘米，通长3.4厘米（图一二，5左）。标本M308：60，首边长0.7厘米，身径0.7厘米，通长3.5厘米（图一二，5右）。

铜生活用具有铺首衔环、带钩、勺、珩等，12件。

铺首衔环　4件。2件较大，整体成方形，由两个兽首合成。兽凸眼，小耳，两角宽卷成龙形，龙身饰重环纹，环大无纹。铺首背面粘有朽木，中部一长键，说明铺首可能装在木器上。标本M308：23，锈蚀严重，宽8厘米，高7.5厘米，环径6.7厘米。标本M308：48，出土时，与一铜虎连在一起。铺首纹饰清晰，尺寸同前。虎，大口排牙，宽鼻凸眼，长眉小耳。前腿收起，后腿用力，回首作张牙舞爪状，长尾上卷，钩住铜环。虎身饰斑纹，腿上部铸出四翼，翼与尾均饰三角云雷纹。虎胸下一长键，见朽木残迹。因此，虎与铺首有可能原本连在一起使用。虎长12.5厘米，宽3.5厘米，高8.3厘米（图一四，1）。2件较小，猴首，大圆眼，“C”形耳，细短眉，角作曲体龙

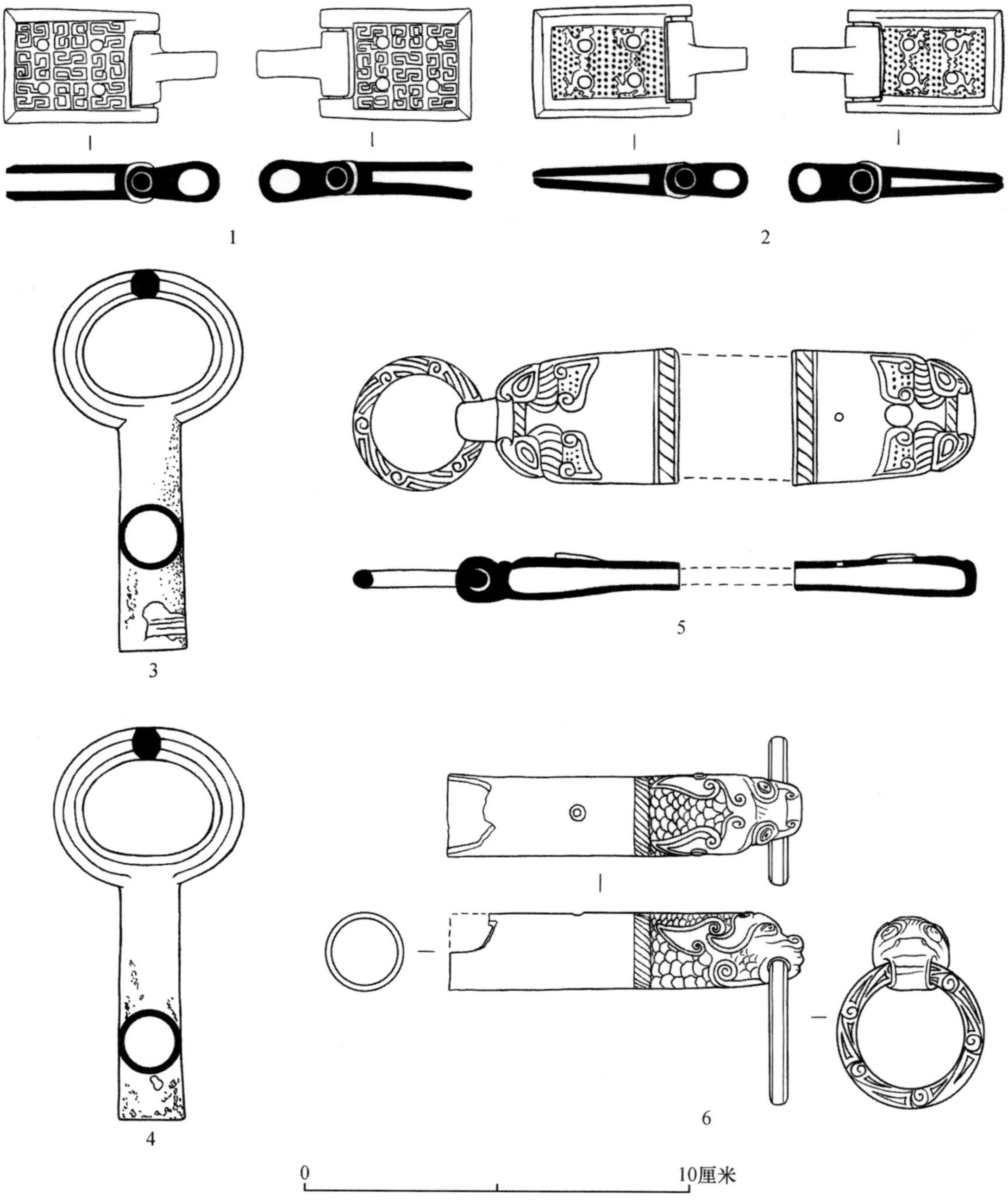

图一三　M308出土铜器

1、2. 带扣（M308：31、M308：32，M308：33、M308：34）

3～6. 杆帽（M308：98，M308：99，M308：94、M308：95，M308：24）

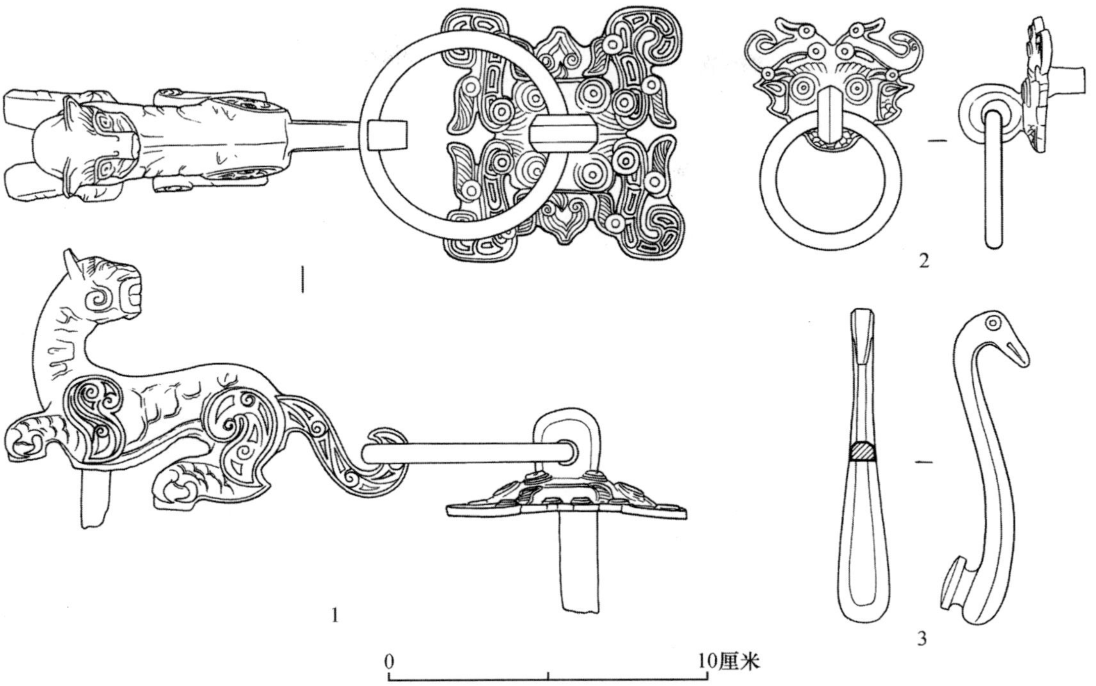

图一四　M308出土铜器

1、2. 铺首衔环（M308：48、M308：6）　3. 带钩（M308：149）

形，环无纹。铺首背面短键上有铜片，说明铺首原装于铜器上。标本M307：6，宽5.4厘米，高4.6厘米，环直径4.4厘米（图一四，2）。

带钩　1件。标本M308：149，鹅首，平背，尾部一圆纽，鼓腹，腹无纹饰。长9.8厘米，宽1.6厘米（图一四，3）。

铜器配件　1件。标本M308：47，出土于铜甗旁，疑为连接甑、釜的配件，但尺寸不合。圆形，直壁，下为内敛底座。壁上等距四个牛首衔环，环饰三角云雷纹，环间四个直径0.4厘米孔洞。口径10.3厘米，底径9.8厘米，高2.8厘米（图一五，3）。

勺　1件。标本M308：39，长柄空心，前部为銎，后部存有芯土，柄与勺连接处有爪形加强筋。勺椭圆形，侈口，方唇作窄平沿状，圜底。柄长22厘米，勺长径10.6厘米，短径7.2厘米（图一五，5）。

珩　5件。形制一样，拱形，首略翘，顶有孔。标本M308：61，宽8.5厘米，高3.6厘米，孔径0.55厘米（图一五，4）。

2. 玉器

多为生活用玉，共56件（2件失）。

玉条　10件，2件残，方解石质。长条形，截面长方形。长14.7～19厘米，宽1.3～1.8厘米，厚0.9～1.2厘米。标本M308：84，一端留有锯槽。长15.9厘米，宽1.7厘

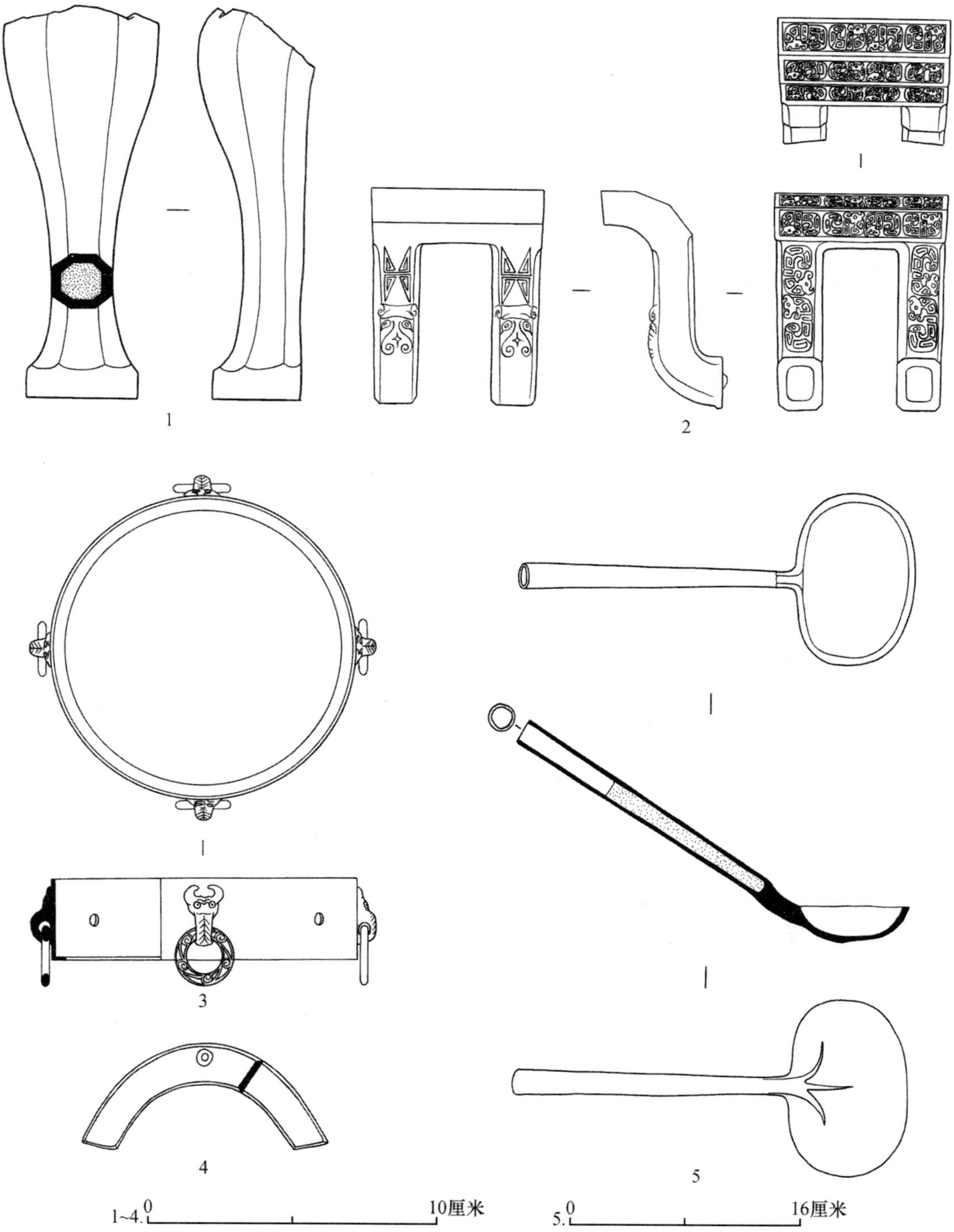

图一五　M308出土铜器

1、2. 鼎足、鼎耳（M308：25）　3. 铜器配件（M308：47）　4. 珩（M308：61）　5. 勺（M308：39）

米，厚1厘米（图一六，1）。标本M308：85，上端略薄，下端略厚，顶面左侧磨成斜面。长14.5厘米，宽1.5厘米，厚0.9～1厘米（图一六，2）。

玉柱　7件。顶面平者一件。标本M308：1，青玉，磨制较精，圆形。顶中部钻孔，柱身五周凹槽。孔径0.9厘米，深1厘米。直径3.4厘米，高2.6厘米（图一六，3）。顶面出圆柱并钻孔者2件，方解石质，器形矮胖，顶与底对钻成孔。标本M308：92，上、下孔位置不正。顶柱径2.9厘米，底径3.6厘米，高2.5厘米（图一六，4）。标本M308：93，上、下孔较直。顶柱径2.8厘米，底径 3.8厘米，高2.8厘米（图一六，5）。顶面出圆柱无钻孔者2件，方解石质，器形瘦高，上、下无孔。标本M308：78，顶柱径0.7厘米，底径1.5厘米，高3厘米（图一六，6）。顶面出圆锥者2件，方解石质，器形瘦高。标本M308：80，柱体略呈八棱柱。底径1.5厘米，高3.3厘米（图一六，7）。

玉笄　2件。标本M308：156，青玉，圆柱体，磨制圆滑，两端残。直径0.6厘米，残长2厘米（图一六，8）。标本M308：157，青玉，部分沁成鸡骨白，长方体，磨制光滑，两端残。残长10.3厘米，宽0.9厘米，厚0.4～0.5厘米（图一六，9）。

玉带钩　2件。方解石质，形制一样，俯视长方形，顶部一孔，底部一钩槽。顶面大部、侧面无纹饰，其余三面边缘为两道细凹弦纹，中间三道宽凹弦纹。标本M308：49，表面风化，平顶面积较大。长5.6厘米，宽3.8厘米，厚3厘米（图一六，10）。标本M308：116，平顶面积较小。长5.5厘米，宽4.1厘米，厚3厘米（图一六，11）。

玉珩　19件，6件残，均青玉。1件翘首，拱形，顶对钻一孔，周身有八个齿缺。标本M308：16，中部一切割线。残宽11.2厘米，高4.5厘米，厚0.3厘米（图一六，12）。18件平首，余同前。标本M308：40，宽12.8厘米，高4厘米，厚0.3厘米（图一六，13）。

玉瑗　2件。标本。M308：160，青玉，沁成鸡骨白，内外有廓，廓宽0.1厘米，肉饰卷云纹。直径4.1厘米，好径1.65厘米，厚0.5厘米（图一七，1）。标本M308：150，青白玉，残，无纹饰。直径6厘米，好径3厘米，厚0.1厘米（图一七，2）。

玉璧　1件。标本M308：154，黄玉，残甚，外轮廓无存，无纹饰。好径2厘米，肉宽2.3厘米以上，厚0.7厘米（图一七，3）。

玛瑙环　2件。标本M308：4，不透明，莹润，截面为七边形，外侧面有水平条纹。外径3.7厘米，内径2.2厘米，厚0.8厘米（图一七，4）。标本M308：5，不透明，腊感强烈，肉上有两处残缺，肉中有条状云纹，断面呈水滴形。直径6厘米，好径3厘米，厚0.6厘米（图一七，5）。

玉龙佩　1件。标本M308：3，青玉顾首，翘尾，一足残，两面无纹饰，首、足部各有一直径0.2厘米的系孔。长6.8厘米，宽3.7厘米，厚0.25厘米（图一七，6）。

龙形玉佩坯料　2件。标本M308：151、M308：152，青白玉，略呈龙形，两面磨光，窄端有一小孔。长5～5.5厘米，宽2.2～2.4厘米，厚0.08～0.1厘米（图一七，7、8）。

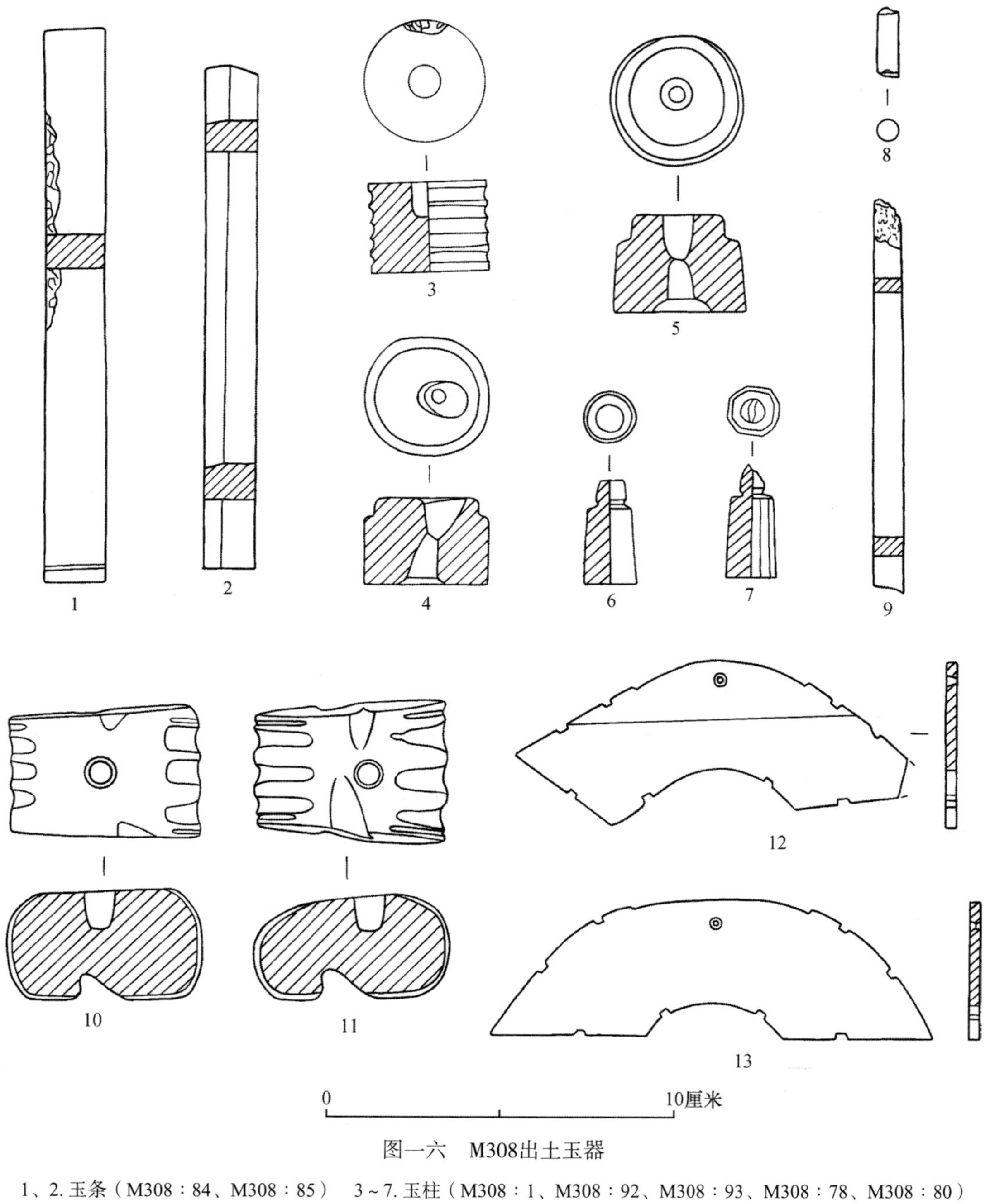

图一六　M308出土玉器

1、2. 玉条（M308：84、M308：85）　3～7. 玉柱（M308：1、M308：92、M308：93、M308：78、M308：80）
8、9. 玉笄（M308：156、M308：157）　10、11. 玉带钩（M308：49、M308：116）
12、13. 玉珩（M308：16、M308：40）

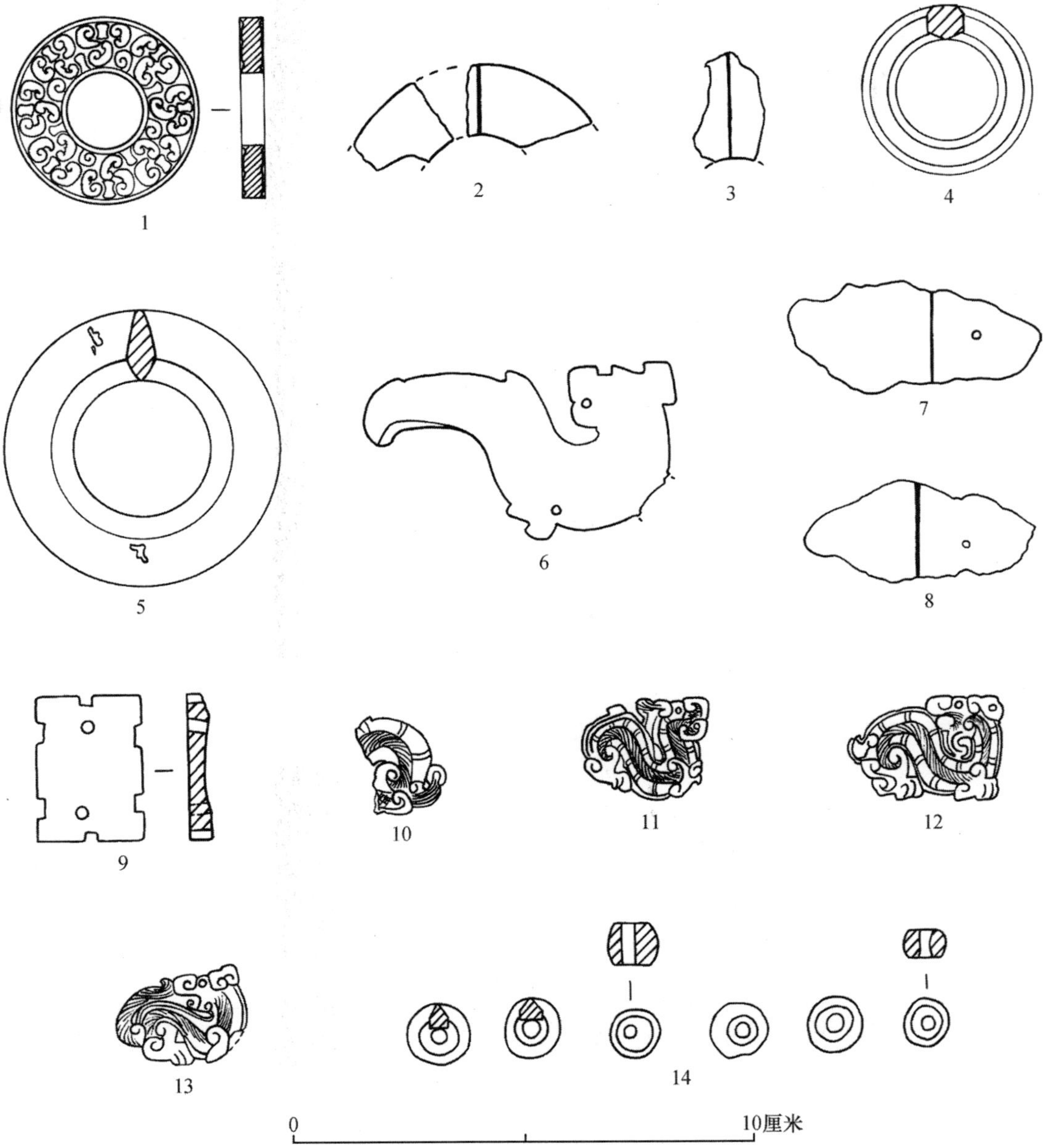

图一七　M308出土器物

1、2. 玉瑗（M308：160、M308：150）　3. 玉璧（M308：154）　4、5. 玛瑙环（M308：4、M308：5）　6. 玉龙佩（M308：3）　7、8. 龙形玉佩坯料（M308：151、M308：152）　9. 方形玉饰（M308：17）　10～13. 玉虎佩（M308：153、M308：155、M308：158、M308：159）　14. 项链（M308：161）

方形玉饰　1件。标本M308：17，米黄玉，略呈“亚”字形，正面平，背面凹弧状，四边有六个齿槽，上、下槽旁各有一透通小孔。长3.1厘米，宽2.2厘米，厚0.5厘米。此物应束在有凸弧面的物件上，小孔用来固定（图一七，9）。

玉虎佩　4件。青白玉，正面雕划一虎，背面无纹饰，颈背、腹下、尾上局部镂空。虎大嘴，上唇上卷，双耳，四足，卷尾。标本M308：153，仅余后半身，有风化现象。卷尾，身中部饰极细的羽纹，两侧饰斑纹。残宽2厘米，残高2.1厘米，厚0.07厘米（图一七，10）。标本M308：155，虎首朝前，无尾，臀上一齿，颈、身中部饰羽纹，两侧饰斑纹。宽2.8厘米，高2.1厘米，厚0.1厘米（图一七，11）。标本M308：158，虎回首，短卷尾，颈、身中部饰羽纹，外侧饰斑纹。宽3.4厘米，高2.2厘米，厚0.08厘米（图一七，12）。标本M308：159，虎回首，长尾上卷，颈、身、尾饰羽纹。宽3.9厘米，高1.1厘米，厚0.05厘米（图一七，13）。

项链　1件。标本M308：161，由四个算珠形骨珠、两个玛瑙珠组成，排列有序，置于头西侧，与墓底一般散乱骨珠、玛瑙珠不同，暂认作项链的一部分。骨珠用骨片制成，正面较光滑，背面有骨松面。直径1.2厘米，厚0.5厘米。玛瑙珠磨制不精，光洁度一般。直径1～1.1厘米，厚0.7～0.9厘米（图一七，14）。

3. 骨器

主要有骨管、骨珠、骨贝、海贝、玛瑙珠、铜珠等，8836个（颗）（骨器内含有海贝、铜珠，主要顾及其功能相同）。

骨管　1个。标本M308：38，上部一穿孔。顶径1.3厘米，底径1.5厘米，高5厘米（图一二，7）。

骨珠　标本M308：163，总数4330颗以上，其中算珠式骨珠4280颗，立式骨珠50颗。前者直径1.1～1.4厘米，孔径0.3～0.4厘米，厚0.4～0.6厘米。后者直径0.8～1.4厘米，孔径0.3厘米，高0.8～1.3厘米（图一八，1）。

小骨管　标本M308：164，总数1480个以上。用禽骨制成，管孔经钻磨圆。直径0 .5～0.7厘米，孔径0.3～0.4厘米，长1.2～1.65厘米（图一八，2）。

骨贝　标本M308：165，总数745个以上。用骨片制成，正面凹槽旁有8～12道细线。长1.8～2.4厘米，宽1.4～1.6厘米，厚0.4～0.7厘米，孔径0.4～0.5厘米（图一八，4）。

海贝　标本M308：166，总数137个以上。背部被切去。长2.3～3.1厘米，宽1.3～1.9厘米，厚0.4～0.7厘米（图一八，5）。

玛瑙珠　标本M308：162，总数2100颗以上。磨圆度一般。直径0.8～1厘米，高0.8～1厘米，孔径0.4～0.5厘米（图一八，6）。

铜珠　标本M308：167，总数43颗以上。模制，规整。直径0.8～1厘米，孔径0.6～0.8厘米，高0.85～1厘米，壁厚0.1厘米（图一八，3）。

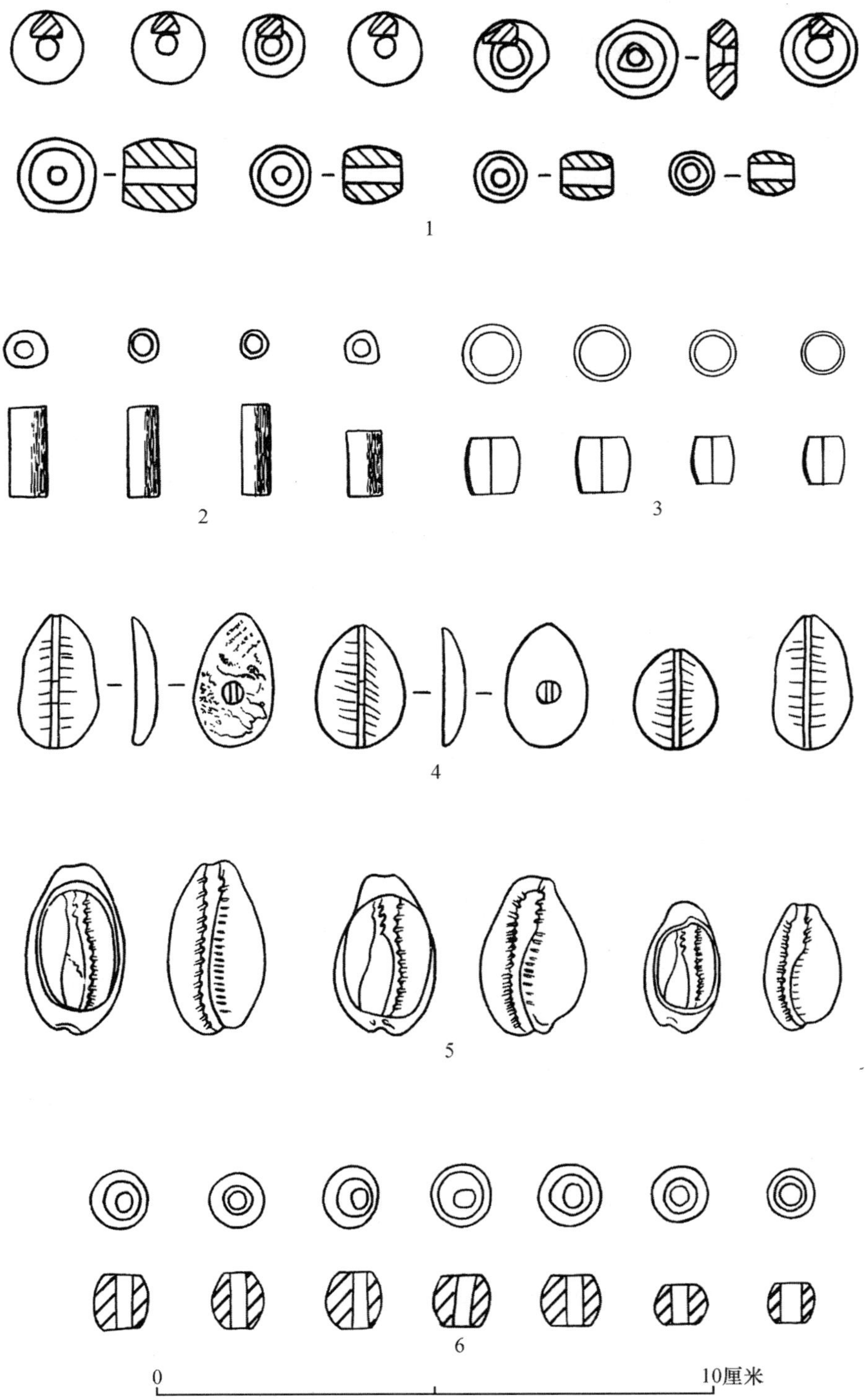

图一八 M308出土串饰

1. 骨珠（M308：163） 2. 骨管（M308：164） 3. 铜珠（M308：167） 4. 骨贝（M308：165）
5. 海贝（M308：166） 6. 玛瑙珠（M308：162）

4. 陶器

主要有鼎、罍、敦、簠、鬲、豆、碗、勺等，28件。

鼎　根据鼎耳统计，共7件，修复2件，除1件灰陶外，均为红胎褐衣。标本M308：168，红胎褐衣，侈口，方唇，弧平沿，沿下两附耳外撇，略束颈，鼓腹，圜底，三蹄足较直。耳面饰三排三角云雷纹。腹部饰三角云雷纹、三角网纹、宽凹弦纹，等距装饰六个四齿扉棱。足为棱柱体，内侧为凹槽，外侧为七个棱面，上端凸圆，有三齿状扉棱，足顶凸榫穿过腹部圆孔与鼎腹接为一体。口径48厘米，腹径50厘米，高57厘米（图一九，1）。标本M308：169，灰陶，子口，方唇，口沿外两附耳外撇，深腹，圜底，三蹄足较直。耳面饰两排三角雷纹。上腹两周宽凹弦纹、两周绹纹。足为棱柱体，内侧为凹槽，外侧为五个棱面，上端凸圆，有三齿扉棱。口径36.6厘米，腹径43厘米，高50厘米（图一九，2）。

另见3件子口鼎的口沿，上腹均饰凹弦纹、绹纹，无法判断所属鼎耳。标本M308：鼎沿1，宽凹弦纹。口径40厘米（图一九，4）。标本M308：鼎沿2，宽凹弦纹。口径42厘米（图一九，5）。

另见附耳5件，纹饰各不相同。标本M308：鼎耳1，子口鼎耳，耳面饰三排纹饰，自外向内分别为云雷纹、圆圈纹、网纹。宽8厘米，高12.4厘米（图二〇，1）。标本M308：鼎耳2，弧平沿鼎耳，耳面饰一排粗网纹。宽11厘米，高17厘米（图二〇，2）。标本M308：鼎耳3，子口鼎耳，耳面饰三排绳网纹。宽11.6厘米，高16厘米（图二〇，3）。标本M308：鼎耳4，子口鼎耳，耳面饰三排绳网纹。宽11厘米，高16厘米（图二〇，4）。标本M308：鼎耳5，弧平沿鼎耳，耳面饰三排纹饰，均为三角云雷纹。宽12厘米，高20.6厘米（图二〇，5）。

另见6件鼎足，均棱柱体，蹄足，内侧为凹槽，上端凸圆，外侧为棱面。标本M308：鼎足1，七个棱面，上端安三齿状扉棱，足与鼎腹接触面有圆凸榫。高22.4厘米（图二〇，6）。标本M308：鼎足2，九个棱面，上端安三齿状扉棱，足与鼎腹接触面无凸榫。高23.8厘米（图二〇，7）。标本M308：鼎足3，九个棱柱面，无扉棱，足与鼎腹接触面无凸榫。残高22.6厘米（图二〇，8）。

另见3件鼎盖残片。标本M308：鼎盖1，存留盖顶中部，红胎褐衣，弧顶，无捉手。素面，边沿部分涂白彩。标本M308：鼎盖2，红胎褐衣，斜方唇，弧平顶，粗柄圆捉手，捉手平沿，尖圆唇，柄镂空。盖面饰绹纹，并涂白彩，柄沿饰圆圈纹。口径40厘米。标本M308：鼎盖3，红陶，斜方唇，弧平顶，粗柄圆捉手，捉手宽平沿，斜方唇，沿面中部一周凸棱，柄部镂空。捉手沿饰圆圈纹与“M”纹，盖顶饰凹弦纹、圆圈纹、绹纹。口径46厘米，高11.7厘米（图一九，6）。

罍　5件，均为罍的残片及饰件，1件可看出器形。标本M308：175，红陶褐衣，侈口，平沿，方唇，斜直颈，弧肩，鼓腹，平底。肩部对称两牛首耳，底三兽足，兽首似

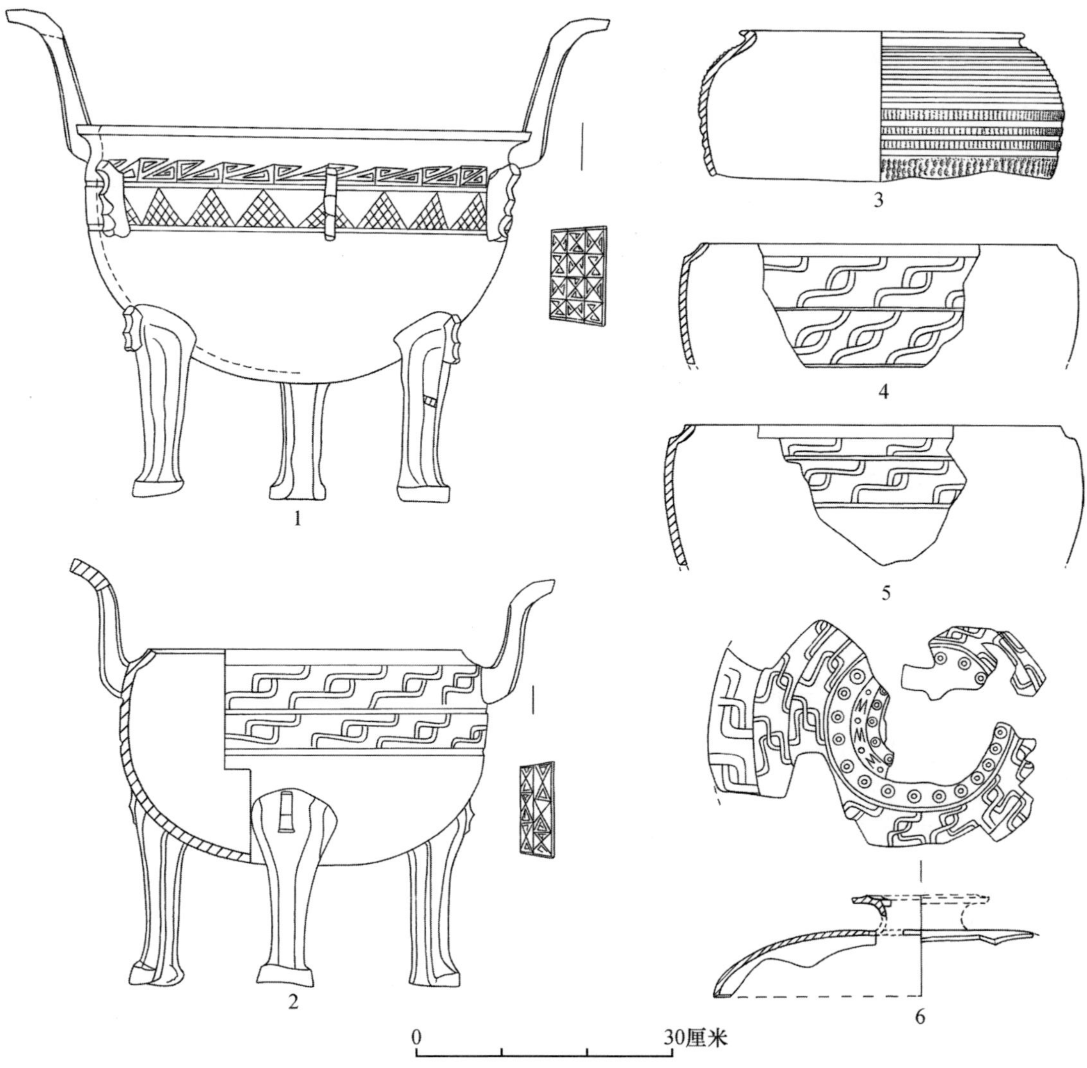

图一九 M308出土陶器

1、2. 鼎（M308：168、M308：169） 3. 鬲（M308：185）
4、5. 鼎口沿（M308：鼎沿1、M308：鼎沿2） 6. 鼎盖（M308：鼎盖3）

熊。肩腹部饰三角网纹、三角云雷纹与圆圈纹。口径18厘米，腹径37厘米，底径24厘米，高48厘米（图二一，1）。标本M308：176，红胎褐衣，见腹部残片及牛首。腹部饰三角网纹、三角云雷纹，牛眼以单线圈表示。长7厘米，残宽6厘米（图二一，2）。标本M308：177，见底、腹残片及兽足，胎里红外灰。底径24厘米，底厚0.9厘米，兽足高10.6厘米（图二一，3）。标本M308：178、M308：179，仅余下腹及底，灰胎，腹、底相接处有兽足脱落痕。底径分别为20厘米、22厘米。

罍形器 1件。标本M308：180，灰陶褐衣，口、底俱失，仅余肩、腹部。腹中部一凸棱，凸棱以上四周凹弦纹，弦纹间自上而下饰锯齿纹、三角云雷纹、三角网纹，下腹

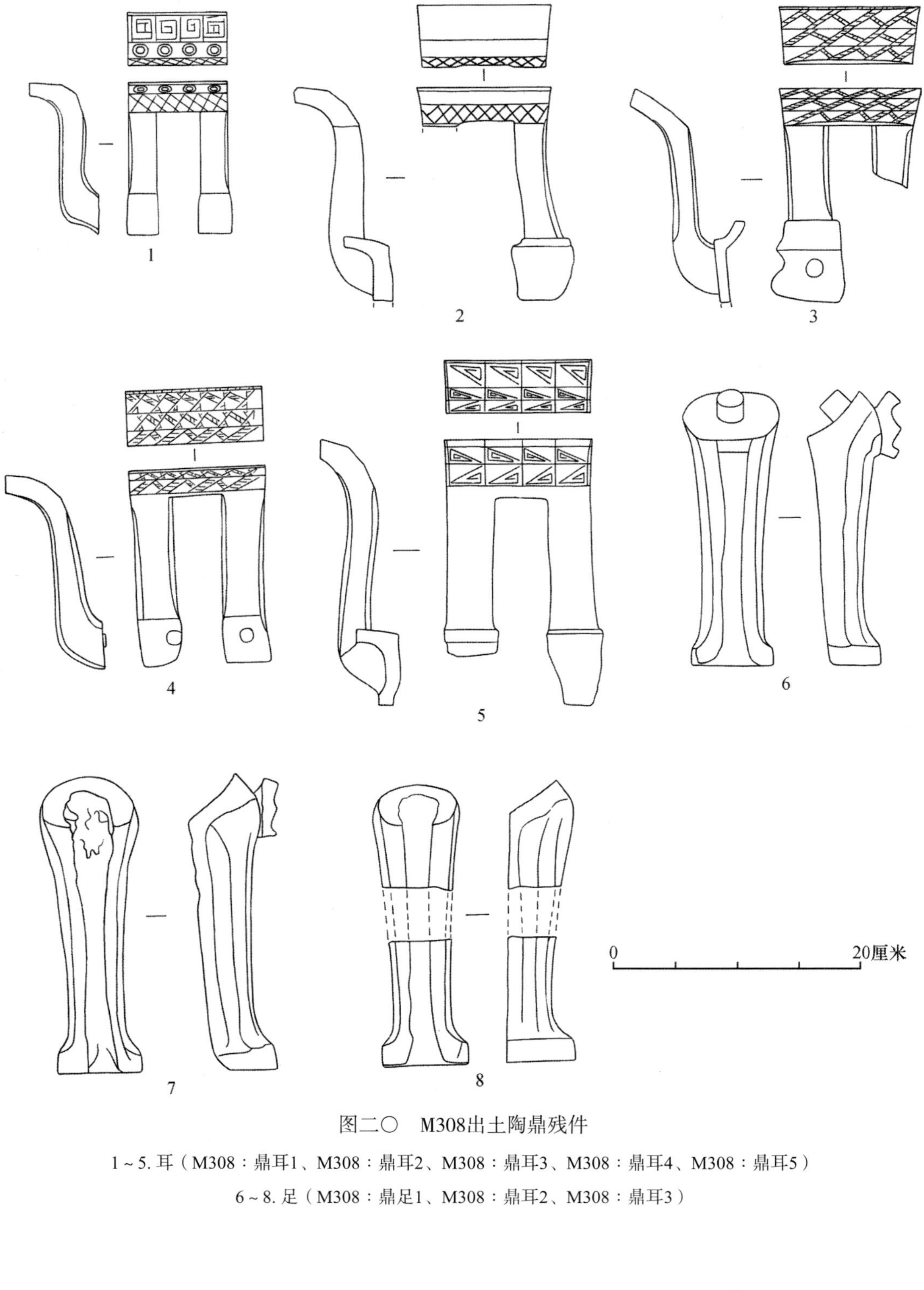

图二〇　M308出土陶鼎残件

1～5. 耳（M308：鼎耳1、M308：鼎耳2、M308：鼎耳3、M308：鼎耳4、M308：鼎耳5）

6～8. 足（M308：鼎足1、M308：鼎耳2、M308：鼎耳3）

图二一　M308出土残陶器

1～3. 罍（M308：175、M308：176、M308：177）　4. 罍形器（M308：180）　5. 敦（M308：181）

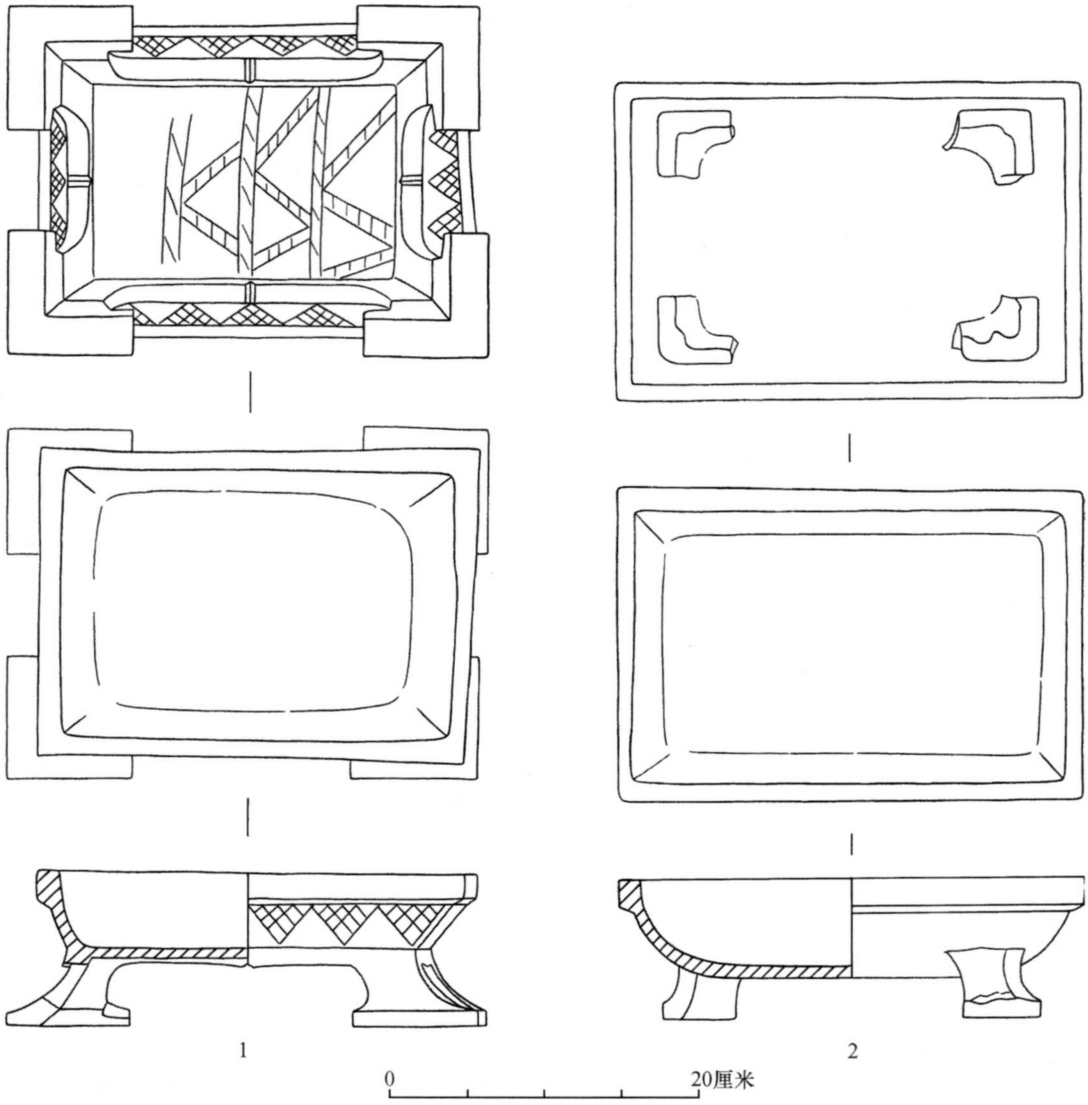

图二二　M308出土陶簠

1、2. 簠（M308：182、M308：183）

光素。凸棱上对称饰穿鼻纽两个，也有可能等距饰三个或四个穿鼻纽。腹径36厘米（图二一，4）。

敦　1件。标本M308：181，器形较小，仅留兽足、盖纽。纽呈弯曲圆柱体，平顶饰“十”字纹（图二一，5）。

簠　3件，均红胎褐衣，修复2件。标本M308：182，长方形，侈口，方唇，斜直腹，平底，四矩足宽大，足间呈壶门状。腹饰三角网纹，底饰绳网纹。长31厘米，宽22.6厘米，高10厘米（图二二，1）。标本M308：183，长方形，侈口，方唇，弧腹，平底，四矩足较小。修复长30厘米，宽20.4厘米，高9厘米（图二二，2）。

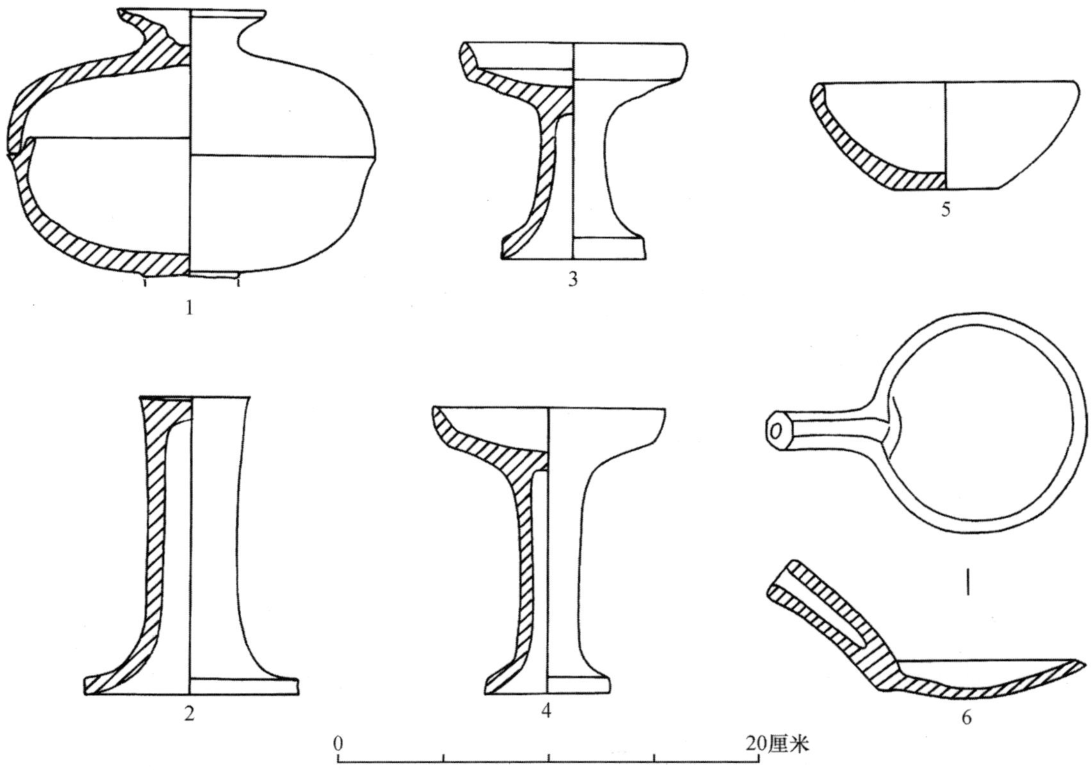

图二三　M308出土陶器

1～4. 豆（M308：186、M308：187、M308：188、M308：189）　5. 碗（M308：192）　6. 勺（M308：194）

鬲　1件。标本M308：185，红陶，侈口，弧平沿，圆唇，短束颈，弧肩较鼓，鼓腹，下腹残。肩部饰稠密凹弦纹，上腹绳纹被抹去，下腹绳纹较粗。口径30厘米，残高17厘米（图一九，3）。

豆　6件，修复2件。标本M308：186，盖豆，红胎褐衣，柄失，子口，圆唇，弧腹，圜底。盖方唇，弧顶，短柄圆捉手。口径15厘米，残高12.4厘米（图二三，1）。标本M308：187，仅见柄部，红胎褐衣，柄高稍粗，喇叭座。柄径4.4厘米，残高14.4厘米（图二三，2）。标本M308：188，褐红陶，侈口，尖唇，折腹较浅，圜平底，短柄稍粗，喇叭座。口径10.4厘米，柄径3厘米，高10.4厘米（图二三，3）。标本M308：189，灰陶，侈口，浅弧腹，圜平底，细高柄，小喇叭座。豆内底涂红彩。口径11厘米，柄径2.8厘米，高13.8厘米（图二三，4）。

碗　2件。灰陶，敛口，圆唇，深弧腹，平底。标本M308：192，口径12厘米，底径4.6厘米，高5.1厘米（图二三，5）。

勺　2件。标本M308：194，红胎褐衣，圆形，敞口，斜方唇，浅腹，圜底，八棱柱柄中空。直径9.2厘米，长15.2厘米（图二三，6）。

三、结　语

1. 年代

铁岭墓地19座铜器墓中只有M308、M1001是南北向的墓葬，后者被盗，仅余车马器及铜鼎的足，未见到陶器，两者无从比较。M308可以和铁岭墓地的M429[1]、M458[2]、M550[3]、M1404[4]、M1405[5]做简单的比较。

M308铜礼器主要有鼎、敦、壶、甑、甗，与M429、M458、M550、M1404、M1405的鼎、盏、盘、舟、匜有很大的不同。M429、M458的铜器纹饰以顾首龙纹为主，M550、M1404、M1405的铜器基本没有纹饰，它们的年代分别定为春秋晚期前、后段，陶器也显示出段的差异。M308与这五座墓的可比性较小，但并非完全没有。M308的褐红陶豆与M550的灰陶豆几乎相同，M308的铜扁壶、甑与M1405的铜扁壶、甑基本相同，考虑到M308出土有敦、盖豆、碗、大型红陶鬲等新器形，将之定为战国时期。

M308与铁岭墓地仿铜陶器墓M565、M637、M566、M899的器物有更多的可比性。

M308铜鼎的无首龙纹完全同M565、M637陶鼎上的无首龙纹，其陶鼎、陶罍的三角网纹、绹纹完全同M566、M899陶罍、陶鼎上的三角网纹、绹纹，这说明M308的年代距离这四座春秋晚期前段仿铜陶器墓较近，加之前述的原因，将M308定为战国早期较为合适。

2. 墓葬级别

M308是铁岭墓地唯一一座双椁墓，上述其他铜器墓、仿铜陶器墓均为单椁墓，显然前者级别高于后者。M308外椁用材长4.2米，单材高度0.16～0.3米，厚度0.16米，远非单椁墓材可比。M308出土的三件铜鼎，从风格来看，皆为战国器物，与M550、M1404、M1405所出铜鼎（胎薄无纹）有天壤之别。M308出土的敦、提链壶、车軎，纹饰繁缛精美，陶鼎高达0.57米，内、外椁间还出土了8800多颗玛瑙珠、骨珠、骨管、骨贝、海贝、铜珠，为铁岭墓地其他墓葬所不见。这一切说明M308是士级贵族墓中稍高者。

3. 墓主身份

M308的墓主身旁放置一柄铜剑，或可表明他的职业是军人，墓中出土大量兵器、车马器也证实了这一点。作为士级贵族中的高级者，具体担任什么武职，则无从臆测。

4. 铜礼器组合

M308被盗三次，仍有大量器物留在墓中，令人疑惑。推测首次盗墓时，盗者认为铜器全放在墓室北部，将北部的器物掠去。二、三次盗时，盗者只在墓室北部活动，扰乱了墓主头部饰物，放在墓室东南部的铜器出乎盗者意料而保留下来。M308现存铜礼器组合为鼎、敦、壶、甑、甗，一般认为敦是盏的后继者，春秋中期产生，盛行于战国时期。M308北部扰土中见两件铺首，应为盘、壶上的饰件。此墓已有一件带铺首的扁壶，故这两件铺首可能是铜盘上脱落下来的。如此，M308被盗的铜器中可能还有盘、舟、匜。这样，M308的铜礼器组合为鼎、敦、盘、舟、匜、壶、甑、甗。当然，这尚需以后的发掘证实。

5. 其他

M308所出铜甑底孔不透，铜甗范芯未清除，二者均非实用器。级别较高的墓葬随葬次品，可能与墓主的仓促埋葬有关。

M308的内、外椁间散布着近9000颗骨珠、骨管、骨贝、海贝、玛瑙珠、铜珠，比例为：90：30：15：3：40：1，大致能做成50条串饰，悬挂于内、外椁的壁上。绳子朽断后，这些串饰应落在椁壁附近。清理过程中未发现它们有成串的迹象，因此它们有可能是随意撒置的。

领　队：郝红星
发　掘：董建国　周明生　郝红星
绘　图：李中敏　郝红星
摄　影：蔡　强

注　释

[1] 郑州市文物考古研究院：《新郑铁岭墓地M429发掘简报》，《中原文物》2010年第1期。
[2] 郑州市文物考古研究院：《新郑铁岭墓地M458发掘简报》，《文物研究》（第17辑），科学出版社，2010年。
[3] 郑州市文物考古研究院：《新郑铁岭墓地M550发掘简报》，《中原文物》2010年第5期。
[4][5] 郑州市文物考古研究院：《新郑铁岭墓地M1404、M1405发掘简报》，《中原文物》2012年第2期。

（原刊于《中原文物》2014年第2期）

新郑铁岭墓地M1414发掘简报

郝红星　宋　歌　张吉钦

2012 年 4 月，新郑市水利局在冯庄村西对冯庄水库进行整治，郑州市文物考古研究院趁此机会对水库东岸进行了文物钻探，发现大中小型墓葬数十座。钻探得知，这处墓地与铁岭墓地并不相连，两者间距百余米，有可能是一处新墓地，也有可能是铁岭墓地的后续墓地。为了解此处墓地的性质，我们对它的大中型墓葬进行了发掘，共计 19 座，均严重被盗，其中 12HZXTM1414（以下简称 M1414）保留有青铜乐器及大量陶器，较为重要，简报如下（图一）。

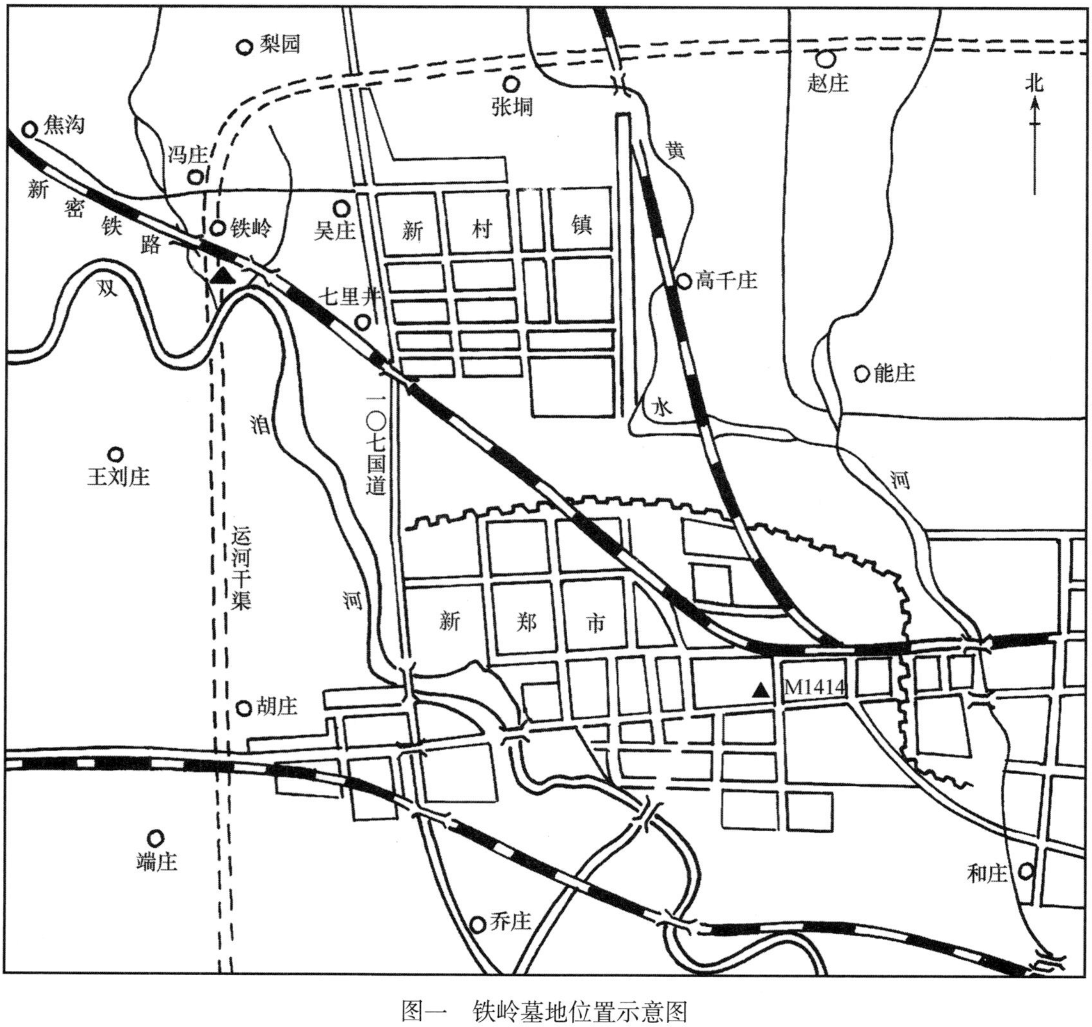

图一　铁岭墓地位置示意图

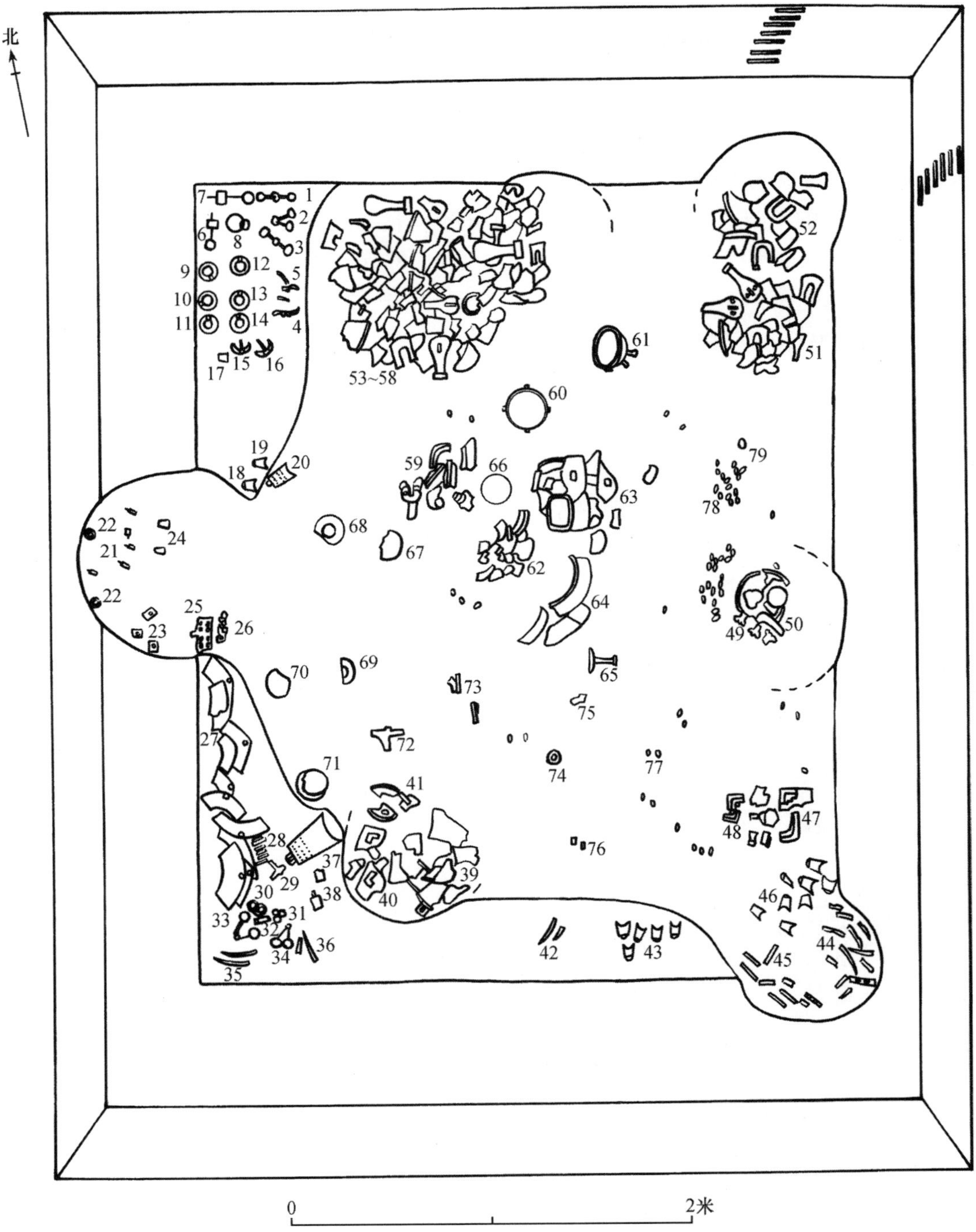

图二 M1414平面图

1~3、33、34. 马衔 4、5、35、36、42、44. 马镳 6、7、37、38. 带扣 8. 铜环 9~16. 车軎 17. 衡饰 18、19、43、46. 铜铃 20. 编钟 21、22、30、31. 玉柱 23. 玉带钩 24. 玉块 25、26. 钟簴构件 27. 编磬 28、45. 玉条 29、72. 铜戈 32. 玉饰 39. 陶甑 40、47、48、59. 陶簠 41、60、61. 陶盏 49、50. 陶盒 51~58. 陶鼎 62、63、71. 陶壶 64. 红陶鬲 65. 陶豆 66~70. 陶碗 73. 铜戟 74. 玉璧 75. 玉瑗 76. 方形玉饰 77. 海贝 78. 骨贝 79. 铜贝

一、墓葬形制

M1414 位于这处墓地的东南角，其北为穿越水库坝顶的乡间公路，公路下压的墓葬未能发掘。公路南的地块在 20 世纪 70 年代平整土地时下挖 2 米，故M1414 的原始深度应在现有深度的基础上加上 1.6 米左右。M1414 为长方形竖穴土坑墓，方向 10°，墓口南北长 5.8 米、东西宽 4.6 米，墓底南北长 5.1 米、东西宽 4.1 米，存深 5 米。墓室四壁修整光滑，东北角存 13 个方形脚窝。脚窝宽 0.15 米、高 0.12 米、进深 0.12 米、间距 0.6 米。墓室先后 6 次被盗，盗洞均位于椁板附近，其中北部两个，东、西部各有一个，南部两个。椁长 3.95 米、宽 3.2 米，存高 0.8 米。棺被盗洞完全扰乱，了无痕迹。墓室内一片狼藉，器物摆放已经无规律可循。北部两个盗洞附近主要为陶鼎的碎片，西盗洞内多出小件玉器，南部西边的盗洞有甑、盏、簠的残片，东南角盗洞有玉条、马镳和铜铃，墓室中部还散见陶壶、陶盏、陶碗、陶豆、铜戈、玉器、骨贝、海贝等。西椁板因被二层台挤压坐于地，附近的车马器、编磬大部未被扰动。墓室内出土数颗牙齿，性别不明，年龄约 20 岁（图二）。

二、出土器物

出土器物质地有铜、玉、骨、陶等，现依次叙述。

（一）青铜器

青铜器有礼器、乐器、兵器、车马器等 46 件（套）。

1. 礼器

礼器被盗，仅余一铜鼎口沿残片及一铜盘的猴头铺首。铜鼎，子母口，口沿下饰夔龙纹。胎厚0.1厘米。

2. 乐器

有编钟、编磬等。

（1）编钟　1套，仅余一大一小，编为一号。标本M1414：20，长方形纽，纽中部为红色范芯土，正、背面饰三角雷纹，

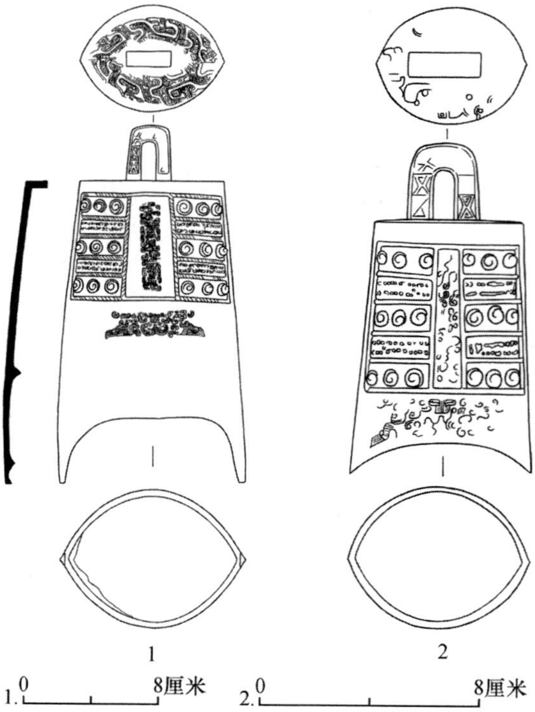

图三　铜编钟

1. M1414：20-1　2. M1414：20-2

较为模糊。体呈合瓦形，钲部18螺旋状枚，以凸棱规界，钲间饰羽纹为底的卷云纹，篆饰卷云纹，鼓部饰羽纹为底的卷云纹组合成兽面纹。平舞，饰无首龙纹。大者，凸棱上饰斜线纹，鼓部加长，腔内可看见一圈范线。纽高4.1厘米、宽3.3厘米、厚1.1厘米，铣间13.7厘米，于间9.9厘米、于厚0.5厘米，鼓高8.5厘米，钲高7.4厘米，舞长径10.6厘米、短径7.8厘米，通高26厘米（图三；图一三）。小者，制作不精，凸棱上无斜线，鼓部较短。纽高3.4厘米、宽3.3厘米、厚1.1厘米，铣间8.2厘米，于间6.3厘米、于厚0.4厘米，鼓高2.2厘米，钲高6.2厘米，舞长径6.8厘米、短径5.2厘米，通高14.6厘米（图三，2；图一四）。

（2）编磬　1套。标本M1414：27，10件，其一残，尺寸依次递减。桥形，顶部一圆孔。圆孔左端略短，右端略长，以绳系孔，左端呈水平状。磬内部为红色芯土，包皮胎厚0.1～0.2厘米。磬长27～36.4厘米、宽6.6～9厘米、厚1.6～2.2厘米（图四；图一五）。

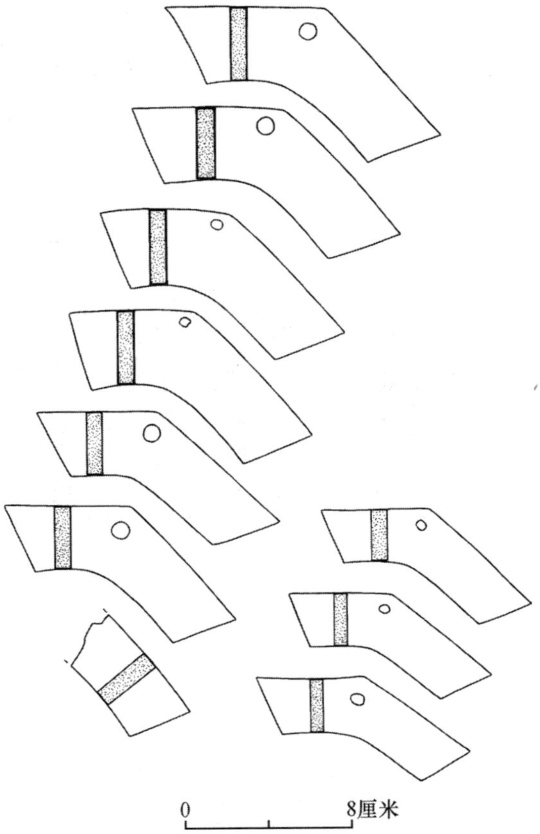

图四　铜编磬（M1414：27）

（3）钟簴构件　2件。标本M1414：25，由两个扁体透雕龙组成，立于长条形底座上，相向而立。龙短首翘尾，身躯布满龙鳞，腿、尾处饰圆圈纹与卷云纹。两角上伸相连成拱门状，一侧伸出蛇头。长18 厘米、宽 1.8 厘米、高7.6厘米（图五，1；图一六）。标本M1414：26，残，两龙无腿、无底座，拱纽失。残长14.8厘米、宽1.2厘米、残高6.7厘米（图五，2）。

3. 兵器

有戈、戟等。

（1）戈　2件。标本M1414：29，援折断，中部起脊，两侧薄为刃，胡部出两弧刃，阑侧四穿，长方形内窄长，前部有一长方形横穿，三边为刃。残长16厘米（图六，6；图一七）。标本M1414：72，援残，中部鼓起，两侧略见刃线，短胡，阑侧三穿，长方形内较宽，前部一长方形横穿。残长16厘米（图六，7）。

（2）戟　1件。标本M1414：73，由钜和矛组成。钜援残断，中起脊，胡部呈弧刃状，銎作半管状。残长3.8厘米、高7.7厘米。矛锋残，三叶，骹中部有一长1厘米的窄孔用于固定柲。残长11.8厘米、骹径2厘米（图六，8）。

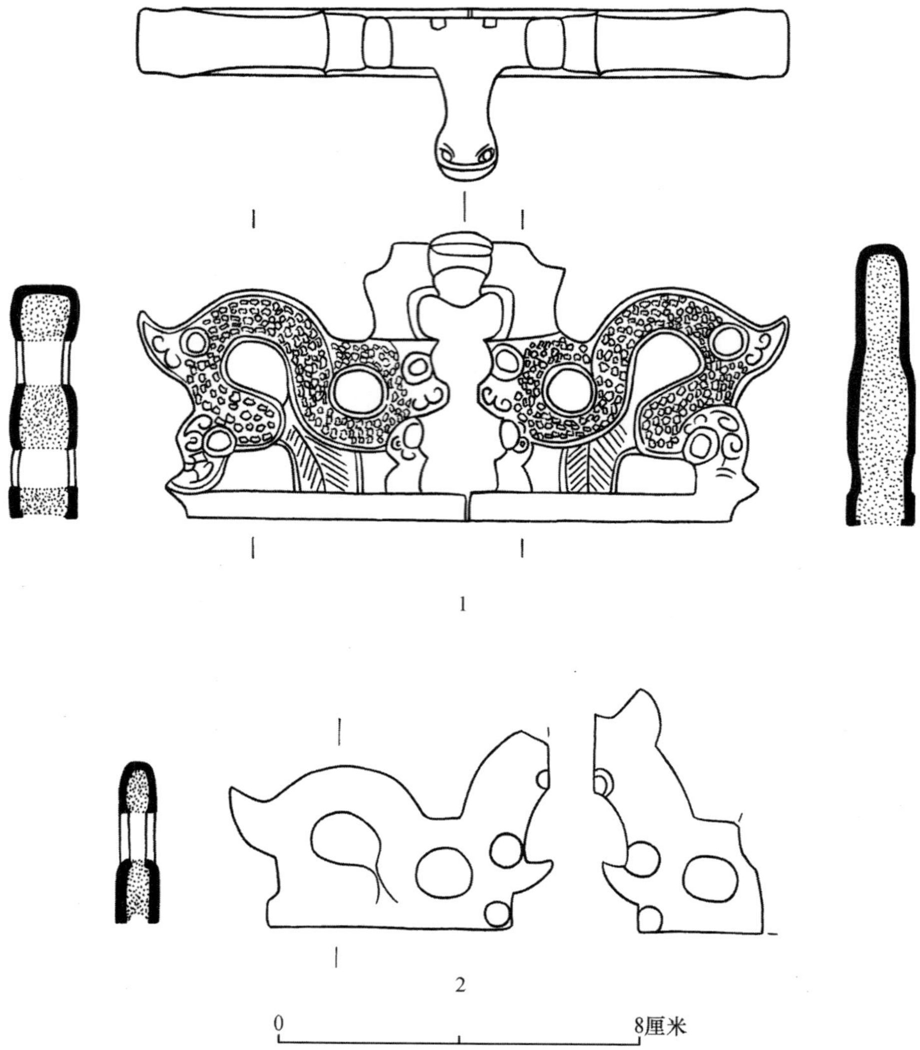

图五　钟簴构件

1. M1414：25　2. M1414：26

4. 车马器

有车軎、马镳、马衔、带扣、铜环、铜铃等。

（1）车軎　8件，两两成对。标本M1414：9，合范铸成，由軎和辖组成。軎上端无缘，下端为座，軎身中部两道宽凸棱，下部范线上两个长方形辖孔。軎身自上而下饰贝纹、回纹、镞形凸点纹、菱形贝纹。上口内径4.8厘米，座内径6.2厘米、座外径8.4厘米、座厚1厘米，通高6.4厘米，壁厚0.25厘米。辖首作简体兽首，卷唇，小圆眼，长方耳突起。键长方体，末端一长方孔。长8.5厘米（图七，1；图一八）。标本M1414：11，形制同前，但底座较薄。軎身自上而下饰贝纹、三角凸点纹、大贝纹、镞形凸点纹、菱形贝纹。上口内径5厘米，座内径5.6厘米、座外径8.2厘米、座厚0.3厘米，通高5.7厘米，壁厚

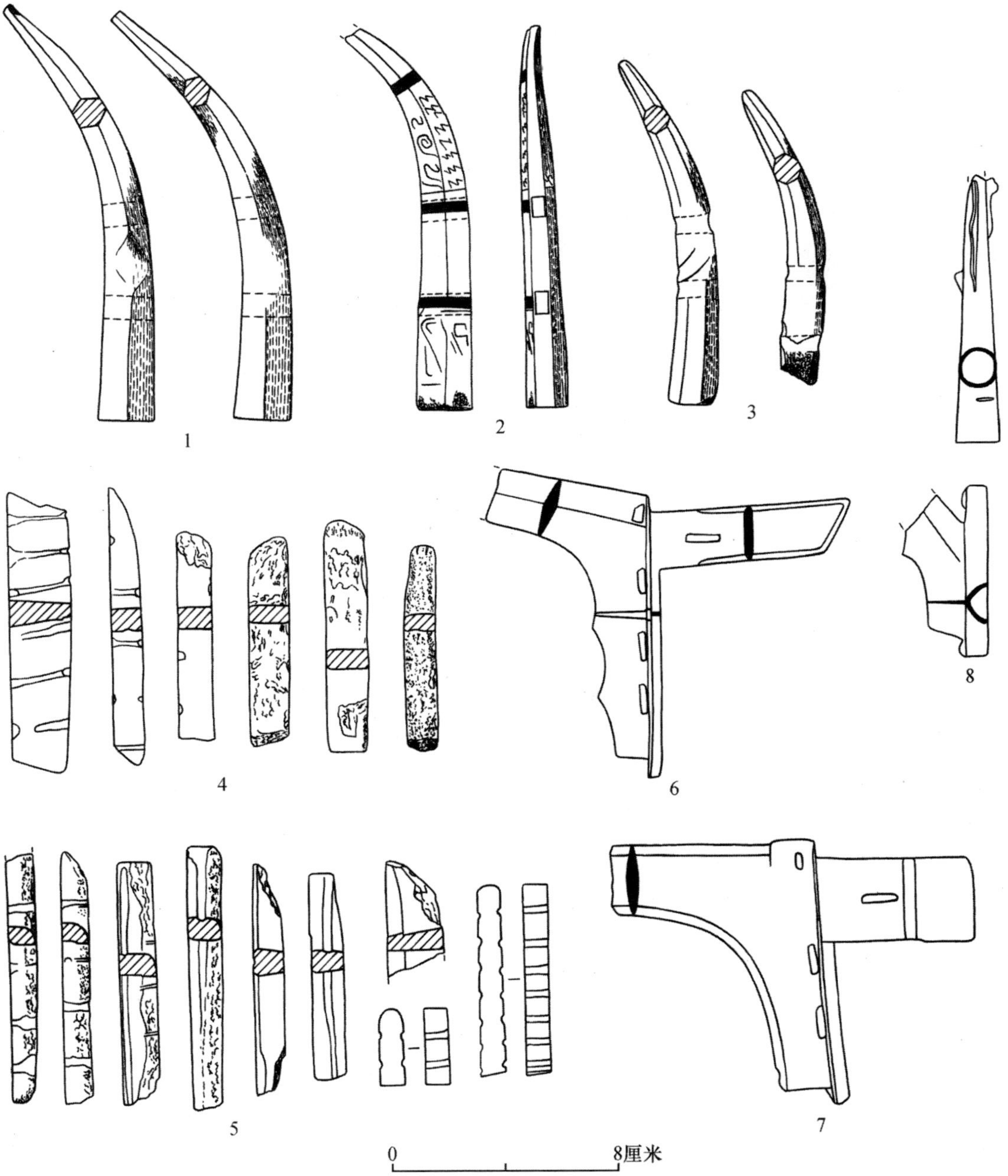

图六　M1414出土器物

1～3. 马镳（M1414：35、M1414：36、M1414：42）　4、5. 玉条（M1414：28、M1414：45）
6、7. 戈（M1414：29、M1414：72）　8. 戟（M1414：73）

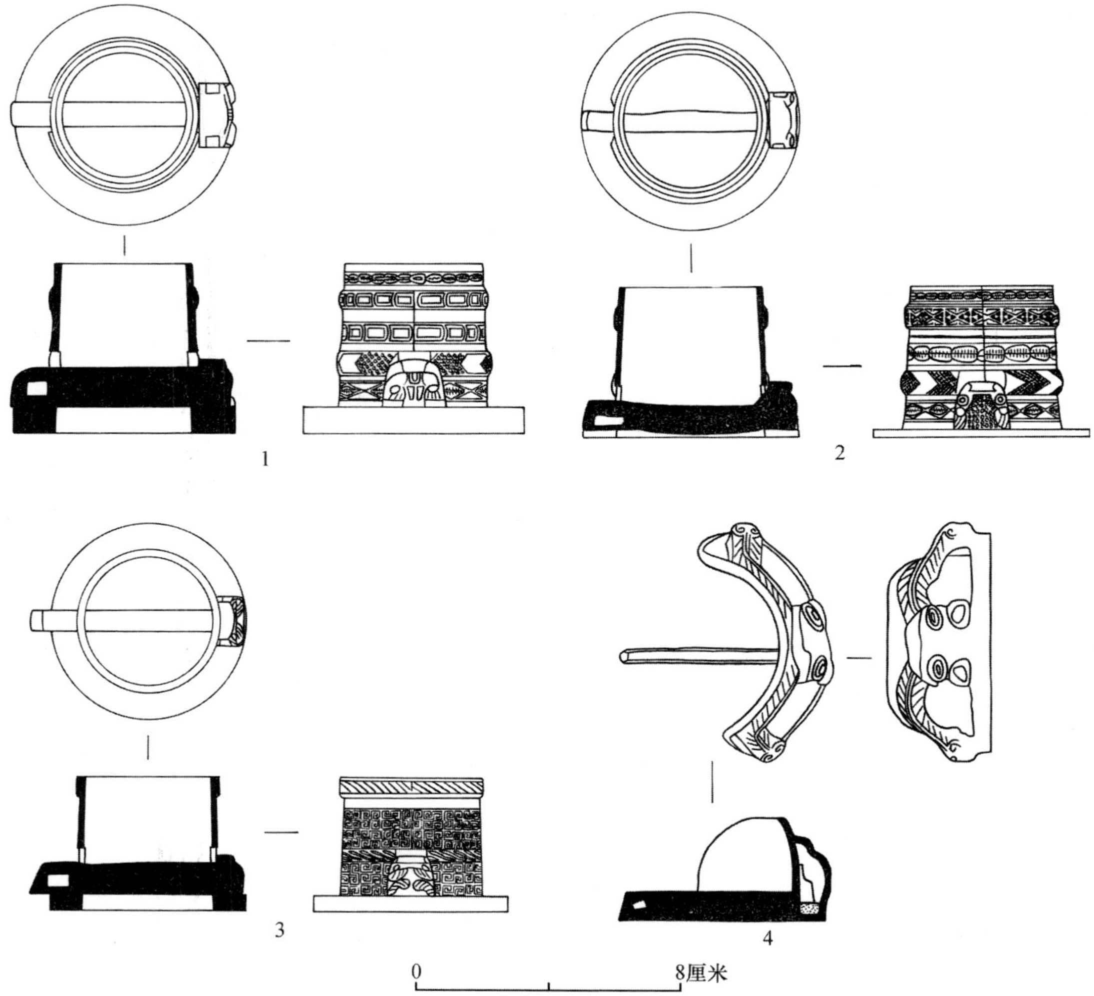

图七　车軎

1. 6. M1414：9　2. M1414：11　3. M1414：13　4. M1414：15

0.2厘米。辖首亦为兽首，卷唇，圆眼，竖耳。键长方体，中部略弯曲，末端一长方孔。长8.2厘米（图七，2；图一九）。标本M1414：13，合范铸成，由軎和辖组成。軎上端为缘，饰绹纹；下端为座，光素；軎身下部范线上有两个长方形辖孔。軎身中部一周绹纹，绹纹上下均为蟠虺纹。缘内径4.8厘米、厚0.3厘米，座内径5厘米、座外径7.4厘米、厚0.6厘米，通高5.1厘米，壁厚0.2厘米。辖首似为龙首，卷唇，小眼，树叶眉，牛角。键长方体，末端有长方形孔。长8.2厘米（图七，3；图二〇）。标本M1414：15，軎身呈半环状，有座，軎与辖连铸，但辖键与辖首不连。辖首作仰视兽头状，较宽，小耳，大眼，嘴含两宽体蛇尾部，蛇身攀附在軎身上，蛇头搭于軎座边缘。顶径7厘米、座内径6.5厘米、座外径8.3厘米，通高3.9厘米（图七，4；图二一）。

（2）马镳　11副。2副铜质。标本M1414：4，其一残。虎形，平首，小耳，平背，方足，长尾曲扬。长15.7厘米、高3.1厘米、缘厚0.3厘米（图八，4）。标本M1414：5，两件均残。器形同前，但虎身饰斜线纹，背面足上部各一扁纽，用于系挂。长约16厘米、高2.9厘米、缘厚0.3厘米（图八，5）。9副角质。标本M1414：35，磨制，上端细而弯曲，下端略粗，截面呈六边形，中部两长方形孔，孔长1厘米、宽0.7厘米。马镳长分别为19.4厘米、19.6厘米，最大断面径分别为2.4厘米、2.5厘米（图六，1；图二二）。标本M1414：36，其一成碎片，另一顶残。截面呈六边形，中部长方形小孔，长1厘米、宽0.6厘米。马镳侧面饰褐色锯齿纹、雷纹。残长17.6厘米，最大断面径2.4厘米（图六，2；图二三）。标本M1414：42，其一下部残，角稍微磨成八边形，中部两个直径0.9厘米的圆孔。完整者长15.7厘米，最大截面径2厘米（图六，3）。另在墓室东南盗洞里发现6副马镳，残甚，编为44号，截面八边形的1副，截面六边形的4副，截面圆形的1副。个别残留有褐红色三角云雷纹。

（3）马衔　5件。4件柄较粗，1件柄稍细。两节，小环相套。光素无纹。标本M1414：1，大环长径5.4厘米，小环直径2.8～3.4厘米，通长21.7厘米（图八，8；图二四）。标本M1414：34，大环直径5厘米，小环直径2.6～3.1厘米，通长21.7厘米（图八，9；图二五）。

（4）带扣　4件。两件通过扣尾的环连接绳索类。标本M1414：6，扣作长方形，扣上前、后各出一龙首。龙圆眼，小耳，张口吐舌。前龙舌作八棱短柱状，后龙舌作八棱长曲柱状，柱尾做成小环状，连接一个大环。通长18厘米、宽5.6厘米、高6.1厘米（图八，1；图二六）。标本M1414：7，扣稍大，扣上前、后各伸出十四棱柱。前柱短而微曲，后柱长而上扬，尾为小环，连接一个大环。前后柱顶面微弧，饰雷纹。通长21厘米、宽6厘米、高7.4厘米（图八，2；图二七）。两件通过扣片固定皮带类。标本M1414：37，由扣片、轴、扣针组成。上、下扣片各有四个钉孔，用以固定革带。轴非通贯状，为两个乳钉卡住扣针的套筒。扣针失。钉孔直径0.3厘米，通长5.1厘米、宽3.8厘米、厚1厘米（图八，6）。标本M1414：38，残，形制同前。钉孔为方形，扣片饰雷纹。钉孔边长0.3厘米，通长约6.8厘米、宽3.6厘米、厚1.1厘米（图八，7）。

（5）铜环　1件。标本M1414：8，出土于带扣旁。两环相套而成。大环直径8.4厘米，小环直径4.6厘米，断面径分别为0.5厘米、0.7厘米（图八，3）。

（6）衡饰　1件。标本M1414：17，圆筒状，弧顶，腰中间一对钉孔，楔入圆钉。内部残留木质纤维。顶径2.6厘米、底径3厘米、高4.6厘米（图八，11）。

（7）铜铃　15件。形制一样。标本M1414：18，合瓦形，拱形纽，舞部中心为孔，上横一拱梁，铣较长。高7.4厘米、宽4.5厘米、厚3.4厘米、壁厚0.1厘米。舌用蚌壳制成，梯形，顶端钻孔，两侧磨有凹槽。长5厘米、宽1.5厘米、厚0.3厘米（图八，10）。

（二）玉器

37件。除特别标明玉质外，皆滑石制成。

（1）玉条　15件。标本M1414：28，6件。长条形，横截面为长方形，1件稍宽，

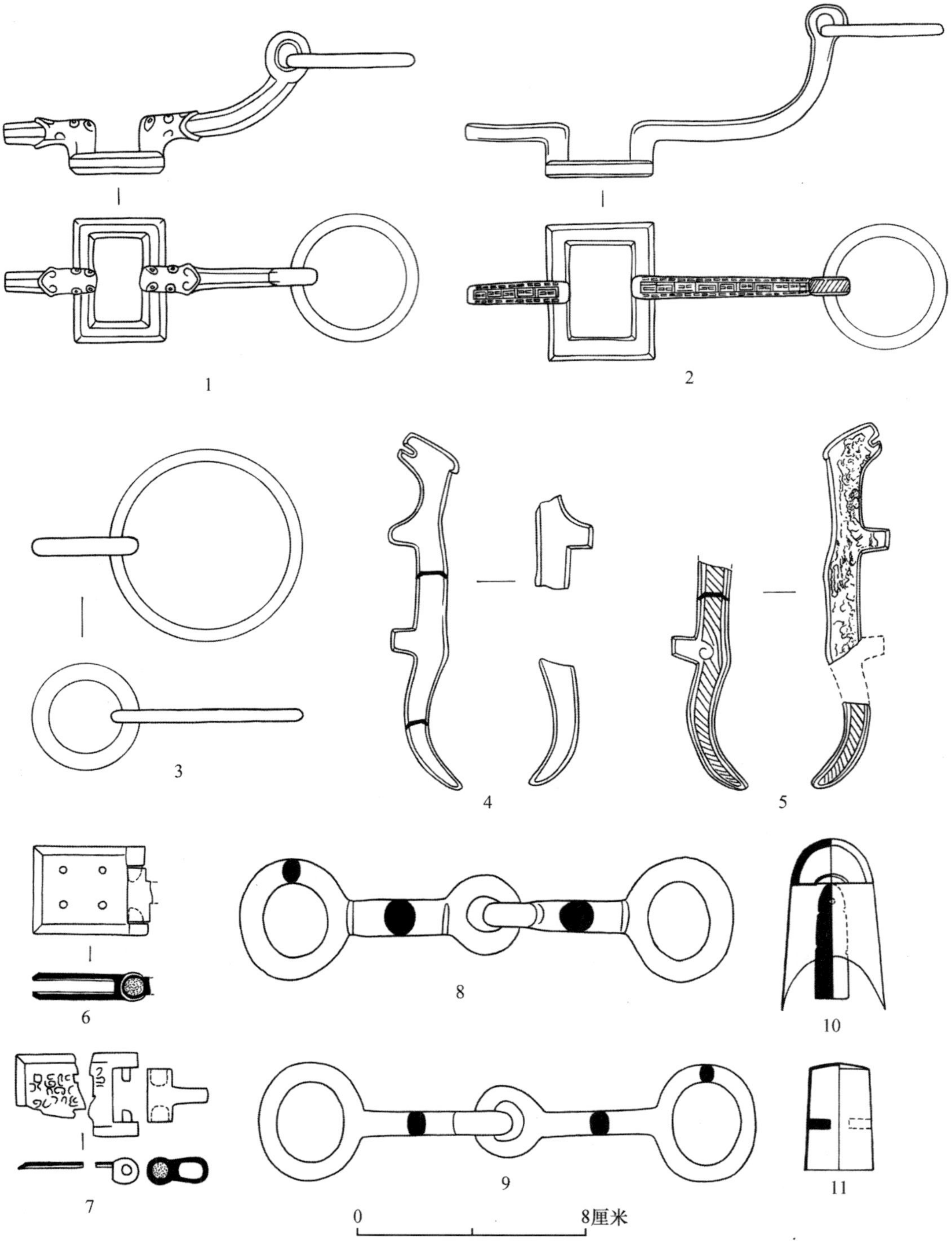

图八　M1414出土铜器

1、2、6、7. 带扣（M1414：6、M1414：7、M1414：37、M1414：38）　3. 铜环（M1414：8）　4、5. 马镳（M1414：4、M1414：5）　8、9. 马衔（M1414：1、M1414：34）　10. 铜铃（M1414：18）　11. 衡饰（M1414：17）

其余较窄，3件顶面上有凹槽或豁口，3件风化较重。长9～12.4厘米、宽1.4～2.7厘米、厚0.8～1.2厘米（图六，4；图二八）。标本M1414：45，9件，均出土于墓室东南角盗洞内，编为一号。其中4件一棱磨去，顶与一侧成弧面，此4件中，3件刻有凹槽。长10.6～11.6厘米、宽1.2～1.7厘米、厚0.8～1厘米。2件为长方柱体。长9～10.2厘米、宽1.3～1.4厘米、厚1～1.2厘米。1件较宽。残长5厘米、宽2.5厘米、厚0.9厘米。2件头端呈圆形，底端平，两侧面均刻凹槽。长3.3～8.3厘米、宽均1.1厘米、厚均1.1厘米（图六，5；图二九）。

（2）玉柱　12件。M1414：21，5件，出土于墓室西部盗洞底，散乱，编为一号。下部为圆柱体，上部中央一平顶圆锥，个别锥顶残。下部圆柱体直径1.3～1.8厘米、高2～2.7厘米、通高2.3～3.7厘米（图九，1；图三〇）。标本M1414：22，2件，出土于墓室西部盗洞底，编为一号。玉柱顶面出一矮圆柱，顶与底对钻成孔。顶柱径2.7～3厘米、底径3.3～3.4厘米、高2.1～2.5厘米（图九，2；图三一）。标本M1414：30，2件，出土时放在一起。其一矮宽，顶柱径3厘米、底径4厘米、高2.3厘米。其二瘦高，下部柱体收缩，一面钻孔。顶柱径2.9厘米、底径2.8厘米、高2.5厘米（图九，3；图三二）。标本M1414：31，3件，出土时放在一起，形制相同，大小相差无几。顶柱径均为2.4厘米，底径分别为2.9厘米、2.9厘米、3厘米，高分别为2厘米、2.4厘米、2.2厘米（图九，4；图三三）。

（3）玉埙　标本M1414：24，2件，出土于墓室西部盗洞底，编为一号。水滴形，上端小而平，有吹孔，垂腹，腹面有音孔，下端平。其一顶径1.3厘米、腹径2.2～2.4厘米、底径1.8～2.1厘米、高4厘米，吹孔径0.6厘米，正面两个音孔径均为0.2厘米。其二顶径0.8厘米、腹径2.8～3.4厘米、底径1.4～1.9厘米、高5厘米，吹孔径0.35厘米，正、背四个音孔直径均为0.3厘米（图九，5；图三四）。

（4）玉带钩　标本M1414：23，3件，出土于墓室西部盗洞底，编为一号。俯视长方形，侧视反“S”形。顶部一孔，不通透，底部一钩槽。两件顶较拱，一件顶较平。长分别为4.3厘米、4.1厘米、4.7厘米，宽分别为3.1厘米、3.2厘米、2.9厘米，厚分别为2.5厘米、2.2厘米、2厘米（图九，6；图三五）。

（5）玉饰　1件。标本M1414：32，长条形，顶面与左侧面磨成弧面，弧面中部略下凹，弧面两缘磨成凹槽，右侧面中部一直径0.9厘米的钻孔，底面被磨成两斜面，右侧斜面两缘也各有一凹槽。长7.1厘米、宽3.15厘米、厚2.9厘米（图九，7；图三六）。

（6）玉璧　1件。标本M1414：74，青玉。制作不精，非正圆。内、外圈阴刻短线纹，线纹间阴刻卷云纹。直径6厘米、好径1.9厘米、厚0.4厘米（图九，8；图三七）。

（7）玉瑗　1件。标本M1414：75，青玉。磨制光滑，光素无纹，肉内厚外薄。直径13.4厘米、好径7厘米、好厚0.3厘米（图九，9；图三八）。

（8）方形玉饰　标本M1414：76，2件，编为一号，均残，一件可绘出复原图。青玉。方形，上、下两边各有两个小凹槽，两面磨制光滑。正面饰斜线纹和双钩云纹，双

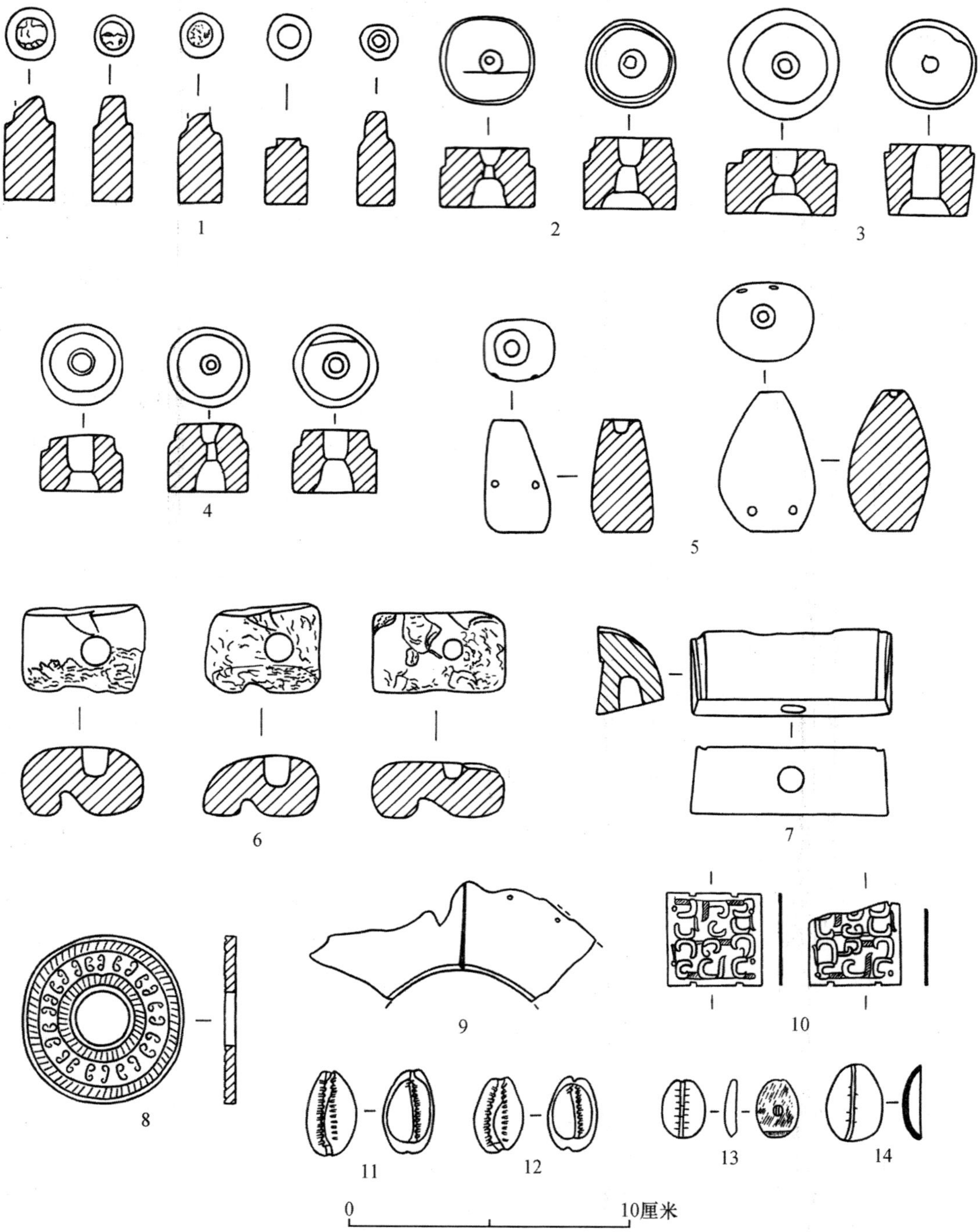

图九　M1414出土玉、骨器

1～4. 玉柱（M1414：21、M1414：22、M1414：30、M1414：31）　5. 玉坠（M1414：24）　6. 玉带钩（M1414：23）　7. 玉饰（M1414：32）　8. 玉璧（M1414：74）　9. 玉瑗（M1414：75）　10. 方形玉饰（M1414：76）　11、12. 海贝（M1414：77）　13. 骨贝（M1414：78）　14. 铜贝（M1414：79）

钩内皆磨成凹面，四角各有一孔用于固定。边长 3.3 厘米、厚 0.1 厘米（图九，10；图三九）。

（三）骨器

主要有骨贝、海贝、铜贝等，71个（颗）（骨器内含有海贝、铜贝，因其功能相同）。

（1）海贝　标本M1414：77，10个。背部被切去。长2.7～3.1厘米、宽1.8厘米、厚0.5～0.7厘米（图九，11、12）。

（2）骨贝　标本M1414：78，60个。用骨片制成，正面凹槽旁刻有7～10道细线，背面中部钻一圆孔。长1.9～2.3厘米、宽1.4～1.7厘米、厚0.4～0.6厘米、孔径0.25～0.3厘米（图九，13）。

（3）铜贝　1个。标本M1414：79，泡状，顶中部有一凹槽，槽旁细线多不清。长2.7厘米、宽2厘米、厚0.65厘米、胎厚0.2厘米（图九，14）。

（四）陶器

28件，器形有鼎、盏、盒、壶、簠、甑、鬲、豆、碗等。

（1）鼎　8件，均无法修复。平沿鼎5件。标本M1414：51，褐红胎，褐衣。敛口，弧平沿，沿外侧较低，斜方唇，沿上两立耳，上腹较直，下腹弧内收，以下残，三蹄足。耳无纹饰。腹部4周凹弦纹，弦纹间饰两周斜线纹，斜线纹上两周绹纹，并等距装饰六个五齿扉棱。足为棱柱体，内侧为凹槽，外侧为五个棱面，上端凸圆，中有三齿状扉棱，棱两侧做出旋转的兽眼。口径45厘米、腹径45.6厘米、高约50.4厘米（图一〇，1）。标本M1414：53，褐红胎，褐衣。形制基本同前，但细部有不同。略束颈，鼓腹。腹部凹弦纹间无斜线纹。足与鼎腹接触面有锥状凸榫，外侧七个棱面，上端中间十三齿扉棱，下端外扩的蹄部是附加上去的。口径45.6厘米、腹径48厘米、高约53.8厘米（图一〇，2）。标本M1414：52，褐红陶，内外涂白彩。敛口，弧平沿，方唇，沿上立耳，弧腹，圜底，蹄足。耳无纹饰。腹部五周凹弦纹，弦纹间饰很不规整的绹纹。足外圆内空，上端有三齿扉棱。口径46厘米、高约52.5厘米（图一〇，3）。标本M1414：54，褐红陶，内外涂白彩。形制同前，唯腹部绹纹方向相反，凹弦纹为四周。足失，耳外侧削成凹槽。口径46厘米、残高31.5厘米（图一〇，4）。子口鼎3件。标本M1414：56，褐红胎，褐衣。子口，方唇，口沿外有附耳，腹部残，足失。耳面饰一排三角云雷纹、一排圆圈纹。耳高13.5厘米、宽9厘米（图一〇，5）。标本M1414：57，褐红胎，褐衣。子口，方唇，口沿外有附耳，弧腹，以下残。腹部饰两周凹弦纹和三周绹纹，耳饰一排网纹。口径50厘米（图一〇，6）。标本M1414：58，褐红胎，褐衣。仅余残耳，耳面饰两排对顶三角云雷纹，云雷纹中间饰四个圆圈。耳宽10.5厘米、胎厚1.3厘米。

另见到两件鼎盖的残片，均褐红胎，褐衣。敛口，方唇，弧顶。顶饰凹弦纹与绹纹。口径分别为51厘米、54厘米。

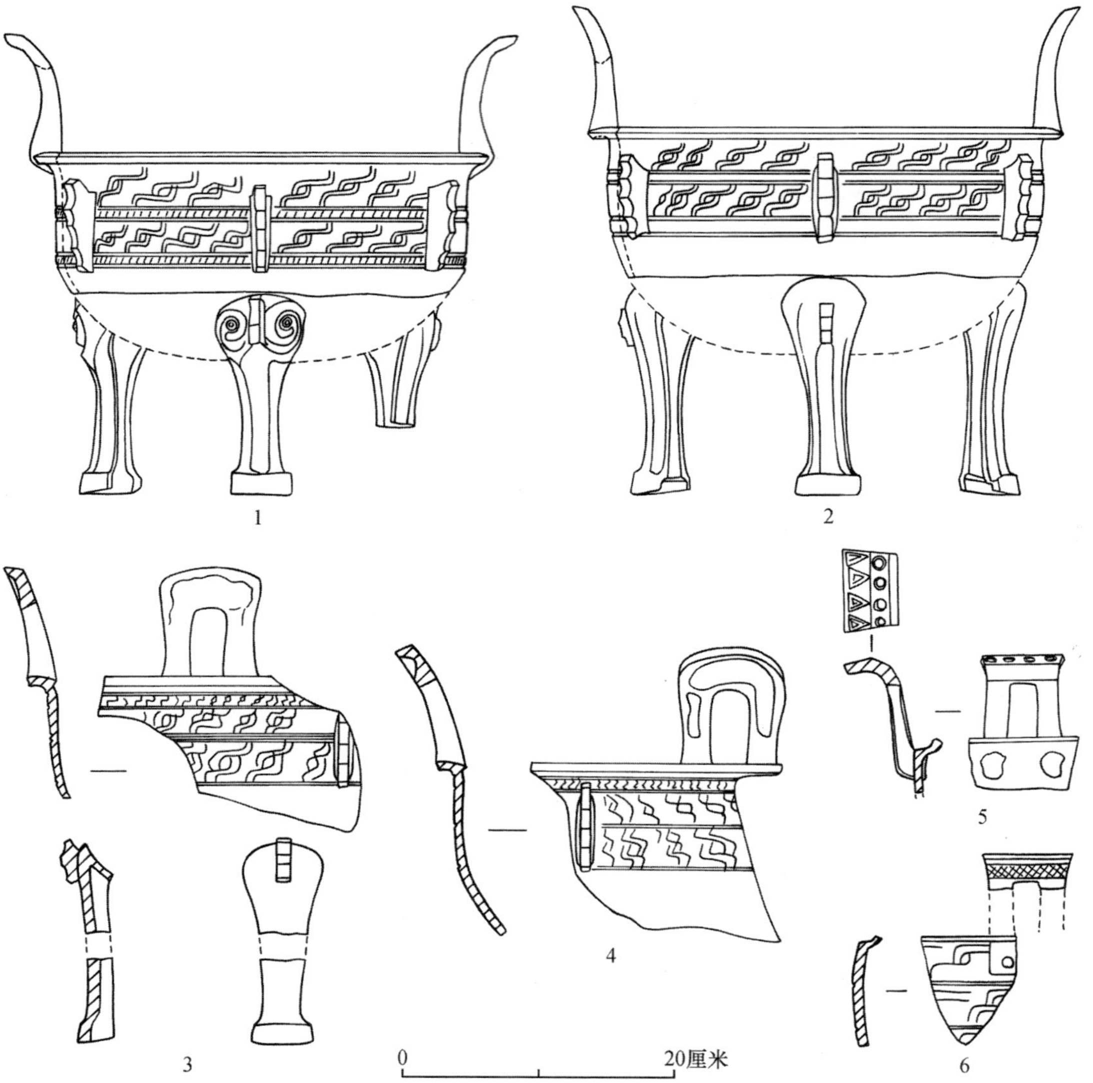

图一〇　陶鼎

1. M1414：51　2. M1414：53　3. M1414：52　4. M1414：54　5. M1414：56　6. M1414：57

（2）盏　3件。泥质褐红胎，褐衣。敛口，弧平沿，尖唇或斜方唇，束颈，弧腹，圜底，三蹄足。腹饰六个四齿扉棱，足上端安三齿扉棱。标本M1414：41，尖唇，束颈较高，足削成四棱状，内底凸凹不平。口径20厘米、腹径22厘米、高13厘米（图一一，1；图四〇）。标本M1414：60，斜方唇，束颈较矮，半圆柱足，内侧有一细槽。口径18厘米、腹径20.4厘米、高13.6厘米（图一一，2）。标本M1414：61，束颈居于前两者之间。口径18.6厘米、腹径20厘米、高13.6厘米（图一一，3；图四一）。

（3）盒　2件。泥质褐红陶，器表涂灰褐彩，多脱落。盖，侈口，斜方唇，弧顶，圈足状圆捉手。顶饰两周凹弦纹。盒，子口，方唇，沿下两附耳，深弧腹，圜

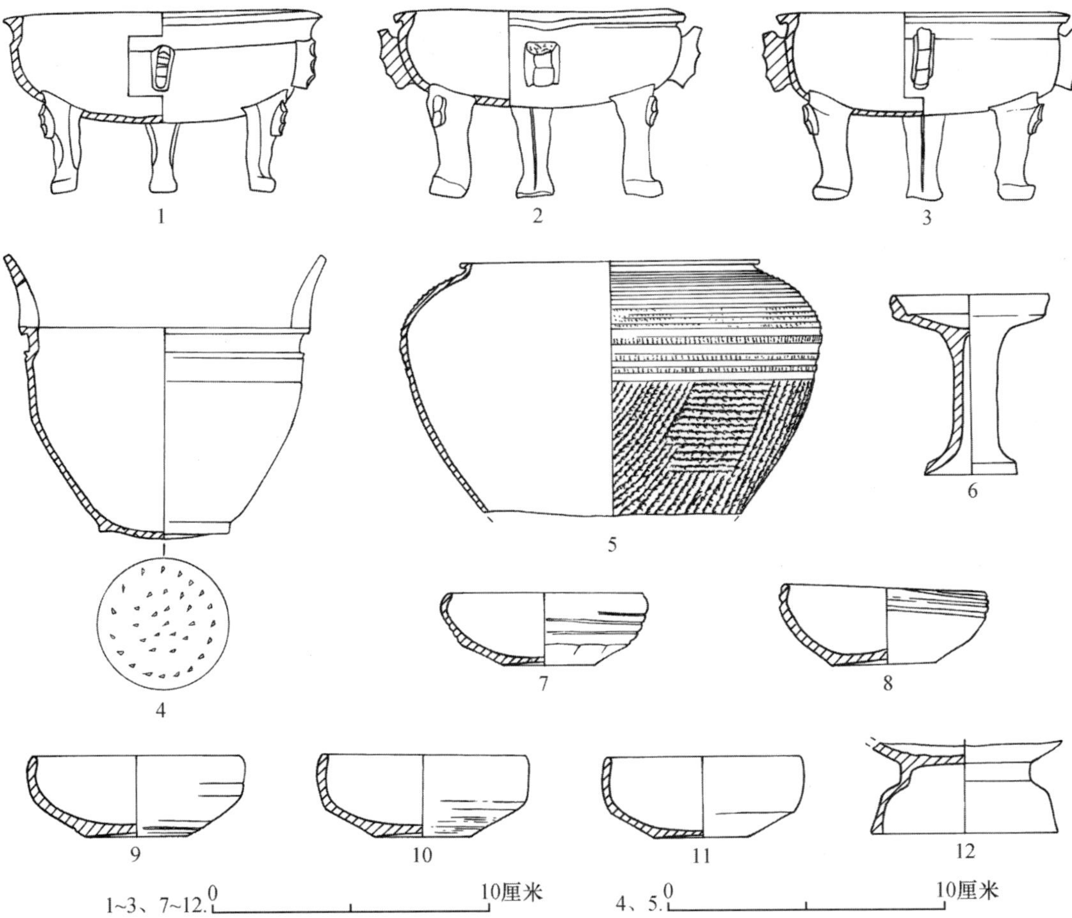

图一一 M1414出土陶器

1～3. 盏（M1414：41、M1414：60、M1414：61） 4. 甑（M1414：39） 5. 鬲（M1414：64） 6. 豆（M1414：65） 7～11. 碗（M1414：66、M1414：70、M1414：67、M1414：68、M1414：69） 12. 圆壶（M1414：71）

底，大圈足，足下三宽齿。耳顶呈屋顶状，腹饰三周瓦纹，下腹外壁有刮削纹。标本M1414：49，器形较大。口径21厘米、腹径27厘米、圈足径16厘米、通高22.4厘米（图一二，3；图四二）。标本M1414：50，器形略小。盖顶残，盖顶边缘亦饰刮削纹，腹部瓦纹底较平。口径20厘米、腹径24.5厘米、圈足径14.5厘米、残高19厘米（图一二，4；图四三）。

（4）圆壶 2件。标本M1414：62，褐红胎，外壁褐衣，内壁露胎。圆形，侈口，窄平沿，尖唇，束颈，弧肩，鼓腹，圜底，圈足。肩部六周凹弦纹，对饰两兽耳。兽宽嘴，大眼，螺角，弓背，翘尾。口径13.3厘米、腹径24厘米、圈足径15.6厘米、高40.2厘米（图一二，2；图四四）。标本M1414：71，灰陶。仅余底及圈足。圜底，内壁有轮制时留下的旋痕，圈足上部呈束腰状。圈足径12厘米、残高6.8厘米（图一一，12）。

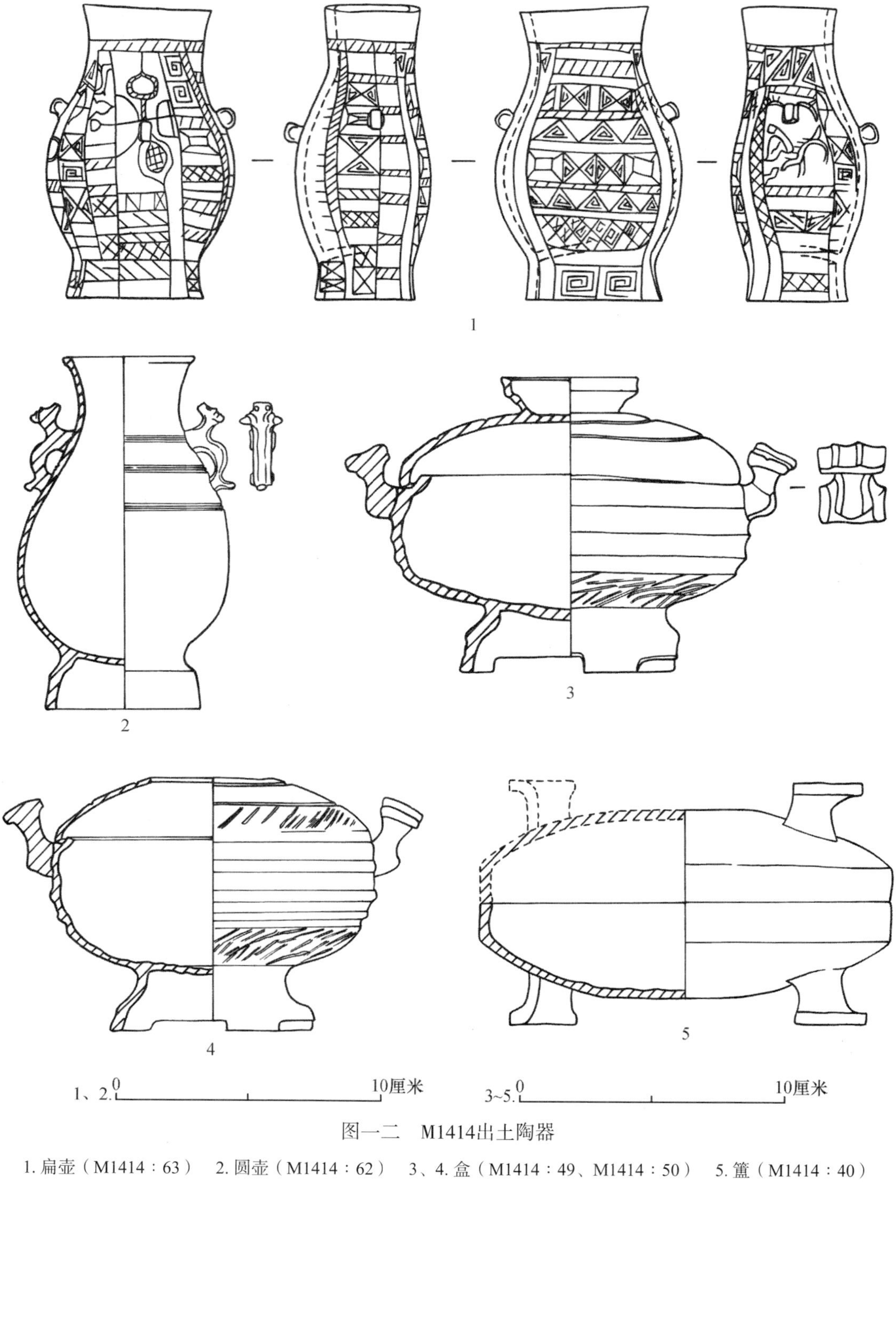

图一二　M1414出土陶器

1. 扁壶（M1414：63）　2. 圆壶（M1414：62）　3、4. 盒（M1414：49、M1414：50）　5. 篚（M1414：40）

图一三 铜编钟（M1414：20-1）

图一四 铜编钟（M1414：20-2）

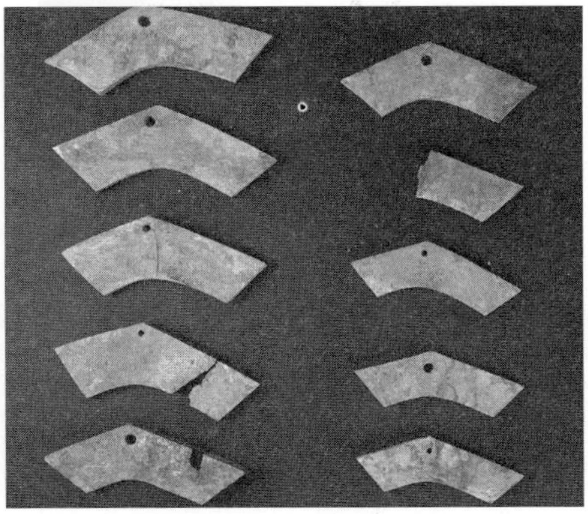

图一五 铜编磬（M1414：27）

图一六 钟簴构件（M1414：25）

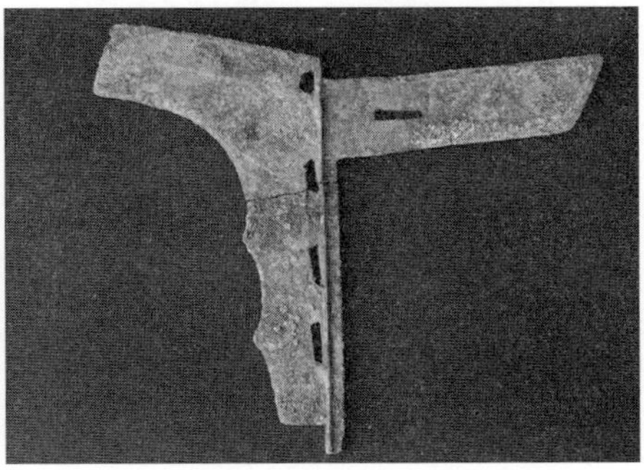

图一七 铜戈（M1414：29）

图一八 车軎（M1414：9）

图一九 车軎（M1414：11）

（5）扁壶　1件。标本M1414：63，褐红胎，内外壁褐衣。侈口，束颈，正、背、侧面鼓腹，背面微鼓，平底略内凹，高圈足。正面上腹部、两侧面肩部各设一扁圆耳。壶身颈部至圈足满刻纹饰，以三角云雷纹、方形云雷纹、直线纹、斜线纹为主，另有草叶纹、池田纹、回纹等。口长径12.5厘米、短径8.8厘米，腹长径21.3厘米、短径15.6厘米，圈足长径13.2厘米、短径9.3厘米，高33.1厘米（图一二，1；图四五）

图二〇　车軎（M1414：13）

图二一　车軎（M1414：15）

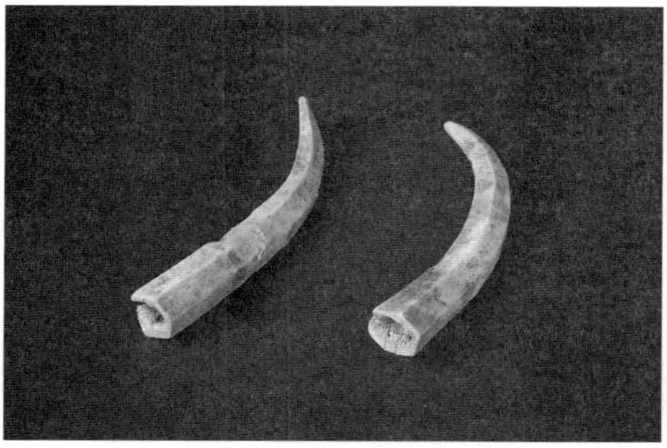

图二二　马镳（M1414：35）

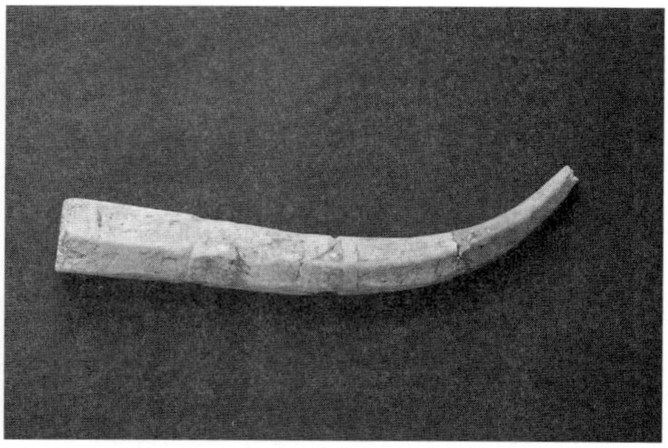

图二三　马镳（M1414：36）

图二四　马衔（M1414：1）

图二五　马衔（M1414：34）

（6）簋 4件。3件为泥质褐红胎，褐衣。标本M1414：40，盖无法修复。长方形，直口微敛，方唇，上腹直，下腹斜内收，小平底，四矩形足较小。内壁抹制不精，体无纹饰。长31厘米、宽21厘米、高18.2厘米（图一二，5；图四六）。标本M1414：47，器与盖均无法复原。器形同前者，唯矩形足较大，折腹处有半圆耳。下腹饰三角网纹，底饰绳网纹。长不明，宽21厘米、高22厘米。标本M1414：48，仅见两宽大矩形足。足

图二六 带扣（M1414：6）

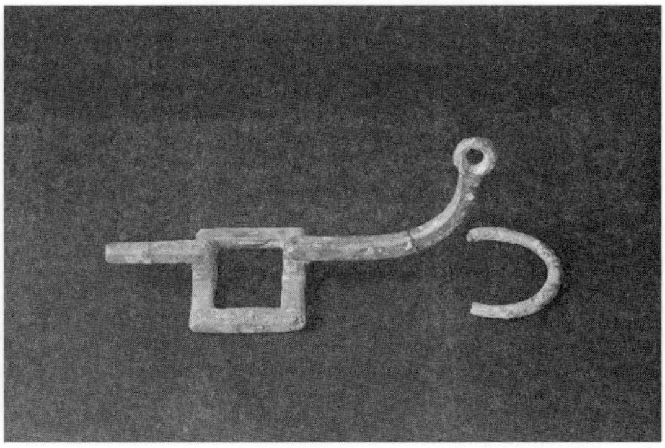

图二七 带扣（M1414：7）

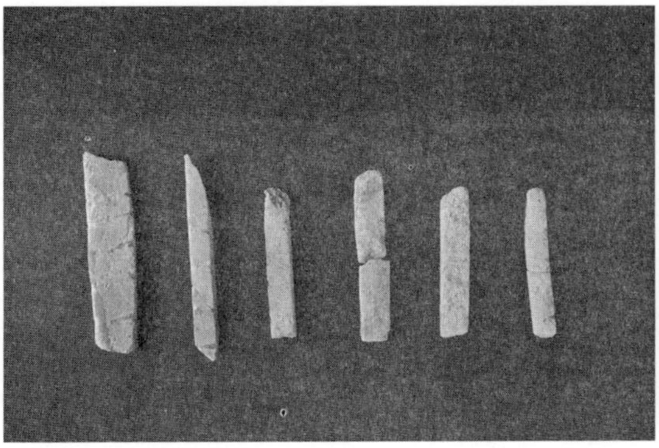

图二八 玉条（M1414：28）

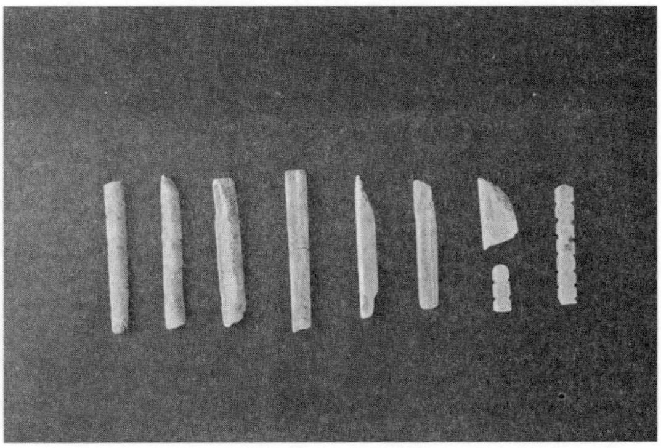

图二九 玉条（M1414：45）

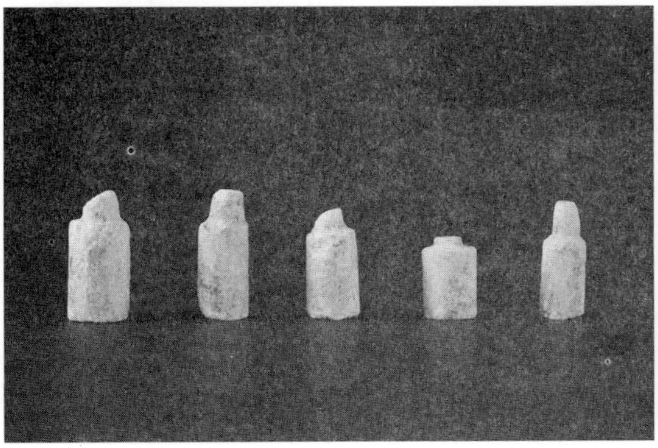

图三〇 玉柱（M1414：21）

图三一 玉柱（M1414：22）

图三二　玉柱（M1414：30）

图三三　玉柱（M1414：31）

图三四　玉埙（M1414：24）

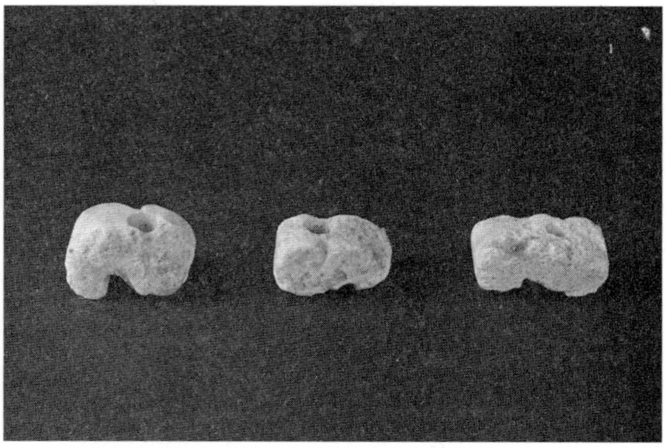

图三五　玉带钩（M1414：23）

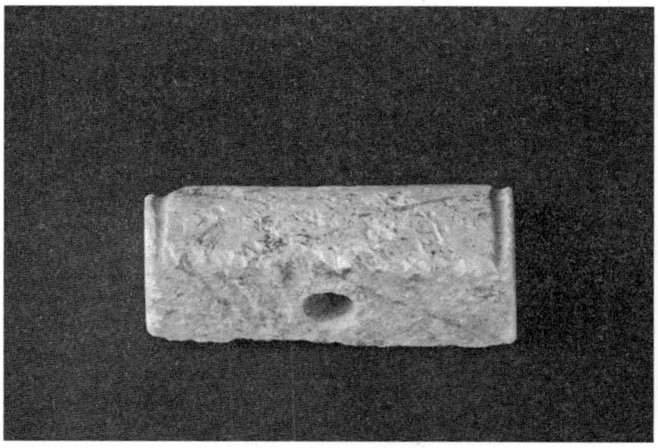

图三六　玉饰（M1414：32）

图三七　玉璧（M1414：74）

宽 7～8厘米、足高4.5厘米。1件为泥质红陶，器表涂灰褐彩。标本M1414：49，体形巨大，胎厚，无法修复。上腹直，下腹弧内收，平底，足失。一对兽环耳，兽的两角作陀螺状，横长眉，凸圆眼，眉眼间一纵状鼻，宽卷唇，面颊饰上卷的胡须，胡须后大耳。口衔兽身，尾上卷。长不明，宽21厘米、残高10厘米、胎厚1.5厘米。

（7）甑　1件。标本M1414：39，直口微敛，弧平沿，方唇，沿上斜立两耳，束

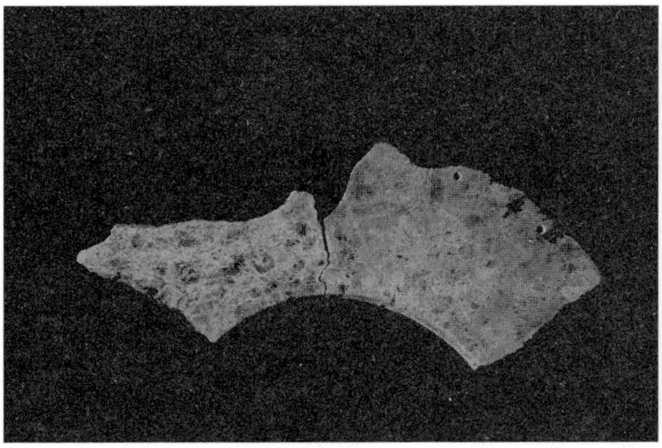

图三八 玉瑗（M1414：75）

图三九 方形玉饰（M1414：76）

图四〇 陶盏（M1414：41）

图四一 陶盏（M1414：61）

图四二 陶盒（M1414：49）

图四三 陶盒（M1414：50）

颈，上腹直，下腹内收，假圈足，足底外凸。器底内外戳印三角小孔，但不通透，也不对应。内外壁涂白衣，大部脱落。口径27.4厘米、足径14厘米、高30.6厘米（图一一，4；图四七）。

（8）鬲 1件。标本M1414：64，红陶。敛口，平沿，方唇，短束颈，弧肩，鼓腹，浅袋状足残。口径30厘米、腹径45.6厘米、残高27.6厘米（图一一，5）。

图四四　陶圆壶（M1414：62）

图四五　陶扁壶（M1414：63）

图四六　陶簋（M1414：40）

图四七　陶甑（M1414：39）

（9）豆　1件。标本M1414：65，灰陶。侈口，尖唇，斜直腹，外腹壁略束，圜平底，细高柄，小喇叭座。口径11厘米、柄径3.4厘米、圈足径6.8厘米、高13.2厘米（图一一，6；图四八）。

（10）碗　5件。灰陶。敛口，圆唇，鼓腹或上腹微鼓，下腹弧内收，平底略内凹。标本M1414：66，腹部三周凹弦纹，下腹刀削痕明显。口径13.4厘米、腹径15厘米、底径6.8厘米、高5.2厘米（图一一，7；图四九）。标本M1414：70，上腹两周半凹

图四八　陶豆（M1414：65）

图四九　陶碗（M1414：66）

图五〇　陶碗（M1414：70）

图五一　陶碗（M1414：67）

弦纹，下腹刮削一周。口径13.8厘米、腹径15厘米、底径7.6厘米、高6厘米（图一一，8；图五〇）。标本M1414：67，上腹微鼓，下腹刮削一周，有细微刮削痕。口径14.2厘米、腹径15.8厘米、底径7.2厘米、高6厘米（图一一，9；图五一）。标本M1414：68，器形同前。口径13.8厘米、腹径15.4厘米、底径6.8厘米、高6厘米（图一一，10）。标本M1414：69，器形同前。口径13.2厘米、腹径14.8厘米、底径6.6厘米、高6厘米（图一一，11）。

三、结　　语

（一）年代

铁岭墓地共发掘铜器墓21座，其中17座东西向，根据出土铜器及陶器，时代定为春秋晚期[1]；其余4座南北向，时代应为战国早期。南北向墓中，M1001、M1416未出陶器，所出铜器或残破，或仅余残片，无法对比；M308[2]出土有较为齐全的铜器与陶器，可与M1414进行对比。

M308铜礼器主要有鼎、敦、壶、盘、甗、甗等，M1414的铜礼器见鼎的残片和盘的铺首，两者难以对比。

M308所出陶鼎与M1414的陶鼎均为大型鼎，器形、胎质、胎色十分近似，仅耳部有区别，前者鼎耳为附耳，耳上部向外伸出平沿；后者仍见到少量这样的鼎耳，大量的为一种不出沿的鼎耳，鼎耳自下而上为一自然弧面，立于鼎沿上。M308有褐红陶盖豆，M1414用功能相同的盒来替代，其豆保留有豆盘宽、圈足宽的春秋晚期特征，M1414的豆圈足已变窄。M308的碗敛口、弧壁，M1414保留有这样的碗，新见上腹直、下腹弧内收的碗。M308的红陶鬲肩窄平，上腹部较直，M1414的红陶鬲肩斜宽，腹部自肩斜内收。以上诸点说明M1414陶器与M308陶器关系紧密，又有所发展。M1414要略晚于M308。M1414正西5米处有M1413，仅随葬两件盖豆。铁岭墓地M709、M722[3]紧随在铁岭墓地春秋晚期晚段墓葬南，棺与椁之间均出土鼎、豆、壶、盘、匜组合，其盖豆与M1414的盖豆别无二致，只是后者的盖豆放在东壁壁龛中。器物放在棺椁之间，是春秋晚期摆法的遗留，放在壁龛是新形式，铁岭墓地十余座随葬鼎、豆、壶、盘、匜的墓葬，仅三座（M59、M709、M722）非置于壁龛中。因此，M1413应该比M709、M722时代略晚，同属战国早期。综上，与M1413并列的M1414的年代，定为战国早期后段较为合适。

（二）墓葬级别

M1414保留有一椁，椁内是否还有棺椁，或者椁内是否有二棺，由于盗掘严重，已无法弄清。M1414墓口、墓底尺寸略小于M308墓口、墓底尺寸，深度相差较大。后者为二椁一棺，级别为大夫级。M1414的棺椁不能超过此数，一椁一棺是基本，有二椁一棺或一椁二棺的可能。M308铜礼器主要有3鼎、2敦、2壶、1盘、1甗、1甗，M1414的铜礼器目前可知有1鼎、1盘，另有编钟、编磬各1套。随葬编钟、编磬，是铁岭墓地首见，应该说M1414的级别不低。M1414碎陶片中辨别出8件大型陶鼎，M308碎陶片中辨别出7件大型陶鼎，陶鼎数严重超越铜鼎数，可能是越礼行为。根据现有迹象与遗物，我们推断M1414最高是大夫墓葬，最低是士级墓葬较高者。

（三）墓地性质

铁岭墓地位于双洎河北岸，东西各有一条南北向支流，西部埋葬春秋墓，东部埋葬战国墓。具体埋法：从北向南埋，至双洎河岸边，回过头来，再从北向南埋，埋时并非只有一列，而是数列。现在已知铁岭墓地这个大宗里有几支小宗，M308所代表的那支小宗位于墓地东半部，向南用地至双洎河边，向东自北向南又埋了数列墓葬。水库东岸的这处墓地可能是铁岭墓地某支小宗因墓域狭促，来此新辟了墓地，并预留了较大空间，它也是自北向南埋葬。M1414西北60米有M1416，所出铜器为春秋晚期晚段。

领　队：郝红星
发　掘：张吉钦　郝红星　陈留杰
绘　图：郝红星
摄　影：蔡　强

注　释

［1］郑州市文物考古研究院、河南省文物管理局南水北调办公室：《新郑铁岭墓地 M429发掘简报》，《中原文物》2010 年第 1 期；《新郑铁岭墓地 M458 发掘简报》，《文物研究》（第 17 辑），科学出版社，2010 年；《新郑铁岭墓地 M550 发掘简报》，《中原文物》2010 年第 5 期；《新郑铁岭墓地 M1404、M1405 发掘简报》，《中原文物》2012 年第 4 期。

［2］郑州市文物考古研究院、河南省文物管理局南水北调办公室：《新郑铁岭墓地 M308 发掘简报》，《中原文物》，待刊。

［3］郑州市文物考古研究院、河南省文物管理局南水北调办公室：《新郑铁岭墓地 M709、M722 发掘简报》，《文物春秋》2012 年第 1 期。

［原载于《东方博物》（第四十九辑），浙江大学出版社，2013年］

河南荥阳凤凰台遗址战国墓葬发掘简报

魏青利　刘良超　于宏伟

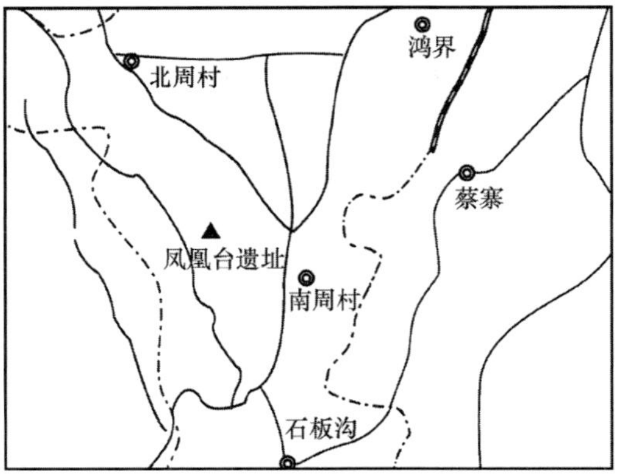

图一　荥阳凤凰台遗址战国墓葬位置示意图

凤凰台遗址位于河南省荥阳市城关乡南周村北部（图一）。2008 年 4 ～ 8 月，郑州市文物考古研究院为配合兰州—长沙成品油输送管道荥阳段工程建设，对遗址被工程区占压部分进行了发掘清理，发掘面积共 720 平方米，清理出二里头时期灰坑64座、灰沟1条、战国时期墓葬13座、唐宋时期墓葬14 座。现将 13 座战国墓葬情况简报如下（图二）。

一、墓葬形制

战国墓葬共 13 座，其中方向朝北的有 8 座（M4、M7、M8、M9、M11、M13、M18、M27），朝南的有4座（M6、M19、M20、M22），朝西的有1座（M25）。形制可分为 3 类。

1. 长方形竖穴土坑墓

7座（M4、M7、M8、M11、M13、M18、M27），墓室均为口大底小，墓壁斜收，规整。均为单人葬，头向北。开口一般长2～2.5、宽1、深2.3～2.5米。形制最大者M7，口长4.5、宽3.22米，底长3.4、宽2.2～2.6、深7.5米。其中2座（M7、M11）有壁龛，填土经过夯打。葬具多为一椁一棺，仅M4为单棺。葬式有仰身屈肢、仰身直肢、侧身屈肢三种。随葬品以陶器为主，另有少数墓葬随葬铜带钩或料珠。随葬品主要放置于壁龛内或头端。

2. 大墓道洞室墓

5座（M6、M19、M20、M22、M25），墓道多朝南，仅M25墓道向西。墓道口长2～2.5、宽1、深2～2.8米，墓室长多在2米左右，宽0.8～1米，高0.8～1米，葬具多为单棺，葬式均为侧身屈肢，头向除M25头向东之外，余均向北。此类墓葬多无随葬器物，仅M20壁龛内出土有陶壶、陶合碗、铜带钩等。

3. 长方形竖穴墓道偏室墓

1座（M9）。墓道位于洞室东部，无葬具，葬式为侧身屈肢葬，头向北。仅于腹部随葬铜带钩1件。

现介绍几座典型墓例如下。

M7　长方形竖穴土坑墓。开口于②层下，方向5°。墓口距地表0.8米，平面呈长方形，口大底小，口长4.5、宽3.22米，墓底长3.4、宽2.2～2.6、深7.5米。填黄灰花土，经夯打，夯窝直径0.2米。葬具为一棺一椁，椁长2.1、宽1.68～1.82、厚0.06米。棺长1.48、宽0.8、残高0.1米。棺内葬人骨1具，保存较差，仰身屈肢，头向北，棺下依稀可辨有6根朽枕木，东西向，长0.8、宽0.02米。墓室东北角有两排脚窝，呈不规则方形，间距0.44～0.74米。北壁置壁龛，宽1.1、高0.44、进深0.16米，内置壶1件，鼎2件。北部熟土二层台西北角、东北角各置陶盖豆1件。棺木东侧椁室内自北向南依次放置陶豆1件、陶匜2件、陶壶形豆1件、陶壶1件，椁室西北角放置陶壶形豆1件，墓主腹部置铜带钩、铜环、料珠各1件（图三）。

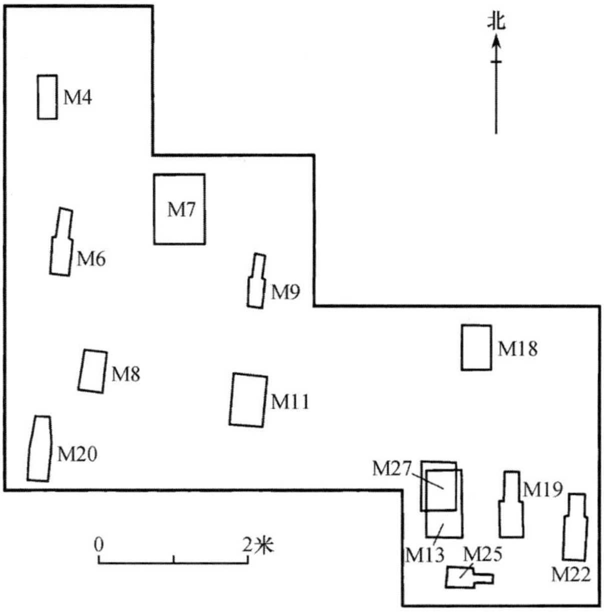

图二　墓葬分布图

M20　大墓道洞室墓。开口②层下，由墓道、墓室两部分组成，方向187°。墓道开口距地表0.9米，平面呈长方形，口大底小，口长2.8、宽1.8、底长2.5、宽1.3、深2.82米。墓室长1.7、宽1、高0.94米。壁龛位于墓室西南角，宽0.4、高0.5、进深0.28米，内置陶壶1件，合碗 1 件。墓底清理有棺灰痕迹，棺长1.62、宽0.5～0.7米。棺内葬人骨1具，保存较差，仰身屈肢，头向北，面向东，头骨东侧置铜带钩1件（图四）。

M9　长方形竖穴墓道偏室墓。开口②层下，由墓道、墓室两部分组成，方向3°。墓道开口距地表0.9米，平面呈长方形，直壁平底，长2.1、宽0.8、底深1.7米。墓室位于墓道西部，拱形顶，长2.05、宽0.8、高0.4～0.58米。无葬具。葬人骨1具，侧身屈肢，保存较差，头向北，面向东，腹部右侧置铜带钩1件（图五）。

二、随葬器物

13座战国墓葬中，共出土各类器物37件，多数墓葬有随葬品，每座墓葬随葬品多少不一，少则1～2件，多则15件，器形有陶釜、陶鼎、陶豆、陶壶、陶盘、陶罐、陶匜及铜器、骨器等，现分别介绍如下。

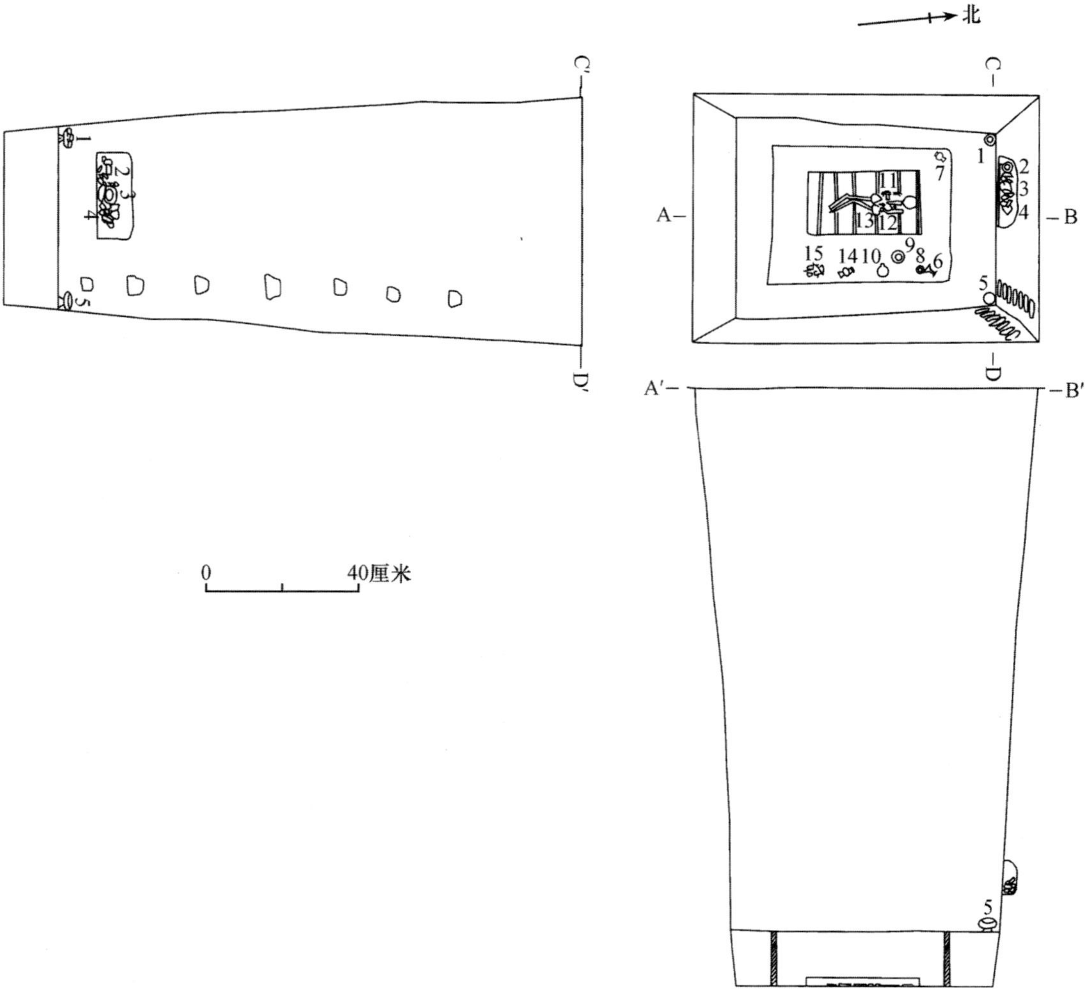

图三　M7平、剖面图

1、5. 陶盖豆　2、15. 陶壶　3、4. 陶鼎　6. 陶豆　7、14. 壶形豆　8. 器盖　9. 陶钵　10. 陶匜　11. 铜环　12. 料珠　13. 铜带钩

1. 陶器

13座墓葬中，共出土各类陶器计30余件。除M18器物因火候较低破碎严重无法修复外，完整器及可修复者共计30件。除1件为夹砂红陶外，余均为泥质灰陶。纹饰主要有瓦纹、弦纹、绳纹3种。瓦纹常见于鼎、豆、壶的器盖上及腹部。弦纹主要见于壶的肩、腹部，壶形豆的腹部，鼎的盖部。绳纹见于釜的腹下部及底部。

陶器的制法主要有轮制、模制和手制3种。以轮制为主，另外，在鼎足、鼎耳与器壁、豆柄与豆盘结合部分，采用粘接法。匜的尾部和流部采用捏制法。

器形主要有釜、鼎、豆、壶形豆、高柄豆、壶、盘、匜八类。

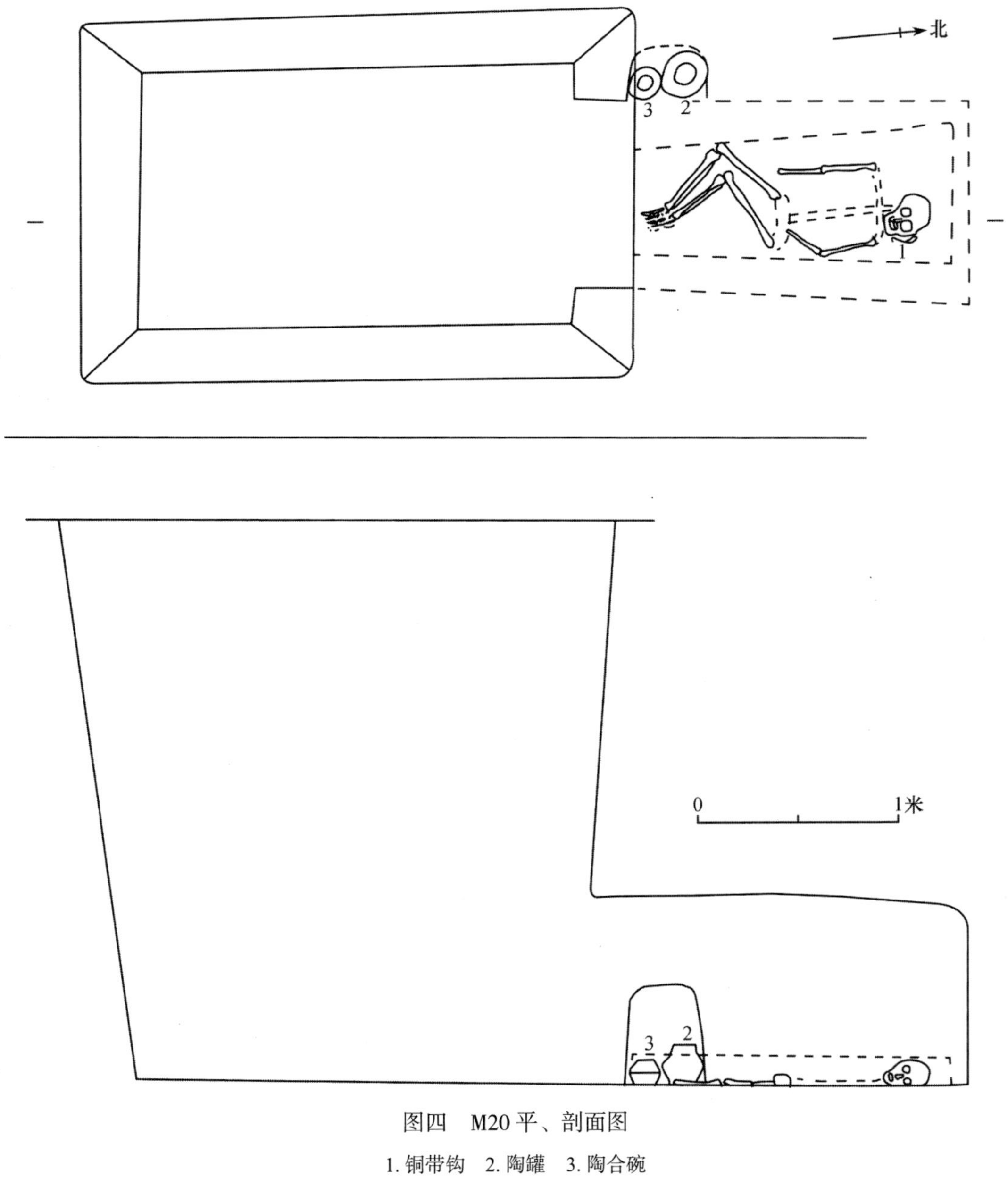

图四　M20平、剖面图

1. 铜带钩　2. 陶罐　3. 陶合碗

釜　1件（M8：2）。夹砂红陶。斜方唇，侈口，短小束颈，溜肩，中腹较直，圜底，下附三乳突状足，腹底饰粗绳纹。口径23.1、高19.8厘米（图六，5；图一〇）。

鼎　4件。依腹部的变化可分二型。

A型　浅腹。2件，标本M7：3，子口内敛承盖，圜底，肩部有长方形穿孔双耳外侈。3个兽蹄足接器底处粗，中空。盖附3个半圆形纽，饰弦纹。口径22.5、高23.7厘米（图六，3；图一一）。标本M7：4，素面无纹饰。口径22.8、通高23.7厘米（图六，2）。

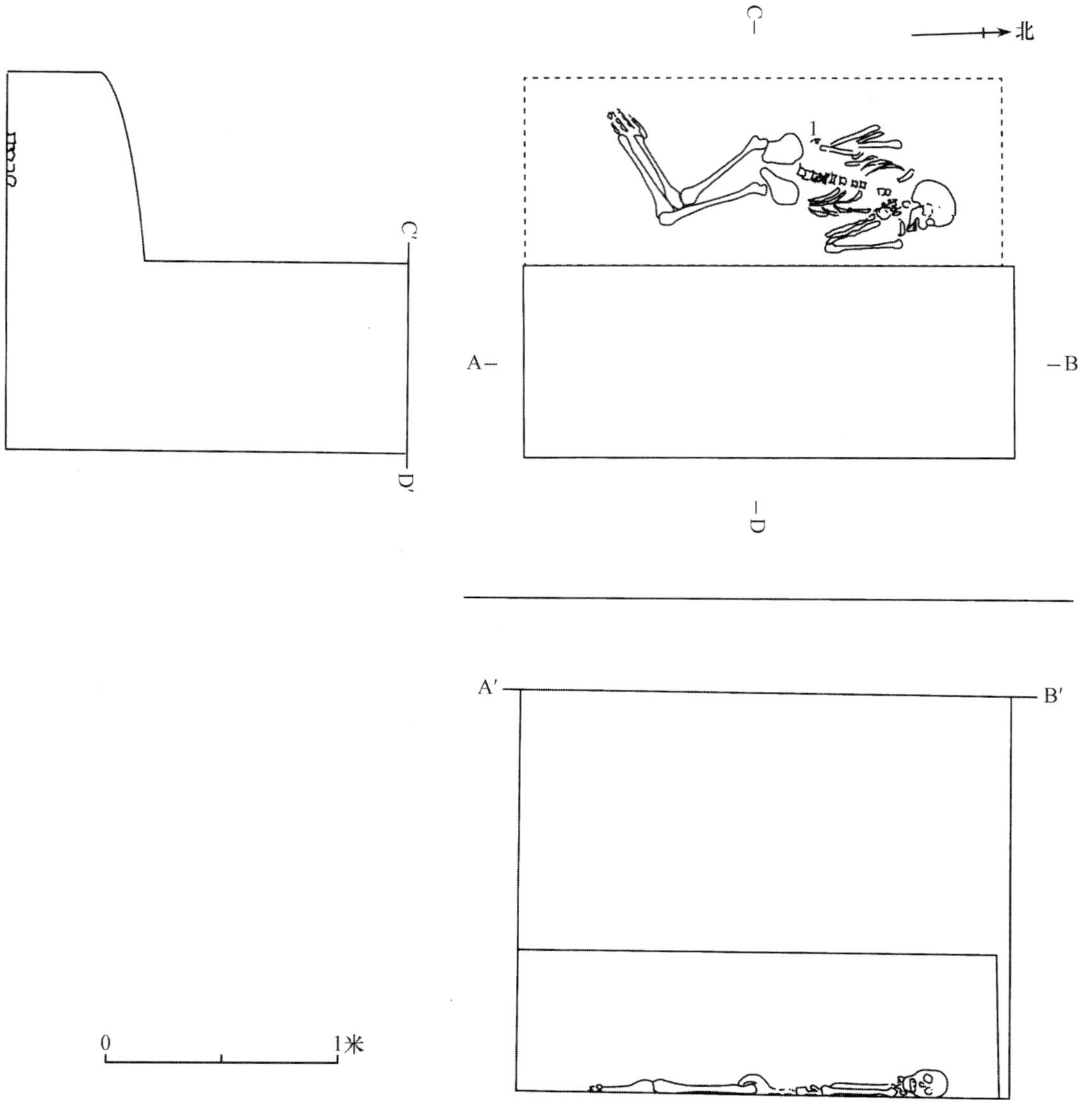

图五　M9平、剖面图

1. 铜带钩

B型　深腹。2件，标本M11：5，子口内敛，肩部有长方形穿孔双耳外侈。3个兽蹄足外撇，中空。顶附3个梯形纽，盖饰弦纹，腹部饰瓦纹。口径21.3、通高24.9厘米（图六，1；图一二）。标本M27：1，平顶，上附3个半圆形纽，耳上端外折。口径18、通高18.3厘米（图六，4；图一三）。

豆　7件。依腹部和柄部的变化可分三型。

A型　3件。矮柄圆握纽盖。弧顶，子口内敛，深腹，最大腹径在底部，底近平。顶中央有一短柄的圆饼形握手。盖及腹饰凹弦纹。标本M8：3，腹径20、底径12.2、通高23.1厘米（图七，3；图一四）。

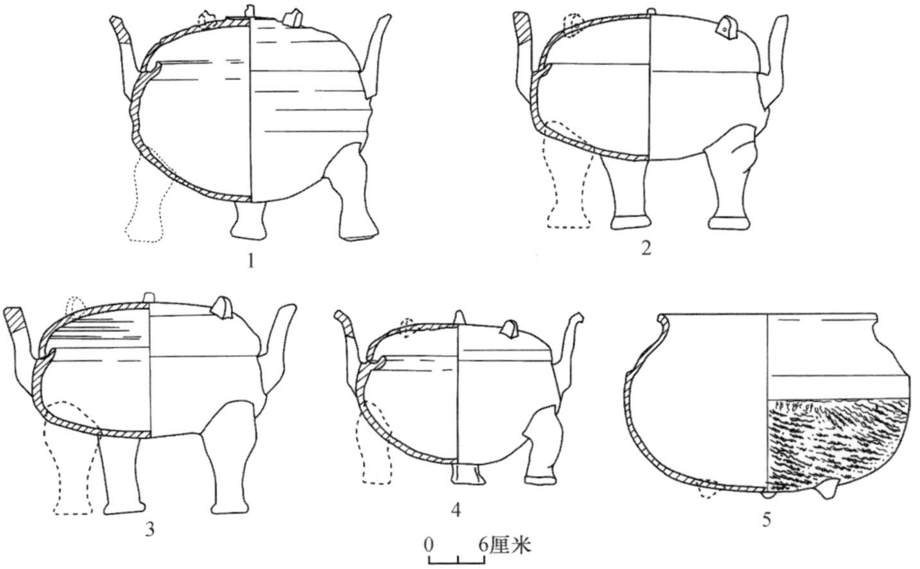

图六 陶鼎、釜

1、4. B型鼎（M11 ：5、M27 ：1） 2、3. A型鼎（M7 ：4、M7 ：3） 5. 釜（M8 ：2）

B型 2件，圆弧盖顶无纽。子口内敛，深腹弧内收，圜底，喇叭口状短柄。豆腹部饰弦纹。标本M11：2，粗柄。腹径20.7、底径11.8，通高17.4厘米（图七，1）。标本M11：4，顶部有一小突起，大喇叭状柄。腹径20.7、底径14.3、通高19.2厘米（图七，2；图一五）。

C型 2件。矮柄圆握纽盖，盖顶中部有圆孔。器形较小，子口内敛，浅直腹弧内收，圜底，喇叭口状柄，豆座与豆柄分界明显。腹身饰弦纹。标本M27：2，柄短粗。腹径18.8、底径11.9、通高18.6厘米（图七，4；图一六）。标本M27：7，细柄。腹径18.8、底径11.9、通高18.6厘米（图七，7）。

高柄豆 1件（M7：6）。敞口，尖圆唇，盘口外壁内凹，浅腹平底，细长柄，喇叭状豆座，中空。口径13.6、底径9.7、通高15.7厘米（图七，6；图一七）。

壶形豆 2件，形制相同。标本M7：14，圆弧盖顶无纽，敛口，溜肩，圆鼓腹，圜底，短柄，柄与座分界不明显，底座呈喇叭口状。腹部饰2周凹弦纹。口径5、腹径10.2、底径7.5、通高16厘米（图七，5；图一八）。

壶 8件。依整体形态和颈、腹的变化可分四型。

A型 1件（M8：1）。无盖，形体粗矮。侈口，方唇，直颈，折肩，中腹直，下部斜内收，圜底，矮圈足。颈部饰凹弦纹，肩、腹部饰凸弦纹。口径12、腹径23.6、底径11、通高20.7厘米（图八，5；图二二）。

B型 1件（M7：2）。盖顶平，形体宽大，最大径在肩、腹交接处。壶身侈口，束颈，广肩，圆鼓腹，平底。口部饰有绳纹。口径13.8、腹径20.4、底径12.3、通高31.8厘

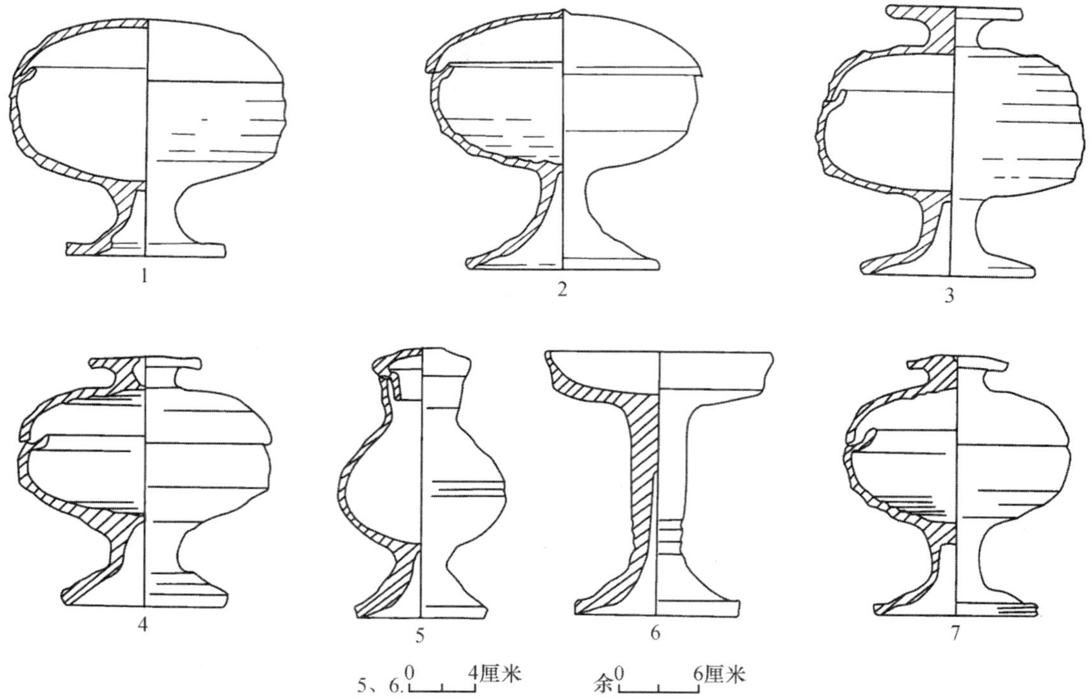

图七　陶豆

1、2. B型豆（M11：2、M11：4）　3. A型豆（M8：3）　4、7. C型豆（M27：2、M27：7）　5. 壶形豆（M7：14）　6. 高柄豆（M7：6）

米（图八，1；图一九）。

C型　4件。形体较修长，最大腹径在中部。侈口，束颈，圆鼓腹，平底。盖顶弧。标本M7：8，盖顶弧起较尖，口部饰有绳纹。口径11.6、腹径23.7、底径15.3、通高33.3厘米（图八，2）。标本M11：1，盖顶弧起呈球面状，底外侈，口、颈处饰有绳纹。口径12.3、腹径20.6、底径12.4、通高33.9厘米（图八，3；图二〇）。

D型　2件。盖顶内凹，形体较矮小。侈口，束颈，溜肩，圆鼓腹，底微内凹。颈、腹处饰有数周凹弦纹。标本M27：5，腹下垂。口径12、腹径18.6、底径8.7、通高27.8厘米（图八，6；图二一）。

盘　2件。可分为二型。

A型　1件（M11：7）。方圆唇，腹身平直，底内凹，外壁饰有弦纹。口径20.8、底径11、高4.6厘米（图八，10；图二三）。

B型　1件（M27：4）。折沿，斜直壁，圈足。盘身饰有弦纹。口径23.5、底径11.7、高6.2厘米（图八，9；图二四）。

合碗　1件（M20：3）。口微敛，方圆唇，圆鼓腹，底内凹。上半部腹壁内有弦纹数周。上部口径15.2、底径7.5、高6.2厘米，下部口径16、底径8.5、高6.8厘米（图八，4；图二五）。

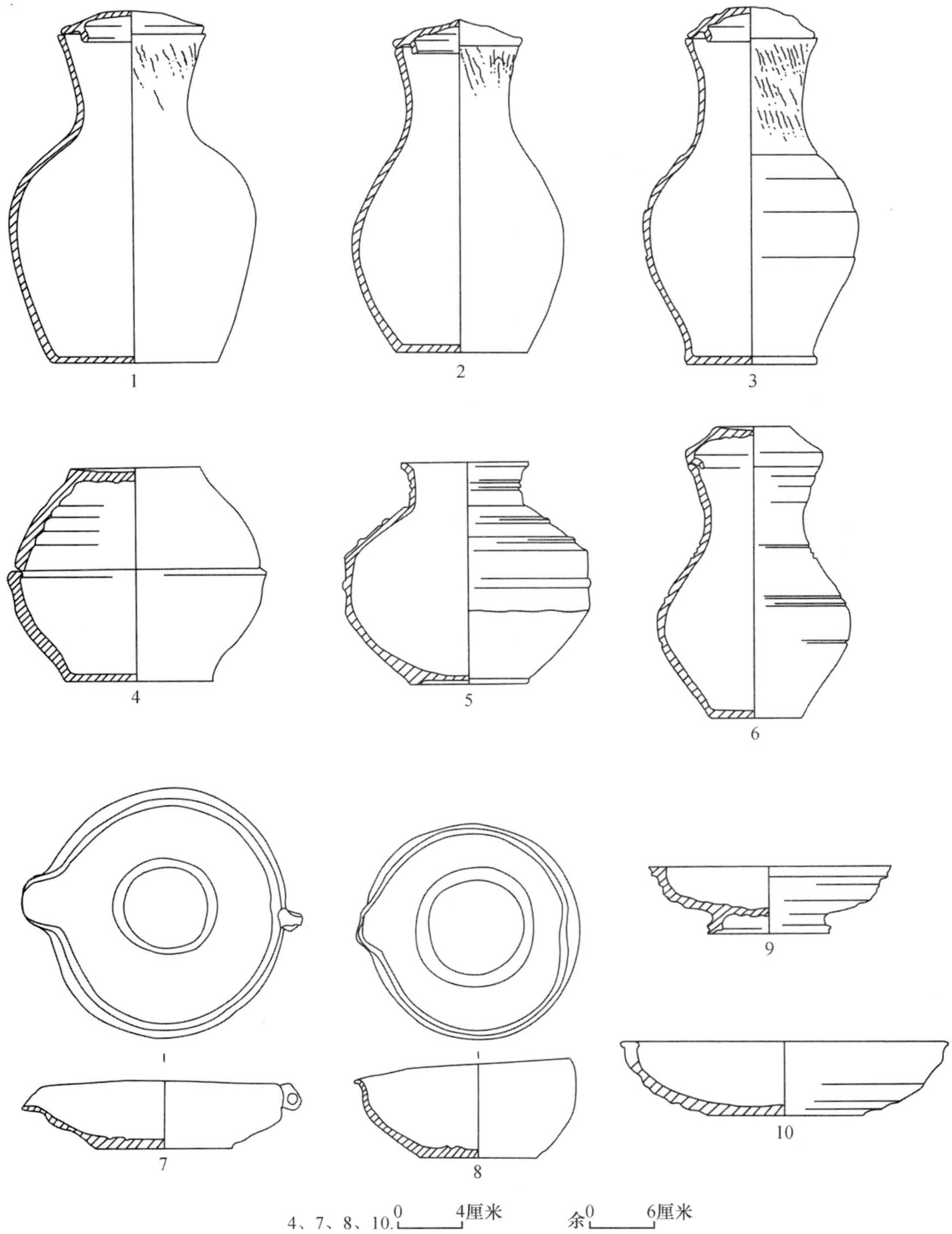

图八 陶壶、合碗、盘

1. B型壶（M7：2） 2、3. C 型壶（M7：8、M11：1） 4. 合碗（M20：3） 5. A型壶（M8：1） 6. D型壶（M27：5） 7. A 型陶匜（M7：10） 8. B型陶匜（M11：6） 9. 型盘（M27：4） 10. A型盘（M11：7）

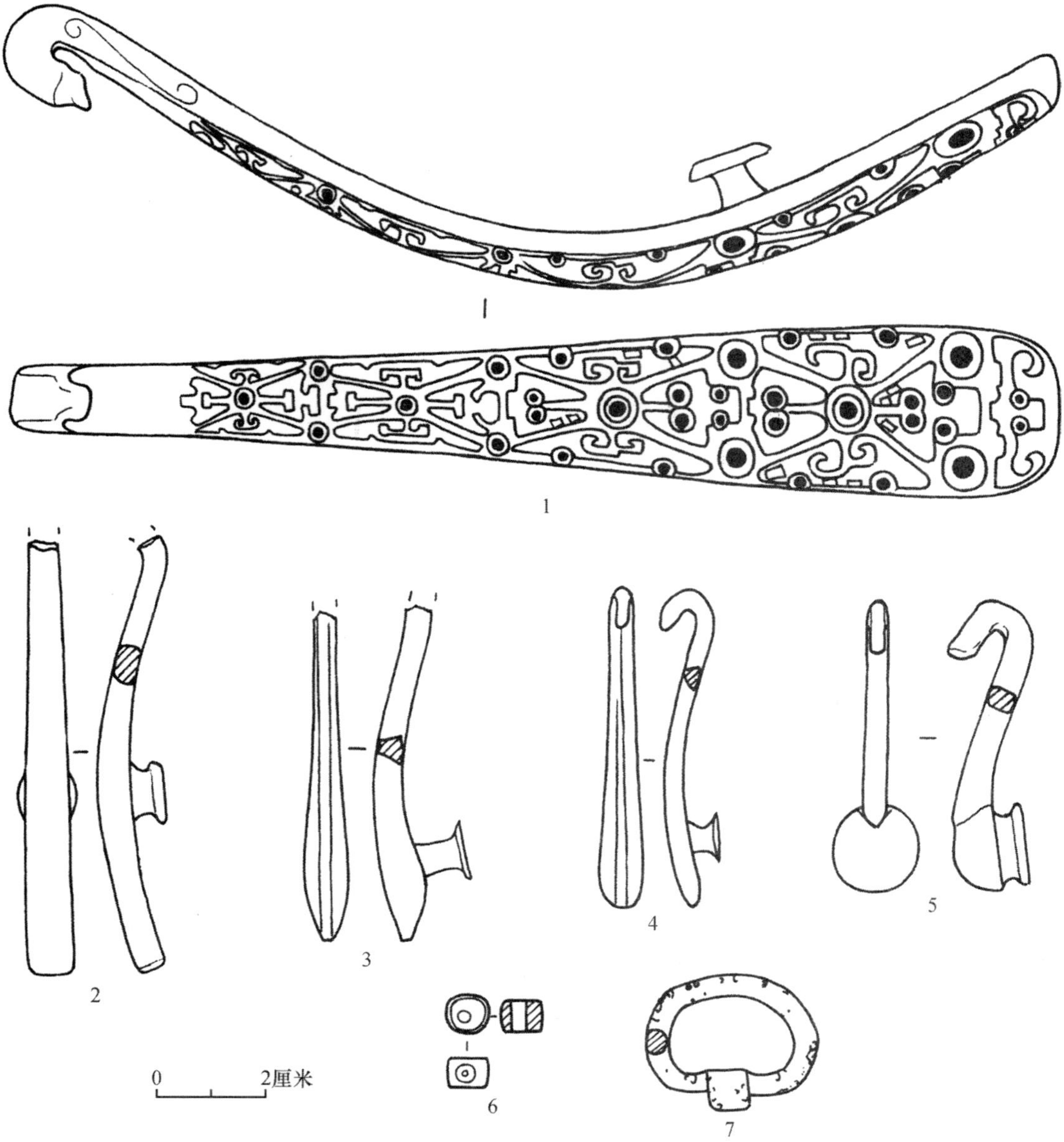

图九　铜器、骨器

1. B型铜带钩（M20：1）　2. D型铜带钩（M9：1）　3、4. C型铜带钩（M7：13、M8：4）
5. A型铜带钩（M18：1）　6. 骨管（M7：12）　7. 铜饰件（M7：11）

匜　4件。可分为二型。

A型　2件。直口微内敛，口沿一侧有鋬，腹浅，底微内凹。M7：10，口沿一侧有长舌状流，口径17.2、底径8.3、高4厘米（图八，7；图二六）。

B型　2件。敞口，壁斜弧内收，腹较浅，底微内凹，口沿的边有一小尖流，与流相对的一边微向内凹入。标本M11：6，流较突出，口径13.8、底径7.2、高5.4厘米（图八，8；图二七）。

图一〇 陶釜（M8 ：2）

图一一 A型陶鼎（M7：3）

图一二 B型陶鼎（M11 ：5）

图一三 B 型陶鼎（M27 ：1）

图一四 A 型陶豆（M8 ：3）

图一五 B型陶豆（M11：4）

图一六　C型陶豆（M27：2）

图一七　高柄豆（M7：6）

图一八　壶形豆（M7：14）

图一九　B型陶壶（M7：2）

图二〇　C型陶壶（M11：1）

图二一　D型陶壶（M27：5）

图二二　A型陶壶（M8：1）

图二三　A 型陶盘（M11 ：7）

图二四　B型陶盘（M27：4）

图二五　陶合碗（M20 ：3）

图二六　A 型陶（M7 ：10）

图二七　B 型陶（M11 ：6）

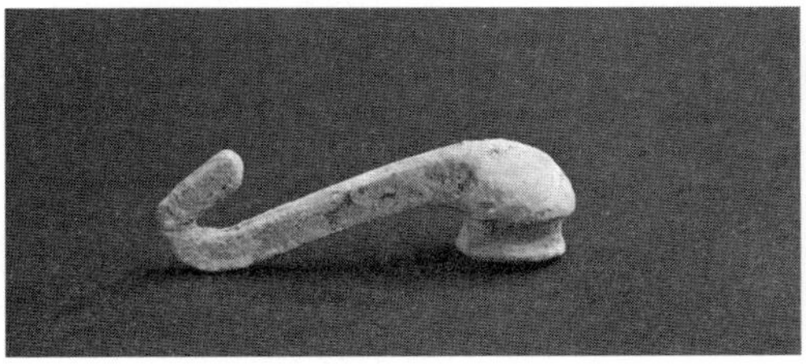

图二八　A型铜带钩（M18：1）

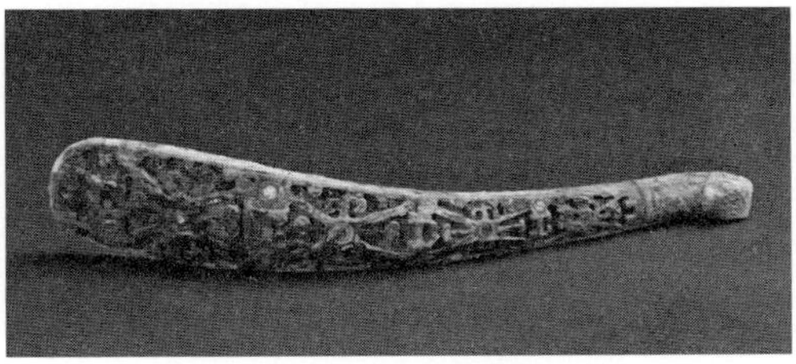

图二九　B型铜带钩（M20：1）

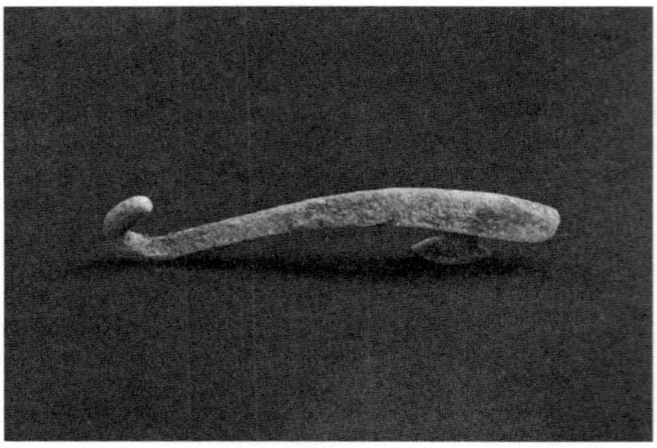

图三〇　C 型铜带钩（M8 ：4）

图三一　D 型铜带钩（M9 ：1）

2. 铜器

共6件。

铜带钩　5件。依形态特征可分为四型。

A型　1件（M18：1）。素质，器身正面隆起呈球形，横断面作半圆形，短颈，颈断面呈长方形，钩作鹅头形。通长5.4厘米，器最宽1.5、器最厚0.8、颈宽0.4、颈厚0.5厘米（图九，5；图二八）。

B型　1件（M20：1）。器身长且厚，靠尾部较宽，钩折较短，圆尾。器身正面全为凸起的阳纹，其纹饰有“T”字形、三角形、圆圈等几何纹饰及涡纹等纹饰。凡在凹的部分皆错有金银和嵌有松绿石，原错的金银丝已大部分脱落。通长19.3厘米，器最宽3、器最厚1、颈宽1.3、颈厚0.8厘米（图九，1；图二九）。

C型　2件。素质，器形较细长，尾圆，正面中间凸起两道较高的棱脊，脊锋锐，形成正面为3道弧形凹槽。标本M8：4，通长5.9厘米，器最宽0.8、器最厚0.4、颈宽0.4、颈厚0.3厘米（图九，4；图三〇）。标本M7：13，钩头残。通长6、器最宽0.8、器最厚0.7、颈宽0.4、颈厚0.4厘米（图九，3）。

D型　1件（M9：1）。素质，钩残，器身为圆柱长条状，尾齐，横断面呈扁长方形。通长8厘米，器最宽0.9、器最厚0.6、颈宽0.5、颈厚0.4厘米（图九，2；图三一）。

铜饰件　1件（M7：11）。素质无纹饰。略呈椭圆形，环肉横断面呈圆形。内径2.3、环肉厚0.4厘米（图九，7）。

3. 骨器

骨管　1件（M7：12）。圆柱形，管的中间有一圆形小孔，可以穿挂。管长0.6、径0.8厘米。出土时在人骨架腹部，应为装饰品（图九，6）。

三、结　语

（1）凤凰台遗址的这13座墓葬，并未出土任何有准确纪年的器物，相互之间没有打破关系，但其墓葬形制和出土物为我们比对其他遗址或墓地进行相关年代推断提供了可能。

凤凰台遗址的A型鼎与郑州二里冈东周墓群M215：2的Ⅰ式鼎[1]有相似之处。而B型鼎与二里冈M427：1的Ⅱ式鼎[2]相同。

凤凰台遗址的A型盖豆与洛阳中州路西工段M78：10[3]相同，造型与纹饰风格如出一辙。B型盖豆与郑州二里冈M50：3的Ⅴ式[4]特征相近。C型盖豆与河南禹县白沙M128：3[5]所出盖豆近同。

凤凰台遗址的B型壶与郑州岗杜M96：2[6]造型相近。

凤凰台遗址M20出土的合碗与郑州市政工程总公司M4：3的Ⅱ式合碗[7]形制类同。

从以上的陶器比对中，我们初步认定这13座墓葬分属于战国中、晚两期，其中M4、M7、M8、M9、M11、M13、M18、M27属于战国中期，M6、M19、M20、M22、M25属于战国晚期。大墓道洞室墓为秦式风格，但它们之间应该还有相对的早晚关系，如M8要比M7稍早，M25比M20要稍晚。

（2）这13座墓葬，未被盗，为我们的研究提供了较为理想的器物组合，基本陶器组合大致有釜、豆、壶，鼎、豆、壶形豆、高柄豆、壶、匜，鼎、豆、壶、盘、匜，合碗、壶等四种情况。

（3）凤凰台遗址发现的战国墓，分布在发掘区较为集中的区域，其墓葬形制主要为长方形竖穴土坑墓和大墓道洞室墓两类，葬式主要以仰身屈肢和侧身屈肢为主，头向除一座向西外，余均向北。根据以往考古发掘资料[8]，学界普遍认为前者早于后者。由此看来，该遗址似乎有严格的区域规划，应为当时专门设立的墓葬区。这批墓葬的发掘将对郑州地区战国时期墓葬的综合研究有所裨益。

领　队：于宏伟
发　掘：魏青利　张栓堂　于宏伟
摄　影：蔡　强
绘　图：李　杨

注　释

［1］［2］［4］　河南省文化局文物工作队：《郑州二里冈》，科学出版社，1959年。
［3］　中国科学院考古研究所：《洛阳中州路（西工段）》，科学出版社，1959年。

［5］ 中国科学院考古研究所：《河南禹县白沙的战国墓葬》，《考古学报》1954年第7期。
［6］ 河南文物工作队第一队：《郑州岗杜附近古墓葬发掘简报》，《文物参考资料》1955年第10期。
［7］ 郑州市文物考古研究院：《郑州市市政工程总公司战国墓葬发掘简报》，《中原文物》2006年第3期。
［8］ 河南文物工作队第一队：《郑州岗杜附近古墓葬发掘简报》，《文物参考资料》1955年第10期；河南省文化局文物工作队第一队：《郑州碧沙岗发掘简报》，《文物参考资料》1956年第3期。

（原刊于《洛阳考古》2013年第3期）

附表　荥阳凤凰台遗址战国墓葬一览表

墓号	墓道	墓室	方向	葬具	葬式	随葬品
	长×宽—深（米）	长×宽—深（米）				
M4		2.80×1.51（1.46）—2.94	3°	一棺	仰身直肢	无
M6	2.54×1.47（1.32）—3.20	1.94×0.80—3.20	187°	无	侧身屈肢	无
M7		4.50×3.22—7.50	5°	一棺一椁	仰身屈肢	A型陶鼎2，A型豆2，B型壶1，C型壶1，高柄豆1，壶形豆2，A型匜2，铜环1，骨管1，C型铜带钩1
M8		2.70×1.60—3.68	10°	一棺一椁	仰身屈肢	A型壶1，釜1，A型豆1，C型铜带钩1
M9	2.10×0.80—1.70	2.05×0.80—0.4～0.58	3°	无	侧身屈肢	D型铜带钩1
M11		3.30×2.32—6.60	8°	一棺一椁	仰身屈肢	B型陶鼎1，B型豆2，C型壶2，A型盘1，B型匜1
M13		4.60×2.50—3.40	3°	无	无	无
M18		2.84×1.60—0.70	4°	一棺一椁	仰身屈肢	A型铜带钩1，余均为碎片
M19	2.70×1.80—2.10	1.70×1.00—0.74	185°	一棺	侧身屈肢	无
M20	2.80×1.80～1.84—2.82	1.70×1.00—0.94	187°	一棺	仰身屈肢	C型陶壶1，陶合碗1，B型铜带钩1
M22	2.90×1.40—2.40	1.50×1.46—1.50	186°	无	侧身屈肢	无
M25	2.24×1.60—1.50	1.80×0.88—0.80	267°	一棺	侧身屈肢	无
M27		3.20×2.30—5.20	5°	一棺一椁	侧身屈肢	B型陶鼎1，C型豆2，D型壶2，B型盘1，A型匜1

郑州市金水区廊桥水岸战国晚期秦墓发掘简报

张永清　高赞岭

郑州市金水区廊桥水岸小区位于郑州市金水大道北侧、南阳路南段东侧、防疫路西侧（图一）。这一地带地势平坦，地形地貌单一，属典型的黄土冲积平原，是郑州地区战国和秦代墓葬相对集中的地区。2011年8月29日～10月17日，为配合河南省商务建设开发有限公司郑州惠济区粮食局廊桥水岸项目工程建设，郑州市文物考古研究院对工程区内的古墓群进行了发掘，共清理墓葬34座、水井3口，其中战国晚期秦墓22座（图二）。

现将22座战国晚期秦墓发掘情况报告如下。

一、墓葬形制

墓葬形制分为洞室墓和竖穴墓两类（见附表）。

洞室墓，18座，均由长方形竖穴墓道与洞室组成。依据墓道与墓室宽窄不同，可分为A、B二型。

A型　“凸”字形洞室墓，17座。墓道宽于墓室，直壁或微斜，平底，多数墓道与墓室同高，个别墓室底部低于或高于墓道底部。墓室多数呈微拱形顶（发掘前多已被破坏）。直肢葬7座，屈肢葬7座，葬式不明者3座，脚端多朝向墓道。葬具木质单棺5座，空心砖棺室1座，其余不详。随葬品中的陶器多置于墓室内人骨脚端，放置于棺外或棺上，另有一座置于头龛内，一座置于腰坑内；铜、铁、骨器等随葬品则多置于头端或人骨腰部以上位置。

M3　方向275°。墓道口长2.8米、宽2米，底距地表深1米。墓室位于墓道东部，直壁，平底，长2.4米、宽0.9米，洞高0.9米。葬具木质单棺，仅存朽痕，头端宽，脚端窄，长1.8米，宽0.6～0.7米，板厚0.05米，残高0.14米。内有人骨1具，仰身屈肢葬，头部朝向墓道，保存较差。随葬品分置于墓室内棺内、外，计有陶罐1、陶釜1、陶盆1、陶甑1、铜铃4件（图三）。

M5　方向190°。墓道口长2.9米、宽2米，底距地表深1米。墓室下部为直壁，平底，底部为4块空心砖竖向平铺而成，墓门由2块空心砖封堵，长2.1米，宽1米，残高1.2米。内有人骨1具，仰身直肢葬，保存较差。墓室北端左侧有一壁龛，宽0.5米，高0.9米，进深0.36米，内置随葬品，计有陶罐3、陶釜1、陶甑1件（图四）。

M18　方向190°。墓道口大于底，斜直壁，平底，口长2.6米、宽2.2米，底长2.5米、

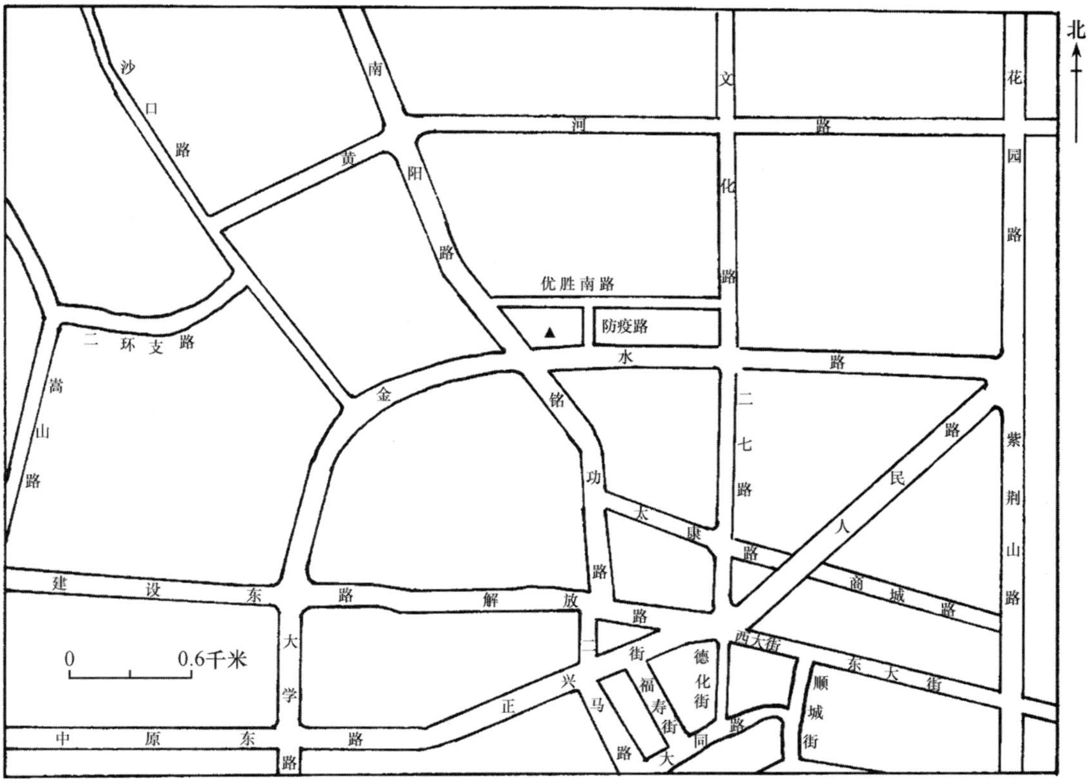

图一　廊桥水岸战国晚期秦墓位置图

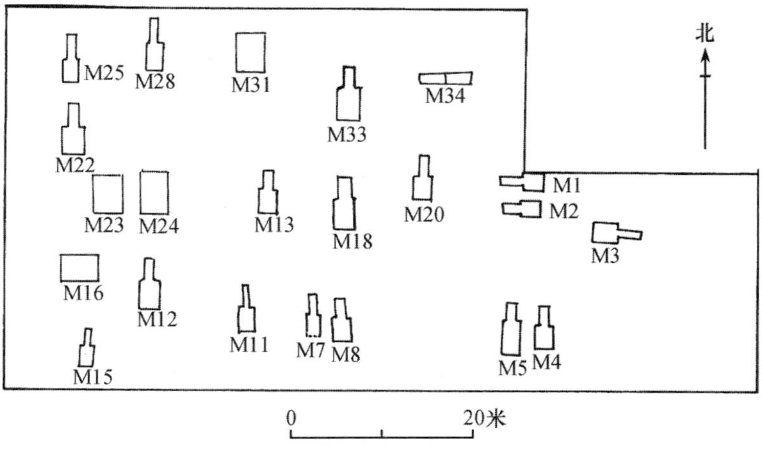

图二　廊桥水岸战国晚期秦墓分布图

宽2米，底距地表0.8米。墓室位于墓道北端，下部为斜直壁，平底，上部为拱形顶，长2.4米，宽1米，洞高0.8米。葬具不详。内有人骨1具，保存较差，仰身直肢葬。随葬品全部置于墓室内，计有陶罐1、陶钵1、铜镜1、铜璜9、铜铃10件、骨珠30余颗（图五）。

M33　方向190°。墓道口大于底，斜直壁，平底，口长3.6米、宽2.5米，底长3米、

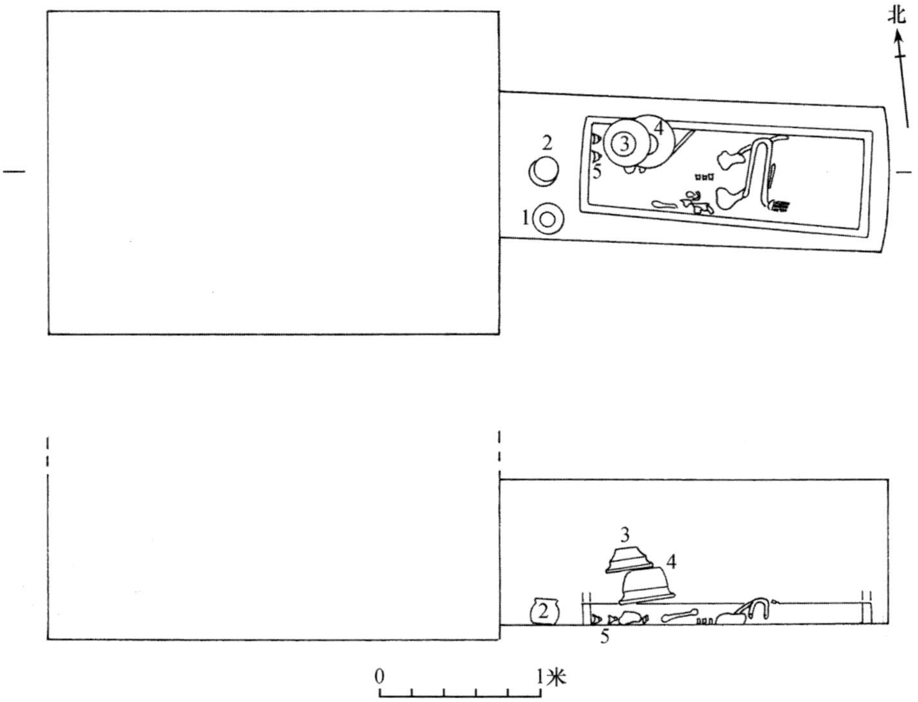

图三　M3平、剖面图

1. 陶罐　2. 陶釜　3. 陶甑　4. 陶盆　5. 陶铃

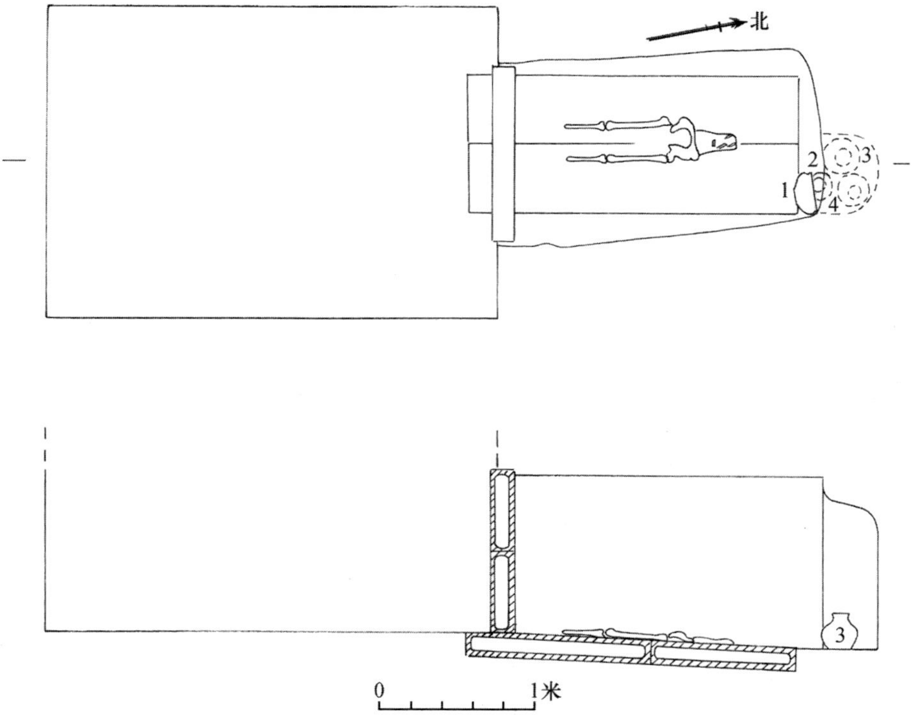

图四　M5平、剖面图

1. 陶甑　2～4. 陶罐　5. 陶釜（破碎，取出）

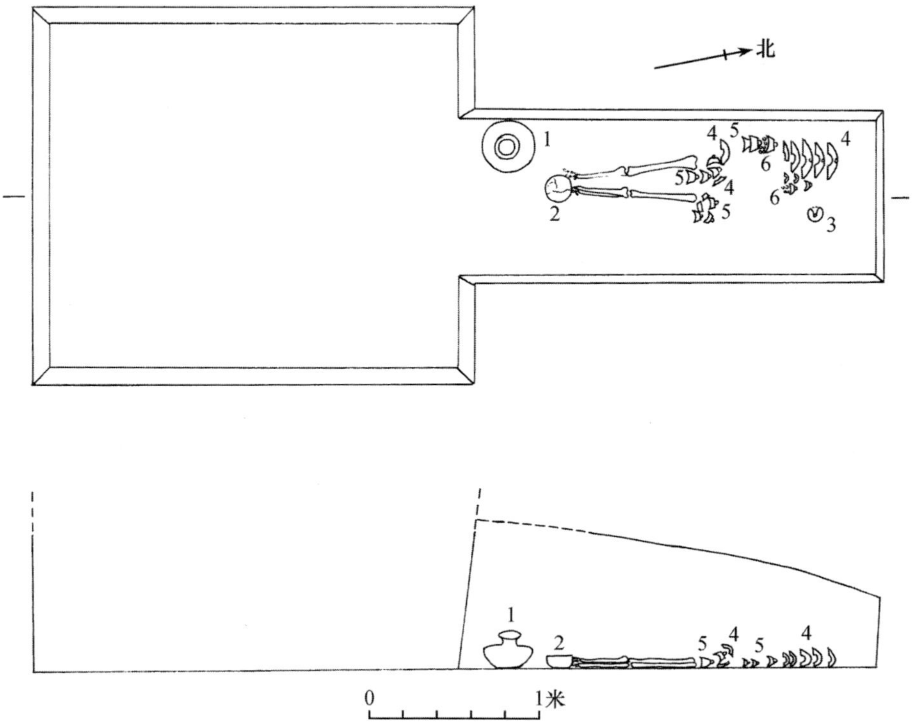

图五　M18平、剖面图

1. 陶罐　2. 陶钵　3. 铜镜　4. 铜璜　5. 铜铃　6. 骨珠

宽2米，底距地表2.1米。墓室位于墓道北端（西壁下部被一元代水井J3打破），下部为斜直壁，平底，上部为拱形顶，底部近梯形，口长2.6米、宽1.2～1.8米，底长2.5米、宽1～1.6米，洞高2.1米。墓室内为木质单棺，仅存朽痕，头端宽，脚端窄，棺长2.2米，宽0.5～0.8米，侧板厚0.05米，头、脚端板厚0.1米。棺内置人骨1具，保存较好，仰身直肢葬，骨骼明显较平常人粗壮，应为男性。墓室西壁有一腰龛，长1.4米，拱形顶，高约0.8米，进深0.5米，内置随葬品，计有陶罐2、陶釜1、陶盆1件（图六）。

B型　长方形洞室墓，1座。

M34　方向280°。墓道基本同宽于墓室。墓道平面近梯形，长2.6米，宽1～1.2米，直壁，平底，底距地表1米。墓室为洞室式，长2.4米，宽1.2米，平底，洞高1米。墓室内为木质单棺，仅存朽痕，头端宽，脚端窄，长1.8米，宽0.5～0.8米，侧板厚0.05米，头、脚端板厚0.1米，残高0.05米。棺内置人骨1具，仰身屈肢葬，保存较差。器物分置于脚骨两侧及人骨右侧，计有陶罐2、陶釜1、陶盆1、陶钵1件（图七）。

长方形竖穴墓，4座。依据棺室不同可分为A、B二型。

A型　空心砖棺室墓，3座，分别是M16、M23、M31。均有生土二层台。器物置于棺内或头龛内。填土质地较硬，M31有夯打痕迹，但夯打程度轻。2座仰身屈肢葬，1座葬式不详。

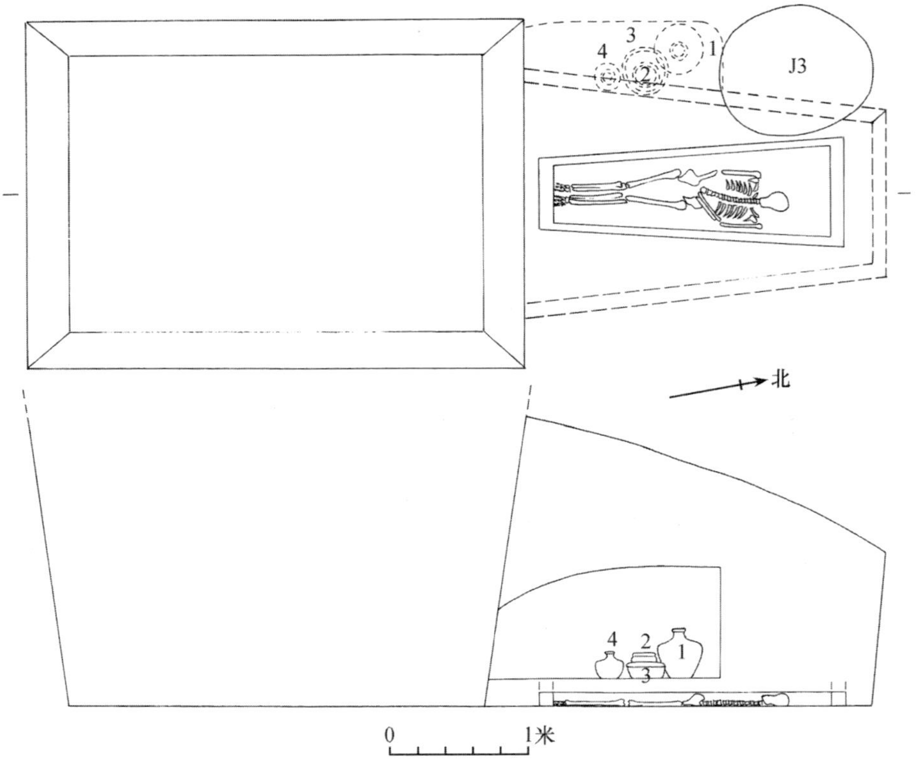

图六　M33平、剖面图

1、4. 陶罐　2. 陶釜　3. 陶盆

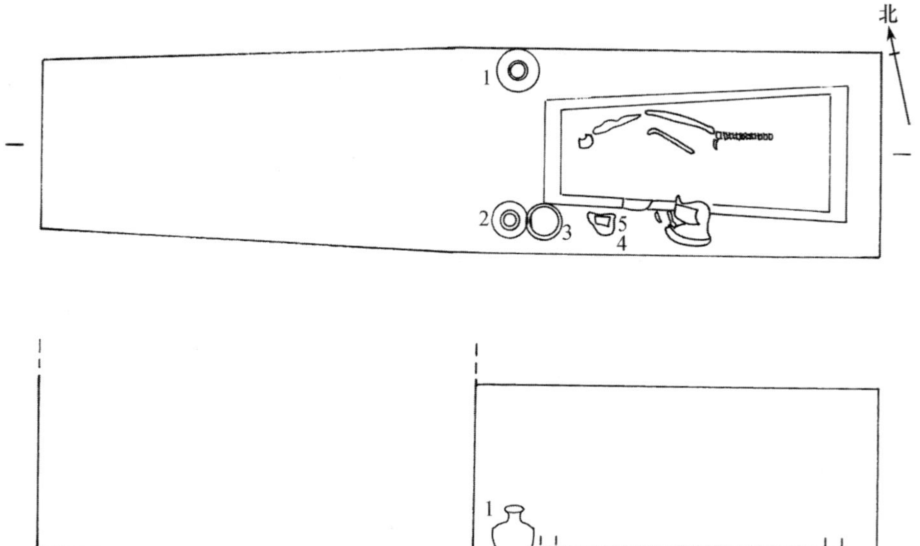

图七　M34平、剖面图

1、2. 陶罐　3. 陶釜　4. 陶盆　5. 陶钵

M16　方向280°。口大于底，斜直壁，平底，口长3.6米、宽1.8米，底长2.68米、宽0.94米，底距地表1.3米。底部南北两壁各有生土二层台，高1.05米，南、北各宽0.54米、0.6米。葬具由18块空心砖棺组成，长2.3米，宽0.94米，高0.9米。棺内有人骨1具，仰身屈肢葬，保存较差。器物置于人骨头端右上侧及人骨架旁，计有陶罐1、陶钵2、铜饰1、铁削1、铜带钩1、铜管1件（图八）。

M23　方向9°。口大于底，斜直壁，平底，墓壁加工痕迹明显。口长4米、宽3.2米，底长3.7米、宽2.7米，底距地表2米。底部东西两壁各有生土二层台，北、南各宽0.64米、0.8米。葬具由19块空心组成，长2.28米，宽1.12米，深1.06米。棺内未见人骨。棺内北端有一壁龛，宽0.7米，高0.5米，进深0.5米，内置随葬品，计有陶罐2、陶釜1、陶甑1件（图九）。

B型　木质单棺墓，1座。

M24　方向1°。口大于底，斜直壁，平底，墓壁加工痕迹明显。口长4.4米、宽3.2米，底长4米、宽2.8米，底距地表1.7米。底部东西两侧各有生土二层台，东西各宽0.38米、0.34米，高0.8米。葬具为木质单棺，仅存朽痕，长1.9米，宽0.9米，板厚0.06米，残高0.1米。棺内葬人骨1具，保存较差，仰身直肢葬。底部北端有一壁龛，宽0.9米，高0.8米，进深0.9米，内置随葬品，计有陶罐3、陶釜1、陶盆1、陶甑1、陶钵1、陶蒜头壶1件，另棺内置铜铃6件（图一〇）。

二、随　葬　品

22座墓均出土有随葬品，共计164件，每均出土陶器，部分同出铜、铁、石器，另有4座墓为空心砖棺室。

1. 陶器

76件。器形主要有罐、釜、盆、甑、钵（盒）、壶。

圜底罐　10件，出土于10座墓中，每墓各出1件。泥质灰陶。依肩部不同分为二型。

A型　1件，圆肩圜底罐。标本M11：1，小口微侈，平沿外折，方唇，束颈，圆肩，圜底，肩及上腹轮制痕迹清晰，下腹稍凸出上腹，下腹及底饰中绳纹。口径11厘米，腹径22厘米，高25厘米（图一一，1）。

B型　9件，折肩圜底罐。小口微侈，折沿，束颈，折肩，折棱明显，圜底，下腹及底饰中绳纹或细绳纹，标本M5：3，圆唇，肩部饰浅凹弦纹，下腹及底饰中绳纹。口径12.3厘米，腹径23厘米，高24厘米（图一一，2）。标本M7：1，方唇，唇上一凸棱，颈部三周细棱，下腹及底饰中绳纹。口径12.4厘米，腹径23厘米，高25厘米（图一一，3）。

平底罐　12件，出土于9座墓中，其中M4、M5、M24各出土2件，其余6座每墓各出1件。泥质灰陶。可分三型。

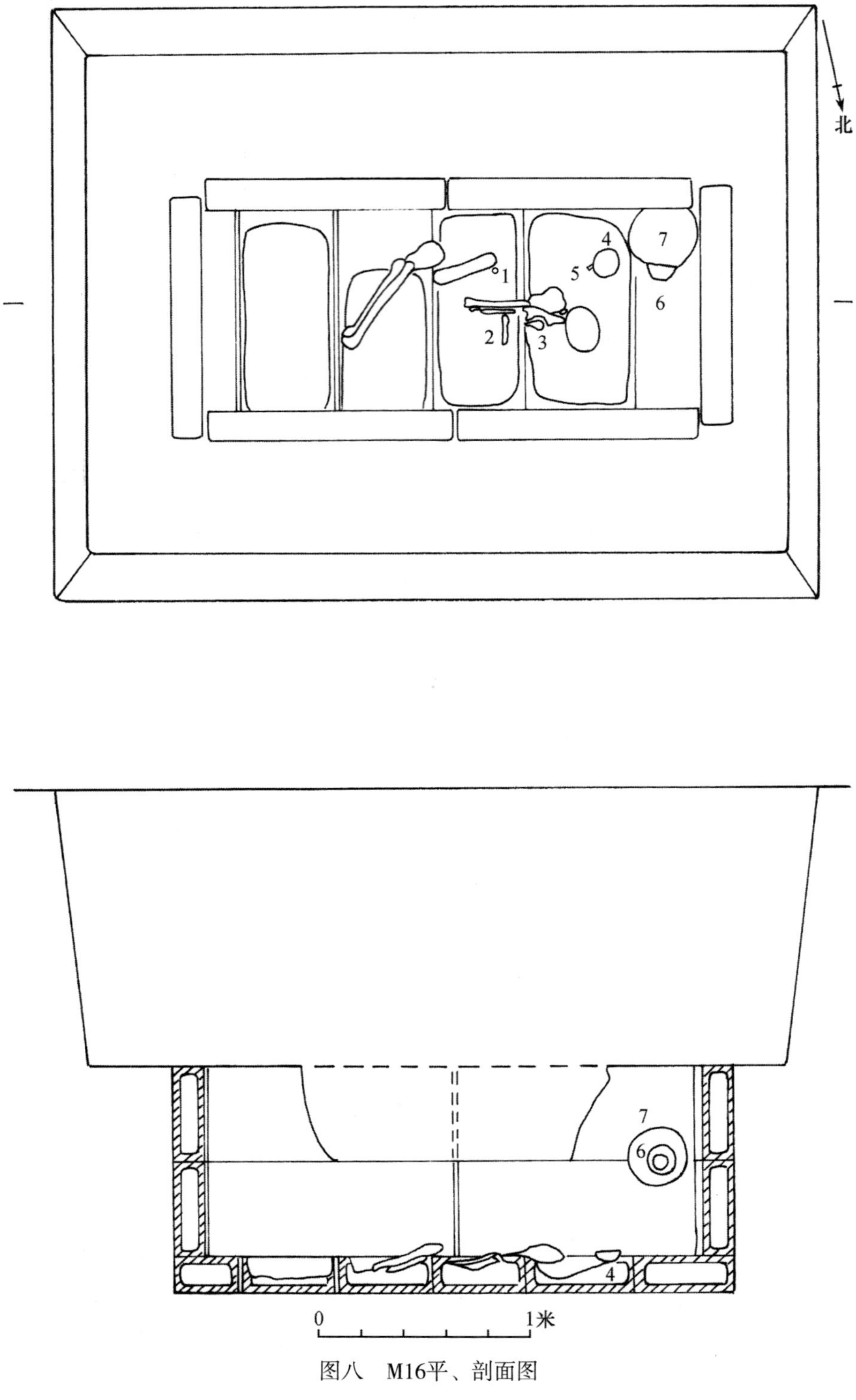

图八　M16平、剖面图

1. 铜饰　2. 铁削　3. 铜带钩　4、6. 陶钵　5. 铜管　7. 陶罐

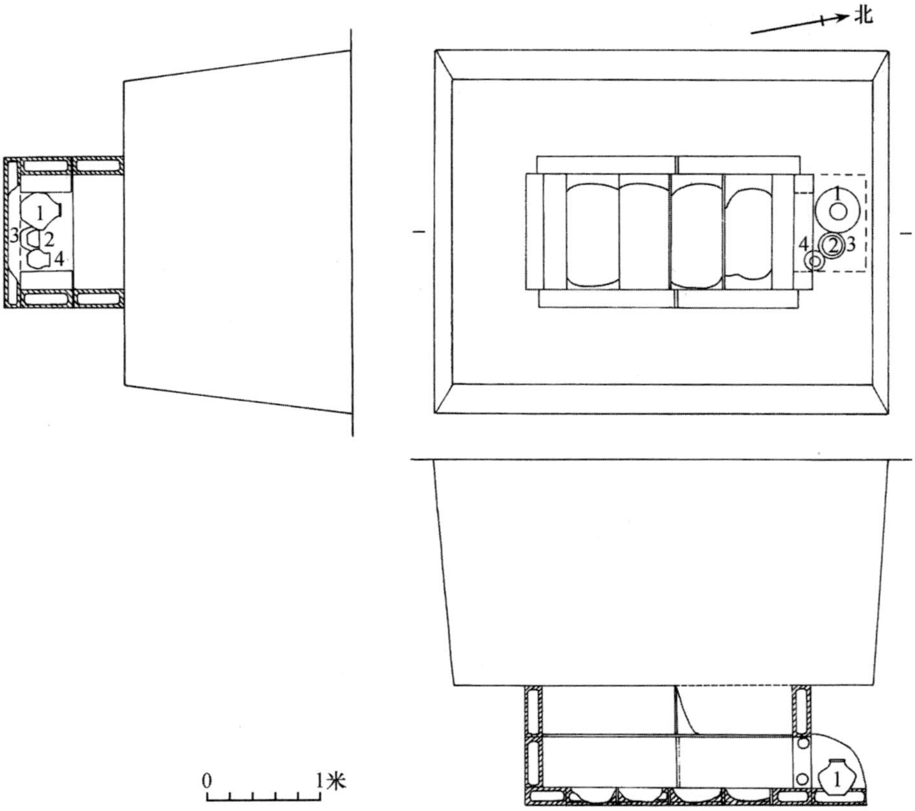

图九　M23平、剖面图

1、4. 陶罐　2. 陶甑　3. 陶釜

A型　1件，高领直口罐。标本M4：2，直口微侈，高领，圆肩，鼓腹扁圆，圈足。肩饰凸弦纹，制作粗糙，下腹及底有斑点。颈部对称饰2个小圆孔。口径10厘米，腹径14厘米，底径9厘米，高12厘米（图一二，1）。

B型　2件，高领圆肩罐。标本M28：1，平沿，尖唇，高领微束，溜肩，斜弧腹下收，平底。颈、腹饰凹弦纹、细绳纹、戳刺纹。口径11厘米，腹径22厘米，底径12.6厘米，高23.5厘米（图一二，2）。标本M1：2，小口，平沿外折，尖唇，高领微束，溜肩，斜弧腹下收，平底。腹部饰中绳纹、凹弦纹。口径12厘米，腹径24.6厘米，底径11厘米，高26厘米（图一二，3）。

C型　9件，壶形罐。泥质灰陶。又分a、b两亚型。

Ca型　2件，高领圆肩。小侈口，方唇，高领微束，圆肩，鼓腹。标本M5：4，素面无纹，颈部对称饰2个圆孔。口径11厘米，腹径19厘米，底径9厘米，高18厘米（图一二，4）。标本M23：1，口部稍残，折肩无棱，假圈足，平底微凹。肩部中间饰一周锯齿纹，折肩处及上腹各饰一周凹弦纹，轮制痕迹清晰。口径11厘米，腹径20.8厘米，高18.4厘米，底径11厘米（图一二，5）。

图一〇　M24平、剖面图

1、2、5. 陶罐　3. 陶壶　4. 陶釜　6. 陶盆　7. 陶甑　8. 陶钵　9. 铜铃

Cb型　7件，高领折肩。有盖者2件，其余无盖。小侈口，平沿外折，方唇高领微束，弧腹，腹下斜弧内收，平底，个别为假圈足或饼形足。多素面，个别于颈、肩或腹部饰凹弦纹，锯齿纹、戳刺纹。标本M4：3，折肩微棱，弧腹近直，腹下部斜内收。颈部4孔，每侧对称2个。颈部饰凹弦纹，肩部有轮制痕迹。口径11.5厘米，腹径20厘米，底径10厘米，高21厘米（图一二，6）。标本M33：4，折肩微棱，扁圆腹，斜弧腹下收，平底微内凹。素面。口径11厘米，腹径21厘米，底径10厘米，高17.5厘米（图

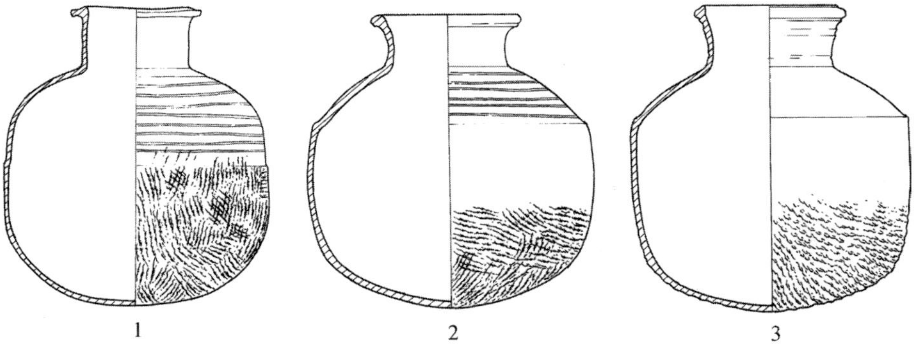

图一一　圜底罐

1. A型（M11：1）　2、3. B型（M5：3、M7：1）

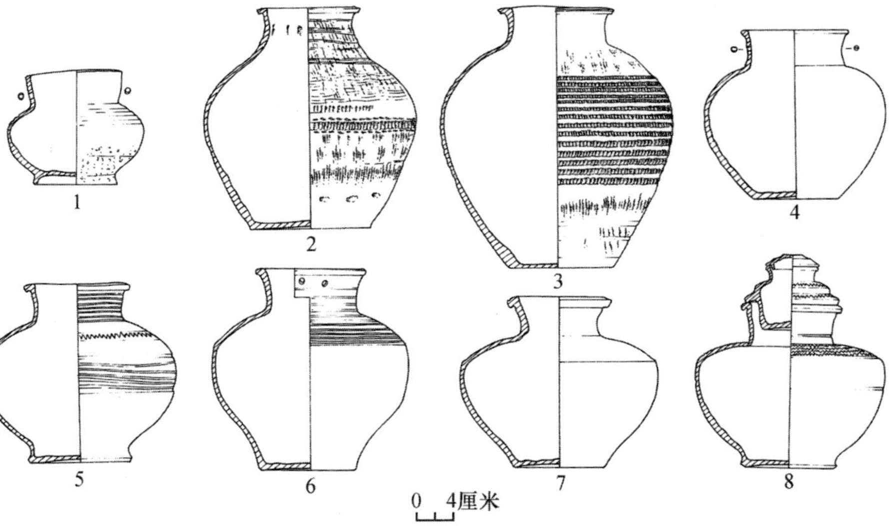

图一二　平底罐

1. A型（M4：2）　2、3. B型（M28：1、M1：2）　4、5. Ca型（M5：4、M23：1）

6～8. Cb型（M4：3、M33：4、M24：5）

一二，7）。标本M24：5，形制雷同者2件，应为一对。有盖，盖分两层，折肩无凸棱，圆弧腹下收，假圈足。外饰锯齿纹、凹弦纹。口径10.5厘米，腹径19厘米，底径10厘米，通高21.5厘米，两层盖高5厘米（图一二，8）。

小口罐　10件，泥质灰陶。出土于10座墓中，每墓各出1件。泥质灰陶。依肩部不同可分二型。

A型　7件。标本M24：1，小口，平沿外折，尖唇，矮束颈，溜肩，斜弧腹下收，小平底，肩饰粗绳纹、弦纹。口径12.4厘米，腹径31厘米，底径15厘米，高30厘米（图一三，1）。标本M33：1，小口微残，平沿外折，尖唇，矮束颈，圆肩微耸，斜弧腹下

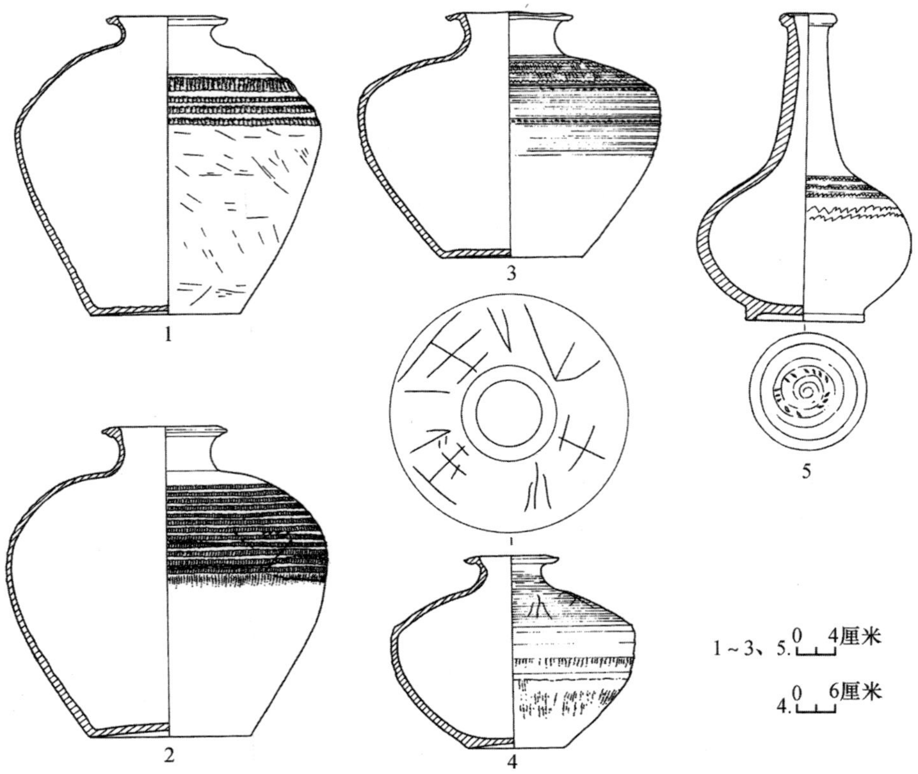

图一三　小口罐、蒜头壶

1、2. A型小口罐（M24∶1、M33∶1）　3、4. B型小口罐（M18∶1、M23∶4）　5. 蒜头壶（M24∶3）

收，小平底。上腹饰细绳纹、凹弦纹、戳刺纹。口径12.6厘米，腹径32.6厘米，底径16.4厘米，高31厘米（图一三，2）。

B型　3件。标本M18∶1，残破。小口，平沿外折，尖唇，广肩，折肩略弧，弧腹下收，小平底。肩、腹饰细绳纹、锯齿纹、凹弦纹。口径13厘米，腹径30厘米，底径14.5厘米，高23.6厘米（图一三，3）。标本M23∶4，口沿稍残。小口，平沿外折，尖唇，广肩，折棱明显，斜弧腹下收，小平底。肩饰暗弦纹及一周刻画符号。腹饰凹弦纹、细绳纹。口径15厘米，腹径38厘米，底径15厘米，高28.5厘米（图一三，4）。

釜　12件，分别出土于12座墓中，每墓各出1件。泥质灰陶9件，夹砂或泥质红陶3件。标本M24∶4，泥质灰陶，厚胎。小侈口，方唇，矮束颈，圆鼓腹，圜底。颈下饰两周凹弦纹，腹中部一周折棱，下腹及底饰中绳纹。底有烟熏痕迹。口径14厘米，腹径21厘米，高17厘米（图一四，1）。标本M33∶2，侈口，卷沿，方唇，矮束颈，垂腹，圜底。颈下一周凸棱。下腹及底饰交叉中绳纹。口径16.5厘米，腹径20厘米，高16.5厘米（图一四，2）。标本M23∶3，泥质灰陶，厚胎，口沿稍残。大侈口，方唇有凸棱，矮束颈，扁圆腹，圜底。颈下饰两周凸弦纹，腹中部一周折棱，下腹及底饰交叉中绳纹（偏粗）。口径25厘米，腹径29厘米，高17厘米（图一四，3）。标本M11∶3，泥质红陶，薄胎。侈口，方唇，矮束颈，圆鼓腹，圜底。颈部两周凸棱，腹部一周凸棱。下腹饰圆涡形中绳纹。上腹有一双环形刻画符号。口径16.5厘米，腹径23.5厘米，高17厘米（图一四，4）。标本M20：2，泥质灰陶。侈口，尖唇，矮束颈，圆鼓腹，圜底。颈上一周凸棱，下腹及底饰交叉中绳纹（偏细）。口径14.5厘米，腹径20厘米，高16.4厘米（图一四，5）。

盆　8件。分别出于8座墓中，每墓各出1件，泥质灰陶。共分二型。

A型　7件，敞口折腹盆。平沿外折，方唇或尖唇，折腹，腹上有一道折棱，下腹斜直或微弧内收，平底微凹，多素面无纹，个别于腹部折棱下饰凹弦纹。标本M2：2，尖唇，素面，口径33厘米，底径14厘米，高11厘米（图一五，1）。标本M3：4，尖唇，口沿下一周折棱，上腹及折棱下饰细绳纹，有抹痕。口径36.5厘米，底径18厘米，高14厘米（图一五，2）。

B型　1件，敞口深腹盆。标本M4：4，侈口，平沿外折，方唇，深腹斜直，圜底，轮制痕迹清晰。底饰中绳纹。口径46厘米，高19.5厘米（图一五，3）。

甑　8件。分别出于8座墓中，每墓各出1件。泥质灰陶。共分二型。

A型　4件，盆形甑。大敞口，平沿外折，方唇，折腹下收，腹上有一道折棱，小平底。多素面，个别饰细绳纹、凹弦纹、菱形纹。标本M3：3，7孔，外腹饰绳纹、凹弦纹。口径33厘米，底径17厘米，高13厘米（图一五，4）。标本M24：7，1孔，外腹折棱上侧饰一周凹弦纹、折棱下侧饰半圈菱形纹。口径34厘米，底径13厘米，高11.5厘米（图一五，5）。

B型　4件，钵形甑。标本M5：1，口微敛，弧腹，下部斜内收，平底微凹，3孔。素面。口径26厘米，底径10厘米，高11厘米（图一五，6）。标本M1：4，口微敛，尖唇，斜弧腹下收，外侧有一折棱，小平底，4孔。外腹有一刻画符号。口径21.5厘米，底径9厘米，高9厘米（图一五，7）。

钵　16件，分别出土于13座墓，除3座墓各出土2件外，余均出土1件。泥质灰陶。除陶盒1件外，其余可分二型。

A型　11件。形体较小，大小基本相同，敛口，斜弧腹下收，平底微内凹。口径最小者14.5厘米，最大者16厘米，底径最小者5.5厘米，最大者7厘米，高多为6厘米，最矮者5.5厘米。多素面无纹。标本M8：2，近口部饰一周凸弦纹，下腹一周折棱。外底有一刻画符号。口径15.5厘米，底径6厘米，高6厘米（图一五，9）。标本M18：2，平底微圈。外底有一刻画符号。口径15厘米，底径6.6厘米，高6厘米（图一五，10）。

B型　3件。形体较大，器表磨光。敛口，圆唇或尖唇，斜弧腹下收，平底微内凹，均素面无纹。标本M1：3，下腹一周折棱。口径22厘米，底径9.5厘米，高9.5厘米（图一五，11）。标本M2：4，口径25厘米，底径8.6厘米，高9厘米（图一五，12）。

盒　1件，每件大小如A型钵。标本M25：2-1，口径14.5厘米，底径7.2厘米，高6厘米。标本M25：2-2，口径14.8厘米，底径6.6厘米，高6.2厘米（图一五，8）。

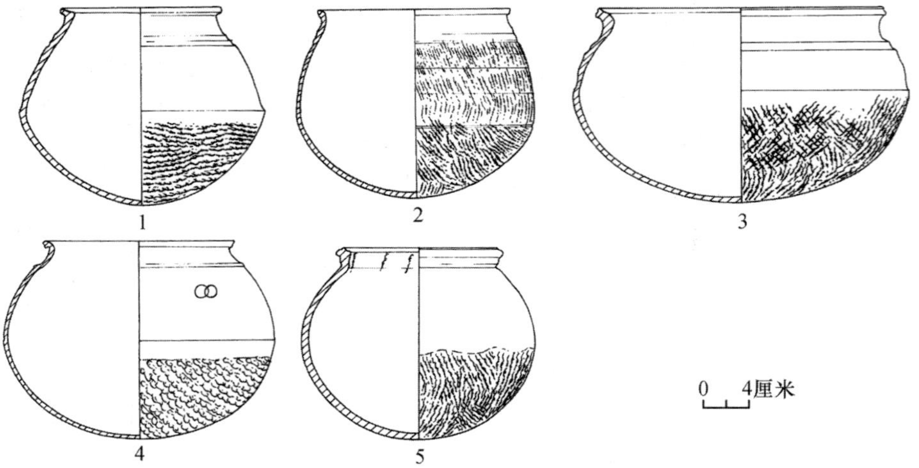

图一四　陶釜

1. M24：4　2. M33：2　3. M23：3　4. M11：3　5. M20：2

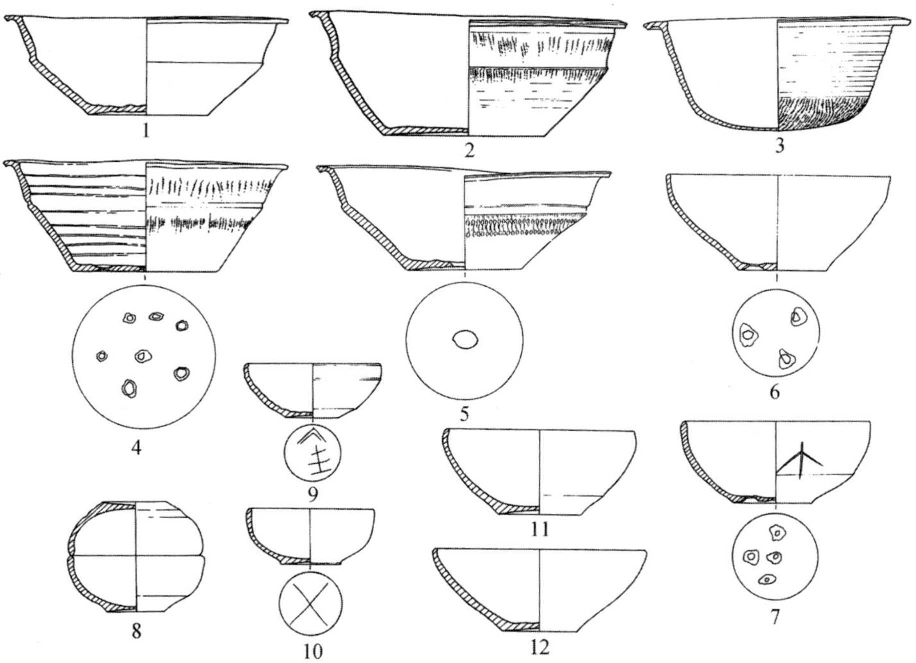

图一五　陶盆、甑、钵

1、2. A型盆（M2：2、M3：4）　3. B型盆（M4：4）　4、5. A型甑（M3：3、M24：7）
6、7. B型甑（M5：1、M1：4）　8. 盒（M25：2-1、M25：1-2）　9、10. A型钵（M8：2、M18：2）
11、12. B型钵（M1：3、M2：4）

蒜头壶　1件。标本M24：3，泥质灰陶，小盘口，直唇，细长颈，圆鼓腹，圈足。上腹饰锯齿纹、弦纹，底部轮制痕迹明显，饰戳刺纹。口径5厘米，内唇口径3厘米，颈高15厘米，腹径22厘米，底径12厘米，通高31厘米（图一三，5）。

2. 铜器

48件。有带钩、镜、璜、铃、管、饰件等。

带钩　1件。标本M16：2，形如盘蛇，钩尾如蛇头状，纽近尾端，圆形，饰于盘蛇身下，直径1.7厘米。通长7.5厘米，最宽处2.7厘米（图一六，4）。

镜　1件。标本M18：3，残破，锈蚀严重。圆形，拱形圆纽。镜背饰柿蒂纹、涡纹。柿蒂纹两两对称，将镜背均匀分为四区，隐约可辨出涡纹。外部锈附有纺织物，方格布纹清晰。直径8厘米，厚0.1厘米（图一六，5）。

管形器　1件。标本M16：4，残断。截面呈圆形，一端粗，一端细，粗端一头封实，素面。残长4.5厘米，孔径0.8厘米（图一六，6）。

饰件　1件。标本M16：1。形小如扣，正面光滑如镜，呈银白色，背面有一纽。素面，锈蚀严重。直径2.2厘米，厚0.15厘米（图一六，7）。

璜　19件，完整器10件。出土于3座墓中。铜璜大小不等，同一座墓中成套出现，由大到小逐次排列。形制基本相同，面平质薄，一面周缘突起，两端内角方折，顶端均有一穿。多素面，个别面上有线纹，部分器身有锈孔。标本M8：1-1，面上以穿为对称点饰线纹。长9.5厘米，高4厘米（图一七，5）。标本M18：4，成串出土（部分缺失），表面均附有朱砂（图一七，1～4）。M18：4-1，一角残，顶有一穿，长8厘米，高3.5厘米。M18：4-2～M18：4-4，完整器，顶有一穿，面上均有小孔，数量、位置不同。宽分别为7厘米，6.5厘米，6厘米，高均为3厘米。标本M18：4-6，无朱砂。残破，面饰线纹。宽6厘米，高2.5厘米（图一七，6）。

铃　25件，分别出土于4座墓，单件或成组出土。每件平面均呈“八”字形，下缘两角下垂，扁圆筒形，多数器内顶上有三角形纽，纽上悬一铜舌，部分铜铃的悬舌有残失或断裂，5件无悬舌。器身饰乳钉纹。依纽部不同分为三型。

A型　8件，长方形纽，转角处略圆。标本M24：9-1，形体较大，无悬舌。宽7厘米，通高6.5厘米（图一八，1）。标本M18：5-1，有悬舌，宽7厘米，通高4厘米（图一八，2）。标本M24：9-4，有悬舌，纽上饰卷云纹。宽6厘米，通高4厘米（图一八，3）。

B型　16件，圆拱形纽。标本M3：5-2，有悬舌，宽4.5厘米，通高3.5厘米（图一八，4）。标本M18：5-4，无悬舌，宽4.5厘米，通高3.5厘米（图一八，5）。标本M18：5-6，形体较小，无悬舌，纽残失，下缘两角残，残宽3厘米，残高1.5厘米（图一八，6）。

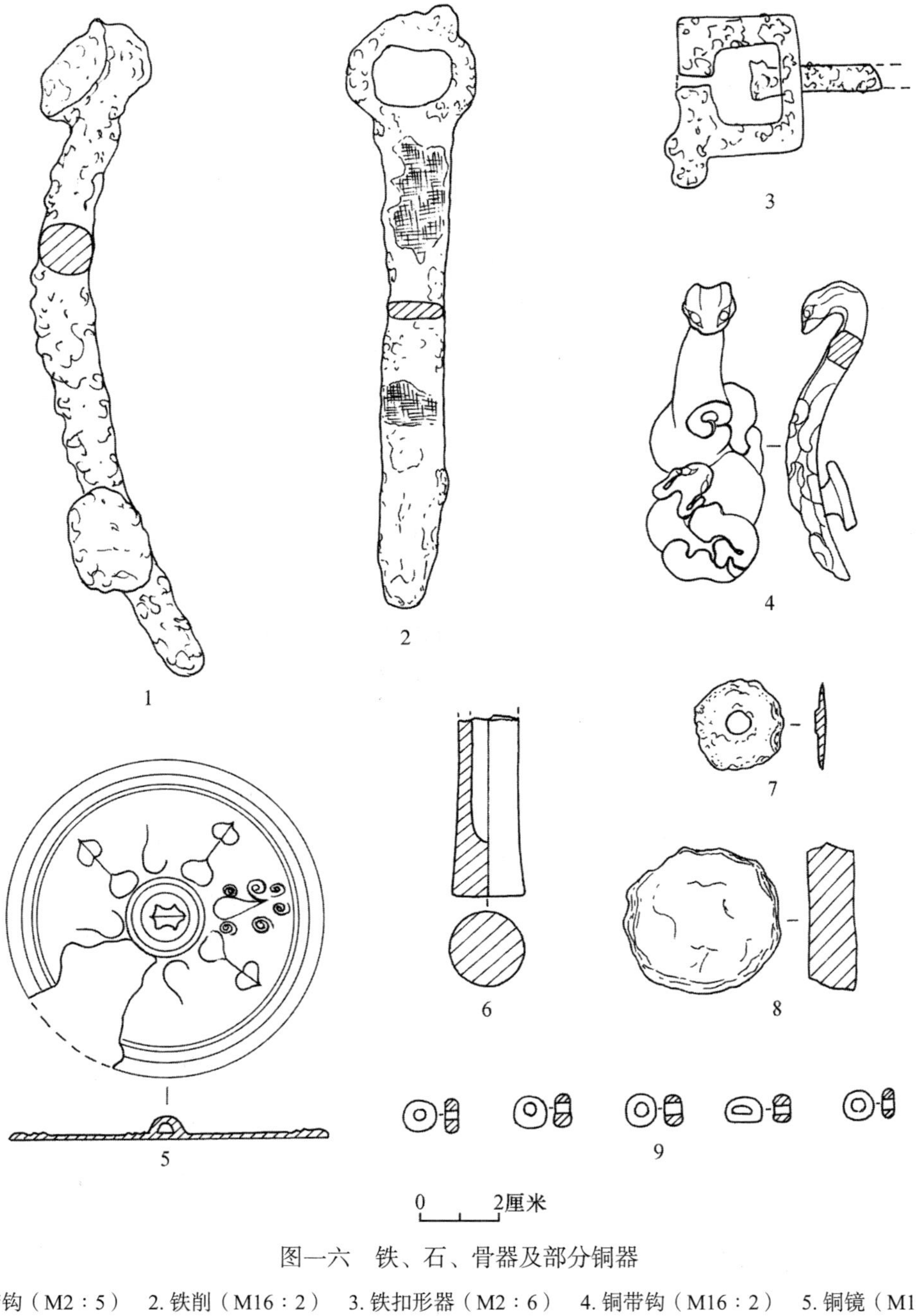

图一六　铁、石、骨器及部分铜器

1. 铁带钩（M2：5）　2. 铁削（M16：2）　3. 铁扣形器（M2：6）　4. 铜带钩（M16：2）　5. 铜镜（M18：3）　6. 铜管形器（M16：4）　7. 铜饰件（M16：1）　8. 石器（M1：5）　9. 料珠（M18：6）

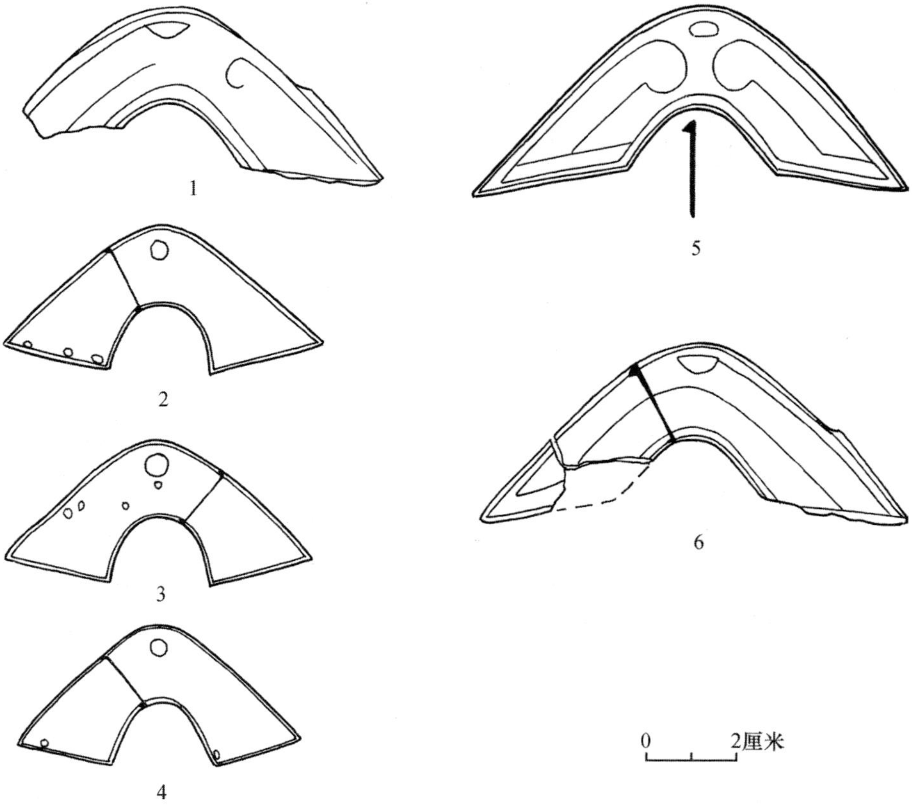

图一七　铜璜

1. M18：4-1　2. M18：4-2　3. M18：4-3　4. M18：4-4　5. M8：1-1　6. M18：4-6

C型　1件，实心纽。标本M24：9-6，形体较小，器质较其他铜铃稍厚。头部形制如蝉，外侧纹饰如蝉翼，圆拱形纽，器内顶部有三角形纽及一悬舌。宽3.3厘米，通高2.5厘米（图一八，7）。

3. 铁器

3件。

带钩　1件。标本M2：5，长条圆柱体，截面近圆形，钩首残破，尾端有一椭圆形纽。长16厘米，截面直径0.9～1.5厘米。锈蚀严重（图一六，1）。

削　1件。标本M16：2，由环形首、削体两部分组成，削身呈长条形。通长15厘米。残断，锈蚀严重。锈附有纺织物，方格布纹清晰（图一六，2）。

扣形器　1件。标本M2：6，锈蚀严重。残破，形状不规则。通长5厘米（图一六，3）。

4. 其他

料珠　30余颗。出土于M18中，置于墓主人口内及2件铜铃内。形体较小，大小相

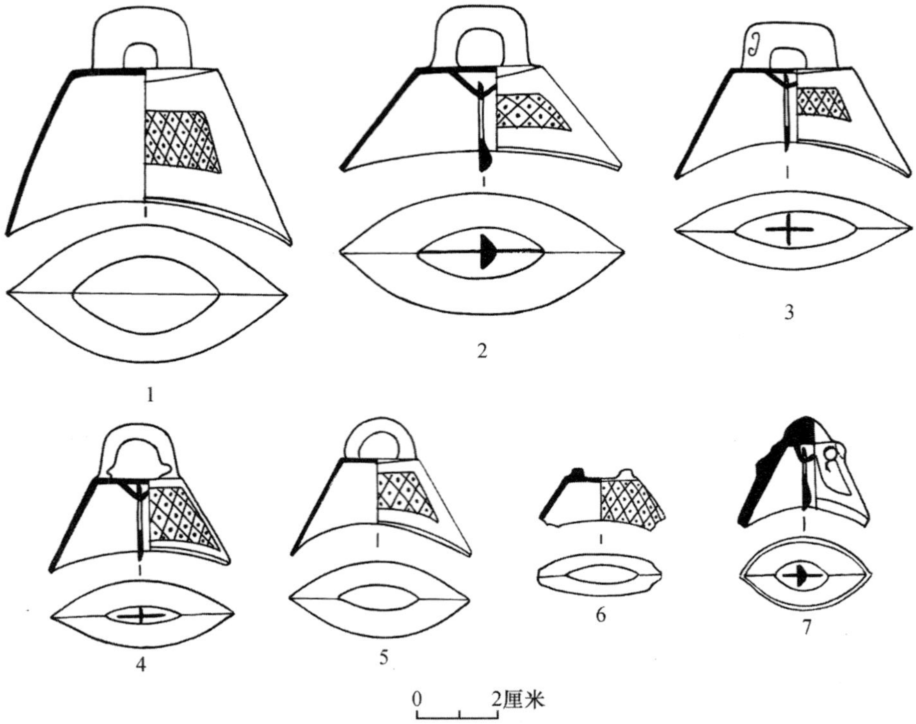

图一八　铜铃

1～3. A型（M24：9-1、M18：5-1、M24：9-4）　4～6. B型（M3：5-2、M18：5-4、M18：5-6）
7. C型（M24：9-6）

图一九　空心砖拓片

同，扁圆状，直径0.8厘米，中间有一圆穿，孔径0.3厘米。材质不明，朽者成末，完整者个别光滑明亮似玉石，推测应为骨质钙化（图一六，9）。

石器　1件。标本M1：5，砾石制成，置于人骨下方，似起到支撑作用。形状近圆形，素面，有明显的加工痕迹。直径3.5厘米，厚1厘米（图一六，8）。

空心砖　多数破碎，完整器6块，分别出土于3座长方形竖穴墓、1座“凸”字形墓中。均为方格形“米”字纹，大小统一，规格均为1.35米×0.45米×0.16米（图一九）。

三、结　　语

廊桥水岸墓地所处区域为郑州地区战国、秦汉时期人们的集中生活区，墓葬分布有序，方向基本一致，多数南北向，东西向者仅3座，其中两两并列的墓葬共有4组（洞室墓3组，竖穴土坑墓1组），且随葬品完全不见仿铜陶礼器，均为日用陶器，可见此墓区应为平民家族墓地。

22座墓葬中，“凸”字形洞室墓、长方形洞室墓及长方形竖穴墓并存，以第一类A型“凸”字形洞室墓为主。墓葬形制与陶器组合出现前后交错的情况，时代跨度非常短。“凸”字形土洞墓类似于人民公园第一类墓葬[1]、巩义站街秦墓[2]、西安南郊秦墓中茅坡邮电学院D型墓（未留生土二层台直线式土洞墓）[3]。该墓地紧邻人民公园秦、汉墓区，应属人民公园秦墓的一部分。

从该墓区出土陶器分析，陶器组合分为三类，为圜底罐、钵组合，小口罐、钵组合及罐、釜（盆、甑、钵）组合。圜底罐在南阳路家世界[4]出土较多，形制相似；B型小口罐（缶）在西安南郊秦墓中出土较多，与光华胶鞋厂M113：7、M113：9[5]及潘家庄世家星城M159：4[6]等形制相似。此外，蒜头壶M24：3与人民公园秦墓M4：4[7]形制相似，A型折腹盆（甑）、钵形甑在西安南郊秦墓[8]中出土较多同类器。可见，该墓区是郑州地区典型的秦墓集中区，时代应属战国晚期晚段至秦统一。

该墓区是战国晚期至秦统一年间中原文化与秦文化相互影响、相互融合的典型墓群，陶器组合中的A型小口圆肩罐、B型小口罐（关中地区称缶）、釜，以及蒜头壶、折腹盆、折腹甑等是关中地区秦墓中的战国时期典型器[9]，同时融合了中原地区战国晚期的圜底罐、钵组合，兼具秦文化、中原文化战国晚期、秦代的墓葬特征，表明秦统一全国后，两种文化相互影响与融合，构成了中原地区独特的战国晚期至秦统一期间的墓葬风格，为研究郑州地区战国、秦代丧葬习俗及中原文化与秦文化的相互交流与影响提供了宝贵的实物资料。

附记：本文在写作过程中得到刘彦锋研究员、信应君副研究员的悉心指导，在此表示衷心的感谢！

领　队：刘彦锋
发　掘：高赞岭　张永清
　　　　朱葡萄　张小红
整　理：高赞岭　朱葡萄
绘　图：李　杨　张永清
摄　影：蔡　强
拓　片：刘福来

注　释

［1］［7］ 郑州市文物考古研究所：《郑州人民公园秦、汉墓发掘简报》，《郑州文物考古与研究（一）》，科学出版社，2003年。

［2］ 张文霞、顾万发：《河南巩义站街秦墓发掘简报》，《文物》2006年第4期。

[3] [8] 西安市文物保护考古所：《西安南郊秦墓》，陕西人民出版社，2004年。

[4] 信应君、张文霞：《郑州市南阳路家世界购物广场战国墓葬发掘简报》，《华夏考古》2006年第2期。

[5] 西安市文物保护考古所：《西安南郊秦墓》，陕西人民出版社，2004年，第95页，图八七。

[6] 西安市文物保护考古所：《西安南郊秦墓》，陕西人民出版社，2004年，第545页，图七九。

[9] 刘建安：《洛阳地区秦墓探析》，《华夏考古》2010年第1期。

附表　廊桥水岸战国晚期秦墓统计表

墓号	方向	形制与结构			葬具	葬式	随葬品（未注明数量为1件）
		类型	墓道、墓室底部高度	壁龛			
M1	100°	“凸”字形洞室墓	道、室同高	无	木质单棺	仰身屈肢	B型平底罐、釜、B型甑、B型钵
M2	100°		道、室同高	无	无	仰身屈肢	B型圜底罐、釜、A型盆、B型钵、铁带钩、铁带扣
M3	275°		道低于室	无	木质单棺	仰身屈肢	B型圜底罐、釜、A型盆、A型甑、铜铃4
M4	190°		道低于室	无	无	仰身直肢	A型平底罐、Cb型平底罐、A型小口罐、釜、B型盆、A型甑
M5	190°		道、室同高	头龛	空心砖棺	仰身直肢	B型圜底罐、Ca型平底罐、Cb型平底罐、釜、B型甑
M7	187°		道高于室	无	无	仰身直肢	B型圜底罐
M8	180°		道高于室	无	木质单棺	直肢	A型小口罐、A型钵、铜璜4
M11	190°		道高于室	无	无	屈肢	A型圜底罐、釜、A型盆、A型甑、A型钵
M12	186°		道低于室	无	木质单棺	仰身直肢	B型圜底罐、A型钵、铜铃、铜璜
M13	197°		道、室同高	无	无	屈肢	A型小口罐、A型钵
M15	190°		道、室同高	无	无	不详	B型圜底罐、A型钵
M18	190°		道、室同高	无	无	仰身直肢	B型小口罐、A型钵、铜镜、铜璜9、铜铃10、骨珠30
M20	185°		道、室同高	无	无	侧身屈肢	Cb型平底罐、釜、A型盆、B型甑
M22	190°		道高于室	无	无	不详	B型小口罐、A型钵2
M25	190°		道高于室	无	无	俯身屈肢	B型圜底罐、A型钵2
M28	189°		道、室同高	无	不详	不详	B型圜底罐、B型平底罐、釜
M33	190°		道、室同高	腰龛	木质单棺	仰身直肢	Cb型平底罐、A型小口罐、釜、A型盆
M34	280°	长方形土洞墓	道、室同高	无	木质单棺	仰身直肢	B型圜底罐、Cb型平底罐、釜、A型盆、B型钵

续表

墓号	方向	形制与结构			葬具	葬式	随葬品（未注明数量为1件）
		类型	墓道、墓室底部高度	壁龛			
M16	280°	长方形竖穴墓		无	空心砖棺	仰身屈肢	A型小口罐、A型钵2、铜饰、铁削、铜带钩、铜管
M23	9°			头龛	单椁，空心砖单棺	不详	Ca型平底罐、B型小口罐、釜、B型甑
M24	189°			头龛	木质单棺	仰身直肢	Cb型平底罐2、A型小口罐、釜、A型盆、A型甑、B型钵、蒜头壶、铜铃6
M31	10°			无	空心砖单棺	仰身屈肢	A型小口罐

（原刊于《中原文物》2013年第4期）

郑州高新区电厂路战国、东汉墓发掘简报

张永清　鲍颖建

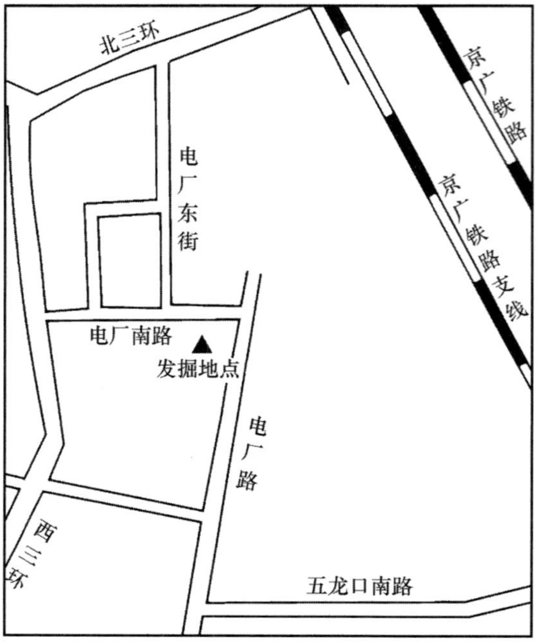

图一　墓葬位置示意图

2012年10月、12月，郑州市文物考古研究院分两次对郑州市高新区大学科技园施工区域进行考古发掘，该工地位于郑州西北郊电厂路、电厂南路交叉口一带，西距贾鲁河700米，为一南北向土岗的北缘（图一）。共清理古代墓葬13座，包括战国墓5座、汉墓8座（图二）。现将墓葬的发掘情况简报如下。

一、墓葬形制

（一）战国墓

5座，位于本次发掘区的中部，均为长方形竖穴土坑墓，从北向南依次为M10、M11、M12、M13、M14。现分别介绍如下。

M10　方向15°。墓口长2.55、宽1.4米，墓底长、宽同墓口，深0.75米。墓底置棺已朽，棺之尺寸难辨，但棺内有粉末状人骨。无随葬品。

M11　方向15°。墓口长2.7、宽1.9米，墓底长、宽同墓口，深1.12米。墓底置棺，棺长1.75、宽0.6～0.65、厚0.05、存高0.1米。棺内骨架一具，仰身直肢，保存较差。腹部放置水晶环1件（图三）。

M12　方向100°。墓口长2.52、宽1.45米，底长2.46、宽1.34、深0.98米。墓内放置一椁一棺。椁长2.2、宽0.98、厚0.08、存高0.2米。棺长1.76、宽0.6、厚0.06、存高0.15米。棺内骨架一具，仰身直肢，保存较差，头骨无存。右腰侧放置一陶杯（图四）。

M13　方向15°。墓口长2.92、宽1.7米，底长2.86、宽1.6米，深1.15米。墓内一棺，棺长2.1、宽0.86、厚0.06、存高0.2米。棺内骨架一具，仰身直肢，保存较差，头骨无存。未见随葬品。

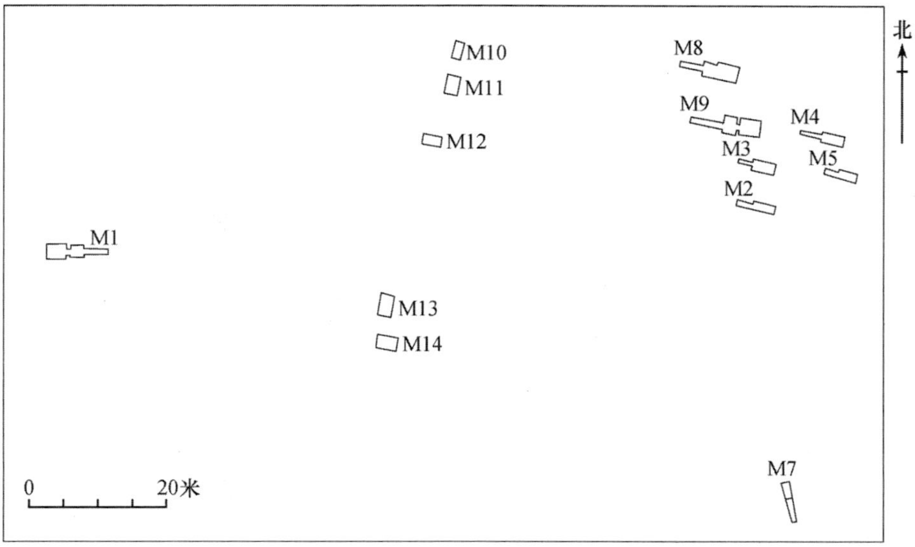

图二　墓葬分布图

M14　方向105°。墓口长2.85、宽1.8米，墓底长、宽同墓口，深1.3米。墓内放置一椁一棺。椁长2.3、宽1.25、厚0.08、存高0.58米，棺顶中部塌陷，棺长1.98、宽0.76～0.8、厚0.06、存高0.4米。棺内骨架一具，仰身直肢，保存较差，头骨无存，头东脚西。未见随葬品。

（二）汉墓

M1　位于发掘区西部，方向110°。半斜坡墓道砖室墓，由墓道、前室、甬道、后室组成。墓道位于墓室东部，长方形，口长3.3、宽0.6米，前端1米较平，深0.8米，后端呈斜坡状，深1～1.5米。前室为长方形，长1.5、宽1.4、深1.5米。甬道为长方形，长0.5、宽0.8、深1.5米。后室为长方形，长2.9、宽2.1、深1.5米。由于盗扰严重，砖砌墓壁俱毁，墓室内未见棺椁痕迹及骨架。扰土中见陶盆残片及铜钱1枚。

M2　位于发掘区东北部，方向285°。半斜坡墓道砖室墓，由墓道、封门、墓室组成。墓道位于墓室西部，长方形，长2.1、宽0.9、深0.4～0.6米。封门用小青砖砌成，墙宽1、残高0.3米。墓室为长方形，长3.7、宽1.24、深0.6米。仅余铺地砖，墓壁可能用空心砖砌筑。小青砖长0.32、宽0.15、厚0.05米。空心砖残长0.5、宽0.3、厚0.15米。墓内未见棺椁痕迹、骨架及随葬品（图五）。

M3　位于M2北部，方向285°。台阶墓道砖室墓，由墓道、甬道、墓室组成。墓道为长方形阶梯状，长4.2、宽0.8～1、深1.7米，台阶共六层，长0.8、宽0.3、高0.3米。甬道长1.1、宽1、高1.1米。甬道砖壁残留一小部分。墓室为长方形，长3.7、宽1.7、深1.7米。墓室四壁由空心砖砌成，底用小青砖铺就，破坏严重。空心砖残长0.7、宽0.3、厚0.15米。小青砖长0.32、宽0.15、厚0.05米。墓室未见棺椁痕迹及骨架。填土中见残陶碗1

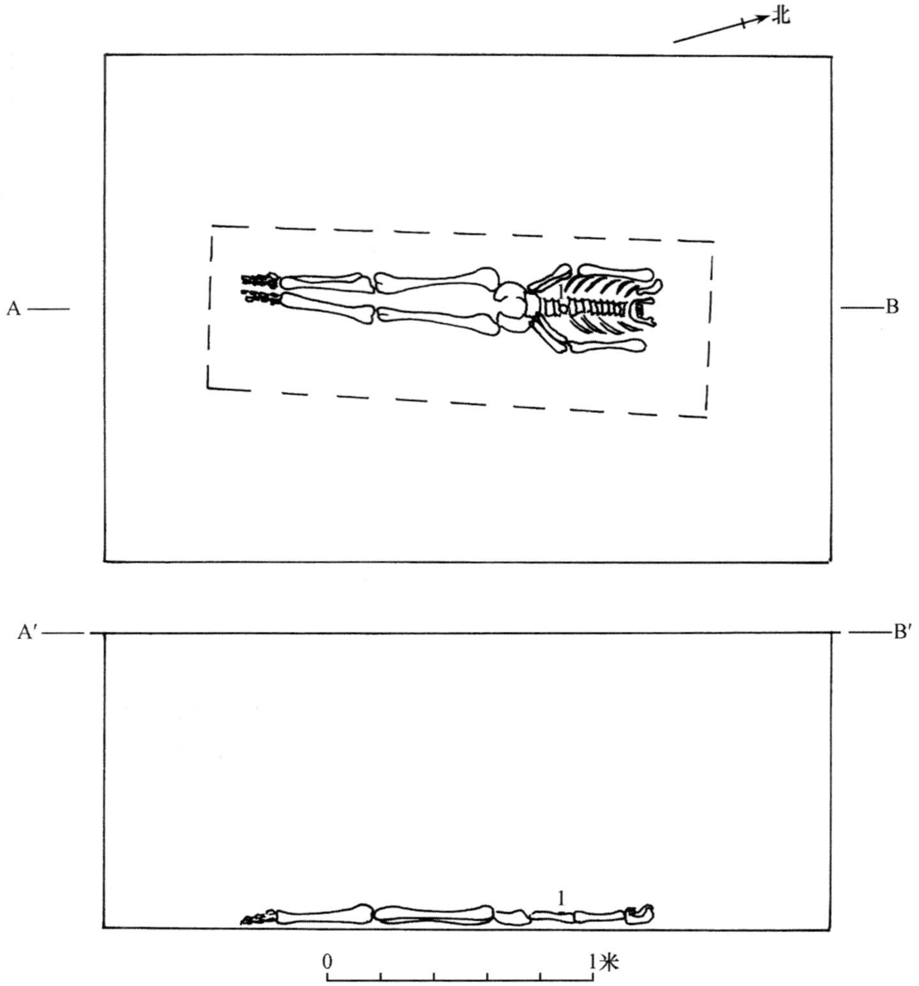

图三　M11平、剖面图

1. 水晶环

件、铁犁铧1件、铜钱1枚（图六）。

M4　位于M3东北约10米处，方向285°。半斜坡墓道砖室墓，由墓道、墓室组成。墓道为长方形，长3.4、宽0.66～0.9米，底部前端为斜坡状，深0.2～1.5米，后端为平底。墓室长方形，长3.6、宽1.7、深1.5米，残留铺地小青砖，砖长0.32、宽0.15、厚0.05米。室内未见棺椁痕迹及骨架。随葬品有陶罐1件。

M5　位于M4东南3米处，方向285°。斜坡墓道砖室墓，由墓道、墓室组成。墓道长方形，长2、宽0.84、深0.1米。墓室为长方形，长3、宽1.2、深0.5米。墓室四周有生土二层台，中间下凹处放置长方形葬具，长2.3、宽0.8、残深0.1米。从墓室出土的少量碎砖来看，墓室或用小青砖铺底或砌筑。墓内未见人骨及随葬品。

M7　位于M2正南40米，方向172°。斜坡墓道砖室墓，由墓道、封门、墓室组成。墓道为长方形，口长3.2、宽0.9～1.15、深0.4～1.2米。封门用小青砖砌成，墙宽1.2、高

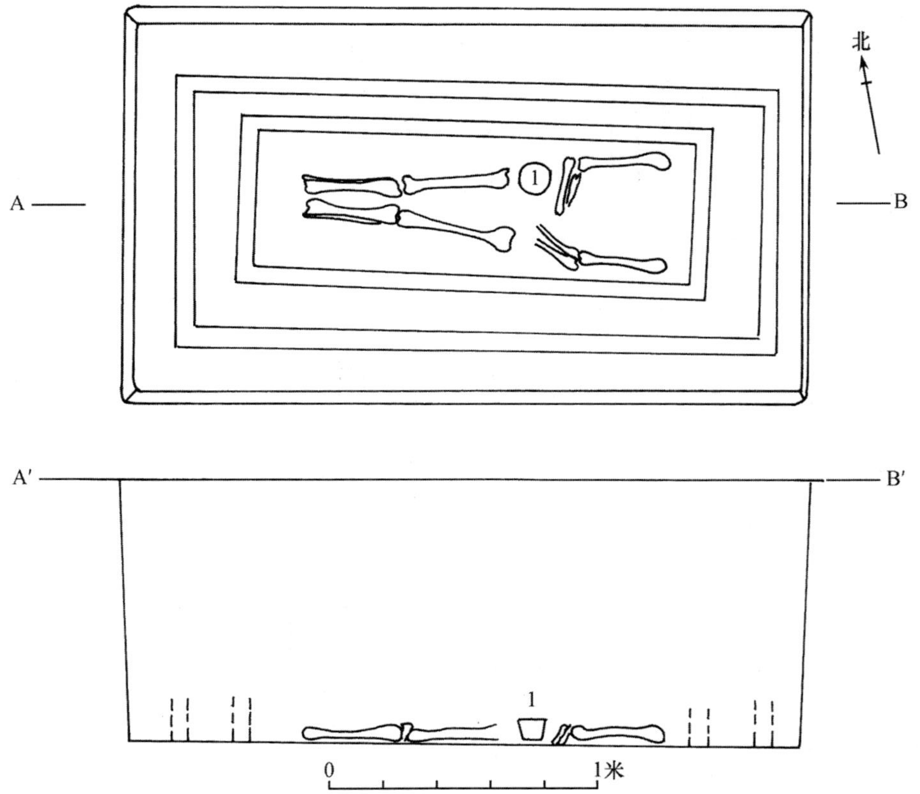

图四　M12平、剖面图

1. 陶杯

1米。青砖多为残砖，残长0.15、宽0.15、厚0.05米。墓室长方形，长2.4、宽1.2、深1.3米。墓室有生土二层台。墓室置棺已朽，仅存痕迹，长1.5、宽0.32、厚0.05、存高0.16米。墓内未见骨架，随葬品仅见陶器残片，器形难辨。

M8　位于M11之东，方向280°。斜坡墓道砖室墓，由墓道、前甬道、前室、后甬道、后室五部分组成。墓道位于墓室西部，长方形，墓壁规整，长3.5、宽0.9、深0.6～1.5米。前甬道，土洞式，拱顶，长0.5、宽0.9、高1.2米。前室用空心砖砌成，长方形，长2.2、宽2、深1.5米。空心砖残存于西北角、西南角。后甬道坍塌，长、宽、高未知。后室小青砖铺地，墓壁用空心砖砌成，仅西北部有保留。后墓室长3.3、宽2.25、深1.5米。空心砖残存于西北部，由三层空心砖砌壁，砖面饰乳钉纹。前、后室均未发现葬具、骨架及随葬品。

M9　位于M8之南，方向280°。斜坡墓道砖室墓，由墓道、墓门、前室、后甬道、后室五部分组成。墓道位于墓室西部，长方形，口长3.6、宽0.9、深0.15～1.95米，墓道底南宽0.9、北宽1.2米。墓门长方形，拱顶，长0.7、宽1.2、高1.8米。前室方形，边长2.2米，底用青砖铺成，壁用空心砖砌成，南、北壁各存一砖，高0.66米。后甬道，拱顶，长0.7、宽0.9、高1.5米。后室长方形，口长3.3、宽1.8、底长3.4、宽2.3米。底用青砖铺

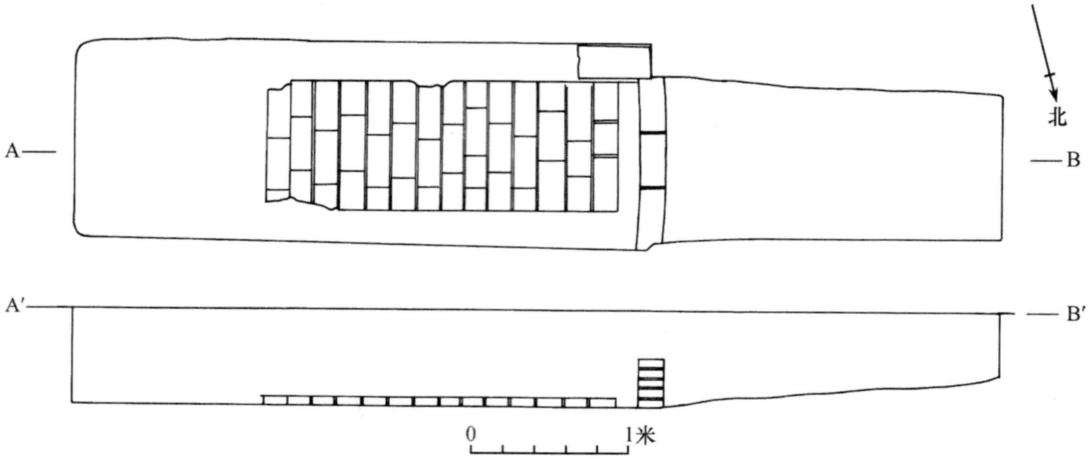

图五　M2平、剖面图

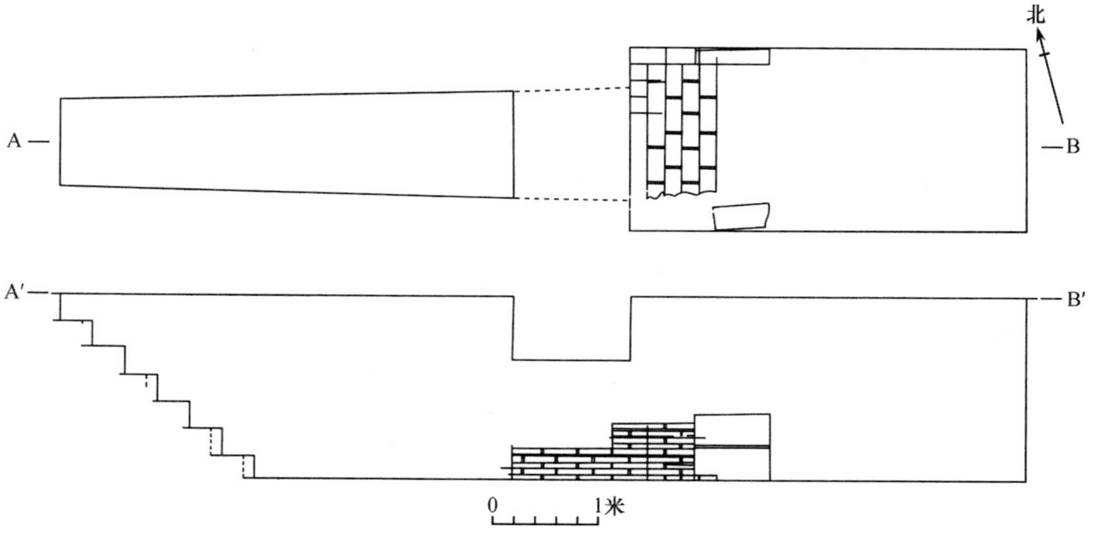

图六　M3平、剖面图

成，北壁存两层空心砖，其上用小青砖平铺，该墓发掘时已经被严重扰乱，未发现葬具、骨架等。随葬品有铁镜1件、小釉陶罐1件、五铢铜钱22枚（图七）。

二、出土遗物

13座墓葬中，战国墓出土遗物2件，汉代墓葬出土遗物6件及铜钱23枚，按质地分有陶器、铜器、铁器、水晶器等。

（一）战国遗物

陶杯　1件。标本M12：1，红陶，局部为灰色。侈口，圆唇，斜直壁，近底部有刮

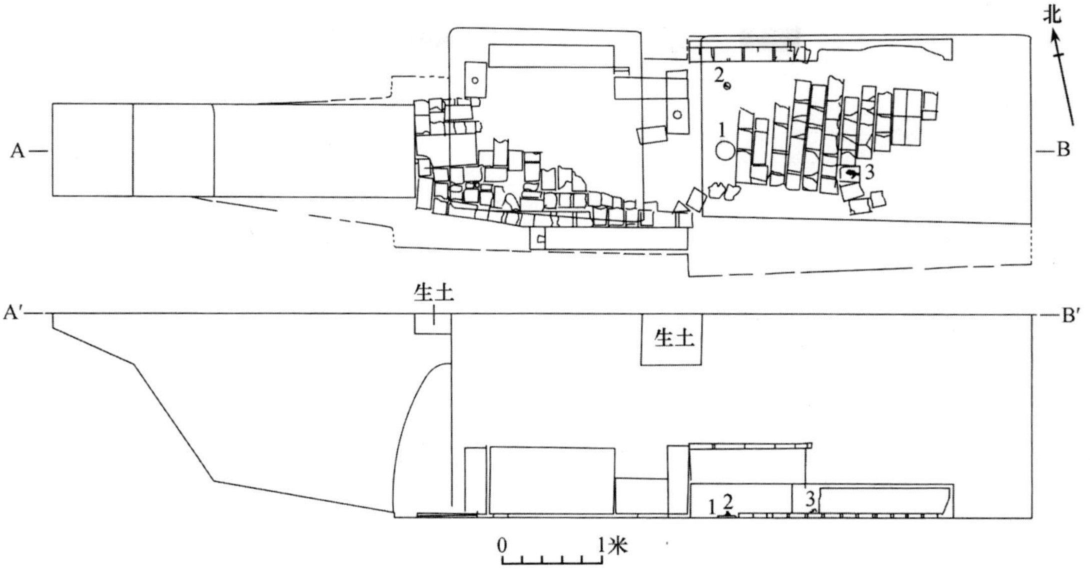

图七 M9平、剖面图

1. 铁镜 2. 釉陶壶 3. 五铢铜钱（22枚）

痕，平底略内凹。口径8、底径6.5、高8.2厘米（图八，4）。

水晶环 1件。标本M11：1，截面呈六边形，半透明，颜色微黄。直径4、好径2.5厘米（图八，6）。

（二）汉代遗物

1. 陶器

陶盆 1件。标本M1：1，泥质灰陶，已修复。敞口，平折沿中部凸起一棱，方唇，斜直腹，平底略内凹。腹饰凸弦纹。口径40、底径20、高14厘米（图八，1）。

陶罐 1件。标本M4：1，泥质灰陶。仅余下半部。鼓腹，下腹弧内收，平底。腹部有轮制旋痕。腹径16、底径8.5厘米（图八，5）。

釉陶壶 1件。标本M9：2，通体饰棕色釉。侈口，圆唇，束颈，广肩，鼓腹，下腹略弧内收，平底略内凹。肩部有3处凸点，呈等边三角形，颈、腹各饰一道凹弦纹。口径1、腹径6、底径3、高5厘米（图八，3）。

陶碗 1件。标本M7：1，泥质灰陶，残甚。侈口近直，圆唇，直腹壁，平底略内凹，内底下凹成坑。口沿下方饰一圈凹弦纹。通高7、口径17、底径10厘米（图八，2）。

2. 铁器

铁镜 1件。标本M9：1，锈蚀严重。圆形，周缘稍薄，背部中心有一圆纽。直径19、纽径4.5、纽高2厘米（图八，7）。

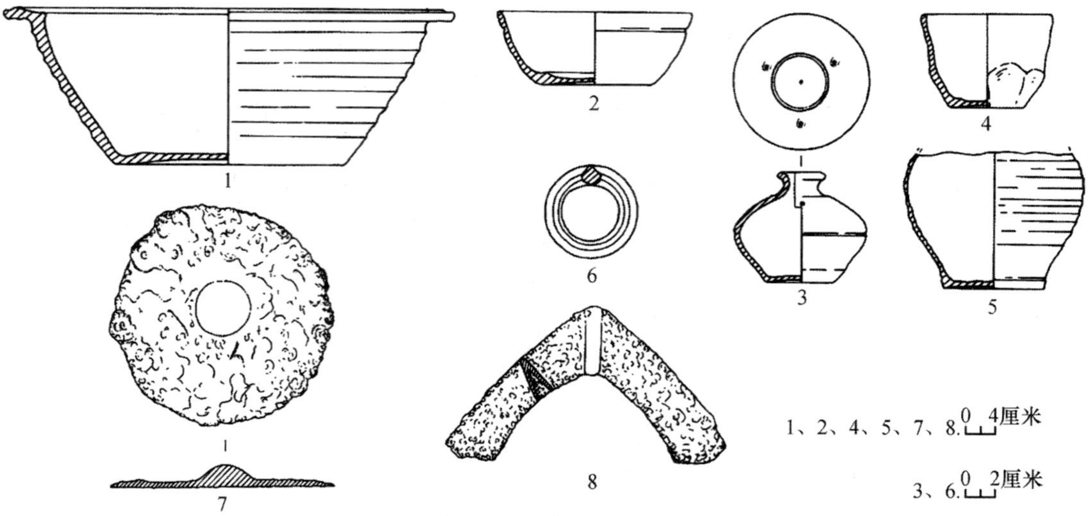

图八　出土遗物

1. 陶盆（M1：1）　2. 陶碗（M7：1）　3. 釉陶壶（M9：2）　4. 陶杯（M12：1）　5. 陶罐（M4：1）　6. 水晶环（M11：1）　7. 铁镜（M9：1）　8. 铁犁铧（M3：1）

铁犁铧　1件。标本M3：1，燕形，翅宽4.5厘米，顶面有加强筋。两翅宽25、长14厘米（图八，8）。

3. 其他

铜钱　23枚。M1出土1枚，M9出土22枚。标本M1：2，残破成两半，钱体较薄，无钱文。M9内出土22枚，可辨者大部分为五铢钱，另有几枚小钱，无钱文。

三、结　语

郑州高新区电厂路工地发掘墓葬数量不多，出土遗物相对较少，但时代序列明显。从墓葬形制和出土物判断，这批墓葬具有显著的战国、东汉时期特征。

M10～M14均为长方形竖穴土坑墓，其中M11出土的水晶环与河南省邮电器材公司战国中晚期墓M11出土的水晶环[1]、郑州市南阳路家世界购物广场战国中期水晶环M2：8[2]近似；M12出土的陶杯与河南民权牛牧岗战国晚期陶杯M2：7[3]、湖北黄州汪家冲西汉墓出土陶杯M36：8[4]的形制相近或相同。依据墓葬形制及随葬品特征等判断，这5座墓葬的时代应该为战国中晚期，其中M12年代很可能已进入西汉初年。值得注意的是，这5座战国晚期墓葬有一个令人吃惊的现象，即4个墓主人的头颅均被割掉，推测他们是因战争而死亡的士兵，墓中随葬品较少也就不难理解了。

M1、M2、M3、M4、M5、M7、M8、M9均为带有斜坡墓道的砖券单室墓或双室墓，墓室用小青砖砌筑或小青砖与空心砖混砌。该批汉墓中的铺地小青砖均错缝平铺，与洛阳烧沟汉墓铺地砖第4式即M108的铺地砖铺设方式相同[5]，M108内同时出土有磨边五铢[6]，而此次清理的M9中出土的五铢钱，虽然锈迹斑斑，但钱文和磨边仍然依稀可辨，磨边五铢为东汉中晚期最常见的五铢钱形制；同时，M9出土的釉陶壶具有明显的东汉时期特征。由于该批汉墓随葬品数量极少，比较单一，因此只能依据墓葬的形制及随葬品的大概特征，大致判断出该批墓葬可能属东汉中晚期。由于此批墓葬形制不大，墓内遗物多为生活器物，推测墓主为平民。

此次清理发掘的8座东汉中晚期墓葬，除M1、M7位置相对分散、方向不一因而无规律可循外，M2、M3、M4、M5、M8、M9则分布集中，排列有序。从其分布来看，此6座墓葬可分两组，其中M2、M3、M8、M9为一组，M4、M5为一组，每一组朝向一致，且都由北向南错位排列，即南侧的墓葬稍向东错位排列，故推测此6座墓葬可能为东汉晚期家族墓。

注：在简报整理的过程中，得到郑州市文物考古研究院研究员刘彦锋、郝红星及副研究员信应君的悉心指导与帮助，借此均表示深深的谢意！

领　队：刘彦锋
发　掘：张永清　鲍颖建
　　　　任广岭　张民吉
绘　图：李　杨
摄　影：蔡　强

注　释

[1] 郑州市文物考古研究所：《郑州市两处战国墓发掘报告》，《中原文物》1997年第3期。

[2] 郑州市文物考古研究所：《郑州市南阳路家世界购物广场战国墓葬发掘简报》，《华夏考古》2006年第2期。

[3] 郑州大学历史学院考古系、商丘市文物局、民权县文化局：《河南民权牛牧岗遗址战国西汉墓葬发掘简报》，《文物》2010年第12期。

[4] 湖北省文物考古研究所、黄冈市博物馆、黄州博物馆：《湖北黄州汪家冲西汉墓葬》，《江汉考古》1998年第2期。

[5] 洛阳区考古发掘队：《洛阳烧沟汉墓》，科学出版社，1959年，第85页。

[6] 洛阳区考古发掘队：《洛阳烧沟汉墓》，科学出版社，1959年，表六七《墓葬总表》。

（原刊于《洛阳考古》2014年第3期）

河南四方汇泽清华·紫光园小区汉墓发掘简报

胡亚毅　信应君

河南四方汇泽清华·紫光园小区位于郑州市金水区丰庆路西侧、国基路南侧，地理坐标为北纬34°49′11″，东经113°38′51″，海拔91～92米（图一）。2009年7～9月，郑州市文物考古研究院对清华·紫光园小区项目工程范围内古文化遗迹进行了抢救性发掘，共发掘墓葬75座，其中东周墓葬28座（2009ZJM1M46～M65、M68～M75简报另文发表），汉代墓葬44座（2009ZJM1M1-M25、M27～M45）（图二），晋墓2座（编号2009ZJM1M66-M67），时代不详的墓葬1座（2009ZJM1M26）。现将汉代墓葬简报如下。

一、墓葬形制

此次发掘的汉代墓葬，均为砖室墓。由于早期盗扰及基建施工破坏，多数墓葬仅余墓室底部，发现有人骨遗存的仅6座，葬式均为仰身直肢。这些墓葬中的随葬品多位于墓主人头部及耳室内。由于M36与M44破坏严重，仅残存底部局部，形制不清楚，根据墓葬形制和建筑材料，可将除M36、M44之外的42座墓葬分为三型。

A型　平顶空心砖墓，17座。除M16、M27、M29、M31带有耳室外，余均不带耳室。墓葬形制多为长方形，墓室略宽于墓道或与墓道同宽。墓室一般较长，棺前留有一定空余以放置随葬物品。

M33　方向0°。由墓道、墓室两部分组成。墓葬上部被破坏，现开口距地表约2.5米。长方形土坑斜坡墓道，长2、宽0.8、深0.1～0.8米，墓室长4.4、宽1.4、残高0.8米。墓室构筑方法：墓道与墓室间用一块1.1米×0.46米×0.1米的空心砖侧立横置作封门，东西两壁分别用三块空心砖侧立纵置，空心砖规格为1.38米×0.46米×0.18米、1.38米×0.32米×0.18米。墓底共用8块空心砖平铺，前部用4块空心砖纵向平铺，后部用4块空心砖横向平铺。墓室后壁用一块1.1米×0.32米×0.18米的空心砖侧立横置封堵。壁砖残存一层。未见人骨及棺木遗存。随葬品置于墓室入口处，有陶罐1件、陶壶2件、陶仓4件、陶灶1件、陶瓮1件、铜镜1面（图三）。

M27　方向185°。由墓道、封门、墓室、耳室四部分组成。墓室上部破坏。墓道平面呈梯形，斜坡状，长2.6、宽1.44～1.7、残深0.04～0.7米。封门砖上部破坏，用4块画像空心砖竖立作封门，东西两侧用规格0.18米的柱形砖作门柱，中间用两块宽0.46米的砖

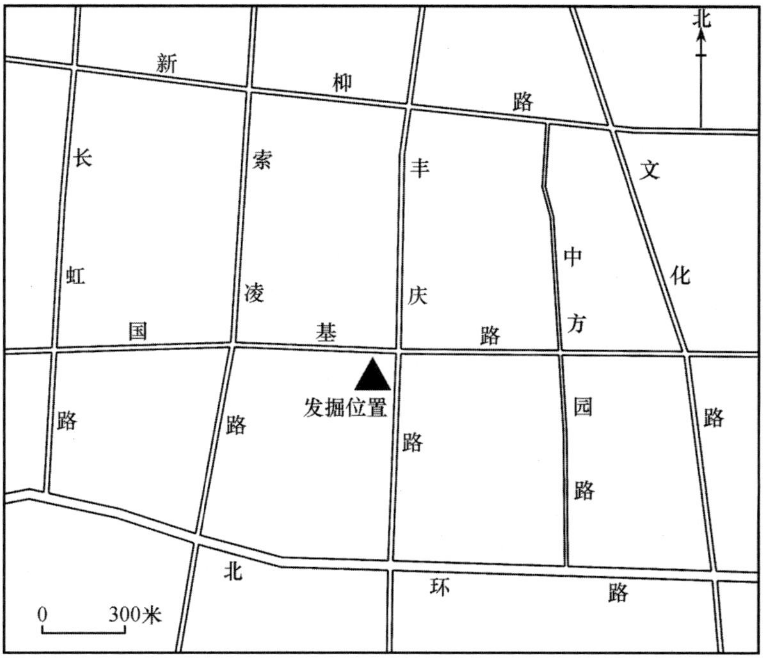

图一

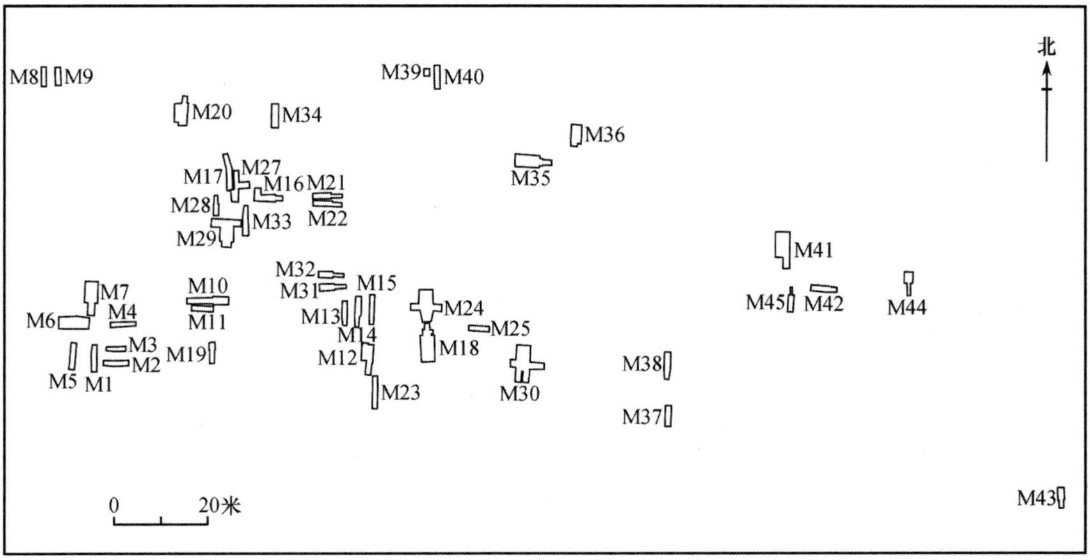

图二 墓葬分布总平面图

作为墓门。门柱砖对称两面画像相同，正面画像外框饰绳纹，主体纹饰分三部分，上下两部分画一立鹤，长喙叼一鱼，中间为两组8个菱形方格纹，内饰乳钉纹；另一面上下各画一圆圈图案，中间为两组12个菱形方格纹，内饰乳钉。封门砖纹饰分为三部分，外部两重纹饰相同，外围饰绳纹，向内饰一周长青树纹，主体纹饰一面饰一行飞翔的大雁，

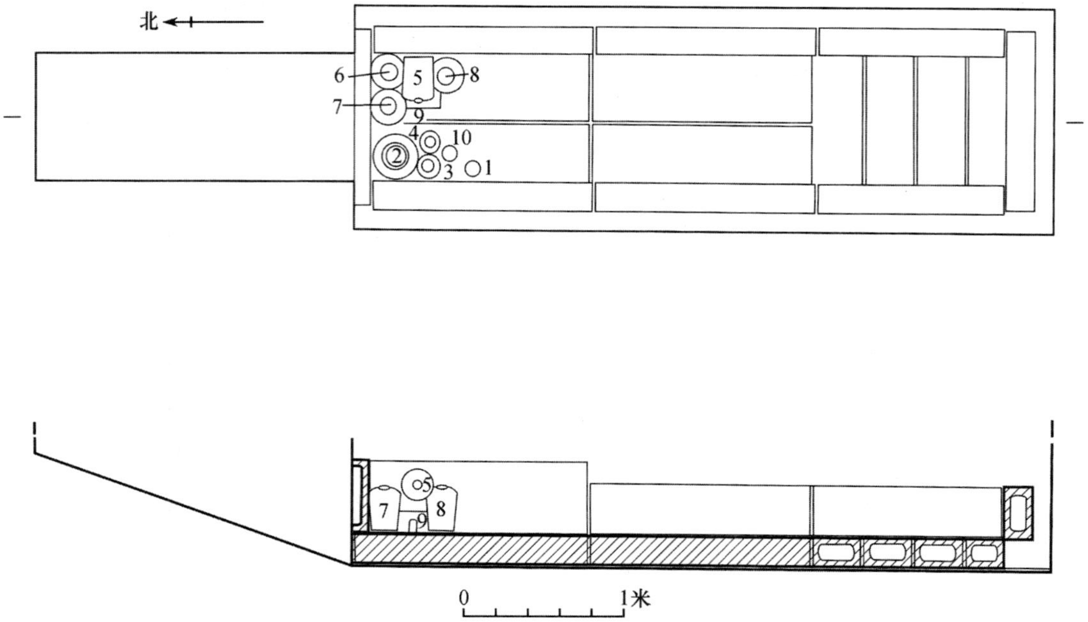

图三　M33平、剖面图

1. 小口瓮　2. 陶罐　3、4. 陶壶　5～8. 陶仓　9. 陶灶　10. 铜镜

间饰乳钉纹，另一面饰菱形方格纹，方格纹内饰蟠螭纹 。

墓室平面呈长方形，由空心砖构筑，长3.74、宽0.98、残高0.54米。构筑方法为：先用一排12块空心砖铺底，其上用空心砖侧立砌筑墓壁。

耳室位于墓室前部东侧，平面呈长方形，东西长2.2、宽1.3、残高0.7米。构筑方法为墓底用7块空心砖平铺，其上用30厘米×14厘米×7厘米的小砖错缝平铺构筑墓壁，耳室与墓室相接处用3块与封门门柱砖相同的空心砖作立柱，中间一块饰菱形方格纹，方格纹内饰蟠螭纹，另2块画像纹饰与封门门柱砖相同。

该墓人骨和棺木均无存。随葬品放置于耳室内，有陶罐1件、仓5件、壶5件、灶1件、五铢钱币20枚（图四）。

B型　弧顶小砖墓，21座，分三式。

Ⅰ式：16座，均为单室墓。

M23　方向354°。平面呈“甲”字形，由墓道、封门、墓室三部分组成。墓道平面略呈梯形，长2.3、宽0.92～1、深1.2米。封门位于墓室入口处，为小砖错缝平砌弧形封堵，高1.08米。墓室平面长方形，长3.95、宽1.32、高1.06米。构筑方法为：先用小砖直缝平砌墓底，南壁用小砖错缝侧砌6层，东西二壁用小砖错缝侧砌5层后开始起券，墓顶为弧形并列券，共11道，券高0.28米。所用小砖尺寸为34厘米×14厘米×6厘米。墓室南半部高出墓底0.3米处出土人骨一具，头北面西，仰身直肢，葬具已朽。随葬品位于墓室北半部，出土陶钵2件、壶3件、罐9件、灶2件、仓4件、五铢钱币2枚（图五）。

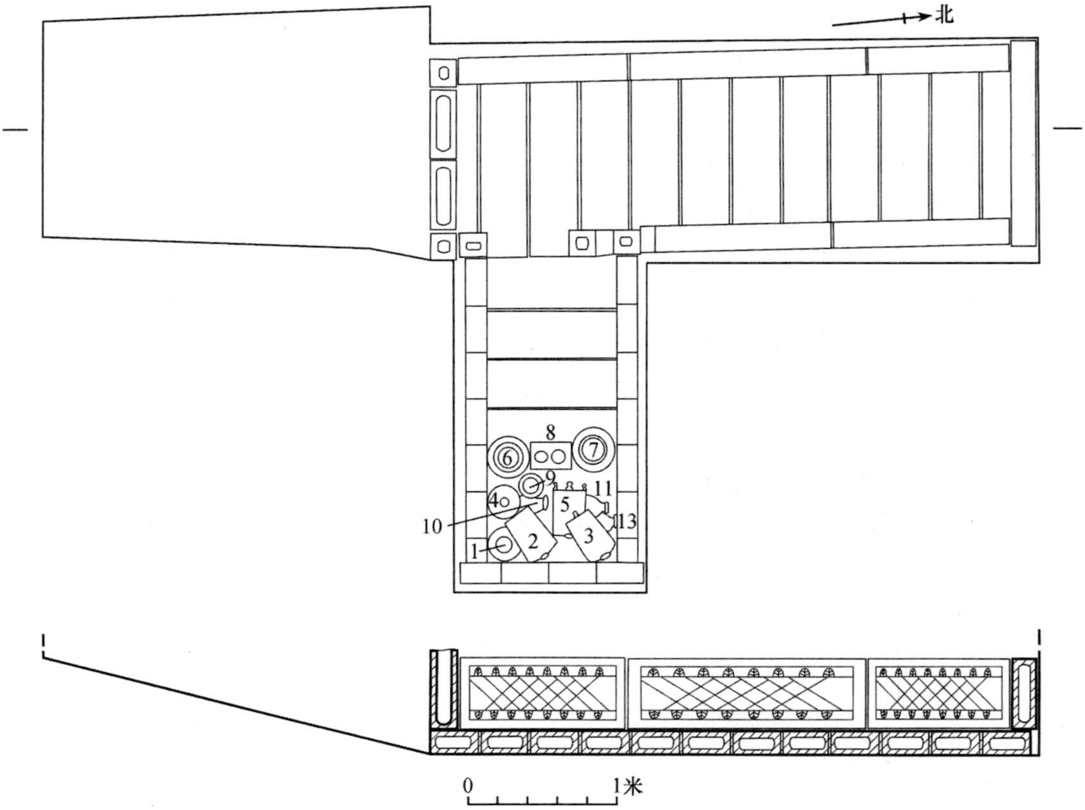

图四 M27平、剖面图

1. 陶罐 2~5、13. 陶仓 6、7、9~11. 陶壶 8. 陶灶 12. 铜钱

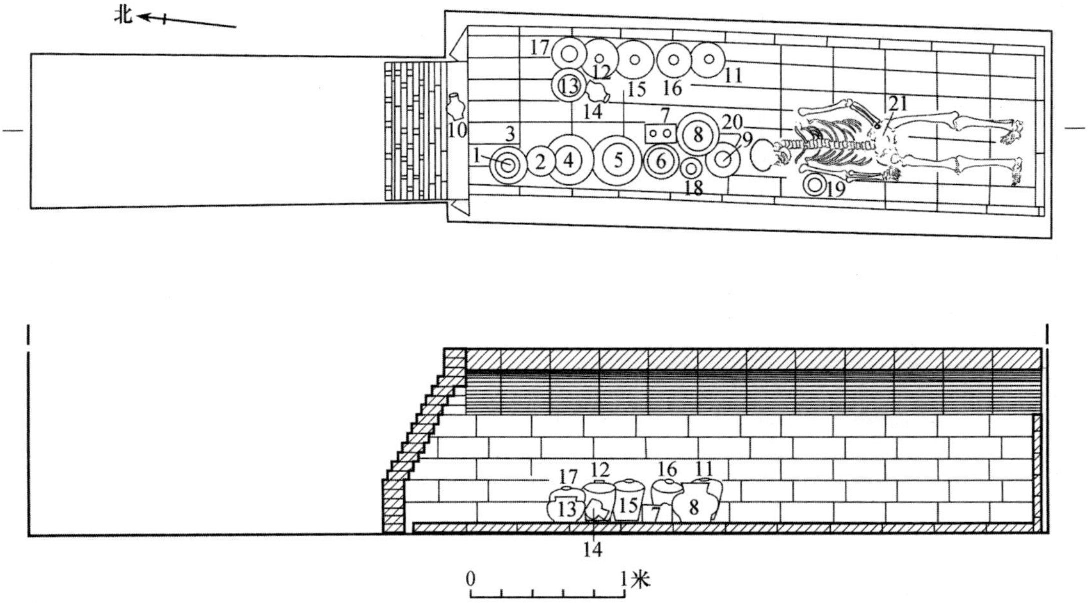

图五 M23平、剖面图

1、2. 钵 3~6、8、9、13、17、18. 罐 7、20. 灶 10、14、19. 壶 11、12、15、16. 仓 21. 铜钱

Ⅱ式：4座。双室墓。

M6　为双墓道、双墓室组成的合葬墓，方向92°。两墓室尺寸相同。墓道长2.5、宽2、残深1.3米。两墓室大小一致，均为长3.5、宽0.82、高1.02米。封门位于墓室入口处，先用小砖错缝平砌，然后再在其上放置空心砖封堵。以南墓室为例，构筑方法为：先采用小砖直缝平铺墓底，在此基础上，用小砖错缝平砌墓壁，小砖尺寸为：32厘米×14厘米×6厘米。墓顶横断面呈梯形。北墓室置人骨一具，头东足北，仰身直肢；因漂移所致，随葬品多位于人骨的上方和墓室入口处，出土陶仓5件、罐4件、灶1件、壶2件、五铢钱币5枚；南墓室随葬品遍布整个墓室，有陶仓4件、壶3件、罐1件、灶1件、钵1件（图六）。

Ⅲ式：1座。

M41　方向180°。由墓道、封门、横前室、双后室构成。墓道平面呈长方形，长2.3、宽1.08、深1.1米。封门介于墓道与前室相接处，用两块规格1.3米×0.46米×0.18米的空心砖竖立封堵。其内侧前室前墙上部用1.4米×0.3米×0.12米的空心砖侧立横置作门楣。前室平面呈长方形，长2.4、宽1.2、高1.3米。墓壁用青灰小砖错缝平砌，东西两壁与两后室墓壁为一体，但前室与后室墓壁的相接处均用一块空心砖竖立作为后室的立

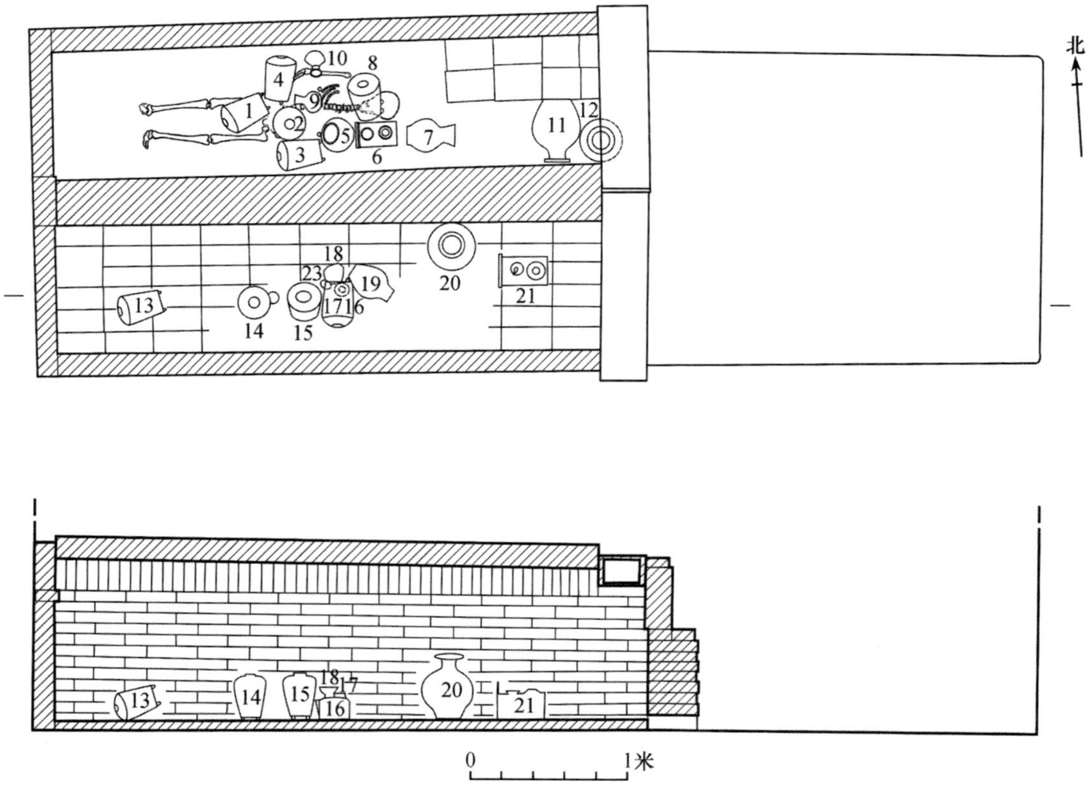

图六　M6平、剖面图

1～4、8、13～16. 陶仓　5、7、11、12、19. 陶罐　6、21. 陶灶　9、10、17、18. 小陶壶　20. 陶壶　22. 铜钱　23. 陶钵

柱。前室顶部塌陷，东西纵向起券，室内放置随葬品。

两后室平面均呈长方形，墓室纵连券，保存完好。东室短于西室，东室长2.3、宽1.2、深1.3米；西室长3.4、宽1.2、深1.3米。墓室后壁用小砖错缝平砌。东室墓底用小砖纵向平铺；西室墓底南部用小砖平铺，北部用空心砖铺底，墓室前部放置随葬品，后部置墓主人，人骨架已朽为粉状，仅东室见有牙齿。随葬品有铜镜1件、陶灶2件、陶壶11件、陶仓16件、陶罐4件、五铢钱币21枚（图七）。

C型 多室墓，4座。

M30 平面呈"十"字形，方向102°。由墓道、甬道、前室、后室、南侧室、北侧室组成，墓室均使用32厘米×14厘米×6厘米的小砖构筑。墓葬早期被盗扰，后来由于基建施工取土，上部破坏较为严重，发掘时墓道和墓室均出露于地表。

墓道为斜坡式，平面呈梯形，口长2.6、底长1.96、宽1.2~1.36、残深0.7~0.9米。

甬道：平面呈窄长方形，南北长1.2、东西宽0.6、残高0.9米。

前室：平面近方形，南北长2.68、东西宽2.72、残高0.88~0.96米。前室底部较平。用8行小砖横向平铺，共18排。放置陶罐1件、陶瓮1件。

后室平面近方形，南北长1.34、东西宽1.28、残高0.9米。底部较平，用4排小砖纵向

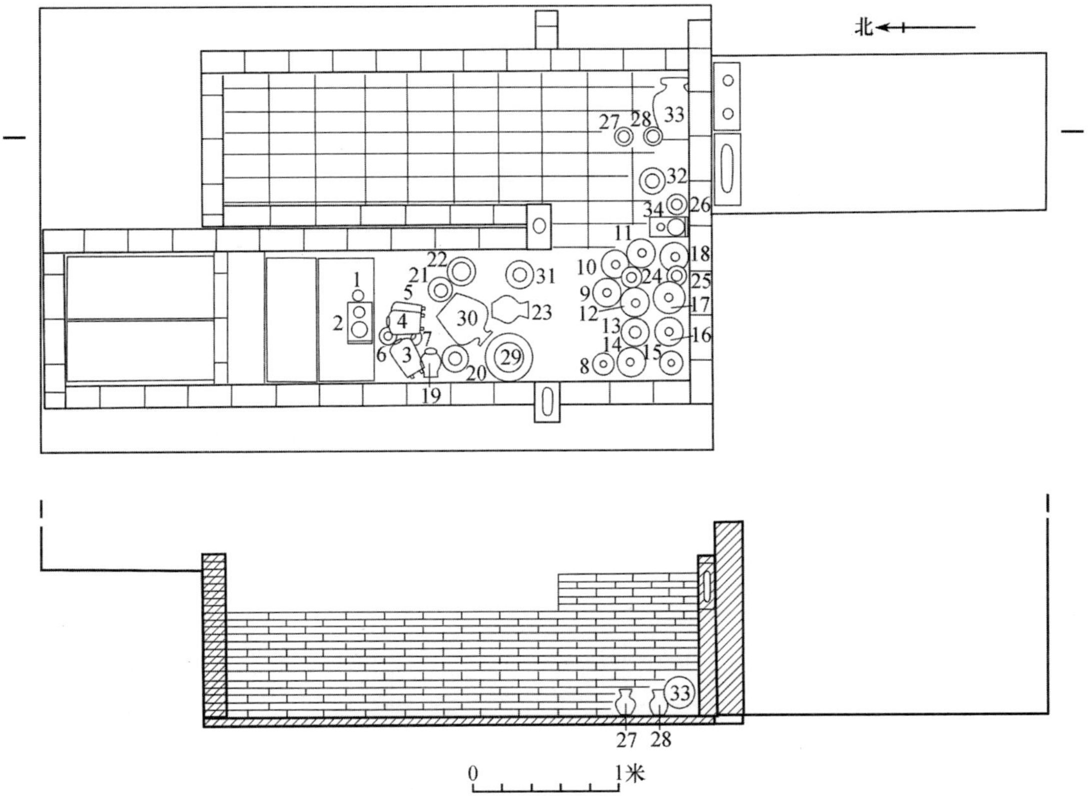

图七 M41平、剖面图

1.铜镜 2、34.陶灶 3~18.陶仓 19~29.陶壶 30~33.陶罐 35.铜钱

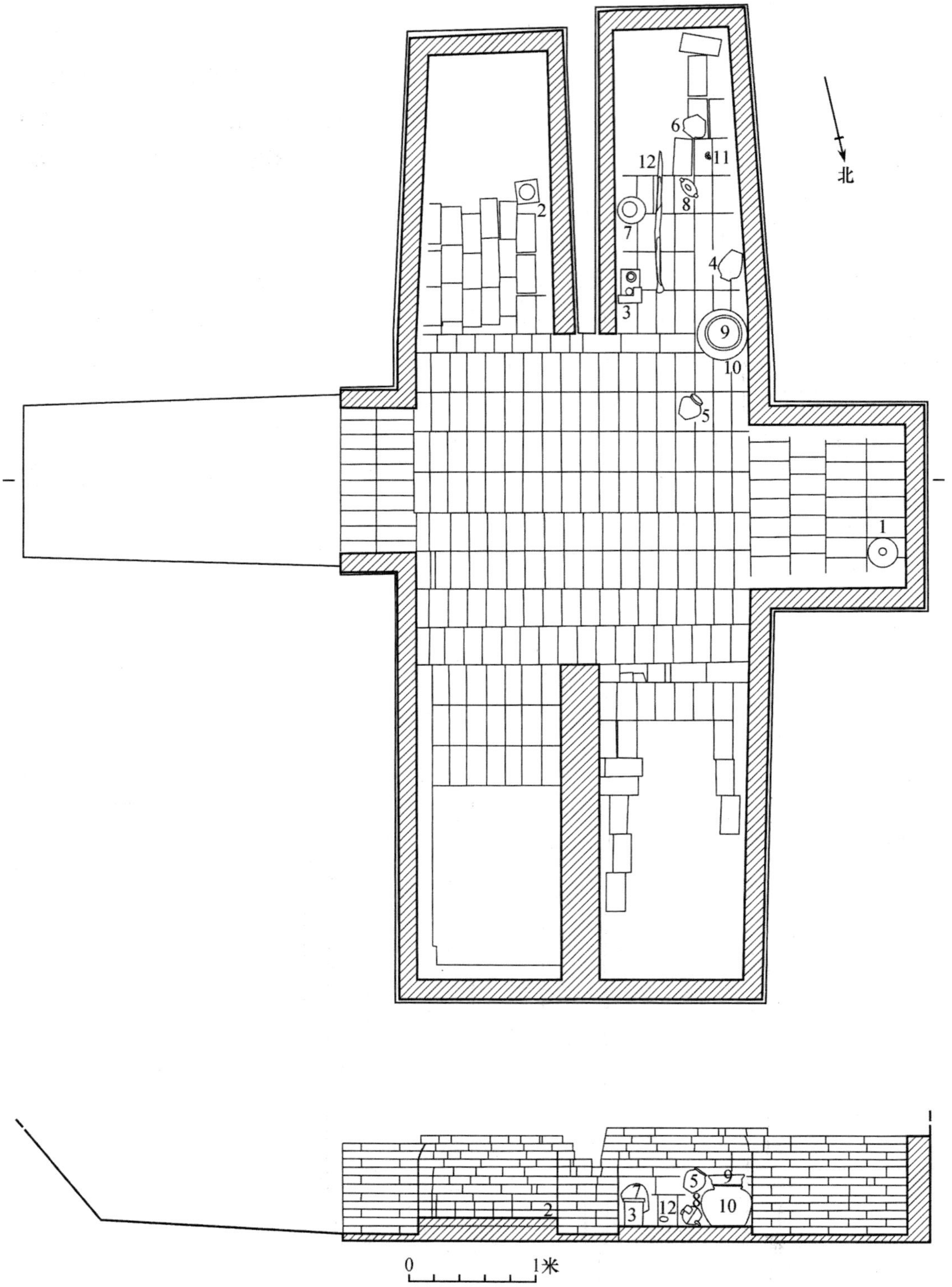

图八　M30平、剖面图

1. 陶仓　2. 陶磨　3. 陶灶　4～7. 陶罐　8. 陶鼎　9. 陶盆　10. 陶瓮　11. 铜钱　12. 铁刀

平铺，墓室内放置陶仓1件。

北侧室平面近方形，室长2.56、通宽2.68～2.72米。中间用两道小砖直缝平砌将其隔成两个室，隔墙宽0.32米。东侧室宽1.18、残高0.78米，底部较平，与墓葬前、后室底面相平。西侧室宽1.2、残高0.9米，底面高出前、后室底面0.12米。无随葬物品。

南侧室由两个独立的墓室构成，平面近梯形。其中东室长2.32、宽0.96～1.12米、残高0.86米；西室长2.48、宽0.94～1.08、残高0.92米。两侧室底面均高于前、后室地面，其中东室高出0.12米，西室高出0.06米。东室随葬陶磨1件，随葬物品多集中放置于西室内，计有灶1件、罐3件、鼎1件、盆1件、铁刀1件、货泉4枚（图八）。

二、随葬器物

出土各类随葬器物334件，其中陶器318件、铜器14件、铁器2件、铜钱241枚。

1. 陶器

壶 7件。分三型。

A型 盘口壶，5件，均为泥质红胎釉陶。

Ⅰ式：4件。浅盘口，束颈，扁圆腹，腹部饰三组弦纹，腹中部两侧各饰一铺首，折曲状圈足。标本M10：2，酱黄釉，口径18厘米，腹径30厘米，底径17厘米，高37.5厘米（图九，1）。标本M27：7，酱黄釉，口上覆盖，盖为折平沿，顶部隆起。颈、腹部饰弦纹。口径20厘米，腹径31.5厘米，底径19厘米，高47.5厘米（图九，2）。

Ⅱ式：1件。M14：7，盘口较深，细长颈，溜肩，鼓腹，颈、腹上饰弦纹，腹部两侧饰铺首衔环，折曲状圈足。施绿釉。口径22.6厘米，腹径36.8厘米，底径19.2厘米，高48厘米（图九，3）。

B型 敞口壶，1件。M41：29，泥质灰陶，浅覆钵式盖，颈、腹上部饰弦纹，腹两侧饰铺首衔环。口径19厘米，腹径30厘米，底径17厘米，通高48厘米（图九，5）。

C型 直口壶，1件。M7：11，泥质红胎，绿釉，壶有领，粗颈，圆腹，腹上部饰弦纹，两侧饰铺首衔环，筒状假圈足。口径18厘米，腹径34厘米，底径16厘米，通高43.5厘米（图九，4）。

小陶壶 82件。

A型 盘口壶，68件。

Ⅰ式：50件。束颈，圆腹，筒状或折曲状假圈足。标本M40：6，泥质灰陶，口径10.5厘米，腹径19.2厘米，底径10.5厘米，高24厘米（图九，6）。标本M32：3，泥质灰陶，口径7.2厘米，腹径14.6厘米，底径8厘米，高16厘米（图一〇，1）。

Ⅱ式：18件。口外敞较甚，束颈，腹部由Ⅰ式横长变为竖长，平底或高假圈足。标本M2：6，泥质灰陶，口径8厘米，腹径11厘米，底径5.3厘米，高14.8厘米（图一〇，

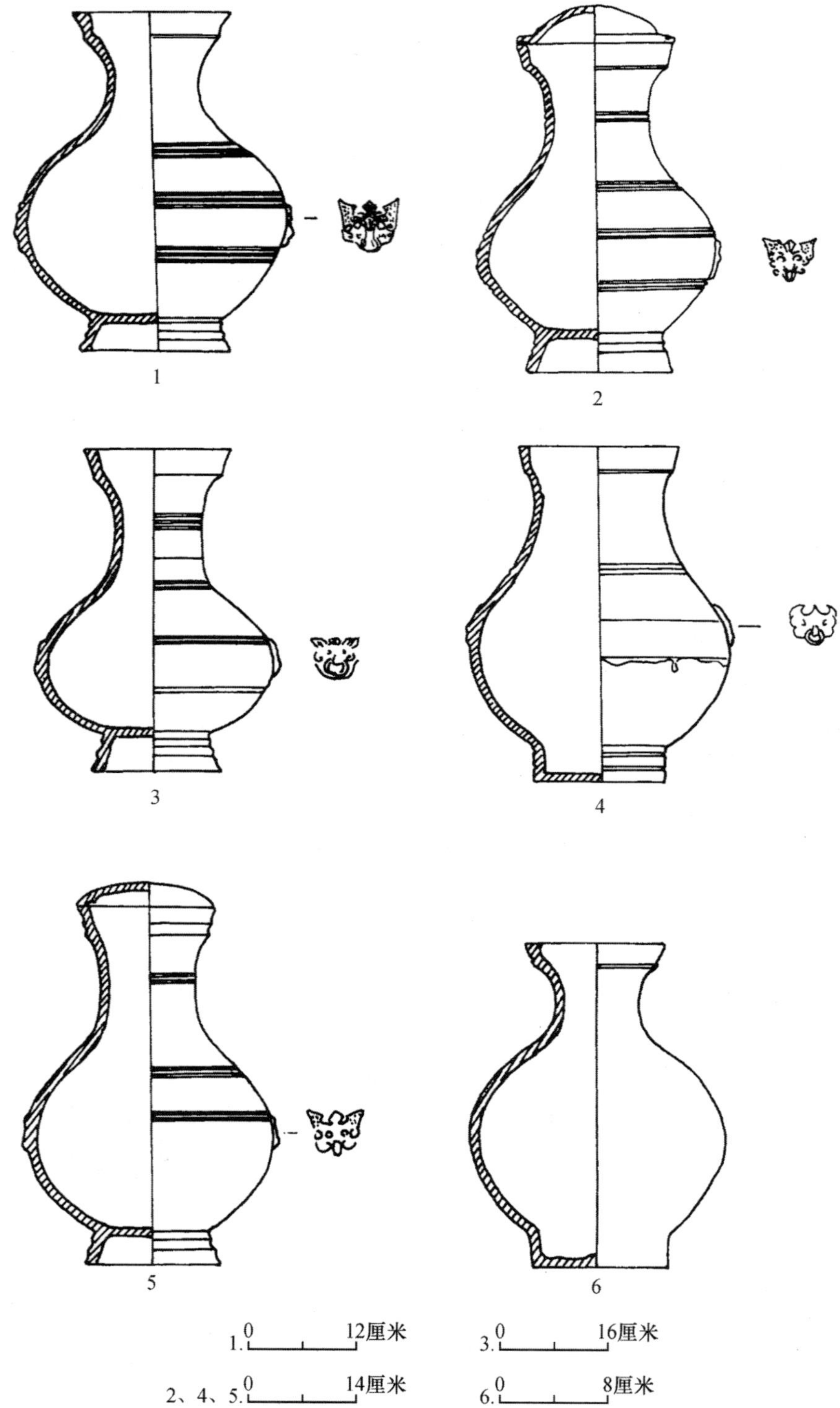

图九　出土陶壶

1、2. AⅠ式壶（M10：2、M27：7）　3. AⅡ式壶（M14：7）　4. C型壶（M7：11）　5. B型（M41：29）
6. AⅠ式小壶（M40：6）

2）。标本M7：13，泥质灰陶，口径8厘米，腹径13.2厘米，底径6厘米，高17厘米（图一〇，3）。

B型　敞口壶，13件。敞口，溜肩，鼓腹，筒状假圈足。标本M14：12，泥质灰陶，口径7.5厘米，腹径14厘米，底径7厘米，高17.5厘米（图一〇，4）

C型　1件。M9：2，泥质灰陶，敞口，粗颈，扁圆腹，平底。口径10厘米，腹径19厘米，底径12厘米，高20.5厘米（图一〇，5）。

陶罐　80件。除个别为釉陶器外，多数为泥质灰陶。分为四型。

A型　通体瘦高，35件。根据口沿的变化分为二亚型。

Aa型　平沿罐，5件。

Ⅰ式：4件。敞口，宽平沿，束径，溜肩，鼓腹，下腹斜收，平底。标本M17：1，口径18.5厘米，腹径28.7厘米，底径11.5厘米，高38厘米（图一〇，7）。

Ⅱ式：1 件。宽沿下垂，颈较长，弧肩，微鼓腹，平底微内凹。标本M1：1，口径11厘米，腹径21厘米，底径11厘米，高28厘米（图一〇，6）。

Ab型　内卷沿盘口形罐，30件。根据口沿和肩部的不同，分为三式。

Ⅰ式：8件。卷沿较薄。束颈，广肩，鼓腹，最大径在腹上部。下腹曲收，平底微内凹。标本M31：4，口径14厘米，腹径33.6厘米，底径9.5厘米，高40.5厘米（图一〇，8）。

Ⅱ式：15件。卷沿较厚。束径，弧腹，最大径在腹上部，下腹弧收，平底。标本M23：4，口径11.8厘米，腹径29.4厘米，底径16厘米，高42厘米（图一〇，9）。

Ⅲ式：7件。沿较厚，向内凸起，未成卷状。长颈，溜肩，微鼓腹，最大径在腹中部，下腹曲收，平底微内凹。标本M23：8，口径13.5厘米，腹径23厘米，底径13厘米，高32.5厘米（图一一，1）。

B型　通体矮胖，43件。分二亚型。

Ba型　口径大于底径，37件。

Ⅰ式：5件。直口，平沿，方唇，扁圆腹，最大径在腹上部，下腹曲收，平底。标本M10：3，口径14.5厘米，腹径17.5厘米，底径8.4厘米，高13厘米（图一一，5）。

Ⅱ式：12件。与Ⅰ式相比器身变长，下腹斜收或曲收较甚，平底。腹上部多饰栉齿纹、小菱格形纹等。标本M30：5，泥质红胎，酱釉泛绿，口径11厘米，腹径19.6厘米，底径9厘米，高16.8厘米（图一一，3）。

Ⅲ式：5件。直口，方唇或尖圆唇。弧腹，最大径在腹中上部，下腹弧收，平底。标本M23：6，口径13厘米，腹径19.5厘米，底径12厘米，高19厘米（图一一，2）。

Ⅳ式：15件。卷沿，圆唇，圆腹，最大径在腹中部，平底。标本M7：16，腹中部饰有弦纹。口径11厘米，腹径16.8厘米，底径9.5厘米，高16厘米（图一一，8）。

Bb型　底径大于口径，6件。

图一〇　出土小陶壶、陶罐

1. AⅠ式小壶（M32：3）　2、3. AⅡ式小壶（M2：6、M7：13）　4. B型小壶（M14：12）　5. C型小壶（M9：2）　6. AaⅡ式罐（M1：1）　7. AaⅠ式罐（M17：1）　8. AbⅠ式罐（M31：4）　9. AbⅡ式罐（M23：4）

Ⅰ式：3件。腹上部多饰短直线或斜线纹。标本M24：6，口径12厘米，腹径24.4厘米，底径14.5厘米，高23厘米（图一一，9）。

Ⅱ式：3件。最大径在腹中部或微下垂。标本M23：17，口径13.5厘米，腹径20.8厘米，底径14厘米，高18厘米（图一一，7）。

C型　折腹罐，1件。M14：6，器形较小，直口，方唇，折腹，平底微内凹。口径7.6厘米，腹径14.5厘米，底径8厘米，通高11.2厘米（图一一，4）。

异型罐　1件。M22：3，泥质灰陶。直口，扁圆腹，腹部下垂，平底，三足残。口径9厘米，底径12厘米，残高11厘米（图一一，6）。

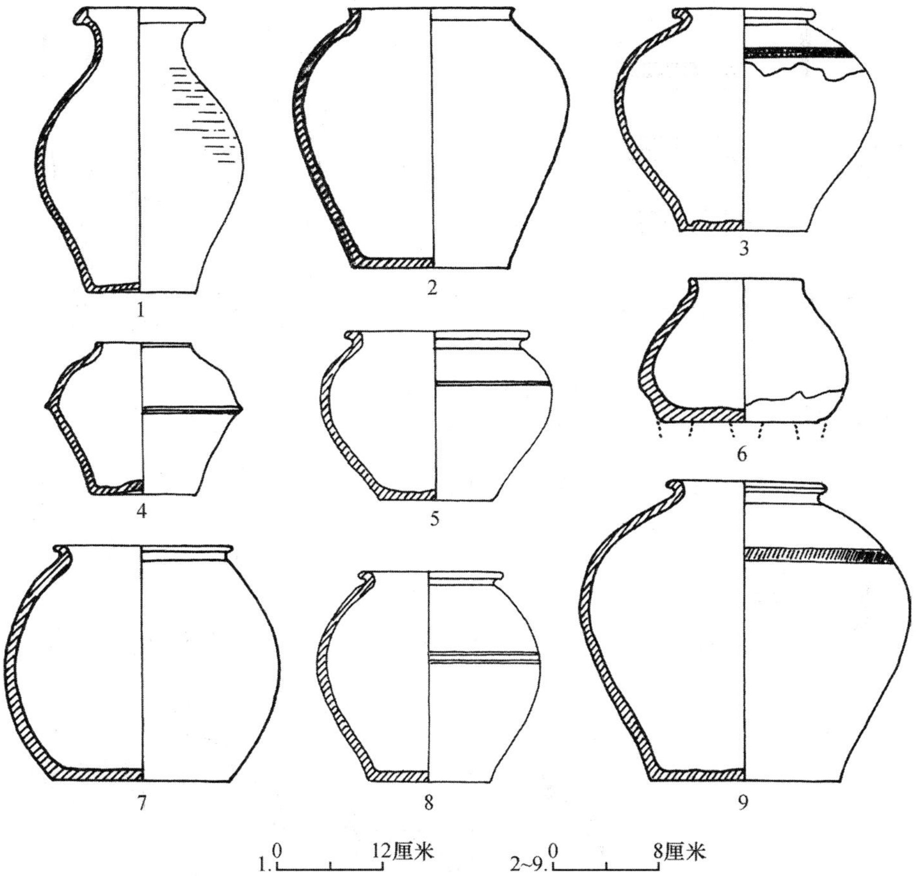

图一一 出土陶罐

1. AbⅢ式罐（M23：8） 2. BaⅢ式罐（M23：6） 3. BaⅡ式罐（M30：5） 4. C型折腹罐（M14：6） 5. BaⅠ式罐（M10：3） 6. 异型罐（M22：3） 7. BbⅡ式罐（M23：17） 8. BaⅣ式罐（M7：16） 9. BbⅠ式罐（M24：6）

陶仓 108件，分为二型。

A型 100件。圆唇，筒腹，平底，附三兽足。

Ⅰ式：11件。广平肩，腹下部微收。标本M31：2，泥质灰陶，腹部饰三组凸弦纹。口径6.5厘米，底径16厘米，通高22厘米（图一二，1）。

Ⅱ式：60件。弧肩或折肩，腹下部内收。标本M10：10，泥质灰陶，有盖，腹部饰凹弦纹饰。口径5.6厘米，底径12.5厘米，通高22厘米（图一二，2）。标本M14：8，泥质红胎釉陶，腹部饰凹弦纹。口径6.5厘米，底径17.5厘米，通高29厘米（图一二，3）。

Ⅲ式：20件。溜肩，腹下部内收。标本M23：11，泥质灰陶，腹部饰两组凸弦纹。口径6厘米，底径16厘米，通高27.5厘米（图一二，5）。

Ⅳ式：9件。体瘦长，溜肩或弧肩，腹下部斜收较甚。标本M7：1，泥质红胎黄绿釉陶，下部饰凹弦纹。口径6厘米，底径13.5厘米，通高31.5厘米（图一二，4）。

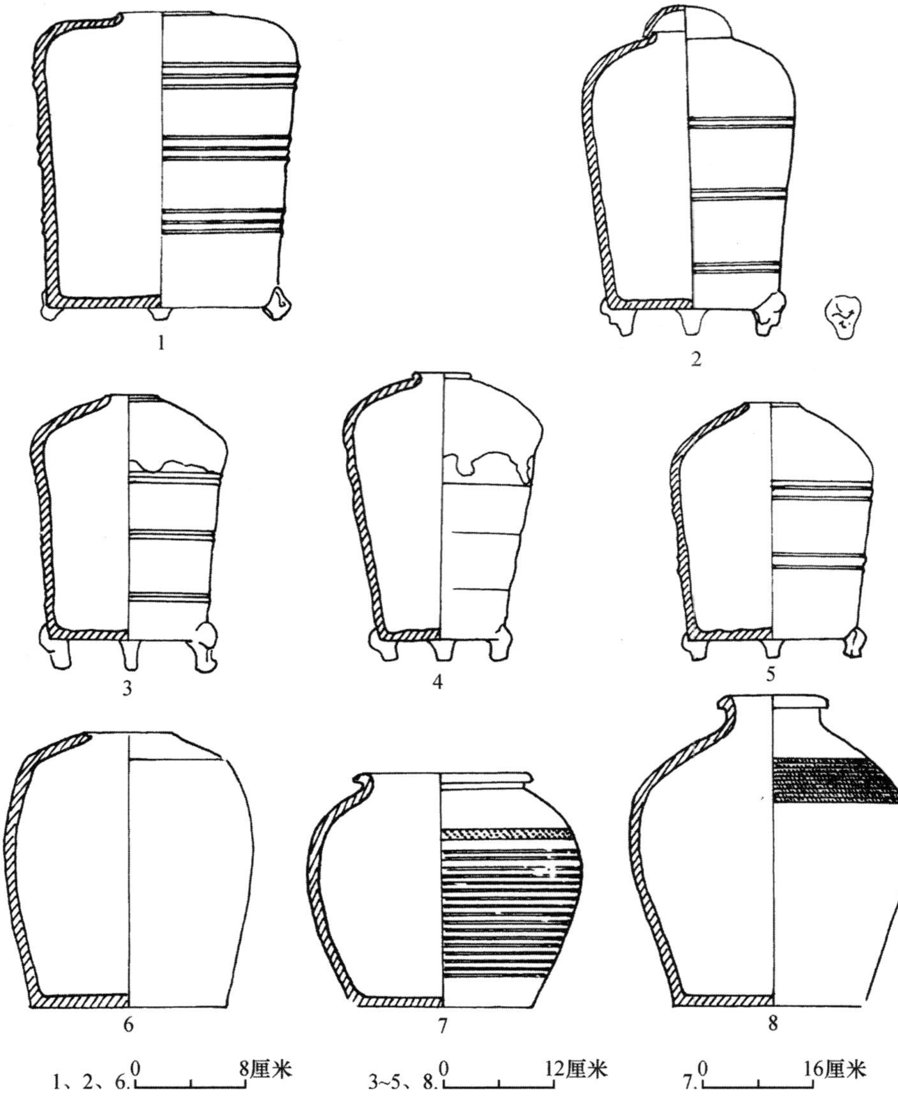

图一二　出土陶瓮、陶仓

1. AⅠ式仓（M31：2）　2、3. AⅡ式仓（M10：10、M14：8）　4. AⅣ式仓（M7：1）　5. AⅢ式仓（M23：11）　6. BⅠ式仓（M13：8）　7. A型瓮（M24：18）　8. B型瓮（M33：1）

B型　8件，筒腹，平底，无足。

Ⅰ式：5件。口无唇，折肩，腹近直。标本M13：8，泥质灰陶，口径6.5厘米，底径15厘米，高20厘米（图一二，6）。

Ⅱ式：3件。体瘦长。口微敞，有领，窄肩，腹下部斜收。标本M22：5，泥质灰陶，口径9.5厘米，底径13厘米，高26.5厘米（图一三，4）。

陶瓮　6件。泥质灰陶。分二型。

A型　大口瓮，2件。形制相同。卷平沿，尖圆唇，圆腹，下腹斜收或曲收，大平

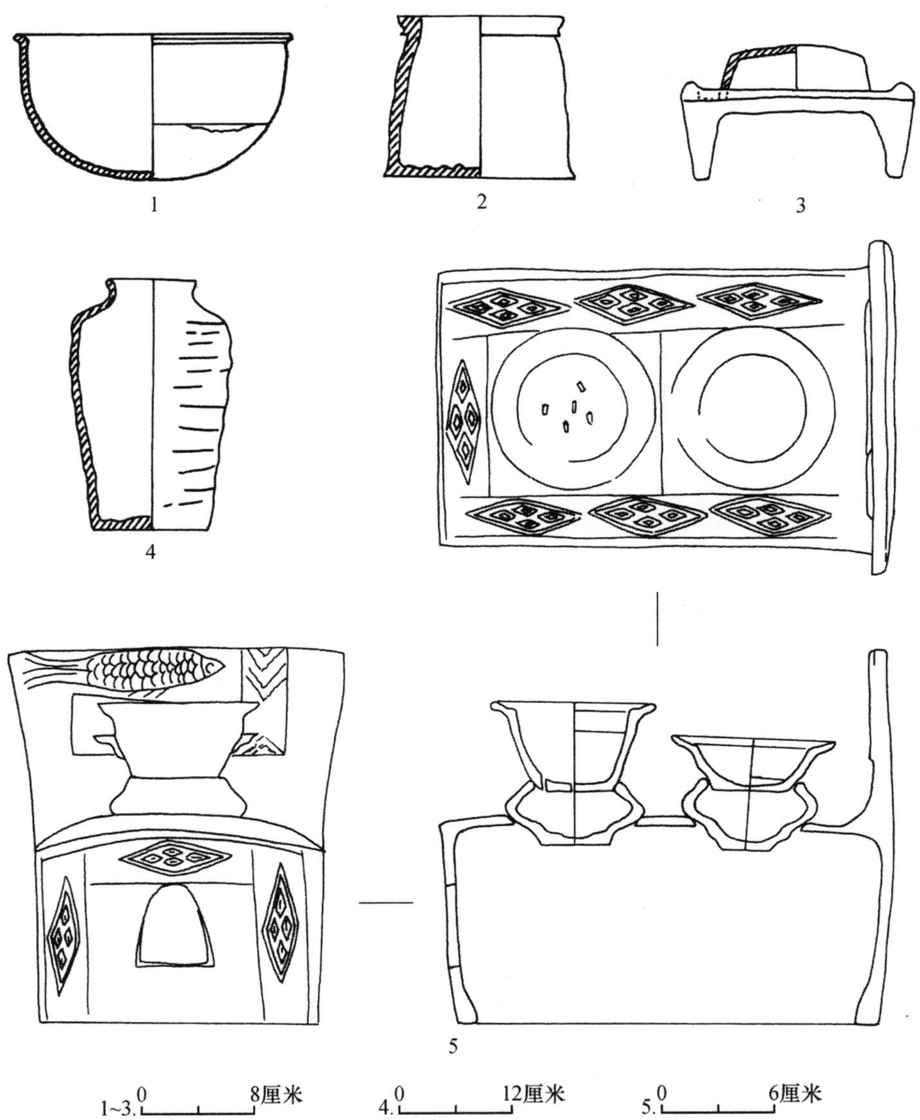

图一三 出土陶器

1. 陶钵（M12：6） 2. 陶井（M35：1） 3. 陶磨（M30：2） 4. BⅡ式仓（M22：5） 5. B型陶灶（M23：20）

底。标本M24：18，腹上部饰一周篦点纹，下部饰弦纹。口径24.5厘米，腹径40厘米，底径26厘米，通高33.5厘米（图一二，7）。

B型 小口瓮，4件。侈口，高领，溜肩，鼓腹，下腹曲收，大平底。标本M33：1，平沿下斜，方唇。肩上饰短斜线纹。口径9.5厘米，肩径30.5厘米，底径22厘米，通高35厘米（图一二，8）。

陶钵 4件。侈口，仰折沿，方唇，弧壁，小平底或圜底。标本M12：6，泥质釉陶，圜底。口径20厘米，通高9.5厘米（图一三，1）。

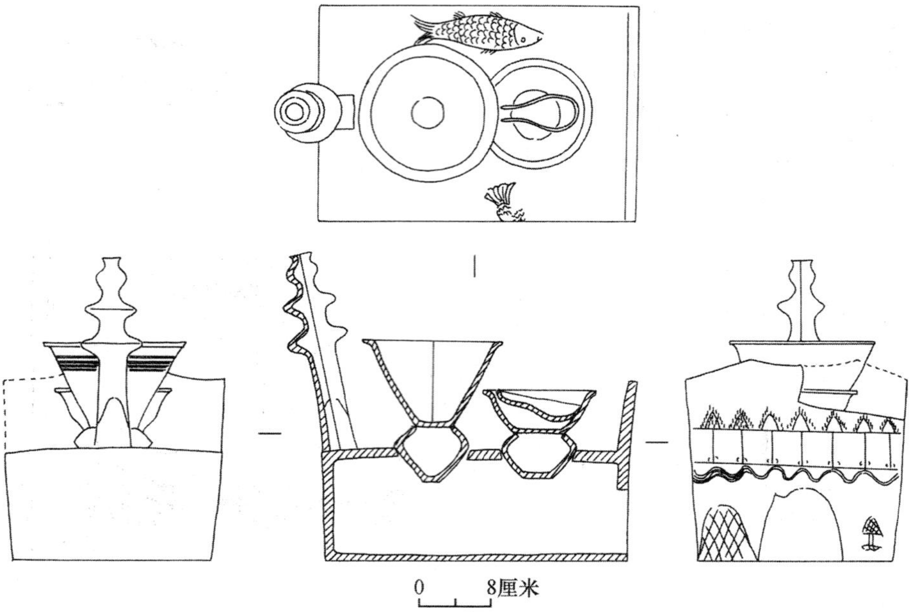

图一四　出土A型陶灶（M11：9）

陶井　1件 。M35：1，泥质红陶， 敛口，平沿，沿下部有一周凸棱，筒状腹，下部微外斜，平底。口径12.5厘米，底径14厘米，通高11.5厘米（图一三，2）。

陶磨　1件。M30：2，泥质灰陶，由磨座、磨扇两部分组成。磨座方形内凹，平底中空，有四柱状足。边长17.5厘米，厚2.2厘米，座高4.4厘米。磨座正中隆起一圆柱状磨扇，直径11厘米，高3.2厘米（图一三，3）。

陶灶　26件，均泥质灰陶，灶体长方形，灶前壁正中开有火门，灶面微鼓，开双火眼。分三型。

A型　1件。M11：9， 灶前设有挡板，前火眼上置一釜一钵，后火眼上置一釜一甑，灶尾正中立一葫芦形烟囱。灶面模印有鱼；火门上方模印有三角纹、矩形纹、水波纹组成的图案，火门左右两侧分别印有常青树纹，菱形格纹。灶体长33.4厘米，宽22厘米，高12厘米，前壁挡板高8厘米，烟囱高22厘米（图一四）。

B型　19件。 后壁高出有挡烟墙。标本M23：20，前火眼上置一釜一甑，后火眼上置一釜一钵。灶面模印菱形格纹，后壁挡板上模印鱼纹，前壁火门两侧及上方模印菱形格纹。灶体长24厘米，宽15厘米，前壁高10.5厘米，后壁及挡板高20厘米（图一三，5）。

C型　6件。灶后壁盖有屋顶。标本M24：1，火眼上放置一釜一甑。后壁右侧起墙，其上盖有瓦垄屋顶。灶面及前壁上均模印菱形格纹。灶有长26厘米，宽16厘米，前壁高12厘米，后壁到屋顶高24厘米（图一五，4）。

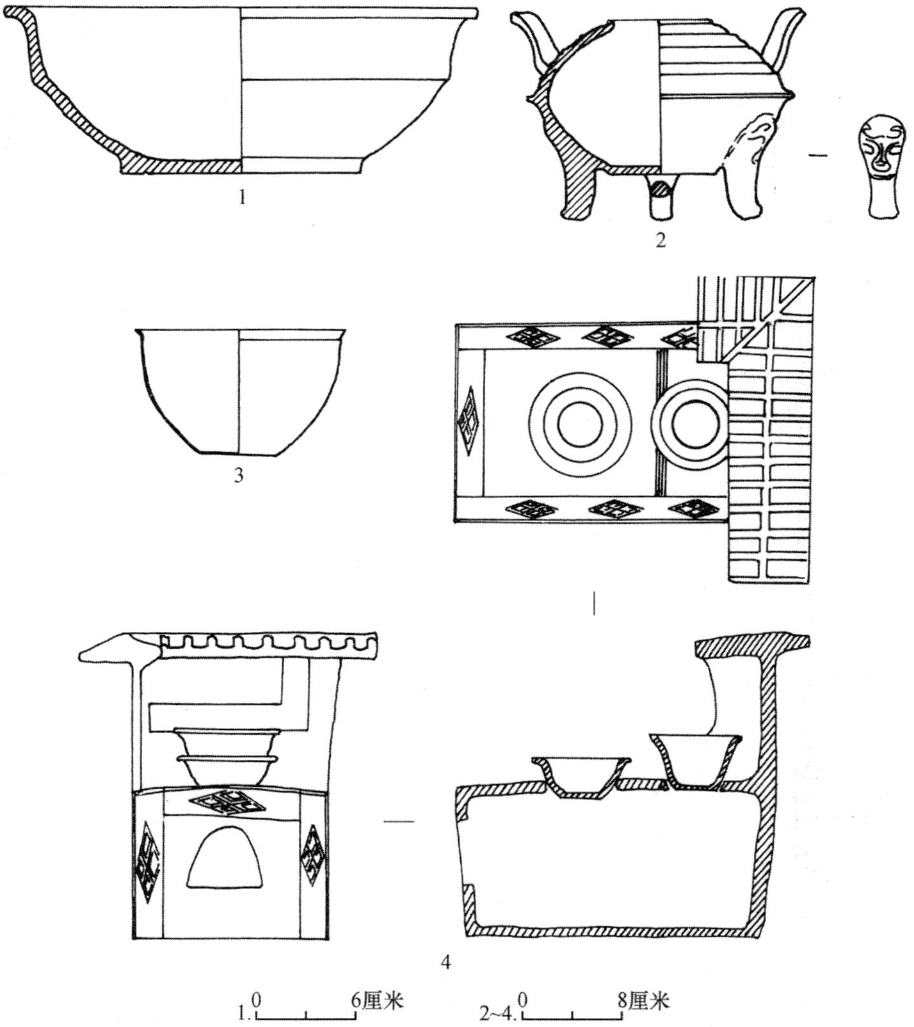

图一五　出土陶器、铜器

1. 陶盆（M2∶1） 2. 釉陶鼎（M30∶8） 3. 铜洗（M9∶3） 4. C型陶灶（M24∶1）

陶盆　2件。侈口，折沿，方唇，折腹，下腹斜收较甚，低矮假圈足或平底内凹。标本M2∶1，泥质灰陶，口径29厘米，底径14.5厘米，通高10厘米（图一五，1）。

陶鼎　1件。M30∶8，泥质红胎釉陶，由器身与器盖两部分组成，子母口。器身斜弧腹，腹较浅，平底，下附三人面形足。器盖与器身形制相同，上附两耳。口径21厘米，底径8厘米，足高3.6厘米，通高16厘米（图一五，2）。

2. 铜器

14件。

铜洗　4件。斜折沿，敞口，弧腹，小平底或圜底。标本M9∶3，口径17.5厘米，底径6厘米，通高10厘米（图一五，3）。

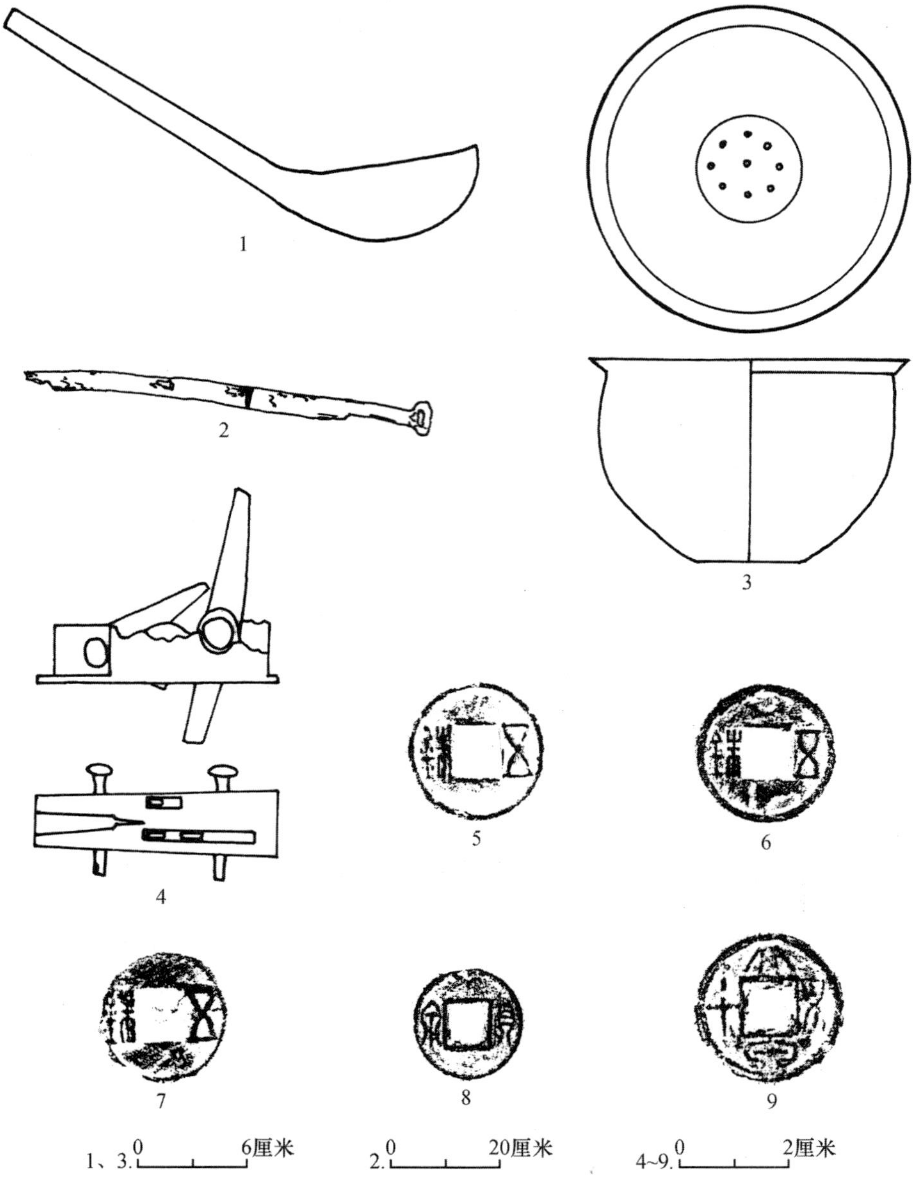

图一六　出土铜器、铁器、钱币

1. 铜勺（M40：1）　2. 铁刀（M20：1）　3. 铜甑（M40：4）　4. 铜弩机（M24：25）　5. AⅠ式五铢（M9：5）　6. AⅡ式五铢（M20：12）　7. AⅢ式五铢（M27：12）　8. 货泉（M30：11）　9. 大泉五十（M18：7）

铜勺　1件。M40：1，扁椭圆形，圜底，长柄。勺径10厘米，柄长16.5厘米（图一六，1）。

铜甑　1件。M40：4，敞口，斜折沿，弧腹，小平底，底部有9个小孔。口径16厘米，底径6厘米，通高11厘米（图一六，3）。

铜弩机　1件。M24：25，机身上部有一道箭槽，郭身横穿两键，用以固定钩心、望山、牙和悬刀。身长4.5厘米，前端宽0.9厘米，后端宽1.2厘米，高1.1厘米（图一六，4）。

铜镜 7面，因M7：2锈蚀严重，纹饰不清，余下六面分为三型。

A型 蟠螭纹镜，1面。M9：4，三弦纽，圆纽座，座外有宽凹面形环带一周，其外纹饰由主纹与地纹组成，地纹为圆涡纹和并列线纹，主纹为四组极度涡化的蟠螭纹，两端成“C”字形，间饰小乳钉，外有一周内向的十六连弧纹。素卷立缘。直径9.5厘米，厚0.24厘米。

B型 日光镜，4面。

Ⅰ式：2面。宽素平缘，半圆纽。标本M41：1，纽座圆周外均匀分布八组三短竖线，外饰内向八连弧纹，之外二周短斜线纹间有铭文带。铭文“见日之光天下大明”，其间用“◈”“の”符号隔开。直径7厘米，缘宽0.4厘米、厚0.3厘米。

Ⅱ式：2面。形体较小，胎薄质脆，窄缘，镜缘上卷，作立墙式。标本M33：10，圆纽，纽座圆周外均匀伸出四组三短竖线，外饰内向八连弧圈带。主纹带铭文“见日之光，长不相忘”。每两个字间有“◈”形符号。外侧为一周短斜线纹。直径5.6厘米，缘宽0.1厘米，厚0.2厘米。

C型 昭明镜，1面。M37：1，并蒂十二联珠纹纽座，分为四区，每区中间联珠向外伸出一组三短竖线。座外一周凸弦纹圈带，其外内向八连弧纹。再外两周短斜线纹间有篆隶式变体铭文带。铭文“内□□□□□，光而象夫日月，心忽而忠不”。窄缘。直径11厘米，缘宽0.2厘米，厚0.3厘米。

3. 铁器

2件。

铁刀 2件，均锈蚀，形制相同。标本M20：1，刃、背皆直，仅在刀首前端成斜刃，把末环首。刀长0.76米（图一六，2）。

4. 铜钱

241枚。

A型 五铢钱，225枚。

Ⅰ式：28枚。五字交叉两笔较直，铢字金字头如一带翼之镞。朱字头方折。标本M9：5，钱径2.5厘米，周边有一周凸起的外郭，郭宽0.1厘米，厚0.2厘米；正方形穿，边长1厘米（图一六，5）。

Ⅱ式：181枚。五字交叉两笔弯曲，朱字头方折。标本M20：12，钱径2.5厘米，周边有一周凸起的外郭，郭宽0.1厘米，厚0.2厘米；正方形穿，边长1厘米（图一六，6）。

Ⅲ式：16枚。磨郭五铢，为Ⅰ式、Ⅱ式五铢钱磨掉周郭所致。标本M27：12，钱径2.3厘米，厚0.1厘米，钱内有正方形穿，穿边长1厘米（图一六，7）。

B型　新莽钱，16枚。

大泉五十　12枚。标本M18∶7，钱径2，周边有一周凸起的外郭，郭宽0.2厘米，厚0.2厘米；正方形穿，穿边长0.9厘米。钱正面书“大泉五十”（图一六，9）。

货泉　4枚。标本M30∶11，钱径2～2.2厘米，周边有一周凸起的外郭，郭宽0.1厘米，厚0.1厘米；正方形穿，穿边长0.6厘米。钱正面书“货泉”（图一六，8）。

三、结　语

此次发掘的44座汉墓已经被严重破坏，大部分墓葬上部结构不清，个别墓葬仅剩余墓底，但从墓葬的形制结构与出土随葬品器物组合分析，仍然可以看出墓地的布局特征及时代顺序。

1. 墓葬时代

就墓葬形制来看，这批墓葬与郑州地区郑州二里冈、南关外、人民公园、荥阳赵家庄等地汉墓形制基本相同[1]，分属于烧沟汉墓Ⅰ、Ⅱ、Ⅲ型[2]。就随葬品分析，仿铜陶礼器基本消失，主要为生活用具和明器，组合分为为壶、罐、仓、灶和井、磨两大组。综合考察墓葬形制结构、随葬品组合，可将这批汉墓分为三期：

第一期，17座（M8、M9、M10、M11、M13、M16、M17、M21、M22、M27、M28、M29、M31、M32、M33、M39、M40）。皆为平顶空心砖墓。随葬品主要有AⅠ～Ⅱ式仓，AⅠ式壶，AaⅠ、AbⅠ～Ⅲ式陶罐，Ⅰ式五铢钱，蟠螭纹镜等。其中AⅠ式仓与巩义康店叶岭M14∶11相似，AⅡ式仓与康店叶岭M9∶2[3]、巩义万宝苑M12∶4相似[4]。出土的Ⅰ式五铢五字交叉两笔较直，介于烧沟一、二型五铢钱之间[5]。出土的蟠螭纹镜为武帝时期的典型铜镜。因此，推断此期墓葬时代为西汉中期。

第二期，21座［小砖单室M1、M2、M3、M4、M5、M14、M15、M19（空心砖封门）、M23、M25、M34、M37、M38、M42、M43、M45，小砖双室M6、M12、M20、M24、M41］。建筑材料多为小砖，极少量空心砖墓。随葬品主要有AⅡ、AⅢ式仓，AⅠ～Ⅱ、B型小陶壶、AaⅠ～Ⅱ、AbⅠ～Ⅲ、BaⅠ～Ⅳ式罐，B、C型灶，Ⅱ式五铢钱、Ⅲ式磨郭五铢，日光镜、昭明镜等。其中Ⅲ式陶仓与郑州南仓西街M1∶17[6]相似，日光镜、昭明镜为西汉中晚期所常见，Ⅱ、Ⅲ式五铢钱与烧沟二型五铢相似[7]，因此推断此期墓葬时代为西汉晚期。

其中M41，由墓道、封门、横前室、双后室构成，墓葬用空心砖作门楣和封门，墓室用小砖砌筑，前室东西狭长，横向起券，后室纵向起券，墓葬形制具有向第三期M7、M35穹隆顶多室墓过渡的特征。

第三期，4座（M7、M18、M30、M35）。单穹隆顶墓。随葬品主要有：AⅢ～Ⅳ式仓、C型陶壶及C型小陶壶等，新出现井、磨等模型明器。除五铢钱外，还发现大泉五十、货泉等货币，据此推测这批墓葬时代为新莽或稍晚时期。

2. 墓葬的性质

根据以往的研究成果，郑州地区的汉代墓葬以平顶空心砖墓、小砖券墓及土洞墓为主，耳室不发达 。该墓葬区所发掘的墓葬，均为砖室墓，不见土洞墓，墓葬所用建材为不同规格的空心砖和小砖。B型墓与C型墓均出现空心砖和小砖混用的现象，但空心砖已经不再是墓葬的主要建筑材料，而只是作为墓葬的封门砖或门楣。画像砖仅见于3座墓葬中（M18、M27、M40），均为封门砖或者立柱砖。

从所发掘的44座汉代墓葬的布局特征分析，该墓地虽然分为三个时期，时间跨度比较长，但除了M27一块封门砖打破M17墓室的后壁外，均未有互相打破的现象，墓地的布局显然是经过了精心规划。特别是A型墓葬，具有多组两两并列或相近分布的特征。比如M1—M5、M8—M9、M10—M11、M21—M22、M31—M32、M39—M40等均平行分布。

尤其值得注意的是第二期出现弧顶双室墓，如M6两墓室共用一个墓道，墓室仅通过砖墙相隔，应为“隔山葬”。而M12、M20墓道偏于一侧，墓室长短不一，与烧沟汉墓所表现出来的二次造性质相似。

本次发掘的四方汇泽汉代墓地既发现有异穴合葬的现象，也发现有并穴合葬的墓，一些墓葬出土了模型明器，这对于我们研究郑州地区汉文化的发生、发展具有重要作用。

3. 墓地与居址的关系

有学者通过对墓葬与县城的距离分析汉代聚落分布的变化，认为西汉时期的墓葬集中分布在县城附近，“墓葬离县城的平均距离大多2～6千米”[9]。根据这一观点，四方汇泽汉墓区周边15千米范围内的汉代城址荥阳故城和固城城址。据《汉书·地理志》记载，西汉时期郑州属河南郡，“河南郡，故秦三川郡，高帝更名” 。河南郡下辖洛阳、荥阳、偃师、京、中牟、阳武、河南、卷、原武、巩、故市、密、开封、成皋、苑陵、新郑16县，而郑州西北区域最近县城，当为“荥阳”“故市”两地。汉代荥阳县治在今荥阳市古荥镇，距四方汇泽墓地12千米，显然超出了墓葬距县城2～6千米的范围。“故市”县在东汉元鼎五年（前112年）时并入中牟县[10]，其县治在今郑州市惠济区固城村附近，“固城”即“故城”，在四方汇泽墓地的北部，距离墓地4千米，恰在2～6

千米的范围内。由此推知，四方汇泽墓葬区所葬墓主，当是西汉时期“故市”县所辖区域，这对于西汉时期编户齐民统治体制的研究具有一定的意义。

领　队：信应君
发　掘：胡亚毅　信应君　潘寸敏
　　　　刘秀秀　朱葡萄　曹铁良
整　理：胡亚毅　信应君
绘　图：邓建强　焦建涛
摄　影：蔡　强　信应君

注　释

［1］　河南省文化局文物工作队：《郑州二里冈汉画像空心砖墓》，《考古》1963年第11期；郑州市文物考古研究所：《郑州市同洲花园小区汉墓发掘简报》，《考古与文物》2007年增刊；河南省文化局文物工作队：《郑州南关外东汉墓的发掘》，《考古》1958年第2期；郑州市文物考古研究所：《郑州人民公园秦、汉墓发掘简报》、《荥阳赵家庄汉代墓群发掘报告》，《郑州文物考古与研究（一）》，科学出版社，2003年。

［2］［5］［7］［8］　中国科学院考古研究所：《洛阳烧沟汉墓》，科学出版社，1959年，第8～58页。

［3］　郑州市文物考古研究所，巩义市文物保护管理所：《河南巩义市康店叶岭砖厂汉墓发掘简报》，《华夏考古》2005年第3期。

［4］　郑州市文物考古研究所、巩义市文物保护管理所：《巩义万宝苑昱盈阁公寓汉墓群发掘报告》，《中原文物》2004年第1期。

［6］　河南省文物研究所：《郑州市南仓西街两座汉墓的发掘》，《华夏考古》1989年第4期。

［9］　金秉骏：《汉代聚落分布的变化——以墓葬与县城距离的分析为线索》，《考古学报》2015年第1期。

［10］（东汉）班固：《汉书》卷二十八《地理志》，中华书局，1962年。

（原刊于《文物春秋》2015年第2期）

附表　河南四方汇泽房地产开发有限公司清华紫光园工地发掘墓葬登记表

编号	形制	方向	墓道（米）（长×宽—深）	墓室（米）（长×宽—深）	随葬品	时代
M1	BⅠ型	7°	1.92×0.8—0.54	3.35×0.92—0.48	AⅡ2、B2小壶，B1灶1，AaⅡ1 AbⅡ1 BaⅣ1罐，AⅡ3、AⅢ2仓，BⅡ1铜镜	西汉晚期
M2	BⅠ型	9°	2.1×（1.0～1.1）—（0.06～0.7）	3.26×0.78—0.7	AbⅡ2罐，AⅢ3仓，AⅡ1小壶，B1灶，盆1	西汉晚期
M3	BⅠ型	276°	2.46×（0.72～0.76）—1.0	1.44×（0.94～1.02）—1	AⅠ1、AⅡ3、BⅡ1仓，AbⅢ2罐，B1灶	西汉晚期
M4	BⅠ型	265°	1.8×0.98—0.66	3.26×0.84—0.6	AⅠ1小壶，AⅡ2仓，AbⅡ1罐，B1灶	西汉晚期
M5	BⅠ型	93°	1.94×（0.6～0.7）—0.06	3.4×0.76—0.2	AⅠ1小壶，AⅢ3仓	西汉晚期
M6	BⅡ型	92°	2.5×2.0—1.3	两墓室大小一致：3.5×0.82—1.02	AⅡ9仓，AaⅠ1、AbⅠ2、BaⅡ2罐，AⅠ3 B2小壶，B2灶，钵1，AⅡ5五铢	西汉晚期
M7	C型	185°	2.9×（1.2～1.4）—（0～0.74）	前室2.26×2.1—（0.62～0.68） 后东室2.4×1.0—（0.62～0.68） 后西室2.4×1.0—（0.62～0.68）	AⅡ6、AⅢ2、AⅣ2仓，C1大壶，AⅠ3、B2、AⅡ2小壶，AbⅡ2、BaⅠ2、BaⅣ5罐，B2灶，铜镜1，AⅡ91五铢	新莽或稍晚
M8	A型	0°		3.78×0.8—0.8	无	
M9	A型	8°		3.34×0.8—0.8	C1小壶，AbⅠ1罐，铜洗1，A1镜，AⅠ7五铢	西汉中期
M10	A型	90°	3.0×1.6—（0～0.96）	5.2×1.0—0.98	B1灶，BaⅠ1罐，AⅠ2大壶，AⅠ3、B1、AⅡ1小壶，AⅡ4仓	西汉中期
M11	A型	98°		4.24×0.84—0.84	AⅠ3小壶，AbⅡ2罐，A1灶，AⅠ2仓，铜洗1	西汉中期

续表

编号	形制	方向	墓道（米） （长×宽—深）	墓室（米） （长×宽—深）	随葬品	时代
M12	BⅡ型	187°	2.6×（0.84～1.0）—1.3	北室3.4×0.92—1.18 南室3.63×0.96—1.18	AbⅠ2、AbⅡ2、BaⅡ2罐，AⅠ3小壶，C1灶，钵1，AⅡ2五铢	西汉晚期
M13	A型	185°	1.8×（0.8～0.9）—（0.1～0.62）	3.16×0.8—0.42	AⅠ2小壶，BⅠ3仓，B1灶，B1瓮，AⅢ3五铢	西汉中期
M14	BⅠ型	187°	2.5×（0.8～1.0）—（0～0.8）	3.96×（0.9～1.1）—0.72	AⅡ5仓，AⅡ1大壶，AⅡ1、B1小壶、AbⅡ1、BaⅣ2罐，C1罐	西汉晚期
M15	BⅠ型	186°	2.16×（0.8～0.92）—（0～0.3）	1.8×1.4—0.14	无	
M16	A型	90°	1.5×1.0—（0.05～0.30）	墓室4.34×1.1—0.3 耳室1.18×0.84—0.3	无	
M17	A型	340°	3.1×（1.0～1.2）—（0.45～0.66）	4.34×0.84—0.46	AⅠ3小壶，AⅠ2仓，AaⅠ2，BaⅣ2罐，C1灶	西汉中期
M18	C型	358°	2.42×（0.84～1.06）—（0～0.54）	前室2.6×2.64—0.64 后南室2.55×1.06—0.8 后北室2.55×1.04—0.8	AⅢ1 AⅣ4仓，BaⅡ1罐，大泉五十12	新莽或稍晚
M19	BⅠ型	180°	2.6×1.0—（0.7～0.8）	残长2.7×（1～1.1）—0.8	AⅡ9、AⅢ3五铢	西汉晚期
M20	BⅡ型	14°	1.5×1.0—（0.02～0.26）	西室3.5×0.86—0.4 东室4.5×（0.7～0.9）—0.4	AⅡ1仓，AbⅡ2、BaⅠ2、BaⅡ3罐，AⅠ1、B2小壶，铁刀1，AⅠ6，AⅡ35五铢	西汉晚期
M21	A型	85°	2.46×0.7—（0～0.4）	3.54×（0.8—1.0）—0.42	AⅠ1仓	西汉中期
M22	A型	87°	3.66×（0.7～0.8）—（0～0.5）	3.76×0.96—0.56	BⅡ2仓，B2瓮，异形罐1	西汉中期

续表

编号	形制	方向	墓道（米） （长×宽—深）	墓室（米） （长×宽—深）	随葬品	时代
M23	BⅠ型	354°	2.3×（0.92～1.0）—1.2	3.95×1.32—1.06	AⅠ1、AⅡ2小壶，AbⅡ2、AbⅢ3、BaⅢ2 BbⅡ2罐，AⅡ2、AⅢ2仓，B2灶，钵2， AⅡ2五铢	西汉晚期
M24	BⅡ型	180°	2.8×（1.6～2.8）— （0～0.3）	5.3×（1.04～1.14） 后东室2.58×0.98— （0.06～0.3） 后西室2.58×1.18— （0.06～0.3） 东耳室1.9×1.12— （0.06～0.3） 西耳室1.6×1.04— （0.06～0.3）	C1灶，AⅡ2、AⅢ2、AⅣ3仓，AaⅠ1、BaⅢ1、 BbⅠ3罐，AⅠ5、AⅡ5小壶，A1瓮、铜弩机1	西汉晚期
M25	BⅠ型	95°		5.4×（0.96～1.08）— （0.2～0.3）	无	
M27	A型	185°	2.6×（1.44～1.7）— （0.04—0.7）	墓室3.74×0.98—0.54 耳室：2.2×1.3—0.7	AbⅠ1罐，AⅡ5仓，AⅠ2大壶，AⅠ3小壶，B1灶， AⅡ16、AⅢ4五铢	西汉中期
M28	A型	0°	2.0×（0.84～0.9）— （0.06～0.52）	2.24×0.84—0.48	无	
M29	A型	180°	残长1.2×2.0— （0.05～0.2）	墓室4.5×2.8—0.2 西耳室1.5×1.96—0.2 东耳室1.12×1.88—0.2	无	

续表

编号	形制	方向	墓道（米） （长×宽—深）	墓室（米） （长×宽—深）	随葬品	时代
M30	C型	102°	口2.6，底1.96×（1.2～1.36）—（0.7～0.9）	前室2.68×2.72—（0.88—0.96） 后室1.34×1.28—0.9 北一室2.56×1.2—0.9 北二室2.56×1.18—0.78 南一室2.32×（0.96～1.12）—0.86 南二室2.48×（0.94～1.08）—0.92	AⅡ1仓，BaⅡ4罐，C1灶，磨1，A1瓮，盆1，鼎1，货泉4，铁刀1	新莽或稍晚
M31	A型	88°	1.84×（0.7～1.2）—0.8	3.88×0.8-0.64	AⅠ4仓，AⅠ2小壶，AbⅠ1罐，B1灶	西汉中期
M32	A型	96°	2.2×（0.8～1.2）—0.44	3.12×0.8—0.28	BⅠ2仓，AⅠ2小壶，BaⅣ1罐	西汉中期
M33	A型	0°	2.0×0.8—（0.1～0.8）	4.4×1.4—0.8	AⅠ1、AⅡ3仓，AbⅢ1罐，AⅠ2小壶，B1灶，B1瓮，BⅡ1镜	西汉中期
M34	BⅠ型	356°	2.4×1.0—0.2	2.6×1.0—0.2	B1灶，AⅡ2五铢	西汉晚期
M35	C型	97°	2.0×（0.9～1.12）—0.3	前室2.1×2.1—0.14 西后室2.66×0.96—0.14 东后室2.62×1.0—0.14	陶井1，AⅡ3壶，BaⅢ2罐	新莽或稍晚
M36	未定	180°	残长0.6×1.6—1.0	3.84×2.14—1.0	C1灶	西汉晚期
M37	BⅠ型	6°		4.38×（0.86～0.96）—0.12	BⅠ1镜，C1镜	西汉晚期
M38	BⅠ型	188°	2.0×0.82—0.2	3．45×（0.8～0.84）—0.2	无	
M39	A型	3°		残长1.85×0.84—0.9	无	

续表

编号	形制	方向	墓道（米）（长×宽—深）	墓室（米）（长×宽—深）	随葬品	时代
M40	A型	3°	墓道被破坏	4.75×（0.84～0.88）—0.92	AⅠ1小壶，AbⅠ1罐，铜勺1，铜洗2，铜甑1，AⅠ15五铢	西汉中期
M41	BⅢ型	180°	2.3×1.08—1.1	前室2.4×1.2—1.3 东后室2.3×1.2—1.3 西后室3.4×1.2—1.3	B2灶，AⅡ13、AⅢ3仓，B1大壶，AⅠ⑨、B1小壶，BaⅣ2、BbⅡ2罐，BⅠ1镜，AⅡ15、AⅢ6五铢	西汉晚期
M42	BⅠ型	100°	2.36×0.84—0.58	2.76×0.7—0.58	B1灶，AbⅢ1罐，AⅡ2五铢	西汉晚期
M43	BⅠ型	185°	1.7×（1.0～1.1）—（0～0.42）	2.48×1.24—0.42	无	
M44	未定	190°	1.8×0.98—（0.04～0.3）	1.56×（1.5～1.66）—0.2	无	
M45	BⅠ型	3°	2.08×0.9	3.26×0.82—1.6	AⅠ2、B2、AⅡ1小壶，AⅡ1、AⅢ2仓，BaⅣ2罐，C1灶，AⅡ2五铢	西汉晚期

河南郑州中原区新莽M26发掘简报

刘青彬　张永清

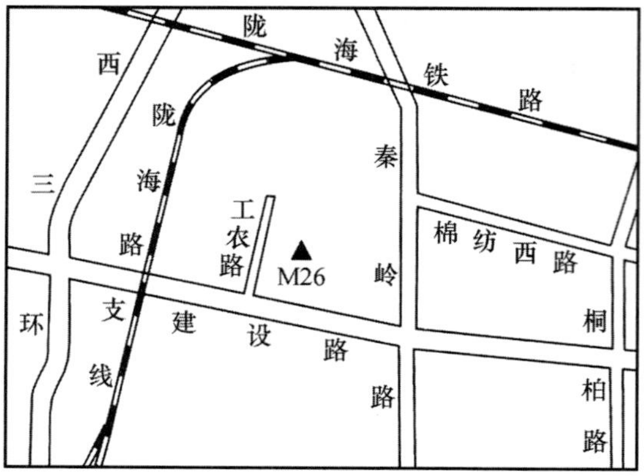

图一　墓葬位置示意图

2011年11月～2012年1月，为配合小区建设，郑州市文物考古研究院在郑州市中原区三官庙镇（秦岭路以西、工农路东侧、建设路北部）进行了发掘清理（图一）。此次发掘共清理墓葬150座，其中汉代墓葬146座、唐代墓葬1座、清代墓葬3座。现将新莽时期墓葬M26发掘情况简报如下。

一、墓葬形制

M26位于墓群南部，平面呈刀形，底距墓口2米。小砖单室墓，方向195°，分为墓道与墓室两部分。墓道向北，竖穴直壁，长2.6、宽1.1～1.2米。墓室长3.4、宽2.2米，内未见人骨、葬具，葬式不明。墓壁用青砖顺砌，券顶，1米处起券。墓底用青砖顺置连缝铺成，仅在近门处一排横铺。墓门处无封门砖。墓砖规格统一，长28、宽14、厚6厘米（图二、图三）。

二、随葬器物

随葬器物12件组，包括陶器、铜器和铁器。

1. 陶器

6件。

罐　1件（M26：1）。泥质灰陶。盘口，内卷沿，束颈，上腹扁圆，下腹斜直，平底。上腹饰弦纹数周，口沿上刻划“十”字，肩部刻划“王、市”字。口径18、腹径33、底径17、高39.9厘米（图四，1；图六）。

瓮　1件（M26：5）。泥质灰陶。小口，卷沿，尖圆唇，圆鼓腹，小平底。上腹饰弦纹两周，下腹饰弦纹数周。口径13.8、腹径30、底径12、高26.7厘米（图四，2；图七）。

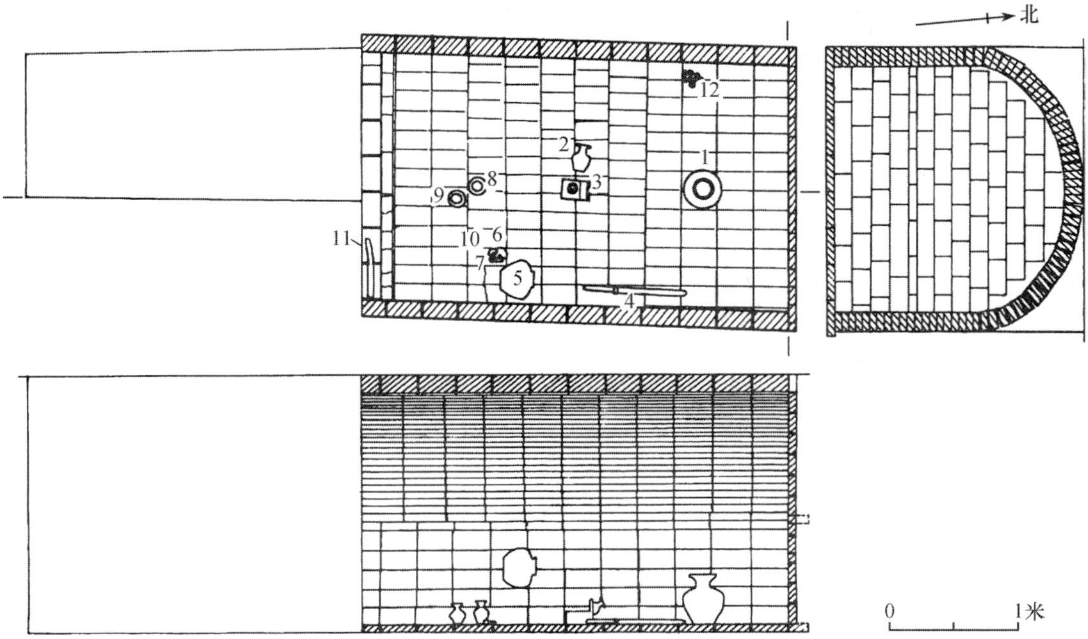

图二 M26平、剖面图

1. 陶罐 2. 釉陶壶 3. 陶灶 4. 铁剑 5. 陶瓮 6、10. 铜镜 7. 刀币 8、9. 陶壶 11. 铁刀 12. 铜钱

图三 M26墓室（由西向东摄）

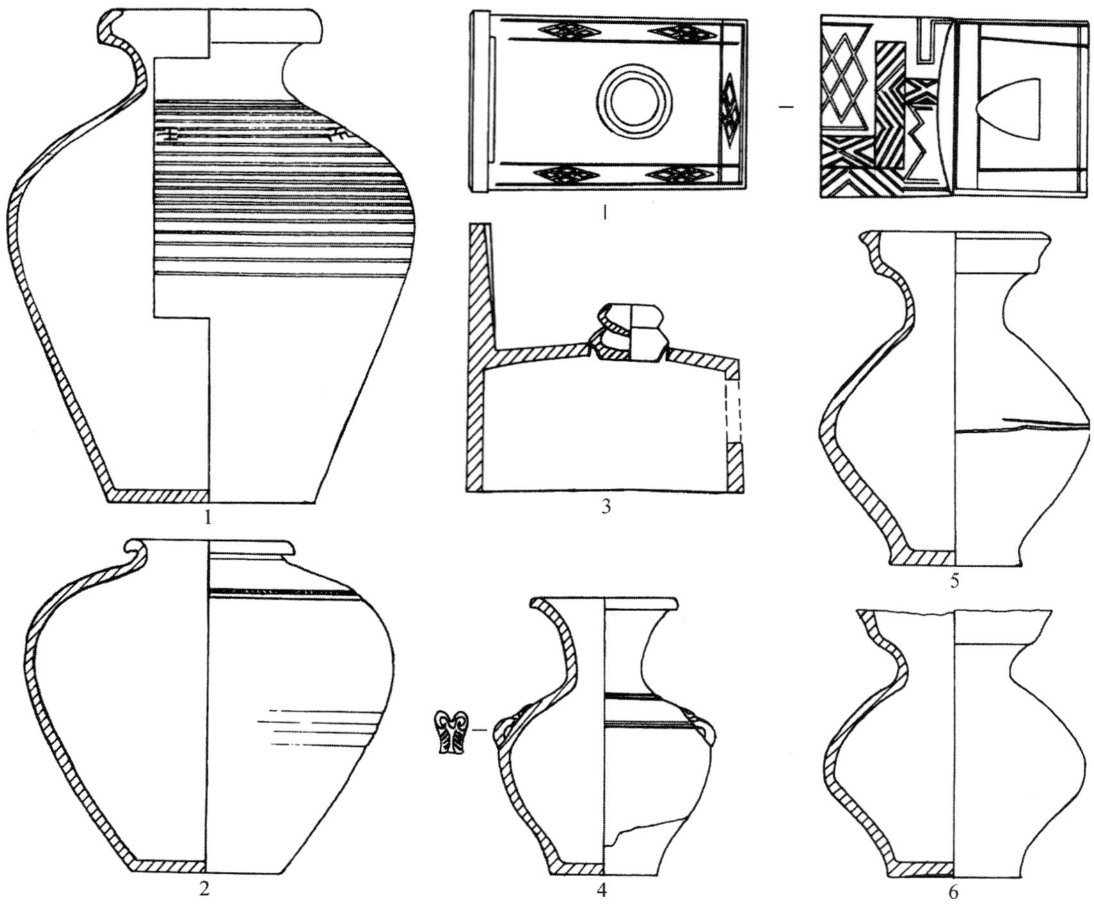

图四　陶器

1. 罐（M26：1）　2. 瓮（M26：5）　3. 灶（M26：3）　4. 釉陶壶（M26：2）
5、6. 壶（M26：9、M26：8）

壶　3件。其中标本M26：2为釉陶壶。形制相同，大小略异。盘口，折沿，方唇，束颈，扁鼓腹，小平底。口部与颈部连接处有明显折痕。标本M26：8，泥质灰陶。口部残，素面。腹径14、底径7、残高14.4厘米（图四，6）。标本M26：9，泥质灰陶。素面。口径10.2、腹径14、底径7、高18厘米（图四，5）。标本M26：2，施绿釉，下腹及底部未施釉，露红胎。上腹有一对兽形耳，饰弦纹数周。口径11.4、底径8.7、高22.2厘米（图四，4；图八）。

灶　1件（M26：3）。长方形，前有三角形火门，后有挡墙，挡墙表面饰烟囱、菱形纹等。灶面略鼓，其上开有一火孔，孔上置两陶釜。灶面四周饰菱形纹。长22.2、宽14.7、通高21.6厘米（图四，3；图九）。

2. 铁器

2件。

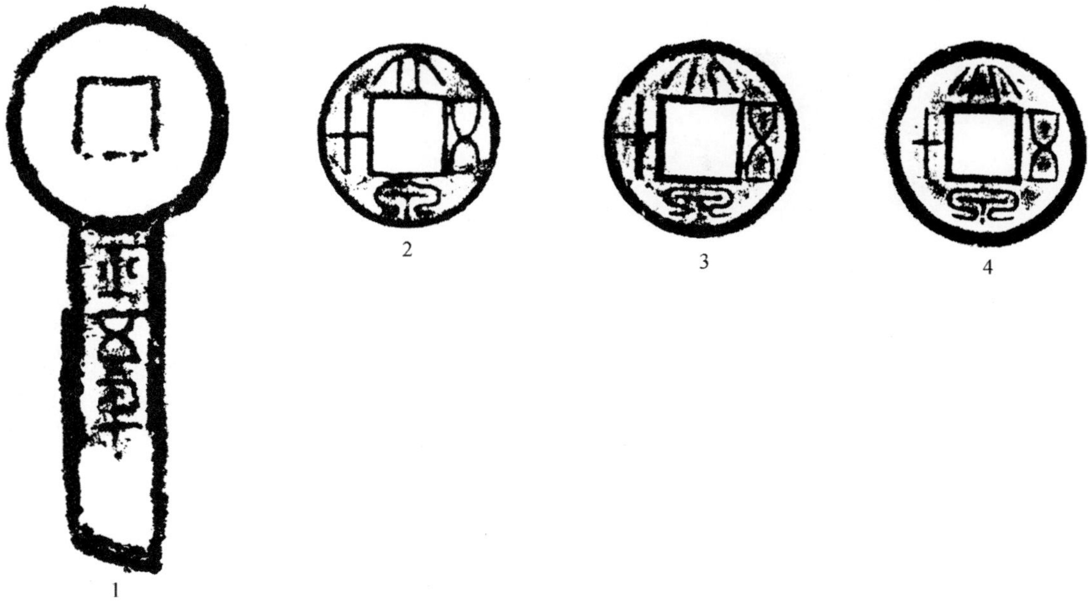

图五　铜钱拓片

1. 一刀平五千（M26：7-1）　2. A型大泉五十（M26：12-1）　3. B型大泉五十（M26：12-2）
4. C型大泉五十（M26：12-3）

剑　1件（M26：4）。柄呈细扁平状，与剑身相接处有“一”字形剑格。剑格两侧扁平，剖面呈菱形。剑身修长，中间有脊。通长77.2厘米。

刀　1件（M26：11）。刀柄呈扁圆形环，背较直，刃部稍弧，刀尖残断。残长44.1厘米。

3. 铜镜

2件。均残。标本M26：6，内连弧铭文镜，圆形，圆纽，圆纽座，素缘。座外有内向八连弧纹圈带。弦纹与圈带之间为铭文“久不相□，长勿相忘”。直径6.4厘米（图一〇）。标本M26：10，四神博局镜，圆形，圆纽。双线方框内饰简单云气纹。内圈饰对称的四组射线纹。博局纹将内区分为四方八极，分饰四神兽，仅残存白虎、玄武。外区饰栉齿纹，镜缘为双线波折纹。直径11.5厘米。

4. 铜钱

28枚。分为“一刀平五千”与“大泉五十”两种。

一刀平五千　2枚（M26：7）。由环柄和刀身两部分组成。环柄为方孔圆钱，钱文上“一”下“刀”，阴刻，字陷处嵌黄金。刀身铸阳文“平五千”。标本M26：7-1，圆钱，直径2.87、通长7.23厘米，重33.5克（图五，1；图一一）。

图六　陶罐（M26：1）

图八　釉陶壶（M26：2）

图七　陶瓮（M26：5）

图九　陶灶（M26：3）

图一〇　铜镜（M26：6）

图一一　一刀平五千（M26：7）铜钱

大泉五十　26枚（M26：12）。圆形方穿，有内外郭，篆书“大泉五十”。铜钱规格有所差异，分为三型。

A型　四字均与穿相接，“大”字下两撇为近竖直，“泉”字较圆，下竖与外郭相连。直径2.4、穿径1厘米，重2.5克（图五，2）。

B型　笔画较重，“五”字两股弯曲较缓。直径2.5、穿径1.1厘米，重3克（图五，3）。

C型　笔画纤细，四字均不与穿连接，“泉”字扁平，下部直竖间断。直径2.6、穿径1厘米。重5克（图五，4）。

三、结　语

M26为单室小砖券顶墓，与洛阳烧沟汉墓[1]二型Ⅰ式M403的形制相似，后者属于第三期墓葬，即西汉末年的新莽时期。M26出土的陶器与郑州南仓西街1、2号墓出土的同类器相仿[2]，陶罐、壶、瓮、灶的组合与洛阳烧沟汉墓第二组陶器组合近似，特征上更接近烧沟汉墓的第三期后段。

该墓出土的“一刀平五千”与“大泉五十”都始铸于王莽居摄时期。其中“一刀平五千”的正式流通时间只有三年，即居摄二年（7年）至始建国元年（9年）。所以，M26的时代上限不早于公元7年，很可能是新莽时期墓葬。

M26时代较明确，可以作为判定该墓群其他墓葬时代的标尺。墓内出土的两枚“一刀平五千”制作精美，为研究中国古代钱币提供了实物资料。

领　队：刘彦锋
发　掘：张永清　刘青彬
绘　图：张永清　潘寸敏
摄　影：蔡　强
拓　片：潘寸敏

注　释

［1］　中国科学院考古研究所：《洛阳烧沟汉墓》，科学出版社，1959年。
［2］　河南省文物研究所：《郑州市南仓西街两座汉墓的发掘》，《华夏考古》1989年第4期。

（原刊于《文物》2014年第3期）

河南郑州市鸿城服饰广场3号东汉墓发掘简报

张文霞　信应君　韩炜炜

为配合郑州鸿城服饰广场工程建设，2005年7～8月，原郑州市文物考古研究所对工程区内的古墓葬进行了抢救性发掘。共发掘汉墓4座，其中仅M3保存较好，现将墓葬清理情况介绍如下。

一、位置与形制

鸿城服饰广场位于郑州市管城区东太康路与人民南路“十”字交叉口的西南端。东距郑州商城西城墙约150米。M3位于发掘区的西部（图一）。

该墓为长方形斜坡墓道多室砖室墓，平面呈“十”字形，坐西朝东，由墓道、甬道、前室、后室、左右侧室及前室北耳室等几部分组成（图二）。通长16.85米，方向95°。

墓道　平面呈东西向，长方形，位于墓室东端。底为斜坡状。墓道末端南北两侧各有一侧室。通长10.5米，墓道东宽1.3、西宽1.4米。地表下5米见墓道开口，墓道末端距地表深7.8米。

甬道　平面呈长方形，弧形顶，高1.47、宽1.4、进深0.9米。底部有铺砖，墓道与甬道间用平砖错缝叠砌呈内向圆弧形封门。封门上部有一盗洞。

墓室　分为前室，后室，南、北两侧室。前室、后室及南侧室均为小砖砌筑，弧顶，采用小砖纵连券。北侧室为土洞洞室。

图一　墓葬位置示意图

前室平面近方形，东西长2.1、南北宽2.04、深2.38米。四壁用小砖错缝顺平砌。前壁靠南端有一拱顶形门洞与甬道相通。后壁用一南北向砖墙与后室相隔，中间有两个拱形门洞与后室相通。北壁前端有一耳室。平砖铺底，呈“人”字形图案。

后室平面呈长方形，与前室连为一体，东西长2.52、宽2.04、高2.38米。四壁均砖砌，前壁即前室后壁，经两拱形门洞

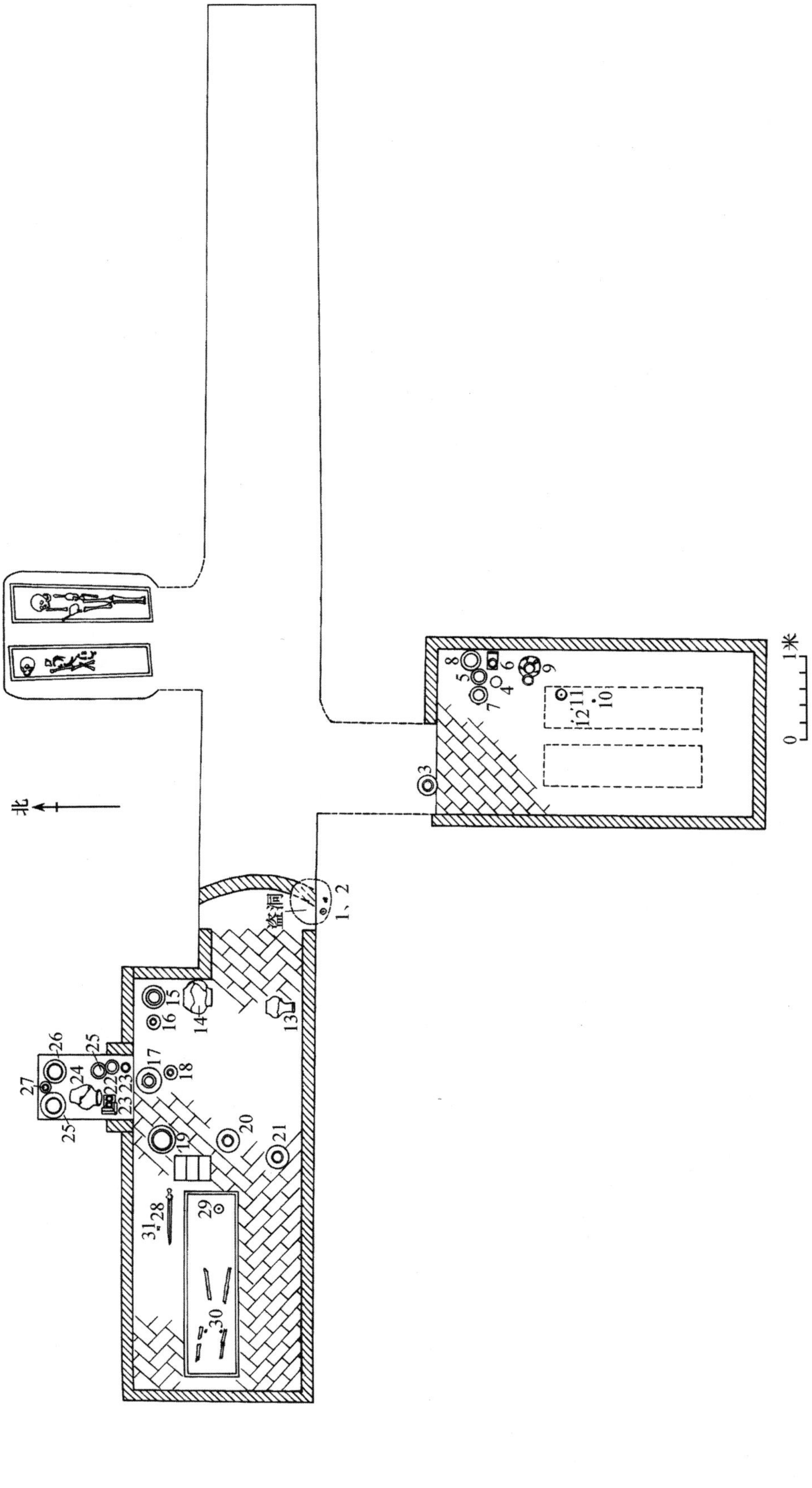

图二 M3平面图

1、11、29. 铜镜 2、30. 铜钱 3、9、13. 陶壶 4、5、8. 陶奁 6、23. 陶灶 7. 陶井 10. 银指环 12. 耳珰 14、15、19、24～26. 陶瓮 16、18、27. 小陶壶 17. 盘口罐 20、21. 小口瓮 22. 陶钵 28. 铁剑 31. 车軎

与前室相通。南面门洞宽1.1、高1.42、进深0.3米。北侧门洞宽0.5、高0.9、进深0.3米。后室中部一棺，朽成粉状，底部铺有白灰。墓圹后部向里掏挖。平砖铺底，呈“人”字形图案。

南侧室　位于墓道西端南侧，由墓道南壁掏洞形成一近长方形甬道与墓道连通，甬道长1.4、宽1.1、高1.32米。甬道口用小砖平铺叠砌封门。墓室平面呈长方形，南北长3.8、宽2、高2米。墓壁平砖错缝顺砌，拱顶，底部平铺砖，呈“人”字形图案。室内两棺朽成粉状。

北侧室　位于墓道西端北侧，与南侧室相比稍偏东，为一土洞洞室。墓室与墓道有一短甬道相通。甬道口用砖封堵。甬道长0.6、宽1.24、高1.1米。洞室长1.86、宽1.5、高1.3米。弧顶，内置两棺。

二、葬具与葬式

葬具腐朽较甚，可确认为木棺，共5具，其中后室1具、南侧室2具、北侧室2具。除北侧室内骨架保存较好，葬式可辨认为仰身直肢外，后室及南侧室内骨架均朽成粉状，葬式不明。

三、随葬器物

该墓共出土随葬器物69件。主要有陶器，铜镜，铜钱、铁器及其他小件器物等，随葬物品主要分布在前室、后室、耳室及南侧室内。

1. 陶器

均为泥质灰陶，轮制或手制。纹饰主要有弦纹、菱格纹、鱼纹等。主要器形有罐、壶、瓮、奁、灶、井、钵等。

盘口罐　1件，M3：17，侈口，方唇，折沿，束颈，圆肩，鼓腹。唇上有凹弦纹两周。底部内凹。口径18、腹径30.3、底径17.2、高39.2厘米（图三，1）。

壶　3件。其中1件残，另外2件形制相同。M3：23，侈口，尖唇，束颈，斜肩，圆鼓腹，下腹内曲呈假圈足，微内凹。子舌盖，顶部饰博山图案。颈、肩、腹分别饰凹弦纹数周。口径14、腹径25.6、底径17.3、通高36厘米（图三，4）。

小陶壶　3件，形制相同。M13：18，盘口，束颈，鼓腹，假圈足。盘口及腹饰弦纹，口径8、腹径13.2、底径6.5、高17.1厘米（图三，3）。

瓮　8件。依口、腹的不同分四型。

A型　1件，形制较大。M3：14，直口微敛，厚方唇，短颈，广肩，鼓腹，平底。素面。口径21.4、腹径41.2、底径21.2、高35.6厘米（图三，2）。

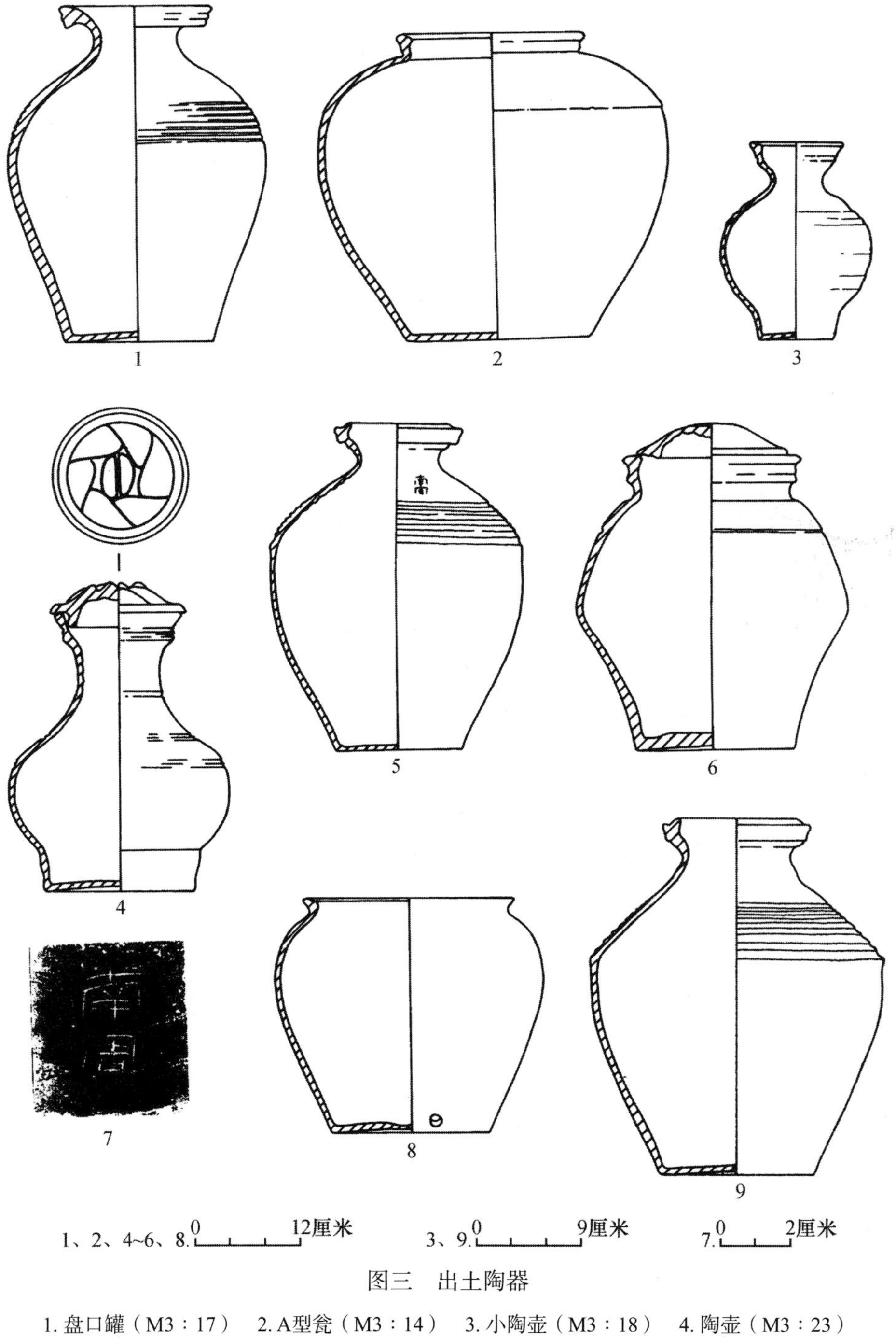

图三　出土陶器

1. 盘口罐（M3：17）　2. A型瓮（M3：14）　3. 小陶壶（M3：18）　4. 陶壶（M3：23）
5、9. D型瓮（M3：21、M3：20）　6. C型瓮（M3：26）　7. “南周”（M3：21）　8. B型瓮（M3：19）

B型　1件。M3：19，大口瓮，沿外卷，尖唇，短束颈，鼓腹，下腹斜收，近底部有一圆孔，平底微内凹。口径24.4、腹径31.2、底径18.2、高26.8厘米（图三，8）。

C型　4件。敛口内折，尖圆唇，斜直领，束颈，鼓肩，折腹，下腹斜收成平底。形制相同，但大小略有差别。M3：26，领部有一周凹槽，肩饰凹弦纹。口径20.8、腹径32、底径18厘米（图三，6）。

D型　2件。小口瓮，内沿稍高，圆唇，束颈，鼓腹，下腹斜收，平底或微内凹。肩饰弦纹。M3：21，斜肩，下腹内曲。肩部刻“南周”二字（图三，7）。口径14.4、腹径29.8、底径14.4、高38厘米（图三，5）。M3：20，折肩，下腹斜收，平底内凹。口径13、腹径25.8、底径13.7、高30.6厘米（图三，9）。

奁　3件，其中一件为盖。依据器物整体形态分二型。

A型　1件。M3：5，直口内敛，斜直壁，口小于底，平底，下附三兽面足。奁壁中间饰两组凹弦纹。口径16.5、底径18.9、高11.6厘米（图四，1）。

B型　1件。M3：8，直口微敛，腹壁微内束，平底。腹壁饰凹弦纹一周，内壁有轮旋槽。口径16.8、底径19.5、高16.2厘米（图四，2）。

奁盖　1件。M3：4，直口微敛，筒形腹，顶部略鼓，上饰三乳钉纹及凹弦纹一周。口径21.9、高16.5厘米（图四，3）。

灶　2件。均长方形，无底。分二型。

A型　1件。M3：6，前壁开有半圆形灶门，后壁高起开一方形烟囱。灶面略鼓，前侧开一火眼，上置一釜，敛口，斜腹，圜底，釜上承一甑，敞口，折沿，斜腹，平底，底有八个镂孔。灶面前部饰鱼纹。长17.9、宽11.5、前壁高6.5、后壁高12.3厘米（图四，4）。

B型　1件。M3：23，有棚。前壁开一半圆形火门，后壁开一方形烟囱与上部硬山式顶棚相连。灶面中部略弧起，开二火眼，上置釜甑。棚上饰素面瓦垄，前壁饰菱形纹，后壁饰鱼纹。长22.2、宽17.8、前壁高11、后壁高22.4厘米（图四，5）。

井　1件。M3：7，井沿略凸，外折。圆筒状腹，平底微凹，井壁下部有一圆孔。内外壁均有轮旋痕。口径14.1、底径13、高10.5厘米（图四，6）。

钵　1件。M3：22，敞口，束颈。弧腹，圜底。素面。口径15、高6.6厘米（图四，7）。

2. 铜镜

共3件。均为圆形，依镜面尺寸、纹饰不同分三型。

A型　1件。M3：29，四乳四虺镜，圆纽，圆纽座，纽座外饰两周射线纹，中间饰四乳钉及四虺纹，虺纹的内外有两只鸟。外缘略高。直径10.4、缘厚0.35厘米（图四，9）。

B型　1件。M3：11，四神博局镜，锈蚀严重。纹饰局部可辨。圆纽，圆纽座，座外饰一周凸弦纹和一弦纹方格。凸弦纹内饰对称四组（每组三线）短竖线，其间各饰一组（每组二线）短弧线条。方格内四角饰铭文，可辨“长宜子孙”四字。外饰双线方格。主纹由T、V、四神及鸟兽组成。T形两侧各有一带圆座乳钉，鸟兽纹饰锈蚀严重。主区外缘饰一周短斜线纹，外区宽平缘，饰一周锯齿线及卷云纹。直径14.2、缘厚0.45厘米。

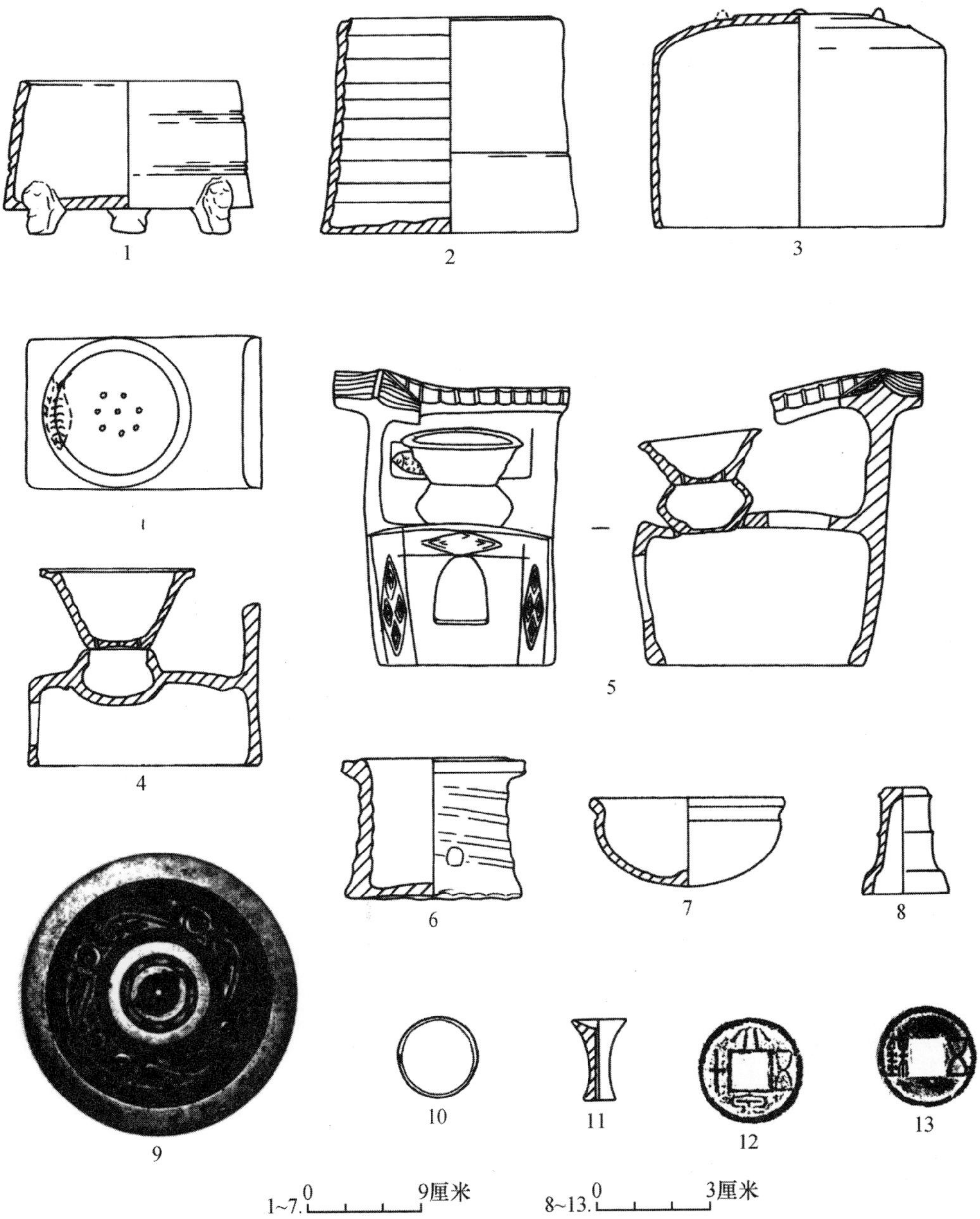

图四 出土陶器、铜器和银器

1. A型漆奁（M3：5） 2. B型陶奁（M3：8） 3. 奁盖（M3：4） 4. A型陶灶（M3：6） 5. B型灶（M3：23） 6. 井（M3：7） 7. 钵（M3：22） 8. 车軎（M3：31） 9. 铜镜（M3：29） 10. 银指环（M3：10） 11. 耳珰（M3：12） 12. 大泉五十（M3：30） 13. 五铢钱（M3：2）

C型 1件。M3：1，博局镜，形制较小，锈饰严重。圆纽，圆纽座，座外双线方栏，方栏四角各饰一乳钉。主纹由T纹、禽鸟组成。T纹两侧各饰一带圆座乳钉，间饰双鸟及云纹。外饰短斜线纹及三角纹各一周。素缘。直径9.6、缘厚0.2厘米。

3. 铜钱

39枚。分为大泉五十和五铢两种。

大泉五十　16枚。铜质较好，铸造精良，正方形穿，周边及穿正背均有郭，M3：30，直径2.6、穿径1厘米（图四，12）。

五铢钱　23枚。材质轻薄，周边及穿背均有郭。M3：2，钱文较宽大，“金”字头如一三角形，“金”字四点较长，“朱”字头圆折。直径2.4、穿径0.9厘米（图四，13）。

4. 铁器

铁剑 1件。M3：28，残。

5. 车軎

1件。M3：31，軎身中空，呈筒状，一端较大，中腰有凸棱一周，两端相通。长2.7、厚0.3厘米（图四，8）。

6. 银指环

1件。M3：10，圆形，直径2、厚0.1厘米（图四，10）。

7. 耳珰

2件。形制相同。M3：12，琉璃质。口大于底，中间收束，呈喇叭状。口径1.4、高2厘米（图四，11）。

四、结　　语

（1）该墓形制较为特殊，但仍具有明显的时代特征。墓葬由斜坡墓道、甬道、主室、耳室及侧室组成。主室及南耳室用小砖砌筑，墓顶采用弧顶纵连式结构，保留有《洛阳烧沟汉墓》第二型墓的特征，主室中间用砖墙分隔，形成等宽的前室和后室。后室为棺室，与前室间有两拱门相通，初步具备了前堂后室的特征。这种特点又与《洛阳烧沟汉墓》第三型的特征相近[1]。因此从其形制分析，该墓具有东汉早期向中期过渡的特征。

（2）墓内所出“大泉五十”铸行于王莽时期，《汉书·食货志》：“王莽居摄变汉制……更造大钱，径寸二分，重十二铢，文日‘大钱五十’。”“五铢”钱与《洛阳烧沟汉墓》Ⅲ型相同[2]。出土的四乳四虺镜“流行于西汉中晚期—王莽时期”；四神博矩镜“出现于西汉晚期，王莽与东汉早期为最盛”[3]；长宜子孙镜，东汉中期流行，但四神规矩镜则基本消失。这三面铜镜，具有明显的演变特征，说明该墓的时代不晚于东汉中期。

（3）M3的随葬器物组合比西汉晚期墓发生明显变化，以鼎、敦为标志的礼器成分已经消失，组合之中以壶、罐、瓮、奁等生活用具为主，模型器仅见灶、井，不见猪圈、家畜、家禽等，所出陶罐与荥阳赵家庄汉墓出土的B型Ⅰ式罐相似[4]，陶壶与《洛阳烧沟汉墓》所出三型Ⅱ式陶壶类同[5]，C型陶瓮与河南巩义市新华小区汉墓出土的B型陶瓮相似[6]，D型瓮与郑州市南关外汉墓所出小口罐[7]相同。陶灶与陶奁均为东汉早中期墓葬出土同类器物所习见。以上特征，具有明显的过渡特点，使我们对东汉墓随葬器物的演变轨迹，又有了一些新的认识。

综上所述，M3的时代与烧沟汉墓第五期相近，应不晚于东汉中期。值得一提的是，M3的南北两侧室建在墓道两端，而不是在墓室的两侧，显系与主室不在同一时期兴建，其建成时间应略晚于主室。特别是北侧室，仅为一形制狭小的土洞墓室，内置骨架2具，葬式散乱，无随葬物品，其身份可能为殉葬的侍婢之属。这种特征，为我们研究汉代墓葬的形制及墓主人身份提供了新的资料。

附记：本文在撰写过程中，得到张松林研究员的大力支持与指导，谨致谢忱。本次发掘领队为张松林，参加发掘的人员有周明生、韩炜炜、朱书景、信应君。

绘 图：李 杨 焦建涛

注 释

［1］ 中国科学院考古研究所：《洛阳烧沟汉墓》，科学出版社，1959年。
［2］ 中国科学院考古研究所：《洛阳烧沟汉墓》，科学出版社，1959年。
［3］ 程林泉、韩国河：《长安汉镜》，陕西人民出版社，2002年。
［4］ 郑州市文物考古研究所：《荥阳赵家庄汉代墓群发掘报告》，《郑州文物考古与研究》（一），科学出版社，2003年。
［5］ 中国科学院考古研究所：《洛阳烧沟汉墓》，科学出版社，1959年。
［6］ 郑州市文物考古研究所：《河南巩义市新华小区汉墓发掘简报》，《华夏考古》2001年第4期。
［7］ 河南省文化局文物工作队：《郑州南关外东汉墓的发掘》，《考古》1958年第2期。

［原载于《文物研究》（第17辑），科学出版社，2010年］

郑州上街盛世新城小区西晋墓发掘简报

魏青利　丁兰坡

2011年2～3月，郑州市文物考古研究院配合上街区盛世新城住宅小区项目建设进行考古发掘，共清理古代墓葬4座（图一）。其中3座汉墓遭扰严重；另1座为西晋墓（编号ZSSM3，以下简称M3），保存较好，现将发掘情况简报如下。

一、墓葬形制

M3为单窟窿顶土洞墓，方向270°，由墓道、封门、甬道、墓室组成（图二）。墓道位于甬道之西，平面呈长方形，底为斜坡状，上口长11.2、宽0.95、坡底长12.2、底距口4.8米。封门由小砖错缝平砌，残存14层，宽1.2、高1.6米。甬道位于墓道与墓室之间，底平面呈长方形，小砖平铺底部，东西长1.32、南北宽0.92、高1.5米，两侧与封门砖相接处由单砖顺平砌并起券。墓室平面近方形，四壁较直，顶为穹隆顶，墓底铺砖无规则。墓室边长3.2、高2.6米。墓室北部置木棺1具，棺长2.24、宽0.46～0.56、灰厚0.07米，并残留有人骨架，头向东，面向南，仰身直肢。

二、随葬器物

M3未经盗扰，随葬器物基本处于原处，陶器主要放置在墓室东部，少量可能因水浸漂移至南部，铜镜置于棺内。此墓随葬器物共20件（套）。按质地可分为陶器、铜器两类。

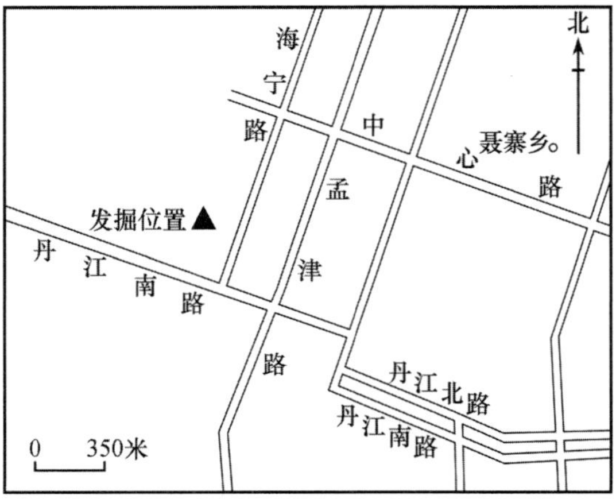

图一　墓葬位置示意图

（一）陶器

19件（套）。均为泥质灰陶。可分为生活用具、模型明器、俑三类。

1. 生活用具

罐　1件（M3：9）。直口，方唇，溜肩，鼓腹，平底，口部有一周凹槽，颈、

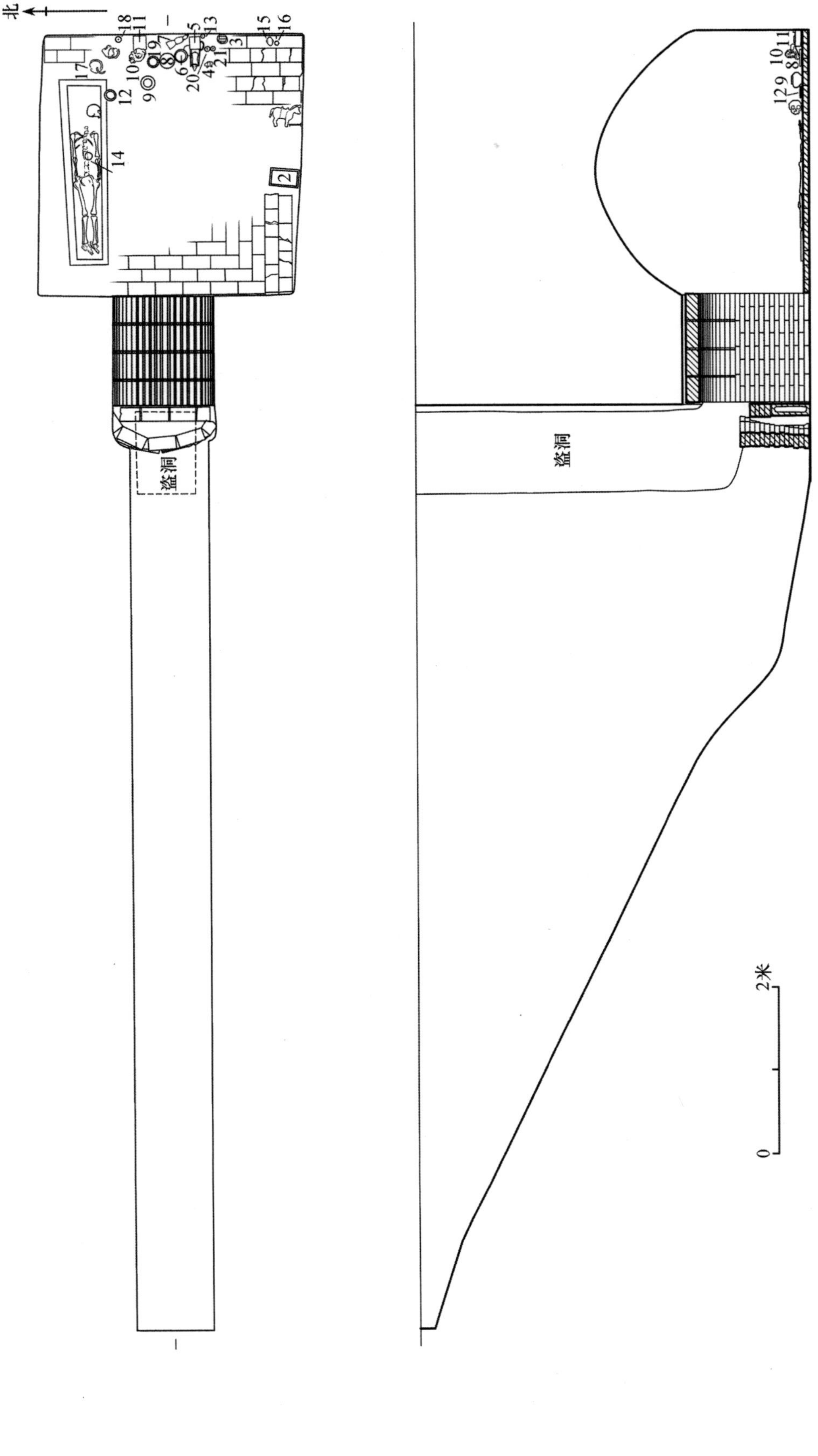

图二 M3平、剖面图

1. 陶马 2. 陶多子盒 3. 陶井 4. 陶武士俑 5. 陶牛车 6. 陶盘 7. 陶女侍俑 8. 陶奁 9. 陶罐 10. 陶兽形帐座 11. 陶灶 12. 陶熨斗 13、17～20. 陶灯盏 14. 铜镜 15. 陶耳杯 16. 四系罐

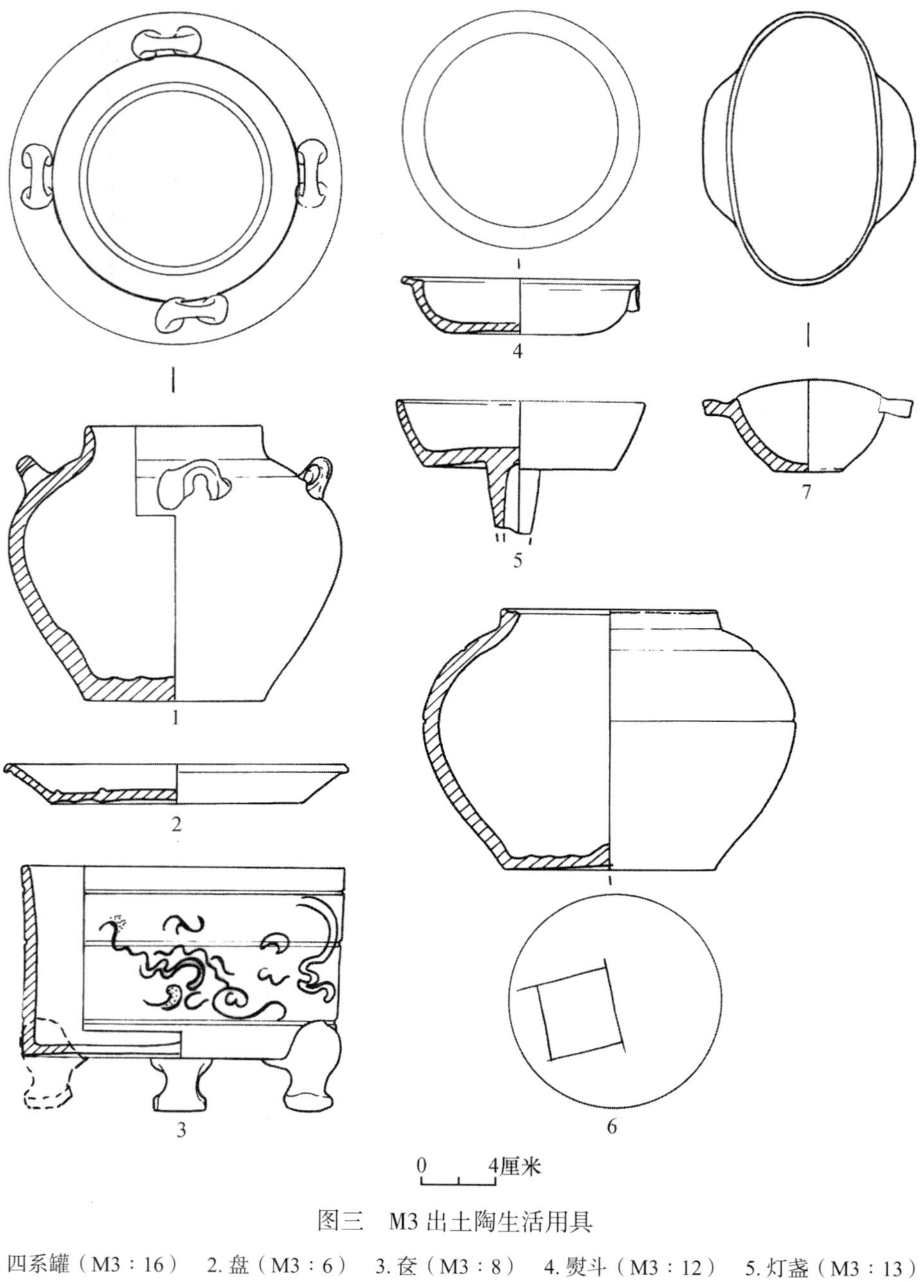

图三　M3出土陶生活用具

1. 四系罐（M3：16）　2. 盘（M3：6）　3. 奁（M3：8）　4. 熨斗（M3：12）　5. 灯盏（M3：13）　6. 罐（M3：9）　7. 耳杯（M3：15）

腹各饰一周弦纹。口径9.9、腹径10.7、底径10.7、高14.2厘米（图三，6；图七）。

四系罐　1件（M3：16）。直口，圆唇，广肩，圆鼓腹，肩饰桥形四系。口径9.6、腹径9.2、底径9.2、高15.1厘米（图三，1；图八）。

盘　1件（M3：6）。侈口，方唇，浅腹，平底，盆底饰两周凸弦纹。口径18.3、底径13.2、高2.4厘米（图三，2；图九）。

耳杯　1件（M3：15）。口呈椭圆形，两侧有耳，两端向上翘，浅腹，平底。口长14.6、宽8.2、底长3.8、宽3.8、高4.8厘米（图三，7；图一〇）。

灯盏　5件（M3：13～M3：20）。形制、大小近同。敞口，浅腹，平底，下中间有短柄，柄中有小卵孔（图一一）。标本M3：13，直径1.4、高3.5厘米（图三，5）。

奁　1件（M3：8）。直口，方唇，深直腹，平底，下附三蹄形足，腹部饰彩绘，斑驳不清，上、中、下各饰凹弦纹一周。口径17.2、高13.5厘米（图三，3；图一二）。

熨斗　1件（M3：12）。口微敞，折沿，尖唇，圆盘形，浅腹，柄残，从断面看为三角形长柄。口径13.4、底径8.8、高3.6厘米（图三，4；图一三）。

2. 模型明器

多子盒　1件（M3：2）。平面呈长方形，大小方格共15个，高圈足。长31.4、宽20、高7.2厘米（图四，1；图一四）。

灶　1件（M3：11）。灶体呈长方形，前有阶梯状挡火墙和方形火门，后有方孔烟囱，灶面有一釜，刻有案、勾、勺、筷子等厨具，釜上置一甑，折沿，深腹，平底，底部有6个圆孔，呈梅花状分布，口径11.8、底径3.8、高5.4厘米。灶体长19.7、宽14.4、高13.8厘米（图四，2）。

井　1件（M3：3）。上为井架，两面坡式顶，下为圆形井栏，井口为宽沿，井身呈喇叭形。井口径7.2、底径12.4、通高23.4厘米（图四，3；图一五）。

兽形帐座　1件（M3：10）。形如一昂首卧兽，双目圆睁，张口龇牙，躯体右旋，中有一直径2厘米的圆孔。高14.2厘米（图四，4）。

3. 俑

女侍俑　1件（M3：7）。头束高髻，身着交领宽袖衫，腰束带于腹前打结，下着裙，双手交叉置于腹间，眉清目秀，神态自然。通高25.5厘米（图五，2；图一六）。

武士俑　1件（M3：4）。头戴圆顶帽，双目圆睁，颧骨突出，上身着右衽窄袖短衫，下着裤，腰束带，右臂上举，左臂斜下垂，双拳皆空，原应执有物。神态自然。通高25.5厘米（图五，1；图一七）。

牛车　1件（M3：5）。车箱呈长方形，卷棚式顶，车后开一长方形门，二辕架于牛颈，牛头前伸，圆腹垂尾，四蹄短粗，轮有十二辐。牛长23、高12.4厘米，车宽14.4、高20.2、通长34.2厘米（图五，4）。

马　1件（M3：1）。前腿直立，后腿略屈，背附鞍鞯，尾下垂，身体肥壮，短鬃，短颈曲昂，头饰缨。通高31厘米（图五，3）。

（二）铜器

共1件。

图四　M3出土陶模型明器

1. 多子盒（M3：2）　2. 灶（M3：11）　3. 井（M3：3）　4. 兽形帐座（M3：10）

铜镜　1件（M3：14）。圆形，圆纽，圆纽座。以镜纽为中轴线，向两端平行伸出两条竖线，将镜背主区纹饰分成左右两部分，两条竖线间有竖写铭文“君宜高官”四字，两侧饰变形夔形凤图案，其外饰弦纹两周，斜线纹一周，宽平缘。直径8.8厘米（图六）。

图五　M3出土陶俑

1. 武士俑（M3：4）　2. 女侍俑（M3：7）　3. 马（M3：1）　4. 牛车（M3：5）

图六　铜镜（M3：14）及拓片

图七　陶罐（M3：9）

图八　陶罐（M3：16）

图九　陶盘（M3：6）

图一〇　陶耳杯（M3：15）

图一一　陶灯盏（M3：13）

图一二　陶奁（M3：8）

图一三　陶熨斗（M3：12）

图一四　陶多子盒（M3：2）

图一五　陶井（M3：3）

图一六　女侍俑（M3：7）

图一七　陶武士俑（M3：4）

三、结　　语

M3未经盗扰，保存较为完整，随葬器物位置基本未移动，为该墓的分期和断代提供了新的资料。随葬器物中虽还有东汉以来沿用的陶奁、耳杯、盘等，但陶武士俑、陶女侍俑、陶牛车、陶四系罐、陶帐座、陶多子盒及君宜高官镜等均是西晋时期墓葬特有的器物。其中陶四系罐、多子盒、井、灶、兽形帐座、马、牛车、武士俑、女侍俑等与偃师杏园34号晋墓[1]同类器物十分接近，依据朱亮等对洛阳地区魏晋墓葬的分期[2]，牛车、武士俑、镇墓兽为西晋中晚期出现的器物，因此M3时代约为西晋中晚期。

M3为单室土洞墓，为西晋墓葬所常见。但其墓葬形制也与以往上街地区发现的晋墓有不同之处。其构筑方式既非砖室亦非土洞，为砖和土洞两种混筑，这为研究西晋时期的墓葬形制和丧葬习俗提供了新的实物资料。

发　掘：丁兰坡　张吉民
绘　图：李　扬　焦建涛
摄　影：蔡　强　丁兰坡
拓　片：郭秀芳

注　　释

［1］　中国社会科学院考古研究所河南第二工作队：《河南偃师杏园村两座魏晋墓》，《考古》1989年第8期。

［2］　朱亮、李德方：《洛阳魏晋墓葬分期的初步研究》，《洛阳考古四十年》，科学出版社，1996年。

（原刊于《洛阳考古》2013年第3期）

中国·郑州考古（十六）

CHINA ZHENGZHOU ARCHAEOLOGY（XVI）

郑州文物考古与研究（三）

中

顾万发　主编

郑州市文物考古研究院　编著

科学出版社

北京

内 容 简 介

本书是郑州市文物工作者编写的第三部考古文集，是对郑州市近年来考古工作和科研成果的全面概括和总结。文集内容分两部分：第一部分为文物考古调查与发掘，收录考古发掘简报、报告50余篇，内容包括旧石器时代考古、新石器时代考古、商夏周时期考古、战国秦汉及唐宋元明时期考古资料，内容丰富，资料新颖，是了解和研究郑州市古代优秀文化遗产的重要资料；第二部分为理论探讨与研究，收录学术论文90余篇，内容涉及原始社会至夏商周时期社会性质、文化面貌、聚落考古等诸多领域的研究论述，同时还包括彩陶、青铜器、玉器、钱币、瓷器、墓志的专题研究和科技考古、古建筑及遗产保护、文物影响评估、测绘和科技应用等方面的研究文章。

本书可供从事考古学、历史学、博物馆学、民俗学、方志学、古建筑及文化遗产保护等领域的研究人员及高等院校相关专业的师生参考、阅读。

图书在版编目（CIP）数据

郑州文物考古与研究．三：全三册 / 顾万发主编；郑州市文物考古研究院编著.—北京：科学出版社，2016. 4
（中国・郑州考古；16）
ISBN 978-7-03-047981-5

Ⅰ. ①郑… Ⅱ. ①顾… ②郑… Ⅲ. ①文物–考古–郑州市–文集 Ⅳ. ①K872. 611. 4-53

中国版本图书馆CIP数据核字（2016）第062254号

责任编辑：张亚娜 叁壹肆 / 责任校对：张凤琴 钟 洋 彭 涛
责任印制：肖 兴 / 封面设计：陈 敬

科学出版社 出版
北京东黄城根北街16号
邮政编码：100717
http：//www.sciencep.com
北京通州皇家印刷厂 印刷
科学出版社发行 各地新华书店经销
*
2016年4月第 一 版 开本：787 × 1092 1/16
2016年4月第一次印刷 印张：98
字数：2 297 000
定价：480.00元（全3册）
（如有印装质量问题，我社负责调换）

河南郑州市上街区四座晋墓

张文霞 毛长立

郑州市上街区文化馆在城市基本建设过程中，历年来先后抢救性清理数座晋墓，并出土一批文物。由于时间久远，发掘资料遗失，1998年这批文物被移交给原郑州市文物考古研究所。下面对其中4座晋墓的出土器物进行介绍。

一、上街长城铝业公司晋墓（编号为SCM1）

1. 瓷器

2件。

四系罐 1件。SCM1：16，器形较小。侈口，方唇，折沿，短束颈，溜肩，肩置四系，鼓腹，平底。肩部饰凹弦纹两周，弦纹间饰上仰指甲纹一周；腹部饰三周菱形纹，菱形纹下饰一周指压纹。通体施青色釉。口径7.4、腹径11、底径8、高7.8厘米（图一，1）。

瓷壶 1件。SCM1：17，器体较小。侈口，圆唇，束颈，圆肩，下腹部略内收，平底略内凹。颈肩处饰两周凸弦纹，腹部饰一周凹弦纹。通体施酱色釉。口径2.2、腹径5.2、底径3.2、高4.6厘米（图一，2）。

2. 陶器

20件，均为泥质灰陶。

罐 1件。SCM1：24，器形较特殊。敛口，圆唇，口外设双系，深直腹，下腹部略内收，平底内凹。口径12.6、腹径15.6、底径12.9、高14.7厘米（图一，3）。

盆 1件。SCM1：9，斜折沿，沿面内凹，尖圆唇，浅腹，腹部饰弦纹两周，矮圈足。口径22.8、底径14、高5.7厘米（图一，4）。

耳杯 1件。SCM1：8，椭圆形口，两侧附平耳，弧腹平底。长13.4、宽7.4、高4.6厘米（图一，6）。

勺 1件。SCM1：26，柄残断，勺体浅，圜底。残长9.9厘米（图一，7）。

碗 1件。SCM1：25，敞口，圆唇，深弧腹，矮圈足。口沿下有凹弦纹一周，内壁饰篦点纹。口径17.6、底径11.4、高6.6厘米（图一，5）。

碓 1件。SCM1：18，由支架、杵、臼窝三部分组成，杵柄残断，杵端失。通长14.6、宽6.4、高5.8厘米（图二，4）。

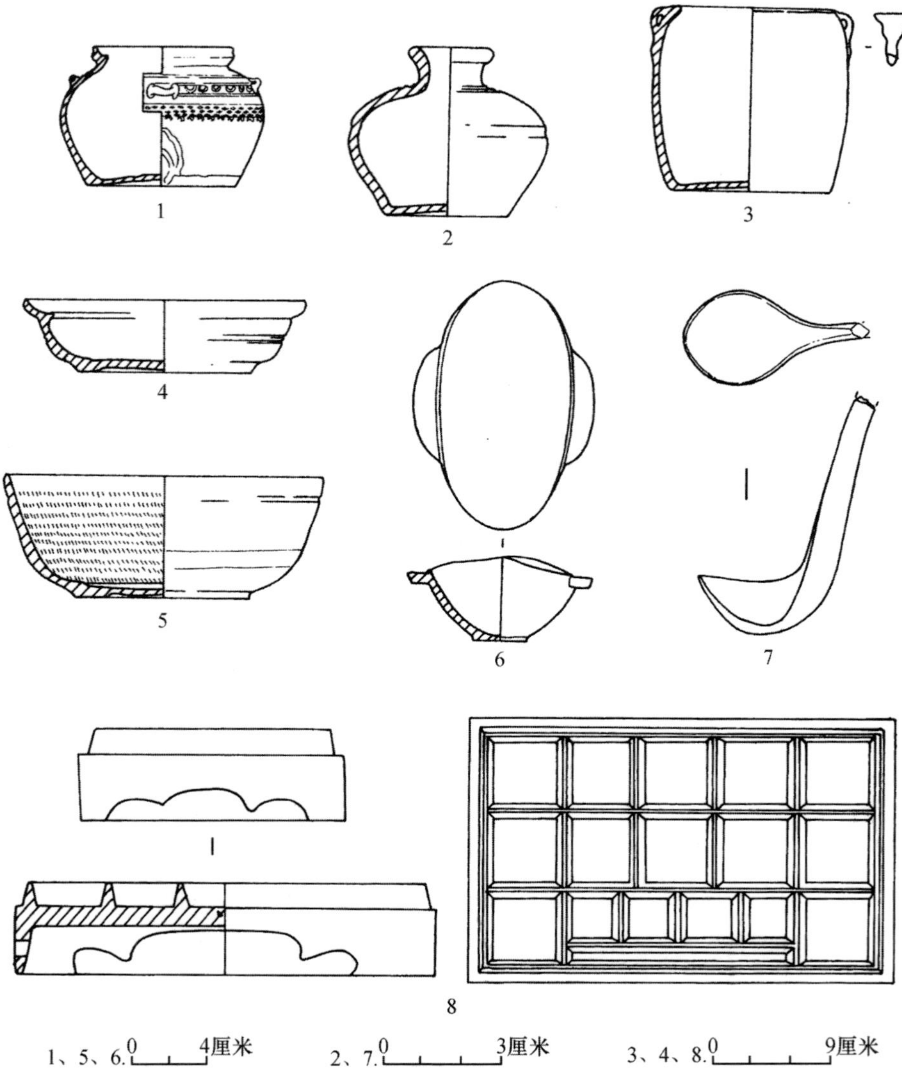

图一　上街长城铝业公司晋墓出土瓷器、陶器

1. 四系瓷罐（SCM1：16）　2. 瓷壶（SCM1：17）　3. 陶罐（SCM1：24）　4. 陶盆（SCM1：9）　5. 陶碗（SCM1：25）　6. 陶耳杯（SCM1：8）　7. 陶勺（SCM1：26）　8. 陶多子盒（SCM1：7）

多子盒　1件。SCM1：7，平面呈长方形，大小方格16个，四角设矩形足，足间呈壶门状。长34.3、宽15.9、高7.8厘米（图一，8）。

磨　1件。SCM1：14，圆形，分上下两扇。上扇中部突起一圈，圈外刻放射状沟槽，圈内置隔梁一道，梁侧各有磨眼一个。磨扇侧面上有两小孔，用以安柄。直径10.6、高5.2厘米（图二，1）。

灶　1件。SCM1：5，灶体呈长方形，前设一方形灶门，上有山形挡火墙，后端有方孔烟囱，灶面有一釜，周围模印鱼、钩、勺等。长19.8、宽13.8、高10.4厘米（图二，2）。

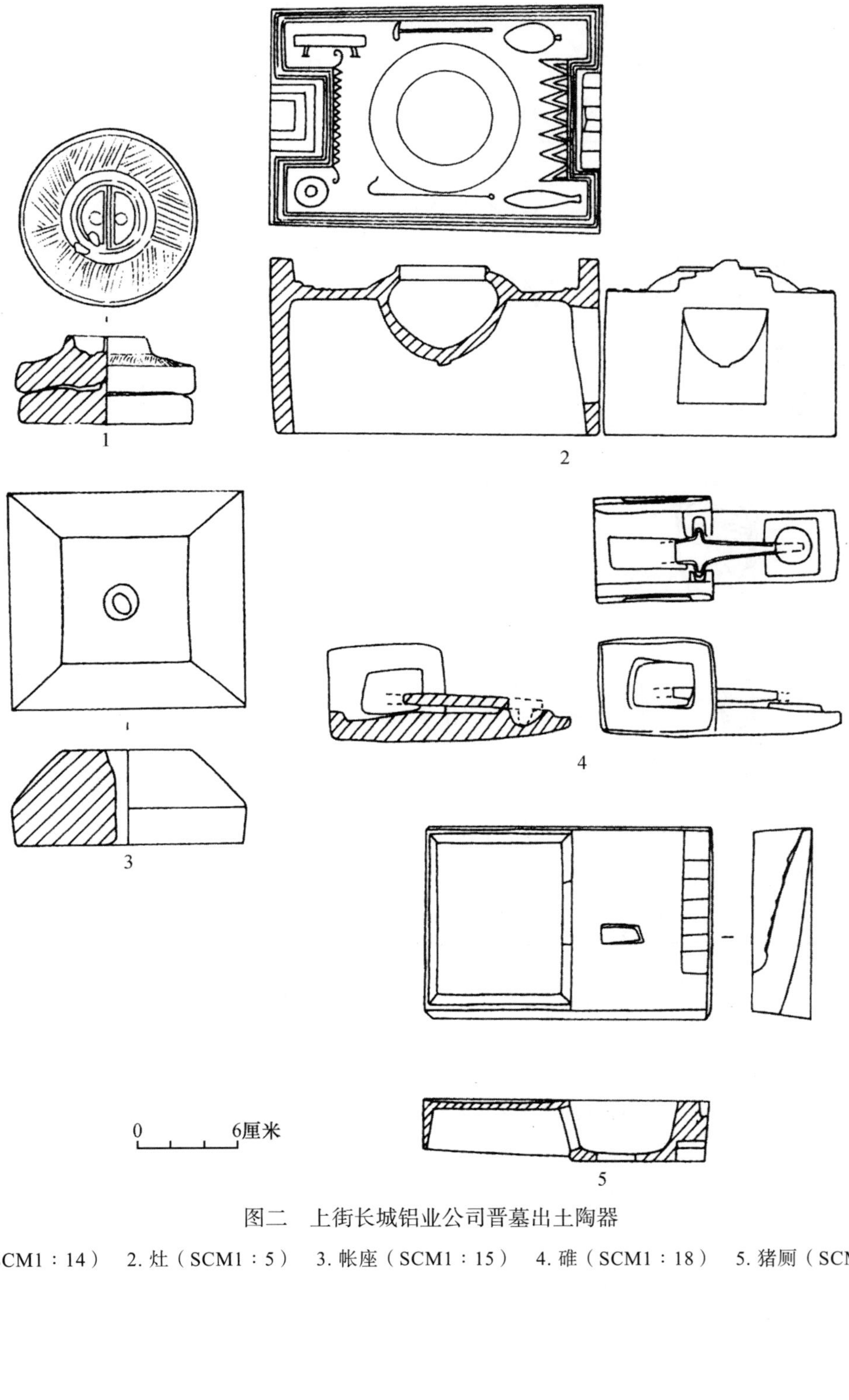

图二　上街长城铝业公司晋墓出土陶器

1. 磨（SCM1：14）　2. 灶（SCM1：5）　3. 帐座（SCM1：15）　4. 碓（SCM1：18）　5. 猪厕（SCM1：19）

图三　上街长城铝业公司晋墓出土陶器

1. 牛（SCM1：1）　2. 镇墓兽（SCM1：11）　3. 狗（SCMⅠ：12）　4. 武士俑（SCM1：13）
5. 车轮（SCM1：4）　6. 女侍俑（SCM1：6）　7. 男侍俑（SCM1：3）

帐座　1件。SCM1：15，近方形，盝顶，中部设不规则圆孔。长14、宽13、高5.6厘米（图二，3）。

猪厕　1件。SCM1：19，应是上下两部分组成，上部已残，下部圈栏呈长方形，一边设阶梯，一边是猪圈。长23.2、宽11.4、高3.6厘米（图二，5）。

车轮　一对。SCM1：4，圆形，宽牙高毂，十二辐。直径43.2厘米（图三，5）。

狗　1件。SCM1：12，体形肥硕，昂首，竖耳，卷尾。长13.6、高12.2厘米（图三，3）。

牛　1件。SCM1：1，立姿，平首，大眼，竖耳，短腿，尾贴于后臀。长28.8、高10.8厘米（图三，1）。

镇墓兽　1件。SCM1：11，兽首，口微张，头鬣呈戟刺状，背鬣呈圆环状，尾上翘。颔首作行走状。长21.4、高12.4厘米（图三，2）。

俑　3件。泥质灰陶，均有彩绘，但多已脱落，系合模制成。

武士俑　1件，SCM1：13，立姿，头、右手残缺，左手握拳前伸，袒胸露乳，腰系带，赤足。残高25厘米（图三，4）。

男侍俑　1件，SCM1：3，头戴平顶小帽，歪脖，面带微笑，神态自若，上着右衽窄袖短襦，双手合持胸前，腰束带，下着裤。高20.8厘米（图三，7）。

女侍俑　1件，SCM1：6，头挽髻，面带微笑，神态安详，身穿右衽束袖深衣，腰系带，双手交于胸前。高23.8厘米（图三，6）。

马　1件。SCM1：10，残。

井　1件。SCM1：27，残。

3. 铜器

2件。

耳杯　1件。SCM1：22，器形小巧精致。口呈椭圆形，两侧有耳，浅腹平底。长5.2、宽3.2、高1.7厘米（图四，3），

叉形饰　1件。SCM1：21，两端呈花朵形，中部整体呈菱形，两端首有圆孔4个。长15.7、两端宽4.6、中部宽2.9厘米（图四，1）。

4. 石砚板

1件。SCM1：20，长方形薄板状，表面磨制光滑。长20、宽13、厚0.8厘米（图四，2）。

5. 铜钱

若干枚，SCM1：23。分为五铢、大泉五十和大泉当千三种。

五铢　周边及穿背均有廓。钱文较宽大，“金”字头如一三角形，“金”字四点较长，“朱”字头圆折。直径2.5、穿径1厘米（图四，4）。

大泉五十　字迹不清晰，正方形穿，周边及穿正背有郭。直径2.6、穿径0.9厘米（图四，5）。

大泉当千　右旋读，字迹模糊不清，正方形穿，周边及穿正背有郭。直径2.6、穿径1厘米（图四，6）。

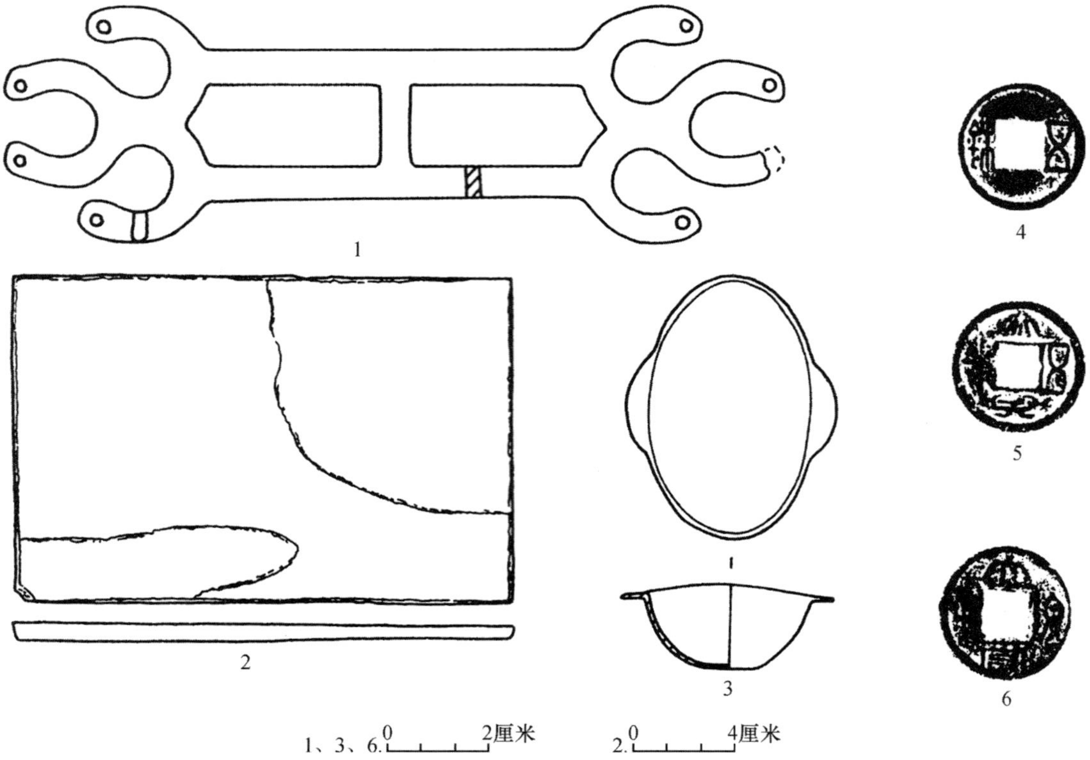

图四　上街长城铝业公司晋墓出土器物

1. 铜叉形饰（SCM1：21）　2. 石砚板（SCM1：20）　3. 铜耳杯（SCM1：22）　4. 五铢（SCM1：23）　5. 大泉五十（SCM1：23）　6. 大泉当千（SCM1：23）

二、上街聂寨一组晋墓（编号为SNM1）

1. 陶器

15件，均为泥质灰陶。

罐　9件。形制基本相同，均为泥质灰陶。SNM1：7，敛口，方唇，短直颈，圆肩，鼓腹，肩、腹部各饰弦纹两周，平底内凹。口径9、腹径17.7、底径8.1、高15.9厘米（图五，4）。SNM1：9，敛口，方唇，圆肩，鼓腹，肩部饰弦纹两周，平底内凹。口径8.4、腹径16.5、底径7.9、高13.8厘米（图五，7）。

灯　1件。SNM1：1，豆形，灯碗侈口，高柄，高喇叭形座。口径12.3、底径10.8、高21.3厘米（图五，2）。

灶　1件。SNM1：3，灶体呈长方形，前设长方形灶门，上有阶梯状挡火墙，后端有方孔烟囱，灶面一釜，上置一甑，周围模印鱼、钩、勺等。长19.6、宽13.6、高10.2厘米（图五，1）。

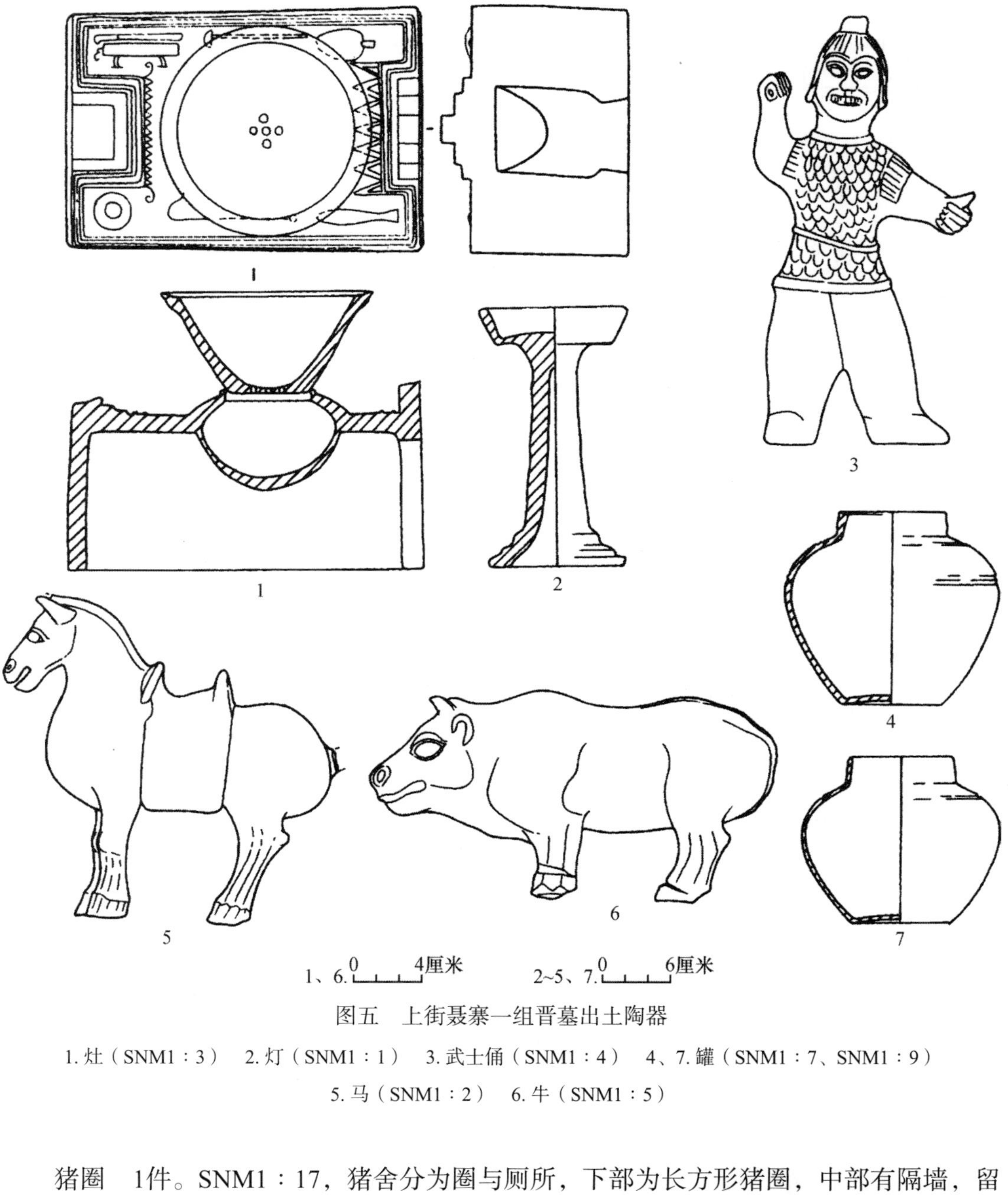

图五 上街聂寨一组晋墓出土陶器

1. 灶（SNM1：3） 2. 灯（SNM1：1） 3. 武士俑（SNM1：4） 4、7. 罐（SNM1：7、SNM1：9）
5. 马（SNM1：2） 6. 牛（SNM1：5）

猪圈 1件。SNM1：17，猪舍分为圈与厕所，下部为长方形猪圈，中部有隔墙，留门洞，前为猪圈，后为猪舍。猪舍左侧设阶梯通二层厕所，厕所为两面坡顶。长16.4、宽10、高19厘米（图六，1）。

马 1件。SNM1：2，立耳，狰目，口微闭，背附鞍，前腿直立，后腿略屈，尾残。长27.9、高26.4厘米（图五，5）。

牛 1件。SNM1：5，立姿，牛头前伸，大眼，双耳竖立，四蹄粗短，尾紧贴后臀。长22.2、高11.2厘米（图五，6）。

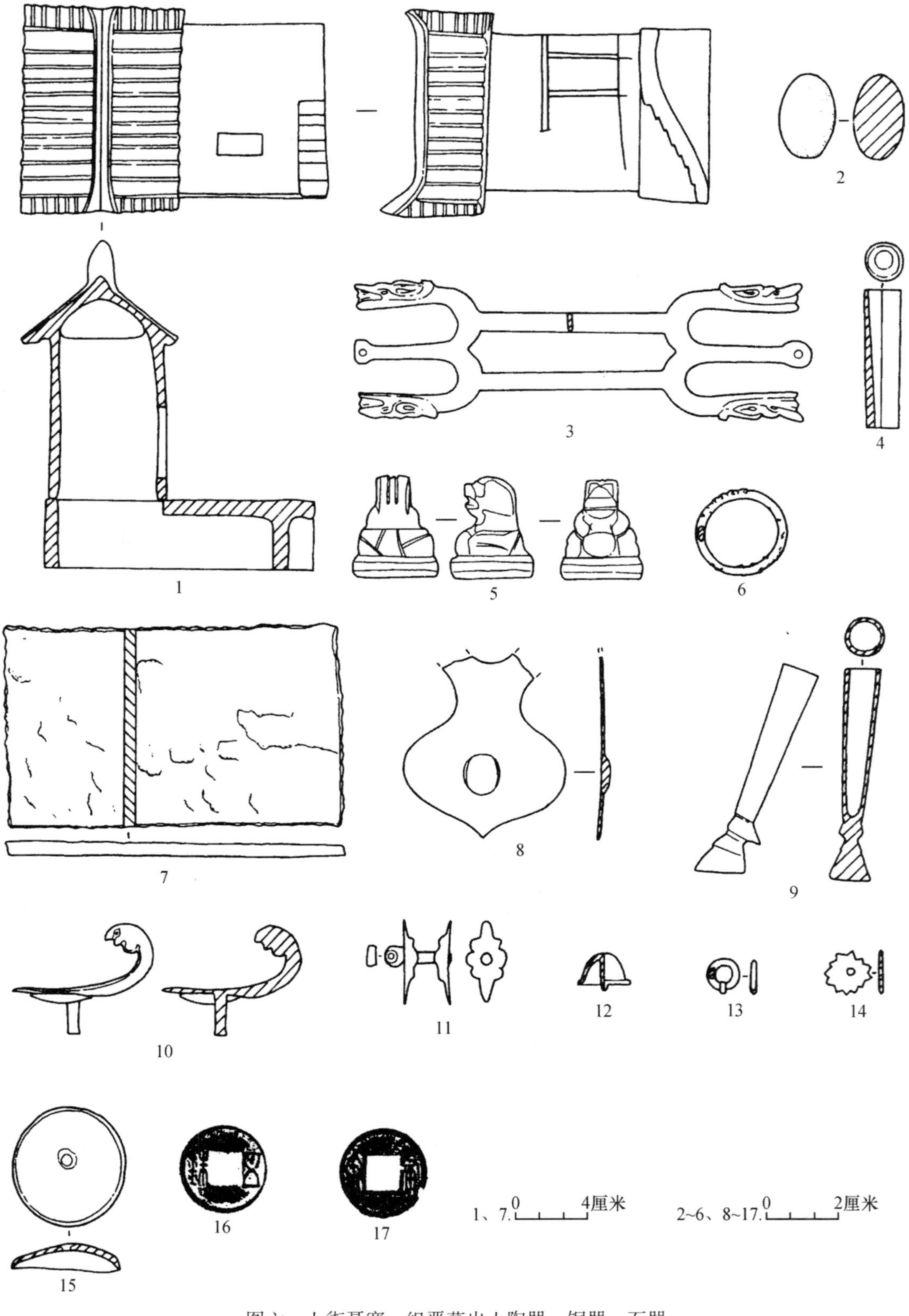

图六　上街聂寨一组晋墓出土陶器、铜器、石器

1. 陶猪圈（SNM1：17）　2. 石球（SNM1：25）　3. 铜叉形饰（SNM1：20-4）　4. 铜管（SNM1：20-2）
5. 铜兽形饰（SNM1：21）　6、13. 铜环（SNM1：22、SNM1：24-2）　7. 石砚板（SNM1：6）
8～11、14. 铜饰件（SNM1：20-3、SNM1：20-1、SNM1：23、SNM1：24-1、SNM1：24-3）　12. 铜帽钉（SNM1：24-2）
14. 铜饰件（SNM1：24-4）　15. 蚌饰（SNM1：18）　16. 五铢（SNM1：26-1）　17. 布泉（SNM1：26-2）

武士俑　1件。SNM1：4，头戴盔，身穿锁甲，左手半握前伸，右手握拳上举，下着裤，二腿分立。高35.4厘米（图五，3）。

2. 石器

3件。

砚板　1件。SNM1：6，长方形薄板状，表面磨制光滑。长20、宽11.6、厚0.9厘米（图六，7）。

石球　2件。SNM1：25，形制相同。整体呈椭圆形，表面有划痕。长2.5、宽1.5厘米（图六，2）。

3. 铜器

16件。

叉形饰　1件。SNM1：20-4，两端呈三叉形。中部呈菱形，三叉中部端首有圆孔，两侧叉首作龙头状。长13.3、两端宽4、中部宽2.2厘米（图六，3）。

兽形饰　1件。SNM1：21，兽面，阔嘴，大耳，蹲坐在台座上，两爪抱圆形球在胸前。高2.9厘米（图六，5）。

环　2件。SNM1：22，圆形，截面呈椭圆形。直径2.6厘米（图六，6）。SNM1：24-2，圆形，截面呈圆形，有一小环相套。直径0.9厘米（图六，13）。

饰片　1件。SNM1：20-3，残，似柿蒂纹残片，中间圆孔镶嵌绿松石。残长5.4厘米（图六，8）。

管　3件。SNM1：20-2，形制相似。圆筒形，中空。直径1.1、高3.5厘米（图六，4）。

马蹄形饰件　2件。SNM1：20-1，形制基本相同。上部圆形，下部形似马蹄状，中间空，直径1、高6.2厘米（图六，9）。

鸟形饰件　2件。SNM1：23，形制相同。形似鸟状，回首站立。长4.1、高3.2厘米（图六，10）。

花卉形饰件　1件。SNM1：24-1，正面花卉状，一组由两个组成，中间有一圆管，一端为圆首，中有圆孔。长19、高2.3厘米（图六，11）。

帽钉　1件。SNM1：24-2，球形钉帽，锥形钉身。高1.1厘米（图六，12）。

饰件　2件。SNM1：24-4，形制相同，大小不同。边缘锯齿状，中间有一圆孔。高1.2厘米（图六，14）。

4. 铜钱

100枚，分为五铢、布泉两种。

五铢　SNM1：26-1，周边及穿背均有郭。钱文较宽大，“金”字头如一三角形，“金”字四点较长，“朱”字头圆折。直径2.5、穿径1厘米（图六，16）。

布泉　SNM1∶26-2，穿孔正方，周边及穿面背有郭，字文深峻。钱径2.5、穿径1厘米（图六，17）。

5. 蚌饰

7件。SNM1∶18，形状相同，大小不等。圆形，中间有一圆孔，面呈弧形。直径3.3厘米（图六，15）。

三、上街房管局晋墓（编号为SFM1）

1. 陶器

11件，均为泥质灰陶。

碗　1件。SFM1∶15，敞口，圆唇，深弧腹，矮圈足。口沿下有凹弦纹一周，内壁饰篦点纹。口径17.4、底径9.3、高7.26厘米（图七，4）。

勺　2件。SFM1∶1，勺体为圜底，柄蛇首状。长14.4厘米（图七，2）。SFM1∶6，勺体为圜底，柄端作简练蛇首。长10.3厘米（图七，6）。

耳杯　1件。SFM1∶7，口椭圆形，两侧有耳，浅腹，平底。长13、宽7、高3.4厘米（图七，1）。

樽　1件。SFM1∶9，直口，圆唇，深腹，平底，下附三蹄形足。腹中部饰凹弦纹两周。器表白彩已脱落。口径20.1、高12.1厘米（图七，5）。

虎子　1件。SFM1∶12，顶置把手，通体浑圆，前端有口，后端弧形，底部平微内凹。通长24.3、高16.2厘米（图七，3）。

狗　1件。SFM1∶2，制作粗糙，眉目不清。昂首，竖耳，站立状，四肢粗壮，尾上卷。长13.4、高9.4厘米（图七，8）。

鸡　2件。1件残，SFM1∶5，昂首站立，高冠，长尾，腹部刻划有双翅。体长12.9、高12.4厘米（图七，7）。

2. 俑

2件。泥质灰陶，有白彩，但多已脱落，系合模制成。

男侍俑　2件。SFM1∶11，头锥髻，上着右衽短襦，下着长裤，腰系带。右手上举撮指作掏耳状，左手屈肘握拳作伸大拇指状。高37.8厘米（图七，9）。SFM1∶13，头戴平顶帽，面带微笑，上着圆领窄袖短衣，双手合于胸前，下着长裤。高24厘米（图七，11）。

3. 铜器

镜　2件。SFM1∶16，“位至三公”铭文镜，圆形，圆纽，圆纽座。座外以镜纽为中心，向外平行伸出界线，界线间铭写“位至三公”4字。界线两侧饰夔凤图案，再外饰弦纹两周，斜线纹一周，宽平缘。直径9.5、缘厚0.3厘米（图七，10）。SFM1：8，“君宜高官”铭文镜，镜背面部分锈蚀，中间断裂，纹饰大部分可辨。圆形，圆纽，四叶纹

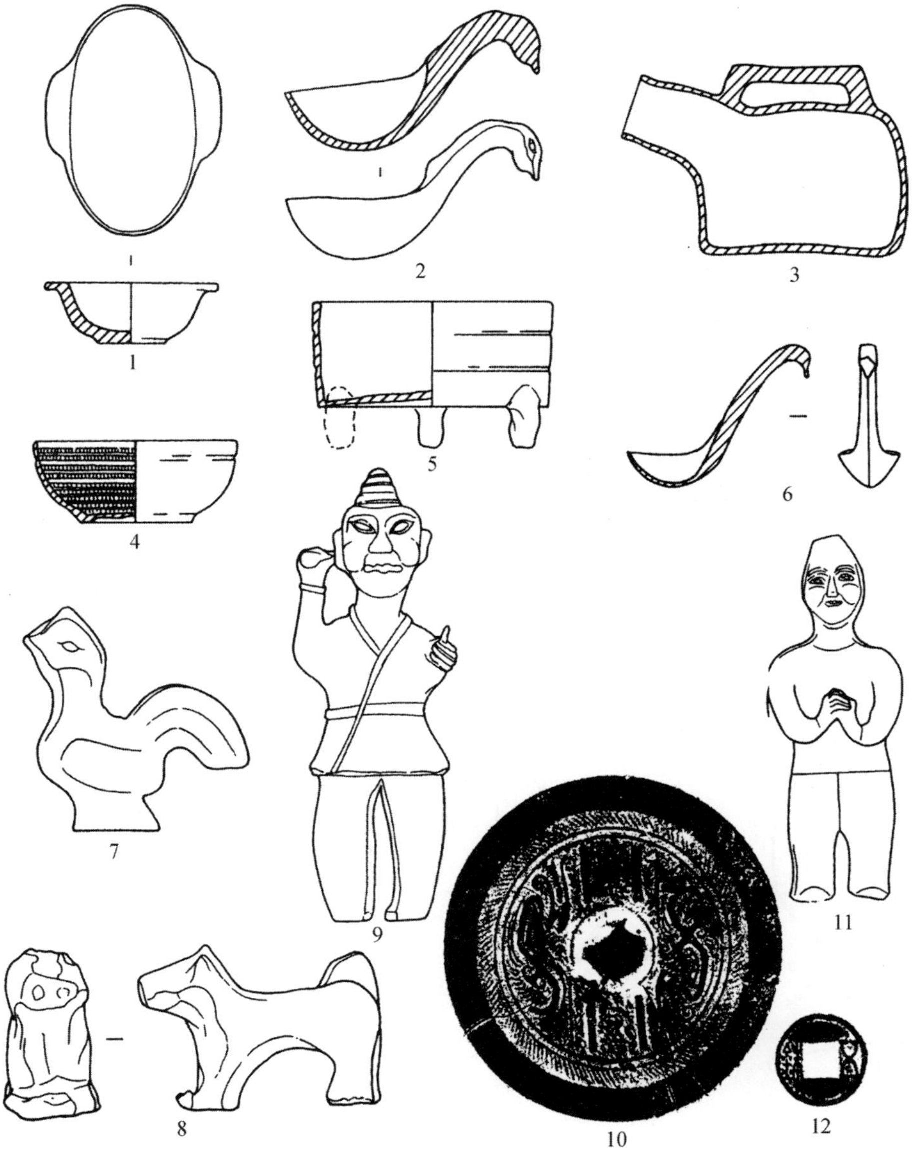

图七　上街房管局晋墓出土器物

1. 陶耳杯（SFM1：7）　2、6. 陶勺（SFM1：1、SFM1：6）　3. 陶虎子（SFM1：12）　4. 陶碗（SFM1：15）　5. 陶樽（SFM1：9）　7. 陶鸡（SFM1：5）　8. 陶狗（SFM1：2）　9、11. 男侍俑（SFM1：11、SFM1：13）　10. 铜镜（SFM1：16）　12. 五铢（SFM1：10）

纽座。叶间有铭文“君宜高官”四字。外为窄平素纹和八个内向连弧纹，宽平素镜缘。直径14、缘厚0.3厘米。

4. 钱币

30枚均为“五铢”。SFM1：10，周边及穿背有郭。钱文较宽大，“金”字头如一三角形，“金”字四点较短。直径2.5、穿径1.1厘米（图七，12）。

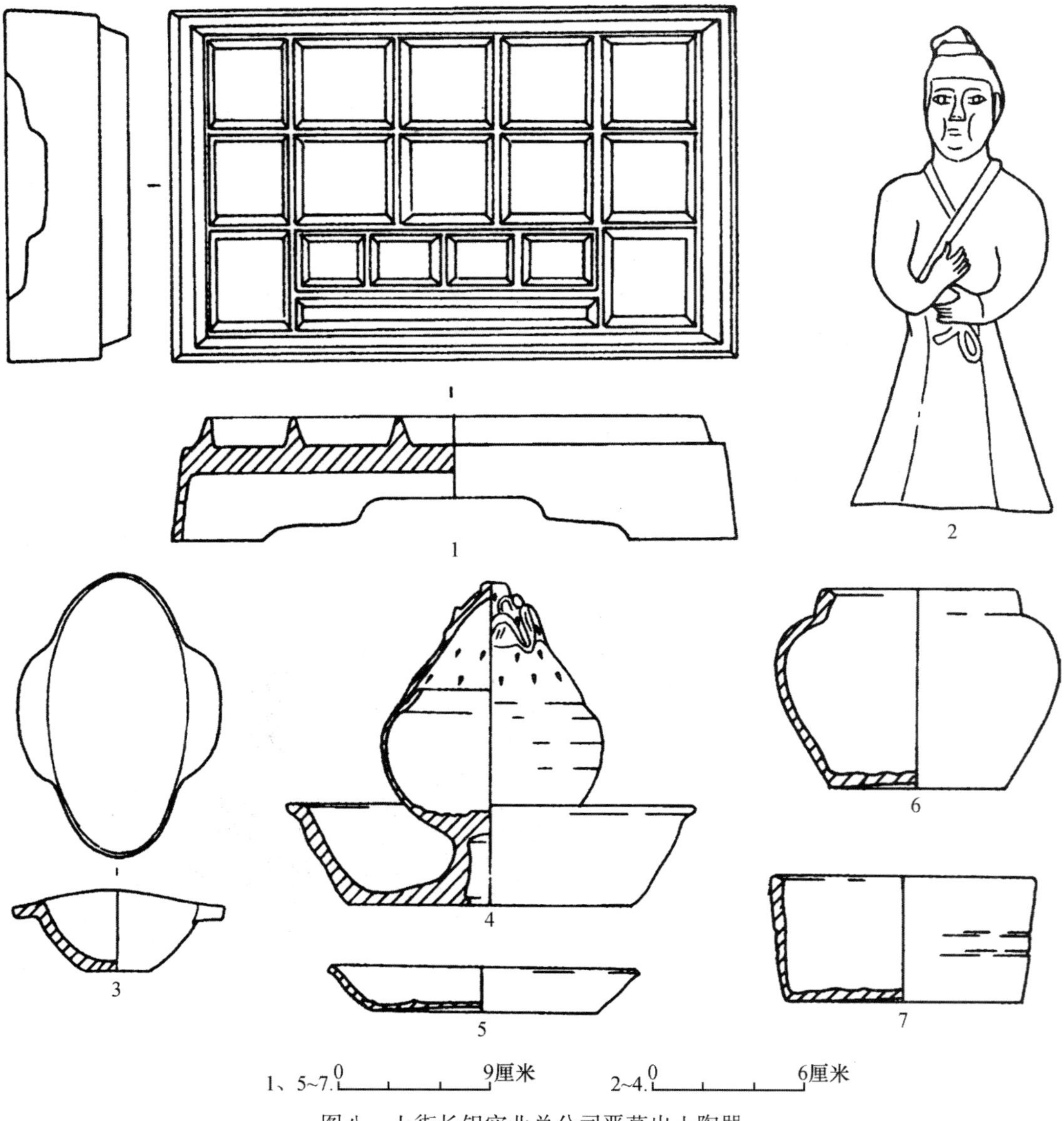

图八　上街长铝实业总公司晋墓出土陶器

1. 多子盒（S1M1：8）　2. 男侍俑（S1M1：6）　3. 耳杯（S1M1：3）　4. 博山炉（S1M1：2）　5. 盘（S1M1：4）　6. 罐（S1M1：7）　7. 樽（S1M1：5）

四、上街长铝实业总公司晋墓（编号为S1M1）

8件，均为泥质灰陶。

罐 2件。S1M1：7，敛口，圆唇，鼓腹，平底微内凹。口径11.5、腹径16.8、底径10.5、高11.7厘米（图八，6）。

樽 1件。S1M1：5，直口，方唇，深腹，平底内凹，三足残。腹部有凹弦纹二周。口径15.9、底径14.4、高7.5厘米（图八，7）。

盘 1件。S1M1：4，敞口，圆唇，浅腹，平底内凹。口径18.9、底径13.4、高2.7厘米（图八，5）。

耳杯 1件。S1M1：3，口呈椭圆形，两侧有耳，浅腹平底。长11.6、宽3.8、高3.2厘米（图八，3）。

博山炉 1件。S1M1：2，圆盘形底座，中心竖起一空心柱承托圆形炉体，炉盖覆镂孔状，小平顶。盘径16.4、通高12.8厘米（图八，4）。

多子盒 1件。S1M1：8，平面呈长方形，大小方格16个，矩形足。长33.9、宽21、高7.5厘米（图八，1）。

男侍俑 1件。S1M1：6，头挽髻，着曳地右衽窄袖深衣，双手交叉于腹部，腰系带。高21.2厘米（图八，2）。

五、结　　语

上街区的这批晋墓，尽管墓葬形制不详，但从器物组合来看，与洛阳、巩义晋墓基本相同，随葬器物特征也多有相同或相似之处。

（1）上街区长城铝业公司陶俑（SCM1：3）与巩义市火车站晋墓标本ZM1：10侍俑基本相同[1]。陶武士俑（SCM1：3）与洛阳谷水晋墓M6：1基本相同[2]。出土的镇墓兽（SCM1：11）与洛阳谷水晋墓M6：3形制基本相同[3]。男侍俑SCM1：6与洛阳谷水晋墓M5：17相近[4]。

（2）上街区聂寨村一组晋墓武士俑（SNM1：4）与偃师杏园34号墓出土的武士俑相近[5]，陶马（SNM1：2）与洛阳谷水晋墓陶马M6：2形制基本相同[6]。

（3）上街区房管局晋墓陶俑（SFM1：13）、虎子（SFM1：12）与洛阳谷水晋墓陶俑M4：5、虎子M4：46基本相同[7]，“位至三公”铜镜也与洛阳谷水晋墓铜镜M5：35相同[8]。

（4）上街区长铝实业总公司晋墓（S1M1：8）、博山炉（S1M1：2）与偃师杏园34号墓出土的多子盒与博山炉相似[9]。其他诸如陶罐、陶碗、多子盒、磨、耳杯等随葬品也大抵相同。

综合来看，上述四座晋墓应同洛阳、巩义的晋墓年代一致，即同为西晋中晚期。同时，这批墓葬资料和出土器物对郑州地区晋墓的分期与研究具有一定意义。

附记：该简报在编写过程中得到了郝红星研究员的悉心指导，谨致谢忱。

绘　图：焦建涛　李　杨

注　释

［1］　郑州市文物考古研究所：《河南省巩义市晋墓发掘报告》，《郑州文物考古与研究》，科学出版社，2003年。

［2］［3］［6］　洛阳市第二文物工作队：《洛阳谷水晋墓（FM6）发掘简报》，《文物》1997年第9期。

［4］［8］　洛阳市第二文物工作队：《洛阳谷水晋墓（FM15）发掘简报》，《文物》1997年第9期。

［5］［9］　中国社会科学院考古研究所河南第二工作队：《河南偃师杏园村的两座魏晋墓》，《考古》1985年第8期。

［7］　洛阳市第二文物工作队：《洛阳谷水晋墓》，《文物》1996年第8期。

［原载于《文物研究》（第17辑），科学出版社，2010年］

“大运河”考古行记

——河南中牟段

鲍颖建

开皇九年（589年）三月隋朝攻灭陈朝统一南北后，为了将江南的粮食和纺织品运送到北方，陆续开凿了数条运河，加之原有的自然水道，最终形成了以洛阳为中心、向北到涿郡（今北京）、向南到余杭（今杭州）、全长2700余千米的大运河（图一）。其

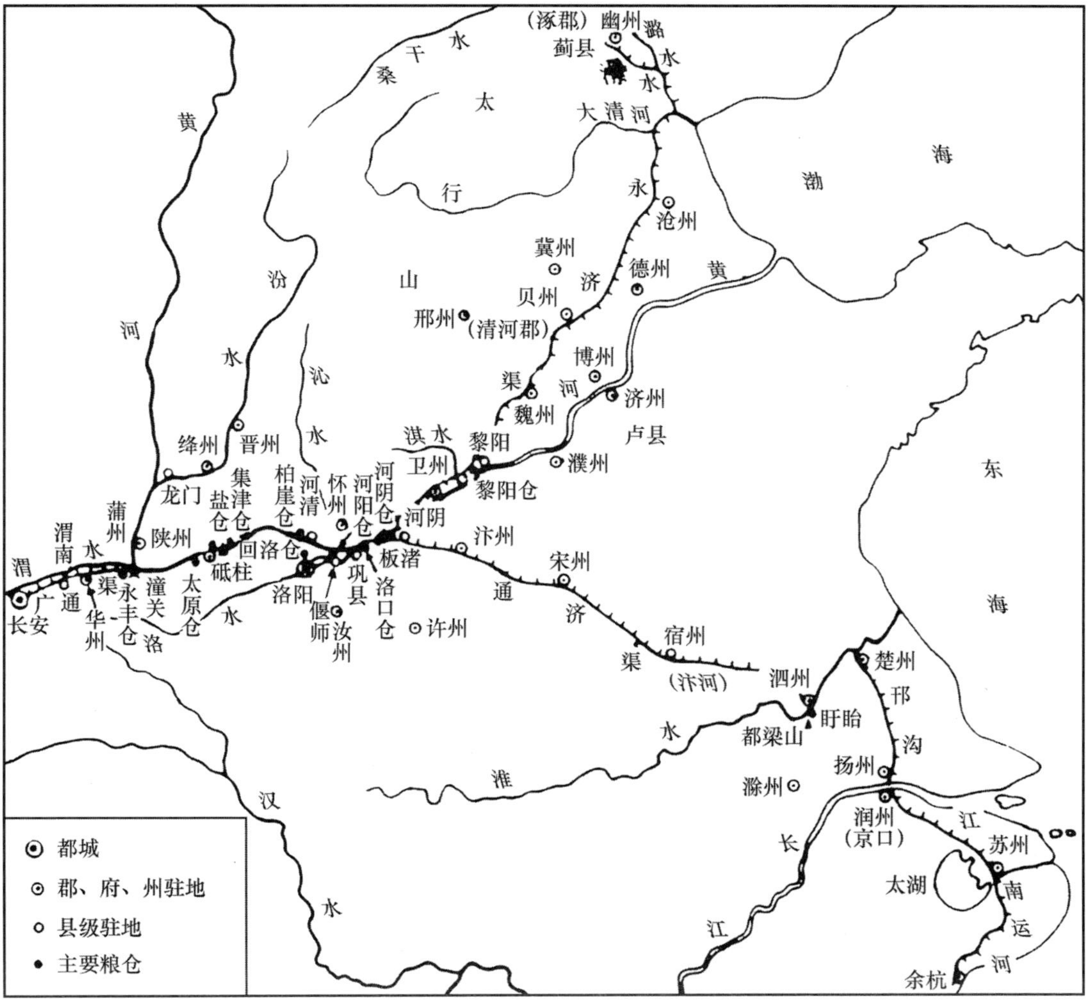

图一　隋唐大运河走势

中通济渠自今洛阳西郊引谷、洛二水入黄河，东段自荥阳汜水镇东北引黄河水，循汴水（原淮河支流），经商丘、宿州、泗县入淮。

隋唐大运河故道郑州段是通济渠比较重要的一段，它西起洛阳，沿洛河自偃师与巩义交界处入郑州境，经巩义市、荥阳市、惠济区、金水区、中牟县5个地区，东南与开封县境相接，全长150多千米。

一、工作缘起

2010年6月，郑州市文物勘探队配合郑州交通重点工程建设管理中心郑汴物流通道工程对沿线建设施工占压范围进行考古勘探。在隋唐大运河故道中牟段境内水溃村西钻探出一段宽100米左右的大运河河道。随后郑州市文物考古研究院对其进行了抢救性考古发掘，于2011年5月结束。初步了解了该区域地层堆积情况及河道的大致流向，同时通过历史文献记载，实地勘探确定了水溃村（水柜）方圆5千米区域为一处与运河紧密相关的水利工程，可能是调节运河水量的储水库（图二）。为了进一步掌握落实运河故

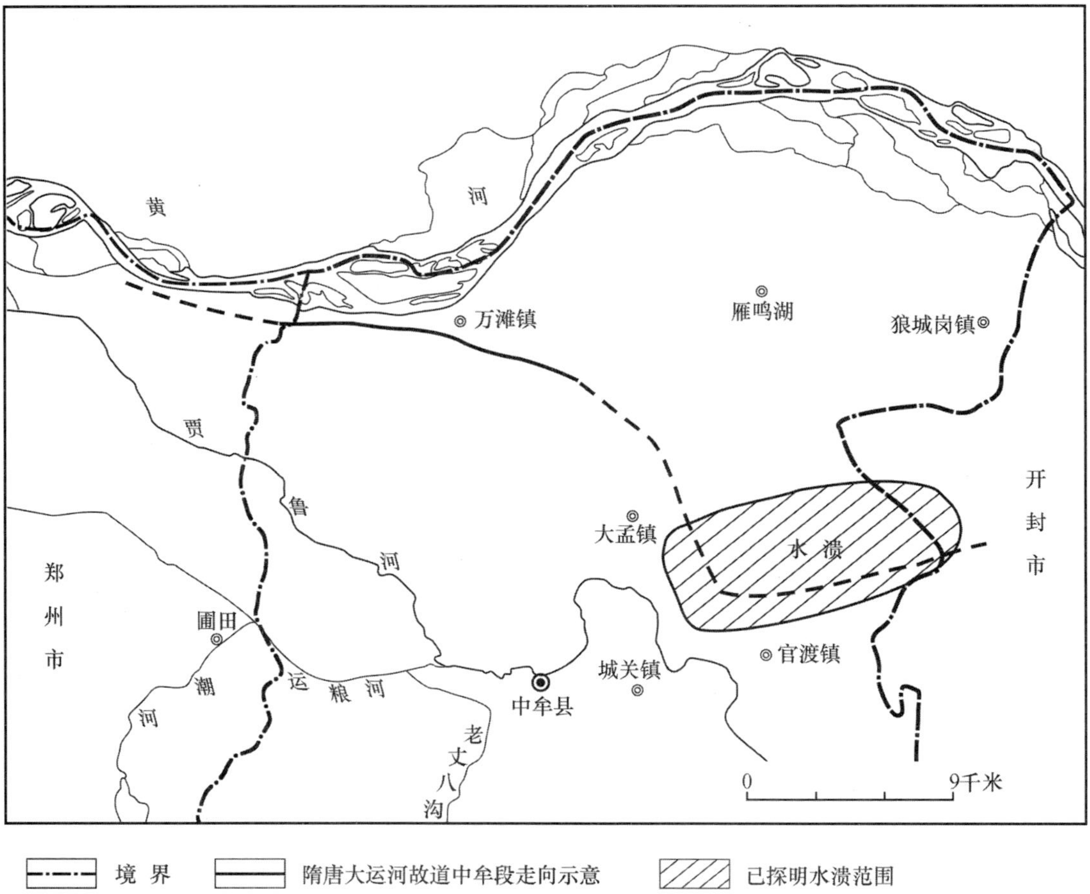

图二　水溃古河道遗址位置示意图

图三　水渍古河道遗址发掘中安装降水设备工作场景

图四　水渍古河道遗址发掘中降水设备使用场景

道中牟段的走向，我们在时间紧、任务重的条件下，精心组织、合理安排，在先期的运河调查资料基础上，结合近期勘探、发掘情况，对运河故道中牟段走向及沿线与运河有关的遗迹、遗物、人文环境、历史背景等进行了一次全方位系统地调查（图三、图四）。

二、河流纵横，难度增加

中牟县地处豫西丘陵向豫东平原的过渡地带，进入新生代之后由于黄河南泛切割，洪积物被破碎，南北坡降增大，地形和水系都发生了变化，形成西高东低、南北高、中部低的地势。据近年来考古资料和历史地理的研究证明，这里原是自然条件比较优越的地区。在人类活动的早期，气候温和，植被覆盖良好，湖泊河流众多。随着人类活动的频繁，如战争的破坏，无计划地垦殖荒地、砍伐森林、侵蚀草原，引起了严重的水土流失，造成了河流淤浅、湖泊干涸，气候渐趋干燥，破坏了自然界的生态平衡。

古代中牟境内的主要河流有南部的沫水、清池水、役水（焦沟水）和北部的鸿沟水（亦称莨荡渠、官渡水）；唐、宋时期有汴河、郑水。明正统十三年（1448年）黄河流经县境，现有河流除黄河、贾鲁河为过境河外，8条内河均系季节性河流。这些纵横的河流，加之历代的黄河泛滥，使得运河故道深埋于地下，这给我们的考古调查、勘探及发掘工作带来了不可预期的困难。

根据郑州市文物勘探队所提供的勘探报告，我们在河道甚为清晰的中牟县官渡镇水溃段，采用探沟法进行清理发掘。该地属典型黄土冲淤积堆积区，地下水位较高，地面以下2米左右已普遍出水，故在实际工作中采用了降水发掘。虽经大力降水，也只能发掘至7.5米许，无法继续向下发掘。

通过考古发掘古河道遗址，我们对发掘区域的地层堆积状况有了清晰的认识。依据地层土质、土色及包含物的差异，将古河道遗址的地层堆积区分为12层。出土了一批较为重要的文物，主要有陶器、瓷器、铁器、石块等。古河道的上层堆积第10～12层中还有一些罕见遗物出土，据第10层堆积中出土的青花瓷片等遗物特征，推测该层时代在明代；第11层出土的施化妆土与透明釉瓷碗与河北观台窑址第3层同类器基本相同，时代属金代；第12层出土的白底黑花瓷碗、黑釉罐分别与鹤壁集窑遗址、密县西关瓷窑址同类器接近，时代为宋代。通过与宋金时期窑址出土瓷器的对比，我们认为第11、12层出土的瓷片均属磁州窑系。需要说明的是，因第12层以下严重出水，受目前工作条件的局限，未能进行发掘，其下层可能存在更早的文化堆积。

这次的发掘工作使我们获得了重要的判断地层堆积时代的实物资料，同时为下一步的隋唐大运河申遗工作奠定了较为坚实的基础。

三、水溃勘探

为查清中牟段大运河古河道的走向问题，我们组织钻探队以水溃古河道遗址为中心，对其周边区域进行大范围勘探。钻探区域内多为农田且种植了经济作物，我们尽量不进入田地，多选择田间小路、水渠、小树林等处钻探。中牟县地处黄河泛滥区域，上部淤积甚厚、水位高，钻探工作难度甚大，普遍探至4米左右已无法作业。但我们仍有一些收获：勘探区域的地层堆积情况基本一致，边缘地区有着较明显的堆积差异（图五、图六）。

图五　水溃附近钻探工作场景

图六　认真分辨土质土色的差异

在对古河道遗址周邻区域进行钻探的同时，我们也做了一些与河道相关的考古调查。在中牟县城东北约8千米处的前黑寨村西有一条南北向公路，当地称之为长青路。在修建长青路时曾挖出过一条带有铁链的铁锚，据前黑寨村村民讲述，他曾亲眼见到出土的一段长两三米的深黑色铁链，但该铁链已断，推测下部还有。后我们得知曾有挖掘机在长青路西侧的小河沟内作业，向下挖掘两三米后便发现了铁锚。接着，施工队按照铁锚的出土位置继续向下挖掘至六七米处，方将铁锚及铁链取出，后被项目部的工作人员运至驻地。另据前黑寨村老人回忆，该地原有一个渡口，还曾沉过船。

据明正德《中牟县志》记载，东汉末年，曹操治浚仪渠西至官渡，东下睢阳（今河南商丘），官渡以上利用鸿沟水源，官渡至浚仪段为新开渠，睢阳渠修成，漕粮有济。东汉建安五年（200年），这里发生了有名的"官渡之战"，曹军曾引该处之水以灌袁军。官渡镇水溃村位于今中牟县城东北约5里，古名林柜坡，此地带因地势低洼、长期积水，是为泽。唐宋时期汴河经此，又于该地开凿较大的蓄水工程，名曰"水柜"，以调节汴河之水量。经金、明代以后的几次黄河决口，淤为平地，在此形成了村庄，仍名水柜村。后以"柜"演"溃"，成为今天的水溃村。

我们在钻探中还发现有一些奇特现象。在古河道遗址以西发现，每间隔三四百米，青灰色淤积土层总会出现约100米的断档，其内堆积着较为纯净的黄褐色土层，在黄褐土层过后再次发现青灰色淤积土层。在古河道遗址以西至李南溪村东区域内，这种断档的黄褐色土层共发现有三四段，我们怀疑这与水柜的堤岸有一定关联。

根据调查和勘探，我们初步推测，在本次勘探范围内，古时可能存在一处水库性质的水利设施，暂将其称为"水柜"，其或许与水溃古河道调节水量有关。前黑寨村西在修建公路时出土的带有铁链的铁锚便是一例明证，这从侧面也说明该区域曾有船舶行驶。

四、古河道走向

在弄清水溃古河道遗址附近地区情况的前提下，我们参照相关的文献记载对隋唐大运河故道中牟段的走向进行了调查走访，并对重点区域进行考古勘探予以确认，最终大致可以勾勒出历史上隋唐大运河中牟段的走向（图七）。初步判定流经"杨桥→永定庄→十里店→七里店→万胜→杨佰胜→土寨→水溃→韩庄→大胖"的古河道为疑似历史上的隋唐大运河故道。

杨桥村位于中牟万滩镇西北部，北濒黄河，村南原有一条古河道，现在地表依稀可见。据史料记载，杨桥原为阳武桥镇，明朝时才改称为杨桥镇。唐光启三年（887年），朱全忠举四镇之兵大破秦宗权于边孝村，追到了阳武桥，便是此地。杨桥镇（图八）在元、明时期最为兴盛，作为水旱码头，商贾云集，昼集夜市，车水马龙。杨桥镇不仅筑有宽厚的城墙，还建有青龙、白虎、朱雀、玄武四大城门。在城墙外约10米处挖掘有护城河，规划有笔直的王字街道，临街店铺林立，镇外寺院毗邻，繁华异常。清代黄河决口后，刘统勋曾率领民众在此地疏浚河水，乾隆皇帝曾御题碑文以彰显其功。杨桥村中现存有乾隆御碑的碑座——长1.7、宽0.9、高0.55米，其上原有石碑，碑身现收藏于黄河博物馆。此处原有刘统勋堵黄河决口后所修一大庙，当地俗称"大庙锅"，敬大王爷，有大殿九间，东西箱房，三门、戏楼和八卦亭等建筑，气势非常宏伟。

永定庄位于中牟万滩镇西部、黄河大堤南侧。清乾隆二十六年（1761年），黄河于杨桥决口，原村被冲没。古河道自杨桥村向东从永定庄南部流过。

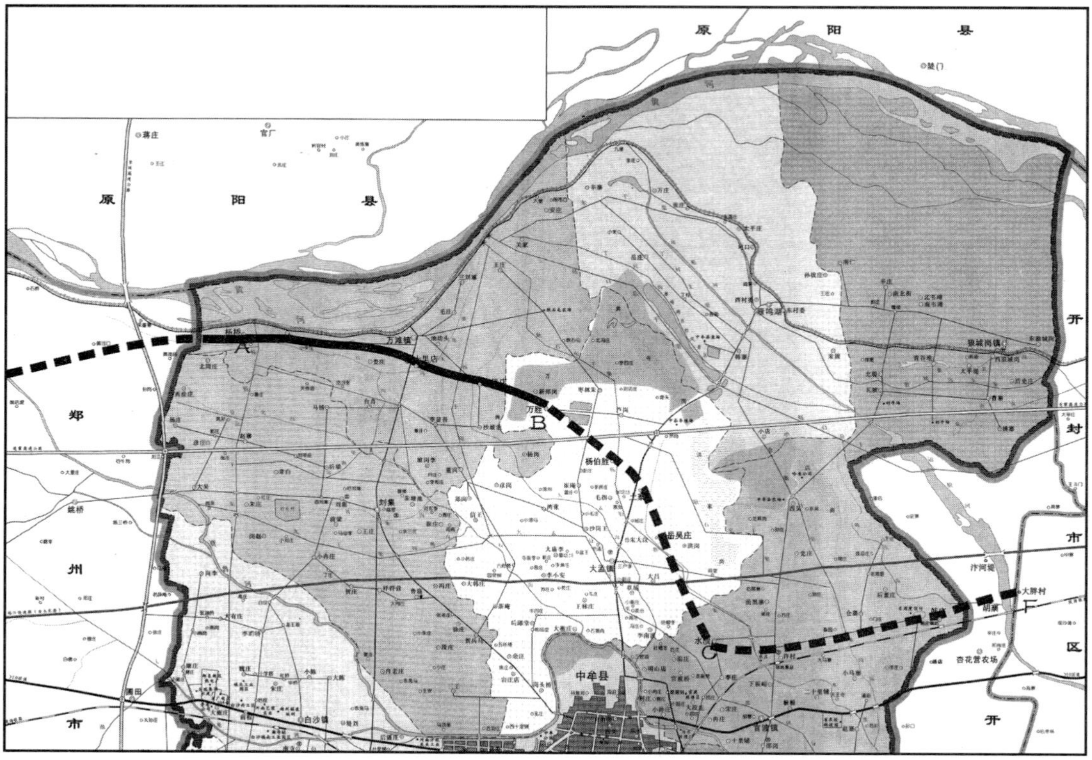

图七　隋唐大运河故道中牟段走向示意图

十里店位于古汴河畔，成村约在唐代，因旧有客店东距万胜镇十里而得名。村南原为黄泛故道，低洼潮湿。唐、宋时期汴河航船往来于此，客商不绝，有店铺、商号数十家。清雍正元年（1723年）黄河于村北决口，村落淹没，店铺迁徙。

万胜村位于古汴河北侧、王满渡西，扼水陆交通要冲，为隋、唐、宋漕运必经、兵家必争之地。宋代时万胜镇为重要的军事、交通、漕运重镇，也是北宋时期100多年间中原地区有名的大商埠。明正统十三年后黄河5次大决口，万胜镇全部淤没，变为今日的万胜村。万胜村北部原有一条古河道，当地人称之为“汴洛河”（图九、图一〇）。后来，隋炀帝时期修建大运河，该河便通往了广济渠。

杨佰胜位于中牟县城北11千米、耿石屯干渠西侧，清初建村；土寨位于中牟县大孟镇北约4千米处，亦为清初建村，因村筑土寨而得名；岳吴庄位于中牟县大孟镇东北约2千米处。古河道从大孟镇万胜村向东南流经杨佰胜村、土寨村、岳吴庄，至官渡镇水溃村。

韩庄古称韩庄镇，位于中牟县城东，陇海铁路北侧。唐宋时期，汴河流经此地，韩庄镇扼汴洛水陆交通要冲，帆樯林立，商贾云集，鼎盛一时。自宋以后，汴河失修，航运不通，繁荣景象大减。明朝时，韩庄仍为中牟六镇之一。这里店铺林立，楼房鳞次栉比，车水马龙。清朝在该地设有驿铺，称三十里铺。清道光二十三年（1843年），黄河

图八　杨桥古渡口

图九　万盛村北运河故道

在中牟县的九堡决口，洪流经此，镇集皆废，良田沙淤，韩庄镇被毁。东二干渠在韩庄村北部流过，在该渠的北部据传有一条古河道，其年代已不详，该河道原为一条自然河流。万滩镇杨桥黄河决堤后，向东南漫流，流经该村北部的自然河道，目前在韩庄村北仍可依稀看到低凹的河槽。这条古河道宽约100米，最深3～4米。

关于官渡镇韩庄村北古河道向东南的流向，据开封县汴河堤村的老人讲述（图一一），该河道自官渡镇韩庄村经开封县杏花营农场胡寨村，直接流向大胖村。

图一〇　万胜村北钻探场景

图一一　走访当地老人

经过对现场对地形地貌的实地勘察，我们发现运河故道流经的地方常有一道宽阔的凹槽，站在远处依然清晰可见。大孟镇万胜村北、官渡镇韩庄村北的古河道即为此种情况，万滩镇杨桥村南仍有现存于地表的河沟。当地老人的记忆较为清晰，大都可以现场指出古河道曾经流淌的具体位置。

大运河为后世经济发展起到了很大的促进作用，在大运河修筑成功和此后发挥作用的500余年时间之内成为沟通沿线的重要政治、经济、文化的纽带。

（原刊于《大众考古》2014年第4期）

郑州市区西北部两座唐墓发掘简报

魏青利　任广岭　丁兰坡

2006年以来，郑州市文物考古研究院在配合基本建设工程过程中，于郑州市区西北部河南电力工业学校和河南六合置业有限公司六合苑小区发掘清理唐墓各一座。两座唐墓一座为土洞墓、另一座为砖室墓，保存较为完整，现将发掘情况简报于后（图一）。

一、河南电力工业学校唐墓（2008ZDFM1）

河南电力工业学校唐墓，位于郑州高新技术产业开发区的东部、西三环路以东、秦岭北路以西、电厂南路以北，编号为2008ZDFM1。

（一）墓葬形制

2008ZDFM1，单室土洞墓，开口距地表10 米，平面形状呈铲形，由墓道、甬道、墓室三部分相连组成，总长6米，深5.1米，方向190°。

墓道位于墓室南端中部偏东，平面呈梯形，北宽南窄，竖井状，长2.8米，宽0.8～0.6米。墓底为平底，南高北低略呈斜坡状，深5～5.1米。墓道近南端东、西两壁上置对称

图一　郑州市河南六合置业有限公司和河南电力工业学校唐墓位置示意图

上下一排8个脚窝，长0.18～0.2米，高0.14米，进深0.1米。墓道壁平直，构筑较规整。

甬道位于墓道与墓室之间，平面呈长方形，过洞式，拱形顶，平底。长1.5米，北宽0.94米，南宽0.8米，高1.44米。门口宽度与墓道相等，北端入墓室。未见封门。

墓室位于甬道的北部，平面近梯形，北宽南窄，土洞状，长2.46米，北宽2.7米，南宽2.22米，高0.9～1.3米。墓室内已被淤土淤实。墓室顶呈穹隆顶，略有坍塌。墓室西北角近顶部西壁与北壁间置一壁龛，形状为长方形，长0.3米，高0.14米，进深0.4米。壁龛内发现骨头两块。墓室壁除东壁较直外，其余三面均向外微弧，上下较平直规整。墓室底为平底，较甬道底高出0.3米，平面呈"凹"字状。北部类同。有生土棺床，长1.7米，宽2.7米。东西向放置木棺两具，均严重朽腐，多见棺钉。北棺长1.9米，宽0.54米，残高0.1米。内置骨架一具，保存状况较差，头向西，面向上，葬式为仰身直肢葬。南棺长1.68米，宽0.58米，残高0.1米，内置骨架一具，朽腐严重，保存状况差，头向西，面向北，仅清出部分肢骨，可见葬式为侧身屈肢。

墓室内东南角出土青石墓志1合，西南角出土瓷碗1件。木棺外西端出土瓷注、陶罐各1件。北侧木棺内，头骨左侧紧贴木棺壁出土铜镜、木梳各1件，两件粘在一起，外有织物包裹，已朽。木棺下部，墓室底部中偏西，出土瓷碗、铁鼎、陶砚、铜勺、铁刀各1件，偏东处出土陶器盖1件，均散乱放置。墓葬由于年代久远，墓室内进水，使木棺及部分随葬器物上浮，位置有所移动（图二）。

（二）出土器物

共出土文物11件，除铁鼎、铁刀锈蚀残损严重外，余均较完好。

陶罐　1件（2008ZDFM1：3）。泥质灰陶，带盖，尖圆纽，口微侈，方唇，短束颈，圆鼓腹，下腹内收，矮圈足。施有红彩，多脱落。口径11厘米，腹径16厘米，底径7.4厘米，通高18.7厘米（图三，3）。

陶砚　1件（2008ZDFM1：8）。泥质灰陶，箕形。光滑细致，底部一端置两对称扁圆锥状足。长11厘米，通高2.5厘米（图三，4）。

瓷碗　2件。形制大同小异。均为方圆唇，浅腹，弧壁，矮圈足。内外施白釉，白中泛黄，制作较为粗糙。2008ZDFM1：1，口径14.5厘米，底径7.5厘米，通高4.3厘米（图三，5）。2008ZDFM1：9，口径14.1厘米，底径7.4厘米，通高4厘米（图三，1）。

瓷注　1件（2008ZSFM1：2）。通体施白釉，侈口，卷沿，束颈，肩部有一管状短流，流外釉色呈褐彩斑点，口肩间有环形带状泥条手柄，柄上端口沿处有一圆球装饰，上腹圆鼓，下腹斜内收，平底。口径5.6厘米，最大腹径12.9厘米，底径6.7厘米，通高15厘米（图三，2）。

铜勺　1件（2008ZDFM1：10）。残余器身，俯视平面呈椭圆形。长5.8厘米，宽4.5厘米，残高2厘米（图四，1）。

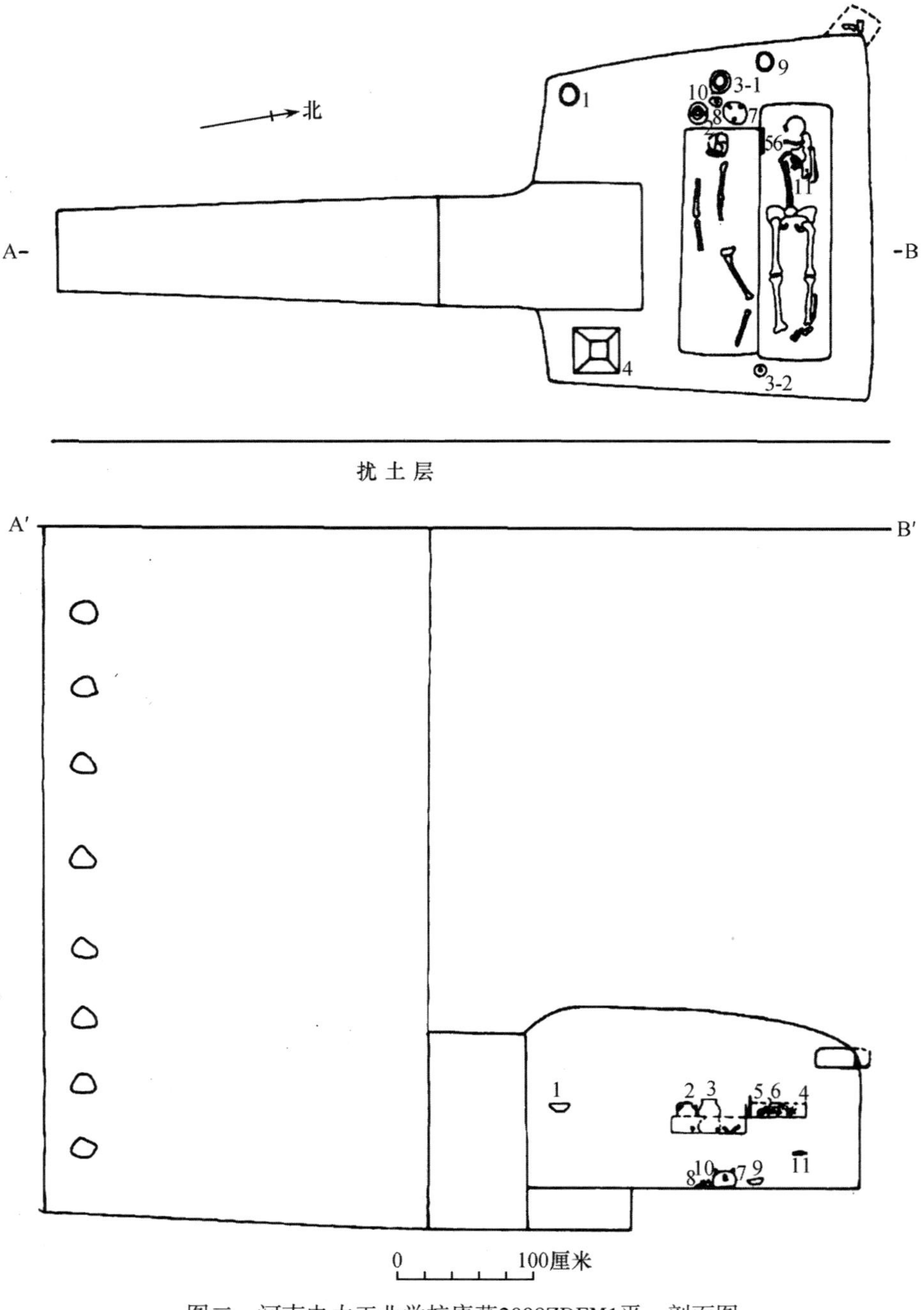

图二　河南电力工业学校唐墓2008ZDFM1平、剖面图

1、9. 瓷碗　2. 瓷注　3-1. 陶罐　3-2. 陶罐盖　4. 墓志　5. 铜镜　6. 木梳
7. 铁鼎　8. 陶砚　10. 铜勺　11. 铁刀

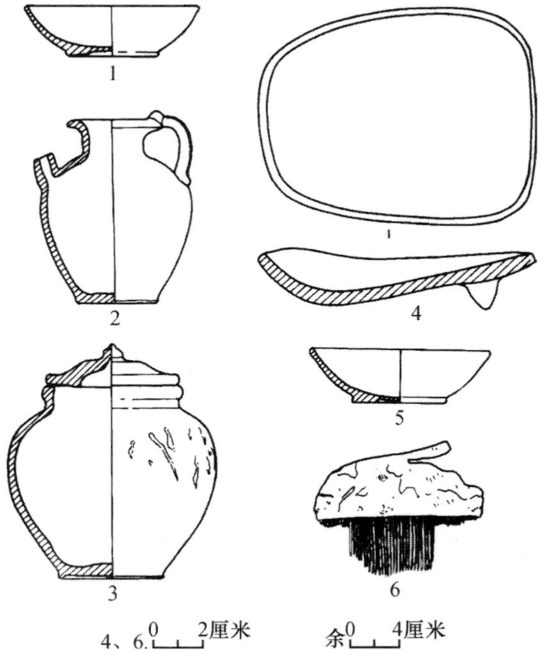

图三　河南电力工业学校唐墓出土器物

1、5. 瓷碗（M1：9、M1：1）　2. 瓷注（M1：2）　3. 陶罐（M1：3）　4. 陶砚（M1：8）　6. 木梳（M1：6）

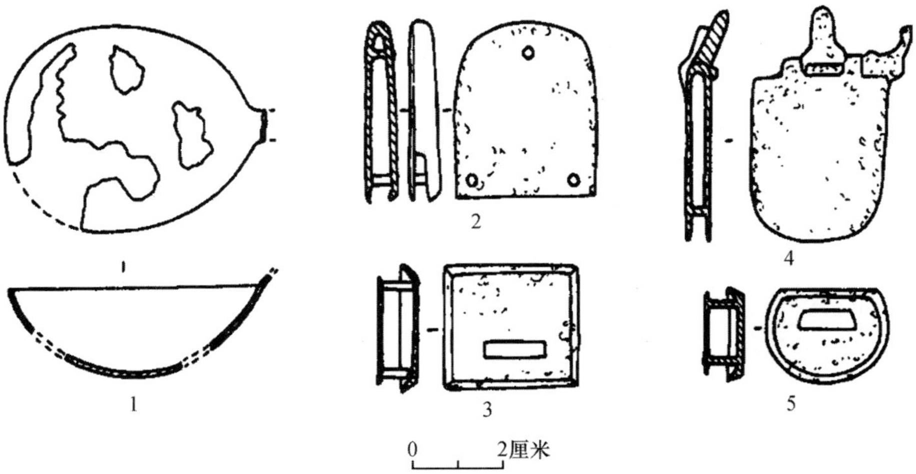

图四　河南电力工业学校唐墓和河南六合置业有限公司唐墓出土铜器

1. 铜勺（2008ZDFM1：10）　2. 铜铊尾（2006Z1HM1：6）　3. 铜方牌带扣（2006Z1HM1：6）

4. 铜玦头（2006Z1HM1：6）　5. 铜叶形带扣（2006Z1HM1：6）

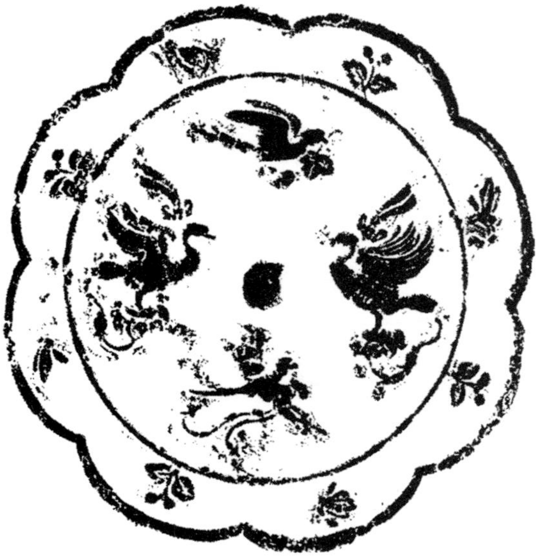

图五　铜镜（2008ZDFM1：5）

铜镜　1件（2008ZDFM1：5）。八出葵花形，圆纽。内外区凸棱相间，蜂蝶与折枝花相间饰于外区葵瓣内。纽两侧双雁展翅绕纽，口衔长绶，驻足于莲花茎叶图案之上。纽上一鹊，口衔瑞叶，展翅飞舞，纽下纹饰不辨。镜背留白较多。直径17厘米，缘厚2～4厘米（图五）。

铁刀　1件（2008ZDFM1：11）。锈蚀严重，残余一截刀身，板状，一侧有刃。

铁鼎　1件（2008ZDFM1：7）。严重锈蚀，残，双耳，圜底，三弯足。

木梳　1件（2008ZDFM1：6）。梳背呈半月形，栉节细密。残长6.9厘米，残宽5厘米（图三，6）。

墓志　1合（2008ZDFM1：4）。方形，分墓志和墓志盖两部分，系青灰色石灰岩制成。磨制精细。墓志盖边长34厘米。从四边起向上斜收盝状顶式平方顶，四面呈斜坡成四刹。顶平面边长8厘米，厚7厘米，边沿厚4厘米。顶面有双线“十”字基格，篆书“孙府君墓志铭”。镌刻认真，字体工整。墓志上宽34厘米，下宽32厘米，厚8厘米。墓志文楷书，字体端庄。共18行，满行19字，计306字。墓志盖四刹和墓志四窄边均刻有卷云纹（图六、图七）。

唐故试许州许昌县尉清河孙府君墓志铭并序/姚擢撰/公讳和，字柔德，其先清河人也。自后属时之乱，离移家管/邑，遂为郑人焉。曾祖□、祖□、烈考偃，皆晦迹闲/居，不求名实。公即偃之长子也，文学入孔门之室，/笔翰蹑右军之踪。自艰难已来，官从军府，/故郑滑节度检校右仆射李公知其吏能，自太子/通事舍人表进许昌县尉，仍知表奏前后，屡更/节制，莫不嘉而用之，可谓美矣。呜呼卧疾，以贞元十一年十二月六日终于台官舍，享年四/十有一。嗣子及太夫人扶护归于管城，以明年/丙子岁正月十六日窆于州城西北固城里京水/之东，原礼也。长子颂、仲子灵臺、次子师师、小子/软奴皆幼稚，相过衔悲，孺泣擢忝，同故里莫不感/其盛德，恐陵谷迁从，爰述斯铭，其词曰：/盛德之后，庆流百世，翼子谍孙，贤达相继，日华至孝，玉石居贞，倚门望绝，以失趍庭，於戏孙公，令德无穷，奄为异世，永闭泉蒙。

从志文可知，墓主的曾祖、祖、父均为布衣。墓主孙和，文采出众，书法俊逸，自太子通事舍人表进许昌县尉，任职得到好评。

图六　河南电力工业学校唐墓墓志盖拓片（2008ZDFM1：4）

图七　河南电力工业学校唐墓志文拓片（2008ZDFM1：4）

二、河南六合置业有限公司六合苑小区唐墓（2006Z1HM1）

河南六合置业有限公司六合苑小区唐墓，位于郑州市金水区西北部，北三环路以南，博颂路以北，索凌路以东，编号为2006Z1HM1。

（一）墓葬形制

2006Z1HM1，为单室砖室墓，开口距地表0.8米，平面形状呈甲字形，由墓道、甬道、墓室三部分组成，总长8.32米，深2.64米，方向184°。

墓道位于甬道南端，平面呈长方形，竖穴状，半斜坡式。长3.8米，宽0.9米。墓壁下部稍内收，较为规整。底宽0.8米。墓道底南半部呈斜坡状，北部为平底，深1.04～2.6米。

甬道位于墓道与墓室之间，平面呈梯形，北宽南窄，拱形顶，平底，土洞式。长1米，

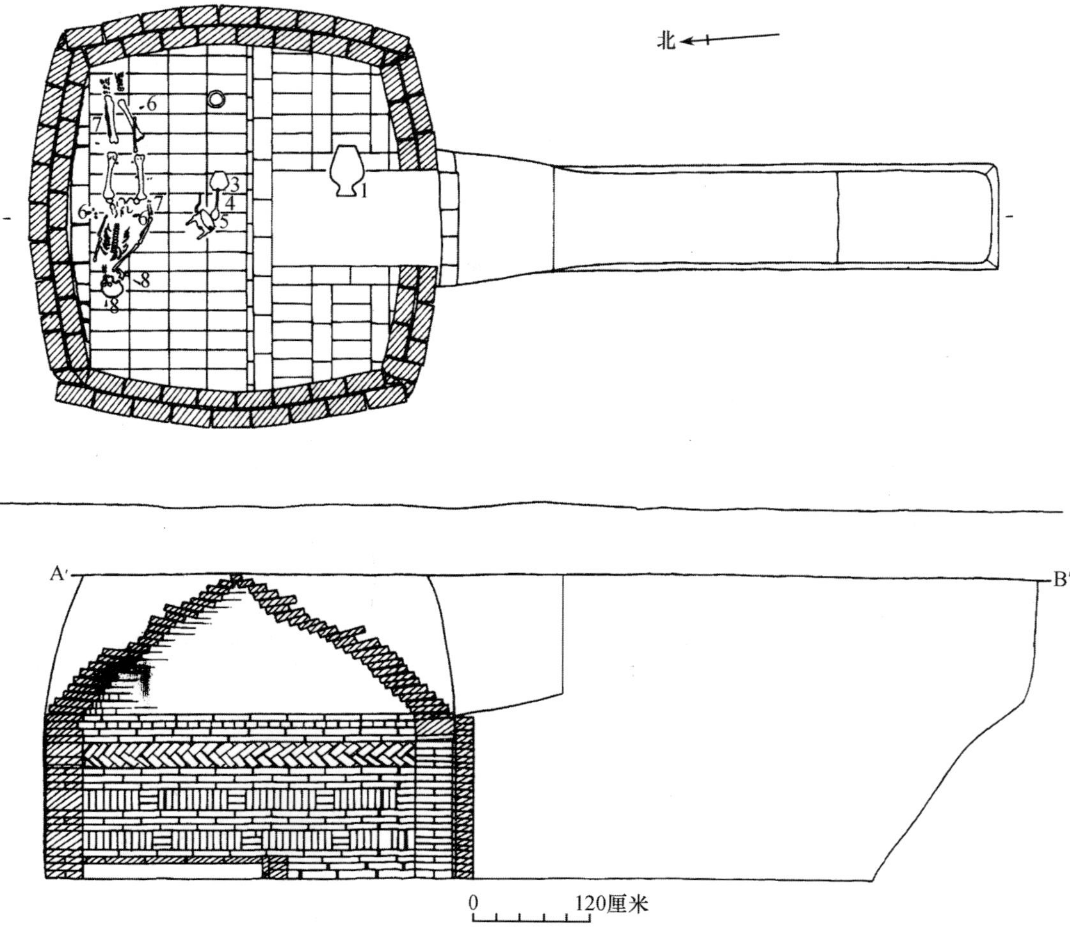

图八　河南六合置业有限公司六合苑小区唐墓2006Z1HM平、剖面图

1～3. 陶罐　4. 铜勺　5. 铁镳斗　6. 铜带扣　7. 铜钱　8. 铁棺钉

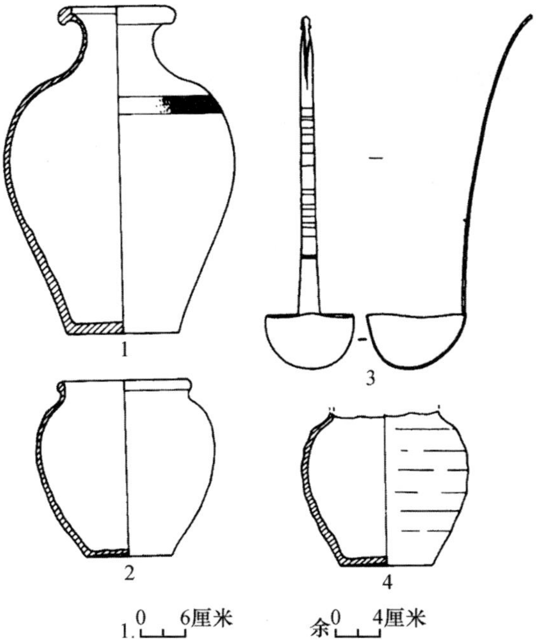

图九　河南六合置业有限公司唐墓出土器物

1. 陶壶（2006Z1HM1：1）　2. 陶罐（2006Z1HM1：3）　3. 铜勺（2006Z1HM1：4）　4. 陶罐（2006Z1HM1：2）

宽1.2～0.9米，高1.45米。甬道内墓室门口的外侧有单小砖平砌做封门，保存状况较好。

墓室位于甬道的北部，砖券室。平面近正方形，四边向外弧出。东西长3.65米，南北宽3.55米。墓室四壁砌法有三顺一丁和“人”字形两种，至1.4米处起券成穹隆顶，高2.64米。现状较为完整。墓室北部为小砖平铺的棺床，南北长3米，东西宽1.6米，上置骨架一具，葬式仰身直肢，腐朽严重。未见棺木痕迹，仅发现棺钉数枚。于骨架腰部发现有铜带扣11枚，骨架四周发现铜钱12枚。接近墓门处发现有随葬品陶壶1件，棺床南侧有随葬品陶罐2件，铜勺1 件，铁鐎斗1件（图八）。

（二）出土器物

陶壶　1件（2006Z1HM1：1）。泥质灰陶。小盘口，卷沿，束颈，上腹鼓，下腹斜内收，平底。肩部饰有四周密集同心圆纹。口径12厘米，最大腹径31.1厘米，底径15厘米，通高43.2厘米（图九，1）。

陶罐　2件。2006Z1HM1：2，泥质灰陶。口沿残，圆鼓腹，下腹内收，底微内凹，腹部饰有弦纹。最大腹径14.8厘米，底径7.9厘米，残高13厘米（图九，4）。2006Z1HM1：3，敞口，方唇，短束颈，圆鼓腹，下腹内收，底微内凹。口径11.4厘米，最大腹径17厘米，底径7.4厘米，通高15.7厘米（图九，2）。

铜勺　1件（2006Z1HM1：4）。勺柄扁方，修长弯曲，柄身刻有弦纹，器身呈半圆体。直径4.5厘米，通高15.5厘米（图九，3）。

图一〇　河南六合置业有限公司六合苑小区唐墓铜钱拓片（2006Z1HM1：5）

革带铜附件　11枚（2006Z1HM1：6）。由铜玦头1件、铜方牌带扣5件、铜叶形带扣4件、铜铊尾1件组成。铜玦头平面呈圆角长方形，中间有环纽，两侧有铆钉，长5.2厘米，宽3厘米，厚0.6厘米（图四，4）。铜叶形带扣为短叶形，中间有长方形扣眼，长2.8厘米，宽2.1厘米，厚0.9厘米（图四，5）。铜方牌带扣平面呈方形，中间有长方形扣眼。长3厘米，宽2.7厘米，厚0.9厘米（图四，3）。铜铊尾呈叶形，长3.9厘米，宽3.2厘米，厚0.7厘米（图四，2）。

铜钱　12枚（2006Z1HM1：5）。均为开元通宝（图一〇）。

三、结　语

河南电力工业学校唐墓据志文记，墓主于贞元十二年（796年）葬于管城西北固城里京水之东。该墓位于今郑州市西北角，贾鲁河之东，从地望上看，符合墓志所载的地理位置，可知贾鲁河在唐代被称为京水。同时，该墓志中涉及的固城里为古地名的考查研究，提供了珍贵的资料。河南电力工业学校唐墓双梯形的形制为中唐晚期典型的墓葬特征。

河南六合置业有限公司六合苑小区唐墓为单室砖券墓，墓室平面呈圆角方形，四边向外弧出，穹隆顶，棺床设于墓室北部，为典型的初唐时期墓葬[1]。出土的开元通宝，“通”字的走部前三笔各不相连，呈三撇状，为初唐时期钱币特征[2]。故初步断定河南六合置业有限公司六合苑小区唐墓为初唐时期墓葬。

领　队：顾万发
发　掘：丁兰坡　王振宇
　　　　魏青利　王广才
绘　图：李　杨
摄　影：蔡　强
拓　片：郭秀芳

注　释

［1］　徐殿魁：《洛阳地区隋唐墓的分期》，《考古学报》1989年第3期。
［2］　徐殿魁：《唐代开元通宝的主要品类和分期》，《中国钱币》1992年第3期。

（原刊于《中原文物》2011年第4期）

郑州新天地唐墓（M6）发掘简报

索全星　江　旭

2008年11月～2009年2月，郑州市文物考古研究院为配合郑州新天地（三期）工程项目进行考古发掘，清理了一批商代灰坑、汉唐墓葬。其中M6（即2008ZXTDM6，以下简称M6）虽遭早期盗扰，但时代特点明确，有较高的资料价值。现将发掘情况简报如下。

一、墓葬形制

M6位于郑州市陇海东路北侧、熊耳河西岸的郑州新天地南部，东北距郑州商城西南

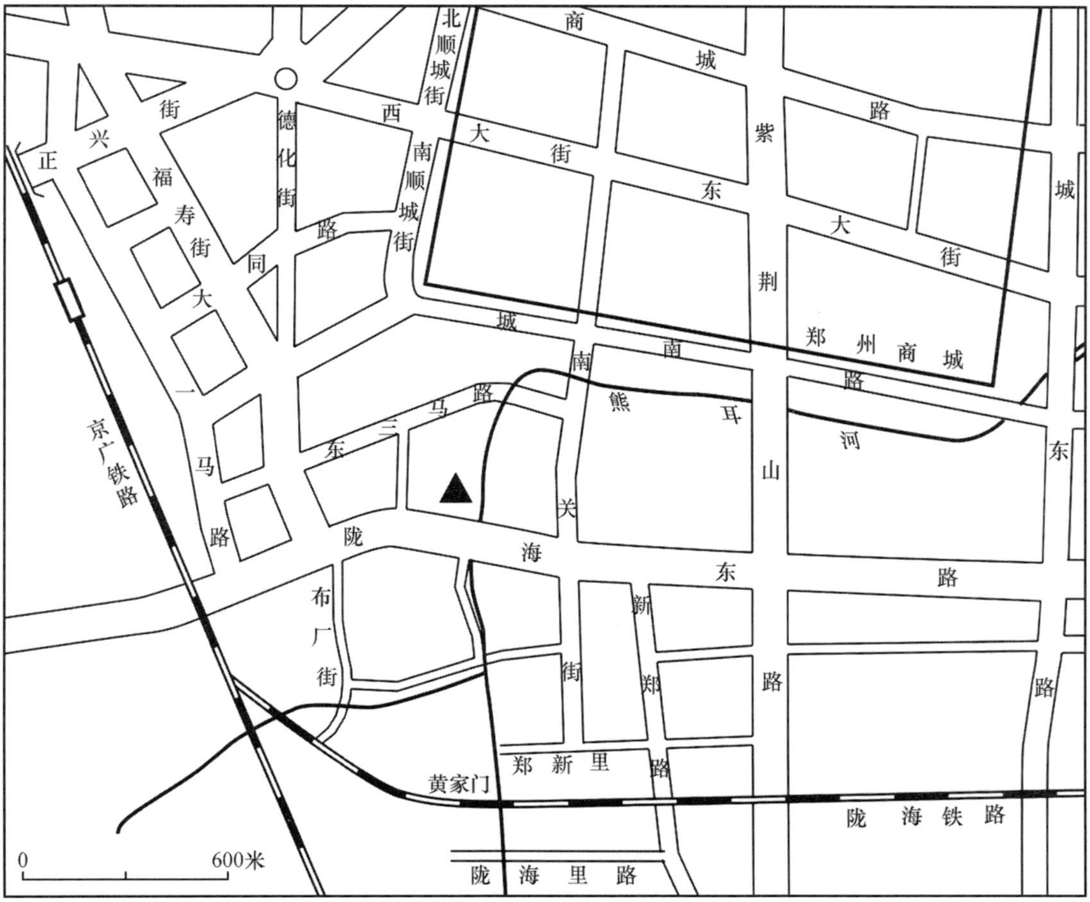

图一　墓葬位置图

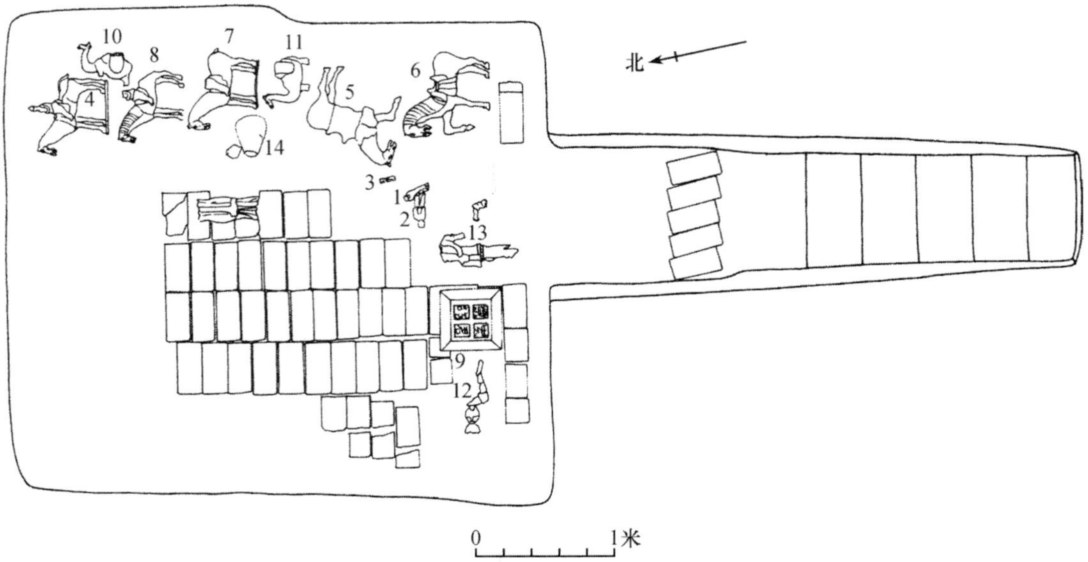

图二　墓葬平面图

1. 陶立俑　2. 风帽俑　3. 陶俑　4、7、8. 骑马俑　5、6. 陶马　9. 石墓志　10、11. 陶骆驼
12. 文吏俑　13. 武士俑　14. 陶圆仓

角仅300米（图一）。M6处在发掘区的中部，系一座带墓道的砖室墓，平面呈“甲”字形，由墓道、甬道、墓室三部分组成，墓向185°。墓道呈台阶式，残存六级，口部平面呈等腰梯形，墓道底部略小于口部。口宽0.84～1.13米，口长2.6米，底宽0.76～0.83米，深1.76米。墓道与甬道相接处有一堵封门砖墙，为丁砖错缝平砌。宽0.94米，厚0.4米，高1.28米。甬道原为砖制，被盗扰后仅存土圹。墓室早年被严重盗扰，南墙仅存长1米、高1.46米的一段，系错缝平砌。底部尚存四排平行铺地砖，其余部分遭到破坏，唯剩土圹。圹长3.94米，宽3.5米，残高1.82米（图二）。根据墓葬规制，推测M6应为砖券墓室。所幸墓志尚在原处，一些随葬的陶器如陶俑、陶马、陶骆驼、陶骑马俑、文吏俑等虽已破碎，经过修复仍可管窥其风采神韵。

二、随葬器物

风帽俑　M6：2，1件。白陶模制。头戴风帽，内似裹幞头。面部较丰腴。内着及地长袍，束腰。外披直领长袍，下摆过膝。右手握拳置腹前。身高24厘米，宽6.7厘米（图三，1）。

文吏俑　M6：12，1件，残。白陶。头戴进贤冠，头发用墨绘。身穿交领宽袖襦。弯眉细目，眼珠点墨，唇部涂朱，面部和善，五官匀称，女性特征明显。残存头部、左肩胸部，其余均残缺。残高31.4厘米。从残存部分观察，面部傅粉，俑身以白粉打底，然后施以彩绘，进贤冠及俑身前胸有描金的痕迹（图三，2）。

图三　M6出土陶俑、陶器

1. 风帽俑（M6：2）　2. 文吏俑（M6：12）　3. 陶骆驼（M6：11）　4. 陶立俑（M6：1）
5. 陶圆仓（M6：14）　6. 武士俑（M6：13）　7. 陶俑（M6：3）

骑马俑　3件。M6：4，完整，白陶。马头部略前伸，张嘴嘶鸣，圆臀束尾。前肢稍前倾，后肢微曲，四蹄立于方形踏板之上。马背置鞍鞯，臀部置鞦。骑俑一人，头戴三角幞头帽，隆准深目，五官清晰。身着圆领服装，右手臂垂于身侧，左臂弯曲至胸前，左手握拳，下身穿筒裤，脚置镫内。高40.2厘米，宽30.9厘米（图四，1；图五）。M6：7，白陶。马昂首，咧嘴圆目，小立耳，扬颈挺身，臀部置鞦，四肢立于桥形踏板之上。马背置鞍，骑坐一人。骑俑仅存腰以下部分，脚置镫内。宽29.3厘米，残高27.6厘米（图四，2；图六）。M6：8，红陶。陶马勾首，圆目咧嘴，小立耳，颈披长鬣，四肢立于地。马背置黑色鞍鞯。鞍上骑坐一人，头部、左手残缺，左手臂弯折至胸前，下身穿筒裤，脚置镫内。宽28.7厘米，残高31.2厘米（图四，3；图七）。

图四　M6出土骑马俑、陶马

1～3. 骑马俑（M6：4、M6：7、M6：8）　4、5. 陶马（M6：6、M6：5）

陶马　2匹，白陶。M6：6，头微昂，张嘴嘶鸣，圆目，鬃毛修长，背负红色马鞍。鞯垫上层束结。鞍饰、马镫施彩绘，脱落严重，斑驳不清。右前肢弯折前扬，其余三足着地。尾残，尻部有孔。身长52.5厘米，通高57.2厘米（图四，4；图八）。M6：5，昂首扬颈，颈背鬃毛中分，修剪整齐。背负红色鞍鞯。身长53.1厘米，通高62.8厘米（图四，5；图九）。该马姿态、装束与M6：6相同，但相比之下，此马更为矫健俊美。总之，在郑州、洛阳一带的唐墓中出土这样的“扬蹄”白陶马十分罕见。

陶骆驼　2件，红陶，均残。M6：10，昂首曲颈，双峰间缚扎黑色橐囊，四肢、驼尾均残。身残长28.3厘米，残高23.4厘米（图一〇）。M6：11与前略同，身残长26.5厘米（图三，3）。

图五　骑马俑（M6：4）

图八　陶马（M6：6）

图六　骑马俑（M6：7）

图七　骑马俑（M6：8）

图九　陶马（M6：5）

图一〇　陶骆驼（M6：10）

陶立俑　1件，M6：1，白陶。头部残缺，着圆领窄袖长袍，右偏衿，束腰。袍下摆过膝，袍下露出及地长裙。双肘弯曲，右手叠左手上置于胸前。宽8.1厘米，残高20.6厘米（图三，4）。

陶俑　1件，M6：3，白陶。头发上拢为髻，髻残。脑后长辫垂至腰间。面庞丰腴，五官清晰。着圆口低胸窄袖衣。右臂下垂，左臂弯折，左手置腹部，腰以下残缺。宽7.5厘米，残高12.4厘米（图三，7）。

武士俑　M6：13，残甚，白陶模制。头、手、足等均残缺。身穿甲袍，圆护胸，束腰，颈带下垂与腰带相结。左肩披龙首护膊。甲袍下摆露出内裙衣褶。蕉叶形护腿垂至膝盖处。俑身描金绘彩，惜脱落较甚。残高46厘米（图三，6）。

另有白陶俑1件，胸以上残缺，手足亦残失，无法复原，形状难以辨别；还有一只武士俑手臂，不见俑身。

陶圆仓　2件，均残，泥灰陶，修复一件。M6：14，圆唇小敛口，圆肩弧腹斜收，平底。口径7.5厘米，肩径20.3厘米，底径9.9厘米，高26.5厘米（图三，5）。

墓志　1合，青石质，M6：9。志盖、志石均为正方形，边长0.44米，各厚0.1米。志盖刹边，减地阳刻篆书"史君墓志"，四字涂朱（图一一）。志石名"荆州史司马第三孙墓志并序"，细线打格，楷体竖书，15行，每行16字（图一二）志文如下。

荆州史司马第三孙墓志并序」

子名三藏，少夭未冠。夫阳奇干，逆断则响」发于清虚；荆山之琭，工剖则重连城之价。」斯则物华，人拭人懿，自然只如孔文举之」幼聪，何平叔之少敏。咸以题诸方策，列美」将来。猗尔史童，诚超曩迹。功文爱史，执信」修仁。怀分思忠，便有樊公之志；为谋析理」即吐甘子之筹。不幸迁遭，痛哉何道？略踪」玄石，冀后名存。乃为铭曰：」丹凤五华，易桐千仞，卞翮雏咏，含风孙韵。」伊尔芳童，袭基挺俊，智发河倾，豪警电浚。」苘淑标异，单春慕蔺，孝逮曾参，懿才杨震。」呜呼人宝!惜哉不憧!痛此逝川，从斯掩棕。」侍祖从兄，如云结阵，二仪父母，千秋愧信。」丹旐前驱，哀歌后引，佳城见毁，石题同问。」

三、结　　语

虽然M6盗扰严重，墓志又无明确纪年，但从出土物看，时代特征还是明显的。文吏俑头戴进贤冠，五官俊美端庄，面部丰腴，与郑州丁御墓出土的文吏俑相似[1]；无头俑

图一一 墓志盖拓本

图一二 墓志拓本

的衣饰与郑州上街铝厂唐墓M1：26男立俑相同[2]；墓志盖刹边减地阳刻的手法与郑州伏牛南路唐墓的李文寂墓志相同[3]。丁御墓的纪年为676年，李文寂墓的纪年为708年，与郑州上街铝厂唐墓M1一样，均处于盛唐时期。故新天地M6的年限应在676年至708年之间。但从陶俑姿态大气上看，应在盛唐早段，即680年前后。墓内所出陶马制作工艺非常之好，灵性活泼，感染力强，特别是出土的两匹“扬蹄”白陶马矫健雄硕、活力四射，是盛唐时期“尚马”及强大国力的体现，这在郑洛地区尚不多见。从墓志得知，墓主为史三藏，系荆州史司马之第三孙，“未冠而夭”。与史三藏墓西南部相邻的M9、M12两座唐墓，墓向、土圹形制等与M6一致，说明此处为“史家墓地”。

领 队：索全星
发 掘：孙国强 孙林如 江 旭
绘 图：李 扬
照 相：蔡 强 王 羿

注 释

[1] 郑州市文物考古研究所：《郑州丁御墓发掘简报》，《华夏考古》2000年第4期。

[2] 郑州市文物考古研究所：《郑州上街铝厂唐墓发掘简报》，《中原文物》1997年第3期。

[3] 郑州市文物考古研究所：《郑州西郊唐墓发掘简报》，《文物》1999年第12期。

（原刊于《中原文物》2011年第1期）

河南郑州市永威鑫城唐墓发掘简报

张文霞　姜　楠

2006年3月，郑州市永威置业有限公司鑫城小区二期工程经文物钻探发现墓葬5座，郑州市文物考古研究院随即对位于郑州市淮河路南侧100米处的这5座墓进行了发掘（图一），现将情况介绍如下。

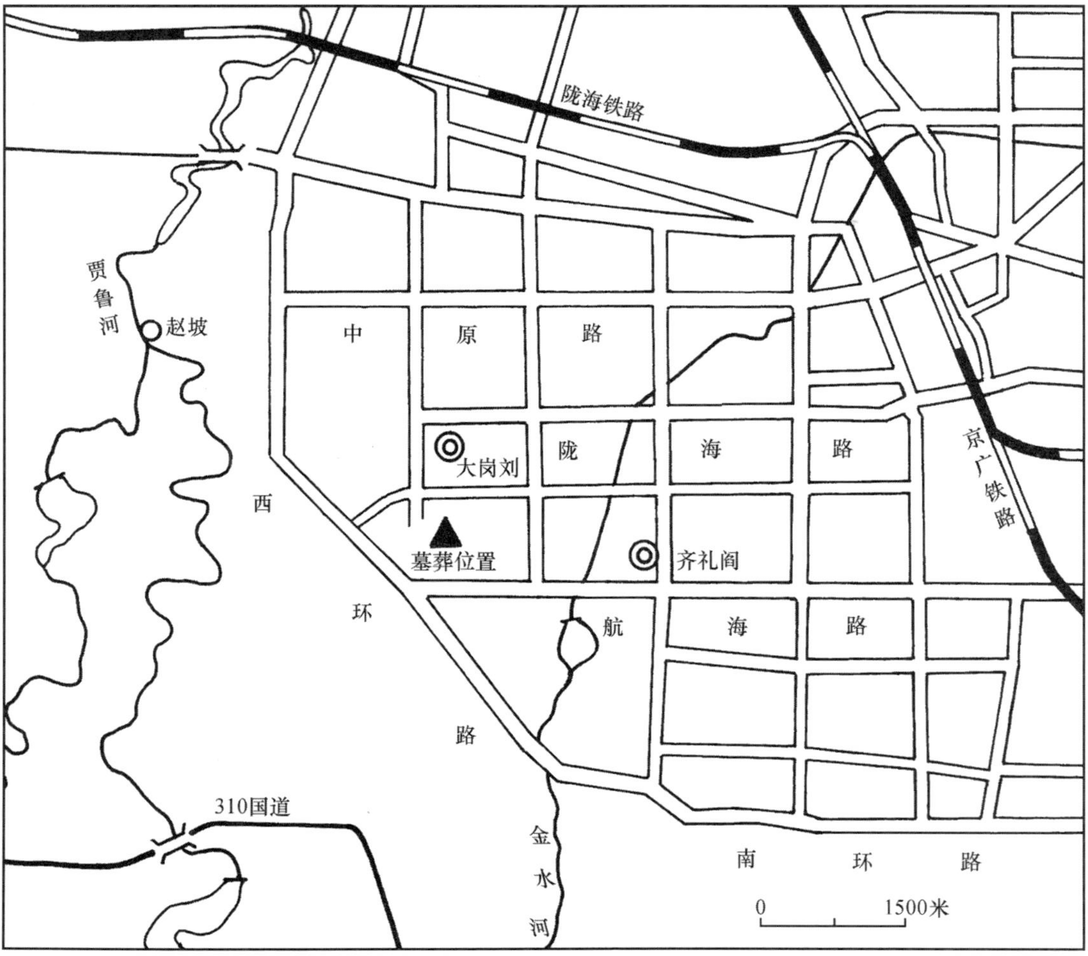

图一　郑州市永威鑫城唐墓位置示意图

一、墓葬形制

墓葬分“甲”字形和刀形洞室墓两种，前者2座，后者3座，均为长方形竖穴斜坡墓道。

“甲”字形墓　2座。M3、M4，均被盗扰，随葬品较少。

M4　整体呈“甲”字形，由墓道、甬道、墓室三部分组成，方向6°。墓道为长方形竖井式，位于墓室南部，南壁略内收，两壁设三角形脚窝，底南端有一宽0.4、高0.4米的台阶，上口长2.5、宽1～1.16米，底长2.3、宽0.8～1.04米，深3.2～3.8米。墓道北端，残留6块侧立土坯封门砖。甬道，位于墓道与墓室之间，长1、宽0.96、高1.2米。墓室，平面呈长方形，壁面较平直，平底，拱顶已坍塌，长2.3、宽1.46～1.6、高1.2米。墓室内发现零碎的残骨，随葬品位于墓室北部（图二）。

刀形墓　3座。M1、M2、M5，均被盗扰，随葬品甚少。

M2　呈刀形，由墓道、墓室组成，方向7°。墓道为长方形竖穴井式，位于墓室南部，斜直壁，底南高北低呈斜坡状，长2.5～2.66、宽1～1.1、深4.44～5.1米。墓室平面呈长方形，壁面较平直，平底，拱顶，长2.72、宽1.64～1.78、高1.4米。在墓室内发现零碎的残骨，随葬品主要放在墓室的东部（图三）。

二、随葬器物

此次发掘共出土各类随葬器物32件，其中陶器14件、瓷器7件、铁器5件、铜镜1件、骨饰1件、砖墓志1盒、铜钱60枚，另有墨块、漆器等。

1. 陶器

罐　9件。均泥质灰陶。依外部特征的变化分三式。

Ⅰ式：1件。M2：1，侈口，圆唇，口内壁有凹槽，束颈，弧肩，鼓腹，平底微内凹，肩置双系。口径12.5、腹径20.4、底径12.2、高18.9厘米（图四，1）。

Ⅱ式：7件。M2：5，口微敛，圆唇，束颈，圆肩，鼓腹，下腹斜收，平底微内凹，肩上对置条状双系，葬时故意打破。口径15.5、腹径22.8、底径11.1、高21.8厘米（图四，2）。M3：3，口径14.6、腹径20.7、底径11、高21.6厘米（图四，3）。

Ⅲ式：1件。M4：1，侈口，短束颈，溜肩，鼓腹，平底略内凹。口径13.2、腹径22.2、底径10.3、高25.8厘米（图四，6）。

瓶　5件。均泥质灰陶。依口沿的变化分二式。

Ⅰ式：4件。M3：6，小盘口，圆唇，束颈，溜肩，鼓腹平底，底微凹，胎较厚。口径9.3、腹径22.2、底径12.2、高32.2厘米（图四，4）。

Ⅱ式：1件。M4：2，小盘口，卷沿，束颈，鼓腹平底，底微凹，胎较厚。口径9.3、腹径20.2、底径11.5、高29.6厘米（图四，5）。

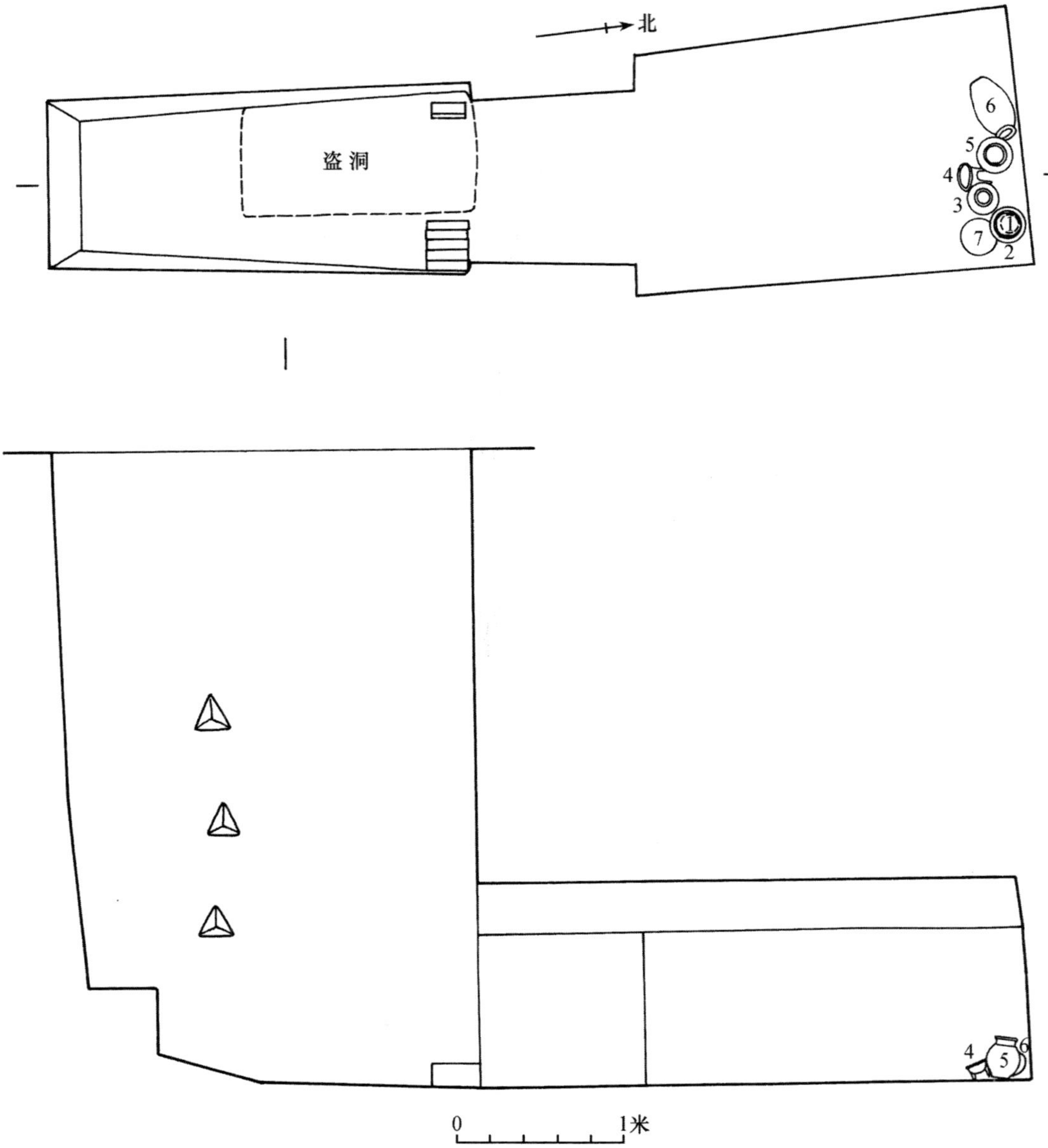

图二　M4平、剖面图

1、5. 陶罐　2、3、6. 陶瓶　4. 铁鼎　7. 漆器

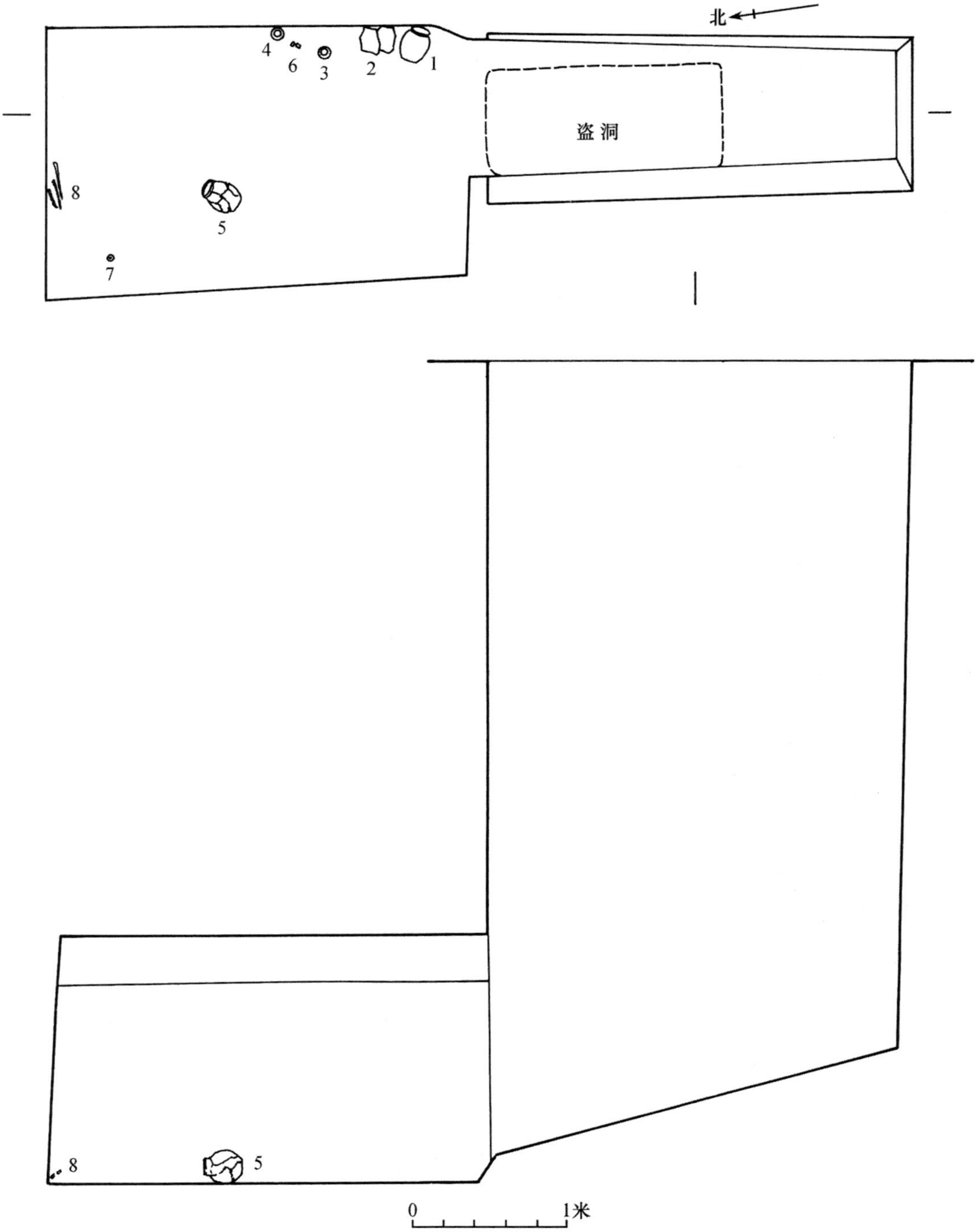

图三　M2平、剖面图

1、2、5. 陶罐　3、4. 三足炉　6. 漆片　7. 墨块　8. 铁器

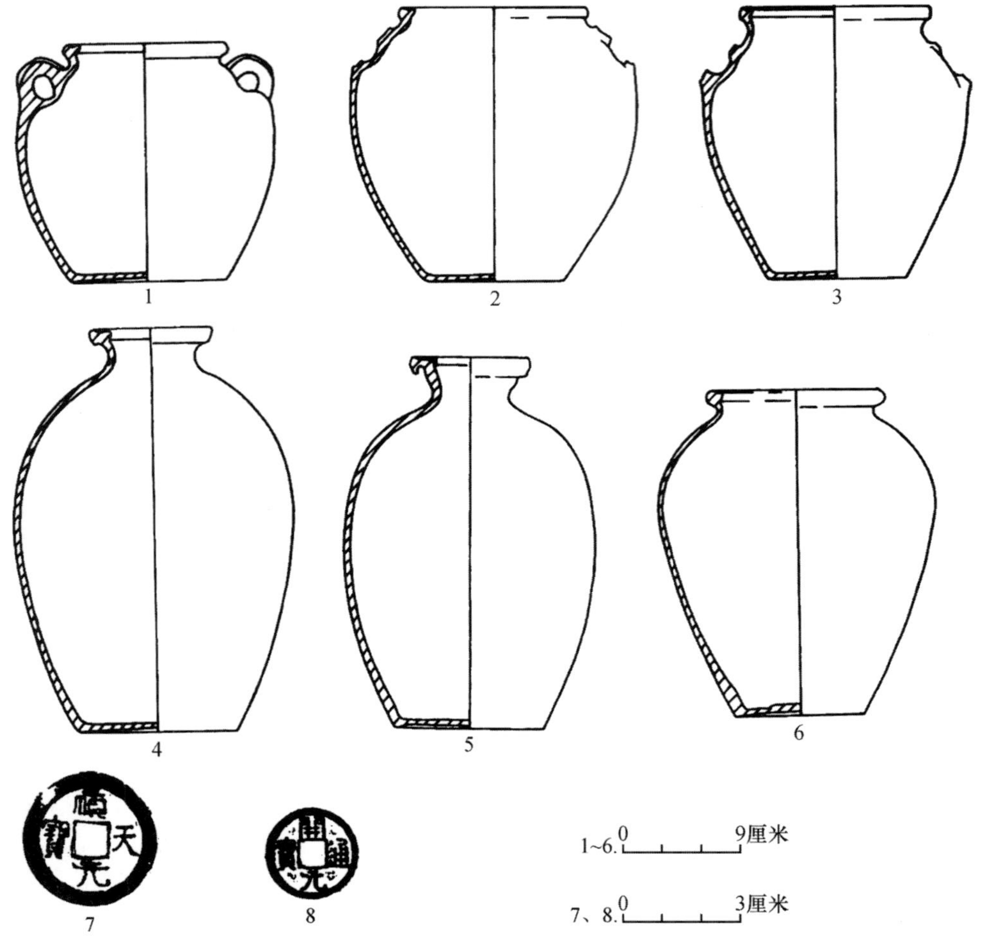

图四　出土陶器及铜钱

1. Ⅰ式陶罐（M2：1）　2、3. Ⅱ式陶罐（M2：5、M3：3）　4、5. 瓶（M3：6、M4：2）　6. Ⅲ式陶罐（M4：1）　7. 顺天元宝（M3：10）　8. 开元通宝（M5：5）

2. 瓷器

注子　1件。M5：2，青釉，侈口，圆唇，束颈，溜肩，流和鋬手残，垂腹，圈足外撇。口径8.4、圈足径8.8、高21.9厘米（图五，8）。

罐　1件。M1：1，白瓷胎，侈口，圆唇，束颈，圆肩，鼓腹，假圈足外撇，底微凹，颈肩处置对称双系，腹上部饰弦纹两周，腹部上有烧制时与其他器物粘接的痕迹，体施深褐色釉，施釉不到底。口径10、腹径20.4、底径10.9、高21.4厘米（图五，3）。

碗　2件。M3：8，侈口，圆唇，下腹弧收，假圈足微内凹，内外壁施姜黄釉，制造工艺粗糙。口径18.6、底径11.3、高8.3厘米（图五，1）。

盏　1件。M5：4，白瓷胎，侈口，圆唇，弧腹，假圈足微内凹，内外壁施褐色釉，

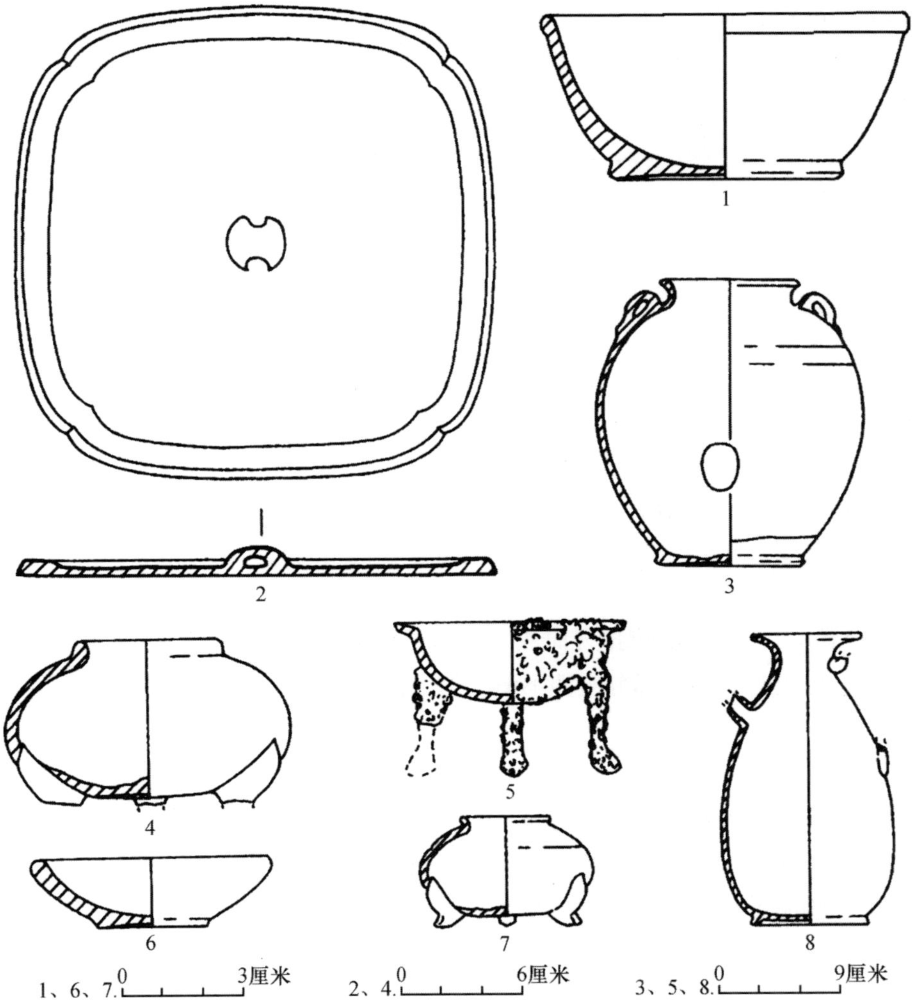

图五 出土器物

1. 瓷碗（M3：8） 2. 铜镜（M3：9） 3. 瓷罐（M1：1） 4、7. 三足炉（M2：3、M2：4） 5. 铁鼎（鍑）（M4：4） 6. 瓷盏（M5：4） 8. 注子（M5：2）

施釉不到底。口径11.6、底径5.6、高3.4厘米（图五，6）。

三足炉 2件。M2：4，青釉，侈口，圆唇，矮束颈，扁圆腹，圜底，下腹置三足，上腹饰凹弦纹一周。口径4.5、高5.5厘米（图五，7）。M2：3，白瓷胎，直口，短颈，圆唇，扁圆腹，圜底，下腹三足已残，通体施绿釉，有脱落现象。口径3.8、高4.1厘米（图五，4）。

3. 铜器

铜镜 1件。M3：9，为四方委角形，素面无纹，镜背中部有半圆形纽，镜缘较宽。边长12、缘厚0.3厘米（图五，2）。

铜钱　共60枚，有“顺天元宝”和“开元通宝”两种。

顺天元宝　1枚。M3∶10，阔郭规整，内郭较窄，铸造工艺水平较高，面文“顺天元宝”四字旋读，背穿上部有一仰月纹。直径3.5、穿径0.9、厚0.3厘米（图四，7）。

开元通宝　59枚。M5∶5，轮廓规整，钱文清晰，字体端庄。“通”字的“甬”字头小，开口较大，“辶”的三点不连，末笔上挑。元字首横短小，次笔左挑。背无月纹。直径2.4、穿径0.7、厚0.15厘米（图四，8）。

4. 铁器

鼎（鍑）　3件。M4∶4，侈口，折沿，弧壁，圜底，下附三蹄足。口径17.3、高11.7厘米（图五，5）。

铲　1件。M1∶2，整体呈长方形，锈蚀严重，已断裂数块，长35、宽19厘米。

铁器　1件。M2∶8，锈蚀严重，无法辨认其器形。

5. 砖墓志

一盒。M5∶1，用方形砖扣合而成，上盖素面无字。志文用墨书，志文从右向左竖写，共15行，出土时文字有部分漫漶不清，但大部分能辨认志文。边长36厘米。

录文如下：

唐文清　张君彭□刘氏墓志铭
君名宗武清河县人尊祖讳□□□□皇祖讳
眉进□涂天优游日□□□禄迁至
于郑州子□□□郑人焉□合葬□军左一将
副将兼郑州军事衔前虞侯久□师旅公□
相忠四远悉奉之芳名荣於宗族右即是副
使之弟二字也去大和四年正月十四日终于怀化里
私地也□□年二有七刘氏先死隔年□月一日葬
当年十八差夫差妇宝以少年春秋末被并奄长
□合便□六月迁于郑州西南齐解原附祖茔
之北合葬于此也更无儿女继嗣父母合此号
无□痛绝心怀悲恸□瞻后恐陵谷迁变□□
堆□□道托斯文将纪他日　铭日
大□弱冠　妇及笄年　祸何偏差　并设幽泉
父□□断　亲眷潸然　唯有孤月　空照茔前

6. 骨饰

1件。M5：6，乳白色，雕刻花卉纹，做工甚精细，已残。

7. 墨块

2块。M2：7，呈不规则形状，已残，尺寸不详。

8. 漆器

2件。M2：6、M4：7，已经变形朽毁，无法辨认其形状。

三、结　语

M1、M2、M5的墓葬形制均为刀形墓，M3、M4为“甲”字形墓葬，其形制在唐代早晚均有，所以无法据此判断其时代，只有从出土器物方面来进行分析。

M1随葬品只有2件，从出土的瓷罐和偃师杏园M2845的瓷罐相似[1]推测，应为中唐时期。M2出土的陶罐与偃师杏园M0419的罐相似[2]，该墓应为晚唐时期。M3出土“顺天元宝”铜钱，时间为上元元年至宝应元年（760～762年），恰值安史之乱末年。该墓的“顺天元宝”和洛阳北郊唐墓的“顺天元宝”相同[3]，“顺天元宝”铸量较少，墓葬出土不多，在已发表的唐墓资料中还未发现，应该说此钱在郑州唐墓中也是首次发现。M4出土的陶罐（M4：1）与偃师杏园M1041的罐基本相似[4]，因此该墓应为盛唐时期。M5出土的墓志有明确的纪年，为大和四年（830年），因此，此墓的年代应定在唐代晚期。

附记：参加本次发掘的人员有周鸿昌、梁艳娟、张文霞、姜楠。

绘　图：焦建涛　李　杨

注　释

［1］［2］［4］　中国社会科学院考古研究所：《偃师杏园唐墓》，科学出版社，2001年。

［3］　四川大学历史文化学院考古学系、洛阳市文物工作队：《洛阳北郊唐墓》，《文物》2006年第3期。

［原载于《文物研究》（第17辑），科学出版社，2010年］

荥阳后王庄唐墓发掘简报

刘彦锋　丁兰坡　楚东亮　乔艳丽

2003年3～6月，为配合郑州西南绕城高速公路建设，郑州市文物考古研究院在荥阳市文物保护管理所的配合下，于荥阳市广武镇后王庄发掘一处仰韶文化遗址和几座唐宋时期的墓葬（图一）。其中几座宋墓被盗毁严重，而且没有遗物，因此不再介绍。仰韶文化遗址发掘报告另文发表。在此仅将两座唐代墓葬的发掘情况介绍如下。

一、荥阳市广武镇后王庄XGHM7

1. 墓葬形制

此墓于2003年3月30日开始发掘，4月13日发掘结束。墓葬由墓道、甬道和墓室三部分组成（图二）。墓道在南部，为长方形竖穴墓道，墓道口位于地表下1.1米，长3.4米，宽0.7～1米。墓道底部南高北低，呈斜坡状，在甬道口前有一凹坑，墓道最深处距地表5.3米。墓道北为甬道，拱形顶，甬道南北长0.7米，东西宽1米，高1.3米。墓室

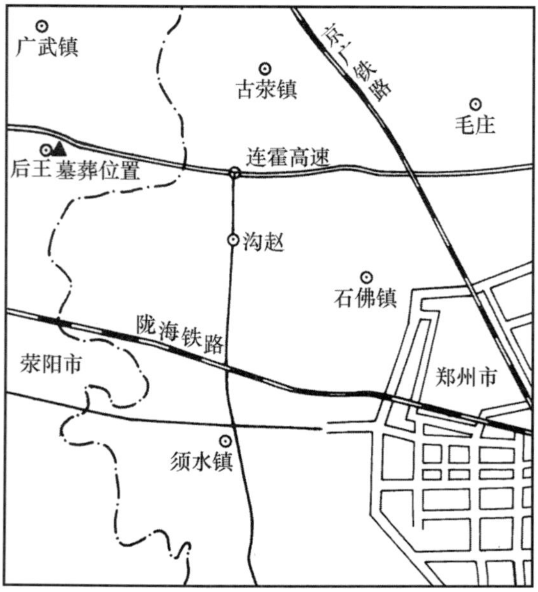

图一　墓葬位置示意图

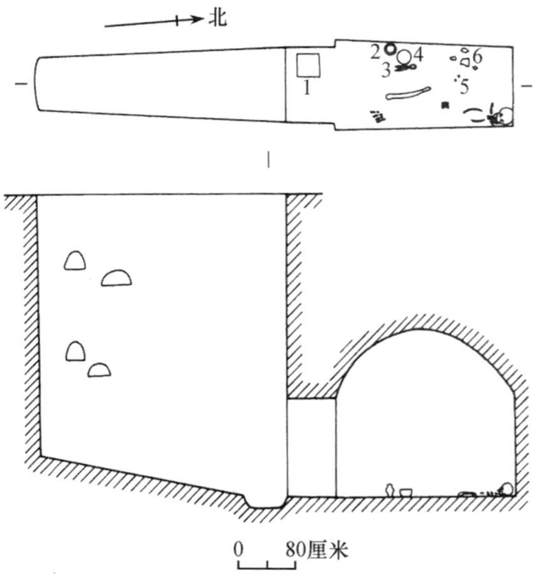

图二　XGHM7平、剖面图

1. 墓志　2. 陶罐　3. 铁剪刀　4. 铜钵　5. 铜钱　6. 瓷罐

呈南宽北窄的长方形，南部最宽1.2米，北部最窄1.04米，南北长2.46米，墓室顶部应为拱形顶，现由于年代久远及进水等原因，顶部已塌陷。

在甬道口靠西部的地方，发现石质墓志一合，墓室东部发现人骨架一具，头向北，保存较差，只剩部分头骨、肢骨，在墓室西部发现陶罐1件、残铜钵1件、铁剪刀1件，另外还发现铜钱和残瓷片。

2. 出土遗物

陶罐　1件。编号为XGHM7：2，泥质灰陶，直口稍敛，尖唇，短颈微束，圆肩，鼓腹，平底内凹。腹部有数道弦纹。通高17厘米，口径9.2厘米，底径8.2厘米（图三，1；图四，1）。

铜钵　1件。编号为XGHM7：4，由于铜质较差而且壁很薄，出土时已残。敛口，厚唇，弧腹，平底。通高9.5厘米，口径16厘米（图三，3；图四，2）。

铁剪刀　1件。编号为XGHM7：3，出土时铁锈生满剪身。剪刀把呈“8”字形，直刃，剪背较厚。长16.5厘米（图三，6）。

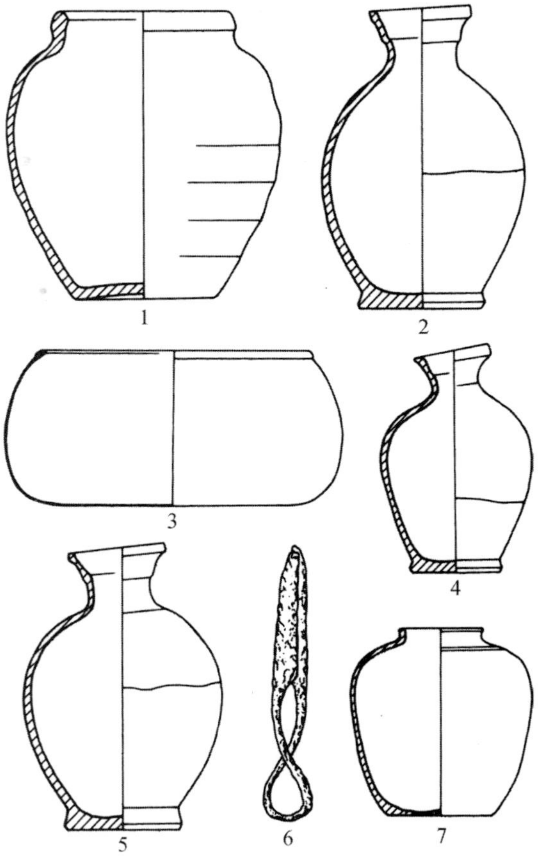

图三　荥阳市后王庄唐墓出土遗物

1. 陶罐（XGHM7：2）　2、4、5. 瓷壶（XGHM8：1、XGHM8：2、XGHM8：3）　3. 铜钵（XGHM7：4）　6. 铁剪刀（XGHM7：3）　7. 瓷罐（XGHM7：6）

瓷罐　1件。编号为XGHM7：6，出土时为碎片。白釉白胎，瓷质很细腻，烧制质量很好。直口微侈，无颈，圆肩，弧腹，下腹斜收，平底。肩部有两道弦纹。通高11.2厘米，口径5厘米，底径6.1厘米（图三，7；图四，3）。

另外在墓室内还出土有2枚铜钱，为开元通宝。

墓中出土一合墓志，青石质。编号XGHM7：1，盖为盝顶，上面阴刻楷书“唐故王府君夫人墓铭”，分3行，每行3个字，用阴线分割，字的四边饰以云纹；四刹面分别饰有线刻青龙、白虎、朱雀、玄武四神画像；四侧面为素面（图五）。

墓志为方形，边长30.5厘米，四侧阴刻十二生肖，每边3个，生肖之间为高山或树木相间，十二生肖均为兽头人身，手持笏板。动物头像形象生动，线条流畅。墓志文共17行，刻工粗劣，前后字体大小不一，笔道不规则。故每行字数不同，最多的21字，现录文于后（图六）。

图四　荥阳后王庄唐墓出土遗物

1. 陶罐（XGHM7∶2）　2. 铜钵（XGHM7∶4）　3. 瓷罐（XGHM7∶6）
4～6. 瓷壶（XGHM8∶1、XGHM8∶2、XGHM8∶3）

图五　XGHM7出土墓志盖

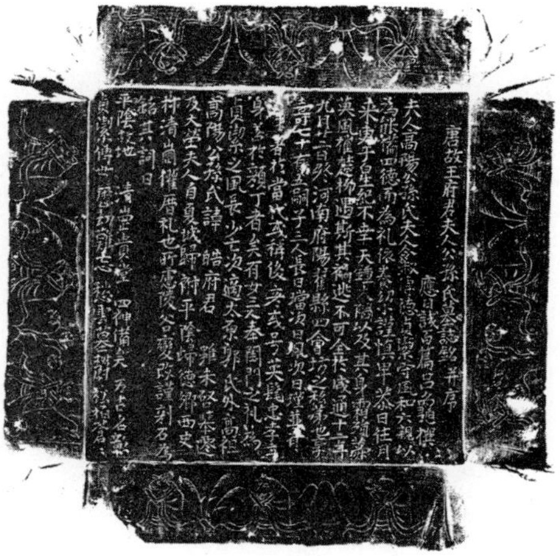

图六　XGHM7出土墓志铭文

唐故王府君夫人公孙氏墓志铭并序／应日试百篇吕龟撰／夫人高阳公孙氏夫人令淑传德贞洁守风和六亲以／为能备四德而为礼依养幼小谨慎卑恭日往月／来更于星纪不幸天钟大祸以及其身霜殒舜／英风摧楚柳遇斯其祸逃不可全于咸通十二年／九月廿二日终河南府阳翟县四会坊之私第也享／寿七十有五嗣子三人长曰玽次曰珮次曰瑾并有／英才著于当代或称俊彦或号英髦忠孝立／身善于颜丁者矣有女三人奉闺门之礼为／贞洁之风长少亡次适太原郭氏外高祖／高阳公孙氏讳皓府君虽未启举迁／及大茔夫人自夏城归祔平阴归德乡西史／村清岗权厝礼也所虑陵谷变改谨刻石为其铭曰／平阴故地　清岗贵堂　四神备矣　万古名彰／贞洁传世　历劫难忘　愁云墓郁　松柏苍苍

二、荥阳市广武镇后王庄XGHM8

此墓是修路时在路基外取土时发现，墓室已被毁坏，形制不明。出土有瓷壶3件，墓志1合。

3件瓷壶形制基本相同，白胎，盘口，束颈，溜肩，圆腹，饼状足，上部施酱釉，施釉只到腹部，编号分别为XGHM8：1、XGHM8：2、XGHM8：3。口径分别为6厘米、4.4厘米、5.6厘米，通高分别为17.5厘米、13.2厘米、16.7厘米，底径分别为6.6厘米、4.8厘米、6.4厘米（图三，2、4、5；图四，4～6）。

出土墓志1合，形制较特别（图七）。墓志盖为盝顶，顶上有一龟趴于中部，头向前伸，前肢向前，后肢蜷曲，形态生动。龟两旁用阴线刻方格，格内篆刻“大唐故李府君墓志铭”，刻工非常粗劣，字体大小不一，笔道不规则（图八）。四刹周边为卷云纹，中部梯形方框内为大朵花瓣，四侧面周边为一周连弧纹及乳钉纹，中间方格内为垂幕纹。

图七　XGHM8出土墓志

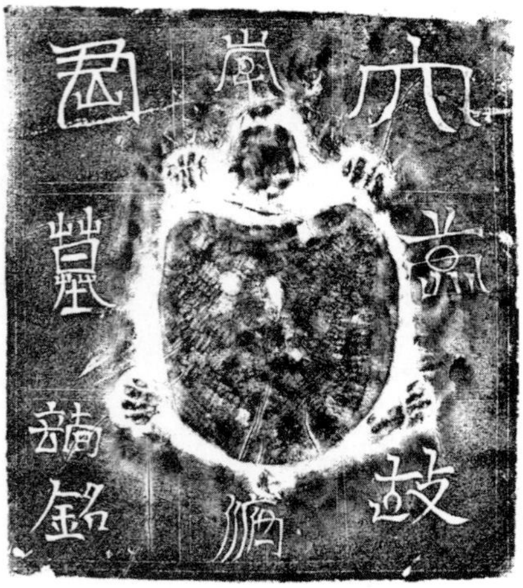

图八　XGHM8出土墓志盖

墓志为方形，边长33厘米。墓志四侧面用阴刻双线从内到外画出五个方框，中部方框为折枝花卉图案，之外是一周卷云纹，再向外分别为斜方格纹和两周卷云图案。志文19行，用细线刻出方格，每格一字，楷书，满行20字，共338字，现录文于后（图九）。

图九　XGHM8出土墓志铭文

李府君墓志铭并序／府君讳廉字思廉其先陇西郡人也祖乔邓州参军／父亮授本州司马并簪缨相承冠冕不绝不患无位／患己不立君辞家为国弃笔从戎一战

而獯虏弥除／再战而亭障清肃先有常法赏其有功策其崇勋乃／酬上柱国便归故里不求高名呜呼彼苍何苦逝者／如斯以开元廿三年岁次己亥正月三日寝疾殒于／私舍以其月十九日合葬于广武山南十里平原礼／也夫人南阳郡韩氏有淑嫂之德怀母仪之风先殒／之年于兹二祀嗣子大进哀号擗踊孝同曾参吐／血伤神恸泪于院寂次子小进少夭今亦同圹葬焉／呜呼妥其宅兆乾于坟茔万岁千秋恐陵谷之迁变／天长地久叹泉壤之幽深勒铭此时用表其事乃述铭曰／昂昂／李公少禀仁风入幕为国输忠罢归田里优游／以终郁郁佳城李公长入悽怆丘陇苍芒原隰东接／荥阳西际虢邑逝者如水白驹仍急沉沉泉壤去者／不回蕙心玉貌皆变黄埃一闭幽壑千秋不开勒铭贞石埋于夜台

三、结 语

两座唐墓，形制虽小，但均出土有墓志，对这类小型墓葬的断代有很大的帮助。依墓志所述，XGHM7为王夫人公孙氏之墓，于“咸通十二年九月廿二日”死于“河南府阳翟县”。咸通十二年即公元871年，阳翟县即现在的禹州市。葬于“平阴归德乡西史村”，平阴应为河阴之误，据民国年间修《河阴县志》卷二《沿革考》记载：“河阴为县见于正史者凡五，而属之豫州则自魏改平阴为河阴始然。此孟津之河阴非荥汜间之河阴也，荥汜间之河阴始于唐开元后世，不审误合为一……”“又案唐置河阴，本析荥汜武三县……今之河阴仅荥汜故地耳”。

XGHM8为李廉之墓，李廉于“开元廿三年岁次己亥正月三日寝疾殒于私舍，以其月十九日合葬于广武山南十里平原”。开元廿三年即公元735年。其志铭“东接荥阳，西际虢邑”是对文献记载虢国地望的佐证。

领　队：刘彦锋
发　掘：范　海　楚东亮　师宗林
绘　图：乔艳丽
拓　片：刘福来

（原刊于《中原文物》2007年第6期）

巩义城西变电站唐墓发掘简报

郝红星　谢　婷

2005年12月，巩义市电业局在城西22千米的李沟村东麦田里建变电站一座，巩义市文物钻探队在20亩的征地范围内进行了文物钻探，发现墓葬20余座。郑州市文物考古研究院对墓葬进行了发掘，除05HGCM17（以下简称M17）为唐墓外，其余均为宋墓，现将M17简报如下（图一）。

一、墓葬形制

M17为斜坡墓道的土洞墓，由墓道、甬道、墓室三部分组成，方向190°。墓口开于生土上，上有1.3米厚的耕土层和扰土层。

墓道　位于甬道南端，南北两壁呈斜坡式，东西两壁较直。南壁南部较陡，北部突然下降，接近甬道口处为平底；北壁坡度很大。墓道口长7.8米，宽0.94米；底长1米，宽0.94米。

甬道　位于墓道与墓室之间，偏于墓室东侧，拱顶。长1.8米，宽0.86米，高1.54米。

墓室　近长方形，拱顶，四壁较直。长2.8米，宽2.37米，高1.7米。清理时，未见封门砖或封门土坯，墓内淤土至顶，西部可能为置棺处，但未见棺痕及尸骨。墓室中西部的俑类尽数倒伏，自南向北器物有罐2、鸡首壶1、镇墓兽1、武士俑2、盅3、女俑3、文官俑1、男俑3、武士俑2件；墓室东壁自南向北有碓1、铜钗1、盘1、羊1、猪1、狗1、鸭2、灶1、井1、骆驼1、马2件（图二）。

二、出土器物

M17共出土器物31件，质地分为陶、瓷、铜三种，依次介绍。

1. 陶器

24件，除特别标明胎质外，均由白黏土（高岭土）制成，其中灶、井、碓单模制成，罐轮制，人俑及兽俑均合模制成。

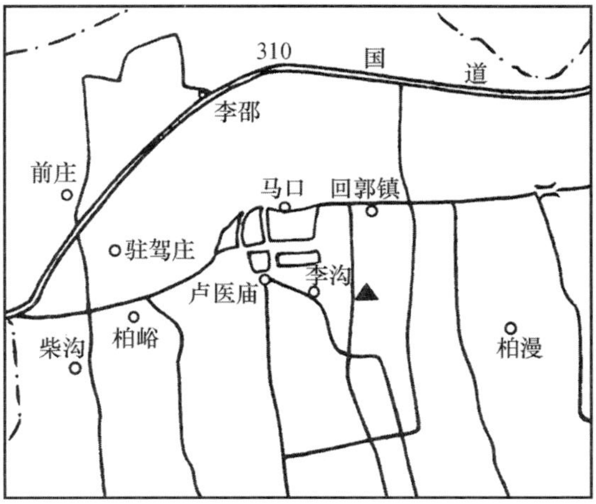

图一　墓葬位置示意图

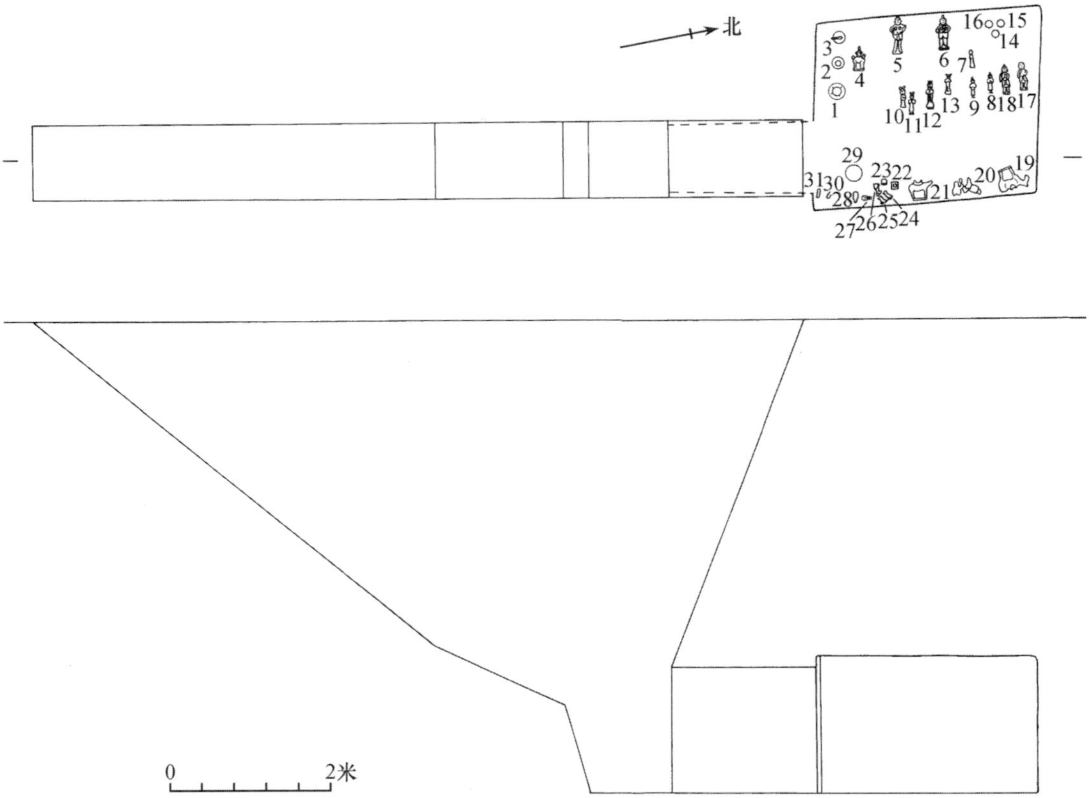

图二　墓葬平、剖面图

1. 瓷罐　2. 陶罐　3. 鸡首壶　4. 镇墓兽　5、6、17、18. 武士俑　7、8、9. 幞头俑　10、11. 反绾髻俑　12. 文官俑　13. 双绾髻俑　14、15、16. 瓷盅　19、20. 马　21. 骆驼　22. 井　23. 灶　24、25. 鸭　26. 狗　27. 猪　28. 羊　29. 瓷盘　30. 铜钗　31. 碓

图三　出土陶俑

1、2、3. 武士俑（M17∶5、M17∶6、M17∶18）　4. 文官俑（M17∶12）　5、6. 幞头男俑（M17∶9、M17∶7）　7、8. 反绾髻俑（M17∶11、M17∶10）　9. 双环髻俑（M17∶13）

武士俑　4件。标本M17∶5，三彩俑。头戴宝顶盔，盔前一桃叶形饰，盔耳沿、后沿上翻，肩披披膊，着闭口式臂褠，甲身胸索上饰花结，腰索上有半圆护，下有桃形短蔽膝，遮住腰索垂缨上部，甲身内衬下摆饰流苏，下着裙，腿间飘长带，足着靴，立于前方后圆的底板上。盔涂铁锈红彩，盔沿、桃叶形饰涂橘红彩，脸涂白彩，甲身施黄、绿、白三彩，裙施白釉，多脱落，飘带、靴施酱黄釉。俑横眉立目，宽鼻翼，八字胡上翘，唇下短须一点，左手叉腰，右手握拳平抬，腕部有支条与腰相连，挺身直立，若有所思。通高45.9厘米（图三，1）。标本M17∶6，三彩俑。头梳宝髻，肩披披膊，胸索下有花结，腰索上有一半圆护，下为方形短蔽膝，甲身内衬下摆饰流苏，吊腿短至膝上，下着前开口裙，足着靴，立于前弧后圆的底板上。发黑彩，脸白彩，嘴唇橘红彩，甲身施三彩，吊腿、裙施白釉，多脱落。俑皱额，肉眉凸起，两眼圆睁，鼻梁高挺，胡须张扬，左手叉腰，右手握拳上举，显得威风凛凛。高40.5厘米（图三，2）。标本M17∶18，红陶胎。头戴宝顶盔，盔前沿上翻如山形，肩披开领式披膊，甲身系胸索、腰索，甲内衬袍，下着大口裤，足着靴，双手握拳，如执器械，面容威严，立于地。俑盔涂铁锈红彩，脸及甲、裙涂白彩。高34.5厘米（图三，3）。标本M17∶17，红陶胎。与前者似为一模所出，但手指有细微差别，身体较直，盔顶残失，涂彩如前。残高33厘米。

文官俑　1件。标本M17∶12，红陶胎。拢发，头戴一梁进贤冠，身着右衽宽袖襦，腰系带，下着裙，足着云头履，拱手立于地。俑眉高眼细，直鼻小嘴，颇具女人相。通高33.9厘米（图三，4）。

幞头男俑　3件。标本M17∶9，头戴幞头，巾子较高，身着团领窄袖袍，腰束带，下着裤，足着靴，叉手立于长方形底板上。俑右脸残缺，小眼，塌鼻，厚嘴唇，突下巴，脸形瘦削。高24.4厘米（图三，5）。标本M17∶7，身材较前者略宽厚，服饰一样，亦叉手立于底板上。俑浓眉紧锁，圆眼突出，两颊肥厚，宽鼻梁下八字胡撇至

1　　　　2　　　　3　　　　4

图四　出土器物

1. 镇墓兽（M17：4）　2、3. 马（M17：20、M17：19）　4. 骆驼（M17：21）

腮旁，嘴巴紧抿，有些愁苦的样子。高24.6厘米（图三，6）。标本M17：8，红陶胎。幞头残，上着红色团领袍，下着裙，足尖微露，袖手立于地。俑颈以上涂白彩，眉目不清，高鼻，嘴部残。高24厘米。

反绾髻俑　2件，粉彩俑。标本M17：11，头梳反绾髻，身着铁锈红色翻领窄袖长袍，袖手，腰束带，下着裤，足着靴，立于方形底板上。俑眯眼，小嘴，鼻梁高挺，面庞圆润。高25.6厘米（图三，7）。标本M17：10，头梳反绾髻，上着橘黄色交领窄袖襦，外罩橘黄色半袖，下束铁锈红色曳地长裙，肩披白色披帛。俑圆胖脸，小嘴紧抿，鼻高挺秀，面沉似水。高27厘米（图三，8）。

双环髻俑　1件。标本M17：13，红陶胎。头梳双环髻，上似为交领窄袖襦，下着黑色曳地长裙，足掩于裙内，肩披红色披帛，双手拢于腹前。俑圆胖脸，眉目不清。高23.2厘米（图三，9）。

镇墓兽　1件。三彩俑。标本M17：4，人首镇墓兽，粗长角残断，招风耳外展，耳同络腮胡须连为一体，肩生两秃掌状翼，翼内侧刻有胸毛，尾从右后腿上伸出贴于背，前肢粗直，后腿宽厚，蹲于空心低台座上。兽首白脸，角、脑后、耳背涂黑彩，耳内涂黑、橘红条彩，嘴唇橘红彩脱落，掌翼施绿釉，胸、背、蹄施棕黄釉，前肢、腹部施白釉，腹部、台座有流釉现象。兽面部为宽额，凸眉，铃铛眼，塌鼻梁，突颊，抿嘴，八字胡外撇，末端呈钩状，不怒自威。台座高4.4厘米，通高39.3厘米（图四，1）。

马　2件。标本M17：19，红陶胎。勾首，高扬颈，斜肩，低臀，曲后腿，立于底板上。分缨，披鬣，鬣顶剪出波浪花，束尾残。头佩络头，背置鞍，上有长方形袱。马身涂黑彩，多脱落。高34.6厘米（图四，3）。标本M17：20，粉彩马。首、颈自然扬起，平臀，立于底板上。分缨，剪鬣，后鬣两侧各垂一缨，短束尾。头佩络头，背置虎纹鞯、鞍，鞍上覆袱，鞍后5鞘，胸有攀胸，臀有鞦，攀胸、鞦共垂11朵杏叶。马

图五　出土器物

1. 狗（M17：26）　2. 羊（M17：28）　3. 猪（M17：27）　4. 鸡首壶（M17：3）
5、6. 鸭（M17：25、M17：24）

眼、鼻、嘴、杏叶、袱涂橘黄彩，剪鬣、缨、尾、蹄、攀胸、鞦涂铁锈红彩。高32.1厘米（图四，2；图八，1）。

骆驼　1件。标本M17：21，红陶胎。昂首向后，抿嘴，背置圆毯，立于底板上。眼睑、颊毛用黑彩描出。此驼模制不精，尾未做出，趾未分开，背毯与常见的花边毛毯不一样，似为两层，上层毯与驼峰间有间距。高36厘米（图四，4；图八，2）。

狗　1件。标本M17：26，蹲式狗，头小，嘴歪眼斜，小耳，身躯庞大，前肢直立，蹲于底板上，脖子上有项圈。高12厘米（图五，1）。

羊　1件。标本M17：28，粉红黏土胎，头与身分别合模制成，然后黏合在一起。

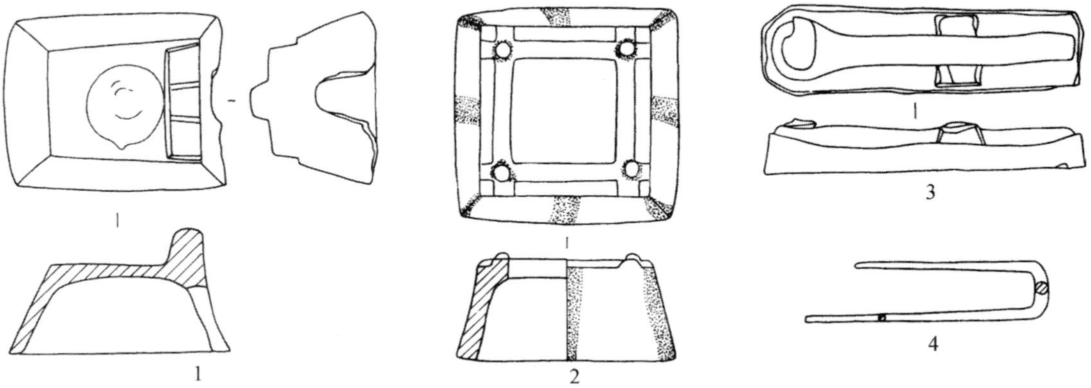

图六　出土器物

1. 灶（M17：23）　2. 井（M17：22）　3. 碓（M17：31）　4. 铜钗（M17：30）

头小，体宽大，嘴残，弯角，小耳，锥尾，蹲于底板上。残长9.5厘米，宽.5.5厘米，高7.5厘米（图五，2）。

猪　1件。标本M17：27，脱模时有粘连，致嘴眼不清。猪臀肥蹄短，伏卧于地，全身涂铁锈红彩。从体形上看为家猪。长10.6厘米，宽4.5厘米，高4厘米（图五，3）。

鸭　2件。颈高腿短，体肥润，头略左侧，似在悠闲观望。标本M17：24，宽喙涂铁锈红彩，高8厘米（图五，6）。标本M17：25，胸、背各涂两道铁锈红彩，喙亦涂铁锈红彩，高8厘米（图五，5）。

灶　1件。标本M17：23，梯形台体，正面设半圆形不规整灶门，灶门以外涂铁锈红彩，上有较高的阶梯式挡烟墙，灶面一锅，涂铁锈红彩以示。长8厘米，宽6.6厘米，高4.5厘米（图六，1）。

井　1件。标本M17：22，方形，梯形台体，四壁规整，扁平井框置于井体之上，榫接处设铆钉。四壁中央及转角处涂铁锈红彩，铆钉周围亦涂铁锈红彩。底边长8厘米，口边长6.2厘米，高3.9厘米（图六，2）。

碓　1件。标本M17：31，模制不规整，有粘连现象。体形较小，支架低，不见臼沿，底板用手抹时较流利。长11.7厘米，宽3.3厘米，高2厘米（图六，3）。

陶罐　1件。标本M17：2，白黏土胎微泛红。侈口，卷圆唇，束颈，弧肩，鼓腹，下腹弧内收，平底。口径6厘米，腹径18厘米，底径8厘米，高26.1厘米（图七，1）。

2. 瓷器

6件。

瓷罐　1件。标本M17：1，由盖与罐组成。盖子口，方唇，弧顶较平，上有宝珠纽。罐敛口，方唇，斜直领，弧肩，鼓腹，假圈足外撇，圈足底中部有一凹坑，颈肩

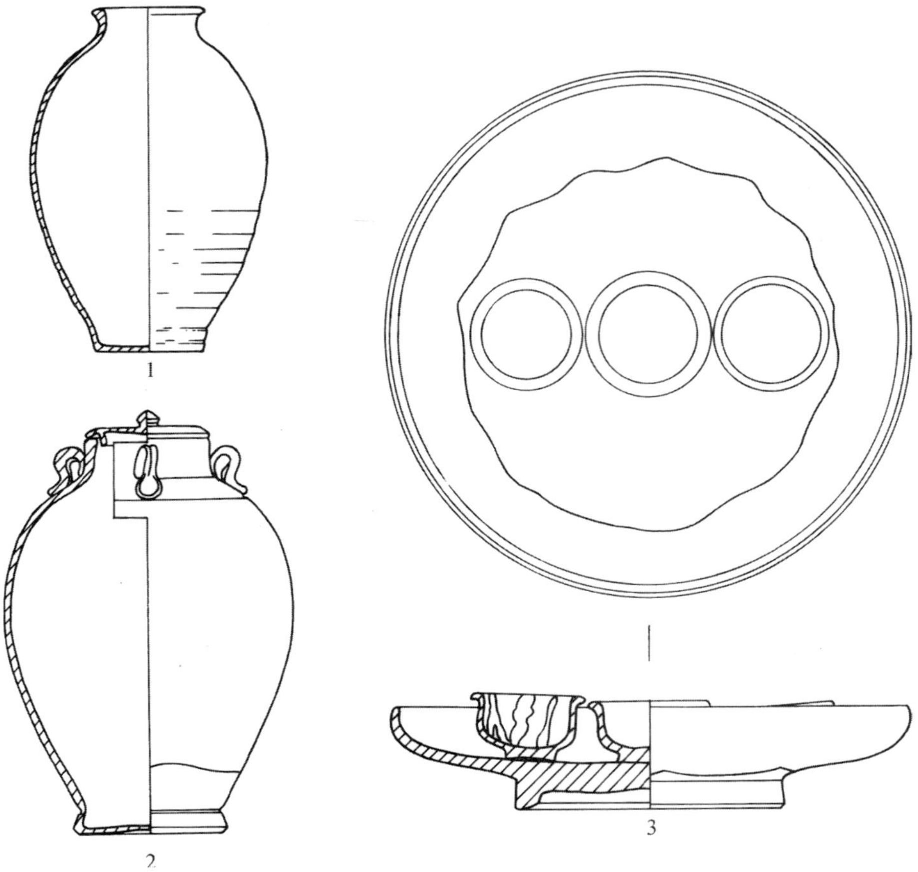

图七　出土器物

1. 陶罐（M17：2）　2. 瓷罐（M17：1）　3. 瓷盘、酒盅（M17：29、M17：14 ~ M17：16）

处置四泥条系。盖顶、内壁及外壁大部施淡青釉，方唇顶部釉被刮去。除盖顶与颈肩外，釉大部风化脱落。口径7.8厘米，腹径21.9厘米，底径10厘米，通高32.1厘米（图七，2；图八，4）。

盘　1套，由一盘和三个酒盅组成。盘，标本M17：29，口微敛，圆唇，浅弧腹，圈足，外底略凹，大部施青釉，内底及圈足未施釉。口径26厘米，圈足径13.5厘米，高5.2厘米。酒盅，标本M17：14，三彩盅。近直口，卷圆唇，直腹壁，假圈足底略凹，通体施黄、绿、白三彩。口径4.5厘米，圈足径2.3厘米，高3.2厘米。标本M17：15、M17：16，侈口，圆唇，弧腹，假圈足底平，内壁施青釉，外壁施釉不及底。口径分别为5厘米、5.2厘米，圈足径分别为3.5厘米、3.2厘米，高分别为3厘米、2.6厘米（图七，3）。

鸡首龙柄壶　1件。标本M17：3，口呈流状，如鸡的下喙，束颈，弧肩，鼓腹，假圈足，外底内凹。流部分残，颈、肩处施六道凸棱，肩上一龙柄，口衔流的后部，肩部流、柄方向各有一朵较大的忍冬纹，另两个方向饰两朵较小的忍冬纹。除假圈足外，通体施淡青釉。流长7.2厘米，腹径14厘米，圈足径7.5厘米，高27.6厘米（图五，4；图八，3）。

1

2

3

4

图八 出土器物

1. 马（M17：20） 2. 骆驼（M17：21） 3. 鸡首壶（M17：3） 4. 瓷罐（M17：1）

3. 铜器

1件。

铜钗 1件。标本M17：30，“U”形，两端细，中间粗，截面皆为圆形。残长8.9厘米（图六，4）。

三、结　　语

1. 年代

判断盛唐之前唐墓的年代，主要依据随葬品中神器类器物，即镇墓兽、武士俑、文官俑、武官俑等，其他器物由于变化缓慢，不宜作为唐墓确定年代的参照物。根据M17镇墓兽台座较低、颌下有络腮胡须，武士俑、文官俑立于底板或地上，武士俑盔沿上翻等特点，其年代应在675～680年。且与芝田耐火材料厂M36[1]（以下简称耐M36）的同类器十分相似，镇墓兽台座都是刚发展起来的，高均为4.4厘米，属很低的那种。武士俑、文官俑尚立于底板或地上，没有站在低台座上，这是一种明显的滞后现象。某些镇墓兽比耐M36镇墓兽稍早或同时的唐墓，其武士俑、文官俑均立于台座上，如芝田M89[2]镇墓兽立于底板上，爪足，武士俑台座高6.4厘米；郑州古荥师家河唐墓[3]镇墓兽立于地，蹄足，文官俑台座高7厘米；巩义老城砖厂唐墓[4]镇墓兽台座高4.2厘米，其文官俑台座高4厘米。但M17、耐M36的武士俑也有先进的一面，即头盔前沿或耳沿向上略翻起，与前一段盔沿没有任何翻起不一样。M17、耐M36、老城砖厂唐墓应是675～680年唐墓里最早的一组。

2. 器物组合

M17陶器组合从胎质上看分为两套，但并不是全额两套器物简单地相加。相反，两套器物合起来仍然有些器物没有达到全额数，甚至缺失，如武官俑，这说明对于当时的器物组合人们只是大致遵守。第一套器物用白黏土制成，有镇墓兽1件、三彩武士俑2件、幞头男俑2件、反绾髻俑2件、鸭2件，马、狗、猪、羊、灶、井、碓、罐各1件。第二套用红陶土制成，有武士俑2件，文官俑、马、驼、幞头俑、双环髻俑各1件。以往所见的唐墓，其俑类器物或用白黏土烧制，或用红陶土烧制，M17是明显兼用两种胎料的墓葬，值得关注。

3. 其他

M17墓道的南北两壁均为斜坡状，北壁险陡，显然不能供人上下。这种墓不常见到，笔者曾在巩义市区发掘过4座这样的隋墓，北壁更加陡峭，推测这是一种省工的建墓方式。88HGZM126[5]是芝田唐墓中唯一的这类墓葬，年代在720～750年。M17东距芝田10千米，巩义城西不绝如缕地出现这种墓葬，说明有其实用的一面。

鸡首壶由来已久，由晋至隋，器身不断增高，但鸡首、柄尾的特征没有丢失。入唐以来，鸡首壶有了很大变化，从不多的资料来看，鸡首丧失，盘口一侧发展成喙式流，龙柄仍存。公元675年的李凤墓[6]出土鸡首壶两件，皆残。李凤贵为高祖李渊的第十五子，封虢王，两墓年代相当，但它的鸡首壶样式远不及M17的精美，由此可知M17随葬品的等级不低。

领　队：张松林

发　掘：高中辉

绘　图：李　杨　郝红星

注　释

[1][2][5]　郑州市文物考古研究所：《巩义芝田晋唐墓葬》，科学出版社，2003年。

[3]　河南省文物考古研究所：《郑州古荥师家河唐墓清理简报》，《华夏考古》2001年第3期。

[4]　郑州市文物考古研究所、巩义市文物保护管理所：《河南巩义市老城砖厂唐墓发掘简报》，《华夏考古》2006年第1期。

[6]　富平县文化馆、陕西省博物馆、文物管理委员会：《唐李凤墓发掘简报》，《考古》1977年第5期。

（原刊于《文物春秋》2011年第3期）

巩义芝田唐墓发掘简报

汪　旭　张云峰　郝红星

2007年7月，巩义市芝田镇益家窝村村民刘三在村东北自家的田地里修建一座小型电子工厂，巩义市文物钻探队在0.3亩的用地范围内进行了钻探，发现古墓一座，编号07HGZM1（以下简称M1），郑州市文物考古研究院对此墓进行了发掘，简报如下。

一、地理概况

M1处在自青龙山西来的丘陵南侧根部，以南、以西地势平坦，以东地势缓慢抬升，以北为高约20米的丘陵，此处背风朝阳，为理想的瘗葬之所。据刘三讲，墓北的鑫鹏路拓宽时也有墓葬发现，因此这里的墓葬不止一座，有可能是一个家族墓地。M1北临鑫鹏路，东50米为南北向的永安路（图一）。

二、墓葬形制

M1发掘资料不慎丢失。根据钻探资料及两位发掘者回忆，墓葬为斜坡墓道的土洞墓，由墓道、甬道、墓室三部分组成，方向184°，深6米余。

墓道　位于甬道南端，梯形，长7米，南宽1.1米，北宽0.8米，口小底大，至底部北端宽1.1米。

甬道　位于墓道与墓室之间，位置居中，拱顶。长1.2米，宽1米，高1.4米。甬道口有土坯封门，已塌入墓室内。

墓室　长方形，攒尖顶，四壁较直。长4米，宽3.7米，高2.5米。清理时，墓内有1米厚的淤土。北部横置棺床，高于墓底0.2米，上铺整砖。棺床上散见铜钱、铜泡钉、铁钉。尸骨已成粉末，头向西。棺床前摆放各类陶俑、器皿，墓门处放有砖墓志。

三、出土器物

M1共出土器物70件（套），质地分为陶、瓷、铜、铁等。陶、瓷器中除特别标明胎质外，均由白黏土制成，其中壶、罐为轮制，伏听、狗、井、磨、碓为单模制成，人俑及多数兽俑为合模制成。

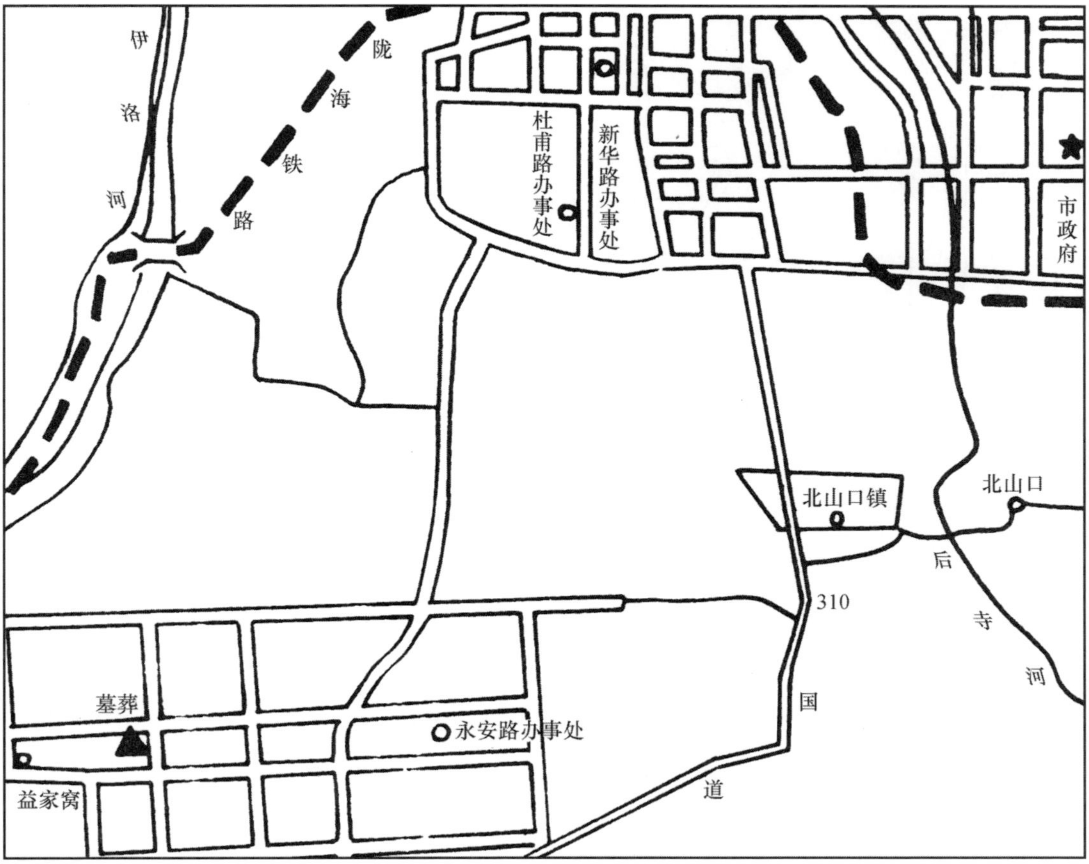

图一　M1位置示意图

镇墓兽　2件。标本M1：1，人首镇墓兽。“国”字脸较短，大耳，横向耳纹二道，头顶长舌状弯角，脑后双齿戟，肩生半月板状翼，蹄足，挺胸蹲坐于椭圆形中空穿孔高台座上，无尾。台座前方后圆，前一方孔，左右各两圆孔。俑白脸，耳内涂橘红彩，脑后、角涂黑彩，戟涂铁锈红彩；翼上云纹多不显，胸饰绿色、橘红色云纹，两侧贴有条状金箔，再外为橘红色圆斑，腹部露白，中为粉红色条纹并橘黄色月牙纹，条纹外有黑色毛发，前腿饰黑条彩，蹄、后背、后腿涂橘黄彩；台座涂黑彩，点施橘黄彩。俑蹙眉，大眼，小方鼻，八字须，抿嘴，颔下短须。座高12厘米，通高82.4厘米（图二，1）。标本M1：2，兽首镇墓兽，头顶两弯角，副角较高，根部有节，两根间夹一宝珠，脑后双齿戟，板须，前有两小耳，双翼呈半月板状，板须及翼均刻划沟槽以示毛羽。细腿，蹄足，无尾，蹲坐于椭圆形中空穿孔高台座上，台座共五孔。俑长眉横挑，双眼凝聚，上颌宽大，嘴露獠牙，样子并不恐怖。鼻涂黑彩，嘴周围饰有环状黑条纹，戟涂铁锈红彩，角根部涂蓝彩，板须涂绿彩，耳涂橘红彩；翼之膀部饰绿、橘红色云纹，胸部、腹部、前腿、后背、台座饰彩同人首镇墓兽。台座高11.4厘米，通高76.4厘米（图二，2）。

武士俑　2件。标本M1：3，发上拢成髻，髻上一展翅朱雀，雀尾残，肩披卷鼻龙首

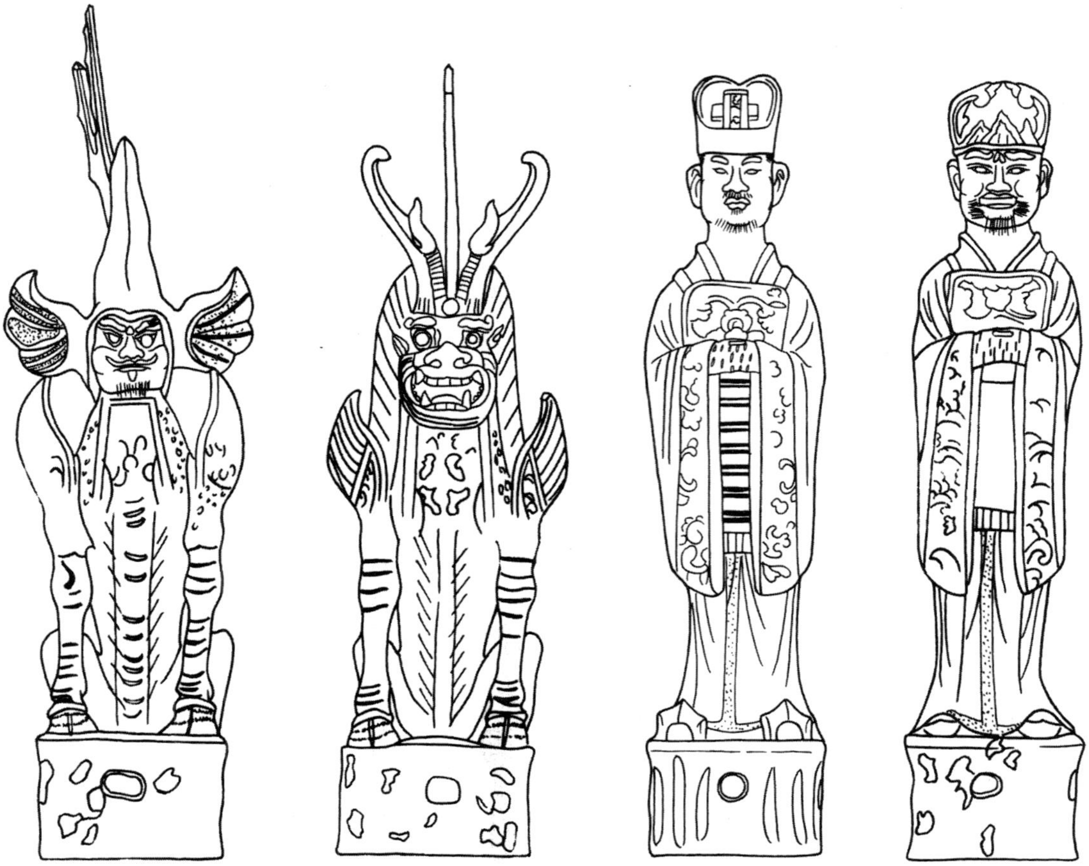

1　　2　　3　　4

图二　出土陶俑

1. 人首镇墓兽（M1：1）　2. 兽首镇墓兽（M1：2）　3. 文官俑（M1：5）　4. 武官俑（M1：6）

披膊，着云口套袖、开口臂褠，甲身胸、腰系索带，两圆胸护，腹护半圆，下有极短蔽膝，甲身下摆素边，内为飘裾衬裙，腿着膝裤，足着靴。左手揸开撑于胯部，右手握拳上举，手心持物已朽，右腿抬起踩于牛头，左腿伸直蹋于牛臀。牛屈腿卧于椭圆形中空穿孔岩座上，岩座共六孔。牛抿嘴，圆眼，尖角，小耳，粗腿，摆尾，体宽肥硕。朱雀脖施粉红彩，身橘黄彩，展翼膀部饰橘黄色云纹，多不显，展翼羽部涂绿彩；武士领涂蓝彩，腹护、腰身涂绿彩，龙首披膊、衬裙涂橘黄彩，龙首饰黑条彩以为须，臂褠涂铁锈红彩，膝裤铁锈红与粉红彩，靴涂黑彩，胸护及腹护周围、褾、襈上饰粉红色云纹，多不显；甲身饰黑条彩象征甲叶。牛施铁锈红彩；台座施橘黄彩。俑白脸，高眉，突眼，塌鼻梁，嘴略张，嘴上八字胡上翘，唇旁三缕短须，面右视。台座高（至牛首）21厘米，通高82厘米（图三，1）。标本M1：4，头戴展翅朱雀翻沿顶盔，雀首、尾均残。武士所披铠甲、站姿、卧牛及台座均与M1：3相同，唯涂彩略有别。盔顶涂铁锈红彩，盔沿涂橘黄彩；领、腹护涂绿彩，腰身涂蓝彩，圆护内及腹护周围、褾、襈饰橘红色云纹；牛之铁锈红彩，台座之橘黄彩，均脱落殆尽。俑白脸，高眉，环眼，塌鼻梁，嘴紧抿，八字胡上翘，唇下三缕短须，面左视。台座高21厘米，通高83.2厘米（图三，2）。

图三 出土武士俑

1. M1：3 2. M1：4

文官俑 1件。标本M1：5，拢发，头戴黑色一梁进贤冠，展箭饰橘红色云花；身穿橘黄色交领宽袖襦，白褾饰粉红色云纹；胸披裲裆甲，胸甲中饰橘红色朵云，周边贴金箔；下着白色战裙，腿间橘黄色长飘带，裙裾亦涂橘黄彩；足着铁锈红云头履，拱手立于椭圆形穿孔高台座上。台座黑色，四孔，点施橘黄彩。俑白脸，高鼻梁，小嘴，眉清目秀，唇上下有胡须。双手所持笏板已失。台座高11.2厘米，通高75.2厘米（图二，3）。

武官俑 1件。标本M1：6，头戴黑色鹖冠，冠饰包叶及三山；着装与施彩与文官俑同。足着铁锈红靴，拱手立于椭圆形中空穿孔高台座上。台座黑色，四孔，点施橘黄彩。俑白脸，横眉，杏眼，直鼻，嘴微张，嘴旁三丛胡须，笑容可掬。双手所持笏板已失。台座高12厘米，通高74.8厘米（图二，4）。

幞头男俑 18件，面容相似，仅胡须不同。头戴黑色幞头，身着团领窄袖铁锈红袍或黄袍，内着裤，足着铁锈红靴或黑靴，右手握住左手，施叉手礼，立于底板上。标本M1：7，白脸，粗眉，圆眼，蒜头鼻，八字须撇向两腮，阔下巴略上翘。袍、靴均铁锈红色。高24厘米（图四，1）。标本M1：8，面容同前，嘴上无须。黄袍，铁锈红靴。高24厘米（图四，2）。

侏儒俑 1件。标本M1：25，头戴黑色幞头，身穿团领窄袖黄袍，腰束带，足着靴，立于底板上。俑颔首，腆腹，双手挟持腰侧。高11.2厘米（图四，3）。

伏听俑 1件。标本M1：26，头戴黑色幞头，身着铁锈红团领窄袖袍，两臂屈伸，俯首屈腿匍匐于地，头枕臂上。长12厘米，宽6.5厘米，高2.9厘米（图四，4）。

牵马俑 4件。两件拢发，发中分，下端成辫挽于脑后；身着翻领窄袖袍，袒右肩，露出内着半袖，腰系带，腰带之上有一自背后袍领延出的宽长巾，前绕腹部，垂于右腰侧；足着长靴，右手半举，左手略抬，作握缰状，立于梯形底板上。俑白脸，凸眼，塌鼻，抿嘴，目视前方。标本M1：27，黄袍，铁锈红半袖，袍、半袖之领均橘红色，铁锈红靴。高44.6厘米（图五，1）。标本M1：28，脸略窄。铁锈红袍，黄色半袖，黑靴。高45厘米。另两件头戴黑色幞头，所着衣服同拢发者，唯色不一。俑白脸，凸眼，鹰钩鼻，抿嘴，唇

图四　出土男俑

1、2. 幞头男俑（M1：7、M1：8）　3. 侏儒俑（M1：25）　4. 伏听俑（M1：26）

图五　出土牵马俑

1. M1：27　2. M1：29　3. M1：30

上八字须上翘，嘴下络腮胡升至耳际，脸右视，右手高举，左手半抬，似在前拽牲口，立于梯形底板上。标本M1：29，黄袍，铁锈红半袖、长靴。高45厘米（图五，2）。标本M1：30，脸略正视。铁锈红色袍，黄色半袖，黑靴。高45.6厘米（图五，3）。

低髻俑　4件，为一模所出。身着交领窄袖襦，外罩半袖，肩披长帛，下束曳地长

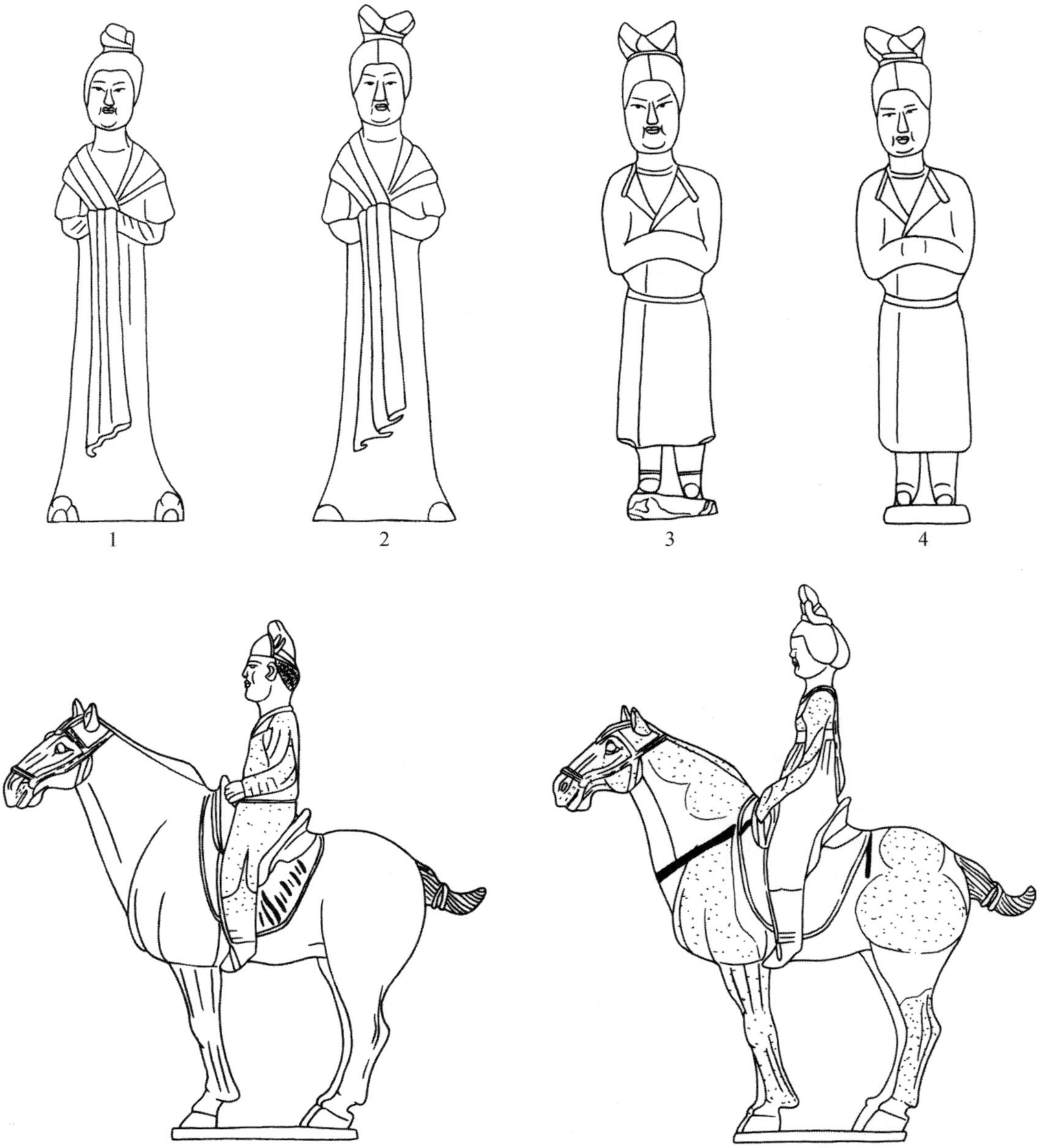

图六　出土陶俑

1. 低髻俑（M1：31）　2～4. 反绾髻俑（M1：35、M1：39、M1：40）

5. 男骑俑（M1：43）　6. 女骑俑（M1：44）

裙，足着云头履，拱手立于地。襦、半袖有白色、铁锈红色、橘红色，帛有橘红色、白色，裙有铁锈红色、黄色，彼此错色搭配。俑圆胖脸，细眉，细目，高鼻梁，小嘴，神情坦然。标本M1：31，襦、半袖橘红色，帛白色，裙黄色。高26厘米（图六，1）。

反绾髻俑　8件。着裙者4件，为一模所出，容貌及衣着同低髻俑，唯髻、履脱模不好。标本M1：35，襦、半袖白色，帛橘红色，裙黄色。高27厘米（图六，2）。着袍者4件，亦为一模所出，脸比着裙者稍胖，身穿铁锈红色或黄色翻领长袍，腰束带，足着黑靴，立于底板上。标本M1：39，黄袍，橘红色领。高26厘米（图六，3）。标本M1：40，铁锈红袍。高26厘米（图六，4）。

男骑俑　1件。标本M1：43，黄马昂首，长缨，剪鬣，肩略抬起，束尾上翘，四肢自然立于底板上；头佩络头，背置鞍鞯，鞯为白色，饰黑色虎纹。马上端坐一男子，头戴黑色幞头，身穿铁锈红翻领长袍，腰束带，下着黑裤，足着黑靴，双手半抬腰侧，作握缰状。男子眉清目秀，英气逼人。通高40.5厘米（图六，5）。

女骑俑　1件。标本M1：44，马与M1：43马为一模所出。马身为白，多饰铁锈红色彩，黑蹄，白鞯之黑色虎纹多不显，前有攀胸，后有鞦。马上坐一女子，头梳低髻，身着铁锈红窄袖襦，胸搭白帛，腰束橘红色长裙，下着橘红色裤，足着黑靴。俑面庞圆润，高鼻小口，长袖掩手，长帛搭于背后，略抬的双臂半垂腹前，极具神韵。通高43.5厘米（图六，6）。

马　2件。昂首，分缨，剪鬣或披鬣，肩略抬起，平臀，束尾，肩、背、臀几成一条斜线，四肢立于底板上。背置鞍鞯，络头、攀胸、鞦俱全，革带均饰铜銙。马小耳，大眼，抿嘴，体宽腿健，尽显剽悍之美。标本M1：45，嘴旁有角镳，束尾上翘，鞯上革带似为鞮，鞯下有障泥，攀胸饰三枚圆杏叶，鞦饰六枚圆杏叶。周身白彩，剪鬣橘红彩，鞍铁锈红彩，白鞯上绘有橘红色云纹，革带黑色，杏叶白彩。高61.2厘米（图七，1）。标本M1：46，披鬣飘起，束尾略下垂，络头上两杏叶（略残），攀胸上长杏叶与垂缨式杏叶共7枚，鞦上6枚长杏叶，寄生部位一枚团花式杏叶。周身铁锈红彩，披鬣白色，白鞯饰黑色虎纹，袱橘黄彩，革带、杏叶涂彩与M1：45同。高60.8厘米（图七，2）。

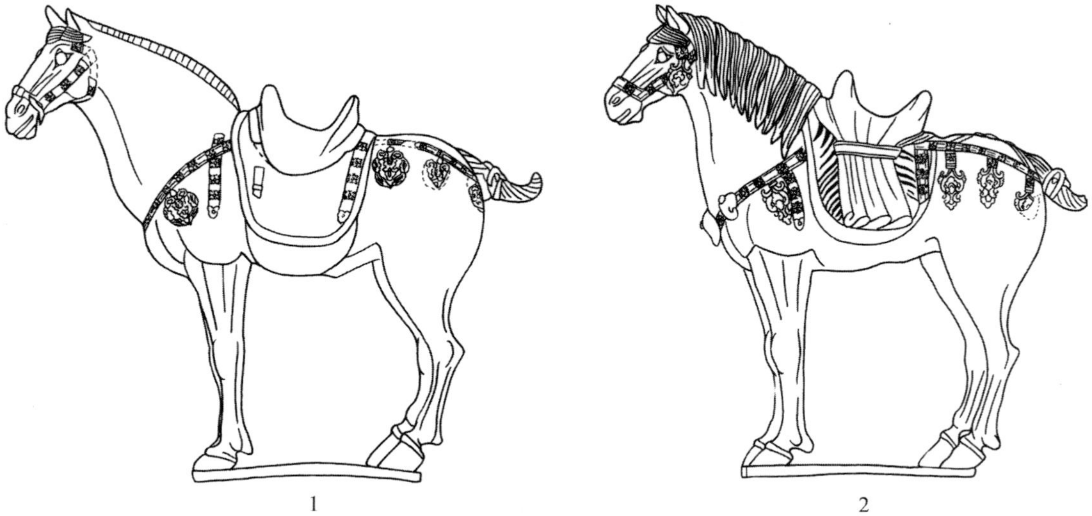

图七　出土马

1. M1：45　2. M1：46

骆驼　3件，两大一小。标本M1：47，昂首，向后扬脖，张嘴，长舌上卷，尾摆于左臀，身向前倾，立于底板上。驼背置花毯，毯之上为货架，货架上束一虎首橐囊。嘴施橘黄彩，鬃、垂胡、双峰、两腿上部、腹中部、尾、四蹄施铁锈红彩，毯、货架、橐囊以白彩为地，橘黄色花纹仅见残迹。通高66.8厘米（图八，1）。标本M1：49，昂首，后扬脖特甚，抿嘴，弓背，三角形双峰，垂尾，身略前倾，立于地。背置圆花毯，毯上有货架、橐囊，毯下有攀胸、鞦、鞧。骆驼白色，毯、货架、橐囊边饰联珠纹。高37.4厘米（图八，2）。

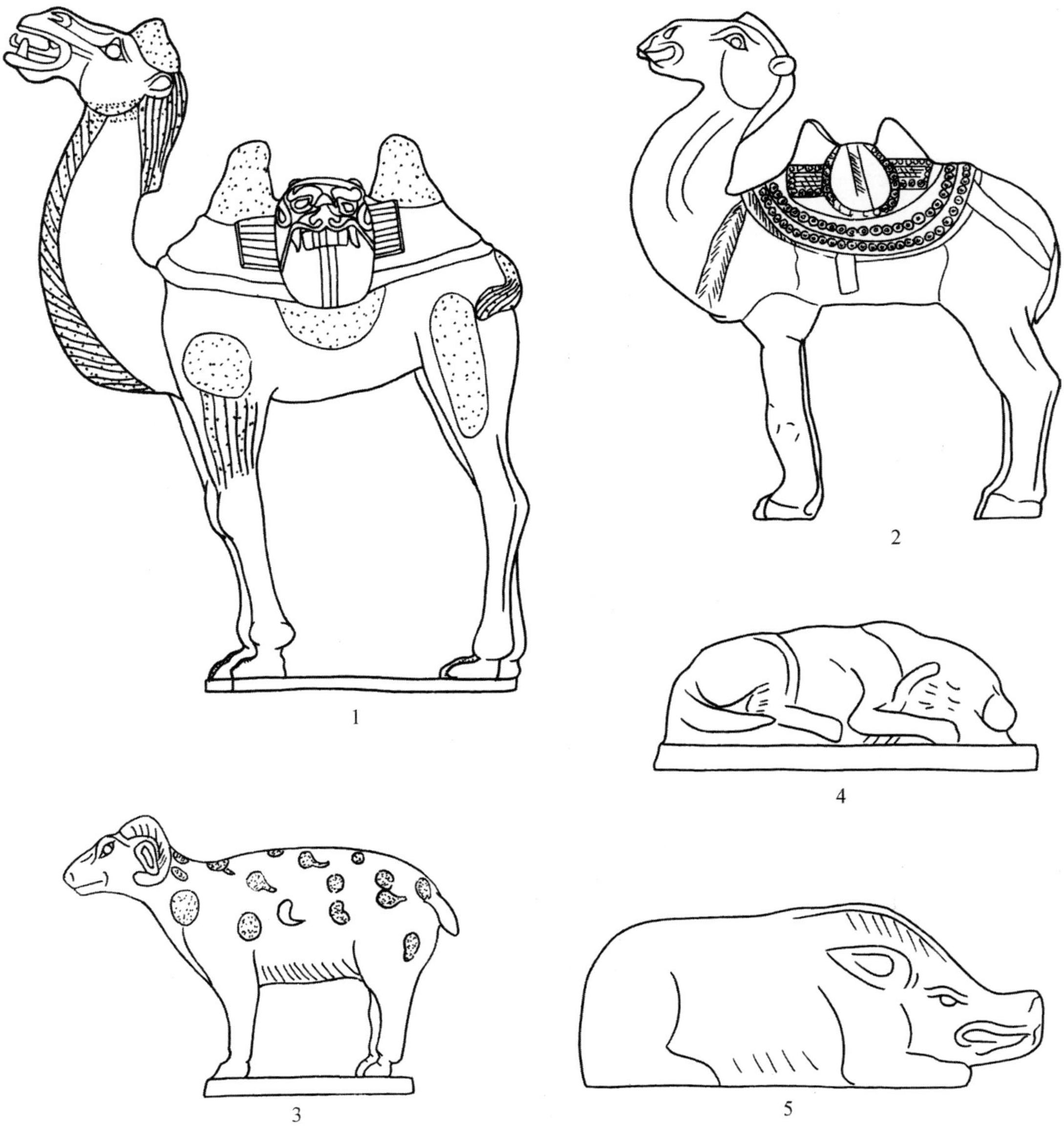

图八　出土动物俑

1、2.骆驼（M1：47、M1：49）　3.羊（M1：50）　4.狗（M1：54）　5.猪（M1：52）

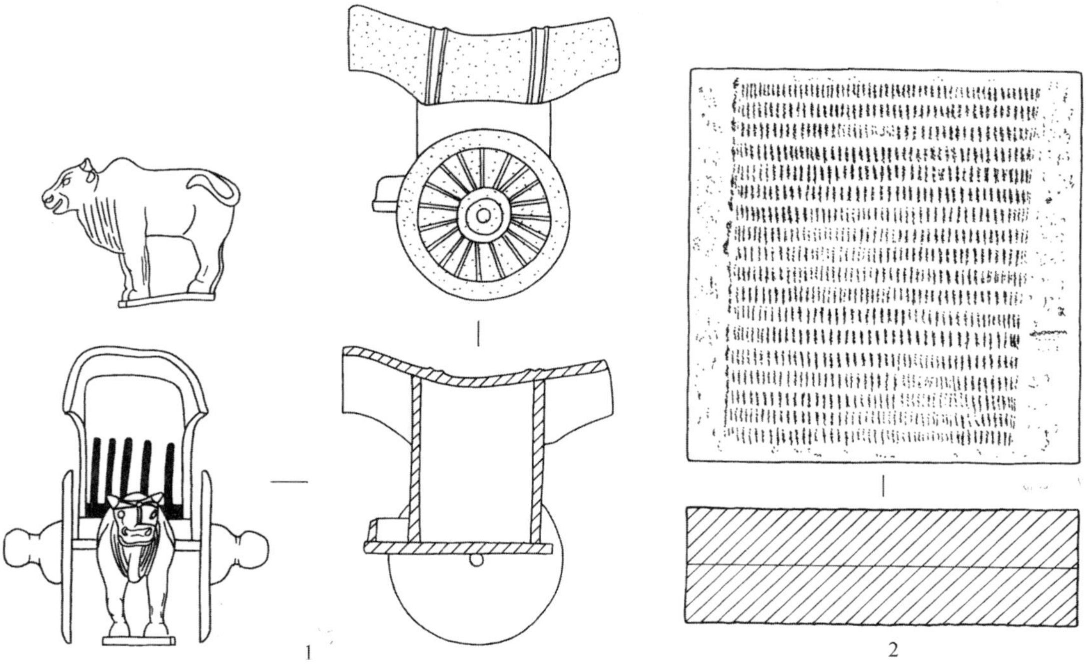

图九　出土器物

1. 牛车（M1：55）　2. 砖墓志（M1：70）

羊　2件，为一模所出。头略抬，弓背，宽短尾，四肢立于方形托泥上。羊抿嘴，大眼，卷角。身涂黄彩，点施铁锈红彩。标本M1：50，高13.5厘米（图八，3）。

猪　2件，为一模所出，家猪。标本M1：52，体肥实，长嘴无尾，四肢立卧于地。体涂铁锈红彩。长11厘米（图八，5）。

狗　1件。标本M1：54，模制。垂头耷耳，身体蜷曲，四肢伏卧于底板上。体涂黄彩。长9.6厘米（图八，4）。

牛车　1套，由牛与车组成。标本M1：55，牛体型较小，平首，耸肩，平背，尾摆于左臀，体稍前倾，作用力状，立于底板上。牛身涂黄彩，头有黑色络头。高13厘米。车箱分为前后舆，前舆窄矮，后舆高大。后舆卷棚顶，两端上翘，中部有两道箍，右后留长方形门。车牙较宽，毂成葫芦形，16辐。卷棚、轮涂铁锈红彩，箍白彩，车体黑彩，前轸黑彩描出。长23.4厘米，宽22.8厘米，高25.8厘米（图九，1）。

瓷罐　2件。标本M1：56，由盖与罐组成。盖子口，圆唇，弧平顶，宝珠纽。顶施白釉，内壁露胎。罐侈口，卷沿，圆唇，高束颈，弧肩，鼓腹，下腹弧内收，平底。唇下至中腹施白釉，肩部有风化现象，下腹部露出化妆土，外底及内壁露胎。口径9.9厘米，腹径24.6厘米，底径10.8厘米，通高36.6厘米（图一〇，1）。标本M1：57，侈口，卷沿，尖圆唇，短束颈，弧肩，鼓腹，下腹弧内收，平底略内凹。口沿内壁及肩腹部施淡青釉，余露胎。口径7厘米，腹径21.6厘米，底径11厘米，高32厘米（图一〇，2）。

双龙柄壶　1件。标本M1：58，盘口，束颈，内肩近平，鼓腹，平底。肩部饰凸棱

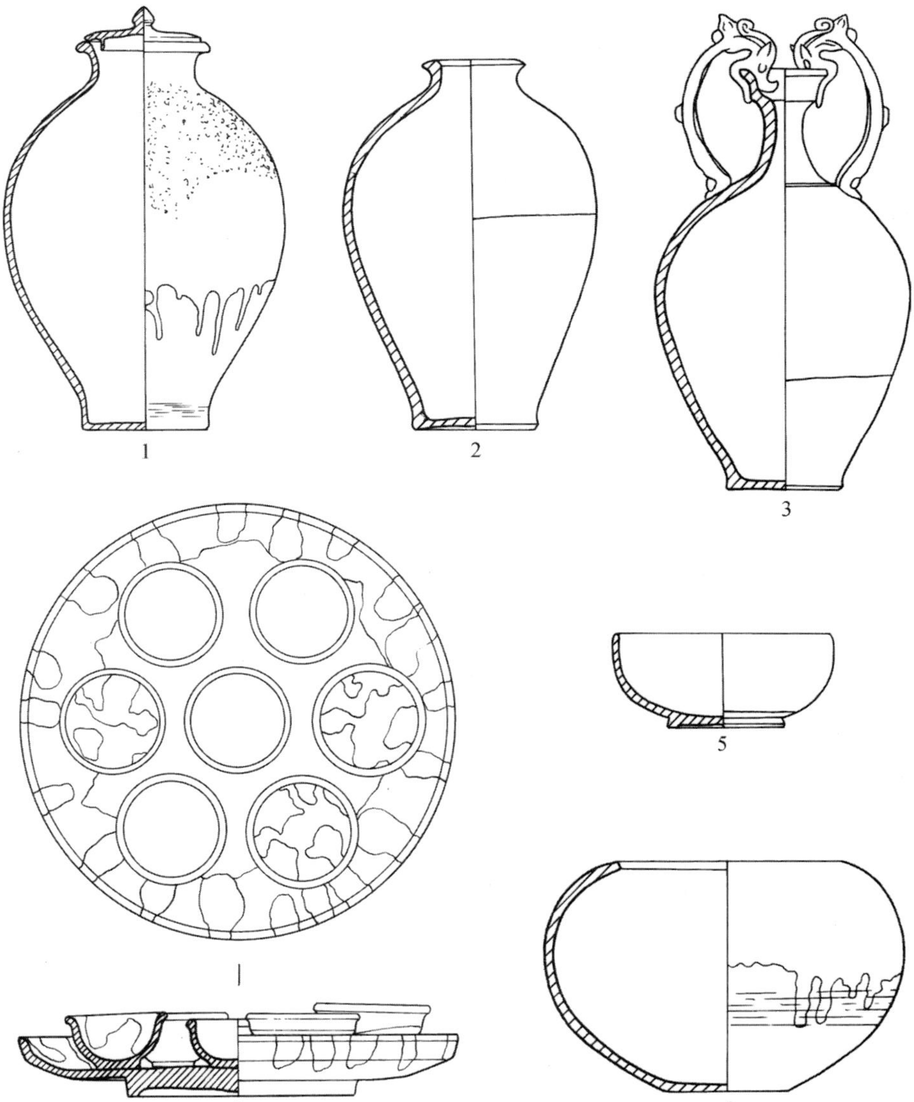

图一○ 出土器物

1、2. 瓷罐（M1：56、M1：57） 3. 双龙柄壶（M1：58） 4. 盘（M1：61） 5. 碗（M1：59） 6. 钵（M1：60）

一周，肩上对置双龙柄。龙长卷角，小耳，上唇上翘，口衔盘口，龙身装饰三个泥钉。内壁口沿及外壁上部施淡青釉。口径7厘米，腹径22厘米，底径10厘米，高41.2厘米（图一○，3）。

碗 1件。标本M1：59，直口，尖圆唇，近直腹，圈足。内壁施淡青釉，外壁施釉不到底。口径12.5厘米，腹径12.6厘米，底径6.9厘米，高5.4厘米（图一○，5）。

钵 1件。标本M1：60，敛口，方唇，弧肩，鼓腹，小平底。肩部施酱釉，余露胎。口径13厘米，腹径21厘米，底径6.5厘米，高13厘米（图一○，6）。

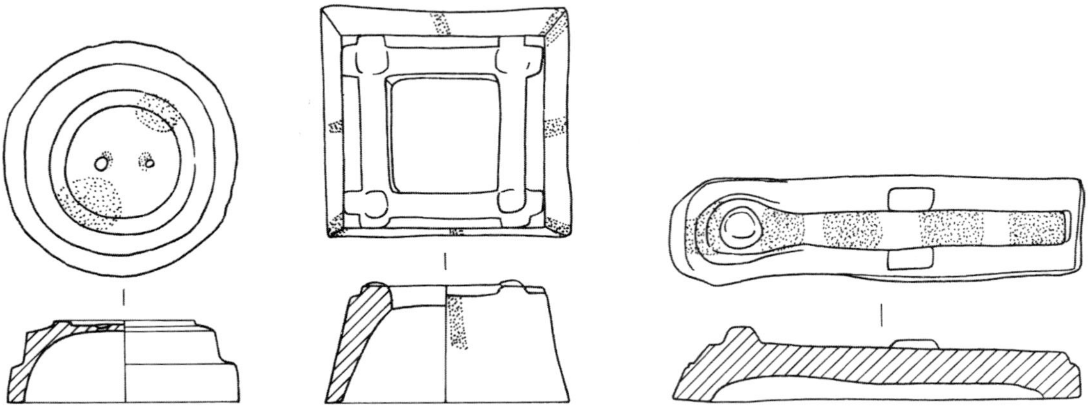

图一一　出土器物

1. 磨（M1：62）　2. 井（M1：63）　3. 碓（M1：64）

盘　1套，由一盘和7个酒盅组成，均粉红黏土胎。标本M1：61，盘，侈口，圆唇，浅弧腹，圈足，内底略上凸。口沿内外施黄、白、绿三彩，流釉现象严重，内底及圈足露胎。口径24.6厘米，圈足径13.3厘米，高3.4厘米。酒盅，近直口或侈口，卷圆唇，直腹或浅弧腹，假圈足。均施黄釉，1件内外壁满釉，3件内壁满釉，3件内外壁流釉。口径5～5.8厘米，圈足径2.3～3.3厘米，高3～3.5厘米（图一〇，4）。

磨　1件。标本M1：62，由上扇与底座组成，上扇一对磨眼，底座下部略外侈。磨眼及挡粮圈上涂有黑彩。底径6.5厘米，高2.2厘米（图一一，1）。

井　1件。标本M1：63，近方形，梯形台体，四壁略凹，扁平井框置于井体之上，榫接处设铆钉。四壁中央及转角处涂橘黄彩。底边长6.5～6.9厘米，口边长5.5厘米，高3.4厘米（图一一，2）。

碓　1件。标本M1：64，长方形底板，两支架较矮，碓柄同底板连在一起，见杵之顶端。碓柄点施铁锈红彩。长11.5厘米，宽3厘米，高2.1厘米（图一一，3）。

铜带具　1件。标本M1：65，由带銙、铊尾组成，带扣遗失。带銙分为半圆形、长方形两种，均有长方形古眼。半圆形带銙2枚。长径3厘米，短径2.2厘米，厚0.7厘米。长方形带銙1枚，仅存上片。长3.2厘米，宽2.8厘米。铊尾柳叶形，中空。长3.3厘米，宽2.9厘米，厚0.6厘米。

铜钗　1件。标本M1：66，为“U”形，剖面呈圆形，前部稍弯。残长6.4厘米。

铜钱　8枚。铜锈较重，仅见“元”字首横短小，次横左上挑。标本M1：67，直径2.5厘米，穿径0.6厘米，郭宽0.2厘米。

铜泡钉　17枚。标本M1：68，伞状。帽直径1.4厘米，高0.6厘米。钉为长锥体，通长2厘米。

铁钉　1枚。标本M1：69，帽方形，钉长锥体。通长5厘米。

砖墓志 一合。标本M1：70，由盖与志组成，方形，盖、志同大，边长34厘米，厚10厘米。背面饰绳纹，正面磨光，浅刻界线，共15行，每行字数不等，最多18字，末行未书。字褐色，多漫漶，可辨者为："唐故吴兴郡司户参军□□墓志……人弘农杨氏华阴人也其先□自三皇分……代英声……曾祖谥号……皇光禄大夫……紫光禄大夫将作大匠……清白标于史朱轮满于朝……孝以奉长慈鞠岁深禄养无追遂寝疾□恐□别业以天宝四载十二月五日奄背子等号……动天摧毁□及以天宝五载二月廿七……窆……仁……原礼也是以丹旐启路青乌告……有东山处请为铭□……"（图九，2）

四、结　　语

1. 墓主与年代

M1所出的砖墓志，字迹虽多漫漶，却极为重要地记载着墓主生前官职为吴兴郡司户参军（上州，从七品下），卒于天宝四年（745年），窆于天宝五年（746年）。墓主名姓不知，志中"……人弘农杨氏华阴人也"一语，根据唐代墓志行文习惯，有可能为：夫人，弘农杨氏，华阴人也。即墓主的夫人为杨氏。

2. 器物特征

M1是巩义地区已发表唐墓中颇为特殊的一座，表现在以下几点：

（1）出土器物众多。M1出土各类质地的器物共70件（套），是巩义出土随葬器物第二多的唐墓，仅次于1992年发掘的出土各类器物79件的巩义食品厂唐墓92HGSM1[1]。

（2）出土器物组合齐全。唐墓中的随葬品一般分为主要器物（神器类）与次要器物（侍俑类、家用类、器皿类），前者随时间的推移发生迅速而周详的变化，后者变化缓慢一些，总体趋势则与前者一致。巩义唐墓中四类器物齐全，且每类中器物又较齐全，这样的唐墓不多，M1与92HGSM1是其代表。M1出土神器类器物（镇墓兽、武士俑、文官俑、武官俑）6件，侍俑类（人俑、兽俑、牛车）44件，家用类（羊、猪、狗、井、磨、碓）8件，器皿类（罐、碗、壶、盘、钵）8件，可谓面面俱到，样样皆有。按器物发展规律，神器类、侍俑类中该有的都有，家用类、器皿类略有欠缺。

（3）器物以粉彩见长，少见三彩器。像M1这样的殷实之家，一般来说会有较多的三彩器随葬，如巩义老城砖厂唐墓[2]、巩义涉村唐墓[3]（二者的三彩器比例分别高达73%、52%），此墓仅有一件三彩盘和单彩钵，令人疑窦丛生。这或许暗示距离芝田不远的巩义黄冶三彩窑已不再生产大型三彩俑。

3. M1的指示意义

M1的墓主仅是个七品小官，墓中出土了大量器物，这有助于我们了解当时的墓葬制度。

1988年郑州市文物考古研究所在芝田二电厂发掘的88HGZM4[4]，墓主为明威将军郭神鼎（武散官，从四品下），葬于开元二十年（732年），级别要比M1高得多，随葬器物12件，其中红陶女俑、红陶牛的高皆不足10厘米，寒酸之至。88HGZM4出土的残破石墓志仅记"大唐开元廿年十一月七日葬明威将军郭神鼎河南府河南县人也"，这或许表明郭神鼎在政治上出了问题，但他的墓葬仍保留与之相应的级别：由墓道、两个过洞、两个天井、甬道、墓室组成，墓道位于墓室南壁偏东处，墓室近长方形，直边，这是两个天井墓中级别较低的一种。而M1由墓道、甬道、墓室组成，墓道位于墓室南壁中部，墓室近方，直边，这是无天井墓中级别较高的一种。

另，M1出土的红陶俑属于小型俑。1988年发掘的芝田88HGZM38[5]出土一种白黏土制作的精致小陶俑，它的年代在700～720年，因此我们推测，小陶俑出现的时间在720年前后。M1与88HGZM38相比，两墓的神器类、侍俑类器物几乎完全相同，仅在人首镇墓兽的头部有些微区别，即M1人首镇墓兽脸庞周围起了一圈凸棱，这是时代的差别还是个体区别，难以定论。无论哪种情况，巩义地区唐墓在720年前后并行大小两种系统的陶俑是我们以前没有认识到的。

领　队：张松林
发　掘：高中辉　王磨正
绘　图：李　扬　郝红星

注　释

［1］［4］［5］　郑州市文物考古研究所：《巩义芝田晋唐墓葬》，科学出版社，2003年。

［2］　郑州市文物考古研究所、巩义市文物保护管理所：《河南巩义市老城砖厂唐墓发掘简报》，《华夏考古》2006年第1期。

［3］　郑州市文物考古研究院、巩义市文物管理局：《巩义涉村唐墓发掘简报》，《中原文物》2011年第2期。

（原刊于《文物春秋》2013年第2期）

巩义涉村唐墓发掘简报

汪 旭 张 倩 乔艳丽

2006年4月，巩义市涉村镇镇政府在扶贫楼施工过程发现一座古墓，巩义市文物保护管理所文物钻探队遂对南北长40米、东西宽11米的地基进行了钻探，没有再发现其他墓葬，郑州市文物考古研究院派人对其进行了清理，编号06HGSM1（以下简称M1）。墓葬位于涉村镇北路东侧，南距S 237线200米，北望平顶山，南眺乌罗河，再南是连绵西去的嵩山，地理位置十分优越，是难得的瘗人吉地（图一）。

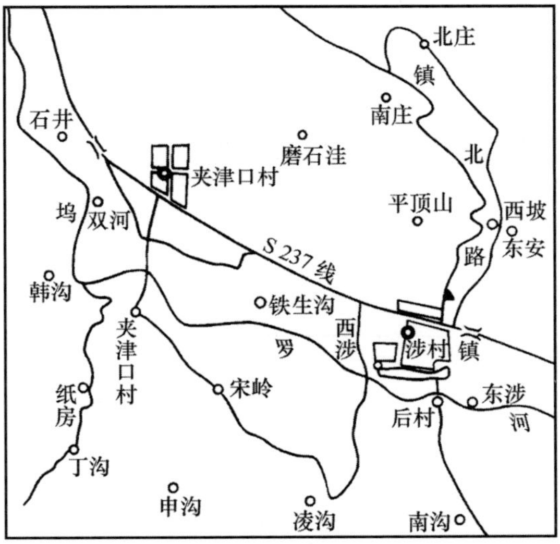

图一 M1位置示意图

一、墓葬形制

M1为半斜坡墓道的土洞墓，由墓道、甬道、墓室三部分组成，方向185°，现存深度4米（地表1米扰土被取走，墓口原始深度不知）。

墓道 位于甬道南端，南部斜坡较陡，北部平缓，高于墓室底0.34米。东西两壁偏北处各有一排脚窝，半圆形，宽0.2米，高0.12米，深0.1米，间距0.65米。墓道长2.85米，宽1.1米。墓道南端填土中见残砖1块，上铭“常景先妻□”。

甬道 位于墓道与墓室之间，稍偏于东侧，拱顶。长0.32米，宽0.95米，高约1.7米。甬道用石块封堵，现存6层，高1米。

墓室 长方形，拱顶，四壁较直。长2.85米，宽2.65米，高约1.9米。清理时，墓内存有0.5米厚的淤土，西部置棺，尸骨未见，仅见铜钱23枚。棺南有武士俑1件，棺东侧有砖制墓志1盒，靠北壁处随葬陶罐2件、瓷碗2件、三彩碗1件。墓室东部放置俑类，自南向北有镇墓兽1件、侍俑3件、马2件，以及骆驼、陶井、陶磨、灶、碓、鹅、伏听、盘口壶各1件（图二）。

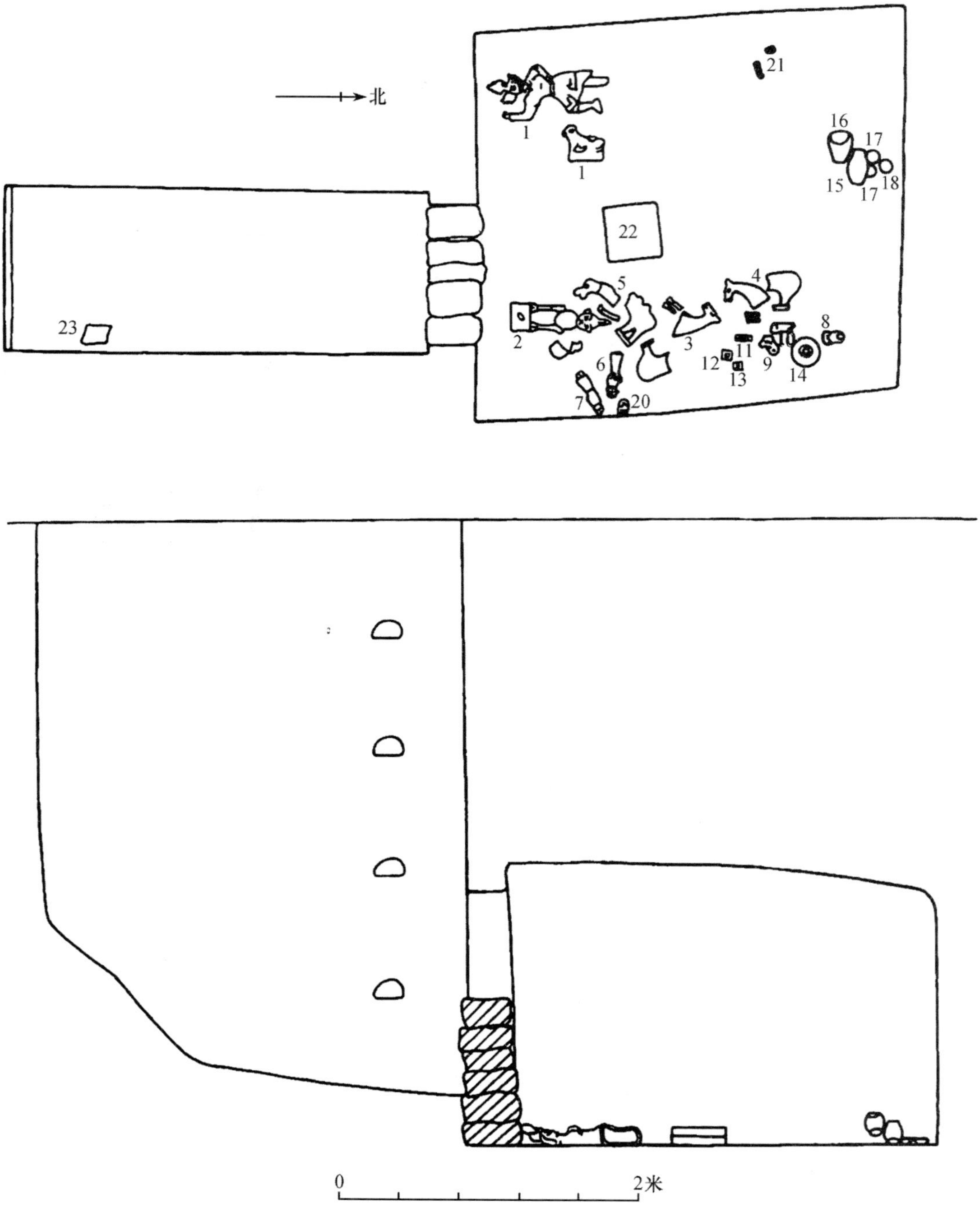

图二　M1平、剖面图

1. 武士俑　2. 镇墓兽　3、4. 三彩马　5. 三彩驼　6. 牵马俑　7、20. 幞头俑　8. 伏听　9. 鹅　10. 猪　11. 碓　12. 井　13. 灶　14. 盘口壶　15、16. 陶罐　17、18. 瓷碗　19. 三彩钵　21. 铜钱　22. 墓志　23. 刻字砖

二、出土器物

M1共出土器物23件（铜钱计为1件），质地分为陶、瓷、铜等，下面依次叙述。陶器、瓷器除特别标明胎质外，均由白黏土制成。

1. 陶器

20件。

镇墓兽　1件，三彩俑。标本M1：2，人首镇墓兽，“国”字脸，招风耳，横向耳纹三道，耳根垂舌状毛，头上四棱状弯角，脑后双齿戟，肩生半月板状羽翼，蹄足，挺胸蹲坐于椭圆形中空穿孔高台座上，粗尾从右后肢穿过摆于台面。台座前方后圆，前、后各一孔，左右各两孔。脖子以上施粉彩，脸白彩，眉、眼、胡描黑彩，嘴唇红彩，戟、耳内涂橘黄彩，角、脑后、耳际涂黑彩。脖子以下施釉，胸施三彩，羽翼上部施黄、绿、白条彩，下部点施三彩，前肢膀部、蹄施酱黄釉，中部施青白釉；兽背、后肢、尾施酱黄釉，腹部中间自上而下施绿、白条釉；台座点施三彩，近底部露胎。俑粗眉，大眼，高鼻，突颊，抿嘴，宽下巴，胡须浓重，身材高大，毛发华丽，看上去十分威严。座高14.8厘米，通高80厘米（图三，1；图四）。

武士俑　1件，三彩俑。标本M1：1，头戴展翅朱雀顶盔，雀首做成卷舌形，肩披卷鼻龙首披膊，着开口式臂褠，甲身胸、腰系索带，圆胸护，腹护半圆，下有桃形短蔽膝，甲身下摆素边，内为飘裾衬裙，腿着膝裤，足着靴。左手撑于胯部，右手握拳上举，右腿抬起踩于牛头，左腿伸直踏于牛臀。牛屈腿卧于椭圆形中空穿孔高台座上，共三孔。牛抿嘴，圆眼，尖角，粗腿，长尾，样子壮硕。武士俑头盔呈铁锈红色，雀首涂红、黑条彩，展翼涂黑、绿、橘黄条彩与三色云纹，宽尾涂橘黄彩；脖子施粉彩，脖子以下施釉，套领绿釉，臂褠、靴酱黄釉，甲身大部分及膝裤施三彩；牛施白釉，多有流釉现象，台座施三彩。俑白脸，浓眉如帚，环眼如电，鼻梁凹陷，红唇紧闭，唇上髭须飞扬，唇下密髯翻卷，脖上露出胸毛，样子威严。台座高（至牛首）21厘米，通高89厘米（图三，2）。

图三　M1出土三彩器
1. 镇墓兽（M1：2）　2. 武士俑（M1：1）

幞头俑　2件。标本M1：7，单彩俑，头戴

图四　镇墓兽（M1：2）

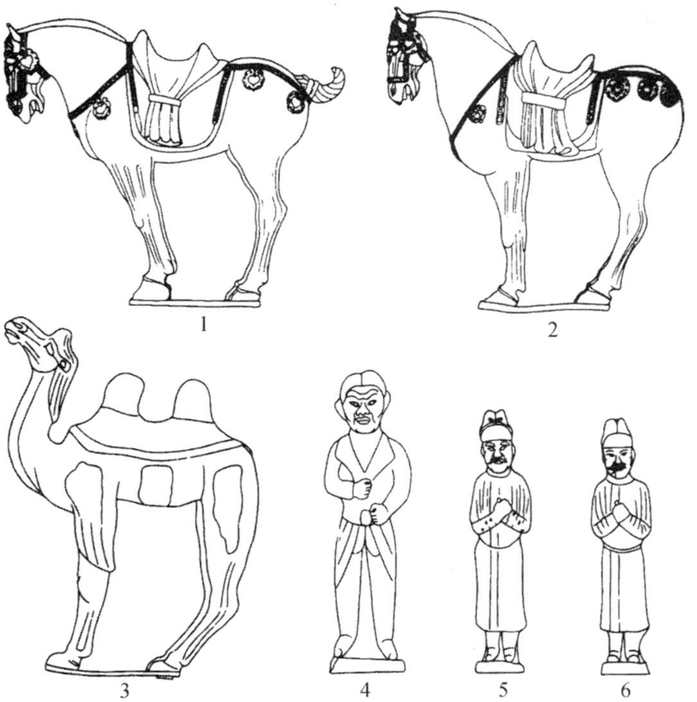

图五　M1出土器物

1、2. 三彩马（M1：3、M1：4）　3. 三彩驼（M1：5）　4. 牵马俑（M1：6）　5、6. 幞头俑（M1：7、M1：20）

幞头，幞头后带结于额前，身穿团领窄袖袍，内着裤，足着靴，右手握住左手，施叉手礼，立于底板上。头部露胎，手施白釉，袍施酱黄釉，靴上有流釉现象。俑浓眉，小眼，蒜头鼻，八字须，阔下巴略上翘，面容苍老。高25.6厘米（图五，5）。标本M1：20，粉彩俑，服饰、姿势同前，唯幞头黑色，巾子较高，团领窄袖袍为橘红色。俑高眉，圆眼，蒜头鼻，八字须，红唇，右下巴残缺一块。高24.6厘米（图五，6）。

牵马俑　1件，粉彩俑。标本M1：6，发中分，下端成辫挽于脑后，身着铁锈红色翻领窄袖袍，领饰橘黄彩，腰间系带，结成燕尾形，下着白裤，足着靴，双手置于胸前，作握缰状，立于底板上。俑宽额，凸眉，鼓目，阔鼻，抿嘴，高29厘米（图五，4）。

伏听　1件。标本M1：8，头戴幞头，身着团窄袖领袍，抄手屈腿，俯于地，头枕臂上，臀后露足。头部露胎，有残损，余施黄釉。长12.8厘米，宽6.8厘米，高3.9厘米（图六，1）。

马　2件，三彩马，体形基本一致。勾首低垂，平脖，平背，平臀，立于底板上。分缨，剪鬣，束尾上翘，背置鞍鞯，鞍上长袱松束，络头、攀胸、鞧、鞦一应俱全，革带并饰铜銙，除鞧外均有杏叶。标本M1：3，小耳，大眼，嘴微张，体略前倾。络头、鞦饰4杏叶，攀胸3杏叶。鬣、尾、蹄施白釉，革带、杏叶施绿釉，鞯黑彩，袱橘黄彩，余施酱黄釉。高41.7厘米（图五，1；图七）。标本M1：4，亦为小耳，大眼，嘴微张，臀略后错，尾失。络头、攀胸并饰3杏叶，鞦饰6杏叶。鬣、蹄施酱黄釉，革带、杏叶施酱黄、绿釉，鞯黑彩，袱橘黄彩，余施白釉，高45厘米（图五，2）。

骆驼　1件，三彩驼。标本M1：5，昂首，扬脖，抿嘴，尾摆于左臀，背置花毯，臀略后错，立于底板上。驼形体高大，大部施青白釉，鬃、垂胡、双峰、两腿上部、腹中部、尾、四蹄施酱黄釉，毯施黄、绿、白三彩，底板光素，右下角粘一块白黏土，高52厘米（图五，3；图八）。

鹅　1件。标本M1：9，体肥润，回首伏颈于背，短足，短尾，头、颈、背、羽施黄釉，高6.4厘米，长6.8厘米（图六，3）。

猪　1件。标本M1：10，家猪，体肥硕，短嘴，长眼，圆耳，肩低，背平，小尾摆于左臀，四肢曲卧于地。体背施黄釉，长12厘米，高4.5厘米（图六，2）。

灶　1件。标本M1：13，模制，梯形台体，正面设半圆形灶门，上有山形挡烟墙，灶面中部一锅盖，锅隐不现，锅后有长方形低矮挡烟墙。通体未施釉。长6厘米，宽5厘米，高4厘米（图六，4；图九）。

井　1件。标本M1：12，模制，井呈梯形台体，井框置于井壁之上，框榫卯相接处有圆形铆钉。井口施黄釉，井壁有流釉现象。井口边长2.5厘米，底边长5.8厘米，高2.8厘米（图六，6）。

碓　1件。标本M1：11，由底板与碓柄组成，碓柄贴于底板上。底板头端半圆，上设圆臼，臼面呈圆形，碓杵陷于臼中，可见圆杵之顶；尾端为抹角长方形，上设长方形碓垫；中部设支架。碓柄顶面涂酱黄釉，杵端釉流落圆垫上。此碓与常见碓有所不同，即碓杵与柄孔间有方楔子。长13.5厘米，宽3.5厘米，高2.8厘米（图六，5；图一〇）。

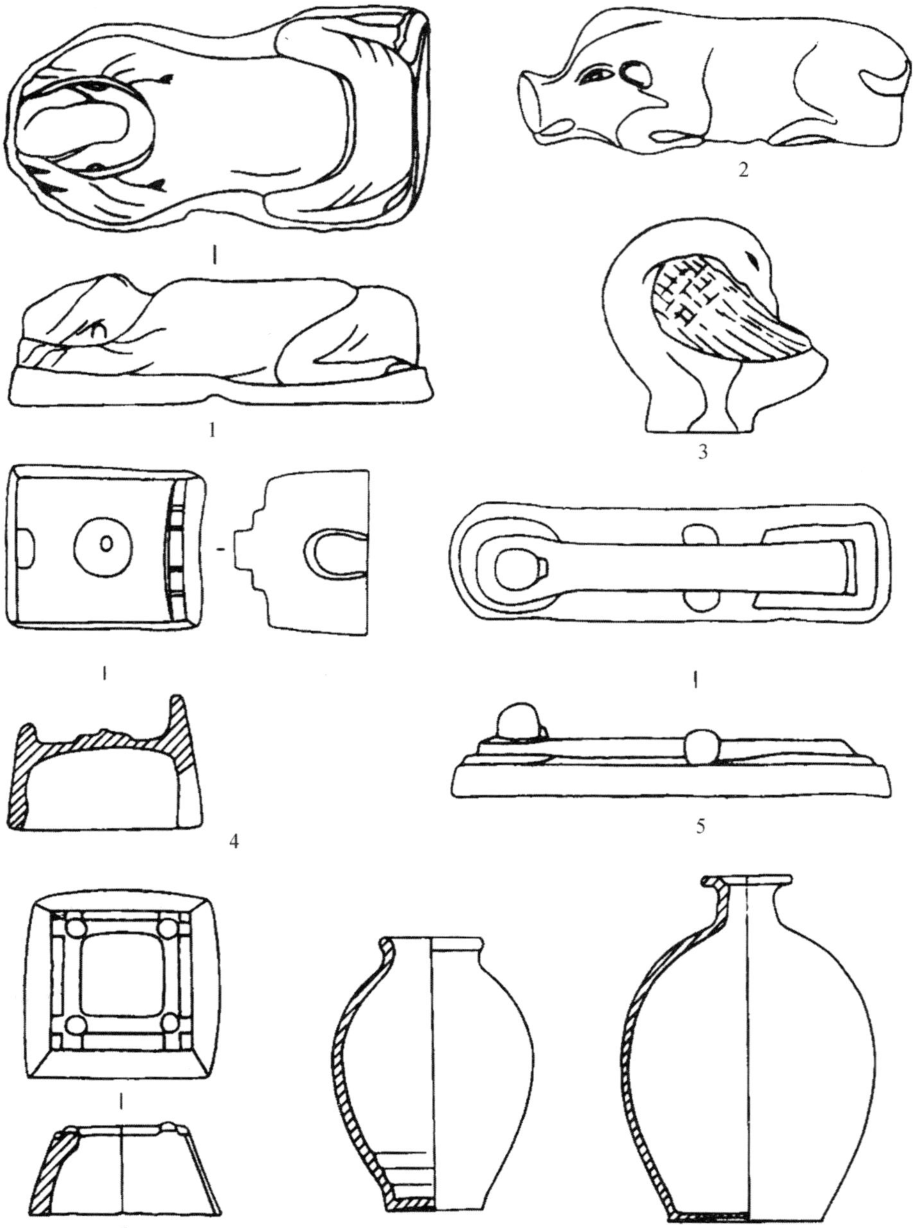

图六　M1出土器物

1. 伏听（M1∶8）　2. 猪（M1∶10）　3. 鹅（M1∶9）　4. 灶（M1∶13）　5. 碓（M1∶11）　6. 井（M1∶12）　7. 陶罐（M1∶15）　8. 盘口壶（M1∶14）

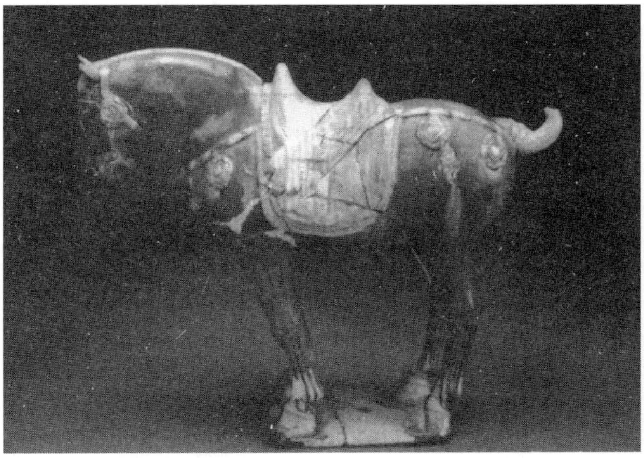

图七　三彩马（M1∶3）

图八　三彩骆驼（M1∶5）

图九　灶（M1∶13）

图一〇　碓（M1∶11）

三彩钵　1件。标本M1∶19，近直口，圆唇，唇下略凹，弧腹，圜底近平。上腹一道矮凸棱，棱下一周半菊花纹，近底部两周米粒纹。壁内外施黄、绿、白三色条彩，俯视似灿烂绚丽的菊花，口径9厘米，高3.9厘米（图一一，1）。

陶罐　2件。胎略泛红，侈口，圆唇，短束颈，弧肩，鼓腹，平底内凹，内壁下部轮制痕明显。标本M1∶15，口径7.4厘米，腹径18厘米，底径8.7厘米，高24.6厘米（图六，7）。

盘口壶　1件。标本M1∶14，灰陶胎，盘口，圆方唇，高束颈，弧肩，鼓腹，平底略内凹，底较粗糙。口径4.6厘米，腹径23.4厘米，底径14.4厘米，高31厘米（图六，8；图一二）。

刻字砖　1方。标本M1∶23，长方形，下半段缺，右上角亦缺，正面磨光，上书“常景先妻□”。残长15厘米，残宽13厘米（图一一，4；图一三）。

墓志　1盒。标本M1∶22，方砖制成，由志盖与志砖组成，皆为近方形青砖，正面磨光，背面饰粗绳纹。志盖长35.5厘米，宽34.5厘米，厚6.4厘米。志砖正面浅刻界线，

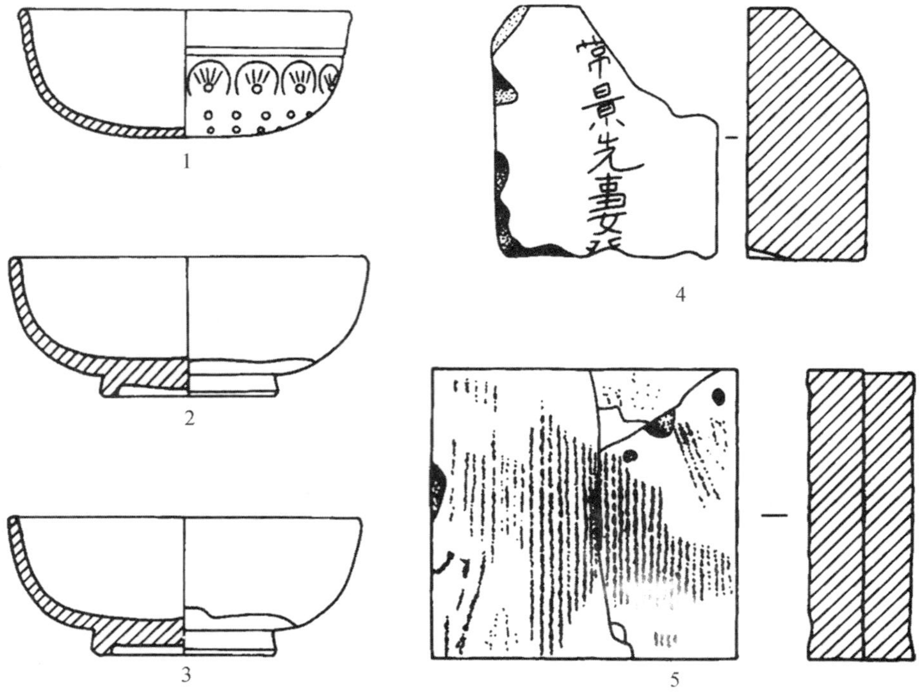

图一一　M1出土器物

1. 三彩钵（M1：19）　2、3. 瓷碗（M1：17、M1：18）　4. 刻字砖（M1：23）　5. 墓志（M1：22）

图一二　盘口壶（M1：14）

图一三　刻字砖（M1：23）

字迹已失，长35.5厘米，宽34厘米，厚6厘米（图一一，5）。

2. 瓷器

2件。

瓷碗 2件。侈口，圆唇，浅弧腹，高圈足，碗底较厚。内、外壁施淡青釉，外壁施釉近底部，内壁皆有一块较厚的积釉。标本M1：17，圈足内底外凸，口径10.2厘米，圈足径5.2厘米，高4.15厘米（图一一，2）。标本M1：18，圈足内底较平，口径9.8厘米，底径5.4厘米，高4.15厘米（图一一，3）。

3. 铜器

23件。

铜钱 23枚。钱文略短，字口深峻，"甬"字头小，开口较小，走车三点不连，走车末笔斜后上挑，元字首横短小，次笔左挑，背无纹饰。标本M1：21，直径2.5厘米，穿径0.7厘米，郭宽0.2厘米。

三、结　语

1. 年代

M1出土一方墓志，虽然字迹无存，但墓葬年代还是很容易判断。从神器类器物来看，镇墓兽背后起戟，台座高达14.8厘米；武士俑盔顶饰展翅朱雀，足下卧牛台座高21厘米。这是公元700～720年神器类器物发展到顶峰时台座达到的高度，之后台座又有下降的趋势。因此，M1的年代可定在公元700～720年，但不易再分，此间唐王朝社会安定，经济繁荣，神器类器物基本稳定，没有大的变化，如张思忠、李延祯、李嗣本、李贞等墓见到的那样[1]。从三彩马来看，马体态矫健，施釉绚烂，身上络头、攀胸、鞦、鞦俱全，并饰杏叶，也符合这一阶段的特征。

2. 器物釉色

M1除了色彩斑斓的镇墓兽、武士俑、三彩马、三彩驼、三彩钵外，另有施黄釉器物5件，两者占全部器物的52%。这是继巩义老城砖厂M2[2]之后郑州地区又一高三彩（包括单彩器）比例的唐墓，两者器形器物均为三彩，中、小型器物多为单彩，表现出时代的贴近性与一致性。

3. 墓主

M1墓志失字，墓道填土中所出的残砖上书"常景先妻□"，第四字仅留"登"字头，若视为"登"，语义不通，视为"祭"，情有可原。唐墓墓志多有刻字不规范或习惯体的情况，如本砖“景、妻”二字，因此，第四字视为“祭”是可行的，墓主可能为常景去世之妻。此墓随葬品级别较高，说明常景有一定的财力，但置棺地方未见到尸骨及女用的铜钗、银发饰、蚌等，考虑到封门石不全的情况，不能排除墓主被迁葬的可能。

领　队：张松林

发　掘：王玉红　胡亚毅　汪　旭

绘　图：李　杨　郝红星

摄　影：蔡　强

注　释

［1］张思忠墓，偃师县文物管理委员会：《河南偃师县隋唐墓发掘简报》，《考古》1986年第11期；李延祯墓，中国社会科学院考古研究所河南第二工作队：《河南偃师杏园村的两座唐墓》，《考古》1984年第10期；李嗣本墓，中国社会科学院考古研究所河南第二工作队：《河南偃师杏园村的六座纪年唐墓》，《考古》1986年第5期；李贞墓，昭陵文物管理所：《唐越王李贞墓发掘简报》，《文物》1977年第10期。

［2］郑州市文物考古研究所、巩义市文物保护管理所：《河南巩义市老城砖厂唐墓发掘简报》，《华夏考古》2006年第1期。

（原刊于《中原文物》2011年第2期）

河南巩义唐墓发掘简报

汪 旭 季惠萍 张 培

2004年4月，郑州市文物考古研究院与巩义市文物保护管理所联合，对巩义市城东新区的巩义市行政中心大楼地基内的8座墓葬进行了发掘。其中04HGXM1～04HGXM7为宋墓和清墓，仅出铜钱。04HGXM8为唐墓（以下简称M8），规模较大，虽被盗扰，但出土器物较多（图一）。现将M8的发掘情况简报如下。

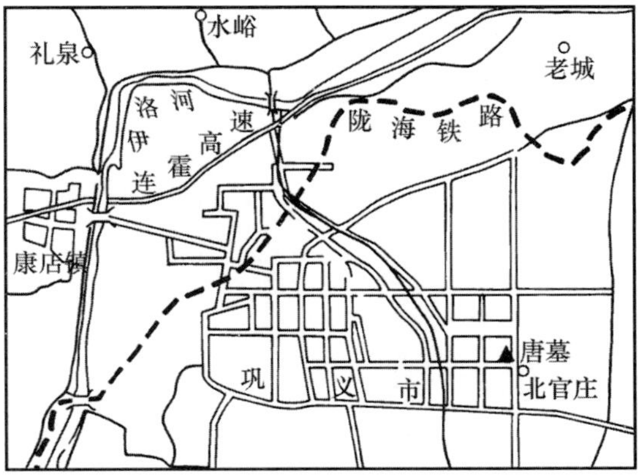

图一 墓葬位置示意图

一、墓葬形制

M8为斜坡墓道土洞墓，由墓道、过洞、天井、甬道及墓室组成，方向187°（图二）。

墓道 位于过洞南端，平面为长方形，口小底大，底呈斜坡状，南部有一段较平缓，北部倾斜度较大。口长5.6、口宽0.76米，南部底宽0.76、北部底宽0.96米，墓道最深2.5米。

过洞 位于墓道与天井之间，平面为长方形，拱顶。长1.18、宽1～1.08米，顶高1.7～1.8米。

天井 位于过洞与甬道之间，平面为长方形。口长1.65、口宽0.6米，底宽0.96～1米。

甬道 位于天井与墓室之间，偏于墓室东侧。长1、宽0.84、高1.8米。甬道封门已遭破坏。

墓室 平面呈梯形，北宽南窄，拱顶较平。长3.16米，南部宽2.2、北部宽2.76米，高2.2米。清理时墓室内积满淤土，随葬器物集中在墓室西北角和东北角。

二、出土器物

经过修复，M8的随葬器物有34件，分为陶器和瓷器。除特别标明胎质外，均用白黏土制成。

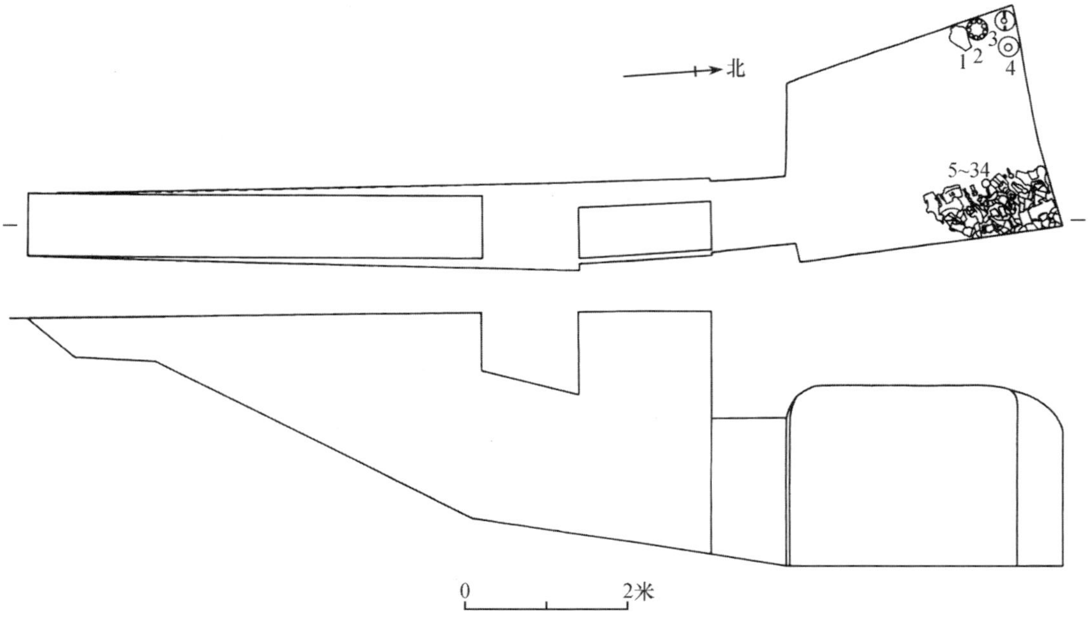

图二　墓葬平、剖面图

1. 瓷罐　2. 三彩盘　3. 陶双龙柄壶　4. 陶罐　5～34. 器物碎片一堆，修复后有30件陶器

1. 陶器

33件。

镇墓兽　2件。标本M8：5，人首镇墓兽。脸宽短，蹙眉，大眼，塌鼻，抿嘴，大耳，头顶独角扭曲，肩生羽翼。前肢劲直，肢后有毛羽，蹄足，挺胸蹲坐于椭圆形中空穿孔高台座上。台座前方后圆，左右各有两个圆孔。脸彩已脱落，角、脑后涂黑彩，背施橘红彩，耳、羽翼残见橘红彩，前腿施黑条彩。座高12.8、残高61厘米（图三，1；图六）。标本M8：6，兽首镇墓兽。头顶两弯角，根部有节，板状须发，两耳贴脑，羽翼，细腿，蹄足，蹲坐于椭圆形穿孔高台座上，座有五孔。眉弓凸起，瞋目，狮鼻，张嘴龇牙。面部、脑后、背部及四肢施橘红彩，板须、前肢施黑条彩。胸至裆部为白底上饰粉红色云纹、黑条彩，翼之膀部亦饰粉红色云纹。座高12.3、通高65.4厘米（图三，2；图七）。

武士俑　2件。标本M8：7，白脸，粗眉，双眼圆睁，口略张，八字胡。头戴朱雀冠。肩披卷鼻龙首披膊，甲身有圆形胸护和半圆形腹护、桃形团花蔽膝。腿着裤，足着靴。左手撑于胯部，右手握拳上举，原持有物。右足踩牛头，左足直踏牛臀。牛屈腿卧于长方形中空穿孔台座上，座有五孔。朱雀颈背、尾施橘红彩，翼部饰粉红色云纹，羽部施绿彩。甲身前面多饰粉红色云纹，背面为橘红彩与绿彩，衣袍施橘黄彩，裤子施铁锈红、粉红、绿彩，靴涂黑彩。牛施黄彩。座高21.2、残高85.2厘米（图三，3；图八）。标本M8：8，武士装束与M8：7基本相同，应该是对俑。朱雀含首，武士双眼下视，面容狰狞。右手叉腰，左手握拳上举，左足踩牛头，右足踏牛臀。台座有两孔。

龙首披膊与M8：7有较大不同，高鼻，弯角，套袖较大。武士和牛的涂彩与M8：7基本相同。座高22.4、残高84厘米（图三，4；图九）。

文官俑 1件（M8：9）。白色脸，细眉，细眼，直鼻，抿嘴，面带微笑。头戴黑色进贤冠，身着橘黄色交领宽袖衫，胸披裲裆，下着白袍，足蹬云头履，拱手立于椭圆形穿孔高台座上。裲裆白色，上留粉红花残迹。衣裾周边施橘黄色彩，台座施黑彩，有两孔。座高12.8、通高73.8厘米（图四，1；图一〇）。

武官俑 1件（M8：10）。白色脸，横眉，杏眼，直鼻，瞋目，咧嘴。头戴黑色鹖冠，身着橘黄色交领宽袖襦，胸披裲裆，下着白袍，足着履，拱手立于椭圆形穿孔高台座上。冠之包叶饰橘黄彩。三山饰粉红彩，裲裆饰粉红花，袍裾周边亦施橘黄色彩。台座施黑彩，有两孔。座高12.4、通高69厘米（图四，2；图一一）。

男俑 3件。为一模所制，大小、形制相同。头戴黑色幞头，身着团领窄袖黄袍，内着裤，足着黄靴。右手握住左手，立于底板上。标本M8：11，脸、手施橘红彩，粗眉，鼓眼，蒜头鼻，阔嘴。通高23.7厘米（图四，4）。

图三 陶镇墓兽、武士俑
1、2. 镇墓兽（M8：5、M8：6）
3、4. 武士俑（M8：7、M8：8）

女俑 5件。为一模所制，大小、形制相同。身着白色交领窄袖襦，外罩白色半袖，肩披白色帔帛，下束橘红色曳地长裙，足着云头履，拱手而立。标本M8：14，面容丰润，细眉，细目，直鼻，小嘴，微含笑。高27厘米（图四，3；图一二）。

马 2件。标本M8：19，三彩马。扬首，缨分三绺，剪鬣，束尾下垂，四肢直立于底板上。头佩络头，上饰3枚杏叶，背置鞍鞯，攀胸、鞦均饰銙，并饰11枚杏叶。马周身施浅绿釉，缨、鬣、尾、蹄施酱黄釉，革带、杏叶施绿釉与酱黄釉，垂釉现象严重，鞯饰铁锈红彩，袱施橘红彩。通高47.4厘米（图五，1）。标本M8：20，略勾首，分缨，剪鬣，束尾上翘，马身、腿与M8：19应为同模所制。嘴旁有角镳，络带饰4枚杏叶，攀

图四　陶俑

1. 文官俑（M8：9）　2. 武官俑（M8：10）　3. 女俑（M8：14）4. 男俑（M8：11）

胸、鞦饰銙，其上有9枚杏叶。马周身施红褐彩，虎纹鞯，鞯上黑条彩多已脱落，袱施橘红彩。通高51.6厘米（图五，2；图一三）。

骆驼　2件。形制相近。标本M8：21，昂首扬脖，张口，尾摆于右臀，四肢强健，直立于底板上。背置花毯，边饰流苏，橘红彩多已脱落。驼身大部施黄彩，鬃、垂胡、双峰、两腿上部、四蹄施铁锈红彩。通高61.6厘米（图五，3；图一四）。标本M8：22，首残。基本同M8：21。残高45厘米（图五，4）。

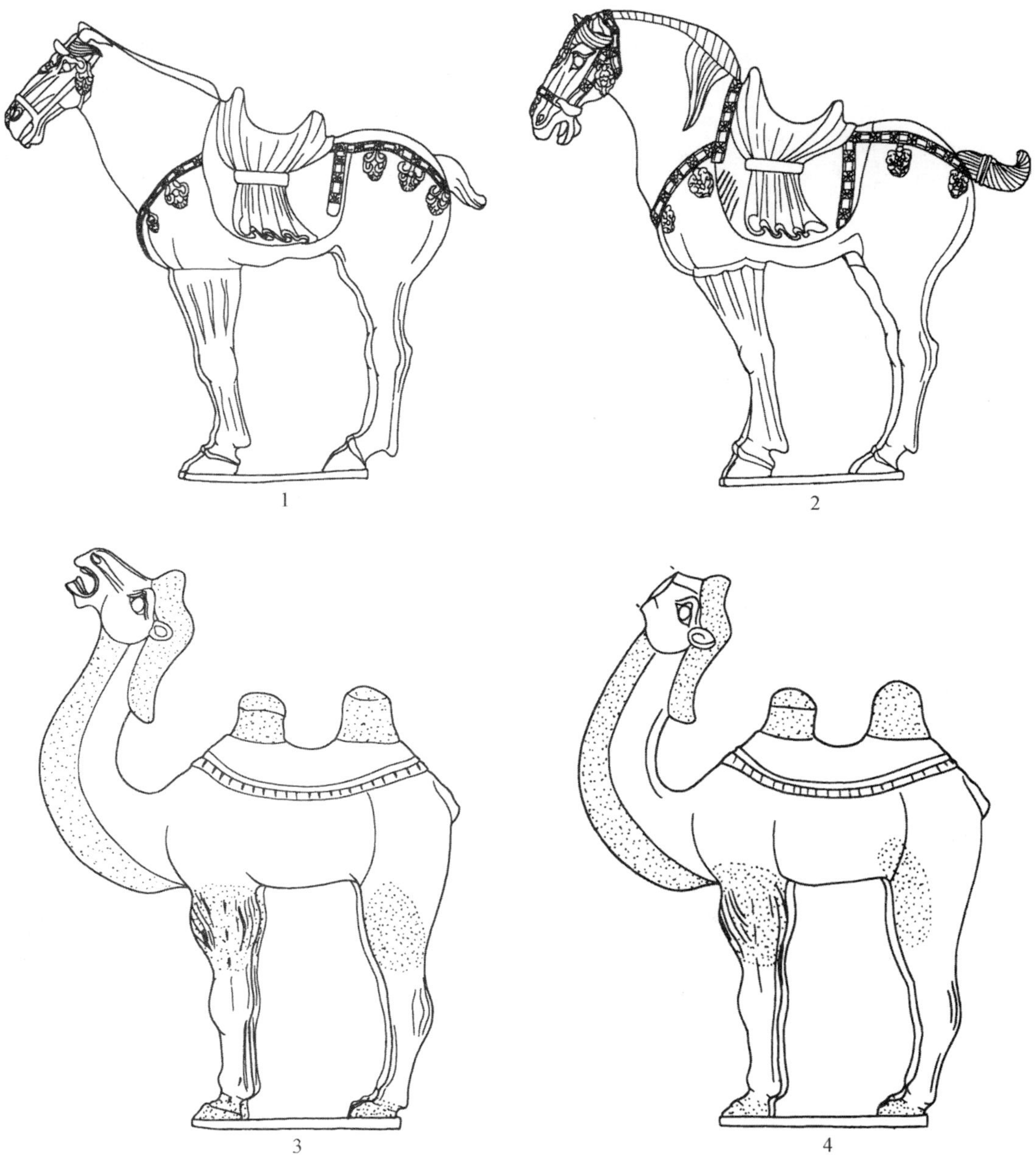

图五　陶马、骆驼

1、2. 马（M8：19、M8：20）　3、4. 骆驼（M8：21、M8：22）

羊　2件。标本M8：23，昂首，平背，四肢蜷曲于底板上。小眼，卷角，小耳。周身施黄彩。长11、高7.3厘米（图二一；图二三，1）。

猪　2件。粉红黏土胎。标本M8：25，嘴中有獠牙，应为野猪。拱嘴，细眼，中型耳，小尾摆于右臀，四肢曲卧于地。上半部施酱黄釉。长12.5、高5.6厘米（图二二；图二三，3）。

图六　陶镇墓兽（M8：5）

图七　陶镇墓兽（M8：6）

图八　陶武士俑（M8：7）

图九　陶武士俑（M8：8）

图一〇　陶文官俑（M8：9）

图一一　陶武官俑（M8：10）

图一二　陶女俑（M8：14）

图一三　陶马（M8：20）

图一四　陶骆驼（M8：21）

图一五　陶盘（M8：2）

狗　1件（M8：27）。长嘴，小眼，耷耳，尾从右胯伸出贴于腹部，蹲坐于地。周身施黄彩。高10.2厘米（图二三，5）。

鸡　1件（M8：28）。公鸡。嘴、眼、耳、羽皆不清晰。周身施黄彩。高8.8厘米（图二〇；图二三，4）。

鸳鸯　1件（M8：29）。粉红色黏土胎。已残。

牛　1件（M8：30）。短角，直耳，突眼，略抬首，拱背，尾残，直立于长方形托板上。施黄彩。高13厘米（图一九；图二三，2）。

牛车　1件（M8：31）。仅见两轮。车牙稍窄，毂呈葫芦形，16辐。牙、辐施黑彩。直径14厘米（图二三，9）。

灶　1件（M8：32）。梯形台体，正面无灶门，阶梯式挡烟墙，灶面有一孔。施黄彩。长6.2、宽5.5、高4厘米（图一七；图二三，7）。

磨　1件（M8：33）。由底座与上扇组成。上扇有一对磨眼，挡粮圈外及侧壁模印槽线，底座下部略外侈。上扇施黄彩。底径6、高2.7厘米（图一八；图二三，8）。

图一六　陶双龙柄壶（M8：3）

图一七　陶灶（M8：32）

图一八　陶磨（M8：33）

图一九　陶牛（M8：30）

图二○　陶鸡（M8：28）

图二一　陶羊（M8：23）

图二二　陶猪（M8：25）

碓　1件（M8：34）。尾残，仅有支架、碓柄和杵。顶面施黄彩。残长9.3、宽3.8、高2.2厘米（图二三，6）。

罐　1件（M8：4）。已残。

双龙柄壶　1件（M8：3）。盘口，细束颈，圆肩，鼓腹，下腹弧内收，平底。颈肩处有一周凸棱，肩上有一对龙柄。龙直耳，长卷角，上唇前伸，口衔盘口，龙身饰4个泥钉。盘口内壁及肩以上外壁施酱彩，垂釉现象严重。口径6.4、底径9.6、通高42厘米（图一六；图二四，2）。

盘　1件（M8：2）。直口，斜方唇，浅弧腹，平底略凹，矮圈足。盘内置1件盏和9件酒盅，酒盅均与盘底粘连。唇面及外腹壁施三彩，盏内壁施酱黄釉。其中4件酒盅施酱黄釉，4件酒盅施三彩，1件酒盅施绿釉。盘口径24、足径12.4、高3.2厘米，盏口径9.8、底径4.8、高3.5厘米，酒盅口径5～5.4、高2.8厘米（图一五；图二四，1）。

图二三　陶模型

1. 羊（M8：23）　2. 牛（M8：30）　3. 猪（M8：25）　4. 鸡（M8：28）　5. 狗（M8：27）　6. 碓（M8：34）　7. 灶（M8：32）　8. 磨（M8：33）　9. 车轮（M8：31）

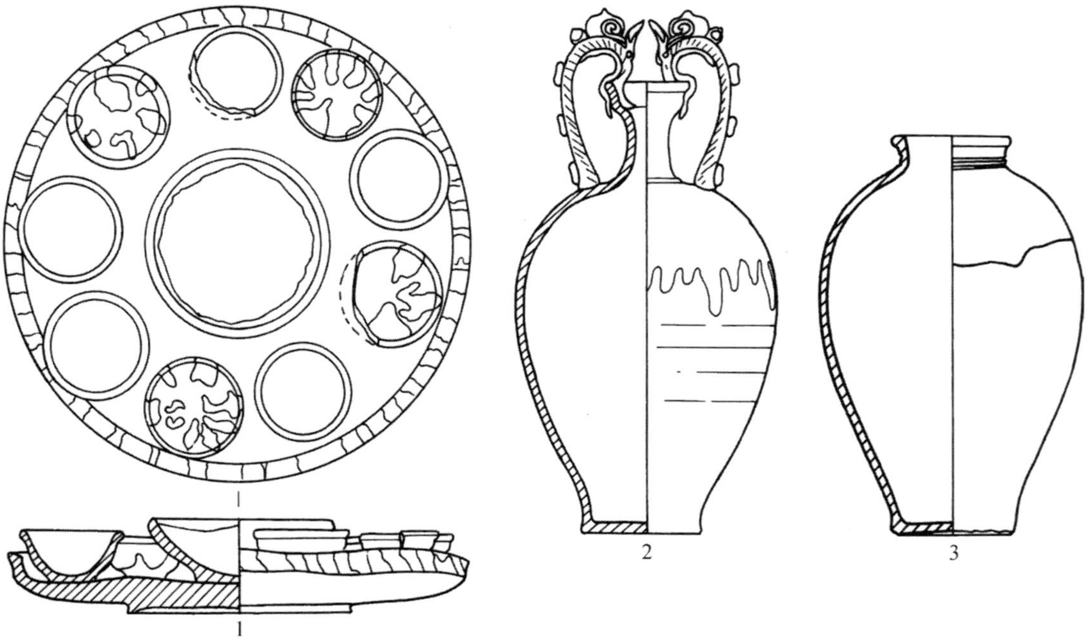

图二四　陶、瓷器

1. 陶盘（M8：2）　2. 陶双龙柄壶（M8：3）　3. 瓷罐（M8：1）

2. 瓷器

1件。

罐　1件（M8：1）。口微侈，窄平沿，圆唇，束颈，弧肩，鼓腹，下腹弧内收，平底。唇下至肩部施青黄釉，以下露胎。口径7、底径10.2、高31.8厘米（图二四，3）。

三、结　　语

M8出土的镇兽墓、武士俑及文官俑、武官俑，器物高大，神情张扬，台座高于巩义孝北村唐墓92HGSM1（690～700年）出土的同类器物的台座[1]，与巩义芝田唐墓88HGZM38[2]、92HGZM4[3]和巩义涉村唐墓M1[4]出土的同类器物的台座相近，这3座墓的时代为700～720年。M8出土的武士俑足踩牛头，龙首披膊上有龙鼻、龙角，与西安东郊唐韦美美墓（733年）出土的足踩小鬼、肩部起蛇的天王俑[5]差别较大。因此，我们认为M8的年代为720年前后。

领　队：张松林
发　掘：汪　旭　王振杰　王中军
绘　图：李　杨　郝红星
摄　影：蔡　强

注　　释

[1] 郑州市文物考古研究所等：《河南省巩义市孝北村唐墓发掘简报》，《文物》1998年第11期。
[2][3] 郑州市文物考古研究所：《巩义芝田晋唐墓葬》，科学出版社，2003年。
[4] 郑州市文物考古研究院等：《巩义涉村唐墓发掘简报》，《中原文物》2011年第2期。
[5] 呼林贵等：《西安东郊唐韦美美墓发掘记》，《考古与文物》1992年第5期。

（原刊于《文物》2014年第8期）

郑州市北二七路两座砖雕宋墓发掘简报

姜　楠　宋文佳　薛　冰

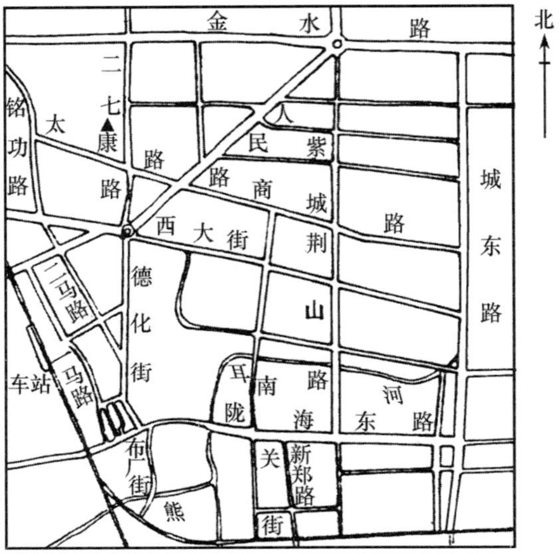

图一　郑州市北二七路砖雕宋墓发掘位置图

郑州丹尼斯百货有限公司拟在郑州市西太康路与北二七路交叉口的西北角建一大型综合性商场。拟建区域位于郑州商城的一般保护区范围内，经钻探发现有丰富的古文化遗存，包括龙山文化商代二里冈期的文化遗存和一些不同时期的古墓葬。报上级文物主管部门批准后，由郑州市文物考古研究院进行了考古发掘（图一）。发掘自2007年7月16日开始至2008年1月12日结束，根据发掘现场场地的条件及遗迹单位分布的状况，将所需发掘的场地划为四个区域，由北向南依次编为Ⅰ、Ⅱ、Ⅲ、Ⅳ区，发掘对象主要为商代遗存，也有相当数量的古墓葬，时代有汉、唐、宋等，以宋代墓葬最为丰富，发掘了98座。宋墓多数为小型的竖井式墓道土洞墓，两座为砖砌仿木结构的砖雕墓葬，现将这两座墓葬的情况报告如下。

两座墓葬形制结构基本相同，均为南北方向的砖砌仿木建筑结构单室墓，由墓道、仿木结构砖砌门楼、砖券甬道、墓室四部分组成，墓道均位于墓室南部。两墓相距约48米。两座墓葬编号分别为07MSⅠT0706M66和07MSⅠT0409M88（以下分别简称为M66和M88），分别叙述如下。

一、M66

1. 墓葬形制

墓葬位于发掘Ⅰ区的中南部，坐北向南，方向195°。分墓道、墓门、甬道、墓室四个部分。墓室、甬道用小砖砌成，砖长32厘米，宽16厘米，厚5厘米。墓室顶部发掘前被建设单位推毁，墓门上部原也应有砖砌仿木结构的门楼（图二）。

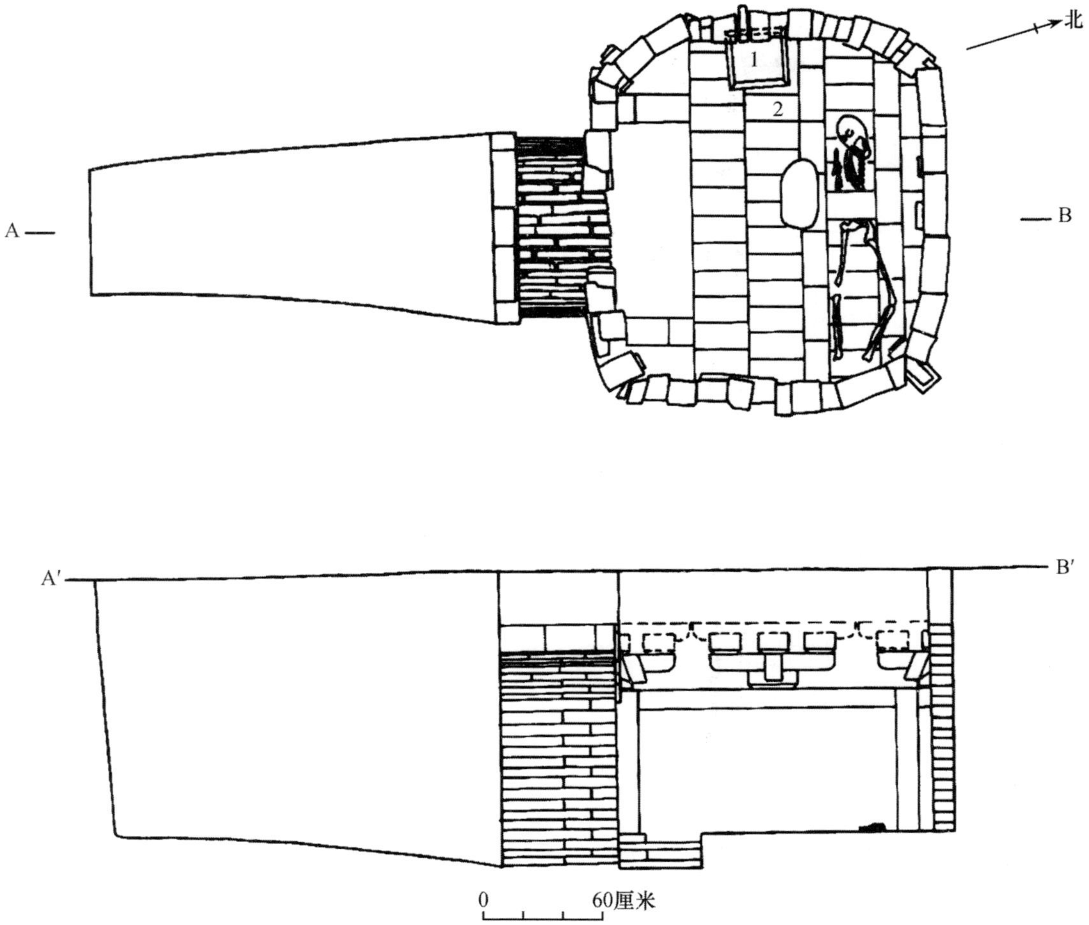

图二　M66平、剖面图

1. 墓志　2. 铜钱

墓道：为长方形竖井式墓道，位于墓室南部，口长2.36米，北宽南窄，北部宽1.08米，南部宽0.72米，深1.5米至1.7米，南壁略斜，东、西两壁为直壁，底长2.25米。

墓门：残高1.53米，墓门和甬道顶部为拱形券，厚0.14米，宽1.12米，门券之上仅余两层平砖砌出的普柏枋，其余已遭破坏无存。券门之内有6行封门砖，为卧丁砖上下排列，呈重叠“人”字形。门券及普柏枋上涂朱红色，涂色均为先在砖上涂上白灰再上颜料。

甬道：长0.5米，宽与墓门相同，高1.4米。

墓室：平面近似正方形，每边中部稍向外凸。墓室内东西长2.2米，南北长2米，墓顶残，残高1.2米。墓室内南部是土底，北部为用砖砌成的棺床。棺床南北宽1.34米，东西长1.94米，高出墓底0.2米。棺床前东西两边至甬道处各有一行平砌三层的砌砖，两者相距1.12米，长0.42米，高0.15米，低于棺床一个砖的厚度，砌砖中间内凹，呈束腰状，与北壁一起呈须弥座式，墓室内棺床整体呈“凹”字形。棺床表面用四行竖砖、三行横

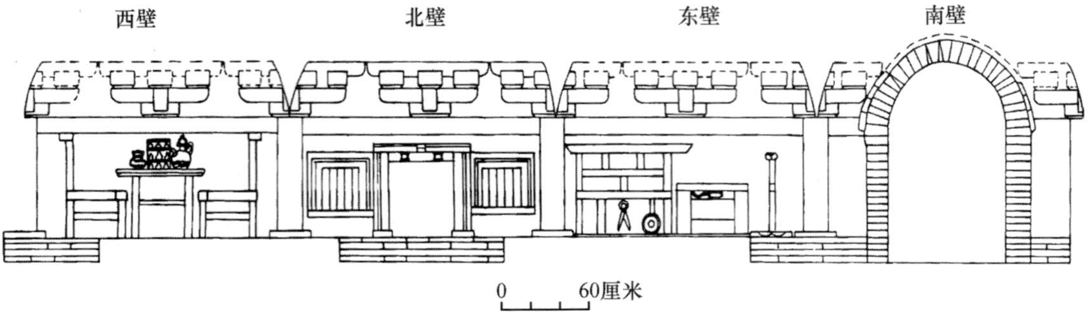

图三　M66四壁展开图

砖相间平铺而成。墓室四角有三砖竖立砌成的转角倚柱，柱的两边外棱角没有削，倚柱下由单砖平铺砌出柱础。柱高0.78米，宽0.18米。柱头间有两砖平砌组成的阑额，柱头顶上砌有仿木结构的柱头斗拱一朵，四壁各砌有补间铺作一朵。铺作均为把头绞项作，由栌斗、泥道拱、齐心斗、散斗组成，柱头铺作出昂，补间铺作出耍头。各朵斗拱上承替木。墓的四壁较直，各攒斗拱之上仅残留一层平砖，以上结构不明。墓室的南壁中间为甬道，东、西、北三壁镶嵌有砖雕。砖雕分两种，一种用砖砌出所要表现的器物形状，一种是采用减地浅浮雕雕出器物的形状，然后镶嵌在墓壁上。四壁砖面均抹有一层白灰作底，然后在凸出壁面的仿木结构建筑的砖面和周壁砖雕的门窗、家具、器皿上分别涂朱红色或黄色。白灰和颜色保存不好，脱落较甚（图三）。

2. 砖雕

东壁：中间砌有一柜，柜上部中间浮雕有钥匙和锁，下设方足。柜高0.34米，宽0.52米。柜北侧用单砖砌成一个衣架，衣架搭脑两端下部的砖角被削去，呈弧形。衣架高0.62米，两架足相距0.48米，搭脑下两支杆中间有两根直枨，直枨与搭脑之间有两根矮老，两直枨中间有一根矮老。衣架下浮雕三件器物，中间为一把簧剪，长0.2米。北侧为一把尺子，宽0.06米，长0.24米。南侧为一熨斗，头呈圆形，直径0.12米，后有柄长0.12米。南侧砌一烛台，高0.58米，中间立一支柱，下有底呈壶门状的支座。

西壁：壁中间有砖砌的桌子一张，桌高0.46米，宽0.64米。两桌腿之间有一横枨。桌上放置砖雕曲柄短流的注子一个；高足葵口杯一个，杯放在带圆足的杯托内。杯与注子中间雕有八角食盒一个，食盒分为三格，表面雕有如意云纹。桌两侧砌有一对靠背椅，椅背内凹，椅腿间有一直枨，椅足为方足，椅高0.72米，宽0.42米。

北壁：中间为一砖砌门框，门内用平砖相错砌成，表示板门；外砌上额、门额，门额中间有两个方形门簪，门簪四面向内凹。门两边砌有立颊、榑柱，下有门袱，门袱两端各砌门砧一枚。假门两边各砌一破子棂窗，外有窗额、上串、榑柱、立颊、下串，中间竖砖五块斜置作子棂。

3. 出土遗物

墓室中发现人骨架两具。南侧一具为一堆朽骨，应为迁葬。北侧一具头西脚东，面部向上，仰身直肢，保存较差，仅头骨及部分脊骨、上肢骨和下肢骨残留。在人头骨的西南角清理墓志砖一合，填土中清理出铜钱4枚，另在人骨周围清理出铁棺钉数枚。

铜钱：4枚。M66：2，分别为乾元重宝、淳化元宝、太平通宝、至道元宝。其中乾元重宝外郭直径2.4厘米，内空边长0.7厘米，肉厚0.1厘米。钱文为隶书，直读。淳化元宝外郭直径2.4厘米，内空边长0.6厘米，肉厚0.1厘米，钱文为行书，顺时针旋读。至道元宝外郭直径2.4厘米，内空边长0.6厘米，肉厚0.1厘米，钱文为草书，顺时针旋读。太平通宝外郭直径2.4厘米，内空边长0.7厘米，肉厚0.1厘米，钱文为真书，直读。

墓志砖：一合。M66：1，方砖，志盖为盝顶，墓志原应为朱书或墨书，字迹已无存，砖边长33厘米，厚5厘米。

二、M88

1. 墓葬形制

墓葬位于发掘Ⅰ区的东南部，坐北向南，方向190°。分墓道、墓门、甬道、墓室四个部分。墓室、甬道用小砖砌成，砖长32厘米，宽16厘米，厚5厘米。墓室东侧上部的中间被雨水冲出一长1.4米，高1米的洞口（图四）。

墓道：位于墓室南部，长斜坡阶梯形，口长2.36米，北宽南窄，北部宽1.02米，南部宽0.7米，长4.8米，共有九级台阶，台阶宽窄不一，最宽0.4米，最窄0.2米，多为0.3米，高0.15米～0.2米。墓门外1.4米处无台阶，墓道底与墓门地面相平。

墓门：仿木结构门楼，位于甬道入口前端，正面砌出砖券甬道口，通高2.47米，底宽1.2米。封门砖通高1.2米，底宽0.9米，最底一层为卧丁砖向西斜堆顺放，以上错缝平砌横砖17层，再上砌菱角牙子一层，最后用一层碎砖堵严，砖有整有残。自0.85米处向上起券，券门顶错缝平砌两层后，用两层砖砌出普柏枋，上有一朵砖砌的斗拱，斗拱为把头绞项作，拱上有替木，再上即为撩檐枋。枋上排列有七个方头的檐椽，伸出枋0.03米。檐椽上为一层横砖铺的大连檐，其上两端分别残留一个砖制的重唇板瓦，工艺较粗糙，上有三垄砖雕的筒瓦，但勾头已遭破坏，再上有横砖三层筑成的门脊。门楼正面抹白灰，白灰外再刷红、黄两种颜料，但大多已脱落，只隐约可见，拱券、普柏枋、替木和连檐均刷红色颜料（图五）。

甬道：位于墓门与墓室之间，长0.8米，宽1.05米，高1.44米。顶部有槽，应为固定门板之用。

墓室：平面近方形，唯每边中部略向外凸。墓室内东西长2.9米，南北长2.72米，墓顶高2.38米。除甬道伸入的一段为土地外，其余皆为用砖砌成的“凹”形棺床。棺床高

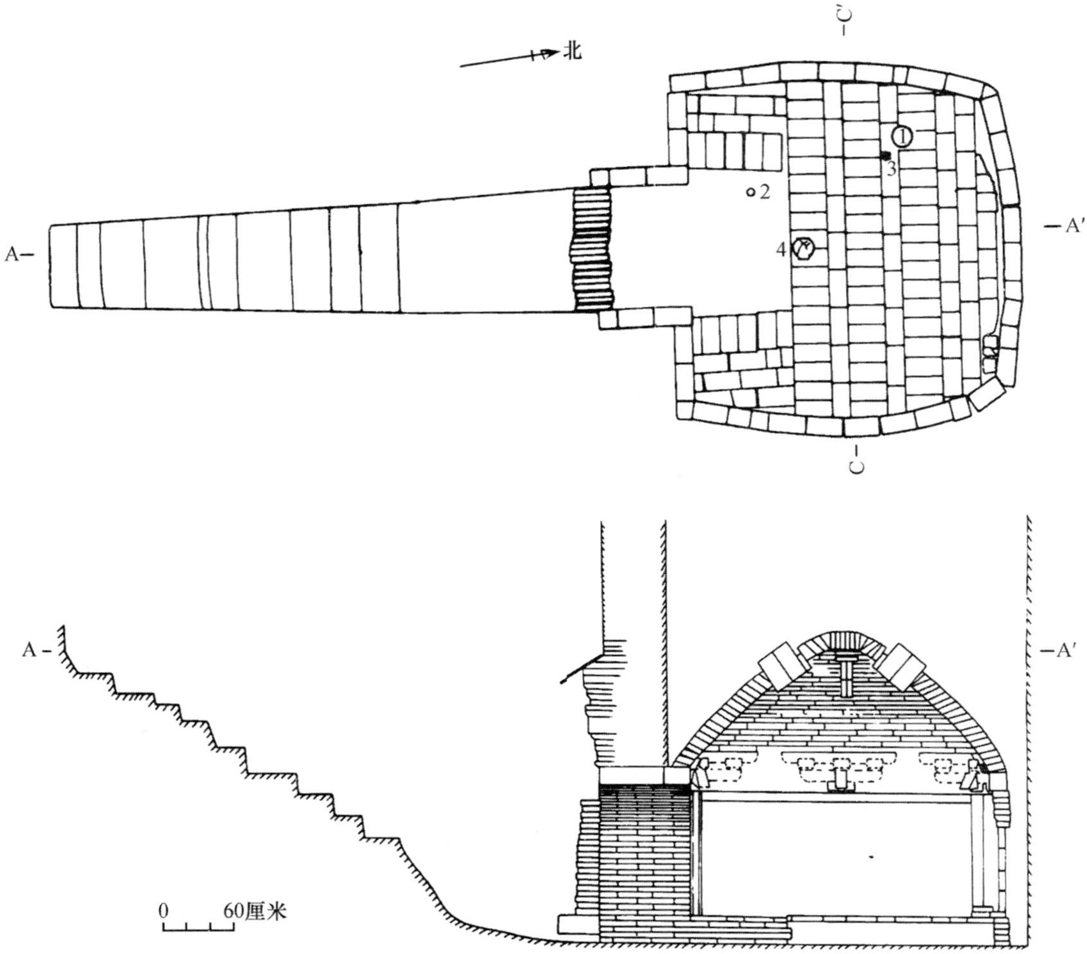

图四　M88平、剖面线图

1. 瓷碗　2. 瓷盅　3. 铜钱　4. 陶罐

出地面0.3米，东、西、北三壁砌成须弥座式，腰微束。棺床平面由五排横砖和三排竖砖相间平铺而成。四角都有三砖竖立砌成的转角倚柱，柱的两边外砖角都被削去，表示柱是八角形。倚柱下由单砖平铺砌出柱础。柱高1米，宽0.15米。柱头间有两砖平砌组成的阑额，以上砖砌仿木结构斗拱被水浸腐蚀掉落，仅能看出大概轮廓，柱顶有柱头铺作，四壁各砌补间铺作一朵，铺作均为把头绞项作，由栌斗、泥道拱、齐心斗、散斗组成，柱头铺作出昂，补间铺作中间出耍头。铺作以上有一周两砖砌成的柱头枋，凸出壁面0.03米，上下两边砖角被削去，墓的四壁由阑额向上，用平砖相错，以四角攒尖的筑法向内叠涩收杀，至顶部收成一长方形小平面，四壁相接处及壁面中间均有两排竖砖砌成的肋券，应是保持墓顶坚固之用。墓室顶部中间有一铁钩，应为悬挂铜镜之用。四壁砖面均抹有白灰，除墓室的南壁中间为甬道，两侧无砖雕外，东、西、北三壁皆镶嵌砖雕。砖雕砌筑与雕刻方法同于M66。四壁砖面均抹有一层白灰，然后在凸出壁面的仿木结构建筑的砖面和周壁砖雕的门窗、家具、器皿上分别涂朱红色或黄色，白灰底保存不好，脱落较甚，但涂的朱红色尚保存较好，颜色鲜艳（图六）。

0 60厘米

图五 M88墓门线图

2. 砖雕

东壁：北部用单砖砌成一个衣架，并涂有黄色颜料，衣架上部的搭脑平直。衣架高1.06米，两支杆中间有一直枨，直枨与上部搭脑之间有一矮老。底部有壸门状支座，两架足距0.92米。衣架下由三块竖砖分别浮雕熨斗一，头呈圆形，直径0.13米，后有柄长0.19米；尺一，长0.32米，宽0.02米；簧剪一，长0.26米；鐎斗一，头呈圆形，有流，直径0.11米，后有柄长0.19米。衣架南部砌有梳妆台一个，高0.45米，宽0.36米，梳妆台上撑两端雕有龙首。台上浮雕镜架一个，通高0.34米，宽0.34米，其横撑两端上翘，并雕有卷云，镜架顶端雕成花卉状。台下浮雕梳妆盒一个。梳妆台及镜架均涂有朱红色。梳妆台南部浮雕有枝形灯檠一个，上部为三个枝形灯架，架顶各有三个圆形灯盏，中部柄身为八角形筒状，下面两足呈曲齿状，两足相距0.25米，通高0.9米。

西壁：中部有单砖砌的直足直枨桌一张。桌高0.55米，桌面宽0.6米，桌腿外侧面自上至下呈弧形。两桌腿之间有一直枨，两足相距0.32米。桌上浮雕有注子一个，上有盖，一侧有曲柄把手，一侧有流，注身刻有线纹。注子南侧浮雕葵口杯一个，杯放在带圈足托盘内。杯南侧浮雕八角形食盒两个，上下叠放，上小下大。桌两侧各有一个用单砖砌成的椅子，椅背内凹，两椅腿之间有一直枨，通高0.78米，椅面宽0.46米。椅侧面涂有朱红色。其余涂黄色。南端紧挨转角倚柱用单砖砌有柜一，柜上部中间浮雕有钥匙和锁。柜高0.33米，宽0.44米，下设方足。柜上浮雕有笔架一个，笔架内插有笔一枝、小刀一。笔架底部雕刻成壸门状。

北壁：中间砌板门，门用八块平砖分两边竖立，象征门为两扇，左扇微向北启。门两边砌有立颊、槫柱，上有上额、门额，门额中间有两个方形门簪。门簪四面内凹。下有门袱，门袱两端各砌门砧一枚。门涂朱红色。门通高0.8米，宽0.85米。门的两侧各有砖砌长方形破子棂窗一个，外有窗额、上串、槫柱、立颊、下串，中间竖砖六块斜置作破子棂。子棂涂黄色，其余均涂朱红色。

3. 出土遗物

棺床上发现有一层黑灰，应为棺痕。因墓室被雨水浸泡过，在淤积土内发现有碎骨，其中墓室西南部发现残头骨一个，西北角发现残头骨一个及碎肋骨、股骨、肱骨、胫骨等，较凌乱。

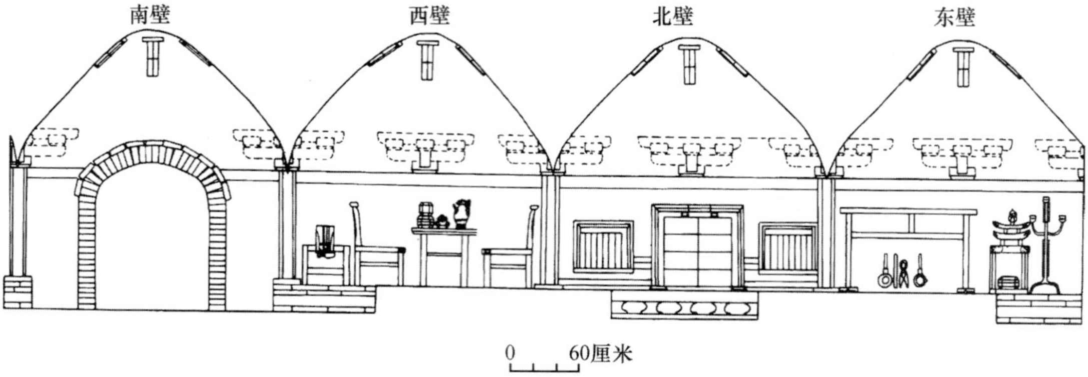

图六　M88四壁展开图

墓内清理出随葬品4件，其中由甬道至墓室棺床的地面上清理出瓷盅1件，棺床南部清理出陶罐1件，中部清理出瓷碗1件、铜钱7枚。

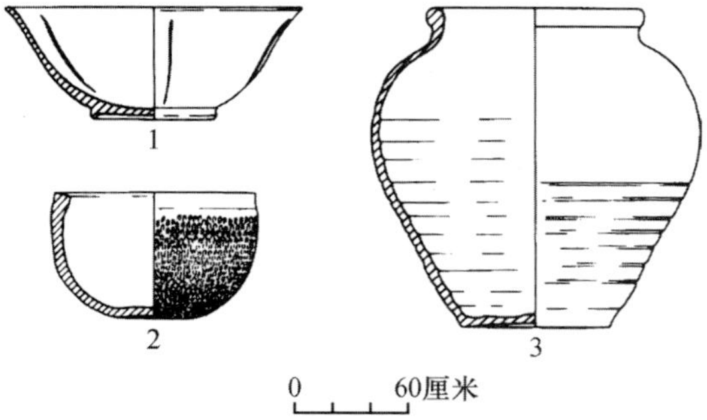

图七
1. 瓷碗（M88：1）　2. 瓷盅（M88：2）
3. 陶罐（M88：4）

瓷碗　1件。M88：1，青釉，釉色均匀，圆唇，撇口，斜弧腹，腹壁有内凹的筋数道，矮圈足。口径16厘米，底径6.7厘米，高5.9厘米（图七，1）。

瓷盅　1件。M88：2，白釉，底部未施釉，方唇，鼓腹，圜底，腹及底遍饰小鼓钉，口径5.5厘米，高3.3厘米（图七，2）。

陶罐　1件。M88：4，泥质灰陶，圆唇，大口，束颈，广肩，鼓腹，下腹内收，平底。口径11.3厘米，腹径17.7厘米，底径7.6厘米，高17.4厘米（图七，3）。

铜钱　7枚。均为开元通宝。M88：3，外郭直径2.4厘米，内空边长0.7厘米，肉厚0.1厘米，"元"字次划左挑。余6枚外郭直径2.5厘米，内空边长0.7厘米，肉厚0.15厘米，"元"字次划右挑。

三、结　　语

这两座砖雕墓虽然经过扰动，但是墓葬形制保存基本完整，四壁砖雕结构保存较好。两墓有着较多的共同点，如均为方形墓室，仿木构建筑结构特征整体没有差别，墓室上部均有一周砖砌阑额，四隅用三竖砖砌成倚柱，下有柱础，柱头铺作和补间铺作的形制相同，均为把头绞项作。砖雕仿木构建筑和四壁的门窗、家具、器皿用红色或黄色突出，从四壁的砖雕看，布局和种类也大致相同。两墓也有一些不同点，主要表现在墓室前部的棺床砌法不同。另外，M88的墓室面积稍大于M66，可容纳更多的内容，使得墓壁砖雕更丰富一些。但鉴于墓壁的砖雕有着程式化的特点，这些不同应该不仅是墓主人生前经济地位的差别，也应是时间的不同在墓葬中的反映。墓葬清理过程中没有发现有壁画的痕迹。

类似这样仿木结构的砖雕墓在郑州市区内曾经发现多处[1]，南关外是发现比较集中的区域[2][3]。与其中发表的两座墓[4][5]相比，这次发现的两座砖雕墓，从墓葬形制和四壁砖雕的种类看，分别与其几乎完全相同，仅有个别的砖雕的器物和种类稍有不同，因此这两座宋墓的年代应与其分别相同。M66砖砌的衣架、柜、浮雕的注子，均同于郑州二里冈宋墓[6]，两墓北壁的假门也均用平砖顺砌。出土的四枚铜钱中除乾元重宝为唐肃宗乾元年间发行，其余三枚均为北宋太宗时铸，因此该墓年代不早于997年，应为北宋早期。比较两墓砖雕的丰富程度，M66可能还稍早于二里冈宋墓。M88墓葬形制和砖雕同于南关外至和三年胡进墓[7]，均有梳妆台和笔架，年代应该一致。不过，胡进墓桌上的砖雕注子带注碗，但M88没有。M88北壁的窗为破子棂窗，而胡进墓为雕花格子窗。从北宋时期仿木结构砖雕墓的发展演变规律看，是从板门直棂窗变为雕花格子窗[8]。所以，M88可能稍早于胡进墓。

仿木结构的砖雕墓是宋墓中最具特色的一种形制，分布范围大，影响广泛。郑州地区是宋代砖雕壁画墓分布比较集中的地区，在市区周围的一些县市如荥阳、巩义、新密、登封等均有分布[9]，比较集中地分布在登封市境内[10][11]。从发掘的这些砖雕壁画墓来看，平面形制多为六角形或八角形，仅巩义涉村[12]和稍柴[13]两地出土的两座壁画墓墓葬平面为圆形。从墓壁砖雕情况看，也仅登封城南庄壁画墓[14]和巩义涉村、稍柴壁画墓有比较丰富的砖雕，种类基本同于郑州市区内发现的砖雕墓。其余除个别墓葬有少量饰砖雕外，基本不砌砖雕而以壁画代替，而仿木构建筑则趋于复杂，从其中有纪年的几座墓葬看，时代均晚于郑州市区发现的这几座宋墓，显示了较为清晰的时代发展脉络。所以，郑州市区发现的这几座宋代砖雕墓，具有明显的时代特征，代表了宋代砖雕壁画墓的前期发展阶段。

绘　图：李　杨
拓　片：张文霞
摄　影：江　旭

注　释

[1][9][10][12][14]　郑州市文物考古研究所：《郑州宋金壁画墓》，科学出版社，2005年。

[2]　郑州市文物考古研究院：《郑州卷烟厂发现的两座宋代砖雕墓》，待发。

[3][4][6]　裴明相：《郑州二里冈宋墓发掘记》，《文物参考资料》1954年第6期。

[5] [7]　河南省文化局文物工作队第一队：《郑州南关外北宋砖室墓》，《文物参考资料》1958年第5期。
[8]　河南省文物研究所：《河南考古四十年》，河南人民出版社，1994年。
[11]　国家文物局：《中国文物地图集——河南分册》，中国地图出版社，1991年。
[13]　付永魁：《河南巩县稍柴清理一座宋墓》，《考古》1965年第8期。

（原刊于《中原文物》2012年第4期）

郑州卷烟厂两座宋代砖雕墓简报

姜　楠　张文霞　张　倩

郑州卷烟厂厂区位于郑州市陇海东路和紫荆山路交叉口的西北角（图一），因技术改造，对部分厂房做了拆除，拟建新厂房。该地处于全国重点文物保护单位——郑州商城的一般保护区范围，经文物钻探后，发现丰富的古文化遗存，经报上级文物主管部门批准，由郑州市文物考古研究所进行了文物考古发掘。发掘由2003年5月6日开始至7月21日结束。根据发掘现场场地的条件及遗迹单位分布的状况，将所需发掘的场地划为三个区域，由北向南依次编为Ⅰ、Ⅱ、Ⅲ区，发掘对象主要为商代遗存，也有相当数量的墓葬，时代有汉、唐、宋、明等，现仅将其中的两座宋代砖雕墓的情况报告如下。

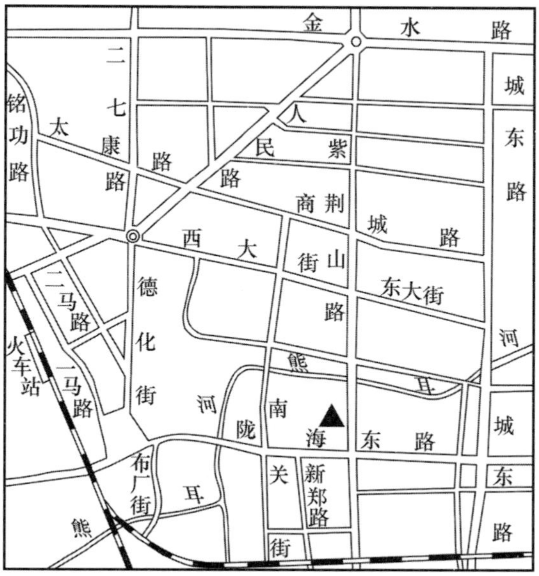

图一　郑州卷烟厂发掘位置图

两墓均为砖室墓，虽已经被严重盗扰，整体形制尚存留，并残留了较大部分的砖雕，墓壁的砖雕分两种，一种是用砖砌出器物的形状，一种是在砖上雕刻出的浮雕。墓壁的砖雕一般突出壁面2厘米。墓葬编号分别为0305ZYⅠM46和0305ZYⅠⅠM54（以下分别简称为M46和M54），分别叙述如下。

一、M46

1. 墓葬形制

该墓位于发掘Ⅰ区的中部。铲平地面的表土后即发现墓葬的墓口界限。墓葬为南北向，方向192°。分墓道、墓门、甬道、墓室四个部分。上部已遭到破坏，残高0.84米。墓道位于墓室的南部，因破坏得比较厉害，仅清理了墓门前的一部分。墓室、甬道用小砖砌成，砖长30厘米，宽16厘米，厚5厘米。

墓门顶部无存。内有封门砖，封门砖为卧丁砖上下排列，呈重叠“人”字形砌成，发掘时仅残留两层。

甬道：长1.44米，宽0.76米。两边单砖顺砌而成。

墓室：平面近方形，每边的中部稍向外凸。墓室内东西宽1.90米，南北长1.66米。四角有三砖竖立砌成的转角倚柱，倚柱下由单砖平铺砌出柱础，柱残高0.66米，宽0.14米。墓的四壁较直，由柱头向上已破坏无存。墓室内南部是土底，北部为用砖砌成的棺床。南北宽1.12米，东西长1.85米，棺床高出墓底0.2米，表面用两行竖砖三行横砖相间平铺而成。棺床前的北面砌成须弥座式，腰微束。馆床前的东西两边至甬道处各有一溜平砌三层的砌砖，两者相距0.96米，长0.55米，高0.15米，低于棺床一砖厚，与北壁形成“凹”字形棺床。墓室南壁中间被墓门占去大部分，两边无砖雕。东、西、北三壁用砖砌出门窗、家具。墓壁表面原应涂刷一层白灰和红彩，但已漫漶不清，仅在底部有少许残留（图二）。

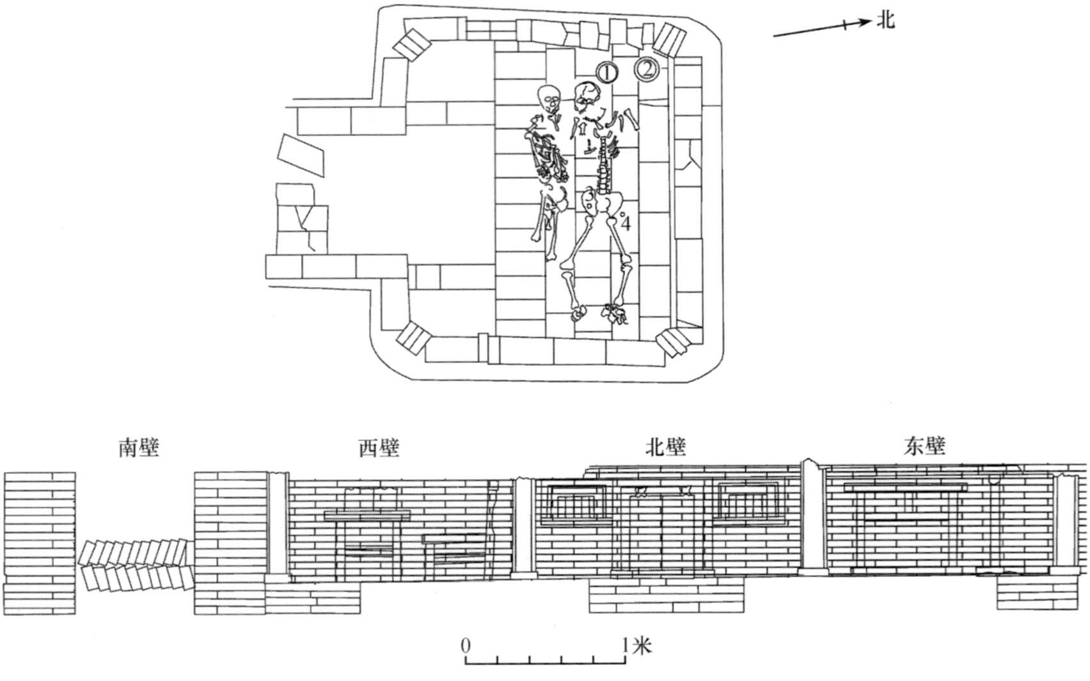

图二　M46平面图及四壁剖面图

1. 瓷碗　2. 陶罐　3、4. 铜钱

2. 砖雕

东壁：壁中间偏南处，有单砖竖砌的灯架一座，仅留支柱，上部无存，柱高0.70米，宽0.05米，柱下有长条形底座，底呈锯齿状，长0.30米，高0.05米。灯架北边用单砖砌成一个衣架，衣架搭脑两端下部的砖角被削去，呈弧形。衣架高0.58米，两架足相距0.78米，搭脑下两支杆中间有一根直枨，直枨与搭脑之间有一根矮老，支杆下有长方形底座，底座间有一直枨（图三）。

北壁：中间为一砖砌假门，两扇板门微开，右扇向北启，每扇板门宽0.21米，高0.48米，外砌上额、门额，门额中间有两个方形门簪，门簪四面内凹，门两边砌有立颊、榑柱，下有门袱，门袱两端各砌门砧一枚。假门两边各砌一破子棂窗，外有窗额、上串、槫柱、立颊、下串，中间竖砖作破子棂四枚（图四）。

西壁：北边有砖砌靠背椅子一张，靠背内凹，椅面下0.1米处有一直枨。长0.4米，高0.64米，两椅足相距0.32米。南边有砖砌桌子一张，由两行横砖和两列竖砖简单砌成，长0.48米，高0.54米，两桌腿之间有一直枨，两足相距0.3米。桌子上有两件砖雕的器物，北侧为一个注子；南侧为一个带杯托的茶杯，但残损比较厉害，仅余一半。桌椅均为方足（图五）。

图三　M46东壁

图四　M46北壁

3. 出土遗物

墓室中发现人骨架两具，为双人合葬，头西脚东，仰身直肢，南侧的头骨面部向上，北侧的头骨面向南。在墓室的西北角清理出陶罐、瓷碗各1件，铜钱2枚。另在两具人骨的周围清理出数枚铁棺钉。

陶罐　1件。M46：2，泥质灰陶，圆唇，大口，束颈，广肩，鼓腹，下腹内收，平底。口径10.8厘米，高14.5厘米（图一〇，3）。

图五　M46西壁

瓷碗　1件。M46：1，白釉，施釉不到底，圆唇，敞口，斜弧腹，窄圈足，口径12.8厘米，高3.8厘米（图一〇，4）。

铜钱　2枚。均为“开元通宝”，锈蚀严重。

二、M54

1. 墓葬形制

该墓位于发掘Ⅱ区的东部，坐北向南，方向为187°。墓葬分墓道、墓门、甬道、墓室四个部分。墓室、甬道用小砖砌成，砖长30厘米，宽15厘米，厚5厘米。

墓道：位于墓室的南部，长斜坡阶梯形，墓道前宽后窄，宽1.2米，深2.5米，残长4.7米；共残留7级台阶，台阶一般长0.34米，仅有一级较短为0.24米，一级较长为1.5米。高低不等，低者为0.04米，一般为0.2米，墓门外0.9米处无阶梯转为平坦，墓道底与墓门地面相平。

墓门：高1.40米，墓门和甬道顶部为拱形券，墓门券高0.14米，宽1.16米。门券之上已被破坏无存。墓门的封门砖为卧丁砖上下排列，呈重叠“人”字形砌成，残留三层。

甬道：长1.6米。宽、高与墓门相同。甬道底部伸入墓室内0.43米。

墓室：平面近似方形，每边的中部稍向外凸，墓室内东西宽2.4米，南北长2.2米，墓顶已残，残高1.95米，除甬道伸入的一段为土底外，其余皆为用砖砌成的棺床。棺床高出墓底0.2米。棺床前的东、北、西三面均砌成须弥座式，其上雕有壶门，北面四个，东、西各两个，棺床用竖砖四行横砖三行相间平铺而成。东北、西南和东南角尚残留有三砖竖立砌成的转角倚柱，西北角的倚柱已遭破坏无存，倚柱两边外面的砖角都被削去，象征柱为八角形。柱高0.98米，宽0.12米。柱头间有两砖平砌组成的阑额，柱头顶上砌有仿木结构的柱头铺作一朵，为把头绞项做斗拱。每壁的中间有补间铺作，柱头铺作出昂，补间铺作出耍头。铺作由栌斗、泥道拱、齐心斗和散斗组成，上承替木，其上为柱头枋，柱头枋上有檐椽，但遭破坏保存极少。墓的四壁较直，由阑额向上，用平砖相错，向内叠涩收杀，柱头向上，多数已被破坏无存。墓室的南壁中间为甬道，四壁镶嵌有砖雕。砖雕分两种，一种用砖砌出所要表现的器物形状，一种是采用减地浅浮雕雕出器物的形状，然后镶嵌在墓壁上。四壁砖面均抹有一层白灰作底，然后在凸出壁面的仿木结构建筑的砖面和周壁砖雕的门窗、家具、器皿上分别涂红彩。白灰和红漆保存不好，脱落甚多。北壁已被破坏无存（图六）。

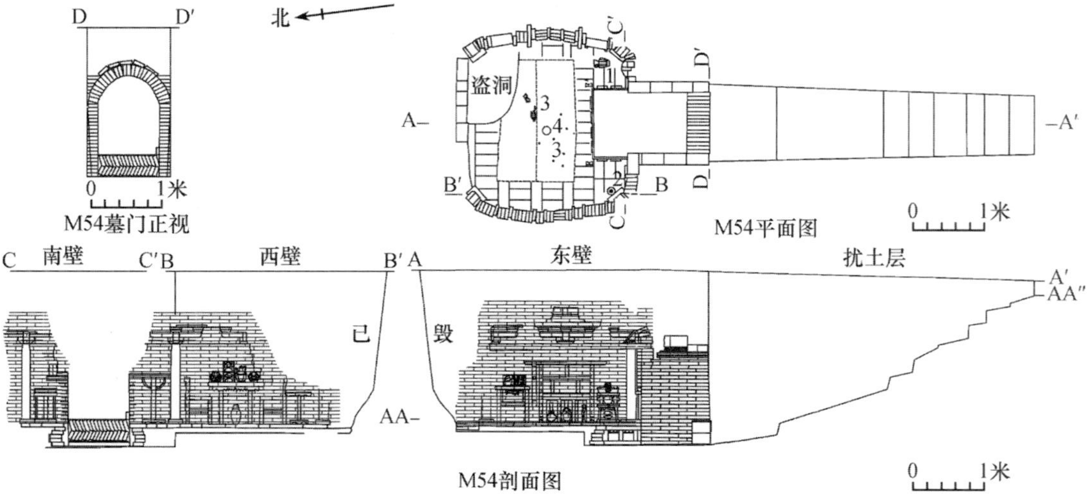

图六　M54平面图及剖面图

1. 瓷柱　2. 瓷瓶　3. 铜钱　4. 铜镜

2. 砖雕

东壁：中间用单砖砌成一个衣架，衣架上部的搭脑平直，两端下部的砖角被削去，呈弧形。两支杆中间有两直枨，上直枨与搭脑之间有一矮老。两直枨之间有两矮老，底部有竖座墩，衣架高0.84米，两架足相距0.76米。衣架上北侧悬挂一根腰带，长0.62米，宽0.05米。衣架下有三块竖砖分别浮雕四件器物，有篗剪一把，长0.26米；尺一，长0.32米，宽0.02米；一个熨斗，面呈圆形，后有柄，柄与盘相交处有云纹装饰，柄长0.14米；一个鐎斗，头呈圆形，直径0.12米，后有柄长0.14米。

衣架的南侧浮雕有梳妆台一个，梳妆台面平，台面下饰壶门状牙条，两边有牙头，侧脚显著，下有托泥。台上浮雕镜架一个，架上浮雕一圆镜，镜架顶端雕出花卉状。台下浮雕梳妆盒一个，表面上下雕出两朵云纹。台高0.52米，宽0.46米。

衣架北侧砌有一柜，柜上部中间浮雕有钥匙和锁。柜高0.5米，宽0.44米，柜下设方足。柜上南侧浮雕有笔架一个，笔架内插有笔一枝，裁纸刀一把。北侧浮雕砚一个，呈簸箕状，砚面下凹，砚上方雕有长条形墨一锭。梳妆台及镜架均涂有朱红色。锁和砚台涂为黑色（图七）。

西壁：壁中间略偏南处，有砖砌的桌子一张，桌高0.56米，桌面宽0.78米，两足相距0.46米。桌面下饰有壶门状牙条，两边有牙头，两桌腿之间有一直枨。桌上放置雕有带注碗的注子一个，高足杯两个，杯放在带圆足的杯托内。两杯中间雕有食盒一个，食盒分为三格，表面雕出如意云纹。桌下雕有小口瓶一个，瓶上覆有盖。注子、注碗雕制精美。桌两侧各砌有一个侧面的靠椅，椅背的后面略向内凹。两椅腿之间有一直枨，通高0.64米，椅面宽0.32米。椅侧面涂有朱红色。南侧砌有一个灯架，上部无存，中立一杆，下有壶门状底座，残高0.44米（图八）。

南壁：中间被甬道占去大部分，甬道的西侧砌有“丁”字形灯檠一个，通高0.64米，上有三枝形灯架，中立一支杆，下有壶门状底座。东侧砌有圆形三直足鼓形盆架一个，下有三直足，足下有托泥，高0.42米，盆架上有一盆，盆面呈圆形，中间内凹（图九）。

图七　M54东壁

图八　M54西壁

图九　M54南壁

3. 出土遗物

墓室中部的棺床上发现两具棺灰痕迹。南、北两侧棺灰痕长、宽相同，长0.7米，宽0.52米。在两棺灰痕内各发现人骨一具，但保存很差，基本无存。清理随葬品3件及铜钱13枚。其中在西南角清理出一白瓷注子，东北角清理出1件黑釉梅瓶，在北侧人骨的中部清理出铜镜1面。

黑釉梅瓶　1件。M54∶2，黑瓷，圆唇，小口，束颈，溜肩，鼓腹，下腹内收，器身上部有瓦纹，小平底内凹。口径4.1厘米，高26.3厘米（图一〇，1）。

白釉注子　1件。M54∶1，白瓷，流残，旧痕迹，似是葬入时有意打掉的，近似喇叭形口，高颈，颈侧有一执手，注身为瓜棱形，口径6.1厘米，通高23厘米（图一〇，2）。

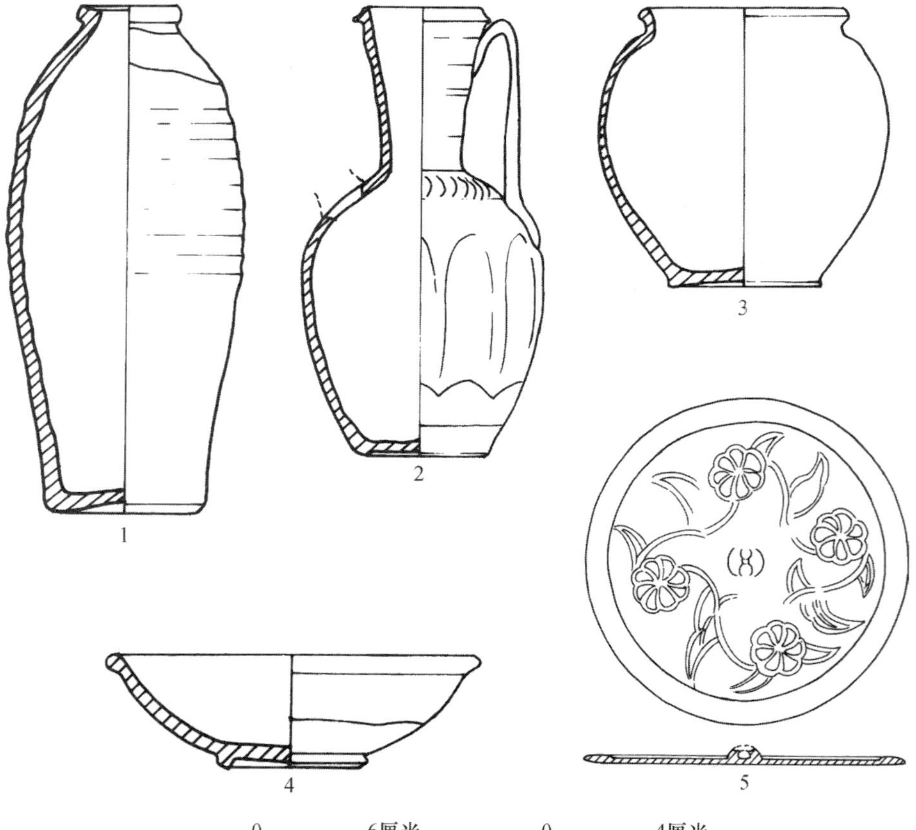

图一〇　出土遗物

1. 黑釉梅瓶（M54∶2）　2. 白釉注子（M54∶1）　3. 陶罐（M46∶2）　4. 瓷碗（M46∶1）　5. 铜镜（M54∶4）

铜镜　1件。M54：4，四花镜。圆形，圆纽，纽外环绕四株花枝，花枝上有较大的花叶，枝头各有一朵盛开的花瓣，素缘，直径11厘米（图一〇，5）。

铜钱　13枚。M54：3，分别为开元通宝、至道元宝、祥符通宝、天圣元宝、景祐元宝、皇宋通宝。其中开元通宝2枚，外郭直径2.4厘米，内空边长0.7厘米，肉厚0.1厘米。钱文为真书，直读。至道元宝1枚，外郭直径2.5厘米，内空边长0.6厘米，肉厚0.08厘米，钱文为真书，顺时针旋读。祥符通宝2枚，外郭直径2.4厘米，内空边长0.6厘米，肉厚0.1厘米，钱文为行书，顺时针旋读。天圣元宝1枚，外郭直径2.4厘米，内空边长0.7厘米，肉厚0.1厘米，钱文为真书，顺时针旋读。景祐元宝2枚，外郭直径2.5厘米，内空边长0.6厘米，肉厚0.09厘米，钱文为真书，顺时针旋读。皇宋通宝5枚，2枚钱文为真书直读，外郭直径2.3厘米，内空边长0.7厘米，肉厚0.1厘米；3枚钱文为篆书直读，外郭直径2.4厘米，内空边长0.7厘米，肉厚0.1厘米。

三、结　　语

这两座砖雕墓虽然经过严重盗扰，但墓室周壁的砖雕除M54的后壁被破坏无存外，其余部分基本保存。墓葬形制保存得也还比较完整。类似这两座砖雕墓的墓葬，20世纪50年代在此附近曾有过发现[1][2]，这次发现的两座墓葬与其相比，从墓葬形制和四壁砖雕的种类看，分别与其大致相同，因此，两墓的年代应与其相同。M46从其墓葬形制和墓壁砖雕情况分析，棺床前呈须弥座形式，西壁为桌椅；东壁为衣架、灯架；北壁为板门和破子棂窗，墓壁砖雕展现的内容和种类与同类墓葬相比基本齐全。棺床前有两溜砌砖与甬道相接，是“凹”字形棺床的早期形制；墓壁的砖雕比较简单，仅有简单的家具，如椅子只有一把，没有柜。与二里冈宋墓[1]相比，砖雕形制更为简单一些，因此，M46应该早于二里冈宋墓而为宋代早期的墓葬。M54出土的铜钱中最晚的为皇宋通宝，墓葬年代应不早于1039年，与南关外至和三年胡进墓[2]相比，墓葬的形制及砖雕完全相同，均有梳妆台和笔架，注子均有注碗，墓室内南壁的甬道两侧有相同内容的砖雕，所以，其年代应与胡进墓相同或接近，为北宋仁宗年间的墓葬，属北宋中期。

墓壁表面还残存有少量的朱红色或其他颜色的彩绘痕迹，但因侵蚀比较严重，已很难看出全貌。

郑州市区历史上多次为郡、州、县治，北宋时为郑州州治，治所周围分布有大量古墓葬。目前发现的市区内的唐宋墓葬区主要分布在旧城区城墙外的周围，远于城墙的区域也有零星发现，但与当时州治的葬地没有联系，发现比较集中的在城墙外的南部和西部[3]，宋代人堪舆意识浓厚，这一带在当时地势稍高，是当时人们理想的葬地。郑州市文物考古研究院历年来在南关外及其附近区域进行了多次发掘，清理了大量唐宋时期的墓葬。此次发掘了汉、唐、宋、明时期墓葬112座，其中清理宋墓67座。除此两座外，其余均为土洞墓，结合过去的发掘情况，在此区域也仅发现有数座砖雕墓[1][2][4]，说明此种砖雕墓是一种规格较高的墓葬。从墓葬形制和砖雕题材变化显现出的特征看，透露出了多种信息，不仅反映了墓主的身份和经济地位，也与当时社会经济状况发展的阶段性有关，进而使得墓葬整体呈现出了一种阶段性的变化。这种宋代砖雕墓在郑州市旧城区的城墙外周围至今发现有近10座[5]，发现的砖雕仿木结构墓葬一般为宋代早期和中期，有着相同的时代特征，与郑州市区周围县市发现的砖雕墓[6]相比较，不仅具有明显的时代特征，也可能在某种程度上具有地域性的因素。

绘　图：李　杨

注　释

[1] 裴明相：《郑州二里冈宋墓发掘记》，《文物参考资料》1954年第6期。

[2] 河南省文化局文物工作队第一队：《郑州南关外北宋砖室墓》，《文物参考资料》1958年第5期。

[3] 郑州市文物考古研究院发掘资料。

[4][5] 郑州市文物考古研究院：《郑州紫荆小区宋代砖雕墓发掘简报》待发；郑州市文物考古研究院：《郑州十四中发现的一座宋代砖雕墓》待发；郑州市文物考古研究院：《郑州市北二七路发现的两座砖雕宋墓》，《中原文物》2012年第4期。

[6] 郑州市文物考古研究所：《郑州宋金壁画墓》，科学出版社，2005年。

（原刊于《中原文物》2014年第3期）

郑州黄岗寺北宋纪年壁画墓

信应君

2010年3月7日，郑州市二七区黄岗寺村南水北调工程施工区挖出古墓一座，郑州市文物考古研究院接报后，立即派专业人员前往。3月8日～12日，郑州市文物考古研究院对墓葬进行了考古发掘，确认墓葬为宋代砖室壁画墓。现将墓葬情况概述如下。

一、地理位置

墓葬位于郑州市西南部，南三环以南，郑密路以西，黄岗寺村西南部，金水河西岸，南水北调干渠渠线北侧。地势南高北低，为起伏不平的岗地（图一）。

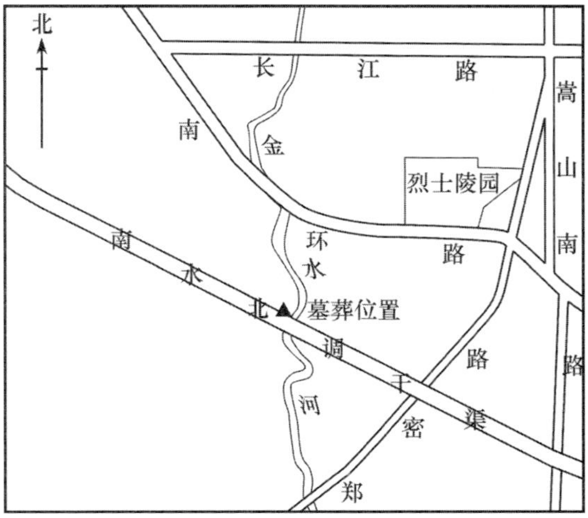

图一　墓葬位置示意图

二、墓葬形制

墓葬为一砖室结构壁画墓，由墓道、封门、甬道和墓室组成，坐南朝北，方向35°（图二）。

墓道　位于甬道北端，暴露长度2米，宽1.45米。由于北端压于路基下，未进行发掘。墓道与甬道连接处上部砖砌一方形凹槽，边长1.2米，内置墓志一合，发掘时墓志盖已被施工方挖掘机钩掉。

甬道　位于墓道南侧，砖砌拱顶。宽1.5米，进深1.8米，高2.1米，券顶及甬道东壁被施工破坏，底部北端用三排青砖侧立叠砌。墓道与甬道间用9层土坯上下叠砌作封门，高1.35米。

墓室　从平地向下挖一袋状土坑，然后在坑内砖砌墓室，平面大致呈圆形，直径4米，室内直径3米。墓室上部为仿木结构建筑，但毁坏严重，形制不明。墓壁砌有四根抹角倚柱，将圆形墓室分为北、东、南、西四部分，东北和西南倚柱破坏较为严重，西北和东南保存尚好。倚柱间距2.1米，高1.4米，无柱础。倚柱间设阑额，普拍枋。甬道和墓室壁绘有壁画，但由于损毁严重，内容模糊不清，依稀可见竹子、卷云、服饰线条等图案（图三）。从残迹分析，壁画底部先用一层草拌泥涂抹在砖壁上，再在草拌泥上涂白灰，白灰上涂红色颜料，然后用墨线勾勒画面。墓底铺砖，倒“凹”字形棺床，棺床用6层砖砌筑，中间南北向一列砖横砌，将墓底分为东西两部分。人骨与棺板腐朽严重，不可辨识，葬式不详。墓室东南部放置墓志一方。后部墓底出有铜钱10余枚（图四）。

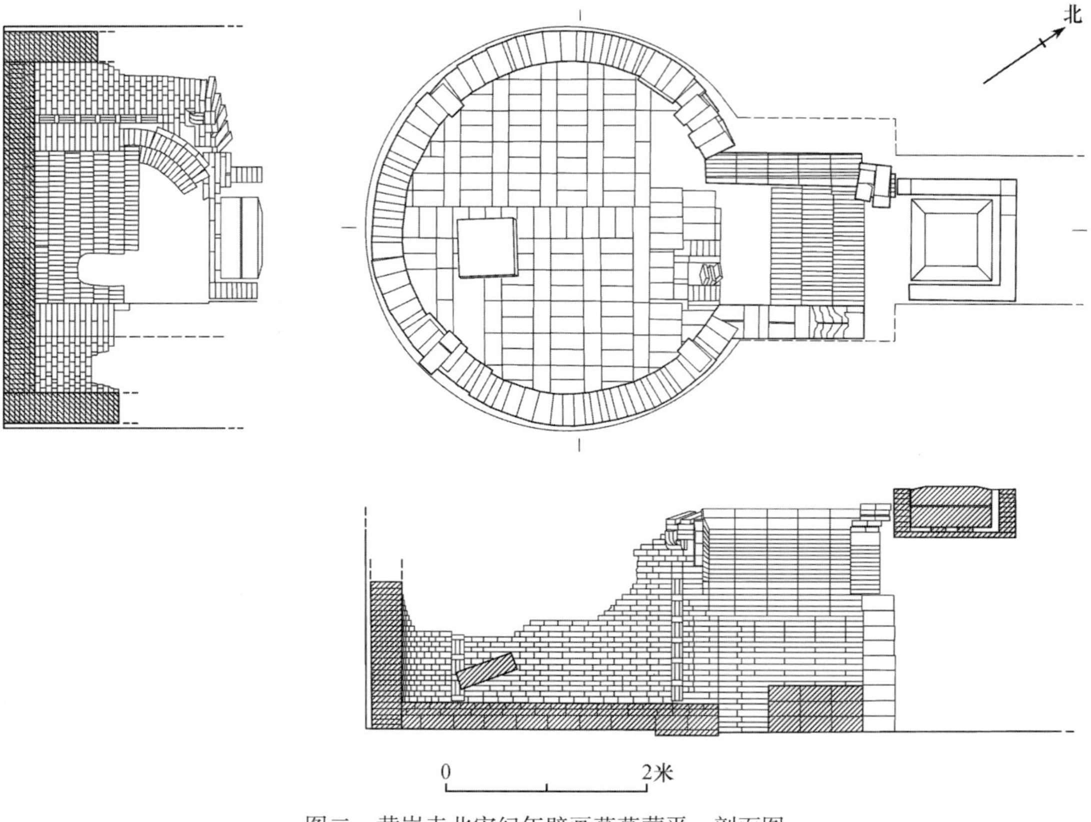

图二　黄岗寺北宋纪年壁画墓墓葬平、剖面图

图三　墓室残存壁画

图四　墓葬发掘现场

三、出土遗物

由于墓葬盗扰严重，出土遗物极少，有陶器1件，钱币19枚，墓志2方。

陶器　出土于扰土层中，泥质红陶，器形为陶罐，均为残片。

铜钱　出土于两个地点，一是在墓志盖与墓志之间，四角各垫2枚钱币，共8枚。其中崇宁通宝1枚，崇宁重宝7枚（图五、图六）。其余钱币均出土于墓室，包括祥符元宝2枚、元丰通宝1枚、开元通宝2枚、元符通宝2枚、绍圣元宝1枚、皇宋通宝2枚（图七）、熙宁元宝1枚。

墓志　共出土墓志2方。

贾正之墓志位于甬道北端墓道上部。志盖方形，盝顶，青石质，四边及四煞素面。中部两纵行楷书阴刻“有宋贾正之墓志铭”，底边长0.79米，顶边长0.56米，厚0.11米（图八）。墓志为青石质，方形，边长0.8米，厚0.19米。四边阴刻蔓草纹，志面文字阴刻，楷书，共39行，满行39字，计1370字。首行题“有宋贾正之墓志铭并序”（图九）。

贾正之妻蔡氏墓志，放置于墓室东南部，方形，青石质。边长0.59米，厚0.16米。志面文字阴刻，书体为传抄古文，共22行，满行21字，共626字。志文书法隽美，记述贾正之亡妻生平（图一〇）。

图五　崇宁通宝

图六　崇宁重宝

图七　皇宋通宝

图八　贾正之墓志盖

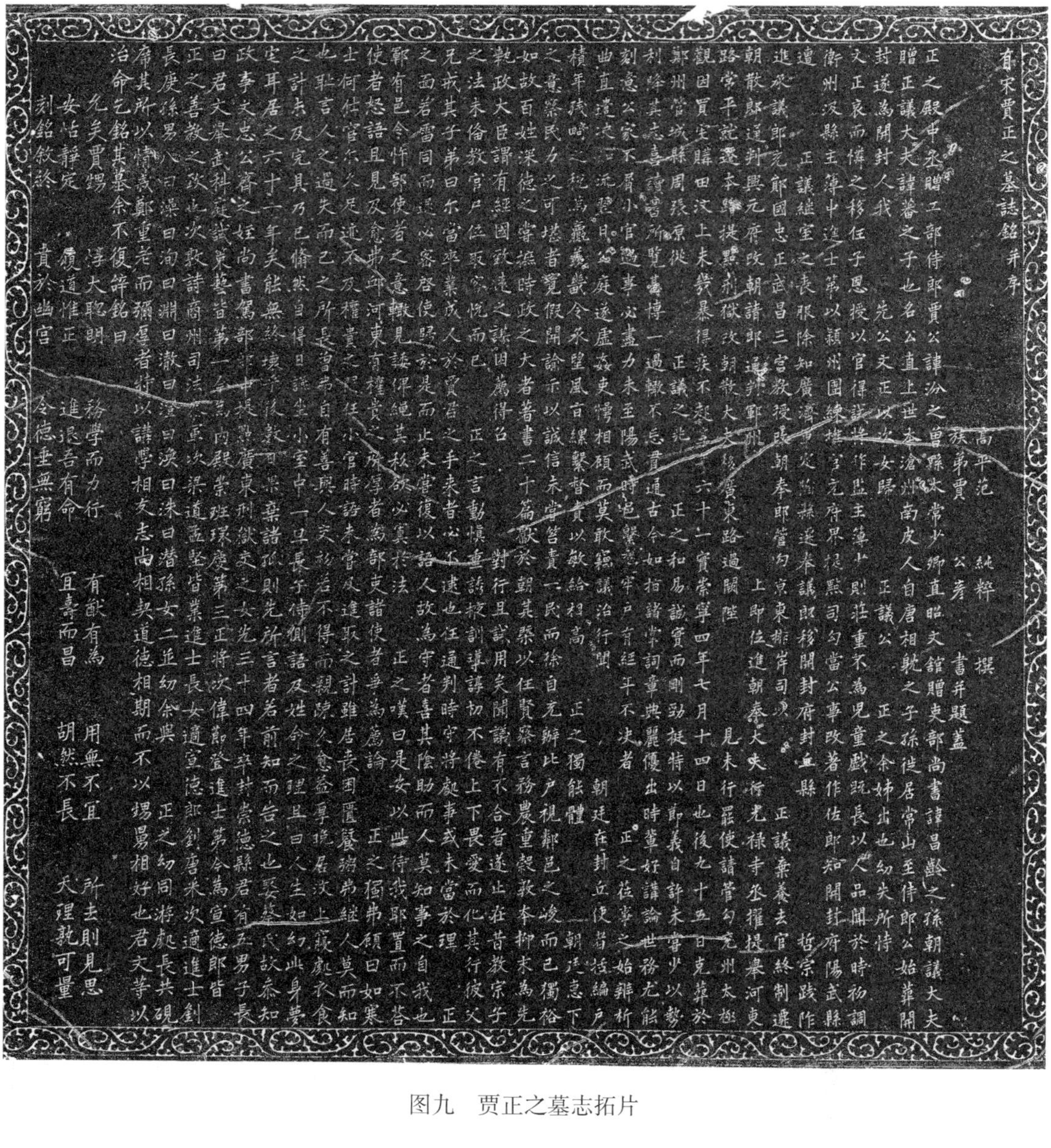

图九　贾正之墓志拓片

图一〇　蔡氏墓志拓片

四、结　　语

1. 墓葬年代

该墓是近年发现郑州地区有确切纪年的北宋壁画墓之一。墓志记墓主人“暴得疾不起，享年六十一，实崇宁四年七月十四日也”。崇宁四年，即1105年，故此墓的确切年代为1105年。

2. 墓主人

据墓志盖题，确认墓主人名为贾正之。贾正之，《宋史》无传。墓志记载了墓主人的家世、生平及任官事迹。由志文推知，贾正之生于宋仁宗庆历四年（1044年），因范仲淹的姻亲关系“移任子恩授以官，得试将作监主簿”。卒于宋徽宗崇宁四年（1105年）七月十四日，享年六十一岁。后九十五日，即是年十月十九日，葬于郑州管城县周张原，与其父贾蕃葬于同一茔地。

3. 贾正之亡妻蔡氏

据贾正之墓志记载，为尚书驾部郎中提点广东刑狱蔡交之女，卒于熙宁五年七月（1072年），享年25岁，早于贾正之三四年卒。元祐五年四月，贾正之葬其父贾蕃于郑州管城县周张原，又将其妻蔡氏迁葬贾氏墓地。志文说贾正之亡故后“克葬于郑州管城县周张原，从正议之兆”。贾正之墓与其父贾蕃墓同葬贾氏墓地，为今后寻找贾蕃墓提供了线索。

4. 墓葬形制及墓志的学术价值

墓葬形制为圆形单室墓，郑州地区近年发掘宋代壁画墓数量较多，但经正式发表的宋代壁画墓，墓葬形制为圆形的仅巩义涉村宋代壁画墓1座[1]。洛阳地区近年发现斜坡墓道圆形单室墓共有5座，主要是富弼家族墓，包括ⅠM2761（富弼夫妇墓）、ⅠM2760（富鼎夫妇墓）、ⅠM2743（富绍 京夫妇墓）、ⅠM2752（富直方夫妇墓）、ⅠM2742（墓主不详）[2]。资料所见，圆形墓室发现的有河北迁安韩相墓（辽墓）[3]，河北宣化张世本墓（辽墓）[4]，河北宣化张文澡墓（双室，前室长方形，后室圆形）[5]。圆形壁画墓可能由唐代的圆形墓葬发展而来。唐代圆形墓葬在辽宁、河北地区均有发现，如公元635年朝阳张秀墓、公元673年朝阳左才墓、约公元680年河北献县唐墓等[6]。

郑州地区所见宋代壁画墓，多为单室，墓室形制分为弧边形、直边形、圆形、六边形、八边形几种形制，另见有双室墓[7]，墓室形制一般前室为方形或长方形，后室形制多样，但总体形制不出单室结构类型。所见宋辽壁画墓资料，墓道方向多南向，独贾正之墓墓道在北，这为郑州地区宋金壁画墓墓葬形制及兆域的堪舆之术研究提供了新材料。

墓主人贾正之，葬于宋徽宗崇宁四年，即1105年，是郑州地区近年发现的有确切纪年的墓葬，其墓葬形制可作为认识北宋墓葬的一个标尺，对宋代墓葬的分期具有重要价值。两方墓志的出土，对研究宋代的地望、职官、荫补、葬俗及书法艺术等提供了不可多得的实物依据。

贾正之墓志由范纯粹题撰。范纯粹，《宋史》有传，字德孺，吴县（今江苏苏州）人，范仲淹第四子。蔡氏墓志，书体以大篆为主，是用传抄古文写的墓志铭。从墓志铭看，把铭文写成篆字上石的是西水（北宋县名，在今阆中以西）陈恬。过去已发表过的资料中，只见过盖上的题字[9]，像这样完全用传抄古文写的墓志铭是目前国内所发资料唯一所见。这种传抄古文，起源上是孔氏壁中书和汉代发现的先秦古籍，也就是汉代人所见的战国文字。志文字体隽美，是极为难得的艺术珍品，对中国古文字书法艺术的研究具有重要价值。

附贾正之和蔡氏墓志铭文，如下。

贾正之墓志铭文

有宋贾正之墓志铭并序

高平范纯粹撰

族弟贾公彦书并题盖

正之，殿中丞赠工部侍郎贾公讳汾之曾孙，太常少卿直昭文馆赠吏部尚书讳昌龄之孙，朝议大夫赠正议大夫讳蕃之子也。名公直，上世本沧州南皮人，自唐相耽之子孙徙居常山，至侍郎公，始葬开封，遂为开封人。我先公文正以次女归正议公。正之，余姊出也。幼失所恃，文正哀而怜之，移任子恩授以官，得试将作监主簿。少者庄重，不为儿童戏。既长，以人品闻于时。初调卫州汲县主簿，中进士第，以颍州团练推官充府界提点司勾当公事，改著作佐郎，知开封府阳武县。遭正议继室之丧，服除，知广济军定陶县，迁奉议郎，移开封府封丘县。哲宗践阼，进承议郎，充郧国、忠正、武昌三宫教授，改朝奉郎，管勾京东排岸司。以正议弃养去官，终制，迁朝散郎，通判兴元府，改朝请郎，通判郓州。上即位，进朝奉大夫行光禄寺丞，擢提举河东路常平，就迁本路提点刑狱，改朝散大夫，移广东路。过阙，陛见未行，罢使，请管勾兖州太极观，因买宅购田汶上。未几，暴得疾不起，享年六十一，实崇宁四年七月十四日也。后九十五日，克葬于郑州管城县周张原，从正议之兆。正之和易诚实而刚劲挺特，以节义自许，未尝少以势利降其志。喜读书，所览甚博，一过辄不忘，贯通古今，如指诸掌，词章典丽，优出时辈。好讲论世务，尤能刻意公家，不屑小官，遇事必尽力。未至阳武时，邑系充牢户有经年不决者，正之莅事之始，辨析曲直，遣决如流。翌日，公庭遂虚，奸吏愕相顾而莫敢窃议，治行闻朝廷。在封丘，使者括编户积年残畸之税为赢羡，畿令承望风旨，缧系督责，以敏给相高。正之独能体朝廷惠下之意，察民力之可堪者，宽假开谕，示以诚信，未尝笞责一民，而徐自充办。比户视邻邑之峻而己独裕如故，百姓深德之。尝摭时政之大者，著书二十篇，献于朝。其概以任贤察言，务农重谷，敦本抑末为先。执政大臣谓有经国致远之谋，因荐得召对，行且试用矣，闻议有不合者，遂止。在昔，教宗子之法未备，教官尸位取容悦而已。正之言动慎重，诱掖训导，谆切不倦，上下畏爱而化其行。彼父兄戒其子弟曰："尔当卒业成人于贾君之手，来者必不逮也。"任通判时，守将处事或未当于理，正之面若雷同，而退必密启，使归，于是而止。未尝复以语人，故为守者喜。其阴助而人莫知事之自我也。郓有邑令，忤部使者之意，辄见诿，俾绳其私欲，必寘于法。正之叹曰："是安以此待我耶!"置而不答。使者怒语且见及愈弗恤。河东有权贵之所厚者为部吏，诸使者争为荐论，正之独弗顾。曰："如寒士何?"仕宦尔久，足迹不及权贵之门。任小官时，语未尝及进取之计，虽居丧困匮，餰粥弗继，人莫而知也。耻言人之过失，而己之所长，曾弗自有善。与人交，初若不得而亲疏，久愈益厚。晚居汶上，寝处衣食之计未及完具，乃已翛然自得，日譙坐小室中。一旦长子侍侧，语及性命之理，且曰："人生如幻，此身梦宅耳，居之六十一年矣，能无终坏乎?"后数日，果弃诸孤。则先所言者，若前知而告之也。娶蔡氏，故参知政事文忠公齐之侄，尚书驾部郎中提点广东刑狱交之女。先三十四年卒，封崇德县君。有五男子，长曰君文，举武科，庭试策艺皆第一，今为内殿崇班环庆第三正将；次伟节，登进士第，今为宣德郎，皆正之善教之致也；次敦诗，商州司法参军：次梁道、孟坚，皆业进士。长女适宣德郎刘唐采；次适进士刘长庚。孙男八，曰澡、曰洵、曰渊、曰激、曰澄、曰涣、曰洙、曰潜。孙女二，并幼。余与正之幼同游处，长共砚席，其所以情义郑重，老而弥厚者，特以讲学相友，志尚相契，道德相期，而不以甥舅相好也。君文等以治命乞铭其墓，余不复辞。铭曰：允矣贾甥，惇大聪明，务学而力行。有猷有为。用无不宜，所去则见思。安恬静定，履道惟正，进退吾有命。宜寿而昌，胡然不长，天理孰可量。刻铭叙终，贲于幽宫，令德垂无穷。

蔡氏墓志铭文

朝奉郎贾公直，元祐四年秋八月丁其

父朝议大夫公之丧，函哀泣血，扶护还郑，卜以五年夏四月辛卯葬于管城县西周张原之新阡，又附其亡妇蔡氏于其域。蔡氏本东莱人，赠刑部侍郎元卿之孙，广南东洛提刑赠朝议大夫交之中女。姿性婉淑，自其未笄，能孝事父母，友于兄弟，嶷嶷如成人。家有疑事，父母多参订之。所言皆中理。即嫁则能以其事父母之心移于舅姑以及其夫，治家事接族属率有恩意。公直初□为卫州汲县主簿，家贫亲远，蔡氏奉馈祀侍宾客尽其有无，使其夫不以家为念而得专心公务且从问学。及提刑公捐馆，闻讣賈绝。水浆不入口者数日，因以感智。迨疾甚而神识不乱，止以俭，于送葬无广营佛事为言。以熙宁五年七月卒，享年才二十五，斯可哀也。已生教男长曰君文，应武举进士；次伟节，用祖朝议阴补郊社斋郎。一女，适进士李敏淑。蔡氏母高平郡太君范氏，文正公之长女，亦公直母舅姊。蔡氏卒十八年乃克徙葬于舅姑之次。洛阳贾岗志其终始而系以铭，西水陈佸篆于石。铭曰：

呜呼！蔡氏淑且贤，世本贵胄多蝉联，在家婉约母训传，即嫁和柔妇道全，初从薄宦窭且艰，克主馈祀无间然，汝何天阙弗与年，命矣不幸归诸天，卜居兹宅固且安，冉冉丹旐徙新阡。

吉林大学著名古文字学家林沄先生、博士李春桃先生及洛阳市文物考古研究院李德方先生、孙新科先生，陕西省考古研究院郭晓涛先生等学者对蔡氏墓志志文释读作了许多考证工作，使本文得以较好完成，在此表示恭敬和谢意

领　队：信应君
发　掘：信应君　吴　倩
　　　　潘寸敏　武云霞
照　相：信应君　蔡　强
绘　图：焦建涛　潘寸敏
拓　片：张文霞　郭秀芳

注　释

[1] 洛阳市第二文物工作队：《富弼家族墓地发掘简报》，《中原文物》2008年第6期。

[2] 郑州市文物考古研究所：《巩义涉村宋代壁画墓》，《郑州宋金壁画墓》，科学出版社，2005年。

[3] 河北省博物馆、河北省文物管理处：《河北迁安上芦村辽韩相墓》，《考古》1973年第5期。

[4] 张家口文物事业管理所、张家口市宣化区文物保管所：《河北宣化下八里辽金壁画墓发掘》，《文物》1990年第10期。

[5] 河北省文物研究所、张家口市文物管理处、宣化区文物管理所：《河北宣化辽张文澡壁画墓发掘简报》，《文物》1996年第9期。

［6］ 辽宁省博物馆文物队：《辽宁朝阳隋唐墓发掘简报》，《文物资料丛刊》（6）。文物出版社，1982年；辽宁省博物馆文物队：《辽宁朝阳左才墓》，《文物资料丛刊》（6），文物出版社，1982年。王敏之、高良谟、张长虹：《河北献县唐墓清理简报》，《文物》1990年第5期。
［7］ 宿白：《白沙宋墓》，文物出版社，2002年。
［8］ 聊城地区博物馆：《山东高唐金代虞寅墓发掘简报》，《文物》1982年第1期。考释见胡平生：《金代虞寅墓志的“古文”盖文》，《文物》1983年第7期；戴尊德：《司马光撰魏贤墓志之研究》，《文物》1990年第12期。

（原刊于《中原文物》2013年第1期）

河南登封唐庄宋代壁画墓发掘简报

高赞岭　刘彦锋　汪松枝

2010年11月，郑州市文物考古研究院与登封市文物勘探队在河南省登封市唐庄乡进行文物调查时，发现西周时期遗址1处、唐宋时期窑址1处及汉代、宋代墓葬7座。其中2座宋代壁画墓（编号为2010HDGM2、2010HDGM3，以下简称M2、M3）较重要。现将这2座宋代壁画墓的发掘情况简报如下。

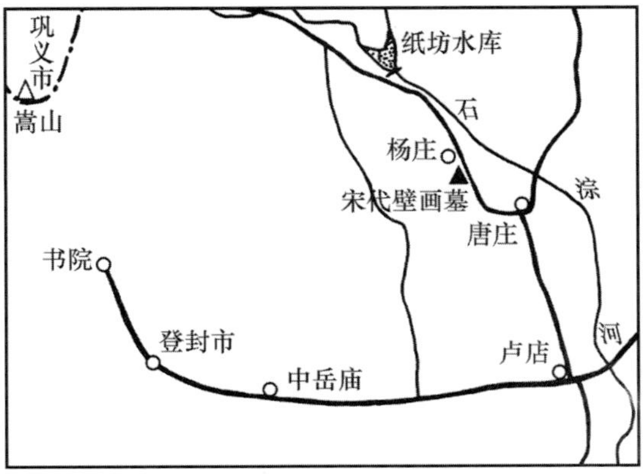

图一　墓葬位置示意图

唐庄乡位于登封市东北约11千米，海拔约400米，地势西北高、东南低，西北为嵩山，东侧有颍河支流石淙河自北向南流过，唐庄乡位于河西台地上。这2座宋代壁画墓位于唐庄乡西北约1千米、杨庄村东南约200米的河边台地上（图一）。

一、2号墓

（一）墓葬形制

M2坐北朝南，为仿木结构砖室墓，由墓道、墓门、封门、甬道、墓室组成（图二）。

墓道　位于甬道南端，方向174°，为长方形阶梯式土圹结构。墓道南部未完全清理，现存长3.56米，共6级台阶，台阶宽0.34～0.39、高0.26～0.52米。台阶北端至墓门平坦处长1.26、宽0.8米。

墓门　位于甬道与墓道之间，上部坍塌无存，现由立颊、门额、榑柱、上额、普拍枋组成。立颊由一列竖砖横砌而成，高1.4、宽0.15米；门额用三层平砖错缝铺成，宽0.8、高0.17米，正面砌出两枚方形门簪：榑柱西侧用四列竖砖侧立叠成，东侧用三列竖砖侧立叠成，上部坍塌，残高1.7、宽0.15～0.2米；上额宽0.89、高0.04米；普拍枋用三层砖铺成，以上无存。立颊立于门砧之上，门砧高0.19、宽0.16、露长0.12米。门道高1.25、宽0.48米。立颊内露出甬道券顶，其上彩绘花卉图案。

封门　上部最顶端横立嵌两块半砖，其下为七层平砖横平嵌于门内，下部为两层立

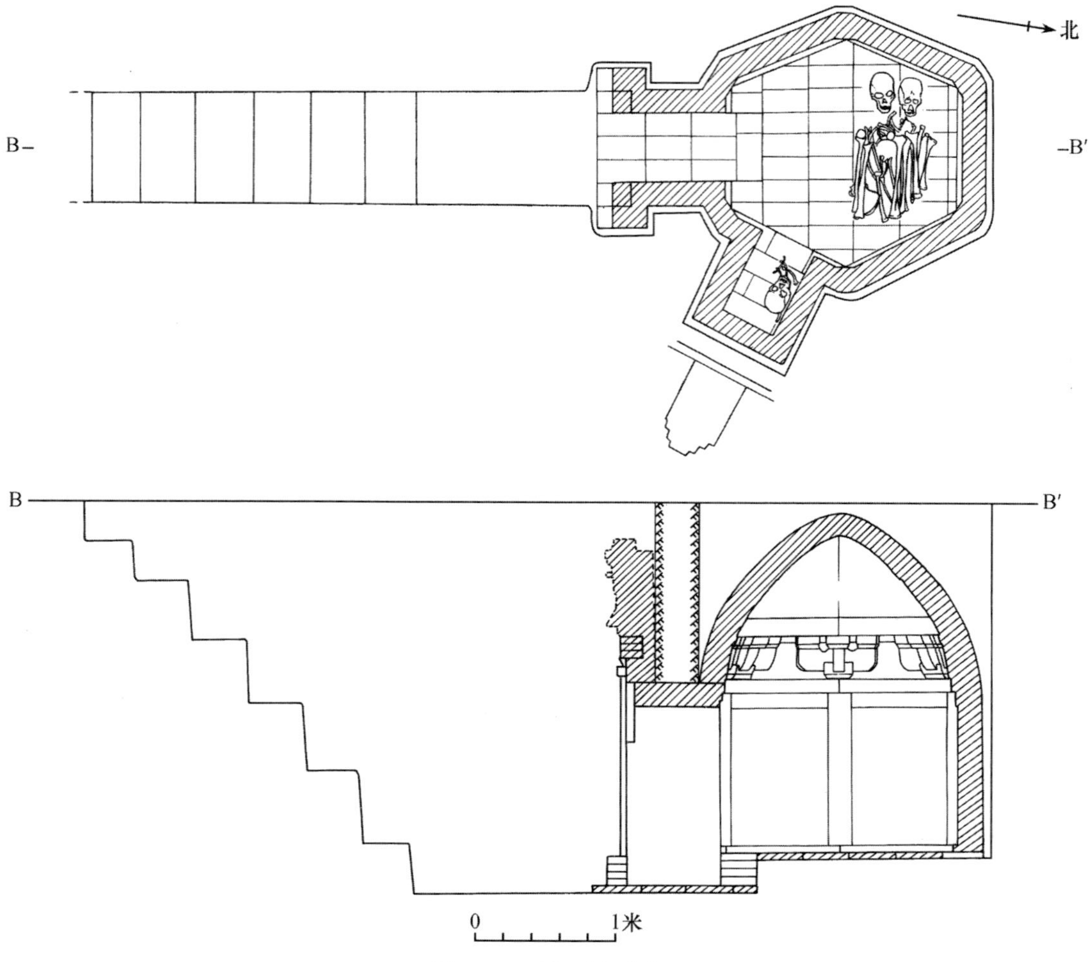

图二　M2平、剖面图

砖竖嵌于门内（图三）。

甬道　位于墓室南壁正中，单层拱顶，内部长0.66、宽0.48米，自地面至顶高1.26米。内外壁涂抹白灰，东西两壁均绘有壁画，保存较完整。

墓室　从地面往下挖一圆形土坑，然后在坑内用砖砌墓室。墓室平面呈六边形，边长0.86米，直径1.58米，墓室内用单层青砖铺地，高于甬道底0.22米，形成“凹”字形棺床。棺床六边即墓室底边砌出0.5厘米高的地栿，棺床前空地与甬道底平，长0.26、宽0.48米。墓室内壁连接处砌出6根抹角倚柱，倚柱高1.07米，无柱础，立于六边凸出的地栿转角上。柱间有阑额、普拍枋。南壁中为甬道，东南壁设一耳室，门宽0.41、高0.5、进深0.61米，顶部逐层收杀成阶梯状。柱头有6朵转角铺作，均为四铺作单抄偷心造，栌斗上有华拱，泥道拱上承柱头枋。柱头枋上砌橑檐枋，以上内收为六个梯形面，顶部为攒尖顶。通高2.67米。

图三　M2封门

图四　M2壁画局部

图五　M2墓门

图六　M2墓室南壁甬道口

（二）人骨

人骨有三具，其中两具位于墓室棺床上正中偏北处，头皆朝西，面皆向东，其余骨架混堆在头骨之东，有明显的人为堆放的痕迹。另一具人骨仅存头骨和少量肋骨，堆放在耳室内。

（三）壁画

壁画保存较完整，除人物外，还绘有装饰图案，布局对称。色彩有赭、红、黑、黄、靛青、绿、橘红色等（图四）。

1. 墓门

墓门正面砖上满刷白灰，立颊、门额两侧绘黑缘，内绘红色卷草（图五）。

2. 甬道

甬道拱顶正面口外绘一周靛青线，线外绘红晕缠枝牡丹三朵。墓室南壁甬道口外绘一周黑线，以上绘赭红、黄色相间的卷云四朵（图六）。甬道东壁和西壁绘有壁画，券顶处绘有红、黄、靛青色的祥云图案（图七）。

图七　M2甬道券顶处壁画

东壁　进贡图。一男侍头戴黑色无脚幞头，上身着白色团领窄袖短袍，两袖挽起，袍下襟掖起，系于腰间，露出赭色短围裙，下身着窄腿白裤，足穿布鞋，面朝北，左手上持置于左肩上的篮筐，篮筐内置满铜钱，应为向墓主人贡纳钱物者（图八）。

西壁　出行图。马勾首扬脖，首向南，横立在画面正中，头前方绘一圆形立柱，似为拴马之物。马首顶部漫漶，左耳竖立，分缨，披马鬣，络头、缰、攀胸为靛青色，背置鞍，下垫黑鞯，垂至马腹，上搭枣红色袱遮鞯之大部，侧垂马镫。马后立一人，留短须，面朝南，身着白色团领窄袖袍，左手斜持一未张开的伞盖（图九）。

3. 墓室

西南壁　备宴图。上绘蓝白相间幔帐，下垂赭、绿二色组绶。帐下绘三女在筹备酒食。中间绘一长案，案衣沿涂成红色，案裙分两层，上层为白色，下层为红色。案上左侧绘一黑色长方形物，似为小橱，案下摆放两件黑色瓜棱瓶，瓶口的封盖为白色。案前绘两女，左侧一女头梳高髻，尖额，插步摇、簪饰，戴环形耳饰，面颊为淡红色，点朱唇，身着白色窄袖褙子，襈为白色与黑色两道碎花，内着白色团领衫，束抹胸，下身着白裙，足穿尖鞋，背微弓，双手端方盘，内盛托盏，面北侍立。右侧女头饰、面部同前述，仅额上多一红色额帕，身着靛青色窄袖褙子，襈为白色，内着白色团领衫，束红色抹胸，下身着白裙，足穿尖鞋，双手端圆盘，内盛食物。案后一女头梳高髻，方额，髻上戴白色花冠，插花簪，系红色额帕，戴耳饰，身着白色窄袖褙子，襈为白色，内着白色团领衫，束红色抹胸，其下被案遮挡，双手捧红色圆食盒，面朝北（图一〇）。

西北壁　对饮图。上绘红色、黄色幔帐，下垂红色组绶。帐下绘一方桌，盖桌布。桌上摆托盏、果盘，盘内盛食物，桌旁对坐夫妇二人。左侧女主人头梳高髻，方额，裹白色额帕，插步摇，戴耳环，身着赭色窄袖褙子，襈为白色，内着白色团领衫，束红色

图八　M2甬道东壁壁画

图九　M2甬道西壁壁画

抹胸，膝以下伸入桌下被桌布遮掩，满脸皱纹，袖手于腹前，端坐在搭脑上卷的靠背椅上，椅上搭白色椅衣。右侧男主人头戴黑色无脚幞头，着黑色团领碎花宽袖袍，内着白色交领衫，腰束白带，足穿靴，留长须，寿眉高挑，袖手坐于椅上。桌后一女侍立于两人之间，头梳高髻，宽额，插步摇、簪饰，戴耳饰，面颊为淡红色，点朱唇，身着蓝色窄袖褙子，襈为白色，内着白色团领衫，束红色抹胸，双手持一注子（图一一、图一二）。

北壁　启门图。上绘靛青色横帐，其下绘一橘红色门，左右门扇上对称饰黑色门钉。门扇微启，露出一女子，梳高髻，宽额，额上系一红色额帕，插步摇、簪饰，戴耳饰，面颊为淡红色，点朱唇，身着黑色窄袖褙子，面朝南（图一三、图一四）。

东北壁　起居图。上绘靛青色横帐，帐下绘一衣架，搭脑端均上卷，上搭白巾、蓝巾、黄巾各一条。衣架前立夫妇二人。左侧男主人戴黑色无脚幞头，着黑色团领宽袖袍，内着白色交领衫，腰束白带，足穿靴，袖手于腹前，其身后绘一陶缸，缸内置满铜钱。右侧女主人梳高髻，方额，髻上戴白色花冠，冠下插簪饰，戴耳饰，细眉，面颊为淡红色，点朱唇，身着白色宽袖褙子，襈为白色，内着白色团领衫，束红色抹胸，下身着白裙，肩下袖前披红色披帛，双手抄于袖中（图一五、图一六）。

东南壁　上绘红色、蓝色碎花幔帐和靛青色横帐，下垂红色、白色组绶。帐下用

图一〇　M2墓室西南壁壁画

图一一　M2墓室西北壁壁画

图一二　M2墓室西北壁壁画局部

图一三　M2墓室北壁壁画

图一四　M2墓室北壁壁画局部

图一五　M2墓室东北壁壁画

图一六　M2墓室东北壁壁画局部

砖砌一耳室，顶逐层收杀成阶梯。门边缘绘黑、橘红、红色边框（图一七）。耳室内壁无图案。

4. 仿木建筑

倚柱　上下无箍头，柱的两侧棱绘黑缘，内为橘红色地，柱身绘一整二破红色柿蒂（图一八）。

阑额　白地黑缘，内画青晕栀花六朵，花间绘一整二破红色花卉（图一九）。

普拍枋　白地黑缘内绘赭红、黑色相间的“~”形条带，将六方连接，弯心处绘黑色半柿蒂（图一九）。

铺作　铺作为白地，图案相同。栌斗为黑缘，内绘黑色半柿蒂。泥道拱有黑、靛青色两道边缘，内绘红色卷草纹。华拱为黑缘，内绘赭红、黑色四半方胜。华拱上斗为黑缘，内绘一整四破黑色柿蒂。散斗为黑缘，内绘赭红色四半叠胜（图二〇）。

拱间壁　在靛青色地上绘黑枝红心牡丹（图二一）。

柱头枋　绘黑缘红彩（图一九）。

橑檐枋　绘黑缘，两端用红、黑、淡青色竖条彩相间组成箍头，枋身绘赭地黑晕红心一整二破柿蒂。相邻一枋则绘红色、靛青色三半叠胜（图一九）。

图一七　M2墓室东南壁壁画

图一八　M2倚柱

图一九　M2阑额、普拍枋、柱头枋、橑檐枋

图二〇　M2铺作

5. 墓顶

南壁　绘两和尚立于云中，身着袈裟，内着白色团领衫，双手击钹。左者年轻，右者年长（图二二）。

西南壁　绘两儒士立于云中，双手执笏。左者头插簪饰，留胡须，长眉，双目凝视前方，身着交领宽袖袍，内着交领衫。右者头戴莲花冠，插簪饰，眉清目秀，服饰及神态同左者（图二三）。

西北壁　绘男女二人立于云中，二人均双手合拢于胸前，作虔诚姿态。左侧男子头戴黑色无脚幞头，着团领窄袖袍，腰带打结。右侧女子梳高髻，方额，额上系白色额帕，插步摇、簪饰，身着宽袖褙子，内着团领窄袖衫（图二四）。

北壁　绘两道士立于云中，均头戴莲花冠，身着交领宽袖袍，内着团领衫，双手执莲枝。左者面朝南，右者面朝西，两人均作出行状（图二五）。

东北壁　绘两和尚立于云中，均身着袈裟，左者双手击钹，右者手执螺，作奏乐状（图二六）。

东南壁　绘两和尚立于云中，服饰及姿态同南壁（图二七）。

墓顶　绘黑缘，赭、靛青色晕覆莲，覆莲 外用黑线绘出两层六边形，其间在靛青色地上绘赭红色花卉，其下在对角处绘对称的六组黑缘红白晕相间的流苏（图二八）。

图二一　M2拱间壁

图二二　M2墓顶南壁壁画

图二三　M2墓顶西南壁壁画

图二四　M2墓顶西北壁壁画

图二五　M2墓顶北壁壁画

图二六　M2墓顶东北壁壁画

图二七　M2墓顶东南壁壁画

图二八　M2墓顶壁画

二、3号墓

（一）墓葬形制

M3坐北朝南，为仿木结构砖室墓，由墓道、墓门、封门、甬道、墓室组成（图二九）。

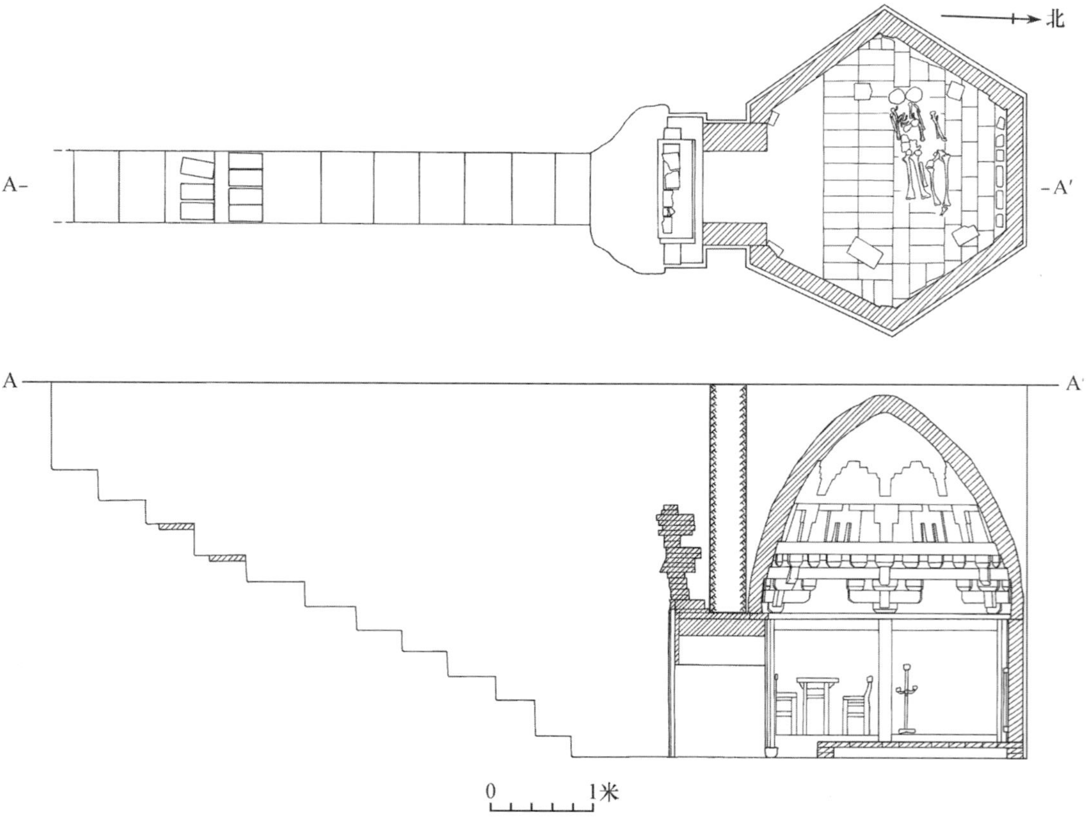

图二九　M3平、剖面图

墓道　位于甬道南端，方向178°，为长方形阶梯式土圹结构。长约5米，共11级台阶，台阶宽0.36～0.58、高0.2～0.34米。台阶下至墓门平坦，长0.94、宽1.6米。

墓门　位于甬道与墓道之间，为仿木建筑门楼。下部由立颊、槫柱、倚柱、上额、门额组成。立颊高1.36、宽0.18米，槫柱高1.4、宽0.08米，倚柱高1.43、宽0.12米，槫柱、倚柱均立于四层叠砖之上。门道高1.19、宽0.64米。立颊内露出甬道券顶，其上涂抹白灰，黑色花卉图案大多已漫漶。门额宽0.96、高0.15米，正面装饰两枚栀花形门簪。上额宽1.09、高0.1米。普拍枋高0.1、宽1.43米。普拍枋上砌东西柱头铺作各半朵，补间角作一朵，均为偷心造四铺作。补间铺作栌斗上伸出华拱，泥道拱上承柱头枋，柱头枋上砌抹角橑檐枋，以上砌出圆形椽檐、仰覆瓦、门脊。墓门通高2.4米（图三〇）。

封门　嵌砌在墓门内，保存较完整。上部最顶端与门簪下端相连，平砖九层横平封堵于门外，下部为五行卧丁砖嵌于门内，底部为一层平砖。宽0.72、厚0.32、高1.4米（图三一）。

甬道　位于墓室南壁正中，单层拱顶，内部长0.88、宽0.8米，自地面至顶高1.18米。两壁原绘有壁画，已脱落（图三二）。

墓室　从地面往下挖一圆形土坑，然后在坑内用砖砌墓室。墓室平面呈六边形，边长1.35米，直径2.6米，墓室内用单层青砖铺地，高于甬道底0.15米，形成棺床。棺床前空地与甬道底平，长0.55、宽1.98米。墓室南壁甬道两侧东西各转角处自棺床前空地分

图三〇　M3墓门

图三一　M3封门

别砌出覆盆柱础和一根抹角倚柱，倚柱高1.22米，柱础高0.1、直径0.12米。其余4根无柱础，砌在棺床之上各壁转角处，柱高1.18米。柱间砌阑额、普拍枋。南壁中为甬道，北壁东西两侧各砌一假窗，正中砌一假门。柱头上设6朵转角铺作，均为四铺作单抄偷心造，栌斗上出华拱、泥道拱，以上为连隐慢拱、柱头枋，华拱交互斗上置耍头，其上一周有散斗，散斗承素枋，素枋上承橑檐枋。墓顶内收为六个梯形面，顶部为攒尖顶。通高3.45米（图三三～图三五）。

图三二　M3甬道

图三三　M3墓室局部

图三四　M3仿木建筑

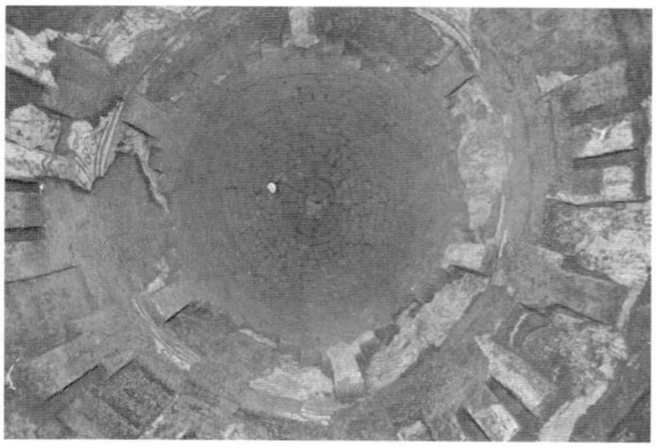

图三五　M3墓顶

（二）葬具与人骨

棺床北部原有木棺，已朽，仅存棺痕，四角平铺四砖块，应为支棺所用。两具人骨横置在棺床正中偏北处，头朝西略偏南，面皆向下。除颅骨、肱骨、尺骨、桡骨、股骨、腓骨外，其余骨架混堆在一起，有明显的人为堆放的痕迹。

（三）随葬器物

瓷碗　1件（M3：1）。墓道北端填土中出土。敞口，圆唇，斜壁微弧，圈足，足根外侧削去一周。灰胎，施白釉，内壁施满釉，外壁施釉不及底。口径10.2、足径4.4、高3.2厘米。

三彩灯　1件（M3：2）。墓道北端填土中出土。宽折沿，敛口，斜弧壁，折腹内收，喇叭状圈足。折沿处及肩部施一周绿釉，其余为素胎。口径9.8、足径5、高4.6厘米。

铜钱　1枚（M3：3）。两具人骨的肋骨下出土。铸隶书“皇宋通宝”。直径2.5、穿径0.7、厚0.12厘米。

（四）砖制浮雕

墓室壁画已剥落，五壁皆镶嵌砖制浮雕。

西南壁　壁中间砖砌一张桌。桌高0.52、桌面宽0.53米，直足，高0.49米，两足相距0.21米，单直枨。足与桌面之间的转角处雕刻锯齿状牙条和牙头。桌两侧砌有一对靠背椅，两腿间砌双直枨。左侧椅高0.57、宽0.32米，右侧椅高0.54、宽0.39米（图三六）。

西北壁　壁左侧砌一灯檠，高0.66、宽0.22米，上部分设三杈，杈端各置一灯盏，底部支座微弧略内凹（图三七）。

图三六　M3墓室西南壁

图三七　M3墓室西北壁

图三八　M3墓室北壁

北壁　壁正中砖砌假门，高0.59、宽0.55米，两扇门微开，每扇高0.46、宽0.17米。门由门砧、地栿、立颊、门额、上额、门扇组成，门额上设两个正方形门簪。门两侧各砌一假窗，高0.2、宽0.32米，由窗砧、立颊、榑柱、窗额、下串组成（图三八）。

东北壁　壁中间砖砌一柜，直足，直枨，高0.56、宽0.52米，柜中部浮雕一把锁（图三九）。

东南壁　壁中间砖砌一衣架，由直搭脑、直足、直枨、矮老组成，足设站牙。衣架高0.74、上部宽0.82、两足相距0.56米（图四〇）。

图三九　M3墓室东北壁

图四〇　M3墓室东南壁

（五）壁画

壁画大部分被淤土和泥水所毁，仅在墓门、甬道、墓顶残存少量图案。从残存情况看，原壁画皆绘在白灰面上，采用白描的技法绘出图案。白灰面下为草拌泥地仗，厚1～1.5厘米。现将墓顶残存壁画介绍如下。

南壁　砖砌流苏间用黑线绘一男子，头梳高椎髻，身着团领窄袖袍，右手执长枪（图四一）。

西北壁　用黑线绘一和尚立于云中，身着袈裟，双手执钹，作奏乐状（图四二）。

北壁　用黑线绘三人立于云中。右侧一女子弓背，梳高髻，戴花冠，插簪饰，身着宽袖褙子，内着团领衫，双手抄于袖中，袖前搭长帛。左侧立两男子，前者留长须，昂首挺

图四一　M3墓顶南壁壁画

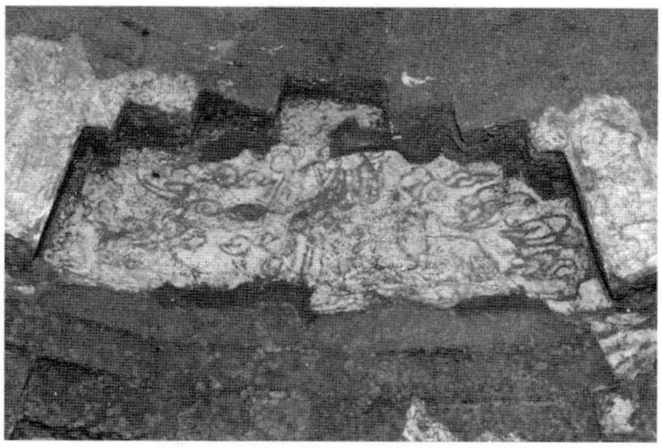

图四二　M3墓顶西北壁壁画

胸，头戴无脚幞头，身着团领窄袖袍，腰带打结，双手抄于袖中；后者头戴无脚幞头，身着团领窄袖袍，系腰带，双手互抄夹一长条形物置胸前，右袖前搭长巾（图四三）。

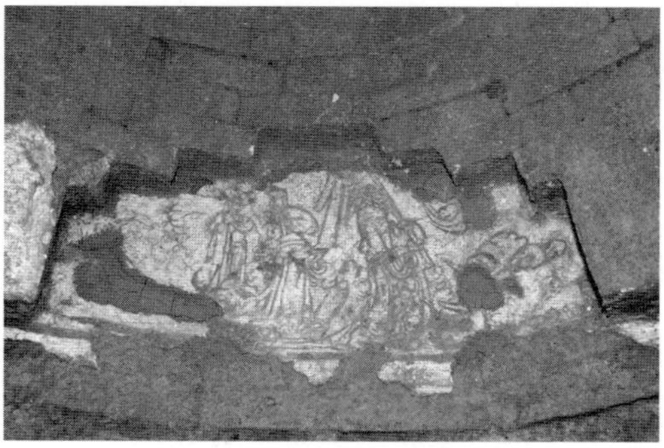

图四三　M3墓顶北壁壁画

三、结　语

M2墓室平面呈六边形，棺床为“凹”字形，倚柱为抹角半方柱，与登封刘碑宋代壁画墓[1]相同。铺作为一层，栌斗上出泥道拱、华拱，泥道拱上承柱头枋，柱头枋上为抹角橑檐枋，华拱之斗实际不承托柱头枋。墓室东南壁设一耳室，顶部逐层收杀成阶梯状，与登封高村宋代壁画墓[2]大致相同。这在目前郑州地区发掘的宋代壁画墓中较少见。M2的墓门、甬道和墓室以白灰为地，满绘壁画，其中墓室西北壁的对饮图与登封黑山沟宋代壁画墓[3]及白沙一号、二号宋墓[4]中的对饮图基本相同，甬道壁画与白沙三号宋墓[5]基本一致。登封黑山沟宋代壁画墓的年代为绍圣四年（1097年），登封刘碑宋代壁画墓的年代从铺作判断比登封黑山沟宋代壁画墓略早，登封高村宋代壁画墓从形制、壁画内容判断，其年代与登封黑山沟宋代壁画墓大致相同，白沙一号宋墓的年代为元符二年（1099年）。从郑州地区宋金壁画墓[6]的壁画风格看，M2壁画的风格属于北宋晚期早中段。因此，我们推测M2的年代为北宋晚期早中段。

M3的形制和仿木建筑与登封城南庄宋代壁画墓[7]、白沙三号宋墓大致相同。另外，M3的砖制浮雕与郑州南关外北宋砖室墓[8]基本一致，后者的年代为嘉祐元年（1056年）。从郑州地区宋金壁画墓[9]的壁画风格看，M3壁画的风格属于北宋晚期早段。因此，我们推测M3的年代为北宋晚期早段。

此次发掘的2座宋代壁画墓，其中M2的壁画保存较好，M3的砖制浮雕较细致，为研究北宋时期的服饰、家具、丧葬习俗及绘画艺术等提供了珍贵的实物资料。

领　队：姜　楠
发　掘：汪松枝　高赞岭　张小红
王广才　付得力　宋嵩瑞
付晓冬　宋峻鹏　袁晓霖
王　伟　常建忠　赵洪法
绘　图：潘　敏　张小红　王庆丽
摄　影：蔡　强

注　释

［1］郑州市文物考古研究所：《郑州宋金壁画墓》，科学出版社，2005年，第55～158页。
［2］郑州市文物考古研究所：《登封高村壁画墓简报》，《中原文物》2004年第5期。
［3］郑州市文物考古研究所：《登封黑山沟宋代壁画墓》，《文物》2001年第10期。
［4］宿白：《白沙宋墓》，文物出版社，2002年。
［5］同［4］，第91页。
［6］同［1］，第248～250页。
［7］郑州市文物考古研究所：《登封城南庄宋代壁画墓》，《文物》2005年第8期。
［8］河南省文化局文物工作队第一队：《郑州南关外北宋砖室墓》，《文物》1958年第5期。
［9］同［1］，第250页。

（原刊于《文物》2012年第9期）

河南郑州南阳路宋墓发掘简报

魏青利　丁兰坡

2010年3月，为配合郑州市金水区南阳路以西的住宅楼建设，郑州市文物考古研究院在其工地范围内清理墓葬9座（图一）。其中10ZYZM8（以下简称M8）出土器物较为丰富。现将该墓发掘情况简报如下。

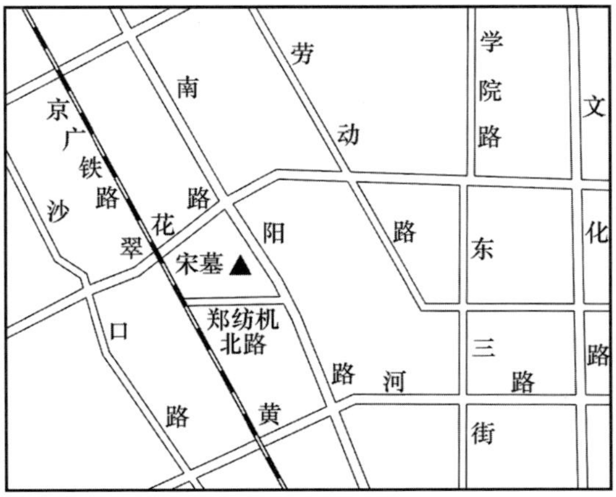

图一　墓葬位置示意图

一、墓葬形制

M8由墓道、墓门、甬道及墓室四部分组成，方向300°（图二、图三）。

墓道　长方形台阶墓道，位于甬道西侧，长7.8、宽1.4～1.5米。台阶经踩踏，已不规整，高0.1～0.3、宽0.1～0.42米。墓门宽1.5、高1.8米，砖封门残高1.08米。甬道长1.9、宽1.5、高1.8米。甬道两壁留有高0.9米的砖墙，并各砌一壁龛，宽0.5、高0.82、深0.36米（图四）。

墓室　圆形，直径4.5、残高1米。残存青砖铺地，高于甬道底0.3米，形成倒“凹”字形棺床。该墓已遭盗扰，破坏严重，墓室砖砌仿木结构仅存底部。在填土内的乱砖上发现有壁画残块，未见完整图案（图五）。

二、出土器物

M8因遭盗扰，器物多出土于填土内，有陶俑、陶器、瓷器、铜器及骨器等。现将主要器物介绍如下。

1. 陶俑

16件。均为泥质灰陶，另有较多残俑片，无法修复。

武士俑　2件。标本M8：1，出土于壁龛内。拢发，头扎巾带。怒目圆睁，肩披龙首护膊，身着明光铠，腰束虎头带，左臂上举，右臂平抬作持物状。下着战裙，内着裤，足着靴，立于矮山岩形座上。通高57厘米（图六；图七；图八，1）。

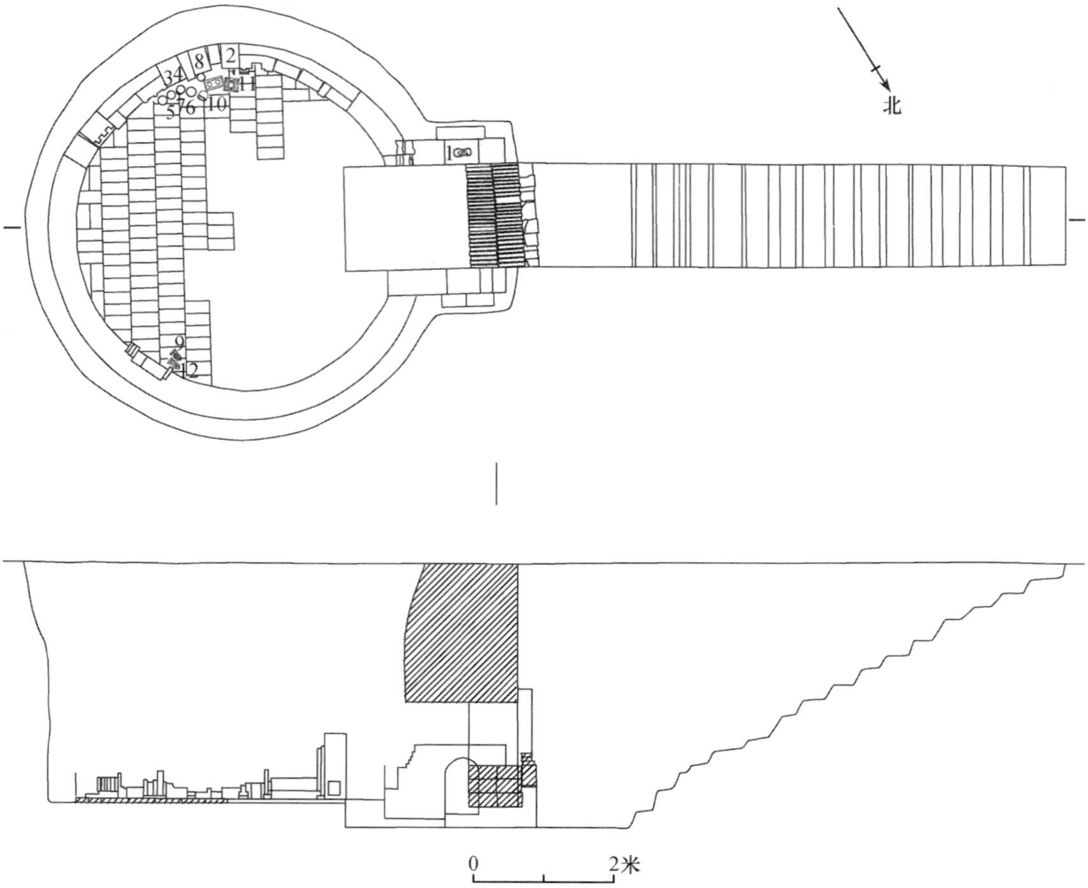

图二　M8平、剖面图

1. 陶武士俑　2. 陶饰件　3～5. 陶盘　6～8. 陶碗　9、12. 陶文吏俑　10. 陶灶　11. 陶井（其余器物均遭扰乱，原随葬位置不明）

文吏俑　9件。完整1件，形制基本相同。标本M8：12，头戴梁冠，题与屋上饰5朵团花，贯笄，系带于颌下。身着右衽宽袖袍，腰束带，背后打结拖地，下着曳地长裙，足着云头履，双手拱于胸前。手中部残留铁丝，可能是笏板的铁筋。此俑面带微笑，神态安详。残高39厘米（图八，2）。标本M8：13，首已失，站立于长方形底板上。残高29厘米（图八，3）。标本M8：17，表情凝重。残高11.5厘米（图九；图一五，1）。标本M8：19，神态沉稳、平静。残高11.4厘米（图一〇；图一五，2）。标本M8：18，拧眉竖目，神情威仪。残高9.5厘米（图一一；图一五，3）。

图三　M8全景

图四 M8南壁龛

图五 M8墓室底部

图六 陶武士俑（M8：1）正面

图七 陶武士俑（M8：1）背面

图八　陶俑

1. 武士俑（M8：1）　2、3. 文吏俑（M8：12、M8：13）　4. 马头（M8：21）　5. 女俑（M8：32）
6. 牵马俑（M8：16）

图九　陶文吏俑头（M8：17）

图一〇　陶文吏俑头（M8：19）

图一一　陶文吏俑头（M8：18）

图一二　陶马头（M8：21）

女俑　1件（M8：32）。首已失。着裙，腰束带，腰前飘垂两带。残高18.8厘米（图八，5）。

牵马俑　2件。标本M8：16，头戴山形帽，身着圆领窄袖袍，腰束带，前襟掖于腰带中，双手前屈作执绳状。残高27.5厘米（图八，6）。标本M8：33，首已失。残高17厘米。

俑头　1件（M8：20）。拢发，头扎巾带。残高10厘米（图一五，4）。

马头　1件（M8：21）。勾首，披鬣，头佩络头，抿嘴。残高10.4厘米（图八，4；图一二）。

图一三　陶井（M8：11）

图一四　陶灶（M8：10）

图一五　陶俑头

1～3. 文吏俑（M8：17、M8：19、M8：18）　4. 俑头（M8：20）

2. 陶器

16件。均为泥质灰陶，器形有碗、盘、井、灶、饰件及佩刀等。

碗　5件。分三型。

A型　2件。八出葵花形口，圆唇，深弧腹，矮圈足外撇。标本M8：6，口径14.2、底径8.2、高7.4厘米（图一六，1）。标本M8：7，内外壁沾有白灰。口径14.5、底径8.3、高7.8厘米（图一六，3；图二一）。

B型　2件。圆唇，深直腹，矮圈足。标本M8：8。直口。口径11.4、底径7.9、高5

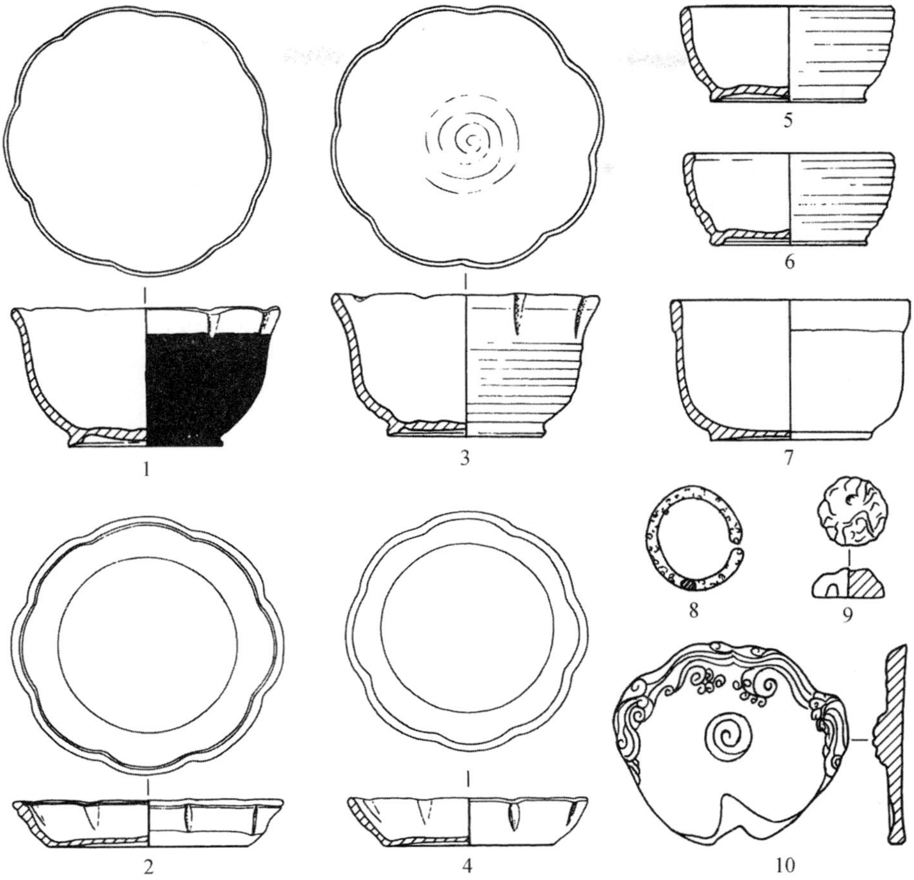

图一六　陶、铜器

1、3. A型陶碗（M8：6、M8：7）　2、4. 陶盘（M8：3、M8：5）　5、6. B型陶碗（M8：8、M8：14）　7. C型陶碗（M8：40）　8. 铜环（M8：31）　9、10. 陶饰件（M8：37、M8：35）

厘米（图一六，5；图二二）。标本M8：14，敛口。口径11.3、底径8、高4.8厘米（图一六，6）。

C型　1件（M8：40）。已残，褐红胎。直口，厚圆唇，深腹，平底，假圈足。口径13、底径8.4、高7.4厘米（图一六，7）。

盘　4件。形制、大小近同。八出葵花形口，圆唇，斜直壁，浅腹，平底略内凹。标本M8：3，内涂红彩。口径14.3、底径10.5、高2.5厘米（图一六，2）。标本M8：5，口径13、底径9、高2.4厘米（图一六，4）。

井　1件（M8：11）。方形，由井台、井栏、井筒、井架组成。井台包砖，上有雕栏，井壁方形，两侧有井架，辘轳已失。长21.2、宽20.8、高7厘米（图一三；图二〇，1）。

灶　1件（M8：10）。长方形，并排双火眼，前壁有两个长方形灶门，后有低矮挡火墙，正中设一长方形孔烟囱，火眼上置甑。长26.2、宽14.4、高10.8厘米（图一四；图二〇，4）。

图一七　陶饰件（M8：35）

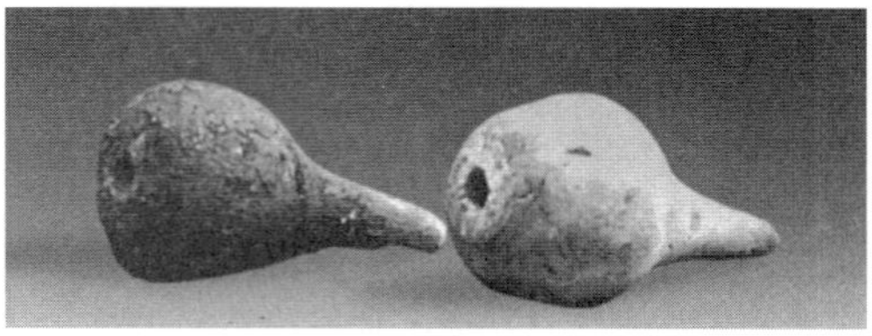

图一八　陶饰件（M8：2）

图一九　陶佩刀（M8：34）

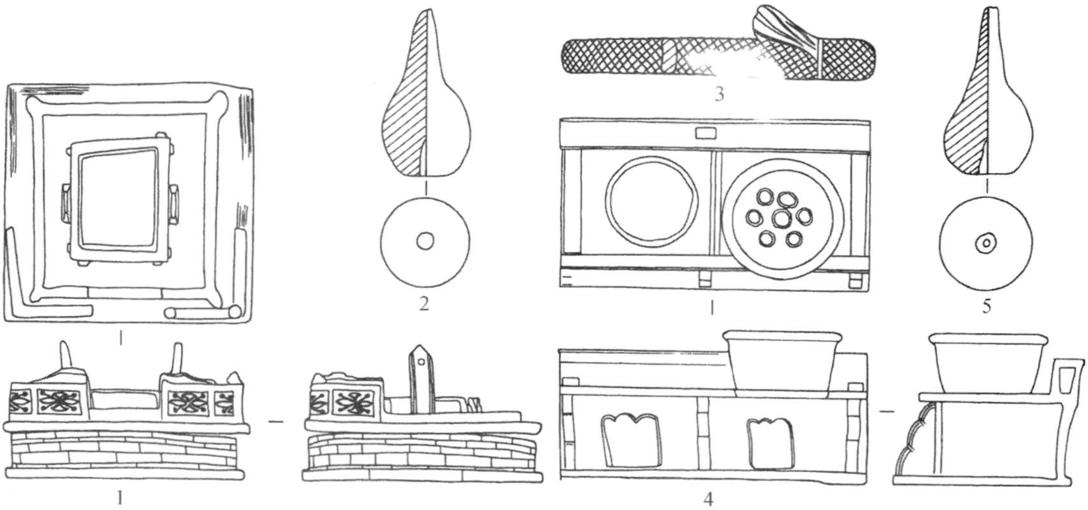

图二〇　陶器

1. 井（M8：11）　2、5. 饰件（M8：2）　3. 佩刀（M8：34）　4. 灶（M8：10）

饰件　4件。标本M8：35，近圆形，上缘饰两朵祥云纹，中央用泥条盘成圆涡纹。两朵祥云之间有铁棍孔痕。高5.5、宽6.2、厚0.3厘米（图一六，10；图一七）。标本M8：2，2件，形制、大小相同。瓠瓜形，底部有一小孔，推测用来插物固定。高7厘米（图一八；图二〇，2、5）。标本M8：37，圆形。直径1.9厘米（图一六，9）。

佩刀　1件（M8：34）。鞘身饰斜方格纹，顶端露出刀缨。长13.5、宽1.5、厚1厘米（图一九；图二〇，3）。

图二一　A型陶碗（M8：7）

图二二　B型陶碗（M8：8）

图二三　A型瓷碗（M8：22）

图二四　A型瓷碗（M8：23）

图二五　A型瓷碗（M8：22）内底

图二六　A型瓷碗（M8：23）内底

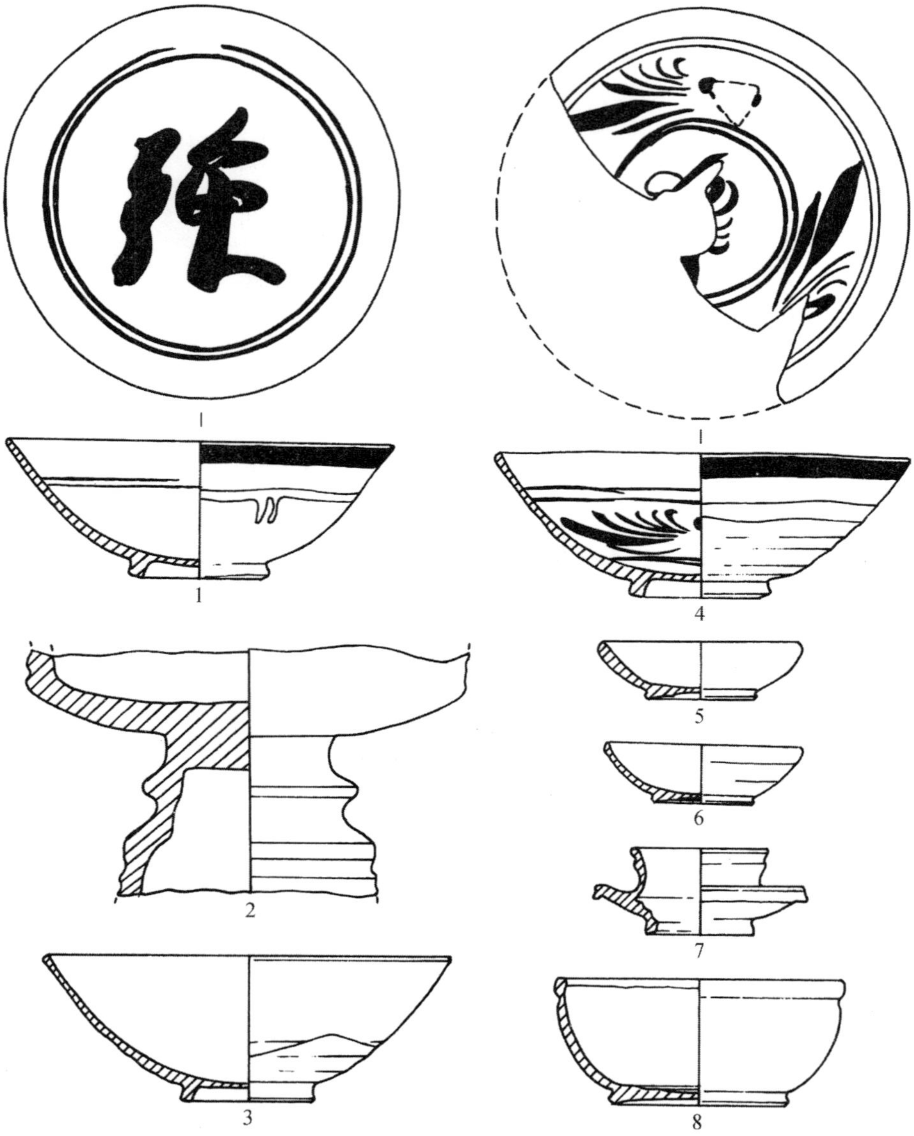

图二七　瓷器

1、3、4. A型碗（M8：22、M8：24、M8：23）　2. 灯（M8：41）　5、6. 碟（M8：29、M8：27）　7. 盏托（M8：42）　8. B型碗（M8：25）

3. 瓷器

12件。器形有碗、碟、灯、盏托。

碗　6件。分二型。

A型　5件。敞口，弧腹，圈足。内壁施满釉，外壁下部及圈足露胎。标本M8：22，灰白釉。内壁中部偏上饰黑釉弦纹两周，底饰黑釉行书“强”字，外壁口沿下饰粗黑带一周。口径22、底径8、高8厘米（图二三；图二五；图二七，1）。标本

M8：23，白釉。内壁口沿下及底部饰黑釉弦纹两组共4周，弦纹之间与底饰黑釉草叶纹，外壁口沿下饰粗黑带一周。口径24.2、底径8、高8.5厘米（图二四；图二六；图二七，4）。标本M8：24，白釉。内壁底部有一周凹弦纹，内底有5个支钉痕。口径23.5、底径7.7、高8厘米（图二七，3）。

图二八　铜钱拓片

1. 祥符元宝　2. 咸平元宝

B型　1件（M8：25）。敛口，圆唇，唇外口下内凹，深弧腹，假圈足略内凹。灰白胎，内壁满施酱黄釉，外壁釉不及底，做工粗糙。口径16.2、底径10、高7.4厘米（图二七，8）。

碟　4件。形制、大小近同。侈口，尖圆唇，浅腹，玉璧底。内壁施满釉，外壁釉不及底。标本M8：27，灰白釉。口径11.6、底径6、高3.6厘米（图二七，6）。标本M8：29，豆青釉。口径11.6、底径6.2、高3.4厘米（图二七，5）。

灯　1件（M8：41）。已残，口部不详。折腹，平底，底中部凸出，喇叭状高圈足。白釉。残高7厘米（图二七，2）。

盏托　1件（M8：42）。碗形，中心起柱以托盏，无底。高5.1厘米（图二七，7）。

4. 其他

铜环　1件（M8：31）。外径2.7、内径2.2、厚0.2厘米（图一六，8）。

铜钱　2枚（M8：30）。其中祥符元宝1枚，直径2.5、孔径0.7、厚0.1厘米（图二八，1）。另有咸平元宝1枚，直径2.4、孔径0.6、厚0.1厘米（图二八，2）。

骨梳　1件（M8：43）。残高1.5厘米。

三、结　语

南阳路宋墓虽被严重破坏，又无纪年墓志，但其墓葬形制、随葬器物特征为研究墓葬年代提供了佐证。

M8的长方形台阶墓道和圆形墓室为中原地区宋墓常见的墓葬形制。该墓出土的陶武士俑形体修长，不及宋太宗李皇后陵石墓门西门扉所刻武士像健壮浑圆[1]，文吏俑则与宋神宗永裕陵和宋哲宗永泰陵的石雕文官俑相似[2]。所出陶俑制作精美，刻划技艺娴熟，人物神态生动传神，与北宋晚期帝陵石雕像风格相近[3]。所以，M8的年代应为北宋晚期。

该墓出土的陶俑在中原地区较为罕见，为研究宋代的社会观念、服饰和葬俗等提供了新资料。

领　队：刘彦峰
发　掘：丁兰坡　董树林
摄　影：蔡　强
绘　图：李　杨

注　释

［1］此为宋太宗赵炅永熙陵的后陵之一，参见河南省文物考古研究所：《北宋皇陵》，中州古籍出版社，1997年。

［2］同［1］，第225、270页。

［3］同［1］，第456、457页。

（原刊于《文物》2014年第8期）

郑州高新区贾庄宋金墓葬发掘简报

索全星　胡继忠　丁兰坡　刘彦锋

郑州航天电子技术有限公司位于郑州市西北部的高新技术产业区（简称高新区）的贾庄村东部，东临西绕城路，南面合欢西街，西邻红叶路（图一）。为配合郑州航天电子技术有限公司建设，郑州市文物考古研究院于2006年10月至12月对此进行考古发掘。发掘中共清理遗迹单位107个，其中以宋金墓葬为大宗，有64座，另外的清代墓葬出土遗物很少。宋金时期的墓葬形制典型，出土了一批代表性器物，现将该时期的墓葬情况简报如下。

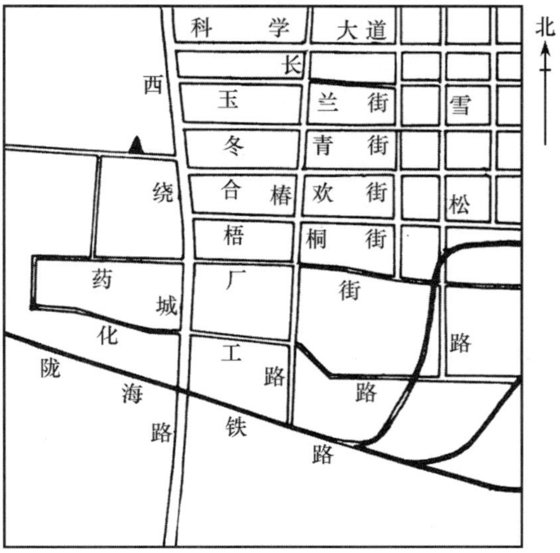

图一　郑州高新区贾庄宋金墓葬位置示意图

一、墓葬分布情况及其层位

这批宋金墓葬分布于发掘区的东部，布排密集，较为整齐，相互间很少有打破现象（图二）。发掘区的地层自上而下分三层：第 1 层为耕土层，第 2 层为浅黄色质地松软的明代地层， 3 层为黄褐色较硬的宋代文化层，该层中出土有“花”字大瓷碗、圈足粉青瓷杯等瓷片。这批墓葬均开口于第 2 层下，打破第 3 层及生土。

二、墓 葬 形 制

这批墓葬以墓道、墓室的不同形制分四类，即台阶式墓道砖室墓、竖井式墓道土洞墓、竖井斜坡式墓道土洞墓及瓮棺葬。

（一）台阶式墓道砖室墓

由台阶式墓道、门楼、甬道、墓室四部分组成，形制较大，规格较高，主要分布于

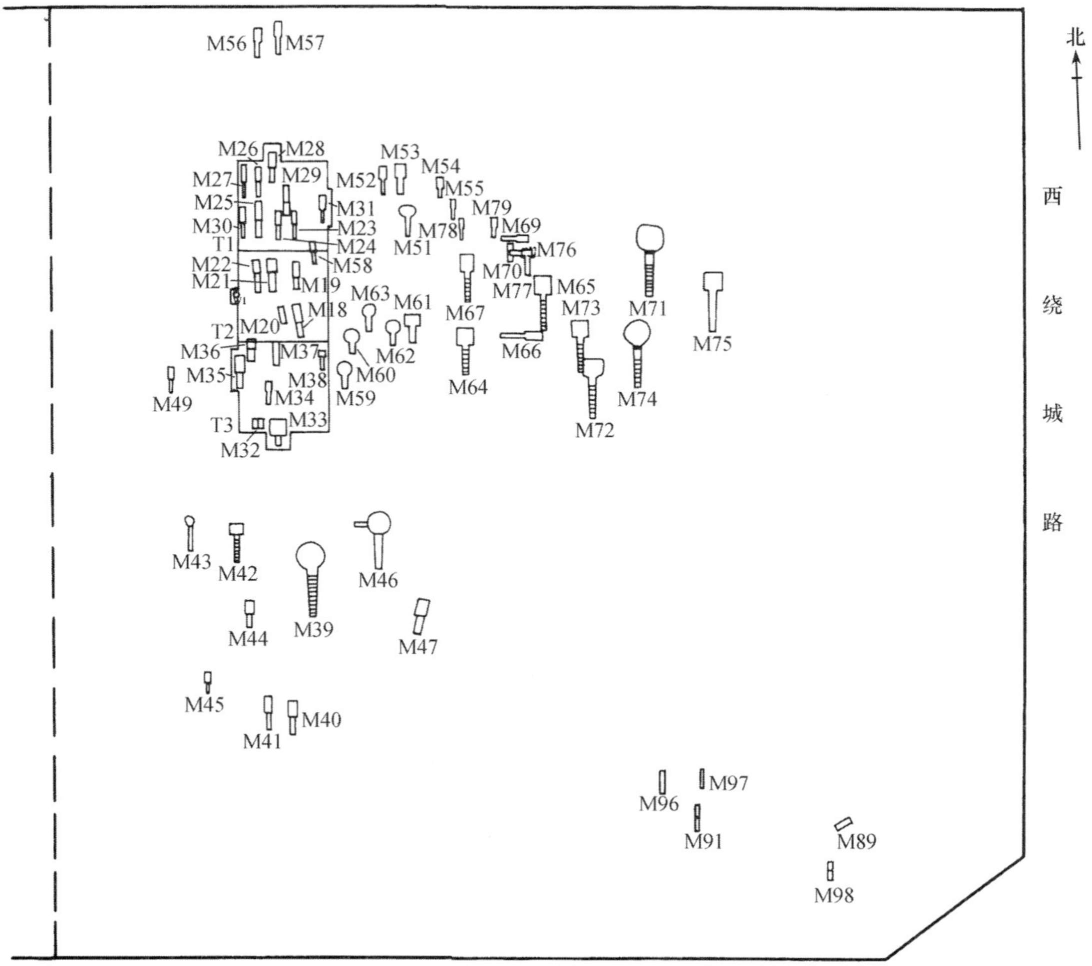

图二　郑州高新区贾庄宋金墓葬分布位置平面图

墓区的东缘。共有10座，均被盗扰一空，仅残剩台阶墓道及墓室土圹，其中尚残存墓门楼的有M71、M73、M74。M73的墓门楼保存较完整。现以M73为例进行介绍。

M73方向183°，墓道被M72打破，但仍可复原，墓道长4.9米，宽0.8～0.9米，深3.1米，土制11级台阶较规整，可供上下。台宽0.25～0.3米，高0.2～0.25米。台阶与墓门底部之间平坦，长1.1米，宽0.95米（图三）。墓门楼位于甬道与墓道之间，砖砌仿木结构，由门洞、门楼两部分组成。门洞高1.58米，顶部呈弧状，两侧有残损的立柱。门洞上部为门楼，由门额、斗拱铺作、枋、椽及坡顶组成。门额两侧饰二朵方形门簪，再上为普拍枋，枋上中部置一偷心造四铺作。铺作为栌斗上伸出华拱、泥道拱，直接承托橑檐枋，再上为椽头、檐枋，然后是坡状扣合的仰覆瓦垄。墓门楼正面装饰彩绘，惜脱落较甚，仅残留痕迹（图四）。甬道位于墓门楼与墓室之间，呈弧顶洞状土圹，系掏挖而成。底部两侧残存二道平砌的三层砖墙，长0.62米，应为甬道的长度。甬道原应为砖砌洞状通道，惜已破坏殆尽。墓室残存平面为弧边四方形土圹，四角为向内鼓出的生土

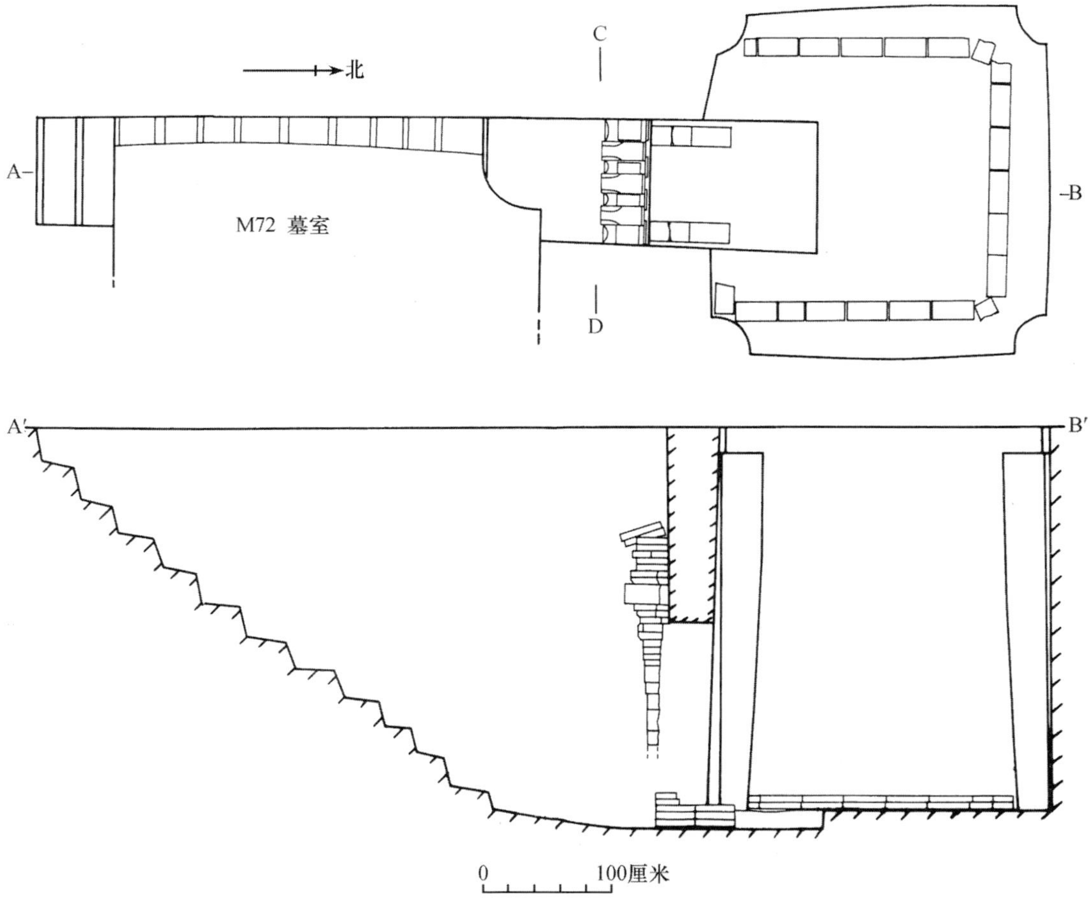

图三　郑州高新区贾庄宋金墓葬M73平、剖面图

柱，上端刹去柱头，高2.6米。墓室底部平面为“凹”字形，最低处与甬道一致，其余部分高约0.15米，为砌棺床的底胎。墓室土圹周沿，残存二层平砌的砖墙，应为砖室墓壁的残留。M73由于破坏严重，清理过程中未见出土器物。

另外，M71亦由台阶墓道、门楼、甬道、六角形墓室组成。墓室土圹呈六边形，口小底大，口径3.66米，底径4.5米，由于遭到破坏，推测应为六角形砖室墓，规模较大。在墓室底部出土有瓷片，修复后为鸡腿瓶、六出葵口形白瓷盘、酱釉瓷盏各1件。

（二）竖井式墓道土洞墓

这类墓葬的墓室为长方形土洞，墓道居于墓室南部，平面长方形，竖井状，壁直底平。分布于发掘区的东南角，有M91、M96、M97、M98等，其中M91形制完整，出土有3件器物，较为典型。

M91方向191°，墓道长方形竖井式，长1.8米，宽0.55米，深2.5米，壁直底平。洞室底平面略呈长方形，北端弧边，长2.13米，宽0.55～0.88米，高1.1米。墓室葬人骨架1

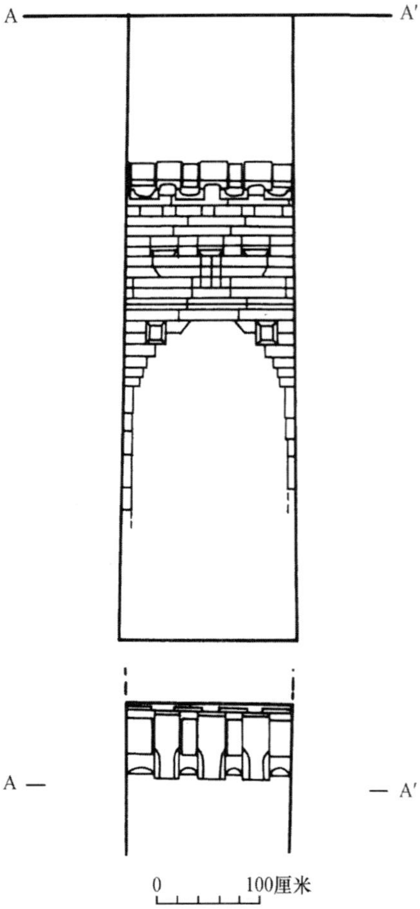

图四　郑州高新区贾庄宋金墓葬M73墓门楼平、剖面图

具，头北足南，面部向东，仰身直肢。葬具为木棺，已腐朽。出土有“开元通宝”铜钱4枚及豆青釉双耳瓶、白釉瓷盏各1件（图五）。

（三）竖井斜坡式墓道土洞墓

这类墓葬较多，分布于台阶式墓道的西部，密集成片，排列规整。墓室平面为长方形、方形、椭圆形、不规则形等，以长方形为主。墓道上部为竖井，其南壁均向内斜收，底呈坡状通至墓室。多数墓葬已遭盗扰，一些墓葬有出土物。以M21、M22、M44、M53、M57为例作介绍。

M21方向178°，墓道口大底小，口长2.5米，宽1.2～1.3米，深2.1～2.35米；底长2米，宽0.82～1.04米。洞室长方形，长2.2米，宽1.07米，高1米。内葬人骨架1具，头南足北，面向上，仰身直肢。葬具为木棺痕迹，长方形状，长1.92米，宽0.6米，残高0.09米。棺内出土瓷罐1件、铜环两枚及“开元通宝”“宋元通宝”“熙宁元宝”“元丰通宝”“正隆元宝”等铜钱116枚（图六）。

M22方向172°，墓道口长2.18米，宽0.94～1米，深2.05～2.3米；底长1.85米。洞室弧角长方

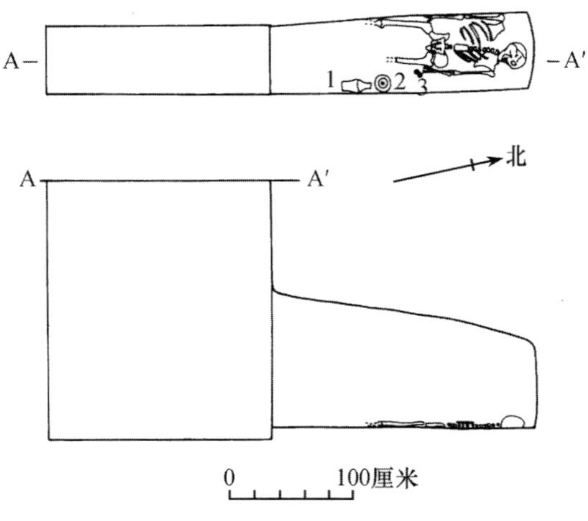

图五　郑州高新区贾庄宋金墓葬M91平、剖面图

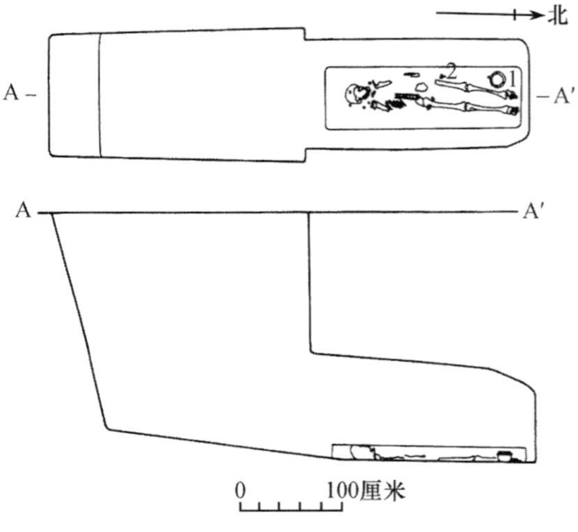

图六　郑州高新区贾庄宋金墓葬M21平、剖面图

形，长2.3米，宽1～1.22米，高0.9米。内葬人骨架1具，头北足南，面向上，仰身直肢。长方形木棺葬具，痕迹长1.92米，宽0.63米，残高0.1米。棺内随葬瓷碗、瓷罐、铜簪各1件，及“宋元通宝”“祥符元宝”“政和通宝”等26枚铜钱。

M44方向186°，墓道口长2米，宽0.7～0.8米，深1.5～1.7米；底长1.65米，宽0.4～0.6米，呈坡状至洞室。洞室平面长方形，长2.2米，宽0.74米，高1.2～0.85米，平底，壁规整。未见人骨、棺具痕迹。出土瓷罐1件。

M53方向186°，墓道口长1.8米，宽0.76～1.05米，深2～2.06米；底长1.55米，宽0.8～1.05米，南壁内收明显，缓坡状底。墓室为椭圆形洞室，长2.2米，宽1.5米，平底。盗扰无出土物。

M57方向180°，墓道长2.2米，宽0.88～0.96米，深2.04～2.3米，南壁内收，底呈坡状至洞室。墓室长方形土洞，底较平。清理墓道及墓室时，有零星人骨出土，表明已被盗扰。菊花纹瓷碗1件，分别于墓道、墓室中出土残片，修复后基本完整。墓室出土折二式“元丰通宝”“政和通宝”各2枚。

（四）瓮棺葬

仅一例，编号W1，位于墓区西部。圆筒形坑，坑径1.18米，深0.88米。内放置陶盆两个，上下扣合，内盛人骨。出土“天禧通宝”“天圣元宝”“皇宋通宝”“元祐通宝”等8枚铜钱。

三、出土器物

（一）瓷器

1. 碗

5件，分三式。

Ⅰ式：1件，T2③：1，敞口，圆唇，斜腹，下腹内收，圜底，圈足。灰胎。器内及口沿施白釉，器表腹部施黑釉不及底。碗内底部画一周黑釉圆圈，其半圆岔分双线，圆内草书“花”字。口径20厘米，底径7.2厘米，高7.2厘米（图七，1）。

Ⅱ式：1件，M57：1，敞口，圆唇，腹微弧，下腹部斜收，近平底，圈足较深。器内白釉，壁画三周酱褐色圆圈，圆内画写意折枝菊花图案。口沿和器表腹部以下施酱褐色釉，口沿下为一周宽带白釉。器表有流釉现象。器底、圈足分别有5个砂钉痕迹。口径19.2厘米，底径6.8厘米，高6.8厘米（图七，2；图八）。

Ⅲ式：3件。侈口，圆唇，斜直腹，圜底，圈足。M22：1，灰胎白釉，器表腹部以下露胎。壁内画两周浅黄褐色圆圈，底草书“花”字。口径14.8厘米，底径6.4厘米，高5.2厘米（图七，3；图九）M34：1，灰胎，器内白釉，底画两周浅黄褐色圆圈，圆内以三笔勾勒出简洁的草叶纹饰。器表口沿、腹部施黑釉，下腹及足部露胎。器内底、圈足

图七　郑州高新区贾庄宋金墓葬出土瓷器

1. Ⅰ式碗（T2③：1）　2. Ⅱ式碗（M57：1）　3. Ⅲ式碗（M22：1）　4. Ⅲ式碗（M34：1）　5. Ⅲ式碗（M33：1）　6. 小碗（M71：3）　7. Ⅰ式盏（M91：2）　8. Ⅱ式盏（M51：1）　9. 杯（T3③：1）　10. 六出葵花盘（M71：2）

分别有5个支钉痕迹。口径18厘米，底径7.2厘米，高6厘米（图七，4）。M33：1，残，可复原。灰红胎，器表腹部施黑釉，器内及口沿下为黄青釉。口沿下施釉不严合，露出白色化妆土。深圈足，露胎，器底心凸出。器内底及圈足上有支钉痕迹（图七，5）。

2. 小碗

1件。M71：3，侈口，圆唇，上腹稍鼓，下腹内收，小圜底，浅圈足。灰胎。外表下腹及足部露胎，其余均施酱色釉。口径11.2厘米，底径4.4厘米，高4厘米（图七，6）。

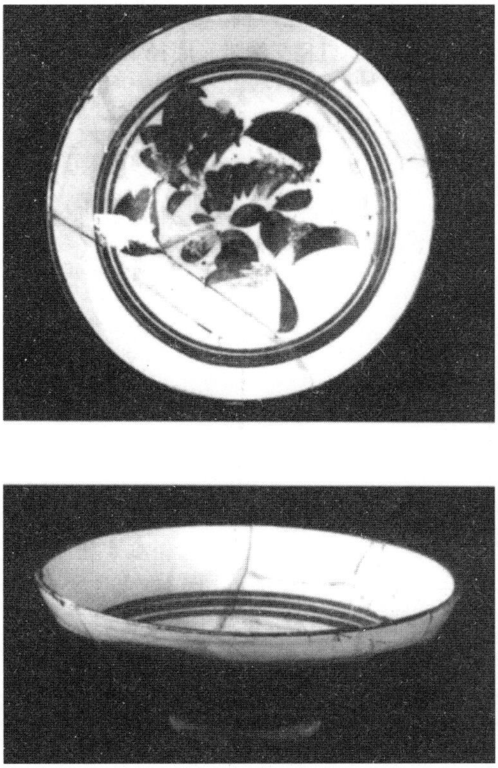

图八 Ⅱ式瓷碗（M57：1）

图九 Ⅲ式瓷碗（M22：1）

3. 盏

2件。分二式。

Ⅰ式：1件，M91：2，敞口，圆唇，斜直腹，平底，圈足。灰红胎。外表及足部露胎，其余在白色化妆土上施白釉。器内底部有3个支钉痕迹。口径12.8厘米，底径6厘米，高5.6厘米（图七，7）。

Ⅱ式：1件，M51：1，敞口，圆唇，斜腹，圜底，圈足中有鸡心，下腹、足部露灰胎，其余均在白色化妆土上施白釉。腹部有3个支钉痕迹。制作粗糙。口径9厘米，底径3.2厘米，高2.8厘米（图七，8）。

4. 杯

1件，T3③：1，敛口，圆唇，下腹内折，平底圈足。青灰胎。外表下腹及足部露胎，其余部分为粉青釉。口径10.4厘米，底径5.6厘米，高6厘米（图七，9；图一〇）。

5. 盘

1件。M71：2，侈口，尖唇，六出葵口形，斜壁直腹，平底，白胎白釉。盘内底部遗有4个支钉痕迹。口径13.6厘米，底径5.6厘米，高2.8厘米（图七，10）。

图一〇　杯（T3③：1）

6. 瓶

1件。M91：1，敛口，窄沿尖唇，长颈，弧肩，上腹鼓，下腹内收，平底。肩部有对称的条形素耳。器表腹部以下露胎，肩、颈及器内均施豆青釉。内壁有上下平行的凸棱。口径6.4厘米，腹径10.4厘米，底径6.4厘米，通高23.6厘米（图一一，1；图一二）。

7. 鸡腿瓶

1件。M71：1，体格硕大，胎厚重坚致。小口微敛，斜沿尖唇，矮颈，溜肩，上腹鼓，下腹瘦长内收，隐圈足。器内外有凸棱。灰胎酱釉。口径7.2厘米，腹径21.2厘米，底径12厘米，通高52.8厘米（图一一，2；图一三）。

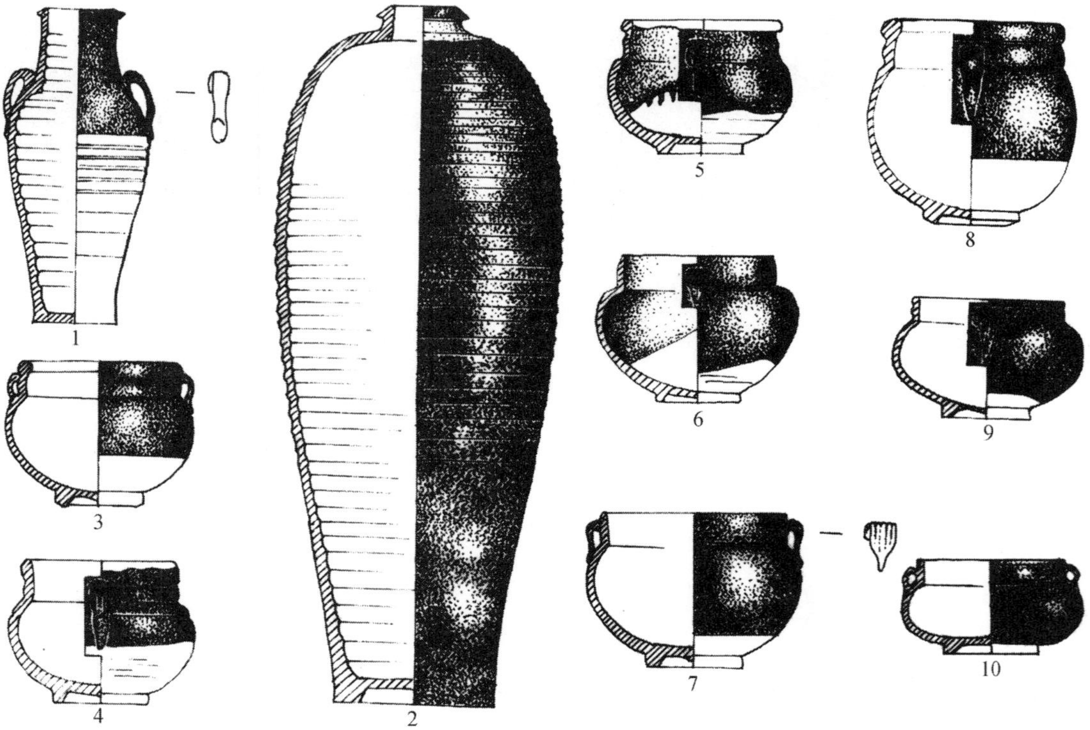

图一一　郑州高新区贾庄宋金墓葬出土瓷器

1. 瓶（M91：1）　2. 鸡腿瓶（M71：1）　3～5. Ⅰ式罐（M23：1、M30：1、M21：1）
6、7. Ⅱ式罐（M22：2、M25：1）　8. Ⅲ式罐（M40：1）　9、10. Ⅳ式罐（M47：1、M44：1）

图一二　瓶（M91：1）

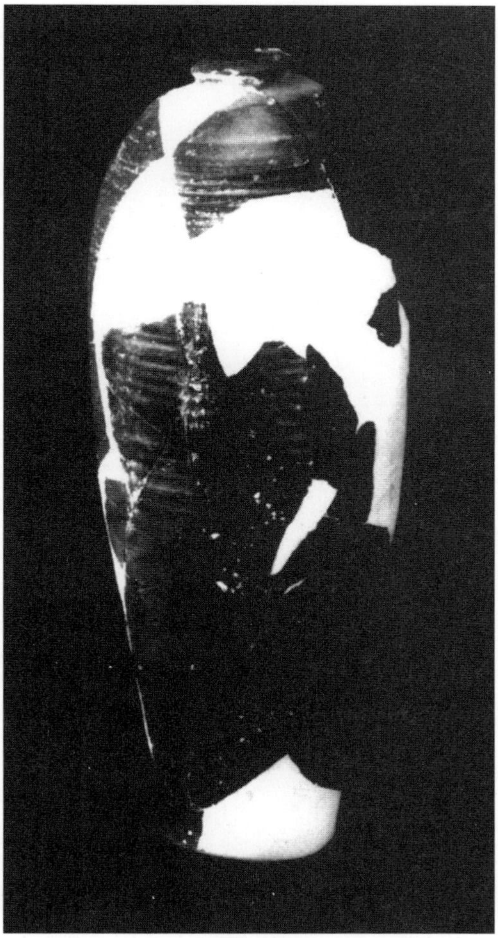

图一三　鸡腿瓶（M71：1）

8. 罐

8件。分四式。

Ⅰ式：3件，敛口，圆唇，矮颈略鼓，弧肩，颈与肩部饰对称的垂叶形耳，鼓腹，圜底，圈足。M23：1，白灰胎黑釉，口沿、下腹、足部露胎。口径12.4厘米，腹径14厘米，底径6.8厘米，高10.8厘米（图一一，3；图一四）。

M30：1与M23：1相仿，口径11.6厘米，腹径14.4厘米，底径7.2厘米，高10.8厘米（图一一，4）。M21：1，口沿饰白色化妆土，器内壁上部、器表颈、肩部施酱釉，有流釉现象，其余部分露胎。口径12.4厘米，底径6.4厘米，腹径14.2厘米，高10.2厘米（图一一，5）。

Ⅱ式：2件，直口，圆沿，矮直颈，溜肩，鼓腹，圜底，圈足，足底凸起。M22：2，黄灰胎，内外底均露胎，其余部分施浅青釉，口径11.6厘米，腹径15.2厘米，底6.4厘米，高11.2厘米（图一一，6；图一五）。M25：1，褐砂胎，器表下腹及足部饰红色化妆土，其余部分着薄釉显胎本色，器体砂眼较多。口径14厘米，腹径16厘米，底径7.2厘米，高11.6厘米（图一一，7）。

Ⅲ式：件，M40：1，敛口，圆唇，削肩，对称式垂叶素耳，鼓腹较深，圈足。口沿、下腹及足部饰白色化妆土，其余部分均施浅酱釉。口径13.8厘米，腹径15.4厘米，底径7.2厘米，高15.4厘米（图一一，8）。

Ⅳ式：2件。直口，圆唇，鼓腹而矮，底略平，圈足，足底凸起明显。下腹及圈足露胎，其余部分施黑釉。M44：1，口径11.2厘米，腹径13.6厘米，底径7.2厘米，高7.2厘米（图一一，10）。M47：1，残，口径11.6厘米，腹径14.4厘米，底径6.8厘米，高9厘米（图一一，9）。

图一四　Ⅰ式瓷罐（M23：1）

图一五　Ⅱ式瓷罐（M22：2）

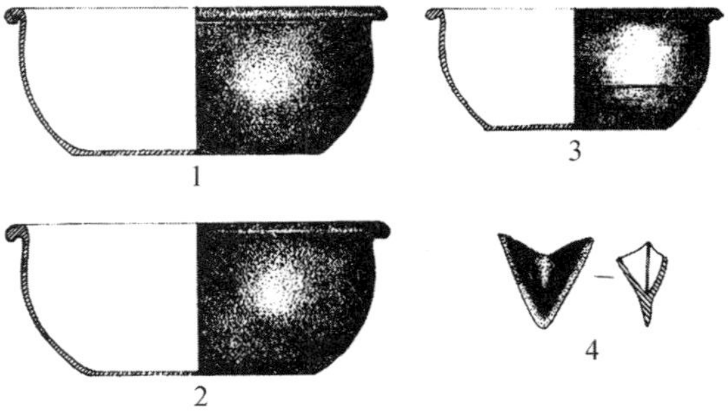

图一六　郑州高新区贾庄宋金墓葬出土陶器、铁器

1. Ⅱ式陶盆（W1：1）　2. Ⅲ式陶盆（W1：2）
3. Ⅰ式陶盆（T3③：2）　4. 铁鏃铧（M34：2）

（二）陶器

陶盆，3件，泥质灰陶，圆口，鼓腹，平底。分三式。

Ⅰ式：T3③：2，尖唇，腹部饰一周阴弦纹，平底微鼓。口径31.6厘米，底径19.2厘米，高12.8厘米（图一六，3）。

Ⅱ式：W1：1，卷沿，口径44厘米，底径25.6厘米，高15.6厘米（图一六，1）。

Ⅲ式：W1：2，圆唇，口径44厘米，底径24厘米，高15.8厘米（图一六，2）。

（三）铜器

1. 铜笄

1件，M22：4，呈长“U”形，尖头，尾部稍粗而弯曲，长13厘米。

2. 铜环

2件，M21：3，圆环状，直径2.5厘米，系铜条弯制而成，截面直径0.2厘米。

3. 铜钱

共265枚，其中M21有116枚，M22有26枚，M56有91枚，其余由M18、M23、M26、M27、M30、M57、M91、W1等墓葬内出土。有唐“开元通宝”、金代“正隆元宝”及宋代八帝（除宋钦宗）23种42类等铜钱。“正隆元宝”为金海陵王正隆年间（1156～1160年）铸，是年号最晚的铜钱，M21、M56各出土一枚（图一七，1～25；图一八，1～25）。

（四）铁器

铁耧铧　1件，M34：2，中空三角形，长9.6厘米，宽9.6厘米，高5.6厘米（图一六，4）。

四、小　结

这批墓葬由于没有明确的纪年标志，我们只能根据发掘情况、墓葬形制、出土物等，对其性质、时代进行一些初步的推断。整体看，墓葬分布密集有序，墓向基本一致。从地层上看，均开口于第2层下，向下打破第3层及生土层。第3层为北宋晚期文化层，出土了“花”字瓷碗、圈足青瓷杯、陶盆等陶瓷器，说明这些墓葬不能早于北宋晚期。墓葬中出土了金代“正隆元宝”铜钱，所以其下限应在金代。墓葬形制分台阶式墓道砖室墓、长方形竖井式墓道土洞墓、竖井斜坡式墓道土洞墓、瓮棺葬四种，其中台阶式墓道的墓葬形制相对来讲比较大，规格应该较高级，可能是有一定社会地位的士绅或族内富裕之家的坟墓。而其他三种形制的墓葬数量多，规模不大，分布有序，是族中百姓墓葬。台阶式墓道砖室墓，主要分布于墓区内的东缘，由墓道、门楼、甬道、墓室等部分组成，M71、M72、M73、M74比较典型。这些墓葬规模较大，但盗扰严重，仅残剩土圹，对比研究困难。但M73尚保存有较好的墓门楼，其斗拱铺作与登封箭沟宋代壁画墓[1]的墓门铺作相似，M71、M74虽然损毁较甚，却与M73风格相同。M72打破M73的墓道东侧，表明M73应稍早于M72，但时代上应属同时

图一七　郑州高新区贾庄宋金墓葬出土铜钱

1. 宋元通宝　2. 太平通宝　3、4. 淳化元宝　5、6. 至道元宝　7. 熙平元宝　8. 景德元宝
9、10. 祥符元宝　11. 天禧通宝　12、13. 天圣元宝　14. 明道元宝　15、16. 景祐元宝
17～19. 皇宋通宝　20. 至和通宝　21. 至和元宝　22、23. 嘉祐通宝　24. 治平元宝　25. 治平通宝

图一八　郑州高新区贾庄宋金墓葬出土铜钱

1. 治平元宝　2～5. 熙宁元宝　6～8. 元丰通宝　9～11. 元祐通宝　12～14. 绍圣元宝　15. 元符通宝　16～18. 圣宋元宝　19、20. 政和通宝　21. 元丰通宝（折二）　22. 元祐通宝（折二）　23. 政和通宝（折二）　24. 开元通宝　25. 正隆元宝期。此外，M71出土的鸡腿瓶、六出葵口形白瓷盘相当典型，鸡腿瓶与观台磁州窑Ⅶ型2式经瓶[2]相似，具有北宋晚期特征。因此这几座墓葬为北宋晚期的可能性较大。长方形竖井式墓道洞室墓共有4座，位于发掘区的东南角，形制较小，与其他墓葬相距较远，葬制风格有差异性，应该另作区别。M91出土的圈足白瓷盏、双系豆青瓶，具有北宋晚期特征，时代应属北宋晚期。竖井斜坡式墓道土洞墓，数量多，成片密集排列。墓道平面为等腰梯形，南壁一般向内斜收，底部呈坡状通向洞室，是这种形制墓葬的明显特征。M21、M56出土了金代"正隆元宝"铜钱，说明时代应属金代。M23、M30与M21位置相近，出土的瓷罐同属Ⅰ式瓷罐，与1988年发掘的荥阳城关金墓M7的黑瓷罐一样[3]。M22与M21、M57与M56皆东西相邻，时代相近。M22、M25出土Ⅱ式瓷罐，M22、M57及M34出土的"花"字碗、菊花纹碗、草叶纹碗也具有相同的制作风格，应该属于金代墓葬。需要说明的是M40、M44、M47等墓葬分布于墓区南部边缘，出土了Ⅲ式、Ⅳ式瓷罐，其最大腹径已至下腹部，比Ⅰ式、Ⅱ式瓷罐的时代特征晚。

以上情况说明，这批墓葬除东南角4座外，应属一个家族墓地，由东向西、自北向南排列。东部的墓葬早于西部，北部的墓葬早于南部，东部的墓葬明显比西部的形制大、规格高，从北宋晚期延续至金代。墓葬中出土的唐代"开元通宝"、金代"正隆元宝"及种类繁多的宋代铜钱也殊为珍贵。这些资料为研究宋金时期的墓葬形制、社会经济及古代民俗文化提供了实物佐证。

领　队：刘彦锋
发　掘：丁兰坡　索全星　王振宇
郑立敏　赵宏发
王　冰　郭留通
绘　图：张　倩　张清池
照　相：蔡　强

注　释

[1] 郑州市文物考古研究所：《登封箭沟宋代壁画墓》，《郑州宋金壁画墓》，科学出版社，2005年，第136页。

[2] 北京大学考古系、河北省文物研究所、邯郸地区文物保管所：《观台磁州窑址》，文物出版社，1997年，第214页。

[3] 陈立信、马德峰：《河南荥阳城关发现两座金墓》，《华夏考古》1999年第4期。

（原刊于《中原文物》2009年第4期）

河南新郑市铁岭元代水井发掘简报

郝红星　黄文兵

2011年5月，郑州市文物考古研究院在新郑铁岭墓地西南缘、双洎河支流北岸一级台地上对一口古代水井11HZXTJ1（以下简称J1）进行了清理，从中清出大量文物。这些文物，富有浓郁的生活气息，对我们全面了解当时的农村生活及生产力水平有一定帮助，兹报告如下。

一、位　置

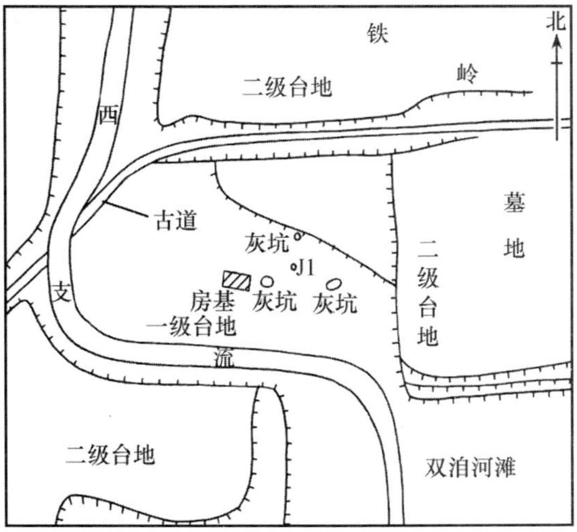

图一　J1位置示意图

铁岭墓地位于双洎河北岸，墓地东西各有一条南北向的支流。西支流稍长，在接近双洎河的地方陡拐向东百余米后又拐向南，由此形成一段河湾。河湾北岸有一块长120、宽20～40米的台地，2006年铁岭墓地开始发掘时，因其仅比支流水面高1米且上部为后期垫土而没有进行文物钻探。2011年4月，中国水利四局在台地上进行南水北调双洎河支流的过水涵洞施工时，发现一古井遗存。郑州市文物考古研究院发现该遗迹后，对台地的现状进行了调查。水井位于台地的东部，井北、东、西南方向各有一个灰坑，西南灰坑的西边有一座砖铺地的房基，台地西端有一条古代的官道，越支流西去（图一）。现在看来，这个避风的台地在古代可能存在一个小村庄。

二、发掘经过

水井上部3米被清理掉，现存井口与水位线平齐，井壁为砖红色黏土，孔隙大。下挖过程中井壁不断渗水，进展缓慢。清至3.8米（距原口）时，渗水已来不及向外挹取，只

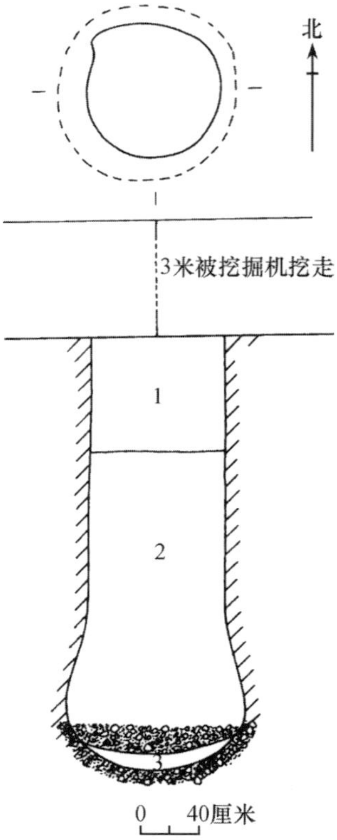

图二　J1平、剖面图

得用潜水泵边抽水边下挖，而此时黄褐色的淤泥中开始出现大量文物，清理更为不易，大的器物或残件从泥中拔出，小的器物从挖出的稀泥中捏出。5米深时，井壁外扩，渗水已成泉流，井壁在失去淤泥的挤压后，不断塌方。清至5.8米时，有石水槽几乎占据井的半部，槽下为黑色淤泥，淤泥下即为沙砾井底。井中器物主要集中在3.8～6米的深度，自上而下清出的器物主要有铁釜、铁火盆、铁鏊、铁斧、人骨、瓷水缸、铁犁镜、瓷碗、铁杵、石杵、瓷酒瓶、石磨、砾石、铁锨、铁镰、铁钩、铜钱、铁竖铲、瓷罐、木水桶、瓷碟等。

三、形　　制

J1为圆形，直壁，现口径0.9米，底部略大，直径1.2米，应在长期使用过程自然扩大，圜底，自深6米。由于井壁疏松，未发现脚窝。

井中填土分为3层（图二）。

第1层：厚3.8米，黄褐色填土，因经后期雨水浸积，呈淤土状。包含物主要有白瓷片、钧瓷片、砖块等。

第2层：距地表约3.8米，厚2.1米，黄褐色填土。包含物较多，井中主要器物及景德元宝、元丰通宝、崇宁重宝、庆历重宝皆出于此层。

第3层：距地表约5.9米，厚0.1～0.2米，黑色淤泥。包含物有木水桶、瓷罐、瓷碟等。

四、出土器物

J1出土物主要集中在第2、3层（上部填土已被施工队运走），从质地上来分，有陶器、瓷器、铁器、铜器、木器、石器等，依次叙述。

1. 陶器

主要有青砖、盆。

青砖　30余块，多残。3块较大，青灰色，无纹饰，2块背面有火烧痕。残长分别为24、28、19厘米，宽分别为14.5、15、14厘米，厚均5厘米。

盆　1件。标本J1：1，泥质灰陶。敛口，卷圆唇，深弧腹，平底。口径41、底径30、高约24厘米（图三，7）。

2. 瓷器

包含粗瓷缸，共11件。

水缸 4件。黄褐胎，内外壁施满釉，口唇施白色化妆土，外底露胎。敛口，厚圆唇，鼓腹，平底内凹。标本J1：3，内外壁施豆青釉。缸略有变形。近底处饰六道凹弦纹。口径58.2、腹径66、底径32.8、高73厘米（图三，1）。标本J1：2，外壁施豆青釉，内壁施褐釉。近底处饰八道凹弦纹。口径49.2、腹径57、底径32、高66厘米（图三，2）。

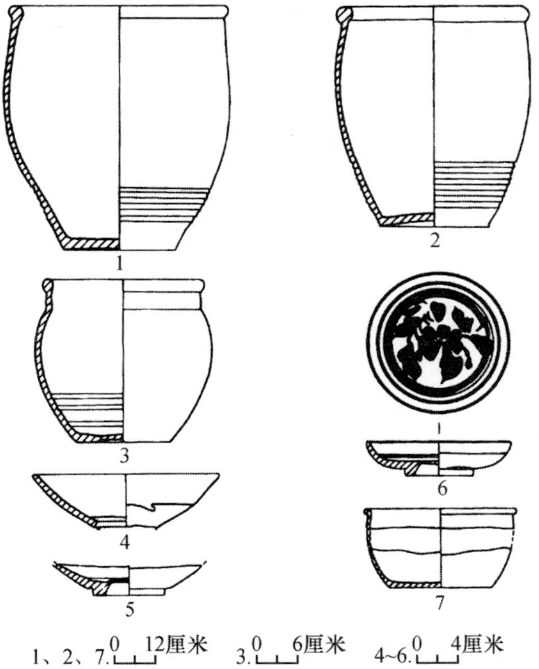

图三 J1出土器物

1、2. 瓷水缸（J1：3、J1：2） 3. 瓷罐（J1：7） 4、5. 瓷碗（J1：10、J1：11） 6. 瓷碟（J1：51） 7. 陶盆（J1：1）

酒瓶 1件。标本J1：6，粗灰胎，外壁上半部及颈的内部施白釉，外壁下半部及内壁施酱釉。直口，圆唇，束颈，弧肩，橄榄状腹，圈足外撇。颈肩处置四泥条状系，两个残失。白釉上颈肩处绘有褐色弦纹与草叶纹，腹部题晚唐诗人胡曾的一首诗“北乘嬴马到燕然，此地何人复礼贤。若问昭王无处所，黄金台上草连天。再览远浦抵邛”。口径9.6、腹径34、足径14.8、通高47.4厘米（图四）。

罐 3件，2件残甚。灰胎，内、外壁施褐釉，口唇施白色化妆土。标本J1：7，口微敛，圆唇，束颈较直，弧肩，鼓腹，玉璧底。口径20.8、腹径25.5、底径13、高24厘米（图三，3）。

碗 2件。标本J1：10，灰胎，内壁底及外壁下半部未施釉，余施茶末釉。敞口，圆唇，弧腹，圈足失。口径17.4、残高5.2厘米（图三，4）。标本J1：11，黑灰胎，内壁施豆青釉，外壁下半部未施釉。内底有一玉璧状露胎，以防烧时粘连，露胎处均呈褐红色。仅存下腹及圈足。底径6.8、残高3厘米（图三，5）。

碟 1件。标本J1：51，灰胎，外壁下部施褐釉，上部施白釉，口唇施褐釉；内壁施白釉，中心施褐釉花、叶，其外为褐釉弦纹五道。侈口，圆唇，浅弧腹，圈足处撇。口径13.5、足径6.5、通高3.4厘米（图三，6）。

3. 铁器

共30件。主要为生活、生产用具。

釜 1件。标本J1：12，敛口，窄折沿近平，沿下有四个横耳，鼓腹，圜底，底中

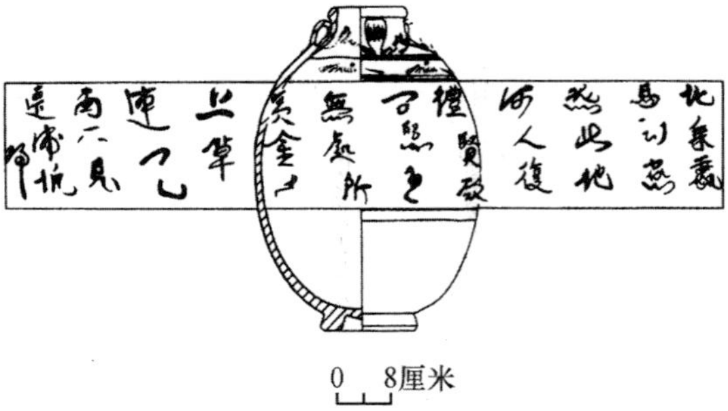

图四　J1出土瓷酒瓶（J1：6）

心加厚。口径50、腹径52.8、高31.8厘米（图五，1）。

火盆　1件。标本J1：13，侈口，宽折沿，方唇，浅弧腹，平底。下有三耳状矮足。口径36、底径29.4、通高10厘米（图五，2）。

鏊　1件。标本J1：14，顶面弧凸，沿下有3个扁立足。面径41.4、高17.4厘米（图五，3）。

犁镜　1件。标本J1：15，椭圆形，上部残，正面光洁。背面缘呈三角形，缘内有一道弧形加强筋，右侧筋缘间有一斜向外的长鼻用于系绳，其下有一三角形凸起，但对应的左侧却没有；筋内设四个穿孔长方鼻。宽26.4、残高22.8厘米（图六，4）。

斧　1件。标本J1：16，陷在女性颅腔内，将铁斧取出后，发现颅骨顶有一长方形孔洞，断面为齐茬，刚好容入长方形的铁斧。斧残长13、宽5厘米（图七，5右）。

板钁　1件。标本J1：17，长方形，中部有较宽的加强筋，刃部磨损严重，銎内积满锈土。面长14.4、宽10、通长23厘米（图七，2）。

锨　4把。长方形，刃部较薄，锈蚀严重，肩部稍厚，且向前倾，用于脚蹬，锨面有凸起加强筋，长銎后部有缝隙，銎内残存木柄。标本J1：18，面宽23.8、面长17.4、通长28厘米（图六，1）。标本J1：19，面宽22.2、面长17.8、通长28.6厘米（图六，2）。标本J1：21，面宽21.3、面长17.8、通长30.4厘米（图六，3）。

竖铲　1件。标本J1：22，长条形，顶有长銎，銎内留有木柄。面长23、面宽7.5、厚1.2、通长46厘米（图七，1）。

镰　5把。刃背弧形，较厚，单面刃，半圆銎。标本J1：23，銎内留有木柄。刀长19.4、面宽6.2、刃宽2.2、銎长8厘米（图八，1）。标本J1：24，朽蚀严重。刀长约14.2、面宽约5、銎长6厘米（图八，2）。标本J1：25，刀长20.3、面宽5.6、銎长6厘米（图八，3）。标本J1：26，銎失。刀残长17.4、面宽6.2厘米（图八，4）。

凿　1件。标本J1：28，銎及刃皆残。体宽2、残长14.4厘米（图八，5）。

杵　1件。标本J1：29，陀螺形，底尖，顶平，上有一直径4厘米的圆洞，内残留木柄。顶面径9、腹径13、高13厘米（图一〇，4）。

切面刀　1件。标本J1：30，长方形刀面，近柄处刀背较宽，刀尾镶有云形铁夹；方锥形铁柄，柄与刀面间有圆箍用于固定木柄。面长22.4、面宽10.4、通长31.2厘米（图五，4）。

剪　1件。标本J1：31，仅留一叶。刀长4、宽1.4、通长9厘米（图八，7）。

火杵　1件。标本J1：32，顶端拐如把手，稍粗，五棱体，截面长1.9厘米。体稍细，四棱体，边长1～1.3厘米。残长26厘米（图九，5）。

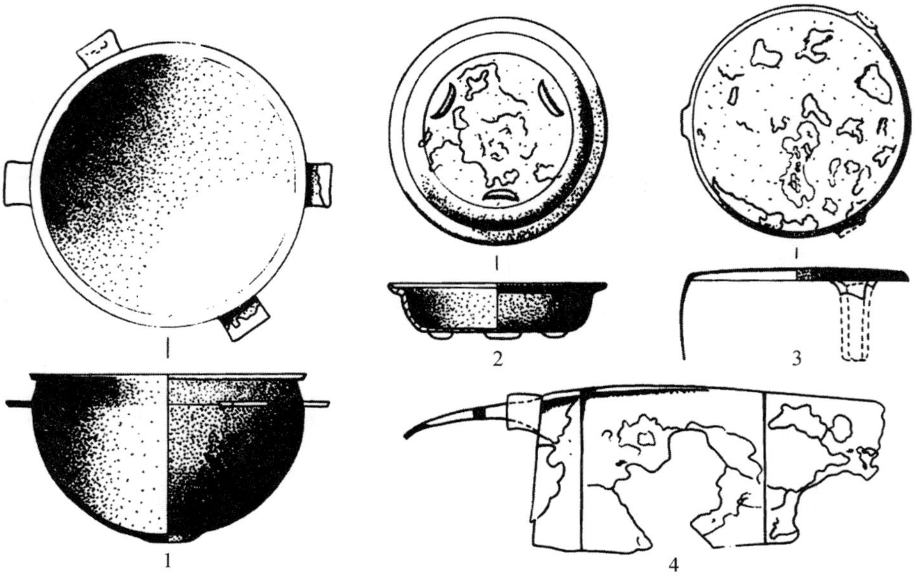

图五　J1出土铁器

1. 釜（J1：12）　2. 火盆（J1：13）　3. 鏊（J1：14）　4. 切面刀（J1：30）

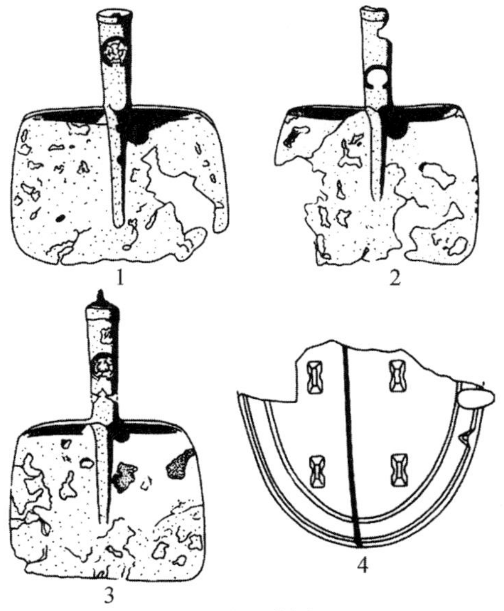

图六　J1出土铁器

1～3. 锨（J1：18、J1：19、J1：21）　4. 犁镜（J1：15）

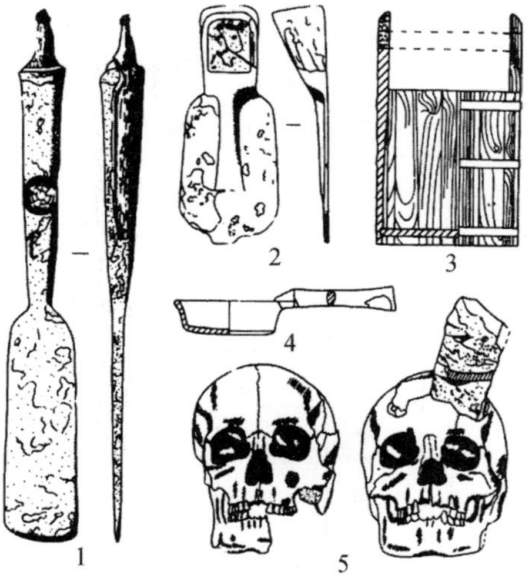

图七　J1出土器物

1. 铁竖铲（J1：22）　2. 铁板钁（J1：17）
3. 木水桶（J1：50）　4. 铁熨斗（J1：39）　5. 头骨

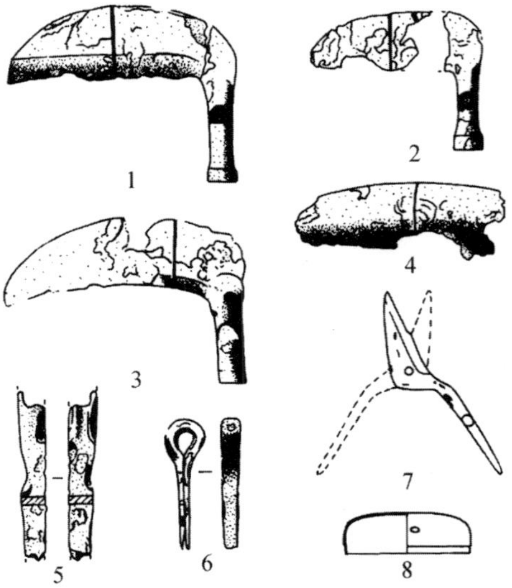

图八　J1出土器物

1～4. 铁镰（J1∶23、J1∶24、J1∶25、J1∶26）
5. 铁凿（J1∶28）　6. 铁钉（J1∶37）
7. 铁剪（J1∶31）　8. 铜化妆盒（J1∶46）

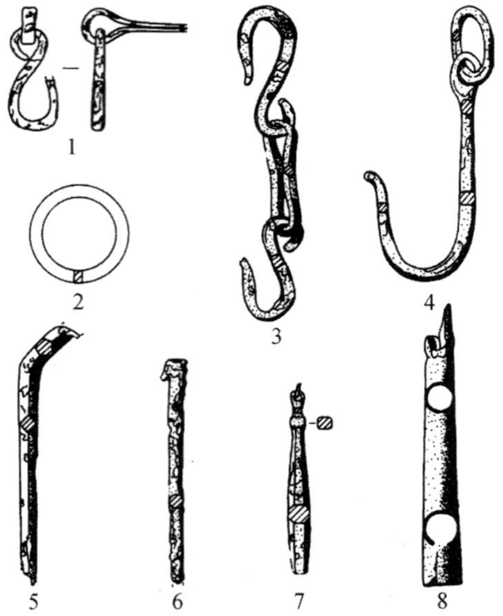

图九　J1出土铁器

1、3、4. 钩（J1∶34、J1∶36、J1∶35）
2. 环（J1∶38）　5. 火杵（J1∶32）　6. 锥（J1∶33）
7. 悬垂（J1∶40）　8.不明器（J1∶41）

锥　1件。标本J1∶33，上粗下细，顶平。端径2、残长22.5厘米（图九，6）。

钩　3件。标本J1∶34，连于环钉上，由一钉一钩组成。钩长10厘米（图九，1）。标本J1∶36，用于连接绳索或铁链，由两个小钩和一个扁环组成。长31.2厘米（图九，3）。标本J1∶35，用于梁上悬挂提篮，由一长钩和圆环组成。长28.5、环径7.8厘米（图九，4）。

钉　1件。标本J1∶37，双股钉，环首。长9、宽1.6厘米（图八，6）。

环　1件。标本J1∶38，截面呈长方形。外径4.9、内径4.3厘米（图九，2）。

熨斗　1件。标本J1∶39，圆斗，斗圆唇，浅弧腹，凸平底；柄截面呈椭圆形。口径11、底径9、通长22.6厘米（图七，4）。

悬垂　1件。标本J1∶40，上端为环，连以细铁环，颈部加粗方如斗形，下端长如纺锤。通长19厘米（图九，7）。

不明器　1件。标本J1∶41，可能为钩镰类器物的柄。銎长28.3、端径3.8厘米（图九，8）。

4. 铜器

化妆盒盖　1件。标本J1∶46，子口，微弧壁，弧平顶，形似无檐帽，壁上部有一装纽的小孔，纽失。口径5.3、高1.7厘米（图八，8）。

铜钱　4枚。朽蚀严重，字皆不清。标本J1：42，景德元宝，直径1.4、穿径0.6、郭宽0.2厘米。标本J1：43，庆历重宝，直径3、穿径0.8、郭宽0.4厘米。标本J1：44，元丰通宝，直径2.9、穿径0.7、郭宽0.4厘米。标本J1：45，崇宁重宝，直径3.4、穿径0.8、郭宽0.2厘米。

5. 木器

水桶　1件。标本J1：50，位于水井最底部，被掉进井里的石水槽砸扁。桶由三种规格的略带弧度的窄木板和圆形桶底组成，桶外有三道铁箍。用作桶鋬支柱的两块木板底宽5、厚1厘米，顶宽6、厚2厘米，高45厘米；底端开有横向凹榫，用以纳桶底；顶端开有纵向凹榫，用于纳鋬梁，凹榫上部有直径1厘米横孔，装有木钉防止鋬梁溢出；从凹榫和孔的位置来看，鋬梁高3、厚1.3厘米。用作桶壁的木板有两种，宽5～9、厚1、高30厘米的木板12块，这些木板上、下宽度多数一样，少数略有差异；宽3.5、厚1、高30厘米的窄木板2块，底开有半榫，同支柱凹榫一起兜住桶底，阻其脱落。桶底木板由3块拼合，直径27、厚1.4厘米，复原桶深27厘米（图七，3）。

6. 石器

主要有石块、石水槽等。

自然砾石　2件。一件大致呈圆球状，白色，直径20厘米。一件扁三角形状，青色，长35、宽26、厚12厘米。

磨　1件。标本J1：47，白色砂岩制成。上扇直径38、高11厘米，底面中部有一直径4、深4厘米的圆孔，孔内存一铁缸，缸旁一直径4.2厘米的进粮眼；侧面一长方形孔洞，宽5、高3、深6厘米，用于插入把手旋磨。下扇直径38、高10厘米，中有一边长4、深4厘米的方孔，用于插入上圆下方的木轴。上、下扇咬合面刻放射线磨槽，上扇顶面刻两周同心圆凸棱，棱内外及上、下扇的侧面均饰磨槽纹（图一〇，2）。

杵　1件。标本J1：48，白色砂岩制成。半球形，底浑圆，顶平，上有一直径4、深5.8厘米的洞用以纳柄。直径16、高14.2厘米（图一〇，3）。

水槽　1件。标本J1：49，片石制成，青白色。长方形。正面较平，凿刻一宽24、深2.4厘米的水槽；背面略经修整，不平。长78、宽47、厚14厘米（图一〇，1）。

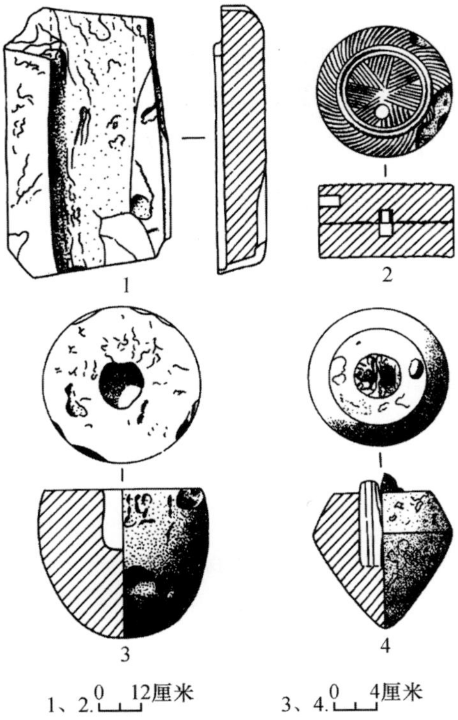

图一〇　J1出土器物

1. 石水槽（J1：49）　2. 石磨（J1：47）　3. 石杵（J1：48）　4. 铁杵（J1：29）

7. 其他

尸骨　2具，男女各1人，各约40多岁，但尸骨不全，女性头骨上插一铁斧（图七，5）。

五、结　语

J1出土各类器物标本50余件，从器物堆积情况来看，J1有明显的使用期和废弃期。

井底黑色淤泥很薄，其中的白底黑花瓷碟应代表井的始用年代。碟足有“挖足过肩”的特征，考古界一般认为带这种足的碟或碗的时代为元代。石槽原来可能置于井口，打水时落入井中，木桶亦被覆压其下。石槽落入之后，井应该还使用一段时间。石槽之上的器物，质地有差，大小悬殊，均是庭院里放置的东西。这些器物损坏之后，没有必要扔进吃水的井里，联系到铁釜之下的两具尸骨，似乎表明是一次性抛入。那么，石槽之上的器物代表井已经进入废弃期。这其中有4枚铜钱，最晚的是崇宁重宝（1102年），与瓷碟年代相佐。另有一件题诗酒瓶，在器形、装饰风格上都与河北省三河县张白塔村元墓[1]出土的瓷瓶一致，只是个头大了不少。综合考虑，井的废弃年代应该是在元代。

井中出土器物，从用途来看，分为生活用具和生产工具两种。前者22种，几乎涵盖了农家生活的所有门类，联系到水井不远处的房基，可以认为这些用具为此家所有；生产工具11种，具备农耕生产的必备工具。水井所在的台地，面积3000余平方米，推测住户不止此一家，但此家发生的一切却令人错愕不已。井中所见两具尸骨，集中在一起，上边覆盖着铁鏊、铁火盆、铁釜三件大的器物。女子头上有铁斧，显然是抛尸水井，有可能男子随后被扔进来，覆以大件铁器，以阻止尸体泛出水面。他们是房子的主人，还是过路的行商，目前都缺乏足够的判断证据。

附记：本次发掘由郝红星领队，参加发掘人员有郝红星、王磨正、张吉钦。绘图为郝红星。

注　释

［1］河北省文物研究所、北京大学历史系、三河县文物保管所：《河北三河县辽金元时代墓葬出土遗物》，《考古》1993年第12期。

［原载于《文物研究》（第19辑），科学出版社，2012年］

河南登封市观星台元代大殿基址发掘简报

郝红星　王　丽　张高岭

2003年7月，登封市文物管理局在观星台量天尺北30米复建帝尧殿的基建过程中，于地基内发现了成段砖砌房基。但施工人员仍沿房基向前清理，将大部分砖砌房基清理出来。后河南省古代建筑保护研究所根据房基特征，将其定为元代大殿，并判断可能与观星台有关。帝尧殿因此南移复建，房基回填保护（图一）。2008年6月，为配合嵩山历史建筑群申报世界文化遗产工作，郑州市文物考古研究院报上级部门批准，对元代大殿基址进行了抢救性发掘，现简报于后。

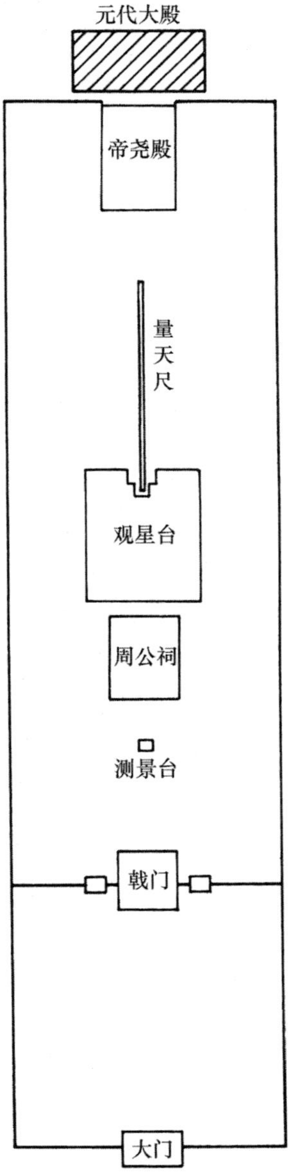

图一　观星台元代大殿位置图

一、发掘概况

发掘前，我们首先将回填的大殿砖基清理出来，砖基主要存于大殿月台、大殿南部、大殿东部、大殿东北部，这些地段地层已遭破坏。大殿西部、西北部砖基无存，地层保存完整。我们于西部布12米×4米探沟1条，北部布15米×3米探沟1条，分别编号为T1、T2，用以了解大殿基址以上的地层堆积。大殿中部有现代圆形垃圾坑1个、长方形汽车修理地沟1条，大殿东、西部还散布着直径0.3米的梧桐树4棵，大殿基址上的地层支离破碎，故采用大面积揭露方式，对大殿基址及周边进行清理，以便了解基址的结构。

二、地层堆积

大殿基址以上地层较为简单，现分别以T1西壁和T2西壁为例，说明如下。

1. T1西壁

第1层：黑灰色耕土层，厚0.05～0.25米，含大量煤渣、植

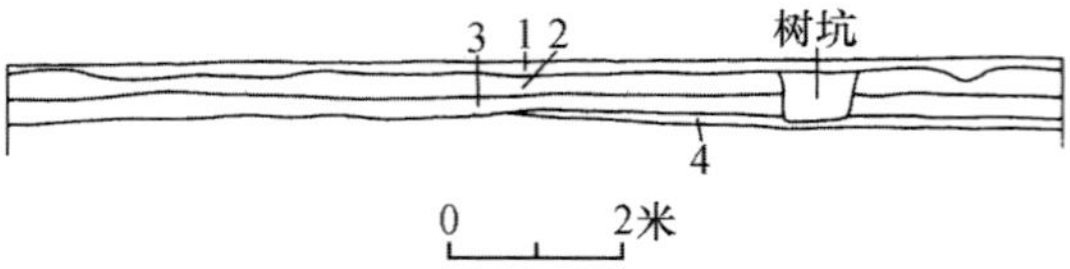

图二　观星台元代大殿基址T1西壁剖面图

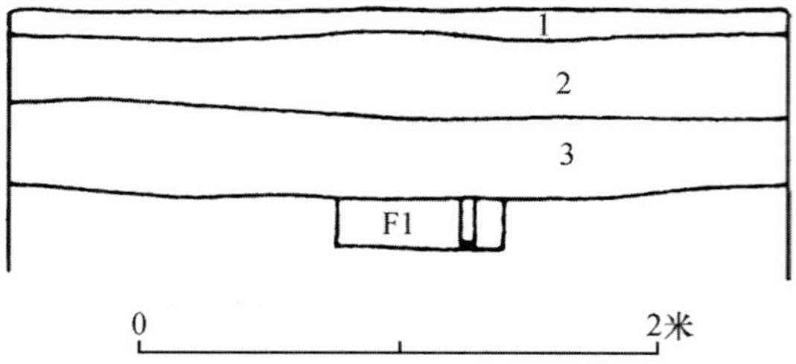

图三　观星台元代大殿基址T2西壁剖面图

物根系，另有少量铁钉、玻璃、塑料、布条等。为现代耕土层。

第2层：黄褐色土层，深0.1～0.4米，厚0.15～0.35米，含少量煤渣、白灰颗粒、碎砖，以及板瓦、白瓷片、青花瓷片等。时代为明清时期。

第3层：灰褐色土层，深0.3～0.65米，厚0.2～0.3米，含大量白灰颗粒，且分布均匀，另有少量炭粒、烧土粒、碎石粒、碎砖块，以及板瓦、筒瓦、瓦当、瓷片等遗物。应为大殿毁弃形成的灰渣层。

第4层：灰色路土，深0.55～0.75米，厚0.1米，分布在探方西北部，略呈西南东北向，超出探方。探方内长6米，宽0～0.8米，内含大量细沙、碎石子，为多次雨水冲积而成。从地层上看与大殿同时。

第3、4层以下仍为活土，说明大殿是在活土层上夯打建造而成（图二）。

2. T2西壁

第1层：黑灰色耕土层，厚0.05～0.1米，包含物同T1①层。

第2层：黄褐色土层，深0.1～0.4米，厚0.25～0.35米，包含物同T1②层，时代亦同。

第3层：灰褐色土层，深0.65～0.7米，厚0.25～0.35米，所含白灰颗粒更多，另见碎砖块、板瓦、战国陶豆柄等，时代同T1③层。

3层下有1条东西向规整窄沟，宽0.65米、深0.15米，为铺设大殿散水时挖的浅沟，打破3层下的活土层，填土灰褐色，探沟西壁以东地段散水仍存（图三）。

大殿基址本身的夯土，西部无存，中、东部上层已失，原来的厚度无从知晓。夯土情况从汽车地沟西壁可以看出，现存7层，最下一层为坐底夯，与活土层连一起。夯土黄褐色，质硬，层厚0.06～0.1米，含少量碎砖瓦石。

三、出土遗物

观星台大殿基址上覆盖着3层地层，能够判定大殿年代下限的，唯有直接压在基址夯土之上的第3层包含物。第3层为大殿毁弃后形成的灰渣层，含有大量白灰渣及少量炭粒、烧土粒、碎石粒，另有少量碎砖块、板瓦、筒瓦、瓦当、瓷片等。第3层之下的夯土层仅清理至夯土表层，未发现可以断代的东西。在清理主殿东部地沟的东壁时，于地槽碎瓦层中发现2件碗底瓷片，可以确定大殿年代上限。下面将出土物按陶、瓷两种质地分述如下。

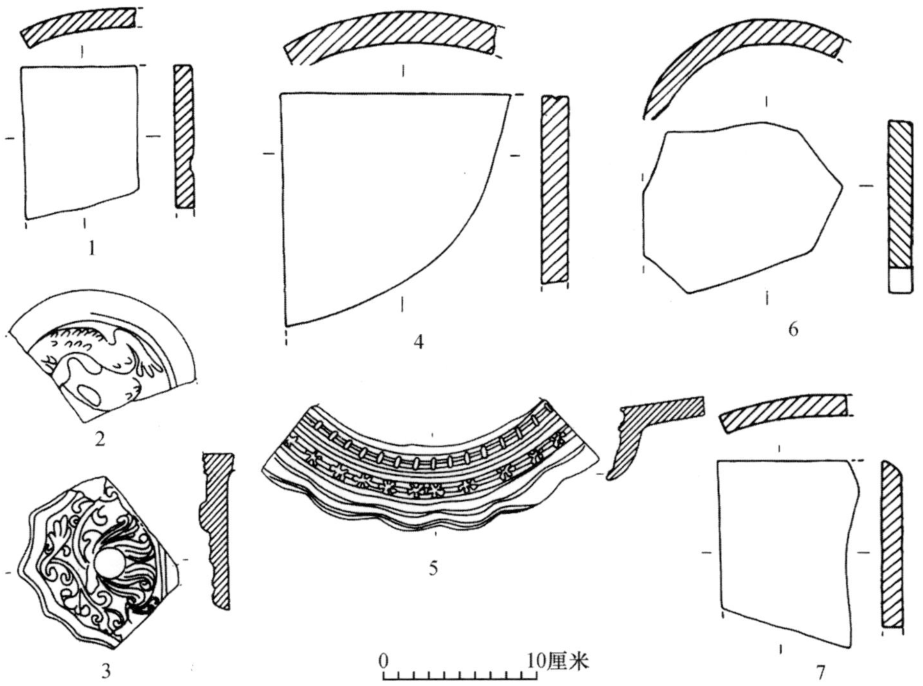

图四 观星台元代大殿基址出土的建筑遗物

1、4、5、7. 板瓦（T1③：1、T1③：3、T1③：4、T1③：2）

2、3. 瓦当（T1③：11、T1③：10） 6. 筒瓦（T1③：9）

1. 陶器

陶器均为建筑用陶，有砖、板瓦、筒瓦、瓦当等。

砖 31件。均残碎，长宽均不详，多数砖呈灰褐色，与大殿用砖不一样。厚6～8厘米。

板瓦 14件。均为布纹板瓦。一般板瓦11件，滴水板瓦3件，前者胎薄者5件，胎厚者6件。标本T1③：1，残，端面平齐，内面布纹不清，残长9.8厘米，残宽7.6厘米，厚1.2厘米（图四，1）。标本T1③：2，残，端面呈弧形，内面布纹不清。残长12.2厘米，残宽9厘米，厚1.3厘米（图四，7）。标本T1③：3，端面上有一条弧状浅沟，内面布纹清晰。残长15.2厘米，残宽15厘米，厚1.8厘米（图四，4）。标本T1③：4，大部残，滴水部分完整。滴水自上而下饰七道凹弦纹，一、二道弦纹之间饰麦粒纹，二、四道弦纹之间饰菊花纹，滴水背缘捺压绳纹使滴水下部呈波浪突起，六、七道弦纹因而扭曲。板瓦下端宽15.6厘米，厚1.2厘米；滴水上宽15.6厘米，下宽22.4厘米，高5.2厘米（图四，5）。

筒瓦 1件。标本T1③：9，残余中部，内面饰布纹，外面光素，内外均抹有白灰，侧缘内削成斜面。残长11厘米，残宽13厘米，厚1.5厘米（图四，6）。

瓦当 2件。标本T1③：10，三角形，上缘两侧残损，上缘饰两道凹弦纹，侧缘饰连弧纹，当面浮雕折枝菊花1朵。残宽11.5厘米，残高10.5厘米，厚1.1～2厘米（图四，3）。标本T1③：11，残，宽缘，当面浮雕似为一龙。直径14厘米，厚1.5厘米（图四，2）。

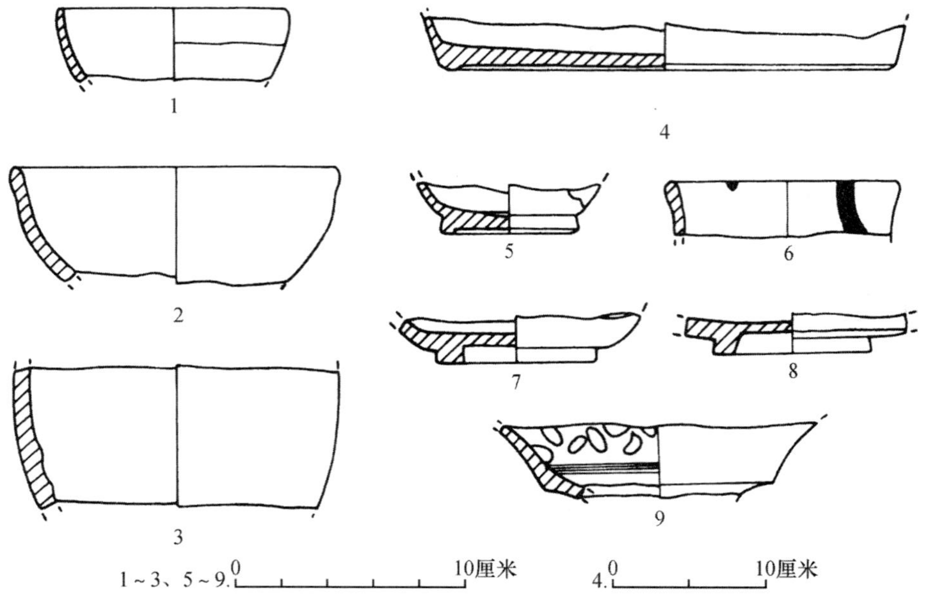

图五　观星台元代大殿基址出土的瓷器

1、2、7、8. 碗（T1③：12、T1③：13、F1（槽）：2、F1（槽）：1）　3、5. 罐（T1③：17、T1③：18）
4. 盆（T1③：16）　6. 杯（T1③：15）　9. 盘（T1③：14）

2. 瓷器

瓷器，主要器形有碗、盘、杯、盆、罐、缸类，釉色分白、青、黑褐三种。

碗　10件。多为腹部残片。白瓷碗，7件。标本T1③：12，黄白胎，侈口，圆唇，弧腹，以下残。内壁及外壁上部施白釉，下部施黑釉。口径9.8厘米，残高3.2厘米，胎厚0.4厘米（图五，1）。标本F1（槽）：1，白胎，仅余碗底部分，圈足外壁略直，内壁斜削。碗内壁施白釉，外壁圈足部露胎。圈足径7厘米，碗壁厚0.8厘米，碗底厚0.4厘米（图五，8）。标本F1（槽）：2，黄白胎，口、腹大部失去，内底平，圈足方正，内、外壁皆直，内壁略深。碗内、外壁施白釉，圈足露胎。圈足直径7厘米，碗壁厚0.7厘米，碗底厚0.5厘米（图五，7）。青瓷碗3件。标本T1③：13，灰白胎，侈口，圆唇，唇下略凹，弧腹内收，以下残。内外壁施青釉，釉厚而润，有细碎冰裂纹。口径14厘米，胎厚0.6厘米（图五，2）。

盘　1件。标本T1③：14，细白胎，口沿、圈足俱失，敞口，折腹，内腹壁刻花，刻花带下三道凹弦纹。内外壁施青绿釉，积釉处玻璃质感强，有细长冰裂纹。折腹处直径10厘米，残高3.2厘米（图五，9）。

杯　1件。标本T1③：15，灰白胎，口微侈，圆唇，唇下略束，以下残。内外壁施青釉，釉厚而润，外壁口沿为红褐色条斑伸至唇顶。口径9.8厘米，胎厚0.6厘米（图五，6）。

盆　1件。标本T1③：16，灰白胎，口及大部腹壁失去，斜直壁，平底内凹。内壁施白釉，外壁露胎。底径30厘米，残高3.4厘米，底厚0.9～1.6厘米，壁厚0.6厘米（图五，4）。

罐　4件，口沿均失，2件内壁无釉，2件内外壁均施釉。标本T1③：17，黄白胎，弧腹，口与底均失，内壁有轮制时形成的旋痕，内壁无釉，外壁施褐釉。腹径14厘米，残高6厘米（图五，3）。标本T1③：18，灰胎，仅余下腹及底。弧腹，浅圈足，内底凹，内壁无釉，外壁褐釉。圈足直径8厘米，残高2.2厘米（图五，5）。

缸　6件，均为残片，粗缸胎，内含较多杂质，内外壁均施褐釉。胎较薄，厚0.8～1.2厘米。

四、大殿基址形制

大殿平面呈“凸”字形，坐北朝南，方向184°，由中间主殿、两侧挟屋三个单体建筑及月台四部分组成，主殿前部建有月台、慢道，挟屋前有矩形甬道。在叙述它们之前，先将观察到的大殿基址建造方法介绍一下。

1. 建造方法

在要建主殿、挟屋、月台的地方平整土地，就地起夯，层层夯起，整体夯筑到一定高度（高度根据大殿梁架结构而定），再将夯土周边切齐。沿着夯土边在地面上挖一周浅沟槽，内铺散水。散水铺法：沟槽内侧平铺纵砖，外侧横砖侧立，用以封边，砖顶平齐。然后紧靠夯土砌砖墙，白灰勾缝，将夯土包起，是为台明。台明压着散水少许，以防雨水侵蚀夯土。台明建好以后，在主殿、挟屋内要立柱子的地方挖长方形或方形地槽，挖至原来的坐底夯，尔后在地槽内铺上一层碎砖瓦石，夯一层土，再铺一层碎砖瓦石，再夯一层土，这一层碎砖石或夯土，称为一步。从汽车地沟东、南、北三壁看，主殿东侧地槽内现存五步（河北正定隆兴寺转轮藏殿是北宋建筑，磉礅之下砖土4步[1]。山西芮城永乐宫是元代建筑，其龙虎殿角柱磉礅下砖瓦土15步[2]）。步之上建有磉礅，磉礅之上为柱顶石，柱顶石古镜面略高于大殿地面。观星台大殿步之上磉礅、柱顶石皆已失。

2. 主殿

自台明边缘量起，主殿南北长10米，东西宽12.3米。南部台明因主殿夯土与月台夯土连为一体，故只有东西两端有台明。东端台明长1.5米，残高0.38米；散水被后期修复甬道覆压。西端台明长1.44米，残高0.06米；散水长1.2米，宽0.36米。北部台明东西长12.3米，仅存北部台明西部2块砖，高0.12米；散水几乎全部露出，长12.45米，宽0.36～0.4米。主殿东、西台明因主殿夯土与挟屋夯土连在一起，也只在南北两端有台明，台明建在4条挖穿夯土的短沟槽中，均无散水。东台明南端长1.36米，残高0.38米；

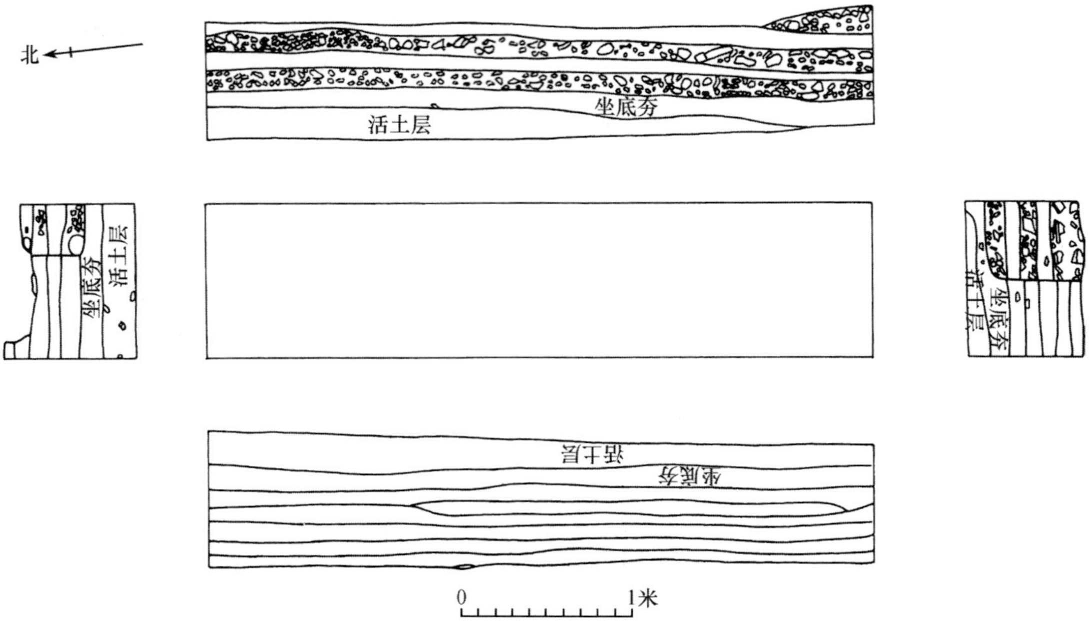

图六　观星台元代大殿基址正殿夯土层与正殿东地槽夯层

北端长1.1米，残高0.3米。西台明南端台明长0.9米，残高0.24米；北端仅留1块残砖。

主殿内部设四道地槽，东西两侧为通式地槽，中间两道地槽因使用减柱法，地槽断开，南部为长方形檐柱槽，北部为近方形内柱槽。东侧地槽南北长8米，南宽1米，北宽0.9米，残深0.6米，槽内存3层碎砖瓦、2层夯土（图六）。西侧地槽南北长7.84米，南宽0.84米，北宽0.78米。东侧前檐柱、内柱槽南北长2.6米，南宽0.8米，北宽0.98米 。西侧前檐柱、内柱槽南北长2.6米，南宽0.82米，北宽0.8米 。东侧后檐柱槽南北长0.92米，东西宽0.96米。西侧后檐柱槽南北长1米，东西宽1.18米。后五槽未解剖，深度不详。根据地槽设置情况，主殿为面阔三间、进深三间的大殿。

3. 东挟屋

自台明边缘量起，挟屋南北长9.45米，东西宽7米。南台明长7米，残高0.38米；散水长7.26米，宽0.28米。东台明长9.45米，残高0.2米；散水铺法为：内侧横砖平铺，外侧横砖侧立包边，顶平，散水长10米，宽0.2米。北台明长6.8米，残高0.3米；散水长7.1米，宽0.26米。东挟屋内东西两侧亦为通式地槽，中为3个近方形地槽。东侧地槽南北长7.3米，南宽0.8米，北宽0.76米，残深0.06米。西侧地槽南北长7.7米，南宽0.86米，北宽0.96米，残深0.04米。中部前为檐柱槽，南北长0.86米、东西宽1.2米，残深0.07米。稍北为内柱槽，南北长0.86米，东西宽0.84米，残深0.03米。最北为后檐柱槽，南北长0.9米，东西宽1.02米，残深0.06米。内柱与后檐柱之间减去1柱。东挟屋的地槽均比主殿地槽浅。根据地槽设置情况，东挟屋面阔二间，进深三间。

4. 西挟屋

形制同东挟屋，由于西挟屋基址破坏严重，西侧地槽、台明、散水均已无存。南部散水之上台明已失，散水残长4.38米，宽0.42米。北部散水之上台明亦失，散水仅留外侧封边立砖，可见埋置散水的沟槽。东侧地槽南北长7.85米，南宽0.84米，北宽0.78米，残深0.05米。中部前檐柱槽南北长0.96米，东西宽0.88米，残深0.06米。内柱槽边长0.84米，残深0.02米。后檐柱槽南北长0.84米，东西宽0.86米，残深0.07米。

5. 月台

大致呈方形，散水只在月台南半部周边铺设，宽0.36～0.42米，台明仅存西台明北段，残长2米，残高0.3米。从迹象来看，月台台明与主殿南部台明并未连接。复原月台，南北长5.9米，东西宽6.48米。

6. 慢道、甬道

月台东、西与主殿结合部建有慢道，以踜蹜形式出现。西慢道踜蹜大部无存，仅留2块南侧边砖，象眼部分做成斜面，以砖封堵，连接月台，底为侧立边砖，上为斜铺封砖，残留三列。慢道以西为甬道，边砖侧立，紧挨边砖各有一列横向平砖，中为一列方砖。甬道中高侧低，北侧边砖与主殿散水相距0.12米，与西挟屋散图六观星台元代大殿基址正殿夯土层与正殿东地槽夯层水相距0.64米。甬道残长3米，宽0.9米，西端90°折向南，残存边砖1块。东慢道踜蹜存砖五列，斜向侧立，象眼部分同西慢道，唯底边砖外尚有散水。散水长1.1米，宽0.24米。慢道以东为甬道，南侧边砖侧立，北侧借用东挟屋散水边砖，边砖之间铺三列方砖。慢道长6.3米，宽1.2米，东端90°折向南，残长1.4米，宽0.88米。

7. 大殿用砖

大殿台明、散水用砖不一致，大小砖混在一起使用。大砖长35厘米，宽17厘米，厚5.5厘米；小砖长30厘米，宽14厘米，厚5厘米。踜蹜多用残砖，残长10～22厘米，宽15厘米，厚4厘米。慢道方砖边长36厘米，厚5.5厘米（图七）。

五、大殿年代

大殿和观星台同处于一条中轴线上，从布局上讲它们有可能为同时代的建筑。大殿砌砖使用白灰勾缝，根据唐代砌砖建筑仅使用黄泥这一特征，大殿断不可能早至唐代。宋、元两代建筑均使用白灰，观星台大殿的年代则需根据大殿本身包含的最晚器物来定。本次清理至大殿夯土，以下没有清理。在清理出的大殿地槽所填的碎砖瓦石中，发现有唐代的碗底、宋代碗口沿等，但这些瓷片和第3层相接，有混入的可能。

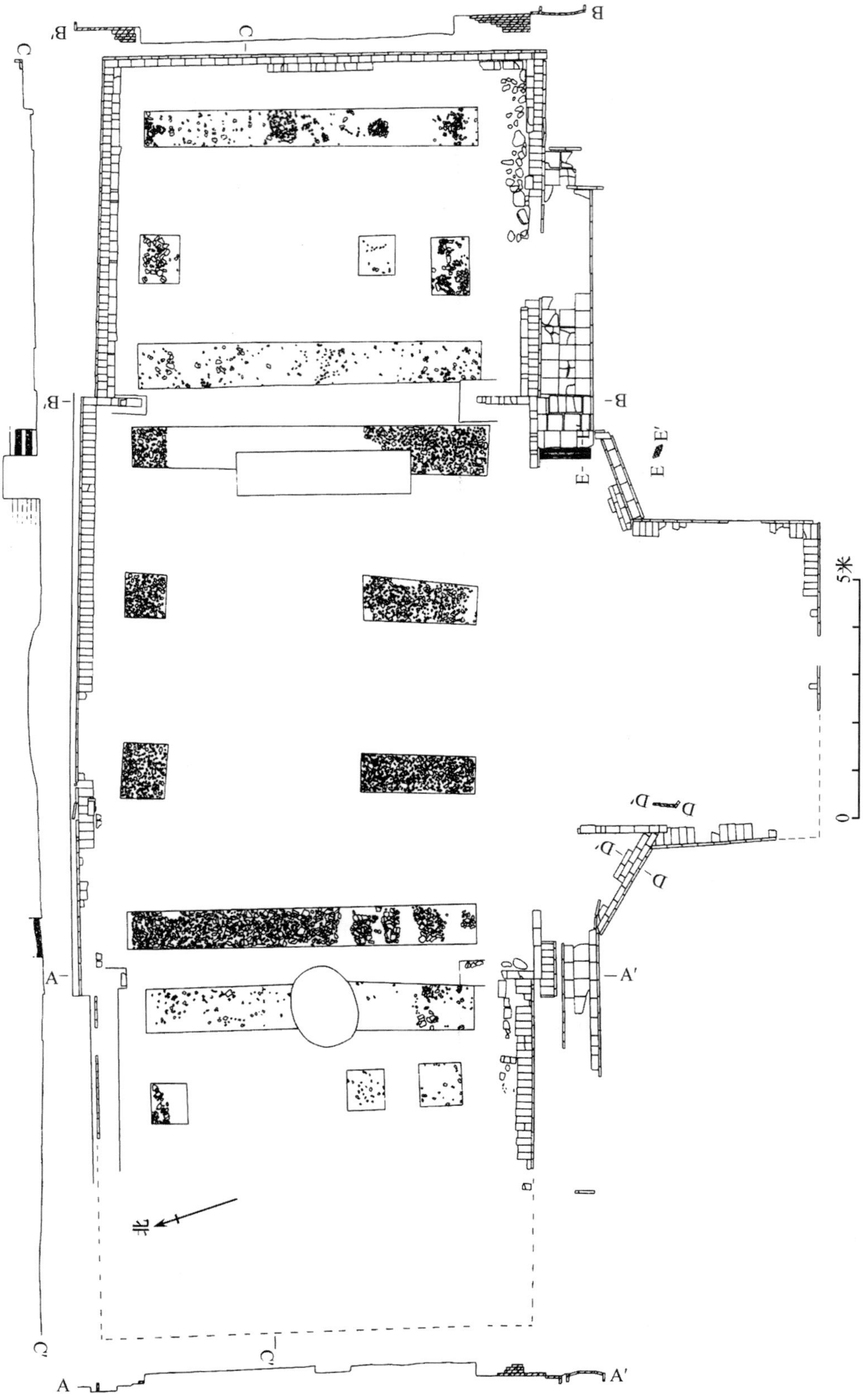

图七　观星台元代大殿基址平面图

在主殿东地槽所填碎砖瓦中，清出2块瓷碗底部［F1（槽）：1、2］，为大殿本身包含物，二者均有“挖足过肩”的特征，应为元代瓷碗，因此大殿的上限仅定到元代。覆压大殿的第3层含大量的白灰渣，应是大殿毁弃后形成的，其中包含有唐、宋时期的碗、盆、盘、罐等及一些建筑构件。建筑构件中筒瓦、板瓦过于残碎，年代不易判别；滴水板瓦比宋代的重唇板瓦先进，应晚于后者；三角形瓦当与嵩岳寺旧址所见三角形飞天瓦当形制相似[3]，唯纹饰为菊花（三角形瓦当、三角形滴水板瓦是元代新出形式[4]）；龙纹瓦当之龙体瘦鳞细，与宋龙体粗鳞大不一样。总之，建筑构件总体来看是元代的，大殿的下限不超出元代。

《元史·天文志》载，至元十三年至至元十七年（1276～1280年），许衡、王恂、郭守敬、杨恭懿共同参与制订《授时历》，在全国设立27个观测站，观星台是其中之一。但是《天文志》并未提及观星台北的大殿。大殿距离观星台如此之近，又在同一条中轴线上，极有可能是观星台的附属建筑。《天文志》提到“大明殿灯漏”一物，大明殿是皇帝登极和接受百官朝贺的地方，内放有郭守敬创制的计时装置———灯漏，观星台北的大殿是否也为放置计时器和观测者工作和休息的地方，有待以后的考证。

六、复原设计

大殿复原设计当依据基址形式、基址用料、柱础轴网并结合中国元代建筑、河南元代地方建筑特点来进行。这里仅介绍复原成果。大殿主体建筑（主殿和挟屋）为三个单檐不厦两头造木构建筑的组合形式，地槽（平面）是单槽带前副阶的组合平面形式，建筑上部结构为以木构架为主体的砖木建筑。主殿和挟屋的梁架都为四架椽屋，主殿为不均架，心间两椽平长达到了宋椽平长的极限尺度，为6尺，前后檐椽平长为5尺（加铺作尺寸约为6尺）；挟屋为均架，椽平长全部为5尺。构架举折采用1：2.8，总举高为7.5尺，第一折按1/10，为7.5寸。室内使用草栿造，构件用自然“原材”，主殿梁架形式应为四架椽屋三椽栿对前劄牵用三柱（心间），山面为四架椽屋分心劄牵用四柱，挟屋梁架形式为四架椽屋三椽栿对前劄牵用三柱（里间），山面为四架椽屋分心劄牵用四柱。根据宋《营造法式》平柱高以“不越（心间）间广”为原则，即高度不超过11.5尺，平柱高为11尺，生起为每间三寸。普拍枋和阑额组合断面为“T”字形，铺作采用四铺作重拱计心造，补间铺作采用四铺作出单下昂（真昂），里转四铺作计心造，出单抄，使用异形令拱，铺作用材高为150毫米（大于宋八等材），主殿每间布置二朵，挟屋外间二朵，里间一朵（图八）。

依据慢道的尺寸和倾角，推出殿阶级高为2.5尺，月台低于殿阶级1砖高。根据散水的边界和殿阶级，设定前后檐出和山面出际，主殿前檐出檐4.5尺，后檐出檐3.5尺（不带飞椽），挟屋前后檐出3.5尺；主殿出际3.5尺，挟屋出际4尺。根据基础的布置情况和建

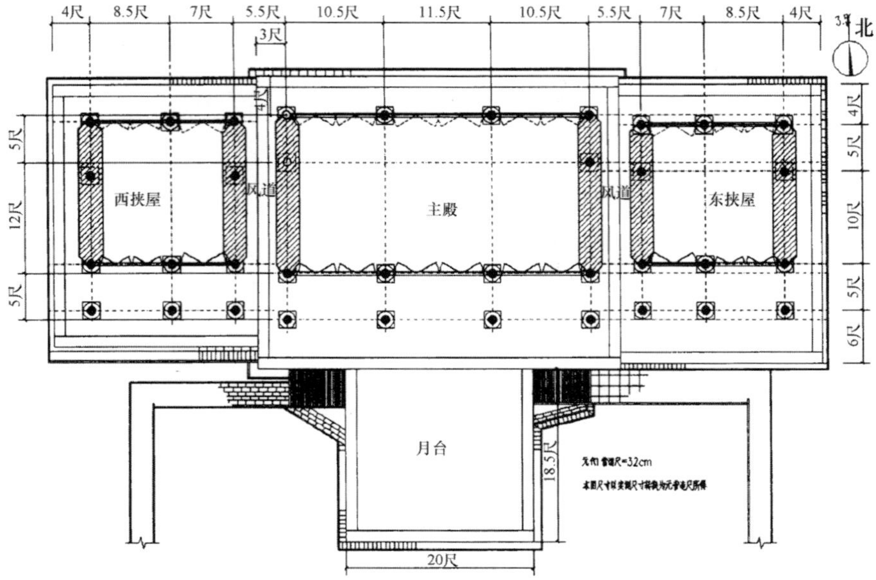

平面图　0　5米

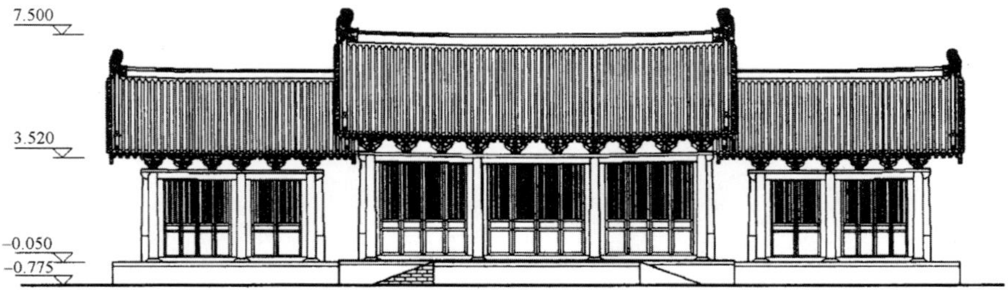

正立面图　0　5米

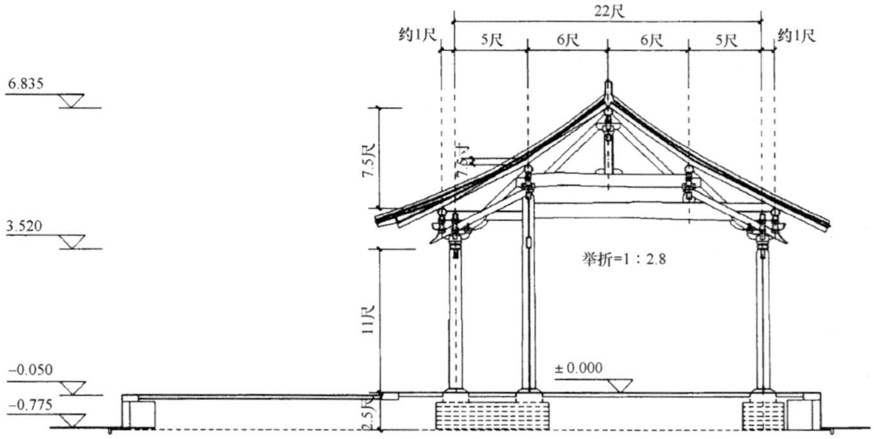

当心间横向剖面　0　5米

图八　观星台元代大殿复原图

筑的功能，在主殿当心间和次间内柱间各安四扇隔扇门，后檐柱间每间安四扇槛窗（槛墙用木质），两山面用砖墙；挟屋里间内柱间安两扇隔扇门，外间安四扇隔扇门。

领　队：郝红星
发　掘：郝红星　刘景岩　张高岭
绘　图：郝红星

注　释

［1］［2］　罗哲文：《中国古代建筑》，上海古籍出版社，1990年。
［3］　河南省文化局文物工作队：《在嵩岳寺旧址发现的瓦件》，《文物》1965年第7期。
［4］　邵国田：《赤峰敖汉旗出土元代纪年瓦当范》，《文物》1987年第7期；贾洲杰：《内蒙古地区辽金元时期的瓦当与滴水》，《考古》1977年第6期。

（原刊于《华夏考古》2010年第4期）

河南郑州市卫生疾病控制预防中心明墓发掘简报

郝红星　李根枝　汪　旭

2008年5月，河南省郑州市卫生疾病控制预防中心在中原西路党校西侧空地上拟建新址，郑州市文物钻探队在一期工程施工范围内探出31处遗迹，郑州市文物考古研究院发掘后，发现这是一处家族墓地（图一），其中08ZJKM11、08ZJKM12（以下简称M11、M12）为砖室墓，出土有石墓志及陶、瓷器等器物，现简报于后。

一、M11

（一）墓葬形制

M11　为带台阶墓道的单室砖券墓，方向190°，砖室自深4.04米，由墓道、门楼、影墙、封门砖、石门、墓室六部分组成（图二）。

墓道　位于墓坑南端，长方形，长7.5、南宽1.78、北宽1.72米，共21个台阶，台阶宽0.25～0.4、高0.14～0.4米。

门楼　位于墓室前端，由下部的门墙和上部的檐脊组成。门墙下部平砖砌出左右槛墙，宽0.6、高1.18米，底部嵌入石门枕。上部为砖砌拱顶及拱顶之外的门框，顶框饰有

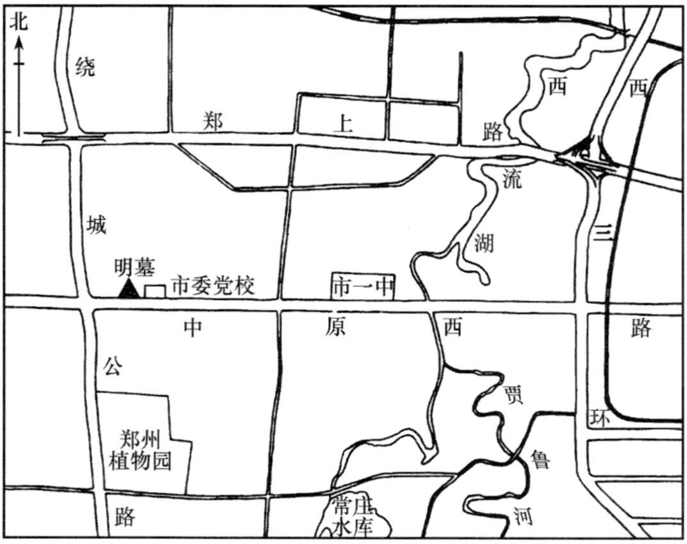

图一　墓葬位置示意图

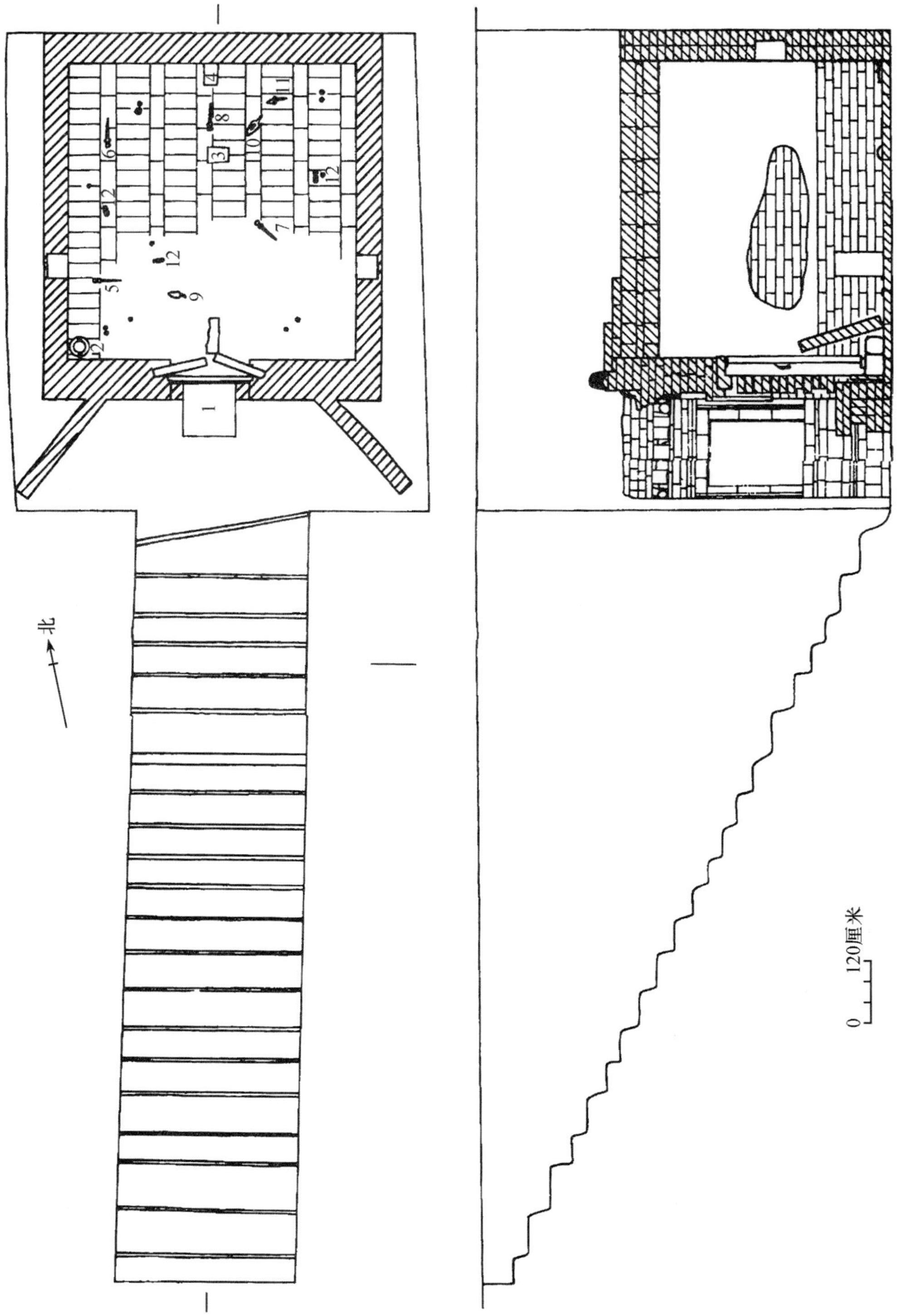

图二 M11平、剖面图

1. 墓志 2. 陶罐 3、4. 镇墓瓦 5～8. 铁钉 9～11. 铁叶 12. 铜钱

四朵花形门簪，框外饰仔边。仔边以上为檐脊部分。以二层砖挑出檐，其上为盖板砖，仰、覆板瓦多失，瓦后为正脊，覆以板瓦。门楼通高2.94米。

影墙　两道，分置于门的东西两侧，与门墙的夹角分别为134°、130°。下部为须弥座，宽1.24、高0.84米；中部为影心，仿门的形式，外为框、仔边，门心草拌泥地仗，外涂白灰，无任何纹饰；上部同门楼檐脊，仰、覆板瓦及两侧的筒瓦尚存。通高2.62米。

封门砖　封于墓门内，共18层，因填土挤压，中部凹陷。自下第4层上嵌入石墓志，其上砖封至石门楣。墙宽0.88、高1.42、厚0.16米。

石门　由门枕、门槛、门楣、门扇、门顶石组成。门枕长0.44、宽0.19、高0.18米。门槛，薄石板制成，正面不平，宽0.82、高0.32、厚0.05米。门楣，长条形，两端有纳轴的穿孔，长1.52、宽0.32、厚0.14米。石门，两扇，素面，中部设铁质铺首衔环，高均1.3、宽均0.52、厚均0.08米。门顶石，条石，长0.82、宽0.12、厚0.11米。

墓室　位于墓坑内影墙后。墓坑自地面下挖，南北长4.7、东西宽4.06米，直壁。墓室砖砌，窑洞式，南、北两壁平砖错缝平铺，东、西两壁下部平砖错缝平铺，1.14米起券。南北长2.9、东西宽2.84、顶高2.2米。墓室东、西两壁南部各有一壁龛，宽0.24、高0.48、进深0.2米。北壁正中距底0.94米处有一壁龛，宽0.25、高0.3、进深0.2米。墓室砖铺地，东、西、北三壁下部0.64米露砖，以上有草拌泥地仗、白灰面，南壁、东壁全部脱落，其余多保留。墓顶用两层侧砖、一层平砖砌就。墓顶南部有东西向挡土墙，墙南北两侧为平砖错缝铺砌，中部填以碎砖。墙东西宽4.06、厚0.44米。

发掘过程中，未见墓门及墓室遭到破坏，但门楼及影墙的砖瓦受填土压迫多脱落。墓门前方石墓志下部垫砖并嵌入封门砖内是很罕见的现象，志石右上角、左下角各垫一枚“熙宁元宝”。由于封门砖、石门封堵不严，墓室大量进水，木棺、尸骨俱被冲散，淤土中见两颗人头及人的肢骨，墓底散见铁叶、铜钱、镇墓瓦等，墓室西南角存一陶罐。

（二）出土器物

M11共出土器物12件，质地分为陶、铁、铜、石等，依次叙述。

陶罐　1件。标本M11∶2，泥质灰陶，敛口，卷沿，尖圆唇，短束颈，弧肩，腹微鼓，平底略内凹，肩部有两泥条系。口径10.8、腹径17、底径12.8、高17.8厘米（图三，1）。

镇墓瓦　2块。标本M11∶3，泥质灰陶。右上角残，左侧墨书“内小清吉”，中部为红色符咒，右侧无书。长22、底宽16.4、厚1.4厘米（图三，5）。标本M11∶4，泥质灰陶。左侧朱书“内外安吉”，右侧朱书“神符到此”，中为红色符咒。长22.6、底宽17.2、厚1.6厘米（图三，6）。

铁钉　4枚。形制、大小一样。标本M11∶5，上为双叶状钉首，宽4.8、厚0.3厘米；下为方锥形钉身。通长27.4厘米（图三，4）。

铁叶　3枚。树叶形，叶面稍凹，缘呈锯齿状，分为两种。标本M11：9，叶实心。叶长12.6、宽7.8、厚0.3厘米（图三，2）。标本M11：10，叶心镂空。叶长12.4、宽8.8、厚0.3厘米（图三，3）。从铁钉情况来看，铁叶可能也为4枚。

铜钱　1件（47枚），包括墓志夹者。1枚为泰昌通宝，直径2.5、穿径0.5、缘厚0.1厘米。9枚字被磨灭。余为宋钱，年号有至道元宝、咸平元宝、祥符元宝、天禧通宝、天圣元宝、明道元宝、景祐元宝、皇宋通宝、至和元宝、嘉祐通宝、治平元宝、熙宁元宝、元丰通宝、元祐通宝、绍圣通宝、元符通宝，直径2.2～2.5、穿径0.6～0.7、缘厚0.1厘米。

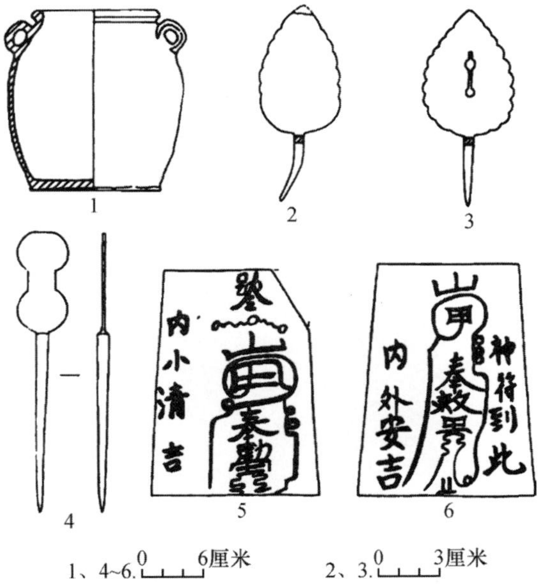

图三　M11出土器物

1. 陶罐（M11：2）　2、3. 铁叶（M11：9、M11：10）
4. 铁钉（M11：5）　5、6. 镇墓瓦（M11：3、M11：4）

墓志　1合。标本M11：1，青石质，由志盖与志石组成。盖，平顶，无纹，边长52.5、厚7.5厘米，顶篆书“明处士张公暨孺人合葬志铭”（图四）。志石边长51.5、厚6.5厘米，自右至左楷书32行，满行33字（图五）。志文如下：

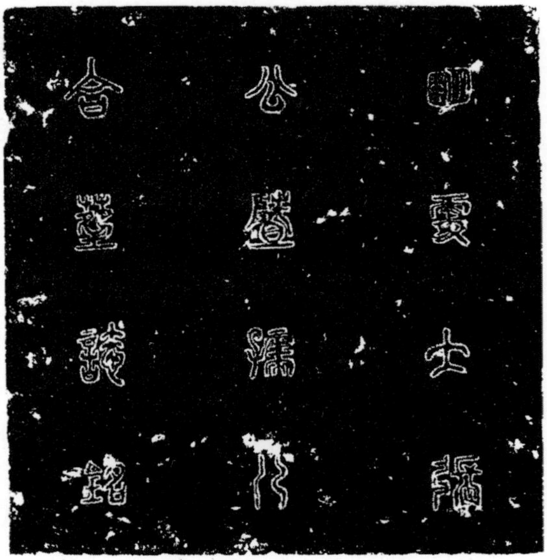

图四　M11墓志盖

明处士张公暨孺人合葬志铭

赐进士第嘉议大夫提督南直应安等处学政监察御史新乡县贾继春撰

赐进士第迪功郎北京国子监博士宜阳县任政书

署郑州儒学学政事南直隶徽州府婺源县举人许元翔篆

岁丙午，余先君振铎郑士时，余已乡举，因与张友，相接款洽。迨先君以及瓜谢郑，余又甲第而别宦。此际间，润不胜云树之想。今承上命，文衡南畿，过郑途，访旧友，乃知佩扆丁内艰。未几，果以缟素至，具状请志。余幼夙好谊，不容辞。按状，公讳守业，字君实，别号西川。先世山西洪同（洞）人，元代系次莫考。明始祖讳凤，国初以兵变迁籍郑郡，卜郡西三十里许须水镇左高家庄居焉。自是凤生祥，祥生富，富生文周，文周生大仁，乃公

图五　M11墓志

父也。德绩累传，庆延六代。太公配谷氏，生女一，卒。继配张氏，生公焉。公赋性刚直，方弱冠，太公见背，公具老成之志，不作佶态。其事太夫人，服养彩娱，承顺万方，待异母同胞姐妹，一视笃爱。此其孝弟，已享于乡评。考忠于上，赋役争先，输赈恐后，为誉叠见。于郡邑徵信于友，道义结纳，托妻寄子，敌慰鹿邑郭氏之望，斯不亦获上信友乎?至捐赙助李姓之婚娶，予赗济杨性之亲丧，与焚冯氏等之债务，尤见相恤之仁、麦舟之义焉。且乡党中若董若张争讼不已者，与之雾释，不其近虞芮之遗乎!暑月施茶，行人克济，修建寺庙，载在碑铭。公之雅谊芳轨，鉴鉴可据，乃尔。初配徐氏，无所出，卒。继配杨氏，乃邑吏官杨臻女也。早娴闺范，举动有仪，言笑不苟，持家雅尚勤俭，鸡鸣杂佩，助公以光大前烈，义训令嗣，殆可比拟杂佩之章，克肖和尤之母焉。公生于嘉靖二十九年九月初六日，卒于万历四十七年十二月初十日，享年六十有九。孺人生于嘉靖三十年六月初一日，卒于天启三年闰十月初二日，享年七十有二。生子二。长尔瑜，补郡庠员，娶邑寿官肖时和女，卒；继娶邑选贡乔孔嘉女。仲子尔璘，娶邑庠生徐有悦女，生女五。长适邑人鲁孟时；二适庠生周文萃；三适邑人钟振，早卒；四适邑人毛化龙；五适邑人付大言。孙男五，长曰蕴，聘郑郡进士魏尚贤女，肖氏出；二曰韬，聘邑庠生孙自修女，乔氏出；三曰鼎，聘邑人李如松女；四曰甲，聘郡庠生宋振英女；五曰埼，幼，尚未聘，俱徐氏出。孙女五，长适郡儒士刘得位仲子；二适邑乡宦蔡一元长孙；三许聘郡司掾刘芳藻长男，肖氏出；四许聘荥泽县庠生谢宗尧仲子，徐氏出；五幼，尚未许聘，乔氏出。夫公以布衣而承前启后之际，种种声称，其亦积德之深而庆流自远也，是以公之子孙森森，书香绵绵，当必有大，登其祥者，宜有志而铭之。铭曰：

惟公之生，志度渊英。守正不阿，逸翮独笲。性也质朴，创业垂纹。卓矣清白，远播休声。刑于有家，阃德惟贞。黄粱一梦，永蛰尊灵。鬣封斯土，朝阳凤鸣，世德有在，桂兰争荣。

瑜
天启六年十月二十一日不肖男尔　承重孙蕴泣血纳石
璘

二、M12

（一）墓葬形制

M12　位于M11西3米，为带斜坡墓道的单室砖券墓，方向（墓室中轴线）200°，砖室自深3.5米，由墓道、门楼、影墙、封门砖、石门、墓室六部分组成（图六）。

墓道　位于墓坑南端偏西侧，与墓室中轴线成15°夹角，长6、南宽1.54、北宽1.5米。

门楼　位于墓室前端，由下部的门墙和上部的檐脊组成。门墙下部平砖砌出左右槛墙，宽0.4、高1.2米，底部嵌入石门枕。上部为砖砌拱顶及拱顶之外的门框，顶框上饰有四朵牡丹、莲花形门簪，框外饰仔边。仔边以上为檐脊部分。以二层砖挑出檐，上覆盖板砖，再上为仰、覆板瓦、滴水板瓦，两侧为兽头筒瓦，后为正脊。门楼通高2.94米。

影墙　两道，分置门的东西两侧，与门墙的夹角分别为104°、105°。下部为须弥座，宽1.4、高0.78米；中部为影心，仿门的形式，框外仔边，门心草拌泥地仗，外涂白灰，无纹饰；上部檐脊同门楼，仰、覆板瓦、滴水板瓦及两侧的兽首筒瓦多存。通高2.4米。

封门砖　封于墓门内，下部10层平砖，中部2层丁砖、2层平砖，上部6层平砖。墙宽0.86、高1.7、厚0.16米。

石门　由门枕、门槛、门框、门楣、门扇、门顶石组成。门枕长0.4、宽0.2、高0.16米。门槛，正、背面皆平，宽0.92、高0.32、厚0.06米。门框，宽0.2、高1.4、厚0.08米。

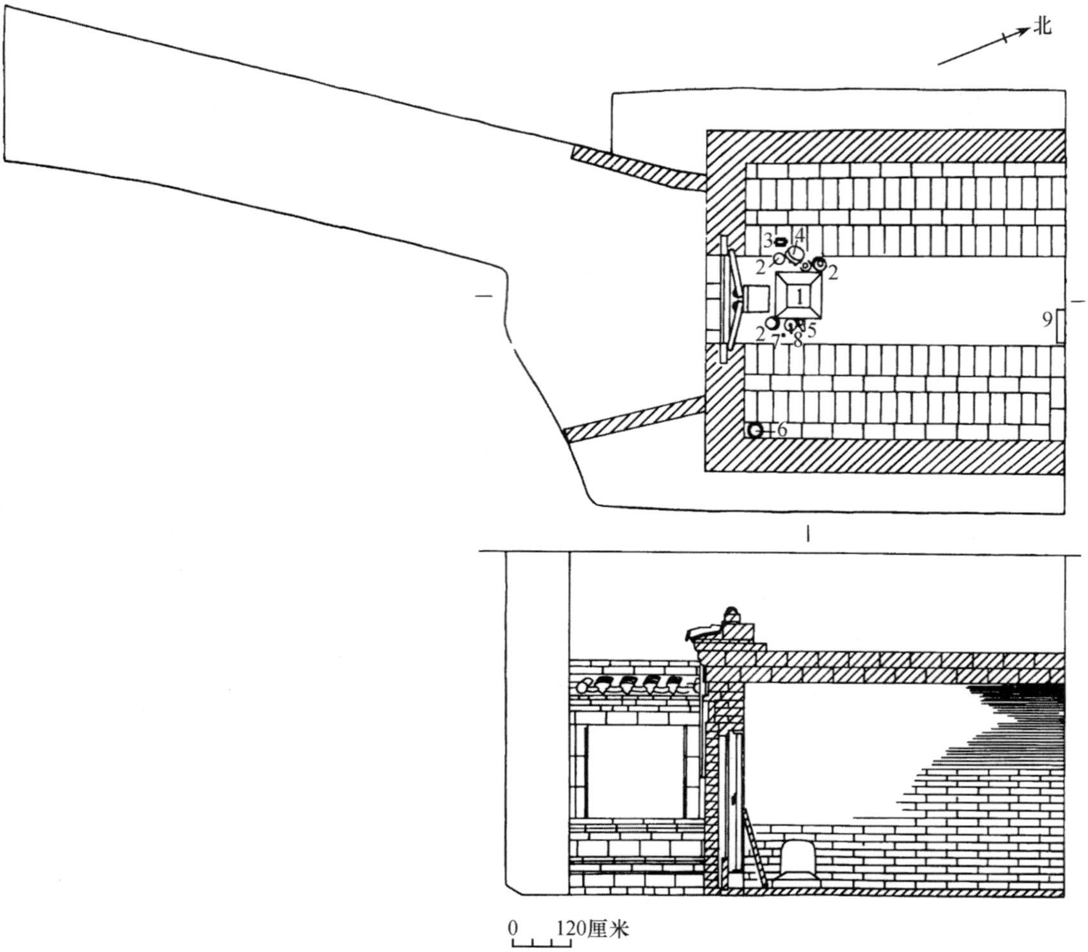

图六　M12平、剖面图

1. 墓志　2. 瓷碟　3. 陶香炉　4. 陶三足炉　5. 铁钉　6. 陶罐　7. 铜钱　8. 锡灯台　9. 买地券

门楣，两端有纳轴的穿孔，长1.6、宽0.26、厚0.13米。石门，两扇，素面，中部饰有两个铁质铺首衔环，尺寸一样，高1.4、宽0.49、厚0.07米。门顶石，薄石板做成，长0.82、宽0.28、厚0.05米。

墓室　位于墓坑内影墙后。墓坑自地面挖起，南北长4.7～4.9、东西宽4～4.32米，直壁。墓室砌砖，窑洞形，北壁没有砌砖，东、西两壁下部平砖错缝平铺，1.14米起券。墓室南北长3.32、东西宽2.82、顶高2.1米。墓室东西两壁南部各有一壁龛，宽0.36、高0.5、进深0.3米。墓室东、西部砖铺地，中部填土夯实。东、西、南三壁下部0.64米露砖，以上有草拌泥地仗、白灰面，部分脱落；北壁直接在生土壁上涂抹泥灰，脱落殆尽。墓顶用两层侧砖券成，南端两侧各有一段东西向挡土墙，但与楼脊分离。

清理过程中，门楼及影墙大致完好，封门砖及石门未受扰动，石门后有顶门石。由于封门砖及石门封堵不严，墓室内有0.8米厚的淤泥，木棺残块，尸骨凌乱。顶门石北有

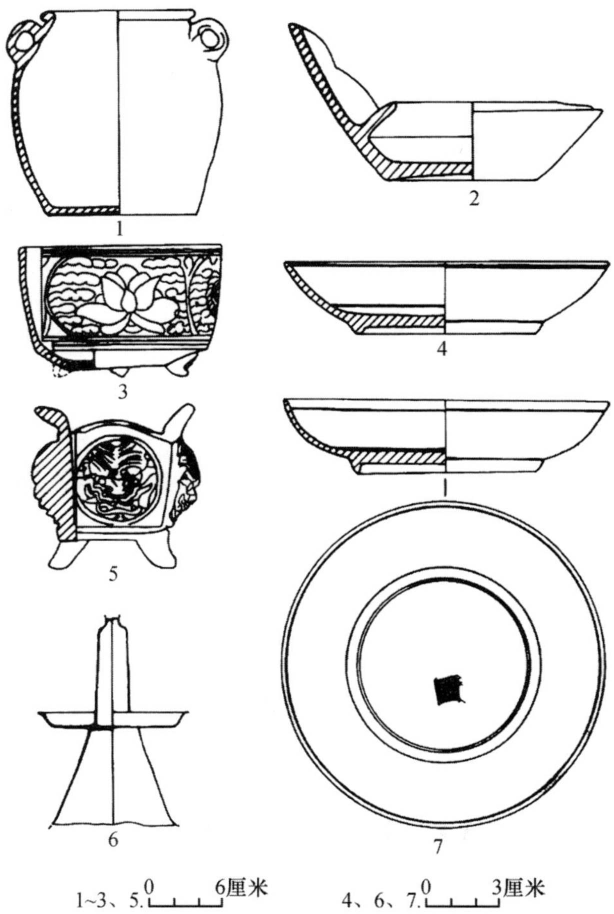

图七 M12出土器物

1. 陶罐（M12：6） 2. 铁灯（M12：5） 3. 陶三足炉（M12：4） 4、7. 瓷碟（M12：2-2、M12：2-5）
5. 陶香炉（M12：3） 6. 锡灯台（M12：8）

石质墓志1合，墓志两侧放置瓷碟19、锡灯台1、铁灯1、铜钱1、陶香炉1、三足炉1件，墓室东南角放置陶罐1件，北壁中部靠墙放置砖质买地券1件。

（二）出土器物

M12 共出土27件器物，质地分为陶、瓷、锡、铁、铜、石等，依次叙述。

陶罐 1件。标本M12：6，泥质灰陶。敛口，卷沿，圆唇，短束颈，弧肩，鼓腹，下腹稍直，平底略内凹，肩部有两泥条系。口径10.8、腹径17.4、底径12.2、高16.6厘米（图七，1）。

三足炉 1件。标本M12：4，红陶胎。侈口，圆唇，唇下微凹，斜直壁，下腹折内收，成凹平底，折腹上粘贴三矮兽足。内壁、外底施白彩，外壁施蓝彩，风化严重，蓝彩下绘六道褐彩弦纹，弦纹间绘莲花、菊花各两朵，花朵间以变形枝叶。口径15.4、底径8.8、高10.6厘米（图七，3）。

香炉　1件。标本M12：3，泥质灰陶。长方形，拇指状双耳外撇，炉腔呈斗状，平底，由五块泥板捏合而成，四壁各模印一个狮头，鬃毛浓密，铃眼突出，鼻翼宽大，阔口中露出两个獠牙。炉有外撇四足。口长7.8、口宽5.5、底长8.8、底宽6.8、通高13.2厘米（图七，5）。

瓷碟　19件。敞口，圆唇，浅弧腹，平底，尖圈足。17件内、外壁施满釉，2件圈足内未施釉。碟内壁口沿下、腹底相接处各有一道青花弦纹，外壁口沿下、圈足处亦各有一道青花弦纹。胎雪白者，釉白而泛青，青花淡蓝；胎不白者，釉色偏暗，青花墨蓝。多数碟因壁薄，口略变形。标本M12：2-2，外底露胎，沾有细砂粒，釉色发乌，青花墨蓝。口径13、圈足径7.4、高2.9厘米（图七，4）。标本M12：2-5，胎洁白，釉色偏白，青花淡蓝，内底沾有细砂粒，外底印有方形网纹款志。口径13、圈足径7.3、高2.9厘米（图七，7）。

锡灯台　1件。标本M12：8，由灯柱、灯盘、喇叭形底座组成。灯柱空心，上部缩为细颈，顶残。灯盘，敞口，浅弧腹，平底，盘径12.4厘米。底座下缘残，残径10厘米。柱、盘、座焊接在一起，中部透通，残高16.8厘米（图七，6）。

铁灯　1件。标本M12：5，圆形，双唇口，双唇间为凹槽，内唇在一侧与外唇连为一体，呈流状，以放置灯芯，外唇与流对应处有叶形捉手。口径10、底径6、高6.4厘米（图七，2）。

铜钱　1枚。标本M12：7，景祐通宝。直径2.45、穿径0.7、缘厚0.1厘米。

买地券　1件。砖制，方形，边长34、厚5.5厘米，朱笔楷书，字多脱落，不能卒读。自右至左，共28行，第一行下端有孝孙男张某、张某，第二行下端有孝子张某，其余字迹见有："阴君""中立人""备用合同""知见人岁月""代保人""合备牢酒""道路将军""北至玄武""四十里之原""宫仓库前有学"等，落款"大明万历贰拾肆年岁次"。

图八　M12墓志盖

墓志　1合。标本M12：1，由志盖与志石组成。盖，盝顶，顶篆书"郑州张公孺人墓志铭"，四刹中仅两刹边角浅刻卷云纹，四神位置空缺，边长48.5、厚12厘米（图八）。志石边长48.5、厚5厘米，自右至左楷书18行，满行17字，周饰流云纹（图九）。志文如下：

郑州张公孺人墓志铭

荥邑庠生鲁卿撰文

吏部听选徐大观书丹

人生自古有死，死必有子嗣，以祯

图九　M12墓志

葬。而葬者歹用志者，所以记生前行事，垂示不朽。慈孺张氏，生于嘉靖三年，卒于万历二十四年正月二十七日。

夫君张大仁，先卒三十余年。霜居操节，共姜不过；勤俭家治，大姒可方；温惠终身，戴妫其伦；睦邻救衰，庄姜再见。所生一子，守业，家隆畜骏，产拓倍增。所生四女，长适赵自安，次适谢东阳，三适王利宾，四适陈九腾。又有二孙男，长攀桂，次折桂，已见岐嶷。五孙女，长适鲁孟时，次适周文祥，三女、四女、五女，已许婚在室，盖由盛德致然也。古云有德者昌，又云生顺死安，夫人之谓乎!以此付工勒石，谁曰不宜?

时大明万历二十四年冬十二月吉旦刻

石匠王进财

三、结　　语

（一）墓葬年代、形制、器物

M11墓主张守业和孺人葬于天启六年（1626年）。M12墓主张氏葬于万历二十四年（1596年）。M11与M12形制基本相同，均为前带影墙、门楼的砖券洞室墓，唯M12后墙无砖。这种前设影墙、门楼的明墓在郑州发现的还有金桥宾馆明墓[1]、金博大明墓[2]，后者被盗，两墓无器物、墓志出土。黄岗寺明墓[3]随葬石质买地券、瓷器等，墓门压在民房下，有无影墙、门楼，未知。上述五座明墓，是郑州地区明清平民墓葬的最高形式，随葬品仅有日用器，如瓷碟、香炉、陶罐、铁灯等，质量一般，可能囿于墓葬制度与经济实力。因年代确凿，这些器物可以作为郑州明墓断代的标准器物。

（二）M11墓志主要人物

贾继春，《明史·列传·阉党》有传，进士。任政，《宜阳县志·绅耆》载，进士。许元翔，《郑县志·秩官志》载，徽州举人。魏尚贤，《郑县志·人物志》有传，进士。以上诸人，详见《明处士张公暨孺人合葬志铭》考释一文（待发表）。其余人物均不见明史及县志记载。

（三）M12墓志主要人物

孺人张氏，寡居多年，育有一子四女，勤俭治家，过于常人，但志以古代四位美女来比附，感觉有所夸张。这四美人是：共姜，卫世子共伯妻，节妇；大姒，武王之母，有贤德；戴妫，卫庄公之妾，淑惠；庄姜，卫庄公之妻，美而无子，戴妫死，抚养其子完为桓公。

孙男攀桂，前志记为尔瑜；孙男折桂，前志记为尔璘。故攀桂、折桂可能为小名。

庠生周文萃，前志记为周文祥。

（四）张守业世系

凤—祥—富—文周—大仁（谷氏、张氏）

—守业（徐氏、杨氏）—┬—尔瑜（攀桂、肖氏、乔氏）—┬—蕴
　　　　　　　　　　　│　　　　　　　　　　　　　└—韬
　　　　　　　　　　　└—尔璘（折桂、徐氏）—┬—鼎
　　　　　　　　　　　　　　　　　　　　　　├—甲
　　　　　　　　　　　　　　　　　　　　　　└—埼

注 释

[1][2] 郑州市文物考古研究院内部资料。

[3] 郑州市文物考古研究院：《郑州黄岗寺明墓发掘简报》，《东方博物》（第31辑），浙江大学出版社，2009年。

[原载于《文物研究》（第19辑），科学出版社，2012年]

登封少溪桥勘察报告

周 鼎 肖海博

一、地理位置及现状概况

（一）地理位置及自然环境

登封市位于河南省的北中部、省会郑州市西南处。地理坐标为东经112°43′～113°18′、北纬36°16′～34°35′，市区为东经113°02′、北纬34°27′。海拔250～1512米。东邻新密，西接伊川，南与禹州、汝州交界，北与堰师、巩义比邻。东西长56千米，南北宽36千米，总面积1220平方千米，耕地56万亩。辖6乡6镇1个工业区3个办事处，有15个民族，人口61万。地形以山地丘陵为主，地处淮河流域，属温带大陆性气候，全年四季分明，气候宜人。四季气候特点是：春季干旱多风，夏季炎热多雨，秋季阴雨连绵，冬季寒冷少雪。

登封历史悠久，据史书记载，中国第一个奴隶制国家夏王朝最早在阳城（今告成镇）建都（禹都阳城），西汉武帝刘彻游嵩山，正式设立嵩高县，隋代改为嵩阳县。公元696年，武则天登嵩山、封中岳，改嵩阳县为登封县，改阳城县为告成县，金代将两县合并为登封县。1983年登封划归郑州市管辖。1994年5月30日经国务院批准，登封县撤县改市。黄帝曾在此游历，唐尧弯弓狩猎，大禹虔诚祭奠……周公姬旦、汉武帝刘彻、唐高宗李治、明太祖朱元璋、清圣祖乾隆等，相继到此祭祀封禅。李白、杜甫、欧阳修、范仲淹、程颐、程颢接踵而来。

登封地质构造世界独有，太古、之古、古生、中生、新生五个地质时期演变遗址共存，谓之"五世同堂"，被地质界称为"天然地质博物馆"，1991年被联合国教科文组织首轮通过为"世界地质遗产保护单位"，也是国务院首批公布的国家级重点风景名胜区和国家级森林公园之一。登封是文物之乡，现有国家级文物保护单位13处，省级13处，地市级8处，县市级123处，文物珍品6700余件。有禅宗祖庭少林寺，五岳中规模最大道教圣地——中岳庙，中国四大书院之一——嵩阳书院，世界上现存最古老的天文台观星台，中国最古老的石阙汉代三阙等多处名胜古迹。

少溪桥是少溪河上的其中一座桥梁，此桥位于少林寺门口，正对少林寺山门，与少林寺有着历代共风雨的历史。

（二）文物保存现状

图一　少溪桥伞貌

少溪桥是一座单孔圆拱桥，类似于江南的枫桥，全长35米，桥面南高北低，高差1.9米。桥面南宽5.15米，北宽4.88米，券顶桥面宽5.1米。孔券净跨6.4米，矢高3.81米，孔券底至桥面1.25米，通体用青石建造。站在少溪桥头，遥望少林寺掩映在参天古树之中，更增加其肃穆、神秘之感。少溪桥的下游有雁翅、驳岸，上游没有雁翅，只有驳岸。上游中央券脸石雕吸水兽头，对应下游雕吸水兽尾。桥面为不规则条石铺设，两边没有栏杆。拱券以石条采用分节并列券法砌造，券石间缝用白灰黏合，用铁皮嵌牢。下游的外券石正中刻有题记，“道光二十六年九月”字样，该题记应是关于该桥修建的重要文字根据。桥墩砌于河卵石上，仅俑一层厚0.28米的石条。拱券石上砌四层毛石，高1.25米。少溪桥似一条玉带，装点在少溪河上，与大自然融为一体，使山水生辉（图一）。

目前，少溪桥已呈现出不同程度的损坏，桥面凸凹不平，石缝间长有杂草，券石风化严重，且各券石之间黏结材料脱落，存在一定缝隙，并有渗水现象，随着时间的增长这些问题有着加剧的迹象，已严重影响其功能的正常发挥。加之少溪桥作为进入少林寺的主要通道，长期的人为使用也加速了其本身和环境的破坏程度，这些都对桥本体的保护产生了不利的影响，亟须修缮整治。因此，迅速地制定保护方案，恢复其原有历史风貌及保护好其独有的建筑特色就势在必行。

二、历史沿革

少溪桥坐落在距少林寺山门500米的少溪河上，是进入十方禅院的主要通道，桥始建于明代，后经破坏，破坏年代不详，于清道光二十六年（1846年）九月在原址上重建，至今已历经151年，中间没有任何维修痕迹。在人为和自然的双重破坏下，现桥栏杆已佚失，地栿石无存，桥面铺石风化严重，灰缝全部小存，黏结力失效。

三、建筑形制与结构

明清时期长达500余年，是河南古代桥梁的大发展时期，根据部分地方志记载，明清两代全省建造各类桥梁达数千座之多。这一时期的桥梁建造，无论从技术上、类型上、用材上等诸方面均有很大的发展，桥的式样仍以拱桥和梁桥为主要形式，且拱桥又

图二　少溪桥修建年代石刻

占了3/4，成了这一时期的主要桥式。在用材上，不仅有石料，也用砖木等材料，或木石结合，或砖石结合。拱桥的发券技术已基本不见盛行于宋金时期的圆弧桥，代之而起的多为半圆拱（略大于半圆），锅底券为主要券式。在建造技术方面，从前代的并列券法逐步改为横联券式或框式并列券。明清两代的桥梁在各个构件之间已普遍使用铁件加固。拱桥的外券面石上多有较为华丽的雕刻，几乎所有拱桥的龙门石上都雕有吸水兽，形态各异。桥面也出现多种形式，或坦或弓。桥面两侧栏板、望柱上有不少桥梁都加以精心雕刻，有各种图案、人物、故事，使人们在行旅之中能得到美的享受。

少溪桥修造于道光二十六年，此时期正处于河南古代桥梁大发展时期。单孔圆拱桥的建筑形制体现了时代特点，材料因地制宜地采用当地的青石，与周围的环境浑然一体。少溪桥屹立逾百年，仍为主要交通要道，这与它的建造技术、本身结构均有密切关系（图二）。

（一）选址

选址是确定建筑本身与地质和周围环境的最佳结合点。该桥的选址大有讲究，少溪桥绕少室山趾北流而东去，减缓了水势而后穿桥而过，避开了河水对桥墩的正面冲击，从而使桥墩能保证桥的拱券基础稳定。

（二）基础处理

基础处理是一项技术性很强的工程，是施工过程中最重要的环节。登封属于豫西南山区，这里土质较硬，承载力强。故少溪桥没有对基础做特殊处理，而是直接在自然岩层表面砌0.28米高的石条，既牢固又简单。

（三）发券技术

除基础处理，对拱桥来说，最重要的莫过于发券。在长期的桥梁工程实践中，人们不断地总结经验，大胆探索，使桥梁发券技术日益完善。拱券石并列砌置法是一种古老的发券技术，著名的隋代赵州桥就成熟地运用这一技术，河南现存最早的实例是临颍小商桥，主拱采用20道各自独立的单券并列而成，相邻两道单券砌缝错开。在明代一些拱桥中，分节并列券被广泛运用，如汝南济民桥、宏济桥，西平于家桥等。并列券最大的缺陷就是每道券之间缺少纵向联系，容易造成单券倾斜和受损。为解决这一结构的不足，就在上下节之间纵向施用石构件，于是就形成了纵联分节并列砌置法，这种券法把整个券洞分作若干个矩形闭合框架，拱券的整体联系得到了加强，结构合理，便于建造和修复施工。少溪桥就属于此类拱券结构，河南境内还有上蔡县朱里桥、光山县永济桥等。这是发券技术的一大进步。

（四）券脸石

券脸石，也叫外券石，按清式石桥做法，拱券所用券脸石数量均呈奇数，每块背正相同，券脸石断面之比为10：9，接近方形。河南古代石拱桥中券脸石数量多呈奇数，与清式官式做法相同，但也有一些拱桥券脸石数量为偶数。河南石拱桥每块券脸石长短不均等，是自下而上，对称布置，逐渐减短，这种做法从施工角度来看非常合理。河南省临颍县小商桥的券脸石为13块，少溪桥的券脸石对应于中央的近似方形的券脸石，两边对称分布，共11块，券脸石表面刻出上下两道装饰性弧线，中央券脸石雕刻吸水兽。现场勘察，少溪桥券脸石间用了圆头形的腰铁来进行加固。此外，河南古桥的雁翅不明显，绝大多数与叠涩垒起的驳岸连为一体，因此石拱桥雁翅内侧是顶住券脚的，对拱券起着扶持作用，雁翅对券脚的扶持非常稳固，少溪桥下游有雁翅7.7米，上游没有雁翅，只有驳岸是拱券保存完整的重要因素。

（五）加固措施

少溪桥的加固部位主要在券脚和券脸石部位，目的是加强内外券之间的结构联系，防止券脸石外倾，进而使拱券得到保护在防止券脸石外倾方面，施用护拱石和腰铁。除此之外，还采取以下几种结构性措施：①在纵连券中，将内券石条伸出，形成框式纵联砌置法；②砌筑雁翅或驳岸。少溪桥的雁翅不明显，与叠涩垒起砌的驳岸连为一体。雁翅内侧顶住券脚，对拱券起着扶持作用。这也是拱券目前仍保存完好的重要因素。

（六）建筑材料

少溪桥的建筑材料主要是石。这是由于地处山区，材料随处可见，可节省人力物力。此外还有铁件，主要起连接加固辅助作用。所用的黏结材料，经现场勘察，主要为石灰。许多考古材料证明，用纯石灰做黏结材料完全可以支撑千年以上。另外，拱券背面凹凸不平，两侧桥身内部不添石块，用灰土夯打致密，夯至与拱顶部平时，其上通铺桥面石，这样的做法不仅可以减轻桥本身自重，而且还具有很好的防水效果。

四、价值评估

（一）少溪桥见证了少林寺的发展

少溪桥重建于清道光二十九年，它的建造史有150年之久，正处于中国石拱桥大发展、技术日臻成熟时期。所以，作为历史文化永久的实物载体，它不仅见证了少林寺的发展变化史，同时也为人们认识和研究桥梁建设文化提供了宝贵的文物资料。

（二）少溪桥的建造技术体现了同时期桥梁的特征

石拱桥的建造在我国有200多年的历史，从最早记载石拱桥的文献《水经注》看，晋武帝太康三年（282年）在洛阳七里涧上建成的旅人桥就是一座单跨石拱桥。在漫长的历史长河中，拱券的建造从单纯的并列券发展到纵联券、框式纵联、并列与纵联结合的分节并列横联拱，使石拱桥的发券技术日趋完善并多样化。少溪桥的发券技术代表了一定时期的技术特征，而且现在还很稳固，石券石间无大的缝隙。拱券矢高3.8米，为多圆心拱券，整个拱券看起来立体感很强，与周围环境相得益彰。

（三）少溪桥券脸石上雕刻的吸水兽表现了一定的艺术价值

券脸石上雕刻的吸水兽突出券脸石30厘米，口含龙珠，比较特别，遍览河南的石拱桥，河南的吸水兽多为高浅雕，即是兽头突出，口含龙珠的比较少。少溪桥的吸水兽造型、雕刻古朴，透着灵气（图三）。

综上所述，少溪桥具有一定的历史价值、科学价值和艺术价值，为研究明清桥梁提供了宝贵的实物例证。

图三　少溪桥的吸水兽

五、现状勘察

（一）勘察的主要内容和手段

（1）勘测目的：对少溪桥及周边环境进行总体勘查，重点是对少溪桥进行现状勘测及维修加固设计。

（2）测量范围及对象：少溪桥及下桥后25米长的道路。

（3）测绘工具：皮卷尺、水平尺、数码相机、指北针、垂球等。

（4）测绘方法：①手工绘结构、外观形状、大样等草图，通过直接现场勘测记录，探明少溪桥的结构特点，构造原貌的各种数据，作为制定维修方案的依据。②残破现状勘查：对暴露部分的残损程度进行了探查；对不易探查的部位，主要采用敲击法和分析观察、综合分析的办法进行了探查。③资料核对：对照有关资料，把桥的现状与早期原状的差别进行对比分析，对现存的状况，进行对照、观察及分析其病害及原貌。

以上几种勘察方法的综合运用，使本次勘察基本具备科学化、量化的特点，为以后维修工作打下了良好的基础。

（二）整体环境现状勘测

（1）少溪桥造型古朴，是少溪河上的一颗明珠。

（2）少溪桥处于少林景区的中心部位，桥南头是十方禅院，北边是少林寺山门前的大广场，此桥是进人少林寺的唯一通道，作用显著，为了保护文物和更好地发挥作用，少溪桥亟待维修。

（3）少溪桥呈南高北低之势，且桥面凹凸不平，杂草丛生，桥两侧无栏杆，一遇雨雪天气，极不安全，本着“以人为本”的精神，应尽快整修。

（4）随着少林寺山门前广场的扩建及少林景区环境整治，桥两侧的雁翅和驳岸，现仅遗存一部分，且石缝间长有杂草和数米高的杂树，自然环境比较杂乱。

（5）桥下河床内垃圾、杂物较多，与国家5A级风景区的要求不符。

（三）少溪桥残损现状记录表

1. 栏杆

经现场勘测，桥没有栏杆，作为进人少林寺的主要通道，出于安全因素，体现“以人为本”，少溪桥应修造栏杆。

2. 外券石

外券石部分风化劈裂，各券石之间黏结材料大部分脱落，吸水兽残缺。其详细残损见外券石残损状况勘查表（表一）。

表一　外券石残损状况勘查表

名称	序号	残损位置、性质、程度	损坏原因	残损点评定界限	残损程度评估
Ⅰ1	（1）	接缝空鼓	自然侵蚀	风化	已构成残损点
Ⅰ2	（2）	同上	同上	同上	同上
Ⅰ3	（3）	同上	同上	同上	同上
Ⅰ4	（4）	同上	同上	同上	同上
Ⅰ5	（5）	接缝空鼓、腰铁锈蚀	同上	同上	同上
Ⅰ6	（6）	吸水兽残破	人为加自然侵蚀	吸水兽鼻子风化断掉	已构成残损
Ⅰ7	（7）	接缝空鼓、腰铁锈蚀	自然侵蚀	风化	已构成残损点

续表

名称	序号	残损位置、性质、程度	损坏原因	残损点评定界限	残损程度评估
Ⅰ8	（8）	接缝空鼓	同上	同上	同上
Ⅰ9	（9）	同上	同上	同上	同上
Ⅰ10	（10）	同上	同上	同上	同上
Ⅰ11	（11）	同上	同上	同上	同上

注：①上游外券石为Ⅰ，下游为Ⅱ；从南往北依次为1～11号；②下游外券石Ⅱ6吸水兽尾断掉，已构成残损，其余与上游面相似；③拱券石

3. 少溪桥拱券

共16道，每道券石数量不均，大小不等，共计120块，需要更换与修补的券石较多。其中，北侧上游外券石与内券石之间有达1厘米的裂缝，其余外券与内券之间也有微小缝隙。经现场勘测，拱券石的主要病害是：拱券石之间缝隙空鼓，有的拱券石风化劈裂，严重威胁拱券的安全。从下表可看出，拱顶部的券石结合紧密，未发现有移位现象，拱券石也未遭到风化或劈裂等病害。但由于拱顶两侧所受张力较大，所以南北两侧拱券均受到不同程度的损坏，以南侧损坏为重。从券石风化程度来看，也以东侧偏南处券石风化较重，这可能与常年的主导风向有关，风力损害了券石表面，加速了券石的风化。其详细残损见券石展开图（图四）及拱券石残损状况勘查表（表二）。

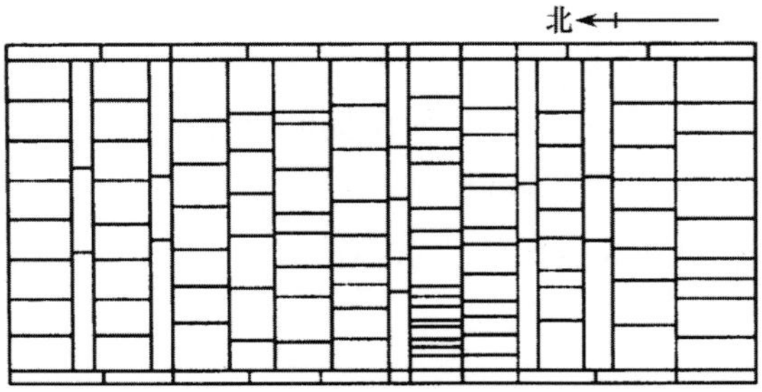

图四　券石展开图

表二　拱券石残损状况勘察表

序号	名称	残损位置、性质、程度	损坏原因	残损点评定界限	残损程度评估
（1）	Ⅰ	外券与内券之间有缝隙	自然侵蚀	风化	基本完好
（2）	Ⅱ	同上	同上	同上	同上
（3）	Ⅲ	同上	同上	同上	同上
（4）	Ⅳ	同上	同上	同上	同上
（5）	Ⅴ	同上	同上	同上	同上
（6）	Ⅵ	同上	同上	同上	同上
（7）	Ⅶ	同上	同上	同上	同上
（8）	Ⅷ	同上	同上	同上	同上
（9）	Ⅸ	同上	同上	同上	同上
（10）	Ⅹ	同上	同上	同上	同上
（11）	Ⅺ	同上	同上	同上	同上
（12）	Ⅻ4.5	拱券之间缝隙空鼓、有渗水痕迹	人为加自然侵蚀	空鼓、渗水	已构成残缺

续表

序号	名称	残损位置、性质、程度	损坏原因	残损点评定界限	残损程度评估
(13)	XⅢ2	拱券石上有裂痕并被挤出2厘米	人为加自然侵蚀	斜向裂缝严重	已构成残缺
(14)	XⅣ5.6	拱券石缝隙空鼓、有渗水痕	人为加自然侵蚀	空鼓渗水	已构成残缺
(15)	XV	拱券之间有缝隙	自然侵蚀	风化	基本完好
(16)	XⅥ	同上	同上	同上	同上

注：①由北向南，每道券的编号依次为1、2、3……；②每排拱券石编号自西向东依次从Ⅰ、Ⅱ、Ⅲ……

4. 桥面、桥身

经现场勘测，桥面凹陷，凸亢，桥面石脱落，破碎，有的一块桥面石碎成10多块，有的甚至形成空洞。桥面从南往北呈5%的坡度，但在28.5米处桥面增高0.55米，形成一条凸岗，已发生多次摔倒人事件。桥身上石缝间长有杂草、紫荆等杂树，树径达30厘米，其根部顺着桥身的缝隙深深扎下，一遇大风，吹动树枝，树根便在桥身和券石间剧烈摇动，对桥身形成严重的威胁。

5. 雁翅、驳岸

少溪桥沿河上下游均用青石依主拱的高度砌出雁翅和驳岸，对桥本身起着很好的保护作用。由于历史久远，雁翅又极易冲毁，因此现存的雁翅已残缺不全，有的甚至基本不存，如在桥上游已经没有雁翅，而仅有驳岸，驳岸的部分青石也已破碎脱落。下游的雁翅青石缝间长有杂草杂树，引起青石松动，这不仅不能保护桥身的安全，而且一旦遭遇大雨，雨水由缝隙灌人，也直接危害了桥身的安全。

6. 栏板

桥面原有栏板、望柱等桥梁构件，现已拆除或丢失，具体佚失年代不详。

7. 桥墁石

桥下游海墁石被冲走，现场勘查，没有一块还是处在原位置的。海墁石的缺失，受到损坏的首先是桥墩。此次维修时应认真处理桥底的海墁石，铺平铺齐，以确保桥墩的安全。

六、少溪桥维修加固设计说明

（一）维修加固设计编制依据

（1）《中华人民共和国文物保护法》

（2）《中华人民共和国文物保护法实施细则》

（3）《文物保护单位保护规划编制要求》

（4）《文物保护工程管理办法》

（5）《纪念建筑、古建筑、石窟寺等修缮工程管理办法》

（6）《古建筑木结构维修与加固技术规范》（GB50165—92）（石作部分）

（7）《中华人民共和国环境保护法》

（8）石桥加固技术

（9）《河南省文物保护管理实施条例》

（10）相关基本资料

（11）现场勘察成果，实测数据及实拍现状照片

（二）维修加固设计原则

遵照《中华人民共和国文物保护法》的有关精神，按照文化部《纪念建筑、古建筑、石窟寺等修缮工程管理办法》《文物保护工程管理办法》等的要求及《古建筑木结构维修与加固技术规范》（石作部分）（GB50165—92）标准，依据中国国情，参照其他具有相似问题的桥的成功维修范例，并结合少溪桥的特点，我们认为，对其维修保护设计应遵循如下原则。

（1）坚持《文物法》“不改变文物原状”的修缮原则，修旧如旧，尽可能恢复原有的历史面貌。力争做到通过修缮，更加真实地、完整地保护好其所持有的历史信息。通过维修加固，增强其抗灾能力，使其延年益寿。通过修缮，使人们看到的是一座历经百年的古桥，而不是一座焕然一新的仿古桥梁。

（2）该桥的主体结构用青石砌造，是清晚期桥梁。因此，在保持该桥现有外观不改变的前提下，对该桥缺失的构件，如栏杆，应以与桥的整体风貌协调的规格为准进行补配。

（3）在施工时，应最大限度地保存原构件。对重要部位的石构件（如拱券石、外券石等），除极个别已失去承载能力的构件外，原则上不做更换，以黏结加固为主。对其他部位，如雁翅的石块，可以对其进行清挖，清挖出的原件修复后用上，对确实损坏无法修复的，要按照原质地、形状进行补配。

（4）施工中使用的填充料、黏合料及加固材料，要充分考虑到文物修复的“可逆性”，对桥主体的任何部位均不得使用水泥加固，施工中应多选用传统材料加固，砌筑构件时亦不可使用水泥混合砂浆，对各石券间更不能用水泥勾缝。

（5）对该桥维修加固，要将对其周围环境的治理作为一项重要内容。首先，桥两端的桥堍与道路连接处要设置障碍，利用现桥面与桥面的高差，中间做出阶梯状踏步，两侧做礓礤，以方便残疾人或老年人推车便利，考虑到当地的气候条件，以做礓礤为好。另外，对少溪河进行疏浚，使河中保持一定深度的水面，这样可以对桥的基础给予良好的保护。

（6）在桥的形制、尺度、构件尺寸与构件承载力出现矛盾时，以在保证其形制、尺度、构件尺寸为前提条件下，通过结构加固设计，对承载力不足的构件予以补强。保证结构本身安全、延长构件寿命。

设计中心思想：以保留和有依据地恢复原形制、作法、工艺从而保证其时代特征未遭变动为首要原则。并在制定设计方案时将设计人思维对建筑的干预控制在最低程度。在结构安全的情况下严加控制修缮范围，最大限度地保存文物建筑的历史特征。通过修缮，客观地较好地保护建筑及建筑的真实性，整修恢复历史风貌。

因此，在保证结构安全的前提下最大限度地保留原有构件，对已无法继续使用的予以更换，通过现存结构具体的病症、病害特征加以分析，采取相应的加固措施，在建筑时代特征不发生变动的情况下对结构的薄弱部位予以加强，从根本上解决结构安全隐患，增强结构强度储备，从而使得修缮后的结构可靠性鉴定达到Ⅰ类建筑，抗震鉴定达到合格。

（三）维修加固技术方法

严格遵守《古建筑木结构维修与加固技术规范》（GB50165—92）标准中的石作部分进行维修加固。

第7.2.1条，古建筑的石构件，特别是有雕刻纹样的石构件，除残缺严重危及安全必须更换者外，应设法保存原物，对局部残缺的石构件，应用品种、质感、色泽与原件相近的石料修补。

第7.2.2条，维修有局部裂缝的非承重石构件时，可采用剔补的方法，剔补的部分可用环氧树脂黏结。

第7.2.4条，古建筑承重石构件的更换，应符合下列要求。

（1）新构件的石料品种、质感和色泽，应与原件相近；石料的层理走向，应符合受力要求；不得使用有隐残、炸纹的石料。

（2）新构件的外形尺寸、表面剁斧、磨光、打道、砸花锤等均应与原件相同。

（3）砌筑用的灰浆品种及其配合比，应符合设计要求；灰缝应饱满、均匀；拼缝应严实，并应检查连接铁件的数量、位置。

除此之外，还应按照以下维修加固技术方法处理。

（1）灰缝维修：缝内积土长草的地方清除后用油灰重新勾缝，达到防渗除草的目的。

（2）表面风化酥碱的部分，凡不影响安全与艺术造型者，剔除酥碱部分后再黏补。

（3）断裂维修：断裂部分用生漆或其他黏结剂黏结。在接口处加以作旧处理。

（4）鼓闪、位移的，拨正后加砌石块灌浆，坍塌的重砌。

（四）环境保护治理

遵循可持续发展的战略思想，进行环境治理。

（1）建筑环境治理：重点对桥本身进行文物修缮。桥面石块仍为青石铺就，桥身石缝间杂有小树，其根部在石缝间深扎，对桥影响甚大，应予以剔除。两侧雁翅及驳岸依据桥的建造特点进行修建。遗存的雁翅和驳岸上面长的杂草、杂树应处理干净，使雁翅和驳岸明露。

（2）河床内垃圾治理：在桥两侧设置垃圾箱，保护环境。同时还要注意垃圾箱的形状要与周围环境相协调。

（五）建筑维修加固措施

按照《古建筑木结构维修加固技术规范》的有关规定，根据以上维修原则，对少溪桥的残损情况进行了外观、结构可靠性鉴定，分述如下。

1. 基础处理

桥下的河床加固对桥墩基础及整个桥身的安危有着重要作用，由于受水流冲击，桥下海墁登封少溪桥勘察报告石几乎全部被冲毁并直接威胁桥台及雁翅下方的基础。根据现场勘查，桥墩不做维修处理，只对桥墩下石块、海墁石、上下游桥口进行维修，具体做法如下。

（1）桥墩下石块大大小小，布置疏散，在维修时，先将缺失的石构件以同质石料按规格补齐，并紧密排列，然后用石灰砌筑。

（2）将河床内杂物清除干净、找平，然后将海墁石按600厘米×300厘米×150厘米的尺寸铺放整齐，缝间添以白灰并用铁片充实。

（3）上游桥口处理：桥底上游部分向外接铺一道宽40厘米的同质石料，石外迎水面斜杀，以利水流过桥，可减少对水的阻力。

（4）下游桥口处理：在最外一排海墁石之外，再平铺一排宽60厘米的同质石料，使整个河底的所有海墁石连接成一个整体，稳固桥墩。

2. 桥体维修

桥体维修是对少溪桥维修的主题，主要包括石券、桥身、桥面构件等部位的维修，根据对桥的考察认为，该桥的主要病害：一是由于桥面内渗水，致使桥拱券石之间黏结材料失效，裂缝加大；二是桥墩下石块排列疏散，这也加剧了桥的不稳定。以上这些对该桥安全造成威胁。具体做法如下。

（1）对桥全面维修，把桥面上的条石掀开，清理券背上的填充物，使拱券石完全露出来，首先对拱券每一道单券及每一块券石进行检查，认真清理各券之间的杂物，对部分券石进行黏结补强加固。就目前观察到的情况看，南侧第三道券石向外凸出，一旦券石从券上脱落，就会造成整个拱券坍塌，这个必须维修。另外，须对Ⅻ4.5、XⅢ2、XⅣ5.6号拱券石进行补强加固，用环氧树脂黏结。最后，在各残损券石修补完好的基础上，对整体拱券进行加固，主要是在有残损点的拱券石背面之间加两道腰铁，腰铁下涂环氧树脂，周围填以石灰，外券石面上也需要用腰铁加固。然后在东岸砌挡土墙50厘米厚，与驳岸相接。

（2）拱券石加固后，应对拱背作防水处理，具体做法如下。

①拱上做护券麻刀灰3厘米厚，将拱面做平整。②在拱面上铺二毡三油。③重新安装10厘米厚的护拱石，并用腰铁连接。④做灰背15厘米，分三层做出，用三七灰土混合加水至手抓拢不散为止，铺8厘米厚，夯打到5厘米厚，再继续做下一层。⑤全部做完后刷黑矾水一层，以利防水。

（3）桥身维修。首先砌好拱券石，内部用石块、砖渣、三七灰土（新鲜黄土与生石灰按3：7比例混合）夯打，10厘米夯压到7厘米，然后找平，使从南往北呈5%的坡度。再整齐地铺上能使用的旧桥面石。对于破碎得无法再使用的桥面石，应依原规格重做。桥面石之间隙连以腰铁，并非每两块石块之间都要联结，在桥面东西两侧足矣。或在桥面每隔1～2米横放长锁石，起到了对桥的横向加固作用。

在施工前应进行桥的受力计算，以保证桥本身的安全。

应力计算如下。

a. 有限元计算模型

少溪桥是一座单孔圆拱桥，类似于江南的枫桥，全长35米，桥面南高北低，高差1.9米。桥面南宽5.15米，北宽4.88米，券顶桥面宽5.1米。孔券净跨6.4米，矢高3.81米，孔券底至桥面1.25米，通体用青石建造。桥墩砌于河卵石上，仅用一层厚0.28米的石条。拱券石上砌四层毛石，高1.25米（图五）。

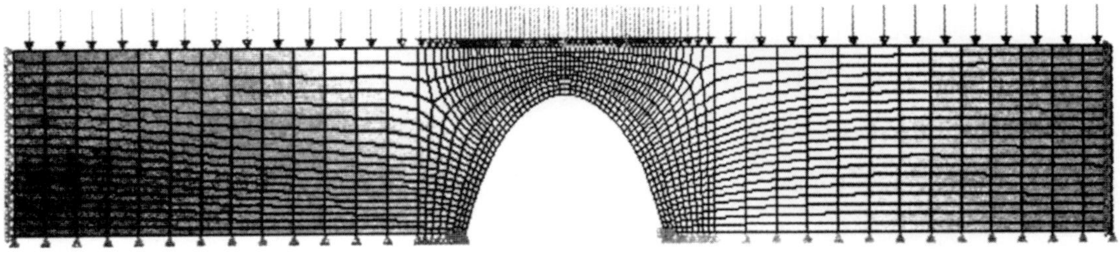

图五　少溪桥有限元模型

计算模型按照平面应变考虑，桥身石材取0.4米厚，孔券净跨6.4米，矢高3.81米。模型长35米，高5米，共1102个四节点平面单元。

恒荷载按照材料自重计算，重度见表三，路面活荷载按照20KN/m^{2}均布荷载计算。

表三　材料计算参数表

	弹性模量（MPa）	泊松比	重度（kN/m^3）	抗压强度（MPa）	抗拉强度（MPa）
桥身块石	4000	0.25	24	21.6	1.8
周围填土、碎石	55	0.35	1800	—	—

b. 结果分析

按照上述假定，计算得到该桥的应力分布图（图六、图七）。

水平最大压应力发生在拱顶为0.757MPa，小于极限抗压强度21.6MPa。

竖向最大压应力发生在拱脚处，为1.683MPa，小于极限抗压强度21.6MPa。所以该桥在此荷载工况下是满足强度要求的。

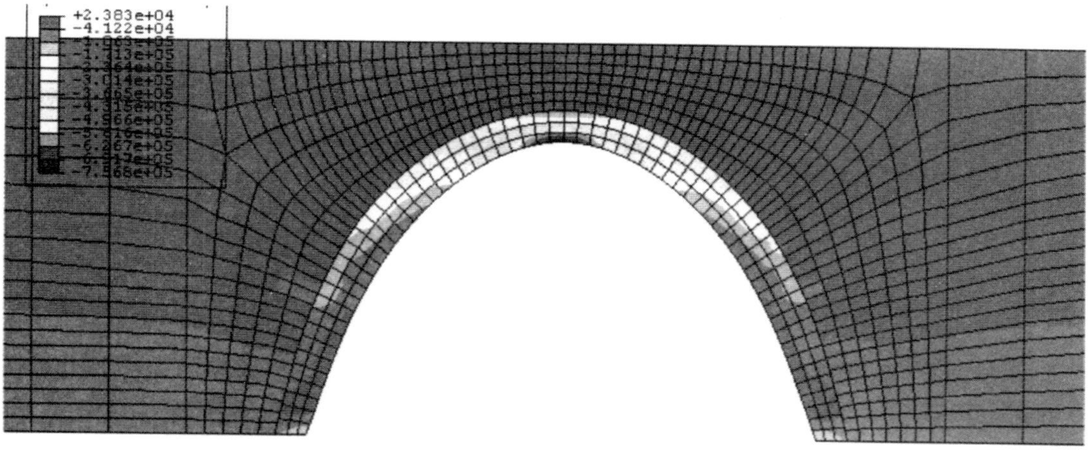

图六　少溪桥水平应力云图

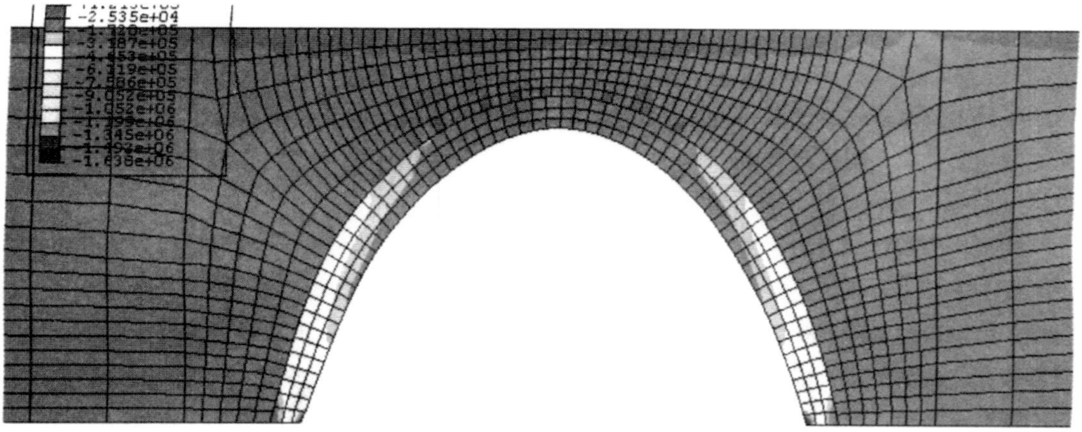

图七　少溪桥竖向应力云图

3. 雁翅维修

桥岸两侧的雁翅是与桥本身紧密相连的整体，对于保证桥本身的安全、削减通过桥洞的水势有重要作用。少溪桥的雁翅由青石砌成，对现有的已碎或缝隙空洞，要进行更换，对空的缝隙要进行清理，再用环氧树脂黏接，用石灰砂浆勾缝。

注　释

［1］ 王国奇：《河南古代桥梁》，中州古籍出版社，2005年。

［原载于《文物建筑》（第4辑），科学出版社，2010年］

第二篇

理论探讨与研究

MIS3阶段嵩山东麓旧石器发现与问题

王幼平　汪松枝

一、概　　述

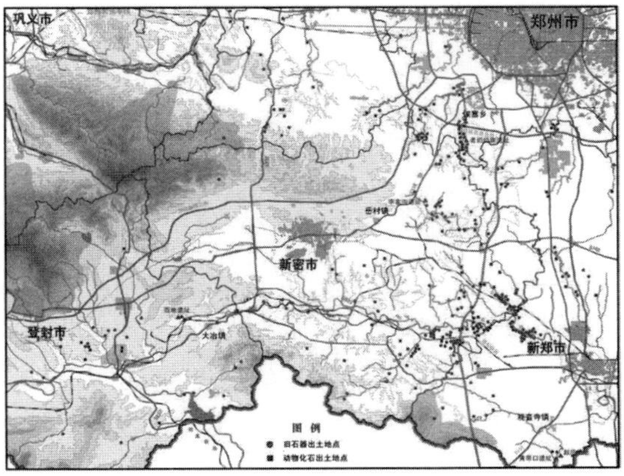

图一　嵩山东麓旧石器地点分布图

20世纪90年代开始，郑州市文物考古研究院等单位即在该地区开展旧石器考古工作，发掘了荥阳织机洞等遗址[1]。自2004年冬季以来，郑州市文物考古研究院又连续组织多次旧石器考古专项调查，对郑州地区分布有更新世堆积的区域展开系统调查工作，到目前已经发现300多处旧石器及动物化石地点。这些发现的时代主要集中在深海氧同位素3阶段[2]（即MIS3）。新发现的地点分布在西起登封，向东到新密、新郑等地的嵩山东麓地区。其中属于淮河水系的贾鲁河、溱水河及洧水河等河流上游河谷地区的发现尤为丰富[3]（图一）。在系统调查工作的基础上，近年来已有多个遗址经过正式发掘，如新郑赵庄与黄帝口、登封西施及郑州Ⅰ西南郊二七区老奶奶庙等[4]。本文拟介绍并简要讨论近年来在贾鲁河、溱水河及洧水上游等地旧石器考古的新进展及相关问题。

二、贾鲁河流域

贾鲁河是淮河上游的一条支流，发源于郑州市西南郊。该地带马兰黄土堆积巨厚，沿河两岸晚更新世堆积系由马兰黄土及下伏的河流相堆积或棕红色古土壤层构成。属于MIS3阶段的旧石器地点在该地的分布尤为密集。其中老奶奶庙遗址已经过2011～2013年的三次正式发掘，收获非常丰富。

1. 老奶奶庙遗址

老奶奶庙遗址位于郑州二七区的侯寨镇樱桃沟景区内，东南距离代家门村约500米，西邻贾鲁河上游九娘庙河，坐落在河旁二级阶地之上。遗址地处嵩山余脉向东延伸的低山丘陵区，区内黄土堆积发育[3]。

遗址东侧由马兰黄土及下伏的河漫滩相堆积形成断崖剖面高近20米，马兰黄土之上，还叠压着新石器至历史时期的文化层。旧石器文化遗存埋藏在河漫滩相堆积中，已经发掘揭露的地层堆积显示，老奶奶庙遗址的旧石器遗存可分上下两大部分：上部为黄褐至灰褐色黏质粉砂，含丰富的石制品、动物骨骼碎片及灰烬等，可进一步划分为6个小层；下部是灰黄、灰白色黏质粉砂或粉砂，亦可进一步划分出7个小层，也都可见石制品、动物化石及灰烬等文化遗存。堆积显示，当时人类曾较长时间反复在水边居住活动，因而留下多层富含各类旧石器遗存的文化堆积。

老奶奶庙遗址的主要发现是以灰烬堆积为中心的居住遗迹，以及数量众多的石制品与动物化石遗存。在已发掘揭露的区域内，13个文化层多可见到用火遗迹与石制品及动物骨骼碎片构成的居住遗迹。尤为引人瞩目的是，上部的3B与3F层，均有大量的石制品、动物骨骼等遗物与多个用火遗迹共存，清楚地反映了当时人类的居址结构复杂化的发展趋势。如在3B层共发现用火遗迹10处。这些灰烬主要分布于发掘区的中部和中南部区域，面积有大有小。较大者如H9分布范围南北长约20厘米，东西长约30厘米，最厚处厚约3厘米，剖面观察则呈浅锅底状。周围分布有大量动物骨骼碎片与石制品等遗物。3F层的原始地面呈现南高北低的缓坡状分布。遗迹、遗物非常丰富，共发现灰烬堆积6处，面积分布均较大。如分布在发掘区西南部的灰烬堆积平面形状呈近椭圆形，其分布范围南北最长处约126厘米，东西最宽处约100厘米，从剖面上观察，其剖面最厚处可见厚度约8厘米，含有大量炭屑和灰白色斑块状物质。灰烬周围散布着较多的动物骨骼碎片与石制品等遗物。中北部区域还有另外几处面积稍小的灰烬堆积。灰烬堆积周边亦分布有大量的动物化石及石制品等。在离灰堆稍远处，还可见到明显的石器加工区，有数量较多、属于同一原料来源的石核、石片及断块与碎屑等生产石器的副产品。经过浮选，在大部分灰烬中也都有较多的炭化草本植物籽实颗粒的发现。

老奶奶庙遗址经三个年度发掘，发现石制品的数量已超过5000件。种类包括石核、石片、断块及各类工具等。石制品的原料以灰白色石英砂岩和白色石英为主，亦有少量的石灰岩、火成岩及燧石等原料使用。在石英砂岩制品中，石片与石核的数量较多。石核多为多台面石核，均为简单剥片技术的产品，尚不见预制石核的迹象。石英原料则体积较小，亦采用锤击技术或砸击技术直接剥取石片。经过仔细加工的工具多系石英原料，数量不多，可见到的类型有边刮器、尖状器等。形体多较细小（图二）。

已发现的动物骨骼数以万计，包括数量较多的较完整的下颌骨、肢骨、牙齿等，以及大量骨骼碎片。其中下颌骨与牙齿等食草类动物头骨的骨骼所占比例要远远高于其他部位。多数动物骨骼石化程度较深。可鉴定种类主要是马、牛、鹿、羊与猪等。还有数量较多的鸵鸟蛋皮碎片。动物骨骼上完全不见食肉类或啮齿类动物啃咬痕迹，显示大量骨骼在遗址上出现完全是人类狩猎与消费猎物活动的结果。另一引人瞩目的现象是其中

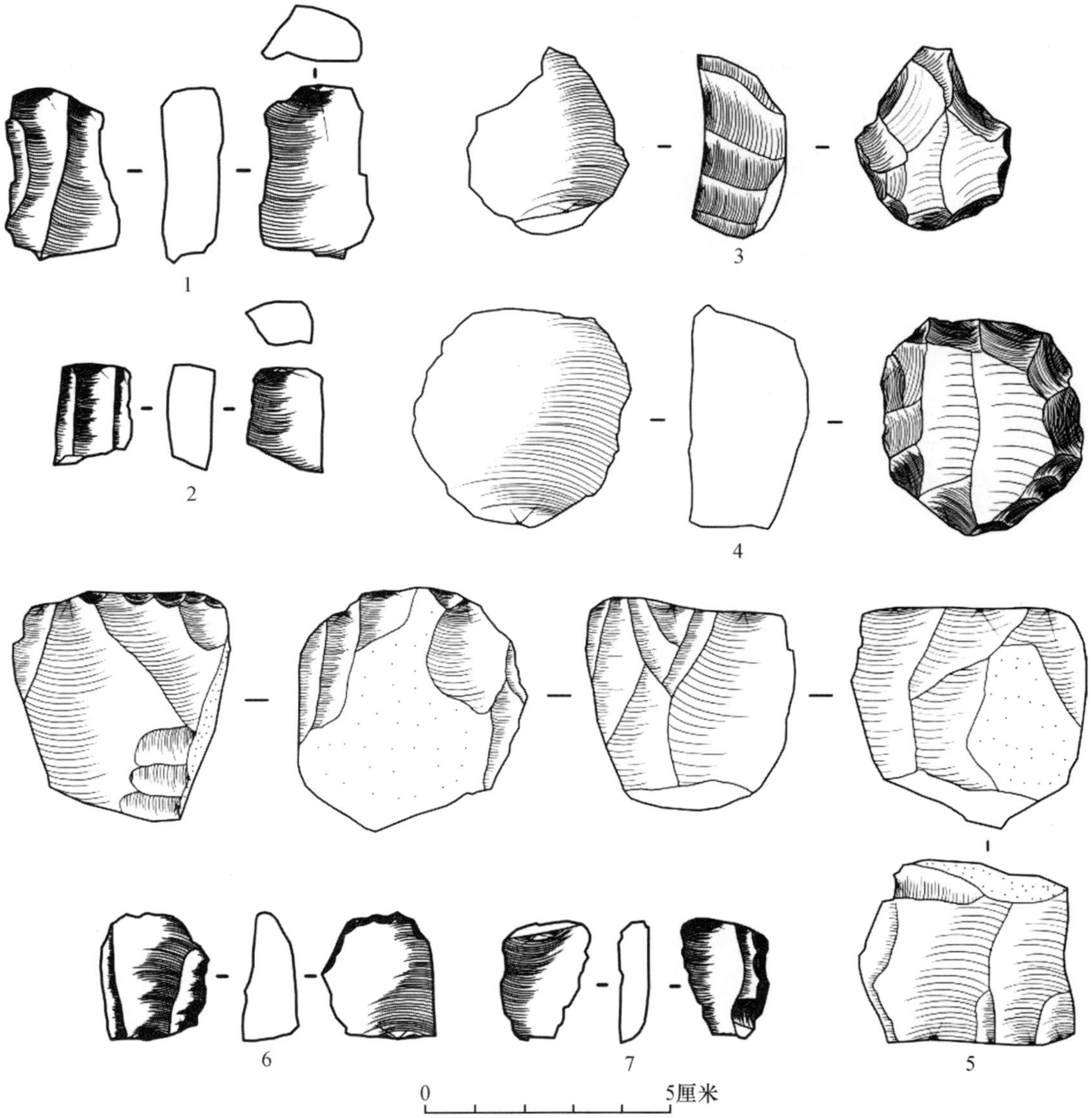

图二　老奶奶庙遗址石制品

1. 13E1：0527，石片　2. 13E1：0514，石片　3. 11E1：0669，石核　4. 12E1：1811，石核　5. 11E1：1825，石核　6. 13E1：0453，边刮器　7. 13E1：0502，边刮器

较多骨片的大小比较相近，很多骨片长度集中在10厘米左右，刚好方便手握使用。有些残片上有比较清楚的打击修理痕迹。个别还可见到明确的使用磨痕。这些迹象显示，该遗址的居民除了使用石制品以外，还大量使用骨质工具，如图三所示，即是直接使用的食草类动物长骨片。

2. 贾鲁河上游其他发现

在老奶奶庙遗址附近，沿贾鲁河上游近10千米长的范围内，还分布着20余处旧石器

图三　老奶奶庙遗址使用骨片

时代地点[5]。这些地点也埋藏在马兰黄土上部堆积之下的河漫滩相堆积，或是与其同期异相的红褐色古土壤层中。这些地点的时代也应当与老奶奶庙遗址相同。只是多数地点的堆积较薄，文化遗存也较少，仅是临时活动的场所。从分布位置、地层堆积与文化遗存的保存等情况看，老奶奶庙遗址位于这个遗址群的中心，应是一处基本营地，并与这些临时活动地点共同构成一个遗址群。

三、溴水河流域

溴水河也是淮河上游的一条小支流，发源自嵩山东麓的低山丘陵区。其流经新郑至长葛县交界附近，将晚更新世沉积的黄土及河流相地层切割出露高达十余米的剖面，上部为马兰黄土状堆积，其下多是河流相堆积或棕红色古土壤层。在新郑赵庄附近的调查已发现10多处旧石器时代地点，这些地点沿溴水河两岸分布，均埋藏在马兰黄土下伏的河漫滩相堆积中[3]。其中赵庄与皇帝口两遗址已经过正式发掘。

赵庄旧石器时代遗址位于新郑市赵庄村北，溴水河东岸三级阶地。2009年发掘最主要的收获是置放象头的石堆与石器加工场。两遗迹位于同一活动面，显然是同一时期活动的遗存。活动面南北向分布，其西侧被河水侧蚀及当地村民取土破坏。现存活动面南部发现有一具完整的古棱齿象头骨，数量众多的大块紫红色石英砂岩块，以及乳白色碎小的石英制品。象头骨呈竖立状，朝南；由于长期的挤压作用，已明显变形。绝大多数石英砂岩块位于象头骨的下部和周围，互相叠压，形成堆状。调查发现，大块的石英砂岩是直接采自距遗址西南5千米以外的陉山原生岩层。其被搬运至此的主要功能并非加工工具，而是围成石头基座，在上面摆置象头。石英制品则主要分布于活动面北侧，绝大部分是加工石器产生的石核、石片、断块与碎屑等副产品，也有少量加工完成的工具，说明当时人类在这一区域的主要活动应是石器生产[6]。

皇帝口遗址东北与赵庄遗址隔河相望，直线距离不足1千米。文化层厚度仅10厘米左右。2009年发掘所获石制品、动物骨骼等遗物也仅100余件。文化遗存与堆积状况显示该遗址应是古人类较短暂的活动场所。小型利刃的石英制品与动物骨骼残片等的保存状况说明，当时人类在这里的主要活动应是处理猎物等。加速器^{14}C年代测定等结果说明皇帝口与赵庄遗址当属同一时代，均为距今35000前后[7]。

四、洧水上游

洧水上游地区也发现有较多的旧石器，其中最重要的是西施遗址。该遗址位于登封市大冶镇西施村村南，系嵩山东麓的低山丘陵区。该遗址是2004年年底郑州市文物考古研究院进行旧石器考古专项调查时发现。2010年5至7月发掘，揭露遗址面积近50平方米，出土各类石制品8000余件，并发现生产石叶的加工场遗迹。该遗址地层清楚、文化遗物典型丰富，史前人类生产石叶各环节的遗存均有发现，完整保留了旧石器时代居民在此地处理燧石原料、预制石核、剥片、直至废弃等打制石叶的生产线或操作链[6]。在对西施发掘资料进行初步观察整理后，2010年下半年，2013年秋季与2014年春季，又前后几次以西施遗址为中心，对周围面积多达数百平方千米的区域进行系统调查。调查重点是了解区内地貌、典型剖面的地层堆积及石器原料产地，寻找相关旧石器文化遗址空间分布的信息等。

1. 西施遗址地层、时代与埋藏状况

西施遗址地处低山丘陵地带，区域地势整体上呈北高南低。海拔约270米，遗址附近黄土堆积发育。遗址北边出露的基岩为石英砂岩，南边则系石灰岩，部分石灰岩基岩中夹杂有燧石团块，是西施遗址生产石叶的原料产地。遗址位于两座低山之间的平缓谷地上。属于淮河水系的洧水河发源于遗址附近的石板道，由西北向东南流经遗址的南侧。上西施旧石器遗址就坐落在洧水河左岸的二级阶地之上。

遗址地层剖面由上至下分为两层。表土层，系灰黑色现代耕土，土质较疏松，包含有陶、瓷片等近现代遗物。第2层为粉砂质黏土，靠上部颜色偏棕红，不见文化遗物；中部为灰黄色粉砂质黏土，仅见零星燧石制品；靠下部也是灰黄色粉砂质黏土，距地表250～280厘米的深度范围内集中分布着大量石制品；其下是灰黄色黏质粉砂，不见文化遗物。

上述地层关系在邻近地区分布较广泛，可与全新世至晚更新世晚期的上部马兰黄土至黑垆土的地层序列对比。整体看来，西施第2层的偏黄至灰黄色的粉砂质黏土应与马兰黄土上部堆积相当。中部发现的个别燧石片应是古人类偶然活动所遗。下部集中出土的燧石制品的层位，当属西施遗址主要占用期。该层20厘米左右的深度范围内出土大量石制品，反映当时人类在较短时间内集中打制加工石器的活动[8]。

石制品出土产状和风化磨蚀程度的统计分析说明，下文化层出土石制品的长轴分布非常平均，倾向分布则比较分散。可拼合的几组石制品在水平深度上的差异普遍较小。除零星的几件石制品外，绝大部分石制品都没有风化或磨蚀迹象。因此，西施旧石器遗址的下文化层属典型的原地埋藏类型，当是该遗址的使用者在此进行生产石叶的活动的原地保存，所留下的遗物包括石屑、碎片等均未受到流水等自然因素的明显作用。

采自西施遗址下文化层的3个碳样的加速器^{14}C年代数据均分布在距今22000年左右。经过校正后该遗址石叶加工场的实际年龄应为距今25000前后。同层的光释光测年数据也与此相近。

2. 西施遗址的主要发现

西施遗址最主要的收获是石叶加工场遗迹，由各类石制品及人类搬运石料构成。主要分布在发掘区的东北部，集中在南北长约6米、东西宽近4米的范围内。大部分标本在剖面的分布集中在上下20厘米左右的范围内。石制品种类包括石锤、石核、石片、石叶、细石叶、工具，以及人工搬运的燧石原料等。数量更多的则是石器生产的副产品，即断、裂片、断块、残片与碎屑等。这些石制品及其分布状况，也较清楚地展示出该遗址石器加工的技术特点，完整地保留着石叶生产操作链。

石制品中大者如石料，为长度近100毫米的燧石石块；小者则是仅有数毫米长短的剥片碎屑。石制品大小混杂且以生产石器的副产品占主导地位的情况，清楚地说明西施遗址的主要功能区应该是石器加工场所。部分石制品包括石核与石片等可以拼合、主要文化层堆积厚度有限等特点，则说明该遗址的占用时间很有限。综合这些情况可以看出，西施遗址的主要功能应是利用附近富集的燧石原料，专门生产石叶石核及石叶。从保留在遗址的石叶石核的数量与片疤等情况看，适用的石叶石核及石叶应已被带往其他地点使用。

西施遗址出土的石制品种类虽然庞杂，但石叶或生产石叶相关产品的特点尤为明显。石器原料的岩性以燧石为主，只有极少的几件石英、石英砂岩和玛瑙制品等。该遗址出土各类石片总数有近千件之多，而其中石叶类所占比例高达2成以上。这些保留在遗址的石叶多属小或中型。其形态多不甚规整，或系带有厚背脊、曲度较大者，多不宜再进一步用作加工工具的毛坯或复合工具。如果考虑可能已被带出遗址的石叶数量，该遗址石叶所占比例显然会更高（图四）。

遗址出土的数量众多的石核类标本中，石叶石核或石叶石核的断块两者占绝大部分。但普通石核则很少见。石叶石核多呈柱状或板状，以一个固定的台面连续向下剥离石叶，石核工作面上多可看到连续的石叶片疤（图五）。部分原料质地较好的石核已被非常充分地利用，多数已处于剥片的最后阶段，无法继续生产石叶。

石片之中有数量较多的生产或再生台面石片。这类石片是为产生或更新石叶石核台面而打下的石片，也是石叶技术的具有标志性的产品。更直接的证据是很多带背脊的鸡冠状或羽状石叶的发现。西施遗址这类石叶的特点是先在石核的一个侧边上修出一条直脊，然后在与这条脊垂直相交的平面打制修整出台面，进而沿着修脊方向，垂直向下剥离出第一片石叶。这类石叶的背面留有修脊的片疤，断面往往呈三角形，弧度通常较大，从侧面上看，形似鸡冠或羽状。

该遗址出土的成品工具数量很少，可能也与遗址是石叶加工场的功能有关。工具类

图四 西施遗址的石叶

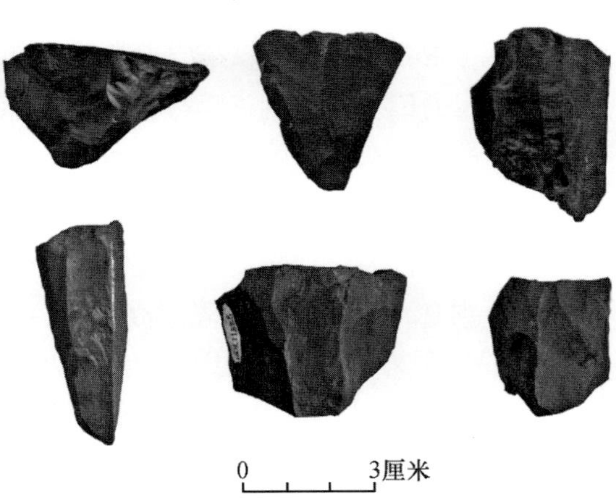

图五 西施遗址的石叶石核

型包括端刮器、边刮器、雕刻器、尖状器等，且以端刮器为主。工具多以石片、石叶或残片为毛坯，修理方式以正向加工为主。

还有很引人关注的是数件细石核及一些细石叶的发现。细石核呈柱状，表面留有连续剥取细石叶的多个片疤。细石叶也很典型，只是与石叶保存状况相同，多是带厚背脊或曲度较大，不宜继续加工以用作复合工具者。

3. 其他发现

近年来的调查试掘发现，西施发现石叶遗存并不是孤立偶然现象。在东距西施不足1千米处的东施村也有类似的石叶遗存。另外，在东施与西施两村之间，分布着大面积早年的砖窑取土场。在沿取土场挖掘遗留的断壁剖面调查中，也发现多处含石叶遗存的地点。这些情况说明，晚更新世晚期，熟练掌握石叶技术的人群，在西施村附近曾有较频繁的活动，因而能够留下这些石叶遗存。

五、相关问题

1. 年代与环境

年代与古环境是讨论旧石器时代考古新发现首先要考虑的问题。得益于区内黄土地层学研究的进展，为本区旧石器时代文化研究提供了非常可靠的相对年代框架。特别是与考古发掘与研究同步进行的年代学样品采集与分析，更直接为认识前述几个遗址的时代提供了确切的绝对年代数据。如前所述，老奶奶庙遗址等郑州地区新发现的数量众多的旧石器时代地点，主要埋藏在马兰黄土上部堆积之下的河漫滩相堆积或红褐色古土壤层。根据区域地层对比可知，应属深海氧同位素3阶段气候较暖湿时期[9]。加速器^{14}C与光释光等测年数据也显示旧石器地点的时代主要分布在距今50000~20000多年期间[4]。

已经获得的老奶奶庙遗址的多个^{14}C年代数据集中分布在距今41000～40000年之间，校正后应为距今45000年前后。来自赵庄及附近的黄帝口遗址的^{14}C数据则为距今30000年前后，校正后的绝对年代则是距今35000年前后。来自西施遗址的3个数据集中在距今22000年前后，校正后为距今26000～25000年。黄土地层学的比较结果与^{14}C年代数据等情况均说明老奶奶庙、赵庄、黄帝口及西施等遗址等新发现均属于深海氧同位素3阶段，正处于现代人类及其行为出现与发展的关键时段。

从地理环境来看，位于嵩山东麓的郑州地区，是中国及东亚大陆南北与东西的交通要道。该区是暖温带气候至北亚热带气候的过渡带，同时也是中国东西向阶梯状地形的第2阶梯向第3阶梯的过渡地带。温暖的气候，平原、低山丘陵等地貌环境为远古人类及其文化的发展提供了良好的条件。考古发现显示，更新世期间古人类曾长期在该地区生活，因而留下了丰富的旧石器时代文化遗存。特别是MⅠS3阶段以来的发现尤为丰富的情况，也当与其时的古环境条件密切相关。已有的古环境研究资料显示，虽然处于末次冰期大时段，但郑州地区MⅠS3阶段却是一个气候条件转暖的间冰阶，温湿条件应与当代的情况类似，属于暖温带的森林草原环境[10]，为当时人类的生存演化提供了良好的生态条件。因而能够有众多的古人类长期生活于此，留下非常丰富的旧石器时代文化遗存[11]。

2. 栖居形态与文化发展

从空间分布来看，位于中国与东亚大陆核心地区的嵩山东麓，应该也是晚更新世人类与文化向南北与东西方向迁徙与交流的中心。数百处旧石器时代遗址与数以万计的文化遗物在MⅠS3阶段的嵩山东麓的广泛分布与发现，显然与该区的地理区位密切相关。这些旧石器时代地点成群、组聚集分布在相对独立的古代河谷地带构成多个遗址群[3]。如前述的贾鲁河上游、溹水河及洧水流域等发现，均反映了这种情况。透过前面的介绍可见，不同的遗址群组内，又有长期居住地、临时活动地以及石器加工场等区别。这些不同类型的遗址的组合作为一个整体，则集中地反映了嵩山东麓旧石器时代中、晚期之交时期古人类的栖居形态[5]。

日渐复杂的栖居形态除了反映当时人类在本区生活的繁荣景象，同时也可以说明其行为与活动特点。尤其是在一些较长时期居住的遗址内，此时开始有多个用火遗迹所组成的复杂居住面出现等现象，还有当时人类偏好收集并带入居址内的大量狩猎对象的头骨或下颌骨，也有远距离搬运紫红色石英砂岩堆砌石堆，再摆放古棱齿象头的遗迹现象，这些都是很明显的具有象征意义的非功利性行为，是这一阶段新出现的文化特点，当与现代人在本区的出现与发展密切相关[3]。

就文化特点而言，老奶奶庙遗址等发现旧石器时代工业还保留着很鲜明的区域性文化传统，无论是石料选择与石器加工技术还是工具组合等文化性质或类型学特点，均可以找出与本地区更早期文化的密切联系[12]。例如时代较早的几个遗址仍然喜欢使用石英原料加工石制品，继续沿用简单剥片技术来剥取石片。工具多以片状毛坯加工。工具类型主要是各种边刮器、小尖状器或钻具。多是加工比较简单随意的权宜工具，很少见到精制品。这些情况与北方地区长期流行的石片石器工业传统都没有明显不同。

另一特点是骨质材料的应用情况，在发现大量动物骨骼及残片的老奶奶庙遗址表现得很明显。如前所述，该遗址发现有大量长短在10厘米左右的食草类动物管状骨片，其中一些带有明显的打击修理或直接使用的痕迹。这些应该是作为工具来修理或使用的。这样对骨质材料加工或使用的特点，与同时代的旧大陆西侧明显不同，基本不见磨制技术，主要通过打制加工的处理骨质材料的特征，与中原地区更早的发现，如许昌灵井遗址等，很可能是一脉相承[13]。这些新发现比较清楚地展示了区内旧石器文化发展的连续性特点，也为研究现代人类及行为的出现与发展的重要线索。

3. 石叶技术的发现

距今25000年前后的西施遗址的石叶技术的发现尤其引人注目。因为以往中国旧石器考古发现的这类遗存很少，以至于有学者提出石器技术模式1在中国从早一直延续到晚期，仅晚期在局部地区有模式5流行。而属于模式4的石叶技术，则不见或基本不见[14]。石叶工业是旧大陆大部分地区旧石器时代晚期文化最具代表性的文化因素，甚至成为这些地区旧石器时代晚期文化的代名词[15]。石叶技术的广泛应用也被视为现代人行为出现的重要标志[16]。然而在中国境内，典型的石叶工业仅见于地处西北地区的宁夏灵武水洞沟遗址一处。近些年来虽然陆续有石叶发现的报道，但均是与其他石器技术共存，且不占主导地位。在地理分布上也多处于西北、华北至东北等边疆地区。因而石叶技术往往被视为外来因素，与中国旧石器文化发展主流无关[12]。地处中国及东亚大陆腹心地带的西施遗址典型的石叶技术的发现，特别是以中、小型石叶占主导地位的技术特点，与水洞沟等发现明显不同。这一发现显然有助于追溯石叶技术之源流，并且可以进一步认识中国及东亚地区旧石器时代晚期文化发展的特点[17]。

西施遗址发现有各类典型的石叶技术的产品、石叶生产加工场遗迹及可以完整复原的石叶生产操作链。这些发现显示，西施遗址的史前居民业已熟练地掌握了石叶技术。联系中原及邻近地区同一时期其他旧石器的考古发现来考虑，如河南安阳小南海[18]与山西灵川塔水河[19]等石器工业，应该都有石叶技术存在的踪迹可寻[20]。所以石叶技术在中原腹地的存在和应用，应不是孤立或偶然的事件。与此同时，西施还有与石叶工业共存的细石器的发现，这些细石器的年代早，技术特征也典型，也为探讨邻近地区与西施年代相近的一些细石器遗存的技术特点及文化关系等课题提供了新线索[21]。

从生态适应的角度观察，西施遗址新发现的石叶工业，以其典型的技术特征、丰富的文化内涵及清楚的年代学与古环境证据，也为了解古人类在最后冰期的最盛期来临之际如何适应中原地区，特别是开发遗址附近丰富的燧石资源，系统生产石叶的行为与活动特点等诸多课题，提供了非常重要的信息，进一步展示了中原腹地及东亚大陆旧石器时代晚期文化发展的复杂性与多样性。

六、小　结

综上所述，近年来嵩山东麓的旧石器考古进展很快，调查发现数量众多的遗址与地点，其中一些关键遗址也得以系统发掘。这些新发现显示，在距今50000年前后至距今20000多年的嵩山东麓地区，经历了一个古人类发展的繁荣时期。数以百计的旧石器遗址或地点成群、组地聚集分布在古代河流两岸，清楚地展示了当时人类的聚落与栖居形态。这些新证据说明中原地区的古人类及其文化在经历过末次冰期早期的寒冷阶段之后并没有消失，而是更为繁荣发展。已有的考古学文化证据则进一步说明，嵩山东麓MⅠS3阶段早期的旧石器文化与技术特点，仍然与本区更早的旧石器文化一脉相承。就已有的发现来看，无论是石器技术、类型学特点，还是应用骨质材料的习惯，都很清楚地表现出与中国北方常见的石片石器工业传统的密切关系，看不出明显的外来因素，如莫斯特或石叶技术等影响的痕迹。虽然目前还没有人类化石证据的发现，但此时长期营地的结构布局、象征性行为的出现等，则显示现代人类应该也已经出现在MⅠS3阶段早期的嵩山东麓。

在时代稍晚的登封西施遗址发现石叶生产操作链，则确切证明在中国与东亚大陆的腹地也有石叶技术的系统应用，但其出现的时间要明显晚于旧大陆西侧石叶工业，也晚于前述的本区现代人及其行为的出现。不过，结合邻近地区已有的类似发现来看，嵩山东麓及华北南部地区的石叶工业的存在应该不是偶然现象。已有的地层关系与年代测定数据显示，石叶工业技术出现在MIS3阶段晚期，在繁荣的石片石器工业之后。石叶工业的遗址分布、石器原料的选择等主要文化特点或适应策略，也均与MIS3阶段早期不同。

透过上述发现与研究，已经可以初步在嵩山东麓及中原地区建立起旧石器时代中期至晚期文化发展的编年框架。这一阶段石器技术发展的特点，从石片石器、石叶与细石器技术的发展历程看，应该是本区，也是中国北方旧石器时代晚期文化发展的普遍特点。同时，这些新发现也初步揭示了MIS3阶段以来，该地区古人类栖居形态的特点与演化历程，以及这些发现所展现的现代人类及其行为的出现与发展路径。

致谢：本文是近年来郑州市文物考古研究院与北京大学考古文博学院旧石器时代考古合作发掘与研究部分成果的概述。感谢项目实施过程中两单位参与工作的众多同事，以及参加发掘实习的北京大学、郑州大学等校的多位研究生、本科生同学。陈宥成绘制老奶奶庙遗址石制品线图，高霄旭拍摄西施遗址石制品照片。

注　释

［1］　张松林、刘彦峰：《织机洞旧石器时代遗址发掘报告》，《人类学学报》2003年第22卷第1期。

[2] 夏正楷：《第四纪环境学》，北京大学出版社，1997年。
[3] 郑州市文物考古研究院等：《郑州老奶奶庙遗址暨嵩山东南麓旧石器地点群》，《中国文物报》2012年1月13日4版。
[4] 王幼平：《华北南部旧石器晚期文化的发展》，《中国考古学会第十四届年会论文集》，2012年。
[5] 王幼平：《嵩山南东麓MIS3阶段古人类的栖居形态及相关问题》，《考古学研究（十）——庆祝李仰松先生八十寿辰论文集》，科学出版社，2012年。
[6] 张松林等：《河南新郑赵庄和登封西施旧石器时代遗址》，《2010年中国考古重要发现》，文物出版社，2011年。
[7] 王佳音等：《河南新郑黄帝口遗址2009年发掘简报》，《人类学学报》2012年第31卷第2期。
[8] 王幼平等：《河南登封西施旧石器时代遗址》，《中国考古新发现. 年度记录，2010（中国文化遗产增刊）》，2011：280 ~ 283
[9] 夏正楷等：《郑州织机洞遗址MIS3阶段古人类活动的环境背景》，《第四纪研究》2008年第28卷第1期。
[10] 刘德成等：《河南织机洞旧石器遗址的洞穴堆积与沉积环境分析》，《人类学学报》2008年第27卷第1期。
[11] Wang Y P. Pleistocene human activity in the Zhijidong site，China，and its chronological and environmental context // Matsufuji Kazuto. Loess-paleosol and Paleolithic Chronologyin East Asia. Tokyo: Yuzakaku，2008: 173 ~ 182
[12] 王幼平：《中国远古人类文化的源流》，科学出版社，2005年。
[13] 李占扬、沈辰：《微痕观察初步确认许昌灵井人遗址旧石器时代骨制工具》，《科学通报》2010年第55卷第10期。
[14] 加藤真二：《中国的石叶技术》，《人类学学报》2006年第25卷第4期。
[15] Bae K D. Origin and patterns of the Upper Paleolithic industries in the Korean Peninsula and movement of modern humans in East Asia. Quaternary international，2009，211: 307 ~ 325
[16] Klein R G，The Human Career: Human Biological and Cultural Origins. Chicago: The University of Chicago press. 1999.
[17] 王幼平：《青藏高原隆起与东亚旧石器文化的发展》，《人类学学报》2003年第21卷第3期。
[18] 安志敏：《河南安阳小南海旧石器时代洞穴堆积的试掘》，《考古学报》1965年第1期。
[19] 陈哲英：《陵川塔水河的旧石器》，《文物季刊》1989年第2期。
[20] 陈淳、安家瑗、陈虹：《小南海遗址1978年发掘石制品研究》，《考古学研究（七）——庆祝吕遵谔先生八十寿辰暨从事考古教学与研究五十五周年论文集》，科学出版社，2008年。
[21] 王建、王向前、陈哲英：《下川文化》，《考古学报》1978年第3期。

（原刊于《人类学学报》2014年第33卷第3期）

新密李家沟遗址发掘的主要收获

张松林　汪松枝　王幼平

图一　李家沟遗址及发掘位置

中原地区是探讨中华文明起源的核心地带。然而在这一地区旧石器时代晚期文化和已发现的新石器时代裴李岗文化之间，却存在着明显的缺环。这一缺环严重制约着史前学界对于该地区旧、新石器时代过渡与农业起源等重大学术课题的探讨，形成对该阶段文化面貌认识上的空白。为寻找上述缺环，2009年秋季至2010年春季，北京大学考古文博学院与郑州市文物考古研究院合作发掘河南省新密市李家沟遗址，发现距今10 500年至距今8600年左右连续的史前文化堆积。在堆积下部发现属于旧石器时代末期典型的细石器文化层，典型细石器与局部磨制石锛、陶片共存；中部则发现以压印纹粗夹砂陶与石磨盘等为代表的早期新石器时代文化；最上部是典型裴李岗文化遗存。这一新发现清楚地展示了中原地区从旧石器时代之末向新石器时代发展的历史进程，为认识该地区及我国旧、新石器时代发展等学术课题提供了十分重要的考古学证据。李家沟遗址位于河南新密岳村镇李家沟村西。该处地形为低山丘陵区，海拔约200米。地势由东北向西南部倾斜，黄土堆积发育。属于淮河水系溱水河上游的椿板河自北向南流经遗址西侧。李家沟遗址即坐落在椿板河东岸以马兰黄土为基座的2级阶地堆积的上部（图一）。

自2004年冬季开始，郑州市文物考古研究院组织大批专业技术人员开展了郑州地区旧石器时代考古专题调查，当年底即发现李家沟遗址。2009年6月，北京大学考古文博学院师生到郑州，在考察李家沟遗址时，发现该遗址受煤矿采矿、降水与河流侵蚀等因素的影响，临河一侧出现严重垮塌。为全面了解李家沟遗址文化内涵，提供相应的保护对策与方案，北京大学考古文博学院与郑州市文物考古研究院报经国家文物局批准，于2009年秋季开始联合对其进行了抢救性发掘，并获得重要收获。

一、联结两个时代的重要剖面

经过2009年秋季与2010年春季为期4个多月的发掘，李家沟遗址目前已揭露面积近100平方米。发掘探方分南北两区。其主剖面均包括了从旧石器时代晚期至新石器时代早期的地层堆积。北区的文化层厚约3米，从上向下共分7层。第1至3层为近代堆积；第4至6层为新石器时代早期堆积，发现数量较多的陶片、石制品与动物骨骼碎片等；第7层是仅含打制石器的旧石器文化层。

南区的地层堆积自上向下亦可分为7层，第1层为扰土层；第2层为棕褐色的含碳酸钙胶结物层，含少量裴李岗文化陶片，此层可见于本地区其他新石器时代遗址，如新郑唐户遗址；第3层为灰白色的沙砾层，含零星陶片，按岩性当与北区的第4层属同期堆积；第4层为棕黄色砂质黏土，未见文化遗物；第5层上部为灰黑色砂质黏土，向下渐变为棕黄色，含与北区第5、6层相同的夹砂压印纹陶片；第6层的发现最为丰富，含船形、柱状等类型的细石核与细石叶等典型的细石器文化遗存，同时亦见人工搬运的石块及粗大石制品，2010年又发现局部磨光的石锛与素面夹砂陶片。第7层为次生马兰黄土层（图二）。

图二　南发掘区南壁剖面

综合南北两区剖面层位序列，清楚可见本地区从旧石器时代晚期向新石器时代过渡地层关系。加速器^{14}C等年代测定结果进一步提供了过渡阶段的年代数据。采自南区6层（细石器文化层）的木炭样品的测定结果，为距今10300至距今10500年期间（经过树轮校正，下同）。采自北区新石器时代文化层木炭样品的测定结果，分别为距今10000年（第6层）、9000年（第5层）和距今8600年（第4层）。

二、典型细石器与新文化因素的共存

旧石器阶段，在发现典型细石器文化的同时，最新发现局部磨光的石锛与素面粗夹砂陶片，还有反映相对稳定栖居形态的大型石制品及人工搬运石块。这一有别于早前发现的共存现象说明，本地区较晚阶段的新文化因素并不是突然出现，而是已经孕育在旧石器时代晚期之末。

旧石器时代文化遗存主要发现在南区第6层，北区7层也发现有少量旧石器。李家沟细石器的发现显示该遗址早期居民拥有十分精湛的石器加工技术。他们应用船形和柱状细石器技术剥取细石叶。少量以石叶为毛坯的工具的存在，说明李家沟早期居民也掌握并应用石叶技术制作石器。成熟的石器工艺技术加工出典型的端刮器、琢背刀、石镞、雕刻器等。这些精致石器刃口锋利，轻巧便携，是便于长途奔袭狩猎使用的工具组合。这些工具所使用的原料也多是不见于本地的优质燧石，而是远距离采集运输所得。以上特点显然还是典型的旧石器时代文化形态。

李家沟遗址南侧发掘区还发现有数量较多的脊椎动物骨骼遗存。动物骨骼多较破碎，部分标本表面有轻度的风化与磨蚀迹象。初步鉴定动物种类有：食草类包括牛、马，以及大型、中型和小型鹿类；杂食类有猪；还有食肉类、啮齿类与鸟类等。按照最小个体数目来统计，牛、马与大型鹿类等大型食草类所占比例高达半数以上。动物遗存的情况也说明狩猎大型食草类动物仍是李家沟遗址早期阶段的主要生计来源。

在典型的细石器以外，尤其重要的是在李家沟遗址南区第6层还发现仅经过简单磨制加工的石锛，以及烧制火候较低、表面无装饰的夹粗砂陶片。另外还出现数量较多的人工搬运石块。这些石块多呈扁平块状，岩性为砂岩或石英砂岩，当来自遗址附近的原生岩层。其具体用途尚不十分明确，但显然应与当时人类的居住活动相关。这些情况并不见于时代较早、流动性更强的旧石器时代遗址，而是与稍晚的新石器时代的发现比较接近，应该是过渡阶段新出现的具有标志性意义的文化现象。

三、早期新石器遗存的新发现

新石器文化遗存主要发现在北区第 4 至 6 层。这一阶段的文化层明显增厚，说明遗址使用规模与稳定性远大于南区发现的细石器文化阶段。除了数量众多的文化遗物，北区还发现有很清楚的人类活动遗迹。其中最具特色的是石块聚集区。遗迹中心由磨盘、石砧与多块扁平石块构成，间或夹杂着数量较多的烧石碎块、陶片及动物骨骼碎片等。带有明显人工切割痕迹的食草类动物长骨断口，清楚显示遗迹区进行过加工动物骨骼的活动。大量烧石的存在则说明这里亦具有烧火的功能。虽然尚未发现柱洞等建筑遗迹的迹象，但石块聚集区显然应与当时人类相对稳定的居住活动有关。

另一项重要的收获是在北区属于新石器时代早期地层已发现200多片陶片。陶片出土的情况说明当时人类就在发掘区原地或附近使用陶器。已发现的陶片均为夹粗砂陶。陶片颜色有浅灰黄色、红褐色等。部分陶片的质地较坚硬，显示其烧成火候较高，已不是最原始制陶技术的特点。且其直接出现在含素面陶片遗存的细石器文化层之上，则显示这种较成熟技术与前者似无直接联系，或有可能并不是本地起源，而是应该与技术或人群的交流或迁徙有关。这批陶片虽然包括多件不同陶器的口沿部分，但器形却很单一，均为直口筒形类器物，保留有早期陶器的特点。尤为突出的是绝大部分陶片的外表都有纹饰，以压印纹为主，还有类绳纹与刻划纹等。总体来看，李家沟遗址新发现的陶器不论是器物类型还是纹饰风格，均与本地区年代稍晚、广泛分布的裴李岗文化有比较明显的区别。

与早期的石器工业不同，本阶段仅见个别的宽台面柱状细石核，细石器的应用明显衰落，技术特点也与早期明显不同。虽然还有少量的燧石与石英类石制品的发现，但基本不见刻意修整的精制品。砂岩或石英砂岩加工的权宜型石制品的数量则较多。这类石制品的形体多较粗大，与早期的细石器工业的精制品组合完全不同，应是适应不同生计活动的结果。与早期相近但有进一步发展趋势的是数量众多的人工搬运的扁平石块的存在。从本阶段发现的石磨盘残段观察，部分扁平砂岩石块应是加工这类石制品的原料或荒坯。但更多的石块还应与当时人类的居住或建筑活动有关（图三）。

图三　新石器时代早期的石磨盘

本阶段发现的动物化石种类亦较丰富，但与早期明显不同，数量较多的是中型和小型鹿类，大型食草类则仅见零星的牛类与马类骨骼碎片。另外也可见到少量的羊、猪及食肉类的骨骼遗存。啮齿类及鸟类的遗存则与早期没有明显区别。动物骨骼保存情况与本阶段石器工具组合变化的情况十分吻合，大型食草类动物遗存数量锐减与精制便携的专业化狩猎工具的消失当有关联。而大型的陶容器的出现，也暗示本阶段的生计方式的主要方面与早期相比，业已发生明显变化，即从以大型食草类动物为对象的专业化狩猎转向采集植物类的食物与狩猎并重的生计方式。

李家沟遗址早期新石器阶段的主要发现是较成熟的制陶技术的突然出现及细石器技术的明显变化。这两种情况均显示本地区旧、新石器时代过渡与华南、华北北部已有的发现并不相同，而是有其独特的发展路径。

四、小　　结

李家沟遗址是20世纪70年代裴李岗文化发现以来，中原地区史前考古发现的更早的新石器时代文化遗存。这一新型的新石器时代文化遗存以其独特的文化特点及早于裴李岗文化的地层关系，已经引起史前考古学界的特别关注。尤为重要的是，在新发现的早期新石器文化层之下，还发现与典型细石器共存的局部磨制石锛与陶片。这些新发现虽然数量较有限，也尚未展开深入研究，但其所具有的学术意义依然十分清楚。李家沟遗址包含旧石器时代晚期到新石器时代早期文化叠压关系的地层剖面，为寻找中原地区旧、新石器过渡性遗存提供了地层学方面的可靠参照。黑垆土层中新发现的压印纹夹砂陶器与板状无支脚的石磨盘等文化遗存，则填补了中原地区从裴李岗文化到旧石器时代晚期文化之间的空白。细石器层发现局部磨制石器与陶片，以及数量较多的人工搬运石块，亦为研究中原地区新石器时代文化的起源提供了重要线索。总体来看，李家沟遗址多层文化的叠压关系，从地层堆积、工具组合、栖居形态到生计方式等多角度提供了中原地区旧、新石器时代过渡进程的重要信息，揭示了中原地区史前居民从流动性较强、以狩猎大型食草类动物为主要对象的旧石器时代，逐渐过渡到具有相对稳定的栖居形态的新石器时代的演化历史。

考 古 领 队：王幼平
参加发掘人员：王幼平　张松林　何嘉宁
赵静芳　曲彤丽　王佳音
高霄旭　汪松枝　陈宥成
阮齐军　魏晓宙　王文婷
梁亚男　柯大昭

致谢：李家沟遗址发掘期间，自始至终得到国家文物局、河南省文物局、郑州市文物局和新密市政府的大力支持。同时，国内外众多知名专家学者如北京大学严文明先生、李伯谦先生、夏正楷先生、赵朝洪先生、赵辉先生，故宫博物院原院长张忠培先生，中国社会科学院考古研究所徐光冀先生、陈星灿先生，中国科学院古脊椎动物与古人类研究所高星先生，美国科学院院士、哈佛大学Ofer Bar-Yosef教授等多次莅临考古工地考察、指导工作，为遗址的发掘和研究工作提出了许多宝贵的意见和建议。2010年4月10日，两单位又联合在郑州举行了“李家沟遗址与中国北方地区旧、新石器过渡专题座谈会”。来自各地科研单位与高校的多位旧、新石器时代考古的专家，亲临遗址现场考察，热情参与讨论，提出诸多宝贵意见与建议。在此一并表示最诚挚的谢意!

（原刊于《中原文物》2011年第1期）

中国传统龙形象的演变

肖海博　赵　鹏　李银忠

走龙

“龙”为何物？是何形象？历代古籍对其多有记载，具体来说，即是“角似鹿，头似驼，眼似龟，项似蛇，腹似蜃，鳞似鱼，爪似鹰，掌似虎，耳似牛，屈伸从时，变化无穷，能幽能明，能细能巨，能短能长。春分而登天，秋分而潜渊”。龙在中国的神话与传说中，是一种神异动物，具有蛇身、蜥腿、鹰爪、蛇尾、鹿角、鱼鳞、口角有须、额下有珠的形象。《山海经》记载，夏后启、蓐收、句芒等都“乘雨龙”。另有书记“颛项乘龙至四海”“帝喾春夏乘龙”。前人分龙为四种：有鳞者称蛟龙，有翼者称为应龙，有角者称虬龙，无角者称螭龙。

人们总把人间帝王比作如此神圣、伟大的动物。什么真龙天子、龙骧虎步、龙子龙孙，古时年号中有青龙、白龙、龙升、龙飞等几十种。许多人名、地名都以龙命名。这一由想象杂糅而成的神物——龙，不仅是中国最大的吉祥物，还随着时间的变化，已成为了中华民族的象征。

蛟龙戏珠图案

龙的模糊集合过程的起点在新石器时代，经过商、周至战国时期的长足发展，到秦汉时便基本成形了：龙的图腾形象自商代形成后，随着悠悠岁月的流转，其形象也在变化和发展，政治的兴衰、朝代的更替、人世的沧桑，历史的一流一脉都在龙的形象塑造上刻下了或深或浅的痕迹，产生过直接或间接的影响。

（一）图腾演变下的早期龙形象

龙在其形象形成史中，曾汇集了多种怪异的兽形象进而演化为龙的。我们将有关考古材料、文献资料对照龙崇拜演变、发展的历史轨迹就可以看得比较清楚了。于是，我们便可循着这条历史轨迹去探讨龙形象的起源。

龙的雏形在新石器时代晚期已萌芽，是以夏族图腾为主体虚拟的想象物。古人对它有种种解释。有说蛇没有脚而能飞（见《荀子·劝学》）；有鳞的叫蛟龙，有角的叫虬龙，无角的叫螭龙（均见《离骚》洪补引《广雅》）。有翅膀的叫应龙（《天问》王注）。有说龙像狗、像牛。《论衡》则说："龙之像，马首蛇尾。"还有的说龙的形状是鹿的角，牛的耳朵，驼的头，兔的眼，蛇的颈，蜃的胺，鱼的鳞，鹿的脚掌，鹰的爪子。这显然是晚期发展了龙的形象；比最初的龙越来越复杂，被综合进去的图腾也越来越多，说明它在不断丰富发展。对于龙的主体原形的探讨，学者们作过许多有益的研究。有鳄鱼说、蜥蜴说、马说等。但普遍认同龙的基调是蛇。最初系统提出这一见解的是闻一多的名篇《伏羲考》。龙即大蛇，蛇即小龙。闻一多认为："蛇氏族兼并别的氏族以后，便吸收了许多别的形形色色的图腾团族（氏族），大蛇这才接受了兽类的四脚、马的头、鬣的尾、鹿的角、狗的爪、鱼的鳞和须。"从而成为后来的龙。后人在闻一多的研究基础上，作了许多丰富的补充。

1. 最早的龙形象——辽宁查海石块龙

据现有资料显示，最早的龙形象是辽宁阜新查海遗址1994年、1995年第7次发掘时发现的一条距今七八千年的兴隆洼文化石块堆塑龙。这条龙是由大小均等的红褐色石块雕塑而成，全长近20米，龙身宽约2米，呈昂首张口、弯身弓背状，在龙的南侧还发现有排列紧密的墓葬和祭祀坑。这是目前所知年代最早的龙形象。其在聚落中的分布特点，表明早在距今七八千年前，龙在当时的社会中就具有特殊涵义。

查海遗址的龙形堆塑和龙纹陶片，其形象都是蛇形，属于龙的最原始的形态，有滚圆的、修长的身躯，龙纹陶片还有鳞状纹的表现纹饰，均已经具备龙的主要形貌特征。小山陶

青铜器上的龙纹形象

尊上动物的头部乃是分别根据现实生活中的猪、鹿和鸟的头形提炼而成，猪头以下是蛇身，鹿头和鸟头右侧纹饰系由羽翼抽象而来。器身空白处布满勾连云纹，三种灵物图像都向左飘，绕器一周，颇有宇宙无穷任遨游的宏大气魄，形象地表现了灵物神奇的力量和非凡的本领。

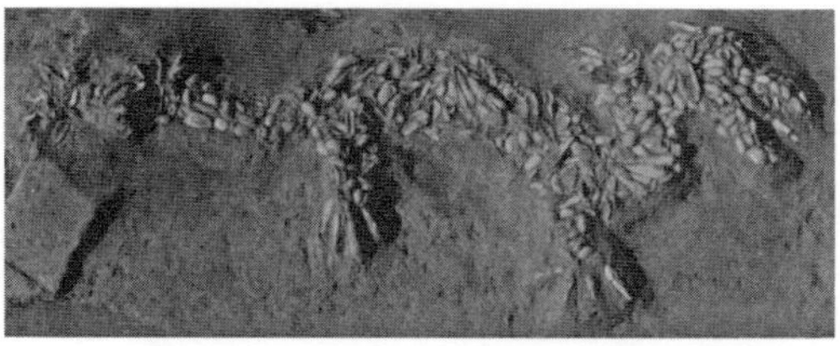
辽宁查海石块龙

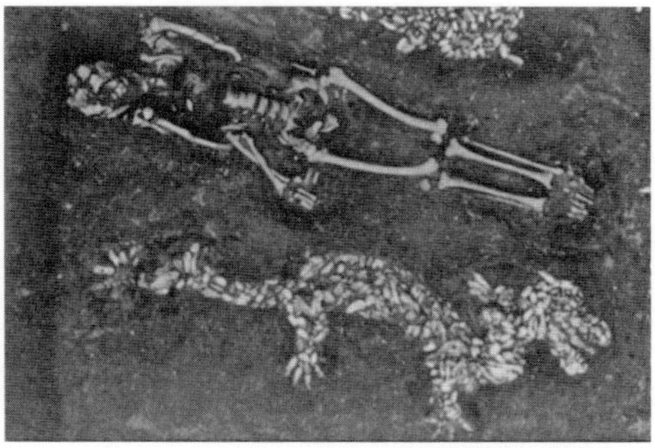
河南西水坡蚌壳龙

2. 华夏第一龙——河南西水坡蚌壳龙

1987年，河南濮阳西水坡遗址，清理到一条长1.78米的蚌壳堆塑龙，距今近六千年。1987年，河南濮阳西水坡仰韶文化遗址第48号墓中，发现墓主人左右两侧有用蚌壳精心摆成的龙、虎图像。龙的图像在右，身长178厘米，昂首拱背，身体弯曲，有前后爪，长尾，尾头摆动。据中国社会科学院考古研究所测定，年代距今5800年±110年。这条五六千年前的龙被称为“华夏第一龙”。

另外，特别引人注意的是，濮阳蚌塑龙和湖北省文物考古研究所之前所发现的黄梅卵石龙都是一前一后两条腿。这就说明：龙的形貌不是完全写实的，而是经过了艺术加工的，是逐渐将很多动物形貌特征拼凑起来的，是人们想象中的一种动物，是人们根据自己对于理想事物的愿望和要求、运用想象力创造出的崇拜对象，是神化了的灵物。

3. 最早的成熟龙——湖北焦墩卵石龙

据《考古学年鉴（1994）》倪婉文介绍，1993年6月，湖北省文物考古研究所在黄梅县白湖终乡张城村焦墩遗址，发现距今5000～6000年远古先民用卵石雕塑的一条巨龙。龙昂首直身，曲颈卷尾，背部有三鳍，腹下伸三足，长颈曲折弯卷，独角上扬，恰似一条正在腾飞的巨龙。

据《中国文物报》1993年8月22日，陈树祥介绍：龙头朝正西，尾向正东，反映了古人精确的方位概念。龙头形为牛头并作冠状，龙身呈波浪状，尾上卷宗。色彩各异的河卵石造成龙鳞闪闪的效果。龙背上方，发现三堆推陈出新用卵石摆成的图案，与龙角形成一条直线，东南向排列，专家初步认为其与古代天文

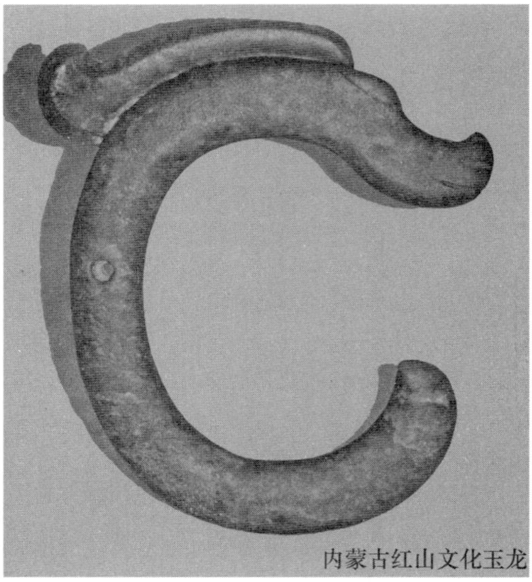

内蒙古红山文化玉龙

有关，可能是星座。这条龙雕塑的年代与河南濮阳西水坡出土的蚌壳龙的时代相当。它是迄今为止发现最早的成熟龙，也是同时代中最大者。对于研究鄂东乃至长江流域原始宗教、原始天文、原始艺术及古人对龙的崇拜起源，提供了珍贵的实物资料。

4. 大型龙形玉器——内蒙古红山文化玉龙

1971年春，内蒙古翁牛特旗三星他拉村社员在村北山冈造林时，从地表以下50～60厘米深处挖出一件大型龙形玉器——玉龙。此件玉龙是一整块玉龙的圆雕，运用浮雕，浅雕雕成，通体琢磨，光洁圆润。龙体为墨绿色，高26厘米，完整列缺，体卷曲，呈“C”字形。吻部前伸，略向上弯曲，嘴紧闭。鼻端截平，上端边起锐利的棱线，端正面近椭圆形，有对称双圆洞，为鼻孔。双眼突起呈梭形，前角圆而起棱，眼尾细长上翘。额及颚底皆刻细密的方格网状纹，网格突起作规整的小菱形。龙体横截而略呈椭圆形，龙背有对穿的单孔，经试验，以绳系孔悬挂，龙的头尾恰好处于同一水平线上。因该平龙在红山文化遗址内发现，所以被认为其属于红山文化文物。红山文化古玉专家孙守道认为：三星塔拉玉龙属红山文化晚期，年代不晚于距今5000年。

上述四条龙，是学术界公认的较早的龙，可称为“原始龙”。从实物资料考察，原始社会的蛇、鳄鱼等被大多数氏族奉作图腾，而当时的龙，大部分体态与蛇接近，一般都是细长体，颈部也比较细，弯曲程度大，无足无爪者多。在古代文献中，龙蛇常常并称。如孟子《孟子·滕文公》上说：“当尧之时，水逆行，泛滥于中国，龙蛇居之。”《后汉书·襄楷传》说：“龙能变化，蛇亦有神，皆不当死。”所以我们认为龙的形象应以蛇为基础，吸收了另外多种动物的特点的、经过变形、加强组合的多种动物的综合体。

精美的青铜器——龙

由于蛇、鳄鱼等在各集团的很多氏族中被奉为图腾，所以以蛇为主体的龙图腾才会由蛇图腾演化出来，并被大部分氏族、部落接受，在氏族的融合和文化融合过程中，蛇图腾兼并了一些别的图腾。出于团结的需要，蛇被安上了角、鳞、足、爪，使原来以生角的动物、鳞甲类动物和四足的动物为图腾的氏族、部落对这种新图腾仍怀有感情。由于蛇与其他动物之间，蛇与蛇之间的大小、样式差别显著，于是所产生了的新图腾便能巨能细、有大有小的说法，这符合了以不同的蛇和其他动植物为图腾的氏族人们的心理。作为中国古代图腾体系核心的龙就这样诞生了，并受到各氏族、部落共同的尊崇。

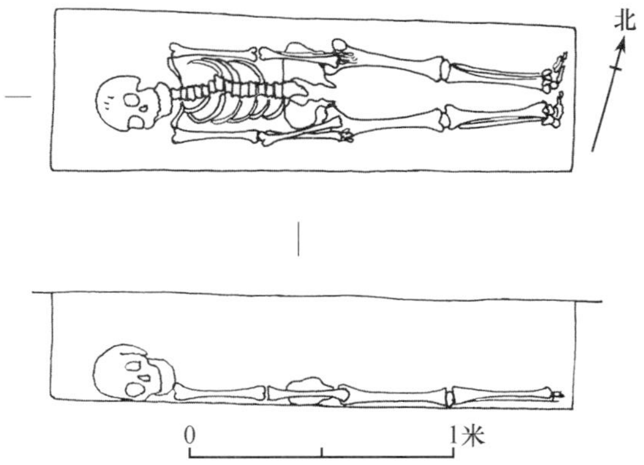

这一历史时期对龙的推崇，不仅为中华飞龙的基本定型奠定了理论基础，也为中国龙文化奠定了理论基础。上古时期，飞龙的身影开始出现在各种古书中。《庄子·天运》记载，孔子曾把老子称为龙。其次论述了龙的行踪出神入化，时而在天际遨游，时而在江湖隐伏，象征着君子有不同处境时遇。因为，龙已成为了上古时期普遍受人尊敬的神秘动物，所以，那些伟大人物开始被人们用“龙”来比喻、来赞扬了。人们把龙比喻成有作为的人，具体地说比作古代有作为的君主。为此，龙的地位再次被抬高，逐渐成为一种人人崇拜的神物了。

古代玉器玉龙

（二）拥有狞厉之美的商、周时期

在商代，龙被作为一种形态怪异的神兽。它那令人恐怖的、幻想的形象给人强烈的神秘感和一种狞厉之美，显示出龙有超越世间的神的权威。商代的龙形象主要铸造刻饰在青铜礼器上，线条错落凸突，深沉雄健，再加上青铜礼器那厚重沉稳的造型，使龙有一种巨大的威慑力，折射出一种无以言表的宗教理念。

商是一个宗教和神权极盛的时代。随着早期宗法制统治秩序的逐渐形成和确立，部落成员逐渐成为各级氏族贵族的奴隶，开始了贵族与平民的区分。以祖先祭祀为核心且具有浓厚宗教性质的巫史文化占据了统治地位。同时，商又是一个神权政治极盛的时期，也是神权政治达到顶点开始走下坡路的时期。“殷人尊神，率民以事神”“殷墟甲骨卜辞显示，当时每天都要进行占卜，其中大量的是关于农业方面的如：卜禾、卜年、卜雨以及战争、治病、祭祀等等”“各种大大小小的事情都得请示上帝鬼神，来决定行动的吉凶可否。殷墟出土的甲骨记载着关于各种大小活动的占卜”。

对于宗教和神权的追逐，必须有与这个时代相对应的承载物，而这时日益成熟的青铜工艺便很好地承担了这项“使命”，于是青铜器上被饰以象征统治者宗教与神权威严、力量和意志的各种神秘怪异的纹样。以龙纹、饕餮纹为代表的怪异形象被创造和利用起来。它们以超世间的神秘威吓的动物形象，表示出统治阶级对自身统治地位的肯定和幻想。

商代早期和中期龙纹的形象还保留有原始社会（原龙纹）的特点。早期和中期的龙纹，大致可分为两大类：一类是以鳄形龙为基础龙纹，多见于鼎、盉、觥等器物上；另一类是以蛇形龙为基础的龙纹，多见于盘、尊等器物上。鳄形龙多以两首相对或首尾相接的形式出现，体态以直体、曲折体为多；“蛇形龙”多以“蟠龙”形式出现，体长者往往能圈头部盘绕数周。龙纹的角有弯曲形、长尖形多种。

商代早期，当时的龙纹尚处于形成的初期，当时的青铜器纹饰由于铸造工艺尚不成熟而趋于粗犷、抽象，因而龙纹的出现尚不见于青铜器纹饰，而反映在运用传统工艺的

商代晚期夔龙

商代夔龙

玉器上，主要由红山文化原龙纹发展而来，龙纹的载体亦多为璧、玦等环形器物。龙纹头部多大耳无角，少数还保留着较为形象的“猪头”，他们已有刻有鳞纹或云纹的长曲身躯，这说明他们虽然仍带有强烈的“猪纹色彩，但毕竟已跨入龙的门槛”。

商代中期，青铜器纹饰随着铸造工艺的进步向精美、瑰丽发展。龙纹则在青铜器中处于重要的地位。这一阶段的龙纹样式虽与早期相近，但更为精美，使用范围更广泛。

商代晚期，是龙纹的极盛时期。此时的龙纹离原龙纹越来越远，图案化的色彩逐渐加深，龙的体态变得十分复杂。有的龙纹的体、爪、尾等部位已分辨不清。作为图案化的处理，“回顾式”龙纹此时广为流行，这种“回顾”的姿势绝非鳄、蛇所有，而是借鉴了兽、鸟的姿态而形成的。更有甚者，此时出现了“双头龙纹”，这种龙纹的体躯大多变形为一条斜浅或曲折形线，体躯两端各有一龙头。双头龙纹有许多变化的式样，如同向式、相顾式等。这种龙纹已背离了真实动物的体态规律，进而更为靠近艺术符号了。

商代龙的形象比原始社会成熟了许多，大多数头部有了角，口一般张开，无足者仍然较多，与有足者并存，形势各样，头部已基本定型。龙是商人通天神兽中的重要角色，商代龙纹虽较前代有较大变化，但基本保持着怪异神兽的体态。

商王朝统治500多年后，在公元前11世纪被周王朝取代。周人的原始宗教中，人文色彩较为浓烈，这是因为周伐商并推翻商王朝的理由是商王朝无德害民，周人是代表天来对商进行惩罚。因周人有“德”，得以配天，夺取天下。周人打败商人后，不但夺取了体现商人通天权力（实际上是统治权力）的鼎器，而且在新铸的礼器中，突出了自己的宗教观念。

周人的宗教观念虽然与商人一样以崇拜天地为核心，但更突出人文的色彩。这就是《礼记·表记》中所指出的“周人尊礼尚施，事

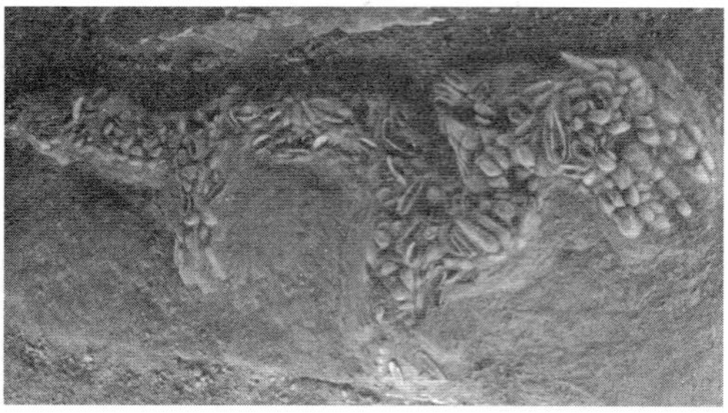

中华第一龙

鬼敬神而远之，近人而忠焉，其赏罚用爵列，亲而不尊。”尤其是春秋战国时期，氏族公社基本结构解体，是中国古代社会最大的急剧变革时期。在意识形态领域，也是最为活跃的开拓、创造时期，百家蜂起，诸子争鸣。其中所贯穿的一个总思潮、总倾向，便是理性主义。正是它摆脱原始巫术宗教的种种观念传统。

在工艺美术领域，“审美、艺术日益从巫术与宗教的笼罩下解放出来。‘如火烈烈’的野蛮时代的恐怖已成过去，理性的、分析的、细纤的、人间的意兴趣味和时代风貌日渐蔓延。作为祭祀的青铜礼器也日益失去其神圣光彩和威吓力量。无论造型和纹饰青铜器都在变化”。

作为青铜器装饰纹样之一的龙纹，在周初基本上是商代龙的延续，但无刻意的追求与新意，而其含义已由通天神兽向祥瑞象倾斜。由于周代龙纹不再像商代那样狂热地表现其综合百物的内涵，这使龙纹出现了向艺术化、图案化发展的趋向。据说周人伐商之时，曾有一巨大的赤色的凤，口衔玉珪（也有记载说是口衔丹书）落在周的社庙，代表上天降瑞应给周，所以在周代的礼器上，凤的形象更为突出，龙的形象趋于弱化，龙纹多带凤形，其角多仿凤冠，颈部多弯上扬，头部多见回顾式，龙口不再大张而是改作平张，上下唇常有卷曲，尾部亦多旋卷。甚至在一些图案中，将凤的冠状物安到了龙的头上，龙的体态少了那种张扬和狞厉，失去了商代龙的慑人气势，变得比较平和，更趋于艺术化与图案化。

我们不难发现，周人观念中青铜纹饰的宗教意义较商人有所减弱，转而向艺术化迈进。由于周人青铜纹饰的含义是强调祥瑞，因而它不再过分强调“象物”，而是突出了图案美，其风格也比前代活泼自由得多，这对后世有着显著的影响。

青铜器·龙

（三）突出"兽"特征的春秋战国时期

高浮雕螭龙杯

从公元前1000年前后到公元前500年前后的春秋战国时代，夔龙形象是其中的一个主流形态。可是到了西周末年，也就是公元前800年前后，社会风气陡然发生变化，龙的形态也随之发生变化。风行一时的夔龙突然销声匿迹了，春秋战国时代的飞龙开始登上历史的舞台，而这时的飞龙是由商周时代的夔龙演变而来，这是中国龙的形态发展史上一次重大的变革，也是一次大的飞跃。

春秋以来，周王室衰微，中国社会进入了大变革、大动荡的时代。传统贵族逐渐失势，新兴地主阶级兴起，出现各国争霸的割据局面。社会的变革直接影响到了社会的文化思想，各种救世思想萌生，政治上群雄割据，学术上百家争鸣，原始的宗教观念也发生了重大的变化，其中重要的一点，就是原始宗教中吸收了阴阳交合、化育万物的思想，与此相应，龙也逐渐演变成以阴阳相合为特征的吉祥图案，出现了大量的蛟龙、蟠曲龙及龙凤合璧的造型，龙的形象不仅仅出现在礼器上，也开始出现于一般的日用器具如铜镜、丝织品、帛画上，变成了一种突出祥瑞气氛的图案。

龙的形体上突出了兽的特征，龙被加上了与虎相似的四足，使龙看起来更像是用四肢奔跑而不是如蛇那样爬行。这种加工使龙形象变得孔武健骏，神采飞扬。

青铜器上的龙纹装饰

青铜虬龙

（四）开始定型于秦、汉时期

中国经过东周时代500余年的变乱，秦吞并六国结束了战国时代，实现了中国的统一，建立起亘古未有的中央集权制的封建大帝国。秦汉时代是中央集权制在古代封建国家确立的时代，是中国古代经济、政治、文化走向大一统的时代。所以，在这一时期，中华文明的多元一体化综合趋势大大强化了，明显占据了主导地位。也正是在这样的多重历史背景下，秦汉时代的龙在沿着春秋战国时代已经开始的方向，又有了一个更大的变化，中国古典文明中的龙，在秦汉时代基本定型为龙的形态。

由于龙作为通天神兽是神的助手而被先民们所尊崇。这样就产生了居于一国之尊的君主被喻为龙的可能性。古代帝王就利用人们对龙虔诚崇拜的心理，编造种种谎言，把自己说成是“真龙天子”，具有和龙一样的神性和威力，以借助龙的神威来加强专制统治，巩固自己的皇帝地位，使自己的权威不受挑战。这一时期，龙的形象基本定型，即长角、尖耳、兽足、蛇躯。由于自秦汉开始，皇帝被说成是真龙天子，所以龙开始有了三重的含义：一是通天的神兽；二是君主的化身；三是吉祥瑞兽。

把龙与帝王相连的渊源应当从黄帝开始算起，但那时的龙只是作为黄帝的助手出现，并落与皇帝本人联系起来。而把龙逐渐变成皇权的象征，以致被皇帝所垄断成为人间帝王的比附、象征的对象，大约是从秦始皇开始。

白玉螭龙形象

螭龙玉佩

据《史记》记载，秦王政三十六年（前211年），秦的使者从关东夜过华阴平舒道，有人持一块玉璧拦住使者说：“请把这块璧交给缟池君（即水神）。”然后又说：“今年祖龙死。”使者想问个明白，但那人已经不见了，仅有玉璧放在地上。使者将璧带回，并将经过奏报给了秦始皇。秦始皇听了沉默良久，退朝后谕令御史大夫看那个玉璧，居然发现是8年前秦始皇渡江时为祈福而沉于江的那块。据后人的理解，这是因秦暴虐无道，上天已不再福佑秦的统治，就派妖鬼化人形将秦始皇奉献的玉璧退还，以示不庇护之意。要使者将此

宋代单龙纹花钱

璧交给如周武王那样的有德者，讨伐暴秦，取而代之。那位使者所说的“祖龙”即指秦始皇。“祖龙”即“初始的龙”“第一个龙”。

然而把龙作为皇帝的代称，或者说“真龙天子”的出现，则是在汉初。汉高祖刘邦首先利用龙给自己涂上一层神秘色彩。《史记·高祖本纪》记载，刘邦父太公，母刘氏。刘氏在大泽坡上休息，梦中与神人相遇。此时雷电交加、天昏地暗，太公见刘氏身上附有一条龙，不久刘氏就怀有身孕，生下刘邦。刘邦高鼻梁、龙须，左股上有七十二颗黑痣，未发迹时常向人赊酒喝，醉倒的时候，其身上有龙盘绕。这便成了统治者借用龙的神威抬高自己身价的一个开始。

中国的龙纹图案

自刘邦始作俑后，历代帝王也都开始在“龙为君像”上打算盘，以神化自己。打这以后，龙就逐渐成了皇权的象征。龙成了皇帝的化身和权威的象征之后，皇帝为了显示自己的尊贵和与众不同，开始把龙据为己有。

由于秦代在历史上存在的时间不长，再加上秦末年战火连绵，龙纹遗存不多，其中较为典型的是秦空心砖上的龙纹。秦代大型长方形空心砖主要是用来铺踏步的，其装饰几何图案有回纹、菱形纹等，画像图案以龙凤为主。其中龙纹的特征是，头部尖耳宽吻有须似虎，身躯颀长卷曲似蟒而有鳍，四足对称，爪甲尖利似兽。从总体上看，这是一种变形的蛇形龙。这种龙纹在东周已见端倪，到了秦代，其身躯变得更长，形态更显怪异，并突出了雄浑的气势与协调的美感，因而这种龙也就成了后世龙纹中最典型的一种。这种龙纹多有单龙、双龙卷曲、交尾等形式装饰于砖面。单龙纹多与璧相伴。《周

青汉代铜应龙

应龙雕塑

礼·春官·大宗伯》云："以苍璧礼天。"可见璧在战国时代已被当作祭天礼器，与璧相伴的单龙纹则是以通天神兽的身份出现的。至于双龙纹，即东周时代就已流行的"交龙纹"，是一种以阴阳交合为基础含义的吉祥图案。秦代用这两类龙纹装饰空心砖，足见当时对龙纹图案的运用已十分普遍。同时，汉代龙的形态发展，还有一个重要走向，就是以龙表示苍龙星座，或者青龙白虎星座相交的星象，不管用的是走兽型飞龙形象，还是蟒蛇型飞龙形象，都显现了飞龙的底蕴与意象。湖南长沙马王堆汉墓出土的"天文气象杂占图"，多半是以走兽型飞龙表示苍龙星座，其中也表现"有云从龙行"的气象变化。

综观汉代龙纹形象，其形态基本可分为两类：一类是"飞龙"，是以长沙马王堆一号汉墓帛画上所绘的龙为代表，这类龙的特征是，龙的尾部与躯体浑然一体，没有界限，即典型的蛇躯。龙的四腿取自虎腿，较生硬地安在蛇躯之上，称得上是典型的"蛇足"。这种龙宜作飞行之态。这类龙多成对出现并与璧巧妙的结合，称为"双龙合璧"，象征吉祥。在古都长安旧址，还出土了汉代龙纹瓦当，更典型、更集中、更明显地表现出汉代的应龙、苍龙走兽型飞龙的本质特征：龙头高耸，巨口如鳄，颈长如蛇，但体宽如兽，有虎一样强壮的四肢与利爪，身体两侧有展开的双翼，紧挨着龙翼的是一轮红日，鲜明地昭示着这是一条走兽型飞龙，是一条典型的汉代苍龙。1977年，河南洛阳烧沟村出土的卜千秋西汉墓室壁画中，堪称汉代蟒型飞龙的一个典型。

另一类是"走龙"，是以汉代画像石（砖）中所绘的龙为代表，这类龙的尾部与躯干拉长，加入了蛇的特征。这类龙多以交龙、龙虎斗、龙凤合璧等吉祥图案出现。其含义也有通天神兽、吉祥瑞兽的内容。

秦汉时期龙的形象已比较完善，一般都有足、爪，有鳞甲、长角，口部有须。大部分龙形大同小异。这与当时大一统社会政治文化背景不无关系。这时期的龙纹具有质朴、雄浑的艺术特征。在装饰纹样上没有照搬东周时期龙纹的形象，而是更注重其本时代特色；在装饰题材上也日渐丰富，装饰于帛画、画像石、墓室壁画上；装饰含义也逐步加深，如象征吉祥含义的题材的龙纹增多。龙总体上的艺术化加强。这时期是龙纹的真正定型期，为后代龙纹的发展提供了范例。总之，从春秋战国时代到秦汉时代，实现了龙形态的转变，从而为中国龙形象奠定了基础。

清代龙泉窑龙纹

（五）发展于三国、魏晋、南北朝时期

东汉末年至隋统一的这几百年间，是战乱频出、地方割据的一个时代，此时人们对龙越发关注，均要以这一祥瑞的神兽树立起自己的威信。《三国志·卷一·武帝纪》便称曹操为龙，连汉献帝也被迫尊称曹操为“龙”（引《三国志·注·献帝传》）。曹操没有登帝位，把篡汉称帝重任留给了儿子曹丕。曹丕出生于中平四年（公元187年），在他出生前13年，即熹平五年，其家乡谯出现了龙，史载：“汉熹平五年，黄龙见谯，光禄大夫桥玄问大史令单彪。此何祥也？彪曰：‘其国后当有王者兴。’”（《三国志·卷二·文帝纪·注》）这即是说魏文帝曹丕也是龙。刘备是蜀汉原开创者，是汉室宗亲，他少年时代就在家乡作皇帝游戏，当然是真龙天子。魏代汉后，汉室遗老逸民寄希望于刘备。据《三国志·蜀书·先主传》载，刘备称帝前“黄龙见武阳赤水，九日乃去”。诸葛亮说：“孝经授神契曰德至渊泉则黄龙见。龙者，君之象也。《易·乾》九五龙飞在天，大王当龙升。登帝位也。”孙权是东吴大帝，黄武元年称吴王，其年，“鄱阳言黄龙见”（《三国志·吴书·吴主传》）。其后黄龙元年，赤乌十一均见到黄龙。孙权的儿子孙亮继位“始新言黄龙见”（《三国志·吴书·三嗣主传》）。又永安六年“夏四月泉陵言黄龙见”。三国史料中还以官员升迁与龙的出现相对应，魏青龙元年二月，因龙出现，皇帝赐男、子爵人二级，男爵和子爵应是四、五等爵。魏景元三年二月，青龙见于轵县井中，夏四月，肃慎国遣使朝贡，十月加邓艾镇西将军拒蜀（《三国志·魏书·三少帝纪》）。

明代雕龙

同时，割据政权的频繁更迭与疆土的聚散变幻，各地区各民族百姓的颠沛流离，都加快了各民族文化的融合与发展。加上佛教自西方传入，给中国本土文化注入新鲜血液，使得中国的宗教艺术进入了一个崭新阶段。这个时期的龙文化，对内融合各民族的文化，对外融合

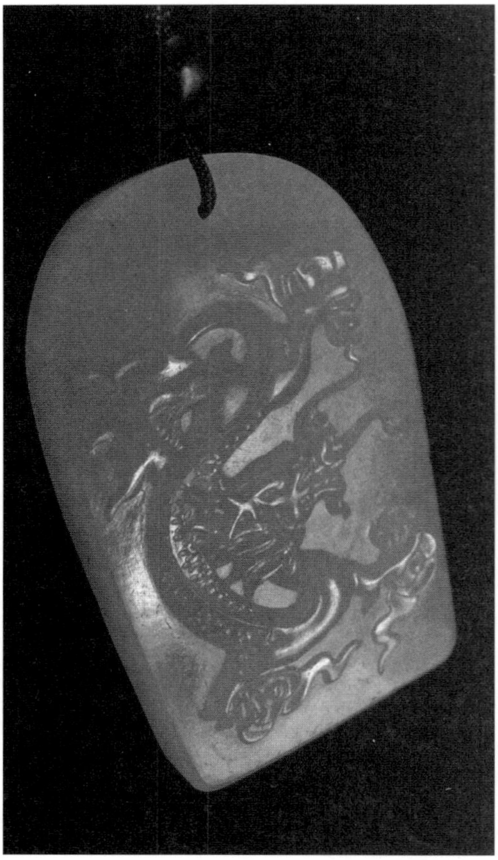

玉器蛟龙

佛教文化。龙将他们凝结成一个整体，形成一个分久必合、追求大一统的历史总趋势，龙的质量、种类、工艺等都有了前所未有的发展。

魏晋南北朝时期是龙纹的成熟时期。因佛教的盛行，龙纹也披上佛教的色彩，龙的造型呈飞舞腾空状，潇洒飘逸，含有“仙气”，颇具佛国风度的宁静、洒脱之特点。龙的体型拉长，从头到尾动作缺乏变化，体现耐性的克制。运用横向的长线条表现风云的飞动，借定向飞动的空间环境陪衬宁静的主题，表现超凡脱俗的精神意念。此时龙纹的使用十分广泛，在使用器物、建筑构件上均常以龙纹为饰。就其风格特征来看，南朝具有傲骨嶙峋、飘逸潇洒之风，而北朝则有雍容华美、矫若流云的风格。北朝龙纹的艺术色彩更浓，龙的头部一般较宽，颈、身躯与四肢等相对丰腴，背鬃、肘毛均被着意刻画。其颈、躯、足、尾多随背景中的飞云流霞飘扬卷曲，总体形态在矫健之余，又含有几分妩媚。

从该时期龙纹形象可看出，龙纹的含义与前代并无太大的变化。而其艺术水平却上升到了一个崭新的阶段。这时期潇洒飘逸的玄学之风、追求“传神写照”的美学原理对其影响深远。这是一个“艺术自觉的时代”，对艺术审美的要求达到了一个新的高度。另外佛教及其佛教艺术也为这一时期龙纹的发展注入了异域色彩；各民族文化的交流、思想的融合极大地丰富了工匠技师的创造力和想象力，使得这时期的艺术特色鲜明。

总之，从东汉末年，经魏晋南北朝，到隋唐五代，中华古文明开始进入繁荣阶段。

（六）完美成熟下的隋、唐时期

公元589年隋文帝灭陈，中国复归于统一。中国长期分裂的局面又一次得到了统一。隋唐两代是中国封建社会的鼎盛时期，随着社会的稳定与经济的繁荣，艺术也获得了飞速发

展。至公元7世纪初，中国广泛吸收和包容了本国各民族及国外文化的精华，创造了灿烂的大唐文化。这时中国的龙纹图案也重新充满现实的生活气息和激动的精神气魄，龙纹至隋唐时代已完全成熟。

隋代龙纹基本上是沿用前代龙纹的特点，其含义基本上也是以吉祥瑞兽的面貌出现。而最具特色的龙纹要数隋代日用器皿的龙柄瓷壶最具特色，如1957年陕西西安李静训墓出土的白瓷双龙双联瓶。瓶为双体，似浑圆的龙躯；双柄自瓶体伸出而为龙颈，龙

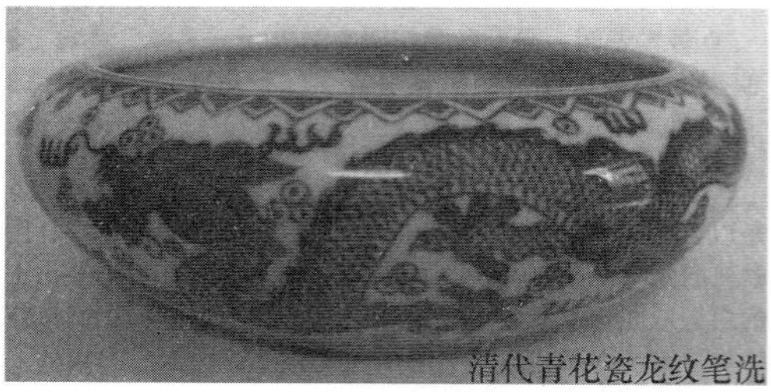
清代青花瓷龙纹笔洗

颈直竖突出表现了龙的渴态；双柄上端为一对龙首，探入瓶口，吸引瓶中之水。双龙造型质朴洗练，憨态可掬，令人忍俊不禁；另外，龙首、龙柄也是隋代瓷壶的常见造型。

唐代龙纹作为吉祥图案，深受唐人的喜爱。由于当时龙纹使用率极高，于是工匠们设计了一些龙纹的典型模式，供制作者参考。这使得唐龙纹出现了图案化、程式化的特点。唐代传统龙纹基本也延续隋代龙纹样式。尾部与右腿缠绕是唐代龙纹的一种典型形态，这就是从隋代“穿石龙”基础上变化而来。西安出土的唐代刻花银碗器底装饰的蟠龙纹，龙身蜿蜒盘绕，头、颈、胸、腹、腰、背、科、尾、四肢、骨骼分明，角、毛、鳞、须，意态丰满，标志着龙这一纯属幻想虚构的艺术形象已达到臻完美成熟之境。

隋唐时期，除了一般传统的龙形象外，又出现了一种龙首鱼身的怪异动物形象，学者称其为“鱼龙变纹”，或称其为“摩羯纹”，这类龙纹具有象鼻、巨口、利齿等特征。“鱼龙变纹”的产生，除了龙的历史渊源的因素外，还与当时的社会心理现象有密切的关系。

在龙的形成史上，鱼本来就是龙的原摹本之一，在上古神话中早就有鱼变龙的传说，在古代典籍中更是言之凿凿。据说大禹在治理黄河时，曾将河东界的龙门山凿开里余，名为龙门。黄河从龙门流过。每年春末，就会有黄鲤鱼争先恐后地从各江河游到龙门之下，若有能逆湍急的水流跃上龙门者，就可化为龙。当有鱼跃上龙门时，不仅云雨相随，而且还有天火自后烧其尾。正因为如此凶险，所以一年之中，能登龙门者不过七十二条，未能过龙门者，点额而返。这就是中国民间传说的“鲤鱼跳龙门”。

从这个传说的角度看，龙首鱼身正是变化过程的形象。然而，龙首鱼身的半龙形象在隋唐时代的兴盛，并不完全是上古传说的诱惑，而是人世“龙门”带来的效应，这座人世龙门，就是隋唐时期兴起的科举制度。科举在中国历史上可以说是文人既憎恨又依恋的一脉长流，多少文人的升沉荣辱都与科举息息相关。由于科举不再像以前那样重视门第出身，无论你的身份如何，一旦高中，便可平步青云，所以这对那些出身寒微的读书人有特别的吸引力。而这与鲤鱼跃龙门的情形颇又有相似之处，所以人们就把科举看成是寒士的“龙门”。也有人干脆就把考场的正门称为龙门。

在这样的社会文化氛围下，象征着变龙的“鱼龙变纹”自然适应了人们的心理需要而成为受人喜爱的瑞符了。

总的来说，隋唐时期龙纹的特点为：体态丰满，头部比较宽段，角分叉接近鹿角。这与当时的审美观念一致。隋唐时期尤其是唐代是一个文化和思想开放的时代，积极吸收外来文化并为其提供一个相对平和的环境，使得这一时期无论在经济、政治上还是艺术上都取得了长足发展。这为龙纹的发展提供了条件。

青铜器上面的龙

唐代水晶龙纹牌

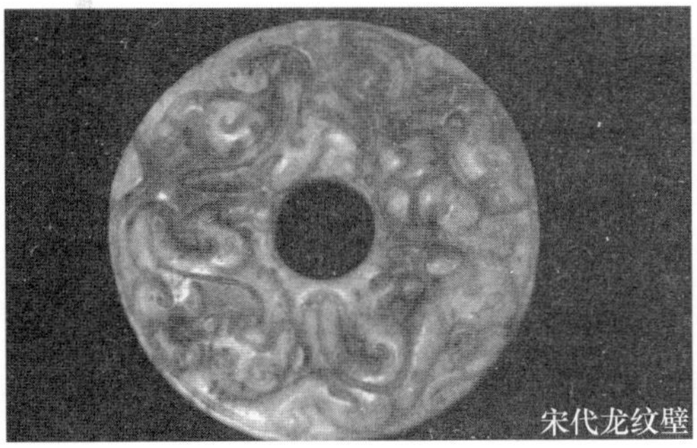
宋代龙纹壁

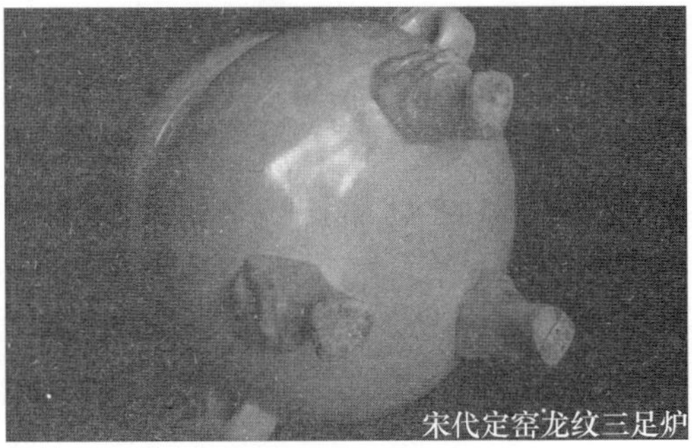
宋代定窑龙纹三足炉

（七）跨入纯艺术领域的宋、元时期

宋代以后龙的形象更趋艺术的完美。在中国古代，宋王朝的地位非常奇特，它没有汉的威风，也没有唐的气魄，给人一种清秀、柔美的感觉。北宋王朝建于建隆元年（960年），随着国内的长期稳定，社会文化迅速发展，但立国百余年之后却被北方的游牧民族逼得节节南退，北宋成了南宋，最后偏安的小朝廷又不得不向敌人称臣纳贡。但是当时中国社会的文化与经济发展却没有因宋的孱弱而停滞，相反却在十分迅速地发展。宋代是中国历史上走向理性的一个时代，当时各个学科都有学者对历史遗下的资料进行整理总结。哲学上有理学的辉煌，出现了二程和朱熹这样的大学者。历史学方面有《资治通鉴》和它的作者司马光。金石学、医药学都有集前人大成的理论著述行世。这一时期各学科专家都对本领域内成果进行整理并撰写成书。这些书成为其领域学科的指导性文献。在这样的大背景烘托下，在艺术题材中占重要地位的龙纹文化的发展也进入了一个新的阶段，不但龙的形象已

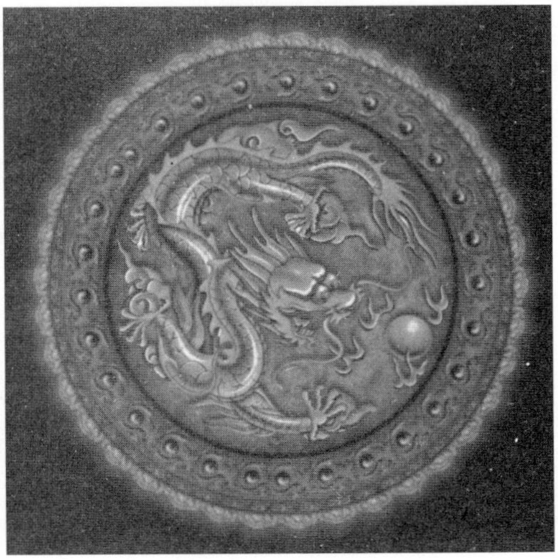

基本挣开宗教的束缚，而且经宋人对龙纹的形态及创作规律进行了总结与研究，出现了一整套画龙的完整的画论理论，即所谓的“三停九似”。“三停九似”，即是北宋郭若虚在《图闻见闻志》“叙图画各意”中指出的：“画龙者，折出三停（自首至膊、膊至腰、腰至尾也），分成九似（角似鹿、头似驼、眼似鬼、项似蛇、腹似唇、鳞似鱼、爪似鹰、掌似虎、耳似牛），穷游泳蜿蜒之妙，得回蟠升降之宜。仍要鬃鼠肘毛，笔画壮快，直自肉中生出为佳也。”《图画见闻志》中不仅阐述了“三停九似”之法，而且强调画龙要“穷游泳蜿蜒之妙，得回蟠升降之宜”，在画龙的鬃、鳞和肘毛时，比画要壮快、细致，要看上去是从肉中生出。他还说，龙飞上天后有层云隔阻，落入渊后又潜于水底，人不能见到，所以画龙难以说成是形似，但也不可随意，挥毫落笔、筋力精神应契合于唐吴道子画鬼神的理论。宋代画龙理论不仅成为后世画龙的框范，也使龙的形象越来越进入纯艺术的轨道，突出了龙的审美意义，使得宋代的龙形象更具美感。从现存的宋代器物上所绘的龙形象看，宋龙体态灵健，气质雅俊，或腾飞于缥缈无定的云霭，或出没于崩云裂岸的狂涛，雄奇而不怪异，洒脱而不张狂，令人赏心悦目。总之，宋人的画龙理论对龙的形象所作的规定性阐述，使历代带有不同程度的随意性的龙纹走上了规范化的轨道。从此以后，虽经改朝换代，龙的艺术形象基本皆以此为依据。除态势与细节有其灵活性外，其总体形象不再有大的变化。

宋代龙的特征更为强调传神、气势与美感这种艺术效果。龙纹形态艺术化、图案化的色彩更浓。其体态强调轻灵矫健，气质推崇俊雅脱俗。这时代的龙，或飞腾于烟云之中，或遨游于波涛之间，或穿戏于花丝之隙，奇伟而不怪诞，潇洒而不恣肆，给人以无穷的美感。此时的龙形象线条自然优美。龙的躯体呈细长劲，鼓腹、秃尾，龙颈是用粗阴线斜刀断开，所以龙的怪兽以使龙头更加突出。由于这一时期龙图案在民间普及，神兽的特征逐渐淡化，凶霸之气消失，甚至出现过龙游戏于盛开的牡丹花丛之中的图案，整个图面充满温馨祥和的气氛。

龙纹在宋代的应用也更为广泛，当时的金银、青铜、玉石、陶瓷、丝绸诸器物及建筑构件上，均以龙纹为饰；尤其是以龙纹为主题的纯艺术绘画，至宋代发展到了一个崭新的阶段。此时，以云水鱼龙为主要题材的绘画，已形成一个独立的画科“鱼龙科”。

元代继宋代的流风余韵，龙的艺术形象更为完善，也更为世俗化和规范化。与宋龙相比，元代龙纹略胜于宋代，在于其更为注意对龙所处环境的刻画与渲染；主体与衬景紧密呼应，相得益彰，既进一步衬托出龙的神韵，又增强了整个画面的感染力，深化了作品的主题，给人以完美的艺术享受与无尽的遐想。其形象更趋一种协调和审美情趣的追求，龙头扁长，龙目明亮，龙眉粗壮，龙角后伸，龙躯细长，显得轻灵飘逸。元龙形象总体上清秀飘逸，其姿势驰骋纵横皆轻灵舒展。可谓形神兼备，神采飞扬。

从元代的瓷器来看，这时期的龙纹特征是：身躯为弯曲的长蛇体状，体胖身粗，身上饰以鱼鳞纹或网状纹；头细而圆，比宋代或明代的龙头小得多，龙首多无头毛，有个别的绘淑毛；上下颚较长，分张口和合口，上唇上翘，长出一小块似如意头状（有尖状）、张口的多伸舌，舌小如戟状；颈部细小；四肢细而有力，肌肉隆起，显得有骨有肉；爪长而微内弯，龙分三爪、四爪和五爪，但以三爪、四爪为多。元代龙以站龙和游龙为多。如北京安定门出土、现收藏于首都博物馆的磁州窑白地黑花龙纹扁壶，高33厘米，口径6.5厘米，在纹饰上采用绘画与线刻相结合的装饰方法，使纹饰绘画笔法具有遒劲雄浑的风格。

宋元两代是中国龙纹形象向规范化、艺术化发展并跨入纯艺术领域的重要阶段，达到了前所未有的高度。从历史进程来看，中国早期的龙纹是为宗教服务的，而宋元龙纹则是几乎完全被纳入艺术轨道。这种宗教与审美比重的颠倒，对龙纹来说，具有划时代的意义。正因为如此，龙才能获得人们的喜爱，从而保持了不朽的活力。这一时代对龙纹的改进与创造，正是迎合当时社会上淡化龙的宗教含义、强调追求审美趣味的心理结果。

宋代龙纹佩

鲤鱼跳龙门 · 铜器

（八）突出宗教与政治含义的明、清时期

1368年，朱元璋在南京应天府即位，建立了大明王朝，经历98年的元被明朝取代，统治者对龙纹大有垄断之意，只因阻力太大，未能得逞。出身寒微的朱元璋便利用龙的

明代琉璃龙纹高浮雕瓦当

形象来神化自己，说明自己是上承天命的真龙天子，有合法的统治权。出于这种需要，明代帝王的衣、食、住、行，皆强调以龙为饰，统治者的需要与偏爱给龙纹艺术以极大动力，使得龙纹广泛应用于各个艺术领域，如建筑、瓷器、漆器、金银珐琅器等。而清王朝是少数民族入主中原，前承明制，在龙纹的使用上更是有过之而无不及。

明代龙形象主要突出其王权和宗教含义，而其美学意义退居其次。基于此种观念，明龙的形态强调端庄、威严、雄伟，不再有元龙清新飘逸的神韵。在明代，龙的形象被广泛地运用到各个艺术领域，以突出帝王的权威，其体躯一般较元龙粗壮；其角、发须、眉、爪、鳍、鬃、肘毛一应俱全，其中发部多数向后飘洒为向上飞扬，如顺风而行风所致，具有浓重的图案化色彩，龙口或张或闭，处理灵活自如；龙鼻端多被处理呈“如意形”，以强化其吉祥含义。且无论龙头仰、俯、正、侧，鼻端如意仍保持完整形态，显得有些别扭与滑稽。尤其是明代兴起的“正面龙纹”，这种龙纹的龙首作正面像；颈白头上部下弯，呈提梁状；角、发、须、爪皆分列两侧，龙尾多向上卷。明代艺术家为适应统治者的需要，模仿正面人像的表现手法，大胆创造了正面龙纹。这种正面龙纹，双目与观众对视，张口作怒吼状，突出了庄严与威慑力。说穿了，这种正面龙纹正是封建统治者本身形象的写照。然而，从美学观点分析，正面龙纹只是一种强烈图案化的龙纹。其形态呆滞僵硬，徒有虚张声势的外表，毫无感人的力量。当然，在明朝两百余年间产生了各种丰富的龙纹图形。其中明代以永乐、宣德时期的龙纹最为典型。当时的龙纹改变了前朝那种身细、头小的幼稚龙形态，变得形体粗壮肥大，威武凶猛，形象高大。龙首比元代的变大，上下颚较长，上颚比下颚长而高高突起，有张口和闭嘴之分，张口的伸舌（早期较长如戟状，后期略短微微上翘），闭嘴的上唇似如意状，鼻的两侧有对称的长曲须，下颚多有两束或三束的疏须，头毛是一束束的疏毛，前期的发少，后期的发多。发曲而向上冲，有怒发冲冠之势，显得很有神威，龙爪有三、四、五趾之分，趾甲成三角形略微内弯，

显得锋利刚劲，人们称明代的龙爪为鹰爪。且周围衬托以海涛、缠枝花、火焰、朵云等。明代晚期的嘉靖、隆庆、万历时期龙纹形式多样以游龙为多。这时的龙纹已大不如前期，化工简单草率，神气也差。晚明的龙纹，正如当时社会的政治、经济衰退一样，显得苍老、无力。

清朝建立后，前承明制，龙的形象基本上继承了明代龙纹的形式与特点，但其容貌与神态皆显凝重苍老。清代的康熙、雍正、乾隆三朝，龙纹以新的形象出现：这时的龙首变化很大，过去长长的“猪嘴”收缩了，显得下颚比上颚长，形成明显的“地包天”。这一违反龙纹基本形态的改变，增添了龙的怪异与可怖。康熙时龙口形略带圆，雍正时则显方形，张口的龙，舌随下颚伸出，舌尖上卷，不像明初的戟状，也不像明代后期的匕首状。上下颚的须，康熙时呈锯齿状，以后则分两边，或分成两束长密的羊须状。同时，龙的食趾和拇趾也有了明显的改变，不像明代龙爪紧紧相靠，而是距离较大，向鸡爪形状发展。故人们称清代的龙爪为“鸡爪”。清龙的表现手法更为成熟与多样化，创作上以精雕细刻、刻画入微取胜，然而缺乏创造力。因而清龙的总体形态较明龙略显秀丽、生动，但气势日益孱弱。

明清时代的龙纹多种多样。根据龙自身的形态可分为：团龙（龙的头尾相交，组成团心图案）；蟠龙（龙身盘卷于某种物体之上，多做戏珠形象）；行龙（龙作四组行走状）；飞龙（龙作腾空飞翔状）等。根据龙所处环境可分为：云龙、海水龙、穿花龙、火龙等。根据龙的数量可分为：对龙（两龙相对，或交颈，或戏珠，当分雌雄）；九龙（九为奇数之极，中国古代视九为至高无上的象征）；十龙（或九小龙围绕一大龙而戏，又称“教子龙”；或十条大小一致的龙各自翻腾。中国古代谓“十”为全数，十龙亦具“十全十美之美”）。根据与不同的动物组合，可分为“龙凤呈祥”（一龙一凤相向为戏，此时的龙象征阳，凤象征阴，具有阴阳调和的含义），鱼龙变幻（龙与鱼组合出现，具有平步青云的吉祥含义）等。

明清时代的龙纹形象是突出宗教与政治含义的时期，与前代（宋元）注重艺术化形成了鲜明的对比。这时期是封建社会由盛转衰的历史时期，统治者为维护其风雨飘摇的政权，极力加强中央集权的统治。“龙”形象也变得怪异可怖，并且出现了违反审美规律的正面龙首图像，这种图案中的龙双目圆睁，目光如炬，爪舞牙张，须发皆扬，透出一股凶恶之气，显示出帝王的威慑之力。它威严、雄壮，成了统治阶层的标志和象征物。

（九）结束语

龙的形象与中国传统文化有着千丝万缕的联系，其形象演变是一个漫长的发展过程。朝代的更迭，人世的沧桑，文明的发展，观念的演变，都对龙的形象及其含义产生影响，总体上说，龙形象走的是一条由多元化向规范化、由宗教化向艺术化发展的道路。

龙是中华民族的象征，是中国传统文化的标志。这种虚构的超自然物无论是在古代还是在现当代都对中华民族的凝聚和中国传统文化的融合发展起着非常重要的作用，它的诞生、成长、发展深深地打上了中国传统文化的“烙印”，同时体现出中华文化的“多元一体”性。龙的观念和意识被世世代代的人们所接纳、认可，足以看出“龙”这一形象早已根植于人们心中，体现出其勃勃生机。尽管“龙”这一形象后来被统治者所垄断，成为皇家的独有物，但是“龙”形象，已成为人们的一种普遍的信仰、一种精神的依托，永不会消逝。

（原刊于《中华民居》2012年1月总第41期）

论中华文明的起源及其初步发展

——以郑洛地区古都古城为例

索全星

最早的“华夏”“中华”“中国”在哪里，它是如何形成发展的？在历史学、考古学日益发展的今天，虽然众说纷纭，但还是有一个基本的文化构架，即嵩山、黄河之间的郑洛地区是早期中国文化的核心和中心区域。郑洛地区大致相当于今天的郑州、洛阳、许昌北部等地，在新石器时代文化晚期、末期和夏商时期，这里形成了许多璀璨夺目的文化史迹和古城古都筑就的一段段文明经典，是构成早期中国文化的重要元素和衡量中华文明发展的历史标尺。华文化、夏文化、商文化先后起源发轫于此，新郑华地是中国文明的起源圣地，早期华夏文明是由华文化发展到夏文化的历史概括。中华文明起源的多元性使得华文化成为其本源和主源，并逐渐发展为中华文明的核心和基础。故中国文明也称华夏文明、中华文明。本文以郑洛地区的古城古都等文化史迹为例，试论早期中华文明起源与初步发展的历史过程，不当之处，敬望方家指正。

一、华文化的史迹与郑州西山城址

1964年在郑州大河村的岗地上发现了一处内涵丰富而独特的仰韶时期的文化遗址，这类遗址被命名为大河村文化[1]。代表性遗址除大河村遗址[2]外，还有郑州西山[3]、荥阳青台[4]、禹州谷水河[5]、汝州阎村[6]、洛阳王湾[7]等，主要分布在嵩山周边地区。根据^{14}C测年可知，这支文化的繁荣期大致处在距今5900～4800年之间。聚落以平地起建的分间、多间陶房为主，每组陶房为一个生活单位即家庭，在聚落之内经济状况具有相对的独立性。生活陶器有鼎、罐、钵、碗、盆、瓮等，许多钵、罐、盆等陶器的肩腹部绘有太阳纹、禾苗纹、鱼纹、鹳鱼石斧等彩画图案。墓葬一般为土坑竖穴式仰身直肢葬，个别为成年男女合葬，没有或有极少随葬品。人们已经穿着丝织品、麻布缝制的衣裳，种植黍、粟和水稻，过着简朴务实的农耕生活。

西山城址位于郑州市惠济区古荥镇孙庄村西的邙山余脉的东端，北临黄河，南瞰郑州，属大河村文化晚期城址，在距今5300～4800年之间。城址平面近似圆形，南部已被破坏，残存面积2.5万平方米。城址除城墙、城壕之外，还有环壕守护，形成了依凭自然地势、由外及里防控严密的三道防御体系。城墙采用版块法夯筑，北半部城墙残存256米，墙宽3～5米，高约1.75米，存留有西城门、北城门两个城门遗迹。城内不仅有许多房址和窖穴，还有一处面积约120平方米的大型高台建筑基址（F84），另外还有用牛、猪等高规格祭祀的礼仪遗迹。许多遗址还发现了灰坑葬人、乱葬坑等现象。西山城址是最早运用版块夯筑技术建造的新型城墙，开启了龙山文化、夏商时期建造版块夯筑城墙的新时代，是中华文明起源发展的重要物证，在我国古代城市发展史上具有里程碑意义。

大河村文化平地起建的土木结构的分间陶房及西山城内夯土高台式建筑基址，与半地穴式窝棚相比，显然是居住生活水平的进步和提高，反映家庭、私有制有了极大发展，父系社会代替母系社会。大河村遗址两件陶钵残片复原出12个光芒四射的太阳纹（也有人称之为月亮纹），这是古人掌握天文历法和算数知识的最早物证。彩绘在陶器肩腹部的象形图案为中国象形文字的萌发起源普及了思想文化基础。大河村文化极少见到陶器的刻划符号，可能与这种图形符号流行有关。薄葬简葬的规范一致性则彰显公权强大有力且有实效，表现了社会管理的制度化。西山城墙聚落则是国家文明形成的重要实物标志，夯土高台建筑基址（F84）应是早期型式的宫室建筑。除了农业经济、聚落结构、社会形态等物化形式的文明因素之外，大河村文化简朴务实、变革创新的精神内涵却是独特的，是文明起源发展的重要思想基础和持续发展的动力源泉，决定了中原文化发展的方向和道路。大河村文化范围内有西周时期的华国遗址（今新郑市郭店镇华阳城遗址一带），它应是早期“华”的名称孑遗，故其晚期社会的文明现象应是“华文化”的实物遗存[8]。华文化是古代华族及华地各族人民共同创造的文明起源文化，大河村文化晚期的文明性质属华文化。华文化是华夏文明的源头，黄帝文化是华文化的重要组成部分。

黄帝又称轩辕，是中华民族最有影响的历史人物。黄帝是古代有熊国（今新郑市）的君长，通过阪泉之战、涿鹿之战初步形成了黄河流域的文化趋同和一体，由于功德至伟而被尊为“中华始祖”，居五帝之首。新郑及周边区域有40多处关于黄帝的文化遗址和纪念古迹，主要分布在新郑市南部和具茨山一带。新郑市区有轩辕墓、黄帝都、少典坟[9]及唐户黄帝口[10]、黄帝饮马泉、黄帝御花园、黄帝具茨山访大隗、黄帝洪堤拜华盖童子、黄帝崆峒山访广成子、黄帝西太山会诸侯处等12处。新密市有云岩宫[11]、力牧台、讲武山、摩旗山、摩旗穴等9处，主要分布在具茨山一带。禹州市主要有崆峒山、逍遥观等2处。新郑唐户遗址、新密云岩宫遗址通过发掘以仰韶大河村文化为主要文化遗存的文化，说明黄帝文化具有浓厚仰韶大河村文化的历史背景，而在郑州市、洛阳市、许昌市的其他市县均无黄帝的史迹与传说。这种情况表明，黄帝存在的历史时空和文化区域是明确的，为黄帝文化的研究提供了良好的基础。黄帝时期是有城墙聚落的，据《史记·封禅书》《汉书·郊祀志》等文献记载，“黄帝时为五城十二楼”，西山城址从侧面反映了这个事实，但“五城十二楼”应是当时氏族（表现为聚落的数量）众多、古国林立、经济繁荣的客观情况。

黄帝的崛起是以“诸侯相侵伐，暴虐百姓，而神农氏不能征”[12]为历史背景的，这时黄帝习用干戈、征不享，最终在阪泉、涿鹿分别战胜炎帝、打败蚩尤，取得中原地区的领导权。这个时间距今约5000年，大约是中原地区大河村文化向龙山文化的过渡时期。因为黄帝的胜利，周边文明起源文化受到抑制，排除了华文化发展的障碍，确立了黄帝文化在黄河流域的主导地位。这是黄河流域文明起源阶段较大的一次文化整合，深刻地影响了华夏文明的发展。

河南龙山文化晚期，位于嵩山地区的王城岗类型文化成为引领和主导早期中国文化发展的又一支重要文化，教化东夷、战亡三苗，掀起了更大范围的文化融合浪潮。这个时期，王城岗类型文化不仅对周边文化取得了胜利，同时强化了对嵩山地区的经营和巩固，登封王城岗城址和新密古城寨城址即应运建立。王城岗城址与先夏文化有关，将在下节论述，古城寨城址则明显继承了西山城址的版块夯筑技术，并在文化内涵、社会文明程度等方面有了显著的提高和进一步发展。

古城寨城址位于新密市东南35千米的曲梁乡大樊庄村古城寨村，属龙山文化晚期并延续至夏纪年的早段[13]。现存城墙东、南、北三面保存较完整，面积17万多平方米。城墙采用版块夯筑法打造而成，墙体坚固，规模更大。南北城墙中间有两个城门遗迹。城内中部发现一处大型夯土台基，建有两座大型房址，其中Fl为南北长方形7间式建筑形式，面积383.4平方米；F1北部的F4，是一座曲尺形的回廊式建筑。这两座房址具有宫殿建筑性质，为二里头遗址宫城及宫殿建筑找到了确切的源头[14]。城内发现有釉陶、熔炉残块、玉环，以及牛、猪、羊等家畜骨骼制作的卜骨， 说明当时已有宗教活动和神职人员，祭祀活动盛行。古城寨城址显示了它所具有的政治、军事色彩，初步建立了社会公共强制权力系统，属于古国时期的文明社会。据《竹书纪年》载：“夏道将兴，草木畅茂，青龙止于郊，祝融之神降于崇山。”由此看来，古城寨城址与祝融部族关系密切，可能就是祝融都邑[15]，反映了祝融氏族由古国转变为早期夏王国方国的事实，这应与祝融氏族支持夏王启有关，这对夏王国的建立和发展是十分重要的。除了古城寨城址，郾城郝家台[16]、平顶山蒲城店[17]、博爱西金城[18]、温县徐堡[19]等遗址均发现了龙山时期城址，王城岗类型文化对嵩山周边的影响殊为深刻。

二、夏文化史迹与夏代王都

夏文化的探索始于1959年夏中国社会科学院徐旭生先生对嵩山地区有关夏代文物古迹的调查。随着考古工作的全面开展，夏文化的历史面貌日益清晰地呈现出来，河南龙山文化（王城岗类型文化）晚期、新砦文化和二里头文化构建起夏文化发展演变的基本脉络。关于夏文化通常是指夏代在其王朝统辖地域内以夏族为主体创造的物质文化和精神文化遗存，核心内容是关于夏王朝（国家）的史迹[20]。我们以登封王城岗、新密新砦、偃师二里头等夏代城址（或都城）为例介绍一下夏文化的研究情况。

1. 王城岗城址

王城岗遗址位于河南省登封市告成镇西约1千米的土岗上，当地群众俗称“王城岗”。通过发掘，在遗址中部发现一处龙山晚期的城址。龙山城址分为内城、外城两部分。内城面积约1万平方米，为东、西毗连的两座小城。外城为长方形，由城墙、城壕组成，面积约34.8万平方米[21]。内城居于外城的东北部，时代比外城稍早。出土的遗物内分别有一件青铜器残片和刻有“共”字的陶片。

据^{14}C测年数据显示，内城的使用期在公元前2128～前2084年。外城的始建年代较内城略晚，废弃于公元前2030年左右。那么王城岗的外城则处于“夏商周断代工程”的夏代纪年之内。王城岗城址位于嵩山南麓，居“华地”南端，同历史上夏族的发祥地极为契合。《国语·周语上》载：“昔夏之兴也，融降于崇山。”韦昭注：“崇，崇高山也。夏居阳城，崇高所近。”若此，王城岗城址的年代可作为河南龙山文化与夏文化、古国与王国的分界，王城岗外城应即“禹都阳城”[22]，而早于外城的内城则应为禹父鲧所建造，从而为夏文化找到了一个起始点[23]。文献记载，大禹不仅带领人民平治洪水，还教化东夷、灭亡三苗，国势鼎盛，雄壮天下，为夏王国的建立奠定了基础。文献记载，禹死之后（大约公元前2070年）其子夏启即位称王，开始了中国历史的王国时代。

2. 新砦城址

新砦遗址位于新密市东南22.5千米处的刘寨镇新砦村，城址面积约100万平方米。城址建在龙山晚期城墙的外侧，由城墙、内外城壕构成，南面均以双洎河作天险。城址西南部地势较高，发现一座东西向的大型建筑基址，属宗庙类建筑，周围有道路和附属建筑。另外，城内还发现有加工骨器的手工作坊区，出土有玉凿、红铜容器和青铜小刀等遗物，做工精美，规格很高，反映出新砦城的都邑性质。

新砦遗址的文化内涵可分为三期，其中，新砦第二期被认为“新砦期文化”，它晚于王城岗文化，早于二里头一期文化。新砦期文化^{14}C测年的绝对年代处在公元前1850～前1750年，填补了河南龙山文化与二里头文化之间的缺环。新砦遗址印证了夏代初年确曾发生过“后羿代夏”的历史事件，同时对深入认识夏文化的发展轨迹提供了重要佐证[24]。

3. 二里头遗址

二里头遗址位于河南省偃师市翟镇二里头村，面积400万平方米。遗址分布有宫城、贵族墓葬区、青铜作坊区、制陶作坊区、祭祀区、制骨作坊区等，可见遗址有功能区的规划。宫城区位于遗址中部偏东处，呈长方形，面积达10.8万平方米，其中宫殿分布密集，发现11座大型夯土建筑基址和其间的一些道路；遗址南部为青铜作坊区，制陶作坊区和祭祀区处在遗址的北部。遗址内出土了一大批精美的陶器、青铜器、玉器等珍贵文物，其中的绿松石龙形器长逾70厘米，由2000多片细小的绿松石片组成，被称为最早的“中国龙”。二里头文化分为四期[25]，其一期文化与新砦文化相衔接，第四期文化晚段可能属早商文化范畴。根据文献、^{14}C测年数据及丰富的遗迹遗物，二里头遗址应为夏代晚期的王都。

目前，除了二里头遗址，在郑州大师姑[26]、东赵[27]、新郑望京楼[28]、平顶山蒲城店等分别发现了二里头文化时期的城址，据有关研究，应是夏代晚期的方国都邑。从夏文化的研究情况看，早期夏文化的核心在嵩山东部及东北部，后期则转移至嵩山西北相对闭合的洛阳盆地，并且也是夏王国比较强盛的时期（夏文化的发展是一个动态的形式，这是夏王国逐步强大发展的过程）。《说文解字》“夏，中国之人也”，这就明确了郑洛地区这个时期文化史迹的“夏文化”性质。

三、早商文化史迹与郑州王都

商代早期，规模宏伟的郑州王都牢牢地把控着华夏腹地的政治、经济和文化发展的命脉，是早期中国文明向四方辐射的核心，充分展示了商王国的大国魅力。郑洛地区的早商文化遗址分布普遍，也最精华，不仅有郑州、小双桥、偃师等三座王都遗址，还有新郑望京楼、郑州东赵等次级城址，可见早商文化之极盛。考古研究证实，郑州南关外期遗存具有先商文化性质[29]，并且直接发展为早商文化，这是商族发祥于郑州的考古学例证。

郑州商城遗址位于郑州市市区中心，由宫城、内城、郭城三重城垣构筑的大型城址，内城为王室和贵族的居住区，内城与郭城之间为作坊区和平民生活区，发现青铜铸造作坊2处、制陶作坊1处、青铜器窖藏坑3处、贵族墓地等，在郑州二里冈遗址还发现一块记载“亳社”卜辞的牛肋骨[30]。郑州商城遗址面积约25平方千米，出土的珍贵文物数以万计，是目前发现的当时世界上最大规模的都城遗址[31]。

关于郑州商城3处青铜器窖藏坑[32]的性质，安金槐先生认为其窖藏位置、坑的深度与形制、坑内窖藏的主要青铜器品种和青铜器在坑底的摆放情况等有许多相似之处，这决定了它们具有相同的精神文化背景，应是商王室举行大型祭祀活动的遗迹。安先生的这个认识是正确的。其实，这3处青铜器窖藏坑是目前发现的最早的“定鼎”祭祀遗迹。当时由于商王国内乱不已，统治者为稳定局势而举行国祭，祈求国祚长存、王都永固。因为郑州商都是商族的发祥圣地，故将祭祀的青铜法器分别埋设在内城外侧周边，使其护佑王国根基。从“定鼎”遗迹可以看出，除方鼎重器之外其他青铜法器不甚相同，这是为配享不同的方位“神祇”而分别安排的。“定鼎中原”大概渊源于此，后世因此将“定鼎”延伸为定都或建立国家。郑州商城以亳都说为盛[33]，即第一个商王汤的亳都，之后成为早商时期的首都（主都）[34]。

偃师商城是位于偃师市尸乡沟的一处早商城址，面积约有190万平方米，距著名的二里头遗址仅6千米。该城大体为长方形，由大城、小城、宫城等三重城垣及多组宫殿建筑基址组成，并分布有房基、作坊、墓葬等遗迹。根据发掘资料和文献记载，确定该城为商灭夏后的都城——西亳遗址。

郑州小双桥遗址位于河南省郑州市石佛镇小双桥村南，遗址分布于小双桥、岳岗、于庄三个自然村之间，面积约150万平方米。1990～1995年，先后进行数次调查和发掘，发现有夯土建筑基址、窖穴、祭祀坑、灰坑、壕沟、道路等遗迹，出土有青铜建筑构件、石磬、原始瓷尊、石圭等重要遗物[35]。此外在陶器表面发现了"朱书陶文"，约有9字之多，使用毛笔书写，颜料为朱砂[36]。小双桥遗址的时代略晚于郑州商城，文化内涵比较单纯，一般认为小双桥遗址为仲丁所迁之隞都[37]。小双桥遗址的时代处在郑州商城与殷墟之间的中商时期，为研究早商、晚商的文化演变提供了重要的实物资料。

早商时期，商王朝的政治、经济、文化中心处在郑洛地区，并且周边分布有众多遗址和城址，说明商王朝十分重视经营华夏腹地，同时将商文化的影响不断扩展到更大区域。原来夏代晚期的方国城址，如郑州大师姑、东赵、新郑望京楼等经过早商时期的补修和重建，成为拱卫郑州王都的新的防御体系。外围地区如焦作府城[38]、辉县孟庄[39]、山西垣曲[40]、东下冯[41]、湖北盘龙城[42]等早商城址，是除郑州王都之外的第二、三级中心遗址，这比夏文化的范围更为广阔。商王国晚期的都城迁至安阳殷墟一带，拓展了商文化的核心区域，是早期中国文化的进一步发展。

四、中国、中华的由来与早期中国文化的形成

中国的称呼始自我国史前氏族社会向文明过渡和发展时期，那时的大型聚落称为国。这些聚落以血缘为纽带聚族而居是其主要的社会组织形态，因此早期的"国"具有浓厚的氏族社会背景，这是原始农业经济对社会作用的结果。

从"中"和"国"的字义可得到关于中国来源的一些启示。"中"是代表氏族的旗帜，一般建在聚落的中心，将它（旗帜）从旗杆上升起来后大家都可以看见。氏族首领或酋长集众议事布政也会将"中"升起作为通知氏族各部的信号。"中"有中心、核心之意。"国"字从或、从邑，古音均可读若戈声，其字形来源于被称为"国"的聚落形象，不仅挖制巨壕深沟，还建造高大坚固的城墙保护之。可见城是聚落社会发展的高级形态，城墙聚落往往是周围聚落的中心，号称"国"，城外则称为"野"。"中国"显然是氏族首领或王族居住的有城圈的大型聚落。《诗经》《国语》等历史典籍中的"中国"均是国都、城中之意。不难看出，"中国"一词本身即带有明显的等级社会的烙印，客观上也是文明社会的重要表征[43]。

由"中"而起（也称中文化），我国古代先民认为天圆地方，天下也有一个中心，

这种观念根深蒂固地影响着先民的思想和行为，是古代先民宇宙观的基础。随着各地文明起源及其初步发展，文化交流的增多和加强，人们渐渐认识到嵩山不仅地理位置居中，并且比其他地区繁荣富庶，郑洛地区经济文化对周边文化的引领和影响尤其突出，具有“天下之中”的神奇力量。夏商时期这里就被称为“华夏”和“中国”，成为王国的核心地区。西周时期，称嵩山为“天室”，即天下之中心，应是古代历史经验的总结和赓续。华文化的兴起、黄帝文化的影响及夏文化、商文化早期都城建设等史迹，佐证了“天中”思想应萌发于新石器文化晚期的大河村文化时期，西周时期《何尊铭》的“中国”就是对早期中国文化的继承和发展。郑洛地区是华文化、夏文化、商文化的发轫开源之地，这种深厚的文化积淀为“天中”思想作了最好的注解，使“中国”“华夏”的文化内涵生动而多彩。

古代帝王以“天中”为王权的命脉和根本，故在此建都立国成为华夏传统[44]。以天下而言自然称嵩山周边及郑洛地区为“中国”，其他区域则称“四方”或“四夷”，这种花蕊花瓣式的国体结构具有超强的稳定性[45]。《书·武成》“华夏蛮苗，罔不率俾”、《礼记·王制》“中国戎夷五方之民”的“华夏蛮苗”、“中国戎夷五方”即是天下观念的全称。“中国”“华夏”既然居于“天下之中”也就担当和行使天下之责任，这也是夏商历史证明的事实。西周初年，周公亲自在登封阳城观星测象，确定“天下之中”，营建成周，实行分封制，推行“中国化”的封建制度。这是周公等人根据当时形势、以“中国”为基础为西周王朝量身定制的一套天下法规，为之后周边民族（北魏、金、元等）入主中原遵循的范式。“中国”独特的地理环境、优秀的文化品质、发达的农业、手工业经济是成就其发展壮大的主要因素，在发展过程中显示了强大的生命力，表现为向外扩张的辐射力和对周边文化的吸引力，形成发展→融合→再发展→再融合的成长模式。

现代中国显然是古代“天下”以中心指全部、以重点代整体的继承，由此可以看出，中国概念是以早期华夏文化为根基而形成的历史政治概念。同样，新郑华地是华文化开创文明的起源地，西周时期仅遗留了次等级的“华国”，故它应是“中华”名称的缘由。新郑华地不仅是华文化的源地，也是夏文化的起源地，同时还是商文化兴起之地，这些现象再次印证了“中华民族起于此”[46]的事实。总之，我们看待“中华”“华夏”“中国”要用历史的发展的观点来考量，否则就难以探知其真谛。

五、结　语

早期中华文明是由华文化发展为夏文化的历史概括，他的文化传播和强大发展活力是早期中国文化逐渐趋同并向一体化融合发展。华文化、夏文化、商文化等是构成华夏文明起源及初期发展的中国元素，郑州西山城址、古城寨城址、王城岗城址、新砦城址、二里头遗址、郑州王都城址、偃师商城等一系列古城古都文化的史迹，文明星火在此勃发进而逐渐燎原神州，为早期中国文明增添了绚丽光彩。中华文明历史悠久，源远流长，记录和展示了古代中华先民创造中华文明奇迹的伟大历程，证明它也是由弱小到强大、由初级到高级的曲折复杂的一个发展过程。中国文明也称华夏文明、中华文明，是华文化、夏文化分别对中华文明起源和王国文明发展作出的开创性历史贡献的铭记。华夏文明在长达5000多年的历史长河中，是引领和主导中国文明发展的核心和基础，是世界文明历史的伟大奇迹。早期中国文化对现代中国文化的影响是深远的，“华夏五千年”“始祖黄帝”“中国”“中华”，一直是海内外炎黄子孙引以为自豪的经典话语，是鼓舞着全国人民和广大侨胞爱我中华、建设祖国而迸发的民族豪情。我们拥有世界唯一的5000多年文明不断的中华文明，也有近代中国的世纪磨难与英勇抗争，更有新中国65年经济建设的雄厚基础，在中国共产党的坚强领导下，紧紧抓住当前的发展机遇就一定能够实现伟大的中华民族复兴的“中国梦”。

注　释

［1］中国社会科学院考古研究所：《中国考古学·新石器时代卷》，中国社会科学出版社，2010年，第220页。“大河村文化”概念依此，但具体内容有些差异。

［2］郑州市文物考古研究所：《郑州大河村》，科学出版社，2001年。

［3］国家文物局考古领队培训班：《郑州西山仰韶时代城址的发掘》，《文物》1999年第7期。

［4］郑州市文物工作队：《青台仰韶文化遗址1981年上半年发掘简报》，《中原文物》1987年第1期。

［5］河南省博物馆：《河南禹县谷水河遗址发掘简报》，《考古》1979年第4期。

［6］临汝县文化馆：《临汝阎村新石器时代遗址调查》，《中原文物》1981年第1期。

［7］北京大学考古文博学院：《洛阳王湾——田野考古发掘报告》，北京大学出版社，2002年。王湾第一期属仰韶文化，第二期属仰韶文化向龙山文化过渡期，第三期为所谓的“河南龙山文化”。

［8］索全星：《华国遗址考察与中华名称溯源》，《中原文化研究》2013年第5期；索全星：《中华文明本源初探》，科学出版社，2014年。

［9］新郑市文物管理局：《新郑市文物志》，中国文史出版社，2005年，第172～175页。

［10］河南省文物考古研究所等：《河南新郑唐户新石器时代遗址试掘简报》，《考古》1979年第3期；河南省文物考古研究所等：《新郑唐户新石器时代遗址调查》，《中原文物》2005年第5期。

［11］河南省文物考古研究所等：《河南新密市黄帝宫新石器时代遗址调查》，《华夏考古》2009年第2期。

［12］司马迁：《史记·五帝本纪》，《二十五史（1）》，上海古籍出版社，上海书店，1988年。

［13］方燕明：《关于新密古城寨城址的年代与性质》，《华夏文明的形成与发展》，大象出版社，

2003年。
［14］ 杜金鹏：《新密古城寨龙山文化大型建筑基址研究》，《华夏考古》2010年第1期。
［15］ 马世之：《新密古城寨城址与祝融之墟问题探索》，《中原文物》2002年第6期。
［16］ 河南省文物研究所、郾城县许慎纪念馆：《郾城郝家台遗址的发掘》，《华夏考古》1992年第3期。
［17］ 河南省文物考古研究所等：《河南平顶山市蒲城店遗址的发掘》，《文物》2008年第5期。
［18］ 河南省文物管理局南水北调文物保护办公室等：《河南博爱县西金城龙山文化城址发掘简报》，《考古》2010年第6期。
［19］ 毋建庄、邢新田等：《河南焦作徐堡发现龙山文化城址》，《中国文物报》2007年2月2日。
［20］ 高炜等：《偃师商城与夏商文化分界》，《考古》1998年第10期；中国社会科学院考古所：《中国考古学·夏商卷》，中国社会科学出版社，2003年，第24页。
［21］ 方燕明：《河南登封王城岗遗址发现龙山晚期大型城址》，《中国文物报》2005年1月28日；北京大学考古文博学院、河南省文物考古研究所：《登封王城岗考古发现与研究》，大象出版社，2007年。
［22］ 张国硕：《夏商都城制度研究》，河南人民出版社，2001年，第68～69页。
［23］ 李伯谦：《登封王城岗考古发现与研究·序》，大象出版社，2007年。
［24］ 李伯谦：《新密新砦·前言》，文物出版社，2008年。
［25］ 中国社会科学院考古研究所二里头工作队：《河南偃师二里头早商宫殿遗址发掘简报》，《考古》1974年第4期。
［26］ 郑州市文物考古研究所：《郑州大师姑》，科学出版社，2004年。
［27］ 据郑州市文物考古研究院内部资料，2013年郑州市须水镇东赵遗址发掘，发现四座城址。小城属新砦期文化，中城属二里头文化，大城属二里冈文化，大城之内发现了二里冈文化时期的大型夯土建筑基址。另外还有东周时期的城址。
［28］ 郑州市文物考古研究院：《河南新郑望京楼二里岗文化城址东一城门发掘简报》，《文物》2012年第9期。
［29］ 邹衡：《试论夏文化》，《夏商周考古学论文集》，文物出版社，1980年；宋豫秦：《论杞县与郑州新发现的先商文化》，《中国商文化国际学术讨论会论文集》，中国大百科全书出版社，1998年。
［30］ 李维明：《郑州出土商代牛肋骨刻辞新读》，《中国文物报》2003年6月13日。
［31］ 河南省文化局文物工作队：《郑州二里冈》，科学出版社，1959年；河南省文物考古研究所：《郑州商城》，文物出版社，2001年。
［32］ 河南省文物考古研究所、郑州市文物考古研究所：《郑州商代铜器窖藏》，科学出版社，1999年；安金槐：《再论郑州商代青铜器窖藏坑的性质与年代》，《华夏考古》1997年第1期。
［33］ 邹衡：《郑州商城即汤都亳说》，《文物》1978年第2期。
［34］ 张国硕：《郑州商城研究》，《华夏帝都之源》，河南人民出版社，2012年。张国硕先生在两

都制基础上进一步提出主辅都制。
[35] 河南省文物考古研究所：《郑州小双桥遗址的调查与试掘》，《郑州商城考古新发现与研究》，中州古籍出版社，1993年；河南省文物考古研究所、郑州大学文博学院考古系等：《1995年郑州小双桥遗址的发掘》，《华夏考古》1996年第3期。
[36] 宋国定：《郑州小双桥遗址出土陶器上的朱书》，《文物》2003年第5期。
[37] 陈旭：《郑州小双桥商代遗址即隞都说》，《中原文物》1997年第2期。
[38] 杨贵金、张立东：《焦作市府城古城遗址调查报告》，《华夏考古》1994年第1期；袁广阔、秦小丽：《河南焦作府城遗址发掘报告》，《考古学报》2000年第4期。
[39] 河南省文物考古研究所：《辉县孟庄》，中州古籍出版社，2003年，第180～305页。
[40] 中国历史博物馆考古部、陕西省考古研究所、垣曲县博物馆：《垣曲商城》，科学出版社，1996年。
[41] 中国社会科学院考古研究所等：《夏县东下冯》，文物出版社，1988年。
[42] 中国社会科学院考古研究所：《中国考古学·夏商卷》，中国社会科学出版社，2003年，第231～234页。
[43] 何志虎：《“中国”称谓的起源》，《人文杂志》2002年第5期；王克林：《“中国”一名源河东的考古学考察》，《文物世界》2003年第4期。
[44] 任伟：《天地之中——嵩山地区的文明核心地位》，《中国文化遗产》2012年第2期。
[45] 严文明：《中国文明起源的探索》，《中原文物》1996年第1期。
[46] 唐兰：《西周青铜铭文分代史徵·命簋》，中华书局，1986年，第337页。

略论裴李岗文化“台地农业”

黄富成

裴李岗文化的分布以嵩山东麓河流台地及其周边地区为主，距今8000～7000 年，属新石器早期偏晚的阶段。聚落环境特征为山前河流台地、低丘或河湖阶地，其聚落生业的典型结构为“台地（低地或阶地）农业”。“台地农业”不仅是全新世大暖期地理气候条件与人类经济活动相互作用与影响的产物，也体现了人类从山地向平原过渡进发的阶段性生业环境特征，其中还蕴涵了早期人类社会为生存而发展起来的各种技术形式及原始社会组织结构，这对探讨中原地区文明肇端前夜的人类聚落形态及原始社会组织结构具有重要意义。

一、裴李岗文化“台地农业”是中原地区山地原始农业的延续和发展

农业的发生、发展与进步是人类社会一种有组织的经济活动，早期的农业活动与人类的栖息环境密切相关。近几十年来世界考古学的新发现证明，无论是西亚、东北非、东南欧，或者是美洲新大陆，农业的发生最早都在山地或高地边缘，而非在河流平原或三角洲地带[1]。裴李岗文化遗址出土的磨制石器（工具）、陶器、炭化谷物，尤其是半地穴式房基的大量出现，显示当时农业的发生与发展已有一定程度。定居、制陶和生产工具制造技术的发展说明农业的发展已脱离了山地农业发展的初始阶段，人类开始走出大山，向着山前台地、丘陵或河湖阶地、低地进发。遍布嵩山及其周边地区的裴李岗文化大多分布在发源于嵩山的各条河流及湖泊旁边的高地、台地或阶地上。如裴李岗遗址现处新郑市西北双洎河一河湾高岗上，高出地面3～4 米，高出河床约25米[2]；新郑唐户遗址处于溵水河与九龙河两河交汇处的夹角台地上，高出河床7～12米[3]；沙窝李遗址处于十八里河转弯处的最高台地上，高出河床20米左右[4]；密县莪沟北岗遗址处于洧水与绥水交汇处的三角形台地上，高出现河床约70米[5]；长葛石固遗址也是处于石梁河和小洪河的夹角台地上[6]。《中国文物地图集·河南分册》河南裴李岗文化遗址分布图表现出明显的分布规律，即遗址主要分布在发源于嵩山的各主要河流及其支流（主要在嵩山东麓如双洎河、颍河等）的台地、高地上。中原地区这种新石器早期文化遗址分布的地理特点与嵩山地区旧石器文化遗址分布的规律相一致，亦即早期人类的活动以山地为主，后沿山麓河流向外发展，体现了人类经济活动从山地向低丘、台地及平原进发的

阶段性特征。裴李岗文化台地农业的形成与发展集中表现了中原地区嵩山山地文化及嵩山文化圈[7]形成的地域特色。

现有资料证明，我国原始农业的发展独立起源于东亚大陆，形成了具有独立农业社会文化特色的文明体系。民族学材料、古史传说记载，尤其是考古学的新发现，证明了我国原始农业起源于山地[8]。以目前的统计材料看，在以嵩山为中心的山地及浅山丘陵地区，分布有织机洞等旧石器时代人类遗址百余处[9]，说明在旧石器时代这一地区人类活动频繁，山地农业的发展也很繁荣。原始农业的发展就其耕作技术方式的演变过程可分为：刀耕农业（刀耕火种）、锄耕农业（耜耕）、犁耕农业三个发展阶段。但农业的发展（尤其是定居农业）是以土地这一基础物质（环境）资源为基本条件的，它既是人类的栖息地，也是人们的生产物质。就目前公布的考古材料看，我国原始农业的发展过程依其生产地理的环境形态变迁形式可分为：山地农业、台地农业（低地、阶地农业）及平原农业三个发展阶段。裴李岗文化以典型的台地农业生业形态体现了其对早期人类山地原始农业的继承和发展。裴李岗文化处于新石器时代早期偏晚的阶段，其石器以磨制为主，尤以石磨盘、石磨棒、石铲、石斧、石镰、石刀等为特色。虽然目前中原地区反映旧、新石器时代之间过渡阶段（细石器）的文化遗址即新石器早期早段的文化遗址并不多见，但这并不阻碍裴李岗台地农业对山地农业继承与发展的承续关系：从栖息地看，从嵩山山地洞穴到山麓河流两岸的高地、台地，分布有一定的规律；从石器技术看，少量的打制细石器及大量的磨制石器并出，如在1978年裴李岗遗址的发掘及2007年唐户遗址发掘中，均出土少量的细石片和许多磨制精美的石器[10]，不仅显示渔猎采集经济与定居农业经济并存，且显示技术上的承袭关系；而半地穴式房基及以鼎、钵、壶、罐等为主的陶器的出现，显示定居农业和定居生活技术已有相当一段时间的发展历程，说明裴李岗台地农业从山地农业发展而来，形成了具有中原地区独立特色的区域经济与文化体系。

山地农业的发展以火耕、打制石器工具及游动采集狩猎等为特点，属旧石器农业。我国古史传说中的“烈山氏”（《左传·昭公》二十九年载晋国太史蔡墨云：“稷，田正也。有烈山氏之子曰柱，为稷，自夏以上祀之。”《国语·鲁语》亦云：“昔烈山氏之有天下也，其子曰柱，能殖百谷百蔬”），对于“烈山”的理解，有学者认为是放火烧山，“柱”则是挖穴点种的尖头木棒，这正是原始刀耕农业互相连接的两个主要工序，因此，关于烈山氏的传说实际上只是原始刀耕农业耕作方式的人格化[11]。“烈山氏”时代实行的是刀耕火种的农业形式，属旧石器山地农业。裴李岗台地农业侧重制造工具（磨制石器）、陶器及房屋，是山地农业的延续和发展，是人类从旧石器时代游猎采集摄取经济向新石器时代生产经济发展的关键阶段，也是人类从山地走向低地，发展定居技术进而向平原农业发展的重要过渡期，在考古学文化上属新石器早期阶段。台地农业的发展不仅体现了中原地区原始农业独立起源与承续发展的连贯性，而且为平原农业时期人类社会各种文明元素的诞生孕育了基本的土壤动力。但要弄清这些原因，还必须清楚裴李岗台地农业形成的人地关系条件，以及裴李岗台地农业聚落社会的生业结构形态。

二、裴李岗文化“台地农业”形成的环境与气候条件

裴李岗文化“台地农业”的形成与发展是人类经济活动和全新世大暖期气候相互影响与作用的结果。根据对新郑裴李岗、密县莪沟、长葛石固及舞阳贾湖（《舞阳贾湖》称之为“贾湖文化”）等几处裴李岗文化的^{14}C年代测定，约距今8000～7000年[12]，其活动时间延续达千年之久。这一时期正处于全球第四纪全新世大暖期中的初始阶段。以施雅风院士为首的课题组把距今8500～3000年作为全新世大暖期的起讫时段。其中距今8500～7200年第一阶段为不稳定的由暖变冷的温度波动期，其间气候特征是温度升降幅度大，冷暖与干湿气候交替。据敦德冰芯记录，在距今7800年前后及距今7300年前后出现了两次温度下降，北方地区的暗针叶林一度向平原扩展，黄河流域有三四百年的文化层变稀以至缺失。距今7200～6000年为大暖期中稳定的暖湿阶段，即大暖期的鼎盛阶段；孔昭宸等则以距今8500～7000年为波动升温期，并根据孢粉等资料分析，认为这一阶段华北地区气温高今2～3℃，降水至少多100毫米。而距今7000～6000年为大暖期中的稳定暖湿阶段，其间华北地区气温高，降水多，河网沼泽密布，华北地区泥炭及古土壤发育[13]，这一鼎盛阶段也正是我国仰韶文化发达与繁荣时期。

距今1万年之际末次冰期结束后，全新世开始。全新世大暖期的到来为裴李岗文化的发展奠定了基本的生业环境条件。由于气温升高，降水较多，人们开始走出山地穴居环境，到山前台地、河湖阶地寻找更宜居的生存环境。裴李岗文化“台地农业”的形成与发展首先是这一时期气候环境选择的结果，因此时期气温高，降水多，河湖池沼密布，支冲沟广泛发育，选择河湖旁的台阶高地，既使用水方便，又避水患之苦，是较为理想的生存环境。

裴李岗文化台地农业发展的另一基本条件就是定居农业发展所需的基础物质——土壤。嵩山山前河谷盆地、冲积平原及其周边的浅山丘陵地区处于黄土高原的东南边缘，地貌类型较复杂，土壤来源主要是更新世冰期时的风积黄土。依据环境考古学的研究成果，黄河中下游含褐红色埋藏土的全新世黄土，以发现较早且典型的礼村剖面所在地周原作为黄土高原东南边缘全新世地层名称，命名为周原黄土。其中第三层全新世中期周原黄土为褐红色埋藏土黏质粉砂土，时间距今8000～3000年。其下为全新世早期周原黄土，距今10000～8000年。依据对褐红色埋藏土的物理化学成分及孢粉、动物骨骼等分析，褐红色埋藏土形成的水热条件较为集中，其形成时期是栎等阔叶树明显增多的时期，是含亚热带植物山毛榉、凤尾蕨、水蕨等和含亚热带动物獐、竹鼠等的时期。通过颗粒分析，证明褐红色埋藏土富集黏粒，成壤作用较强[14]。全新世中期周原黄土褐红色埋藏土地质地层的早期与裴李岗文化层的年代相对应（如图一所示），这也说明裴李

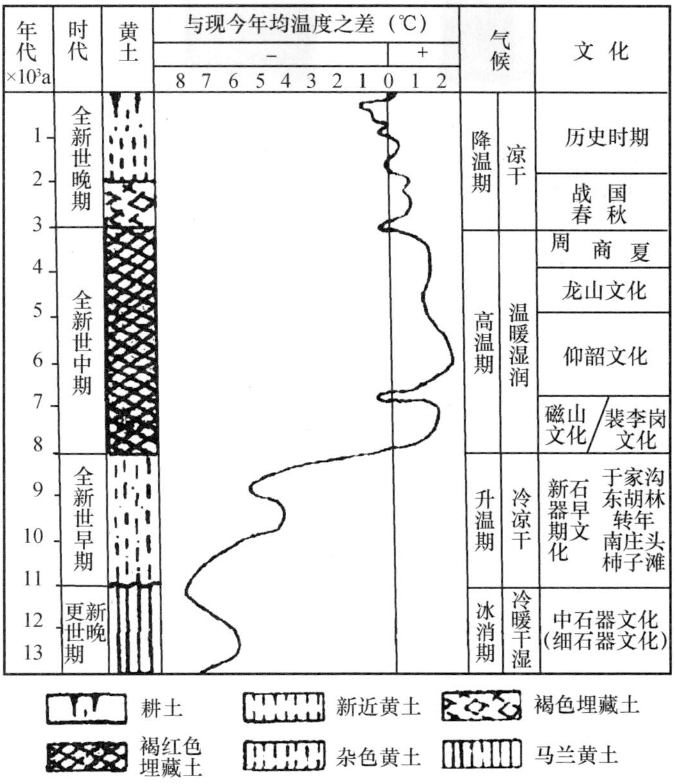

图一　黄土高原东南边缘第四纪晚期地层、气候、文化关系图
（据周昆叔《环境考古》，2007）

岗文化台地农业的发展与此时期黄土成壤的外部环境条件密切相关。

目前已发掘的几处裴李岗文化层，其土层为褐红色黏土或黄褐土，土层坚硬，其下为较为纯净的带斑黄土（杂色黄土）或纯净黄土（马兰黄土），有些黄土中含有较多的料姜石颗粒（碳酸钙结核），说明在裴李岗文化层以下的地层中，土壤的微结构较差，成壤程度弱。裴李岗文化层褐红色土壤结构为棱块状，含团粒结构，坚实，有些有钙结核。如贾湖古土壤棱柱状结构，干时较硬，含较多孔洞，具团粒结构，微结构呈厚层状黏粒胶膜[15]。唐户遗址褐红色黏土层土质坚硬，团粒结构紧密，黏性较大[16]。从物理性能上分析，土壤以质地可分为：砂土、壤土和黏土三大类。砂土土壤颗粒较粗，土壤疏松，黏结性小，通气较强，蓄水较差，易干旱，流失肥料；壤土质地均匀，通气透水，宜于农业种植；黏土土壤颗粒细、质地黏重，结构致密，湿时黏，干时硬，保水保肥能力强，透水透气性能差。土壤结构是评判土壤肥力的重要尺度，有微团粒结构、团粒结构及比团粒结构更大的各种结构。其中团粒结构是腐殖质把矿质土粒互相黏结成0.25～10毫米的小团块，具有泡水不散的水稳定性特点，是土壤中最好的结构。团粒结构的土壤能够统一协调水和空气之间的矛盾，便于土壤通气透水，有利于肥料的供应与储存，便于植物根系的深扎和呼吸。无结构及结构不良的土壤，土体坚实，通气透水性差，土壤肥力差，不利于植物根系的生长，土壤微生物和土壤动物的活动也受抑制，而这些动物在土壤形成及有机物分解中又起着重要作用。以此来看，裴李岗文化褐红色埋藏土属黏土土壤，虽具一定的团粒结构，但由于土质黏重，透水通气性差，不利于水、肥、空气之间的能量交换及土壤微生物活动，土壤肥力尚在形成中，自肥能力较差，这也符合全新世大暖期初始阶段土壤初步形成时期的特征。然而，就是在这土壤初具肥力的形成时期，裴李岗先民们开始从山地移居河谷台地，筑房定居，发展农业生产，开创了中原地区农业文明的先声。

三、裴李岗文化“台地农业”聚落生业结构形态

裴李岗文化台地农业聚落生业的构成主要有三方面：即采集狩猎、家畜饲养和作物种植。从出土工具类型来看，裴李岗文化遗址以石铲、石斧、石镰和磨盘磨棒为主，如裴李岗遗址1977、1978、1979年三次发掘出土完整磨制石器：石铲69件，石斧22件，石镰23件，磨盘57件，磨棒25件，另有少量石刀、石锤、石矛、石弹丸等打制石器；沙窝李遗址（1982年）出土磨盘磨棒4套，铲29件，斧14件，镰7件，凿6件，小石斧1件，锤1件，磨石6件，石料2件，打制石器11件；密县莪沟遗址出土磨制石器有：磨盘磨棒1套，铲15件，斧8件，镰1件，弹丸22件，砺石11件，打制石器有石核1件，石核石片1件，长刮削器1件，圆头刮削器1件。裴李岗文化农业生产工具以石铲、石斧和石镰为主，说明农业生产已经脱离了原始的刀耕火种阶段，其表现形态应属耜耕农业的早期阶段，依然残留有原始火耕的迹象。如石斧属砍伐类，有些形制还很大，裴李岗遗址1979年发掘出土的三件石斧体长均在13～15厘米[17]，其作用主要是砍倒开荒。从技术制造及施力角度看，石斧更适于作为砍伐及加工工具，作为翻土工具并不合适，说明当时农耕生产仍具火耕特性，山地原始砍倒烧荒的农耕方式仍在延续。石铲（耜）的大量出现说明裴李岗人的农业生产已进入土地大量翻耕的阶段，农业生产在量上有了新的突破。耜耕农业较之刀耕农业最大的变化是土地的利用效率大大提高，原始刀耕由于实行焚而不耕、点（穴）种或撒播，土肥易失，需年年易地种植，撂荒期长，人们的居住地不稳，因而文化层遗迹也较单薄[18]。锄耕农业的出现表明裴李岗人的农业生产有了较大提高，由于实行土壤翻耕，进入熟荒耕作阶段，即通过休闲来恢复土壤肥力，使得定居农业进一步发展，同时为家畜的驯化与饲养提供相应的经济作物饲料及栖息环境。

但以工具类型分析，裴李岗文化台地农业尚缺乏中耕管理的环节。考虑到裴李岗文化层土壤属黏土土壤，土质黏重，土壤仍在进一步发育过程中，肥力欠佳。因此裴李岗人实行的仍是砍倒烧荒，原始种植农业属粗放经营，没有中耕管理的环节及水、肥施用技术，广种薄收，属望天收。根据裴李岗遗址第二次出土少量的炭化谷物，据分析是粟。粟的野生种属为狗尾草，原产于中国，耐干旱与盐碱，根系吸收水分能力较强，而

籽芽生长所需水分较少，蒸腾系数小。粟广泛适应于中国北方的土壤气候条件，分布广泛，至裴李岗人时，野生粟已成功转变为栽培粟。可以想见，裴李岗人虽然农业种植的单位产量较低，但由于粟在中国北方黄土及干旱环境的适应性极强和广泛分布，裴李岗人通过大量的土地开发，种植农业的收获应有一定的量。在沙窝李遗址的第2层同样发现了粟的炭化颗粒[19]，这一共同的农业经济现象在稍晚的河北磁山遗址中也有具体反映，磁山遗址88个窖穴藏有粮食，其粉灰经灰像法鉴定为粟。裴李岗遗址中出土较多的磨盘磨棒加工工具及以鼎为主要文化形式代表的炊煮器具，也说明种植农业的发展已有一定的程度。当然，磨盘磨棒也兼具加工带壳类的其他采集产品。

裴李岗人另一重要的经济形态是家畜饲养。在裴李岗遗址中出土了猪、羊头骨及其牙齿，在沙窝李遗址中也出土了猪、鹿的骨骼。尤其是裴李岗遗址第二次发掘出土了陶塑猪、羊头像原始艺术品，充分显示出家畜饲养已成为人们日常生活中的普通经济现象。依据陶塑猪头形象分析，裴李岗人饲养的猪已脱离了野猪的原始形态，是一种向现代家猪形态过渡的家养动物，也表明这种野生动物驯化技术经过漫长的过程已达到成熟。如图二所示，野猪与驯化的家猪在体态、习性、结构和生理机能等方面有明显的区别。野猪因觅食掘果，经常拱土，嘴长而有力，犬齿发达，头部强大伸直，头长与体长之比例约为1∶3。现代家猪经过人工长期喂养，头部结构蜕化，明显缩短，犬齿退化，头长与体长之比约为1∶6。裴李岗遗址出土陶塑猪头形象是嘴短，脸廓突出，不见外露犬齿，在向现代家猪方向演进。

不过，采集狩猎经济在裴李岗人的生活中仍占一定比例，在裴李岗文化遗址出土遗物中有石刀、石弹丸、石矛、骨镞等工具器物，有鹿、獐、獾等野生动物遗骨，另有梅核、酸枣核、核桃核等果核，说明摄取经济仍占有相当重要的地位。如前所述，由于裴李岗文化正处于全新世大暖期的发展阶段，相当于今亚热带气候条件，水热条件充足，古河流与古湖泊发育广泛，支冲沟遍布，野生动植物产品丰硕，这为采集狩猎经济的发展提供了良好的环境。

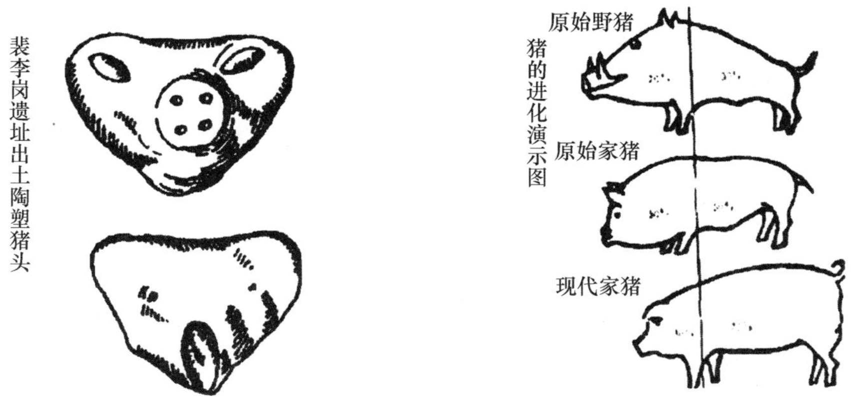

图二　裴李岗遗址出土陶塑猪头与猪的进化演示图

四、结　语

农业尤其是定居农业的发展是一种社会基础经济产业，它体现了社会组织的分工和组织结构的活动安排。即便是在原始聚落形态社会中，定居农业发展所需的种植、饲养、制陶、采集、狩猎及手工服饰等各种技术形式，通过随葬品的排列，不仅在一定程度上体现了男女性别分工的经济活动现象，而且初步显现了原始聚落的社会组织结构。根据对裴李岗和莪沟遗址出土完整人骨的墓葬进行鉴定，发现男性墓葬中普遍葬有陶器和生产工具，不见加工工具，而女性墓葬大多随葬磨盘磨棒等加工工具，这便体现了男女分工的一种经济活动规律。虽然这种经济活动的安排以目前材料看尚不足以判定原始聚落财产的公私属性[20]，但它体现了裴李岗文化台地农业以技术分工所体现的社会组织活动，农业生产活动的社会性与组织性得到体现。换言之，裴李岗文化在特定气候环境与地理地质条件下发展起来的台地农业已经孕育着原始农业制度的诸多文明元素，诸如阶层分工、劳动分配、劳动力与生产资源的控制、分配与消费的差异等均有所体现，这就为早期文明社会的诞生孕育着最基础的社会物质与精神元素。总之，裴李岗文化台地农业不仅体现了中原地区原始农业发展的阶段性特征，而且因其形成与发展过程中特殊的历史地理与气候条件形成的聚落形态和生业结构，为裴李岗文化台地农业向周边各地平原农业的发展准备了基本的过渡条件，这充分说明中原地区农业文明的起源、发展与传播是一脉相承的，构成了嵩山及其周边地区相对独立的、具有完整文化谱系的区域文明。

注　释

［1］　孔令平：《西亚农耕的起源》，《历史研究》1979年第6期。

［2］　开封地区文管会、新郑县文管会：《河南新郑裴李岗新石器时代遗址》，《考古》1978年第2期。

［3］［16］　郑州市文物考古研究院：《2006～2007年度唐户遗址裴李岗文化考古发掘情况报告》，《纪念裴李岗文化发现三十周年暨学术研讨会》会议（2007年9月河南新郑）资料。

［4］　中国社会科学院考古研究所河南一队：《河南新郑沙窝李新石器时代遗址》，《考古》1983年第12 期。

［5］　河南省博物馆、密县文化馆：《河南密县莪沟北岗新石器时代遗址》，《考古学集刊》第1集，中国社会科学出版社，1981年。

［6］［9］　河南省文物研究所：《长葛石固遗址发掘报告》，《华夏考古》1987年第1期。

［7］　张松林、张莉：《嵩山与嵩山文化圈》，《中原地区文明化进程学术研讨会文集》，科学出版社，2006年。

[8] 李根蟠、卢勋：《我国原始农业起源于山地考》，《农业考古》1981年第1期。

[10] 开封地区文管会等：《裴李岗遗址1978年发掘简报》，《考古》1979年第3期；及注[3]。

[11] 李根蟠：《试论我国原始农业的发生和发展》，《中国古代社会经济史论丛》（第一辑），山西人民出版社，1981年。

[12] 杨育彬、袁广阔主编：《20世纪河南考古发现与研究》，中州古籍出版社，1997年，第106页。

[13] 施雅风等：《中国全新世大暖期气候与环境的基本特征》；孔昭宸等：《中国北方全新世大暖期植物群的古气候波动》，具见施雅风主编：《中国全新世大暖期气候与环境》，海洋出版社，1992年。

[14] 周昆叔：《环境考古》，文物出版社，2007年，第105～107、119页。

[15] 河南省文物考古研究所：《舞阳贾湖》，科学出版社，1999年，第819页及彩版四四。

[17] 中国社科院考古所河南一队：《1979年裴李岗遗址发掘报告》，《考古》1984年第1期。

[18] 张芳、王思明主编：《中国农业科技史》，中国农业科技出版社，2001年，第34页。

[19] 《新郑沙窝李遗址发现碳化颗粒》，《农业考古》1984年第1期。

[20] 就目前公布的材料看，裴李岗文化遗址中公共墓地和聚落间尚缺少有机的联系，经用物品作为纪念品随葬在原始社会是一种普遍现象，裴李岗墓葬中家庭和私有财产的属性未有明显表现。目前，学者们多倾向于它是母系氏族的发达阶段，参见赵世纲：《关于裴李岗文化若干问题的探讨》（《华夏考古》1987年第2期）；许顺湛：《论裴李岗文化》（《河南文博通讯》1980年第1期）；杨肇清：《关于裴李岗·磁山文化的定名及其年代问题的探讨》（《华夏考古》1987年第1期）；朱延平：《裴李岗文化墓地初探》（《华夏考古》1987年第2期）等。

（原刊于《农业考古》2008年第4期）

新郑唐户遗址

信应君

图一　居住基址内排水系统

2006～2008年，经过近3年的考古发掘，终于在河南新郑唐户遗址发现了裴李岗文化时期的大面积居住基址（图一），房屋数量之多，目前居裴李岗文化发现之首，规划理念之先进，形制之独特，殊为罕见。随即入选为2007年度全国十大考古新发现。驻足溴水河畔，凭吊黄帝率兵出山的关隘渡口，细细品读眼前这座8000年前的繁华都市，它是那样遥远，又近在咫尺……

1. 农业学大寨中发现的神秘陶器和石器

唐户村南部原有一道西北—东南向的土岗，西至九龙河东岸，东接溟水河西岸，当地人俗称之“南岗”，往南溟水寨北也有一道东西向土岗，当地人称之为“北岗上”，西端抵河，东端至当地人所称的“城门口”，即“黄帝口”。因为两道土岗的存在，唐户村的土地高低起伏，沟壑交叉，给农业生产带来诸多不便。为改变这种状况，1975年冬天，唐户村农民在农业学大寨的活动中，掀起了平整土地的高潮。在村南岗地平整土地时，挖出一些石器和带彩绘的陶片等遗物。经河南省文化局文物工作队郝本性、李德保现场调查，确认该处是一处很重要的新石器时代遗址[1]，但对遗址的文化面貌并不是十分清楚。

1976年冬天，新郑县观音寺公社（今观音寺镇）集全公社之力，组织青年突击队在唐户村再次进行大规模的冬季平整土地运动，主要工作是将两道土岗挖平，填充到低洼之处。在这次大规模的土地平整过程中，挖出一些石铲、石镰、泥质红陶片和灰陶片等遗物。新郑县文化馆干部薛文灿立即将情况汇报给了开封地区文物管理委员会。开封地区文管会负责人崔耕对此事非常重视，立即组织人员在唐户进行调查和钻探。为配合平整土地，原开封地区文物管理委员会、新郑县文物管理委员会和郑州大学历史系考古专业联合在新郑县唐户村举办“亦工亦农文物考古训练班”，对遗址进行抢救性发掘。发掘工作是和农民平整土地同时进行的，因此只发掘了少数探方和一批两周墓葬，并采集了一批仰韶文化、龙山文化和夏商周文化的遗物[2]。

图二 遗址发掘现场

期间，唐户村民挖出的一套石磨盘和石磨棒，引起培训班师生的好奇和重视，于是探寻石磨盘的来历成为培训班的重要目标。经过几个月的努力，可见平整土地及培训班进行考古发掘所发现的文化遗物，是以仰韶文化、龙山文化为主的文化遗存，但最终还是没有揭开石磨盘的奥秘。培训班结束之后，关于石磨盘之谜的探寻一直萦绕在考古工作者的心头。唐户村也由此进入考古界人士的视野。

1977年4月，新郑县裴李岗村村民在平整土地过程中，也挖出了石磨盘。经河南省文化局批准后对裴李岗进行了考古发掘（图二）。正是这次发掘，使得对石磨盘来历的探寻有了突破性进展。此后，裴李岗遗址先后进行了三次发掘。随着裴李岗文化遗址发现数量的增多，以及其文化特征的独特性，最终以裴李岗文化命名。裴李岗文化的确认，成为20世纪中国最重要的考古发现之一[3]。

2. 考古学家对唐户遗址难以忘怀的情愫

在裴李岗村考古发掘工作取得重大进展过程中，考古学家们一直没有遗忘唐户遗址出土的石磨盘。几十年间，考古工作者一直都将探寻该遗址裴李岗文化性质作为重要课题予以高度关注，不断地探索与破解深埋于溟水河畔的这座地下遗存的未解之谜。

1978年秋天，中国社会科学院考古研究所河南一队站长郑乃武先生在对裴李岗遗址进行发掘的同时，对唐户遗址进行过一次调查；1982年春，中国社会科学院考古研究所河南一队，对唐户遗址又进行调查和试掘，重点解决裴李岗文化与仰韶文化的叠压关系问题，但是发掘结果并不理想，仅发现有裴李岗文化和龙山文化时期遗迹[4]。

2003～2004年，为配合“中华文明探源工程”预研究子课题——新密古城寨城址周围新石器时代聚落分布形态研究项目，河南省文物考古研究所蔡全法先生对唐户遗址从西、南两个方向沿溟水河四面扩展调查和试掘，发现裴李岗文化、仰韶文化及龙山文化早期遗迹，新发现了晚于龙山文化、又早于二里头一期的新砦期文化，并对该遗址历年来采集品（现收藏于新郑博物馆）84件（仰韶时期）进行了整理与修复。考古专家们初步认定唐户遗址“与传说时代黄帝氏族的重要中心聚落有关”[5]。

2004年南水北调中线工程河南段文物保护工作启动，在对渠线占压唐户遗址进行复核和试掘中，发现裴李岗文化时期灰坑5座，出土有泥质红陶壶、三足钵、夹砂红褐陶罐、陶碗等遗物。南水北调渠线的考古发掘工作，给我们提供了良好的机遇，几代考古人追寻的唐户遗址的许多不解之谜，有可能在这次考古工作中得到破解。

3. 南水北调揭示唐户遗址

唐户遗址处于溱水河与九龙河两河汇流处的夹角台地上，两条河流交汇之处，即是当地传说中黄帝率兵出山的关隘渡口，即“黄帝口”。它南依陉山，北傍溱水，与长葛搭界，自古是新郑县南有名的商贾会集之地。2006年4月27日，我们第一次踏进唐户村，亲身感受唐户遗址风雨沧桑数千载的厚重文明，大自然的鬼斧神工和始祖黄帝庇佑，不仅造就了唐户的秀丽景色，而且给后人留下了极其丰富的文化宝藏。从村内向南眺望，以前高低起伏、沟壑交叉的地貌已然不见，映入眼帘的是一望无垠的麦田，微风拂过，正在抽穗的小麦散发着淡淡的清香。对唐户遗址的再次调查和发掘工作由此拉开帷幕。

我们首先对遗址进行了全面深入的调查和勘探，在溱水河及九龙河河岸断崖地层剖面中发现分布范围较广的湖相沉积层，并发现旧石器地点4处，采集了部分石制品。在系统调查的基础上，基本弄清了各时期文化遗存堆积的分布情况。唐户村南偏西侧是裴李岗文化堆积，面积达30万平方米；到仰韶文化时期将部分裴李岗文化遗址叠压覆盖，聚落中心向南扩展，文化层厚约3米；龙山文化时期，聚落中心再次南移，一直延伸拓展到遗址的南部，文化层厚2～4米；到龙山文化晚期以后的新砦期，则更向南，直抵九龙河与溱水河的交汇处。此后的二里头文化及商周文化层叠压或打破仰韶文化及龙山文化层。最终确认遗址面积达140余万平方米，是一处跨时代的聚落群址，文化堆积丰富，包含有裴李岗文化、仰韶文化、龙山文化、二里头文化及商周文化。

2006年6月至2008年12月，我们对唐户遗址进行了连续的大规模发掘，发掘面积近1万平方米，发现有裴李岗文化、龙山文化、汉代、宋元、清代等时期的文化遗存。共清理各类遗迹368个，其中房址65座、灰坑241个、灰沟13条、墓葬48座、道路1条。重大收获是发现了大面积的裴李岗文化时期居住基址，发现裴李岗文化时期房址65座，灰坑或窖穴206个，墓葬2座，沟5条。出土遗物有陶器、石器和骨器等生活用具和生产工具[6]。

该遗址新发现的裴李岗文化房址，均为半地穴式，平面有椭圆形、圆形、圆角长方形和不规则形。门道方向有西南向、南向和东南向三种，大多朝向地势较低的一面。房子以单间为主，也有少量双间的。房内居住面和墙壁均经过处理。按结构形式大致可分为三种类型。

第一类，斜坡式门道单间式，包括单、双门道两种形制。单门道房址平面呈椭圆形，坑壁斜弧收，圜底，房外有柱洞；双门道房址，如F22，平面近圆形，门道位于南部稍偏西处，两门道相隔约0.5米，坑壁斜收，内部较平坦，房子中部有一圆形坑，直径约0.36米；应为房屋内部的承重柱洞。

第二类，阶梯式门道单间式，如F21，平面近圆形，门道位于东南部，平面呈不规则长方形，坑壁斜弧收，圜底，底部居住面由纯净黄土铺垫而成，房外有柱洞（图三）。

第三类，斜坡式门道双间式，如F3，系二次扩建形成，由门道、东室、西室三部分

图三　F21出土的部分陶器

组成，门道为西南向，房屋分东、西两间，东间平面呈椭圆形，坑壁斜弧收，圜底；西间平面近圆形，坑壁竖直，平底，东、西房屋之间以过道相通。东室居住面分上、下两层。南半部发现有大块红烧土块和经过焙烧的长条状红烧土台，应为灶的残存遗迹。西室出土较多夹砂和泥质红陶片，器形有陶鼎、陶壶、陶三足钵、陶罐等。

4. 唐户遗址埋藏了众多奥秘

唐户遗址隐隐昭示着人类不断前行的秘密，暗示着人类的未来。它时时昭示我们不断研究、探索，去解开一个又一个奥秘。

研究表明，裴李岗文化时期房址布局有明显的分布规律，整个聚落可分为四个居住区，居址中心有排水系统，部分房址具有环壕和向心式布局的特征，这种布局方式为仰韶时代半坡、姜寨等遗址的内向凝聚式布局找到了源头。

利用自然壕沟走向，将房址成排地建造在沟旁阶地上。经勘探和发掘，发现一条呈东南—西北向、向西呈环状与九龙河相接的自然壕沟。在Ⅲ区东北部壕沟（G11）内侧阶地上分布着22座房址，这些房址在选址方面有意识地将居住基址定在沟旁阶地上，房屋依沟的自然走向布局，一方面便于生活用水、排水及废弃物的处置，另一方面也起到了防御野兽侵扰的屏障作用。

中心居住区以一座大房子为中，周围有数个小房子环绕，形成内向凝聚式布局。发掘区Ⅳ区共发现34座房址，分为南北两组。北面一组有房址18座，以面积最大、方向呈南北向的F46为中心，其外围的房址呈环状分布于F46的前方，具有内向凝聚式布局和前排防卫的性质。南面一组共有房址16座，该组房址以面积最大的F42为中心，周围的房址门向朝向F42，基本具有以F42为中心内向布局的特征。

居址内建造排水系统，说明唐户人懂得利用自然地势绕房排水。中心居址内G13由三条支流依地势由北向南延伸，汇流后向西南地势低洼处流出，虽然与灰坑之间存在打破现象，但其流经区域均从房址外围穿过，推测应为居住基址内的排水系统。排水沟的发现，表明当时的人们已充分考虑到人地关系，懂得利用自然地势来建造排水设施，保持居住区的干爽，也反映了当时人们先进的建筑构思。

石器作坊的发现，表明当时的居址已出现功能的分化。发掘发现F26、F39等房址内的地面均不平整，中部凹陷较深，在地面上发现有呈扇面分布、打磨掉的碎小石块，特别是F39内发现的一件细石器石核，具有明显的打击加工痕迹。散碎的石块极有可能是加工石制品的残余物。这说明这些房屋不仅具备居住功能，而且已经作为生产工具的加工场所。

唐户遗址裴李岗文化时期大面积居住基址的发现进一步丰富了郑州地区裴李岗文化的内涵，居住基址分区、分片布局，从社会学角度为探讨以血缘为纽带的社会家庭组织的出现提供了重要资料。这对深入研究新石器时代裴李岗文化的聚落形态，房屋建筑方式，家庭、社会组织等具有非常重大的学术价值。

注　释

[1] 崔耕：《回忆裴李岗文化遗址的发现与发掘》，《河南文史资料》2004年（第3辑）。

[2] 《河南省新郑县唐户两周墓葬发掘简报》，《文物资料丛刊》（第2辑），文物出版社，1978年。

[3] 薛文灿：《裴李岗遗址的发现与发掘纪实》，《华夏源》2007年第3期；开封土区文管会、新郑县文管会：《河南新郑裴李岗新石器时代遗址》，《考古》1978年第2期；开封地区文物管理委员会、新郑县文物管理委员会、郑州大学历史系考古专业：《裴李岗遗址一九七八年发掘简报》，《考古》1979年第3期；中国社会科学院考古所河南一队：《979年裴李岗遗址发掘报告》，《考古学报》1984年第1期。

[4] 中国社会科学院考古研究所河南一队：《河南新郑唐户新石器时代遗址试掘简报》，《考古》1984年第3期。

[5] 河南省文物考古研究所，新郑市文物事业管理局：《新郑唐户新石器时代遗址调查》，《中原文物》2005年第5期。

[6] 张松林、信应君、胡亚毅：《新郑唐户遗址发现裴李岗文化大面积居址》，《中国文物报》2007年7月13日；河南省文物管理局南水北调文物保护办公室、郑州市文物考古研究院：《河南新郑市唐户遗址裴李岗文化遗存发掘简报》，《考古》2008年第5期；郑州市文物考古研究院、河南省文物管理局南水北调文物保护办公室：《河南新郑市唐户遗址裴李岗文化遗存2007年发掘简报》，《考古》2010年第5期。

（原刊于《古都郑州》2012年第2期）

河南新郑唐户遗址考古发掘亲历记

信应君

唐户遗址是第六批全国重点文物保护单位，位于河南省新郑市西南13千米处观音寺镇唐户村的南部和西部——溴水河与九龙河（又称石洞寺河）交汇的夹角台地上，历代相传又称该地为“黄帝口”。遗址三面环水，地势北高南低，高出河床12～13米。

一

唐户遗址考古工作始于20世纪70年代。1975年冬，新郑县（今新郑市）观音寺公社（今观音寺镇）唐户村村民在村南岗地平整土地时，挖出一些石器和陶器，新郑县文化馆薛文灿和河南省文化局文物工作队郝本性、李德保等人经现场调查，确认该遗址是一处很重要的新石器时代遗址。

1976年春，河南省文化局文物工作队对唐户遗址进行调查、钻探，发现了大量新石器时代陶片，清理春秋墓葬3座，出土有青铜盘、鬲等遗物，证实该遗址包含新石器时代、商代、两周等时期的文化遗存。

1976年12月，为配合平整土地，原开封地区文物管理委员会、新郑县文物管理委员会和郑州大学在唐户联合举办了文物考古短训班，发掘了少数探方和一批两周墓葬，并采集了一批仰韶文化、龙山文化和夏商周文化遗物。

1978年秋，中国社会科学院考古研究所河南一队对唐户遗址进行调查，1982年春又对该遗址进行了调查和试掘，试掘面积66平方米，发现有裴李岗文化和龙山文化早期遗迹。

2003～2004年，河南省文物考古研究所、新郑市文物管理局为配合“中华文明探源工程”预研究子课题——新密古城寨城址周围新石器时代聚落分布形态研究项目，再次对唐户遗址进行了系统调查，新发现了晚于龙山文化、早于二里头文化一期的新砦期文化，将遗址面积核定为54万平方米。

2004年8～9月，郑州市文物考古研究院对南水北调中线干渠工程进行文物复查，在唐户村西部新发现裴李岗文化遗存，试掘了2米×10米探沟1条，发现裴李岗文化时期遗迹和遗物，新增遗址面积30万平方米。

二

由于南水北调中线干渠工程从唐户遗址西部新发现的裴李岗文化遗存区域穿过（占压遗址面积10万平方米），2006年4月，河南省文物管理局南水北调文物保护办公室与郑州市文物考古研究院签署了唐户遗址考古发掘协议书，并下达考古发掘面积4000平方米的任务。根据河南省文物管理局南水北调文物保护办公室的统一布置，郑州市文物考古研究院组建了以院长张松林（研究员）为项目领队，笔者为执行领队，胡亚毅、张自强、闫付海、王广才、梁艳娟、郭相坤、董许峰等为队员的唐户遗址考古工作队。

该发掘项目开始前，张松林院长即提出课题计划和项目目标，要求我们带着课题意识，将该次发掘当做裴李岗文化研究的一个新线索深入进去，严格按照田野考古工作规程，争取有所突破。

开工之初，张院长首先要求我们要把该遗址放入整个新石器早期文化的大背景下进行考察。为此，他专门组织队员对裴李岗文化、老官台文化、磁山文化、大地湾文化等文化遗存的材料进行收集、整合，以做到心中有数。其次，要求我们对遗址进行全面深入的复查和勘探，以了解整个遗址区的地形地貌和文化遗存分布状况。为此，2006年4～6月，考古队再次对唐户遗址周边地理环境进行全面调查，在溱水河及九龙河河岸断崖地层剖面中发现了分布范围较广的湖相沉积层，并发现旧石器地点4处，采集了部分石制品。

在系统调查的基础上，我们基本弄清了各时期文化遗存的分布情况：唐户村南部偏西是裴李岗文化堆积，文化层厚约2米，面积达30万平方米；到仰韶文化时期，其遗址将部分裴李岗文化遗址叠压，聚落中心向南扩展，文化层厚约3米；龙山文化时期，聚落中心又再次南移，一直延伸拓展到遗址的南部，文化层厚2～4米；龙山文化晚期以后的新砦期，则更向南，直抵九龙河与溱水河的交汇处；此后的二里头文化层及商周文化层叠压或打破仰韶文化层及龙山文化层，最终确认遗址面积达140余万平方米，使遗址总面积一下子扩大了近2倍，成为全国面积最大的裴李岗文化遗存。在此基础上，我们对遗址的地形地貌进行测绘，绘制了唐户遗址测绘平面图。这些前期工作，对于唐户遗址的科学布方、规范化发掘具有重要作用。

三

2006年6月10日，唐户遗址考古工作队开始对南水北调中线干渠渠道占压遗址部分进行正式发掘。发掘区按象限分为4个区。发掘工作自南向北，首先由Ⅲ区西南部紧临九龙河的河东岸、北岸开始。至8月20日，发掘面积已达1900平方米。出乎意料的是，除Ⅲ区T1012、T1013、T1112、T1113探方内发现了裴李岗文化层外（发现5个灰坑、1处冲积淤积层），其余探方均为晚期遗存，主要是唐、宋、明、清时期的灰坑和墓葬，这和试掘结果有很大出入。

鉴于这种情况，领队及时提出以跳跃式发掘寻找渠道占压区内重要遗存的思路，即在统一布方的基础上，有目的地在重要地点选择布方，以发现重要线索，寻求突破。为此，我们在2004年的试掘区域即Ⅲ区西北部布探方一个（编号T1504），另在其附近新开探方500平方米，发掘工作到9月底相继结束。这批探方揭露面积共达2380平方米，发现裴李岗文化时期房址2座、灰坑16座。令人欣喜的是，在T1504探方发现2座裴李岗文化时期房址，为探寻居住基址提供了线索；另外在Ⅲ区西南部T1012、T1013、T1112、T1113探方内发现了裴李岗文化冲积淤积层被裴李岗文化层叠压的现象，为唐户遗址裴李岗文化的分期提供了地层依据，同时又为研究裴李岗文化时期气候环境的变化提供了信息。但是，此时南水北调办给我们下达的发掘任务已经过半，怎么寻找突破口，继续开展工作，一时竟成为我们考古队迈不过去的坎（图一～图五）。

图一 专家领导视察

2007年9月5日，国家文物局副局长童明康（前左二）在河南省文物管理局局长陈爱兰（前左一）、副局长孙英民（前右二）陪同下视察唐户遗址，张松林院长（前右一）在现场陪同

图二 专家领导视察

2007年5月19日，国家文物局专家组组长黄景略先生（右三）视察唐户遗址，张松林院长（右二）、信应君（左一）在现场陪同

图三　房址F21内出土的部分器物

图四　唐户遗址发掘现场

图五　房址F3

10月3日，领队张松林院长在工地召开队员会议，提出要转变工作思路，带着课题意识进行创造性工作，实行点面结合，以点带面，继续扩大成果。为此，考古队采取多个地点试掘的方法，在Ⅱ区西部和东南部两个区域新布探方11个，在Ⅲ区东北部新布探方6个。

10月11日，Ⅲ区探方T0403东南部第3层下出现两个东西相连的灰坑，东部灰坑近椭圆形，西部灰坑呈圆形，东部灰坑尚有一部分压于东隔梁下。负责该探方的胡亚毅是一位非常能吃苦、对工作认真负责的女同志。她观察到这些迹象后，并没有忙于清理，而是立即将这一情况告诉了我。我们对这两处遗迹进一步刮面，在东面坑的外围发现了6个圆形柱洞。根据这些迹象初步推断，此遗迹极有可能是一座多间式房址。由于当时整体情况并不明了，我们决定将东隔梁打掉，经清理分析，确认该遗迹是一座双间式房址，房址编号F3，T0303西南部原编号H20的灰坑应为房址的一部分。房址由斜坡式门道、东室、西室三部分组成，东、西二室间有过道相通，东室居住面分上、下两层；房址南半部发现有大块红烧土块和经过焙烧的长条状红烧土台，应为灶的残存遗迹；西室出土较多夹砂和泥质红陶片，器形有鼎、壶、三足钵、罐等。10月14日，房址F3发掘结束。我们将这一发现向领队张松林院长作了详细汇报。张院长指出要以此为突破口，扩大发掘面积，争取有更多新的发现。

随着发掘工作的继续，在F3北部相继发现F4、F5两座房址，在Ⅱ区东南部发现了F6、F7两座房址，灰坑的数量也越来越多。随着遗迹的发现一天比一天多，我们的工作热情也一天比一天高涨。到12月底，共发现裴李岗文化时期房址22座（其中2座原来定为灰坑，后经分析确认为房址）、灰坑38个。随着相关迹象的不断出现，我们观察到Ⅲ区东北部发现的14座房址分布相对集中，主要分布于Ⅲ区东北部壕沟（C11）内侧阶地上。该组房址在选址方面，有意识地将居住基址定在沟旁阶地上，房屋依沟（C11）的自然走向布局，一方面便于生活用水、排水及废弃物的处置，另一方面也起到了防御野兽侵扰的屏障作用。

2006年的冬季似乎特别寒冷漫长，气温一天比一天低，冻层一天比一天厚，已清理出的房址随时都有可能上冻损坏，发掘工作也因冰冻而难度越来越大，但发掘现场缺少防冻设施。12月3日吃过午饭后，胡亚毅、王广才、闫付海和我一起到工地周围河岸踏看，放眼望去，一米多深的茅草在寒风中摇曳，王广才对我会意一笑，说："老信，工地上的防冻问题有解决办法了。"一回驻地，我们立即组织人员割茅草，编织草垫子。就这样，我们用土办法解决了工地的防冻问题，既有效地保护了遗迹，又保证了发掘工作的顺利进行。

2007年1月11日至13日，我们对Ⅲ区东南端、Ⅳ区西南端进行文物勘探，发现这里的灰褐色土分布范围较广，包含物较为丰富，遂决定在此布4个探方进行发掘。1月19日，胡亚毅负责的ⅢT0113探方东北部发现一椭圆形坑，铲刮平面后，通过土色分析把坑内堆积分为4层，外围分布有直径不等的8个柱洞，经分析确认为一座房址，编号F21。20日，我们开始对F21进行清理，清理工作采用二分之一解剖法，自上而下逐层清理，每层均采集浮选和孢粉土样。清理到第四层，表面暴露出丰富的红褐陶片，我们将这些遗物原地保留，接着清理另一半堆积。到1月26日，坑内遗物全部清理完毕，我们对这些遗物进行录像、拍照、绘图，然后按个体逐件起取。F21内出土的遗物共修复起来8件完整器物，另外还有20余件无法修复，器形有鼎、壶、三足钵、罐、豆、钵等。这是我们自发掘以来出土裴李岗文化时期遗物最多的一个遗迹单位。我当时跟胡亚毅开玩笑说：你真是唐户遗址考古队的福星，重要的遗迹现象都被你发现了，将来十大考古新发现就靠你了。谁知这句玩笑话后来竟真的实现了。

四

2007年春节过后，在遗址的Ⅱ区及Ⅲ区，除东北部个别探方仍在清理外，大部分已结束发掘。此时，发掘面积已达4380平方米，特别是发现了20多座裴李岗文化时期房址后，我们在思想上有些沾沾自喜，认为发掘出这么多房址，河南省文物管理局南水北调文物保护办公室下达的4000平方米发掘面积也已完成，可以放松一下了。领队张松林院长看到我们的这种思想状况，及时指出唐户遗址的考古发掘要有重大学术突破意识，要求大家抓住机遇，扩大发掘面积，应用多学科研究方法，提高田野发掘质量，进一步提出必须获得国家文物局田野考古质量奖，入围2007年度全国十大考古新发现。

领队提出唐户遗址必须入围2007年度全国十大考古新发现，一开始我们工作人员信心并不是很足。全国每年有几百项考古发掘项目，有那么多实力雄厚的科研机构，我们一个地市级考古研究单位实在无法与它们相比；加之当时唐户仅发现20多座裴李岗文化时期的房址，没有发现墓葬区，出土遗物较少，可以吸引眼球的东西太少，要入围全国十大考古新发现，实非易事。因此，在签订年度工作目标时，我把“必须”入围全国十大考古新发现改为“争取”入围。

张院长看到这些情况后，多次找我谈话，指出我们单位经过这么多年的发展，学术积淀和科研水平都有了很大的进步，要成为有实力的科研机构，就必须在学术上有重大突破。唐户遗址裴李岗文化时期居住基址的发现，是近年来新石器时代早期考古的一大突破，对新石器时代早期聚落形态研究具有重大学术价值，因此要树立信心，自我加压，争取更大的成绩。从张院长的话中，我明白了一个道理，那就是挑战性的目标是自我激励的来源，难度大的目标会比容易的目标获得更多的绩效。由于思想认识的提高，思考问题和解决问题的角度和方法也有了变化。考古队按照入围全国十大考古新发现的目标，调整工作思路，对发掘区进行了进一步的钻探，在Ⅳ区西南部新开探方1000平方米，进行重点发掘。

2007年3～5月，是唐户遗址考古发掘取得重大突破的阶段。5月底，已揭露裴李岗文化遗存面积4000多平方米，发现了唐户遗址裴李岗文化时期中心居住区，清理裴李岗文化时期的房址达到47座、灰坑166个、沟3条、居住基址内排水系统1条、壕沟1条、墓葬1座，出土了一批重要遗物。唐户遗址考古发掘的重大发现，引起了国家文物局和河南省文物局南水北调文物保护办公室的高度重视。国家文物局童明康副局长，河南省文物管理局陈爱兰局长，国家文物局专家组组长黄景略先生和专家组成员张忠培先生、徐光冀先生，北京大学考古文博学院严文明先生、李伯谦先生等先后到唐户遗址考古工地视察指导，对唐户遗址考古发现的价值给予高度评价，使唐户遗址考古发掘工作得以科学有序地进行。

在发掘过程中，我们引入多学科考古的研究方法，对房址、灰坑等不同遗迹单位的填土进行筛选和浮选，在地层剖面采集孢子花粉、植物硅酸体、同位素等土样标本，并进行了地貌、地质和环境考古学研究，尽可能完整地获取各种信息资料，为深入探讨唐户遗址裴李岗文化的内涵提供了材料。

随着发掘面积的不断扩大，发现的房址和灰坑等各种遗迹越来越多，居住基址按照一定规律布局的特征越加明显。发掘期间，中央电视台、河南卫视、《郑州日报》《郑州晚报》等媒体连续对唐户遗址重大考古发现进行了报道，第三次全国文物普查培训班学员到唐户遗址发掘工地参观学习，参加“纪念裴李岗文化发现三十周年学术研讨会”的领导和专家学者70多人到唐户遗址考古工地进行了考察参观。

截至2007年12月，遗址发掘面积达8000平方米，其中裴李岗文化遗存面积5900平方米，发现裴李岗文化时期房址63座、灰坑204个、沟5条（其中居住基址内排水设施1条、壕沟1条）、墓葬2座，出土了一批重要的文化遗物。

唐户遗址考古发掘取得重要收获以后，张院长综合整个裴李岗文化研究的状况，提出要从以下几点进行认识，使考古发掘和研究再上新台阶。①裴李岗文化遗存面积30万平方米，是迄今为止我国发现的面积最大的裴李岗文化遗址，属于嵩山地区裴李岗文化一级聚落遗址。②数量众多的房址及湖相沉积层的发现，说明当时人们在居住基址的选择上已考虑到人地关系、人与自然环境的关系。③发现裴李岗文化时期房址63座，是目前我国发现的裴李岗文化时期房址最多的一处遗址，从其布局来看，可分为5个相对集中的居住区，为研究当时的聚落形态和社会组织结构提供了新材料。④居住基址具有向心式和环壕布局的特征，这些布局形制为仰韶时代半坡、姜寨等遗址的内向凝聚式环壕布局找到了源头。⑤在溟水河与九龙河河岸断崖地层内的旧石器遗址及裴李岗文化层中，发现了石核、石片等遗物，为进一步探讨旧石器时代晚期向新石器时代早期文化的过渡提供了新材料。

唐户遗址裴李岗文化遗存的独特性，是中原地区其他裴李岗文化遗存所不具备的。唐户遗址裴李岗文化时期房址的发现，进一步丰富了嵩山地区裴李岗文化的内涵，对深入研究新石器时代早期裴李岗文化的聚落形态、房屋建筑方式、家庭、社会组织及裴李岗文化的性质、分期等具有非常重要的学术意义。此次考古发掘获2006～2007年度国家文物局田野考古质量三等奖，被评为2007年全国十大考古新发现之一。

唐户遗址入选全国十大考古新发现，是各级领导高度重视的结果。唐户遗址田野考古发掘期间，自始至终得到国家文物局、河南省文物管理局、河南省文物管理局南水北调文物保护办公室、郑州市文化（文物）管理局等各级领导部门的关心和支持，得到中共新郑市委、市政府及新郑市文物管理局、唐户村村委会和村民的大力支持，同时，国内众多知名专家学者多次莅临考古工地检查、指导工作，使得唐户遗址考古发掘工作得以科学地进行，我们在此表示衷心感谢。

（原刊于《河南文史资料》2011年第1辑）

河南新郑唐户遗址裴李岗文化聚落考古新发现与初步认识

信应君

一、唐户遗址的发现与确立

唐户遗址位于河南省新郑市观音寺镇唐户村西部和南部，地处溴水河与九龙河两河汇流处的夹角台地上。溴水河从遗址东部自北向南、九龙河从遗址西部自西北向东南环绕流过，在遗址南部约1千米处交汇后继续东南流，注入颍河。遗址东、西、南三面环水，地势北高南低，台地高出河床7～12米，海拔123～126米（图一）。

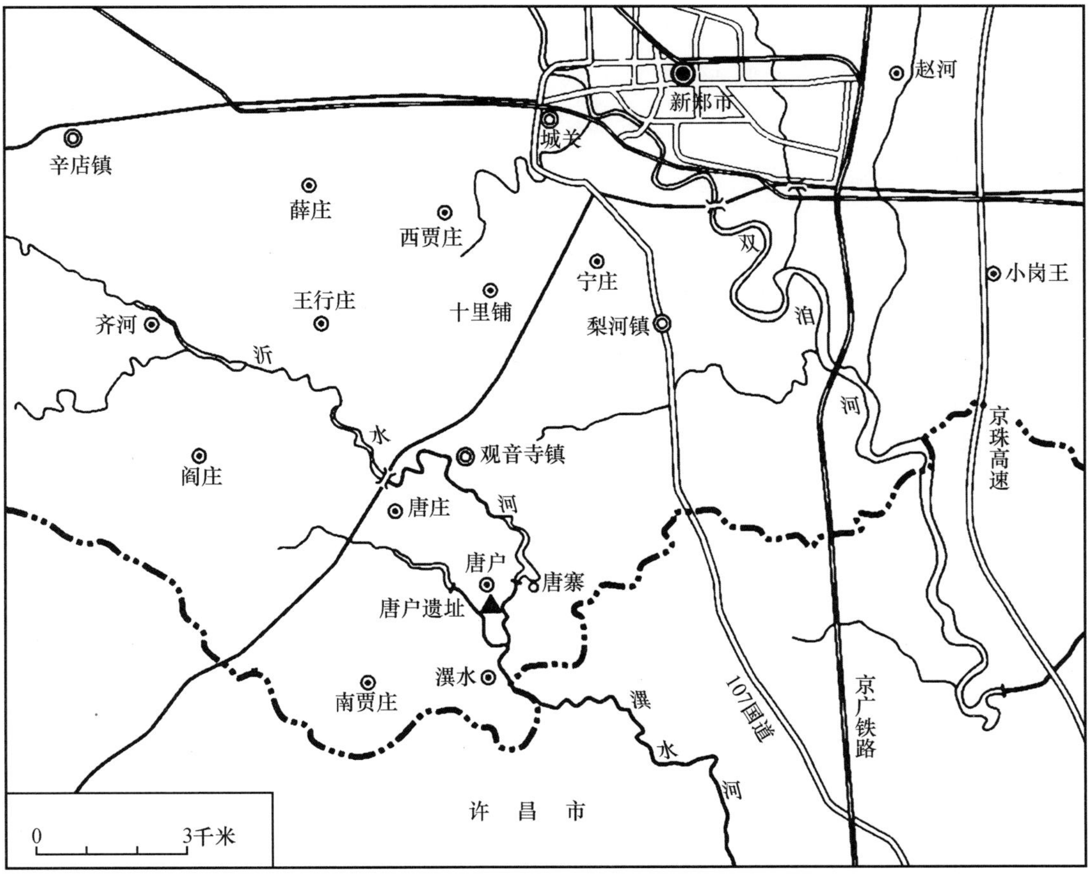

图一　唐户遗址位置图

唐户遗址发现于20世纪70年代。遗址原为高低起伏的岗地，当地人称之为“南岗”，历代相传称该地为“黄帝口”。1976年9月至1977年元月，当地村民平整土地时发现了石磨盘、石磨棒及一些房址、灰坑等遗迹。为配合该村的土地平整，原开封地区文物管理委员会、郑州大学和新郑县文物管理委员会在唐户联合举办了一次文物培训班，发掘了少数探方和一批两周墓葬，并采集了一些仰韶文化、龙山文化和夏、商、周文化遗物。1978年，中国社会科学院考古研究所对唐户遗址进行过一次调查。1982年春，又进行了一次调查和试掘，试掘面积66平方米，发现有裴李岗文化及龙山文化早期遗迹，确认该遗址是一处跨时代的聚落群址，文化堆积丰富，包含有裴李岗文化、仰韶文化、龙山文化、二里头文化及商、周文化[1]。

2003～2004年，河南省文物考古研究所、新郑市文物事业管理局对唐户遗址再次进行调查，将遗址面积核定为54万平方米，新发现了晚于龙山文化又早于二里头一期文化的新砦期文化[2]。

二、唐户遗址考古新发现

2006年4～5月，郑州市文物考古研究院为开展郑州地区旧石器时代文化遗址课题，再次对唐户遗址进行全面调查，在唐户村东部溟水河东岸及溟水寨北部九龙河南北两岸新发现旧石器时代遗址4处。将遗址面积核实为140余万平方米。调查确认唐户村西部是裴李岗文化遗址，面积逾20万平方米，仰韶文化时期，聚落中心向南扩展，西南部将裴李岗文化覆盖一部分，面积增加，超过40万平方米。龙山文化时期，聚落中心再次南移，一直延伸拓展到遗址南部、溟水寨北岗上。到龙山文化晚期以后的新砦期，则更向南，直抵溟水河与九龙河的交汇处。此后的二里头及商、周文化三代遗存多经交叠，始终连绵不断，成为规模较大、年代久远且地位重要的大型聚落群址[3]。

2006年6月至2008年12月，为配合南水北调中线干渠文物保护工作，郑州市文物考古研究院对唐户遗址进行了连续的大规模发掘。发掘区集中于遗址西部南水北调渠线范围内，发掘面积近1万平方米，发现有裴李岗、龙山、汉、宋、元、清等时期的文化遗存。共清理各类遗迹368个，其中房址65座、灰坑241个、灰沟13条、墓葬48座、道路1条。重大收获是发现了大面积的裴李岗文化时期居住基址，发现裴李岗文化时期房址65座、灰坑或窖穴206个、墓葬2座、灰沟5条。房址多为半地穴式建筑，平面形状呈椭圆形、圆形、不规则形和圆角长方形（图二）。灰坑或窖穴多为圆形或椭圆形，墓葬为长方形竖穴土坑墓。出土遗物有陶器、石器及骨器等（图三）。

三、裴李岗文化时期聚落基址的布局与分期

唐户遗址共发现裴李岗文化时期房址65座，是目前我国发现的裴李岗文化时期房址最多的一处遗址，灰坑或窖穴206个，多分布在房址周围。从其布局来看，可分为5个相

图二　唐户遗址F22房址（南—北）

图三　唐户遗址F21房址出土的部分陶器

对集中的区域（图四）。

第一区：位于第Ⅲ发掘区的西南部，九龙河在此转向东南流。该区面积约400平方米，发现灰坑（窖穴）7个，冲沟1条。

第二区：位于第Ⅲ发掘区的西北部，发现房址2座（F1、F2）。因其西侧紧邻九龙河，推测其西部遗迹可能被河道冲刷破坏。

第三区：位于第Ⅱ发掘区的东南部及东部，发现房址6座（F6、F7，F15～F18），灰坑（窖穴）38个、沟1条（G10）。

第四区：位于第Ⅲ发掘区的东北部和第Ⅳ发掘区的西北部，与第Ⅱ发掘区的东南部相连，略呈带状环绕分布于壕沟（G11）内侧的阶地上。本组房址共计23座，灰坑（窖穴）22个，壕沟1条（G11）。该区房址和灰坑分布在G11的内侧阶地上。

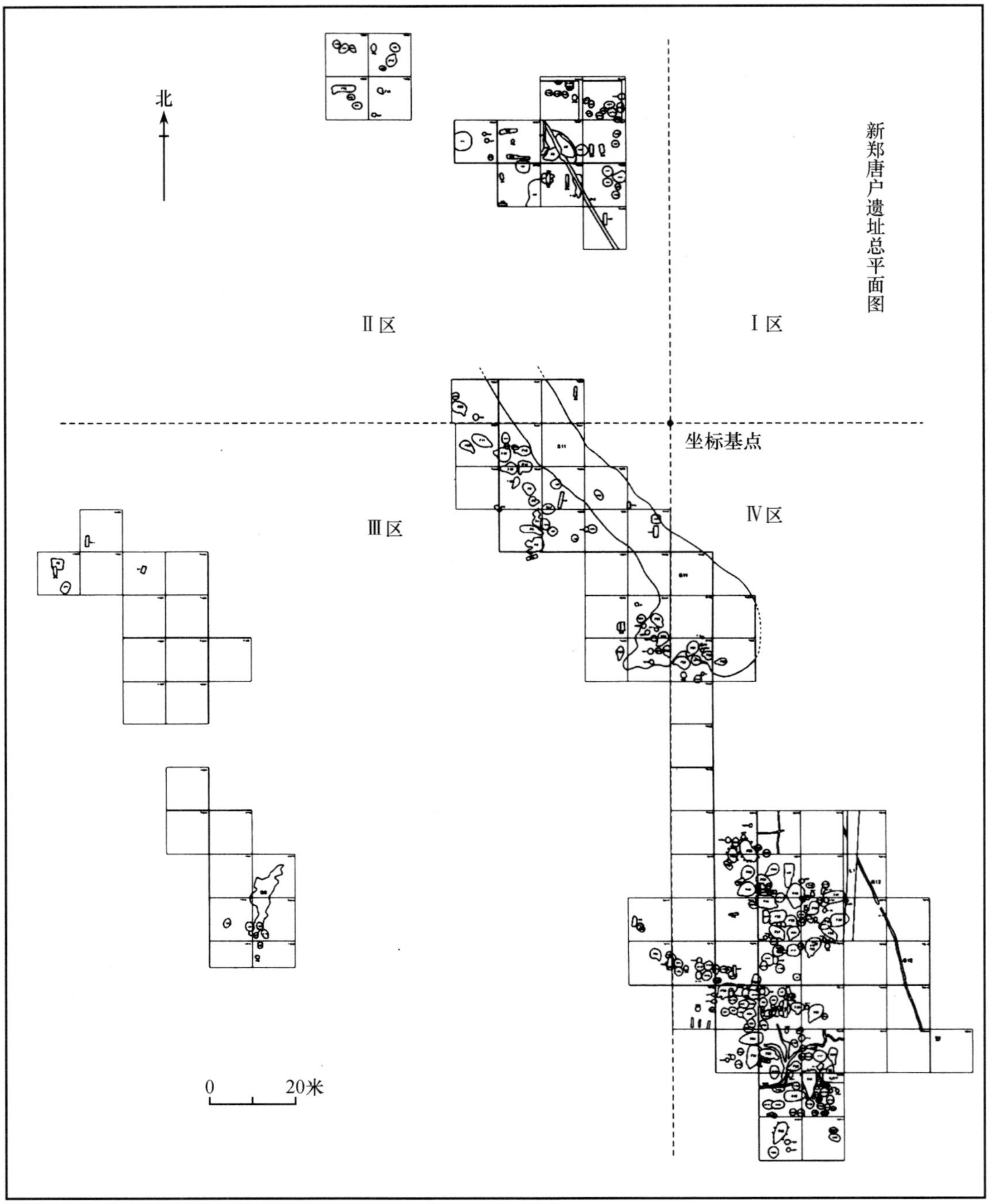

图四　唐户遗址发掘区域平面图

第五区：位于第Ⅲ发掘区的东南部和第Ⅳ发掘区的西南部，发现房址34座、灰坑139个、沟2条（图五）。

图五　唐户遗址居住区（第五区）局部及排水系统G13（由南向北摄）

唐户遗址发现裴李岗文化时期的墓葬仅2座，无随葬物品出土，因此不能依据墓葬的器物组合进行分期。该遗址发现数量最多的遗迹现象是灰坑和房址。虽然灰坑和房址内出土的陶器大多为残碎陶片，能复原者极少，但仍能发现其器物组合主要为鼎、罐、壶、钵等。根据地层叠压和遗存打破关系，结合房址布局特征，我们初步将唐户遗址裴李岗文化遗存分为两期三段。

1. 地层

唐户遗址，由于20世纪70年代平整土地，原来的地貌已被改变，局部地区文化层被严重破坏，给遗址分期带来了很大的难度。从地层堆积来看，发掘区地层堆积比较单纯，Ⅲ区部分区域因平整土地使地层被扰乱，裴李岗文化遗迹直接叠压于耕土层或第2层下，除了层位关系情况不一致外，Ⅱ区发现的裴李岗文化遗迹基本叠压于第3层（汉代文化层）下，打破第4层（裴李岗文化层）及生土，Ⅳ区西南部第2层（明清层）下为裴李岗文化层。发现同层位下的遗迹间有打破现象，遗迹（灰坑、房址、沟）之间虽然存在着叠压、打破关系，但在有分期意义的层位关系中比例很小。Ⅲ区西南部T1012、T1112、T1013、T1113四个探方中，发现早于褐红色埋藏土的8、9层，即冲积淤积层，这两层堆积内出土有大量泥质和夹砂红陶片；同样在Ⅲ区东北部、Ⅳ区西北部第4层（褐红色埋藏土）下叠压有房址和灰坑等遗迹，并叠压G11内堆积。其内出土有较丰富的红陶片和红褐陶片，这些冲积淤积层中陶片的发现，从层位关系上证明唐户遗址裴李岗文化时期的堆积至少可分为早、晚两期。早期地层包括Ⅱ区、Ⅳ区的第5层，Ⅲ区东北部G11内堆积，西南部的8、9层；晚期地层包括Ⅱ区4层、Ⅲ区东北部的3层及西南部的6层堆积，Ⅳ区的3、4层。因此，基本可以确认唐户遗址裴李岗文化时期的堆积至少可分为早、晚两期。

2. 遗物

从器物类型对比，唐户遗址出土的AaⅠ式（M56：2）、AbⅠ式（F24：4）、Ac型（F21：5）钵形鼎分别与新郑裴李岗遗址下层墓地出土的Ⅴ式三足钵（M38：11）、Ⅰ式三足器（M27）、Ⅵ式三足钵（M38：12）类似；AaⅡ式（F21：9）、AbⅡ式（F21：3）与新郑裴李岗遗址上层墓地出土的Ⅴ式（M92：1）、Ⅰ式（M76：4）相似；Ⅰ式（F56：1）和Ⅱ式（H92：1）盆形鼎分别与新郑裴李岗遗址Ⅱ式陶鼎（M5：4）、乳钉纹鼎（M56：2）类似。CaⅡ式罐形鼎与新郑裴李岗遗址Ⅰ式鼎（M14）形制相似[4]。

A型Ⅰ式、Ⅱ式、Ⅲ式陶壶分别与新郑裴李岗遗址上层墓地出土的Ⅷ式（M59：2）、Ⅲ式（M74：1）、Ⅳ式（M83：1）双耳壶类似；圈足碗（H25：1）、平底碗（H26：1）、石镰（H26：14）等物与裴李岗遗址上层墓地出土的Ⅳ式钵（M56：4）、Ⅰ式碗（M36：2）、Ⅴ式石镰（M74：5）形制相似[5]。

A型Ⅰ式罐、B型Ⅰ式罐、C型Ⅰ式罐分别与新郑裴李岗遗址墓地出土的陶罐（M7：2）、Ⅲ式深腹罐（M38：7）、Ⅴ式深腹罐（M88：5）相似。B型Ⅱ式（F21：7）、C型Ⅱ式（F21：19）分别与新郑沙窝李遗址Ⅱ式罐（M16：4）、新郑裴李岗遗址墓地Ⅳ式深腹罐（M54：3）形制相似[6]。

新郑裴李岗遗址墓地发掘者分为上、下两层，根据叠压关系及陶器的演变规律，将裴李岗遗址的年代分为早、晚两期。早期出土遗物与下层墓地相对应，晚期出土遗物与上层墓地相对应。新郑沙窝李遗址也分为上下两层，发掘者认为其年代稍晚于裴李岗遗址，其下层与裴李岗遗址上层相当。将唐户遗址出土陶器与裴李岗、沙窝李等遗址出土陶器类比分析，唐户遗址的年代亦可分为早晚两期。

第一期，地层堆积包括Ⅱ区、Ⅳ区的第5层，Ⅲ区西南部的第8、9层，G11内的堆积和叠压于第4层下的遗迹。第二期，包括Ⅲ区东北部的第3层及西南部的第6层堆积，叠压于第3层下的遗迹和Ⅱ区的第4层、Ⅳ区的第3、4层堆积。依据遗迹间的叠压打破关系，第二期又可分为早、晚两段。我们将叠压于第3层下、打破同层下的其他遗迹及相互间没有叠压打破关系的遗迹作为二期晚段遗存，地层第4层及被第3层下的遗迹打破的遗迹定为二期早段遗存。

3. 房址

房址的分期，由于房址营建时间有先后，使用时间有长短，毁坏时间更是参差不齐，所以将现存房基全部按照年代顺序进行排列十分困难。我们依据房址布局及结构特点，参照地层及遗存的叠压打破关系，初步认为5个居住区从时间上可分为两期三段。

早期房址主要位于第三区，分布于遗址的北部区域，发掘表明，Ⅲ区西南部地势较低处的（T1012、T1112、T1013、T1113四个探方）冲积淤积层（即8、9层）应是其北部地势较高区域（即第三区所在区域）遭洪水冲积至此形成的，这些冲积层中出土的遗物，从层位学上应早于第6层裴李岗文化层。从地形来看，整个发掘区Ⅱ区地势较高，且这里的房址布局较为分散，规划意识尚不明显，房屋结构比较简单，因此，我们认为第三区的时代在五区中相对较早。

晚期房址分为早、晚两段。

晚期早段房址：主要位于第一、第二、第四区。这三组房屋地势较第三区房址为低，由于第一区发现的灰坑打破了冲积层，从层位角度证明其时代较晚；第二区房址被破坏，仅存2座，从其形制分析时代也较晚；第四区房址主要分布在Ⅲ区东北部和Ⅳ区西北部。房屋依壕沟（G11）的自然走向，分布在壕沟一侧的阶地上。该区房址排列不甚整齐，相互间没有打破关系，可能是一次性布局。居址布局体现了一定的规划意识。

晚期晚段房址：主要位于第五区。该区房址出现多组迹象互相打破的现象。新发现有双门道和阶梯式门道的房址，并且出现房址两侧各自分布1个灰坑，形成一个独立单元的布局特征。房屋布局上出现内向凝聚式特征和人工壕沟防护设施。此外，还发现排水沟1条。另外，在F26（图六）、F39等房屋中发现有加工石器的迹象，这些房址地面均不平整，在地面上发现有呈扇面分布的碎小石片，说明这些房屋不仅具备居住功能，而且已经作为生产工具的加工场所。从遗存分布密度、房址规划性及房屋功能分化来分析，此区当为裴李岗文化聚落的核心区域，在形成时间上最晚。

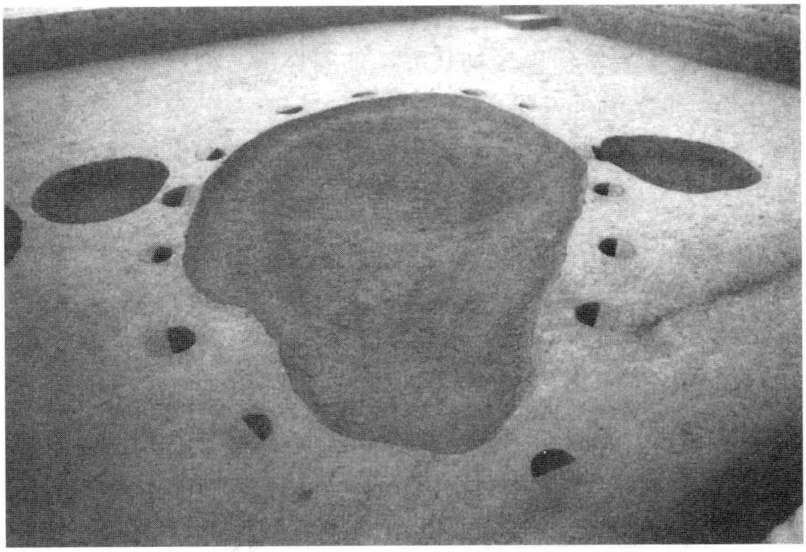

图六　唐户遗址F26房址（由西南向东北摄）

四、唐户遗址裴李岗文化聚落基址发现的意义

唐户遗址文化堆积丰富，是一处跨时代的聚落群址，从20世纪70年代发现至今，一直为研究者所重视。通过2006年、2007年、2008年连续三年的考古调查和发掘，使我们对唐户遗址的认识更进了一步。

（1）裴李岗文化发现后，经过在河南省范围内的调查，目前已发现裴李岗文化遗址160余处。这类遗址多分布在山前洪积扇区或浅山区的河旁阶地上，聚落面积均较小[7]。

经调查、勘探唐户遗址，确认裴李岗文化遗存面积达30万平方米，是迄今为止我国发现的面积最大的裴李岗文化遗址，属于裴李岗文化聚落群的一级聚落遗址。

（2）唐户遗址发现裴李岗文化时期房址65座，是我国目前发现的裴李岗文化时期房址最多的一处遗址。从平面布局分析，第四和第五区居址的布局形式已具有环壕防御性质和凝聚式向心布局的特征。

第四居址共发现房址23座，主要分布于Ⅲ区东北部壕沟（G11）内侧阶地上。经勘探和发掘，初步认定该沟呈东南—西北向，向西呈环状与九龙河相接，为一条自然壕沟。跨发掘区Ⅱ、Ⅲ、Ⅳ区，已知长度300余米，宽10～20米，最宽处达40米，深2～4米，该组房址在选址方面有意识地将居住基址定在沟旁阶地上，房屋依沟的自然走向布局，一方面便于生活用水、排水及废弃物的处置，另一方面也起到了防御野兽侵扰的屏障作用。

第五区房址基本呈西北—东南向布局，分为南、北两组。北边一组共有房址18座，以面积最大、方向呈南北向的F46为中心，其外围的F39、F40、F45、F47、F50五座房址的门向基本朝向F46，此外，F35、F36、F37、F38、F41门向基本向南，呈环状分布于F46的前方，具有内向凝聚式布局和前排防卫的性质。南面一组共有房址16座，该组房址以门向朝南的F42面积最大，周围的F24、F26、F27、F29、F34、F43等房址的门向朝向F42，也具有以F42为中心内向布局的特征。从考古发掘来看，西安半坡、临潼姜寨等仰韶文化遗址聚落布局为典型的内向凝聚式布局，聚落以广场为中心，房址分布在广场周边，门向均朝向广场，这种布局方式和唐户遗址裴李岗文化时期的房址布局有相似之处。因此我们认为，唐户遗址裴李岗文化聚落中出现的内向凝聚式布局为仰韶时代半坡、姜寨等遗址的内向凝聚式布局找到了源头。

（3）G12呈西北—东南向环绕于Ⅳ区居住基址的外围。揭露长度约35米，沟残宽0.3～0.45米，残深0.4～0.5米。在T0512东北部，有一处宽约0.8米的间隔，当是居址出入外部的通道。我们推测该沟内可能立有篱笆栅栏，应为居住基址外围的防护设施。

G13有三条支流依地势由北向南延伸，汇流后向西南地势低洼处流出，虽然与灰坑之间存在打破现象，但其流经区域均从房址外围穿过，推测应为居住基址内的排水系统（见图五）。排水沟的发现，表明当时的人们已充分考虑到人地关系，懂得利用自然地

势来建造排水设施，保持居住区的干爽，反映了当时人们先进的建筑构思。

（4）在F26、F39等房屋中发现有加工石器的迹象，这些房址地面均不平整，在地面上发现有呈扇面分布的碎小石片，特别是F39内发现的一件细石器石核，具有明显的打击痕迹，说明这些房屋不仅具备居住功能，而且已经作为生产工具的加工场所。

（5）从目前对唐户遗址的调查看，在遗址东部的溟水河东岸、南部九龙河河岸断崖地层内，发现旧石器时代及古脊椎动物化石地点4处[8]。特别是溟水河东岸旧石器时代地点，是一处大型的石器加工场所，出土有丰富的石制品，主要有石英石片、石核、刮削器、砍砸器等。这4处旧时器时代地点的发现，说明至少在晚更新世，这里就有了人类活动的踪迹。唐户遗址旧石器时代地点及裴李岗文化层石核、石片等遗物的发现，为进一步探讨旧石器时代晚期向新石器时代早期文化的过渡提供了新材料。

唐户遗址裴李岗文化时期大面积居住基址的发现进一步丰富了郑州地区裴李岗文化的内涵，居住基址分区、分片布局，从社会学角度为探讨以血缘为纽带的社会家庭组织的出现提供了重要资料。这对深入研究新石器时代早期裴李岗文化的聚落形态、房屋建筑方式、家庭、社会组织及裴李岗文化的性质、分期等具有非常重大的学术价值。

注 释

[1] 中国社会科学院考古研究所河南一队：《河南新郑唐户新石器时代遗址试掘简报》，《考古》1984年第3期；《河南省新郑县唐户两周墓葬发掘简报》，《文物资料丛刊》（第2辑），文物出版社，1978年。

[2] 河南省文物考古研究所、新郑市文物事业管理局：《新郑唐户新石器时代遗址调查》，《中原文物》2005年第5期。

[3] 郑州市文物考古研究院调查资料。

[4] 河南省文物管理局南水北调文物保护办公室等：《河南新郑市唐户遗址裴李岗文化遗存2006年发掘简报》，《考古》2008年第5期。

[5] 郑州市文物考古研究院：《河南新郑市唐户遗址裴李岗文化遗存2007年发掘简报》，待刊。

[6] 郑州市文物考古研究院：《河南新郑市唐户遗址裴李岗文化遗存2007年发掘简报》，待刊。

[7] 郑州市文物考古研究院调查资料。

[8] 郑州市文物考古研究院旧石器遗址调查资料。

（原刊于《中国社会科学院古代文明研究中心通讯》2010年第19期）

裴李岗文化最早的村落：新郑唐户遗址

信应君

唐户村，河南新郑观音寺镇南的一个小村庄。2006～2008年，郑州市文物考古研究院经过近三年的考古发掘，发现了裴李岗、龙山、汉、唐、宋、清等时期的文化遗存。其中最为重要的收获是发现裴李岗文化时期房址65座、灰坑或窖穴202个。从此，这个小村庄打破了以往的平静，以其发现了目前所知的面积最大、数量最多的裴李岗文化时期居住基址而闻名于世。唐户遗址处在溟水河与九龙河（又名石洞寺河）之间的夹角台地上，两河交汇处是当地传说中黄帝率兵出山的关隘渡口，即“黄帝口”，自古是新郑县南有名的商贾会集之地。驻足遗址东界的溟水河畔，观览这些经过精心规划的房基遗址，细细品读眼前这处8000年前后的繁华之地，它是那样遥远，又近在咫尺……（图一）。

图一　唐户遗址发掘场景

一、发现神秘石磨盘

时间倒回到1975年，那时唐户村南部南、北两端各有一道土岗，因此土地高低起伏，沟壑交叉，给农业生产带来诸多不便。为此，1975年冬天，在农业学大寨运动中，唐户村掀起平整土地的高潮，对村南岗地进行平整，不料却挖出一些石器和陶器等遗物。经新郑县文化馆、河南省文化局文物工作队考古人员现场调查，确认该遗址是一处很重要的新石器时代遗址。1976年春天和冬天分别进行了调查试掘和抢救性发掘。发掘是和农民平整土地同时进行的，其间不计其数的红、灰陶片被农民挖出，还有一些石铲和带齿的石镰，扔得满地都是。所以，考古工作人员多数时间只能忙于捡拾农民挖出来的陶片，只清理发掘了少数探方和一些两周墓葬，并采集了一批遗物。

当年12月中旬的一天，寒风凛冽，豆大的雪粒从空中飘下，打得人脸生疼。但寒冷的天气挡不住突击队员们“战天斗地，移岭填谷，沧海桑田一瞬间”的“革命”热情。唐户村青年突击队员唐钦离脱掉棉袄，手持铁镐，不停地挖着南岗地上的冻土。突然，咣当一声，手中的铁镐弹了起来，双手震得发麻。循声望去，发现铁镐触在一块灰色的石头上，唐钦离此时不敢再使蛮力，小心地挖出石头周边的土，随着土坑的增大，令人吃惊的一幕出现了，一块有着四条矮足、身子扁扁像鞋底状的石板暴露出来，旁边还有一条像擀面杖的石棒（图二）。

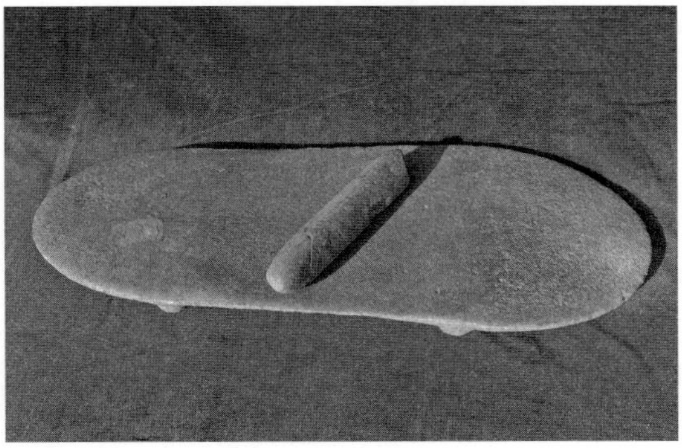

图二 唐钦离挖出的石磨盘和石磨棒

经考古工作人员确认，这是一套用来碾磨植物颗粒的石磨盘和石磨棒。这一发现引起了工作人员的好奇和重视，于是探寻石磨盘的来历成为考古队的重要目标。但是，经过几个月的努力，再也没有觅到石磨盘的踪迹，也未能找到与其相配的文化遗迹。发掘工作结束之后，石磨盘之谜一直萦绕在考古工作者的心头。

凑巧的是，1977年4月，距唐户西北15千米的裴李岗村在平整土地时，村民李铁旦也挖出一件石磨盘。新郑县文化馆和开封地区文物管理委员会数人前往现场查看，经过一番努力，找到了那座出土石磨盘的墓葬。让人疑惑已久的石磨盘第一次有了确切出处。随后的两次发掘确认了裴李岗遗址所展现的是一种早于中原地区仰韶文化的新的考古学文化，这也使得对石磨盘来历的探寻有了突破性进展。

考古工作者为了寻找人类尘埋已久的过往历史，经历了一代又一代艰苦卓绝的努力。自从唐户遗址发现石磨盘以来，几十年间，数代考古工作者一直都不断地探索与破解深埋于溟水河畔的这座地下遗存的未解之谜。但数次发掘都收获甚小，对其基本属性的认识依然模糊不清。直到2004年，南水北调中线工程河南段文物保护工作启动，这给唐户遗址之谜的破解提供了难得的机遇，笔者也因此跟唐户遗址结下了因缘。当时，郑州市文物考古研究院组织专业人员对渠线占压唐户遗址区域进行了认真的核查，在运河干渠经过的唐户村西部试掘1条探沟，发现裴李岗文化时期的灰坑5座，出土泥质红陶壶、三足钵、夹砂红陶罐、陶碗等器物，令人眼前一亮。再加上以前的调查发掘情况，可以确认唐户遗址是一处包含裴李岗文化、仰韶文化、龙山文化、商周文化的跨时代大型聚落遗址（图三），而干渠经过的村西可能就是考古学苦苦追寻的裴李岗文化核心区。

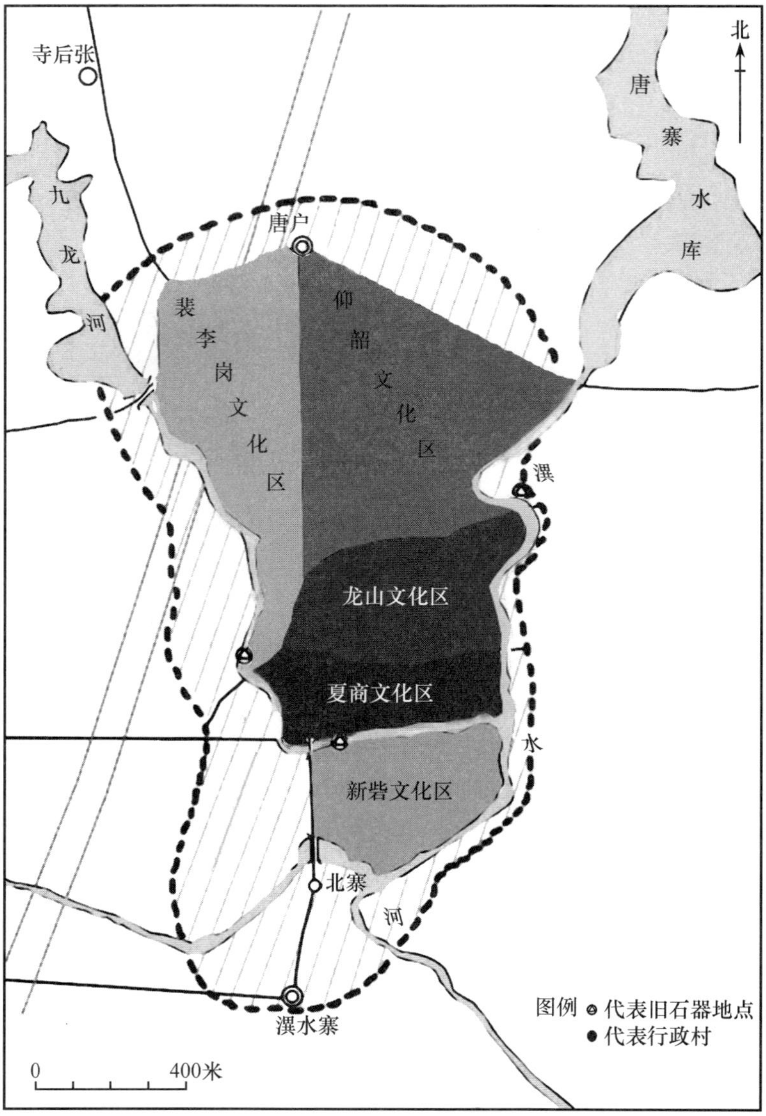

图三　唐户遗址考古学文化分布

二、寻梦与收获

2006年4月20日，正在新密溱水、洧水流域进行田野调查时接到单位通知，让我具体负责南水北调中线工程唐户遗址考古发掘工作。我也就此踏上了几代考古人破解唐户遗址不解之谜的寻梦之旅。

4月27日，我们轻车简从离开郑州，前往唐户找村干部协调发掘事宜。唐户村党支部书记唐全河表示全力支持我们的工作，并立即带我们协调好住房，查看遗址的周边环境。

我们从唐户村西部沿九龙河东岸向南踏查。沿河望去，但见河岸崖峰壁立，芦苇摇曳，水鸭凫戏。这是我第一次踏进唐户村，亲身感受唐户遗址风雨沧桑数千载的厚重文明。大自然的鬼斧神工造就出唐户的秀丽景色，先人们的智慧塑造了其极其丰富的文化宝藏。从村内向南眺望，高低起伏、沟壑交叉的地貌已然不见，映入眼帘的是一望无垠的麦田，微风拂过，正在抽穗的小麦散发着淡淡的清香。

考古队进驻工地后，首先对遗址进行了全面深入的调查和勘探。一些参加过1976年考古发掘工作的村民，听说我们要在村里再次进行考古发掘，对我们的到来非常热情，积极向我们提供当年平整土地时发现文物的线索。经过一个多月细致入微的调查勘探，大致清楚唐户遗址各时期遗存堆积的地点和分布范围情况。最终确认遗址面积达140余万平方米，是一处特大型聚落遗址（图四）。

三、8000年前两居室

2006年6月10日，我们开始在村西南对干渠占压部分进行了正式发掘，将整个发掘区分为4个区。发掘工作主要在Ⅱ、Ⅲ区进行，前后分为两个阶段。第一阶段从6月开始到8月。裴李岗文化时期的遗存只发现5座灰坑，梦寐以求的裴李岗房址和墓葬未能谋面。第二阶段从9月到12月底。这一阶段收获很多，让我们惊喜连连，发现裴李岗文化时期房址22座。房址均为半地穴式，平面有圆形、椭圆形、圆角长方形和不规则形等，门道为斜坡式，居住面和墙壁均经过处理，其中3座房址有灶，房址周围有圆形或椭圆形柱洞。

Ⅲ区F1、F2房址逐次被发现。值得一提的是F2为一座基本完整的长方形房址，特别是发现灶的痕迹，对于房址结构的探讨具有重要作用。后又在Ⅲ区发现两个东西相连的坑，东坑周围发现了6个圆形柱洞，初步判断是一座双间式房址，编号F3。F3由斜坡门道、东室、西室组成，东、西室有过道相连，东室居住面分上、下两层，南半部有灶台，西室出土陶鼎、陶壶、陶三足钵、陶罐等陶器残片（图五）。这是多么重要的发现啊！8000年前的人们已经住上两居室的房子，房子里能取暖，能做饭，一家几口其乐融融的幸福家庭生活，这一切似乎就在眼前呈现。大家都为古人有这么高的成就而高兴，发掘遗迹更加耐心细致了，生怕露过一点儿蛛丝马迹。

随着发掘工作的继续，在F3北部相继发现F4、F5两座房址。Ⅱ区东南部发现了F6、F7两座房址，灰坑的数量也越来越多。值得一提的是F7的发现。F7位于Ⅱ区内，平面呈不规则椭圆形，周围发现7个圆形柱洞，柱洞外有一周小沟，推测小沟是F7的“散水”（图六），专门用来排泄雨水。F7外围“散水”的出现，说明当时的唐户人在建造房屋时，已经懂得屋顶雨水的外排，以保持房屋内免受雨水的侵袭，这是建筑技术的一大进步。

四、中心居址现峥嵘

为进一步廓清裴李岗时期人们的居住形态，2007年1月中旬，我们对Ⅲ区东南部、

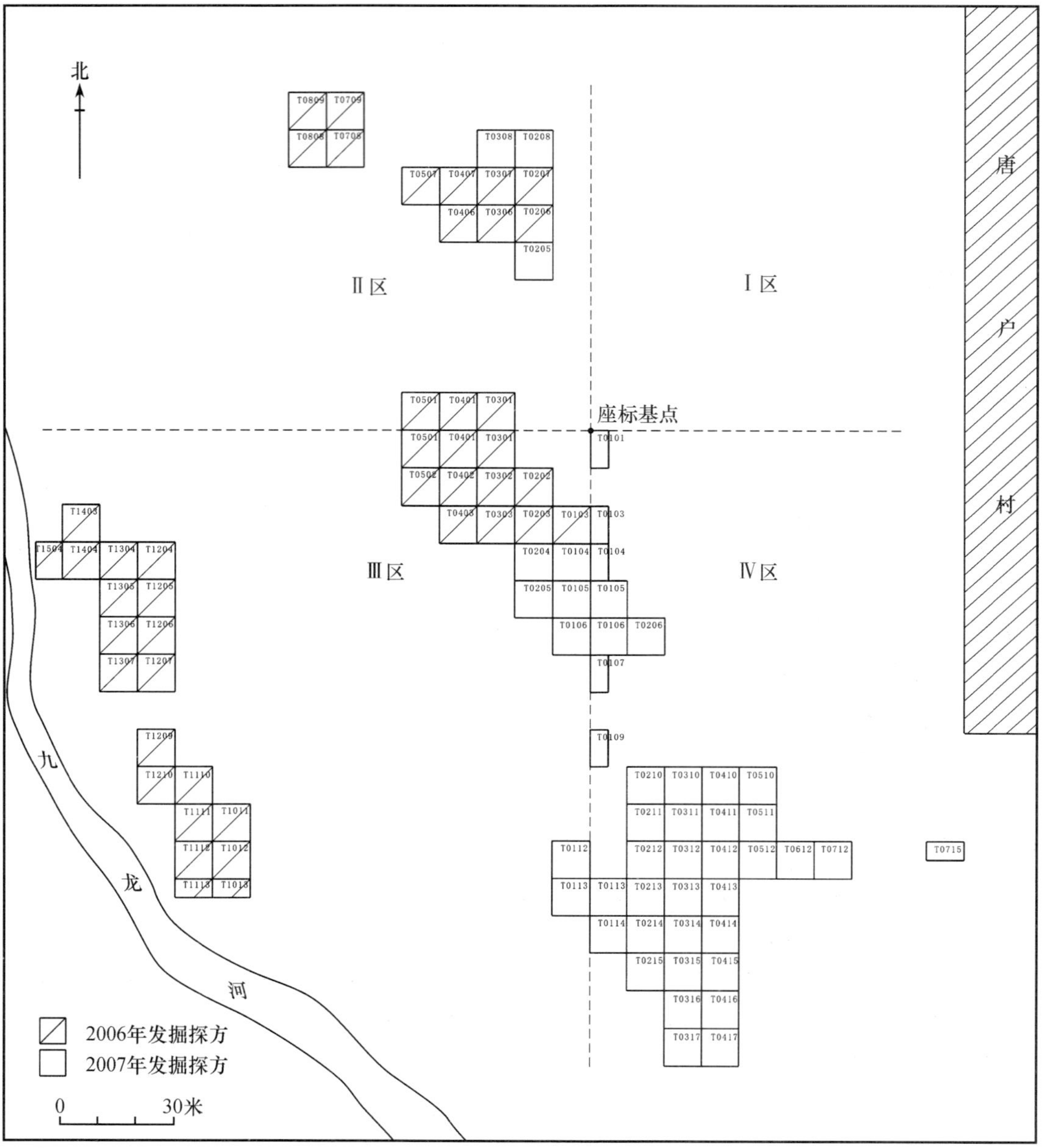

图四　唐户遗址探方分布

Ⅳ区西南部进行文物勘探，发现这里灰褐色土层分布范围较广，于是决定在此布方进行发掘。1月19日是一个特殊的日子，Ⅲ区发现了F21，房内堆积分层明显，包含物十分丰富。为更准确地了解不同层面的遗迹现象，我们自上而下逐层清理，每层均采集浮选和孢粉土样。F21清理完毕后，我们对这些遗物进行录像、拍照，绘图，然后按其个体逐件起取。F21内出土遗物共修复起来8件完整器物，另有20余件无法修复，器形有鼎、壶、三足钵、罐、豆、钵等，基本囊括了裴李岗文化的所有器形。这是我们开始发掘以来出土裴李岗文化遗物最多的一个遗迹单位。

图五　两居室房址F3

图六　带散水的房址F7

随着发掘面积的不断扩大，发现的房址和灰坑等各种遗迹越来越多。至12月底，考古发掘取得重大突破，发现裴李岗文化时期房址63座，灰坑186个，沟5条（其中居住基址内排水设施1条、壕沟1条），墓葬2座，并出土一批重要的文化遗物。

唐户遗址大面积居住基址的考古发现，引起国家文物局、河南省文物局的高度重视，很多考古专家先后莅临发掘现场，对居址的价值予以高度评价，如国家文物局童明康副局长，河南省文物局陈爱兰局长，国家文物局专家组组长黄景略先生，专家组成员张忠培先生、徐光冀先生，北京大学考古文博学院严文明先生、李伯谦先生等。

五、克难排险练意志

现在回想起来，2007年的考古发掘工作备尝艰辛。这一年考古发掘成果的取得，与考古队全体队员辛勤努力和唐户村干部群众的大力支持密不可分。春节前夕，天气异常寒冷，发掘工作因冰冻而变得难度越来越大，为了工程进度，发掘工作一刻也不能停止，但发掘现场又缺少防冻设施，已清理出的房址等遗迹随时都有被冻损坏的可能。为避免发掘的遗迹被冻坏，我们组织人员在河渠、沟畔割茅草，编织草垫子，下午收工前将草垫子覆盖在发掘的探方和遗迹上，第二天上工时再将垫子收起。这样，我们用土办法解决了工地的冰冻问题，既有效地保护了遗迹现象，又保证了发掘工作顺利进行。

春节过后，天气持续干旱，一直到6月中旬都滴雨未见，发掘探方地层特别干硬，给地层划分、遗迹的判断带来极大不便。发掘工作只有靠洒水才能进行，但发掘区紧临的九龙河由于干旱也已经干涸，附近又无其他水源。我们只有不停地从群众家里挑水往干涸的地面上洒水，让水下洇10～15厘米，等土壤软硬合适了，抓紧时间刮面，从而发现遗迹。这个火候太难把握，早了，地湿，铲刮后表层土跟着铲跑了，留下一个粗糙面，看不清遗迹；晚了，有点变干的地面在铲过后泛起一层光亮，同样看不清遗迹界线。

2007年6月15日以后，进入雨季，老天好像是故意与我们作对似的，不下雨时是连续的干旱，一下起雨来就是狂风暴雨，令我们猝不及防，发掘探方内积满雨水，遗迹遭到不同程度的冲毁。雨一停，我们立即组织人员清理探方内积水（图七）。后来，为了保

图七　齐心协力清理探方内的积水

护遗迹不被雨水冲毁，我们采购了一些塑料布和彩条布，每天观察天气变化，一遇阴雨天气，立即用塑料布将发掘探方覆盖，这样，积水面存留在塑料布上面，极大地保护了遗迹。也就是这样在发掘中不断总结经验，探索创新，才得以使发掘出的遗迹现象完整保存。

六、居址在讲述

唐户遗址从20世纪70年代发现以来，一直为研究者所重视。经过连续三年的考古调查和发掘，大面积居住基址等迹象的不断出现，越发显示出这处遗址的非同寻常。那么这些房屋遗迹到底能告诉我们什么历史信息呢？

它是目前发现的面积最大的裴李岗文化遗址。裴李岗文化发现后，经过河南全省范围内的调查，已发现裴李岗时期遗址160余处。这类遗址多分布在山前洪积扇区或浅山区的河旁阶地上，聚落面积均较小。唐户遗址中单纯的裴李岗文化遗存有30万平方米，遗址规模之宏大、遗存之丰富，令人惊叹。更难能可贵的是，遗址中裴李岗文化与仰韶文化衔接绵密，延续久长，这里应该在长时间内维持了中心聚落地位。

它是中国目前发现的裴李岗文化时期房址最多的一处遗址，至2008年，共发现裴李岗文化时期房址65座。从平面布局分析，可分为5个相对集中的居住区。特别是第四和第五区居址的布局形式已具有环壕防御性质和凝聚式向心布局的特征，为研究当时的聚落形态和社会组织结构提供了新材料。

当时人们在建造房屋时已经有规划布局的理念。从第四居住区的23座房址看，它们主要分布于Ⅲ区东北部壕沟（G11）内侧阶地上。先民有意识地将房屋建造在在沟旁阶地上，随沟势转圜，一方面便于生活用水、排水及废弃物的处置，另一方面也起到了抵御野兽的沟防作用。从第五居住区房址看，它们基本分为南、北两组。北边一组房址以面积最大的F46为中心，外围的房址呈弧形拱布于其前方，布局具有凝聚式和拱卫式的特征。南面一组房址也以面积最大的F42为中心，周围的房址门向均朝向这个中心点。以这种内向布局特征看来，F46、F42有着与众不同的地位，房主的身份、所起的作用也应当与众不同。

西安半坡遗址、临潼姜寨遗址是晚于裴李岗文化的仰韶文化遗址，这两个遗址以其周围有防御野兽的壕沟、以活动广场为中心、周围分布着向心式房屋而闻名于世。唐户遗址裴李岗文化时期的第四、第五区房址已出现这种布局思想的端倪。

居址内发现迄今国内最早的排水设施。中心居址区G13有三条支流依地势由北向南延伸，汇流后由地势低洼处流出。其流经区域均从房址外围穿过，当为排水系统。当时的人们已充分考虑人地关系，懂得利用自然地势来建造排水设施，保持居住区的干爽，这种先进的建筑构思引人遐思。

有些房屋除居住功能外，可能还是生产工具的加工场所。如房址F26、F39踩踏面非常平整，在室内有呈扇面分布的碎小石片，极有可能是加工石制品的残余物。从石制生产工具种类的分化可以看出农业生产工具专业化倾向的增强，如舌形石铲用来翻地，石镰或石刀用来收割，石磨盘、石磨棒用来碾磨粮食等。由此可见，当时的农业生产技术水平已达到一定的高度。

七、历史的巧合

回味唐户遗址与裴李岗遗址发现与发掘的历程，有许多的巧合之处：两处遗址均位于新郑市内，而且都是在平整土地过程中发现的；两处遗址都与4月结下众多不解之缘：1977年4月裴李岗遗址开始第一次考古发掘，1978年4月进行第二次发掘，1979年4月对裴李岗遗址进行第三次发掘，2001年4月裴李岗遗址被评为“20世纪中国100项考古大发现”，2006年4月因南水北调中线工程开工建设，唐户遗址时隔30年再次进行发掘（图八），

图八 出土的部分陶器

2008年4月荣获“2007年度全国十大考古新发现”，与裴李岗遗址第一次发掘相隔整整30年。这30年，几代考古人孜孜以求，不断探索、研究唐户遗址，去破解唐户遗址的一个又一个奥秘。

望着如此大面积的居住基址，遥想唐户人在8000年前已经有了安定的居所，这是人类发展史上的一大飞跃，是唐户人创造原始文明的见证。居住基址分区、分片布局，从社会学角度为探讨以血缘为纽带的社会家庭组织的出现提供了重要资料，而这对深入研究新石器时代裴李岗文化的聚落形态、房屋建筑方式、家庭、社会组织等具有非常重大的学术价值。

正是考古发掘的科学规范及重要意义，唐户遗址还荣获“2006至2007年度全国田野考古奖”三等奖。

（原刊于《大众考古》2014年第1期）

淀粉粒分析揭示的河南唐户遗址裴李岗文化古人类植物性食物资源利用

杨玉璋　李为亚　姚　凌　程至杰　张居中　信应君

史前人类植物资源利用历史是考古学、古人类学、古地理学等多个学科共同关注的重要基础性科学问题，其中，植物性食物资源的开发利用研究对探索史前人类应对气候环境变化的策略选择、农业的起源和发展与传播，以及文明起源的内在机制等问题有重要意义[1~5]。目前，开展这一研究的主要方法包括植物大遗存分析、孢粉分析、植硅体分析和淀粉粒分析等[6~13]，其中，淀粉粒分析兴起于20世纪80年代，此后在美洲、澳洲等地的农业起源与传播、古人类植物资源利用、石器功能分析及古环境重建等研究中得到了广泛的运用[14~22]；淀粉粒分析方法应用在中国起步较晚，但发展迅速，近年来更是在中国旱作农业的起源与发展、末次盛冰期以来中国南北方古人类植物资源利用研究等方面取得了显著成果[23~33]。

裴李岗文化主要分布于淮河上游地区，其年代为距今8500～7000年，是中国中原地区史前社会由采集渔猎经济向农业经济转变的关键时期[34, 35]，然而，由于该文化遗址大多发掘于20世纪七八十年代，当时植物考古学研究在中国尚未兴起，考古学者在发掘过程中获取的植物遗存信息非常有限，学术界对裴李岗文化先民生业模式的研究大多依据考古出土的石质工具进行推测，缺少直接的科学依据，这也使得我们至今未能对该文化时期先民的生业模式及其演变过程等问题有较为明确的认识。近年来，唐户遗址的发掘为我们开展上述相关问题研究提供了重要契机。

唐户遗址位于河南省新郑市观音寺镇唐户村（图一），遗址地理坐标为34°07′24″～34°08′20″N，113°10′43″～113°11′22″E，地貌上属嵩山山脉东缘与黄淮平原西端交界的山前平原地带。历年来的考古调查和发掘资料显示，该遗址是一处包含了裴李岗文化、仰韶文化、龙山文化、二里头文化及商周等多个时期文化遗存的跨时代聚落群址[36~40]，为配合国家南水北调中线工程项目，郑州市文物考古研究院于2006年至2007年连续两年对该遗址进行了大规模的考古发掘，揭露出大量裴李岗文化时期房址、灰坑、墓葬等遗迹，并出土了丰富的石制工具等文化遗物。从遗址规模来看，唐户遗址裴李岗文化遗存分布面积达20万平方米以上，是迄今所见面积最大的裴李岗文化遗址，其绝对年代为距今7800～7000年[36~40]。为探索该遗址先民的生业形式，Zhang等[27]对遗址不同性质的沉积土样进行了植硅体分析，结果表明，唐户遗址在距今7800年前已开始了稻旱混作的农业生产模式，这对探索淮河上游地区稻旱混作农业模式的发生与演化

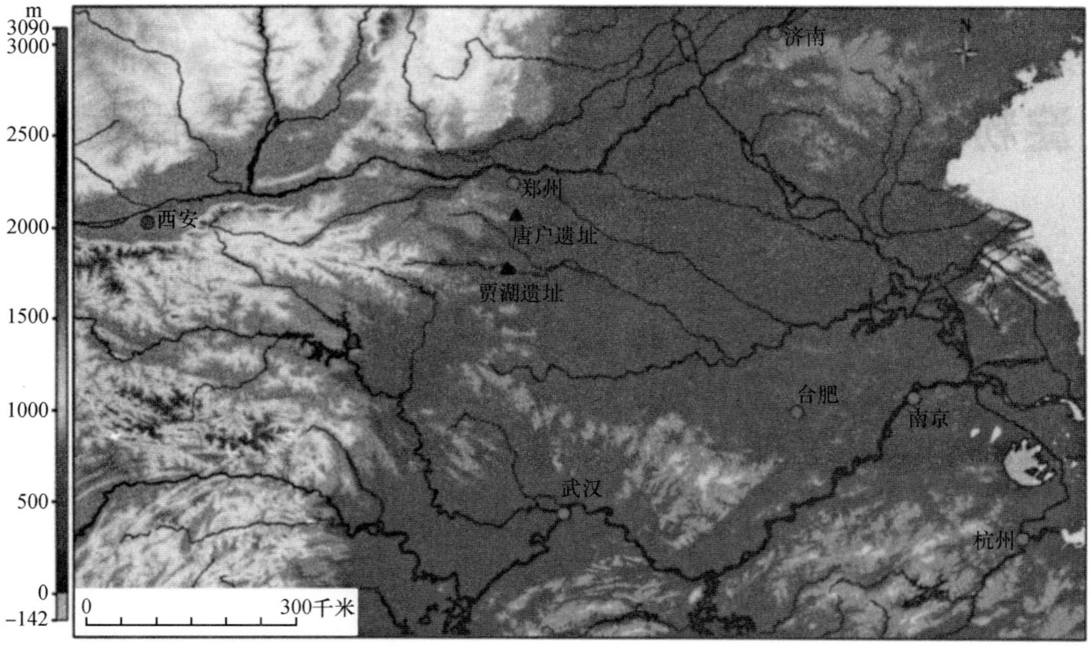

图一　唐户、贾湖遗址地理位置图

过程有重要的学术意义。然而，由于植硅体研究方法本身的局限，该文只分析了唐户先民对稻、黍两种作物的利用情况，而未涉及其他种类植物资源的利用情况。为进一步了解唐户遗址裴李岗文化时期古人类植物性食物资源利用与农业发展状况，发掘期间，我们对遗址地层及灰坑等遗迹单位土样进行了浮选，期望获取相关的炭化植物遗存，但遗憾的是，浮选结果中除少量杂草种子外，未发现任何与人类植物性食物来源相关的大植物遗存。因此，我们选择了该遗址出土的部分代表性石器与陶器标本，主要是石器中的石磨盘、石磨棒及部分陶炊器残片，利用淀粉粒分析方法对这些器物表面的残留物进行了分析研究。本研究结果有望加深我们对裴李岗文化先民植物性食物资源利用情况的了解，并为我们探索淮河上游地区新石器时代中期（距今9000～7000年）人类由采集渔猎经济向农业经济过渡的过程提供科学资料。

一、实验材料与方法

1. 研究材料

2006～2007年度唐户遗址的发掘分4个区进行[39, 40]，本次实验选取了唐户遗址Ⅳ区出土的8件石器和Ⅲ区出土的8件陶器残片标本：8件石器中包括6件石磨盘残块和2件石磨棒残段，如图二所示；陶器标本从使用痕迹上来看均为炊器残片，但皆残破严重，已无法辨别其具体器形（图三）。

图二　实验选取的石磨盘、石磨棒残块

1. T0113④　2. T0113③　3、4. T0314③　5. H80　6. T0313③　7. F52　8. H74

图二中1至8号标本分别对应表1中SQ1至SQ8石器标本

图三　实验选取的陶器残片

1. H29　2. T112⑥　3. F57　4. T1013⑨　5. T1113⑧　6. F21　7、8. F3

图三中1至8号标本分别对应表1中TQ1至TQ8陶片标本

2. 研究方法

古代石器和陶器在加工植物类食物过程中表面孔隙内会残留微量淀粉粒，这些淀粉颗粒可以在实验室中通过超声波清洗来提取。为判断石器是否在废弃之后的埋藏过程中受到周边文化层沉积物的污染，通常需要在考古发掘现场采集石器周边土样进行淀粉粒对比分析。本文所研究的石器、陶器标本为唐户遗址2006～2007年发掘时出土，出土后样品保存于郑州市文物考古研究院，因此，取样时已无法采集器物出土时周边文化层的堆积物样品。本文在取样方法的设计尤其是对于污染排除的问题上，参照了Hart[4]有关器物表面淀粉粒及植硅体提取方法的研究内容，在对石器标本进行淀粉粒样品提取时，首先观察石器表面的加工和使用痕迹，确定其使用面和非使用面，然后在石器的使用面和非使用面（或断面）分别进行超声波振荡取样，最后通过对比来判断石器使用面上提取到的淀粉粒是否为污染所致。陶器的取样方法类似于石器，分别在标本的内、外表面进行超声取样，并对比实验结果判断可能受到的污染情况。结合已有的相关研究[30]，针对唐户遗址出土器物的形状及保存状况，我们设计了如下实验方案。

（1）残留物水样采集：首先用橡胶吹尘球吹去器物表面的灰尘，然后用少量反渗透水清洗器物表面，再在器物表面取样位置滴加适量的反渗透水，用超声波牙刷超声数分钟，使用移液器将溶液转移到15ml试管中得到残留物水样。

（2）水样处理：使用过氧化氢（H_2O_2）和多偏磷酸钠［（$NaPO_3$）$_6$］溶液对水样进行处理，除去其中的黏土和其他杂质。

（3）淀粉粒提取：将处理过的残留物水样在15ml试管中离心后，倒掉上清液，然后加入3ml比重2.0的氯化铯（CsCl）溶液，混匀后1000转低速离心以提取其中的淀粉粒组分。

（4）清洗重液：离心完毕后取上层重液组分转移至另一干净的15ml离心管中，分3～4次使用反渗透水2500转离心清洗掉重液，收集重液分离出的淀粉粒组分。

（5）制片和观察：将提取出来的淀粉粒残留物转移到2ml的EP管中，加入25%（体积比）的甘油，振荡混匀后制片，在LeicaDM4500P正置偏光显微镜下进行观察拍照，并进行鉴定和统计。

（6）数据对比：近年来，我们陆续对采自全国各地的部分植物的淀粉粒形态进行了研究，收集了禾本科、壳斗科、豆科等20多个属50多个种的淀粉粒形态数据，部分淀粉粒形态见图四。淀粉粒的鉴定工作主要根据目前我们已经积累的现代淀粉粒形态数据，同时参考国内及北美和澳洲的研究工作成果[14，42～46]。

二、实验结果与分析

提取结果显示，8件石器标本的非使用面均未发现淀粉粒，而8件陶器中仅2件陶器（见表1中TQ1与TQ4）的外表面分别发现1粒淀粉粒，因此，对照样的实验结果基本能

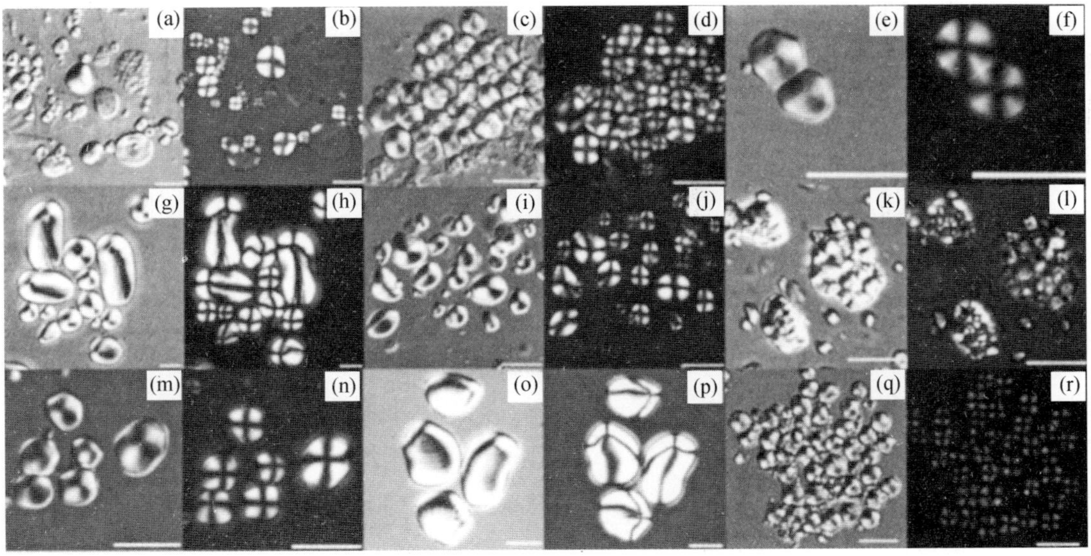

图四　部分现代植物淀粉粒形态（标尺：20μm）

a、b. 小麦（*Triticum aestivum*），粒径范围5.13～41.29μm，平均粒径18.77±6.38μm（*n*=100）；c、d、e、f. 粟（*Setaria italica*），粒径范围5.69～20.57μm，平均粒径10.47±2.79μm（*n*=100）；g、h. 莲藕（*Nelumbo nucifera*），粒径范围9.43～77.29μm，平均粒径31.49±15.27μm（*n*=100）；i、j. 麻栎（*Quercus acutissima*），粒径范围2.45～20.71μm，平均粒径10.89±4.19μm（*n*=100）；k、l. 水稻（*Oryza sativa*），粒径范围2.60～10.28μm，平均粒径5.45±1.26μm（*n*=100）；m、n. 薏苡（*Coix lacryma-jobi*），粒径范围5.83～21.18μm，平均粒径13.16～3.50μm（*n*=100）；o、p. 山药（*Dioscorea opposita*），粒径范围18.20～54.33μm，平均粒径34.31±8.33μm（*n*=100）；q、r. 黍（*Panicum miliaceum*），粒径范围4.32～13.00μm，平均粒径7.99±1.56μm（*n*=100）

排除器物上淀粉粒来自后期埋藏或搬运过程中的可能性，表明在样品使用面上所提取到的淀粉粒应为器物使用过程中所残留。除去形态不完整无法鉴定的淀粉粒外，本次实验在石器使用面和陶器内壁提取到的单粒淀粉粒数量分别是242粒和254粒。按照形态学特征，这些淀粉粒可以分为6类（表一），鉴定结果显示有分别来自小麦族（Triticeae）、粟（*Setaria italica*）、水稻（*Oryza sativa*）、栎属（*Quercus*）、莲属（*Nelumbo*）及未知种属的淀粉粒（图五）。

第Ⅰ类（图五a～图五d）：123粒，在光学显微镜下观察，该类淀粉颗粒的二维形状主要表现为近圆形或椭圆形，脐点居中，在正交偏光下观察其十字消光臂呈“X”形。经测量，该类淀粉的粒径分布范围较大，在5.48～40.19μm。依据其淀粉颗粒在显微镜下的分布状况及粒径差异，可将其分成两种类型：a类是单粒淀粉粒，近圆形或椭圆形，轻轻敲击盖玻片边缘，其会发生翻转而呈梭形，故其三维形态应类似于凸透镜形状。在该类淀粉颗粒表面还能够观察到较为明显的层纹和类似火山口的小凹坑。b类淀粉颗粒粒径

表一　唐户遗址石器与陶器使用面提取到的淀粉粒数量

器类	实验室编号	出土单位	Ⅰ	Ⅱ	Ⅲ	Ⅳ	Ⅴ	Ⅵ	合计
石器	SQ1	T0113④	3	1	5	0	0	0	9
	SQ2	T0113③	1	0	0	1	0	0	2
	SQ3	T0314③	47	91	6	3	0	0	147
	SQ4	T0314③	0	1	0	0	0	0	1
	SQ5	H80	0	1	2	0	0	0	3
	SQ6	T0313③	2	24	6	0	0	0	32
	SQ7	F52	1	1	2	0	0	0	4
	SQ8	H74	15	3	9	2	13	2	44
陶器	TQ1	H29	10	13	3	5	0	0	31
	TQ2	T112⑥	0	4	0	0	0	0	4
	TQ3	F57	0	4	0	0	0	0	4
	TQ4	T1013⑨	0	5	2	0	0	0	7
	TQ5	T1113⑧	0	0	0	2	0	0	2
	TQ6	F21	1	0	1	0	0	0	2
	TQ7	F3	7	13	2	2	0	0	24
	TQ8	F3	36	127	11	6	0	0	180
合计			123	288	49	21	13	2	496

较均小于10μm，显微镜下观察发现其往往附着在上述粒径较大的单粒淀粉粒表面，形态以近圆形为主，也兼有部分多面体形。这一现象与植物生理学相关研究中对于小麦族淀粉粒A-型淀粉与B-型淀粉[47]的描述吻合。同时结合本实验室现代植物淀粉粒图谱，并参照Piperno等[48]、Yang和Perry[42]及韦存虚等[49]关于小麦族淀粉粒的研究成果，Ⅰ类淀粉粒也符合小麦族淀粉粒的形态特点。故鉴定其植物种属来源应可能是禾本科小麦族（Triticeae）。然而，由于样品中观察到的可进行属一级鉴定的a类粒径较大的淀粉颗粒数量较少，多数是缺乏种属特异性的b类粒径较小的淀粉颗粒，因此，本文暂未对本类淀粉粒来源作进一步的分析鉴定。

第Ⅱ类（图五e～图五h）：249粒，多数呈多面体形，也有少量呈椭球形，脐点居中且多有凹陷，一般都有裂隙，呈“Y”形或横断形，表面层纹不可见，正交偏光下消光臂清晰且互相垂直，粒径分布在4.16～18.99μm。禾本科植物中的粟类植物如粟（*Setaria italica*）、黍（*Panicum miliaceum*）、高粱（*Sorghum bicolor*）及薏苡（*Coix lacryma-jobi*）等淀粉粒多为多边形形态，同时，其他禾本科粮食作物如稻（*Oryza sativa* ssp.）和

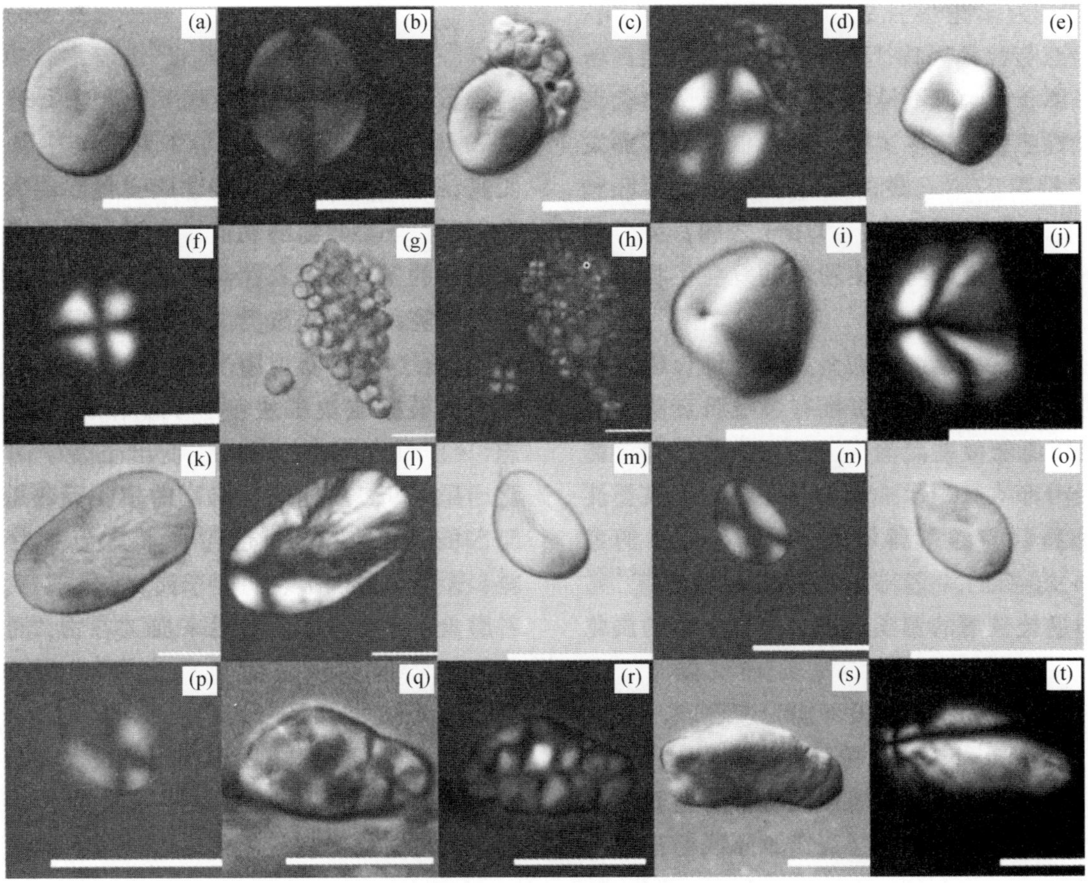

图五 唐户遗址石器、陶器表面提取到的各类型淀粉粒（标尺：20μm）

a、b、c、d. Ⅰ类小麦族淀粉粒（type Ⅰ，Triticeae）；e、f、g、h. Ⅱ类粟淀粉粒（type Ⅱ，*Setaria italica*）；i、j、k、l. Ⅲ类莲属淀粉粒（type Ⅲ，*Nelumbo*）；m、n、o、p. Ⅳ类栎属淀粉粒（type Ⅳ，*Quercus*）；q、r. Ⅴ类水稻淀粉粒（type Ⅴ，*Oryza sativa*）；s、t. Ⅵ类未知根茎类淀粉粒（type Ⅵ，unidentified species）

玉米（*Zea mays*）淀粉粒也是多边形[44, 50]，但玉米在16世纪初期才传入中国[51]，稻的淀粉粒粒径很小，其范围多在1.25～8.14μm[52]，高粱淀粉粒的消光臂则呈现弯曲特性且多有层纹[50]，也与本类型淀粉粒消光壁特征明显不同。粟、黍和薏苡的淀粉粒形态相对较为接近[44, 45]，其中黍的淀粉粒粒径大小完全落于粟的分布范围之内，但粒径大于12μm的一般不是黍的淀粉粒，薏苡淀粉粒的粒径在5.48～25.44μm[44, 50]，其最大粒径范围明显大于本类型淀粉粒，同时其形态以圆形居多且裂隙多为“T”字形，也与本类型淀粉粒多为多边形且裂隙大多呈“Y”形不同。综合上述形态与粒径等特征，可以确定本类型淀粉粒应主要来源于粟，但不排除其中含有部分黍的淀粉粒的可能性。此外，本实验还在标本TQ8表面发现该类型淀粉粒多粒聚集的现象（部分见图五g和图五h），其粒径分布在7.30～17.09μm，消光臂互相垂直，这一现象也与粟淀粉粒的复粒生长形式相符。

第Ⅲ类（图五i～图五l）：49粒，淀粉粒呈长椭圆形或钟形，脐点偏心，部分淀粉粒有通过脐点的树枝状裂隙，层纹清晰可见。消光臂清晰，且有弯曲的现象。粒径分布在10.12～61.48μm。该类淀粉粒的形态特征与睡莲科（Nymphaeaceae）中的莲属（*Nelumbo*）植物的块茎部淀粉粒较为接近[44, 45]，鉴于距唐户遗址较近的贾湖遗址曾发现丰富的炭化莲藕（*Nelumbo nucifera*）的情况[53]，本文推断该类型淀粉粒应来源于莲属，很可能为莲藕。

第Ⅳ类（图五m～图五p）：21粒，淀粉颗粒形状包括水滴状卵形及卵圆形，脐点居中闭合，消光臂多为X型，淀粉粒表面未见明显层纹，部分颗粒存在裂隙。粒径范围在9.11～27.65μm。该类淀粉的形态特征及粒径分布范围与坚果类植物中的栎属较为接近，结合已有相关研究[43]，鉴定该类淀粉粒的来源可能为栎属植物（*Quercus*），因样品中观察到的淀粉数量有限，无法作进一步鉴定。

第Ⅴ类（图五q和图五r）：约13粒，该类淀粉粒仅在石器样品SQ8表面发现。依据显微形态观察，判断其为以复粒形式生长的淀粉颗粒，在淀粉体被膜解体后[54]，各淀粉颗粒因其致密的结构并未脱离出原来的位置。致密生长的这些复粒淀粉颗粒均为边缘锐利的多面体结构，脐点闭合，无明显的裂隙及层纹，粒径分布在3.82～5.40μm。从显微形态特征和粒径大小来看，其具有稻族（Trib. Oryzeae）植物淀粉粒的特点[43]。Zhang等[27]在对唐户遗址植物硅酸体的研究中也发现具有水稻特征的植硅体存在，结合这一研究，本文认为该类淀粉粒应来源于水稻（*Oryza sativa*）。

第Ⅵ类（图五s和五t）：2粒，同样仅在标本SQ8石器表面发现，该类淀粉粒形状较为奇特，呈不规则长条状。层纹比较清晰，脐点偏心，消光臂较弯曲，粒径范围在45.20～51.66μm。该类淀粉粒与莲藕和山药淀粉粒在层纹和粒径方面有相似之处[43～46]，应该来源于根茎类，但具体种属暂不能确定。

三、讨　论

石磨盘、石磨棒是中国旧石器时代晚期至距今7000年前的新石器时代早中期遗址中常见的石制工具，更是中原地区裴李岗文化的代表性器物之一，对于该类器物的功能，传统上被认为是用来加工谷物的工具，是农业经济出现的标志[55, 56]。近年来，有学者通过对该类工具表面残留物的淀粉粒分析认为，这类石器被用于加工各种需要碾磨和脱粒的植物果实或块根块茎，不能作为农业出现的标志[57]。本次实验在唐户遗址出土裴李岗文化石磨盘、石磨棒表面提取到丰富的植物淀粉粒，除了粟与水稻的淀粉粒外，也包含了其余4类植物淀粉粒，这一结果再次表明裴李岗文化时期大量出现的石磨盘、石磨棒不仅被用来加工谷物，同时也被用作加工其他多种植物类食物资源，这与杨晓燕等[57]的研究结果一致。

唐户遗址是目前发现的规模最大的裴李岗文化聚落遗址，其年代约在距今7800～7000年之间[27]，是裴李岗文化中晚期的代表性遗址。本次实验在该遗址出土裴李岗文化石器、陶器表面发现的淀粉粒，其种属来源可分为6类，包括小麦族、粟类、莲藕、栎属、水稻及其他未知种属等，这些植物中既包括人类栽培的农作物粟和水稻，也有应属人类采集的栎属、莲藕和块根块茎类。此外，从现有研究资料来看，小麦族植物在中国的栽培历史一般不超过距今5000年[58]，因此，我们认为本次实验发现的小麦族植物应来源于唐户先民通过采集获取的野生种子。

粟、黍是中国北方史前时期两类主要的旱地作物，其栽培历史可以追溯至距今1.1万年的全新世初期[24]，月庄遗址浮选结果表明，至迟在距今8000年前，中国东部的黄河以南地区已开始种植这两类作物[59]，而淮河上游在裴李岗文化时期，粟、黍已被当时的人类普遍种植[27, 60-64]。本次实验分别在唐户遗址7件石器和6件陶器表面提取到粟的淀粉粒，是实验选取样品表面出现次数最多的一类淀粉粒，表明这类粮食作物与当时人类所使用的食物加工和蒸煮用具接触非常频繁，其很有可能已成为唐户先民的主要食物来源。分析结果中来自小麦族和莲藕的淀粉粒在实验选取的样品表面也多次出现，张永辉等[63]在裴李岗遗址石磨盘表面残留物中曾发现了大量的小麦族淀粉粒，而莲藕是同处淮河上游的贾湖遗址中的主要植物遗存之一[53]，本次实验结果证明小麦族植物和莲藕也是唐户遗址古人类重要的植物性食物来源。栎属植物果实是裴李岗文化遗址中常见的植物遗存，此前曾在贾湖[53]、裴李岗[63]、石固[60]和莪沟[64]等遗址中多次发现，本次实验在唐户遗址裴李岗文化时期的石器和陶器表面同样提取到该类植物果实的淀粉粒，再次证明了栎属植物果实是裴李岗文化时期人类重要的植物性食物资源之一。此外，值得注意的是，本次实验还在石器标本SQ8表面提取到来源于水稻的淀粉粒，尽管发现概率不高，但结合Zhang等[27]植硅体分析结果，表明唐户遗址古人类除了种植旱地作物粟外，还种植喜湿的水稻作为食物来源，这是淮河上游地区目前所知最早的旱-稻混作农业模式的记录，然而，本次实验仅在1件器物表面提取到该类淀粉粒，似乎表明水稻在唐户遗址古人类的食物结构中只占有很小的比例。

现有研究表明，距今9000～7000年的新石器时代中期通常被认为是史前中国由采集渔猎经济向以作物栽培为特征的农业经济过渡的关键时期[65]。在中国北方的中原地区，裴李岗文化（距今8500～7000年）正是上述关键时段的典型代表。根据目前的植物考古研究成果，裴李岗文化遗址中发现的人类利用的植物遗存种类非常丰富，包括粟、黍、水稻、野大豆（*Glycine soja*）、栎果（*Quercus* spp.）、山核桃（*Carya cathayensis*）、菱角（*Trapa* spp.）、莲藕、小麦族植物、梅（*Vatica mangachapoi*）、酸枣（*Ziziphusjujuba* Mill. var. *spinosa*（Bunge）Hu ex H.F. Chow）及其他块根块茎类植物等[27, 60-64, 66, 67]，体现出一种明显的采集和谷物种植兼有的生业形态。然而，长期以来学术界对裴李岗文化时期上述不同种类植物性食物资源在人类食物结构中地位的变化过程等知之甚少。近年来，位于裴李岗文化核心分布区以南的贾湖遗址（距今9000～7500

年）的植物考古和生产工具研究结果为我们探明上述问题提供了重要线索。该遗址大植物遗存浮选和生产工具分析结果显示，在遗址的一、二期（距今9000～8000年），贾湖人类经济生产活动的主体是采集渔猎，以水稻种植为代表的原始农业仅是辅助性的生产活动，而到贾湖三期（距今8000～7500年）时，原始农业已有明显发展，其在人类经济活动中的重要性已超过了采集渔猎经济[53, 68]。本次实验在唐户遗址出土的与食物加工和蒸煮过程有关的石器、陶器表面残留物中普遍提取到粟的淀粉粒，似乎也反映出在以唐户遗址为代表的裴李岗文化中晚期（距今8000～7000年），人类的经济生产活动可能发生了与贾湖遗址类似的变化过程，即原始农业经济逐渐取代采集渔猎而成为人类生产活动的主体，而两处遗址农业生产活动的区别只在于，在地理位置偏北的唐户遗址，粟成为人类的主要栽培作物，而位置偏南的贾湖遗址，人类以种植水稻为主。

四、结　论

唐户遗址石磨盘、磨棒表面多种植物淀粉粒的发现表明，该类工具不仅被用作加工谷物，同时也是其他多种植物性食物资源的加工工具。本次实验在唐户遗址出土裴李岗文化中晚期石器、陶器表面发现6类不同种属来源的植物淀粉粒，包括小麦族、粟、莲藕、栎属植物果实、水稻及一种未知种属的植物淀粉粒，其中既有应属人类种植的农作物粟和水稻，也有采集的小麦族、莲藕和栎属植物果实等，表明在距今7800～7000年的新石器时代中期晚段，采集和农业种植仍是裴李岗文化古人类获取植物性食物来源的主要途径。而根据粟的淀粉粒在实验选取样品表面普遍出现的情况，并结合邻近的贾湖遗址植物考古和生产工具研究结果来看，以粟种植为主、水稻种植为辅的农业生产活动可能已成为唐户古人类经济活动的主体。

注　释

[1] Li Xiaoqiang. New progress in the Holocene climate and agriculture research in China. *Science China: Earth Sciences*, 2013, 56 (12): 2027～2036.

[2] Lynn K, Daigle J, Hoffman J *et al*. The impacts of climate change on tribal traditional foods. *Climatic Change*, 2013, 120 (3): 545～556.

[3] An C B, Feng Z D, Tang L Y. Environmental change and cultural response between 8000 and 4000 cal. yr BP in the western Loess Plateau, Northwest China. *Quaternary Science*, 2004, 19 (6): 529～535.

[4] Berglund B E. Human impact and climate changes–synchronous events and a causal link? *Quaternary International*, 2003, 105 (1): 7～12.

[5] Smithers J, Smit B. Human adaption to climatic variability and change. *Global Environmental*

Change，1997，7（2）: 129 ~ 146.

［6］ 靳桂云等：《山东日照两城镇龙山文化（4600 ~ 4000a B.P.）遗址出土木材的古气候意义》，《第四纪研究》2006年第26卷第4期。

［7］ 唐丽雅、罗运兵、陶洋：《湖北省大冶市蟹子地遗址炭化植物遗存研究》，《第四纪研究》2014年第34卷第1期。

［8］ 王树芝等：《甘肃张掖黑水国西城驿遗址出土木炭指示的树木利用和古环境》，《第四纪研究》2014年第34卷第1期。

［9］ 杨士雄等：《亚热带稻作区表土孢粉研究及其考古学应用》，《第四纪研究》2010年第30卷第2期。

［10］ 赵克良等：《新疆新塔拉遗址农业活动特征及其影响的植物指标记录》，《第四纪研究》2012年第32卷第2期。

［11］ 王淑云等：《浙江余姚田螺山遗址古人类活动的环境背景分析——植硅体、硅藻等化石证据》，《第四纪研究》2010年第30卷第2期。

［12］ 郑云飞、陈旭高、丁品：《浙江余杭茅山遗址古稻田耕作遗迹研究》，《第四纪研究》2014年第34卷第1期。

［13］ 郇秀佳等：《浙江浦江上山遗址水稻扇形植硅体所反映的水稻驯化过程》，《第四纪研究》2014年第34卷第1期。

［14］ Torrence R，Barton H. Ancient Starch Research. Walnut Creek: Left Coast Press，2006. 1 ~ 256.

［15］ Zarrillo S，Pearsall D M，Raymond J S *et al.* Directly dated starch residues document early formative maize（*Zea mays* L.）in Tropical Ecuador. *Proceedings of the National Academy of Sciences*，2008，105（13）: 5006 ~ 5011.

［16］ Piperno D R，Dillehay T D. Starch grains on human teeth reveal early broad crop diet in Northern Peru. *Proceedings of the National Academy of Sciences*，2008，105（50）: 19622 ~ 19627.

［17］ Henry A C，Brooks A S，Piperno D R. Microfossils in calculus demonstrate consumption of plants and cooked foods in Neanderthal diets（ShanidarⅢ，Iraq；Spy Ⅰ and Ⅱ，Belgium）. *Proceedings of the National Academy of Sciences*，2011，108（2）: 486 ~ 491.

［18］ Perry L，Dickau R，Zarrillo S *et al.* Starch fossils and the domestication and dispersal of chili peppers（*Capsicum* spp. L.）in the Americas. *Science*，2007，315（5814）: 986 ~ 988.

［19］ Lentfer C，Therin M，Torrence R. Starch grains and environmental reconstruction：A modern test case from West New Britain，Papua New Guinea. *Archaeological Science*，2002，29（7）: 687 ~ 698.

［20］ Perry L. Starch analyses reveal multiple functions of quartz "manioc" grater flakes from the Orinoco basin，Venezuela. *Interciencia*，2002，27（11）: 635 ~ 639.

［21］ Piperno D R，Ranere A J，Holst I *et al.* Starch grains reveal early root crop horticulture in the Panamanian tropical forest. *Nature*，2000，407（6806）: 894 ~ 897.

［22］ Piperno D R，Hoist I. The presence of starch grains on prehistoric stone implements from the Humi

Neotripics：Indications of early tubre use and agriculture in Panama. *Archaeological Science*，1998，25（8）: 765 ~ 776.

[23] Liu L，Bestel S，Shi J *et al*. Paleolithic human exploitation of plant foods during the Last Glacial Maximum in North China. *Proceedings of the National Academy of Sciences*，2013，110（14）: 5380 ~ 5385.

[24] Yang X，Wan Z，Perry L *et al*. Early millet use in Northern China. *Proceedings of the National Academy of Sciences*，2012，109（10）: 3726 ~ 3730.

[25] Yang X Y，Barton H，Wan Z W *et al*. Sago-type palms were an important plant food prior to rice in southern subtropical China. *PloS One*，2013，8（5）: 1 ~ 8.

[26] Lu H，Zhang J，Liu K *et al*. Earliest domestication of common millet （*Panicum miliaceum*） in East Asia extended to 10，000 years ago. *Proceedings of the National Academy of Sciences*，2009，106（18）: 7367 ~ 7372.

[27] Zhang J P，Lu H Y，Gu W F *et al*. Early mixed farming of millet and rice 7800 years ago in the middle Yellow River region，China. *PloS One*，2012，7（12）: 1 ~ 8.

[28] 董珍等：《安徽濉溪石山子遗址古人类植物性食物资源利用情况的淀粉粒分析》，《第四纪研究》2014年第34卷第1期。

[29] 万智巍等：《江西万年仙人洞和吊桶环遗址蚌器表面残留物中的淀粉粒及其环境指示》，《第四纪研究》2012年第32卷第2期。

[30] 杨晓燕、蒋乐平：《淀粉粒分析揭示浙江跨湖桥遗址人类的食物构成》，《科学通报》2010年第55卷第7期。

[31] 李明启等：《青海卡约文化丰台遗址灰坑中古代淀粉粒揭示的农业概况》，《第四纪研究》2010年第30卷第2期。

[32] 马志坤等：《石器功能研究的现代模拟实验：石刀表面残留物中淀粉粒来源分析》，《第四纪研究》2012年第32卷第2期。

[33] 李明启等：《甘肃临潭陈旗磨沟遗址人牙结石中淀粉粒反映的古人类植物性食物》，《中国科学：地球科学》2010年第40卷第4期。

[34] Lu T. The Transition from Foraging to Farming and the Origin of Agriculture in China. Oxford：John and Erica Hedges Publishers，1999: 233.

[35] Liu L. The Chinese Neolithic: Trajectories to Early States. Cambridge：Cambridge University Press，2004: 310.

[36] 开封地区文管会、新郑县文管会、郑州大学历史系考古专业：《河南省新郑县唐户两周墓葬发掘简报》，《文物资料丛刊》1978年第2期。

[37] 中国社会科学院考古研究所河南一队：《河南新郑唐户新石器时代遗址试掘简报》，《考古》1984年第3期。

[38] 河南省文物考古研究所、新郑市文物事业管理局：《新郑唐户新石器时代遗址调查》，《中原

文物》2005年第5期。

[39] 张松林等：《河南新郑市唐户遗址裴李岗文化遗存发掘简报》，《考古》2008年第5期。

[40] 信应君等：《河南新郑市唐户遗址裴李岗文化遗存2007年发掘简报》，《考古》2010年第5期。

[41] Hart Thomas C. Evaluating the usefulness of phytoliths and starch grains found on survey artifacts. *Journal of Archaeological Science*, 2011, 38 (12): 3244 ~ 3253.

[42] Yang X Y, Perry L. Identification of ancient starch grains from the tribe Triticeae in the North China Plain. *Archaeological Science*, 2013, 40 (8): 3170 ~ 3177.

[43] 杨晓燕等：《中国北方主要坚果类淀粉粒形态对比》，《第四纪研究》2009年第29卷第1期。

[44] 葛威、刘莉、金正耀：《几种禾本科植物淀粉粒形态比较及其考古学意义》，《第四纪研究》2010年第30卷第2期。

[45] 万智巍等：《中国南方现代块根块茎类植物淀粉粒形态分析》，《第四纪研究》2011年第31卷第4期。

[46] 万智巍等：《中国常见现代淀粉粒数据库》，《第四纪研究》2012年第32卷第2期。

[47] 银永安等：《小麦胚乳A、B型淀粉粒理化特性研究》，《中国农业科学》2010年第11期。

[48] Pipemo D R, Weiss E, Hoist l *et al*. Processing of wild cereal grains in the upper Palaeolithic revealed by starch grain analysis. *Nature*, 2004, 430 (7000): 670 ~ 673.

[49] 韦存虚等：《小麦胚乳小淀粉粒是复粒淀粉的结构观察》，《麦类作物学报》2008年第28卷第5期。

[50] 杨晓燕等：《中国北方现代粟、黍及其野生近缘种的淀粉粒形态数据分析》，《第四纪研究》2010年第30卷第2期。

[51] 唐祈林、荣廷昭：《玉米的起源与演化》，《玉米科学》2007年第15卷第4期。

[52] 万智巍等：《基于淀粉粒分析的江西广丰社山头遗址植物资源利用》，《地理科学进展》2012年第31卷第5期。

[53] 赵志军、张居中：《贾湖遗址2001年度浮选结果分析报告》，《考古》2009年第8期。

[54] 韦存虚等：《水稻胚乳淀粉体被膜的降解和复粒淀粉粒概念的探讨》，《中国水稻科学》2008年第22卷第4期。

[55] 宋兆麟：《史前食物的加工技术一论磨具与杵臼的起源》，《农业考古》1997年第3期。

[56] 周昕：《新石器时代的石磨盘、石磨棒》，《古今农业》2000年第3期。

[57] 杨晓燕等：《北京平谷上宅遗址磨盘、磨棒功能分析：来自植物淀粉粒的证据》，《中国科学（D辑）》2009年第39卷第9期。

[58] 靳桂云：《中国早期小麦的考古发现与研究》，《农业考古》2007年第4期。

[59] Crawford G W等：《山东济南长清月庄遗址植物遗存的初步分析》，《江汉考古》2013年第2期。

[60] Liu L, Field J, Fullagar R *et al*. What did grinding stones grind? New light on early Neolithic

subsistence economy in the middle Yellow River Valley，China. *Antiquity*，2010，84（325）：816 ~ 833.

［61］ 许天申：《论裴李岗时期的原始农业——河南古代农业研究之一》，《中原文物》1998年第3期。

［62］ 王吉怀：《新郑沙窝李遗址发现碳化粟粒》，《农业考古》1984年第2期。

［63］ 张永辉等：《裴李岗遗址出土石磨盘表面淀粉粒的鉴定与分析》，《第四纪研究》2011年第31卷第5期。

［64］ 杨肇清：《河南密县莪沟北岗新石器时代遗址发掘报告》，《河南文博通讯》1979年第3期。

［65］ 赵志军：《中国古代农业的形成过程——浮选出土植物遗存证据》，《第四纪研究》2014年第31卷第4期。

［66］ 李庆卫、陈俊愉、张启翔：《河南新郑裴李岗遗址地下发掘炭化果核的研究》，《北京林业大学学报》2007年第S1期。

［67］ 孔昭宸、刘长江、张居中：《渑池班村新石器遗址植物遗存及其在人类环境学上的意义》，《人类学学报》1999年第18卷第4期。

［68］ 来茵、张居中、尹若春：《舞阳贾湖遗址生产工具及其所反映的经济形态分析》，《中原文物》2009年第2期。

（原刊于《第四纪研究》2015年第35卷第1期）

郑州朱寨遗址考古发掘与收获

刘彦锋　鲍颖建

朱寨遗址位于郑州市高新技术开发区沟赵乡朱寨村东约500米处，东距须水河约500米，南距郑州轻工业学院约1000米。郑州市高新区建设环保局拟建设须水河生态水系项目工程（即朱寨遗址），郑州市文物考古研究院对该遗址进行了考古发掘，共揭露遗址面积5000平方米。截至目前，朱寨遗址共发掘各类遗迹325处：灰坑225个、墓葬63座、瓮棺25座、房址4座、陶窑5座、灰沟1条、灶1座、道路1条。发现有仰韶、商、西周、战国、汉、唐、宋等多时期的文化堆积，其中以仰韶文化时期遗存最为完整丰富，新发现有裴李岗文化时期的遗存。

裴李岗文化时期遗存主要为灰坑，其形状有椭圆形、圆形两种。出土遗物有陶器、石器及兽骨等。陶器以夹砂褐陶居多，其次为泥质红陶，少量的夹砂陶中羼有蚌末；纹饰以素面为主，有少量的篦纹、压印纹、划纹等；器形有三足钵、小口双耳壶、鼎、深腹罐等。石器器形有磨棒等。

目前发现的仰韶文化时期遗迹主要有房址、陶窑、墓葬、瓮棺、灰坑、灰沟及灶坑等。房址有半地穴式与平地起建两种，由门道、居住面、柱洞等组成，F2室壁仍存烧土迹象，应为灶台，F3发现有分间的隔墙，F5的柱洞既深且大，洞壁经过烧烤，底部经过夯打，柱芯清晰。

仰韶文化时期陶窑由火膛、火道与窑室组成，火膛较深、窑室较高，两条火道分别从火膛左右通至窑室并环绕其一周，Y2还发现有工作间。Y1为一座带有双火膛的陶窑，一条位于窑室西侧，另一条则位于窑室的东北部。Y4保存较完整，火膛尤其完好。仰韶文化时期的灰坑有圆形、椭圆形、不规则形等，圆形袋状坑加工规整，用于贮存。

仰韶文化时期墓葬多为长方形竖穴土坑墓，葬式以仰身直肢为主，个别随葬有石纺轮。瓮棺发现较多，有的用陶罐、鼎、钵、大口尖底瓶等为葬具，有的采用复合葬具，即将大口尖底瓶与陶钵扣合后横放，其内多发现有幼儿骨骼。灰坑有圆形、椭圆形、长方形等，多为袋状坑、加工规整，用于贮存。灰沟发现一条，宽2.2～3.5、深0.95米，其上层堆积的底部清理出野猪骨架一具。

仰韶文化时期遗物主要有陶器、石器、骨器、蚌器等。陶器以灰陶为主，有少量红陶；纹饰有素面、附加堆纹、划纹、联珠纹、彩陶等，彩陶以白衣彩陶、红地黑彩居多，花纹图案有圆点纹、弧边三角纹、网纹、篦纹、太阳纹等；器形主要有鼎、罐、钵、盆、豆、大口尖底瓶、纺轮、环及球等。石器有铲、斧、刀、凿、镰、纺轮及磨棒等。骨器有簪、匕等。蚌器主要为镰。

朱寨遗址商代文化时期遗迹主要有房址、墓葬、大型活动面及灰坑等。房址为半地穴式，由门道、台阶、居住面、贮物浅窖穴等组成。墓葬皆为长方形竖穴土坑墓，葬式为仰身直肢，个别有腰坑。商代的大型活动面横跨四个探方，并向北继续延伸。该活动面用炭渣等铺垫，关于其性质还有待进一步探讨。出土遗物主要有陶鬲、罐、簋及大口尊等，另出土有銎铜戈两件。

朱寨遗址发掘的西周时期文化遗迹主要为墓葬，皆为长方形竖穴土坑，仰身直肢葬，墓主头向均朝西，罕见有随葬品。但鉴定人骨架时，在墓主口中发现数枚海贝。

朱寨遗址战国文化时期遗迹主要为墓葬、灰坑，另发现道路一条。战国墓葬均为长方形竖穴土坑墓，葬式以仰身直肢为主，另有一定比例的屈肢葬，葬具多为一棺一椁，大都随葬陶器，或陶罐，或为陶罐、釜组合，或为陶鼎、豆、壶、盘、匜组合，陶鼎、豆、壶多带盖，个别战国墓葬随葬有铜带钩、玉璜、玉环及料珠。战国道路宽约3.5米，清理长度为14.5米，发现车辙四道，分为两组。

朱寨遗址发掘的汉代文化时期遗迹较少，有灰坑、陶窑等。陶窑由工作间、火膛、窑室及烟道组成，火膛较深。出土遗物多为板瓦、筒瓦等。

朱寨遗址各时期文化遗存的发现与发掘，具有重要的学术意义，现概述如下。

（1）从河南省裴李岗文化遗址的分布情况看，其以嵩山为中心，在郑州主要分布于南部。朱寨遗址新发现的裴李岗文化遗存，不仅为裴李岗文化研究提供了新的材料，而且对裴李岗文化遗址的分布研究具有重要价值，对于认识郑州西区裴李岗文化遗存面貌具有重要意义。

（2）朱寨遗址仰韶文化时期遗存的发掘，为研究仰韶文化大河村类型的社会形态、文化面貌等增添了新的实物资料。

从发掘的仰韶文化时期的陶窑等遗迹看，不同于以往郑州地区仰韶文化遗址的同类遗迹。发掘清理的三座陶窑，两座小型陶窑火膛为平地下挖，中部火道与窑室底部的火道相通，窑室的底部稍高于火道。一座大型陶窑火膛与小型陶窑相通，两条火道与窑室相通。从形制看，朱寨遗址的陶窑与其他仰韶文化时期的陶窑有明显不同，是郑州地区发现较早的比较完整的陶窑，为郑州地区陶窑形制的演变研究提供了新材料。

（3）朱寨遗址仰韶文化时期遗存，具有较完整的功能区划，充分体现出私有制产生后的贫富分化现象。

朱寨仰韶遗址坐落在须水河主道与支流交汇处的高台地之上，从勘探和发掘的情况看，分为东西两部分。

东区发现的房址集中分布于北部，其周围散落着众多的袋状窖藏坑，初步分析该区域应为仰韶先民的居住生活区；紧邻居住区的南部发现有大片的瓮棺葬群及墓葬，推测其当为居民的墓葬区；在墓葬区的南部清理出两座小型陶窑，而在居住区的西部又发现一座较大型陶窑，这不仅说明朱寨遗址东区是仰韶先民的生产区，而且显示出生产部门内部可能已出现具体分工的迹象。生产区域内出土的坩埚内的炼渣残片，更是表明先民们可能在生产实践中认识甚至初步掌握了浇铸工艺。

在西区清理出大型房址一座、灰沟一条。该房址面积达30余平方米，不仅中间有隔墙，而且柱洞深大，底部经过夯打，柱芯清晰，洞壁经过烧烤处理，显然是一处规格较高的建筑。该房址的北侧还发现一条宽2.2～3.5米的灰沟，可能与生活区的排水相关。由此可见，朱寨仰韶遗址的东区与西区存在着较明显的等级差别。

（4）朱寨遗址发掘的一座商代墓葬中发现一柄铜戈从墓主的口腔插入，死者的身份有可能是奴隶或战俘，这为商代墓葬的研究提供了实物资料。

（5）从以往的调查和发掘情况看，郑州西部的西周文化遗址分布较多，朱寨遗址的发掘为郑州地区西周时期遗址和封国的研究提供了新材料。

（原刊于《中国文物报》2012年7月13日第8版）

大河村文化文明因素探析

——兼谈其晚期文化的“华文化”性质

索全星

大河村文化是裴李岗文化之后分布于河南嵩山及其周边地区的一支新石器时代晚期文化[1]。大河村晚期文化的文明性质为研究中华文明起源提供了重要依据。本文试从自然环境、文化内涵等方面探析大河村文化产生文明因素的客观情况，兼论其晚期文化的“华文化”性质。不当之处，敬请大家指导。

一、大河村文化概述

大河村文化是分布于嵩山地区的新石器时代晚期文化，大河村遗址为该文化的代表性遗址[2]。大河村遗址位于郑州市柳林镇大河村西南的高岗地，面积达45万平方米，经过八次科学发掘，最深的文化层达12米，内涵丰富，序列完整，有一脉相承的仰韶、龙山、二里头、商代等文化遗存，其中仰韶文化时期的分间陶房、白衣太阳纹彩陶尤具典型特色，以其前三期至第四期的共七期文化为代表而命名为“大河村文化”。可分为大河村类型和阎村类型（图一）。

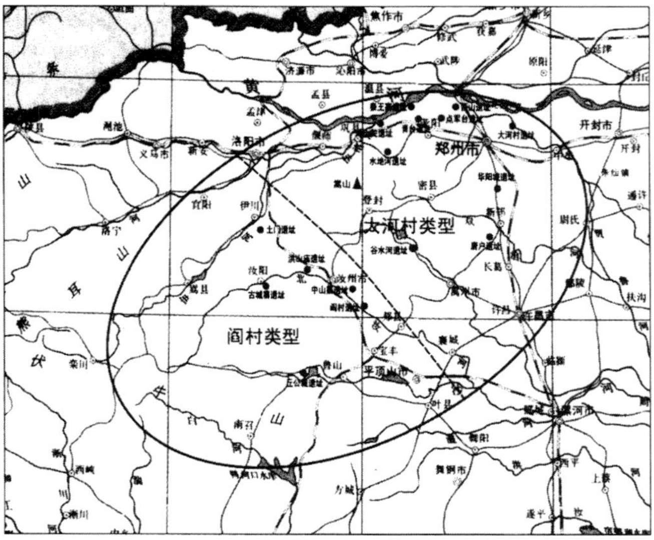

图一　大河村文化典型遗址分布图

大河村类型分布于嵩山东部及北部，大致相当于今天的郑州市全境、许昌的禹州、长葛等地。大河村遗址是该类型的代表性遗址，典型遗址除大河村遗址外还有郑州西山[3]、站马屯西[4]、荥阳青台[5]、新郑唐户[6]、巩义水地河[7]、登封颍阳[8]、禹州谷水河[9]、洛阳王湾[10]等。

阎村类型分布于嵩山西部和西南部，大致相当于平顶山市北部、汝州市和洛阳市南部的汝阳县、伊川县等，代表性遗址是阎村遗址[11]，位于汝州市纸坊镇阎村村东的河岸岗地上，1978年因发现“鹳鱼石斧图”陶缸而得名，典型遗址有汝州洪山庙、土门[12]、中山寨[13]、鲁山丘公城[14]等，盛行成人二次葬，葬具一般用“伊川缸”，一些葬具上绘彩图画。阎村类型在大河村文化晚期最后融入大河村类型。

大河村文化的内涵复杂，学者对它的文化界定、分布区域、类型区分等看法不尽一致。本文将大河村文化“限定在以嵩山为中心的豫中区域”[15]，对相关问题进行阐述。最近，对大河村文化晚期后段遗存（过渡期）的认识，赵青春认为应与大河村五期合并将之划入龙山早期[16]。若此，大河村文化则提前进入河南龙山文化，体现了这支文化的先进性，这样河南龙山时代或可与《史记》相吻合，黄帝成为中华文明转折时期关键性的历史人物。大河村文化分为早、中、晚三期，晚期又可分为前段、后段，其情况如简表（表一）。

表一　大河村文化遗址分期简表

<table>
<tr><th rowspan="2">遗址</th><th rowspan="2">早期</th><th rowspan="2" colspan="2">中期</th><th colspan="2">晚期</th><th rowspan="2">备注</th></tr>
<tr><th>前段</th><th>后段</th></tr>
<tr><td>郑州大河村</td><td>前三、前二、前一期</td><td>一期</td><td>二期</td><td>三期</td><td>四期</td><td rowspan="6">第六组属龙山文化</td></tr>
<tr><td>郑州西山</td><td>第一组</td><td>第二组</td><td>第三组</td><td>第四组</td><td>第五组</td></tr>
<tr><td>新郑唐户</td><td>早期</td><td colspan="2">中期</td><td colspan="2">晚期</td></tr>
<tr><td>郑州后庄王</td><td></td><td>下层</td><td>中层</td><td></td><td>上层</td></tr>
<tr><td>郑州站马屯</td><td></td><td></td><td>第一期</td><td>第二期</td><td>第三期</td></tr>
<tr><td>禹州谷水河</td><td></td><td></td><td>第一期</td><td>第二期</td><td>第三期</td></tr>
<tr><td>荥阳青台</td><td></td><td>第一期</td><td>第二期</td><td>第三期</td><td>第四期</td><td rowspan="4">一期为裴李岗文化</td></tr>
<tr><td>荥阳点军台</td><td></td><td>第一期</td><td>第二期</td><td>第三期</td><td></td></tr>
<tr><td>巩义水地河</td><td></td><td>第二期</td><td>第三期</td><td>第四期</td><td></td></tr>
<tr><td>汝州中山寨</td><td>二期</td><td colspan="2">三期</td><td>四期</td><td>五期</td></tr>
</table>

大河村文化的^{14}C测年数据较多，主要采自郑州大河村、荥阳青台和点军台等遗址的41个标本。这些标本偏重于大河村文化中、晚期，测年数据在公元前3900年至公元前2900年之间，延续达1000年以上[17]。早期测年数据较少，仅有大河村前二期测年数据一个，距今5920年±185年，树轮校正距今6580年±200年[18]，估计大河村前二期距今

6600年左右。那么，大河村前三期的年代可以推定在距今6800年左右。另外，汝州中山寨遗址是裴李岗遗存（第一期）、仰韶遗存（第二至五期）连续发展的遗址，且有明确的地层叠压，中山寨第一期测年数据有两个[19]，即ZK－1367为距今7390年±100年，ZK－1368距今6955年±90年，据此，第二期的年代大致确定在距今6800年左右。如果这样，大河村文化的年代则处在距今6800～4900年间。西山遗址第一期的有两个^{14}C测年数据，即ZK－8156、ZK－8162，经树轮校正年代均处在公元前4230～前3960年[20]，距今6200～6000年，城墙的始建约在距今5300年，说明从聚落发展成为城墙聚落至少有1000年的漫长过程。

目前，大河村文化遗址有200余处，有些叠压着裴李岗文化遗存，多与龙山、二里头、商周等遗存共存的复合型遗址。大河村文化从裴李岗文化发展而来，有的就在裴李岗聚落基础上发展，早期遗存延续了裴李岗文化的风格，如农业工具的型式、半地穴式住房等，但新的文化因素已经出现，如红彩带纹陶器、灰陶比例增加、农业经济加强等。中期曾与庙底沟文化相互交流，聚落已分层分化，实行薄葬简葬，营建陶房，氏族内部表现出社会变革的迹象，农业、手工业、家畜饲养业均有一定发展。晚期前段进入繁荣阶段，由于人口的增多，原来的聚落有所扩大，新的聚落不断增加，流行分间陶房，农业、制陶业、手工纺织业稳定发展，创制了原始历法与早期文字，中晚期之交崛起了中原地区最早的双环壕式的西山城址。西山古城标志着氏族社会走到了尽头，在世界东方云蒸霞蔚的文明曙光里，活力四射的文明旭日由此破晓。晚期后段与大汶口、屈家岭文化交流频繁，聚落出现了大房子，最终发展为河南龙山文化。大河村文化的发展过程，既显示其文化内涵的复杂性、多面性，又展示了其核心文化的原生性、完整性和进步性，可捉脉到其社会内部处在不断变革、务实创新和向前发展的勃勃活力，加之外部环境的催化，由此促成社会文明的诞生。文明社会的产生虽然给腐朽的氏族制度以重创，加速了其解体，但其体制下宗族式的聚落却比较完整地保留下来，以新的文化面貌参与到文明建设之中。

文明的发展并不是一条直线的，内部的调整变革不仅担当巨大的风险，其外部各文化间的剧烈斗争也攸关存亡。据记载，黄帝是《史记》开篇的历史人物，在新郑、新密一带有丰富的古迹和传说[21]。历史上曾爆发黄帝、炎帝的阪泉之战和黄帝、蚩尤的涿鹿之战，黄帝取得了战争的胜利。战争的胜利沉重打击了蚩尤部族，炎帝族势力得到遏制和消减，奠定了黄帝族在中原地区进一步发展的基础。大河村文化最先脱离迷信鬼神的思想束缚，简朴务实，注重创新发展，厚高坚固的西山古城成为文明时代的物化标志，率先跨入了中华文明的门槛，开启了古国文明的新时代。

二、大河村文化的自然地理环境

嵩山属伏牛山系，由嵩山、具茨山、箕山等组成，踞中国的腹心地带，号称

“中岳”。它东西横卧，雄峙中原，海拔最高处为1512米，最低为350米。嵩山地区指郑州市、洛阳市、汝州市、平顶山市北部、许昌市西北部及部分开封市、漯河市等环布嵩山周边的河南省中西部地区，处在北纬33°33″～35°16″、东经110°40″～113°20″。嵩山周围密布颍河、贾鲁河、双洎河、伊洛河、汝河、索须河和黄河等黄淮支干水系，属北温带大陆性季风气候，四季分明，冷暖宜人，土壤肥沃，适宜农业发展和人类栖居生活，物华天宝、人杰地灵是华夏神州的风水宝地，为华夏文明的萌发形成和持续发展提供了无尽的动力和资源保证。

嵩山地区的中部及西南部耸立嵩山、伏牛山、熊耳山等，形成高峨之势，西部边缘有崤山、中条山，北部有邙山和滔滔黄河及其北部的太行山，东部、南部比较开阔但有众多淮河水系交流贯穿在平原、丘陵之间。多山、河网密布、地貌类型多样是其三大地貌特征，为人们充分利用水源、发展多种经济形式提供了便捷，从而可以比较灵活地应对各种自然风险带来的危害。嵩山地区东部、南部为浅山平原，西部有群山环绕的洛阳盆地，这种一半开放一半闭合的地理形势，既有利于各种文化的交流传播，又利于文化中枢的安全和各类信息的开发、储存，为我国文明的起源和发展搭建了一个极其完美的天然大舞台。

任何文化的产生和发展都与它的自然环境状况密切相关，大河村文化也是这样。居中的地理位置、半开半合的地形地势，造就了嵩山独特的环境优势。大河村文化凭借地利，注重外部交流，加强内部变革，使得中华文明的种子在此落地生根，神奇地开花结果。

嵩山东部及东北部的新郑、禹州、新密、郑州和荥阳一带是早期夏王国、商王国的建都立国之地，这个区域正与大河村类型文化分布相一致，西周华国[22]的华阳城遗址恰在其中心位置，称为“华地”，认为“中华文明起于此”[23]。中华文明起源和发展就充分利用了嵩山地区的人地因素，最终在郑洛地区立定根基，演绎了华夏文明发展历史的东方传奇。

三、大河村文化文明因素探析

我们系统地考察了大河村文化遗址及其文化内涵，文明因素在中期开始滋生发展，晚期前段经济文化呈现繁荣兴盛景象，晚期后段系其调整转变时期，这是中国早期文明形成的关键阶段。这个时期，大河村文化的文明因素由弱小发展到强大，到晚期形成勃发之势，最终肇造早期国家（西山古城）。这种情况是自然地理环境、大河村文化特色和周边文化交流等和谐发展、共同作用的必然结果。其文明因素主要表现在以下几个方面。

1. 坚持农业经济，推进手工业发展

农业经济是社会文明产生和发展的物质基础。早在裴李岗文化时期，发达的农业经济已是社会生活赖以持续发展的重要支柱，从仰韶文化开始，重视农业和坚持发展农业经济成为华夏文明的文化传统。这个时期的文化遗存颇为深厚，大河村遗址的文化层厚达13米，这与长期的定居生活、稳定的农业经济有关。

当时的农作物以粟和黍为主，水稻应有一定种植[24]。林山寨、青台、颍阳等遗址均发现有粟的遗存，大河村遗址不仅出土黍、粟的炭化物，还发现了莲子，这时的莲藕应是重要的块根食物之一。

生产工具的状况是农业发展的重要反映。大河村遗址出土的石质生产工具可以看出，早期43件、中期38件、晚期189件，其他质地的生产工具也呈现了由少到多的发展态势，说明农业在逐渐发展和进步。遗址内出土了一批板状巨型石铲和带肩石铲，说明成年男性在部落社会的作用加强了，大大提高了劳动生产的效率。建业壹号城邦[25]的23件石铲中，带肩铲8件，长条形铲6件，其中一件长度达0.54米，刃部锋利，有些石铲上部还遗有捆扎木柄的痕迹。从储物窖穴看，西山遗址多至2000座，多分布在城内西北部较高的地方，大河村有窖穴156座，建业壹号城邦有332座，这些虽不能反映出遗址窖穴的全部情况，但可说明农业丰收能够满足人们的日常生活需要，包括寒冷冬季的艰难岁月。这种窖穴口小底大呈袋状，壁面光滑，底部平整，有的还经过烘烤的特别处理。挖制窖穴，注重储存食物是对农耕文化的创新和发展，完成了自裴李岗文化以来农业革命的全部过程，真正实现了农业经济是社会进步的物质基础。彩陶的太阳纹、月亮纹、日晕纹说明人们已掌握了天象知识，创制了原始历法，依此对农业生产进行合理安排。原始历法在农业生产中的运用，表明了农业技术的提高和农业生产进一步专业化。大河村、后庄王遗址[26]出土的平底陶碗绘有禾苗纹，表达了期盼丰收的愿望，体现了农业生产在生活中所具有的重要性。

饲养业的发展也十分明显，大河村遗址、站马屯遗址发现了圈养动物的围栏，遗存中大量的猪、羊、牛、鸡等遗骸、骨骼，说明这些动物已被驯化。饲养业为人们提供肉食和牲祭的动物来源。

陶器是火与土凝结的艺术产品，是古代先人利用自然改造自然的又一次社会进步。陶器的生产创造，满足了人们的生活需求，提高了人们的生活质量，同时为文化生活注入了丰富多彩的内涵。大河村文化的陶器典型独特，从制作工艺、器物风格到彩绘艺术等均具有一致性和连续性，证明聚落之间来往密切、交流频繁，在原始体制下大家都认同这种形式的陶器文化。从大河村文化中晚期遗存出土较多的完整器（主要是瓮棺葬）和大量的陶片分析，陶器制造规范，并且批量生产，具有较高的工艺水平，表明制陶业是专业化的。陶器有炊煮器、盛储器和其他用品，炊煮器一般为夹砂陶器，有鼎、罐、甑、箅、鏊等，主要用于蒸、煮、烤、烙制食物；盛储器一般为泥质陶器，有盆、罐、

瓮、壶、缸、瓶、钵、碗、杯、豆等；此外，遗址内还发现有陶弹丸、陶球、陶刀等工具。彩陶主要绘画在泥质陶器罐、壶、瓮、钵、碗等器物的肩腹部，其布局、设色、运笔、美感可谓无不精到、恰到好处，应是专业制陶匠师和熟练技工才能完成的。陶窑区与居住区已经分离，制陶者从农业部门脱离出来，出现了初步的劳动分工。

此外，各个遗址还出土了与手工纺织业有关的工具，如纺轮、骨锥、骨针等数量较多，唐户遗址的陶器上有麻布的印痕，青台遗址发现了纺织品的遗物[27]，经科学鉴定为丝绸、麻布等，可见手工纺织已有相当规模。人们不仅利用动物毛发、植物纤维制作纺织品，而且还加工蚕丝以纺织出精美的丝帛。从大河村文化的墓葬可知，从事纺织业者主要为女性（母亲），植桑养蚕缫丝或种麻纺线织布，为社会文明增添了缤纷色彩。

2. 造精品陶房，建新型家园

农业经济的发展为人们实现定居生活提供了基本保障，安居工程的质量是衡量社会文明程度的实物体现。对聚落的选址及住房的修建，建设安全舒适的家园，是早期人们努力实现的美好愿望，也是社会向文明迈进的重要动力。从圆形半地穴式住房到方形或长方形地面起建的分间房舍，比较客观地体现了大河村文化逐步走向繁荣的发展历程。早期圆形半地穴房子是继承裴李岗文化而来的，房子约10平方米，面积不大，是比较原始的情况；中期之时，半地穴房子已经极少，盛行地面起建的方形或长方形的单间房，房子经过烧烤，即“整塑陶房”；晚期前段分间式陶房比较时尚，大河村三期已有四间一组的房子，晚期后段，聚落中心出现了大房子，建筑面积至少不低于120平方米。这时仅造墙法有夯土墙、垛泥墙、烧土块砌墙（现代砖墙的萌芽）、木骨泥墙等，地基处理有平整夯实、挖槽、夯基等，木桩的柱洞也作了砸实、分层填实（特制的烧土粒浆、黏土浆等）、碎陶片填充等防腐处理，可见大河村文化的建筑技术已有了前所未有的发展。

早在裴李岗时期，半地穴窝棚式房子的周边地表多有环形的沟槽，这是雨季期间的排水沟，说明这种房子并不是理想的住房。整塑陶房是大河村人根据嵩山地区冬季寒冷、夏季多雨等气候特点建造的，很好地解决了早期房子狭窄低矮、潮湿倒溢、易毁等缺陷，成为定居生活的最佳选择。整塑陶房发明之后，流行了大约1000年的时间，说明它符合社会发展的客观要求和生活实际。它的建造工序是：先平整建房的地表，进行挖基筑槽，基槽内植立若干木柱（直径10厘米左右），木柱中间捆扎横木，有的还附绑草秸或芦苇，再用草拌泥将柱隙垛实抹平，墙壁在25～35厘米。房顶亦大致如此修缮。最后分层铺设室内地面，或用烧土粉粒或用料姜粉、砂和浆（类似现代水泥）抹平，光洁平整，甚精美。经过以上程序后，架薪烧烤，使呈砖红色即告完成。“整塑陶房”结实耐用、整洁舒适、防潮通风，但工序复杂，资源、人力耗费较大，是个不小的家居工程。

荥阳点军台第一期有F1、F2、F3、F5四座房子，自东向西依次排列，因为同时期、毗邻较近，反映了住房在聚落的分布情况及家庭之间的基本关系。F1是一座东西形式的套间房，其余三座则为近方形的单间房，从墙壁情况看，墙内立柱不仅有圆形，还有方形、三角形和不规则形等，墙壁烧烤后接近砖红色。这些房子的基础之下，还叠压有同时期较早的房基，因破坏较甚未能进一步清理，仅发现有柱洞3个，东西向的残墙痕迹2道。根据点军台遗址的^{14}C测年数据，F5的树轮校正年代为距今5535年±170年，F3的树轮校正年代为距今5370年±130年，大致处在大河村文化中期的中晚阶段。如果考虑到同时期较早房基的时间，陶房出现的时间应该在距今6000年左右，处在大河村文化中期的早段。点军台F1开创了大河村文化分间房的先例，是社会内部变革的具体反映。大河村二期的F22建筑式样与点军台一期房子的结构基本相同，说明其时代近同。

大河村遗址目前发掘的房址有43处，其中二期1处、三期17处、四期25处。整塑陶房在大河村二期有F22一座，三期有F1～F4、F17～F18、F19～F20、F29、F30～F32、F33、F35、F46八组房子，第四期已不见陶房，被烧土块砌墙、草拌泥筑墙的房子取代了。每组房子有主次之分、房间门向各异，说明家庭是聚落社会的基本单元。这些房子对聚落来讲是个整体，但每组房子在聚落中又有一定独立性，这是由于新型生产力因素产生，出现私有制、形成夫妻家庭的客观表现。聚落形态由裴李岗时期及仰韶早期的凝聚式向松散式发展，人们的思想从氏族制度的枷锁中获得解放，旧的氏族制瓦解，新的宗族制确立，是当时社会生活的缩影。大河村四期的大房子，不仅体现了聚落形态的变化，而且反映出大河村文化的社会性质发生了质变。

大河村遗址的F1～F4是一组典型的“整塑陶房”建筑，大致东西向排列，总面积44.33平方米。F1为主房，面积19.8平方米，由套间和外间组成，外间北墙开设一个门道。外间、套间各设一个火塘，有门道相通。F2面积14.23平方米，门道开在南墙中间，内设一个火塘和两个土台。F3为二次扩建，面积7.8平方米，门道在北墙，内设一个火塘。F4 仅2.5平方米，门道北向，可能是存放柴薪等日用燃料或杂物的储藏室。F1、F2、F3分别自成单元，设有日常生活使用的烧火台等，共有一个储藏室F4，可见他们之间的密切关系。

F1的建筑面积较大并且居中，为套间结构，显示了F1主人在家庭中的特殊地位。F1内出土的器物比较多，共有52件，其中陶器有鼎12件、罐5件、彩钵1件、彩罐2件、彩陶壶、彩双联陶壶各1件、环8件及钵、瓶、豆、缸、球、器盖各1件，石器有球3件、纺轮3件、砺石1件，骨制品有镞2件、锥5件、残器1件、鹿角1件。F1内用于煮熟食物的陶鼎就有12件之多，显示了房主人的尊长地位。彩绘双联陶壶（F1：16），高20、口径6.4、底径5厘米，泥质红陶，由两件大小相若的陶壶连接而成，腹部连接处有孔洞相通，壶侧各附加一个拱形竖耳，鼓腹，平底，器表通体施红衣，饰黑彩平斜线条纹，造型典雅别致，美观大方。研究表明这件陶壶是举行婚姻合卺、部族结盟仪式的器物，这可旁证F1主人在聚落中的尊崇身份。

F2出土9件器物，其中陶罐3件，彩陶罐1件，陶缸2件，石球、砺石和骨锥各1件。F2东北角的土台上放置一件泥质灰陶罐，罐内存放有已经炭化的粮食籽粒，据灰像法鉴定，是粟和2粒莲籽。

通过对大河村F1～F4这组房子的布局及各房内的器物情况分析，炊煮器、饮食器都集中在F1内，其他房子中则没有，F2内仅有存放粮食的盛储器。这种情况表明，这组房子的所有人员“都集中在一个较大的房间烧饭和吃饭，他们应是一个包括不同辈分和若干对夫妻的较大的家庭”[28]。若就这组房子而言，适宜两代或三代人共同生活的家庭（图二）。这组房子的^{14}C测年数据有3个[29]，其中F2两个，ZK-0185标本树轮校正年代为公元前3685年±125年（达曼表）、公元前3780～前3534年（高精度），WB81-25标本树轮校正年代为公元前3365年±130年（达曼表）、公元前3505～前3142年（高精度）；F1标本一个，BK80029树轮校正年代为公元前3355年±120年（达曼表）、公元前3502～前3147年（高精度）。综合来看这些测年数据，F1～F4应在距今5500～5400年，处在大河村文化中晚期之交。

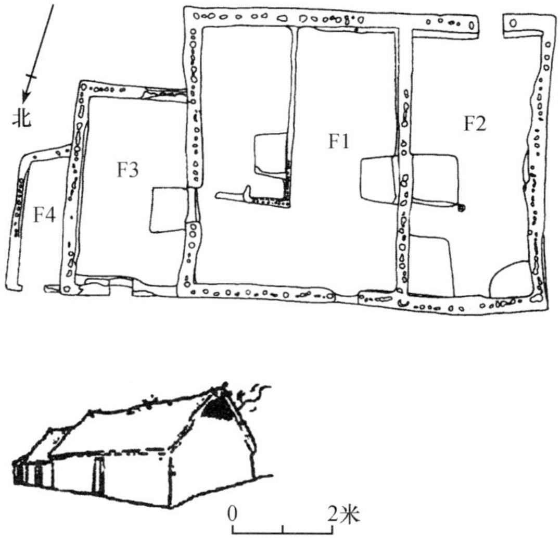

图二　大河村遗址F1～F4平、复面图
上.平面图　下.复面图

大河村F19～F20是一座平地起建的双间陶房，东西向排列，保存较为完整（图三）。西间F20较大，室内长、宽分别为4.13和3.7米，面积有15平方米。中间稍偏东北建有方形火塘，高出地面4厘米，东边有35厘米高的挡火墙。门开在南墙的东部。东间为F19，室内长、宽分别为3.3和2.3米，面积有7.6平方米。F19的火塘设在室内西北角，房门开在东墙北端，有一道门槛。门外有护门的围墙，应是一种门棚。这座陶房的内外墙面均经处理，先后两次涂抹沙泥抹平，室内地面也经沙泥和草拌泥多次铺垫处理，较为平整耐用。F20之外的南部、东部还残留有活动地坪，分别用沙土、灰土铺垫而成。地坪的南端挖制两个窖穴，用作储藏食物的地下仓库。陶房可能由于突发事故（如火灾）而损毁，室内的生活用具基本保持原貌，反映了当时的生活情景。这组房子的^{14}C测年仅有F20一个，标本BK76004的树轮校正年代为公元前3070年±210年（达曼表）、公元前

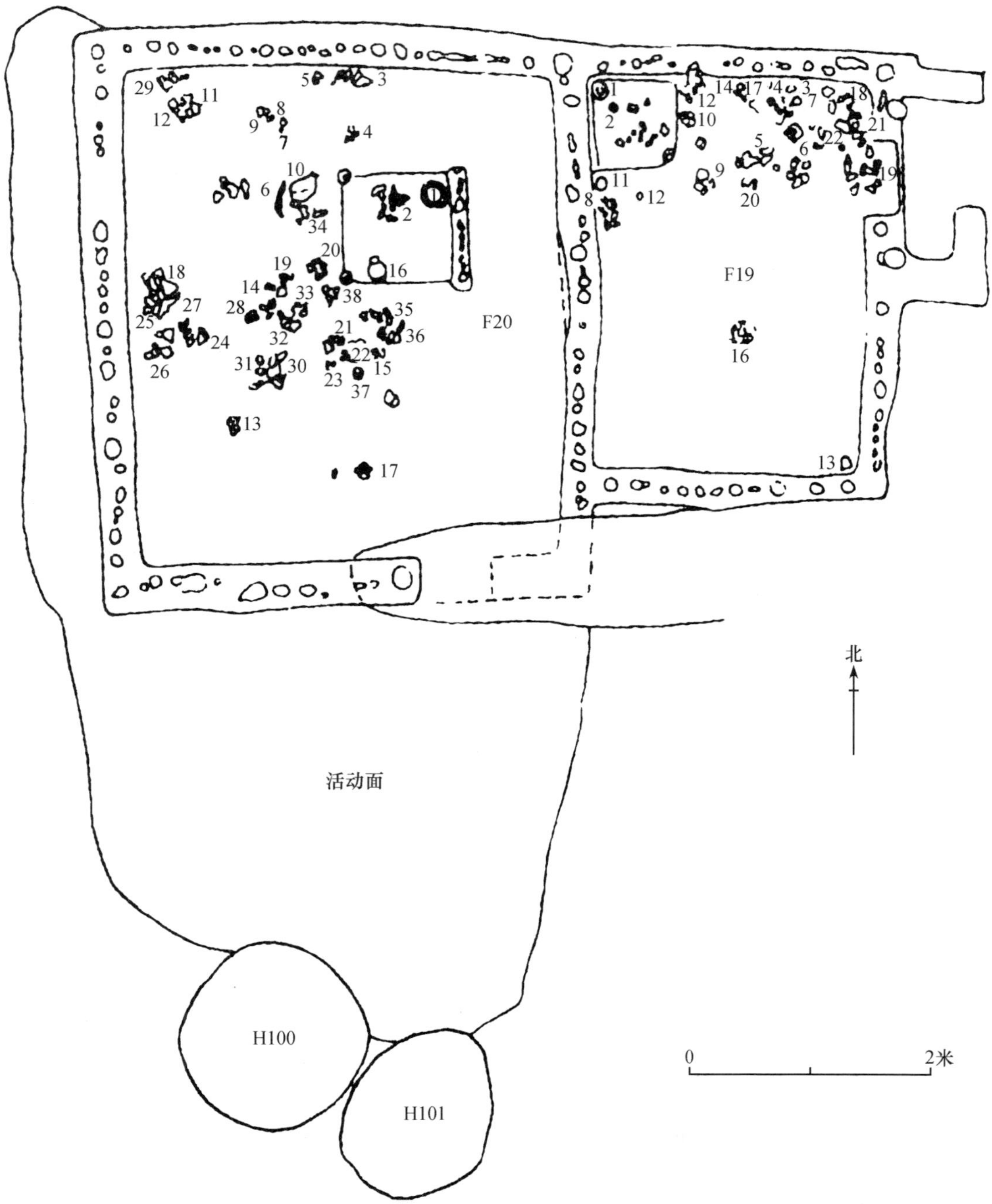

图三　大河村F19、F20平面图

3320～前2788年（高精度），大体处在距今5100年以上，相当于大河村文化的晚期阶段。

夫妻家庭的出现及与之伴生的私有制，激发了人们创造美好生活、建设理想家园的动力和热情，陶房子就很好地体现了这点。大河村三期的陶房，是在新的生产力因素下大河村文化繁荣景象的表现，体现了社会文明的进步和发展，顺应了时代发展的潮流。

但在大河村第三、四期之交，大河村文化的繁荣景象几乎被摧毁，最明显的是陶房突然消失，大河村第四期出现以草拌泥筑墙和烧土块砌墙的房子，也有少量半地穴房子，没有陶房的踪影。第四期房子的建造方法许多是从第三期延续承继下来的，烧土块砌墙的房子即很典型，这些烧土块多是陶房废弃料的再利用。总体上可以认为第四期文化是在第三期的废墟上重建的，如果这样，陶房被摧毁的原因不是来自聚落内部，而是极有可能为外部因素所造成，这与彩陶的衰落、西山古城的重修等现象大致同时。这一情况似乎预示出大河村第三、四期之交发生了激烈的社会动荡，加速了大河村文化向文明社会的发展。

西山遗址城内发现房址约200座，也以地面起建的房子为主，由于长期定居，房基多被叠压打破，有的仅余部分基础垫土，保存较差。从保存较好的几座住房基址来看，似有一定布局。如F144、F129分别位于L1的东、西两侧，门皆向北，朝向北城门。F136位于城内东北部，门向西，方向近270°，F105位于城内的西北部，两间并排，门皆开向东南，方向161°。以上房基似可分为两组，即门向北的一组（如F129、F144）和门向城内中心方向的一组（如F136、F105）。西门内东侧有一座大型夯土建筑基址（F84），略呈扇面形状，东西长约14米，南北宽约8米，面积达110平方米。推测这处建筑基址之上应是一座规格较高的大房子，其北侧是一个面积达数百平方米的广场，周围还有数座房基环绕。如果推测属实，夯土建筑基址（F84）的建筑应是西山遗址的中心建筑，可能具有初期的宫殿性质。

大房子是聚落的中心，也是宗族文化的代表，是族内祭祀、族务处理、物品的分配交易、公共活动等举行的场所。这样的房子由全体氏族成员共同建设，面积大，结构复杂，雄伟壮观。巩义滩小关的大房子[30]，南墙残长11.87米，系挖基后用湿泥垛筑墙壁，残高0.5米，墙基南部还有6个圆形柱洞，中间有二级台阶，墙基底部发现有人牲、瓮棺的奠基遗存。大河村遗址第四期发现F15和F26两座大房子，由于条件限制，F15清理了122平方米，F26仅清理36平方米，均未清毕。但F26房内发现有1平方米左右的两个方形柱础和一个孩童奠基坑，其中的一号柱础系小版块夯筑而成。这说明版块夯筑技术是大河村文化的一项重要发明，在建筑方面已广泛运用，夯筑的西山古城绝非偶然。这是否可以认为，大河村第三期繁荣之后，大房子在聚落中的突出地位说明了其父系社会的性质，完成了社会变革和转型，同时遗址内出现了较多的灰坑葬人等现象，表明公共权力强化了聚落的管理职能。

古人的聚落多选择在临河台地、生态良佳之区，利用沟壑环壕为屏障，抵御暴雨、洪水、猛兽等自然灾害和外族侵袭，对聚落的安危存亡至关重要。在当时的环境下，环壕或壕沟基本能够保障聚落的安全。大河村、建业壹号城邦、朱寨等遗址都发现有环壕遗迹，巩义滩小关遗址据2004年的初步钻探，在遗址的西部、南部、东部边缘发现两道环壕，外环壕宽12～13、深7～10米，内环壕宽5～7、深4～5米，外环壕范围内的面积达70万平方米，可以确定是一处环壕式大型聚落[31]。西山遗址初期也是环壕形式的聚落，经过近千年的发展，才在遗址的中心区建设版块夯筑的城墙，成为开启文明时代的光荣标志。

3. 厉行简朴之风，力倡务实发展

崇尚简朴、务实发展是大河村文化的又一比较显著的文化特色，主要在薄葬、简祀等仪礼上有明显表现。朴素务实的观念成为大河村文化重要的思想基础，这与周边文化（红山文化、良渚文化）的修造木型祭坛、大兴厚葬礼玉之风迥异，使经济文化的发展大致运行在生产力水平能够规范的范围内，从而保障了社会发展具有可持续性。

墓葬与聚落分开，形成氏族墓地。每个墓地，墓向一致，排列较为规整有序。墓葬的主要形式是竖穴土坑，单人仰身直肢葬，没有或有极少随葬品。孩童埋葬用瓮棺。目前看，各个遗址清理的墓葬资料，大河村124座、建业壹号城邦37座、西山143座、后庄王19座、水地河56座，普遍实行薄葬，严格遵守薄葬简葬这种葬制。有随葬的墓葬多为女性（母亲），仅有大河村、水地河两个遗址。其中，大河村4座（8件）、性别不明墓2座（3件），水地河3座（4件），共有15件，主要是陶壶2、陶鼎1、陶纺轮6、弹丸3、陶碗1、骨针1、骨锥1，没有装饰品、奢侈品。随葬品多的仅3件，少的1件，差别非常小，并且也就这么几个墓。在当时的生活环境下，由于女性（母亲）在繁衍人类方面的特殊贡献，以及在生活生产上的主动作用，在纺织业方面尤其突出，自然形成了女性（母亲）在家庭中的尊崇地位。这种情况，似可理解。

青台遗址M25为屈肢侧卧葬式的男女合葬墓。西山遗址的M79为成年男子与婴儿的合葬墓，M85为成年男女的合葬墓，而M86、M97、M106等则是一次葬与二次葬的成年男女同穴分层合葬墓。这些情况是夫妻制形成的反映，婚姻制度由对偶婚制向夫妻制转变，产生了夫妻家庭和私有制。但为什么大河村文化在墓葬随葬品方面却很少有能够反映私有财产差别的资料信息?

墓葬的薄葬简葬现象，早在裴李岗文化晚期的长葛石固、贾湖遗址已有端倪，一些学者注意到这是劳动观念变化形成的[32]。其实，这是“人死无灵魂”的体现，通俗地说是“无神”思想，是朴素的唯物观念的反映。基于这种思想观念，加之大河村文化中期蓬勃的变革浪潮，在强大的族权、公共权力的支持下，原始时代的大河村人实实在在地做到了薄葬、简葬，而现代社会虽也大力提倡但尚难完全做到。墓葬的薄葬简葬，客观上减少了物质财富的靡费，增加了社会积累，而与现实生活的大房子、陶房、彩陶等极尽奢华，形成较大反差，其根源还在于“人死无灵魂”的观念，因此形成重视人世的务实态度，透视出社会公共权力强大的管理功能。这种社会高度一体化管理的独特形式，我们认为它不是一个或几个聚落的行为，而是大河村文化的共同行为，可以说达到了“制度化”。

实际上，大河村文化范围内，尚有特大聚落、大型聚落、一般聚落等的区别，其间的聚落为氏族式的，在特大聚落之上应有一个超级聚落，主导区域文化的发展。可否认为这种强大的管理体系由特大聚落、大型聚落、一般聚落逐层落实完成，到大河村文化晚期，这些特大聚落、大型聚落逐渐转化为"国"的形式？由此可以反映出大河村文化尊敬宗祖、信仰自然的观念，人的思想从依赖和迷信神灵解放到关注现实社会的发展，这不同于周边文化（比如红山文化、良渚文化）的厚葬之风。可见，朴素务实的唯物观是大河村文化发展繁荣的思想基础，成为许多创造发明产生的源泉和动力，推动了社会生产力的发展。

在墓地、建筑基址、灰坑内发现有特意埋设的罐、豆、钵等器物及完整的动物和一些非正常死亡者，说明牲祭、人祭、食祭等原始信仰也十分盛行。西山遗址祭祀规模似乎很大，规格较高，不仅发现有被扔在灰坑内呈挣扎状的人牲，还有许多灰坑埋葬了完整的大型兽骨架，其中H759内的半身牛骨架系被腰斩后埋入的，H1580内的2具猪骨架有被捆绑的痕迹，它们应是祭祀活动中所用的牺牲。这种现象在大河村文化晚期很普遍，是社会盛行原始信仰、礼制的一个缩影。但总体看，这些仪礼的规模和用度尚在规范之内，并未出现礼玉和大型祭坛等现象。

4. 文字、历法——文明社会的文化标志

大河村文化"鹳鱼石斧图""日历图"是两件重要的文字图画，深刻地反映了大河村文化精神文明的内在实质和文化发展的客观情况。

"鹳鱼石斧图"绘制在出土于1987年临汝阎村遗址的一件陶缸上（图四）。该缸为泥灰陶，高47、口径32.7、底径19.5厘米，略呈直筒形。这种缸一般体形较大，被称为"伊川缸"，是阎村类型文化用于成人二次葬的葬具。"鹳鱼石斧图"画在陶缸的腹部，高37厘米，宽44厘米，画面约占缸腹面积的二分之一，是中国迄今所见最大的一幅史前时期的彩陶画[33]。鹳身健硕，喙嘴叼鱼，昂首挺胸，眼睛圆睁，双腿直立。鹳鸟旁竖立一件装柄的石斧，斧头绑缚在木柄的上端，木柄上端有穿孔四眼，用以穿绳固定石斧，柄上写"X"符。石斧极似甲骨文的钺字，是一种作战武器，由首领执掌指挥战争，代表权力。这幅画图生动地记录了发生在大河村文化晚期的一次战争事件，笔法古拙，技法娴熟，意境含蓄深邃，准确描述了征服战争和重建社会秩序的思想，代表大河村文化的艺术水平。

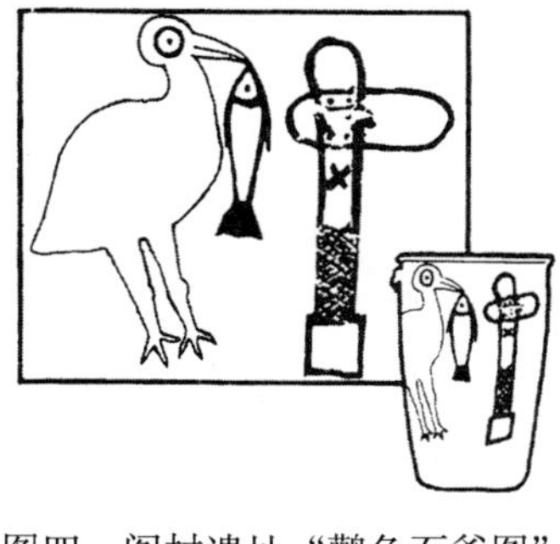

图四　阎村遗址"鹳鱼石斧图"

"日历图"是在陶钵肩部绘制十二个光芒四射的太阳，有的太阳之间画了圆月，祈盼日月有常、风调雨顺，实际上表示一周年为十二个月的历法概念，记录了历法产生这一历史事件，是历法形成的实物证据[34]。目前，可供研究的"日历图"陶钵残片有两件，分别出土于大河村遗址T11第3层、第4层（图五），属大河村第三期。古人"迎日推策"[35]，历法是在大量观察天象的基础上形成的客观认识。太阳纹、日晕纹、星象纹等为大河村文化所特有，反映了人们已掌握了算数术、古历法、天象、时序等知识，对

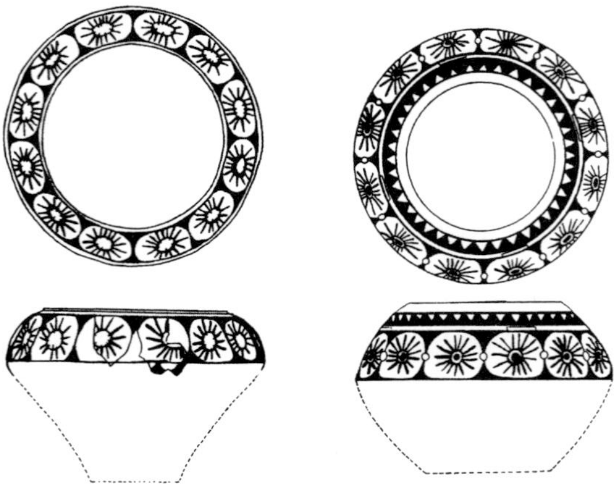

图五　大河村遗址“日历图”（复原）

天象的深刻认识是农业文明高度发达的体现。大河村人最早掌握了历法，创制了日历，按照日历安排生产生活，促进了农业的进步和发展。日历图比“夏小正”至少早1500多年，为夏代历法的源头。

彩陶是用于盛放祭品的容器，彩绘图案或文字内容是与神灵沟通交流的传媒，某种意义上讲它是给神灵享用的，客观上为我们研究古代的文化生活和精神世界提供了重要的实物依据。大河村文化中期，彩绘受庙底沟文化影响较浓，但始终保持着自身特色的彩绘风格。如由弧边三角、圆点、垂弧、弧线等组成的繁复的连续花纹及锯齿纹等，图案回旋环绕，神秘莫测，显然有庙底沟文化的风格，而太阳纹、月亮纹、睫毛纹、梳子纹、禾苗纹、肖像动物纹及鹳鱼石斧图、日历图，务实客观，朴素简洁，却是大河村文化独有的特色。

大河村文化的彩陶，太阳纹生动亮丽，禾苗纹活泼生姿，梳子纹艳美不俗，线条纹匀称饱满，这些精美的图案符号，毫无疑问是用毛笔完成的杰作，这是远古时期最为亮丽的“中国”符号。可见，毛笔的发明使用，对新石器时代文化的思想解放和文化创新具有重要的历史意义。大河村文化很少刻划符号，这与毛笔的使用有关。毛笔是我国特有的传统书写工具，它记载了5000多年文明历史的辉煌篇章。可以说，毛笔、颜料和砚台的应用，掀起并形成了新石器晚期文化发展的“文化革命”的高潮，极大地提升了精神文明发展的质量。彩陶不容易腐朽毁坏，绘在泥质陶器的钵、罐、盆、壶等器物上的图案符号较好地保存下来，因此使得我们有幸得睹其灿烂的文化风采。象形文字是中国最古老的文字，它的产生与图画有着深厚的渊源关系。彩陶上的许多符号比较固定，反复出现，明显用于记事、表达思想情感，已是文字的原始形态了（图六）。太阳纹、禾苗纹、鱼纹、格子纹，形状稳定，具象性强，是“日”“禾”“鱼”“田”等字的雏形，应是早期的象形文字[36]（表二），正是人们生产生活中的事物。这些为裴李岗文化贾湖遗址的契刻符号与商代甲骨文之间增添了一段文字形成与发展的传奇，可能是陶

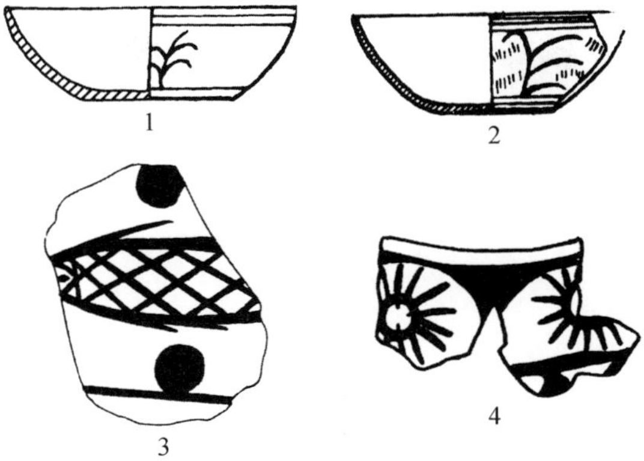

图六 大河村文化的象形符号

1. 禾苗纹 2. 禾苗纹 3. 鱼纹 4. 太阳纹

表二 大河村字符与甲骨文对照

大河村字符				
甲骨文				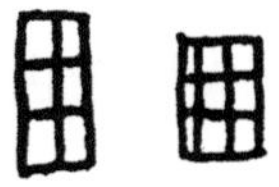
	日	禾	鱼	田

寺、郑州小双桥[37]等遗址朱书文字的渊源，这也是大河村文化领先于周边文明起源文化的重要原因。原始文字是照亮文明社会的明灯，是早期中国文明形成的重要标志。

象形字符的产生，在一定程度上满足了人们记事及思想文化交流的需要，出现了“鹳鱼石斧图”“日历图”等会意性的原始记事文本，为文字的发展奠定了坚实的基础。文字的产生是一个复杂的过程，是集古代占卜、刻符、算筹、绘画、民俗、语言等文化的高级载体。在这次文化浪潮中，大河村人智慧地将务实思想与庙底沟文化回环连续的神符相结合，结出了灿烂的文字硕果，使文明的阳光照亮神州，展示了日历天文成就，再现了一幅鲜活生动、斑斓多彩的文明社会情景，为中原文明起源发展加装了腾飞的翅膀。古时“仓颉造字”应该不是空穴来风，大河村文化晚期是我国文字形成的重要时期。除了彩陶之外，文字可能还书写在其他材质上，当彩陶消失后，文字还在另外的材质上继续演变发展，但我们尚未得知。但因彩陶距离甲骨文尚有2000多年的时空悬隔，历史太过久远，故需要花费极大的气力解密其文化信息，探知其社会面貌的真谛。

大河村遗址F1出土彩绘双联壶，是用于婚姻合卺和宗族结盟的专用品。大河村遗址是一个40万平方米的大型聚落中心，执壶同饮表达诚意，在氏族结盟仪式上尤其重要。最近，朱寨遗址在考古发掘中出土了冶铜的坩埚，坩埚内壁遗有炼渣[38]。说明仰韶时期冶炼技术一直在探索发展中。“黄帝铸鼎成仙”的传说故事，表达了古人为寻求新的社会资源而英勇献身的精神，成为中华文明不断发展的动力源泉。

5. 社会分层分化和对立现象

大河村文化的聚落主要分布于临河的冲积平原地带或丘陵岗地，土质良好，地势平坦，避风向阳，一般有壕沟环护，适宜人居生活和农业种植。聚落有功能区的划分，如墓地、住居区、制陶烧陶区等。聚落的人们是聚族而居，这是自裴李岗文化继承下来的氏族制的体现。这一时期的聚落内部都出现一个大房子，是宗族聚落的中心。现在我国以姓氏命名的村庄、单姓氏村庄的宗祠就是“大房子”的遗留，是凝聚族亲、强化族权的方式，这是中国特色的传统文化。由于大河村文化晚期思想文化的进步，新型生产力因素应运而生，推动了社会的变革和发展，由氏族制转变为宗族社会，由母系转变为父系，出现了私有财产和夫妻家庭。文字和日历的应用，加剧了社会的分层分化和对立。原始国家形成是解决社会矛盾的最好办法，社会的分层分化和对立是国家萌发的重要前提。

据调查获知，这时的遗址有200多处，已有分化现象，起码有了大小之分、文化层的薄厚之别。遗址在5万平方米以下的最多，分布较广，有荥阳秦王寨、汝州阎村、洪山庙、洛阳王湾、郑州后庄王等；6万～10万平方米的次之，有荥阳点军台、禹州谷水河、郑州站马屯等；11万～20万平方米的大聚落已经不多，如巩义水地河、登封颍阳、汝州中山寨等，另外出现了个别特大型聚落中心，郑州大河村45万平方米、新郑唐户54万平方米、巩义滩小关55万平方米，甚至有了西山古城版夯城墙的高级聚落。中心聚落、大聚落、一般聚落的分层分化，说明聚落之间有了统属依附关系。黄帝时号称“万国”，中心聚落或大聚落可能是早期“国”的原始雏形。

大河村文化已经有了农业、制陶、纺织、石器制作等社会分工，中期之时有了书画、观察天象的“文化”人，从大房子、夯土台基看，产生了管控聚落的公共权力，晚期之时，强大氏族或亲近氏族之间结盟成为较稳定的政治团体，选举产生首领或轮流执事，氏族内部形成执掌公共权力的权贵阶层。拥有公共权力的主要是氏族的首领、巫师及“文化”人等少数权贵阶层，而大多数氏族成员则是族权、公共权力统治下的普通民众。这些社会利益集团已有政体性质，相互之间频繁发生矛盾冲突乃至战争，征服和占有敌方的土地、人口及资源，发展壮大自身的经济文化实力。点军台遗址H57是一个直径1.9米的乱葬坑，人体遗骨横斜交错、上下叠压，至少有10具人骨架，死者有成年人也有儿童，出土陶片很少（图七）。颍阳遗址乱葬坑直径2、深1.6米，葬有10多具错乱不整的人骨架。有研究者认为“鹳鸟石斧图”是古代的一次战争记录[39]。西山遗址第五

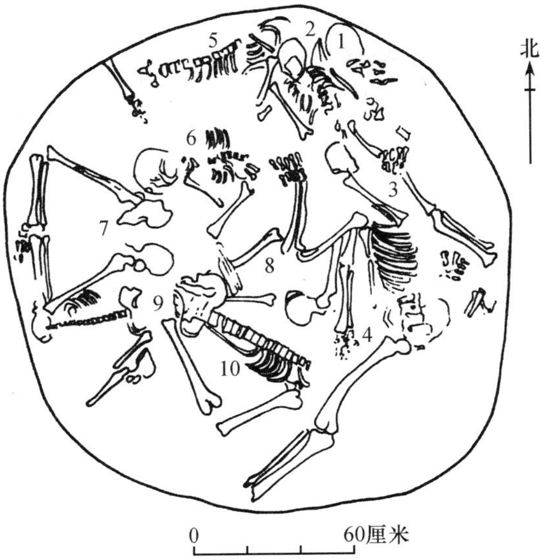

图七　点军台遗址乱葬坑（H57）

图八　中山寨遗址葬人坑（H56）

组时，古城有一段荒废期及其后的大规模重修，这是战争损毁造成的。点军台、颍阳遗址的灰坑葬有十多具遗骸，可见战争规模之巨。

遗址中还发现有掩埋和扔弃在灰坑的非正常死亡者，或俯（侧）身屈肢，或呈捆绑挣扎状，抑或身首异处，状极悲惨。中山寨遗址第四期H56有三层堆积，中下层有猪、狗的遗骸，一具人骨架被扔弃在该灰坑的上层（图八）。大河村遗址第四期的灰坑葬人有7处，其中H35内的人骨架系一侧身屈肢的男性，鉴定年龄为50岁；H188在距坑口深约1.2米的东部有一具侧身屈肢的壮年男性；H196埋葬的死者系男性，俯身直肢，鉴定年龄为45岁（图九）；H197的情况则是一具人骨架侧身屈肢于灰坑底部，上肢弯曲，双手捂脸，下肢弯曲置于腹前，一只猪骨骸扔弃在人骨之上，经鉴定，这人是一个40岁的男性（图一〇）；此外，在H153、H181、H221等灰坑内均埋葬有完整的人骨架。这些人死

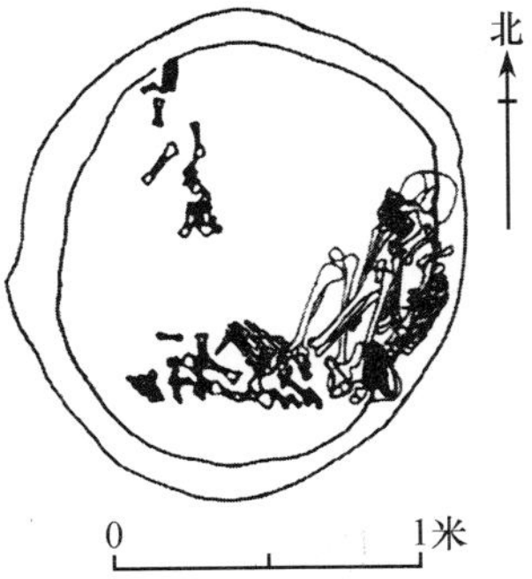

图九　大河村遗址葬人坑（H196）

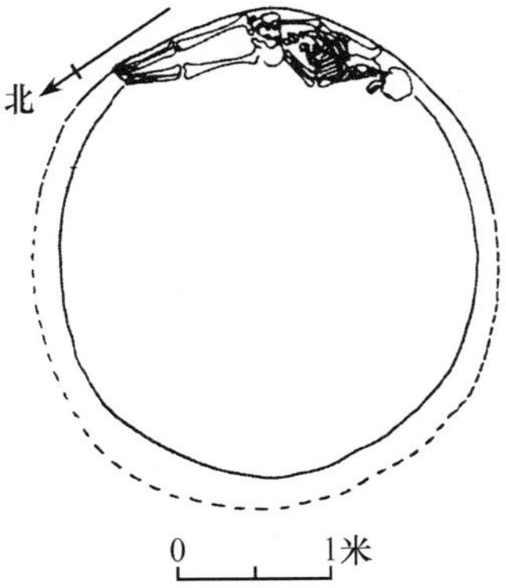

图一〇　大河村遗址葬人坑（H197）

后不能埋入墓地而被扔进垃圾坑内，与猪狗的遗骸同穴，可见其身份卑微、地位低下，没有人身自由。如此看来，它们或是战俘、奴隶，或是受到严惩的氏族成员。这种现象表明，大河村社会中存在着比一般成员地位更低的一部分人，可能属于所谓的“奴隶”阶层，他们不能正常入葬宗族墓地，同时彰显了社会管理体系的强大有力，并且已经制度化。进入龙山早期，大河村遗址灰坑葬人增多了，说明社会阶层的尖锐对立极大地催化了社会文明化的进程。

男性氏族成员是护卫聚落的主力，平时务农，作战时为兵。遗址中出土的斧、铲、球、矛、弹丸（弹弓）、镞（弓箭）等石质工具及木质的棍棒也是这样，劳动时用于农耕和狩猎，战争时期则应是主要的作战武器。这时，不论是石镞还是骨镞均较锋利，数量大增，说明弓箭经过改良大大提高了射程和杀伤力，成为常用的作战武器。

6. 西山古城崛起，中华文明破晓

西山遗址位于郑州市北郊23千米处的古荥镇孙庄村西，处在黄河南岸的邙山东端的丘陵、平原的交接地带。1993～1996年之间，国家文物局举办考古领队培训班在此发掘从而发现古城。这座古城由城墙、双重环壕及城门防御、城隅等城防设施构成。城址平面近似圆形，直径约180米，城墙残长约256、宽3～5、高1.75米，全部掩埋于地表之下。城墙外侧的环壕依城挖制，宽4～7、深3～4.5米，类似后期的护城河。经过勘探，在城外北部又发现外环壕，西端距城约170米，东端距城约280米。城址南部被枯河冲刷从而遭破坏（图一一）。

根据地层及遗物遗迹情况，西山古城始建于遗址第三、四组之交或第四组较早时期，不晚于公元前3300年，延续至西山第六组，约为公元前2800年，跨越新石器的仰韶、龙山两个时代，约有500年的历史[40]。西山第四、五组属大河村文化晚期，第六组至废弃为龙山文化早期，这个界限约在公元前3000年。

西山古城应用了当时最先进的造城技术，即版块夯筑法和一套比较科学的城建设施。版块夯筑法即用柱子夹板层层筑高，一般每版长1.5～2、宽1.2米左右，用3～5根一组的集束棍夯砸实。城隅比城墙宽约2个版面，即城角部位比城墙加厚3米多。西城门和北城门尚存。西城门北部城墙上有建筑基址，可能是望楼，与西门对应的城壕两岸，有搭建板桥用的两个墩台遗迹。北城门宽10米，平面呈“八”字形，城门两侧有城台遗迹，前面横筑一道护门墙。这些设施都用小版块夯筑，十分坚固。北城门中间有一条南北向的用粗砂及红烧土铺成的道路，是进出西山古城的重要通道。城隅、城门、城台和双重环壕构成西山古城严密的城防体系，充分显示了强大的军事防御功能。

城内有夯土高台基址、房基和窖穴等建筑，分布似有规划。西城门内侧的F84，是一座大型夯土建筑基址，呈扇面状，东西长14、南北宽8米。面积达110平方米，北部为一处大广场，周围环绕数座房基。夯土建筑台基的出现成为我国高台建筑的始作者，具有原始宫殿的性质。城内清理了170多座房基，1800多个窖穴灰坑密集分布于地势较高的城

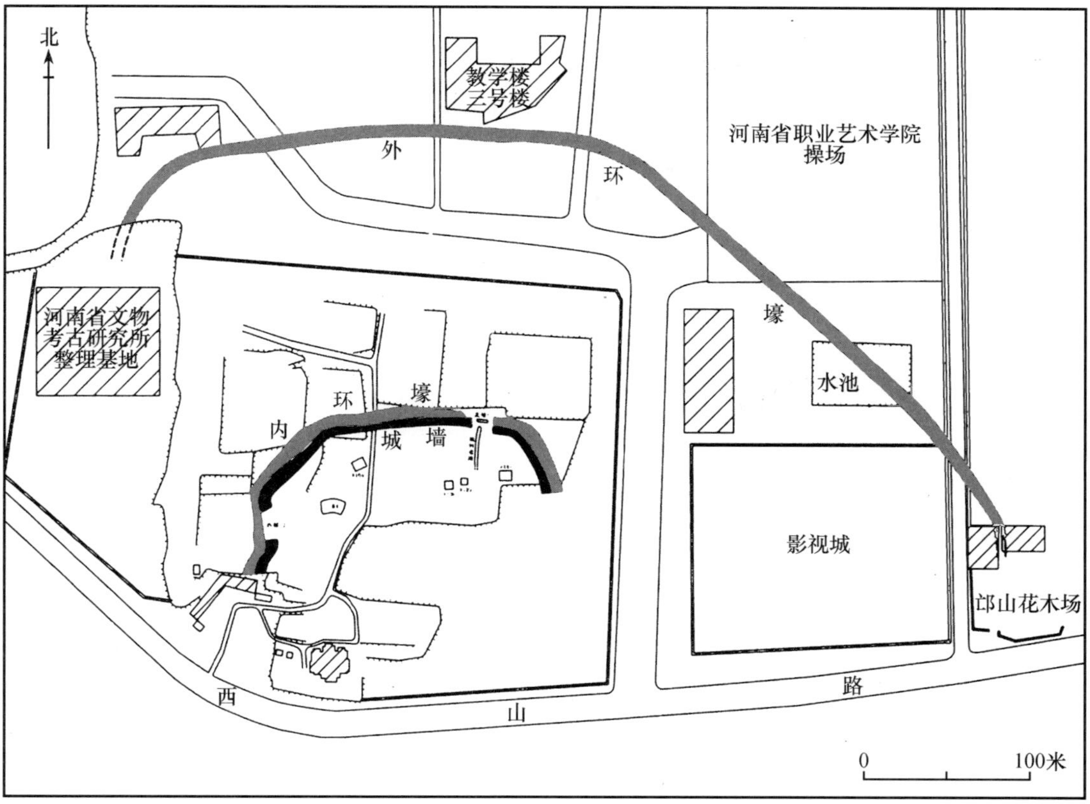

图一一　西山城址平面图

内西北部，可见西山城的统治者注意严格控制粮食等物品。窖穴的粮物恐非西山所能创造，应包含周边次等级聚落的“贡赋”。

墓地有城外西部、城内北部两个，城外的东北断崖处有陶窑遗迹，另外在建筑基址周围、墓地及个别灰坑内发现较多祭祀遗迹，主要有食祭、人祭、牲祭等。一些废弃窖穴中发现有呈挣扎状的人牲，他们被与兽类同置一穴。在20余座灰坑内出土了大型兽骨架，其中H759内的半身牛骨架系被腰斩后埋入的，H1580内的2具猪骨架有被捆绑的痕迹，它们应是祭祀活动中所用的牺牲。牛在当时尚是稀有动物，能够用牛祭祀，可见西山城的祭祀规格之高。

西山古城不仅说明仰韶晚期郑洛地区聚落形态出现了质的变化[41]，也是社会文明在聚落形态的重要体现。西山古城还保留有圆角方形的原始性，但其城建规划、版块夯筑技术等已臻成熟[42]；具有“祀与戎”的内涵，显示浓厚的政治色彩，已有早期城市的性质[43]，只不过显得精致些。西山古城的形状结构及文化内涵具有古国的性质，这是没有问题的，但还不清楚它是华地哪个古国的都邑。西山古城有臻于成熟的建筑技术，而在“华地”的北端，以此而论，该城不应是“华地”最早的。但目前“华地”仅发现此城一个，我们为方便论述，暂以它作为产生文明的物化标志。

城是聚落的高级形态、文明社会的物质载体。我国古代，城是“国”的标志，与国家紧密相连。按照“国家出现文明就形成”的标准，郑州西山古城的崛起，标志着大河村文化的文明诞生。西山古城是中原地区最早的版筑夯土城墙，开启了龙山时期及王国时代夯土版筑城址的先河，为文明时代的到来拉开了帷幕。

因此，大河村文化的“太阳纹”是丽日之光华（也可称“太阳华”），应是华族的标志，同时也说明华族的天象、日历、文字、夯土版筑城墙、整塑陶房等先进文化对人类发展的卓越贡献，可见华族及华地各族人民勇于开拓文明的积极精神。

四、大河村文化的文明性质对中华文明历史的重要影响

通过对大河村文化的文明因素的研究，说明这支文化的文明性质在中国文明发展历史中具有十分重要的意义。

1. 华夏文明的源头

大河村文化之后，中国历史进入古国时期，而大河村文化晚期的西山古城，开启了以版筑夯土城墙为特征的新型聚落的古国时代，经过1300多年的发展，中国历史第一个王国——夏王国在嵩山脚下崛起。考古发掘证实，登封王城岗遗址是治水英雄夏禹的都城“阳城”，距此不远的禹州瓦店遗址、新密新砦城址，均与夏王国的开国之君夏启有密切关系。据考古学研究、^{14}C测年数据及文献印证等综合分析，年代处在夏纪年的早中期，充分证明夏王国的早期文化中心在嵩山及其东部，最早的夏文化发生于此。若往前推论，则夏文化与大河村文化的直接渊源十分明显，不仅地域相同而且文化传承清楚，就是说大河村文化的发展奠定了华夏文明基本的发展模式和文化基础，这种历史趋势的形成，对中华文明的发展产生了深远的影响。

现在郑州的商都城址，由宫殿群址、城墙及外郭城构成，其中密布居住区、墓葬区、铸铜作坊、制骨作坊及大型祭祀遗迹等，面积达25万平方千米，是当时世界上最大规模、最雄伟的城市建筑。夏代晚期，夏王国的势力中心转至洛阳盆地的偃师二里头，商族则南渡黄河以郑州为根据地发展，势力不断扩张和壮大，商族因此发迹。及至夏末，相继攻取了新郑望京楼[44]、郑州大师姑[45]等夏王国东部用于防御的城池要地，之后即挥师西进打败夏桀，建立强大的商王国。相关研究表明，距二里头遗址约6千米的偃师商城，规模仅有郑州商都的三分之一，却也曾短暂地作过早期商王国的都邑，但考古发掘证明郑州商都始终是早期商王国的政治文化的中心。古代的“定鼎”礼仪是王权的象征，是一项最高级别的祈祥国运昌盛、王权久长的国家大典，商王室对此重视有加。目前，“定鼎”祭祀遗迹在郑州商都发现三处，地点特意选择在城外附近的高岗之上，其中2处分别距东、西城墙南端外侧仅50米，另一处距西墙中部外侧约300米，共出土8件方鼎、3件圆鼎等28件高规格的青铜礼器，为郑州商都增添了新的文化内涵[46]。其中杜

岭一号方鼎高1米，重87千克，稳重大器，尽显王者风范。可见，商族在郑州建都立国应该渊源有自。

2. 中华文明的本源

我们也注意到东北的红山文化、浙江的良渚文化、山东的大汶口—龙山文化及湖北屈家岭—石家河文化等周边文化的文明起源现象，他们与大河村文化一道呈现了文明起源阶段的“多源”景象，为中华文明起源文化谱写了新篇章。但是周边文化在文明起源及初期发展中，由于地理环境、文化因素及发展不平衡性等，导致其文化衰亡和停滞，而华夏文明却以优异的文化特色强势崛起，成为中华文明的核心文化，发展为幅员广阔的“大中国”。从这个意义上讲，大河村晚期文化的文明性质具有中华文明的本源性质。

3. 华文化的本质

《国语·郑语》记载，华国是西周时期重要的古国，发现有命簋、华季益鼎、华孟子鼎等青铜礼器。据资料研究，华国的地理方位在今新郑市郭店镇华阳寨村一带，现地表之上仅遗留有战国时期的华阳城遗迹。笔者于2010年夏季曾对该遗址进行过考古调查，发现其地下文化内涵丰富，不仅有商代的二里冈文化、殷墟文化遗存，还有仰韶文化时期的大河村文化遗存[47]。由于该遗址“华国”的特殊背景及其处于大河村类型文化的中部位置，使我们认识到夏文化、商文化先后发祥于此的历史现象绝非偶然，显示了大河村晚期文化文明性质的重要意义。西周华国为大河村中晚期文化的文明性质烙上了“华文化”的历史印记，并给以恰到好处的诠释，即大河村晚期文化就是华夏文明的源头——华文化。“华”应是大河村晚期文化（华文化）的名称孑遗，是“中华”名源的历史告白。

目前，关于华文化的研究是初步性的，仅仅发其一端，探其一微，应该说十分不完整，如华文化的具体内涵、时段及发展状况等诸多问题，尚需花费大气力，完成许多具体而扎实的工作。笔者认为，大河村文化是具有文明性质的文化，可以称为“华文化”，时髦地讲，则是“文明起源文化”。这种文明性质的文化在大河村文化晚期最为光耀突出，更为成熟。若从历史角度讲，华文化是以华族为主、华地各族人民创造的文明性质的文化。可以掌握的是，黄帝是华文化的范畴。华族问题，以前有过探讨，如嵩山左近说[48]、“玫瑰花瓣”说[49]、戎地说[50]等，但氛围寥落。笔者认为嵩山左近说符合华夏文明发生发展的实际，应着力研究。“华夏”自古一体，寻找“华”应限定在夏文化中心区域，华文化是夏文化形成和发展的重要基础，应有直接的渊源关系。由华文化到夏文化是华夏文明早期发展阶段的历史概括。夏代在《史记》等文献中有记载，对它的认识相对容易一些，但华文化则仅有点滴流露，如梦如幻，难以捉摸。可喜的是，夏文化的研究成果提示了可望对华文化研究取得重大突破的基础，因为夏族兴盛之地、早期夏文化中心均处在嵩山左近一带，所以大河村晚期文化的文明性质作为华文化的重要研究对象应该前景广阔、充满信心。现在研究成果显示，大河村文化是裴李岗文化之后发展的新石器时代晚期文化，简朴务实的思想，以农业为主的经济形态，日历、原始文字、地面起建的分间陶房、丝麻布的纺织技术、版夯城墙聚落等许多创造发明，都是这支文化所特有的贡献，并且具有革命性的影响，为中华文明奠定了发展的基础。

注　释

［1］中国社会科学院考古研究所：《中国考古学·新石器时代卷》，中国社会科学出版社，2010年，第220页。“大河村文化”概念依此，但具体内容有些差异。

［2］郑州市文物考古研究所：《郑州大河村》，科学出版社，2001年。

［3］国家文物局考古领队培训班：《郑州西山仰韶时代城址的发掘》，《文物》1999年第7期。

［4］中国社会科学院考古研究所河南新砦队等：《郑州市站马屯西遗址新石器时代遗存》，《考古》2012年第4期；河南省文物考古研究所等：《郑州市站马屯遗址仰韶文化遗存2009—2010年的发掘》，《考古》2011年第12期。

［5］郑州市文物工作队：《青台仰韶文化遗址1981年上半年发掘简报》，《中原文物》1987年第1期。

［6］河南省文物考古研究所等：《河南新郑唐户新石器时代遗址试掘简报》，《考古》1984年第3期；河南省文物考古研究所等：《新郑唐户新石器时代遗址调查》，《中原文物》2005年第5期。

［7］郑州市文物工作队：《河南巩县水地河新石器遗址调查》，《考古》1990年第11期；张松林、刘彦峰等：《河南巩义水地河遗址发掘简报》，《郑州文物考古与研究》，科学出版社，2003年。

［8］郑州市文物工作队：《河南登封县几处新石器时代遗址的调查》，《考古》1995年第6期。

［9］河南省博物馆：《河南禹县谷水河遗址发掘简报》，《考古》1979年第4期。

［10］北京大学考古文博学院：《洛阳王湾——田野考古发掘报告》，北京大学出版社，2002年。

［11］临汝县文化馆：《临汝阎村新石器时代遗址调查》，《中原文物》1981年第12期。

［12］中国科学院考古研究所洛阳发掘队：《1959年豫西六县调查简报》，《考古》1961年第1期。

［13］方孝廉：《河南临汝中山寨新石器时代遗址》，《考古》1978年第2期；中国社会科学院考古研究所河南一队：《河南汝州中山寨遗址》，《考古学报》1991年第1期。

［14］河南省文化局文物工作队：《河南鲁山丘公城古遗址的发掘》，《考古》1962年第11期。

［15］中国社会科学院考古研究所：《中国考古学·新石器时代卷》，中国社会科学出版社，2010年，第221页。

［16］中国社会科学院考古研究所河南新砦队等：《郑州市站马屯西遗址新石器时代遗存》，《考古》2012年第4期。

［17］中国社会科学院考古所：《中国考古学·新石器时代卷》，中国社会科学出版社，2010年，第

227页。
[18] 郑州市文物考古研究所：《郑州大河村》，科学出版社，2001年，第585页。
[19] 中国社会科学院考古所河南一队：《河南汝州中山寨遗址》，《考古学报》1991年第1期。
[20] 中国社会科学院考古研究所考古科技实验研究中心^{14}C实验室等：《放射性碳素测定年代报告（三八）》，《考古》2012年第7期。
[21] 新郑市文物管理局：《新郑市文物志》，中国文史出版社，2005年，第172～175页。
[22] 复旦大学历史地理研究所：《中国历史地名辞典·华国》，江西教育出版社，1988年，第315页；郑州市历史文化丛书编纂委员会：《郑州市文物志·华阳故城》，河南人民出版社，1999年，第150页；马世之：《郑州市域夏商周诸侯国国都探索》，《古都郑州》（下卷），中州古籍出版社，2004年，第252页；郑州市文物考古研究院：《河南新郑市华阳城遗址的调查简报》，《中原文物》2013年第3期。笔者这次调查，发现遗址内有商代二里岗文化、殷墟文化及大河村文化晚期等遗存。
[23] 唐兰：《西周青铜铭文分代史徽·命簋》，中华书局，1986年，第337页。
[24] 袁靖：《公元前3500年至前1500年黄河、长江及西辽河流域的资源、技术和生业研究》，《中国文物报》2012年8月17日。
[25] 索全星、刘彦峰等：《郑州市发现一处仰韶文化晚期遗址》，《中国文物报》2009年7月10日。
[26] 河南省文物考古研究所：《郑州后王庄遗址的发掘》，《华夏考古》1998年第1期。
[27] 张松林：《荥阳青台遗址出土纺织物的报告》，《中原文物》1999年第3期。
[28] 严文明：《仰韶文化研究》（增订本），文物出版社，2009年，第229页。
[29] 中国社会科学院考古所：《中国考古学·新石器时代卷》，中国社会科学出版社，2010年，第814页。
[30] 河南省文物考古研究所：《河南巩义市滩小关遗址发掘简报》，《华夏考古》2002年第4期。
[31] 郑州市文物考古研究院：《见证辉煌——郑州市文物考古研究院成立50周年》，科学出版社，2010年，第151页。
[32] 孙祖初：《论中原新石器时代中期文化》，《文物季刊》1996年第4期。
[33] 张绍文：《原始艺术的瑰宝——记仰韶文化彩陶上的鹳鱼石斧图》，《中原文物》1981年第12期。
[34] 李昌韬：《谈谈郑州大河村遗址出土的彩陶上的天文图像》，《郑州文物考古与研究》（一），科学出版社，2003年；廖永民：《大河村新石器时代的彩陶艺术》，《中原文物》1984年第4期。
[35] 司马迁：《史记·黄帝本纪》，《二十五史》（第1册），1988年，上海古籍出版社，第1页。
[36] 马如森：《殷墟甲骨文实用字典》，上海大学出版社，2008年。甲骨文“日”“田”“鱼”“禾”字选自此字典。
[37] 宋国定：《郑州小双桥遗址出土陶器上的朱书》，《文物》2003年第5期。

［38］ 刘彦锋、鲍颖建：《郑州朱寨遗址考古发掘与收获》，《中国文物报》2012年7月13日第8版。
［39］ 严文明：《鹳鱼石斧图跋》，《文物》1981年第12期。
［40］ 国家文物局考古领队培训班：《郑州西山仰韶时代城址的发掘》，《文物》1999年第7期。
［41］ 赵春青：《郑洛地区新石器时代聚落的演变》，北京大学出版社，2001年，第111页。
［42］ 钱耀鹏：《关于西山城址的特点和历史地位》，《文物》1999年第7期。
［43］ 李鑫：《西山古城与中原地区早期城市的起源》，《考古》2008年第1期。
［44］ 郑州市文物考古研究院：《河南新郑望京楼二里岗文化城址东一城门发掘简报》，《文物》2012年第9期。
［45］ 郑州市文物考古研究所：《郑州大师姑（2002～2003）》，科学出版社，2004年。
［46］ 河南省文物考古研究所、郑州市文物考古研究所：《郑州商代铜器窖藏》，科学出版社，1999年。
［47］ 郑州市文物考古研究院等：《河南新郑市华阳城遗址调查简报》，《中原文物》2013年第3期。
［48］ 唐兰：《西周青铜铭文分代史徽·命簋》，中华书局，1986年，第337页。
［49］ 苏秉琦：《中华文明起源新探》，生活·读书·新知三联书店，1999年。
［50］ 栾丰实：《海岱系文化在华夏文明形成过程中的作用——从海岱、中原两大文化区系的相互关系谈起》，《华夏文明的形成与发展——河南省文物考古研究所建所五十周年庆祝会暨华夏文明的形成与发展学术研讨会论文集》，大象出版社，2003年，第99页。

（原刊于《嵩山文明研究通讯》2013年总第2期）

华国遗址考察与中华名称溯源

索全星

“中华”名源从何而来，是困惑学术界的老问题。河南新郑市华阳城遗址是西周华国都邑之所在，但与“中华”是否真有关系，一直难以定论。2010年7～11月，我们对华阳城遗址进行了考古发掘和全面调查，发现有东周城址、商代二里冈文化、殷墟文化及仰韶大河村文化遗存等，尤其是大河村文化遗存与古“华地”分布的大河村类型文化内涵一致，从而凸显大河村文化在“华地”的重要性。大河村类型文化晚期，农业、手工业已有较高发展，发明并使用历法、日历和书写文字，建筑舒适整洁的陶房和大房子，应用版块夯筑技术建造高厚坚固的西山古城（原始古国，距今5300年）[1]，表明夫妻制家庭、私有制已经确立，社会严重分层、分化，聚落及社会管理也已制度化，这个时期，在新的生产关系下，呈现出繁荣盛世的景象，具有文明社会的特质。我们结合历史文献对这一问题进行初步探讨，认为华阳城遗址为“中华”名源之地，大河村文化晚期的繁荣景象与中华文明起源关系密切，可称为“华文化”，华夏文明是中国早期文明从华文化发展到夏文化的历史概括。

一、“华国”文献记载及相关问题

西周末年，在周朝担任司徒的郑桓公看到西周将亡即向史伯征询安全保身之策，史伯建议他最好迁到现今郑州一带。但是，郑桓公还是身死西戎之乱，由其子郑武公完成东迁大计，建立郑国。史伯有这样一段精彩的形势分析：“其济、洛、河、颍之间乎！是其子男之国，虢、郐为大，虢叔恃势，郐仲恃险，是皆有骄侈怠慢之心，而加之以贪冒。君若以周难役之故，寄孥与贿焉，不敢不许。周乱而弊，是骄而贪，必将背君，君若以成周之众，奉辞伐罪，无不克矣。若克二邑，邬、弊、补、舟、依、鞣、历、华，君之土也。若前华后河，右洛左济，主芣、騩而食溱、洧，修典刑以守之，是可以少固。”[2]

十邑之地和“前华后河”里各有一个“华”，以文义看，一指国，一指山都，没问题。十邑之地的“华”被认定是“华国”，历来大家都认同不疑，说明西周时确有华国，春秋初年郑武公东迁时灭之。《路史·国名记四》：“华，子国，郑十邑有华。”《汉书·地理志》注引臣瓒曰：“幽王既败，郑桓公死之，二年而灭郐，四年灭虢。”这是郑武公东迁时先后灭掉郐、东虢两个较强国家的时间，即郐国灭于公元前769年，东虢国亡于公元前767年，那么，华国应在公元前769～前767年间被郑武公灭掉。现代学者认为，华国“在今河南新郑县北”，并明确指出即新郑市郭店镇华阳寨村[3]。

“前华后河”的“华”是华山，系华国一带山地的统称，泛指地理险要。但也有认为是“颍”字之误的。对此笔者持不同意见，若为“颍”字，这可能与“济、洛、河、颍之间”的“颍”对应，指颍水或指登封境内的颍阳一带山地，但其历史文化内涵和重要性表现得不够。智者史伯应清楚这些。史伯舍颍用华，考虑到华山既有较高的知名度又有比较深厚的历史内涵，意思只是个概称。郑武公东迁灭掉华国改称“华阳”，山称“华阳山”。如此，西周至郑武公东迁，“华”以中华源地一直享誉神州，是专用的名称，指华国、华山。这就是以“华”代称中原的缘由。还有一例可说明华山在新郑。吴起是战国时卫地（今河南辉县）人，与华地隔河南北相对，是比较熟悉情况的人，他曾说：“夏桀之居，左河济，右泰华，伊阙在其南，羊肠在其北。”[4]“泰华”分别指登封的太室山和新郑的华山。郑武公虽然改名之，但民间还常以“华”称之。

根据实地考察，华阳城周边为丘陵岗地，起伏连绵，系黄土土壤，属嵩山余脉的缓丘平原地带，有水牛岗、陵岗、陵上、梅山等，太山为最高峰，海拔307米，这是华山的大概范围。太山也称“华山”，曾是《山海经》记载的名山之一。南北朝时，人已不知“华阳”根源，郦道元《水经注》中时而“华城”时而“华阳城”，并歧生出所谓的“华水”，坠入迷阵[5]。因为“华水”实在短促，不足2千米，凭此命“华”，确难服人。从此中华圣地难以解定。

西周初年，有一件叫命簋的铜器[6]，其铭文有“华”的记载，这是目前最早的有关华国的文献记载。器身有四行28字铭文，器盖铭文与器身相同，属周穆王时的器物。铭文是：“唯十又一月初吉甲辰，王在华，王锡命鹿，用作宝彝。命其永以多友饱膺。”另外，也应重视西周晚期的华季益鼎，这件铜礼器的铭文是“华季益作宝鼎，其万年子子孙孙永宝用享。”[7]2012年2月，山东沂水纪王崮发现大型春秋墓葬，出土遗物丰富，华孟子鼎是80余件青铜器中比较著名的一件。《华孟子鼎铭》是“华孟子乍中叚氏妇中子媵宝鼎，其眉寿万年无疆，子子孙孙永宝用享”[8]，华孟子鼎的铭文用语、纹饰、铸造工艺等属于西周晚期中原地区的风格，应是新郑华国的铜器。由此可知，华国在西周时期是较有影响的封国，并且只有一个华国，不会再有重名的。当史伯讲到华国，郑桓公即心领神会，最后郑国也确实东迁至此，这也将华国、华山定位在新郑北部一带。

唐兰先生对《命簋铭》作了考证，认为：“华在今河南省密县，西为嵩山，是夏族旧居，所以华即是夏，中华民族起于此。”唐先生的认识比较客观，基本可称。现在的考古成果显示，华地不限于新密（原密县），还应有新郑、郑州、登封、荥阳和许昌禹州、长葛等地，这正好与大河村类型文化的分布区相吻合[9]。唐先生指明华地极为正确，但仅言密县（新密）则不妥当，把“夏族旧居”等同于“华”，这就不对了。夏族虽也世居于华地，但在华地东南端的禹州谷水河[10]、瓦店一带，至于兴起则在龙山晚期的鲧、禹之时。“夏族旧居”一般指夏王国的国都，考古工作证明，登封王城岗[11]、禹州瓦店[12]、新密新砦[13]、偃师二里头[14]等均为禹都或夏代国都，其中登封王城岗遗址为夏国禹之都，禹州瓦店、新密新砦遗址与夏王启关系密切，都是夏王国建国前后的文化遗址，表明夏因华地而兴盛的事实。夏代前期都城主要建在华地，二里头遗址则处在伊洛一带，其文化内涵则是夏文化[15]的中晚期，这大体反映了夏文化由嵩山东部向嵩山西北、由华地向伊洛一带发展的趋势。华地相当于大河村类型文化区，夏文化的核心区则与《史记·孙子吴起列传》及二里头文化的分布相当[16]。“华”与“夏”概念不同，差别大矣。二者兴起、繁荣的时间虽有先后，但地域相近且有因袭，“华”“夏”同源一体，盖因于此。

二、华国遗址考察

华阳城遗址位于今河南新郑市郭店镇华阳寨村一带，北距郑州市约25千米，南距新郑市20千米。遗址中心在东经34°33′43.02″、北纬113°42′46.50″，海拔189米。这里地势较高，丘岗起伏，陵阜连绵，潮河、黄水河等发源于此，自古以来就是华夏腹地的重要区域。1986年该遗址的东周城址被公布为省级文物保护单位，2010年郑州市文物考古研究院通过发掘，进一步了解该城的建筑过程及增修情况，护城河、防御墙、防卫坑及早期壕沟等完整的东周时期城防体系是这次发掘工作的新发现。发掘期间，对华阳城遗址进行初步的调查，发现遗址不仅有东周时期的城址，还有大河村、二里冈、殷文化遗址等，包括郭店、海寨村，面积约120万平方米，内涵深厚，为全面了解遗址面貌增添了新资料，为探寻古华族华国提供了新的线索依据[17]。

考古发现的护城河、防御墙、防卫坑及早期壕沟等城防体系属战国晚期，这与韩、赵、魏和秦国之间爆发的“华阳大战”有关系，华阳城一带是其主战场。这次战争《史记》中记载最多。《史记·韩世家》载：“（韩僖王）二十三年赵魏攻我华阳，韩告急于秦……八日而至，败赵魏于华阳之下。”《史记正义》司马彪云：“华阳，山名，在密县（今新郑），郑州管城县南四十里。”指明华阳城周边山的存在，名华阳山。《史记·赵世家》云：“（赵惠王）二十五年，与魏共击秦。秦将白起破我华阳，得一将军。”《正义·括地志》云：“故华阳城，在郑州管城县南四十里。”司马彪作注时已注意到华阳城、华阳山及其之间的关系。发掘的早期城壕就是华阳大战的遗迹，这就将西周华国锁定在华阳城周围。华阳城遗址城南沟两侧有较丰富的商代二里冈文化的堆积，经初步钻探，面积较大，文化层2～3米，我们在此仅清理商代水井一眼，所得遗物颇多。在海寨村东南角调查发现殷文化遗存，钻探获知亦有一定面积。证实这里是商代一个较大的聚落。西周“华国”屡见记载，周因商制，这些商代遗存大致反映了华国存在的规模和基本事实。

郭店村东北角台地断崖发现有仰韶文化遗存，我们作5米×10米的探方，得知文化层厚约1.8米，其中第5层属商代层，第6层属龙山文化层，但遗物均极少，第7层属仰韶文化层，在该层下发现3个灰坑，其中H1、H3出土遗物较多。经初步整理，H1、H3属大河村文化晚期，与大河村第四期、谷水河第二期器物比较一致，时代应相当。其中有两件器物值得注意，一件红陶釜形鼎（H1：7），鼎腹一周凸棱，凸棱以上为泥质陶、以下为夹砂陶。这种将实用与美观巧妙地结合起来的制鼎技术尚属罕见；另一件是灰陶大口圜底罐，陶质细腻，制作精良，非日常器物。郭店仰韶文化遗址由于仅剩村庄台地一块，其余多被20世纪八九十年代取土或建窑烧砖挖掉1.5～2米，遗址当然也被破坏。现在看，华国若存在的话，可能在郭店村至城南沟两岸一带，城南沟以东则破坏大部分，所幸城南沟至华阳城之间保存尚好。郭店大河村文化遗存应引起我们极大的注意，其事关中华文明的源头，小觑不得。我们在重视华阳城遗址早期遗存发现的同时，也要放开眼界，更注意与之相关的大河村文化的研究，因为华文化是一个面，华阳城遗址是其面上的一个亮点。西周华国只是中华文明的名源的孑遗，而其文化内涵则是仰韶大河村文化，具体讲应是大河村文化晚期的繁荣阶段。

三、结　论

1. 大河村文化是华文化的实物载体

前面我们从文献记载和考古调查两个方面作了基本的论证，嵩山周围的复合型遗址很多，有些遗址的文化内涵更丰富典型，然而为何单以华阳城遗址由点及面切入华文化呢？这主要是由华阳城遗址的特殊性决定的。以前认为华阳城遗址是西周华国是仅从文献层面讲的，缺乏深入论述，影响有限，这次考古调查发现的商代、大河村文化遗存进一步丰富了遗址的文化内涵，大河村文化遗存的发现尤具重要性，将大河村文化准确定位在华文化的范围之内。大河村文化晚期所创造的繁荣文化已超过氏族社会生产力的发展水平，具有明显的社会文明特征，但长期没有正确的文化定位[18]，而大河村类型文化又恰处在古代的“华地”、夏文化的核心地区，大河村文化通过河南龙山文化与夏文化一脉相承，紧密衔接，充分证明其华文化的实质。

2. 华文化与黄帝

仰韶文化时期，华地经济发展水平明显高于周边，由于位置居中，导致四方文化在此交汇融合，成为文明起源的优秀文化，考古学称之为大河村文化，若与族属联系，则可称之为华文化。这里除华族、夏族之外还有其他一些氏族和古国，如有熊、补、胥、郐、梅、郑、祝融，还有不知名的西山古国等[19]，可谓氏族毗邻，古国林立，一派繁华景象。华族在大河村文化的形成过程中有主导和首功作用，其他氏族也做出了重要贡献。

轩辕是华文化中最有影响的人物，是有熊国的首领，由于功德至伟而被尊为黄帝，称为“中华人文始祖”，居五帝之首。轩辕生活在今新郑的南部及与新密交界的地方，传说新郑唐户遗址为“黄帝口（国）”[20]，新密黄帝宫遗址为习武练兵之处[21]。据考证，黄帝所都“有熊”在新郑，现在有黄帝故里、轩辕墓等古迹[22]。黄帝的崛起是以大河村文化繁荣而“神农氏世衰”为历史背景，华地形成了众多如西山古国的文明实体，出现了“诸侯相侵伐，暴虐百姓，而神农氏不能征”，这时黄帝“习用干戈，以征不享，诸侯咸来宾从”[23]，以“替天行道”繁盛于华地，最终在阪泉战胜炎帝，取得中原的统治权。但兴起于山东的蚩尤族亦觊覦富庶的中原，于是炎帝、黄帝联盟在涿鹿打败并杀死蚩尤，取得了战争的胜利。这个时间约在公元前3000年，在西山古城被破坏期间，华地似乎正处在战争状态，也开始向龙山文化的过渡。因为黄帝的胜利，周边文明起源与文化发展受到抑制，排除了华文化发展的最大障碍，中原文化由华文化向夏文化转变。中国早期文明的发展与一些古代氏族的杰出贡献息息相关，华夏文明即是如此，不仅有华族、有熊族、夏族的功绩，还有炎帝族、蚩尤族、祝融族等的成就，既有盛世一体，也有战争分裂，中华文明从华地的星星之火开始燎原神州大地。

3. 华夏、中华与中华民族

对华、夏的历史了解有助我们对“华夏”“中华”及“中华民族”的认识。“华夏”一词出现在春秋时期，也是盛行“华夏”的称呼。《尚书·周书·武成》：“华夏蛮貊，罔不率俾。”《左传》襄公二十六年（公元前547年）：“楚失华夏，则析公之为也。”《尚书·周书·武成》“华夏蛮貊”显然指周王国全境，系中国与四方国的统称。由于中国特殊的地理环境，当时没有大国家的概念，以王国为宗主，各方国以臣属纳贡为职，也就没有大国家的称号，故称天下为“华夏蛮貊”。“华夏”与“诸华”义同，有时也称“诸夏”。春秋时期周室东迁，周王的号召力已经大大降低，政治上诸侯群起争霸，思想比较活跃，出现“百家争鸣”的文化现象。这里的“华”“夏”为上古时代的国家，均不实指，能与“夏”对应的只能是更早的“华”，显然非西周华国。这时以“华夏”代称中国比较流行，其中的原因是“华夏”意义含蓄且富有历史内涵，各国均能接受。从春秋文献看，当时文人是知道“华夏”真情的，专指中原一带，区域十分有限，后来范围有所扩大，现在基本相当于河南省。孔颖达疏“华夏为中国也”，这个解释是正确的，代称中原诸国。后世已不知其意，生出“中国有礼仪之大，故称夏；有服章之美，谓之华”，甚至《说文》“华，荣也。夏，中国之人也”，多是望文生义，概不足凭。

我国古代先民认为天圆地方，天下有一个中心，这种观念对先民的思想与行为影响很深刻。新石器时代晚期，华地经济文化发达，又在四方的中心，自然成为天地之中，也被称为中国。夏王国建立，中国的概念从华地发展到夏地，但被称为“中国”的区域尚是有限。西周时期，天中思想已经形成，认为天中在嵩山（今登封告成一带），故嵩山号称中岳。古代帝王以“中”为王权的命脉和根本，以此建都立国为华夏传统。黄帝建都有熊（今河南新郑）、夏禹建都阳城（今河南登封王城岗）、夏启都黄台（今河南新密新砦）、夏桀建都斟鄩（今河南偃师二里头），即受“中”思想的影响。据《何尊铭》载，西周初年周武王推行了一系列巩固其统治的新政策，其中就有营建成周这一举措。营建成周的依据是其处在“中国”，距“天室（天中）”较近，便于统治天下四方。西周时期，“中国”一词已经概念化，及到春秋“华夏”一词也是如此，南北朝时期“中华”便成为称号了。中国自古就是多民族国家，称号需利于民族团结和睦、国家稳定发展，这是非常重要的事情。

“中华”来源较晚，最早见于汉魏时期的文献。《魏书·宕昌传》：“其地东接中华，西通西域。”《晋书·刘乔传》载刘弘上表云“今边陲无备豫之储，中华有杼轴之困”，此“中华”均指全国。究其名源，有认为乃取“中国”与“华夏”首字的合称[24]，显得颇为牵强。“中华”与中国、中夏意义大致相同，都和古代的“中”文化有渊源，“华”不见“华夏”之义。“中国”之名极其悠久，“中夏”又较固定，唯“中华”宽泛而意趣深厚，包容性强，故能在魏晋南北朝时期流行，这大概与当时处于分裂状态及民族大融合的历史背景有很大关系。近代中国，西方殖民者恃强而入，清政府腐败卖国，革命浪潮起伏汹涌，1912年1月“中华民国”建立，国内各族合称“中华民族”，神州大地再次响起“中华”的声音。民族战争中各族人民在“中华”大义的感召下又一次大集结，凝聚成抗日救国的钢铁长城，打败了日本侵略者。之后，在中国共产党领导下，1949年10月1日“中华人民共和国”建立，中国人民经过60多年的艰苦奋斗，终于实现了中华民族的复兴伟业。

注　释

［1］ 国家文物局考古领队培训班：《郑州西山仰韶时代城址的发掘》，《文物》1999年第7期。

［2］ 徐元诰撰：《国语集解·郑语第十六》，中华书局，2002年，第462～464页。

［3］ 徐元诰撰：《国语集解·郑语第十六》，中华书局，2002年，第462～464页；复旦大学历史地理研究所：《中国历史地名辞典·华国》，江西教育出版社，1988年，第315页；郑州市历史文化丛书编纂委员会：《郑州市文物志·华阳故城》，河南人民出版社，1999年，第150页。

［4］ （汉）司马迁：《史记·吴起列传》，上海古籍出版社、上海书店，1988年，第249页。

［5］ （北魏）郦道元著、陈桥驿校证：《水经注校证·卷二十二》，中华书局，2007年，第520～527页。

［6］ 唐兰：《西周青铜器铭文分代史徵》，中华书局，1986年，第337页。

［7］ 方辉：《华孟子鼎铭小议》，《中国文物报》2012年9月14日。

［8］ 郝导华、邱波：《山东沂水纪王崮发现大型春秋墓葬》，《中国文物报》2012年10月12日。

［9］ 中国社会科学院考古研究所：《中国考古学（新石器时代卷）》，中国社会科学出版社，2010

年，第125页。

[10] 河南省博物馆：《河南禹县谷水河遗址发掘简报》，《考古》1979年第4期。

[11] 河南省文物考古研究所等：《登封王城岗与阳城》，文物出版社，1992年；北京大学考古文博学院等：《登封王城岗考古发现与研究》，大象出版社，2007年。

[12] 河南省文物研究所等：《禹县瓦店遗址发掘简报》，《文物》1983年第3期；河南省文物考古研究所：《禹州瓦店》，世界图书出版公司，2004年。

[13] 北京大学震旦古代文明研究中心等：《新密新砦》，文物出版社，2008年。

[14] 中国社会科学院考古研究所：《偃师二里头》，中国大百科全书出版社，1999年；中国社会科学院考古研究所二里头工作队：《河南偃师二里头遗址中心区的考古发现》，《考古》2004年第7期；许宏等：《二里头遗址聚落形态的初步考察》，《考古》2004年第11期。

[15] 赵芝荃：《探索夏文化三十年》，《中国考古学论丛》，科学出版社，1993年。

[16] 中国社会科学院考古研究所：《中国考古学·夏商卷》，中国社会科学出版社，2003年，第82～97页。

[17] 郑州市文物考古研究院等：《河南新郑华阳城遗址东周遗存的调查与发掘》，《考古》2013年第9期。

[18] 张松林、陈萍：《河洛地区史前遗存与黄帝文化》，《郑州文物考古与研究（一）》，科学出版社，2003年；韩建业：《西山古城兴废缘由试探》，《中原文物》1996年第3期。

[19] 马世之：《中原古国历史与文化》，大象出版社，1998年。

[20] 河南省文物考古研究所等：《河南新郑唐户新石器时代遗址试掘简报》，《考古》1979年第3期；河南省文物考古研究所等：《新郑唐户新石器时代遗址调查》，《中原文物》2005年第5期。

[21] 河南省文物考古研究所等：《河南新密市黄帝宫新石器时代遗址调查》，《华夏考古》2009年第2期。

[22] 新郑市文物管理局：《新郑市文物志》，中国文史出版社，2005年，第172～175页。

[23] （汉）司马迁：《史记·五帝本纪》，上海古籍出版社、上海书店，1988年，第6页。

[24] 王树民：《中华名号溯源》，《中国历史地理论丛》1985年第2期。

（原刊于《中原文化研究》2013年第5期）

郑州西山古城及其周边同时期遗址的考察

索全星

郑州地处中华腹地，举世瞩目的华夏文明在这块神奇的沃土上孕育、形成和发展，并得以灿烂辉煌。大河村文化是郑洛地区的仰韶时代文化，以嵩山为中心的豫中地区是该文化大河村类型的分布区域[1]。本文仅以郑州地区（指郑州市及其辖区的市县）的大河村文化遗址为考察对象，分析其中的文明因素，说明郑州西山古城在华夏文明孕育形成的历史过程中所具有的重要历史意义，是华夏文明的“奠基石”。

一、郑州西山古城

郑州西山遗址位于郑州市北郊23千米处的古荥镇孙庄村西。该遗址发现于1984年的文物普查。1993～1996年国家文物局在此举办考古领队培训班，发掘面积达7000多平方米。西山遗址的文化堆积以大河村文化遗存为主，最大的收获是发现了一座大河村文化的古城，同时在古城内外发掘清理了大量的窖穴、房基和墓葬，出土了大批陶、石、骨、蚌、角器[2]。

这座古城平面近似圆形，直径约180米，城墙残长约256、宽3～5、高1.75米，全部掩埋于地表之下。城址南部被枯河冲刷从而遭破坏。

西山古城应用了当时最先进的造城技术——版块夯筑法和一套比较科学的城建设施。版块夯筑法即用柱子夹板层层筑高，一般每版长1.5～2、宽1.2米左右，用3～5根一组的集束棍夯砸实。城隅比城墙宽约2个版面，即城角部位比城墙加厚3米多。城墙外侧环绕城壕，宽4～7、深3～4.5米。城门尚存西城门和北城门。西城门北部城墙上有建筑基址，可能是望楼，与西门对应的城壕两岸，有搭建板桥用的两个墩台遗迹。北城门稍偏北城墙的东部，宽10米，平面呈“八”字形。城门两侧有城台遗迹，中间横筑一道护门墙，这些设施都用小版块夯筑，十分坚固。北城门中间有一条南北向的用粗砂及红烧土铺成的道路，是进出西山古城的重要通道。

城内清理了200多座房基、2000多个窖穴灰坑，从分布情况看，城内应有一定的规划。西城门内侧有一座大型夯土建筑基址，呈扇面状，面积达110平方米，周围环绕数座房基，北部为一处大广场。窖穴灰坑大多集中在城内西北部地势较高的地方。

墓葬清理了143座，分为两个墓区：一处在城外西部，均为仰身直肢葬，不见随葬品；一处在城内北部，古城繁荣时期曾一度辟为居住区，之后又恢复为墓区。城内墓区较为复杂，出现了个别的合葬现象，如M79为成年男子与婴儿的合葬墓，M85为成年男女的合葬墓，而M86、M97、M106等则是一次葬与二次葬的成年男女同穴分层合葬墓。

祭祀遗迹亦有较多发现，主要有食祭、人祭、牲祭等，分布于建筑基址周围、墓葬区及个别灰坑内。这些现象是当时社会盛行原始信仰、礼制的一个缩影。

郑州西山古城是近年田野考古工作取得的一项重大成果，开创了我国用版块夯筑城墙的历史，将版块夯筑建城的年代提前至新石器时代大河村文化晚期，即公元前3300年左右。

二、郑州地区大河村文化遗址的考察

1. 郑州市区的遗址

根据有关资料及近年配合基建项目的发掘情况如下。

大河村遗址　位于郑州市北部柳林镇大河村西南的高岗上，现建有大河村遗址博物馆。遗址面积40万平方米，文化层厚12米，仰韶文化遗存是遗址的主要内涵，是西山古城周边最大的聚落遗址。大河村遗址分为七期，其中前一、前二、前三期为遗址的早期，第一、二期为遗址的中期，属发展阶段，第三、四期为遗址的晚期，属繁荣阶段[3]。

生活陶器以夹砂的鼎、罐为炊煮器，以泥质的罐、钵、碗、壶、杯等为生活容器，钵、罐、壶、碗的表面大多装饰有彩绘。彩陶花纹有几何纹、植物纹、天象纹等30余种，艳丽美观，情趣天成。小口尖底瓶、大口尖底缸（个别陶缸为陶鼓）是礼仪用器。出土的生产工具主要有板铲、带肩铲、斧、凿、穿孔刀、镰等石器。

45座房基均为地面建筑，木骨整塑的“陶房”是时尚住房。第三期出现了大批套房，房内面积开始扩大，其中F1保存较好，是一组四间式的套房。第四期的F26是一座大房子，破坏较严重，清理面积仅有36平方米，房内发现两个大型柱础坑，其中一号柱础坑平面近似长方形，长1.8～1.9、宽0.9～1.06、深0.6～0.7米，系用小版块夯筑，每层11块，版块的间隙用黏土填实。一号柱础坑的西南角0.5米处有一个孩童奠基坑。

墓葬以竖穴土坑、单人仰身直肢葬为主，没有或有极少随葬品。婴孩用瓮棺专门埋葬。完整的动物坑、非正常死亡者及较多的罐、豆、钵等器物，均为有意地埋在墓地、建筑基址、灰坑内，是牲祭、人祭、食祭等原始礼制的反映。

后庄王遗址　位于郑州市西北郊的沟赵乡后庄王村东北的土岗上，面积约5万平方米，1976年6月进行发掘，属于仰韶文化中晚期遗址，与大河村第三期、四期相当[4]。

尚岗杨遗址　位于南曹乡尚岗杨村西的土岗上，东西长300、南北宽250米，面积约7.5万平方米。文化层厚达2米，包含有房基、灰坑、土坑墓等，与大河村第三、四期相同，应是仰韶文化中晚期遗址。

丁楼遗址　位于沟赵乡丁楼村金菊街，2006年6月在配合基建项目时发现并进行发掘。由于发掘面积所限，出土有长条形巨型石铲和一些生活陶器，如鼎、盆、罐、钵、杯、环、豆、甑、碗等，有彩陶盆、碗、壶、环，纹饰有四叶禾苗、三叶曲径禾苗、网带、弧边三角、水波纹、“S”纹等。属于仰韶文化晚期遗址，与大河村第三、四期遗存相当。

建业壹号城邦遗址　位于郑州市南阳路北端东侧的建业壹号城邦小区，是最近配合郑州市基建项目新发现的遗址。2008年5～9月进行考古发掘，遗址内涵丰富，以仰韶文化晚期遗存为主，遗迹有竖穴土坑墓、瓮棺葬、灰坑、壕沟、房基等，出土了大量的陶、石、骨、蚌器，其中石器较为典型，有方孔石磬、长条板状巨型石铲。巨型石铲长0.54米，上部有捆扎木柄的痕迹[5]。

林山寨遗址　位于郑州市中原路中段的林山寨村的岗坡上，东西长100米，南北宽100米，面积约1万平方米，发现有灰坑、房基、陶窑和一大批遗物，属仰韶文化向龙山文化过渡时期的遗存[6]。

布袋李遗址　位于沟赵乡布袋李村北，面积3.5万平方米。2007年8月在配合省地矿所基建建设时发现，发掘仅300平方米，有陶房基、灰坑等遗迹。

兰寨遗址　位于石佛镇兰寨村东，面积6万平方米[7]。

陈庄遗址　位于石佛镇陈庄村的贾鲁河西岸，面积25万平方米，属仰韶文化晚期和商代遗址，但仰韶文化遗存面积不大[8]。

齐礼阎遗址　位于二七区齐礼阎村西，面积4000平方米[9]。

除以上遗址外，还有白庄遗址3万平方米、黄岗寺遗址1万平方米、张五寨遗址0.2万平方米、杜寨遗址0.3万平方米[10]，在市区中心配合基建工程时发现老坟岗遗址[11]，在郑州商城东城墙中段下面也曾发现有少量的仰韶文化遗存[12]等。

2. 荥阳市的遗址

秦王寨遗址　位于北邙乡秦王寨村西部，面积约3万平方米。1922年发现，是我国发现较早的仰韶文化遗址，所以学术界将其定为秦王寨类型的典型遗址。遗迹有灰坑、墓葬、房基，陶器以红陶为主，房子是精心制作的陶房，彩陶较有特色，有同心圆、睫毛纹、网纹、“S”纹、“X”纹等。遗址内涵相当于大河村第三、四期遗存[13]。

点军台遗址　位于广武镇南城村东南1千米的岗坡上，面积6万平方米。1980年春进行了考古发掘，发掘面积400平方米，清理出房基、灰坑、瓮棺等遗迹，出土了一批彩陶、石器、骨镞等遗物。这里的房子一般为“木骨整塑”的地上陶房，连间房、套房已普遍使用，地面系用沙子、料姜粉和匀抹平，用火烧结。H57是一个直径1.9米的乱葬坑，人体遗骨横斜交错、上下叠压，至少有10具人骨架，出土陶片很少。遗存内涵分为四期，其中第一、二、三期为大河村仰韶文化，第三期与西山古城时期相当[14]。

青台遗址　位于广武镇青台村东的坡岗上，东北距西山古城约12.5千米，面积10万平方米。1981年夏，郑州市博物馆对该遗址进行发掘，文化内涵分为四期，其中第三、四期与西山古城相当。房址与大河村遗址的一样，也是“木骨整塑”，室内有火塘、地坪等。墓葬发现140余座，多为土坑竖穴的单人仰身直肢葬，但M25为屈肢侧卧葬式的男女合葬墓。墓葬没有或有极少随葬品，M150、M144均为中年男性，分别随葬一件兽牙和陶豆，M151为青年女性，随葬一件兽牙。陶鏊出土较多。另外，在W142、W164、W217、W486四座瓮棺墓葬内出土纤维纺织遗物，经科学鉴定，不仅有麻布，还有用蚕丝织的帛和罗，距今5200年，是我国纺织史上的重大发现[15]。

楚湾遗址　位于崔庙镇楚湾村和七村河村两侧的台地上，面积约15万平方米。据调查资料，该遗址内涵丰富，有房基、灰坑、墓葬等，仰韶文化晚期遗存最为丰富[16]。

槐树洼遗址　位于乔楼镇槐树洼村西南部，面积约5万平方米，断崖上暴露有文化层、灰坑、墓葬及烧土，可采集到陶器残片、彩陶片、石器等[17]。

竖河遗址　位于高村乡竖河村南部，面积17.5万平方米，文化层厚2～3米，遗物丰富，地表散布有陶片、彩陶片、石器等[18]。

汪沟遗址　在城关镇汪沟村南部的台地上，面积3万平方米，文化层厚1～3米，有“木骨整塑”房基、灰坑及烧土，地面上散布有较多的陶片[19]。

方靳寨遗址　位于城关镇方靳寨村索河东岸的台地上，面积20万平方米，文化层厚1～1.5米。1988年7月配合基建发掘100平方米，清理房基3座、窖穴8个、瓮棺葬8座。房基为木骨整塑的陶房，室内地面用河砂、料姜粉、黏土拌泥整抹三层，每层厚1.5厘米，平整光洁，坚固耐用。属于大河村类型遗址[20]。

另外，还有池沟寨遗址3万平方米、翟沟遗址6万平方米、陈沟遗址4万平方米、张河遗址2万平方米、阎村遗址6万平方米、竹川遗址2万平方米、杨寨北遗址5万平方米[21]。

3. 巩义市的遗址

根据有关考古调查和发掘资料，巩义市的仰韶文化遗址分布如下。

滩小关遗址　位于河洛镇滩小关村南岭台地上，北临黄河，东西长600、南北宽500米，面积45万平方米，文化层厚1～3米。调查时发现房基、墓葬、灰坑，遗物丰富，采集有陶片、彩陶、兽骨、石器，还发现有裴李岗文化层[22]。

董沟遗址　位于南河渡镇董沟村的东部和西部，面积3万平方米。调查时发现3座灰坑，遗物丰富，有陶片、残石器、兽骨等。属于仰韶文化早中期遗存[23]。

仓西遗址　位于站街镇仓西村西岭上的洛水南岸，面积4.5万平方米，文化层厚0.3～1.5米。调查时发现有墓葬5座、灰坑3座，地面上有陶片、白衣彩陶，遗物丰富[24]。

康沟遗址　位于南河渡镇康沟村东，以商周遗存为主，仅在遗址中部发现仰韶文化层，大多埋在岗沿的地面下[25]。

石灰务遗址　位于孝义镇石灰务村，面积1.6万平方米，以龙山文化、二里头文化遗存为主，地面上散布有仰韶文化遗物[26]。

伏羲台遗址　位于河洛镇洛口村东部台地上，面积6.4万平方米，遗址上有一边长约50米的方形土台，传说是伏羲画八卦的地方。文化层厚0.5米左右，发现有建筑基址1处、陶房基址3处、灰坑6处，灰坑底部有完整的猪骨架，遗物有大量陶片、石器，彩陶有白衣红彩、黑彩，绘曲线、水波纹。属于仰韶文化向龙山文化过渡时期遗存[27]。

水地河遗址　位于北山口镇水地河村南岭台地上，面积约15万平方米。遗址内涵丰富，有裴李岗文化、仰韶文化、龙山文化等遗存。1989年冬配合基建发掘160平方米，文化内涵分为四期，以仰韶文化为主，清理房基7座、灰坑7个、墓葬16座、瓮棺葬58处，房基仍为木骨整塑的陶房子，地面坚硬平整，遗物有陶鼎、彩陶钵、旋纹罐、陶杯、小口尖底瓶、陶鏊、陶豆、陶纺轮等，其中第三、四期相当于西山古城时期[28]。

米北遗址　又名北城岭遗址，位于米河镇米北村北城岭的台地上，东西宽110、南北长350米，面积近4万平方米。根据调查资料，第二、三期遗存属于仰韶文化晚期，出土的陶器有罐、盆、钵、豆、缸、尖底瓶、碗等，器物上饰红彩宽带纹、网带纹、弧边三角纹等[29]。

里沟遗址　位于巩义市南郊的里沟村，面积约10万平方米。1993年8月、1994年10月曾两次进行考古发掘，文化内涵分为两期，第一期遗存与大河村第四期相当[30]。

野狼沟遗址　位于康店镇康南村南洛河西岸台地上，面积6.5万平方米。调查时发现有房基、灰坑、墓葬和瓮棺葬，还有陶片、石器及较多的动物骨骼[31]。

沟东遗址　又名堤东遗址，位于西村镇堤东村东部圣水河西岸台地上，面积20万平方米。从遗址的断面上可看到文化层、墓葬、灰坑，遗物丰富，有彩陶片、残石器等，陶器残片分为前、后两期，属仰韶文化向龙山文化过渡时期遗存[32]。

坞罗遗址　位于西村镇坞罗村北部的坞罗水库西岸的台地上，面积3万平方米，文化层厚0.5～1.5米，有陶片、残石器，遗物丰富。断面上可观察到灰坑（6处）遗迹。属于仰韶文化中晚期遗存[33]。

南店遗址　位于西村镇坞罗村东部，面积12万平方米，以龙山文化遗存为主，仰韶文化遗存仅分布在遗址的北部[34]。

喂庄西遗址　位于芝田镇喂庄村西北坞罗河西岸台地上，东西长500、南北宽300米，面积15万平方米。文化层厚1.5～2.5米，有灰坑、瓮棺葬及大量陶片、彩陶片等遗物，包含物丰富。属仰韶文化晚期遗址[35]。

喂庄遗址　位于芝田镇喂庄村西南部坞罗河东岸的台地上，面积2.5万平方米。从断面上看，文化层厚1.5～2米，有灰坑和陶片、残石器、烧土块、兽骨、蚌壳，遗物丰富。属仰韶文化中、晚期遗址[36]。

东山原遗址　位于夹津口镇铁生沟村南，面积2万平方米，断面上有灰坑、房基，陶器分两期，属仰韶文化晚期遗存[37]。

龙谷堆遗址　位于西村镇堤东村东部的土丘上，面积1.5万平方米，仰韶文化陶器可分为四期，另有汉、唐时期遗存[38]。

北地沟遗址　位于涉村镇涉村北部的台地上，未见文化层，仅见仰韶文化时期的陶片、石器和两个灰坑[39]。

坞罗西坡遗址　位于西村镇坞罗村西南坞罗河西岸，东西宽150、南北长200米，面积3万平方米，从断面上可观察到，文化层厚1～1.5米，发现房基1座、墓葬2座、灰坑1处。房基的地坪分两层。陶片遗物丰富。属于仰韶文化早、中期遗存[40]。

据《郑州市文物志》附录三[41]，还有井沟遗址0.6万平方米、西村遗址2万平方米、水沟遗址2万平方米、口头遗址1万平方米、鲁庄遗址1.5万平方米、夹津口遗址1万平方米、赵城遗址10万平方米、韩门遗址1万平方米、海上桥遗址1万平方米。

4. 登封市的遗址

根据《郑州市文物志》及有关调查资料，仰韶文化遗址如下。

颍阳遗址　位于颍阳镇南侧的台地上，东西长600、南北宽300米，面积15万平方米。整个遗址遗存相当丰富，在断崖上可观察到房基、灰坑、土坑墓、乱葬坑、瓮棺葬等遗迹现象。房基多为地面建筑，以木骨草泥筑墙，屋内地面用料姜粉、黏土与河沙拌泥涂抹3～9层，建好后用大火反复烧烤，使之坚硬结实。这与大河村遗址三、四期的房基一样。灰坑多为圆形袋状，有直径4～5米，深5米的巨型灰坑。墓葬发现10座，长方形土坑墓，均埋葬成年人，仰身直肢，一次葬，有朽木葬具的遗痕。乱葬坑直径2米，深1.6米，葬有10多个身首异处错乱不整的人骨架，这种情况在点军台遗址就已经发现过[42]。

袁村遗址　位于东金店乡袁村东北约100米颍河南岸的台地上，东西长400、南北宽300米，面积达10余万平方米。遗存较为丰富，有红烧土房基、灰坑、陶窑、土坑墓、瓮棺葬等遗迹，与颍阳遗址相同[43]。

杨村遗址　位于东金店乡杨村北部的台地上，东西长300、南北宽500米，面积约10万平方米。文化内涵属仰韶文化和龙山文化遗存[44]。

李庄遗址　位于君召乡常寨村李庄的滹沱河西岸二级台地，文化层厚3～4米，从断面上看有灰坑、烧土块、料姜地面的房基及彩陶片和大量陶片，石器有石凿、石斧等[45]。

双庙沟遗址　位于告成镇双庙沟村的台地上，东西长500、南北宽70～200米，面积约7万平方米，包含裴李岗文化、仰韶文化两种遗存[46]。

康村遗址　位于城关镇康村东南焦河东岸台地上，面积4万平方米，文化层厚1～2.5米，采集标本有陶器片、残石器，也有部分白衣彩陶片。该遗址属于仰韶文化和龙山文化遗存[47]。

于村遗址　位于城关镇于村南部的台地上，面积4.5万平方米，文化层厚1～3米，遗物标本有陶片、石器等，陶器残片有尖底瓶、彩陶钵、彩陶罐、陶鼎等器形，也有饰篮纹、方格纹的陶器。遗址属仰韶文化和龙山文化遗存[48]。

袁桥遗址　位于大金店镇袁桥村西北300米处，面积8.75万平方米。遗址内涵丰富，文化层厚1米多，地表散布有仰韶文化、龙山文化、二里头文化和二里冈文化商代早期的陶片，其中陶鼎、彩陶钵、尖底瓶、陶杯等仰韶文化遗物较多[49]。

纸房遗址　位于告成镇纸房村西的台地上，面积7.5万平方米。从断崖上可观察到文化层厚1～3米，遗物有小口尖底瓶、陶鼎、彩陶钵、彩陶杯及石铲、石斧等，另外还有大口尊、罐等陶器。属仰韶文化晚期和二里头文化遗存[50]。

西范店遗址　位于告成镇西范店村东北台地上，面积4.5万平方米，属仰韶文化和龙山文化遗址[51]。

八方遗址　位于告成镇八方村东南，面积2万平方米，内涵分前、后两期，属仰韶文化早、中期遗存[52]。

唐庄遗址　位于唐庄乡唐庄村东岗岭的台地上，面积8万平方米，属仰韶文化遗存[53]。

5. 新郑市的遗址

据《郑州市文物志》，有以下遗址[54]。

南李庄遗址　辛店镇南李庄村东南，面积2.5万平方米，文化层厚1米，内涵丰富，有彩陶片、石器等遗物。

人和寨遗址　位于辛店镇人和寨村西南，面积1.1万平方米，文化层厚1.5米，出土有石器、陶器残片，属仰韶文化、龙山文化遗存。

大朱庄遗址　位于观音寺乡大朱庄村西南，面积1万平方米。

洪府遗址　位于孟庄镇洪府村南，面积2万平方米，文化层厚1～2米，有白衣彩陶、石器，还有个别石磨棒，以仰韶文化遗存为主，也包含裴李岗文化遗存。

高坡岩遗址　位于龙湖镇高坡岩村西南，面积3万平方米，文化层厚1～2米，有房基、灰坑、墓葬、瓮棺葬，采集有陶鼎、小口尖底瓶、白衣彩陶等，属仰韶文化遗存。

古城村遗址　位于龙湖镇古城村北部，面积1万平方米，文化层厚1～3米，出土有鼎足、缸、瓮及彩陶等残片。

王垌遗址　位于新村镇王垌村北，面积6万平方米，文化层厚1～2米，出土有石斧、石铲、石凿、彩陶片及兽骨等。

岳庄遗址　位于薛店镇岳庄村西部，面积3万平方米，文化层厚1～2米，陶器有彩陶器、鼎、钵、杯、缸及石器斧、铲等。

唐户遗址　位于观音寺镇唐户村南部，遗址面积54万平方米，内涵丰富，属于新石器时代文化遗址，大河村文化是其主要遗存，处于遗址中部，文化层厚约3米，采集和调查获得大量的陶、石、骨器及房基、瓮棺。遗址南部为氏族公共墓地[55]。

6. 新密市的遗址

据2006年3月新密市公布的不可移动文物，有以下遗址。

尖城岗遗址　位于超化镇河西村尖城岗，面积6万平方米。

杨庄遗址　位于曲梁乡杨庄村西溱水东岸，面积7.5万平方米，从断面上看，文化层厚约2米。

西马庄遗址　位于刘寨镇西马庄村东，面积30万平方米，为裴李岗、仰韶、龙山文化的复合型遗址。

东月台遗址　位于牛店镇东月台村东，面积3万平方米，为仰韶、龙山文化的复合型遗址。

交流寨遗址　位于曲梁乡曲梁村交流寨村西，面积2万平方米，1996年群众取土时发现，为仰韶、龙山文化的复合型遗址。

据《郑州市文物志》记载，还有以下遗址[56]。

沙石嘴遗址　位于岳村乡苇园村南侧台地上，面积2.5万平方米。从断崖上可观察到文化层较厚，遗迹遗物丰富，采集有彩陶片及石铲、石凿、石刀等石器。

马鞍河遗址　位于城关镇马鞍河村西台地上，面积2.7万平方米，文化层厚1～2.5米，断崖上可见房基、墓葬、灰坑，有陶器鼎、钵、罐、尖底瓶及彩陶片等。

惠沟遗址　位于七里岗乡惠沟村西，面积6万平方米，文化层厚0.8～2米，采集遗物有鼎、钵、罐及白衣彩陶片等。

古城寨遗址　位于曲梁乡古城寨村南部，面积27万平方米，文化层厚3米，断崖上可见房基、灰坑和红烧土，遗物有陶鼎、钵、尖底瓶及彩陶片。遗址内涵丰富，不仅有仰韶文化遗存，还有龙山、商、西周等时期的遗存。

程庄遗址　位于曲梁乡程庄村南部的台地上，面积3万平方米，断面上暴露有仰韶时期的房基、红烧土及陶鼎、钵和彩陶片。此外还有龙山、二里头时期的遗存。

黄帝宫遗址　又名云岩宫遗址，位于刘寨镇黄帝宫西南武定河、泉水河交汇处，面积4万平方米，属仰韶晚期、龙山早期遗址，据传黄帝曾在此练兵讲武[57]。

7. 中牟县的遗址

据最近中牟县文物普查资料，有以下遗址。

螺蛳湖遗址　位于郑庵镇螺蛳湖村东南，俗称“煤渣地”，面积约10万平方米，文化层近2米，有烧土块、红陶片、彩陶片，可辨器形有陶鼎、陶壶、陶豆等，内涵丰富。

姚家遗址　郑庵镇姚家村南，面积约12万平方米，从断面上看，文化堆积厚2～4米，有烧土、红陶片等。

前杨遗址　郑庵镇前杨村南，文化层厚1.5～2米，有烧土、红陶片等。

后魏遗址　位于谢庄乡后魏村西北的台地上，面积6万平方米，断面上可见文化层厚2～3米，有房基、墓葬、灰坑，遗物有陶器残片、石器、兽骨及彩绘陶片。属仰韶文化中期以后到龙山文化过渡时期[58]。

老寨遗址　位于八岗乡八岗村东北的台地上，面积2万平方米，采集有鼎足、尖底瓶片、彩陶片、石斧、纺轮等标本[59]。

三、相关的几个问题

1. 大河村文化是中原地区最繁荣的新石器仰韶时代文化

目前郑州地区大河村文化遗址达百处之多，分布十分密集。郑州北滨黄河，南依中岳嵩山，其间丘陵缓坡地带河流众多，地理环境优越，自然资源富足，气候温暖宜人，濒河台地水草丰美，是古代人类理想的栖息之地。先民们依靠自然环境，在河谷阶地上营建自己的聚落，已经过着定居的生活。大河村文化晚期，郑州地区的遗址数量有了急剧增加，聚落规模比之早期有了扩大和发展，出现了郑州大河村、新郑唐户、巩义滩小关等特大型中心聚落，运用版块夯筑方法建造当时科技含量最高的西山古城，表明繁荣的大河村文化在华夏文明形成时期所独有的先进性，是其他周边文化难以企及的。大河村文化上承裴李岗文化，下启河南龙山文化，这种发展序列在郑州地区表现得十分清楚。

（1）居住条件的改善。

大河村遗址清理了45座房址，早期第二期仅有1座，晚期第三期有17座，第四期有27座，达44座之多。房基多为地面建筑，以木骨草泥筑墙，屋内地面用料姜粉、黏土与河沙拌泥分层抹光。多数房子建好后用大火反复烧烤，使之坚硬结实，保温防潮，成为木骨整塑的“陶房”。这种陶房比之前的半地穴式房子要进步很多。房子分单间、套间、多间几种，套间、多间的房子较多，这对探讨早期家庭及私有制的形成具有重要意义。三期的F1～F4一组4间式的房子，应是一个家庭的住房。根据有关资料，荥阳点军台、青台、方靳寨，巩义水地河，登封颍阳、袁村，郑州后王庄、建业壹号城邦等遗址都有这样的陶房。大河村文化晚期，这样的陶房十分普遍，当是一种时尚住房，极具时代特征。

大河村文化晚期出现了大房子，这是社会阶层分化的标志。荥阳滩小关的大房子，南墙残长11.87米，系挖基后用湿泥垛筑墙壁，残高0.5米，墙基南部还有6个圆形柱洞，中间有台阶两级，墙基底部发现有人牲、瓮棺的奠基遗存。大河村四期有两座大房子，F15虽未完全清理，面积已达122平方米，F26是一座长方形房子，用孩童奠基，房内的两个方形柱础各有1平方米左右，其中的一号柱础系用小版块夯筑技术做成的。它的发现说明建房施工方面已注意应用版块夯筑这种新的建筑技术了。西山古城F84有110平方米的夯土基址，应是一座大型宫殿式建筑，北面连着一片大广场。大房子、大广场，这是统治、管理者议事布政或举行重要礼仪的场所。说明人们居住条件有了逐步改善，生活稳定，但明显出现了社会分化。

（2）农业生产的进步。

生产工具的状况是农业发展成果的重要反映。大河村遗址早期出土石质生产工具43件，中期有38件，晚期有189件，其他质地的生产工具也呈现出由少到多的发展态势，说明农业发展和进步也是逐步上升的。建业壹号城邦、丁楼、西山古城等遗址出土了一批板状巨型石铲和带肩石铲，工作效率大大提高。建业壹号城邦出土23件石铲，带肩铲8件，长条形铲6件，其中一件长度达0.54米，刃部锋利，有些石铲上部还遗有捆扎木柄的痕迹。

从储物窖穴看，西山遗址有2000座，多分布在古城内西北部较高的地方，大河村有窖穴156座，建业壹号城邦有332座，这些窖穴均为大河村文化晚期的遗迹，主要为储藏粮食而挖制。大河村遗址出土有高粱、粟米的炭化物，林山寨遗址、青台遗址、颍阳遗址均发现有粟米遗存。大河村文化遗址中的一些小口尖底瓶及大口缸应是盛酒和酿酒用的，说明当时的粮食除了食用外已有了剩余从而用作酿酒。

大河村、丁楼、后庄王遗址出土的陶平底碗绘有四叶禾苗、三叶曲径禾苗纹饰，是禾苗成长、期盼丰收之表象。彩陶上的太阳纹、月亮纹、日晕纹说明人们已掌握基本的天象知识，能够利用原始历法指导农业生产。

（3）纺织业的发展。

大河村文化遗址出土纺轮很多，主要有石质、陶质两类，尤其是陶纺轮，制作精美，式样繁多，说明手工纺织在各聚落中的重要性。依出土纺轮数量情况看，纺织业有一个从弱小到快速发展的过程，就是说早、中期遗存纺轮出土较少，晚期遗存大量出土。以大河村遗址为例，早期仅出土1枚，中期出土6枚，晚期就有114枚出土。青台遗址的4个瓮棺葬内发现了麻布和丝帛的纤维遗存，唐户遗址的陶片上印有布纹痕迹，人们已经懂得利用蚕丝、动物毛发、植物纤维织造布帛。经过鉴定青台遗址出土的纤维遗存，不仅有用麻制的布，而且还有用蚕丝织的帛和罗，这是我国纺织史上的重大发现[60]。

大河村文化晚期，由于社会生产力的大发展，生活水平提高，人口增加，服装方面随之变革，从而推动了纺织业迅猛发展。在早、中期，人们可能以穿动物皮毛为主，晚期主要用纺织品缝制衣服，穿起来更加柔软舒适，便宜得体。为了满足社会对纺织品的需求，不仅纺轮数量成倍增加，而且动物毛发、麻类植物、桑蚕等纺织原料的产量也迅速提高。骨针是加工纺织品、缝制衣物的重要工具，后庄王、大河村、点军台遗址都有出土，仅大河村就有13枚。

我们知道，大河村类型文化实行薄葬，有随葬的墓葬极少，以大河村遗址统计，仅有4.8%。大河村可明确随葬器物的4座女性墓中共有8件随葬品，其中就有纺轮3件、骨针1件，半数随葬品与纺织缝纫工作有关。水地河随葬器物的3座墓葬中，总共有4件随葬品，其中就有陶纺轮3件（每墓1件）、骨锥1件，原报告未作墓主性别报道，若依大河村墓葬类推的话，应都是女性墓。这些为数不多的有随葬品的女性墓葬，其随葬品多是用于纺织缝纫的工具，说明从事纺织工作的多为女性，她们享有较特殊的社会地位，这在墓葬方面可以充分肯定。大量事实表明，大河村文化晚期，纺织技术已进入成熟阶段，使用纺织物品已较普遍，人们不单靠穿兽皮遮身护体，还应有纺织品缝制的衣物。这次服装业、纺织业的成功变革，为整个社会的大变革助推了动力。

（4）制陶专业化。

大河村类型的陶器群典型独特，从制作工艺、器物风格、彩绘艺术等看，具有一致性和连续性，说明各聚落之间来往交流十分密切，大家都认同这种陶器风格。陶器的制作工艺和产量极高，这可从晚期出土较多的完整器和大量的陶片体现出来，表明制陶生产是专业化的。特别是对彩绘陶器要求更高，可能由熟练陶工、高级巫师来完成。彩陶的纹饰包含着人们对一些事物、周围环境的认识，表达了人们对世界的认识程度，如太阳纹、月亮纹、梳子纹、弧边三角纹、花瓣纹、禾苗纹、网带纹、豆荚纹、“X”纹、“S”纹、波浪纹等。太阳纹生动亮丽，禾苗纹活泼生姿，梳子纹艳美不俗，线条纹匀称饱满，独具特色，是大河村文化的代表。太阳纹是在陶钵的肩部均匀地画上光芒四射的12个太阳，十分传神精彩。这样的太阳纹陶钵片出土2件，是古人长期对自然天象进行观察、认识的结果，太阳周而复始地运行于天空，每年草木枯荣一次需要12个月，当时已有了最原始的历法。绘画的工具是毛笔，执笔者运笔娴熟，技法颇高，体现了这一时期文化艺术的水平。

综观考古资料，大河村文化中、晚期之交，豫中地区经历了一次社会大变革，对晚期的文化面貌产生了深刻影响，许多创造发明不断涌现，并且呈现出经济文化大发展大繁荣的兴旺景象。在此社会背景下，西山古城的出现不是一种偶然的现象，而是社会文明高度发展的必然产物。

2. 原始礼制的形成与强化，是郑州地区各聚落之间的文化内涵具有高度的内部统一性

我们注意到瓮棺这种在当时十分盛行的葬俗，有些瓮棺里面盛装孩童骨骼。瓮棺的葬埋地点有固定的区域，一般在重要的建筑设施内或近旁及成人墓区内，不仅数量极多而且成片集中，甚至相互叠压打破。后庄王遗址发掘仅600平方米就发现瓮棺87个，大河村遗址有167个，建业壹号城邦遗址有60个，水地河有56座，西山遗址也发现了大量瓮棺葬。针对西山遗址的奠基遗存，发掘者认为是建筑过程中一种具有特殊宗教意义的祭祀礼仪，并且推断“似乎存在着杀婴祭祀的习俗”[61]。其实，这种习俗在大河村类型遗址中十分盛行。需要指出的是，单个的夹砂陶罐、陶鼎等内没有置放骨骼，应是盛放食物用于祭祀的，一些瓮棺葬是当时生存环境恶劣造成的婴童夭折，确实也有一部分瓮棺葬的婴童可能是原始礼制下的杀婴祭祀行为。大口尖底缸、小口尖底瓶均非日常生活用品，而是高规格礼仪的专用器物，再次利用从而成为瓮棺葬的葬具，这类瓮棺葬应是杀婴祭祀所为。大河村T43南部是瓮棺葬最集中的地方，为大河村人的一个祭祀区；后庄王遗址的一座房基附近重叠堆放14个瓮棺葬，也是一个祭祀点。

大河村文化遗址中，牲祭现象很普遍，用猪、牛等动物祭祀后掩埋在房子周围。建业壹号城邦清理出5个牲祭坑，放置有完整的动物骨架，经鉴定有一只小牛，其余是猪骨架；后庄王的牲祭坑均为猪骨架，共有16只猪，其中大猪6只，中等猪9只，幼猪1只；大河村有8个牲祭坑，均为猪骨架。

考察大河村类型的墓葬资料（已发表的考古报告），大河村124座、建业壹号城邦37座、西山143座、后庄王19座、水地河56座，普遍实行薄葬，严格遵守仰身直肢、长方形竖穴土坑、极少或无随葬品这种葬制。随葬器物的墓葬多为女性（母亲），大河村仅有4座（8件），性别不明墓2座（3件），水地河3座（4件），主要随葬陶壶2、陶鼎1、陶纺轮6、弹丸3、陶碗1、骨针1、骨锥1等，没有装饰品、奢侈品。随葬品多的仅3件，少的1件，差别非常小，并且也就这么几个墓。在当时十分恶劣的生存环境下，由于女性（母亲）在繁衍人类方面的特殊贡献及在生活生产上的主动作用，尤其在纺织业方面特别突出，自然形成了女性（母亲）的尊崇地位。墓葬情况表明，大河村文化的礼制在部落社会中具有强大的约束力，但也反映了在礼制之下大家是基本平等的。

西山遗址、青台遗址出现了极个别男女合葬的情况，这可能是那些具有特殊身份的管理者、巫师享有的特权，也仅限于此而已。男女合葬一墓的情况虽仅属个别现象，但应引起我们的极大关注，因为它是当时社会基本细胞的家庭（对偶制家庭）结构已发生变化的信息，即夫妻家庭的出现。大河村文化所特有的套间、多间的陶房子明确地反映了夫妻家庭已是社会的重要成分。

目前，大河村文化的乐器能够认识的仅有陶铃、方孔石磬、陶鼓三种。据有关学者研究，带喙钉的下腹部有小圆孔的大口尖底缸、直口球底罐为乐器陶鼓[62]。这种大口尖底陶鼓在大河村文化遗址中都有一定数量的出土，直口球底陶鼓在后王庄、大河村遗址各出土1件。这些陶鼓因为被再用为瓮棺葬的葬具而完整地保存下来。方孔石磬只在建业壹号城邦遗址出土1件，现在仍椓之有声，清亮如初[63]。这些乐器一般在举行祭祀、庆典、歌舞时使用，原始的礼乐制度已初具规模。

大河村文化的许多现象蕴含着浓厚的原始礼制的思想内涵，我们在考古工作中应特别注意，绝对不能忽视。小口尖底瓶作为一种专用的礼仪容器，是用于盛装酒类液体的[64]，彩陶亦多用作祭器。这些器物如果离开祭祀礼仪，许多现象就不好解释了。

如果我们仔细考察的话，还会发现西山、大河村及后庄王遗址，都有着相同的规制存在，即高度统一化的宗法礼制影响着人们的思想、行为和生产生活。根据聚落有大小之分，环壕、城墙的出现，住房形式的一体化，盛行相同风格的彩陶，具有相同的生活习俗，有理由说大河村文化晚期郑州地区已经建立了用原始礼制统治的政治社会。依考古文化特征看，其内部和谐统一，组织体系严密，管理行之有效，社会稳定发展。赵辉先生指出，仰韶文化在文化面貌上表现出来的内部统一性是十分显著的，在晚期时甚至“达到了登峰造极的地步”[65]。这在郑州地区的大河村文化表现得最清楚。总之，这个社会组织虽然不算成熟，存在着这样那样的缺陷和不足，但它已在打破原始部落的种种羁绊，迈步奔向华夏文明的门槛。

3. 郑州地区大河村文化遗址分布密集，出现了具有中心聚落性质的大遗址，首先用版筑法建造了西山古城

郑州地区发现大河村文化遗址近百处，密集地分布在河谷台地上。郑州的大河村、西山，巩义的滩小关，新郑的唐户，面积在30万～45万平方米，属于特大型遗址；10万～30万平方米的遗址有17处；6万～10万平方米的遗址最多，有42处，其余遗址面积在6万平方米以下。文化层厚1～3米，大河村遗址最厚达12米，表明人们已经过着以聚落为中心的定居生活，随着生活环境的改善，人口的繁衍增长，聚落逐渐扩大增多，个别特大型遗址如大河村、滩小关、唐户遗址形成了中心聚落，甚至出现具有“都邑”性质的西山城址。各个聚落有居住区、墓葬区的划分。大河村、建业壹号城邦遗址的聚落周围挖筑有环壕，西山建造了坚固的夯土城墙，呈现出阶层式的社会等级现象。

大河村文化中、晚期之交以来，统治者推行了符合社会发展要求的较为开明的一系列政策，推动了生产力的迅猛发展，实现了社会共同富裕，统治者与社会成员之间贫富差别不大[66]，这可能是传说的“大同”时代。

这次社会大变革，深入到各行各业，触及各个层面，从考古资料看，应是取得了全面的极大的成功。例如，普遍实行薄葬，纺织技术的改进和发展，版块夯筑技术的发明，陶房增多，居住面加大，生产工具日益精良，数量成倍增加，制陶专业化，彩陶发达，人口兴旺，聚落扩大增多，呈现出一派繁荣景象。与此同时，大河村文化的统治者、管理者一般兼有巫师身份，他们通过主持或参加经常性的祭祀活动，攫取公共财物分配权和对公共事务的发言权从而逐步获得对部落的绝对权力（领导权）。这是中原大河村文化所显示的独有的领导权形成、转移、确立的传统形式，和“禅让”有点儿相似。大河村文化是一种神政结合的政体，这与大汶口文化、红山文化、良渚文化颇为相似。大河村文化虽也盛行祭祀，但适度、不铺张，把公共积累都用于改善提高人们的居住生活条件，如生产陶器、修筑城墙、建造陶房、扩大纺织等，重视与人们生活息息相关的事情，力图建立廉明平等、共同富裕的“大同”社会。反观大汶口文化、红山文化、良渚文化的情况，却是财富、权力过度集中于少数权贵手里，追求侈靡享受，与中原文明恰恰相反。如此看来，大河村文化建立的文明能够在中原大地一枝独秀、脱颖而出，保持延续不断发展，成为华夏文明的根本，就不是偶然的。

大河村文化分布在中原地区，与周边文化圈频繁交流不可避免。自中、晚期之交以来统治者顺应时代要求，一方面进行内部的变革；另一方面采取了对周边文化的兼容并蓄的开放态度，从而形成晚期全面繁荣的大好局面。这个局面与郑州西山古城的兴废相始终，从公元前3300年至公元前2800年，持续约500年的时间。以陶器为例，大河村文化的陶器对大汶口文化、屈家岭文化产生过影响，同时也吸纳了彼处文化的许多因素，例如大河村的夹砂陶鼎、圈足碗、镂空高柄豆、敛口折腹杯等就是这样。说明文化交流是相互的，并不是单向的输出和吸纳。其结果是大河村文化的主体风格如生活习俗、墓葬礼制、房屋建筑等仍是传统的，经济文化因此得到了全面发展和繁荣，成为这次文化大融合的最大受益者，从而一举奠定了以中原为中心的历史趋势的形成基础，西山古城是这个坚实基础的“奠基石”。

同时，大河村文化统治者积极实行强权化管理，保证内部统一和实现对外扩张。在晚期遗存中出现数量很大的骨镞、石镞、石矛、弹丸、石钺等武器类实物，与统治者实行强权化管理是相适应的。大河村四期有6个灰坑葬人，除一个15岁的死者性别不明外，其余5人均为35～50岁的男性，1人仰身直肢，5人侧身屈肢。建业壹号城邦的H441底部葬有一具面部朝下、上身俯伏、下肢侧屈的人骨架，为中年女性，显然是非正常死亡。灰坑葬人葬式多数为屈肢葬，与墓地的死者有明显的区别。西山遗址也发现了被扔在灰坑中呈挣扎状的死者，他们与兽类同置一穴。荥阳点军台（H57）、登封颍阳发现了乱葬坑，各有十多具相互枕压的骨骸。这些死者应是违反礼制的部族成员抑或为部族战争中的俘虏。这不能仅仅看作礼制现象，而是社会组织之间征服及其内部阶级统治的表现。这个时期，各个遗址较多地出现了灰坑葬人现象，是国家机器专政的直接结果。

这个时期，西山的人们首先运用版块夯筑技术建造城墙，许多先进技术和配套完备的城防设施在工程中得以应用，如挖槽筑基、版块夯筑、城门设施、城隅建制和城壕，一开后世龙山、夏商周时代版筑造城之先河。城是聚落的高级形态，与人类社会及文化的进步密切相关，通常把它视为文明起源的要素或重要标志之一[67]。完成西山古城不仅需要先进的工程技术，还要有强大的社会组织和经济力量作保障，反映出大河村文化的社会发展已经达到了极高的文明程度。西山古城的文明因素十分复杂，相关问题还有待继续深入探讨。

4. 关于与古史整合的问题

郑州地区发掘的大河村类型文化的考古资料已达十余处，加上调查材料，则更多。由于郑州地区在我国历史长河中所处的特殊地位，这些资料如何与古史文献对接是大家所关心的，也是一个十分敏感的学术问题。例如，西山古城发现之后，有学者认为它是“黄帝城”[68]，提出“河洛地区仰韶文化就是史书所说黄帝氏族的文化”[69]，也有人认为它是“祝融城”[70]，这些都给予我们很大的工作动力和有益启示。笔者以为，在注重考古工作的同时，还是应该与历史学、文献学等学科相结合进行综合研究，这样才能最大限度地体现考古学工作的意义，才能探讨更广阔的华夏文明的历史天空。

注　释

[1] 杨亚长：《略论“郑洛文化区”》，《华夏考古》2002年第1期。

[2][61] 国家文物局考古领队培训班：《郑州西山仰韶时代城址的发掘》，《文物》1999年第7期。

[3] 郑州市文物考古研究所：《郑州大河村》，科学出版社，2001年。

[4]　河南省文物考古研究所：《郑州后王庄遗址的发掘》，《华夏考古》1998年第1期。
[5]　索全星、刘彦峰、秦德宁：《郑州市发现一处仰韶文化晚期遗址》，《中国文物报》2009年7月10日。
[6] [10] [13] [17] ~ [19] [21] [40] [41] [45] ~ [54] [56] [58] [59]　郑州历史文化丛书编辑委员会：《郑州市文物志》，河南人民出版社，1999年。
[7]　国家文物局主编：《中国文物地图集·河南分册》，中国地图出版社，1991年。
[8]　张松林：《郑州市西北郊区考古调查简报》，《中原文物》1986年第4期；陈立信：《郑州市陈庄遗址发掘简报》，《中原文物》1986年第4期。
[9]　河南省文物考古研究所：《郑州商城》（上册），文物出版社，2001年，第7页。
[11]　郑州市文物考古研究院：《郑州市老坟岗商代遗址发掘简报》，《中原文物》2009年第4期。
[12]　同注 [9]。
[14]　郑州市博物馆：《荥阳点军台遗址1980年发掘报告》，《中原文物》1982年第4期。
[15]　郑州市文物工作队：《青苔仰韶文化遗址1981年上半年发掘简报》，《中原文物》1987年第1期；杜百康、张松林等：《河南青台原始社会遗址人骨的研究》，《郑州文物考古与研究》，科学出版社，2003年。
[16]　张松林、高振岭、张建华：《河南荥阳县楚湾新石器时代遗址调查报告》，《考古》1995年第6期。
[20]　张松林、于宏伟、王彦民、黄俊：《荥阳方靳寨新石器时代遗址发掘简报》，《中原文物》1997年第3期。
[22]　河南省文物考古研究所：《河南巩义市滩小关遗址发掘简报》，《华夏考古》2002年第4期。
[23] ~ [27]　河南省社会科学院河洛文化研究所、河南省巩义市文物保护管理所：《洛油地带仰韶文化遗存调查》，《中原文物》1995年第1期。
[28]　郑州市文物工作队：《河南巩县水地河新石器遗址调查》，《考古》1990年第11期；张松林、刘彦峰、刘洪森：《河南巩义水地河遗址发掘简报》，《郑州文物考古与研究》，科学出版社，2003年。
[29]　郑州市文物工作队：《巩县米北遗址调查》，《中原文物》1986年第4期。
[30]　郑州市文物考古研究所：《河南巩义市里沟遗址发掘简报》，《考古》1995年第6期；郑州市文物考古研究所、巩义市文物保护管理所：《河南巩义市里沟遗址1994年度发掘简报》，《华夏考古》2001年第4期。
[31] ~ [39]　巩义市文管所：《巩义市坞罗河流域仰韶文化遗址调查》，《中原文物》1992年第4期。
[42] ~ [44]　张松林、刘彦峰、张建华：《河南登封县几处新石器时代遗址的调查》，《考古》1995年第6期。
[55]　河南省文物考古研究所、新郑市文物事业管理局：新郑唐户新石器时代遗址调查，《中原文物》2005年第5期；《河南新郑唐户新石器时代遗址试掘简报》，《考古》1979年第3期。

[57] 河南省文物考古研究所、新密市黄帝文化历史研究会、新密市文物保护管理所：《河南新密市黄帝宫新石器时代遗址调查》，《华夏考古》2009年第2期。
[60] 张松林：《荥阳青台遗址出土纺织物的报告》，《郑州文物考古与研究》，科学出版社，2003年。
[62] 费玲伢：《新石器时代陶鼓的初步研究》，《考古学报》2009年第3期。
[63] 索全星：《方孔石器是古代乐器》，《中原文物》2009年第5期。
[64] 苏秉琦：《关于重建中国史前史的思考》，《考古》1991年第12期。
[65] 赵辉：《以中原为中心的历史趋势的形成》，《文物》2000年第1期。
[66] 张玉石：《史前城址与中原地区中国古代文明中心地位的形成》，《华夏考古》2001年第1期。
[67] 钱耀鹏：《关于西山城址的特点和历史地位》，《文物》1999年第7期。
[68] 许顺湛：《郑州西山发现黄帝时代古城》，《许顺湛考古论集》，中州古籍出版社，2001年。
[69] 张松林、陈萍：《河洛地区史前遗存与黄帝文化》，《郑州文物考古与研究》（下），科学出版社，2003年。
[70] 韩建业：《西山古城兴废缘由试探》，《中原文物》1996年第3期。

[原载于《中国聚落考古的理论与实践（第一辑）——纪念新砦遗址发掘30周年学术研讨会论文集》，科学出版社，2010年]

论大地湾、原子头等遗址出土一类特殊彩绘构图规则及相关问题

——《彩陶新诠》之一

顾万发

一、引　　言

中国彩陶学术性的发现已有近百年了，学术界围绕这一领域也出了不少研究成果，有些堪称卓越，不过与材料数量和蕴含信息的丰富性相比，学术成果的取得在数量和质量方面可以说是不太相称的，其中缘由自然也很纷繁。

不待厘清这些，本人近来在研究中国早期艺术史的基础上，以参加一些以彩陶为主题的学术会议为学习契机，开始重点关注彩陶问题。

首先，在前人学术积累的基础上高度重视基本素材的准确性问题，基本收集全了历史上和近年来一些重要彩陶的信息特别是图案信息。从笔者的检索看，学术界不少人至今仍然在使用的讨论图像非常重要，但是图像本身却是错误的或是不清晰的，结论自然可想而知了。像傅家门种谷台出土葫芦瓶彩绘鲵鱼头顶的“六枝外鳃”，方向是向内的，但是绝大多数学者尤其是考古界的学者使用的都是外向的。又如，有的展开图“单元”大家多以相同者视之，但是经过仔细查看原物和相关资料，则发现有一些关键并有学术意义的“单元”却是“与众不同”的。还有一些彩陶图案，大家自然地认为其一面造型和另一面是对称的，但是实际却不然，有的图案还很重要。像姜寨二期的一件葫芦瓶（ZHM76：10），两个面图案看似相同，实则其中一个器物面中竟然明确用令人不在意的线条表明其为男性生殖崇拜符的本质，于此，则清晰有据地解决了一批“阴阳组合”、生殖崇拜及“鱼目·太阳”的问题，等等。

其次，把陶器彩绘、陶器刻画、玉器造型及图案、铜器图案等不同载体的图案和不同时期的彩陶图案联系起来综合考察，看能否找到基本贯穿的信仰元素及其表现形式。这方面非常重要，彩陶中“阴阳组合”的规律就是这样发现的； 彩陶中“太阳题材的历时和规律传承”也是这样发现的； “辛店文化中的‘似羊角’纹的太阳内涵”、关于“龙虬庄彩绘因素除部分来自于白家村的前仰韶、龙岗寺的半坡类型之外（半坡类型与

高庙文化也有一定关联，其中的曲折太阳纹和鸟食鱼纹即与高庙文化高度相关），主要元素与高庙文化或传承自高庙文化的大溪文化刻画图案密切相关”的认识也是这样发现的；“马家窑类型诸多学者所谓的‘舞蹈纹’盆实际是来自于自高庙文化末期、大溪文化早期、仰韶文化就已开始出现的蕴含生殖崇拜和阴阳相组的‘鱼—鸟·太阳’连续体”之认识亦是这样获得的。

再次，放开思路，运用多学科知识多角度看彩陶，这属于跳出彩陶看彩陶的学术研究思路。在彩陶研究中运用这一方法有时会取得意想不到的效果。“‘石岭下层’之傅家门种谷台遗址、甘谷西坪遗址葫芦瓶纹饰之鲵鱼为低鱼龄的幼体鲵鱼”之认识（依据现在的科技实践结果，孵化出幼体鲵鱼有的只需19天左右），就是这样轻松获得的，继而为时人已有明确的多子崇拜或生殖崇拜的观点提供了更为科学的依据。彩绘中“阴阳组合”或“多重阴阳组合”的构图规律也是从古代的数术、易学、道教、阴阳家的相关学术著作中获知“阴阳得中正”，“得阴阳消息可教化天下”等认知的情况下辨识到的。

第四，就是加强神话、民俗文献和图像的检索论证，尤其重要的是对各地、各民族及中西的比较。这样对那个盛行神和神话的时代之背景就有了更为宏观的认知，对特别重要的彩陶图案造型组合问题就有了更多的解释参照系。诚如大家所知的，美术、祭祀和神话是互相密切关联的，但是找到确切的神话线索往往又很难，尤其是那些著名的神话传说。非常难得，辛店文化甘肃临夏盐场遗址出土一件彩陶，其上有一狗头人持矩状物，对称绘制的同样面貌的狗头人却是手抓一圆，并且是红色的，两者之间是来自“唐汪类型”彩绘鱼纹中的“旋纹”（彩陶鱼中的“回纹”实质是蕴含太阳之含义的“旋纹”，又可以充当鱼目，这些与仰韶文化相同）组成的“介”字形，或是学术界所谓的“似羊角”造型，因为夸父一名的含义有学者认为与规矩有关，因此，这一图像场景可能就是《山海经·海外北经》中夸父“欲追日景，逮之于禺谷”神话的生动写照！继之，有关犬戎和辛店文化还是寺洼文化的大概对应问题与商周文献及卜辞所记载畎夷、畎戎有关的问题也有了新的促进论辩的元素了，等等。

第五，则是应有基本的美术和艺术常识，最好还有一些实践。因为彩绘本来就是古代“艺术家”的“绘画作品”，若有一定的美术和艺术理解力，将更容易懂得其中的设计造型。“诸多半坡人面鱼纹整个图像的主体实际是‘鱼·神面鱼形’的正视+俯视图，所谓‘人面’上面所谓的‘冠’实际不过是对着‘鱼头’正视+俯视视角下的鱼身、鱼鳍”的认识则是得益于多年绘制漫画和关注造型学的美术实践。

探索的过程大概是这样的，若还需再讲几句的话，则依然都是众人皆知的，那就是所谓的工夫问题了，这于学界确定是不需多讲的。所谓学问的探讨，哪怕是做花架子也是需要时间的，垂拱之化自然最是不可期望的。笔者发现彩陶中的“斜向轴对称或错位斜向轴对称”这一非常重要的构图规律，就是在“写实鱼基本头尾相连则几何化鱼也应可能有这一趋势”的思维下，孜孜静观才得以发现和验证的，至详细明了其规则、原理、简化、省略和传播情形，则恍然已是几度春秋！

"虞卿亦何命，穷极若无聊。"此于学问的探讨则是有些意义的事吧。得益于学术界已有的卓越成果之启示，懵懵然似乎已有了一得之愚，不过概由本人终属一枝之栖的心，显然于彩陶中蕴含的丰富宏阔信息而言，这些所谓的认知都依旧不过是一知半解罢了。学者应若士人，多是持有鸿责和勇毅的，吾虽无此心思，但还是不怎么喜欢孤芳自赏的，所以还是把拙见刊载，就权算是贻笑大方之家了。

二、考古发现

学界非常有名的仰韶文化大地湾和原子头等遗址，出土有丰富的彩陶，其中有一类较为特殊（图一），其所蕴含的某些规律属于彩陶的基本规律，不仅仅适用于某一彩陶文化或其某一阶段，其对诸多彩陶文化及其不同阶段的有关问题甚至是难题的正确识别和解读也非常重要，值得研究和探讨。

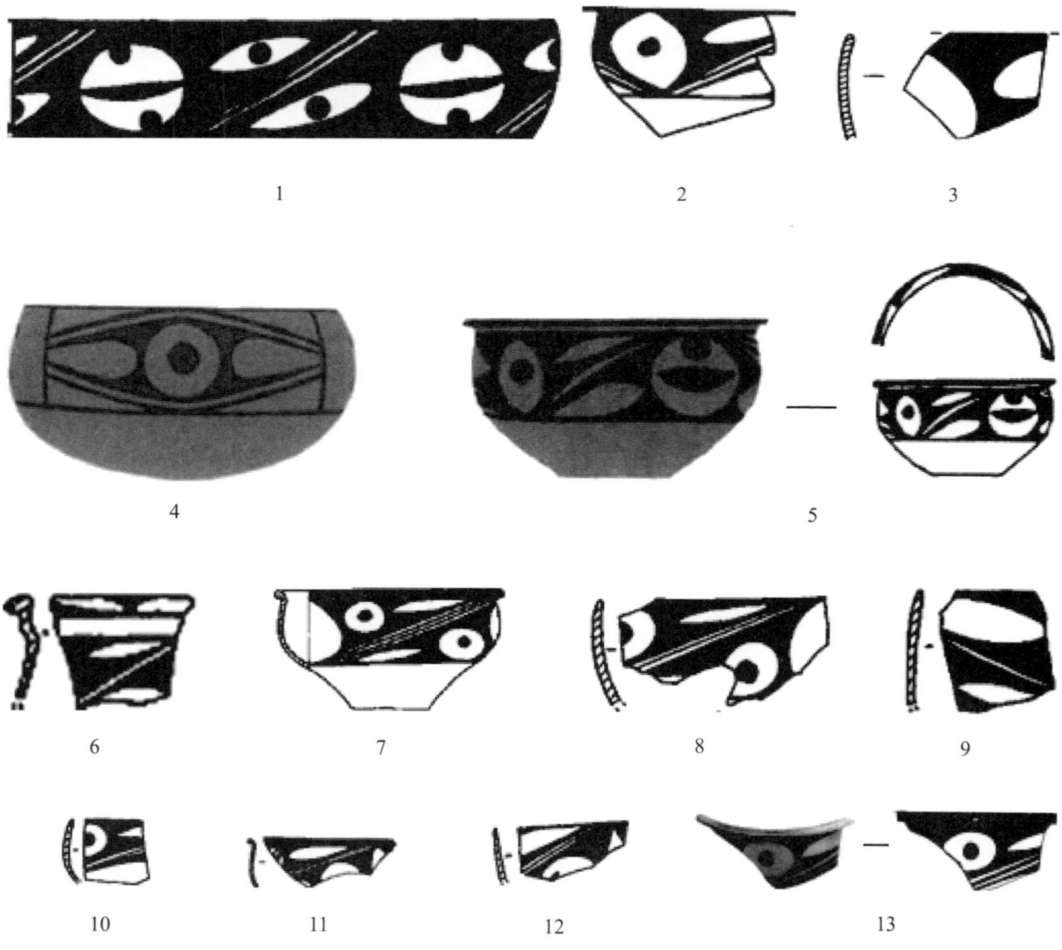

图一

1、2. 陇县原子头　3. 济源长泉　4. 王家阴洼　5～12. 秦安大地湾　13. 高陵东营

三、学术界认识

关于这类图案，专题研究者并不多，不少学者只是认为其总体上为鱼头。图一：7曾被多数学者认为是两个以斜线为界的鱼头。图1-4在不少图录和专著中被认为是变形鱼头或鱼头纹[1]，其中的水滴形空白被认为是鱼嘴，整个图案被认为是共用眼睛的两个鱼头（图一：4另一面还有对称的图案，两组图案中间是符号“：”）。也有学者曾把所述的这类所谓鱼头的“鱼眼睛”（图一，2等）即其中圆形加点纹称为“单点穿圆纹”[2]。此外，对于这类彩陶图案中蕴含的其他相关重要内容则基本是没有人探讨的。

四、新的诠释

客观上讲，这类图案颇具迷惑性，因为其构图确实与有的鱼头图案（图二，1；图二，2）很相似。但是事实上，问题远非解释为鱼头这么简单。以笔者之见，这类图案不是单纯的鱼头，并且，即使其中包含“简化的鱼头”，也与学术界所解读的鱼头结构不同。

首先，在考古发现中，除了芮城东庄村彩绘对头鱼这唯一一例（图二，1），还未见到明确为无身相背或其他彩绘相对鱼头的例子。

（1）原子头发现的鱼头图案（图三，2；图三，3）等，虽然易于被认为是相背而排列的鱼头，但是实际上却是顺向的。

（2）我们知道的半坡遗址半坡类型的材料图二：3实际是有鱼身的，图二：4和图二：5中间图案之各自鱼头的主体造型为 及 。从庙底沟（图三，4）、侯马乔山底（图三：5）等遗址出土的彩陶有简化鱼头——、[3]及原子头彩绘（图三，6为庙底沟类型彩陶中常见的由鱼的旋臂围成的太阳、鱼首纹，是庙底沟类型中一种小范围的典型纹饰）[4]、庙底沟彩绘［图三，7；图三，8；其中图三：7左边的图案应是鱼旋臂旋围的太阳（鸟）目—鱼（目），也是庙底沟类型中一种小范围的典型纹饰］等之中的几何化鱼身造型看， 及应是简化的鱼身。其中的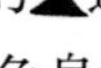造型还常单独或以两组合或四组合的方式出现，并且两组合或四组合还可以视为鱼身与鱼身之间的“间隔符”。这一情况在半坡类型和庙底沟类型中很是多见，甚至在仰韶文化晚期材料中仍有发现（图二，8～12）。

（3）如前所述，图像中的和中的应与简化的鱼身有关，其中的“圆·点”—— 及 ，位于这类造型的两侧，亦应该与简化的鱼有关，但是其是否与简化造型附近留白的空白三角形组成鱼头呢？答案显然是肯定的，不过其并不是学术界普遍认为的对头鱼头，而是顺向鱼头。下面我们对这一认识予以说明。

以图二：5为例。通过《新石器时代村落遗址的发现——西安半坡》可知，该器物是不完整的，陶片上保留的彩绘图案也不完整。又经过实物目验，从左侧“鱼身”右上端残存部分并没有与右侧“鱼身”相应的对称部分看，半坡遗址发掘报告的复原图是正确的。又承前文论证，则其中的及应为首尾相连的两条有头和目的同向之鱼，剩余的图案若复原的话，也应该依次如此。这就是说该图像中不存在对头鱼或者对向鱼头，最为重要的原因是其中经过证明复原正确的由黑白三角形组图的两“鱼身”，造型是顺向的而非对称的。这一顺向布置鱼的情况也与当时绝大多数彩陶中的鱼的排列方式是相同的。

值得注意的是，从仰韶文化另一件同类图案即芮城东庄村鱼头图案（图三，1）看，似乎可以否定图二：4和图二：5中圆点作为鱼眼的可能性，因为图案中留白三角形区域内有数个圆点，生物学上鱼不可能有这么多眼。关于这一问题，我们的解释如下。

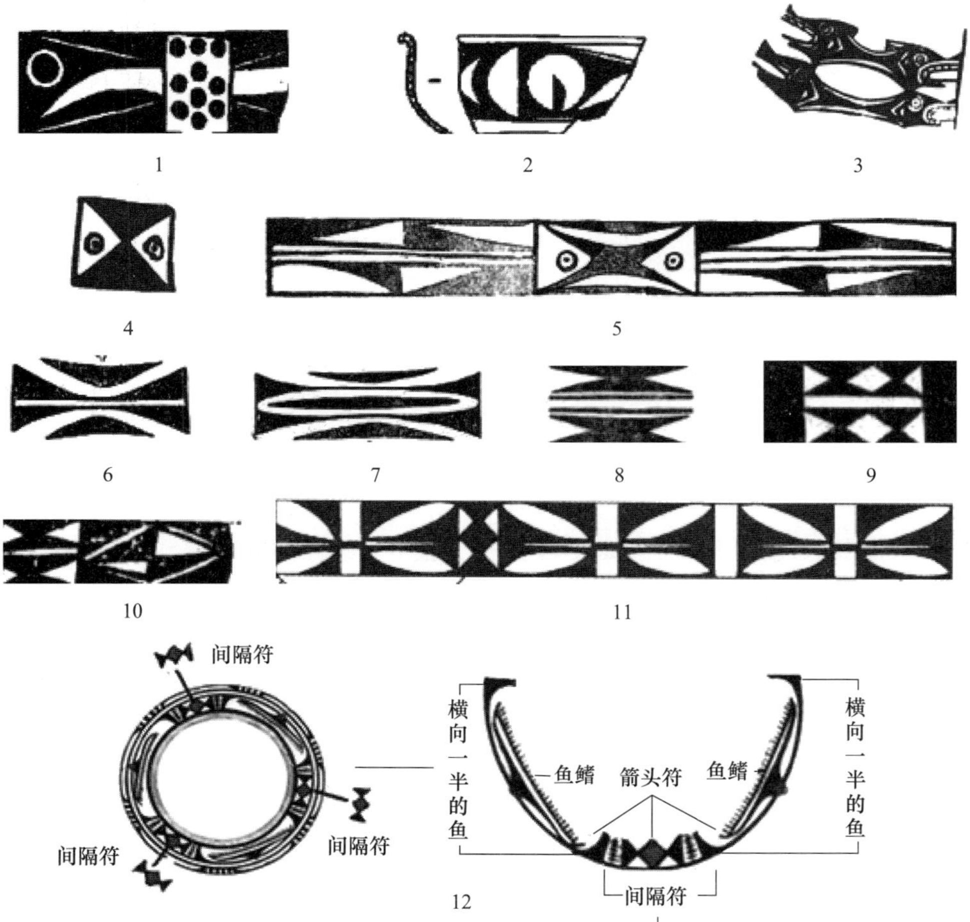

其应视为是两条鱼，其与两端的鱼可以视为是连续的或不连续的都可以。视为连续的原因是：虽然两端的鱼是横向一半的，但是庙底沟类型中这样的不等同的鱼可以相连续。视为不连续的原因是：出现过鱼身之间有四个“古五字”形鱼的，也出现竖直两个“古五字”形鱼的，另外诸多类似标准箭头符图像系统的彩绘此位置为空白。总的来说，除了特殊者外，一般都是作为间隔符理解的。

图二

1、2. 秦安大地湾　3～9. 西安半坡　10、11. 淅川下王岗　12. 郑州大河村仰韶文化至辛店文化，以“太阳（鱼目、蛙首）—鱼或蛙”表示的阴阳组合这一题材从未间断过，早期以“太阳·鸟·鱼（目）—鱼”阴阳组合多见，半山类型开始太阳鱼类型组合中以蛙代鱼的现象增多，这时的太阳常作为蛙首，并常与相连的蛙横向形成阴阳组合，或与以太阳为首的蛙组成“多重阴阳组合”。当然，更早的庙底沟类型彩陶中的阴阳组合有时也是多重的。所以，我们认为芮城东庄村彩陶图案（图三，1）中有多个圆点，主要是由于受到当时设计中盛行以“阳鸟·太阳（阳）—鱼（阴）”组合象征阴阳协调、生殖崇拜思想的影响，同时又受到有多个太阳的神话信仰影响，因此出现了多个圆点。表达阴阳协调、生殖崇拜的思想是主要的，装饰和美学效果应该是次要的和附带的。大地湾遗址彩绘（图三，9），左右点和飞白的三角形也应是鱼头及目，其中的目又象征太阳之阳也是应有之解释，至于上下飞白三角形应视为与、一样，即是鱼身，其中的点应是为了表现画面的对称平衡。

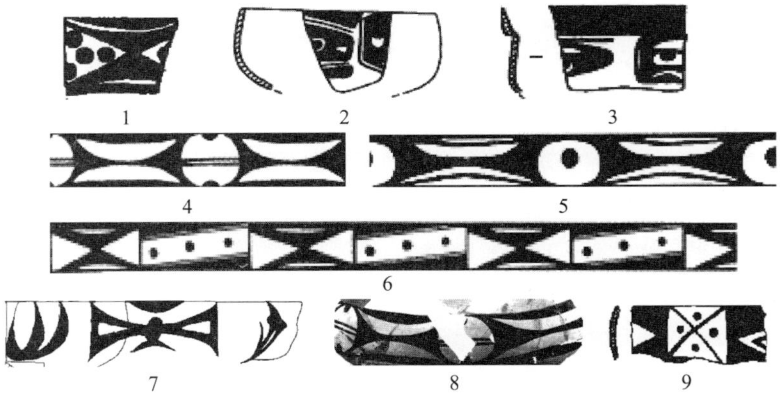

图三

1. 芮城东庄村 2、3、6. 陇县原子头 4、7、8. 陕县庙底沟 5. 侯马乔山底 9. 秦安大地湾

自然，由前述也可以认识到，图二：5中的也不会是一人神面，否则其就可能与半坡遗址半坡类型彩绘（图四，1）[5]中的“人面”一样了。

因为图四：1中的“人面”为正面图像，虽然世界各地的早期艺术图像中有怪诞艺术，但是我们在半坡类型的彩绘中只发现鱼身侧面展开的材料，却还没有发现从侧面可以完全看到整个正面面容的例子。所以我们认为这样的造型表明充当了鱼的眼睛，而非仅仅是一般的反映“人鱼合一”的造型。同时又与姜寨半坡类型“错位组合鱼人神面”彩陶（图四，2，ZHM76：10）、芮城东庄村人面鱼（图四，3）、姜寨正视+俯视人面鱼身图（图四，4）及武功游凤采集的彩陶“太阳（鸟）目—人·鱼头—鱼身”阴阳合体图（图四，5）比较看，既可以作为鱼神面，也可以作为鱼目，从（图四，2）及相关材料看，鱼、神面又常与太阳或太阳鸟关联，则类造型既可以充任鱼首又可以充任太阳神面的角色。这实际与临潼马陵村具有阴阳同体意义的鱼身人面神相似[6]。不过，

虽然人面造型可以充当鱼面，但是就图四：1这一材料看，其中的即太阳神充当鱼的眼睛。

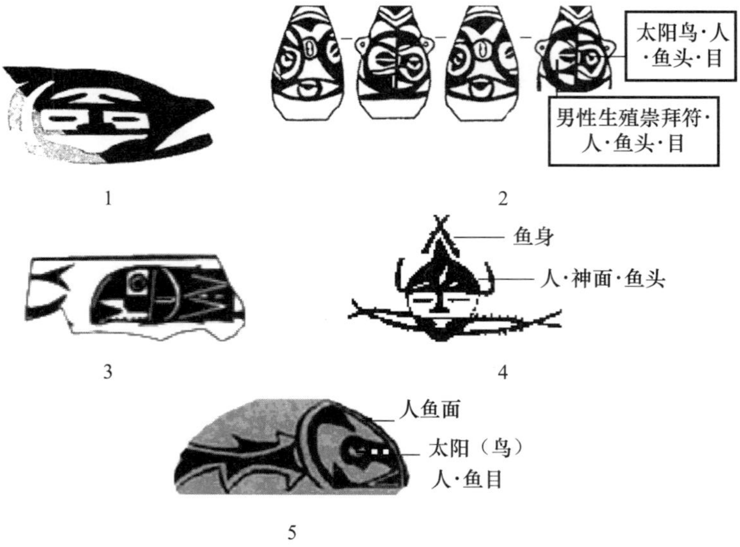

图四

1. 西安半坡　2、4. 临潼姜寨　3. 芮城东庄村　5. 武功游风

从造型方面看，半坡彩绘中的，与学术界所谓的半坡类型“人面鱼纹”中的“人面”基本一致，应该属于一类。又从图四：2和图四：3等材料可知，其目可以为鸟首或男性生殖崇拜符号，又或可以与男性生殖崇拜符号组成构图[7]，由此可知这类经常与其他鱼顺向排列的“人面鱼纹”，蕴含着太阳之阳和鱼所代表的阴阳之阴的“阴阳合体”造型。其中“阴阳之阳”像太阳或代表太阳和生殖崇拜符的阳鸟，为其阳性祖先；“阴阳之阴”的鱼则可视为其女性祖先。即，其中的阳神可以是其中的阳鸟、太阳[8]，其中的“阴阳之阴神”可以是其中的有头之鱼[9]。换言之，也可以把整个图视为是阴阳神的造型，即两者造型基本一致，都是有头有尾者。不过若予以这样设置的话，一般会在细节上有所区别。像与前文所述半坡“人神面鱼身太阳（鸟）目或男性生殖崇拜符形目”造型（或者还有石岭下层月余鱼龄的幼体娃娃鱼图）在内涵造型方面有一定渊源关联的诸多伏羲女娲图，其中的伏羲女娲若存于一体则两上半身一致，散则总体造型会是一致，只是在男女造型方面有所差别。还有像黎城玉戚（图五，3）、美国沙克乐美术馆龙山文化玉器上的神兽面（图五，4），等等。台北故宫博物院所藏龙山文化阶段的两种兽面纹（图五，5、图五，6），从高庙文化、半坡类型、红山文化中的四齿神造型看，显然四齿者基本与阳神联系，但从半坡类型、庙底沟类型、红山文化、大汶口文化等材料中可知，图五：5的旋目也是“太阳”之阳，则说明阴阳二神除了互成阴阳之外，女性始祖自身也是一组阴阳，并且还明显反映了阴阳同体神分化后保持的“阴阳同体”之原

生特质。五莲丹土出土的龙山文化玉环（图五，2）、黎城玉戚两侧（图五，3）、日照两城镇山东龙山文化玉圭两面分别刻有不同的神面（图五，6），这显然是一对阴阳神，但是总体造型基本相似，并且黎城玉戚、两城镇玉圭图像都具有非常明确的“旋纹太阳

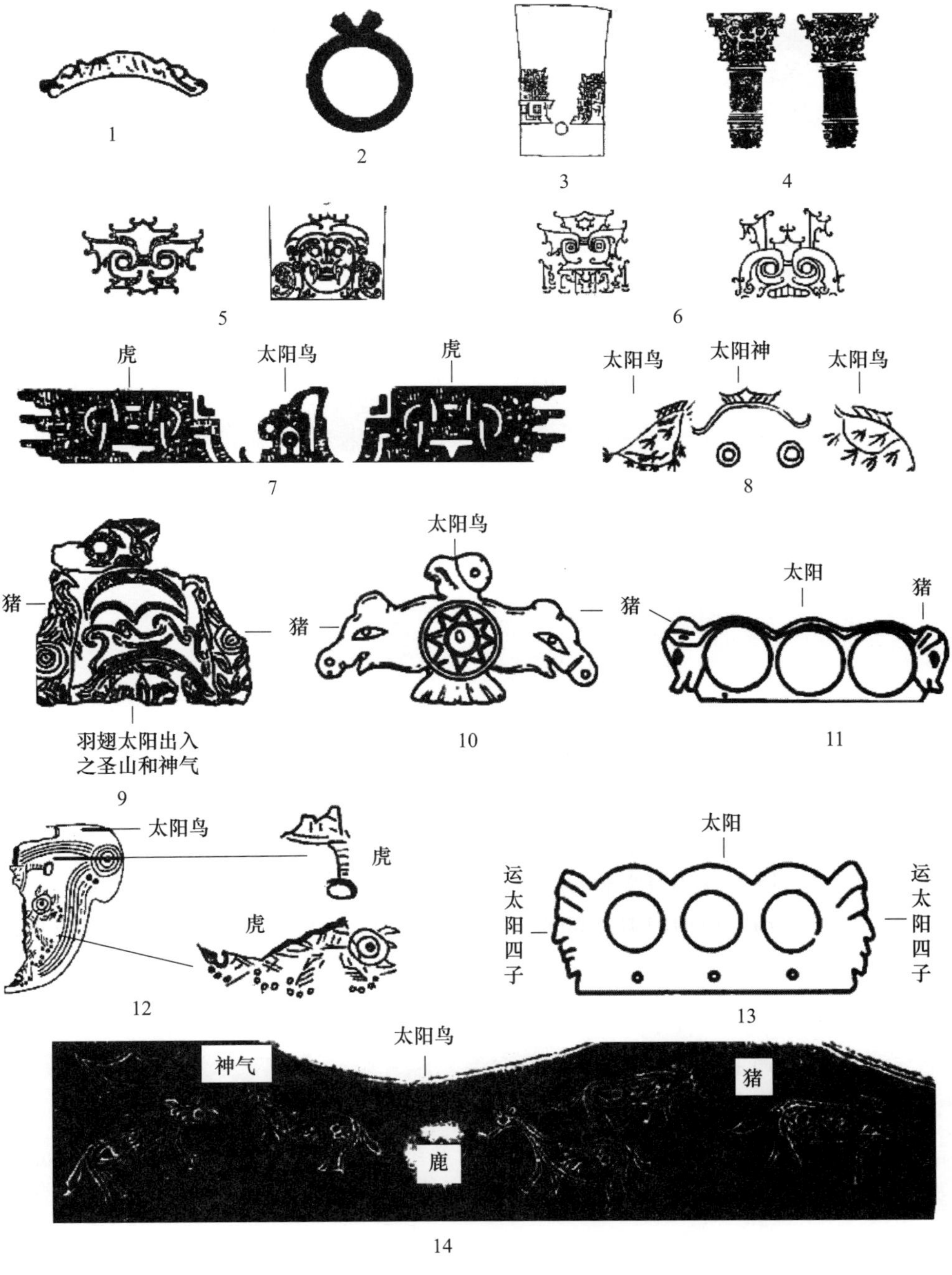

图五

1、13. 建平牛河梁　2. 五莲丹土　3. 长治黎城　4. 美国沙克乐美术馆　5. 台北故宫博物院　6. 日照两城镇　7. 黔阳高庙　8、9、12. 余姚河姆渡　10. 含山凌家滩　11. 凌源三官甸子　14. 余姚田螺山

之目”［旋目符，与良渚文化中的“の”形太阳或太阳之气符号相关，由于仰韶文化中鱼与太阳相关，鱼身与鱼身相接处为太阳，并多充当鱼目，所以这一符号与斜向轴对称的鱼形可以相通。这类鱼身与太阳之气（“の”等造型）相通，由于高庙文化中的太阳之气有以连续“S”形表示的现象，所以在大溪文化及与之联系密切的崧泽文化中这一相关表现得更为明显］，同样也说明了其各自所具有的“阴阳同体”的原生特质。我们在此必须言明，从长沙子弹库楚帛书太阳四子、分至四神等文字材料，并参阅考古出土的高庙文化太阳鸟双四牙神面（分别位于翅膀，参阅图五，7）、河姆渡文化太阳鸟羽翅组成的圣山和两头猪神圣图像［参阅图五，8、图五，9，各个图案基本都是太阳（鸟）、运送太阳之猪、虎、鹿等，结构基本一致］、凌家滩遗址太阳鸟双猪神面（分别占据翅膀位置，参阅图五，10）造型、红山文化的双头玉人（图五，13）或兽面璜（图五，1）等材料看，双头者或相背的一组两者并不都是表示阴阳的，有的是表示与运输太阳有关的动物（有鱼、龙、鹿、鸟、虎等）、四子、分至四神等有关联的造型。不过，阴阳二神于运输太阳类图像之间，显然在构图方面有传承关系，在意义方面也有一定关联，只不过早期强调运输太阳，未涉及阴阳问题，晚期概从龙山时代开始，开始强调阴阳祖先问题。特别值得提出的是，所述材料中晚期的阴阳祖先或神祖都与太阳有关的情况说明，早期运输太阳的图像与晚期阴阳神祖图像确实有一定的关联。

由所述可知，“人面鱼纹”代表了“阴阳同体”的神，其中明确绘出鸟形目、男性生殖崇拜符形目者，其阳神可以说是太阳（鸟）或男性生殖崇拜符，阴阳之阴神可以说是有首和目之鱼，由于其目有明确标示，所以其本身还具有一组阴阳关系。当然对于所有的这类“人面鱼纹”，可以把整个圆形神面视为阳神[10]，把包括圆形面在内的整个彩绘造型视为阴阳之阴神；也可以把有鱼身的整个“人面鱼纹”视为是“阴阳同体”的，其阴阳不分，若分的话，则会基本一致，如上述的诸多例子一样。由此也可知，以前关于这类“人面鱼纹”解读的二十几种观点显然应该予以商榷了。

（4）在大地湾等遗址中有另一类特殊彩绘（图六），不注意的话很容认为其是“鱼头相对”或“鱼头相背”的材料。特别是其与本文讨论的主题彩陶材料一样蕴含着“斜向轴对称”构图法[11]，并且这类彩绘中的“西阴纹—近似叶片纹的一部分”（从箭头符图像系统看，是1/4鱼的“叶片纹”有时与斜向轴对称鱼身之斜向各一半相互之间的部分不易于区分，笔者倾向于认为后者不是“叶片纹”，即代表一条鱼的所谓“叶片纹”，有时虽然采用了标准“叶片纹”的某些造型，但是本质上仍然应视为斜向轴对称鱼身之斜向各一半相互之间的部分，图七：1及图一〇有关图案利于说明这一问题，其他同）之组合确实在当时的彩绘中存在位于鱼头位置的情况，所以对于其确切含义更容易误判。不过根据我们的研究，大地湾这类图案中的“正负形”组合不是“鱼头纹”。例如，依据图七可知，图六：3实际上是一幅鱼鱼（指的是鱼身，其他同）以互相“围合”[12]的方式组成的二方连续图案，其中的围合方式包含边界线相重或借用。又，结合图七：2之“鱼头”A1及A2，继而说明图六：4中的“鱼头”属于鱼身为基本写实的一

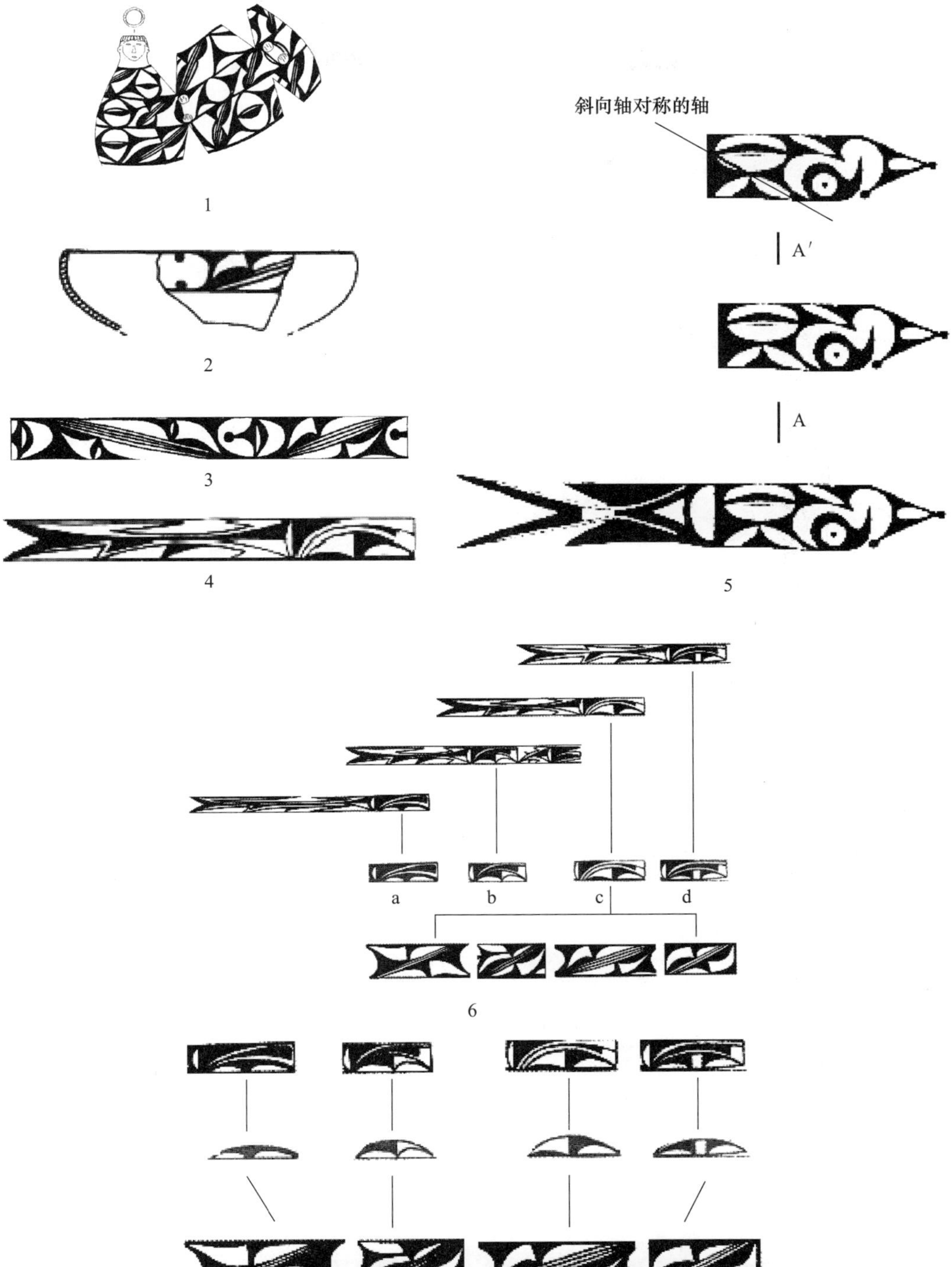

图六

1、3 ~ 7. 秦安大地湾　2. 陇县原子头（ 6、7改自王仁湘《史前中国的艺术浪潮——庙底沟文化彩陶研究》，6为大地湾彩陶上鱼纹头部的局部扩展一部分，7为“鱼头纹”与“鱼纹”对照图）

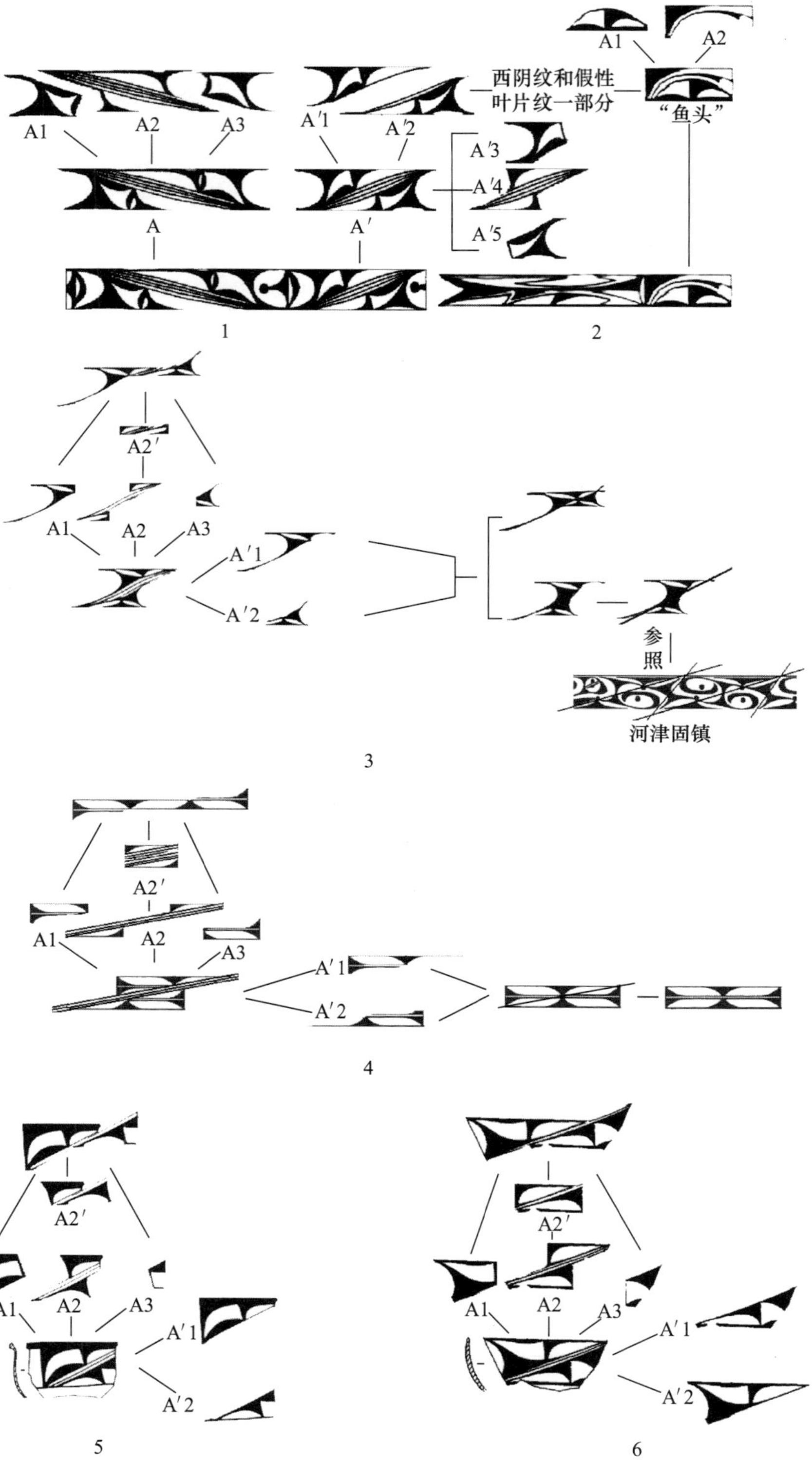

图七

1、2～6. 秦安大地湾　4. 铜川李家沟类鱼纹头部的一种特殊设计而已，客观上也是受了当时几何化鱼鱼图案连续“围合”设计风格的影响（图六，5）。另外，图六：4这类鱼的鱼头设计成这种样式：有常见的鱼头侧面的扇形轮廓“鱼头”，类似图七：2：A2，并且有蕴含“西阴纹—近似叶片纹的一部分”的“鱼头”，如图七：2：A1一样，显然这一在图六：1~图六：3等类鱼鱼“围合”图中常出现的元素，除了受到这时期带状彩绘往往是鱼鱼“围合”连续体构图规则的影响之外，同时还与同时期“单体”鱼中部分蕴含着（实体）鱼与（简化）鱼或简化鱼与鱼的连续体现象（图六，5：A–A'）互相影响有关。

顺便提及这也说明图六：1~图六：3及图七：5、图七：6不太可能是由图六：4或更确切地说是图七：2之“鱼头”中的A1一类“西阴纹—近似叶片纹的一部分”组合发展而来，这两类图像的形成的一个重要原因还是由“箭头符”图像系统加上“斜向轴对称构图法”使然。其中图七：2：A1一类造型的鱼头元素还有不少变化形式（参阅图六，7）。这些鱼头中有“西阴纹”等这类造型元素，主要原因之一是半坡遗址半坡类型及大地湾半坡类型等彩绘中，鱼嘴造型常与“西阴纹”造型中的“正形”基本一致（但是事实上不是“西阴纹”），以及“西阴纹”造型又与鱼有关的情况有关。换言之，“西阴纹”不是来自“鱼嘴纹”或“鱼唇”造型，而是来自于“箭头符”系统。反之，“鱼嘴纹”或“鱼唇”造型只是与来自“箭头符”系统的“西阴纹”相似而已，并无实质联系。

其次，我们看本文讨论的主题图案中的所谓“叶片纹”。这类造型的“叶片纹”，单独看叶片即图案“正形”，造型同我们常说的与“西阴纹”相提并论的“叶片纹”造型是一致的，但是若看其“负形”，则会发现两者绝不一致。一般意义上仰韶文化中的“叶片纹”与图二，11中的“叶片纹”一致，是由鱼鳍、鱼身各1/4围合组成的，并且黑白造型可以认为是互为“正负形”。从半坡类型开始出现的“箭头符”图像系统看，可以肯定地说明其也是这样的：当鱼鳍采取弧边三角形造型的时候，在彩绘器物口沿上经常出现的横向一半鱼之构型中自然就出现“叶片纹”了。所以，综合地看，仰韶文化中极其重要的“叶片纹”[13]，是由于“箭头符”[14]参与简化鱼的构型以及鱼的图像进一步几何化原因促成的。本文讨论的这类所谓“叶片纹”与一般意义上仰韶文化中“叶片纹”的“正形”显然不同，笔者认为其本身并不是严格的两个“叶片纹”，而是斜向轴对称的鱼身增加了“叶片纹”的飞白构图元素罢了。

同时，由于“斜向轴对称者”是一条鱼，所以这类所谓的“叶片纹”又不可能像半坡遗址半坡类型中一类鱼之身上近鳃的飞白造型（图八，1）。

两个“叶片纹”的组合单元代表一个鱼身或一个围合或不围合的连续体的单元，在仰韶文化其他材料中确有存在，不过基本是横向一半的鱼，如泉护遗址（图八，2）、商都章毛乌素遗址（图八，3）、民和羊洼坡遗址（图八，5）等[15]发现的彩绘。

又从原子头遗址彩绘鱼的连续图案看（图八，4），其中的是有鱼目[16]之鱼，其中的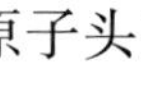不应与后文图一一：A相应，这也不应认为是仰韶文化彩绘中以两个“叶片纹”代表一条鱼的另一种形式。

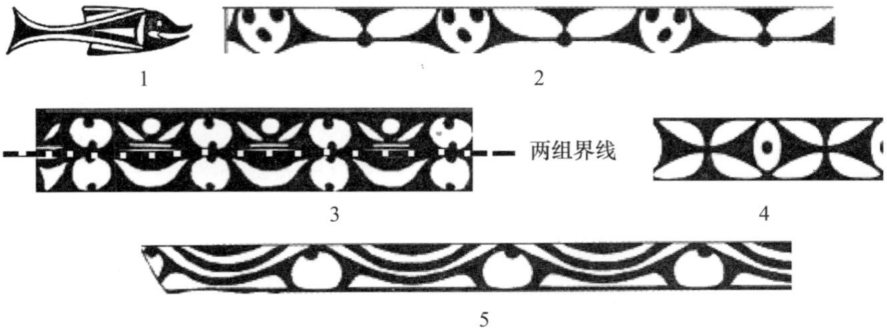

图8

1. 西安半坡　2. 华县泉护村　3. 商都章毛乌素　4. 陇县原子头　5. 民和羊洼坡

再者，从本文讨论主题彩绘鱼的造型看，显然其中蕴含了一种非常特殊的构图法，这一构图法对于解读中国仰韶文化及马家窑文化彩陶极其关键，我们称之为“斜向轴对称”构图法。据笔者的综合研究，这一构型思维早期，应与半坡类型晚期“亚”字形鱼身[17]采取基本属于“斜向轴对称”构图法有关，最早则应与从半坡类型早期开始出现的原始“叶片纹”雏形之中的倾斜造型（图九，1）、表示几何化鱼的“箭头符”之一半（即1/4鱼身）造型（图九，2～4）及整个几何化鱼的构图规律有关。同时，中原仰韶文化半坡类型、庙底沟类型中的“斜向轴对称”风格也应与南方高庙文化—大溪文化相关的“索纹”“握手纹”相互影响。相当于庙底沟类型时期的江苏邳县大墩子大汶口文化彩绘造型（图九，1），由于是以不同的颜色表示的，是最利于说明“斜向轴对称”构图规律的材料之一。顺便提及，“叶片纹”右倾多，左倾者少（图九，6～10），以“斜向轴对称”构图法构图的彩绘鱼图案之中，其轴的倾斜方向也是如此。

当然右倾的构图思想在彩绘中体现很多，包括鱼头右向者也多，为何我们单说“叶片纹”造型与这一设计思想有关呢？因为“叶片纹”中的右倾是轴的斜倾，而鱼的右向是水平向。

另外，庙底沟类型有所谓“亚”形鱼身，整体造型的依次左倾、右倾，如河津固镇庙底沟类型彩绘（图一〇，2）、枣阳雕龙碑庙底沟类型彩绘（图一〇，3）、翼城北橄庙底沟类型彩绘（图一〇，4）、清水河庄窝坪彩绘（图一〇，5），等等。其中明显蕴含着“斜向轴对称”构图法，轴倾斜示意如图一〇：6～9。另特别予以提出的是，从图一〇：9中“亚”形鱼身直接以空白形标示出的斜向轴方向看，这类“亚”形鱼身的中的无鱼鳍者，其斜向轴方向有时可以有两种读法。这类有“亚”字形鱼身的彩绘鱼的连续体，无论有无鱼鳍，依次左倾、右倾，主要是为了保持构图富于动态和连续协调，与我们论述的“叶片纹”或一般鱼的倾斜轴方向多右倾问题不一样。需要说明的是，图一〇：9中鱼身中间的空白形，不是“叶片纹”，因此整个鱼不是以“叶片纹”代表一条鱼的鱼身，之所以予以特别说明，是因为从图七：1、图七：3、图七：4等可知，不少采用“斜向轴对称”构图法构图的鱼，由于是错位对称，并且由于鱼侧内凹，所以很容

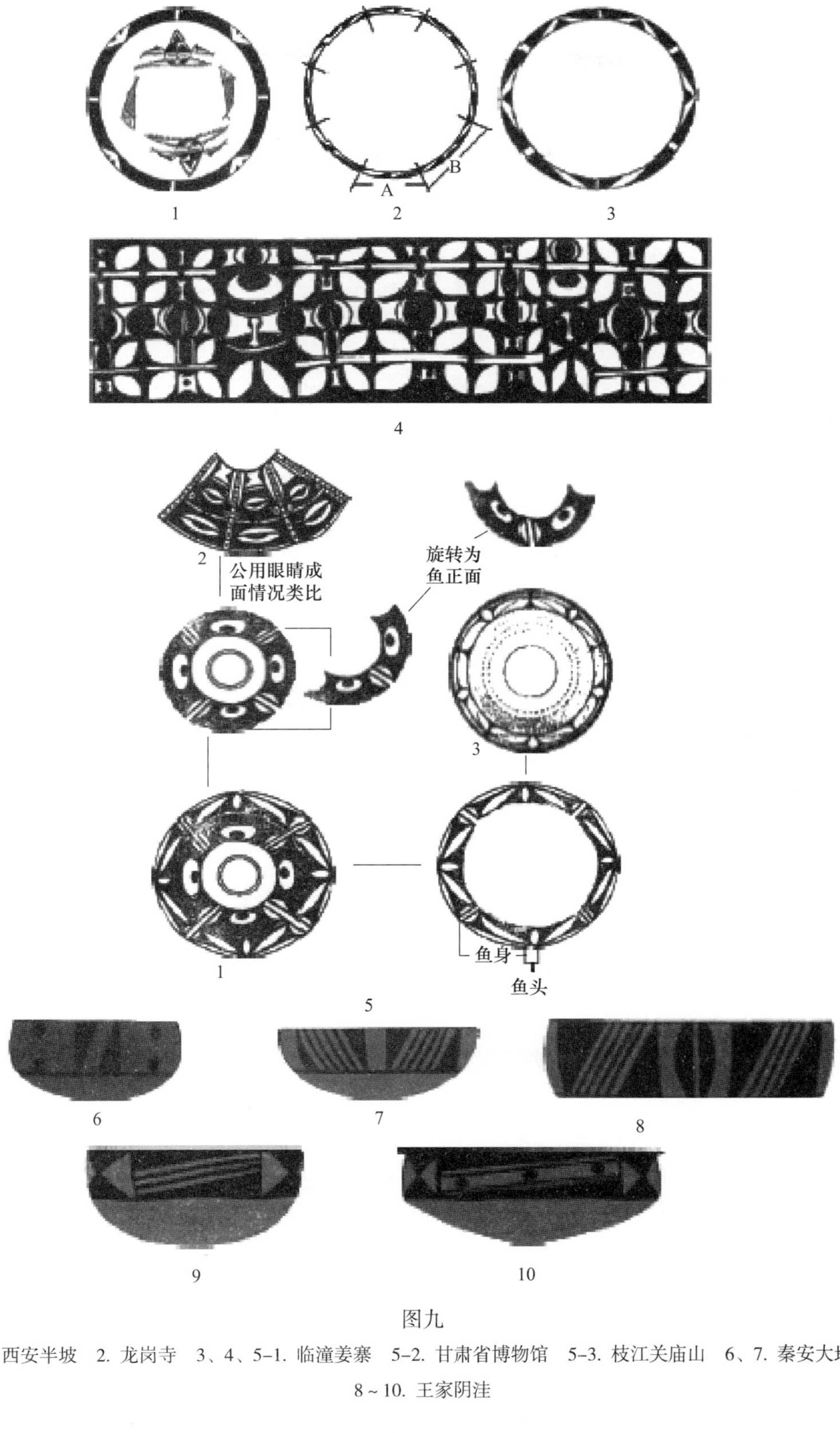

图九

1. 西安半坡　2. 龙岗寺　3、4、5-1. 临潼姜寨　5-2. 甘肃省博物馆　5-3. 枝江关庙山　6、7. 秦安大地湾
8～10. 王家阴洼

图一○
1. 邳县大墩子　2、6. 河津固镇　3、7. 枣阳雕龙碑　4、8. 翼城北橄　5、9. 清水河庄窝坪

易误认为是以“叶片纹”代表鱼的鱼身。

第四，从比较清晰的图一：7、图一：8看，与图1其他图案不同的是，其中多了一个带点的圆，这是为何呢？是否我们原来的解释就无效了呢？或者说其只是鱼身的一个装饰呢？我们认为，该类图像中的带点的圆，实际是“鱼身”与“鱼身”的围合区域。下面我们以图一：7为例予以论证，论证说明见参照图11。

承前所述，图一一：A是由图一一：A1、A2两个造型（不是“叶片纹”）组成的符合“斜向轴对称”构图的鱼身，图一一：A′1和A′2是仰韶文化彩陶中最为常见的“亚”字形鱼身，参照前述河津固镇庙底沟类型彩绘（图一○，6）等材料及相关讨论可知，其本身也可以以 “斜向轴对称”构图法表示，所以整幅图应该是A′1—A—A′2三者即三个鱼身的互相围合，其中的围合区域可视为有圆形目的鱼头。紧接着A′1、A′2再与两方的其他“无头鱼身”互相围合，最终形成鱼鱼围合连续彩绘，并体现或符合彩绘构图中重

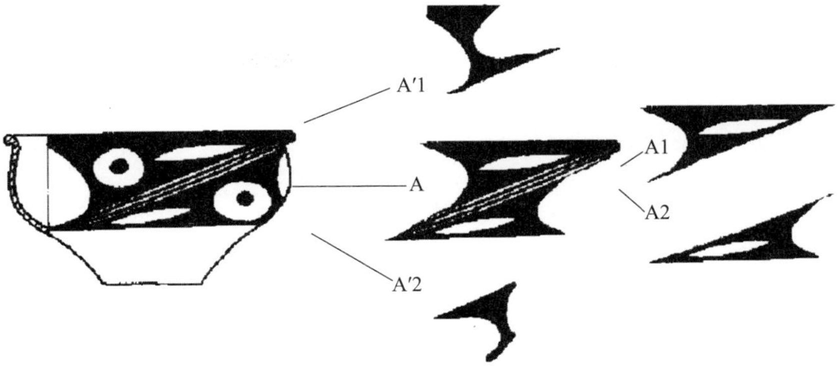

图一一 秦安大地湾

要的鱼头鱼尾连续相连的“闭环路径”或近似“闭环路径”规律。

需要注意的是，图一一：A′1、A′2在“斜向轴对称”构图鱼身的轴的两端，并且起止与轴基本相始终，很容易造成其分别与图11：A1、A2属于同一生物单元的误解。这样的误解或者故意把这类斜向轴两侧某一层次图案视为一条鱼身的误解，在仰韶文化和马家窑文化中已有不少表现，以至于成为一种俗成。这里应予以特别提出的是，从后文图一八与图一一的对照看，在中原仰韶文化晚期和马家窑文化中，对应于图一一：A的A1、A2的，已不是两个“叶片纹”组合，而是一条由斜向轴对称分割的 “亚”字形鱼的一部分了。

上文所述大地湾材料图7也是这类例子，晚期特别是庙底沟类型阶段这样的例子也不少，像图一二等。若不知道这类彩绘与 “斜向轴对称构图法”辨证解读的话，其中一些图案将无法释读，显然对于整个图案的任何释读将是错误的。

不过对于图一三：1这一由四个“叶片纹”组成鱼身的常见造型，运用“斜向轴对称”方法释读时，则会显得较为特殊。因为这类四个“叶片纹”组成的鱼身，其一般造型不但有上下对称特征，同时也符合“斜向轴对称”特征，尤其当把该类鱼以错位右倾（当然也可以左倾）的“斜向轴对称方法”表示时，其中斜向轴上端右（左）边的“叶片纹”和下端左（右）边的“叶片纹”，无论是否归复一般造型，都可以非常特殊地由对方的图案“正形”（该“叶片纹”实线为“负形”）予以补齐，从而仍然是四个完整的“叶片纹”。所以这类鱼的造型若以常规 “斜向轴对称法”理解之，参阅图七：3和图七：4可知，则容易误解成以三个“叶片纹”代表的三条相连的鱼，虽然几乎符合彩绘中“箭头符”等所有构图原理，但是与该类鱼是四个“叶片纹”形成的常规逻辑不符，所以对于这类“斜向轴对称”构图的鱼，理论上存在两种解读： 一种是依照一般“斜向轴对称构图”原理，可以解读为三个“叶片纹”代表的三条相连的鱼； 另一种是把其解释为一条“四叶片纹鱼”也符合“斜向轴对称”构形。依据读图实践和对于古人于这类鱼之造型设计思想的研判，后一种读法应是时人在实际中所使用的，并且是正确的。图七：3也利于说明这一问题。

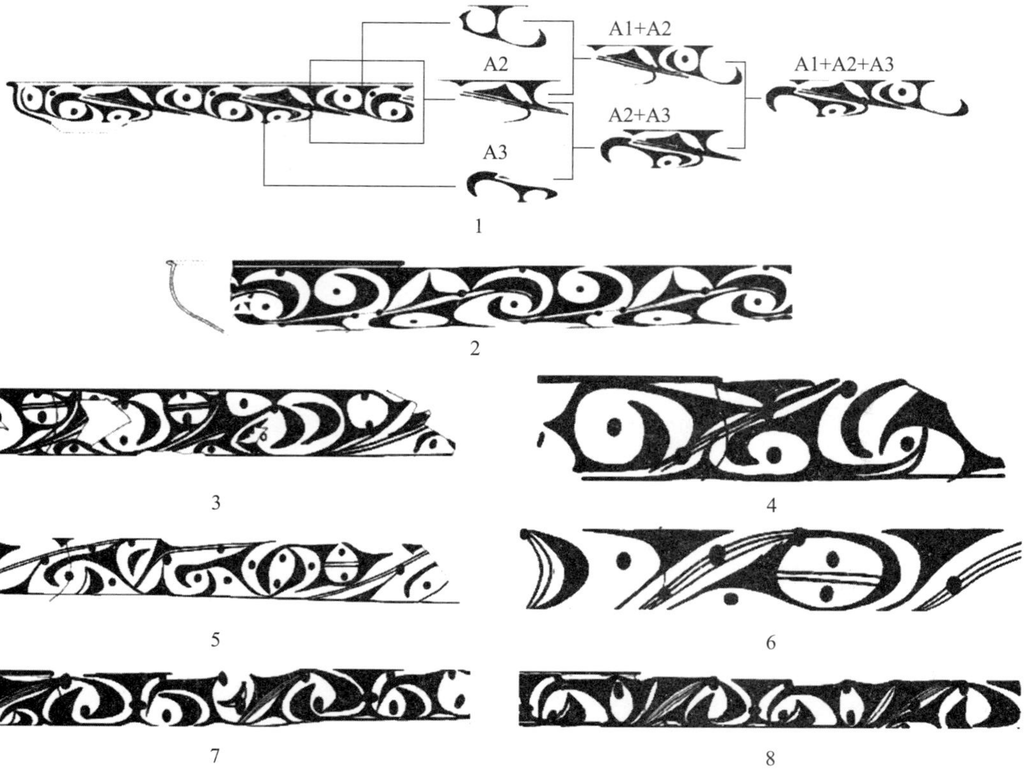

图一二

1. 华县泉护村　2. 灵宝西坡　3～8. 陕县庙底沟

（均蕴含“斜向轴对称构图法”，不过有的在斜向轴附近有省略现象）

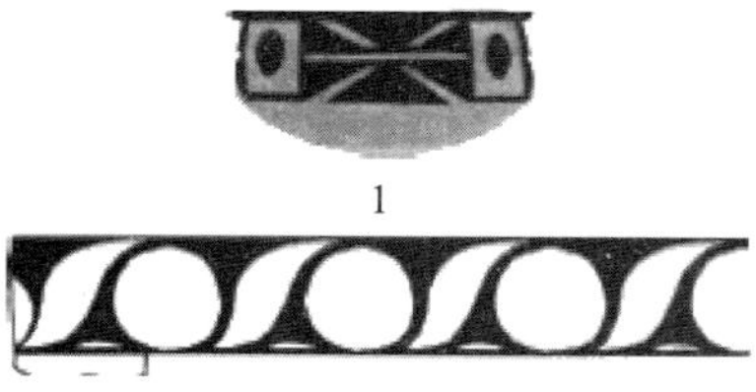

图一三

1. 王家阴洼　2. 天水师赵村

王家阴洼一类彩陶（图一三，1）中的鱼身，虽然相当于“叶片纹”或整个“花瓣纹”的部分为线条，但是本质上与原子头由四个“叶片纹”组成的鱼身 及图七：4铜川李家沟彩绘鱼一样。对于图一三：1的读法，本身符合特殊“斜向轴对称”，若以“错位斜向轴对称”原理构形，造型应概包括 或等形，相应地这“错位斜向轴对称”的鱼身若恢复原位，显然应为，类似 一样。从图一三：1及其他诸多鱼形彩绘构图看，这一案例利于我们对于前述有关“四叶片纹鱼身”之“错位斜向轴对称”构形较为特殊这一观点的论证。

当然对这类图案还应该予以说明的是，图七：3中的“亚”字形不应理解为是与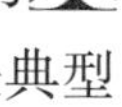等一样的以“C”形鳃及“C”形尾构图的一类简化或几何化的鱼身，而应理解为是典型的“错位斜向轴对称”造型的鱼身。

此外，图七：5和图七：6若不运用“斜向轴对称”构图法解释，显然无法有别的解释，这同样说明此构图原理具有较为广泛的普适性。不过非常特殊的是，中间的近似“叶片纹”造型属于两个各自一半的近似“叶片纹”，但是参照诸多代表鱼身的假性“叶片纹”（如图一三：2，该类造型非常像“叶片纹”，但是综合地看，其更可能是错位对称的“斜向轴对称”构图的鱼身，被误认为是“叶片纹”者实际是鱼身错位围合的空间），可以认为图案中的一半近似“叶片纹”的两端都可以延伸出围合区域，所以图七：5和图七：6的A2′可以代表一条鱼之鱼身，并与两端的“西阴纹”代表的鱼身[18]构成围合或相连的连续体。不过图七：5和图七：6的A2′这两个各自一半的近似“叶片纹”的组合构成一条鱼的鱼身之情况，由于方向问题，理论上不完全符合“斜向轴对称构图法”和“箭头符”原理，所以只能认为是特例或者古人绘制不严格甚至有误使然。

再从图一二：1看，此图案属于泉护遗址庙底沟类型。该图中的A1、A3是典型的“亚”字形鱼身[19]。图中的A2，从大量的其他案例看，像图14中庙底沟类型的以“斜向轴对称”构图法或近似“斜向轴对称”构图法构型的鱼身[20]属于一类。依据我们的研究，若图一二：1：A2被简视为一条鱼的鱼身的话，则A1+A2是两鱼身及其“围合造型”[21]，A2+A3同样也是两条鱼身及其“围合造型”，A1+A2+A3则是三条鱼的鱼身及其“围合造型”[22]。这一组图案中的A1、A3再分别与两方的其他鱼身继续围合，而非整组图案A1+A2+A3与两方向上的各一组图案或单个图案围合并最终形成一周“闭环彩绘路径”，这一围合路径与半坡类型或大地湾二期一类文化中其他写实的鱼之头尾相连形成“闭环彩绘路径”[23]是相承发展的。

图14　陕县庙底沟

我们再以图一二：2灵宝西坡的一件彩绘来说明“斜向轴对称构图法”这一重要的几何化鱼的彩绘设计基本原理[24]。从图一二：2所示这一似乎较为复杂的彩绘看，从左往右依次为：图一五：1，弧边三角形，是鱼身的一部分；图一五：2，“斜向轴对称”构图中斜向轴下端的“亚”字形鱼之由鱼鳃端的一部分旋出的组成鱼头的旋臂；图一五：3，另一组“斜向轴对称”构图中斜向轴上端的“亚”字形的从一端旋出双旋臂的鱼身；图一五：4，“斜向轴对称”构图法的鱼[25]；图一五：5，另一组“斜向轴对称”构图法中斜向轴下端的“亚”字形鱼[26]；图一五：6再一组“斜向轴对称”构图法中斜向轴上端的“亚”字形鱼；图一五：7同图一五：4；图一五：8同图一五：5；图一五：9位于整个彩绘图案左端，是图案中斜向轴上端的“亚”字形鱼身一部分。

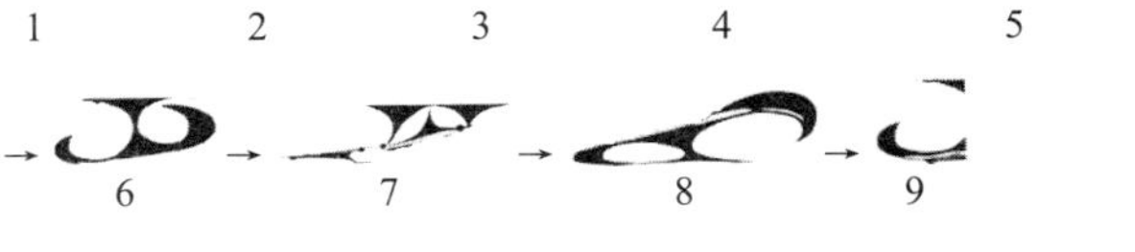

图一五　灵宝西坡彩绘图案分解图

从这一详细的讨论中可以看到，其中的斜向轴对称构图法是识别的关键，否则整个彩绘图像会出现断层。

第五，从图一六看，在庙底沟类型的一类彩绘中，形状为“亚”字或近似“亚”字形并且其中还有一飞白[27]的彩绘造型，似乎与所述图1–7和图1–8中的加点圆有些类似，但是实际上并不是一回事，因为庙底沟类型的这类彩绘中的飞白实际与“亚”字形鱼身构型来源密切相关。由于这类彩绘“亚”字形鱼身构型的一部分特征像鱼侧内凹，以及其运用的“斜向轴对称”构图法，致使这种鱼身各斜向一半的围合空间就与“叶片纹”或符合“箭头符”原理的具有斜向轴的1/4鱼造型非常相似，但是不能因此认为这类飞白实际是以1/4鱼代表一条鱼的单个“叶片纹”中的“叶片造型”，但是多数可以说其是这类构型中运用的“斜向轴对称”构图法中的“斜向轴”[28]。这一观点在图一七中可以找到不少依据，图一七：5中表现得比较明确。因为这类具有“C”形鳃、“C”形尾的“亚”字形鱼的“斜向轴对称”构图中的斜向轴，常可以一条或多条斜线表示，若用一飞白区域造型表示，则主要是受到了总体上属于由 “斜向轴对称构图”方法构图的鱼类图案中的轴即假性 “叶片纹”的影响才会出现的。

图一六
1. 秦安大地湾　2. 郧县大寺　3. 枣阳雕龙碑　4. 华西西关堡　5. 清水河庄窝坪

五、文 化 传 承

从图一七和图一八看，这类仰韶文化晚期或马家窑类型彩绘显然应该与本文讨论的

图一这类主题图案有关，并且在马家窑类型中，这类加点圆作为鱼鱼围合图案的意义也明显有被消解的现象，从而三条鱼会逐渐被简单地视为一条鱼。单从图一八似乎还不易于说清像图一：7和图一：8中加点圆形这一鱼身—鱼身“围合区域”在马家窑类型中也有被消解的现象，但是从图一七：1和图一七：2中则可以明确看到：该两件彩陶器物内无圆形的应该是三条斜向轴对称的鱼，有圆形的理论上应该一组就是三条鱼或鱼身，整个图案应该是三组这样的组合，但是其整体上却与无圆形的三条斜向轴对称鱼的图案相当一致；另外一类例子是，类似的图案中，斜向轴对称鱼的鱼鳍为一条连线，而非隔断为两段的两个鱼鳍[29]。

另武威新华乡磨嘴子“舞蹈纹”盆，与日本所藏“舞蹈纹”盆、青海大通县上孙家寨“舞蹈纹”盆等特殊彩陶中都有两组被考古、艺术、体育等诸多学术界认为是所谓的“舞蹈者”，但是学术界对于每组“舞蹈者”之间的造型基本予以忽视或不知所以。实际上，从我们的讨论可知，这几件“舞蹈纹”盆中每组“舞蹈者”之间的造型都是属于源自本文所论这类鱼身的主题彩绘，即是符合彩陶中“斜向轴对称构图法”规则的鱼身图案。并且有的有前文所论源于“鱼身鱼身”围合区域的圆——本质上是蕴含“太阳、鱼目、鱼头”的实体（图一七，4）；有的没有（图一七，3；图一七，5），这显然也有利于说明本文所论主题彩绘中作为“鱼身鱼身”围合区域的本质，应该确实是“太阳、鱼目、鱼头”的实体加点圆，并且也有利于说明在半坡类型和马家窑文化中存在被简单甚至可以说被“错误地”理解或视为一条鱼的现象[30]。

我们讨论的主题彩绘和所谓“舞蹈纹”盆中的“舞蹈者”之间的图案一致，即都为鱼或鱼身，加之我们又知道了这些所谓的“舞蹈者”实际是鸟的造型，所以于“舞蹈纹”盆内涵这一彩陶释读中的著名难题就可迎刃而解了。实际上整个图案就是鱼—鸟图[31]，与高庙文化、半坡类型以来发现的鱼—鸟图、以旋形太阳或太阳鸟为鱼目或鱼头·鱼目的鱼形彩绘含义是一脉相承的，与以具有（或无）四獠牙太阳神面[32]表示太阳之阳的所谓“人面鱼纹”造型所蕴含的鱼—太阳（鸟）之阴阳协调的生殖崇拜信仰和精神思维应有密切的关联。

另外，参阅图一七：2和图一七：5等彩绘可以看到，马家窑文化尤其是石岭下层和马家窑类型中，除了器物表面和内面常见有“斜向轴对称”构图法的鱼之外，在器物的口沿也非常多见以这类构图法造型的鱼，并且比之于仰韶文化器物口沿鱼的造型而言，一个非常明显的文化变迁特征是：仰韶文化常见的“单元”为符合“箭头符”图像系统原理的横向一半的鱼身，到了马家窑文化则绝大多数变成整条“斜向轴对称”的鱼。

六、总结及相关启示

（1）本文讨论的这类彩绘图案一部分是两个有“叶片纹”飞白装饰的造型以“斜向轴对称法”组成一条鱼的鱼身，这样鱼身与“亚”字形鱼身的“围合造型”是其中一鱼

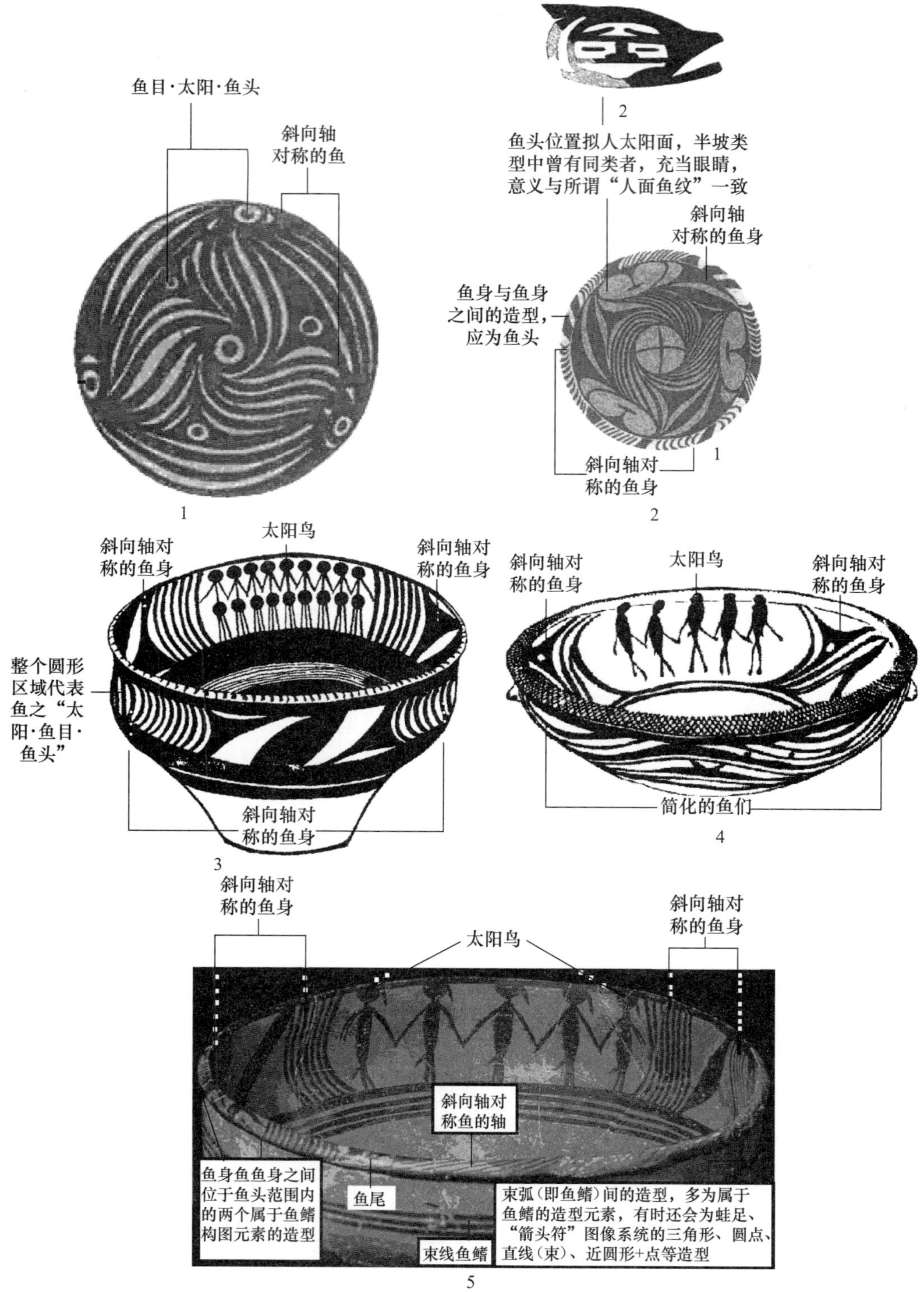

图一七

1. 东乡族自治县林家　2-1. 西安半坡　2-2. 青海了都县脑庄　3. 武威新华乡磨嘴子　4. 日本藏彩陶舞纹盆
5. 青海大通县上孙家寨

1 2 3 4 5 6

图一八

1. 民和羊洼坡 2. 秦安大地湾 3. 陇西吕家坪 4. 永登蒋家坪 5. 兰州王保保城 6. 秦安采集

的鱼头，综合诸多彩陶图案判断，这一“围合造型”不少是明显蕴含“太阳（鸟）、鱼目、鱼头”含义的。这类鱼或蛙与太阳相组的“阴阳组合规律”是仰韶文化至少至于辛店文化彩陶解读中的基本规律之一。

（2）对于有些彩陶尤其是半坡类型、庙底沟类型、马家窑类型等有关鱼的诸多几何化彩陶的解读而言，绝大多数若单以鱼身和鱼身之间的“旋纹”造型即地纹来判断解读彩绘的内容、特征和构图规律的话，就会出现基本规律完全失效的情况。对于这些几何化彩陶，从诸多典型材料如武功游凤采集的 “太阳（鸟）目—人·鱼头—鱼身”阴阳合体彩绘（图四，5）等材料看，一方面应重视“鱼身鱼身”之间代表“太阳、鱼头·鱼目”的“围合旋符造型”（其作为鱼之目，构成一组阴阳），另一方面还应高度重视组成鱼的实体构型的阳纹，这样从阳纹和地纹两方面同时解读，才能更贴近当时真实的构图规律和设计思维。学术界绝大多数学者认为只读其一是失误的，少数学者虽然兼顾了阳纹和地纹的图案，但是解读却又是失误的（表一）。

表一 新石器文化彩陶“旋纹”历年定名表

（引自王仁湘：《史前中国的艺术浪潮——庙底沟文化彩陶研究》360页表一）

序号	定名者	定名时间	名称	认读方式
1	阿尔纳	1925	真螺旋纹	阳纹
2	梁思永	1930	流动的曲线带纹	阳纹
3	安志敏	1959	涡纹、三角涡纹、圆点纹	阳纹
4	石兴邦	1962	圆点勾叶凹边三角等曲线花纹配成的纹饰	阳纹
5	严文明	1963	回旋勾连纹	阳纹
6	张忠培	1964	弧线三角纹	阳纹
7	苏秉琦	1965	菊科和蔷薇科花卉纹	阳纹+阴纹
8	安志敏	1979	圆点勾叶弧线三角和曲线构成的带状花纹	阳纹
9	巩启明	1983	涡纹、三角涡纹、圆点纹组成	阳纹
10	石兴邦	1984	圆点勾叶弧边三角和曲线组成的带状纹	阳纹

续表

序号	定名者	定名时间	名称	认读方式
11	廖永明	1984	月亮纹、勾叶纹	阳纹
12	吴家哲	1984	勾叶纹	阳纹
13	马宝光	1988	旋花纹、鱼眼、变体鱼纹	阳纹
14	张朋川	1990	钩羽圆点纹	阳纹
15	段宏振	1991	回旋勾连纹	阳纹
16	贾荣建	1994	自由曲线纹	阳纹
17	张居中	1994	圆点勾叶弧三角构成的植物花卉纹	阳纹
18	栾丰实	1997	圆点勾叶弧边三角组成回旋勾连纹	阳纹
19	王仁湘	1998	旋纹：单旋纹、双旋纹、重旋纹、杂旋纹	阴纹

注：本表所列主要是对庙底沟文化彩陶“旋纹”历年的定名，也包括少数研究者对大河村和大汶口文化同类纹饰的定名

（3）鱼的图案围绕器物一周，互相围合连续，如图一：1，一周图案中间一般没有实质意义的断层。鱼头鱼尾相互连续成圆的构图是早期彩绘构图中最为基本的规律之一。虽然其中表示鱼身或鱼的单元有时并不完全一致，像以“西阴纹”代表的鱼身、“亚”字形鱼身、明显的“斜向轴对称”的鱼身之间就可以互相连续。

（4）本文讨论的另一部分是以两个“叶片纹”为构图元素的以“斜向轴对称法”组成一条鱼的鱼身，然后分别与一“亚”字形鱼身围合，再向二方连续围合形成“闭合环路”，如图1的7、8、10、11，等等。还有少量的是分别取以两个“叶片纹”为构图元素的按照“斜向轴对称法”构图的鱼的各一半为单元，然后把两个单元变得横平，再由两个这样的单元围合成一组图案，像图一：4等。

（5）本文所论的这类特殊彩绘，主体特征在仰韶文化直到马家窑文化中一直存在。在马家窑类型中，半坡类型以来就存在的一类同样符合“斜向轴对称构图法”的鱼身造型占主体地位。由于其与原来由“叶片纹”作为构图元素组成的“斜向轴对称图像”，基本都符合“斜向轴对称构图法”，轮廓构型又类似，所以造型替代自然。另本文所论这类造型的彩绘数量逐渐增多，是确切表明仰韶文化和马家窑文化密切关联的重要证据之一。

（6）从“阴阳组合体”及“鱼.蛙·太阳”[33]素材始终是诸多彩陶文化重要主体题材的情况看，仰韶文化至马家窑文化又及四坝文化、辛店文化，在彩陶及其反映的信仰等层面上讲，应该是密切相关的文化连续体。

（7）诸多彩陶文化中较难释读的一部分彩陶，多可以本文提出的“斜向轴对称”构图规律、“鱼—太阳（鸟）、鱼目”组成的“阴阳组合”或“多重阴阳组合”构图规律得以解决，尤其对于彩陶释读中的少数著名难题的解决，以及对有些看似已完全解决了释读问题的彩陶予以新诠等方面都具有相当重要的价值，如本文提及的马家窑文化、宗

日文化彩陶中著名的所谓“舞蹈纹”难题，以及以“斜向轴对称”方法构图的诸多庙底沟类型彩陶图案的完美释读问题[34]，等等。

（8）通过本文的讨论，我们可以看到彩陶问题的研究并不仅仅在于解决常规的彩陶问题，事实上其对中国文化中的不少重要宏观学术问题的解决也非常有帮助。像对彩陶中有关阴阳问题和太阳问题的研究可以发现：①可以确切说明中国古代早期确实存在着明显的太阳崇拜；②考古所见早期文化中的飞鸟若有信仰意义的话基本都与太阳或其象征意义有关；③中国古人多将祖先与太阳联系，如太昊、少昊之“昊”字等均与太阳有关，商王用天干为名，具体目的可能较为复杂[35]，但重要原因之一还应确与太阳、“玄鸟生商”信仰有关；④皇天之“皇”字确实是新石器时代以来就有的有系有穿之钺的象形之写法。日本学者量博满、林巳奈夫等先生曾详细论证过这一问题，他们都认为钺之穿与太阳、月亮有关[36]，从本文讨论彩陶中“阴阳组合”规律及鱼有太阳目或首的情况看，还是可信的；⑤阴阳理论是中国古代文化的核心内容，虽然至战国时期才系统化，之前相关文字学和文献学证据较为薄弱，但是新石器时代丰富的刻画尤其是彩陶这一重要的图像学素材在一定程度上阐明了其成型化的基础与过程[37]，等等。

中国彩陶从正式发现至今，资料已是蔚为大观，其中蕴含的信息量自然亦是非常丰富的。多年来，各专业的学者都对彩陶非常重视，不同学科的学术成果也是精彩纷呈。不过从本文的讨论主题和相关问题看，有的看似简单明了的造型、理所当然的理解以及一些似乎已成定论的观点，原本竟然不是这样！

艾青曾经说过，彩陶是“人类童年智慧之花”，其中的“智慧”是什么，我们真正了解了多少，我们利用什么样的方法才能尽可能地认知其中的真实信息和确切内涵，在中国彩陶学术性发现和研究已近百年的今天，值得我们予以沉思，并认真地“守静笃”以“观复”！

附记：文中有关学术界复原图案和彩色图像，除其他考古报告、图录、简报及论文所见者，均引自张朋川先生专著《中国彩陶图谱》（文物出版社，2005年）和王仁湘先生专著《史前中国的艺术浪潮——庙底沟文化彩陶研究》（文物出版社，2011年），引述王仁湘先生的观点也出自该书。其他凡此总总，未详注释，特此说明致意！

2013年9月初稿

2014年9月再稿

2015年5月三稿

注　释

［1］甘肃省博物馆编，韩博文主编：《甘肃彩陶》，科学出版社，2008年；《黄河彩陶》编辑委员会编，张朋川主编：《甘肃博物馆：黄河彩陶——华夏文明绚丽的曙光》，浙江人民美术出版社，2000年。

［2］王仁湘：《史前中国的艺术浪潮——庙底沟文化彩陶研究》，文物出版社，2011年。

［3］往往可以视为太阳（视觉上，太阳中常有一束光线或一个圆点，或者两者同时出现），与鱼组合表示一组阴阳，以下同。

［4］邹县野店的大汶口文化彩绘，与该原子头彩绘中的鱼身一致，有不少圆形。可与仰韶文化中诸多彩绘鱼的“鱼—太阳目”之阴阳组合互证。也利于说明与中的“八角形”一样的一类符号确实代表太阳。

［5］注意，鱼头与人神面的组合多种多样，从仰韶文化及马家窑类型彩绘纹饰看，侧视鱼身与太阳神（祖）的人面的组合，人面有可能是正面，但是常见的鱼面应是侧面。

［6］此人神面四齿，从高庙文化四齿太阳神看，也应与太阳神面有关。

［7］原子头二期彩绘有这样的图案。

［8］稍晚期彩陶文化也有阳鸟或王仁湘先生所谓的旋纹。

［9］这时无法去除阴阳之阳，因为其作为阴阳之阴神鱼目和头的组成，可以视为多重阴阳。

［10］姜寨二期和半坡类型中存在这样的无鱼身之造型应该就是这类表达。从高庙文化中的四齿太阳神面及古今中外拟人化太阳存在常常不画四肢身体仅仅画一个圆形轮廓及其他头部造型的情况看，这是很自然的。新石器时代中国出现诸多神不画身体的现象，这其中应该有一些是由于受到太阳神画法多为面这种情况影响。当然这种无鱼身的太阳神（祖）造型，常出现作为鱼目的情况，这与当时有关鱼目为太阳的认知相符。

［11］这一构图法是仰韶文化和马家窑文化彩绘中极其重要的构图法则，不能识别出这样的法则，很多彩陶无法详细地分解单元，整个一周彩陶图案将会出现实质的非连续性。

［12］“正负形”的围合基本都是充当鱼头，其他同。

［13］从“箭头符”图像系统及鱼的生物构成看，应该没有学术界所说的“内敛式”的四花瓣纹或者外侈式四花瓣纹的“内敛式”读法。

［14］“箭头符”图像系统中的构图规则是解读中国早期彩陶的又一重要规则，堪称是解构相关难题的“法宝”。前仰韶文化时期，“箭头符”就在器物上出现。从半坡类型开始，出现四个“箭头符”绘于彩陶口沿的现象，并且出现“‘箭头符’与简化鱼融合”成为简化几何化鱼之构型的核心设计思路，这一设计构图法影响传承到中国几乎所有的彩陶文化。例如，仰韶文化彩陶中最为重要的“叶片纹”和“西阴纹”的形成都与“箭头符”有密切关联。其中“叶片纹”的形成由“箭头符”参与鱼的构型和一般简化鱼有逐步几何化趋势两种因素促成；若没有“箭头符”的出现，“西阴纹”的形成简直是不可能的。而“叶片纹”和“西阴纹”是组成半坡类

型晚期和庙底沟类型鱼纹最为重要的元素。“箭头符”图像系统从半坡类型到马家窑文化马家窑类型、半山—马厂类型，一直是有序传承的。半坡类型以来的器物口沿的四个对称“箭头符”造型，实际与有光芒的太阳造型相符，这类太阳构型在大伊山青莲岗文化、双墩文化中均有出现，在成都船棺上也曾发现。这与仰韶文化以来最为广泛的“鱼—太阳”阴阳组合现象也是高度相符的，自然也说明半坡类型的“四箭头符”现在不宜于做其他解释，那些人面鱼纹盆的功能自然也不宜做更奇特的解释。关于“箭头符”图像系统的构图规则详论请见笔者近著《“箭头符”就是一切——论仰韶和马家窑文化彩陶中的一种特殊构图设计思想》。

[15] 图八：2中的三个圆象征三个太阳，不过参照泉护遗址出土部分器物象之上的三圆镂空图案看，其合在一起又可以用来代表拟人化的太阳神面。

[16] 圆及点为鱼头，并蕴含太阳之意义，自然从泉护等遗址所出鱼身与鱼身之间的较为写实右向飞鸟等情况看，这类构图及具有旋纹目的几何化鱼形图，既可与同时代的“男性生殖崇拜符.太阳（鸟）·人鱼目”类阴阳合体图案一致。同时若把前一“太阳（鸟）·人鱼目”看做是一太阳鸟，则与右边的鱼又构成了一组“鸟食鱼”组合，这类组合其实从高庙文化和半坡类型开始就已出现，是蕴含阴阳组合相协的生殖崇拜含义的。

[17] 是鱼身非整个鱼，“亚”字形之间的部分一般为太阳鱼目，或是以与太阳鸟崇拜有关的男性生殖崇拜符造型为瞳仁主体的目。

[18] 庙底沟类型中以标准化“西阴纹”或流线型“西阴纹”代表一条鱼之鱼身的造型非常多，但是学界多年来未能予以识别。

[19] 仰韶文化彩陶、马家窑文化彩陶中常见一类“亚”字形，在仰韶文化中其明确是代表鱼身的，在马家窑文化中至少部分能确认是代表鱼身的。这类“亚”字形造型不是上下鱼鳍组合，而是鱼身的鱼鳃到鱼尾组合，并且有时被中间一条斜向空白线隔开，明确说明其是符合“斜向轴对称”构图法的。有时两者并未出现改变本来形体的变形错开，则也可认为其是符合特殊的“斜向轴对称”构图法的。

[20] 该鱼身为斜向轴对称，其左右继续与其他鱼身围合。

[21] 其中的“围合造型”即其中一条鱼的鱼头，下同。

[22] 这一造型在整个图案中不可视为一个独立的解读单元，否则整个图案释读全误。

[23] 中国早期成宽带的连续彩陶释读，原则上是鱼—鱼或蛙—蛙相互围合或连续成圆周的。其中半山—马厂类型这一连续体中的蛙，可以视为鱼鱼围合系统中的鱼（身）换成了蛙。鱼鱼围合系统中的鱼首及其目之阳（鸟），在半山—马厂类型这一连续体中，有时充当蛙首构成阴阳，同时蛙旁也有这类构图，与蛙构成另一组阴阳，从而形成多重阴阳。这就像晚期可见的伏羲女娲图像中，伏羲持矩不持规，女娲持规不持矩一样，是多重和辩证的阴阳。《周髀算经》“圆出于方，方出于矩”，也说明了阴阳辩证的关系。

[24] 图一二：3～9中都有“斜向轴对称构图法”彩绘，但是有的省略较多。这些不同的省略方式非常有利于我们识别出诸多简化图案中所蕴含的“斜向轴对称构图法”。

[25] 该造型的解释较为复杂，详参阅本文图7及笔者其他续论文章。

［26］ 这一“亚”字形鱼身与其两侧鱼身互相围合旋臂，有的是从该 “亚”字形的一端两侧旋出，有的是从“亚”字形的上下两端分别旋出，并构成鱼头造型。写实鱼头中所谓的“旋纹”，王仁湘先生认为是太阳造型，这是非常正确的。阅读这类旋纹的时候，尤为重要的问题是必须阳纹和地纹同时读，其中的地纹（即“旋纹”）与诸多阳纹（即几何化鱼身）组成一条完整的鱼。“旋纹”是该鱼的“鱼头·鱼目”（尚需借用周边阳纹从而形成“鱼头·鱼目”轮廓，其他同），象征着太阳（鸟），与鱼元素组成一组阴阳，重要目的之一是表达古人阴阳相合的生殖崇拜信仰。有的彩绘中这一位置出现象征“太阳·鱼目”的一只或者多只写实的鸟、多个圆点（有三个的还有可能是南方文化太阳造型渊源的太阳神面目的描写），或与（太阳）鸟类眼睛一致的“圆盘纹”。还有一类这种材料，鱼的部分与男性生殖崇拜符号均绘出，其中有的彩绘的造型表现为鱼的原为“旋臂”的位置为男性生殖崇拜符号。这些都属于所述的“阴阳组合”造型，内涵自然应一致。

［27］ 图一六：1和图一六：2中的有飞白的“亚”字形图案单元似乎还可以解释为就是两个“亚”字形鱼身及其“围合区域”，但是从整个构图看，还是应视为有飞白的“亚”字形鱼身更合适，因为 “亚”字形中的飞白造型为非圆形空白，与明显是“围合区域”的圆形造型明显有别。其中图一六：1圆形中的造型可以视为“亚”形鱼，其与两侧有飞白的“亚”字形鱼相连，不过笔者认为还是视其为与所在位置的圆形构成一组阴阳为佳，因为其所在位置的圆形应是附近“亚”字形鱼身的“鱼头·太阳”。图一六：2中圆形及其中的造型实际是“鱼目及鱼头”，其与侧边有飞白的“亚”字形鱼身组成一条“有头有尾”的鱼。另图一六：2中的鱼目之基本可以视为瞳仁部分的这类彩绘材料，自半坡类型以来可以常见其来自于鸟的眼睛瞳仁的画法和造型。又及，其实王仁湘先生所说的“圆盘纹”，主要都是当时常见的鸟眼睛的画法和造型，有的是男性生殖崇拜符号及表示调养光芒相组的对顶三角形，同样是代表鸟的，并以之作为鱼、太阳神祖的眼睛或其瞳仁的造型。这样的目的还是表示鱼目与太阳（鸟）的关联，并用这样的方式表示鱼与太阳的阴阳组合和当时人们的生殖崇拜的信仰。

［28］ 实际从“箭头符”图像系统看，一个“叶片纹”只相当于一条鱼的1/4。

［29］ 半坡类型和庙底沟类型彩绘中有时一条鱼的背鳍会出现两个。

［30］ 顺便提及，青海大通县上孙家寨马家窑类型墓葬出土“舞蹈纹”彩陶盆、宗日遗址出土的两件“舞蹈纹”彩陶盆、甘肃武威新华乡磨嘴子遗址出土“舞蹈纹”彩陶盆、甘肃会宁头寨乡牛门洞村出土“舞蹈纹”彩陶盆、日本藏舞“蹈纹”彩陶盆中的图案，国内外多数音乐、体育、考古等界别的学者都认为其与舞蹈有关，像金维诺（《舞蹈纹陶盆与原始舞乐》，《文物》1978年第3期）、饶宗颐 （《彩陶鹭鱼画与青海舞人图案》，《澄心论萃》，上海文艺出版社，1996年），等等。现在有确切的证据证明其与“舞蹈”无关，均是表示生殖崇拜的“鱼—鸟—鱼—鸟”连续图。当然，这并不表明其时中国地域内没有“连臂舞”之类的舞蹈。详见笔者近期拙作《马家窑文化彩陶舞蹈纹盆图案内涵“鱼——鸟生殖崇拜说”新论》。

［31］ 马家窑类型或宗日类型中鸟的数量有单个的也有两个和多个的，多个鸟还是表示太阳，只不过与天有多个太阳的信仰有关联，并有强调与太阳有关。

[32] 从高庙文化至龙山文化的相关造像可以看出，四獠牙应是以虎太阳神面示意其神的阴阳之阳神神面或男性神的特征，也有学者如贺刚等认为其为飞龙而与高庙文化中的太阳神造型内涵有别，从神鸟负八角形图案又负四獠牙神兽的材料看，我们认为在高庙文化中还是应该视为太阳神，在其他文化中则可以适时地视为是包括太阳神在内的阴阳之阳神，具体为何阳神则需要具体论证。

[33] 仰韶文化中以“鱼鱼连续体”为主，从马家窑文化半山类型开始，出现“鱼鱼连续体”中的鱼可以视为同性质地换为蛙的现象，并且出现了蛙首为太阳造型的“多重阴阳组合”图像。

[34] 庙底沟中的所谓一系列复杂构图，基本都是“斜向轴对称”构图法彩绘，若不能识别出这一构图法则，则识别诸多图形时，不可避免地会出现断层或错误分组的现象。

[35] 张富祥：《商王名号与上古日名制研究》，《历史研究》2005年第2期。

[36] 〔日〕量博满：《关于新石器时代的钺——论圆孔的象征意义》、〔日〕林巳奈夫：《有孔玉、石斧的孔之象征》，《良渚文化研究——纪念良渚文化发现60周年国际学术讨论会文集》，科学出版社，1999年。

[37] 学术界多认为四坝和辛店文化彩陶主题素材发生了重要改变，实际上只是有新增加的元素，如其中的犬等（辛店文化与犬戎关系密切），但是太阳和鱼、蛙的阴阳组合仍然还是其中的重要主题。即使是新增加或增多的犬元素，也常与太阳之间存在互换性，这或与“夸父逐日”神话有密切关联。

（原载于《庆祝徐光冀先生八十华诞论文集》，科学出版社，2015年）

从史前到夏商时期城址功能的演变看其社会发展的阶段性

鲍颖建

一、城的涵义及起源概述

20世纪80年代初以来开展的关于中国文明起源问题的讨论中，以城市起源为中心的早期城址问题备受关注，一时成为热点话题。我们在讨论有关城的问题之前，首先有必要对城的概念及其起源问题作一概貌性叙述。

关于城的含义，《说文解字》中载："城，以盛民也，从土、成，成亦声。"段玉裁注："言盛者，如黍稷之在器中也。"对城的概念的界定，直到目前学术界仍未取得一致的看法。广义的"聚落"（人们聚居之处）包含了城市和村落两种大的居住形态，从这个意义上讲，城也是一种聚落形态。严文明先生亦认为，城是聚落发展到一定阶段的产物。学界曾以聚落周围是否有城垣作为判断是否为城的标准，学者们对此意见不一：一种观点认为，既然是城市，就必然有城垣；另一种观点认为，城垣是一种防御设施，而城的防御设施却不仅仅限于城垣，其他的构筑物如壕沟、栅栏等，以及自然屏障如高山、河流等亦可构成城址的防御设施。我国史前聚落的四周已有壕沟，并且在壕沟的内外侧常发现有堆垒而成的"土垄"①。这种环壕聚落即是后来围有城垣及壕的城的前身。可以这样说，环壕聚落也是城的一种类型，一种较原始的形态。此说可从。

城是何时起源的呢？既然城是作为带有防御设施的聚落，那么从理论上讲，其上限便可与定居性聚落的出现相一致，即可上溯到新石器时代早期。最著名的例子便是：在西亚今巴勒斯坦境内的耶利哥遗址[1]发现了属前陶新石器时代的石城址及望楼，距今至少1万年。中国的城起源于何时呢？依据有关文献记载，主要有三说：一曰黄帝说，《史记·封禅书》中载："黄帝为五城十二楼。"宋高承《事物纪原》引《黄帝内传》曰："帝既杀蚩尤，因之筑城。"二日夏鲧说，《世本·作篇》载："鲧作城郭。"《吴越春秋》云："鲧筑城以卫君，造郭以守民，此城郭之始也。"《吕氏春秋·君守篇》中又说："夏鲧作城。"三日夏禹说，《太平御览》卷一百九十二引《博物志》云："禹退作三城，强者攻，弱者守，敌者战，城郭盖禹始也。"依据目前的考古材料，大量龙

---

① 多为挖壕时对排出土作就近处理而形成的，不同于后来具有特定功能的围墙，但二者应有渊源关系。

山城址的发现，证明尧舜时代已广泛筑城（通常认为，尧舜时期与龙山时代有关），而夏鲧恰是尧舜时代人，说明人们至少已在此时掌握了筑城技术。而近年又在郑州西山发现了仰韶文化晚期的古城址[2]，距今5300～4800年。许顺湛先生认为其与黄帝时代关系密切（现在普遍认为，黄帝时期距今至少有5000年左右）。值得注意的是，郑州西山城已采用了比较先进的方块版筑法来夯筑城墙，这样先进的筑城技术不会是一朝一夕形成的，必然会有一个发生、发展的过程。据此推测，中国城的起源当会更早。严文明先生即认为："约当铜石并用偏早阶段的仰韶文化后期，社会的分化导致了高于其他聚落的中心聚落出现；……中国在仰韶晚期便已迈开了走向文明的脚步……"[3]大家探讨的另一个问题是：中国的城始源于北方黄河流域还是南方长江流域呢？伴随着郑州西山城及距今约6000年的湖南澧县城头山古城[4]的发现，使得讨论达到了一个新的高潮。由于南、北方气候、地貌特征的不同，加之在城的功能和版筑技术等方面所表现出来的差异性，我们很难得出中国的城到底源于何方的结论。应该说，在史前城址的建造上，南、北方是各有自己的发展轨迹的。

二、史前及夏商时期城址概述

在谈及史前与夏商时期城址之功能之前，有必要对考古发现的此期城址[5]作一概貌性叙述。据不完全统计，截至目前，我国发现的史前城址已逾70座。这些城址不仅有龙山文化时期的，而且有仰韶文化时期的，其主要分布于黄河中下游地区、长江中下游地区、四川盆地及内蒙古地区。现按地区概述如下。①河南省。在其境内的郑州西山、登封王成岗、淮阳平粮台、安阳后岗、郾城郝家台、辉县孟庄、新密古城寨及新砦、焦作温县徐堡[6]、平顶山蒲城店、方城平高台等地发现的史前城址至少已达11座。除郑州西山城为仰韶文化晚期以外，其他的均为龙山时代城址。②山东省。历年来发现的史前城址至少有17座。其中在阳谷王家庄、滕州西康留、五莲丹土发现的三座古城是大汶口文化时期的；而在章丘城子崖、寿光边线王、邹平丁公、临淄田旺、滕州尤楼、五莲丹土及鲁西的阳谷县景阳冈、皇姑冢、王家庄，茌平尚庄、校场铺、乐平铺、大尉，东河县王集等地发现的龙山时代城址至少已达14座。③晋陕地区。发现的龙山时代城址主要有山西襄汾陶寺、陕西佳县石摞摞山等。④长江中游地区。湖南、湖北两省已发现9座史前城址。其中仰韶文化中期1座——湖南澧县城头山城，余均为龙山时代城址：湖北天门石家河、石首走马岭、江陵阴湘城、荆门马家垸、应城门板湾、公安鸡鸣城、湖南鸡叫城等。另，近年在湖北天门市石河镇又发现一座新石器时代城址。⑤江浙地区。发现的史前城址主要有：江苏连云港藤花落、浙江余杭莫角山城等。⑥四川省。龙山文化时期的城址已发现有6座：新津宝墩、都江堰芒城、温江鱼凫城、郫县古城、崇州紫竹村及双河古城等。⑦内蒙古地区。直到目前，发现的史前城址已达23座之多。其中，准格尔旗白草塔、寨子圪旦城等为仰韶文化晚期城址；属于龙山文化时期的城址主要有：凉城老虎山、西白玉、板城、大庙坡，包头市阿善（2座）、莎木佳（2座）、黑麻板（2座）、威俊（3座）、西园，清水河县后城嘴、马路塔、准格尔旗寨子塔、寨子上（2座）、小沙湾，以及包头纳太城等。

经过考古工作者的不断努力，夏商时期的城址已发现多处。据统计，到目前为止，在黄河、长江流域发现的夏商时代城址已达23座。其中夏代城址8座，集中分布于河南、山东两省，它们分别是：河南偃师二里头、荥阳大师姑、新密新砦、辉县孟庄，山东章丘城子崖、邹平丁公、临淄田旺、阳谷景阳冈城等。商代城址至少有15座，主要分布在黄河、长江流域诸省，它们分别为：河南郑州商城、偃师商城、洹北商城、安阳殷墟、焦作府城、沁阳商城，陕西周原、清涧李家崖，山西垣曲商城、夏县东下冯商城，湖北黄陂盘龙城，四川广汉三星堆，江苏江阴佘城，江西樟树吴城、牛城等。假若再加上内蒙古、辽宁、河北发现的夏家店下层文化时期的石城址，如内蒙古敖汉旗城子山、辽宁阜新平顶山、河北平泉顶子城及小王子城等，则我国发现的夏商时代城址已逾百座。

三、史前到夏商时期城址功能的演变

“城”，在现代汉语中常用来借指城市。这突出说明：依据人们通常的理解，城市不仅应具备政治、文化甚至军事中心的功能，更应该具有经济中心的地位。我国古代的初期城址也具有这些功能吗？回答是否定的。中国初期城的出现“并不是商业发达的后果和动因，并不具备贸易中心的性质”[7]；我国古代的城市直到秦汉乃至更后，首先都是作为政治中心而存在着的，这构成了中国古代城市发展的一大特色。由于中国古代社会早期商业贸易一直不甚发达，因此，过分强调城市的商贸功能是不符合中国古代社会发展的实际情况的。

在城的诸项功能中，政治功能是任何时期的城址所共同具有的特质。通常认为，夏商时期的城址形态便是在史前城址的基础上发展起来的。那么，这些文明时代初期的最早城邑是如何从原始聚落形态中演变出来的呢？是否像学术界一般认为的那样由史前社会晚期的中心聚落直接发展而来的，抑或是通过其他方式而得以产生的呢？这个问题的解决还有待于新的考古发现与考古资料，此处暂不讨论。但城址、特别是早期的城邑，“绝不是凌空出世，而是原始聚落形态进一步发展的必然结果。它脱胎于原始聚落形态，其所包含的许多文明因素都萌生于原始聚落尤其是其最终形态——中心聚落之中，二者有着千丝万缕的联系”[8]。就城址所具有的功能而言，至少有一点是可以肯定的：既然是人们建立的城址，那么它就具备一定地域范围内政治中心的功能。这不仅在史前城址中表现明显，而且在仰韶文化早期阶段的聚落形态中也有体现。最典型的例子就是仰韶文化前期的西安半坡及临潼姜寨聚落遗址[9]。这些聚居村落有明确的区划布局，一般划分为居住区、制陶生产区和墓葬区三部分，而且在居住区往往存在着以大房子为中心、周围环绕着一些小房子的现象，这在姜寨聚落遗址中表现得尤为突出。根据民族学的资料，这些居住区中心的大房子有可能是氏族公社成员聚会的场所，故其应当具备议事中心的政治功能。到了夏商时期，作为王朝统治权力象征的都城便悄然而生，而且王朝统治者还把国家的宗教祭祀权与政治统治权合二为一。这就使得其统治权力被披上了宗教的外衣，更增加了神秘的色彩。此时的宗庙（即前朝）不仅是祭祀祖先的场所，还是举行各种重大礼仪活动（即政治）的场所，其地位远远高于与之相连的宫室（即后寝）。宗庙是不可能脱离都城而存在的，而且它还是宫殿区乃至整个都城地区的核心所在。正如《左传·庄公二十八年》所载："凡邑，有宗庙先君之主曰都，无曰邑。"《墨子·明鬼篇》："昔者虞夏商周，三代之圣王，其始建国营都，曰必择国之正坛，置以为宗庙。"夏商都城具备政治中心的功能是不言而喻的。

防洪功能是史前及夏商时期城址的主要功能之一。在我国史前时期，由于生产力发展水平相对较低，人们抵御自然灾害的能力也十分有限，频繁发生的洪水更是给先民的生产、生活造成了极大危害。在文献材料中也有许多关于洪水泛滥及人们治理洪水的记载，如《尚书·尧典》载："帝曰：咨！四岳。汤汤洪水方割，荡荡怀山襄陵，浩浩滔天。下民其咨，……"另外，在《史记·五帝本纪》《孟子·滕文公下》等文献中亦有相同或类似的记载。面对严重的自然灾害，先民们进行了勇敢的抗争，共工、鲧等都曾带领人们治理洪水，最终由大禹（鲧的儿子）采用疏导的办法取得了治水的成功。对于泛滥的洪水，先民们除进行治理外，还采用了其他方法来抵御。史前聚落周围的环壕即具备一定的排水功能，但面对巨大的水灾则显得苍白无力。到了新石器时代文化的中晚期，伴随着筑城技术的出现，人们开始采用建筑城墙的办法来抵御洪水侵袭。及至夏商时期，城址多建于大河附近，这固然为城址的军事防御增添了一道自然屏障，但同时也增加了被洪水侵扰的概率。故而，人们在修筑城墙时不得不考虑防洪的问题。先民们充分发挥自己的聪明才智，建造出"郑州商城型"城墙，即把主城墙与护城坡结合起来。由于护城坡的坡度较缓，加之又有料姜石铺成的坚硬散水面，就大大提高了城墙的防洪能力。可以这样说，防洪功能一直在史前及夏商城址诸功能中发挥着主旋律的作用。对于筑城与防洪之间的密切关系，一些学者曾作过精辟的阐述，徐旭生先生即认为："城同堤防本来是同一的东西：从防御寇盗来说，就叫作城；从防御水患说，就叫作堤防。"[10]

防御猛兽侵袭的功能在史前城址中表现突出，而在夏商时期则变得无足轻重了。在我国原始社会时期，由于人口稀少，再加上低下的生产力水平，远古先民们抵御自然灾害甚至猛兽的能力都是极为低下的。先民们除了要精诚团结、聚群而居共同抵御猛兽侵袭外，尚需构筑一些防御工事。即使仰韶文化前期的聚落遗址，如西安半坡和临潼姜寨，在其居住区周围就发现有先民们构筑的防御工程——壕沟，这在一定程度上也可起到防御猛兽侵袭的作用。到了仰韶文化中晚期及龙山文化时期，随着筑城技术的出现，人们便可以采取更为有效的防御措施——建筑城墙来御兽。当然，伴着人口数量的持续增长及生产技术水平的不断提高，人们防御猛兽的能力也愈来愈高，御兽的需求便日益降低，直至消失。因此，防御猛兽侵袭的功能在夏商城址中就变得微不足道了。

城址的军事防御功能从史前到夏商时期不断增强，军事色彩逐渐浓厚。在新石器时代的农业活动开始之后，集团之间的纷争愈演愈烈，装备有防御设施的聚落即环壕聚落便应运而生。在前述的仰韶文化早期的半坡与姜寨聚落遗址周围就发现有壕沟，它除了具有排水、防御猛兽侵袭的功能外，应该兼具军事防御的功能。到了新石器时代中晚期，由于贫富分化加剧，私有制和阶级开始萌芽，人口的骤增又导致需求的不断增加，故而在部落或酋邦集团之间展开了以获得财富和人口为目的的掠夺战争，并且战争发生的频率愈来愈高、规模也越来越大。这就促使各集团在进攻他人之余，务必要加强自己的军事防御设施，城址这种构筑坚固的堡垒便应运而生。及至夏商时期，出现了规模更大、具有更强防御能力的城址——都城。从城址的建设规模、筑城技术及防御设施等的不断演进中，我们可以看出，史前到夏商时期城址军事防御能力有一个持续增强的过程。新石器时代的城址，规模一般不大，城内面积多在5万～20万平方米，当然也有个别较大的；城墙的夯筑技术比较落后，许多城址的城垣采用的仅是堆土夯筑技术①，分段大版筑墙技术尚未出现，只见有小版筑墙基；防御设施种类少，发现的大多为城墙、城门、护城壕，个别有门卫房，亦有利用高地、河流等自然屏障进行军事防御的情况。另外，城郭之制（即内外城之制）在此期也开始萌芽，典型的例子便是：江苏连云港藤花落龙山城址[11]发现有内、外两城且二者时代相同（即具有共存期），已基本上构成内外城的布局。夏商城址的规模明显扩大，少见龙山时代那种面积只有几万平方米的小城堡，出现了像郑州商城、安阳殷墟等面积达几百万平方米的大城址，且此期的城墙又加宽加高，使得其军事防御能力显著提升；在城墙建筑技术上，用比较先进的分段大版筑墙技术取代了原始的堆土夯筑及小版筑墙基法；防御设施明显增多，除了城墙、城门、护城壕这些常见的防御设施及注意利用河湖、高山等自然屏障外，还出现了马面、拱卫城及瓮城等防御设施，而且注意宫城与拱卫城的组合配置。另外，城郭之制在夏商时期也得到了长足发展，郑州商城、偃师商城、山西垣曲商城、湖北黄陂盘龙城及四川广汉三星堆城址等都存在城郭制的布局。此外，殷商国家还十分重视“守在四边”的军事防御模式，通过在周边地区设立一系列的军事重镇来抵御外敌之侵犯和保卫国家政治中心地区的安全。由于采取了以上种种防御措施，夏商城址的军事防御能力较之龙山时代有了显著提高，军事色彩也更加浓厚。

综上所述，仰韶文化早期的环壕聚落（城的一种原始形态），其主要功能是用来防御自然灾害的侵袭，军事防御尚居较次要地位；仰韶文化中晚期及龙山时代的城址，既具有防洪、抵御猛兽侵袭的功能，又具有较强军事防御功能并有不断增强的趋势；夏商时期的城址，则表现出浓厚的军事色彩，并且具有很强的军事防御能力，而此期城址的御兽功能就变得微不足道甚至是可以忽略了。

① 这种技术应是在环壕聚落挖壕时对排出土作就近处理的基础上进一步发展而来的。

四、从史前到夏商时期城址功能的演变看其社会发展的阶段性

通过上述分析，我们可以从中一窥史前到夏商时期城址功能的演变规律：即军事防御功能由弱变强并最终占据主导地位；防洪功能虽各个时期都具备，但相对于军事防御功能而言，其地位却有所下降，渐居较次要的位置；防御猛兽侵袭的功能，其地位更是急剧下降，从史前时期人们的主要考虑对象之一滑落到甚至可以被忽略的地步。不同时期的城址功能缘何会发生如此巨大的变化呢？这种演变进程与其所处的社会发展阶段又有什么关系呢？试析如下。

在仰韶文化的早期阶段，生产力发展水平比较低下，劳动产品、社会财富还不够丰富。因此，仍须实行原始的财产公有制，以保证每个氏族成员的最基本的生活需求。由于女子在此期的农业等生产劳动中还发挥着重要作用，故而，她们在社会上依然处于受尊敬的地位。这些情况表明，仰韶文化的早期阶段还处于母系氏族社会时期，这在聚落的建设上也有反映。此一时期的聚落更加注重维护全体氏族成员公共利益的防洪及抵御猛兽侵袭的能力建设，而对军事防御的考虑相对欠缺。这也与此期聚落之间基本上还处于平等状态有关，但亦出现了具有一定军事色彩的环壕聚落。同时，一些新的社会因素，如氏族内分化出若干大家族及对偶家庭的出现，昭示着一种新的社会形态即将到来，母系氏族社会开始向父系氏族社会过渡。

及至仰韶文化中晚期，由于生产力发展水平明显提高，氏族组织的职能进一步被削弱，而超越氏族的其他组织，即由多个氏族共同组成的部落或部落联盟却得到了加强。一夫一妻制的出现、陶祖和“灰坑葬”的发现都表明这个时期已处于父系氏族社会。原始的共产制开始解体，私有制逐渐产生，部落之间也不断爆发以掠夺财富与人口为目的的战争。这就迫使人们开始寻求新的军事防御措施，城址这种具有较强军事防御能力的构筑物便应运而生。截至目前，考古发现的仰韶文化中晚期城址主要有6座：湖南澧县城头山城、河南郑州西山城、山东阳谷王家庄城及滕州的西康留城和五莲丹土城、内蒙古准格尔旗的白草塔城等。仰韶文化时期作为城址的萌芽与滥觞期，筑城的目的主要是为了保护全体居民的人身及财产安全。也可以这样理解，此一时期城址的主要功能是“保民”而非“卫君”。文献中也有关于此的记载，《谷梁传·隐公七年》云：“城为保民为之也。”《墨子·七患》中说：“城者，所以自守也。”《左传·襄公七年》记有“民保于城，城保于德”，等等。

及至龙山时代，农业、手工业、养畜业的发展使社会有了更多的剩余产品和财富，平等一体的原始共产制日益衰落并逐渐解体，已经萌芽的私有制得到进一步发展，贫富差距越来越大。严重的贫富分化把氏族成员分成了不同的等级或阶层，阶级的产生使得社会矛盾日益尖锐化。为了掠夺财富和奴隶，战争不断发生，大量龙山城址的涌现正是

阶级矛盾尖锐化和战争频繁发生的真实写照。“城堡的出现不单是具有防御的意义，还有更深刻的社会内涵，表明社会有了凌驾于它之上的管理机构”[12]。因此，龙山时代常被称为酋邦社会或“雏形国家”，步入了向文明时代过渡的社会发展阶段。社会发生的剧烈变化也可从城址功能的演变中看到缩影，此期城址的主要功能是“卫君（含统治者阶层）”，而不仅仅是为了保卫邦国中全体成员的安全。这就要求大力加强城址的军事防御能力，城垣的建筑及内外城制的萌芽等，均是其防御功能逐渐增强的体现。当然，由于生产力水平还不是特别发达，先民们对自然灾害的抵御能力仍然有限。因此，人们在筑城时依然要考虑防御洪水及猛兽侵袭等问题。不过，城址的军事色彩日益浓厚并有占据主导地位的趋势。这恰与其所处的社会发展阶段相适应，新兴的统治者阶层（部落或酋邦联盟首领）既要切实保护自己的人身及财产安全，又不得不考虑邦国中其他居民的利益。

伴随着第一个奴隶制王朝——夏的建立，我国开始步入阶级社会，中华文明由此发端。作为国家统治权力象征的都城便悄然而生，王朝统治者为了维护其统治权及自身安全，更加注重都城的军事防御能力建设。这些现象主要体现为：采用先进的分段大版筑墙法夯筑又宽又高的城垣并建立双重甚至多重的城墙，挖壕沟、利用自然屏障及马面、瓮城等进行防御，而且还实行了城郭之制并注意宫城、郭城、拱卫城的组合配置。这充分突出了都城的“卫君”性质，尽管普通居民也被安置在郭城之内，但这恰为统治者居住的内城提供了一个加强军事防御的缓冲区。虽然夏都二里头、晚商都城安阳殷墟均未发现有城垣，但它们都在王畿周边地带设置了许多可以直接控制的军事重镇或有友好关系的诸侯方国。这些方国和军事重镇不仅构成了王畿地区的前沿屏障，而且是王朝政治、军事统治的重要支柱。此外，诸侯方国、部族邦国作为一定地域范围内的政治和军事中心，也十分重视城址的军事防御能力建设。当然，夏商时期的城址仍具有防御洪水的功能，但其防御猛兽侵袭的功能较之史前时期就变得无足轻重甚至消失了。

注　释

[1] 编写组：《世界上古史纲》（上册），人民出版社，1979年。

[2] 张玉石、杨肇清：《新石器时代考古获重大发现——郑州西山仰韶时期晚期遗址面世》，《中国文物报》1995年9月10日第1版；国家文物局考古领队培训班：《郑州西山仰韶时代城址的发掘》，《文物》1999年第7期。

[3] 严文明：《中国新石器时代聚落形态的考察》，《庆祝苏秉琦考古五十五年论文集》，文物出版社，1989年；严文明：《龙山时代考古新发现的思考》，《纪念城子崖遗址发掘60周年国际学术讨论会文集》，齐鲁书社，1993年。

[4] 湖南省文物考古所等：《澧县城头山屈家岭文化城址调查与试掘》，《文物》1993年第12期；蒋迎春：《城头山为中国已知时代最早城址》，《中国文物报》1997年8月10日第4版。

[5] 张国硕：《文明起源与夏商周文明研究》，线装书局，2006年；许宏：《先秦城市考古学研究》，燕山出版社，2000年。
[6] 毋建庄等：《河南焦作徐堡发现龙山文化城址》，《中国文物报》2007年2月2日第2版。
[7] 白云翔、顾智界：《中国文明起源座谈纪要——邵望平先生在中国文明起源学术座谈会上的发言》，《考古》1989年第12期。
[8] 许宏：《先秦城市考古学研究》，燕山出版社，2000年，第48、49页。
[9] 中国科学院考古研究所、半坡博物馆：《西安半坡》，文物出版社，1963年；巩启明、严文明：《从姜寨早期村落布局讨论其居民的社会组织结构》，《考古与文物》1981年第1期。
[10] 徐旭生：《中国古史的传说时代》，科学出版社，1960年。
[11] 林留根等：《藤花落遗址聚落考古取得重大收获》，《中国文物报》2000年6月25日第3版。
[12] 向绪成：《中国新石器时代考古》，武汉大学出版社，1993年，第230、231页。

（原刊于《三门峡职业技术学院学报》2008年第7卷第2期）

再论“蹲踞式”的基本类型、本质内涵及“夏”字等相关问题

顾万发

在《学患无疑，狐疑则学患》[1]《从考古学材料中“蹲踞式”图像及甲骨文商人高祖“”字形的内涵新论“夏”字》[2]两文中，我们曾讨论了“蹲踞式”及“夏”字的来源等问题，现再就“蹲踞式”“夏”字及相关问题加以论述。

一、“蹲踞式”的基本类型

学界常论的“蹲踞式”造型，总的来看包括微睁眼的、闭眼的和睁眼的（仰韶文化中的人面鱼纹实际是一条正视加俯视的人神面鱼，其人神面或鱼面多为闭目态，与常见“蹲踞式”人神面之目同），从人、物的造型结合特征上还可以简单地看做两大类。

第一类：是人形或类人的“蹲踞式”造型。这类“蹲踞式”造型无论是神巫、神人、神兽、神鸟或综合的造型，其腿型主体有时包括足，是人类的或类人的。

第二类：这类造型，是猫科动物、神兽或鸟类腿足的常规造型。以鸟为例，由于鸟类的胫跗骨与跗跖骨只能向后弯曲，所以这类造型的腿足弯曲方向视觉上与人形的“蹲踞式”腿的弯曲方向相反（图一）。

第一类以人的腿部的弯曲来表示的“蹲踞式”，造型构图有的蹲踞明显，有的不明显，但仍然容易识别。不过需要强调的是有的是省略了人腿的“蹲踞式”造型。

第二类属于猫科动物或神鸟的腿足造型。需要言明的是，是“蹲踞式”“匍匐”，还是一般形体自然动作形态意义上的造型，需要明确其所在的“场景”和具体情况后进行讨论，即同样是“蹲踞式”造型，还有在宗教和信仰方面的人文含义有无之区分。

商代玉器相关造型有利于说明一些问题。商代玉器中妇好墓出土的玉人（图二，1），为人面，鸟身，人形腿，并且是人形的“蹲踞式”；妇好墓另有一件（图二，2），基本为神鸟造型，但是腿为人形腿，足为神鸟爪，并且是“蹲踞式”；妇好墓还有一件（图二，3），整个为神鸟造型，腿部从妇好墓等商代玉器图二，4及图二，5等看，应该是鸟腿，不过没有明显地表示出鸟腿内折特征，并且从妇好墓图二，2与图二，3造型的相似性等方面看，图二，3中应蕴含类似图二，4及图二，5的鸟腿内折造型，自然在含义方面也是应该同于图二，2的“蹲踞式”。当然也可以这样理解，神鸟（图二，3）

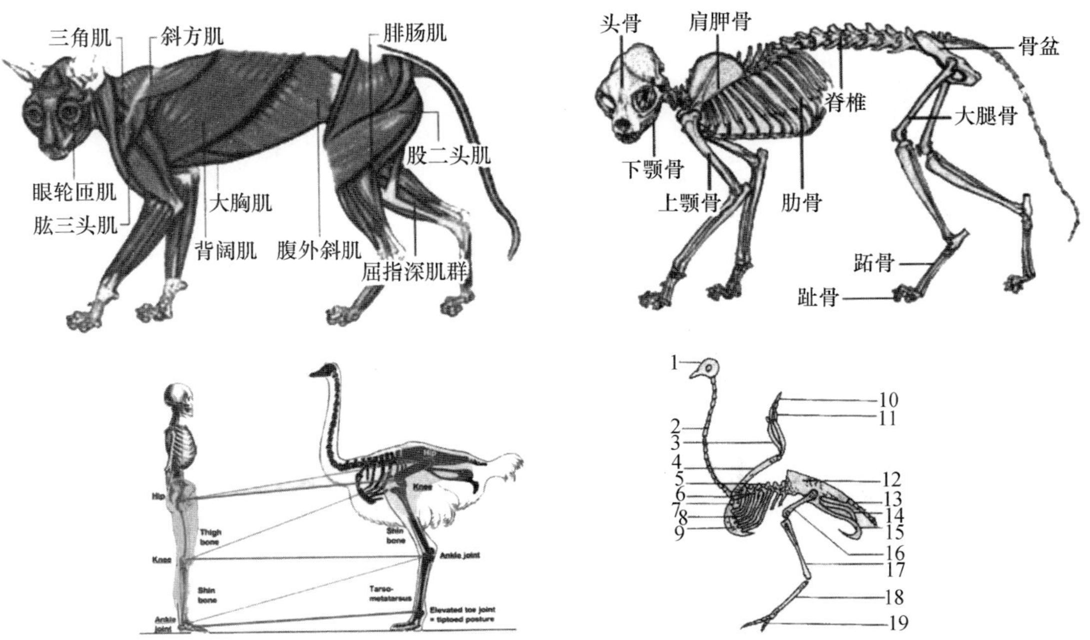

1. 头骨Ossa cranii and Ossa faciei　2. 颈椎Vertebrae cervicales　3. 前臂骨Ossa antebrachii　4. 臂骨Os brachialis　5. 胸椎Vertebrae thoracicae　6. 肩胛骨Os scapula　7. 锁骨Clavicula　8. 肋骨Os costale　9. 胸骨Sternum　10. 指骨Phalanges digitorum manus　11. 掌骨Ossa metacarpalia　12. 髂骨Os ilium　13. 尾椎Vertebrae coccygeae　14. 坐骨Os ischii　15. 耻骨Os pubis　16. 股骨Os femoris　17. 小腿骨Ossa Cruris　18. 跖骨Ossa metatar salia　19. 趾骨Phalanges bigitorum pedis

图一

的腿的画法造型是把鸟类胫跗骨与跗跖骨之间的弯曲淡化，强调了神鸟的胫跗骨与大腿骨之间膝盖骨的突出特征，所以看起来好像是胫跗骨加跗跖骨这一“单元”与神鸟的大腿骨构成类人的“蹲踞式”。这就说明，内折的鸟的腿形和所述具有类人“蹲踞式”的鸟足腿形有时是具有宗教信仰背景和人文含义的。这类神鸟很多，像太清宫的一件玉器（图二，6），有的是具有这样的鸟足，像晋侯墓地的鸟喙神人之足（图二，7）。我们说这类造型具有同人类“蹲踞式”造型类似的意义，除了出现了图二，3与图二，2造型基本一致的情况这类依据外，还有一类重要依据，那就是这类神鸟有时所处的较为全面的场景与“蹲踞式”神人、神巫所处的场景一致。像西周的一件玉器（图二，8），显然为“蹲踞式”神人乘龙执龙造型，与曾侯乙墓漆棺彩绘（图二，9）中的“人面鸟身神”（从曾侯乙墓漆棺与“人面鸟身神”对应图案部分有的为一“帝”字看，此“人面鸟身神”应为某帝）乘二龙非常一致，并且这一曾侯乙墓漆棺彩绘中的人面鸟身神之足腿显然与图二，8中神人的“蹲踞式”造型中的腿足可以相应，应属“蹲踞式”。

另，西周时期有一类神人，像晋侯墓地的玉器神人（图二，10），其上肢端为神鸟之爪，上肢为典型“蹲踞式”形态中的“上举”造型，下肢为龙形，显然是西周有关玉

图二

器（图二，8）一类神人乘龙"蹲踞式"腿足的另一表现形式或简化形式，不过这一造型与有关神鸟（图二，5）之腿足的构形基本一致，这有助于说明神鸟的内折腿有时是具有"蹲踞式"内涵的。

当然，由于有的神人或神鸟的"蹲踞式"造型中是人的腿，却采用了鸟的足，像西周玉器（图二，11）及商代有关玉器（图二，2）。有的明显是神鸟腿足的某些特征，像有鳞等，但是腿的造型线路却是较为明确的人的"蹲踞式"，像荆门铜戈之图案（图二，12）。还有的神鸟，像商代有关玉器（图二，13），其腿足较为可能是神鸟之腿足，表面看，之所以如此造型，似乎说明其是神人之腿足的"蹲踞式"造型，但是考虑到该神鸟的整体构图方式，所以其腿足应是与其翅膀的构图方式一样，所以应是神鸟之腿足内折造型的一种绘画方法的表现形式，或由于其简化，从而不可能像曾侯乙墓漆棺彩绘神鸟之腿足（图二，14）那样把神鸟转折腿绘得那样清晰。

还有战国时期的一些铜器刻绘中，有"蹲踞式"神人或巫师拽两神虎的组合，像淮阴高庄铜器刻画，有时被简化为两神虎身、一神人首，像淮阴高庄铜器刻画，两神虎的内折前腿可以视为同时充当了中间神人的两腿，显然意同人腿的"蹲踞式"含义，虽然折向由于解剖结构视角不同而不同。

同时我们发现，图二：2与图二：3等造型中，神鸟之翅膀的构图与"蹲踞式"神人像妇好墓出土玉器（图二，15）的手足类似，说明神人的"蹲踞式"造型有的可以认为是模仿有神鸟元素的图二：2与图二：3一类"蹲踞式"神物的造型甚或自然造型的神鸟形态，具有"模拟神鸟巫术"的成分，当然这一模拟神鸟或互仿的造型显然可以蕴含着"乘物蹲踞式"的内涵。

总的来说，这类"蹲踞式"的图像主要有单纯的基本无他类动物装饰类的人形，有神鸟羽翅类装饰的，有神鸟身、首及神鸟爪似手或手足的，有腿为人形、其他为神鸟形的，有基本为神鸟形的，有神鸟、龙、蛇、虎位于周身或周边的。这其中有的从图形上看，手、足、冠发以龙形代替，淮阴高庄战国墓铜器刻画材料中发现还有少量单纯以龙、蛇组成"蹲踞式"的造型。另外，这一时期还发现有源自侧首神鸟姿态的侧身行走面向"观众"的"蹲踞式"造型，等等。

二、"蹲踞式"的本质含义

关于本文所论"蹲踞式"造型的含义，学术界有各式各样的解释，有的认为和生殖崇拜有关。从有的学者认为柳湾墓地出土彩绘陶上阴阳人的造型与气功"入定式"造型有关的观点判断，他们应赞同本文讨论的这类"蹲踞式"也应与气功"入定式"有关。张明华先生认为倪润安先生所说"气功导引"以通神的方法是存在的[3]，他说"红山文化玉人的姿势似与醉酒、登山、舞蹈、迷魂等的状态不同，倒与气功纳气类似""是巫师通过气功的方法进入迷幻状态"，以沟通神祖。"其双目微闭、双手抚胸的姿态，正是萨满行神事时的最高境界。”他还在另一文章中说“（抚胸玉立人姿势）与气功得气的感觉十分吻合”“是通天状态下的神偶”[4]。有的学者认为这一造型是“神灵附体后的作法状态”[5]。

这些认识只是回答了这类“蹲踞式”姿态的部分含义，因为具有这类姿态图像的内涵丰富且复杂，同时这些认识实际上还是没有真正回答为何这种状态利于“通天”，为何那时的萨满们常采用这一姿态作法。

我们曾认为“蹲踞式”造型与“夏”字有关，而且曾认为“蹲踞式”造型是神人、神巫沟通天地、协于上下的造型，并认为蕴含有“攀援建木”状态的造型[6]。那么这一“蹲踞式”造型的真正含义到底应该是什么呢？我们首先看看早晚期的相关材料。

1. 晚期材料

与本文讨论有关的“蹲踞式”造型的晚期材料除民族学材料外，主要见于战国时期的铜器刻画图像。像战国时期淮阴高庄的青铜器刻画（图三），相当于《山海经》中各山中沟通天地之神的姿态，正是典型的人类“蹲踞式”造型。有的处于行走中，看似一般的步伐，实际仍然隐含“蹲踞式”和“禹步”造型。

图三　淮阴高庄战国墓

其中有的神人头顶有神鸟，这些神鸟有的在神人首附近的天空中；有的与神人头顶相连，奋力高飞，显然应是帮助神人上升的；有的神人直接为鸟首；还有的神人珥蛇，“蹲踞”于神虎、龙或蛇身上；有的双手还同时拽神龙、虎，并且神龙、虎、蛇有的有明显的“飞腾”状。

这类图像系统中的龙、蛇、虎、神鸟等神物，显然应视为神灵、神巫升降天地、“周流天下”的“伙伴”，有些类似张光直先生所说的“蹻”。于此，这些图像中的“蹲踞式”的含义主要就是乘、登这些龙、蛇、虎等交通天地时的一种姿态。

马王堆汉墓帛画中学界所谓的“太一将行图”中的“太一”也是“蹲踞式”造型，有关汉墓中的雕刻和绘画也曾有不少“蹲踞式”造型，但是由于没有更多的材料加以佐证，所以单以这些材料无法准确地判断这一姿态的内涵。但是从战国之际的诸多材料看，可以认为其与所述材料类似，尤其是类似荆州的所谓（除了具有其他含义外）“太一辟兵戈”中神人之姿态。汉画及汉代神树中的仙人造型不少，乘（登）龙、虎等神物的造型，可以认为同时也是“蹲踞式”造型。

2. 早期材料

与这些战国时期青铜刻画及其以后材料类似的案例，有其更早期的文化来源。在春秋战国、三代及红山文化、凌家滩文化、崧泽文化及兴隆洼文化等中均可找到类似题材。

良渚文化中的神人—神兽造型（图四，1）是否属于“蹲踞式”，学术界讨论较多。我们认为良渚文化中的神人—神兽造型应该与高庙文化中的神鸟—神兽造型有一定关联。我认为，高庙文化中人们是把太阳运行看成是由鸟负载的，把神兽视为太阳的象

1 2 3 4

图四

征，视觉画面就是“神鸟负神兽”（图四，2、3、4，其中图四，4神鸟负神兽图中间为“昆仑符及羽翅类”间隔造型），文献方面演绎的可以归入“天命玄鸟，降而生商”一类的神话记载。

良渚文化中的神人—神兽，与气、鸟羽翅有关的造型构图，显然与高庙文化中天—气—神鸟—神兽—太阳图像有一定的传承关联，只不过在良渚文化中成了“神人—神兽”造型。其中的神人应该是太阳神或阳神，神兽则是神人乘坐的工具，不过这一神兽也可以单独单表示太阳神或阳神，天—气及太阳鸟的概念则含在神人—神兽的羽翅、鸟类足爪等构图组成元素符号中，或表现在神人—神兽附近的神鸟方面。整个神人应该是近似于“蹲踞式”，实际是乘姿，神兽也呈“蹲踞式”，实际是自然匍匐状。这一视觉上近似于“蹲踞式”的“神人—神兽”造型，在实际“利于冥思”和“观想效果”方面应该也能达到一般所谓“蹲踞式”效应，尤其是在良渚文化中存在明确的“蹲踞式”神人（图五，8甚或图五，9）。神人乘神兽“升降天地”“协于上下”是一般“蹲踞式”神巫、神人“冥想”或“观想”或信仰者认识的场景之一，或者是希企能若神灵或神巫一样，即有模拟巫术的概念。

这些早期题材总的来看有两类，一类是单纯写实的人形，一类是人形、神鸟、龙等图像单体组合或不完全单体融合的造型。

早期材料中，兴隆洼文化中的有关神祖巫师造型（图五，1、2），只有郭大顺等少数学者在中华玉文化中心第三届年会上把其归入“蹲踞式”造型，这是非常正确的。兴隆洼文化这一时期的“蹲踞式”造型中，目前没有发现乘神兽的，不过兴隆洼文化随葬雌雄双猪的情况表明其时期有类似红山文化执雌雄双猪龙作法一类的方式存在。

早期明显乘登神兽的，是故宫博物院所藏红山文化（其中神巫的天盖·凤鸟冠形冠和身之羽翅与更早的赵宝沟文化晚期题材相似）的玉佩（图五，7）。这一玉佩图案中的神人，呈现极其明显的“蹲踞式”造型。神人周身为赵宝沟文化猪龙［注意其头上为立体绘法的“羽”鬃，而非双角，类似三星塔拉玉龙之中的凤鸟之冠羽（还有可能是鸟类之目。该鸟龙组合同“勾云形”玉器、具有鸟类冠羽、首有神鸟或其他具有与鸟相关的神人造型或组合，与仰韶文化彩陶中的鸟鱼组合元素、含义密切相关，阴阳一体神及阴阳之阴神者则蕴含了阴阳合一的神性）特征，与一般鱼鳃鱼嘴鸟（？）目龙身者，像牛河梁的之双耳不同］、鹿龙、鸟龙等身上已开始出现典型的羽翅，神人乘登于神兽背，显然是借助神兽之力和周身飞鸟羽翅之功（有的成为了该神巫的翅膀）以“协于上下”。因为“乘”“登”于神兽之背升降于天地，所以必须呈现“蹲踞式”，依据力学原理，这样才能保持身体平衡。同时，采取这一“蹲踞式”和“瞑目”造型还尤其符合巫师作法“凝神”的心理学科学原理。

红山文化的神人双手“爰柱”，柱子上圆下方，以示意圆方—天地—阴阳，可以认为其是巫师通天地、通阴阳、“协于上下”的象征路径。其路径的代表即是通神的“建木”——通天柱。我的这一判断的依据如下。

1. 林西县西山　2. 白音长汗　3. 羊角山　4. 凌家滩　5. 牛河梁

6. 那斯台遗址　7. 故宫博物院藏红山文化玉佩

8. 赵陵山玉人及其展开复原示意　9. 张陵山　10. 武术梁祠黄帝坐北斗——明堂汉画

图五

（1）不少神物的凭借，像良渚文化中的方圆玉琮，含义中就有象征意义的天地之柱；良渚文化中的三叉形器物中的天盖似三叉中间的这枝，有中孔；龙山文化时期诸多的四牙齿神人头顶也有中孔；商周时期这类神怪面也有这一特征，特别像大洋洲的双面铜神面。显然这类神面的中空既可以有木柱利执掌，同时又以“上圆下方”象征“天地”，立体造型即象征“天地柱”或“建木”，即该神人巫师升降天地、协于上下的通天路径。若所述，这一路径的代表者就是“建木”等神杆。

（2）与“蹲踞式”造型有一定关联的还有马王堆汉墓的《导引图》，其44幅图中上数第三行右数第八个动作有一持杖者，题注为“以杖通阴阳”，这正是“建木”等神杆的功能。

（3）陶寺遗址的彩绘神杆、夏家店下层文化大甸子墓地出土的杖、三星堆文化中的金杖等的含义中都可包含有这一含义，尤其是陶寺遗址杖与琮并存，更说明了其通天地阴阳的性质。自然这些杖也可以有象征权力等含义。

（4）另外，包山二号楚墓出土的一件错金银髹漆龙凤杖（图六），龙首凤镨。龙凤象征阴阳早在新石器时代红山文化等中已有发现。显然杖上下端附加龙凤象征天地阴阳相通，执杖者可以通阴阳，这与该墓主生前是执掌“司法”的官员和当时盛行“盟证”或名义上的“盟证”有关。即该司法官员同时应该是具有巫师色彩的人，其执掌“阴阳杖”，能够像神一样识别实与不实之言语，使有罪者不敢在神社众人面前不如实说话。有学者认为其是爵杖，似乎有待商榷。

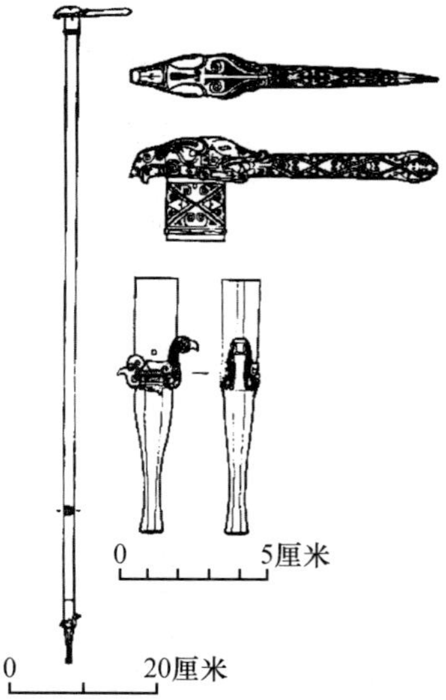

1. 包山龙凤杖

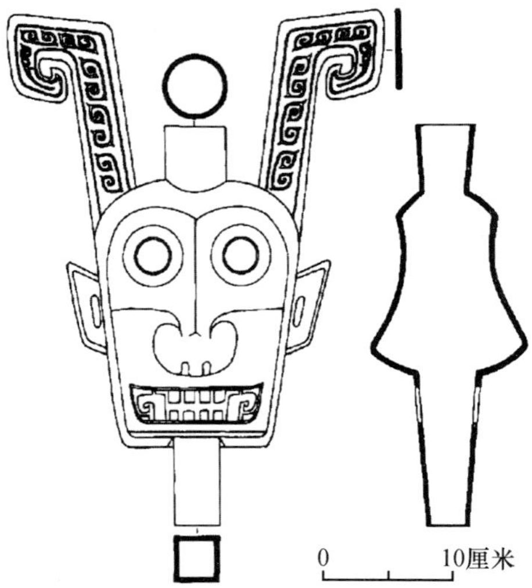

2. 大洋洲上圆下方中空造型（象征天地—阴阳）的双面（象征阴阳）神人像

图六

这类阴阳天地柱似的工具，如上所述，考古中发现很多。值得多说几句的是，像故宫博物院所藏红山文化玉佩（图五，7）上“蹲踞式”玉人手执柱状物，柱子上圆形但是下面有“削”的现象，结合其他材料看，就是蕴含“上圆形—下方形”的天地阴阳含义的。这样的造型实际象征整个柱子也是通天地、阴阳的神柱。显然此蹲踞者是能够通天地、御阴阳的，而通天地、御阴阳者是具有神性、巫性者。这与这件红山文化玉佩是神人乘登神物（可能是代表象征北斗的猪）的整体造像构图相符，内涵上与汉画或《黄帝内经》等所谓的“黄帝坐明堂”（明堂对应北斗或北斗斗魁）、道教中的“踩北斗”等说法或巫术现象都有密切关联（图五，10）。

另，通阴阳之柱，应该是从认知上被人们认为位于天地之中或是连接天地的神杆、神单，但是表示其与阴阳相关的方法很多，使之有方圆特征即是其中的重要一类。

记载以柱之方圆示阴阳的文献较早。《礼记 · 丧服小记》：“苴杖，竹也；削杖，桐也。”《礼记·问丧》：“或问曰：‘杖者何也？’曰：‘竹、桐一也。故为父苴杖。苴杖，竹也。为母削杖。削杖，桐也。’”不过不少学者未解苴杖、削杖其义，像《荀子·礼论》“齐衰苴杖，居庐食粥，席薪枕块，所以为至痛饰也。”杨倞注曰：“苴杖，谓以苴恶色竹为之杖。”徽派朴学代表黄以周先生《礼书通故》卷九云：“苴、削互文。竹杖曰苴，明桐杖之削而白也；桐杖曰削，明竹杖留其青黑之皮不去也。”并认为竹圆物，桐用把桐，亦圆物也，凡杖必圆乃便手持。《服传》杜预云“圆削之象竹”，司马光云“削杖上圆下方”。但是也有少数学者多少意识到了其中的一些真实意义，像《服传》王肃云“削为四方”，尤其是《服传》贾疏对这一问题有一定认识，其以为苴杖用竹，取“竹圆象天之义”，又引用《戴德丧服变除》认为削杖是“削之使方”象征的。

（5）天津市博物馆内所藏的战国时代的手杖上的玉饰件（图七），不少学者认为其是装于手杖顶端的。其铭文显然是谈阴阳、天地的，这有助于说明该杖也是通阴阳的。

（6）实际上，从大汶口文化刻画符号、钺穿及多孔玉刀之穿与太阳等具有密切相关性的材料看，古代仪式中的钺（所谓“黄钺”“白钺”等）与圣坛昆仑地中密切相关，所以钺本身也是蕴含着平衡的阴阳的，显然执之者足以以之是通阴阳的，即像道教中常说的，统御阴阳者谓之神。荆门所谓的“兵辟太岁戈”，其中的“蹲踞式”图像，来源清晰，实际是头顶神鸟、脚踏日、月——阴阳的，整个造型也是表明其是通阴阳的。具有这类“蹲踞式”图案的类圭、戈或其他类玉器，都可以认为是通阴阳的。这与这件红山文化玉佩是神人乘登猪神物——北斗的整体造像构图相符，首连环器、新石器时代玉圭两侧的图案中的神人（《仪礼·聘礼》郑注：“宫必有碑，所以识日景引阴阳也。”已道出圭具有昆仑—太阳、阴阳天地通等内涵的本质，也说明圭穿、钺穿包含的太阳属性）（图八，1）、新石器以来的两面神人［像史密森宁玉雕双面玉神人（图八，2、3）］、双龙、双虎［像大河口西周墓地铜钺（图八，4）］、双蛇、龙虎［像三星堆遗址的有关铜器（图八，6）[7]］、并逢“蹲踞式”四肢有龙鸟特征的神人等具有阴阳象征外，凤鸟与龙、兽面等有时也可构成一组阴阳，像红山文化中的凤鸟与猪龙（图八，5）、三星塔拉凤冠兽首龙等。

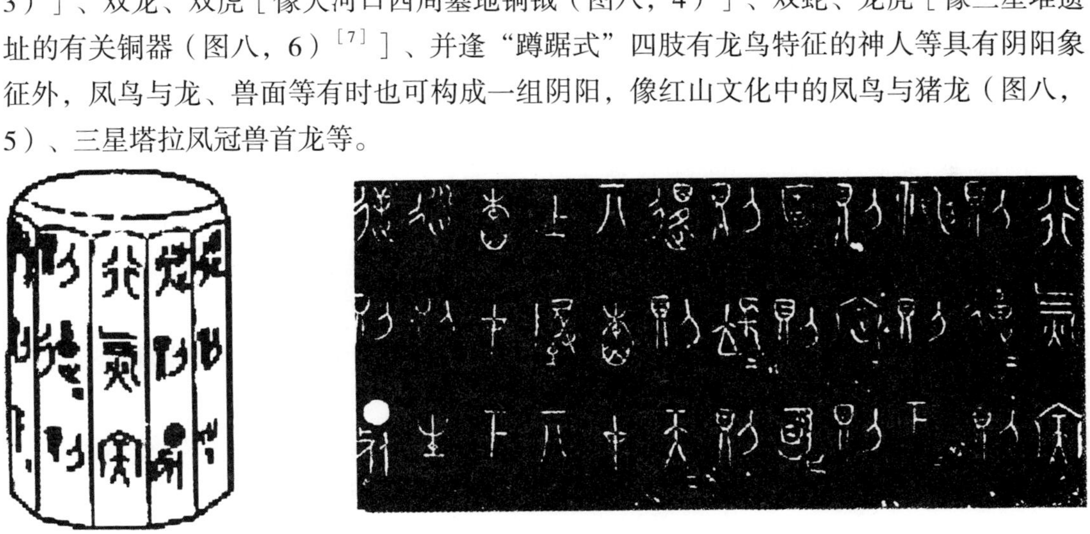

图七 行气铭玉杖饰

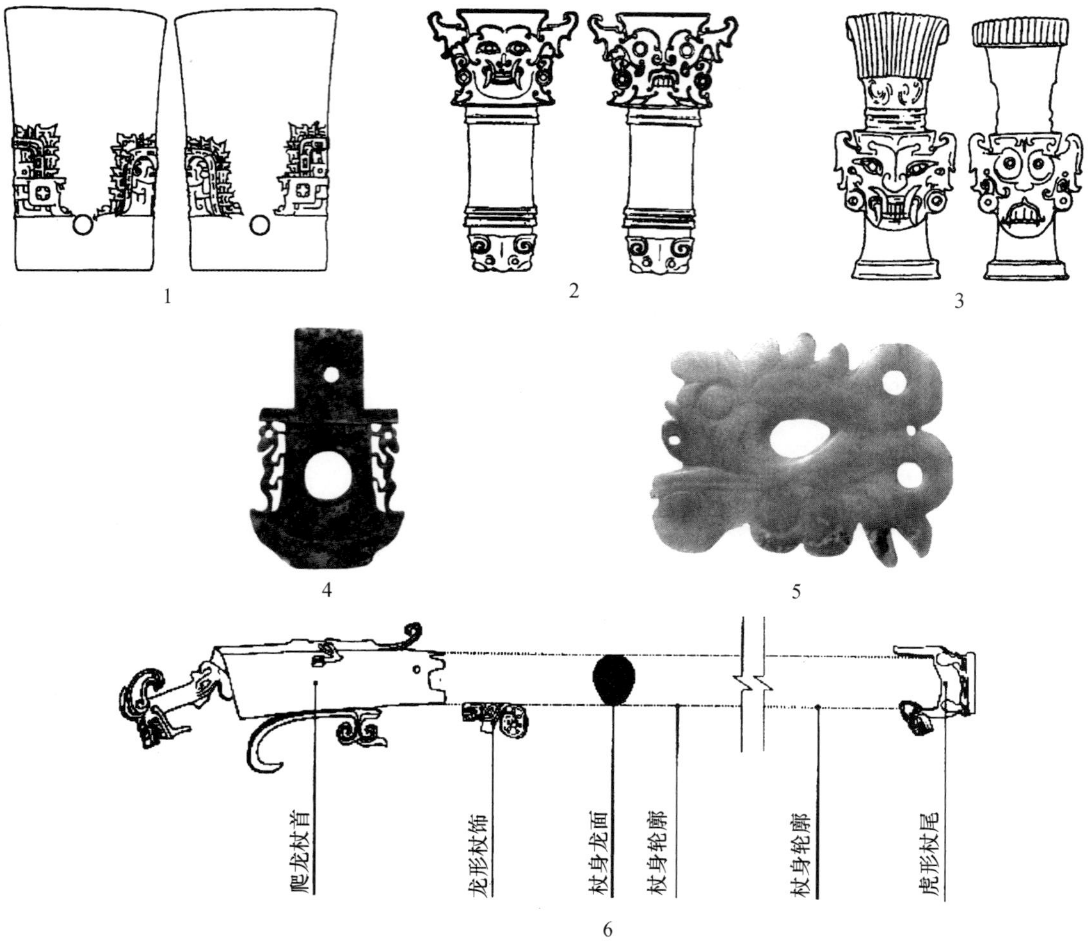

图八

“蹲踞式”造型本身确实像有关学者认为的那样，有“气功”的特征，这一特征在现已发现的器物上主要体现在瞑目、微闭目、蹲踞式姿态及腹部鼓或明显内收（考古发现的牛河梁红山文化玉人有“气沉丹田”“吐纳”之形态）等方面。另，睁眼的“蹲踞式”图像中，理论上应有少量也应符合气功的特征，因为睁眼“入定式”或“观想”在巫师作法的过程中也是存在的，像半坡类型人面（太阳神性的面）鱼纹中的睁眼鱼纹之人面者，设计造型的来源，应与闭眼“人面”一样，与神巫作法之状类似。

利用“气功”或“导引”沟通天地，或是“通过气功的方法进入迷幻状态”沟通神祖，这只是一种方法，关键是巫师或神人利用气功或导引方法沟通神祖的具体方式和内容是什么。还有“通过气功的方法进入迷幻状态”或“冥思”，可以有多种多样的姿态，像《导引图》《引书》《马王堆医书》《抱朴子》《淮南子》《后汉书》等记载或绘制了很多与气功有关的“虎游”等姿态，佛教、道教、瑜伽术中也有不少各式各样的与导引、气功、冥思有关的“散座”“跪坐”“结跏趺”等静态姿态和行走姿态，关键是我们讨论的这些古人为何高度认可“蹲踞式”这一与众不同的姿态呢？这才是我们解答“蹲踞式”图像造型含义应该回答的首要和核心问题，其他方面的回答无法实质性地解决问题。单一从以上早期和晚期的“蹲踞式”考古学材料看，其主要内涵应该是“巫者或神灵作法、升天降地、沟通人神、协于上下”的一种造型或“模拟这一升降天地作法造型的瞑目或睁眼的专一思维状”。其之所以采用瞑目思维，显然与晚期的导引、气功有联系，但是在希望达到凝思冥想状态以沟通神祖天地的目的下，只能高度认可“蹲踞式”这一造型，我们认为除与人“登”。“乘”神物升降时的合理姿态有关外，最重要的原因是这一造型更符合冥思所应采用的最优或较优的人体姿态。

这一造型同时符合诸多鸟兽龟鼋类的“蹲踞式”或其自然状况下的原本近似“蹲踞式”常态，因此这一造型还有天人合一、道法自然的概念。何况鸟兽龟鼋等在当时多被赋予了神异之性质。

从本文有关战国时期铜器刻画的论证看，本文讨论的“蹲踞式”“冥思”或“观想”的场景有的应是乘登神兽、神龙等或同时在其他神物的帮助下升降天地的情形，自然还有更为丰富的内容。总之，由于这类“蹲踞式”图像具体的形象较为复杂，所以对于其确切的含义需要逐项分层次予以解读。

（1）巫师、神人的这一造型是当时人们所能认知的一种最利于专心致志，一心冥思以希企升降天地、协于上下、沟通天地的造型。若所述从医学方面看，这一认识符合人体科学。

（2）一心冥思希企的内容，很多时候应是巫师、神人一种模拟、想象的协于上下、沟通天地过程中“乘”“登”神物的身体姿态，这种“乘”“登”神物的身体姿态又恰巧与利于冥思的“蹲踞式”造型高度相似。

（3）神人、巫师的这种姿态宏观上把人形体分为了“三层”，正好与昆仑三层、天道之春秋分和冬夏至的内衡、中衡、外衡“三衡”数目和运行造型类似，淮阴高庄战国铜器刻画等诸多三层神台、早期昆仑造型材料就很能说明问题。

（4）这种姿态同时符合诸多鸟兽龟鼋类的“蹲踞式”造型，尤其是神鸟的姿态造型。人们常以“蹲踞式”姿态描绘它们静止或运行的一种自然姿态，因此巫师、神人采取这一姿态反映了他们的模拟对象并在天人合一、道法自然思维的指导下相信可以具有模拟对象同样神力的思想和概念。

（5）这类“蹲踞式”样的神人有的具有神鸟的特征。像“完形神鸟位于神人首端”的材料，显然神鸟具有飞升协助神人、巫师腾飞的含义，当然后来有的演化为西王母的“三青鸟”或黄帝坐明堂汉画中的“引路神鸟”，等等。神人、巫师装饰或身体具有神鸟的某些特征，像其手或足为鸟爪，有翅膀，或大部分为鸟的造型，其含义至少包括为了使神人或巫师具备神鸟的某些飞升神力，以利于沟通天地。最早的来源从高庙文化、良渚文化看，还是与“玄鸟生商”实卵生神话中的玄鸟有密切关系。从高庙文化中的神鸟与神兽的构图思想看，出现神人神鸟的各种“混搭”现象，最早应与高庙等文化时期视太阳为神鸟所负、视四齿兽代表太阳神的思维有联系。

（6）神人、巫师的造型中有的手、足甚至首冠，已绘为神龙，应是乘龙、执龙、珥龙的简化绘画表示法。

（7）“蹲踞式”神人、有的巫师的腿形本应是典型的“蹲踞式”，但是有的单从绘画表面是看不出来的，一是简化使然，再者与其身穿长衣有关。

（8）神人、巫师的协于上下的路径应以天地之中的建木或天地之中的昆仑天柱为主。主要论据除了所述《导引图》“以杖通阴阳”题注外，还有红山文化蹲踞式玉人的“建木权杖”这类重要的证据材料：该玉人双手执掌杖，与《山海经·海内经》所言“太皞爰过”之“建木”的场景非常类同，“执掌建木杖造型”若文字化，与甲骨文中“爰”字写法（《珠》三九五）非常一致。

（9）这类“蹲踞式”中的神人、巫师或神鸟兽，有“睁眼”的，还有“瞑目”的。我们认为，“睁眼者”一般应为巫师、神灵、神人正在升降天地、协于上下，根据“气功”等静修理论，也应有可能是表示“冥思观想”、沟通天地阴阳神灵、“乘”“登”神物作法的状态。

（10）“蹲踞式”造型中的神人、巫师，有的总体为人的特征，但是有鸟爪类手、足，有的手、足弯握。这一方面是模仿、模拟鸟足以获神力，另一方面也是气功和静修中冥思吐纳时经常采用的一种身体手足放松的姿态。

（11）我们发现的“蹲踞式”造型图案中，有“乘”猪首神兽及“登”蛇、龙的，还有一件藏于日本的商代铜鼓，其中“蹲踞式”神人甚至可以认为是乘“鱼”的，这为晚期的汉画中的鱼拉车升仙和《列仙传》中战国时赵国人琴高“骑鲤鱼升仙”等神话信仰提供了早期渊源。

三、“蹲踞式”与“夏”字

1.“夏”字与“大”字

“夏”字，《说文》曰“中国之人也”，段玉裁注为“引申之义为大也”。《尔雅》：“夏，大也。”朱骏声《说文通训定声》：“夏，此字本谊训大也。万物宽假之时也。”《方言》曰：“秦晋之间，凡物壮大谓之嘏，或曰夏。”“自关而西，秦晋之间，凡物之壮大者而爱伟之，谓之夏。周郑之间谓之嘏。”《说文》：“嘏，大、远也。”南朝梁任昉《述异记》卷下：“杜陵有金李，李大者谓之夏李，尤小者呼为鼠李。”《诗·秦风·权舆》：“于我乎，夏屋渠渠，今也每食无余。”《毛传》：“夏，大也。”陈奂疏：“夏屋，大屋也。”《礼记·檀弓上》：“见若覆夏屋者矣。”郑玄注：“覆，谓茨瓦也。夏屋，今之门庑也，其形旁广而卑。”《楚辞·九章·哀郢》：“曾不知夏之为丘兮，孰两东门之可芜？”汉王逸《楚辞章句》：“夏，大殿也。”《文选·楚辞·招魂》：“冬有突夏，夏室寒些。”唐李善注：“夏，大屋也。”马瑞辰《毛诗传笺通释》：“具即馔也，夏屋为大具，犹《论语》言盛馔。”《左传·襄公二十九年》：“吴公子札来聘……夫能夏则大，大之至也，其周之旧乎？”《太平御览》卷二十三引崔灵恩《三礼仪宗》：“夏，大也。至此之时，物已长大，故以为名。”《易·家人》“王假有家”，陆德明释文引马云“假，大也”。

“夏”字，为何具有大的意思，清李渔《闲情偶寄·种植·槐榆》：“人谓夏者大也，非时之所谓夏也。予曰：‘古人以厦为大者，非无取义。夏日之屋，非大不凉，与三时有别，故名厦为屋，训夏以大，予特未之详耳。’”另，章太炎《中华民国解》认为：“夫华本华山，居近华山而有华之称。后代华称既广，忘其语原，望文生训，以为华美，以为文明，虽无不可，然非其第一义，亦犹夏之训大，皆后起之说耳。”显然我们不这么认为，我们认为这与“蹲踞式”造型是密切相关的，因为“夏”字来自于“蹲踞式”这一造型。“蹲踞式”造型与甲骨文、金文中的“天”“大”等字有的是很相似的。《续甲骨文编》及《金文编》载有甲骨文、金文“大”字，其中有“大”字：（《甲》7402）、（《续》1.17.6）、（《凡》2.4）、（《金文编》缶鼎），显然（《甲》7402）与“蹲踞式”造型一致，（《续》1.17.6）及（《凡》2.4）、（《金文编》缶鼎）与“蹲踞式”造型亦有些一致。又，明义士认为，“大之初义，为先祖之最尊者”，像商人之先王大甲、大乙等[8]。这是有一定道理的。古之商人先王，是为巫、神者，从商代诸多祭祀巫术图像可以确切地认识到，其时王者的祭祀、行巫术之造型应该有很多“蹲踞式”，又“蹲踞式”造型即有的“夏”字造型与“大”字一致或类似，含义也有相关之处，所以古之商人先王可以称为大甲、大乙等，这应是夏训为大的重要原因。以后大字就逐步有了伟大、首、尊等含义。

于省吾在《甲骨文字诂林》[9]中解释“大”云：“吴其昌云：‘乃贞人名也。’卜辞中凡‘大贞’者，止于今日可见者凡五十三页，计《前编》十一见，《后编》八见，《续编》十四见，《铁云》三见，《燕大》五见，《佚存》四见，《林氏》三见，《明氏》五见。其‘大’字自署之状，如今人签名，千次不异，一晌可识。”由此可知，吴、于等人认为卜辞中叫做“大”的都是贞人名字，贞人就是巫师。我们以为，卜辞贞人名“大”者，并不是说所有人均名为“大”，很可能是以巫师作法或神灵形象之造型“蹲踞式”称之而已。不过其读音与其他“蹲踞式”造型的字像高祖“”不一致。

又，张铭[10]认为，结合考古资料，部分学者认为“舞”字中的正面人形强调的是古代社会的生殖崇拜，必定是掌握了一定的本领，并在部落中有一定地位的人，后世有称权贵者为“大人”的，盖源于此。从本文的讨论看，后世有称权贵者为“大人”或《周易》等文献中的“大人”，实际最早均与作法或神灵的“蹲踞式”有关，则生殖崇拜这一观点就值得商榷了。

2. “夏”字与相关方位问题

关于“夏”字的方位问题，学术界观点很多。《说文》：“夏，中国之人也，从夕从百从臼，臼两手，夕两足也。”《书·舜典》：“蛮夷猾夏。”孔传：“夏，华夏。”《公羊传·成公十五年》：“春秋内其国而外诸夏。”注曰：“诸夏，外土诸侯也。谓之夏者，大总下上言之辞也。”《吕氏春秋·察今》：“东、夏之命。”注曰：“东方也。”《左传·襄公二十九年》：“吴公子札来聘……为之歌《秦》。曰：‘此之谓夏声。’”杜预注：“秦本在西戎汧陇之西，秦仲始有车马、礼乐，去戎狄之音而有诸夏之声，故谓之夏声。”服虔注：“与诸夏同风。”刘师培1905年在《国粹学报》上发表的《南北文学不同论》[11]认为：“河济之间，古称中夏；故北音谓之夏声。”《左传·襄公二十四年》：“晋主夏盟为范氏，其是之谓乎？”杜预注：“晋为诸夏盟主。”“夏”为何是“中国之人”，为何与“中”有联系？朱骏声曰：“就全地言之，中国在西北一小隅。故陈公子少西字夏，郑公孙夏字西。”

《左传·昭公元年》记载，帝喾（高辛氏）之子实沉、阏伯不睦，相询干戈。尧迁其于大夏，主参星，迁阏伯于商丘，主辰星。《国语·晋渤》：“实沉之墟，晋人是居，所以兴也。”《晋书·天文志》：“自毕十二度至东井十五度为实沉，于辰在申，魏之分野，主益州。”又商丘位于东方，显然表明“大夏”位于西方。

笔者以为，中国古代西北曾为国都之地，即为“中心”之地，在早期“九州”之中。古人很早就以西北为“昆仑”之地，北斗星或极星在视觉上又位于北方，所以时人认为“地中”应是应“天中北斗”的西北之地，即位于上应“天之中”的地方，是通神、生建木之地，所以西北为应“天中”的“地中”或人文之“中”，“中”之地是通神之地，通神之地的通神形式又多是“蹲踞式”造型，所以西北与“蹲踞式”即“夏”字形密切相关。当然，当人们以现在的“中原”为中心的时候，那是他们的地理视野发生了变化，指的是当时人文或地理学意义上的“地中”，或曰新的信仰模式的“地中”，而不是“天倾西北”原始天文学思维中的“天中”（不是天的中极）加“地中”。不过原始“地中”的观念作为一种文化信仰传承很久，但是不论如何，新的“中”的地方，同样被认为与“夏”有密切关联。不在“新中”之地的地方仍然可以与“夏”关联，显然与认识主体的文化传承、延续和信仰有关。

关于“夏”字与方位“中”的关联，我们还可以从数术方面予以论证。

《书·禹贡》：“羽畎夏翟，峄阳孤桐。”孔传：“夏翟，翟，雉名，羽中旌旄，羽山之谷有之。”《说郛》卷一〇七引晋张华《禽经》：“雉绝有力奋，五采备曰翚……亦曰夏翟。”《周礼·春官·巾车》：“孤乘夏篆，卿乘夏缦。”郑玄注：“夏缦亦五采画，无瑑尔。”《周礼·天官·染人》：“凡染，春暴练，夏纁玄，秋染夏，冬献功。”郑玄注：“染夏者，染五色。谓之夏者，其色以夏狄为饰。”（《汉书·地理志上》引《禹贡》“夏翟”作“夏狄”。）《周礼注疏》释曰：“案《尔雅》

云：‘伊洛而南，素质，五采皆备成章，曰翚。江淮而南，青质，五采皆备成章，谓之鹞。’此则夏翟之羽色也。又案《禹贡》徐州云‘羽畎夏翟’，是徐州贡夏翟之羽也。又云‘有虞氏以为绥’者，《明堂位》云‘有虞氏之旂，夏后氏之绥’。注云：‘有虞氏当言绥，夏后氏当言旂。’彼据虞氏始有绥，故云有虞氏以为绥也。又云‘后世或无’者，案《冬官·考工记》有‘钟氏染羽’，若有自然鸟羽，何须染之乎？故云‘后世或无’，则据此周时而言也，故染鸟羽而用之。谓之‘夏采’者，夏即五色也。”《周礼·春官·乐师》有“皇舞”。郑司农注：“皇舞者，以羽冒覆头上，衣饰翡翠之羽。”郑玄注：“皇杂五彩羽如凤凰色，持以舞。”《周礼·春官》：“凡舞有帗舞。”郑玄注曰：“帗析五采缯，今灵星舞子持之是也。”又《周礼·地官·鼓人》注云：“帗列五彩缯为之，有秉。”《周礼·夏官·弁师》曰：“王之皮弁，会五采玉璂，象邸，玉笄。”

《山海经·大荒西经》：“有五采鸟三名，一曰皇鸟，一曰鸾鸟，一曰凤鸟。”《山海经·大荒东经》：“相乡弃沙，惟帝俊下友，帝下两坛，采鸟是司。”《山海经校注》卷十四珂案：“五采之鸟，盖鸾凤之属也。”《山海经》屡有“鸾鸟自歌、凤鸟自舞”（海外西经、大荒南经、大荒西经、海内经）之记载，此经五采之鸟，相乡婆娑，盖亦自歌自舞之意也。郭璞云：“亦未闻也。”珂案：“惟帝俊下友”者，言惟帝俊下与五采鸟为友也。帝俊之神，本为玄鸟（说见前“蒍国”节注），玄鸟再经神话之夸张，遂为凤凰、鸾鸟之属也。《楚辞·天问》：“简狄在台，喾何宜？玄鸟致贻，女何嘉（嘉原作喜，据闻一多《楚辞校补》改）？”《离骚》：“望瑶台之偃蹇兮，见有娀之佚女。……凤鸟既受诒兮，恐高辛之先我。”同一作者记同一神话，或为玄鸟，或为凤鸟，可见玄鸟即是凤鸟。此帝俊之所以“下友”于五采鸟也。郭璞云：“言山下有舜二坛，五采鸟主之。”珂案：“郭注径以舜释帝俊者，盖在彼心目中，帝俊与舜已是二而一也。”

《竹书纪年·殷商成汤》载：“高辛氏之世，妃曰简狄，以春分玄鸟至之日，从帝祀郊禖，与其妹浴于玄丘之水。有玄鸟衔卵而坠之，五色甚好，二人竞取，覆以二筐。简狄先得而吞之，遂孕，胸剖而生契。长，为尧司徒，成功于民，受封于商。”

《山海经·南山经》：“有鸟焉，其状如鸡，五采而文，名曰凤皇，首文曰德，翼文曰义，背文曰礼，膺文曰仁，腹文曰信。是鸟也，饮食自然，自歌自舞，见则天下安宁。”《山海经·峚山》：“丹木五岁，五色乃清，五味乃馨。”《山海经·弇州之山》：“有弇州之山，五采之鸟仰天，名曰鸣鸟。”

《山海经·中山经》：“祈酒大牢祠，婴用圭璧十五，五彩惠之。”《史记·项羽本纪》：“吾令人望其气，皆为龙虎，成五采，此天子气也。”又荀子《赋》：“五采备而成文。”晚期还有不少类似记载。

由这些文献看，“五彩”是与天子、天帝密切相关的，而在名义与信仰方面，天子在地中，太阳神祖，由玄鸟类神话可知，可与昆仑地中关联；天帝在天中，所以“五彩”是与“中”密切相关的。中国古代“五”，从数术材料看，确实是与“中”密切联系的，并且起源很早。

从我们有关“夏”字的来源看，确有一些形体的造型与“蹲踞式”中的羽人一致。这类羽人，无论其所在或者是其来往天帝的路径，显然与“天地之中”是密切相关的，而这一“中”又是与“五”这个数术用数密切关联，所以“五色”或曰“五采”，与“夏”字意义有关，“夏”字有“五色”“五采”等意义。

当然，我们在讨论红山文化玉佩时论及“蹲踞式”玉人执掌的“玉杖”及《导引图》中执杖者“以杖通阴阳”的题注时即已说明，“蹲踞式”造型往来天地或协于上下的路径与“天地之中”“通天建木”或“通天神柱”有密切联系。既然“夏”字来自于“蹲踞式”造型，显然其与中心等有类似含义或关联应是很自然的了。

文献中记载“夏”与“西方”亦有关联，这应是前文所论天倾西北，则与应“天中”之地亦在西北的认知有关。

3.“夏”字含义与甲骨文中的“高祖”之“”一类字

戴侗《六书故》卷八“夏”下云：“伯氏曰：‘夏，舞也。臼象舞者手容，夊象舞者足容也。按古有舞夏……’”阮元《揅经室集》之《释颂》：“仲尼燕居，子曰：‘大飨有四焉，下管《象武》，《夏龠》序兴，《象武》武舞，用干戚也。《夏龠》文舞，用羽龠也。’所谓夏者，即九夏之义。夏从页从臼从夊，臼两手，夊两足，与颂字义同，周曰颂，古曰夏而已，故九夏皆钟鼓等器，以为容节，九夏即在颂中明乎人身足头儿之义，而古人名诗夏为颂之义，显矣。”陈梦家认为甲骨文中的“夏”字，“象人立而低首至手之形”[12]。徐锡台先生[13]赞成陈梦家先生对“夏”字的隶定，对于“夏”字造型的含义则从戴侗和阮元。于省吾先生以该字“像以手掩面而哭之形”。詹鄞鑫[14]认为“夏字的形体像人而突出其手舞足蹈的形象，其造字的本义正是乐舞的意思”，“甲骨文就是‘夏’字，‘夒’很可能就是它的繁文或异构”；“夏”字“在卜辞中用作神名，其地位与‘河’‘岳’相当”。最近葛英会先生[15]认为“夏”字与表达民情、民志的歌舞有关，“像人手置口旁吟唱踏歌之形”。叶玉森《殷墟书契前编集释》认为：“疑卜辞假蝉为夏，乃蝉最著之夏虫，闻其声即知为夏矣。”[16]认为“夏”字本义为“蝉”。还有文化学者认为“夏”字与大汶口文化的表示太阳的八角星彩绘符号等有关联等，不得要领，不再赘述。

关于“夏”字，笔者曾把其判断为考古学材料中诸多的“蹲踞式”造型，并认为其与“祭祀”“巫术”有关。现在看来，“夏”字与巫师、神灵、神巫的“运行天地作法姿态”“祭祀中的通神姿态”“行巫术姿态”[17]及神祖的造像等有关是无疑的了，并且显然其是考古材料中所常见的“蹲踞式”造型。我们特别提出，“夏”字造型如人形有的额前缀有长发，实际应与商周诸多玉器上的“蹲踞式”神人或诸多各时代玉雕神人首发型中的羽冠饰一致。就“夏”字本身造型论之，严格地说应包括巫师、神巫“运

行""祭祀中通神""巫术"时的造型，至于以这一造型作法的过程中，巫师、神巫本身是否有舞蹈及歌唱，有时是有的，有时是没有的，这从相关材料可以看到。像安徽含山凌家滩文化及红山文化中的"蹲踞式"玉人显然是沉默的，由之可知这时的巫者是不唱歌的。当然，从文献中有关"夔"字与"典乐"密切相关的解释和一般巫术仪式内容看，"祭祀通神""巫术"时巫者有的是唱歌的。但无论如何，舞蹈及歌唱虽然是祭祀、巫术中的常见内容和巫者的常见作为，但并不是巫术祭祀通神者以"蹲踞式"造型作法、祭祀通神时的必要条件，所以"夏"字是"祭祀中通神""巫术冥思"之造型这一解释应是从本质上来理解"夏"字含义的，并且从作为"夏"字造型实例的安徽含山凌家滩文化及红山文化中"蹲踞式"玉人是"沉默瞑目"的方面看，说"夏"字是"像人手置口旁吟唱踏歌之形"，显然是值得斟酌的了。因为不是手置口旁，而是举着双手，双足不是踏歌，而是"蹲踞式"。至于称"夏"为"雅"，可能并不是由于"乐歌在诵讽歌舞之中世代传习"，其中的一种情况很可能是由于此国此族贵族首领、巫师被认为是懂天地、规矩、方圆之人，行巫术、祭祀之地是严肃正规的场所、沟通天地的场所，是位于天地正位的或模拟天地正位的，像模型昆仑之类。由此，在这一过程中的乐歌，正齐和谐、中正和美，从而被认为是神圣雅致和正统的了，但是这并不能说明巫者必须吟唱、歌舞，并且歌舞总的来说是为正规的祭祀所服务的或者是作修饰的，作法之歌至少不是一般的"诵讽歌舞"。

从有关"夏"字的金文材料及相关图像学材料看，祭祀者或巫者或神人在祭祀通神和巫术过程中有的确有可能手持一般舞物以"蹲踞式"造型跳过舞，一些文献记载亦表明"蹲踞式"造型可为舞貌，或含有礼仪的意义。像《诗·小雅·伐木》："坎坎鼓我，蹲蹲舞我。"《毛传》："蹲蹲，舞貌。"汉傅毅《舞赋》序："《乐》记干戚之容，《雅》美蹲蹲之舞。"《汉书·扬雄传上》："穆穆肃肃，蹲蹲如也。"颜师古注："蹲蹲，行有节也。"不过这同样不能说明巫师在祭祀通神、沟通天地神灵的过程中其本人必须跳舞、唱歌。所以，由此可知，"夏"与"舞"的联系应该这样理解："夏"字造型来源于"蹲踞式"，与这一姿态有关的内容十分丰富，其中的神人、巫师可以跳舞唱歌，亦可以不跳舞不唱歌，或说有时跳舞唱歌，有时不跳舞不唱歌。"夏"字也不"像人手置口旁吟唱踏歌之形"。因为"夏"字渊源于"蹲踞式"，即使作法时候有歌、舞，亦不会是明显的"表达民情、民志的歌、舞"，亦是严肃且富有萨满和神性的歌舞；即使是中国周代的"雅"或"颂"，其所歌舞都应是蕴涵祭祀通神的礼仪的，能够用于表达民情民志的至多是这类巫仪歌舞的大众化、通俗化、世俗化、平淡化甚或游戏化、娱乐化。《周礼·春官·宗伯》云："六舞大合乐，以致鬼神示，以和邦国，以悦远人，以谐万民，以安宾客，以作动物乃分乐而序之，以祭以享以祀。"《周礼·地官》云："舞师掌教兵舞，帅而舞山川之祭祀；教帗舞，帅而舞社稷之祭祀；教羽舞，帅而舞四方之祭祀；教皇舞，帅而舞旱暵之事。"《周礼·地官·鼓人》："凡祭祀百物之神，鼓兵舞、帗舞者。"显然"夏"字所反映的"舞蹈"是一种巫舞或仿神之舞。

另，从金文中有的与“夏”字有关的造型看，其中有的字的主体人物似乎有“羽衣”，像西周《大盂鼎》的字，其所从的与甲骨文“望”的形体极其相似，且左右各有一手[18]。有的学者据此认为这是“夏”字本义为“舞也”的重要证据。我们认为，若没有确定读写之前，这类造型的字确实可以视为“夏”字，或曰巫师在仪式中曾以这一造型歌舞或舞，但是从所述考古材料及民族学材料看，亦存在不歌舞或不舞而是仅仅以此造型运行、行巫、祭祀的情况，本文图示的不少巫师或巫神或神灵的造型均为沉默状况。至于有的“夏”字造型中人物有“羽衣”，则应是巫师或巫神的一种模拟术，或者是某神祖的造型装饰，之所以如此这般，应是与其时的源于神鸟负太阳运行的神鸟信仰有关，考古学中这类有鸟特征的“蹲踞式”造型神或巫的资料相当多，像有的有神鸟之翅膀、神鸟之嘴、神鸟之冠或神鸟之爪，有的甚至基本全采用了神鸟造型。

四、“蹲踞式”造型在有关动物“伙伴”造型和冥思图像中的适宜独立性

我们认为应该把本文所论的“蹲踞式”造型与有关动物伙伴造型和冥思图像尤其是“骑着神物”“跪坐”等造型区别来看，应从大量反映巫师、神人与动物“伙伴”关系的诸形式和一般冥思图像中独立出来。从考古发现看，古人当时已予以一定区别。早期反映巫师、神人与动物关系的图像和冥思图像中，神人、巫师等明确骑于神龙、神兽等动物之上的较少，周代以前仅仅在濮阳西水坡贝壳遗迹和三星堆出土的铜器中有这样的材料，巫师、神人冥思的图像多数为“蹲踞式”，只有少量为“箕踞”或“跪坐”。这说明，古人在有关巫、神人借助动物升降天地的形式思维中或造像中，一开始并不清楚是“骑坐于动物”之上还是“蹲踞于动物”之上更有利于沟通天地，但是随着实践，他们逐渐总结出还是“蹲踞于动物”之上的“蹲踞式”更有利。自然他们并不知道这一姿态更利于人们冥思、利于人们思维集中的科学原理。

根据现代医学研究，本文所论的“蹲踞式”造型非常利于冥思是符合人体科学的，符合沟通天地时使巫师、神人的生理、心理更易于迅速达到作法的状态。因为根据医学和人体科学，这一造型能够改善巫师、神人的脑、肺供氧状态，从而能够使这些巫师、神人处于一种思维集中、反应灵敏、心意淳一的状态，自然也就利于他们沟通天地的活动和“冥思”沟通天地的活动。

“蹲踞式”为什么能够改善人的脑、肺供养质量呢？中医和现代医学研究表明，氧气是人体代谢活动的重要元素，各式各样食物只有通过氧化作用，才能产生和释放出化学能。人“蹲踞”时，下肢屈曲，静脉回心血量减少，减轻心脏负荷，减少心室水平右向左分流，提高体循环血氧含量，从而可以不会使脑缺氧。同时下肢受压，体循环阻力

增加，减少右心血向主动脉分流，从而增加肺循环血量，改善肺缺氧状态。

这一判断也符合中国古代的巫术文化传统。中国古代虽然有借重酒力、毒药等使巫师达到迷魂状以通天地的手段和方式，但是最为正规和核心的方式仍然是淳朴中和的方式。《国语·楚语下》记载："古者民神不杂。民之精爽不携贰者，而又能齐肃衷正，其智能上下比义，其圣能光远宣朗，其明能光照之，其聪能听彻之，如是则明神降之，在男曰觋，在女曰巫。"从中可以看到巫师只有具有超越一般人的精明淳朴、专注不二、恭敬中正、虔心诚意、心智聪慧等特点，才会产生灵验，神明才会降临到他那里，也即他才能够沟通天地神明。这正要求巫师作法时最好达到一种思维集中、反应灵敏、心意淳一、诚心诚意、健康清朴、专心致志的状态。像与巫师作法有关的筮法也要求诚心、醇和，《周易·蒙卦》记载"初筮告，再三渎，渎则不告"，意思就是说，筮测时应该恭顺虔诚，一心一意，否则就无法获得神谕。

巫师神人与神兽的伙伴关系或冥思、观想出神的造型，早期古人绝大多数倾向于"蹲踞式"造型，这一造型不仅符合易于使人冥思出神的人体科学原理，同时这一造型与神人、巫师实际或假相、冥想的"蹲踞"于或"乘""登"于神兽、蛇、龙等之上的姿态相当神奇地一致。显然，古代的巫师在平时的作法中，逐渐总结出"蹲踞式"是一种最为理想的行法或"冥思行法"的姿态，所以渐渐地成为一种作法行巫的规范文化符号，广泛传播于巫师和刻画制作神、巫形象或道具的艺能者之间，遍布各地，历时久远。

这一模式从考古学材料看，起源于兴隆洼文化，在战国时期仍然风行，汉代在漆棺彩绘等云气画和汉代彩绘画中还能见到，并且在道教"禹步"等文化门类中予以形象化地保留，在民族学、岩画等材料中也有不少发现。不过除"蹲踞式"及"乘""登"造型外，"骑着的"造型逐渐增多了。有的已被隐含在类似"蹻"的文化之中了，可惜时人已不知其全部的由来了。

五、"蹲踞式"与"蹻"文化

关于蹻，读音和内容较为复杂。根据相关辞书和文献总结，其主要读音和意思如下。

1. 第一种情况读qiāo

（1）同"跷"，意为举足。《集韵·宵韵》："跷，举趾谓之跷，或作蹻。"《说文》："跷，举足行高也。"朱骏声《通训定声》："蹻，今多以翘为之。"《素问·鉴解》："巨虚者蹻足。"王冰注："蹻，谓举也。"《汉书·高帝纪下》："亡可蹻足待也。"《文选·扬雄·长杨赋》："莫不蹻足抗首，请献厥珍。"李善注引服虔曰："蹻，举足也。"《清史稿·乐志》："轻蹻俯仰之节。"明张居正《门生为师相中玄高公六十寿序》："今天子基命宥密，孰与成王贤，其委任公不在周公下，薄海内外皆跷足抗手，歌颂盛德。”意为“手舞足蹈貌”。

（2）走貌：《篇海类编·身体篇·足部》：“蹻，走貌。”

（3）高蹻：表演高蹻时绑在脚上的木棒。清彭士望《九牛坝观觝戏记》中有记载。

（4）捷举手足。《素问·异法方宜论》：“其治宜导引按蹻。”王冰注：“蹻，谓捷举手足。”

（5）跛足的意思。如清赵翼《行围即景·跳跎》诗题注：“蹻足者跃过驼背。”

2. 第二种情况读jiǎo

（1）骄傲。《尔雅·释训》：“旭旭蹻蹻，憍也。”郭璞注：“皆小人得志憍蹇之貌。”《诗·大雅·板》：“小子蹻蹻。”《广韵·宵韵》：“蹻，骄也。”与足高、趾高气扬有关。

（2）壮貌。《诗·大雅·嵩高》：“四牡蹻蹻。”《毛传》：“蹻蹻，壮貌。”

（3）武貌。《诗·周颂·酌》：“蹻蹻王之造。”毛传：“蹻蹻，武貌。”《鲁颂·泮水》：“其马蹻蹻，其音昭昭。”毛传：“言强盛也。”

（4）同“蹻”。勇健，矫健。《广雅·释诂》：“蹻，健也。”钱大昭疏义：“蹻与趫古字通。”清朱骏声《说文通训定声·小》：“蹻，假借为趫。”《文选》颜延之《赭白马赋》：“捷趫夫之敏手，促华鼓之繁节。”李善注引《广雅》曰：“蹻，健也。”《明史·滑寿传》：“行步蹻健。”

3. 第三种情况读jué

（1）不稳定貌。《广雅·药韵》：“蹻，走蹻蹻貌。”《吕氏春秋》：“意气易动，蹻然不固。”高诱注：“谓其流行速疾不坚固貌。”

（2）同“屩”。鞋。《集韵·药韵》：“屩，《说力》：‘屐也。’通作蹻。”清朱骏声《说文通训定声·小》：“蹻，假借为屩。”《战国策·秦策一》：“履蹻，负书担囊，形容枯槁。”《史记·平原君虞卿列传》：“虞卿者，游说之士也，蹑蹻担簦……”裴集解引徐广曰：“蹻，草履也。”《三国志·蜀志，董和传》：“违履而得中，犹弃弊蹻而获珠玉。”《汉书·卜式传》：“式既为郎，布衣草蹻而牧羊。”颜师古注：“蹻，即今之鞋也，南方谓之跷。”

（3）方士鞋，与道家飞行术有关。曹植《升天行》之一曰：“乘蹻追术士，远之蓬莱山。”葛洪《抱朴子·杂应》：“若能乘蹻者，可以周流天下。”段成式《酉阳杂俎·盗侠》：“方谢曰：‘某师仙也，令某等十人，索天下妄传黄白术者杀之。至添金缩锡，传者亦死。某久得乘蹻之道者。’”

4. 第四种情况读jǔ

《集韵·烛韵》：“檋，山行所乘，以铁如锥施之屐下，亦作蹻。”

从以上的列举内涵看，我们认为，“蹻”字的含义有的是“鞋”或“道家飞术”的概念，实际上与西周时期以蛇、龙为蹲踞式神人之“足”的玉人有密切联系。还有所谓“不稳定貌”及“似跛足说”，都应是对“蹲踞式”核心含义的误解造成的。“举足”的含义只是看到了“蹲踞式”的表面，“武貌”“壮貌”及“骄傲貌”应该是对于历史上“蹲踞式”表面造型尤其是其趾高举足特征的曲解。不过，这一解释与“蹲踞式”造型及其神气、神奇、尊贵、气抑等引申含义还是有所关联的。

六、“蹲踞式”“高祖”之“”与“夒”“夔”等字

“夒”，多被理解为猴子，这于古文献是可征的。“夒”字篆书为，清陈昌治刻本《说文解字》卷五“夊部”：“夒，贪兽也。一曰母猴，似人。从页，巳、止、夊，其手足。奴刀切。《注》臣铉等曰：‘巳、止，皆象形也。’”清段玉裁《说文解字注》：“《诗·小雅》作猱。毛曰：‘猱，猨属。乐记作獶。’”《玉篇》言：“奴巧切，音桡。犬惊貌。”《集韵》言：“奴侯切，音獳，南越谓犬为獶。”又记载：“本作夒，或作獶、猱、蝚。”

“夔”字，篆书为，清陈昌治刻本《说文解字》卷五“夊部”：“夔，神魖也。如龙，一足，从夊；象有角、手、人面之形。”清段玉裁《说文解字注》：“《广韵》曰，山魈出汀州，独足鬼也。神魖，谓山缫之尤灵异者。若《大荒东经》云，有兽状如牛，苍身而无角，一足，出入水则必风雨，其光如日月，其声如雷，名曰夔。黄帝得其皮为鼓。声闻五百里。此兽也，非鬼也。”又引述孟康曰：“夔神如龙，有角，人面。”又引述薛综曰：“木石之怪，如龙有角，按从夊者，象其一足。”《韩非子》在《外储说左下》里曾就此问题存疑，其载：“（鲁）哀公问于孔子曰：‘吾闻夔一足，信乎？’（孔子）曰：‘夔，人也，何故一足？彼其无他异，而独通于声。’尧曰：‘夔一而足矣，使为乐正。’故君子曰：‘夔有一足，非一足也。’”

夔与音乐有密切关联的文献记载很多，如《尚书·尧典》：“帝曰‘夔！命汝典乐，教胄子，直而温，宽而栗，刚而无虐，简而无傲。诗言志，歌永言，声依永，律和声。’”《尚书·益稷》：“夔曰：‘戛击鸣球、搏拊、琴、瑟以咏。’祖考来格，虞宾在位，群后德让。下管鼗鼓，合止柷敔，笙镛以间。鸟兽跄跄，箫韶九成，凤皇来仪。夔曰：‘於！予击石拊石，百兽率舞。’”《孔子家语·五帝德》：“富而不骄，贵而能降，伯夷典礼，夔龙典乐。”汉荀悦《汉纪·惠帝纪》：“夔作典乐，和神人。”等等。

又《山海经·大荒东经》：“东海中有流波山，入海七千里。其上有兽，状如牛，苍身而无角，一足，出入水则必风雨，其光如日月，其声如雷，其名曰夔。黄帝得之，以其皮为鼓，橛以雷兽之骨，声闻五百里，以威天下。”

关于这段话，学术界有不少解释。郝懿行《说文（五）》云：“夔，神魖也，如龙，一足”“象有角、手、人面之形”。薛综注《文选·东京赋》云：“夔，木石之

怪，如龙，有角，鳞甲光如日月，见则其邑大旱。”韦昭注《国语·鲁语》云：“夔一足，越人谓之山缫也（珂按：下尚漏引“人面猴身能言”数字）。”《庄子·秋水》释文引李云：“黄帝在位，诸侯于东海流山得奇兽，其状如牛，苍苍色无角，一足能走，出入水即风雨，目光如日月，其音如雷，名曰夔。黄帝杀之，取皮以冒鼓，声闻五百里。”盖本此经为说也。其文与今本小有不同：“流波山”作“流山”，“其光如日月”作“目光如日月”，似较今本为长也。又“以其皮为鼓”作“取皮以冒鼓”，刘逵注《吴都赋》引此经亦作“冒”字，是也。《初学记》九卷引《帝王世纪》作“流波山”，与今本同，而下文小异（珂案：《御览》卷五十引此经，“其声如雷”作“其音如雷”，“其名曰夔”作“名曰夔”，“以其皮为鼓”作“以其皮作鼓”）。

虽然从字形上来说，释读、为“夔”或“夒”字都是基本可以的。但是文献记载表明，“夒”为猴子或贪兽，夔虽然是神兽，但是和“典乐”“一足”相关。参照“蹲踞式”的有关论述，显然、等一类字，古人更可能把其与“夔”关联，因为文献中的“夔”为“一足”之神物，与甲骨文中的高祖、高祖等中的、等一类“蹲踞式”造型一致，与其他“蹲踞式”神兽也一致。文献中又记载“夔”与鼓乐有关，似乎与、之造型经常与乐舞场景有关的情况相一致。若、对应的字及含义只在“夔”“夒”二者之间选择的话，则显然应为“夔”，不过即使这样，显然古人对于“夔”可能源于的造型——“蹲踞式”的本质含义已不十分清晰，只是略微知道其与音乐有关，是“一足”。当然其有关“夔一足”的认识应该是错误的，承上所述，“蹲踞式”的造型、等不过是神人“蹲踞式”之侧造型罢了。

再从古代有关明确记载商人祖先的除甲骨文以外的其他历史文献看，古人在文献传承过程中，多数将商人的高祖之一类字写成了“俊”字，有少数写成了“喾”字或“佶”字，并由此衍生出很多有关商人祖先的历史神话。并且，这一写法在叙述商人世系的文献中得到广泛传承。而来源于高祖之一类造型的“夏”字，却不是作为商人祖先的名字出现在各类常见传世古籍文献中，这是需要说明的。

七、“蹲踞式”与“夋”“踆”“蹲”字

《说文》云：“夋，行夋夋也。一曰倨也。从夊，允声。”《慧琳音义》卷四十一：“险夋。”注引《方言》：“夋，高也。”徐锴《说文解字系传》：“夋夋，舒迟也。”《礼记·乐记》：“倨中矩，句中钩，累累乎端如贯珠。”注曰：“倨，微曲也。”清朱骏声《说文通训定声》：“倨，假借为踞。”明张自烈《正字通》：“倨，箕坐也，通作踞。”《庄子·天运》：“老聃方将倨堂。”释文：“倨，踞也。”《史记·张耳陈余列传》：“高祖箕踞焉。”司马贞《索隐》引崔浩曰：“屈膝坐，其形如箕。”《尔雅·释畜》：“驳，如马，倨牙，食虎豹。”宋邢昺疏：“其牙

据曲而食虎豹也。”

清陈昌治刻本《说文解字》卷二“足部”：“蹲，踞也。”《后汉书·鲁恭传》：“蹲夷踞肆。”《庄子·外物篇》：“任公子为大钩巨缁，五十犗以为饵，蹲乎会稽，投竿东海。”清段玉裁《说文解字注》“蹲”：“《山海经》作踆。”《山海经·大荒东经》记载：“东海之外，有波谷山者，有大人之市，名曰大人之堂。有一大人踆其上，张其两臂。”（臂，一本作“耳”）《山海经·海外东经》说：“大人国在其北，为人大，坐而削船。”“削船”驾驶船的样子，是说大人国的大人坐如削船，实际还是“蹲踞式”，不过接近一般意义的坐之造型，这一造型的“蹲踞式”在考古材料中有不少发现。

《类篇》：“以足逆蹋曰踆。”《集韵》：“踆，蹲也。”《史记·货殖传》：“下有踆鸱。”《注》徐广曰：“蹲古作踆。”《庄子·外物篇》：“帅弟子而踆于窾水。”《音义》引《字林》云：“踆，古蹲字。”《淮南子·精神训》：“日中有踆乌。”《注》：“踆，犹蹲。”我们看到，考古中所见的“蹲踞式”图案或雕刻，一般意义上若不严格区别蹲、踞、箕踞的话，可以视为是“蹲”。

八、“蹲蹲舞”“舞蹲蹲”的真实含义

《诗·小雅·伐木》：“坎坎鼓我，蹲蹲舞我。”《毛传》：“蹲蹲，舞貌。”汉傅毅《舞赋》序：“是以《乐》记干戚之容，《雅》美蹲蹲之舞。”唐白居易《郡中春宴因赠诸客》诗：“蛮鼓声坎坎，巴女舞蹲蹲。”明唐寅《招辞》：“坎坎兮伐檀，蹲蹲兮舞盘。”又《汉书·扬雄传》：“穆穆肃肃，蹲蹲如也。”颜师古注：“蹲蹲，行有节也。蹲，音千旬反。”其中“音千旬反”即读音近似“夋”。这可能与“蹲踞式”为巫术、祭祀之造型，有时巫师或祭祀者又或以此造型为舞，或其他舞蹈采用、模仿这一造型的情况是相符的，因为这些舞蹈有祭祀、巫术文化的背景。

“夏”“雅”古又相同，“夏”字又源于“蹲踞式”，所以“《雅》美蹲蹲之舞”之“蹲蹲”的“舞貌”，特别有可能是“蹲踞式”的“舞貌”。

《礼记·乐记》：“故听其‘雅颂’之声，志意得广焉；执其干戚，习其俯、仰、诎、伸，容貌得庄焉；行其缀兆，要其节奏，行列得正焉，进退得齐焉。故乐者，天地之齐，中和之纪，人情之所不能免也。”

以前的颂与雅之乐舞都是歌颂仁政与德政，并且古代之雅，多用于朝政，朝廷的雅乐自然也就是正乐了。

金克木[19]认为，“雅”“颂”中的政治氛围浓厚，处处表达的是国家政权、政治时局和王者之道，他还认为：“‘雅、颂’中的颂祖先的诗很多，但‘文史’词多而‘卜祝’词少。”

这显然是发扬和突出了祭祀、巫术中“蹲踞式”仪礼严正、严肃、正规和中正的一面。

九、“蹲踞式”“夏”字与“禹步”等相关问题

葛洪《抱朴子内篇·登涉》载：“凡作天下百术，皆宜知禹步。”放马滩秦简甲种《日书》载：“禹须臾，臾臾行，得。择日。出邑门，禹步三，向北斗。”马王堆三号墓帛书《五十二病方》第九十八行中，记载有“禹步”内容。同墓的“太一将行图”有“蹲踞式”太一图，并有有关“禹步”的题记。

关于“禹步”，学术界讨论的甚多。道教《禹步致灵》曰：“禹步者，盖是夏禹所为术，召役神灵之行步，以为万术之根源，玄机之要旨。昔大禹治水……届南海之滨，见鸟禁咒，能令大石翻动。此鸟禁时，常作是步。禹遂模写其行，令之入术。自兹以还，术无不验。因禹制作，故曰禹步。”《尸子》云：“古者龙门未辟，吕梁未凿……禹于是疏河决江，十年未阚其家，手不爪，胫不毛，生偏枯之疾，步不相过，人曰禹步。”西汉扬雄《法言》卷七《重黎》曰：“昔者，姒氏治水土，而巫步多禹。”李轨注曰：“姒氏禹也，治水土，涉山川，病足，故行跛也。……而俗巫多效禹步。”韩敬注曰：“相传夏禹治水，非常艰苦，得偏枯之病，步不相过，人谓之禹步。”温少峰、袁庭栋[20]曾把“禹步”与“夏”字的造型内涵予以关联，他们从戴侗、阮元等人的观点认为“夏本是舞蹈之形”，又言“从金文形体分析，当是独足舞之象，即古时所谓‘禹步’式的舞蹈，夏族先民可能即以此‘禹步’式舞姿而得名”，并认为这是一种“独足舞”。以之为“独足舞”显然与文献中记载的“夔为一足”的说法一致。刘宗迪《禹步·商羊舞·焚巫尪》[21]一文认为：“禹步为巫步，而巫源于舞，巫师之法术伎俩源于原始舞蹈之举手投足，它实在不过是一种舞蹈步态。”

把“夏”字与“禹步”关联的宏观思路是对的，但是认为“夏”字内涵为“独足舞”是不对的。这是因为，“夏”字的写法多是“蹲踞式”造型的单侧，只可看到一足，但这不代表“蹲踞式”是“独一足”，恰恰相反，“蹲踞式”是“双足”的，所以“夏”“禹步”都是“独足舞”的观点显然是过多地误读了。或是把换腿一足着地之常态特征作为舞蹈名称了。

又，《庄子·秋水》记载：“夔怜蚿，蚿怜蛇，蛇怜风，风怜目，目怜心。夔谓蚿曰：‘吾以一足趻踔而行，予无如矣。今子之使万足，独奈何?’”成玄英疏：“趻踔，跳踯也。”从“予无如矣”知，夔“趻踔而行”是较为困难地走动。《类篇》言“踸”或作“趻”。又《文选》中陆机《文赋》：“故踸踔于短韵，放庸音以足曲。”吕延济注：“踸踔，迟滞也。短韵，小篇也。言迟滞于小篇。”唐代独孤及《葵卯岁赴南丰道中》诗：“深泥驾疲牛，踸踔余何之。”宋周密《齐东野语·淳绍岁币》：“雨泞则摄衣蹑屐，踸踔而行，艰苦不可具道也。”从这些记载看，“一足趻踔”就是运动困难貌。

“一足”之论的原因已论述过，“一足趻踔”用于形容“夔”之行貌，这里不再赘

述。“夔”字之造型可能来自于高祖夒之夒一类字，“一足趻踔”又有“迟滞”“艰苦不可具道”之状况，显然这一理解与古文献中对“（禹）偏枯”“（禹）步不相过”“禹跳”“汤偏”等含义的认识，应都是由于对“蹲踞式”造型的错误理解而产生的。实际上，古人这类误读甚多，像舜的“四瞳子”、文王的“四乳”。宋李昉《太平御览》卷三百六十三引用的《尚书·大传》认为，这些圣人的特征“皆不善”，实际上这些特征均源于对太阳的崇拜而已。当然，我们并不否认甲骨文等文献中记载的有些残疾之人如瞽、尪等是当时社会中的灵异巫师，或曰不可貌相的有特异“禀赋”之人。

又帝夋之“夋”，《太平御览》卷八十引为“逡”，《小尔雅》：“体惭曰逡。”

由此可见，古人对于“夋”“跋”“蹲”等字的含义认识中也有与“趻踔”“偏枯”类似的语义成分。显然，这一认识与过去历代文献对“蹲踞式”“禹步”的理解一样，是错误的。这同时有助于说明“夋”字与“夔”字、“夏”字的本质字源应该相同，以及为何诸多文献中称商人的祖先为“俊”、为高祖夒的原因。

另，从所述论述中可知古人对于“禹步”，有的认为是“踩北斗”“踩八角”，继之以“踩九州”，有的认为是模仿神鸟的姿态。这与“蹲踞式”造型是沟通“天地之中”的巫、神作法造型或巫神造像，“蹲踞式”与昆仑地中、北斗天中等有关等说法相符。

这时候巫“禹步”“踩北斗”，实际上是巫者礼仪极星、召遣神灵沟通天地的一种动作（图九）。其步行为“蹲踞式”，与高祖夒等的造型一致；其行走宛如踏在罡星斗宿之上，与“蹲踞式”神人、巫者乘登于猪、龙等神兽或坐于斗魁的造型（图五，7、10等）完全相符。自然“蹲踞”或“乘、登于神兽”这一模型的解释有演绎变迁，此不赘述。

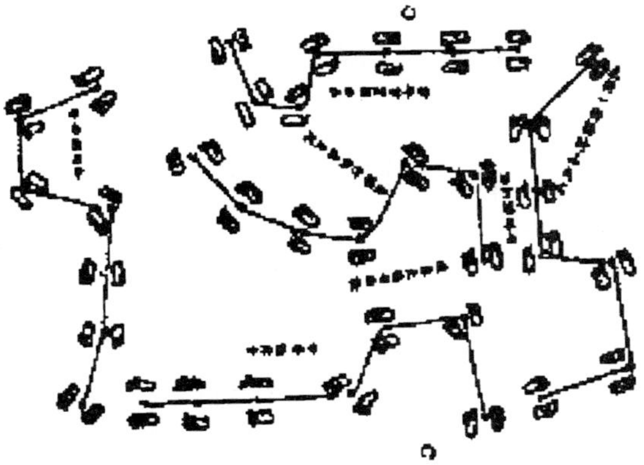

图九　斋醮仪式步罡（北斗七星之柄）踏斗（斗魁）图

十、“蹲踞式”与三代祭祀中尸神的立、坐

在三代祭祀中，尸的问题是其中的一个重要问题，尤其是其中尸的立、坐和尸字的造型含义问题即尸神的形态问题常为学界所关注。

1. 祭祀中尸神的立、坐问题

《礼记·礼器》记载，“夏立尸而卒祭，殷坐尸”“周坐尸”。《礼记》孙希旦集解曰：“孔氏曰：夏礼质，言尸是人，不可久坐神坐，故唯饮食暂坐。不饮食则立也。

殷礼转文，言尸本象神，神宜安坐，不辨有事无事，皆坐也。”《礼记·正义》郑玄注：“夏礼，尸有事乃坐。殷无事，犹坐。”唐孔颖达疏曰：“‘夏立尸而卒祭’者，此更本殷周所损益相因也。夏祭乃有尸，但立，犹质，言尸是人，人不可久坐神坐，故尸唯饮食暂坐。若不饮食时，则尸倚立，以至祭竟也。‘殷坐尸’者，此殷因夏之有立尸，而损其不坐之礼，益为恒坐之法也，是殷转文也。言尸本象神，神宜安坐，不辨有事与无事，皆坐也。”《仪礼·士虞礼》：“主人及祝拜妥尸，尸拜，遂坐。”郑注：“妥，安坐也。”《礼记·郊特牲》：“坐尸于堂……诏妥尸。古者尸无事则立，有事而后坐也。尸，神象也。”郑注：“将祭之，祝则诏主人拜妥尸，使之坐。尸即至尊之坐，或时不自安，则以拜安之也。”《礼记·郊特牲》郑玄注：“此尸神象，当从主训之。”段玉裁注：“祭祀之尸本象神而陈之，而祭者因主之，二义实相因而生也。”《仪礼·士虞礼》：“祝迎尸。”郑玄注之曰：“用尸象神是因为‘孝子之祭，不见亲之形象，必无所系，立尸而主意焉’。”

依上面《礼记》及《仪礼》中所述关于尸在祭祀中的动作造型，总的来说是“夏立尸”“商周坐尸”，并且夏礼是“尸有事乃坐”，“殷周礼坐尸，无事犹坐”。那么事实又是如何呢?

关于夏代祭祀中的尸是否存有坐下的情况，似乎不易论证，但是单从历代文献都把其与商周之事区别来看，就可能说明它们之间是不同的。于夏商周而言，这一不同在古代这些经学家看来，夏代主要是立，“受祭乃坐”。我们知道，卜辞和《诗经》等所反映的商周时期的有尸神之祭祀，有饮酒、饮食和册祝神谕等内容，夏代的时候，可能不像商周那么丰富，或类似西周那样具有那么完备的宗法制度、昭穆制度背景，但是有早期的册祝、饮食之类的内容应该是可能的。显然在这一过程中，按理说应有坐的时候，但是这一受祭过程中，不仅仅有“受献”之类的饮食、饮酒等祭祀内容，应该还有类似《诗经》所反映的祭祀起始与终了的时候尸的立与坐的内容。从我们知道的商周祭祀的内容看，这其中应该有类似周时期尸在祭祀来、去两端的时候被送、告祝以告、被傧的情况，文献中之所以认为其立多于商周，可能是夏时在册祝宣读神谕等的时候，夏尸不像商周之尸是坐着的，而是立着的。

从卜辞看，商代祭祀中有“饮尸册祝”的内容，显然尸应该有坐的时候。至于所迎送时候的尸，显然应该是立起的。

至于周代的情况，我们可以看看有关文献所反映的情况。

《诗经》中所记载的情况。从《诗经·小雅·楚茨》的内容看，西周时期的尸神在祭祀时，首先是“以安以侑”。高亨《诗经今注》：“妥，安坐也。侑，劝酒。周代祭祀祖先的礼制，有人装神，其名为尸，当尸进入宗庙走到他的位置上的时候，由主祭者跪拜，请尸安坐，这叫做妥。当献上酒食的时候，有人劝尸饮酒吃饭，这叫做侑。”显然，这个时候尸接受跪拜安坐以为饮时，应该是坐着的。接着描写祭祀的过程，整个现场有不少的俎豆之类和酒食（《礼记·曲礼上》曰“凡祭于公者，必自撤其俎”；《礼记正义》曰“此谓士助祭君也，若大夫以上，则君使人归之于俎”），这时尸应该还是坐着的，没有谈及尸的起立问题，直到祭祀即毕，则“神具醉止，皇尸载起”。《集传》曰：“于是神醉而尸起，送尸而神归也。”对应于“尸起”，显然在这之前皇尸的一段动作应该是坐着的。从该诗反映的整个祭祀过程来看，周代祭祀中的尸神坐着的时间似乎较多。其离去时，依《诗》言是“鼓钟送尸，神保聿归”，这时的尸在祭祀的角色方面应该还有明显的神的成分。

单从《礼记·礼器》记载看，我们也可以把《礼记·礼器》中的“夏立尸而卒祭”理解为夏代整个尸祭祀过程中尸是立着的，“殷坐尸”“周坐尸”是说商周整个尸祭过程中尸是坐着的。这一方面清人孙希旦集解《礼记·礼器》已有论及：“孔氏曰：夏礼质，以尸是人，不可久坐神坐，故惟饮食暂坐，不饮食则立也。殷礼转文，言尸本象神，神宜安坐，不辨有事无事，皆坐也。”但是同是《礼记》一书，其《郊特牲》却言“古者尸无事则立，有事而后坐也”，显然与《礼记·礼器》中的记载是不同的。《礼记》一书出现不同的看法应是有可能的，因为《礼记》是西汉戴圣辑录编纂的秦汉以前的各种礼仪著作，是战国至秦汉年间儒家解读《仪礼》的文章汇编，其作者不止一人，写作时间也有先有后，既可能有孔子高徒的作品，也可能有其他先秦的著作。

另外，从不少文献可以看到，西周时期祭祀中的尸有立有坐，不一定是饮食则坐，拜祭也在坐。如《仪礼·少牢馈食礼》中记载：“筮某尸，则祝拜尸，尸许诺在，主人再拜稽首，尸拱手相送但是不拜；祝、主人皆拜妥尸，尸不言，尸拜答，遂坐；宾长以俎献食物于尸，尸左手执爵，右手取所献食物，振祭，尝之并饮完酒。主人向尸行拜，尸向主人答拜。尸回敬主人酒，主人拜之并接受，尸又向主人拜，主人放下酒，拜于尸；主人坐下行祭，又祭酒、尝酒，这时上、下佐取黍饭抟成团献于尸，尸则命祝致辞，祝向东站立向主人祝词，词完则起立的主人坐下，放下酒爵，又站起来，行拜礼两次并叩首。又起立接过黍饭坐下振祭，尝饭……又坐下放下空爵，向尸行拜，尸答拜，主人拿起空爵起立出室。”又如《仪礼·有司彻》记载：“在祭祀过程中，有尸起立，左执爵，右取肺，坐下行祭之类的过程；尸坐在席末端尝酒，起立又坐下，放下酒爵，向主人行拜，以告诉主人酒之美，随即又执爵起立；尸自席上下来，立于楹柱附近，又坐下饮酒，继而端酒起立，又坐下放下酒杯，向主人行拜，然后端拿酒爵起立，这时主人立于楹柱附近，向尸答拜，并从尸手接过空爵；尸返回席位，立于席的末端。尸在席上向主妇行拜谢礼仪，宾长坐下祭酒，然后饮酒并向尸行拜，尸答拜，尸起立，祝引导其走出宗庙庙门；尸已吃饱，告诉主人不能再吃了，祝立于主人之南，面西再劝食，主人这时未说话，只是以‘拜尸’代替劝食。”

综合来看，周代的时候，整个祭祀中的尸，不完全像古代学者认为的那样：饮食则坐，其他时间则立，其基本情况应与商代类似。

2. 祭祀中尸神的立、坐形态问题

葛英会先生对于《礼记・礼器》中这些有关尸祭记载中的“事”，认为是“义为受祭”，对于其中的“坐”的意思，他认为“对于此所谓坐，不是席地坐，而是居处之坐。”并说《说文》：“坐，止也。”段注云：“止，下基也。”又云：“古谓坐为尻，为处。”他还认为依据战国简牍中的字，“《礼器》所谓‘坐尸’，是尸坐于几”。同时还认为“卜辞之尸字”，“即坐势之人形”。

类似葛英会先生所说的战国简牍中字的还有不少，如（鄂君启节）、（信阳长台关47号简）、（包山156号简）等。其中的“人”字写法虽然与卜辞金文中少量的尸字写法类似，但是显然与卜辞金文中的绝大部分典型的尸字不同，即等字中的“人”形不是典型的像卜辞金文中“尸”字的“蹲踞式”的形式（有少量是这一类造型），这可能与文字的时代写法或以“人”字代“尸”字有关。不过无论它的写法怎样，其实际还是被视为“尸”字，只不过这个字表示的是坐着的尸，而不是立着的尸。而甲金文中的尸多是立着的尸的造型。

古代尸的坐姿问题，牵涉到一个较为重要的问题，即几的问题，因为坐姿与几有密切关系。古代祭祀中，从可能反映西周甚或更早时期的文献看，祭祀中的尸是有几的。如《仪礼》讲，祭祀过程中有置“几”事，其中的主人受几并二手横执，向有几的尸作揖，显然尸有几在身旁。

、等这类字学术界一般训为尻字。《说文解字》记载：“《孝经》曰：仲尼尻。尻，谓闲居如此。”清段玉裁《说文解字注》：“処也。各本作處。今正。凡尸得几谓之尻。尸即人也。引申之为凡、尻、処之字。既又以‘蹲居’之字代尻。别制‘踞’为‘蹲居’字。乃致‘居’行而‘尻’废矣。《方言》《广雅》‘尻’‘処’字皆不作‘居’，而或妄改之。许书如家尻也，宋尻也，寁尻之速也，窭无礼尻也，宭群尻也之类皆改为居，而许书之脉络不可知矣。”于“谓闲尻如此”，清段玉裁《说文解字注》曰：“此释《孝经》之尻，即小戴之孔子闲居也，郑目录曰，退朝而处曰燕居，退燕避人曰闲居，闲居而与曾子论孝，犹闲居而与子夏说恺弟君子，故《孝经》之尻谓闲处，闲处即尻义之引申，但闲处之时，实凭几而坐，故直曰仲尼尻也，如此谓尸得几。”

关于“坐尸”，葛英会先生认为是“尸坐于几”，并且坐是“居处之坐”。显然这里的坐具不应是几，只是凭几而坐或尸“得几而坐”之义。

又，依据《汉旧仪补遗》载，刘邦庙里不仅藏有神主，还设有“神坐”，杨玉荣、王维[22]认为就是“神主或神像座”。《礼记・正义》郑玄注记载的尸祭过程中有“王出迎牲，祝延尸出户，坐于堂上，南面。迎牲入，豚解而腥之，荐于神坐，以王爵酌醴齐以献尸”。《仪礼疏》有记载：“释曰：鼎在门外北上，东为右人，西为左人，右人尊，入时在鼎前，左人卑，入时在鼎后。又尽载牲体于俎，又设俎于神坐之前……”假设其记载能反映早期礼仪制度，从《汉旧仪补遗》的记载看，这其中的“神坐”应该是指尸之坐，或为筵席、榻之类，所谓荐于“神坐”，不是把牺牲荐于“神坐”，而是荐于“神坐”附近的俎而已。

又，在战国时期的江苏五征、山西及云南晋林石寨山等地及汉代时期的武梁祠汉画中，我们发现了非常重要的坐在类似“凳子”或“几上”的祭祀图像，这给我们以提示，这一坐于“凳子”或几上宴飨的造型，应该就是“蹲踞式”造型，并且就是当地的尸的造型，只不过由于需要久站，所以就找了个凳子或几予以支撑。而中原地带人们的尸，从所述周边地区的这一参照现象及甲骨文中尸字的写法看，一般是不坐于“凳子”之上或“几上”的，而是直接为“蹲踞式”造型和少量的“凭几而坐”的造型。其中“凭几而坐”的造型可能即“癸巳卜，大贞：王宾，岁，亡尤”（《天》28）中的形，与（鄂君启节）、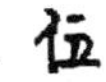（信阳长台关47号简）、（包山156号简）中的“人”形基本一致，也即是“依几而坐”的。

这些尸之所以采用这一造型，在本质意义上还是由于这一造型是“蹲踞式”造型。承前所述，由于“蹲踞式”造型符合人体修养身心的原理，被几千年来的巫师、神人们视为最容易使自己集中神智、专心致志，从而最容易使自己通天地阴阳、达到忘我的模拟神人神物状态的最为主要的造型，所以自然容易使得先祖之灵速降尸身，这一造型又是神祖造像的典型形式，祭尸的造型自然就容易多用“蹲踞式”造型了。又由于“蹲踞式”造型毕竟不能太久，所以周边少数民族地区的人们取凳状物以坐（图一〇）。由于“凳”状物较高，所以整个造型仍然能保持“蹲踞式”的形态。

中原等地的人们可能当时视“凳”坐垂腿姿态为孤傲之态，但是由于尸是祖先的象征，所以或可接受这一姿态，不过多数情况下采用的仍然是正规的没有凭依的“蹲踞式”姿态；又由于尸有可能有时是坐着的，所以也有少量的或在某一时间段采用的是“依几而坐”的姿态。顺便提及，这一现象的出现可能对于国人接受以凳子的方式而坐是一个铺垫，并说明中国凳子的起源并非是单一的。

注　释

[1] 顾万发：《学患无疑，狐疑则学患》，《殷都学刊》2004年第4期。

[2] 顾万发：《从考古学材料中“蹲踞式”图像及甲骨文商人高祖“”字形的内涵新论“夏”字》，《早期夏文化和商文化研究论文集》，科学出版社，2012年。

[3] 张明华：《红山玉人与复活节岛上的石人》，《中国文物报》2007年9月12日第6版。

[4] 张明华：《抚胸玉立人姿式意义暨红山文化南下之探讨》，《上海博物馆集刊》2005年第10期。

[5] 徐琳：《三件红山玉巫人评述》，《收藏家》2010年第4期。

[6] 同注[1]；同注[2]；顾万发：《三星堆、金沙一类“奇异”玉器构图来源、内涵、定名及相关问题研究》，《古代文明》（第4卷），文物出版社，2005年。

1

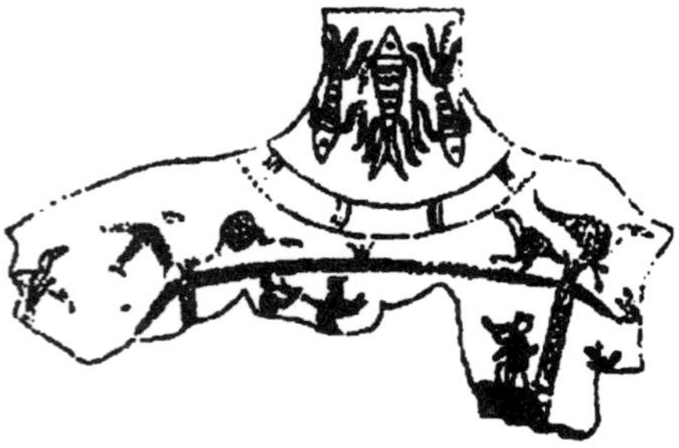

2

3

图一〇

1. 江苏六合程桥东周墓　2. 山西潞城县潞河战国墓　3. 云南晋宁石寨山西汉墓

［7］　孙华：《三星堆出土爬龙铜柱首考——一根带有龙虎铜饰件权杖的复原》，《文物》2011年第7期。

［8］　詹姆斯·梅隆·明义士：《柏根氏旧藏甲骨文字》，《齐大季刊》1935年第6、7期。

［9］　于省吾：《甲骨文字诂林》，中华书局，1996年。

［10］　张铭：《从“巫、舞、雩”解说远古祭祀活动中的舞蹈》，《新疆艺术学院学报》2009年第7卷第1期。

［11］　刘师培：《南北文学不同论》，《刘师培中古文学论集》，中国社会科学出版社，1997年。

［12］　陈梦家：《商代的神话与巫术》，《燕京学报》1936年第20期。

［13］　徐锡台：《殷墟卜辞中“”字考》，《人文杂志》1984年第5期。

［14］［18］　詹鄞鑫：《华夏考》，《华东师范大学学报》（哲学社会科学版）2001年第5期。

［15］　葛英会：《夏字形义考》，《中国历史文物》2009年第1期。

［16］　胡阿祥：《夏国号考说》，《学术月刊》1998年第10期。

[17] 唐善纯：《华夏探秘》（江苏人民出版社，2000年）称“夏与匈奴同是一个名称的演化”。唐兰先生《西周青铜器铭文分代史征》（中华书局，1986年）：“华即是夏。”林惠祥《中国民族史》（上海书店出版社，2012年）则谓“‘夏’为自称之语，意即‘人’”。

[19] 金克木：《〈梨俱吠陀〉的祭祖诗和〈诗经〉的“雅”、“颂”》，《北京大学学报（哲学社会科学版）》1982年第2期。

[20] 温少峰、袁庭栋：《古文字中所见的古代舞蹈》，《成都大学学报》1981年第2期。

[21] 刘宗迪：《禹步·商羊舞·焚巫尪》，《民族艺术》1997年第4期。

[22] 杨玉荣、王维：《尸祭礼俗消亡考》，《社科纵横》2009年总第24卷第10期。

［原载于《玉魂国魄——中国古代玉器与传统文化学术讨论会文集（六）》，浙江古籍出版社，2014年］

花地嘴遗址聚落问题的初步研究

顾万发

花地嘴遗址位于河南省巩义市站街镇北瑶湾村村南的较为平坦的台地上，西面紧临伊洛河，现存面积约100万平方米（图一），是由河洛文化研究所、巩义市文物保护管理所在1992年对洛汭地区进行文物普查时发现的。1995年，有关刊物刊发了关于花地嘴遗址的调查材料[1]。从2001年6月至2007年，郑州市文物考古研究院联合北京大学、河南

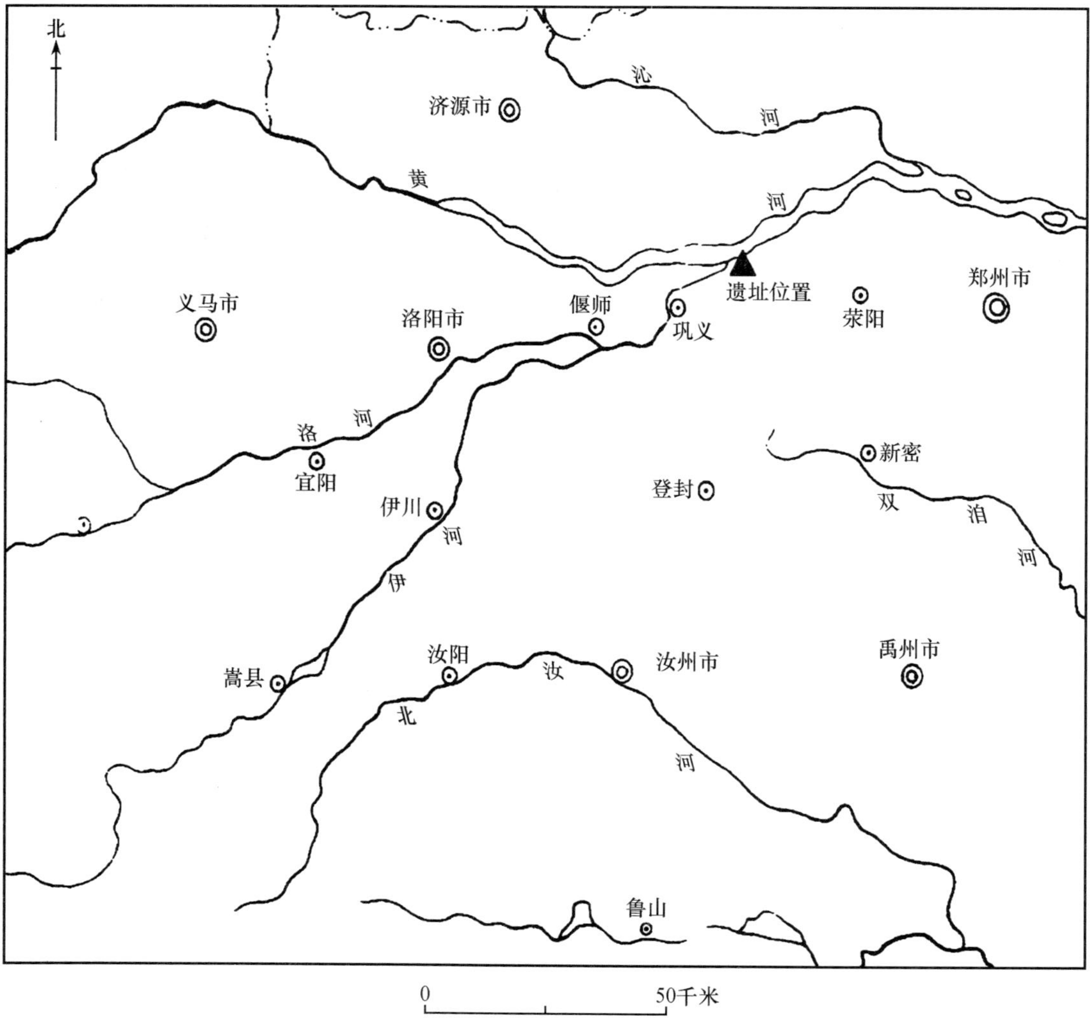

图一　花地嘴遗址位置图

省地理研究所，对该遗址进行了考古勘探、正式发掘及古环境调查，对该遗址的聚落形态等方面有了较为详细的了解。

一、各时期遗存及其聚落变迁

该遗址目前发现时代最早的遗存是仰韶文化晚期，属于秦王寨类型，主要分布于遗址东偏北，勘探面积约5万平方米，主要发现有灰坑和房基，应属于小型村落，从周边地区仰韶文化遗址如双槐树遗址、大寨岭遗址等位置及有关文化内涵看，这时候花地嘴仰韶文化晚期遗址应属于与所述遗址有密切联系的小型村落。由于发掘面积有限，具体布局并不清晰。

至于龙山文化时期，花地嘴遗址出现衰落，目前在遗址西北和东端发现只有极少数这一时期的灰坑，从其附近的宋家嘴遗址的位置和内涵判断，花地嘴遗址此时应属于宋家嘴遗址边缘地带。

至于新砦期这一阶段时，花地嘴遗址出现繁荣，在遗址西北出现四条环壕组成的面积约30万平方米的聚落。聚落西北侧、北侧与东北侧被冲积沟冲刷，有近3/4的面积被毁。仅发现这一时期的四条环壕。四条环壕中内侧三条相距颇近，约为10米，均为圆角方形，每条环壕的宽度不一致。外环壕距内侧三条环壕较远，勘探距离约为150米。经发掘得知，四条环壕与外界的连接通道均在东南部位，并且都处在同一条近西北—东南向的直线上（图二）。

房址十余座，房址在西北部虽然也有发现，但主要集中在遗址的中南部，多为地穴式，少数是在地穴式房基的基础之上填平再建。另外，还发现有连间的地穴式房址。房址的形状主要为圆形和长方形；有的房址地面中心立有柱子，柱洞多用料姜石和黄泥垫底，灶多突出墙外，多数房址无明确门道，少数门道的方向近西南。

发现祭祀坑六座。大型祭祀坑主要位于内三条环壕最外一条的东南门的两侧，出土有丰富的祭祀遗迹和遗物。一般的祭祀坑主要位于遗址西北部，出土有玉器等重要遗物。

祭物埋藏坑主要位于遗址西北，编号为H144、H145，相距颇近。由于这两个灰坑埋藏有同一件器物的散片，故推测此二坑埋藏时间基本相同，属同期埋藏。

陶器制作设施目前发现较少，主要发现于遗址西中部，主要是陶窑。

一般意义上的灰坑主要分布于遗址中西部。灰坑的形制较多，以圆形、直壁、略袋状为主，另有圆角、三角、长方等形状的灰坑。

花地嘴遗址在新砦期之后出现明显衰落，几乎无人在此生活，以至于二里头文化二期时，才在遗址东部偏西的地方出现少量遗迹现象。二里冈文化时期的情况与此类似。到了东周时期，在遗址东部出现了较为丰富的遗存，但面积仍然不过十余万平方米。到了汉和唐时，花地嘴遗址所在区域基本已成为无规则的一般墓葬区。

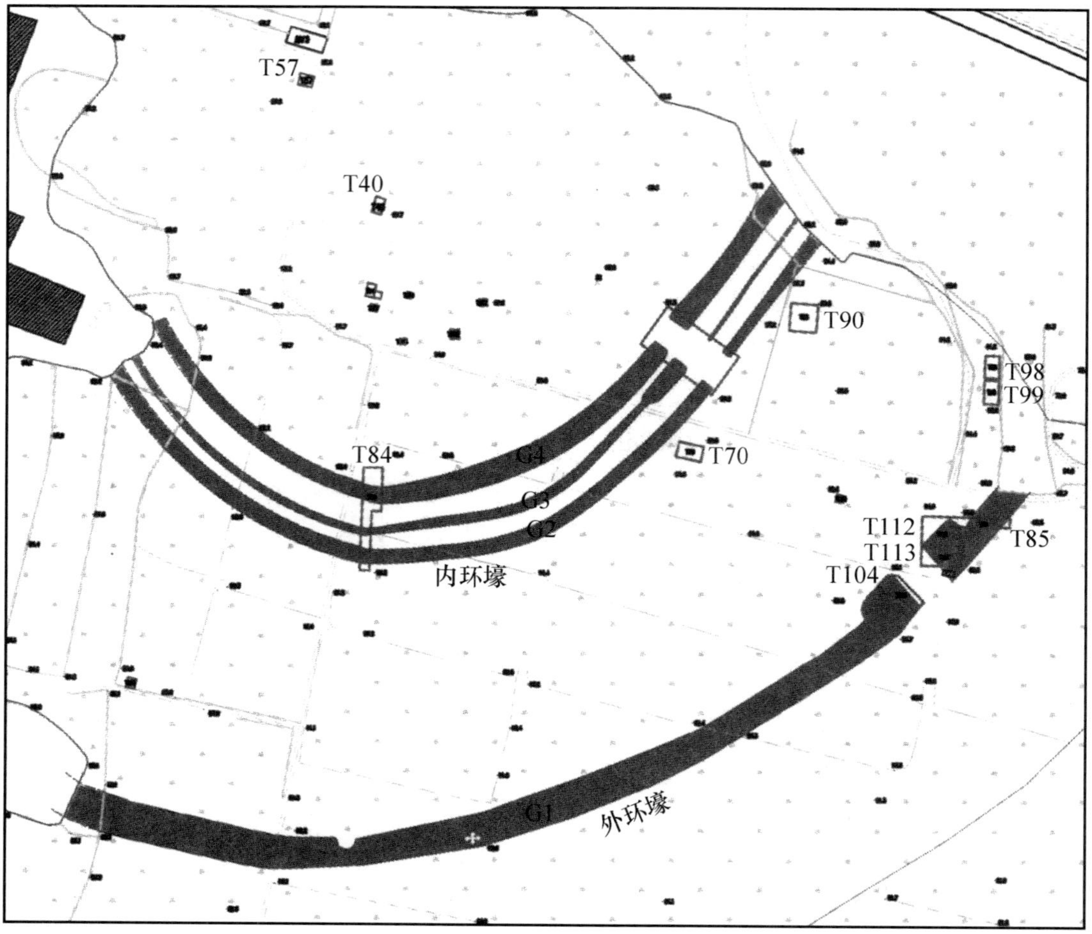

图二　花地嘴遗址发现的环壕状况

二、聚落环境及资源问题简论

花地嘴遗址西面紧临伊洛河，北面为断崖，海拔90～110米，省地理研究所有关专家的调查认为，在商周以前遗址西面所临伊洛河水位应高很多，根据有关黄土侵蚀数据，北面断崖没有现在宽。

花地嘴遗址东南面为猴山等嵩山余脉，西面紧临伊洛河，根据对遗址石制品及动物生物骨骼的初步研究及有关聚落狩猎农作区域的理论，我们初步认为，猴山等嵩山余脉是当时石制品的主要原料区及动物狩猎重要区域，西面伊洛河应是渔猎区。

至于聚落气候的详细变迁情况，尚待孢粉材料的进一步化验判断。

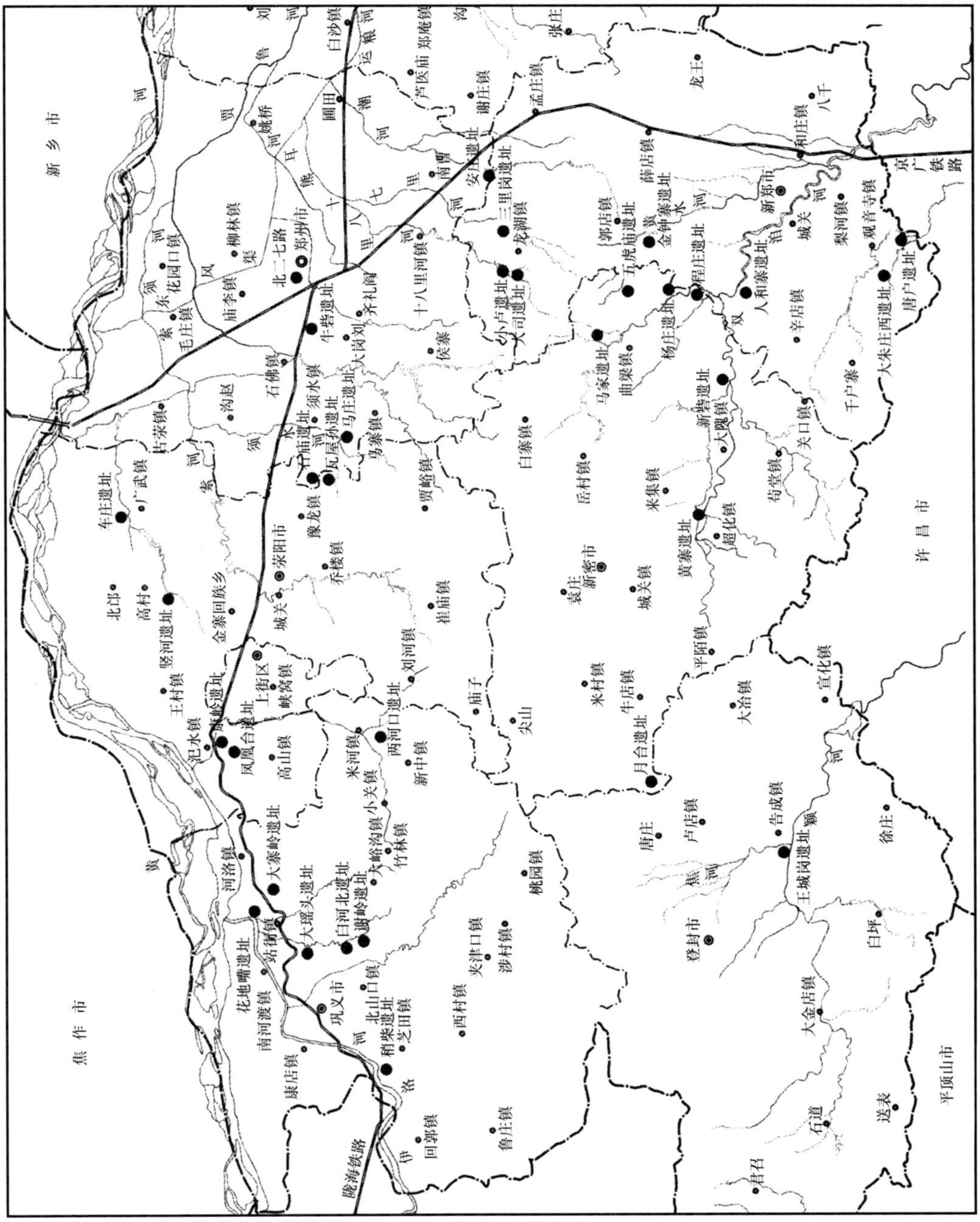

图三 郑州地区新砦期遗存分布图

三、聚落布局变迁、原因、内涵等有关问题

（1）通过多年的工作，有关“新砦期”的地域（图三）等若干问题已逐步得到澄清，其中相当重要的一个就是：在嵩山、万安山以北同样存在“新砦期”，并且从相关研究及新砦期其他遗址的发现看，花地嘴“新砦期”遗址应是新砦类型的一个亚型——花地嘴亚型的重要代表和附近的聚落中心。

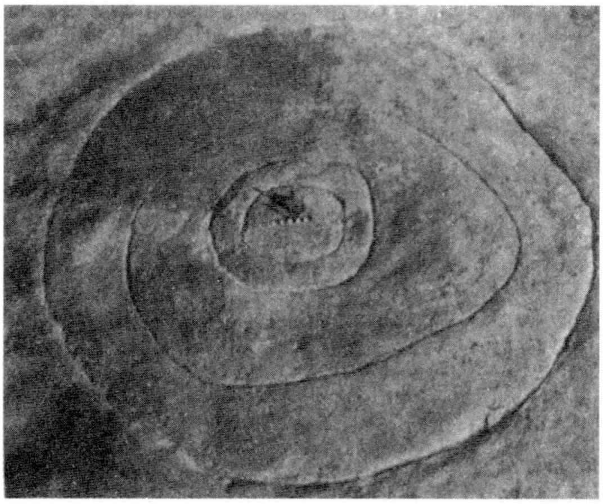

图四　陶寺遗址古观象台观测点夯土遗迹

（2）花地嘴“新砦期”环壕为四重，从相关迹象看，其中蕴涵有三层为昆仑的概念，至于为何又是四层，可以与陶寺遗址天文观测遗址中心圆[2]（图四）迹象联系看待。另外，这亦是可以与太一生水、昆仑有四水、古代明堂辟雍、古代城市环壕等概念密切相关的一种迹象。

（3）不少文献中都载有“五子之歌”[3]这一早期夏代事件，我们在有关文章中也曾将位于洛汭地带的花地嘴“新砦期”遗存与之关联。从禹与王城岗遗址、启与古城寨或新砦龙山遗址、羿、浞与罗庄（？）遗址、少康与新砦遗址这种可能的系列关联[4]看，“五子之歌”及相关事件可能是花地嘴遗址在“新砦期”时出现繁荣的重要原因。

注　释

［1］ 河南省社会科学院河洛文化研究所、巩义市文管所：《河南省巩义市洛汭地带古代遗址调查》，《考古学集刊》（第九辑），科学出版社，1995年。

［2］ 陈久金：《试论陶寺祭祀遗址揭示的五行历》（图三），《自然科学史研究》2007年第26卷第3期。

［3］ 《史记·夏本纪》、孔壁本《古文尚书》、百衲本《古文尚书》、今传伪孔本《古文尚书》及《墨子》等文献有《五子之歌》篇名或一些具体内容。

［4］ 顾万发：《“启居黄台之丘”及相关问题考证》，《东南文化》2004年第6期。

［原载于《中国聚落考古的理论与实践（第一辑）——纪念新砦遗址发掘30周年学术研讨会论文集》，科学出版社，2010年］

试论娘娘寨遗址发现的二里头文化遗存

鲍颖建

一

娘娘寨遗址位于荥阳市豫龙镇寨杨村西北，西南距荥阳市4千米，东南距郑州市18千米，索河自西向东从遗址北、东两面环流而行。该遗址以两周时期城址的发现而著称，内城始建于西周晚期，面积约14万平方米；在内城使用至春秋时期后，又加筑了规模更为宏大的外城，面积达100万平方米，一直使用至战国晚期。为了弄清城址的布局情况，进行了连续的考古发掘，共揭露遗址面积1.5万平方米。除了发现有丰富的两周时期遗存外，还清理出河南龙山文化晚期、二里头文化时期的一些遗存，其中河南龙山文化晚期遗存极少，二里头文化遗存相对丰富。共清理出二里头文化时期水井1座、灰坑8处，出土了一批具有典型二里头文化风格的遗物，有陶、石、骨器等，其中陶器甚为丰富，而石、骨器甚少，陶器器类主要有罐、盆、缸、瓮、豆、杯、大口尊及白陶爵、盉等，其中以深腹罐、圆腹罐最为常见。本文以娘娘寨遗址发现的二里头文化遗存为重点，试对其进行分期并归纳各期文化的特征，进而推断其年代及文化性质。

由于娘娘寨遗址二里头文化时期的遗迹在后期被破坏较为严重，散落在遗址各处，既没有明确的地层关系，也不存在相互打破关系，故无法依据地层学来判断遗迹之间的早晚关系。因此，在进行文化分期时，唯有结合类型学进行。

二

二里头文化自1953年在河南省登封市玉村[1]发现以来，先后在郑州市西郊的洛达庙[2]、洛阳涧河东岸的东干沟[3]及偃师二里头[4]均发现有相同的文化遗存。由于二里头遗址最具有典型性和代表性，故夏鼐先生于1962年便将其命名为“二里头类型的文化遗存”[5]，后来又直接称之为“二里头文化”[6]，得到学术界的公认。

自二里头文化发现以来，河南地区所知的二里头文化遗址数量达280余处[7]，但依据中国社会科学院考古研究所对伊洛河、干沟河和坞罗河的调查数据[8]，以及河南省文物考古研究院在伊河中上游调查和考古发掘的情况分析[9]，河南境内二里头文化遗址的数量远比已知的要多。截至目前，郑州地区已经发掘的二里头文化遗址至少有26处（图一），它们分别是郑州市洛达庙、董砦[10]、旮旯王[11]、上街[12]、洼刘[13]、黄委会

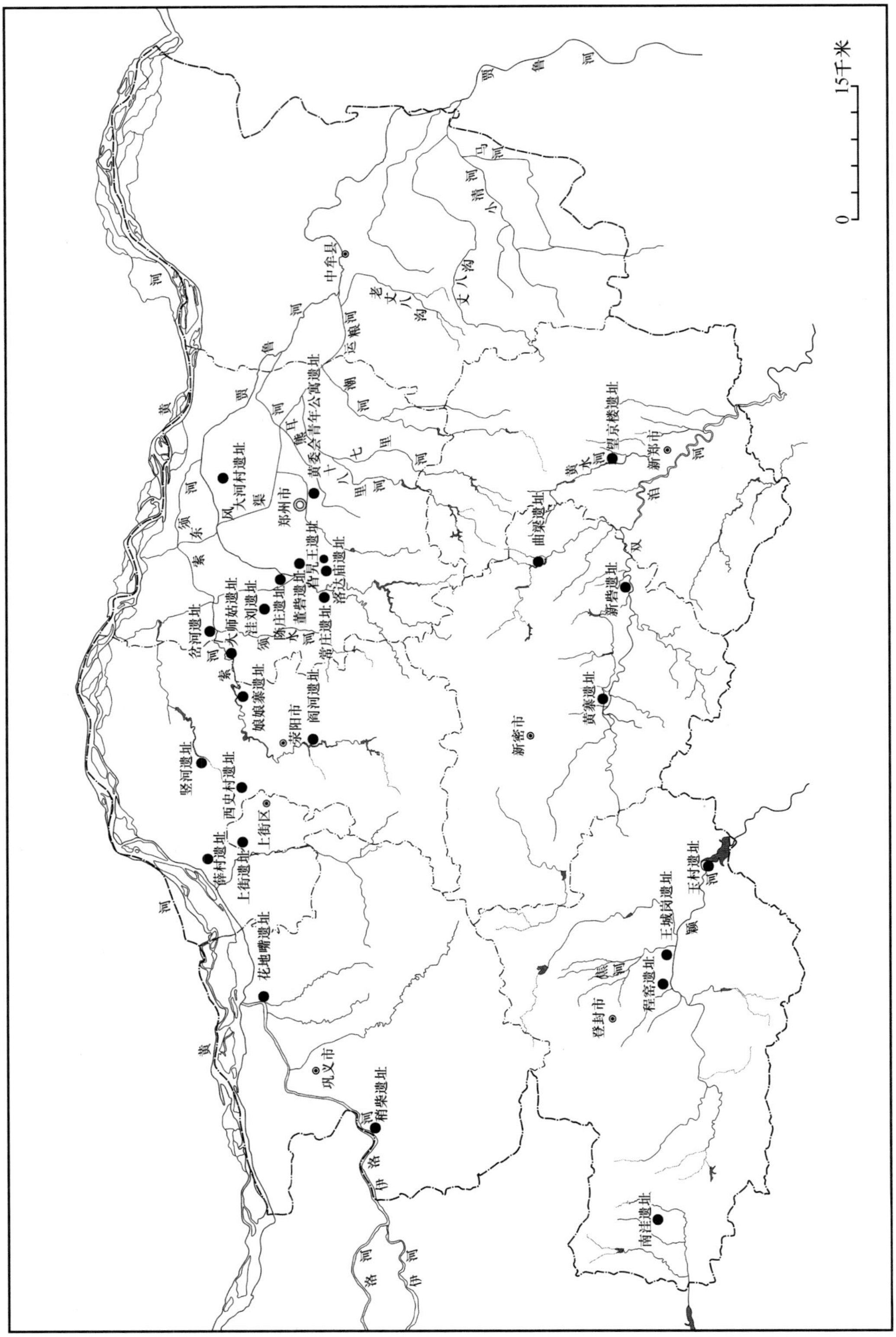

图一　郑州地区二里头文化遗址分布图

青年公寓[14]、大河村[15]、陈庄[16]、常庄[17]；登封市玉村、王城岗[18]、程窑[19]、南洼[20]；荥阳市大师姑[21]、西史村[22]、阎河[23]、竖河[24]、岔河[25]、薛村[26]、娘娘寨[27]；新密市曲梁[28]、新砦[29]、黄寨[30]；新郑市望京楼[31]；巩义市稍柴[32]、花地嘴[33]等。这其中包括两种二里头文化城址：荥阳大师姑、新郑望京楼。另外，在考古调查中也发现了一批二里头文化遗址，如堂李、祥营等[34]。现概述新发现的几处典型遗址：南洼遗址位于登封市君召乡南洼村，发掘有二里头文化时期的壕沟、慕葬、陶窑、水井、灰坑等遗迹，出土有大量遗物，其中有较为丰富的白陶遗存。望京楼遗址位于新郑市西北6千米望京楼水库东，新发现一座二里头文化城址，由内、外双重城圈共同组成，内、外城外均构筑有护城河。另清理出房址、灰坑等遗迹，出土有铜、玉、陶、石器等。常庄遗址位于郑州市中原西路与贾鲁河交汇处西北角的台地上，共揭露面积2400平方米，发现有丰富的二里头文化遗存。清理出有房址、水井、窖穴、取土坑、灰沟等遗迹，出土有丰富的陶、石、骨器等遗物，另有少量的卜骨、白陶爵及盉。

三

据已公布的发掘材料来看，郑州地区较典型的二里头文化遗址主要有洛达庙、大师姑、上街、黄委会青年公寓、新密曲梁、巩义稍柴、登封南洼及王城岗等。依据这些典型遗址的发掘材料，对郑州地区二里头文化主要陶器进行分期（图二、图三）。

参照郑州地区二里头文化主要陶器分期图，将娘娘寨遗址二里头文化遗存分为三期（图四）。由于娘娘寨遗址二里头文化遗存遭受到晚期遗迹的严重扰动，故在对陶器进行分期时，会出现同一遗迹单位中出土有不同期别的文化遗物。

娘娘寨遗址二里头文化一期：代表性器物包括圆腹罐（ⅠT0206H936：9、ⅠT0207J7③：4），刻槽盆（ⅠT0207J7①：1），豆盘（ⅠT0613H1735：2），豆柄（ⅠT0206H936：1），盖柄（ⅠT0206H936：6）等。该期陶器的文化特征表现为圆腹罐，领部较高，束颈，腹部略外鼓，出现凹圜底，部分装饰有对称的小鋬；刻槽盆折沿近平，腹部微缓收；豆盘较浅，豆柄加高；器盖捉手较高。

该期整体面貌与郑州地区二里头文化二期相近，故娘娘寨遗址二里头文化遗存一期的相对年代约当郑州地区二里头文化二期。

娘娘寨遗址二里头文化二期：代表性器物包括深腹罐（ⅠT0206H936：11、ⅠT0305H524①：6），圆腹罐（ⅠT0709H1927：4、ⅠT0206H960：3），鸡冠耳盆（ⅠT0207J7②：2），豆盘（ⅠT0206H960：2），小口高领瓮（ⅠT0305H524①：3），大口尊（IT0206H960：4），白陶爵（ⅠT0206H936：8），白陶盉（ⅠT0206H936：7）等。该期陶器的文化特征表现为深腹罐折沿或卷沿，方唇，沿面饰一周浅凹槽，腹部较瘦，圜底；圆腹罐领部变矮，且外侈弧曲，圆鼓腹，腹部常饰中绳纹；鸡冠耳盆卷沿，腹部仍较深，饰双耳；豆盘加深；小口高领瓮由溜肩转变为较明显的折肩；大口尊口径

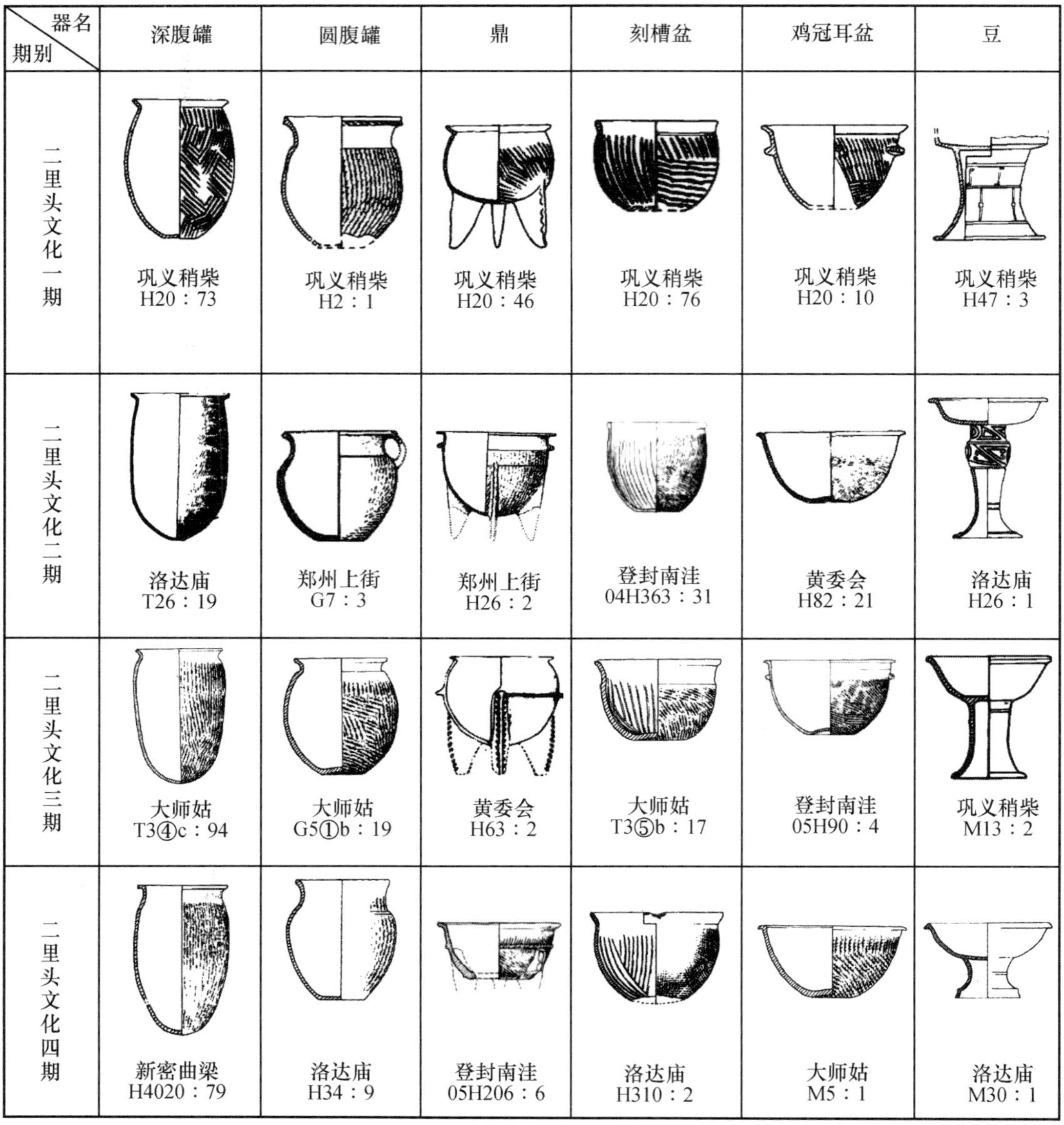

图二　郑州地区二里头文化主要陶器分期图（一）

略小于肩径，斜肩，肩腹间出现凸棱。

该期整体面貌与郑州地区二里头文化三期相近，故娘娘寨遗址二里头文化遗存二期的相对年代约当郑州地区二里头文化三期。

娘娘寨遗址二里头文化三期：代表性器物包括深腹罐（ⅠT0604H1667：8），鼎足（ⅠT0207J7①：2），刻槽盆（ⅠT0613H1735：1、ⅠT0613H1735：4），陶杯（ⅠT0206H936：2），大口尊（ⅠT0206H936：12、ⅠT0207J7③：1），箍状堆纹缸（ⅠT0207J7②：1、ⅠT0206H936：10）等。该期陶器的文化特征表现为深腹罐卷沿，方唇，腹饰较粗的绳纹；鼎足实足较高，呈扁平状；刻槽盆主要流行卷沿，浅腹斜收，

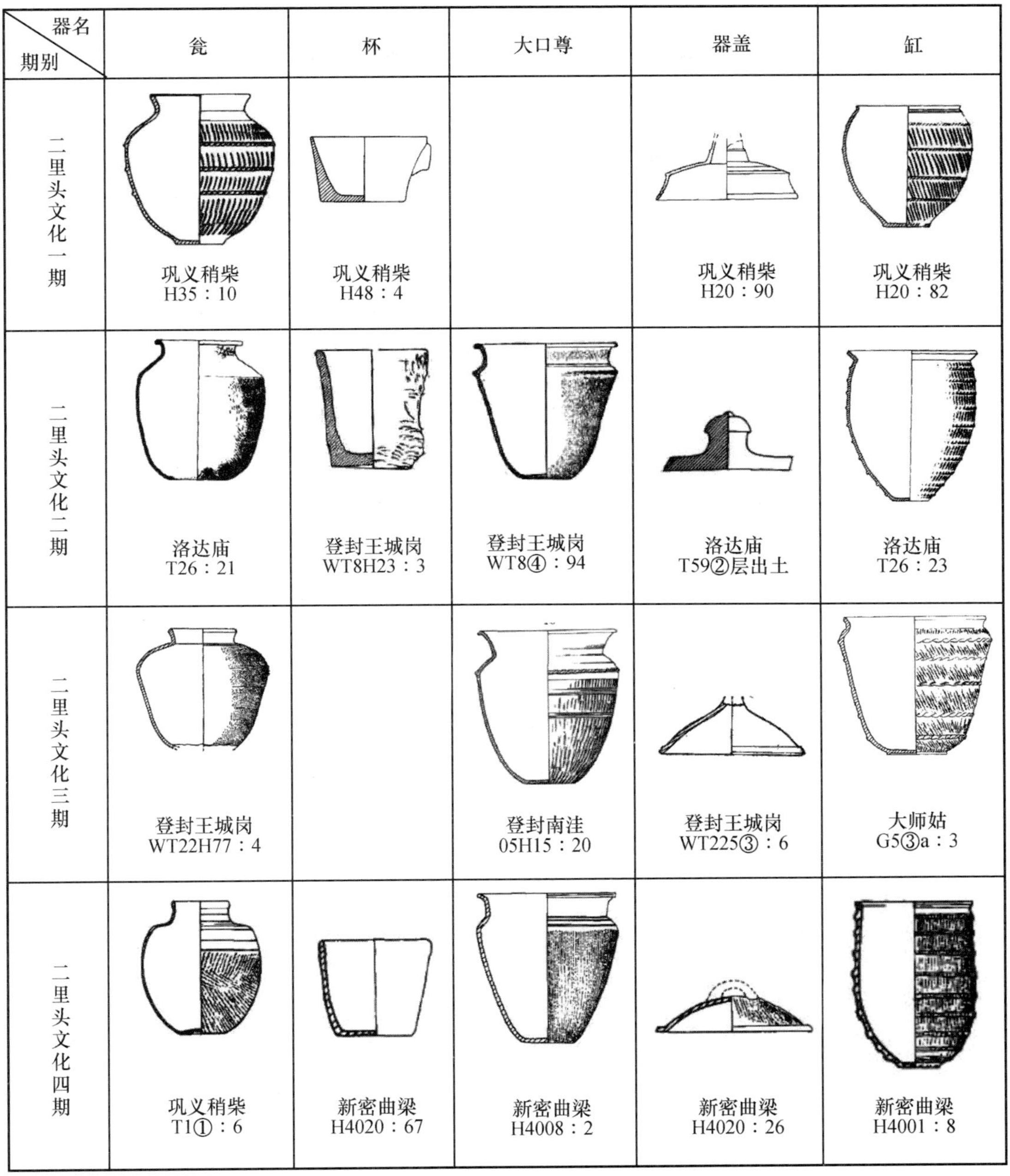

图三　郑州地区二里头文化主要陶器分期图（二）

厚胎，内壁常有麻点；陶杯由弧腹演变为近直腹；大口尊口径与肩径相等，或口径略大于肩径，斜高领，内壁多有大麻点；缸由弧腹、斜直腹演变为近直腹，腹饰有绳切状堆纹及绳纹。

该期整体面貌与郑州地区二里头文化四期相近，故娘娘寨遗址二里头文化遗存三期的相对年代约当郑州地区二里头文化四期。

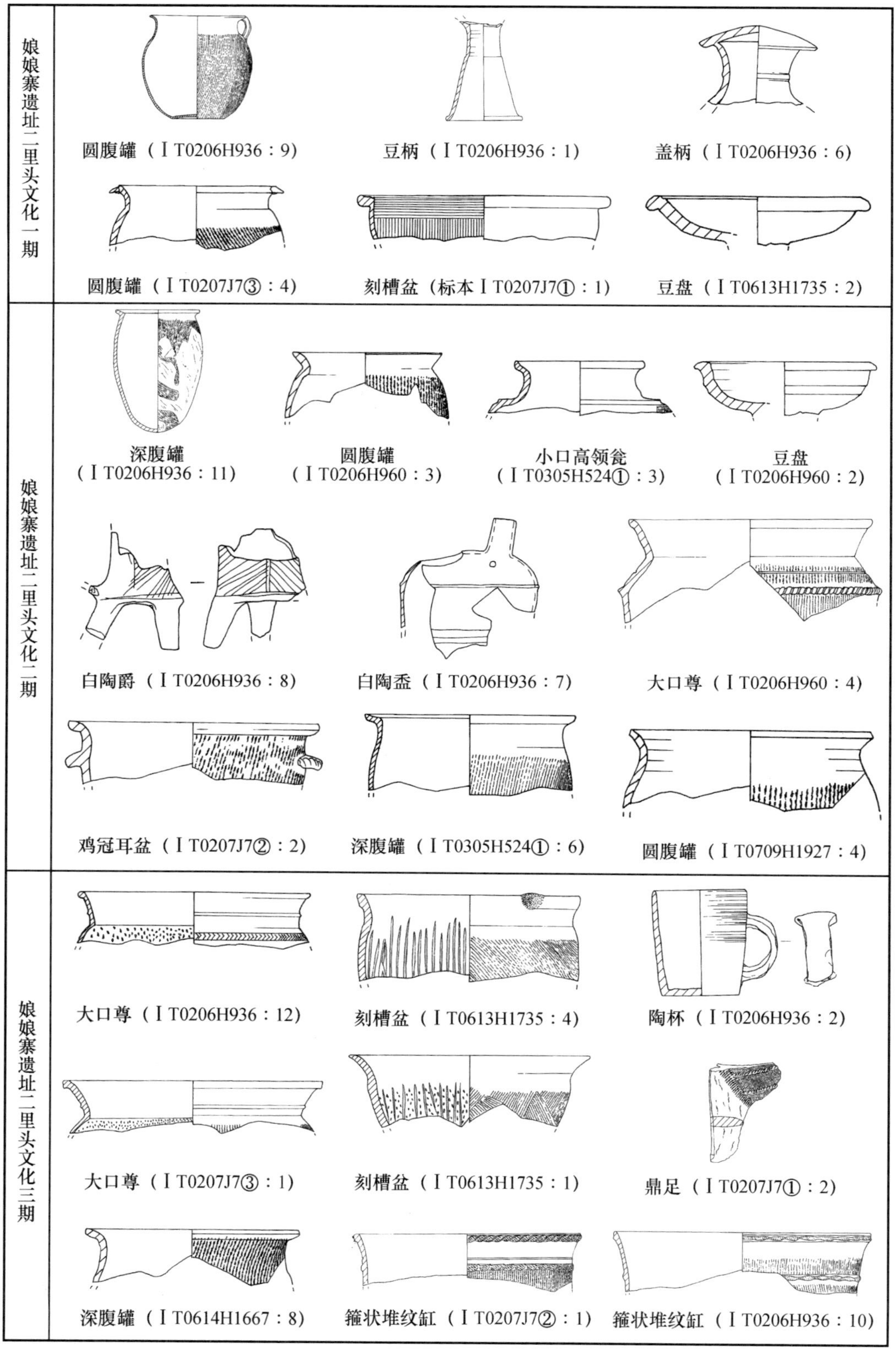

图四　娘娘寨遗址二里头文化分期图

四

娘娘寨遗址与荥阳大师姑二里头文化城址均位于郑州市西北郊，二者相距仅4.67千米，整体文化面貌也基本相同，皆从二里头文化二期延续至四期，第三期最为繁荣、鼎盛。从遗迹方面来看，二者的灰坑都有长方形、圆形、椭圆形，且均以长方形灰坑居多。坑壁多为直壁或斜壁，底部多较平。从出土遗物来看，均以陶器为大宗，另出土有少量骨、石器等。陶器皆以灰陶为主，褐陶次之，有少量黑皮陶，基本不见红陶。纹饰主要流行中绳纹，粗、细绳纹较少，有一定比例的弦纹和附加堆纹。器物类型皆以深腹罐、圆腹罐居多，另都出土有刻槽盆、鸡冠耳盆、鼎、大口尊、豆、缸、瓮、器盖等典型器物。通过对比分析，二者主要器物特征、演变序列亦基本相同，同属于二里头文化的二里头类型。

通过仔细观察娘娘寨遗址二里头文化遗存出土陶器特征，发现其也受到了东方岳石文化的影响，譬如ⅠT0206H936出土的中部饰有凸棱的菌状纽盖柄即具有典型的岳石文化因素。至于娘娘寨遗址白陶爵、盉的来源，我们推测其可能与登封南洼白陶制作中心有关。尽管娘娘寨遗址出现了一些外来文化因素，但是其整体文化面貌还是与大师姑二里头文化城址最为接近。

关于荥阳大师姑二里头文化城址的性质，发掘报告[35]推测其或为夏王朝设在东境的军事重镇，亦可能为二里头文化方国都城韦或顾之一。学者们也进行了相关的研究，有的认为该城是夏代方国昆吾的都城[36]；有的认为是夏代方国韦的都城[37]；有的认为该城建立于二里头三期，主要使用和繁荣于三期晚段，性质则是夏人为阻止商人西进而设立的[38]。据文献记载，夏王朝的东境存在着众多的方国，但与郑州地区地望相符的仅为韦、顾、昆吾、戈四地。戈地，《左传》襄公四年载：“处浇于过，处豷于戈。”杜注：“过、戈皆国名……戈在宋、郑之间。”故戈的地理位置应当在今新郑附近。关于韦、顾、昆吾的地望，《诗·商颂》记载了商伐夏的过程，曰：“韦、顾既伐，昆吾、夏桀。”可见，这三地是与夏王朝唇齿相依的东境方国。关于韦地，张立东先生[39]指出辉卫文化分布区即为韦国的中心分布区。至于昆吾，张国硕先生[40]认为望京楼二里头文化城址即为其所在地。韦、昆吾两地已有推论，便只剩顾国了。据此，我们推测郑州西北郊应为顾国文化分布区，大师姑二里头文化城址为夏王朝东境的方国——顾的都城可能性比较大，这也符合商汤由远及近攻伐夏国的进军路线。娘娘寨遗址紧邻大师姑二里头文化城址，同属顾国文化分布区，鉴于遗址中还出土有规格较高的白陶爵、盉等，推测其应为顾国都城附近一处较重要的聚落遗址。

附记：本文在写作过程中得到导师佟伟华研究员的悉心指导，在此表示衷心的感谢！

注　释

［1］ 韩维周等：《河南登封县玉村古文化遗址概况》，《文物参考资料》1954年第6期。

［2］ 河南省文化局文物工作队第一队：《郑州洛达庙商代遗址试掘简报》，《文物参考资料》1957年第10期；河南省文物研究所：《郑州洛达庙遗址发掘报告》，《华夏考古》1989年第4期。

［3］ 中国科学院考古研究所洛阳发掘队：《1958年洛阳东干沟遗址发掘简报》，《考古》1959年第10期。

［4］ 中国科学院考古研究所洛阳发掘队：《河南偃师二里头遗址试掘简报》，《考古》1961年第2期。

［5］ 夏鼐：《新中国的考古学》，《考古》1962年第9期。

［6］ 夏鼐：《碳-14测定年代与中国史前考古学》，《考古》1977年第4期。

［7］ 国家文物局：《中国文物地图集·河南分册》，中国地图出版社，1999年。

［8］ 许宏等：《二里头遗址聚落形态的初步考察》，《考古》2004年第11期。

［9］ 袁广阔：《略论二里头文化的聚落特征》，《华夏考古》2009年第2期。

［10］ 河南省文物研究所：《郑州洛达庙遗址发掘报告》，《华夏考古》1989年第4期。

［11］ 郑州市文物考古研究所：《郑州大师姑》，科学出版社，2004年，第339页。

［12］ 河南省文化局文物工作队：《河南郑州上街商代遗址发掘报告》，《考古》1966年第1期。

［13］ 张松林：《郑州文物考古工作回顾与思考》，《郑州文物考古与研究》，科学出版社，2003年。

［14］ 河南省文物研究所：《郑州黄委会青年公寓遗址发掘报告》，《郑州商城考古新发现与研究（1985～1992）》，中州古籍出版社，1993年。

［15］ 郑州市文物工作队等：《郑州大河村遗址1983、1987年发掘报告》，《考古学报》1996年第1期。

［16］ 郑州市博物馆：《郑州市陈庄遗址发掘简报》，《中原文物》1986年第2期。

［17］ 郑州市文物考古研究院内部资料。

［18］ 河南省文物研究所等：《登封王城岗与阳城》，文物出版社，1992年，第112～150页。

［19］ 赵全军等：《河南登封程窑遗址试掘简报》，《中原文物》1982年第2期。

［20］ 郑州大学历史学院考古系等：《登封南洼2004～2006年二里头文化聚落发掘简报》，《中原文物》2011年第6期。

［21］ 郑州市文物考古研究所等：《河南荥阳大师姑遗址2002年度发掘简报》，《文物》2004年第11期。

［22］ 郑州市博物馆：《河南荥阳县西史村遗址试掘简报》，《文物资料丛刊（5）》，文物出版社，1981年。

［23］ 郑州市文物工作队：《河南荥阳县阎河遗址的调查与试掘》，《中原文物》1992年第1期。

［24］ 河南省文物研究所：《河南荥阳竖河遗址发掘报告》，《考古学集刊（10）》，地质出版社，1996年。

[25] 李维明：《试论曲梁、岔河夏商文化遗址的分期》，《华夏考古》1991年第2期。

[26] 河南省文物考古研究所：《河南荥阳市薛村遗址2005年度发掘简报》，《华夏考古》2007年第3期。

[27] 郑州市文物考古研究院等：《荥阳娘娘寨遗址二里头文化遗存发掘简报》，《中原文物》，2014年第1期。

[28] 北京大学考古文博学院：《河南新密曲梁遗址1988年春发掘报告》，《考古学报》2003年第1期。

[29] 中国社会科学考古研究所河南二队：《河南密县新砦遗址的试掘》，《考古》1981年第5期；北京大学考古文博院等：《河南新密市新砦遗址1999年试掘简报》，《华夏考古》2000年第4期；北京大学古代文明研究中心：《河南省新密市新砦遗址2000年发掘简报》，《文物》2004年第3期；赵春青等：《新密新砦遗址发现城墙和大型建筑》，《中国文物报》2004年3月3日第1版。

[30] 河南省文物研究所：《河南密县黄寨遗址的发掘》，《华夏考古》1993年第3期。

[31] 新郑县文化馆：《河南新郑县望京楼出土的铜器和玉器》，《考古》1981年第6期；张松林、吴倩：《新郑望京楼发现二里头文化和二里岗文化城址》，《中国文物报》2011年1月28日。

[32] 河南省文物研究所：《河南巩县稍柴遗址发掘报告》，《华夏考古》1993年第2期。

[33] 郑州市文物考古研究所等：《河南巩义市花地嘴遗址“新砦期”遗存》，《考古》2005年第6期。

[34] 张松林：《郑州市西北郊区考古调查简报》，《中原文物》1986年第4期。

[35] 郑州市文物考古研究所：《郑州大师姑》，科学出版社，2004年，第338～340页。

[36] 马世之：《郑州大师姑城址性质试探》，《中原文物》2007年第3期。

[37] 李锋：《郑州大师姑城址商汤韦亳之我见》，《考古与文物》2007年第1期。

[38] 袁广阔：《郑州大师姑二里头城址发现的意义》，《中国文物报》2005年3月25日。

[39] 张立东：《论辉卫文化》，《考古学集刊（10）》，地质出版社，1996年。

[40] 张国硕：《望京楼夏代城址与昆吾之居》，《苏州大学学报（哲学社会科学版）》2012年第1期。

（原刊于《中原文物》2014年第1期）

陨落的夏代城市：大师姑城址发掘记

郝红星

考古学上的“夏文化”，由于不像“商文化”有安阳殷墟出土的甲骨文来佐证，几十年来学术界的讨论一直聚讼纷纭，莫衷一是。目前学术界主流的看法是中原龙山文化晚期与二里头文化属于夏文化。

二里头文化因河南偃师二里头遗址而得名，主要分布于以豫西为中心的黄河中游地区，年代为距今3800~3500年。依据陶器的演变，可以分为前后相继的四期。

洼刘遗址位于郑州石佛乡洼刘村北，面积在30万平方米以上，是郑州地区一处重要的西周遗址。1999年以来，考古学家在遗址发掘西周早期墓葬70余座。其中随葬青铜器的贵族墓葬12座、小型陶器墓60多座、车马坑2座。一座墓葬出土的青铜礼器有鼎、甗、簋、卣、尊、罍等，器物上多有铭文。

2002~2003年，郑州市文物考古研究所（今郑州市文物考古研究院）在郑州西边的荥阳广武镇大师姑村发掘出一座夏代古城（图一），这是我国首次发现的二里头时期的古城，在学术界引起不小的轰动，并因此入选2003年度“全国十大考古新发现”。

为什么一座古城能引起人们这么大的兴趣，仅仅是因为此城建于夏中期（二里头文化二、三期之交），夏晚期（二里头四期晚段）荒废，商早期（二里冈下层早段）又被利用，因而故事多多而引人入胜吗？不是，这座古城更让人感兴趣的是它的发现过程。严格来讲，此城是按图索骥而来。

一、形胜之地

3700年前，郑州一带还是亘古的荒原，偏东的地方堪称水乡泽国，扇形分布着圃田泽、潮河、十八里河、熊耳河、金水河、贾鲁河等河流，偏西的地方地势高亢，北有广武山，南为嵩山东麓，中为平坦的平原，枯河、索河、须水、荥泽流淌其间，风景最是美妙。大约过了100多年，商的开国君主汤独具慧眼，在金水河与熊耳河之间建起一座庞大的都城——郑州商城。郑州从此一发不可收，这个地处南北交通中心的宝地，名城汇聚，贤人辈出，这才有了周代三监之一的管叔立国于此，东虢立国于此，周公的小儿子也设采邑于此。

数千年过去了，这些封国的都城杳无踪迹，这成了考古学家心中的痛，他们对郑州商城和荥阳之间的这块地很是痴迷，总觉得这里应该出些什么东西。

1984年秋，郑州市文物工作队（今郑州市文物考古研究院）对郑州西北郊进行了全

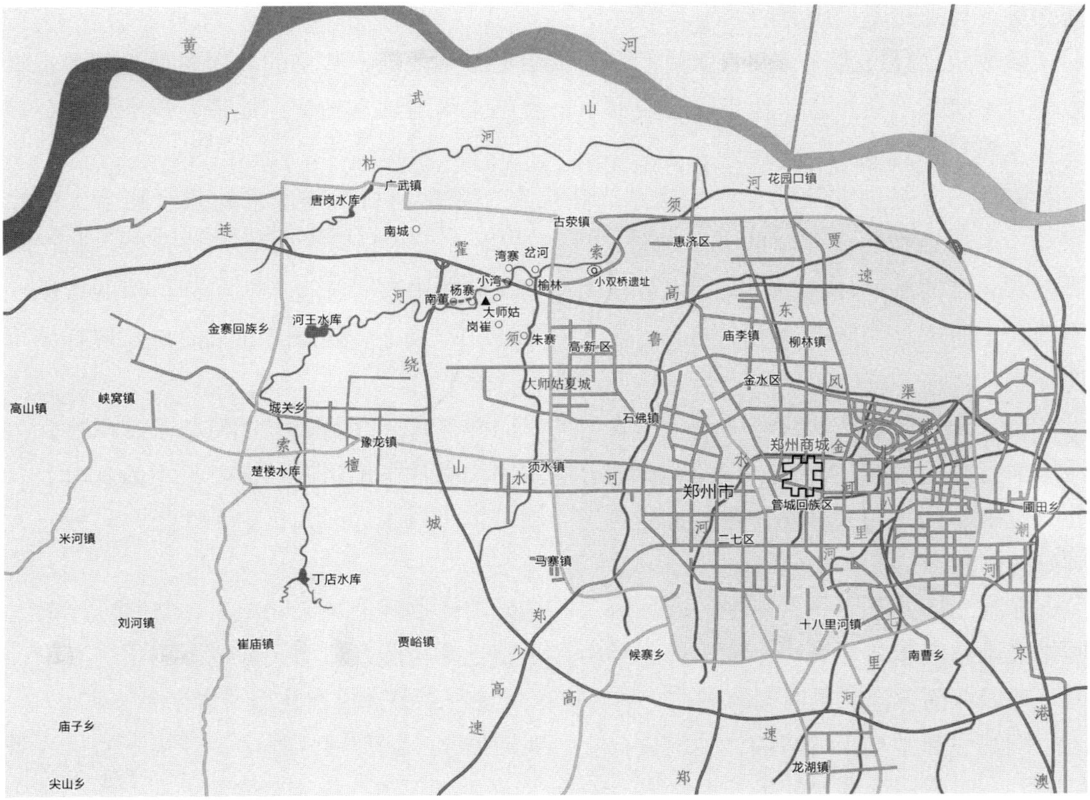

图一　大师姑夏城位置

面的文物普查，发现大量商周遗址，但规模都不太大，难与管、东虢进行直接的联系。

1999年夏、秋，郑州市文物考古研究所又对荥阳、郑州西北郊进行文物点复查，同样一无所获。

至此，郑州西北郊的文物调查与研究陷入僵局，面对繁若星辰的遗址群，郑州考古人十分纳闷，这些古国难道像候鸟一样，鸟飞了，留下“一地鸟毛”？

可巧，这年10月下旬，在郑州高新区重阳街西拓工程中，铲车一铲铲出了6件西周铜器，由此引发了郑州市文物考古研究所对洼刘遗址的全面发掘，并清理西周早期随葬青铜器的贵族墓12座，有人直指这里就是管国墓地。古老的管国像一条往复缠绕胸脯的蛇，让郑州考古人的心隐隐作痛，它的都城到底在哪儿呢？

二、来者不善

2002年春，刚刚结束郑州高新区祥营西周遗址发掘工作的考古技工们还未来得及休息，便被考古领队同时也是郑州市文物考古研究所副所长的王文华同志叫到一起。他开口直言：“有件事我关注很久了，今天拜托你们来执行，这就是郑州西北郊古文化的区域系统调查。过去单位已进行过多次，成效不大，这次调查的重点放在索河与须水之间，重点是夏商周三代遗址。”

转眼两个月过去了，调查队员们在须水中上游只发现一些小的商周遗址。眼看希望渺茫，王所长不免焦急，他指示顺流而下，直趋索河与须水的交汇地带，没准那里会有重大发现。

索河本来是向北流的，在河王水库拐向东，于岔河村南与南来的须水相会，由此形成一个东西宽、南北窄的夹角地带，面积1.7平方千米，建个古城绰绰有余。调查队员在东北部的榆树林转悠一天，未见任何遗物，向村民打听，也未听到有价值的传说，不禁大失所望。带队的小丁不死心，派人到索河北岸调查，还好，在岔河村发现有早商遗物。

第二天，调查队员兵分两路，沿索河两岸向西挺进。北路人马在湾寨未发现什么，继续前行至小湾村，村东、村南的台地有不少商代陶片。南路人马走在平坦的麦田上，什么也瞅不到，在大师姑村东，远望对岸的同事忙于拣陶片，大伙更是无奈，只好向大师姑村南走去。

在村东南，终于见到零星的商代陶片。这里的地形好像被人动过。一打听，原来大师姑之南、岗崔之北有一个大土岗，经历代平整土地与砖厂取土，只剩下岗顶，岗东、岗北地面散落少许二里冈期的陶片，估计这个遗址原来的规模在10万平方米上下。

陶片引起了小丁的兴趣，他催促技工们向西搜索，陶片逐渐增多，像灰不溜秋的癞蛤蟆，一时间蹦得满地都是。大约走了500米，来到索河边，原来东向的索河，在这儿拐了一个90°向北流去。他们沿索河向北走，地势渐高，到杨拐西达到最高处，再北被大师姑通往南董的路沟打断，路沟以北地势渐低。

小丁站在村西高地，看到北路人马迤逦走向河西的杨寨。杨寨中部较高，与脚下的高地连成一线，村北是一条50多米宽的沟，斜插入索河，村南地势较低。小丁用手机通知他们到杨寨村南看看，然后和身边的人在台地周围展开调查。

村西高地陶片遍地皆是，断崖上也有不少灰坑。这里的遗迹、遗物比岗崔那个土冈丰富多了，大家心情大好。一个问题摆在面前，这个遗址的面积不好确定，杨拐就在高地东坡上，村子底下也有遗迹，但路东的大师姑就不好说了。这时，小丁腰间的手机响了，传来消息说杨寨南也有不少陶片。

小丁的思绪一下子混乱起来，他再一次来到高地，环顾四周，杨寨北的宽沟，村中部凸起部分，村南低地，那该死的河湾，为什么拐成90°？难道村北的宽沟是索河故道？那样的话，杨寨中部和脚下的高地应该是一个高冈，杨寨南有可能和这边的遗址连为一体，这个已经不小的遗址和东北方向的小湾遗址、东南方向的岗崔遗址是什么关系？它们是一体的吗？小丁不敢想了，遗址太大了。

第二天，小丁按捺不住兴奋，让技工们在大师姑周围再走一遭，查看地表陶片的疏密程度，以此判断三个遗址是否连为一体。他自己顺着杨寨北的沟向西，穿过南董，来到村西。村西有一片凹地，正冲着一段走向为西南—东北的索河河道。看来，穿过南董的这道沟真的有可能是索河故道。

小丁拨通了王所长的电话，语气故作平和，又像是有意："王所长，我们在大师姑附近发现一个遗址，面积有100多万平方米。"

"什么？100多万？太好了，什么时候的？"

"可能是夏或商，一时不好断定，请你来定夺。"

"好，我尽早赶过去。哎，不对吧，小丁，这么大的遗址，《郑州市文物志》怎么没记载呀？"

"王所长，根据我的经验，这个遗址只大不小，一切等你来了再说。"

"这样吧。"王所长语气缓了下来。"其他调查先停下来，你马上组织几个有经验的技工，带上探铲，从遗址边缘开始，东西、南北各打几排探孔，看有没有壕沟、夯土之类的遗迹，一有情况，马上报告。"

小丁挑了几个老成持重的技工，第二天来到大师姑，大队干部交代不要毁坏群众庄稼，技工们点头称是。钻探在岗崔与大师姑之间的麦田里悄悄展开，不时有村民过来问他们在干什么，技工们都耐心解释，以免村民阻挡他们的工作。当然，最重要的是技工们要身子正，不能踩倒群众的麦子。这时的麦子已从清汤挂面的小女生变成亭亭玉立的大姑娘，在微风中轻柔地做着韵律操，害得技工们蹑手蹑脚踩着麦垄，小心翼翼地钻探，生怕碰到这些高贵的女性。

还别说，王所长预测得挺准。十几天后，技工们在杨拐南发现了东西向的壕沟，壕沟内侧还有一段较硬的土，在大师姑村南发现了南北向的壕沟。小丁兴奋异常，情不自禁，把情况向王所长作了汇报，王所长兴高采烈地来到工地指导工作。

王所长到发现壕沟的地方看了看洛阳铲探出的土，确定是壕沟无疑，对壕沟内侧那段硬土没说什么，让小丁再带两个技工到杨拐西的高地上去探探，看看有没有北壕沟，布置完毕后一个人溜达去了。

半个小时后小丁的手机叽哩呱啦叫起来，一看是王所长打来的。大家都以为所长不小心掉到河里或断崖下了，谁知道他语气兴奋地说："你们几个快点过来，我在村北的路沟里。"

小丁和技工钻探的地方离王所长也仅20多米，但他们在高地上，王所长在沟内，彼此看不到。听到命令，小丁打电话让村南的几个技工也跑步到村北路沟汇合。

王所长笑眯眯地站在路沟中段，沟顶斜射下来的阳光撒在他的脸上，更显容光焕发。"你们看！"他指着路沟南壁。"这上边有许多灰坑，从落下来的陶片看，是二里头时期的，但是，"他潇洒地转身，指着路沟北壁，"这上边从东到西，一个灰坑也没有，也没文化层，你们知道为什么吗？"

技工们齐摇头。"这是因为，这个路沟可能就是我们要找的北壕沟，壕沟内有遗迹、遗物，壕沟外白茫茫大地一片真干净。"王所长喜欢诗，居然引用了《红楼梦》的说辞。

"还有一种可能，连我自己都不敢相信。"王所长顿一下，接着说，"我刚才在这儿激动了半天——这上边有城墙，城墙外才是壕沟。”王所长摁住语气，显然激动还停留在心头没走。他掏出一盒好烟，每人一根，点着，猛吸一口，足有五秒，徐徐吐出，那烟仿佛满足了所长的欲望，幻化成窈窕的淑女，轻轻攀上了崖头。

技工们显然被王所长的想法惊呆了，傻乎乎地站着，不知作何回答。在他们看来，能在壕沟内发现房基、墓葬之类的遗迹就很不错了，从没想过要发现城墙，要知道，二里头时期的城全国还没一座，这样的好事会落到他们几个头上?

看着技工们发愣的样子，王所长一语点醒，“只有这样，才能和我们村南探出的壕沟与壕沟北侧的硬土相一致。”

“是呀，是呀。”听到这儿，所有技工都恍然大悟了。

“走，喝酒去！”王所长大手一挥，大家收拾东西，回到驻地庆祝。高地上必有城墙，已经用不着验证，谁会不信呢?

接下来的几天，钻探格外顺利：南壕向东延伸，南壕北侧硬土的长度也达到了150米；东壕向南延伸，看样子要与南壕相会于大师姑村南；断崖边上果然发现了城墙（图二），但破坏比较严重，已成断续状。

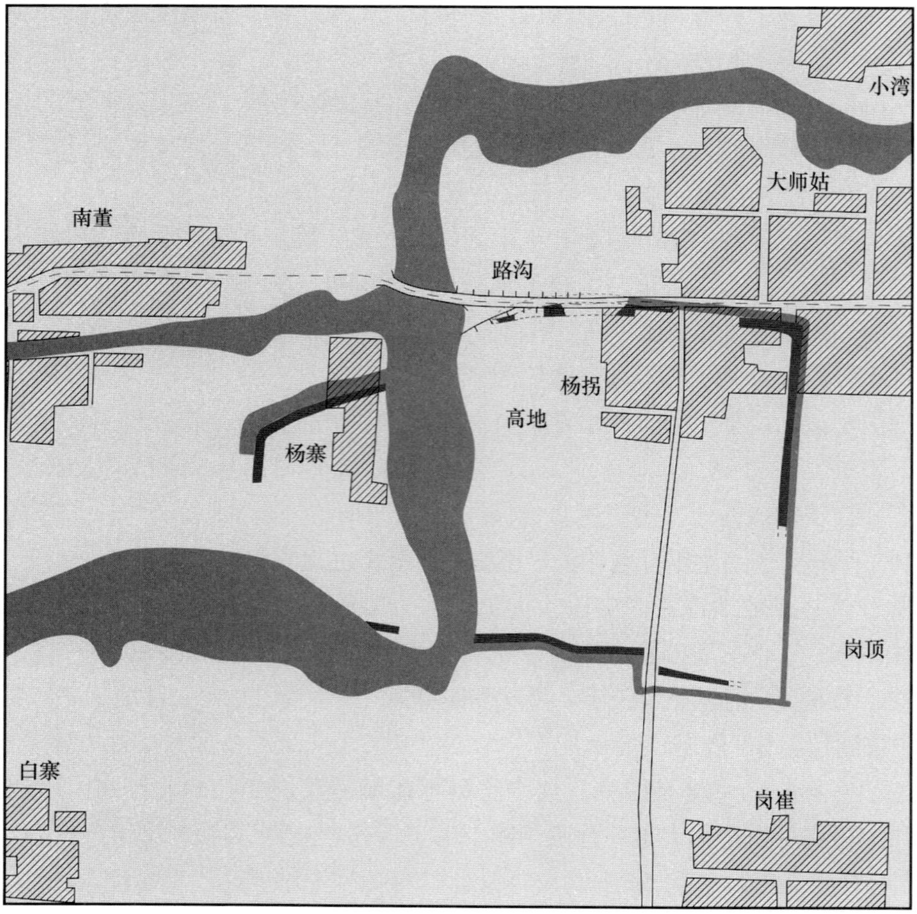

图二　大师姑夏城城墙走向

三、生拉硬扯写春秋

王所长把钻探情况向所里领导班子作了汇报，大家对大师姑可能出现二里头夏城感到不可思议，因为在座的老领导也光顾过那里，1999年派人复查也没什么重大迹象，怎么会突然冒出一座古城呢？将信将疑中，大家还是同意了王所长提出的进一步调查、试掘的要求。

2002秋收刚过，王所长便安排小丁带着五名本领高强的技工进驻大师姑村，村干部把他们领到废弃的小学教室，大方地说："面积够大，就是门窗漏风，不要钱。"

还好这帮技工都有农村底子，大家挽胳膊撸袖，两个小时后教室变得明亮洁净，床铺挤在墙角，中间是学生用桌，比当年知青下乡的情景好多了。

第二天，王所长带着厨师和丰盛的物品来，大家美美地吃了顿午饭（图三）。王所长给大家鼓劲，一定要细致工作，早日确定壕沟与城墙，特别强调要和当地群众搞好关系，不能和年轻女人走得太近，以免影响工作。

图三　考古队员开工前的"大餐"

根据王所长安排，技工们在杨拐南开南北相连的探沟两个，目的是打通南壕与硬土，确定硬土是否为城墙及两者的关系。在大师姑村南布探沟一条，确定壕沟的存在。在遗址东北部布探方一个，确定钻探到的人骨与朱砂是否为墓葬。

技工们如期在大师姑村南那个探方中发现了壕沟，从包含物来看，这是二里头时期的壕沟。初战告捷。

但接下来，井井有条的安排并没有带来理想的结果，反而闹得人心惶惶，出了什么事呢？

在遗址东北部探方中清理出一座二里头期的大房子，接着又清理出4座二里冈期的墓葬，其中M1（图四）出土陶鬲、陶盆各1件，但它却被二里头期的灰坑打破，怎么会出现这种时空倒置（时代早的灰坑打破时代晚的墓葬）的现象？原来，二里冈期的商人已经来到大师姑，而住在这里的夏人没走，商人用商人的东西，夏人用夏人的东西，这才

图四　M1

发生了夏人的灰坑打破商人墓葬的现象。

出了差错的恰恰是我们最为重视、打算挖出城墙来的杨拐南的两个探方。这两个探方南北相连，总长30米，宽3米。探方挖到底后，北浅南深，看起来不像是护城的壕沟。探方南端有一块花土暂未清理，我们要找的可能是城墙的硬土跑哪儿去了？难道还在北边？小丁望着空荡荡的探沟，心里没了底，忐忑不安地把没有发现城墙的情况向王所长做了汇报。

王所长听后大吃一惊，事关他的“哥德巴赫猜想”，不一会便心急火燎地赶到工地（图五），看了半天，也是一脸的失落。他跳下探方，来到探方南端，用手铲对着那块花土机械地刮着，飞溅的土花像暴雪一样砸向地面，看得探方边上的技工莫名其妙。忽然，王所长停下手来，往前凑了凑，笑了：“你们下来，看看这是什么！”

图五　发掘现场

大家顾不得探方高深，纷纷跳下，只见王所长刮过的花土上，隐约出现了层次，层次之间断断续续地夹着一道道黑线，每层厚度都在10～12厘米。

“是夯土！”大家异口同声地说。

“对，这就是城墙！你们探的壕沟还在南边呢。”

1

2

3

4

图六

1. 大师姑南城墙探方发掘　2. 南城墙　3. 城墙夯层　4. 领队王文华和北京大学考古文博学院邹衡教授在穿城而过的河沟里看城墙剖面

“是呀。”小丁一拍大腿，“咱们探方挖得偏北了，这才是城墙，沟还在南边呢。你们几个，快，上去探一下。”

技工们很快确定了壕沟的位置和城墙的宽度，在探方南又布一个30米长的探方，最终完整地揭露了城墙和壕沟。偏北的探方，出有大量二里头期遗物与叠压城墙的地层，弄拙成巧地证明了城墙就是二里头时期的！

城墙与壕沟确定了，大家的心情格外晴朗，看着地里翠生生紧俏的麦苗，忍不住都有薅一把的冲动。

王所长很快布置了新的任务。

根据城墙、壕沟的走向，向西会一直抵达索河边。如果能在索河东岸断崖上找到夯土与壕沟，就可避免再开方对城墙造成的破坏。

小丁将工作的地点选在索河拐弯处向北五六十米的地方，这儿崖高陡直，刮剖面绝对漂亮。

经过一个星期的与土鏖战，断崖上出现一个宽30、高4米的抽象画：北边的夯土线细密匀实，南边的淤土层线宽疏妖娆，它的作者无疑是脸和衣服像油漆工一样斑驳的技工们。

嗅觉告诉小丁，索河西岸还有夯土。果然，在杨寨南地最南端，索河北岸断崖上也刮出了80米夯土。很可惜，夯土南侧的壕沟已被索河卷走了，这证实了小丁当初的猜想：杨寨北那条宽沟正是索河故道，古人建城不可能让这么宽的一条河穿城而过，那时的人们大概还没建造水城的能力。

技工们又在杨寨西高地上探出了城墙与护城壕，在距杨寨北宽沟210米的地方，城墙与护城壕一道向东北拐去，消失于杨寨村口的索河边上。

2003年，我们对杨寨村西的城墙、壕沟做了解剖。2004年，我们在杨拐村西、村西南进行了发掘，发现不少重要房基、夯土墙体、陶制排水管等（图七～图一〇）。

图七　陶罐

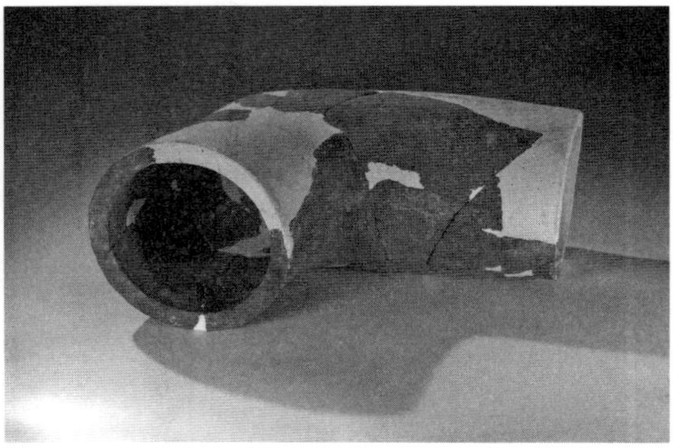

图八　陶水管

图九　玉琮残件

图一〇　倒塌之夯土房墙

四、春秋易节收获多

经过三年的调查、钻探、发掘，大师姑夏城的基本情况搞清楚了。

大师姑夏城像个放倒的酒瓶：西城墙短直如瓶盖，位于杨寨西，仅存北段80米；东城墙长如瓶底，位于杨拐东140米的地方；南城墙东端缺失，向西逐段北缩，至索河东岸，索河西岸相当于瓶颈的那部分仅存80米；北城墙东段存100米，路沟南侧高地上有断断续续的150米夯土，相当于瓶颈的那段主要存于河西。大部分城墙顶宽约7米，存高1米，基槽宽12米，槽深1.5米。

城外9米有城壕，和城墙平行，北城壕、南城壕被索河冲毁一段，东城壕完整，西城壕南段缺失。城壕开口距地表1.4～2.6米，城壕自深2～2.8米，而城墙大多距地表1米左右，说明城在被掩埋之前，仍高于地面。壕沟后来淤塞，商人加以疏浚。二里头城壕内侧被二里冈城壕打破，根据城壕断面曲度，二里头城壕宽约11米，圜底。二里冈城壕距城墙5～6米，壕宽12米，自深3～3.5米，壕的断面为斜壁圜平底。

将城墙加以复原：西城墙300米，东城墙600米，北城墙980米，南城墙950米。

通过对城内局部、重点发掘与钻探，获知杨拐村西、西南地势较高，是二里头期重要建筑分布区，这一区域可能西达杨寨中部；建筑区东南部，发现有陶窑；城的东北部为商代墓葬区村民讲那一带曾出土青铜礼器与玉器。

五、大师姑夏城姓甚名谁？

大师姑（图一一）夏城处在荥阳盆地中部，西距夏都二里头遗址75千米，地势险要，面积较大，有可能是夏王朝设在东境的军事重镇或某个方国的国都。

图一一　北京大学考古文博学院李伯谦教授与刘绪教授在观察大师姑陶片

关于夏王朝的东境，《史记·孙子吴起列传》记：“夏桀之居，左河济，右泰华，伊阙在其南，羊肠在其北。”左河济就是说东到黄河与济水。济水发源于济源王屋山，南流入黄河，古人迷信，说济水钻过黄河底下，在南岸古荥一带冒出，成为荥泽。这句话我们明白什么意思就行了，就是夏之东境，在今郑州西、荥阳东一带。

如果以古荥镇以东的低地为荥泽西缘，大师姑夏城可以据黄河、济水、邙山、荥泽四位一体的巨险来防守东北方向的商人。因此，此城有可能是夏王朝设在东境的军事重镇。

另外，文献和甲骨文记载夏东境有大量方国存在，如葛、韦、顾、昆吾、有缗、有仍、戈、商等国。商在夏中期还在太行山东麓行动，与大师姑接近的有葛、韦、顾、昆吾和戈，大概在今郑州京广铁路两侧。《诗·商颂》有“韦、顾既伐，昆吾、夏桀”的记载，道出了商汤放桀的路线图：先伐韦、顾，再伐昆吾，搞掉周围保镖，直捣老巢。

韦，邹衡先生考证在郑州市区内；昆吾之地，邹衡先生考证在新郑、密县之间。2010年，郑州市文物考古研究院在新郑望京楼挖出一座夏城，马上有人赞叹邹先生的未卜先知。如此，只剩下顾这个方国无地可考了，难道说大师姑的姑就是顾的谐音？不管怎么说，韦、顾离大师姑最近，韦、顾其中的一个有可能是大师姑夏城的真身。

大师姑夏城是迄今为止唯一一座年代和文化性质都十分明确的夏代古城，填补了古代城市发展过程的阶段空白，也让“夏代无城”的传统观点不攻而破。

大师姑夏城南北长600多米，东西宽近1000米，是个横长方形，这一点继承了新密古城寨、登封王城岗等古城的形制。但是，这个横长方形西部较窄，这倒不是城西北流过的索河逼窄造成的，而是因为宫殿区要建在城西高地上，因而有意识地缩小了城圈。

大师姑夏城被西进的商人攻破后，商人对夏城重新修补利用，臣服的夏人看来与商人相处得还不错，可能和商人已在大师姑周围居住了一段时间有关。大师姑东北的岔河、东南的牛寨、西北的南城都有丰富的早商遗存，大师姑地区可能早就处于民族融合之下，仅城前后换了主人而已。因此，研究这一地区夏商遗址的时空转换，关系到夏商政权的更迭，大师姑夏城自然是这一研究的重点与界标。

六、后　　记

大师姑夏城的发掘主要集中在2002年秋至2004年，为了将这一国宝级城址尽快介绍给全国观众，整理组从2003年春就开始了相关遗迹的整理。大师姑可能是全国少见的发掘完毕、整理完毕、出版考古报告完毕的遗址之一，其中自然蕴含了发掘、修复、绘图人员的无数辛苦。当然，掌舵文字的王所长更是功不可没。

2004年，《郑州大师姑（2002～2003）》付梓出版，荣获郑州市优秀社科成果一等奖和河南省优秀社科成果三等奖。

（原刊于《大众考古》2014年第10期）

郑州大师姑夏代城址

陈　萍　丁兰坡

郑州大师姑夏代城址的发掘已过去10个年头了，发掘资料大部分已整理完毕，《郑州大师姑》已于2004年由科学出版社出版。从调查勘探、实地发掘、资料整理到发掘报告的完成，考古队每位成员都付出了心血和汗水。每每回忆起当时的情景，提笔追记在大师姑发掘整理时的那些难忘的日子，不禁感慨万千。

2002年10月，为配合荥阳大师姑村农民修建蔬菜大棚，搞清大师姑遗址的性质，经上报国家文物局批准，组成由时任副所长王文华为领队的考古发掘小组，对该遗址进行了试掘。

考古发掘不是简单的发掘，它牵扯到方方面面的工作。先期要安排好工作人员的吃喝拉撒睡，协调好与当地村委和村民的关系，妥善处理开工后用地、用工、用水、用电等一系列问题，确保发掘工作的正常运转。发掘中最压心的是考古发掘的目的能否达到，工作人员在工作中的人身安全能否保障，出土文物能否妥善保管，等等，这些对领队王文华来讲压力是最大的。

当时，由于村内没有空房，在与村委和村组联系后，考古发掘小组住在大师姑村小学二楼教室内，教室面积大，门窗多未密封完好，四处漏风，条件十分简陋。

考古发掘小组的成员在这个简陋的大教室里，清扫室内的垃圾，支床、放桌、安顿简单的行李……一两个小时后，这个原本到处是蜘蛛网、冷冷清清的大房间变得干净、整洁，最重要的是空气中荡漾着生机和希望，这是由一支平均年龄只有38岁既年轻又成熟的队伍带来的。

王文华组织大家在简陋却不失生机的新居所里开始了工作部署，明确试掘的重要目的是确定大师姑遗址是否存在城墙和壕沟。根据勘探的结果，在遗址南部钻探发现硬土和壕沟的地方布探沟两条，目的是确定城墙的存在和分析城墙的宽度及构筑方式，这两个探沟由董树林负责清理。在遗址的东部发现壕沟的地方布探沟一条，目的是确定壕沟的存在，由王法成负责。在遗址中部偏南布探方一个，了解遗址的文化内涵，由郎富海负责。由于在调查钻探时发现有人骨和朱砂，在遗址的东北部布探方一个，由郭清臣负责。丁兰坡负责全面工作，肩上的担子也是沉甸甸的。

初秋时节，天气凉爽，风景宜人。这是最适宜考古发掘工作的时间。

紧张的发掘工作正式开始。发掘小组每天的作息时间是固定的、机械的，8点准时上工地，12点回到驻地边吃饭边交流，下午2点至6点在工地进行发掘。由于相距较远，再加上遗迹现象丰富，每个人负责自己的探沟（方），各负其责。为了保证资料的完整、准确性，任何环节都不能忽略。细分土质土色，划分地层，刮面，划分遗迹现象，绘制分层平面图和单元遗迹平剖面图，收集出土文物，做文字记录，摄影，录像，等等。各种工作一环扣一环，紧张而有序。为了保证发掘质量，大家蹲在地上一遍一遍地剖面，一蹲就是半天。脚麻了，便换个蹲式。每清理一处遗迹，队员们都是手持手铲或小耙子等工具亲自操作，一天下来，腰酸腿疼，有时连腰都直不起来。但当每天收工时，看着探方（沟）内形制不同、大小不等、深浅不一的遗迹现象，运送着一袋袋先民们用过的生活器具残片时，疲劳似乎已消失了。

进入深秋，风越来越多，大家天天被吹得灰头土脸倒是次要，重要的是探方面太干不利于刮面分析遗迹现象。大家想来办法，在工地探方边的堆土上修整出一个大方坑，在底部和四壁铺上塑料布，放上一坑水，当需要的时候，对探沟方面进行洒水，刮面分析。

董树林负责的探沟，主要是解剖确认城墙和环壕，但多天的辛苦只确认了二里头时期壕沟的存在，城墙没有如期出现。望着即将发掘完毕的探沟，大家的情绪有些低落。王文华不死心，他跳下探沟，在其南端的斜坡断面上，亲自用手铲不断地刮呀刮呀，突然，他的手顿了下来，他发现有问题！他所刮的这块土上隐隐约约出现了层次，且每层的厚度均匀，每层之间还断断续续地夹有一道黑线。是夯土！这就是城墙！兴奋之情难自已！他招呼大家前来，这个刮刮，那个也刮刮，一致认定这就是我们朝思暮想所要寻觅的城墙！激动人心！

城墙和环壕的确认给我们的考古发掘工作增添了一定的信心和动力，大型遗迹现象的连接确认，最快捷的方法就是通过对遗址周边分布的断崖断面铲切来验证。我们沿着城墙的走势方向至西端索河岸边的一处断崖，大家借这个难得的有利条件，在其断崖上寻找城墙和环壕的剖面。这处断崖高3～4米，经长年风吹日晒，表面上的土又干又硬，且长满杂草与野枣树等，一则人们无法站在平地上向上刮面，二则断面干硬很难清理，清理难度是可想而知的。大家决定先铲除杂物，然后用农家喷洒农药所用的喷雾器装水将断面喷水均湿，进而铲刮表面，因断崖较高，又没有登高工具，向农家借了一个小木梯，时而木梯，时而人梯，最上面的队员用手铲刮面，划分夯层，下面的队员负责移动。整个场景看上去像攀援一样，但和攀援不同的是我们脚蹬的是梯，背着的是喷雾器，手握的是发掘铲，惊险连连，真是对我们考古工作者胆量和工作态度的考验。

在郭清臣负责的探方里，清理出4座墓葬，极为重要的是清理出了一座二里头文化100平方米的大房子和一批早商文化灰坑。这座房子残存部分呈长方形，面积约90平方米。从其南部垫层来看，其结构和建筑程序如下，首先清理场地，在拟建房范围内下挖基坑。基坑的形状为四周高、中间低的船形。然后在基坑内铺设垫土层。房子北部有5个夯土柱坑。这些对了解大师姑遗址的文化内涵十分有利（图一）。

转眼间，冬天到了，刺骨的寒风肆无忌惮地向大家袭来，工人是不停地干着来驱逐着寒冷，我们在探方里哆嗦着画图，做记录，不时地搓搓手，有时也拿起铁锨干上一会儿体力活。天寒地冻，人只要动，就能产生热量，但地就不行了，经寒风凛冽一夜，地面就会上冻，厚达20厘米，这对我们的考古发掘极为不利。为了保护大师姑先民遗留给我们的宝贵财富，大家买来草栅，收工的时候在地上铺上厚厚的一层，让它也盖上“棉被”暖和地睡一个晚上。

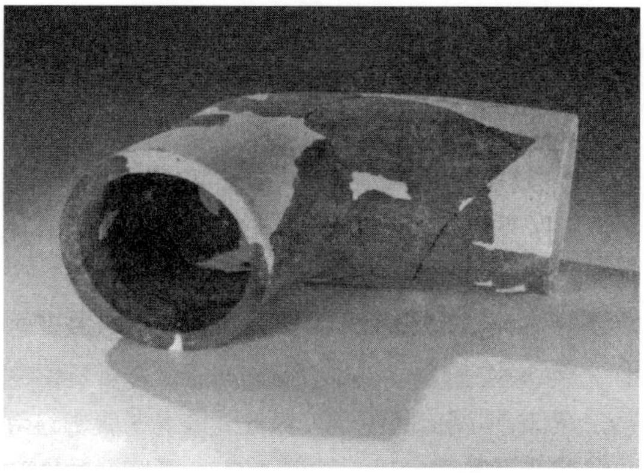

图一　陶排水管

经过数月的奋战，对大师姑遗址的面貌有了初步的认识，大师姑的文化内涵渐渐清晰，这是一处以二里头文化为主的遗址，且是一座城址。但王文华内心还略有些打鼓，上天真的如此眷顾这个年轻的团队？让他们揭露了第一座中国夏代的城址？

2002年12月，北京大学考古文博学院教授、中国夏商周断代工程首席科学家李伯谦先生一行应邀到大师姑遗址考察刚刚发现的二里头文化城址。李伯谦先生认真听取了工地发掘情况介绍，详细观察了新发现的城墙夯土的结构及其地层关系后，肯定地说：“没有问题，这里的确是一处二里头文化城址！”

作为考古人，经常和荒野、泥土、陶片打交道，整天风里来、雨里去地寻找人类文明的开掘者，天天从事着单调、枯燥的考古发掘，忍受着远离亲朋好友的寂寞和思念，此时此刻，感到了自己的价值！看着大师姑遗址工地上沸腾的场面，队员们兴奋地忘记了多天的劳累，自豪感、荣誉感、责任感……涌上了大家的心头，洋溢在大家的脸上。

大师姑夏代城址西距偃师二里头遗址约70千米，北依邙山，紧临黄河，其东西长900多米，南北宽600多米，城址总面积达51万平方米，城址建有宽大的城垣和壕沟，无疑是夏代一处具有重要政治和军事意义的古城（图二）。从目前发掘的情况来看，有可能是夏代某一方国的都城。

同时，在夏代城址的外侧还发现有早商时期的大型环壕，城址内部早商文化遗存十分丰富，说明这里在早商时期仍是一处重要的聚落。在一个遗址内部同时发现夏、商两个时期的大型遗迹，在全国目前发现的夏商遗址中是不多见的。

2003年2月，春节的氛围还没淡去，大师姑考古发掘资料整理和报告编写工作就紧锣密鼓地开始了。

乡下的冬天格外寒冷，屋里没有暖气、没有空调，只有一个小火炉取暖。我们在屋里整理，炉子上的水壶“滋滋”地冒着热气，室内弥漫着刺鼻的煤气味道。我们捧着陶片反复观察对比，测算口径、分辨器形，根据器形的大小、特征及出版效果精心绘制，力求完美。记得有一天午睡时，陈萍室内的炉子可能没有封好，睡眠中感觉心慌、头

图二　古城遗址

晕、恶心，她慌忙下楼，冷风一吹，浑身冒虚汗，胃里翻江倒海一样呕吐不止，开始还以为是食物中毒，赶紧去医院，大夫问了问情况说："你不是食物中毒而是煤气中毒，回家多喝糖水就行了。"哎，那个情景现在想起来都后怕呀！

到了夏天，屋里只有一台电扇，既要忍受闷热的天气，又要防着可恶的"轰炸机"蝇蚊的叮咬。汗顺着头发流到了脸上、脖子上，手里拿着陶片无法擦也顾不上擦，只好歪着头往肩膀上噌噌，一天下来，肩膀部位的衣服上都是白色的汗渍。由于长时间低头，脖子上捂出了好多痱子，又扎又痒，既难受又难看。最尴尬的莫过于上卫生间，农村的厕所非常简陋，只有一个狭窄的蹲位，下面是一个大大的坑。绿头苍蝇和金头苍蝇横冲直撞。每次上卫生间都是忍无可忍，急急忙忙，捂着鼻子，先把苍蝇赶跑然后才能用厕所，还得不停地赶着往身上撞的苍蝇。

让我们记忆深刻的是王文华督促我们加班的情景。为了能让《郑州大师姑》一书按时出版，我们白天拿着铅笔画，晚上握着描图笔描，既要考虑整个版面的干净整洁，又要突出它的立体效果，每一根线条都要流畅，每一个点都要匀称，瞪得眼珠子都快蹦出来了，手也不由自主地颤。功夫不负有心人，我们终于按时按点、保质保量在当年10月31日完成了整理和报告编写工作，创造了当年发掘、当年整理、当年编写完成考古发掘报告的高速高效。

郑州大师姑夏代城址是我国迄今为止发现的唯一一座年代和文化性质都十分明确的夏代城址，它的发现结束了我国夏代考古"夏代无城"的历史，填补了我国古代城址发展过程的阶段空白。大师姑城址作为当时的政治、经济和文化中心，集中承载着最为丰富的历史文化信息，因而具有极其珍贵的科学价值。郑州大师姑夏代城址的发现对深入探讨夏代文明乃至中国古代文明的发生和发展过程具有个分重大的学术意义。

我们的辛勤劳动也换来了丰硕的成果，2004年，大师姑夏代城址发掘项目被评为2003年度中国十大考古新发现之一，我们编写出版的《郑州大师姑》考古发掘报告也先后荣获郑州市优秀社科成果一等奖和河南省优秀社科成果三等奖。岁月已经逝去了十年，但那段枯燥却又充实的日子，那座简陋的小院、那片空旷的田地、那些厚重的文化、那些沉甸甸的获奖证书、那段同事之间的情谊将会永远镌刻在我们的记忆深处。

（原刊于《古都郑州》2012年第2期）

新郑望京楼夏商时期城址

吴 倩

一、引 子

河南省新郑市新村镇孟家沟村西约540米、黄水河东岸有一处高出地面3～4米的高台，从下到上均为层层夯筑而成的，当地人称之为“望京楼”。顾名思义，望京楼即是为望向京城而起建的高楼，此处的“京”即如今的郑韩故城。

1965年春，孟家沟几个村民在平整一条水沟时挖出了一批价值连城的青铜器和玉器，分别为铜钺、铜罍、铜觚、铜盉、铜爵、铜戈、铜援玉戈、玉戈等20多件铜、玉器。这些文物多属商代，少量为夏代，其中几件造型精美绝伦，做工精细，如铜援玉戈是用和田玉中名贵的羊脂玉雕刻而成；铜器中多为礼器，是国之重器，绝非一般人所能享用，尤其是铜钺，至今仍保持着全国范围内出土的商代铜钺中最宽的记录。1965～1973年，河南省文物考古研究所联合新郑县文化馆对发现铜玉器地点及周围区域进行了勘探，确认此为一处夏商文化遗址。为找寻这批珍贵文物的归属地，考古工作者在数年间做出了不懈的努力。我国著名考古学家邹衡先生曾到遗址实地勘查，并认为其为夏代方国昆吾所在地。

二、机 缘

2010年，为缓解交通压力，郑州市政府决定建设郑（州）新（郑）快速通道。9月，郑州市文物考古研究院对公路占压望京楼遗址区域开始考古工作。在村干部的带领下，我们来到了道路所占压遗址区域现场。郁郁葱葱的青纱帐长势喜人，据说，这块田地是村里的肥地，每年就数这里收成好。青纱帐，在无数诗人雅客妙笔生花的词句里婉转传颂，但在里面工作则是另外的感受。农村有句俚语：玉米地边儿最凉快。意思即是青纱帐密不透风，人钻在里面不透气，很快便大汗淋漓，此时钻出青纱帐，觉得凉风扑面而来，便认为这个地儿是世界上最凉快的地方。但还要忍受难耐的酷热、蚊虫的叮咬，还有玉米碧绿宽大的叶子时不时地刺在脸上、手上。

考古性质即是这样，容不得你挑选工作环境及时间，于是我们立刻展开了调查和钻探工作。每天天刚亮即到工地，一直到太阳收走最后一抹光亮才回驻地。我们拿着手铲，沿途刮刮刨刨，敲敲打打，不放过一点儿蛛丝马迹，随处可见的夏、商、战国遗物证实了昔日的繁华。由于在青纱帐内挥汗如雨，进度并不快，几周下来仅仅证实了此处文化层的厚度，别无其他更有价值的发现。

三、发　　现

2010年10月1日，钻探队负责技术的马胜利神秘兮兮地过来告诉我：刚刚探出的土很特殊，不像是普通遗迹。我们几人来到杜村最北边高清林家北约100米、距原定发掘区域之东约70米处，把刚探出的土块拿在手里查看：黄色，质硬，含有料姜及细小的炭粒，很像是生土但绝不是生土。莫非是夯土？经过我们几人的反复查看对比，确认这就是夯土！

随着钻探的深入，我们惊喜地发现：夯土层向西南、东北不断延伸，并且向北在靠近万邓公路的树林里竟向西拐弯，长度已近百米，在其东部还发现有淤沙、淤泥，此时，我们可以断定这就是城墙、护城壕了。确定之后，我马上将这一发现向领队及单位领导作了汇报，得到指示继续追踪，将城圈确定下来。

捷报频传，在望京楼水库东约80米、万邓公路南20米及张家村公墓西北角的两处剖面上均发现夯土。在接下来一个月的时间内，望京楼城址的城圈基本确定下来，它埋藏于地表之下约1米处，南北长约590米，东西长630米，面积约37万平方米。保存最好处厚1.5米，宽近20米。虽已残破不全，但四个墙角的夯土居然还奇迹般地存在，也许它不甘心毫无痕迹地消失在历史的长河里，拖着破旧的身体一直在等待被唤醒吧。

恰在这时，在北城墙之北约300米处的钻探小组也有新发现：又发现一条淤土沟，并有包含物一并带出。由于带出的陶片极小，仅能隐约看出纹饰，无疑属夏商时期，但无法更明确。这条淤土沟分别向东、西延伸，且东端与黄沟水相连，向西注入黄水河。

四、商　　城

经过近一年的考古工作，我们基本探明了望京楼商城的布局。四周建有宽大的城墙，共8座城门，与城门对应的道路在城内形成井字形，中南部有宫殿一座，居住区集中在东部。

城墙。城墙分为“主城墙”“护墙墩”及“护城坡”三部分。“主城墙”为城墙的中间部分，是用版筑法分段分层夯筑而成。“护墙墩”类似今天的墙筋，作用为加固城墙。“护城坡”则是梯形的两腰，是向两侧倾斜夯筑而成，主要起到加固城墙的作用。主体城墙夯土层是用红褐色黏土夯筑而成的，两侧护坡是由黄色土夹杂有少量碎陶片及料姜石的灰色土夯筑而成的，每层厚度仅有6～8厘米。

在城墙护坡底部发现有人骨架。《左传》记载：商“国之大事，在祀与戎”。“祀”即是祭祀，商代非常注重祭祀，用祭祀消灾、求福、答谢等。祭祀的对象就是神灵，祭祀神灵，是以献出礼品为代价的。祭品包括献食、珍贵物品、血或人，人祭是宗教史上最黑暗的历史，但在商代被统治者极为推崇，诸如修建城墙、陵墓等大事更是用数以百计的人来祭祀，有的是杀死之后祭祀，更为残忍的是活埋。我们本次发掘的这具骨架四肢完好，平躺，应是杀死之后祭祀，然后在其上覆土夯筑。

城门。城门是一座城池的标志性建筑之一，望京楼商城每面城墙上有两座城门，将城墙分成三等分。一般的城门仅仅是在城墙留一个缺口，再把缺口略加宽修整而成，而望京楼商城城门却是造型奇特。我们细致地发掘还原了商人修筑城门的场景。

整座城门占地2000平方米，通过航模拍摄才能看到其全貌：一个大大的“凹”字，而门前护城河是一个大大的“凸”字，包括两道城门、两道护城河、门前广场、岗哨室。最内一道城门的奠基石如今仍安然深埋于地下，整齐划一，显示当时城门两侧各有十根柱子，柱子上端稳稳顶住的也许是巍峨的城门楼，但城门楼及柱子早已湮没在历史的长河中。其前方还有一道城门，从近半米宽的柱子洞可以设想当时柱子的尺寸。最外一道城门厚重的大门打开之后，即可看到左手的岗哨室及第一道护城河，此护城河上有一道窄窄的小路，过去第一道护城河后为第二道护城河，上架有吊桥，这种设计有“一夫当关，万夫莫开”之势。

这是目前我国发现的早期城址中规模最大、形制最完备的城门。从整个城门的结构来看，防御措施严密，已具备了后期瓮城的雏形。

宫殿。我们在城址中南部发现了东西长约30、南北长约29米的夯土带，后来在大面积的发掘中，揭露出一座大型房基建筑，其编号为10号房基。房基是由数十层夯筑过的硬土堆垫起来的，每层6～8厘米。在房基地坪上仍然保留有大小不同、深浅不一的圆形柱础和柱子洞。它的平面呈“回”字形结构，与今天的四合院相仿。中间为开阔的庭院，四周建房，北方为正殿，其余为南庑、西庑、东庑，所以，借助发掘和复原的图纸，我们可以直观地想象这座建筑的恢弘规模。排列整齐的柱基石，可以让我们看出当时这里建筑的恢弘气派。建筑结构之严谨，用料之讲究，无不体现了商代先人们智慧的光芒和独运的匠心。

技术人员在清理F10西部夯土时，发现一座长条状灰坑。在清理此灰坑内的填土时，意外地发现了6具人骨，因为上部亦被取土，或许尸骨更多。经鉴定，五具为壮年，一具为孩童。骨架的放置并不是整齐划一的，多身首异处、上下分开，且骨头断面上有明显被砍的痕迹。显然，它们与城墙底部发现的人骨同样是被用来祭祀的。

望京楼商城虽不是第一座被发现的商代城址，但是它却具备在其他早期城址中从未发现的独到之处，或许就是后世同类事物的雏形：如具备墙筋作用的护城墩、具备瓮城作用的城门、整齐的道路网。

五、夏　城

在钻探商城之时，一直令我们费解的是，在商代护城壕之外又发现一道夯土层及城壕，与第一道相同，亦是向南向北两个力向延伸。它们在商城东北角、东南角之处亦拐弯，东北角向西约80米钻入万邓公路、东南角向西50米钻入郑新公路，其余不见。后经发掘证实，这道城墙及城壕属于夏代。

夏代城址位于商城城址外侧，紧贴商代护城壕，目前已确定该城址的东城墙及东南、东北转角，城墙之外为护城壕。拥有美丽传说的望京楼夯土台基位于城址的西南角，是一个制高点，当时我们在调查时就猜想它是否在夏商时期就已存在，果不其然后来在台基下部发现了不同于上部战国夯土的夯层，其夯窝小而密、夯层薄而均匀，明显具有夏商时期夯土特征，根据其所处的位置，我们只能推测此早期夯土的功能应是一处大型祭祀台或瞭望台，时代为夏。

在距夯土台基北约50米处发现一处范围较大的淤土坑，出于保护的角度，仅仅发掘了其一部分。它的平面形状为椭圆形，坑壁及底经过加工，均涂抹有青膏泥，坑内包含大量淤泥，剖面上水迹明显，水池西端有一条向池内引水的沟，显然，它的作用是一座蓄水池，且经常从黄水河中引入水源。池内出土有陶器、完整牛头骨及残牛骨架等。根据出土文物我们可判断此水池年代属夏代，水池的水主要是供生活在夯土建筑之上的人们所用。

六、意　　义

望京楼商代城址是全国发现的第七座早商城址，其面积仅次于郑州商城和偃师商城。它的发现为商代考古研究增添了新的材料，对早商时期城池建制及防御体系研究具有重大学术意义。望京楼夏代城址是目前所知第四座建于夏时期的夏代城址，其面积仅

图一　商代夯土建筑

图二　商代铜钺

图三　原始瓷尊

次于当时的国都。望京楼商代城址和夏代城址两城相套，此现象为夏商考古中首次发现。两城兴废之更替，当为夏商文化分界探讨增加了新的资料。从地理位置上分析，望京楼商城是郑州商城向南部物资转运交流的驿站，城内遗迹及呈凹字形的城门，体现了浓重的军事防御色彩，其性质应为一处军事重镇。从地理位置及出土文物的角度考虑，我们推测望京楼夏城是当时的一个方国（图一～图三）。

（原刊于《古都郑州》2012年第2期）

夏末商汤居亳与韦地同域说

——议新郑望京楼二里头文化城址性质

李德方　吴　倩

商、韦，同属夏王朝的东境方国。夏朝末年，夏室衰微，商侯渐强，汤把商邑迁至亳，即《史记·殷本纪》所云："成汤，自契至汤八迁。汤始居亳，从先王居。"[1]汤之亳地，世人多有考述，但说法不一。笔者审读了相关文献材料，认为汤亳当在今郑州市区一带，此原系夏王朝方国韦地，汤在伐夏前首先灭韦国并在韦地营建亳邑，亳地原为韦地，即与韦地同域。

为阐述这个问题，本文首先从历史地理研究方面入手追寻汤亳地望，而后讨论亳地与韦地的关系。

首先讨论汤亳地望。

确定亳之地望，可以史言"商兴丕山"的王山地望及《汤诰》中亳的地理方位等为依据。

《国语·周语》云："昔，夏之兴也，融降于崇山；商之兴也，梼杌次于丕山。"此言崇山（嵩山）一带为夏兴地域，而梼杌之神依天序见于丕山则商兴，丕山一带乃商兴地域。丕山乃《禹贡》大伾山。《尚书·禹贡》云："导河积石，至于龙门；南至于华阴；东至于砥柱；又东至于孟津；东过洛汭至于大伾；北过降水至于大陆；又北，播为九河，同为逆河，入于海。"此言"东过洛汭至于大伾，北过降水至于大陆"，大伾山被界定于洛汭、降水之间且黄河在大伾山处北折。笔者之一在《商兴之丕山辨》一文中论证：今荥阳北邙即《禹贡》大伾山，其西起巩、荥交壤处的成皋虎牢关（武牢关、成皋关、汜水关、古崤关、旋门），东至荥阳市东北、郑州市西北的广武山（上有汉王城、霸王城），东西绵延30余千米；荥阳北邙北侧悬崖为黄河南岸线，其时而北折，时而东曲，宛如一道北凸鱼脊；广武山位于荥阳北邙东端，河水在广武山外明显北折，北折后向北流经今辉县一带；荥阳北邙即商兴丕山[2]。史言契后十四世至汤而兴，商兴即汤兴，商兴之荥阳北邙即汤兴之地，汤之亳地必在荥阳北邙及其附近。

《史记》记载汤灭夏桀后"还亳，作《汤诰》"："（汤）既绌夏命，还亳，作《汤诰》：维三月，王自至于东郊。告诸侯群后：'毋不有功力于民，勤力乃事。予乃大伐殛女，毋予怨。'曰：'古禹、皋陶久劳于外，其有功于民，民乃有安。东为江，北为济，西为河，南为淮，四渎已修，万民乃有居。后稷降播，民植百谷。三公咸有功于民，故后有立。昔蚩尤与其大夫作乱百姓，帝乃弗予，有状。先王言不可不勉。'曰：'不道，毋之在国，女毋我怨。'"[3]此言汤"自至于"亳"东郊"作《汤诰》，亳地"北为济，西为河"。此记述了汤亳的相对方位。

"济"即《史记·孙子吴起列传》所云"夏桀之居，左何济，右太华"的"济"。荥阳北邙一带的古济水今已湮灭或沦为今河水下游的一段水道。据郦道元《水经注》卷七《济水》所记，"济水出河东垣县东王屋山，为沇水"，东南流"注于河"，"与河合流，又东过成皋县北，又东过荥阳县北，又东至北砾溪南，东出过荥泽北""南泆为荥泽""又东过荥泽""东南流注于浦"[4]。济水出河后"南泆"之荥泽，陈隆文博士《古荥泽考》一文认为，"荥泽位置应在今广武山以北，黄河北岸御坝、秦场、老田庵、大茶堡一线"至"黄河大堤之南区域"，"郦注中明确告诉我们，荥泽实际上构成了济水河道中一个段落"[5]。陈文所言的古荥泽位置即在今广武山东、古荥镇以北的今黄河南堤一带，而济水出荥泽后约在黄河花园口一带"东南流注于浦"。据此，古济水出黄河后大抵顺着广武山—黄河花园口一线东南流，此当为《汤诰》之"北为济"的济水。

《汤诰》云禹与皋陶"西为河"，应泛指黄河在广武山外明显北折后向北流向今辉县一带的河水，唯此合于汤亳"西为河"的方位；倘若汤亳在广武山以西的荥阳北邙，河水则在亳之北，不能云"西为河"了。

根据以上对汤兴丕山地望及济水、河水的讨论，可以认为汤之亳地应在今广武山至花园口一线的古济水以南、今广武山至辉县一线的河水北折水道以东，而且其地望又当近于荥阳北邙。基于此，笔者之一把汤之亳地圈定在今郑州市区。今郑州市区，其北17千米处为广武山至花园口的今黄河南堤，即前已考订的古济水水道，合于《汤诰》之"北为济"方位；其东北约32千米处为黄河北折处的广武山，合于《汤诰》之"西为河"方位；其地处荥阳北邙东南部，合于汤兴丕山地望；郑州市区又是一片面积达上百平方千米的地理单元，以此作为汤亳地望应大致无误。

需说明的是，笔者并未把近于广武山的北邙一带作为追寻汤亳的主要地域，这是因为广武山附近有可能近于夏之顾地。郦道元《水经注》在记述河水东经荥阳北邙的旋门坂北、成皋大伾山下、坂城北、荥阳县后接述，"河水又东北经卷之扈亭北……河水又东北，通谓之延津"。在"河水又东北经卷之扈亭北"下注："《春秋左传》曰：文公七年，晋赵盾与诸侯盟于扈，《竹书纪年》晋出公二十二年，河绝于扈，即于是也。"[6]扈又作雇、顾。邹衡先生在论及夏之顾国时有言："顾，应即甲骨卜辞所见之雇，据王国维、陈梦家等人的考证（《殷墟卜辞综述》，第305页）就是杜预所说荥阳卷县之北的扈亭。"[7]卷县为秦汉时置，西邻河内郡武德县，西南在广武山一带与荥阳县交壤，卷之扈亭当近于二县交壤处，该地域当近于顾地。

以上讨论了汤之亳地应在今郑州市区，接着讨论亳地与韦地的关系。

“汤始居亳”之亳，亦作薄。《逸周书·殷祝解》：“汤放桀而复薄，三千诸侯大会。”《墨子·非攻篇下》：“汤奉桀众而克有夏，属诸侯于薄。”此语与《殷本纪》之汤“既绌夏命，还亳，作《汤诰》”同指一地一事。薄即亳，亳、薄二字，古音相同，可以通假。古文献中亳、薄又作郼薄、郼。《吕氏春秋》的《具备篇》：“汤尝约于郼薄矣，武王尝穷于毕程矣，伊尹尝居于庖厨矣，太公尝隐于钓鱼矣。贤非衰也，智非愚也，皆无其具也。”《慎势篇》：“汤其无郼，武其无岐，贤虽十全，不能成功。”高诱注：“郼、岐，汤、武之本国也。”《慎大篇》：“汤立为天子，夏民大悦，如得慈亲，朝不易位，农不去畴，商不变肆，亲郼如夏。”高诱注：“郼读如衣，今兖州人谓殷皆曰衣，言皆民亲郼如夏氏也。”郼薄地域并不广，《管子·轻重篇》：“夫汤以七十里之薄，兼桀之天下，其故何也?”这些记载说明：郼薄、郼乃商汤本国，亦即商灭夏前的汤侯之邑；汤居郼薄时受到夏室制约，此与伊尹、齐太公入仕前屈于庖厨或隐于鱼钓的情形相似；汤以郼薄为基地伐夏，灭夏后桀民视郼人（郼地来的殷人）如夏人，可证汤民又称郼人。汤本国亳地何以又称郼薄、郼，汤民何以又称郼人?《帝王世纪》云“汤即位十七年而践天子位”，践天子位前桀“召汤而囚之夏台，已而释之”[8]。汤在灭夏前仅在位十余年且受到夏室制约，其不可能多处筑城并出现多个本国，故亳、薄、郼薄、郼，甚而南亳，名称有异，所指为一，而郼薄、郼的名称则说明汤先灭韦国后并在韦地营建亳邑。

从文献记载推测，汤当先灭韦国（或韦、顾）并在韦地城亳。《诗·商颂·长发》：“韦、顾既伐，昆吾、夏桀。”郑笺：“韦，豕韦，彭姓也。顾、昆吾，皆己姓也。三国党于夏桀。”崔述《考信录·商考信录》卷一《诗·商颂考》：“按此文称‘韦、顾既伐，昆吾、夏桀’，则是汤先伐韦、顾，次乃伐昆吾，最后乃伐夏也。盖汤之初国小，其力不能伐昆吾。……逮至韦、顾既灭，地广兵强，已无敌于天下，然后乃伐昆吾。昆吾既灭……然后……乃伐夏耳。”此言汤先伐韦（或韦、顾）甚确。汤何以先灭豕韦氏之韦国?此与夏末韦国衰落相关。《夏本纪》：“帝孔甲立，好方鬼神，事淫乱。夏后氏德衰，诸侯畔之。天降龙二，有雌雄。孔甲不能食，未得豢龙氏。陶唐既衰，其后有刘累，学扰龙于豢龙氏，以事孔甲。孔甲赐之姓曰御龙氏，受豕韦之后。龙一雌死，以食夏后。夏后使求，惧而迁去。”[9]此类记述又见于《左传》昭公二十九年，可证帝孔甲时豕韦之国已名存实亡，汤灭韦乃乘虚而入，取而代之，而桀囚汤或与汤侯伐韦相关。因此，汤当先灭韦国（或韦、顾）并在韦地城亳（薄、郼薄、郼），韦、亳同域。以往诸多学者，对“韦、顾既伐，昆吾、夏桀”的理解为，汤从亳地出发，依次灭韦、顾、昆吾、夏桀，是一条不间歇的伐夏军事路线。此似不合史事。

据《郑州商城》考古报告，在郑州市区的二里冈商城区，分布有相当于夏王朝中晚期的二里头文化洛达庙期遗存：商城城垣夯土中“不断发现有相当于洛达庙期的陶片”；其东城垣下“叠压有相当于洛达庙期”的壕沟；商城内商代宫殿区的黄委会青年公寓考古工地“则发掘出一部分保存较好的洛达庙期遗址”；商城内东北部商代夯土基址“直接或间接地叠压着洛达庙期文化层与灰坑”[10]。又据该报告，继洛达庙期夏文化之后，该地域突然插入了一支较洛达庙期稍晚的南关外期先商文化，以此为契机，商文化在荥阳北邙一带广为分布。此既为韦地、汤亳同域提供了一定线索，又是商兴丕山的写照。邹衡先生亦对这一观点表示认同[11]。当然，笔者之一认为都薄仅指商汤灭夏前的汤侯之亳，而汤的天子之都乃偃师商城，而且商初以偃师为都的时间很短[12]。

综上所述，笔者认为“汤始居亳”之亳地，当位于近于荥阳北邙的古济水以南、广武山河水北折处以东的郑州市区，此原为韦地，汤灭韦（或韦、顾）而在韦地城亳，亳地与韦地同域。其认识正确与否，尚待进一步考古工作与研究的检验。

2010年9月至12月，郑州市文物考古研究院为配合“郑州市南出口暨郑新快速通道”的基本建设，对位于河南省新郑市北6千米的孟家沟、杜村以西的望京楼遗址进行了大规模的考古工作，同时发现了两重城墙及城壕，并在两重城墙之北300米又发现夯土遗迹及一条人工开凿的壕沟，该壕沟东接黄沟水，西连黄水河，形成了一个封闭的城圈，将两重城墙围在其中。其中，最内一周为二里冈文化城址，其外为二里头文化城址[13]。

有学者初步认为，望京楼两城址的性质，有可能为夏商时期的军事重镇或方国都邑，尤其是望京楼二里头文化城址性质，更多的意见倾向于是夏之某一方国都邑。按照文献记载，有专家认为是昆吾，有谓葛国或戈或曾，亦有专家提出是“奠”，等等。

笔者认为，昆吾与夏桀一起为汤所灭，其地当近于夏都偃师二里头遗址。《史记·殷本纪》：“当是时，夏桀虐政淫荒，而诸侯昆吾氏为乱。汤乃兴师率诸侯，伊尹从汤，汤自把钺以伐昆吾，遂伐桀。”[14]据此，昆吾应近于夏王朝统治中心。邹衡先生认为昆吾“应在今新郑、密县一带”[15]。笔者认为似应再偏西、偏西北一些。葛，较早为汤所灭。《殷本纪》：“汤征诸侯。葛伯不祀，汤始伐之。”[16]《孟子·滕文公下》：“汤居亳，与葛为邻，葛伯放而不祀。”“汤使亳众往之耕，老弱馈食。”《左传》隐公五年：“宋人伐郑，围长葛，以报入郛之役也。”《左传》桓公五年：“战于繻葛。”杜注：“繻葛，郑地也。”新郑望京楼夏代遗址北距郑州市区亦即汤之亳地约35千米，又在郑地，合于孟轲所云葛伯地望，故其当为葛墟。

2011年6月9日，新郑望京楼夏商城址被评为2010年度全国十大考古新发现之一[17]。但是，望京楼二里头文化城址的考古发掘仅仅揭开冰山一角，目前发掘的主要是二里冈文化遗存，其二里头文化城址的文化内涵尚不清晰，故本文对望京楼二里头文化城址性质的认识是初步的、粗浅的。

注　释

[1]　《史记》卷三《殷本纪》中华书局，1989年，第93页。

[2]　李德方：《商兴之丕山辨》，《郑州商都3600年学术论文集》，中州古籍出版社，2004年，第209～212页。

[3] 同[1]，第97页。
[4] （北魏）郦道元撰、王国维校：《水经注校》，上海人民出版社，1984年，第235～245页。
[5] 陈隆文：《古荥泽考》，《黄河与河南论坛文集》，黄河水利出版社，2008年，第232～237页。
[6] 同[4]，第150～156页。
[7][15] 邹衡：《论商都郑亳及其前后的迁徙》，《夏商周考古学论文集》，科学出版社，2001年，第186页。
[8] 《史记》卷二《夏本纪》，中华书局，1989年，第88页。
[9] 同[8]，第86页。
[10] 河南省文物考古研究所：《郑州商城》，文物出版社，2001年，第86～90页。
[11] 2004年4月，著名考古学家邹衡先生来到郑州。在郑州市文物考古研究所，邹先生与笔者之一、叶万松先生、张松林所长等亲切交谈。当谈到郑州商城的研究现状，先生兴致很高。于交谈中向先生请教了郼薄的问题，问先生："郑亳，是否可改称郼薄？"邹先生笑答："也可以称郼薄，但已经那样叫了多少年了，不改了吧！"先生的话，表明先生认同汤亳与韦地的密切关系。
[12] 李德方：《汤居郼薄与郑州商城》，《安金槐先生纪念文集》，大象出版社，2005年，第265～268页。
[13] 张松林、吴倩：《新郑望京楼发现：二里头文化和二里岗文化城址》，《中国文物报》2011年1月28日。
[14] 同[1]，第95页。
[16] 同[1]，第93、94页。
[17] 见《2010年度全国十大考古新发现》，《中国文物报》2011年6月10日。

（原刊于《中国国家博物馆馆刊》2011年第10期）

双城传奇：望京楼夏、商城址发掘记

郝红星

一、城高堪为铁，渊深泪自流

从郑州往南有两条大道可通新郑：东边一条叫郑新路，是条省道，资格很老，弯弯曲曲，穿街走巷，路旁的杨树参天蔽日，夏天穿行其中很是凉爽，有曲径通幽之感；西边一条叫107国道，后修的，它比郑新路宽一点，直一点，有些地段还能看到废弃的老柏油路面，路旁的树木大多砍光，这是扩路的杰作。

2010年，为了让郑州南大门不再卡脖子，市政府决定重修郑新路，不但要加宽，还要大范围取直，两旁布置20多米宽的绿化带。说话间新的郑新路已接近竣工，西边107国道又开始惊天动地的改造，同样是路基加宽，添置绿化带。如今，这两条大道宽如河流明如镜，使新郑成了郑州南边的一个渡口，或者渡口边上迎来送往的一个饭店。大家争去渡口游览进餐的时候，一定要控制好车速，谨慎无事故。

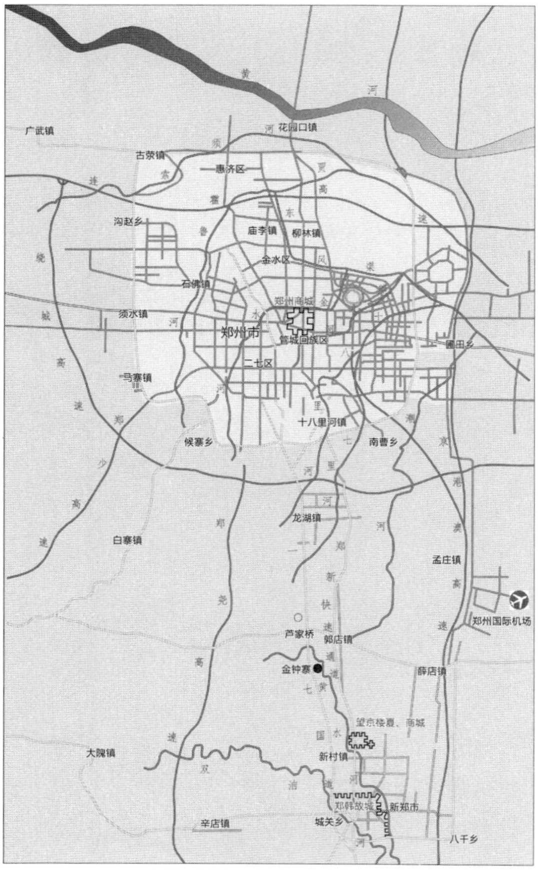

图一　望京楼夏、商城周边地图

本来要写双城记，怎么提起路来没完没了？这是因为，这两条现代化的大路把一个轰轰烈烈而又幽咽千秋的美丽传说给糟蹋得意境全无，我试图重构当年的荒郊野径，重叙传说过后的寂寞与悲伤。

郑新路与107国道几乎并肩直行，在芦家桥、郭店以南的地段，两路间夹着一条古河道，现名黄水河，抵达新村镇后，东南流，穿过新郑市的东部，与西来的双洎河汇合，这就是历史上主宰郑国命运的溱洧合流。想当年，溱与洧，方涣涣兮，流淌的不仅是爱情，溱与洧，方其坚兮，也是爱情粉身碎骨的场所。我们今天不去探究为什么溱水变成了黄水河，为什么洧水变成了双洎河，单讲一个新郑人皆尽知的望京楼的传说。

从巍巍矗立的郑韩故城北城墙沿郑新路向北4千米，路东有个村庄孟家沟，孟家沟以西的平畴上，卧着一个低矮的土丘，南北长500米，东西宽200米。丘的中部有一座高出地面7米的夯土台子，从东侧人们攀爬的小道直趋台顶，目测台子南北长50米，东西宽40米，向西200米是一汪清澈的黄水河，向东300米是林荫不再的新郑新路。忆往昔，这里蓝天碧水，楼高凤飞，如果没有新村镇的遮挡，自可望见高耸入云的京城宫阙。这个台子就是望京楼的基础，现在应该叫望京台了吧（图一）。

话说西周末年，犬戎攻入镐京，幽王死难，平王将都城迁至洛邑，从此天下诸侯忙于征战，没空搭理周天子。地处中原的郑国更忙，郑武公是平王的亲叔叔，在朝里担任司徒，周边大国打仗，夹在中间的郑国，既忙于调停，也忙于树威立信，捞点实惠。

有一年，晋国劳师远征楚国，楚王请求郑国在后边给晋国来一下子。武公觉得想法很好，派出青年将领金钟率军出击，果然在城溪把晋军打得大败，军械粮草堆积如山。武公一看，不错嘛，吾以弱胜强，自此天下谁敢小瞧我郑国？开会庆祝一下，赏赐了金钟，然后大摆筵席，一连宴请20多天，部长们喝得天昏地暗，宫女们跳得脚酸腿软。席间只有金钟一人清醒，他担忧晋国报复，进谏武公要枕戈待旦。武公嗤之以鼻，说："小孩子家家知道什么！"将金钟轰下殿去。郑武公有个女儿叫碧霞，很有眼力，听说这事后，觉得金钟这样的青年才俊才是国家的栋梁，恳请父亲把金钟招为驸马，辅佐朝政。武公一听大怒，好女儿竟敢私自怀情，下令将碧霞公主赶到城北函陵（望京楼）囚禁起来，金钟则下放到函陵北6千米溱水岸边的兵营当了一名小卒，两人不许见面。

囚于溱水旁的碧霞公主，荆钗布裙，溱水为食，常登台而望华月，缓抚鬓却念情郎。来年，武公病死，庄公继了大位。姐弟俩感情不错，庄公还没来得及召归公主，晋、秦两国结伙入侵，战火向南推进。在一个素月长辉、清宇无尘的夜晚，碧霞公主一人来到溱水河边，但见水清沉月，波白浮鱼。"鱼儿啊鱼儿，你从北方来，还是往北方去？你可知道我钟哥哥的信儿？"鱼儿摇摇头，叹息着去了。碧霞正纳闷间，忽见波浪翻滚，钟哥哥一袭白衣从水中升起。公主大惊失色："哥哥，你怎么会在水里？"金钟望着公主那散乱的云髻和憔悴的面庞，幽幽说道："去年国王去世，自思这辈再无相见可能，遂赴水而死。水神念我忠义，封我为溱水水伯。今晋秦来侵，郑国危在旦夕，我不能冲锋陷阵，故从水神处求来一件救国珍宝。"说着从袖中抽出一块三尺见方，上面绣着各种图案的白绫，双手托起："公主，这本是水神嫁女之物，你站在上面，面向京都，便能为国王指点迷津，挽救郑国。"碧霞公主接过白绫，未及拜谢，金钟脚下的水面向两旁翻起，现出一条金光大道。金钟白影闪动，和金光一起消失在弥平的水波中。

碧霞公主来不及悲切，把白绫铺在岸边，刚一站上，只听耳旁呼呼风响，三尺白绫升高变大，变成了一个长、宽、高三十丈的土台，白绫上的图案化作巍峨壮观的亭台楼榭和容貌端庄的侍女，碧霞公主站在楼台窗前，眺望京都。说来奇怪，弟弟所做的一切她都能看到，弟弟想做的事也正是她想做的事，她这才放下心来。

于是，碧霞公主就在函陵研习兵书，教练侍女武艺，还将附近的农田都种上了黄豆。转眼秋天到了，公主领人将大豆收了个仓满囤圆。一天夜晚，公主想起死去的哥哥，好生烦闷，便登台北望，风中隐约传来一阵阵马蹄声。公主心想，夜深人静，何来的马蹄声声？派人打探，知是晋秦联军将至。公主十分焦急，忽然溱水上空飘来一块白绫，她伸手接住，上书八字："烽火报警，撒豆成兵！"碧霞公主抬头再看，钟哥哥的身影已被水气掩住。碧霞公主拭去泪水，下令点火报警，抛撒黄豆。真是神奇，撒出去的黄豆滚落一地，马上变成无数的士兵，手持刀枪，杀向敌营。联军从未见过黄豆变成的特种兵，一下子六神无主，纷纷败退，公主和侍女见状上马追击敌军，不幸在金钟哥哥赴水的地方中箭身亡。

庄公为了纪念他可怜的姐姐和忠义的姐夫，把函陵楼台重新整修，赐名望京楼，把金钟赴水的兵营称作金钟寨。

二、千年古城脚底踩，两代考古遇春来

1965年春节过后，孟家沟村民孟振声寻思自家地里那条水冲沟开裂一冬天了，现在天气回暖，应该平整一下。他喊上本家三个兄弟，四个人说说笑笑在水沟旁一块高地上取土填沟。农活就是这样，想快快不了，想慢也慢不成，眼看太阳下山，四人打算收工。孟振立的铁锹收起，锹下的土却陷了下去，升起一股土烟，漏出一个黑乎乎的洞口。孟振立爬下一瞅，说："下边是空的，说不定是个古墓，没准有好东西呢。"正准备大干，孟振声摆手制止了他，说天快黑了，黑灯瞎火，有东西也看不清，还是明天挖好。众人同意，将小洞用土块掩住，又盖些树枝，除非一脚踩到上边，没人会发现。

第二天一早，四人悄没声响地来到地里，将昨天的洞口扩大，下挖起来。地里早有人发现他们举止异常，好奇地围拢过来，半看稀罕半参谋。在那个农业学大寨的岁月，挖个古墓稀松平常，大家都不觉得这是犯法。

"快，快，咱村西头挖见古墓了。"宁静的乡村好像起了一声惊雷，一传十，十传百，半天工夫，全村男女老少差不多都来了。四人吭吭哧哧奋战至中午，当啷一声，铁锹撞击金属的声音让周围唧唧喳喳的群众顿时安静下来，正在挖掘的几人更是得意，看来还真有宝贝哩。很快，几件浑身发绿的东西在孟振声的手下露出面孔，几个人又扒拉一会，连人骨底下的土都摸遍了，看看再无遗漏，将所有东西装进纸箱，挤过闹哄哄的人群，嘴里嚷着，交公家去，交公家去。

当日，他们挖出的文物有铜鼎、铜钺、铜爵、铜戈、玉戈及一些骨器、石器等。这些器物多数属商代，个别属夏代，其中几件精美绝伦，乃国之重器，绝非一般人所能拥有，尤其是铜钺，至今保持着商代中国第一钺的名号。

次日，孟振声、孟振立及孟振礼三人一起去了新郑县文化馆，他们使了个障眼法，

只上交了一小部分器物。回到家里，参与挖掘的四人洋洋得意地将剩下的器物进行了分赃：孟振声、孟振立分得铜钺及铜鼎，孟新照分得铜爵，孟同声分得两件铜戈、两件骨匕、一件铜镞。这些东西放在手里也是危险，不如换成钞票实惠，因此陆续卖掉了。孟振声长了个心眼，舍近求远，跑到开封市文物商店，谎称祖传，急着用钱。文物商店予以收购，并于1972年将这件中国一号钺送至北京参加中国出土文物展览。

新郑县文化馆馆长看到孟氏兄弟上交的文物，非常重视，马上派人到墓葬周围钻探，可惜什么也没发现。

1973年，在郑韩故城主持发掘工作的郝本性对孟家沟出土过铜器、玉器之事，隐隐觉得会有重大发现，带人对这块地进行了详细钻探，但钻探哪有发掘直观？最后确认这是一处文化层很厚的商代遗址，并根据遗址西部的高台——望京楼，起名望京楼遗址。

1974年，孟家沟村在平整土地时，又出土一批青铜器、玉器。

孟家沟接二连三地出土青铜器，引起一位学者的注意，此人便是中国商周考古第一人——邹衡。邹衡看到望京楼出土的鼎、钺、罍、戈、璋等高端文物，直言不讳地说："这里应是夏王朝的一个方国，极有可能是昆吾所在。"

有方国必有城墙。河南省文物考古研究所20世纪90年代来此试掘，因地点失位，未见成效。2007年，南水北调工程开始，河道从望京楼遗址南部边缘穿过，河南省文物考古研究所又抢得先机，对河道占用区域进行了发掘，同样悻悻而归，省所之专注望京楼城址可谓久矣。

三、天命有所幸，大道终有归

2010年，为了缓解交通压力，郑州市政府决定扩修郑新路，工程在孟家沟村西遇到了拦阻，拦阻它的是文物部门。老郑新路修筑的时候，并未对路基下的遗址进行发掘，这次扩路，又占用遗址东部很大一部分，根据《中华人民共和国文物保护法》，田野发掘在所难免，幸运的是，这次发掘花落郑州市文物考古研究院。为此，考古院精心准备，将最好的技工、专家调往工地，详细制定了勘探、发掘计划。一时间，望京楼考古工地兵强马壮（图二）。

图二 望京楼夏、商城址发掘情况

探工们首先在村干部的指点下，对一块长势喜人的玉米地进行了钻探。村长在一旁乐滋滋地说，这是俺村最肥的地，每年就数它产量高，下边一定有宝贝。孰料一番汗水一番辛苦，洛阳铲（盗墓人发明的一种弧面铁铲，最为考古人倚重）带上来的土，只能说明这里灰土较厚，是古人抛弃生活垃圾的地方。

勘探向其他方向扩展。同时，考古队派出技工，对遗址进行全方位的地面踏查，西到黄水河西岸，东到孟家沟村东黄沟水，对区域内高高低低的沟坎，进行蛛丝马迹的鉴别。可惜得很，由于秋草旺盛，断崖上并未发现重要遗迹，而地表随处可见的商周遗物只不过证实了这里曾经的浮华烟云。难道考古队又要重蹈覆辙？那些国之重器农民的锄头都能碰上，考古人手中细致入微的洛阳铲反而成了无能之辈，望着蓝天上袅娜而过的白云，实在心有不甘，需要的东西什么时候才能出现？哪怕是昙花一现！

三天后，钻探队负责技术的马胜利嘴角澎湃着笑意来找挖掘领队吴倩，说刚刚探出的土很特别，和以往的探土有很大的不同。吴倩急忙跟着马胜利来到村北的农田。这里西距郑新路路基70米，探工们正在忙碌，地上已经打了不少孔洞，洞旁堆着黄刺刺颗粒样硬土，确实和村西探出的灰土不一样。抓起一把细细审视：质硬，含有料姜及细小的炭粒，就像一把揉碎的花生饼。莫非是夯土？经过和附近探土反复比较，确认这就是苦苦寻觅了40年之久的夯土！焦虑与不安像青烟一样逸去，心胸如霁后晴空一样澄澈。在砖瓦发明之前，中国古代的城墙、房基都是用土夯夯筑的，所以当考古人见到夯土时，第一意识就是房基，如果成条状，有可能是廊基或城基，现在二者必居其一，任何一种都心满意足。

由于夯土面积有限，考古队好不容易摁压住兴奋的心，让探工们加大钻探范围。向西向东都没有夯土，向南向北夯土成条状不断延伸，并且在邓万公路南侧的树林里拐向西，这是城的东北城角！在城外还发现有淤沙、淤泥，不是护城河又是什么？吴倩马上将这一天大的喜讯向院领导作了汇报，得到指示：保密！跟踪追击，将城圈确定下来。

捷报频传，在望京楼水库东80米，张家村公墓西北角的两处剖面上又发现夯土，这样，望京楼城址的东墙、北墙、南墙均已发现，城圈也基本确定下来。它埋藏于地表之下1米处，南北长度590米，东西宽630米，面积约37万平方米，保存最好的地段宽近20米，厚1.5米。虽已残破不全，但四个城角的夯土居然奇迹般存在，也许它不甘心被历史无情地抹平，挺拔的四肢即便深陷历史的泥潭，却仍顽强支撑着嶙峋的脊背，等待有心人的最后一掘吧。

恰在这时，在北城墙之北300米处又发现一条淤土沟，内含夏商时期的陶片，这又是一个新的问号，距离这么远，怎么又出一条护城河？很快考古队发现这条淤土沟向东、向西延伸，贯通了黄沟水与黄水河，且它与北城墙的距离和黄水河东拐那一段与南城墙的距离差不多，原来是人造一条护城河，追求的是南北对称！

为了厘清城墙与淤土沟的结构，考古队在城墙东南角、东城墙北端、北城墙东端及淤土沟处开挖了四条探沟，发掘表明，城墙由主城墙、护墙墩及护城坡三部分组成：主城墙为城墙的中坚部分，用版筑法夯筑；护墙墩类似今天砌墙每隔一段就加厚的墙垛；护城坡是倾斜夯筑于主城墙的两腰，起到加固城墙的作用。无论从城墙的夯筑方法还是夯层包含物及地层关系等都有力证实了城墙属于商代。这是中国迄今发现的第七座商代城址，为玄鸟奋飞的商王朝又增添了一只丰羽的翅膀。

在城墙护坡底部发现一具人骨架。商人非常迷信，不仅祭祀自己的祖宗，也祭祀上帝自然神。那么，修筑这座关乎一方平安的城，更要诚用重牲，即用人牲来祭拜上苍（图三）。这座城址底下会有多少嚎哭不已的冤魂呢？不可能将城基全部挖出来，就猜想人牲像护墙墩那样等距间隔，每面五人，一周20个吧。眼前似乎出现这样的画面：3600年前，郑州商城的南大门，军队整装出发，战马嘶鸣，旌旗猎猎，强大的商军轻而易举攻占了夏人这个破败不堪的远方鄙国。为了彻底消除此地对商都的威胁，指挥官打算在此草肥水美的地方再建一座新城，20个宁死不屈的俘虏被杀死奠基，其余的被编为奴工，和商军一起修筑城墙。不久，一座中型堡垒赫然矗立在黄水河畔，夏人在商人矛戈交颈下成了顺民，而城头彩旗如画，城外碧水如带，别致的城墙在春风轻拂下愈显挺拔秀丽。如果不是城基下边人牲的发现，又有谁知道这一切呢？

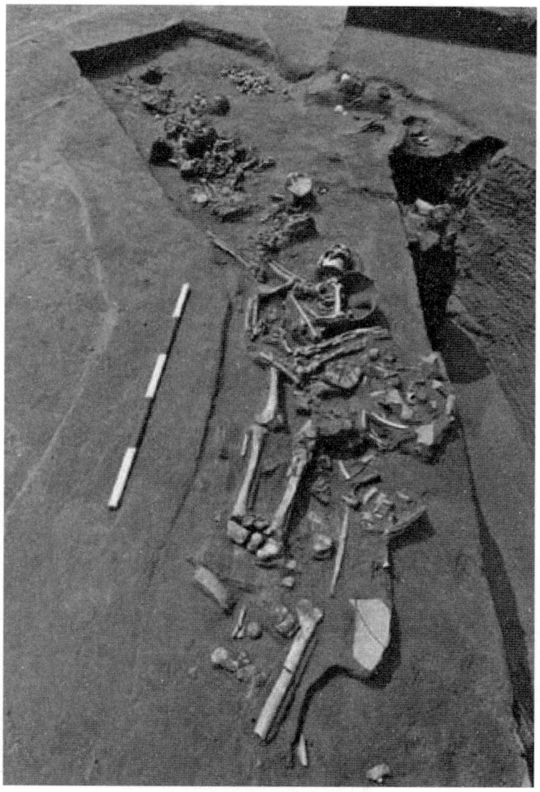
图三　商代祭祀坑

四、征虏城威在，井然别样妆

这座商城，必定是郑州商城建好后，为拱卫首都而修建的一座军事城堡，那么城内的最高军事首长理应有处理军务的地方，他的办公楼安在哪儿呢？考古队在城内南部正中发现了面积900平方米的方形夯基，编为F10，它保留有数十层夯土，夯土周遭有井然的柱洞、柱础，说明这是个具有防护性质的四合院：北面为正殿，其余为东庑、西庑、南庑。无疑是个典型的将军衙门，南庑驻警卫，东西庑住僚属，北殿是中军大帐。这个军事首长的脑袋不简单，很懂建筑学。他选的城址碧波荡漾，建的城墙风光旖旎，住所（寝办合一）四平八稳，说明他很晓得大道为中的道理。

这个军事首长也是个勤政的人，这从他注重城的选址及办公环境就能看出。他怎样来治理他的这个小小的王国呢？从偃师商城的发掘可以知道，商代已经有了牛车，这个军事首长会不会坐着牛车出城巡视百姓呢？极有可能。通过钻探，考古队在他的办公楼东西两侧各发现一条南北向的路，分别通向南北城墙的四个城门，又有两条东西向的路，分别对应着东西城墙的四个城门。考古队对东边那条道路进行了局部解剖，发现四组清晰的双轮车车辙。这条路显然经常跑车，中间微鼓，两边稍低，车辙下还铺有小石子及料姜石，完全够得上战备公路。

望京楼商城不是首都，充其量不过是个军事堡垒，按常理，弹丸之地，每面设一门更有利于防卫，事实上它设了八个门，可能和它城内功能区发达有关。考古队对东城墙南边的门进行了深度发掘，情况如下。

城门平面呈凹字形，口朝东，口外紧挨护城河；护城河不是一道直线，而建成凸字形，凸榫亦朝东；凹与凸间的空地形成瓮城；城门前后两道，设于城墙的内外两侧，城门之间的门洞，靠墙立有十根柱子，上承巍峨的城楼，外城门之东左首有一哨兵室；护城河有两道水槽，外侧水槽贯通，使用吊桥，内侧水槽被一道窄窄的小路间断。整个城门占地2000平方米，构思之巧，制作之精，堪称殚精竭虑。这种城门是中国目前时代最早、规模最大、形制最完备的城门，是后期瓮城的雏形（图四、图五）。

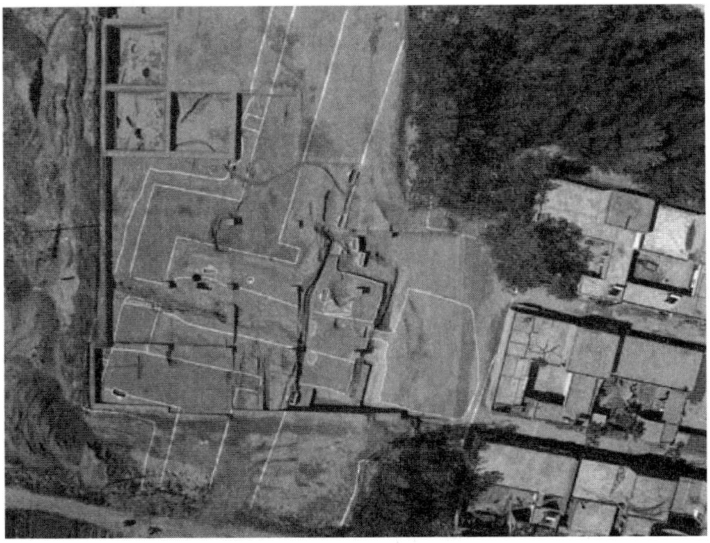

图四　望京楼商城东一城门航拍图

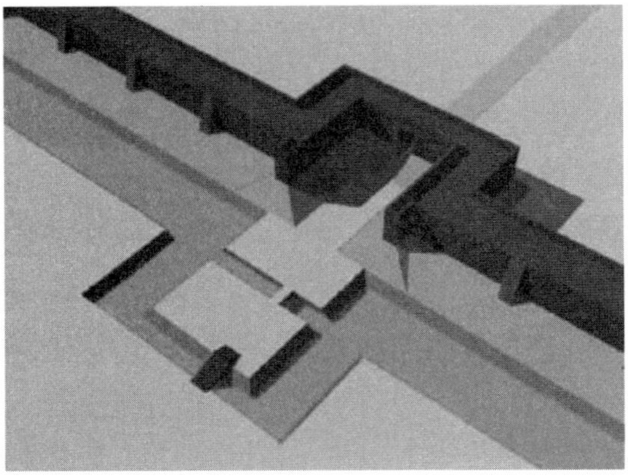

图五　商代东一城门复原图

典型的瓮城是在城门外另建半圆或半方的城圈，与大城连为一体，设偏门，瓮城外更有护城河。当敌人突破护城河，攻入瓮城时，由于空间狭小，四面箭如雨下，几无生路。瓮城的作用就是圈地为牢，使敌丧失机动能力，被动挨打，直至覆灭。瓮城在五代开始流行，宋代名臣曾公亮在《武经总要》中记述了瓮城的形制：“其城外瓮城，或圆或方，视地形为之，高厚与城等，惟偏开一门，左右各随其便。”

望京楼城墙内外均设有护墙墩，相

当于起加固作用的垛墙，具体做法是：先夯筑主城墙，然后是护城墩，最后在主城墙及护墙墩的外围夯筑护坡。理论上讲，护墙墩下部被封在护坡内，上部应该裸露在主城墙外，除了加固作用，装饰效果也不错。护墙墩呈规律性分布，底长3米，底宽2米，间距17米。这样一个内有钢筋铁骨，外有重重沟壑的城池，怎能不固若金汤？

五、城破带河在，台残瑶池深

钻探望京楼城址时，在商代护城河之外又发现一道夯土墙与护城河，它们紧紧裹携着商代的城墙与护城河，密不可分，并且在商城的东北角、东南角亦拐向西，不长即消失。这又是一道城墙及城壕。一般来讲，夏商时期城址会有内外两道城墙，内城为贵族、平民居住区，外城为大型手工业作坊、贫民窟甚而墓葬区，内外城之间要有足够的距离方能安排下这些内容，郑州商城即是如此。望京楼两城间不容发，让人糊涂了，难道这是一座带夹墙的商城？1980年代在山西垣曲发掘的商城有夹墙，可它的夹墙离主墙还有4米呢！这儿城挨城，河并河，究竟什么意思？

在东城墙之南门发掘取得丰硕成果以后，考古队腾出手来，对外城墙与护城河进行了解剖，发现内城墙的护城河是挖掉外城墙的一部修成的，剩下的外城墙南部残宽3.5米，北部只有1米，而外城墙以外的护城河基本保持原样。通过对外城墙及护城河包含物的分析，认为外城墙及护城河属于夏代，这也就是前边为什么说夏城凋敝，重筑新城的原因。

属于夏代的遗迹当然不止这一处，还有望京楼台吧。文章一开始就吆喝了半天望京楼，这个高大威猛的土台默默无语地站在商城内的西南角，它果然就是碧霞公主眺望京城的楼台？考古队对望京楼台西侧比较陡峻的斜坡进行了清刮，发现上部夯层厚而平，几乎看不到夯窝。这样的平夯层一般为春秋战国时期的遗物，看来碧霞公主的事也不是空穴来风，或许果有其事。不然，黄水河边怎么冒出个金钟寨来？那里可是个文化层很厚的龙山遗址啊。下部夯层薄而匀，夯窝小而密，这是夏商时期夯土的特征。随后又对

图六　望京楼夏、商城址发掘情况

楼台的边缘进行了卡探，楼台南北长95米，东西宽87米，厚1.7米。这是一处蔚为壮观的建筑基址（图六）。

在楼台北50米还钻探到一个面积挺大的淤土坑，南北长16米，东西宽20米，深2.7米，坑的西端有一条通向黄水河的沟。局部发掘表明，坑壁及底经过加工，涂抹着青膏泥，显然这是一座蓄水池。池内出土有汲水罐和牛骨架等，看来不只人在水边走，牛也来水边饮，只是这位失足牛兄没能爬上水池，够倒霉的。根据出土文物判断，水池属于夏代。水池应该是夯土台的配套设施，用于生活用水或消防用水，由此旁证早期夯土时代为夏。

六、双城烟事，考古人语

望京楼双城的出现，犹如一石击起千层浪，不少考古先生纷纷撰文，有些继承邹衡的昆吾说，有些另辟蹊径，在此先撇下不管，暂从考古资料的基本属性谈一谈。

此城择地优良，城门构造别致，城内有高台，可谓城防严密。城内出土较多的铜箭头，墓中有肢体不全的人，种种迹象表明望京楼商城是一座军事堡垒，镇守着郑州商城的南大门。望京楼商城的始建年代约与郑州商城相当。郑州商城是开国君王汤建立的国都，此时，王朝甫定，外患未除，在一定程度上还威胁着商的统治，所以，在郑州外围或原夏之方国构筑管理系统，用以维护王朝稳定成为必要。望京楼商城便是毁弃原来豆腐渣般的夏城，最大限度地利用这块地皮所建立起来的精品工程，它的作用当然是抚夏固商。

夏代城址被精于算计的商代最高军事首长毁灭了，那么商代城址又是如何湮灭的呢？钻探及发掘结果说了，如今绿油油、碧青青的农田下暗藏数几十条宽20～30米、深3～4米的沟，这是洪水肆虐的结果，所以这座堪抵精兵强将的城池在一场或连续数场洪水冲击下，城坍房倒，转头成空。人算不如天算，望京楼商城处于黄水河下游，地势低平，如果流域内发生特大洪水，黄水河是这一带的主要河流，三面环水的城墙很容易被淹，逃脱不了覆灭的命运。“下毋近水，而沟防省”，说的就是不能离水太近啊。

曾经美丽的双城在考古人的探铲与手铲中与现代人邂逅了，作为考古人，我们闭眼能感受它的脉搏，睁眼能放飞它的倩影，双城的人物故事也都历历在目，又觉得虚无缥缈。历史就是这样，因为不能事事记录而多了神秘莫测，因为不能件件临摹而增了想象空间。它们像天边的云霞，飘扬，流淌，融和，绽放。夏商文明在中国历史上具有特殊的地位，那是一个波澜壮阔、文明而又野蛮的时代，虽然在岁月的西风中很多东西消失得无影无踪，但作为文明载体的城墙始终顽强地挺立着，不管是在地上还是地下。这承载着人类智慧的墙体，正随着奔腾不息的历史长河与人们渐行渐远。历史是宁静的，也是喧嚣的；历史是清奇的，也是混浊的；历史往复盘旋，又快马加鞭。今人，古人，或者陪伴我们与先人的植物、兽类，最终都分解于这无私的土地上。

（原刊于《典藏》2014年第11期）

论新郑望京楼商城东一城门

顾万发

2010年9月，郑州市文物考古研究院在“郑州市南出口暨郑新快速通道”工程考古工作中，于河南新郑市西北6千米望京楼遗址发现了三重城墙及城壕（图一）。其中的第一重城墙被确认为建于二里冈下层、废弃于白家庄期，属于典型的商文化城址。该重城城址平面为近方形，方向为北偏东15°。城址东、南、北三面确认有护城河，城址面积约为37万平方米。2011年6月9日，该城址入选“2010年度全国十大考古新发现”。

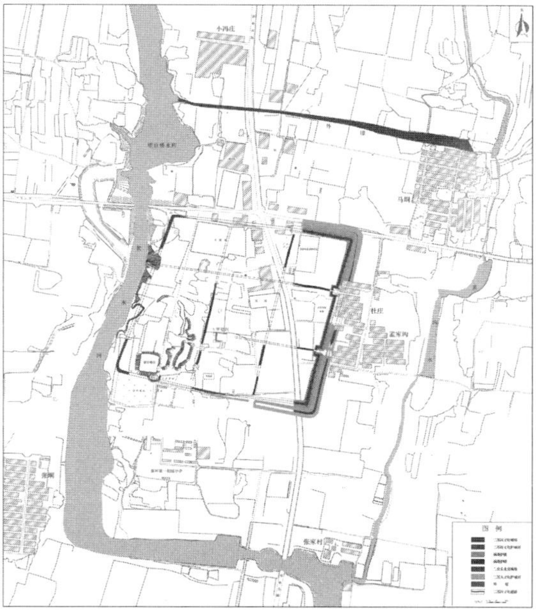

图一　望京楼城址平面图

一、城门材料及特征

关于此城门的材料，相关报道已有所描述[1]，这里我们依据所述材料并从复原的视角在此略加述介。在该重城城址东墙偏南，距南城墙约190米处，发现城门一座（图二）。整座城门占地面积将近2000平方米，平面为“凹”字形。城门墙体及两侧城墙中部以深褐色黏土平夯墙心，两侧城墙墙心外为宽约8米的夯土，墙心内为宽约2.6米的夯土，应包括一部分城墙主体和护坡。门墙内为黄褐花土平夯，长15、宽约6米，门墙外夯土情况与两侧城墙内夯土类似。另，较为特别的是，城门墙心在外部两个转角处又东出3米左右，周围亦有夯土。发现道路一条，沿城门呈东西走向，路面略低，并有路础，道路在城门内宽约4米，城外部分宽约6米。在城门墙外前方有两个料姜石基础，在基础的西北北侧亦发现有厚约0.3米的料姜石基础。城门与外界有一窄路相连，其他部分被护城河隔断，经过勘探确认，护城河宽约6米[2]。

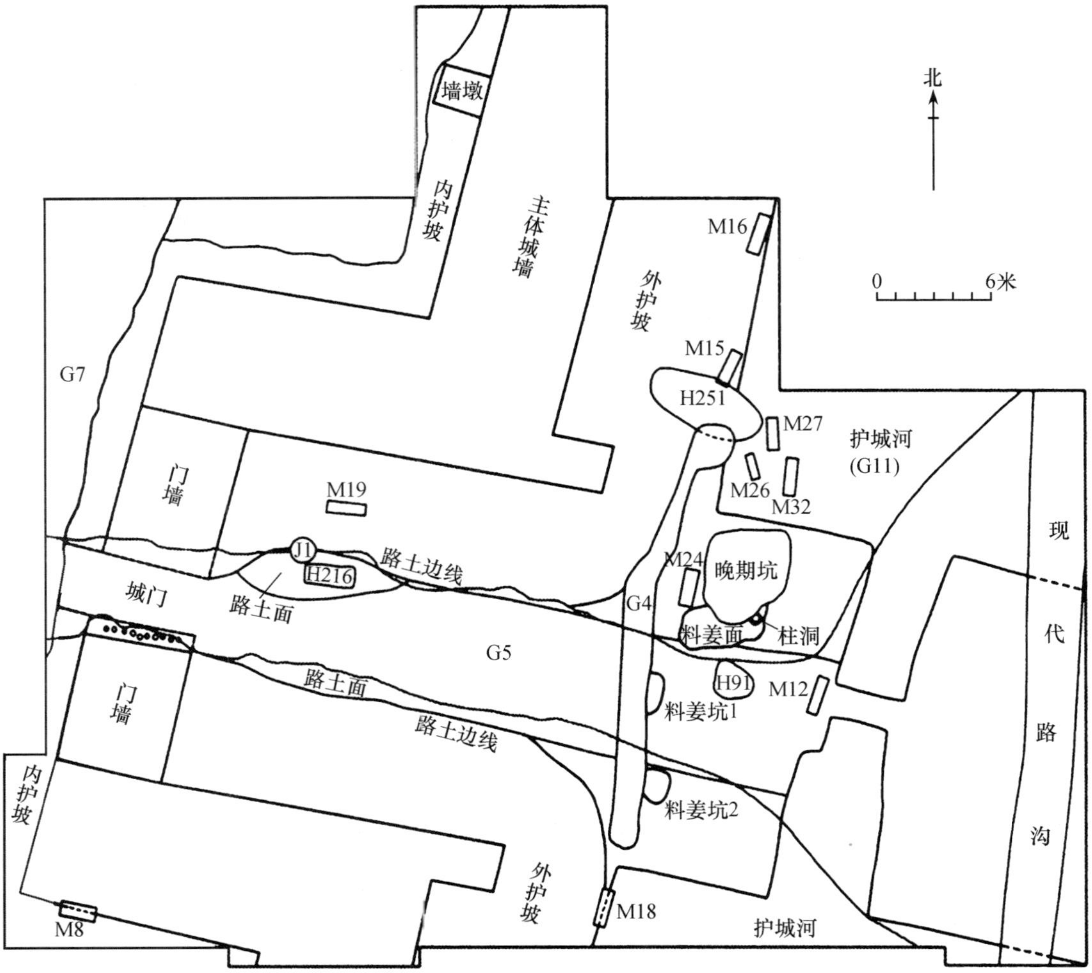

图二　望京楼商城东一城门平面图

二、城门的初步复原

此城门一经发现，所有知悉的学者都认为其形制特殊，对于解决中国城市发展史中的有关问题，具有极其重要的学术价值。不少学者还对其复原方案提出过自己的看法。在2011年1月4～5日于新郑举行的望京楼古城址考古发现专家论证会上，北京大学的孙华教授就曾画出简易复原示意图。以下，我们亦就有关素材对其复原问题作一论证。坦率地说，对于西周以前早期城门的复原，学术界一般只复原其基础，至于其上端造型及其附属建筑造型，由于材料及文献的缺乏，一般是无法复原的，同时复原尚应有更多的考古工作，所以本文有关的复原虽然希望有所新获，但是总的来说，亦只是初步的和概念性的（图三）。

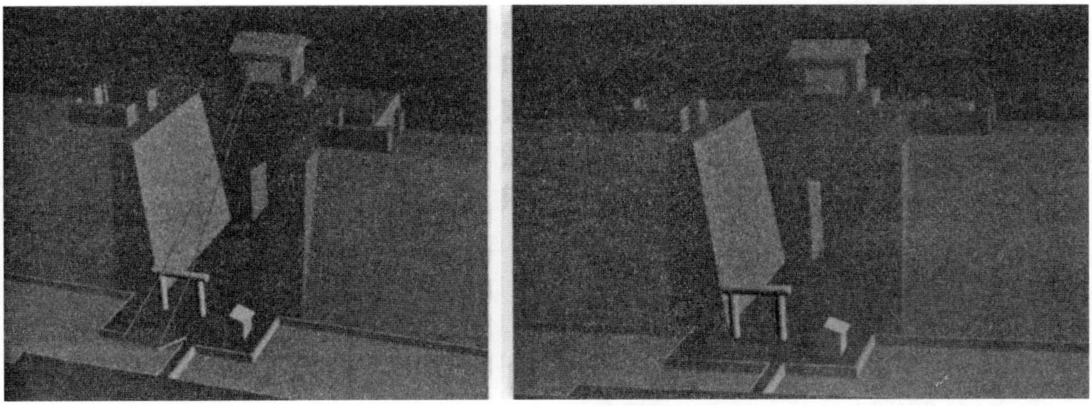

图三　望京楼城址东一城门复原设想图

第一，城门墙心（城门两侧城墙主体，下同）内侧除明显路土以外的夯土，从平面及部分剖面看，其有可能像城墙墙心外侧的夯土一样，梯形上升，属于城墙的一部分。

若是这样，则学界可能会出现这样的疑问：城门墙心在外部两个转角处又东出3米左右又作何用？的确，这样一来，由于城门墙心周围的非路土之夯土都全部梯形上升成为城墙的一部分的话，城门墙心在外部两个转角处又东出3米左右与墙心在外部两个转角处不东出3米直接在此夯筑门墙两类情况，对于整个城门的形制而言基本没有明显不同，这样一来，城门墙心在外部两个转角处又东出3米左右可能只是筑城者为了增强城门拐角夯土的牢固度和稳固性。不过这样一来，整个城门的路旁就没有空间了，但是从考古发现看，这些与保存较好的路土基本处于同一平面的夯土确实未见有路土迹象，并且显然不是破坏造成的。城门若这样设置的话，虽然整个城门内的路旁就没有空间了，但是仍然体现和具备了筑城者加强城门防守功能的理念。

第二，城门墙心内侧除明显路土以外的夯土，若其有一部分是城门内路旁的夯土面，只是由于少有人走造成不易于发现有路土迹象的话，那么墙心内侧的这部分夯土若剔除部分不明显的路土外，则其他部分沿墙心夯筑，梯形上升，成为城墙的一部分。若是这样，则不管城门墙心在外部两个转角处又东出3米左右墙心的东面为何类夯筑情况，则整个城门内的路旁就有空间了，但是这一复原认识缺乏考古学依据。

第三，城门墙心在外部两个转角处又东出3米左右，还有可能是筑城者从防守的理念和功能方面希望在此增加的城门翼墙。

第四，对于城门墙心在外部两个转角处又北出3米左右的情况，有学者认为可能与“阙”有关[3]。

关于阙，完备者一般有台基、阙身、屋顶三部分。现在一般学术界认为：其开始出现于西周[4]，其实质是在城市、宫殿、庙宇等建筑的大门之外所建的两个对称的台子，台上建楼观。因其两台子之间阙然为道，所以称为阙[5]，又因为在阙楼上可以观望，所以又称之为观[6]，又因在阙上悬挂法典，所以又称之为象魏，等等[7]。又据文献和考古发现，阙在早期是在城市、宫殿、庙宇大门之外，与门和墙没有直接联系，到秦或汉以后才出现与门连在一起的阙。笔者以为：

其一，虽然从《周礼·天官·太宰》“乃悬治象之法于象魏”等文献记载看，“阙”出现于西周时期。但是根据“阙”的“观看、守卫甚或祭祀、礼仪”等本来的功能来看，其起源应甚早，这在考古学材料和民族学材料中有不少依据。高庙文化是湖南等地的一支早期新石器文化（距今为7800～6800年），该遗址以一种刻印白陶为特征器物。1991年，该遗址出土了一件精美的白陶罐，其上有一图[8]（图四）。林河先生认为，画面中间是长有双羽翅的獠牙兽面，其两侧各竖有一个由两立柱构成的“梯阙”，他还认为此“梯阙”共有四级，还有环梯盘旋而上达于阙顶，并从考古发掘的距今7000多年前的大型祭祀场所中发现有实物证据[9]。我们认为林先生的有关“阙”的认识是较为可信的，除所述论据外，我们在湖北石首走马岭的屈家岭文化古城发现过城门外侧有对称的土台[10]，在藤花落龙山文化古城内城门附近发现有望塔之类的建筑[11]，在湖北商代盘龙城发现城门外侧有方形的可能为建筑基础的石块[12]。

图四　高庙文化白陶罐刻图

其二，同时从林河先生在大型祭祀场所中发现的“阕”之证据及被称为“教堂”的高庙文化白陶图案（图五）[13]可以看到，其时的阙类建筑应是单独的，尚无与门墙或“门”“门塾”连体的。这似乎可以说明考古发现的屈家岭文化和商时期的“阙”类与门墙不相连接的历史传统因素，不过这些早期宫殿等建筑之门的与建筑基础有关的规划形式，为连墙“阙”的出现并非刻意地准备了技术规则和文化基础。

图五　南塘遗址高庙文化陶器图案

有学者依据甲骨文中已出现“阙”字或相关考古发现，从而认为商代已出现了“阙”类建筑[14]，不过我们认为，这类“阙”，亦应是石础、木塔类或亭类的单独“阙”，出现连墙的情况现在尚没有证据。像宫殿建筑旁单独的“阙”或“观”在商代晚期的考古中已有所发现，但是目前看，其与宫殿的墙就不连接，无论是石璋如先生（图六）[15]还是杜金鹏先生（图七）[16]有关殷墟乙十一等基址的复原方案，均是这样。另从石璋如先生的复原方案中看，似乎有东西亭阙，但是即使其是对的，此两亭阙亦是独立的，何况依据杜金鹏先生新的更确切的复原方案[17]，乙二十、乙十九、乙十八是另外一个四合院的建筑遗存，乙二十为主殿，乙十八为西庑，乙十九则是耳庑。

望京楼商城东一城门墙心在外部两个转角处又东出的3米，若与“阙”有关的话，则这一连墙阙属于目前发现的最早一例，但是若是亭式“阙”的话，则附近地区的夯土等

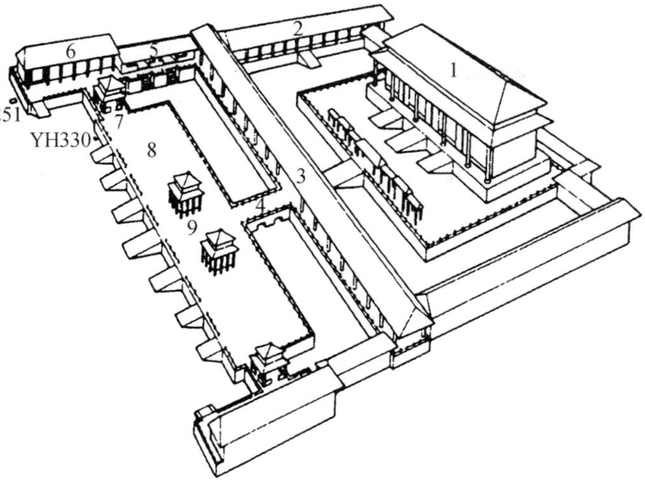

图六　石璋如复原图

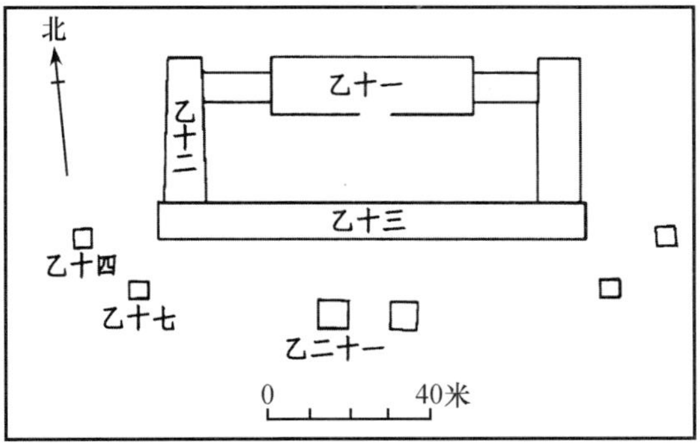

图七　殷墟乙十一组宫殿建筑平面布局复原图

考古迹象现在看并不支持这一看法。另，在新石器时代至商周时期，建筑基础为“凹”字形或含有“凹”字形的考古材料很多。又，新石器时代出现的可能是夯土基础、石础的“阙”或木塔类的独“阙”，其主要功能之一是瞭望类的，并且从考古发现看，这样的早期建筑可能是没有城楼的，所以出现了有瞭望功能城楼的主要与军事有关的古城楼之城门，是可以没有这类还可以标示尊贵和礼仪意义的建筑的，特别是这些早期的“阙”都不是连墙“阙”。至于考古学发现的至少从秦开始出现的这类连墙“阙”，则可能是早期有夯土基础、石础的“阙”或木塔类的独“阙”文化的新传承和转型，商周时期考古中发现这么多夏商周的城及宫殿，连墙的城阙或宫殿阙并没有确切找到。

这样看来，望京楼商城东一城门墙心在外部两个转角处又东出3米左右的情况与“阙”有关的可能性较小，更可能是具有重要城防价值的“翼墙”。不过，由于墙端已不存，不知原建筑端是否有是盖或无盖的“堠橹”类建筑，所以即使原建筑确为翼墙类，亦无法绝对排除其同时可视为连墙城阙的可能性，但从阙的发展史看，可能性很小。

第五，在城门墙外前方的两个料姜石基础，我认为可能是两个有附属物支撑的立柱的基础，两立柱上应有衡，这两个立柱加衡可能既属于吊桥设备，又与“郭门”有关[18]，由其引绳于城门楼。有人认为立柱位于城门之路无法解释，在我以为这有可能与晚期瓮城城门与主城城门不一致这一瓮城最为主要的特征之一有关。另在两个料姜石基础的西北北侧亦发现有厚约0.3米的料姜石基础，应与城门旁的建筑有关，类似于门卫房。

第六，闺门在古代意义较多，但是于城而言，主要意义为城之小门。《墨子·备城门》“大城丈五为闺门”，孙诒让《墨子间诂》曰：“依上文，则大城高三丈五尺，门之高当不下二三丈。此闺门乃别出小门，故止高丈五。”《公羊传·宣公六年》“有人荷畚，自闺而出者”，何休注：“宫中之门谓之闱，其小者谓之闺。”在望京楼商城东一城门墙前方的两个料姜石基础若确实是上有衡的两个立柱构成的与吊桥设备和瓮城设施类“郭门”[19]有关的话，则判断其为望京楼商城之“闺门”就与《墨子·备城门》有关“闺门”“郭门”的记载较为相符。

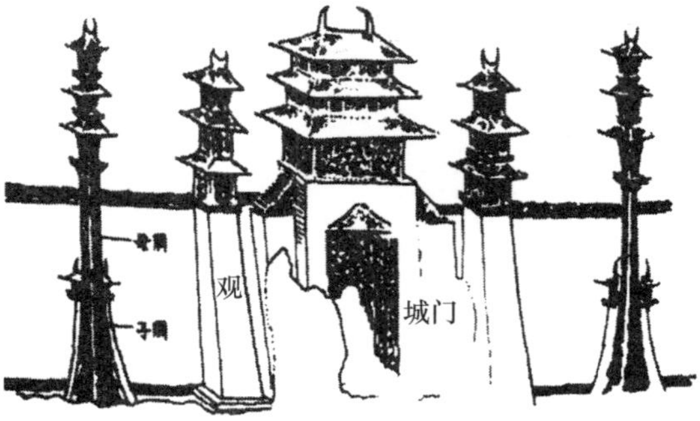

图八　天水麦积山西魏第127窟壁画中的城阙图及二出城阙局部

又《说文》云：“闺，特立之户也。上圆下方，有似圭。”日本学者田中淡亦认为此“闺门”非为城之主门，并从麦积山佛教绘画材料（图八）[20]认为其为圭形[21]，秦彦士认同此论，并认为唐、宋时期已演变为梯形圭似门[22]，当然这时亦出现了上圆下方的圭形门[23]。我们认为，“闺门”确实应为类似圭形，不过依据汉画材料及相关考古学材料，圭形门既可能为一般所述的“圭”形，亦有可能为长方形类的“圭”形，因为从考古学材料看，古代的圭本来就有近似长方形的[24]，汉代有圭形（图九）[25]或近圭状磬形（图一〇）[26]的“天门”，有时亦被描绘为长方形[27]。（图一一）

1　2

图九　四川巫山东汉墓出土铜牌图像摹本

图一〇　马王堆一号汉墓出土的缯画

第七，城门附近的城墙，其内外坡度可以参照望京楼商城东南角的考古发掘情况，同时亦可以参照其他同时期古城的城墙，像郑州商城东墙。

第八，关于城门附近的城墙的较为完整形式，在望京楼商城已无法找到。不过从望京楼商城北墙的解剖情况看，其建筑结构与郑州商城东墙CET7（图一二）[28]南壁结构一致，由此判断，望京楼商城城墙的剖面结构至少有的地方与其有可能类似。若如是，则城门附近的城墙的较为完整形式可能为：墙心两侧的夯土梯形上升一段，城墙余段以墙心为主，并梯形上升。

图一一　四川简阳鬼头山墓3号石棺画像

第九，城门之上应有基本的附属建筑，我们认为可能有一简单城楼。因为城门若只是像一般宫殿门一样为平地起建的房屋类建筑，则夯土上应有相关基础[29]。关于此城楼的形制，我们参照商代甲骨[30]、金文[31]中的有关“墉”字的造型或青铜器上的“墉”字形“族徽”，并参照二里头文化及商文化宫殿门屋及宫殿建筑的复原[32]，予以简单复原为单层建筑。

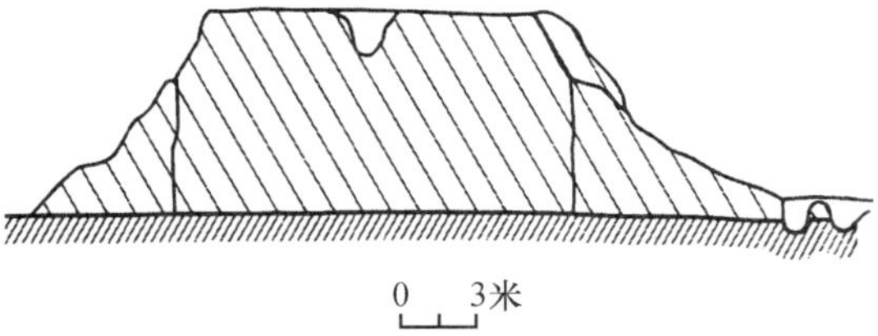

图一二　郑州商城CET7南壁结构示意图

第十，《墨子·备城门》云“城上百步一楼”，又载“三十步置坐候楼，楼出于堞四尺”，《守拒法》又说有“堠橹”，《太白阴经》说有“堠楼”，《一切经音义》引《释名》：“橹者，露也，谓城上守御露，上无覆屋。”田中淡据此认为橹类就应是只有四壁而没有屋顶，并认为是约略袭自《武经总要》的《武备志》“城制图”（图一三）之瓮城左右两旁的马面上所设的无盖方形小屋[33]。望京楼商城东一城门墙心在外部两个转角处又北出3米左右，既可能作为翼墙，同时又可以认为具有《武备志》“城制图”马面的某些特征，所以我们在其附近墙上象征性地设置了两个类似“堠橹”的建筑，以之示意城门之墙上还可能有除城楼之外的可作为观远等军事之用的附属建筑。另承所述，“堠橹”式建筑若位于门墙心在外部两个转角处又北出3米左右的墙端，则可以综合称为城阙。

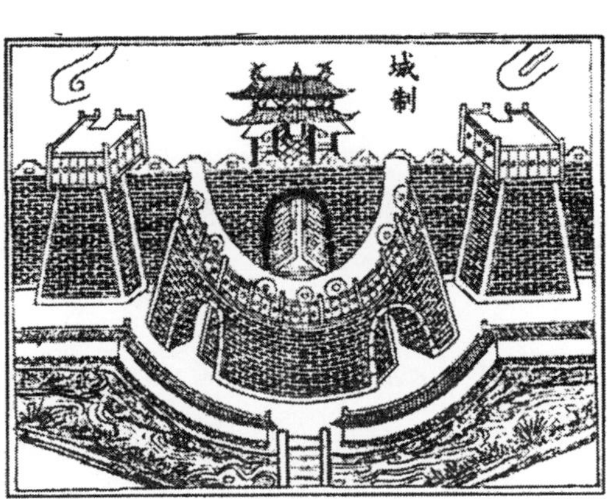

图一三　《武经总要·守城》城制图

第十一，至于在望京楼商城东一城门发现的石础等现象，应与偃师商城X2城门及偃师商城2008年新发现的一座城门类同。从偃师商城X2城门南夯土墙木柱、石础埋藏情况看，

图一四　梁思成摹宋代萧照《中兴瑞应图》—《清明上河图》城门
（引自梁思成《营造法式注释》石作图58）

基本为暗柱、暗础。从性质及功能方面看，暗柱应与《营造法式》卷19《城门道功限》所载的“排杈木”等有关，暗础在客观上具有“石地袱”的特征和功能。由此判断，望京楼商城东一城门应有“洪门袱”，其整个构成还可参照梁思成摹宋代萧照《中兴瑞应图》—《清明上河图》城门（图一四）。至于“排杈木”，即为梁思成在《营造法式》卷19《城门道功限》注释中所言的“排杈柱”。不过需要提及的是，从《三朝北盟会编》卷一百三十九“至女墙头上必为排杈木”及《永乐大典（残卷）》卷八千三百三十之《武经总要》“一羊马墙内，须均量地步远近，安排叉木，作排叉门”等记载看，“排杈木”不仅用于城门，亦有多种功能。限于望京楼商城东一、东二城门有关石础的考古工作，本文暂不作复原。

三、城门形制演化

望京楼商城东一城门形制已如所述，平面为“凹”字形并可能有翼墙，或还有“郭门”。与之有某些类似、具有军事防御及所谓晚期瓮城某方面特征的情况较早出现于秦安大地湾四期F901宫殿主房门（图一五）[34]、郑州西山仰韶文化晚期古城东北城门（图一六）[35]，稍晚在古城寨宫殿西北门、西南门（图一七）[36]，准格尔旗寨子塔古城西北门（图一八）[37]，陶寺遗址龙山文化中期大城东南门（图一九）[38]，再晚在偃师商城的西城门[39]、东一城门（图二〇）[40]，垣曲商城西门（图二一）[41]，临淄小城东门[42]，郑韩故城隔墙北门[43]等均有出现。随着城阙、瓮城文化逐步完备及城市防守功能的增加，具备或与这一形制有类似或历史关联的城门逐步增多，像晚期众多的羊拐城、曲城等。

四、城门与瓮城

关于此城门形制，学者认为与瓮城有关，有学者认为尚无法与瓮城联系。若希望清楚这一问题，首先应说明何谓瓮城。

“瓮城”一词是前喻式复合词，依据语言学的解释，在前喻式复合词中，喻指都是修饰限定成分，直指是中心成分，作为喻指的名素，以其所代表的事物的特点进行比

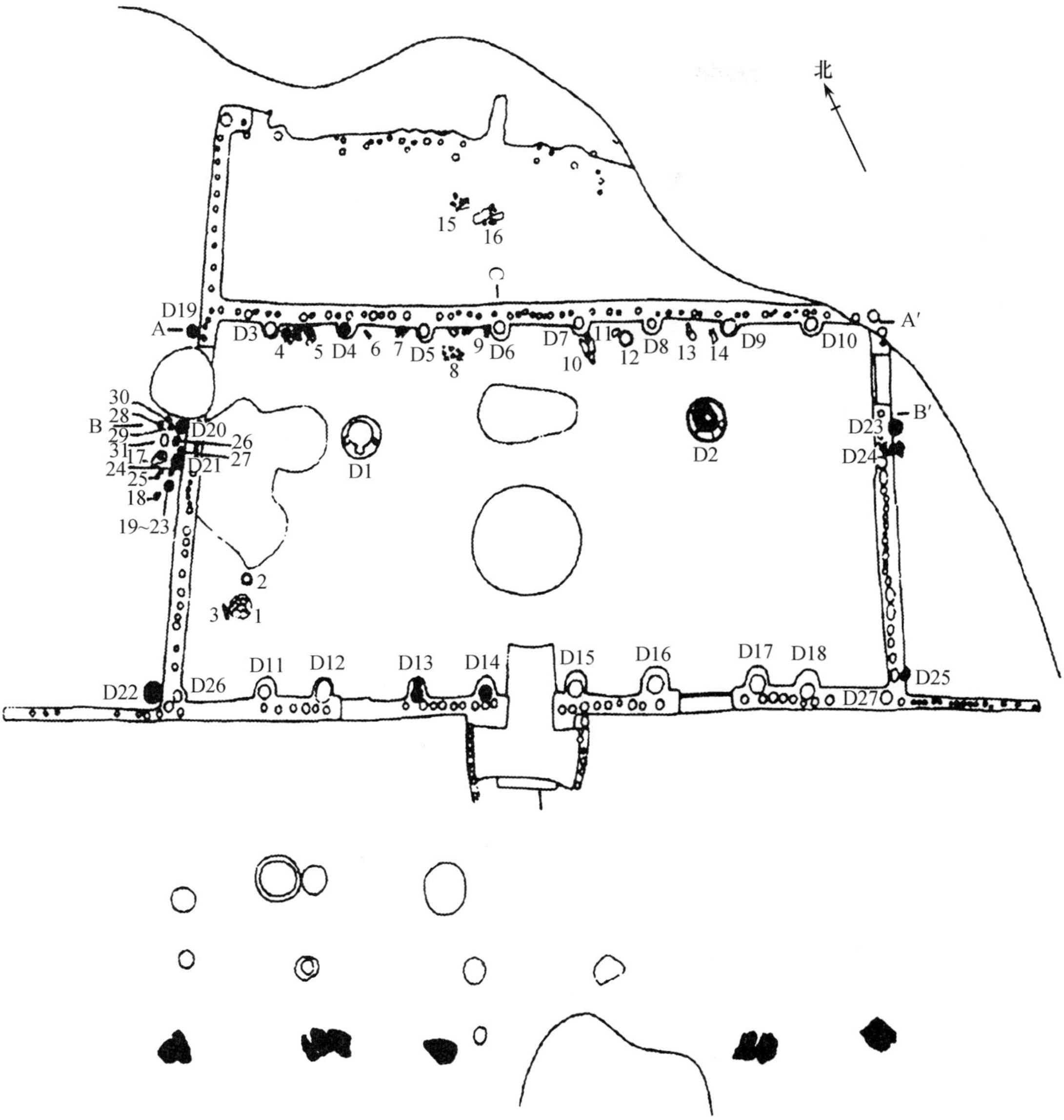

图一五　秦安大地湾F901

拟，作为直指的名素是语义的核心。由之知瓮为比喻，城为语义核心。另一种是功能解释，当敌人陷于一、二道城门之间，形成“瓮中捉鳖”，所以称为瓮城。两者描述重点不一样，但是于瓮城形制，总的来说是一致的。

依据《武经总要·守城》记载[44]，瓮城一词至晚出现于宋代；又据唐代《太白阴经》卷三《筑城篇》记载，其时瓮城称为“羊马城”，依据《说文解字》和《居延汉简》记载，则又称为“曲城”“闉”或“回门”。其中称为“闉”者，时代更早，《诗·郑风·出其东门》有“出其闉闍”句。《毛传》：“闉，曲城也。闍，城臺

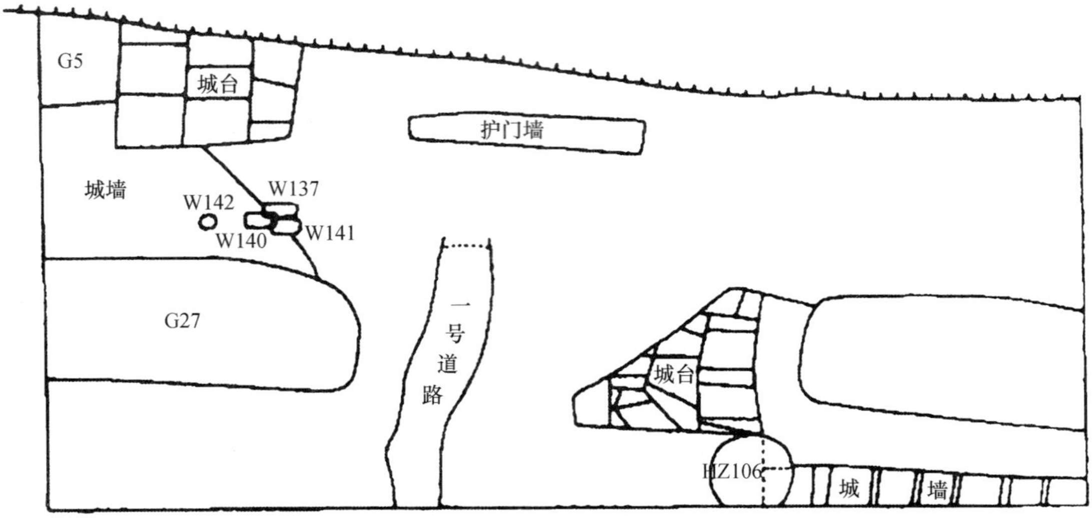

图一六　西山城址北门平面图

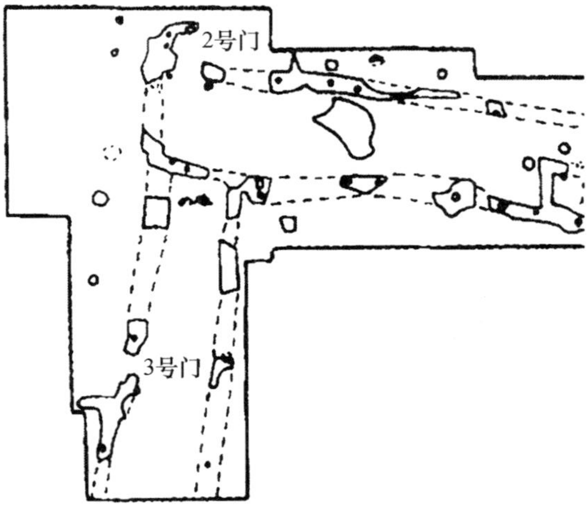

图一七　古城寨龙山文化夯土建筑基址F1和廊庑基址F4平面图

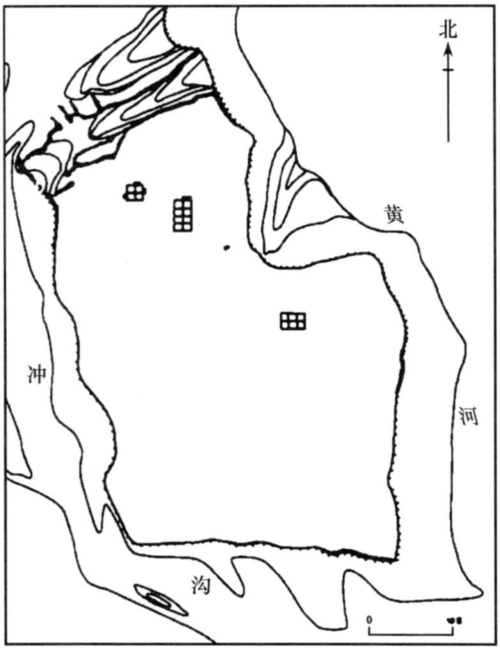

图一八　寨子塔城址平面图

也。”《孔疏》：“闉是门外之城，即今之门外曲城是也。”汉郑玄《笺》：“闍读当如彼都人士之都，谓国外曲城之中市里也。”马瑞辰《通释》：“闍为台门之制，上有台则下必有门，有重门则必有曲城，二者相因。‘出其闉闍’谓出此曲城重门。”《说文》云：“闉，城曲重门也。”徐锴《系传》：“若今门外壅城门也。”“闉”字有曲之义还见于《字汇补》和《庄子·德充符》司马注。南朝宋还有文学作品仍然把瓮城或

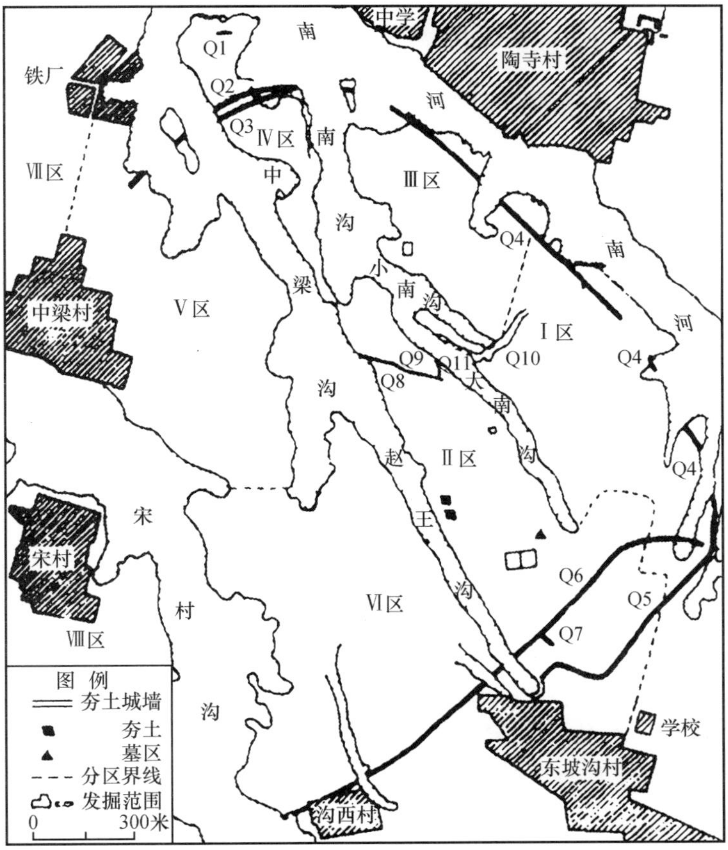

图一九　陶寺城址平面图

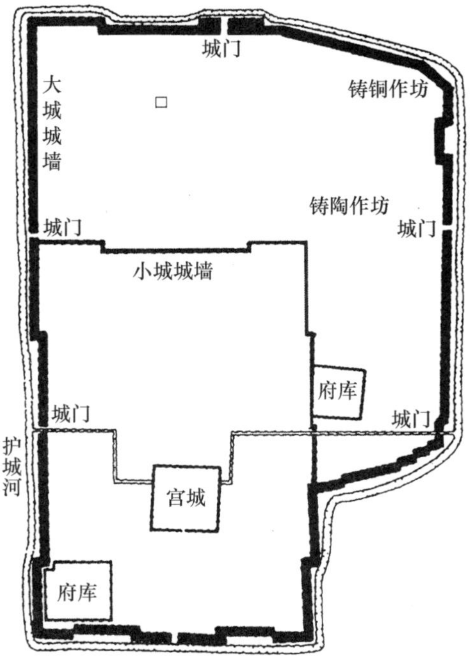

图二〇　偃师商城平面图

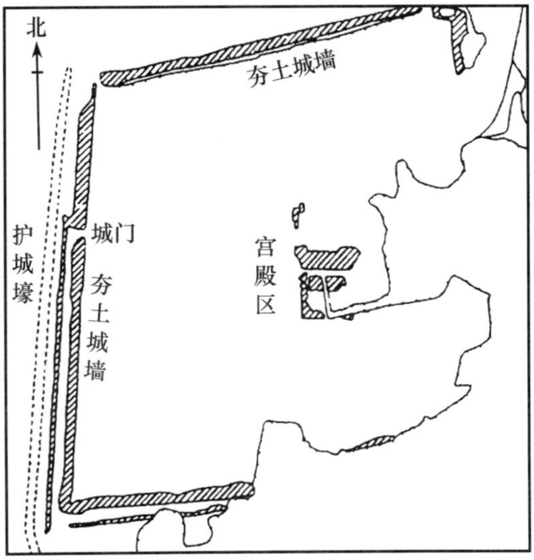

图二一　垣曲商城平面图

瓮城一带称为“闉”，像颜延之《登巴陵城楼》言：“经途延旧轨，登闉访川陆。”另，《礼·礼运》言：“三五而闕。”《注》曰：“一盈一闕，屈伸之义也。”《广韵》：“姓也。出下邳。汉有荆州刺史阙羽三。”《正韵》亦作“屈”。从这些文献看，“曲城”或“回门”的历史或与城“阙”有所联系。

现代学者孙机先生认为“闉”类似瓮城[45]，董琦先生亦持此类观点[46]，并认为：“垣曲商城西城墙北段的缺口当是西城门，西城门外的所谓‘第二道城墙’，当是瓮城遗迹，即《诗》中的‘闉’。南城墙外的所谓‘二道墙’，可能是南城门外的瓮城遗迹。”[47]他同时认为这一发现把瓮城出现的时代提前到商代早期，实际上若考虑到山西陶寺大城东南门的话，考古学发现的具备较为完备瓮城特征的城门出现的时间可以早至龙山文化中期。

望京楼商城东一城门与所述瓮城虽然曲向不一致，但是仍然具有曲城的特征，有些方面还类似晚期的内瓮城。

同时，据《墨子·备城门》记载：“大城丈五为闺门，广四尺，为郭门，郭门在外，为衡，以两木当门，凿其木维敷上堞。为堑县梁，断城，以板桥邪穿外，以板次之，倚杀如城报。”孙诒让《墨子间诂》以为：“依上文，则大城高三丈五尺，门之高当不下二三丈。此闺门乃别出小门，故止高丈五。”田中淡认为《墨子·备城门》“郭门”与瓮城有关[48]，若是，则望京楼商城东一城门在城门墙外前方的两个料姜石基础若确实是与吊桥设备有关的上有衡的两个立柱基础的话，则其与《墨子·备城门》所载“郭门”之“为衡，以两木当门，凿其木维敷上堞，为堑县梁”[49]等描述有类似特征，这时我们称其为早期瓮城应更有依据一些。

五、城门时代问题

关于城门的时代，较为简单。显然，依据考古发现，其应与望京楼商城建废时间大概一致，即始建于二里冈下层H9和H17之间，废弃于商代白家庄期。但是若去判断城门在建废时间段内不同时期的工程变化，现在很难。不过，从时代与其类似的偃师商城的考古工作看，有明显料姜石的夯土时代一般会到二里冈文化上层[50]。望京楼商城东一城门及城墙夯土有不少类似的情况，所以可以参照偃师商城考古经验对这些夯土的年代予以验证。

六、城门的文化意义

古人相信天地有神格，因而占卜地理四方八向、相宅地之术等很早就已出现。考古中发现不少与之有关的实物论据，特别是很早就有象征性的天文礼仪仪器，像安徽含山凌家滩新石器遗址王侯之墓出土的与栻盘等占测类工具有关的神器——玉龟玉版[51]，李学勤[52]、冯时[53]、武家璧[54]等先生认为与古人讲求天地四方之术有关；还有不少学者认为玉版的八方图形与中心象征太阳的图形相配，符合我国古代的原始八卦理论，玉版四周的四、五、九、五之数，与洛书“太一下行八卦之宫每四乃还中央”相合。专家推测，玉龟和玉版，有可能就是远古洛书和八卦。另，早期文献中亦有不少这方面的记载，像甲骨文等文献中有四方风神记录[55]，又，《书·洛诰》记载：“公（周公）不敢不敬天之休，来相宅，其作周匹休。”又载：“召公既相宅，周公往营成周，使来告卜，作《洛诰》。”《尚书·召诏序》云：“成王在丰，欲宅邑，使召公先相宅。”《周礼·司徒篇》说：“以土宜之法，办十有二土之名物，以相民宅而卸其利害，以阜人民，以蕃鸟兽，以毓草木。”有汉一代还出现了《堪舆金匮》《宫宅地形》《移徙法》《图宅术》等较为完备的风水学书籍，至于魏晋，则风水理论已蔚为大观。

古代建城，是需占卜并有风水概念的。对于城的门，古人认为于城非常重要，所以，对其之所在亦很有讲究，以至于相地理、四向之术很早就已用于这方面。从文献和考古方面看，古代城门的配置，多是依据四向方位、堪舆风水、相关聚落位置、交通联络及军事防御等方面来确定城门方位。

望京楼商城位于郑州商城以南40千米左右，从当时以郑州商都为中心的商王朝全境功能城市的布局看，其实际确类诸多学者认为的那样，应是类盘龙城一样，是商都南方的军事重镇，所以此城的城墙和城门均应具有军事特征。从望京楼商城的周边地理形势看（见图一），基本是西北高东南低，西、南有东南走向的河，东有南走向的支河，北方是人工护城河，从地理地貌方面判断，东南方应是重要城防地域，又是风水所向的吉利之位，所以望京楼商城东一城门应是此城的吉利之门，既有城防价值，更有礼仪之义。

望京楼商城东一城门是目前发现的商代以前最为重要的城门，具有重要的学术价值。关于望京楼商城东一城门，还可以从工程学和古代一般城市的军事基础方面就其可能的附属防守设施[56]、工程工艺、工程量、工程材料等问题予以讨论，限于篇幅和现在的考古工作，待他文再予以论证。

注　释

[1] 2011年1月12日，“新郑望京楼考古发现报告会”在郑州举行，随即新华社等媒体予以了广泛报道。

[2] 原认为是3米左右，现经过勘探判断为6米左右。

[3] 北京大学孙华教授在郑州举办的“新郑望京楼古城址考古发现专家论证会”上的发言。

[4] 主要依据《诗经·郑风·子衿》：“纵我不往，子宁不来。挑兮达兮，在城阙兮。”关于此文献，毛亨《传》：“乘城而见阙。”郑玄《笺》：“国乱，人废学业，但好登高，见于城阙……”孔颖达《疏》：“在城阙兮，谓城上别有高阙，非宫阙也。”高亨《诗经今注》：“阙，城门两边的高台。”

[5] 汉代刘熙《释名》卷五《释宫室》：“阙，阙也，在门两旁，中央阙然为道也。”

[6] 《古今注》：“阙，观也。古每门树两观于其前，所以标表宫门也。其上可居，登之则可远观，故谓之观。人臣将至此，则思其所阙，故谓之阙。”《尔雅·释宫》：“观谓之阙。”

[7] 关于“阙”，读音方面，《广韵》：“祛月切。”《正韵》：“丘月切。”含义方面，《说文》：“门观也。”《徐曰》：“中央阙而为道，故谓之阙。”《玉篇》：“象魏，阙也。”《正韵》：“宫门双阙也。”《韵会》：“为二台于门外，作楼观于上，上圆下方，以其悬法谓之象魏。象，治象也。魏者，言其状魏魏然高大也，使民观之，因为之观，两观双植，中不为门。又宫门、寝门、冢门皆曰阙。”《左传·庄二十一年》：“郑伯享王于阙西辟。”于之《注》曰：“阙，象魏也。”《秦本纪》：“筑冀阙。”于之《注》曰：“刘伯庄云：‘冀犹记事，阙即象魏也。’”

[8] 贺刚：《中国史前艺术神器的初步考察——中国史前艺术神器纲要》，《长江中游史前文化暨第二届亚洲文明学术讨论会论文集》，岳麓书社，1996年。

[9] 林河：《中国巫傩史》，花城出版社，2001年。

[10] 荆州市博物馆：《湖北石首市走马岭屈家岭新石器时代遗址发掘简报》，《考古》1998年第4期。

[11] 林留根等：《藤花落遗址聚落考古取得重大收获》，《中国文物报》2000年6月25日。

[12] 湖北省文物考古研究所：《盘龙城——1963～1994年考古发掘报告》，文物出版社，2001年。另，城门外侧方形石块是考古调查获知的。

[13] 黄纲正、王立华：《长沙南托大塘遗址发掘报告》，《湖南考古辑刊（8）》，岳麓书社，2009年。

[14] 石璋如：《殷代的夯土、版筑与一般建筑》，《历史语言研究所集刊》（第三十八本），1968年；徐文彬等：《四川汉代石阙研究》，文物出版社，1992年。

[15] 石璋如：《殷墟建筑遗存》（小屯·第一本·遗址的发现与发掘：乙编），历史语言研究所，1959年。

[16] 杜金鹏：《殷墟乙二十一基址等建筑遗存研究》，《考古》2009年第11期。

[17] 杜金鹏：《殷墟宫殿区乙二十组建筑基址研究》，《三代考古（三）》，科学出版社，2009年。

[18][19] 参阅《墨子·备城门》。

[20] 韩建华：《中国古代城阙的考古学观察》，图十二，《中原文物》2005年第1期。

[21][33][49] 田中淡：《〈墨子〉城守诸篇研究》（日译中），《中国史研究》1991年第1期。

[22] 秦彦士：《古代防御军事与墨家和平主义——〈墨子·备城门〉综合研究》，人民出版社，2008年。

[23] 有学者认为，上圆下方的圭形门出现于明清，实际早在唐代就已出现，具体考古材料参阅程义：《李寿墓壁画的内容、布局及其渊源——兼论唐代早期壁画风格》，《西安电子科技大学学报（社会科学版）》2006年第6期。

[24] 中国科学院考古研究所二里头工作队：《河南偃师二里头遗址三、八区发掘简报》，《考古》

1975年第5期；中国社会科学院考古研究所二里头工作队：《1980年秋河南偃师二里头遗址发掘简报》，《考古》1983年第3期。

[25] 赵殿增、袁曙光：《“天门”考——兼论四川汉画像砖（石）的组合与主题》，《四川文物》1990年第6期；信立祥：《汉代画像石综合研究》，图一四九，1，文物出版社，2000年。

[26] 傅举有：《马王堆缯画研究——马王堆汉画研究之一》，《中原文物》1993年第3期。

[27] 内江市文管所、简阳县文化馆：《四川简阳县鬼头山东汉崖墓》，《文物》1991年第3期。

[28] 河南省博物馆、郑州市博物馆：《郑州商代遗址发掘报告》，图三，《文物资料丛刊（第一辑）》，1977年。

[29] 中国社会科学院考古研究所二里头工作队：《河南偃师二里头早商宫殿遗址发掘简报》，《考古》1974年第4期。

[30] 图一六，1，《合集》5·13514甲正；图一六，2，《前》8·10·1，图一六，3，《粹》七一七。

[31] 井疾簋。

[32] 杨鸿勋：《建筑考古学论文集》，文物出版社，1987年，第75页图五。

[34] 郎树德：《甘肃秦安大地湾901号房址发掘简报》，《文物》1986年第2期。

[35] 国家文物局考古领队培训班：《郑州西山仰韶时代城址的发掘》，《文物》1999年第7期。

[36] 河南省文物考古研究所、新密市炎黄历史文化研究会：《河南新密市古城寨龙山文化城址发掘简报》图五，《华夏考古》2002年第2期。

[37] 内蒙古文物考古研究所：《准格尔寨子塔遗址》，《内蒙古文物考古文集（第二辑）》，大百科全书出版社，1994年。

[38] 梁星彭：《陶寺遗址发现夯土遗存》，《中国文物报》2000年7月16日；何驽、严志斌：《黄河流域史前最大城址进一步探明》，《中国文物报》2002年2月8日。

[39][50] 杜金鹏：《偃师二里头遗址都邑制度研究》，《夏商周考古学研究》，科学出版社，2007年。

[40] 东一城门有单翼墙特征。

[41] 中国历史博物馆考古部、山西省考古研究所、垣曲县博物馆：《垣曲商城——1985～1986年度勘察报告》，科学出版社，1996年。

[42] 曲英杰：《齐国故都临淄》，山东文艺出版社，2004年。

[43] 韩品铮、杨国庆：《中国古代瓮城初探——兼论新郑故城城门内建筑遗址与南京的内瓮城》，《中国古都研究（第十五辑）——中国古都学会第十五届年会暨新郑古都与中原文明学术研讨会论文集》，三秦出版社，1998年。

[44] “门外筑瓮城，城外凿壕去大城大约三十步，上施钓桥，壕之内岸筑羊马城。……其城外瓮城或圆或方，视地形为之。”

[45] 孙机：《汉代物质文化资料图说》，文物出版社，1991年。

[46] 董琦：《瓮城溯源——垣曲商城遗址研究之一》，《文物季刊》1994年第4期。

［47］ 有助于对望京楼新发现古城墙予以多思维角度的认识，并予以验证。

［48］ 本人认为"为衡，以两木当门"中两木为"郭门"之柱，"衡"则为"郭门"之横楣。另，秦彦士先生在《古代防御军事与墨家和平主义——〈墨子·备城门〉综合研究》一书中认为应为郭门之栓。日本学者田中淡在《〈墨子〉城守诸篇研究》（日译中）一文中认为，其中的"衡"为《水经注·谷水》中的"衡桁"，衡与两木应是《营造法式》卷19城门道制度之"洪门桁"和"排杈柱"。

［51］ 安徽省文物考古研究所：《凌家滩玉器》，文物出版社，2000年。

［52］ 李学勤：《论含山凌家滩玉龟、玉版》，《中国文化》1992年第6期。

［53］ 冯时：《中国天文考古学》，社会科学文献出版社，2001年。

［54］ 武家璧：《含山玉版上的天文准线》，《东南文化》2006年第2期。

［55］ 《甲骨文合集》14294有载："东方曰析，风曰协；南方曰因，风曰凯；西方曰韦，风曰彝；北方曰伏，风曰投。"《尚书·尧典》及《山海经》中亦有四方风神或四方名的记载。

［56］ 可以参阅《墨子》、北宋由《孙子兵法》《吴子兵法》《六韬》《司马法》《三略》《尉缭子》《李卫公问对》组成的《武经七书》及北宋在军事制度、战略战术、武器装备、军事地理、军事阴阳星占等各个方面都有所论述的《武经总要》，等等。

（原刊于《中原文物》2013年第4期）

望京楼城址遗珍简介

郝红星　杜平安

望京楼遗址的发现得益于20世纪60年代新郑孟家沟几位农民的无心劳作，这一劳作不仅带来遗址性质上的突兀性与根源上的神秘性，还带来了场面上的趣味性，这就是遗址与中古神话望京楼传说美妙的结合。望京楼遗址于1965年首先以青铜重器示人，可谓惊绉一池春水。时隔八年的1974年，夏、商铜器及玉器再次喷涌，让世人对它的身世变幻充满好奇，各种思绪俨然山雨欲来。这才有了1996年河南省文物考古研究所对它的探索性发掘，共开5米×5米探方10个，出土一批陶器及石器，从性质上将其判断为夏商时期的遗址。这才有了2007年河南省文物考古研究所对南水北调中线工程干渠用地的被动式发掘。这次再作冯妇式的发掘显然不成功，仅仅挖到遗址南部边缘，发现一些战国地层，器物破碎不堪，几乎可用一无所获来形容。考古之路就是这样曲折幽深，耐人寻味。

2010年为配合"郑新快速通道"建设，郑州市文物考古研究院对遗址进行了全面调查和重点发掘，发现了商代城址与超乎想象的城防体系，又在商城外侧发掘出紧密相连的夏代废城及护城河，在城内西部找到了夏代宫殿基址——望京楼台的底座（上部为春秋夯土）。

望京楼遗址双城的并联出土，犹如仙人在半空轻舒玉臂，一下子抚去了笼罩在人们心头40多年的乌云，人们对遗址出土的青铜器性质的两重性不再迷惑，对铜器、玉器的现象级尺寸感到心潮澎湃。这个纠结了太多考古人心绪的遗址显然并非一般的遗址，它是一处置身险地的夏王朝东方据点或与国首都，又是一处经历华丽转身的商都门户。今天我们对它曾经出土但宣传不多的青铜器、玉器、陶瓷器予以直白地介绍，或许可让芸芸众生非特考古学家对这个有着3700岁龄的老人有个全面了解，对他的辉煌经历进行浮想联翩，他的风生水起，他的紫光霞影，他的朝厄暮困，他的……望京楼遗址该是称为望京楼城址的时候了。

望京楼城址那恍如隔世的珍宝一件件披光挟彩，向我飞来。

一、铜　　器

铜爵　本件夏器。口长19.5、口宽7.3厘米，高14厘米。器身椭圆，侈口，尖唇，前为槽状长直流，流与口相接处分立两三角形矮柱，口向后自然扰成宽尖尾，口沿内面折陷一周，使口与尾看上去有折沿味道，长束颈，弧肩，无腹，平底，底缘三个三棱实心足。一足上方颈、肩处连接一长鋬，与流、尾连线垂直。通体素面无纹。此器肤色黝深，憨态可掬，颈、肩充作腹部，较短的三足撑起敦实的身子，像落地的鹌鹑，而非有些长足夏爵像款款轻飞的燕子（图一）。

铜斝　本件夏器。口径14.7、高25.1厘米。敞口，尖唇，口沿内面降为凹槽，使有折沿味道，长束颈下部较直，窄弧肩，鼓腹，平底，腹底相交处设三个空心三棱锥足，其中一足上方颈、肩处连接一鋬，其正对的沿面上分立两个三角形矮柱。此器体态丰盈，光素无纹，静谧中透着利落，犹如一个干练的职场女性（图二）。

图一　夏铜爵，口长19.5、口宽7.3、高14厘米

图二　夏铜斝，口径14.7、高25.1厘米

铜鼎　本件商器。口径14、高18.5厘米。敛口，斜折沿，方唇，沿面一周凹弦纹，沿缘对立两拱形耳，束颈，鼓腹，分裆，三空心三棱锥足。颈部饰一周云雷纹，上下各饰联珠纹。此器大肚有容，外张的沿面耸起两峰，使器体更显挺拔，圆润的分裆线向上笼罩腹身，下伸的棱足如冬笋立地生根，从上至下，抛物线、曲线、直线，拱面、弧面、平面，过渡自然又令人眼花瞭乱，颈部的纹饰如定海神针，使这一切安然有序（图三）。

铜鬲　本件商器。口径13.3、高14.9厘米。敛口，折沿近平，圆唇，沿面凹陷一周，束颈，斜直腹，三袋足，足尖为空心锥状。此器完全仿自陶器，因绳纹复杂，未能铸出，仅以颈部一周凸棱及三个横跨腹、足的双阳线十字交叉来示意，可谓简之不能再简，可这简约的十字纹却将如檐的折沿、如乳的袋足紧紧地联系在一起，在三个坚挺乳尖的支撑下，一切显得那么和谐，那么令人浮想联翩（图四）。

图三 商铜鼎，口径14、高18.5厘米

图四 商铜鬲，口径13.3、高14.9厘米

铜爵 本件商器。口长15、口宽6.5、高18厘米。椭圆形侈口，前为弧扬的中长流，流口相接处分立两中高的菌状柱，后为上扬的短尖尾，束颈，近直腹，平底，底外侧三个实心三棱锥足。一足上方颈、腹间设一扁平的短鋬。腹饰一组饕餮纹，饕餮双目凸出器表，眉梢及兽尾延伸至鋬的两侧，上下饰以联珠纹。此器一改前述夏爵松散、古板的特点，流、尾、鋬缩短，足高近同口、腹，上下比例协调，器身严整肃穆，犹如待命的舞者（图五）。

图五 商铜爵，口长15、口宽6.5、高18厘米

铜斝 本件商器。口径15.4、高22厘米。侈口，细方唇，口内面凹陷一周，长束颈，窄弧肩，鼓腹分裆如袋，下为三个空心三棱锥足。一足上方颈、腹间连一短鋬。颈下部饰一组饕餮纹，饕餮眉梢及兽尾延伸至鋬的两侧，上下饰以联珠纹；腹足间饰三个连续“人”字纹。此器口沿外翻，腹足外

张，足尖外撇，接近三等分身高，使器显得修长、均称，律动感十足（图六）。

铜斝　本件商器。口径17.8、底径13.3、高29.1厘米。侈口，方唇，口沿内面凹槽一周，长束颈，窄弧肩，近直腹，平底，底外侧三个空心三棱锥足。一足上方颈、腹间连接一窄鋬，其正对的沿面上分立两个中高的涡纹菌柱。长颈下部饰一组饕餮纹，饕餮纹后各附一夔龙，延伸至鋬的两侧。此器形体高大，开口浑圆，粗壮的颈部因饕餮纹而更显厚实，腹部突起，三足壮健，俨然一个阳刚青年，口沿两个如伞菌柱给这件劲挺爽朗的器物带来丝丝柔美（图七）。

铜觚　本件商器。口径11.1、底径8.2、高15.7厘米。大喇叭口，尖唇，长束颈，微鼓腹，平底，高圈足。腹部饰三组三角目云纹，上下各有三周细凸弦纹，圈足上部两周稍粗的凸弦纹，间以三个等距十字镂孔，近底处一小小的转折。此器造型粗狂，有如擎天一柱，盛开的喇叭口与外撇的圈足相呼应，密不透风的长颈与镂孔遥相望，壮硕的腰身饰满纤细的卷云纹，望之静中蕴动，粗中含秀，尽显怡然自得之情（图八）。

铜罍　本件商器。口径17.2、圈足径14.3、高26.2厘米。直口，折沿，方唇，束颈，窄折肩，微鼓腹，圜底，高圈足。颈部饰三周凸弦纹，肩部饰一周夔龙纹，中腹饰三组饕餮纹，上下以联珠纹镶边，圈足上部饰两周凸弦纹，间以三个等距十字镂孔。此器器壁较薄，口沿不整，腹部被撞出一坑。其峻拔的颈部向上翻出一沿，平添无限秀美；向下本应疏朗成肩，却平地起风雷，装饰一周夔龙纹；宽阔的腹部更是大开大阖，铸出气势磅礴的繁复饕餮纹，因有联珠纹衬托，饕餮不显暴虐，反见温情；足部的弦纹与十字镂孔很好地与颈部的弦纹进行了回应。观此件器物，犹如穿行密林，先疏后紧，山重水复，走出森林，已是艳阳一片，回味无穷（图九）。

铜盘　本件商器。口径34.3、圈足径16.7、高12厘米。侈口，宽平沿，方唇，浅弧腹，高圈足。沿内侧凹陷一周，形成二层台，腹部饰三组宽体饕餮纹，足部两周凸弦纹，间以三个等距十字镂孔。此器状若莲花，收放自如。平展的口沿因内侧凹陷，多了次层感；环壁四敛的腹腔犹如澄明的琼宇，一时产生天地之间的错觉；外腹壁所饰饕餮因繁就简，省去了窄小矮短的口齿，兽面因而线条劲挺、圆润；足部稍直，近底处外折，避免了直通到底的尴尬，三个大孔径镂孔给这件花束状的豆增添了活生生的玲珑。若盛之甘饴，无疑胃口大开（图一一）。

铜盉　本件商器。口径13.3、高27.4厘米。由身与盖组成。身作鬲形，敛口，折沿，细方唇，束颈，短直腹，三袋足外撇。一足与沿间连接一鋬，鋬上部平直，下部竖直内收，似“J”状，便于把握。腹部饰三组饕餮纹。盖，隆如天穹，因鬲口而三分。与鋬相对的前方斜插一管状直流，前粗后细，流后一鸡心口洞开。铜盉为酒器，从此器浑圆高深的袋足与极致的高裆来看，当为温酒器。温酒必然注酒，故于穹顶设置长流，与窄鋬形成前后、高低搭配，突破了器身圆润肥厚的单一。腹部饕餮纹形似狐面，给寡味的器体增加了趣味性。如果将此盉想象成长鼻、肥头、柱足、短尾的大象，或可博取一乐（图一〇）。

图六　商铜斝，口径15.4、高22厘米

图七　商铜斝，口径17.8、底径13.3、高29.1厘米

图八　商铜觚，口径11.1、底径8.2、高15.7厘米

图九　高铜罍，口径17.2、圈足径14.3、高26.2厘米

图一〇　商铜盉，口径13.3、高27.4厘米

图一一　商铜盘，口径34.3、圈足径16.7、高12厘米

图一二　商铜钺，长33.4、宽38.3厘米，重4.27千克

铜钺　本件商器。长33.4、宽38.3、重4.27千克。长方形内，长6.3、宽7.8厘米。内前方是突飞猛进的梯形钺身，前为刃，后为阑，阑上两穿，前宽38.3、后宽31.2、长27.1厘米。器体中部凹陷成框，框内浮雕一大号饕餮："臣"字形目，眼珠如炬，眼角向外向上回卷成眉梢，正上方为弧条眉毛与"T"形眉毛，眉中一宽长条凸起，或代表鬃毛；眼下方两圆孔，周饰马蹄状齿状纹，象征口与牙齿，眼中部宽鼻下探，将口分开，口两边髭须漫卷；眼两边伸出纵置的爪，填满边角。此饕餮颇似两个方脸人屈腿并立，胳膊上举，胸部突起，身后甩出长尾。人兽合一，正是此钺的独特之处，体现着统治阶级"君权神授"的意志，只是钺身方正板直，内异常狭小，系早商风格（图一二）。

铜戈　本件商器。长27.5、宽7.5厘米。尖圆锋，弧刃。直援，中起脊，仅达锋部，上刃稍弧，下刃直。援后上、下出六棱形阑。长方形内，前部素面，中部凸起网格纹，后部三长方形凹槽，中槽顶一圆穿。此器朴实无华，性格内敛。锋刃与援刃过渡自然，脊不明显，望之如一弯秋水；六棱形阑少见，敦厚结实；内部网格纹似为增加与柲的摩擦力而设，凹槽未通透，可知戈未经实用（图一三）。

二、玉　器

图一三　商铜戈，长27.5、宽7.5厘米

长玉戈　本件商器。青玉质，长52.5、宽9.5、厚0.5厘米。锋部三角形，尖锋如刺，两侧弥漫着柳叶般的弧度，一侧刃窄而缓，一侧刃宽修长，让人想起分心便刺的效果，犀利的表面分明升腾着血光血雾。锋后是旷如天际的直援，两刃如衢，无边无涯，似有源源不断的力量从后方输来。援中部起一道凸脊，似生命线直通锋尖，将原本分隔为两段的锋部与援部串为一体。凸脊与刃部之间，为两道宽阔的弧底血槽，从锋部汩汩而出的鲜血到这里便会血流成河。内在援后端收缩而成，呈长方形，看似玉版一块，却做得精致无比：前端是一孤零零懒散圆孔，独居中部，使呆板的界面顿生灵气；尾端中部切割出窄细的山字形凹槽，与圆孔形成高低、粗细、圆直三种呼应，槽口两侧各出乳突，与内两角的乳突一道，看似峰峦叠起，实则沟谷纵横，达到了厚重与精巧、简单与实用的和谐统一。此器完工之时，必定青光潋滟，凶相毕露。经过三千多年时光磨砺，前部如凝脂，雾锁峰林，后部盖田黄，藏睿显智（图一四）。

短玉戈　本件商器。青玉质，长14.6、宽6.3厘米。锋三角形，双刃微弧，宽厚仁慈，相聚处秀出峰线。锋后援、内合一，出人意料，前窄后宽，坦荡如砥。前端与尾端中部各钻一孔，一松一紧，如两眼分离，左顾右盼。孔上下磨出直刃，伤及锋刃，可知这是此戈的收工之处。上刃薄瘦如剑，下刃温厚如唇，凝眸注视，似有一副人面与你交谈，而内尾梯次相间的沟槽与乳突便是那秀发盘起。此戈短小精悍，前简后繁，或许用于把玩，周槽黄脂堆积，中部青云散淡，少了戾气，多了人性（图一五）。

玉援铜内戈　本件商器，由玉戈和铜戈组成。通长32、宽6.3厘米。玉戈，白玉质。锋三角形，刃锋利。援略向下弧，两侧有刃，中起脊。援后出上、下阑，阑前各有四道凹槽（下阑最前一槽存残迹）。阑后为光秃的短内，上有一圆孔。铜戈，锋三角形，铸

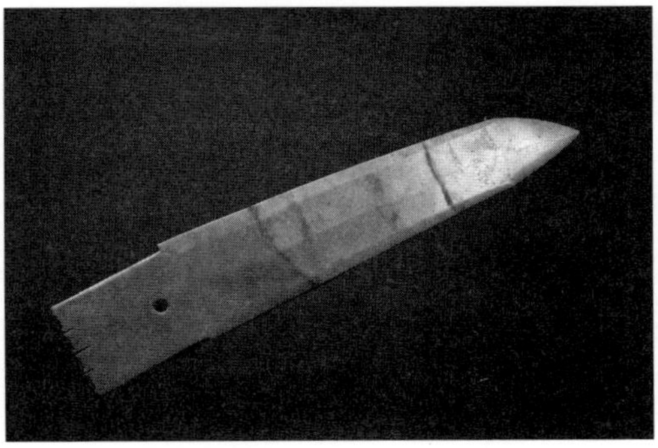

图一四　商长玉戈，青玉质，
长52.5、宽9.5、厚0.5厘米

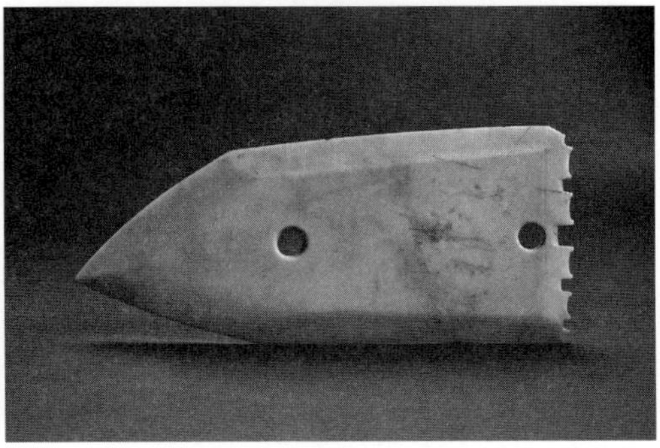

图一五　商短玉戈，青玉质，
长14.6、宽6.3厘米

出边刃，后有一孔，应与玉戈圆孔对应，用于连接。援极短，上饰兽面纹。援后上、下出阑。内前直有一孔，用以束柲，后曲浮雕鸟纹。此器白玉如羊脂，坚洁细腻，铜内纹饰缛丽，满目繁华，是件货真价实的金镶玉（图一六）。

玉璋　本件商器。青玉质，长40、宽9.5厘米。大致呈梯形，由射、阑、内组成：射前端倾斜，凹弧刃，两尖锋利，两侧束腰，无刃，隐见两道控边阴线；阑部出菲齿，两边均做成蚕状，有尾足、腹足、胸足，并别出颈角，足间连以阴线；内长方形，一角自然缺失，前端有一圆孔。此器射部黄绿，内部葱绿，望之如深山密林，沟壑纵横（图一七）。

图一六　商玉援铜内戈，通长32、宽6.3厘米

图一七　商玉璋，青玉质，长40、宽9.5厘米

图一八　商玉钺，青玉质，长13.2、宽8.2厘米

玉钺　本件商代器。青玉质，长13.2、宽8.2厘米。系玉刀改制而来。原刀横长，下为直刃，背、侧无刃，身中部三孔，呈等腰三角形分布，上孔小。刀残断后改成钺，长端（原侧边）磨出窄刃，磨圆度较好，断边略经打磨，未能成刃，周围留下不少刮痕，原背边保持原样，中部偏上有一圆弧坑，周围呈绛红色，应为石皮部分（图一八）。

琮　本件商器。青玉质，受浸成浅黄色，直径7.3、高4.2厘米。八边柱状，中对钻一大圆孔，上下射面较矮，体素无纹（图一九）。

玉璧　本件商器。青玉质，直径12.5、好径5.4厘米。接近正圆，边缘有数处浸斑，并有一横贯穿孔的解玉痕（图二〇）。

图一九　商琮，青玉质，直径7.3、高4.2厘米

图二〇　商玉璧，青玉质，直径12.5、好径5.4厘米

三、陶　瓷　器

瓷尊　本件商器。口径19.2、底径4、高9厘米。褐红胎。敞口，方唇，斜长颈，折肩，深腹斜收，小平底。肩部、腹部饰细密的方格纹，器表及口沿内壁施青釉。此器与1965年发现于郑州铭功路商墓中的那件黄绿釉瓷尊（口径27厘米，高27厘米）相比，显得矮小猥琐，其造型似乎另具深意。口阔无比，沿面急剧内收，使视野集中于中部，又骤然外张，增强了空间的深邃感，接着肩部反转，把视野从遐想拉回现实，浓缩于小小的底部。器壁转折如此剧烈，如此频繁，为原始瓷尊中所仅见。其容量有限，猜测其功用与唾壶相似，而非酒器（图二一）。

陶杯　本件商器。口径14.5、底径11.5、高15.4厘米。泥质灰陶。侈口，圆唇，略束颈，微鼓腹，圜底，高圈足。腹壁饰出扉棱的錾。颈部两周宽凹弦纹，腹部为细凹弦纹裹缠的饕餮纹，共四组，圈足上三周凸弦纹。此杯体形硕大，海阔天空，敞亮的口，威严的腹，敦厚的足，狂野的耳，望之纲举目张，气场强大，非王室不能用之（图二二）。

陶簋　本件商器。口径为23.5、圈足径为17.2、高18.8厘米。泥质灰陶。近直口，平折沿，方唇，略束颈，深弧腹，圜底，高圈足。腹部饰六组饕餮纹，上下各两周凹弦

图二一　商瓷尊，口径19.2、底径4、高9厘米

图二二　商陶杯，口径14.5、底径11.5、高15.4厘米

图二三　商陶簋，口径为23.5、圈足径为17.2、高18.8厘米

纹，下腹及底饰中绳纹，圈足上两周凸弦纹。簋是商代常见的盛食器，此器端庄典雅，尺寸适中，粗糙的内壁与满是纹饰的磨光外壁形成强烈的反差，效果良好；其灵秀的周边折缓了直口的突兀，微鼓的腹壁让兽面充满张力，下腹圜转，布满绳纹，圈足外撇，凹凸有致。正是有这简洁明快的圈足托举，法相尊严的簋更显得繁洁得体，秀外慧中，是难得的王室珍品（图二三）。

望京楼城址出土的铜器、玉器是夏商时期的重要礼器，使用者无疑是贵族，制作者当是那些拥有匠籍、技术精湛的手工业者。这些人或为奴隶，或为平民，个把贵族爱好这口误入此行也说不定。他们工于心计，将铜器、玉器做到极致，完全体现出贵族的意志及自己对器物的衷情。根据中国玉器、铜器的发展史，玉器作为礼器的地位确立得相当早，铜器仅是后来居上者。《周礼·春官·大宗伯》载："以玉作六器，以礼天地四方。以苍璧礼天，以黄琮礼地，以青圭礼东方，以赤璋礼南方，以白琥礼西方，以玄璜礼北方。"据学者研究，考古上还未见到完全符合此规制的玉礼器。不过，玉璧、玉琮、玉圭、玉璋、玉璜定制已久，《周礼》的记载断非捕风捉影，应当是对古代用玉制度的规范化、集成化总结。

望京楼城址的玉器，质地优良、工艺精到，经过3800年的浸润，非但没有风化斑驳，反而如脂如膏，多了一份历史的凝重与成就感，摄人心魄。其玉器主要有戈和璋，显见这个城址军事与政治高度结合的一面，同时也告知我们，在早商时期，新郑这个地方也有"琮、瑗礼天地"的情况，其用玉制度简单明了。

望京楼城址的铜器，分夏代与商代两个时期。夏代铜器，器形古拙，纹饰近无，浑身散发着野性，尚处于中国铜器的草创阶段。商代铜器，蔚然有了巨大改观，完全可用"成熟"二字来形容。其器形优美典雅，讲究弧度、高度、角度的和谐，纹饰或言简意赅，或意境深远，无不与器形结合得唯美唯至，体现着独特的匠心独运。由于望京楼城址与郑州商城的一体化，这些铜器也许是在郑州生产的。郑州商城曾发现面积达2.5万平方米的南关外铸铜遗址，在商城城墙外的向阳回族食品厂、张寨南街、南顺城街发现三个大型铜器窖藏坑，商城内外的广大区域也发现众多的中小型铜器，这些铜器与望京楼的铜器风格别无二致，充满着浪漫主义人文情怀，已有所体现的神秘主义远未达到商代后期那样乖张、威严的程度，这使得我们可以从容从近冷眼旁观这个郑州商城南大门的一切，从而体察它的社会制度、文化生活，以及蕴藏在这些表象下的文明深度。

（原刊于《典藏》2014年第11期）

中国·郑州考古（十六）

CHINA ZHENGZHOU ARCHAEOLOGY（XVI）

郑州文物考古与研究（三）

下

顾万发　主编

郑州市文物考古研究院　编著

科 学 出 版 社

北　京

内 容 简 介

本书是郑州市文物工作者编写的第三部考古文集，是对郑州市近年来考古工作和科研成果的全面概括和总结。文集内容分两部分：第一部分为文物考古调查与发掘，收录考古发掘简报、报告50余篇，内容包括旧石器时代考古、新石器时代考古、商夏周时期考古、战国秦汉及唐宋元明时期考古资料，内容丰富，资料新颖，是了解和研究郑州市古代优秀文化遗产的重要资料；第二部分为理论探讨与研究，收录学术论文90余篇，内容涉及原始社会至夏商周时期社会性质、文化面貌、聚落考古等诸多领域的研究论述，同时还包括彩陶、青铜器、玉器、钱币、瓷器、墓志的专题研究和科技考古、古建筑及遗产保护、文物影响评估、测绘和科技应用等方面的研究文章。

本书可供从事考古学、历史学、博物馆学、民俗学、方志学、古建筑及文化遗产保护等领域的研究人员及高等院校相关专业的师生参考、阅读。

图书在版编目（CIP）数据

郑州文物考古与研究. 三：全三册 / 顾万发主编；郑州市文物考古研究院编著.—北京：科学出版社，2016. 4
（中国·郑州考古；16）
ISBN 978-7-03-047981-5

Ⅰ. ①郑… Ⅱ. ①顾… ②郑… Ⅲ. ①文物-考古-郑州市-文集
Ⅳ. ①K872. 611. 4-53

中国版本图书馆CIP数据核字（2016）第062254号

责任编辑：张亚娜 叁壹肆 / 责任校对：张凤琴 钟 洋 彭 涛
责任印制：肖 兴 / 封面设计：陈 敬

科学出版社 出版
北京东黄城根北街16号
邮政编码：100717
http：//www.sciencep.com
北京通州皇家印刷厂 印刷
科学出版社发行 各地新华书店经销

*

2016年4月第 一 版 开本：787×1092 1/16
2016年4月第一次印刷 印张：98
字数：2 297 000

定价：480.00元（全3册）

郑州商城布局及外廓城墙走向新探

刘彦锋　吴　倩　薛　冰

郑州商城发现于20世纪50年代中期，经过半个多世纪的考古发掘，取得了丰富的第一手资料。2002年，河南省文物考古研究所对外廓城墙进行了全面考古钻探及试掘，向学术界公布了外廓城墙所处区域、形制及相对年代，并证实外廓城墙外部有护城河[1]。2006至2009年间，郑州市文物考古研究院对郑州商城的局部外廓墙基又进行了钻探和发掘，取得了不同于以往的新资料，这些新资料可以对郑州商城布局及外廓城墙走势作出新的诠释。这就是本文的研究宗旨。

一、有关郑州商城布局规划的考古发现及科学阐释

何谓“都”？《说文解字》曰：“有先君之旧宗庙曰都。”《释名》曰：“都者，国君所居，人所都会也。”这就是说，都城是一个国家的最高首领对全国进行统治及其生活的地方，这里有宗庙建筑，有大量的普通居民居住。因此可以说，都城是早期城邑发展到一定阶段的产物，都城的建造源自早期城邑，又是更高水平的城市发展模式。

目前能够确定的早于郑州商城的都城即是夏代都城了，而其中考古材料最为齐全的是二里头遗址。在二里头遗址范围内，宫城居中，宫城内的宫殿建筑可分为东、中、西三路。宫城平面大体呈长方形，总面积约10.8万平方米。宫城城墙系用夯土筑就，基部宽2米左右。以宫城为中心，道路将整个城邑分为九个区域，宫城的正南、正北、正东、正西方向分布着手工业作坊、祭祀、墓葬等遗迹。在宫殿区周围，分布着一个井字形城市干道网络，东西、南北各两条宽阔的道路分处宫城四周。在宫城的南面，发现与铸铜、制陶、制玉、制骨手工业有关的遗迹遗物。在宫城以北200～300米范围内，分布着一些特殊的建筑遗迹，发掘者推测此为与祭祀活动有关的遗迹[1]。二里头遗址所表现的都城规划特点为：①中轴线明确，即手工业区、宫殿区、祭祀区呈南北向构成遗址的主体文化带，宫城居于城邑的中心；②重要的手工业作坊区居前；③祭祀遗迹在后；④居址墓葬混杂，宫殿、手工业作坊及祭祀基址内或附近都有墓葬[2]。

郑州商城遗址位于现在的郑州市东部，面积为25平方千米。考古发现揭示，在郑州商城遗址范围内，以宫殿区为中心，周围逐步建造有内城、外城、宫城等多道城垣，其中有一系列居民点、手工业作坊、祭祀区、墓葬区等都城基础设施。郑州商城城墙分内城和外城两部分。内城近似长方形，周长近7000米，面积约3平方千米。其北城墙有

拐折，东端位于顺河路与城东路交叉口西南，西北至紫荆山公园西门，再向西沿金水路南侧延伸至杜岭街北端东侧缓折向南，全长1690米；西城墙从杜岭街北端东侧接北城墙，向南穿越人民路，再向南沿北顺城街和南顺城街东侧，至南顺城街南端与南城墙相接，长约1870米；南城墙始于南顺城街南端与城南路交叉口东北侧，沿城南路北侧东向延伸，穿越紫荆山路，至城东路金水路两侧，全长约1700米；东城墙从城南路东端向北穿越东大街、商城路、东里路，至顺河路南侧与北城墙相接，全长约1700米。其中，东城墙和南城墙保存状况较好，现今仍大多立于地面之上，尤以东南城角保存最好。考古工作者曾在内城城墙上发现11个宽窄不同的缺口，有的应与城门有关。城墙是用夯土筑成，内坡较缓，外坡陡直，平均底宽约20米、顶宽约5米、高约10米。内城以外还开挖有护城河。从现有的发掘资料来看，郑州商城至少东城墙外侧存在城壕，且壕内曾经蓄水[3]（参见下图）。

目前已确定的外城墙位于内城墙南墙和西墙之外600～1100米处，呈西南—东北走向的一个大敞口，圈筑在内城东南角、南墙、西南角及西墙之外，对内城形成环抱之势。在内外城墙之间，多分布有商代文化遗存。由于年代久远且后来进行城市建设时的破

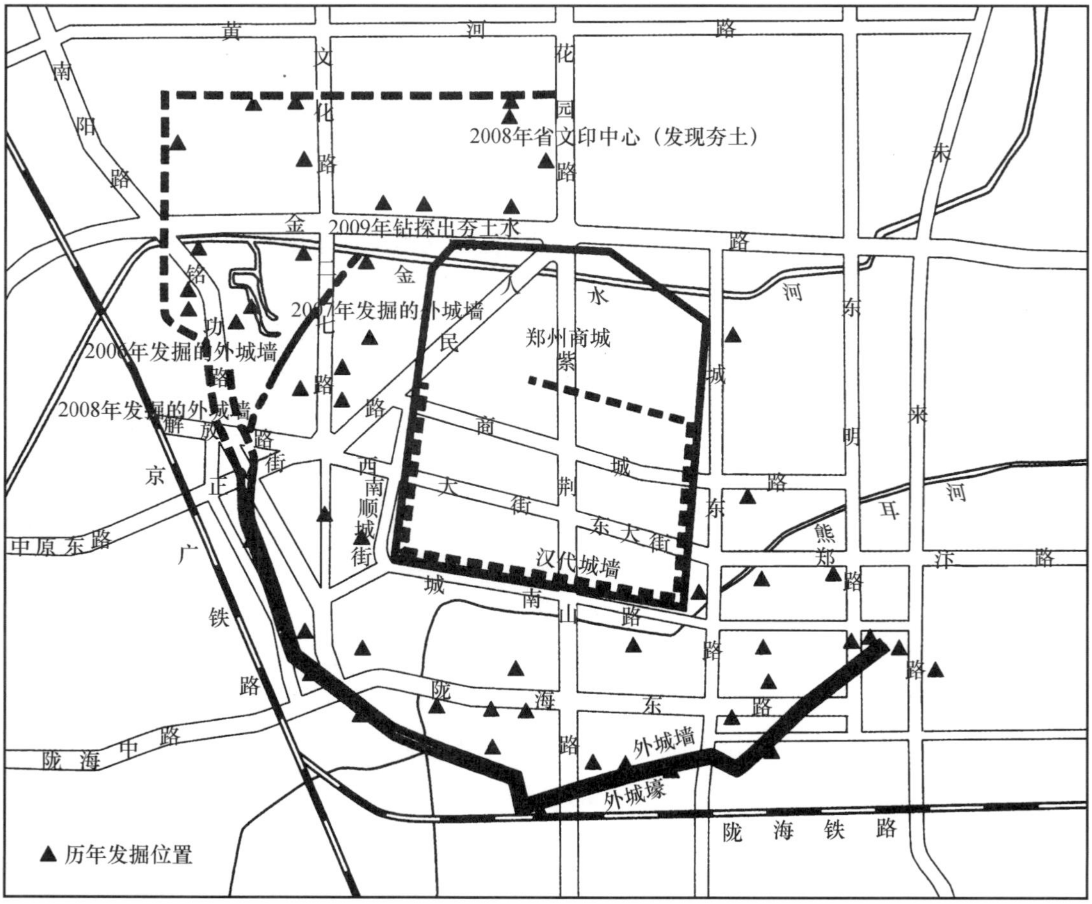

郑州商城外城位置示意图

坏，使遗存之间既有间断又有联系，但是一个统一的整体。近年来，在外城墙之外还发现多处商文化遗址，但相对比较孤立，应属当时的村落遗址[4]。

1985～1986年，在商城宫殿区发现一段呈东北—西南走向的夯土墙[5]，向北延伸与内城北墙东段接近垂直，长度为80米左右，宽度为7米。1998年3～9月，考古工作者又在同一地带发现一段残长24米左右的夯土墙基槽，其方向、形制、结构与前者相同，二者应为同一道夯土墙，合计长度100余米，其性质可能为宫城的围护墙[6]。

宫殿区位于内城的东北隅，经过多年发掘材料证明，东面、北面紧临城墙，西边至人民路，南边至商城路。在东西1000、南北900米的范围内遗留有各类高低不平的夯土台基遗迹。夯土台基的排列不甚规则，但靠近东北隅的较密、西南部的稀疏。宫殿都坐落在这些夯土台基上，台基高度一般在1米左右，台基的大小依宫殿范围而定。在城内东北隅长约750、宽约500米的范围内有夯土台基数十处。

普通居民区围绕内城分布。在外城内分布有较多的商代遗址，发现有小型房基、灰坑和窖穴。二里冈一带应是商城东南部重要的居民区，这里地势较高，视野开阔，适宜人类居住。此处灰坑、窖穴密布，出土遗物丰富，包括陶器、石器、骨器、小件青铜工具及卜骨等，说明当时居住人口较多。

祭祀遗址分布于郑州商城内外城多处地方。如在商城东南部的二里冈、南关外的郑州卷烟厂和铸铜作坊遗址内、内城西的人民公园内、城北制骨作坊遗址东南部等，都发现有掩埋人骨架和兽骨架的祭祀坑，说明祭祀在商王朝的政治生活中是相当普遍的事情。较为集中的祭祀场位于内城东北部北城墙东端内侧，这里地势高而平坦，在100余米的范围内，以排列有序的6块“埋石”为中心，周围有殉狗坑8个（殉狗100余只）、烧土坑2个，还有无随葬器物的单人葬坑12座、有少量随葬物的小墓2座，这些遗迹、遗物多为非正常埋葬。这些殉人、殉狗显然与祭祀时的杀殉有关。该祭祀场距离宫殿区东北边缘约50米，应该是贵族举行祭祀的地方[7]。此外，在城西的张寨南街、城东南隅外侧的向阳回族食品厂、城西南外侧的南顺城街等地，共发现三处青铜器窖藏坑[8]。这三座青铜器窖藏坑距地表较深，坑的底部均坐落在生土之上，青铜礼器放置井然有序，有的坑底和铜器上面还铺有朱砂，以此可知其放置时是十分从容的，不是发生重大政治动乱中仓皇逃离时所为，其性质当与举行某种祭祀时的埋葬有关[9]。

手工业作坊区和墓葬区大多位于内城的四周。在位于商城南墙外约600米处（省公路运输公司院内）和商城北墙外约300米处（河南饭店一带），各发现一处铸铜作坊遗址。制骨作坊已发现两处：一处位于商城外紫荆山北新华社河南分社院内，在一长方形竖井形窖穴内出土1000多件骨器的成品、半成品、料骨、废料和11件制骨器的磨石等[10]；另一处在河南省文物考古研究所商城工作站内，一条壕沟内发现人头骨近百个，不少头骨上还遗留有明显的锯痕，一般是在头颅的眉部和耳部上端横截锯开，使其成为瓢形圜底器皿[11]。在城西铭功路西侧郑州十四中学院内，发现了一处制陶作坊。

郑州商城内已形成较成熟的给排水系统，是通过利用自然河流、引河水进城及开凿水井来实现[12]。商城濒临金水河、熊耳河等自然河流，应为当时商王朝的用水提供了便利。而居民区的日常饮用水主要通过开凿水井来保障。郑州商城内的水井可分为普通土壁水井和带有井坑的木结构支护框架水井两种类型[13]。前者分布于普通居民区、手工业作坊区，数量较多；后者多位于宫殿区，建造较为讲究，分井坑和井筒两部分。排水系统由地面明沟、地下陶水管、石砌暗渠管道、护城河及湖泽组成。在宫殿区发现多条壕沟，如在宫殿区西北部的黄委会科研所院内、城南南关外的铸铜作坊、城北制骨作坊等地，都开挖一定规模的壕沟。这些壕沟除了具有一定的防御功能以外，应主要起着排泄洪水和生活废水的作用。诸大型宫殿建筑也有地下排水管道，在宫殿区发现的6件陶水管即是证明[14]。在宫殿区宫城墙外侧8米处，发掘出一条与夯土墙相平行的石筑地下管道，建造技术较为复杂。通过这些排水设施，一旦遭遇大规模的降水时，雨水通过诸多壕沟、陶水管道汇入石筑水管道，东流汇入护城河，最后流入城东的低洼湖泽之地。

在宫殿区附近、内城、外城范围内都有墓葬分布。其中在商城东北隅外的白家庄、城东南隅外的杨庄、城南的郑州烟厂、城西的北二七路、人民公园和铭功路一带，都是集中的墓葬区。白家庄一带属于沙岗高地，墓地规格较高，除了发现多座随葬陶器的墓葬以外，还发现一批随葬青铜礼器的贵族墓葬；杨庄墓地位于内城东南隅外约500米，向南邻近二里冈遗址，地势较高，发现了大量各种类型的墓葬。

目前还未确定郑州商城的王陵区所在，但有迹象表明其王陵区应在都城之西或西北一带。郑州商城的地势是东北、东面地势低洼，王陵区不可能建在那里，而西部、西北方地势高爽，王陵区选择在这里比较合乎情理。而时代稍晚、同属商王朝都城的安阳殷墟，其王陵区就在洹河北岸的西北岗一带，所处位置正是在宫殿区的西北方向。目前，寻找商王陵已是郑州商城考古工作的重点之一了。

二、外廓城墙的走向

1953年秋至1954年春，郑州市文物工作组在二里冈一带发现了外夯土墙[15]，但由于当时考古界的主要目标集中在对郑州商城的研究上，直到20世纪80年代中期才开始真正调查外廓城墙。经过近20年持续不断的调查、发掘及研究，外廓城墙的南墙及西墙南端走向已基本摸清。本文主要是介绍2006～2009年郑州市文物考古研究院对城墙的发掘及钻探情况。

1. 西墙的发掘及钻探

2006年7～8月，在西太康路与民主路交叉口西南沃尔玛商场范围内发掘一段呈西北—东南走向的夯土墙基，灰褐色黏土夯层明显，质地坚硬。

2008年9～12月，在解放路及自由路之间发现并发掘了一段呈西北—东南走向的夯土墙基，发掘长度为110米，仅存基槽部分，宽12～14.8米，现存深度为1.5～2.5米，灰褐色黏土夯层明显，质地坚硬。

2009年2月底，在西太康路与北二七路交叉口西北丹尼斯百货拟建梦幻世界项目区域内发现并钻探出呈西北—东南走向的一段夯土墙，灰褐色黏土夯层明显，质地坚硬。2007年7月，郑州市文物考古研究院曾在此发掘了一段夯土墙基[16]。

值得注意的是，在以上三段城墙发掘区域内均未发现护城河。

在北二七路和杜岭街之间，郑州市文物考古研究院在金水河两岸钻探时也发现了夯土，其走向、宽度及土质等与前述发掘的外廓城墙基本一致。金水河南岸距二七路金水河桥216米，北岸距杜岭街金水河桥173米，呈西北—东南走向。夯土距地表深5.5～6、宽13、厚1.1～1.5米，土色为黄褐色，质地坚硬。夯土下为灰白色沙土，包含有料姜石。

2. 北墙内的钻探和发掘

2008年5～9月，郑州市文物考古研究院在经五路与纬三路交叉口省委文印中心院内也发现了夯土遗迹。夯土范围北部与东部均未发掘完整，根据勘探，推测其长50.5、宽7.25～12.4、厚约1.20米，由红褐色黏土夯筑而成，夯层清晰，厚0.05～0.08米。因发掘范围有限，无法确定其完整结构，但可推测为北墙。

2009年2月，郑州市文物考古研究院的考古工作者按照夯土墙基的走向在可能钻探的纬二路与经一路交叉口区域、纬五路与政六街交叉口区域进行了钻探，但均未发现夯土和文化堆积。

北部的发掘资料较少，据现有资料推测，北部外廓城墙应该在纬五路和经三路一带。

3. 东墙的调查与钻探

2007年11月，郑州市文物考古研究院的考古工作者在原郑州市木材公司院内发掘了一段夯土，这也印证了以往的考古发现，然后考古工作者顺其走向在可钻探的地方进行了钻探。其后，考古工作者又在未来路与陇海路交叉口向北1000米处钻探，发现距地表2.5米处为青灰色淤积土，距地表5米处为黄沙土，土质十分疏松；在未来路与郑汴路交叉口区域钻探时，发现距地表3.2米以下均为浅褐色淤积土、7米处接近出水。东墙的钻探印证了此处当时确为湖泊和沼泽地带。

4. 外廓城墙的走向

郑州市文物考古研究院的考古工作者钻探和发掘的以上几段夯土墙基按其走向、所处地理位置及夯筑方法来看都应是郑州商城外廓城墙的一部分。新考古材料在很多方面值得大家关注，如西墙的北段与河南省文物考古研究所2002年的考古钻探结果并不一致，所发掘的几段城墙之外均未发现护城河等。

依据考古工作者的钻探、发掘结果并结合以往的考古材料来看，外廓城墙的走向应东起凤凰台，南部穿过货栈街、新郑路、陇海路，向西折向福寿街、解放路、太康路、北二七路，北部从金水路穿过花园路、纬五路与经三路一带，东部与古湖泊、沼泽地相接，大致呈圆形。

三、郑州商城布局规划的基本特征

从郑州商城的考古材料可以看出，在都城规划布局方面，其体现了如下三个特征。

1. 继承了早期城市的特点

马世之先生将中国史前城址形态归纳为七个特征[17]，我们将与中原地区城址有关者摘录如下：在山麓河滨选址；城的形制以“方”居多；城址形态多样，仰韶时期以圆形为主，主要是仿效圆形房屋和环壕聚落的格式，龙山时期的先民们主要是受到“方块田”规划概念和“天圆地方”思想的影响；城址设有城墙和城门；城内多不设市；城内以宗庙宫室为主要内容。由此可以看出，在都城规划布局方面，应该说郑州商城建造思路源于早期城址，更是直接来源于二里头遗址，但明显要比二里头遗址更成熟。商人不仅对各类建筑的设置及所处区域有着严格的规划，而且各单体建筑的布局建造也有一定的规定。

2. 体现了城郭之制及外圆内方的建造理念

（1）郑州商城的布局体现了中国古城布局中最常见的城郭之制。城垣布局应具备5项条件才能属于城郭之制[18]：一是必须具有二重以上闭合的城垣；二是城垣必须被另一圈城垣包围在内，形成内外城平面布局；三是内外城垣之间应有一定的距离，其空间足供普通居民生活；四是内外城垣必须共存，即有共同的使用期；五是内外城分别具备“卫君”“守民”的功能。

城郭之制孕育于新石器时代晚期。文献有鲧或禹建造城郭的记载。《世本·作篇》云：“鲧作城郭。”《吴越春秋》曰：“鲧筑城以卫君，造郭以守民，此城郭之始也。”考古资料表明，这些文献记载是有一定依据的，城郭之制在龙山时期已见端倪，如江苏连云港藤花落遗址即为明证[19]。

郑州商城有内城、外城两重城垣，内城居中，外城围绕内城。内外城垣相距600～1100米，间距合理。二城垣修筑年代和使用年代相近。内城之内主要为宫殿分布区，成组而又结构复杂的宫殿基址密集分布于城内北部，在东北部发现有蓄水池和祭祀遗址。除发现个别与制骨有关的遗迹之外，内城不见或少见手工业作坊、一般居住遗址及集中的墓葬区。这说明城内主要以宫殿为主，城内有大量空旷地带。相反，外城内不见大规模的夯土建筑基址，却分布有大量的铸铜、制骨、制陶等手工业作坊、一般居民点及各种类型的墓葬。而在外城墙之外，基本不见或很少有商代遗址分布，这说明普通民众为保障自身安全而居住在外城之内，这些考古材料充分证实了“筑城以卫君，造郭以守民”的记载不误。

（2）郑州商城的城郭之制又体现着“外圆内方”的建造理念。这一建造理念的出现反映了中原地区早期城址的发展趋势：由仰韶时期的圆形发展至龙山时期的方形再到多道城垣的“外圆内方”，同时又与古人根深蒂固的“天圆地方”的思想观念联系密切。

中国古代有“天圆地方”之说，最早见于《大戴礼记·曾子天圆篇》，曾子回答单居离之问，曰：“天道曰圆，地道曰方；如诚天圆而地方，则是四角而不掩也。”中国传统文化博大精深，阴阳学说乃是其核心和精髓。古人把天地未分、混沌初起之状称为太极，太极生两仪，就划分出阴阳，分出了天地。古人把由众多星体组成的茫茫宇宙称为“天”，把立足其间赖以生存的田土称为“地”。由于日月等天体都是在周而复始、永无休止地运动，好似一个闭合的圆周无始无终；而大地却悄悄地在那里承载着我们，恰如一个方形物体的静止稳定，于是“天圆地方”概念由此产生。另外，中国传统文化提倡“天人合一”、讲究效法自然，风水术中推崇“天圆地方”的原则就是对这种宇宙观的一种特殊注解。中国历史上，包含此理念的东西很多，比如玉琮、铜钱。中国传统的建筑更是讲究天圆地方，而郑州商城是目前发现的最早体现这一理念的古代城址。

3. 对后世产生了深远影响

郑州商城的规划布局制度已基本成熟，对后世诸王朝的都城建设产生了较大影响：在都城基本设施建设方面，后世王朝都城与郑州商城相似，皆建有宗庙、宫室、手工业作坊等，有的在宫殿区附近还建有池苑；周人在其先祖死后必立庙对其进行祭祀，秦都雍城有宗庙建筑，汉代以后诸王朝都城也皆有宗庙，汉长安城礼制建筑名目繁多；后世王朝宫室建筑规模宏大，有的分设数处建筑宫苑，如西汉长安城有长乐宫、未央宫、北宫、明宫等宫室，唐长安城有太极宫、大明宫、兴庆宫等诸多宫室；后世王朝宫殿也实行高台建筑原则，如齐都临淄“桓公台”、汉长安城未央宫、唐长安城大明宫；后世王朝陵墓区大多位于都城外西北方向，如西汉王陵和唐王陵。

注　释

［1］ 河南省文物考古研究所：《郑州商城外廓城的调查与试掘》，《考古》2004年第3期。

［2］ 杜金鹏：《偃师二里头遗址都邑制度研究》，《夏商周考古学研究》，科学出版社，2007年。

［3］［5］ 宋国定：《1985～1992年郑州商城考古发现综述》，《郑州商城考古新发现与研究》，中州古籍出版社，1993年。

［4］ 郑州市文物考古研究院发掘资料。

［6］ 河南省文物考古研究所：《河南郑州商城宫殿区夯土墙1998年的发掘》，《考古》2000年第2期。

［7］ 张国硕：《郑州商都文化》，河南人民出版社，2008年。

［8］河南省文物考古研究所等：《郑州商代铜器窖藏》，科学出版社，1999年。
［9］安金槐：《关于郑州商城青铜器窖藏坑性质的探讨》，《华夏考古》1989年第2期。
［10］裴明相：《郑州商代王城的布局及其文化内涵》，《中原文物》1991年第1期。
［11］河南省博物馆：《郑州商代遗址内发现商代夯土台基和奴隶头骨》，《文物》1974年第9期。
［12］张国硕：《夏商时代都城制度研究》，河南人民出版社，2001年。
［13］宋国定：《试论郑州商代水井的类型》，《郑州商城考古新发现与研究》，中州古籍出版社，1993年。
［14］河南省文物考古研究所：《郑州医疗器械厂考古发掘报告》，《郑州商城考古新发现与研究》，中州古籍出版社，1993年。
［15］河南省文化局文物工作队：《郑州二里冈》，科学出版社，1959年。
［16］郑州市文物考古研究院内部资料。
［17］马世之：《中国史前城址特征浅析》，《中州学刊》2002年第5期。
［18］张国硕：《论早期城址的城郭之制》，《中国文物报》2002年12月13日。
［19］林留根：《藤花落遗址聚落考古取得重大收获》，《中国文物报》2000年6月25日。

［原刊于《郑州大学学报（哲学社会科学版）》2010年第43卷第3期］

郑州商城周边聚落变迁与环境因素影响浅析

黄富成

郑州商城是一座规模宏大的王城，结构复杂，功能齐全，各种生活、生产、礼仪与防御设施等较为完备。在其发展、繁荣与衰退的各个阶段，在其周边分布有相应的各类中小型次级聚落。对于这种大型聚落遗存周边中、小型聚落的分布、结构及其与环境因素内在的联动关系，受制于以往工作的局限，人们的认识较为散乱。近年来，随着郑州经济社会和城市建设的飞速发展，在配合大型工程和城市基本建设的考古发掘中陆续发现、发掘了数处商代聚落遗存。笔者结合商周时期郑州商城环境变迁因素，浅谈一下郑州商城周边聚落的发展与演变和郑州地区环境因素影响的关系。

一

郑州地处嵩山山前丘陵余脉向东部大平原过渡地带，西部、南部多低丘高岗地形，北部、东部为冲积平原，地势东、北低，西、南高。由豫西沿黄河南岸向东延伸的邙山止于郑州西北，在郑州北郊至黄河南岸的邙山之间及郑州东郊地势较为低洼。先秦时期，在郑州西北、北部和东区低洼地带长期存在广袤的湖沼水域。

商周时期，郑州商城在其发展、兴盛乃至衰退以后，气候温和湿润，降水较多，周边水域广袤。根据竺可桢先生的考证，“在近五千年中的最初两千年，即从仰韶文化到安阳殷墟，大部分时间的年平均温度高于现在2℃左右，1月温度比现在高3～5℃”[1]。这一对全新世中期我国生态环境的科学论断普遍为人们所认可，有学者亦称为“仰韶温暖期”[2]。这一时期由于充沛的降水而经常导致黄河流域的洪水泛滥和广袤的湖沼水域。

先秦文献中，关于洪水及大禹治水的记载颇多，如《尚书》之《益稷》《禹贡》《洪范》《吕刑》；《诗经》之《大雅》《商颂》及《论语·泰伯》《孟子·滕文公》《左传·襄公四年》《昭公·元年》《国语·周语》《庄子·秋水》《庄子·天下》《列子·汤问》《荀子·富国》《墨子·尚贤》等篇均有涉及。近年发现的铸造于西周中期的一件青铜器遂公盨，盨底铭文98字，开篇即言“天命禹敷土，随山、浚川……”经李学勤等先生考证，此盨铸造于西周中期，为舜的后人建立的古遂国人所遗留，盨文铭记了大禹治水和为政以德等内容[3]。这篇铭文客观上印证了中国上古时期洪水环境的生业面貌，但是洪水发生的地域和人们生存栖息地相关，在生产力低下的时代，洪水的泛滥在一定程度上有利于人类的生存。据徐旭生先生考证，上古时期洪水发生的区域主要在兖州，次要在豫州、徐州境内，余州无洪水[4]，即以当今黄、淮大平原为主，这是当时古湖泊沼泽主要集聚的地区。根据《左传》《尚书》《周礼》《山海经》等文献考证，先秦秦汉时期，黄淮海平原上有名可考的湖沼有40多个，至公元6世纪《水经注》成书时，黄淮海平原上的湖沼已达190余处。

自春秋战国人们从郑州西北广武山附近引黄河水东南流造成鸿沟水系的形成，直至《水经注》成书的时代，在郑州地区所处的黄淮海平原西部，始终存在着两条因地势低洼而相互连接的湖泊沼泽地带：一是豫西山地山前冲积扇和鸿沟运河西侧自然堤交界处有一条自北而南的湖泊洼地带，由豫西山地发源的河流受鸿沟西侧自然堤阻隔潴聚而成；二是在豫东、鲁西南平原有一条东西向排列的湖泊带，这些湖泊连接许多东西向河流如黄河、济水、濮水、汴水、睢水等的堤间洼地及河口洼地[5]，著名的湖泽有蒲田泽、孟诸泽等。鸿沟水系的开凿是古人利用自然地势，引黄河水贯通沿途的河流、湖泊沼泽，形成系统的航运灌溉工程。然而在鸿沟水系形成之前，在郑州北郊和黄河南岸邙山之间的低洼地带长期存在一系列的自然湖沼。发源于嵩山东麓的河流及泛滥的黄河水在郑州西北潴聚，经由郑州北区的洼地向东流去，在郑州北区和东区形成连续不断的湖泊沼泽地带。根据最近对郑州地区全新世古环境的多学科实地勘察，发现在郑州西北郊直至黄河岸边的广武山之间的广阔地带（禹荥泽）普遍存在着厚达1～2米的湖相沉积层，根据^{14}C测年资料分析，其存在时间距今7000～3000年[6]。几千年来，由于地质构造的原因，现今在黄河南岸京广铁路两侧的相对落差已达20米左右。在郑州东区所处的古蒲田泽南部区域，现郑州国际机场北3000米左右的寺东高两周遗址附近，在厚厚的沙层下亦发现了普遍存在厚达1～1.5米的湖相沉积层，说明当时该地水域相当辽阔[7]。

根据清代《郑县志》记载，很早以前在郑州商城东面约2.5千米处有“城湖”，城东约10千米处有“梁家湖”，城东约6.5千米处有“螺蛳湖”。这说明在郑州商城东面，直至黄河南岸，在古代相当长的时间段内，地势低洼，水草丛生，湖沼涟涟。当然，郑州周边湖泊沼泽的密布并不意味着这里是一片水域连天的情形，在众多的湖沼之间，还有许多突兀的高岗丘陵地形与陆地相连。《诗经》中多次记载周王到今中牟蒲田泽一带狩猎游玩，显示这一区域水陆通联的环境地貌。水陆便利的环境优势有利于大型聚落遗存和中小型聚落的互动生存与发展。

二

近年来，在郑州商城周边经过科学发掘和调查发现的几十处商代大中小型聚落遗存，其分布环境和地貌集中体现了这一时期聚落发展受环境变迁因素制约的状况。

郑州小双桥遗址[8]：小双桥遗址位于郑州市西北约20千米的石佛乡小双桥村和于庄村之间，高度105米左右，北依索须河，地处河旁台地之上。遗址地势北部较高，向东南渐趋低平，为平缓的冲积平原，土壤以褐色黏土、潮土为主。遗址背倚索须河，东西长500米，南北宽300米，面积15万平方米。遗址发现有城墙、宫殿等大型夯土建筑基址，出土有青铜建筑构件、青铜兵器、礼器等，年代相当于二里冈上层较晚阶段，即白家庄期。遗址堆积时间短，遗存形式单一，应当是郑州商城没落之后在此兴起的又一大型聚落。

郑州梁湖遗址①：梁湖遗址位于郑州商城西南约10千米的梁湖村一带，该遗址北面、东面发现厚度较深的湖相沉积层，说明遗址东、北区域在相当长的历史时期为较为广阔的水域，南面和西面则为地势较高的浅丘。遗址面积超30万平方米，包含龙山、商代二里冈下层二期、上层一、二期白家庄期、殷墟三四期及西周早期文化层、遗迹。该遗址出土有龙山时代半地穴居房屋和商代祭祀坑、大型房基、规模宏大的环壕等重要遗迹现象。该遗址地处先秦古莆田泽西南边缘地带，为商城周边罕见的次级聚落遗存，这对于研究郑州商城发展兴衰及二里岗期以后商人族属流向分布、郑州市古代环境演变等均具重要的科研价值。

荥阳关帝庙遗址[9]：该遗址位于荥阳市豫龙镇关帝庙村西南，现存面积约10万平方米。遗址地势南高北低，分多个台地依次递降，遗址东约3千米处有须水河，北部6千米处有索河，二河于遗址东北8千米处交汇成索须河，蜿蜒东北流。该遗址发现有房基、墓葬、水井、窖穴、灰坑、祭祀坑等遗存现象，出土有陶器、石器、玉器等日常用器，时代为商代晚期，大致相当于殷墟一、二、三期。该遗址地处两河夹角台地上，分布有居址、墓葬区、手工业作坊区、祭祀区等，功能齐全，是郑州商城周边典型的小型聚落遗存。

荥阳蒋寨遗址②：该遗址位于荥阳豫龙镇蒋寨村，东距关帝庙遗址约4千米，地势环境与关帝庙遗址类同，同处须水与索河交汇的夹角台地上。目前该遗址发现有房基、墓葬、祭祀坑、水井、窖穴、灰坑等遗存现象，出土有日用陶器、石器、玉器、蚌器等，年代为商代晚期至西周早期，是郑州商城周边一小型聚落遗存。

新郑孟庄寺东高遗址[10]：该遗址位于新郑市孟庄镇寺东高村，南距新郑机场约3千米，遗址位于一高台地上，中心部位与周边地势落差达6米左右，高台周边地下3米处遍布厚达1～1.5米的湖相沉积层。遗址地处古莆田泽南部，周边水域环境明显，面积近10

① 根据《郑县志》记载，在城东约10千米处有“梁家湖”。此即意味着在很长一段时期内，此地湖泊高台丘陵地上有梁姓宗教在些繁衍生息。2009年和2010年，郑州市文物考古研究院为配合郑州煤矿机械集团有限公司建设项目，两次在此进行发掘，证明此处是郑州商城周边同时期的一处中型次级聚落遗存。

② 荥阳蒋寨遗址是郑州市文物考古研究院为配合南水北调中线工程建设于2007～2009年连续进行考古发掘，发现这是一处晚商至西周早期的聚落遗存。该遗址地处须水与索河交汇的夹角台地上，是郑州商城周边一处中小型聚落遗存，对于探索二里冈期以后商文化的发展与去向、周文化在中原地区的发展、演变等问题具有较大学术意义。

万平方米，主体文化层包含西周晚期、春秋至战国时期，局部发现有晚商遗迹和遗物。

此外，经过近年的调查、试掘等发现，在郑州商城周边分布着多达30余处的大小不同的同时期聚落遗存[11]，如东赵村遗址、前庄王遗址、岗崔遗址、贾庄遗址、堂李遗址、大里遗址、郭庄遗址、关庄遗址、孙庄遗址、陈庄遗址、辛庄遗址、点军台遗址、薛庄遗址、官庄遗址、大燕庄遗址、李庄遗址、阎坟遗址、前杨东遗址、十里头遗址、曹古寺遗址、东赵遗址等。这些遗址主要分布于以索河、须水河、索须河等水系组成的各种高台地上，主要位于郑州商城的西北，显示聚落发展沿着发源于嵩山东麓的水系，逐水而成、居高地发展的基本态势。

三

郑州商城周边各类商代聚落的分布、发展具有较为明显的特征，如下。

一是聚落遗存分布于以索河、须水河和索须河等发源于嵩山东麓的河流旁的高台地上。在仰韶温暖期大环境气候作用下，多雨多水，河水泛滥是常有的事。发源于嵩山东麓的河流水系与郑州北区、东区的水域相连，在生产力尚不发达和固险防敌的需求下，选择这样的环境地势，聚族而居是这一时期社会发展的一个特点。

二是郑州商城周边聚落遗存的分布不仅在郑州西区的山前冲积台地集中分布，而且在郑州东区、北区和东南地区也发现了数量不少的商代聚落遗存。传统认为这些地势广袤的地方是先秦古莆田泽所处位置，人烟罕至，水域广布，难以提供人类在此生存居住的条件。近年来发现并科学发掘的郑州梁湖遗址、新郑寺东高等商周遗址足以厘清人们先前对此问题的模糊认识。这说明，在郑州东区、东南区只要有适合人们生存发展的高台地，就会有一定的族群聚落在此发展，这是因为郑州商城的生存和发展离不开周边各类次级聚落的支撑。

三是郑州商城周边聚落的发展具有明显的时段性。综合来看，郑州商城周边次级聚落的发展在阶段性上一般对应了郑州商城和小双桥商代遗址发展的各个阶段。如梁湖遗存经历了二里冈上层时期、殷墟晚期；关帝庙遗存经历了商晚殷墟一至三期；蒋寨遗存经历商晚和周初。大部分遗存揭示了郑州商城没落之后二里冈文化的发展与走向问题。

当然，依据目前有限的材料分析，郑州商城周边聚落的发展还不能完全阐释中心聚落和周边次级聚落的相互发展与演变关系，亦不能较好地揭示商文化消退及其去向的各种内外因素。但从二者所处环境地貌和发展的时段性特征上看，郑州商城在其发展、繁荣和衰落的不同阶段，其周边相应发展的次级聚落却是相互响应的。在仰韶温暖期大环境气候作用下，次级聚落的发展受环境因素的影响较大，逐水而居，据高台而栖。不仅东区聚落遗存的数量明显少于西区，而且就连郑州商城内城墙的东北角，至今人们尚无发现城墙弥合的地下痕迹，这或许正受制于当时郑州地区北区和东区地势低洼、水波相逐环境因素的影响所致。而且根据郑州商城内外城垣走势看，内城垣的东北角没有发现闭合的地下迹象，而外城垣不甚规整，迄今只发现存在于南面和西面，在东面和北面尚无残存迹象。城垣建筑是古代重要的防御设施，郑州商城南面和西面为起伏的丘陵高地，东面和北面为地势低洼的湖泊和沼泽地带。在这种情况下，郑州商城的东面和北面低洼地带作为一种天然防御屏障，在其东、北两面就没有修筑过外城墙，而这正与当时的地理环境、郑州商城所建的地理位置有着密切关系[12]。在二里冈上层二期以后，郑州地区的商文化逐渐消退，直至晚商郑州地区商文化的稀疏发展，这一时期，大型中心聚落的没落导致商文化的影响渐次式微，或许正是受到环境因素的影响致使商文化的衰落、外迁。抑或是如有的学者所言，此时期因环境变迁的影响，水路通道的大力发展成为晚商文化东进的一条重要通途[13]。

注释

[1] 竺可桢：《中国近五千年来气候变迁的初步研究》，《考古学报》1972年第1期。

[2] 段万倜：《我国第四纪气候变迁的初步研究》，《全国气候变化学术讨论会文集》，科学出版社，1978年。

[3] 保利艺术博物馆：《遂公盨——大禹治水与为政以德》，线装书局，2002年，第12～19页。

[4] 徐旭生：《中国古史的传说时代》，广西师范大学出版社，2003年，第187页。

[5] 邹逸麟：《中国历史地理概述（修订版）》，上海教育出版社，2005年，第64页。

[6] 郭仰山、张松林等：《“禹荥泽”古地理环境研究》，《地域研究与开发》2010年第2期。

[7][10] 郑州市文物考古研究院：《河南新郑市寺东高遗址两周遗存发掘简报》，待刊。

[8] 河南省文物考古研究所：《郑州小双桥遗址的调查与试掘》，《郑州商城考古新发现与研究：1985～1992》，中州古籍出版社，1993年。

[9] 河南省文物考古研究所：《河南荥阳市关帝庙遗址商代晚期遗存发掘简报》，《考古》2008年第7期。

[11] 张松林、张莉：《嵩山与嵩山文化圈》，《中原地区文明化进程学术研讨会文集》，科学出版社，2006年。

[12] 安金槐：《对于郑州商城“外夯土墙基”的看法》，《郑州商城考古新发现与研究：1985～1992》，中州古籍出版社，1993年。

[13] 庞小霞、高江涛：《晚商时期商文化东进通道初探》，《中原文物》2009年第5期。

[原刊于《华北水利水电学院学报（社会科学版）》2011年第27卷第2期]

望京楼遗址田野考古工作的理念与方法

吴　倩　张贺君

望京楼遗址位于河南新郑市新村镇望京楼水库东部，因遗址西南角有一高出地面6.5米的夯土台基（当地人习称“望京楼”）而得名。遗址发现于20世纪60年代。1965年春及1974年冬，当地村民在平整土地时曾挖出了几批青铜器及玉器。1996年和2006年，河南省文物考古研究所分别以科研和基建为目的对遗址进行考古发掘，确认其时代属夏商时期。2013年5月，遗址被国务院核定公布为第七批全国重点文物保护单位。

2010年9月，郑州市文物考古研究院成立望京楼遗址考古队，并把判定遗址时代和聚落性质作为学术研究的首要目标。在地下出土文字资料缺乏、古文献解读尚有争议的情况下，“聚落结构”是判断夏商时期聚落性质的必要前提，因此厘清遗址的聚落结构是望京楼遗址田野考古工作的重中之重。正如陕西岐山周公庙遗址发掘之初所提出：“所谓聚落结构，是指单个聚落内各功能区之间的相互关系。要厘清聚落结构，需在分析聚落形成过程的基础上，根据遗迹性质、堆积状况及遗物构成特征判断单个堆积单位的性质；将相同性质的堆积单位构成同一‘堆积类型’；根据堆积类型的特征与分布确定功能区的特征与性质；最后根据功能区的特征与性质判断聚落结构。”

为此，我们制定了“大范围调查、大面积钻探、针对性发掘及道路占压区域内大面积发掘”的田野考古工作方法。

一、使用“聚落结构调查法”的大范围调查

为达到预期调查目的，在充分借鉴湖北天门石家河遗址、陕西岐山周公庙遗址考古调查的理念与方法，根据望京楼遗址多断崖、遗址破坏严重等状况，设计了望京楼遗址考古调查的作业方法。其工作内容如下。

地表以20米×20米的范围为一个采集点，所采集遗物全部收集；铲刮遗址所有断面，对所见堆积一律照相、绘图、录像；每个遗迹和地层均单独作为一个采集点，每个采集点均需用GPS定位，填写每个采集点的调查表格，做到“每点一表”；调查中，注重根据特殊遗迹与遗物的分布，现场追踪相关遗迹并初步判断一定区域的功能属性。室内整理后，进一步完善每份调查表格并录入电脑。

在2010年9月至12月期间，我们参照区域系统考古调查方法，对望京楼遗址及其周临区域约3平方千米的范围进行了全面细致的调查。结果调查出望京楼夏商城址南城墙、西

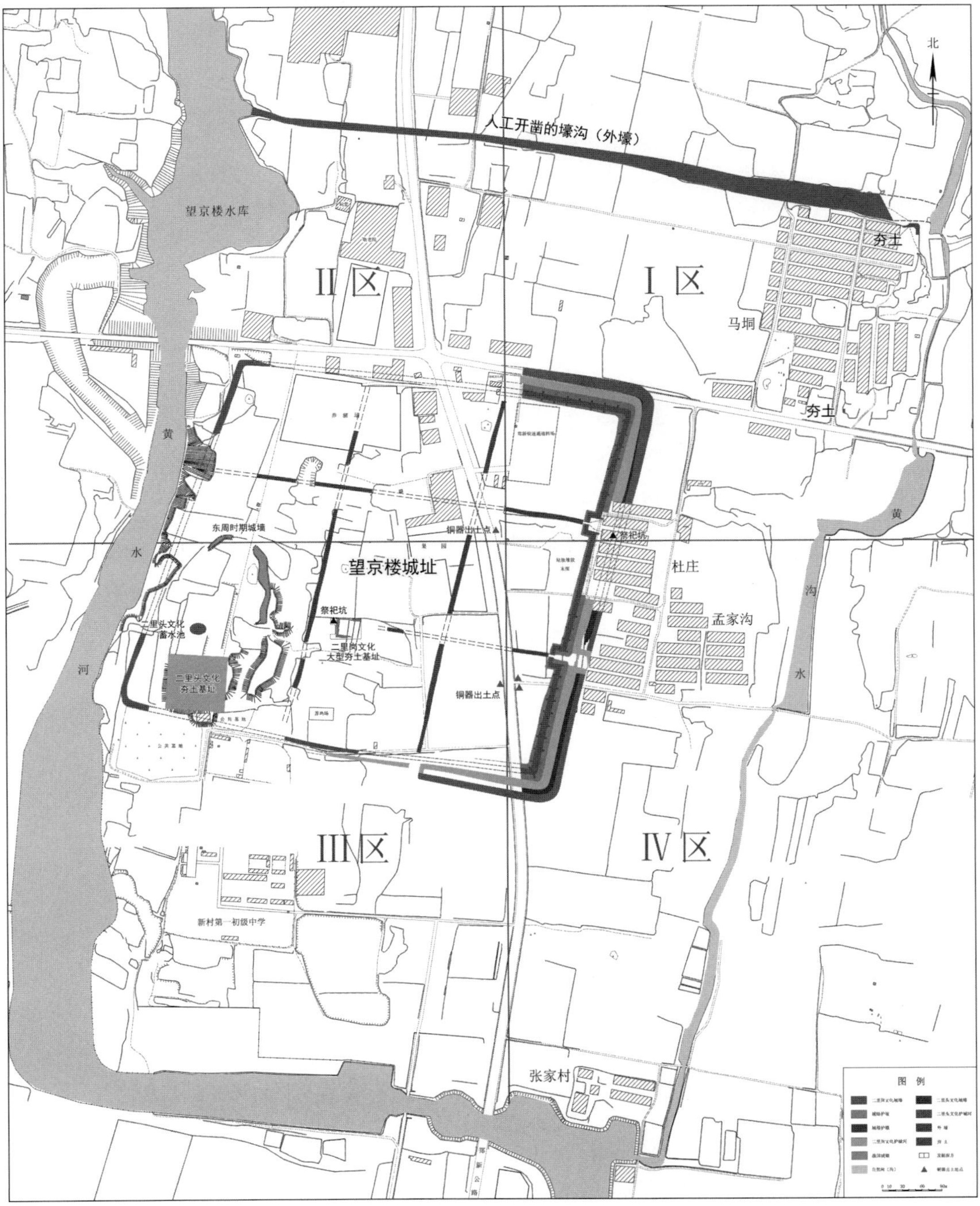

图一　望京楼遗址总平面图

图二　对遗址进行钻探、记录、布方、测绘

城墙及外廓城墙、城壕等。不仅重新界定了望京楼遗址的范围，还大致确定了不同时期遗存的分布范围，初步判断了聚落不同区域的形成过程。同时，根据所见遗迹与遗物，获取了大量有关夏商时期聚落功能区划分及功能区特征的信息（图一）。

二、"全覆盖式"的大面积钻探

相对于以往其他夏商时期遗址的钻探方法，望京楼遗址钻探工作的突出特点是"全覆盖式"。在详细调查、初步确定遗址范围的基础上，对遗址及遗址外围进行了大面积"全覆盖式"的钻探（图二）。一般情况下，按照1米间隔"梅花"布孔法进行钻探，使用电子全站仪跟踪测绘。遇到不同的钻探对象，会采取稍有区别的钻探方法与记录方法。有关工作简述如下。

1. 对夯土墙、夯土建筑基址、壕沟等特殊遗迹的钻探

夯土建筑基址、墓葬、壕沟、夯土墙是夏商时期大型聚落最为核心的内涵，它们的位置与形制等特征，不仅是研究聚落结构与聚落性质之必需，同时也是研究社会组织结构的重要材料，因此把寻找这些遗迹且较为准确地判断其形制，作为钻探工作的重点。

钻探发现这些特殊遗迹时，需多"加孔"以"卡边"，尽量降低形制误差。一般情

图三　望京楼夯土台基

况下，对于墓葬仅钻至墓口，对于夯土墙及夯土建筑仅钻探至夯土表面，仅绘制平面图。

在发现夯土建筑时，为了解建筑形制同时又要避免破坏夯土建筑，放弃了探沟解剖，转而采用了钻探方法。在这种情况下，我们根据遗迹平面形制与研究所需，预先设置探孔并编号。钻探时，用全站仪测绘探孔位置，绘制探孔的“柱状堆积剖面图”，填写相应的记录表，最后绘制钻探剖面图。

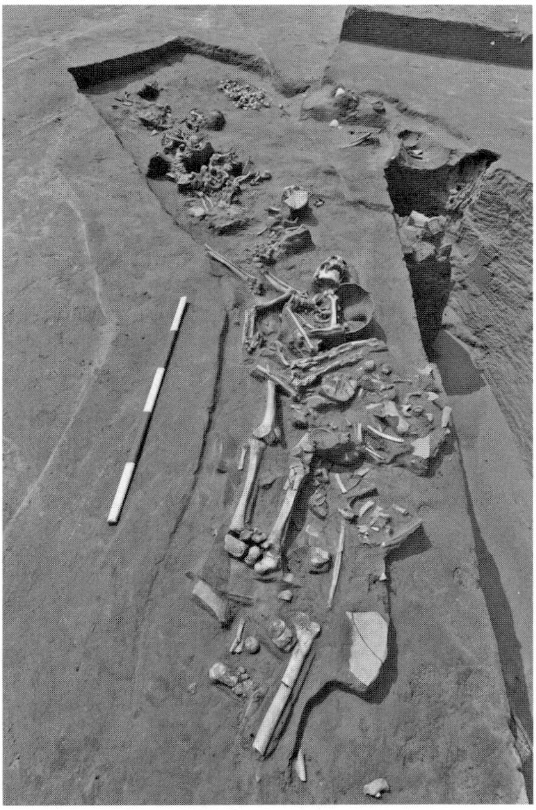

图四　望京楼商代城址内祭祀坑

2. 对灰坑等一般性遗存的钻探

对灰坑等一般性遗存的钻探与研究，应是聚落结构研究中必不可少的内容。因而我们在钻探过程中对这些遗存作了详细记录并进行了分区。

根据以往发现与研究，商人一般为“聚族而居”，每个居民区的灰坑、房址等一般性遗迹分布相对集中，各居民区之间多有空白地带。因此，若有灰坑、房址等一般性遗存的钻探信息，不仅可为制定遗址保护与工作规划提供科学依据，同时亦可据此进行一般居民区的分区研究，进而对研究

图五　望京楼商代城址东一城门

墓地与居址关系、各区社会结构与经济形态等皆有重要意义。

所以，我们对一般性遗存也进行了钻探与测绘，不过只是大致确定灰坑、房址、地层等堆积的范围，并不追求探明这些遗迹的形制与数量。在遗址范围内钻探发现空白地带时，也不放宽钻探密度，以求准确把握各区之间的间隔带。

3. 遗址边界区域的钻探

为准确判断遗址的范围，在调查判断的遗址边界外围，布设多条“钻探带”，继续向外钻探200米。若发现遗存，则在发现点内侧实施“全覆盖式”钻探；若未发现遗存，则继续在钻探带内向外钻探，钻孔间距放宽至2米。

2010年至2011年底，望京楼遗址钻探面积共计2平方千米，通过钻探，全面了解遗址地下堆积状况，大致搞清了夏商时期聚落的整体布局，获取了城墙、城壕及夯土建筑等特殊遗迹特征的大量信息。

三、“针对性”的发掘

经过详细调查和钻探之后，我们清楚了解到望京楼遗址的面积较大，若想短时间内最大限度地了解遗址全貌，必须采用“针对性”发掘。所谓“针对性”，不仅指发掘对象的选择，同时也指发掘方法的设计。发掘方法的设计主要包括针对功能区的发掘、针对特殊遗存的发掘。另外，望京楼遗址的发掘具有发掘地点分散、有些地点发掘面积较小、城门及大型夯土建筑采用“开放式”发掘方式等特征。

1. 针对特殊遗存的发掘

所谓“特殊性遗存”，是指夯土墙、壕沟、夯土建筑等大型遗迹，这些遗存不仅对研究聚落结构极其重要，还可借此了解功能区特征，故成为发掘的重点。

2. 针对各功能区的发掘

在调查、钻探及对聚落形成过程初步研究的基础上，将望京楼遗址划分为贵族居住区、平民居住区、祭祀区、作坊区等功能区，发掘结果让我们对各个功能区的特征有了进一步了解。

3. 针对发掘对象的特征，设计不同的发掘方法

为全面揭露一些特征遗迹的面貌，我们采取了“开放式”发掘方式而非“探方式”。即开始按探方发掘，揭去表土见到古遗存后，便打掉隔梁，根据所见堆积状况，具体设置一个或多个堆积单位的剖面。

如商代城址东一城门的发掘，虽先按10米×10米布设探方，但清理完表层土后，先判定遗迹现象及层位关系，将每一个探方均清理至夯土层面，然后打掉隔梁，方可完全分析城门的布局特征。夯土建筑的发掘亦是如此。

“探方式”发掘因要保留隔梁，故不能完全按照堆积单位的形制设定剖面，发掘与记录也多以探方为单位；而“开放式”发掘可以完全按单位形制设置剖面，以最小堆积单位设置剖面，以最小堆积单位为发掘与记录单位，便于观察记录堆积状况。另外，“开放式”发掘更有利于考察不同堆积单位之间的关联性，对于分析城门、夯土建筑等大型遗迹更是有莫大的作用。

望京楼遗址的发掘工作最初是配合基建工程，故在郑新快速通道将占压范围大面积发掘。首先，我们对遗址地形地貌进行了测绘。其次，根据望京楼遗址的地形特征、遗存的分布状况，采用象限法进行布方。发掘区域主要位于第一、四象限。发掘过程严格按照《田野考古工作规程》的规定执行。发掘探方、遗迹统一编号，全部收集古代人类生活的各方面信息，采用当代科技手段对重要遗迹进行有效保护，对各种遗存现象的处理准确合理；并结合考古发掘的实际情况，制定有阶段性的考古发掘工作计划及保护规划。考古发掘资料亦严格按照《田野考古工作规程》的要求，对照片、录像、图纸及各类发掘资料分类存档，保证考古发掘资料的高质量，为下一步室内整理打下基础。

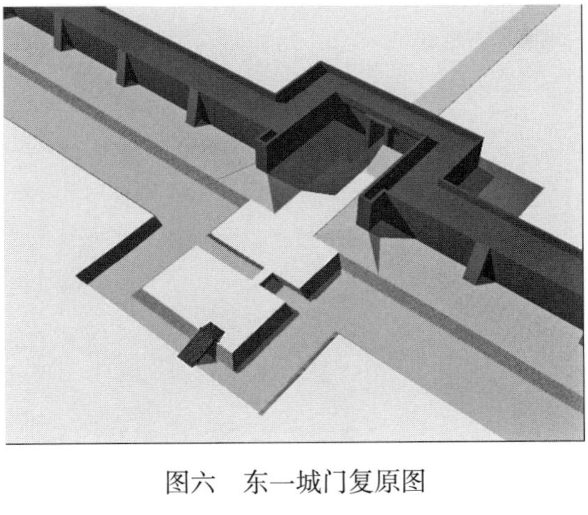

图六　东一城门复原图

经过两年半的田野工作，我们建立了望京楼遗址夏商时期较为详细的考古学文化分期体系与文化谱系，大致厘清了夏商时期的聚落结构，初步判断望京楼遗址夏时期聚落性质应是一个方国都城，而在商代，则成为郑州商城的一个拱卫城，守卫着都城的南大门（图三～图六）。望京楼夏商城址的发现为寻找史载夏商古国提供了线索。两城址位于同一地点，为首次发现，对于探讨二里头文化晚期与二里冈文化早期两种文化更替及王朝更迭，对于研究夏代晚期与商代早期的社会政治、经济、文化交流等方面均具有重要学术意义，是非常重要的考古新发现。望京楼夏商城址既是考古新发现，又是夏商考古的新突破，为认识夏商都城军事防御体系、城址布局及中国早期城池建设等问题提出新问题及新认识。同时望京楼遗址还获得2010年度“全国十大考古新发现”及2009～2010年度田野考古质量奖二等奖。

望京楼遗址发掘理念及方法的制定得到了北京大学雷兴山老师的诸多帮助，借此机会深表谢忱！

（原刊于《大众考古》2014年第8期）

河南郑州梁湖遗址的考古发现与初步认识

信应君

一、遗址概况

梁湖遗址位于郑州市区东南部，郑州市经济技术开发区梁湖村以东，南三环以北区域。遗址西北距郑州商城约8千米，北边距祭伯城4千米。遗址为起伏不平的岗地，西部地势较高，东部地势低洼，此处在地理位置上位于历史上有名的中原大湖泊“蒲田泽”西部边缘地带。遗址面积达20万平方米。是一处包含有龙山、商及汉、唐宋、明清时期的文化遗存（图一）。

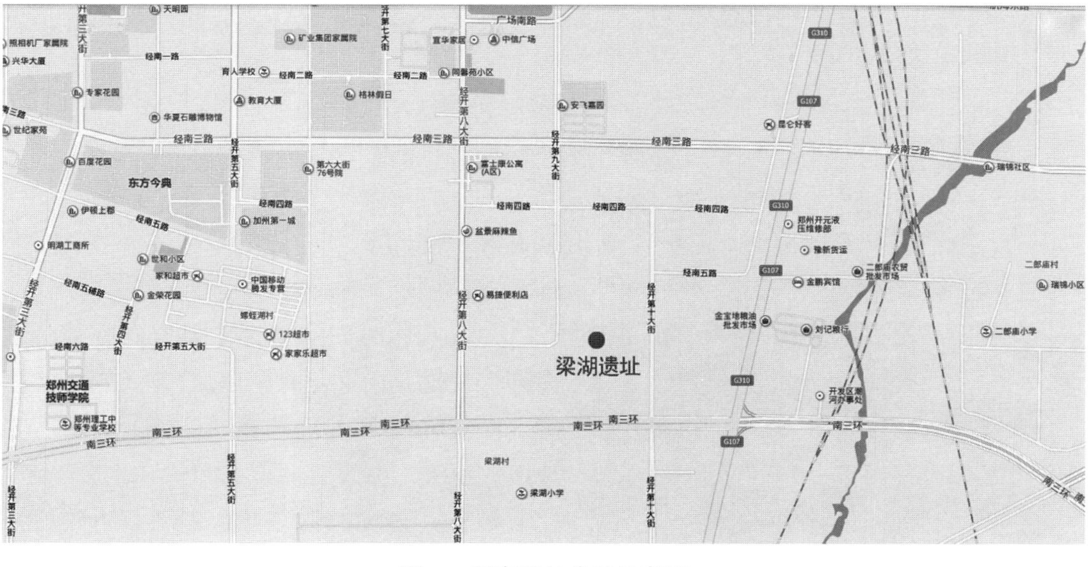

图一 梁湖遗址位置示意图

二、工作经过与主要收获

因郑州煤矿机械集团公司高端液压支架生产基地工程建设，郑州市文物考古研究院于2009年5～8月，2010年6～9月，分两次对梁湖遗址进行考古调查和发掘，对遗址的范围、各时期文化堆积分布及同一时期的文化堆积布局特征等有了初步的认识。

2009年发掘区域主要集中在遗址东部，发掘面积5600平方米。清理灰坑窖穴177座，房址7座、墓葬17座、灰沟4条、水井3眼，古路1条，窑址1处。出土大批文化遗物。发现有龙山、商、汉、唐宋和明清时期文化遗存。最重要的是发现了商代白家庄期和商代文化遗存，有房址、灰坑、祭祀坑和墓葬等遗迹。特别重要的是发现了商代晚期大型建筑基址（F6）及其周边的人祭坑（图二）。

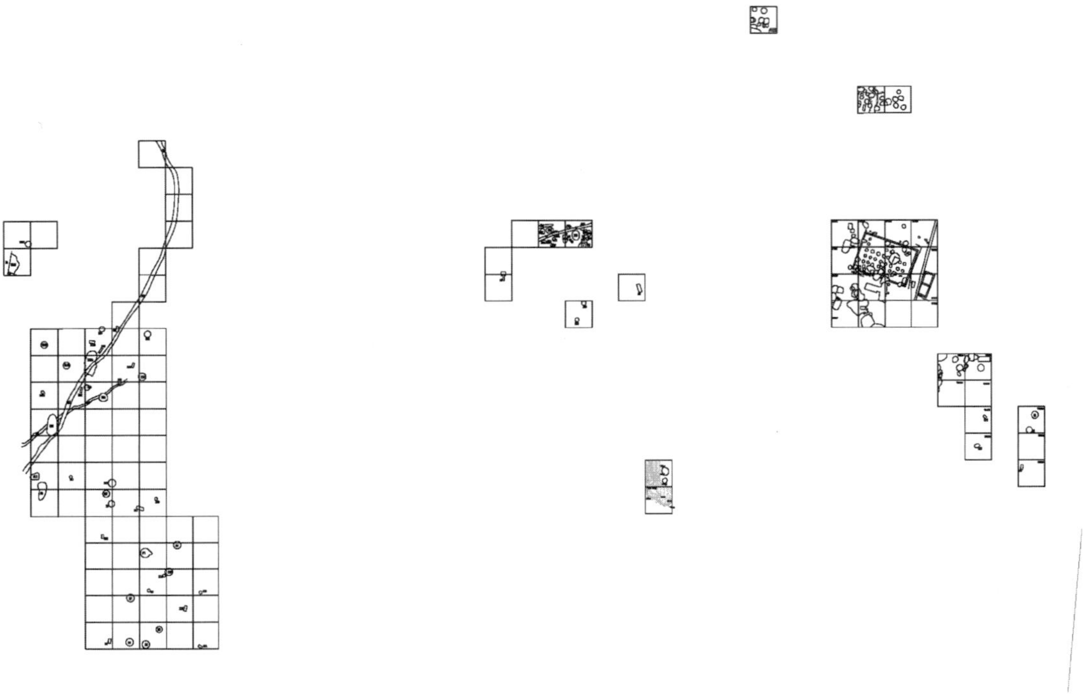

图二　2009年发掘遗迹分布图

图三　F1（东—西）

龙山文化时期的遗存主要分布在遗址西南部，发现龙山文化时期房址1座（F1）（图三）、灰坑19座、灰沟1条（G4）。房址为半地穴式建筑，由门道、居室、柱洞组成。灰坑比较规整，多为圆形袋状，斜壁，近平底。灰沟（G4）为东北—西南走向，发掘长度42米，开口宽1.05～1.4米，沟深3米左右（图四）。出土遗物以陶器和石器为主，有少量骨器和蚌器。陶器以泥质灰陶和砂质灰陶为主，砂质棕陶、砂质黑陶和泥质黑陶较少。器表除素面磨光者外，以拍印绳纹居多，篮纹次之，有少量方格纹和弦纹。主要器形有鼎、甗、深腹罐、鬲、深腹盆、碗、纺轮等。石器有石铲、镞、石镰、凿等。

商代遗存在遗址各处均有分布，但堆积较丰富区域在遗址的东北部，发现有房址和灰坑、水井、墓葬等。商代房址共发现6座，以大型建筑基址F6、F7两座房址最具代表性。F6平面呈长方形，方向为南偏西，东西长20.75米，南北宽15.25米，采用中间立柱，周围用夯土打墙，上部起架而成。屋内发现残存柱础35个，其布局东西8排，南北6排，形制有椭圆及近圆形，有明显的夯打痕迹。房址墙体仅残存东墙和北墙东端部分，墙壁较直，土质致密，经过夯筑。房外西南部、东部和东北部发现有宽0.5米、残深0.1米的小水沟，土色灰黄、质略软，冲积淤层明显，含碳粒、烧土颗粒细砂等，可能是F6的散水。室外地面平坦，西部有一椭圆形蓄水池，池的东边缘中间有一斜坡台阶，可能为方便上下。西南部有一个大水坑，利于排水和蓄水。房址的西南、西北和东北部发现有瓮棺和陶器坑，瓮棺内葬有小孩骨骼或人头骨，应是建筑基址奠基坑或祭祀坑。F7为一双间式建筑，紧邻F6东侧，推测可能为F6的配房（图五、图六）。

图四　G4（东北—西南）

灰坑、窖穴共发掘153座，分布较为密集，分为圆形、椭圆形、长方形、不规则形等形制，坑壁有直壁、斜壁，袋状等，平底或圜底。F6西北部的H156、H157、H158和东北部的H172、H173、H174内均置陶器，应为F6的奠基坑或祭祀坑（图七～图一二）。

墓葬共发掘7座，4座为长方形竖穴土坑墓，葬式为仰身直肢。M13形制近椭圆形，骨架散乱，头骨与肢体分离，头骨上有一铜镞。墓主人显系非正常死亡，可能与战争或祭祀相关（图一三）。M15位于F6的西北部，圆形，陶瓮内葬一头骨（图一四）。M16位

图五　F6（北—南）

图六　F7（南—北）

图七　H156（南—北）

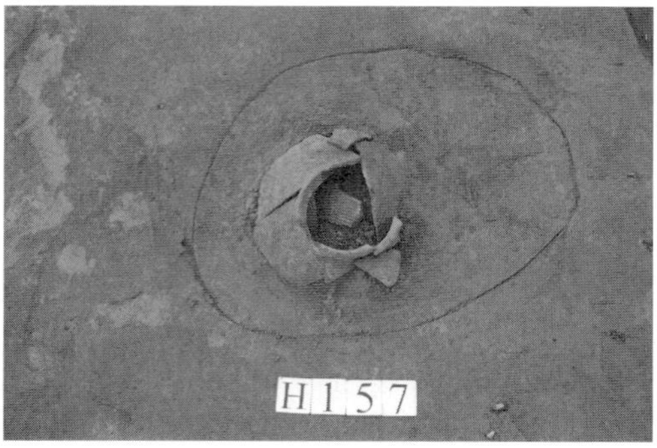

图八　H157（南—北）

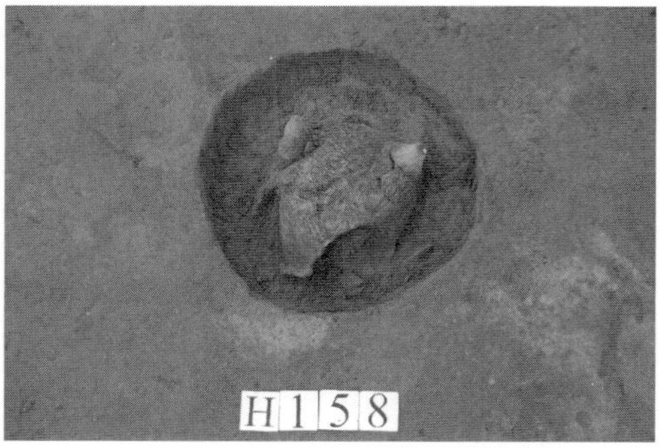

图九　H158（南—北）

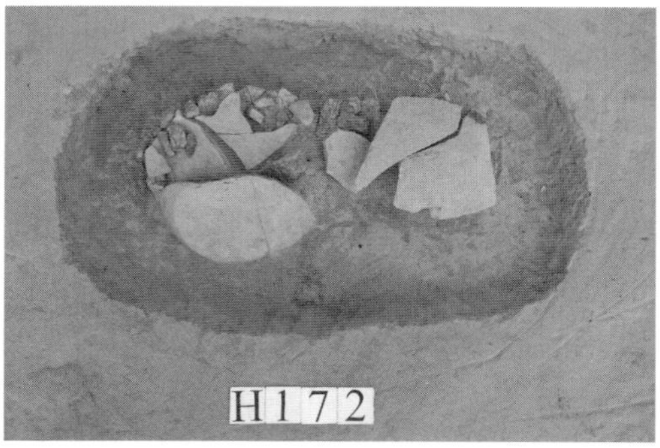

图一〇　H172（南—北）

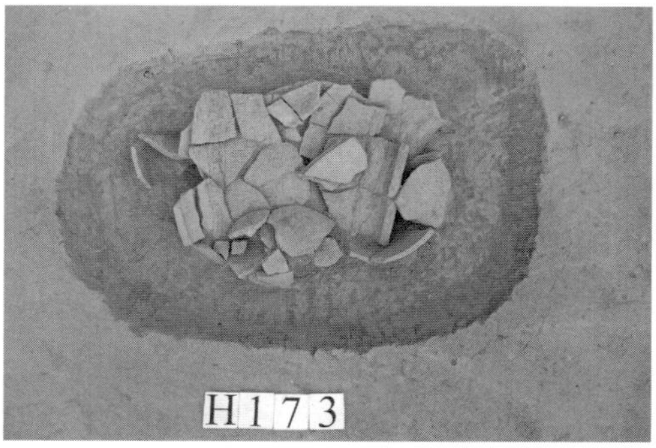

图一一　H173（南—北）

图一二　H174（北—南）

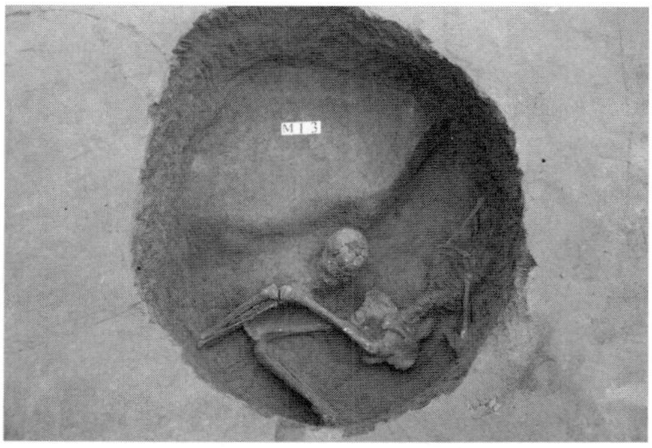

图一三　M13（西—东）

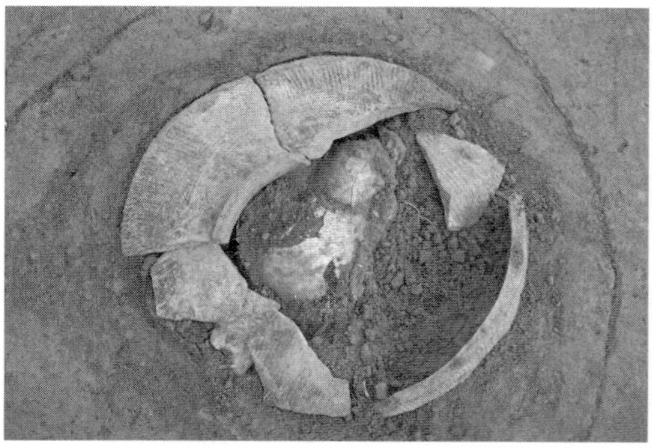
图一四　M15（南—北）

于F6西南，圆角长方形，打碎的陶瓮内置一小孩骨骼（图一五）。M17位于F6东北部，长方形，内葬一头骨。这些墓葬与F6关系密切，应是F6的奠基或祭祀坑。

出土遗物主要有陶器、石器、骨器、卜骨等。陶器以夹砂灰陶为主，另有夹砂红褐陶、泥质灰陶。器表纹饰多绳纹，其次为弦纹。器形有鬲、罐、瓮、盆、簋、尊等，其中以鬲最为典型。石器有石铲、石镰、石凿、石斧等。骨器有骨锥、骨簪、骨镞等。蚌器有蚌刀、蚌镰等。另外还出土有数量较多的卜骨、牛角和鹿角等动物骨骼。

2010年发掘区位于2009年发掘区的西南部，主要集中在发掘区Ⅱ区，发掘面积8000平方米。共清理发掘灰坑159个、墓葬17座、灰沟4条、水井5眼、陶窑3座、房址3座。发现有龙山、商代、汉代、宋代和明代文化遗存。重要的是发现商代前期的环壕聚落和白家庄期祭祀遗存（图一六）。

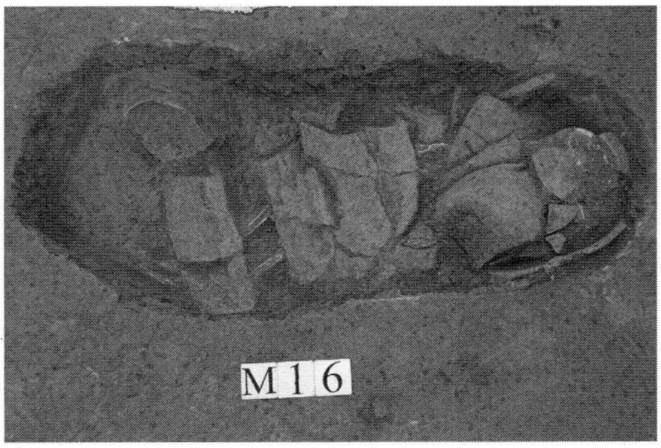

图一五 M16（南—北）

图一六 H60

龙山文化时期遗存主要分布在发掘区东北部，与2009年发掘的龙山文化遗存相连。发现龙山文化时期灰坑11座、灰沟2条。灰坑多为圆形袋状坑，另有2座长方形坑，坑壁陡直，可能为窖藏坑。灰沟为长条形，其中G4为2009年发掘的同一条沟，东北—西南向延伸，可能为排水或供水系统，也可能是龙山文化时期该遗址的防御设施。出土遗物器类、纹饰等与2009年相同。

商代遗存分布密集，发现有壕沟、灰坑、水井、墓葬等文化遗迹。遗迹主要分布于环壕G5之内。壕沟的外围也有分布。

环状壕沟1条，编号G5。G5位于遗址西南部，平面形制近圆形。北部边长140米，东、西各长120米，南部边长140米，周长500米，面积近2万平方米。沟宽2～7米，深1.5～2.2米。壕沟西部、北部较宽且深，东边由南向北逐渐变窄，东南部最窄，可能是与外界来往的出口。壕沟内部分布有灰坑、墓葬等遗迹。壕沟外部北、东、南三面均有商代文化遗存分布。沟内堆积分3层，出土遗物主要有陶器、石器、骨器、卜骨等。陶器以夹砂灰陶为主，另有夹砂红褐陶、泥质灰陶。器表纹饰多绳纹，其次为弦纹。器形有鬲、罐、瓮、盆、簋、尊等。石器有石铲、石镰、石凿、石斧等。骨器有骨锥、骨簪、

图一七　G5（东—西）

骨镞等。蚌器有蚌刀、蚌镰等。另外还出土有数量较多的卜骨、牛角和鹿角等动物骨骼（图一七）。

灰坑114座，以圆形、椭圆形、长方形为主；坑内填土多为一次性堆积，有少部分经多次堆积形成。

墓葬9座，多竖穴土坑墓，其中带腰坑的墓1座、瓮棺1座。

三、梁湖遗址文化遗存的分期与年代

梁湖遗址因早年平整土地和基建施工，地表扰乱严重，现地表下即为龙山文化或商代遗迹，因此很难从地层叠压关系上确定其年代。但是，我们根据遗迹的打破关系和出土陶器器形特征分析，仍能对遗址的年代加以确认。

G4、H190、H264、H310等遗迹内出土的敛口折沿鼓腹平底罐、敞口斜壁杯、敞口斜壁平底碗和敞口鼓腹平底碗、长条形及带孔石铲、骨锥、骨匕等遗物，具有明显的龙山文化中、晚期特征，其时代当为龙山文化晚期（图一八）。

环壕（G5）内堆积既有从壕内方向倾倒，又有从壕外方向倾倒，而且不同时期的陶片相互混合在一起，沟内堆积遗物时代，北部较早，包括二里冈下层和上层时期遗物；南部稍晚，多为二里冈上层和白家庄期文化遗物。G5及H205、H183、H194、H232、H233等内出土的陶鬲、陶罐、陶簋、陶斝，陶瓮、大口尊等陶器特征与郑州二里冈下层和上层器形相类同，并且G5打破龙山文化时期灰沟G4，同时打破二里冈下层灰坑H232、H233，又被白家庄时期灰坑H236、H249打破，由此初步推断G5的建造和使用年代当在二里冈下层阶段，最后废弃年代应在二里冈上层时期（图一九）。

H66、H95等遗迹内出土的陶鬲等遗物显系白家庄期遗物（图二〇）。而H156、H157、H158和东北部的H172、H173、H174及M15、M16、M17等遗迹内出土的陶鬲、陶罐、陶瓮等与郑州关帝庙晚商遗址[1]所出遗物相近或稍晚，具有晚商时期的文化特征（图二一）。

由此推知梁湖遗址文化遗存的年代可以分为龙山文化晚期、商代二里冈下层、二里冈上层、白家庄期、商代晚期等阶段。

四、梁湖遗址的聚落布局

梁湖遗址龙山文化遗存主要集中分布在遗址的西部。

商代遗存是梁湖遗址的主要文化特征。梁湖遗址商代文化遗存因时期的不同而存在

1

2

3

4

5

6

图一八　出土陶、石器

1. 陶罐（H281龙山）　2. 陶盆（H310龙山）　3. 陶碗（G4：1龙山）　4. 陶碗（H281：2龙山）
5. 石铲（H190）　6. 石铲（H310）

1　　2　　3

图一九　出土陶鬲

1. 折沿垂唇鬲（T3424G5①：2）　2. 折沿方唇鬲（T3624G5②：1）　3. 二里冈下层陶鬲（H194：1）

1　　2

图二〇　白家庄期陶鬲

1. H95：1　2. H95：2

1　　2　　3

图二一　商代晚期陶鬲

1. H60：1　2. H156：1　3. H156：2

功能分区的差异。从发掘情况分析，二里冈期文化遗存集中分布在遗址西南部，大部分遗存分布在环壕以内，环壕外北部也有少量分布，且在环壕西部发现的商代遗迹较少。

白家庄期文化遗存分布范围较广，在环壕聚落的南部和东部均有分布，包括房址、灰坑、祭祀坑、墓葬等遗迹。该期遗迹打破二里冈期遗迹。

晚商时期遗存主要分布在遗址的东部和东北部，2009年发掘区域为遗存的主要分布区，2010年发掘区的南部也有分布。该期文化遗存发现有大型建筑基址，房址、灰坑、墓葬、祭祀坑等遗迹。居址、墓葬区、祭祀区等布局清晰，表明了聚落内部区域之间功能的差异。

五、梁湖遗址的聚落的性质意义及与郑州商城的关系

梁湖遗址地处郑州商城的东南部，是目前发现距郑州商城最近的一处商代中小型聚落遗址。文化遗存以龙山晚期和商代早、中、晚期为主（图二二）。

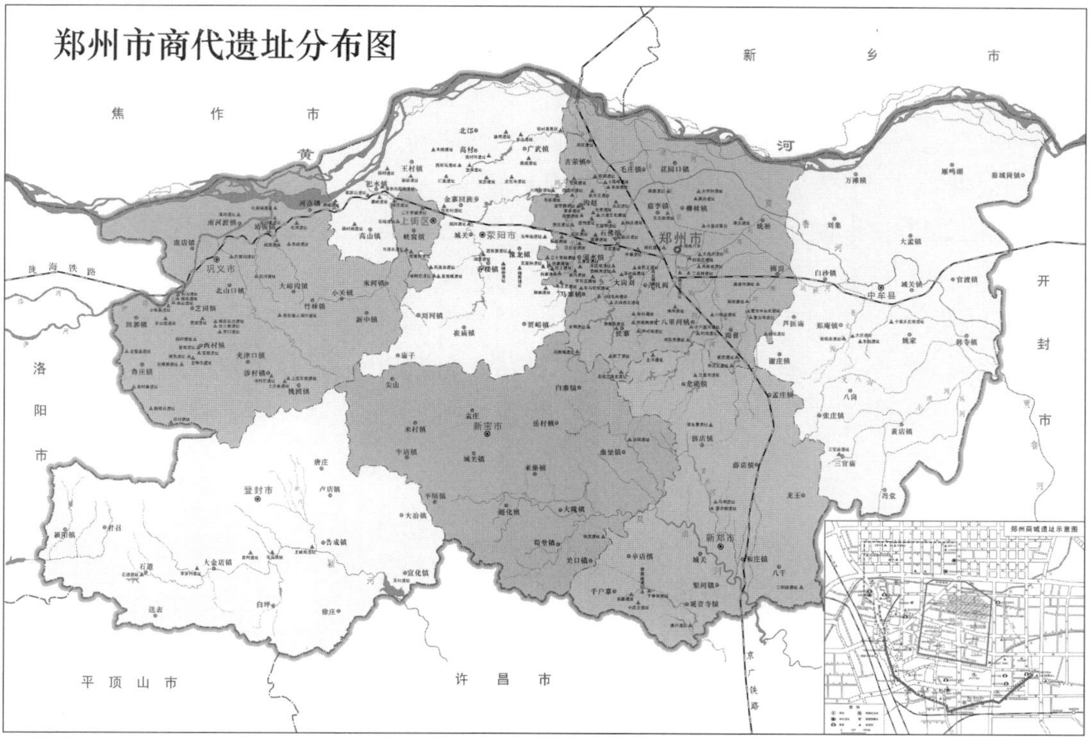

图二二　郑州市商代遗址分布图

龙山文化的高足罐形鼎、敛口折沿深鼓腹平底和敛口卷沿深鼓腹罐、敛口卷沿深腹袋足鬲、敞口卷沿鼓腹袋状足斝、敞口斜壁平底碗、胎壁薄、器表饰细绳纹等陶器特征，在商代二里冈期下层出土遗物中，都能找到相同的演变特征，说明梁湖商代遗存与处于同一区域的龙山文化遗存具有承袭发展关系。

本次发现的商代早期环壕聚落，文化特征主要是二里冈期，其建造、使用、废弃年代与郑州商城的使用废弃年代相当。壕沟宽2～7、深1.5～2.2米，具有较强的防御性质，作为郑州商城外围最近的一个聚落遗存，初步推断其具有军事防御体系的性质，极有可能是拱卫郑州商城的军事堡垒。

白家庄期文化遗存主要是围绕一个大型水塘（H292）的祭祀场所。发现的有牛头

坑、马坑、人祭坑等遗迹。这种水祭特征在郑州凤凰台商代遗址[2]中也有发现。白家庄期遗址以往发现的有郑州西北小双桥遗址[3]，这次在郑州东南部发现同期的文化遗存，对于郑州地区商代白家庄期文化遗存分布、聚落结构的认识和探讨提供了新的研究材料。

郑州地区晚商聚落遗址，曾在郑州西北发掘过荥阳关帝庙遗址。关帝庙遗址是一处晚商时期的村落遗址，其时代大至介于殷墟一、二、三期[4]。梁湖遗址晚商聚落的文化特征与荥阳关帝庙遗址具有一定的承袭关系，其文化特征主要是殷墟三、四期遗存，重要的是发现了大型建筑基址和基址周围的奠基或祭祀坑。这处建筑基址平面呈长方形，采用中间立柱、周围用夯土打墙、上部起架的建筑方式。柱础形制较大，经夯打。房址东侧有配房，西部有蓄水池。房址西南、西北、东北均发现有用陶瓮、陶鬲盛放人头骨或小孩骨骼的祭祀坑。我们推断这座大型建筑基址应当是一处举行重要祭祀活动的宗庙场所。东侧的F7可能是祭祀活动的神职人员或守护人员的居住场所。这座大型建筑基址的发现，表明商代晚期郑州商城区域政治、经济再次达到相当繁荣的发展水平。

梁湖遗址商代各时期聚落布局相对清楚，对研究郑州商城的衰退和商晚的再次兴盛提供了重要线索，特别是对探讨这一时期中小型聚落遗址及其与周围大型聚落和中小型聚落的关系，郑州地区晚商中小聚落遗址的性质、布局、建筑方式，以及郑州商城废弃后商城原来族属的分布去向等研究具有重要价值。

注　释

[1] 河南省文物考古研究所：《河南荥阳市关帝庙遗址商代晚期遗存发掘简报》，《考古》2008年第7期。

[2] 郑州市文物考古研究院：《郑州凤凰台商代遗址发掘资料》，2008年。

[3] 河南省文物考古研究所等：《1995年郑州小双桥遗址的发掘》，《华夏考古》1996年第3期。

[4] 李素婷、祝贺：《河南荥阳关帝庙遗址考古发现与认识》，《华夏考古》2009年第3期。

悠悠檀山，寂静村落

——荥阳关帝庙遗址发掘记

郝红星　李素婷

商人因商而得名，他们的祖先惯于经商，因而被称为商人，在他们打败夏人并于郑州建都后，是否还人人经商？抑或有人做官，有人经商？这是个有趣的话题。

一、商人能当官，也能当农民

一般认为，商汤灭夏后，为了镇抚夏人，在夏都二里头（无城墙）东边5千米的洛河北岸修建一座新城，即偃师商城。约略同时，又在郑州这个水网密布的地方修建了一座更大的城——郑州商城，并正式命名为亳。亳的意思就是家、京城，这里以后就是家，就是首都了。

郑州商城繁荣了200多年，周围兴起许多商人的村庄，在郑州西边有荥阳大师姑商城，南边有新郑望京楼商城，各自统领着一方民众。商王朝在中原地区显得生机勃勃，郁郁乎文哉，郁郁乎武哉。后来，不知何种原因，估计就是水患、瘟疫或者内耗争斗之类，郑州商城衰败了，商王河亶甲把都城迁到河北的相。

迁都动静很大，要带走很多人，王公贵族、政府部门的各级领导、社会精英、军队、家眷，为王室服务的各种工匠也要带走，还要带上血缘比较近的本族群众，血缘远的，就留在当地，毕竟河北的粮食也不够吃。

考古证明：商王迁都后，郑州商城城东白家庄一带还住着不少人，稍后，城西人民公园一带也聚集不少人。事实上，通过近年来的田野调查，在新郑、新密、荥阳、巩义、偃师等地，还有许多商民留在原地生生不息，安居乐业。这不，河南省文物考古研究院就在荥阳豫龙镇关帝庙村发掘出一处商代的模范村，让我们管窥到商人是怎么生活的。

二、关帝庙村的商人

在郑州的须水与荥阳的索河两河上游之间，东西横亘着一道土岭，古称檀山。檀山西高东低，东西长13千米，南北宽4千米，高20余米。从高空看，檀山就像一个宽扁的三叶虫，爬在荥阳盆地的南部。由于盆地过于平展，这个稍稍隆起的土山竟成了风水宝地，汉代京襄城的居民便将檀山南坡当成了墓地。后来，唐代大诗人刘禹锡、李商隐相继瘗埋于此，给这座无名矮山增添无限静谧。山顶有G310国道通过，乘车路过这里的人们，遥望整治一新的墓园，仍不免心境凄凉，悲切这两位诗人的坎坷命运。

我们要谈的关帝庙商人，是商都迁走后留在荥阳生活的农民。他们可能还不会写字，更与诗没有关系，但他们似乎懂得阴阳，他们把家建在了檀山的背阴处，眼前是一片开阔的平地。

关帝庙遗址位于荥阳豫龙镇关帝庙村西南的檀山根部。这里原为慢坡地带，经过20世纪六七十年代的土地平整，遗址南缘形成一个高1.5米的断崖，遗址东有一条南—北向现代冲沟，以此两界标向北350米、向西300米为遗址范围（图一）。

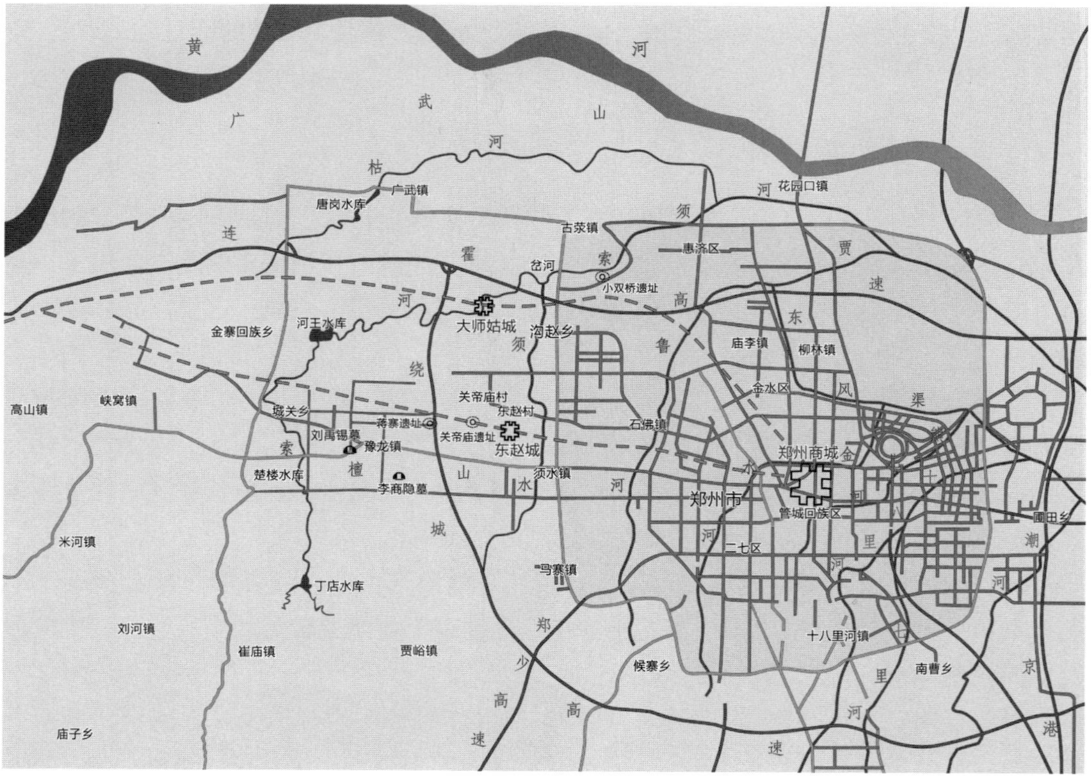

图一　关帝庙遗址位置图

关帝庙遗址紧挨的关帝庙村，完全处在平地上，周围最近的水源是东4千米的须水，所以关帝庙遗址的商人要搞农业生产只有在北边的平地或南边的山坡上进行。他们怎么把村子选在这儿，令人费解。

从大的方面来看，当时的郑州商城与偃师商城必定有官道相通。这条官道不可能像现在的G310国道那样，通过檀山顶部，达到上街，南行穿越巩义的崇山峻岭；而是有可能从商城出来向西北，先到小双桥，经过大师姑，然后西达黄河南岸的汜水镇，沿黄河西行10千米，进入伊洛河谷，再上溯至洛阳盆地。这是一条通过荥阳盆地低地的官道，基本上与连霍高速重合。但也有可能还有一条从商城出来向西，过西流湖、须水，走东赵、关帝庙、蒋寨，基本与陇海铁路重合的辅助官道，达到汜水后，两路归一。为什么这样说呢？

2013年郑州市文物考古研究院在关帝庙遗址东2千米的东赵村南发现一座二里头早期的城址，地势和关帝庙完全一致，也在檀山北坡最低处。这座城东距须水2千米，南为平缓的山坡，完全不具防备条件，城建在这儿，只能说檀山在夏人心中有特殊的位置：北流的索河在河王水库拐向东，东行11千米，在岔河与南来的须水会合，形成南面为山，西、北、东三面为水的封闭环境。在这个小小的70平方千米的宝地内，依檀山建立一座城市，对于掌控这个荥阳盆地的盆心，十分必要。令人疑惑的是，东赵城建立不久，夏人在其北6千米的索河南岸，又建起大师姑城，两城一南一北，位于山北水南，难道他们真的已经有了山之北、水之南为阴的观念了吗？

关帝庙商人可能继承了夏人重视檀山的理念，将村子建在山脚下。其西2千米的蒋寨遗址，以西周遗存为主，有少量的殷墟期遗物，说明蒋寨商人也很重视檀山。这样一来，这个山脚下的辅助官道还真的可能存在，处在官道上的关帝庙商人除了农业生产，会不会花一些心思进行一些商业活动呢？比如在路边建个饭馆，向郑州、偃师贩送一些牛羊？不是没有可能！

三、关帝庙商人的家园

关帝庙遗址是郑州市文物考古研究院在2004年南水北调沿线的文物普查中发现的。2006年7月，由河南省文物考古研究院进行发掘。发掘前的协商工作非常难做。这里距郑州近，村民经济意识强，一谈到占地赔款、力工工资，村民就当仁不让，又不同意周边村的村民来工地干活，而关帝庙本村所剩无几的劳动力又都是老弱残兵，几乎将嘴皮磨破了，跑了无数次镇政府，村委会才勉强点头，双方算是拳来脚往，不打不相识。

工地开始发掘时规模较小，随着技工的逐步到来，需要的民工大幅增加，最多时用工200个，这在考古工地算是天文数字了。这么多的民工很难管理，而考古又是一个竹签剔土的细致活儿，负责探方的技工不仅要刮出各种遗迹，还要亲自上手给农民表演如何挖出遗迹内的土，有时督促民工快点儿挖，有时却要制止快点儿挖，不能把重要遗迹挖丢了，有时空闲下来还要给农民讲点考古知识、考古趣事，有时也听听农民的陈谷子烂芝麻的俗事，渐渐地，我们的技工与民工和谐起来，工地看上去闹中有静、乱中有序。

由于工期紧，技工们白天在工地累了一天，晚上还要夜战。当然，这种夜战不像白天那样高度紧张，而是紧张过后松弛的、酸困的、又情深意长的一种工作。到底是怎样的一种工作呢？

技工中年轻人多，晚饭后大家凑在一个大屋里，各干各的活，这就有了集体主义的气氛。整理资料的手拿钢笔，边写边想；修复陶器的，不停地试着黏合长相差不多的每一片陶片，有一块粘上，都会高兴得大叫一声；有些资料整理完的，躺在床上看专业书籍；也有个别的抱着女朋友的照片，惆怅地发呆。屋里唯一不变的，是站在墙角的电风扇，像个身材修长的侍女，永远哼着那首嗯嗯呀呀的歌，或者是冬日里屋中间火炉上那个冒着丝丝热气的铝水壶，像个不知疲倦的小伙子，给我们送来润喉的水汽，一高兴，还会来上几嗓子，或者噼噼啪啪掀着壶盖，像敲鼓一样。这样温馨的场面我小时候在生产队看过，现在恐怕也只存在考古工地的角落吧？

经过同志们的努力，2006年下半年共发掘面积5500平方米。发掘区的地层堆积如下：第1层，现代耕土层；第2层，近代扰土层；第3层，汉代文化层；第4层，商代文化层。根据发掘遗物，遗址历时较长，历经仰韶文化晚期、晚商、西周、东周、汉、唐、宋、清代等，多数时代表现为灰坑遗物，有完整地层的只有汉代、商代。此处有较厚的扰土层，系平地造成，汉代地层似乎也是当时人们平地活动造成的，遗迹保留不多。因此，关帝庙遗址是以商代晚期遗存为主的一个遗址。由于发掘面积较少，遗迹少而零散，故此时还未能识别遗迹分布规律。

2007年上半年，我们又发掘4500平方米，重要迹象如雨扑面，有商晚期的房址（图二）、灰坑（图三）、水井、陶窑（图四）、墓葬、祭祀坑（图五）等，这已是一个完整村落应具备的必要因素，这一点也开始让我们认识到关帝庙遗址之重要性，随之而来的是考古方法的彻底改变。

为此，我们采取如下的考古方法，尽可能多地提取村落历史信息。

（1）发掘时所有遗迹采取先发掘二分之一或四分之一的方法以利于观察剖面，严格区分不同层次的遗物。

（2）在10米×10米探方内，以5米×5米的探方形式进行发掘，准确判明地层的分布区域与分布厚度；个别重要的迹象采用1米网格发掘。

（3）重要灰坑填土网筛，全面采集遗物，包括浮选、植硅石、孢粉、土壤磁化和酸碱度、树种、砾石石料、^{13}C与^{14}C采样等。

（4）易碎陶器采取化学加固方法采集，人骨、动物骨骼全部整取，对保存完整的遗迹如陶窑等进行加固处理，拟整体搬迁保护以进行博物馆展示。

（5）工地总平面图用全站仪测绘，重要遗迹线格网框大比例测绘；全景高空摄影，全部遗迹摄影，重要遗迹录像，文字、表格、绘图记录规范齐全，确保资料记录的科学性、准确性、完整性。

2007年春节前夕，我们发掘的面积已达18 500平方米，共发掘灰坑1650余座、墓葬230余座、灰沟12条、房址21座、水井26眼、陶窑22座、灶坑3座、祭祀坑12座。

河南省文物局南水北调办公室原来分给关帝庙遗址的发掘面积只有8000平方米，由于遗址聚落性质日益凸显，省南调办又追加1万平方米，这依然没能最后解决问题，原因

图二　房址

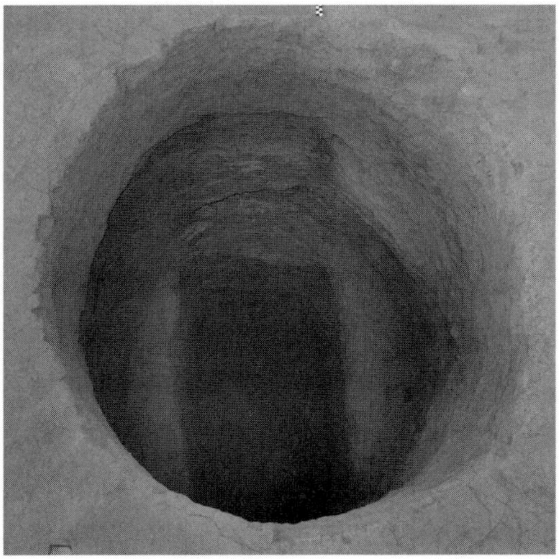

图三　灰坑

图四　陶窑

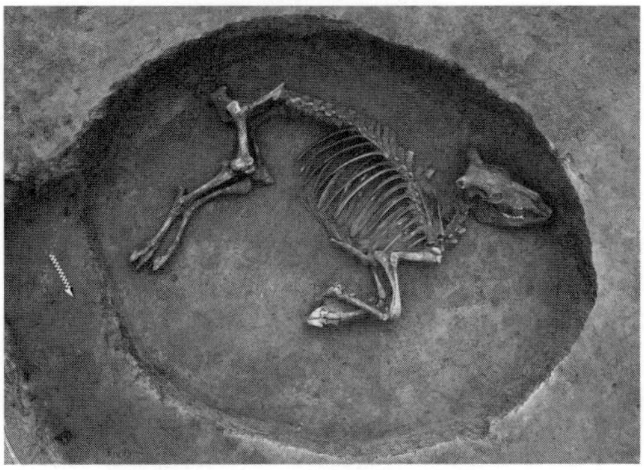

图五　祭祀坑

在于聚落的围沟在南部还没合拢，聚落东北部的墓葬区墓葬过少，似乎发掘区外还有墓葬。

2008年上半年，我们在渠道以南的区域，也就是我们的发掘区外，顺着围沟的方向开数条探沟追索围沟，结果发现围沟在遗址南偏东处留有一个8米宽的口子。原来这里是进出聚落的村口，路土明显，围沟内侧路西有一个门朝向路的门卫房，搞得关帝庙聚落跟军营似的。我们又移兵墓葬区东部那条现代南北向冲沟的东岸，在那儿钻出不少墓葬，并开方予以发掘。

关帝庙遗址围沟合拢了，进村的道路找着了，围沟外的墓葬区也完整发掘了，至此关帝庙遗址的发掘大致可以结束（图六）。

至2008年7月底，关帝庙遗址共计发掘面积2万多平方米，发掘灰坑1721个、墓葬270座、水井33个、陶窑23座、房基22座、沟15条、灶坑3座，出土铜、陶、石、骨、蚌、角、铁、瓷等质地的文物上千件（图七 ~ 图一三）。

图六　发掘全景（自北向南）

图七　铜刀

图八　陶簋

图九　陶甑

图一〇　陶鬲

图一一　陶鬲

图一二 陶钵

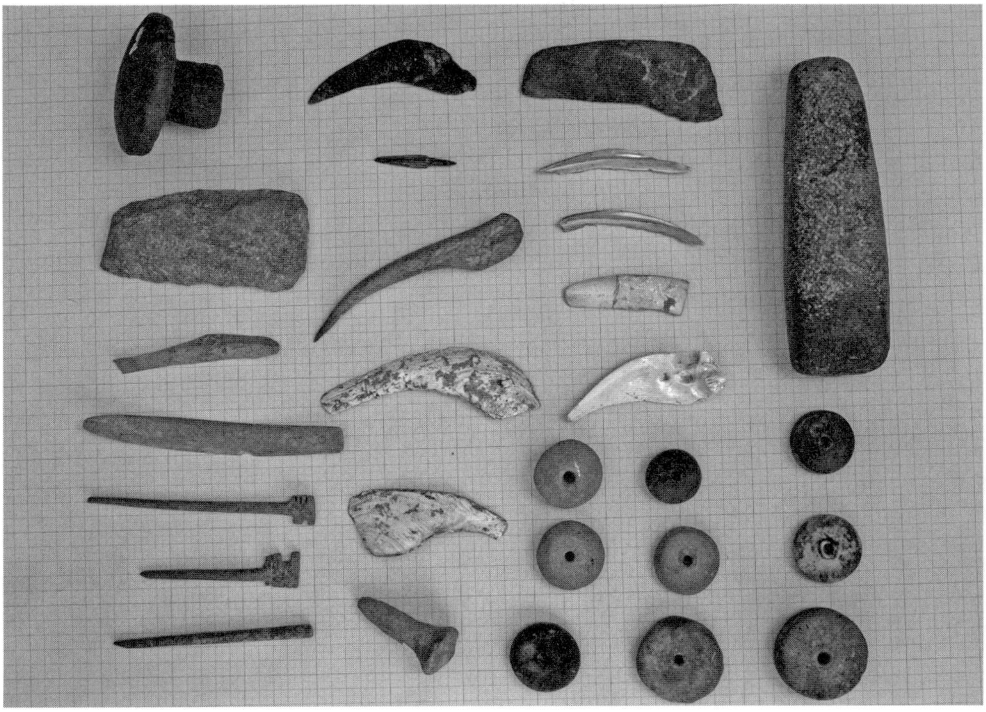

图一三 出土器物

关帝庙遗址的各种遗迹总归到平面图以后，一个精巧别致的商代村落出现在我们面前：村子被一圈围沟包围，但这条围沟似乎没有强大到具有防御功能；围沟内西部房址较多，房址周围有较多的水井、灰坑、陶窑等；中部、南部是村中地势最高的区域，有大型祭祀场，附近的坑和墓葬应与祭祀有对应关系；围沟外围东北部规划为墓区。这样的村落和仰韶时期姜寨遗址、半坡遗址相比，已经有了很大的不同，体现出商人重视祭祀的一贯作风。

四、有益的尝试

在我国，商代晚期遗址挖得最好的非殷墟莫属，那里是商的王都，给我们留下了丰富的文化遗迹，诸如甲骨文、宫殿、宗庙、铸铜、制骨、制陶、手工业作坊区、居民区、王陵区、平民墓区等。对以上每个项目的发掘都堪称一项伟大的工程，因此，殷墟的发掘才持续80多年未曾停歇。

关帝庙遗址是一个远离都市区的平凡小村，它既无煌煌巨献的甲骨文出土，也无规制宏大的宫殿、宗庙基址存在，关帝庙遗址这只小麻雀只有靠身的解剖来解决历史的疑团。

故此，我们在发掘过程中开始对技工强调课题意识，让他们关注聚落布局，探讨聚落单位的基本生计形式，聚落与周围自然环境的关系，对资源的利用情况等，进而获知当时人们的行为方式、亲属结构、社会组织结构和管理机制。

然而，以上诸多的内容不是传统考古学的挖挖看看就能解决问题的，必须引入科技考古进行攻坚（图一四～图一七）。比如：我们与中国科学院相关人员进行合作，分析遗址不同时期人们采集植物和栽培农作物的种类和数量，对墓葬骨骼进行性别、年龄鉴定及病理研究、人种判定，对发掘出土的石质、骨质生产工具进行微痕分析，以了解当

图一四　鉴定人骨

图一五　李伯谦先生查看遗迹

图一六　李伯谦先生指导工作

图一七　全体发掘人员

时的生产方式，并对陶器内残留物的成分进行分析；与中国科技大学科技考古系合作，进行孢粉学和植硅石分析，了解聚落各部分的具体功用；与加拿大英属哥伦比亚大学人类学系合作，对人体骨骼及牙齿锶同位素含量进行分析，以确定遗址内人群来源及与周围人群的联系；请本院动物考古实验室专家对动物骨骼进行分析。诸如此类，等等。

正是由于我们在发掘过程中通盘考虑，我们的发掘工作才得以顺利进行并取得了较大的收获。

五、生活是一首不老的歌

关帝庙遗址的发掘早已结束，对遗址发掘资料的全面整理正在有序展开，《关帝庙遗址晚商聚落研究》已被列为国家哲学社会科学基金项目，而关帝庙遗址最终将以《荥阳关帝庙》考古专著的形式呈现给大家。在让大家翘首以盼的当间，我们还想说一点题外话：关帝庙的商人是从哪里来的？又到哪里去了？

按照现有资料，关帝庙遗址可分为三期，分别相当于殷墟一期、二期、三期，以二期为主，也就是说，这个村子在盘庚迁殷的时候已经有人住了，二期的时候进入兴盛期，三期又衰落了。

前边我们提过，郑州市文物考古研究院在关帝庙东2千米的东赵村发现一座夏城，资料还没公布。根据领队提供的信息，此城为二里头一期城，一直使用到郑州商城末期，可否做如下的猜测：在夏都定在二里头的时候，东赵的夏人开始建城，来经营索须河这片肥沃的土地；后来商人攻灭大夏，东赵城自然也被占领，经过近200年的教化，原来的夏人早归化成商人；然而，当商王将都城从小双桥迁往河北时，距小双桥仅8千米的东赵商人也全部离开故土。他们是跟着商王去了河北？还是只去了死心塌地的那部分？按照一般的社会规律，只有精英、上层才跟着走，一般老百姓故土难离，但是东赵的老百姓也离开了，他们会不会去西边的关帝庙开垦新的资源？一个地方住了数百年，资源有老化的可能。

就在关帝庙遗址发掘结束后不久，郑州市文物考古研究院在其西2千米的蒋寨村发掘了蒋寨遗址。蒋寨遗址以西周遗存为主，但也有不少殷墟晚期的东西，其殷墟东西正好续接关帝庙遗址。难道历史如此巧合？关帝庙的商人在檀山脚下住着住着，地力不济，又转移到西边的蒋寨去了？

历史就是这么爱重复，他们离不开厚道的檀山，离不开河间放牧、平地耕作的故土，这又有何不可呢？

中华民族的思乡情节真是根深蒂固！

（原刊于《大众考古》2015年第3期）

邲城发现之旅

——郑州古城村东周故城寻踪

信应君　任广岭　刘文科

郑州市郑东新区商都路办事处古城村和东周村一带，地势高低起伏，沙岗沟壑连绵，高岗之上有座古城遗址，由于年代久远，不知该城郭何时所建，名为何城。后人因其久远，便称之为古城村。

一、迷雾下的古城

古城究竟源于何时，众说纷纭，或曰古城为依城（殷城），又言古城为邲城旧址。“依”（殷城）之说，文献无确载，仅有传说，传言商代后裔武庚曾居于此地，但是多次的文物调查工作，在此地均未发现有商及西周时期的文化遗存及遗物。而“邲”地之说，由于历史久远，我们查阅典籍，可以在历史的迷雾中找出关于这座古城的只言片语。有关邲城的最早记载可以追溯到《春秋》关于“晋楚邲之战”的记载：“十有二年春，楚子围郑，夏六月乙卯，晋荀林父帅师及楚子战于邲，晋师败绩。”而《左传》用了3000余字记载这次战争，详尽地记述了战争的整个过程。晋楚邲之战，是公元前597年楚国与晋国为争夺中原霸权进行的一场战役，以楚国完胜而告终。楚庄公一战而霸，成为春秋五霸之一。这就是关于邲城最早的文献记载。今年，随着文物工作的进一步开展，在古城村一带多有东周时期的文化遗存，分布密集且范围较大。这为我们破解古城之谜提供了重要的实物资料。

二、寻回失落的历史

2004年，郑州市文物考古研究所对郑东新区的文物遗迹进行全面调查，确认古城村的古城平面近“刀把形”，由城墙和城壕两部分组成，面积40余万平方米。西、北、东三面城墙较直，唯南城墙曲折，形成东宽西窄的不均等布局结构（图一）。

由于历史变迁，古城南、北城墙早已消失不见，仅东城墙地表尚保留有一部分。西部城外有一条南北向大沟，宽约200米，沟底宽阔平坦，当地人叫跑马沟，传说是养马赛

图一　调查勘探平面图

马练兵之处。西南城角有一高台，传说是“点将台”，现在建有雷达站。东城墙内侧有一高岗，传说是监仓，即监禁犯人所用。东城外300米处，有一并列双峰夯土岗，叫“门仓岗”，高5米左右，是城门外的监护设施。城北有“跑马埂”“莲花池”。城西北角有“寺坡顶”。古城东南有一道高岗，调查发现有许多汉代砖室墓，当地传说城南有“大将坟”，当与此墓葬区相关联。城内遗物丰富，发现有陶盆、陶罐、陶瓮、高柄豆、板瓦、筒瓦、瓦当等东周时期遗物。

2012年，郑州市公共廉租房东安嘉苑项目选址于古城村南端，郑州市文物考古研究院于2012年11月～2013年1月对工程区进行考古调查和发掘。考古发掘之始，首先对古城城址进行勘探，进一步确认该城平面形制为“刀把形”，方向为北偏东7°，西城墙长约440米，北城墙长约880米，东城墙长约560米，南城墙长约980米，总面积约40万平方米。城墙四周均有城壕，宽30～60米（图二）。

图二　发掘平面图

2012年度的发掘区位于古城址南部，共清理各类遗迹230余处，出土有陶器、石器、兵器等，一些陶器上发现有陶文、刻划符号。重要的是发现南城墙的一段及城墙的西南和东南拐角，还有壕沟及城墙排水设施。

城墙由基槽、主体城墙组成，个别地方用加固墩加固。城墙大部分地方仅保留有基槽，内外护坡及地上墙体基本不存在。城墙建筑方式为双基槽版筑，建造方法是先将平面的坑洼及生活遗留的灰坑、窖穴等用土夯实，然后在两边挖基槽，从基槽底部开始夯打，直至地表，再向上夯筑城墙。双基槽之间有墙芯。在南城墙外凸西段发现两处城墙加固墩，形制为方形，夯层规整，硬度高，结构紧密，夯土用红褐色黏土、褐色黏土、灰褐色沙土混合夯筑，土质与周围有别，显然是特意从其他地方运来。两加固墩间隔约60米，可能与城门遗迹相关（图三～图六）。

图三　城墙加固墩

图四　城墙基槽

图五　城墙基槽夯土（局部）

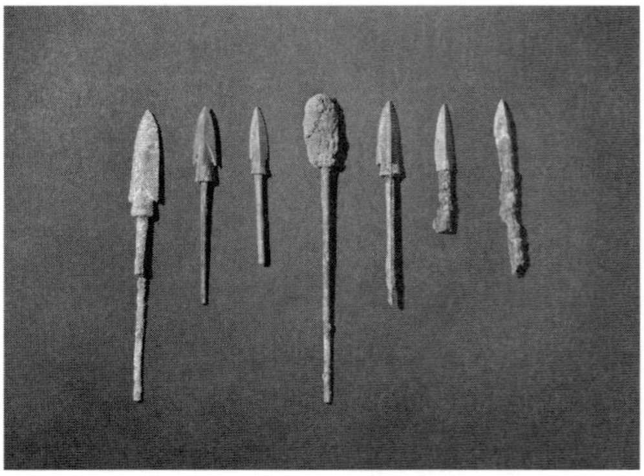

图六　铜镞

壕沟位于城墙基槽外4～6米，上部被晚期冲刷破坏，现残宽约36米，最宽处达60余米，深约4米。壕沟到西南拐角处与蓄水池并合。

蓄水池位于城墙西南拐角西部，发掘部分平面形状为不规则形，东西长约80米，南北残留宽约50米，深约4米，底部为黄沙。推测应为专供城内用水的大型蓄水设施。

城墙中段北部内侧，发现大型夯土建筑基址，平面为不规则形，占地面积近950平方米。南部有墙基槽，基槽残长28、宽0.3～0.4米。在基槽内发现有铜镞等遗物。西部发现柱洞6个，直径0.2～0.4米。另外，在西部还发现有几处形制规整的灰坑，大小、深度相近，直径约1米，排列规整，也疑似和夯土基址有关。推测此建筑可能为当时城门防御士兵居住的兵营。

东周时期灰沟共发现5条，其中南北向的3条，东西向的2条。这些灰沟纵横交错，应与城内给、排水有关。特别是G2内发现有陶质排水管道，管道用大型板瓦扣合，覆盖在排水沟上，管道直径约0.3米、长约0.5米、厚约0.02米，向下延深至壕沟底部。另外，在西南城角外部发现有五边形管道。这种形制的管道，以前仅在郑韩故城和秦咸阳城的宫殿区有发现。此次在这里发现这种高规格的大型排水管道，从一个侧面证实了该城址的重要性（图七、图八）。

图七　排水系统

图八　排水系统发掘现场

三、古城性质初探

考古调查、勘探、发掘确认城址平面布局呈“刀把形”，发现古城城墙西南城角和东南城角，基本理清东周古城南城墙凸出部分的形制结构，特别是两城角间距与《郑州市文物志》记载基本相符，是对其记载的郯城古城形制结构的考古学佐证。这一座古城是否为历史上的郯城?

《说文解字》：“郯，郑地。”“郯城，郑地，春秋宣十二年，晋荀林父帅师及楚子战于郯，在郑州管城县。”《康熙字典》如是所载。

这一座古城位于郑州郑东新区商都路办事处古城村和东周村一带，西临黄河南路，南临陇海铁路，东临康平路。地理坐标N34°44′34.9″，E113°45′00.1″，海拔84米。这一区域属于今郑州管城区的辖区。与文献所载的郯城的位置完全一致。

在古城发掘中，清理出了大量的东周时期的文化遗存。并且发现了几处与城墙存在早晚关系的灰坑遗迹，其中战国晚期的灰坑打破城墙，城墙叠压的灰坑为春秋—战国早期，结合墙内与护城河所出陶片，可判断该城的年代应不晚于战国早期。通过文化遗存与遗迹的打破早晚关系，我们完全可以确定这一处古城的时代应该不晚于战国中期。在郑州地区发现古城较多，但是在管城一带，除此城外没有其他古城的发现。结合文献和考古发现，我们认为目前的这一座古城就应该是历史上的郯城。

这一座古城留给我们的不仅是历史名词，也为我们了解东周古城的构造提供了重要的资料。城墙建造方法采用双基槽的构造方式，直接从基槽底部开始夯筑，在城墙上建造加固墩，不同于以往发现的城墙加固方法，是目前所知中国城市建设史上第一次发现，它的发现对于研究东周时期城墙的建造方式提供了新的资料，对古代城市防御和城墙加固研究具有重要意义。

发现的排水管道及城外大型蓄水设施，而且用大型排水管道将城池和蓄水设施连接起来，对于古代的城市建设、布局结构和城市发展研究提供了重要的资料。

发现的陶文、刻划符号等（图九、图一〇），对探讨东周古城的性质、封国等提供了重要线索。

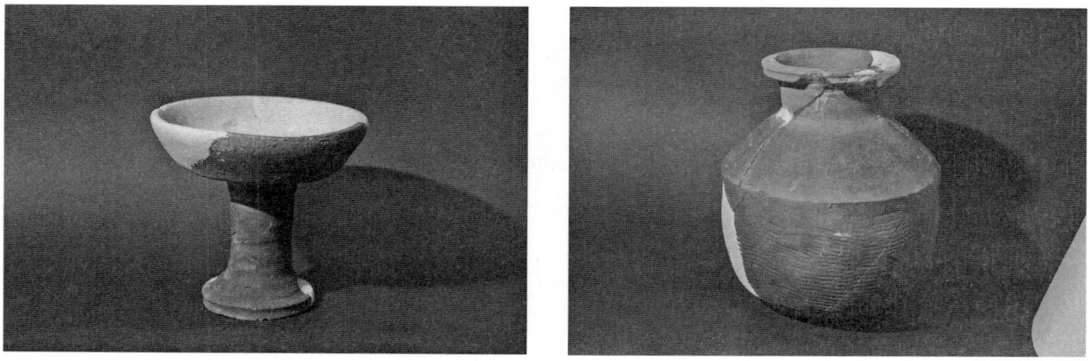

图九　出土器物

图一〇　陶文

慢慢地拨开这座"刀把形"的古城之上的历史尘封，我们似乎可以看到那个久远的时代。而这座城是否就是传说中的郯城，我们还需要走更长的路去探索，也需要有更多的困难去面对，城市的发展与高楼的林立是我们创造的今日的文明，而古城的昔日却在今日文明叠压夹缝中艰难地存在。"郯之战"关于郯城的重要的记载，郯城究竟是不是我们所发现的这座城，我们将继续上下而求索。

（原刊于《大众考古》2015年第5期）

祭城镇古城考古发现及相关问题初步研究

顾万发

一、地理概况

祭城镇古城位于河南省郑州市郑东新区CBD商务区的东北部，东风渠以南，农业东路以东，熊耳河以北，东风渠与熊耳河交汇处的夹角地带，地理坐标位置：N34°46.812′，E113°44.710′。

城址所处区域的地理地貌为西南浅山丘陵区向豫东大平原过渡的接壤地带，这里地势平坦而且低洼，距古代的圃田泽较近，属风积或冲积形成的平原。

二、考古发现

在1984年河南省开展的第四次全省文物普查中，当时的郑州市文物工作队在郑州市金水区祭城镇祭城村发现有文化遗存。2004年7月，根据郑州市郑东新区城市总体规划的建设要求，郑东新区应制定文物古迹专项规划。受郑东新区管委会、郑州市文物管理局的委托，郑州市文物考古研究院会同郑州市城市规划院对郑东新区115平方千米进行了全面的文物调查。通过调查，在祭城镇祭城村发现明清时期古城一座。又经过2006年及2009年两个年度的考古发掘，我们对明清时期古城又有更详细的了解，并且还发现了另一座新的古城。

（1）明清时期古城。形状基本呈椭圆形，东北—西南方向长，位于熊耳河的北岸，两周城址的中部以南区域，城址南墙部分被熊耳河冲毁，东西长约770米，南北宽约680米，面积52万平方米左右。经勘探及局部发掘后，可以确认地下墙体与环壕能断续环绕一周，城址内有明清时期房基与道路等丰富的遗迹现象，冲积形成的堆积层亦较厚。环状城墙墙体上顶距地表深0.6～1米，墙高约3.6米，上顶宽约18.5米，下底宽约22米，夯层厚0.08～0.2米，层面为平夯，土质为浅黄褐色沙土，质地较硬，较纯净，含碳粒、姜石颗粒等，出土有较多陶、瓷器残片及兽骨等遗物。

（2）早期城址。形状呈长方形，东西方向长，位于东风渠以南。东西长约1380米，南北宽约1000米，分布面积约138万平方米。城址形状呈东—西长方形，中部有南北向一道城墙墙体相隔，可分东西两座小城，整体呈现“曰”字状。

由于城址本体上部冲积形成的堆积层较厚、地下水位较高等原因，经对其勘探及局部发掘后，仅可以确认地下断续的一周墙体。城墙墙体上顶距地表深浅不一，最浅处距地表0.5米，最深处达7米，上顶宽15.5米左右，底宽约25米，夯层厚0.05～0.15米，圜底夯窝或平底夯窝，夯窝直径0.03～0.15米，深0.3～0.5厘米。夯筑方法为先起墙心，再在两坡起夯。土色为黄褐灰花，质地较硬，结构紧密，含碳粒、烧土颗粒、料姜颗粒、蜗牛壳等，出土遗物多为残陶片与兽骨等，可辨认的器形有盆、豆盘、釜、罐、豆、缸等春秋战国时期器形。

从护坡的文化层及打破城墙的灰坑及城市形状等方面看，此早期古城应包括春秋战国时期。另外，由于地下水位较高，无法进一步发掘，所以春秋战国时期古城下是否有更早期城址就不得而知了，不过，考古调查及地质钻探工程中发现过商、周时期的大口尊和陶鬲，所以此地出现城的时间有可能更早。

三、文献中关于“祭”的主要记载

（1）“祭”作方国名，在甲骨文中已有发现。在宾组卜辞中，祭方与商王朝是敌对势力，在历组卜辞中，祭则又归属于商王朝：如“贞：雀伐祭方？（《合集》6964）”“癸巳贞：旬亡祸？在祭卜。（《怀特》1618）”“辛未贞：今日告其步于父丁一牛？在祭卜（《合集》32677）”，等等。

（2）《史记·周本纪》载：“穆王将征犬戎，祭公谋父谏曰。”关于此句《集解》引韦昭曰：“祭，畿内之国，周公之后，为王卿士。谋父，字也。”又《正义》曰：“《括地志》云：‘故祭城在郑州管城县东北十五里，郑大夫祭仲邑也。’释例云：‘祭城在河南，上有敖仓，周公后所封也。’”

《史记·周本纪》之《正义》所引《帝王世纪》谓：“昭王德衰，南征，济于汉，船人恶之，以胶船进王，王御船至中流，胶液船解，王及祭公俱没于水中而崩。”

（3）《左氏春秋经·隐公元年》：“冬十有二月，祭伯来，公子益师卒。”杜预注：“祭国，伯爵也。”高士奇《春秋地理考略》云：“周公第五子所封，地在东周畿内。《后汉志》中牟有蔡亭，蔡与祭通。今在开封府郑州东北一十五里。”

（4）《逸周书·祭公解》：“王若曰：祖祭公次予小子虔虔在位。”孔晁注：“祭公，周公之后，昭穆于穆王，在祖列。”《逸周书·周书序》又载：“周公云殁，王制将衰，穆王因祭祖不豫，询其守位，作《祭公》。”朱右曾《逸周书集训校释》云：“祭公食邑在河南管城，今郑州地。”

（5）《水经·济水注》：濮渠“又东迳胙亭东注，故胙国也。……所谓邢、茅、胙、祭，周公之胤也”。杨守敬疏：祭“在今郑州东北”。

（6）《穆天子传》卷五：“祭父自圃郑来谒”“见许男于洧上。祭父以天子命辞曰……”“及暮，天子遣许男归。癸亥，天子乘鸟舟龙卒浮于大沼。夏庚午，天子饮于洧上，乃遣祭父如圃郑，用□诸侯。辛未，天子北还，钓于渐泽，食鱼于桑野。丁丑，天子里圃田之路。东至于房，西至于□丘，南至于桑野，北尽经林煮□之薮，南北五十□……甲寅，天子作居范宫，以观桑者，乃饮于桑中。天子命桑虞，出□桑者，用禁暴人。仲夏甲申，天子□所。庚寅，天子西游，乃宿于祭。壬辰，祭公饮天子酒”“祭公占之，□之□，乃宿于曲山”。

关于“乃宿于祭”之“祭”，王贻樑等合撰之《穆天子传汇校集释》引丁谦云：“《春秋释例》：‘祭城在河南，上有敖仓，周公后所封也。’”

又陈槃《春秋大事表所列国爵姓及存灭表撰异》：“郑有圃泽，故曰圃郑，祭公谋父之谒穆王，自圃郑往。”又《今本竹书纪年》：“祭公帅师从王西征。”又《左传·昭公十二年》“子革对灵王”一段载楚史倚相云：“祭公谋父作《祈招》之诗以止王心。王是以获没于宫。”

（7）《一统志》云：“（祭）在郑州西北约十五里，敖山东麓。”《元和郡县志》载：“祭城在管城县东北十五里。”

（8）《中国历史地图集》将《穆天子传》卷五这个“祭”地定位于今郑州市西北郊的于南沟村一带，郑杰祥先生认为应是比较合乎史实的。

（9）《吕氏春秋·音初》所记“王及蔡公陨于汉中”，《左传·僖公四年》孔颖达疏引此文作“王及祭公陨于汉中”。

（10）《左传·僖公二十四年》载：“昔周公吊二叔之不咸，故封建亲戚以蕃屏周。管、蔡、郕、霍，鲁、卫、毛、聃，郜、雍、曹、滕，毕、原、酆、郇，文之昭也。邘、晋、应、韩，武之穆也。凡、蒋、邢、茅、胙、祭，周公之胤也。”据此，童书业先生认为：“周公‘受命’称王凡七年，其大封之事当在此七年中也。”

《汉书·王莽传》：“成王广封周公庶子六人，皆有茅土。”

《左传·僖公二十四年》孔颖达《疏》云：“凡、蒋、邢、茅、胙、祭，周公之胤也。岂周公自封哉？固当成王即位之后，或至康王之时，始封之耳。”韦昭《国语注》：祭，畿内之国，周公之后也，为王卿士。谋父，字也。传曰：“凡、蒋、邢、茅、胙、祭，周公之胤矣。”

杨伯峻《春秋左传注》：“祭，音债，王朝卿士，祭是其食邑，今河南东北有古祭亭。伯，盖其行次，说本孔广森《春秋公羊传通义》。杜注以为伯为爵位，盖由僖二十四年传‘凡、蒋、邢、茅、胙、祭，周公之胤矣’之文，以为此六者皆国，《谷梁传》亦以祭伯为‘寰内诸侯’。”

杨伯峻《春秋左传注》认为，祭仲，郑大夫，即隐公三年之祭足，祭为其食邑，当即河南中牟县之祭亭，与祭伯之祭在郑州市者为两地。马世之先生认为实为一地。

（11）《国语·周语上》：“穆王将征犬戎，祭公谋父谏曰：‘不可。’”

（12）《路史》载：“周圻之内管城东北有古祭城。”

（13）《姓苑》载：今齐人本姓“祭氏”，因不祥改为“訾”。这支成员本是周王“宗室”，“祭伯”之后。《世本·氏姓篇》：“祭氏，周公第五子祭伯，其后以为氏。”

（14）关于祭仲的部分记载。

司马迁《史记·郑世家》第十二：“庄公元年，封弟段于京，号太叔。祭仲曰：‘京大于国，非所以封庶也。’”又载“夜令祭仲问王疾”。又载“祭仲与渠弥不敢入厉公，乃更立昭公弟子亹为君”。又载“子亹自齐襄公为公子之时，尝会斗，相仇。及会诸侯，祭仲请子亹无行”。又司马迁《史记·太史公自序》载“祭仲要盟，郑久不昌”。

《左传·隐公五年》载：“卫人以燕师伐郑。郑祭足……以三军军其前，使曼伯与子元潜军军其后。燕人畏郑三军而不虞制人。六月，郑二公子以制人败燕师于北制。”

《左传·桓公五年》载：“夜，郑伯使祭足劳王，且问左右”。《左传·桓公十八年》载：“人曰：‘祭仲以知免’。”

《春秋公羊传·桓公十一年》：“祭仲不从其言，则君必死、国必亡；从其言，则君可以生易死，国可以存易亡。少辽缓之，则突可故出，而忽可故反，是不可得则病，然后有郑国。”

《春秋穀梁传·桓公十一年》：“死君难，臣道也，今立恶而黜正，恶祭仲也。”

（15）《路史·后纪》载：“祭事文王，受商之命。”

（16）《今本竹书纪年》：“昭王十七年春，有星孛于紫微，祭公、辛伯从王伐楚……丧六师于汉。”《吕氏春秋·音初篇》：“周昭王将亲征荆蛮……还反及汉，梁败，王及蔡公陨于汉中。”《国语·周语上》韦昭注：“祭，畿内之国，周公之后也。”

（17）《郭店楚简》《上海博物馆藏战国楚简》《清华简》等出土文献中亦有相关记载。

四、“祭”的地望研究

关于“祭”的地望问题，不少学者作过论证，这里略作介绍并予以再论证。

1. 关于甲骨文中“祭”的地望

胡厚宣先生认为此“祭”位于“殷之西南”，就是郑州管城东北之祭城村。陈梦家提出有管城之祭与长垣之祭，但是并未认为何为甲骨文中“祭”的地望，岛邦男、钟柏生等认为祭方与雀方相邻，应在商都之西，钟柏生进一步认为应在山西西南或河南西北的商周之间地域。孙亚冰认为岛邦男、钟柏生之说可从，并认为管城与长垣都在王畿范围内，祭方曾是敌国，不可能在这个范围内。当然他同时说明，也不排除祭族人后来内迁定居于王畿范围内，王畿范围内遂有祭地的可能性。

2. 关于《穆天子传》卷五之“祭”地及中周初所封“祭”的地望

《穆天子传》卷五载“丁丑，天子里圃田之路。东至于房，西至于□丘，南至于桑野，北尽经林煮□之薮，南北五十□”，其中之“房”，郭濮注曰“房，房子，属赵国也，有巑山。”王天海认为，赵国房子在今河北临城、高邑、赞皇中间，不可能位于圃田之东，“东至于房”之“房”为地名，应在中牟县城以东。《穆天子传》，卷五又载：“仲夏甲申，天子□所，庚寅，天子西游，乃宿于祭”，于“天子□所”所缺之宇，檀本补“于”字，清陈蓬衡认为“檀误不可据。‘所’是‘访’字之误，空方当是‘东至于’三字，故下文云‘西游’”。王天海认为，从《集韵》等书看，这一解释是可行的。《水经注疏·济水》：“又东经房城北（会贞按：当在今封丘县西南），《穆天子传》（五）曰：天子里甫田之路（朱作圃田，《笺》曰：圃一作甫。戴改甫，下同。会贞按：残宋本、《大典》本并作甫。圃田详《渠水》篇。）东至于房。疑即斯城也。郭《注》（朱《注》下有云字，赵、戴删）。以为赵郡房子也（守敬按：郭《注》，房子属赵郡。《一统志》，在高邑县西南）。余谓穆王里郑圃，而郭以赵之房邑为疆。”从这些材料可以发现，穆天子是先到圃田之东的“房”地，又西行至于“祭”，这就说明“祭”的大概地望在圃田之西应无何疑问了。

诸多文献多认为故祭城应在郑州管城县东北十五里的今祭城村，陈槃、李学勤等先生认为故祭城在今郑州东北，可能取代了管国，但是亦有不同认识。如《春秋释例》就认为“祭城在河南，上有敖仓，周公后所封也”。《一统志》云：“（祭）在郑州西北约十五里，敖山东麓。”

《中国历史地图集》将《穆天子传》卷五这个“祭”地定位于今郑州市西北郊的于南沟村一带。郑杰祥先生依据《穆天子传》卷五的有关部分记载认为，古“祭”地定位于今郑州市西北郊的于南沟村一带应比较合乎史实。我们认为，至少在春秋战国甚至西周时期《穆天子传》卷五中“祭”的地望，应如多数文献认为的那样，应在郑州管城县东北十五里的今祭城村，我们的依据如下。

（1）《穆天子传》卷五所言“丁丑，天子□雨，乃至，祭父自圃郑来谒。留昆归玉百枚”。卫挺生认为“天子□雨”中缺文为“游于洧上”，今王天海认为可能还缺失一“遇”字，清陈蓬衡认为“乃至”后缺一地名，并认为应为“留昆”，他还认为：“留昆，疑即《诗》所云‘彼留子国’也，盖距郑圃不远。”郭濮“今本《竹书纪年》：‘（穆王）十五年春正月，留昆氏来宾，作重璧台’。”郭濮文《穆天子传》言留昆氏为“留昆国”。另“圃郑”，郭璞注《穆天子传》言：“郑有圃田，因云‘圃郑’。”又《左传·襄公元年》载：“（公元前572年）夏五月，晋韩厥、荀偃帅诸侯之师伐郑，入其郛，败其徒兵于洧上。”显然洧上在新郑国都附近，即今新密市、新郑市附近的今双洎河附近。《水经注》卷二十二载“（洧水）又东，过郑县南，溱水从西北来注之”。北魏郦道元注曰：“洧水又东，经新郑故城中。《左传·襄公元年》，晋韩厥、荀偃帅诸侯伐郑，入其郛，败其徒兵于洧上是也。”许顺湛先生认为，周秦汉唐直至如今，对洧水基本情况的记载没有太大的变化。郑杰祥先生所说的郑州西北之“祭”，依据《春秋释例》，“城在河南，上有敖仓”，据《一统志》，在“郑州西北约十五里，敖山东麓”，据《中国历史地图集》，这个“祭”地定位于今郑州市西北郊的于南沟村一带。若《穆天子传》卷五所言祭父之国在于南沟村一带的话，则与言其“自圃郑来谒”的圃郑相去甚远，除非祭父当时已出“祭”城，这种可能发生很小，因为据《穆天子传》卷五载，“自圃郑来谒”不久，即“夏庚午”，天子又“饮于洧上，乃遣祭父如圃郑，用□诸侯”，卫挺生认为“用□诸侯”缺文为“联络”等字，拟补“联系”字，檀本补为“合”字，王贻樑认为均不可以，疑所缺非一字，王天海认为据文意应补“告”字，整句意为：“穆天子在洧上饮酒，就派祭父前往圃郑，以告知诸侯。”这表明圃郑显然应是非常重要的诸侯所在场所，则其为“祭”国都之所在就非常有可能了。当然，这有一个问题，就是在祭城村早期古城的发掘中还未发现正式的西周时期文化遗存，但是如上所述，从考古调查的发现看，祭城村早期古城有早到西周的可能。

（2）祭仲食邑之“祭”，有的认为在郑州祭城村，有的认为在长垣，有的认为在中牟祭亭。

（3）至于《春秋释例》《一统志》所记载“祭”，郑州西北敖山附近，一方面可能是误把“郑州东北十五里”写为“郑州西北十五里”；另一方面可能是《逸周书·作雒》载“乃囚蔡叔于郭淩”，黄怀信等合撰的《逸周书彙校集注》引潘振及陈逢衡观点，认为其地所在为故虢国，郑杰祥先生认为即在古荥镇以西广武镇南城村一带，即平咷城。由于这一古城或其附近曾作为囚禁蔡叔度之地，又由于“蔡”与祭国之“祭”读音相近，字形易混，有时又被用为通假字，所以文献误把囚禁蔡叔度之地的“祭”或“蔡”当做祭国之“祭”了，从而把祭国之“祭”与敖山、敖仓错误地关联了。

五、相关问题论证

1. 关于“祭国”之“祭”与“蔡”的读音及相关问题

（1）祭，依据《康熙字典》载，《唐韵》《集韵》《韵会》中，此字为“子例切，音清代的古地图霁”，又载“《广韵》《集韵》侧界切《韵会》《正》韵侧卖切，音债，周大夫邑名。又姓，周公子祭伯，其后为氏”。又载：“《尚书·大传》祭之言察也。察者，至也，言人事至于神也。又《孝经·士章疏》：‘祭者，际也，人神相接，故曰际也。’”

（2）蔡，依据《康熙字典》载：“《唐韵》仓大切，《集韵》《类篇》七曷切……《说文》草也。《玉篇》草芥也。草际也。又《论语》臧文仲居蔡，《何晏注》蔡，国君之守龟，出蔡地，因以为名焉。又山名，《书·禹贡》蔡蒙旅平。《疏》蔡，山名。又《禹贡》二百里蔡。《传》蔡，法也……又国名，《书·蔡仲之命疏》成王命蔡叔之子践诸侯之位，作蔡仲之命。又姓，《史记》蔡泽，古作祭，《左传》祭仲、《国语》祭公谋父、《后汉书》祭遵俱作蔡。又《集韵》七曷切，音攃。《前汉·李广利传》昧蔡焉宛王。又桑割切，音薩。放也。《左傅·昭元年》周公杀管叔而蔡蔡叔，《韵会》本作□（从杀下米），言放之若散米，今作蔡。又《韵补》叶子例切，音祭。《王褒·九怀》水躍兮余旌，继以兮微蔡，云旗兮电骛。”

（3）传世本《礼记·缁衣》“叶公之顾命”，不少学者认为应是“祭公之顾命”，把“祭”隶定为“叶”了，甲骨文之“祭”很容易误为“叶”；从汉代郑玄至唐代孔颖达，皆因错就错，以“叶”为本字，误注为叶公子高，而叶公子高是春秋末期人，这样就不仅时代相差太远，而且人物的分量亦远远不够。像（宋）王钦若等编修《册府元龟》卷八百九十八·总录部·治命言：“叶公，楚县公叶公子高也，临死遗书曰：顾命小谋小臣之谋也，大作大臣之所为也。”

郭店楚简和上博楚简《缁衣》篇中，与今本《礼记·缁衣》篇中“叶公之顾命”一句的“叶”字相应的字分别写作［（郭店·缁衣22）和［上博（一）·缁衣12］，李学勤先生将郭店简中的这个字释作“彗”字，与“祭”通假“祭公之顾命”［李学勤：《释郭店简祭公之顾命》，《郭店楚简研究》，《中国哲学》（第二十辑），“万象书坊”一种，辽宁教育出版社，1999年］。但魏宜辉《关于“箭之初文”的补释》一文认为，释作“彗”字不妥。

李家浩等先生将《郭店楚墓竹简》《缁衣》篇的“祭公”之“祭”释为“晋”，并引杨树达“晋”为“箭”之古文、“箭”从“前”声的观点及高亨先生“前”声之字可与“浅”通用的认识，他认为：郭店楚简“浅”“察”二字所从声旁相同，“察”从“祭”声，于此可见，“晋”可以读为“祭”。沈培先生认为上博简《缁衣》篇中的“”字很可能就是‘箭’字，读为“祭”。魏宜辉先生认为：“晋”“箭”的读音其实并不近，古代之所以出现误以之读音相近的情况，原因是：“当为箭”的“”字与真正的“晋”写法非常接近，人们逐渐忽视了二者的区别，在隶定时讹误作“晋”字。而汉代学者对“”这个字用作“箭”的用法仍有认识，故而在古书的注解中指出其与“箭”的关系。

刘信芳在上博藏竹书《柬大王泊旱圣人诸梁考》（《中国史研究》2007年第4期）一文中认为：《礼记·缁衣》叶公顾命语又见于《逸周书·祭公》，学者遂认为《礼记·缁衣》“叶”应为“祭”，本文认为《礼记·缁衣》叶公顾命与《逸周书》祭公顾命各有所本，二者不是必有一误的关系，叶公临终顾命，面对楚国君臣，不自立说，谨引前贤名言表达自己的意思，人臣之礼在焉，楚国君臣将叶公顾命引祭公语记在叶公名下，也是合乎情理的。从中可以看出，上博藏竹书《礼记·缁衣》中“叶公”之“叶”应不读为“祭”。

综合地看，《礼记·缁衣》之“叶公”之“叶”读为“祭”应是较为有据的。

（4）《春秋左传正义》：“冬，十二月，祭伯来。”晋杜预注：祭，侧界反，国名。传祭仲同。

（5）又南朝宋何承天《姓苑》记载：（南朝时）今齐人本姓“祭”，因不祥改为“訾”。这支“訾”姓成员本属于周王“宗室”“祭伯”之后。

从所论述的材料可以获得有关“祭”作为地名、国名、姓氏时读音的几个新认识。

（1）“祭城”“祭公”等中的“祭”一般认为读为“ZHAI”，郑州当地人读为“ZHA”，其可与“蔡”通假，实际均有音韵学依据。

（2）又从《郭店楚墓竹简》之《缁衣》篇的“公”上博（一）·缁衣12中的“公”中“”和“”字的读音看，“祭城”“祭公”等中的“祭”早期至少是在战国某一时段是可以读为“JI”的。

（3）从《春秋左传正义》“冬，十二月，祭伯来”晋杜预注其“祭”字读音为“侧界反”，显然，在杜预（222~285年）所生活的西晋时期，国名“祭”读音为“ZHA”。

（4）同样，周王“宗室”“祭伯”之后，由姓“祭”改为“訾”（音Z1），已不仅仅是由于“祭”不祥、“訾”吉利的原因，“訾”的读音与“祭”近似亦应是重要原因了。

（5）同时我们还应清楚，“祭”与“蔡”虽然读音近似并可以通假字，但是“蔡”国与“祭”国在历史上是两个方国。

2. 关于“祭伯”“祭公”的爵称呼问题

商代已有“伯”等对首领的称呼，至于周代，已有完整的“五等爵”制度，分别为“公、侯、伯、子、男”。依据陈恩林等先生的研究，公最尊，是“天子三公”和“早期圣王之后”，侯、伯、子、男次之。天子所封诸侯的爵号一国只有一种，但是天子允许各级诸侯在国内称公，允许诸侯臣子在安葬其君时称公。这种“公”，已不是爵称，而是尊称。侯主要封在畿外，是王室的藩屏，侯伯为诸侯之长，地位相当于公。不论侯、伯、子、男，一旦担任天子三公或王朝卿士，就都可以称公，但是这种公称只限于一生一世，其子孙则恢复本爵之称。子、男是华夏小国和夷狄之君的爵称，但是诸侯在服丧时也称子。

再看看祭国国君的称呼，有时称为“公”，有时称为“伯”，依据陈恩林等先生的研究观点，可以认为，称呼为“伯”者，若《左传·隐公元年》杜所注，此祭国君为伯，是爵称，孔广森在《公羊通义》中提出“祭伯”之“伯”为行次的说法是错误的；称呼为“公”者，是由于祭国君在周昭王、周穆王之世时，曾经为王室卿事，位及天子三公。杨伯峻在注《左传·桓公八年》“祭公来，遂逆王后于纪”时早有类似看法，他说：“隐公元年有祭伯，疑即此人。此称祭公，或此时为天子三公。”

3. 关于祭城村早期古城与食邑的问题

食邑制度是中国古代王或诸侯封赐所属卿、大夫等作为世禄的田邑（包括土地上的劳动者在内），又称采邑、采地、封地。因古代中国之卿、大夫世代以采邑为食禄，故称为食邑。周时分封食邑制度出现，早在文王时期，据《郑康成诗谱》载“文王受命，作邑于丰，乃分岐邦周、召之地，为周公旦、召公奭之采地”。类似制度在商朝灭亡、周朝建立后盛行。分封以宗法制度为依据，大小按封爵等级而定。卿、大夫等在食邑内逐渐享有统治权利并对诸侯承担义务。食邑原为世袭。战国时食邑主相互兼并，世袭制度废弛。战国时期享受食邑的范围相当宽。除了封君、封侯、将相之外，立有一定功绩、达到一定职位或因某种特殊关系而享有食邑者很多。秦汉推行郡县制，承受封爵者在其封邑内渐无统治权利，食禄已改为以征敛封邑内民户赋税拨充，其数量按民产计算，与周代按田邑大小区分者不同。食邑随爵位黜升而损益，亦得世袭。

徐中舒在《井田制度探源》一文（《历史论文选集》，中华书局，1998年）中认为：王及诸侯境内土为君土，民为君臣，其可以为卿大夫食邑者，唯采地而已。

邹春先生在其南京大学2005年硕士论文《春秋战国之际家—国政权体系的演变》一文中认为早期食邑制度，“以王及采邑主的终身为时限”。徐工亮先生在《等级占有制与中国古代社会的封建化》[《中国古代史论丛》（第八辑），福建人民出版社，1983年]一文中认为，采邑制度出现不久，一部分有采邑的王室之卿，逐渐世代保有食邑，并且不断增加，周王逐渐失去对这些采邑实际的收回权力，这些王朝卿士逐渐成为畿内诸侯，其采邑相应地逐渐成为畿内之国。

朱右曾《逸周书集训校释》云：“祭公食邑在河南管城，今郑州地。”显然他认为穆王时祭公谋父的国都、食邑在今郑州东北，即为今发现的祭城村的早期古城。

《史记周本纪》之《正义》引《括地志》云：“故祭城在郑州管城县东北十五里，郑大夫祭仲邑也。”若这一文献记载为真，则表明至少在郑庄公元年（前743年）至前682年（祭仲病逝）的郑庄公、郑厉公、郑子亹、郑子婴历史时期，祭城村的早期古城曾作为郑国权臣祭仲的食邑。

又中华博物编辑《中国古代地名大词典》认为：祭之初封，畿外之国也，穆王时有祭公谋父，今有祭伯，世仕王朝，盖本封绝灭，食采於王畿也。《路史》“周圻内管城东北有古祭城”“故祭城在管城县东北十五里，郑大夫祭仲邑也”。《路史》以管城之祭为祭仲采地，或疑郑并祭以封祭仲。

又参照《公羊传·桓公八年》（即公元前704年）所载“祭公来，逆王后于纪”及庄公二十三年（即公元前671年）“祭叔来聘”，郑安得取祭以封仲，盖郑国自有祭邑也。

《春秋·桓公十一年》宋人执郑祭仲，《左传》“祭封人仲足”，春秋郑祭仲邑，按即今河南中牟县之祭亭，《春秋地理考实》言：中牟，郑地，祭仲之邑当在此。

《后汉书·郡国志》，长垣有祭城，春秋时卫地，在今河北省长垣县东北，杜预

《左传注》："祭，郑地，陈留长垣县东北有祭城。"按长垣去郑远，卫之匡蒲宛濮，皆在鞭县，地当属卫，郑何能有其地，杜预以此为郑祭封人邑，非。

由所论述，祭仲的死亡时间（《史记·郑世家》有记载，为郑子仪十二年，即鲁庄公十二年，亦即公元前682年），并参照祭城村早期古城的规模及存废时间，我们可以初步认为，祭城的具体主人祭公谋父，是周王朝的卿土，实际上，在祭国未灭时，祭国国主无论是爵位至于"公"还是"伯"，都是祭国的实际主人。又据《左传》言"祭仲为祭封人"。《周礼·地官·封人》："封人掌设王之社壝，为畿封而树之。"郑玄云："畿上有封，若今时界也。天子封人职典封疆，则知诸侯封人亦然也。"即是说其为地官司徒的属官，掌守帝王、诸侯伯的社坛、京畿、封地势力范围的疆界，所以其为封人，当无食邑，即使有特殊情况，则其时祭仲的食邑有可能就在中牟祭亭附近或其他非祭城村地区。若已在郑国任职的祭仲曾有以祭为其食邑，并在祭仲活着及以后有其他祭公、祭叔的情况，显然是郑、祭之国的某种"国家"或食邑的特殊制度安排。

4. 关于"祭国"的存续问题

一般学者认为甲骨文所载"祭"方，在周灭商的战争中已被消灭。至于郑州东北祭城村最初之名为"祭"，学者认为不排除有可能是由于商代"祭"方在被灭后所迁徙到此地之原因。那么出现于此地封给周公第五子的"祭"国是什么时候出现的呢?

（1）《左传·僖公二十四年》载："昔周公吊二叔之不咸，故封建亲戚以蕃屏周。管、蔡、郕、霍，鲁、卫、毛、聃，郜、雍、曹、滕，毕、原、酆、郇，文之昭也。邘、晋、应、韩，武之穆也。凡、蒋、邢、茅、胙、祭，周公之胤也。"童书业先生由此认为，周公'受命'称王凡七年，其大封之事当在此七年中也。《荀子·儒效》有相关记载，其云："（周公）兼制天下立七十一国，姬姓独居五十三人。"

（2）依据《汉书·王莽传》"成王广封周公庶子六人，皆有茅土"之记载，则凡、蒋、邢、茅、胙、祭六国受封应在成王亲政之后。

（3）齐思和先生亦认为祭等六国之封或在周公之后。

（4）李学勤先生依据《邢侯簋铭》认为邢国之受封时间为周公去世之后，则祭之封亦应在周公之后。

（5）陈隆文先生亦依据《邢侯簋铭》等文献，说明蒋国受封之时应当在成王亲政、周公亡命之时。

（6）据《左传·僖公二十四年》孔颖达《疏》云"凡、蒋、邢、茅、胙、祭，周公之胤也。岂周公自封哉？固当成王即位之后，或至康王之时，始封之耳"，我们可以发现祭之封可以在成王至于康王时期。

综合看来，祭之封在周公之后、成王之时较为可信。

那么祭国又是何时被灭的呢?马世之先生从庄公具有"天下之险"之心的情况猜测可能在春秋初年被郑所灭。同时我们可能会以为，既然祭食邑的主人祭仲已在郑国任职，则其时的祭应该是已被灭亡了，又祭仲在郑供职的最早的记载是郑庄公元年，即前743年，则祭之灭亡时间至少应可能在这一年之前。

但是，依据《春秋左传正义》“冬，十二月，祭伯来”的唐孔颖达《正义》，又依据《公羊·桓公八年》有载“祭公来，逆王后于纪”及庄公二十三年（前671年）记载“祭叔来聘”等内容（注有“以为祭叔为祭公，来聘鲁”），则此时祭仍然存在，其为畿内之国，其主为王卿土，仍有封爵。又若废弃于战国时期的郑州祭城村早期古城为祭国之城的话，则祭之灭亡时间会更晚一些。

祭作为一个伯爵之国，其灭亡较早，盖在战国中晚期，其后关于其人总体记载较为缺乏，只有从姓氏角度略陈。中国古代有以国或邑为氏的特点，如《中国古今姓氏大辞典》曰：“封之公族，遂亦以邑为氏。”祭国国君后人，多以国、邑为氏。《广韵·怪》记载：“祭，姓。周公第五子祭伯，其后以为氏。”记载姓氏的最早典籍《世本·氏姓篇》成书于战国晚期，载：“祭氏，周公第五子祭伯，其后以为氏。”《通志·二七·以邑为氏》记载：“祭氏，姬姓，周公第七子所封。其地今郑州管城东北祭城是也。周畿内之邑，故祭氏世为卿士。子孙以邑为氏。”《古今姓氏书辨证·十六怪》记载：“祭氏，姬姓。周公子祭伯，为畿内诸侯，后以国为氏。”《郑通志·氏族略》云：“又，郑有祭邑。祭仲足其后也。”又南朝宋何承天《姓苑》记载：（南朝时）今齐人本姓“祭”，因不祥改为“訾”。訾（zī）姓。这支“訾”姓成员本属于周王“宗室”、“祭伯”之后，开始是“以国为氏”而名“祭氏”，随着姓氏逐渐不加严格区别以后，又姓“祭”。

5. “祭国”之城的发现对郑州相关古城地望判断的意义

我们从《逸周书·作雒》《汉书·地理志》《帝王世纪》等文献知道，武王灭商不久，谓分商王畿设置兄弟等负责监督商民、商贵族，名为“三监”。同时又把自己的昆弟叔鲜和叔度分封至管地和蔡地。

《史记·周本纪》之《正义》引《括地志》云：“郑州管城县外城，古管国也。周武王弟叔鲜所封。”程平山、周军二位先生根据《左传·宣公十二年》晋、楚邲之战，认为应在今郑州西北。陈隆文依据江永《春秋地理考实》及《汇纂》“隋置县，明初省，今故城在郑州北二里”等记载认为，郑州市战国时的城址就是战国时期的管邑，西周、春秋的管邑也应离此不远。商周时期的管邑也可能在郑州市北部、柳林镇以南一带，也就是说在今郑州市管城区以北，当为西周、春秋时的邑。

蔡叔的封地，有的认为即“上蔡”，有的引用《括地志》云“故祭城在郑州管城县东北十五里，郑大夫蔡仲邑也”，《后汉书·郡国志》“中牟有蔡亭、蔡与祭通，今开封府郑州东北十二里”之记载认为在今郑州东北，认为祭城即蔡城（陈昌远：《有关古蔡国的几个历史地理问题》，《中国历史地理论丛》1998年第3期）。有的认为始封地在郑州西北（程平山、周军：《商周管邑地望考略》，《中原文物》2000年第4期），有的认为在今长垣县。至于蔡叔的封地，有学者认为在今郑州市西北。

现在我们已确定了祭城的位置，相对来说，这有助于确定其他城址的地望，特别是管城的地望。综合《路史》载“周圻之内管城东北有古祭城”等文献来看，陈隆文的认识较为可能。当然这一区域很少见商末周初的文化遗址，这可能与封国迅速灭亡有关，或还与地理形势有联系。在柳林镇以南郑州市管城区以北地域以西，西周遗址渐渐多起来，可能与地理地势亦有一定联系。同时，可以说若祭城村古城为祭城，则“祭城即蔡城”的观点显然就更不能成立了。

（原载于《华夏都城之源》，河南人民出版社，2012年）

郑州地区西周城址探析

张贺君　吴　倩　魏青利

公元前11世纪，周武王克商后建立新的统一王朝西周。周初统治者为了加强对全国的统治，进行大分封。西周王朝的统治并非完全稳定，在很长时间内受到各种势力的反抗，其中东夷、淮夷的反抗尤甚。郑州地区地处西周统治中心与东夷、淮夷部落的中间地带，在西周王朝征服东夷、淮夷进而统治整个东方的历史进程中具有非常重要的地位，是西周统治的桥头堡。此外，郑州地区也是殷商旧地，殷遗民势力依然强大，对统治具有较大威胁。据文献记载，西周统治者为了加强这一地区的统治，先后在郑州地区分封有伯爵之国管国、鄢国、东虢国、巩伯国、密国、祭伯国、崇伯国、补国及子男之国等数十个。

在20世纪80年代以前，郑州地区发现的西周文化遗存较为有限，在全国范围内的西周文化研究中尚未占据重要地位。此后，随着配合基建考古工作的大幅扩展及主动考古调查工作的增多，在郑州地区发现了一批西周时期文化遗存，极大地丰富了郑州地区的西周考古资料。近几年来，如祭伯国遗址、荥阳娘娘寨遗址、蒋寨遗址及苑陵故城等遗址的调查、勘探均取得重大突破，掀开了郑州地区西周考古新的一页。

本文主要依据近期的调查发现并结合文献记载，对郑州地区西周城址的现状与性质作以初步记述与讨论。

一、郑州地区西周城址现状

本文所用材料均为郑州市文物考古研究院调查、勘探或发掘的结果，其中有少量已发表。近几年来，我们调查得知的西周遗址数量很大，但本文主要叙述城址或与城址相关的遗址。以下为方便叙述，将郑州地区西周城址分为郑州市区（含郑东新区、高新区、航空港区）、荥阳市、新郑市、新密市、巩义市5个区作一介绍。

1. 郑州市区

（1）郑东新区。

祭城遗址　位于郑东新区祭城镇祭城村的东风渠以南。城址平面形状呈长方形，东西长约1380米，南北宽约1000米，分布面积约138万平方米。由于城址本体上部冲积形成的堆积层较厚及地下水位较高等原因，经对其勘探与局部发掘后，仅可以确认地下断续存在的一周墙体，城址内分布的宫殿建筑等重要迹象暂未发现，城墙墙体上顶距地表深1.8米左右，城内发现西周时期遗存，可做进一步的考古工作。

2006年祭伯城城址被河南省人民政府公布为第四批省级文物保护单位。目前，祭伯城遗址本体分布区内的规划建设项目大多已开工建设并投入使用，道路基础设施已建成并形成网络。遗址本体分布范围基本被建设项目全部占用，保护状况较差。

小营点军台大型夯土基址　位于郑东新区祭城镇西偏北2千米处，经详细勘探，此处夯土台基面积达1700平方米。该夯土台基目前地面保存最高处尚有5米厚，夯打质量较高。经试掘发现，该夯土分两期夯筑而成。两期夯土均使用集束夯版筑而成，早期夯土层较薄，为5～10厘米，夯窝较小，直径约3厘米，均为小圜底。晚期夯土层较早期稍厚，为8～12厘米，夯窝稍大，直径为3～5厘米，仍为圜底。经初步解剖，小营点军台台基时代为商周时期，在商代，此夯土台基可能与郑州商城北方门户或祭祀有关。晚期夯土时代应为西周时期，此夯土台基西周时期仍然沿用，与祭城遗址连为一体，保存状况较差。

（2）高新区。

洼刘遗址位于郑州高新区科学大道洼刘村及其附近区域。早在1984年文物普查时发现。1999年10月，在科学大道道路施工中于洼刘村附近发现了西周青铜器，后经抢救性发掘，先后发掘出土西周早期墓葬100余座，其中有12座墓内出土有青铜器。青铜器上多铸有铭文7～11字，为郑州地区西周早期封国、族别及相关问题的研究提供了极为重要的资料。

（3）航空港区。

苑陵故城原属新郑市，2007年归入新成立的航空港区。

苑陵故城位于航空港区古城村西，是秦汉时期的名城之一，清乾隆四十一年《新郑县志》载：“今县东北三十五六里，有二城相连，其西苑陵，东则制城也。”2009～2010年，我单位在此区域进行了细致的勘探，确认了“制城”的范围，苑陵城与制城并非东西并列的关系，而是大小相套，苑陵故城位于制城的西南角。我们分别在苑陵故城及制城城墙处进行了试掘，结果表明制城建城年代要早于苑陵故城，苑陵故城应是战国时期利用制城的西南角修建的一座小城。

在调查过程中，我们在制城的东北部发现了大量西周遗物，后来的试掘也表明了西周文化层的存在。此处地层堆积共分6层，战国、春秋、西周层层叠压，第6层即为西周文化层，6层下为大量西周遗存。经勘探得知，西周文化层的面积约为10万平方米。由于发掘面积极小，无法确认制城城墙的始建年代，但可以确定绝不晚于春秋时期。

2. 荥阳市

古文献记载，西周封国东虢国在荥阳境内，另有古制城、东虞及京城等。

（1）郝寨遗址。

郝寨遗址位于郝寨村西部和南部，遗址东西长600多米，南北宽700余米，总面积40多万平方米，文化堆积厚2～4米，以西周遗存为主，遗迹包括水井、窖穴、陶窑、房基、墓葬等。此外，从断崖上还发现有大面积夯土。

（2）娘娘寨遗址。

2004年8月，我单位在配合南水北调中线工程文物点调查复核时新发现娘娘寨城址。2005年4月底至2009年，对娘娘寨遗址进行大规模考古工作，并荣获“2008年度全国十大考古新发现”。

遗址位于荥阳豫龙镇寨杨村西北，地处索河之滨，东西长1200米，南北宽850米，总面积100多万平方米，由内城和外城组成。内城西部和北部为索河，外城主要分布于内城的东部和南部，其余与龙泉市冲沟、索河一起形成封闭的城圈。内城位于外城城内西北部、高出周围约4米的土台之上，城址平面略成方形，面积约16万平方米。内城外有城壕围绕一周。内城城内发现夯土基址数十处，道路3条，灰坑近2000座，墓葬近50座，以及一些水井、陶窑等遗迹。外城壕宽48、深12米。娘娘寨遗址为两周时期城址，始建于西周晚期，毁弃于战国。

（3）官庄遗址。

荥阳官庄遗址位于荥阳市高村乡官庄村西部，平面形状略呈东—西长方形。遗址以西周晚期和东周文化遗存为主，经过两年的调查、钻探及发掘，确认该遗址为一座城址，发现了内城墙、内城壕（两重）、外城壕及城内遗存。内城位于外城的西北部，东西长204、南北宽215米，近方形，总面积约4.4万平方米，护城壕紧贴城墙，此外又有一道护城河，外城壕东西长约1200米，南北长约900米。经解剖，确认城墙至晚建于西周晚期。城内外均发现有西周时期灰坑、灰沟及墓葬。

（4）南城遗址。

南城城址位于荥阳市东北部广武镇南城村南。城址平面形状呈近方形，边长约800米，面积约64万平方米，城址四周有夯土城垣与城壕，城壕紧临城垣的外侧，环城垣一周，宽18～20、深6～8米。城垣为夯土筑成，环城址一周，除东墙北段和北墙东段现地表仍残余有部分残断城垣墙体外，余均为地下墙体，夯土墙体宽20米左右，残高2～3米，城垣的东、西、北三面近中部均发现有穿墙道路，宽3～5米，应为城门所在。根据地层关系，城址的建造年代晚于商代，毁于战国时期。城址的保存状况较好，城址的外围除有环绕城址一周的夯土城墙和环壕外，城址内文化层堆积较厚，遗存甚为丰富。

3. 新郑市

新郑市分布着众多遗址，春秋战国遗存尤为丰富。文献记载西周封国郐国在新郑、密县之间，此外还有诸如华、鄢等子男之国。但长期以来只在唐户遗址发现一批西周土坑墓及一座车马坑。

4. 新密市

新密市地处溱洧流域，境内旧石器、新石器、夏商时期文化遗址密布。据文献记载，西周封国弥国、密国均在其境内。经调查，密国故城在新密大隗乡大隗村，目前仅限于调查材料，尚有待于进行试掘确认。关于弥国城址，目前尚无线索，需进一步考古调查。在大隗乡张庄村东北发现有西周时期文化遗址。

5. 巩义市

巩义市是西周阙伯国封地，东周改为巩伯国。目前城址已毁，仅剩东周巩伯国残垣。此外在巩义市桑家沟遗址、堤东遗址、七里铺遗址、康沟遗址均发现西周文化遗存。在洛河对岸白河村出土有西周铜鬲，在孝义镇西侧发现商末至周初土坑墓。

二、郑州地区西周城址地望之探析

上文考古收获为全面揭露郑州地区西周时期的文化面貌提供了资料，为其分期研究提供了可能，更有助于解决学术界关于西周封国的诸多争议。本文结合文献记载及考古新材料对郑州地区西周城址之地望提出陋见，以期抛砖引玉。

1. 祭伯城地望

公元前1046年，武王姬发死后，由其弟周公辅佐朝政，周公把他的儿子祭伯封在管城东北15华里处，所建之城史称祭伯城。《史记·周本纪》《史记·正义》《括地志》皆云“故祭城在郑州管城县东北十五里，郑大夫祭仲邑也”。祭城遗址目前发现有西周城墙及城内遗存，其地理位置及考古学遗存均与祭伯城对应，甚至地名沿用至今，应是祭伯城故址无误。

小营点军台当属祭城，又处于圃田泽西北侧，应与周人活动有关。西周穆王曾“圃田之路，七萃之士生博虎而献之”，证明西周时期这里即有驿馆之类设置。此外，小营点军台夯土台基也应与祭伯国故址相关联，可能为祭伯国进行重大活动前祭祀的地方。

2. 管国地望

管国是周武王弟叔鲜的封国，作为周初的一个诸侯国，三监叛乱后周公平叛，管国被灭。尽管存在时间很短，但管国的地位非常重要。《逸周书·大匡解》中关于管叔的记载说明管叔是兼王官与地方诸侯双重身份，受王命握有控制东方之大权，相当于方伯的重要诸侯。周武王是通过“命管叔使殷之监”来实现其对殷商东方之地的统治，具有极为重要的战略地位。《史记·管蔡世家》云：“武王已克殷纣，平天下，封功臣昆弟。于是，封叔鲜于管，封叔度于蔡，二人相纣子武庚禄父，治殷遗民。”《史记·周本纪·正义》引《括地志》曰："郑州管城县外城，古管国也，周武王弟叔鲜所封。"顾祖禹《读史方舆纪要》卷四十七《郑州》废县下云："州治，管叔封于此，春秋时郑地。"《集解》引杜预日："管在荥阳京县东北。""京"作为地名屡见于甲骨卜辞，从有关甲骨文资料来看，卜辞中的"京"地是商王朝的主要农业区和商王的田猎地之一。《左传·隐公元年》武姜为共叔"请京，使居之，谓之京城大叔"。杜预注："京，郑邑，今荥阳京县。"杨守敬疏引《方舆纪要》说，京县故城"在今荥阳县东南三十里"。《大清一统志·河南开封府》"古迹"条下："京县故城在荥阳县东南。"根据以上记载可知，其大体上相当于今天的荥阳县东南的京襄城村，而杜预又说，"管在荥阳京县东北"，以今天的地理方位考之，则知《括地志》及《读史方舆纪要》所载商周之际管地与杜预所言并不矛盾。

郑州西北部发现多处晚商、西周时期文化遗存，尤其是郑州洼刘西周墓葬的发现，为管国地望提供了考古支持。从地理位置来看，洼刘西周墓地距京城东北12千米，"洼刘西周墓葬是西周早期武王灭商后至成王时期的遗存，为寻找西周时期封国提供了重要线索。这些出有青铜器的墓葬应是西周时期早期管国贵族后裔的墓葬"。"虽未发现城址，但墓地一般不会距离其城太远。因此，我们认为在洼刘遗址周围可能有古管国的城址。此外，自1984年以来，我单位在西北郊区域内发现有许多西周遗存，也可作为这些推断的旁证。"[1]

3. 东虢国地望

东虢国，西周封国。周武王十三年，武王伐纣克商后，封周文王同母弟虢叔，为东虢国。周平王四年，东虢为郑所灭。《正义》引《括地志》："洛州汜水县，古东虢叔之国。"《左传·隐公元年》说："制，严邑也，虢叔死焉。"杜预注："虢叔，东虢君也……虢，今荥阳县。"《国语·郑语》："其济洛河颍之间乎？是其子男之国，虢郐为大。虢叔恃势，郐仲恃险。"韦注："虢，东虢，虢叔之后，姬姓也。"《水经注》卷七《济水一》："索水又东径虢亭南。应劭曰：'荥阳，故虢国也，今虢亭是矣。'"《太平寰宇记》卷五十二《河北道一·孟州·风俗》："《汉书》云：'子男之国，虢为大。'虢国即今汜水县也。"据上引典籍，东虢在河南荥阳附近，应为虢叔之后建立，《尚书·君奭》中也提到虢叔为文王时重臣，可知，二虢地位原本都是很高的，但虢叔后人未在王朝任职，故地位有所下降，为子男之国。

关于其地望问题，学术界多认为在荥阳广武平咷城。但一直以来，在平咷故城发现有较丰富的商代、春秋战国时期文化遗存，未发现一块西周时期陶片，因而，平咷故城为东虢国是没有考古学依据的。我们认为荥阳官庄遗址为东虢国城址的可能性极大。官庄遗址目前发现有西周时期的城墙，还发现有较为丰富的西周时期遗迹、遗物，在城墙外侧发现有三重护城河[2]。文献中有记载"虢叔恃势，郐仲恃险"，可见东虢国防御措施严密。官庄遗址结构布局、所处地理位置及考古学遗存均与东虢国相对应。此外，荥阳南城遗址亦有宽大的城墙及阔而深的护城河，且城墙年代与东虢国相合，也是推论东虢国地望的因素之一。至于最终定论，有待于考古材料的进一步丰富。

4. 娘娘寨城址的性质

从出土遗存可知，娘娘寨城址内城始建于西周晚期[3]，关于它的性质，目前学术界主要有东虢城、管城和郑国东迁都邑诸说[4]。前文指出，管国及东虢国均是西周初年的封国，与娘娘寨城址建城年代相差甚远，因此这两种说法不可信。

关于郑国东迁都邑，发掘者认为："考两周之际发生于郑洛地区最为著名的事件就是郑桓公东迁，该城址可能与郑桓公东迁有很大关系。目前，遗址在地理位置和时代上与郑桓公东迁相合，如推测无误，城址当为郑桓公东迁其民的重要都邑。城址在东周时期仍然沿用，这对探讨郑武公灭东虢国也具有重要研究意义。"[5]《国语·郑语》及《史记·郑世家》均有关于在周幽王八年郑桓公与太史伯共谋东迁之计的记载，郑桓公在征得幽王同意之后，将自己的家属、部族、财产等迁居至洛水以东的虢、郐一带，虢、郐慑于郑桓公的权势和贪图其利诱，只好献出一些城邑。自桓公"寄孥"于虢、郐之间始，其在陕西华县的都城已失去都城意义，随着政治中心的东移，洛东地区必然形成一个新都。娘娘寨城址布局谨严，濒临索水，由内城和外城组成，城高池深，形成双重的防御体系，在时间和地理位置上又与史载相合。由此可见，娘娘寨城址既可以用来"寄孥"，也可当做郑国军政府所在地，亦即东迁的都城。因而，我们亦认同发掘者的结论。

5. 郐国地望

学术界原认定郐国地望位于新密市东南26千米曲梁乡大樊庄东部。据唐代《元和郡县图志》，郐国故城位于新密市密县老城东北53里的新郑县东北35里处。但经过数年的考古发掘，在新密的曲梁并未发现西周遗存，而其实更多的文献记载郐国故城地处新郑。《括地志》载："古郐城在郑州新郑东北三十二里。"《读史方舆纪要》中载："在郑县东北五十里，周郐国也。"南宋郑樵《通志》："今新郑县东北35里，有古郐城是也。"

郐国，为火正祝融之后。据《路史》记载："陆终氏传子郐人，后因为郐国。"《世本》曰："陆终娶于鬼方氏之妹，谓之女，是生六子……其四日求言，是谓之郐，郐人者是也。"《郑玄诗谱》："千古高辛氏火正祝融之墟，国在禹贡豫州外方之北，荥波之南，居溱洧之间，祝融化名黎，其后八姓，唯女嬴姓桧者处其地。"又据《说嵩》引《郑玄诗谱》记载："周夷王、厉王时，郐公不务政事，而好洁衣服，进谏不从，大大去之，于是郐之风变始作。"遂逐渐衰败。《毛诗谱》云："昔高辛氏之土，祝融之墟，历唐至周，重黎之后为其地，是为郐国，为郑武公所灭也。"考以上文献知郐国的基本地域在嵩山以东、荥阳市以南的双洎河中游。大约在夏代的时候就正式立国，到了周初，又接受重新分封，于是成了东方为数不多的大国。在西周末年，郐君变得十分贪财好利，骄横腐败，成了一个只知吃喝打扮、盘剥民众，无所作为的昏君。周王室被迫东迁洛阳，郑武公就以护驾的名义带领大军一同东迁。等到把王室的事情安顿好，郑武公顺便就把郐国灭了。

新郑苑陵城遗址（现属于航空港区）发现了大量西周遗存及不晚于春秋的城墙，其地理位置及所处时代基本与郐国对应，是寻找郐国地望的重点区域。当然，这一结论有待于进一步的考古工作来印证。

三、郑州西周考古在早期中华文明中的地位和作用

由于郑州地区西周封国在历史上的特殊地位及其与周武王的关系，所以其所在的都城无论从历史研究价值方面，还是从文化开发方面都具有不可忽略的价值和意义，在商周时期的考古研究中，占有相当重要的地位，并为研究商周时期的都城分封、设立及城市发展、演变起着重要的作用。

从中华文明史之源看，学术界关于人类文明形成的标志，主要有原始农业、城邑、金属器具、文字及国家的雏形，最能反映社会组织进化的就是城邑，所以考证文明的源头在很大程度上就是“找城”，找到了城，也就找到了文明的源头。早在5000多年前郑州就出现了仰韶文化西山古城，其后又有了登封王城岗、新密古城寨、新密新砦等诸多龙山文化古城，然后还发现了3000多年前的荥阳大师姑夏代城址、新郑望京楼夏、商城址及商代前期都城郑州商城，而今又发现诸多周代封国遗址。这一串延续近两千年的古城址，是中国考古学的重大发现，亦构筑了华夏文明发展的一座座里程碑。

在华夏文明起源与发展的进程中，嵩山地区尤其是郑州市域的多座古城起着非常重要的作用。非但西山仰韶文化古城是全国之最，那些夏商周古城也是无与伦比，尤其是登封王城岗夏都阳城和郑州商城之亳都。从仰韶文化一直延续到周的古城，郑州地区拥有如此丰厚的文化底蕴，加速推进了中华文明发展的进程。

注　释

[1] 郑州市文物考古研究所：《郑州市洼刘西周早期墓葬C2GW99M17发掘简报》，《文物》2001年第6期。

[2] 韩国河、顾万发等：《河南荥阳官庄遗址发现两周时期大型环壕聚落》，《中国文物报》2012年12月21日。

[3][5] 张松林等：《河南荥阳娘娘寨遗址发掘出两周重要城址》，《中国文物报》2009年2月18日。

[4] 马世之：《娘娘寨城址性质问题试探》，《中原文物》2010年第10期。

（原刊于《洛阳考古》2014年第3期）

黄帝传说真实成分的文献学及图像学观察

顾万发

有关黄帝的文献记载很多，关于黄帝的传说也很丰富。显然，像诸多传说人物、神人一样，其中不乏虚构，但关于黄帝的记载和传说，其中的真实成分却是不容忽视的。

以前我们多认为谈及黄帝的早期确实材料是战国中期齐威王所铸“陈侯因齐敦”的铭文，其曰：“高祖黄帝，迩嗣桓文。”事实上这个问题是可以讨论的，它可能不是最早记录黄帝的文献。

《逸周书·尝麦》曾提到“黄帝”，其载，王若曰：“宗揜大正，昔天之初……蚩尤乃逐帝，争于涿鹿之河，九隅无遗。赤帝大慑，乃说于黄帝，执蚩尤，杀之于中冀，以甲兵释怒，用大正顺天思序，纪于大帝。”

这里尤其需要提到的是其中的“大正”一职务。在《逸周书·尝麦》中曾多次出现“大正”一词：“是月，王命大正正刑书”，“乃命太史尚大正”，“从中宰坐尊中于大正之前，太祝以王命作策，策告太宗”，“众臣咸兴，受大正书”，“太史策刑书九篇，以升授大正”，“□箴大正曰：“钦之哉，诸正。……”，“太史乃降，大正坐，举书，乃中降，再拜稽首。王命太史、正升拜于上，王则退”，等等。

在西周时期的金文中也曾出现过“大正”官职：

> 弭仲作宝琏……用飨大正，歆王宾。弭仲簠。（西周晚期，《集成》9.427）

> 天子肩事梁其，身邦君大正，用天子宠，蔑梁其历。梁其钟。（西周晚期，《集成》1.187–8）

孙冶让先生认为“‘大正’本为六卿之通称”[1]。张亚初、刘雨先生认为“大正”是一种习惯称谓，相当于现在的高级领导，不是专门官职[2]。张怀通先生《〈尝麦〉新研》一文[3]认为“大正”不仅是高级别的领导，而且“受刑书”的这位“大正”还应是当时西周朝中最高级别的官员。

《逸周书·尝麦》记载了“成王命令大正修订刑书”的经过。李学勤先生曾作《尝麦篇研究》[4]，对于其具有西周时期文献的特征等方面予以了解读和校正，张怀通《〈尝麦〉新研》认为，从《逸周书·尝麦》中记载的20多个官职的时代特征看，《逸周书·尝麦》最初当成于西周早期，经过西周春秋时代的流传，到战国时代基本定型时，其语言文字已经变得较为通俗，并且有春秋末年、战国时代的官职羼入其中。

于此，《逸周书·尝麦》中有关黄帝的事迹，就有可能早到西周时期了。

其实有学者认为甲骨文中也有一些线索。卜辞：

己巳卜，贞，帝鸿。〇贞，帝鸿，三羊、三豕、三犬。（《前》4、17、5）

戊戌□帝黄，夹，二豕。〇帝黄，夹，三豕。（《前》6、21、3）

戊戌卜，帝于黄□。（《林》1、11、6）

丁山先生在《卜辞所见先帝高祖六宗考》一文[5]中，认为上述卜辞中的帝鸿即《左传·文公十八年》有“昔帝鸿氏有不才子”的帝鸿。并依据杜预注《左传》云:“帝鸿，黄帝。”《五帝本纪集解》引东汉的贾逵“帝鸿，黄帝也”等文献认为，“帝鸿”即“黄帝”，即“帝黄”。《世本》也记载曰：“黄帝又曰帝鸿氏。”

我们知道，帝鸿在有的文献中称为“帝江”。《山海经·西次三经》：“有神焉，……实为帝江也。”毕沅注：“江读如鸿。”

有关黄帝的传说史料与考古学上的史料虽然很难对应，但是还是有线索可寻的。

《史记·五帝本纪》：“轩辕之时，神农氏势衰，诸侯相侵伐，暴虐百姓，而神农氏弗能征。于是轩辕乃习用干戈，以征不享，诸侯咸来宾从。……炎帝欲侵陵诸侯，诸侯咸归轩辕。轩辕乃修德振兵，治五气，艺五种，抚万民，度四方，教熊、罴、貔、貅、貙、虎，以与炎帝战于阪泉之野，三战然后得其志。……而诸侯咸尊轩辕为天子，伐神农氏，是为黄帝。”《史记·五帝本纪》之《集解》引皇甫谧曰：“黄帝受国于有熊。”学术界多认为黄帝为有熊国君。总之，多数学者认为黄帝族群位于中原地区，有熊之地位于河南新郑或附近地区。有不少学者结合文献中黄帝的活动范围和考古发现，努力证明黄帝时代的考古学文化是仰韶文化。尤其是近年来在郑州地区发现的仰韶文化中晚期的城市和其他性质的聚落，尤其是仰韶晚期的双槐树、汪沟、青台等诸多中型、大型聚落，在当时全国文明版图中处于中心地位，这自然为黄帝族群及有关其在中原郑州的事迹可能存在一定真实性成分的认识提供了一定的考古学依据。

另，若从考古学中发现的艺术品、认知及精神层面，并结合文献中的神话记载等方面予以图像学观察的话，可能也会获得一些有意义的新收获。

我们知道，关于帝鸿或帝江的形象，文献中曾有简要记载：

《山海经·西次三经》记载：“有神焉，其状如黄囊，赤如丹火，六足四翼，浑敦无面目，是识歌舞。实为帝江也。”这里描写的帝江，字面上看是“浑敦无面目”，其中“浑敦”同“浑沌”。

袁珂《山海经校注》引清人毕沅云“《春秋传》云：‘帝鸿氏有不才子，天下谓之浑沌。”

汉东方朔《神异经·西荒经》记载：“昆仑西有兽焉，其状如犬，长毛，四足，似罴而无爪，有目而不见，行不开，有两耳而不闻，有人知性，有腹无五藏，有肠直而不旋，食径过。人有德行而往抵触之，有凶德则往依凭之。名浑沌。”这里描写的混沌，字面上看是“有面目却无用”。

《庄子·应帝王》：南海之帝为倏，北海之帝为忽，中央之帝为浑沌。倏与忽时相与遇于浑沌之地，浑沌待之甚善。倏与忽谋报浑沌之德，曰：“人皆有七窍，以视听食息，此独无有，尝试凿之。”日凿一窍，七日而浑沌死。这里描写的浑敦，字面上看“无面目”。

从这些文献看，《山海经·西次三经》记载的“混沌”很像是一只鸟，赤色如火，与太阳似乎有联系；《神异经·西荒经》的记载很像是一怪异之兽；《庄子·应帝王》的记载，除了哲学意义外，单就“混沌”而言，是蕴含天地未分原始真气状态的中央之帝，这时的天地未分原始真气状或元气只存在于“昆仑”或“混沌”之地或其神之中。从另一个角度讨论，称“混沌”为中央之帝，本身就很有意义，因为，有的文献中“混沌”可称为“昆仑”，从战国时代开始“昆仑”本来就常被不少文献认为是上应“天中”的“地中”之地。

从文献的性质看，《山海经·西次三经》及《庄子·应帝王》偏早，也更为可信，尤其重要的是其所述“混沌”形象可与当时的考古发现材料相关联。

另，在某一历史阶段又等同于“上帝”的称谓[6]。显然，这时的黄帝形象似乎可以与新石器时代的有关艺术符号相关联。可能有学者会疑问，新时期时代是否已有了天帝的概念，这个是毋庸置疑的。考古学中发现了不少这样的例子，像洪山庙仰韶文化、大墩子大汶口文化、龙虬庄龙山时代、石家河遗址的石家河文化早期，均发现过可以隶为“帝”字的具有巫术和宗教功能的文字（图一）[7]。不过这时期的帝应该是太阳神而非极星神，这一风俗约到战国时期方才有大面积的本质改变。

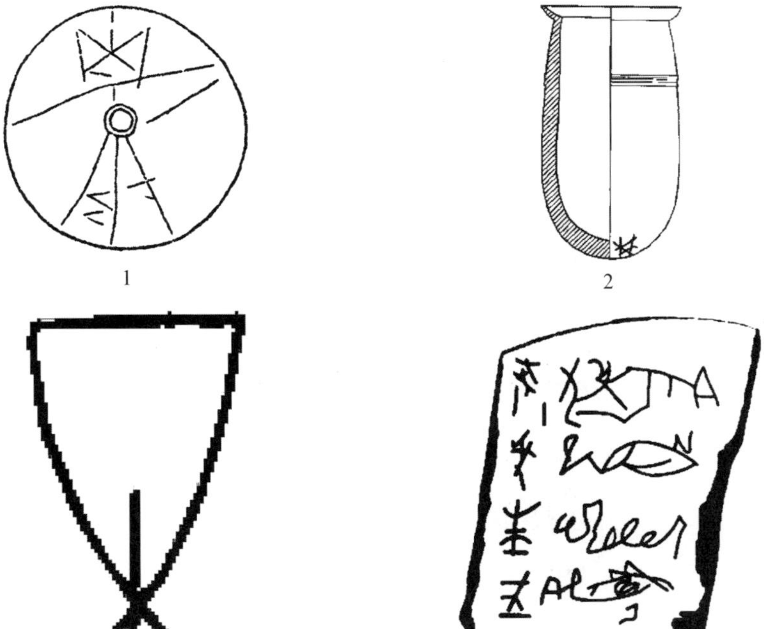

图一　“帝”字刻符

1. 大墩子　2. 肖家屋脊　3. 洪山庙　4. 龙虬庄

在良渚文化中有一类鸟类刻画符号，其中的神鸟（图一，1）、（图一，3），看不到面目，翅膀的画法给人的视觉上的感觉是“有四翼”[8]，身背非“极星”或曰“北斗星”，而是太阳，圆形混沌状，整个神鸟正展翅飞翔。（图一，2）这一刻划符号昆仑形祭坛中间绘“有云雷纹的圆”——，因昆仑为“地中”，所以“有云雷纹的圆”应蕴含元气[9]，也即是说其有“混沌”特征。

陆德明《经典释文》记载：“混，本又作昆；沦，本又作仑。”这些“混沌”或“昆仑”的特质与《山海经·西次三经》记载帝江即帝鸿即黄帝面貌——“其状如黄囊，赤如丹火……浑敦无面目”非常相似。

当然，这些符号还与《山海经》中有关帝俊五彩鸟朋友的描写非常相符。其曰：“有五采之鸟，相乡弃沙，唯帝俊下友。帝下两坛，采鸟是司。”这正是对良渚文化祭坛刻划符号的生动描述：（图二，1）为祭坛，并且是三层，依据《尔雅》为“昆仑”形，或“混沌”形，（图二，1）为“沙”粒（实际上是太阳或曰多个虚幻的太阳同出的现象，其他同）。（图二，1）与（图二，1）位于“沙”粒——两端，正合于“相乡弃沙”，即“相向弃沙”，像互相丢沙子一样[10]，其中神面为

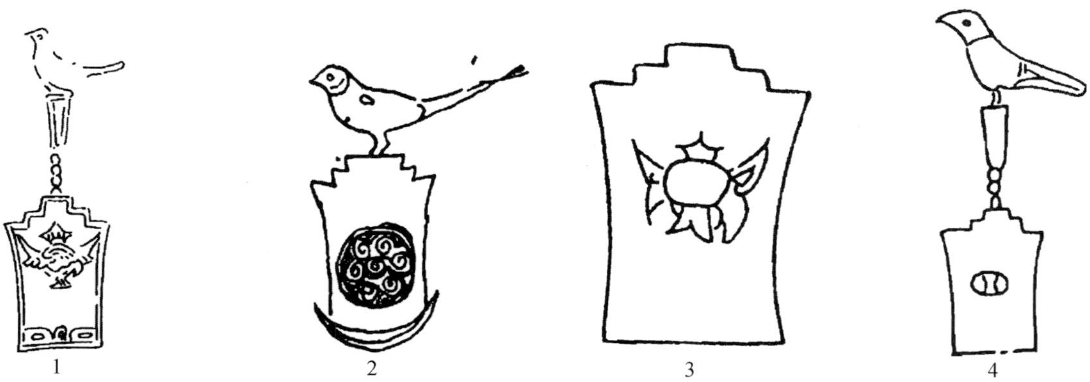

图二　刻有“神鸟”纹的玉璧

1.（美）弗利尔美术馆藏玉璧　2.（美）弗利尔美术馆藏玉璧　3. 余杭安溪出土的玉璧

4.（美）弗利尔美术馆藏玉璧

（图一，1），又有可能被描述为“混沌”的神兽形象。整个符号由上帝之使太阳鸟、朋友——太阳神鸟、太阳——昆仑组成，并且神鸟、昆仑之间相呼应。

黄帝与昆仑可以相对应，这是由于太阳与三层或三角形神圣图像相组是常见现象，早从高庙文化开始，就出现过法太阳光芒形和山形的供太阳出入的三角或三层昆仑形神圣图像，但是这并不表明黄帝或上帝在早期的概念中就是与北斗或极星对应的。龙山时代早期的太谷白燕F504神圣建筑，蕴含的应该是以北极或极星为天中的星图与当时地理意义上的九区域（类似所谓的“九州”）相应，而非与昆仑相组。只有昆仑表示地中的概念盛行后，才出现北斗或极星与昆仑相应，自然这一建筑内涵也表明不了黄帝与极星相应。

北斗或极星与昆仑相应的时间大概从战国开始。昆仑在不少文献中被认为是一个很高的“天柱”和“地中”。《艺文类聚》卷七引《龙鱼河图》云：“昆仑山，天之中柱也。”《楚辞·天问》：“八柱何当，东南何亏？”洪补引《神异经》云：“昆仑有铜柱焉，其高入天，所谓天柱也。”《古微书》卷三十二《河图括地象》记载：“地中央曰昆仑。”又载“昆仑有柱焉，其高入天，即所谓天柱也”。洪兴祖《楚辞补注》引《神异经》云：“昆仑有铜柱焉，其高入天，所谓天柱也。”《古文苑》卷四扬雄《蜀都赋》记载：“北属昆仑泰极。”《水经注·河水一》记载：“昆仑墟在西北，去嵩高五万里，地之中也。”不少文献还认为“昆仑”与“天中”相应。《太平御览》卷三八引徐整《长历》即云：“北斗当昆仑上。”《初学记》卷五引《河图括地象》记载：“昆仑山为天柱”“地之中也”“气上通天”。以至于郭注《山海经·海内西经》“昆仑之虚，方八百里，高万仞”时曰：“（昆仑）盖天地之中也。”

黄帝与天中、极星或北斗关联也出现得较晚。《黄帝内经·素问》的有关记载中，有云：“黄帝坐明堂，始正天纲，临观八极，考建五常。”在嘉祥武梁祠汉画中（图三），黄帝就座于北斗的斗魁中，显然，黄帝是和极星相应的，如同《史记·天官书》所说：“中宫天极星，其一明者，太一常居也。”不少文献都有类似记载。《史记正义》云：“泰一，天帝之别名也。”《史记正义》又云：“泰一，天神之最尊贵者也。”《史记索隐》载：“宋均云：天一、太一，北极神之别名。”《史记正义》：

图三　嘉祥武梁祠汉画

“泰一，天帝之别名也。刘伯庄《史记音义》云：泰一，天神之最尊贵者也。”《淮南子·天文训》：“太微者，太一之庭，紫微宫者，太一之居。”《易纬干凿度》郑玄注云：“太一者，北辰之神名也。居其所，曰太一。”

另，良渚文化的这些符号还可以与《诗经·商颂·玄鸟》“天命玄鸟，降而生商”关联，反映了古老的“卵生神话”，显然其中的神鸟是“天”所命的太阳鸟，因而其与上帝有密切关联。在有关文献中，帝俊曾经被描写为“上帝”，所以从另一个角度看良渚文化符号中的神鸟也可与帝俊联系。《山海经》又说“帝俊生帝鸿”，所以良渚文化这类符号表示的神话模式显然与帝鸿或黄帝有一定的联系[11]。

在仰韶文化中也曾出现过不少鸟的图像（图四），但没有发现类似良渚文化这类刻画符号中的祭坛等，这也许与不同族群的祭祀礼仪艺术习惯有关，或与所用材质和表现形式有关，但是这并不代表传统意义上的黄帝文化核心区的仰韶文化的人们没有这样的信仰图式，因为考古学材料特别是彩陶表明仰韶文化中的不少元素影响到了崧泽文化和良渚文化，像良渚文化刻划符号中常见的一种刻画符号（图二，4）[12]，在仰韶文化中已是很常见的了，像洪山庙仰韶文化中的、等，其核心含义也与太阳有关[13]。自然仰韶文化中的这些鸟就与太阳鸟相关了。

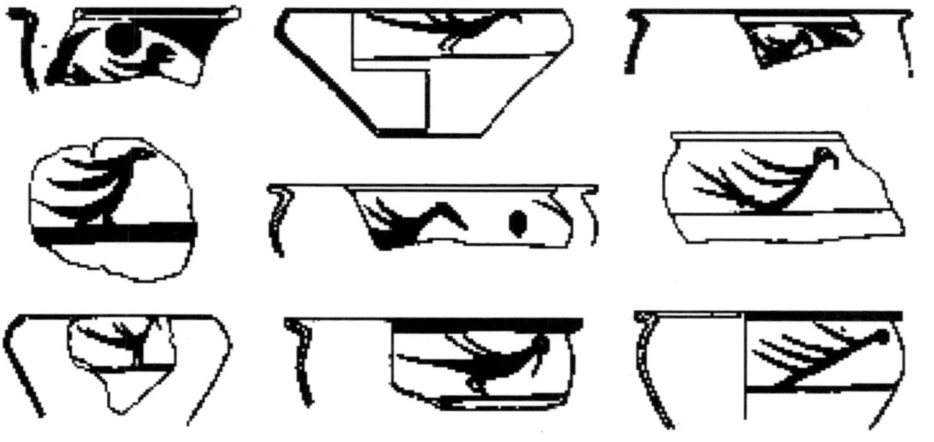

图四　华县泉户仰韶文化

另，有关我们所述的“混沌”“黄帝”“昆仑”“太阳神”等互相相关的认识，还需要结合诸多一般学者认为与之无关的文献和早期考古学材料予以论证。

（1）昆仑在山海经等文献中是一个特殊的地方。《山海经·西山经》：“又北三百二十里，曰敦薨之山，其上多棕楠，其下多茈草。敦薨之水出焉，而西流注于泑泽。出于昆仑之东北隅，实惟河原。”《山海经·大荒北经》记载：“若木生昆仑西”。《山海经·海内西经》说：“河水出（昆仑）东北隅以行其北。”《山海经·海内北经》：“帝尧台、帝喾台、帝丹朱台、帝舜台，各二台，台四方，在昆仑东北。”“昆仑南渊深三百仞。开明兽身大类虎而九首，皆人面，东向立昆仑上。开明西有凤凰、鸾鸟，皆戴蛇践蛇，膺有赤蛇。”“昆仑虚南所，有泛林方三百里。”《山海经·海外南经》：“昆仑虚在其东，虚四方。一曰在歧舌东，为虚四方。”《山海经·海外北经》：“共工之臣曰相柳氏，九首，以食于九山。相柳之所抵，厥为泽溪。禹相柳，其血腥，不可以树五谷种。禹厥之，三仞三沮，乃以为众帝之台。在昆仑之北，柔利之东。”《山海经·大荒西经》记载：“西海之南，流沙之滨，赤水之后，黑水之前，有大山，名曰昆仑之丘。”《山海经·海内北经》记载：“西王母梯几而戴胜杖，其南有三青鸟，为西王母取食。在昆仑虚北。”《淮南子时则训》说：“西方之极，自昆仑绝流沙。”

至于昆仑在现今的地理位置，不少学者作过研究[14]，总的来说位于中国的西北，这应与古人信仰天有三垣、昆仑有三层、中国地理自东向西为“三层”的地貌及其相互等密切相关。

（2）昆仑在不少文献中被称为神所在之地或曰“帝之下都”。《山海经·大荒南经》：“海内昆仑之虚，在西北，帝之下都。昆仑之虚，方八百里，高万仞。上有木禾，长五寻，大五围。而有九井，以玉为槛。面有九门，门有开明兽守之。百神之所在，在八隅之岩，赤水之际，非仁羿莫能上冈之岩。”《山海经·西山经》：“西南四百里，曰昆仑之丘，是实惟帝之下都。”郭璞《山海经图赞》“昆仑丘”条云：“昆仑月精，水之灵府。惟帝下都，西老之宇。嵘然中峙，号曰天桂。”《太平御览》卷

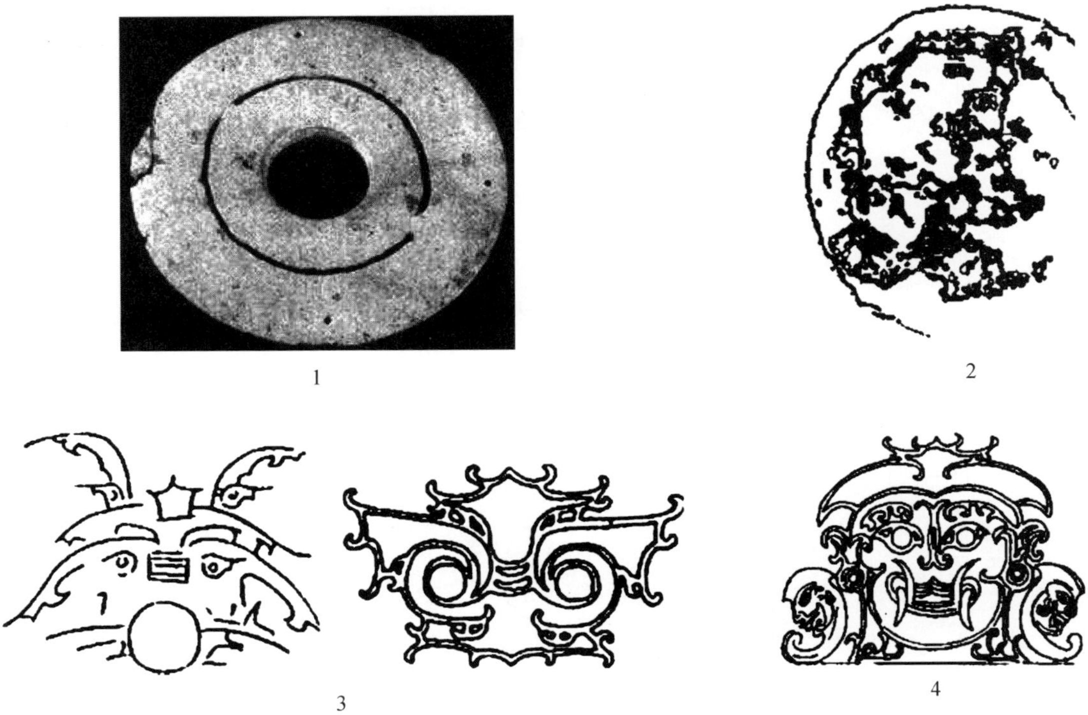

图五

1. 凌家滩　2. 牛河梁　3.（美）福格美术馆藏玉钺　4.（台北）故宫博物院藏玉圭

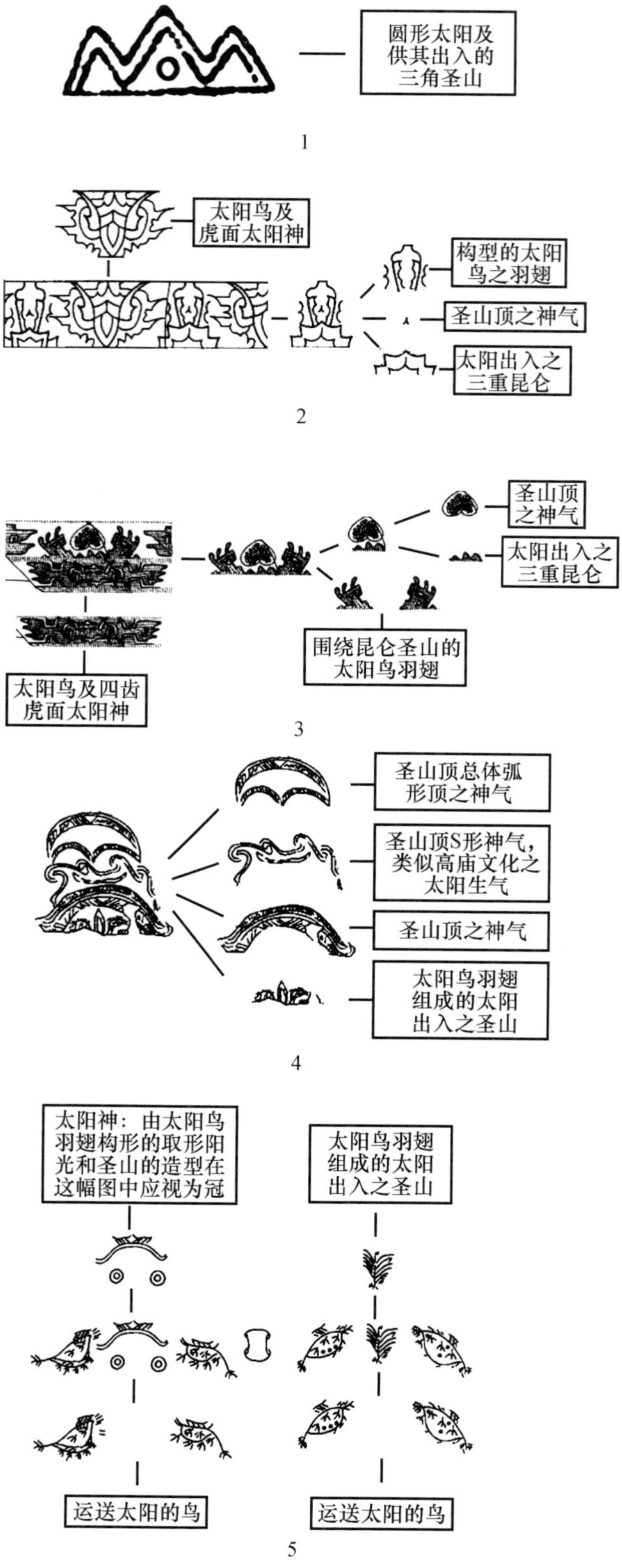

图六

1. 高庙　2. 高庙　3. 高庙　4. 河姆渡　5. 河姆渡

五八引《淮南子》记载："白水出昆仑之原，饮之不死。"这个与昆仑相应的帝多是与太阳神有关的帝，对与极星相应的帝的认识则应该较晚，盖在战国以后，像《周礼·春官·大司乐》郑玄注云："天神则主北辰，地祇则主昆仑。"

（3）承前所述，昆仑为"三层"或"三角"的现象早在新石器时代已有发现。其之所以为"三层"或"三角"，应与其造型可视为太阳出入之山、取自太阳光形等情况相关。自然与太阳视运动中的分至变化以线条表示呈现为外衡、中衡、内衡三环造型也有关。外衡、内衡与冬至、夏至，中衡与春秋分相应，考古学中有不少蕴含这类含义的遗迹和遗物。如冯时先生认为凌家滩遗址的三环玉器（图五，1）、红山文化中的祭坛（图五，2）等就与三衡有关[15]。另，我们发现不少新石器时代的玉神冠也有三重的现象（图五，3、4）。蕴含这一三重内涵的图像，在高庙文化、河姆渡文化、大汶口文化等中早就出现过（图六、图七），承前文所论，这类图像本质上可以认为是取太阳光形，也同时可视为是供太阳出入的山形（偶尔也可以同时解释为与月亮有关），常常还由太阳鸟羽翅组成或围成，以后还常作为太阳神（祖）、与太阳有关的饕餮神祖之冠形。

上述论证表明，有关黄帝的传说或神话显然符合"层累的形成"之历史客观，更为关键的是，我们从早期文献及早期考古图像学中找到了一些较为确切的"文化的层"，虽然这些文献和考古图像学依据属于信仰的材料本身就是"层累的形成"的。

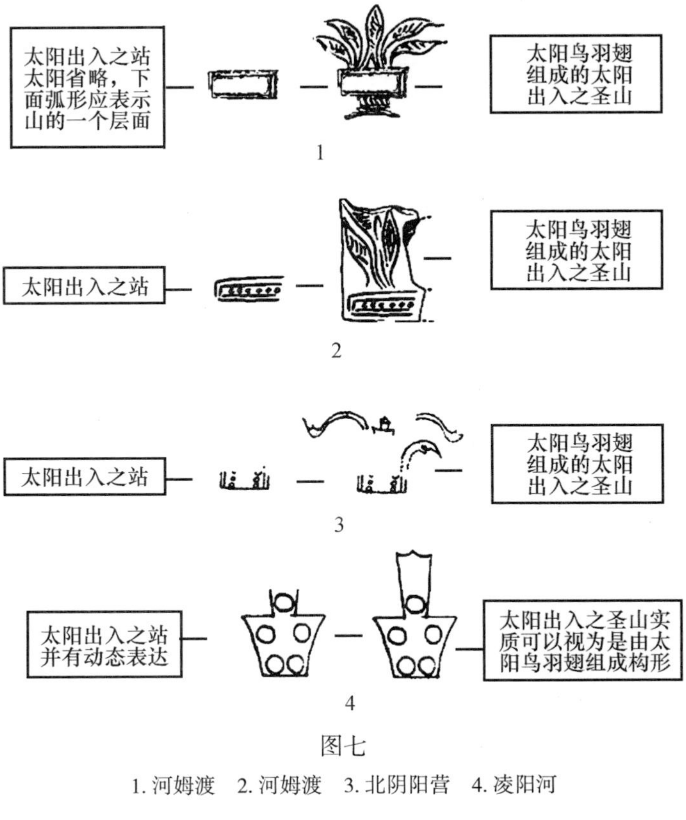

图七

1. 河姆渡 2. 河姆渡 3. 北阴阳营 4. 凌阳河

注　释

［1］　孙诒让：《周书斠补》卷3，清光绪庚子年籀庼署检。

［2］　张亚初、刘雨：《西周金文官制研究》，中华书局，1986年。

［3］　张怀通：《〈尝麦〉新研》《社会科学战线》2008年第3期。

［4］　李学勤：《尝麦篇研究》，《古文献丛论》，上海远东出版社，1996年。

［5］　丁山：《卜辞所见先帝高祖六宗考》，《古代神话与民族》，江苏文艺出版社，2011年。

［6］　邹华先生《殷齐文化与黄帝传说——中国美学上古文化背景考察》一文（《烟台大学学报（哲学社会科学版》2008年第21卷第3期）认为：黄帝的原型是殷商宗教文化和神话信仰中的天神帝鸿或帝俊，并认为其就是太阳鸟。邹华先生认为是太阳鸟，我们认为中国早期的上帝是对于太阳神之称谓，上帝之“帝”字是太阳本身的摹写之状况有利于证明这一点。由之可知，天神帝鸿或帝俊是用太阳鸟表示的，但这类神鸟所负者不会是“极星”或者是充当极星的“北斗”鸟。在中国夏商以前的考古材料中基本都是“太阳鸟”（少量的可以释读为月亮或同事释为月亮。其他同），不是极星鸟，像薛家岗M58：8、M44：7两件彩绘神鸟钺和M58：3九孔刀，其中神鸟所负即为太阳而不是极星或北斗，作为礼仪用器的几乎所有这些钺刀之类的穿都应代表太阳，而非极星，来源于钺的“皇”字的字中的“曰”字形即是太阳而非“极星”。

［7］　蔡运章《远古刻画符号与中国文字的起源》（《中原文物》2001年第4期）认为，洪山庙仰韶文化陶瓮上的这一刻划类似甲骨文中的“不”字。我们认为其上为“帝”字首端的倒三角形，但其与良渚文化一类刻画符号简化斗魁的“辛”字形首不一致。何驽先生在其北京大学考古学博士论文中认为肖家屋脊陶瓮上的这一刻划为“帝”字，本人在《论龙虬庄出图陶文——并论五帝的一种称谓》（王宇信先生等主编，中国殷商文化学会等编：《北京平谷与华夏文明国际学术讨论会文集——夏商周文明研究之七》，社会科学文献出版社，2006年）认为龙虬庄陶文中有“五帝”二字。至于大墩子陶纺轮上的这一刻划符号，我们认为其亦为“帝”字，这是因为：由于新石器时期诸多纺轮上的符号多与“中心”或数字卦（如淮阳平粮台“六一六”数字单卦——与太阳有关的“离”卦）关联，并且此一符号下为“木”形，上为表示中心的对应天中的数“五”字（中间出一横的“五”字在新石器时代较为常见，甲骨文中有的“帝”字曾有这一构字元素），“木”形上端为一未围合的倒三角形。综合地看，其与洪山庙和龙虬庄陶文“帝”字非常相似，除去其中的古“五”字形，其余部分如常见的“帝”字即是太阳光线组合的摹写。

［8］　《山海经·西次三经》记载的“混沌”很像是一只鸟，又有“四翼”，有的学者认为是两只三足乌，所以是“六足四翼”。我们认为《山海经·西次三经》记载的应该是对类似良渚文化刻划符号的这一类图像的描述，其中的“四翼”应为（图一，3）这类图形中鸟的“两翼”造型。另，需要说明的是，《山海经·西次三经》的描述是把神鸟连同神鸟所负的圆形太

阳一同描述了，实际的“混沌”与（图一，3）这一类图形对应的话，应很可能仅仅指神鸟所负的圆形。

另，关于“混沌”，不同的文献中其写法有别，如朱起风《辞通》卷十四《十三阮·混沌》总结有混沌、浑沌、昆仑、浑沦，崑崙等写法，王宁《“混沌”意义源流考》（《枣庄社会科学》1997年第3期）总结有混沌、浑沌、昆仑、浑沦，混沌、浑沦、昆仑、崑崙（崐崘）、混沦、浑沦、浑敦、倱伅、昏沉、圂圂等写法。其内涵基本一致，但是有的也有具体区别。本文在使用时不再具体说明。

［9］ 在新石器时代，蕴含元气的图形化的“混沌”和拟人化的蕴含元气“混沌”同时存在。

［10］ 郭璞《山海经注》云：“未闻沙义。”郝懿行《山海经笺疏》云：“沙疑与娑同，鸟羽娑娑然也。”袁珂《山海经校注》案云：“郝云近之矣，而于‘弃’字无释。‘弃’疑是‘媻’字之讹。‘媻娑’‘婆娑’，盘旋而舞之貌也。五采之鸟，盖鸾凤之属也。《山海经》屡有‘鸾鸟自歌、凤鸟自舞’之记载，此经五采之鸟，相乡媻娑，盖亦自歌自舞之意也。”

［11］ 我们认为，良渚文化的这类符号表示的神话模式与帝鸿或黄帝有一定联系，主要是指概念上的相关，不表示这类文化遗存就是黄帝族文化，因为一般所论的黄帝族与皇天上帝、天帝和被视为天帝的“黄帝”是有别的。依据文献记载，现实中的黄帝族的首领们有的被神化从而具有天帝的某些特征。

［12］ 良渚文化中有的传世玉器上的这一符号中间的线条有的是直的，可能与仰韶文化中的情况类似，在仰韶文化中，有的是直线，如洪山庙仰韶文化中的这类符号有的是曲线。良渚文化中的这类符号可以视为太阳自然造型的菱形加圆形即形的简省，龙虬庄彩陶、其他青莲岗文化中的早期彩陶及双墩遗址中的刻划符号非常有利于证明这一观点。

［13］ 在仰韶文化中出现不少，其实际多是作为鱼头之太阳目的，并且在仰韶文化、马家窑文化中，鱼头鱼尾之间的目及其圆形轮廓就是“圆及圆的中心”“太阳及太阳的中心”。

［14］ 俞樾：《读山海经》，《春在堂全书·俞楼杂纂》，清光绪十五年（1889年）；吕思勉：《昆仑考》，《光华大学半月刊》1933年2卷第4期；卫聚贤：《昆仑与陆浑》，《说文月刊》1939年第1卷第9期；凌纯声：《昆仑丘与西王母》，《中国边疆民族与环太平洋文化》，台北联经出版事业公司出版，1979年；蒙文通：《巴蜀古史论述》，四川人民出版社，1981年；邓少琴：《巴蜀史迹探索》，四川人民出版社，1983年；吕微：《论昆仑神话的二分世界》，《民间文学论坛》1989年第2期；李炳海：《昆仑地望及东夷文化区的西限》，《东岳论丛》1992年第2期；宋金兰：《“昆仑”本义探源》，《青海师范大学学报（哲学社会科学版）》1993年第4期；林梅村：《祁连与昆仑》，《敦煌研究》1994年第4期。认为：“祁连”仅是该吐火罗语词的汉代译名，不见于先秦文献。“祁连”一词似应译自吐火罗语阳性形容词体格单数klyom和klyomo的早期形式kilyom（o），意为“圣天”。祁连山在先秦时代称为“昆山”。昆山即昆仑山，在先秦文献中被视为产玉之地。昆仑应是吐火罗语kilyom（o）一词最早的汉语译名。颜师古注《汉书·霍去病传》之“祁连山”云“‘祁连山’即天山也，匈奴呼天为祁

连”的认识是需要审视的，匈奴所谓“祁连”很可能来自吐火罗语；齐昀：《黄帝与昆仑同源考》，《青海师范大学学报》（哲学社会科学版）1996年第2期；李并成：《“昆仑”地望考》，《敦煌学辑刊》2006年第3期。“昆仑”的大体位置：在古居延海之南，流沙近旁，怒江、澜沧江之后（北），为弱水（黑水）发源之地，其外侧（西边）还有火焰山。显然其地望应为今祁连山西段及其周围一带；姚景强：《王屋山即古昆仑考辨》，《济源职业技术学院学报》2007年第2期。地处帕米尔高原的昆仑山就是古昆仑；黄崇浩：《昆仑即秦岭考》，《中国文化研究》2007年第3期。提出“以山证山”“以水证山”的新思路，从而得出战国神话及辞赋中之昆仑乃今之秦岭的结论。不少问题由此得到顺利解决；金宇飞：《〈山海经〉中“昆仑”地理位置新探》，《宁夏大学学报（人文社会科学版）》2007年第6期。此文认为：对《山海经》中昆仑的地理位置进行了全新的探讨，并得出结论认为《山海经》中的“昆仑”是指今贺兰山；周运中：《〈山海经〉昆仑山位置新考》，《中国历史地理论丛》2008年第2期。此文认为：昆仑山不可能是祁连山。汉籍中昆仑山和佛典中阿耨达山的地理相似，其知识可能来源于高原游牧民族；贾雯鹤：《昆仑原型为岷山考》，《四川大学学报（哲学社会科学版）》2009年第2期；徐学书：《青城山、都江为昆仑圣山“成都山”、圣河“成都江”考》，《西华大学学报（哲学社会科学版）》2010年第5期。此文认为：阐述了成都平原西部的岷山即古史神话传说中的昆仑圣山——“成都山”。作为岷山南首的青城山被古人视为昆仑“成都山”的代表，在宋代仍有“成都山”之名。都江堰所在的“都江”，其得名源于江出天庭圣山“成都山”，为圣河“成都江”的省称。

[15] 冯时：《中国天文考古学》，中国社会科学文献出版社，2001年。

郑州地区西周遗址与封国

刘彦锋　吴　倩　汪松枝

公元前11世纪，周武王克商后建立新的统一王朝，史称西周。周初统治者为了加强对全国的统治，进行大分封。西周初年王朝的统治并非完全稳定，在很长时间内受到各种势力的反抗，其中东夷、淮夷的反抗尤甚。郑州地区地处西周统治中心与东夷、淮夷部落的中间地带，在西周王朝征服东夷、淮夷进而统治整个东方的历史进程中具有非常重要的地位，是西周统治的桥头堡。此外，郑州地区也是殷商旧地，殷遗民势力依然强大，对统治具有较大威胁。为了加强这一地区的统治，先后在郑州地区分封有伯爵之国管国、鄶国、东虢国、巩伯国、密国、祭伯国、崇伯国、补国及子男之国等数十个。

近年来的考古收获，为全面揭露郑州地区西周时期的文化面貌提供了资料，填补了郑州地区西周考古的空白，更有助于解决学术界悬而未决的问题。下面对郑州地区近年来发现的西周遗址与城址加以介绍，并对西周时期封国之地望提出陋见，以期抛砖引玉。

一、祭伯城遗址与祭伯

1. 文献记载

祭（zhà），商朝时期的方国，在商代甲骨文中多次被提及。

据《左传·僖公二十四年》载："凡、蒋、邢、茅、胙、祭，周公之胤也。"杜预《左传》注云："祭国，伯爵也。"又《路史》载："周圻之内管城东北有古祭城。"

《穆天子传》卷五"祭父自圃郑来谒""见许男于洧上。祭父以天子命辞曰……""及暮，天子遣许男归。癸亥，天子乘鸟舟龙卒浮于大沼。夏庚午，天子饮于洧上，乃遣祭父如圃郑，用□诸侯。辛未，天子北还，钓于渐泽，食鱼于桑野。丁丑，天子里圃田之路，东至于房，西至于□丘，南至于桑野，北尽经林煮于□之薮，南北五十□……。甲寅，天子作居范宫，以观桑者，乃饮于桑中。天子命桑虞，出□桑者，用禁暴人。仲夏甲申，天子□所。庚寅，天子西游，乃宿于祭。壬辰，祭公饮天子酒""祭公占之，□之□，乃宿于曲山"。

《左氏春秋经·隐公元年》："冬十有二月，祭伯来，公子益师卒。"杜预注："祭国，伯爵也。"高士奇《春秋地理考略》："周公第五子所封，地在东周畿内。

《后汉志》中牟有蔡亭，蔡与祭通。今在开封府郑州东北一十五里。”

《括地志》：“故祭城在郑州管城县东北十五里，郑大夫祭仲邑也。”

《史记 · 周本纪》之《正义》所引《帝王世纪》：“昭王德衰，南征，济于汉，船人恶之，以胶船进王，王御船至中流，胶液船解，王及祭公俱没于水中而崩。”

《一统志》：“（祭）在郑州西北约十五里，敖山东麓。”

《元和郡县志》：“祭城在管城县东北十五里。”

2. 考古发掘相关遗迹

在1984年河南省开展的第四次文物普查中，当时的郑州市文物工作队在郑州市金水区祭城镇祭城村发现有文化遗存。2005年、2009年度的考古发掘发现了明清时期和两周时期的城址。并出土有陶排水管、盆、豆盘、釜、罐、豆、缸等部分文物。

祭伯城城址位于原郑州市金水区祭城镇祭城村，现郑东新区CBD商务区的东北部，东风渠以南，熊耳河以北，东风渠与熊耳河交汇处的夹角地带。

城址南北总长约1260米，东西宽约1380米，分布总面积1738800平方米左右。从时代及结构布局上看，可分为周与明清两个时期两座城址，南北交错叠压。周时期城址，形状呈东—西长方形，“日”字状，东西长约1380米， 南北宽约1000米，分布面积约138万平方米。明清时期城址，形状基本呈椭圆形，东西长约770米，南北宽约680米，面积52万平方米左右。

两城址由于本体上部冲积形成的堆积层较厚、地下水位较高等原因，通过对其勘探及局部发掘后，仅可以确认地下断续的一周墙体及环壕，城址内分布的宫殿建筑等遗迹现象暂未发现。

祭伯城城址，从目前所做的工作来看，其城址本体形制规整，分布面积较大，遗迹现象也应很丰富，因其所处地理位置为黄泛区，历年冲淤积形成的堆积层甚厚，文化层的堆积层相对埋藏较深，不易被发现，从而也使其得到了有效的保护，生产生活中对城址本体造成的破坏扰毁现象概率亦较小，故城址的保存状况应相对较好，是一座深埋于地下面貌完整的古城址。

3. 祭城地望及时代

祭城遗址目前发现有西周城墙及城内遗存，其地理位置及考古学遗存均与祭伯城对应，甚至于地名遗址沿用至今。

甲骨文中所载的方国“祭”，在周灭商时一起被灭，周公第五子“祭”的分封应在“周公之后成王之时”，“祭作为一个伯爵之国，其灭亡较早，盖在战国中晚期”。

顾万发先生《祭城镇古城考古发现及相关问题初步研究》认为“至少在春秋战国甚至西周时期《穆天子传》卷五中‘祭’的地望，应类多数文献认为的那样，应在郑州管城县东北十五里的今祭城村”[1]。

二、洼刘遗址与管

1. 文献记载

管国是周武王弟叔鲜的封国，作为周初的一个诸侯国，三监叛乱后周公平叛，管国被灭。管国尽管存在时间很短，但地位非常重要。

《逸周书·作雒篇》明确记载："武王克殷，乃立王子禄父，俾守商祀，建管叔东，建蔡叔、霍叔于殷，俾监殷臣。"又曰："周公立相天子，三叔及殷东徐奄及熊盈以略……殷大震溃，降辟三叔，王子禄父北奔。"

《史记·管蔡世家》云："武王已克殷纣，平天下，封功臣昆弟。于是封叔鲜于管，封叔度于蔡，二人相纣子武庚禄父，治殷遗民。"《集解》引杜预说："管在荥阳京县东北。"以地望求之，在今郑州一带。《汉书·地理志》"河南郡中牟"条下："中牟，圃田泽在西，豫州薮，有筦叔邑。"唐颜师古注曰："筦与管同。"《续汉书·郡国志》"河南尹中牟"条下："有圃田泽……有管城。"《水经注·渠（水）注》："渠水又东，不家沟水注之。水出京县东南梅山北溪。……其水自溪东北流，迳管城西，故管国也，周武王以封管叔矣。"

《史记·周本纪》之《正义》引《括地志》曰："郑州管城县外城，古管国也，周武王弟叔鲜所封。"《左传·隐公元年》武姜为共叔"请京，使居之，谓之京城大叔"。杜预注："京，郑邑，今荥阳京县。"杨守敬疏引《方舆纪要》说，京县故城"在今荥阳县东南三十里"。《大清一统志·河南开封府》"古迹"条下："京县故城在荥阳县东南。"根据以上记载可知，其大体上相当于今天的荥阳县东南的京襄城村。

2. 考古发掘相关遗迹

祥营遗址位于郑州市郊区沟赵乡祥营村东1千米许的乡办砖厂周围（图一）。该遗址以西周遗存为主，兼有二里头文化、商代文化遗存。遗址东西长近500米，南北宽600余米，文化层堆积2～3米，是郑州地区已知的最大的商周遗址。遗存有房基、灰坑、墓葬等。地面上散落大量陶器残片、残石器、残断骨骼。采集标本有鬲、罐、簋、盆、盂、甑、豆、澄滤器等，其中以瘪裆鬲残片最多，也最具西周时代特征[2]。

洼刘遗址（编号ZSW）位于郑州市郊区石佛乡洼刘村北与大里村之间的土岗上，遗址东西长300余米，南北宽400米，总面积10余万平方米。文化层堆积2～3米。遗存有房基、灰坑、墓葬等。地面上散落有大量陶器残片和残石器等。采集物有鬲、罐、盒、盆、豆、瓮、澄滤器等，还从灰坑内收取有炭化粟粒及石器[3]。

1999年11月至2000年4月郑州市文物考古研究院（所）在郑州市高新区科学大道发掘，清理墓葬91座。其中西周时期墓葬72座，晋代墓葬1座，唐代墓葬1座，宋代墓葬2座，清代墓葬6座；清理西周时期车马坑2座。出土了一批精美的西周早期青铜礼器、兵

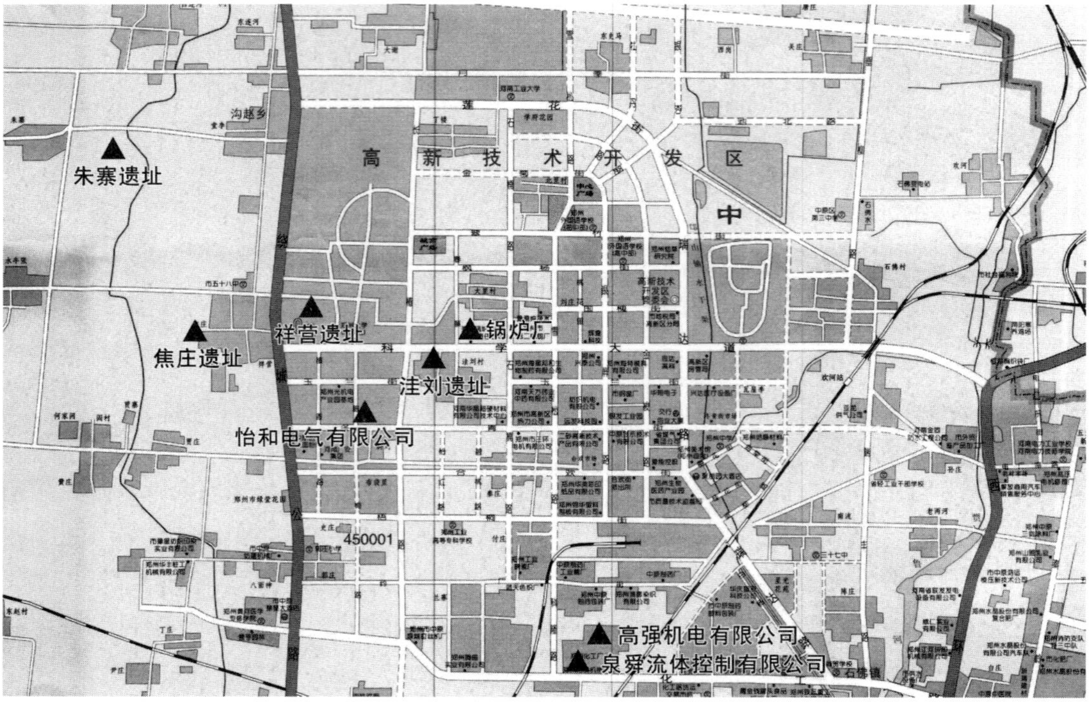

图一　高新区西周遗址分布图

器、车马器，还有玉器、陶器、蚌饰、贝饰、贝币等。青铜礼器中有鼎、簋、甗、罍、尊、卣、盉、爵、觚、觯等。青铜礼器中大部分器物分别于内壁、盖内顶部、器内底部、器外底部等处发现有阴文铭文或族徽等[4]。

2001年至2005年，郑州市文物考古研究所在郑州大学新校区及周边建设单位的考古发掘中，共发掘1.4万平方米，清理墓葬430座，其中西周墓葬30座，春秋战国墓葬257座，西晋墓葬2座，宋代墓葬19座。清理灰坑400处，其中仰韶文化时期灰坑9个，龙山文化时期160个，西周时期灰坑76处，春秋战国时期灰坑245处。沟壕11条，其中一条为环壕。

2001年至2002年，在郑州大学新校区东部郑州锅炉厂建设中，发掘战国墓葬750座，皆为小型陶器墓。

2006年在河南泉舜流体控制有限公司发掘西周遗址1050平方米，其中西周时期墓葬4座，清代墓葬3座，西周时期灰坑82个，窑1座，商代灰坑6个，汉代灰坑6个。

2006年在郑州高强机电有限公司发掘西周时期遗址1300平方米，其中西周时期墓葬90座，灰坑20个，窑1座。

怡和电气有限公司发掘西周时期墓葬75座，出土玉器1件、陶器2件、海贝若干。虽然出土器物不多，但结合高新区其他发掘工地的情况，对探索和认定西周初期管国的始封地提供了大量的实物资料。

在高新区朱寨遗址和焦庄遗址调查、发掘中，都发现西周时期遗存[5]。

郑州西北部发现多处商晚、西周时期文化遗存，尤其是郑州洼刘西周墓葬的发现为管国地望提供了考古支持。从地理位置来看，洼刘西周墓地距京城东北12千米处。发掘者认为："洼刘西周墓葬是西周早期武王灭商后至成王时期的遗存，为寻找西周时期封国提供了重要线索。这些出有青铜器的墓葬应是西周时期早期管国贵族后裔的墓葬。"[6]

程平山、周军认为："郑州商代废弃城墙之上是战国人修补的战国城墙，郑州商城在殷墟时期成为一个很小的村落，今郑州商城内并无西周遗存的发现，说明郑州商城一带不是商后期和西周初年的管城。郑州商城一带也无春秋时期的重要遗迹和遗物，说明春秋时期的管邑也不在此。"[7]

从以上考古发掘资料看，张松林文中的祥营遗址、洼刘遗址现在看应是一处大型聚落遗址，从这个以洼刘祥营遗址为中心的西周时期遗址墓葬群可以看出，洼刘祥营遗址面积最大，东部至少到春藤路，西部到郑州大学新校区西部，北部到金菊街，南部到科学大道，面积达几十万平方米。在这一范围内发现大量的西周时期的灰坑、墓葬，从中可以看出洼刘遗址的重要性。

在洼刘和祥营虽未发现城址，但在新郑大的发掘过程中，发现有大型环壕，同时，从其他各地的考古发掘情况看，墓地一般不会距离其城太远。因此，我们认为在洼刘遗址周围可能有古管国的城址。由于在大规模平整土地和高新区大量的砖厂用土过程中已被毁坏。

三、官庄遗址与东虢

东虢国，西周封国。周武王十三年，武王伐纣克商后，封周文王同母弟虢叔，为东虢国。周平王四年，东虢为郑所灭。《正义》引《括地志》："洛州汜水县，古东虢叔之国。"杜预注："虢叔，东虢君也……虢，今荥阳县。"《国语·郑语》："其济洛河颍之间乎？是其子男之国，虢郐为大。虢叔恃势，郐仲恃险。"韦注："虢，东虢，虢叔之后，姬姓也。"《水经注》卷七《济水一》"索水又东径虢亭南。应劭曰：'荥阳，故虢国也，今虢亭是矣。'"《史记·郑世家》之《集解》引徐广曰："虢在成皋，郐在密县。"《元和郡县图志》卷五："汜水县，古虢国，郑之制邑，汉之成皋县，一名虎牢。"以上文献所载之古荥阳、成皋、虎牢、制邑、汜水诸县，其地均在今荥阳市境内。

东虢故都，《中国文物地图集·河南分册》载在平咷城，即在今荥阳广武镇南城村附近。"（该）城址平面呈长方形，南北长约900米，东西宽约700米，现东墙北段和北墙保存较好，残高3米……城内发现陶窑、仓窖、墓葬等遗迹，散存较多的春秋、战国、汉代陶鼎、盆、罐、豆及筒瓦、板瓦残片，陶罐上发现'平兆用器'戳记。"由此可知，汉代的平咷城可能即为东虢故都。

近年郑州市文物考古研究院又对该处进行调查，城垣为夯土筑成，环城址一周，除东墙北段和北墙东段现地表仍残余有部分残断城垣墙体外，余均为地下墙体，夯土墙体宽20米左右，残高2～3米，夯层层次分明，质地较硬，厚0.04～0.12米，夯窝明显，呈圆形圜底，直径0.05米，深0.02米左右。城垣的东、西、北三面近中部均发现有穿墙道路，宽3～5米，应为城门所在，南墙因破坏得较为严重，未发现有城门。东墙断面城墙墙体内侧西端下部叠压有商代地层，城墙内侧上顶部有战国时期地层叠压，并于其地层内发现有被破坏的夯土块，由此说明城址的建造年代晚于商代，废弃年代为战国时期。

南城城址内文化遗存分布较为丰富，在城的南部及东南部窑场取土区地表及断面上可见有大片的灰土、灰坑、文化层分布，遗物也较为丰富，有大量的陶罐、大口尊、陶豆、陶鬲、盆、筒板瓦等残片散落在地表面，时代主要以商代和东周、汉代为主。城址中部以西遗存与南半部相一致分布较多，地表面可见有大面积灰土，遗物也较多，时代基本与南半部相同。中部以东多为窑场取土区，取土断面上残存有大量的灰坑与文化层、陶窑等迹象，遗迹遗物丰富，时代主要以东周和汉代为主，也有少量商代遗存。城址北半部地表保存状况相对较好，遗存较难以发现，遗物多以东周和汉代时期为主。城址外南部与北部未发现有文化遗存，但在城址外的西部和东南部断壁上仍发现有部分文化层堆积，并在城外西部断面上发现有陶窑，遗物以建筑材料筒板瓦为主，时代为东周和汉代。

通过多年的调查，在南城没有发现西周时期的遗存，所以现阶段对此城的时代和性质又有了新的认识，是一座商代和东周时期的城址。

近年通过调查和发掘，在荥阳高村镇官庄发现了一座西周时期的城址，对探索东虢的地望提供了新的线索。

官庄遗址于1984年全国第二次文物普查时发现。2004年郑州市文物考古研究院在南水北调工程前期复查过程中对遗址进行了试掘；2009年在国电荥阳电厂基建工程中，又进行过小规模发掘；2010年4月至2011年1月，郑州大学考古专业在南水北调中线工程建设中，对该遗址进行了勘探和发掘，发现了遗址的南、东侧外壕，并发掘了一批保存较好的两周墓葬。

为继续探索郑州西北部两周考古学文化的面貌，经报请国家文物局批准，自2011年6月开始，郑州大学历史学院与郑州市文物考古研究院组成联合考古队，围绕官庄遗址进行了一系列考古工作。经过勘探和发掘，确认了遗址的外壕，发现了位于外壕内的大城、小城，并对大城、小城的环壕进行了解剖，揭露了小城南门。在小城内发掘了大量两周时期的灰坑，并清理了一些墓葬、马坑等。出土了包括青铜器、玉石器、陶器、骨蚌制品等在内的大量遗物。

清理灰坑330余座，包括窖穴、水井、蓄水池、殉马坑等。除少量为龙山文化时代灰坑外，余均属西周中晚期至春秋战国时期。

出土的一些东周时期陶豆上发现有“左司工格氏”“右司工格氏”“格氏”等陶文。

在小城内东北发现西周至春秋时期的墓地，出土了包括铜鼎、铜戈、陶罐、陶盆、陶豆及其他车马器、玉石蚌器等在内的大量遗物，年代自西周中晚期一直延续到春秋时期。

关于虢国地望问题，学术界多认为在荥阳广武平咷城。但一直以来，在平咷故城发现有较丰富的商代、春秋战国时期文化遗存，未发现一块西周时期陶片，因而，平咷故城为东虢国是没有考古学依据的。我们认为荥阳官庄遗址为东虢国城址的可能性极大。官庄遗址目前发现有西周时期的城墙，还发现有较为丰富的西周时期遗迹、遗物，在城墙外侧发现有三重护城河。文献中有记载“虢叔恃势，郐仲恃险”，可见东虢国防御措施严密。《诗·郑谱》引《正义》云：“谓济西、洛东、河南、颍北四水之间，其子男之国有十，惟虢、郐为大。”从遗址面积看，官庄城址外壕的围合面积超过130万平方米，是目前中原地区最大的西周城址，官庄遗址结构布局、所处地理位置及考古学遗存均与东虢国相对应。

从官庄城址的年代上也可以看出此城的性质，在遗址中发现西周中期至晚期的遗存，而且遗址的城墙夯土有一特殊现象，在战国时期城墙已经被毁，城墙夯土被推倒在周边的城壕和灰坑中。这说明在战国前城址被毁，且很有可能是经过大规模的战争毁坏的[8]（图二）。

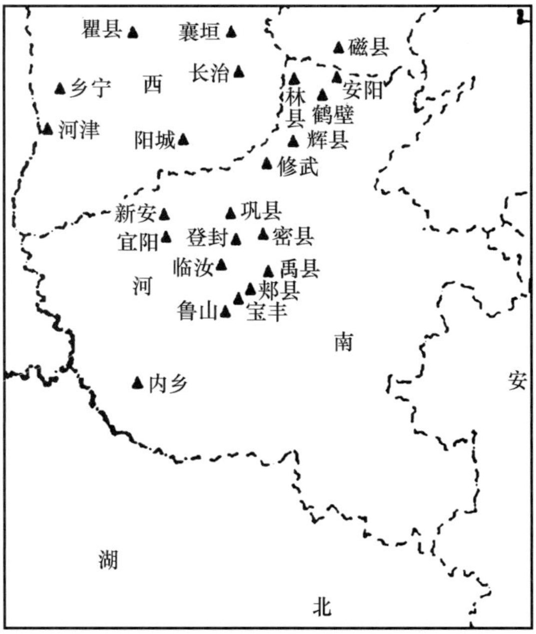

图二　后王庄唐墓及官庄遗址位置图

2003年在西绕城高速的建设过程中，在荥阳后王庄发掘唐墓一座（XGHM8），出土墓志记载“开元廿三年岁次己亥正月三日寝疾殒于私舍，以其月十九日合葬于广武山南十里平原……”，即公元735年。志文中记“东接荥阳，西际虢邑”，是对文献记载虢国的地望的佐证[9]。志文所谓荥阳应为现古荥，西际虢邑，从方位上看应是官庄，荥阳南城在后王庄的正北部。

四、娘娘寨城址

娘娘寨城址是本世纪初郑州市文物考古研究院在对南水北调工程文物调查过程中发现的，荣膺“2008年度全国十大考古新发现”和河南省五大考古新发现。该城址位于郑州荥阳市豫龙镇寨杨村西北，地处索河之滨，东西长1200米，南北宽850多米，总面积100多万平方米，由内城和外城组成。内城西部和北部为索河，外城主要分布于内城的东部和南部，外城东垣现存宽7～9米，南垣现存宽2～8米，南垣往西进入龙泉寺冲沟和索河，东垣北与索河相接，这样，外城东面、南面城垣和龙泉尔冲沟、索河一起形成封闭的城圈。南垣外发现的外城壕，宽约20米，残深6米。因东垣外有一条宽40米的近代冲沟，城垣年代上限为西周晚期，下限为春秋早期，其始建年代应为西周晚期，北垣上部为东周时期扩建的城墙。内城城垣四面中部均发现有缺口，根据解剖获知，这些缺口为城门所在，城门与城内的道路相通。

内城外有城壕围绕一周。城壕宽48米，深12米。城壕上部坡度较缓，下部为一宽约4米、深约3米的陡直河底。城壕内上部淤土中可见东周时期遗物，底部淤土中包含有西周晚期器物残片及动物骨骼等。该城壕在两周时期均使用。

从出土遗存可知，娘娘寨城址内城至晚始建于西周晚期，关于它的性质，目前学术界主要有东虢城、管城和郑国东迁都邑诸说。前文指出，管国及东虢国均是西周初年的封国，与娘娘寨城址建城年代相差甚远，因此这两种说法不可信[10]。

关于郑国东迁都邑，发掘者认为："考两周之际发生于郑洛地区最为著名的事件就是郑桓公东迁，该城址可能与郑桓公东迁有很大关系。目前，遗址在地理位置和时代上与郑桓公东迁其民合，如推测无误，城址当为郑桓公东迁其民的重要都邑。城址在东周时期仍然沿用，这对探讨郑武公灭东虢国也具有重要研究意义。"《国语·郑语》及《史记·郑世家》均有关于在周幽王八年郑桓公与太史伯共谋东迁之计的记载，郑桓公在征得幽王同意之后，将自己的家属、部族、财产等迁居至洛水以东的虢、郐一带，虢、郐慑于郑桓公的权势和贪图其利诱，只好献出一些城邑。自桓公"寄孥"于虢、郐之间始，其在陕西华县的都城已失去都城意义，随着政治中心的东移，洛东地区必然形成一个新都。娘娘寨城址布局谨严，濒临索水，由内城和外城组成，城高池深，形成双重的防御体系，在时间和地理位置上又与史载相合。由此可见，娘娘寨城址既可以用来"寄孥"，也可当做郑国军政府所在地，亦即东迁的都城。

马世之先生也认同这一观点，《娘娘寨城址与郑国东迁问题探索》："从城址的时代来看，娘娘寨属于西周末年至春秋时期的古城，也是迄今为止郑州地区发现的惟一的一座西周古城。和西周城址关系比较密切的莫过于东虢和管，根据分析，从时代和地望上讲，虢都、管城皆与娘娘寨城址不合，加之新郑、交流寨、京城均非"寄孥"与东徙之地，则娘娘寨很有可能就是郑国东迁之都邑。"[11]

五、苑陵故城与郐

郐国国名因何而来，马世之先生认为："从其含义来讲，可能与其始祖名曰郐人（或作会人）有关。"关于郐国封国时间，"以商周之际为宜"[12]。

《史记·楚世家》之《正义》引《毛诗谱》云："昔高辛之土，祝融之墟，历唐至周，重黎之后妘姓处其地，是为郐国，为郑武公所灭也。"《左传·昭公十七年》又云："郑，祝融之墟也。"杜预注："祝融，高辛氏之火正，居郑。"《汉书·地理志》曰："郑国，今河南之新郑，本高辛氏火正祝融之墟也。"

据《清一统志》："郐城在密县东北五十里，接新郑界，周初封国。"新编《辞海》（历史分册）也说："郐，古国名。……西周分封的诸侯国。"

郐国地望原判定于新密市东南26千米曲梁乡大樊庄东部。然而，考古工作者在古城寨城址清理出龙山文化、二里头文化、二里冈文化、殷墟文化及战国时期的文化遗迹和遗物，却没有发现西周文化遗迹和遗物。

更多的文献记载郐国故城地处新郑。《括地志》载："古郐城在郑州新郑东北三十二里。"《读史方舆纪要》载："在郑县东北五十里，周郐国也。"南宋郑樵《通志》："今新郑县东北35里，有古郐城是也"。

随着近几年的考古进一步深入，在新郑东北部苑陵故城发现有大量西周文化遗存，经考古与文献结合，寇玉海、薛红认为新郑市东北17.5千米处的苑陵城可能是西周时期的郐国故城[13]。

苑陵故城位于航空港区古城师村西，是秦汉时期名城之一，清乾隆四十一年《新郑县志》载："今县东北三十五六里，有二城相连，其西苑陵，东则制城也。"2010年和2012年，郑州市文物考古研究院组织人员对城址进行了细致的勘探，确认了"制城"的范围。南北长2300米，东西宽1700米，面积近400万平方米。勘探结果表明苑陵城与制城并非东西并列的关系，而是大小相套，苑陵故城位于制城的西南角。

为明确两座城址的建造年代，在苑陵故城及制城城墙处布设了探沟进行了试掘。试掘结果表明，苑陵故城应始建于战国，秦汉时期沿用，后代史载所谓"秦汉时期名城"即指这个。制城建城年代要早于苑陵故城，城墙至少可分为三期：春秋晚期、春秋中期、西周晚期。最底层墙基应是西周时期的夯层，夯窝呈小尖圆形，直径4厘米左右。夯土里包含有绳纹夹砂褐色陶片，属西周中晚期。因此，苑陵故城应是战国时期利用制城的西南角修建的一座小城，但今人习惯于将两个城均统称为苑陵故城。

并且，在调查过程中，发掘者在制城的东北部发现了大量西周遗物。虽由于发掘面积极小，尚无法确认制城城墙的始建年代，但可以确定绝不晚于西周晚期。

新郑苑陵城遗址发现的大量西周遗存及不晚于西周晚期的城墙，其地理位置及所处时代基本与郐国对应，是寻找郐国地望的重点区域。当然，有待于进一步的考古工作印证这一推论。

注　释

［1］ 顾万发：《祭城镇古城考古发现及相关问题初步研究》，《华夏都城之源》，河南人民出版社，2012年。

［2］［3］ 张松林：《郑州市西北郊考古调查简报》，《中原文物》1986年第4期。

［4］［6］　郑州市文物考古研究所：《郑州市洼刘村西周早期墓葬（ZGW99M1）发掘简报》，《文物》2001年第6期。

［5］　郑州市文物考古研究院发掘资料、申报国保材料。

［7］　程平山、周军：《商周管邑地望考略》，《中原文物》1986年第4期。

［8］　郑州大学历史学院、郑州市文物考古研究院发掘资料。

［9］　郑州市文物考古研究所：《河南省荥阳后王庄唐墓发掘简报》，《中原文物》2007年第6期。

［10］　张松林、张家强、黄富成：《河南荥阳娘娘寨遗址发掘出两周重要城址》，《中国文物报》2009年2月18日；郑州市文物考古研究院：《河南荥阳娘娘寨城址西周墓葬发掘简报》，《文物》2009年第9期。

［11］　马世之：《娘娘寨城址与郑国东迁问题探索》，《华夏都城之源》，河南人民出版社，2012年。

［12］　马世之：《郐国国史迹初探》《史学月刊》1984年第5期。

［13］［14］　寇玉海、薛红：《西周时期的郐国故城在哪里》，《中原文物》2001年第2期。

（原载于《嵩山文明与中国早期王都研讨会暨中国古都学会2014年年会论文集》）

新郑铁岭墓地新出土青铜器

郝红星

一、铁岭墓地——工程挖出两千年前的涟漪

2003年，举世瞩目的南水北调中线工程开工建设，此项惠及京、津、冀、豫四地人民的浩大工程，南起河南丹江口水库陶岔取水口，北抵北京团城湖，全长1421千米，利用南北两端100米的海拔落差，全程自流，堪称新中国成立以来最伟大的水利工程。干渠所经之处，既是现代人口的密集地，也是古代文化的积淀区，既有成片连区的墓地，也有深达数米的遗址，甚或湮没千年的古城。为保护中华民族的古老文化，考古工作者先知先行，在千里战线上奋起他们保护、发掘文物的身影，郑州市文物考古研究院作为郑州市唯一的文物保护与研究机构，有幸承担了中线工程郑州段七处较大的文物点发掘工作，铁岭墓地是其一。

这七处文物点中的新郑唐户遗址、荥阳娘娘寨遗址各因其独特的文化、历史价值而入列当年的考古十大新发现，铁岭墓地虽然不曾有这样的机缘与宿命，但参与铁岭全程考古的工作人员，还是创造了一个小小的奇迹——栉风沐雨铁岭七载，挖得东周墓葬1300余座，出土陶、铜、铁、骨、玉、石、泥等不同质地的文物万余件，此在郑州市文物考古研究院建院50多年的历史中，尚属首次，与同仁道来，亦可引起渐次的涟漪。抚今日整理室之叠屋累架，真琳琅满目，追2006～2012年之繁华胜今，嗟时光蹉跎，作为一名考古领队，深感人生的不易，有必要将发掘过程及文物精华以万端姿态写出来，以慰从前之劳作者及古人。然而，这澎湃山水又该从何说起？是大开大合，千言万语，还是谨小慎微，触之一须？当择其后者，本文仅从铜器角度来铺陈铁岭墓地幽深的一面。

铁岭墓地位于郑韩故城西北方向2.5千米处的双洎河北岸（图一）。此河古名洧水，即《诗经·溱洧》所述两水之一，位于新郑大地右侧，与左侧之黄水河（古溱水）挟两水一势（此地北高南低）将郑之国都束于高处，是春战时期诸侯国难得的形胜之地。此举不但造就了郑城千年不堕，还催生出万千的情愫，《诗经·溱洧》所描述的“溱与洧，方涣涣兮”“士与女，殷其盈兮”更是凝结了中国人千百年来荡气回肠又寓情内敛的爱情史观。有此诗一首，便让人想到古老的新郑大地；有新郑大地，便让人首先想起此诗，它成为中华民族的根源文化之一。

图一　铁岭墓地局部　空拍图，自北向南

当然，铁岭墓地所处的地段位于洧水中游，与这些美妙的爱情故事有些距离，说清明一点，它九曲回肠似的走向，勾勒出磅礴伟岸的大地，在高亢的北岸修筑墓地，正说明郑人对溱洧的生死相依。

墓地西侧有一条南北向的洧水支流，这条河古已有之，长达5千米，沟壑深峻，岸东为密密匝匝的墓葬，岸西空旷无物，是为自然界线。东侧也有一条南北向支流，长约2里，沟窄而短，东西两岸壁上挂着不少墓葬，说明这条支流是后期形成的。而支流东岸2米即为七里井韩国贵族墓地的大冢，显然，铁岭墓地与七里井墓地古为一体。依今日地势丈量，墓地南北长650米，东西宽600米，面积近40万平方米。

铁岭墓地1300余座东周墓中，有800余座的大、中、小型墓未放置任何随葬品，其余的墓葬放置铜器、铁器、陶器、玉石器、骨器、贝器等，或一并置之，或单独置之，抑或组合置之。而就其23座铜器墓来说（这里所说的铜器墓特指随葬青铜礼器的墓，若鼎、盏、盘、舟、匜、壶、甗、编钟、编磬之类，仅出铜器小件如铃、环、马衔、车軎甚至戈、戟、剑的，则不视为铜器墓），大部分墓葬被历代盗墓者搞得乌烟瘴气，从墓底遗留的礼器附件如耳、足、纽等可判断随葬铜器的种类，亦可想象墓主的等级及家境殷实。所幸23座铜器墓中有8座遗留有较多的铜器，这其中有盗墓者未发现者，如M458、M550、M1404、M1405，有盗洞已触及椁盖而放弃者，如M429，有盗洞三番五次穿越仍遗留铜器于一角者，如M308、M1414、M1416。凝望这些劫后余生的铜器，器形、纹饰固非顶级精美，但也足以代表当时郑国的工艺水平，从中我们可以揣测墓主的身份及他们的精神企冀。对于文物工作者来说，能与2500多年前的古人意念相握，已是非常幸运的了。

二、鼎、盏、盘、舟、匜、壶——龙蛇缠绵的青铜秘境

下面择其精者予以介绍，按照鼎、盏、盘、舟、匜、壶的顺序，这是铜器墓比较齐全的组合。

图二

铜鼎，出于M458，春秋晚期，由盖与鼎组成，口径23厘米，腹径26.8厘米，通高22.2厘米（图二）。盖，侈口，方唇，弧平顶。顶面以两周粗弦纹、一周细弦纹将纹饰分为内、中、外三区。内区浮雕两龙，首尾相接，团在一起；龙长吻上卷，下颌呈钺状，额上有须，脑后有耳，原为四足，只见到遒劲的两足及利爪，龙身饰鳞如松，别有趣味。中区稍内为一周蟠虺纹，其外为12条两两相缠的蟠龙；龙首同前，唯额上无须，龙身饰蟠虺纹。外区饰九组顾首龙纹，以相交条纹为界；龙分立两侧，左龙首尾倒置，与右龙首尾相接；龙首细长，环眼占了大部，横角移至前颌上，下颌曲而长垂；龙通身饰蟠虺纹，吻前一曲体长蛇，左龙腰上一曲体小蛇，右龙腰上两曲体小蛇。外区纹饰上等距焊接三条昂首卧牛，仅牛臀装饰一片羽纹。鼎，敛口，窄折沿，方唇，束颈，鼓腹，圜底近平，三矮蹄足中空，沿下两附耳。附耳由两兽张嘴吐舌向上横连而成，耳面及内外侧均饰太阳纹与蟠虺纹。鼎腹部两周凸弦纹，弦上饰有与鼎盖外区相同的顾首龙纹，唯两龙腰上均为一条小蛇。鼎腹见三条范线，下腹与底相接处有一周宽凸范线，足与下腹浑铸在一起，并见烟炱。此鼎敦实厚重，龙纹笔笔精划，显系精雕细琢之作，观时腹肺急喘，观后大呼过瘾！

铜鼎，出于M429，春秋晚期，由盖与鼎组成，口径26.6厘米，腹径25厘米，通高29厘米（图三）。盖，侈口，方唇，弧顶，中心一鼻纽，纽穿一环，用以提起鼎盖，盖缘等距竖三个梯形纽，原应为带孔的环纽，因制作不精，沦落成此种模样。环与梯形纽间凸起两周绹纹，绹纹下为1.2厘米宽的素纹带，其余盖面饰蟠虺纹。虺即无足的虫，状若“S”形蚯蚓，由于范的质量差，原本整齐划一的虺多未铸出，使得盖面看上去云雾缭绕，虺若隐若现。鼎，敛口，斜方唇，唇下对称两附耳，深弧腹，圜底，三蹄足中空。鼎耳外侧饰蟠虺纹，不清。口沿下一周凸棱用以承盖，但盖大鼎小，不能密合。上腹部一周宽体绹纹，绹纹

图三

图四

上下各密布三周蟠虺纹，一律向左或向右的虺相向而行，似乎不经意地提醒着，别看我们个头小，团结起来，阵势庞大哟！一下子添了无数的喜感而祛除了神秘鼎腹部三道范线直贯器足，器底有三角形范线，三角形中间凸起一扉棱，俱被烟炱覆盖。鼎足稍高，模拟象首，下部似粗壮的象足，这件朴素无华的铜器因此多了一些顽皮。

铜鼎，出于M550，春秋晚期，盖与鼎锈蚀，不能开启。口径约25厘米，腹径27.2厘米，通高27厘米（图四）。盖，侈口，窄折沿，斜方唇，弧顶，顶饰两周凸弦纹，弦纹间等距四头昂首卧牛，牛身饰三角云雷纹与羽纹。鼎，敛口，唇掩于内而形不明，口沿下两附耳，深鼓腹，圜底近平，蹄足中空。上腹部三周凸弦纹，最上一周用以承盖。附耳顶面饰三角雷纹与四珠纹，耳柄下部饰张嘴兽首，上部内外两侧均饰三角纹。蹄足饰兽面纹，兽宽卷鼻，三角眼，眼眉由两蟠虺组成，额饰四层卷发。此鼎鼎身通铸而成，未见范线，腹、底相接处留有三个平而略凸的焊点，若三足接于此，鼎足不能竖直，故焊点向外向上移动。通身观之，腹宽足高，兼具前两鼎特点，唯没有纹饰，时代应比前二者略晚。

铜鼎，出于M308，战国早期，由盖与鼎组成，口径23.5厘米，腹径28.5厘米，通高27.5厘米（图五）。盖，侈口，平沿，方唇，弧顶。顶面两周凸弦纹，将顶分成内、中、外三个纹饰区。内区最为复杂，中心一小桥纽，纽外依次为三角云雷纹、绹纹、三角云雷纹，这三周纹饰高于其外的无首龙纹、三角云雷纹纹饰带。中区一周无首龙纹，并等距分布四个环纽，纽侧饰重环纹，纽顶饰相背雷纹。外区一周无首龙纹，有不等距范线五条。鼎，子口，方唇，沿外对称两附耳，弧腹，圜平底，三蹄足中空。鼎耳内、外侧饰蟠龙纹，顶面与侧面饰绹纹。口沿、腹部三周凸弦纹，最上一周呈方唇状，中部一周最高，圆唇状，最下一周呈线状，弦纹间饰两周无首龙纹。足上部饰兽面纹，兽宽卷鼻，三角眼，眼眉由三条蟠虺组成，额头满是卷发。腹部五道不等距范线，较细。底部一周圆范线，底与下腹有较厚的烟炱。此鼎胎体厚重，看似笨拙的外表，却掩映着铺天盖地的庄严。设想其刚出炉时，金光灿灿的躯体上布满无首龙

图五

纹。这种龙纹，既无首，也无尾，但同时，其造型又似有首有尾，且首、尾完全相同，只是方向相反，上下颠倒，贯通首尾的是弯曲的龙身，身侧饰四爪。令人意想不到的是，一龙的龙首又是另一龙的龙尾，一龙的龙尾又是另一龙的龙首，循环往复，缠绵无尽，直至铺满鼎盖与鼎腹大部，与狰狞的兽足，共同构建出神秘威严的装饰效果，震人耳目，慑人心魂。

图六

铜鼎，出于M308，战国早期，由盖与鼎组成，口径21.5厘米，腹径25厘米，通高22.5厘米（图六）。盖，侈口，方唇，浅折腹，弧平顶。顶中心一俯首虎纽，长尾拖地，腹部穿一圆环，环饰绹纹，纽外一周曲体蛇纹，再外为一周柿蒂纹，是为纹饰内区。中区为空白带。外区为一周双首龙纹，纹带内侧三个等距矩尺形纽。鼎，子口，方唇，沿外对称两附耳，弧腹，圜底，三蹄足中空。鼎耳顶、侧面饰绹纹。腹中部一周凸弦纹，上饰三角云雷纹，凸弦纹以下饰双首龙纹、柿蒂纹各一周。足无纹饰。鼎腹三道细范线，打磨尽净。底一周圆范线，底、足留有烟炱。此鼎模样憨厚，纹饰简率，盖的折腰造成塌顶效应，当然这并非由拇指般大的伏虎及硕大的矩形纽镇压所致，而是一种新气象的出现，即盖、腹、足去掉矫揉造作的装饰，大幅留白，处处流露着明快、爽朗、劲挺的作风，这或许与战国时期整个社会弥漫的战争气氛有关。细观此鼎与河北中山国王1号墓西库所出的升鼎、细孔流鼎风格相类，但比后者要早许多。

铜盏，出于M458，春秋晚期，由盖和盏组成，口径21厘米，腹径26.5厘米，通高20.3厘米（图七）。盖，窄折沿，方唇，近直腹，弧顶。唇下三个等距楔形扣钉；顶外缘对称四个环纽，纽两侧饰重环纹；中心置镂空捉手，由20条彼此相缠的蟠龙组成，龙双弯角，头呈蛇头形，身有细鳞。顶中心饰三周纹饰，自内向外依次是涡纹、三角云雷纹、重环纹。其外为三周绹纹，绹纹两侧饰三角纹、蟠虺纹。盏，侈口，斜折沿，方唇，束颈，弧腹，圜底，三蹄足中空。腹部一对环纽，纽侧饰重环纹；一对兽首环耳，兽浓眉，大眼，卷鼻，粗舌下垂后上卷，两角呈平顶菌状。束颈饰蟠虺纹、三角纹各一周；腹部三周绹纹，绹纹间饰蟠虺纹，蟠虺纹下两周细弦纹、一周筒体三角蝉纹。足饰卷鼻兽面纹与绹纹。盏是祭祀用的一种盛食器，敦的前身，体

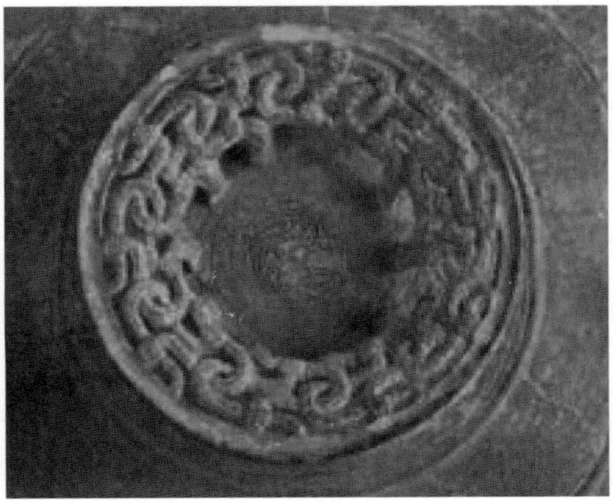

图七

图八

态轻盈，饰件华丽，其特出处是盖顶的捉手与盏沿的环耳。捉手均采用十数条龙盘绕的方式，一半龙的下身伸及盖面，构成捉手支柱，上身与另一半龙构成捉手的盘面，往复盘绕，疏密相间，恰似飞龙在天，吞云吐雾，又若馨香四溢，神灵顿现。环耳则作兽吐舌状，兽的耳样多姿多彩，有尖耳状、菌状的，也有四角星、五角星状的。此盏的蟠虺纹颇为复杂，每组由两条缠绕的虺斜置其身，身侧各附一蟠虺，共四虺组成。组组相临，绵延无限。

铜盏，出于M429，春秋晚期，由盖与盏组成，口径17.8厘米，腹径19.2厘米，通高17.5厘米（图八）。盖，窄折沿，方唇，斜直腹，弧顶。唇外三个等距楔形扣钉；顶外缘对称四个环纽，纽侧重环纹；中心置镂空捉手，由18条蟠龙和一周绹纹组成。盖顶中心稍凸，饰涡纹，其外饰两周凸弦纹。盏，侈口，窄折沿，方唇，束颈，弧腹，圜底，三蹄足中空。腹部一对环纽，纽侧饰重环纹；一对兽环耳，兽展耳，浓眉，凸眼，卷鼻，舌下垂，尾上卷。腹部饰两周凸弦纹，足饰兽面纹。

图九

敦，出于M308，战国早期，由盖与身组成，口径16.6厘米，腹径18.6厘米，通高17.2厘米（图九）。盖，敛口，窄折沿，尖唇，圆弧顶。顶等距置三圆环，环侧面饰三角云雷纹。顶中心饰涡纹与曲体蛇纹，其外是三个夔龙纹饰带，各由三周曲体夔龙组成，每周夔龙的头向、体态、大小相同，由外向内渐次缩小。敦，子口，斜方唇，口外两个宽扁圆环，深弧腹，圜底，三蹄足中空。上、下腹各有一个三周曲体夔龙组成的纹饰带，圆环顶面饰重环纹与三角云雷纹。足无纹饰。此敦与盏造型有着极大的反差，盏追求的是轻盈灵动，款款欲飞，而敦追求的是天地厚重，浑圆如斯，因而去掉了盏的捉手与兽耳，原有的细足变得粗矮壮实，原来开放紧凑的蟠虺纹被紧缩成团的夔龙纹取代，这一切皆是为了配合趋近球体的器形，达到形式与意涵的统一。

铜敦，出于M1416，战国中期，由完全相同的盖与身组成，口径13.5厘米，通高9.9厘米（图一〇）。盖，敛口，方唇，弧顶，顶中心一细柄圆捉手。若将盖仰置，完全同器身。通体无纹饰。敦发展到战国中后期，成为两个半球体，盖上的饰环与身上的三足样式相同，盖可为身，身可为盖。此敦是球状敦的一个特例，即上下都采取豆盖式。

铜盘，出于M429，春秋晚期，口径38.8厘米，高14厘米（图一一）。侈口，斜折沿，方唇，沿下两附耳，浅弧腹，圜底，三蹄足中空。附耳顶面中饰兽首，兽卷鼻，咧嘴，长方眼，卷眉上扬似角，旁附两蟠龙，龙身有鳞。腹部四道对称范线明显，一对铺首衔环，环饰直线绹纹。腹部饰顾首龙纹与绹纹各一周，龙纹与前述M458铜鼎腹部龙纹完全一样。足饰兽面纹，兽大眼，浓眉，卷鼻，咧嘴。此盘体形硕大，耳、腹、足在有限的空间里有条不紊地安排好兽首、组龙，刻划精细，堪称精品。

图一〇

图一一

图一二

铜舟，出于M458，春秋晚期，由盖与舟组成，口长径20厘米，短径14.5厘米，腹长径20.9厘米，短径15.9厘米，通高13.5厘米（图一二）。盖，敛口，方唇，斜直腹壁，弧顶光素，中心置椭圆捉手，由22条无首龙纹缠绕组成。舟，敛口，斜折沿，尖唇，束颈，鼓腹，圜底，器底有“十”字范线，四足作鸟人直立状，与舟身浑铸在一起。鸟人勾喙，大环眼，招风耳，双翅展起，与背部、颈部、头部一起用力扛起舟身。鸟胸部饰双“人”字纹，乳房、肚脐处饰三个圆圈纹。舟身长侧饰对称兽环耳。兽大张嘴，卷鼻，小圆眼，细长眉，双角上扬，额头饰卷鬣，角饰羽纹；因其椭圆形的器身而称之，但有舟自铭“金和”的，其寓意也可能和圆润的器身有关。一般的舟有盖或无盖，有足或无足，但此舟胎体厚实，饰件齐全，很是难得。其捉手上的龙虽然无首，卻龙纹疏朗，使得整个捉手看上去像睡莲一样盛开在碧波荡漾的湖面。拱圆的舟盖突折向下，带来一周外分的直边，这道边打破了盖与腹之间孤寂的宁静，果然，首先迎接它的就是舟腹一前一后的两只神兽。兽凝嘴缩鼻与宽阔的额、耳相依，劲爆披散的额鬣与圆润光素的身、尾对比，让这两只不成比例的神兽充满了灵气与可爱。

图一三

接着幽深灰暗的舟底四个主角出现了，似人非人，似鸟非鸟，夸张的腹部、壮健的双腿使得他们抬起这宇宙般的巨舟，好像单薄的臂膀也没怎么用力，真是神力异常！牠们从哪里来？抬舟何往？怪诞的形象，迥异的装束，让人百思不得其解。此舟堪称一时巅峰之作。

铜舟，出于M429，春秋晚期，口长径16.8厘米，短径12.9厘米，腹长径18.2厘米，短径14.5厘米，高7.4厘米（图一三）。侈口，窄卷沿，圆唇，微束颈，弧肩，鼓腹，下腹弧收甚，圜平底。通身素面，长侧饰对称环耳。此舟无盖，欲摒除盖世繁华，任凭人们对其一探究竟，光辉的胴体，充满张力的腹部，简练无纹的双耳，真是一脱到底，了无杂赘，展现别样风采。是器比前者略晚。

铜匜，出于M429，春秋晚期，长29.7厘米，宽13.9厘米，高14.5厘米（图一四）。前窄后宽，管状流上扬，作夸张牛首形。腹坦而深。尾作龙形，龙口衔器沿，双耳高扬，卷尾，身饰重环纹、卷云纹、鳞纹，器底有一道纵向范线。下附中空三蹄足，前两个素面，后一个饰兽面纹与绹纹。匜是注水器，与盘配套使用，供古代贵族行沃盥之礼。此匜虽然腹无纹饰，但流刻划得很精致，犄角铮铮，小耳深掩，圆泡似的眼与洞开的口，让人体会到这件匜的大肚能容。尾部一抹雕龙，足见此匜的珍贵。

铜匜，出于M1404，春秋晚期，长23.5厘米，宽11.3厘米，高12厘米（图一五）。亦作牛形，管状流较平，额上双眼圆睁，眉宇略显，其余不清。宽浅腹，敛口，三角缘，尾作简体龙形。三蹄足，无纹饰。此器比前器略晚。

提梁壶，出于M909，春秋晚期，有盖不能开启，盖直径10.4厘米，腹径24厘米，圈足径15.2厘米，通高34.3厘米（图一六）。盖，子口，平顶略弧。纹饰分两部分，内区饰布纹、三角雷纹为地的涡纹，外区蟠虺纹为地的凸点纹，等距分布四个牛鼻环。壶，直

图一四

图一五

口，束颈，溜肩，鼓腹，圈足，平底。颈部光素，等距分布四个鼻环。肩至下腹饰蟠虺纹为地的凸点纹，间以六周瓦纹。肩部并饰两铺首衔环，连以七节提梁，中间一节作双蛇首衔环状，蛇身中部一曲尺形尖鼻，其余六节两端为环。圈足饰绹纹。此壶造型拙中见巧，足若坦底，腹如寰宇，颈似中天一柱，细若发丝的蟠虺与灿若繁星的凸点不可避免地让人头晕目眩，无奈目光上移，天空中自有清静，平淡里出演秀境！

图一六

提梁壶，出于M308，战国早期，由盖与壶组成，口径9.5厘米，腹径23.6厘米，圈足径14.5厘米，通高35厘米（图一七）。盖，子口，方唇，平顶略弧。盖顶纹饰分三部分，最内饰布纹、三角云雷纹为地的涡纹，其外为蟠虺纹为地的凸点纹，等距分布四个牛鼻环，环饰三角云雷纹，最外为一周瓦纹。壶，直口，方唇，束颈，溜肩，鼓腹，圈足内敛，平底。颈部光素，等距分布四个鼻环。肩至下腹饰蟠虺纹为地的凸点纹，间以六周瓦纹；肩部并饰两铺首衔环，连以九节提梁，中间一节作双龙首衔环状，龙身饰三角云雷纹，其余八节两端为环，中间饰简体绹纹。圈足饰绹纹。此壶与前壶仅有些微不同，即盖顶凸起弧度较大，盖缘多一周瓦纹，提梁增加两节，中间一环无鼻。

扁壶，出于M1405，春秋晚期，由盖与壶组成，口长径9.4厘米，短径5.4厘米，腹长径18厘米，短径7.8厘米，圈足长径8.5厘米，短径4.5厘米，通高31.4厘米（图一八）。盖，子口内敛，方唇，平顶略弧，中部置一扁圆环。壶，侈口，方唇，长束颈，弧肩，鼓腹，圈足，平底。壶作八棱体，正面略鼓，背面扁平，肩、腹部置三个圆环并饰两周由三凸棱组成的横纹带，正面、背面、侧面各饰一道由三凸棱组成的纵纹带，三凸棱中间者及圈足外观均作綯纹状。壶通身没有其他纹饰。

扁壶，出于M308，战国早期，口长径10.4厘米，短径7.6厘米，腹长径23.4厘米，短径12.2厘米，圈足长径13厘米，短径8.4厘米，通高32厘米（图一九）。壶作八棱体，正面略鼓，背面扁平。侈口，方唇，束颈，弧肩，鼓腹，圈足，平底。肩部两个半环，腹部一个铺首衔环，肩、腹部并饰两周由三凸棱组成的横纹带、两道纵纹带，相交如“干”字，三凸棱中间者略粗。此壶比前壶矮胖，纵纹带少了两道，腹部正中加了铺首，乃时代的变化。

编钟，出于M1414，战国早期。门形纽，纽正、背面饰不太清晰的三角雷纹。体呈合瓦形，正、背面纹饰一致。以凸棱规界，钲部饰羽纹为底的卷云纹，钲旁三排螺旋状枚，篆为不太清晰的卷云纹，鼓部羽纹为底的卷云纹组合成兽面纹，舞部（钟顶面）饰无首龙纹。纽高4.1厘米，宽3.3厘米，厚1.1厘米；铣间13.7厘米，于间9.9厘米；舞长径10.6厘米，短径7.8厘米；总高26厘米（图二〇）。

图一七

图一八

图一九

图二〇

车軎，出于M909，春秋晚期。合范铸成，范线下部有两长方形辖孔。軎上端为缘，饰绹纹；下端为座，座顶面内凹，光素；軎身饰以布纹为地的相连“S”纹。缘内径5.4厘米，座内径5.6厘米，高5.5厘米（图二一）。

车軎，出于M308，战国早期，器形硕大。軎身与座相接处铸有辖孔，凸出軎身。辖孔首端呈“十”字形，使辖首陷入并卡死；辖孔末端为长方形，旁有小孔用于穿绳固辖。軎身上部两周凸弦纹，弦纹间饰夔龙纹；下部两组蟠龙纹，每组三条龙，龙身分饰重环纹、方点纹、叶脉纹；軎身两道纵范线。軎顶饰涡纹、三角云雷纹。顶径5.8厘米，座径8.6厘米，高9.5厘米（图二二）。

图二一

图二二

车軎，出于M1414，战国中期。由軎和辖组成。軎上端无缘，下端为座，軎身中部两周宽凸棱，下部范线上两个长方形辖孔。軎身自上而下饰贝纹、回纹、镞形凸点纹、菱形贝纹。上口内径4.8厘米，座内径6.2厘米，高6.4厘米。辖，首作筒体兽首，卷唇，小圆眼，长方耳突起。键长方体，末端一长方孔。长8.5厘米（图二三）。

图二三

车軎，出于M1414，战国中期。形制同前，但底座较薄。軎身自上而下饰贝纹、三角凸点纹、大贝纹、镞形凸点纹、菱形贝纹。上口内径5厘米，座内径5.6厘米，高5.7厘米。辖首亦为兽首，卷唇，圆眼，竖耳。键长方体，中部略弯曲，末端一长方孔。长8.2厘米（图二四）。

铜虎，出于M308，战国早期。出土时旁边有一方形铺首衔环，可能与之配套使用。

虎，大口排牙，宽鼻凸眼，长眉小耳。前腿收起，后腿用力，回首作张牙舞爪状，长尾上卷。背饰斑纹，腿上部铸出四翼，翼与尾均饰三角云雷纹。虎胸下一长键，见朽木残跡，可知虎是固定在木棺上的。虎长12.5厘米，宽3.5厘米，高8.3厘米（图二五）。

图二四

图二五

三、器形变化——芸芸众生的生命轨迹

以上介绍的是铁岭墓地的主要青铜器，比起周临一些墓地，如平顶山应国墓地、三门峡虢国墓地、长治分水岭贵族墓地，铁岭墓地显然等级较低（M1414随葬编钟，有可能为下大夫），正因为此，铁岭墓地埋藏芸芸众生甚多，非贵族墓地可比。作为郑韩故城的近郊墓地，铁岭墓地使用时间长，面积大（尚有三分之一没有发掘），所出陶器已经很好地展现了春秋晚期至战国中期这段时间的演变过程，中间没有缺失，这在郑州地区的东周考古中是很难得的。青铜器尽管流失严重，所余仍能看出春秋、战国之间的变化与陶器同步，略简述之。

铁岭墓地的铜鼎在春秋晚期分高足与矮足两种，矮足鼎纹饰华丽，却是后出的，只因为我们没有发现同样纹饰的高足鼎而已。春秋晚期晚段，高足鼎除了耳、足这些配件尚存纹饰外，盖、腹的纹饰都去除了，战国延续这一风格。但战国早期，级别较高的士级墓（M308）仍使用美轮美奂的铜器，说明贵族中存在着两套铜器使用系统：低级士，春秋晚期前段铜器尚算精致，晚段已经破败；高级士以至大夫，铜器高大上。即使这样，高大上的铜器在战国早期也有变化，鼎盖趋平，纹饰简化，大量使用无首龙纹、蝉纹。盏也遵循同样的规律，晚期晚段失去了盖、腹上的纹饰，战国早期被敦代替。盘大概也是如此，但盘在战国早期低级士的墓中是否还在使用尚不清楚，高级士墓中见到盘的铺首衔环，推测盘应该还有纹饰。舟、匜的情况有点儿特殊，春秋晚期前段身上已经脱光光，后段至战国，配件性质的捉手、耳、足愈发短小，胎体变薄，高级士墓中应该还有舟、匜，它们的耳、足周正，胎体稍厚。

从目前的情况来看，提梁壶在春秋晚期与战国早期变化不大，说明这是一种传承性很强的东西。扁壶也仅体形上由瘦变胖，“干”字形条索基本保留。车軎作为一种实用器，春秋晚期晚段有变薄的趋势，但在战国早期的M308中，则表现得无与伦比，简直是加重型了，在级别更高的战国中期M1414中，表现得中规中矩，虽不厚重，卻也花俏，以几何为主。

铁岭墓地几经盗掘，铜器组合分解严重，根据残余铜器所做的规律性认识或猜测，难免有与事实不符的地方，仅作为一种参考，望有志人不吝赐教。

文中铜器，俱与河南省南水北调中线工程发掘的文物精品在安阳博物馆集中展出，展期三年。不方便前往观摩的人士，聊以此文作为一片慰藉的水花，让它开在您的心中吧！

编按：“流过往事——南水北调中线工程河南段文物保护成果展”自2014年11月19日起

（原刊于《典藏》2015年第3期）

试论风水理论在郑韩故城军事防御中的运用

鲍颖建

郑韩故城是春秋战国时期郑国与韩国的都城，城址在今河南省新郑市城关镇一带。春秋初年郑国由陕西榆林迁都于此，韩哀侯二年（前375年），韩灭郑，韩从阳翟（今禹州市）迁都到这里，仍因郑名。至韩王安九年（前230年）亡于秦，两国先后在此建都达五百余年。

所谓军事防御即军事上的防守抵御，是抗击敌人进攻的军事行动，其目的是为了保存自己。军事防御构成不仅包含与军事防御相关的事物，而且涵盖了人们的思想意识，譬如风水理论等。风水理论在城址军事防御中的运用上不仅要求能够到达聚气与避邪之目的，而且还包含着先民们的精神寄托——宗庙建筑的精神震慑作用、社稷祭祀的精神慰藉作用等。

一、聚气与辟邪理论在郑韩故城军事防御中的运用

在科学技术不甚发达的先秦时期，先民们虔诚地相信风水等超自然力量并自觉自愿地遵守着。“聚”与“避”是我国古代风水理论的核心内容，它们在城池尤其是都邑的营建上发挥着重要的作用。一座城池必须能够“聚气”和“避邪”，才可以保证城中百姓安居乐业、国家繁荣兴旺。而城池外围封闭的城墙、城门处的瓮城、附属城墙的马面等建筑的修建，也可被视为风水理论的具体体现[1]。

郑韩故城建在双洎河与黄水河交汇之地，处于济、洛、河、颍之间；其北有太行山与黄河，西有轩辕关，东有榆关和数十里地形复杂的沙丘岗地，西北有虎牢关，东北有圃田大泽与马陵险道，西南三十里有陉山要塞。郑城虽无关中之固、洛阳之险，但处于近畿之地，对雒邑形成了半包围之势，亦可谓一处风水宝地。就故城本身而言，郑城四面的城墙是完全闭合的，只是郑、韩在对双洎河的利用上采取了不同措施。郑国将双洎河纳入城中，既利于漕运又便于城市供排水；韩国则收缩防御，沿双洎河东岸另筑城墙，将这条自然天堑作为城墙外侧的又一道防御屏障。郑城还在隔墙北门内侧修建瓮城设施，其东门外也发现有类似瓮城的“闉”。另外，韩国为加强西城北墙的防御，在其外侧修筑有4个马面。这些皆可看做是风水理论在都城建造上的具体运用。此外，郑、韩都将宫殿区建在城内制高点上。韩国又对宫城、宗庙等要害区域采取挖沟筑墙的措施，形成了城中城的布局和防御体系，庙墙、宫墙厚达15～20米[2]。如此一来，不仅利于加强对要害区域的军事防守，而且能够达到聚气与避邪之目的。

二、郑韩故城宗庙建筑的精神震慑作用

《左传·庄公二十八年》载："凡邑，有宗庙先君之主曰都，无曰邑。"显然，宗庙的有无是区别都城与普通城邑的重要标志。宗庙是统治者供奉祖先的庙宇。《说文解字》曰："宗，尊祖庙也。"又云："庙，尊祖先貌也。"《尚书大传》卷二《洛诰》云："庙者，貌也，以其貌言之也。"可见，古代的宗庙不仅供奉祖先的神主，还供奉祖先的容貌[3]。另外，宗庙还是古代决大政之所，故在都城建设中通常先建宗庙。《礼记·曲礼下》："君子将营宫室，宗庙为先，厩库为次，居室为后。"三代的宫庙通用且为一体，约在春秋战国时期，宫和庙两种不同性质的建筑物大多分别营筑，并且各自建于不同的地方[4]。郑、韩的宗庙也是如此。依现有考古材料推测，郑之祖庙即大宫的位置可能在新郑市政府后院以北一带。1985年在东城中部钻探发现20余亩的大型夯土基址，以其为中心，可将周围发现的一些夯土建筑基址联系起来，是一片规模宏大的建筑群[5]。1988年在遗址东北部清理残房基1座（编号ZHⅡF4），东西残长30余米，南北残宽20余米，南部还残留4个磉墩，并有一马、一猪奠基。从规模和形式看，这绝非一般庶民建筑[6]。1991年又在F4的西面清理残夯基1座，它应是市政府后院一带大型夯土基址群的一部分[7]。结合1997年郑国社稷遗址的发现及《考工记》"左祖右社"的记载，蔡全法先生推测这处夯土基址群即郑国宗庙遗址[8]。郑都内除大宫外，还有游氏之庙、周庙及子大叔之庙等’前者见于《左传·昭公十二年》，后二者见于《左传·昭公十八年》的记载。如昭公十八年说郑国大火，子产"使祝史徙主祏于周庙"，主祏即盛放列祖列宗的石函。韩国的宗庙基址位于西城中部偏南。1977年在西城中部钻探发现1座长方形城址，东西长约500米，南北宽约320米，墙基宽10～13米[9]。1997年对城址中心的1处大型房基进行了试掘，平面呈长方形，南北长114米，东西宽97米，面积11058平方米。在房基中央部位，也是城的正中心，出土一件黄灰色花岗岩圭形石碑，碑高3.25米，宽0.45米，厚0.25米；另在房基东南部出土1件战国青铜圆壶[10]。结合文献材料，推测这件圭形碑可能就是《礼记》中记载的用以"丽牲"的宗庙大碑。这些发现表明该城址不是韩宫城，而应是韩之宗庙遗址，中央的房基可能为太庙大殿，圭形大碑即宗庙之碑，铜壶则应是韩宗庙的祭器①。

由上可知，郑、韩皆在都城内营建有供奉祖先的宗庙，统治者不仅可在这里举行各种重要的政治活动，还可通过祭祀等方式求得祖先神的佑护，使精神上的安全得以满足。相对于城墙等物质防御实体而言，庙宇建筑还可对敌发挥精神震慑的作用。先秦时期，宗庙是宫殿宗庙区乃至整个都城的核心之所在[11]。宗庙成了国家政权的象征，故一般灭人之国通常要毁其宗庙。韩灭郑后，可能也对郑国宗庙进行了破坏。不仅如此，

① 《礼记·祭义》："君牵牲……即入庙门，丽于碑。"孔颖达疏："君牵牲入庙门，系著中庭碑也。"王萧云："以纼贯碑中。"

韩国还将病死的儿童及残疾人埋入郑国高级贵族墓葬中，以坏郑之风水，此在端湾陵区即有发现[12]。这也可反证出古人的风水观念是多么强烈，因为只有彻底破坏郑国风水，才可能使其永不复国。

三、郑韩故城社稷祭祀的精神慰藉作用

商周时期，“国之大事，在祀与戎”。说明当时把宗教礼仪性的祭祀活动视为国家的头等大事，恰如《礼记·祭统》所载：“凡治人之道，莫急于礼；礼有五经，莫重于祭。”远古时代，最基本的生产资料是土地，最基本的衣食来源于五谷桑麻，土地种植五谷，赖土为生，两者始终密不可分，反映在崇拜上，便形成了“社稷”的二位一体。所以，《白虎通·社稷》谓：“人非土不立，非谷不食。……故土立社，亦有土也；稷，五谷之长，故立稷而祭之也。”自周以来，“社”代表土地，“稷”代表五谷，并称为“社稷”，同时受到祭祀。

考古发现的郑国社稷祭祀遗址主要有三处。一是金城路社稷遗址[13]。1993年发现于东城中部的金城路，清理出3座铜器窖藏坑，出土礼乐器60余件。在铜礼乐器坑的附近还发现3座殉马抗，其1号坑殉马4匹，2号坑殉马2匹。这些殉马坑与铜器坑相邻较近，且处在同一地层中，附近又无其他遗存与之相匹配，可知其与铜礼乐器坑当是同一活动的遗留。金城路礼乐器坑的时代当在春秋中期偏早的郑文公、穆公时期，相当于公元前672年到公元前606年之间。就该遗址的性质而言，因是礼乐器坑与殉马坑相配置，应排除窖藏的可能性，应与祭祀有关。从整体情况分析，这一祭祀遗址的主持者为郑国某一郑伯的可能性较大。二是城市信用社祭祀遗址[14]。1994年10月至1995年3月发现于东城中南部的新郑市信用社基建工地，发掘郑国青铜礼乐器坑6座，其中1号坑出土9鼎、8簋、9鬲、2方壶、1圆壶、1鉴、1豆共31件礼器。2至5号坑在历史上均遭盗掘，仅在2号坑获鬲2件。6号坑为乐器坑，出土青铜编钟24件（镈钟4、纽钟20件）。该遗址共出土青铜礼乐器57件，另外发现殉马坑56座。三是中行祭祀遗址[15]。于1996年9月至1998年10月发现于东城西南部的中国银行新郑支行的基建工地，共发掘8000余平方米，清理春秋青铜礼乐器坑18座，殉马坑45座，夯土墙基30余米。其中铜礼器坑7座，除K13、K18早年被盗外，余5座出土鼎、簋、鬲、方壶、圆壶、鉴、豆等礼器142件；铜乐器坑11座，除K11、K12早年被盗外，余9座共出土编钟206件（镈钟36、纽钟170件）。殉马坑分为8排，其中西部数量较多，东部各排数量较少、每坑殉马多者4匹，少者2匹。个别乐器坑与马坑、马坑与马坑之间还有打破关系。夯筑墙基发现于遗址的东南部，南北向，其构筑方法为先挖基槽，然后填土层层夯打而成。该墙基在个别探方内打破春秋早期地层，包含物为春秋中期，其年代与礼乐器坑、殉马坑时代一致。

社稷祭祀源于原始崇拜，但在春秋时期其性质却发生了改变。周代代表土地的“社”农业崇拜的意义已经开始淡化，而政治军事性质却日益增强；作为“谷神”稷的

地位也逐渐显得次要了，由原始崇拜的赐佑受年，转变为代表贵族领土的政治保护神。考古发现的3处郑国社稷祭祀遗址，也符合“一国三社”的记载。从本质上讲，祭祀活动就是古人把人与人之间求索酬报关系推广到人与神之间而产生的宗教性活动。既然对神灵有所祈求，理当有所回报，献礼便是代价。《考工记》卷下曰：“天子以巡守，宗祝以前马。”说明祭祀多用马匹，郑国祭祀遗址即发现有多座殉马坑。祭祀后对牺牲多采用瘗埋的处理方法，《尔雅·释天》：“祭地曰瘗埋。”郭璞注：“既祭埋葬之。”《礼记·祭法》：“瘗埋于泰折，祭地也，用骍犊。”东周时期，由于自然神的人格化，祭祀土地五谷神的同时通常以古代圣人配享。《周礼·大宗伯》郑玄注：“社稷，土谷之神，有德者配食焉。”中行社稷祭祀的位置之所以选择在东城西南部，发掘者认为这可能与郑伯在祭祀时配享先公有关。因为中行社稷遗址位于郑国贵族墓区东北不远处，相距仅500米左右[16]。祭祀自然神与配享先公之目的，无外乎欲求得自然神及列祖列宗们在天之灵的护佑，以使桑田风调雨顺、五谷丰登，使国家减少灾祸、长治久安，使子孙逢凶化吉、生生不息。

可见，通过祭祀可以求得自然神及祖先神的护佑，使城内居民获得心理安全感。因此，国家灭亡后，战胜方通常会将“丧国之社”从地面上予以摧毁，或以其他方式进行改造。由于社本来是为“受霜露风雨，以达天地之气”，“是故丧国之社屋之，不受天阳也”①。正因如此，韩灭郑后，仍不忘残郑社稷、灭其宗庙，而且采取了彻底破坏的措施。郑国中行社稷遗址在韩亡郑后遭到严重破坏，遗址清理出百余座小型战国墓，尤以小孩墓居多；还发现有3座烘范窑及大量的灰坑、水井。值得注意的是，战国小孩墓和瓮棺排列密集有序，绝少有打破关系并集中在遗址中心的一条线上，恰与礼乐器坑及殉马坑的方向一致[17]。这些均是韩人残毁郑社稷的表现，以达到破郑“地气”、坏其“风水”之目的。韩国为加强意识形态领域的统治，将郑国神社连根拔掉，由此也可看出统治者对祭祀是多么重视。然而，多年的考古工作却没有发现韩社稷祭祀遗迹的线索②，但从当时人们的思想观念及韩残郑社稷的举动推断，韩国应该存在社稷祭祀遗址。

四、风水理论在其他方面的体现

高大坚固的城墙、难以逾越的沟堑、险要的地势，作为都城最基本的物质防御实体，在内外冲突中其实效性防御性能可得到最大限度的发挥。正因人们对这些军事设施的防御性能有清醒的认识，在冲突发生之前便可使入侵者产生某种程度的畏难情绪。这就在一定程度上削弱了敌方的战斗力，同时也可让都城内的居住者获得潜在的精神慰藉。郑韩故城拥有高大而坚固的城墙，仅保存在地面以上的部分，残高就达15～18米，

① 《礼记·郊特牲》。

② 史念海先生认为，考古发现的中行郑国祭祀遗址可能为韩之社稷。详见《郑韩故城溯源》第30～34页。

底宽40～60米。另郑城选址在双洎河与黄水河环绕的高地上，可以利用这两条宽深的河水作为屏障。除此之外，部分城墙距河岸略远的段落都另挖有宽阔的护城河。此外，郑城周围的地势也相当险要，除一向为人们称道的溱、洧水外，其南面有陉山、西南有大騩山、西北有梅山、泰山，东面还有数十里地形复杂的沙丘岗地。

另需要指出的是，小国、弱国“唯强是从”的依附心理，也可换得都城一时的平安，从而使民众产生相对安全的感觉。郑国自庄公死后即陷入长期的内乱，走上了衰落之路，从此屡遭大国的征伐和奴役，为保郑国，便只能“唯强是从”。《左传·襄公八年》记载子驷的话曰：“敬共币帛，以待来者，小国之道也。牺牲玉帛，待于二竟，以待强者而庇民焉。”于是，便发生了《左传·襄公九年》“与大国盟，口血未干而背之”的事情，实属朝晋暮楚、反复无常，但这也是无奈之举，为保国家社稷，不得不采用此下策。总之，这些措施的采取皆可让都城内的居住者获得一种精神慰藉，使其安全心理得以寄托。

注　释

[1]　荀平、王众：《中国古代城池军事防御体系探析》，《新建筑》2008年第3期。

[2]　马俊才：《郑、韩两都平面布局初论》，《中国历史地理论丛》1999年第2期。

[3]　王琳：《中国古代早期王都的基本特征》，《中原文物》2006年第4期。

[4]　刘庆柱：《中国古代宫城考古学研究的几个问题》，《文物》1998年第3期。

[5]　蔡全法：《新郑县郑韩故城遗址》，《中国考古学年鉴》，文物出版社，1986年，第150～151页。

[6]　法定、堂革：《新郑县郑韩故城》，《中国考古学年鉴》，文物出版社，1989年，第182页。

[7]　蔡全法：《新郑郑韩故城》，《中国考古学年鉴》，文物出版社，1991年，第230～232页。

[8][14]　蔡全法：《郑韩故城与郑文化考古的主要收获》，《群雄逐鹿两周中原列国文物瑰宝》，大象出版社，2003年，第206～207页。

[9]　河南省博物馆新郑工作站：《河南新郑郑韩故城的钻探和试掘》，《文物资料丛刊（第3辑）》，文物出版社，1980年。

[10][17]　蔡全法、马俊才：《新郑郑韩故城宫城遗址》，《中国考古学年鉴》，文物出版社，1998年，第162～163、153～154页。

[11]　许宏：《先秦城市考古学研究》，燕山出版社，2000年，第80页。

[12]　王阿敏、李丽静：《河南发现春秋郑国车马坑群》，《瞭望新闻周刊》2002年第39期。

[13]　蔡全法、马俊才：《新郑郑韩故城金城路考古取得重大成果》，《中国文物报》1994年1月2日。

[15][16]　河南省文物考古研究所：《新郑郑国祭祀遗址》，大象出版社，2006年，第43～117页。

[原刊于《华北水利水电大学学报（社会科学版）》2014年第30卷第1期]

论周边军事设施在郑国都城防御中的作用

鲍颖建　王豫洁

东周时期战争加剧，列国纷纷修筑牢固的都邑，不仅如此，它们还注重都城周邻地区防御设施的建造，郑国亦不例外。郑国在迁都新郑后，为加强对都城的保卫，在其周边地区设立了一系列军事重镇与军事据点等防御设施。

一、建国之辅都——栎

我国的主辅都制萌芽于尧舜禹时代，夏商时代由于王朝地域辽阔、交通不便，加之王朝欲对全国实行有效统治及出于军事战争的需要等，夏商王朝长期实行了主辅都制[1]。春秋时期的郑国也曾设立辅都。郑有二都：国都新郑，别都栎[2]。《左传·桓公十五年》载："郑伯突入于栎。"杜预注："栎，郑别都也，河南阳翟县。"由杜注可知，栎在古阳翟县，即今河南禹州市。

二、国都周邻地区设立军事重镇

为加强郑都的军事防御，郑国在都城周邻地区建立了许多军事重镇。现择其要者概述如下。

华，亦作莘，商周古国，春秋时属郑，战国时归韩。华是春秋初年郑国所得的十邑之一。《路史·国名纪》载："华，华子国，郑十邑有华。"《史记·郑世家》集解引韦昭曰："后（郑）武公竟取十邑地而居之，今河南新郑也。"华的地望，《史记·秦本纪》之《正义》引《括地志》云："故华地在郑州管城县南三十里。"《水经·洧水注》："黄水东南流，又与一水合，水出华城南岗。"杨守敬疏：城"在今新郑县北"。又《读史方舆纪要》载："在县北四十五里，亦曰华阳亭。古华国。史伯谓郑桓公华君之土也。"古华城即华阳故城[3]，因其坐落于华水以北，故名"华阳"。该城址位于今河南新郑市北20千米的郭店镇华阳寨村一带。

邲城，春秋时郑国所筑。《左传·宣公十二年》载："楚子围郑，夏六月乙卯，晋荀林父帅师及楚子战于邲，晋师败绩。"高士奇《春秋地名考略》卷六云："今郑州东六里有邲城。"《水经·济水注》曰："济水又东合荥渎……济水于此又兼邲目。《春

郑国遗址车马坑

秋·宣公十二年》晋、楚之战，楚军于邲，即是水也。”熊会贞疏引“《通典》：故邲城在管城县南，晋、楚战处。”《肇域志·河南·开封府》下“郑州条”：“古邲城，在州东六里，春秋荀林父帅师与楚子战于邲败处。”

祭为商王朝的与国，周灭商后也将祭国灭掉。西周初年，成王封周公第五子祭伯于此，祭国约于春秋初年为郑所灭。《春秋·隐公元年》载：“冬，十有二月，祭伯来。”杜预注：“祭国，伯爵也。”关于祭城的地望，《括地志》云：“故祭城在郑州管城县东北十五里，郑大夫祭仲邑也。”《路史》曰：“周圻管城东北有古祭城。”高士奇《春秋地名考略》卷一云：“《后汉志》：中牟有蔡亭，蔡与祭通，今在开封府郑州东北一十五里。”《元和郡县志》载，祭城在管城“县东北一十五里”。《元一统志》亦云：“祭城在管城县东北十五里。周公第五子封祭城为伯。”《肇域志·河南·开封府》下“郑州条”：“祭城，在东北一十五里。周公支子所封。”

启封故城[4]，始建于春秋郑庄公时期，当时取“启拓封疆”之意而名启封，韩灭郑后，启封属韩。《云梦秦简·编年纪》云：“（秦昭王）三十二年，攻启封。”这是有关启封的最早记载。汉初为避景帝刘启之讳，改启封为开封，故《史记》《汉书》

《资治通鉴》等均称“启封”为“开封”。《史记·韩世家》载：“（韩）使暴鸢救魏，为秦所败，鸢走开封。”《史记·高祖本纪》曰：“郦商为将，将陈留兵，与偕攻开封，开封未拔。”说明启封城修筑得十分坚固。宋人吴曾《能改斋漫录》载：“京师开封县，其城本郑庄公所筑。昔卫之水有浚，浚之地有仪封人，掌仪地之封疆，郑人而城焉，此其始也。”故城的地理位置，《读史方舆纪要》卷四十七曰：“开封废县，在（开封）府南五十里，魏邑也。”考古勘探试掘表明，启封故城位于今河南开封县朱仙镇东南的古城村。据出土遗物推测，该城的始建年代大致在春秋时期。

郐，亦作会、桧、侩，商周姬姓国。西周末年，王室衰微，郑桓公“东寄孥与贿”于虢、郐等十邑。不久桓公便开始了伐郐之役，并由其子武公最终灭郐而迁郑。《汉书·地理志》颜注引臣瓒曰：“幽王既败，二年而灭郐，四年而灭虢，居于郑父之丘，是为郑桓公。”这里的“桓公”显系武公之误，幽王败后二年即周平王二年（前769年），郐为郑武公所灭[5]。

密，周代姬姓国，春秋属郑，战国归韩。密国原在今甘肃灵台县，是西周初年在商代密须国故地分封的姬姓国家。西周共王年间，姬密国被灭，共王将其迁至河南新密市境内。《汉书·地理志》“河南郡密县条”下，王先谦补班固注云：“《晋志》：密，周畿内国。《周语》有密康公，王灭之。后属郑，为新密，亦曰新城，战国属韩。”《春秋》称“新城”①，《左传》作“新密”②。关于密国都城的地望，《新斠注地理志集释》云：“密故国在今开封府密县东七十里。《后汉书》注，故城在密县东南。《太平寰宇记》：“东南三十里，姬姓国也。”《水经·洧水注》：“洧水又东迳密县故城南。”

阳城[6]，向称为“九州之险”③地，是春秋战国时期郑国与韩国都城西面的军事重镇之一。《史记·郑世家》曰：“郑君乙立，十一年，韩伐郑，取阳城。”《史记·韩世家》也云：“文侯二年伐郑，取阳城。”《资治通鉴》载，周安王五十七年（公元前385年），“韩伐郑，取阳城”。调查与发掘表明，阳城城址位于今河南登封市告成镇的颍河与五渡河交汇处。结合出土遗物与文献记载，推测阳城可能始筑于春秋时期。

负黍，是春秋战国时期郑、韩两国西部的边防重镇。《竹书纪年》载，周敬王六年（前514年），“郑伐冯、滑于负黍”；周安王十七年（前385年），韩伐郑，占领阳城、负黍。《史记·郑世家》：“（缥公）十六年，郑伐韩，败韩于负黍。”《史记·秦本纪》载，昭襄王五十一年（前256年），“将军樛攻韩，取阳城、负黍”。经调查，负黍城址[7]在今河南登封市东南15千米大金店镇西南约2千米的颍河南岸城子村一带。

京，商代子姓国，据张明申先生考证，《左传》中的“京城”即殷商时的“亳城”[8]。

① 《春秋·僖公六年》：“夏，公会齐侯、宋公、陈侯、卫侯、曹伯伐郑，围新城。”

② 《左传·僖公六年》：“夏，诸侯伐郑，以其逃首止之盟故也，围新密，郑所以不时城也。”

③ 《左传·昭公四年》：“四岳、三涂、阳城、太室……九州之险也。”

京城在春秋时属郑，战国时属韩。《左传·隐公元年》载，武姜为共叔“请京，使居之，谓之京城大叔”。杜预注：“京，郑邑，今荥阳京县。”《史记·项羽本纪》云：“楚起于彭城，常乘胜逐北，与汉战荥阳南京、索间。”《正义》引《括地志》云：“京县在郑州荥阳县东南二十里，郑之京邑也。”《水经·济水注》云：“其水北流，径金亭，又北径京县故城西，人于旃然之水。城故郑邑也，庄公以居弟段，号京城大叔。”杨守敬疏引《读史方舆纪要》云：“在荥阳县东南三十里。”京城城址位于今荥阳市东南约10千米的豫龙镇京襄城①村一带。

索，商代子姓国，商朝末年为周人所灭，春秋时属郑。《路史·国名纪》曰：“索，郑之索氏。故成皋东有大索城。”《水经·济水注》云：“其水乱流，北迳小索亭西。《世语》以为本索氏兄弟居此，故号小索者也。……索水又北屈东，迳大索城南。《春秋传》曰：‘郑子皮劳叔向于索氏。’即此城也。《晋·地道志》所谓京有大索、小索亭。《汉书》京、索之间也。”索国的地望，在今河南荥阳市境内，大、小索城相距约2千米，均在索河之滨，大索城为索国故城[9]。

东虢，西周姬姓国，春秋初年为郑武公所灭。终春秋战国之世，虢都情况一直隐晦不清，仅《左传·昭公元年》提到一次，载楚国的公子围（楚灵王）同鲁、晋、郑、齐、宋、陈、蔡等国“会于虢”。关于虢都的地望，《左传·隐公元年》杜预注曰：“虢者，东虢君也。……虢国，今荥阳县。”《后汉书·郡国志》“河南尹荥阳县”下：“虢亭，虢叔之国。”《水经·济水注》：“索水又东，迳虢亭南。”应劭曰：“荥阳，故虢国也，今虢亭是也。”司马彪《郡国志》曰：“县有虢亭，俗谓之平咷城。”不少学者认为②，今荥阳市广武镇南城村东南的平陶故城即为东虢都城。平陶故城[10]，又作“平桃城”“平咷城”。

桐丘之名始于春秋之世，本属郑地，乃周平王东迁封郑懿亲于桐丘。《左传·庄公二十八年》载：“秋，（楚令尹）子元以车六百乘伐郑……郑人将奔桐丘。”关于桐丘的地望，杜预注：“许昌县东北有桐丘城。”《水经·洧水注》卷二十二曰：“洧水又东南经桐丘城。”《肇域志·河南·开封府》下“扶沟县条”：“桐丘，在县西二十里。”《古今地名大辞典》“桐丘条”载：“在河南扶沟县西二十里。”

鄢，西周分封的侯国，坛姓，春秋时被郑武公所灭。《左传·隐公元年》载：“京叛大叔段，段人于鄢，公伐诸鄢。”《春秋·隐公元年》又云：“郑伯克段于鄢。”下杜注：“鄢，今颍川鄢陵县。”《左传·成公十六年》：“甲午晦，晋侯及楚子、郑伯战于鄢陵。”关于鄢城的地望，《肇域志·河南·开封府》下“鄢陵县条”：“鄢陵城，在县西北。”《鄢陵县志》：“鄢陵自汉置县始，城距古鄢城一十八里。”又云：

① 公元前636年，周王室发生“子带之乱”，郑文公迎周襄王避难于京城，故改名为“京襄城”。

② 马世之、郑杰祥、陈万卿等先生均持此说，详见《古都郑州》221、275～277；陈万卿：《东虢国考》，《郑州商都3600年学术研讨会暨中国古都学会2004年年会论文选编》，中州古籍出版社，2005年，第176～181页。

“古鄢城在鄢陵县西北甘罗北保周回九里一百六十步。”经调查，古鄢城位于今河南鄢陵县西北9千米前步村周围，分为内、外二城。城内出土陶器等遗物多属春秋战国时期，结合文献记载推测该城即为春秋时代的鄢城[11]。

三、边境地区建立军事据点与郑长城

郑国不仅在都城周邻地区建立一系列军事重镇，而且还在边境地区设立有众多的军事据点，它们以“合围”之势构筑了一条牢固的外围防御链条，可以更好地拱卫处于中心地带的都城。现对郑国周邻地区的军事据点，按方位概述如下。

郑国北境有管、棐、弊、依、鄹、梧等。管，是西周初年文王的第三子管叔鲜的封地。杨宽先生认为商代已有管地，商周金文中的“阑”即“管”[12]。管在春秋时属郑，《左传·宣公十二年》载：“楚伐郑，晋人救郑，楚军次于管以待之。”关于管的地望，《史记·管蔡世家》之《集解》引杜预曰：“管在荥阳县东北。”《汉书·地理志》“河南郡下”：“中牟县……有筦叔邑。”王念孙补注曰：“此当作有筦城，故筦邑。”筦与管同字，筦叔、筦城即管叔、管城。《括地志》卷三云：“郑州管城县外城，古管国也，周武王弟叔鲜所封。”《春秋大事表》卷七，管城“在今开封府郑州北二里，即管叔所封国”。管城的具体所在，有学者推测在郑州古荥镇附近[13]。棐，甲骨文中作“非”，商周偃姓国，约于春秋初年为郑所灭。《春秋·文公十三年》云：“郑伯会公于棐。”《宣公元年经》又载：“宋公、陈侯、卫侯、曹伯会晋师于棐林，伐郑。”杜预注：“棐林，郑地，荥阳苑陵县东南有林乡。”高士奇《春秋地名考略》卷六引：“吴氏曰：棐即棐林也。又《左传·襄公三十年》：‘卫襄公如楚，过郑，郑伯有迎，劳力棐林。’《战国策》：苏代曰：‘兵困于林中。’即此……今新郑县东二十五里有林乡亭。”《水经·渠水注》：“华水又东径棐城北，即北林亭也。……杜预曰：‘荥阳中牟县西南有林亭，在郑北。’今是亭南去新郑故城四十许里，盖以南有林乡亭，故杜预据是为北林，最为密矣。”北林、棐林古为一地，在今新郑市东北10余千米的大范庄一带[14]。弊，或作蔽，商周古国，春秋初年郑所得十邑地之一。其地域在今河南郑州市境，具体地点难以确指，或谓在今郑州市东郊圃田西[15]。依，商周古国，原为郐邑，后属郑，其地望应在郑州市西北一带[16]。鄹，郑武公强占的虢、郐十邑之一，其位置已不能确指，可能在东虢国的东部，今郑州市的东部或北部[17]。梧城，郑地，《水经》注作“梧桐涧”，《荥阳县志》作“五通河”，现在有村叫“五龙寨”，皆由梧城音近讹化而来[18]。《左传·襄公十年》载：“诸侯之师城虎牢而戍之，晋师城梧及制，士鲂、魏绛戍之。”杨伯峻注：“梧当在虎牢附近。”

郑国西北境有荥阳、补、隙、宅阳、邮龙、戏、制等。荥阳，春秋时属郑，战国时归韩。《左传·僖公十八年》载，晋文公败楚兵于城濮，“还至衡雍，作王宫于践土”。《读史方舆纪要》及《荥阳县志》曰：“荥阳故城内东北隅有践土台。”荥阳故城在今郑州市西北部的古荥镇一带。补，商周古国，春秋初年为郑所灭。其地望，在河南新密市境。何光岳《楚源流史》谓："补，今密县西十八里补子庙。"说明补国故城在密县老城西9千米处[19]。另有学者认为补在今河南荥阳市汜水镇一带[20]。隞，商周子姓国，春秋时成为郑国的附庸，其地望在今河南郑州市与荥阳市交界一带[21]。宅阳，春秋时属郑，战国时属韩。古本《竹书纪年》载："晋出公六年，齐、郑伐卫。荀瑶城宅阳。"又云："宅阳一名北宅。"《史记·魏世家》云："（惠王）五年，与韩会宅阳。"关于其地望，《正义》引《括地志》曰："宅阳故城一名北宅，在郑州荥阳县东南十七里也。"古宅阳城当在今郑州市西北的古荥镇东南[22]。郇龙，郑地。《春秋·文公二年》："盟于郇龙。"杜预注："郑地，今荥阳县东北有陇城。"《水经·济水注》："有郇龙城，济渎出其北，《春秋·文公二年》：'晋士谷盟于郇龙'者也。京相璠曰：'郇龙，郑地，今荥阳东二十里有故陇城。'即此是也。"汉荥阳县即今郑州市西北古荥镇，可知郑之郇龙城应在古荥镇东约10千米处。戏，亦作羲，夏商风姓国，本伏羲氏后裔。周武王灭商以前，其地望在河南登封、巩义、荥阳一带，春秋时属郑。《路史·国名纪六》云："戏，武王克商，命吕他伐戏方，云纣畿内。按襄九年，戏，郑地。"《春秋·襄公九年》载："冬，公会晋侯、宋公。卫侯……伐郑。十有二月己亥，同盟于戏。"杜预注："戏，郑地。"杨伯峻《春秋左传注》曰："戏即成十七年《经》《传》之戏童。"又注成公十七年《传》曰："戏童即襄九年之戏，在今河南巩义东南。"杨宽先生亦持此说①。此外，郑都东北尚有廪延，《肇域志·河南·开封府》下"延津县条"："郑廪延邑。……廪延故墟，在县北塔儿店。"廪延在今河南延津县北15里。

郑国西境有颍、曼、舟等。颍，西周古国，后为周灭。春秋初年，郑国向西扩展，颍又成为郑西面的要邑，颍考叔便曾任镇守边疆的地方长官——封人。《左传·昭公元年》载："天王使刘定公劳赵孟于颍。"杨伯峻注："颍，本周邑，后属郑。隐元年《传》'颍考叔为颍谷封人'之颍谷，则在河南登封县西南。"《水经·颍水注》云："今颍水有三源奇发，右水出阳乾山颍谷。《春秋》颍考叔为其封人。"可见，颍国的地域在今河南登封市境，故城在今登封市西颍阳镇颍阳村。曼，即郑国鄤地，商周曼姓国，春秋初年为郑所灭。故《路史·国名纪四》曰："郑邑，曼伯国。"《左传·成公三年》载："春，诸侯伐郑，次于伯牛……郑公子偃帅师御之，使东鄙覆诸鄤，败诸丘舆。"杜预注："伯牛、鄤、丘舆皆郑地。"《水经·河水注》云："汜水又北合曼水。"杨守敬疏："《续汉志》，成皋有曼水，当在今汜水县西南。"可见，郑之鄤地当在今河南荥阳市汜水镇一带。舟，亦作丹，夏商秃姓国，后为周所灭，舟人多沦为奴隶。舟是春秋初年郑国所得的虢、郐等十邑之一，其地望当在今河南新郑市一带。郑都西南有雍梁、犨、郏等。雍梁，在今河南禹州市东北。《左传·昭公元年》载："楚公

① "越戏方该在浮戏山下，当在今河南巩义东南。"详见《中国古代都城制度史研究》，25页。

子围使公子黑肱、伯州犁城犨、栎、郏，郑人惧。”

郑国东境有牛首、雍丘等。《左传·桓公十四年》载：“冬，宋人以诸侯伐郑……伐东郊，取牛首。”襄公十年诸侯伐郑时也曾“师于牛首”。今河南开封县陈留镇西南11里有牛首城。《史记·韩世家》载：“景侯虔元年，伐郑，取雍丘。”雍丘在今河南杞县。郑都南面有汜水，位于今河南襄城县南。

郑都东南有长葛、旧许、烛城等。长葛，《肇域志·河南·开封府》下“长葛县条”：“郑邑。”《春秋·隐公五年》：“宋人伐郑，围长葛。”隐公六年又云：“宋人取长葛。”《春秋·桓公五年》载诸侯从（周桓）王伐郑，郑伯御之，“战于繻葛”。长葛在今河南长葛市北12里的洧水西岸。旧许位于今河南许昌市东30里。烛城，系郑国烛之武的封邑。

由上可知，为都城安全计，郑国在周边地区设立了数量众多的军事据点。这些据点有的是由郑国修筑，有的是沿用前代城池并加以增筑。但到了春秋晚期，郑国日趋衰败，一些险要之地先后被他国侵占，譬如犨、郏、栎已属楚，虎牢已为晋所得，郑在大国争夺的夹缝中左右逢迎。战国初年，魏国首先强大起来，故郑事魏尤谨。魏国为防止西邻强秦的入侵，不仅将国都由安邑（今山西夏县）迁至大梁（今河南开封），而且还在其西境修筑长城。《战国策·魏一》苏子说魏王曰：“大王之地，西有长城之界。”因魏郑关系密切，加之郑也有防止西邻韩国入侵的意图，故魏国的部分长城筑在了郑境内，实应称为“郑长城”。鲍彪注《战国策》曰：“荥阳、卷县有长城，经阳武，到密。”

综上所述，为保卫都城的安全，郑国在其都城南面建立辅都——栎，还在都城的周邻地区设立了一系列军事重镇：郑都北境有华阳故城，郔城，祭伯城；东北有启封故城；西有郐国故城，密国故城（即新城或新密），阳城，负黍城；西北有京城，大、小索城，平陶故城（虢都）；东南有桐丘故城、鄢陵故城等。这些城址有的为郑国所筑，有的始建于商周时期，郑时继续沿用并加以增筑。不仅如此，郑国还在其边境地区建立长城及一系列军事据点：北境的管、棐、弊、依、粟、梧；西北的荥阳、补、隞、宅阳、邮龙、戏、制；西境的颍、曼、舟；东境的牛首、雍丘等，它们以“合围”之势构筑了一条牢固的外围防御链条。总而言之，郑国多梯次军事防御设施的设立，可以更好地拱卫处于中心地带的都城。

注　释

［1］ 张国硕：《夏商时代都城制度研究》，河南人民出版社，2001年。

［2］ 李玉洁：《郑国的都城与疆域》，《中州学刊》2005年第6期。

［3］ 新郑市文物管理局：《新郑市文物志》，中国文史出版社，2005年。

［4］ 丘刚：《启（开）封故城的兴废与勘探——兼谈启（开）封的郑氏家族》，《史学月刊》1992

年第2期。

［5］ 李峰：《西周金文中的郑地和郑国东迁》，《文物》2006年第9期。

［6］ 河南省文物研究所等：《登封王城岗与阳城》，文物出版社，1992年。

［7］ 郑州历史文化丛书编纂委员会：《郑州市文物志》，河南人民出版社，1999年。

［8］ 张明申：《郑武公和东郑初都——京城》，《郑州商都3600年学术研讨会暨中国古都学会2004年年会论文选编》，中州古籍出版社，2005年。

［9］［14］［15］［16］［19］［21］［22］ 郑州市城市科学研究会、郑州古都学会编：《古都郑州》，中州古籍出版社，2004年。

［10］ 郑州历史文化丛书编纂委员会：《郑州市文物志》，河南人民出版社，1999年。

［11］ 刘东亚：《河南鄢陵县古城址的调查》，《考古》1963年第4期。

［12］ 杨宽：《中国古代都城制度史研究》，上海人民出版社，2003年。

［13］ 程平山、周军：《商周管邑地望考略》，《中原文物》2000年第4期。

［17］［18］ 陈万卿：《东虢国考》，《郑州商都3600年学术研讨会暨中国古都学会2004年年会论文选编》，中州古籍出版社，2005年。

［20］ 李玉洁：《郑国的都城与疆域》，《中州学刊》2005年第6期。

（原刊于《炎黄文化》2014年第7期）

论郑韩故城周邻河泽的自然防御功能

鲍颖建　张　英

所谓自然防御，是指利用自然形成的高山、河流、沼泽等进行军事防御。人类社会的发展时刻离不开水，河流在人类文明进程中起到了极为重要的作用。《史记·殷本纪》载“四渎已修，万民乃有居”，说明河流与先民的生活关系密切。《国语·周语》云“昔伊洛竭而夏亡，河竭而商亡”，表明河流水系与国家（都市）的政治经济生命休戚相关[1]。春秋战国时期，战争频仍，各国统治者更加注重都城周围优越自然环境的择定。魏武侯把“山河之固”看做是“魏国之宝”，商鞅在论及秦如何成就帝王之业时也把“秦据河山之固，东乡以制诸侯”作为必要条件。郑樵《通志》载：“建邦设都，皆凭险阻。山川者，天之险也；城池者，人之阻也；城池必以山川为固。……所以设险之大者莫如大河……故中原依大河为固。”这里道出了河流等自然屏障在都城防御上的重要性。

中国古代的都城毫无例外地都将城址选择在河流的沿岸，或距河流不远，夏、商、周三代的都城便大都如此。这样做的根本原因是为了解决城市供水和水路交通问题[2]。从军事防御的角度而言，于河流附近立都，可以凭恃这些天然的屏障来加强都城的守卫能力。

一

郑韩故城作为郑、韩二国的都城，其选址也未离开河流，它建在双洎河（古洧水）与黄水河（古溱水）的交汇之地。郑国建都于原郐国境内，而郐国则居于溱、洧之间。《诗·桧谱》：“郐国在《禹贡》豫州外方之北，荥波之南，居溱、洧之间。”《汉书·地理志下》：“幽王败，桓公死，其子武公与平王东迁，卒定虢、郐之地，……食溱、洧焉。”颜师古注：“桧国在豫州外方之北，荥嶓之南，溱、洧之间。”《路史·国名纪》：“《诗》之桧国在溱、洧之间。”另外，文献中也有郑国居于溱、洧之间的记载。《国语·郑语》云：“主芣騩而食溱洧。”《诗·郑风·溱洧》曰“溱与洧，方涣涣兮”，说明其水势旺盛；又载“溱与洧，浏其清矣”，表明其水既深且清漪。《孟子·离娄下》云：“子产听郑国之政，以其乘舆济人于溱洧。”《竹书纪年》

亦曰：“郑迁于溱洧。”洧水，颍水支流①，发源于“河南密县西南马领山”。《水经注·洧水》载：“洧水又东迳新郑故城中，……今洧水自郑城西北人，而东南流迳郑城南城之南门内，……水南有郑庄公望母台。”又云：“洧水又东与黄水合，……又南至郑城北，东转于城之东北，与黄沟合。”《肇域志·河南·开封府》密县条下：“洧水，出县西阳城山，东至新郑县会溱水，为双洎河。至西华县入黄河。”鄢陵条下又云：“洧水出颍川阳城山，山盖马岭之统目。”溱水，又作潧水、黄水。《水经》无《溱水篇》，另有《潧水篇》。《水经·潧水》曰：“潧水出郑县西北平地，东过其县北，又东南过其县东，又南入于洧水。”而《洧水篇》又云：“（洧水）又东过郑县南，潧（鄫）水从西北来注之。”据史念海先生考证，以潧水为溱水的说法是确实的[3]。《肇域志·河南·开封府》鄢陵条下：“《水经注》云：郐水注于潧，潧注于洧，《诗》所谓溱与洧者是也。”黄水的得名，《水经·洧水注》有两种解释：一为“黄水出太山南黄泉，东南流，迳华城西”；一为“黄，即春秋之所谓黄崖也，故杜预云‘苑陵县西，有黄水’者也”。又《左传·襄公二十八年》载：“公如楚，过郑，郑伯不在，伯有劳于黄崖。”杜预注：“荥阳苑陵县西有黄水。”据蔡全法先生考证，新郑的黄水河即历史上的溱水，郦道元《水经注》改溱水为黄水是错误的[4]。

郑城附近除了一向为人们所称道的溱、洧水之外，还有溟水、郐水等。《水经·溟水篇》载：“溟水出河南密县大騩山，东南人于颍。”郦道元注：“溟水又东南迳长社林城西北，……又东南迳宛亭西，郑大夫宛射犬之故邑也，……又东南迳陶陂东。”郦注较详细地记述了溟水的流经之地。《肇域志·河南·开封府》许州条下：“《通志》：溟水，源出大隗山，名鲁固（姑）河，一名清流河。东南经长葛县西，又东至临颍县人颍水，与上清流河合。”郐水，桑钦《水经·潧水》载：“潧水出郑县西北平地。”而郦道元注曰：“潧水出郐城西北，鸡络坞下。”如前所述，桑钦所言之潧水即溱水，今黄水河是也。郦道元所说的潧水疑为郐水，郦又注云：“《诗》所谓溱与洧者也，世亦谓之为郐水也。”郦道元关于郐水流向的记述是正确的，但不宜以郐水作为溱水[5]。经有关学者考证，今新密市境的溱水应是历史上的郐水[6]。

二

以上所述主要是从小的地理环境来说的，可知郑城附近有不少的河流，既有环绕故城的溱、洧二水，邻近地区又有溟水、郐水等。然而，从大的地理环境来看，郑城周边地区还有相当多的河流、沼泽等。具体而言，故城北有黄河，南有颍水、汝水，西有伊水、洛水，东有济水，东北有圃田泽等。郑韩故城建在原郐国境内，而文献记载郐是居于济、洛、河、颍之间的国家。《国语·郑语》云：“其济、洛、河、颍之间，是其

① 《水经注·颍水》：“又东南过临颍县南，……洧水从河南密县东流注之。”

子男之国，虢、郐为大，……若前华后河，右洛左济。”《诗·桧风序》说：“王云，周武王封之于济、洛、河、颍之间为桧子。”《诗·桧谱》引《正义》曰：“谓济西、洛东、河南、颍北，是四水之间，其子男之国有十，惟虢、郐为大。”可知，西周郐国的地域在济水以西、洛水以东、黄河以南、颍水以北这片广阔的土地上。郑灭郐、韩亡郑后，其地便先后归郑、韩所有。先秦时期的黄河，流经今郑州市北广武山下，东北流经今新乡市东、汲县南、滑县东、浚县南、内黄东，流入河北出境[7]。《肇域志·河南·开封府》下云：“黄河，旧在府城北四十里（《通志》：府北十五里），自西北汜水县入境，东至虞城县，下达山东济宁州界。”《水经·河水五》载：“河水又东过平阳县北，……又东过巩县北。洛水从县西北流注之，又东过成皋县大伾山下，南对玉门。又东合汜水，又东径板城北，又东径五龙坞北。又东过荥阳县，浪荡渠出焉。又东北径卷之扈亭北，……又东径卷县北。”说明河水确实在郑、韩二国的北境流过。此外，郑城北境尚有索水、须水、旃然水等。索水，《水经·济水一》载：“祭祀又东，索水注之。”郦道元注曰：“（索水）出京县西南嵩渚山，……又北径京县故城西，又北径大栅城东。索水又北屈，东径大索城南，又东径虢亭南。索水又东径荥阳县故城南。……索水又东流，北屈西转，北径荥阳城东，而北流注济水。”《肇域志·河南·开封府》荥阳县条下：“索水，出嵩渚山，北流入京水。……索水河，源出小陉山南圣水峪，至县，环城东北，流入京水。”索河源于今荥阳市南部崔庙，北流经荥阳城后折向东北，至沟赵以北纳入须水河，称索须河，经花园口折向东南在周庄以东注入贾鲁河[8]。须水，《水经注·济水》曰：“索水又东北流，须水右人焉。”又云：“（须）水近出京城东北二里榆子沟，又亦或谓之为小索水，东北流，木蓼沟水注之，……又东北入于须水，须水又东北，流于荥阳城西南，北注索。”《肇域志·河南·开封府》荥阳县条下：“须水，在县东四十里。源出万山，北流入汴河，东流县北境，合索水，达于河。”旃然水，《左传·襄公十八年》载：“楚师伐郑，次于鱼陵（郑国地名）。右师城上棘，遂涉颍，次于旃然。”《水经注·济水一》载：“（索水）又北迳京县故城西，人于旃然之水。”杜预曰：“旃然水出荥阳成皋县东，入汴。《春秋·襄公十八年》，楚伐郑，右师涉颍，次于旃然，即是水也。”

郑城南面有颍水、汝水等。《春秋大事表，郑疆域论》载：“（郑）西有虎牢之险，北有延津之固，南据汝颍之地。”颍水，为淮水支流。颍水的发源地，《水经注·颍水》云：“《山海经》曰：颍水出少室山。《地理志》曰：出阳城县阳乾山。今颍水有三源奇发：右水出阳乾山之颍谷，春秋时颍考叔为其封人，其水东北流。中水导源少室通阜，东南流径负黍亭东，《春秋·定公六年》，郑伐冯，滑负黍者也。……左水出少室南溪，东合颍水。”颍水流经之地，《水经·颍水篇》：“颍水出颍川阳城县西北少室山。又东南过其县南。又东南过阳翟县北。又东南过颍阳县西，又东南过颍阴县西南。又东南至慎县东南，入于淮。”《肇域志·河南·开封府》禹州条下：“颍水，自登封县发源，至石羊关入本州，绕州城东、西、北三面，东入许州。”汝水的发源地，《水经·汝水篇》："汝水出河南梁县勉乡西天息山。"郦道元注："《地理志》曰：出高陵山，即猛山也，亦言出南阳鲁阳县之大盂山，又言出弘农卢氏县远归山。《博物志》曰：汝出燕泉山，并异名也。……今汝水西出鲁阳县之大盂山黄柏谷，……其水东北流，迳太和城西，……又东屈尧山西领下，北流两分，一水东迳尧山南，为水也，即经所言水出尧山矣。一水东北出为汝水，历蒙（黄）柏谷。"关于汝水的流经之地，《水经·汝水篇》："（汝水）又东南颍川陕县南。"郦道元注："汝水又迳郏县故城南，……汝水又东南，迳襄城县故城南，……其（襄）城南对汜城，周襄王出郑居汜，即是此城也。《春秋·襄公二十六年》，楚伐郑，涉汜而归，杜预曰：涉汝水于汜城下也。"《肇域志·河南·开封府》襄城条："郑南汜地。周襄王避叔带之难，出奔郑，居此。汝水，发源伊阳之天息山，迳汝州，过郑，至本县始大。"

郑城西境有伊水、洛水等。伊水的发源地，《水经·洛水篇》载："伊水出南阳县西蔓渠山。"郦道元注："《山海经》曰：蔓渠之山，伊水出焉。《淮南子》曰：伊水出上魏山。《地理志》曰：出熊耳山。"伊水的流经之地，《水经·洛水篇》："（伊水）又东北过陆浑县南。又东北过新城县南。又东北过伊阙中。又东北至洛阳县南，北入于洛。"《肇域志·河南·河南府》洛阳县条下："伊水，在府城南。源出卢氏县闷顿领之阳，北流经永宁、宜阳、嵩县、洛阳、偃师县杨村，入于洛。"洛水的发源地，《水经·洛水篇》："洛水出京兆上洛县举山。"郦道元注："《地理志》曰：洛出冢领山。《山海经》曰：出上洛西山，又曰举之山，洛水出焉。"洛水的流经之地，《水经·洛水篇》："（洛水）又东北过宜阳县南。洛水又东迳宜阳县故城南。……又东过洛阳县南，伊水从西来注之。又东过偃师县南。……又东北过巩县东，又北入于河。"《肇域志·河南·河南府》洛阳县条下："洛水，在府南五里。源出陕西洛南县冢领山，东北流经卢氏、永宁、宜阳至府城，又东经偃师，至巩县，入于河。"巩县条下："周巩伯邑。……洛水至县东北十里入河，名洛口，亦名洛汭。"伊、洛二河在偃师市杨村汇合，称为伊洛河，在巩义市境内注入黄河[9]。

郑城东境有济水等。济水为古代的四渎之一，是黄河流经广武山时分流出来的一条支津。其发源地，《水经·济水一》载："济水出河东垣（曲）县东王屋山，为沇水。"郦道元注："《山海经》曰联水出焉，西北流，注于秦（孙汝澄作泰）泽。郭景纯云联沇声相近，即沇水也。……孔安国曰泉源为沇，流去为济。……《风俗通》曰济出常山。"济水的流经之地，《水经·河水五》："（河水）又东过成皋县北，济水从北来注之。"《济水一》又载："又东至温县西北，为济水，又东过其县北。屈从县东南流，过坟城西，又南当巩县北，南入于河。与河合流，又东过成皋县北，又东过荥阳县北，……济水又东径西广武城北。济水又东径东广武城北。济水又东径敖山北。济水又东合荥泽。济水又东径荥阳县北。"《左传·襄公十一年》载："四月，诸侯伐郑。……观兵于南门，西济于济隧。"据郦道元说，这条济隧是连接黄河与荥泽之间的河流。先秦时期的济水分黄河南、北两部分，依《水经注·济水》记载，济水在荥泽和巨野泽之间是分成两条水道流向东北的，在南的一条叫做南济，在北的一条叫做北济[10]。故《水经·济水一》又云："济水又东北流，南济也，迳阳武县故城南。济水又东迳封丘县南。……又东过封丘县北，北济也。"济水北流源出济源市王屋山，下游屡经变迁，今已并人莽河；南流本是黄河泛道，因分流处与河北济口隔岸相对，古人遂视其为济水下游，当时济水自今荥阳市北分黄河东出，流经今原阳县南、封丘县南，流入山东省[11]。

三

此外，郑城北境尚有一些沼泽，著名的便是圃田泽与荥泽。在今郑州市东30里处地跨中牟、原阳二县的大洼地，春秋时为圃田泽[12]。《穆天子传》卷五："夏，庚午，天子饮于洧上，乃遣祭父如圃郑。"郭璞注："郑有圃田，因云圃郑。"郑圃田泽的地望，《汉书·地理志·河南郡》下："中牟，圃田泽在西，豫州薮。"《大清一统志·河南开封府》山川条云："古圃田泽在中牟县西。《诗·小雅》：'东有甫草。'《周礼·职方氏》：豫州'其泽薮曰圃田。'《尔雅·九薮》：'郑有辅田。'《左传·僖公三十三年》：'郑皇武子曰：郑之有原圃，犹秦之有具圃也。'《水经注》：'圃田泽多麻黄草……西限长城，东极官渡，北佩渠水，东西四十余里，南北二十余里，……为郑隰之渊薮。'《括地志》：'圃田泽在管城县东三里。'《元和志》：'在中牟县北七里，上承郑州管城县界曹家陂，又溢西北流为二十四陂。'"《肇域志·河南开封府》中牟条下："圃田泽，在县西。《周礼·职方》'豫州泽薮曰圃田'是也。源出郑州八里河，流人中牟境，为大泽。《逸周书》：粱惠王为大沟于北郛，以行圃田之水，由浚仪分渠。"荥泽，《尚书·禹贡》载："荆河惟豫州，伊、洛、涧既入于河，荥波既潴。"孙星衍《尚书今古文注疏》中说："马融曰：荥波，泽名。郑康成曰：水溢出河为泽也。今塞为平地，荥阳民犹谓其处为荥波，在其县东。"荥泽的地望，《水经注·济水一》："《晋地道志》曰：济自大伾入河，与河水斗，南泆为荥泽。……故吕忱云嶓水在荥阳，谓是水也。昔大禹塞其淫水，而于荥阳下，引河东南，以通淮泗。"《元和郡县志》："荥泽，县北四里。《禹贡》济水溢为荥，今济水亦不复入也。"《肇域志·河南·开封府》荥泽县条下："《禹贡》'济水溢为荥'即此地。济水旧出河北，截河南流而为荥泽。"史念海先生以今荥阳一带地势的高低来探寻古荥泽的地理位置，指出广武山北是一片慢坡，直到郑州之西渐成平地。这片慢坡在古荥镇之东陡降为高崖，该高崖由广武山下斜向东南，直到郑州附近。高崖下为平滩，荥泽的旧地当在此高崖下的平滩上求之[13]。在此基础上，陈隆文先生具体指出，荥泽位置应在今广武山、大伾山以北，黄河北岸御坝、秦厂、老田庵、大茶堡一线黄河大堤之南的区域内求之[14]。荥泽处在郑城的北境，这在文献中也有反映。《诗·桧谱》云：

“郐国在《禹贡》豫州外方之北，荥波之南。”朱熹《诗集传》也有相似记载①。郐后为郑国所灭，其地尽归郑有。但是，《左传·闵公二年》卫国与狄人的战地荥泽，具体地望难以确指，但应该不在荥阳附近②。

综上所述，郑韩故城周围有众多的河流与沼泽。从小的地理环境观察，郑城附近除溱、洧二水外，尚有溴水、郐水等。就大的地理环境而言，郑城周围除济、洛、河、颍外，还有伊水、汝水等。此外，郑城北境尚有圃田泽、荥泽等作为屏障。这些河流与沼泽的存在，增加了敌人进犯的难度，利于加强都城地区的军事防御。

注　释

［1］　韩国河：《都市文明与河流关系的思考》，《郑州商都3600年学术研讨会暨中国古都学会2004年年会论文选编》，中州古籍出版社，2005年。

［2］　马正林：《中国城市的选址与河流》，《陕西师范大学学报（哲学社会科学版）》1999年第4期。

［3］［5］　史念海：《郑韩故城溯源》，《中国历史地理论丛》1998年第4期。

［4］　蔡全法：《郐国、郐水、郐都析议》，《河南省文物考古论集》，大象出版社，2006年。

［6］　刘文学：《纠正溱水讹误廓清历史谜团》，《中州今古》2002年第1期。

［7］　河南省地方史志编纂委员会：《河南省志·水利志》，河南人民出版社，1994年。

［8］［9］　河南省地方史志编纂委员会：《河南省志·地貌山河志》，河南人民出版社，1994年。

［10］　史念海：《论济水和鸿沟（中）》，《陕西师范大学学报（哲学社会科学版）》1982年第2期。

［11］［12］　张汉洁：《古圃田泽的变迁与开发利用》，《地域研究与开发》1988年第3期。

［13］　史念海：《论济水和鸿沟（上）》，《陕西师范大学学报（哲学社会科学版）》1982年第1期。

［14］　陈隆文：《古荥泽考》，《陕西师范大学继续教育学报》2007年第3期。

［原刊于《华北水利水电学院学报（社会科学版）》2012年第28卷第4期］

① “桧，国名。高辛氏火正祝融之墟，在《禹贡》豫州处方之北，荥波之南。”

② 《左传·闵公二年》：“冬，十二月，狄人伐卫。……及狄人战于荥泽。卫师败绩，遂灭卫。”郑玄、胡渭、杨伯峻等先生认为该荥泽即在荥阳附近，史念海先生认为当另有其地，并指也这个荥泽可能在朝歌以北或西北。

华阳故城的调查发掘及华族华国的初步思考

索全星

华阳故城位于新郑市北部20千米的郭店镇华阳寨村，系一处战国时期的古城址，1986年11月21日被公布为河南省重点文物保护单位。2010年5月郑新快速通道从华阳故城西墙外侧通过，郑州市文物考古研究院对该城进行考古调查并对西墙外侧护城河作了考古发掘，比较全面地了解和掌握了古城的布局结构、城防体系变化及其周围古文化遗址的分布概况，为东周时期的古城建筑史、军事战争史及中华文明探源工程的进一步深入研究提供了新的实物资料。

一、华阳城遗址的调查

调查的内容主要有：查找相关的文献资料、与村民座谈和对古城的野外调查。

1. 文献记载

主要有三个方面。

（1）关于炎帝诞生地的记载。东汉《春秋纬元命苞》："少典妃安登游于华阳，有神龙首感之于常羊，生神农，人面龙颜，好耕，是谓神农，始为天子。"

（2）关于"华国""华邑"的文献。周穆王时的《命簋铭》曰："唯十又一月初吉甲辰，王在华，王锡命鹿，用作宝彝。"据《国语·郑语》载，西周末年郑桓公谋安国之策，史伯建议其东迁至虢、郐、华等十邑之地。《路史·国名记》："商之居华，子国，郑邑有华。史伯：依、糅、历、华，君之土也。"《读史方舆纪要》："县北四十五里，亦曰华阳亭。古华国，史伯谓桓公华君之土也。"

（3）关于华阳大战的文献。《史记·韩世家》载："韩僖王二十三年赵魏攻我华阳，韩告急于秦。……八日而至，败赵魏于华阳之下。"《史记·白起王翦列传》载："昭王三十四年（前273年）白攻魏，拔华阳，走芒卯，而虏三晋将，斩首十三万。与赵将贾偃战，沉其卒二万人于河中。"《史记·赵世家》："赵惠王二十五年，与魏共击秦。秦将白起破我华阳，得一将军。"秦简《编年记》载："三十四年攻华阳。"

这些文献的信息反映出华阳城一带，在新石器时代有诞生炎帝的传说，在商代是华邑所在，在西周为华国都邑，春秋时属郑，战国时属韩，文化积淀深厚。著名考古学者唐兰在《西周青铜铭文分代史徽》中说："华，地名……在今河南省密县（今属新郑），西为嵩山，是夏族旧居，所以华即是夏，中华民族起于此。"

2. 传说与群众座谈

相传五代后周时期，周世宗柴荣死后葬在华阳故城西的陵上村。柴荣的女儿柴郡主每年前来祭奠其父都在此城稍停，卸下佩饰和凤冠，换上素服，前往祭吊。群众称此城为“卸华城”。清代咸丰庚寅年间从城墙西南角八号马面至南城门前马面新筑一道寨墙，寨门上镶嵌“古华邑”石刻（图一）。南城门处俗称“土城口”，城内东北部李家门，俗称“小城里”。据文物保护员范新安反映，在20世纪六七十年代，城墙及马面保存完好，许多社员在生产生活中经常捡拾到大量的箭镞，土城口处还有被三枚箭镞射穿的人头骨和一些人骨。村民海永信说，20世纪80年代末，他在城南沟开砖厂，发现有石斧、石镰、方形石板（可能是石磨盘），有的石镰带锯齿，这样的石头拣出一堆扔在砖机旁边，当时不知道是文物。海国义讲，城东在20世纪90年代初是砖厂，也有许多陶片，新郑文物局说这里是古遗址，关闭了砖窑。

图一　“古华邑”石刻

3. 考古调查

华阳故城位于北纬34°33′43.11″、东经113°42′42.28″，海拔183米。城址方向10°，城墙地面部分保存较好，东南部向外凸出，城西南部内凹，平面呈束腰不规则长方形。城墙周长3千米，北城墙及东墙、西墙的北部保存较好，其余城墙破坏比较严重，但地下城基尚保存较好。北城墙基宽15～30米，城墙高6～8米，顶宽1～3米。城墙的四角和四边中部分别筑有10个向外凸出的马面高台，用于守城和瞭望。北墙中部、西墙北部之马面保存较完整。从城墙西北角马面开始，将北、东、南、西各面城墙的马面依次编为1～10号马面。各面城墙中间的缺口，我们作了重点考察和勘探工作，北缺口、南缺口、西缺口均有古代的道路连接，应为城门，东缺口因为长期冲刷较甚，地面已为深沟，周围遗迹也多无存，是否为城门尚需继续工作以确认。西、南两个城门的右侧有前伸的马面、左侧有城墙作环护，北城门右侧有前凸遗迹、左侧有马面拱卫，对城门安全防护极为重视，具有明显的军事防守作用。

发现护城河遗迹，是此次考古调查的重要收获之一。当时在作城东TJl剖面时，已经触及护城河的断面，由于作业面狭窄，没有引起足够重视。时隔不久，在TJ1北部、东缺口的冲沟北侧断面及城东北角外的冲沟两侧断面上分别发现平行淤积层。通过对这几组相似遗迹现象的综合分析研究，初步推测为护城河。接着我们在东墙外侧进行了勘探，进一步验证了这一成果，并对城周围的护城河也作了勘探认定。护城河内沿距城墙外侧30～45米，河面宽15～35米，深5.6～6.8米。护城河环绕城墙及马面，河沿内侧高于外侧。护城河处于地表之下，除被城东沟略有冲破外，保存基本完整，所以它的形状与城墙的平面形状相同，它的发现对确定华阳故城的平面形状有重要的参考价值。

另外，对城的东北角、东城缺口南侧的城墙及西墙局部进行了解剖，了解了该城的建造情况。其方法是，先平整墙基的地面，挖制基槽，基槽呈上宽下窄的梯形，然后夯土筑基，墙基夯出地面后墙体加宽。夯土为浅黄灰色花土，含沙量大，土质因夯打而非常坚硬、致密，夯层厚7～10厘米。夯窝大小不均，分为两种，首先采用圜底夯，此种夯窝大小、深浅不一，一般窝径为6～13厘米，深2～5厘米，圜底夯上部铺垫薄土，再用圆形平底夯夯打平实，夯窝径为5～6厘米，深0.1～0.2厘米，使其结合为一层，并且更加坚实，然后再用铁铲之类的锐利工具将夯层表面打毛使上下层咬合得更牢实坚固。城墙做工精细，要求极高。

二、西城墙外侧的考古发掘

为了配合郑新快速通道华阳寨段的公路工程、了解华阳故城护城河情况及其与城墙的相互关系，我们在西墙南端8号马面外侧的工程区域布方，发掘面积2500平方米。通过发掘，发现护城河、防御墙、防卫坑及城壕等两套城防体系，出土铜镞、板瓦、烧土块等遗物，为研究东周时期的古城建筑史和军事战争史提供了重要的实物资料。

TG1北壁剖面的地层堆积情况如下。

第1层，耕土层，厚0.25米，褐灰色，结构疏松，含有现代植物根系、塑料、煤渣等。

第2层，近代土层，厚0.2～0.3米，黄灰色，结构松散，分布全方，呈平面堆积，含白灰、煤渣及少许烧土颗粒等。护城河、防御墙、防卫坑等遗迹均叠压于该层之下。

第3层，战国文化层，黄灰色，结构松软，含烧土块、烧土颗粒、碳粒，有少量陶片、板瓦碎片，厚0.15～0.6米。城壕开口于该层下。该层依黄灰色土的变化可分为3a、3b层等。

通过发掘，发现了华阳城的城防设施，有城壕、护城河、防御墙、防卫坑等，简介如下。

护城河开口于2层下，依据TG1的发掘，护城河宽21米，深5.7米。河沿内侧高于外侧，河壁较陡直光滑，底部平缓，河底中间部分有凹槽。护城河内堆积有18层，CH①②

层为明清层，CH③④为唐宋层，CH⑤⑥为汉代层，以下均为战国时期堆积。说明护城河至汉代时已基本淤平，地表尚有凹沟，没有疏浚迹象。出土有箭镞、箭杆、板瓦等，箭镞、箭杆的出土点多在护城河的外侧，这应是守城防御时施射的。勘探得知，护城河环绕城墙、马面一周。

防御墙位于护城河的内侧河沿，系用夯土筑成，推测应为防御之用，故又叫防御墙。据TG3北壁解剖情况，防御墙开口二层下，打在三层烧土层中，夯层厚8～12厘米，含有烧土颗粒及陶钵、板瓦的碎片，夯窝直径5～8厘米，比城墙的坚实程度差些，墙宽1.8～2米，发掘长度80米，残高0.7～0.8米。防御墙对着8号马面的河沿有35米的缺口。西护城河内侧防御墙勘探长度500米，北、东两面防御墙因20世纪八九十年代烧砖取土，均已破坏殆尽，南面防御墙压在村庄下面，尚待今后继续工作。

城壕即G2，位于T2208、T2108、T2008内，开口于3层下，位于T2208、T2108、T2008内，被H4（防卫坑）打破。勘探获知，在H4北部尚有城壕，向北延伸，由南向北逐渐变浅，至护城河消失，长度150余米。发掘长度23米，口宽4.5米，底宽0.7米，深3.2～3.6米。南北向，南部略向东弯折，倒梯形状，斜壁，平底，底南高北低，稍有倾斜，挖制规整。T2208、T2108之间的城壕被0.8米的生土过道隔断。从整体情况推测，这条城壕应呈环状，中间被生土过道分作若干段，各段之间不相贯通。这也是出于军事防守的需要，进攻的士兵只能分散着从狭窄的隔梁上通过，形不成集结力；且如果掉在壕沟内犹如进入陷阱，各段间不连通，壕沟内的士兵也难产生助力。城壕内堆积三层：上层（G2①）为烧土块、石块、木炭泥块等，厚1.7～2米；中层（G2②）为淤积层，出土有大量的箭镞、箭杆及少量的陶钵片，厚1.3米；下层（G2③）为回填的花土，出土物较少，厚约0.3米。从地层的叠压打破关系看，这条城壕应是这组遗迹单位时间较早的，早晚次序是城壕、护城河、防御墙、防卫坑，城壕内的箭镞是较早的一次战争的遗物。

防卫坑即H4，位于防御墙缺口内侧与8号马面之间，开口于2层下，打破城壕。经勘探获知，北至T2908，南到T2108，长约80米，宽近20米，平面呈不规则的长条形坑状。发掘部分处在H4南端的T2207、T2208内，坑口大于底，底略平，壁内收，局部斜坡，探5.2米。H4系经规划的取土坑，土方用于夯筑城墙和8号马面。坑内堆积有9层，出土物主要有板瓦、筒瓦残片，少量罐、盆等陶片和少许烧土块、兽骨之类。

出土物主要有较多的陶片及68件铜、铁、石、骨、陶等小件文物，有铜镞、箭杆、秦半两、陶钵、陶盆、陶罐、陶缸、铁铲、瓦当、陶纺轮、圆瓦片、骨簪等器物。

铜镞依箭头形状，可分三角、凹槽、圆梃三种类型，其中三角类型的铜镞出土的数量较多。T2108G2②：1为一支完整的铁杆铜镞，通长0.293米。铜镞为三角形，长0.029米，锋锐刃利，尾部收刹呈六棱形，圆孔插入铁箭杆。铁箭杆出土时略弯曲，锈蚀，截面为圆形，直径0.003米，长0.0264米。

箭杆出土量较大，多已毁折残断。从出土情况和铁芯形状看，多数箭杆的铁芯表面附着有一层光滑的木质腐朽物，外表似经髹漆，与铁芯的形状一致。铁芯分圆形空心、圆形实心、三角形空心三种。

陶器有钵、纺轮、陶鬲、圆陶片、板瓦、双口瓮、缸、盆、豆、罐等。

烧土块主要在发掘区3层及G2①内出土，特别在G2①出土最多，有方形、长方形、不规则形，大小不一，模制夯砸而成，有的里面掺和有红石粉、陶片，有的为黄灰色沙土，均较坚硬。一般长0.38～0.45米、宽0.28～0.31米、厚0.18～0.22米。用夯分圜底夯、平底圆夯两种。部分烧土块面上粘敷有草拌泥。从其形状、制作工序、使用等情况看，应为城内砌造大型窑炉的土坯块。

炉渣块　位于T2807③的西部，一块，70千克，红砂石块溶结体。

三、郭店仰韶文化遗存

该遗址位于郭店村东北部，部分被砖瓦厂取土破坏或平整为耕地，地面散布有少许的商代、仰韶时期的陶片。遗址中部为一条由南向北的古河道，称为“华水”，稍北即分为东西两支，东流者为华阳城的城南沟，西流者至黄水河。在郭店村东北的台地上，试掘10米×5米的探方一个，编号为GDTl。T1东为“华水”，南为西流至黄水的河道，T1内清理灰坑3个，属大河村文化四期。以T1东壁剖面为例，说明该探方的文化层堆积如下。

第1层，即耕土层，灰褐色，土质疏松，含有植物根系、树根等，厚0.2米。

第2层，黄褐色，土质疏松，杂有碎砖块、植物根茎。该层分布于探方东北部，厚0.1～0.25米。

第3层，黄灰色，土质疏松，该层分布全方，包含有瓷片、碎陶片，深0.2～0.4米，厚0.15～0.3米，属明清时期堆积。

第4层，红褐色，土质细腻松软，分布全方，呈平面堆积，包含物少许，主要为碎陶片，器形有板瓦、罐、瓮等，层厚0.3米。属战国时期文化堆积。

第5层，灰褐色，松散，出土少量碎陶片，分为泥质灰陶、夹砂陶，纹饰有绳纹、素面、弦纹等，能辨识出罐、盆、豆等器形，属商代文化层。深0.9米，厚0.3～0.4米。

第6层，黑褐色，土质细腻致密，含有少许烧土颗粒、碳粒，分布全方，包含物极少的碎陶片，可辨识出罐、深腹罐、杯等器形，属仰韶时期，厚0.3～0.35米。

第7层，黑灰色，土质松散，含有生土颗粒、碳粒，分布全方，由北向南倾斜堆积而成，厚0.1～0.3米，包含物极少，应属仰韶时期，该层下暴露3个灰坑。

H1位于GDTl西部，开口于第7层下。坑口平面呈椭圆形，壁较直，平底。口长1.55、宽0.55米，深1.6米，底长1.2、宽1米。填黑灰色土，土质细软，含碳粒、烧土块，出土碎陶片，有泥质灰陶、加砂陶、红陶，有绳纹、弦纹、素面等纹饰，器形有高领罐、鼎足、罐、陶环及兽骨等，小件有陶网坠、陶纺轮、石环（残）、陶杯、陶鼎、陶拍等。

H3位于GDT1东北部，开口于第7层下。坑口近椭圆形，比较直，平底。口长1.9、宽1.5米，深0.8米，底长1.85、宽1.4米。填黄灰色土，土质疏松，略净，出土碎陶片，可分泥质灰陶、夹砂陶，有绳纹、素面纹饰，器形有高领罐、深腹罐、陶壶、陶罐等。

郭店仰韶文化遗存出土的部分小件器物介绍如下。

陶罐　3件，均修复。灰陶罐，HGDT1H1：8，细泥质，平沿，矮领，折肩鼓腹，下腹斜收，平底。口径7.5、腹径12.5、底径6.5、高10厘米。红陶罐，HGDT1H1：5，细泥质，圆唇斜沿，垂腹微鼓，平底。口径8.5、腹径11、底径6.7、高9.3厘米。圜底灰陶罐，GDT1H3：8，细泥质，大口微敛，圆唇斜沿，垂腹圜底，底部一周凸弦纹。素面。口径9.5、腹径11、高8.3厘米。

陶拍　1件，修复，HGDT1H1：6，黑皮砂褐陶，菌状。菌面有磨损痕迹，径9.5厘米。柱状柄，根部有压印窝痕，柄高2.7厘米。

鼎　1件，修复，HGDT1H1：7，红砂陶，釜形鼎。矮颈，折沿，尖唇，溜肩，扁折腹，圜底，腹上凸弦纹一周，三只鸭嘴形足残。口径9.4、腹径19.7、高13厘米。弦纹以上为红泥陶，以下为红砂陶。

陶杯　2件，均修复。红陶杯，GDT1H1：21，侈口平沿，筒腹，腹腔呈漏斗状，平底。口径6.8、底径5.2、高5.8厘米。灰陶杯，GDT1H1：4，细泥质，敞口，尖唇，弧腹略束腰，腹腔呈漏斗状，平底。口径7.6、底径4.6、高9.2厘米。

陶壶　1件，修复，GDT1H3：7，夹砂褐陶，黑皮，敛口折沿尖唇，削肩，鼓腹，平底。腹、底胎较厚，壶腔较小。素面。口径3.6、腹径9.5、底径5、高7厘米。

另外，在发掘城壕时于其上层出土了少量大河村四期的陶片，有两片可辨出器形，一为直口夹砂褐陶缸，一为红陶黑彩网带纹罐。

四、城南商代遗存

该遗存以城南沟两侧为主要区域，分布于郭店村东、华阳寨村南及东南一带，面积达40万平方米，文化层厚2～3米，主要有仰韶文化、商代二里冈期遗存。在郭店村东的断崖上，文化层厚近3米，上面有商周时期陶片，下面是仰韶时期文化层。我们在城南沟调查时，在沟北侧的断崖上发现一个长方形的商代灰坑，对该坑作了清理。该灰坑开口距地表1米，南北向，长1.4、宽0.8、深5.8米。坑壁较规整，东西两长壁中间有相对的脚窝。从其形状看，应是商代水井，废弃后填入垃圾成为灰坑。出土有大口尊、爵、“十”字镂空圈足豆、瓮、罐、盆、缸、鬲、重环纹鬲、斝、鼎、钵等的陶器残片；骨器有卜骨、骨簪、骨匕、兽骨；石器有斧、铲、镰、砺石等。这些“十”字镂空圈足豆、重环纹鬲、敛口斝、大口尊、平底束腰爵、厚胎细绳纹砂缸、卜骨等出土物与郑州商代二里岗期上层的遗物风格一致。据此推测其文化遗存应以商代二里岗期文化内涵为主，由于早年村民在这里捡拾到较多的石铲、石斧、石镰等石器，遗址面积很大，尚待于今后不断工作。

五、城东北部的海寨西周遗存

海寨西周文化遗存，分布于华阳城东北部，北延及海寨村南部、东到城东沟。调查发现，冲沟断崖上有灰坑遗迹，有罐、盆、鬲等陶片。在海寨村高瑞喜家东侧分别试掘12米×5米、10米×5米的探方两个，编号为HZT1、HZT2，清理灰坑6个。地层堆积情况以HZT1南壁剖面介绍如下。

第1层，耕土层，青灰色，土质疏松，含有植物根系、塑料、煤渣等，厚0.25米。

第2层，近代扰土层，黄灰色，土质松散，沙性大，含树根及少许瓷片、白灰等，厚0.45米。

第3层，唐宋层，可分3a、3b两小层。3a层，黄褐色，土质松软，略净，分布全方，呈平面堆积，包含物极少，有少许瓷片、零星碎陶片等，层厚0.2~0.6米。3b层浅黄色，土质松软，较纯净，平面堆积，分布全方，未见包含物，厚0.1米。3b层下叠压3个西周灰坑。

H20位于HZT1东北部，开口3b层下。近似圆形，少部分压于东隔梁下，壁较直，底规整，口径2.8~2.4米，深1.8米。坑内堆积可划为两层，H20①为黑灰土，土质松散，含有烧土块、炭粒，包含物少许。H20②为黑灰土，土质疏松，含有炭粒、少许烧土，出土陶片较多，可分泥质灰陶、夹砂灰陶和少许红陶，纹饰为中绳纹、素面弦纹，器形有鬲、罐、簋、盆、瓮等，另有少量兽骨。小件有石镰、陶鬲、陶簋、陶罐、石刀等。

陶罐一件，修复，HZT1H20：4，泥灰陶，敛口，圆唇折沿，束颈，深腹微鼓，圜底内凸。器表饰绳纹，颈部抹掉绳纹。口径13.5、腹径16、底径8.5、高22厘米。

陶鬲，一件，修复，HZT1H20：2，夹砂褐陶，直口折沿圆唇，沿面弦纹三周，颈下凸棱明显，鼓腹，矮袋足，足跟有刮削痕，足尖残。器表饰细绳纹，颈部绳纹抹而不尽。口径12、高13.4厘米。

陶簋，一件，修复，泥质灰陶，HZT1H20：1，敛口，圆唇折沿，沿面斜直，腹部斜收，圜底，圈足陡直，座底较平。器表饰竖向细绳纹，沿下三周弦纹打断绳纹。沿下三周阴弦纹，腹部斜收饰竖向细绳纹，圈足底。口径22、底径14、高23厘米。

六、对华阳故城文化遗存的初步思考

（1）古华水、华阳的相关问题。华阳故城的城南沟从郭店西来，北折为城东沟，宽20~70米，深4~8米。有城内和城外的四条短沟自西侧进入城东沟，向北为现在的潮河，是潮河的源头。这是一条古河道，两岸古文化遗址丰富，城南沟切过仰韶文化时期、商代遗址，城东沟西侧为西周遗址，近水台地和河流两侧是古代先民良好的栖息地。《水经注》《新郑县志（清乾隆四十一年）》均将城南沟、城东沟及其北段称“为七虎溪，亦谓之为华水也”。就是说城南沟、城东沟是《水经注》的华水，“华阳”因居华水北部而得名。

据《五藏山经传》记载，“太山，一名华山”[1]。太山位于华阳故城西部约7千米的长沟垴，海拔298米，是周围最高的丘山。《韩非子》记载，太山是古代圣山，是黄帝“大合鬼神”的地方[2]。《春秋纬元命苞》载“少典妃安登游华阳”之“华阳”，即河南新郑之华阳寨。华阳寨村东南约1.5千米处有叫“石羊寨”村名的，与“有神龙首感于常羊”之“常羊”谐音相近。著名史学家史树青明确提出新郑的华阳寨为“炎帝诞生地”，并亲笔题字。这次考古调查与发掘，基本了解了华阳故城文化遗存的内涵和分布情况，填补了该遗址缺乏仰韶文化、商文化、西周文化遗存的空白，对此问题重新认识不无裨益。

（2）华阳故城丰富的文化遗存为研究华夏民族的形成发展及探索中华文明的产生有着重要的考古学意义。通过考古调查，华阳故城遗址是集仰韶大河村文化、商代二里岗期、西周时期、东周时期等文化遗存于一体的大型遗址，重要的是这个遗址面积大、文化层厚、内涵丰富。

郑洛地区处在嵩山与黄河之间的中原腹地，在仰韶文化晚期这里崛起了繁荣的大河村文化，遗址达百处之多，著名的有郑州大河村[3]、新郑唐户、巩义滩小关等遗址，也出现郑州西山仰韶城址[4]。大河村文化的范围相当于现在的郑州、荥阳、新郑、巩义、新密、登封、中牟及洛阳的偃师，大致与现今的郑州地区相当。从其文化层堆积、墓葬、居址、生活用具等方面看，应是一个基本和谐平等的神政合体的部落联盟。这是同时期其他文化类型不曾有的生产力水平比较进步的社会组织形式，所以新石器时期的郑洛地区呈现的是物阜民殷、安居乐业的繁荣景象，是产生原始时期华夏民族凝聚力的动力核心。其中居于华水的华族，是最有影响的氏族部落，是大河村文化的主要创造者。神农时代后期，是“诸侯相侵伐，暴虐百姓，而神农氏弗能征”的纷争乱世，西山古城的建立应是中华文明史上的大事件，说明大河村三期文化是当时有强大影响的“诸侯”，使许多“中华文明”因素在此产生或汇聚，四期为“轩辕乃习用干戈，以征不享，诸侯咸来宾从”的黄帝时代[5]。大河村三期的文化积淀、经济积累为黄帝战胜炎帝、打败蚩尤、统一中原奠定了基础。黄帝定都有熊（今郑州新郑市），仍处在大河村文化区域内，但却建立起强大的城邦联盟，将西山古城城邦扩大至“五城十二楼”，同时进行“合符”“合神”，强化统一组织形式和思想领域。自此中国历史进入“五帝”时期，到夏启建立夏王朝，标志着中华文明的形成。我们认为，从大河村三期文化的“华”到夏王朝的建立，是中华文明、华夏民族产生与形成的过程，为以中原为核心的中国历史奠定了发展方向。

华阳故城遗址不仅有大河村四期文化遗存，还有商、周时期较大型的遗址，是史学界认为的“华邑”“华国”，其文化内涵具有与时代同步发展的特征。大河村文化应是古华族的文化，黄帝时代是其重要组成部分。《尚书·周书·武成》载“华夏蛮貊，罔不率俾”，以“华夏”与“蛮貊”并列概称中国，随着商周时期民族融合的发展趋势不断加速，就简称“华”“夏”或“华夏”。《史记》等古代文献与现代考古学研究证实，“夏”指夏族、夏王朝、夏文化，而“华”仅在个别文献有点滴隐现，从大河村、西山城址、华阳城、唐户等许多大河村文化遗址可描画出华族文化的基本面貌，华族不再云烟缥缈。这是以“华”“夏”或“华夏”指称中原、中国的缘由，也以“华族”“夏族”或“华夏族”统称境内的各民族，其内涵是逐步外延扩展的。文献记载“中华民族起于此”，现在看来，厚实的大河村文化、商文化遗存为探寻古“华族”“华邑”提供了可资研究的实物资料，典型的西周时期遗存是研究“华国”历史文化的重要资料。

（3）华阳故城是我国仅存的城防设施最完备的一座古代军事重镇。战国时期，该城地势高爽，是韩国的北部门户，扼控韩、赵、魏、秦四国之间，为兵家必争的战略要地。战国中、晚期，秦国东扩至豫北、豫西一带，魏国被迫迁都大梁（今开封市），韩国疆域萎缩，华阳城的重要地位日益凸显，为形势所迫，修建华阳城加强韩国的北部防护势在必行。华阳故城现存完整的城墙、10个马面及北、南、西三个城门，调查和发掘又发现了护城河、防御墙、城壕等遗迹，构成一套完整的城防体系，由此可见对该城的重视程度。该城与郑韩故城设计手法十分相似，有些比郑韩故城更完善并有所发展。比如，两城的北城都较直，其余各面的城墙均弯折收缩，都有护城河等。马面古称“台城”，是城防体系的重要组成部分。目前仅知韩国在宜阳故城[6]、郑韩故城的北墙分别配置了5个、4个马面，华阳故城在四面城墙和城角全面加设了马面，使马面数量达到10个之多。护城河内侧的防御墙，据孙华先生考证，为古代城防设施的“冯垣”，与《墨子·城守篇》相符，这是“冯垣”最早的实物见证[7]。考察同时期的中原古城，除郑韩故城、宜阳故城外尚未见设置马面的情况，可见华阳故城的防御能力明显优于同时期的各个城市。

（4）华阳故城的考古发掘，对研究古代战争史有重要的参考价值。从考古发掘情况看，战国时期，华阳城有两次修建过程。

第一次是城壕时期，即G2（城壕）时期。这时城墙可能不甚高大，主要凭依高爽的地势、较宽的城壕以防御。城壕中层内出土较多的箭镞、箭杆，这是一场惨烈战争的遗物。种种迹象表明，这里应是《史记》记载的华阳大战的主战场地。据东北角城墙基下灰沟出土的陶器特征看，城壕期城墙早到战国中期，华阳大战发生于公元前273年，城壕期城墙应毁于此时。这次战争，华阳城遭到了严重损毁，城内冶铸工业设施彻底破坏，虽然韩国在秦国救助下收复了华阳失地，但已是废墟一片，繁华不再，自此韩国沦为弱国。

第二次是护城河时期，即华阳大战之后，这时城壕被从城内拉出的大量烧土块填平后，对华阳城重新规划设计和建造，夯筑了高大雄伟的城墙，坚固结实的马面，守护严密的城门，深凹地表的护城河、防卫坑及耸立在护城河内侧岸边的防御墙。《韩非

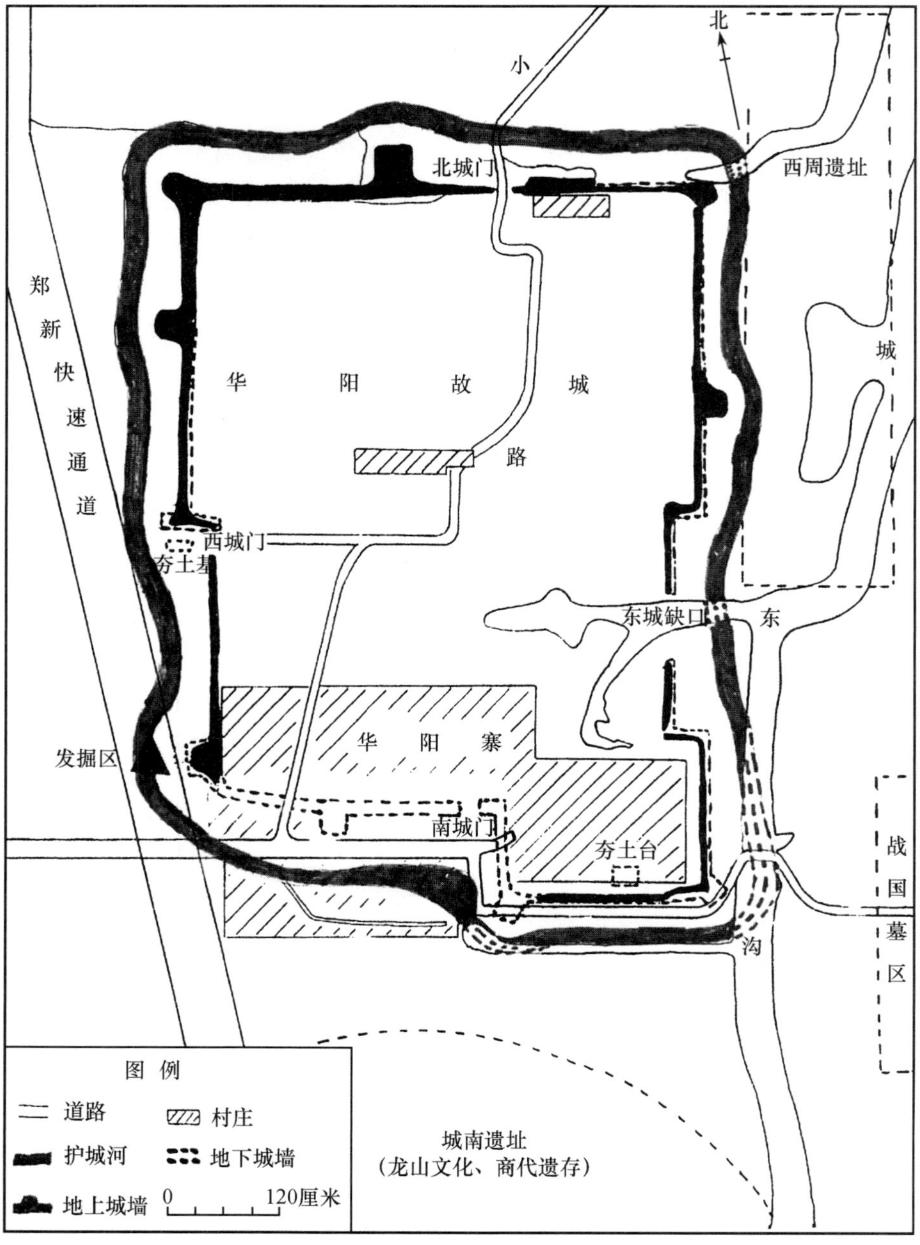

新郑华阳城址平面图

子·存韩》载："夫韩，小国也，而以应天下四击，主辱臣苦，上下相与同忧久矣。修守备，戒强敌，有蓄积，筑城池以守固。"[8]从护城河出土的箭镞、箭杆看，多集中在护城河的外侧面，也是护城河修成之后多次发生战争的遗留。

（5）华阳故城除了重要的军事地位之外，也应是韩国的一个工业生产基地。从城壕上层堆积大量的烧土块看，华阳故城在当时的工业生产能力是十分重要的，它的经济作用可能还是诱发战争的一个原因。这些烧土块应是城内的大型窑炉的毁弃物，这是城壕时期发生重大战争时受到毁灭破坏所致。

注 释

[1] 雅瑟主编：《山海经大全集》：太山，古山名。《五藏山经传》卷五："太山，一名华山。"新世界出版社，2010年。

[2] 韩非：《韩非子·十过》："昔者黄帝合鬼神于泰（太）山之上，驾象车而六蛟龙，毕方并辖，蚩尤居前，风伯进扫，雨师洒道，虎狼在前，鬼神在后，腾蛇伏地，凤凰覆上，大合鬼神，作为《清角》。"

[3] 郑州市文物考古研究所：《郑州大河村》，科学出版社，2001年。

[4] 张玉石、赵新平、乔梁：《郑州西山仰韶时代城址的发掘》，《文物》1999年第7期。

[5] 司马迁：《史记·五帝本纪》，上海古籍出版社、上海书店，1986年。

[6] 徐团辉：《战国时期韩国三大都城比较研究》，《中原文物》2011年第1期。

[7] 孙华：《羊马城与一字城》，《考古与文物》2011年第1期。

[8] 韩非：《韩非子·存韩》。

（原刊于《华夏都城之源》2012年2月第1版）

介绍我院收交战国时期铜带钩

张文霞

2008年12月郑州市中原区林山寨派出所在办案中，查处了一起文物走私案，他们迅速地抓捕了当事人，没收其所有文物，后将这批珍贵文物移交郑州市文物考古研究院，我院收到这批文物后，进行整理，初步认定收缴的这批文物应是战国至近代的文物，部分属较珍贵的文物。现将这批精美的战国铜带钩介绍如下。

（1）形制较小。鹅形首钩，扁圆腹，背有一圆纽。腹部雕刻凸纹圆点纹饰。长4.9厘米。

（2）蛇形首钩，扁圆腹，背有一圆纽。腹部饰卷云纹。长4.2厘米。

（3）蛇形首钩，扁圆腹，背有一圆纽。腹部饰镶银菱形纹和卷云纹。长7.5厘米。

（4）鹅形首钩，腹背部有一圆纽，纽为印章，字迹不清晰。腹部雕刻凸纹兽形纹饰，长5.8厘米。

（5）蛇形首钩，扁圆腹，背有一圆纽。腹部雕刻卷云纹饰，长5.7厘米。

（6）形似蝌蚪。蛇形首钩，圆腹，背有一圆纽。腹部雕刻凸纹饰。长4.3厘米。

（7）蛇形首钩，扁圆腹，背有一圆纽。腹部雕刻云勾纹和双圆圈纹，内镶嵌绿松石，已脱落。长8厘米。

（8）鹅形首钩，腹背部有一圆纽，腹部雕刻变形鸟纹，内镶嵌绿松石，已脱落，鎏金。长7.1厘米。

（9）鹅首形钩，圆腹，腹部有一圆纽，圆纽上施错银云纹。

（10）蛇形首钩，形体细长，较扁平，尾近圆，正面两边凸起两道脊棱，中间形成弧形面，弧面上刻划有曲线纹，在纹饰凹槽内镶嵌绿松石和镶金，大部分已脱落，背有一圆纽。长15.8厘米。

（11）蛇形钩，形制扁平，断面呈椭圆形，面雕刻纹饰，内错银，背中部有一圆纽。长11厘米。

（12）蛇形钩，尾椭圆，背有一圆纽。面雕刻相互交错菱形纹和花纹，凹槽内镶嵌绿松石，已脱落。长12.7厘米。

（13）形体浑圆，蛇形钩，尾椭圆，背有一圆纽。面雕刻菱形纹与云纹相交，内错银，圆纽上施错银云纹。长11.4厘米。

（14）形制扁平，断面呈椭圆形，背有一圆纽。蛇形首钩，首、尾部为兽头，中部两道凸棱兽身，背有一圆纽。长17.9厘米。

（15）蛇形首钩，首、尾部为兽头，中部两道凸棱兽身，背有一圆纽，鎏金。长16.5厘米。

（16）蛇形钩，体形细长，器形整体分三部分，中部刻划“V”字形符号，背有一圆纽。长11.6厘米。

（17）体形扁宽，蛇形首，面雕刻以四道为一组的凸棱，共分三组，背有一圆纽。长11.5厘米。

（18）形制较小，蛇形首，中部有竹节，背纽在竹节处。长5.4厘米。

（19）蛇首形钩，腹呈椭圆形，用凸纹雕成两兽相互缠绕，背一圆纽。长8.2厘米。

带钩是我国古代扣接束腰革带及别在腰带上悬挂囊物的装饰品，多用青铜铸造，也有用其他材质制作而成的。在春秋战国时期最为流行，带钩发展到战国时期已经是集实用性、装饰性、工艺性于一体，为古代贵族、官僚及文人武士日常生活不可缺少的用具，可反映出一个人的身份、地位，正如《淮南子·说林训》所记“满堂之坐，视钩各异”。随着社会的发展和工艺水平的提高，许多装饰手法逐渐应用于带钩上，再加上其多样的形式和丰富的纹饰，使多姿的带钩增强了观赏性，更是古人高超的工艺水平的体现。

带钩作为历史的见证、文化的载体，也是我国古代劳动人民智慧的结晶。此次我们收到的战国铜带钩，款式多样，丰富多彩，既有蕴含北方草原民族文化因素的作品，亦有代表中原文化的典型之作，希望以其作为缩影，能够为我们研究春秋战国时期的历史文化提供重要的依据。

论“我国最早的弦鼗图像”

张永清

2013年6～11月，为配合南水北调支线工程项目建设，郑州市文物考古研究院对郑州航空港区冢刘墓群进行了文物勘探与考古发掘，清理战国、汉代及晋唐时期墓葬150座。其中，2013ZZM9保存状况较好，为土坑竖穴墓，墓内出土人骨1具及陶圜底罐、陶钵、铜带钩各1件[1]。根据M9的形制结构及随葬品判断，墓葬时代属战国晚期。

M9内出土人物铜带钩1件，钩残。带钩中的人物头戴毡帽，两耳部盘发为髻，窄额头，颧骨突出，鼻梁高大，身穿短袖连体方格纹裙装，右腿半曲、足着地，左腿跪卧，怀内抱着一把乐器弹奏，属典型的胡人装束。人物怀中的抱琴，残高6.5厘米，长柄笔直（直项），弦轸可辨（两轸），音箱应为圆形，因人物右手正在弹拨而遮盖，具有弦鼗（táo）“盘圆柄直”的特征。该铜带钩上的胡人怀中抱琴，形象栩栩如生，“弦鼗”形制清晰可辨。因“弦鼗”横抱于人物怀中正在弹奏，故命名为“胡人弹弦鼗铜带钩”（图一、图二）。

图一　胡人弹弦鼗铜带钩（正面）

图二　胡人弹弦鼗铜带钩（背面）

弦鼗属抱式弹拨乐器，弹拨弦鸣而作声。唐代杜佑在《通典》中写道：“今清乐秦琵琶，俗谓之秦汉子，圆体修颈而小，疑是弦鼗之遗制。”秦代称之为“弦鼗”，俗称“秦琵琶”，唐代易名为“秦汉子”，是当代三弦的前身[2]，也是琵琶的雏形[3]。唐代徐坚认为，“琵琶出于弦鞉”[4]，裘锡圭认为，甲骨文中有“鼗”这个字，似应读为“鞀（táo）”，“鞀”的异体写为鞉、鼗[5]。

弦鼗由周时的打击乐器“鼗”发展而来。鼗，即民间生活中常见的拨浪鼓，也叫货郎鼓。《诗经·有瞽》中有“应田悬鼓，（鼗）磬祝围”[6]之句。《周礼·春官》“大司乐”曰：“小师掌教鼓、鼗……”郑玄注之曰：“如鼓而小，持其柄摇之，旁耳还自击。”[7]其述正是拨浪鼓之形制。郑祖襄先生曾说：“卜辞所录，与《商颂·那》‘置我鞉鼓’一句相符，因此可以说，鼗在商代已经产生。”[8]晋代傅玄在《琵琶赋·序》中所记：“嬴秦之末，盖苦长城之役，百姓弦鼗之。”[9]意思是说，秦代百姓为调剂繁重的修筑长城之劳役，便把“鼗”这种有柄的小摇鼓加以改造，张以丝弦，制成了一种直柄、圆形音箱、两面蒙皮、抱于怀中、用手弹拨作声的乐器，即“弦鼗”。由此可见，弦鼗出现的最晚时间当在秦始皇三十三年即公元前214年开始修筑长城之时，时代近同战国晚期。

弦鼗发展至后来，成为琵琶、三弦等胡琴类乐器（弓弦弹拨乐器）的一种。陈旸在《乐书》卷129《乐图论·胡部》“秦汉琵琶”条下说：“秦汉琵琶本出于胡人弦鼗之制……”[10]，据王晓俊先生研究[11]，秦汉之前的“胡人”是指我国北方匈奴人，也就是说，中国琵琶最早是源自于我国北方少数民族，而非西域外族。“胡人弹弦鼗铜带钩”的出土及展现出的文化特征，同春秋战国时期秦代北方胡人与中原汉人相互交流的大趋势吻合，是北方胡人文化与中原文化相互交流的一个印证，为研究当时社会的文化生活与交流提供了鲜活的实例，同时也佐证了三弦、琵琶等胡琴类乐器源于本土而非外来的说法。

在四川彭州征集的一件汉代演奏画像砖上，有一幅乐器演奏画面，“一房屋内，三人正在演奏，右一人吹竽，左一人鼓瑟，中间一人正弹弦鼗”[12]，“弦鼗”演奏者一手斜持“弦鼗”，一手拨弹。高文先生经过翔实的史料查询和研究，认定此物为弦鼗，其言“‘弦鼗’高11厘米，直项，三轸，应有弦（由于砖的风化，弦不易看到）”[13]，并认为这是“我国最早的弦鼗图像”[14]。

此次发掘的战国晚期墓M9内出土的“胡人弹弦鼗铜带钩”，极具特色，在全国尚属罕见。带钩中的弦鼗图像，与郑聪先生所描述的“弦鼗无品柱，系将一长柄插入两面蒙革的鼓头，鼓头圆而小，鼓头之上有三根细弦，直柄，竖抱怀中以手弹”[15]的弦鼗形制近乎一致，而且比高文先生展示的汉代弦鼗图像时间更早，刷新了我国弦鼗出现的最早时间。

注　释

[1]　《郑州航空港区冢刘村战国墓2013ZZM9发掘简报》。

[2]　杨荫浏：《中国古代音乐史稿》，人民音乐出版社，1981年。

[3]　赵志安：《汉代阮咸类琵琶起源考》，《黄钟（武汉音乐学院学报）》2001年第4期。

[4]　（唐）徐坚等：《初学记》（卷十六）。

[5]　裘锡圭：《甲骨文中的几种乐器名称——释“庸”“豐”“鞀”》，《裘锡圭学术文集》，复旦大学出版社，2012年。

［6］（春秋）孔丘编，（宋）朱熹，注：《诗经》，中华书局，1987年。

［7］（清）阮元：《十三经注疏》，中华书局，1980年。

［8］郑祖襄：《“弦鼗”研究的争议与讨论》，《中国音乐学（季刊）》2005年第1期。

［9］傅玄：《辞赋辑（下卷）》，《中国历代诗词赋骈曲杂集·赋集》，中华文学网。

［10］（宋）陈旸：《乐书》（卷129），文渊阁四库全书原文光盘版，15／24-7／64。

［11］王晓俊：《“马尾胡琴”形制考辨》，《黄钟（武汉音乐学院学报）》2008年第4期。

［12］［13］［14］高文：《我国最早的弦鼗图像》，《音乐探索》1998年第2期。

［15］郑聪：《中国古代琵琶的形制考辨》，《音乐论坛》2006年第8期。

（原刊于《炎黄文化》2014年第12期）

先秦时代黄河流域洪灾与农田环境治理

黄富成

我国古代社会自传说时代直至有文字记载以来，都表明在北方黄河流域多次发生过大规模的洪水，大禹治水的史迹便表明了这一时期洪水肆虐的环境灾害。频发的洪水对当时人们居住和生产的环境产生了极大的影响，诸如黄河水道的肆徙、湖泊沼泽的密布、洪水退后土地的盐卤化等灾害，都是古人在从山地农业走向平原农业的生产进程中不得不面对的问题。这一背景下农业生产的环境治理问题除汪家伦、张芳所著《中国农田水利史》中有所涉及外，系统论述殊不多见，对此，笔者试作一简要探讨。

一

黄河流域是人类文明主要的发祥地之一。现代考古学的研究成果表明，早在新石器时代的早、中期，在太行山东麓直至燕山南麓的山前冲积带上，在黄河以南的伏牛山、熊耳山、嵩山等山脉的扇形冲积带上，尤其以发源于熊耳山、嵩山山脉的汝、颍河上游等地及鲁中山地的山麓地带都是古人集中聚集的聚落地区。这些地方均处于山地平台，地势高爽，临河而居，便于取水又免遭水患。这表明新石器时代的农业已从山地开始向山前平原进发，尤其是到了新石器时代晚期，在黄淮海平原诸如伊洛流域等河流两边的台地上，发现了大量人类生产、居住的遗址，农业生产的活动显然在从山前地带向平原逐渐迁移。但由于生产力的低下，人们还无法摆脱对水源地的依赖和对洪水泛滥的恐惧，平原农业的生产极其有限。最明显的例子就是在广阔的河北大平原中部，迄今仍没有发现任何新石器时代的遗址，直至商周时在太行山东麓才有聚落东移。其主要原因是春秋以前的黄河下游河道在河北平原中部长期任意泛滥，在地面上形成许多沙岗、洼地及大片沼泽，以致早期人类无法在此长期居留形成聚落[1]。这种洪水肆虐的环境正是中国史前仰韶文化温暖期的湿润气候所造成的。由于我国全新世大暖期出现于距今8500～3000年，这一时段也正好与我国黄河中下游地区的裴李岗–磁山文化、仰韶文化、龙山文化及夏商王朝的时代对应。因此，它可作为“仰韶温暖期”的起讫时段，反映的是我国古代社会长达约5500年的漫长时期内生态环境状况的综合系统[2]。这种温暖的气候直至殷商时期，大部分年平均温度仍高于现在2℃左右[3]，多水的洪灾环境是制约当时平原农业发展的一大主要因素。

古史传说中的洪水时代正是我国平原农业进程中的初始阶段，当时多雨的洪水环境对农业生产产生了极大的影响。《庄子·秋水》云“禹之时，十年九潦”，《荀子·富国》谓“禹十年水”，《管子·山权数》曰“禹五年水”，《淮南子·齐俗训》亦有“禹之时，天下大雨”之文。这些表明，尧舜禹时代正是上古社会洪水盛行的时期。据徐旭生先生考证，洪水发生的区域主要在兖州、豫州、徐州境内[4]，即黄河进入平原地区后的黄淮海平原地区，这也是我国农业发生最早及定居农业进程最快的一个主要地区。

大禹治水的传说反映了这一时期洪水在黄河中下游地区肆意泛滥的情景。《国语·周语下》云禹治洪水：“高高下下，疏川导滞，钟水丰物，封崇九山，决汩九川，陂鄣九泽，丰殖九薮，汩越九原，宅居九隩，合通四海。”《孟子·滕文公上》曰：“禹疏九河，瀹济、漯而注诸海；决汝、汉，排淮、泗而注之江。然后中国可得而食也。”所谓“九泽”“九薮”“九川”“九河”都是指因黄河洪水泛滥而在黄淮海平原大地上形成的诸多湖泊、沼泽及河水漫流所形成的多条河道。《尚书·益稷》，禹曰：“洪水滔天，浩浩怀山襄陵；下民昏垫。予乘四载，随山刊木。暨益奏庶鲜食。予决九川，距四海；浚畎浍，距川。暨稷播奏庶艰食，鲜食，懋迁有无化居。”先秦古籍源传相袭的记载带给人们一种远古社会的传说印象。然近年发现的铸造于西周中期的一件青铜器——遂公盨（遂国的某位国君所铸，距今已有两千八九百年），盨上关于大禹治水的铭文经李学勤、裘锡圭等学者释读，大意是“上天命令大禹布治下土，随山刊木，疏浚河流，以评定水患。于是，大禹根据各地土地条件的不同，来规定各自的贡赋。在洪水消退后，那些躲避洪水而逃到丘陵山冈之上的民众下山，重新定居平原之上”[5]。铭文对大禹治水史迹的记载确切地反映了大禹治水事件的真实性和当时洪水频发的生态环境。随着中国大陆“仰韶温暖期”的结束，黄河中下游地区洪水不断肆虐的状况有所好转，但周朝初期寒冷的状况只延续了一两个世纪，便又进入了春秋战国温暖期[3]。温暖湿润和季节降水不均的气候特征使黄河中下游地区湖泊沼泽密布，季节性的洪水流漫也相当频繁。当时在黄河中下游平原地区，有名的古湖泊就有数十个，如大陆泽、大野泽、菏泽、雷夏泽、孟潴泽、圃田泽、荥泽、海隅泽、弦蒲薮、阳华薮、焦获、昭余祁等[6]。当时黄河流域密布的湖泊、沼泽与河道既是平原农业生产所需的便利水源，同时过多的水域环境及洪水退后次生的盐碱化土地也影响着种植业的进一步发展。

二

土壤是农业生产的基础资源，不同类型的土壤由于其化学元素的含量、物理结构及发育程度等不同，因而对农作物生长的种类要求也不尽相同。根据不同的土壤类型安排不同的作物种植是农业生产中最基础的知识，反映了当时农业生产的水平。对土地类型划分和作物关系匹配的地宜原则，人们很早就总结出了相关的经验，《淮南子·修务训》所说的“相土地宜”，即根据土壤“燥湿、肥垸、高下”而种植不同作物的原则。

成书于战国时期的作品《尚书·禹贡》及《周礼·夏官·职方氏》都对九州国土的土壤作了具体的分类。所谓“任土作贡”原本是根据各地土壤肥瘠程度来定贡赋之别，对土壤物理性能的认识在一定程度上反映了上古社会至战国时期人们对土壤地理知识的了解。《尚书·禹贡》对土壤的划分以壤、坟、涂泥三种类型为主，基本上涵盖了我国湿润地区、半干旱地区、干旱地区三种主要气候区域类型的土壤。如雍州包含了黄土高原大部，其土黄壤，质地疏松而肥沃；冀州多为山前冲积平原，黄河多次在此改道泛滥，湖沼斥卤之地较多，盐碱含量大，地呈白色，为白壤；兖、豫、徐州多处黄河中下游冲积地带，淤积层厚，富含腐殖质，肥沃而松软，壤称坟；荆、扬等南方地处水乡，土壤水分含量大，以泥称之。且在《管子·地员篇》中对土壤结构中水分含量、生物活动等性状的分析，对土壤肥力的鉴定，以及对土壤与生物群落的关系分析等方面都作了进一步的探讨[7]。从《尚书·禹贡》《职方氏》对九州国土及土壤类型的地域划分来看，战国时期主要的产粮区在现今黄淮海平原及关中、四川盆地的冲积平原上，其中北方地区稻作种植的普遍反映了当时较为湿润多水的生态环境。

从上述中可以看出，先秦时期，我国农业生产的土壤地理环境有以下特点：

一是适宜农作物生长的土壤分布地区有限。主要集中在几大河流的冲积平原、黄土高原及四川盆地，即使在这其中，也分布着面积广大的湖泊和沼泽等无法农耕的水域环境。南方农业经济的开发及地域范围都相当有限，对土壤理化结构和其性能的认识都较简单；旱地作物多分布于黄土高原、山前冲积平原及河流冲积带上等弱碱性土壤（即坟、垆土等）地区；水性农作物则依据多水的土壤环境。

二是土壤肥力普遍不高。在河流冲积地带上，长期沼泽群布，土地盐碱化现象严重。尤其是在北方蒸发量大及黄河多处泛滥改道的河北大平原、关中泾渭冲积平原、黄土高原等地，因洪水过后内陆地区蒸发旺盛而导致的泽卤之地长期存在，如果没有大规模的土壤改良和盐碱治理的措施，恶劣的农业生态环境会严重阻遏农业生产的进一步发展。从对旱地土壤的理化性能分析来看，当时对土壤耕作层的开发还处于起步阶段，土地自肥的能力极低，对土地的改造和土壤的治理任务巨大。

三是从人们对土壤理化结构及性能的认知水平上看，人工影响土壤生态环境的能力有限。壤、坟、泥、黎、垆等反映的基本上仍是原始状态下黄土的颜色、淤积土的性状、水体土质的形态、腐殖土及石灰性冲积土等自然状态。春秋战国时，为农田改造与开发而开始的农田水利工程的建设，在一些地区开始影响农作环境的生态面貌，对泥沙在土壤改良中的作用开始获取经验上的认知知识。

三

先秦时代，由于黄河流域洪水的泛滥及土壤次生的盐碱化现象，因此在黄河中下游的广大平原地区发展农业生产就必须解决两大基本的问题，如下。

1. 平治水土，排除水涝，沟洫农业发展较快

沟洫，是我国古代的排水设施，在先秦时代的农业生产中，它是最基本的农田设施。《论语·泰伯》云：“禹卑宫室，而尽力乎沟洫。”就是说大禹不热衷于宫殿建设，而是致力于农田设施的修建。说明在禹的时代已经开凿沟洫以宣泄水涝。在洛阳后冈第二期文化煤山类型遗址考古发掘中，发现了宽2～3米、深1米的水沟，证明夏代确有沟洫的存在[8]。大禹治水，依据地形高下形势，以疏川导滞为主，引水入江河，导水入海。《淮南子·人间训》所谓“平治水土，使民得陆处”，就是在洪水退后排除地面积水，发展农业生产。《史记·夏本纪》云：“济、河维兖州，九河既道。雷夏既泽，雍、沮会同，桑土既蚕，于是民得下丘居土。”也是说禹在疏导黄河流域诸多河流及湖泊沼泽中的洪水之后，人民从山上来到平原，平整土地，种桑养蚕，发展定居农业。

商代的沟洫农业在文字上已有了明显的反映。甲骨文的“田”字就是整齐的一块田地被划成数量不等的方块形状，反映了田间水沟相连便于通水的情形。《说文》中的“甽”字，其原始字形是“甽”，从田、从川，说的就是田间行水的小沟。文字演变的历史说明，在商代的田地上有着划分整齐的沟洫系统，表明沟洫农业已有了较大的发展。

到了周代，随着技术的进步，农田沟洫逐渐形成一套规范的制度，沟洫农业的发展使得人们对水土资源的合理开发与利用进入到一个新的阶段。《周礼·冬官·考工记·匠人》中记载了田间沟洫系统中“甽、遂、沟、洫、浍”各级水沟修建的依据标准及宽窄深浅。在周人的规划中，甽、遂、沟、洫、浍五级水沟和亩、夫、井、成、同相配套，构成井井有条、沟沟相同的网络系统；同时又利用开凿沟洫取出的土料修筑相应的径涂道路，做到“遂上有径”“沟上有畛”“洫上有涂”“浍上有道”“川上有路”。形成了由沟洫系统和道路系统交加的经界方正、阡陌纵横的井田图像[9]。对于周代的沟洫系统，汉人郑玄在对《周礼·地官·遂人》作注时认为：“遂、沟、洫、浍，皆所以通水于川也。”在《秋官·雍氏》的注中亦云：“沟、渎、浍，田间通水者也。”郑氏认为先秦时代农业生产的水害环境甚大，田间沟洫主要用于排水除涝。井田沟洫系统作为先秦农业发展的一种模式，推行了很久，它在平治水土、排除水涝、扩大农业生产用地、调节水土矛盾等方面起到了一定的积极作用。但沟洫农业对改良土壤、促进农业进一步发展方面的作用仍然有限。

2. 改土为田，发展灌溉农业，实行农田生态环境的治理

先秦时期，由于黄河下游河道常迁徙不定，在黄淮海平原各地形成了许多浅滩、湖泊、沼泽等湿地，地面盐碱含量大，土壤肥效极低，农业生产落后。当时，在黄河流域除了面积广大的沼泽、湖泊及众多不稳定的河道外，受洪水泛滥及季节和年际降水不均等影响，土地斥卤化现象也较严重。这是因为北方地区在干旱季节因蒸发旺盛，地下水

中的大量溶性盐分随土壤毛细管作用升聚于地表，形成大片“泽卤之地”。《史记·货殖列传》载太公望初封于齐地营丘时，因“地潟卤，人民寡”，而“中山地薄人众，犹有沙丘纣淫地余民”。发源于太行山的漳水、汾水等河流，因地势落差大，有暴涨暴落之特性，旱季河水浅涸，雨季河水猛涨，泛滥成灾，在下游低洼之处形成大片“终古潟卤之地”。关中地区因泾、渭流域的洪水泛滥及蒸发旺盛导致的土地盐卤化现象也较为普遍，在郑国渠未开凿时，秦国沼泽群布、“泽卤之地”还较为常见。冀中大平原更是因黄河在此地长期的任意泛滥，沙岗地及土壤盐卤化更为普遍。因此，早期平原农业发展的土壤地理环境是恶劣的，发展农业生产就必须采取措施改良土壤，发展灌溉农业，治理农田土壤生态环境。

先秦时期，由于对土壤理化性能的认识已趋向合理，人们已经认识到了引用多泥沙河水及洪水淤灌农田对改良盐碱土壤的巨大功效。一方面引水灌溉可冲洗土壤表层的盐碱成分；另一方面，引混浊的洪水及河水淤灌田地后，淤积的泥沙不仅压盖盐碱土层，且泥沙中富含有机质和微量元素，对改良土壤的作用巨大。如太公望初封于齐地时，由于“地潟卤”，农业生产所依存的土壤生态环境极其恶劣；以致人口稀少，经济凋敝。但经过春秋战国之际的排灌冲洗，斥卤之地变成“膏壤千里”“宜桑麻”“宜稻麦”，农业的兴盛促进了城乡经济的繁荣和人口的增殖。据《战国策·齐策》载，当时齐国都城临淄已达七万余户，是当时重要的工商业城市。《左传·成公六年》云，位于汾水流域的晋国，因新田（今山西侯马西）“有汾浍以流其恶”而决定从绛迁都于此。迁都的一个基本原因就是可以利用富含泥沙的汾水冲压新田地区的盐卤之地，以开发其“土厚水深”的天然水土资源。

发源于太行山东麓的漳水，因从黄土高原冲刷下大量细微颗粒泥沙，泥沙含量大，故有机质肥料丰富。《史记·河渠书》云，战国时魏国邺地土地盐碱化现象十分严重，引漳淤灌邺地可变斥卤为良田沃土。魏文侯时西门豹为邺令，“发民凿十二渠，引河水灌民田”。后史起为邺令，重修漳水渠，灌溉效益得到进一步发挥。在多泥沙河流上大规模地引浑淤灌，极大地改善了漳水下游土地斥卤的生态面貌。引水灌田，填淤加肥，使邺地沃野连连，“以富魏之河内”。随着引浑淤灌技术的发展，至战国后期，出现了大规模的淤灌及农田改造工程。郑国渠利用自流灌溉的地形，把从陇东平原冲刷下来的大量富含有机质的泥沙，“用注填阏之水，溉泽卤之地四万余顷”。大规模的农田改造与环境治理为秦国的富强奠定了坚实的物质基础。灌溉洗盐及淤灌改土的农田生态环境治理工程，在当时对促进农业丰产、扩大农业生产用地具有重要的意义，因而为各诸侯国广为推重。《管子·轻重乙》所谓“河淤诸侯，亩钟之国”在一定程度上反映了各国在致力于农田生态环境的改造后农业丰产的客观状况。

总之，先秦社会黄河流域农业发展的进程体现了人与环境之间博弈的关系。洪水频发的气候特性在带给人们灾害的同时，也为人们治理与改善农业生产的环境带来一定的客观条件。农田生态环境的治理是农业生产活动的一项重要内容，人们对环境灾害的认识及为发展农业生产而实行化害为利的环境治理措施反映了当时农业生产的先进水平，为后世农田生态环境的治理奠定了基础。

注　释

［1］ 谭其骧：《西汉以前的黄河下游河道》，《历史地理》1981年第1期。

［2］ 王星光：《生态环境变迁与夏代的兴起探索》，科学出版社，2004年，第42页。

［3］ 竺可桢：《中国近五千年来气候变迁的初步研究》，《考古学报》1972年第1期。

［4］ 徐旭生：《中国古史的传说时代》，广西师范大学出版社，2003年，第87页。

［5］ 保利艺术博物馆：《遂公盨——大禹治水与为政以德》，线装书局，2002年，第15页。

［6］ 王育民：《中国历史地理概论》，人民教育出版社，1985年，第106～112页。

［7］ 董恺忱、范楚玉：《中国科学技术史·农学卷》，科学出版社，2000年，第121页。

［8］ 吴汝祚：《夏文化初论》，《中国史研究》1979年第2期。

［9］ 汪家伦、张芳：《中国农田水利史》，农业出版社，1990年，第47页。

（原刊于《华北水利水电学院学报（社科版）》2010年第2期）

技术发展与先秦古车起源蠡探

衡云花　黄富成

车子的发明与应用不仅是人类文明社会繁衍的一个重大事件，也是技术发展史上一个重要的里程碑。迄今为止，在世界范围内不少地方都发现了古代车器的遗存，主要分布于中东的两河流域、欧洲、俄罗斯的南部、中亚及东亚等地。目前，对于中外古车之间有无必然的传承联系和技术上的渊源，尚未有确切的证据和一致的认识。但从技术发展史的角度来探讨先秦古车构造的技术条件，以及这些技术条件在中国本土发生及进展的水平状况，将有助于我们了解中国古车在本土的发展和演变。

一、先秦古车的出现及构造形制

根据最新考古材料及文献记载，迄今为止，在两河流域及中东、欧洲等地发现的公元前4000年的车子，是当前所知世界上最早的车子[1]，而车子最初的发源地目前还不能确定。欧洲早期车的结构基本上都比较原始，为四轮、独辕（呈“Y”形），车轮为实心，一般为三块木板拼成。后来在荷兰、黑海北岸一带出现了两轮（实心）的车子，并且还出现了带有外插管状车毂的轮子，这在车的发展史上可说是一个重大的进步。因为实心轮仅仅是在轮中心挖一孔纳轴，孔眼要承受巨大的压力及摩擦力，即使后来把孔眼部分加工成凸起的轮毂，由于轮与毂仍为同一块板，其木纹纹理结构是一致的，在压力方向上都垂直于轴，所以当压力增大时，轮与毂都易破裂。然而当在孔眼中插入一木头纹理与车轴平行的车毂时，就有效地减缓了轮子所承受的压力与摩擦力问题[2]。但实心轮的抗震压能力依然十分有限，由于缺乏弹性，使得轮板仍然易于破裂。大约于公元前3000年代后期，在中亚的伊朗、西亚的两河流域等地出现了辐式车轮[3]，辐式轮的出现是一项重大的技术革新，它不仅使得车轮的重量减轻、轮与毂的结合更趋牢固，且富有弹性，适于高速运行。虽然早期的车轮只有三四根宽板状轮辐，但它却为以后轮辐向精细方向发展奠定了良好的形制结构及技术基础，并使得早期车的发展逐渐脱离了原始形态。

中国目前所发现的时代最早的车子实物遗迹为殷墟（商代晚期）出土的殷代车马坑，其中相对年代较早的是1933年发掘的后冈西区大墓内车坑[4]和1935年发掘的西北冈王陵区1001号大墓内车坑[5]，其年代均属殷墟文化二期，相当于武丁晚期和祖庚、祖甲时期[6]。但就发掘完整的最早马车实物遗迹来看，当属1981年于殷墟西区发现的一座车马坑为殷墟文化三期[7]，其绝对年代经^{14}C测定为公元前13世纪[8]。目前考古发掘所公布的最早车子的实证是2004年在河南偃师二里头遗址宫殿区南侧大路的早期路土之间发现的两道大体平行的夏代车辙痕，发掘区内车辙长5米多，且继续向东西延伸，车辙辙沟呈凹槽状，其内可见下凹而呈现出层状堆积的路土和灰土，两辙间的距离约为1米，这是迄今所知我国最早的车辙遗迹，它的发现将我国双轮车的出现时间上推至二里头文化早期，将我国用车的历史上推至距今3700年左右[9]。考古发掘的材料使许多学者相信，中国古代的马车自成体系，具有本土文化特色，是在本土内独立发展起来的[10]。对于中国古车的晚出及在结构形制上的成熟，有学者认为这与先秦时期的陵寝制度有关，即商代晚期的车马葬是伴随着晚期陵寝制的出现和生产力水平高度发展下的产物，是陵寝制的一个重要组成部分[11]。如是则二里头文化、二里冈文化时期的马车实物遗存要像殷墟时期的马车实物那样完整地保存下来，将是十分困难的。

殷墟出土的车子在形制结构上已是趋向于成熟，辐式轮（有辐条20根左右）及曲辀形制的发展表明这种车子当有一个长期发展与演变的过程，即应当有其原始形态发展的阶段。尽管在目前的考古发现中还未有更早时期古车的实物信息，但根据古籍文献的记载，中国使用畜力车的历史已远远超出了商王朝的纪年范围，如：

《墨子·非儒篇》："奚仲作车。"

《荀子·解蔽篇》："奚仲作车，乘杜作乘马。"

《管子·形势篇》："奚仲之为车也，方圆曲直，皆中规钩绳，故机旋相得，用之劳利，成器坚固。"

《吕氏春秋·君守篇》："奚仲作车。"

《左传·定公元年》："薛之皇祖奚仲居薛，以为夏车正。"

《左传·襄公九年》："奚仲居薛，以为夏车正。"

其他文献诸如刘安《淮南子·修务训》云"奚仲作车"，王充《论衡·对作篇》云"仓颉作书，奚仲作车"，许慎《说文解字》亦云："车，舆轮之总名也，夏后时奚仲所造。"

据《史记·河渠书》载，相传，夏朝开国君主——禹在治理洪水时"陆行载车，水行载舟"，应当说，当时可能已经有了比较原始形式的车子。也有传说认为车为更早时期的黄帝所造，如《太平御览》卷七十二引《释名》说："黄帝造车，故号轩辕氏。"《汉书·地理志》云："昔在黄帝，作舟车以济不通。"《古史考》则说："黄帝造车，引重致远。少昊时略加牛，禹时奚仲加马。"《古今图书集成·考工典》亦云："黄帝有熊氏始见转篷而制车。"应当说，古文献的记载有着深刻的历史渊源，并非空穴来风。古籍或传说中的奚仲为夏朝早期之人，这表明我国古车的历史至少应上推到夏朝中期或更早的阶段。

二、先秦古车构造与应用所需的技术条件

先秦古车以木构制，轮的制作技术是车辆制作的核心内容，需要有锋利坚硬的金属加工工具，同时要有熟化的牲畜来拖驾车辆。因此，早期车辆的制造与应用在技术工艺手段上至少应满足于以下几个方面：

其一，轮的制造与应用，包括轮木的加工、拼接与组装等技术。

其二，木材的烘焙揉制技术已熟练掌握，细木工加工工艺技术水平有较高发展，尤其是对木料端口的结合技术（各种木料接口形式的榫卯结构）能够熟练进行设计和加工。

其三，金属冶炼已经发生并有初步的发展，能够铸造一些简单的青铜工具和车马饰品。

其四，畜动力问题得到解决，即马匹的驯化及人工豢养得到发展。

轮的制造是车辆诞生和运用的前提。《淮南子·说山训》云，古人“见飞蓬转而知车”，《后汉书·舆服志》亦云“上古圣人，见转篷始知为轮。轮行可载，因物知生，复为之舆。舆轮相乘，流运罔极，任重致远，天下获其利”。《通典》载：“上古圣人睹转篷为轮，轮行可转。因物知生，复为之舆。”“飞蓬”是一种多年生草本植物，遇风则旋转而动。在飞蓬的启示下，人们以石斧伐木，制成飞蓬状圆木，垫于重物下，以滚动方式运输货物。可见，古人见飞蓬转动，在生产实践中逐渐感受到滚动摩擦远较滑动摩擦阻力小，因而利于货物的运输。后来逐渐学会用一根横棒把两个没有辐条的圆木连在一起，使之滚动搬运物品，这种没有轮辐的圆木称“辁”。相传夏后时，奚仲“桡曲为轮，因直为辕”（陆贾《新语》），创造了有辐的车轮，辐式轮的出现是人类交通工具史上继轮之后的又一重大技术革新。因此，以转轮形式开始的运输工具——车的出现，不仅是人类交通运输史上革命性的跨越，也是人类在机械技术领域取得的里程碑式的伟大成就。至于轮的加工工具，在考古中还未发现其物。但据文献记载，上古时期已经有了适当的揉木工具用于加工木材的曲直形状，如《韩非子·显学》云：“自直之箭，自圆之木，百世无有一，然而世皆乘射禽者，何也？檃栝之道用也。”《荀子·性恶》云：“故枸储木必将待檃栝、蒸、矫，然后直。”因此，以工具为物化形式的技术条件是古车制造的基本前提。

夏朝在考古学文化上属于铜石并用的时代，当时轮转工具已经发展到相当高的水平，在河南偃师县二里头遗址的夏代陶器上，发现其上画有车轮花纹，且这些陶器本身有的就是用陶轮制作的。这种轮转工具在技术发展史上属于车轮直接或间接的前驱，随着人们对轮转工具在认识上的逐渐深化，车轮作为轮转工具较高发展阶段的产物，亦是顺理成章的事情[12]。例如快轮制陶及用轮转工具加工各种形状的玉器等，在以二里头文化早期为代表的晚夏文化遗址中出土的各种陶器、玉器上，带有明显的快轮加工修整的痕迹[13]。同时在夏代晚期的二里头文化遗址类型中已发现有青铜铸成的刀、凿、锛

等工具，说明至迟在夏代后期人们已经成功地掌握了青铜冶炼与铸造技术。在豫西稍早于二里头文化早期的龙山文化晚期的遗址中，已发现有青铜炼渣的遗存，依此可推断在夏代的二里头文化早期或更早的龙山文化中晚期，很可能已经制造青铜器了[14]。

金属工具的出现与应用使得木料的细木工工艺加工、拼接技术发展较快，由于中国古车皆为木制，古车上曲、直、方、圆诸形构造无不需要成熟的木材加工及揉制、拼接结合技术。事实上，中国古代细木工工艺技术的发展至迟可上溯到8000年前的河姆渡文化时期。在夏朝以前的原始社会时期，古人在细木构件间的结合方式上已经熟练使用了直榫、半直榫、端头榫、圆榫、双尾圆榫、宽窄槽结合、鸠尾榫等各种木结构的结合方式。到了夏商时期，细木工加工技术水平有了进一步发展，并逐渐走向成熟，此时期对梁、柱、檩、椽等诸多建筑构件已能熟练构造其形制，较为复杂的榫卯结合工艺技术得到发明与应用，如闭口不透直榫及闭口透直榫等结构已十分常见[15]。木制品工艺技术的发展离不开工具的加工，有了金属工具（如前所述的刀、凿、锛等）的发展才使得细木工的加工技术进一步趋向成熟。

有了适当的加工工具及技术条件，才能构造起一辆早期简单、较为原始的车子。但古车的应用是以畜动力（马、牛）为牵引力的，畜动力在车器上的成功应用是古车发展与流行的一个基本要素，至于是哪一种动物最先应用于车辆的驾驶上，目前还未有明证，姑且从考古发掘中车马同葬的现象出发来探讨一下马匹在中国的驯化及人工豢养的时间。从大量古生物资料来看，中国是世界上马类动物的原产地之一，野生马类动物种类多，时间跨度长，分布范围相当广泛。长期以来，中国北方及更为广阔的范围内气候寒冷干燥，有着许多广阔的草原，适合于马类动物活动。因此，“中国北方是早期驯养马的中心之一……至迟在新石器时代，中国人已很容易地支配、驯化马，进而到驯养了马，并为人类提供了饮食之源”[16]。在距今1万年的冰后期，尤其是距今8000年左右，我国的气候变得温湿多雨，使得木本植物茂盛，草原减少，不利于马类动物生活，但在中国北方仍有零星的马类动物活动。这种温暖、湿润、多雨的气候一直持续到夏朝初期，上古社会流传的大禹治水的故事间接地反映了这一时期的气候特征。进入夏代中、晚期及商代后，气候变得半干燥起来，同现在区别不大[17]。这些马就是驯化及豢养的马，有可能是捕杀食用的野生马骸骨。估计中国人从夏代后期已开始驯养野生马，至商代早、中期时驯养技术已很成熟，到商代晚期已能使马大量繁殖和用马为人类服务了[18]。亦有人认为从公元前2800年前的原始社会末期开始，马可能已被古代中国人驯化为役畜了[19]。依此看来，马的驯化及人工豢养应不晚于夏代中、后期，因此，在夏代中期马匹经过驯化可能已开始为古代中国人服务了。

三、中国古车起源的时空蠡测

车器的发明与应用是人类文明社会发展到一定阶段的产物，从上述车器构造的技术条件来看，至迟在夏代晚期中国人就已具备了车子制作的成熟技术，因此可推断在更早的夏代中期组装简单的、原始形态的车子应当开始出现。从偃师商城商代早期双轮车的发现可知，双轮车出现于夏末在当时的技术条件下完全可以实现。根据马匹的驯养时间来推断，中国古代以畜动力驾驶的车辆至迟在夏代后期已经出现，而人力车的出现与使用则应始于夏代中期车器起源之时。夏代人力车的形状（独轮车或是双轮车）不可知晓，周代称民间人挽之车为栈车，如《诗·小雅·何草》云："有栈之车，行彼周道。"《周礼·春官·巾车》亦云："孤乘夏篆，卿乘夏缦，大夫乘墨车，士乘栈车，庶人乘役车。"贵族所乘人力车为辇车，《说文》云："辇，挽车也，从车从夫，在车前引之也。"偃师商城发现的早商车辙印痕，其轨距仅120厘米，虽还无法明证其牵引动力是人力或畜力，但与陕西陇县边家庄五号春秋墓中出土的一木车（其车轨宽为114厘米，有衡无轭，横后有木俑，衡窄辀短，不适于牲畜驾驶，据此，发掘者认为此车以人为动力，应为辇车[20]）相比，二者轮距形制相近，而与殷墟马车轨距220厘米左右的宽度相较，似更应为人力车。

车的制造需要较高的手工业技术，这种技术所发展的地区应当是文明社会的中心，就上述所言的技术条件来看，这种地区是夏人活动的黄河中游而不是其他地区：一方面是自新石器时代以来，此地一直是中国古代文明程度发展水平较高的地区，技术发展的水平，尤其是车器制造的技术远高于其他地区；另一方面是地理环境条件的决定。车器的应用须在平缓的陆地上，蜀地、江淮及其以南地区，暑湿多雨，河、湖、水汊相连，不适于车辆行驶。在黄河下游地区，由于黄河在下游河道地区的河北大平原中部长期泛滥，形成大片沼泽，以致早期人类无法在这片土地上长期居留形成聚落[21]。只有在黄河中游的河南地区，其地势相对较高和平缓，尤其是豫西河洛流域是夏人居住的中心。夏朝自禹到商汤攻桀，桀败走鸣条（今开封附近）亡国为止，其政治、经济、文化、交通中心一直都在该区域内[22]。因此，环境适宜的人居中心地区是技术发展和文明进步的基础，也是车器发展的起源之地。

车器在中国本土的发生与技术发展的阶段特征密不可分，虽然中国古车在商代早期以前的时段内还未发现明确的遗存痕迹，但从考古发现中所揭示的技术发展史上的线索来看，古籍中所记载和流传的关于夏人造车和用车的现象是确实存在的。从技术发展的角度来分析，我们没有理由否定先秦时期的有关文献记载，那就是：中国人在夏代中期已开始了车辆制造的活动，至迟在夏代的晚期畜力车已开始得到应用，而车的起源地就在夏人活动的中心地区———黄河中游的河洛流域。

注　释

[1]　〔美〕戴尔·布朗主编，王淑芳译：《苏美尔：伊甸园的城市》，华夏/广西人民出版社，2001年，第143～144页。

［2］　龚缨宴：《车子的演进与传播》，《浙江大学学报（社科版）》2003年第3期。
［3］　《*Current Anthropology*》（《当代人类学》）1998年第3期。
［4］　李济：《安阳（中译本）》，中国社会科学出版社，1990年，第83页。
［5］　高去寻：《安阳殷代王室墓地》，《殷都学刊》1988年第4期。
［6］　杨锡璋：《安阳殷墟西北冈大墓的分期及有关问题》，《中原文物》1981年第3期。
［7］　中国社会科学院考古研究所河南安阳工作队：《殷墟西区发现一座车马坑》，《考古》1984年第6期。
［8］　中国社会科学院考古研究所试验室：《放射性碳素测定年代报告（一一）》（标本ZK—1032），《考古》1984年第7期。
［9］　《北京日报》2004年7月23日第1版。
［10］　如孙机《中国古马车的三种系驾法》（《自然科学史研究》1984年第2期）、翟德芳：《商周时期马车起源初探》（《华夏考古》1988年第1期）、杨宝成《商代马车及其相关问题研究》（《华夏考古》2002年第4期）等文。
［11］　郑若葵：《试论商代的车马葬》，《考古》1987年第5期。
［12］　中国公路交通史编委会：《中国古代道路交通史》，人民交通出版社，1994年，第56页。
［13］　安金槐：《河南夏代文化与展望》，《安金槐考古文集》，中州古籍出版社，1998年；中国硅酸盐学会：《中国陶瓷史》，文物出版社，1982年，第52页。
［14］　中国硅酸盐学会：《中国陶瓷史》，文物出版社，1982年，第53～57页。
［15］　胡永庆：《中国古代细木工榫结合工艺的起源与发展》，《华夏考古》1989年第2期。
［16］　〔美〕斯坦列·丁奥尔森著，殷志强译：《中国北方的早期驯养马》，《考古与文物》1986年第1期。
［17］　竺可桢：《中国近五千年来气候变迁的初步研究》，《考古学报》1972年第1期。
［18］　王志俊、宋澎：《中国北方家马起源问题的探讨》，《考古与文物》2001年第2期。
［19］　王宇信：《商代的马和养马业》，《中国史研究》1980年第1期。
［20］　陕西省考古研究所宝鸡工作站：《陕西陇县边家庄五号春秋墓发掘简报》，《文物》1988年第11期。
［21］　谭其骧：《西汉以前黄河下游河道》，《历史地理》（第1辑），上海人民出版社，1981年。
［22］　郭沫若：《中国史稿》，人民出版社，1976年，第141页。

（原刊于《中原文物》2007年第6期）

先秦到秦汉“圃田泽”环境变迁与文化地理关系考略

黄富成　王星光

圃田泽是一个频见于历史文献记载的中原古湖泊，位于今郑州至中牟间。随着气候环境和人类活动的历史变迁，圃田泽湖域也经历了萎缩、干涸直至今日湮灭的沧桑过程。自北魏郦道元注《水经·渠水》对圃田泽范围有一个大体的概述，至清人顾祖禹《读史方舆纪要》中对圃田泽八泽三十六陂的描述可知，此期间圃田泽的变迁有着清晰的历史线索。然而囿于历史文献的不足（成书于西汉的《水经》内容疏阔，失之简约），人们对于郦氏之前圃田泽环境变迁的认识向来较模糊。本文结合近年来这一区域的考古发掘与调查成果等，探索先秦秦汉时期圃田泽环境与文化地理变迁的历史面貌，以期揭示二者之间的内在关系。

一

圃田泽在《尔雅·十薮》中称“圃田”，《左传》云“郑有原圃”。《汉书·地理志》云：“中牟，圃田泽在西，豫州薮，有莞叔邑，赵献侯自耿徙此。”这是汉置中牟县属河南郡后，有关圃田泽具体方位的较早记载。至公元6世纪初郦道元注《水经》，其《渠水》云：“（圃田）泽在中牟县西，西限长城，东极官渡，北佩渠水，东西四十许里，南北二十许里，中有沙岗，上下二十四浦，津流径通，渊潭相接，各有名焉。”《元和郡县志》中记载：“圃田一名原圃，东西五十里，南北二十六里，西限长城，东极官渡，上承郑州管城县曹家坡，今县治北之官渡是也。”到了清同治年间，《中牟县志》卷一记载圃田泽“西临郑州，《尔雅·十薮》‘郑有圃田’，《左传》曰‘原圃’，源自郑州入八里河，流入中牟境为大泽。梁惠王开大沟以行圃田之水，由浚仪分渠。秦汉唐宋累加疏通，高者出而可耕，下者散而成汇。今为泽者八，为陂者三十六，实圃田一泽之所分也”。

由此可知，历史时期的圃田泽在郑州至中牟间的广泛区域经历了由大薮至数量众多小泽、陂的沧桑过程。其范围于北魏郦道元注《水经》始有大体界限：“西限长城”应是指魏长城遗址，位于今圃田乡李岗村东岗，青龙山实为一圆形土岗，高约40米，系有带沙性的黄黏土分层夯筑而成，夯层厚8～12厘米，夯窝较平，包含遗物甚少，由此向东南有高低不一的山冈10余个，至潮河边，又沿河向西南方向，和史料记载的圃田泽西魏长城位置相符[1]；“东极官渡”，官渡是历史上有名的古战场之一，又称官渡台、中牟台，现存有官渡镇、官渡桥地名；圃田泽“北佩渠水”，是说泽的北限是鸿沟水系①。郦道元时代的圃田泽东西狭长、南北窄缓，到了清后期，因大多湖沼淤平湮没，已变成受源于郑州八里河的八泽三十六陂了。

事实上，由于受补给源水环境的稳定，先秦时期圃田泽湖域范围远远超出后人记述的范畴。

郑州地处嵩山山前丘陵余脉向东部大平原过渡地带，西部、南部多低丘高冈地形，北部、东部为冲积平原，地势东、北低，西、南高。由豫西沿黄河南岸向东延伸的邙山止于郑州西北，在郑州北郊至黄河南岸的邙山之间及郑州东郊地势较为低洼。先秦时期，在郑州西北、北部和东区低洼地带长期存在广袤的湖沼水域。根据邹逸麟先生的考证，自春秋战国人们从郑州西北广武山附近引黄河水东南流造成鸿沟水系的形成，直至《水经注》成书的时代，在郑州地区所处的黄淮海平原西部，始终存在着两条因地势低洼而相互连接的湖泊沼泽地带：一是豫西山地山前冲积扇和鸿沟运河西侧自然堤交界处有一条自北而南的湖泊洼地带，由豫西山地发源的河流受鸿沟西侧自然堤阻隔潴聚而成；二是在豫东、鲁西南平原有一条东西向排列的湖泊带，这些湖泊连接许多东西向河流如黄河、济水、濮水、汴水、睢水等的堤间洼地及河口洼地，著名的湖泽有圃田泽、孟诸泽等[2]。鸿沟水系的开凿是古人利用自然地势，引黄河水贯通沿途的河流、湖泊沼泽，形成系统的航运灌溉工程。然而，在鸿沟水系形成之前，在郑州北郊和黄河南岸邙山之间的低洼地带长期存在一系列的自然湖沼。发源于嵩山东麓的河流及泛滥的黄河水在郑州西北潴聚，经由郑州北区的洼地向东流去，在郑州北区和东区形成连续不断的湖泊沼泽地带。

圃田泽的形成是因郑州至中牟间的浅平洼地长时期潴水而成，补给水源源自上游河流来水及自然降水，受环境气候影响较大，补给并不稳定，湖沼水域的盈枯变化较大。但在先秦时期，圃田泽水域在很大范围及相当长的时期内都保持了较大的稳定性。根据最近对郑州地区全新世古环境的多学科实地勘察，发现在郑州西北郊直至黄河岸边的广武山之间的广阔地带（禹荥泽）普遍存在着厚达1～2米的湖相沉积层，根据^{14}C测年资料分析，其存在时间大致距今7000～3000年[3]，这说明圃田泽上游源水的补给在长时期内都很稳定，而圃田泽水域的分布也相当广泛。在圃田泽广泛的湖域范围内及其边缘地

① 鸿沟是中原河、淮相通的重要水道。魏惠王九年（前362年）迁都大梁（今开封），为控制中原，加强与宋（商丘）、郑（新郑）、陈（淮阳）、蔡（安徽凤台）等的联系，于迁都次年便开凿鸿沟。引河水，循汴水，东至圃田泽（中牟县西），又从圃田泽东至大梁城北，在大梁通黄河，向东折而南，与淮河北面的支流丹水、睢水、沙水、颍水等河相通。战国时，鸿沟水系（西汉以后称狼汤渠、汴渠等）在圃田泽段与之相融，但汉晋以后，因黄河屡次决溢、改道，鸿沟取水口不断东移，圃田泽与鸿沟水系逐渐分离。参考姚景源：《中国水利发展史》，上海人民出版社，2005年，第40～88页。

带，发现数处先秦文化遗存附近有大面积厚厚的湖相沉积层，显示这一区域的积水环境经历相当长的时期。

在今郑州经济技术开发区第八大街梁湖村附近，发现有早商及晚商的中型聚落遗存。梁湖遗址位于郑州商城西南约10千米的梁湖村一带，该遗址地势较高，北面、东面发现厚度深约1.5米的湖相沉积层，说明遗址东、北区域在相当长的历史时期为较为广阔的水域，南面和西面则为地势较高的浅丘。遗址面积超30万平方米，遗存包含龙山时代，商代二里冈下层二期，上层一、二期白家庄期，殷墟三四期，以及西周早期文化层及各类遗迹。该遗址出土有龙山时代半地穴居房屋和商代祭祀坑、大型房基、规模宏大的环壕等重要遗迹现象[4]，为商城周边罕见的次级聚落遗存。梁湖遗址在白家庄期以后消退，殷墟三期再次兴起一直延续至西周早期，遗址北、东边湖沼沉积层较厚，显示水域广布，其进退与郑州商城的兴衰受当时多水环境因素制约的可能性较大[5]。

在郑州机场北约3千米的新郑市孟庄镇寺东高村，有一处西周晚期至战国末年的遗址，局部发现有晚商遗迹和遗物。该遗址位于一高台地上，面积近10万平方米，中心部位与周边地势落差约6米，高台周边地下3米处遍布厚达1～1.5米的湖相沉积层。该遗址地层关系明确，出土了具有浓郁郑文化特征的矮三足盘等器物。根据地层关系（图一），该遗址第7层位于台地周边，深1.7～5.5米，厚约12米，黑褐色淤泥土，结构紧密纯净，含一定水分，柔软，遇水不散，晒干后较坚硬，为典型的湖相沉积土层。厚达1米余的湖相层说明此地经历了长时期的水积环境。遗址在第4层战国层以后即废弃，为厚厚的沙土层所覆盖，而湖相沉积层也在此时期同时被沙层所覆压。说明战国以后，随着遗址废弃，此处湖沼逐渐干涸，转而代之的是厚厚的风沙堆积层。在遗址3a层深黄褐色土中发现有少量的汉唐时期的筒瓦、板瓦、瓷片等，而积压在湖相层上方的3b层灰黄土较

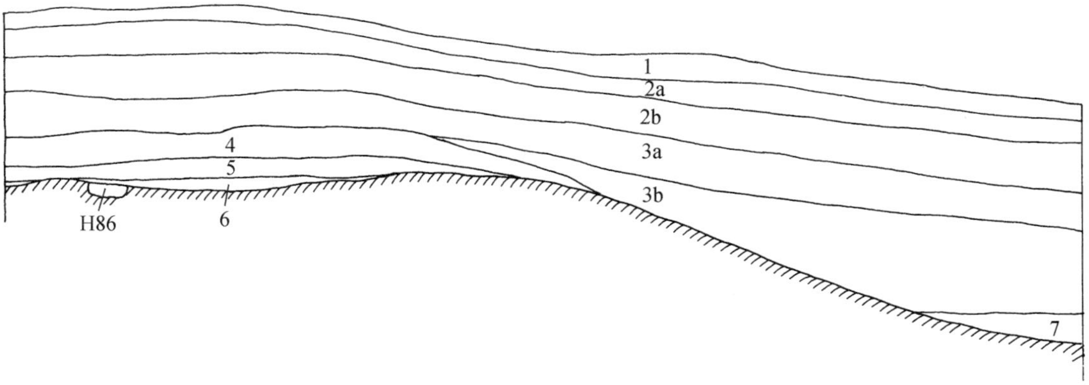

图一 新郑寺东高遗址T1505、T1605、T1705东壁剖面图

1. 黄褐土 2a. 黄沙土 2b. 黄褐沙土 3a. 深黄褐沙土 3b. 灰黄沙土 4. 灰褐土 5. 深灰褐土 6. 深褐土 7. 黑褐色淤泥层（湖相沉积层）

纯净，结构细密，含少量细沙，厚达1.3～2.2米①。这种情况说明寺东高遗址在春秋战国时期周边湖沼发育仍正常，水域环境明显，主体文化层包含西周晚、春秋至战国时期。然而在战国以后，该遗址废弃，为厚厚的风沙堆积层所覆盖，沙层中偶见唐宋时期的瓦片、瓷片。说明自汉以来，该地环境在短时期内发生了较为剧烈的变化，湖沼湮灭，风沙堆积情况加剧。

上述情况表明至迟在战国时期圃田泽湖域范围西可至郑州市经济技术开发区第八大街附近的梁湖一带，南可达新郑机场附近，而北边则与鸿沟水系交融相通。

二

圃田泽本身由低洼地区潴水形成，其间有诸多高台地，由于水草茂盛，禽畜丛生，极其适宜狩猎等活动。商周时期，这里一直是贵族们狩猎赏玩的苑林之地，《诗经》中多次记载周王到今中牟圃田泽一带狩猎游玩，《诗·小雅·车攻》“建旐设旄，搏兽于敖”，“东有甫草，驾言行狩”，是说周宣王时曾乘驷马车驾会诸侯于洛阳，又率诸侯到荥阳敖地去打猎，还准备去中牟圃田泽，说明在广阔的湖域环境中不少地方是水陆相连、存在着适合人类生存居住的高台地。《史记·魏世家》云，秦七攻魏，五入囿中，“囿读圃，即圃田泽”，显示这一区域水陆通连的环境地貌。水陆便利的环境优势有利于大型聚落及其周边中小型次级聚落的互动与发展。

在圃田泽广阔的湖域环境中，迄今已发现数处较大规模的先秦文化聚落遗存。

梁湖遗址距离郑州商城较近，是圃田泽西部边缘地带的一处次级聚落遗存。根据清代《郑县志》记载，很早以前在郑州商城东面约2.5千米处有“城湖”，城东约10千米处有“梁家湖”，城东约6.5千米处有“螺蛳湖”。这说明在郑州商城东面、直至黄河南岸，在相当长的历史时期内，地势低洼，水草丛生，湖沼涟涟。而梁湖遗址的考古发掘表明，这一遗址在殷墟三、四期时期不仅面积超过二里冈时期遗存，而且保存有大型建筑基址（F6、F7）、祭祀坑、墓葬等重要遗迹现象。据学者考证，商代殷墟卜辞中的“甫”地，其地望位于今中牟圃田乡至许昌一带，甫族人的活动范围向北延伸至“沛泽”即圃田泽等区域[6]。根据近年来在圃田泽上游，即郑州西北地区嵩山山前余脉、浅丘低岗构成的盆地内，发现的一系列商周时期文化遗存，如小双桥[7]、关帝庙[8]、蒋寨、关庄、岳岗、祥营、洼刘、唐李、西司马等遗址，推测处于郑州东区的圃田泽及其周边区域亦会存在一定数量的商周文化遗存。如是，上述考证之说可从，则梁湖聚落遗

① 笔者主持发掘了此处遗址，重要的是发现了汉代风沙层、湖相沉积层、春秋战国文化层、西周晚期文化层自上而下的地层叠压打破关系，这为探讨圃田泽环境变迁提供了重要的考古学地层依据。相关资料参见郑州市文物考古研究院：《河南新郑市寺东高遗址两周遗存发掘简报》，《中原文物》，待刊。

存殷墟三、四期的文化内涵与文献中的甫族、甫地密切相关。这说明商人的活动范围遍及圃田泽及其周边区域。

祭城镇古城遗址位于郑州市郑东新区CBD商务区东北部、东风渠与熊耳河交汇处夹角地带的祭城村附近。晚期城址为明清时期。早期城址形状呈长方形，东西1380米，南北约1000米，城址中部有南北向一道城墙墙体相隔，分成东西两座小城，整体呈现“曰”字状。墙体上顶现距地表0.5～7米，顶宽15.5米，底宽约25米。夯层厚0.05～0.15米，圜底或平底夯窝，夯窝直径0.03～0.15米，深0.3～0.5米。夯土为黄褐灰花土，质地黏硬，结构紧密，含炭粒、烧土颗粒、料姜颗粒、蜗牛壳等，出土遗物有盆、豆、釜、罐、缸等春秋战国时期器物残片。有几座汉代空心砖墓直接打破夯土城墙。根据城墙护坡文化层及城墙、灰坑间的打破关系，此城墙之下还应有更早期文化遗存。但由于地下水位较高，无法进一步发掘。根据考古调查及地质钻探过程中发现的商周时期的大口尊、陶鬲等器物，推测此地出现城的时间可能更早。结合文献记载，祭城村早期古城应为周初所封、祭、国[9]，该城址延续至春秋战国时期，而据《穆天子传》卷五“丁丑，天子里圃田之路。东至于房，西至于□丘”云，周天子先到圃田之东的“房”地，又行至圃田之西的“祭”地，由是可知祭城镇古城自西周以来延续至春秋战国时期，位于圃田泽西部边缘地带。

寺东高遗址南距新郑国际机场约3千米，遗址高台地形明显，其北、东、南三面存在着厚厚的湖相沉积层，唯西面与陆岗地相连。遗址文化层堆积较厚，遗迹丰富，涵盖西周晚、春秋、战国时期，于战国后期废弃。由于在遗址第6层及其他遗迹中出土了数量众多的矮三足盘等具有典型郑文化风格的器物，考虑到当时此地湖沼涟涟，荆棘丛生，环境较为恶劣，因此发掘者认为寺东高遗址极有可能是西周末年郑氏先人借虢、郐等地十邑东迁中原之后艰苦创业的聚落遗存之一。根据地层关系，寺东高聚落遗存于战国后期以后废弃，此后为厚厚的沙积层覆盖，说明自汉以后此地环境发生了显著的变化。

自西汉以后，圃田泽湖域范围内古代文化遗存数量大增，不仅有圃田故城等大型聚落，而且有数量众多的汉、晋等时期的墓葬、村落等遗存，分布地点主要在现郑开大道以南。

圃田故城位于芦医庙乡（现九龙镇）蒋冲村与白沙乡古城村之间。城址基本为方形，东西长1500米，南北宽1400米。存有东、西、南、北四城门，城墙夯层清晰，城外有古墓群和灰坑，出土遗物有石器、陶器、铜器等[10]。据《太平寰宇记》载，北周武帝保定五年（565年），中牟移县治于西三十里圃田城，十八年又改圃田城为圃田县。而最近的考古调查勘探表明，圃田故城时代为汉代，延续使用时间较长，现地表发现有大量汉代筒瓦、板瓦、空心砖等。显示这一区域在西汉以后人烟鼎盛，已不再是湖沼毗连的荒芜景象。

为配合城市基本建设，在现今郑开大道以南圃田至白沙镇之间的广泛区域，经考古发掘出土了数量众多的汉、晋等时期墓葬、灰坑、房基、陶窑、水井等遗迹。尤其是在现九龙镇北边龙工机械工业园内，发现有十余座东汉砖室墓直接打破黑褐色湖相沉积层的普遍现象，其上为沙土层覆盖。在墓区北面为一缓丘，发现有房基、水井、陶窑等遗迹，证实这是一处汉代小型村落聚落遗存①。考古发现证实，至少不晚于东汉后期，在原圃田泽湖域核心地带已经普遍出现了古人生产、生活和定居的固定场所。

三

事实上，战国以来，圃田泽及其文化地理的变迁与鸿沟水系的消长密切相关。

在魏惠王开凿鸿沟之前，圃田泽水源来自上游湖泊、河流及降水。自此以后，鸿沟引入黄河水入圃田泽后，充分利用圃田泽的水柜作用进行调节，泽水受源多元化。然而鸿沟的开凿亦表明这时圃田泽湖水可能亦不能满足通航需求，故需引河水补充。自汉以后，由于黄河屡次决溢改道，鸿沟（西汉以后称狼汤渠、汴渠等）系统多次被淤浅，其航运不如以前畅通，航运的地位也逐渐被东面的汴渠所代替。东汉时人们曾经修浚鸿沟（时称汴渠），结果发现“水门故处，皆在河中”（《后汉书·王景传》）。由于鸿沟取水口数次东移，圃田泽和鸿沟上游渐趋分离[11]，鸿沟水系原圃田泽段自汉以后渐至萎缩乃至颓废，环境地貌发生了较大改观，至北魏郦道元注《水经》时，圃田泽和鸿沟水系（时称渠水）已成为各自独立的水域系统。

依据寺东高周代聚落遗存废弃于战国后期，此时周边尚有大面积的水积环境。根据祭城镇古城坐落于圃田泽西部的文献记载和考古发掘事实，以及梁湖遗址的考古发现，基本可以勾勒出先秦时期圃田泽湖域的大致范围：南至郑州国际机场附近，西至祭城古城、梁湖遗址一线，东边、北边则与鸿沟水系相融（图二）。在这一广阔的区域，随着上游源水变化情况，湖域范围会有所盈缩，但根据湖域内战国以前文化遗存、遗迹所处台地环境及其数量较少的事实，这一先秦时期圃田泽湖域范围的界定变化不会太大。

至北魏郦道元作《水经注》之时，圃田泽已萎缩为东西四十里许，南北二十里许的狭长地带，其间还有众多沙岗。结合在圃田泽湖域核心地带发现的大量汉晋时期的文化遗迹，可以推断，两汉之际的气候环境发生了较大变化，直接导致这一区域地表水显著减少，圃田泽湖域范围迅速萎缩：一方面，裸露的大量肥沃湖泽地为人类的生存定居提供了条件；另一方面，自此以后风沙堆积情况加剧，导致这一区域环境恶化，圃田泽与鸿沟水系渐趋分离。

---

① 2011年6～10月，郑州市文物考古研究院对中牟县九龙镇至白沙镇之间包括圃田故城在内的郑州宇通、龙工机械等工业园区的黄沙丘岗区域进行考古勘探、调查和发掘，出土了一批汉晋唐宋等时期的遗迹遗物，说明自东汉以来，这一区域广泛存在着古人活动的踪迹。参考郑州市文物考古研究院发掘资料。

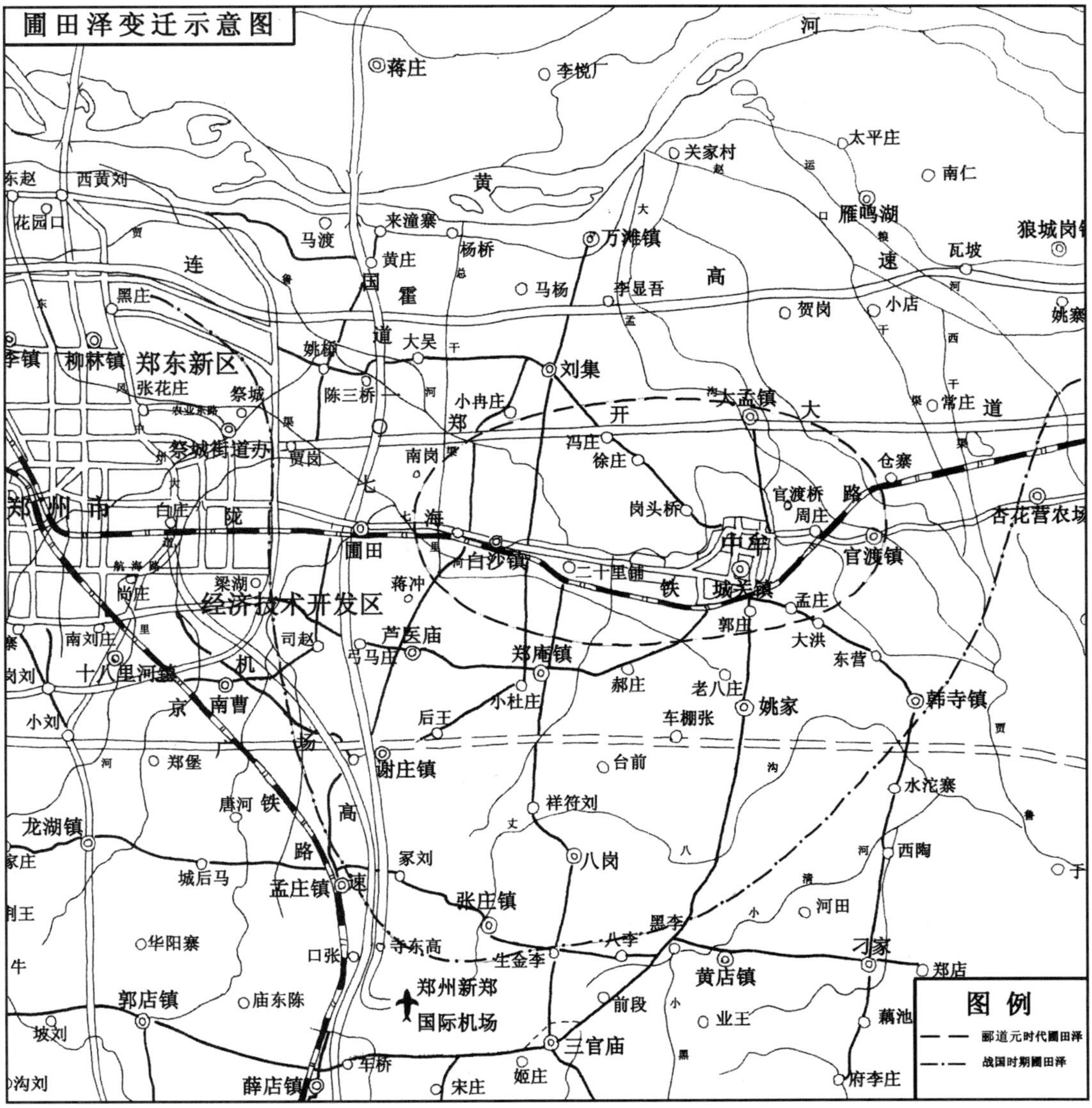

图二　圃田泽变迁示意图

注　释

［1］　郑州市历史文化丛书编撰委员会编：《郑州市文物志》，河南人民出版社，1999年，第154页。

［2］　邹逸麟：《中国历史地理概述（修订版）》，上海教育出版社，2005年，第64页。

［3］　郭仰山等：《“禹荥泽”古地理环境研究》，《地域研究与开发》2010年第2期，第141～144页。

［4］　中国考古学会：《中国考古学年鉴（2011）》，文物出版社，2012年，第308～311页。

［5］　黄富成：《郑州商城周边聚落变迁与环境因素影响浅析》，《华北水利水电学院学报（社科版）》2011年第2期，第101～103页。

[6] 王蕴智：《商代甫族、甫地考》，《郑州大学学报（社科版）》2000年第2期，第100～104页。
[7] 河南省文物考古研究所：《郑州小双桥遗址的调查与试掘》，《郑州商城考古新发现与研究（1985～1992）》，中州古籍出版社，1993年，第242～271页。
[8] 河南省文物考古研究所：《河南荥阳市关帝庙遗址商代晚期遗存发掘简报》，《考古》2008年第7期，第32～46页。
[9] 顾万发：《祭城镇古城考古发现及相关问题初步研究》，《中原地区古城、古都与古国学术研讨会论文集》，中州古籍出版社，2010年，第242～271页。
[10] 同[1]，第158页。
[11] 姚景源：《中国水利发展史》，上海人民出版社，2005年，第40～88页。

（原刊于《农业考古》2014年第1期）

“廉”字论

顾万发

语言是人们思想交流的工具，文字是记录语言的书面符号。语言文字是文化的载体，也是文化的重要组成部分。汉字因其“六书”构字法，为音、形、义结合体，属表意符号体系的词素音节文字。自三千年前中华民族使用汉字，延续至今。汉字被称为“历史的活化石”“中国文化的脊梁”，是一种具备文化学、哲学、美学意义的符号体系。在人类文化记忆中，汉字也是中华传统文化和民族整体意识及气质的重要载体。古人曰：“圣人立象以尽意。”汉字具有独特的形态美，表意特征更使其具有丰富的内涵和意蕴。一个方块汉字，就是一方天地。每个方块汉字都印刻着耐人寻味的历史足迹，引起现代人的惊叹而激发其探微。本文拟以“廉”字论之，援引文献，索隐显义，推古出新，进一步挖掘“廉”字的文化内涵，认知中华民族的物质文化、制度文化、思想文化、生态文化及其在建筑形制、廉政理念、道德规范、人文素养等方面的时代特征和现实意义。

一、“廉”字形的演变

“廉”作为一种物质存在，早已有之，但是依据考古学和古文字学，现今最早的“廉”字出现于秦王朝时期，即云梦睡虎地出土的秦简牍《为吏之道》篇中，其字为，一般认为是从“广”表意，“兼”声表音；汉代时，除一部分遵循古制外，像袁安碑、廉延年印，字形有所变化，主要有两类：一类较少，像聂廉君印、李廉印；另一类很多，像衡方碑、鲜于璜碑、孔庙碑、鲁峻碑、君子残石、校官潘乾碑，等等。又据北宋初年郭忠恕汇集的一部古文字书《汗简》，其所引用古尚书“廉”字为或，又有一“廉”字为，与宋夏竦撰《古文四声韵》所引《义云章》“廉”字写法同。《古文四声韵》所引《阴符经》“廉”字为，《古文四声韵》所引《占文》“廉”字为。以后，“廉”字没有出现更多变化，只在清朝时期出现一类“廉”字头变化明显的写法。“廉”字在有的文献中又有写作“镰”“鎌”的（图一）。

关于所述各种字体，有两点需要阐明：

其一，清代“西南巨儒”郑珍《汉简笺正》认为，“此义云误以古文‘篮’为‘廉’”。黄锡全《汉简注释》认为，《义云章》《阴符经》中“廉”字之所以这样写法，是假“篮”为“廉”。

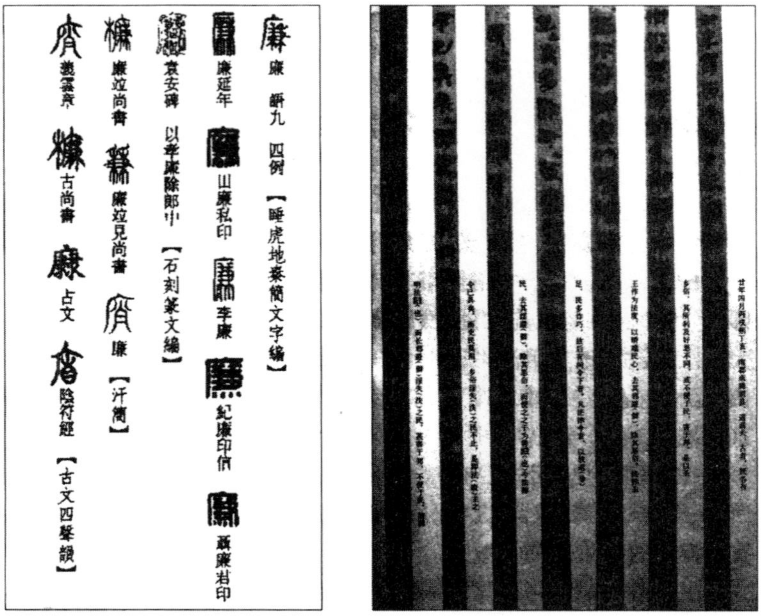

图一　历代“廉”字

其二，《汗简》所引古《尚书》中的字，依照字形应隶写为“兼”字，显然最好应视为同声通假。

二、古今文献中“廉”字的涵义

（1）古代文献中“廉”字的涵义。《说文·广部》：“廉，仄也。从‘广’，‘兼’声。”《说文·厂部》：“仄，侧倾也。从‘人’在‘厂’下。”徐灏《说文解字注笺》：“‘仄’谓侧边也。”徐锴系传：“廉，棱也。”注：“堂之边曰‘廉’。……堂边有隅有棱，故曰‘廉’。廉，隅也。又曰：廉，棱也。”《玉篇·广部》：“廉，棱也。”《广雅·释言》：“廉、柧，棱也。”清代王念孙《广雅疏证》：“《众经音义》卷十八引《通俗文》曰：‘木四方为棱，八方为柧。’”（徐复：《广雅诂林》，江苏古籍出版社，1992年）朱骏声《说文通训定声》：“堂之侧边曰‘廉’，故从‘广’。”马叙伦先生在《说文解字六书疏证》一书卷十八认为，《说文》所谓：“仄，侧倾也。”非“廉”字本义，其依据《说文解字六书》一书有关解释及杭县俗称，认为“廉”为屋阶之间。

《仪礼·乡饮酒礼》：“设席于堂廉东上。”郑玄注：“侧边曰廉。”《礼记·丧大记》：“卿大夫即位于堂廉楹西，北面东上。”《礼记·丧大记》：“堂廉谓堂基南畔廉棱之上”，“堂上近南雷为廉。”《仪礼·聘礼》：“饪一牢，鼎九，设于西阶前，陪鼎当内廉，东面，北上。”清代胡培翚《仪礼正义》引李如圭云：“内廉，西阶之东廉也。阶有东西两廉，近堂之中者为内廉。”《书·顾命》：“夹两阶戺。”汉孔安国传：“堂廉曰‘戺’，士所立处。”唐陆德明《经典释文·古文尚书音义》：“廉，‘力占’反。棱也。”段玉裁《说文解字注》：“堂之边曰‘廉’。天子之堂九尺，诸侯七尺，大夫五尺，士三尺，堂边皆如其高。”（丁福保：《说文解字诂林》，中华书局，1988年）

《诗·大雅》：“抑抑威仪，维德之隅。”毛亨《传》：“隅，廉也。”孔颖达疏：“隅者，角也。廉者，棱也。角必有棱，故云‘廉隅’。……《斯干》曰‘如矢斯棘’，毛以‘棘’为‘棱廉’，是外有廉隅也。”《礼记·聘义》：“夫昔者，君子比德于玉焉。廉而不刿，义也。”孔颖达疏：“廉，稜也。刿，伤也。”《荀子·不苟》：“君子宽而不僈，廉而不刿。”杨倞注：“廉，棱也。《说文》云：‘刿，利伤也。’但有廉隅，不至于刃伤也。”《太平御览》卷八百五引《五经通义》：“玉有五德：锐而不害，有似于仁。”《说文·玉部》：“玉，石之美有五德，锐廉而不技，絜之方也。”

《方言》第九：“凡箭镞胡合嬴者，四镰，或曰‘拘肠’；三镰者谓之‘羊头’；其广长而薄镰者谓之‘錍’，或谓之‘钯’。”郭璞注：“镰，棱也。”戴震《疏证》：“‘镰’古通用‘廉’，亦作‘鎌’。”（戴震：《方言疏证》，古籍出版社，2002年）钱绎《笺疏》：“‘镰’之言‘棱’也。……《众经音义》卷十五引《方言》曰：‘箭广长而薄廉者谓之錍。’‘镰’作‘廉’，‘廉’与‘镰’通。”（钱绎：《方言笺疏》，上海古籍出版社，2002年）

《周礼·考工记·弓人》：“夫筋之所由幨，恒由此作。”贾公彦疏：“郑云‘幨，绝起也’者，由绝起，则廉幨然也。”清孙诒让《周礼正义》：“依贾说，则幨亦谓筋理绝起有廉棱。‘幨’，《杂记》作‘裧’，注释为‘鳖甲边缘’。”《礼记·月令》：“（孟秋之月）其器廉以深。”清孙希旦《礼记集解》：“器廉以深者，外有廉隅，而其中深邃，象金气之严肃而收敛也。”《周礼·考工记·轮人》：“欲其帱之廉也。”汉郑玄注：“帱，幔毂之革也。革急则裹木廉隅见。”宋苏轼《章钱二君见和复次韵答之》：“醉里冰髭失璎珞，梦回布被起廉隅。”“廉隅”指棱角。《庄子·在宥》：“廉刿雕琢，其热焦火，其寒凝冰。”唐陆德明《经典释文》引《广雅》：“（刿）利也。”“廉刿”指尖利。北周王褒《周太傅燕文公于谨墓碑》：“雕良玉于廉刿，炼贞金于鋈鋈。”“廉刿”则指锐利之物。《史记·郦生陆贾列传》：“为人刻印，刓而不能授。”南朝刘宋裴骃《史记集解》引孟康曰：“刓断无复廉锷也。”“廉锷”谓边棱，此指印章的棱角。《史记》卷二四《乐书第二》：“其敬心感者，其声直以廉。”唐张守节《史记正义》：“廉，隅也。若外境尊高，故己心悚敬，悚敬在内，则乐声直而有廉角也。”

段玉裁《说文解字注》：“‘廉’之言‘敛’也。……引申之为‘清’也、‘俭’也、‘严利’也。”清徐灏《说文解字注笺》：“‘廉’有‘收敛’义，故《释名》

曰：‘廉，敛也。’堂廉之石平正修洁而又棱角峭利，故人有高行谓之‘廉’，其引申之义为‘廉直’、为‘廉利’、为‘廉能’、为‘廉静’、为‘廉洁’、为‘廉平’。”戴氏侗曰：“《皋陶谟》曰‘简而廉”’（丁福保：《说文解字诂林》，北京，中华书局，1988年）。清段玉裁《说文解字注·广部》：“此与‘广’为对文，谓逼仄也。”《孟子》曰：“故闻伯夷之风者，顽夫廉，懦夫有立志。”《庄子·让王》：“人犯其难，我享其利，非廉也。”《墨子·修身》：“贫者见廉，富者见义。”《吕氏春秋》卷十一曰：“临大利而不易其义，可谓廉矣。”《淮南子·原道》：“不以奢为乐，不以廉为悲。”《汉书·申屠嘉传》：“为人廉直，门不受私谒。”《汉书·武帝纪》：“兴廉举孝。”汉代刘向又在《说苑》中多次提到“廉”，其曰：“义士不欺心，廉士不妄取；以财为草，以身为宝。”

（2）现代文献中“廉”字的涵义。综合所述“廉”字的有关含义，有关学者对“廉”字内涵及相关引申义提出了一些看法。任继昉、刘江涛先生在《“廉”的词义、词源探索》[《语言科学》，2011年第10卷第4期（总第53期）]论文中认为：“‘廉’来源于‘棱’，‘廉’的词源就是‘棱’。‘廉，棱也’的解释，实际上点出了‘廉’的渊源，即‘侧边、侧隅（边角、隅角、棱角）→逼仄、狭窄→缺少、不足、浅小’之‘廉’的词源。”李世禄先生在《说“廉”》中认为廉字各意义可以表示为：

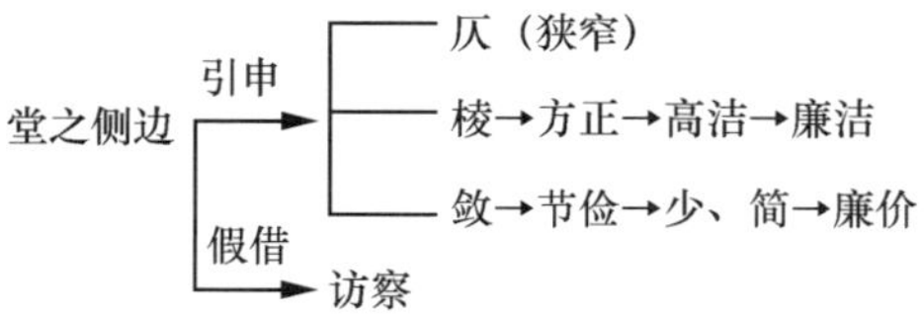

三、“廉”字新识

从上述的文献看，“廉”字之内涵及相关引申意义清晰，不过，还有几点可能是诸多学者所未能清晰阐明的，兹作新的阐述。

（1）“廉”字的初始义辨析。从文字学及文献特别是古文献的相关记载看，古“廉”字，确实像学术界所认为的那样，其原始意思与房屋有关，但是“廉”字最初的含义应是建筑堂之楹前至于阶沿者。而所谓的“廉”初始意思为“堂的侧边”之类的含义实际已是引申意义。如“这堂前的边角就叫‘廉’”（李世禄先生《说“廉”》）亦不是其初始含义。

（2）“廉”字建筑称谓“堂”界的新解。“廉”的初始含义中有无包括堂前沿立面，界限是否以堂向光院一面的堂基界为界，这是一个没有严格说明的难题。我们现在依据文献记载解释这一问题。

《礼记·丧大记》曰“堂廉谓堂基南畔廉棱之上”，又曰“堂上近南霤为廉”。

首先，我们来认识古代建筑中的堂（图二）。从《仪礼》《礼经释例》及考古发现

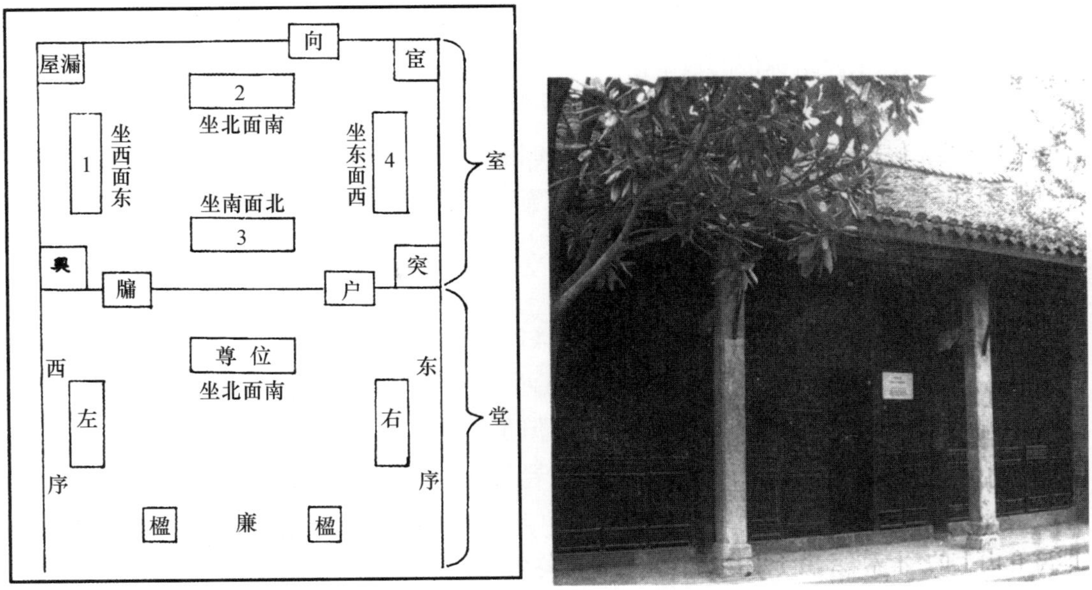

图二 堂、室廉布局

看，古代的天子、诸侯、公卿、大夫、士等贵族，不论住的地方还是祭祀场所，多为堂室结构。这些建筑的堂和室位于同一个地基上，共有一个房顶，并且堂在室前，隔有一墙。墙西为牖，墙东为户。堂东墙为东序，西墙为西序，南临光院。堂中间多有两个楹。

其次，我们来认识古文字“畔”的含义。据清代陈昌治刻本《说文解字》解释：“畔，田界也。”清段玉裁《说文解字注》：“‘田界也’，田界者，田之竟处也。《左传》子产曰：‘行无越思，如农之有畔，其过鲜矣。一夫百亩，则畔为百亩之界也。引申为凡界之称。或假泮为之。《氓诗》曰：‘隰则有泮。’《传》曰：‘泮，坡也。坡即陂。’笺云：‘泮读为畔，畔，涯也。”’从这些解释可以知道，畔有界的意思。有时，其具有界坡的概念，显然包括立面。

我们再认识建筑中的南溜。溜，一般地说，可以指屋檐边的承溜，即承接屋顶上雨水的长槽。《淮南子·本经训》“牢笼天地”，汉高诱注：“牢读屋溜，楚人谓牢为溜。”宋陆游《老学庵笔记》：“匿于人家溜槽中。”或可以指屋檐。《礼记·玉藻》：“颐溜，垂拱。”唐孔颖达《五经正义》：“颐溜者，溜，屋檐。身俯，故头临前，垂颐如屋溜。”唐崔融《瓦松赋》：“崇文馆瓦松者，产于屋溜之上，千株万茎，开花吐叶。”或指屋檐水。唐韩愈《韦侍讲盛山十二诗序》：“其拒而不受于怀也，若筑河堤以障屋溜。”宋张世南《游宦纪闻》卷三：“丞相势位，岂不能筑河沙而障屋溜。”或指檐下滴水处，《仪礼·燕礼》：“设洗篚于阼阶东南，当东溜。”综合地看，此南溜应理解为南檐下滴水处。

又，《礼记·丧大记》曰“堂廉”为“堂基南畔廉棱之上”，又曰“堂上近南溜为廉”。所以，综合地看，“廉”的初始含义不包括立面；包括立面及角、隅之含义是词汇发展过程中增加的新内容，这主要由于廉的外界为棱所造成的。

（3）“廉”字建筑称谓的最早读音。《说文解字》认为“廉”字“从广，兼声”。李世禄先生在《说“廉”》这篇论文中认为“廉”字是个形声兼会意字，“兼”既表声又表义，总体上看，这是对的。我们需要言明的是，“广”形制为建筑中堂的纵剖面，“兼”为堂之楹前至于阶沿者，如此，则“廉”字是会意、形声和指事字；“廉”这一建筑称谓最早应读为“兼”。

（4）“廉”字建筑称谓“堂”前的新解。从“廉”的原始含义看，其位于堂前，这时的堂三面有墙，堂前为光亮之地，所以“廉”字有光洁的意思。

（5）“廉”字，所从“兼”字，为“从两禾”的新解。“廉”字所从之“兼”字，为“从又持二禾”，凡“廉”字均为如是。但是，文字学中的单个“兼”字，有时是从两矢。关于这一现象，唐兰先生认为从两矢者与从两禾者音义相同，只是由于大家渐渐不明了挟两矢的意义，所以从两矢的“兼”字渐废。徐中舒先生认为，《说文解字》中的“兼”字解释错误，其实际应是从两矢的“箙”字。我们认为，“廉”字所从的“兼”字，之所以始终从两禾，可能还有其他解释。

关于禾，有不少重要特征。

（1）作为谷类总称。《诗·豳风》：“十月纳禾稼，黍稷重穋，禾麻菽麦。”《疏》云：“苗生既秀谓之禾。禾是大名，非徒黍稷重穋四种，其余稻秫苽粱皆名禾，惟麻与菽麦无禾称，故再言禾以总之。”《广雅·释草》云：“谷未秀曰苗，已秀曰禾。”

（2）说禾实际是执中的，具有中、正、和的特征。《说文》云：“禾，嘉谷也。二月始生，八月而熟，得时之中，故谓之禾。”《吕氏春秋·审时》：“得时之禾……其粟圆而薄糠，其米多沃而食之强。”《春秋·庄二十八年》：“大无麦禾。”《疏》：“麦熟于夏，禾成在秋。”《康熙字典·禾》曰：“又禾，和也。”

（3）禾有位于天地之中的。《山海经·海内西经》记载：“昆仑之虚……上有木禾，上五寻，大五围。”郭璞注曰：“木禾，谷类也，生黑水之阿，可食。”约成书于战国时期的记周穆王巡游事的西晋时出土的《穆天子传》卷四言：“黑水之阿，爰有野麦，爰有答堇，西膜之所谓木禾。”《吕氏春秋·本味篇》假托伊尹对唐陈说边远各地的各种美食时说：“饭之美者，玄山之禾，不周之粟，阳山之穄，南海之秬。”宋周邦彦《汴都赋》：“其中则有玄山之禾，清流之稻。”《文选·张协〈七命〉》：“大梁之黍，琼山之禾。”李善注：“琼山禾，即昆仑之山木禾。”元张宇《送赵宜之归》诗：“玉山有嘉禾，未肯求粒食。”又据考证，黑水之阿即位于昆仑，玉山、玄山即昆山或曰昆仑山，所以西膜之所谓之“木禾”“玄山之禾”“琼山之禾”“玉山嘉禾”亦即昆仑山上的“木禾”。由于中国古代昆仑被视为地中、万仙所在，显然，其之巨型禾不仅得时之中，还得地之中，具有天地之中的优势。

（4）由于大禾、嘉禾、木禾位于天地之中的特征，又得天时地利，所以其出现是瑞兆，是时政有德、时王执中和得天的标志。

《尚书大传》卷三《嘉禾传》："成王时，有苗异茎而生，同为一穗，其大盈车，长几充箱，人有上之者。王召周公而问之，公曰：'三苗为一穗，天下其和为一乎！'果有越裳氏重译而来。交趾之南有越裳国，周公居摄六年，制礼作乐，天下和。越裳氏以三象重译，而献白雉，曰：'道路悠远，山川阻深，音使不通，故重译而朝成王，以归周公。'公曰：'德不加焉，则君子不飨其质。政不施焉，则君子不臣其人。吾何以获此赐也？'其使请曰：'吾受命吾国之黄耇曰：'久矣天之无烈风淫雨，意者中国有圣人乎！有，则盍往朝之。'周公乃归之于王，称先王之神致，以荐于宗庙。"《艺文类聚》卷九十八《祥瑞部上》曰："成王访周公而问之，公曰：'三苗为一穗，天下当和为一乎！'以是果有越裳氏重九译而来矣。"又曰："嘉禾者，大禾也。成王之时，有三苗贯桑而生，同为一穗，大几盈车，长几充箱，民有得而上之者。"《书·微子之命》："唐叔得禾，异亩同颖，献诸天子。王命唐叔，归周公于东，作《归禾》。周公既得命禾，旅天子之命，作《嘉禾》。"《书·微子之命》之孔《传》云："唐叔，成王母弟，食邑内得异禾也……禾各生一垄而合为一穗。异亩同颖，天下和同之象，周公之德所致。"又，孔颖达疏《尚书·微子之命》曰："此以'善禾'为书之篇名，后世同颖之禾遂名为'嘉禾'，由此也。"生于周赧王三十五年、卒于秦王政十四年的战国末期韩国人韩非子，著有《韩非子》一书，其《喻老》篇载："故冬耕之稼，后稷不能羡也，丰年大禾，臧获不能恶也。"汉王充《论衡·讲瑞》："嘉禾生于禾中，与禾中异穗，谓之嘉禾。"又《论衡·吉验》："是岁，有禾景天备火中，三本一茎九穗，长于禾一二尺，盖嘉禾也。"《后汉书·光武纪论》："是岁县界有嘉禾生，一茎九穗，因名光武曰秀。"《文选·司马相如（封禅文）》有"一茎六穗"，李善注："一茎六穗，谓嘉禾之米。"《南齐书·祥瑞志》："（永明）十年六月，海陵齐昌县获嘉禾，一茎六穗。"唐韩愈《故金紫光禄大夫赠太傅董公行状》："职事修，人俗化，嘉禾生。"《清史稿·礼志二》："雍正二年，耤田产嘉禾，一茎三四穗，越二年，乃至九穗。"等等。

由之，我们可以认为，"廉"字所从之"兼"字，始终为"从又持二禾"，可能是古人对"禾"的文化内涵与为政之"廉"的文化内涵高度相似的认知。又由之，我们就可以深刻理解为何廉能公平中正，廉能生气平和，廉能获天地之时利，廉能出国之吉瑞之兆，廉能有政有德，廉能执中和得天命，等等。这些既具有古代人文背景又具有鲜明现代化人文特征的文化规旨。

《周礼·天官》提出"六廉"——"廉善、廉能、廉敬、廉正、廉法、廉辨"，《晏子春秋·内篇杂下》："廉者，政之本也。"《晏子春秋·内篇问下第四》中出现"廉政而长久"。廉政，在中国很早就被提出来了，对于为政而论，无论今古其都是执政的重要基础。于此，则准确理解"廉"字的含义，无论从文献、学术的角度看，还是从更好地宣传古代优秀廉政文化遗产等应用方面看，都是很有必要的。

（原刊于《炎黄文化》2014年12期）

介绍文物调查发现汉代画像砖

张文霞

2007年7月郑州市文物考古研究院在郑州县区进行文物普查中，在荥阳市区发现数件具有较高艺术价值和研究价值的文物，现就其中汉代画像砖介绍如下。

此砖整体呈长方形，中间有两处断裂，砖长1.22米，宽0.22米，厚0.14米，中间为空心，正面和背面图案相同，此砖采用模印与阳线刻相结合的制作手法，空心砖的正面上下为“Z”形连续纹，中间两头为虎面纹，中间为两排菱形纹与圆点纹交错排列（图一）。虎似人面，昂首，大圆眼，阔鼻，大嘴，牙齿外露，胡须上翘，虎纹斑斑，长尾上卷，前肢分开着地，后肢作奔跑状，威风凛凛（图二）。

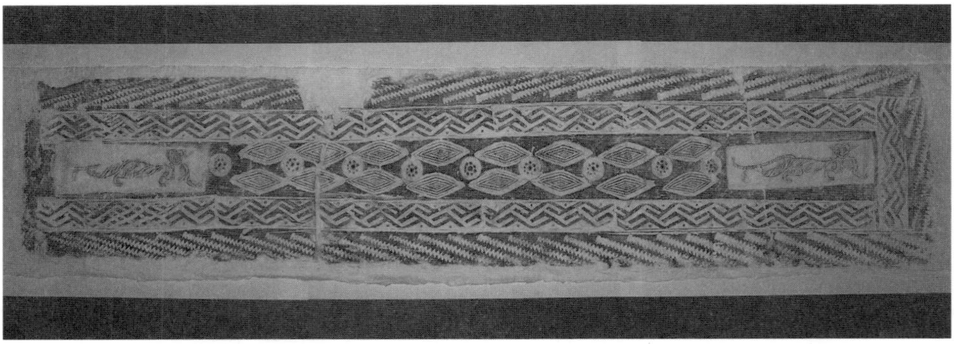

图一　画像砖

图二　画像砖局部

在古人的心中虎和其他许多神灵一样具有两面性，一方面被奉为神兽，用以驱鬼镇妖，另一方面又作为妖兽之化身。但汉代人们视虎为神兽，崇拜虎，汉画中神虎驱食怪兽的画像比比皆是。虎食怪兽画像大量出现在汉画中，这种现象足以表明，在汉代人的心目中，虎已由食人的凶兽衍变成了专食鬼魅的“善神”。

在郑州地区汉代墓葬中也多次发现画像砖，有关虎的画像虽然很多，但人面虎纹汉代空心画像砖在郑州地区还是首次发现，也是很少见的。它的发现对研究郑州地区汉代文化艺术提供了实物资料。

西汉铁官“大器”问题探讨

黄富成

自西汉政府于元狩四年（前119年）实行盐铁官营政策后，铁官作坊经常生产一种叫“大器”的农具。《盐铁论·水旱》载贤良语：“县官鼓铸铁器，大抵多为大器，务应员程（规定的数量和期限），不给民用。民用钝弊，割草不痛，是以农夫作剧，得获者少，百姓苦之矣。”“大器”的形制、结构与效用如何，史无具载。根据出土实物，人们多认为“大器”即出土的用于土地耕深的大铁犁[1]。分析西汉朝廷贤良所语，包含以下信息：其一，“大器”是当时铁官生产的主要任务；其二，“大器”的生产有一定的时间期限和数量规模；其三，“大器”不为民用，有特定的生产用途，非中耕管理的小型农具。据此，本文就“大器”的形制、结构与作用做一简要分析，不当之处，敬请指教。

一

盐铁会议发生于汉昭帝始元六年（前81年），时盐铁官营政策施行已近四十年，主要是朝廷对武帝时施行的一系列政治、经济措施进行辩论，而铁器官营的政治经济措施成为朝廷内部争论的焦点，特别是针对铁官生产与经营的“大器”，分歧颇大。事实上，“大器”的生产和用途与武帝时施行的代田法密不可分。据《汉书·食货志》载，武帝末年，以赵过为搜粟都尉，行代田法。以亩五顷、十二人为一生产组织，用耦犁，二牛三人。命大农掌管的铁官作坊制作田器，先在京郊地区政府公田内取得成功，后推广至西北屯区。

“代田法”实行圳垄相间的耕作制度，苗生圳中，圳之深、宽和垄之高、宽皆为一尺。苗出后通过锄土积于圳中，起到培土固苗、保墒防旱之作用；圳垄“岁代处”的连作耕种方法使得种休更替，劳息相均，用养兼顾，实际上就是实行垄沟互换的半面耕法[2]，通过机巧的农具翻土成垄，既减少了垦耕翻土的面积，又节省了中耕耘锄的次数，时人云“用力少而得谷多”。这种耕作方法强调在大面积土地上用大型田器开沟成垄，通过轮耕的形式减少中耕管理次数，从而提高耕作效率，人均耕地40余亩。根据湖北江陵凤凰山十号汉墓出土简牍郑里廪簿考释，西汉前期，该地平均每户有地24亩7分弱，每个能田者合9亩弱，每个人合6亩弱[3]。据《汉书·食货志》载，至西汉后期，平帝元始二年，全国垦田数8270536顷，户12233062，口59594978，平均每户合67亩半以上，每口耕作能力尚合14亩弱，依然远低于代田组织中的人均耕地数量。

代田法实行沟、垄相间，沟的深、宽均为一尺（汉一尺合今23.1厘米），这就需要铁犁有足够的入土深度和翻土能力。为配合代田法的推行，大农的下属机构和工匠专门制作经赵过革新的农具“耦犁”。文献没有说明耦犁的具体形制，“二牛三人”的耕作法表明耦犁入土时不仅拉力相当大，入土较深，而且具有较强的翻土功能，因此耦犁应当是一种大型特制农具。

二

根据各地出土的汉代铁犁铧，从形制上看有三角形、舌形和近似长方形等，在尺寸上可分为大、中、小型（表一）。大型犁铧指底边长超过30厘米者，超过40厘米的又称为特大犁铧（图一、图三），如陕西陇县、宝鸡斗鸡台出土的西汉三角形铁犁铧、东北辽阳三道壕及山东滕县等地出土的大铁犁，其底边长都超过40厘米。黄展岳先生又据犁铧形制和长宽度分为三类：“小铧形体轻巧，上下两面凸起，銎扁圆形或菱形，前端钝角或锐角，长宽各20厘米左右。”“中铧舌形，前端锐角，上面凸起，中有凸脊，底面板平。三角形銎，长宽各30厘米左右。”“大铧Ⅴ型，似中铧，长宽均在40厘米以上。”[4]一般认为，长度超过30厘米以上的舌形大铧主要用于开垦荒地、田间开沟、深翻等。长度在20～30厘米的中型铧可用于开垦、深耕、复耕、播种等，适用性较广。20厘米以下的近似长方形的小铧，主要用于熟土翻耕、复耕、播种或中耕除草、培土等。由于小铧上銎易碎土、破土，下銎可使整个铧底在翻耕时不全着地，扶犁者左右摇动可减少耕地阻力，因而适用于一般农户家庭的一牛牵引或人力牵引[5]。可见，汉代的铁农具不仅有大小器之分，而且有不同规格型号。从出土铁犁铧形制与尺寸看（见表一），不同型号的犁铧显然有不同的用途，针对《齐民要术·耕田第一》所云“秋耕欲深，春夏欲浅”，“初耕欲深，转地欲浅”。秋耕、初耕需要入土深的三角形或舌形大铧，而春夏进行的熟地翻转或中耕管理等需用小铧。根据“代田法”开沟起垄的田器功能看，中小型铁犁铧显然达不到这样的要求。

表一　各地出土部分汉代铁犁铧形制

犁铧形状	铧底形状	犁铧尺寸（厘米）及重量（千克）	资料来源	出土地点
舌形	平底	1. 长31.5、宽28，重8 2. 长32.5、宽32.5，重9	黄立水：《垓下遗址出土一批汉代铁器》，《考古》1993年第1期	安徽固镇
三角形	平底	长37、宽36、高12，重6	杨新才：《宁夏农业史》，中国农业出版社，1998年，第72页	宁夏西吉
三角形	平底后銎	脊长32.5、底宽30，重3.25	卢兆荫等：《满城汉墓农器刍议》，《农业考古》1982年第2期	河北满城

续表

犁铧形状	铧底形状	犁铧尺寸（厘米）及重量（千克）	资料来源	出土地点
三角形	平底后銎	长40、后宽42、后高13，重21（复制品）	黄展岳：《近年出土的战国两汉铁器》，《考古学报》1957年第3期	辽宁辽阳
三角形	平底后銎	斜长48、后宽45、高13，重27（复制品）	庄冬明：《藤县长城村发现汉代铁农具十余具》，《文物参考资料》1958年第3期	山东滕县
三角形	平底	长41、后宽46、重21.5	张传玺：《两汉大铁犁研究》，见《秦汉问题研究》，北京大学出版社，1985年	石家庄
三角形	平底	长42、后宽38.5，重12	见张传玺《两汉大铁犁研究》一文	甘肃古浪
三角形 长方形	平底 上下銎	长28.2、宽28.8、銎高12 长25、銎高11	扶风县博物馆藏	陕西扶风
三角形（铸制）	平底后銎	Ⅰ式无锥：长30.7、宽32.7、高10.3，重5.3 Ⅱ式有锥：长23.4、宽27.6、高8.3，重3.8	郭德发：《渭南市田市镇出土汉代铁器》，《考古与文物》1986年第3期	陕西渭南田市镇
三角锥体 舌形 舌形 等腰梯形	顶部中銎 上銎 上銎 上銎	高11.7、宽8.8、刃长12.1；銎口长6.8、宽4.5、高11.7；銎口长10.1、宽4.8、高15.3；銎口长14、宽6.5、高26、刃宽10.5；銎口长15、宽10	刘庆柱：《陕西永寿出土的汉代铁农具》，《农业考古》1982年第1期	陕西永寿
三角形 长方形	平底 上下銎	1. 长31、宽41、銎高11，重7 2. 长25、宽25，重3 3. 长40、宽30、重4 4. 长11、宽9	《武功县农业志》	陕西武功
三角形 舌形	上下銎 平底	长39、宽34.4、高11 1. 长39.5、后宽27.7、高14.3 2. 长38、宽39、高13 3. 长37、宽36.2、高14.5	陕西省博物馆等：《陕西省发现的汉代铁铧和辟土》，《文物》1966年第1期	陕西陇县
长方形	上下銎	长25、后宽15、前宽10	同上	陕西兴平
舌形	平底	1. 长30.2、后宽30、高8.3 2. 长23.2、后宽28、高8.6	同上	陕西礼泉
舌形	平底	长37、后宽26、高11	同上	陕西咸阳
舌形	平底	长29、宽26、高9	同上	陕西长安
长方形	上下銎	长15.7、后宽14.2、前宽10、高75	同上	陕西蓝田
长方形	上下銎	1. 长17.5、后宽14.5、前宽7、高7.5 2. 长10.8、后宽9、前宽7、高4.7	同上	陕西蒲城

图一　陕西咸阳出土的铁铧、镰土

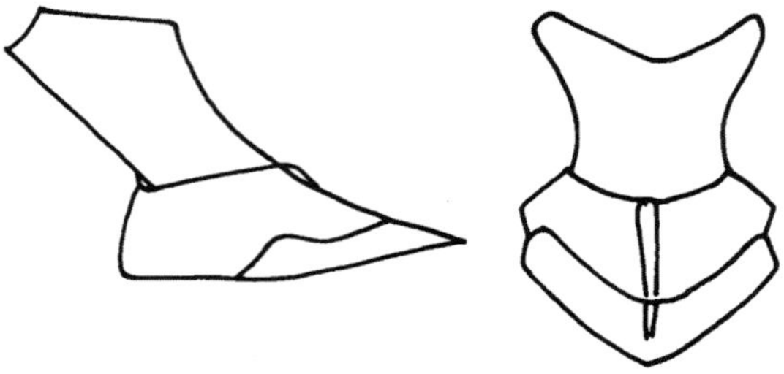

图二　陕西礼泉出土的巨型犁铧与犁镰

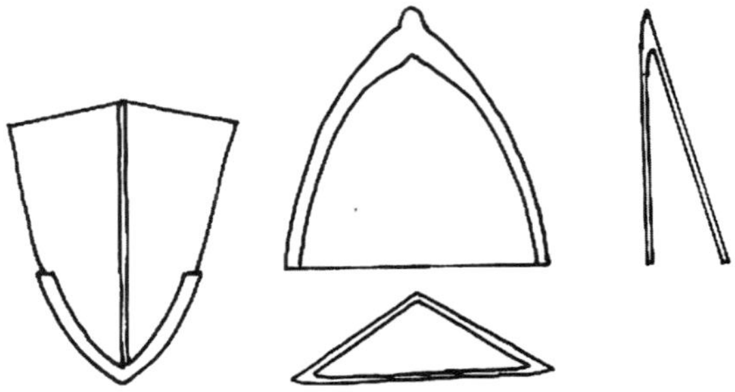

图三　陕西陇县大铁犁（套合铧冠）与辽宁辽阳大铁犁

那么，这些大铁铧是否为汉代铁官作坊铸造的“大器”呢？已有的实验研究表明，汉代超过40厘米的特大铁铧由于入土深耕时需要的拉力巨大，非二牛（三人）抬杠式所能为，需要数牛合拉，大铁犁主要用于汉代农田水利建设中的浚渠开沟及翻转熟地[6]。即便如此，大铁铧入土虽有一定深度，但翻土能力依然不足。因此，大铁犁所开之沟仍不能达到代田法所要求的垄、沟之深、宽均为一尺的要求。那么，“代田法”之“耦犁”形制到底如何才能达到更好的翻土起垄效果？赵过改进的耦犁主要目的是开沟起垄，它应当与古代社会耦耕的发展有一定关系。藕耕是指两人一组执耜进行耕作，目的是开沟起垄，便于形成田间沟洫排水。实际上，“耦耕”就是两人执二耜（耒或臿）同时并耕，一人向右翻土，一人向左翻土。它是适应当时实行的垄作制和后来代田法的农艺要求的[7]。因此，赵过之耦犁应当是充分体现并反映耦耕并耜翻土起垄的开沟功能。既然汉代特大铁犁还不能从根本上完成代田开沟起垄之需要，对于一般二牛抬杠式耕作的中、大型犁铧，若要完成翻土起垄的任务，亦是勉为其难。然而，汉代犁镰的发明及考古中出土的大量实物为这一问题的解决提供了最佳可能。

三

犁镰（又称犁耳、犁壁、镰土等）是安装在犁铧上部的一种翻土装置，是铧体的重要组成部分，其作用是使犁铧耕起的土块翻转并破碎，有翻土、碎土、覆盖杂草等功能。从出土的汉代犁镰形制看，有长方形、菱形及马鞍形、双翼形等形式（图一、图二），前两者只能单面翻垡，马鞍形及双翼形镰土则可起到两面翻土的作用。这种犁铧与犁镰结合工作的机理和效果与两人并耜而耕、分别向左右翻土的情形正相似，装上犁镰的大铁犁在垦耕过后明显地把土翻向两边，形成一道既深又宽的沟。这正是代田法耦犁垦耕后形成的垄沟效果，因此，这种舌形（或三角形）大铁铧与马鞍形犁鐴结合在一起的铁犁装置可能是汉代代田法之耦犁的部件[8]。事实上，从工作原理和耕作效果来看，我们认为大铁犁装上犁鐴就构成了耦犁的基本结构形式。单纯的大铁铧只能起到垦辟土壤的作用，开沟的效果并不理想。犁铧起土，犁鐴翻土，这在陆龟蒙《耒耜经》中说得相当明白：

冶金而为之者曰犁镵，起其垡者也。负镵者底，底实于镵中，工谓之鳖肉。底之次，曰压镵。皆貤然相戴。若剜土既多，其锋必秃，还可铸接，贫农利之。

起其垡者镵也，覆其垡者壁也。

《农政全书》卷二一《农器图谱》云：

铧与镵颇异，镵狭而厚，惟可正用。铧阔而薄，翻覆可使。老农云：开垦生地宜用镵，翻转熟地宜用铧。盖镵开生地着力易，铧耕熟地见功多。

书中图示的“镵”更像是从汉代的舌形或三角形大铁犁演变而来，因犁尖辟土易于磨秃，在汉代的大铁犁上常常可见到有另外铸造的铁铧冠戴于犁头，铧冠磨损后可换一个，由于所用铁少，成本较低，大铁犁（镵）可反复使用，故“贫农利之”。无论是汉代的大铁犁还是后代的镵，他们都可用来开垦生地，但翻土成垄浚沟的能力有限。所以王祯《农书》卷十九《农器图谱·利用门》中就提到一种经过改装后的浚铧专用于农田水利的沟渠及起垄开沟作业。其云：

浚铧，“其制大倍常铧，鐴亦称是。凡开田间沟渠及作陆堑，乃别制箭犁，可用此鐴斫犁底为胎，锻铁为刃，犁辕贯以横木，二人扶之，可使数牛挽行。插犁既深，一去复回，即成大沟。挑浚之力，日省万数。”

王祯所说的这种用于农田水利开沟渠的浚铧与普通犁铧相比，至少在四个方面作了改进：一是特制的大犁铧至少要比普通犁铧大一倍；二是犁鐴要配合大犁铧作相应的增大改进；三是改进犁箭装置，以使大铁犁入土较深；四是由多牛多人牵引完成。在大犁鐴强烈翻土作用下，只需一个来回，田间沟渠即可形成。但汉代二牛抬杠的直辕犁，还不具备调节耕犁深浅的犁箭装置，因此，耕作形式还离不开前挽、中压、后驱的二牛三人形式。由以上论述，不难理解，汉代赵过为推行代田法而改进的“耦犁”正是装置了犁鐴才使得大铁犁有了垦地翻土成垄浚沟的功能，垄、沟相间的作业生产形式得以实现。因此，可以推定，盐铁会议上，贤良们所抱怨的“大器”就是指这种为铁官所铸造、在“代田法”生产中专用于开沟作垄的装配有犁鐴的大铁犁。

鐴是汉代的创造，是装在犁铧上的一种翻土装置，有了它，犁才能发挥翻土、作垄、灭草的作用。据各地出土的汉代大铁犁及犁鐴来看，主要集中在西汉中后期及东汉时期。如在陕西西安、富平、蒲城、长安、礼泉、咸阳、陇县等地出土的大铁犁，犁铧长宽多在30厘米以上，年代为西汉中期到东汉初期[9]。在辽宁辽阳三道壕，河北承德、石家庄等地出土的大型铁铧，年代更晚，为西汉后期至东汉[10]。从出土物的地域看，主要集中于西北地区（表二），这是汉代推行代田法的主要区域。应当说，犁鐴的发明是汉武帝在推行代田法过程中的一项农具技术革新。

铁官制度之前，汉代铁农具多为小型。铁官制度施行后，大型铁农具频频出现。从武帝行代田法前后去世的两位地方侯国国君墓葬中（梁王武薨于景帝后元年，前143年；靖王胜薨于武帝元鼎六年，前111年）陪葬铁农具中可明显看出这一变化（表三），即“大器”耦犁是在武帝铁官制度施行以后逐渐发展起来的。

表二　各地出土部分汉代犁鐴形制

出土地点	时代	鐴土	同出铁农具	资料来源
陕西渭南田市镇	汉	飞蝶形1	犁铧6、铧冠8、耧铧8、镢、铲、锄	郭德发：《渭南市田市镇出土汉代铁器》，《考古与文物》1986年第3期
宁夏吴忠贺兰等县	新莽至东汉	菱形	镢	文物编辑委员会编：《文物考古工作三十年》156页，文物出版社，1979年
长安韦兆村	汉	菱形1	舌形犁铧1、铧冠1	陕西省博物馆等：《陕西省发现的汉代铁铧和辟土》，《文物》1966年第1期
礼泉王相村	汉	菱形1、马鞍形1	舌形犁铧2、铧冠2	同上
西安阿房区	汉	菱形1、马鞍形1	舌形犁铧2、铧冠2	同上
咸阳北杜镇	汉	马鞍形	舌形犁铧2	同上
咸阳赵家村	西汉	菱形1（背有“田”字）	舌形犁铧1（背有“川”字）	同上
陇县高楼村	西汉	长方形1	舌形犁铧3、铧冠20余件（有“河二”“东二”等字样）	同上
陇县汉惠渠	汉	长方形1	舌形犁铧3	同上
河南渑池	汉至北魏	鐴土99	舌形犁48、铧冠1101、锸铲锄多件	渑池县文化馆等：《渑池县发现的古代窖藏铁器》，《文物》1976年第8期
郑州刘庄	汉末北魏	鐴土3	舌形犁铧3	郑州市博物馆：《郑州近年发现的窖藏铜铁器》，《考古学集刊》（第1辑）
陕西岐山	西汉	铁质背有“川”字；青铜质叶形	铁质舌形犁铧1、青铜舌形犁铧1	梁家勉：《中国农业科学技术史稿》170页，农业出版社，1989年

表三　西汉梁王与中山靖王墓出土铁农具

商丘永城梁王墓[11]	河北满城汉墓[12]
铁农具：铁锸5件、铁镬4件、铁锄3件、铁镰	铁农具：铁镢17件、铲7件、二齿耙（或称双齿镬）1件、三齿耙（或称三齿镬）1件、（大）犁铧1件（脊长32.5厘米、底宽30厘米、重3.25千克）农具铁范：镢内范11件、锄内范8件、三齿耙范1件

但铁官的设立并不意味着用于翻土装置的犁鐴随着大铁铧的出产而伴之，农具革新与技术发展是一种生产实践与时代需求不断进步的过程，犁鐴的发明就是中国古犁在工程力学技术实践和效率提升中不断演进的产物。根据陈文华教授在其《试论我国农具史上的几个问题》一文中所绘《由耒到耜演变示意图》，不难看出中国古犁在演变过程中所遵循的机械结构力学的应用与发展原则，它最直接的表现就是破土与翻耕效率的提高。西汉时，后世犁的基本框架（犁床、犁架、犁辕与牵引系统等）已基本定型，从进一步提高工效的角度讲，耕犁的下一步革新应当是如何提高它的深耕与翻土能力。深耕需要有控制铁犁入土深浅的装置———犁箭在东汉时开始出现，但提高铁犁翻土能力的特殊装置———犁鐴在西汉中后期已开始应用了。据朱熹《通鉴纲目》载，赵过为搜粟都尉事在征和四年（前89年）夏六月。赵过在推进代田法过程中，对田器的改进其中就包括了犁鐴的发明，这一装置使大铁犁翻土能力大为提高，代田法耦犁垄沟作业的形式得以实现。

由于代田的区域主要在西北边地，根据屯区“衣食县官”和汉律明确规定“吏民不得持兵器及铁出关”[13]的政策，代田法在边地的推行完全由政府配给铁器。铁器的配给在居延汉简中有专簿登记记录：

《居延汉简释文合校》简520·1[14]：始元六年（前81年）二月己卯朔□移铁器簿一编□

《居延新简》E.P.T52[15]：甲渠侯官，建始四年（前29年）十月旦见铁器簿

这二简反映的是西汉后期昭帝与元帝时居延屯区铁器管理之事，说明在代田法推行过程中，大铁犁等铁农具系由政府供应和管理。在《盐铁论·复古》篇中也记载了张掖郡肩水都尉彭祖，因丧假归家所云边地铁器由政府统一经营管理的事实。

综上所述，西汉铁官生产的“大器”是一种带有犁鐴装置的大铁犁，是武帝时为在西北地区推行代田法而对铁农具进行的一项技术革新，具有较强的开沟翻土功能。利用“大器”耦犁施行的代田法通过沟垄轮耕的措施，降低了田间中耕管理的强度，却大大增强了土地开垦的能力，对当时农业的发展起了积极的作用。

注　释

[1] 如张传玺：《两汉大铁犁研究》，《秦汉问题研究》，北京大学出版社，1985年；卢兆荫、张孝光：《满城汉墓农器刍议》，《农业考古》1982年第2期；陈文华：《试论我国传统农业工具的历史地位》，《农业考古》1984年第1期，等等。
[2] 董恺忱、范楚玉主编：《中国科学技术史·农学卷》，科学出版社，2000年，第297页。
[3] 裘锡圭：《湖北江陵凤凰山十号汉墓出土简牍简释》，《文物》1974年第7期。
[4] 黄展岳：《古代农具统一定名小议》，《农业考古》1981年第1期。
[5] 钱小康：《犁》，《农业考古》2002年第3期。
[6] 张传玺：《两汉大铁犁研究》，《秦汉问题研究》，北京大学出版社，1995年。
[7] 陈文华：《试论我国传统农业工具的历史地位》，《农业考古》1984年第1期。
[8] 陈文华：《试论我国传统农业工具的历史地位》，《农业考古》1984年第1期。
[9] 陕西省博物馆：《陕西省发现的汉代铁铧和鐴土》，《文物》1966年第1期。
[10] 黄展岳：《近年出土的战国两汉铁器》，《考古学报》1957年第3期。
[11] 王良田：《商丘市出土的西汉梁国农具》，《农业考古》2002年第3期。
[12] 卢兆荫、张孝光：《满城汉墓农器刍议》，《农业考古》1982年第2期。
[13] 《汉书》卷五十《汲黯传》引应劭语："律，胡市，吏民不得持兵器及铁出关。"
[14] 谢桂华等编：《居延汉简释文合校》，文物出版社，1987年，第636页。
[15] 甘肃省文物考古研究所、甘肃省博物馆等：《居延新简》，文物出版社，1990年，第260页。

略论汉代乡村农官——力田

黄富成

小农经济是汉代集权政体立国的经济基础，也是以农为本的国家经济政策在长期社会实践中的基本结论[1]。乡村社会的稳定与发展不仅是汉代集权统治的社会基础，也是其政权巩固的重要基石。因此，劝民务农就成为国家政治生活中的一件大事，在这种情况下，乡村农官——“力田”的设置及其对广大乡村百姓农桑风化的作用就凸显了政府农为民本的治民思想。

一

力田本指努力耕田，如《战国策·秦策》云：“今力田疾作，不得暖衣余食。”召信臣为南阳太守，“其化大行，郡中莫不耕稼力田”（《汉书·召信臣传》）。两汉时期，“力田”开始成为一个专有名词，与三老、孝悌一起构成了乡村社会中“劝导乡里、助成风化”的基层“乡官”（《后汉书·明帝纪》李贤注）。汉代乡村农官的设置是战国以来历代政府重农政策和小农经济理论具体实践化的必然结果，有着很深的政治和经济意义。《吕氏春秋·上农》明确指出“民农则朴，朴则易用，易用则边境安、主位尊”，“民农则重，重则少私义，少私义则公法立、力专一”，“民农则其产复，其产复则重徙，重徙则死其处而无二虑”。《管子·牧民》提出的“仓廪实则知礼节，衣食足则知荣辱”成为了古代集权政府重农治民的思想基础。可见，乡村农官的设置有着明确的政治目的和现实的经济意义。就是要“力田”，以自身力农的实际行动，引导乡里百姓从事农桑耕稼，以期形成“农为民本”的社会风气，达到劝民归农、促进生产、稳定乡村社会的目的。

“力田”的设置是汉代政府重农措施的一个具体表现，作为一项非常重要的察举科目，它被最高统治者以皇权诏令的形式固定下来。“力田”的出现最早始于惠帝四年（前191年），“举民孝第、力田者复其身”（《汉书·惠帝纪》）。高后元年（前187年），“初置孝第、力田”（《汉书·高后记》）。至此，对力田的荐举被固定下来。文帝十二年（前168年），诏曰：“孝悌，天下之大顺也；力田，为生之本也；三老，众民之师也。……以户口率置三老、孝悌、力田常员，令各率其意以道民焉。”（《汉书·文帝纪》）以户口置常员，文献并无具体说明。高后置孝悌、力田时云：“二千石者一人。”师古认为：“特置孝悌、力田官而尊其秩，欲以劝厉天下，令各敦行务本。”陈梦家亦认为“者是各之误，谓郡举孝第、力田各一人”[2]。这与颜说基本一致。事实上，从“力田”的设置、作用及性质来看，“力田”既无秩禄又无官衔（不治民），只享受政府的荣誉尊号及政策上的经济优惠措施和政治利益，原因有三。

其一，“力田”的主要作用是风化乡里百姓务农殖稼，劝民归本。文帝十二年在诏令中明确指出三老、孝悌、力田在乡村基层中起着礼教、尊卑、农桑等的教化作用，他们是依靠政府给予的政治上的尊号并利用自身在乡村中的影响力来劝诱和感化乡村百姓，所谓“各率其意以道民”即为此意。

其二，“力田”是基层乡官系统的一员。成帝河平四年在谈到力田劝农不力时说“先帝劭农，薄其租税，宠其强力，令与孝弟同科”（《汉书·成帝纪》），这是指孝惠四年科举“力田”事。《后汉书·明帝纪》李贤注云“三老、孝第、力田皆乡官之名”，其作用是“劝导乡里，助成风化”。既是乡官，就有一定的职官职责，力田的职责就是劝农。因此，力田在乡村农事活动中就可能直接干预和组织乡里百姓的农业生产。如武帝末年，赵过推行的牛耕、代田法等农耕新技术就是依靠二千石组织各县令再培训三老、力田、里父老等乡村中的善田者，身体力行地组织、教种广大百姓推而广之的（《汉书·食货志上》）。《汉书·百官公卿表》所列是指有秩禄的官吏，三老、孝弟、力田是乡村中不拿俸禄的教化类乡官，他们虽没有治民的行政权力，但由于其行为常常影响到广大乡村的民风民俗，与政府在乡村社会的政治利益密切相关，因而受到格外重视。

其三，“力田”根植于广大乡村中，应是乡一人，而非郡一人。由于力田在乡里起着农桑风化的作用，因此就必须与广大乡里百姓经常接触，否则就难以起到风化的作用。文帝在谈到以户口置三老、力田等常员时，也只是说“今万家之县，云无应令，岂实人情”？可见力田的设置在于基层，因而不能脱离乡村生产的活动。根据高祖时“举民年五十以上，有修行，能师众为善，置以为三老，乡一人”（《汉书·高帝纪》），推知力田亦应是乡一人。武帝时诏嘉力田，“赐乡力田帛，人三匹”（《汉书·武帝纪》），这里就明确指出了“力田”为乡级农官。《居延汉简释文合校》简5·3，10·1，13·8，126·12记录的是施行诏书的目录，上有“置孝弟、力田二十二”，在一个屯区内设置如此数量的基层农官，显然既不是置在郡，也不置在县，唯有设置于基层乡里才能起到农桑风化的具体作用。在出土的尹湾汉墓简牍上清晰地记载着西汉末年东海郡基层乡村吏员的设置情况：乡170，乡三老170人，孝、第、力田各120人[3]。由此可见，力田接近于乡一人，这些教化类乡官的设置极有可能是“以户口置常员”，其乡村农官的身份再次得到具体的验证。高后时由于初置力田，郡举一人是有可能的；文帝时以户口置常员应是指以乡级为单位荐举力田，因为这一乡村风化类农官的设置并不增加政府太多的行政成本，且又有利于政府在广大乡村中的农桑教化活动，因此乡设力田一人应是常态。

二

对乡村社会的治理是汉代政治利益的一个核心组成，它不仅关系到政府赋税的来源，更为重要的是它是社会稳定的基石。因此，对乡村的农桑风化便具有深刻的政治意义，不仅要驱民归农，还要民乐其业，安其居而享其成，以达到政府对乡村社会的牢固控制。乡村农官“力田”无疑是这种政治功能角色作用中最下层而又极为重要的一员，在本质上其属于政府在农业生产领域中树立的农桑耕稼之典型，享有诸如入仕、“复其身”等政治和经济利益。

“力田”者，是因勤力耕田而为民表率的，所以他们在生产态度、生产技术、生产条件及生产方式等方面都不同于一般的个体小农，亦不同于乡村中的工商地主或豪强地主。基本上他们属于《管子·君臣下》中所说的“中民”阶层，《盐铁论·未通》中则称其为“中家”，就是两汉时的“中人”之家。当初，文帝尝欲作露台，经过预算，“直百金（百万钱）”，为“中人十家之产”，乃罢（《汉书·文帝纪》）。实际上，“力田”所代表的“中家”阶层就是我们平时所谓的“庶民地主”。高敏先生认为他们就是农村中的地主，是汉政府重农政策下对种田有绩者的一种资励[4]，这是对当时乡村普通中、小地主阶层的一种客观描述。

“中民”地主之家善于经营，有一定的文化知识，在生产上勤于力农，在生活上奉行社会伦理道德。平时，“中家”（或“中民”“中人”）在农业生产中做小民的表率，一旦有机会就可入仕。汉政府明确规定“赀算四得宦”（《汉书·景帝纪》），即家产在四万钱以上才有资格被荐举为官。政府把选官的标准下放到中家四万之产的下限[5]，这就使得“力田”所代表的普通乡村地主阶层有机会进入政府甚至是上层统治者的行列，扩大了汉代统治者的社会基础。其子弟“八岁入小学，学六甲、五方、书计之事，始知室家长幼之节。十五入大学，学先圣礼乐，而知朝廷君臣之礼。其有秀异者，移乡学于庠序；庠序之异者，移国学于少学。诸侯岁贡少学之异者，学于大学，命曰造士。行同能偶，则别之以射，然后爵命焉”（《汉书·食货志上》）。文翁在蜀地“修学官于成都市中，招下县子弟以为学官弟子，为除更徭，高者以补郡县吏，次为孝第、力田”（《汉书·文翁传》）。因此，被荐举的“力田”一方面在农业生产中起着风化乡里的作用，另一方面同孝悌、三老一样享有“复其身”“勿徭戍”的特殊待遇，且一旦被荐举，就会有入仕为官的基础和途径，构成了西汉平民阶层参政的重要社会基础。

汉初，由于数年战乱的破坏，大量土地荒芜，土地兼并尚未成害，以至有“以口量地，其于古犹有余”（《汉书·文帝纪》）的现象。为尽快恢复社会生产，国家采取了设置农官劝农、减免赋税等扶植农业生产的政策。在这种社会条件下，有着农业生产经验的“力田”中家阶层，依靠自己的辛勤劳动，致力于田畜生产，很快就发展起来。与普通小农相比，他们从事农业生产的经验丰富，技术娴熟，拥有足够的土地和资金等生产条件。但他们又远不同于依靠工商起家的商贾地主及豪强、军功地主等乡村中的“大家”：商贾地主拥有雄厚的经济实力，以末致财，以本守之，役使奴隶和雇佣劳动，他们多为六国旧贵族及其后裔。如赵卓氏在秦破赵后被迁往蜀之临邛，“即铁山鼓铸，运筹策，倾蜀、滇之民，富至僮千人。田池射猎之乐，拟于人君”（《史记·货殖列传》）。豪强、军功地主则是大地主与大商人相结合或是政治上的权贵，拥有地方势力或政治背景，他们坐收租利或食邑税，一般很少直接参与农业生产。如汉初徙往关中的关东诸豪虽“身无半通青纶之命”，“不为编户一伍之长，而有千室名邑之役”（《后汉书·仲长统传》），通过役使贫民，富霸一方。一些世卿豪族及军功爵侯如萧何、曹参及其后裔等食邑达万户以上，不事耕稼而坐享食禄之利。“中民”之家则是通过经营农业生产一步步逐渐壮大起来，如宣曲任氏“折节为俭，力田畜。田畜人争取贱贾，任氏独取贵善。富者数世。然任公家约，非田畜所出弗衣食，公事不毕则身不得饮酒食肉。以此为闾里率，故富而主上重之”。桥姚则斥边塞之地，“致马千匹，牛倍之，羊万头，粟以万锺计”（《史记·货殖列传》）。卜式亦是以田畜为事，十余岁而成为富人（《史记·平准书》）。由此可见，“力田”所代表的中民之家多为自己亲自组织农业生产，对农业生产有一定的经验和方法，注重积蓄、节俭，以本致富而倾乡里，非常符合政府的重农政策，故能“为闾里率”“主上重之”。“力田”作为中民之家的典型代表亦因此而受到政府的频频嘉奖，如文帝十二年，武帝元狩元年，宣帝元康元年、四年、神爵四年、甘露三年，元帝初元元年、五年、建昭五年，成帝建始元年、三年、绥和元年等多次嘉奖力田爵、帛。东汉时，虽然赐爵制度较为泛滥，但对“力田”的频频嘉奖，在一定程度上仍显示了政府对乡村农官在农桑风化活动中的高度重视。

三

“力田”作为乡村农官在乡村农事活动中的作用主要体现在两个方面。

一是农桑教化的作用。汉人论政，首重风俗，政治问题往往就成为一种文化影响力的问题[6]，如董仲舒就认为“治天下，莫不以教化为大务”（《汉书·董仲舒传》）。匡衡、王尊等大臣就常以“广教化、美风俗为职”来论执政水平之高低，因此，以乡里社会民风民俗的善恶来论政治得失是汉代政府乡村治理中的一种文化倾向。“力田”在乡村的农桑风化活动中就凸显了从中央到地方直至乡村基层对农业生产的高度重视，乡村农稼风俗的培养与发展是汉代乡村社会治理中的核心组成，“力田”是其中非常重要的角色。配合政府乡村教化的制度，“力田”有两个重要的任务：其一，在每年开春举行祭祀农业始祖神的籍田礼中，皇帝象征性地用耒耕三下，然后百官以职官高低依次耕作，最后要由力田下种并覆土整理完毕，以宣示天下农乃民生之本，务必要勤力耕稼殖谷；其二，政府颁布春令，督促农民及时耕种，即政府劝农的班春制度（《后汉书·礼仪志上》）。“班春”是汉代地方政府的一项重要职责，《后汉书·百官志五》注云：“凡郡国皆掌治民……常以春行所主县，劝民农桑。”此时春耕农忙季节，郡、县诸曹掾史吏员皆要劝农耕种，事实上，这些繁琐的任务诸如《四民月令》所记田地平整、工具修缮、下种、田间管理、水、旱、虫害的治理等，都由“力田”等乡村农官来具体督民操作施行。因此，“力田”不仅自身在乡村中努力耕田，率为人范，而且在国家和地方组织的各类劝民农桑活动中担任极为重要的角色，已经构成了汉代乡村农业生产活动中的一个重要组成部分。

二是推广农业生产技术，促进农业生产的发展。如前所述，力田是乡村中的中小地主，他们有一定的生产技术和生产条件，在农业生产中有一定的优势，故能为乡里表率。武帝时赵过在推行铁犁牛耕及代田法等农业生产新技术时，利用职官系统的劝农职责，自上而下层层分工落实责任，最后由“二千石遣令长、三老、力田及里父老善田者，受田器，学耕种养苗状”。这里反映了汉代乡村社会生产中的两个基本事实。一是以“力田”为代表的乡村中小地主阶层在汉代的农业生产中是一支非常重要的骨干力量，是政府推行重农政策的基本社会力量。普通小农、贫农等乡村中的“下家”，由于生产条件的不足及资金的匮乏，使得农业生产常处于不稳定状态之中；而“大家”地主则基本属于食利阶层，与政府宣扬的“农为民本”的政治伦理道德相悖，这二者在物质生产和精神面貌上都不能真正地反映政府重农精神的实质。二是以“力田”为代表的乡村地主是农村中的“善田者”，农业生产的新工具、新技术主要由他们来推而广之，同时，他们自身有一定的资产条件来满足新技术所需的动力和工具。农业生产技术在乡村中小地主阶层农作实践的作用下得以不断地进步和发展，这是汉代农业生产力得以进步的一个重要原因[7]。

总之，“力田”是汉代乡村中劝导乡里、助成农桑风化的基层农官，是政府为劝民归农、努力耕稼而树立的农耕典型。他们自身积极从事农业生产，有一定的文化和丰富的农业生产知识、技术，拥有一定的土地、资金等生产条件，在农业生产中起着风化乡里百姓的作用，代表了农村中的中、小地主这一广大社会阶层，是推动汉代农业技术进步和农业生产稳定发展的重要力量。

注　释

[1] 高敏：《秦汉时期的重农思想蠡测》，《秦汉史论集》，中州书画社，1982年，第124页。

[2] 陈梦家：《汉简缀述》，中华书局，1980年，第277页。

[3] 连云港市博物馆等编：《尹湾汉墓竹简》，中华书局，1997年，第77页。

[4] 高敏：《试论汉代抑商政策的实质》，《秦汉史论集》，中州书画社，1982年，第157页。

[5] 马新：《两汉乡村社会史》，齐鲁书社，1997年，第127页。

[6] 龚鹏程：《汉代思潮》，商务印书馆，2005年，第39页。

[7] 中国农业遗产研究室：《中国农学史（初稿）》，科学出版社，1959年，第112页。

（原刊于《农业考古》2006年第3期）

汉代玉衣雏形新探

——由安徽含山县凌家滩遗址07M23谈起

张永清　卢青峰

《考古》2008年第3期刊载的《安徽含山县凌家滩遗址第五次发掘的新发现》一文，认为该遗址是新石器时代晚期分布在巢湖流域的一处十分重要的聚落，其中最重要的是遗址中的07M23。该墓位于凌家滩遗址墓地的核心区域，墓内“随葬的玉、石器排列紧凑而密集，局部层层叠压达2～6层”。笔者根据07M23随葬玉、石器布局形式，结合专家学者以往对汉代玉衣的研究，对汉代玉衣的形成及相关问题进行探索，以求教于学界方家，不当之处，敬请指教。

一

玉衣，即把许多四角穿有小孔的玉片分别用金丝、银丝、铜丝等编缀起来制作成的丧葬殓服。史料中对玉衣的记载最早见于西汉刘歆的《西京杂记》：“汉帝送死皆珠襦玉匣，匣形如铠甲，连以金缕”，即金缕玉衣，所以玉衣又称“玉匣”或“玉柙”。《后汉书礼仪志》亦载：“诸侯王、列侯、始封贵人、公主薨，皆令赠印玺、玉柙银缕；大贵人、长公主铜缕。”玉衣是专为两汉时期皇帝及诸侯王等上层权贵特制的，依等级分为金缕玉衣、银缕玉衣、铜缕玉衣、丝缕玉衣等几种。近年来全国各地也陆续发掘了一批出有玉衣的汉代墓葬，墓主身份多为王、王后、侯等，如河北满城汉墓M1、M2，河北邯郸郎村汉墓，江苏邗江甘泉M2，山东济宁肖王庄汉墓，河南淮阳北关M等。

汉代玉衣形制美观，质量上乘，制作技术成熟、精湛，但其形成必然有其产生发展的过程。《吕氏春秋·节丧》述及“含珠鳞施”，即“含珠”施于口内，“鳞施”则施于身上，即用玉片或金属片如鱼鳞般施于身上；商周、两汉时期，有在死者脸部覆以缀玉面幕、身上殓以缀玉衣服的习俗，如已出土的山西曲沃晋侯墓地战国缀玉覆面[1]、徐州子房山墓地及徐州后楼山墓地西汉玉面罩[2]、山东临沂皇族刘疵墓中的玉衣套[3]等，学界基本认定玉衣是由“缀玉面幕”和“缀玉衣服”发展而来，与“玉衣”的产生有一定的渊源[4]，也有人认为它们就是“玉衣”的雏形，可以说玉衣的形制发展经历了玉覆面—玉面罩—玉衣套—玉衣的过程。

二

安徽含山县凌家滩遗址07M23墓主人身上覆盖的大量玉、石器，很可能是汉代成熟玉衣更早的雏形，玉衣的形成应该经历了一个玉、石混合阶段，其年代可追溯至新石器时代晚期。现从以下几个方面加以推断。

1. 墓主身份方面

07M23墓主身份高贵，权力庞大，与汉代玉衣主人为两汉权贵相一致。

首先，从墓葬所处位置可以推定墓主人地位显赫。“07M23位于墓地的南部偏东，大致在祭坛东南位置，靠近祭坛顶部。这里是凌家滩墓地的核心区域。”墓葬布局与祭坛的远近显示墓主人身份的高低，这从许多新石器时代遗址中已得到证实。

其次，07M23出土了大量高规格玉礼器和神器，如钺、环、璜、块、镯及玉龟、玉签等。另外，其墓口填土上方还放置有一件用纯天然形成的玉料雕刻而成的重达88千克的巨型野猪（图一）。猪在当时通常被认为是财富与权力的象征，在湖北大溪、浙江河姆渡、大汶口文化、红山文化中都发现有猪的形象，这一巨形玉猪的出现，“显然是用来表明墓主人的地位，是财富和权力的象征”，“墓主有可能是酋长、大巫司之类的政治、军事和神权领袖”。凌家滩遗址中07M23及其他墓葬中都出土了大量的钺（图二、图三），钺也是墓主人高贵地位的象征。浙江余杭1986年发掘出土的良渚文化反山墓地中，多数制作精

图一　凌家滩遗址巨型玉猪号称“中华第一玉猪”

图二　凌家滩遗址第五次发掘中，仅其中一个墓葬就发现了8件完整的玉钺，或称玉钺群

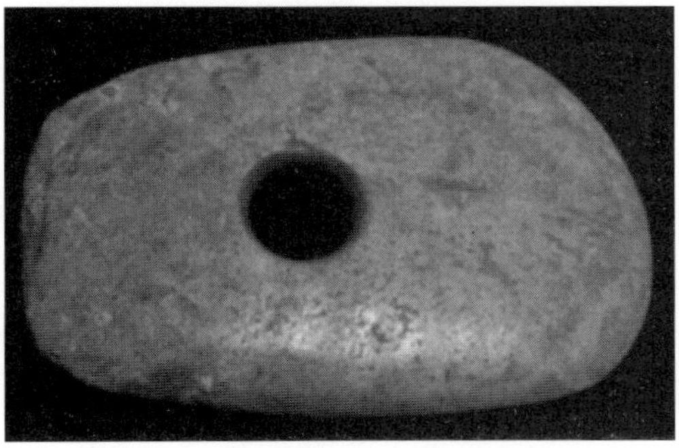

图三　凌家滩遗址出土的玉钺

图四　1986年浙江余杭县反山出土玉钺M12：100
左图为其所饰神人纹。该钺是良渚文化的瑰宝，堪称“钺王”

良的玉钺都是发现于一些贵族墓葬中[5]（图四）。钱耀鹏先生认为：“一般随葬斧钺的墓葬规模相对较大，不仅葬具等埋葬设施不同寻常，随葬品数量及质量也都相对较好。”[6] 07M23中大量玉钺、石钺的出现同样表明了墓主人身份高贵，当属于贵族。

07M23内既有象征权力、地位、身份、财富的高规格礼器，同时又存在石凿、石锛之类的劳动工具。有学者认为这与当时所处的历史时期有关：当时是原始社会向奴隶社会过渡时期，贫富分化严重，阶级产生，但此时的首领虽拥有财富，但仍不能完全不劳而获，因此，在他的墓葬中既有体现财富权力的玉礼器，也有反映重视劳动、重视农业生产的石锛、石凿。学者的这种说法正说明早期的“玉衣”材质尚处于玉石混合阶段。

2. 玉、石器的摆放形状方面

07M23中玉、石器的有序排列，初具“玉衣”形状。

07M23出土遗物极为丰富，共计330件，99.06%为玉、石器。其中，玉器200件，有璜、玦、环、镯等，分布较集中；石器97件，以锛、凿、钺为主，器形较大，磨制精美。玉、石器极少数置于棺外，大多数堆积于棺内，棺内玉、石器的排列并不是凌乱地随便放置，而是呈现“人形”有序排列：石器中数量很多的石锛，“较集中地排列在墓坑底部，占满了大部分区域，基本上都是刃口朝北，南北竖向排列，东西并排放置5件或4件，共有7排，无使用痕迹”，发掘人员推测，“可能墓主人下葬时就放在石锛上面”（图五），这些石锛似乎是为墓主人做了一层身下铺垫。而墓主人身上，则覆盖了多件玉质和石质的钺，“石质者居多，主要分布墓主上身部位，位于腰部以下的器形较大，也有少量放置在墓坑西侧。位于墓主身体中线上的钺基本上刃口朝北，中线东西两侧的钺则刃口分别朝向东、西；有个别钺可能靠近棺壁，棺木腐朽后跌落到坑内外的边上”（图六），这些玉、石钺排列有序，似乎又在墓主人身上做了一层覆盖。棺内其他的玉、石器也都依照人体放置：墓主人头部摆放着精美的玉环、玉镯、玉璜等，墓主人胸前摆放着十多件玉璜，左右靠近两臂位置各放10件玉镯，下腹部摆放着3个不知何用途的半圆箍形器，脚的底部并排放置石凿形器，又竖立向上摆放着玉璧、玉环，等等。这些玉、石器如此有序地堆积在墓主人身体上下及身体各部位，明显是裹身之用。

07M23中出现的这一现象绝非偶然，可能是人们在当时条件下的一种有意识的行为。有学者认为，这样的排列蕴涵着丰富的宗教、文化内涵，证明凌家滩属原始社会晚期，葬礼制正在形成之中，规制虽没那么严格，但已经有了一定的规矩，这样摆放应该是与当时的信仰、风俗等有关系。果真如此，它可能就是一种正在萌芽、形成之中的“玉衣”葬制。

图五 07M23中墓主人身下的石锛

图六 07N23中墓主人身上的石或玉钺

3. 与汉代玉衣共存的其他葬玉类型

以玉随葬由来已久，至汉代时，葬玉规格更高，种类更多，有些在随葬玉衣的同时，还会随葬其他类型的葬玉，比如玉琀、玉握、九窍塞、玉枕、玄璧和镶玉棺等。07M23中除“排列紧凑而密集，局部层层叠压”的玉、石器所组成的“玉衣”之外，亦出现了汉代葬玉中发现的他类葬玉，虽然仅仅是初具端倪，也不过是汉代葬玉礼制中某类葬玉的雏形，并且有些还是石质而非玉质，但它们的出现显示了当时葬礼制发展的程度，也大大增强了当时“玉衣”雏形存在的可能性。

（1）玉握。凌家滩文化中出土了很多象征身份、地位、财富的玉璜（图七、图八、图九）。07M23中在靠近墓主胸部位置出土有10件玉璜，多为扁半圆形，胸部右侧竖着放置1件，其余均在胸前纵向有序排列。

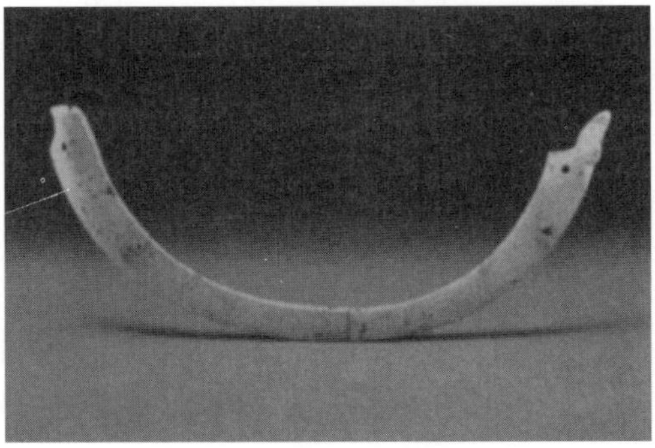

图七 龙凤玉璜（凌家滩出土）

中国葬玉体制中，握于死者手中的葬玉为玉握，汉代常见猪形玉握（图一〇），而先秦以前多以玉璜为玉握，这在学界已是定论。07M23出土玉璜位于墓主胸部而非手部附近，

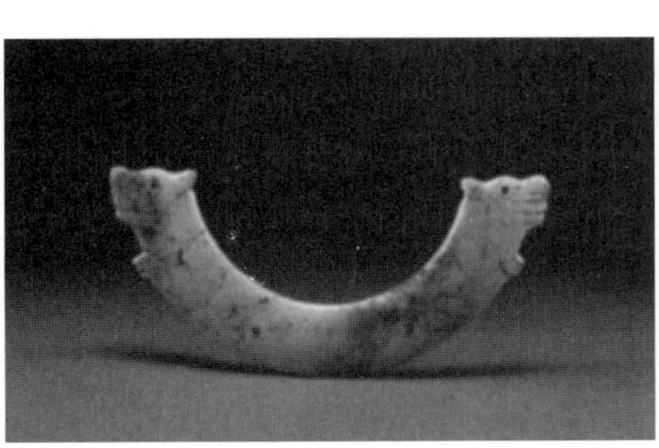

图八 双虎玉璜（凌家滩出土）

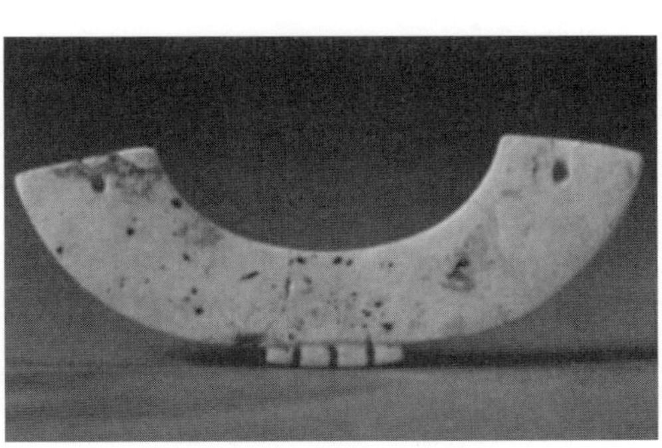

图九 半璧异齿玉璜（凌家滩出土）

图一〇　汉墓出土的玉猪

是作为饰品而非玉握，但这可能是玉握的早期形态，随着时代和习俗的变化，玉璜的摆放位置及其作用有了变化，后来发展为玉握，如西汉中山靖王刘胜的两手中就各握一件璜形玉器，由此可知，玉璜应该是先秦之后才发展成为玉握的。

（2）玄璧。葬玉礼制中，墓主前胸和后背通常成组放置一种玄璧，深绿色或青色，是死者升天的一种礼玉[7]，如越王墓中墓主头顶、身下、脚底放置有雕龙玉璧，预示着灵魂在龙的引导下通过“璧门”顺利升入天国[8]（图一一）。07M23中出有1件翠绿色的玉钺（图一二），靠近墓主头部位置，上面有上小下大的两个管钻圆孔，表面温润光亮，其颜色接近于玄璧，也有钻孔，可以理解为墓主人灵魂升天的通道，类似于玄璧的作用。另外，随葬玄璧通常成组并有一定的排列顺序，而07M23中出土有10件扁半圆形玉璜，放置于墓主胸部位置，其中9件在胸前纵向有序排列，尽管用的是璜而非璧，但其功用应该等同于成熟的葬玉礼制中玄璧的功用。

4. 砣切、钻孔技术的应用

07M23及同遗址内的07M19、07M20出土的大量玉、石器上可以发现明显的砣切和管钻痕迹，表明当时玉器制作技术已经很先进，并存在一定规模的玉器专门加工场所，凌家滩遗址内发现的一处大面积的石块分布场所就可能与制作玉、石器有关。

07M19、07M20中出土的玉、石器中有许多较小的玉饰环、玦等及大量残碎小玉料和加工后的边角料，每件边角料的各个面遗留有不同的切割痕迹，可辨认出有线切割、砣切割、片切割等。玉器的加工是以砣切技术为主，凌家滩发现的玉器平面上往往会见到圆弧顶端深凹的砣切痕迹，反映出凌家滩遗址琢玉技术的创新和进步，表明5300年前这里的古代先民已经率先使用了砣切工艺技术。07M23中，墓主头部位置放置有20多件玉环，器体较扁薄，内壁有钻孔痕迹，孔径小者仅0.2厘米；腰部正中位置放置的1件玉龟和2件玉龟状扁圆形器及其他的随葬器物如石钺、玉钺、玉签、石璧等上面也都有钻孔，或两面对钻，或单面管钻，小而精致，充分展示出当时管钻技术的高超水平。砣切和钻孔技术的出现为新石器时代“玉衣”的制作提供了最基本的技术可能。

图一一　1983年广东省广州市象岗南越王赵昧墓出土的部分雕龙纹玉璧

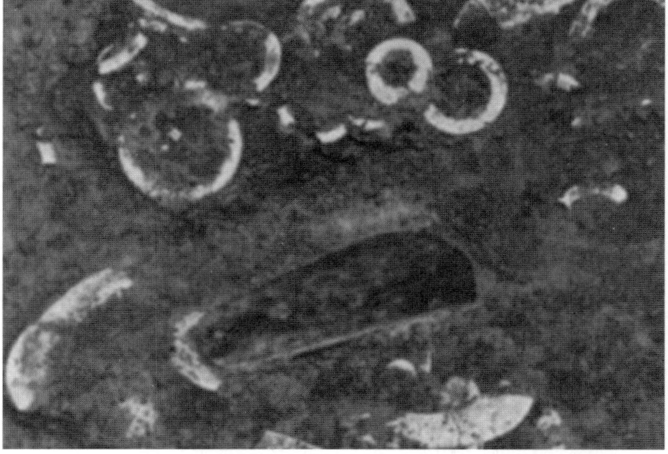

图一二　凌家滩遗址第五次发掘中07M23出土的这块翠绿色石英岩玉钺特别引人注目

三

安徽凌家滩07M23中出土的“玉衣”并非汉代玉衣早期雏形的孤证，全国多个地方的新石器时代晚期遗址中，也出土了类似玉衣或玉衣雏形的随葬品，如“宝玉衣”、覆面、眼罩等，开启了“玉衣”随葬的先河，呈现出早期玉衣的雏形。对此，部分学者已经有了很多零星的研究和论证。

（1）邳县大墩子遗址中发现有把石环放置在眼眶内用作眼罩的做法。邳县大墩子遗址属于大汶口文化时期的遗址，距今约6000年，相当于新石器时代晚期，张玉和李国安先生据此认为，在距今6000年左右的新石器时代晚期，人们就已经有了为逝者覆盖身体或身体某一部位的思想意识[9]。

（2）良渚文化瑶山10号大墓中出土一玉牌饰（图一三），距今5000年左右，张明华先生认为，其功用与洛阳中州路发掘的春秋战国墓中出土的玉掩面很相似，并撰文《良渚文化玉掩面试探》将两者进行了对照，认为两者之间有某种承袭沿用关系[10]。

图一三　1987年浙江余杭县瑶山出土的玉牌饰M10：20（上、下部）

（3）1986年在浙江杭州余杭反山良渚文化遗址中出土有玉质纺轮及丝麻织物。当时氏族首领按体形缀满宝玉珠玑即“宝玉衣”，出土的缀饰类玉器背后钻孔，分布于身体的各个部位，这些大大小小各种各样形状的玉器饰件穿缀成衣或者分别缀缝于丝麻织物之上。张玉和李国安先生认为，这种原始衣装的形制给我们提供的信息对于我们认识玉衣发生、发展的渊源是有启示的[11]。

（4）卑南文化遗址墓葬中发现死者脸部盖有打破的大形陶罐，距今不足3000年，对此，马沙先生认为，这可能就是一种陶质覆面，说明我国史前文化的新石器时代就有“覆面”存在，并进一步解释说，虽然卑南文化相当于大陆的西周时期，但要看到各地文化发展的不平衡，有早有晚，不管怎么说，卑南文化毕竟是一种史前文化，因此可以说至少在史前文化的新石器时代，我国台湾台东地区已经出现了“覆面”[12]。

上述资料表明，新石器时代晚期已经出现了早期玉衣雏形。“玉衣”随葬在新石器时代晚期初露端倪后，又经过商周、春秋战国、秦汉时期不间断地存在和发展，最终发展成了汉代完备的玉衣形制，期间玉衣的发展和使用一贯相承，呈现出一个循序渐进的过程，直至曹魏黄初三年（222年）曹丕废除玉衣葬制而逐渐消失。

四

综上所述，从安徽含山县凌家滩遗址中07M23墓主的高贵身份，随葬玉、石器摆放的“人”字形状，随葬有玉握及相当于玄璧作用的玉钺，出现制作玉衣所需要的最基本的技术砣切和钻孔及新石器时代晚期墓葬中所出土的同类“玉衣”、玉覆面等诸方面来看，以及专家学者的相关研究，新石器时代晚期出现玉衣雏形是完全可以肯定的。

当然，凌家滩遗址出现的砣切和钻孔技术是当时人们为石器和玉器的制作而逐渐探索发明出来的，当时的人力物力及技术都很有限，远远比不上汉代玉衣制作技术的先进与完美，不能将玉片进行精细的锯料、开片、打孔、抛光等多道工序，也还没有穿线成衣的客观条件和主观意识，因此，07M23中出土的仅仅是排列成衣而非穿线成衣的“玉衣”形制。

注　释

[1] 山西省考古研究所、北京大学考古学系：《天马—曲村遗址北赵晋侯墓地第四次发掘》，《文物》1994年第8期。

[2] 李银德：《徐州出土西汉玉面罩的复原研究》，《文物》1993年第4期。

[3] 临沂地区文物组：《山东临沂西汉刘疵墓》，《考古》1980年第6期。

[4] 卢兆荫：《试论两汉的玉衣》，《考古》1981年第1期。

[5] 浙江省文物考古研究所反山考古队：《浙江省余杭反山良渚墓地发掘简报》，《文物》1988年第1期。

[6] 钱耀鹏：《中国古代斧钺制度的初步研究》，《考古学报》2009年第1期。

[7] 石荣传：《西汉诸侯王墓出土葬玉及葬玉制度初探》，《中原文物》2003年第5期。

[8] 陈江风：《汉画像中的玉璧与丧葬观念》，《中原文物》1994年第4期。

[9][10][11] 张玉、李国安：《中国古代玉敛葬习俗研究》，《彭城大学学报》2002年第6期。

[12] 马沙：《我国古代“覆面”研究》，《江汉考古》1999年第1期。

（原刊于《文物鉴定与鉴赏》2010年第4期）

两汉时期对今北京地区的开发和经营

张永清　刘湍康

北京作为中国的首都，现辖有十六区二县（2008年时），即东城、西城、崇文、宣武、朝阳、丰台、海淀、石景山、门头沟、房山、怀柔、通州、大兴、昌平、顺义、平谷等区和密云、延庆二县，总面积为16807.8平方千米，人口933.2万（1983年）（据《欣欣向荣的北京》一书中“人口及土地面积”统计表）。今日北京市的建置及辖境，是经过长期的历史演变而形成的。

从远古时代到先秦时代再到秦朝，今北京地区经历了一个漫长的发展过程。据《史记·五帝本纪》称，在黄帝之孙帝颛顼时，中国的疆域“北至于幽陵”。同书又谓帝尧“申命和叔，宅北方，曰幽都”。所谓“幽陵”“幽都”，《史记·正义》皆谓之幽州。从《史记·五帝本纪》谓舜“请流共工于幽陵”、《庄子·在宥》谓“流共工于幽都”、而《尚书·尧典》又谓“流共工于幽洲（州）”看来，幽陵、幽都、幽州似乎指同一地区。据某些文献记载，舜流共工之处谓之龚城，一作共城，其地在今密云县东北境。在先秦时代的蓟和燕国之时，今北京地区已有蓟和燕两个自然生长的国家。秦始皇兼并四海、统一中国之后，“以为周制微弱，终为诸侯所丧，故不立尺土之封，分天下为郡县”（《汉书·地理志》），于秦始皇二十六年（前221年）把全国划分为三十六郡县[1]，与今北京市相涉者，有上谷、渔阳二郡[2]，上谷郡治沮阳（今河北省怀来县官厅水库南之大古城村北），渔阳郡治渔阳（今怀柔县东梨园庄东南），因渔阳郡治在今北京市境，故与今北京市关系尤为密切。

在中国古代，今天的北京地区仅处于东北一隅，位置偏颇，境域辽阔而又荒蛮，还因处于最北边境而经常遭到北方边民的骚扰，全国的统治中心都在中原而非边境，因此，北京地区的发展很是缓慢。但不管怎样，北京的部分地区也早在中国古时就已得到开发和经营，古老的华夏祖先就经常活动在这片土地上并留下深深的印痕。当历史的步伐到达了两汉，仍沿秦旧制，汉武帝元封五年（前106）初置刺史部十三州之后，全国实行州郡县管理机制，统治者在管理国家的过程中已经日益意识到对今北京地区开发和管理的重要性，因此，在承继前人管理政策的基础上，也采取了很多不同的措施，从政治、经济、军事上加强了对今北京地区的开发和治理。

一、两汉统治者对今北京地区的建置管理

随着春秋战国时期封建制度的确立，中国对国家的管理一直都采用郡县制或郡国并行制。汉武帝之前，两汉时期的统治者仍然承继这种政策来管理北京，至汉武帝时有了很大的创新。

《汉书·武帝纪》记载，元封五年（前106年）“初置刺史部十三州”[3]时，汉武帝用《禹贡》《职方》中的十一个州名（冀、兖、徐、扬、荆、豫、幽、并、梁、雍、青）置刺史部，其中把梁改曰益、雍改曰凉，加上新开辟的边地而“南置交趾、北置朔方”两个刺史部，这样，就把全国划分成为十三个监察区域，共为十三刺史部，又名十三州[4]。在实行郡国并行制度的封建社会年间，“州”级单位的管理则始于西汉武帝，州下设有郡，郡下设有国或县，今天的北京地区则为当时幽州的辖郡上谷郡、广阳国（郡）、渔阳郡及广阳郡（国）所管辖，并有下属的相关县进行具体治理。《汉书·地理志》广阳国下不注“属幽州”，这说明广阳国不在幽州刺史所巡察郡国之列。

由于两汉时期的郡国面积非常广阔，因此上述三郡一国之地中只有其中的部分辖县才属于今天的北京地区。根据《汉书·地理志》与《后汉书·地理志》，西汉于今北京地区所置郡、县（侯国），与今北京市境相涉者，简述如下。

广阳国（郡）治蓟城，在两汉时期面积不大，西汉领蓟、方城、广阳、阴乡四县，东汉领蓟、广阳、昌平、军都、安次五县，只有方城和安次县在今北京市界外，蓟、广阳、阴乡三县均在今北京市境内。蓟县治蓟城，即今北京宣武门至和平门及广安门一带[5]，是今天的北京市区所在地；广阳县治在今房山区东北隅南、北广阳城二村处；阴乡县在明、清顺天府西南二十五里，当在今丰台以南、永定河左岸。

上谷郡治沮阳城，故址在今河北省怀来县官厅水库南岸大古城村之北，西汉辖十五县，其中只有军都、居庸、夷舆三县在北京市界内，东汉领八县，只居庸一县在今北京市界内。军都县治在今昌平区西十七里门头沟区（亦有在今河北省怀来县矾山之说）；居庸县治在今延庆县城或稍东；夷舆县治在今延庆县东北二十里古城东（残垣尚见）、怀柔区。西汉之昌平县治在今河北省阳原县境、桑乾河南岸（见《水经注·漯水》），不在今北京市昌平县境内，后徙于居庸关内，此处特意说明。

渔阳郡地域辽阔，治渔阳城，故址在今怀柔县东梨园庄东南或言在密云县西南统军庄南。西汉领十二县，东汉领九县，其中七县渔阳、狐奴、路（潞）、平谷、安乐、厍（傂）奚、犷平俱在今北京市境[6]。渔阳县与郡同治渔阳城；狐奴县治在今顺义区东北二十五里、狐奴山西；路县治在今通州区东八里古城村（残垣尚见）；平谷县治在今平谷区东北十二里大、小北关村一带；安乐县治在今顺义区西南古城村北里余（残垣尚见）；厍奚县治在今密云县东北古北口内、潮河右岸；犷平县治在今密云县东北古北口内、石匣至瑶亭一带。

涿郡治涿县，即今河北省涿州市，西汉领二十九县，只有良乡（侯国）、西乡（侯国）二者在今北京市界内，东汉领七县，只良乡一县在今北京市界内。良乡县治在今房山区窦店西一里（遗址今存）；西乡县治在今房山区长沟东（残垣尚见）；此外，阳乡县治在今河北省涿州市东境、永定河右岸之长安城，其县境北部当亦在今北京市境。

综上所述，今北京市境主要分属广阳郡（包括燕国、广阳国）、渔阳郡，兼为上谷郡、涿郡之一部；虽然上述三郡一国的辖县为数众多而辖境小，例如今北京房山、昌平、延庆、密云、顺义等区县内，都曾置有两三个县，并且新莽至东汉间今北京地区的郡县建置及政区界线有较大的变动，但当时却已初具今天北京地区的地域全貌。这种州郡县的管理模式是一套相对完善而统一的政策，环环相扣，管理缜密，从而对今北京地区加强了治理，使其在两汉时得以更好地稳定和发展，东汉时幽州为最高行政区之一，幽州刺史（或州牧）已有固定治所，就是蓟城，蓟城不仅为广阳郡郡治，而且成了幽州的行政中心。

但在州郡县这种模式下，郡国或郡县的关系并不是一成不变的，其建置在两汉年间又经历了很多变更，或新置或更改或省并。比如蓟：今北京市、丰台区、朝阳区。汉高祖立国后封燕国，亦都于此；《汉志》以为县，属广阳国，莽曰伐戎，《后汉志》因《汉志》，亦是两汉郡治之所在。但《后汉志》又载，东汉光武帝建武十三年（37年）时期由广阳郡省并人上谷郡，而在东汉和帝永元八年（96年）复置广阳郡时又还属广阳郡。

这种建置上的变化反映出两汉统治者对今北京地区的治理情况，也就是说可能是统治者为了便于加强当地的管理，但这种行为也使今北京地区在两汉时的建置于稳定中显得有些混乱，也很可能影响了今北京地区在当时的发展。

二、两汉统治者所采取的经济政策

两汉时期的北京地区虽地处偏远，但物产甚为富饶。燕地、上谷郡渔盐丰饶：《史记》卷六十《三王世家·褚先生补述》言“燕土硗确”；《盐铁论·本议》中，大夫曰：“……燕、齐之渔盐旃裘……养生送终之具也，待商而通，待工而成……”《汉书》卷28上《地理志》记载：上谷至辽东，地广民稀……有渔盐枣栗之饶。渔阳县铁资源丰富。且《汉书》卷28上《地理志》记载，渔阳郡渔阳县设有铁官。

对于这么丰富的物产资源，两汉统治者都采取了相应的政策进行管理，农业、工业、商业都有所发展。

《汉书》卷28上《地理志》及其注记载，东北幽州农业宜种谷黍、稷、稻三种。两汉时，匈奴、鲜卑等扰边，不时征战，开疆拓土，安抚边民，所需资粮色甚多，以故使今北京地区的农业当时有很大发展，尤其表现在渔阳郡。《后汉书》卷16《邓禹列传附邓训列传》记载，东汉明帝永平中，南阳新野人邓训将黎阳营兵屯狐奴而以防赤沙乌桓时，抚接边民，为幽部所归，鲜卑闻其威恩，皆不敢南近塞下，边境乃暂时安定，农业亦获得一定发展。

渔阳郡盐、铁资源甚为丰饶，《后汉书》卷73《刘虞公孙瓒陶潜列传》中，范晔曾于论中言“蓄保燕、蓟之饶”，又言，汉献帝时，幽州牧刘虞务存宽政，劝督农植，开上谷胡市之利，通渔阳盐铁之饶，《汉书·地理志》记载，两汉统治者就在渔阳县设置铁官加以管理，极大地促进了当地冶铁业的发展。1974年发掘的北京市大葆台西汉木椁墓[7]中，出土有很多的铁器，其中一件铁斧，腐蚀轻微，一面刻有“渔”字，这些铁器应该是汉代渔阳郡铁官作坊的产品；另外，还有铁箭铤、铁笄、铁扒钉、铁环首工具及铁戟等，可以确定是用生铁固态淬火脱碳成钢而制成，是一种新工艺，这也反映出当时的冶铁技术有了很大的创新和提高。

两汉时期对于全国的商业也采取了相应的管理政策。两汉初虽是重农抑商，但中后期已稍开商禁，“开关梁，弛山泽之禁，是以富商大贾周流天下，交易之物莫不通，得其所欲，而徙豪杰诸侯强族于京师”[8]。两汉时的贸易已随处可见。时幽州蓟地（燕地、幽州）南通齐、赵，乃是勃海、碣石之间的大都会[9]。今北京地区与匈奴、鲜卑、乌桓等进行贸易互市成为其一大商业特色。

总之，两汉时今北京地区应接荒外，资费甚广，再加上两汉统治者的经营有方，亦算是天府之地。

三、为巩固边防而进行的军事防御和管理

两汉统治者对今北京地区的军事防御和管理主要体现在与周边民族的关系上，尤其是对匈奴的军事防御和反抗。在西汉高祖、文帝、景帝、武帝、昭帝和东汉光武帝、和帝、顺帝、安帝等时期，匈奴屡犯上谷、渔阳、辽东、辽西、右北平五边郡。为对付匈奴侵扰，两汉政府视情况而采取了各种策略，政治上与之和亲，经济上于边境设互市贸易，军事上则或任用才能之士安边，或屯兵当地，或发兵征伐，尤其是汉武帝时对匈奴进行多次大讨伐。另外，在幽州还形成了一支独特的军队——幽州突骑，有力地维护了今北京地区的稳定。

两汉时期统治者曾屡派遣才能之士到今北京地区任职，以达到安边的目的。《后汉书》卷27记载，光武时，沛国（治今安徽濉溪西北）人范迁为渔阳太守，以智略安边，匈奴不敢入届。《史记》卷108、110及《汉书》卷6、52、94上记载，西汉武帝元光六年（前129年）秋[10]，匈奴数千人又侵边，渔阳尤甚，汉武帝遣梁成安（今河南商丘西北）人韩安国以材官将军屯渔阳，以御匈奴。两汉时对匈奴的军事出击最具代表性的要算是西汉四将军伐击匈奴了。《史记》卷110、111及《汉书》卷6、55、94上都有所记载。

幽州突骑军队约形成于西汉初年，成熟于西汉末年，强盛于东汉年间，东汉末开始衰落，是突击冲锋时所用的精锐骑兵，战斗力极强。《汉书·晁错传》中，晁错列举

“中国之长技”时，提到“若夫平原易地，轻车突骑，则匈奴之众易扰乱也”。幽州突骑在两汉时期异军突起，做出了很大的贡献，成为当时幽州内部稳定的一个强大的支柱。

综上所述，两汉时期的今北京地区已从政治、经济、军事上得以开发、经营和管理，尽管两汉之际和东汉末年的内部争斗及周边各族的烦扰也时时阻遏着今北京地区的发展，但都阻挡不了历史前进的步伐，今北京地区发展的步伐在这条历史长河中一步一步向前迈进。

注　释

［1］秦郡之数，有三十六郡、四十郡、四十二郡、四十八郡等诸说，争议颇大。

［2］汉广阳郡亦属今北京地区，但对秦是否在燕都蓟城置广阳郡争论颇大，此处不计。

［3］（汉）班固：《汉书》卷6《武帝纪》，中华书局，1962年，第197页。

［4］但《汉书·地理志》正文与序所载大异：正文的十三州名中无朔方、凉州，却有司隶（京师地域），称交趾为交州。顾颉刚在《两汉州制考》中，根据较充分的事实指出《汉书·地理志序》较正文可信，置十三州部是元封五年（前106年）之事，而在京师置司隶校尉是征和四年（前89年）之事，相距27年，故司隶不在十三州之列，如加司隶应统称为14州；“北置朔方”，属于十三州，是确切的，正文把朔方归并州乃是东汉之制，非武帝所为；称交趾为交州，是王莽和东汉时制，非西汉之称；而且《汉书·地理志》正文还遗漏了凉州。

［5］侯仁之主编：《北京城市历史地理》，北京燕山出版社，2000年，第40页。正文并“宣武门一带春秋—汉遗址分布图”，春秋至两汉时期陶经遗存集中在宣武门至和平门一带地方，广安门地区亦有零散分布，由此推知，蓟县治蓟城的核心应该包括宣武门至和平门及广安门一带地方。

［6］谭其骧：《中国历史地图集》，中国地图出版社，1982年；北京星球地图出版社编：《中国分省地图集》，星球地图出版社，2006年；《北京交通新图》编委会：《北京交通新图》，人民交通出版社，2007年。

［7］北京市文物工作队：《北京市大葆台西汉木椁墓发掘简报》，《文物》1977年第6期。

［8］《史记·货殖列传》，中华书局，1959年。

［9］《汉书卷·地理志下》，中华书局，1962年。

［10］《汉书》卷6、94上皆言韩安国屯渔阳是在元光六年，《汉书》卷52则云谓元光五年，当为误矣。

参考文献

［1］《史记》，中华书局，1959年。

［2］《汉书》，中华书局，1962年。

[3] 《后汉书》，中华书局，1965年。
[4] 谭其骧：《中国历史地图集》，中国地图出版社，1982年。
[5] 周振鹤：《西汉政区地理》，人民出版社，1987年。
[6] 李晓杰：《东汉政区地理》，山东教育出版社，1999年。
[7] 北京市文物工作队：《北京市大葆台西汉木椁墓发掘简报》，《文物》1977年第6期。
[8] 尹钧科：《北京历代建置沿革》，北京出版社，1994年。
[9] 星球地图出版社：《中国分省地图集》，星球地图出版社，2006年。
[10] 《北京交通新图》编委会：《北京交通新图》，人民交通出版社，2007年。

（原载于《首都博物馆丛刊》第22辑，北京燕山出版社，2008年）

汉文帝·代地·孔孟儒学

张永清

“文景之治”名闻于中国史界，熟稔于国人心中，在中国历史上占据着不可动摇的地位，但贡献最大的实乃汉文帝而非景帝也，文帝之贤仁早已名垂青史。虽说儒学成为中国封建社会的统治思想是在汉武帝时期董仲舒“罢黜百家，表彰六经”之后，但汉文帝的统治思想其实就是儒学的实践，完全可以说是董仲舒“罢黜百家，表彰六经”、用孔孟儒学理论治理国家的先驱。当然，在此之前，高祖刘邦就曾借暴秦之鉴，转而抚慰人民，显示出用儒学思想治理国家的迹象，但真正将孔孟儒学大力应用并使其深入民心、为董仲舒“罢黜百家，表彰六经”奠定基础的应是汉文帝刘恒。刘恒为帝前曾被高祖封于代地为王（代地属并州），因此，此篇文章仅就文帝刘恒三个时期在代的表现来浅析文帝对孔孟儒学的实践。

一、任职代王时期

关于汉文帝，《史记》与《汉书》几乎有着相同的记载。《史记·孝文本纪》曰：“孝文皇帝，高祖中子也。……太后薄氏子。”《汉书·文帝纪》曰：“孝文皇帝，高祖中子也，母曰薄姬。”文帝被立为代王是高祖诛杀反叛的代王陈豨从而维护封建礼制的行为，其本身也顺应了高祖与大臣定下的“非刘氏为王者，天下共击之”[1]的汉代礼制，那么他在为代王时也仍然恪守着这种礼制，合乎孔孟之礼。

据史书记载，高祖驾崩后，刘恒本有机会弃代而为赵王的，但他却没有这样做。因为，吕后专权，为了自己的利益，屡易赵王，鸩死赵王如意，“人彘”戚夫人，徙淮阳王刘友为赵王，又因刘友不爱其后吕氏而被吕氏所谗，吕后怒而将其幽死，接着徙梁王刘恢为赵王，恢又被迫娶吕氏女而受制于吕氏，悲而自杀。孝惠帝七年秋（前187年秋），“太后使告代王，欲徙代王”。但代王并没有受旨，而是“辞谢”吕后说“愿守代边”[1]。《论语·颜渊》曰：“克己复礼为仁。”“仁”就是约束自己的私欲，恢复崩溃中的周礼，这是孔子关于“仁”的基本定义。而在汉初，孔子的“仁”就演变成了要恢复汉刘邦的礼制，即恢复上述的“非刘氏为王者，天下共击之”的礼。吕氏之行为破坏了这种礼反而使其个人家族利益占了上风，私欲膨胀，实为不仁。代王刘恒的辞谢，事实上是对吕氏破坏汉礼行为的反对，反过来又恰是支持了孔子的仁礼之义，维护了孔子的政治学说和社会伦理思想的核心。当然，刘恒此时并没有为维护汉礼做出更强烈的反应，只是辞谢不任赵王而已，似乎有点明哲保身的消极态度。但观察当时的形势，吕氏势力强大，代王刘恒虽没有明确反对吕氏的不仁与非礼，但做到辞谢已是一种极为勇敢的行为了，而这不正表明了代王刘恒对孔子仁礼之学的支持和拥护吗？

另外，我们还可以从侧面了解到文帝在代地时对儒学理论的实践。正如代王的中尉宋昌所言："……（大王）贤圣仁孝，闻于天下……"[2]其贤圣仁孝的名气之大，以至高祖故臣丞相陈平、太尉周勃、朱虚侯刘章等共诛诸吕之后，"因天下之心而欲迎立大王"[3]，共谋立其为皇帝。《论语·为政》曰："为政以德，譬如北辰，居其所而众星共之。"《孟子·离娄上》亦曰："民之归仁也，犹水之就下，兽之走圹也……今天下之君有好仁者，则诸侯皆为之驱也，虽欲无王，不可得矣。"从刘恒诸臣及高祖故臣对其极力拥戴、为其竭力为政上，我们不难看出代王刘恒的仁、贤、孝、礼，而这正体现了孔孟的儒家学说。

二、由代王被迎立为帝王时

刘恒能由代王袭立帝位，其中太尉宋昌做出了不可磨灭的贡献。对宋昌，文帝则表现了举贤任能的德才之识。正如上述，高祖故臣陈平、周勃、刘章等共诛诸吕之后，"谋立代王"，"遂使人迎代王"。一石激起千层浪，这使代王及其臣属群而议之。郎中令张武等认为，这是高帝"习兵事，多谋诈"的故臣使诈而已，希望代王"称疾勿往，以观其变"。而中尉宋昌分析当时形势，认为刘氏称王天下已是定势，"大臣虽欲为变"，其党已不能团聚力量，代地实力又强，大臣畏代，故其变已不可能；且"方今高帝独淮南王与大王，大王又长，贤圣仁孝，闻于天下"，这正是"故大臣因天下之心而迎立代王"的原因，所以宋昌请"大王勿疑也"。事情的结果正如宋昌所言，当打探消息的薄昭回来报曰"信矣，无可疑者"时，代王"笑谓宋昌曰'果如公言"。一笑一语，既肯定了宋昌之才，又使文帝识才之德表露无遗。对宋昌的贡献，文帝即位后也给予了极大的肯定，诏曰："方大臣诛诸吕迎朕，朕狐疑，皆止朕。唯中尉宋昌劝朕，朕（已）[以]得保宗庙。已尊昌为卫将军，其封昌为壮武侯。"[4]《论语·公冶长》曰："始吾于人也，听其言而信其行；今吾于人也，听其盲而观其行。"《论语·尧曰》："不知言，无以知人也。"文帝对其臣下可谓是知人善任，举贤任能，故能采纳宋昌的正确建议，顺利抓住机遇而登上帝位。北宋司马光说："德者，才之帅也；才者，帅之资也。"孔子虽未能对德才关系做出高度全面的概括，但《论语》中所言德才之事屡屡可见。文帝所具此德此才，正是符合并实践了孔子未明的德才观。

代王刘恒被迎立为帝王时的表现更是实践了孔孟儒学。当他进至渭桥，群臣"拜谒称臣，代王下拜"，太尉周勃奉上天于玉玺，代王谢曰："至邸而议之。"在代邸，群臣请代王即帝位，代王则曰："奉高帝宗庙，重事也。寡人不佞，不足以称。愿请楚王计宜者，寡人不敢当。"此时"群臣借伏，固请"，代王仍是"西乡让者三，南乡让者再”，推托不受，最后在群臣“奉天子玺符再拜上”时，代王乃曰：“宗室将相王列侯以为（其）［莫］宜寡人，寡人不敢辞。”[5]代王这才即天子位。从上述我们可以看出，代王刘恒的下拜、辞谢、礼让等行为，恰应《论语·学而》所言：“礼之用，和为贵，先王之道，斯为美。”这正是孔孟儒学的谦和之礼。孟子就认为，礼之端即辞让之心，既谦又和，虽然此时的代王刘恒对帝位也是相当渴望，但表面上仍是极为谦逊，完全遵奉着儒礼之道。君君、臣臣、父父、子子，在其位，谋其职，行其礼，代王刘恒确实无愧于此。“君使臣以礼，臣事君以忠”[6]，“上好礼，则民莫敢不敬”[7]，文帝一开始就以仁礼之节赢得了臣子的拥护，从而获得了臣对君的忠，若文帝“不知礼”，则“无以立也”。蔡尚思说：“孔学主要是礼学。”若从此点讲，文帝领悟了礼学，实践了礼学，就几乎实践了整个孔孟之学。

三、任职帝王后

文帝由代王升为帝王后，并没有脱离与代地的联系。而这些联系则使文帝表现出孔孟儒学中的“孝”“仁”之道。

首先是“孝”。这主要体现在文帝对其父亲高祖刘邦和母亲薄姬的态度上。《汉书·文帝纪》曰：“元年冬十月辛亥，皇帝见于高庙。遣车骑将军薄昭迎皇太后于代。”从《汉书》的记载得知，文帝初即位，做的第一件事是“赦天下，赐民爵一级，女子百户牛酒，脯五日”；第二件事是祭祀高庙，迎皇太后；第三件事是犒赏诸功臣。可见，文帝把父母之事仅置于天下人民之后，在文帝眼中，父母几乎与天下同重。《孟子·滕文公上》曰：“事孰为大？事亲为大。”“亲”就是父母双亲，孝顺父母乃是儒字孝悌礼之首。当然，祭祖是中国封建帝王即位后必行之礼，但这“礼”本身就强调了“孝”。《论语·有若》也说：“孝悌也者，其为仁之本也。”文帝做到了“亲其亲，长其长”，所以出现了“文景之治”的仁政现象。儒家的孝悌要求“弟子入则孝，出则悌，谨而信，泛爱众，而亲仁”，文帝遵奉孝悌之礼，又为其仁增添了一层耀眼的光环。

此外，文帝即位后，对其故地的臣民则表现出了帝王之仁。文帝此时在代地的作为有如下诸事：

文帝二年六月（前177年），“乃攸代来功”。

四年五月（前175年），驱走匈奴后，“上自甘泉至高奴，因幸太原，见故群臣，皆赐之。举功行赏，诸臣民赐牛酒。复晋阳、中都民三年租”。

十一年冬十月（前169年），“行幸代”。

（改元后）三年二月（前160年），“行幸代”。

五年春（前158年），“……秋七月，行幸代”[8]。

从《史记》《汉书》的记载中我们知道，晋阳、中都乃是文帝在代地为王时定都之地，因此文帝“复晋阳、中都民三年租”，这无疑是一种极大的仁。“幸”特指帝王到某地去，纵观《汉书·文帝纪》，文帝即位后所“幸”之地有甘泉、陇西、雍、代等地，而“幸”代地次数极多，且每次都赐代地百姓牛酒。作为文帝故居，代地百姓则享受着文帝所“幸”而带来的仁慈之惠。《论语·雍也》记载子贡问孔子曰：“如有博施与民而能济众，何如？可谓仁乎？”子曰：“何事于仁！必也圣乎！尧舜其犹病诸！”意思是说，如果有人能广泛地把恩惠给予人民并能周济大众，这人怎么样？可以算得上仁吗？孔子认为，这何止是仁，一定是圣人！即使是尧舜大概也难以做到呢！可见，孔子将“恩施于天下”这种行为视为极大的仁。诚然，文帝能恩施于代地，就不难恩施于天下，这早已为史实所证明，文帝之行为，其不仁哉？《孟子·离娄上》曰：“天子不仁，不得四海。”文帝与景帝创下了“文景之治”的辉煌业绩，得立于天下，岂不正是其仁政所得！太史公司马迁在《史记》中曾评论文帝说：“孔子言：‘必世然后仁。善人之治国百年，亦可以胜残去杀。’诚哉是言！汉兴；至孝文四十有余载，德至盛也。廪廪乡改正服封禅矣，谦让朱成于今。呜呼。其不仁载！”班固在《汉书》中也叹文帝曰：“呜呼，仁哉。”从文帝对代民所为而观之，司马迁与班固对文帝之仁的评论实不为过。

四、结　论

“孝文帝从代来，即位二十三年，宫室苑囿狗马服御无所增益，有不便，辄弛以利民。……专务以德化民，是以海内殷富，兴于礼义。”[9]文帝为代王时、由代王迎立为帝王时及为帝王时，都时时刻刻实践着孔孟儒学，于天下是，于代地更是，最终缔造了一个“文景之治”的盛世，可见儒学在当时已是顺应了现实，适合于统治阶级的统治，因此能够于文景之后的汉武帝时期经过董仲舒神话而一举上升为统治阶级的统治思想。正如马克思所说，理论源于实践，又高于实践，反过来又指导实践。儒学正是由文帝的实践上升为董仲舒的理论，从而被统治阶级用来统治人民，维护其利益，从此点上讲，文帝对儒学的实践确实为汉代儒学上升为统治阶级的指导思想奠定了必要的基础。

注　释

[1] 司马迁：《史记》卷九《吕太后本纪》。

[2]～[5][8] 班固：《汉书》卷四《文帝纪》。

[6] 《论语·八佾》。

[7] 《论语·子路》。

[9] 司马迁：《史记》卷十《孝文帝本纪》。

[原刊于《贵州大学学报（社会科学版）》2006年增刊（二）]

浅析河南地区镇墓武士俑的演变

魏青利　吴　倩

在河南地区古代墓葬中，镇墓武士俑自出现到消失，演变轨迹清晰，对镇墓武士俑的研究，可以作为考察当时社会生活习俗、研究各代服饰尤其是甲胄制度的重要资料。

我国古人有迷信灵魂不死的独特生死观念，认为人死后其灵魂在冥间还会过着与现实相同的生活，这一观念导致中国历代埋葬死者均奉行“像其生以送其死”的风俗习惯，为死者专门承制器物作为随葬品安置于墓内，这种特制的器物称为明器。自春秋时期，明器除了有与生活有关的各种器物模型外，还出现了俑，是用各种材料模仿人或动物形象制作的随葬品，是人殉和杀牲的替代物，墓葬中以陶俑为主。那些达官贵人用陶俑来期待人死后仍有官吏、奴婢侍奉，造奴仆俑侍奉其在冥间的起居生活，塑乐舞俑、说唱俑、杂技俑等娱乐其休闲时间，造出行仪仗俑彰显其身份等级所用排场，同时还捏塑出死者灵魂和墓内陶俑的守护神——镇墓俑。镇墓俑包括镇墓兽、镇墓武士俑、镇墓天王俑等，其中镇墓兽无论如何演变，都具有神秘性、动物崇拜和万物有灵观念的色彩，始终反映着人们崇信鬼神的古老原始信仰。镇墓天王俑是被神化了的武士俑与被世俗化的佛教护法神相结合的产物，具有浓郁的佛教因素。而镇墓武士俑则不同，其造型来源于现实生活，忠实于现实生活，如同一个个鲜活的人物形象，真实生动地记录着当时的社会风貌和人们的精神状态，所以可以作为考察当时社会生活习俗、研究各代服饰尤其是甲胄制度的重要资料。

河南为我国的文物大省，历年来出土的镇墓武士俑时代清晰，造型多样，本文拟根据河南各地发掘出土的、不同时期的镇墓武士俑做一简要论述。

一、起　　源

华夏五千年的文化长河中，神怪之说始终占据着一席之地，缘于人类有迷信灵魂不死的情结。人死后身处墓葬，生者出于对死者尊重，恐逝者的灵魂受到魍魉等疫鬼的侵扰，在墓穴之内立“方相”，用以保佑逝者的灵魂免受疫鬼的侵犯，起到驱邪镇墓的作用。

“方相”即是一种镇墓神，目前，考古资料中最早见于春秋战国时期的楚墓，如1957年河南信阳长台关一号楚墓出土一件木制镇墓兽，人身兽首，跽坐状，头顶插双鹿角，口吐长舌，胸前绘有双乳。此类造型“人的因素”已开始萌芽。秦统一天下，秦始皇是一位深受鬼文化影响、相信鬼神、迷信长生不老说的统治者，于是，在秦陵中便出土了气势恢宏的“阴间雄狮”来捍卫始皇灵魂之安宁。秦俑中武士俑均为真人大小，表情冷峻，披甲按剑，开中国古代雕塑艺术写实主义的先河。

东汉时期，陶质镇墓俑出现，一改秦写实主义风格，为驱邪避祟，震慑鬼怪，人们在楚文化传统上创造出了神人合一的镇墓俑形象。

二、魏晋时期

魏晋时期，人们除了认为阴间鬼怪横行，会对死者构成威胁外，另一方面由于盗墓的猖獗，为恐吓盗墓者，保护死者灵魂享受生前安宁生活，在继承神人合一传统的镇墓俑基础上创造并形成了镇墓兽和镇墓武士俑的固定组合。西晋早期，镇墓武士俑造型稚朴，面容平和，多头戴平顶帽或盔，上身着右衽窄袖短衣，下着裤，右手高举做执物状，左手执盾，双腿叉立或单膝跪地。如洛阳东郊（M178：2）（图一）西晋晚期，镇墓武士俑，头戴高缨兜鍪或头束高髻，身着筒袖铠或交领短衫，腰束带，腿着兜脚裤，双臂外扩，右手上举做持物状，推测为兵器类，双腿叉立。面部神态安详或怒目圆睁，阔嘴开张。如卫辉市大司马村（M19：20）（图二）所出土俑。

西晋时期，镇墓武士俑造型简洁、概括，给人以淳厚、稚朴、稳健之生态感。

图一　洛阳东郊
（M178：2）

图二　卫辉市大司马村
（M19：20）

三、北朝时期

北魏时期，镇墓俑组合演变为固定形式，镇墓兽与镇墓武士俑各一对，摆设于墓室或甬道内入口处，向门而列，镇墓武士俑通常摆设于镇墓兽之后。镇墓武士俑形体高大，但造型较为单薄，多头戴尖顶兜鍪，披裲裆铠，身着袴褶，左手按一长形盾牌，右手做执物状，神情严肃，五官较为集中，威严站立状。如偃师联体砖厂（M2：9）（图三）所出土俑。

北朝晚期，镇墓兽和镇墓武士俑的组合形式和数量延续着北魏后期形成的定制。镇墓武士俑均站立于踏板之上，头戴兜鍪，所戴兜鍪前有冲角，肩饰披膊，由两肩下垂，且常作多层重叠状，身穿明光铠，腿裹甲裙，左手按盾，盾形宽大，盾背中部饰狮面，俑整体造型神形兼备。如安阳县固岸墓地（M2：53）（图四）所出土俑。

北朝时期的镇墓武士俑造型简练、准确，形体挺拔、劲健，容貌俊朗，神态威仪，给人以逼真、细腻的静态美感。

图三　偃师联体砖厂（M2：9）

图四　安阳县固岸墓地（M2：53）

四、隋唐时期

隋至初唐，镇墓武士俑造型与风格均承袭北朝，仅胸前开始出现纵束绦带束明光铠，其余无明显变化。隋朝短暂，该时期墓葬资料较少，但出土的镇墓武士俑材质多为瓷质，这与别的时段有很大区别。如巩义市夹津口隋墓（0421）（图五）出土两件瓷质镇墓武士俑，均头戴冠，身着裲裆甲，腰束带，下着袴，脚穿靴，站立于方形托板上，双手置于腰间，原应执有武器。安阳隋张盛墓（549年）出土两件瓷质镇墓武士俑，均头戴兜鍪，身着明光铠，腰束带，下着袴，脚穿靴，站立于莲花座上，右手扶腰带，左手屈于腰间，原应执有武器。郑州唐丁彻墓（676年）所出镇墓武士俑（M1：3）（图六）整体造型与同时期相比较为滞后，在此单独论列。头戴圆顶盔，身着短袖襦，外披裲裆甲，下着战裙至足，“八”字胡，右臂屈上举，左手置于腹侧，歪胯站立于低台座上。

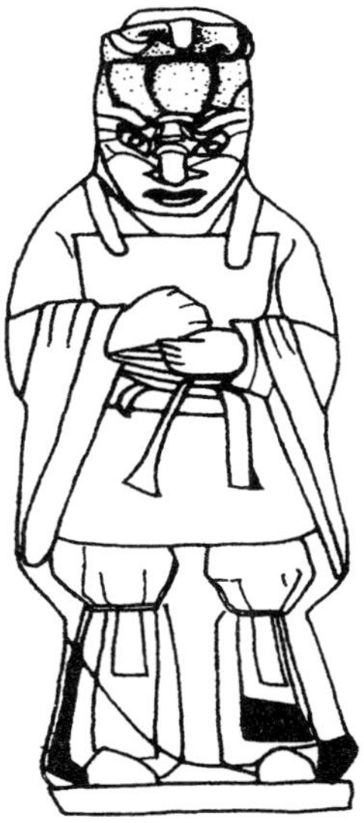

图五　巩义市夹津口隋墓（0421）

图六　郑州市丁彻墓（M1：3）

盛唐——中国封建社会的黄金期，经济的空前发展，政治的开明，使得奢侈浮华的生活风尚和厚葬习俗日益盛行，带来了文化艺术的繁荣，造就了唐代陶俑艺术的辉煌。这时期的镇墓武士俑在继承前朝的同时，又做了开拓性的发展，工匠通过彩绘、贴金、施釉等着色方法，增添镇墓俑雄浑绚烂的色彩美，具有鲜明的时代风貌和独特的艺术造型。

盛唐早期，镇墓武士俑较前期形体高大，造型生动威武，出现三彩镇墓武士俑，由持盾演变为不持盾，多左手叉腰，右手曲举做持物状，下或着裙挺立于山岩形座上，或着裤，右脚高抬踩兽头，左脚踩兽臀，兽卧于台座之上。如河南省储备局四三一处国库（M3：8）（图七）。主体造型体态壮硕，充满力量感和动感，神态威武凶猛，服饰繁缛华丽，工艺精湛。随着佛教由于政治原因的隆盛，佛教艺术达到了

图七　河南省储备局四三一处国库（M3：8）

高峰，受到佛教艺术的深刻影响，至盛唐后期，被赋予佛教护法神的化身的天王俑逐渐取代了穿甲戴胄侍立状的武士俑。天王俑头或束发或戴胄，多上附有高尾、展翅、类孔雀状鸟形饰，身着铠甲，右手叉腰，左腿弯曲，脚踏夜叉，站立于山石形台座之上。成为墓主的保护神，为墓主降魔伏妖，驱鬼辟邪，保卫墓主灵魂的安宁。

中唐，时局动乱，广大民众处于惶惶不可终日的环境之中，天王俑造型简化，制作粗糙，近无美感，多脚踩小鬼，面容凶恶。

晚唐，社会动荡，随着堪舆之术流行，这一时期的丧葬习俗发生重大变化，镇墓俑被视作镇邪压胜之物的铁牛、铁猪所替代。展现大唐盛世雄壮气势的镇墓武士俑、天王俑也就自然而然地消失了。

隋唐时期，尤其唐代镇墓武士俑，造型突出，形象高大丰满，神态威严，给人以气势逼人的动态力量感。

五、宋代以后

宋代，镇墓武士俑多见于四川，每座墓葬内镇墓武士俑多成双出列于墓门或甬道的左右两侧。均头戴兜鍪顿项，顶饰缨，身披铠甲，肩饰披膊，胸束绦带，腰系革带，双臂做执物状，威武地站立于踏板或山岩形座上。河南地区在宋元及以后时期，丧葬习俗上崇尚空灵淡远的意境，展示狞厉面目、呈现阳刚之气的镇墓武士俑便隐遁了，较为罕见。近年，郑州一座宋墓出土的镇墓武士俑（M8：1）（图八）填补中原地区此段空白。该镇墓武士俑，头戴兜鍪，肩饰虎头形披膊，身着明光铠，胸束绦带，腰系革带，下着裤，足蹬靴，双腿叉立，站立于矮山岩形座上。左臂前屈作持物状，右臂上举做执物状，双腿叉立，勇武豪迈。

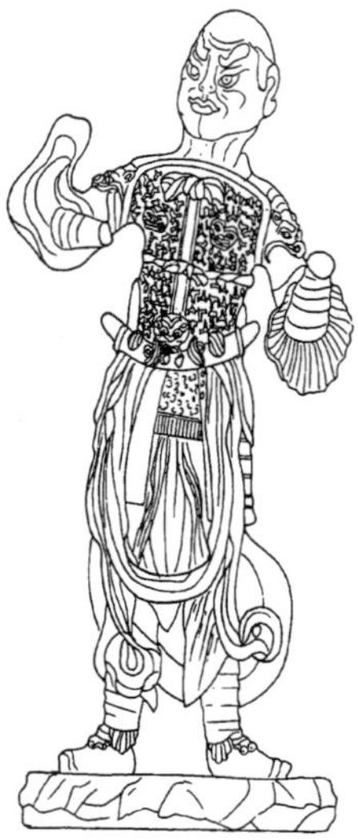

图八　郑州裕华汽贸住宅楼（M8：1）

辽、金、元、明时期，随着社会风尚和社会意识形态的重大变化，丧葬习俗较前朝发生重大改革，河南地区镇墓武士俑资料尚未见，仅见于山西、吉林、陕西等地。

河南地区的镇墓武士俑自西晋出现至唐宋，形制演变轨迹清晰，时代特征鲜明，其造型来源于当时的社会生活，为研究中国古代甲胄制度的演变提供了不可或缺的资料。其作为神器种类中的一种，为探索历代社会意识形态的变化提供了重要的依据，尤其为神煞制度的研究提供了必要的资料。其生动传神的造型，为探讨我国雕塑艺术的发展轨迹提供了丰富的实物资料。

（原刊于《炎黄文化》2014年第9期）

郑州新莽墓出土“金错刀”钱币鉴赏

张永清　丁兰坡

2011年11月底，郑州市文物考古研究院在中原区保利百合二期工程区发掘出土两枚新莽时期刀币“一刀平五千”，因“一刀”二字为错金，故又名“金错刀”，也称“错刀”，价值颇高（图一～图三）。

图一　金错刀（正面）

图二　金错刀（反面）

图三　出土“金错刀”正面拓片

两枚“金错刀”出土于M26中。M26保存非常完整，属新莽时期墓葬，呈刀把形，方向165°，由墓道、墓室组成。墓道北向，竖穴直壁，平底，长2.6、宽1.1～1.2米。墓室用小青砖券成：墓壁用青砖顺置错缝砌成，1米处起券顶；墓底用青砖顺置连缝铺成，仅在近门处一排为横铺；墓门处无封门砖，仅见平铺两排土坯，高0.2米。青砖规格统一，长28、宽14、厚6厘米。墓室内未见人骨、葬具，随葬品有陶罐1、陶瓮1、陶壶2、陶灶1、釉陶器l、铜镜2、铁剑1、铁刀1等10件，以及“金错刀”2枚、铜钱“大泉五十”29枚。

两枚铜钱完整无缺，制作精良，品相极好，其形制、大小相同，体长7.3厘米，分别重33.5、36克，由刀环、刀身组成。刀环如方孔圆钱，直径2.7厘米，穿孔上下镌有阴文“一刀”二字；刀身长4.6、宽1.1～1.4厘米，身上以阳文篆刻“平五千”三字。钱币造型古拙稳重，制作精美，外廓高挺，对文字保护甚佳。“一刀平五千”五字书写流畅，气势生动，毫不呆滞，承袭了战国时期币面铭文“一笔过”的特征，尤其是“一刀”二字以黄金平错镶嵌其间，是一种独特的创举，象征高贵、富有、华美。唐代孔颖达在对《礼记·檀弓上》的疏文中有如下描述：“错刀金镂之，刀形如泉，其边作刀字形，后世因呼钱为钱刀。”王莽时期，钱制混乱，但铸钱质量堪称一代鼎盛，铸造的钱币“金错刀”“六泉十布”等均以工艺精美而受到历代推崇，清代著名学者、钱币收藏家戴熙在《古泉丛话》中盛赞王莽道：“为古今第一铸钱手，人皆有一绝，莽为钱绝。”

“金错刀”是王莽篡汉之后第一次托古改制而更铸发行的一种刀形货币，在全国流通时间仅三年。据《汉书·王莽传上》记载：“（居摄二年）五月，更造货：错刀，一直五千；契刀，一直五百；大钱，一直五十。与五蛛钱并行，民多盗铸者。”《汉书·食货志下》亦记载：“王莽居摄，变汉制……又造契刀、错刀。……错刀，以黄金错其文，曰‘一刀直五千’。”可知，“金错刀”铸行于居摄二年，即公元7年。它是仿照先秦古钱铸成，是一种虚价大钱，高额而大幅减重，目的是聚敛人民的财富，且靠政治的强力而推行，流通起来有一定的局限性，为其后来的废止埋下伏笔。再加上王莽笃信谶纬学说，认为“刘”字含有“金刀”凶煞之气，对其执政不利，便于始建国元年（9年）进行第二次币制改革，把含有“金、刀”字样的“一刀平五千”及“契刀五百”、五株等予以废除。《汉书·王莽传中》记载：“今百姓咸言皇天革汉而立新，废刘（古为劉）而兴王。夫‘劉’之为字，‘卯、金、刀’也，正月刚卯，金刀之利，皆不得行。……其去刚卯莫以为佩，除刀钱勿以为利，承顺天下，快百姓意。……”颜师古注曰：“金刀，莽所铸之钱也。……莽以刘字上有卯，下有金，旁又有刀，故禁刚卯及金刀也。”《汉书·食货志下》亦载：“……莽即真，以为书‘劉’字有金、刀，乃罢错刀、契刀及五铢钱……”至此，金错刀在全国废止。

金错刀是王莽时期刻意发行的官铸铜质刀币，属全国正式流通的贵金属铸币，古文献有明确记载，其文字、铸造、设计都堪称中国古钱一绝，制作精美，匠心独具，艺术价值远远超过了使用价值，当属钱币中的极品，被誉为“中国钱币之王”，且流通时间短，传世绝少，历来受泉家推崇，号称“钱绝”，有着极高的收藏和欣赏价值。

而两枚同出于一墓，显得尤为珍贵。

（原刊于《文物鉴定与鉴赏》2013年第3期）

《重修建立关王庙记》碑及相关问题

张永清　汪松枝

2008年年初，郑州市文物考古研究院于第三次文物普查试点工作调查期间发现一处关王庙，坐落于郑州市中原区须水镇后仓村内东部（图一、图二）。该庙内、外墙面上共镶嵌碑刻6通、院内放置1通，分别刻录着明代万历，清代顺治、乾隆（2通）、道光、光绪，以及民国年间共计7次重修庙宇之事，其中明万历年间的《重修建立关王庙记》碑所载内容颇值得深入探讨。

一、碑刻及录文

图一　后仓关王庙

《重修建立关王庙记》镶嵌于关王庙正门左侧，碑近方形，青石质，边长40厘米×45厘米。碑面文字阴刻，楷书，刻书工整但不甚均匀，字体大小稍有偏差，计308字，纵21行，满行16字，其中首、末及中间两行上端各凸出一字，满行计17字（图三、图四）。碑文如下（标点符号为笔者所加）。

重修建立关王庙记

大明永乐元年，黄河水发，侵冲汴城，两院本奏：

朝廷恩准行创立一汴城备用，乞请：

关王神像驾到郑州迤西、荥阳县迤东，比照古汴周围八十里插一王城，东至京水河，南至马簿河，西至须水河，北至狗冢河，四至俱中修理一仓，措名为高仓村，遗有敕封关王镇守安民、住居焚香，今经年远，神庙俱坏，有本村议举会首臧世孝等，约齐会众人等发心喜拾，重修瓦庙三间，补塑神像八尊，加添石供棹三张。钟鼓在庙奉神，祈保一方风调雨顺、田亩增盛、各家人口具旺、六畜滋生万载，诸事吉祥如意。

计开施财善人，题名于后：臧世瑶、耿光、会首臧世孝、徐臣、刘□□、臧世良、徐□□、臧魁、任增禄、臧世荣、曹应时、徐□宝、曹文洗、薛汝

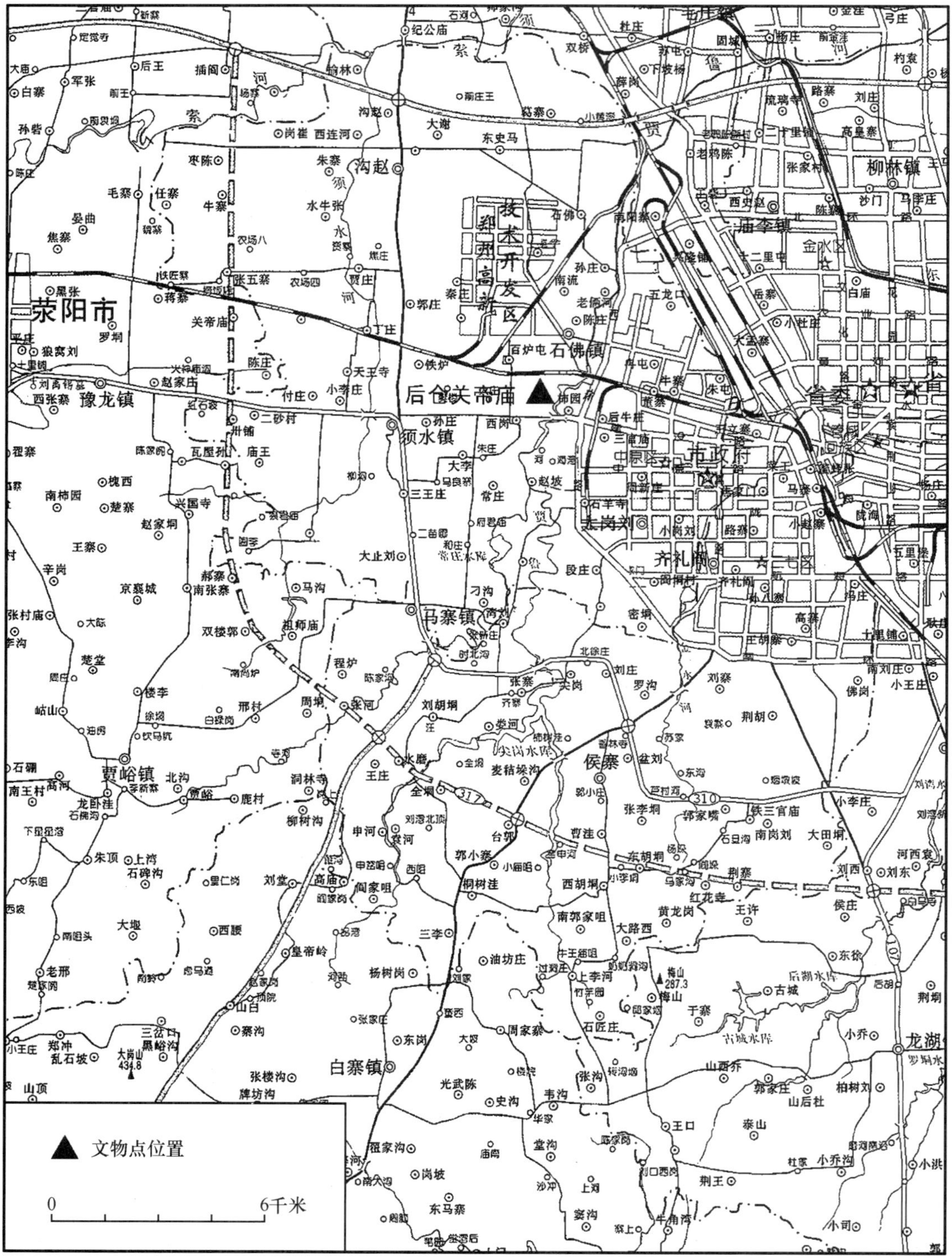
荥阳市
豫龙镇
须水镇
后仓关帝庙
石佛镇
郑州高新技术开发区
沟赵
柳林镇
庙李镇
金水区
市政府
中原区
二七区
齐礼阎
马寨镇
侯寨
贾峪镇
白寨镇
龙湖
尖岗水库
常庄水库
后湖水库
古城水库
大岗山
434.8
梅山
287.3
310
317
107
文物点位置
0
6千米

图二　后仓关帝庙位置图

图三 《重修建立关王庙记》碑

图四 《重修建立关王庙记》碑拓片

业、臧世富、于志李、李仲□、徐守信、徐守智、臧世贵、任孟春、王汝良、张伯儒、黄登选、臧世忠。

万历岁次丁亥春旦建立重修

石匠：杨子河

木匠：徐文礼

仝建

碑文由题目、正文、落款三部分组成，记录了重修关王庙的时间、原因、位置、过程及筹款人员、工匠姓名。碑文落款是“万历岁次丁亥春旦建立重修”。“万历”为明神宗时期的年号，“岁次”是中国传统的表示年份的用语，“岁次丁亥”即丁亥年，明万历丁亥年是1587年，“春”为一年之始，当为一月，“旦”指的是日子，表示初一，“春旦”即元月初一，即“元旦”。因此，该碑重修建立的时间应是明万历年间的1587年元月初一，此为吉日，宜动土建庙立碑。

二、碑文记录、补充、反映的明代历史问题

通过释读碑文，笔者发现，碑刻貌似单纯地记录了明万历年间郑州地区重修建立关王庙的事件，但细细深究，其不但明确记录、反映了明代的一些历史事实、现象，而且修建迁移关王庙的时间、原因及庙宇所选位置都反映出明史未曾记载的一些历史事实。主要有三。

1. 明代关羽崇拜及关羽由人到神地位的确立

碑文题目刻录着“关王庙”一名，关王即关羽，关王庙即供奉关羽的庙宇。关羽

（160～219年），约生于东汉桓帝年间，字云长，本字长生，河东解良人（今山西运城市）。三国时期蜀汉著名将领，刘备的义弟，五虎大将排名第一位，因智勇双全、武艺绝伦、忠义兼备而被民间奉为关圣帝君，受到历代朝廷褒封，被崇为“武圣”，与号为“文圣”的孔子齐名。该碑所记重修建立关王庙事件反映出明代关羽崇拜的社会现象。

关羽在明朝年间逐渐由人转化为神，从明代对关羽称谓的不断变化可窥其一斑。胡小伟《中国文化史研究·关公信仰系列》卷五辑录了历代关庙或与关公崇拜有直接关系的碑刻[1]。丁波先生通过对其中所记明代的关羽碑刻研究分析，得出如下结论：“由此可以看出，关羽的称谓经历了一个由侯、王入帝的过程，这个过程伴随有明一代，直到明末才最后确定下来……”其又言：“在留存的明代碑刻中，以‘侯’‘王’称关羽的碑刻占极大多数，直至明末天启、崇祯朝，由于关羽入神宗之梦，得到帝王的大力加封，以‘关帝’称关羽成为主流，这也直接开启了清代以‘关帝’称关羽的先例，从此以后‘关帝’成为关羽的唯一封号。”[2]据相关文献记载，历史上有16位皇帝23次为关羽御旨加封，爵位由侯而王，由王而帝，乃至关圣大帝，称谓由低而高，荣宠不断提升，最终完成了他侯而王、王而帝、帝而圣的由人到神的改造过程，关羽崇拜也借此达到了前所未有的高度。而此处关王庙的建立和重修正是当时关羽崇拜社会现象中的沧海一粟，碑文中“关王”的称呼也符合明代万历年间（明代天启年之前）对关羽称“王”的习惯。

2.“黄河水发，侵冲汴城”事件

碑刻正文一开始言及“大明永乐元年，黄河水发，侵冲汴城”，印证了明代黄河侵冲开封一事。

黄河素以多泥沙、善淤、善决、善徙而著称于世，河患频繁，尤其下游决溢频繁、河道紊乱。据相关历史文献记载，自周定王五年（前602年）至1938年的2540年中，黄河在下游决口的年份达543年，有的一年中决溢多次，总计决溢达1590多次，并有多次大的改道和迁徙。开封位于黄河之滨，地势低平，自古以来一直遭受黄河水患的危害。据《明史·河渠志》《明实录》《明史纪事本末·河决之患》《河南通志》等史书记载，明代发生黄河决堤、侵冲、危及开封市及辖县的水患事件多达数百次，据不完全统计，其中明确记载“黄河决（溢）开封（汴梁）”的事件有14余次[3]，其中永乐年间4次。碑文中所言黄河侵冲开封的年份即是永乐元年，与《明史·志第四·水潦》篇所载“永乐元年……九月，河掘开封，坏城”[4]内容一致，从而印证了“河决开封”之事，并增添了新的研究资料。

在宋元明清社会中，对“武圣”关公崇拜的虔诚和普及，几乎超过了被人们盛赞为“千古一圣”的孔子，素有“县县有文庙，村村有武庙”之说，关羽的祠庙遍布神州大地，其数量之多居全国庙宇之最，几乎每一部府志、县志等地方志书都有关帝庙的记载。早在明代，史学家王世贞就惊呼："故前将军汉寿亭侯关公祠庙遍天下，祠庙几与学宫、浮屠等。"因此，在黄河发水侵冲汴城的过程中，关王庙的毁坏自然不可避免，因此民间就流传着一个说法，叫"大水冲崩关帝庙——慌了神"，形象地印证了关帝庙的普遍存在及黄河水发的事件，恰恰说明碑文中组织者借助黄河水发而迁移关王庙至荥阳之事具有可信的历史背景和依据。

3. 明代迁都问题与开封、郑州的关系

碑文第二段所言"朝廷恩准，行创立一汴城备用"，意思是说，大明朝廷允许再建立一个开封城，以备不时之需。碑文如此记录，是有一定历史渊源的，映射出大明迁都一事与开封、郑州的密切关系。

明朝迁都一事始于朱元璋。朱元璋于1368年推翻元朝，在江苏应天府称帝，即今天的南京，但他有意定都北方，开封便是他的选择之一。开封地处中原腹地，交通方便，利于居内控外，因此"言者皆谓君天下者宜居中土"[5]而劝谏朱元璋，也有人认为洛阳、开封"四方朝贡，道里适均"[6]，且"汴梁亦宋之旧京"[7]，朱元璋认为大家"所言皆善"[8]。1368年4月，朱元璋特意到开封进行实地考察，但发现这里"民生凋敝，水陆转运艰辛"[9]，因此并不十分满意。他便在南京、西安、洛阳、临濠（朱元璋老家，今天的安徽省凤阳县）几个城市间进行斟酌，几番思量后，朱元璋还是放弃了开封，于洪武十一年（1378年）正式宣布定都南京，改称京师。然而，南京偏南一隅，城池堪舆存在一定的缺陷，对于大明军政大权的控制、抗击北方的侵扰都不甚方便，因此朱元璋仍旧一直致力于迁都一事，但最终也没有找到合适的都城，再加上年事已高，他不得不暂时放弃迁都打算，1392年，朱元璋在《祭光禄寺灶神文》中写道："朕经营天下数十年，事事按古有绪，唯宫城前昂后洼，形势不称。本欲迁都，今朕年老，精力已疲。又天下新定，不欲劳民。且废兴有数，只得听天!"[10]由此看来，大明迁都一事只是暂时搁浅，而非放弃，这就为大明王朝仍有可能迁都开封留下了希冀。

开封是大明朝廷的粮仓所在地，却一直受黄河水患的困扰，朝廷便将粮仓迁至郑州。据《明史·河渠志》记载："（洪武）三十年八月决开封，城三面受水。诏改作仓库于荥阳高阜，以备不虞。"[11]黄河决口，威胁到粮仓，朝廷便在距离开封不远的郑州荥阳高阜建立一处新的仓库，并下诏公示天下，这似乎预示着大明朝廷有意在郑州地区重建一个开封城并迁都于此。碑文中记曰："比照古汴周围八十里捙一王城，东至京水河，南至马簿河，西至须水河，北至狗冢河，四至俱中修理一仓，措名为高仓村。"今郑州、荥阳之间的地域范围内，当时划定的王城四至除马薄河今无考外，其余仍存，京水河即今天的贾鲁河，须水河仍沿用古名，狗冢河即今天的索须河，同时，关王庙所在地名为后仓村，地理位置与明代划定的荥阳高仓村相符合，村庄应该曾经易名。该碑所记迁建开封、并在郑州地区重建开封的计划只是民间所为，在《明史》中未曾记载，该碑的发现则补充了明史文献资料的不足，丰富了历史。

关羽被尊为“武圣”，代表着军事大权，军权所在，便是朝廷所在，此种要义在明成祖朱棣凭借军事武力而夺权的时代显得尤为敏感。朱棣凭借强藩起兵夺取皇位，发动“靖难之役”，在南京城将建文帝朱允炆及朝臣50余人诛灭殆尽，也牵连族亲，当时的南京城无疑是阴霾一片，朱棣面临着众人的谴责，对南京有着莫名的抵制，再加上其一直生活于燕京，急于迁都北方也是必然的选择。而荥阳人民循着朱棣的迁都意图，借助永乐元年（1403年）“黄河水发，侵冲汴城”的时机，立即筹集组织，不但自行划定王城范围，还将代表军事大权的关王武庙也赶紧迁至荥阳，似乎是为大明王朝迁都开封、重建开封打开通道，郑州民间对迁都开封一事的祈盼之情可见一斑。

大明王朝最终完成了规模宏大的迁都一事，但所迁之地并不是开封，亦非郑州，而是北京。明成祖朱棣于1403年登上帝位，改元永乐，遂将其受封藩地燕京改名为北京，并开始了一步步的迁都北京计划。至永乐四年（1406年），朱棣最终说服群臣支持迁都，开始了规模宏大的迁都营建准备工作，14年后，布局严整、构造精美的皇宫北京城建造完毕。永乐十九年（1421年）正月一日，朱棣在紫禁城中恢弘庄严的奉天殿接受了群臣的朝贺，宣告天下：大明的都城是北京。大明迁都北京，既是朱棣本人的意愿要求，也是大明王朝巩固政权、固守边境、平衡南北经济发展的客观需要。历史证明，迁都北京是一项正确的抉择，不仅开了“天子戍边”的先例，而且深刻影响了后来清朝、民国北洋政府及新中国的定都布局，奠定了中国600多年来定都北京的大格局。

综上所述，《重修建立关王庙记》碑所记录、补充及反映出的明代历史事件、社会现象与明代同阶段的历史事实相契合，对明史有着非常重要的补证作用，意义重大。2009年6月3日，该处关王庙被列入第二批郑州市重点文物保护单位。

注　释

［1］胡小伟：《关公信仰系列》卷5，《中国文化史研究》，香港科华图书出版公司，2005年，转引自丁波：《明代碑刻中的关羽称谓》，《学术研究》2012年第3期。

［2］丁波：《明代碑刻中的关羽称谓》，《学术研究》2012年第3期。

［3］洪武八年（1375）正月、十七年（1384）八月、二十年（1387）、二十三年（1390）七月、二十四年（1391）四月、三十年（1397）八月、永乐元年（1403）九月、八年（1410）八月及十二月、二十二年（1424）九月、景泰七年（1456）六月、崇帧十五年（1642）九月、天顺五年（1461）七月、成化十四年（1478）九月。

［4］张廷玉等：《明史》卷28《志第四·水潦》，中华书局，2000年，第301页。

［5］史语所：《明太祖实录》卷31，1963年国立北平图书馆红格抄本微卷影印本，第556页。

［6］［7］［8］史语所：《明太祖实录》卷45，1963年国立北平图书馆红格抄本微卷影印本，第881页。

［9］吴相湘：《明太祖御制文集·中都告祭天地祝文》，台北学生书局出版社，1965年，转引自杨

永康：《朱元璋罢建中都与〈明太祖实录〉的隐讳》，《南京师大学报（社会科学版）》2009年第5期。
[10] 顾炎武、黄珅校注：《天下郡国利病书》卷13，上海古籍出版社，2012年。
[11] 张廷玉等：《明史》卷83《河渠志》，中华书局，2000年，第1344页。

（原载于《才识明国是学德泽后人——袁祖亮先生七十华诞纪念文集》，2013年）

河南中牟宋庄汉、宋制陶作坊遗址布局初探

鲍颖建

宋庄遗址位于河南省中牟县张庄镇宋庄村西约250米，宋湛公路以南，东北距中牟县城约16.5千米，西北距郑州市约27千米。地理坐标为北纬 34°35.544′ 、东经113° 51.681′ ，海拔122～126米。2010年8月至11月，郑州市文物考古研究院受河南省文物管理局南水北调文物保护办公室委托，对该遗址进行发掘，共揭露面积为2300平方米，清理出汉、宋两个时期的制陶作坊区各一处。汉代制陶作坊区发现有两座陶窑，附近还清理出同时期的房址、灰坑等遗迹。宋代制陶作坊区发掘陶窑一座（另在干渠外勘探出有数座同时期的窑址），还清理出房址、灶坑、水井、粮仓、墓葬及众多的人类活动坑等遗迹。本文拟对宋庄遗址汉、宋两个时期制陶作坊区的布局及陶窑形制的演变进行初步探索。

一、宋庄汉代制陶作坊遗址布局

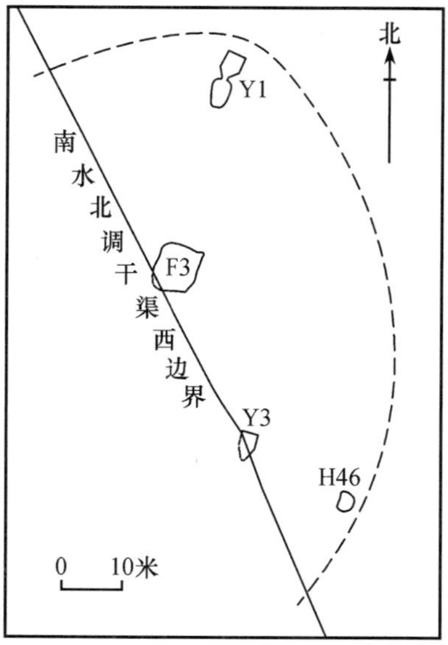

图一　宋庄汉代制陶作坊区遗迹分布图

宋庄遗址区东西长约250、南北宽200米左右，占地面积约5万平方米，南水北调干渠从中间穿过，发掘区位于整个遗址区的中东部。汉代宋庄制陶作坊区位于发掘区的北部，南北长约70、东西宽约30米，发掘部分面积约2100平方米（图一）。由于汉代作坊区大部分延伸出南水北调干渠的西边界，未进行考古发掘。但据发掘情况来看，汉代作坊区的面积至少有4000平方米。

汉代制陶作坊区由陶窑（Y1、Y3）、房址（F3）、灰坑（H46）等遗迹组成。陶窑发现两座，分处汉代作坊区南北两端，相距约45米。二者形制结构相同，方向也基本一致，均由工作间、火门、火膛、窑室、烟道五部分组成，单个窑址整体面积约40平方米。汉代房址发现一座，位于作坊区中西部，恰处于两座陶窑中间，与二者相距约22.5米。房址整体形状近圆角方形，东西长7.2、南北宽6.4米，整体面积约46平方米，为半地穴式建筑，由门道、居住间两部分组

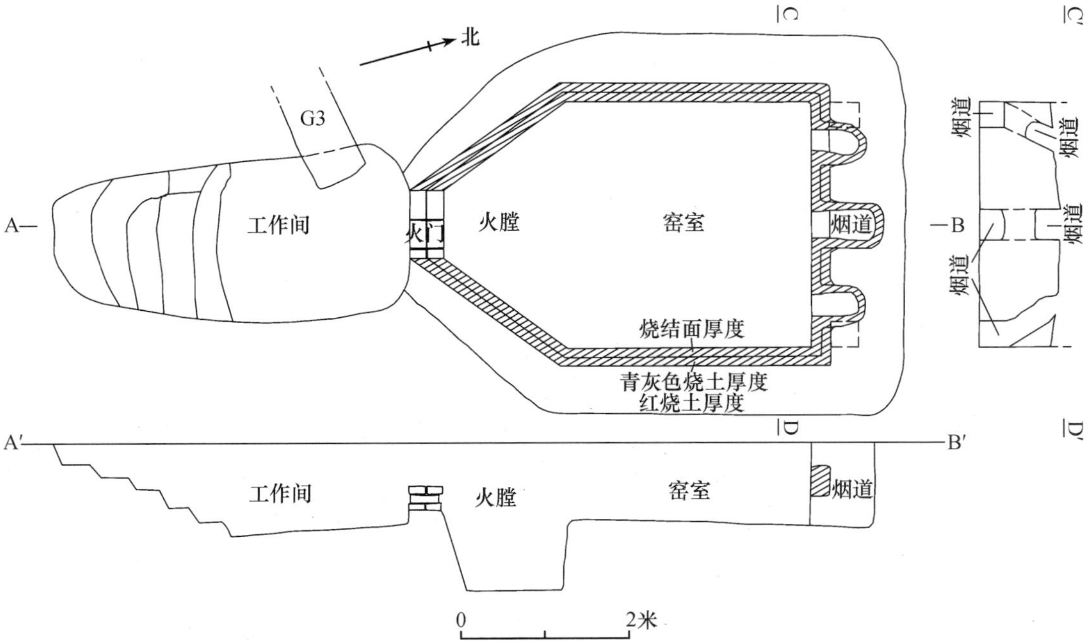

图二　宋庄汉代陶窑平、剖面图

成。门道呈台阶状，居住间四周砌砖墙，平面形状为正方形，面积约25平方米。灰坑与南部窑址距离较近，二者相距约16米。

两座汉代陶窑，以Y1（图二、图三）为例进行介绍。Y1由工作间、火门、火膛、窑室、烟道五部分组成，方向195°。工作间位于Y1的南部，平面呈椭圆形，南北长4.2、东西宽0.6～1.9、深0.24～1.1米。南部留有供人上下的台阶，台阶高低、宽窄不等。火门位于工作间北部，平面呈长方形，东西长0.8、南北宽0.4米，用砖横砌竖向封堵。砖墙现残存三层，高0.8米。火膛位于火门的北部，呈南窄北宽的喇叭形，东、西壁长1.8、南壁宽0.8、北壁长2.9、深1.8米。壁面加工规整，东、西两壁自口部向下逐渐外扩，北壁从窑室底部向下内收，南壁从火门底部向下斜收。底部平整。窑室位于火膛的北部，平面形状近正方形，东西长2.9、南北宽2.82、深0.9～0.98米。

图三　宋庄汉代陶窑全景（自南向北摄）

窑壁陡直，加工规整，底部略呈南高北低状。窑壁烧结面厚约0.1米，窑壁外侧青灰色烧土带厚度为0.22米，红色烧土带厚度约0.6米，足见该窑的烧造时间之长。烟道3个，分别位于窑室北壁的东部、中部、西部，建造在生土之上。烟道上部已残，深0.85米。进烟口呈正方形，直径0.3、进深0.7米。窑内填土分为两层。第一层为红褐色杂土，质地较硬，厚0.4～0.84米，内含有较多的烧土块。出土有砖块、陶片等，陶器器形有盆、罐、瓮等。该层填土应为窑顶及窑壁坍塌所至。第二层为深灰色土，质较硬，厚0.6米，内含有草木灰、烧土块等。出土有少许陶片、砖块等，可辨器形有罐等。该层填土应为灰烬与碎砖块混合堆积而成。

汉代房址F3（图四、图五）整体形状近圆角方形，由门道、居住间组成。门道位于房址南部，呈台阶状，用长0.3、宽0.15、厚0.05米的方砖堆砌而成，宽0.45米，向屋内延伸0.8米。居住间平面形状为正方形，边长为5.1米，四壁竖直，用长0.28、宽0.15、厚

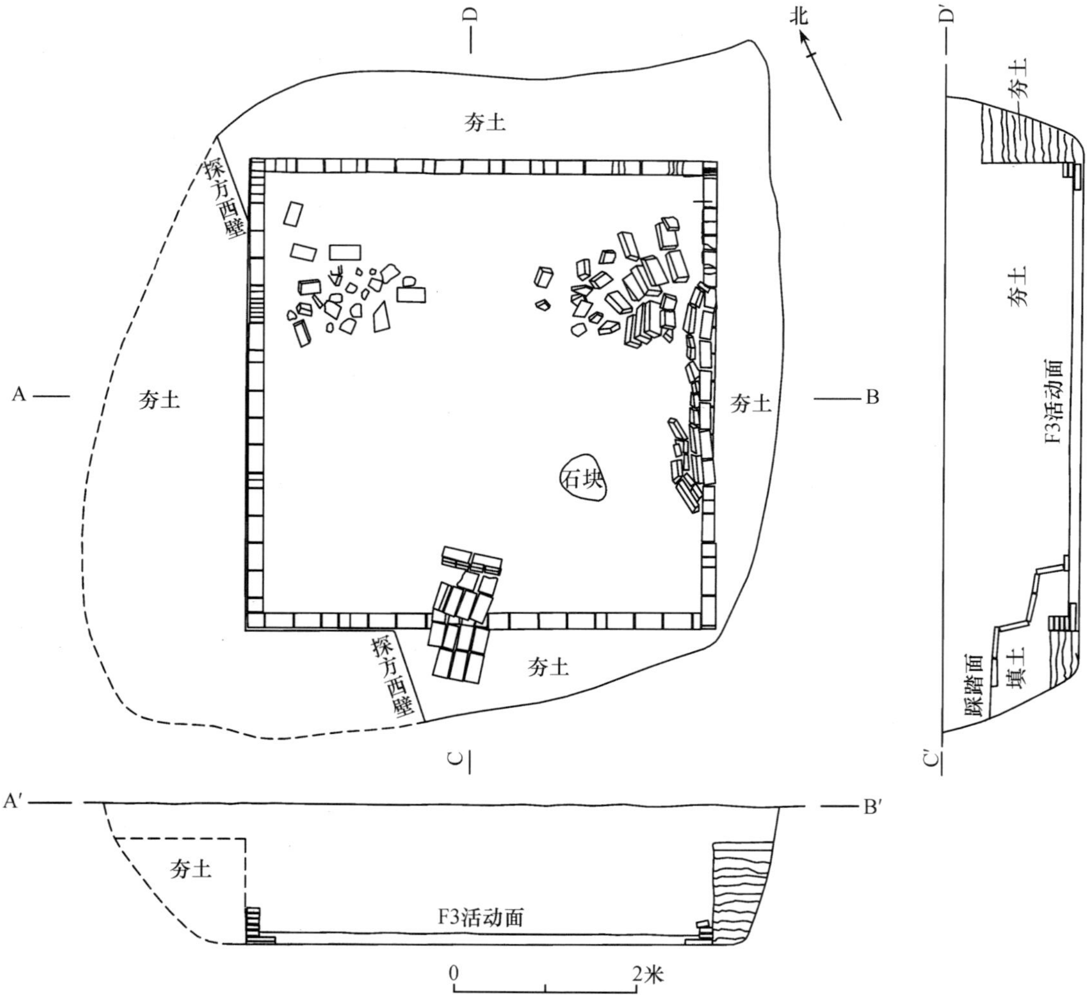

图四　宋庄汉代房址平、剖面图

0.07米的方砖顺砖错缝平砌而成，残存高度约0.8米。砖墙外侧挖有基槽，填土经过夯打，夯土厚约1.4米。室内地表为深灰色黏质沙土，结构细密，质地较硬，应为室内活动面踩踏后形成。在居住间的东北、西北两处都有大量砖块堆积，排列较有序，推测应为墙砖侧塌后形成。在室内的东南部发现石砧一处，作用不详。依据该房址与两座陶窑布局情况判断，其应为制陶工人居住之地。汉代灰坑为不规则形，直壁、平底。长2.9、最宽2.6、深0.82米。填土为红褐色沙土，土质较致密，内含有少量烧土颗粒等。出土有陶片、筒瓦、砖块及残铁块，陶器器形主要有盆、罐、壶等。

图五 宋庄汉代房址全景（自东向西摄）

综合以上情况，推测河南中牟县宋庄村在汉代是一处制陶作坊遗址。陶窑的烧造技术相当进步，这在烟道的使用上有所反映。两座汉窑皆有三个出烟道，中间主烟道上下垂直，两侧烟道向中间主道内倾收拢，出窑后与主烟道聚合成一个烟道，形成烟囱，这就增强了烟囱的吸力。在具体的功能匹配上，两座窑址是制陶工匠的工作场所，中部的房址可能为工匠的起居之地。南部窑址旁边发现的灰坑内堆积有较多的板瓦、筒瓦等，推测其原为取土坑，废弃后成为建筑垃圾的埋藏坑。

二、中原地区汉代陶窑形制的演变与发展

据笔者初步统计，中原地区发现的汉代陶窑数量至少有118座。河南全省各地均有发现，其中郑州41座（含宋庄的2座）、洛阳38座、鹤壁13座、南阳12座、新乡7座、焦作5座、周口1座（表一）。

表一 中原地区汉代陶窑统计表

序号	发现地点	陶窑数量	窑址时代	资料出处
1	洛阳王城内东北部、西南部窑址	16座	西汉早期4座，西汉晚期12座	《考古与文物》1983年第3期
2	洛阳有线电视台汉代陶窑	7座	西汉早、中期至东汉晚期	《文物》2004年第7期
3	新乡市东干道	1座	西汉中期	《考古与文物》1994年第4期
4	宜阳县甘棠寨村汉代窑址	1座	西汉中晚期	《华夏考古》2006年第1期
5	巩县铁生沟汉代烘范窑址	16座	西汉中晚期至东汉初期	《考古学报》1985年第2期
6	洛阳轴承厂汉代砖瓦窑	2座	西汉晚至东汉初	《中原文物》1995年第4期

续表

序号	发现地点	陶窑数量	窑址时代	资料出处
7	郑州古荥镇汉代冶铁遗址窑址	13座	西汉末至东汉早	《文物》1978年第2期
8	南阳瓦房庄汉代制陶遗址	12座	西汉窑4座，东汉窑8座	《华夏考古》1994年第1期
9	密县五里店村陶窑	1座	东汉早期	《华夏考古》1992年第2期
10	偃师汉魏洛阳城东汉烧煤瓦窑	10座	东汉早期	《考古》1997年第2期
11	焦作温县烘范窑	1座	东汉早期	《文物》1976年第9期
12	新乡北站区前郭柳村汉代窑址	6座	东汉早期至晚期	《考古》1989年第5期
13	河南省鹤壁古代陶窑	9座	东汉早中期	《华夏考古》2003年第3期
14	洛阳东郊“对开式”砖瓦窑	2座	东汉晚期	《中原文物》1985年第4期
15	沁阳汉代陶窑	1座	东汉晚期	《中国文物报》1996年6月30日
16	淇滨新区汉代陶窑群	4座	汉代	《鹤壁年鉴》2005年
17	南水北调工程焦作山阳城段	3座	汉代	《焦作日报》2009年12月29日
18	郑州汉代陶窑群	10多座	东汉时期	《新华每日电讯》2000年8月16日
19	鹿邑汉代陶窑	1座	东汉时期	《周口晚报》2009年9月9日

注：本表参考王春斌《汉代陶器生产技术研究》，吉林大学博士学位论文，2013年，并据新资料改制而成

中原地区西汉早期陶窑的窑室平面形状大都为椭圆形、方形、长方形，单烟道，这在洛阳东周王城[1]先后发掘的两座陶窑上有清晰的反映。1974年冬，洛阳文物工作队在东周王城内发掘的Y12（图六），由烧坑、窑道、火膛、窑床、排烟道、烟道六部分组成，其窑室平面即为椭圆形，单烟道。窑门前为竖井式方形烧坑，窑道已残损，外窄内宽，火膛平面呈等腰梯形，在窑道后竖直向下，窑床呈马蹄形，单烟道竖直向上，排烟孔正对窑门呈方形，系用带有瓦当的筒瓦砌成。在烧坑底部出土汉文帝时期半两钱一枚。Y11由窑门、烧坑、窑道、火膛、窑床、排烟孔、烟道七部分组成（图七），其窑室平面形状即为长方形，单烟道。窑门前为一略呈长方形的竖井式烧坑，火膛作半圆形，前圆后平，窑门为拱券顶，以小砖砌成，其后为台式窑床，单烟道位于后壁中间，排烟孔作拱形，烟道位于后壁外，呈筒状，竖直向上。在烧坑底部也出土了一枚文帝四铢半两钱。

到了西汉中期前后，窑室平面大多数演变为方形、长方形，两个烟道。2002年1月，洛阳市文物工作队在有线电视台基建工地清理出汉代陶窑Y7[2]（图八），由操作坑、窑门、窑室、排烟系统四部分组成，窑室的平面形状即为长方形，两个烟道。操作坑位于窑室北部，为一长方形的土坑，窑门已破坏，用小砖砌成，火膛平面作半圆形，窑床底部平整。

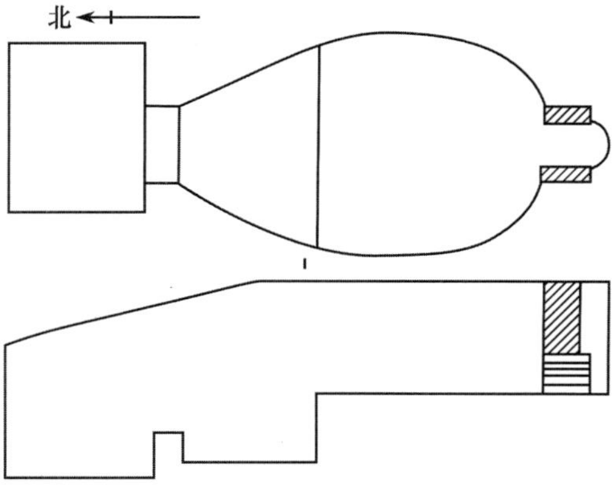

图六　洛阳东周王城遗址Y12平、剖面图

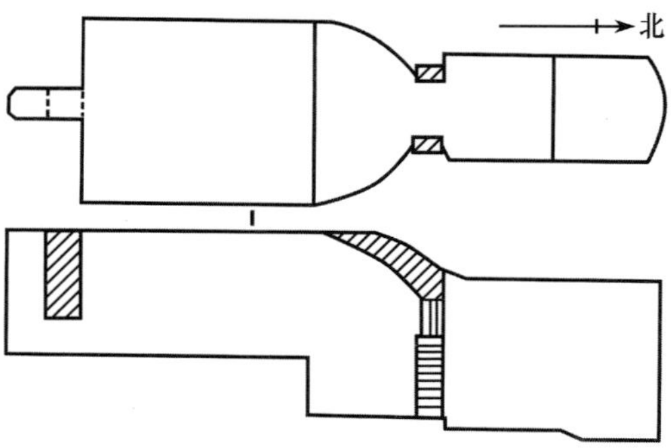

图七　洛阳东周王城遗址Y11平、剖面图

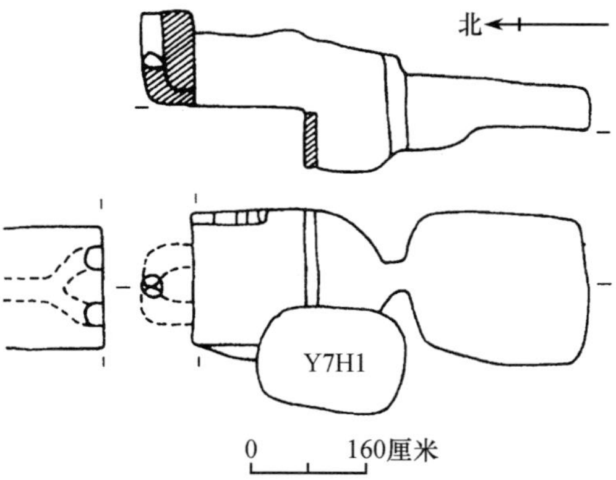

图八　洛阳有线电视台Y7平、剖面图

西汉中期以后，窑室平面有正方形、长方形，但长方形窑室占绝大多数，三个烟道。另外，在西汉晚期还出现了一种窑室呈马蹄形的陶窑，洛阳有线电视台Y5[3]（图九）、郑州古荥镇汉代冶铁遗址Y11[4]（图一〇）的窑室皆为马蹄形，有三个较竖直的烟道。洛阳有线电视台Y5窑室后壁的三个烟道，两边较大，中间小，烟道进深约0.3米处分别掏挖成垂直向上的三个圆形烟囱。

温县洪范窑[5]（图一一）、鹤壁1990年发现的Y13[6]窑室呈近正方形或方形，有三个烟道。两者的区别是，温县洪范窑的烟道较竖直，而鹤壁Y13中间主烟道上下垂直，两侧烟道向中间主道内倾收拢。温县洪范窑

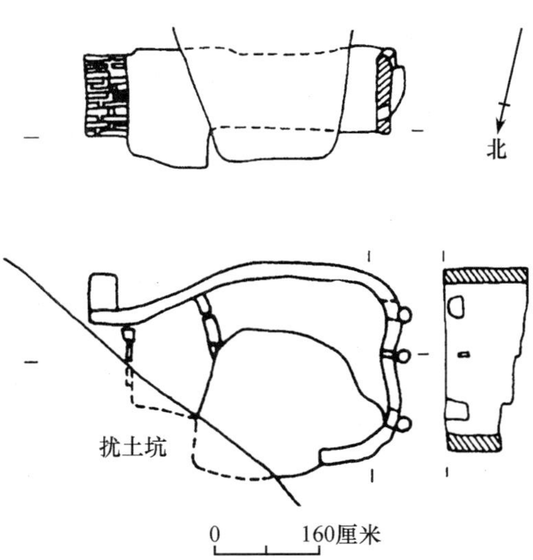

图九　洛阳有线电视台Y5平、剖面图

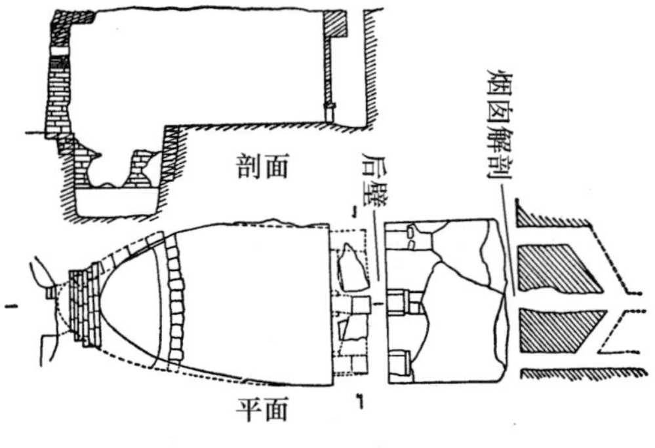

图一〇　郑州古荥镇汉代冶铁遗址Y11平、剖面图

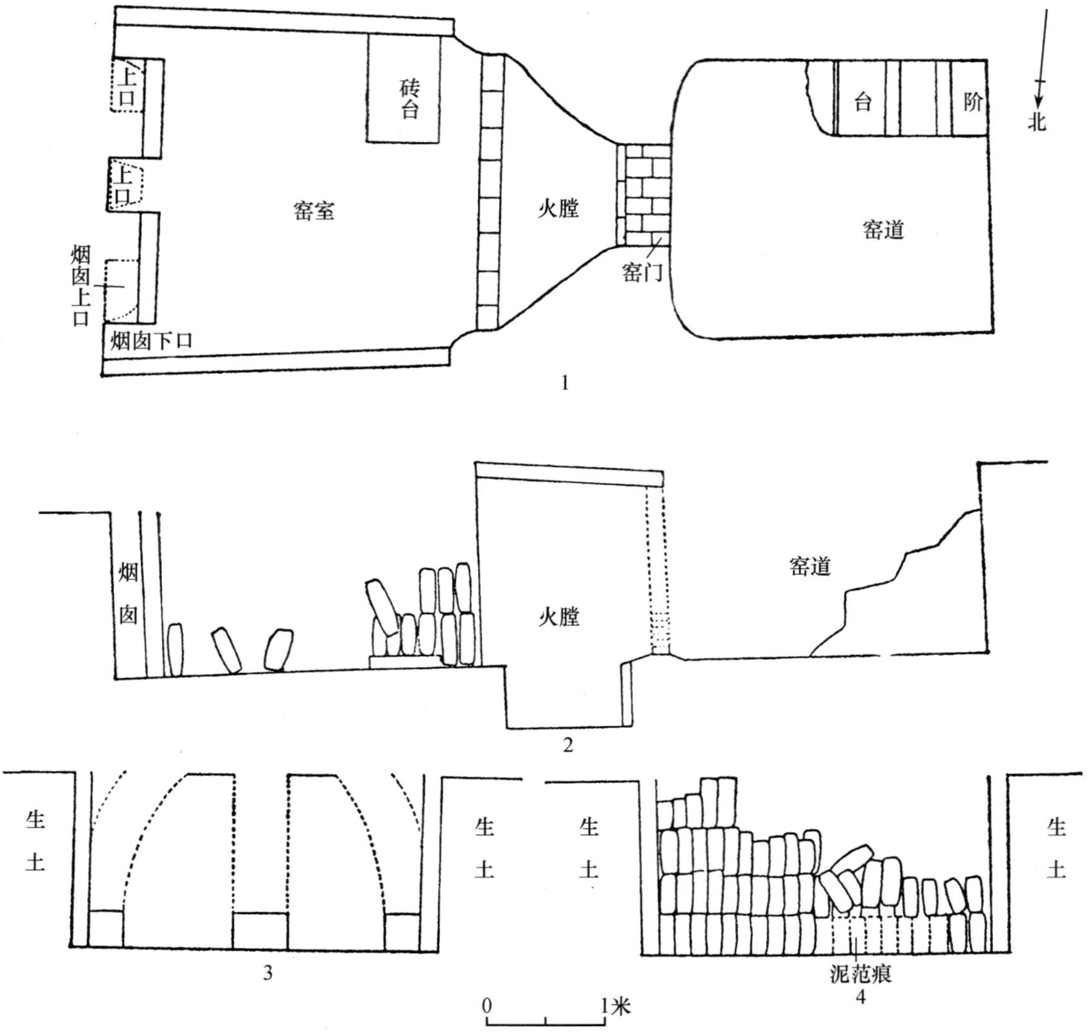

图一一　温县烘范窑平、剖面图

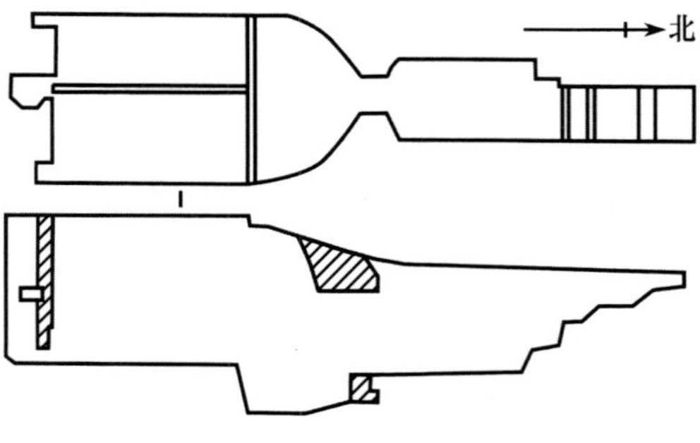

图一二　洛阳东周王城遗址Y3平、剖面图

呈东西向，由工作坑、窑门、火膛、窑室、烟道五部分组成。工作坑西南角有台阶，窑门用土坯封堵，火膛平面作梯形，底部发现有白灰和未燃尽的木炭，窑室内堆积有大量烧废的范块，窑室后壁有三个较竖直的烟道。

洛阳共青路东段Y3[7]（图一二）、郑州古荥镇汉代冶铁遗址Y1[8]的窑室均呈长方形，后壁有三个烟道，中间主烟道上下垂直，两侧烟道向中间主道内倾收拢。洛阳共青路东段Y3系砖瓦窑，窑室平面呈长方形，三个烟道。同西汉后期的砖瓦窑有所不同：有五级斜坡上下道，烧坑的上口较大；火膛低于烧坑，底部逐渐抬高；窑床前沿伸向火膛部分略成坡式台阶；两侧的烟道系从后壁直接挖成，以小砖封堵，并与壁中掏成的中间烟道连通。

汉代陶窑形制的演变与发展主要体现在两个方面：窑室平面形状的变化、烟道逐渐增加。关于烟道数量体现的汉代陶窑形制演变规律，王春斌博士在其毕业论文《汉代陶器生产技术研究》[9]中指出，根据烟道数量的多少不能判定各窑址的大致时代，只能说在不同的时期某个型式的陶窑占多数。该论断有一定的道理，但是在汉代早期出现多烟道的情况只是极个别现象，这也反映出考古学文化因素演变的基本规律：较进步的文化因素不可能是突然产生的，有时候会在早期文化中出现一些较为先进的文化因素，这是很正常的现象。因此，笔者认为烟道的变化还是能够大体反映汉代陶窑形制演变规律的，正如李毓芳先生在《汉代陶窑初论》一文中总结说："一般而言，汉代陶窑中时代越早进烟口越少，反之则越多。"[10]

综上所述，中原地区汉代陶窑形制演变的整体规律可简单归结如下：西汉早期，窑室平面形状大多为椭圆形、方形、长方形，单烟道。到了西汉中期前后，窑室平面形状大多数演变为方形、长方形，两个烟道。西汉晚期以后，窑室平面形状有正方形、长方形，但长方形窑室占绝大多数，三个烟道。

三、宋庄宋代制陶作坊遗址布局

宋庄宋代发掘区位于遗址中东部，宋代制陶作坊区（图一三）主要位于发掘区的南部，南北长约140、东西宽约100米，发掘部分面积约1.4万平方米。由于宋代作坊区大部分延伸出南水北调干渠的西边界，且南部叠压在大沙丘之下，均未进行考古发掘。但结合调查、勘探情况观察，宋代作坊区东西长超过250、南北宽在160米以上。据此，推测宋代作坊区的面积至少为4万平方米。

宋代制陶作坊区由陶窑（Y2）、房址（F1、F3）、灶坑、粮仓、水井、墓葬、灰沟及众多的灰坑等组成。陶窑、大型房址、灶坑等集中分布于发掘区的南部，而其他遗迹现象遍布整个发掘区。宋代陶窑发现一座，位于作坊区的东南部，其整体面积约20平方米，由工作间、窑门、火膛、窑室、烟道五部分组成。宋庄发现的宋代陶窑并不是孤立的一座，因为在进行考古调查时，当地村民曾在宋庄村西取土时发现有大面积的红烧土，疑为窑址或灶坑。笔者进行考古调查时，在这座陶窑的西部约180米处的断崖上发现有同时期的陶窑一座、灶坑数个。后经简单钻探，在断崖附近区域发现的宋代陶窑数量至少有4座，因皆位于南水北调干渠西边界以外，未能进行普探、发掘工作。宋代房址发现两座，大型房址位于作坊区南部，另一座则位于作坊区北部，在汉代房址基础上修建而成。大型房址东南距陶窑约20米，由活动面和众多的柱洞组成，其内部及周围分布有数个灶坑。另外，在其四周还清理出同时期的水井、墓葬、灰沟及大量的灰坑等。另一座房址位于作坊区北部，距离大型房址约60米，砖砌而成且分为两间。在周围发现有同

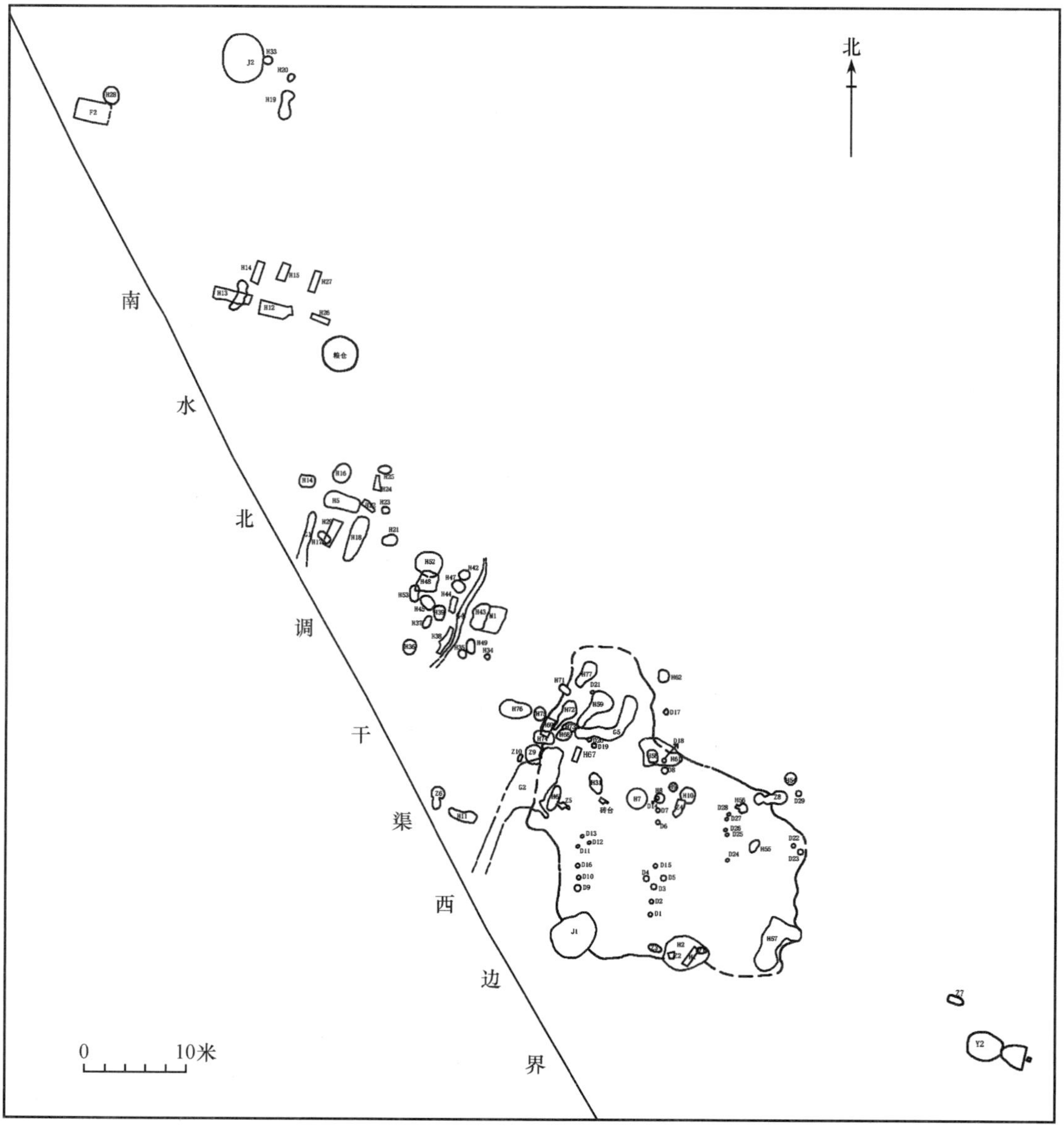

图一三　宋庄宋代制陶作坊区遗迹分布图

时期的水井、粮仓及多个灰坑等。粮仓处于两座房址的中间，南距大型房址约34米，北距砖砌房址约29米。

宋代陶窑（Y2）（图一四～图一六）整体平面形状呈东西向“8”字形，方向285°，由工作间、火门、火膛、窑室、烟道五部分组成。工作间位于Y2西部，平面形状近椭圆形，口大底小。口部东西长2.2、南北宽2.8、深0.7～1.3米。西部留有供人上下的台阶，用红褐色黏土修筑而成，经多次踩踏后已近似坡形。在台阶的南、北部底面残留有灰土踩踏面，北部踩踏面内夹有较多的红烧土块。底部平整，南北长2.8、东西宽0.6～1.3

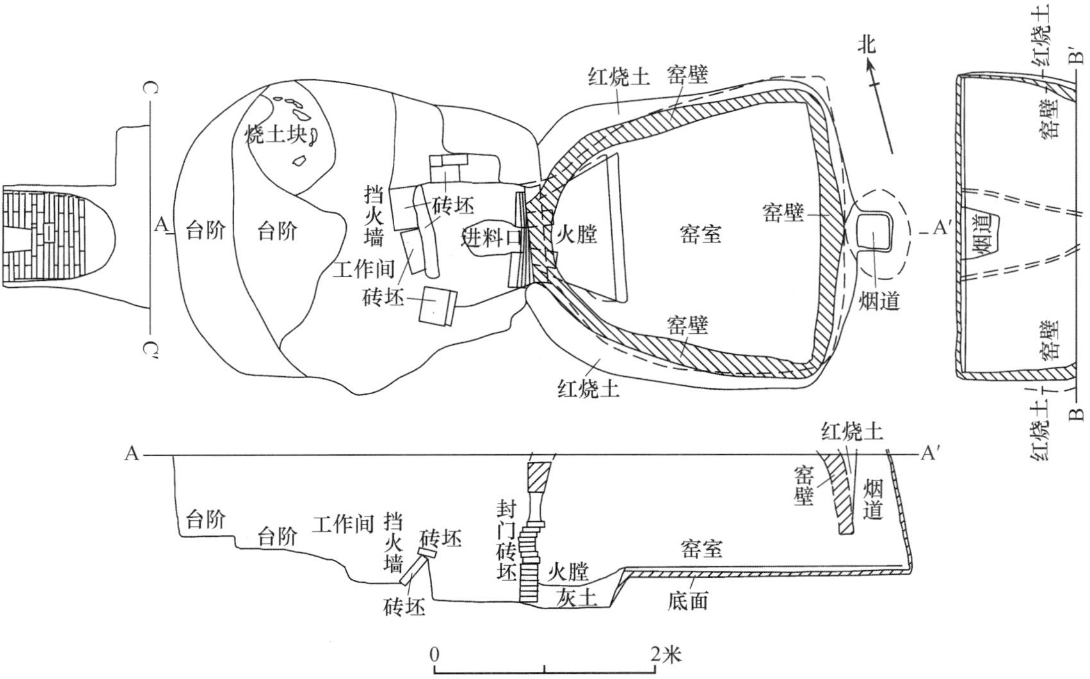

图一四　宋庄宋代陶窑平、剖面图

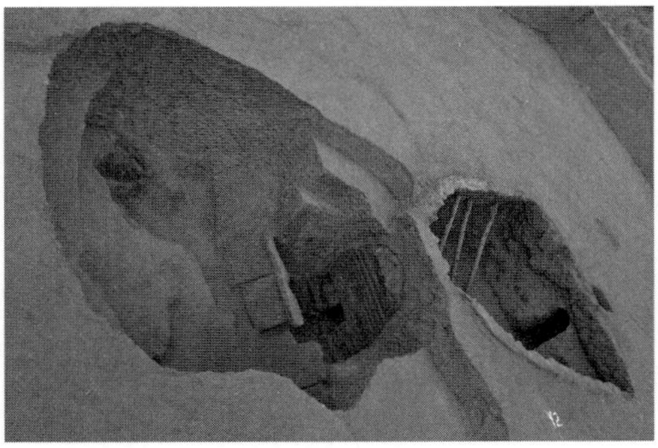
图一五 宋庄宋代陶窑全景（自南向北摄）

图一六 宋庄宋代陶窑局部（自西向东摄）

米。工作间与火门连接处砌有砖坯，由东向西倾斜，南北并排三块，砖立面上平砌有窄砖坯，再由西向东倾斜，推测其应为挡火墙。火门位于工作间东壁。平面呈长方形，南北长1.05、东西宽0.7米，由十五层砖平砌封门。底部中间留有进燃料口，由西向东呈斜坡状。口部立面呈梯形，上窄下宽，其内残存有黑色柴灰。火膛位于火门与窑室之间，为西窄东宽的喇叭形通道。南北两壁长0.8、东壁长1.35、西壁长0.8、深1.38米。南、北壁由上而下呈弧形外扩，东壁由窑室底部至火膛底部斜直内收呈斜坡形。底部近平，低于窑室底部0.35米。窑室位于火膛的东部。平面形状呈铲形，口部东西长2.5、南北最宽处约2.5、残存深度1.1米。窑壁经火烧呈青蓝色，不规整，表面凹凸不平，北、东、南部下端均已坍塌。内壁自上而下弧形外扩，呈袋状。底部平整，经火烧呈蓝色烧结面。烟道位于窑室的东部，距窑壁0.3米，在生土上下挖而成。口部平面形状呈方形，边长0.3、深1.05米。口部、烟道壁经火烧呈红色烧结面。由上而下斜直外扩呈口小底大状。底部平整，南北长0.7米，东西宽0.5米。窑内填土分两层。第一层为黄褐色淤沙，质松软，厚1米。内含有窑壁坍塌的蓝色烧结土，夹杂有窑顶塌陷的残砖块及砌窑顶的黏合泥片，出土有陶、瓷片等，可辨器形有陶盆、陶罐、瓷碗等。第二层，即窑室底面层，厚0.05米，为青灰色沙和碎陶片堆积，应为烧制陶器时的残破器物残留和窑壁脱落的沙粒。据此可知，这是一座烧制陶器的宋代陶窑。因火门内残存有黑色柴灰，可知其依然使用木柴作为燃料，是否已经使用煤炭尚不清楚。据此，推测其应为民营性质的陶窑。在Y2北侧约2.5米处发现有一个灶坑Z7，平面形状为东西向近长方形，深0.14～0.2米，底部烧土面上残留有3块砌灶壁使用的残砖。据该灶紧邻Y2分析，其应为烧窑工匠烧水、做饭使用的。

宋代房址发现2座。大型房址F1（图一七、图一八）位于发掘区的南部，平面形状呈不规则形，横跨八个探方，南北最长30.5、东西宽27.5米，面积达838.7平方米，现残存有活动面和柱洞。柱洞位于房址中部，共计29个，南北向排列，分为东西三排，多为圆形、椭圆形，少数为方形。其中D14近圆形，口径0.65米，发现有圆形柱芯，直径0.5、深0.25米，呈口大底小状，内填深灰色土，质松软，含有烧土块、炭块，出土有盆、瓮、碗等残片。柱芯外填黄褐沙土，结构松，质地软，竖直壁、平底、深0.25米。通过对活动面的解剖，发现其不分层次，厚度为0.2～0.4米，内填灰褐色土，结构致密，质地硬，含有较多的烧土和炭粒，出土遗物有陶盆、瓷碗残片。这座房址面积巨大，但仅发现有柱洞与活动面，结构较为简陋，不可能是普通民众居住的房屋，更像是多人简单的共同聚集之地。加之在其东南约20米便是宋代陶窑所在，据此，推测其应为制陶工匠集中居住的简易房屋，其性质可能为大型工棚。房址中部发现的柱洞是用来栽木柱的，其中一个柱洞还残存有明显的圆形柱芯，其中两排较整齐的南北向柱洞应为承重的立柱。在房址周围打破F1的灰坑，灰沟内出土有较多的板瓦等建筑材料，推测房址在两排立柱上横架木梁，起脊盖瓦，其上部是用板瓦覆盖的。但是，依据对活动面的解剖，发现其厚度仅为0.2～0.4米，加之在铲刮房址平面的过程中发现一些打破F1的同时期灰坑，这都表明这座大型工棚的使用时间并不是很长。在该工棚废弃之后，先民们便在旁边挖坑将其建筑废料予以掩埋。

在大型工棚内部及周围发现有众多的灶坑，其东部有Z8，南部有灶Z1（图一九）、Z2、Z3，西部有Z5、Z6（图二〇、图二一）、Z9及Z10，中部有Z4，其中Z6、Z8的规模较大，其他均为简易建造而成。例如，Z1平面形状为东西向椭圆形，由火门、灶坑、烟道三部分组成。火门位于灶坑的西部，灶坑内壁略弧形外扩，坑壁用残破砖平砌五层，上部砖面向内倾斜，烟道位于灶坑东部，与灶壁相连接。灶坑底部残留有灰白色的柴灰。Z6由工作台、火门、灶坑三部分组成，工作台呈不规则形，由砖块平铺而成，南北

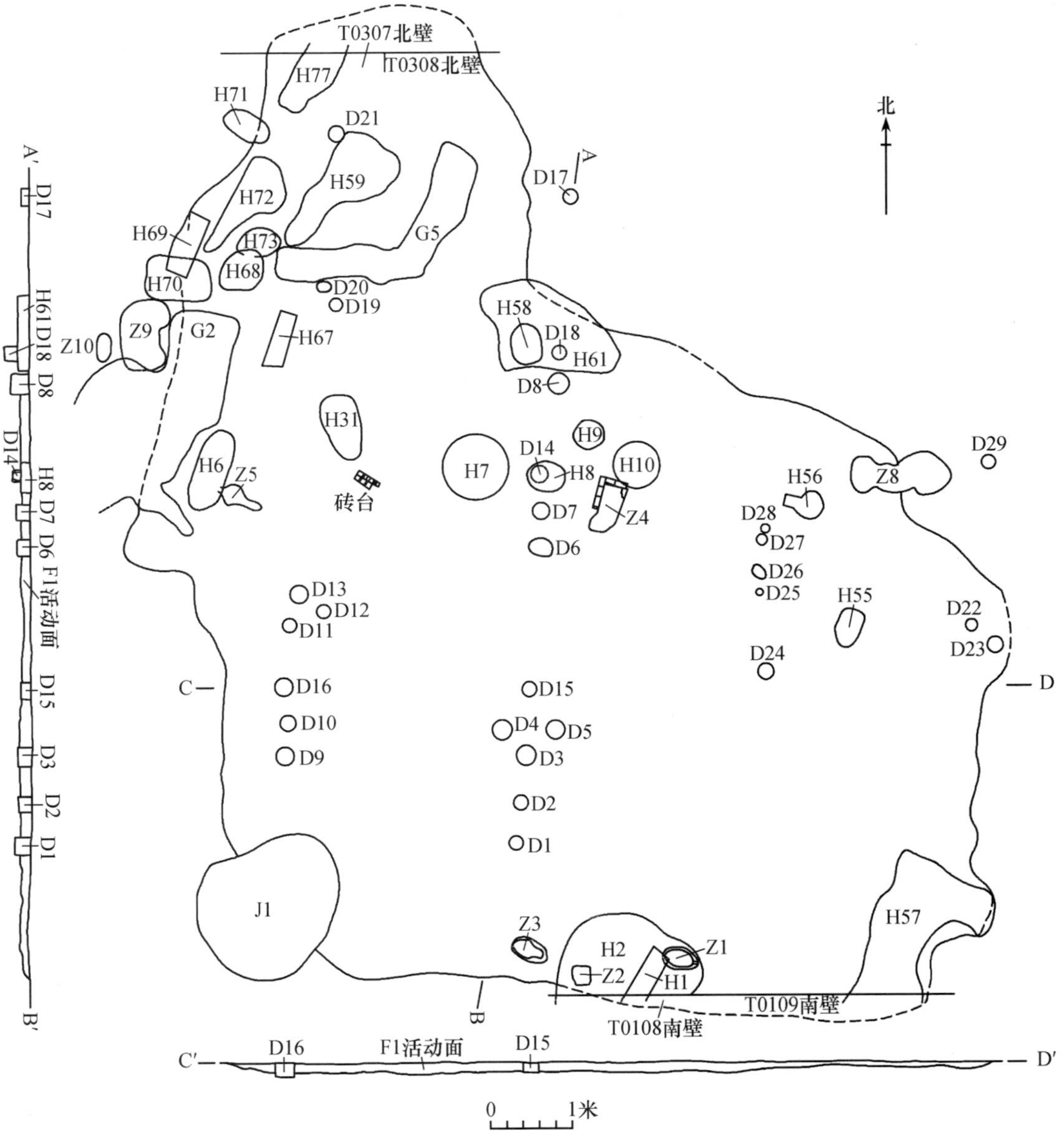

图一七　宋庄宋代F1平、剖面图

1、东西1.2米，台面北高南低，呈斜坡形，高出原地面0.06米。火门位于工作台与灶坑之间，呈三角形，与灶坑连为一体，整体呈椭圆形，加工规整，内壁略直，长1.1、宽0.6、深0.28米，近平底。灶坑由地面挖坑后四周砌砖形成。Z8平面形状呈东西向亚腰形，长1.65、最宽1.35米，由工作坑、火门、前灶坑、火道、后灶坑五部分组成。工作坑平面呈椭圆形，斜直壁，平底，长1.65、宽1.35、深0.2米。火门位于前灶坑和工作坑之间，南北长0.6、东西宽0.46、深0.2～0.22米，与前灶坑之间留有一宽0.1、高0.03～0.05米的红烧土槛。前灶坑平面形状呈半圆形，南北长0.6、东西宽0.56、深0.22～0.24米，灶壁经火

图一八　宋庄宋代大型房址全景（自东南向西北摄）

烧成红色烧结面，厚0.05～0.1米，底部西深东浅。火道位于前、后灶坑之间，长0.3～0.32、宽0.2、深0.1～0.22米。后灶坑平面形状近圆形，南北长1.06、东西宽0.8、深0.08～0.1米。灶内填土分为两层，第一层为浅灰色，结构疏松，质地较软，含有烧土块、炭粒等，出土有盆、罐、瓷碗等。第二层为黑灰色土，质地疏松，含有较多的烧土、炭粒，无遗物出土。这些分布在F1内部及周围散落的灶坑，在功能上与制陶工人集中居住的大型工棚是相互匹配的。小型灶坑主要是用来烧水或简单做饭，大型灶坑应是集中造炊之地，以供多人集体吃饭。另外，在F1的中西部还发现一长方形砖台，或许是放置物品之地，也可能是被破坏的灶坑之一部分。

另外，在大型工棚周围还发现有同时期的水井、墓葬及众多灰坑等。水井位于房址西侧，平面形状为椭圆形，南北长4.2、东西宽4.2、深1.6米。井壁不规整，有坍塌痕迹，自上而下由斜坡状转为斜直内收，底部较平。井内堆积分为两层，第一层为黄褐色花土，夹杂有红褐色土块，结构疏松、质地软，厚1.3米，含有沙粒，出土有陶盆、罐、瓦、瓷碗等。第二层为黄褐色淤沙土，质地松软，厚约0.3米，纯净，无遗物出土。该水井紧邻制陶工人集中居住的大型工棚，应为人们生活用水的来源地，也可供制陶生产用水。在工棚北侧约3米处发现一座墓葬，为竖穴土圹砖室墓，方向205°，南北长2.5、东西宽1米，拱顶错缝平砌，墓壁竖直，顺砖错缝平砌。墓室近长方形，南宽北窄。填土

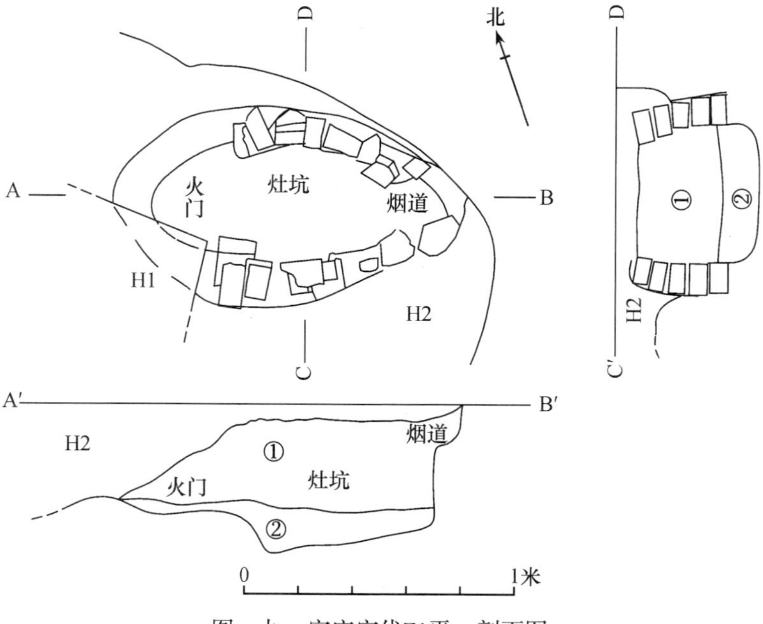

图一九　宋庄宋代Z1平、剖面图

为深灰色花土，结构致密，质地软，含有少量炭粒，出土有陶片、瓷片及砖块等。墓室内发现人骨架一具，放置凌乱，位于墓室南侧，为中老年女性，因扰动，葬式不详。随葬有18枚铜钱，其中两枚为崇宁重宝，钱径5.2厘米（图二二）。该墓主人可能为制陶工匠。

在作坊区的北部发现有宋代的砖砌房址（F2）、水井等，在水井南部约25米处发现有同时期的粮仓一座（图二三）。这座房屋是在倒塌的汉代房址基础上修建而成，保存较差，由南、北两间房屋组成，南侧房间平面形状呈长方形，残存有两面砖墙，由顺砖错缝平地堆砌，南北长0.46、东西长0.82米，室内踩踏面上发现有明显的夯打痕迹，夯层较厚。北侧房间墙体已无存，仅发现有经过夯打的活动面，但夯层较薄。门道沿用F3上层原有部分，方向朝南。室内填土为红褐色黏质沙土，土质结构疏松。夯土为浅黄色花土，发现有明显的夯窝。水井位于F2东侧约8米处，平面形状为圆形，内壁竖直、规整，直径3.21、深1.06米。坑内填土分为两层，上层为红褐色黏质沙土，下层为黑色黏质沙土，两层内均出土有大量筒瓦、板瓦残片。在房址南部约25米处发现有同时期的粮仓一座。平面形状呈椭圆形，长3.6、宽3.4、深0.7米。四壁砌三周竖砖，其下为一周横砖，上下砖错缝堆砌，其间均有丁砖加固。粮仓填土分为三层，第一层为红褐色花土，土质略疏松，厚约0.3米，出土有大量砖块及筒瓦残片，另出土有盆、罐、瓮等残片。第二层为红褐色沙土，土质较疏松，厚约0.3米，

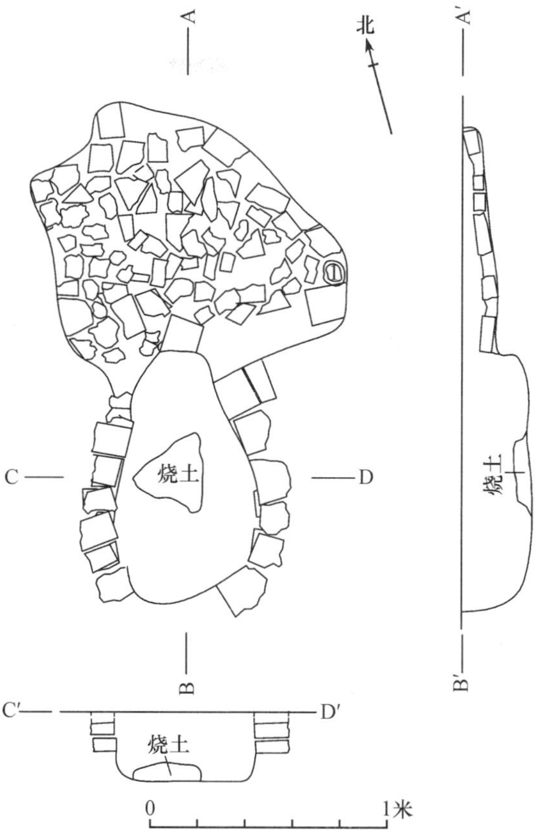

图二〇　宋庄宋代Z6平、剖面图

图二一　宋庄宋代Z6全景（自西向东摄）

图二二　宋庄宋墓出土“崇宁重宝”铜钱

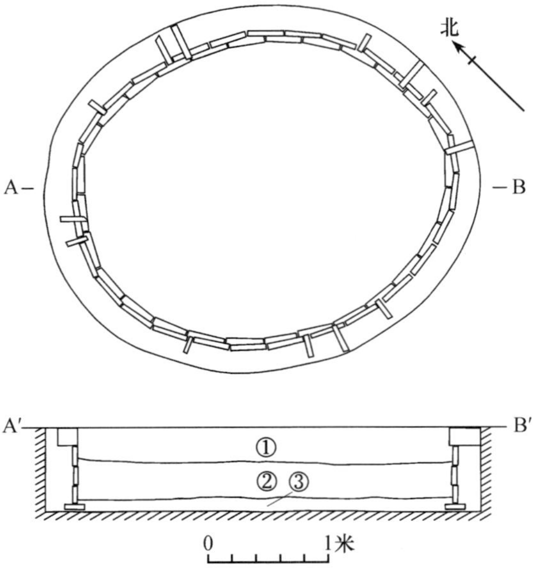

图二三　宋庄宋代粮仓平、剖面图

出土少量残瓦。第三层为灰色沙土，土质略致密，厚约0.1米，罕见出土物。这种砖砌的宋代房址较之制陶工匠居住的工棚级别稍高，可能为管理陶工的人员所居住。东侧的水井应是生活用水的来源，南部的粮仓可能是贮存制陶人员生活用粮之地。水井与粮仓内发现的大量筒瓦、板瓦等建筑垃圾，或许为该房址废弃之后回填形成。

中原宋代地区发现烧制陶器的陶窑甚少，鹤壁市有一处窑址见诸报道。2012 年11月，鹤壁市文物队在淇滨区某社区基建工地清理出一处共用一个工作间的三座宋代陶窑[11]。工作间近方形，在其北、东、南三面各有一座形状大小不一的陶窑，三座陶窑皆由通风道、窑门、火膛、窑床、烟囱五部分组成。这三座陶窑用木材、煤炭作燃料，主要用来烧制砖和板瓦。在工作间底部发现了一枚文字清晰的“祥符通宝”铜钱，据此判断该处窑址的始建时代最晚应在北宋祥符年间。由于材料较少，中原地区宋代陶窑的形制不甚清晰。宋庄宋代陶窑保存良好，为中原地区宋代陶窑形制研究提供了新材料。

四、结　　语

通过以上对宋庄遗址汉代、宋代陶窑手工业作坊区布局及陶窑形制演变的探讨，可得出如下认识。

宋庄汉代制陶作坊使用了相当长的时间，这在发现的窑址上有明显的反映。Y1窑室的壁面齐整，严重烧结，呈青灰色，厚约0.1米。随着窑址烧制时间的延长，在窑壁外侧形成了较宽的烧土带，其青灰色烧土带厚度为0.22米，红色烧土带厚度约0.6米，足见该窑的烧造时间之长。从烧窑所用燃料来看，在宋庄汉窑的火膛底部发现有大量炭灰，表明其依然使用木炭作为燃料，这与郑州巩义铁生沟冶铁遗址[12]、古荥镇官营汉代冶铁遗址[13]使用煤炭作为燃料有着明显区别，反映出宋庄汉代陶窑应为民营性质。由于在宋庄汉窑窑床上没有发现残存的器物，故其具体烧造的是何种陶器尚不清楚。

通过梳理汉代中原地区陶窑形制的演变和发展，笔者发现中牟宋庄汉代陶窑的形制结构与鹤壁1990年发现的Y13[14]基本相同。二者窑室平面形状皆为近正方形，有三个烟道，而且中间主烟道上下垂直，两侧烟道向中间主道内倾收拢，出窑后与主烟道聚合成一个烟道，形成烟囱，这体现出排烟系统技术的明显进步。这种烟道现象在洛阳共青路东段Y3、郑州古荥镇汉代冶铁遗址Y1等拥有长方形窑室的典型东汉时期陶窑中均有所发现。据此，推测宋庄汉代陶窑始建于东汉早期，至少延续使用至东汉中期。

汉代之后，中牟宋庄制陶作坊遗址被废弃。在中断了相当长的历史时期之后，及至宋代，该地又重新成为一处新的、更大规模的制陶作坊区。该作坊区的遗迹遍布整个发掘区，发掘区南部集中分布有陶窑、大型房址、灶坑、水井、墓葬等宋代遗迹。Y2为一座宋代烧制陶器的民营性质陶窑；F1面积巨大且紧邻Y2，但结构较为简陋，结合其周邻众多灶坑的发现，推测其性质应为制陶工匠集中居住的大型工棚，但其使用时间并不长。发掘区中北部发现有宋代的砖砌房址、水井、粮仓等遗迹，这座砖砌房址比制陶工匠居住的工棚级别稍高，可能为管理陶工的人员的住所，粮仓是制陶人员的储粮之地。由此可见，宋庄宋代制陶作坊区的布局比较完备。当然，宋代作坊区的陶窑也不是仅此一座，因为南水北调干渠西侧也钻探到多座同时期的窑址，因地处干渠之外，未进行考古发掘。据大型工棚北侧墓葬随葬的两枚“崇宁重宝”铜钱，推测宋代制陶作坊区的存续年代当在北宋晚期。这处建造较完备的宋代制陶作坊区没有存续很长时间便被废弃，或许与北宋晚期发生的政治突变不无关系。中原地区宋代发现的陶窑甚少，其形制演变规律尚不甚清晰。宋庄陶窑保存较好，而且形成了相当规模的制陶作坊区，这对于中原地区宋代陶窑形制的研究意义重大。

注　释

[1][7] 洛阳市文物工作队：《洛阳东周王城内的古窑址》，《考古与文物》1983年第3期。

[2][3] 洛阳市文物工作队：《东周王城战国至汉代陶窑遗址发掘简报》《文物》2004年第7期。

[4][8][13] 郑州市博物馆：《郑州古荥镇汉代冶铁遗址发掘简报》，《文物》1978年第2期。

[5] 河南省博物馆、新乡地区博物馆、温县文化馆：《河南省温县汉代烘范窑发掘简报》，《文物》1976年第9期。

[6][14] 张长安：《河南鹤壁古代陶窑遗址浅析》，《华夏考古》2003年第3期。

[9] 王春斌：《汉代陶器生产技术研究》，吉林大学博士学位论文，2013年，第105页。

[10] 李毓芳：《汉代陶窑初论》，《汉唐与边疆考古研究》，科学出版社，1994年。

[11] 靖桂宇、霍保成：《我市首次发现“三位一体”型宋代陶窑》，《鹤壁日报》2012年11月21日。

[12] 河南省文化局文物工作队：《河南巩县铁生沟汉代冶铁遗址的发掘》，《考古》1960年第5期。

（原刊于《中国国家博物馆馆刊》2014年第8期）

北朝隋唐时期陶瓷扁壶的类型与演变

宋文佳　别治明

扁体器是古代人们用来盛水或盛酒的一种容器。它的造型特殊，用途广泛，自新石器时代晚期已经出现[1]。战国秦汉时期，扁体器质地有陶、铜、漆三种，如《中国青铜器全集》曾收录有战国青铜扁壶[2]，湖北云梦睡虎地出土过漆质扁壶[3]，有学者将这段时期各材质扁体器统一命名为“秦氏扁壶”[4]（图一）。汉以后，铜、漆质减少，渐被陶瓷质器物所代替。从北朝至唐，辽、西夏至明清都有陶瓷制扁体器[5]，尽管该类器物在不同时期造型各异且无明显源流关系，但学术界习惯将其统称做“扁壶”。

北朝时期是北方陶瓷业发展并逐渐兴盛的时期。这一时期，一种造型鲜明、富有时代特征的扁壶出现，并在隋唐时期得到发展，颇值得关注。本文对该时期扁壶作了整理、分类，并就其源流、演变展开初步探讨，以求教于方家。

1

2

图一

1. 战国青铜扁壶　2. 云梦睡虎地出土秦汉漆扁壶

一、扁壶的出土

为了便于说明，现将作者收集到的这一时期扁壶的出土情况及收藏资料列叙如下。

（1）1986年，宁夏固原原州区粮食局家属院出土一件绿釉陶扁壶[6]。双耳，腹部饰乐舞图，三人翩翩起舞，中间一人在圆台上舞蹈，周围花树上有乐人伴奏，形象极其生动。宽9.5、残高11.3厘米。

（2）1971年在安阳北齐武平六年（575年）范粹墓中出土4件黄釉陶扁壶，形制相同[7]（图二，1）。形体扁圆，上窄下宽，颈与肩连接处施联珠纹一周，两肩各有一孔作穿带用。壶身全施橘黄色釉，底部有凝脂状釉珠，釉色不均。器身上刻划出五人一组的乐舞场面，五人均高鼻深目，身穿窄袖长衫，腰间系带，着靴。高20厘米。

（3）河北磁县北齐武平七年（576年）高润墓出土一件绿釉扁壶[8]。胎为土黄色，体施绿釉，直口沿微敞，肩部有两耳，两耳间有联珠纹一周。高12.5厘米。

（4）1956年在山西太原玉门沟出土一件青釉人物狮子扁壶[9]（图二，5）。梨形腹，圈足，口沿下饰联珠纹两周，无耳，器身上浮雕一胡人，左右各有一狮子。口径5.5、高28厘米。

（5）长安城郊隋代大业四年（608年）李静训墓中出土一件白釉瓷扁壶[10]（图二，4）。圆形，平沿，肩负两耳，上有圆形穿孔，底部有圈足。器身中间饰一兽面，口角左右各衔一忍冬叶，整个纹饰成心形，外绕联珠纹一周。口径2.5、高8.8厘米。

（6）内蒙古胜州榆林城城址出土一件扁壶[11]。双耳，酱黄色釉，双面各有浮雕的狮子。同出有釉陶质残菩萨像、陶砚、陶瓷片等。榆林城最早建于隋文帝开皇七年（587年），一、五号城址为隋唐胜州城故址。

（7）1952年陕西长安县魏寨出土一件三彩双耳扁壶[12]（图二，9）。扁圆形腹，两侧以宝相花为主题纹样，周边以小花瓣点缀，口底均呈椭圆形，喇叭状高足。口径4、高17.2厘米。

（8）洛阳杨文村唐墓C5M1045中出土一件三彩扁壶[13]（图二，7）。椭圆小口，厚唇，肩部以忍冬叶纹构成扁壶的双系，假圈足成喇叭形。白胎上施黄、绿色釉彩，器身上主题画面为浅浮雕，底为绿色珍珠地，浮雕画面为一胡人驯狮，通体为赭黄色釉彩。口径5.4、通高20厘米。

（9）陕西合阳县甘井乡出土三彩舞乐人物扁壶[14]，壶面正中一舞女摆动双手翩翩起舞（图二，15）。

（10）苏州市郊一座残存的小型唐墓中出土一件三彩扁壶[15]（图二，14）。假圈足外撇，肩有鸳鸯二系。正、背两面腹部浮雕缠枝牡丹，白胎上施黄褐、绿、白三色釉。通高16厘米。

（11）1999年西安市热电厂出土一件白釉叶纹扁壶[16]（图二，6），现藏西安市文物保护考古所。左系残，右系无孔，成蘑菇纽状。通高26.5厘米。

（12）《古代陶瓷大全》收录一件绿釉扁壶[17]，直口，直颈，双肩各饰有一桥形耳，鼓腹，腹部中间饰有草叶纹饰，外绕联珠纹一周，各个草叶中间还饰有联珠纹一圈。出土情况未知。

（13）北京大学赛克勒考古与艺术博物馆收藏有一件绿釉印花扁壶[18]。椭圆形小盘口，厚唇，直壁，短颈。两肩各有一个桥形耳，腹部扁圆，喇叭形圈足，稍外撇。通

图二

（1、2：A型，3、4：Ba型，5、6：Bb型，7～15：C型）

1. 范粹墓出土扁壶　2. 邯郸博物馆藏鬼脸式扁壶　3. 日本收藏扁壶　4. 长安城郊李静训墓出土扁壶　5. 太原出土青釉扁壶　6. 西安热电厂出土白釉扁壶　7. 洛阳杨文村唐墓出土三彩扁壶　8. 日本藏唐草纹扁壶　9. 陕西长安魏寨出土唐三彩扁壶　10. 日本藏唐三彩扁壶　11. 巩义黄冶窑出土素烧扁壶　12. 巩义黄冶窑出土绿釉扁壶　13. 巩义黄冶窑出土三彩扁壶　14. 苏州市郊出土唐三彩扁壶　15. 陕西合阳出土三彩扁壶

体施绿釉，壶腹以忍冬纹为框，中间为一男性胡人舞者。出土情况不详。口短径3.4、长径4.4、足径9.1、高15.2厘米。

（14）日本收藏的几件藏品。褐釉唐草人物纹扁壶[19]，出土情况未知，高21.9厘米。褐釉唐草凤凰纹扁壶[20]（图二，8），出土情况未知。三彩贴花纹扁壶[21]，江苏连云港出土（图二，10），高18.9厘米。素烧太阳纹扁壶，出土情况不详（图二，3）[22]。

（15）1983年在河南孟津征集到一件扁壶[23]。棕褐色釉，厚唇，直颈，两肩各有一耳，腹部扁圆，圈足。腹中间为胡人乐舞图。腹径12.5、高17厘米。出土情况不详。

（16）香港徐展堂收藏一件模制青釉扁壶[24]，圆唇，短颈，肩饰两耳，鼓腹，器腹饰有花草纹饰，矮足。出土情况不详。

（17）河北邯郸采集到一件青釉兽面纹扁壶[25]（图二，2），厚唇，短颈，肩负双耳，腹部扁圆，饰浅浮雕兽面纹，周边饰联珠纹一周，圈足，腹以上施青釉，足部露胎。口径3.9、高11.4厘米。

（18）河北内丘县邢窑出土一件黄釉扁壶[26]，厚唇，两肩各有一耳，腹饰联珠纹一周，中间为花卉人物纹饰。同期遗物伴出有青瓷和白瓷高足盘，白瓷瓶、青瓷罐等。

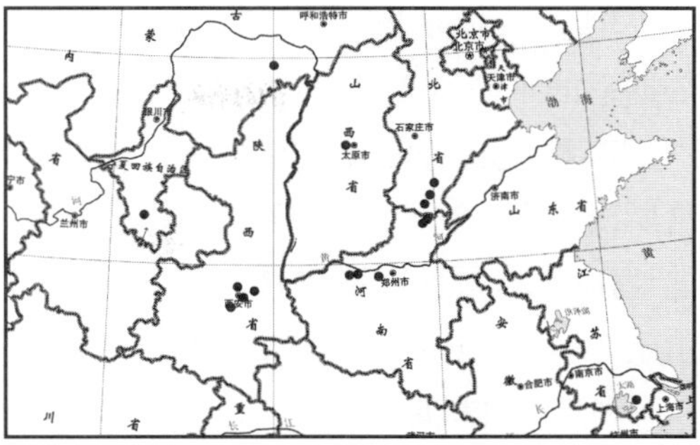

图三 扁壶出土地点分布示意图

（19）1974年在安阳相州窑试掘时发现一扁壶残片[27]。器物上部已残，仅剩器腹和足，鼓腹，腹部模印花纹，矮足。同出有高足盘、四系罐、碗等。

（20）河南巩县黄冶窑遗址中出土了三件扁壶：绿釉陶扁壶[28]（图二，12），体型较小，厚方沿，直口，直颈，扁平体，肩部两侧有条带形系，腹部两侧模印浮雕龙纹。高6.5厘米。三彩双系扁壶[29]（图二，13），口残，椭圆形平底，一侧腹中部模印两个鸳鸯对吻，下方为水波纹，上方有三朵花蕾。通体施黄、绿、蓝、白四色釉。釉下敷有一层化妆土，白胎。残高5.5厘米。另外还发现一件素烧的双系扁壶[30]（图二，11），直口，椭圆形底内凹。口部施褐色釉。器腹一侧模印两个奏乐人物，另一侧模印鸳鸯戏水图案。通体敷有一层化妆土，白胎。高7.9厘米。

通过以上描述，大致可将此类扁壶的出土情况总结为以下几点：

第一，出土时代集中于北魏、隋和初唐时期，盛唐以后基本不见。

第二，出土地点集中于陕西、河南、河北等中西部地区。个别流传较远，西至宁夏固原，东、南至江苏苏州，北至内蒙古（图三）。

第三，除隋代李静训墓、西安市热电厂出土扁壶为白釉瓷器外，其余多为釉陶器。北朝时期多为绿釉、黄釉，唐代时大多为三彩，还有绿釉、褐釉等。

第四，目前在河北邢窑窑址、河南安阳相州窑址、河南巩县唐代黄冶窑窑址中均发现过此类器物。由此可见当时扁壶的烧造比较普遍。

二、扁壶的类型

扁壶的主要特征是：圆口或椭圆口，器体扁平，器腹上模印各种图案，大部分肩附对称两耳，器底为假圈足。除了这些共同特征之外，在造型上还有不同之处，大体可以分为三型。

A型：口微敞，短颈，双系较规整，不甚突出，与器身一体，最大腹径靠下，假圈足矮直。如河南安阳范粹墓所出（图二，1）、河北磁县高润墓出土及河北邯郸采集的扁壶（图二，2）。

B型：颈部细长，溜肩，最大腹径提高，腹足转接处明显，假圈足较高，稍外撇。依据系的不同可将其分为两个亚型。

Ba型：双系突出于器身。如日本东京中远东研究所藏（图二，3）、长安城郊李静训墓所出（图二，4）、宁夏固原原州区粮食局出土、徐氏艺术馆收藏者。

Bb型：无系或系成蘑菇形纽状。如太原玉门沟车站所出（图二，5）、西安热电厂出土（图二，6）、安阳相州窑出土者。

C型：直口厚唇，直唇或唇外撇，最大腹径居中，假圈足高，外撇明显，双系成条带形附于肩上。如洛阳杨文村唐墓、陕西长安县魏寨、陕西合阳县甘井乡、苏州市郊一座残存的小型唐墓、内蒙古胜州榆林城城址、河南巩县黄冶窑、河北邢窑出土者，河南孟津征集的、《古代陶瓷大全》中收录的北京大学赛克勒考古与艺术博物馆收藏和日本收藏的几件藏品（图二，7～15）。

出土A型扁壶的墓葬有明确纪年，范粹墓为武平六年（575年），高润墓为武平七年（576年），说明A型扁壶的流行年代为北齐。

出土Ba型扁壶的李静训墓为大业四年（608年），说明Ba型扁壶可能流行于隋至初唐时期。

Bb型扁壶尚未发现纪年材料，出土此型扁壶的安阳相州窑为一处隋代窑址，最近学术界认为其年代可上溯至北朝晚期，而西安热电厂出土的白瓷扁壶釉色洁白莹润，年代应不会早于隋。因此可推断Bb型扁壶流行年代有可能早到北朝末而晚至初唐。

C型扁壶无明确的纪年材料，内蒙古胜州榆林城城址为隋唐故址，河北邢窑隋代遗址中也有发现此型扁壶，巩县黄冶窑三彩器初唐始烧，杨文村墓为直背刀形土洞墓，并据其出土器物分析该墓应为盛唐时期，大体可推断C型扁壶的流行年代在隋至盛唐。

因此，大致可以得出以下结论：北朝时期A型扁壶流行，隋代则普遍流行的是B型、C型扁壶，唐代时Bb型也有发现，C型扁壶流行较广。

三、扁壶的源流

从形制上看，此类扁壶和西晋以前所出土的铜、漆、青瓷类扁体器物并无继承关系，而是有着鲜明的异域风格特点。目前一些学者认为其仿烧波斯金属器。就此论点，笔者认为可能是和当时波斯器形在中国的流行有关。

萨珊王朝的物品在北朝的遗迹中多有出土，如北京西晋华芳墓的玻璃碗，大同南郊北魏墓也出土有玻璃碗，山西大同北魏封和墓出土的银盘等[31]。

唐代流行的凤首壶也是在波斯金（银）胡瓶的基础上创新发展的[32]。只是目前还未在波斯流行器中发现过类似扁壶造型的器物，对其来源尚不能得出明确的结论，笔者只能根据其纹饰和其他方面的表现，做出一些初步的推论。

（1）扁壶器身上常见的联珠条带纹和联珠圈纹是萨珊波斯人所喜爱的图案装饰，尤其是金银器、石刻、丝织品中的周围环绕圆框的“徽章式纹样”，圆框多为联珠纹，为萨珊的艺术特征[33]。南北朝时期，联珠纹这一图案形式沿着丝绸之路传入中国，逐渐在中原地区流行，初唐时期衰落[34]。这种别具特色的联珠纹图案在我国流行的时间并不很长，而且相当集中，它的流行显然是受到外来因素的影响。

（2）一些扁壶器身上饰有胡人乐舞图案。胡旋舞、胡腾舞是北朝隋唐时期流行于中亚索格底亚娜地区的重要舞蹈[35]。北周天和三年（568年）宇文邕娶了突厥木汗可汗俟斤之女阿史那氏为后[36]，可汗以所获“龟兹乐”“疏勒乐”“康国乐”陪嫁。1985年夏，宁夏考古学者在盐池县苏步井乡发掘一处唐代墓地[37]，墓志显示其为中亚“昭武九姓”之一的何国人后裔的家族墓地，其中6号墓出的两扇石门，石门之上有细线阴刻减地胡舞图。胡旋舞大致应在北周时期由西域传入中国，并与其他乐舞大聚长安。

（3）隋唐时期的扁壶上出现人物狮子形象。波斯对狮的崇拜源远流长，《隋书》卷八三《波斯传》记载：“王著金花冠，坐金狮子座。”[38]古代波斯艺术中，常见一种人狮搏斗的题材，因盛行于萨珊时代而被称为“萨珊风格”。现存的古代文献，找不到中国产狮的确切记载，历代学者几乎众口一词，肯定狮从西域传入，只是在传入中土后，人狮搏斗改变为人狮和谐的艺术表现[39]。

（4）在河南偃师发现的北魏孝昌二年（526年）染华墓[40]和河北磁县湾漳北朝壁画墓[41]出土的骆驼载物俑上（图四），骆驼背负鞍垫、水壶等物。其中水壶长颈，扁圆腹，高足，为典型的扁壶形制。因此可以推测：扁壶在中西的往来运输中不仅担当了一个比较重要的角色，可能也作为一种外来器物随着往来运输而融入了中国陶瓷器之列。

图四　河北磁县湾漳北朝壁画墓出土骆驼俑

通过以上分析，可以初步推断：南北朝时期，随着各民族间的迁徙融合和东西方政权的接触往来，中亚、西亚人的文化艺术随着丝绸之路传入中国。中国古代陶工们广泛吸收了波斯工艺品的造型和装饰特点，并把它们与中国传统陶瓷艺术结合，创造出了既有异域特征又不乏自身民族特色的器物。北朝至隋时扁壶纹饰异域风格比较浓厚，如山西太原玉门沟的扁壶器身上为胡人狮子场面。安阳北齐范粹墓和宁夏固原出土的为胡人乐舞场面，辅助纹饰为联珠条带纹或联珠圈纹。唐代时新的装饰纹样在长期融汇发展中逐渐成熟，除了胡人舞狮、胡人乐舞等异域风格比较鲜明的图案外，还有唐草凤凰、鸳鸯对吻、龙面、缠枝牡丹、宝相花纹等中国传统纹样，联珠圈纹基本不见，说明扁壶这类器物的本土化因素在逐渐加强，装饰题材更加丰富多样。

关于扁壶的流向问题，目前还未得出明确的认识，但在晚唐五代时流行一种双鱼壶

1　2　3　4　5

图五

1～4. 长安县南王里村出的土双鱼壶　5. 日本收藏的双鱼壶

（图五），除了将器腹做成仿生双鱼形制、纹饰为鱼鳞片状外，器物的造型和唐代流行的扁壶极为相似。谢明良先生在其文章中提及此类双鱼壶和北朝隋唐时期的扁壶之间的承袭关系[42]，为我们探索扁壶的流向提供了重要的线索。

扁壶出土数量虽不算多，但在其身上却鲜明地反映了中西文化之间的交流及西域胡人大量进入并于内地聚居的事实。对扁壶的研究为探讨东西方民族之间的商贸往来和经济文化交流，进而认识西域胡人从迁徙、聚居到与汉民族相互融合为一体的发展历程有重要的意义。

注　释

［1］　张维慎：《北首岭遗址之船型壶所反映的历史事实》，《文博》2004 年第 6 期。

［2］　中国青铜器全集编辑委员会：《中国青铜器全集》第9卷，文物出版社，1997年，图159。

［3］　左德承编绘：《湖北云梦睡虎地出土秦汉漆器图录》，湖北美术出版社，1986年，第17页。

［4］　谢崇安：《试论秦氏扁壶及其相关问题》，《考古》2007年第10期。

［5］　山丹：《浅论西夏扁壶》，《内蒙古大学艺术学院学报》2008年第2期。

［6］　马东海：《固原出土绿釉乐舞扁壶》，《文物》1988年第6期。

［7］　河南省博物馆：《河南安阳北齐范粹墓发掘简报》，《文物》1972年第1期。

［8］　磁县文化馆：《河北磁县高润墓》，《考古》1979年第3期。

［9］　高寿田：《太原西郊出土唐青釉人物狮子扁壶》，《考古》1963年第5期；又见山西省博物馆编：《山西省博物馆馆藏文物精华》，山西人民出版社，1999年，图166。

［10］　唐金裕：《西安西郊隋李静训墓发掘简报》，《考古》1959年第9期。

［11］　李作智：《隋唐胜州榆林城的发现》，《文物》1976年第2期。

［12］　陕西历史博物馆编：《陕西历史博物馆珍藏陶瓷器》，陕西人民美术出版社，2003年，图53。

［13］　洛阳市文物工作队：《洛阳杨文村唐墓C5M1045发掘简报》，《考古与文物》2002年第6期。

［14］　《中华国宝·陕西珍贵文物集成（唐三彩卷）》，陕西人民教育出版社，1998年，第49页。

[15] 钱公麟：《苏州市郊出土唐三彩扁壶》，《考古》1985年第9期。
[16] 张柏主编：《中国出土瓷器全集》第15卷，科学出版社，2008年，图45。
[17] 何政广、许礼平策划：《古代陶瓷大全》，艺术家出版社，1989年。该书将此扁壶年代定为北齐。
[18] 曹宏：《北京大学赛克勒考古与艺术博物馆收藏的几件瓷器》，《文物》2007年第5期。
[19] 《世界陶瓷全集》第11卷，小学馆，1976年，图26。
[20] 同[19]，图25。
[21] 同[19]，图78。
[22] 东京中远东研究所藏。
[23] 洛阳市文物工作队：《洛阳近几年来搜集的珍贵历史文物》，《中原文物》1984年第3期。
[24] 《徐氏艺术馆》，徐展堂艺术馆，1990年，图7。
[25] 邯郸市文物研究所编：《邯郸文物精华》，文物出版社，2005年，图134。
[26] 内丘县文物保管所：《河北省内丘县邢窑调查简报》，《文物》1987年第9期。
[27] 河南省博物馆、安阳地区文化局：《河南安阳隋代瓷窑址的试掘》，《文物》1977年第2期。
[28] 河南省巩义市文物保护管理所编著：《黄冶唐三彩窑》，科学出版社，2000年，彩版贰叁。
[29] 河南省文物考古研究所、中国文物研究所、日本奈良文化研究所：《黄冶窑考古新发现》，大象出版社，2004年，图94。
[30] 同[29]，图128。
[31] 齐东方：《唐代以前的外来金银器》，《遥望集》（下），陕西人民美术出版社，1998年。
[32] 彭善国：《唐代陶瓷凤首壶的类型、渊源与流向》，《中原文物》2006年第4期。
[33] 齐东方：《隋唐考古》，文物出版社，2001年，第218页。
[34] 薄小莹：《吐鲁番地区发现的联珠纹织物》，《纪念北京大学考古专业三十周年论文集1952—1982》，文物出版社，1990年。
[35] 罗丰：《胡汉之间——“丝绸之路”与西北历史考古》，文物出版社，2004年，第280页。
[36] 《周书》卷五《武帝纪》，中华书局，1971年，第745页。
[37] 宁夏回族自治区博物馆：《宁夏盐池唐墓发掘简报》，《文物》1989年第9期。
[38] 《隋书》卷八三《波斯传》，中华书局，1973年，第1856页。
[39] 蔡鸿生：《唐代九姓胡与突厥文化》，中华书局，1998年，第203页。
[40] 偃师商城博物馆：《河南偃师两座北魏墓发掘简报》，《考古》1993年第5期。
[41] 河北省文物研究所、中国社会科学院考古研究所：《磁县湾漳北朝壁画墓》，科学出版社，2003年，彩版29。
[42] 谢明良：《从扬州唐城遗址出土的三彩鱼形壶谈起》，《故宫文物月刊》1993年第10期。

[原载于《东方博物》（第43辑），浙江大学出版社，2012年]

洛口仓地理位置考

顾万发

据《资治通鉴》记载，洛口仓置于隋大业二年，即公元606年，亦有学者据《隋书·地理志中》“巩后齐废，开皇十六年复。有兴洛仓……”之记载，认为洛口仓置于公元596年[1]。据记载洛口仓是当时全国最大的仓廒，仓城周回二十里，占地约6 300 000平方米，有“三千窖，窖容八千石”[2]。

依据《旧唐书》卷五三《李密传》、《新唐书》卷八四《李密传》、《通鉴》卷一八三、《隋书》卷三〇《地理志中》河南郡巩县条等文献可知，洛口仓，一名兴洛仓。

其他文献中对这一著名仓廒亦有诸多记载，学术界除少数人认为洛口仓在洛阳外，基本都认为在巩义洛口附近。但是多年来，仓址一直没有找到，相关文献亦未收集详备，已收集文献又多未详细整理，甚是令人可惜。2006年，国家大运河保护和申报世界文化遗产工作正式启动，郑州段内有关重要运河文化的遗存被列入申报遴选范畴，其中郑州巩义洛口仓是重点拟申报者。在准备工作中，我们就有关古代文献和有关学者的观点做了认真研究，现将有关认识作以论述，并就教于方家（具体地名请参阅图一）。

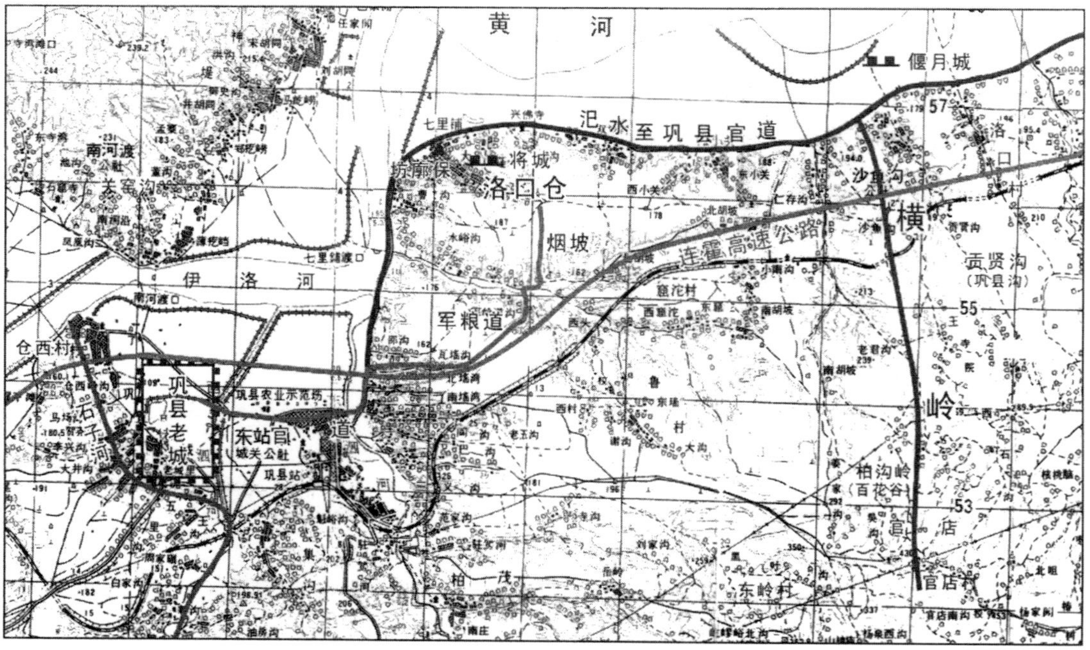

图一

关于洛口仓的地理位置，较为明确的提及此同题的是北宋名臣、史学家司马光负责编纂的《资治通鉴》，据其记载，洛口仓在“巩东南原上”。关于此一认识，有学者认为是在当时巩县治东南方之土原上，更有人认为今巩县站街镇七里铺村的“将城”遗址与洛口仓有关，依据是隋朝初年，巩系治位于洛口，“将城”遗址正好在其东南方向之原上。不过，还有一种理解，若“巩东南原上”之“巩”理解为县治，并且理解为《资治通鉴》作者时代的宋时县治，则洛口仓还有可能在现在站街及其东南附近地域。另，关于“巩东南原上”这句话，不同学者尚有不同理解，有人认为可断句为“巩东，南原上”。这不是完全没有道理的，从《水经注》等文献看，巩县黄河、洛河以南不少地方均称为“南原”，同时“巩东”可以理解为就整个巩县而言的东方，这样一来，《资治通鉴》中的“巩东南原上”这句话所指的范围就比较大了。

依据清乾隆五十四年本《巩县志》之“隋横岭道”条引《读史方舆纪要》“李密据兴洛仓，隋遣东都兵讨之，又使虎牢镇将裴仁基自汜水西入，以掩其后。密分兵伏横岭下以待仁基……（仁基）失期不进，屯于百花谷”之记载言：“由汜水过巩径罂子峪、洛口，此大道也。李密仓城在洛口……今横岭南有古道。自汜至巩，东西四十五里，较大道稍迂远。康熙初，黄河傍山流，大道不可行。”从这段文献看，李密时由汜水县城至于巩系城，有一条官道，经过罂子峪、洛口，不论当时巩县城在站街附近或洛口，今七里铺附近就都是官道经过的地区，所以清乾隆五十四年本《巩县志》记载“李密仓城在洛口”，就是说仓城只能在当时的洛口镇范围内了[3]。

另外，大家可能认为还可以就“洛口”的地理位置讨论“洛口仓”的位置。的确，据文献记载，洛口仓就设置在洛口附近，但是这亦只能谈个大概，因为洛口的位置多年来一直在变迁，不过好在变化范围较为确定。从有关洛河入河位置变迁的材料看（表一）[4]，基本在今荥阳关汜水和巩县神堤之间变迁，在这一范围内，可以结合地理地貌情况、文献记载等材料及考古调查等予以判断。另还可以参照谭其骧先生的《中国历史地图集》[5]中所绘的洛河入黄河的洛口位置来判断（图二）。

另外，还有一些材料可有助于我们寻找洛口仓的地理位置。据《隋书·李密传》《资治通鉴》等记载，李密据兴洛仓，隋遣东都兵讨之。密分兵伏“横岭”以待仁基，仁基屯于“百花谷”。东都长恭率军等驱之度洛水，陈于“石子河”西，南北十余里。密、让选骁雄，分为十队，令四队伏“横岭”以待，以六队陈于石子河东。从所述材料看，“横岭”及“百花谷”应在李密所据兴洛仓以东或东南，“石子河”应在李密所据兴洛仓以西。又据《水经注疏》《清史稿》等文献，“横岭”“百花谷”及“石子河”位置现在均可找到[6]，《资治通鉴》卷第一百八十三胡三省注引用《水经注》言“洞水出南溪石泉，世亦名之为石泉水，过巩东坎歒聚西而北入于洛。盖即石子河也”，所以由此可知，洛口仓就在东或东南至“横岭”“百花谷”、西至“石子河”、西北至黄河、洛河这一范围内。

表一　洛河入河位置变迁表

年份	黄河曲流运动方向	入河位置	资料来源
公元前370年	北移	汜水口附近	《山海经》：洛水成皋西入河
公元前250年	南移	巩县神堤	《水经注》：河水东过巩县北，洛水从县城东北流注之
450年	北移	巩县洛口	《水经注》：洛水于巩县东迳洛汭，北对琅邪（疑为玡）渚入于河
1542年	北移	汜水附近	《明史·地理志》：洛水旧经（巩）县北入河谓之洛汭，亦曰洛口。嘉靖后东过汜水县入河
1695年	南移	巩县洛口	《河南府志》：洛水经巩县北十里入河
1728年	北移	汜水附近	《河南通志》：洛水经巩县于五龙窝进于河（孤柏嘴附近）
1735年	南移	巩县神堤	《河南通志》：洛水经巩县东北于巩县北十里，邙山尾入黄河
l736年	北移	汜水附近	《水道提纲》：洛水既会伊水又东北流经巩县东北至汜水县之西北入黄
1744年	北移	汜水附近	《汜水县志》：洛至巩县入河，今则过成皋东于满家沟入河（孤柏嘴附近）
1867年	南移	巩县附近	《河南府志》：今大河南陡洛水入黄处在巩县东北
1890年	南移	巩县附近	《三省黄河全图》1：36000
1923年	南移	巩县附近	《河南黄、沁、南河详图》1：40000
1934年	北移	汜水附近	《黄河下游治理工程图》1：50000
1936年	南移	巩县洛口	《河南测陆图》1：50000
1945年	北移	汜水附近	《目测华北写真图》1：100000
1955年	南移	巩县神堤	《邙山水库图》1：10000

《读史方舆纪要》卷四十八记载，洛口仓城“在县北十里”，显然是指在顾祖禹时代站街老城以北十里。这是我们目前所知的描述洛口仓城最为具体的一条文献，以此为据，则洛口仓城在“将城”附近是无疑的了。

《通鉴考异》略记云：“四月戊申，段达等帅关内兵陈于仓西、仓南，密出兵拒战，大破凶丑，密还固仓。五月丁丑，达等又出兵陈于仓西、仓北。密又来拒，大破之，密奔洛口。”胡三省注《通鉴》曰：“蒲山公传曰：‘五月二十八日，越王夜出师，使段达等大站于仓西、北；密军败绩，归于巩系。从宝地调查看，现有仓西村位于站街镇西北约5里处，在古地理变化不甚明显的情况下，则洛口仓的地理位置就有了明确的西界。

另，明嘉靖《巩县志》古迹条记载：“洛口仓，在县西（现代重印版改为：东北）坊郭保，昔隋炀帝置仓聚粟于此地，穿三千余窖。”清乾隆十年本《巩县志》记载：

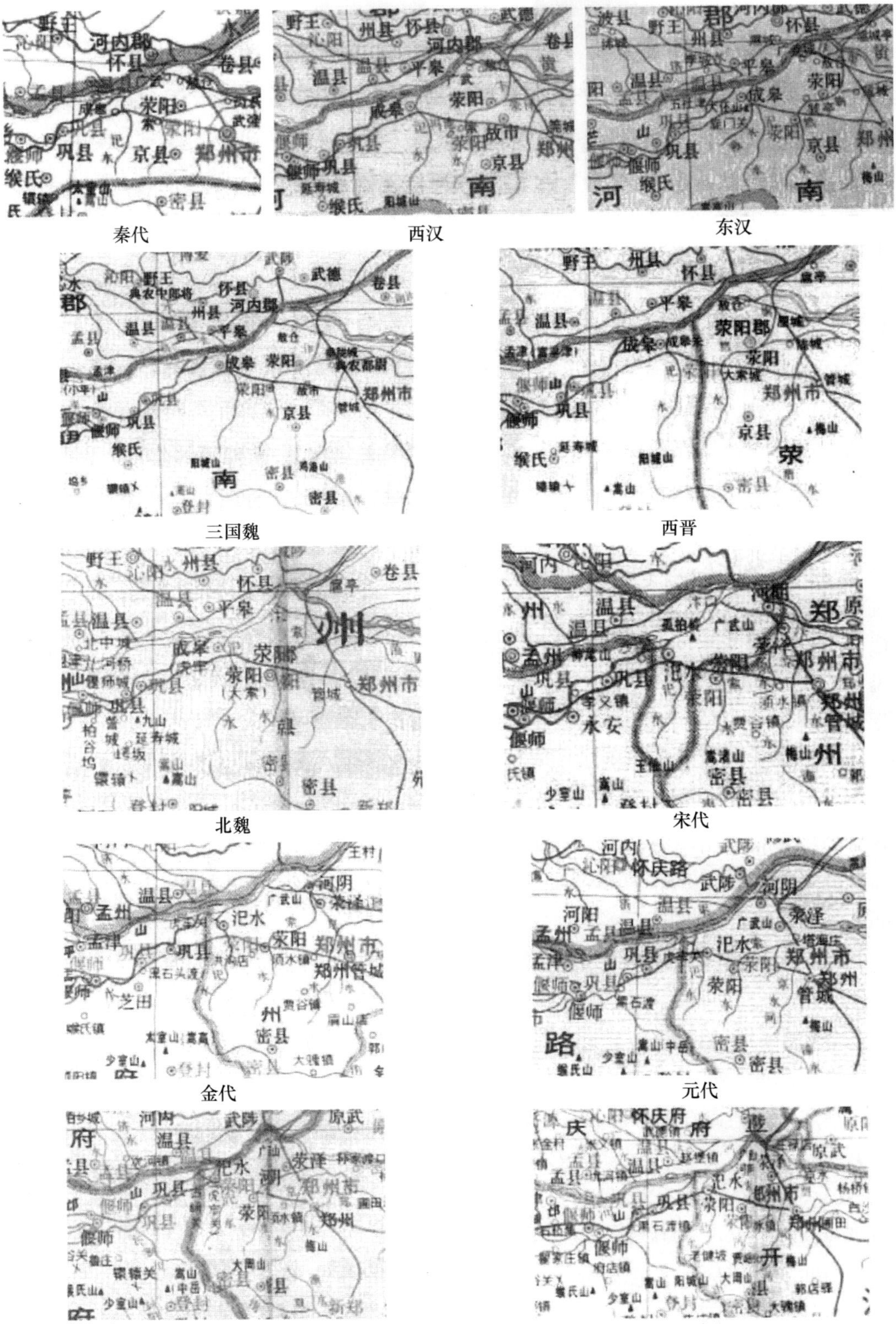
秦代
野王
河内郡
怀县
卷县
荥阳
巩县
京县
郑州市
缑氏
密县
西汉
野王
州县
怀县
武德
河内郡
卷县
温县
平皋
成皋
荥阳
故市
郑州
偃师
巩县
京县
缑氏
南
东汉
波县
野王
郡
州县
怀县
温县
平皋
成皋
荥阳
巩县
京县
郑州
偃师
缑氏
河
南
三国魏
野王
武德
卷县
郡
怀县
州县
河内郡
温县
平皋
成皋
荥阳
郑州市
巩县
京县
偃师
缑氏
南
密县
西晋
野王
州县
怀县
温县
平皋
荥阳郡
成皋
荥阳
郑州市
巩县
偃师
京县
缑氏
荥
密县
北魏
野王
州县
怀县
卷县
温县
平皋
州
成皋
荥郡
荥阳
郑州市
巩县
密县
宋代
温县
郑
郑州市
巩县
永安
偃师
密县
州
金代
温县
河阴
孟州
汜水
荥阳
郑州市
巩县
郑州
州
密县
元代
怀庆路
武陟
河阴
温县
孟县
荥泽
汜水
巩县
荥阳
郑州市
郑州
偃师
路
密县
明代
河内
武陟
府
温县
汜水
荥泽
巩县
荥阳
郑州
偃师
清代
怀庆府
庆
府
温县
孟县
汜水
巩县
荥阳
郑州
偃师
开

图二

“洛口坊在县东坊郭保，隋炀帝置廒仓，聚粟于此地，穿三千余窖。”这两条文献，我们原来并未重视，实际其亦是判断洛口仓位置的重要材料，因为明清县城现仍存于地面，位置明确，与其相关的遗迹较易确定。

同时，据李时人《〈水浒传〉的“社会风俗史”意义及其“精神意象”》认为：中国中唐以前的城市实行“坊市制”，经过晚唐割据和五代战乱，“坊市制”遭到极大破坏，北宋太宗和真宗虽曾两次试图恢复“坊市制”，都以失败告终。至仁宗时都市里的坊墙和市墙已经统统被推倒，“坊”与“市”界限完全打破，城内“侵街”开店，城外新商业区不断扩大，从而形成了新的城市格局。李时人还认为，北宋真宗时，全国户籍主要被分为三类，即官户、乡村户和“坊郭户”[7]。

又据王威海著《中国户籍制度——历史与政治的分析》[8]认为：坊郭户是宋代一个有特色的户种，在以前未出现，真宗天禧三年（1019年），政府首先在洛阳开始均定“坊郭居民等”，坊郭户作为户种正式产生，此后其确定及户等推排办法渐次推行到全国。其中坊郭户分为十个等级。

马克垚《中国和西欧封建制度比较研究》[9]认为：中国中古城市内的工商业居民，有市籍，被称为市人。唐代已有草市出现，在交通便利的水陆道口，旗亭旅舍，屋宇相连，形成新的经济中心。宋代这种市场更为兴旺，许多成为镇市，得到政府的认可。镇市往往是米、糖、茶、纸等商品的集散地，与附近的农村有密切的商业来往，当地的居民属城市人口。到了宋代，正式取消市籍，把城市人口称坊郭户，按财产编定户籍，进行管理。

坊郭户制度以后演化下去，这些坊郭户聚居的地方或聚积为生意的地方，无论在城市中还是城墙附近，均可称为坊郭保，像明孝宗弘治《偃师县志》卷一河南省偃师题条记载有“坊郭集在城四街，每月六集”。又山东宁阳县，清代县城周围为坊郭地，西部为临邑社、青川社，东部为韦周社[10]。当然在明朝还有坊郭里之类的称呼，清代有坊郭都之类的基层行政机构。

所以在七里铺地域及其周围地区若发现这样一类的遗迹现象，亦有助于判断洛口仓的地理所在。

在寻找洛口仓的时候，还有几个问题需要特别予以注意，这些问题是以前学者研究有关洛口仓的问题时基本未论及的，实际上这些问题特别重要，对于认识有关洛口仓的特征，判定何为洛口仓等方面具有重要的价值。

第一，重视“将城”，但是又不要局限于“将城”。据《读史方舆纪要》等文献记载，洛口仓城周回二十余里，穿三千窖，窖容八千石，依据隋唐时期的度量衡制度，隋时初建的仓城至少占地600余万平方米。又据《隋书》，李密袭取洛口仓城后，又广筑洛口城，周四十里而居。《通鉴考异》曰：“《壶关录》云：‘周四十八里。’”洛阳含嘉仓城、子罗仓的面积等内容有助于说明这一问题[11]。这些文献和实际考古发现，都说明洛口仓的范围绝对远远大于“将城”。

第二，《通鉴考异》略记云："二月丙辰，密遣其将夜袭仓城，二府兵击退之，己未又悉众来攻，而府兵败，遂入据仓。然二府将士，尤各固小仓城二十余日不下，既而外救不至，食又尽，城乃陷没。"《通鉴考异》杂记云："密称魏公，改年，于时仓尤自固守，既而密遣翟让将兵夜袭仓城，官军击退之；明日，又引众攻仓，连战三日，陷外城，官军犹捉子城。月余，外援不至，城尽陷没，死者十六七。"

由此段文献看，其时仓城似乎有独立的两个或多个小仓城组成。若如此，在考古调查遇到夯土墙类遗迹时应注意洛口仓城的这一特征。

第三，《读史方舆纪要》洛口仓城条记载："遂袭克与洛仓，密称魏公，命让军田茂广筑洛口城，方四十里而居之。又临洛水筑偃月城，与仓城相应。既而与王世充战于洛北，败走洛南，余众东走月城。"近来，河南省地理研究所的有关专家在将城附近洛口村村北的航片中解疑到可能为偃月城的古代遗迹，附近村民传说其地为偃月城，并且说早年村民打井时在地下七八米的地方发现不少建筑迹象。若能进一步证实，对洛口仓的寻找是非常有用的。

第四，《通鉴》卷一八六《唐纪二》载："密开洛口仓散米……取之者随意多少。或离仓之后，力不能致，委弃衢路。自仓城至郭门，米厚数寸。"由此记载可以判断出当时洛口仓城符合古代的有城有郭的城制。

第五，南宋四川宣抚副使郑刚中《西征道里记》记载："又孟店汜水县、莺子坡、洛口镇、宿巩县。汜水即行废关也。过关乃下视大河，与虏营相望，洛河又在大河之南，洛口墙数围，问之，即所为洛口仓者。"由此描述可知，在南宋时，洛口仓尚有墙，并且墙的特征是"数围"，这为我们考古调查工作提供了重要的判断依据。

第六，关于洛口仓，其仓窖或仓廒有可能在唐时已有所破坏，这是我们在寻找洛口仓时应予以注意的。据《旧五代史》记载："（后唐）同光三年（925年）七月，洛水泛涨，巩县河堤破，坏廒仓。"《巩县志》民国十八年本载："邺都奏，御河涨，于石灰窑口，开故河道以分水势，巩县河堤破，坏廒仓。"关于这次洛水泛涨破坏的仓廒，我们认为有可能与洛口仓有关。主要依据如下。

（1）巩县河堤塌了，并且在石灰窑附近，在这附近，见诸文献并值得记载的就只有洛口仓了。

（2）文献记载所言"坏廒仓"之"廒仓"，不太可能是秦以来就设置的"敖仓"。因为，除汉刘向《新序·善谋下第十》之记载——"楚、汉久相持不决，百姓骚动，海内摇荡，农夫释耒，工女下机，天下之心，未有所定也。愿陛下急复进兵收取荥阳，据廒仓之粟，塞成皋之险，杜太行之路，距蜚狐之口，守白马之津，以示诸侯形制之势，则天下知所归矣。"汉王曰："'善。'乃从其计划复守廒仓，卒粮食不尽，以擒项氏。其后吴、楚反，将军窦婴、周亚夫复据廒仓，塞成皋如前，以破吴、楚。皆郦生之谋也。"——中除以"廒"代"敖"外，尚未发现这类现象，再者从文字学的角度看，以"廒"代"敖"，是不合适的，因为"廒"字本义为"仓"，"敖仓"则意为"敖地之仓”，《篇韵》谈到“廒”字时，言：“五牢切，音敖。仓廒也。俗作厫。”小篆作“廒”。小篆是在秦始皇统一中国后（前221年），推行“书同文，车同轨”，统一度量衡的政策下，由宰相李斯负责，在秦国原来使用的大篆籀文的基础上，进行简化，取消其他六国的异体字，从而创制的统一书写形式。一直在中国流行到西汉末年（约8年），才逐渐被隶书所取代。显然，此“廒”字是在汉代出现的，言“仓”为“廒”或“敖”，与当时的“敖仓”有关，宋袁文在《甕牖闲评》卷六中认为，“敖乃地名，秦以敖地为仓，故尔。今所在竟谓仓为敖，盖循习之误”。支持这一观点的材料很多，像唐许浑《汉水伤稼》言“高下绿苗千顷尽，新陈红粟万廒空”，明凌蒙初《三刻拍案惊奇》言“从家里廒中发出米去”，明皇家文献《山堂肆考》中还记载范仲淹为杭州知州时，“纵民竞渡，太守日出宴于湖上，自春至夏，居民空巷出游。又召诸佛寺，大兴土木之役。又新廒仓吏舍，日役千夫。鉴司劾杭州不恤荒政”，这些文献中的“廒”字均意为“仓”。又如宋元时期马瑞临《文献通考·市籴二》载：“得息米造成仓廒。”《文献通考·国用三》载：“奉行之吏因循，止将几贡额斛，于真、扬、楚、泗仓敖，为卸纳摺运之地。”元末明初所写的《水浒传》第十回载“推开看里面时，七八间草房做着仓廒”。明代张四维《双烈记·代役》载“见今城中盖造仓廒，预备军储”。清代魏源《筹漕篇上》载“无素备之仓厫与一定之成宪，而仓卒暂试者，尤左也”。《清史稿·灾异志一》载“江水骤发，城内水深丈余……衙署民房城垣仓廒均有倒塌”。这些文献中均言“仓廒”，显是同义字词，“廒”字均非“敖地”之意。至于“敖”字的意思，从以下文献可以获得答案。《诗·小雅》“搏兽于敖”，《传》曰“敖，郑地，今近荥阳”，《左传·宣十二年》“晋师在敖鄗之间”，《注》曰“敖鄗二山，在荥阳县西北”。又“敖”字，金文为敖，小篆为敖，从“出”从“放”，本义是出游，再用为地名。又《尚书序录》仲丁迁于“嚻”，《传》言为地名，与“敖”通假。《集韵》通作嚣。《史记·殷本纪》“仲丁迁于隞”，显然“敖”“隞”“嚻”字均通假，其中“隞”字显然是指商人以“敖”地为都之义。

又，《旧唐书》记载“六月丙子，於洛州柏崖置仓”，《唐会要》记载“（唐高宗咸亨）三年六月十七日，于洛州柏崖置敖仓。容二十万石。至开元十年九月十一日废”。《资治通鉴》载：“上以裴耀卿为江淮、河南转运使，于河口置输场。八月壬寅，于输场东置河阴仓，西置柏崖仓。”从文献记载看，洛州柏崖仓，可以称为“敖仓”，但是其仍然未写为“廒仓”，并且其在开元十年九月十一日已废，早于后唐同光三年（925年）不少，所以“坏廒仓”之“廒仓”，不太可能是洛州柏崖置敖仓。至于有认为“六月丙子设置的洛州柏崖置仓”有可能在黄河封岸的河清县，似不成立。因为河阴仓、柏崖仓分别置于输场东西位置，河阴仓现已证明位于今牛口峪附近，当时输场应在其附近的“板渚”至于“汜水”范围内，所以与河阴仓东西相应的柏崖仓显然应在黄河南岸并且距离河阴仓应不远，孤柏嘴附近可能与柏崖仓有关。再者，有文献认为今河南孟津县西之柏崖仓置于咸亨四年，而非咸亨三年所置的洛州柏崖仓。

另，《巩县志》民国十八年本载“景氏《说嵩》谓：‘洛口仓即秦敖仓旧址，理或然也。今尤名窑粮坑。’”显然景氏之观点是错误的。

第七，在寻找洛口仓的过程中，我们还应了解同时代已发现的仓廒之特征，以作参照。我们认为至少应有这几方面值得重视[12]（参阅图三～图八）：

（1）仓城内应有道路。像含嘉仓城一样，并且，在这些路面上一般应有独轮车或双轮车的车辙痕迹。

（2）仓城城门多为单门洞土木结构。

（3）仓城内应有管理区，应是无窖区无槽渠的地方。

（4）仓城附近应有槽渠。

（5）仓窖之“窖”字，小篆为“”，《礼·月令》云“穿窦窖”，《注》曰“入地椭曰窦，方曰窖”。《前汉·苏武传》：“乃幽武，置大窖中。”《注》曰：“盖米粟之窖而空者，又通作窌。”《周礼注》曰：“穿地曰窌，当为窖，又深心曰窖。”又《集韵》曰“则到切。与窀同”。从文献看，仓窖可有方形，但是从已发现的仓窖看，全为圆形的。

（6）仓窖口底之比应为二比一左右，壁与底的夹角也从略大于90度变为120度。

（7）选址多在干燥、向阳的坡地上，像回洛仓在邙山，子罗仓位于邙山面向洛河的缓坡，含嘉仓和唐常平仓位于邙山北高南低的南侧，等等。

（8）应有类似含嘉仓、常平仓出土的墨书和阴刻的灰色正方形铭砖或碑。铭砖上应记载有州县郡名、类别、数量、储存时间、领粟官吏姓名等。一般情况下，一窖粮食中应有一块铭砖。

（9）大型粮仓，应是通过划分区域进行管理的。

（10）窖底有防潮处理，像加固夯实窖底、火烤窖底和壁的下部、涂抹防潮层、铺设木板和草、木板或是草上面垫谷糠和铺席锯末、碎木屑层或木屑与草的混合层。可参阅含嘉仓、子罗仓[13]。

（11）从子罗仓、含嘉仓和常平仓等粮窖的窖顶看，当时应有空窖窖顶和储粮窖窖顶两种。空窖的窖顶多是在有中心柱伞形木架上铺席，并加盖圆锥形草拌泥顶。储粮窖窖顶多是在仓上盖席，席上垫谷糠、席，并加封黄泥成圆锥形。

历史上洛口仓在巩县是存在的，被整个破坏的可能性较小，其具体地理位置，依据有关论证，我们以为其应该石子河—洛河—黄河—横岭—百花谷—连霍高速所围定的范围之内[14]。

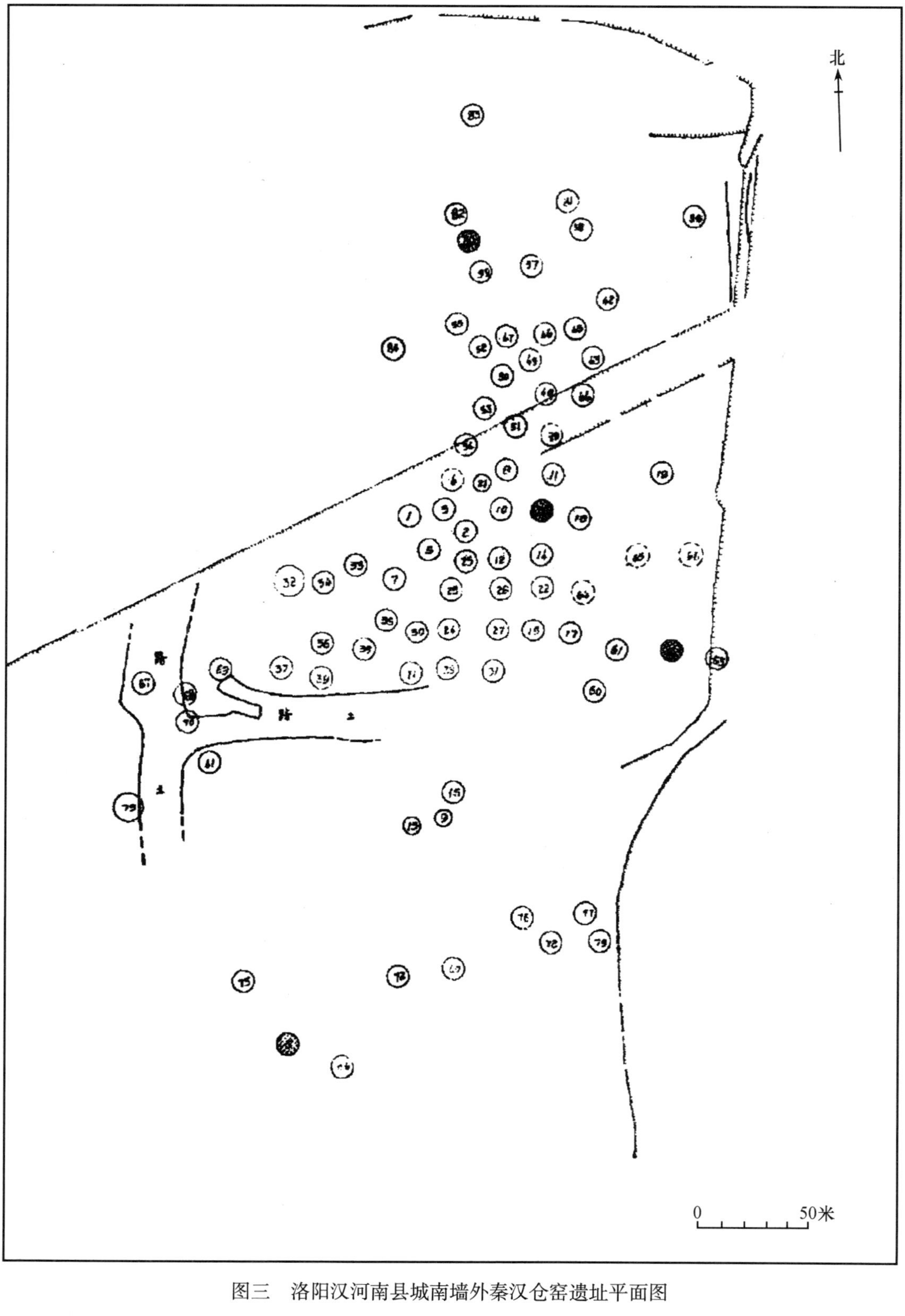

图三　洛阳汉河南县城南墙外秦汉仓窑遗址平面图

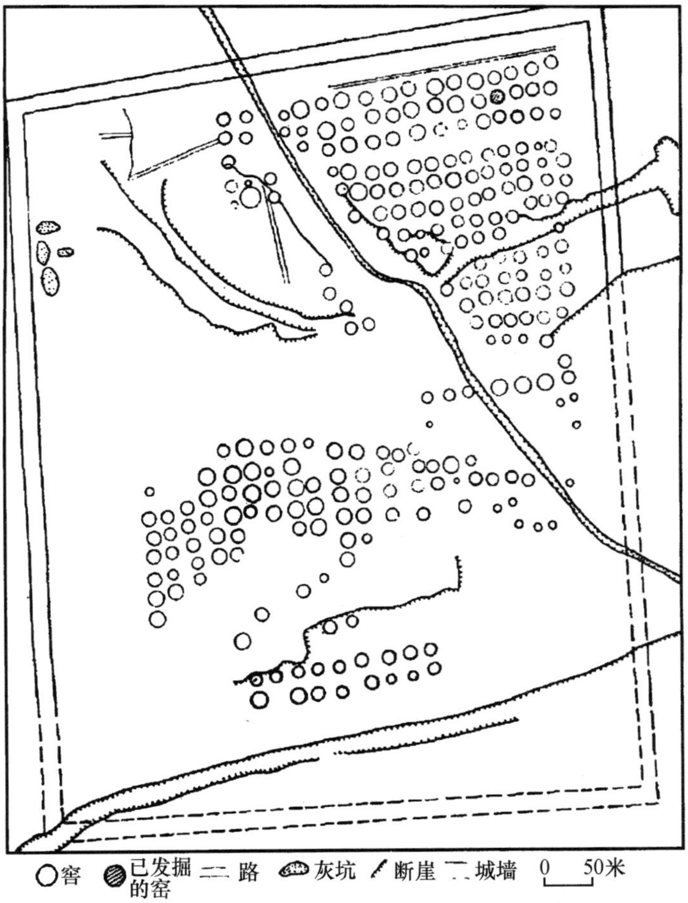

图四 含嘉仓勘探平面图

图五 含嘉仓窖底平板层

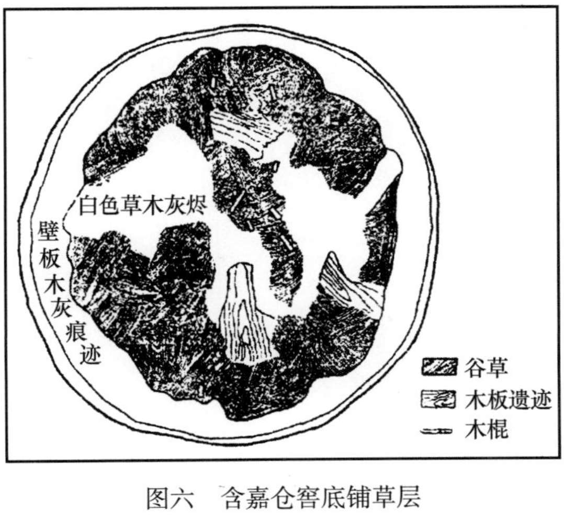

图六 含嘉仓窖底铺草层

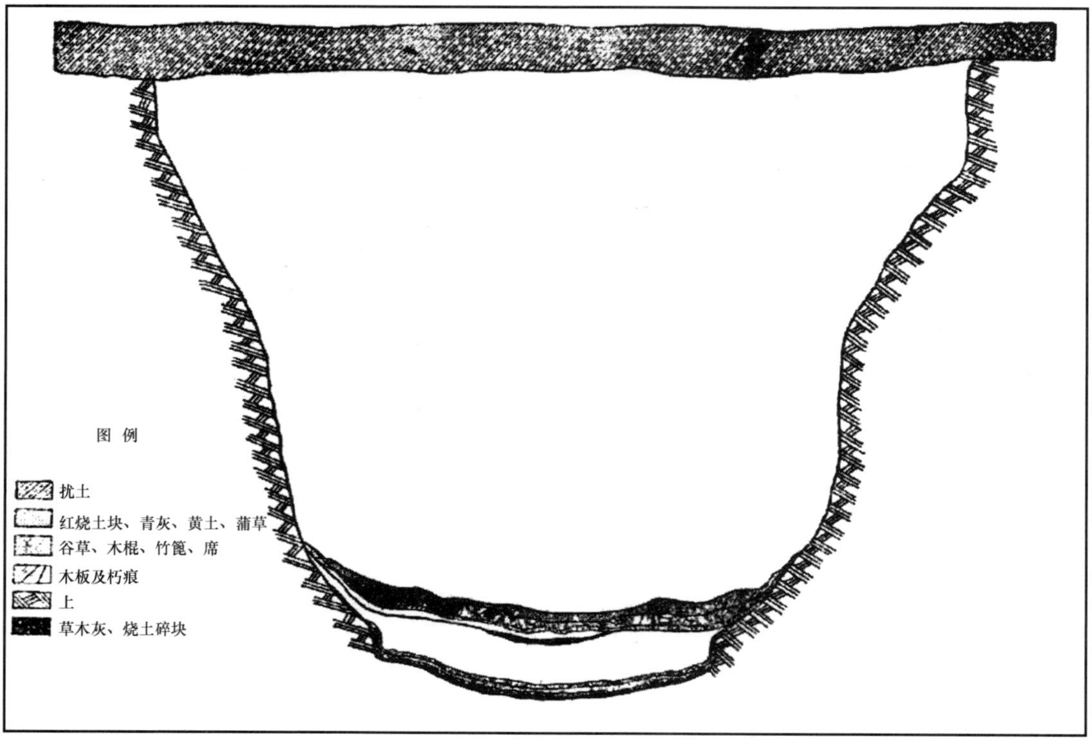

图七　含嘉仓仓窖剖面图

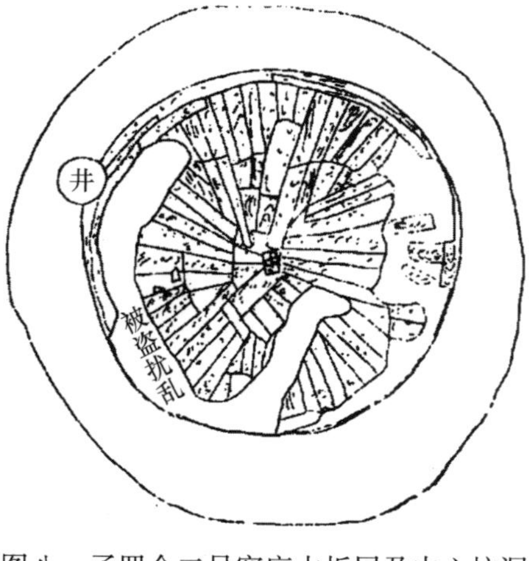

图八　子罗仓二号窖底木板层及中心柱洞

注　释

［1］　我们认为这一认识不正确，因为《隋书·地理志中》记载中的“巩后齐废，开皇十六年复。有兴洛仓”一句之后有“有九山，有天陵山、缑山、东首阳山”之语，显然是说开皇十六年所复的巩县“有兴洛仓，有九山，有天陵山、缑山、东首阳山”，并不是说开皇十六年有兴洛仓。

《隋书·地理志》中“有……有……”这类叙述方式很是常见。

[2] 《资治通鉴》卷一八〇《隋纪四》：“置洛口仓于巩东南原上，筑仓城周回二十余里，穿三千窖，窖容八千石以还，置监官并镇兵千人。”

[3] 《读史方舆纪要》载：“横岭，在县东三十里，接汜水县界。李密据兴洛仓，隋遣东都兵讨之，又使虎牢镇将裴仁基自汜水西入以掩其后，密分兵伏横岭下以待仁基是也。又百花谷，在县东南三十余里，接汜水县西境。裴仁基讨李密，失期不进，屯于百花谷，旋降密。”清乾隆五十四年本《巩县志》之“隋横岭道”条引《读史方舆纪要》“李密据兴洛仓，隋遣东都兵讨之。又使虎牢镇将裴仁基自汜水西入，以掩其后。密分兵伏横岭以待仁基，仁基失期不进，屯于百花谷”之记载言：“由汜水够巩径罂子峪、洛口，此大道也。李密仓城在洛口；仁基自汜水西入，循横岭至百花谷，诡道兼行，予密以不及觉，所谓掩其后也。密预知之，故分兵伏横岭以待。今横岭南有古道。自汜至巩，东西四十五里，较大道稍迂远。康熙初，黄河傍山流，大道不可行；车马往来，皆由横岭，开关阔展，不似从前险隘矣！其堡尤有存者。”今当地人称横岭为“老键脊”，历史上曾是巩县与成皋县的东界，时人认为西出横岭就到巩县了，再往西就是洛口仓。

[4] 巩县志编撰委员会：《河南省巩县志》（卷三地理篇），中州古籍出版社，1991年，第90页。

[5] 谭其骧：《中国历史地图集》，中国地图出版社，1982～1987年。

[6] 《读史方舆纪要》石子河条：“县东南二十里。《水经注》：‘洞水出南溪石泉，世亦名之为石泉水，过巩东坎培聚西而北入洛，盖即石子河也。’”《水经注》：“洛水又东北，洞水发南溪石泉（会贞按：《通鉴》隋义宁元年，《注》引此作洞。施廷枢曰，物光投洞水，即此处），世亦名之为石泉水也（会贞按：《通鉴》隋义宁元年，刘长恭陈于石子河西。胡《注》谓即石泉水。今石子河在巩县东南二十里）。京相璠曰：巩东地名坎欿，在洞水东，疑即此水也。又径盘谷坞东（会贞按：坞在今巩县东南），世又名之曰盘谷水。”《明史》卷四十二《地理志》记载：“西北有洛水，旧经县北入河，谓之洛汭，亦曰洛口。嘉靖后，东过汜水县入河。又南有鄩水，会洛入河，亦曰鄩口也。又东南有石子河，西南有长罗川，皆流入洛水。又西南有黑石渡巡检司。”《清史稿》：“巩，沖，府东北百二十里。周巩伯邑。后东周君居。有轩辕山、九山。东南：天陵，《山海经》霍山，以其西宋诸陵改焉。南：侯山。西北：萯山。河水自孟津入，为裴峪渡，古小平津，右合鲔水，又东五社津、神尾山。西南：洛水自偃师合休水，迳鄩城、訾城，右合罗水、明溪泉。又东北，黑石渡，右合黄水、康水、石子河，迳城北，右合市河、魏氏河，又东神堤渡，右合任村水，为洛口，亦洛汭，入汜水，石城河从之。黑石渡、青泥、回郭三镇。洛口一驿。”从这些记载判断，石子河位置应在今巩县站街镇北老县城西附近。

[7] 李时人在《〈水浒传〉的“社会风俗史”意义及其“精神意象”》（《求是学刊》2007年第1期）一文中认为坊郭户是城市里皇室、军队、僧道以外的居民住户。

[8] 王威海：《中国户籍制度——历史与政治的分析》，上海文化出版社，2006年。

[9] 马克垚：《中国和西欧封建制度比较研究》，《北京大学学报（哲学社会科学版）》1991年第

2期。

［10］ 清道光《宁阳县志》。

［11］ 河南省博物铭、洛阳市博物馆：《洛阳隋唐含嘉仓的发掘》，《文物》1972年第3期；叶万松、余扶危：《洛阳隋唐东都皇城内的仓窖遗址》，《考古》1981年第4期。

［12］ 主要特征依据余扶危、叶万松《我国古代地下储粮之研究》（《农业考古》1982年第2期，1983年第1期，1983年第2期）论文的研究结论。

［13］ 这些特征在有关文献中有所记载。《唐会要》卷第八十八：贞观二年四月三日，尚书左丞戴胄上言，户部尚书韩仲良奏，设置仓廒，“制可之。令窖苫宜以葛蔓为之”。宋王钦若等编修《册府元龟》卷五十六《帝王部·节俭》条，太宗贞观四年十一月，“奏窖苫须麻十万綟，帝曰：‘麻为靸鞋得供国用，自今窖苫宜以葛蔓为之”。

［14］ 据《我国古代地下储粮之研究》可知，古代仓廒选址多在干燥、向阳的坡地上，像回洛仓在邙山，子罗仓位于邙山面向洛河的缓坡。含嘉仓和唐常平仓位于邙山北高南低的南侧。在石子河—洛河—黄河—横岭—百花谷—连霍高速所围定的范围之北地理较为平坦，以南地势为高岭，再往南则低。

（原刊于《古代文明研究通讯》总第48期，2011年3月）

中国大运河通济渠郑州段考古发现与走向问题初步研究

顾万发

中国大运河是世界上伟大的水利工程之一。它位于我国中东部，地跨北京、天津、河北、山东、江苏、浙江、河南和安徽8个省级行政区，沟通了海河、黄河、淮河、长江、钱塘江五大水系。“中国大运河”的规模化开凿约始于公元前5世纪，7世纪完成第一次全线贯通，13世纪完成第二次大沟通，历经2000余年的持续发展与演变，直到今天仍发挥着重要的交通与水利功能。

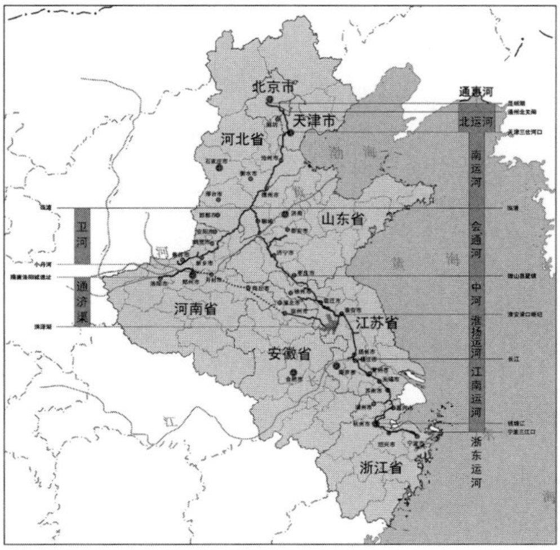

图一　中国大运河示意图

依据历史上的分段和命名习惯，“中国大运河”共包括十大河段：通济渠段、卫河（永济渠）段、淮扬运河段、江南运河段、浙东运河段、通惠河段、北运河段、南运河段、会通河段、中河段（图一）。

通济渠郑州段是中国大运河的重要组成部分，经过近年来的考古工作和研究，我们发现了其在郑州市区域的基本流向（图二）。通济渠郑州段由索须河段、汴河遗址段组成。其中的索须河段位于郑州市惠济区北部，西起丰硕桥，向东在祥云寺村汇入贾鲁河，全长约16千米。汴河遗址段北起黄河南岸大堤，向南流经惠济桥注入通济渠后东折。目前引黄河水入渠的这段河道已经深埋于地下。虽然历史上黄河多次变道，数次湮没大运河故道，但此段河道在元代末期之前仍作为区域航运水道而历经疏浚，直到明清时代此段运河才逐渐废弃不用。

2014年6月22日，在卡塔尔首都多哈举行的联合国教科文组织（UNESCO）第38届世界遗产大会上，中国大运河被列入世界遗产名录，成为我国第46项世界遗产和第32项世界文化遗产。其中郑州市列入世界文化遗产中国大运河的是索须河段和汴河遗址段。

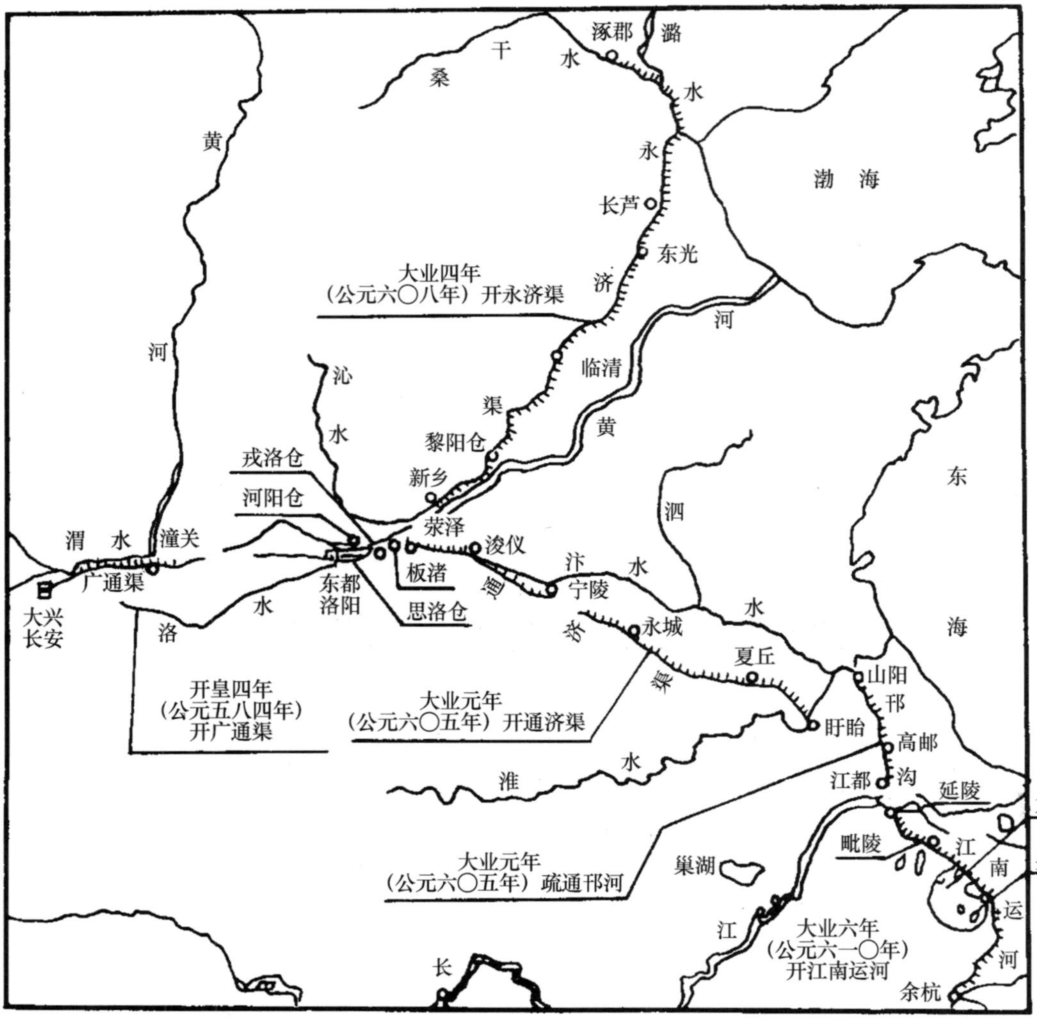

图二　中国大运河形成图

一、考古调查和发掘工作

自2006年开始，郑州市文物考古研究院就开始了郑州市境内大运河的相关研究工作，这时的研究还主要是从文献的角度。2009年，随着中国大运河申报文本的编制，我们成立了中国大运河通济渠郑州段考古工作队，分别沿着偃师边界、巩义、荥阳、郑州市区、中牟县、开封边界进行了立体人文资源调查，突破以往考古调查的基本模式，加入了人类学和民族学的内容。通过调查，获得了一批丰富的文化遗产和现今仍然存在的非物质文化遗产，使我们真正了解了运河沿岸人们生活的历史、过程、现状和与水有关的文化。

同时我们还启动了运河沿线的考古调查和考古重点发掘工作。通过研究文献，实地

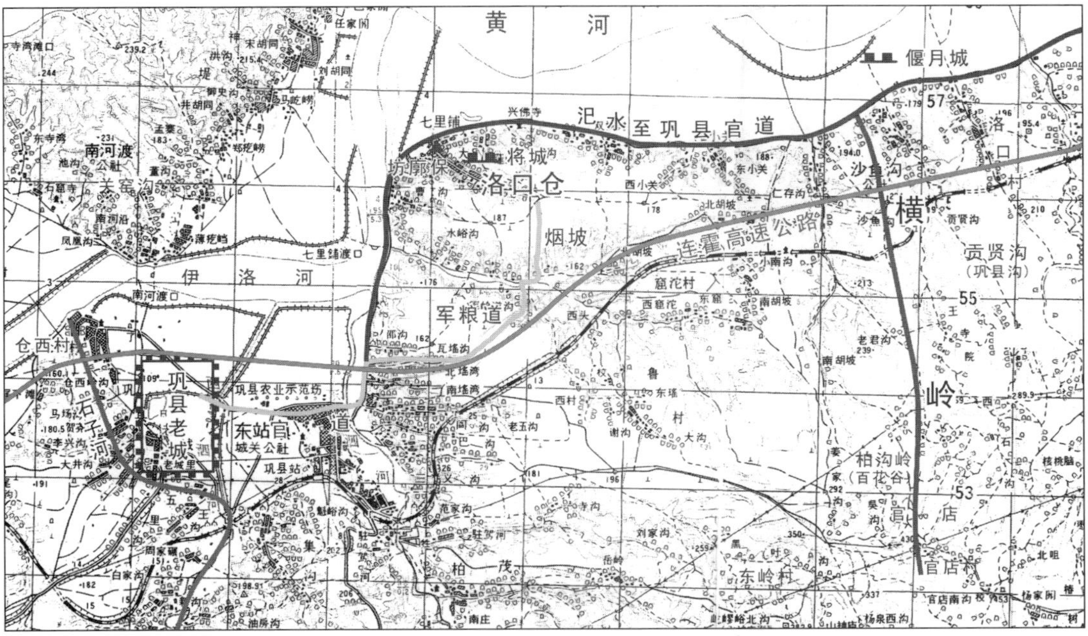

图三　洛口仓地理位置示意图

图四　军粮道

踏勘调查和考古勘探工作，我们基本厘清了郑州境内通济渠及其自然或者人为支流的故道，主河道全长大约150千米。了解到通济渠郑州段历史上的繁华情况和沿途的梁公堰、洛口仓等（图四～图七）在当时影响全国的工程和粮仓，同时还发现了一些不同时期运河两岸人类生活的文化遗存等（图八～图二五），尤其重要的是，我们在巩义、荥阳和中牟还分别找到了古运河码头（图二六）、水利设施等线索。

2009年，为了配合中国大运河申报文本的编制，我们选择了运河区域几个重要遗址进行了初步发掘，其中重要的发掘遗址是巩义将城遗址（图二七～图二九），因为该城与通济渠上最大的全国性粮仓——洛口仓可能有联系。我们同时还发掘了巩义清代龙窑遗址（图三〇、图三一），以期对清代时期的船坞情况有一定了解。

2010年，通过对中牟水柜村古水利遗址的发掘和调查，我们发现了一个巨大的属于通济渠或汴河的水利设施——水柜遗址（图三二～图三六）。通过考古和调查，初步厘清了水柜的面积。

2011年3月，大运河通济渠郑州段通过大运河申报世界文化遗产预备名单，被定为立即列入项目。为迎接2013年7月份国家文物局和9月份世界遗产专家的检查验收工作，郑州市文物考古研究院又迅速成立汴河遗址段考古队。自2011年我院考古队进驻工地以

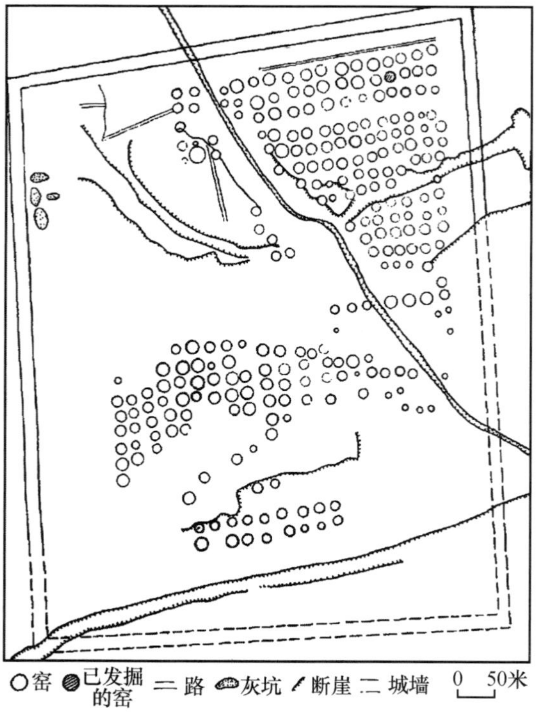

图五　含嘉仓勘探平面图

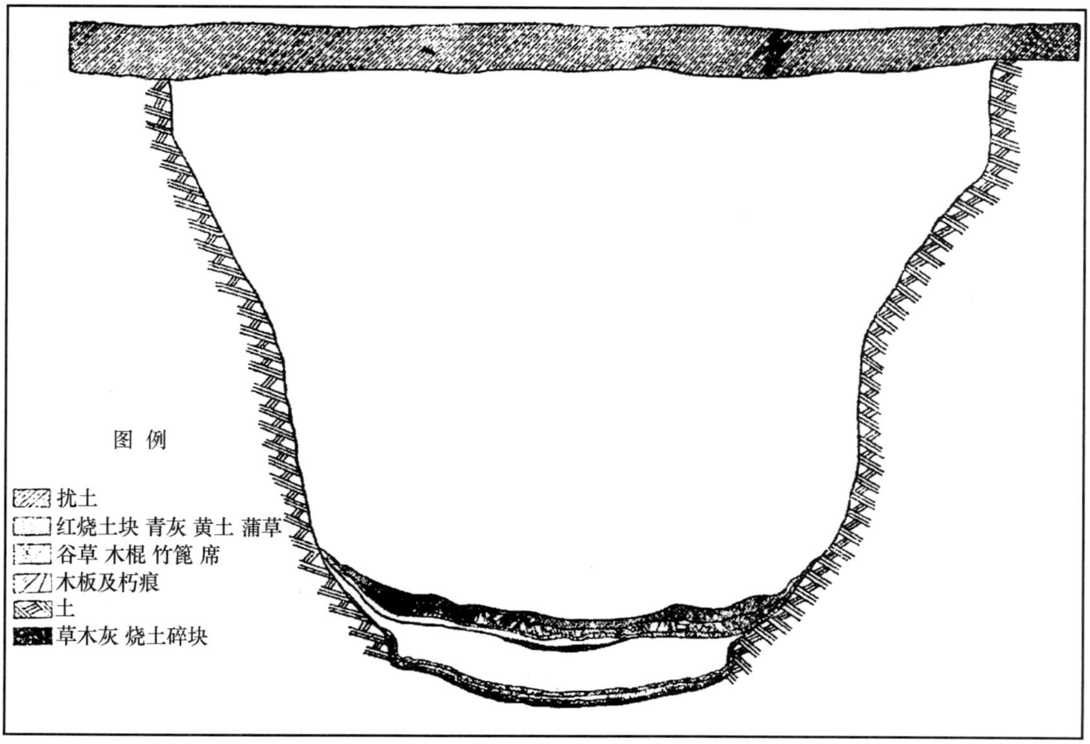

图六　含嘉仓仓窖剖面图

图七　含嘉仓窖底平板层

图八　巩义河洛汇流处

图九　春秋阁

图一〇　大王庙

图一一　黑石渡

图一二　石窟寺

图一三　伏羲台遗址

图一四　黄冶窑址窑炉

图一五　黄冶窑址作坊遗址

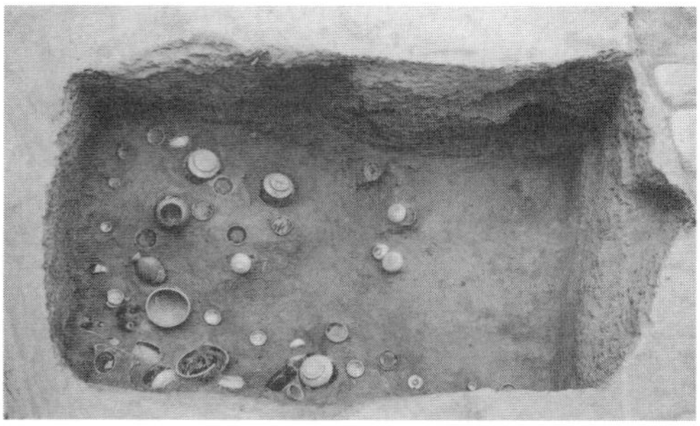

图一六　黄冶窑址器物出土情况

图一七　笔架山下的杜甫诞生窑

图一八　康百万庄园

图一九　成皋城

图二〇　20世纪20年代的玉门渡口

图二一　虎牢关

图二二　汉霸二王城

图二三　大王庙遗址

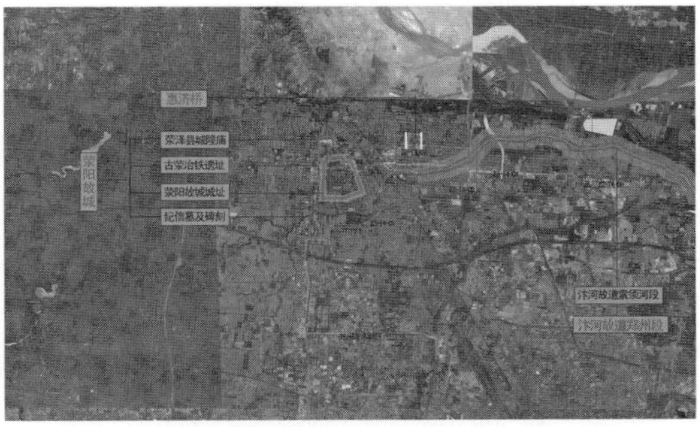

图二四　荥阳故城与通济渠郑州段关系示意图

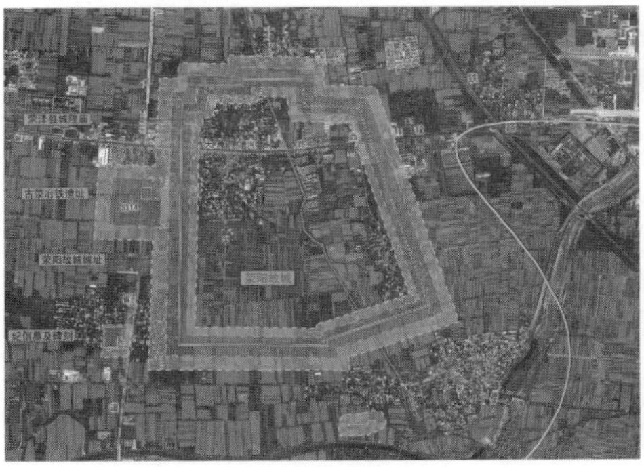

图二五　荥阳故城示意图

图二六　洛口码头遗迹位置

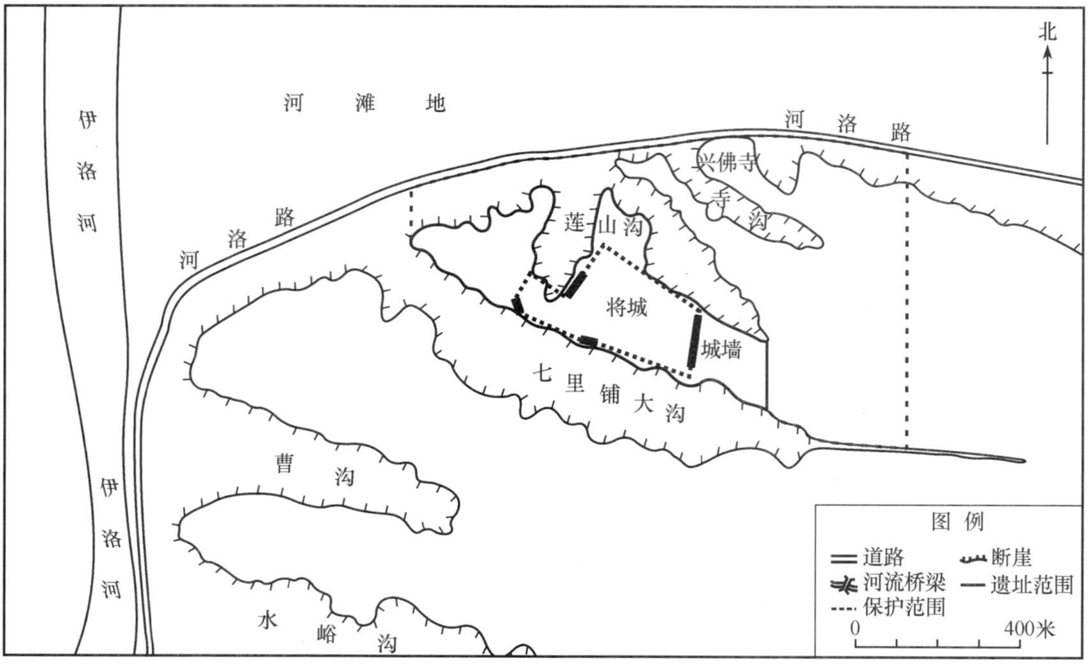

图二七　将城平面图

图二八　将城东城墙剖面

图二九　将城东城墙剖面（局部）

图三〇　龙窑发掘现场

图三一　龙窑内拱顶

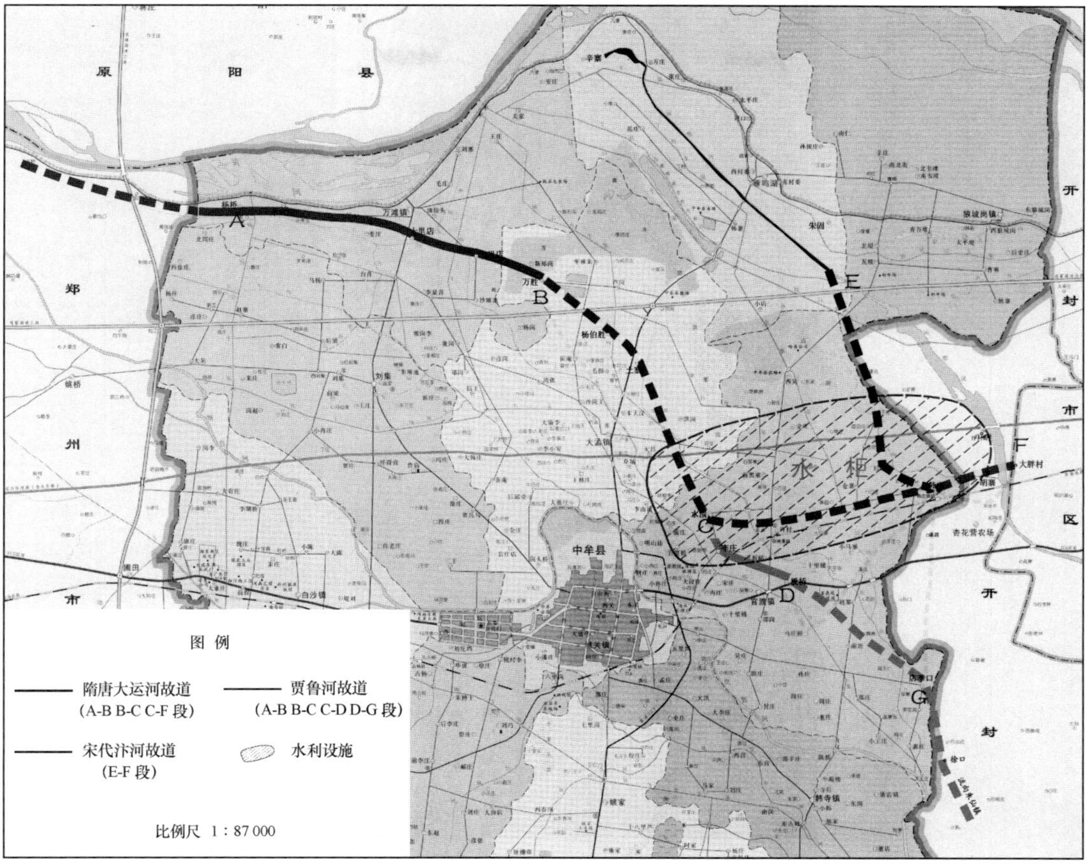

图三二 不同时期河道与水柜关系示意图

图三三 水溃古河道发掘现场

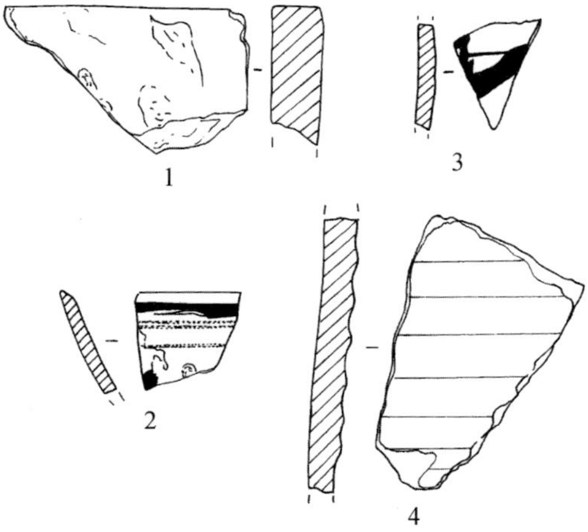

图三四 水溃出土宋元时期瓷器

图三五　水渍出土宋元时期瓷器

图三六　水渍出土宋元时期瓷器

图三七　通济渠郑州段发掘位置图

来，共发掘河道面积1400余平方米，清理河道近1000平方米。分别在汴河遗址惠济桥南、北两侧河道和惠济桥村南运河故道西岸河堤进行文物勘探和考古发掘（图三七），取得丰富的成果。

通过对惠济桥的考古发掘（图三八～图四一），发现在惠济桥两端沿河岸处砌有雁翅，保存状况较好。桥墩金刚墙叠压在元代堆积上，结合石桥建筑法式和构造特征，我们可以肯定，现存桥体始建于元代末年，明代初期又予以重修。石桥附近除雁翅外，还有河道防护性工程——护坡。护坡用抗冲的石礤、石板、蓝砖和画像砖石等材料直接铺护在河岸坡面上，采用错缝方法砌成，从河道横断面看，护坡形状基本呈倒梯形，布置为长距离连续式，以控制石桥附近河流横向变形，防止河水顺流或回流淘刷河岸，避免堤岸崩塌等。在河道堆积中，我们还发现了各类文物标本（图四二～图五六），对于印证古运河的年代和当时的繁荣提供了切实的考古学证据。

通过对汴河遗址西岸河堤的发掘（图五七～图五九），发现不同时期的河堤基本呈南北走向，经过人工简易夯筑。在河堤平面，可以看到古代的车辙及行人长年累月走路遗留下的踩踏面痕迹。河堤剖面堆积较厚，每层堆积又分为若干小层，根据堆积层内的包含物判断，当时发掘出河堤的底层堆积早于元代，但由于水位问题，未能进一步发掘。尤为重要的是，我们在河堤东侧发掘的元代灰坑（图六〇～图六四），地层关系清晰，出土有不少年代明确的关键性瓷器，为验证元末著名贤臣贾鲁在治理黄河的同时也对汴河进行了治理的史事提供了一定的依据。

2013年7月4日，国家文物局专家组对汴河遗址河堤遗迹现场、惠济桥发掘现场进行检查验收；9月19日，世界遗产专家对惠济桥发掘现场进行检查验收。

图三八 惠济桥发掘现场

图三九 金刚墙及燕翅

图四〇 分水尖

图四一 惠济桥北侧河道剖面

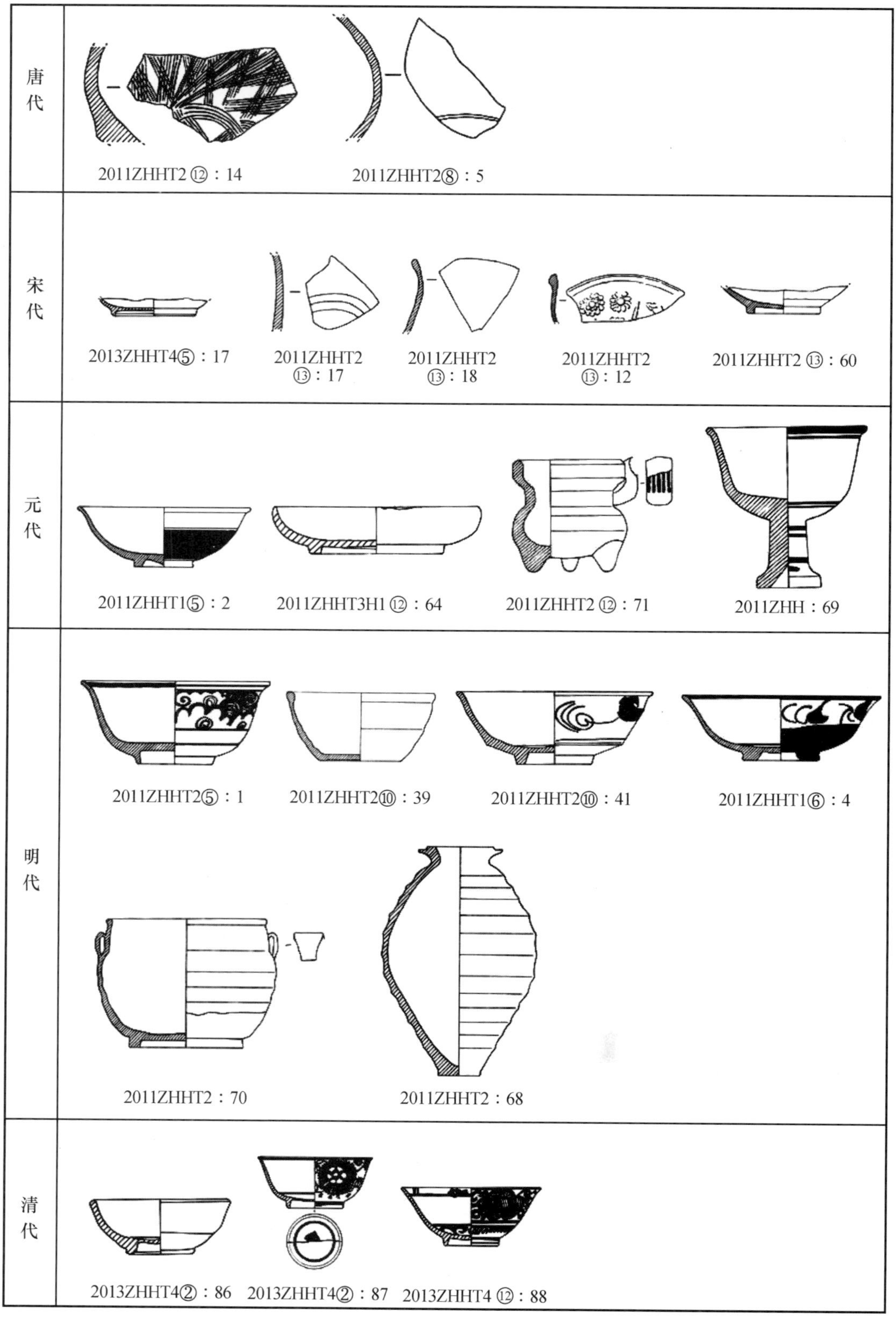

图四二　惠济桥出土器物分期图

图四三 （唐）擂钵（惠济桥出土）

图四四 （唐）青黄釉瓶（惠济桥出土）

图四五 （宋）青釉瓷碗（惠济桥出土）

图四六 （金）白釉黑彩划花罐（惠济桥出土）

图四七 （元）龙泉窑青釉高足杯（惠济桥出土）

图四八 （元）双人俑（惠济桥出土）

图四九　（元）白地黑花碗（惠济桥出土）

图五〇　（明）白釉人物俑（惠济桥出土）

图五一　（明）白釉碗（惠济桥出土）

图五二　（明）白地黑花碗（惠济桥出土）

图五三　（清）青花碗（惠济桥出土）

图五四　（明）青花婴戏纹碗（惠济桥出土）

图五五 （清）青花碗（惠济桥出土）

图五六 惠济桥出土石构件及碑刻

图五七 通济渠河堤发掘现场

图五八 通济渠河堤发现的车辙痕

图五九 通济渠河堤南壁剖面

图六〇 河堤东侧发现的元代灰坑

图六一 灰坑出土的元代瓷碗

图六二 灰坑出土的元代瓷碗

图六三　灰坑出土的元代瓷碗

图六四　灰坑出土的元代钧釉盘

二、大运河通济渠郑州段河道走向问题研究

（一）研究方法

通济渠郑州段的走向是一个比较复杂的问题，尤其是出黄河口向东南走的这一段，由于历史上河道变迁，湖泊变化，黄河夺道及古禹河、古济水走向、变迁等诸多复杂问题，使得这一问题很难解决。

我们解决这一问题的学术方法是，首先收集历史上的各种与该段运河有关的历史人文和水利文献，其次是详细研究我们的人类学田野调查、考古勘探和考古发掘成果。最后综合文献、调研和考古发现，对河道走向问题进行综合判研。

（二）主要古代文献、图谱

关于中国大运河通济渠郑州市区域内各段的考古调查和考古发掘已有论及，此不赘述。关于运河各方面的文献记载也是较为丰富，主要有人文诗词、笔记、黄河御览图、河工等，以及历史上学术界对这一问题的研究成果。虽然多数语焉不详，不过还是具有丰富的信息量的，对于研究运河走向问题还是具有较好的参考价值的。这里略作陈述。

1. 关于鸿沟

（1）《汉书》颜师古注引应劭说：“在荥阳东南二十里。”又引文颖说：“于荥阳下引河东南为鸿沟，以通宋、郑、陈、蔡、曹、卫，与济、汝、淮、泗会于楚，即今官渡水也。”

（2）《水经·渠注》:“渠水径梁王吹台东。渠水于此有鸿沟之称焉。项羽与汉高分王，指是水以为东西之别。”

（3）唐杜佑《通典》卷七七说：“荥阳有鸿沟，在县西，即楚汉分境之所。”杜佑所说的乃是汴水上游所承受的旃然水，这段鸿沟在《水经·济水注》中也有说明。《水经注》说:“旃然水亦谓之鸿沟水，盖因楚汉分王，指水为断故也。”

（4）范晔著《后汉书·郡国志》曰："荥阳有鸿沟水是也。"

（5）南宋祝穆《方舆纪胜》也说："鸿沟在河阴县东北，接广武山，与荥泽连。"

（6）邹逸麟《椿庐史地论稿》[1]："战国魏惠王时代开凿的鸿沟是先秦时期规模最大、影响最深远的运河工程。它自今河南原阳县北引河水入圃田泽为蓄水库，又自圃田泽筑渠引水至大梁（今开封市），折而南流注入颍水。"（按：依据应是《水经注》卷22《渠注》引《竹书记年》，但是理解有误。《汉书·地理志》荥阳县条载其言："首受济。"）

（7）史念海《论济水和鸿沟》[2]：鸿沟引河是由荥阳开始，与济水所行的乃是一条河道，经过一段流程后，才正式分开。济水东流，鸿沟东南流。

2. 关于汴渠

（1）《宋史》等著作中说：古汴水春秋谓之必水，即晋楚战于必。"必"又音"反"，即"汴"字。古人避"反"字，改从"汴"字，汴水即由此而得名。

（2）唐李吉甫《元和郡县志》卷五，河南道—河南府—汜水县："板渚在县东北三十五里。《水经注·河水》经云：（河水）'又东过成皋县（汉之成皋县，开皇十八年改为把汜水县）北'。注云：'河水又东合汜水'，'河水又东逞迳板城北，有津，谓之板城渚口。'"（按：板城渚口即是板渚，这有可能是古汴有关）

（3）范晔著《后汉书》曰："初，平帝时，河、汴决坏，未及得修。建武十年，阳武令张汜上言：'河决积久，日月侵毁，济渠所漂数十许县。'"

"永平十二年，议修汴渠，乃引见景，问以理水形便。景陈其利害，应对敏给，帝善之。又以尝修浚仪，功业有成，乃赐景《山海经》《河渠书》《禹贡图》及钱帛衣物。夏，遂发卒数十万，遣景与王吴修渠筑堤，自荥阳东至千乘海口千余里。景乃商度地势，凿山阜，破砥绩，直截沟涧，防遏冲要，疏决壅积，十里立一水门。"

（4）顺治《荥泽县志·山川》载："汴河，在旧县南二百五十步，即裴侍中耀乡立其汴渠。开元二十三年，分汜水、荥泽、武陟三县地，于轮场东置，以便漕运。郦元注云：'大禹塞荥泽，开渠以通淮、泗。'《汉书》云：'初，平帝时，汴、河绝坏，明帝永平中，乃令王景理渠堤。'《坤元录》又云：'自宋武北征之后，复皆淹塞。隋大业元年，更令开导，名通济渠。西通河、洛，南达江、淮。炀帝巡幸，每泛舟而往江都焉。'其汴口堰在县西，又名梁公堰。隋文帝开皇七年，使梁睿增筑汉古堰，通河入汴也。"

（5）清宋继郊《东京志略·河坡》曰："元至元年间，（黄）河决，夺汴故道，汴遂湮……鲁浚汴自中牟经祥符而东，汇溃溃河，历陈州境，入江南颍上以达于淮，汴得入淮赖此。人戴鲁功，遂以名河。"《郑县志》卷十六《艺文》部分还有两篇文章谈到贾鲁河的源起。一篇是署名为陈焕的《汴河源流策》。文章中概述汴河的源起之后说："至元十七年（当为'至正十一年'）黄河决，始淤塞，元命贾鲁修之，又名贾鲁河，俗仍汴河之称。"另一篇是署名阴化阳的《贾鲁河水利记》，其中云："郑城北四十里有水来自荥阳，盖合索、须、京三水以成其流，至双桥村始大。父老传元臣贾鲁所开，因名焉。”顺治《荥泽县志》载：“隋堤，在汴河故道，隋炀帝所筑。”从以上文献可梳理出惠济桥段汴河遗址即隋通济渠故道。

（6）民国五年（1916年）修成的《郑县志》，其中卷三《舆地志》记云：“汴河，一名小黄河，元臣贾鲁尝浚之，故名贾鲁河。”

（7）有人认为汴水出于蒗宕渠于古代的浚义。

3. 关于隋唐通济渠（广济渠）

（1）顾祖禹《读史方舆纪要》卷四《河南道》：通济渠源于《禹贡》的灉水，春秋时称为邲水，秦汉间叫鸿沟，其后叫“蒗宕渠”，亦曰汴渠。

（2）唐李吉甫《元和郡县志》卷八《河南道四·阳武县》说：“汴渠，一名蒗宕渠，今名通济渠。”

（3）《隋书·炀帝上》：“大业元年三月辛亥。发河南诸郡男女百余万，开通济渠。白西苑引谷、洛水达于河，自板渚引河通于淮。”

（4）《隋书·食货志》：“（炀帝即位）开渠，引谷、洛水，自苑西入，而东注于洛（当作河）。又自板渚引河，达于淮海，谓之御河，河畔筑御道，树以柳。”

（5）李翱于元和四年（809年）从洛阳出发，乘船由洛入河，由河入汴，由汴入淮，在《来南录》中详细记载了这一经过。

李翱在《来南录》中说：“庚子，出洛下河，止汴梁口，遂泛汴流，通河于淮。”

《水经注·河水》注云：“洛水于巩县东通洛，北对琅邪渚，入于河，谓之洛口矣。”（按：洛水在巩县东洛河入黄河。黄河东流至祀水县东北三十五里板渚，引注汴水）

《水经注·河水》经云：“（河水）又东过成皋县（汉之成皋县，隋开皇十八年改为汜水县）北。”注云：“河水又东合汜水。”“河水又东迳板城北，有津，谓之板城渚口。”

《元和郡县图志》卷五《河南道·河南府·汜水县》：“板渚在县东北三十五里。”“汴口，去县五十里，今属河阴。”河阴县：“汴口堰，在县西二十里，又名梁公堰，隋文开皇七年，使梁睿增筑古堰，遏河入汴也。”又云:“自板渚引河入汴口。”唐代汴河的渠首除利用板渚沐口以外，还继续使用古汴渠渠首的石门。开元二年（714年）李杰就曾说“汴口东有梁公堰”，建议“发汴、郑丁夫浚之”（《新唐书》卷39《地理志》），以通江淮潜运。这里所说的汴口就是板渚口，梁公堰则指石门口（《元和郡县图志》卷五《河南府》）。开元十二年（724年），干脆塞断，“旧疏决汴口……开梁公堰，置斗门，以通淮汴”。结果石门汴口“新渠填塞，行舟不便”，又“疏决旧河口”（《唐会要》卷87《漕运》）。可见唐代时石门和板渚口交替使用，而且在汴口置有斗门，以控制水量。宋代主要使用石门汴口，板渚口（即汜水旧汴口）未见记载，可能不再使用了（《宋史》卷93《河渠志·汴河上》）。熙宁四年（1071年），在孤柏岭下“创开訾家口”，并且“易则度地形，相水势，为口以逆之”，这样才能保证潜运。后来由于大河北移，河漫滩宽广，导洛入汴，不再引用河水。这就是元丰二年（1079年）从任村沙谷口（巩县老城东北）引洛水东流，会注汴河的“清汴”工程。由于水流清澈，故称“清汴”（《宋史》卷94《河渠志·汴河下》）。然而，由于洛河暴涨暴落，不仅威胁汴口的安全，而且有时还水源不足，仍需引黄河济运，终于在宋元祐五年（1090年）堵塞洛口，又重新引黄河入汴。

（6）《元和郡县图志》的成书与《来南录》为同一时代，均说“通济渠……自板渚引河入汴口”。《元和郡县图志》卷五《河南府·河阴县》：“本汉荥阳县地，开元二十二年，以地当汴河口，分汜水、荥泽、武陟三县地，于输场东置，以便漕运，即侍中裴耀卿所立”，“汴渠，在县南二百五十步，亦名蒗荡渠。禹塞荥泽，开渠以通淮泗”。

（7）北宋王存主编，曾肇、李德刍共同修撰《元丰九域志》郑州条：“河阴，有三皇山（即广武山），汴河。”

（8）宋曾巩：鸿沟，于荥泽出，至于淮泗，意为禹河，至浚仪西北，其后或曰鸿沟，或曰浪宕渠，或曰浚仪渠，或曰石门渠。石门渠东合济水，与河渠东注，至于敖山之北而兼汴水，又东至荥阳之北，而旃然之水东流入汴。又认为：荥阳之西有广武二城，有广武涧，汴水东流而出，济水至此乃绝。隋大业之初更名之曰通济渠。晋以后被认为是汴水的上游，“汳”名遂废，通称汴水。

（9）唐李吉甫《元和郡县图志》：通济渠可分东西两段。西段在东汉阳渠的基础上扩展而成，西起洛阳西面，以洛水及其支流谷水为水源，穿过洛阳城南，到偃师东南，再循洛水入黄河。东段西起荥阳西北黄河边上的板渚，以黄河水为水源，经浚仪（开封）及杞县、睢县、宁陵、商丘、夏邑、永城等县，再东南，穿过安徽宿县、灵璧、泗县，江苏泗洪，至盱眙注入淮水。

（10）唐李吉甫《元和郡县图志》言及敖仓城：（荥泽）县西十五里。北临汴水，南带三皇山，秦所置。仲丁迁于敖，此也。

（11）唐李吉甫《元和郡县图志》：圃田泽，一名原圃，（中牟）县西北七里。其泽东西五十里，南北二十六里，西限长城，东极官渡。

（12）《隋唐时期的运河与漕运》第28、29页：通济渠即唐宋的汴河，这条运河是从板渚（今河南荥阳广武山以北，已被黄河圮毁）引黄河水，注入淮水，《隋书》卷三《炀帝纪》说，大业元年（605年）三月，“发河南诸郡男女百余万，开通济渠，自西苑（在洛阳）引谷、洛水达于河，自板渚引河通于淮”。同书卷二十四《食货志》也说：隋炀帝即位，“始建东都（今洛阳）……开渠，引谷、洛水，自苑西入，而东注于洛。又自板渚引河，达于淮海，谓之御河。河畔筑御道，树以柳”。《隋书》明确地告诉我们：通济渠开辟于大业元年三月，全渠分为三段：西段起自东都洛阳西苑，引谷水、洛水，东循阳渠故道由洛水注入黄河；中段自洛口到板渚，是利用黄河的自然河流；东段起自板渚，引黄河水走汴渠故道，注入淮水。但是，东段运河所纳自然河流及其流经城市，《隋书》引文没有给我们指出来，也就是通济渠流经的路线没有点出来。李吉甫的《元和郡县图志》卷五《河南道一·汴渠》条说：“隋炀帝大业元年更令开导（汴渠），名通济渠，自洛阳西苑引谷、洛水达于河，自板渚引（黄）河入汴口，又从大梁（今河南开封市）之东引汴水入于泗（水），达于淮（水），自江都宫入于海。”从这里我们就可知道通济渠流经的路线了，文中的汴口即汴口堰，在原河阴县西二十里，约当今汜水县东北三十五里处，当时汴河的渠道（引水口）在板渚，称汴口堰，简称汴口，亦作梁公堰，或汴梁口，汴水（亦称汴河）分自黄河，是利用黄河冲积扇东南侧的天然河道整治而成。

4. 关于荥泽县迁移

清顺治《荥泽县志》、乾隆《荥泽县志》载，荥泽县始于隋开皇四年（584年），初名广武，仁寿元年（601年）改名为荥泽县，至民国二十年（1931年）撤销，历史上由于黄河水患，共经历了3次迁移。一迁于明洪武八年（1375年），再迁于明成化十五年（1479年），三迁于清康熙三十七年（1698年）。明嘉靖三十三年（1554年）《重修显佑伯城隍庙碑记》有荥泽县城位于“黄河之阴，汴水之阳”的记载，该时期的荥泽县城位于惠济桥北五里，即今黄河南岸大堤的北侧，正好介于黄河和汴河之间（图六五～图六八）。

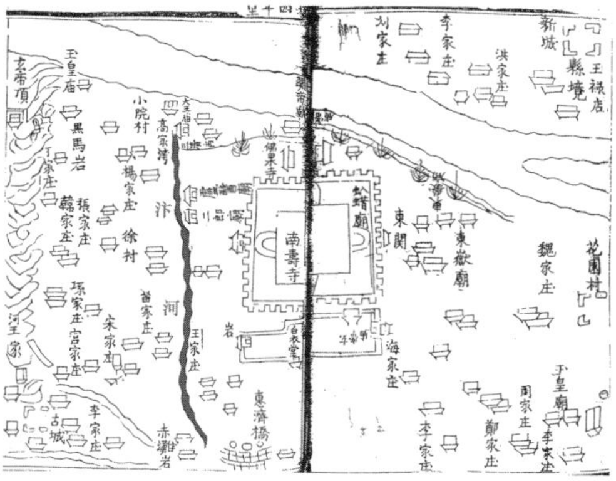

图六五　汴河与荥泽县城、黄河关系示意图
（取自清《顺治荥泽县志》）

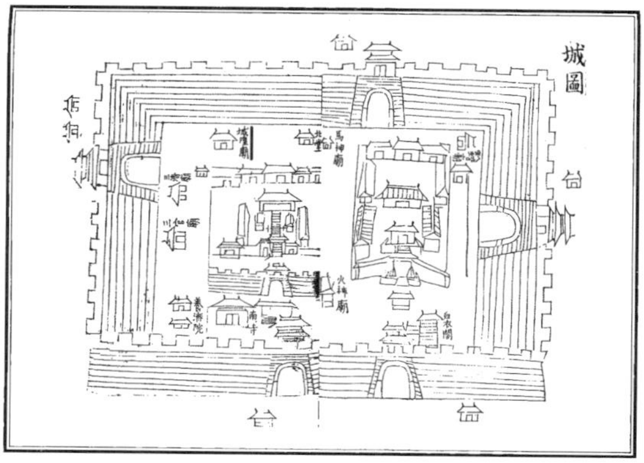

图六六　城隍庙在荥泽县城的位置图
（取自清《顺治荥泽县志》）

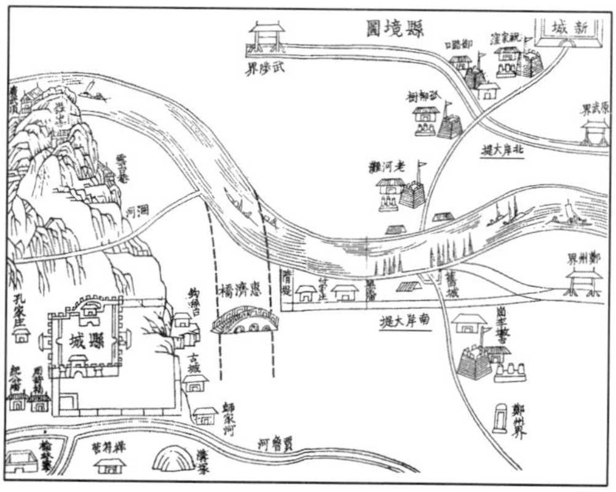

图六七　荥泽县城与汴河关系示意图
（取自清《乾隆荥泽县志》）

图六八　重修显佑伯城隍庙碑记拓本

5. 治河书籍、河工专业书籍、御览图等

这对于我们在勘探和发掘过程中识别一些河道迹象非常有用，对于正确理解认知古代河道的河工专业知识及古河道的变迁规律有重要作用，尤其是有关黄河的变迁对于认识汴河、运河的洛河段、运河附近的洛口仓位置等都具有重要作用。另，河图工一般绘有水域的源流支派、地理位置，并详细记载历年对其治理的概况，对于判断河流不同时期的走向具有较高的史料价值。这方面的文献主要如下；①元欧阳玄撰《至正河防记》；②河道总督张鹏翮于清康熙四十二年（1703年）撰成的呈送御览的《治河全书》，《淮河全图》《黄河全图》《运河全图》为其中最重要的三种；③曾在河南治理过水患的刘成忠善于河工算学，所著有《河防刍议》；④刘成忠之子刘鹗在光绪十五年初被任命为提调官，负责测绘“豫、直、鲁三省黄河图”，次年，绘制成《豫、直、鲁三省黄河图》共5册150篇，光绪帝浏览后，命名《御览三省黄河图》，这是中国第一次用近代技术实测的黄河地图，地理位置较为准确，他还曾撰写了《治河五说》和《治河续二说》，并且编著了4卷《历代黄河变迁图考》；⑤清傅泽洪编撰的《行水金鉴》及其续编《续行水金鉴》《再续行水金鉴》；等等。

6. 现代水利学者研究成果

主要是历年来黄河郑州段的水文资料、河南省地理所所藏早年的水利资料，还有著名学者岑仲勉所著的《黄河变迁史》[3]，徐海亮所著的《关于汴河源流和汴口的几个问题》[4]，涂相乾所著的《宋代汴河行经试考》[5]等（图六九、图七〇）学术成果。这些水文数据和研究成果，为我们研究运河故道和现在地面运河的地理地貌在近年来的变迁提供了非常有价值的依据。

7. 与惠济桥有关的碑刻

在惠济桥发现了不少有价值的碑刻（图七一～图七四），该批碑刻反映了明清时期惠济桥附近的繁华，从另一个方面也说明了惠济镇码头城的性质。同时有的碑刻也反映了当时运河人家丰富的人文场景。

8. 绘画材料

如清乾隆年间的荥泽八景之一的“惠济长桥”（图七五）绘画，该绘画从惠济桥的考古发现看，较为写实地描绘了当时惠济桥的建筑样式和河流的走向及附属设施，利于我们正确判断惠济桥附近元明时期运河的河道走向。

（三）河道走向问题初步研究

通过对于所述文献的研究，并结合考古调查和考古发现，我们对通济渠郑州段的走向已经有了初步认知。其实，关于通济渠郑州段的走向问题，从历代文献记载及相关学

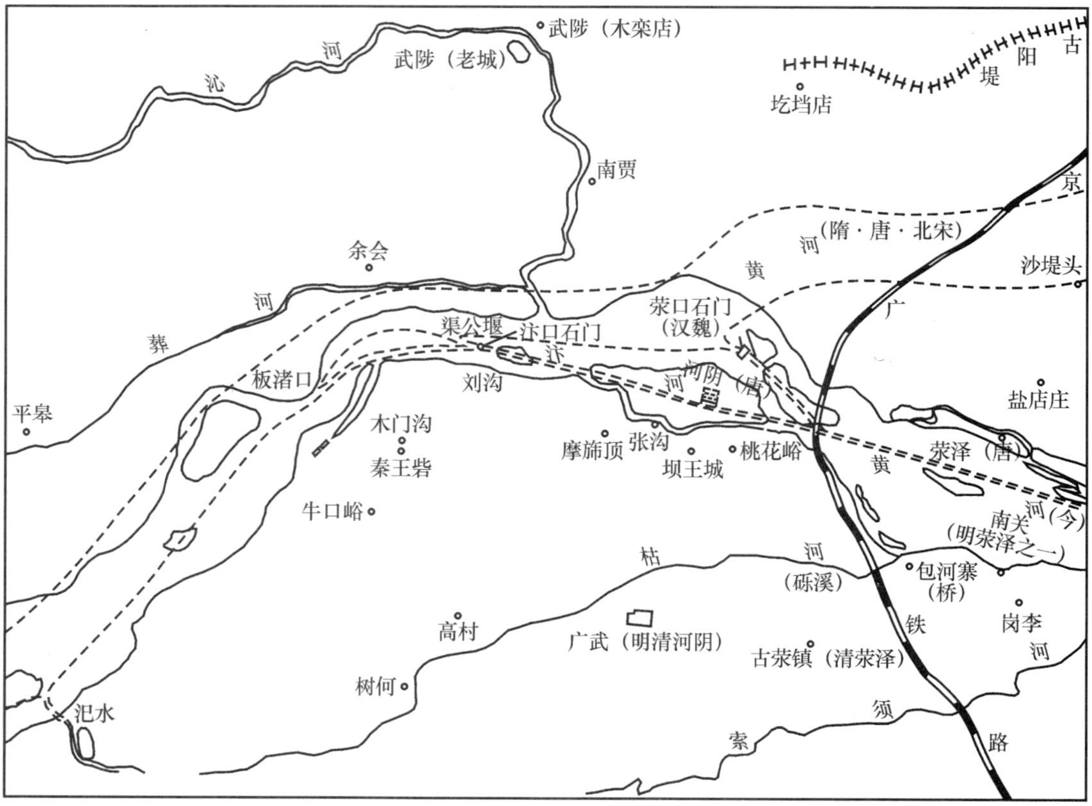

图六九　汴河首部（东段）引水示意图

者的研究看，目前有以下几种观点：

（1）郑州境内伊洛河河道—洛汭—汜水段—牛口峪段黄河河道为隋唐大运河河道本体，再往东至郑州黄河游览区段，大运河河道已被黄河河道侵占，由郑州黄河游览区往东南至惠济桥—堤湾段，大运河河道大部分已被湮没于地下（惠济桥南北两侧尚保留一段河道），堤湾—马头岗军用机场北侧的大、小贺庄段基本沿用索须河河道、贾鲁河河道，从大、小贺庄往东—杨桥、万胜、水溃段大运河河道都已被湮没于地下（水溃村西探出一段宽100米左右的大运河河道），在水溃村南往东—开封县境内的汴河堤段，大运河河道都已湮没于地下。

（2）郑州境内伊洛河河道—洛汭—汜水段—牛口峪段黄河河道为隋唐大运河河道本体，从牛口峪向东南穿过广武山沿陈铺头、秦铺头、水泉至枯河（旃然河）河道，然后沿枯河河道—保合寨折向东南—惠济桥—堤湾，堤湾—马头岗军用机场北侧的大、小贺庄段基本沿用索须河河道、贾鲁河河道，从大、小贺庄往东—杨桥、万胜、水溃段大运河河道都已被湮没于地下（水溃村西探出一段宽100米左右的大运河河道），在水溃村南往东—开封县境内的汴河堤段，大运河河道都已湮没于地下。

（3）郑州境内伊洛河河道—洛汭—汜水—牛口峪段黄河河道为隋唐大运河河道本体，从牛口峪向东—广武涧段大运河河道已被黄河河道湮没，沿广武涧向东南穿过广武

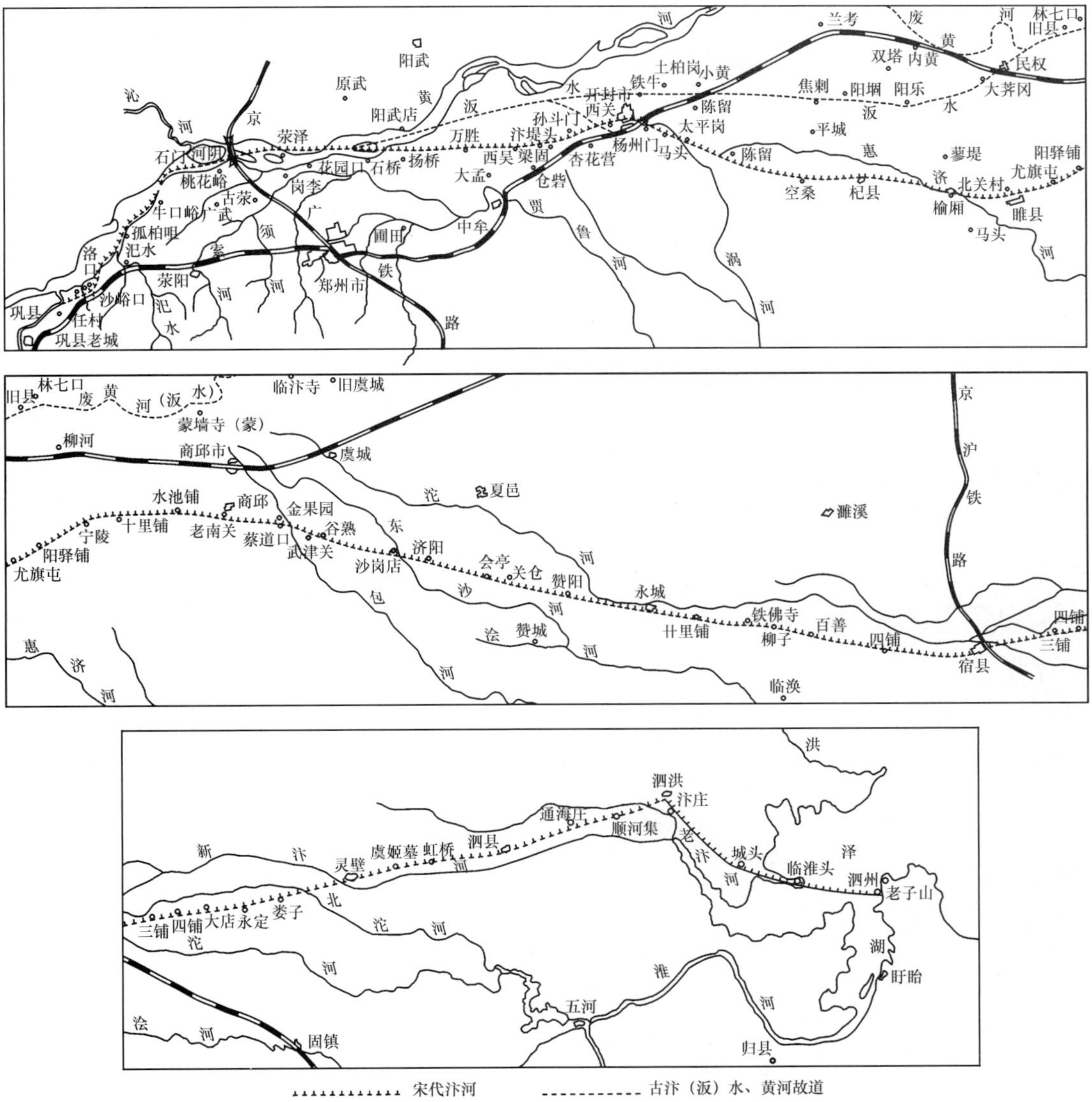

图七〇　宋代汴河行经路线示意图

山—枯河，沿枯河河道向东—保合寨折向东南—惠济桥—堤湾段，堤湾—马头岗军用机场北侧的大、小贺庄段基本沿用索须河河道、贾鲁河河道，从大、小贺庄往东—杨桥、万胜、水溃段大运河河道都已被湮没于地下（水溃村西探出一段宽100米左右的大运河河道），在水溃村南往东—开封县境内的汴河堤段，大运河河道都已湮没于地下。

（4）郑州境内伊洛河河道—洛汭—汜水段—牛口峪段黄河河道为隋唐大运河河道本体，再往东至郑州黄河游览区段—花园口段—石桥段大运河河道已被黄河河道侵占，往东沿石桥—杨桥、万胜、水溃段大运河河道都已被湮没于地下（水溃村西探出一段宽100米左右的大运河河道），在水溃村南往东—开封县境内的汴河堤段，大运河河道都已湮没于地下。

图七一　重修惠济桥龙岩寺归寂殿记碑拓本

图七二　重修玄帝庙碑记拓本

图七三　重修龙岩寺二门碑记拓本

图七四　碑刻（惠济桥出土）

图七五　惠济长桥
（取自清乾隆《荥泽县志》）

结合相关文献、以往学者的研究成果及我们5年来的考古调查和发掘，我们认为大运河郑州段的走向应该与所述有所不同，证据中尤其值得一提的如下：

（1）从考古勘探看，惠济桥和荥阳故城段，现存地下在较为广阔的范围内除了我们绘出的古河道区域外，没有别的河道迹象。

（2）堤湾对于确认隋唐运河的郑州境内的定点问题非常重要，我们在县志中发现了堤湾的位置，并且可以和现在地理地貌结合，确认所在位置。另外，我们在其附近勘探发现有河堤，并且附近有堤湾村，还有不少关于运河的非物质文化遗产。

（3）从文献中有关古荥泽城和运河相互地理位置的记载，以及现在古城的位置，可以判断古河道中汴河一段的基本位置。

（4）从惠济桥发现的碑刻内容和当地人的传承记忆判断，其地当时生意兴隆，是一个码头集散地。同时考古发现在明清时期在惠济桥点有码头夯土。这些显然表明此地与运河密切相关。

（5）考古发现了面积巨大的“水柜”，其中还有瓷器等遗物。调查还得知，附近村庄曾经有运粮河及曾发现巨型铁锚的民间记忆。综合地看，这应是与运河密切相关的重要水利调节枢纽遗址。

综合各种文献、考古发现和初步研究，关于中国大运河通济渠整个郑州段的走向，我们的观点如下。

宏观上，看路线是：西起洛阳市，沿洛河自偃师与郑州市巩义交界处入境，经巩义

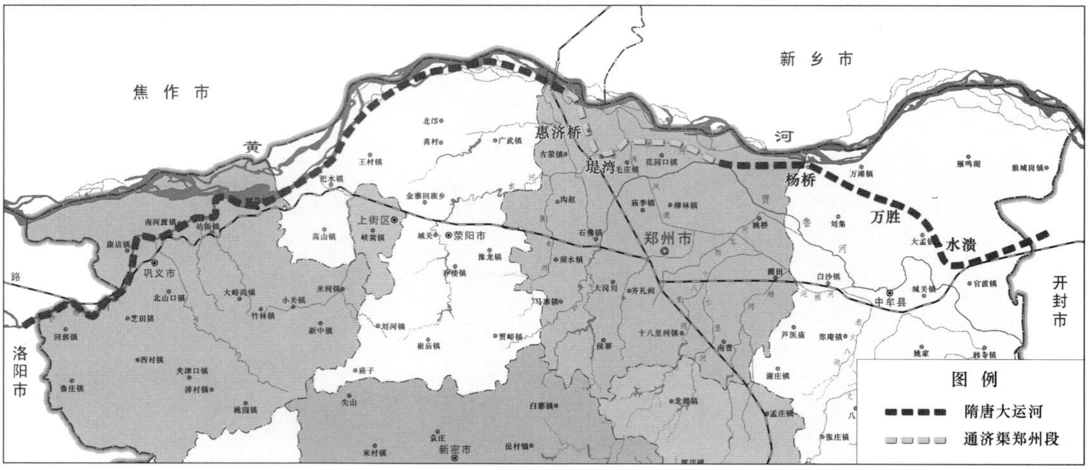

图七六　中国大运河通济渠郑州段流向示意图

市、荥阳市、惠济区、金水区、中牟县5个县（市、区），东南与开封县境相接，全长150余千米（图七六）。

具体路线是：巩义段大运河沿伊洛河从洛阳偃师进入巩义境内，往东到河洛汇流处，然后沿着大伾山北侧经过洛口，至英峪往东进入荥阳境内。荥阳段大运河从巩义英峪村与荥阳廖峪村进入荥阳境内，沿着大伾山、广武山北侧向东，经仓湾、汉霸二王城，至桃花峪东进入郑州境内。荥阳故城段大运河从荥阳市桃花峪东入境，沿广武山北侧向东经敖仓城北，出邙山头折向东南，经明代荥泽县城旧址西南向南，经惠济桥向南至堤湾村西进入索须河，向东至贾鲁河继续往东，至黄岗庙村东进入中牟境内。中牟段大运河从郑州市金水区黄岗庙村东进入境内，往东南沿杨桥、万胜、水溃，向东沿陇海铁路北侧进入开封境内。

现今运河故道伊洛河段尚存，邙山以北河段已全部被黄河所夺，郑州北部及东南部中牟境内运河故道亦多淤埋地下，仅运河部分地段还依稀可见，如惠济区惠济桥段还保留一段河道遗迹。郑州北部及东南部的贾鲁河和索须河，都经过了人工改道，部分地段沿用了古运河河道。

通济渠郑州段（荥阳故城段）现存河道与索须河重合，西自丰硕桥，东至祥云寺村与贾鲁河交汇处，全长约16千米（图七七）。目前索须河河道部分河段河面宽达40余米，河堤基宽20余米、顶宽近7米，河床宽200～300米。经过我们的考古工作，发现了丰富的遗迹遗物。现在基本弄清了通济渠出荥阳后从邙山头向东南至索须河段河道走向，在黄河南岸大堤至丰硕桥索须河段之间发现的汴河遗址，长约4千米，略呈西北—东南走向，在丰硕桥处向东折向索须河，河道宽150～220米，深15米不见底，两侧发现有河堤即道路（图五七、图八）。

结合对中牟县境内古河道的调查走访，并参照相关的文献记载等，我们初步认为

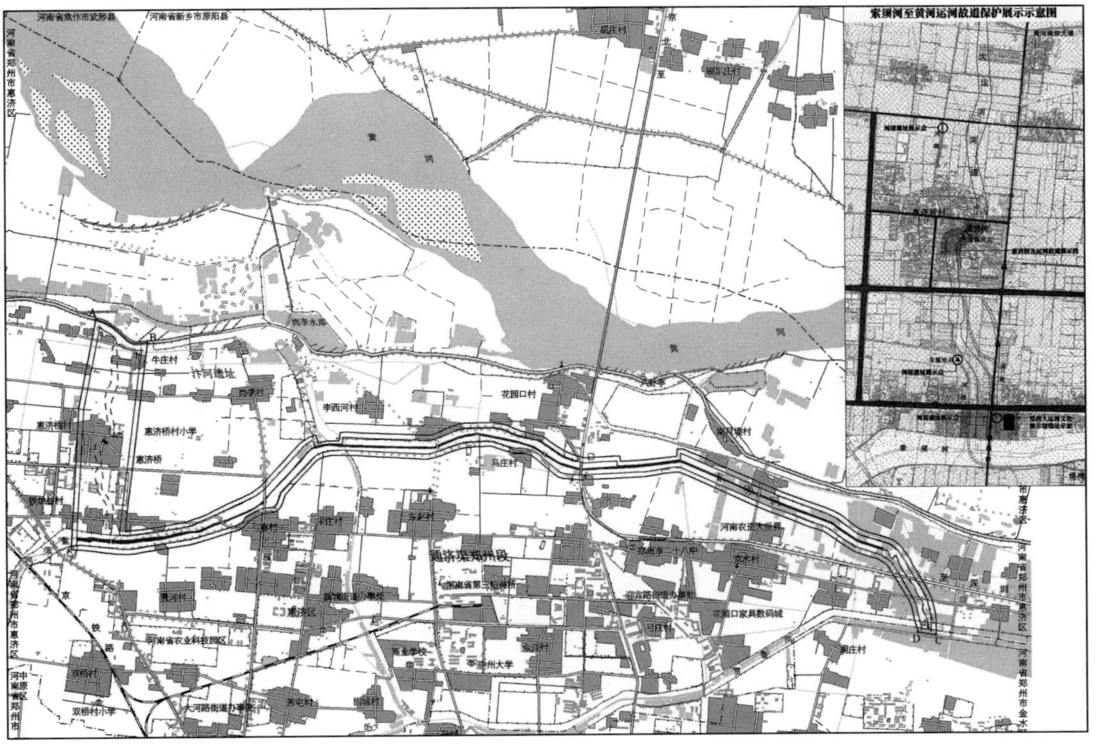

图七七　通济渠郑州段流向示意图

中牟县境运河故道的走向为：流经杨桥—永定庄—十里店—七里店—万胜—杨佰胜—土寨—水溃—韩庄—大胖（即A—B段、B—C段、C—F段）的古河道应是历史上的隋唐大运河故道；流经杨桥—永定庄—十里店—七里店—万胜—杨佰胜—土寨—水溃—李庄—板桥—前於—店李口—开封徐口、朱仙镇（即A—B段、B—C段、C—D段、D—G段）的河道可能为贾鲁河故道，其部分河道应该是沿用了隋唐大运河的故道。中牟县雁鸣湖镇境内的运粮河在狼城岗镇瓦坡村正西向东南流经潘店—王庄—后董庄—韩庄—大胖（即E—F段）的河道，可能是历史上的汴河遗址（图七八）。

古代运河的形成，既有人工开凿，又有自然利用。又由于自然环境的不断变迁及各时期河工的复杂性，以及历史久远等原因，都说明厘清古代河道的变迁过程是一个非常困难的事情。这需要长时间及不同学科的专业知识和专业研究，同时还需要丰富翔实的客观记载与专业观测。关于中国大运河的各时期在整个郑州市区的走向问题，也不例外，同样面临这些难题，好在还有一些文献尤其是考古材料，使我们的认识有所拓新、有所学术依据。但是总的来说，我们的研究还只是初步的，观点还有不断完善和详细化的空间。企望今后有更多的有关史料的新判及运河考古的新发现，也期望有更多的各学科学者来参与这一有关世界文化遗产问题的学术讨论。

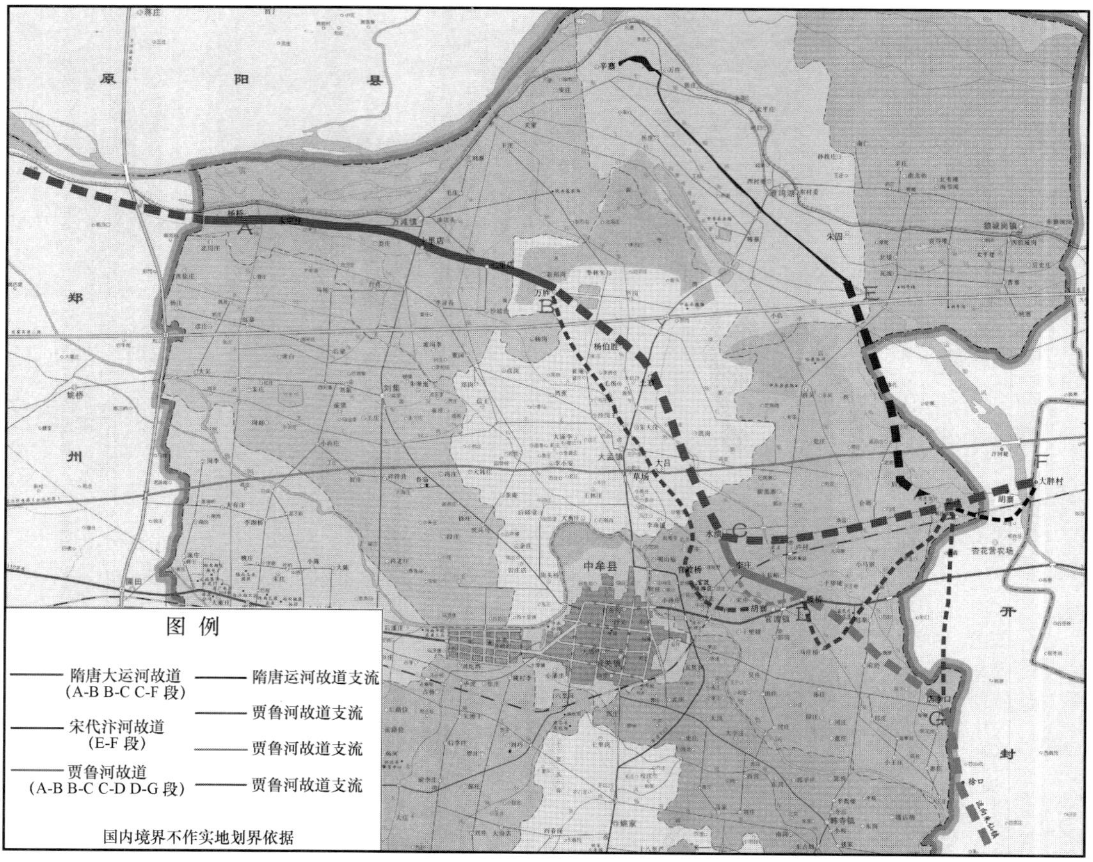

图七八　通济渠中牟段流向示意图

注　　释

［1］　邹逸麟：《椿庐史地论稿》，天津古籍出版社，2005年。

［2］　史念海：《论济水和鸿沟》，《河山集》（第3集），人民出版社，1988年。

［3］　岑仲勉：《黄河变迁史》，人民出版社，1957年。

［4］　徐海亮：《关于汴河源流和汴口的几个问题》，《河南水利与南水北调》2010年第1期。

［5］　内部资料。

唐代青花瓷浅识

汪　旭　张　培　邵　华

唐代青花瓷是瓷器王国中最为绚丽的奇葩，在中国瓷器中独具一格。这种以氧化钴料为呈色剂，采用高质量的坯料与釉料，胎薄釉润，器表光洁纯净，在高温下一次烧成的釉彩瓷器，1975年在扬州唐城遗址首次发现，就引起人们的高度关注。随着巩义唐三彩窑址、巩义白河窑址等青花瓷片的陆续出现，以及现藏于郑州市文物考古研究院的两个白釉青花塔式罐的出土，更引起众多学者的讨论与关注。

我们将唐青花的发展演变略分为三个时段，每一时段都有一定的时代特点。

1. 创烧时期（初唐—盛唐）

创烧时期的唐青花，被称为“白釉蓝彩器”。常见器形有碗、执壶、三足炉（鍑）、盘、樽、罐、钵、水注、盒、盂等，体形一般较小，实用性较差，但器形显得敦厚饱满，稳重古朴。碗、罐、执壶、水注、盂等器，均为饼形足，足下侧的外端斜削一周，显示出隋至初唐时期同类陶瓷器的造型特点。

制作与装饰方面，一般是在烧制的素胎上先施一层化妆土，然后施釉饰彩，再次入窑烧制。我们发现，创烧时期的唐青花多为釉后饰彩，少量为饰彩后施釉。器表所罩透明釉，稍呈淡青色或淡黄色，有细碎开片。一般内外壁均施釉，内壁施满釉，外壁施釉到腹部，底、足部露胎。露胎处可见釉下所施化妆土层。蓝彩料均为氧化钴，烧后的蓝彩呈暗蓝色，深浅不一，深处可见闪光结晶体，有晕散现象。蓝彩纹饰比较简单，仅见以点或洒的技法形成的排点纹、散点纹、斑点纹、条斑纹，或利用釉彩的流淌性形成的竖条带纹（图一）。纹饰多饰于口沿、上腹部、柄部或流部，一部分碗类器内外壁均饰彩。初创时期的唐青花，陶质、瓷质并存，显现了双轨发展的趋势。

图一　残片青花碗（河南省文物考古研究院收藏）

2. 发展成长时期（盛唐—中唐）

发展成长阶段的唐青花主要是碗类，并有多种形式。其次是盘、罐、三足炉（鍑）、杯等。从整体上看，瓷化程度普遍较高，瓷质者明显增多，烧成温度一般在

1000℃以上。胎质坚硬，敲击时声音清脆，器表光泽度较强。但也有少部分器物烧成温度较低，胎釉结合不佳，出现面积不等的脱釉现象。

器体造型规整，端正，形体高大者增多，实用性强。碗、罐、杯等器除饼形足外，又出现璧形圈足或环形圈足。碗的腹部变浅，胎由厚变薄，器面更加洁净，多为侈口，卷沿，弧壁，平底。盘为宽斜沿，平底，多有三个柱形短足。器表所罩透明釉略呈淡黄色或淡绿色，釉层厚薄不一，碗类器往往内壁底部积釉较厚，手触有凹凸感，其他部位光洁明亮，多有细碎开片。一般内壁施满釉，外壁施釉至下腹部，足、底部露胎。多为釉后施彩，少量彩后施釉。钴蓝彩料经烧成后呈深蓝色，色泽纯正，鲜丽，有的可看到黑色结晶点，多有晕散现象。釉后施彩者有的彩料在焙烧过程中渗入釉中，因之被称为“釉中彩”。

装饰纹样的变化较大，首先出现了点、绘相结合的饰彩技法，纹样的表现形式明显增多了，布局更为合理，更有规律性。发展成长时期的唐青花，在制坯、成型、彩、釉及烧制技术等方面都达到了相当高的水平。首先，器体造型从实用与美观的角度出发，有了不少改进，在造型与装饰上仍保持着中国的传统，还看不出异域色彩。从饰彩技术看，主要流行点彩与绘画相结合的技法。点彩技法是继承下来的，绘画技法是新出现的，成为发展成长时期装饰方面的一个重要特点。绘画的纹饰有鱼纹、树叶纹、平行竖线纹等。绘画技法的出现，意味着我国以绘画技法装饰瓷器的开始，是瓷器装饰艺术的突破性进展（图二）。

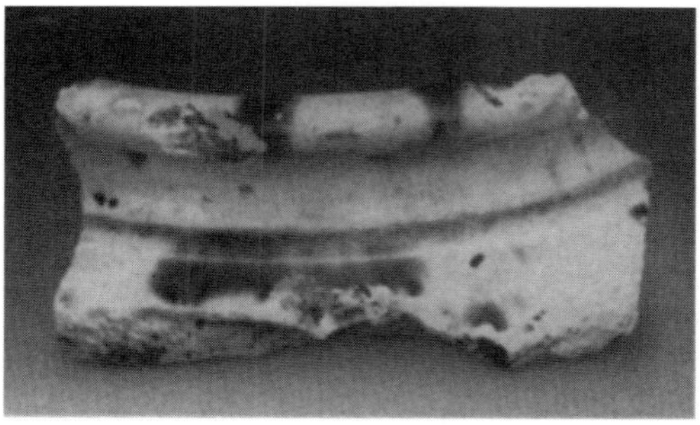

图二　三足炉残片（巩义博物馆收藏）

3. 成熟时期（中唐—晚唐）

唐青花开始进入标准化阶段，典型性器物有罐、盘、碗、执壶、盆、枕等。经测试，烧成温度一般在1200℃以上，已完全瓷化，1000℃以下的陶质器极为少见。胎质细腻，釉面洁白、莹润，器表光泽度强，胎体断面呈乳白色或米黄色。胎釉之间仍施一层化妆土。所罩透明釉，多呈乳白色，或白中稍泛黄色，釉层表面多有细碎开片。器形相当规整，造型丰满、素雅、庄重、典雅、大方，实用性、艺术性都明显增强。一个突出的特点是盘、碗类器物大多模仿金银器的造型，一般为侈口、弧壁、沿稍外撇作四瓣形，内壁突起四条凸棱，环形圈足或璧形圈足。执壶由前期的敦厚、饱满向瘦高发展，仍保持敞口、直颈、弧壁、平底，一侧有双条形柄，另一侧为圆形短流，基本上保持着传统的形制（图三）。盆为低矮，厚胎，宽平沿，饼足（图四）。绝大多数为釉下彩，极少数为釉上彩。蓝彩发色浓艳，呈色稳定，仅个别器物发色较浅淡，蓝彩中可见黑色结晶体，有的手触有凹凸感。饰彩全部采用毛笔绘画技法，取得了水墨画的艺术效果。装饰纹样结构严谨，线条清晰，主要是以大自然中存在的植物为题材。常见纹样有四瓣朵花纹、散叶纹、宝相花纹、牡丹花纹、菱形纹、如意形卷云纹、“卍”形纹、童戏纹等。

图三　执壶残片（2003年扬州老城区唐代遗址出土）

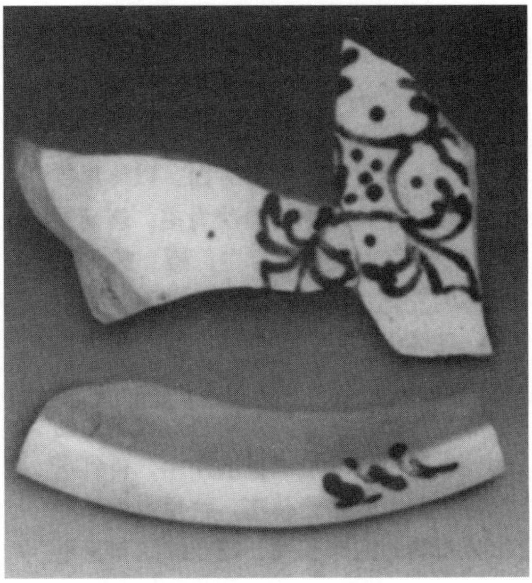

图四　盆残片（新乡宫宝斋藏）

另一个突出特点是一部分纹样具有外域情调。尤为突出的是以团花为主体纹，大小团花相互缠绕，以卷云纹为衬托组成的图案，多饰于罐的腹部和碗的内壁（图五、图六）。这种图案中的花卉与叶片，均以枝蔓相连，线条婉转自如，用笔细腻、流畅，蓝彩浓淡相宜，清新自然。卷云纹似风吹流云，又似水中漩涡。整体画面淡雅、秀丽、富有水墨画的韵味，堪称唐青花装饰艺术的佼佼者。

巩义黄冶窑生产的唐青花，在品类、工艺、使用效果及装饰纹样等方面，随着生产的发展，逐渐形成了自身鲜明的个性特征与艺术风格。这些都充分反映在其器体造型与装饰技法上。可以看出，三个不同发展阶段的产品，除彼此有着不少共同特征外，又有着各自独有的特征。一个发展阶段向另一个发展阶段的过渡，不是突变，而是渐变。两个发展阶段之间的产品，有个交错并存时期。总的看来，体形方面，以体形较小的非实用器或实用性较差的器物为主，逐渐发展成为以体形较大的实用器为主；罐、碗、执壶、盂等足部的变化，由饼形足到璧形圈足，再到环形圈足；碗体由较深逐渐变浅，最后出现仿金银器和具有外域格调的器形；执壶由粗矮、敦厚向瘦高发展；饰彩技法上由较随意、较自由的洒、点技法到点彩技法与绘彩技法并用，再到借鉴书画艺术移植而来的描绘技法。纹样由简单的疏密有度、分布均匀的斑带纹、斑点纹到布局更为合理、严谨、图案化的鱼纹、梅花形朵花纹、平行竖线纹，再到用笔细腻、轮廓清晰、富有水墨画韵味的花卉纹、散叶纹、菱形纹、卷云纹、宝相花纹、棕榈叶纹等。

还应指出，黄冶窑所产唐青花，作为一种特异的中国第一代白釉蓝彩瓷，其晚期接受外来文化的影响，不是体现在制作工艺方面，而是主要体现在装饰纹样方面。我国唐青花与中东地区伊斯兰国家陶器上互见的纹饰，显然是在文化、贸易活动中相互交流、

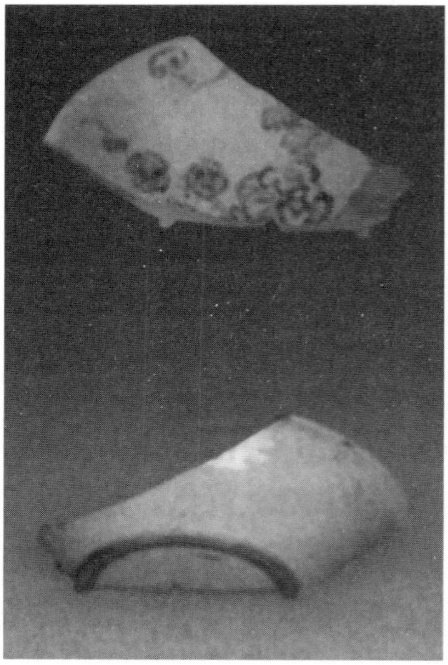

图五　碗残片（2003年扬州老城区唐代遗址出土）

图六　塔式罐（郑州市文物考古研究院收藏）

相互影响的结果。其中有的纹饰本是我国固有的，同时出现带有异国情调的装饰图案内容，如：梅花形花朵纹，显然是被伊斯兰国家模仿而装饰在陶器上。

从考古资料看，唐代青花瓷的市场流通与外销的范围，远超出我们目前的认识，它与唐三彩及唐代其他陶瓷器一样，在国内市场和国外市场中占有重要份额，同时应有更为丰富的遗存。然而，由于过去对此问题认识不够，有很多应该发现的却未能发现，造成了许多遗憾。

可惜的是，到了唐代晚期，由于连年战乱、钴料匮缺、外销渠道不畅等原因，青花瓷最终停烧。正所谓“物竞天择，适者生存”，昙花一现的青花瓷就此消失在历史的长河中，它的消失是当时历史和社会发展过程中不可避免的结局。

附记：撰稿时得到廖永民先生的指导与帮助，在此表示衷心感谢。

（原刊于《中原文物》2014年第6期）

试论“唐州窑”的相关问题

张小红

在我国古陶瓷发展史上，还存在着很多问题有待于解决，这些问题涉及古陶瓷发展史的诸多方面。对这些问题进行分析、探讨，有利于我们对古陶瓷的发展演变、品种特征、文化内涵等有更加清晰、准确的认识。近年来，随着考古事业的发展，经过科学发掘和深入调查，新发现的窑址数量日渐增多，资料极大丰富，为我们探讨一些尚未解决的问题提供了新的思路和重要的实物资料。但由于历史的原因和认识的误区，“唐州窑”目前尚未引起古陶瓷研究界应有的关注，这些都不利于对其深入研究。因此，笔者不揣愚陋，就“唐州窑”的相关问题提出一些粗浅的看法，权作引玉之砖。

一、“唐州窑”名称的由来

对我国古代瓷窑遗址的定名方式有两种：

一是根据文献记载，以州所在地来作为窑址的名称。例如陆羽的《茶经》中提到的越窑、邢窑、寿州窑等。

二是经考古发现但找不到历史文献记录的窑场，这种情况一般以发现地点命名。如长沙窑、当阳峪窑等。

在古代文献中涉及唐州生产瓷器的，应以南宋前期九华人叶寘的《坦斋笔衡》为最早：“本朝以定瓷有芒，不堪用，遂命汝州造青窑器，故河北、唐、邓、耀悉有之，汝窑为魁……”但此书已不可见，引自陶宗仪《南村辍耕录》[1]。由于该窑址具体的烧造地点至今还没得到确认，为了区别于习惯所称的“唐窑”（指清代唐英于乾隆二年督理景德镇御窑厂至乾隆十九年期间所生产瓷器），避免不必要的误解，依据第一种定名方式，暂将其定名为“唐州窑”。

二、对相关文献记载的分析和探讨

我国古代文献记载中对陶瓷业的记载和反映，是一个值得仔细分析的课题，现仅将与“唐州窑”有关的文献进行摘录、探讨。

自宋、元以后，关于“唐州窑”的记载，文献资料中一般称之为“唐邑窑”。清代蓝浦和郑廷桂编著的《景德镇陶录图说》古窑考云：“唐邑窑：宋时烧造，即今南阳府唐县，昔称青瓷，质釉不及汝瓷。”[2]民国时期，叶麟趾在《古今中外陶瓷汇编》中说：“唐邑窑，在今河南省唐河县，胎釉仿汝，未若汝瓷滋润。”[3]吴仁敬、辛安潮合著的《中国陶瓷史》也提到：“唐邑窑。制青瓷，质釉均仿汝器，唯皆不能及。”[4]1993年，赵青云编写的《河南陶瓷史》一书“河南地区见于文献记载尚未发现的古窑址”也提到“唐邑窑，属唐河县，北宋”[5]。目前所能见到的相关文献大致如此。

通过对以上文献资料的研究、分析、对比，可以得出如下结论：第一，《景德镇陶录图说》《古今中外陶瓷汇编》《中国陶瓷史》（吴、辛版）、《河南陶瓷史》四本书中所引用有关“唐邑窑”的材料都直接或间接源于《坦斋笔衡》，并且作了引申和推测；第二，“唐邑窑”的烧造地点，在今天的唐河县或者说唐县；第三，“唐邑窑”为北宋时期，所烧造的品种是青瓷，并且“质釉不及汝器”。

那么，以上四本书对叶寘在《坦斋笔衡》中提到的“唐州窑”，解读的是否符合当时的历史状况呢？应该说，是有一些道理，但其中亦有不妥之处：即都是从文献到文献，缺乏实地考察依据，尤其是关于“唐州窑”所在地及烧造品种的推论，值得商榷，有必要重新进行考证。

三、对相关问题的初步推测

追本溯源，叶寘在《坦斋笔衡》中记载：“本朝以定瓷有芒，不堪用，遂命汝州造青窑器，故河北、唐、邓、耀悉有之，汝窑为魁……”其中涉及地名的有六处，分别是：定、汝州、河北、唐、邓、耀。河北一词暂且不论。定是指宋代的定州，位于今河北省曲阳县涧磁村，为定窑。汝州包括现今鲁山、宝丰等地在内的宋代汝州。邓指的是宋时邓州一地，窑址位于现今内乡县大窑店。耀是耀州，窑址以今陕西省铜川市黄堡镇为代表。从上面已经基本解决的定窑、邓窑、耀州窑等窑址看，它们都遵循着宋代以州所在地命名的约定俗成的方式。那么，依照当时这种习俗来看，将唐解释成唐河县或唐县就明显误解古人的原意了，古人所说唐应指宋代唐州一地。所以，该窑址的地点应在宋时唐州才符合历史的实际状况。反过来论证，就好比在今天定县的范围内来找寻定窑的窑址，在邓州市的区域内来确定邓窑的位置，是不会有所发现的。邢窑问题的反复论证和汝窑的发现也一再证明了此观点的有效性。虽然目前暂时还不能确定“唐州窑”的确切位置，但将其范围确立在一个相对科学的区域内，也将有助于下一步工作的顺利进行，不会出现方法论上的偏差。

关于宋代唐州的地理范围，《宋史》卷八十五记载：“唐州，上，淮安郡，建隆元年，升为团练。开宝五年，废平氏县。崇宁户八万九千九百五十五。二十二万二千一百七十二。贡：绡。县五：泌阳，中下；湖阳，中下，有银场；比阳，中下；桐柏，下。开宝元年，移治淮渎故庙。方城，下。后魏县。庆历四年，废为镇，入邓州南阳县。元丰九年，复为县，隶州。”[6]由此可知，宋代唐州共包括五个县，分别是：泌阳、湖阳、比阳、桐柏和方城。“唐州窑”的窑址所在地就位于宋时这五个县的范围之内（图一），即现今南阳市的桐柏、唐河、社旗、方城和驻马店市的泌阳县一带。

现代考古工作者的辛勤努力，资料的极大丰富和完善，使我们对相关问题的深入研究有了更为科学的依据。对“唐州窑”的创始年代、烧造品种、装饰方法等问题，也可以做一番推测，仅认为“宋代，青瓷，质釉不及汝器”显得有些浮浅、笼统和模糊，远不能够满足人们欲对其文化内涵所想要达到的深度。近年来，考古工作者对耀州窑址长年不懈的科学发掘、整理和对邓窑窑址的调查研究，使我们有可能在探讨“唐州窑”创始时代、烧造品种等问题上占有可供借鉴的对比材料。相关资料表明，“耀州窑始烧于唐代，烧制黑釉、青釉、白釉瓷器。入宋以后，青釉得到很大发展，北宋中期为鼎盛时期，以刻花、印花装饰为主”[7]，停烧于元代。“邓窑始烧于唐，宋代有较大发展，金元时期仍继续烧青瓷。”[8]“邓窑在唐代烧造黑釉及带斑点装饰的花釉瓷，北宋时期烧造青釉瓷，有素面、印花、划花装饰。”[9]从耀州窑和邓窑的情况可以看出其共同点：它们的烧造年代均为从唐代至元代，在北宋时期有较大发展，以烧制素面、印花和刻画花的青瓷为主。那么，唐州窑的创烧时期推测可能在唐代，在北宋时期以烧制素面、印花和刻画花的青瓷器为主，其装饰风格、器形特征及整个面貌，则与耀州窑、邓窑同时期的青瓷有许多的相似之处。这就需要通过考古调查来进行验证了。

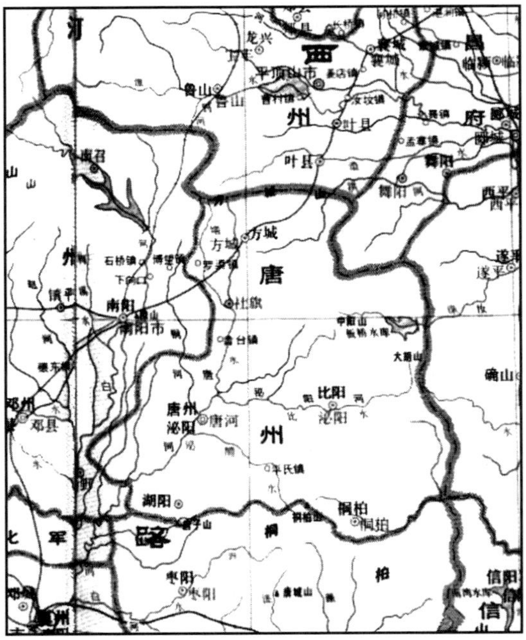

图一　宋代唐州区域图

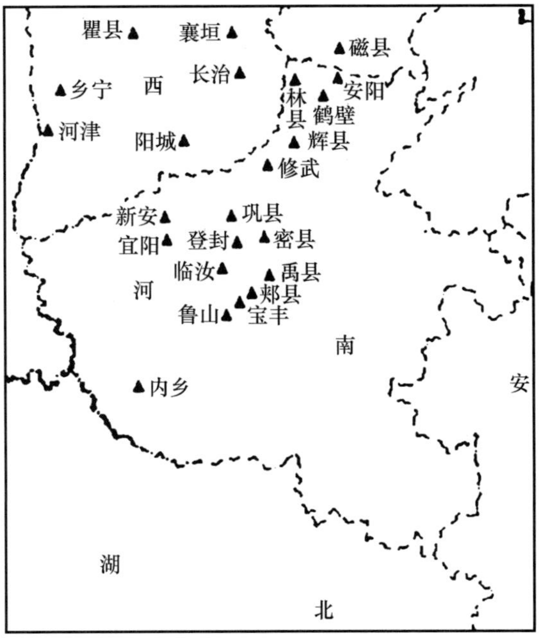

图二　宋代河南窑址分布图

四、结　　语

“唐州窑”相关问题的解决，相信会对于我国北方青瓷的发展演变、分布范围、工艺水平和各窑场之间的技术交流等问题，有着重要的研究意义。其独特的地理位置给予我们对古陶瓷研究领域尤其是河南南部地区以新的启发和提示（图二）。

以上所述都是根据文献记载和相关的考古资料来分析和推测“唐州窑”的一些初步设想，希望能够对“唐州窑”问题的解决产生一些积极的帮助。

注　　释

[1]（元）陶宗仪：《南村辍耕录》，中华书局，1959年。
[2]（清）蓝浦、郑廷桂：《景德镇陶录图说》，山东画报出版社，2004年。
[3] 叶喆民：《隋唐宋元陶瓷通论》，紫禁城出版社，2003年。
[4] 吴仁敬、辛安潮：《中国陶瓷史》，北京图书馆出版社，1998年。
[5] 赵青云：《河南陶瓷史》，紫禁城出版社，1993年。
[6]（元）脱脱等：《宋史》，中华书局，1999年。
[7][8] 中国硅酸盐学会：《中国陶瓷史》，文物出版社，1982年。
[9] 赵青云：《河南陶瓷史》，紫禁城出版社，1993年。

（原刊于《炎黄文化》2014年第9期）

院藏一尊唐代石刻造像浅析

高赞岭

2005年10月，郑州市高新技术产业开发区郑州大学新校区生活区在从其他地方取土时发现一尊佛像，郑州市文物考古研究院业务人员到现场收回。据施工人员介绍，取土区在郑州市马寨镇南。

该造像系石灰岩雕刻而成，通身鎏金，现大多已脱落，通高48.3厘米，最宽21.5厘米，背屏厚4.5厘米，座高17.4厘米，造像保存较完整（图一）。

此造像头作高肉髻，发呈波状，面容丰满，眉高而长，形如初月，两耳下垂，形态圆满。双目微睁，智慧深藏，眼帘低垂，似慈眼视众生，可敬可亲。鼻直宽厚，与广额通连，嘴小唇厚，嘴角微翘，略含笑意，严肃中流露着慈祥，慈祥中又包含着威严。项有横纹，胸部微隆，肩臂圆润舒畅，神情饱满睿智，安闲肃穆，既有男性的阳刚之气，又有女性的温柔之美。身着通肩宽袖袈裟，袒胸，内着僧祇支，右手贴身斜举胸前，展

图一　院藏唐代石刻造像正、侧面

掌，手心向前，五指舒展作“施无畏印”，左手自然搭抚左膝之上，其身后为桃叶状背光，无刻划纹饰，结跏趺坐于八角仰覆莲束腰须弥座上。

因未在造像本身发现纪年文字，其年代只能根据其艺术风格分析推断。

我国的佛教造像受外来佛教艺术的影响，早在汉代，随印度佛教东渐，传入我国。最初依附在传统的神仙信仰中，因而最早的佛教造像就表现为神仙形象，同时也出现了一些印度面孔、高鼻深目、头发卷曲、胡须上卷、服装偏袒右臂、裸露胸膛的印度披肩装形象的佛造像（犍陀罗式）。此后，这种新的外来的宗教偶像就在与中国固有的传统艺术相结合的基础上，逐渐成长起来。

南北朝时期，随着佛教的迅速发展，佛教艺术在中国生根繁殖，和传统的民族风格相适应，出现了建寺造塔、开窟造像的风气，佛教造像的民族化程度也愈来愈高，其形象普遍为面貌清瘦、脖项细长、耳垂较大，面孔已是中国人的面孔。衣着也汉化了，一般内穿交领襦，胸前束带作小结，外套为对襟式袈裟。线条简练准确，雕刻手法多为平直刀法，艺术风格奔放、粗犷、大体大面，富于幻想，带有神秘色彩。

进入唐代，在中国传统艺术基础上吸取了外来优秀文化艺术的精髓，其形象已达到了极高的艺术境界。雕凿工艺精细，一丝不苟，雕刻手法多为圆刀刀法。面容雍容闲静，嘴角微带笑意，拉开了人与神的距离，趋向于写实的艺术境界。其中最具特点的就是佛造像的男相女性化倾向。印度的佛、菩萨造像，都为男性。传到中国后，却趋于女性化。尤其是唐时期的佛、菩萨造像，女性化倾向十分明显。佛造像女性化最典型的例子，是龙门石窟奉先寺的卢舍那大佛造像。大量的文献记载及实物资料证明，这种情况不仅存在于石窟造像中，其他艺术种类的佛造像，也多为女性形象。这也就是唐代佛雕艺术高度发达并民族化的表现。盛唐时期，艺术家们在佛教题材中不断糅入现实人的形象，更加明显地走向世俗化，也进一步体现了当时的现实生活。

宋代以后，由于中国封建社会开始走向它的后期，这时的佛像已经完全世俗化，比唐代的佛像更写实，更逼真，更具有人情味。造像躯体健壮，气势雄浑，造型大方，神态自然，面相宽平，体态丰腴，造型僵板，装饰繁缛，完全是一种世俗社会崇尚的富态和福相。

纵观中国佛造像艺术的历史发展过程，再结合该造像的雕刻艺术，其表现的中国化、世俗化及男相女性化特点，充分体现了以丰满为美、以雍容华贵为美、丰韵圆满的唐代佛造像风格。其衣纹雕刻精细而自然流畅，整个造像采用唐代流行的圆刀刻法。同时，再对照洛阳龙门石窟的奉先寺主佛——卢舍那大佛，其开凿年代为公元673年[1]；潜溪寺主佛——阿弥陀佛，其开凿年代为公元663年[2]；万佛洞主佛——阿弥陀佛，其开凿年代为公元674年[3]，它们的艺术风格确实有着相似之处。故我们认为，该佛造像的年代与上述龙门石窟的佛造像年代相当，应是一座唐代初期的阿弥陀佛造像。

附记：照片由蔡强拍摄；张松林院长在文章写作过程中提出了宝贵意见，在此表示感谢！

注　释

[1][3]　宫大中:《龙门石窟艺术试探》，《文物》1980年第1期。

[2]　张若愚:《伊阙佛龛之碑和潜溪寺、宾阳洞》，《文物》1980年第1期。

（原刊于《中原文物》2011年第2期）

一方与家乡有关的墓志

——《唐故金州刺史赠吏部郎中高邑公墓志》考释

郝红星

2011年春，我回孟县龙台村探亲，于郝某家中见到一方墓志，其形之奇、序之长、铭之短、人之多、官之繁，为历代墓志所仅见，故介绍之。

墓志出土于龙台村古寨东门附近的田地中，由盖与志石组成。

盖盝顶，边长58厘米，厚10厘米，四刹浅刻细直线，顶面界格内篆书“唐故金州刺史赠吏部郎中高邑公墓志”16字。盖中部有一直径16厘米的圆孔，芯石仍卡在孔中，两端孔隙1厘米，中部间不容发。芯石上的界格线与孔外的界格线略有错位，说明芯石有所转动。四刹斜棱中部均被锉下一块，三重一轻。郝某讲，获时即如此（图一，1、2）。

志石方形，边长59厘米，厚10厘米。顶面浅刻界格，34行，满行33字，侧面无纹饰。志文如下：

大唐宝历二年十一月廿七日庚寅，葬我先君高邑公于东都畿之河阳县太平乡龙台村。从我高祖申州长史府君之旧兆，居我祖文公墓坟之东方五步，夫人荥阳郑氏祔焉。公讳纵，字佩弦，河南河南人也。其先为赵郡人，与陇西李氏同出。自周柱史老聃之后，老聃之曾孙昙，始封于赵，其子孙遂为赵人。自昙廿八世而生善权，仕魏，为谯郡太守。始迁于谯，娶博陵崔信臣女，生庆历，徐、梁二州刺史。梁州娶中山甄远女，生嗣伯，为北部大夫、马头郡太守。太守娶范阳卢庄女，生显达，仕北齐，为都兵郎中、颍州刺史。颍州娶长乐冯敬宾女，生迁，仕隋，为通事舍人。娶清河崔子恺女，生孝卿，武德初自隋、邵州长史，玺书拜上大将军、谷州别驾。娶夏侯椿女，生七子：长子敬玄，高宗时为中书令；季子元素，延载元年，以凤阁侍郎作相。第二子，彦忱，官至申州长史，袭承休县男，公之大王父也。娶博陵崔实智女，生王父，仙州长史，赠安州都督，讳惠，尝为济源令，因留居东都而葬于河阳，始为河南县人。娶荥阳郑延州女，生烈考，礼部侍郎兼御史中丞、浙江东、西节度使，赠刑部尚书，讳希言，字申甫。娶于太原祁县王氏，其父齐休为金吾将军。公，尚书之冢子也，以开元十七年生，幼敏寤，长而宽厚，资孝而能慈，帅行而成文，深得诗人之旨。当时文士迎芳，风味嘉实，为日不足，始以御侮校尉补右清道率府兵曹参军。文公入觐，薨于汴州。公居丧哀敬，不敢违礼。既除丧，转左骁卫仓曹参军，试太子通事舍人、浙西团练判官，复辟观察支使，试大理评事兼润州延陵县令，迁司直兼湖州司马、本州团练副使，试太子洗马兼常州长史，且赐命服，试秘书省著作郎兼别驾，加检校驾部员外郎，凡三迁职皆如初。惟兴元元年十二月，诏以公为房州刺史，比加朝议郎、朝散大夫、上柱国、开国为高邑县男，迁金州刺史，在位三年而寝疾，以贞元六年八月三日薨。我叔父时为吏部侍郎，迎公之丧，殡于京城南三里。宝历二年制诏宰相，赠吏部郎中。乌乎，昔我文公之镇江东，族兄弟之从者五人，兄弟之子从者八人，皆遂家焉。及公介戎政于二州，复衣食之。诸兄弟、姑姊妹、从子、从女聚居者数十人，熙熙和乐，他族无与比者。时中州丧乱之后，人士多奔江浙，闲游公之门称为食客者十余人，皆名士也。公之所从，有若李公栖筠、韦公元甫、独孤公及，皆贤侯也。公之与游，有若崔太傅祐甫、杨中书炎袁、给事高谢、舍人良弼，皆人望也。莅一县抚二州，以恕为本，以和为用，动而成教，静亦自化，至矣哉！梁肃谓公有君子之道三：一贞白而不渝也，二恭宽而多恕也，三文敏而尚实也。夫人，监察御史鏚之女也，懿质令范，金柔玉贞，九族之内，刑我德礼，皆为贤妇淑女，以大历四年二月十四日薨于湖州，贞元十年殡于大茔之封外，今年追封荥阳县太君。公有六子三女：长子方何，京兆府咸阳县主簿；次曰友良，庐州录事参军；次曰宗邵，明州慈溪县令；次曰师尚，河南府河南县尉；次曰承聃，朝散大夫、京兆府法曹参军。长女适博陵崔据，据为缑氏县令；叔女适荥阳郑儋，儋为工部尚书、河东节度使，噫，皆已殁矣；季女适河东裴远，早寡。小子虞，由右拾遗、内供奉，授河南府士曹参军、直史馆。茕茕孤枿，不知怙恃，终天靡及，衔哀莫诉，泣血为志，且重铭曰：神明在天，宅兆在地。灵绪崇止，配兹无有，既。乌乎，敬哉后嗣。

志中人名、地名、官名琳琅满目，粲然一部家史，颇具史料价值，略作考释。参考书目有：《魏书》《北齐书》《隋书》《旧唐书》《新唐书》及谭其骧主编的《中国历史地图集》（地图出版社出版，1982年10月）。

宝历二年，公元826年。

葬我先君，志文撰写者应为墓主晚辈。

高邑公，墓主逝前三年授爵“开国高邑县男”（后文），为唐最低一级爵（从五品上），三年内不可能晋升为“开国高邑县公”（从二品），称公应为尊称。高邑，河北高邑县。

东都，洛阳。畿，近都之地。河阳县，今河南孟县，彼时属洛阳。杜甫名诗有言“急应河阳役，犹得备晨炊”。

太平乡，今孟县无此乡名。在龙台村北寨墙外100米有一小庄，俗称太平庄，地势狭促，20世纪六七十年代，只住下七八户。村民俱云，先有太平庄，后有龙台村，今墓志证之矣！

龙台村，今龙台村，解放前曾设镇，2700人，70%为郝姓，明中叶自济源迁来。由于村落扩大，太平庄及其北的地段已被三队住户占据。

从，顺从、跟随意。高祖，撰文者的高祖，爷爷的爷爷。申州（中州），河南信阳。中州长史，正六品上。

居，位于、处在。文公，撰文者的爷爷有“文公”之称。

郑氏祔焉，郑姓夫人合葬于此。

公讳纵，字佩弦，墓主名纵字佩弦。

河南河南人也，前者指河南府，后者指河南县，今洛阳市区。

赵郡，河北赵县。

陇西李氏，陇西望族，李唐王室即出其一支。

周柱史老聃，指李聃，即老子，曾任周柱下史。

曾孙昙，历四世为曾孙，不过百年。李聃，春秋晚期人，曾孙应生活于战国早期。

善权，史无载，昙之二十八后代，按一世二十五年计，善权应生于曹魏或西晋，与“仕魏”不合。从善权儿孙从政情况来看，善权生活于北魏后期，那么，昙应生活于秦。秦有御史大夫李昙，封于赵，为李姓先祖。若封于赵的李昙史上只有一人，则墓志记“曾孙”为误。谯郡，河南商丘。

博陵，河北安平。崔信臣，无载。

庆历，无载。徐、梁二州，徐州、甘肃东南部一带。

中山，河北定州市。甄远，无载。

嗣伯，无载。北部大夫，疑为北部大人，误刻，北魏官职。马头郡，河南夏邑县。

范阳，河北涿州市。卢庄，《北齐书·封述传》有记，适女于封述子。

显达，无载。都兵郎中，兵部属官，位在侍郎下。都兵为兵部五兵之一。颍州，河南长葛。

长乐，河北冀县。冯敬宾，无载。

迁，无载。通事舍人，中书省属官，掌谒事，从六品。

清河，河北清河县。崔子恺，无载。

孝卿，《旧唐书·李敬玄传》提及。隋州（中州），湖北随州；邵州（下州），湖南邵阳；中州长史，正六品上。玺书，皇帝诏书；上大将军，勋官第三等；谷州（下州），河南新安县；下州别驾，从五品下。《李敬玄传》记其父名孝节，应以墓志孝卿为准；失记隋、邵州长史、上大将军；谷州别驾记为谷州长史，从志。

夏侯椿，无载。

长子敬玄，墓志仅记为高宗时中书令，而《旧唐书·李敬玄传》甚为详备。高宗时马周荐之，勤于政事，强记多识，从西台舍人（正五品上）做起，累迁西台侍郎（正三品）、吏部尚书（正三品）、中书令（正二品，宰相）。调露二年率兵抵御吐蕃，旋败，贬授衡州刺史。永淳元年卒，年六十八。撰《礼论》六十卷、《正论》三卷、文集三十卷。子思冲，工部侍郎、左羽林军将军。墓志未记其子。

季子元素，孝卿第四子。延载元年，公元694年。以凤阁侍郎作相，即以中书侍郎（正三品）升作宰相。《旧唐书·李敬玄传》附言，延载元年，自文昌左丞（即尚书省左丞，正四品上）迁凤阁侍郎、凤阁鸾台平章事（正二品，宰相）加银青光禄大夫。史与志合。元素后为武懿宗构陷，冤杀。

弟二子，从语序、文义上讲，应为元素的某个弟弟，生有二子。

彦忱，二子之一，元素的侄子。

官至申州长史，袭承休县男，说明彦忱父曾封爵“开国承休县男”。承休县，河南汝州。

公之大王父也，公指墓主李纵，大王父，曾祖父。

崔实智，无载。

王父，祖父。仙州，河南方城、叶县、舞阳一带。安州（中都督府），湖北安陆。王父名惠，曾任济源县令（从六品上），致仕后住在东都，始称河南县人，死后赠安州都督（正三品），葬于孟县龙台。何为？一因父亲旧兆在此，二因龙台村处于孟县西部岭区，登高则可北望太行、济源，南眺黄河、邙山，居一地而解两思。墓地东依杏树岭，西仰五龙庙冢（孟县海拔最高点），实乃丧葬佳地。

郑延州，无载。

礼部侍郎、御史中丞，均正四品下。刑部尚书，正三品。浙江东西节度使，为浙江东道节度使、浙江西道节度使的合称。浙东节度使辖越、衢、婺、温、台、明等州，浙西节度使辖润、苏、常、杭、湖等州。《新唐书·张巡传》提及“肃宗诏中书侍郎张镐代进明节度河南，率浙东李希言、浙西司空袭礼、淮南高适、青州邓景山四节度掎角救睢阳”，时墓主的父亲李希言任浙东节度使，志与史合。

齐休，无载。金吾将军，左金吾将军省称，掌巡徼，从三品。

公，尚书之冢子也，李纵为李希言的长子。

开元十七年，公元729年。敏寤，敏悟。资，具备。帅行，遵循实行。成文，形成自己的文采、风范。旨，旨趣。为日，学习研究的日子。

御侮校尉，武散官，从八品上。补，补入空缺。右清道率府，掌东宫内外昼夜巡查。兵曹参军，从八品下。

文公，李希言，李纵的父亲。汴州，开封。李希言从浙江任上赴京觐见朝廷，中途死于开封。

转，转任。左骁卫，掌朝会。仓曹参军，正八品下。

试，试任。太子通事舍人，东宫属官，正七品下。浙西团练判官，即浙江西道司兵参军，正七品下。

辟，征调。观察支使，观察使属官，位在判官下。浙西节度使也称浙西观察使，视有无戎事易名。李纵来到父亲曾经的辖地任官，如鱼得水。

大理评事，从八品下。润州（上州），江苏丹徒。延陵县（上县），今丹阳西南的延陵镇一带。

迁，调动职务。司直，掌弹劾官僚，纠举不法，詹事府、大理寺下常有司直，正七品上。湖州（上州），浙江湖州。上州司马，从五品下。团练副使，位在团练使下，比观察副使稍低。

太子洗马，从五品下。常州（上州），江苏常州。上州长史，从五品上。秘书省著作郎兼别驾，前者从五品上，后者未言明何州别驾，根据李纵的历练，应为最低一级别驾，从五品上。

加，加上之意。检校，检校其事，非实职，转为代理之意。驾部员外郎（从六品上）。

三迁职皆如初，李纵自兵曹参军入仕，一直在五、六、七品打转，故有此言。

兴元元年，公元784年。房州（下州），湖北房县。下州刺史，正四品下。朝议郎，文散官，正六品上。朝散大夫，文散官，从五品下。上柱国，勋官，正二品。开国为高邑县男，爵称，从五品上。金州（下州），陕西安康市。

贞元六年，公元790年。李纵死时年62岁，最高职事官为正四品下。

我叔父，志文撰写者应为李纵的儿子，纵为希言长子，故有此称。吏部侍郎，正四品上。李希言有子（李纾）曾任同州刺史、兵部侍郎、吏部侍郎，死赠礼部尚书，新旧唐书皆有其传。“我叔父”即此人。

宝历二年，公元826年。吏部郎中，正五品上。李纵死时已是正四品下，为何朝廷颁来低一级的官衔，未解。也许京官身份比外官身份高贵。

文公之镇江东，指李希言任浙江东、西节度使，浙江，江东故地。族兄弟之从者五人，兄弟之子从者八人，指李希言的同族兄弟及子侄共十三人。及公介戎政于二州，指李纵从政于润州、湖州。复衣食之，又供养之。

中州丧乱，指安史之乱。

公之所从，李纵所追随的人。有若，有如。

李栖筠，代宗近臣，《新唐书》有传，终任御史大夫（正三品），死赠吏部尚书。曾任常州刺史、苏州刺史、兼御史中丞、浙西团练观察使。

韦元甫，《旧唐书》有传，卒于淮南节度使任上，曾任苏州刺史、浙江西道都团练观察使。

独孤及，《新唐书》有传，洛阳人，曾任太常博士，濠、舒二州刺史。

贤侯，有德有位的人。

公之与游，李纵所交游的人。

崔太傅祐甫，《新唐书》《旧唐书》皆有传，德宗时宰相，为人刚正不阿，死赠太傅。

杨中书炎袁，根据前句“崔太傅祐甫”和后句“给事高谢”“舍人良弼”的语法，中书可指中书令或是赠衔，也可指中书侍郎、中书舍人，但炎袁此人史无载。德宗时另一宰相杨炎与崔祐甫同朝为官，曾任中书舍人，若是此人的话，则墓志衍一“袁”字。

给事高谢，给事有给事郎、给事中两职，前者正八品上，后者正五品上。高谢，无载。

舍人良弼，指中书舍人（正五品上）谢良弼。

皆人望也，有声望的人。

莅一县抚二州，指李纵任延陵县令、湖州司马、常州长史。

梁肃，《旧唐书·陆贽传》提到“梁肃文艺冠时，贽输心于肃”，《韩愈传》叙及“而独孤及、梁肃最称渊奥，儒林推重”，曾任监察御史（正八品下）。

夫人监察御史鑛之女，鑛，无载。大历四年，公元769年。夫人先于李纵而逝，时李纵尚在湖州任上。贞元十年（794年），李纵停尸京城已四年，夫人不得已回到旧茔外等待夫君。今年，指宝历二年，李纵赠吏部郎中，夫人封荥阳县太君，终得圆满。

方何，无载。咸阳县主簿，正九品上。

友良，无载。庐州（上州）录事参军，从七品上。

宗郘，无载。明州（上州），浙江宁波。慈溪县令，从六品上。

师尚，无载。河南县尉，从八品下。

承聃，无载。京兆府法曹参军，正七品下。

崔据，无载。缑氏（次赤），专管恭陵，偃师缑氏镇。县令，从五品上。

叔女，这里是二女。郑儋，《旧唐书·德宗》有言“以河东行军司马郑儋检校工部尚书、太原尹、河东节度使”，在任不期年而卒。志与史合。皆已殃矣，夫妻双亡。

季女，这里是三女。河东，山西。裴远，无载。

小子，撰志者本人谦称，名虞。右拾遗，中书省属员，掌讽谏，从八品下。内供奉，殿中侍御史成员，掌朝廷供奉礼仪，从七品下。

河南府士曹参军，正七品下。直史馆，即直馆，史馆属员，位阶低于修撰。《旧唐书·裴垍传》有云：“集贤御书院，请准《六典》，登朝官五品已上为学士，六品已下为直学士……史馆请登朝官入馆者，并为修撰；非登朝官，并为直馆。”直有充的意思。

茕茕，孤独无依，孤梼，孤余。不知怙恃，没有依靠。终天靡及，穷尽天际也赶不上。灵绪崇止，心绪起伏。无有，指逝者或空旷的墓地。

墓志凡1116字，铭仅23字，序达1093字，以叙述人名、地名、官名、事迹为主，记人名（身份确定者）58个、地名50处、官名（不含重者）49个、主要事迹3宗，苑若繁花生树，蔚为大观。58人中有血缘关系的有36人，其中以李纵的从高祖敬玄、元素官最大，一门两宰相。李纵的直系亲属中，以其父希言最为风光，官至节度使，驰骋疆场，戎马一生；其弟李纾也不错，喜诙谐，有文采，为德宗近臣；李纵的儿女，也算是官二代，虽无翘楚，别有花实，特别是二女，还嫁了个工部尚书。令人生疑的是，墓志在事无巨细地记述大小官职、远近亲戚，却对自己的直系先祖（彦忱的父亲）名讳只字未提，是否元素被杀，此弟牵连其中，致事迹不彰，尚需其他墓志的证实。兹列李纵世系于后：

李聃—李昙（曾孙）—善权（31世）—庆历—嗣伯—显达—迁—孝卿
　├—长子敬玄—思冲
　├—季子元素　—希言
　│　　　　　　　├—纵—虞
　│　　　　　　　└—纾
　└—承休县男—彦忱—惠

（原刊于《华夏源》2014年第4期）

辽宋金壁画墓观察

郝红星

壁画是人类发明的最古老的一种艺术形式，它比我们常见的纸质绘画、帛质绘画要古老得多。当1.8万年前的山顶洞人发现了赤铁矿的装饰作用后，便用它来涂抹兽牙、骨石制成的装饰品，使之看上去更为美丽，显示人类已经有了美的观念。当五千年前的大地湾人在屋内地面上进行创作时，说明人们已经有了抽象能力，可以熟练运用矿物颜料将心中美的意念进行临摹并表达出来，因此，笔者认为，大地湾的地画可以作为最早的壁画来看待，在大地湾有成熟的水泥式地面，难道它的墙面会很次吗？只是，现在还没有发现壁画残迹，比之晚一千年的石峁城址东城门确有壁画存在。

笔者不主张将大地湾的彩陶图案当做壁画，当然那也是一种壁面，这种腹壁上的画是经过变焦的，与我们所说的保有一定体量的壁画不同。同样地，岩画在质地、用料、作法、视角方面更有其特殊性，也不宜归入壁画类，我们所指的壁画是通常意义上的壁画，包括寺庙、道观、石窟墙壁上场面恢宏的壁画，也包括幽幽处于地下的墓葬壁画。

壁画从地上走入地下，完全因为人们的需求使然，在那个特殊的场合，能看到人们精神层次的复杂多变，早期对天界的模糊认知，后期对幸福的热切盼望。这篇文章却不是讨论墓葬壁画内容的，而是对辽宋金壁画墓的一些外在特点如地域分布及由此引起的结构类型作一观察，当然，也分析了不同类型的前世今生。由于砖雕墓局部绘有壁画，分析时也将其涵盖其中。

一、辽宋金壁画墓、砖雕墓墓葬形制

目前已发表的辽宋金纪年壁画墓、纪年砖雕墓有40多座，有些墓葬发表时资料不全，难以引用，我们选取20多座有平、剖面图的纪年壁画墓、纪年砖雕墓，以及少数几座年代较为肯定但无纪年的壁画墓、砖雕墓，分析它们的形制，并借此构成类型。

正如辽宋金三朝的疆域一样，辽宋金壁画墓、砖雕墓的分布区域主要在海河流域、黄河流域。这些墓葬有时代上的区别，但更多的是形制与类型的区别，我们的依据主要是墓葬的平面形状。

辽宋金壁画墓、砖雕墓分为单室墓和双室墓两大类，墓道形式多样，有斜坡式、台阶斜坡式和竖井状墓道，时间越晚，竖井状墓道越多，这可能与晚唐已经开始的墓道竖井化有关系。墓道竖井化无助于壁画墓、砖雕墓的修建，实是一种无奈之举。对于一般土洞墓而言，竖井状墓道存在出土便捷、回填方便的优点，砖砌的壁画墓和砖雕墓要在墓道和墓室两个方向同时出土，竖井状墓道出土便捷的优点被削弱，斜坡墓道利于运送建材的优点被放大，所以，早期的壁画墓、砖雕墓多斜坡墓道，后来人们习惯从墓室方向传递建材，墓道实在没有必要再修建那么长，故后期墓道被减省成竖井状。据此，我们不将墓道形状作为墓葬分型的依据，而是根据墓室形状来划分。

1. 单室砖室墓

分为A、B、C、D、E五型。

A型　3例。弧边墓，墓室方形或长方形。根据墓室内壁收分的高度分作二亚型。

Aa型　1例。墓室下部直壁，铺作设在直壁上部，铺作以上开始收分。

林县城关宋墓[1]，约公元1070年。墓道，长方形竖井状，长7.6米，宽1.4米，深3.5米。墓室，长方形，四壁略弧，攒尖顶，长2.68米，宽2.8米，高4.4米，倒“凹”字形棺床，棺座饰壶门。墓室四角砌倚柱，北壁与西壁中部各有两倚柱，柱间施阑额，柱上普拍枋，东壁砌桌椅，无倚柱、阑额，柱上设转角铺作、柱头铺作、补间铺作。铺作结构一样：栌斗上出泥道拱、华拱，泥道拱上承柱头枋，华拱上为替木、橑檐枋，再上为檐椽、飞椽、望板、仰覆瓦。南壁东侧绘奏乐图，西侧绘出行图，北壁砌假门，上绘一妇人，两侧为直棂窗，东壁椅上绘墓主夫妇，身旁各立一仆人，西壁砌二十四孝砖雕，孝子有杨香、陆绩、刘明达、董永等24人（图一）。

Ab型　2例，郑州南关宋墓[2]、郑州二里冈宋墓[3]。墓室下部直壁，铺作设在直壁之上，墓室从铺作开始收分。

（1）郑州南关宋墓，公元1056年。墓道，台阶式斜坡状，残长3.94米，宽0.78～1.64米，深3.66米。墓室近方形，攒尖顶，长1.97米，宽2.03米，高2.26米，倒“凹”字形棺床，棺座须弥式。四角砌倚柱，柱头铺作：栌斗出泥道拱、昂，泥道拱上为替木、橑檐枋、檐椽。补间铺作结构：栌斗出泥道、华拱，两者共承替木、橑檐枋、檐椽。甬道壁绘牵马图。墓室南壁砌盆架与物架，北壁为假门与直棂窗，东壁有衣架、镜架、柜等，西壁砌桌椅、灯檠等（图二）。

（2）郑州二里岗宋墓，北宋初年。墓道斜坡式，长7.6米，宽1.4米，深3.5米。墓室近方形，攒尖顶塌，边长约2.8米，北部横一形棺床，须弥座。墓室四角砌倚柱，上设转角铺作：栌斗上置泥道拱、昂，以上残。四壁各有一补间铺作，仅余栌斗及华拱之拱。墓室南壁东侧壁画不清，西侧为砖雕井，北壁假门两侧为直棂窗，东壁砖砌灯檠、柜、衣架等，西壁南部壁画不清，北部为砖砌桌椅（图三）。

B型　7例。直边墓，墓室方形或长方形。根据墓室内壁收分的高度分作二亚型。

Ba型　7例，山西长治马豫修墓[4]、山西壶关宋墓[5]、山西屯留金墓[6]、长治故漳金墓[7]、长治安昌金墓[8]，侯马董玘坚墓[9]、山西屯留宋村金墓[10]。墓室下部直壁，铺作设在直壁上部，铺作以上开始收分。

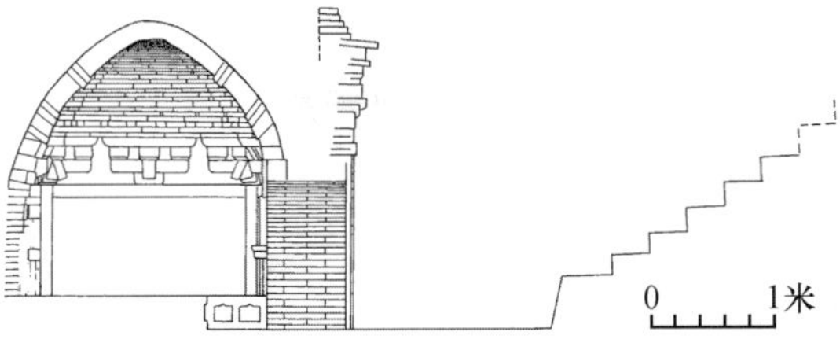

图二　郑州南关宋墓剖面图

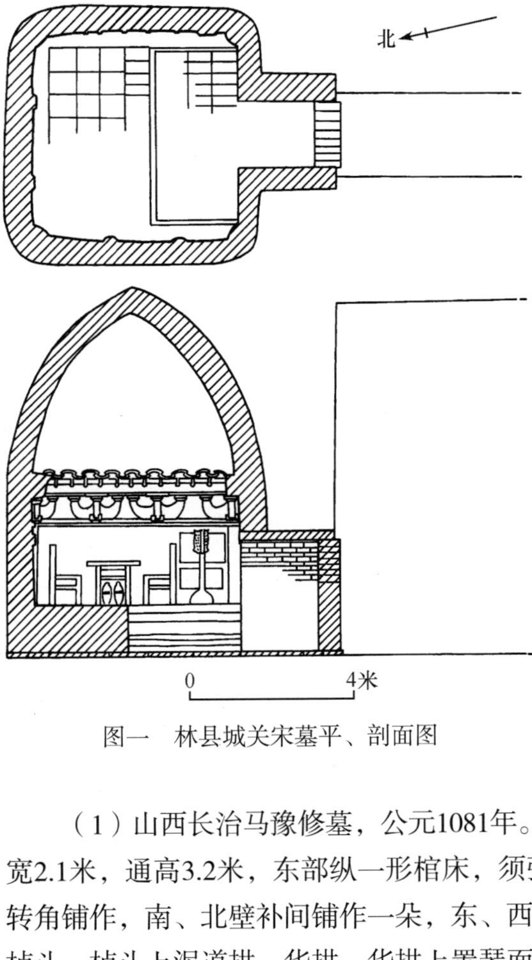

图一　林县城关宋墓平、剖面图

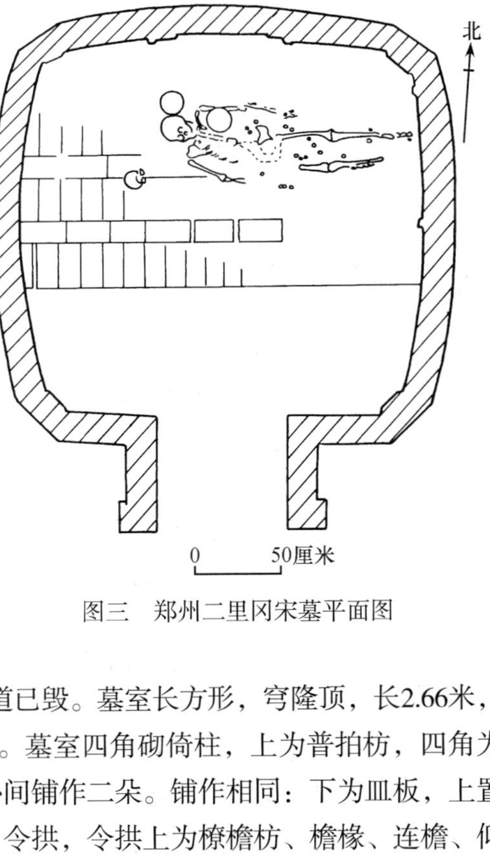

图三　郑州二里冈宋墓平面图

（1）山西长治马豫修墓，公元1081年。墓道已毁。墓室长方形，穹隆顶，长2.66米，宽2.1米，通高3.2米，东部纵一形棺床，须弥座。墓室四角砌倚柱，上为普拍枋，四角为转角铺作，南、北壁补间铺作一朵，东、西壁补间铺作二朵。铺作相同：下为皿板，上置栌斗，栌斗上泥道拱、华拱，华拱上置琴面昂、令拱，令拱上为橑檐枋、檐椽、连檐、仰覆瓦，再上为穹隆顶。墓室北壁设假门一，直棂窗二，东、西壁各设假门一，直棂窗二，门窗外侧两排孝子、生活砖雕，孝子有王祥、赵孝宗、鲍山、田真等9人（图四）。

（2）山西壶关宋墓，公元1087年。墓道未清理。墓室，方形，穹隆顶，边长1.82米，通高3.03米，四壁下部砌成须弥座，方砖铺地。墓室东西两侧各设一耳室，长1.1米，宽0.98米，墓室北并排设两个耳室，长1.08米，宽0.9米。墓室四角设四根倚柱，倚柱上为普拍枋，普拍枋上有四朵转角铺作和四朵补间铺作，结构相同：栌斗上出泥道拱、华拱，慢拱做成连隐慢拱形式，其散斗上承柱头枋，华拱上为瓜子拱、二层华拱，瓜子拱上承慢拱，二层华拱上为琴面昂、令拱，令拱上承橑檐枋、圆檐椽、连檐、仰覆瓦，再上为穹隆顶。墓室四壁砌有武士、侍女、孝子砖雕，孝子有：曾参、郭巨、元觉、舜等20人（图五）。

图四　山西长治马豫修墓平、剖面图

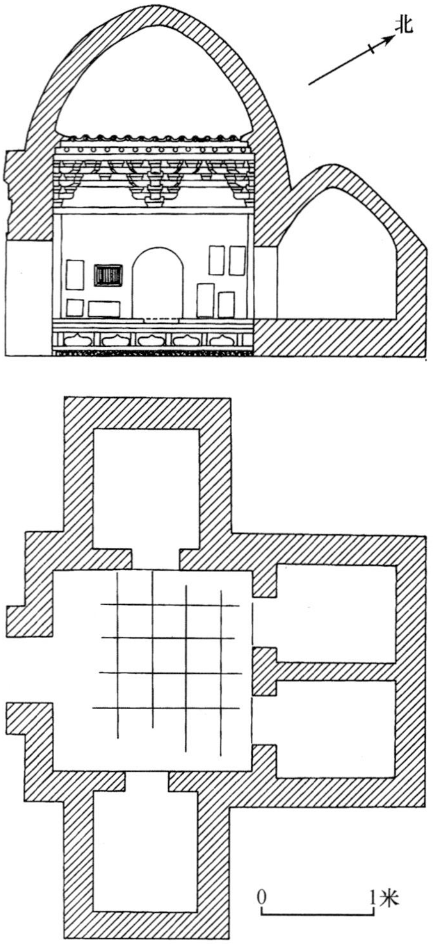

图五　山西壶关宋墓平、剖面图

（3）山西屯留金墓，公元1135年。墓道未清。墓室长方形，攒尖顶，长2.29米，宽2.4米，通高3.65米，砖铺地。墓室四角砌倚柱，柱间为普拍枋，柱头为栌斗、角替，角替上承阑额，其上复置短柱，柱上为普拍枋、四铺作、橑檐枋、檐椽、板瓦。铺作结构：栌斗出泥道拱、华拱，华拱上承令拱，令拱上为替木。四壁中部为补间铺作，结构同前。墓室南壁绘武士与农耕图，北壁假门上绘夫妇对坐，两侧直棂窗下绘女工图，东壁假门两侧绘庖厨与挑水场面，西壁假门两侧绘喂马场面与侍女。墓室两普拍枋之间绘姜诗、王祥、舜、王裒等二十四孝（图六）。

（4）长治故漳金墓，公元1189年。墓道，长方形竖井状，长1.07米，宽1米，深4.7米。墓室近方形，攒尖顶，长2.75米，宽2.5米，高约4.6米，砖铺地，东、西壁各有一小耳室。墓室四角设倚柱，柱上出角替，上为阑额，柱头为转角铺作，各壁均有二朵补间铺作。北壁四朵铺作结构：栌斗上承泥道拱、华拱，泥道拱上为鸳鸯交手拱，其上为柱头枋，华拱上承瓜子拱、琴面昂，昂之上为令拱、耍头，令拱上承素枋，再上为屋沿滴水。其余铺作结构相同：栌斗出泥道拱、华拱，泥道拱上为柱头枋，华拱上为令拱、耍头，令拱上承素枋、檫檐枋，再上为滴水。北壁砌假门，两侧直棂窗，东壁、西壁中为耳室门，两侧直棂窗。墓室南壁绘门吏，其余三壁门、窗间绘孝子，孝子有元觉、田真、王武子、舜等22人（图七）。

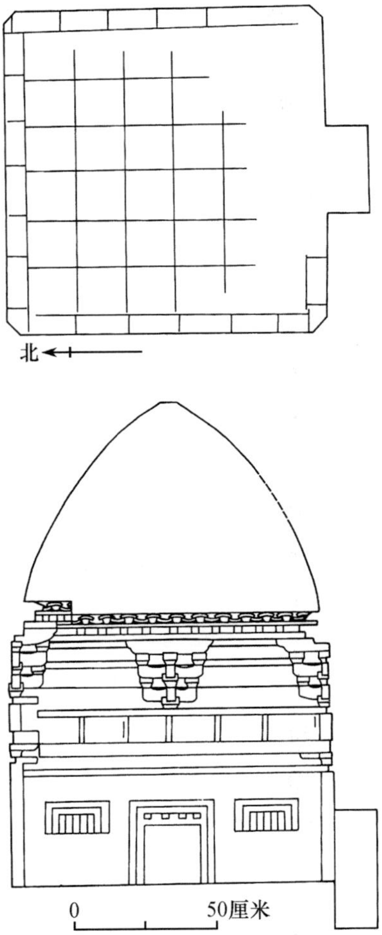

图六　山西屯留金墓平、剖面图

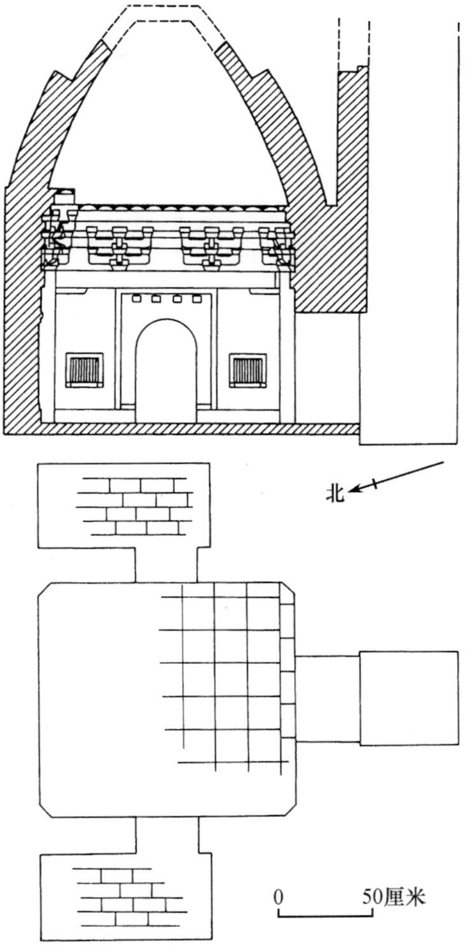

图七　长治故漳金墓平、剖面图

（5）长治安昌金墓，公元1196年。墓道，长方形竖井状，长2.15米，宽0.63米。墓室,长方形，攒尖顶，长2.25米，宽2.1米，高4米。墓室东、西、北三壁各有一耳室，东南角、西南角各有小耳室，四角砌倚柱，东、西、南三壁门洞两侧各有两倚柱，倚柱上为角替、阑额，柱头上为转角铺作、柱头铺作，南壁、北壁共有三朵补间铺作。南壁三朵铺作结构：栌斗上承泥道拱、昂，昂上承令拱。东、西两壁铺作结构：栌斗出泥道拱、华拱，泥道拱上承柱头枋，华拱上承令拱。北壁四朵铺作结构：栌斗出泥道拱、华拱，泥道拱上承柱头枋，华拱上承瓜子拱、昂，瓜子拱上为罗汉枋，昂上为令拱、耍头。四壁令拱之上均为素枋、檫檐枋、檐椽、仰覆瓦。墓室北、东、西三壁绘曹娥、郭

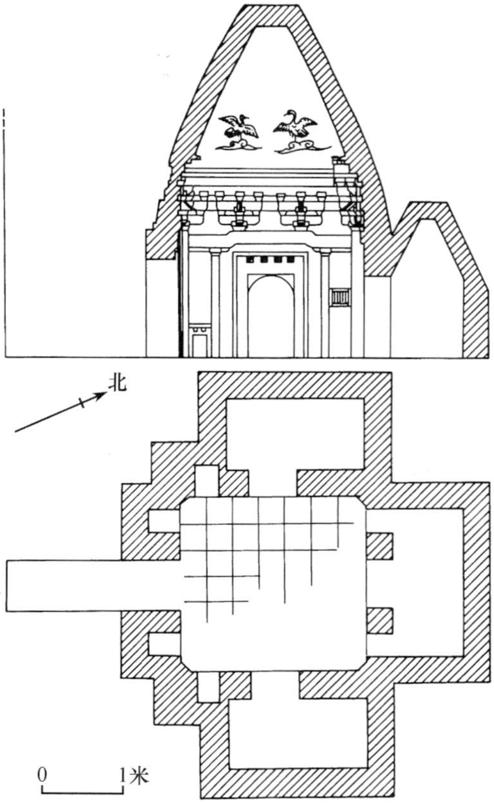

图八　长治安昌金墓平、剖面图

巨、赵孝宗、老莱子等二十四孝，墓顶绘云、鹤（图八）。

（6）侯马董玘坚墓，公元1210年。墓道，阶梯状，长4.7米，宽0.4米。墓室，近方形，攒尖顶，长2.26米，宽2.08米，高4.2米，横一形棺床。墓室四壁下部为须弥座，座上四角设倚柱，柱间为普拍枋，柱头转角铺作，四壁各有二补间铺作，结构相同，均为单抄单昂五铺作。南壁甬道两侧雕狮子、盆莲，北壁中部下方雕夫妇对坐，上方为一戏台及五演员，两侧各有一屏风，屏心饰孔雀与花卉，屏风外侧倚柱上雕饰男童、女童。东壁、西壁雕六扇格子门，上方为门楼。墓顶为八角藻井，上饰八仙、云鹤等（图九）。

（7）山西屯留宋村金墓，金代。墓道未清理。墓室，长方形，攒尖顶，南北长2.9米，东西宽3.3米，残高3.64米，砖铺地。墓室四角砌倚柱，柱间为阑额，柱头四朵单抄单昂四铺作，东西两壁各有二朵把头绞项造（北壁从宽度看，也应有二朵这样的铺作，但文章未做交代），铺作之上为橑檐枋、仰瓦。墓室东、西、北三壁的中部为假门，两侧为直棂窗。南壁东侧绘武士与马，西侧绘武士与牛，北壁东侧与西侧均绘夫妇对坐图及奴仆，东壁绘庖厨图、挑水图，西壁绘推磨图、舂米图，东、西、北三壁的上部绘田真、鲍山、蔡顺、鲁义姑等二十四孝，拱眼壁绘各种花卉（图一〇）。

Bb型　暂缺。荥阳槐西村有座直边土洞壁画墓[11]，或许郑州地区也能出现直边砖室壁画墓。

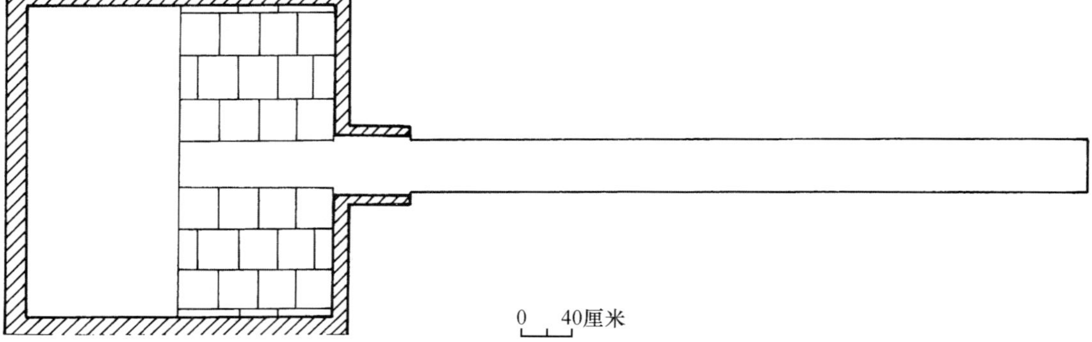

图九　侯马董玘坚墓平面图

槐西宋代土洞壁画墓，北宋晚期。墓道，长方形竖井状，长2米，宽0.56～0.8米，深3米。墓室近方形，盝顶，南北长1.7米，东西宽2.1米，高约1.66米。墓室四角影作倚柱，无斗拱，四壁下部绘出行图、备宴图、梳妆图、家居图等，上部绘15幅行孝图，墓顶绘花卉（图一一）。

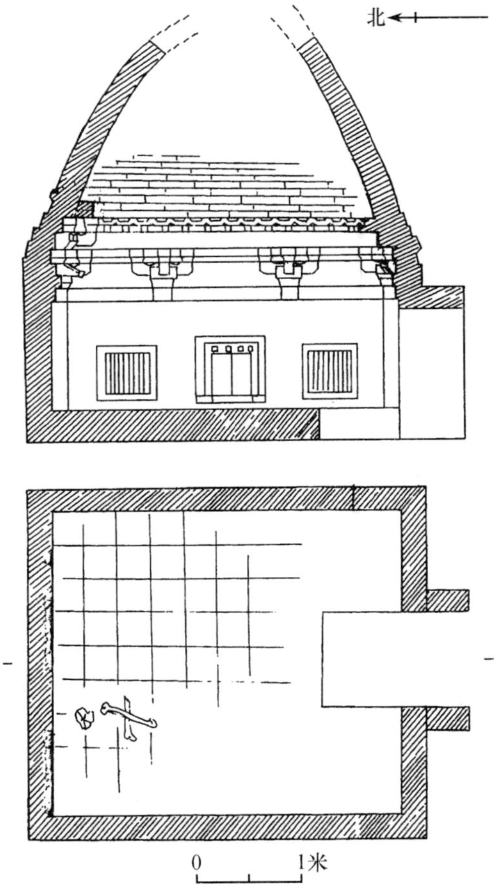

图一〇　山西屯留宋村金墓平、剖面图

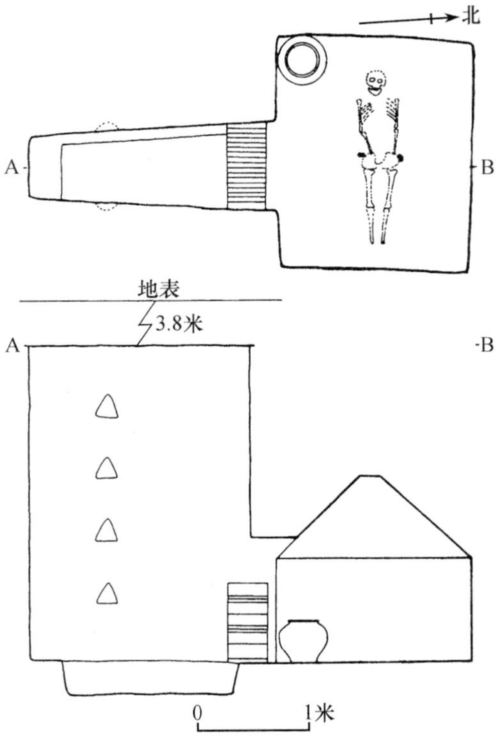

图一一　荥阳槐西壁画墓平、剖面图

C型　6例。墓室为圆形。根据墓室内壁收分的高度分作二亚型。

Ca型　2例，河北迁安韩相墓[12]、河北宣化张世本墓[13]。墓室下部直壁，铺作设在直壁上部，铺作以上开始收分。

（1）河北迁安韩相墓，公元1017年。墓门、墓道未发掘。墓室，圆形，低穹隆顶，直径2.94米，通高3.15米，横一形棺床，高于墓底0.36米。墓室倚柱四根，柱间为阑额，柱头设批竹昂，上有栌斗，栌斗上有泥道拱、华拱，泥道拱散斗与华拱之斗共承素枋，素枋上砌橑檐枋，上为穹隆顶。西壁假门，北壁、南壁各砌上有房脊的假门一，似为歇山式（图一二）。

（2）河北宣化张世本墓，公元1093年。墓道未清。墓室，圆形，低穹隆顶，直径

2.64米，通高2.52米，长方砖铺地，北部砖砌棺台，周围放置随葬品。墓室砌四根抹角倚柱，倚柱间设阑额，柱头上为栌斗、泥道拱、华拱，泥道拱、华拱上承替木，替木之上为橑檐枋。墓室南壁绘门吏，北壁砌假门，假门上绘妇人启门，假门外侧绘鹤草，东、西壁砌直棂窗，窗下各绘家居图，拱眼壁绘缠枝花卉，墓顶绘花卉、星宿图（图一三）。

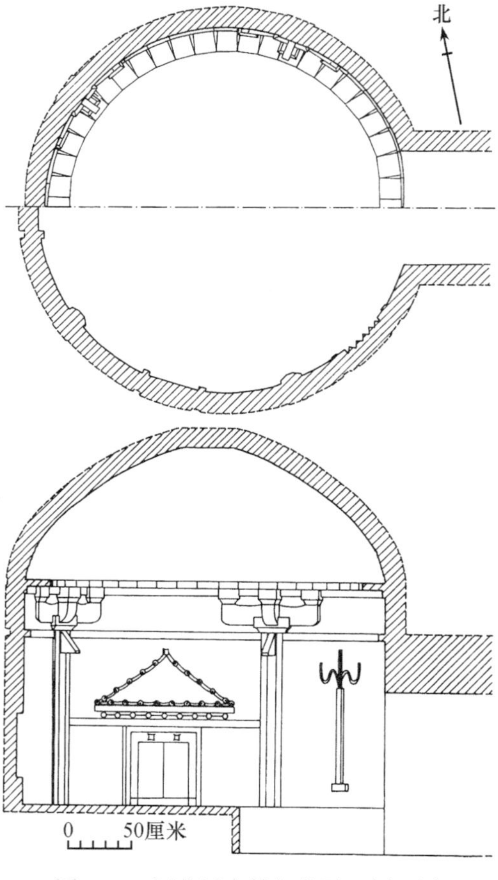

图一二　河北迁安韩相墓平、剖面图

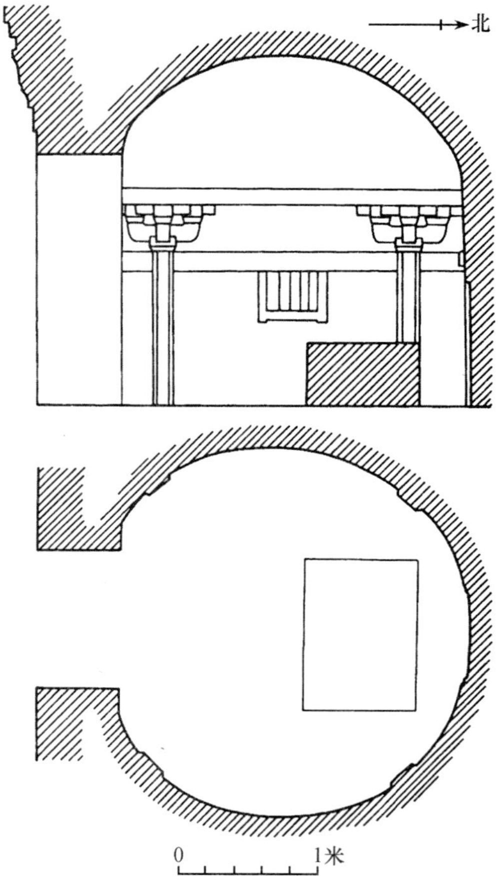

图一三　河北宣化张世本墓平、剖面图

Cb型　4例，巩义涉村壁画墓[14]、山东大学南校区宋代壁画墓[15]、济南市大官庄两座金代壁画墓[16]。墓室下部直壁，铺作设在直壁之上，墓室从铺作开始收分。

（1）巩义涉村壁画墓，约公元1070年。墓道，斜坡状，残长0.4米，宽0.9米，深5.4米。墓室，圆形，攒尖顶，直径2.1米，高3.1米，未见铺地砖。墓壁砌四根倚柱，倚柱间有影作倚柱、影作阑额、普拍枋，其上八朵转角铺作结构：栌斗上伸出一乳袱头、一泥道拱，泥道拱心斗上置一批竹昂并一慢拱（把头绞项造上加慢拱）。墓室下部以影作阑额分成上下两部分：上部绘五郡兄弟孝顺长辈故事；下部甬道东侧绘备宴图，西侧壁画脱落，北壁砖砌假门，两侧为直棂窗，东壁砌桌椅，上坐墓主夫妇，西壁砌桌、几。墓顶壁画脱落（图一四）。

（2）山东大学南校区宋代壁画墓，公元960年。墓道未清理。墓室，圆形，穹隆顶，直径2.55米，高3米，倒“凹”字形棺床，饰壶门。墓室影作四根倚柱，倚柱为阑额，柱头绘把头绞项造，上为替木。拱眼壁绘牡丹卉。墓室甬道东侧绘灯檠、箱子，西侧绘物架，北壁假门、棂窗、凳子等，东壁绘一桌二椅，西壁绘箱、盒、衣架等，墓顶未施壁画（图一五）。

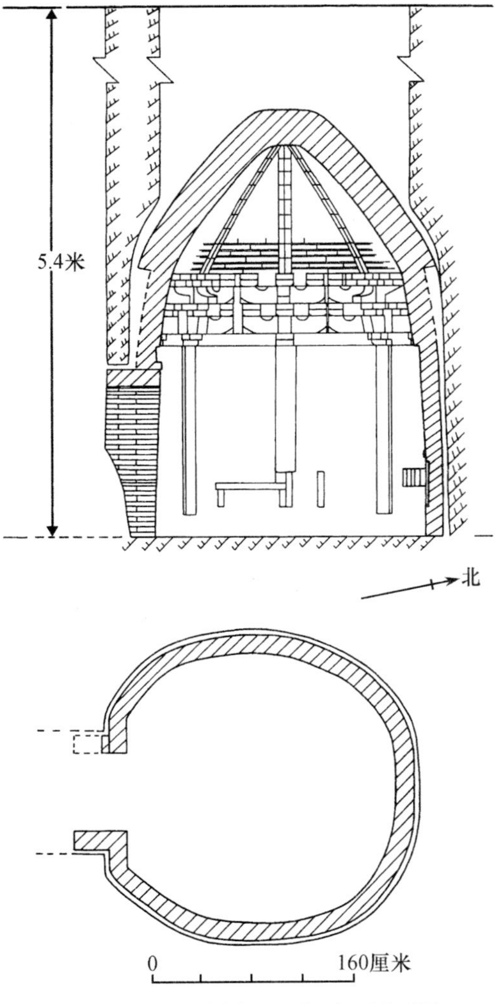

图一四 巩义涉村壁画墓平、剖面图

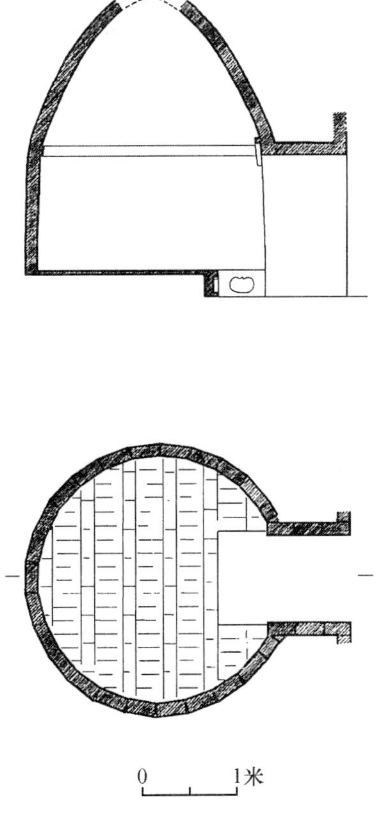

图一五 山东大学南校区宋代壁画墓平、剖面图

D型 2例。六边形墓。根据墓室内壁收分的高度分作二亚型。

Da型 1例。墓室下部直壁，铺作设在直壁上部，铺作以上开始收分。

河北宣化张恭诱墓[17]，公元1117年。墓道未清理。墓室六边形，低穹隆顶，长2.9米，宽2.4米，通高2.42米，方砖铺地，北部置棺，棺周围随葬瓷器、陶器、铜器60余件。墓室内木作均为影作，六根倚柱上绘六朵一斗三升铺作。墓室满绘壁画，南壁墓门两侧绘两门吏，东南壁、西南壁绘备宴场面，东北壁、西北壁、北壁绘花鸟、山石屏风，墓顶绘星象、生肖图（图一六）。

Db型　1例，白沙宋墓三号墓[18]。墓室下部直壁，铺作设在直壁之上，墓室从铺作开始收分。

白沙宋墓三号墓，约公元1070年。墓道，阶梯式，清理一部分。墓室，六边形，攒尖顶，直径2.1米，高约3.5米，倒“凹”字形棺床，棺座须弥式，饰壶门。六角砌倚柱，柱间施阑额、普拍枋，柱头转角铺作，结构为：栌斗上出泥道拱、琴面昂，昂上承慢拱、耍头，慢拱上承素枋、橑檐枋，再上砌两层垂花饰。甬道东壁绘两男侍，西壁绘牵马图。墓室东南壁砌衣架、柜子，衣架上方壁画脱落，西南壁砌桌椅，上坐女主人，身旁立四侍女，东北壁、西北壁各砌直棂窗，北壁砌假门（图一七）。

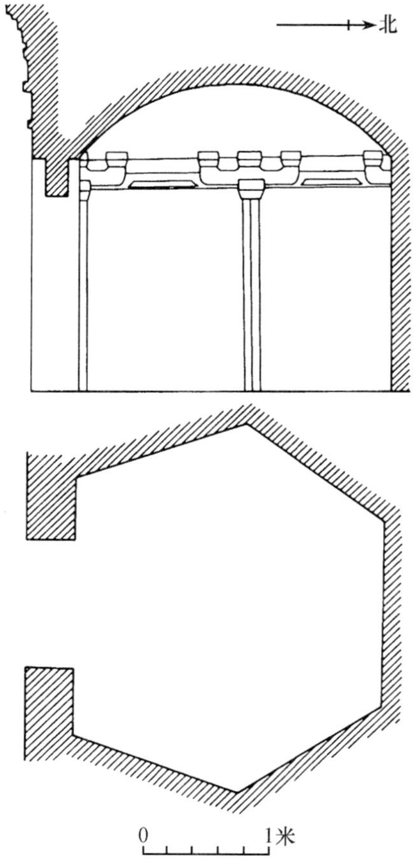

图一六　河北宣化张恭诱墓平、剖面图

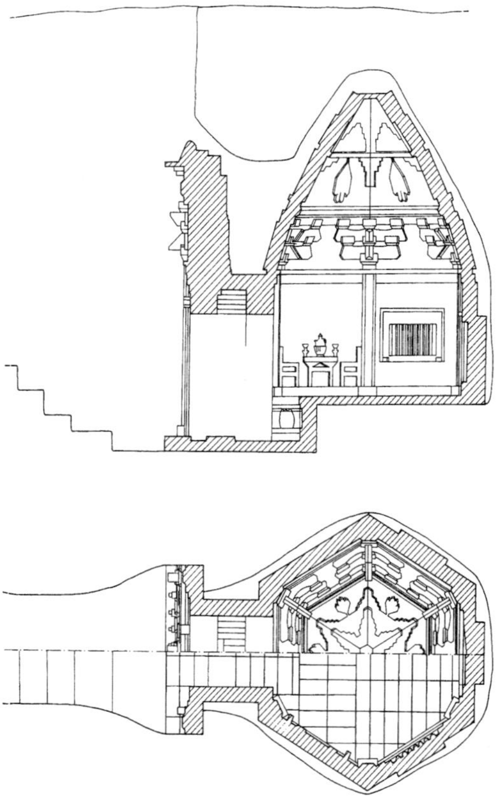

图一七　白沙宋墓三号墓平、剖面图

E型　8例。八边形墓。根据墓室内壁收分的高度分作二亚型。

Ea型　6例。墓室下部直壁，铺作设在直壁上部，铺作以上开始收分。根据墓室铺作特征，分作二式。

EaⅠ式　3例，太原义井金墓[19]、焦作电厂金墓[20]、辉县百泉金墓[21]。有铺作。

（1）太原义井金墓，公元1176年。墓道未清。墓室，八边形，攒尖顶，长2.78米，宽2.16米，高3.23米，砖铺地。墓室绘八根倚柱，柱间绘阑额，柱上砌普拍枋，柱头为转角铺作，结构为：栌斗上出泥道拱、华拱，泥道拱上承连隐慢拱，华拱上出琴面昂，昂上置一斗，此斗与连隐慢拱共承橑檐枋，斗出一耍头。墓室南壁为甬道，北壁砌假门，门两侧绘一人，东南壁砌一灯檠，西南壁绘一文吏，东壁绘二妇人，西壁绘牵马图，东北壁、西北壁砌直棂窗（图一八）。

（2）焦作电厂金墓，公元1189年。墓道阶梯状，长约5.9米，宽1米，深3.88米。墓室，不等边八边形，低穹隆顶，长、宽均为2.88米，高3.45米，砖铺地。墓室四壁下部为须弥座，座上八角为倚柱，柱间施阑额，柱上普拍枋、转角铺作，东壁、西壁各有补间铺作一朵，铺作结构：栌斗上出泥道拱、华拱，泥道拱上承慢拱，华拱上承令拱、耍头，其上为替木，再上为素枋、橑檐枋。墓室东南壁、西南壁砌直棂窗，东壁、西壁砌六扇格子门，东北壁、西北壁砌高几、花瓶，瓶中插花，北壁砌三块孝子砖雕，孝子为郭巨、鲍山，另一不识，墓顶绘云鹤（图一九）。

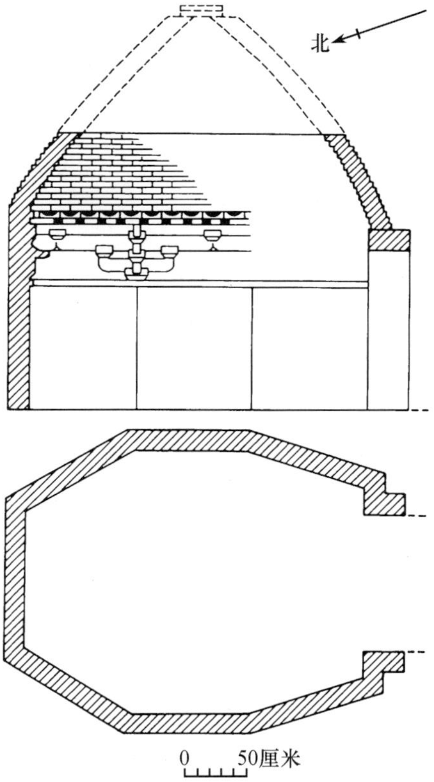

图一八　太原义井金墓平、剖面图

（3）辉县百泉金墓，公元1212年。墓道，长方形竖井状，长5.4米，宽1.6米。墓室，八边形，低穹隆顶，长3.18米，宽3.14米，高2.94米，砖铺地，倒“凹”字形棺床。转角砌倚柱，柱间施阑额、普拍枋，柱头为转角铺作，结构为：栌斗上出泥道拱、华拱，泥道拱上承慢拱，华拱上承耍头、令拱，再上为素枋、橑檐枋、仰覆瓦。墓室东南壁砌直棂窗、鱼，西南壁砌直棂窗、桌子，东壁砌桌椅，西壁砌灯檠，东北壁砌桌子、瓶、壶，西北壁砌桌子、剪、尺子，北壁砌假门（图二〇）。

EaⅡ式　3例，林县赵处墓[22]、焦作老万庄冯三翁墓[23]、登封王上壁画墓[24]。铺作被省去，目的是腾出空间，在墓壁下部绘大幅壁画。

（1）林县赵处墓，公元1143年。墓道未清。墓室八边形，攒尖顶，长2.51米，宽2.48米，高2.58米，倒“凹”字形棺床，棺床，须弥座。东、西、北三壁砌假门，东北、西北两壁砌直棂窗。甬道两壁各绘一武士，东南壁绘奏乐图，西南壁绘庖厨图，东、西、北三壁假门上各绘一妇人，北壁假门之上绘墓主人、四侍者，其余各壁上部绘郭巨、王武子妻、陆绩、刘殷等二十四孝（图二一）。

（2）焦作老万庄冯三翁墓，公元1198年。墓道，拐把式阶梯状，长8米，宽0.66～0.9米。墓室，八边形，穹隆顶，直径2.65米，高3.23米，室内中部置彩绘木棺一具。墓室砌八根倚柱，柱顶为普拍枋，无铺作。墓室南壁为甬道，北壁绘墓主，余绘男侍、女侍，墓顶未绘壁画（图二二）。

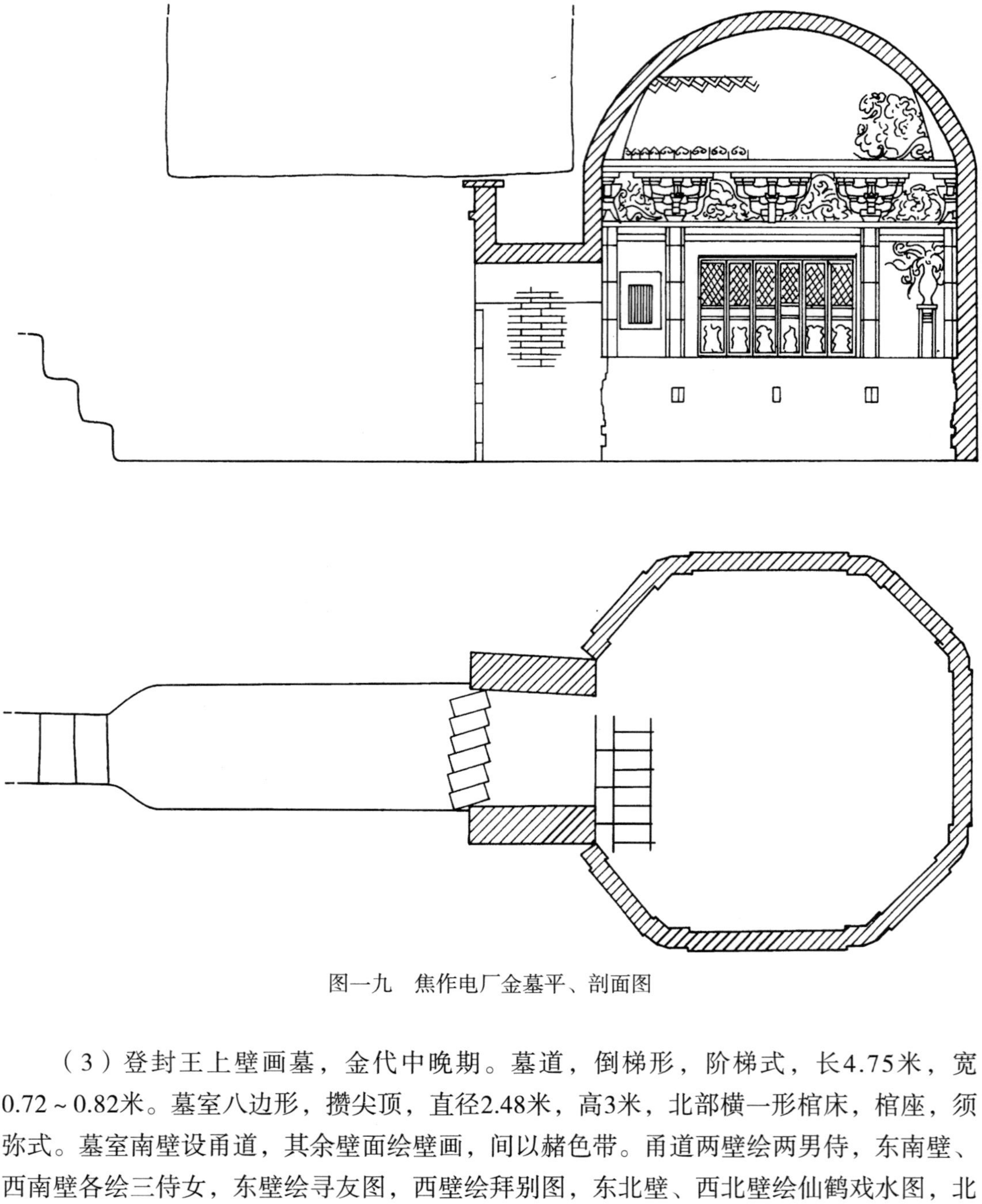

图一九　焦作电厂金墓平、剖面图

（3）登封王上壁画墓，金代中晚期。墓道，倒梯形，阶梯式，长4.75米，宽0.72～0.82米。墓室八边形，攒尖顶，直径2.48米，高3米，北部横一形棺床，棺座，须弥式。墓室南壁设甬道，其余壁面绘壁画，间以赭色带。甬道两壁绘两男侍，东南壁、西南壁各绘三侍女，东壁绘寻友图，西壁绘拜别图，东北壁、西北壁绘仙鹤戏水图，北壁绘梅竹凤石图，墓顶绘云鹤（图二三）。

Eb型　2例，登封黑山沟李守贵墓[25]、新密平陌壁画墓[26]。墓室下部直壁，铺作设在直壁之上，墓室从铺作开始收分。

（1）登封黑山沟李守贵墓，公元1097年。墓道，长方形阶梯状，长7米，宽0.75米。墓室，八边形，攒尖顶，直径2.45米，高3.3米，倒“凹”字形棺床。八角砌倚柱，

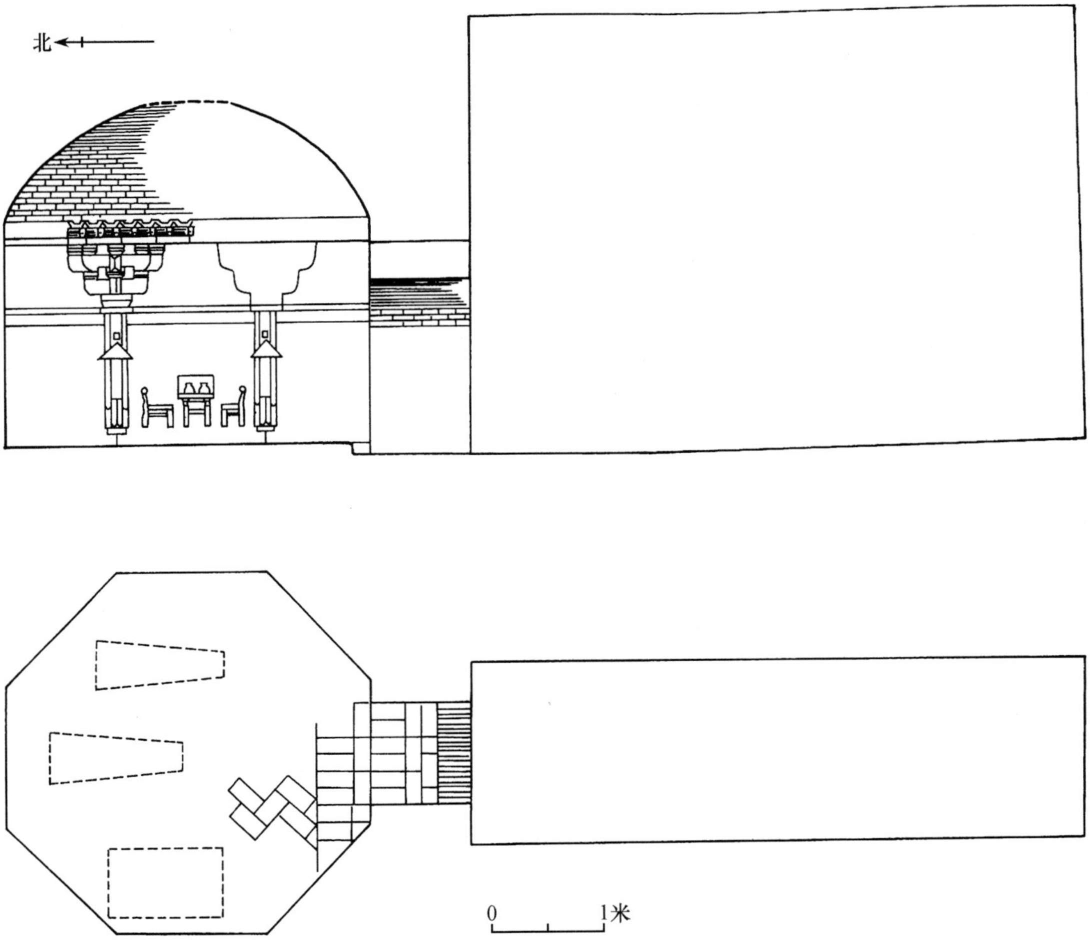

图二〇　辉县百泉金墓平、剖面图

柱间砌阑额、普拍枋，上为转角铺作，结构为：栌斗上有华拱、泥道拱，泥道拱上承慢拱，华拱上置瓜子拱、昂，瓜子拱和慢拱大部重合，其上有罗汉枋，昂上置耍头、令拱，令拱上有替木，上承橑檐枋，再上为垂花饰。墓室南壁为甬道，北壁为假门，东南壁绘侍洗图，西南壁绘备宴图，东壁绘侍寝图，西壁绘伎乐图，东北壁绘侍儿图，西北壁绘墓主对饮图，拱眼壁绘曾参、王武子、董永等八孝子，上部梯形界面绘八幅升仙图，墓顶绘花卉、方胜（图二四）。

（2）新密平陌壁画墓，公元1108年。墓道未清。墓室，八边形，穹隆顶，直径2.36米，高3.62米，倒“凹”字形棺床。墓室，八角砌倚柱，柱间为阑额、普拍枋，其上转角铺作结构为：栌斗上有华拱、泥道拱，泥道拱上承慢拱，华拱上置一耍头、令拱，令拱上有替木，上承橑檐枋，再上砌有垂花饰。墓室下部南壁为甬道，北壁为假门，东南壁绘读写图，西南壁绘梳妆图，东壁绘备宴图，西壁绘家居图，东北壁绘梳妆图，西北壁绘读写图。墓室上部梯形界面内绘八幅壁画，内容为行孝、升仙图，孝子有：闵子骞、鲍山、赵孝宗，顶部壁画脱落（图二五）。

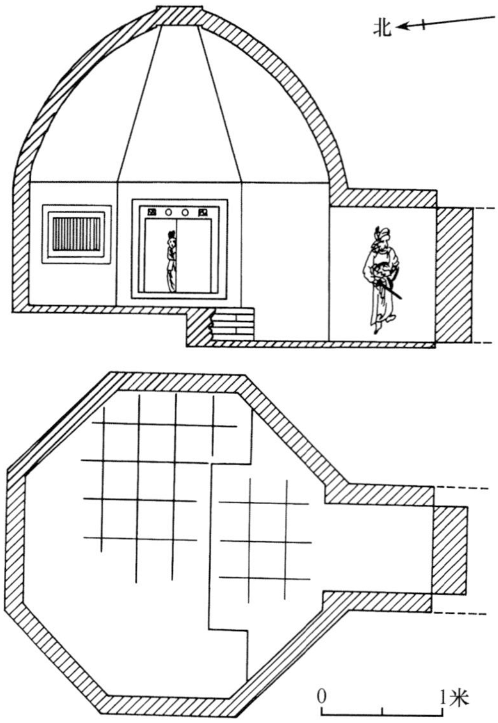

图二一　林县赵处墓平、剖面图

图二二　焦作老万庄冯三翁墓平、剖面图

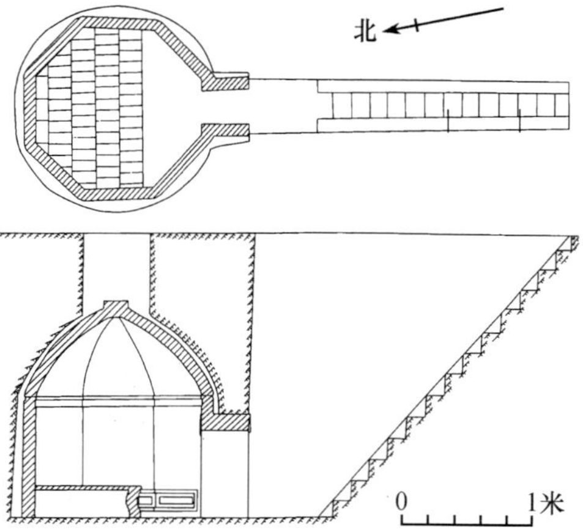

图二三　登封王上壁画墓平、剖面图

2. 双室墓

前室一般为方形或长方形，直边，后室形状多样，根据后室形状将双室砖室墓分为A、B、C三型。

A型　1例。后室为方形或长方形。

河北宣化张世卿墓[27]，公元1116年。墓道，阶梯状，长11.5米，宽2.7米，深4.95米。前室近方形，低穹隆顶，长2.25米，宽2.2米，高3.2米，无倚柱，墓壁1.75米起绘普拍枋、四转角铺作、四补间铺作及橑檐枋，转角铺作与补间铺作结构一样：普拍枋上置翼形拱，栌斗陷于翼形拱内，栌斗上承一斗三升。后室方形，低穹隆顶，边长3.1米，高4.4米，墓壁上部绘木作、铺作，与前室相同。前、后室砖铺地，后室北部置棺，棺周围放置随葬品。前室南壁、北壁均绘门吏，东壁绘奏乐场面，西壁绘出行场面。后室四壁共绘男女侍者十三组，顶绘花卉、星象（图二六）。

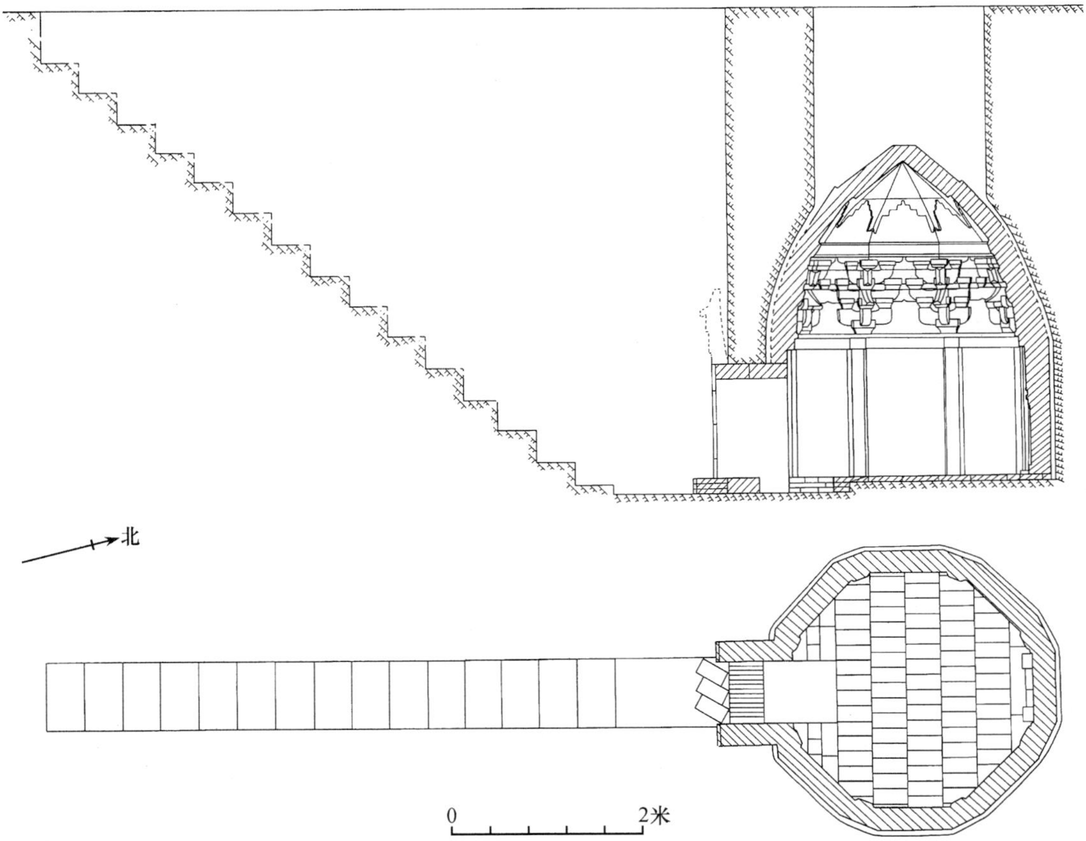

图二四　登封黑山沟李守贵墓平、剖面图

B型　1例。后室为圆形。

河北宣化张文藻墓[28]，公元1093年。墓道，拐把式阶梯状，长6.8米，宽0.6～1.36米，深4.3米。墓道北为一天井，长0.9米，宽2.5米。前室，长方形，低穹隆顶，长1.8米，宽1.6米，通高2.4米，四角设四根影作倚柱，柱间砌普拍枋，枋上为栌斗，栌斗上承泥道拱、替木，替木之上为影作橑檐枋。后室，圆形，低穹隆顶，直径2.85米，通高2.6米，室壁设四根抹角倚柱，柱间为阑额，柱头上设栌斗、泥道拱、华拱，泥道拱之散斗与华拱之斗共承替木，上为橑檐枋，东壁设直棂窗，西壁设假门，北壁砖砌一门楼。前、后室砖铺地，后室北部设棺台，周围放置随葬品。前室东、西壁绘家居、奏乐场面。后室四壁绘人物、花鸟，顶绘花卉、星象图（图二七）。

C型　2例。后室为六边形。根据墓室内壁收分的高度分作二亚型。

Ca型　1例。墓室下部直壁，铺作设在直壁上部，铺作以上开始收分。

河北宣化韩师训墓[29]，公元1111年。墓道未清。前室方形，低穹隆顶，边长2.7米，高2.1米，不见铺作。后室，六边形，低穹隆顶，南北长2.5米，东西宽3.1米，残高2米，墓壁上部砌转角铺作与补间铺作，结构相同：栌斗上承泥道拱、华拱，泥道拱散

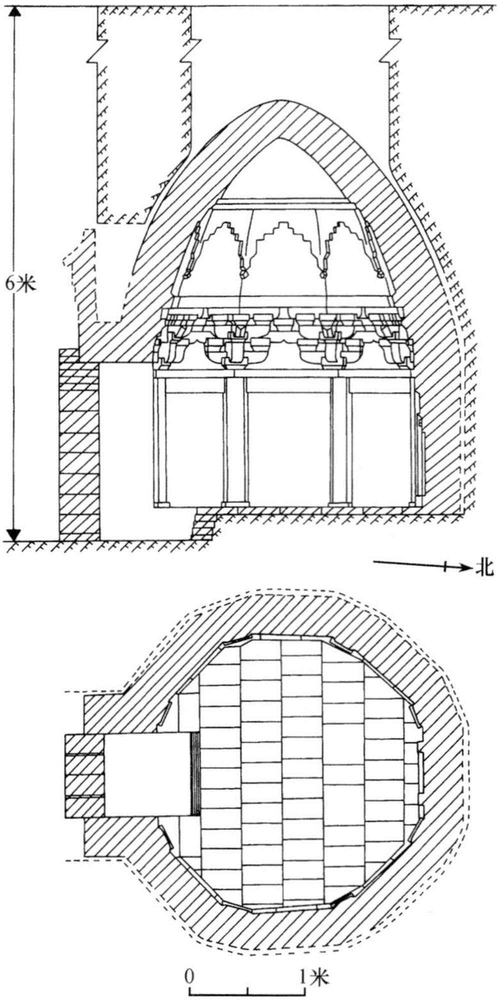

图二五　新密平陌壁画墓平、剖面图

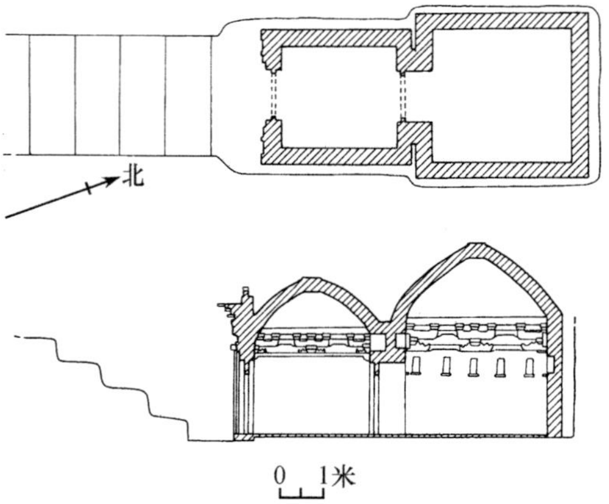

图二六　河北宣化张世卿墓平、剖面图

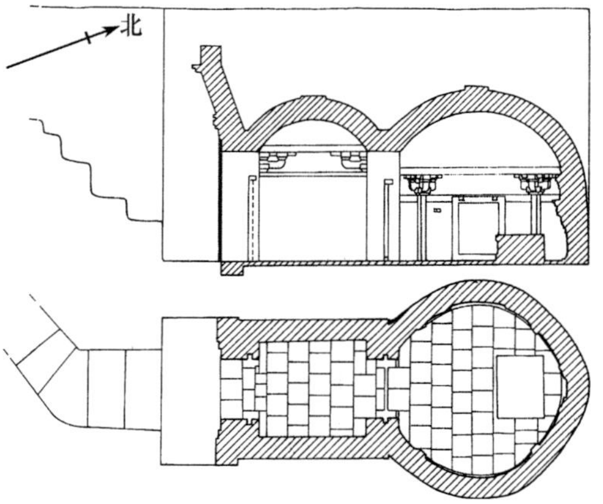

图二七　河北宣化张文藻墓平、剖面图

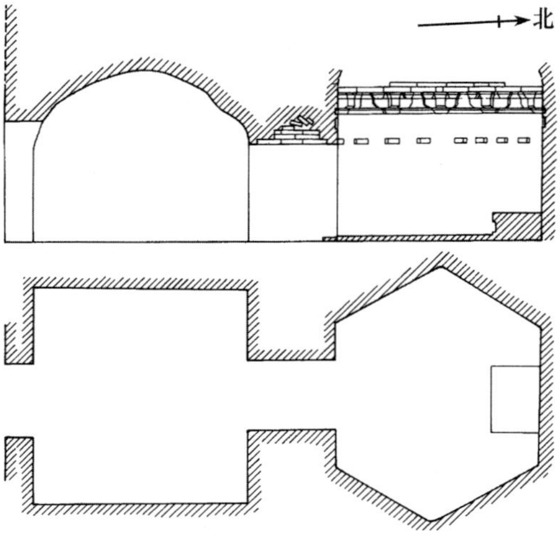

图二八　河北宣化韩师训墓平、剖面图

斗与华拱之斗共承檩檐枋。前、后室，砖铺地，后室北部砖砌棺台，前后室散见随葬品20余件。前室南壁绘门吏，北壁绘门神，东壁绘奏乐场面，西壁绘出行场面，顶绘星象图。后室南壁、北壁绘门吏，东南壁、东北壁绘备宴场面，西南壁绘宴乐场面，西北壁绘备妆场面（图二八）。

Cb型　1例。墓室下部直壁，铺作设在直壁之上，墓室从铺作开始收分。

白沙一号宋墓[30]，公元1099年。墓道，倒梯形，阶梯状，长5.75米，宽0.96～2.12米。

前室，长方形，攒尖顶，长1.84米，宽2.28米，高3.85米，倒“凹”字形棺床，棺座，须弥式。四角砌倚柱，柱间施阑额、普拍枋，柱头转角铺作，南壁补间铺作二朵，东、西壁补间铺作各一朵，铺作结构相同：栌斗上出泥道拱、琴面昂，泥道拱上承柱头枋，昂上为耍头、令拱，令拱上承素枋、橑檐枋。后室，六边形，攒尖顶，直径2.4米，高3.7米，倒“凹”字形棺床，棺座，须弥式。六角砌倚柱，柱间施阑额、普拍枋，柱头为转角铺作，各壁设补间铺作一朵，结构相同，同前室铺作一样。墓顶中部转角亦施铺作、补间铺作，结构：栌斗上出泥道拱、华拱，泥道拱上承慢拱、柱头枋，华拱上为琴面昂，昂之上为耍头、令拱，令拱上承替木、橑檐枋。北壁砌假门，东北、西北两壁各砌直棂窗。甬道东壁绘两男侍，西壁绘三男侍一马。前室南壁绘男侍四人，北壁绘兵器，东壁绘奏乐场面，西壁绘夫妇对坐场面，墓顶绘莲瓣、龟纹、毬纹、柿蒂纹、垂旒等。后室东南壁、西南壁绘侍奉图，东北壁、西北壁绘灯檠、剪、熨斗、几、瓶之类，北壁假门砖雕一妇女，墓顶彩画多脱落（图二九）。

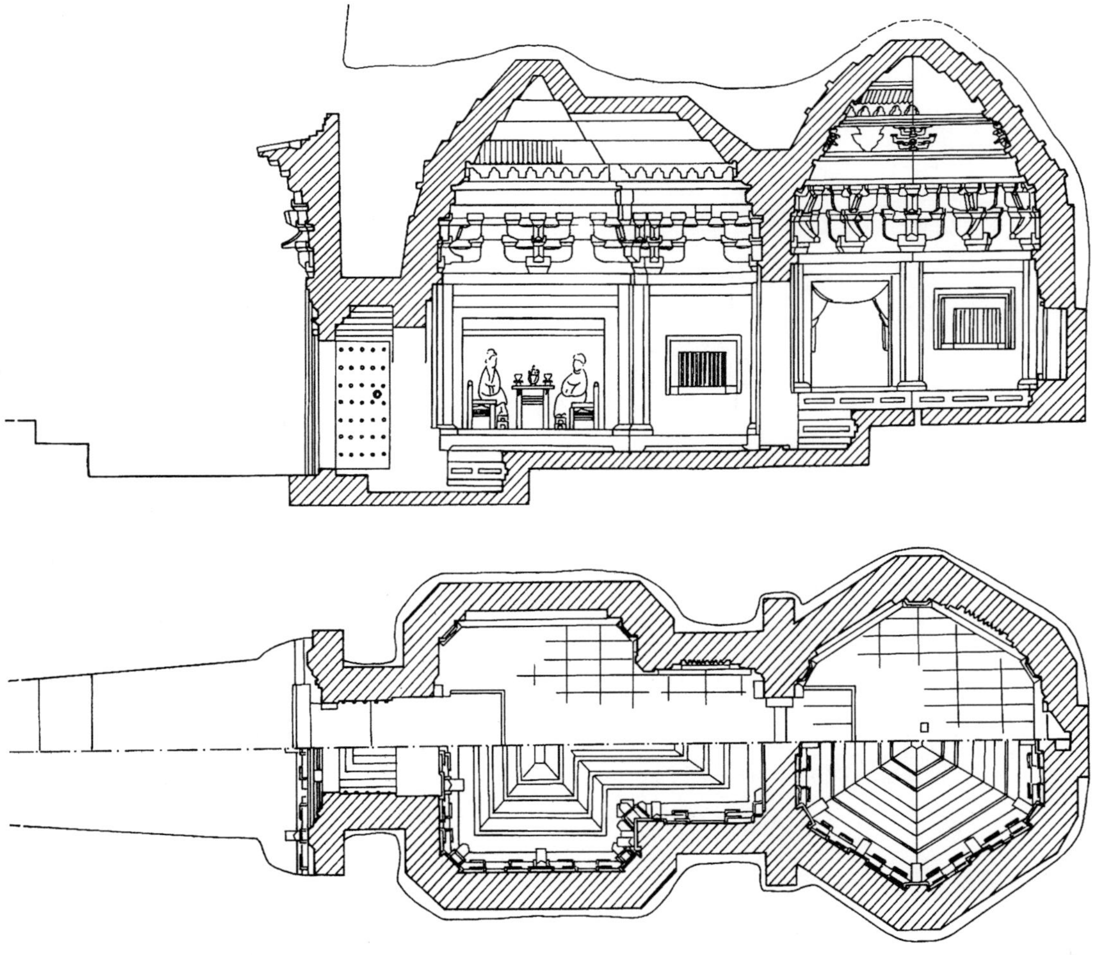

图二九　白沙一号宋墓平、剖面图

二、辽宋金壁画墓、砖雕墓分布规律

我们将辽宋金的壁画墓、砖雕墓分做单室墓、双室墓两大类，单室墓数量较多，墓型丰富，可分为A、B、C、D、E五型，除B型外都可分成二亚型（Bb亚型暂未见到）。双室墓数量较少，分为A、B、C三型，C型分出二亚型（随着以后考古工作的开展，也可能会出现后室为八边形的双室墓，则可将其称为D型墓，也存在将双室墓中四型都分成二亚型的可能）。观察以上诸多墓葬，可以发现以下几个现象：

（1）凡分做二亚型的各型墓葬，亚一型的墓葬均分布在晋南、太行山、安阳一线，或在这条线以北的山西、河北地区，此地区是唐代弧边墓的发源地区，墓葬形制有着高度的一致性；亚二型的墓葬主要分布在洛阳、郑州、济南一线，即黄河以南，这一地区正是唐代直边墓的发源地。为叙述方便，以下我们将亚一型墓葬称为北线墓葬，亚二型墓葬称为南线墓葬。

（2）从墓葬壁、顶、铺作结构来看，北线墓葬更具有毡包特点，墓壁直立，收分偏上；南线墓葬和窑洞相似，壁墓矮直，收分偏下。

（3）北线墓葬的特点在本地唐墓已经表现出来，南线墓葬的特点在现有的本地唐墓上表现不明显，有待新的材料。

（4）登封王上壁画墓属于北线墓葬，它南越黄河，是因为此时已到金代中晚期，金人对黄河南岸的统治已经稳固。

三、辽宋金壁画墓、砖雕墓特征

辽宋金的壁画墓、砖雕墓，无论是北线墓葬还是南线墓葬，都有自己鲜明的特点。

1. 北线墓葬

（1）斜坡墓道和长方形竖井状墓道均有不少数量，两者大致持平。

（2）墓室下部为直壁，直壁上部砌铺作，铺作以上收分成穹隆顶或攒尖顶。

（3）穹隆顶多出现于河北北部，顶较低；攒尖顶多出现于晋南及太行山东麓的焦作、安阳地区，顶稍高；金代中晚期穹隆顶墓在晋南、太行山东麓逐渐增多。

（4）多数墓顶没有砖饰，绘云、鹤、花卉、星象等。

（5）墓室多数没有棺床，常于北部置棺，但河北北部的壁画墓有些砌有棺台。

2. 南线墓葬

（1）墓道多为斜坡式或阶梯式，极少见竖井式。

（2）墓室下部为直壁，铺作位于直壁之上，墓室内壁从铺作处开始收分成攒尖顶，穹隆顶极少见。

（3）多数墓顶有砖砌垂花饰，垂花饰间的梯形壁画墓绘行孝、升仙图；绘星象图者很少。

（4）多数墓室有倒“凹”字形棺床或横一形棺床，前者占绝大多数。

四、唐代北方地区砖室墓区域类型

要追溯辽宋金壁画墓、砖雕墓的来源，首先要搞清哪个朝代是壁画墓、砖雕墓的主体。在大一统的唐朝解体后，经过五代的纷扰，长城以南继承汉文化主体的无疑是宋朝。辽的立国时间很早，壁画墓出现得很晚，且墓主是汉人，这说明辽是学习者。同样，北宋覆灭后，金作为辽、宋的继承者，对汉文化多有吸纳，尤其是金章宗，几乎全盘汉化，金代的政治、经济、文化在他那一代最为繁荣，金朝壁画墓、砖雕墓数量明显增多也就容易理解了。因此，辽宋金壁画墓、砖雕墓溯源，也就是上溯宋代壁画墓、砖雕墓的源流。

从情理上说，宋代壁画墓、砖雕墓应源自五代，或者说，即便五代不是最初源流，也是历世之一。综观全国范围五代的壁画墓、砖雕墓很少，主要原因还应归结于战乱造成的流离失所，生产力遭受严重破坏，人民无力承建耗时费力的壁画墓、砖雕墓。据现有资料，五代最为著名的壁画墓是公元924年的节度使王处直墓[31]，墓室用石砌成，前后室均为拱顶，很难说宋代的壁画墓是由这种拱顶墓发展而来。

壁画墓、砖雕墓在五代的演变轨迹，目前无从知晓。从宋代早期其成熟程度来看，五代晚期甚至整个五代时期的壁画墓、砖雕墓应该和宋代早期的差不多。

从现有资料来看，宋代的壁画墓、砖雕墓无疑是在唐代壁画墓、砖雕墓基础上发展起来的。

由于前文我们已经将辽宋金的壁画墓、砖雕墓分成南线墓葬、北线墓葬两大区块，故我们有必要在此稍微讨论一下这两大区块唐墓的基本情况，看看唐代这两区墓葬形制方面是否已经有了分野。

我们认为：

（1）中原地区是直边墓的发源地及主要使用地。自周迄汉，再至魏晋、北朝、隋唐，墓葬从土坑墓到砖室墓，多为直边墓。这时的中原地区包括郑州、洛阳、西安、宁夏一线，向东到山东济南。

（2）河北地区是弧边墓的发源地与使用地。从北魏到唐代中期，这一地区的墓葬始终以方形弧边砖室墓或长方形弧边砖室墓为主，土洞墓少见。河北地区包括山西、河北、北京。安阳地区夹在河北、中原两区之间，墓葬更多采用河北地区的墓葬形式。这一地区，大肆流行砖室墓，与北魏、北齐时此地发达的经济有密切关系。

（3）约公元630年，唐王朝的墓葬等级制度形成，这一等级制度尊崇砖砌弧边、天井、过洞、双室等墓葬内容，这时西安地区从中原地区分离开来，单独成为一个墓葬级别偏高的地区，出现了许多只有太子、公主、郡王才能使用的弧边双室墓，但原来常能见到这种墓葬的河北地区，反而没有了。

（4）辽宁是唐代圆形墓的发源地。辽宁地处一隅，少数民族不在少数，圆形墓当是毡包的翻版，后来这种墓逐渐南侵到河北、京津一带，最南到安阳地区，如朝阳的张秀墓[32]、朝阳的左才墓[33]、河北献县唐墓[34]、安阳赵逸公夫妇墓[35]等都是例子。

（5）河北北部是多边形墓的发源地，它可能是在圆形墓基础上发展而来的。

五、辽宋金壁画墓、砖雕墓溯源

辽宋金壁画墓、砖雕墓分为单室墓与双室墓两大类，均可在唐代壁画墓、砖雕墓中找出其来源。

1. 第一类：单室壁画墓、砖雕墓

（1）单室弧边墓。单室弧边壁画墓、砖雕墓无疑来自唐代的弧边壁画墓、砖雕墓，唐代于直壁的上部绘铺作，辽宋金则于直壁上部砖砌铺作，后者正是前者的发展。列举数例。

633年，新城公主李字墓[36]，斜坡墓道，方形弧边墓室，穹隆顶。墓室边长4.7米，高4.84米，东部铺砖，西为棺床，上置石椁。墓道绘青龙白虎、仪仗出行图，过洞、天井、甬道绘男女侍从。墓室四角绘倚柱，每壁又绘两倚柱，柱间施阑额，柱头为一斗三升，阑额上为“人”字拱，其上为橑檐枋，南壁绘侍女，东、西、北三壁柱间亦绘侍女，墓顶绘星象图。

668年，银青光禄大夫李爽墓[37]，斜坡墓道，长方形弧边墓室，穹隆顶。墓室长3.9米，宽4.3米，高6.5米，东部砖铺地，西部为棺床，床座饰壸门。墓道壁画多脱落，甬道绘侍女。墓室东、西、北三壁绘倚柱、铺作，柱间绘乐伎、侍女十二幅，南壁壁画脱落。

724年，惠庄太子李㧑墓[38]，斜坡墓道，方形弧边墓室，穹隆顶。墓室边长4.8米，高6米，砖铺地，西部置棺床。墓道绘出行图，过洞，天井绘文吏、男侍、列戟，甬道绘男侍。墓室四壁绘画脱落，顶绘星空。

784年，唐安公主墓[39]，斜坡墓道，方形弧边墓室，穹隆顶。墓室边长4.4米，方砖铺地，西部为棺床。甬道绘男侍、女侍。墓室南壁绘朱雀，北壁绘玄武与男侍、女侍，东壁绘人物、花石，西壁绘花鸟，墓顶绘星空。

844年，苏子矜墓[40]，台阶式斜坡墓道，方形弧边墓室。墓室南北长3.4米，东西宽3.76米，残高1.3米，四角设倚柱，柱头斗拱残缺，倒“凹”字形棺床，饰壸门。墓室南壁为甬道，甬道两侧砖雕灯檠，北壁雕格扇门、直棂窗，东壁、西壁均雕格扇门。

盛唐，太原南郊金胜村四号墓[41]，斜坡墓道，近方形弧边墓室，攒尖顶。墓室长2.13米，宽2.2米，高2.1米，砖铺地，北部横一形棺床。墓室绘倚柱、阑额、转角铺作、补间铺作，柱间绘人物。南壁绘两门吏，北壁绘树下老人四幅，东、西壁南部各绘两侍女，北部各绘树下老人两幅，墓顶绘四神。

盛唐，太原金胜村六号墓[42]，竖井状墓道，方形弧边墓室，攒尖顶。墓室边长2.2米，高2.48米，砖铺地，北部横一形棺床。墓室壁画呈屏风式，南壁绘门吏，北壁绘竹下老人、树下老人共四人，东壁绘文吏、侍女、树下老人，西壁绘文吏、侍女、竹下老人，东西壁南部上部绘“人”字拱，墓顶绘星空、云、四神。

（2）单室直边墓。单室直边壁画墓、砖雕墓的情况同弧边墓壁画墓，来自唐代的直边壁画墓，唐代彩绘铺作，宋代砖砌铺作。

630年，淮安郡王李寿墓[43]，斜坡墓道，长方形直边墓室。墓室长3.8米，宽3.95米，东部砖铺地，西部置石椁。墓道绘飞天图、狩猎图、出行图，过洞、天井绘仪仗、列戟、农耕、牧养、杂役等内容，甬道绘侍从之类的人物。墓室南壁绘侍女，北壁绘乐伎，西壁绘喂马场面，东壁壁画无存。

699年，宁夏处士梁元珍墓[44]，斜坡墓道，近方形直边墓室，穹隆顶。墓室长3.45米，宽3.55米，高5.35米，砖铺地，西北部为棺床。墓道未绘，天井、甬道所绘均为牵马图。墓室四壁绘屏风式树下人物。

（3）单室圆形墓。来自唐代辽宁地区的圆形墓，目前辽宁地区没有发现纪年唐代圆形壁画墓，但安阳的赵逸公夫妇墓应该是其南传的结果。

829年，安阳赵逸公夫妇墓[45]，台阶式斜坡墓道，圆形墓室，顶残。墓室南北长4.8米，东西宽4.5米，残高3.1米，四角有砖砌倚柱，上为一斗三升，西部置棺床。墓道壁画不清，天井绘文吏，甬道绘男女主仆图。墓室南壁绘庖厨家居图，北壁绘宝盒与门、桌子，东壁绘侍女与灯檠，西壁绘花鸟图。

（4）单室六边形墓。单室六边形砖雕墓，晚唐有很成熟的例子，如河北宣化地区杨釰墓[46]，下部和南线墓葬的六边形砖雕墓、壁画墓几乎没有区别。

879年，杨釰墓，墓道已毁，六边形墓室，顶残。墓室南北残长3.36米，东西宽4.06米，残高1.9米，倒“凹”字形棺床，棺座，须弥式，饰壶门。六角砌倚柱，柱间普拍枋，柱头转角铺作，为把头绞项造，以上残。墓室东南壁砌直棂窗、灯檠，西南壁残见桌子，东北壁、西北壁各砌一假门、一直棂窗，北壁砌假门，两侧为直棂窗。

（5）单室八边形墓。单室八边形砖雕墓同样有现成的例子，如河北宣化地区的张庆宗墓[47]，其下部雕件已非常成熟。

877年，张庆宗墓，墓道已毁，八边形墓室，顶残。墓室南北长4.4米，东西宽4.5米，残高2.5米，北部砌须弥座式棺台，周围散置器物。八角砌倚柱，柱间普拍枋，柱头转角铺作，结构：栌斗上出泥道拱、批竹昂，以上残。墓室东南壁砌直棂窗、灯檠、椅子、马球杆，西南壁无存，东北壁、西北壁各砌一直棂窗，北壁因棺台挡着，无装饰。

如上所述，我们采取类比、循例的方法证明：宋辽金单室之壁画墓、砖雕墓所分的A、B、C、D、E五型不过是对唐代同型墓葬的全面继承发展而已，而某些墓型还要费言两句（表一）。

从力学角度来讲，弧边墓、圆形墓显然比直边墓更具稳定性、美观性，河北地区的弧边墓也许是在中原地区直边墓的基础上改进而成，这一过程在北魏已经完成。

六边形墓、八边形墓的稳定性、美观性也不差，唐时中原地区没有见到这两种形制的墓葬，它们的出现地距辽宁很近，辽宁或者河北北部可能就是它们的原产地。理论上讲，六边形墓、八边形墓也能由弧边墓衍生出来：弧边壁画墓四角绘倚柱，东、西两壁的中部绘一根或两根倚柱，柱间绘屏风式壁画，把这影作的倚柱换成砖柱，就产生了六边形、八边形壁画墓、砖雕墓。同样，圆形壁画墓四角绘四根倚柱，东西两壁中部再添一根或两根倚柱，也能达到同样的效果。那么，六边形墓、八边形墓究竟由何而来，在没有更多的实例出现以前，我们偏重于六边形墓、八边形墓由圆形墓发展而来。

分析一下宣化地区三唐军镇唐墓很有意思。苏子矜墓为方形弧边砖雕墓，葬于公元844年。此时武宗当朝，史称“会昌中兴”，作为官府中人的苏子矜采用官制弧边墓再正常不过。赵庆宗、杨釗墓下葬的时候已是公元877、879年，彼时僖宗荒嬉无度，政权风雨飘摇，二人采用本地更为舒畅美观的八边形墓、六边形墓，也算入乡随俗。

2. 第二类：双室壁画墓、砖雕墓

双室壁画墓、砖雕墓目前见诸资料的只有区区四例，造成这种局面的原因有三个：一是《宋史·凶礼》规定，官员棺椁不得雕镂彩画，棺内不得藏金宝珠玉，棺椁不得彩画，比棺椁彩画更费事的墓葬壁画更无可能，这样，在宋的统治区域就少了一个壁画墓的重要户源；二是建造双室壁画墓需要更大的财力，这样的户主不是太多；仍有一些双室壁画墓没被发现，或发现了尚未发表。

双室壁画墓当然也是从唐代的双室壁画墓发展而来，但是，宋辽双室壁画墓看上去与唐代的双室壁画墓相去甚远，这是为什么呢？唐代双室壁画墓是高级贵族的专用形式，晚唐也有刺史僭用的；宋辽双室壁画墓的使用对象是富庶的平民，没什么身份可言；两者时代不同，理念不同，宋辽追求的是实用，而非身份象征，所以，墓室抛弃了代表身份的弧边，又回归简洁实用的直边。

举三例唐代双室壁画墓。

706年，永泰公主李仙蕙墓[48]，斜坡墓道，近方形弧边墓室，穹隆顶。前室长4.7米，宽4.9米，高5.35米；后室长5.3米，宽5.45米，高5.5米。前、后室方砖铺地，后室西部置石椁。墓道绘青龙白虎、仪仗出行图，过洞、天井、甬道绘人物、花卉，脱落殆尽。前室四角绘倚柱，各壁中间复绘一柱，柱上为铺作，柱间绘人物壁画，为男女侍从，手持各种物件，顶部绘星空。后室同前室，唯北壁绘有乐伎。

706年，章怀太子李贤墓[49]，斜坡墓道，方形弧边墓室，穹隆顶。前室边长4.5米，高6米；后室边长6米，高6.5米。前、后室方砖铺地，后室西部置石椁。墓道绘仪仗出行图、马毬图、客使图、青龙白虎图，过洞、天井绘侍从，前、后甬道绘宫女，手捧各种物件。前室四壁共八幅壁画，多为宫女在树下玩赏，其中东壁宫女所持多为乐器，室顶绘星空。后室壁画布局同前室。

曲阳田庄晚唐大墓[50]，10耳室，斜坡墓道。前室八边形，直径8米，顶残；后室近圆，壁有四立柱，柱顶把头绞项造，直径7.6米，顶残，内置石棺。墓道绘大型仪卫壁画。前后室因耳室门洞众多，壁画不便施作。耳室，圆形，穹隆顶，墓壁绘有花卉，顶绘星宿。

田庄大墓正式资料还没发表，墓主也未确定。根据墓葬位置、墓葬形制、出土物及历史事实，本人推测墓主是晚唐一位节度使。它的前室没有使用唐代代表身份的弧边四边形，说明唐代晚期弧边墓的标识作用已经降低，后室更是使用辽宁、河北北部一带带有少数民族性质的圆形，令人瞠目结舌，这反过来说明，圆形墓、八边形墓已被广泛接受。

辽宋双室壁画墓、砖雕墓，以现有资料来看，前室均为直边的四边形（作为享堂，不需要太过复杂的墓形），后室有直边四边形、圆形、六边形，尚未见八边形，故根据后室形状将辽宋的双室壁画墓、砖雕墓分为A、B、C三型，它们的年代均在公元1090年后，符合墓葬演变规律（表二）。

我们猜想，在公元1090年前，宋辽的双室壁画墓、砖雕墓会是什么样子：有可能出现弧边的四边形前室或其他形状的前室，后室也有可能为弧边四边形，这是文化在传承方面的惰性。现在见到的前室直边、后室亦直边的双室墓保留了唐代双室壁画墓的形式，但没有什么身份标识作用，有可能是双室墓的主流之一；后室为圆形的壁画墓，从田庄大墓到张文藻墓，继承的是唐代辽宁地区的圆形墓形式，有明显的地域性，越往南数量越少。后室为六边形的双室墓，继承的是河北北部六边形砖雕墓的形式，在中原地区有较多分布，是双室壁画墓、砖雕墓的主流。目前暂未发现后室为八边形的双室墓，可能缘于工作做得不够。

六、辽宋金壁画墓、砖雕墓的社会意义

壁画墓、砖雕墓是社会安定、经济繁荣的产物，西安、洛阳、开封相继为都，是唐宋壁画墓、砖雕墓在黄河流域蔚然成风的经济基础，当然，开封以西的直立性黄土是建墓的必要条件之一。唐代壁画墓的使用者主要是达官权贵及少数处士，宋代壁画墓、砖雕墓的使用者主要是庶民，这与宋严禁官员奢葬有关，但辽无此规定，所以辽的壁画墓拥有者中有少数为官员。北宋早、中期的壁画墓、砖雕墓多为弧边四边形墓，但此时的弧边，恐怕已没了唐代弧边的意义。北宋晚期，壁画墓、砖雕墓的平民化有扩大的趋势，这可从辽宋晚期此类墓葬数量突然增多得到证明。其实，壁画墓、砖雕墓的建造往往是财力雄厚的家族所为，我们发掘时，通过对周围群众的询问，得知周围这样的壁画墓、砖雕墓都不止一座，只不过有些被砖厂彻底损毁了，有些被压在民房底下，有些村民曾进去看过，这次未能找到，等等。这些壁画墓、砖雕墓所在皆为山水环绕之吉地，

表一　辽、宋、金单室壁画墓、砖

类型 时代	弧边墓	直边墓
唐	 新城公主李字墓平、剖面图 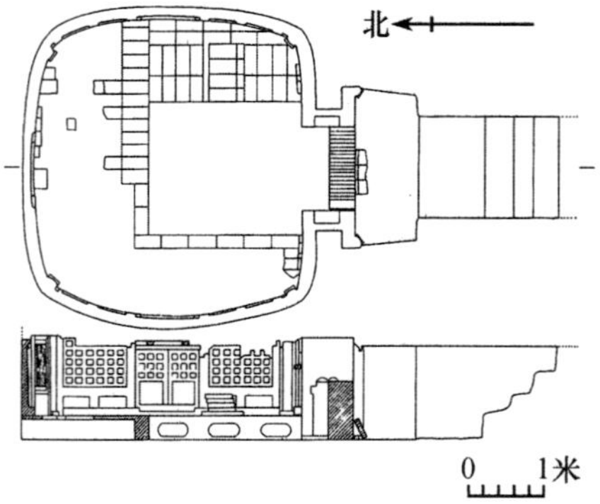 苏子矜平、剖面图	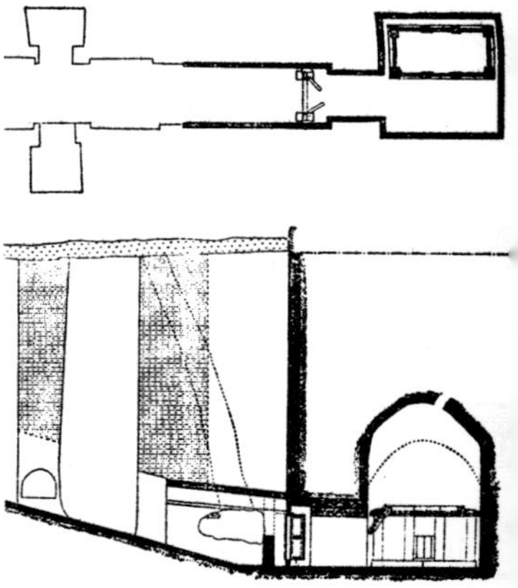 李寿墓平、剖面图
宋	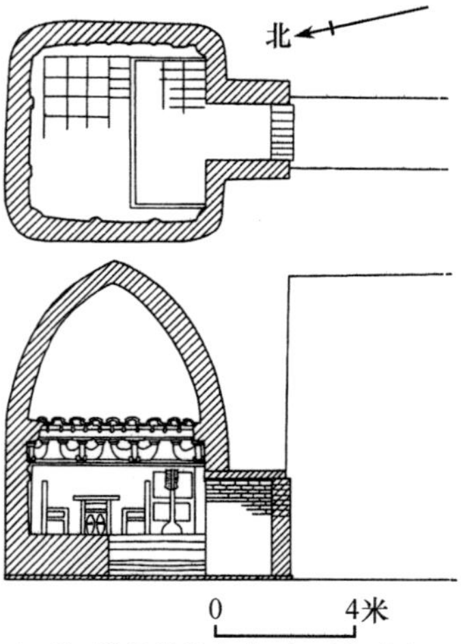 Aa型　林县城关宋墓平、剖面图 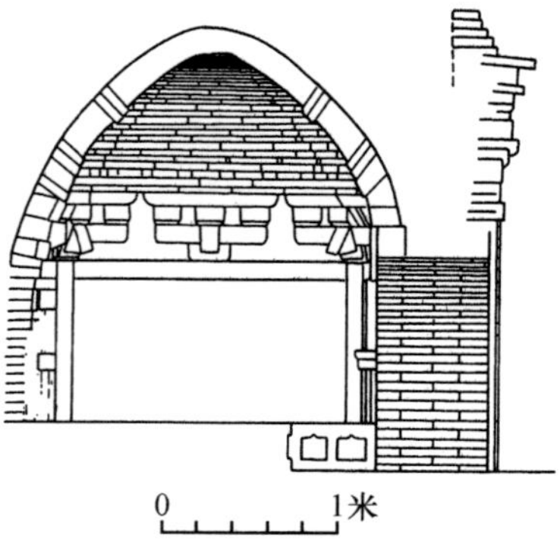 Ab型　郑州南关宋墓剖面图	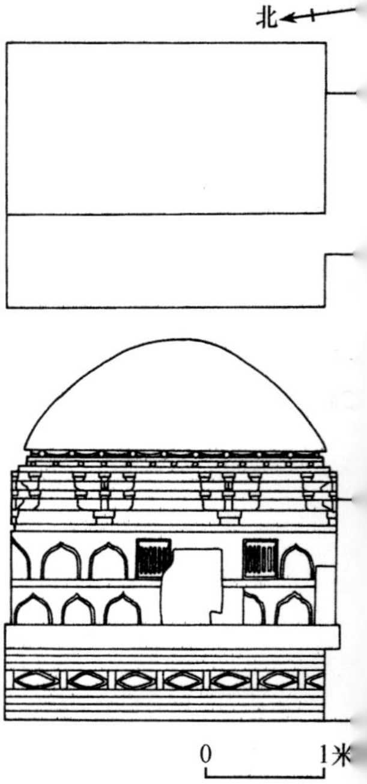 Ba型　山西长治马豫修墓平、剖 Bb型　暂缺

代单室壁画墓、砖雕墓形制比较

圆形墓	六边形墓	八边形墓

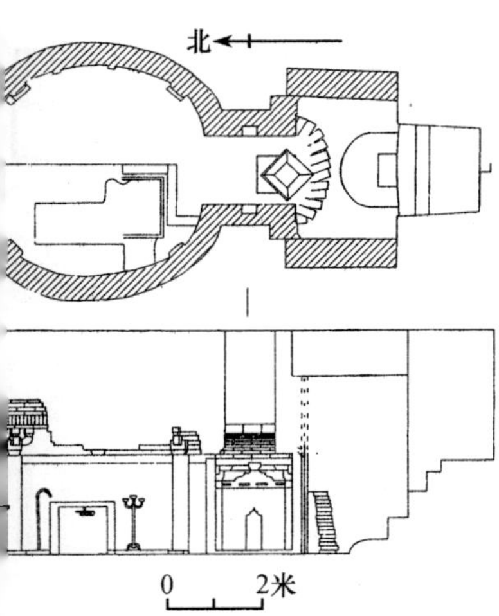

赵逸公夫妇墓平、剖面图

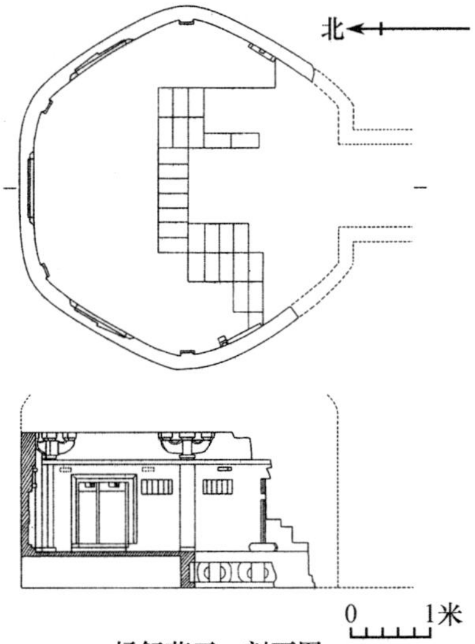

杨[illegible]墓平、剖面图

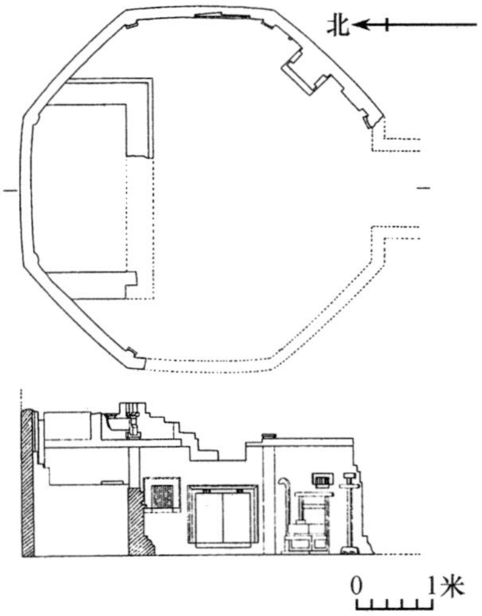

张庆宗墓平、剖面图

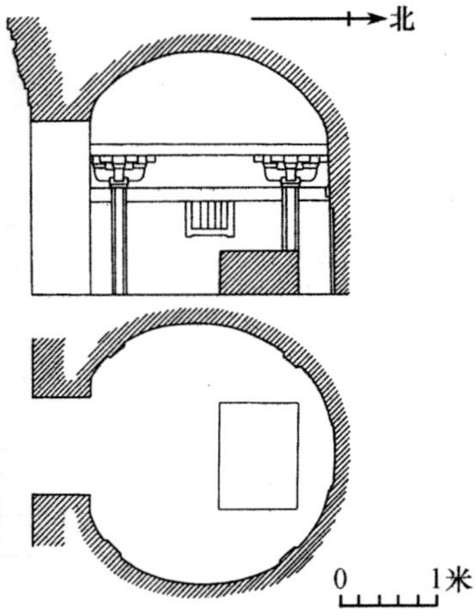

a型　河北宣化张世本墓平、剖面图

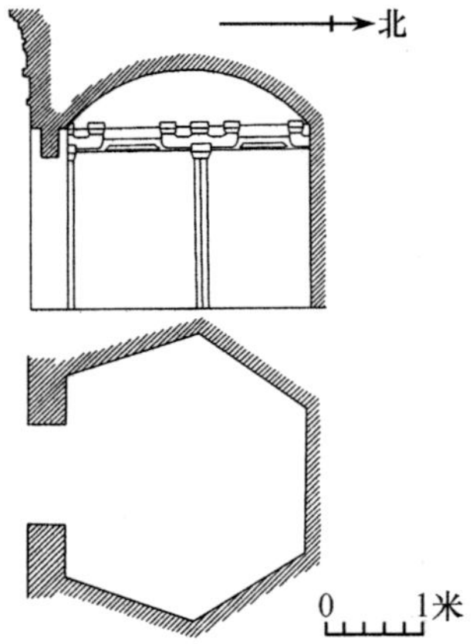

Da型　河北宣化张恭诱墓平、剖面图

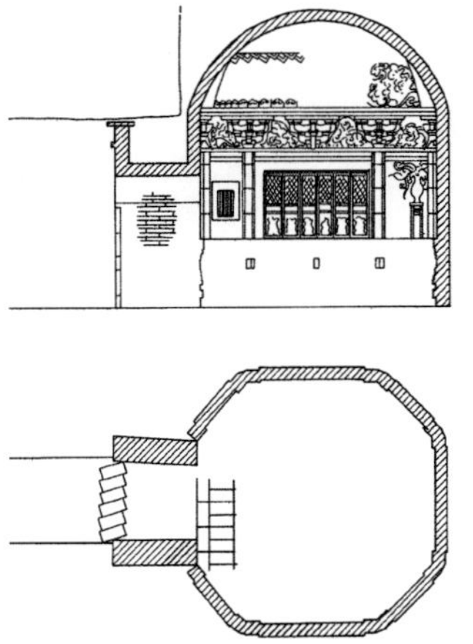

Ea型　焦作电厂金墓平、剖面图

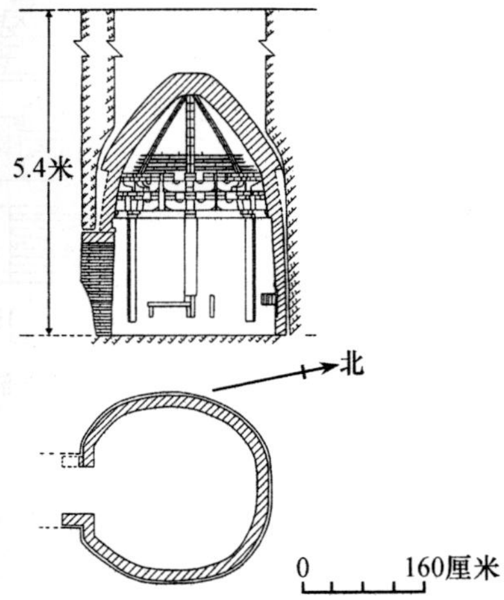

Cb型　巩义涉村壁画墓平、剖面图

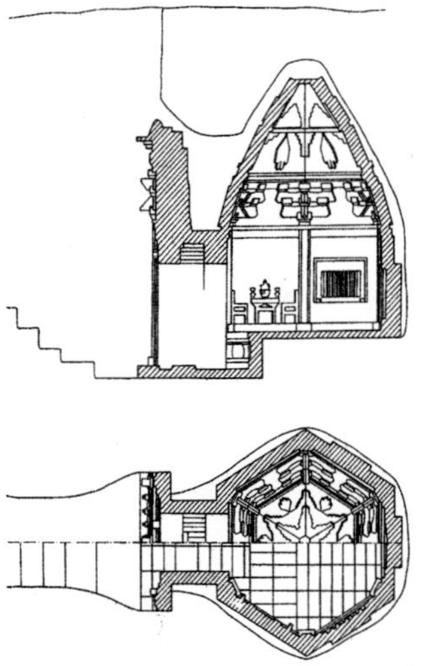

Db型　白沙宋墓三号墓平、剖面图

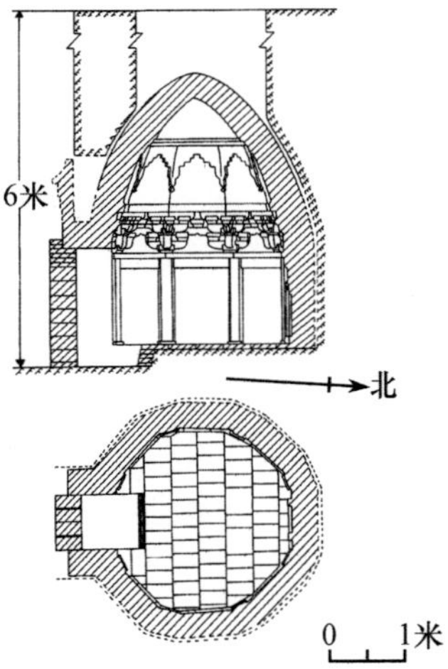

Eb型　平陌壁画墓平、剖面图

表二　辽、宋、金双室壁画

类型／时代	弧边墓	直边墓
唐	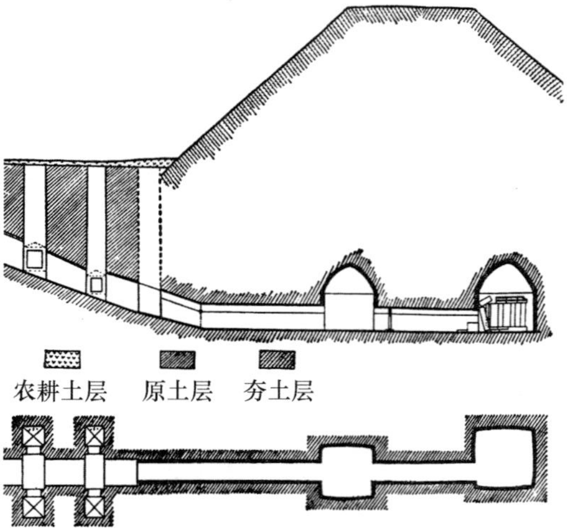 章怀太子李贤墓平、剖面图	暂缺
宋	消失	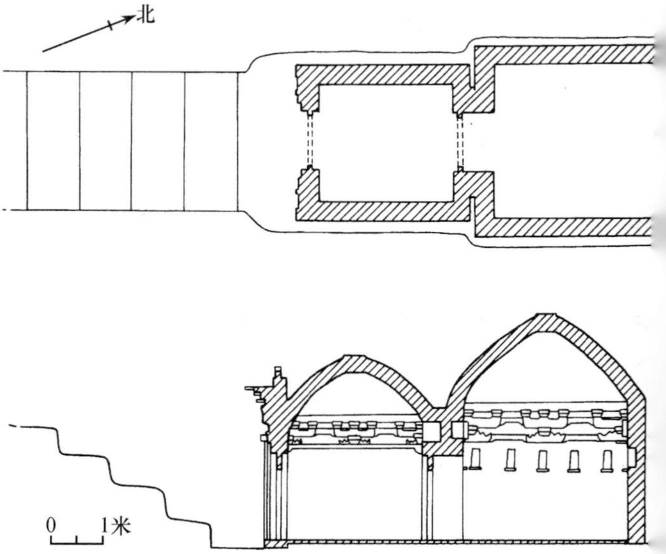 河北宣化张世卿墓平、剖面图

代双室壁画墓形制比较

圆形墓	六边形墓
田庄大墓前室为八边形，后室为圆形，可做参考	暂缺
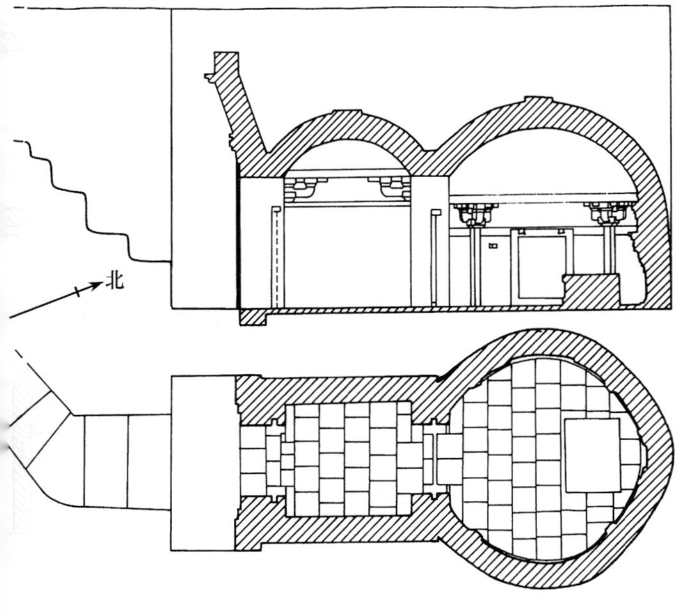 河北宣化张文藻墓平、剖面图	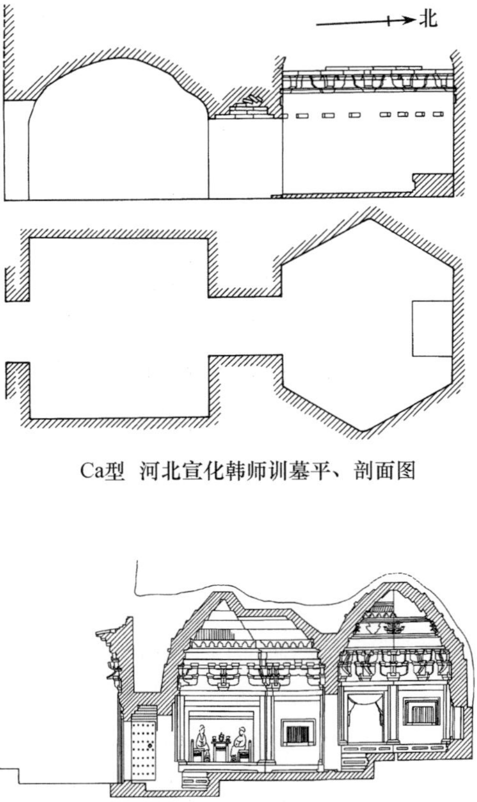 Ca型 河北宣化韩师训墓平、剖面图 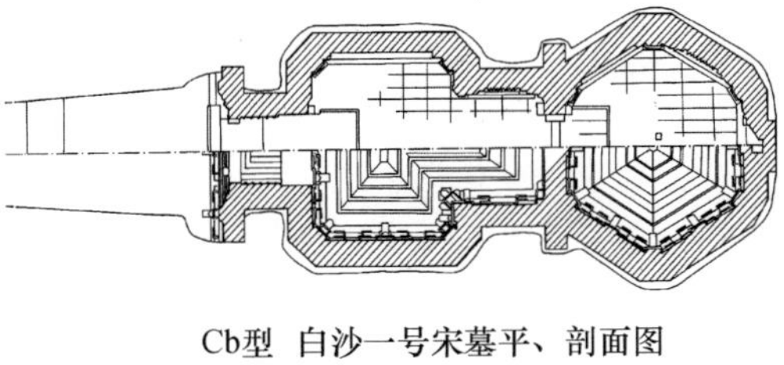 Cb型 白沙一号宋墓平、剖面图

埋藏不止一座壁画墓、砖雕墓也是可以理解的。

从现有情况看，似乎唐代的墓葬等级制度在辽宋金壁画墓、砖雕墓中得到彻底覆灭，言下之意，还没有一种墓葬等级制度在对辽宋金壁画墓、砖雕墓的建造起着制约作用，财力旺盛的乡绅所建的壁画墓、砖雕墓，无论是从墓室的多寡、墓室的大小还是从画匠的选用到壁画的精彩程度都要比财力一般的庶民所建的壁画墓、砖雕墓要好，这或许是平民阶级中等级制度的一种表述吧。

辽宋金壁画墓、砖雕墓的内容，以行孝、生活、升仙为主，作为一种“成教化、助人伦、寄哀思、达希冀”的工具，它是对现实生活的亦步亦趋。从绘画水平来看，水平一般，绘工上乘的不多，从绘画内容所展示的生活习俗、服饰家具、宗教观念来看，其价值已超越绘画本身。

注　释

［1］ 张增午：《河南林县城关宋墓清理简报》，《考古与文物》1982年第5期。

［2］ 河南省文化局文物工作队第一队：《郑州南关外北宋砖室墓》，《文物参考资料》1958年第5期。

［3］ 裴明相：《郑州二里岗宋墓发掘记》，《文物参考资料》1954年第6期。

［4］ 王先进、石卫国：《山西长治市五马村宋墓》，《考古》1994年第9期。

［5］ 长治市博物馆、壶关县文物博物馆：《山西壶关南村宋墓砖雕墓》，《文物》1997年第2期。

［6］ 王进先、杨林中：《山西屯留宋村金代壁画墓》，《文物》2003年第3期。

［7］ 长治市博物馆：《山西长治市故漳金代纪年墓》，《考古》1984年第8期。

［8］ 长治市博物馆：《山西长治安昌金墓》，《文物》1990年第5期。

［9］ 山西省文管会侯马工作站：《侯马金代董氏墓介绍》，《文物》1959年第6期。

［10］ 山西省考古研究所、长治市博物馆：《山西屯留宋村金代壁画墓》，《文物》2008年第8期。

［11］ 郑州市文物考古研究院：《荥阳槐西壁画墓发掘简报》，《中原文物》2008年第5期。

［12］ 河北省博物馆、文物管理处：《河北迁安上芦村辽韩相墓》，《考古》1973年第5期。

［13］ 张家口市文物事业管理所、张家口市宣化区文物保管所：《河北宣化下八里辽金壁画墓》，《文物》1990年第10期。

［14］［25］［26］ 郑州市文物考古研究所：《郑州宋金壁画墓》，科学出版社，2005年。

［15］［16］ 济南市博物馆、济南市考古所：《济南市宋金砖雕壁画墓》，《文物》2008年第8期。

［17］ 张家口市文物事业管理所、张家口市宣化区文物保管所：《河北宣化下八里辽金壁画墓》，《文物》1990年第10期。

［18］ 宿白：《白沙宋墓》，文物出版社，2002年。

[19] 代德尊：《山西太原郊区宋、金、元代砖墓》，《考古》1965年第1期。

[20] 焦作市文物工作队：《焦作电厂金墓发掘简报》，《中原文物》1990年第4期。

[21] 新乡地区文物管理委员会、辉县百泉文物管理所：《河南辉县百泉金墓掘简报》，《考古》1987年第10期。

[22] 赵处墓、张增午：《河南林县金墓清理简报》，《华夏考古》1998年第2期。

[23] 河南省博物馆、焦作市博物馆：《焦作金代壁画墓发掘简报》，《河南文博通讯》1980年第4期。

[24] 郑州市文物工作队：《登封王上壁画墓发掘简报》，《文物》1994年第10期。

[27] 河北省文物管理处、河北省博物馆：《河北宣化辽壁画墓发掘简报》，《文物》1975年第8期。

[28] 河北省文物研究所、张家口市文物管理处、宣化区文物管理所：《河北宣化辽张文藻壁画墓发掘简报》，《文物》1996年第9期。

[29] 张家口市宣化区文物保管所：《河北宣化下八里辽韩师训墓》，《文物》1992年第6期。

[30] 宿白：《白沙宋墓》，文物出版社，2002年。

[31] 河北省文物研究所、保定市文物管理处、曲阳县文物管理所：《河北曲阳五代壁画墓发掘简报》，《文物》1996年第9期。

[32] 辽宁省博物馆文物队：《辽宁朝阳隋唐墓发掘简报》，《文物资料丛刊》（第6辑）。

[33] 辽宁省博物馆文物队：《辽宁朝阳左才墓》，《文物资料丛刊》（第6辑）。

[34] 王敏之、高良谟、张长虹：《河北献县唐墓清理简报》，《文物》1990年第5期。

[35] 安阳市文物考古研究所：《河南安阳市北关唐代壁画墓发掘简报》，《考古》2013年第1期。

[36] 陕西省考古研究所、陕西历史博物馆、昭陵博物馆：《唐昭陵新城公主墓发掘简报》，《考古与文物》1997年第3期。

[37] 陕西省文物管理委员会：《西安羊头镇唐李爽墓的发掘》，《文物》1959年第3期。

[38] 陕西省考古研究所、蒲城县文体广电局：《唐惠庄太子墓发掘简报》，《考古与文物》1992年第2期。

[39] 陈安利、马咏钟：《西安王家坟唐代唐安公主墓》，《文物》1991年第9期。

[40][46][47] 张家口市宣化区文物保管所：《河北宣化纪年唐墓发掘简报》，《文物》2008年第7期。

[41] 山西省文物管理委员会：《太原南郊金胜村唐墓》，《考古》1959年第9期。

[42] 山西省文物管理委员会：《太原市金胜村第六号唐代壁画墓》，《文物》1959年第8期。

[43] 陕西省博物馆、文管会：《唐李寿墓发掘简报》，《文物》1974年第9期。

[44] 宁夏固原博物馆：《宁夏固原唐梁元珍墓》，《文物》1993年第6期。

[45] 安阳市文物考古研究所：《河南安阳市北关唐代壁画墓发掘简报》，《考古》2013年第1期。

［48］　陕西省文物管理委员会：《唐永泰公主墓发掘简报》，《文物》1964年第1期。

［49］　陕西省博物馆、乾县文教局唐墓发掘组：《唐章怀太子墓发掘简报》，《文物》1972年第7期。

［50］　河北省文物研究所发掘资料，笔者2013年3月亲赴参观，也可见中国文物信息网田庄大墓发掘领队张春长的文章：河北省曲阳田家大墓露真容。

柴窑“出北地”问题论辩

顾万发

多年来，学术界有不少关于柴窑的研究成果[1]。从古至今，柴窑被不少人认为是中国古时五大瓷窑（柴窑、汝窑、官窑、哥窑、定窑）之首，为后周皇帝柴荣烧制瓷器的官窑，是中国历代唯一以君主姓氏命名的瓷窑，程村居士在宣统三年所撰写《柴窑考证》（图一）一书称之为“瓷皇”。当然也有人认为柴窑作为柴荣烧制瓷器的官窑是不存在的，柴字的含义就是“柴木”的意思，柴窑就是汝窑、钧窑[2]，等等，我们是不赞成的。

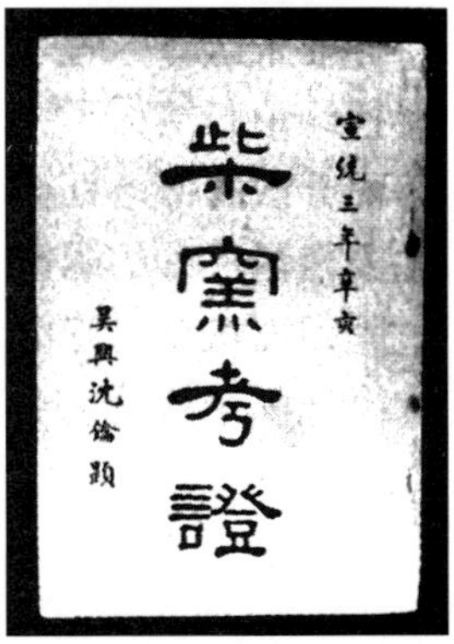

图一　《柴窑考证》清宣统三年版

一、柴窑是否存在

学术界认为柴窑的存在是有充分的客观证据的。其理由如下。

1. 历史文献记载

如明洪武二十年曹昭撰写的《格古要论》（图二），其中记述柴窑“出北地河南郑州，世传柴世宗时烧者，故谓之柴窑。天青色，滋润细媚，有细纹，多足麓黄土，近世少见”。又如明宣德三年吕震所撰之《宣德鼎彝谱》（图三），其中有“内库所藏柴、汝、官、哥、钧、定”的记载。明万历十九年黄一正所著之《事物绀珠》记载“柴窑制

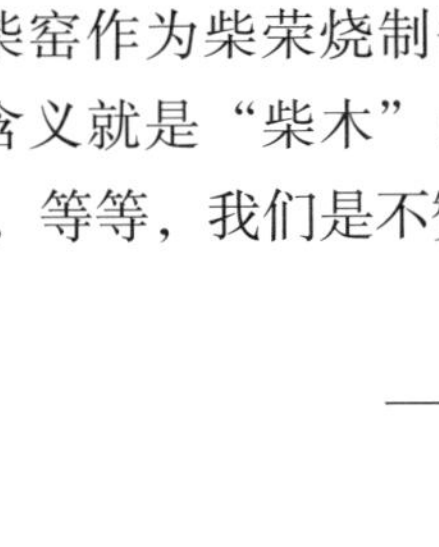

图二　《格古要论》明淑躬堂刊本

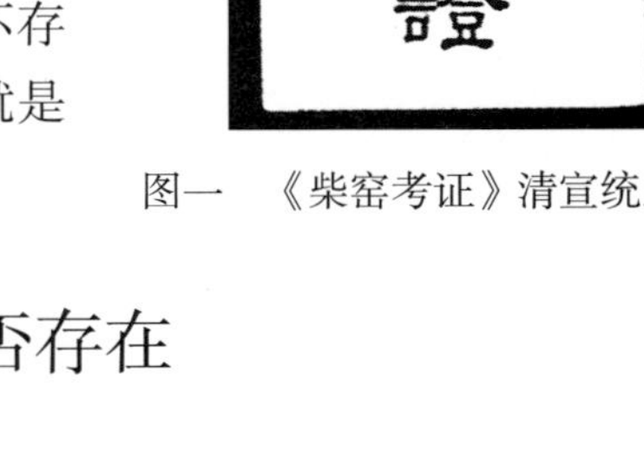

图三　《宣德鼎彝谱》清光绪本

精、色异，为诸窑之冠”。清代诸多著述论及柴窑。乾隆皇帝有数首咏柴瓷之诗，其中《咏柴窑碗》云：“色如海玳瑁，青异《八笺》遗。土性承足在，铜非箝口为。千年火气隐，一片水光披。未若永宣巧，龙艘落叶斯。”

2. 传世品亮相

上海博物馆发现的五代“白瓷镂雕殿宇人物枕”（图四）和在北京发现的五代“白釉刻花碗”（图五），不少专家认为不可能有别的窑口能烧出如此精美的器物，应是柴窑瓷器[3]。另，2009年，日本九州佐贺县武雄市的阳光美术馆“至宝——千年之旅”的展览曾展出一件“百合花瓶”（图六），日本学者对中如云先生认为是柴瓷[4]。据报道[5]，牛津大学曾根据热致冷光法对“青百合花瓶”测年，说其为700年前至1100年前烧制，与后周皇帝柴荣时代有重合。

图四　北宋白釉镂雕殿宇人物枕（上海博物馆馆藏）

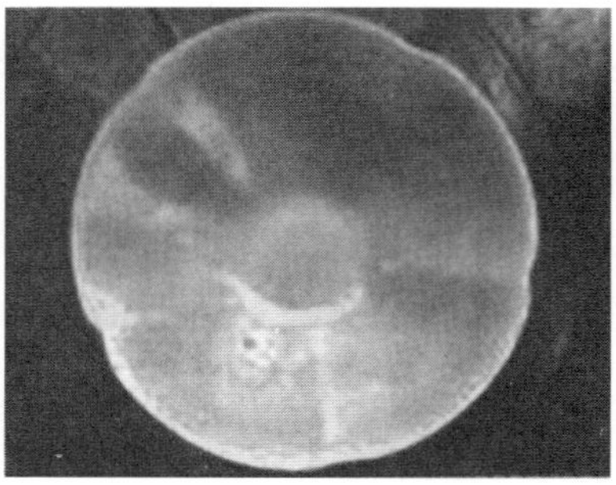

图五　五代白釉刻花碗

图六　青百合花瓶（日本对中如云藏）

3. 考古发掘佐证

近年来在郑州东西大街及全国其他地方的考古发掘中，发现有北朝青瓷[6]（图七～图一二），多与古文献中对柴窑瓷器所具特征的记载基本符合。这为寻找柴窑提供了很好的线索。

图七　郑州东西大街出土瓷碗残片

图八　郑州东西大街出土瓷碗残片

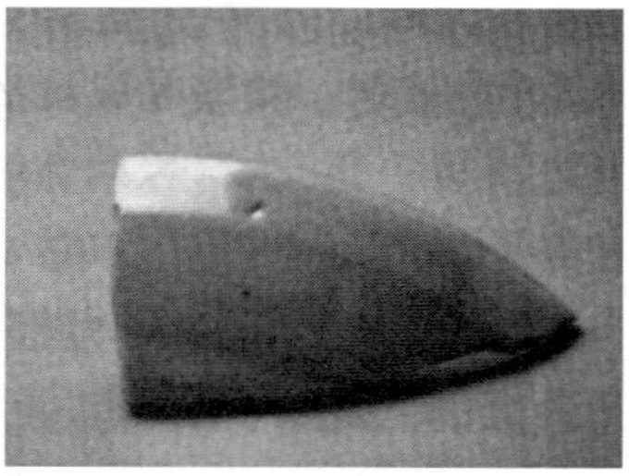

图九　郑州东西大街出土瓷碗残片

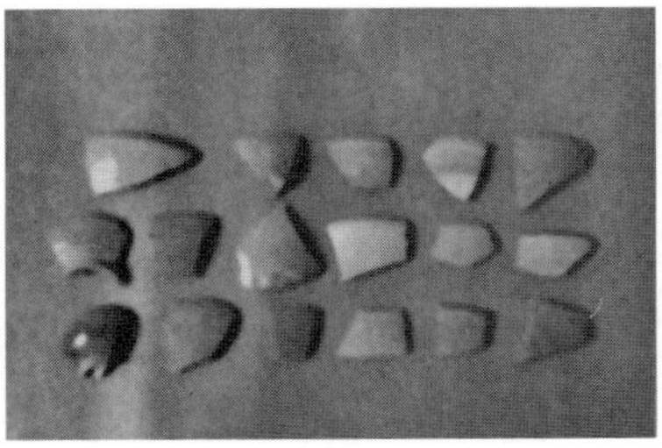

图一〇　郑州东西大街出土瓷片

图一一　河南张公巷出土瓷器与瓷片

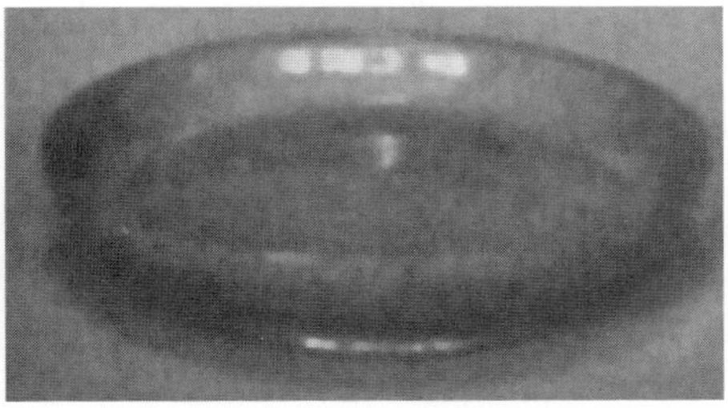

图一二　河南张公巷出土瓷盘

二、柴窑“出北地”问题

关于柴窑的研究，有一重要问题，那就是其中的“出北地”问题。曹昭《格古要论》中云：“柴窑出北地”，但是这一“北地”的具体地点，学术界争论不休。

明代王佐曾给以具体所指，他在《新增格古要论》（图一三）中说：“柴窑器，出北地河南郑州。”清代梁同书在《古窑器考》中也从之认为：“柴窑，后周柴世宗所烧，以其姓柴，故名。后周都汴，出北地河南郑州，其地本宜陶也。”清代宣统三年时的程村居士在《柴窑考证》（1919年版）里也写道：“考柴窑，乃后周显德初年所烧，窑在河南郑州。”《柴窑考证》中还说：“以世宗姓柴故名。然当时只称御窑，至宋始以柴窑别之。”

图一三　《新增格古要论》清刊本

著名古陶瓷学者赵自强先生在《柴窑与湖田窑》[7]一书中认为“北地”为江西的“北地”——即景德镇，因此“湖田窑就是柴窑”。

王升虎在《谁见柴窑色，雨过天青时——关于追寻柴窑的历程断想》[8]一文中认为柴窑的窑址应在汝州。

考古学者禚振西在《柴窑探微》[9]文章中认为，曹昭《格古要论》中“柴窑出北地”之“北地”是古代的“北地郡”，古代耀州又曾属于古北地郡，因而耀州窑就应是柴窑。有学者认为明时已无“北地郡”设置，所以否认这一观点[10]，但是王长启在《从唐田君墓志看柴窑出“北地”之地望》[11]一文中认为，虽然唐代已不设置“北地郡”了，但是从“唐代田君墓志铭”来看，唐以后，人们还是习惯用旧的“北地（郡）”名称，因此曹昭《格古要论》中“柴窑出北地”之“北地”确实应为“北地郡”，继而耀州窑就是所谓的柴窑。

关于这一问题，我想谈几点。

1. “出北地”方面的文献

北宋徐兢《宣和奉使高丽图经》（图一四）卷三十一：“陶器色之青者，丽人谓之翡。近年已来制作工巧，色泽尤佳。酒尊之状如瓜，上有小盖，而为荷花、伏鸭之形。复能作碗、碟、桮（杯）、瓯、花瓶、汤琖（盏），皆窃仿定器制度。故略而不图。以酒尊异于他器，特著之。”又言“陶炉”曰：“狻猊出香亦翡色也，上有蹲兽，下有仰莲以承之。诸器惟此物最精绝。其余则越州古秘色，汝州新窑器，大概相类。”这是目前所能见到的最早的有关汝窑的记载，并且称汝窑器为“汝州新窑器”。据徐兢所撰写的这一书知，北宋宣和四年（1122年），路允迪奉命出使高丽，宣和五年成行，福建人徐兢掌书记之职随行。宣和六年回来后，写成《宣和奉使高丽图经》（北宋末战火毁图，文存），所以记述应较为清晰（约成书于公元1200年）。

又，南宋有无名氏撰有《百宝总珍集》一书（图一五），其中有“青器”一项，于“青器”词条其诗云：“汝窑上脉偏滋媚，高丽新窑皆相类，高庙在日煞直钱，今时押眼看价例。”又云：“汝窑土脉滋润，与高丽器物相类，有鸡爪纹者认真。无纹者尤好。此物出北地新窑，修内司自烧者。自后伪者皆是龙泉烧造者。”在此，撰写者明确说明汝窑相对其他越窑、柴窑、定窑而言，是新窑。并且从其“高丽新窑皆相类”（“高丽新窑”应可能是仿“出北地新窑”而言的瓷窑）与《宣和奉使高丽图经》“汝州新窑器，大概相类”的相似描述看，显然是出自北宋徐兢《宣和奉使高丽图经》的记载。尤其是，依据《四库全书》提要考证，南宋《百宝总珍集》书中所记，乃南宋临安古文物之市，所撰者应为当地市贾，又当时汝窑仍然在烧瓷器，如此，则此人应阅览过《宣和奉使高丽图经》，并知道汝窑地域所在。所以其在书中言明汝窑这一新窑的方位应是较为可信的，这一地方位于“北地”。

图一四　《宣和奉使高丽图经》
宋乾道三年徐蒧江阴澂江郡斋刊本

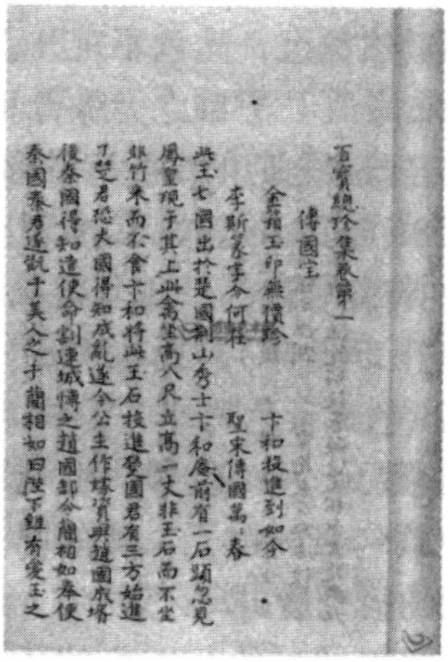

百寶總珍集卷第一
傳國寶

图一五　《百宝总珍集》
清初徐釚抄本

明初曹昭《格古要论》有“柴窑出北地”记载，又有“汝窑，出北地”记载，显然应是遵循《百宝总珍集》的说法。这说明曹昭撰写《格古要论》时，对于“北地”的含义应是较为了解的或是有所依据的。若此，则言明“柴窑出北地”亦有可能不是随意一说的。

2.“北地郡”方面的文献

（1）《史记·匈奴传》记载：“秦昭王时……宣太后诈而杀义渠戎王于甘泉……于是秦有陇西、北地、上郡，筑长城以拒胡。”其时郡治盖在义渠县（甘肃庆阳市西南）。据谭其骧《中国历史地图集》，秦朝统一后的“北地郡”的地望应位于今甘肃、陕西、内蒙古三地有关地带，下辖义渠、泥阳（今甘肃正宁西）、朝那（今宁夏固原东南）、乌氏（今宁夏泾源北）、泾阳（今甘肃平凉西北）、富平（今宁夏吴忠西南）六县。《括地志》亦云：“宁、原、庆三州，秦北地郡，战国及春秋时为义渠戎国之地，周先公刘、不窑居之，古西戎也。”有学者考证，秦时北地郡治义渠城，在今庆阳市宁县焦村乡西沟村。

（2）西汉时北地郡治，依据《汉书》记载，治所北移，应在今庆城县及环县附近。《汉书》记载在汉平帝元始二年时，其领有马领县、直路、灵武、富平、灵州、昫衍、方渠、除道、五街、鹑孤、归、回获、略畔道、泥阳、郁郅、义渠道、弋居、大要、廉等十九县。

（3）东汉时期，据《后汉书》记载，汉顺帝永和五年，领有富平、泥阳、弋居、廉、参、灵州等六县。安帝永初五年，北地郡又内迁，至于池阳，顺帝永建四年，归于旧治；永和六年，治徙寄冯翊郡。汉灵帝中平十五年，治所徙至彭阳县，东汉末年又迁徙至怀德。

张小虎《东汉北地郡治富平考》[12]通过现场实地调查，结合历代史志资料，同时对前人研究成果做了梳理之后认为，东汉时的北地郡郡治富平城，即是今庆阳市西峰区彭原乡境内的彭原古城。

（4）《后汉书·郡国志》是以永和五年的情况作依据的，当时的北地郡在“洛阳西千一百里”。

（5）《三国志》卷三十五提到轲比能之“故北地”，据《三国会要》载：“轲比能本小种鲜卑，延康初，遣使献马，文帝立为附义王，强盛，诸部皆敬惮之。”又载“黄初二年，轲比能出诸魏人在鲜卑者五百余家，还居代郡。明年，轲比能率部落大人、小子、代郡乌丸修武卢等三千余骑，驱牛马七万余口交市，遣魏人千余家层上谷。后与东部鲜卑大人素利及步度根三部争斗，更相攻击。田豫和合，使不得相侵。五年，轲比能复击素利。豫帅轻骑径进，掎其后，比能使别小帅琐奴拒豫。豫进讨，破走之，由是怀贰。”由此论述看，轲比能为小种鲜卑，其所到“故北地”亦显然应在今西北地区。

据《三国会要》记载，曹魏时，北地郡领有今耀县、富平等地。

（6）《晋书·地理志上》载：北地郡“统县二，户二千六百”。所统二县为泥阳、富平，泥阳为郡治所在，即今陕西耀县东南；富平即今陕西富平县。泥阳、富平均属以旧名称新地。

（7）《隋书·地理志》记载，隋代曾改宁州为北地郡，又改北地郡为豳州，又改豳州为北地郡。据《隋书·地理志》记载“北地郡”曾辖有襄乐、彭原等县。

（8）又《元史·地理志三》记载：“宁州，唐初改北地郡为宁州。宋、金因之。”以后就没有“北地郡”的设置了。

从这些文献看，历史上的“北地郡”均在今西北地区，与今河南地域不相关。

3. 含义与“北地郡”有关的“北地”文献

历史上确实存在有“北地”称谓与“北地郡”有关的地望，且均在西北。

《三国志》卷三十五曾言：“亮围祁山，招鲜卑轲比能，比能等至故北地石城以应亮。”唐长孺在《魏晋杂胡考》（《魏晋南北朝史论丛》，三联书店，1955年）一书中认为史书中所见“北地羌”“北地胡”所指为种族名，而不是说居于其时的“北地郡”。魏明安、赵以武《傅玄评传》[13]认为：“‘北地羌’于魏晋时以马兰山为聚集地，南与冯翊、北地二郡连接；‘北地胡’是指流动于两汉时北地境内的卢水胡、鲜卑族等。一旦反叛侵扰，‘北地羌’‘北地胡’就会混成一体，并引起北地郡内杂居的羌胡响应，共同起事作乱。汉末、魏晋时所称‘北地羌’‘北地胡’，与当时的北地郡有关系，但不是一回事。”

另，魏明安、赵以武《傅玄评传》[14]介绍傅氏郡望的时候，介绍说傅氏后代有以“北地”名之的，这显然是因为“北地郡”能够代表傅氏家族曾有的辉煌，在历史上这属于郡望表述中的常见现象。

4. “北地”明确为“北方”含义的文献

柴瓷研究学者青山竹海先生找出了一些文献中“北地”有用为“北方”的用法[15]。

（1）《史记·燕召公世家》：“王（齐王）因章子（匡章）将五都之兵，以因北地之众以伐燕。”唐司马贞索引：“北地，既齐之北边也。”

（2）汉代枚乘《上书重谏吴王》：“张朝将北地，弓高宿左右，兵不得下壁，军不得太息，巨窃哀之。”李善注：“将北地，谓将兵在吴军之北也。”

（3）清代俞樾《茶香室四钞》卷二引用元陆友仁《研北杂志》：“政和中，丹阳县北地，名石羊子，有盗发古冢，云是梁宏偃将军墓。”

这样看来，参照其他有关“北地”的文献记载，曹昭《格古要论》之“柴窑出北地”之“北地”的含义为北方是明确的。结合其语境，这一“北地”实际可能是“北地河南郑州”的省略。

5. 关于柴窑出“北地”的问题，郑州固城村的传说值得提及

据该村的艺人讲，柴家窑后来应该分为三家，其中一家在郑州。在并不清晰的记忆中他们多少知道一点儿有关柴窑的历史。不过他们烧造的一种所谓的柴家窑瓷器，呈现略淡的酱色，乌光发亮，与传统大家认为“雨过天青云破处”的青色不怎么相符，至多应为酱青色。

据清史部郎中刘体仁撰写的《七颂堂小录》记载，刘体仁曾亲见的一件柴窑器，但是该柴瓷洗釉色为“黝然深沉，光色不定，‘雨后青天’未足形容，布庵曰‘予目之为绛青’”。清乾隆皇帝见到柴窑器物之后的御题诗曾形容柴瓷的颜色，除了1781年的柴窑如意枕为“过雨天青色”，还曾在诗作中认为一件柴窑枕是“色如海玳瑁”（作于1766年），还在1787年作诗认为柴窑“都为黑色无青色”。

高祥云等人认为“色如海玳瑁”就是“如同那即将冲破乌云的霞光，就如同‘雨过天晴云破处’般的霞光透出乌云般”[16]的颜色。

另，郑州固城村的艺人有的还会“柴氏同备拳”，据说这是柴氏家族独传的与宋赵周柴结为兄弟的故事有关的一种拳术。

同时，郑州固城村的艺人对于“北地”的认识大概是“位于北方位的地下窑”，这一认识较为特殊。

综合地看，郑州固城村的一些有关柴家窑和赵家窑的传说值得学术界予以关注。

6. 关于烧造汝瓷所用的玛瑙原料分布区域问题

中国使用玛瑙的历史悠久，但多是零星的。三国时期魏文帝曹丕的《玛瑙勒赋》，其序中说：“玛瑙，玉属也。出自西域，文理交错，有似马脑，故其方人因以名之。或以系颈，或以饰勒。余有斯勒，美而赋之。”唐代，西域吐火罗、波斯等玛瑙多产国向唐王朝进献玛瑙。这期间，没有“北地郡”附近生产和应用玛瑙的记载。至宋末元初，周辉《清波杂志·定器》记载：“又，汝窑宫中禁烧，内有玛瑙末为油（釉），唯供御拣退，方许出卖，近尤难得。”又载“政和三四年间，府畿汝蔡之间所出玛瑙，尚方因多作宝带器玩之属。至宣和以后，御府所藏往往变而为石成白骨色，悉为弃物。民间有得之者竟莫测所以”，“玛瑙，政和三四年间，府畿汝蔡之间所出玛瑙，尚方因多作宝带、器玩之属”。

中国历史上曾有“赤县”设置，以指天子直辖之地。唐李白《赠宣城赵太守悦》诗：“赤县扬雷声，强项闻至尊。”王琦注：“《通典》：‘大唐县有赤、畿、望、紧、上、中、下七等之差。京都所治为赤县，京之旁邑为畿县，其余则以户口多少、资地美恶为差。’”《旧唐书·德宗纪上》：“癸丑，诏以梁州为兴元府，南郑县为赤畿。”宋代有“赤县”“畿县”这一设置，宋陆游《仁和县重修先圣庙记》：“学校之设，方自两赤县始。”宋吴自牧《梦粱录·两赤县市镇》：“杭州有县者九，独钱塘、仁和附郭名曰赤县。”《宋史·河渠》载：“京畿赤县，密迩都城。”宋太祖诏令编纂的官修史书《旧五代史》卷七十七《晋书》记载：“仍升开封、浚仪两县为赤县，其余升为畿县。”宋王溥《唐会要·州县分望道》：“新升次赤县，江陵府陵县，贞元元年九月升为畿县。兴元府南郑县，兴元元年六月升。”又依据宋神宗元丰年间由王存、曾肇、李德刍同撰的《元丰九域志》的记载，当时的“府畿”应包括开封府及其赤县和畿县。

《元丰九域志》卷一记载，东京有开封府，下辖开封、祥符二赤县，又辖尉氏、陈留、雍丘、中牟、长垣、东明等15畿。蔡州属于京西北路重要之州，辖上蔡、新蔡、新息、汝阳、平舆、遂平、褒信、确山、真阳、西平等十县，汝州，亦属于京西北路重要之州，辖叶、襄城、郏城、鲁山、梁等五县。《元丰九域志》中明确记载有这些地点与东京的距离和方位，并记载有各地的水系、风物，所以可以较为准确地判断这些地点的范围。

北宋政和三、四年，属于徽宗时期，依据所述这些文献，并结合其时的府畿、汝州、蔡州范围可以判断，当时玛瑙产地主要在今郑州、开封、周口、濮阳、平顶山、驻马店、南阳一带范围内，到不了所谓的“北地郡”地域。又烧造瓷器一般不太可能远离这些主要原料产地太远，在这些原料分布范围附近应是最为合理的选址地，自然汝瓷所出的“北地”分布范围也不大可能会到达古代的耀州或“北地郡”地域。

明初曹昭《格古要论》有“汝窑，出北地”的记载，又有“柴窑出北地”记载，若汝窑所出之“北地”与柴窑所出“北地”地理背景和语境相类的话，则又由于柴窑作为柴氏官窑，可能会在离当时首都较近的地方选址等原因，则柴窑所出之“北地”分布范围也不大可能会到达古代的耀州或“北地郡”地域。

三、《新增格古要论》中“柴窑出北地河南郑州”中的“河南郑州”问题

1. 是否是曹昭原作的问题

有学者认为，“河南郑州”四字是曹昭《格古要论》中的原作[17]。柴瓷学者母智德先生在《“柴窑出北地”再辨——致藏友“西高弟里”》一文[18]中云：“在《新增格古要论凡例》中，王佐除了对增补的内容、编排体例一一加以说明外，还特别强调：‘增者注曰后增，其新增者注曰新增、或只注增字，旧本则不注。’也就是说，在他所依据的版本里，是别人增补的内容，他就标明‘后增’二字；若是他自己新增的内容，就注明‘新增’或‘增’；如果是曹昭的原版内容，则不加标注。王佐的这几点说明，特别是‘旧本则不注’，应当引起我们研究者的特别重视。”又云：在《新增格古要论·卷之七·古窑器论》的正文里，列在第一位的是“柴窑”，其所载原文为：“‘柴窑器出北地河南郑州，世传周世宗姓柴氏时所烧者故谓之柴窑天青色滋润细腻有细纹多

是粗黄土足近世少见’（为保持原文风貌，笔者未按常规断句）。这就是《新增格古要论》记载的有关柴窑的全部文字，既没有‘后增’‘新增’‘增’之类的注文，也没有别的任何说辞。所以，可以肯定：第一，《新增格古要论》中有关‘柴窑’的记载，不是王佐新增的；第二，‘柴窑器出北地河南郑州’，是曹昭《格古要论》的原文，‘河南郑州’四字也绝非王佐或先前的其他增补者所加。”

关于这一点，我们认为：从《新增格古要论》和《格古要论》有关文献记载对比看，没有写“后增”“新增”“增”之类注文的，实际仍然属于“后增”“新增”“增”的现象是存在的。据孟召《曹昭〈格古要论〉与王佐〈新增格古要论〉的比较》一文[19]，在王佐《新增格古要论》一书中，也有“未作标注，但有续增内容，也有的略作校勘和改动，实为‘后增’的文字：《古画论》中士夫画、没骨画、题跋画，《珍宝论》之硝子、珊瑚树、红猪牙、金刚钻、天生圣像，《古砚论》之银星旧坑新坑、类端石、洮溪砚。”所以，单从有否写“后增”“新增”“增”之类注文，还不能完全肯定这“河南郑州”就一定是曹昭《格古要论》之原文。自然由于我们不能像王佐一样看到最早的曹昭原本，所以也无法否认就一定不是曹昭原本的，只是说，单依据这一理由尚无法得出肯定结论。即使我们依据曹昭《格古要论》“论窑器”原文与王佐《新增格古要论》“论窑器”的记载比较，亦无法得出定论。

2. 若是新增的，那是谁先增的问题

“河南郑州”有可能是曹昭的原文，但是也可能是其他人新增的。不少人都认为是王佐新增的，我们认为这是有失偏颇的。

从文献看，曾为曹昭所著《格古要论》校对的学者不少。现在能见到的最早版本是明周履靖辑刊《夷门广牍》本，明万历二十六年（1598年）刊，卷首题有“云间宝古生曹昭明仲著、嘉禾梅癫道人周履靖校、金陵荆山书林梓行”。由此可知嘉禾梅癫道人周履靖曾校对过此书。曹昭《格古要论》的《文渊阁四库全书》本，据《四库全书总目》提要记载，是袭孔子嫡派后裔衍圣公封号的孔子第七十一代孙、清代藏书家孔昭焕家藏本编修的。显然，这一版对孔昭焕家藏本亦曾有过编校。中国书店于1987年影印出版《新增格古要论》明刻本，书前有遂州郑朴题序。有学者据《四库存目》、遂州郑朴曾编《扬子云集》原序等，判断此本当是明万历年间的刻本，晚于王佐。《新增格古要论》（中国书店于1987年影印出版的刻本）有郑朴所题之序，其中谈到其曾重校《博古图》，又《四库存目》中记载，郑朴曾重刊《别本考古图十卷》。郑朴在其题序中又言“故再校而梓之，其中若王之所增，大有可汰，而且仍其旧，则顾览者各从所好，为所入也”。显然，郑朴曾校勘过。另，王佐在其《新增格古要论凡例》中写道：“《格古要论》创始于云间曹明仲，编校于云间舒志学，是编合旧本二本而录之，亦格物致知之事也。”王佐在《新增格古要论凡例》中还写道：“是编自景泰七年丙子夏四月中旬得李、孙二公旧本，至其秋七月考校增完，又至天顺三年己卯夏四月上旬，欲命工锓梓，点校始完。”并且“一本得之前栾成侯公子李庄，篇目颇多而脱误殊甚；一本得之同寅主事常熟孙纪，篇目略于前本而脱误亦多”。显然，其所依据的两个本子有不少错误和缺失。这些都说明王佐所用本子是经过云间舒志学编校增加的，又经过李、孙二公作伪的脱误殊甚之旧本。《新增格古要论》明淑躳堂刊本云：“云间曹昭明仲著，云间舒敏志学编校，吉水王佐功载校增，新都黄正位黄叔重校。”据《阳春奏序》等知，黄正位是明万历时人。《新增格古要论》明万历刊本云：“云间曹昭明仲著，云间舒敏志学编，吉水王佐功载增，钱塘胡文焕德父选。”依据《格致丛书》等知，胡文焕，字德甫，一号抱琴居士，钱塘人。明万历、天启年间藏书家，撰有《文会堂琴谱》《古器具名》《古器总说》《名物法言》等，是博物学家。从这些文献看，于《新增格古要论》，云间舒敏志学、钱塘胡文焕、新都黄正位确是校或编校过的。尤其是云间舒敏志学，依据《新增格古要论》（中国书店于1987年影印出版的刻本）的云间舒敏志学序，他曾“窃观而爱之，颇为增、校，订其次第，叙其篇端，亦可谓格物致知之一助也”。其序又云：“君子观之，更能以辨物之玉、石，辨人之玉、石，使卞和止泣，宋愚免笑，庶有以发明于世，岂小补哉。”由此可知，云间舒敏增文于《格古要论》一书是确切的，并且云间舒敏志学不仅仅是一般的编校，还是早于王佐“增、校”的。

3. 若是王佐之增，是否可信

王佐为《格古要论》增添诸多文字和实物信息是明确的，不过，依据王佐在《新增格古要论凡例》中的话“各随所见闻以类增入”，可知王佐所增，有的有文献依据，有的应该是非征之文献的，可能有听闻的成分。又从曹昭《格古要论》“论窑器”原文与王佐《新增格古要论》“论窑器”的记载比较可知，王佐对于瓷器的专业术语使用得并不是特别娴熟。又据明王直《抑庵文集》卷一“世德堂记”条及《抑庵文集后集》卷十五《送王主事诗序》知，王佐学养丰富，学行甚高，以勤慎著称，所以，若是王佐增加的“河南郑州”，亦有可能是经过慎重考虑的。并且王佐修订《格古要论》时，距曹昭成书时间很短，应该有传世曹昭版本为据，从《新增格古要论》看，王佐修订得十分认真，所以应有一定的可信度。又根据郑朴所题之序，其言：“故再校而梓之，其中若王之所增，大有可汰，而且仍其旧，则顾览者各从所好，为所入也。”据郑朴所题之序知，其曾重校《博古图》，据《四库存目》所记，郑朴曾重刊《别本考古图十卷》，他是明万历中人，与王佐时代一致。这样一位博古的学者，对王佐所增内容颇有微词。我们认为，博物学者郑朴在专业方面应盖过官员出身的王佐，其所言“王之所增，大有可汰”之内容应属于学术内容。所以，若“河南郑州”是王佐所增，则由于这个生产地不是什么特别的专业问题，如同他在《新增格古要论》（中国书店于1987年影印出版的刻本）中正确叙述“汝窑器出汝州”“官窑器宋修内司烧者”“古定器俱出北直隶定州”“吉州窑出今吉安府庐陵县永和镇”“古磁窑出河南彰德府磁州”“建磁器出福建”“古龙泉窑在今浙江处州府龙泉县”等关于瓷器的产地一样，“柴窑器出北地河南郑州”亦应是比较可信的。

自然，由于同样的原因，若是他人所增，同样应较为可信。

对于“九秋风露越窑开，夺得千峰翠色来”的越窑（图一六、图一七），有学者认为其虽然在五代时期发展到了一个全盛时期，但同时也跌入衰落的门槛。有越国向柴荣进贡瓷的记载，但没有进贡柴窑的记述。那时的龙泉窑还处于起步阶段，应不是柴窑。

虽然这一时期北方地区的“耀州窑”（图一八、图一九）及“湖田窑”青瓷（图二〇、图二一）较为有名，不过，诸多学者认为这些都不太可能是柴窑[20]。如所述，明文献中论及柴窑“出北地河南郑州”，其后尚有不少文献支持此说法。成书于清乾隆年间却颇具考据之风，我国第一部古陶瓷专著《陶说》，在谈及柴窑时按语说：“后周都汴京，唐属河南道。考《唐书·地理志》，河南道贡瓷石之器，是其地本宜于陶也。宋政和，官窑亦起于汴，汝亦河南道所辖之州，柴窑当在其内。”

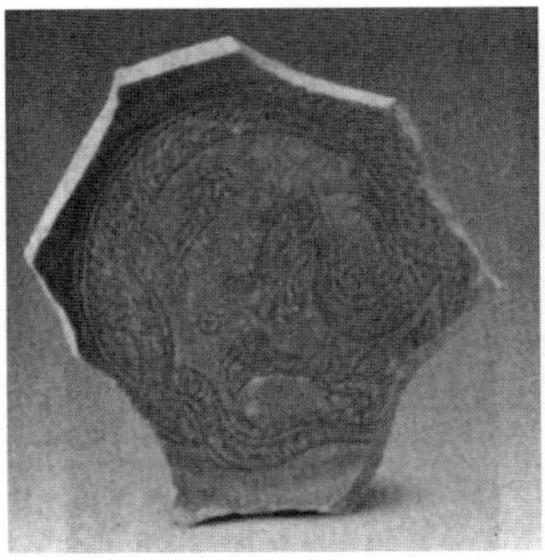

图一六　浙江慈溪寺龙口越窑址出土青瓷碗残片

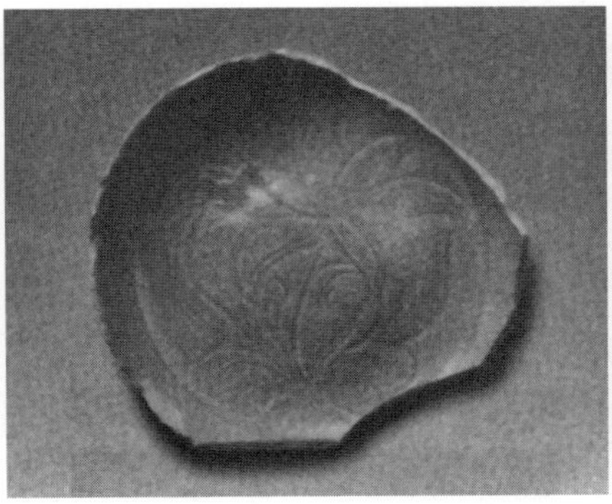

图一七　浙江慈溪寺龙口越窑址出土青瓷残片

图一八　陕西宋代耀州窑址出土青瓷杯

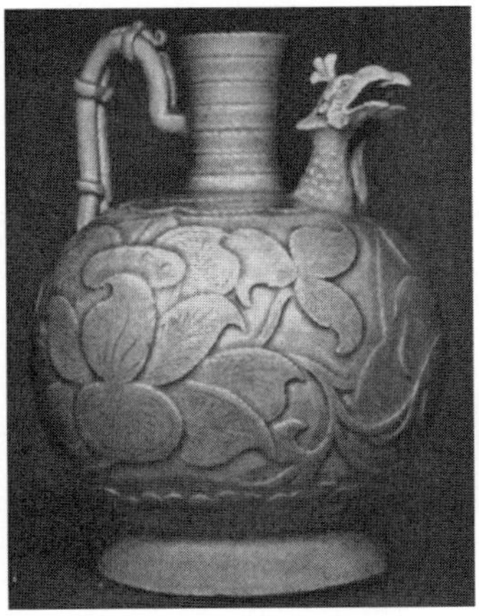

图一九　五代耀州窑刻花双凤流执壶（巴黎吉美博物馆藏）

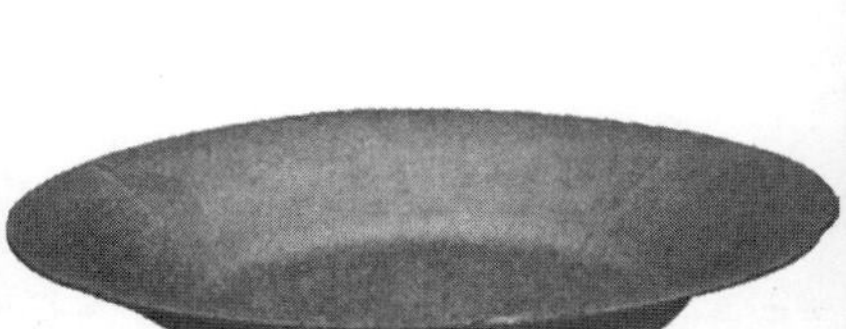

图二〇　湖田窑遗址出土瓷盘

图二一　宋湖田窑刻缠枝莲纹冬瓜形瓶（九鼎堂藏）

又，据明正德《汝州志》和清道光《汝州志》记载，有明一朝，郑州地名未变，并且不辖其时的汝州地界，在从其地当时的瓷器特征看，说“柴窑”在汝州市、平顶山市、禹州市一带是不太可能的[21]。

本文的研究希望使大家在论证自己有关柴窑或柴瓷观点的时候，应对最为重要的文献证据——“出北地河南郑州”中“河南郑州”是原文还是增文等有关问题，需更细致地重视版本研究；对文献可信度和文献作者的身份、瓷器方面的学术造诣等问题应客观地予以分类看待。同时希望通过本文中对相关文献及考古发现的论辩，表明倾向于认可，历史上柴窑确实存在过，并且现今郑州就很可能是柴窑的一个重要的接近京畿的烧造地。

注　释

［1］（清）程村居士：《柴窑考证》，清宣统三年（1911年）版；赵自强：《柴窑与湖田窑》，广西美术出版社，2004年；〔日〕对中如云：《至宝·千年之旅——发现绝迹千年的柴窑》，台海出版社，2007年；南辛：《南辛赏柴》，百花文艺出版社，2010年；苗文兴：《柴瓷》，中州古籍出版社，2010年；田培杰：《郑州柴窑》，河南人民出版社，2011年；母智德的博客《探谜：逝去的辉煌——柴窑》（2012-06-13），http：//blog.sina.com.cn / s / blog-631ba7d401016a0g.html。

［2］王治国、王晖：《揭开柴窑千年的神秘面纱》，《文物鉴定与鉴赏》2010年第6期。

［3］邹茁桁：《谈五代柴瓷》（2013-02-12）http：//www.gongpin.net / news / item_10542.html。

［4］［5］〔日〕对中如云：《至宝·千年之旅——发现绝迹千年的柴窑》，台海出版社，2007年。

［6］河南省文物考古研究所：《汝窑与张公巷窑出土瓷器》，科学出版社，2008年；张增午、李向民：《晋冀豫北朝青瓷的发现与研究》，《中国古陶瓷研究》（第12辑），紫禁城出版社，2006年。

［7］赵自强：《柴窑与湖田窑》，广西美术出版社，2004年。

［8］王升虎：《谁见柴窑色，雨过天青时——关于追寻柴窑的历程断想》，《景德镇陶瓷》2010年第1期。

［9］禚振西：《柴窑探微》，《收藏家》2001年第8期。

［10］陈建平：《柴窑不在耀州》，《收藏家》2001年第8期。

［11］王长启：《从唐田君墓志看柴窑出“北地”之地望》，《收藏界》2010年第11期。

［12］张小虎：《东汉北地郡治富平考》，《丝绸之路》2010年第8期。

［13］［14］魏明安、赵以武：《傅玄评传》，南京大学出版社，1996年。

［15］青山竹海的柴窑博客《柴窑》，［0L］.（2011-11-28 08：51：55）［2013-02-13］http：//blog.sina.com.cn / s / blog—7fa9b80b0 l00zf8u.html。

［16］高祥云等《论：大清帝国乾隆皇帝咏柴窑碗诗词之：“色如海玳瑁”》，复兴论坛，CCTV-10

科教频道论坛，2012-12-20，22：17。

［17］［18］ 西高弟里博客《与母智德先生的对话》，［OL］.（2010-12-13 05：10：11）http：//blog.163.com / ym-chenl948 / blog / static / 61544474201011135101 1982。

［19］ 孟召、曹昭：《〈格古要论〉与王佐〈新增格古要论〉的比较》，《故宫博物院院刊》2006年第6期。

［20］ 陈建平：《柴窑不在耀州》，《收藏家》2002年第5期；孙乐琪：《学者解密柴窑：不是单一品种，烧造地在耀州》，《北京日报》2012年11月16日。

［21］ 拜陶教第一教徒：《“柴窑”也在汝州市和平顶山市一带——再读湖田玉《〈格古要论〉中“柴窑，出北地”的思考》［OL］.（2012-03-01 11：06）［2013-02-12］http：//www.dfgms.com / viewthread.phptid=38954。

（原刊于《中原文物》2014年第4期）

郑州一座宋墓出土的镇墓武士俑

魏青利　丁兰坡

图一

我国古人有迷信灵魂不死的独特生死观念，认为人死后灵魂在冥间还会过着与现实相同的生活，故中国历代埋葬死者奉行“象其生以送其死”的丧葬习俗，为死者专门承制器物作为随葬品安置于墓内，这种特制的器物称为明器。明器除了有与生活有关的各种器物模型外，还出现了保护死者灵魂在阴间不受鬼怪侵害、滋扰的镇墓俑，用于驱邪避祟、震慑鬼怪。

镇墓俑包括镇墓兽、镇墓武士俑、镇墓天王俑等。其中镇墓兽出现于春秋时期，随着社会的发展、丧葬习俗的演变，至魏晋时期。出现陶镇墓兽与镇墓武士俑的固定组合，镇墓武士俑的塑造较为简朴、稚嫩，均头戴高缨兜鍪，身着筩袖铠，双腿叉立，双臂外扩，左手持盾，右手上举做持物状（图一）。北朝时期，这一组合形式被延续与发展，镇墓武士俑造型较前朝高大，形象饱满，头戴圆顶兜鍪，身着裲裆铠（明光铠），手扶及地长盾，威武站立。隋及初唐，镇墓武士俑继承北朝，无大的变化。初唐后期武士俑与天王俑并行，至盛唐，镇墓武士俑被天王俑替代，逐渐退出保护逝者灵魂不受侵害的镇墓舞台。晚唐，时局动乱，人们由祈求死后生活的安宁转为希望现实生活的安宁，堪舆之术流行，丧葬习俗发生重大变化，镇墓俑被铁牛、铁猪所替代，也就自然而然地消失了。五代以后，墓葬内多为趋吉避凶的压胜神煞俑，多人首兽身或兽首禽身，造型奇特，富有神秘色彩。

宋代墓葬内出土的镇墓武士俑多见于四川，而罕见于中原地区。近年，郑州一座宋墓出土的镇墓武士俑填补了中原地区此段空白。墓葬遭严重盗扰，但仍出土有较多陶俑残片，从器类上看，应有两件镇墓武士俑，仅能修复一件，该镇墓武士俑出土于甬道东侧壁龛内，向门而列，推测另一件应对称出于甬道西侧壁龛内。

该镇墓武士俑，通高57厘米，头戴兜鍪，肩饰龙首披膊，披挂于身甲之内，身着明光铠，胸前圆护饰以虎头，绦带用纵横十字形方法于胸前束甲，腰腹间束有袍肚，腰系革带，双带扣，双铊尾，其中自颔下垂直向下连接腹部虎头护甲的皮带、腰带及横向束甲带将垂挂于铠甲之外的护腹甲固定，起到护腹作用，腰上自革带处有一环形绦带垂至膝下，腰带下左右各一片膝裙，护住大腿，在腿裙前面开衩处，着保护下腹部的鹘尾。背甲较长，至臀部，并压在袍肚之下，下着裤，足蹬靴，双腿叉立，站立于矮山岩形座上。

该镇墓武士俑躯体魁梧壮硕，昂首挺胸，眉梢倒竖，眼珠鼓暴，右臂前屈作持物状，左臂上举，原应持有物，双腿叉立，勇武豪迈，于镇定自若中更添威武的气势，内在精神表现十分真切，从整体来看，刻划细微，表现真实，为相当优秀的艺术作品。

该宋代陶镇墓武士俑在河南地区尚为首例，其造型与宋元德李皇后陵石墓门武士画像造型有相似之处。成书于北宋庆历四年（1044年）的《武经总要》，详细记载了宋代铠甲组成部分的具体形制，其中刊录了五领铠甲的插图，并对铠甲图像做了简要说明：“其制有甲身，上缀披膊，下属吊腿，首则兜鍪顿项。”该宋代陶镇墓武士俑所着铠甲与《武经总要》中记载的甲胄制度较为符合，为研究中原地区宋代甲胄制度增添新的资料，同时，该镇墓武士俑的出现，说明宋代中原地区的丧葬习俗在某种程度上仍有延续前朝的生死观念存在，可作为考察当时社会丧葬习俗的重要资料。

（原刊于《古都郑州》2013年第4期）

登封唐庄宋代壁画墓搬迁保护案例与思考

潘寸敏　高赞岭

壁画，是中国绘画艺术中特殊的一种，在历史文化传承中和纸张绘画具有同等重要的意义。中国现存的壁画主要有石窟壁画、墓葬壁画和殿堂壁画三种类型，其中墓葬壁画在反映各个历史时期的丧葬习俗的同时，也揭示着当时的社会习俗、文化传承和艺术创作水平等多方面内容，在绘画艺术研究和历史文化传承等领域，有着重要的地位。因此，对历代壁画墓的完整保护一直是考古界野外工作的一项重要课题。2010年11月，郑州市文物考古研究院配合焦桐高速公路建设，对河南登封唐庄2座宋代壁画墓进行抢救性考古发掘，并成功地对壁画保存较好的M2进行整体搬迁保护。为便利大家学习交流、笔者乃不揣简陋，现将此次搬迁保护工作中所获的体会与认识进行总结。限于水平，不当之处，敬请方家不吝指正。

一、我国壁画墓的保护现状

墓葬壁画是墓葬建筑的一部分，为其内部的装饰画，它的支撑体是墓葬建筑本身，墓葬通过壁画的图像、色彩来表现设计者的构思，生者通过壁画内容表达对死者的哀思、怀念及美好的祝愿。因此，墓葬壁画是墓葬不可分割的一部分，壁画脱离了墓葬，承载的部分信息就会丢失，价值也就发生了变化。

大多数墓葬壁画在墓葬发掘之后，由于种种原因和现场诸多条件的限制，无法进行原址保护，需要把壁画从墙体上揭取下来，进行异地保护。壁画属于不软不硬的文物，实际揭取非常困难，需要专业的技术支持。早期一线考古工作者为了保护好这一文化奇葩，进行了多方面探索，已总结出许多行之有效的方法，形成了一个新的专业课题。

目前我国的壁画揭取保护技术相对来说已经比较成熟，应用也较为广泛，但是壁画墓的整体搬迁保护技术在我国尚处于学习和探索阶段，实际案例屈指可数。

二、登封唐庄宋代壁画墓

2010年11月，郑州市文物考古研究院在登封唐庄配合焦桐高速公路的建设进行抢救性考古发掘中，发现宋代壁画墓2座。2座墓葬均为带台阶式墓道的砖室墓，由墓道、甬道、墓室三部分组成，墓室平面呈六角形，为砖室仿木结构。其中M2墓室保存较为完整，墓门、甬道和墓室内满绘壁画。画面内容以进贡、出行、宴饮、起居为主，另有超度、天象等图案，生动地描绘了墓主人生前奢华的生活场景。画面中人物刻画传神，服饰具有鲜明的民族特征，壁画色彩鲜艳，绘画技法娴熟，可谓宋代壁画中的精品，是研究北宋时期的家具、服饰、宗教、丧葬习俗及绘画艺术等的重要实物资料（图一、图二）。

壁画墓的保存目前主要有两种方法，一种是将墓葬壁画临摹、揭取、拆除。如果采取这种方法，墓葬壁画的艺术性及完整性将不复存在，对于壁画的保护实在是一大损失。另一种方法就是原址保护，这也是壁画墓最好的保护方式。但此次发掘的壁画墓正好坐落于拟修建的焦桐高速公路登封段主干道上，如果采用这种方法，道路就要重新设计改线，不但延误工期，还会对国家造成严重的经济损失。既然该墓连同壁画已经在地下完好无损地保存了上千年，在科学相对发达的今天，我们为什么不能把这一珍贵的文化遗产完整地传承给后人呢？为此，我们最后决定对该墓实施整体搬迁，让壁画墓在优良的环境中更好地保存。

墓葬本是不可移动文物，因为要对其进行抢救保护和整体搬迁，使之变成可移动的文物。出土壁画墓的现场处置与保护，不但技术复杂、专业性强，而且更具有较强的时效性。它既是考古发掘工作的延伸和补充，又是进行墓葬壁画有效保护的首要关键阶段，关系着壁画后期保护的最终效果，因此，墓葬发掘过程中发现壁画后，我们立即赶往现场，进行观察和准备，尽快确立了一套完整、科学、规范、有效的保护方案，现场指导壁画的清理发掘工作，尽量避免发掘对墓室内壁画造成物理损伤。

图一

图二

三、唐庄壁画墓的搬迁

壁画的保存条件对环境的要求极为严格甚至苛刻，环境污染和温湿度的变化对它的影响至关重要。考古发掘结束以后，为了避免有害气体侵蚀和温度过低造成壁画酥碱或脱落等病变，我们首先在现场搭建起了保护棚，在墓室内安放温、湿度计，以采集环境变化的第一手资料，然后根据这些资料采取措施，对墓室内温、湿度进行严格控制，并派专职人员负责，严禁非工作人员进入墓室内，避免因碰撞导致壁画的脱落和人员过多呼出的有害气体对壁画造成损害（图三～图五）。

图三

图四

图五

现场情况基本稳定以后，开始对M2墓室内的壁画保存状况进行调查与详细记录，调查的主要内容包括：墓葬时代、所处环境、地下水文特征、墓葬内的温、湿度；墓室结构、壁画在墓室中的分布；壁画的保存现状，壁画的内容与艺术特征、壁画的制作材料和制作工艺；壁画的病害类型等，所有这些均进行了详细的文字、绘图、照相和影像记录。通过多种手段进行分析检测，对壁画的保存状况进行科学评估。根据科学评估结果，制定出合理的保护处理方案，并进行必要的分析检测，科学的实验，从技术层面对方案中的材料、实施方法等进行核准和微调。并认真做好工作记录（文字、照相、绘图）等。

保护处理方案包括三个步骤：壁画表面的清理，现场加固，保护和搬迁措施。主要内容包括画面的清理方法、现场加固的手段、搬迁保护的工艺流程及合理步骤、所使用的工具选择、保护材料的选定、温度与湿度的控制措施、保护过程中的人为损坏及补救措施、恶劣天气对保护工作的影响、搬迁时道路的选择与运输工具的确定，以及运输途中的保护等。

壁画保护是一项非常严谨的工作，为了避免造成不必要的损失，需要有相关经验的专业人员共同进行。前期保护工作做好之后，郑州市文物考古研究院联合洛阳古墓博物馆共同对该墓开始实施保护搬迁工作。实施搬迁工作之前，双方根据实际情况，又进一步完善了搬迁方案。

为了确保壁画文物的安全，我们反复做了相关试验以确定保护方法和选择材料。按照保护方案的要求，逐步进行实施。步骤严格按照操作程序进行，首先采用物理方法对壁画表面的污渍进行处理，然后用化学药剂和棉签滚擦清洗，之后用化学药剂对壁画酥碱部分进行加固、用物理方法对缺失部位进行修补，用灌浆技术对空鼓部位处理加固，最后用化学药剂将壁画进行整体封护。为了避免工作过程中对壁画造成损伤，药剂封护之后我们在壁画表面又粘贴了一层宣纸。为了防止起吊和运输过程中墓葬在外力的作用下发生变形或坍塌，增强墓室结构的稳定性，根据力学原理，搬迁之前用木材在墓室内部做了木架支撑，支撑打好以后用板材将墓门暂时封护。

接下来开始在墓室周围挖基槽。为了方便底部穿插钢材，基槽的宽度大于墓室的宽度，深度超过墓室底部七八十厘米。基槽挖好之后，对墓室外部进行加固。方法是先用化学药品进行渗透加固，然后用石膏加麻片进行物理加固，使之胶结成为一个整体。下一步是用钢材在石膏层外面制作钢网，再用多根槽钢在墓室底部穿插置换底座，最后，将各个钢材联结点以电焊焊接牢固，最后形成墓的外框为铜墙铁壁、墓室内部结构和壁画均保持原状的一个整体（图六）。

壁画墓室内外加固以后，运用机械起吊、运输，安全抵达目的地，圆满地完成了M2的搬迁保护工作（图七）。

图六

图七

四、壁画墓搬迁的几点经验

经过时效和科学检测，M2的整体搬迁保护工作是非常成功的，完全达到了预先设定的目标。该壁画墓的保护和搬迁之所以能够取得如此理想的效果，原因是多方面的，归纳起来有以下几点：

第一，较早介入。在墓葬考古发掘尚未结束，保护工作就已经介入，避免了物理损伤和因环境的变化对壁画造成不必要的损伤。如发掘不当造成的壁画脱落，紫外线对颜料的伤害，有害气体对壁画画面层的伤害，温、湿度变化引起的壁画酥碱、脱落，等等，并使已出现的病变得到了较好的控制。

第二，在进行搬迁保护之前，对壁画墓的保存状况做了充分的调查。如：墓室的结构，墓葬的稳定性，内外的环境，及温、湿度变化的幅度等，壁画在墓室内的分布位置、保存现状、面积大小、内部结构特征、制作材料、病害形式及病害程度等。调查记录比较详细，为以后的保护和搬迁工作提供了第一手资料。

第三，根据调查评估制定了科学有效的保护方案。墓葬结构、壁画出土状态和面临的具体环境，能够具体问题具体分析，不拘于教科书所规定的方法和程序，制定出适合于该墓搬迁的保护方案。

第四，实施方案之前的充分准备和反复实验。比如在选择加固材料时，我们均选择上等木料和钢材，在力学原理上保证了所选材料绝对能承载墓葬的整体重量，从而保证了墓葬结构的稳定性。吊运时选择实力雄厚、信誉度较好的正规公司，运输时选择平整的路面和合适的行驶速度，减少了在运输途中车辆震动对壁画造成的二次损害。

第五，严格按照方案进行，谨慎操作。我们工作的每一个环节都是经过认真研究制定的，都做了多种相关的试验和应对预案。

第六，现场操作人员均参加过正规的业务培训，具有丰富的实际操作经验，避免了因操作不当造成的损失。

五、结　　语

经过这次搬迁唐庄壁画墓的工作，我们认为墓葬壁画的保护与考古发掘出土的其他文物的保护方法既有相同点，又有不同点，其主要区别是：墓葬壁画的保护专业性强，技术复杂，时效性更强，建立科学、规范的保护程序是必不可少的，也是壁画保护成功的关键。

虽然登封唐庄壁画墓的整体搬迁工作进行得比较顺利，但是或多或少地存在这样和那样的问题。首先，由于文物勘探人员对地下文物了解不够，致使在进行文物勘探时将墓室顶部破坏，造成墓室壁画局部的破坏，建议文物勘探人员在今后的勘探工作中，积累更多的经验，在摸清墓葬形状、断定其时代后，要考虑是否有壁画存在，从而决定勘探的方法和程度。如发现是唐、宋时期的砖室墓，更要谨小慎微，探孔打到墓室顶砖以后，立即停止该位置的勘探工作，避免造成不必要的损失。另外，壁画是对环境最为敏感的文物，特别是温、湿度的骤变会给壁画带来诸多的病变，有些病害目前尚属不治之症。文物是不可再生的物体，一旦发生损坏，即使保护人员修复技术水平多么高超，也无法达到原始的效果。因此建议壁画墓的发掘工作尽量避开寒冷的冬季或炎热潮湿的夏季。

再有就是现场综合处置与保护的问题，出土壁画墓的现场处置与保护，既是考古发掘工作的延伸和补充，又是有效保护墓葬壁画的首要关键阶段，它关系着壁画后期保护的最终效果，是墓葬壁画保护过程中一个不可缺少的最为重要的环节，其中时间和保护技术是成功保护壁画墓的两个重要因素。

壁画保护应该由具有壁画保护的专业的技术人才来进行，目前我国从事壁画保护的人员明显偏少，建议国家文物主管部门多培养相关人才。

郑州黄岗寺北宋贾正之及其妻蔡氏墓志考

信应君　信宇鹏

贾正之及其妻蔡氏墓志2010年出土于南水北调中线工程郑州黄岗寺村发现的北宋贾正之壁画墓中。墓志详细介绍了贾正之及其亡妻蔡氏的生平、职官及北宋后期的一些历史事件。以下据墓志所载对贾正之及其妻蔡氏和家族进行相关研究。

一、贾正之墓志及其家族世系

贾正之，《宋史》无传。据志文，贾正之字公直，上世本沧州南皮人，其曾祖贾汾始葬开封，自此后为开封人。由志文推知，生于宋仁宗庆历四年（1044年），卒于宋徽宗崇宁四年（1105年）七月十四日，享年61岁。即是年十月十九日，葬于郑州管城县周张原，与其父贾蕃葬于同一茔地，子五人，女二人，孙八人，孙女二人。

从志文中知贾正之乃范仲淹的外孙，“文正哀而怜之，移任子恩授以官，得试将作监主簿”。宋代以恩泽而得官的不止于直系子孙，可以推到旁支、异姓。因此贾正之通过范仲淹恩荫得官。“初调卫州汲县主簿，中进士第，以颍州团练推官充府界提点司勾当公事，改著作佐郎，知开封府阳武县。”贾正之在恩荫补官调任卫州汲县主簿后，又参加科举考试，中进士。因其继母去世服丧，除知广济军定陶县，迁奉议郎，移开封府封丘县。哲宗继位（1086年），进承议郎，充郧国、忠正、武昌三宫教授，改朝奉郎，管勾京东排岸司。迁朝散郎，通判兴元府，改朝请郎，通判郓州。宋徽宗即位（1101年），进朝奉大夫行光禄寺丞，擢提举河东路常平，迁本路提点刑狱。改朝散大夫，移广东路等。

从墓志分析，贾正之先祖可推至唐相贾耽。贾耽（730～805年）字敦诗，河北沧州南皮县人，德宗贞元九年（793年）任宰相，封魏国公。贾正之曾祖贾汾，官拜殿中丞，赠工部侍郎。祖父贾昌龄曾任太常少卿直昭文馆赠吏部尚书[1]，范仲淹给贾昌龄书墓志铭《太常少卿直昭文馆知广州军州事贾公墓志铭》[2]。志文载贾昌龄“以某年月日葬于郑州新郑县抱章山之东南”。新郑抱章山在今新郑郭店镇，由是知贾昌龄与贾蕃茔域不在一处。贾蕃拜朝议大夫赠正议大夫，曾任开封府东明知县，与富弼、司马光等反对王安石变法。《宋史·王安石传》记载：“安石白帝曰：‘知县贾蕃，乃范仲淹之婿，好附流俗，致民如是。’”[3]志文说“我先公文正以次女归正议公”，范仲淹之子范纯仁本为反对变法派，贾蕃作为范的女婿，与其妻舅范纯仁反对王安石变法当在情理之中。

贾正之娶妻蔡氏，“故参知政事文忠公齐之侄，尚书驾部郎中提点广东刑狱交之女”。由此知蔡氏是蔡齐的侄女、蔡交之女。蔡交从父兄为北宋重臣。蔡齐官至参知政事，蔡交能够顺利进入仕途，靠的正是蔡齐“荫补”。据范仲淹所撰《赠大理寺丞蔡君墓表》载：“蔡元卿生四子：曰弈，曰禀，曰直，曰交，皆由文忠荫补报君之得也。”蔡交“以从兄齐荫，仕至大理寺丞”[4]。蔡齐，《宋史》有传，宋真宗大中祥符八年（1016年），蔡齐考取进士第一。宋仁宗时，任尚书礼部员外郎兼侍御史，后调任龙图阁直学士、河南府参知政事。蔡齐病逝后，赠兵部尚书，谥“文忠”。蔡齐死后，由北宋大文豪、唐宋八大家之一的欧阳修为之写行状，由蔡齐的同科进士、北宋名臣范仲淹为之写墓志[5]。

贾正之墓志由高平范纯粹撰。范纯粹，《宋史》有传，字德孺，吴县（今江苏苏州）人，范仲淹第四子。从墓志知贾正之乃范纯粹的外甥，范纯粹受贾正之子贾君文之请为其作墓志。墓志由贾公彦书。贾公彦，史书无考。从墓志看为贾正之族弟。

二、贾正之妻蔡氏墓志

蔡氏墓志云：“蔡氏本东莱人，赠刑部侍郎元卿之孙，广南东洛提刑赠朝议大夫交之中女。”前文已述蔡交之父蔡元卿，《范文正公文集》卷十六《赠太理寺丞蔡君墓表》记述有蔡元卿生平。志文云“蔡氏母高平郡太君范氏，文正公之长女”，由是知蔡氏之母为范仲淹的长女，与贾正之的母亲为姐妹。墓志记蔡氏生有二子一女，“已生教男长曰君文，应武举进士，次佳节，因祖朝议阴补郊社斋郎。一女，适进士李敏淑”。长子贾君文，《宋史》无考；次子贾伟节，《宋史》有传[6]。贾正之墓志记贾正之有五男二女，长子曰君文，次伟节……长女，适宣德郎刘唐采；次适进士刘长庚。两墓志相较，蔡氏所生两子无误，而女儿则无法互为印证。女婿李敏淑、刘唐采、刘长庚无从考证，推测有两种可能：一是贾正之生有三女，贾正之与蔡氏所生之女在贾正之墓志中未有录入，二是贾正之本就生有二女。长女即贾正之与蔡氏所生，先嫁进士李敏淑，可能李敏淑先逝或其他原因，改嫁宣德郎刘唐采。蔡氏墓志早贾正之墓志18年，随着时间的推移，其女后来改嫁也未可知。

志文说蔡氏“先三十四年卒，封崇德县君”。蔡氏于熙宁五年（1072年）先逝，享年25岁。其死是因为“及提刑公捐馆，闻讣賨绝”，听到其父亲蔡交死讯，悲伤过度而逝世。志文说“朝奉郎贾公直，元祐四年秋八月丁其父朝议大夫公之丧，函哀泣血，扶护还郑，卜以五年夏四月辛卯葬于管城县西周张原之新阡，又附其亡妇蔡氏于其域”。“蔡氏卒十八年乃克徙葬于舅姑之次”。贾正之的父亲贾蕃卒于元祐四年（1089年），元祐五年（1090年）葬于管城县西周张原，又将其亡妻蔡氏迁葬于其父贾蕃的墓地。此时蔡氏已经亡故18年，16年后贾正之亡故，与妻蔡氏合葬于同一茔域。

由志文推知，蔡氏墓志当是贾正之将蔡氏迁葬时书铭。志文云“洛阳贾岗志其终始系以铭”，蔡氏墓志由洛阳人贾岗撰文。贾岗，史无考。从贾正之祖父贾昌龄墓志铭知贾昌龄生八男，最小的儿子名岗，贾昌龄去世之时尚幼，而其时贾正之父亲贾蕃已任开封府封丘县主簿。贾岗与贾正之年岁当相去不远，由贾正之年龄相当的叔父贾岗为蔡氏书墓志当不无可能。只是贾昌龄墓志已称为开封人，而蔡氏墓志说贾岗为洛阳人，是否为同一人，无从考释。

贾正之世系与姻亲：

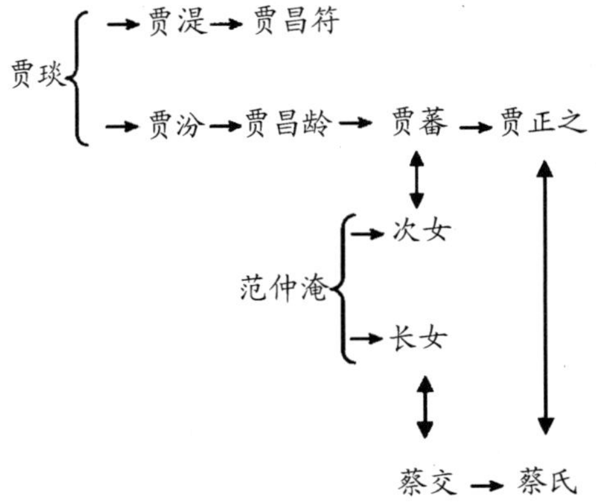

志文说蔡氏墓志由“西水陈恬篆于石”。陈恬（1058～1131年），颍昌阳翟（今河南禹州）人，出生于阆中西水县（今属四川），字叔易，是陈尧叟[7]的后代，学识渊博，素有大志，隐身阳翟，务农为业，居住在涧上村，因号涧上丈人。陈恬与当时的社会名流鲜于绰、崔鶠[8]齐名，号称“阳城三士”。又与晁以道同隐嵩山。当时晁以道辞官居嵩山，与恬住宅邻近，二人交往甚密。大观（1107～1110年）中，恬征召赴京，官拜校书郎，不久，辞官还山。建炎初年（1127年），高宗再次征召，恬不应召，避居桂岭。陈恬善书信，时人都以拥有他的字为时尚。以前出土的墓志多是在志盖上题篆，这次贾正之妻蔡氏墓志，共626字，志文完全用古文书写。字体变化多样，笔力苍劲，字文隽美，是极为难得的艺术珍品。这对于古文字和书法艺术的研究具有重要价值。

注　释

［1］ 脱脱等：《贾琰传》，《宋史》（卷285），中华书局，1977年。

［2］ 刘林、李勇先等：《太常少卿直昭文馆知广州军州事贾公墓志铭》，《范仲淹全集》（卷14），四川大学出版社，2002年。贾昌龄墓志铭2012年6月在河南新郑市二十里铺南抱嶂山西南出土，现藏于新郑市博物馆。

［3］ 脱脱等：《宋史·王安石传》（卷327），中华书局，1977年，第10541～10553页。

［4］ 刘林、李勇先等：《赠太理寺丞蔡君墓表》，《范仲淹全集》（卷16），四川大学出版社，2002年。

［5］　刘林、李勇先等：《户部侍郎赠兵部尚书蔡公墓志铭》，《范仲淹全集》（卷14），四川大学出版社，2002年。
［6］　脱脱等：《宋史·贾伟节传》（卷356），中华书局，1977年。
［7］　脱脱等：《宋史·陈尧佐传》（卷284），中华书局，1977年。
［8］　脱脱等：《宋史·崔鶠传》（卷356），中华书局，1977年。

（原刊于《中原文物》2013年第1期）

宋贾昌龄墓志考释

信应君　杜平安

2010年3月，郑州市文物考古研究院对郑州市二七区黄岗寺村的一座宋代壁画墓进行了发掘[1]，出土墓志二方，为墓主人贾正之及其妻蔡氏墓志[2]。贾正之墓志载：贾正之乃“太常少卿直昭文馆赠吏部尚书讳昌龄之孙”，死后葬于郑州管城县周张原，与其父贾蕃同处一茔地，而其祖贾昌龄“以某年月日葬于郑州新郑县抱章山之东南”。抱章山在今河南新郑郭店镇，由是知贾昌龄墓与贾蕃、贾正之墓不在同一茔地。

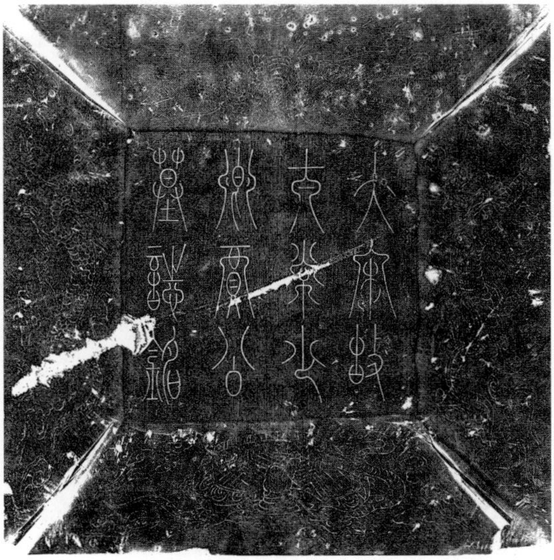

图一　贾昌龄墓志盖（拓片）

2012年6月，郑新快速通道新村镇二十里铺段在修路过程中挖出一合墓志。新郑市文物旅游局接报后，将此墓志收交至新郑市博物馆。经查看墓志，墓主人为贾昌龄。

墓志青石质，基本呈方形，有盖。志盖长77.5厘米，宽76厘米，厚9.5厘米，通高17.5厘米，四刹42.5厘米。志盖上部平面阴刻篆书“大宋故太常少卿贾公墓志铭”，共4行，每行3字。篆文字体瘦长清秀，布局美观，四周饰卷草纹。四刹斜面饰卷云纹，中央分别为青龙、白虎、朱雀、玄武四神（图一）。

墓志长76厘米，宽76.5厘米，厚14.5～15厘米。志文楷书，共42行，包括题目，撰文、篆盖者结衔，墓志正文及刻石者。墓志正文39行，每行7～42字，共1387字，另序文129字，共计1516字。墓志侧面每边刻有三位朝服执圭人物图像及蔓草纹（图二）。现将志文移录并点校如下：

宋故朝奉郎、守太常少卿、直昭文馆、知广州军州事兼管内劝农市舶使、上轻车都尉、赐绯鱼袋借紫贾公墓志铭并序」

资政殿学士、朝散大夫、右谏议大夫、知邠州军州事及管内劝农使、兼陕西四路沿边安抚使、轻车都尉、汝南郡开国侯、食邑一千八百户、食实封四百户、赐紫金鱼袋范仲淹撰」

图二　贾昌龄墓志（拓片）

将仕郎、守秘书省著作佐郎李蒙篆盖」

公讳昌龄，字延年，其先镇阳人，以仕宦迁徙，今为开封人也。」曾祖讳纬，唐末起家，备尝险阻，属文之外，」长于撰述，以唐武宗而下至僖、昭皆无实录，乃以传闻并诸家之说，著《唐年补录》六十五卷，识者称之。居石晋」朝知制诰，至周为给事中，史有本传。国朝赠太傅。祖讳琰，有才识宇量，」太宗在藩邸，相得有素，领开封尹，辟为推官。及即位，自推官、赞善大夫擢拜谏议大夫、枢密直学」士，期以辅相。将讨河东，与大臣议将帅，上曰："非琰不可。"会寝疾不起，上轸悼之，忧形于色。」赠尚书左丞，国史有传。父讳汾，以气义称，位不充量，终于殿中丞，赠尚书工部侍郎。妣广平程氏，」封平恩县太君。

公少孤，太夫人爱之，以待其成。天然好学，甘于清苦。时翰林李公宗谔有望于朝，名实之」士多出其门，公依之有年，以文行自立，门下士咸推重之。一上登进士第，释褐为饶州浮梁尉。彼俗阴狡，」与人有怨，往往食毒草而后斗，斯须毙仆，以诬其怨者。公至，必反复省视，自此被诬之人多昭雪焉。秩满，」除开封府功曹参军，在职修举，府中常推委之。会太夫人寝疾，公执药饵，不斯须去左右者数月。」以忧解官，哀毁之过，宗党称嗟。服除，为许州郾城主簿。本郡牧与外计使皆以文学、政事交荐于朝。改」大理丞，宰蜀之江源县。人繁地狭，积多田讼，公曰："听讼之明，曷若使无讼乎?"乃正其疆，条其弊，以示于民，」自兹无争焉。时天下学校未兴，公修孔子庙，起学舍，俾邑之秀民群居焉，旦暮躬往劝导之，自此江源始」有举进士，邑人于今称之。」

皇上即位，升殿中丞，知宣州宣城县。未至，有江淮制置使举公监海州榷货务，疏达利路，商贾便之，以」劳被奖，改太常博士，又迁屯田员外郎。既而三司使以公可通天下之利，荐之领京师榷货务，三年称职，」特除都官员外郎，赐五品服。通判泉州，远人赖之。迁职方员外郎，俄拜屯田郎中，知卫州。会州长不利，继亡者」数人，人无敢往。士大夫惜公之行，或教以易其府署。公曰："吉凶，人乎?死生，天乎?"于是弗辞厥命，弗易」厥居，而终亦无咎。郡之共城有稻田，以供尚食，水利有余，而民不与焉。公命岁溉之外，与百姓共之。」

天子以钦恤之怀，忧及百邦，复」先朝提点刑狱之使，两省近臣交上封奏，举公充职。朝廷从之，命提点京西路刑狱公事。」公性仁恕，小大之狱，必尽心以听，郡邑之幽远，使车所不至者，每躬亲焉，不事风威。州县九品，必延见与语，得」其善，则划一以闻，见其过，则教之使悛。虽职居按察，而不忍摘人之恶，缙绅称其长者。

改度支郎中、荆湖北路J转运使。下车，访能吏，撤冗官，部中诸郡例以公用馈遗者，一切不受。西南夷人、下溪州刺史彭仕羲，隶于辰州，」而骄蹇狙诈，尝因入贡，诉州官于登闻，辞皆不实，朝廷弗欲较之，责吏而已。仕羲益横，求割近边土民。」公遣吏直告之曰：」"天子恩信及尔，尔狡而无厌，我当择于众族，求其可代汝者，请之于朝。"仕羲始知惧，听盟不敢复讼。

改」知潭州。潭，荆湖之剧府，人物繁会，素为难治。以公神明之照，虽千百其讼，无毫发之隐。吏服民爱，歌于」道路。朝廷知公之重，拜太常少卿，直昭文馆，就镇南海。始登舟，感疾，召诸子授以治命，神思不乱。以」康定元年八月二十三日不起。

公长厚之性，资以明达，颠沛造次，弗离中道，宽而不懈，直而不讦。

与人交，」久而能恭，当官而行，未尝违其正，士大夫无不爱其风度。居家有节，与亲族同其有无。尝谓诸子曰："吾家清白」可传，何生业之为？"启手足之日，门中索然，君子谓公之践言矣。

娶三夫人，高阳许氏，中山刘氏，封长乐县」君；广平宋氏，封本县君。生八男：长曰寅，有文学履业，登进士第，为绛州防御推官，与次子廉不幸早世；次曰蕃，」开封县主簿；次曰常，将作监主簿；次曰当、堂、京、冈，并幼。五女：长适大理寺丞李兢，次适卢州舒城县主簿王宗」悫，次适河中府万泉县令高良佐，次适孟州河阳县主簿、充州学教授盖沂。一女尚幼。

以庆历五年十月九日」葬于郑州新郑县临洧乡抱章山之西南，三夫人祔焉。仲淹既交而亲，从其孝子之请而作铭云：」

邦之令人，道醇德懿，芝兰之室，瑚琏之器。禀孝含忠，播仁殖义，」位于一方，未博其施。弗遐厥寿，苍苍曷意，君子惜贤，小人夺惠。」葬于郑国，卜云善地，子产在焉，魂兮相慰。

彭余庆刻

该墓志由北宋著名文学家范仲淹撰文，李蒙篆盖，彭余庆刻石。范仲淹，《宋史》有传[3]，李蒙、彭余庆无考。志文记载了墓主人贾昌龄的祖籍、祖先迁徙、生平及历任官职、子女、家族情况，对研究宋代社会政治、历史事件和官制等有重要价值。同时，由于撰文者范仲淹文采华美，刻石者彭余庆笔力遒劲，书法刚中见柔，兼具颜柳之风，布局工整美观，又使得该墓志成为一件十分难得的古代艺术珍品。

为便利读者计，笔者乃不揣浅陋，勉力对之进行校注和考释。限于水平，不当之处，敬请方家不吝指正。

一、墓主人生平事迹

墓志介绍了墓主人姓名、字、籍贯、性格、才能、生平、经历、任职、治家等。"公讳昌龄，字延年，其先镇阳人，以仕宦迁徙，今为开封人也。"贾昌龄，《宋史》有记。据《宋史·贾昌朝传》附其伯祖父《贾琰传》记载，贾琰有湜、汾二子，"湜子昌符，赐同学究出身。汾子昌龄，第进士，为屯田员外郎"[4]。由此可知，贾昌龄是贾琰的孙子、贾汾之子、贾昌朝的同族弟兄。

从志文知，贾昌龄为孤儿，由祖母抚养成人。自幼爱好学习，甘于清苦，师从当世名士翰林李宗谔[5]，"公依之有年，以文行自立，门下士咸推重之"。贾昌龄勤勉好学，加上李宗谔悉心教诲，经过科举应试，登进士第，授官饶州浮梁尉，历任开封府功曹参军、许州郾城主簿、大理寺丞、殿中丞、太常博士、屯田员外郎、京师榷货务、都官员外郎、屯田郎中、提点京西路刑狱、荆湖北路转运使、太常少卿等职。

志文记载贾昌龄"拜太常少卿，直昭文馆，就镇南海。始登舟，感疾……以康定元年八月二十三日不起”，表明贾昌龄是在赴任“南海”的途中构疾，并于康定元年八月二十三日去世的。根据《宋史·地理志》记载：“广州，中都府，南海郡，清海军节度。”[6]由此可知，南海郡是广州的别名。而贾昌龄墓志题为“宋故朝奉郎、守太常少卿、直昭文馆、知广州军州事兼管内劝农市舶使、上轻车都尉、赐绯鱼袋借紫贾公墓志铭并序”，其中提到“知广州军州事兼管内劝农市舶使”，显然墓志志文中所说的贾昌龄“就镇南海”，是指他担任知广州军州事。

志文说贾昌龄性情恭谨宽厚，天资聪明，对事物道理有明确透彻的认识，虽然早年生活困顿，流离失所，但行事从不背离中庸之道，对人宽容仁厚，持而不懈，性格正直，但从不指责别人的过失。成家后治家勤俭有节，与亲戚族人同其有无等，多是用来称赞贾昌龄德才的溢美之誉。但贾昌龄墓志由北宋大文豪范仲淹撰文，铭辞多用典故词语，既显得文笔华丽优美，又彰显范仲淹的渊博学识。

志文没有记贾昌龄的生年和享年，仅云“以康定元年八月二十三日不起……以庆历五年十月九日葬于郑州新郑县临洧乡抱章山之西南”。贾昌龄卒于康定元年（1040年），庆历五年（1045年）方葬于新郑抱章山，前后历时5年，这对于宋朝丧葬礼仪及丧葬习俗的研究具有一定的价值。关于古代丧葬葬期，《礼记》云：“天子七日而殡，七月而葬；诸侯五日而殡，五月而葬；大夫，士，庶人，三日而殡，三月而葬。”[7]。从已发表的宋代墓葬考古资料分析，宋代葬期于礼不合者较多，尤其是葬期过长的现象尤为普遍。而贾昌龄的葬期长达5年，显然不符合礼制，这可能与贾氏家族显赫的家世和宋代厚丧薄葬的习俗相关。

二、墓主人姻亲

墓志载：贾昌龄“娶三夫人，高阳许氏，中山刘氏，封长乐县君；广平宋氏，封本县君”。高阳，西汉置县，治所在今河北高阳旧城，属涿郡。宋淳化三年（992年）改属顺安军，高阳为军、县治。中山，西汉高祖置郡，景帝时改为国，北魏复为郡，五代时为定州，北宋沿置，治所在今河北定州市。长乐县，位于福建省东部，唐武德六年（623年）从闽县析出置新宁县，同年取长安久乐之义，改名长乐县。贾昌龄曾“通判泉州”，长乐县在北宋时属泉州辖地，其两位夫人封为“长乐县君”，当是情理之中。广平，西汉置广平国及广平县，后汉省，三国魏复置广平郡，晋因之，北周于郡置洺州，隋废郡存州，又改州为武安郡，唐复置洺州，改日广平郡，寻复日洺州，宋置洺州广平郡。广平县境域，在春秋时为卫地。墓志载贾昌龄“知卫州”，宋代卫州治汲县，其地包括今河南新乡、鹤壁等。由此知墓主人在“知卫州”期间，娶曾属于卫地的广平宋氏为妻。

三、墓主人的子嗣

墓志记载贾昌龄有8子5女。长子贾寅与次子贾廉早逝；三子贾蕃任开封县主簿，四子贾常任将作监主簿，其余四子尚年幼。长女嫁大理寺丞李兢，二女嫁卢州舒城县主簿王宗悫，三女嫁河中府万泉县令高良佐，四女嫁孟州河阳县主簿、兖州学教授盖沂，五女年幼。

贾昌龄三子贾蕃，墓志记载任“开封县主簿”，贾蕃的事迹在正史中没有记载。据《宋史·王安石传》记载：“安石白帝曰：‘知县贾蕃，乃范仲淹之婿，好附流俗，致民如是。’”[8]富弼在范仲淹墓志铭中记述范仲淹的次女“适封丘主簿贾蕃”[9]。范仲淹第四子范纯粹撰文的《有宋贾正之墓志铭》中记述：“我先公文正以次女归正议公，正之，余姊出也。”[10]可见，贾蕃是范仲淹的女婿。

贾昌龄的四位女婿，正史中均无考。宋人沈括《梦溪笔谈·人事一》记载：“庆历中，谏官李兢坐言事谪湖南物务”，“兢（李兢）至湖南，少日遂卒”[11]。志文记述贾昌龄的大女婿李兢为大理寺丞，而沈括记述的李兢为谏官，两者虽姓名相同，但职官相异，是否为同一人，尚需考证。三女婿万泉县令高良佐，《续资治通鉴长编》卷214有一条记述：“熙宁三年八月辛巳，诏劾嘉、蜀二州违朝旨不报提举常平仓罪。原注：知嘉州、司门郎中王泱，二年四月到任；知蜀州、驾部郎中高良佐，二年四月到任，三年正月替。”不知此高良佐是否与万泉县令高良佐为一人。

四女婿孟州河阳县主簿、兖州学教授盖沂。河阳县在宋代属京西北路孟州，位于今河南省的西北部，在焦作市的西南隅。盖沂的具体情况不见史传记载。宋朝初年，州县官学并未普遍设立，庆历四年（1044年）三月，朝廷下令诸路州军普遍设立学校，宋朝州县“始置教授”[12]。志文记述盖沂“兖州学教授”，正反映了宋朝在庆历四年普遍设立州县官学，在幕职州县官内选任教授的历史事实。

墓志云：“仲淹既交而亲，从其孝子之请而作铭。”范仲淹与贾昌龄同朝为官，交情颇厚，并将二女儿嫁与贾昌龄的三子贾蕃，故该墓志铭由贾蕃请老丈人范仲淹撰文。

四、墓主人世系

墓志记载，贾昌龄“曾祖讳纬……国朝赠太傅。祖讳琰……赠尚书左丞，国史有传。父讳汾……终于殿中丞，赠尚书工部侍郎”。由是知贾昌龄曾祖为贾纬、祖父为贾琰、父亲为贾汾。

《宋史·贾昌朝传》载：“贾昌朝字子明，真定获鹿人。晋史官纬之曾孙也。……昌朝伯祖父琰。琰字季华，晋中书舍人、给事中纬之子也。”[13]可知贾昌朝与贾昌龄皆为贾纬曾孙，贾昌龄祖父贾琰乃贾昌朝之伯祖父，二人乃是叔伯兄弟。《贾文元公昌朝墓志铭》载："其先汉长沙王太傅谊之后，至唐仆射魏国公耽，夫以儒学相德宗。而世为沧州南皮人，后徙真定之获鹿。曾祖纬，晋中书舍人……祖琏，太子左赞善大夫……考注，秘书省著作佐郎。"[14]《王文公文集·赠司空兼侍中文元贾魏公神道碑》载：贾昌朝，"皇秘书省著作佐郎，赠太师、中书令、尚书令、晋国公讳注之子，皇太子左赞善大夫、赠太师、中书令、尚书令、齐国公讳琏之孙，晋中书舍人、史馆修撰、皇赠太师、中书令鲁国公讳纬之曾孙。其先南皮人，中徙获鹿，今葬开封而为其县人者，自公皇考始"[15]。由是知，贾昌朝曾祖为贾纬，祖父贾琏，父亲贾注。

另据宋祁《景文集·贾令君墓志铭》载："贾氏自唐司空魏国公耽，世贯沧州南皮，子孙稍稍徙真定。五世祖谅，高祖瑾。曾祖处士讳初……贾令君，名注，字宗海，祖讳纬。"贾注"生八子，成就者三人，长曰昌朝，今为山南东道节度使，检校太师，同中书门下平章事，安国公"[16]。由上推知，贾昌龄之曾祖贾纬之前世系：为贾谅—贾瑾—贾初，其世系如下。

贾昌龄世系

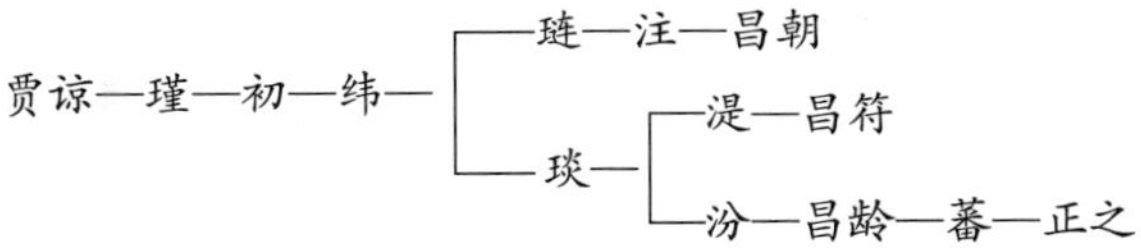

五、墓志的史料价值

贾昌龄墓志文被收入北宋刻本《范文正公文集》[17]，与刘林、李勇先等编著《范仲淹全集》（以下简称《全集》）[18]所收入志文基本相同，只是标题内容有所区别。新出土墓志对传世文献墓志具有校勘价值。仔细对照出土墓志和传世墓志文献，除字体、书法、版式显著不同外，二者的内容也有不少差异，特别是一些地名明显不同。为便于对比，现将二者文字上的相异之处列表（表一）。

由表一知，出土墓志与《全集》所载的文字差异多达34处，其中8处出土墓志有文，但《全集》没有录入；1处《全集》有述，但出土墓志却无。二者文异义同的有17处，其中《全集》加字的有5处，缺文的有7处；"文异义别"改动较为严重的有7处。最为歧义的是地名与方位的改动，如墓志原文"长乐县"，《全集》中为"长安县"；墓志中为"河阳县"，《全集》中为"河阴县"；墓志中为"葬于郑州新郑县临洧乡抱章山之西南"，《全集》中为"葬于郑州新郑县抱章山之东南"等，这些都是后人在稽录过程中想当然的改动。贾昌龄墓志的出土，可以对文献收录铭文的内容缺文进行补充、校正，对校勘传世文本具有较高的价值，同时，对宋代职官制度及历史人物、历史事件、历史地理等方面也具有较高的史料价值。

表一　出土墓志与《全集》异文对勘表

序号	出土墓志	《全集》
1	宋故朝奉郎守太常少卿直昭文馆知广州军州事兼管内劝农市舶使上轻车都尉赐绯鱼袋借紫贾公墓志铭并序	无
2	资政殿学士朝散大夫右谏议大夫知邠州军州事及管内劝农使兼陕西四路沿边安抚使轻车都尉汝南郡开国侯食邑一千八百户食实封肆百户赐紫金鱼袋范仲淹撰	无
3	将仕郎守秘书省著作佐郎李蒙篆盖	无
4	曾祖讳纬	曾祖讳某
5	国朝赠太傅	无
6	自推官、赞善大夫	无
7	擢拜谏议大夫	擢拜正谏大夫
8	赠尚书工部侍郎	无
9	妣广平程氏，封平恩县太君	无
10	本郡牧与外计使皆以文学政事交荐于朝	本郡牧与外计使皆以文学政事交荐于朝廷
11	公修孔子庙	公修本邑孔子庙
12	旦暮躬往劝导之	公旦暮□往劝导之
13	自此江源始有举进士	自此江源始有举进士者
14	以劳被奖	朝廷奖其劳
15	通判泉州	往倅泉州
16	公命岁溉之外	公使岁溉之外
17	忧及百邦	忧及万邦
18	复先朝提点刑狱之使	复先朝提点刑狱□使
19	命提点京西路刑狱公事	命提点京西路刑狱□事
20	每躬亲焉	□躬亲焉
21	朝廷弗欲较之	朝廷弗□较之
22	无	汝其图之
23	听盟不敢复讼	□盟不复敢讼
24	高阳许氏，中山刘氏，封长乐县君	高阳许氏，中山刘氏，封长安县君
25	广平宋氏，封本县君	广平宋氏，封某县君
26	与次子廉不幸早逝	与次子廉俱不幸早逝
27	次曰蕃，开封县主簿	次曰蕃，开封府封丘县主簿
28	五女	女五人
29	次适孟州河阳县主簿	次适孟州河阴县主簿
30	兖州学教授盖沂	□州学教授盖沂

续表

序号	出土墓志	《全集》
31	以庆历五年十月九日	以某年月日
32	葬于郑州新郑县临洧乡抱章山之西南	葬于郑州新郑县抱章山之东南
33	仲淹既交而亲	某既交而亲
34	彭余庆刻	无

注　释

［1］郑州市文物考古研究院，河南省南水北调文物保护管理办公室：《郑州黄岗寺北宋纪年壁画墓》，《中原文物》2013年第1期。

［2］［10］信应君等：《郑州黄岗寺北宋贾正之及其妻蔡氏墓志考》，《中原文物》2013年第1期。

［3］《宋史》卷314《范仲淹传》，中华书局，1977年，第10267～10296页。

［4］［13］《宋史》卷285《贾昌朝·弟昌衡·从子炎·伯祖父琰传》，第9613～9622页。

［5］《宋史》卷265《李昉·子宗讷、宗谔·孙昭述等》，第9135～9160页。

［6］《宋史》之《地理志》，第2235页。

［7］孙希旦撰，沈啸寰等点校：《礼记集解》，中华书局，1989年。

［8］《宋史》卷327《王安石传》，第8464页。

［9］富弼：《范文正公仲淹墓志铭》，《名臣碑传琬琰之集》（中卷12），影印文渊阁四库全书本。

［11］沈括：《梦溪笔谈·人事一》，《中国古典精华文库》，第64页。

［12］《宋史》第3976页。

［14］《贾文元公昌朝墓志铭》，《丛书集成初编·王珪·华阳集》卷37，商务印书馆，1912年，第425～477页。

［15］（宋）王安石著，唐武标校：《王文公文集》卷83《赠司空兼侍中文元贾魏公神道碑》，上海人民出版社，1974年，第887～892页。

［16］《贾令君墓志铭》，《丛书集成初编·宋祁·景文集》卷59，1912年，第790～793页。

［17］北宋刻本《范文正公文集》。

［18］刘林、李勇先等：《范仲淹全集》，四川大学出版社，2002年，第340～344页。

（原刊于《文物春秋》2014年第4期）

河南中牟寿圣寺双塔

宋秀兰　别治明

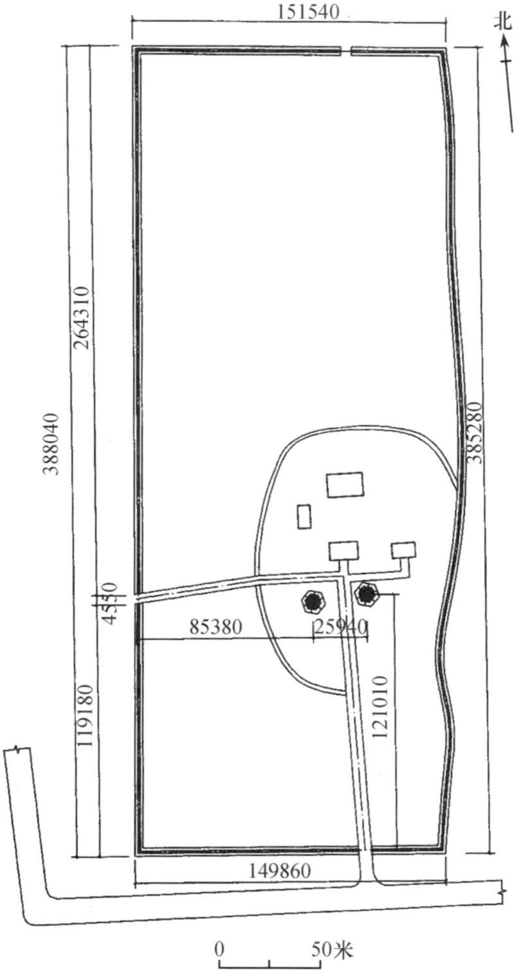

图一　圣寿寺平面实测图

寿圣寺位于河南省中牟县城南30千米黄店镇冉家村东约500米处。《中牟县志》记载："寿圣寺在县南……上建有双塔，亦称双塔寺。"据传清朝初期寿圣寺曾有石碑一通，上记寿圣寺始建于唐，兴于宋。鼎盛时有两进寺院，大殿、廊庑、山门、水井、戏楼齐备，有寺僧数十人。寺院历代皆有重修，毁于20世纪50年代，仅余双塔[1]。现存寺院遗址四周有内寨和外寨双重土寨墙，东墙内外墙合一，南墙正中有门。内寨为一片土岗，现存内寨墙南北长约130、东西宽约95、高出周围地面3～4米，占地约1.3公顷。现存外寨墙约南北长388、东西宽150米。墙高3、下部宽5米，保存状况较好。土岗西侧为一宽约100、长500米的自然壕沟。寿圣寺远离村庄，地貌复杂，高低错落，四周皆为田地，在寺院南端保存了难能可贵的宋代双塔（图一）。

寿圣寺双塔东西并峙而立，相距约20米。双塔形制相同，均为小砖垒砌而成的六角形楼阁式，无塔顶，传为修建时尚未竣工即中断所致（图二）。塔身每层檐下部皆置有砖雕斗拱、盲窗等（图三～图七）。塔内有塔心室和蹬道，可盘旋登塔。千百年来由于自然和人为等原因，双塔的檐部、塔壁等部位均已遭到不同程度损坏。2010年11～12月，郑州市文物考古研究院的郑州鼎立文物保护规划设计有限公司受中牟县文化广电和旅游局委托，为双塔的维修保护制订方案，对双塔进行了详细测绘与勘察，现将结果报告如下。

图二 双塔全景

图三 东塔檐下补间铺作

图四 东塔檐下转角铺作

图五 东塔砖雕球路纹格眼盲窗

图六 东塔砖雕直棂盲窗

一、双塔现状

1. 东塔

图七　东塔砖雕假门

东塔四级，通高15.43米，平面呈六边形。测量数据显示，除底层为正六边形外，其余各层的边长均隔边相等。每层边长由下至上逐层递减，使塔身逐层内收。各层的高度由下至上亦逐层递减，使塔身外轮廓呈抛物线形。

塔身所用砖料均经过磨制，壁面砖与砖之间用白灰浆黏结；壁体内砖则用黄泥浆黏合。墙体主要用砖规格为40厘米×19厘米×6厘米。另有方形佛像砖，规格为32厘米×29厘米×6厘米。壁面为以条砖垒砌数层顺砖后，再砌一层丁砖而成。各壁面相交处均砌菱形倚柱，一则用于承托转角铺作，二则也增强了塔身的整体刚度和抗倾斜性。此外，各层壁面顶部皆置两层平砌砖叠檐，既是承托铺作层

图八　西塔佛像砖

的构造需要，也丰富了塔身外立面的层次感和韵律感。各层檐部的筒板瓦及檐下的椽、大小连檐、升头木等构件均以砖仿制。东塔损毁较严重，从檐部残存现状来看，各构件均磨制精细，安装精准（图九、图一一）。

图九　东塔全景

一层。外壁每边长4、层高6.48米。东、西两壁正中各辟半圆拱顶券门。西门高1.38、宽0.64米，门楣处砖雕门簪两朵。东门高1.99、宽0.6米。外檐下各面均置砖雕双抄计心造五铺作，第一、二跳华拱为足材，泥道拱、外拽慢拱和替木均为单材，材厚相当两砖加中间的灰缝，约13厘米。每面置补间铺作6朵，各角置转角铺作1朵。东南、东北壁中部饰砖雕球纹格眼盲窗，西南、西北壁中部饰砖雕菱纹格眼盲窗，窗宽2、高1米，窗下浮雕法轮图案。东、西两壁各在券门两侧置2块佛像砖，其余四壁各在法轮下方置7块佛像砖。佛像砖皆损毁严重。

图一〇　西塔全景

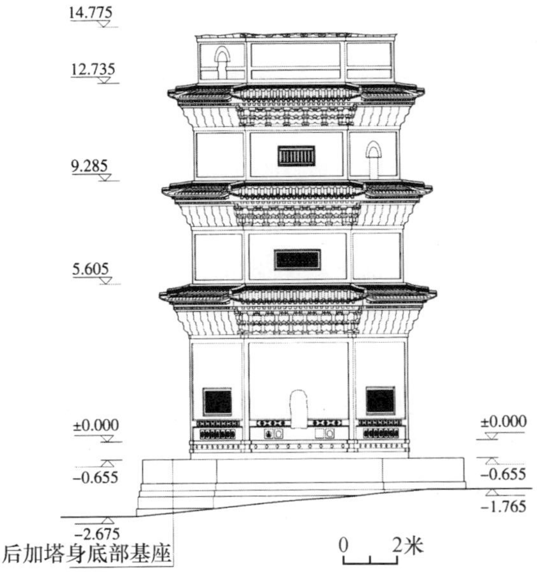

图一一　东塔东侧立面

西门内为塔心室。塔心室平面为正方形，边长1.6米，室顶由铺作层和叠涩共同构成八边形藻井。藻井底部由一圈双抄计心造砖雕铺作层承托，构造与塔体外壁檐下铺作层

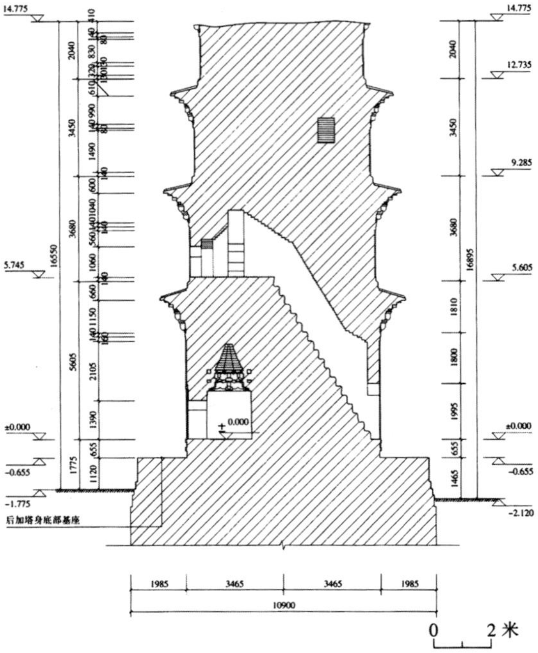

图一二　东塔剖面图

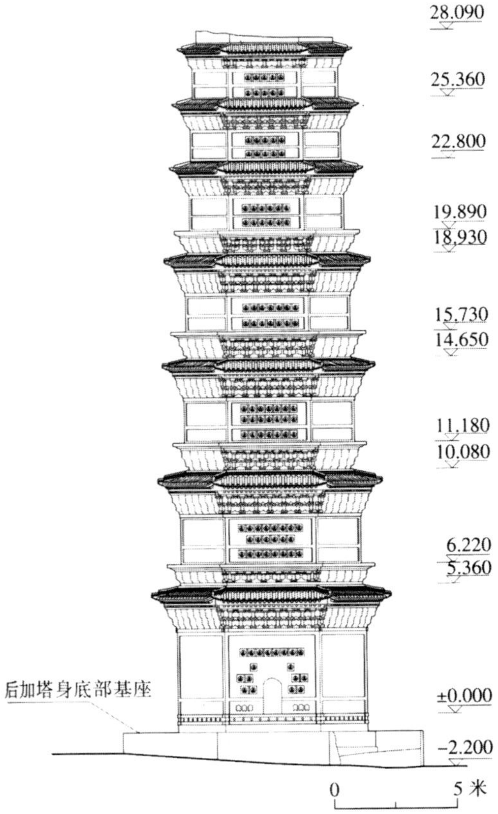

图一三　西塔西侧立面

一致，每边置补间铺作1朵，各角置转角铺作1朵，共8朵。地面至叠涩藻井顶层通高3.39米（图一五）。东门为塔体入口，门内为直斜式楼梯蹬道，楼梯踏步系青砖垒砌，直通二层。梯道较陡，踏步因风化磨蚀已难分辨形状。

二层。东、西北、西南三面外壁每边长3.76米，西、东南、东北三面外壁每边长3.86、层高3.54米。内有过廊，高2.25、宽0.56米，顶部反叠涩砌砖，每边相通。塔壁厚1.3米。两壁设半圆拱顶券窗，高1.06、宽0.6米，正对梯道。梯道宽0.56米，坡度较陡，共12级踏步，每级高0.32、宽0.2米。梯道顶部作叠涩处理，逐级而上。梯道从西北面进入第三层，正对东北券窗。二层以上梯道为宋代砖塔建造工艺中较常用的“壁内折上”式，梯道置于塔身之内，随外墙而转折，逐级而上直达塔顶[2]。外檐下各面铺作层构造与一层同，但由于二层边长和层高都小于一层，故每面置补间铺作5朵，各角置转角铺作1朵，铺作层整体高度也小于一层。东、西北、西南三壁中部饰砖雕球纹格眼盲窗，窗宽1.68、高0.74米。其余三壁均为素面。

三层。东、西北、西南三面外壁每边长3.76米，西、东南、东北三面外壁每边长3.68米，层高3.52米。内有过廊，高1.9、宽0.56米，顶部反叠涩砌砖，每边相通。塔壁厚1.3米。东北壁设半圆拱顶券窗，高1.01、宽0.6米，正对梯道。梯道宽0.56米，坡度较陡，

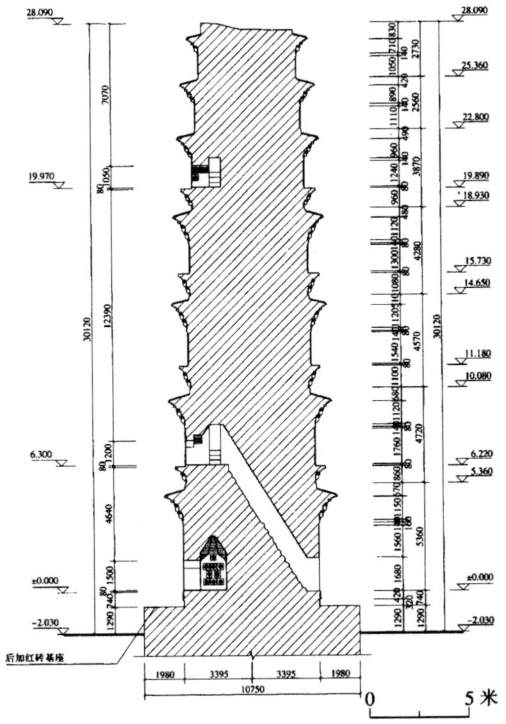

图一四　西塔剖面图

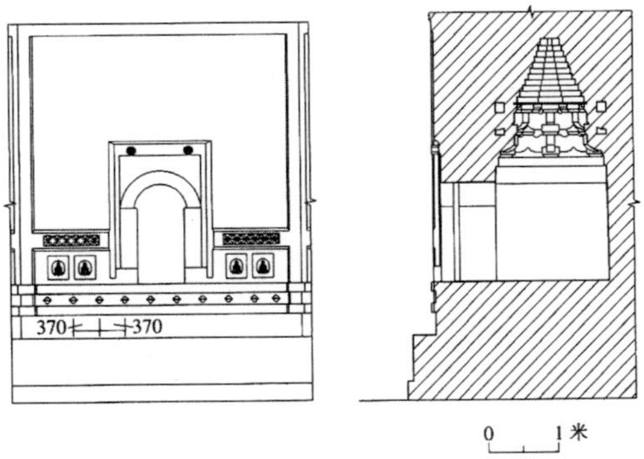

图一五　东塔一层西侧券门立面、塔心室剖面

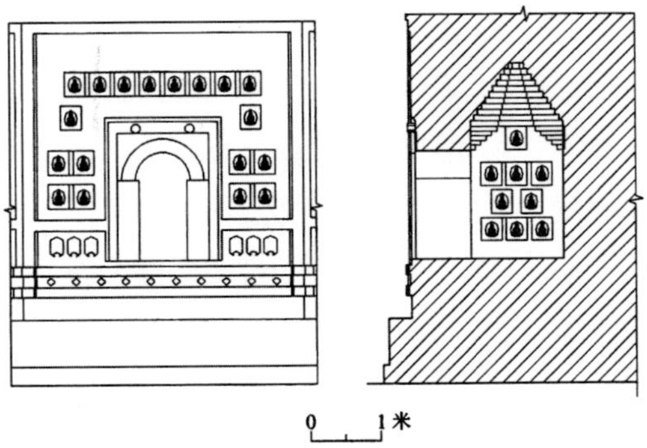

图一六　西塔一层东侧券门立面、塔心室剖面

共12级踏步，每级高0.32、宽0.2米。梯道顶部亦作叠涩处理。从东面上梯道可进入第四层，正对东南券窗。外檐下各面铺作层构造与二层同，每面置补间铺作4朵，各角置转角铺作1朵，高度较二层亦减。东、西北两壁中部饰砖雕直棂盲窗，窗宽1.34、高0.69米。西南壁中部饰砖雕假门，门楣处砖雕门簪两朵，门宽1.06、高1.45米。其余两壁均为素面。

四层。东、西北、西南三面外壁每边长3.36米，西、东南、东北三面外壁每边长3.56米，层高2.6米。所有外壁均为素面，东南壁设券窗，窗高0.87、宽0.6米。过廊宽0.56、塔壁厚1.23米。由券窗可直登顶部，无塔顶，具体原因不详。顶层各面檐部损毁较严重，仅有局部铺作层残留，可看出其构造与一至三层外檐铺作同，体量较三层亦减（图一二）。

2. 西塔

西塔曾经维修，故保存状况较东塔为好。塔身七级，通高29.7米，平面呈六边形。外观造型及构造特点与东塔类似，亦是除底层为正六边形外，其余各层的边长隔边相等。塔身亦是平面逐层内收、高度逐层递减，外轮廓呈抛物线形。塔体所用砖料规格、磨制黏结及砌筑方法、仿木砖雕等均与东塔无异（图一〇、图一三）。此塔外壁佛像砖保存较好，各层各面砖雕佛像种类达9种，雕刻细腻，形态逼真（图八）。西塔每层内、外部构造各有其特点。

一层。外壁每边长3.92、层高6.1米。东、西两壁正中各辟半圆拱顶券门。东门高1.5、宽0.67米，门楣处砖雕门簪两朵。门内为一塔心室，平面正方形，边长1.28米，室顶反叠涩砌成八边形藻井，地面至叠涩藻井顶层通高2.72米（图一六）。西门为塔体入口，门高1.68、宽0.76米。门内为直斜式楼梯蹬道，直通二层，梯道较陡，宽0.6米，踏步因风化磨蚀已难分辨形状。一层外檐下各面亦置砖雕双抄计心造五铺作，其构造特点、材厚尺寸及各面补间铺作与转角铺作的朵数均与东塔第一层檐下铺作层一致。东南、东北、西南、西北四壁中部均饰砖雕球路纹格眼盲窗，窗宽2.4、高1米。每窗上部各饰两排佛像砖，每排8块。东、西两壁各围绕券门置18块佛像砖，上部8块，两侧各5块。

二层。东、西北、西南三面外壁每边长3.76米，西、东南、东北三面外壁每边长3.68米，层高4.72米。内有过廊，高2、宽0.54米，顶部反叠涩砌砖，每边相通。塔壁厚0.93米。西南壁设一半圆拱顶券窗，高1.2、宽0.53米。正对券窗辟一塔心室，平面正方形，边长1.1、通高1.95米，顶部为八边形反叠涩砖藻井，除券窗一侧外其他三内壁表面均饰佛像砖，每面7块，保存完好（图一七，1）。东壁亦设一券窗，高、宽与西南壁券窗同，正对梯道。梯道宽0.54米，坡度较陡，踏步凶风化磨蚀已难分辨形状。梯道亦为顺墙体转折的“壁内折上”式，其顶部亦作叠涩处理。从东南面上梯道可进入第三层，正对西南券窗。二层塔身外壁下部砌有平座一周，宽0.5米，其下南单抄计心造铺作层承托，每边置补间铺作4朵，各角置转角铺作1朵。铺作层出跳华拱为足材，泥道拱及替木均为单材，材厚由两砖加中间的灰缝构成，约13厘米。檐下施一周铺作层以承托出檐，其构造做法与一层檐下铺作层同，因边长减小，故每面置补间铺作5朵，各角置转角铺作1朵。西、东南、东北、西北四壁均饰三排佛像砖，中间6块，上下两排各8块。正东和西南两壁各在券窗两侧饰12尊和16尊佛像砖。

三层。东、西北、西南三面外壁每边长3.6米，西、东南、东北三面外壁每边长3.44米，层高4.57米。内有过廊，高1.6、宽0.54米，每边相通。塔壁厚0.93米。西南壁正中设半圆拱顶券窗，高1.12、宽0.53米。正对券窗辟一塔心室，平面正方形，边长0.9、通高1.93米，除入口外其余三面内壁均饰佛像砖，部分已佚失（图一七，2）。过廊与西侧上梯道相连通，梯道宽0.54米，较陡，顶部反叠涩砌砖，踏步因风化磨蚀已难分辨形状。由西面上梯道可进入第四层，正对西北券窗。三层塔身外壁下部亦砌有平座一周，宽0.42米，其下由双抄计心造铺作层承托，每边置补间铺作4朵，各角置转角铺作1朵。出跳的两层华拱均为足材，泥道拱、外拽慢拱和替木均为单材，材厚亦为13厘米。檐下铺作层构造做法与二层同，因边长减小，补间铺作每面虽仍置5朵，但朵间距减小，各角置转角铺作1朵。三层除西南壁外其余五壁均饰三排佛像砖，每排7块。西南券窗两侧饰16块佛像砖。

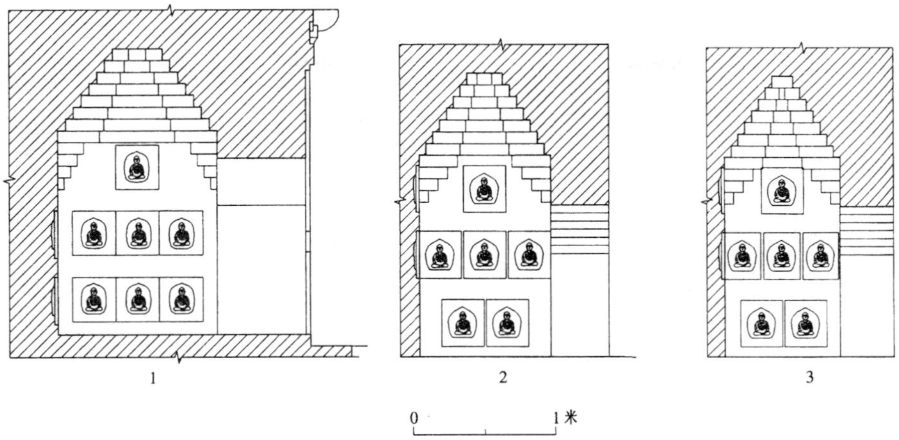

图一七　西塔二～四层塔心室剖面

四层。东、西北、西南三面外壁每边长3.44米，西、东南、东北三面外壁每边长3.36米，层高4.34米。内有过廊，高1.6、宽0.54米，每边相通。塔壁厚0.9米。西北壁正中设券窗，高1.05、宽0.53米。窗洞外顶部从两侧向中间逐渐收5皮砖，每皮砖的出挑部分均被磨成圆弧状，叠涩而成火焰型券顶。券窗正对一塔心室，平面正方形，边长0.8、通高1.93米，除入口外其余三面内壁均饰佛像砖，部分已佚失（图一七，3）。过廊与东北侧的上梯道相连通，梯道宽0.54米，较陡，顶部反叠涩砌砖，踏步因风化磨蚀已难分辨形状。从西北券窗顺时针转过东北面向上可进入第五层正东面。四层塔身外壁下部亦砌有平座一周，宽0.55米，其下每边置补间铺作4朵，各角置转角铺作1朵，构造同下层平座铺作。檐下铺作层构造做法与三层同，每面置补间铺作5朵，各角置转角铺作1朵。除西北壁外其余五壁均饰两排佛像砖，每排7块。西北券窗两侧饰8块佛像砖。

五层。东、西北、西南三面外壁每边长3.28米，西、东南、东北三面外壁每边长3.12米，层高3.71米。东壁设券窗，高1.05、宽0.53米，与四层一样为火焰形券顶。塔壁厚0.86米。内有过廊，宽0.56、高1.6米，顶部为券顶，与东南侧梯道相连；梯道宽0.5米，较陡,顶部反叠涩砌砖。过券窗顺砖阶上梯道绕过东南面进入第六层西南面。五层塔身外壁下部亦砌有平座一周，宽0.55米，其下每边置补间铺作3朵，各角置转角铺作1朵，构造同下层平座铺作，但高度有所减小。檐下铺作层构造做法与四层同，各面置补间铺作4朵，各角置转角铺作1朵，高度较四层檐下铺作有所减小。除东壁外其余五壁均饰两排佛像砖，每排6块，东壁券窗两侧饰4块佛像砖。

六层。东、西北、西南三面外壁每边长3.12米，西、东南、东北三面外壁每边长2.88米，层高2.65米。西南壁设券窗，高0.88、宽0.53米，火焰形券顶。过廊宽0.6、高1.5米，券顶与梯道相连通。塔壁厚0.8米。梯道顶部砌叠涩顶，最上面两层踏步表面置横木，过券窗可顺砖阶绕过西面进入第七层西北面。此层无平座，檐部铺作层构造与五层同，每面补间铺作虽仍置4朵，但高度和朵间距较五层檐下铺作有所减小，各角置转角铺作1朵。除西南壁外其余五壁均饰两排佛像砖，每排5块，共10块，西南券窗两侧饰8块佛像砖。因此层较高，风速较高，故佛像表面风化较下面几层严重，但形态依稀可见。

七层。东、西北、西南三面外壁每边长2.72米，西、东南、东北三面外壁每边长2.56米，层高2.2米。西北壁设券窗，高0.79、宽0.53米，火焰形券顶。过廊宽0.63米，过券门直登顶部。塔壁厚0.8米。此层亦无平座，由于此层高度最小，故檐部铺作层使用单抄计心造，材厚仍为13厘米，出跳华拱为足材，泥道拱为单材，外跳华拱头上置平盘散斗，直接承托上部承椽枋，不置替木。每面置补间铺作3朵，各角置转角铺作1朵。除西北壁外其余五壁均饰两排佛像砖，其中西、东南、西南三壁每排5块，东、东北两面上排置4块，下排置5块，西北侧券窗两侧置4尊。此层为顶层，最易遭受风雨侵蚀，故佛像表面风化最为严重，但形态依稀可见。七层以上塔身周围还留有一圈断壁残垣，其中西壁、西北壁和西南壁三面外墙保存相对完整，最高处约1米，其余三面墙砖佚失90%以上（图一四）。

另外，双塔皆位于土台边上，土台南侧由于常年的雨水冲刷造成大量水土流失，对塔基的稳定性有一定影响，再加上风力作用，使双塔出现了一定的倾斜。经测量得知，东塔向东南方倾斜0.48、西塔向东北方倾斜0.8米。

二、双塔建筑特点

双塔主要建筑材料为青砖、白灰、黄黏土等。壁面均由青砖垒砌而成，砌砖方式为多顺一丁式。砌筑时加白灰浆，灰浆饱满，黏结牢固，灰缝岔分。

塔身平面逐层内收、高度逐层递减，形成了柔和的曲线轮廓。诸层券窗位置隔层变换方位，分散了荷载的薄弱点，使得塔体每面重量、刚度对称，同时也形成了具有韵律的立面造型。塔内梯道逐层变换方向，设置均匀合理，避免了由于隔层门窗同一方位，削弱其强度和整体性而易造成塔身裂缝的缺陷[3]。塔内外的券门、券窗及梯道顶运用了拱券、叠涩等技术，塔体、塔心柱较厚，过廊空间较小，每层檐下设拔檐，墙壁转角处均砌有菱形倚柱，增强了塔身的整体稳定性。以上特点皆是寿圣寺双塔历经沧桑但主体结构至今仍较为完好的原因，也从一个侧面反映了宋代砖石结构抗震技术的进步。另外，塔身各个细部构件由外到内结构衔接搭配合理，斗拱磨制细腻，棂窗雕刻富于变化，细部处理得当，充分体现了当时建筑艺术的水平。

河南乃至全国范围内所存双塔非常少见，双塔外观古朴大方，造型优美独特，雕刻精湛，对研究宋代建筑风格及砖雕艺术等具有很高价值。但双塔历尽千年沧桑，目前已有多处残损，应立即对其进行抢救性保护维修，并对周边环境进行整治。

注 释

[1] 中牟县地方志编纂委员会：《中牟县志》，三联书店，1999年，第114页。
[2] 中国科学院自然科学史研究所：《中国古代建筑技术史》，科学出版社，1985年，第192页。
[3] 同[2]，第196页。

（原刊于《文物》2012年第9期）

浅析上街重阳观

刘淑霞　申　珺

一、上街区重阳观古建筑的建筑形制与结构

重阳观位于河南省郑州市上街区峡窝镇观沟村西，是上街区现存最早的古代建筑之一。明万历四十二年（1614年）迁修于此。现存建筑为三清殿、道士房东、西屋三座建筑。

三清殿是重阳观建筑群中重要的建筑之一，坐北朝南，无梁殿式建筑，面阔三间，进深一间，单檐歇山顶，为灰色筒板瓦屋面。建筑台明由石块砌筑，前墙东西侧中部由石块砌筑，高约800毫米。东西山墙南侧前段及上部为砖砌，北侧中下部为石块砌筑，由条石衔接，后墙中下部为石块砌筑，上部为砖砌。前墙上部砖雕角科斗拱2朵、平身斗拱7朵，均为一斗二升斗拱，斗拱间拱眼壁上雕刻瑞兽、山石、花草等纹饰，斗拱下有一层卷叶纹饰，雕刻砖大小为550毫米×520毫米。屋檐下四周为砖雕檐椽和飞椽，翼角由砖挑檐，内有木质角梁，前端装有套兽。山花处有砖制博风。屋面为灰色筒板瓦，正脊两端安稳，正脊南侧有龙纹浮雕，北侧有凤纹浮雕，中间安有脊兽与吻对峙。上方有二层歇山式建筑宝顶。垂脊尾端安有吞脊兽，前段安兽，戗脊分前后两端分段处安兽，正脊、戗脊前段上方安鱼、飞马。殿内有一主券连通明间和两次间，明间有券洞神龛，两侧各有一砖券：东西次间各有一券洞神龛，两间洞内各有一砖券；东西山墙内侧各有一券洞。明间拱券门，其上有砖雕门罩，砖制大、小额枋之间空挡雕刻有莲花等纹饰，上方有砖制檐椽。两次间前墙开有圆窗，内侧为券窗。

重阳观两座道士房东西屋建筑形制基本相同。下举东屋为例具体介绍。道士房东屋坐北朝南，为二层抬梁式建筑，面阔三间，进深一间。单檐硬山顶，小青瓦屋面，带廊子。台明由砖砌筑，檐柱落于石质鼓颈柱础，平板枋、额枋安插于柱头，单步梁梁头安放于平板枋上，檐檩落于单步梁梁头。东山墙中下部均由石头砌筑。前墙一层明间开有一板门，上有亮窗，两次间各有一方格纹窗；二层两次间各有一窗，外侧为券窗，内侧有木质窗扇，东屋西墙与西屋东墙为一公用墙。东山墙开有一券门，上有圆形亮窗，墙两侧有砖制墀头，山墙东侧由石制楼梯登上二层。五架梁梁头分落于前后墙，其上有八边形瓜柱，柱头安插枋子，三架梁梁头落于瓜柱柱头，檩条落于三架梁梁头，脊瓜柱安插于梁上，插手、随檩枋安插其上，脊檩安放于柱头，椽子分钉于檩条上。屋面为小青瓦，正脊两端安兽，戗脊分前后两端分段处安兽。屋内有6根楼板枋。楼板安放其上。

二、上街区重阳观古建筑的历史沿革

上街重阳观是典型的道教建筑。传说建于北魏，有说是建于隋唐，都有道理，因为这两个时期都是道教的发展时期。一些庙宇、神龛为了信徒祭拜的需要应运而建是不争的事实。重阳观初建于宋宁宗庆元庚申（1200年）秋，毁于元末，正德初年（1506年）重建。明万历四十二年（1614）迁修于现今上街区峡窝镇观沟村西。道士房东屋建于清光绪五年，道士房西屋建于清同治八年。

重阳观历来就不是一座孤立的建筑，而是一座规模宏大且建筑精美的建筑群。据村中老人们回忆，抗战之前，重阳观建筑群保存基本完好，重阳观以三清殿为中心的南北中轴线上从南到北依次分布的主要建筑有灵官殿、火神殿、三清宫、圣神洞、天爷洞、八仙洞、祖师庙、太和宫，其他建筑还有阅台、牌坊、瘟神庙、药王庙、老君洞、三官殿、虫王庙、猴王庙、玄坛等，东西还有戏楼、关公庙、马王庙、佛殿、山神庙、土地庙、道士房等。但重阳观在其历史中三次被毁又两次大规模迁建和重修，原有的十几间建筑至今只剩三清殿和两座道士房。

三、上街区重阳观古建筑的价值体现

三清殿和道士房东西屋建筑是重阳观的重要组成部分。三清殿为地方手法的无梁砖石制歇山式建筑，是河南省乃至中原地区保存较为完整的一座无梁殿式砖石制建筑，为研究明代无梁殿式建筑提供了实物依据。现存的三座建筑不仅是重阳观历史演变的实物，同时也为研究重阳观历史格局的变化提供了实物依据，具有很高的历史价值。

重阳观的建筑群格局布置为坐北朝南，前有寨山，后有重山，两侧为护山，是典型中国古代建筑选址、布局艺术的缩影。建筑上的斗拱造型独特，雕刻样式丰富多彩，图案多由以威武、祥瑞、祈福为表现内容的动物、花鸟虫鱼组成，雕刻技法精湛，线条生动流畅，寓意和谐吉祥，是研究我国北方明清时期建筑造型演变、雕刻艺术、民间吉祥图案等艺术形式不可多得的实例，具有很高的艺术研究价值。

拱券技术是砖石结构砌筑的最符合力学科学的方法，三清殿将其技术用于整座建筑的主构架及重要的节点部位，解决了中国古建筑防火的问题，在建筑耐久和大跨度砖石建筑上具有很高的科学研究价值。抬梁式建筑是中国木构建筑最典型的建筑形式，道士房东西屋为抬梁式砖石制硬山建筑，为研究单体建筑木架结构提供了实物例证，也具有一定的科学研究价值。

重阳观是一座典型的道教建筑风格的古建筑，道教建筑在中国古建筑文化中占有极其重要的位置，是我国传统文化的重要组成部分，在当今社会，道教建筑强调的与自然相结合的传统特征也已被当代建筑所认同。所以，重阳观对研究我国道教文化在中原地区的传播、发展有着极其重要的价值。

重阳观古建筑不仅是反映明、清时期中原地区建筑历史和民俗文化的实物见证，对研究我国古代建筑史的发展提供了珍贵的实物资料，同时也具有极其重要的历史、科学及艺术价值。加强对其保护也对发展文化旅游事业有着很大的现实意义。

注　　释

［1］　上街区文化广电新闻出版局：《说说重阳观的那些事》。
［2］　谢路军：《中国道教文化》，九州出版社，2008年。

（原刊于《河南科技》2014年第2期）

试论燕云地区金代墓葬

卢青峰　张永清

燕云地区，即今河北境内长城以南、易水和白沟以北地区，北京及以大同为中心的晋北地区，为方便起见，本文涉及河北省全境。该区于公元937年为辽从后晋手中攫取，后属金朝，原居民以汉人为主，因长期受契丹统治，其丧葬文化受辽文化影响较大，也不同程度地受女真、汉丧葬习俗的影响。据不完全统计，新中国成立后在学术刊物上公开发表的燕云地区金墓50多座，其中纪年墓达20多座，发展序列清楚，对研究金代的丧葬习俗和社会生活形态提供了重要的实物资料。但目前学术界对其重视程度还不够。本文拟在前人研究的基础上，首先对该区所发现的金墓进行分类、分期，进而简析其发展演变的历史渊源，以就教于方家。

一、分　类

此区的金墓在平面形制方面差别明显，可分为方形、圆形、多角形三种类型，但以方形墓和八角形墓为主。不同类型的墓葬在建筑结构、装饰、随葬品等方面存在着差异。

1. 方形墓

依构筑方式不同主要分土坑竖穴墓、石室墓、砖室墓三种。

土坑竖穴墓的平面多为长方形。此类墓中葬具种类有石棺、石函、石椁等，其规模、葬具、随葬品不同，墓主的身份、地位也不同。

以石函为葬具，墓葬规模较小，仅见河北滦南县金代石函墓[1]一例。石函仿地上建筑，函身雕有莲花、瓶、桌子、门、窗、夫妇（女真装束）二人对立、仆人等，函盖雕成屋顶状；随葬有陶杯、瓷碗等，墓主当为平民。

以石棺为葬具，墓葬数量较少，有北京先农坛金墓[2]、河北滦平县北李营乡石棺墓[3]二例；前者石棺由石板构成，火葬，随葬瓷盘、瓷碗、鸡腿坛、铜钱等；后者石棺由沙成岩条石雕凿而成，顶盖一大石板，底呈船形，通体凿刻成席纹，棺头正中雕楼阁式建筑、妇女（发掘者称为“着旗袍”）启门、窗等，一次葬，随葬有一细泥灰陶盆。此类墓葬墓主当为平民。

以石椁为葬具，多分布在北京地区。石椁长1.7～2.9米，宽1.1～1.4米，多东西向，也有南北向，多由六块青石板榫卯扣合而成，石灰勾缝，椁壁多无装饰，有的椁内壁用踩斧加工成斗方形花纹，如石宗璧墓[4]；墓内置木棺或骨灰盒；随葬品丰富，多为盆、鏊锅、罐、鸡腿瓶、碗、瓶、盘、铜镜、铜钱、墓志等；墓志文字较简单，墓主多为五品以下的中下级官员或官员家属，多夫妇合葬或聚族而葬，如北京市海淀区南辛庄M2[5]、北京平谷东高村巨家坟金墓[6]等。另外时丰墓[7]较特殊，原报告称其为土坑石椁墓，但其椁壁有壁画，绘墓门、侍卫、仆人、紫幔、木床、交股剪子和熨斗，且石椁的尺寸计算可能有误，于是有人认为该墓为单室壁画石墓，该墓墓主为辽末降金的官员，因此该墓应为女真官员使用的石椁墓与辽代官员使用的壁画墓的结合体，据墓志知时丰为大金故礼宾使，卒于天会五年（1127年）。

单室石墓多分布在北京地区，原发掘报告多称此类墓葬为石椁墓，但由于石椁规模较大，长在3米，宽在2.5米以上，由10块青石板构成，内置青石板棺床、描金红漆的木棺或白玉石板棺床、汉白玉石棺，因此把此类墓葬归入石室墓更合理。此类墓葬随葬品丰富，多为瓷质鸡腿瓶、瓷鋬耳洗、瓷碗、瓷盘、瓷执壶及玉、汉白玉质的饰件、器物等，多置于棺外椁内，并伴出有盝顶式墓志或墓碑，墓主为二品以上的高官和皇亲贵戚。如窝论墓[8]、元忠夫妇合葬墓[9]等，前者迁葬于大定二十四年（1184年），为大金故金紫光禄大夫（正二品）；后者元忠卒于泰和元年（1201年），官至开府仪同三司判彰德尹驸马都尉任国简定公（从一品），其妻鲁国大长公主卒于大安元年（1209年）。

单室砖墓平面多为正方形，集中于晋北、河北地区。多坐北向南，由墓道、墓门、甬道、墓室组成，有的墓门为仿木构墓门楼，多砖砌拱券甬道，墓室边长1.5～3.2米，室北部多设砖棺床，床上置石棺或木棺，随葬品多为碗、盘、瓶、铜钱等，墓主多为平民，个别为下级官吏。晋北地区此类墓葬中，壁画内容丰富，墓顶绘星象图或莲花、牡丹纹或嵌铜镜、绘莲花，墓室各角绘角柱，上绘阑额、普拍枋、斗拱等，墓壁或甬道壁绘散乐图、侍酒图、内宅图等墓主生前生活画面，流行用沟纹砖，如山西大同金代徐龟墓[10]、大同市南郊金墓[11]，而大同金代阎德源墓[12]则以各种实物、屏风代替壁画。冀南地区此类墓葬中，装饰仅以砖雕饰出仿木构件、门窗及家具等，如柏乡县侍中村M2[13]。冀北地区此类墓葬则结构简单，多无壁画，有的用浮雕牡丹花式灰砖砌筑局部，有的火葬墓以陶棺为葬具，陶棺的头挡画门，盖为坡形并起脊，四角有脊吻，如河北迁安市开发区M3[14]。

2. 圆形墓

多为单室砖墓，极个别为洞室墓、土坑石棺墓及单室石墓。

相比较而言，圆形单室砖墓数量较少，多坐北向南，由墓道、墓门、甬道、墓室组成，墓室直径1.9～3米，多穹隆顶，室北壁多有砖砌棺床，上置木棺或木匣，或不置葬具。其中河北地区此类墓葬内多砌仿木构件、饰壁画等，随葬有陶、瓷质的碗、盘、鸡腿坛、熨斗、铜镜等，如河北宣化下八里M3[15]墓门建有仿木构墓门楼，墓室内砌有立柱、简单的一斗三升斗拱、窗、灯台等，绘有墓主夫妇宴饮、男女侍者、门吏等各种生活场景图，墓顶雕莲花瓣，或绘星宿图；河北柏乡县侍中村M1[16]室内仅用砖砌简单的仿木构件、门窗及家具等。北京及冀北地区此类墓葬墓室多无壁画，结构简单，规模小，随葬品多为瓷碗、陶罐、鋬锅、陶盆等，如北京门头沟区永定镇M2[17]。

3. 多角形墓

主要是八角形单室砖墓，集中于晋北、冀南。坐北向南，由墓道、墓室组成，墓道多呈阶梯状，墓室直径2.4～3.3米，穹隆顶或券顶，有的墓室内砌凹形、长方形棺床，无葬具或以木棺为葬具，随葬有瓷盘、瓷碗、瓷碟等，墓主多为平民。室内或绘壁画而无仿木构件，如河北内丘胡里村金墓[18]；或砌仿木构件门、窗、桌、椅，绘花草、人物等，如河北邯郸北张庄金墓M3[19]；或砌立柱、普拍枋、简单的把头绞项造斗拱、菱角牙子而无壁画，如山西大同西郊金墓[20]。

另外，在河北地区还发现二例多室砖墓，即河北时立爱墓[21]、萧仲恭墓[22]。二墓均为仿木结构建筑，有壁画或彩绘，坐北向南，穹隆顶。时立爱墓有前后二室，前室有左右二圆形耳室，前室长方形，后室八角形，壁画已脱落，墓前有神道碑、封土；该墓被盗，仅存白釉瓷碗、盘、碟、陶盆、镂孔雕花器座及瓶、盆、罐等残片，前室有时立爱及三个妻子的墓志；萧仲恭墓未经正式发掘，由方形前室、券顶过道、中室、后室构成，今仅存一墓志。二墓所出墓志相似，志盖四周刻八卦十二辰与牡丹。据墓志，时立爱卒于皇统三年（1143年），官至开府仪同三司致仕钜鹿钜王，萧仲恭卒于天德二年（1150年），曾被封王，后降为“仪同三司郑国公”。

二、分　　期

该区有21座纪年墓，结合其他发掘资料及前人研究成果[23]，依据墓葬形制、装饰及随葬品的变化，将本区金墓分为三期。

第一期，金灭辽至海陵王时期（1125～1160年），此期墓葬受辽末墓葬文化影响显著，同时也受女真、汉文化的影响。典型墓葬有大同市南郊M1、M2、北京市海淀区南辛庄金墓、河北内丘胡里村金墓、河北新城县北场村时立爱和时丰墓、河北宣化下八里M3等。属此期的纪年墓的数量较多，时代多为皇统至正隆年间（即1140～1160年）。

主要发现有方形土坑石椁墓、方形单室砖墓、圆形单室砖墓、八角形单室砖墓及多室壁画砖墓，与辽代晚期（1055～1125年）此区流行方形、圆形、八角形墓一脉相承。辽末降金高官墓的形制与辽墓同，为多室壁画砖墓。土坑石椁墓为女真贵族常用的墓葬形制，此类墓葬兼具契丹风格，如椁壁绘壁画、随葬有契丹风格的鸡腿坛等。

此期墓室中，多砌简单的仿木构件，装饰以壁画为主，内容多承袭辽墓，正壁绘夫妇对坐或绘妇人启门或绘表示内宅的帷幔、侍从，南壁墓门两侧多绘门吏，其他各壁多绘侍酒图、散乐图、花卉等生活场景图，墓顶绘莲花、星象图，多出现髡发人物形象等。另外，壁画中出现经卷，葬式中火葬稍多于土葬，当为辽代崇佛的延续。

表一　燕云地区金墓主要随葬器物特征演变表

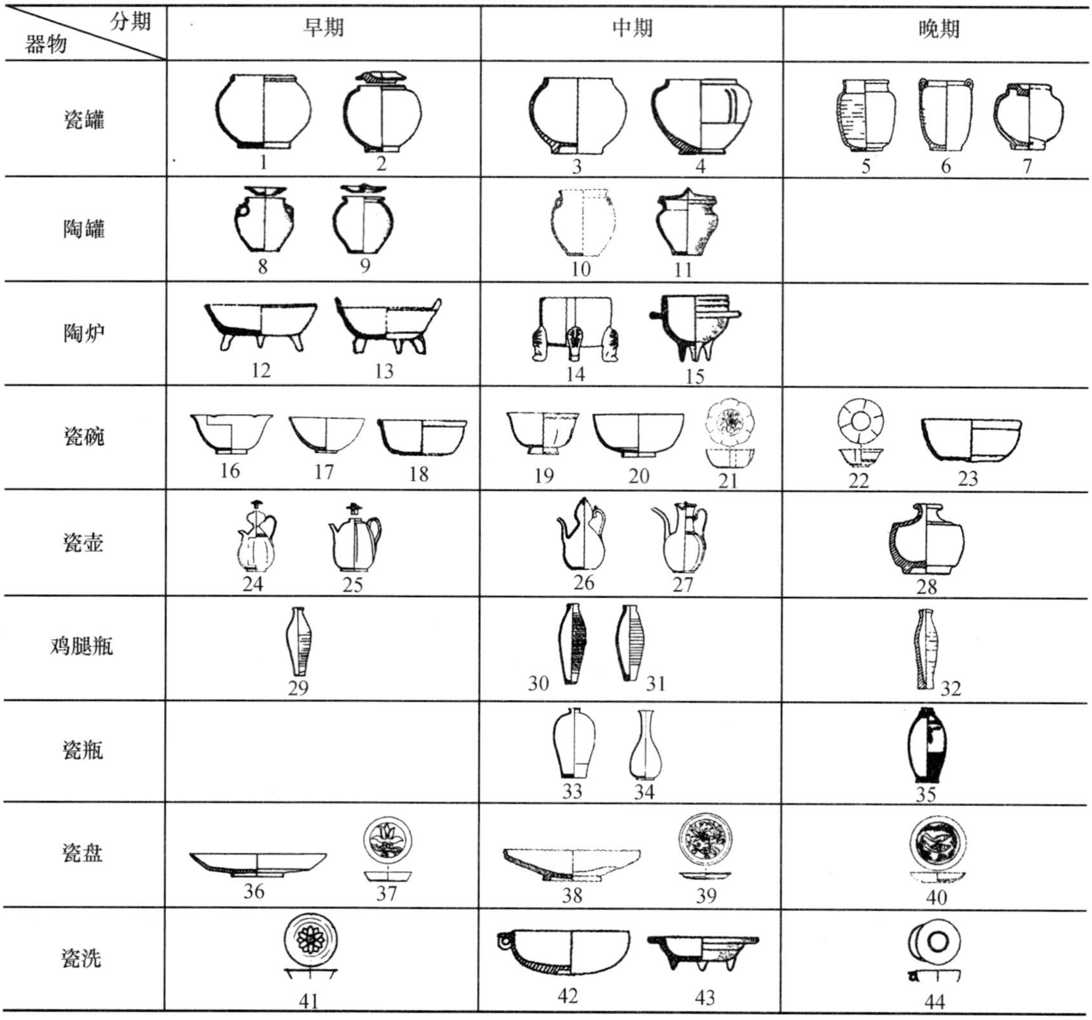

器物 \ 分期	早期	中期	晚期
瓷罐	1　2	3　4	5　6　7
陶罐	8　9	10　11	
陶炉	12　13	14　15	
瓷碗	16　17　18	19　20　21	22　23
瓷壶	24　25	26　27	28
鸡腿瓶	29	30　31	32
瓷瓶		33　34	35
瓷盘	36　37	38　39	40
瓷洗	41	42　43	44

1. 怀来桑园金墓瓷罐　2. 北京海淀区南辛庄M2瓷罐　3. 山西大同徐龟墓瓷罐　4. 北京市通县M2瓷瓜棱罐　5. 平谷东高村巨家坟金墓瓷高领罐　6. 平谷东高村巨家坟金墓双系瓷罐　7. 平谷东高村巨家坟金墓带盖瓷罐　8、9. 宣化下八里M3陶双系罐　10. 河北迁安M3陶罐　11. 北京门头沟区永定镇金墓陶罐　12、13. 怀来桑园金墓瓷三足炉　14. 山西大同徐龟墓陶炉　15. 北京门头沟区永定镇金墓陶四足炉　16、17、18. 北京海淀区南辛庄M2瓷碗　19. 山西大同徐龟墓瓷瓜棱注碗　20、21. 北京市通县M1瓷碗　22、23. 平谷东高村金墓瓷碗　24. 北京海淀区南辛庄M2瓷葫芦形注子　25. 北京海淀区南辛庄M1瓷瓜棱注子　26. 北京窝论墓瓷执壶　27. 山西大同徐龟墓瓷瓜棱注壶　28. 平谷东高村巨家坟金墓瓷蒜头壶　29. 宣化下八里M3酱釉瓶　30. 北京窝论墓瓷鸡腿瓶　31. 北京市通县M1瓷鸡腿瓶　32. 平谷东高村金墓瓷鸡腿瓶　33、34. 北京市通县M2瓷瓶　35. 柏乡县侍中村M1两釉四系瓶　36、37. 北京海淀区南辛庄M1瓷盘　38. 河北迁安M3瓷盘　39. 北京市通县M1瓷盘　40. 平谷东高村巨家坟金墓瓷盘　41. 宣化下八里M3瓷洗　42. 北京窝论墓瓷錾耳洗　43. 北京门头沟区永定镇金墓陶三足洗　44. 平谷东高村巨家坟金墓瓷錾耳洗

随葬品方面，多随葬具契丹风格的单柄洗、单耳杯、瓜棱形执壶、葫芦形执壶、鸡腿坛等瓷器及鏊锅、鐎斗、熨斗、水斗、簸箕等陶质明器，墓志盖也与辽墓所出土的相似，上刻十二生肖、牡丹花图案。除此之外，还多随葬铜镜、铜钱。

关于此期墓葬墓主人的身份，金代二品以上高官墓为多室壁画砖墓，五品以下的中下级官吏墓则为方形土坑石椁墓与方形单室壁画砖墓，且都有墓志出土，平民墓则不见墓志。

第二期，金世宗至金章宗承安五年（1161～1200年），此期墓葬类型较多，形制较齐全，为金墓风格的形成时期。典型墓葬有山西大同市金徐龟墓、大同金阎德源墓、北京市通县金墓、北京窝论和元忠夫妇墓等。属此期的纪年墓的时代多为大定年间（即1161～1190年）。

与一期相比，出现方形单室石墓、圆形洞室墓、方形洞室墓、圆形土坑石棺墓、方形土坑石棺墓，多室壁画砖墓与带壁画的石椁墓消失。

墓室装饰中开始出现少量砖雕，有的则以各种实物代替壁画，壁画所占比例减少，但装饰内容变化不大。方形土坑石椁墓椁壁开始出现纹饰。此期墓葬中火葬盛行，极个别为土葬。常见随葬品与第一期相比差别不大，出现了仿铁器的陶鍑、四足炉、三足洗、三足釜、瓜棱注碗、瓜棱罐等，葫芦形执壶腹部具契丹风格的瓜棱开始消失。

总的来看，此期墓葬开始形成自己的风格，具辽墓风格的多室壁画砖墓与带壁画的石椁墓消失，北京地区出现墓主为高官的方形单室石墓、为中下级官吏的方形土坑石椁墓，流行带壁画的方形单室砖墓与无装饰的圆形单室砖墓。

第三期，金章宗泰和元年至金灭国（1201～1234年），此期墓葬类型与中期相比，种类变少。典型墓葬有北京平谷东高村巨家坟金墓、河北柏乡县侍中村金墓等。属此期的纪年墓的数量较少，时代多为泰和年间（即1201～1208年）。

主要发现有墓主为皇亲国戚的方形单室石墓、为五品以下官员的方形土坑石椁墓及方形、圆形、八角形单室砖墓，另发现有个别的方形土坑石函墓、方形土坑石棺墓。

与二期相比，圆形、方形洞室墓及圆形土坑石棺墓消失，出现方形土坑石函墓，八角形单室砖墓数量增多。其中方形土坑竖穴墓中的石函、石棺受仿木构砖室墓的影响，均出现仿地上建筑的趋势，如石函盖雕成屋顶状，函身外壁雕花卉、瓶、门、窗、桌子，正面中雕夫妇对立，石棺通体刻纹饰，刻出棺槽、棺座的界线，棺头正中雕楼阁式建筑、妇女启门及窗；方形单室石墓则结构更加严密，如用立着的“厂”形石柱，将四壁石板卡住；砖室墓中，装饰减少，均显示出退化的趋势，或仅用砖砌少量仿木构件，或用砖砌仿木构件与门、窗、桌、椅等仿木家具。

此期多为土葬，少数为火葬。随葬品数量明显减少，主要有鋬耳洗、鸡腿瓶、瓷碗、瓷盘、瓷碟、陶盆、双系罐等，蒜头壶、高领罐、带盖小罐、两釉四系瓶等也有发现。

三、历史渊源

金灭辽后，继辽实行南、北面官制，在燕云地区实行三省六部制；1127年灭北宋后，又先后在原北宋的统治区域设立张邦昌、刘豫两个傀儡政权，直至绍兴十一年（1141年），始与南宋划淮而治。此期主要是其利用武力征服辽、北宋政权的过程，却没能征服和改变契丹、汉族人民的社会风俗及他们创造的先进文化。因此，早期墓葬的数量及类型均不多，以保持自己的传统风格为主，如椁壁绘契丹风格的壁画，随葬具契丹风格的鸡腿坛，多为仿木构砖室墓，平面形制以方形、圆形、多角形为主，装饰题材多为散乐图、夫妇对坐图等。但与东北、中原地区的交流并未中断，如随葬有中原及南方产的瓷器，出现具东北女真贵族墓葬风格的土坑石椁墓，等等。

海陵王于贞元元年（1153年）迁都中都大兴府（今北京），为了进一步加强中央集权和君主集权，其继承熙宗的官制改革，将大金的中央官职由三省六部制转化为一省六部制。金世宗继承了熙宗的致治和南北议和、与民休息的思想，修订官制，重新增设平章政事官，为统治、镇压和监视汉人，把猛安、谋克向中原迁徙，与汉人杂居，客观上促进了民族合作和社会安定，继之“章宗在位二十年，承世宗治平日久，宇内小康，乃正礼乐，修刑法，定官制，典章文物粲然成一代治规”[24]。金代经济这时期得到恢复和发展，“世宗、章宗之隆，府库充实，天下富庶”[25]。因此，中期墓葬类型齐全，数量繁多，等级明显，墓葬装饰华丽，随葬品纹饰繁缛，且反映民族融合的题材增多；与其他各区金墓相比，在类型、结构、装饰、葬式等方面发展趋势趋同，又反过来证明了当时文化交融的盛况。

金章宗时期由盛转衰，《金史·哀宗纪·赞》称：“章宗志存润色，而秕政日多，诛求无艺，民力浸竭，明昌、承安盛极衰始。”泰和年（1201～1208年）后，随着社会繁荣而来的便是人口的急剧增长，浮食者众多，与社会生产所能提供的民生之需发生矛盾，财政困难；北有鞑靼，南有南宋，战争不断，阶级矛盾、民族矛盾加剧，经济发展逐渐凋敝，社会不安定因素日增。至卫绍王时更加腐败，蒙古军开始南下，并攻占了黄河以北的大部分地区，金朝国势渐微；对此，宣宗无策，只好选择南渡，南渡后括地不成、屯田无效，更加动摇了统治的经济基础，同时由于战争的浩劫和自然灾害的侵袭，生产遭到极大破坏；及至哀宗，金朝已濒临灭亡。因此，晚期墓葬类型单一，建筑规整、规模较大的墓葬减少，随葬品的数量锐减，质量粗劣，墓室装饰也呈退化趋势，如多砌简单的门、窗、灯台、桌、椅、侍从等。

注　释

[1]　李树伟、杜志军：《滦南县出土金代石函》，《文物春秋》2001年第2期。

[2] 北京市文物管理处、马希桂：《北京先农坛金墓》，《文物》1977年第11期。

[3] 滦平县文物保管所：《河北滦平县北李营乡发现石棺墓》，《文物春秋》1991年第3期。

[4] 北京市文物管理处：《北京市通县金代墓葬发掘简报》，《文物》1977年第11期。

[5] 北京市海淀区文化文物局：《北京市海淀区南辛庄金墓清理简报》，《文物》1988年第7期。

[6] 杨学林：《平谷东高村巨家坟金代墓葬发掘简报》，《北京文物与考古》（第4辑），1994年。

[7][21] 河北省文化局文物工作队：《河北新城县北场村金时立爱和时丰墓发掘记》，《考古》1962年第12期。

[8][9] 袁进京、王武钰、赵福生：《北京金墓发掘简报》，《北京文物与考古》1983年第1期。

[10] 大同市博物馆：《山西大同市金代徐龟墓》，《考古》2004年第9期。

[11] 大同市博物馆：《大同市南郊金代壁画墓》，《考古学报》1992年第4期。

[12] 大同市博物馆：《大同金代阎德源墓发掘简报》，《文物》1978年第4期。

[13][16] 河北省文物研究所：《柏乡县侍中村古墓发掘简报》，《河北考古文集》，东方出版社，1998年。

[14] 唐山市文物管理处、迁安市文物管理所：《河北省迁安市开发区金代墓葬发掘清理报告》，《北方文物》2002年第4期。

[15] 张家口市文物事业管理所、张家口市宣化区文物保管所：《河北宣化下八里辽金壁画墓》，《文物》1990年第10期。

[17] 李华：《北京门头沟区永定镇金墓》，《北京文物与考古》（第4辑），1994年。

[18] 贾成惠：《河北内丘胡里村金代壁画墓》，《文物春秋》2002年第4期。

[19] 河北省文物研究所、邯郸市文物管理处:《河北邯郸北张庄金墓发掘简报》，《文物春秋》2001年第1期。

[20] 张秉信:《山西大同西郊的一座金墓》，《考古》1961年第11期。

[22] 郑绍宗:《兴隆县梓木林子发现的契丹文墓志铭》，《考古》1973年第5期。

[23] 秦大树：《金墓概述》，《辽海文物学刊》1988年第2期；秦大树:《宋元明考古》，文物出版社，2004年。

[24] 《金史·章宗纪·赞》。

[25] 《金史》卷一〇九《许古传》。

（原刊于《文物世界》2008年第6期）

《明处士张公暨孺人合葬志铭》考释

——兼论贾继春其文其人

郝红星

2008年5月，郑州市文物考古研究院在中原西路郑州市卫生疾病控制预防中心发掘一处明代家族墓地，其中M11出土“明处士张公暨孺人合葬志铭”一合，撰文者贾继春，新乡人，与郑州缘分不浅，加之被崇祯列入阉党的特殊身份，此志很有考释的必要。

志文如下：

明处士张公暨孺人合葬志铭

赐进士第嘉议大夫提督南直应安等处学政监察御史新乡县贾继春撰

赐进士第迪功郎北京国子监博士宜阳县任政书

署郑州儒学学政事南直隶徽州府婺源县举人许元翔篆

岁丙午，余先君振铎郑士时，余已乡举，因与张友，相接款洽。迨先君以及瓜谢郑，余又甲第而别宦。此际间，润不胜云树之想。今承上命，文衡南畿，过郑途，访旧友，乃知佩扆丁内艰。未几，果以缟素至，具状请志。余幼夙好谊，不容辞。按状，公讳守业，字君实，别号西川。先世山西洪同（洞）人，元代系次莫考。明始祖讳凤，国初以兵变迁籍郑郡，卜郡西三十里许须水镇左高家庄居焉。自是凤生祥，祥生富，富生文周，文周生大仁，乃公父也。德绩累传，庆延六代。太公配谷氏，生女一，卒。继配张氏，生公焉。公赋性刚直，方弱冠，太公见背，公具老成之志，不作佶态。其事太夫人，服养綵娱，承顺万方，待异母同胞姐妹，一视笃爱。此其孝弟，已享于乡评。考忠于上，赋役争先，输赈恐后，为誉叠见于郡邑；徵信于友，道义结纳，托妻寄子，敌慰鹿邑郭氏之望，斯不亦获上信友乎？至捐赙助李姓之婚娶，予赒济杨性之亲丧，与焚冯氏等之债务，尤见相恤之仁、麦舟之义焉。且乡党中若董若张争讼不已者，与之雾释，不其近虞芮之遗乎！暑月施茶，行人克济，修建寺庙，载在碑铭。公之雅谊芳轨，鉴鉴可据，乃尔。初配徐氏，无所出，卒。继配杨氏，乃邑吏官杨臻女也。早娴闺范，举动有仪，言笑不苟，持家雅尚勤俭，鸡鸣杂佩，助公以光大前烈，义训令嗣，殆可比拟杂佩之章，克肖和尤之母焉。公生于嘉靖二十九年九月初六日，卒于万历四十七年十二月初十日，享年六十有九。孺人生于嘉靖三十年六月初一日，卒于天启三年闰十月初二日，享年七十有二。生子二。长尔瑜，补郡庠员，娶邑寿官肖时和女，卒；继娶邑选贡乔孔嘉女。仲子尔璘，娶邑庠生徐有悦女。生女五。长适邑人鲁孟时；二适庠生周文萃；三适邑人钟振，早卒；四适邑人毛化龙；五适邑人付大言。孙男五，长曰蕴，聘郑郡进士魏尚贤女，肖氏出；二曰韬，聘邑庠生孙自修女，乔氏出；三曰鼎，聘邑人李如松女；四曰甲，聘郡庠生宋振英女；五曰埼，幼，尚未聘，俱徐氏出。孙女五，长适郡儒士刘得位仲子；二适邑乡宦蔡一元长孙；三许聘郡司掾刘芳藻长男，肖氏出；四许聘荥泽县庠生谢宗尧仲子，徐氏出；五幼，尚未许聘，乔氏出。夫公以布衣而承前启后之际，种种声称，其亦积德之深而庆流自远也，是以公之子孙森森，书香绵绵，当必有大，登其祥者，宜有志而铭之。铭曰：

惟公之生，志度渊英。守正不阿，逸翮独竿。性也质朴，创业垂纹。卓矣清白，远播休声。刑于有家，阃德惟贞。黄梁一梦，永蛰尊灵。鬣封斯土，朝阳凤鸣，世德有在，桂兰争荣。

瑜
天启六年十月二十一日不肖男尔　　承重孙蕴泣血纳石
璘

张公，墓主张守业。孺人，指继配徐氏。

志文第二句说明贾继春的身份（以下简称春）。嘉议大夫，文散官，正三品。提督南直（隶）应（天）安（庆）等处学政，正四品。

任政，《宜阳县志·绅耆》载，1616年进士，卒任徽州知府。任政未在郑州任过职，此时身在郑州。

许元翔，《郑县志·秩官志》载，天启七年任郑州儒学学政，篆志盖时尚是署理学政。

魏尚贤，《郑县志·人物志》有传，进士，详见下文。

墓志所涉其余人物，《明史》及《郑县志》均无载。

“岁丙午，余先君振铎郑士时，余已乡举，因与张友，相接款洽。”1606年，春父任职郑州官学，因官小，愧不提及。查《新乡县志·人物》，知贾性愚为其父，任郑州儒学训导，不入流。时春已中举（1603年），与张家关系融洽。

“迨先君以及瓜谢郑，余又甲第而别宦。此际间，润不胜云树之想。”及瓜，任期满之意，语出《春秋·齐襄公》。春父离郑，春考中进士（1610年）到别处作官，随口表白一句自己很想念老朋友。润应为春的字，云树是“暮云春树”的省写，指杜甫与李白的友情。

“今承上命，文衡南畿，过郑途，访旧友，乃知佩宸丁内艰。”现在我奉皇命，到南直隶当主考官，路过郑州看望老朋友，才知道蕴的祖母去世了。佩宸应是墓主张守业长孙蕴的字，两个儿子与另外四个孙子的名，与佩宸之意皆不合。蕴娶郑郡进士魏尚贤（1600年中举）的女儿，魏尚贤、任政系河南籍同科进士（1616年），春晚举而先提干，真是官二代中的模范！此三人在当举子时已混得很熟，所以才访旧，任政也可能因此来郑。

“未几，果以缟素至，具状请志。余幼夙好谊，不容辞。”蕴是承重孙，说明蕴的父亲已死。有老岳父罩着，蕴披白挂素，手持爷爷的简历求志，春自然不好拒绝，这可能和春自小爱交朋友有关。

“服养彩娱”，像老莱子那样服侍老人。

“至捐赙助李姓之婚娶，予赒济杨姓之亲丧，与焚冯氏等之债务，尤见相恤之仁、麦舟之义焉。”捐赙后一字，耳、力合写，释为助。麦舟，宋代典故，送人一船麦，意为扶危济困。

“不其近虞芮之遗乎！”很有虞芮互让之遗风。虞芮之讼，先秦典故。

“鸡鸣杂佩。”语出《诗经·郑风》，喻夫妻恩爱和睦。

嘉靖二十九年，1550年。万历四十七年，1619年。天启三年，1623年。

下为张守业的世系：

凤—祥—富—文周—大仁（谷氏、张氏）

—守业（徐氏、杨氏）—
- 尔瑜（肖氏、乔氏）—
  - 蕴
  - 韬
- 尔璘（徐氏）—
  - 鼎
  - 甲
  - 埼

春作此志时（1626年），皇帝朱由校整天泡在自己的木匠工作室捣鼓新玩意儿，敬业精神不输帝坛奇人赵佶，朝堂的事都交给生活秘书魏忠贤自个儿弄。此时的春早已归顺魏大当家，虽然被木匠皇帝夺官四年，但这次魏哥不忘旧情，放咱出来提督南畿，心情是格外阳光。再蹬朝靴腿更长，跑到郑州见见老朋友，叙叙旧，顺手帮故人的亲家写篇颂文，让你们知道咱春作为主考官，水平还是不差呀！

老实说，春的文章，开头写得特好，几至臻境。不经意间，已将父亲的宦郑、自己与郑州的渊源、与张家的友善、父离郑及己高第别就，像一江春水缓缓写出，一句“润不胜云树之想”更见人间温情。接着笔锋一转，抬出自己的督学身份，接下去并没有遣词造句，得势压人，反而语句平坦，身段柔软。俟佩宸缟素求志，乃不容辞，真是长者之风。志文疏密有致，洋洒近千，平实语言中，不时嵌入浅白历史典故，且不露痕迹，好似一段锦帛，在你意想不到的地方安上那么几颗珠玑，又不夺锦的光华。我以为，为文难为志尤难，此志是平实文学、温情文章的好代表。

春此次复出，是阉党得势的代表作。为什么反对阉党甚厉的魏尚贤还与之来往呢？这与春的双面人生有莫大关系。

据《郑县志·人物志》记载：“尚贤与阮大钺论辄不合，而嘉魏大中。顾（秉谦）

贤（1600年中举）的女儿，魏尚贤、任政系河南籍同科进士（1616年），春晚举而先提干，真是官二代中的模范！此三人在当举子时已混得很熟，所以才访旧，任政也可能因此来郑。

“未几，果以缟素至，具状请志。余幼夙好谊，不容辞。”蕴是承重孙，说明蕴的父亲已死。有老岳父罩着，蕴披白挂素，手持爷爷的简历求志，春自然不好拒绝，这可能和春自小爱交朋友有关。

“服养彩娱”，像老莱子那样服侍老人。

“至捐赒助李姓之婚娶，予赗济杨姓之亲丧，与焚冯氏等之债务，尤见相恤之仁、麦舟之义焉。”捐赒后一字，耳、力合写，释为助。麦舟，宋代典故，送人一船麦，意为扶危济困。

“不其近虞芮之遗乎！”很有虞芮互让之遗风。虞芮之讼，先秦典故。

“鸡鸣杂佩。”语出《诗经·郑风》，喻夫妻恩爱和睦。

嘉靖二十九年，1550年。万历四十七年，1619年。天启三年，1623年。

下为张守业的世系：

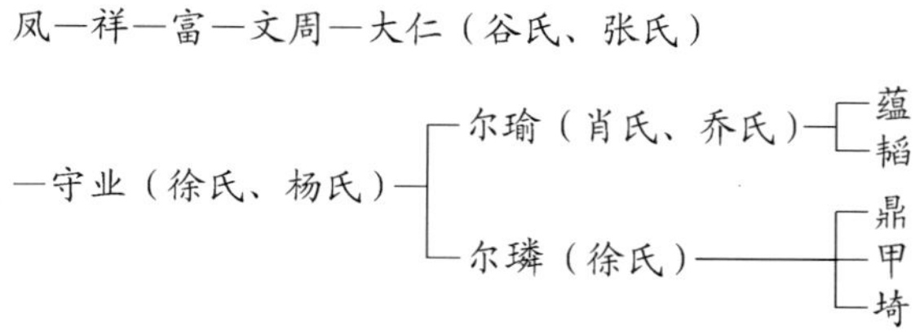

春作此志时（1626年），皇帝朱由校整天泡在自己的木匠工作室捣鼓新玩意儿，敬业精神不输帝坛奇人赵佶，朝堂的事都交给生活秘书魏忠贤自个儿弄。此时的春早已归顺魏大当家，虽然被木匠皇帝夺官四年，但这次魏哥不忘旧情，放咱出来提督南畿，心情是格外阳光。再蹬朝靴腿更长，跑到郑州见见老朋友，叙叙旧，顺手帮故人的亲家写篇颂文，让你们知道咱春作为主考官，水平还是不差呀！

老实说，春的文章，开头写得特好，几至臻境。不经意间，已将父亲的宦郑、自己与郑州的渊源、与张家的友善、父离郑及己高第别就，像一江春水缓缓写出，一句“润不胜云树之想”更见人间温情。接着笔锋一转，抬出自己的督学身份，接下去并没有遣词造句，得势压人，反而语句平坦，身段柔软。俟佩戾缟素求志，乃不容辞，真是长者之风。志文疏密有致，洋洒近千，平实语言中，不时嵌入浅白历史典故，且不露痕迹，好似一段锦帛，在你意想不到的地方安上那么几颗珠玑，又不夺锦的光华。我以为，为文难为志尤难，此志是平实文学、温情文章的好代表。

春此次复出，是阉党得势的代表作。为什么反对阉党甚厉的魏尚贤还与之来往呢？这与春的双面人生有莫大关系。

据《郑县志·人物志》记载：“尚贤与阮大铖论辄不合，而嘉魏大中。顾（秉谦）

雅重公行，遣所私屡邀之。言：‘果如我言，大用在指。’公曰：‘顾以七尺躯为朝廷大吏而结授寺人乎！’不应。既而曰：‘杨涟、魏大中既已诬死，侯恪东林主盟者，群疑涟二十四大罪疏出其手，亦削籍，不足惜。强与之抗，无益，徒授朝廷以杀谏臣之名，天下后世宁不谓我沽直耶？’遂拂衣归家，居者十余年。”

尚贤不愿攀附阉党，又不愿涂污皇帝，毅然抛却自己的大好前程。后来闯王攻破郑州，尚贤被执，不屈，死。这样一个高尚的人，出来接待春，并指示女婿求志（我相信是这样，他自己也会写），显见他心中对春自有一番定位。

查《明史·列传》（以下所引，俱出明史），春的名字出现40多次。“及忠贤殛，崇祯定逆案，继春不列名，帝问故。阁臣言继春虽反覆，持论亦可取。帝曰：‘惟反覆，故为真小人。’遂引交结近侍律，坐徒三年，自恨死。”有了皇帝的盖棺定论，春死定了，卒列《明史·阉党》第33名。

崇祯为什么恨春，这恐怕与过早春惹祸有关。

朱由校初继位时，年十六，已懂事，深恨生母被养母李选侍殴崩，在东林朝臣的拥护下，逼其到哕鸾宫养老。刚到中央任监察御史不久的春有点儿看不惯，在与东林有隙的刑部尚书黄克缵撺掇下，对小皇帝放了一炮：“伶仃之皇八妹，入井谁怜；孀寡之未亡人，雉经莫诉。”这话也忒恶毒了点，你文采再超，也不能将皇帝送到不孝不悌的天梯上。其实皇八妹没投井，李选侍也没上吊，小皇帝对后娘和小妹妹还是不赖的。帝深切之。当是时，吏部尚书周嘉谟站出来讲情：“臣等意陛下笃念圣母，不能忘选侍。及诵敕谕，知圣心自体恤。而继春误听风闻，慎言等又连疏渎奏。然意本无他，罪当宥。”大学士刘一燝、御史张慎言、高弘图也替春说话，终弗许，削籍。这时的魏忠贤还没得势，春风光了一把，成了反“移宫”的旗手，却差点儿阵亡。

天启三年，东林党首左光斗上疏请召还文震孟、满朝荐、毛士龙、徐大相等，并乞召继春及范济世。疏上不纳。此举说明事过境迁，东林已不在意春反对“移宫”的故事，但小皇帝恨难消。

天启四年，杨涟著名的魏忠贤二十四罪疏出炉，众东林亦纷纷上疏。忠贤大惧，为自保，矫旨起复了一大批被东林排斥的外官，春亦不幸被复职。

可悲的是，春念念不忘反“移宫”受挫的事，老调重弹：“涟与左光斗目无先皇，罪不容死。且涟因傅櫆发汪文言事，知祸及，故上劾内疏，先发制人，天地祖宗所必殛。而止坐纳贿结党，则涟等当死之罪未大暴天下。宜速定爰书布中外，昭史册，使后世知朝廷之罪涟等以不道无人臣礼也。”这话已经把反对“移宫”上升为理论：“尔等目无先皇，就得死。”春的脑子真是一根筋，是先皇重要，还是先皇的社稷重要？春不知道，他的理论无形中已成了阉党促使东林成批倒下的行动指南。

天启五年、六年，春在朝中继续做他的七品言官，未见恶迹彰显。但顾秉谦、魏广微、霍维华把持朝政，许显纯、田尔耕杀人如麻，春应该感觉到“反移宫论”的流毒了。

六年冬，春赴南直隶督学。本可直奔南京，为何绕道郑州？一来到新乡看看老父亲，二来自忖没什么大恶，顺路拜访一下厌恶阉党的尚贤兄，大概能够成行吧！这才有了春与尚贤、任政、元翔相会。尚贤也没苛责春，谁都有自己的朋友圈。今天的我们不也如此吗？

但春在不光彩的路上继续滑行。

“庄烈帝即位，继春方督学南畿，知忠贤必败”，两党相争，各为己利；阉党行凶杀人，天地不容；傻子知其败，何况春？骇人的是，春“驰疏劾崔呈秀、尚书田吉、顺天巡抚单明诩、副都御史李夔龙”，反戈一击，向新皇帝表忠，升官左佥都御史（正四品）。

“崇祯改元五月，给事中刘斯球极言其反覆善幻，乃自引归。已，杨涟子之易疏讦之，诏削籍。”春知道自己该走了，之前做了一些自救的动作，如赞誉高弘图救杨涟、举荐韩爌、倪元璐，以求容于清议，但为时已晚。首辅韩爌等欲救之，被崇祯一句“真小人”定案，罪在五等，前有首逆凌迟、首逆同谋决不待时、交结近侍秋后处决、结交近侍次等充军四等罪，共38人。

春所在的“交结近侍又次等论徒三年输赎为民”者129人，列名26人，春名不显，值得玩味。

以400年后的眼光看待我国源深历久的党争，应该心平气静。国之大，俗之异，士人之心性不同，很易形成朋党。明朝末年，皇帝慵懒，朝事委诸外臣，内竖争锋。如果朱棣在座，还有党争这档子事吗？东林以正派自居，排斥异己，手段也够可以。不少非东林不得已投奔阉竖，以致忠贤坐大。阉党人才济济，其中不乏尽国事者，有些甚至反哺东林，如春、阮大铖之流。但阉党残杀大臣，毁灭肉体，实乃人神共愤，这种事有时连历史伟人也难以阻止呢。

春入阉党，实是人性的尴尬。初为率性直言，触痛了国体神经；后为负气之争，理论被人利用；终欲从良，天理不容，唯有自恨死。春之自恨，恨糊涂？恨顽固？抑或恨反覆？这又是春人生的尴尬了。

人性的弱点不能被放大。

（原刊于《炎黄天地》2012年第3期）

新郑铁岭墓地明代墓志考

郝红星

2011年1月20日，武警水电部队在南水北调新郑铁岭墓地北缘（冯庄村东）施工时，于2米深的土中挖出两方明代墓志。本人闻讯后赶赴现场，发现墓志已挪离原位，未见到与之相配的砖室墓。施工现场有不少小型土坑墓，有单人葬的，也有合葬的，棺底多见白灰。村民讲，解放前这里是新郑南关王家的祖坟。

两方墓志体形巨大，一方纹样精美，字体疏朗，志文浅显易懂；另一方雕刻纤细，字体娟秀，志文颇具文采。志文所反映的一些内容，有补史证史作用，故做考释。

一、王思诚墓志

墓志由志石与志盖组成。志盖盝顶，边长60厘米，厚14厘米；顶面外缘雕饰一周水涛纹，内无界格，篆书“大明故冠带义士王公墓志铭”；四刹为折枝牡丹。志石边长68厘米，厚16厘米；顶面边缘镌刻一周牡丹花叶，内无界格，楷书隽永丰润；侧面雕刻海马2只、戏绣球狮2只、丛山奔鹿2只、月下奔牛2只。

志文如下：

故冠带义士王公思诚墓志铭

乡 贡 进 士 季 婿 杨 同 撰 文

乡 贡 进 士 邑 人 高 魁 书 篆

新郑有义士王公，讳諝，字思诚，家世居邑之黄水里，以义援例冠带荣身。乃父讳政，母田氏，多有积德，育公甚慈，各寿至八十余，先后卒。公哀毁过礼，克尽孝思，乡人皆称王氏有子矣！有弟讳 ，先公三十年卒，遗二孤，曰节，曰制，甫及三五岁。公抚之若己子，爱育教养，无所不至，各成立而家资益饶。其居家庭、接宾友、处乡党、待姻族、御奴隶，无大小亲疏，莫不各惬其意。当成化甲辰岁大歉，人将相食。邑侯黄公劝出粟赈济，公慨然许之。由是饥民自至其家者甚众，公皆周之，略无难色，得此而免于沟壑者亦已多矣。遇人之有难，辄扶持之；若有丧而贫不成礼者，辄赙济之。及暮年，又尝招亲戚、乡党之贫者，而轻重锡予之，曰：“吾老矣，亲戚乡党之贫者，吾周之止是矣！吾不能复见为此矣！”公之为人，少负奇气，美风度，外和内刚，志行不群，生财有道，好礼乐施，其立心制行率多类此，而义气凛日，老不能渝。适弘治庚申，公享年七十有四，以病卒于家。夫人赵氏，有淑行，先公八年卒。子男三人：长曰度，由儒术为国子生；次曰京、曰永，亦非庸常儿也。女五人，各适名门。孙一人，曰洪仁，亦俊秀不凡。以是年四月将葬于先茔。其孤度泣拜曰："吾母之死未有铭，今吾父之死铭者谁与！"予亦泣曰："予在半子之列，铭可辞乎！"铭曰：

大隗之麓　洧水之滨　有义其士　我知之真　懋德而馨
能果而毅　既孝于亲　又友于弟　匪贪以始　匪矜以苛
潜德幽光　令名靡他　有贤劂配　终身无愧　妇道母仪
女中之最　双璧沉沦　偕此幽堂　我铭匪僭　永代不忘
弘治十三年四月朔日志

本志近俗直白，仅数处略做解释。

乡贡进士，此称呼最早出现在唐朝，明代指会试不中的举人。清代有岁进士一词，其实就是岁贡。古人喜用"进士"标榜自己，但前置词不同，身份大不相同。

冠带，官员的官帽与玉带，表示身份。《明史·列传第六十四》：天顺元年，彭时曰："朝臣父母七十与诰敕，百姓八十给冠带，是'老吾老以及人之老'也。"《明史·列传第六十八》：成化十九年冬，王瑞奏曰："祖宗设官有定员，初无幸进之路，近始有纳粟冠带之制，然止荣其身，不任以职。今幸门大开……"王思诚年仅74岁，以出粟赈灾等义行授冠带。

哀毁过礼，墓志习用语，形容悲伤过度，毁坏身体。

成化甲辰，公元1484年。弘治庚申，公元1500年。

立心制行，立下道德规范，制订行为准则。

二、王一泉墓志

志盖盝顶，边长75厘米，厚17厘米；顶篆书"明故一泉王公墓志铭"；四刹雕刻青龙、白虎、朱雀、玄武。志石边长78厘米，厚14厘米；顶面边缘留有纹饰带，但未镌刻，内楷书，字小、清丽；侧面雕刻12个半身男子，每面3人，男子博衣高冠，手执笏板，坐于垂幔下。

志文如下：

明故一泉公墓志铭

赐进士出身通议大夫南京兵部右侍郎前左春坊左中允　经筵讲官同修国史山阴刘栋撰

赐进士出身掌南京翰林院事右春坊右中允前国子司业左春坊左司直兼翰林检讨　经筵

国史奉　敕纂修会典同检经史永丰吕怀书

赐进士出身前中顺大夫南京尚宝司卿许穀篆

余偶摄吏篆，素知如中城王子，不至，询之，曰：“考一泉君讣闻，居忧矣。”为之啧啧。未几，王子急于奔，匍匐诣予，泣诉曰：“先君不幸奄弃，洪载不能显扬，敢以志铭请！”又曰：“某不自度分，敢以诬累。先君布衣，若邻于善士。先大父早逝，出祖母刘，遗腹失怙，曾大父严亲之，未几亦逝。先君早年承家，稍裕至百口，为馔皆使不失业事。祖母孀居，孝养备至，唯恐失其欢，逢怒则率毕幼跪泣以乞回。祖母孀严三十余年，先君之孝慕一日也。比弃养，哀毁骨立，宗戚咸动容。将事忌，则如始丧，至老尤然。兄弟异居，或不给轸遗，聚爱有常，他子姓亦所给之。人有缓急，赴之恐后，处乡人亦然。不肖辈知就传亲，勤诱引使向矩步，时以旧所稔俭德让行详勉之，视诸孙亦然。不肖筮仕郎，谕之曰：‘当官之法，惟清慎勤。汝夙闻者无我怍累，兹幸有成立，尤多负先训，尤雅从宽忍，与人无少长贵贱一以礼。’尝举先曾大父待僮仆事，语家庭使人知忍，实欲刑家而协乡也。得一善言亟诵，见一善行必称，人咸以长者称之。晚年嗜静修，甘淡苦浩然游，适清幽雅地，时取古文药方难经等哦诵，卫生普济其间，曰：‘此终老可也。’故精力完保，年入八十尚矍铄，人皆以百季待之。不意洪载窃禄迁转，切以未蒙恩诰为恨，固数也，然尤方幸其承养而寿止，且不及见焉，兹天道拂乱我者亦甚矣。今日不肖辈号痛无所逮思，惟乞铭可使徵后，无若公许可，惟恤其哀悃。”余曰：“昔者见子于群众，敏异端慎，意必世阀有之。子之述考德详详然，况重以太史之状，余敢辞！夫人行莫大于孝友，惠莫急于赒恤，严莫先于教子孙，和莫普于善乡闾，知分莫良于自适。有是数者，可不谓善士乎！是可铭也。”按状，君讳制，字范，古号一泉。曾祖成府，祖政，父 ，皆潜德未耀。其先晋人，国朝洪武初自太原徙今新郑，民籍为开封人。生成化己丑十二月十五日，卒嘉靖庚戌三月初十日，享年八十有二。配孙氏女，德甚茂，先卒。继袁氏。子男三：长郎洪载，由选贡任南京中兵马司指挥，娶陈氏；次洪爱，业儒未就，娶吕氏，皆孙出；曰洪基者，袁出也，娶焦氏。女三：长适韩，早逝；次适庠生赵暘之子，完德生员，孀居；次适褚。孙男九人，出潜、出颖，俱聪敏，业儒未就，克家已娶。出右，生员，生有奇质秀颖，五六岁默记五经语，乐易坦舒，和众无竞，垂髫善文，随意纵横，日诵数百言，乡闾异之，未娶。各先卒，余幼女七人，俱未适。洪载等以嘉靖三十年十一月十二日奉柩葬隗山之东、黄水乡先茔之次，启孙孺人而合窆。初，孙出右卒，藁葬浅土，君意有待也，乃亦随君而葬于墓侧，於嘑惜哉。法宜铭，铭曰：

黄水之王，系出太原。谱迭其传，流演枝蕃。隗东之居，溱左之迁。一德相承，代产仁贤。庆钟人祥，肫肫敦仁。根沃旁枝，叶馥前村。逍适林壑，隐耀韬精。兰芽玉树，食报将隆。生也无愧，死亦心安。勒铭斯石，永垂后观。

墓志提供的历史信息较多，释如下。

赐进士出身，进士第1至第3名分为状元、榜眼、探花，第4至第10名者，皇帝赐予"赐进士出身"。通议大夫，文散官，正三品。兵部右侍郎，正三品。左春坊左中允，正六品。

右春坊右中允，正六品。国子司业，国子监属官，从四品。左春坊左司直，从六品。翰林检讨，翰林院属官，从七品。

中顺大夫，文散官，正四品。

偶摄吏篆，吏篆，官印，意为暂代某职。中城王子，王洪载任南京中城兵马司指挥，正六品。居忧，丁忧。

不自度分，不自量力。诬累，以夸词使累大人。

大父，祖父。出祖母，嫡祖母。曾大父，曾祖父。

遗腹失怙，指洪载之父亲为遗腹子，无父可依。

孝慕，孝顺尊敬。

事忌，对待忌日。

轸遗，可怜的遗孤。他子姓，他人的后代。

矩步，合乎规矩的举动。

筮仕郎，卜仕途的郎官，一说初做官的人。成立，成就。

刑家，治家。

卫生普济其间，那段时间一直注重保养身体。

窃禄，无功受禄。

拂乱，违其意而乱之。逮思，达意。

世阀，世代有名望的大户。重以太史之状，太史指司马迁，状是一种文体，叙述死者生平事略。这里指洪载在写其父行状时，用笔甚多。

成化已（己）丑，公元1469年。嘉靖庚成（戌），公元1550年。

选贡，国子监生的一种，从地方廪生、增生中遴选而出，素质较高。

庠生，秀才。完德生员，品德美好的秀才。

业儒未就，学业未成，特指儒学。

乐易，乐和平易。和众无竞，和睦群众没有赶得上的。垂髫，童年。

藁葬，以藁席葬之，薄葬意。

窀，穿地，墓穴意。

三、相关人物

1. 王思诚（王諝）墓志

志中所涉人物《明史》均无载，但《新郑县志》（清乾隆四十一年本）有记，列如下。

《新郑县志·人物志四》：杨同，字一仁，号坦夫，长厚醇和，居家以孝悌为人称颂。明弘治己酉（1489年）乡荐，任渭南县令，政宽赋平，以德化民，俗为之变。在渭八年，刘瑾专政，归里考终。渭为立祠，郑亦崇祀乡贤。

高魁，《新郑县志·艺文志》明故工部都水司郎中进阶中宪大夫高公墓志铭：公讳魁，字文元，姓高氏。公天性仁孝，慷慨有气节……成化二十二年（1486年）乡举中试，累举进士不第。某年授金乡令县知县……正德二年（1507年）擢工部都水司主事……正德五年，升本司郎中，管理蓟州铁冶……连疏乞归，居家十余年，强直一如当官时……嘉靖四年十月二十三日以正终，年七十有六。子男三人：尚义、尚信俱先卒；尚贤登正德十二年进士，历官山东按察司提学佥事。孙男七：曰擢、曰扬、曰捷，廪膳生；曰掇、曰拱、曰操、曰才。

从墓志中我们可知，高魁为王思诚书篆时尚在金乡任上，后谇官都水司郎中（正五品）。高魁孙高捷，进士；高拱，宰相；高才，举人。

成化甲辰岁大歉，《明史》无载，《新郑县志卷二·附祥异》有记：明宪宗成化二十年（1484年），大饥，人相食。志与史合。

邑侯黄公，指县令黄肃。《新郑县志·循吏传》：黄肃，浙江余姚人，进士，成化乙巳（1485年）任邑令，为余姚王阳明所崇。

王思诚，《新郑县志·人物志六》孝义条：王諝、唐质等二十人，成化壬寅（1482年）捐赈谷各一百五十石，照例给予冠带荣身。县志与墓志合。墓志所记“成化甲辰岁（1484年）大歉”，《明史》无载，说明这次天灾可能是地区性的，王思诚赈济灾民，出力甚多。

王度，《新郑县志·选举表》监生条：监生，任唐府引礼。

2. 王一泉墓志

王洪载，《新郑县志·选举表》贡生条：任南京兵马司指挥，无墓志中的“中城”二字。

王洪诰，《新郑县志·选举表》贡生条：任宁远县教谕。根据王洪诰的名与辈分，可能是王洪载的叔伯兄弟，父可能是京、水、节中的一人。

山阴刘栋，《四库全书》160卷《人物、名臣》：刘栋，山阴（绍兴）人，正德辛未（1511年）进士。《明史·何孟春传》亦有记，嘉靖初年任编修，参与“大礼”之议。《明史·鞑靼传》：“嘉靖三十一年春，敌二千骑寇大同，指挥王恭御之于平川墩，战死。夏，东入辽塞，围百户常禄，指挥姚大谟、刘栋、刘启基等于三道沟，四人皆战没。备御指挥王相赴援，大战于寺儿山，杀伤相当，敌舍去。”

墓主王一泉死于1550年3月，葬于1551年11月，期间由儿子王洪载拜托上级刘栋写了这篇墓志。墓志洋洋洒洒千余言，凡牵涉“明、赐、国史、恩诰、国朝”皆顶格，以示对本朝及皇上的尊崇。刘栋乃进士出身，用笔老辣，又处处散发唐宋遗风，不愧为文武兼修的儒将。更为重要的是，刘栋写完此墓志的来年春即在辽东为国战死，因此这篇墓志更弥足珍贵，是我们研究刘栋的珍贵资料之一。

永丰吕怀，《明史·洪坦传》有记：“垣同年吕怀，广信永丰（今江西广丰县）人，亦若水高弟子。由庶吉士授兵科给事中，改左春坊左司直郎，历右中允，掌南京翰林院事。每言王氏之‘良知’与湛氏‘体认天理’同旨，其要在变化气质。作《心统图说》以明之。终南京太仆少卿。”今墓志多与史合，吕怀是时与王阳明齐名的哲学家湛若水的高足，书丹时，尚未任太仆少卿，与刘栋交情甚厚。吕怀的字体法度森严，比前志美妙不少。

《明史·艺文志》还记载吕怀著有《律吕古义》二卷、《韵乐补遗》二卷、《律吕广义》三卷，《吕怀类稿》三十三卷。

许榖，《明史》无载。据明代焦竑《国朝献征录》记载：许榖，字仲贻，号石城，南京上元人，嘉靖十四年（1535年）进士，官至南京尚宝司卿（正五品），罢归。好读书，博涉精诣，著有《许石城集》。

下为墓主王一泉的家族谱系：

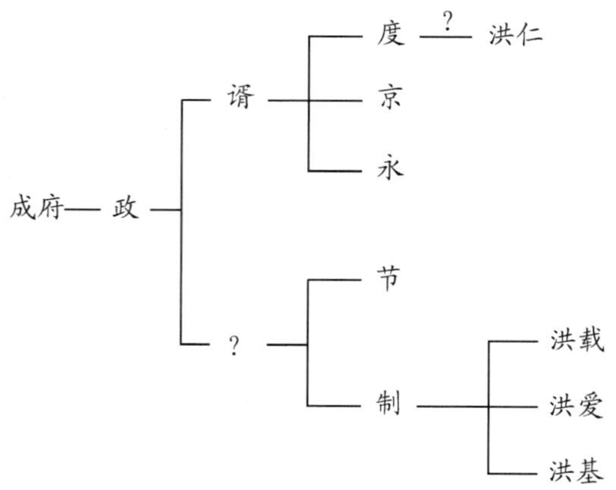

深圳大鹏所城将军府第建筑群体特征分析

肖海博　周　鼎

深圳大鹏所城全称“大鹏守御千户所”，是岭南地区重要的海防军事要塞，也是我国目前保存下来比较完整的海防卫所城池之一，2001年，被国务院公布为第六批全国重点文物保护单位。所城内完整地保存了清及民国时期的建筑群体，有城防建筑、将军府邸建筑、宗教建筑、民居建筑等，这些建筑因受到客家民系、广府民系、潮汕民系建筑营建手法的熏陶，在外观造型、营造手法、选材用料、色彩搭配及装饰风格上都有浓厚的特殊风格。城内现存将军府邸建筑13处，建造年代从清中期一直延续至清末，约占全城建筑总数的1.8%，按建造年代的早晚及目前保存的现状，本文仅选择其中保存较好的4座府第建筑群进行研究。

一、大鹏所城内的主要将军府邸建筑

（一）赖恩爵“振威将军第”

1. 建筑群整体布局

“振威将军第”位于古城东边南门右侧，赖府巷15号，始建于清道光二十四年（1844年）。门首横额楷书“振威将军第”5个大字。门前有一对抱鼓石和一对石狮。大门视当地风向或受五行之说影响而开在东南侧，建筑群为坐北向南的轴对称群体建筑。现存建筑为3座三进三开间，面积约2500平方米，是古城内现存规模最大、保存最好的将军府第。

“振威将军第”建筑均为砖木结构，是由3座三进三开间院落组成的一个大的建筑群。建筑群共有4条纵向轴线，以巷道为界，一条是在巷道西侧的居住区内，另外三条布置在巷道东侧的会客与祭祀区。紧挨大门的天井院落群称为“东座”，即为会客与祭祀区，是由两座三进天井院组成，每座天井院均以上、中、下三个连贯的花厅为中轴线，花厅两侧布置偏房，天井两侧布置耳房。其中，上、中、下三花厅平面呈“一”字形，开间相同，都为一间，不设檐廊。偏房也是一间，规模形制同花厅。耳房开间、进深要小于偏房，而且台基稍低些。两座院落之间又通过厅堂连接，形成了一个以厅堂为中轴线、两侧均布花厅和偏房的大的建筑群，厅堂也分前、中、后三厅，且三厅连贯排列。其中后厅为祭祀祖先的厅堂，内布置神台；另一座天井院落称为“西座”，主要为居住区，形制同东座建筑，也为对称式。两座主要功能的院落建筑群之间通过宽2米多的巷道连接。这种狭长的巷道可以起到冷巷作用，构成了与厅堂、天井相结合的通风系统，解决了建筑与潮湿气候之间的关系，满足了生活上的需要（图一）。

“将军第”建筑适应当地的气候、地理条件，中厅做成敞厅，院内设小天井，形成外封闭、内开敞的平面布局形式，天井和敞厅的布置使建筑具有通风、采光、换气、排水等作用。

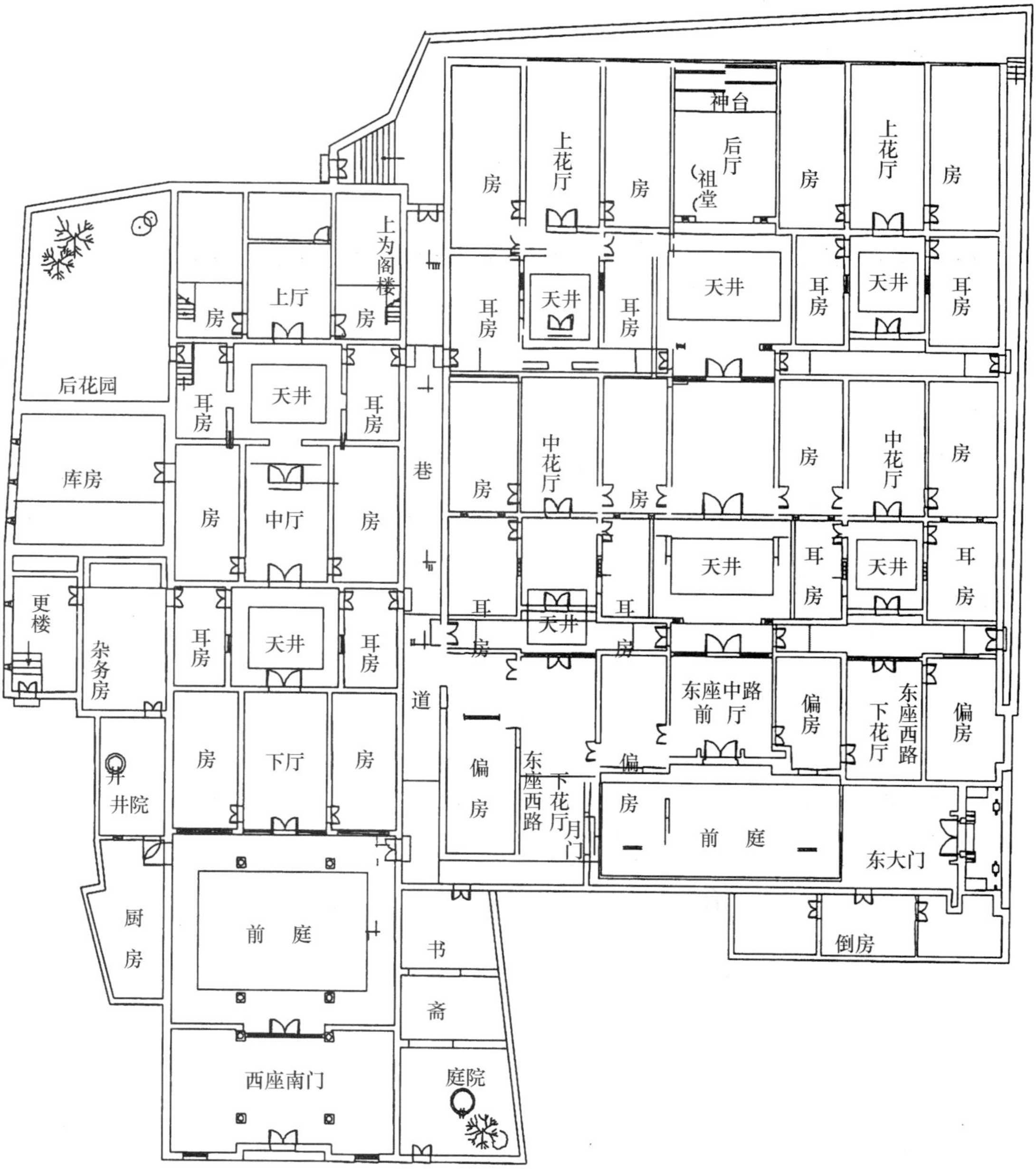

图一　赖恩爵将军第平面图

2. 空间布局及轴线分析

（1）轴线的处理　“振威将军第”平面形制为左堂右寝，建筑功能主要分为会客区、居住区两大类和“神”“膳”“舍”“居”“园”五类。3座三进院落空间的建筑都采用中轴对称的严谨布局，让人产生了强烈的轴向感。

整个建筑群以前厅、中厅、后厅为主轴线，基本采用我国传统庭院的程式化布局方式，以“西座”和“东座”的两条主轴线（东座的中轴线是指东座中路。东座有东座西路、东座中路、东座东路3条轴线，其中东座中路又是这3条轴线的中心），把两组功能不同的建筑群构成的3座三进天井院落纵联布置，组成一个大的有机整体。

（2）空间布局的组织　府第建筑群存在着一整套“礼”的制约，建筑空间渗透着浓厚的伦理特性。明清时期，府第建筑单体已高度程式化和模式化，组群建筑布局也已成定制。而作为将军府第，自然也要规从于这些建筑思想。但受海防卫所城池和地形限制，赖恩爵“将军第”并非严格遵循“前堂后寝”，而是“左堂右寝”，且把祖堂布置在“堂”的中心位置。

“将军第”建筑空间布局以“堂”院落（东座）即会客和祭祀的空间为整个建筑群的重心，与“寝”（西座）的内庭空间为次中心所产生的位置关系，构成两组功能不同的院落空间形式。“堂”对外来说是赖恩爵将军府第的私密空间，对内来说却是大家庭内部的公共空间，带有半私密的性质；“寝”则不管对内对外都是私密空间，私密性的程度更高一些，要求有独立性、安静舒适、不受侵扰。故两者之间通过一“月门”相隔。这种不同私密性的庭院的合理布局，适应了家庭起居生活的生理需求和心理需要，同时又提供了内向、安全的居住环境和宁静、亲切的住宅氛围。

“赖恩爵将军第”整个建筑群自东到西由3座三进院落组成，以东南端的大门为起点，到西边的后花园结束。

“将军第”大门开在东南侧，这是因为当地常年的主导风向为东南风决定的。陆元鼎先生指出：“在民居中，要取得良好的自认通风效果，首先要有良好的朝向，以便取得引风条件。总体布局的好坏是非常重要的一环。在朝向、引风条件和总体布局都获得良好条件的前提下，住宅内部通风效果将取决于平面布置。……在平面布置中采取厅堂、天井和廊道相结合的布局手法来组织自然通风，经过调查和测定，效果是良好的。”[1]

东座中路建筑为整个建筑群的重点建筑，也是坐落在南北中轴线上最重要的建筑，院落东西两侧建有围合的东西两路三进天井院落，且天井院面积依次增大，更加突出了中路建筑居中的重要性。祖堂设在中路建筑的终点，建筑空间也由此转入半开放，进入了祭拜空间，气氛庄重肃穆。

西座的三进院落是赖恩爵将军及家人的生活区，按照我国古代传统院落规制做法，三进院落面积等同。在第三进院落的西北侧，建有后花园一个。

“赖恩爵将军第”以“祖堂”为主的“堂”的部分与“寝”的部分两组建筑群功能相差甚远，但建筑功能划分明确，各自成院落，两组建筑群之间的巷道起到缓冲作用。

（3）功能布局的组织　“神”“舍”“膳”“居”“园”是组成赖恩爵将军第的五种功能区域。

“神”：指具有祭祀功能的主要殿堂，要求开间、进深、地面标高、建筑空间高度都要高于其他建筑。在中国古代，它是传统礼制文化的表征，在这里即指东座中路的“祖堂”。它位于中路的终止点上，建筑在形制、体量、装修上更加精致。梁架结构下施彩绘，屋脊上做“灰塑”等。

“舍”：指供人居住的住宿用房。这一部分功能占据“东座”“西座”所有厅堂两翼的用房，建筑规模、等级都比较低。

“膳”：指餐饮部分，包括厨房及相关的后勤用房。这一部分建筑布置在“西座”居住区附近，既合理地组织了功能流线，又把与人们日常生活息息相关的功能用房紧密结合，方便了人们的食宿。

“园”：指园林或庭园，这一部分在布置时常利用建筑之间形成的院落或角落，一般设置得质朴素雅。“将军第”庭园位于“西座”最后一组建筑的西北部和将军书房的南侧，庭院中种植花木，设置花台，开凿水池，堆叠假山，构成建筑与自然环境的结合体。不仅在心理、审美上起到增添自然情趣、蕴涵诗情画意的作用，而且还提供了良好的养生环境。

以上各个区域形成了完善统一的功能搭配。通过这些组合，构成了一座宏大而又功能明确的建筑群。

3. 建筑结构

（1）木构架　“振威将军第”内建筑的檩头都是直接置于山墙上，然后檩上搁木板椽，上寮瓦，整体显得轻巧、简洁、朴实。这是南方建筑常见的梁架形式。但是在书斋建筑中，却使用抬梁式与穿斗式相结合的梁架结构，梁架和瓜柱等建筑部位有雕饰。

东座中路建筑的檐檩下置撑木，支撑上部重量。

檩条漆红色，受蚁蛀腐蚀，开裂严重。椽保持木材原色。

（2）墙　墙体下部先用花岗岩石条勒脚，主要用来防潮，上部为水磨青砖砌筑，其后用贝灰泥、糯米浆加糖水等材料涂抹外墙面，主要是防酸碱侵蚀。

现东面围墙受潮风化，局部抹灰剥落，墙面有些地方有裂缝和洞口。

（3）屋顶　屋面构造比较简单，在直条椽上直接放瓦。用板瓦作为仰瓦、筒瓦作为盖瓦，形成仰合瓦式。

“将军第”采用较陡的坡屋顶，便于雨水下泄。檐口用雕有兽头的圆形瓦当和滴水兽头。

屋脊式样有船形脊和博古脊两种，“船形脊”就是将正脊的两头和垂脊做成高高翘起的船头式样；“博古脊”其实是夔龙纹饰抽象化了的几何图案，装饰效果较强，因其外观类似博古架，故称之为“博古脊”。这两种脊式与海洋文化密切相关[2]。

4. 细部装饰装修

（1）大门　“振威将军第”建筑的大门及内部大门都采用双扇实板门，朝外部分门板光洁无缝，并装有门环供叫人使用。大门的门板上是兽头门环，其余门环为一般做法。朝内部分用边挺和数根抹头穿带钉成门框，其作用在于固定门板，门板之间又有插关梁两道。

西座东墙便门上做门楣，对门起到保护作用。

东座建筑中多处使用隔扇门，一樘六扇，两侧的扇门固定不开启，仅开启中间一两扇。

此外，在东座中路前门外使用趟栊门，内部使用双扇门，这是广东民居中常见的做法。

（2）窗　在建筑群中，轴线上的建筑多使用横陂窗，因气候关系，不装玻璃，用细木条组成豆腐块斜方格、直棂窗、回字、万字、步步锦等图案，既通风，又美观大方。

东西厢房中一般采用砖质漏花窗。

（3）地面　建筑群庭院地面为青麻石铺砌，或横铺或纵铺，而室内地面则用红砖横向、有规律地错缝铺砌。深浅颜色对比，加强了庭院空间的视觉效果。

（4）雕刻　“将军第”建筑的封檐板、廊下梁架、神龛等构件上均饰木雕。表现的题材多是富贵吉祥、花草树木等内容。

祖堂神龛是祖先牌位放置的地方。所饰木雕尤其精美，系以樟木雕刻，旋即髹漆贴金，金碧辉煌。综合了立体雕、透雕和浮雕等工艺，表现的题材多是戏曲故事、岭南佳果、耕读传家、祈福纳祥、八仙法器、富贵吉祥之内容。

砖雕运用极少。例如在西座东墙便门门楣砖砌的数层“枭混”上，仅简单雕饰。

石雕作为装饰艺术的一种，在将军第建筑中应用较多，主要用在石柱础、石柱、门口的抱鼓石、石狮、须弥座等，既具有承重、防潮的作用，同时又对建筑景观起到点缀作用，强化了严肃的氛围。

（5）灰塑　“将军第”建筑群屋脊两头广饰灰塑。灰塑是用贝灰和石灰为主的材料先做成坯状，然后再进行塑造的一种建筑装饰方法。灰塑凸凹立体感较强，题材内容是博古形状或空透的花饰，花饰多为植物花草、卷草、鸱尾等纹样。

（6）彩绘　“将军第”建筑山墙墀头、厅堂梁架及梁架下墙面均饰彩绘，彩绘的内容以山水、人物为主。

（二）赖英扬“振威将军第”

1. 建筑群整体布局

“振威将军第”为赖恩爵父亲赖英扬居所，位于古城北部，正街6号，始建于清代，具体年代不详。现存建筑群坐北向南，面积有100多平方米，大门上方有樟木匾一块，上楷书“振威将军第”5个大字，大门屋檐下饰以精致木雕，表现的主题为长寿安康、祈福纳祥、花草纹样等题材。大门内设屏门，在西侧墙上开口置“门官”神位。之后为小天井院，院内青麻条石横向铺地，地漏置于一侧，便于排水，并种植花木，摆盆景，调节了庭院中的微气候。

该建筑群受地形影响，由北向南依次降低。平面呈长方形，二进二开间一天井式砖石结构，由门厅、大厅、后殿组成。门厅后部作开敞式，内设屏门，既隔开了外部的视线，同时又与天井构成了通透的空间，利于采光、通风、换气。后殿位于第二进院落，供奉着祖宗神位，是振威将军第的祭祀场所，也是整个建筑群的重要建筑（图二）。

建筑总体布局呈非规则型，是在规则型基础上的活变，即“活变型构成”。赖英扬“振威将军第”建筑格局处理即属于其中的折转状态。折转指的是庭院式布局中呈现的轴线移位或转折，是规则型基础上取得适度活变的一种常见方式[3]。

从图三中可以看出，“振威将军第”在纵深串联的二进院布局中，为了顺应地形、地势的需要，为追求建筑空间的活跃变化，在第二进院落中有意作了主轴线的移位处

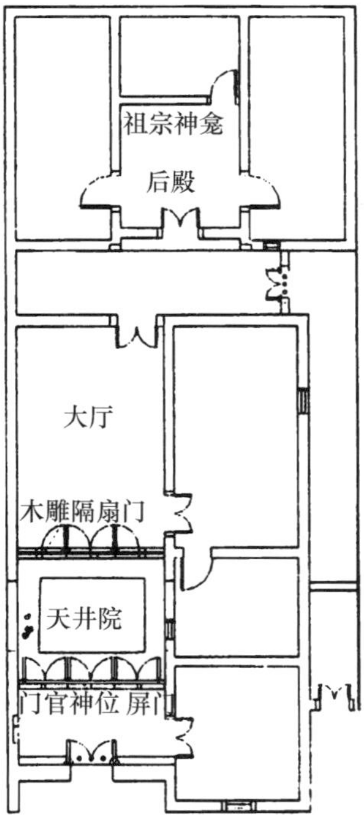

图二　振威将军第平面图

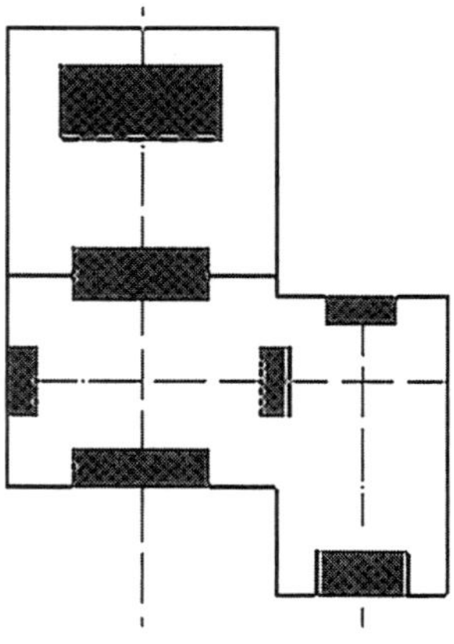

图三　活变型构成的形态——转折

理，向东平移少许。这种轴线错位的处理打破了纵深串联的滞板，创造了错落有致的空间效果，也突出了其在整座建筑中的地位（图三）。

图四　隔扇门及砖雕

2. 建筑结构

（1）木构架　“振威将军第”内建筑的檩头都是直接置于山墙上，然后檩上搁木椽，上寮瓦，整体显得轻巧、简洁、朴实，这是南方建筑常用的梁架形式。

檩、椽被漆成红色，但因年代久远，色彩黯淡。檩条受白蚁蛀蚀，糟朽严重。

（2）墙　外墙面底部用花岗岩石块砌筑三层，上砌砖，墙上开有高窗，无雕饰。

天井右侧墙体出现裂缝，其他墙体局部风化、残损。

大厅前墙做成木隔扇，便于通风。后殿前墙为了透气也做成隔扇（图四）。

（3）屋顶　屋面构造比较简单，在直条椽上直接放瓦。板瓦作仰瓦，筒瓦作盖瓦，形成仰合瓦。

“将军第”采用较陡的坡屋顶，便于雨水下泄。

屋面残损严重，有多处漏雨。

3. “振威将军第”建筑的细部装饰装修

（1）大门　建筑的大门采用双扇实板门。朝外部分门板光洁，上装有卷花状门环。朝内部分用边挺和数根抹头穿带钉成门框，其作用在于固定门板，门板之间又有插关梁两道。

大厅及后殿的前墙都使用隔扇门，一樘六扇，两侧的扇门是固定的，不开启，仅开启中间一两扇。在固定的扇门两侧又贴附一层装修，称为帘架，帘架的宽度相当于两扇隔扇宽，高度至中槛下皮。

（2）窗　隔扇门上方设横陂窗，横陂窗是固定窗，也是不能开启的。窗花图案为竹节状。

东侧厢房做漏花窗，图案较丰富。

（3）地面　将军第建筑的门厅及后殿均用红方砖斜铺。

天井院为青麻条石横铺。院落其余地方为青麻条石铺砌，或纵铺或横铺。

（4）雕刻　木雕在“将军第”建筑中使用广泛。

大门两侧抱框上饰白菜形木雕，丰富了大门的形象。

图五　赖英扬将军第神龛立面图

封檐板、屏门、大厅和后殿的隔扇门、横陂窗及后殿内神龛等均饰精美木雕，综合了浮雕、透雕工艺，表现的题材多是龙凤吉祥、祈福纳祥、富贵及花草树木等内容。

殿内神龛用樟木雕成，做成建筑式样，有明间、次间与稍间之分。明间作垂花柱，次间作挂落式，上饰牡丹、菊花等表示富贵吉祥的图案。稍间则仿屏门样，雕刻梅、松图案。明、次间上方又装饰双凤、太阳、花草等图案。木雕综合了通雕、透雕工艺，边框刷饰黑色，内外涂以金色，外观精致绚丽、金光闪闪（图五）。

石雕在建筑中应用很少，仅用在门槛、门框处。主要起防潮、坚固的作用。

（5）灰塑　灰塑主要饰于屋脊两端，多为博古形状。增加了屋顶的艺术形象。

（6）砖雕　砖雕在沿海地区应用不多，因海风中带有酸性，砖容易受侵蚀，故在大鹏所城中极少用。在“将军第”建筑中，天井院的墙楣上装饰了一小部分。

（7）彩绘　彩绘在这座振威将军第建筑中仅用在后殿的梁架结构上。为了和神龛的色彩相搭配，于梁架上饰色彩明丽的彩画。而在两侧山墙上，则饰素雅的彩画。三者在颜色上的强烈对比，增强了祭拜空间的肃穆气氛。

（三）西门赖绍贤将军第

1. 建筑群整体布局

赖绍贤为赖恩爵将军长子，该建筑位于古城西门内，将军第巷11号，始建于清道光年间，为坐东朝西的四合院建筑群，占地面积有1200多平方米，规模仅次于赖恩爵的振威将军第，门首横额楷书“将军第”三字。现存建筑为3座天井院建筑。

整体建筑为砖木结构，是由北座、中座、南座3个天井院落共同组成的一个大的建筑群。北座和中座建筑均由门厅、正房和两侧厢房围合而成，呈以纵轴为中心的左右对称格局。而南座建筑由于厢房成单，构成了不对称的天井院。其中，北座建筑的正房开间三间，平面呈“凹”字形，其余两座建筑的正房平面均呈“一”字形，但中座建筑开间三间；南座建筑开间成偶数，为两间。

因建筑朝向与所处地区的夏季风向相反，为了取得更多的凉风，解决潮热问题，北座建筑的正房前墙全做成隔扇，与院内的天井形成敞开、通透的格局。而另两座建筑的正房则在门扇上方做漏窗，以取得通风透气的效果。同时受伦理思想制约，又在门厅内设置木隔扇，用于隔绝外界视线。这种格局布置满足了家庭的生理、生活需要。

图六 檐下的斜撑

2. 建筑结构

（1）木构架 建筑梁架做法同赖英扬将军第建筑构架做法。

3座建筑的正房檐下均施斜撑支撑檐檩及屋面重量（图六）。

檩、椽表面饰黑漆，受白蚁蛀蚀，糟朽较严重，部分已被换掉。

（2）墙 外墙面下部花岗岩铺砌三层，主要用来防潮，上部用水磨青砖砌筑，正对街道的墙上开一个或两个小方窗，有透气和外望双重功能。

为了便于通风，建筑的主体建筑在墙面位置做隔扇。

其余墙面保存基本完好，无裂缝现象。

（3）屋顶 屋面构造简单，直条椽上直接放小青瓦。

建筑群屋顶式样均为硬山顶，正脊上饰灰塑。

天井两侧厢房屋面被改为混凝土平顶，其余屋面尚好。

3. 细部装饰装修

（1）大门 3座建筑的大门都采用双扇实板门。朝外部分门板光洁，上装有卷花状门环。朝内部分用边挺和数根抹头穿带钉成门框，其作用在于固定门板，门板之间又有插关梁两道。

3个门厅及北座院落的正厅设隔扇门，一樘六扇，扇门既可以开启也可以固定。

（2）窗 隔扇门上方都设横陂窗，横陂窗是固定窗，不能开启。窗花图案为豆腐块斜方格、直棂纹、花瓣纹、万字纹、冰菱花和在此基础上匠人创造的一些形式。

每座建筑的两侧厢房都做砖质漏花窗。

（3）地面 3座建筑的门厅及正厅均用青方砖斜铺，现方砖多已被踩成碎块。

3个院落的天井都为青麻条石横铺。院落其余地方也用青麻条石铺砌，或纵铺或横铺。

（4）雕刻　木雕在“将军第”建筑中应用较多。

大门两侧抱框饰葫芦形木雕，且瓶口插花草叶子，大大地增强了建筑的外部形象。

建筑的封檐板、斜撑，北座、中座门厅内的屏门，北座正厅的隔扇门等部位均饰精美木雕，采用浮雕、透雕工艺，表现的题材多是富贵吉祥、花草树木等内容。南座和北座的门厅素饰。

神龛系用上等樟木雕刻，做成立体柜式，分内外两层，龛面采用通雕手法，内外涂以金色，极其精致。

石雕在建筑中应用很少，仅用在门槛、抱框、荷叶墩处。

（5）灰塑　屋脊两头饰龙形、博古状灰塑，色调偏灰沉。

（四）刘起龙将军第

1. 建筑群整体布局

将军第位于古城南门街中段，南门街35号，始建于清嘉庆、道光年间，为清代中叶典型的四合院建筑群，门首横额楷书“将军第”三字。大门视当地风向开在东南侧，建筑群为坐北向南的轴对称群体建筑。现存东座、中座、西座、南座4座建筑，东、中、西3座建筑为三进二厅一天井六厢房式，南座建筑为一厅一天井六厢房式，总面积有500多平方米，将军第整体布局保存完好。1984年深圳市政府将其定为第二批市级重点文物保护单位。

建筑群由北向南依次降低，均为砖木结构。进入大门后为一个尺度十分紧凑的前庭，前庭上布置有两门和哨楼。从平面图中看到，前庭的北侧即为主要的建筑空间，在东西轴线上依次布置东座、中座、西座3座天井院落。其中，中座、东座建筑是以南北轴线为中心的左右对称格局，均由前厅、后厅和两侧厢房围合而成，前厅、后厅各开间三间，平面呈“一”字形。而西座建筑则前后厅对称，各开间一间，厢房布置在左侧，形成了不对称的天井院。南座建筑位于建筑群的西南侧，与西座建筑错对，庭院内布置盆景、花草，是一组既有对称物又有不对称物的院落。这4个院落的构成机制，在平面图中明显地呈现出两种不同的格局：一种是有规则的串联，另一种则是活变型构成中的正变状态。

正变是在庭院式规则布局基础上适度地活变，很自然地呈现出规则端庄的“正”与自由活泼的“变”的结合，这是一种既有对称因子，又有不对称因子的半对称构成方式，在活变型布局中占有很大的数量[4]。

在将军第建筑中出现这种布局形态，主要是受地形、地势的制约，因此附加在规则型的庭院中从而形成半对称的正变组合（图七）。

因大门朝向与沿海地区夏季风的风向一致，但建筑群朝向则与之相反，为了获得更多的凉风，解决后厅的通风、透气问题，故在前厅后部做成开敞状，与院内天井相连，形成了外封闭、内开敞的平面布局形式。

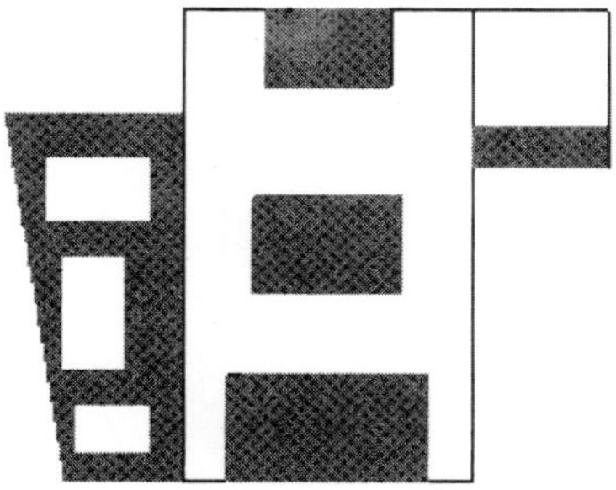

图七　活变型构成的形态———正变

图八　东座建筑梁结构

2. 将军第的建筑结构

（1）木构架　西座、中座建筑梁架采用檩架直接搁置于山墙上的做法。

东座建筑的梁架直接置于山墙上。但特别的是，后厅的梁架结构从金檩处断开，一半做成北方的抬梁式，梁架间施短柱和雕饰精美的驼峰，因梁架间隙又用砖砌筑，驼峰在此不起承重作用，仅作装饰而已；另一半采用南方建筑常用的形式。南北方建筑的梁架结构在建筑中都一一表现出来（图八）。

檩、椽表面饰红漆，檐板受潮和白蚁侵蚀，糟朽较严重。

（2）墙　建筑群外墙面下部用大块花岗岩铺砌五层，主要用来防潮，上部用水磨青砖砌筑。

其余墙面保存基本完好，无裂缝。

（3）屋顶　屋面构造简单，屋顶均采用坡屋顶，做仰合瓦，檐口用雕有兽头的圆形瓦当和菊花滴水。

入口大门的屋顶正脊上嵌塑，垂脊部位饰灰塑，山墙部位做成“人”字脊样，其余建筑屋顶仅在正脊两端饰博古灰塑，山墙部位也都做成“人”字脊样（图九）。

图九　入口大门背面嵌塑及横陂窗

3. 将军第的细部装饰装修

（1）门　3座建筑的大门都采用双扇实板门。朝外部分门板光洁，上装有卷花状铺面和门环。朝内部分用边挺和数根抹头穿带钉成门框，其作用在于固定门板，门板之间有插关梁两道。

建筑群入口大门内设屏门，现仅存门板两扇，素饰。

3座建筑前厅后部均设隔扇门，一樘六扇，扇门既可以开启也可以固定。

（2）窗　靠街道的墙上开高窗，做成很小的方形，具透气和外望双重功能。

屏门和隔扇门上方都设横陂窗，横陂窗是固定的，不能开启。窗花图案为斜方格纹和直棂纹。

庭院内部墙面上开小方窗，无任何雕饰，仅做成直棂状。两侧厢房为了追求美观，做砖质漏花窗。

（3）地面　3座院落的门厅及厅堂均用红方砖斜铺。天井为青麻条石铺砌。院落其余地方也用青麻条石铺砌，或纵铺或横铺。

（4）雕刻　木雕在“将军第”建筑中应用较多。主要在室内梁架、封檐板、屏门、隔扇门等部位饰精美木雕，综合了半浮雕、浮雕、透雕工艺，表现的题材多是祈福纳祥、富贵吉祥、自然花木等内容。东座建筑的梁架下驼峰全用木雕来装饰。

砖雕在建筑中主要用于墙楣处，雕刻内容为梅、菊、宝瓶等。

石雕用在门槛、门框、檐柱、柱础、抱鼓石等地方，用来防雨防潮。檐柱做圆状，下附莲花状柱础和八角形柱础。

（5）灰塑　屋脊两头和垂脊部位饰博古状灰塑。有部分灰塑已缺失。

（6）嵌塑　嵌塑在建筑中仅用在入口大门的墀头和正脊上。屋脊正反两面嵌塑内容不同，正面表现自然山水等内容，背面则为狮子、宝瓶、花草等内容。目前这种装饰保存尚好，除背面嵌塑有些部分已脱落外，其余色彩仍保持鲜艳。

（7）彩绘　彩绘在这座府第建筑大门和梁架下运用最多。如在大门上方的封檐板和两山墙上饰山水、花草等颜色较艳丽的彩画，而在梁架下方饰素雅的彩画，与表面漆成大红色的梁檩构架形成对比。

二、所城内将军府第建筑的主要特点

所城内将军府第建筑具有丰富的内涵与外延，具有很高的历史、文化、艺术、科学等多方面的价值。通过对以上4座建筑的建筑形制、结构、装饰装修方面的分析可知，这些建筑群具备以下特点：

（1）平面结合紧凑，类型丰富，组合较灵活。

将军第建筑的平面，结合当地气候潮热的特点，采取密集布局。建筑之间用天井相隔，天井之间又通过厅堂、巷道相连，平面组合紧凑。作为古城内等级较高的建筑，整体布置比较规整，然而受城内地形、地势条件的限制，除采用规整、对称型的布置外，还运用其他类型的布置方式。这种平面布置一方面结合了中原地区四合院落殿堂式结构的组合特色，如建筑物中轴线突出、对称、功能分区明确等；另一方面又反映了岭南山地建筑特点。

（2）多采用密集、方形的平面和空间布局。

采用这种空间布局，原因有二：一是城内军士众多，建筑用地有限；二是地处濒海边缘地带，太阳辐射热强，采用这种布局，可以减小太阳辐射面。

（3）厅堂与天井结合紧密，室内外连通，形成了外封闭、内开敞的建筑空间

封建社会下，礼制思想的禁锢，外墙一般不开窗。但是由于南方气候湿热，人们又要求居住的环境舒适，这就要使建筑内部有良好的通风换气条件。为了解决这一问题，厅堂或作开敞状，或设隔扇门，与天井结合，形成了外封闭、内开敞的建筑空间。这也是防御功能的体现。

（4）多样的建筑梁架结构。

以上所阐述的四座府第建筑，建筑的梁架结构多样，集中了北方建筑的抬梁式构架、南方的穿斗式及岭南建筑常见的梁架做法，表现了南北建筑文化的大融合。

（5）朴实的外观与具有岭南地方特色的装饰装修。

府第建筑的外观都比较严谨、朴实。在上述建筑的外檐装饰中，较多地吸收了岭南传统建筑中带有海洋文化色彩的因素。如屋脊的装饰处理，或做成高翘飞扬的船形脊，或做成两面透视的博古屋脊。

建筑的内部装饰装修丰富，做工精细、纤细灵巧。若建筑的梁架结构表面饰彩画，彩画的颜色就相应素雅，反之颜色鲜艳。题材上多选用表示富贵、吉祥的图案及岭南的花草树木果实。

总之，以上特点遵循并反映了岭南的气候地理条件，透射出建筑的“地域性”和“自然适应性”特点，包括对气候、地理、环境、材质的适应。

注　释

[1] 陆元鼎、魏彦钧：《广东民居》，中国建筑工业出版社，1990年，第245页。

[2] 赖德劭、黄中和：《深圳客家民居的建筑文化特色》，深圳市文物管理委员会办公室。

[3][4] 侯幼彬：《中国建筑美学》，黑龙江科学技术出版社，2004年，第99页。

论大鹏所城的建筑文化价值与开发利用

白宪臣　肖海博

近年来，深圳地区的城市与经济建设迅速发展，关于城市历史文化的内涵与传承、经济与文化二元发展的均衡性等问题，是学术界十分关注和分析研究的热点。城市和建筑是地方与传统文化的重要载体。置身于大鹏所城客观的历史背景与地理环境之中，军事历史构成了大鹏所城延续至今的主题，城池的选址、布局及所城现存的府第、祠庙及民居建筑等，作为优秀传统建筑文化遗产的代表，构成了文化意义上的重要元素。大鹏所城及古建筑现已破坏颓废，城内新旧民居交杂，古城风貌的原真性渐微。从建筑史角度，笔者通过对大鹏所城进行实地考察和研究，旨在理清所城的发展脉络，梳理海防卫所制度与城池建设之间的关系，为近代海防防御建筑的系统研究奠定基础，使优秀的建筑文化元素融入到现代城市建设之中，并赋予新的活力，以实现该地区城镇建设的可持续发展。

一、明清海防卫所及城池建设

兴建于14世纪的大鹏所城位于广东深圳市东部龙岗区大鹏镇，所城平面为不规则梯形，总面积约11公顷，城垣系黄黏土夯筑，内外砖石砌筑，收分明显，城周设东、西、南、北四个城门，城内街道以南门街、东门街和正街为主，城内现存清代以来的传统建筑1000多座，主要是寺庙、将军府第、民居等建筑遗迹。据清康熙靳文谟编纂的《新安县志》记载："大鹏所城内外砌以砖石，沿海所城，大鹏为最，周围三百二十五丈六尺，高一丈八尺，面广六尺，址广一丈四尺，门楼四，敌楼如之，警铺一十六，雉堞六百五十四，东西南三面环水。濠周回三百九十八丈，阔一丈五尺，深一丈……"[1]如今，四个城门中的北城门在清代修葺时被堵塞，其余三个城门保存完好，东、南城门楼已修复，城内现存的主要建筑有天后庙、侯王庙及十几座将军府第，明清时期的民居建筑大都年久失修。

中国在沿海设防始于春秋战国时期，当时沿海地区的诸侯国为了防范对方，在岸上设立防御设施，建立防守的军队、堡垒等，这可以称为地方性的海防。明代以前，周边的国家相对落后，没有对中国构成威胁，自然也就没必要在海上设防。南宋时期，史书上有岛夷入寇的记载；元代时，虽有外敌从海上入侵，但只是小量的倭寇骚扰，而且仅限于个别区域，整个沿海并未受到外敌入侵的威胁，真正威胁国家安全的是从明代开始，先是初期日本自海上的入侵，继而是中后期西方殖民者的大肆侵犯，所以自明开始，形成了真正意义上的海防防御体系。

明清时期的海防主要是为防倭寇而形成的。倭寇对中国沿海的侵扰，始于元至大元年（1308年），元末趋于频繁，明初时更为严重。朱元璋为了保护沿海民众的生命财产安全，实行海禁、加强沿海防务等多项军事措施。在沿海各地遍设卫所城池、水寨、堡垒、炮台，陆上派陆军驻守，海上有舟师巡哨，各守其责，相互支援，逐步在全国沿海地区形成了防患于海上，且海陆结合、有层次的防御体系。

在沿海地区的防御设施中，卫所城池作为军事建筑，体现了建筑的防御功能，大鹏所城在沿海地区抗倭战争中扮演了极其重要的角色。虽然目前它的军事作用不复存在，但其城池的布局及内部建筑的形制，为我们研究明清海防建筑提供了极为珍贵的实物资料，城池所反映的海防制度和卫所制度也为研究明清时期的军事制度奠定了基础。“古有边防而无海防，海之有防自明始也”，卫所制是明代基本的军事制度，是军事制度与地方行政管理制度在地理上相结合的产物，因防设卫是卫所制的主要原则。[2]“度地要害，系一郡者设所，连郡者设卫”[3]，凡是交通枢纽和地位重要的城镇设卫，在小岛和孤立的要点如狭隘路口等设千户所；关口险隘但又不能多容兵处则设百户所。卫所制首先在东南沿海推行，进而遍布全国。卫所设置后，一般要修筑城池，而城池作为卫民的重要保障，筑城防守十分重要，可以说城池是海防卫所制度的产物，军事防御是其缘起的动力与发展的支点。

二、大鹏所城的建筑文化价值与保护内容

古代筑城十分讲究并强调“取山水聚会，茂风得水之地”的生态观。大鹏所城作为卫所城池，其选址模式和格局结构，根据所处的地形、地貌条件，把军事城防作为所城营建的核心，选址随形就势，将儒家强调的礼制建筑巧妙地融入城池建设之中，充分体现了传统的自然生态观，并赋予城池特殊的含义，使其蕴含更为丰富和更深层次的文化意义。

所城内的建筑因受到广东客家民系、广府民系、潮汕民系建筑营建手法的熏陶，其建筑在外观造型、营造手法、选材用料、色彩搭配及装饰风格上都有浓厚的地方特色，目前保存较为完整且有代表性的是城防建筑、将军府邸建筑、宗教建筑、民居建筑。

大鹏所城内的庙宇较多，如位于北城门附近的文庙、关帝庙、华光庙，十字街东头的侯王古庙，南门附近的城隍庙，正街北边的天后宫等。从庙宇的布局看，关帝庙、文庙坐北朝南，位于所城的主干道上(南门街)，而且关帝庙正处于轴线的中心位置，文能兴邦，武能安国，这体现了其在精神上的震撼作用，也反映了将士的心理需求。宗祠建筑是民间宗法制度及其组织系统的缩影，在大家族中扮演着重要的角色，它不仅是祭祀场所，还是处理宗族事务、执行族规家法的地方，主要用途是“尊祖敬宗”“团结对

外”。大鹏所城内姓氏复杂，宗祠在很大程度上维系了城内的主要姓氏宗族，如李氏宗祠、戴氏宗祠、罗氏宗祠、樊氏宗祠等。它是同族内成员宗族活动与精神寄托的重要场所，也是一种宗教礼仪文化场所，同时还具有一定的社会伦理功能，可以对民众的日常行为规范进行教化和约束。在古城中，民居建筑占多数，而今绝大多数民居已被拆除，现古城内保存较好的且具备基本规模的民居建筑，主要集中在李屋巷、将军第巷、戴屋巷、红花巷附近。

大鹏所城较完整地保存了清晚期及民国时期的建筑群体，其传统的城池建筑环境，不仅在物质形态上让人感受到强烈的历史氛围，同时也具有建筑学意义上的价值，在反映特定伦理观、审美观、价值观等深层次文化元素的同时，也折射出了明清时代大鹏所城的政治、军事和经济等诸方面的历史影响。

保护是维系古城个性与特征的基础，大鹏所城作为我国东南沿海地区海防卫所城池的典型代表，古城的选址与格局属传统的中国古代城市营建秩序，表现出建筑文化与城池营建、政治与军事之间有机融合的典型特征，体现了因地制宜、持续发展的规划与设计理念。所城作为岭南的军事防御重镇，充分体现了我国古代城池规划思想、古代传统城市营建制度和古建筑文化。平面组合紧凑、灵活，类型丰富；建筑空间与天井有机结合，外封闭、内开敞；融合南北建筑文化，建筑梁架结构形式多样；内部装饰丰富、精细；具有较强的建筑“地域性”和“自然适应性”特点。

基于大鹏所城的特殊地理位置、长期的军事防御历史和军事防御体系的营建形制等因素，古城的保护策略和内容应以军事防御工程体系为主线，以城墙、城门楼及军事地理环境要素为重点。由于古城的基本格局尚保存完整，所以应以古城遗存的重点历史建筑、传统民居修缮与维护为重要内容，通过规划整治，较完整地再现古城的传统风貌与地方特色。

（一）古城地理环境与形态

大鹏所城所表述的不是历史的一个瞬间，而是一个活的、发展的历史过程。为保护大鹏所城的格局、形态、街道和建筑，应突出其作为明清重要海防卫所的特征，以展示我国古代军事和建筑的文化价值。大鹏所城作为军事重镇，其地理环境是与城防工程体系结合在一起的，没有地理环境的依托，其军事防御工程也就失去了存在的意义。《国际古迹保护与修复宪章》提出古迹的保护包含对一定规模环境的保护，古迹不能与其所见证的历史和其产生的环境相分离。因此，应加强治理大鹏所城内街道景观与所城外围周边地区的整体景观，使城防系统与地理环境更好地融为一个整体。

大鹏所城经历了海防、屯兵、行政治所、居住等功能的变迁，历史上原有的空间格局虽有变化，但仍保留着传统居住地区的地方特色，这是大鹏所城的风貌特征。因此，根据城内历史建筑遗存状况，可选择保存相对完整的建筑，沿街道和巷坊进行原样修复，但要忠实于原有本土化的建筑形式、色彩与材料质感，尽量保持其原貌，使重要的文物建筑、民居建筑与古城格局能够完整地融合，展现其传统风貌。同时，根据所城内文物建筑保护的价值和所处的历史文化地位，实行重要建筑、遗址、一般民居、改造类建筑和拆除类建筑分级保护的策略。

（二）古城标志轮廓线保护

高耸的城墙、城门楼及城内建筑物构成了大鹏所城的天际轮廓线，古城墙及城门、城门楼的保护应当严格按照文物保护单位的要求进行，除划定保护范围外，还要清理城墙上及邻近城墙的建筑或建筑物，严禁在城墙及其周围挖土开地，针对城墙残破坍塌程度，对城墙、城门进行修复，恢复城墙的历史面貌。

（三）古城地方民俗和传统文化保护

由于当时所城的军士来自全国各地，多种文化在此互相交融，形成了如今大鹏所城独特的地方民俗文化，这些文化习俗和传统的人居环境、街巷、商铺名称、传统产业构成了城内丰富的非物质文化遗产，这是最能代表古城历史文化内涵的真实素材。联合国教科文组织委员德·席尔瓦指出：建筑是文化的产物，作为文化遗产，必须保护其历史真实性，保存原来的风貌[4]。

三、大鹏所城的开发利用

（一）大鹏所城的职能定位

1986年，国务院转批建设部、文化部关于申请公布第二批国家历史文化名城的报告中指出：对一些文物古迹比较集中，或能较完整地体现出某一历史时期的传统风貌和民族地方特色的街区、建筑群、小镇、村寨等，须予以保护。大鹏所城应作为历史文化保护区进行保护。

基于上述对历史文化保护区的定位，对于古城的功能，首先应该以文化功能为中心，其建设活动须以强化文化功能为重点，积极保护修缮古城历史遗迹，展示完整的古城风貌。其次，改善古城内基础服务设施，提高居民生活环境质量，以体现古城的居住功能。最后，基于古城的地理位置、历史地位、古建筑风貌与保存现状，通过完整的历史遗存与社会生活氛围的有机结合，展示大鹏所城的历史文化风貌，增强居民对古城的认知与了解，激发人们对所城的认同感和责任心，促进古城保护工作的全面普及和深化，且应大力挖掘古城的观光旅游功能。

（二）大鹏所城的开发利用方式

从大鹏所城的历史文化资源和非物质文化资源出发，贯彻可持续发展思想，通过对建筑功能更新再利用，使建筑遗产的重要性得以最大限度地保存和再现，并不断为社会提供效益，依托优越的地理位置及“山、海、古城”格局，开发建设具有观光旅游、生态旅游、科普教育等多功能的综合性旅游示范区。

1. 景观与旅游景区的开发

所城作为岭南军事重镇的战略地位与其蕴含的传统建筑文化，构成了古城价值的重要基础[5]。在建筑个性多元化的今天，建筑师进行创作所表现出来的信心取决于对建筑文化的认识和理解[6]。建筑遗产是这种认识和理解的物质保证，失去了这些物质形式，就会削弱认识和理解的正确性和真实性，就会涣散信心和疏散个性。

对历史文化遗存进行有效的保护，是维系古城个性与特征的基础[7]。历史文化内涵是大鹏所城最大的优势，也是所城再发展的最有利资源。文化意义是地区的生命力所在，一个地区因具有文化遗产意义或是艺术、历史、科学、社会意义及有利于过去、现在、未来的意义而有重要价值[8]。大鹏所城的古建筑、历史遗迹及其蕴含的历史文化价值是发展旅游业的重要资源，而特色化、系统化和生态化是开发的关键。

大鹏所城的利用在特色化方面应强调“古”和“活”。“活”即把大鹏所城作为一个活的历史博物馆，充分展示古海防军事要塞的场景；“古”则要求审慎而灵活地保护与开发，对古城遗址和建筑的改建与新建，对其建筑材料种类、颜色的选择，建筑手法、装饰艺术的处理都要与整体建筑风格相协调，同时将当地的风土民俗糅合进去，使一些以其为背景的古风俗活动获得某种程度的延续，全面提升大鹏所城的潜在价值和文化品位。

系统化即形成游、食、购、娱、住的系列组合。游——所城内的历史古建遗迹、东山古寺、大亚湾海岸沙滩；食——明清代表性食谱、农家美食；购——鹏城特产、农家特产、明清时期人们生活中的常见物品；娱——民俗活动、其他休闲健身活动；住——主题酒店、度假中心。

文化遗产的各个组成单体都有各自的环境陪衬和单体之间的相互影响，周边环境也是遗产价值的组成和体现。大鹏所城位于深圳东部黄金海岸，东临大亚湾，西至大鹏墟镇，北靠岭澳核电站，南接大鹏海湾及规划的农业生态公园，青山环绕，优越的地理位置及“山、海、古城”城市格局共同组成了深圳市东部黄金海岸旅游系统的一个重要节点，是不可多得的现代化生态旅游资源系统。

2. 重要的爱国主义教育基地

国际建协在《雅典宪章》中指出，对有历史价值的建筑和地区进行保护时，应强调历史遗存在再教育后代方面的重要意义。大鹏所城由始建时的“守御千户所”到清康熙时的“营”再到清后期道光时的“协”，所城的军事地位日益提高，尤其是1839年林则徐虎门销烟后，大鹏营管辖的香港地区成为清政府对英国殖民者武力抗争的战场，同年发生著名的九龙海战，此后又爆发了穿鼻之战和官涌之战，大鹏营参将赖恩爵率水师屡战屡捷，威震闽粤，大张中华气概。但继后鸦片战争的失败却让大鹏城作为防御外敌入侵军事重镇的战略要地失去了昔日的光辉，成为中国沦为殖民地半殖民地的历史见证，这是进行爱国主义教育的实物题材。作为古代海防，围绕古代军事主题，利用所城的城防建筑，再现古代海防、海战场面，集古代战场、古代军事知识展览、模拟实战等为一体，以实景方式再现我国古代军事文化的威武气势，再现当年海战场景。这样既有效保护了建筑，又予以合理的利用，同时又起到了军事教育作用。

3. 地方传统特色文化的展现

置身于客观的历史背景与地理环境之中，军事历史构成了大鹏所城延续至今的主题，其城池的选址、布局、防御体系的构建，组成了军事意义上的城池研究的重要基础，尤其是五六百年前军士在此生活过的历史，在所城内留下了不能磨灭的印记，如祠庙、府第、民居等主要建筑，其中以颇具规模的清代建筑民居和独具特色的将军府第尤为突出，这些优秀的古建筑遗产，构成了大鹏所城文化意义上的价值，同时，对研究中国海防军事史、城镇规划建设史、明清民俗文化史及岭南地区古建筑史都有重要意义。虽然大鹏所城海防军事要塞的作用不复存在，但从建筑史角度对这种特殊类型的建筑体系的研究和保护利用，却有极大的历史和现实价值。由于大鹏所城所处地理位置的特殊性，明清以来，围绕着沿海地区的军事防御构成了大鹏所城的历史主题，就其军事防御工程而言，主要以所城的城防工程为核心。另外，大鹏所城位于岭南地区的军事前沿，城池营建，城内重要建筑如衙署、寺庙、将军府第、民居的构建等都必然要符合中国古代城市营建制度，但是考虑到大鹏所城具体的地理环境，其布局与形式又有所变化。探清明清时期东南沿海卫所城池的布局特色和构造特征，对今后卫所城池的维修和保护具有重要意义。

大鹏所城作为沿海军事卫所，其选址除了从战略角度考虑外，还充分利用地形特点和当地的气候条件，整个古城窄街小巷，石板铺道，明清风格的房屋错落有致。城内现存的将军府第、天后宫、侯王庙、参将署、县承署、军装局、关帝庙、守备署等遗址都是深圳历史文化的积淀。所城独特地方特色的民居、方言、服饰、婚俗等，也都是不断增添城市文化底蕴和延续城市文脉的关键。

注　释

[1] 唐孝祥：《近代岭南建筑美学研究》，中国建筑工业出版社，2003年，第200页。

[2] 中国军事史编写组：《中国历代军事制度》，解放军出版社，2006年，第435页。

[3] 王宏斌：《清代前期海防思想与制度》，中国社会科学出版社，2002年，第286页。

[4] 龙彬：《中国古代城市建设传统精髓钩沉》，《城市规划汇刊》1998年第6期，第36页。

[5] 吴庆洲：《中国古城选址与建设的历史经验与借鉴》，《规划历史研究》2000年第9期，第79页。

［6］　王日根：《明代海防建设与倭寇、海贼的炽盛》，《中国海洋大学学报》2004年第4期，第17页。
［7］　张劲：《论清末军事制度变革及其影响》，《军事历史研究》2004年第1期，第125页。
［8］　朱士光：《论历史地理学对推进我国古代都市与城市研究的意义和作用》，《西北大学学报》2002年第10期，第21页。

［原刊于《河南大学学报（社会科学版）》2008年第5期］

沿海所城，大鹏为最

——六百年前的大鹏守御千户所城

肖海博

一、大鹏所城的应运而生

大鹏古镇，是中国列朝的海防重镇，其历史可以追溯到明洪武元年（1368年）。当时，沿海地区受到倭寇的侵犯，房屋被烧，民众被杀，财产被劫，倭寇已成为朝廷的一大祸患。为了稳定边疆，打击倭寇，朝廷布置了固守沿海的烟墩巡检司、以“卫”“所”为中心的海防防御体系。

据了解，“卫”“所”是一种新的军事编制单位，一个“卫”有5600名将士，每个“卫”下面设有5个“所”，每个“所”有将士1120人。“卫”和“所”的将士实行子承父业的世袭制，将屯田与戍边结合，军需粮饷和家属口粮实现自给自足。

据地方史料记载，广东军屯为“三分守城，七分屯田”。清代，除编制规模、管辖部门有所变更外，军屯制度基本保留和沿用。因此，除了将军府之外，大鹏所城的另一特色就是军屯留下的房屋建制，城中房屋整齐划一，功能完备，城内还建有粮仓，平日多有储备，以供战时之需。

而对于南海边疆的广东沿海，也相继建立了众多的卫所，从全国各地调派军官、征集军士屯戍沿海地区。洪武二十七年（1394年）八月，“命安陆侯吴杰、永定侯张铨等率致仕武官往广东训练沿海卫所官兵以备倭寇”。就是在这样的社会背景下，大鹏所城开筑了。

遥想当年，“车辚辚，马萧萧，行人弓箭各在腰。爷娘妻子走相送，尘埃不见咸阳桥！”大鹏湾畔烟尘滚滚，数千携儿带女的军士跋涉千里，带着内地先进的生产技术，来此军屯，大大推动了当地经济的发展，使昔日盗贼出没的蛮夷之地变成了“天青海宁，百业兴旺”的新岭南，更有“湖广熟，天下足”的美誉。他们当中，有广府人，有客家人，也有福佬人。也许此前他们素未谋面，一旦相聚在此，他们便有了一个共同的使命——筑城防御，保家卫国！

据考证，当时负责建城的是广州左卫千户张斌，初选址于大鹏半岛最南端的西涌，建了80多米城墙后停建，改在大鹏半岛东侧大亚湾畔筑城。至于为什么改址，当地人至

雨后的古城门

全国重点文物保护单位

正门（南门）

今仍盛传这样一个故事：筑城士兵在建城的夜晚惊闻黄猄的叫声，认为“黄猄黄猄，皇帝都惊”，不吉利，于是改址兴建；也有人认为是因为西涌地理位置太过偏远，交通不便，人力、财力无法到达，因而罢建。

无论是出于怎样的原因，那段废弃的城墙在数百年的漫漫岁月里，任凭风吹雨打，一直默默无声，似乎刻意保守着一段属于南海边疆的军政秘史。

当一座占地11万平方米的城池在大鹏山麓建起来时，它的规模是那样宏伟壮观。据清康熙《新安县志》记载：“大鹏所城，在县东一百二十里大鹏岭之麓……广州左卫千户张斌开筑，内外砌以砖石，沿海所城，大鹏为最……”

所城平面呈方形布局，城墙由麻石和青砖砌成，墙基宽5米，墙宽2米，高6米，城墙总长约1000米，城墙上有城垛654个，并辟有马道，有东、西、南、北四个城门，每个

后门（鹏城学校）

古城墙

错落有致的屋檐

古炮台

碎石堆砌的古城墙

城门上有一座敌楼，两边设四个警铺。城外之东、南、西三面环绕着一条长1200米、深3米、宽5米的护城河，四时灌水。城内有南门街、东门街和正街三条主要街道。另外还有若干街巷，其基本布置完整保留了明代的格局。古城内现保存下来的重要古建筑多为清中、晚期建造，代表了当时广州地区的建筑水平和风格。

二、防御体系的逐步完善

凝思

大鹏所城作为古代的军事防御工程，主要由城墙、城门与城门楼、马道、马面、女墙组成。而大鹏所城的城墙是用黄泥沙和灰土夯筑而成，墙体外侧用砖包砌，砖长39厘米，厚5厘米，外城墙砖块错缝平砌，砌墙与夯土结合紧密，有部分砖块深入夯土内。内部城墙下部是用石块叠砌，壁面坡度比较大，收分也很明显，呈台阶式。

大鹏所城四周险要，临海处还设置了五处烟墩，据清康熙《新安县志 · 兵刑志》载：明代“野牛墩、大湾墩、旧大鹏墩、水头墩、叠福墩，以上五墩每墩驻守旗军五人，大鹏所拨”。这些烟墩均为大鹏所城之耳

南门楼旁的城墙布满青苔

粮仓旁边的现代雕塑

宁静的院落

顺着屋檐洒下的阳光

目，若发现敌情，白天以烟云传讯，夜晚以火光报警。

墙外的生活

据了解，大鹏所城建城后，城内驻守正千户一员，以下设副千户两员、百户十一员、镇抚两员、幕官吏目十员、司吏一员。另有武官两员、旗军二百二十三员，隶属南海卫管辖。

这样，若倭寇进犯，一旦登岸就有烟墩报警，再经过巡检司的盘查，卫所军的抵御，在沿海形成了一道防线，对倭寇的骚扰均能给予沉重打击。

现保存较好的烟墩遗址为大坑烟墩。大坑烟墩位于大鹏大坑村以南山冈上，为圆台形砖土结构墩台，当地人称之“烟墩山”“大湾墩”，也叫“大坑烽堠”。它南临大亚湾海滨，东北均为大亚湾核电站范围。墩台筑于高约1000米的山冈上，台底直径10米，上径3.6米，上部有一直径约2.2米、深1.2米的圆坑，并有一个宽0.9米、向西北开的缺口作为风门。该烟墩是离大鹏所城最近的一个墩台。1984年，大坑烟墩遗址被深圳市人民政府列为重点文物保护单位。

据了解，大鹏所城建城后，为了提高将士们的战术和作战能力，遂在城东数百米处的龙头山下开辟了一个面积数十亩的演武场——俗称“东校场”。至清康熙三年（1664年），大鹏营增驻官兵500名，改“城守守备”为“中军守备”，统率全营布防。这样一来，1000名官兵在东校场练兵，就显得很拥挤了。康熙十年，大鹏营中军守备马玉成在大鹏所城东南方的大亚湾海滨再开辟了一个面积与前者相近的演武场，俗称“西校场”。这两个校场，一直使用至清末才废，为提高当时边防将士的素质起到了积极的作用。据传，在嘉庆至道光年间，鹏城人刘起龙、赖英扬、赖信扬和赖恩爵等初入行伍时，都曾在大鹏营东、西校场习武。

城门下的幸福

在有些文献及历史记载中提到大鹏所城曾建瓮城，但明天顺《东莞旧志》、清康熙《新安县志》、清嘉庆《新安县志》内并未提及瓮城之说。《明史》卷七十六对“各卫、各所”的记载中亦未提及。所以明洪武年间始建大鹏所城时，若建有瓮城，是仅在防守的重要部位

北门广场

大鹏所城的标志

嬉戏的孩子

古朴的民居建筑

设置，还是四个城门外均设瓮城，目前从文献资料中尚无法考证。

另外，为了大鹏所城防御设施的完善，在城前龙歧海海岸还筑起了一道长近800米的“海底小长城”。因为大鹏所城前的龙歧海海岸，大多是浅水的海滩，每逢退潮，可露出一大片海涂，船只容易搁浅而不宜登岸。在城的西南海面有一深水海澳，大小船舶可自由出入，守城士兵便在此处填以大石，筑“海底小长城”，以阻敌船登岸并且在“小长城”近三分之二的地方留一口子，以方便所城战船出入。

作为我国明清两代岭南重要的海防军事营垒，所城在明代抗击倭寇和清代鸦片战争时抗击英军入侵的斗争中曾起了重要的作用。600多年来，古城涌现出一大批杰出的民族英雄，有清代声名远播的赖氏“三代五将”，有显赫的刘起龙父子将军，有近代抗日英雄刘黑仔……

身处大鹏所城，沿着青石板铺就的狭窄街巷，穿行在古朴而宁静的明清建筑群里，仿佛回到了人来人往、车水马龙的明清时代井然有序的军事化城池，依稀听到了几百年来抵御倭寇、抗击英军时冷兵器的撞击声和隆隆的枪炮声……

（原刊于《中华民居》2012年第11期）

走进历史，邂逅“振威将军第”

——大鹏所城保存最好的“边镇将府”

肖海博

宁静而古朴的大鹏所城，窄街小巷，石块铺道。道路两旁，明清风格的房屋整齐错落排列：或小门小窗小院，青瓦盖顶；或大门大厅大堂，雕梁画柱。虽历经数百年风雨，有的显得有些破旧，但其景致依然，风格如故。

从展览馆往前不远是条丁字街，从丁字街南口入便是大名鼎鼎的府巷。在这里，数座建筑宏伟、独具特色的清代“将军第”有序分布。其中“振威将军第”最为气派，因赖恩爵将军在九龙海战中勇创英军，得到道光皇帝嘉奖，敕建“诰封第”。“诰封第”大门上高悬御赐“振威将军第”牌匾，院内雕梁画栋，屋宇高阔，是岭南地区非常重要的一座古建筑群。

一、严谨的布局，强烈的轴向感

“振威将军第”位于古城东边南门右侧，赖府巷15号，始建于清道光二十四年（1844年），至今已有150多年的历史。整个将军第坐北朝南，乃御赐所建，为清代府第式、砖木结构、轴对称建筑群。它四周高筑围墙，规模宏大，面积约有2500平方米左右，是古城内现存规模最大、保存最好的将军府第。

赖恩爵，字简廷，广东省新安县大鹏城人，生于清乾隆六十年（1796年）。少时在阳江入伍，历任兵士、把总、千总、守备、都司、游击等职。道光十八年（1838年）补海门营参将。道光十九年（1839年）九月四日赖恩爵指挥中国水师在中英九龙海战中击败英军，取得九龙海战的胜利。道光皇帝赏戴花翎，并升授副将。此后，参加了中英穿鼻洋海战、官涌之战，均获全胜，道光二十一年被提升为南澳镇总兵。后在平定海盗中累立战功二十余次，于道光二十三年冬升任广东虎门水师军务提督。

“振威将军第”平面形制为“左堂右寝”，建筑功能主要分为会客区、居住区两大类。整座院落空间的建筑都采用轴对称的严谨布局，让人产生了强烈的轴向感。

据了解，建筑群共有四条纵向轴线，以巷道为界，一条是在巷道西侧的居住区内，另外三条布置在巷道东侧的会客与祭祀区。

三代五将的匾额

将军府主人卧房

赖恩爵将军的亲民图

门上的雕花儿

精美的砖雕

精美的雕刻

如果以前厅、中厅、后厅为主轴线，基本采用我国传统庭院的程式化布局方式，以“西座”和“东座”的两条主轴线，把两组功能不同的建筑群构成的三座三进天井院落纵联布置，组成一个庞大的有机整体。

紧临大门的天井院落称为“东座”，即为会客与祭祀区，是由两座三进天井院组成，每座天井院均以上、中、下三个连贯的花厅为中轴线，花厅两侧布置偏房，天井两侧布置耳房。其中上、中、下三花厅平面呈“一”字形，开间相同，都为一间，不设檐廊。偏房也是一间，规模形制同花厅。耳房开间、进深要小于偏房，而且台基稍低些。两座院落之间又通过厅堂连接，形成了一个以厅堂为中轴线，两侧均布花厅和偏房的大的建筑群。厅堂也分前、中、后三厅，且三厅连贯排列，其中后厅为祭祀祖先的厅堂，内布置神台。

另一座天井院落称为“西座”，主要为居住区，形制同东座建筑，也为对称式。两座主要功能的院落建筑群之间通过宽2米多的巷道连接。这种狭长的巷道可以起到冷巷作用，构成了与厅堂、天井相结合的通风系统，解决了建筑与潮湿气候之间的关系，满足了生活上的需要。

“将军第”建筑适应当地的气候、地理条件，中厅做成敞厅，院内设小天井，形成外封闭、内开敞的平面布局形式，天井和敞厅的布置使建筑具有通风、采光、换气、排水等作用。

院子里天空

将军府杂物房的杂物

将军府屋顶上的野草枝

房檐下的精美雕刻

墙上挂着的赖恩爵将军的图片

振威将军第内的对联

二、颇具伦理特性的空间布局

府第建筑群存在着一整套“礼”的制约，建筑空间渗透着浓厚的伦理特性。明清时期，府第建筑单体已高度程式化和模式化，组群建筑布局也已成定制。而作为将军府第，自然也要归从于这些建筑思想。但受海防卫所城池和地形限制，赖恩爵“将军第”并非严格遵循“前堂后寝”，而是“左堂右寝”，且把祖堂布置在“堂”的中心位置。

“将军第”建筑空间布局以“堂”院落（东座）即会客和祭祀的空间为整个建筑群的重心，与“寝”（西座）的内庭空间为次中心所产生的位置关系，构成两组功能不同的院落空间形式。“堂”对外来说是赖恩爵将军府第的私密空间，对内来说却是大家庭内部的公共空间，带有半私密的性质；“寝”则不管对内对外都是私密空间，私密性的程度更高一些，要求有独立性、安静舒适、不受侵扰。所以两者之间通过一扇“月门”相隔。这种不同私密性的庭院的合理布局，适应了家庭起居生活的生理需求和心理需要，同时又提供了内向、安全的居住环境和宁静、亲切的住宅氛围。

“将军第”以东南端的大门为起点，到西边的后花园结束。东座中路建筑为整个建筑群的重点建筑，也是坐落在南北中轴线上的最重要的建筑，院落东西两侧建有围合的东西两路三进天井院落，且天井院面积依次增大，更加突出了中路建筑居中的重要性。

赖英扬将军第神龛立面图

“威震将军第”平面图

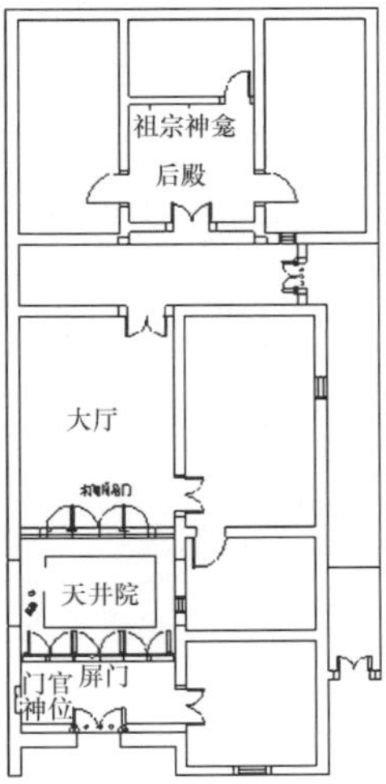

祖堂设在中路建筑的终点，建筑空间也由此转入半开放，进入了祭拜空间，气氛庄重肃穆。

西座的三进院落是赖恩爵将军及家人的生活区，按照我国古代传统院落规制做法，三进院落面积等同。在第三进院落的西北侧，建有后花园一个。

赖恩爵“将军第”以“祖堂”为主的“堂”的部分与“寝”的部分两组建筑群功能相差甚远，但建筑功能划分明确，各自成院落，两组建筑群之间的巷道起到缓冲作用。

三、颇具讲究的功能布局

到过的人都知道，将军府第为侧门内进，正间为住宅，三套三进三间结构，中心三厅二天井，左右次间三厅、二天井、十厢房；侧间为宾房，三进三间结构。两间前长廊有月门相通，长廊前有倒厢，正间有前院、侧廊，侧间有后院、偏厢……在遥远的边陲，还有如此功能齐全的建筑遗存，着实让人惊叹！

仔细查看，就会发觉赖恩爵将军第分为五种功能区域，即神、舍、膳、居、园。

墓园里的景色

抗英名将赖恩爵将军纪念碑

将军府

府内主陈设

“将军第”的殿堂具有祭祀功能，要求开间、进深、地面标高、建筑空间高度都要高于其他建筑。在中国古代，它是传统礼制文化的表征，在这里即指东座中路的“祖堂”。它位于中路的终止点上，其建筑在形制、体量、装修上更加精致。梁架结构下施彩绘，屋脊上做“灰塑”等。

将军府门口的石兽

“东座”和“西座”所有厅堂两翼的用房是供人住宿的地方，其建筑规模、等级比较低。

厨房及相关的后勤用房，布置在“西座”居住区附近，既合理地组织了功能流线，又把与人们日常生活息息相关的功能用房紧密结合，方便了人们的食宿。

“将军第”庭园位于“西座”最后一组建筑的西北部和将军书房的南侧，庭院中种植花木，设置花台，开凿水池，堆叠假山，构成建筑与自然环境的结合体，不仅在心理、审美上起到增添自然情趣、蕴含诗情画意的作用，而且还提供了良好的养生环境。

就这样，具有神、舍、膳、居、园功能的分建筑在将军第的整个建筑群中达到了很好的完善和统一。

四、气势宏伟下的精湛技艺

将军第的大门视当地风向或受五行之说影响而开在东南侧，庄重、大方、气势不凡。其采用双扇实板门，表面门板光洁无缝，并装有兽头门环，供敲门使用；表内为了更好地固定门板，特用边挺和数根抹头穿带钉成门框，在几百年的岁月磨砺下显得沧桑而厚重。

精美的建筑工艺

忠义传家的匾额

将军府的门楣

院中一隅

府第内的决心

将军府内客厅

门额横匾题有“振威将军府”五个漆金大字，院门对联为：秀一鹏山开泰运，重班凤阙迓鸿庥。横匾与对联均为道光皇帝亲笔御书（道光二十四年），十分珍贵。门前置一对石狮和一对象征武官府第的抱鼓石。正屋大门上的对联为：奉旨抗英筹战略，秉承护国著奇功。此联为福建水师巡抚郑庆彤于道光二十六年所题，所说到的正是赖恩爵将军。

推开厚重的大门，当游走于此时，我们才发现该建筑宏伟的背后还隐藏着诸多的特色和技艺。

首先，屋顶采用较陡的坡屋顶，檐口用雕有兽头的圆形瓦当和滴水兽头。屋脊两头广饰灰塑。灰塑是用贝灰和石灰为主的材料先做成坯状，然后再进行塑造的一种建筑装饰方法。灰塑凸凹立体感较强，题材内容是博古形状或空透的花饰，花饰多为植物花草、卷草、鸱尾等纹样。

其次，所有建筑的墙体下部先用花岗岩石条勒脚，主要用来防潮，上部为水磨青砖砌筑，其后用贝灰泥、糯米浆加糖水等材料涂抹于外墙面，主要是防酸碱侵蚀。由于岁月久远，围墙局部受潮风化，抹灰剥落，墙面有些地方有裂缝和洞口，这也恰恰体现了历史的味道。

再次，建筑的檩头都是直接置于山墙上，然后檩上搁木板椽，上寮瓦，整体显得轻巧、简洁、朴实，这是南方建筑常见的梁架形式。但是在书斋建筑中，却使用抬梁式与穿斗式相结合的梁架结构，梁架下墙面均饰彩绘，彩绘的内容以山水、人物为主。梁架和瓜柱等建筑部位有雕饰。雕饰作为装饰艺术的一种，在将军府第应用较多。封檐板及廊下梁架上均饰木雕，其上所绘人物故事、花鸟草木及墨书诗词等仍依稀可见，表现的题材多是富贵吉祥等内容。特别是祖堂神龛上所饰木雕极其精美，系以樟木雕刻，旋即髹漆贴金，金碧辉煌，综合了立体雕、透雕和浮雕等工艺，表现的题材多是戏曲故事、岭南佳果、耕读传家、祈福纳祥、八仙法器、富贵吉祥等内容。

而在石柱础、石柱、门口的抱鼓石、石狮、须弥座等处都有精美的石雕，既具有承重、防潮的作用，同时又对建筑景观起到点缀作用，强化了严肃的氛围。可惜的是，在这样一座恢弘气派的将军第中砖雕运用极少，仅有的一处也只是在门楣砖砌的数层“枭混”上，只是简单地雕饰而已。

最后，庭院内还可以看见由青麻石铺砌的地面，或横铺或纵铺，而室内地面则用红砖横向、有规律地错缝铺砌。深残颜色对比，加强了庭院空间的视觉效果。房檐下用细木条组成的豆腐块斜方格、直棂窗、回字、万字、步步锦等图案的横陂窗极具特色。据了解，之所以有这样的特点是因为和当地的气候有关，既通风，又美观大方。

踱步所城，通幽曲径中，看到来自远古的青砖灰瓦，以及巍峨的“振威将军第”，画栋雕梁，仿佛走进了沧桑，走进了历史，与历史中的赖恩爵将军相遇……

（原刊于《中华民居》2012年第11期）

《廷臣论》中的贵族理想

刘湍康　张永清

15世纪末16世纪初，意大利政局发生巨大变化，中央集权程度进一步加深，君主制取代了共和制。社会上普遍出现了向往宫廷上层生活方式的趋向，宫廷贵族享有尊贵的身份和地位，举止优雅，行为有度。宫廷中的廷臣首先变得优雅而文明，成为社会各阶层尊崇和模仿的对象，大小贵族乃至有野心的市民阶层都希望通过学习优雅的礼仪而跻身宫廷，于是纷纷追求自身完美，甚至把完美的廷臣形象作为自己的理想。

这一时期，出现了不少关于君主、廷臣的论著，其中尤其以卡斯蒂格朗的《廷臣论》①影响最为广泛和深远。该书描绘了为时代所需要的完美廷臣形象，体现出了新人文主义的思想导向，也反映出16世纪意大利贵族的普遍追求。卡斯蒂格朗完美廷臣的概念在实质上并不是从中世纪骑士制度的土壤中生长起来的，而是伴随着意大利文艺复兴的人文主义精神出现的，这种指导思想以锻炼身心并鼓励雄心和一切适合人类天性的高贵感情为基础，目标是培养出完美的人。卡斯蒂格朗作品中所体现的理想的廷臣形象“不是中世纪擅长军事体育、具礼仪风度而只粗通文墨甚至不通文墨的骑士，不是前期文艺复兴时期精通古典文化的学者，也不是宗教改革时期具有虔诚与德行的新教徒，而是三者精华的凝聚与综合，它继承了中世纪骑士教育的世俗精神、继承了文艺复兴时代的人文理想、继承了宗教改革的积极成果，但却摆脱了中世纪教会教育和骑士教育的片面性、文艺复兴前期教育的狭隘性以及新教育浓烈的宗教性”[1]。因而，这种人物形象可以说是西欧宫廷贵族代表的最高体现，反映了新时代的新要求。

一、巴尔达萨雷·卡斯蒂格朗与《廷臣论》

意大利毫无意外地首次出现了作为宫廷廷臣的贵族典范。在现代王室家族的早期历史里，文艺复兴时期的意大利占据了一个特别重要的位置。这一时期的意大利王室通过比其他统治者更早的资助诗人、画家和雕塑家及系统地收集艺术品从而为欧洲的其他王室树立了一个典范———因此也创造出了一种独特的文化环境，并且这种文化环境只是在16、17世纪才在意大利以外逐渐发展起来。可以这样说，廷臣和他的特殊生活方式是

① 《廷臣论》（*The Book of the Courtier*），亦可译为《行政官员之书》《廷臣之书》或者《宫廷人物》。“courtier”就是指宫廷中的官吏。作者是意大利贵族卡斯蒂格朗。

在16世纪早期的意大利诞生的。而一位同时代的意大利贵族——卡斯蒂格朗创作了《廷臣论》，这是一本关于早期廷臣及其生活的著名论文，严格意义上说不是一部论文，而是贵族理想社会活生生的写照。

卡斯蒂格朗是意大利学者和政治家，1478年出生于曼图亚（Mantua）附近的Casatico（她的母亲同曼图亚的统治家族Marquesate有血缘关系）。他在青年时代就已经具备渊博的拉丁文和希腊文知识，对考古学和美学也有广泛的接触，具有丰富的素养。21岁的时候，进入他的亲戚曼图亚侯爵的宫廷中，从事军事和外交工作。26岁时转而为乌尔比诺公爵（Duke of Urbino）服务。在乌尔比诺的宫廷中，他广泛结识上层和政要，常和官员、使团、艺术家、文人交往。上层圈子里的重要人物都很敬佩他的学识和能力，对他倍加赞扬，尽管当时意大利城邦不安，政局动荡，但他却能很顺利地稳步高升。直到1527年罗马陷落，卡斯蒂格朗感到耻辱和失职，于1529年忧郁而死，时年51岁。卡斯蒂格朗作为当时贵族的典范，其名气非同寻常。当他去世的时候，西欧宫廷震动很大："卡斯蒂格朗去世的消息震惊了整个宫廷。"[2]

卡斯蒂格朗大约于1513至1518或1519年之间写作了《廷臣论》一书，后来几年也曾不断修订，可能直到1524年才完成最终的版本。卡斯蒂格朗的《廷臣论》是以意大利语写成的对话题材作品，全书共分四卷。第一卷和第二卷着重谈论完美廷臣必须具备的重要品质，第三卷主要涉及妇女爱情问题，第四卷重点探讨王子的培养及如何治国等问题。

二、贵族的理想——完美的廷臣

追求完美，似乎在15、16世纪的意大利变得特别流行。完美的人，当属多才多艺、在各个方面都很出色的人："当这种对于最高的个人发展的推动力量和一种坚强有力、丰富多彩并已掌握当时一切文化要素的特性结合起来时，于是就产生了意大利所独有的'多才多艺的人''全才'。"[3]

这一时期，完美的观念广泛传播，王公贵族争相仿效。《廷臣论》一书的出现，对完美的风尚和标准有了更进一步的展示和更为具体的阐释，认为下面涉及的各个方面是一位完美的宫廷贵族亦即廷臣所应当具备的：出身良好，态度温和，行为举止优雅得体，且这种礼貌礼仪不得过分，应表现得轻松自如；熟悉希腊语和拉丁语，意大利语要说得熟练而流畅，同时也要会说法语和西班牙语，善于唱歌、乐器、绘画、跳舞；外观优美整洁，衣服以素色为好；作战勇敢，但不必去冒不必要的危险；对女性和蔼冷静，对王子忠诚，但可以不服从昏君恶侯的命令；时刻牢记自己的职责："做君主的老师，把君主引向美德。"另外，雅各布·布克哈特在《意大利文艺复兴时期的文化》一书中对完美廷臣的基本素养也有描述："在外在的才艺方面，要求廷臣有十二分完美的所谓骑士锻炼，此外，还要求很多只能存在于组织很严密的宫廷中和基于个人竞争上的东

西，这在意大利以外地方是找不到的。……除了与使用武器有关者外，所有这些不要看得太认真。这些才能和技艺互相发生作用，结果就产生了各种秉性平均发展的完美的人。”[4]

1. 出身高贵

早在文艺复兴前的几个世纪，高贵出身就已经处于非常重要的地位。

朱伟奇在《中世纪骑士精神》中谈到骑士概念界定的时候虽然有多种说法，但是它们都有一个共同特点，那就是强调骑士的贵族血统。要得到骑士称号首先是出身贵族，在中世纪，“整个封建等级是一个享有特权的贵族等级，可统称为骑士阶层”[5]。由此可见，出身高贵的观念由来已久，要成为有荣誉的高贵之人须具备受人尊敬的贵族血统。《近代欧洲的兴起》一书中也有关于贵族高贵出身的描述：“文艺复兴时期的廷臣虽然也注重贵族的出身，但已经不如以前的贵族那么看重。不过，他们显得相当自信。贵族们认为：‘我不知道优秀的人怎么不赞美自己？我认为应该允许他们这么做。当某人知道他是有用之才而别人竟忽视他时，他应当生气。他要把他潜在的能力发挥出来，免得受到荣誉的欺骗，因为荣誉是为了奖赏美德的。’”[6]这也说明长久以来拥有高贵的出身一直是贵族们所引以为荣的资本，现在仍是一个完美廷臣所应该具备的条件。

出身高贵就意味着享有更多的机会和更高的尊敬，也就意味着政治和事业的成功。“16世纪中期意大利的政治开始正式与高贵的家系相联系。1550～1560年时这一情况真正成形，尽管这只是相对稳定，但卡斯蒂格朗对廷臣的描述反映出这种最初的转变，它描写了获得军事艺术的封建骑士的那种尊贵与效仿。”[7]

完美的廷臣首先应该出身高贵，生于上流社会的家庭。根据《廷臣论》中罗督维科廷臣的观点，出身高贵的人容易成功，他们有先辈的激励和榜样，一出生就享有崇高的荣誉，他们有义务为保持自己家族的传统荣誉和促进家族的兴旺发达努力奋斗，对于他们来说，仅仅保持家族已有的荣誉和成就是不够的，他们应该超越先辈所做出的成就，无论如何，绝对不能玷污家族的名声。在这样的力量促动下，出身高贵的人首先就会保持和发扬美德，崇尚高雅，远离邪恶，努力走向成功，而出身低贱的人则缺乏这种无形的督促和指导：“高贵的出身就如一盏明灯使好的和坏的事情清晰明了；使他们对不光彩的恐惧如同对赞美的希望一样，从而点燃和激励美德。并且低贱出身的人缺乏这种贵族的激励，同样缺乏那种对于不光彩的恐惧，他们也不认为他们自己有义务去超越他们祖先所做出的成就；然而对于出身名门的人来说仅仅达到他们祖先所做出的成就那似乎是一种责备。”[8]

罗督维科廷臣进一步解释坚持完美的廷臣必须要有高贵出身的原因：传统的普遍的观点认为高贵的出身享有崇高的荣誉，每个具有贵族血统的人都引以为荣，并且这些具有高贵出身的人也会得到人们的普遍肯定和尊重，显而易见，他们在做事情的时候往往会得到大家的支持，因而更容易达到成功，做到优秀，所以，既然高贵出身的人具备这样的优势和好处，那么有必要使一个完美的廷臣具有这样一个高贵的出身，让他在走向成功的道路上更加顺利："不但因为许多别的原因，而且因为现行的倾向于高贵出身的公众观点。"[9]可见出身高贵的观念早已深入人心，对公众思想倾向的影响很大，出身高贵的品质首先就给他铺平了一条道路，高贵血统的优势使他在出场之前就已经得到了一个好印象，而一个好的印象对一位廷臣获得成功具有不可忽视的作用，所以，要想成为一个得到大家认可的完美的廷臣，首先要有一个高贵的出身。

2. 外表美观

一个完美的廷臣还应该具有美观的外表，包括男人气概的面容、恰到好处的身体结构及适当得体的穿着服饰等，作为经常与王子和上层打交道的重要人物，出入于宫廷殿堂之中，频繁参加重大政治会议，以及各类休闲舞会和娱乐活动，在这些高雅而庄严的场合中，廷臣首先应该注意也必须注重优雅美观的外表，这样才能与他所处的环境和场合相适应。另外，美观的外表也使得他们首先得到外观上的认可和赞许，受到王子和公众的普遍喜爱和欢迎。

首先，一个优雅的面容可以给人留下一个好的第一印象，"廷臣应被上天赋予不仅天才而且美好的面容和身体，并且拥有特定的优雅，这将使所有的人一见到他们就感到高兴和觉得可爱；并且让优雅的面容成为一个提供信息的和参与到他所有行动中的装饰，给予一个人值得在陪伴会上出现并且为每个伟大的领主所喜欢的外观上的承认"[10]。在这方面，一些书籍也不乏对廷臣外表之美的赞扬：

"一个印象深刻的外表对于一个主教来说简直是一种要求。"

"一个男人在世界上身体优美和地位被认为是期望的品质。"

"迷人，出身高贵，温和，亲切，长相优美，学识和判断力是这种形势下附属于独裁统治者的廷臣的一种品质。"[11]

这里也提到了作为国君的廷臣，长相的优美也是一种值得赞美的品质。

在《廷臣论》中，伯爵首先对廷臣的面容提出自己的看法，认为一个完美廷臣的面容特征可能不一定要非常精巧，但一定要具有男子气概的特征，并且也要充满优雅，这种优雅是可以从许多不同类型的脸上找到的共同品质，然而特别厌恶女人气的那种打扮和姿态："我将使我们廷臣的脸面这样，不那么柔软和女人气，……在走路、姿态、在每个行动上似乎都柔弱无力，以致于他们的四肢似乎接近于崩溃；说话如此轻微，以致于他们似乎要当场断气。"[12]

关于完美廷臣的身体结构，则认为它应该大小适度："既不很大也不很小就行了，因为这两种状态都会引起他人一种轻蔑的惊奇，并且在我们看起来任何一种都是怪异的东西。"[13]然而，如果过大或者过小，这两种缺点比较起来的话，那么具有较小的身材比身体过于庞大会好些，"因为拥有这么巨大身体的人不仅常常精神迟钝，而且不适合进行各种敏捷的训练。"[14]

优雅的面容和强健的体魄给人印象深刻，而穿着服饰的恰当与否也很重要，各个民族各个地区及各个时代都有不同的服装样式，个人的穿着打扮一定要根据具体情况而定，要适合所处的环境，适合于周围群体的生活状况，合适的就是最好的，不能按照一个标准，每个人可以根据场合和需要选择不同的服装。在《廷臣论》的讨论中，Messer Federico给出了他的观点，由于穿着习惯的多样化，所以不能给出一个精确的准则，一般来说，一个人应该随主流服装，穿他喜爱穿的衣服即可。廷臣的穿着服装可以多种多样，但无论如何不要极端，不能像德国人的穿着那样有时太过于空乏，他们应该常常穿着一些严肃的冷静的而非浮华的衣服。因此，穿黑色衣服更为好些，但如果不是黑的，至少是带有黑边的，这是平时的普遍的衣服，总的来说，素色的和黑色的衣服是适合一位廷臣穿着的。而亮色和受欢迎的颜色则多用在装甲上，并且也更多地与节日装相称，炫耀的、浮华的服装多在公众集会如节日、游戏、化装舞会上等场合穿着，因为这些衣服就是为此目的而设计的，它们具有一定的活泼感和活力，符合这些场合的氛围。

另外，廷臣的衣服还应表现出清醒。外部事情常为内部事情作证，亦即衣服外在的感觉就反映了一个人内在的品质。从一个人外在的穿着打扮上可以看出他内在的性格和气质，外表和内在是统一协调的，所以衣服样式不能过于繁琐，颜色不能过于混乱，比如一件衣服同时由几种颜色拼成，或者一件衣服有过多的装饰，这样的衣服是不适合廷臣穿的。

3. 美德

一个完美的廷臣应该具有谦逊、勇敢、谨慎、忠诚的美德，并且表现出一个由所有这些美德所组成的整体品质，确保他的每个行动都体现出高尚的美德和优雅的风度。

谦逊是廷臣的重要美德之一，作为一个伟大的廷臣，绝不能自吹自擂，说大话，但可以允许他适当地赞美自己，只要不要陷于盲目自夸就行。因为他认识到他的那些价值，他会因为自己所拥有的价值竟被埋没而感到愤怒，“一个人决不能对一个恰当称赞自己的有价值的人形成一个坏的观点；相反，一个人必须把它当作比从别人口中说出的更确定的证据，只要没有陷入随便夸耀自己的错误，并且没有招致听他说话的人的厌恶和嫉妒，那么他确实算是一个小心谨慎的人”[15]。所以，除了在战场上面对敌人的时候，在其他的任何地方，廷臣都要表现出仁慈、谦虚、保留，避免令人憎恶的自夸。并且，完美的廷臣无论在处理多么小的事情时依然非常认真和谨慎，即使没有人在场也绝不放松对自己的要求，这才是最值得我们赞扬的：“当他们认为他们将不被任何人发现或看到或认识到时，仍然表现出勇气，并且对任何事都不粗心大意，无论多么小的事情，如果大意的话他们也可能会受到责备，这些就是我们在廷臣中寻找的精神品质。”[16]

对于一个廷臣来说，勇敢也是一种尤其重要的品质和美德，一个完美的廷臣首先也是一个勇敢的战士，通晓战争艺术，时刻保持自己勇敢忠诚的武士名誉，在战斗中，在遇到敌人的时候，一定要非常勇敢。英勇的美德早在中世纪骑士的身上就已表现得淋漓尽致。朱伟奇在《中世纪骑士精神》中谈到："英勇被一致认为是骑士的最基本的首要的品质或素质，因为骑士的职业就是战争；不英勇的人，根本就不配做骑士。"[17]《廷臣论》中讲到，基本的和真正的廷臣的职业应该是关于武士的，他因为大胆、精力充沛、忠实于他服务的人而为他人所知，"如果他已经达到忠诚和一个大无畏的精神，并且常常保持它们，我们将应该满足"[18]。而且，勇敢的品质和美德可以通过任何地点、任何时间的身体锻炼而得到，所以，廷臣应该了解所有适合战斗的身体锻炼，并且需要经常参加各种体育锻炼。在这方面他的首要责任是去了解如何使用各种武器，不仅用于步战的，而且还有在马背上作战使用的，还要了解每种兵器的优点，尤其熟悉这些在绅士们中间所普遍使用的，因为除了在战争中使用它们之外，在一位绅士和另一位绅士之间也经常出现不同意见从而导致决斗的发生，这时候他们就常常需要使用这些在手边的武器。所以，廷臣应该多训练自己使用武器的技能，绝不能在需要的时候忘记它们，如果忘记的话，说明他是由于害怕甚至懦弱或者是不够熟练，那将是与一个廷臣的身份非常不相符合的。

廷臣应该学会使用各种武器。武器不仅在作战和决斗的时候使用，而且在平时也应该多加训练，"在和平时期，武器也常常用于各种各样的练习，并且绅士们常常在公众、女士们和伟大的领主面前进行练习"[19]。廷臣应该学习每个民族的长处，在最好的群体中出类拔萃，比如意大利人在马上枪术比赛中是最优秀的民族，以尤其好的技术管理野马，而且在统治、口才方面也是特别完美的人，所以让他成为在这些方面是最好的意大利人中的一员。而在马上比武、在攻击一个坚固的阵地方面，让他成为最好的法国人中的一员。在掷饼、角斗、投掷长矛和标枪中让他在西班牙人中最为突出和显著。总之，让他在这些优秀的群体中锻炼他的每个行动，达到最完美和最优秀的程度。

另外，还有其他的锻炼，虽然不是直接依靠武力，但一般仍是需要很多和很大的男子气的精力，其中最重要的是狩猎，原因是狩猎与战争有类同之处，很能锻炼和表现一个人的勇敢精神，狩猎这项活动是伟大领主的真正的娱乐，它适合一位高贵廷臣将之作为锻炼的好方式。除了狩猎，一个完美的廷臣也应该了解怎样去游泳、跳跃、跑步、掷石头，这些运动将会为他赢得一个好的名声。网球也是一项高贵的运动，也是最适合宫廷人们的一项游戏，展示每个参与者肢体的搭配协调，动作的迅速敏捷性及身体的柔软和韧性，并且带来几乎所有其他锻炼所能够带来的好处。再者，马背上的锻炼也是很好的，骑马虽然是累人的和困难的，但是这项运动比任何其他练习更加能够锻炼人的敏捷和巧妙，所以，廷臣要在这些锻炼方面比其他人更强，以展示其熟练的技能、强健的体魄和优雅的动作，最为重要的是显示他勇敢的美德。总之，作为贵族的佼佼者，廷臣首先也必须是一个拥有强健体魄的勇敢的战士："贵族必须既有力量，光彩夺人，又擅长作为一个武士所应当具备的体育锻炼。作为一个廷臣，其首要任务仍然是使用各种武器。"[20]事实上，像参与讨论的Canossa伯爵所描述的，"廷臣主要的和实在的业绩就是在军队中获取功劳"[21]，还有，在各种身体锻炼中展示自己英勇的美德。

三、结 束 语

卡斯蒂格朗的《廷臣论》，对欧洲贵族的自我教养和行为的文明化产生很大影响。他在书中期望贵族具有以下重要品质：第一，出身高贵，有天赋，举止优雅，才能卓绝；第二，受到古典式教育，擅长音乐、绘画等艺术活动，在军事和体育方面取得成就。卡斯蒂格朗认为文艺复兴时期全面发展的人的形象应当成为贵族的人生理想；第三，贵族还应遵从一定的行为准则，给世人留下好的印象，例如谦逊、优雅，并以完美的性格为君主服务。这些人格理想直到20世纪仍旧影响着欧洲贵族的人格发展。

直到今天，西方社会的上层阶级还保留着大量的贵族特征，比如对奢华的爱好和体面的追求，以及对体育运动的狂热和举止高雅得体的注重，等等，并且具有强烈的阶层意识。

注 释

[1] 褚洪启·卡斯蒂格朗：《宫廷人物》[EB/OL].（2008-07-30）.http: //210.28.216.20/zwjymzxd/dic/dic_076.htm.

[2] Ady, Julia Mary Cartwright. Baldassare Castiglione: the Perfect Courtier: His Life and Letters, 1478-1529. New York: E.P.Dutton, 1908: 417.

[3][4] 〔瑞士〕雅各布·布克哈特：《意大利文艺复兴时期的文化》，商务印书馆，2004年，第130 ~ 131页。

[5][17] 朱伟奇：《中世纪骑士精神》，陕西人民出版社，2004年，第3页。

[6][20] 朱孝远：《近代欧洲的兴起》，学林出版社，1997年第125页。

[7] Scaglione, Aldo. Knights at Court: Courtliness, Chivalry, and Courtesy from Ottonian Germany to the Italian Renaissance. Berkeley: University of California Press, 1992: 279.

[8][9][10][12] ~ [16][18][19] Castiglione, Baldesar. The Book of the Courtier, the First Book. Daniel Javitch，edited. New York: W. W. Norton&Co., 2002: 21.

[11] Jaeger，Stephen C. The Origins of Courtliness：Civilizing Trends and the Formation of Courtly Ideals，939-1210. Stephen Jaeger.Monograph.Philadelphia: University of Pennsylvania Press, 1985: 30.

[21] Caglione, Aldo. Knights at Court: Courtliness, Chivalry, and Courtesy from Ottonian Germany to the Italian Renaissance. Berkeley: University of California Press, 1992: 82.

（原刊于《安徽广播电视大学学报》2008年第4期）

河南会馆的雕刻装饰艺术

周　鼎　肖海博

会馆是产生于明代的一种特殊的公共建筑类型，在明清时代盛行。它是由商业、手工业行会或外地移民集资兴建的一种公共活动场所，它的产生是中国古代商业经济的发展和封建传统心理两者共同作用的结果。在建筑形制上，它从属于民间建筑范畴，因此在建造时，其平面布局、开间、进深等皆受到传统建筑制度的严格限制，但作为一种特定人群的社会活动、地位、精神生活的标志，为了与普通民居相区别，也为了显示自己的经济实力以利于商业往来，它往往在雕饰中求变化、求新异，使装饰更丰富、更精巧。

河南地区现存会馆中雕刻装饰艺术的题材多样，内容广泛，其中既有大量的文学故事，又有大量的神话典故、戏剧故事、民间传说；既有众多的道教神话，又有佛教之十八罗汉、佛八宝、弥勒佛及经幢造型；当然还有众多反映人民生活的场景和动物、花草等自然景物造型及吉祥图案等。雕刻装饰艺术在会馆建筑中更多地体现出商人阶层的文化特征和精神追求，所以当匠人在其上刻下第一刀时，精神的需求就成为装饰的全部主体，对吉祥的追求，对生者的教化，对仙境的神往，对世俗的认同，无不以装饰的形式填充于建筑的方方面面，正是这些繁杂装饰上所表现出的丰富的民俗内容和精湛的技巧才使观赏者驻足不前，为之惊叹。

一、石　雕

梁思成先生曾这样评价石雕：“艺术之始，雕塑为先，盖在先民穴居野处之时，必先凿石为器，以谋生存，其后既有居室，乃作绘事，故雕塑之术，实始于石器时代，艺术之最古者也。”[1]石雕作为会馆的一种主要的装饰艺术，集中分布在牌坊、台基、栏板、柱础等部位，其中以柱础和牌坊处最为精湛。这些石雕装饰在建筑中不但增加了建筑的空间感，还起到了美化建筑的作用，使其具有强烈的民族风格和地方特色。总的来看，河南会馆中的石雕装饰艺术风格独特，主要表现如下。

（一）取材于地方生活和自然的题材

在会馆中，许多雕刻作品均取材于花鸟、果木、山水等自然景物及动物，动物灵兽是装饰中常用的图案题材，如象征吉祥灵瑞的云龙、凤鸟、麒麟、英招、蝙蝠，威猛镇邪的狮、虎，以及其他众多的飞禽、走兽、虫鱼等题材。会馆从属于民间建筑，龙的形象是不允许运用于除皇家建筑之外的任何建筑类型的，但这些有钱有势的商人为了表现其财势，并不理会此限制。例如在社旗会馆石牌坊上的浮雕蟠龙祥云（图一），龙爪雄劲，体态矫健，在造型上具有腾飞、遨游的动势。

图一 蟠龙祥云

1. 石雕中的动物装饰

会馆建筑中的动物装饰题材，多蕴含吉祥如意、幸福美满之义。如：狮子因其在百兽中的地位和威望，用来象征人世的权势、富贵，也用来镇宅驱邪。但在会馆建筑中，狮子是极为温驯的，甚至是顽皮可爱的，或戏耍绣球，或挠痒嬉咬，或仰天长啸，体态各异，令人喜爱，用梁思成的称谓，是“狰狞之大巴狗”[2]。装饰中除狮子以外的动物要属鹿与鹤出现较多，鹿生性驯良，体态优雅，自身的鹿茸又极具药用价值，所以自古就受到上自王公贵族下至平民百姓的喜爱，民间又将“鹿”的谐音比作“禄”，更具一层吉祥意义，所以民间装饰中常出现鹿的形象。鹤细腿长颈，加之鹤与长寿相联系，更符合人们的内心愿望，与“福、禄、寿”相关的另一动物是象征“福”的蝙蝠，如民间甚为推崇的“五福”，即《尚书·洪范》中提到的“一曰寿，二曰富，三曰康宁，四曰攸好德，五曰考终命”，得之可谓人生幸事。然而形象表达无法反映其全貌，于是，匠人巧妙地以五只蝙蝠（通“福”）的优美运用，喻示了“五福庆寿”的主题。此外，牛、马、猴等因为具有某种吉祥意义也出现在会馆的建筑雕饰中。

2. 石雕中的植物装饰

会馆中的植物纹饰因植物品种繁多而更容易取材，历史上人们就喜爱松的正直、兰的高雅、梅的圣洁、竹的孤傲，将植物的特点与人的品性相关联。在装饰中，较常出现的要属莲花和富贵的牡丹及繁盛的菊花。如柱础表面浮雕的仰莲、覆莲，石鼓上雕的荷花、缠枝菊花图案，枝肥叶茂，花朵怒放，装饰效果极强。建筑中的每幅雕刻，行龙折首，牡丹怒放，大鹏展翅，凤凰吉祥，无不各尽其妙，栩栩如生。福贵吉祥，人丁兴旺，是众建造者的基本愿望，所以我们看到的每块石雕上都写满了吉祥，布满了祈望。

（二）带有民俗意味的传统题材

这种题材在会馆建筑中占有一定的比例。如“八仙祝寿”“八仙过海”，八仙的故事在民间广为流传，因其除暴安良，济世助人，又代表了社会各界（包括男女老幼、富

图二　“夜读图”

贵贫贱）人的利益，所以自元代以来深受人们的喜爱。八仙的神力也被渲染得无所不能，反映了民众对正直仁义的推崇，同时也想借助八仙的力量，祈求神灵的保护。如果八仙算是人间俗神，那么“福、禄、寿”三星可谓仙界至尊了。福星原为木星，因古人认为福星所在有福，又称福星；禄星代表人类盛衰兴废，预示仕途财运等，较为功利；寿星是南极老人星，满足人们崇拜生命、渴望长生的心理。三星高照，寓意鸿运通达，美满幸福。另外，一些行善施德的神奇人物也常常出现在石雕装饰中，如人称“和合二仙”的天台山僧寒山与拾得，被誉为喜庆之神，分别持荷花、捧食盒，蓬头褴褛，善眉笑目，不仅本身为人们带来好运与吉利，而且因所持器物谐音“和合”，作为财富丰厚、取之不竭的象征，又有夫妻恩爱，和好合一之意，预示和睦、同心、调和、顺利，极为喜庆[3]。此外，还有表现乡村日常生活的渔樵耕读（图二）、孩童嬉戏等的雕刻图景，这类雕饰题材比较贴近人们的生活，表达了对美好生活的向往之意。

（三）取材于民间神话传说、历史人物、戏剧故事等大众化题材

在会馆建筑装饰中，很大一部分都带有一定的故事情节，形成完整的构图，这些情节主要来自于戏曲、历史人物故事、小说或者民间传说。如《白蛇传》的“水漫金山”场景、《三国演义》《封神演义》和民间传说“东方朔献桃”图、“姜太公垂钓”图等，戏剧故事“三娘教子”“黄鹤楼”“农夫逸乐”等。在会馆人物故事雕饰中还有一个很独特的现象就是女性形象少见，如有则都安置于暗角处，可见封建礼教男尊女卑思想影响之深。

（四）带有社会伦理色彩，体现商人传统精神追求的题材

自古以来，商业及商人的社会地位并不高，居“五行之末”。但是明、清以来，经济繁盛，商人阶层积累了巨额的物质财富，商人文化也在结合传统“忠、孝、礼”思想的基础上得以发展，将“忠——忠诚，忠实守信；义——讲义气，重信誉”作为行为准则。在会馆建筑的装饰题材上多有表现忠、孝思想的“二十四孝图”，宣扬“忠、孝、节、义”思想。可以说，这是当时祠庙、会馆等带有封建宗教气息的公共建筑装饰中不可或缺的一个内容。会馆作为民间的一种自我管理组织，其建造者必然是把对传统美德的继承放在很重要的位置，从而达到道德教化的目的。

二、砖　　雕

砖雕在民间广为流传，其原因一是较石雕省工、经济，同时其质地较石材软，能够深入雕刻；二是砖雕材料与墙体材料相同，色调一致，风格统一，仿佛就是墙体上生长出来的装饰，自然而完整，是别的材料无法比拟的。

图三　砖雕墀头

砖雕在会馆建筑中主要分布在建筑两侧墙体之墀头、门楣等处。其形式和题材大致分为三类。其一为云龙、卷草、蕃草等装饰性图案，多分布在门楣、窗饰、额饰，花草纹饰多用于窄长的部位，花纹布局紧密，枝枝重叠交错，均匀地布满空间。其二为吉祥器物图案，如各朝代的青铜器皿、宝鼎、博古架、酒具、炉等装饰器具，周边以卷草纹饰或锦纹图案作框，以衬托主题，其中也夹杂文房四宝、宝瓶拂光等，以这些古玩摆饰为基本内容的画面，构图均衡典雅，书卷气浓郁，具有很好的装饰效果。其三是墀头砖雕。墀头是古建筑装饰的重点雕刻部位，砖雕技术在此得以淋漓尽致的发挥。如墀头（图三），其装饰就比较复杂，分为底座、束腰，中间主体和顶子等部分，中间部位为亭子造型，上下雕刻有吉祥、忠孝、仁义思想的花草鸟兽等图案，这些图案构图巧妙，造型生动，具有较高的艺术表现力。

三、木　　雕

在我国的传统建筑中，木雕装饰是艺术表现的重要手段之一。由于木材易于镂雕，适合雕刻各种复杂、丰富的内容，中国古建筑完整的木结构体系，也为木雕艺术提供了大发展的条件，故在会馆建筑中，梁架、斗拱、柱头、雀替、门窗、厅堂隔扇、落地罩、匾额乃至穿插枋、角背、耍头皆施以木雕，几乎达到了无木不雕的程度，建筑装饰也因其装饰部位的不同而采用相应的工艺表现与技法。“屋架登高远之处常用通雕或镂空雕法，外观表现简朴粗犷，适合于远视，而门窗、屏罩等雕饰则用于浅浮雕，工艺精制，则适合于近视。”[4]

河南会馆建筑装饰木雕艺术在题材内容的选择上颇为大众化，大致可分为三类。

一是大量选取民间传说、历史故事、戏剧故事、四时花果和鸟兽虫鱼等。所选的故事题材，大多带有浓厚的伦理色彩和吉祥瑞庆的内容，具有一定的社会含义。如用“花木兰从军”来宣扬精忠报国；用“八仙祝寿”“牛郎寻织女”“白蛇传”等戏剧情节和传统故事来褒扬忠信守义和长寿吉祥。这类题材的构图多以人物为前景，用山川、云树等自然景物或建筑物为背景，组成丰富多彩的图案。此类题材集中分布于会馆中的主要装饰部位，体现了以人为本的思想。

二是采用“二龙戏珠”“凤凰牡丹”“鹿鹤同春”“福禄博古”“加官晋爵”“金玉满堂”等各种吉祥如意的图案纹饰，这是对封建社会中传统意识、伦理道德的形象反映，此类题材多布列于额枋、雀替等人们视线集中之处。例如开封山陕会馆檐下的额枋、雀替雕饰（图四），饰以青、大绿或红、黄彩，再以金色烘托，形成金碧辉煌的效果；而周口关帝庙大殿的凤凰牡丹雕饰（图五），则保持木材本色，不加油漆，凤凰翅膀上的羽纹和牡丹叶子的纹饰清晰可见，朴素典雅。

图四　檐下木雕装饰

图五　凤鸟牡丹木雕（局部）

三是运用我国传统的象征、寓意和祈望手法，选用谐音和暗喻组合起富有吉祥寓意的题材，如用莲、鱼表示年年有余，用“仙桃”“寿桃”表示长寿；用蝙蝠、梅花鹿表示福、禄；用梅、兰、竹、菊表示怡情养性；用龙、凤、蝙蝠表示祈望荣华富贵；在宝瓶上加如意头，意为平安如意等，表现了人们的吉祥愿望、幸福追求及美学观念。

综上所述，河南会馆建筑中的砖、木、石雕装饰艺术，以鲜明的个性诠释了河南古代建筑装饰艺术的风貌特征和当地的人文习俗、思想观念，是河南地方建筑文化的重要载体，也是古代民间建筑装饰匠人聪明才智和精湛技艺的结晶。其极强烈的艺术感染力，除给人以美的视觉震撼之外，更多的是构成了一幅幅造型各异的社会风俗历史画面，可谓中国古代社会生活和精神风貌的缩影。

注　释

［1］［2］ 梁思成：《中国雕塑史》，中国建筑工业出版社，1997年。
［3］ 葛磊：《建筑物上八宝图》，《中国房地产》1994年第9期。
［4］ 陆元鼎、陆琦：《中国民居装饰装修艺术》，上海科技出版社，1992年。

（原刊于《中原文物》2008年第4期）

中原文化瑰宝

——神农山紫金顶古建筑群

申　珺

一、神农山紫金顶古建筑群的建筑形制与结构

神农山位于河南省焦作市沁阳城区西北23千米处的太行山麓，是全球首批世界地质公园、世界自然基金组织A级优先保护区、国家AAAAA级重点风景名胜区。峰顶的神农祭坛以其海拔之高、时代久远而被专家誉为“天下第一祭坛”，现已成为炎黄子孙拜谒人类祖先炎帝神农的圣地。神农山紫金顶古建筑群就位于其主峰紫金顶之上。现存文物建筑有一天门、“永宁九府立”碑楼、二天门、南天门、祖师殿、太极宝殿、玉皇殿、王母洞等。

一天门：位于天门峰足下，坐西向东，近似方形，面积16平方米，面阔三间，进深三间，为拱券式无梁殿建筑，单檐歇山顶，灰色筒板瓦屋面，下为石砌基础。正脊两端安吻，正脊为素面。屋檐下四周为砖雕檐椽和飞椽，翼角由砖挑檐，前端装有套兽。平板枋上装饰砖雕斗拱，形制为一斗三升交蚂蚱头，立枋上砖雕云龙、花卉图案，并刻出圆形柱头。东西向开门洞，前后门洞上均镶门额，门额上楷书“一天门”三个大字，首书小字“皇明宗室周府永宁王老三府二辅国将军男九奉国将军勤，建一天门，嘉靖四十四年（1565年）元月起工”。落款为“周府长史司公所军余刘钺监造，大明隆庆二年（1568年）二月吉日立石，工毕”。

“永宁九府立”碑楼：位于一天门西南侧，坐南朝北，平面近似方形，6.8平方米，单檐硬山顶，灰色筒板瓦屋面。北开券门，碑楼门上镶额石一方，上书“永宁九府立”。内置龟趺圆首碑记一通，碑首书“紫金坛创修庙门记”。

二天门：坐北朝南，东西两侧为悬崖绝壁，面阔4.15米，进深2.89米，南北开门洞。为全石造建筑。门额镶石匾楷书“二天门”三个大字。门内为石造拱券顶，后面敞开。二天门为平顶，前面上部砌筑女儿墙。

南天门：位于坛顶最南端，建筑形式基本同一天门，坐北朝南，面阔三间4.19米，进深两间3.86米，石基砖墙，前后开拱券门洞，室内为拱券顶，无梁殿式建筑，单檐歇山顶，为灰色筒板瓦屋面。建筑台明为自然石材。门额楷书“南天门”三个大字。落款的两方印章为“皇明宗室”“郑藩图书”，说明此门由明郑藩王府修建。

祖师殿：坐北朝南，单檐硬山顶，面阔三间7.8米，进深一间5.83米，无梁殿式建筑。明间开门，石基砖墙，拱券顶。屋面为单檐歇山顶，屋面为灰色筒板瓦覆盖，屋内北侧砌筑神台、前置石供案，供案上刻有“大明嘉靖十九年（1540年）岁次庚子三月十三日”落款小字。

太极宝殿：坐北朝南，坐落在9米见方的台基之上，单檐歇山顶，四角微挑，灰色筒板瓦屋面。檐下饰砖雕斗拱，拱眼壁及立枋上砖雕云龙、花卉图案。明间开门，次间设券窗，下侧为方形凹槽，内侧为方形直棂窗，建筑台明为自然石材，明间券门前设有九级踏步，门额上书“太极宝殿”。

玉皇殿：坐北朝南，通阔10.96米。面阔三间，进深一间。单檐硬山顶，置前廊，屋面为灰色筒板瓦覆面。正脊两端安吻，垂脊分前后两端，分段处安兽。殿内为拱券无梁式，北侧神台上塑玉帝像。前墙明间开有一板门，上有亮窗，两次间各有一直棂窗，上有亮窗。东西山墙后侧为砖石垒砌，后墙拔檐以下为砖石垒砌，墙两侧有砖制墀头。殿内有一主券连通明间和两次间，北侧神台上塑玉帝像。

王母洞：位于峰顶左侧，开洞窑四座，洞上镶额石。分别为“王母洞”“灵宫洞”等，落款均有“皇明宗室”“郑藩图书”印章。洞前搭建沿山壁建前廊，顶为绿琉璃瓦覆面。

紫金顶上还有一个长、宽、深约1米的石坑，相传是伏羲氏卧听风声、悟画八卦之处，名曰“八卦池”。在八卦池南侧不远处，还有一处极像太极图案的圆坑，名曰“太极坑”。

二、神农山紫金顶古建筑群的历史沿革及价值体现

神农山有着悠久的历史文化和人文传说。这里曾是炎帝神农辨五谷、尝百草、创农耕、登坛祭天的圣地。伏羲、女娲曾在此泥塑造人；老子在此修行，曾于神农坛顶筑炉炼丹；晋魏华存在山之西侧隐居，得道升仙，创立了道教上清派；北齐僧人稠禅师悬钵于此，弘扬佛法；李世民神农放道下太行等历史传说，其相关遗迹已经专家论证得到公认，载入了史籍和名胜典册。韩愈、李商隐等历代名家也曾在此留下许多传世佳作。其丰富的人文传说和历史文化对研究我国历史有着重要的价值。

神农山主峰紫金顶海拔1028米，矗立中天，气势雄浑，三大天门较泰山早154年。古建筑群中建筑均为无梁式建筑。一天门、“永宁九府立”碑楼、二天门、南天门均始建于明，清代维修。太极宝殿古称“虚皇殿”，创建于唐代，元明复修。祖师殿、玉皇殿始建于元，明代重修。众多的无梁殿建筑，独具特色，石刻、石雕样式丰富多彩，雕刻技法精湛，线条生动流畅，寓意和谐吉祥，独具风格的古建筑群被专家称为豫西北的古建筑艺术宝库，对研究我国古代建筑史的发展提供了珍贵的实物资料，具有极其重要的文物保护价值及科学、艺术价值。

神农山不仅是神农炎帝登坛祭天的圣台，而且是我省著名的佛、道圣山，古建筑群坐落于紫金顶，是典型的中国古代道教建筑选址、布局艺术的缩影。其人文景观及古建筑对研究我国上古时期的历史、佛、道文化在中原地区的传播、发展有着极其重要的价值。

神农山是我国著名名胜古迹之一，历代帝王将相、文人墨客常登高览胜，凭吊先贤，抒发稽古登眺之情，神农山紫金顶古建筑群无疑是该景区厚重文化的载体和重要组成部分，在创建和谐社会、大力发展文化旅游事业的今天，加强对其古建筑群的保护，对发展文化旅游产业、促进经济发展都有着重要的现实意义。

（原刊于《河南科技》2014年第1期）

郑州新出土铜镜鉴赏

张文霞　张　倩

郑州地处中原，是中华民族文化摇篮的腹地，是中国闻名的古都之一。几十年来，郑州市文物考古研究院在考古发掘、文物调查和文物征集等工作中，收藏历代铜镜及新出土铜镜几百件，其中精品颇多。现选择部分铜镜，依时代顺序介绍如下。

1. 素面镜（图一）

圆形，小纽，无纽座，镜面平直，背面较粗糙，胎壁薄。直径10.5厘米，缘厚0.15厘米。2003年11月郑州市电信器材公司战国墓出土。

2. 羽状地纹四叶镜（图二）

圆形，三弦纽，方形纽座，外围凹面形方格。纹饰由地纹与主纹组合而成，地纹为羽状纹，在地纹之上，在纽座四边中部向外伸出四叶，镜缘为素卷边。直径9.9厘米，缘厚0.5厘米。2003年10月郑州市南阳路家世界购物广场战国墓出土。

3. 四叶纹镜（图三）

圆形，六弦纽，圆纽座，纽座外围涡纹。纹饰由地纹与主纹组合而成。地纹为圆涡纹、三角纹和碎点纹。在地纹之上，从圆纽座的边缘伸出4个桃形和桃叶状纹，呈十字交叉，将镜背分为四区。素卷边。直径8.1厘米，缘厚0.3厘米。2003年7月巩义站街镇秦墓出土。

图一　素面镜

图二　羽状地纹四叶镜

图三　四叶纹镜

4. 日光连弧铭文镜（图四）

圆形，圆纽，纽座外一圈内向八连弧纹，其外有铭文一周，“见日之光，天下大明”，字间加以“の”“田”字符号。平缘。直径8.3厘米，缘厚0.4厘米。2004年4月郑州市同洲花园汉墓出土。

5. 昭明连弧纹镜（图五）

圆形，圆纽，圆纽座。纽座外围有宽线圈和内向连弧纹一周，纽座与连弧纹间以双弧线和三短线相连。外区有铭文带，铭文右旋：“内清以昭明，光而象夫日之月，□□□。”每字或两字间夹“而”字。铭文字体方正，但多减笔字。铭带内外各饰一周斜线纹。素宽平缘。直径9厘米，缘厚2.5厘米。2004年郑州文物考古研究院征集。

6. 四乳四虺纹镜（图六）

圆形，圆纽，圆纽座，纽座外饰两周射线纹，中间饰四乳钉及四虺纹，虺纹的内外有两只鸟。外缘略高。直径10.4厘米，缘厚0.35厘米。2005年8月郑州市鸿城服饰购物广场汉墓出土。

图四　日光连弧铭文镜

图五　昭明连弧纹镜

图六　四乳四虺纹镜

7. 四乳禽兽镜（图七）

圆形，半圆纽，圆纽座。座外两周短斜线纹夹一凸弦纹圈。主纹为四乳与禽兽相间环绕。在外又一周短斜线纹和凸弦纹，双线波纹缘。直径8.9厘米，缘厚0.3厘米。2004年郑州文物考古研究院征集。

8. 八乳禽兽博局镜（图八）

圆形，圆纽，柿蒂纹纽座，蒂间有四乳钉纹。座外围以双重圆圈，圆圈外八枚双重圆座乳钉及博局纹将镜背分为四方八极，各区配置一禽兽，每一方两区内禽兽相背而立。其外饰斜线纹及两周锯齿纹缘。直径15.2厘米，缘厚0.5厘米。1997年7月郑州市上街任庄汉墓出土。

9. "长宜""位至"八连弧圈带镜（图九）

圆形，大圆纽，四叶纹纽座。叶间有篆书铭文"长宜子孙"四字。外饰内向连弧纹，弧间有铭文"位至三公"及圆圈纹补白。宽平素镜缘。直径16.4厘米，缘厚0.3厘米。1999年5月郑州市上街人民医院汉墓出土。

图七　四乳禽兽镜

图八　八乳禽兽博局镜

图九　"长宜""位至"八连弧圈带镜

10. "君宜高官"凤纹镜（图一〇）

圆形，圆纽，变形柿蒂纹纽座，蒂内有铭文"君宜高官"四字。其外剔地平雕由四对鸾凤组成的图环布一周，再外饰内向连弧纹一周。窄平素镜缘。直径11.8厘米，缘厚0.2厘米。1985年郑州市周新庄晋墓出土。

11. "君宜高官"夔凤纹镜（图一一）

圆形，圆纽，圆纽座。座外两侧竖写铭文"君宜""高官"，另两侧以阳线铸抽象的夔凤图案纹。再外饰射线纹一周。宽平素镜缘。直径7.6厘米，缘厚0.2厘米。1985年郑州市周新庄晋墓出土。

12. "位至三公"夔凤纹镜（图一二）

圆形，圆纽，圆纽座。座外两侧竖写铭文"位至""三公"，两侧以阳线铸抽象的夔凤纹图案。再外饰射线纹一周。宽平素镜缘。直径10.2厘米，缘厚0.3厘米。1985年郑州市周新庄晋墓出土。

13. 飞鸟纹镜（图一三）

圆形，圆纽，圆纽座。纽及纽座下叠压一只飞鸟。其外短斜线纹带，线条间距较宽。锯齿纹及波折纹缘。直径8.8厘米，缘厚0.5厘米。2003年巩义市西城变电站晋墓出土。

图一〇　“君宜高官”凤纹镜

图一一　“君宜高官”夔凤纹镜

图一二　“位至三公”夔凤纹镜

14. 齿纹蟠龙镜（图一四）

圆形，圆纽，圆纽座。座周围盘绕一龙，龙头回首衔尾。其外施一周斜线纹，边缘施两周锯齿纹。直径9.5厘米，缘厚0.5厘米。1988年4月郑州市纺织专科学校晋墓出土。

15. 双龙镜（图一五）

圆形，圆纽，圆纽座。座外线刻浮雕二独角龙，屈体盘绕，龙体的一部分压于纽下，其外为铭文带，铭文不详，外围一周斜线纹，镜缘饰锯齿纹和波折纹、弦纹。直径13.6厘米，缘厚0.7厘米。2007年1月郑州市巩义新心花苑晋墓出土。

16. 秦王四兽铭文镜（图一六）

圆形，圆纽，联珠纹纽座。纽座外围以双弧线分为四区，每区各配置一瑞兽，皆作奔驰状，然姿态各不相同。双弧线间饰四小瑞兽。其外饰两周斜线纹，外区铭文为“赏得秦王镜，判不惜千金，非关欲照胆，特是自明心”。“赏”与“心”字间有一圆点断句。最外为一周斜线纹和三角圆点纹缘。直径13.1厘米，缘厚1、1厘米。1984年郑州市荥阳峡窝村采集。

图一三　飞鸟纹镜

图一四　齿纹蟠龙镜

图一五　双龙境

17. 秦王四兽铭文镜（图一七）

圆形，圆纽，变形四叶纹纽座，中间补以弧形纹。座外大双线方格，四角与V形纹相对，V形纹中有图纹。方格四边外及V形纹分割的四区内各一瑞兽。瑞兽似虎似狮，有的作回首状，有的作奔驰状，尾部上翘。四兽两两相对，兽周围用云纹等补空。其外两周锯齿纹带，外区铭文为："赏得秦王镜，判不惜千金，非关欲照胆，特是自明心。""赏"与"心"字间有一圆点断句。最外为两周锯齿纹缘。直径16.1厘米，缘厚0.4厘米。1986年郑州市郊区采集。

18. 瑞兽葡萄镜（图一八）

圆形，伏兽纽。一周凸棱将镜背分为两区。内区四兽四鸟相对，珍禽瑞兽外环列一串串葡萄和一片片叶纹。外区不同姿态的禽鸟十只及蜻蜓与蜂蝶，其间有十五串葡萄枝蔓。重瓣花纹缘。直径11.8厘米，缘厚1.2厘米。2005年郑州市上街区长城铝业有限公司唐墓出土。

图一六　秦王四兽铭文镜

图一七　秦王四兽铭文镜

图一八　瑞兽葡萄镜

19. 瑞兽葡萄镜（图一九）

圆形，伏兽纽。内区四瑞兽相对，一串串葡萄缠绕在高圈内外。外区肥厚润泽的叶瓣及硕果累累的葡萄串错纵交缠，其间对称四只展翅飞翔的禽鸟。重瓣花纹缘。直径9.9厘米，缘厚1厘米。1991年2月郑州市水文站家属院唐墓出土。

20. 葡萄缠枝花镜（图二〇）

圆形，圆纽。中间隆起一周凸弦纹，内区环绕五串葡萄枝蔓，外区饰一周缠枝花。点线纹镜边，高镜缘。直径9.3厘米，缘厚0.5厘米。1988年4月郑州市上街区体育场唐墓出土。

21. 双鸾瑞兽云纹镜（图二一）

八出葵花形，内切圆形，圆纽。纽左右各立一鸾鸟，鸾鸟头上花冠，曲颈相对，展翅飞翔，一脚立地，一脚微曲。纽上一朵双翅云头纹。纽下一飞奔的马（或称天马），颈上系一株荷花瓣。边缘分别配置两两对称的折枝花、流云、蜻蜓与蜂蝶。直径18.5厘米，缘厚0.5厘米。2005年9月河南省中信中原置业有限公司唐墓出土。

图一九　瑞兽葡萄镜

图二〇　葡萄缠枝花镜

图二一　双鸾瑞兽云纹镜

22. 双鸾花鸟云山纹镜（图二二）

八出葵花形，内切圆形，圆纽。纽两侧双鸯对称而立，鸾振翅翘尾。纽上云纹和山纹，纽下一鸟站立在仙山叠嶂、云雾缭绕的山峰上。八瓣中折枝花与灵芝云相间环绕。直径14.2厘米，缘厚0.3厘米。2005年9月河南省中信中原置业有限公司唐墓出土。

23. 双鸾衔绶双花镜（图二三）

八出葵花形，内切圆形，圆纽。双鸾同形，展翅翘尾，口衔长绶，足踏花枝，挟纽对立。绶带特别精美。纽的上下各饰一株花叶茂盛的花枝纹，别具一格。八瓣中各一枝花叶纹。直径24.6厘米，缘厚0.5厘米。2005年9月河南省中信中原置业有限公司唐墓出土。

24. 宝相花镜（图二四）

圆形，圆纽，联珠花瓣纽座。座外饰六朵宝相花，形状颇类莲花。窄平素镜缘。直径13.8厘米，缘厚0.2厘米。2005年7月郑州市沟赵乡大谢村唐墓出土。

25. 簇六团花铭带镜（图二五）

圆形，圆纽，联珠纹纽座。内区纽座外环绕六个团花，每个团花的花蕊外，为六瓣喇叭形花瓣及卷叶纹，花瓣吐出的花蕊组成一圈联珠纹，最外为双线纹。团花规矩整齐，精美细腻。团花之间衬以卷草及图案化的花卉纹。外区为铭文带，铭文为：“灵

图二二　双鸾花鸟云山纹镜

图二三　双鸾衔绶双花镜

图二四　宝相花镜

山孕宝，神使观炉，形圆晓月，光清夜珠，玉台稀世，红妆应图，千娇集影，百福来扶。”近缘处为两圈联珠纹。直径18.6厘米，缘厚0.8厘米。2007年3月郑州华晨房地产开发公司唐墓出土。

26. 花卉纹镜（图二六）

六出葵花形，桥形纽，圆座，座周围饰6朵花蕾，其外一周联珠纹。外区饰6朵折枝花。直径18.4厘米，缘厚0.4厘米。1990年12月郑州化工厂唐墓出土（图二四）。

27. 月宫镜（图二七）

菱花形，内切圆形，中心一株桂树，树干上部盘曲成镜纽，上端枝叶茂盛。树一侧仙女腾空飞舞，双手上举，一手捧物，披帛飘起；另一侧白兔杵臼捣药，其下一跳跃的蟾蜍。八瓣中各饰一朵流云。直径15厘米，缘厚0.7厘米。2005年9月河南省中信中原置业有限公司唐墓出土。

28. 月宫镜（图二八）

圆形，窄边。镜背中部一株桂树拔地而起，树叶茂盛。树左侧为一飞舞仙女，头戴冠，左手背后，右手弯曲托盘，身后衣带卷曲飘拂，脚下树旁有一个四腿张开的蟾蜍。

图二五　簇六团花铭带镜

图二六　花卉纹镜

图二七　月宫镜

大树右侧同为一仙女，头戴高冠，双臂作舞蹈状，衣带卷曲飘逸，脚下树旁有一白兔直立，双耳竖起，两前肢握杵杆往一具上圆下方的容器中筑杆。直径15.6厘米，缘厚0.5厘米。2007年3月郑州市上街区东方明珠小区唐墓出土。

29. “太平万岁”铭文镜（图二九）

四方委角形，桥形纽。以纽为中心，饰一个大的双线“卍”字纹，转折处的空间各填一字，合为“太平万岁”。素缘。直径12.6厘米，缘厚0.2厘米。2006年2月郑州市纺织机械厂唐墓出土。

30. 四花镜（图三〇）

圆形，小圆纽。座外四朵大花枝叶相连，花叶肥硕。宽平素缘。直径10.9厘米，缘厚0.2厘米。2005年6月郑州卷烟厂宋墓出土。

图二八　月宫镜

图二九　“太平万岁”铭文镜

图三〇　四花镜

31. 飞鸟纹镜（图三一）

圆形，圆纽，圆纽座。在座四周浮雕四只飞鸟展翅飞翔。其外饰圆圈纹及乳珠纹。宽平素缘。直径12厘米，缘厚0.2厘米。2005年9月河南省中信中原置业有限公司宋墓出土。

32. 花卉镜（图三二）

六瓣葵花形，桥形纽，纽外饰两周联珠纹，将主体纹饰分为内外两区，内区饰四朵花卉图案，外区饰六朵团花牡丹图案。宽素缘，缘上刻“郑州司侯司官”“匠”等铭文，直径13.3厘米，缘厚0.1厘米。2005年10月河南省中博有限公司宋墓出土。

33. 亚字形花卉镜（图三三）

亚字形，小纽。纽外饰一周浮雕花卉纹，窄平缘。直径8.3厘米，缘厚0.2厘米。2005年10月郑州荥阳堡王村宋墓出土。

图三一　飞鸟纹镜

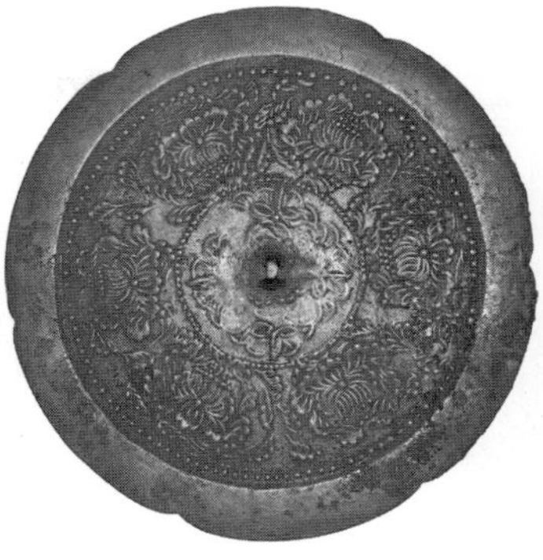

图三二　花卉镜

图三三　亚字形花卉镜

34. 仙人过海镜（图三四）

圆形，大圆纽。整个镜背面铺满海水纹，纽左右各一仙人手持仙草，漂浮于海面上。纽上方一片云雾飘浮，下方一瑞兽作奔驰状。宽平镜缘。直径19.5厘米，缘厚0.4厘米。2001年11月郑州市上街体育场宋墓出土。

35. 双鱼纹镜（图三五）

圆形，圆纽。镜背浮雕波涛澎湃，二鲤鱼同向漫游，摇头摆尾，形态生动逼真，周围波浪起伏。素镜缘。直径8.1厘米，缘厚0.2厘米。2005年7月郑州市沟赵乡大谢村宋墓出土。

铜镜集观赏、实用于一体，堪称我国古代文化遗产的瑰宝。在古代，它是一种日用品，作为梳妆照面的生活用具，但从诞生之日起，就一直受到古代先民的喜爱和重视。铜镜在许多墓葬中均有出土，它的出现是文物考古研究中的断代标尺，同时也是文化传承的纽带。不同时期的铜镜，有不同的艺术风格特征、纹饰和造型。在今天，铜镜显然已失去了它的鉴容作用，但它的装饰艺术同我国的其他古代艺术一样，始终闪烁着民族历史的光辉。

图三四　仙人过海镜

图三五　双鱼纹镜

本文得到郑州市文物考古研究院张松林院长的悉心指导，以及姜楠、汪旭、于宏伟等同志的协助，在此致谢！

注　释

［1］　孔祥星、刘一曼：《中国铜镜图典》，文物出版社，1992年。

［2］　洛阳博物馆：《洛阳出土铜镜》，文物出版社，1988年。

［3］　程林泉、韩国河：《长安汉镜》，陕西人民出版社，2002年。

［4］　河北省文物研究所：《历代铜镜纹饰》，河北美术出版社，1996年。

（原刊于《收藏界》2007年第9～11期）

墓葬壁画的揭取与保护

潘寸敏

壁画的揭取与保护，是一项工艺复杂、技术要求全面，而又不可逆的操作过程，了解墓葬壁画的制作过程、组成结构和材质，是做好墓葬壁画保护的先决条件。一般情况下，考古现场出土的壁画结构由三部分组成：壁画的支撑体、地仗层和画面层。以上结构材质的差异，决定了壁画揭取方法的不同。

从目前已公布的考古发掘资料来看，所出土的带有壁画的墓葬，其支撑体的材质主要有三种：土、砖和石，它们是墓葬壁画的附着面和承载体，是在墓葬建造过程中，经过简单地垒砌、铲切或斧凿而形成的相对平整的壁面。在制作壁画时，通常先用泥浆或白灰进行找平，再在上面作画。这层泥浆或白灰层就是地仗层，它们一般由泥浆或白灰掺杂麸糠或棉麻等植物纤维组成。不同材质的支撑体和地仗层造成了其稳定性差异很大，它们直接影响着壁画的保存状况。

因此，根据墓葬壁画不同的结构材质和壁画的保存现状，找出最为科学的保护方案，是成功揭取壁画，进行有效保护的关键。

壁画的揭取保护，有着一定的规律性和严格的技术操作规范，掌握其规律性和技术规范，就可以应用于各种常见类型的墓葬壁画的揭取和保护。

一、墓葬壁画的揭取

墓葬壁画的揭取方法，依其支撑体、地仗层、画面层所使用的材料差异，以及制成工艺的不同，大致可归纳为三种（图一）。一种是对有地仗层的墓葬壁画的揭取，目前这种揭取技术较为成熟，且应用较为广泛。其方法是对壁画本体加固后，用机械的方法将壁画从墙壁上剥离下来，一般是将画面层连同地杖层一齐揭取。个别面积较大的壁画，还需切割成数块，分别进行揭取。第二种是无地仗层壁画的揭取。这种情况较为少见。方法是通过特殊技术，将壁画层与支撑体剥离。一般只揭

图一　揭取壁画

取壁画的画面层，其技术含量较高。第三种是墓室解体式搬迁保护。由于多种因素导致无法使用前两种方法进行揭取，或需要维持墓葬形制特征时，可采用该方法。

二、墓葬壁画的保护

出土壁画墓的现场处置与保护，既是考古发掘工作的延伸和补充，又是进行墓葬壁画的有效保护的首期时段，它关系着壁画后期保护的最终效果，是墓葬壁画揭取和保护过程中一个不可缺少的最为重要的环节。

首先，应遵循六项原则对发掘出土的壁画进行现场保护。

尽早介入原则。从预案的制定、保护工作的准备、现场的操作和今后实验室进一步保护等环节的要求出发，出土现场应急处置与保护行动介入得越早，壁画所遭受的损失就会越小，保护成功的概率越大，效果越好。

灵活性原则。壁画出土状态和外界环境千差万别，现场应急保护所采取的方法应该具有实效性，具体问题具体分析，不能拘于教科书所规定的程序，重在有效保护和成功保存壁画。

少干涉原则。对于古代壁画的保护，首先选择的是物理方法，其次是使用天然的溶剂材料，再次是具有可逆性的化学试剂，最后才选择其他试剂。尽量减少对壁画的人为干扰和避免对壁画造成进一步伤害。

稳定性原则。在田野现场操作、包装运输和实验室处置等保护过程中，始终力争保持出土壁画温、湿度的相对稳定，避免因环境剧烈变化所造成的水浸、真菌滋生和干裂等导致壁画劣化现象的发生。

修旧如旧原则。在对古代壁画实施的处置、保护过程中，不管采取哪种方法，使用何种加固材料，均不得改变壁画的原始概貌及固有风格。

详细记录原则。在古代墓葬壁画的保护过程中，除了正常的考古发掘记录和多种检测分析报告外，还应采取照相、摄像和规范化的图表文字记录等多种方式，对出土墓葬壁画的现场应急处置和保护措施的实施过程进行完整记录。

其次，制定科学有效的保护方案。

与考古发掘出土文物的保护方法相比，墓葬壁画的保护专业性强，技术更复杂，时效性更强。故建立科学、规范的保护程序是必不可少的，也是保护过程中必须要严格遵守的。

制定揭取保护方案，需要考虑到不同时代、不同地域、不同地质环境、不同建筑材质的墓葬壁画的实际情况，对其结构分布、保存状况进行先期客观调查，快速作出科学评估，在此基础上，制定出最佳的保护方案。

按照保护方案，进行逐步实施，步骤应严格按照操作程序进行，确保壁画文物的安全，并认真做好文字、照相、绘图等方面的记录。墓葬壁画出土时的保存状况一般有两种：一种是由于墓葬封闭较差，造成泥土通过墓壁缝隙进入墓室，在墓室内形成厚厚的淤泥，将墓室内的壁画长时间掩埋。这种情况一般出现在洞室墓或砖室墓中。另一种情况是墓葬封闭较好，墓室内没有泥土淤积，墓室内部形成一个相对封闭的空间，其中光线、温度、湿度变化不大，相对稳定。在这种情况下，壁画没有经过雨水或地下水的浸泡、污染，保存状况较好。这种状况一般出现在那些建筑坚固、埋藏较深的砖室墓、山崖洞室墓或时代较晚的气候干燥、土质较好的土洞墓中。当发掘出土时，此类墓葬墓室或墓道内的壁画仍然保持着裸露状态。

无论哪一种出土状况，壁画在进行揭取保护之前，所面临的主要问题都是因环境急剧变化而产生的劣变，需要及时采取适当措施保持壁画文物的稳定性。在此基础上对壁画表面的污染物进行清理，然后再实施基础保护工作。

现场清理。墓葬壁画历经了千百年的地下埋藏，一般都会因为泥土的淤积和覆盖而造成不同程度的污染，因此，保护的第一步就是必须对其进行清剔处理或药物清洗，使其重现原始风貌。清剔和加固工作必须具有可逆性，需要与以后的揭取、后续的实验室内进一步的保护工作相互协调，不可因为清剔和清洗，以及现场加固材料的选择与今后的后续工作发生冲突，造成以后进一步保护工作的被动。

现场保护。墓葬壁画的保存条件、内部结构、制作工艺及所用的材料本身决定了其机械性很差，极为脆弱，极易受环境影响而遭到损坏。考古发掘出土的墓葬壁画，由于在地下长时间掩埋，经过雨水和地下水的浸泡，长期处于高湿环境内，加上与土壤的长期接触，地下微生物对其侵害等，造成壁画所依附的地仗层，以及颜料层中的植物或动物胶出现不同程度的老化和分解，其颜料中的可溶性矿物成分甚至和土壤中的盐发生化学上的置换作用，使它们失去了原有的黏接性。因此，这些墓葬壁画出土时均有多种病变，表现为颜料层脱落、空鼓、结构性位移、龟裂、褪色、污染等，严重威胁着壁画这一珍贵文物本身的安全。

因此，在对壁画进行清理后，必须对壁画本体进行现场保护，对出现的病变及时处理，如对已经疏松的地仗层进行填充和加固处理，对颜料层进行封护处理等。以免在壁画揭取的过程中，病害进一步劣变，造成无法弥补的后果。

第三，保护工作完成后，要及时进行总结。

总结内容包括壁画的病害类型及其特征，保存状况评估，工作中使用的方法、技术、材料及工具。总结报告亦可作为文物修复档案永久保存。此外，对壁画的保护修复，必须尊重历史事实，尊重艺术成果，最大限度地保存和揭示古人留下的历史信息，保持壁画原貌，无任何附加内容，避免画蛇添足，改变壁画的原始风貌，这是对古人艺术成就的尊重，也是对历史文化的尊重。

（原刊于《古都郑州》2013年第3期）

解开考古的神秘面纱，重现生动鲜活的历史

——读《图说考古——追溯文明的星河》有感

鲍颖建　张　英

考古学属于人文科学，与历史学有着密切关系，二者就如鸟之两翼、车之两轮，不可偏废。它们都属于“时间”科学，均以人类古代社会的历史为研究目标。但二者的区别也是明显的，历史学把文献资料作为研究对象，考古学则以古人遗留下来的实物资料（即通常所说的遗迹和遗物）作为主要研究对象。考古学有着一套不同于其他学科的获取资料与进行研究的方法，譬如田野考古中的地层学和类型学理论等均是该学科的方法论。鉴于这门学科的特点，我国的文物考古工作仅限于专业人员承担。因此，长期以来，人们对文物考古有着一种“神秘”感。随着物质生活水平的提高，人们对精神文化生活的追求越来越丰富，这其中就包括对文物古迹的了解和欣赏。

图一

一个个重要考古发现、一项项文物考古之最，令人兴奋不已。它们不但为学者们提供了新的研究资料，而且让“圈外人”大开眼界。考古学的功用是多方面的，它不仅可以补史、证史、为其他学科的研究提供实物资料，还能通过实物这一生动的历史教材使人迸发出强烈的爱国热情与民族自豪感。然而，如何才能为非专业人士提供一本综合介绍重要考古发现的大众性读物，进而让人们更系统、更全面地认识古代文化的发展过程呢？于海广先生主编、由齐鲁书社出版的《图说考古——追溯文明的星河》一书（以下简称于书）便为我们提供了很好的借鉴。笔者就谈谈对该书的几点感受。

一、图文并茂、雅俗共赏

实物图片通常能给人以强烈的视觉冲击，形成较为立体的感性认识。考古学教材、专著的首尾部分虽也有一些实物图片，但正文部分大量运用的却是器物线图（多用于分型分式分期）、遗址图、遗迹图等。这往往只有专业人员才能看懂，对于普通读者而言，这些线图既较难识别又感乏味。然而实物图片则不同，一眼望去便有一种似曾相识的亲切感，不知不觉便走进了其中。于书就恰到好处地抓住了这一关键点，它几乎在每一节中都插入了一两幅或更多的典型实物图片，如河姆渡文化的陶猪、大汶口文化的狗鬶、齐家文化的七星纹镜、山东龙山文化的蛋壳黑陶高柄杯、良渚文化的玉琮、楚国的蚁鼻钱、鬼脸钱及明代的青玉荷花洗等（见图二～图四）。这些图片既有助于对重要器物的描述，又给人以直观的感受和美的享受。进而使读者在欣赏之余增强了见闻。

图二　大汶口文化狗鬶

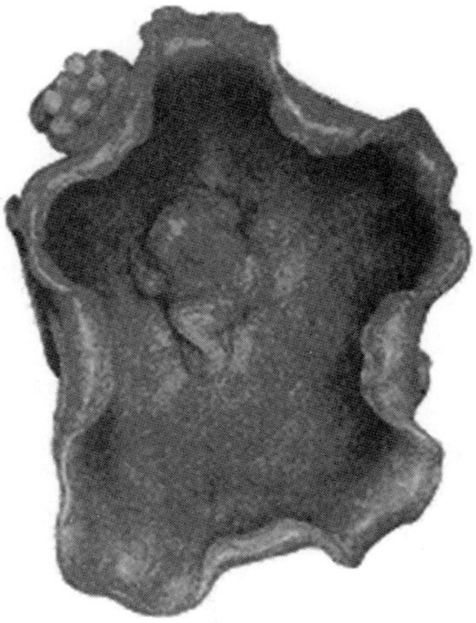

图三　明代青玉荷花洗

二、材料确切，通俗易懂

考古学是一门科学，它记录着历史的原貌。因此，不论是专著、教材，还是其他读物，在征引考古资料时都应力求准确无误。这就对著者提出了较高的要求，在实际的编写过程中不仅要查阅、核实大量的考古资料，还应对其意义、价值有一定的了解和研究。于书的编写即查阅使用了多种考古学资料，如《考古学报》《考古》《文物》等期刊资料及《中国大百科全书·考古卷》《新中国的考古发现和研究》《西安半坡》《长沙马王堆一号汉墓》等报告集和书籍。尽管于书是一部大众性读物，但其征引的考古材

图四　楚国蚁鼻钱、鬼脸钱

料是确切、翔实的。

作为一部大众性读物，在确保材料质量的基础上，还应力求通俗易懂。一部优秀的图书之所以能够吸引众多的读者，与其高超的语言处理技术有着密切关系。在专业考古书籍中，具体的测量数据、相关器物形态的描述等占据着相当的篇幅（于书中鲜见），这些对普通读者来说就索然无味了，更别提那些专业术语了。为了满足读者需求，编写者就应对择取材料做一些“技术性处理”，使人读起来朗朗上口。于书就较为巧妙地解决了这些问题，既满足了读者的猎奇心理，又使人赏心悦目。且看这几组篇名：“肥猪拱门聚宝来”，“俯首甘为孺子牛”，“切凿刻镂总相宜”（雕刻技术），“千年艺伶存于墓”（乐俑），“自古王侯多豪奢，金缕玉衣裹尸还”，等等。由此可见，这些都是经过作者精心设计的。

三、全书以专题的形式从不同侧面展现我国的远古文化

我们经常说，中国古代文化历史悠久，内涵丰富。言她历史悠久，是因为中国有五千年的文明史，有上百万年的人类发展史，并且还是延绵不断、持续发展的。言她内涵丰富，是因为其涉及社会发展的诸多方面，从宏观上看，她兼及政治、经济、文化、军事、思想等；具体分析，她又体现在社会生产和社会生活的方方面面。人们通常认为，文物考古资料是展示古代社会最直观的画面，那么，如何利用实物资料来解读中国古代社会呢？面对丰富多样、精彩纷呈的古代文化，于书精心选取了十二个专题来进行解读，它们分别是：远古文化篇、农业篇、畜牧业篇、手工业篇、铜镜篇、古代钱币篇、古代建筑篇、艺术篇、古代文字篇、墓葬篇、武器与战车篇、珍品欣赏。这些专题虽不能涵盖我国古代文化的所有方面，但已描绘出它的基本轮廓。

四、以有代表性的考古材料为主，安排具体篇目的内容

近年来，各种考古新发现层出不穷。它们既为考古学科的发展注入了新鲜血液，也使人们大开眼界、惊叹不已。面对众多的考古材料，如何选取有代表性的材料向读者介绍呢？这就要求著者熟悉各种考古资料，再通过对比分析甄别出那些典型的材料来。于书的编写也注意到了此方面，譬如，“中国的古人类化石”（篇名）材料非常丰富，几乎在全国各省份都有发现，编写者则着重介绍了元谋人、蓝田人、北京人、山顶洞人；“光彩夺目的彩色陶器”在我国的仰韶文化、大汶口文化、马家窑文化、屈家岭文化及青铜时代的辛店文化中都曾流行，作者只对前两者作了重点介绍；在“耳目一新的史前

城址”中，著者主要介绍了城子崖龙山文化城址，而我国考古发现的史前城址已不下数十座，等等。由此可见，编者精心择取的考古材料都是耳熟能详、具有鲜明代表性的。

值得一提的是，著者还浓墨介绍了多项中国古代文化“之最”。最早的直立人化石——元谋人，最早的漆器——河姆渡遗址出土的木胎朱漆碗，最早的铜镜——齐家文化铜镜，最早的乐器——舞阳贾湖遗址出土的骨笛，最早的统一货币——秦半两，最早的流通货币——北宋“交子”，最早的墓葬——北京周口店山顶洞人墓葬……不胜枚举。这不仅扩充了读者的知识储备，还使我们的民族自豪感油然而生。另外，编者还在各章的前面作有绪论，以便读者对每个专题的内容有一个总体认识。

总而言之，《图说考古——追溯文明的星河》一书从选材到篇目设计都是独具匠心的。不但材料确切，而且图文并茂、引人入胜。它以专题为纲、以若干有代表性的内容为目，纲举目张。然而，中国古代文化的内涵异常丰富，该书不可能予以全面反映，但其仍不失为一部集知识性、趣味性于一体的优秀图书。

（原刊于《湖南大众传媒职业技术学院学报》2013年第5期）

近十年来国内公共考古学研究述评

刘文科

公共考古学，又称为公众考古学，美国考古学家、遗址保护专家查尔斯·麦克基姆先生在*Public Archaeology*一书首次提出这一概念。2002年，杭州召开“全国十大考古新发现颁证与学术研讨会”，其主题是“考古学与公众——考古知识的普及问题”。明确提出建立公众考古学的问题。近几年来，“考古学要走向大众”的呼声越来越高，遗址公园的建设、考古工地的开放、博物馆展示方法的改变、考古科普书籍的出现、媒体上各类考古类节目的出现，公众考古学在国内可谓盛行一时。本文拟对我国近10年来公共考古学的相关研究进行一个粗略的梳理。

一、公共考古学概念的讨论

公共考古学，源于查尔斯·麦克基姆的*Public Archaeology*，国内对于这一概念没有统一的称谓，或称之为公众考古学，或称之为大众考古学。范佳翎通过对比英美国家考古学家对这一概念的不同解释，认为理解的偏重点与不同国家和地区在*Public Archaeology*出现背景和所面对具体问题方面的差异[1]。大多数学者根据*Public Archaeology*认为，公共考古学是一个西方的名词和理念，但是高蒙河则认为考古学大众化的理念中国从来就有，并通过分析苏秉琦先生不同时期的公众考古思想的演进而认为苏先生是中国公共考古学的领军人[2]。公众考古学到目前为止还是没有一个较为统一的概念。郭立新、魏敏认为考古学家对考古学与社会之间相互关系及考古学家社会责任的再思考，这种思考，上升到理论高度，即是所谓的“公众考古学”[3]。姚伟钧、张国超认为公共考古学的定义是考古学的大众化[4]。钱耀鹏认为公共考古就是考古学的社会化[5]。陈淳认为公众考古学是指由政府管理的从公众共同利益出发的考古学，即如何由一个形形色色而且互有竞争的大众群体以他们自己的方法阐释过去[6]。当然，对于公众考古这一概念提出是否合理，学术界仍有争议，施劲松、王齐认为公众考古学的提法不仅存在着逻辑上的缺陷，而且在实际操作时还潜存着一些难以避免的危险[7]。对于公共考古学的学科建设，钱耀鹏认为公众考古学是考古学研究的新领域，严格意义上来讲，公众考古学似乎还不是一个成熟的学科分支[8]。梁太鹤认为由于公众考古学颇具有重要的现实意义，因此有论述称它将是国内考古学中“呼之欲出”的一个分支。就所需研究的范围和问题说，把它作为学术研究的一种方向，分支说自有成立的理由。但是否即建立为新的分支学科，却值得细加估量[9]。孙波也认为公众考古学因为缺乏理论而不能称之为一门学科[10]。

二、关于公众考古学的理论研究

公共考古作为一个新的提法，或者一种新的理念，一经提出，便立即在中国考古学界引起了较大的反响。其中不少的学者开始思考这一问题，但其理论研究成果相对较少。有学者认为这一现象与学者们的观望态度有一定的关系。目前公众考古学主要以《中国文物报》和《南方文物》为两大宣传阵营，《中国文物报》主要刊登公共考古学大众性、普及性文章，实时性、思考性较强，《南方文物》则主要刊登学科理论类文章，其中介绍西方公共考古学的文章占有一定比例。郭妍丽通过对考古学科学性和大众性的分析，认为考古科学化与大众化的结合点在文物保护，并且通过四种方法可以实现考古学大众化与科学化的结合[11]。郑媛则从中国目前经济建设对文物的威胁、公众对考古知识的盲区及考古工作者的行业尴尬等现状出发，认为公众考古学的建立是公众需要、文化遗产保护需要、考古行业需要[12]。魏峭巍通过对国外公众考古学的研究，认为国外公众考古学经历了政府参与、公众参与、公众导向等三个不同的阶段，我国应加强公众考古学理论建设，找出适合本国国情的公众考古学道路[13]。李琴、陈淳通过对国外公共考古学的起源与发展、内涵与概念、理念和方法的简要介绍，认为中国的公共考古学应该在多方的合作下，实现真正意义上的“以大众为中心”[14]。郭立新、魏敏对西方公共考古学发展情况进行了简要梳理，提出考古工作中的矛盾与冲突，认为研究要结合中国现状谨慎处理各种关系，考古学家应在公共考古发展的形式下做好考古知识普及工作，搭建好公共考古的现实平台[15]。

在中国公共考古学发展模式上，姚伟钧、张国超认为我国现阶段公共考古的途径大致有四种：考古现场的参观、模拟考古、科普考古图书和直播考古。其中参观考古现场是目前我国公众考古最要形式之一[16]。中国社会科学院考古研究所选用了现场参观、科普书籍、动态讲座、考古专题影视等四种方式进行公众考古学的引导和推广[17]。上述的几种方法基本涵盖了我国现阶段公共考古学的运行模式。在公众考古学基本理论方面，魏峭巍从考古学、政治学、社会学三个不同的视角观察，认为三者之间的分歧必须在共有元素考古资源的基础上进行博弈，从而实现纳什均衡，完成遗产保护[18]。崔玉范从美国公共考古学教育的视角，对美国公共考古的机构和运行模式进行了翔实的归纳，认为在政府的领导和支持下，由考古学家发起，教育学家们积极参与并合并了社会各个团体的公众考古教育，实现考古学知识和文化资源保护的公众化[19]。曹兵武认为考古资料具有公共属性，考古资料不仅仅是考古学家的资料，也应该受到其他领域甚至大众的关注。考古学家长期以来只关注考古资料的一个方面，而考古资料和考古知识的分享传播并非文本所能代替，要在新技术和新媒体的支持下不断探索其考古资料的载体和传播的途径，这不仅是学术发展的必然，也是文化遗产发展的需要[20]。麻赛萍、高蒙河根据考古教育与考古资源的密切程度，将考古教育按照三个不同的场所——考古现场、博物馆和课堂加以划分，剖析在三个场所开展的考古教育内容、手段和效果，为以后的公共考古活动提供参考[21]。

公共考古学的概念源于西方，因此，有大量关于西方公共考古学的介绍性文章和译著。《公共考古学》的序言《公共考古学的多样性与非协调性》详细论述了公共考古学的定义，并提出了“民智不足”和“多角度”两种模式，在此基础上如何与公众进行沟通与交流[22]。而《让公众参与博物馆考古》一文在分析博物馆强大的媒体功能和为考古服务性质的基础上，认为其单一的陈设脱离了公众的需求。自1960年以来，博物馆的功能转向公众，树立公共服务的意识，实现数码通道、幕后参观、外界文物盒等多种方式来提升公众考古资源的保护、鉴赏意识，从而提升文化遗产的保护能力[23]。希尔松·兰贝利通过对巴西水下文化遗产的种种复杂问题的讨论，打破水下遗产由于观点差异造成的僵局，而水下考古及民族志研究中心则在水下遗产的管理上起到了非常重要的作用[24]。这些译著和文章为我们了解国外的公众考古学研究状况、思考我国公众考古学开展的模式提供了重要的理论支持和方法借鉴。

三、公众与考古学大众化

公共考古学中的“公共”包含了两种含义：一是公众，即一种国家行为，这种政府行为以公共利益为前提；二是公共，由个人所组成的群体，是一个多样化的集合体。所谓的“公共”就是要处理国家、公众、考古学三者之间的关系[25]。国内这几年来探讨较多的是大众与考古学的关系。1996年，陈星灿撰文《公众需要什么样的考古》，从考古学学科性质、研究方法等方面论述考古学与公众存在一定的距离[26]。陈洪波认为目前国内由于多种限制因素的存在，加之考古学的专业性质，考古学实际上距离大众还是很远[27]。因此，考古学界和社会各阶层的学者也大声疾呼，要求考古学走出象牙塔，建立公众考古学体系。曹兵武认为考古的大众化是社会发展的一个必然趋势，这不仅是人民对文化的需求，也是考古学家有益的学科尝试，并进一步指出考古学家已经意识到应该再添加一个“转换普及”的新程序，在与社会和公众交流的过程中获得反馈，认识和确立自身的定位和社会形象[28]。公众考古学兴起十年来尽管存在各种各样的分歧，但是考古工作者一直都在不懈地努力，从各个角度实现考古的大众化，大部分考古工地的开放和具有科普意义的书籍大量出现。苏秉琦的《中国文明起源新探》（生活·读书·新知三联书店，1999年）以通俗话语总结了其毕生研究所得，其自称“一本我的大众化的著作，把我一生的所知、所得，简洁地说出来”。吴汝康的《人类的过去、现在和未来》（上海科技教育出版社，2000年）被收入“名家讲演录”科普系列书系，向公众介绍人类起源与进化方面的知识。李伯谦、徐天进主编的《考古探秘》（科学技术文献出版社，1999年），由一批著名考古学家执笔，其中不乏考古发现和考古研究的真知灼见。高蒙河的《考古好玩》（复旦大学出版社，2011年）以深入浅出的笔法讲述了真正的考古生活。许宏的《最早的中国》（科学出版社，2009年）一书图文并茂，从多个角度深入浅出地讲述了早期中国的形成。

贵州省文物考古研究所出版的《赫章可乐：二〇〇〇年发掘报告》（文物出版社，2008年）采用了“发掘者说”理论，用报告惯例之外的通俗语言和视角，随文配上相关照片图像，对相关内容进行概略讲述，以浅显的语言，辅之以考古学常识。它是考古学报告编写的一次新尝试，这种尝试与编者力图推进公共考古学发展的理念是分不开的，表明考古学者正在以不同的角度和视野对考古学的大众化进行有益的尝试。李春华认为博物馆在促进考古学的大众化方面有着独特的优势，博物馆的大众考古要克服陈设简单，与大众缺乏沟通的现状，实现公众考古学的建立和博物馆各项工作的顺利开展[29]。施劲松、王齐认为公众诉求与考古学的科学性存在着一定的差异，而这一差异源于考古学知识的不确定性，考古工作者可以给公众的只是尽可能多的过去历史的“碎片”。这些碎片由公众在考古学者的正确引导下完成“历史拼图”[30]。范佳翎以最成功的“公众化”实验考古项目——英国Buster古代农场（Buster Ancient Farm）为例，认为“实验考古学”具有很大的考古科普优势，应该在公众参与实验考古的过程中逐渐理解考古学的理论和方法[31]，而且考古影像信息更能客观地记录现场，具有较强的视觉冲击力，容易被公众所接受，保证所收集影像的真实性、全面性、科学性对于公共考古学的发展也是大有裨益[32]。在公共考古学的实施与推广中，程艳妮从阳陵公众考古的实践出发，认为公众考古活动中的年龄限制、经费缺少、模拟考古教练的缺失等几个方面的因素正在日益束缚着考古大众化的发展[33]。麻赛萍根据上海市政府“三区联动”的城市战略，积极寻找考古普及化在这一战略下社区化，认为考古社区可以降低消费成本、扩大范围，并且以多种形式、多种途径落实考古学的普及[34]。上述研究成果具有科普性，也具备常识性，同时也体现实践性，说明学者们正从不同的角度在尝试普及考古知识和推进公共考古学的发展。

四、公共考古与大众传媒

公众考古学的发展离不开大众传媒的参与，加强与传媒机构的合作，借助新闻媒体、网络媒体等信息平台逐渐成为考古发掘成果的另一个展示渠道。随着媒体越来越多的参与，考古学家越来越重视与公众的交流，公众活动日益深刻地影响考古活动。但是媒体是把双刃剑，可以扩大考古学在公众中的影响，也会由于媒体追求卖点和轰动效应而出现非客观的考古报道。关于公共考古与大众传媒的关系，也不乏学人关注。曹兵武认为媒体希望从考古发掘中寻求新闻点、兴趣点甚至经济增长点，但不可否认，客观的结果是普及了大众的考古学知识。如果适当地加以引导与规范，甚至可以对考古学的进步、文物保护意识的提高起到积极的推动作用[35]。孙波认为随着信息和网络等传媒技术的飞速发展，考古行业可以通过媒体传播考古知识，但是由于考古学或者文博行业的状况，以前的一些做法正在被质疑，文物部门正在从危机事件中的被同情者转化为被问责者。正是这样，在危急关头更需要建立公众考古进行应对[36]。张士坤、王志华从考古学共享现状及问题出发，剖析了考古学与媒体接触中存在的问题，认为存在呈现不均衡，呈现模式和语言有悖考古学的严谨，进而提出考古学工作者在与传媒的接触中应该主动些、积极些。这样有利实现考古知识的共享[37]。郭云菁以考古传播、人才培养为切人口，认为公众考古传播应将各类媒体作为主要研究和合作对象，探讨考古与媒体的最佳合作模式。要完善和增进考古学界和媒体界的交流机制，加强两个领域之间信息和人员互动，特别是专业公众考古传媒人才的培养，一是立足于培养一批与媒体交流的公众考古人员；二是着重培养具备基本的考古学知识的媒体从业人员[38]。

当然，仍有一部分学者对于媒体持保守态度，他们认为媒体的炒作严重违反了考古学的规律，违背了考古学的科学精神……媒体的任意推导、大胆结论甚至是无中生有，造成了极坏的影响，干扰了考古工作的正常进行。这些不是考古学传播，无疑对考古学这门严肃的学问是一种伤害[39]。陈洪波在谈及公众考古学与传媒的关系时认为，传媒与大众的关注立场是一致的，传媒关注的是考古学以外的东西，而不是考古学本身，传媒和大众的功利心理显然与考古学家的思想观念难以合拍[40]。

五、公共考古学发展过程中存在问题

通过简单回顾近十年来国内公共考古学的研究现状，我们发现公共考古学整体性的研究依然十分薄弱，目前尚未有一部关于公共考古学整体性研究的专著。国内大多学者关于公共考古学的认识还不够清晰，尽管公共考古学从发展阶段上看已经跨越了宣传与呐喊的阶段，但是对此并不是很热衷，甚至冷眼旁观。至于在公共考古学的理论和模式方面进行全面研究的成果更是少之又少。在公共考古领域，依然存在许多认识上的误区和错误的认识等充斥在公共考古学领域，如果不能及时纠正，势必会影响公共考古学的发展。

一方面，公共考古学概念呈现缩小化趋势。目前，一提起公共考古，人们就会认为是考古知识的普及，而且这种认识还普遍存在于文物工作者和管理者的意识里。公共考古学的概念发源于西方，尽管目前还没有一个统一明了的概念，但是“公众考古学是服务于公众兴趣的职业考古学研究方向，协助立法保护古代遗址与发现、管理博物馆收藏、并向公众展示古代历史、与开发商协商尽可能地减少建设项目对古代遗迹的影响。大部分考古工作还是旨在创建与出版专业的学术知识，20世纪70年代以来，考古学发展出一系列超出其学术规范的专业领域，公众考古就是用来界定这一发展与多样性。博物馆不再是一个文化机构，而是藏品与档案的收藏、解释与展示的专业实践场所。公众考古学还包括了公众对古代遗存的普遍兴趣。公众考古学远远超越了学术的范围。跨域了许多学科”[41]。这段话不是给公众考古学下定义，但是由此可以看出公共考古学涉及的领域已经远远超出了考古学本身。诚然，正如曹兵武所言：“公众考古学的前景在很大程度上也依赖于考古学家在向公众普及考古知识方面的作为。”但是公共考古学并不是考古科普化，考古科普化只是公共考古学大众化过程中的一个方面，属于考古知识的宣传，而不能涵盖公共考古学。

另一方面，公共考古学展现方式日益模式化。近些年来，以国家、地区考古学机构为主体的生力军正在以自己特有的考古学普及和展示手法推广公共考古学理念的实施。但是事实上现在各个地区使用公共考古学的方法和手段已经近乎模式化，科普读物、工地参观、模拟考古、博物馆教育等中国式的公共考古学运行模式，实际上更多的是注意考古知识普及，换言之，就是公共考古学内涵缩小化之后的行为反应。

随着公共考古学概念的提出，考古学知识在国内得到了前所未有的普及，使大众广泛参与到考古学知识的了解和认知当中去。这一举措对于提高国民素质、提升国民文化意识、增强国家文化的保护力度均有非常明显作用。但是公共考古学是一大值得探索的研究课题，中国公共考古学的进一步发展需要我们探索出一个适合本国国情的公共考古学发展模式。

注　释

[1] 范佳翎：《如何理解“Public Archaeology”》，《中国文物报》2012年3月16日第7版。

[2] 高蒙河、麻塞萍：《苏秉琦考古公众化思想的形成与发展》，《中国历史文物》2010年第1期。

[3][15][25] 郭立新、魏敏：《初论公众考古》，《东南文化》2006年第4期。

[4][16] 姚伟钧、张国超：《中国公众考古基本模式略论》，《浙江学刊》2011年第1期。

[5][8] 钱耀鹏：《价值实现与公共考古学》，《考古学概论》，高等教育出版社，2011年。

[6] 陈淳：《考古学入门》，北京大学出版社，2009年。

[7][30] 施劲松、王齐：《“历史图景”“公众考古学”及其他——参观〈商代江南：江西新干大洋洲出土文物精品展〉有感》，《中国历史文物》2006年第6期。

[9] 梁太鹤：《2008年公众考古案例盘点及思考》，《中国文物报》2009年6月26日第7版。

[10][36] 孙波：《新传媒时代的“公众考古学”与危机公关》，《中国文物报》2012年8月31日第5版。

[11] 郭妍丽：《考古学的科学化与大众化》，《中国社会科学院研究生院学报》2004年第1期。

[12] 郑媛：《试论在中国建立“公众考古学”的必要性》，《文物世界》2010年第4期。

[13] 魏峭巍：《国外公共考古学研究现状综述》，《南方文物》2010年第3期。

[14] 李琴、陈淳：《公众考古学初探》，《江汉考古》2010年第1期。

[17] 刘国祥：《公共考古的开展及其意义》，《中国文物报》2010年6月25日。

［18］　魏峭巍：《分歧与整合：公共考古学基本理论问题的探讨》，《江汉考古》2011年第2期。

［19］　崔玉范：《美国的公众考古教育——实现文化遗产保护目的的一个途径》，《南京社会科学》2007年第8期。

［20］　曹兵武：《资料·信息·知识·思想——由专家考古学到公共考古学》，《南方文物》2011年第2期。

［21］　麻赛萍、高蒙河：《考古现场·博物馆. 课堂：考古教育的三个阶段》，《博物馆研究》2011年第3期。

［22］　〔美〕尼克·麦瑞曼著，周晖译，方辉校：《公共考古学的多样性与非协调性》，《南方文物》2007年第2期。

［23］　〔美〕尼克·梅里曼著，黄洋、高洋译，陈淳校：《让公众参与博物馆考古》，《南方文物》2012年第1期。

［24］　〔巴西〕希尔松·兰贝利等：《保卫巴西水下文化遗产：法律保护与公共考古学》，《国际博物馆》（全球中文版）2008年第8期。

［26］　陈星灿：《公众需要什么样的考古》，《读书》1996年第12期。

［27］［40］　陈洪波：《考古学和公众的距离到底有多远?——关于公众考古学的思考》，《中国文物报》2005年8月12日第7版。

［28］［35］　曹兵武：《考古学与大众》，《中华读书报》2003年9月3日。

［29］　李春华：《博物馆与公众考古学》，《中国文物报》2005年8月12日第7版。

［31］　范佳翎：《“公众化”实验考古》，《中国文物报》2012年8月17日第7版。

［32］　范佳翎：《公众考古中的影像信息采集》，《中国文物报》2009年4月10日。

［33］　程艳妮：《从文化圣殿到民众乐园——汉阳陵公众考古活动的思考》，《文博》2012年第12期。

［34］　麻赛萍：《文物知识普及与社区化》，《上海文博》2009年第1期。

［37］　张士坤、王志华：《略论大众传媒与考古共享的互动关系》，《东南传播》2009年第5期。

［38］　郭云菁：《公众考古传播的人才培养机制》，《中国文物报》2011年9月2日第7版。

［39］　熊焰：《解析考古新闻“秀”》，《新闻前哨》2002年第4期。

［41］　〔英〕科林伦·福儒、保罗·巴恩、迈克尔·尚克斯著，陈胜前译：《公众考古学/博物馆学/保护/文化遗产》，《考古学：关键概念》，中国人民大学出版社，2012年。

（原刊于《丝绸之路》2013年第14期）

考古发现中的古尸成因探秘

刘文科

古尸，最通俗的理解就是古代遗留下来的没有腐烂分解的尸体，最为洋气的称呼则是借鉴国外的命名，称之为“木乃伊”。2011 年，“首届古尸保护和研究国际研讨会”在长沙召开，在这次会议上，这类古代文化遗存终于有了一个比较公认的名字：“古人类遗骸（ancient human remains）。”尽管古尸有了权威的称谓，但是公众对于这一类文化遗存的认识和理解未必太深刻。提起古尸，可能很多人首先会想起香港的僵尸电影、湘西的“赶尸人”、欧美文化圈中的吸血鬼……不同文化环境中的这些所谓“古尸”却有着共同的特征：不腐。

因为不腐，古尸大多拥有完整的身体、较好的皮肤，有的容貌甚至依然保存完好。在中国古代史书中对这些古尸有过非常精彩的描述，“面体如生，恰似寐中”。人死之后，“面体如生”可能有些夸张，但长沙马王堆汉墓女尸出土时，其皮肤弹性尚好，如果在野外，几个月就会化为一堆白骨。在俄罗斯阿尔泰地区发现的冰尸“冰雪公主”，身体上的公主刺青尚很明显。

古尸在全世界许多地方均有发现，著名的有新疆“楼兰美女”和“小河公主”、长沙马王堆汉墓女尸、阿尔卑斯“冰人奥茨”、埃及木乃伊，等等。这些家喻户晓的古尸分布于世界的不同地区，同时也代表着几个不同的古尸类型。古尸分为干尸、湿尸、冰尸和鞣尸，这些类型和外部环境有着密切关系。干尸就是尸体完全脱水，丧失了水分而保留下来的古尸。干燥是这类古尸的形态特征，多发现于气候干燥少雨的地区。新疆发

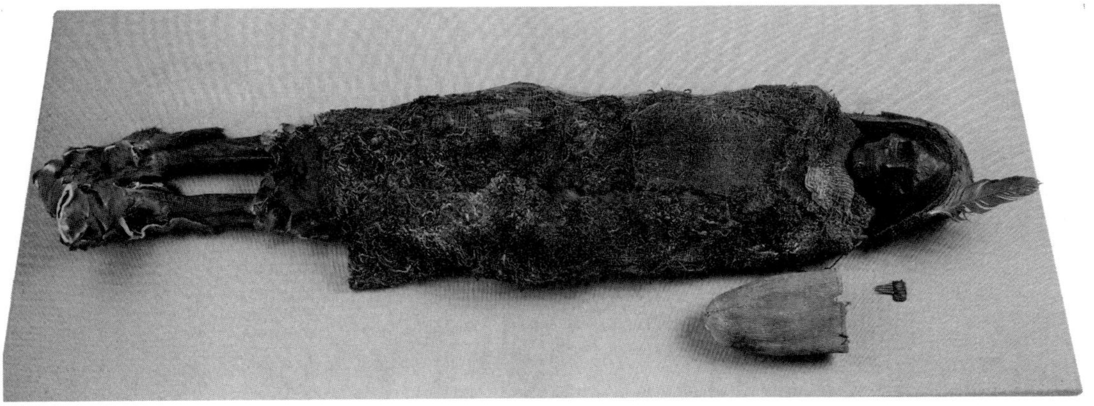

新疆楼兰铁板河古尸

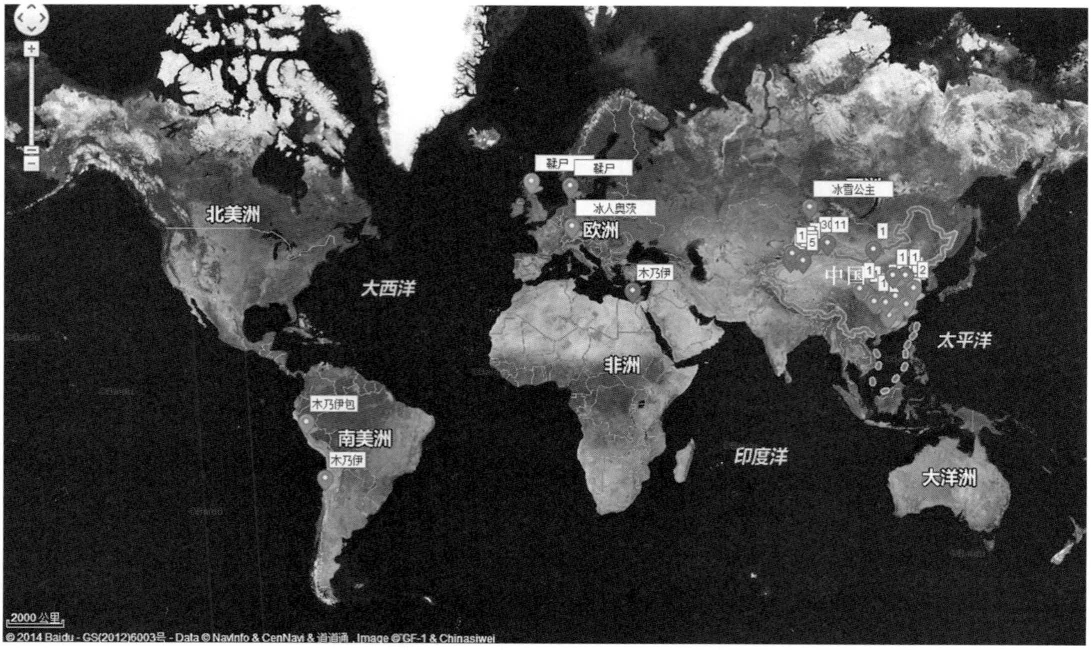

考古发现的古尸分布

现的古尸、埃及木乃伊，秘鲁发现的木乃伊包和智利发现的木乃伊，就是此种类型。湿尸则是指在密闭的墓穴内发现的、含水量较大的尸体，马王堆汉墓女尸属此类型。冰尸是发现于冰雪之中的古尸，冰人奥茨属此类型。还有一类发现于沼泽之中的尸体，被称为鞣尸。

根据目前世界各地古尸的发现情况，我们基本可以勾勒出古尸出现的一个区域图：埃及、秘鲁、智利发现的木乃伊，北欧地区的沼泽古尸，高山上的冰尸，中国的干尸和湿尸。

一、技术，还是环境的造就？

生物的腐烂是动物蛋白质及其有关的有机物分解为无机物，回到大自然进行物质循环的过程。生物死亡后，内部自身保护功能丧失，各种细菌、真菌、病毒等便开始在尸体内大行其道。生物的腐烂速度与尸体停放地点、环境、曝光有着密切的关系。例如，尸体在夏天腐化速度较快，在冬天则腐化速度相对慢。暴露于空气中的尸体，日晒雨淋，细菌极易侵蚀，尸体很快就会膨胀腐蚀；而放在墓穴棺椁里的尸体，若再加上必要的密封措施，尸体的腐朽时间会相应延长。这里，腐朽的定义是人和动物的白骨化，就是尸体的肌体完全腐烂分解，只留下骨头。尸体腐烂与分解是自然界的规律，而古尸的

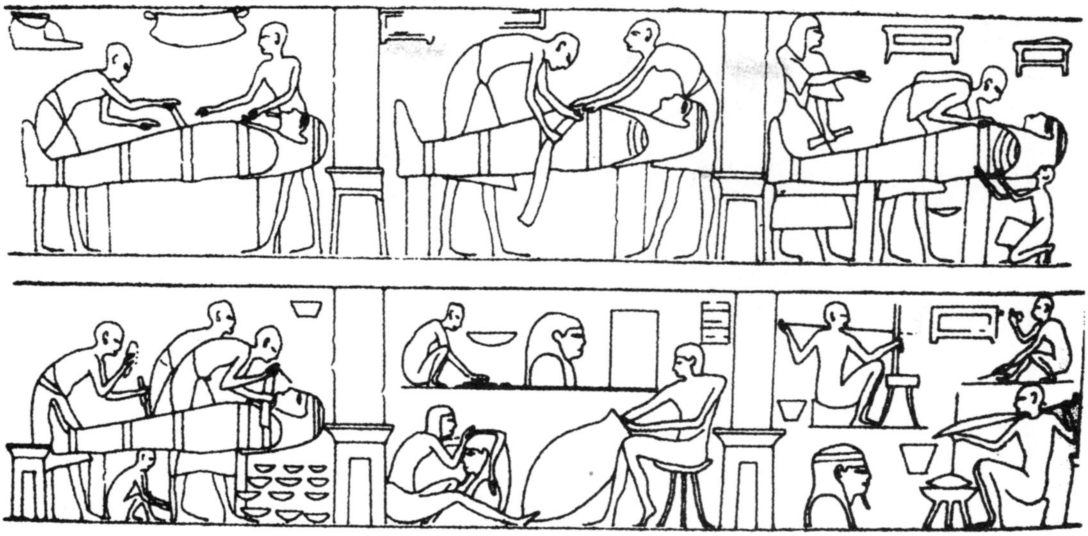

木乃伊制作壁画（引自《埃及考古学》）

出现却打破了生物腐化的一般规律。这种打破建立于严密的制作标准和规范之上，且有实践性的是防腐技术，建立于偶然因素之上的则只能归结于自然界的神奇。

根据目前出土古尸的种类和成因初步分析可知，古尸的形成有两个原因，其一是客观因素——环境。特殊环境，如干燥的沙漠地带、极寒的高大雪山等，可以阻断促使尸体腐朽的细菌的存活与繁殖的链条，延缓尸体腐朽和分解的过程，从而使尸体保留下来。其二是主观因素——人类干涉。人类通过一种系统的、严谨的技术方法，使尸体与空气隔绝、脱干水分，避免遭受细菌的分解而保留下来。在世界上有着许多因为这种防腐技术而留存下来的干尸，而这类技术在古埃及被运用得淋漓尽致。

新疆且末扎洪鲁克墓地出土男尸

冰人奥茨

古埃及人为了保证尸体的不腐，通过非常严密的手段将尸体较为完好地保存。首先将脑组织从鼻孔勾出，注入一种合成液体；同时将所有内脏取出，用油精和树脂浸泡；然后清洗遗体，用涂有树脂的亚麻布带子将遗体包好；最后用布将整个遗体包裹起来，装入石棺。这一技术在整个埃及非常流行，上至国王图坦哈蒙，下到埃及平民，无一不想让亲人的遗体完整保存下来。同时他们也将这一技术发挥到极致，从牛到鸟类都有被制成的木乃伊。这样的制作过程在法老的金字塔壁画中有着非常清晰的描述。同样，在南美洲的秘鲁和智利也发现大量的这种木乃伊，这些木乃伊是成熟的防腐技术的产物。

相对于古埃及成熟的古尸制作技术而言，世界其他地区出现的古尸则少了点儿技术的成分，多了点幸运。阿尔卑斯山上的半裸男尸面部朝下卧于巨冰中，起初众人皆以为其是不幸的滑雪者，但是其周边的燧石短剑却暴露了他的身份，于是警察换成了考古学家，一场谋杀的官司就变成了考古学家的解密之旅，冰人奥茨的死亡之谜就由考古学家解开了。同样，在苏格兰、丹麦一带，那些沼泽中的尸体常常让人们猜测他们是谁家的走失人口，其实他们当初作为祭品，或是斧钺加身，或是四肢残断，已经躺在那里几千年了。相对于古埃及的木乃伊，这些古尸的形成很显然是在没有主观意识干扰下的偶然之作。冰人是因为山上的气候极其寒冷，分解尸体的生物无法存活，故而尸体保存了下来；沼泽的古尸是因为沼泽中含有大量的酸性物质，细菌在这样的环境下无法存活，同时，沼泽中的苔藓分解出来的丹宁酸会将尸体分解为皮革的样子，所以沼泽中的古尸，也被称之为鞣尸。在大自然的捉弄下，这些尸体在特殊的环境下被完整地保存了下来。

二、中国古尸

中国是古尸发现较多的国家之一，根据目前的发现，有2000多具。从类型上说，干尸、湿尸、尸蜡、鞣尸各类型均有，但国内没有典型的尸蜡，仅扬州发现的明代女尸有尸蜡样变化，且鞣尸也只有上海浦东明代古尸一例。从分布上说，湿尸主要分布于长江流域，如湖南、湖北、江苏、浙江、安徽、四川、贵州、广西、上海等地；干尸主要分布在南疆地区。年代上，最早的干尸可上溯至距今3800多年，而湿尸始见于战国秦汉之际的墓葬，下可达明清。

南疆干尸分布于吐鲁番、罗布泊、哈密等地，其中仅吐鲁番阿斯塔那—哈拉和卓古墓地，就曾出土古尸305具，现藏于新疆博物馆的扎洪鲁克男尸就出土于且末扎洪鲁克墓地。这一区域内的气候干燥少雨，土质疏松，透气性好，墓室外高温干燥的空气可

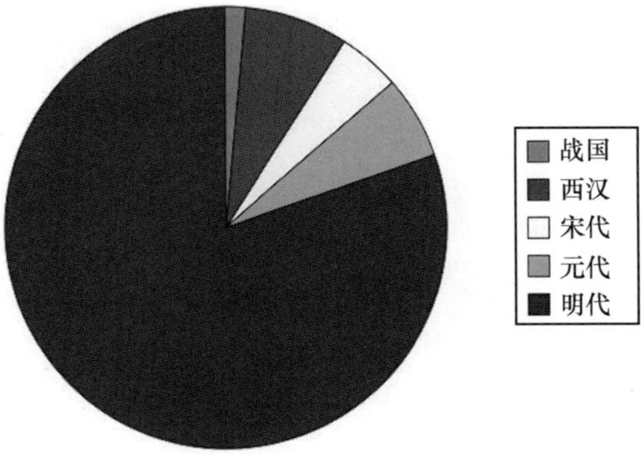

长江流域古尸数量与时代对比

以使尸体内的水分迅速蒸发，使尸体内微生物丧失生存的基本条件，从而脱水成为干尸。这一区域的干尸与古埃及的人工干尸不同，都是特定环境与气候下大自然的“杰作”。

长江流域发现的大量古尸，除极少的干尸外，大部分为湿尸。它们大多是以深埋于地下的棺椁装殓，全部浸泡在棺液中，尸体体表湿润。其中比较有名的古尸出自马王堆汉墓、荆州凤凰山168 号汉墓、连云港汉墓等，不过明代以前的古尸数量总体较少，到明代才骤然增多，远远超出了以前的所有时代的总和。

通过观察已发掘的古尸墓葬，结合历史文献可以发现，在古尸出现的墓葬中，有一些很明显的共性存在，这些似乎可以称为中国古代墓葬的防腐技术。首先是墓葬的结构上，深挖墓室，让墓葬深埋地下，制造相对恒温、恒湿的环境，马王堆汉墓就深达 20 多米；其次，厚大的棺椁结构，用松柏做成的棺椁，严丝合缝的榫卯结构和子母扣，都能够使墓室内形成一个缺氧环境，从而抑制了需氧病菌的生存繁殖；再次，在墓室内用具有吸水防潮性能的木炭、灯草、松香、草木灰、石灰等来干燥墓室，并且在入殓时给尸体裹以多层衣物来保护皮肤等；最后，在墓葬的建造方法上，加强墓室和棺木的密闭性，用厚厚的白（青）膏泥、三合土等夯实棺椁与墓室之间的空间，增加墓室的密闭性，通过铁钉、生漆黏缝等加强棺木的密闭性。经过这些处理措施，整个棺椁内外形成一个相对恒定且缺氧的环境，尸体的腐烂速度会因为氧气的消耗殆尽而减缓，直到异常的缓慢，于是大量的古尸就保留了下来。继宋元以来，长江流域各地区的墓葬更加强调其密闭性，独特的三合土夯筑与糯米灌浆的墓葬营造方法就是其具体体现。

马王堆汉墓中的古尸因为深埋、4层棺椁、20 多层衣物包裹，以及厚厚的白膏泥、大量的木炭，保持了尸体不腐。凤凰山汉墓则因椁室周围的青膏泥、五花土和封闭严密的内棺使古尸保留至今。北宋时期的衡阳何家皂墓由木棺、石椁和石灰层构成，木棺由两层木质致密的木板制成，外侧用麻布包裹，再涂红漆，棺椁之间填充致密的石膏。南宋时期的金坛周瑀墓棺用子母口扣合，并多次用生漆填缝，封闭严密，外椁也以枣核钉铆合。这些措施都意在构建干燥、密封的墓室环境，是一种自觉的行为。

此外，还有的通过水银来防腐，将水银置于棺内或者灌入尸体里。《宋史·真宗李宸妃传》记载仁宗即位后“亲哭视之，妃玉色如生，冠服如皇太后，以水银养之故不坏”。

古埃及人早已对尸体的腐朽过程有了非常清楚的了解，故采用了有效的防腐手段，注重对尸体本身进行处理，通过取出内脏、脑髓等易腐败部位，同时用酒精和油脂处理

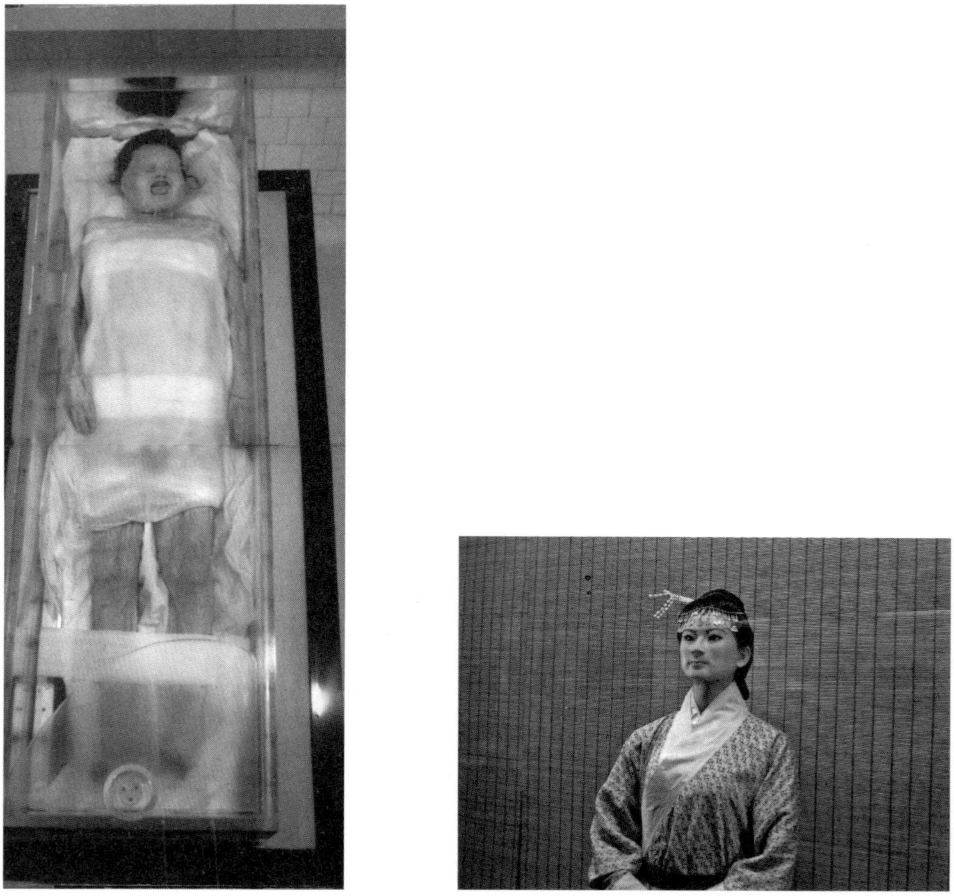

马王堆汉墓出土古尸（左）及其复原像（右）

尸体，注重做好抑制腐朽内在的因素。与此相比，中国古代的防腐措施则重在对外在因素的控制上，注重尸体外在的保养，讲究调节外在环境，而不破坏人体本身。中国的这种防腐的措施能不能被称为成熟的技术呢?

首先，综合国内的考古发现，古尸数量并不少，但以中国历史的长时段和地域的广袤作为参照系数而言，数量并不多；其次，中国目前发现的古尸主要集中在长江流域和南疆地区。北方地区尤其是黄河流域在很长时间内是华夏民族的政治、经济和文化中心，同样的墓葬防腐技术在这一区域的墓葬内未见成效，黄河流域鲜有古尸发现；再次，共处一片墓区中的墓葬，同样的防腐技术，在技术的掌控上缺乏精准，防腐所达到的效果确实参差不齐，以马王堆汉墓而言，同一区域发现的三座墓葬，因为白膏泥的薄厚不一，仅有一座墓葬尸体被较好地保留了下来；最后，中国古代尸体防腐技术职业人缺失，与古埃及相比，我国古代没有出现掌握尸体防腐技术的专门性人才和阶层。

综上所述，笔者认为中国古代尸体防腐措施在很大程度上存在着不成熟性，具有极强的偶然性，这种防腐的措施既没有严格的操作流程，又没有相对规范的执行标准，具有较大的随意性，不具备预见性。但这些并不能够否认我国古人在防止尸体腐败方法上的探索与对某些手段的理性认识。

附记：部分图片由新疆文物考古研究所刘玉生先生提供，深表感谢！

（原刊于《大众考古》2014年第11期）

换个视角看历史：灾难性遗址巡礼

刘文科

人类难免会遇到无法避免的危险，有时巨大的灾难会让一个高度发达的文明瞬间消失。灾难性遗址是灾难现场的凝固，给了我们另一个角度，来看待人类文明进程。

2013年 7月9日，河南博物院与美国威斯康星大学密尔沃基分校图书馆联合举办“福尔曼镜头下的中国·中原大灾难记事影音展”，通过美国摄影师哈里森·福尔曼（Harrison Follman）记录的 1942 年前后中原饥荒纪实影像，客观还原那个时代的历史。其中照片展示区共选取近百幅黑白照片，从地理环境、人物、食物、交通四个方面，再现了 1942 年前后的大饥荒时中原人民身受的灾难。在地理环境篇中，黄河淹没下的中牟、十户九空的村落、被剥去树皮的树木等展现出整个中原地区“千里无鸡鸣”的惨状。在人物篇中，有老人、妇女和儿童在饥荒中的众生相，人类在灾难面前表现出的各种不安、失落、忧愁、迷茫及难言的苦楚，都在这黑白照片中被淋漓尽致地展现出来。食物篇中，啃树皮的饥民、掏树洞的孩童、被剥去树皮的大树、正在剥树皮的饥民、加工树皮和食用树皮等多幅照片再现了人们食不果腹的情景。照片展示的最后一个部分是交通篇，在遭遇灾难之后，灾区的人们选择各种方式逃离自己的家乡，有步行、乘马车、乘火车等。实物展示区展出的是一些征集来的逃荒文物，当初，饥民们就是带着这些篮子、篓子、箱子等背井离乡。睹物思景，这些展品加深了参观者对这段历史的记忆。出口位置有留言墙，这里记录了观众们参观完后的情绪和感受。

灾难迫使人们逃离原居地，但是在一个没有目的的旅程中，更多的是迷茫与无奈，因此就多了一种新的称谓——“流民”

与这次照片展相比，大部分博物馆所展示的往往是人类文明中辉煌的一面。但是，在历史的长河中，人类难免会遇到无法避免的危险，有时甚至会陷于绝境。这种无法抗拒的自然因素，我们称之为灾难。长期以来，我们的展览也罢，遗址公园也罢，对于灾难的展示并不多见。对灾难的关注也不是考古研究的重点。随着更多考古遗址的发掘，灾难性遗址公园与灾难性遗址的展示也逐渐走入人们的视野中。

在庞贝古城的陪衬下，维苏威火山是那样的安静祥和，但是通过古城的这些残垣，我们会感受到大自然的威严与肃杀

庞贝古城是世界最著名的灾难性遗址。这座城市始建于公元前6世纪，于公元79年在一夜之间被大爆发的维苏威火山喷发的石块、熔岩、火山灰吞没，2000多居民命丧于此。由于整座城市被火山灰掩埋，街巷和建筑面貌得到极好的保存。现在在庞贝古物馆里，灾难发生瞬间人们的反应和那个时代的生活场景，都被细致地展现在参观者眼前。人和动物的尸体腐烂后，呈空心状态，考古学家填以石膏，将遇难时候的人物精细地展现出来：有抱着母亲膝盖痛哭的小孩，有提着钱币的路人，有戴着脚镣的奴隶，有坐在路边的工匠。这一工匠像“大卫”一样坐在道边，而这一坐就是几千年。

国内比较有名的灾难性遗址首推喇家遗址。1999 年，中国社会科学院考古研究所和青海省文物考古研究所组成联合考古队进行过试掘，此遗址入选“2002年全国十大考古新发现”，被称为“东方庞贝”。据考古学家推测，引起喇家遗址灾难的是一场地震，随后而来的山洪和黄河大洪水将聚落彻底摧毁。在发掘中揭露出大规模的环壕和广场，尤其是全面揭露了一批因突发灾难事件而死亡的人骨遗骸。这些人骨的姿势、神态给人们极大震撼，直接还原了齐家文化时期的人类被突如其来的重大自然灾害所打击的第一现场。已经发掘的4号房址（F4）内发现了14具骨骼，以妇女和儿童为主，其中18岁以下的10具，年龄最小的仅2岁；28~45岁的4具。这些遗骸表现出死亡前一刹那间的状态。他们姿态各异，有的屈肢侧卧，有的匍匐于地，有的上肢牵连。在 F3 的东壁下有两具类似母子关系的遗骸，母亲怀抱住孩子跪在地上，两人相互偎依，这样无助、乞求上苍怜悯的神态令人动容。后来经考古DNA实验检测显示：两者并不是母子关系。虽然如此，在危难时刻人性之美的迸发，还是深深打动了我们。而这些仅仅是喇家遗址中的一个剪影而已。

除了喇家遗址，在国内还有其他的灾难性遗址。三杨庄汉代遗址，位于河南内黄县梁庄镇三杨庄村，这一地区在两汉时期濒临黄河故道。三杨庄由于黄河突然大规模的洪水泛滥而被淤沙掩埋，后来成了黄河河道的一部分，整个建筑群的布局、农田垄畦、坍塌的墙体及部分瓦屋顶得以原状保护。发现的庭院及其附属设施、大面积的农田及耕作原貌，均是汉代考古中的首次发现。江苏盱眙泗州城也是一处灾难性遗址，这一座规模庞大的古城，却最终淹没于多次洪水之中。

从目前来看，灾难性遗址的揭露和发掘数量较少。在人类的文明长河中，目前发现的这些屈指可数的灾难性遗址只是冰山一角，随着考古工作的深入，相信会有更多的灾

在喇家遗址4号房址（F4）的一个屋子里，凝固了14个鲜活的生命[1]

难性遗址被揭露出来。

任何一处废弃的遗址在被掩埋后，沉默于地下，直到考古学家有幸某一天发现这里的蛛丝马迹后被揭露出来。所有的遗址都是一段历史的标记。人类在一个地区生活一段时间后因为各种各样的原因废弃掉原有的居址，前往他处择地生存。越是人类历史的前端，人类对自然环境的依赖程度越高，这种生活方式越明显。

人类废弃掉原居址的一个重要原因就是外力的作用，即灾难。灾难分为自然原因和人为原因，当然，我们所讲的灾难性遗址往往是前者，因为自然力所引发的灾害具有不可抗拒性，并且危害更大。这些灾害有时会造成人类的大量死亡甚至一个区域的人群灭绝，如庞贝古城的火山爆发、喇家遗址的地震与洪水。这一类居址在外力的作用下会被瞬间凝固下来，在千百年岁月的掩藏下成为一处遗址。

由于灾难的发生是区域性的，在一个区域内所有的建筑或者生物（包括人）在外力作用下被完整地保留下来。就像庞贝古城几乎原封不动地被保存下来，为后来的人们提供了非常完整且翔实的文物资料，这些资料甚至包括酒馆墙上的俚语，还有喇家遗址中被完全保存下来的那一碗面条。诸如此类的资料在灾难遗址中数不胜数。考古学被认为是一门复原古代社会的学科，但大多数时候这种复原只能是尽力地接近历史的真相。灾难性遗址原封不动地停在了灾难发生的那一瞬间，没有任何扰乱或者造作，是历史的瞬间定格，是最真实的历史保存，对考古学来说是最好的标本。就三杨庄汉代遗址来讲，在洪水的袭击下，人类赖以生存的土地、房屋被完整地保留了下来，考古学家们从那散落的小砖瓦和耙理整齐的田地能够复原古代的房屋、田地的制度等。

相对于其他的考古资料，灾难性遗址带给人们的不仅仅是一种视觉的震撼与触动，更多的是一种心灵深处的反思。灾难性遗址是灾难的再现，是从另外的一个角度讲述的人类历史，是人类光辉的创造、精美绝伦的手工艺品、叹为观止的建筑等的对立面。在各种不可抗拒的灭绝性灾难的扼杀下，人类会失去自己世代生存的故乡，丧失亲人甚至自己的生命。这些灾难性遗址或展览再现了当时的人类在面对自然时的弱小与恐惧。人类一直以来都试图通过自己的努力达到对自然的利用与开发，人类的历史可以说就是与自然界不断斗争的历史。但是面对浩渺的自然界，人类的努力常常会显得微不足道、不堪一击。灾难甚至可能会使文化中断，或者完全消失，对已经非常发达的文明造成毁灭性打击。庞贝古城，这个当年古罗马第二大繁华富裕的城市，在瞬间就被毁灭了，昔日活跃在这里的文明也一并消失。庞贝古城和喇家遗址，所有区域内的大部分生命或者全部的生命迹象消失。而面对灾难时求生的欲望会让人类迸发出前所未有的力量，

三杨庄汉代遗址[2]

这些青灰的汉代小瓦依然能展示出房屋主人的富足，但是它再次面世已经是千年之后

如三杨庄汉代遗址，洪水的袭击导致三杨庄被湮没，但正如发掘者所言“所幸没有人类的伤亡”，可以想见当时的人们一定预见到了可能发生的灾难，并在灾难到来之前撤离此地。

任何一个学科都有自己视野的局限性，考古学也不例外。我们可以看见灾难遗址的惨烈景象，对于遗址之外的则无从查考。那么，喇家遗址和三杨庄遗址中的人们去哪里了呢？“福尔曼镜头下的中国·中原大灾难记事影音展”用影像的资料回答了这个问题，那就是迁徙。这一种迁徙实际上同时也是文化的一种交流与撞击，当然，这种迁徙与碰撞不是所谓的“牧歌式”，而是异常残酷。正如照片展的引言所说，百万人的迁徙，在迁徙中死伤者不计其数。

注释

[1] 喇家遗址4号房址（F4），图片来源：中国社会科学院考古研究所、青海省文物考古研究所：《青海民和喇家史前遗址的发掘》，《考古》2002年第7期。

[2] 三杨庄汉代遗址，图片来源：河南省文物考古研究所、内黄县文物保护管理所：《河南内黄县三杨庄汉代庭院遗址》，《考古》2004年第7期。

（原刊于《大众考古》2013年第3期）

传播学视阈中的考古遗址公园展示策略研究

别治明　王庆丽

一、引　言

考古遗址公园是“中国大遗址保护实践与国内国际文化遗产保护理念相结合的有益尝试，是加强大遗址保护、深化大遗址利用与展示的有效途径”[1]。为进一步加强对遗址的保护、展示与利用，强化考古遗址公园的管理，充分发挥其在经济社会发展中的作用，2010年10月，国家文物局公布了《关于公布第一批国家考古遗址公园名单和立项名单的通知》，将大明宫遗址等12个项目列为国家第一批国家考古遗址公园，晋阳古城等23个项目获得国家考古遗址公园立项，自此，考古遗址公园这一新鲜事物正式呈现在了公众视野之内。

随着考古遗址公园保护展示工作的持续开展，相关的研究工作也在进一步深化，但由于我国的文化遗存多为土遗址，经过数百年乃至上千年的风雨侵蚀和人为损害，地面以上的遗存大多损毁颇甚乃至消失无存，以至于其可观性、可感性较差，在满足保护的前提下，对其的展示利用存在一定困难。针对这一问题，本文拟从传播学的视角出发，结合目前国内一些较为成功的实例，对遗址公园的展示利用模式进行探讨，致力于在遗址的保护与展示利用之间寻求一条切实可行的双赢之路，借以为日后相关工作的开展提供参考。

二、相关概念

1. 考古遗址公园

2009年12月，国家文物局出台了《国家考古遗址公园管理办法（试行）》，文中首次对国家考古遗址公园这一概念做出了明确定义：“国家考古遗址公园，是指以重要考古遗址及其背景环境为主体，具有科研、教育、游憩等功能，在考古遗址保护和展示方面具有全国性示范意义的特定公共空间。”[2]

2. 传播学

传播学又称传学、传意学等，是20世纪30年代以来跨学科研究的产物，是研究社会信息系统及其运行规律的科学。传播学的理论体系一般涉及信息、符号、意义、传播的过程与效果等方面。

三、传播学视阈中考古遗址公园展示策略的科学解析

1. 考古遗址公园展示策略中“信息”的分析

展示是一种传播行为，是一种过程的存在形式，其目的在于传递信息。遗址公园作为向公众展示大遗址文化价值的一种形式，其核心为遗址，对其的展示就是要在深刻领会遗址价值①的前提下将其中可资展示的本原存在②及人文内涵③进行提炼整合，并以大众化的展示策略或手法进行具象化处理，使参观者能够更加直观地感受遗址价值，从而实现从载体（遗址本身）到受众（参观者）的传播。

2. 考古遗址公园展示策略中的“符号”分析

符号是信息的外在形式或物质载体，是信息表达和传播中不可缺少的一个基本要素。

遗址及其背景环境信息只有通过发掘、提炼、组合，转化为符号，才能被公众所接收，以裴李岗时期的石磨盘、石盘棒为例，研究表明，石磨盘、石磨棒是目前所知最早的谷物加工工具，其出土为研究原始社会生产力的发展与生活状况提供了珍贵的实物资料。在对其进行展示时如果只是单纯展示石磨盘和石磨棒的原物本体，那么观者对其的

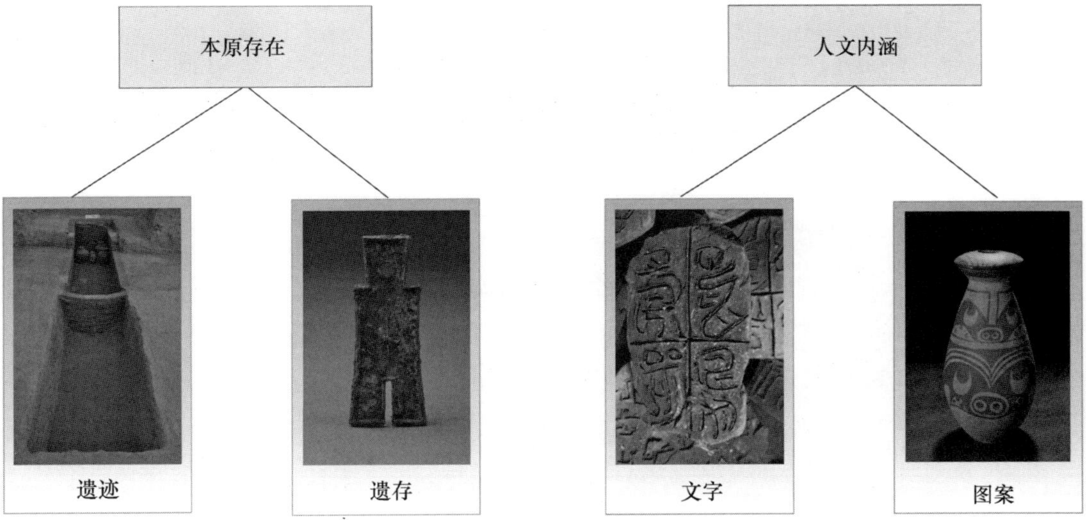

图一　信息存在形式示意图

① 此处的价值指的是遗址各类价值的集合，包含文物价值、历史价值、科学价值、艺术价值、社会价值等。

② 随着岁月的流逝，历史上的生产、生活、商贸、政治、军事、宗教、文化等众多社会实践活动的印记，大多以实物遗存的形式保留至今，它们构成了遗址本体及其生存环境，我们称之为遗址的本原存在。

③ 历史记载、书籍、文献、墓志等文字信息及出土遗物上的花纹、图案等非文字形式的信息，是我们了解古人生存状态、生活方式、思想观念及认知历程的主要方式，我们称之为遗址的人文内涵。

未提取符号的展示　　提取符号的展示

图二　符号提取效果示意图

认知，可能只是认为其是新石器时期磨制石器的种类而已。如果我们对它所蕴含的历史信息加以提炼、组合，并以文字、图片甚至使用场景复原等较为生动和符号化的形式进行展示，将会使观者更容易了解到此件文物的更多信息，诸如用途、使用方法等，实践证明，通过生动和具象化展示能够给观者留下更加清晰的印象。为了便于公众理解遗址及其背景环境所传递的信息，我们在考古遗址公园展示策略中常常需要采用根据研究资料发掘、提炼、组合而成的文字、语言、绘画等符号。

3. 考古遗址公园展示策略中"意义"的分析

意义是指人给对象事物赋予的含义，是人类以符号形式传递和交流的精神内容，是传播的核心和实质。

在遗址及其背景环境展示的构建活动中，作为传播主体之一的受众，其对遗址及其背景环境所传递出来的信息不再是被动的、盲目的接受，而是立足于他所处的社会情境和历史视阈，接受他所感知到的和想要感知的信息，也就是说，对同一个信息而言，不同的受众会因社会情境和历史视阈的差异而构建出不同的意义来。同样，作为传播主体的传播者，也会根据自己的社会情境和历史视阈对信息进行构建。

意义理解的多元性决定了意义构建的丰富性，因此，在考古遗址公园展示策略中，展示设计师应从多学科角度对遗址及其背景环境进行深入透彻的研究，并运用空间、色彩、材质、媒体、声音等形式对遗址及其背景环境进行多角度的揭示和传达。

4. 考古遗址公园中“传播的过程与效果”的分析

传播过程是传播者选择加工信息，通过某种渠道传递给受传者并引起反应的过程。在考古遗址公园展示策略中，传播过程包含信息提炼（Ⅰ）、信息传递（Ⅱ）、信息反馈（Ⅲ）三个方面，主要涉及如下几个方面：

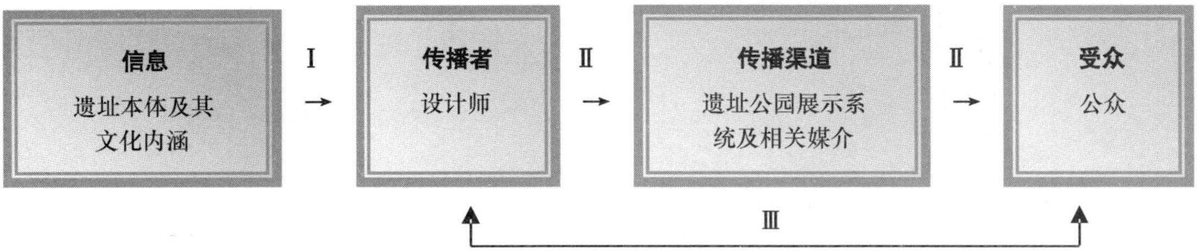

图三　遗址公园展示策略与传播过程的关联

传播者在对所收集的信息进行发掘、提炼及组合后，通过传播渠道向受众传递信息；受众接受信息，并以各种方式向传播者进行信息反馈；传播者根据反馈信息调整自己下一步的传播行为，从而完成整个展示传播过程。

四、基于传播学视阈分析的考古遗址公园展示策略

1. 遗址及其背景环境保护性展示策略

遗址及其背景环境所传递的信息是遗址公园展示的核心和灵魂。在对遗址及其背景环境进行展示时，首先要以保护遗址及其背景环境的安全性、完整性、真实性为前提，实施保护性的展示策略。

根据发掘情况的不同，保护性展示策略可分为以下几类：

（1）露天保护性展示　露天保护性展示，即在通过对遗址实施化学加固（如化学渗透保护处理）和物理加固（如采用“U”型和“H”型支架保护处理）等一系列技术手段进行有效保护的基础上，将遗址及其背景环境置于露天条件下，不采取任何人工遮蔽手段的一种保护展示方式。

城墙、宫殿基址、陵墓等大型工程类遗址多采用露天保护性展示策略。这种保护

1. 露天保护性展示
（瓜州锁阳城遗址公园）

2. 回填保护性展示
（安阳殷墟遗址公园）

3. 覆盖保护性展示
（西安大明宫遗址公园）

4. 覆盖保护性展示
（安阳殷墟遗址公园）

图四　遗址及其背景环境保护性展示策略形象参考图

性展示方式的特点是对遗址及其背景环境干预较少，能够展现遗址及其背景环境的原真状态。

（2）回填保护性展示　回填保护性展示，即在遗址考古发掘后采用恰当的材料和方式对遗址进行回填覆盖，并在回填的遗址表层采用浅根系植物、砂石等材料对地下遗址的分布范围及格局进行标识展示。需要注意的是，为方便遗址的二次发掘，遗址在回填时应在遗址本体和回填的材料中间添加对遗址无破坏作用的细砂以进行过渡。回填保护性展示方式主要适用于一些规模较大，难以用建筑空间进行覆盖，但同时又不宜露天保存的遗址。这种保护性展示的特点是能够最大限度地避免或减缓自然和人为因素对土遗址的侵害，在保证遗产安全的前提下，仍能较为清晰地向公众展示遗产的历史风貌。

（3）覆盖保护性展示　覆盖保护性展示，即在考古发掘工作完成后，在遗址上方修建封闭或半封闭的厅、棚、地罩等设施进行覆盖保护性展示，最大限度地保护已发掘的遗址不受外界自然环境的威胁。该展示方式主要适用于小型遗址或大型遗址的局部，是目前最常见的遗址保护方式之一。在厅、棚、地罩等设施的建设过程中要谨慎研究，避免建设活动对遗址本体的破坏。

1. 历史场景模拟
（西安大明宫遗址公园）

2. 以遗迹展示为主的考古现场场景模拟
（成都金沙遗址公园）

3. 以公众参与为主的考古现场场景模拟
（北京大学文物爱好者协会）

图五　遗址及其背景环境利用性展示策略形象参考图

2. 遗址及其背景环境利用性展示策略

随着岁月的变迁和城市的发展，遗址功能及其背景环境都发生了变化，在这种情况下，遗址及其背景环境的再利用和历史场所功能的重置在很大程度上作用于遗址及其背景环境文化内涵的表达，这也是遗址及其背景环境可持续保护与发展的重要影响因素。

因此，为了行之有效地诠释遗址及其背景环境的文化内涵，我们在考古遗址公园展示策略中，应该首先从多学科角度对遗址及其背景环境进行深入透彻的研究，并通过运用文字、语言、绘画、模型、影音等符号，对遗址及其背景环境进行场景复原，使之成为沟通展示本体与参观者的重要媒介。

（1）历史场景模拟　历史场景模拟，即依据历史文献和考古发掘等资料，通过现场复原或影视手段复原等方式，将已经消失或濒临消失的生活场景、手工业制作方式、人们的劳作方式等内容复原展示给公众，从而传递人类文明与社会生活的历史文化信息。

（2）考古现场场景模拟　考古现场场景模拟，可根据主体的不同，分为以下两部分：

其一，以遗迹展示为主的考古现场场景模拟。即依据考古发掘资料，通过全部或部分复原遗址或墓葬的考古现场，辅以文字、语言、绘画、模型、影音等符号，向公众传递完整的考古信息，在满足公众对考古工作的好奇心的同时，使其能直观地了解遗址或墓葬的结构、形制、出土器物的组合及其所在的位置，深入了解遗址的文化内涵。

其二，以公众参与为主的考古现场场景模拟。即在遗址区范围周边选取合适区域作为公众模拟体验考古发掘的场地，此区域内公众可在专业人员的讲解和指导下亲自体验考古发掘的过程，切身参与体验考古，从而真实感受考古发掘的科学性与神秘性。此外，还可安排专业人员指导公众完成按照古代工艺制作器物、修复器物等一系列考古活动，让公众可以切实地与考古学家面对面，与古代遗存零距离接触，实现心灵的“穿越”。

1. 文物与环境组合
（秦始皇帝陵博物院）

2. 文物与模型组合
（河姆渡遗址博物馆）

3. 文物与图像组合
（河姆渡遗址博物馆）

图六　遗址及其背景环境多元性展示策略形象参考图

3. 遗址及其背景环境的多元展示策略

对遗址及其背景环境价值的正确认识和评估是需要多学科参与的，以泥河湾遗址为例，自1924年9月起至今80余年，对其遗址及其背景环境的研究，囊括了古人类学、旧石器考古学、古生物学、第四纪地质、古地磁学、古气候学和年代测定等多个学科。这多个学科的研究融合，决定了其所传递的信息具有多元性。

同时，考古遗址公园作为公共空间，在遗址及其背景环境的展示过程中，其开放性也决定了公众的多元性及意义构建的丰富性。因此，除以上几种展示手段以外，遗址及其背景环境的展示还可以通过建设遗址博物馆，提供展品内容多元化、活动内容多元化的空间进行。

由于遗址及其背景环境的局限性，大多数遗址博物馆所展示的遗迹遗存都指向历史上的某一个时间点，具有时间上的统一性[3]。这就决定了遗址构成的空间与其中的内容是不可割裂的。遗址博物馆通过对遗址及其背景环境的营造，如复原陈列、通过文物与环境组合、文物与模型组合、文物与图像组合等方式，使历史现象或自然环境再现于陈列室中；如景观陈列，选取某一历史现象的场面或某一自然生态的场景加以仿制，予以再现[4]。通过系统地向公众揭示场所的历史文化内涵，给公众以直观的体验感受，拉近来访者与遗址之间的距离，使来访者通过参观、视听等活动了解感受场所的历史文化信息。事实上，这种方式已经成为遗产展示策略中的主要手段。

4. 遗址及其背景环境认知性展示策略

遗址公园作为公共空间的特性，决定了其所实施的展示策略在保护、利用遗址及其背景环境安全的基础上，还必须考虑如何实现公众对遗址及其背景环境的认知。

调查表明，我国的普通公众只具有少量的历史知识和文物知识，对于遗址及其背景环境的认知存在一定难度，在这种情况下，遗址及其背景环境的展示策略需要做到通俗易懂、大众化。同时，考虑到每个人对遗址及其背景环境的认知程度都是基于自己所处的社会情境和历史视阈，存在个体性差异。因此，在制定遗址及其背景环境认知性展示策略时，首先需要根据专家学者的学术研究体系，拓展遗址及其背景环境的文化深度与广度，做到展示主题明确，从基础层面上帮助公众摆脱对遗址及其背景环境的不确定感，从而集中精力搜集、整理和记忆与遗址及其背景环境有关的信息，进而提高对遗址及其背景环境的认知。其次，采用信息双向传播模式。通过信息反馈，做好与公众的沟通，在保护展示的同时尽量根据公众的主观诉求及其认知程度对遗迹符号和符号组合行通俗化设计，从而真正实现遗址公园的普及性和公众性，使之成为城市或地区的亮点。

五、结　　语

遗址的展示与阐释工作是考古遗址公园建设的核心工作之一，是实
开放性和普及性的重要条件。从传播学的视角对考古遗址公园的展
究，将有助于我们更好地阐释遗址，让居住在这个城市里的人产生
其视为这个城市的文化表现、历史表现。

但也必须注意到，由于我国的遗址公园建设实践操作先于
理规范成体系之前，遗址公园在规划之初制定的展示策略
多或少地迎合了公众的认知，导致遗址公园的建设出现
向在一定程度上导致规划时不切实际地夸大（甚至是
息。同时，由于经济杠杆的作用，一切与遗址及其背
被试图折算成货币值，以期获得一定的经济利益。

家文物局局长单霁翔在大明宫国家考古遗址公园开园仪式上的致辞明确指出："国家遗址公园不是建在遗址上的主题公园，其展示的是遗址本身及其价值，介绍的是真实的历史，容不得半点涂抹和篡改。"

注　释

[1]　大遗址保护良渚论坛：《关于建设考古遗址公园的良渚共识》，2009年。

[2]　国家文物局：《国家考古遗址公园管理办法（试行）》，2009年。

[3]　赵文斌：《国家考古遗址公园规划设计模式研究》，北京林业大学，2012年。

[4]　刘迪：《论传统博物馆的时空》，《博物馆研究》2009年第2期。

“建设性破坏”的原因分析及立法建议

别治明　王庆丽

随着我国经济社会的迅速发展及城市化建设的持续推进，城市建设与文物保护之间的矛盾和冲突日益凸显，“建设性破坏”成为城市文物保护工作的主要矛盾。因此，探究导致“建设性破坏”的成因，理清配合建设工程开展的考古调查、勘探、发掘中存在的问题，修订、充实、细化和完善文物保护法律法规，对我国文物保护工作具有十分重要的作用。

1. 文物保护法律制度建设不够完善，是当前“建设性破坏”屡禁不止的首要原因，也是现阶段文物保护工作需要解决的重中之重

2010年，江苏镇江宋元粮仓遗址[1]被毁一案经媒体曝光后进人了公众的视野。该案中，考古单位在考古发掘工作未完成的情况下即被开发商以暴力清场，而后宋元粮仓遗址遭到毁灭性破坏。事件发生后，相关部门高度重视并迅速做出反应，国家文物局出具了《关于加强镇江双井路运河遗迹保护的函》（文物保函［2010］725号），江苏省文物局召集镇江市文化局、文管办及开发商（镇江市城投集团）等部门的负责人，就宋元粮仓遗址保护问题举行了专门会议，镇江市建设局暨城投集团和镇江市文物部门就“如何将新发现的拖板桥和粮仓遗址的保护与房屋建设有机结合”的问题召开了协调会，但这些反应措施的聚焦点和效果大多都停留在“保护要求”及“保护意见”的层面，鲜有涉及对正在进行中的破坏活动采取强制关停的保护措施等内容，从而贻误了挽救遗址的有利时机。

究其原因，就在于我国目前现行的相关法律条文中对此类事件的处理存在缺失，没有依据可参照执行。无论是《文物保护法》，还是《中华人民共和国刑法》（以下简称《刑法》），对如何处理正在进行中的危及不可移动文物安全的行为均没有明确规定。

此外，现行相关法律中对毁坏不可移动文物安全行为的处罚规定力度不够，不足以对毁坏文物的建设方起到震慑作用。《文物保护法》第六十六条规定：“建设工程在文物保护单位的保护范围内进行毁坏性作业，最高处罚不超过五十万元罚金。”且不说正在发掘中的文化遗存离“文物保护单位”这个级别尚远，单就处罚金额而言，五十万元能够有效制止一个投资几千万甚至上亿元工程的建设方对其继续破坏吗？而《刑法》中所限定的文物保护的前提条件就离正在发掘中的文化遗存更远了。如《刑法》第三百二十四条规定：“故意损毁国家保护的珍贵文物或者被确定为全国重点文物保护单

位、省级文物保护单位的文物的，处三年以下有期徒刑或者拘役，并处或者单处罚金；情节严重的，处三年以上十年以下有期徒刑，并处罚金。”虽然宋元粮仓因为有着重要的历史文化遗产价值，有着成为省保、国保，甚至世界遗产的可能，但此时它只不过是一个普通的遗址而已，不是省保、不是国保、不是世界遗产，《刑法》对其所遭受的破坏行为没有任何约束力。

针对法律制度建设不完善而导致对文物的“建设性破坏”，提出以下两点立法建议：

一是文物保护相关法律的制订应考虑文物保护工作的即时性，应明确规定在紧急情况下可求助于公安部门，以强化文物保护的执法力度，有效遏制破坏文物的行径。同时制订执法绿色通道制度，当文物部门不能够有效阻止对文物遗存的破坏行为时，可立即向人民法院申请强制令，及时关停建设工程，在第一时间阻止破坏行为的继续，以避免或尽量减少对文化遗存造成不可挽回的损毁。

二是处罚力度应足以震慑相关单位。在综合考虑长期经济发展可能产生的人民币升值或贬值的影响，建议罚金按投资比例或相关系数进行收缴，此外还应规定最低限额以防止投机行为。

2. 对考古调查、勘探、发掘的重要性及必要性认识不足，也是造成当前“建设性破坏”的主要原因之一

发展和繁荣文物保护事业，是社会健康发展的必要条件之一。一直以来，考古调查、勘探、发掘都是发现并保护地下文物的重要途径，是对地下文化遗存进行保护的先决条件。《文物保护法》第二十九条规定：“进行大型基本建设工程，建设单位应当事先报请省、自治区、直辖市人民政府文物行政部门组织从事考古发掘的单位在工程范围内有可能埋藏文物的地方进行考古调查、勘探。”

作为法律条文，该款规定中使用“应当”一词约束建设单位在工程前期报请文物部门开展相应的文物考古工作，显然在力度上有所欠缺，从而也给文物行政部门的执法工作造成了许多尴尬局面。部分法律意识淡薄的建设单位就借此大行其道地搞建设，却视地下文物遗存为无物，从而使不少弥足珍贵的地下文化遗存遭受破坏甚至灭顶之灾。

此外，该条文中所限定的建设工程规模为“大型基本建设工程”，究竟什么级别或者规模的建设工程才算得上是“大型”呢？条文中并没有给出明确说明。这也让不少规模较小的建设工程游离于法律之外，而面积小的工程未必就覆盖不到地下文物遗存。我们不禁要问，那些没有被文物考古部门勘探发掘过的建设项目真的就没有发现过文物遗迹吗？

显然，答案是否定的。这些“被不存在”的文物遗迹当中有些被建设方直接就地推平处理了事，有些在施工过程中遭遇“建设性破坏”后，本来保存完好的遗址被弄得面目全非，其所蕴含的历史信息也残缺不全。如四川临邛古镇汉唐街道遗址[2]被施工破坏一案，重庆乐华建筑有限公司在邛崃市文君巷改造建设过程中，未按《文物保护法》的相关规定事先报请文物考古部门进行地下文物勘探，施工中发现地下文物仍不停工，也不报告，致使地下文物惨遭损毁，当成都市文物考古队接到报告后于第一时间赶赴现场时，发现遗址已经被严重破坏，建筑构件散落一地。

正所谓“积薄而为厚，聚少而为多”，少数钻法律漏洞的工程项目建设给文物遗存所造成的危害可能还“微不足道”，但假如我们不亡羊补牢，不尽快完善相关法律制度建设，就会有越来越多的不法分子挖空心思去钻法律的空子，打规则的擦边球，这将给我国的文化遗产保护事业造成不可挽回的巨大损失。

针对建设工程中考古工作的重要性及必要性，提出以下三点立法建议：

一是从法律层面明确“大型基本建设工程”一词的定义，附具详细说明。同时要求建设方无论项目大小，必须在项目开工之前向文物部门申请考古调查、勘探，具体环节及先后次序应结合现行建设工程相关法律制度制定。

二是考虑文物保护的必要性，将“应当事先报请省、自治区、直辖市人民政府文物行政部门组织从事考古发掘的单位在工程范围内有可能埋藏文物的地方进行考古调查、勘探”改为“必须事先报请省、自治区、直辖市人民政府文物行政部门组织从事考古发掘的单位在工程范围内有可能埋藏文物的地方进行考古调查、勘探”。从立法上明确规定项目建设不得对涉及区域的文物遗存造成破坏，使文物遗存不受建设性破坏，做到有法可依。

三是在法律层面上明确提出在土地开发、建设项目审批流程中必须加入文物部门的意见，切实将文物考古调查、勘探列入建设项目审批的限定程序。

3. 基本建设中考古调查、勘探、发掘费用来源单一，是造成当前“建设性破坏”的重要原因，也是现阶段开展文物保护工作所必须解决的问题

《文物保护法》第三十一条规定：“凡因进行基本建设和生产建设需要的考古调查、勘探、发掘，所需费用由建设单位列入建设工程预算。”即在建设项目施工过程中，如果建设单位发现地下文物遗迹并及时通知考古部门进场，由此所产生的考古勘探、发掘费用将由建设单位独立承担，很多工程的建设方也因此对文物保护产生抵触情绪。预算的超支、工期的延误等，这些势必将对建设工程产生不利影响，导致了建设方在施工中发现文物迹象时少报、瞒报或恶意破坏文物的情况时有发生，给文物遗存带来非常大的安全隐患。

以安徽宿州芦城孜遗址[3]遭受损毁一案为例，当地文物考古部门依据法律规定，在考古发掘前与煤矿方面就发掘经费进行多次协商，但始终没能达成一致意见。煤矿方面始终认为，他们所施工的区域并没有完全占压遗址区，但由此而产生的文物保护经费预算却多得让他们难以接受。而文物考古部门则坚持150万元的文物保护经费预算已经达到了底限，如果在此基础上再进行削减，将无法对正常的抢救发掘提供资金保障。在双方

就考古发掘费用未达成一致的情况下，施工单位擅自在遗址范围内强行施工，造成芦城孜遗址被破坏近百平方米。

考古调查、勘探、发掘费用来源的单一性，一直以来都是引发文物考古部门与建设方矛盾的主要原因。要想从根本上缓解这种状况，必须从法律层面上使考古费用的来源多元化。

针对基本建设工程项目涉及考古工作经费问题，拟提出以下四个方面的立法建议：

一是国家和地方财政适当加大对文物保护事业的扶持力度，为文物保护工作持续、健康和良性的发展提供坚实的保障。

二是改变原有的考古调查、勘探、发掘费用的收取模式，由各级文物主管部门会同同级财政、物价、建设管理等相关各部门，制定出在城市规划区域（含风景名胜区）建设收费中文物保护费用的收费范围及标准，将文物保护性收费列入建设性收费项目中。依照要求，文物保护性收费可利用市行政服务中心平台集中收取，各文物考古部门不得再以任何理由重复收费或变相收费。收费资金统一缴存“汇缴专户”，由市财政局会同市行政服务中心、市文物主管部门按实际发生的考古调查、勘探、发掘收费金额于指定日期前结算（节假日顺延）划转文物考古部门，在费用使用上充分体现“一人为众，众人为一”的互助互济性。

三是鼓励社会捐款。政府各级文物部门应通过各种媒体渠道对广大民众进行文物保护相关知识教育，并采取切实可行的措施使文化遗产保护工作的成果能够切实惠及于民，从而不断提高全民保护文化遗产的意识，唤起民众保护文物的热情。同时也可制定一系列的优惠政策来吸引社会资金用于文物保护事业，如捐赠单位和个人可以按照有关规定享受税费减免优惠等。

四是国家应鼓励、支持企事业单位、社会团体和个人，通过多种途径，加入文物保护工作中。对需要进行保留的文化遗存，其保护性工程可由文物主管部门与企事业单位、社会团体和个人共同投资，共同管理，收益归投资者所有，文物考古部门对投资者的行为有规范、制约和监督的权力。同时，由文物考古部门承担文化遗存的日常维护工作，维护费用由投资者承担，以提高企事业单位、社会团体和个人对文物考古调查、勘探、发掘工作的热情与支持。

4. 退出补偿机制的缺失，也在一定程度上造成了“建设性破坏”，如何有效避免类似事件的发生是现阶段开展文物保护工作不可忽视的问题之一

近年来，在基本建设中因重大发现导致建设项目被搁置或者建设地段被无偿占用而引发建设方与文物考古部门矛盾的情况亦时有发生。以南京将军山古墓群[4]与复地郎香项目别墅群之间发生的博弈为例，2001年年底，南京市江宁县县政府（现更名为南京江宁开发区）通过市场运作，将位于江宁区的将军山部分地块出让给江苏盛唐艺术投资公司（后变更为复地公司）开发。2002年，复地朗香项目正式开工。同年10月，将军山上的某一个时间点，具有时间上的统一性[3]。这就决定了遗址构成的空间与其中的内容是不可割裂的。遗址博物馆通过对遗址及其背景环境的营造，如复原陈列、通过文物与环境组合、文物与模型组合、文物与图像组合等方式，使历史现象或自然环境再现于陈列室中；如景观陈列，选取某一历史现象的场面或某一自然生态的场景加以仿制，予以再现[4]。通过系统地向公众揭示场所的历史文化内涵，给公众以直观的体验感受，拉近来访者与遗址之间的距离，使来访者通过参观、视听等活动了解感受场所的历史文化信息。事实上，这种方式已经成为遗产展示策略中的主要手段。

4. 遗址及其背景环境认知性展示策略

遗址公园作为公共空间的特性，决定了其所实施的展示策略在保护、利用遗址及其背景环境安全的基础上，还必须考虑如何实现公众对遗址及其背景环境的认知。

调查表明，我国的普通公众只具有少量的历史知识和文物知识，对于遗址及其背景环境的认知存在一定难度，在这种情况下，遗址及其背景环境的展示策略需要做到通俗易懂、大众化。同时，考虑到每个人对遗址及其背景环境的认知程度都是基于自己所处的社会情境和历史视阈，存在个体性差异。因此，在制定遗址及其背景环境认知性展示策略时，首先需要根据专家学者的学术研究体系，拓展遗址及其背景环境的文化深度与广度，做到展示主题明确，从基础层面上帮助公众摆脱对遗址及其背景环境的不确定感，从而集中精力搜集、整理和记忆与遗址及其背景环境有关的信息，进而提高对遗址及其背景环境的认知。其次，采用信息双向传播模式。通过信息反馈，做好与公众的沟通，在保护展示的同时尽量根据公众的主观诉求及其认知程度对遗迹符号和符号组合进行通俗化设计，从而真正实现遗址公园的普及性和公众性，使之成为城市或地区的一个亮点。

五、结　　语

遗址的展示与阐释工作是考古遗址公园建设的核心工作之一，是实现“遗址信息”开放性和普及性的重要条件。从传播学的视角对考古遗址公园的展示策略进行分析研究，将有助于我们更好地阐释遗址，让居住在这个城市里的人产生认同感，让外地人将其视为这个城市的文化表现、历史表现。

但也必须注意到，由于我国的遗址公园建设实践操作先于理论研究。在遗址公园管理规范成体系之前，遗址公园在规划之初制定的展示策略为了满足公众的猎奇心理，或多或少地迎合了公众的认知，导致遗址公园的建设出现“媚俗”倾向。这些“媚俗”倾向在一定程度上导致规划时不切实际地夸大（甚至是吹嘘）遗址及其背景环境的真实信息。同时，由于经济杠杆的作用，一切与遗址及其背景有关的信息在进行展示的同时都被试图折算成货币值，以期获得一定的经济利益。针对这些现状，2010年10月，时任国家文物局局长单霁翔在大明宫国家考古遗址公园开园仪式上的致辞明确指出："国家遗址公园不是建在遗址上的主题公园，其展示的是遗址本身及其价值，介绍的是真实的历史，容不得半点涂抹和篡改。"

注　释

[1] 大遗址保护良渚论坛：《关于建设考古遗址公园的良渚共识》，2009年。

[2] 国家文物局：《国家考古遗址公园管理办法（试行）》，2009年。

[3] 赵文斌：《国家考古遗址公园规划设计模式研究》，北京林业大学，2012年。

[4] 刘迪：《论传统博物馆的时空》，《博物馆研究》2009年第2期。

"明朝功臣墓葬区"被江苏省列为省级文物保护单位，并由南京市文物部门依法对其保护范围进行了划定。2005～2008年，随着复地朗香项目的进行，相继在建设范围内发现了沐瓒、沐朝弼、沐昂、沐斌、梅夫人等7座墓葬。尽管南京市政府曾在2005年7月明确表示，要对沐瓒墓进行保护，但5年多之后，沐瓒、沐朝弼墓已静静地化作了复地朗香别墅里的路边绿化带，栽满小灌木，再也看不出曾经的黔国公墓的痕迹。在沐家后人沐广飞为将军山明功臣墓地保护工作奔走呼号的同时，从买地到规划再到施工全部具有合法手续的复地公司亦是一肚子苦水：27610平方米的保护范围内不能建设，面积相当于一个小型住宅区，上亿元的损失该由谁来承担?

对此，提出以下立法建议：对于类似将军山"明朝功臣墓葬区"这种在建设过程中发现地下文物埋藏的情况，政府应在明令禁止在文物保护范围和建设控制地带内的一切建设行为的同时，还应兼顾建设单位的利益，从法律层面规定建设方有权就保护范围内的征收与补偿问题向政府提出请求，具体的赔偿方式（货币补偿、政策优惠或土地置换等）和标准则需政府组织相关部门根据各地的实际情况商议确定后出台。征收与补偿应当遵循决策民主、程序正当、结果公开的原则。

事必有因，因必有果。在立法建设上，我们不应只盯着眼前利益，且应该为更长远的利益做准备。退出补偿机制的建立，表明了国家对文物保护的态度及决心，这对于促进文物保护事业的可持续发展有着重要的意义。

5. 结语

正如郑振铎先生所说："文物一旦被毁损，便如人死不可复生一样，永远不会再有原物出现。而那原物在文化上、在艺术上、在学术上都是那么重要，不仅是中国先民们的最崇高的成就，也是整个人类的光荣与喜悦的寄托。它们的失去，绝对不能以金钱来估值，也绝对不能以金钱来赔偿。"[6]

为了更好地保护祖国优秀的历史文化遗产，增强我国的文化软实力，着眼于缓解经济建设、社会发展和文物保护之间的矛盾和冲突，国家应对现行的文物保护主干法及相关法律法规进行修改完善。同时，为了更好地规范我国的文物保护工作，使之更加具有可操作性，通过修改、充实、细化法律条文，进一步完善文物保护的法律体系，强化文物保护行政管理措施等，在21世纪的今天已是势在必行。这是关系到我国悠久的历史文化资源能否继续得以传承和发扬的大事，政府责无旁贷。

注　释

[1] 宋元粮仓遗址：坐落于京杭大运河和长江交汇之处的江苏镇江，是镇江作为运河漕运枢纽的实证，也是见证大运河历史作用的一个重要遗址。该项目入围了2009年度全国十大考古新发现。然而，2010年7月，这片遗址就被开发商毁掉建起了楼盘。

［2］　四川临邛古锁汉唐街道遗址是成都地区首次发现的规模较大且延续时代较长（汉代至明代）的古街道遗址，对研究古代城市建设规划、道路施工和排水系统的设计、制作有着重要的意义，是四川省的重大考古发现。

［3］　芦城孜遗址为县级文物保护单位，历经新石器时代、两汉、唐宋等时期，前后延续三千多年，文化内涵非常丰富。

［4］　位于南京江宁区的将军原名观音山，因明代归葬开国大将朱沐英及其后代子孙灵柩，形成了一座规模宏大的沐氏家族墓墓群，后更名为将军山。从20世纪50年代起，这里先后发现了沐英、沐晟、沐昌祚、沐睿四座墓葬，仅沐英墓被保存下来，于1982年公布为江宁县文物保护单位。2002年10月，沐英墓由县级文物保护单位升格为江苏省文物保护单位，并更名为“将军山明代功臣墓”。

［5］　郑振铎：《敌伪的文物哪里去了》，《郑振铎文博文集》，文物出版社，1998年。

（原刊于《中国文物法制研究报告》，文物出版社，2012年）

"文物影响评估"初探

宋文佳　别治明　王庆丽

2007年1月，为深入贯彻《国务院关于加强文化遗产保护的通知》精神，进一步加强基本建设工程中考古工作的管理，实现基本建设和文物保护工作的协调发展，国家文物局制订了《关于加强基本建设工程中考古工作的指导意见》。该意见首次正式提出了"文物影响评估"的概念——"文物影响评估是由文物考古单位依据已掌握的资料，对建设项目涉及和影响区域内文物与建设工程的相互影响做出的分析评估"。并明确指出：在工程建设的"项目建议书"阶段，应严格履行"由文物考古机构收集建设项目涉及和影响区域内文物分布情况，提出初步文物保护意见，报省级文物行政部门确认后向设计单位提交《文物影响评估报告》"的工作程序。

本文在学习《中华人民共和国文物保护法》（以下简称为《文物保护法》）、《关于加强基本建设工程中考古工作的指导意见》（以下简称为《意见》）的基础上，运用5W1H分析法[1]，结合工作实践，就文物影响评估相关要求做进一步探讨。

一、WHY——开展文物影响评估的缘由

进入21世纪以来，我国的城市化进程迅猛发展，城市建设以空前的规模展开，文化遗产及其生存环境受到严重威胁和破坏，以首都北京为例，"北京旧城已有一半以上的建筑空间被完全重建，剩余的部分也正不断受到建设性破坏的威胁，其中，连同公园和水面在内，保留较完整的历史风貌空间已不足15千米"，"旧城传统的空间轮廓线正日复一日地遭到大批涌现的新建筑的摧毁，旧城的建筑制高点一直以来是由景山万春亭和北海白塔所保持的，均为63米，而目前旧城中突破原45米建筑高度控制的建筑物已超过百栋，并已出现多座高度超过100米的高层建筑"[2]。

这种情况虽然随着文物保护体系的健全，得到了一定的遏制，但由于对遗产环境概念认识的局限性，文物保护的重点大多都被集中在了本体保护之上，但那些经过历史洗礼、已经与遗产融为一体的、我们目前普遍称之为遗产的生存环境却往往没有得到应有的重视。这种情况导致愈来愈多的文化遗产在喧嚣的城市里因为失去了原始生存环境，其所蕴含的历史价值及关联信息也被日渐剥离了出去。

近年来，不管是在发达国家，还是在发展中国家；不管是在西方，还是在东方，都在研讨和实践文化遗产环境的保护。众多的经验教训使人们深刻地认识到保护遗产赖以

存在的生存环境的重要性和紧迫性，“文物影响评估”这一概念便由此应运而生了。

二、WHAT——文物影响评估的内容

《意见》指出，“《文物影响评估报告》的内容应包括：建设项目涉及和影响区域内已有文物普查资料成果，已公布为各级文物保护单位保护范围和建设控制地带的相关资料，对项目选址及设计方案的初步建议”。

通过实际操作，我们认为《意见》中对《文物影响评估报告》需要包括的内容，是基于城市发展中涉及文物遗产的所有基本建设工程选址、立项需求，具有操作上的普遍性，但对于有重大考古发现的项目区域、遗址（遗址公园）规划、遗址保护展示方案等方面的针对性不强。

通过参照近年来郑州市文物行业制定的《建设项目文化遗产环境影响评估报告编制方法》《建设项目物质文化遗产环境影响评估技术导则》及《郑州市城市快速轨道交通文化遗产环境影响评估报告》[3]《敦煌莫高窟保护利用工程环境影响评价报告书》[4]等相关实践个案，我们认为，文物环境影响评估报告应主要包括评估原则、评估依据、评估对象情况、评估范围文化遗产分布情况、文物影响因素识别及评估论证、评估结论等内容。其中，评估的重点在于建设项目规划（方案）与城市规划、文物保护专项规划的协调性及相容性，以及项目建设对文物遗产的影响，并就此提出项目建设对文化遗产不利影响的缓解对策。

三、WHERE——文物影响评估的对象

明确文物影响评估对象是开展文物影响评估工作的基础。

虽然在《意见》中，没有对文物影响评估对象做明确的规定；但在《文物保护法》第十七条至第十九条的相关条款中，对建设项目的禁止行为提出了具体规定，如第十七条中明确指出：“文物保护单位的保护范围内不得进行其他建设工程或者爆破、钻探、挖掘等作业。”第十八条和十九条也分别从保护区划的角度对建设项目在文物保护范围和建设控制地带以内的建设内容从文物保护和风貌协调等特定角度提出了具体要求。

在实际工作中，我们沿用了这些规定，并根据文物保护的实际要求，对文物影响评估工作的对象作了界定：凡是在城市建设发展过程中涉及或影响到文化遗产本体或与其紧密相关的生存环境的所有基本建设项目，均须按照法定程序编制文物影响评估报告。

四、WHEN——文物影响评估的介入时间

根据《意见》要求，文物影响评估工作应在项目的最初阶段，即工程建设的“项目

建议书”阶段开始，早期介入既可以最大程度地减小项目建设对文化遗产造成破坏的风险，又有利于项目建设与文化遗产保护之间的和谐共赢。

通过实际操作，我们发现在工程建设“项目建议书”阶段进行文物影响评估，虽然能在一定程度上避免项目开发区域内的文物遗存因建设施工而造成损害现象的发生；但由于在项目初期阶段，文物影响评估报告编制工作开展的基础——项目区域内的考古勘探或发掘资料的匮乏或滞后，致使文物影响评估的主体只能局限于区域范围内现状地表以上的古遗址、古建筑、近现代重要史迹及代表性建筑等显在的可识别的文化遗存，却无法对项目施工区域内可能存在的未知地下遗存进行评估，因而势必将影响整个评估报告结论的科学性和权威性。

以全国重点文物保护单位——西安大明宫遗址为例，经过长期的历史演变，大明宫遗址数十平方千米的地面上，分布着的不是大明宫曾经的繁华，而是简陋无序的棚户区，如果把文物影响评估工作放在项目的最初阶段，即工程建设的“项目建议书”阶段，而不将后期考古勘探或发掘的成果纳入评估工作的综合研究范畴的话，那样得出的结论将是非常片面的，不具有可参考性和权威性。

因此，我们认为文物影响评估工作应根据实际情况的不同，分两个时段介入：

（1）在工程建设“项目建议书”阶段介入：该阶段的文物影响评估工作为基础性评估阶段，主要适用于在已知历史文化名城（街区、城镇）及文物保护单位周边的基本建设项目。目的是通过分析建设项目涉及和影响区域内文物遗存与建设工程的空间位置关系，评估项目建设选址的合理性。

（2）在工程建设“初步设计”阶段介入：该阶段的文物影响评估工作为补充性评估阶段，主要适用于通过考古勘探、考古发掘等相关工作，发现建设项目区域内涉及地下文化遗存的所有新基本建设项目。目的是通过分析建设项目涉及和影响区域内文物遗存与建设工程之间的相互影响，进一步评估项目建设方案的合理性。

五、WHO——文物影响评估的机构

在《意见》正式提出“文物影响评估”概念之前，文物影响评估工作多是由环保部门认可的机构在对整个建设项目进行环境影响评估时作为其评估报告当中的一个专题章节而进行的，但由于这些机构对文物保护缺乏足够的专业知识，评估所得出的结论和建议大多与实际情况相差甚远，缺乏可参考性和可操作性。

因此，为有效地评估项目建设对其涉及和影响区域内所有显见的和未知的文物遗存可能造成的影响与损害程度，从文物保护的角度出发，尽可能地规避项目建设对文物造成破坏的风险，本次《意见》明确指出，文物影响评估工作应由文物考古单位进行。

由于文物的不可再生性决定了文物影响评估的严肃性、审慎性，因此，并不是任何一个文物考古单位都可以进行文物影响评估。我们认为，接受委托为建设项目进行文物影响评估的文物考古单位，必须通过国家文物行政主管部门的审查考核，在获得相应的资质证书后，方能按照资质证书规定的等级和评价范围从事文物影响评价服务。

六、HOW——文物影响评估的程序

通过实际操作，我们拟将文物影响评估工作分为以下三个阶段进行。

第一阶段：准备工作阶段

文物影响评估机构通过现场调查、走访、座谈等方式，对项目规划建设区域及附近存在的已知显在或未知潜在的文化遗产进行识别与筛选，并对拟建项目进行初步的工程分析，筛选重点评估项目，编制评估大纲。

第二阶段：资料分析阶段

（1）文物影响评估机构应根据文物环境的组成特征，综合考虑建设项目实施过程中可能对文物造成影响的因素，通过矩阵法、网络法、GIS支持下的叠加图法等进行识别。表一为通过环境筛选矩阵法对一般情况下建设项目文物影响因素的识别结果。

表一　建设项目文物影响因素识别表

文物影响领域	建设项目文物影响因素	可能对文物造成的影响分类						
		灭失	毁损	腐蚀	侵蚀	霉变	虫蚀	其他
文物生存环境	大气的污染				√			
	生产生活废气、废水的排放			√	√			
	土壤酸碱度的改变		√	√				
	土质的变化或水土的流失	√			√			
	交通、设备噪声及震动的排放							√
文物景观环境	地表植被的种植		√					√
	地表水的污染				√			√
	近现代建筑物及构筑物的建造							√
	固体废物的废弃（生活垃圾、建筑垃圾、生产废渣等）		√					√
文物管理环境	保护措施的实施	√	√	√	√	√	√	
	防灾措施的实施	√	√					

注：①该表可根据实际需要进行增减；②√——存在影响（该表中的√位置仅为示例）

（2）文物影响评估机构应通过对识别出的项目建设文物影响因素分阶段进行定量或定性分析、预测，建立分析矩阵，以评估其对文物的影响程度。表二为文物影响因素阶段分析矩阵示例。

第三阶段：报告书编制阶段

文物影响评估机构应汇总、分析第一、二阶段工作所得的各种资料、数据，全面评价建设项目的文物影响，提出预防或者减轻不良环境影响的对策和措施。完成文物影响评估报告。

七、结　　语

通过对《文物保护法》《意见》的学习和分析，并结合工作实践，我们对文物影响评估工作有以下几点认识。

（1）高度重视并清醒认识建设项目文物影响评估工作对文物保护的重大现实意义。

表二　建设项目文物影响因素评估表

文物影响领域	建设项目文物影响因素	建设阶段对文物的影响程度		
		设计阶段	施工阶段	进行阶段
文物生存环境	大气的污染		●2	■1
	生产生活废气、废水的排放		●2	■1
	土壤酸碱度的改变		●1	
	土质的变化或水土的流失		●1	
	交通、设备噪声及震动的排放		●2	
文物景观环境	地表植被的种植	■0	□1	□1
	地表水的污染	□2	□1	□1
	近现代建筑物及构筑物的建造	□1	□1	□1
	固体废物的废弃（生活垃圾、建筑垃圾、生产废渣等）	■1	□1	□1
文物管理环境	保护措施的实施	■2	○1	
	防灾措施的实施	■2	○1	

注：①该表可根据实际需要进行增减；②在操作中可采取以下选项对影响程度进行直观性说明：□/○——长期/短期影响；黑/白——不利/有理影响；空白——无相互影响；0——轻度影响；1——一般影响；2——重度影响；③项目设计期、施工期均为短期影响，项目运行期均为长期影响；④该表中的各类符号位置仅为示例

（2）应将城市发展规划中涉及文化遗产的所有建设项目纳入文物影响评估的范围。

（3）文物影响评估工作应在项目的最初阶段，即“项目建议书”阶段开始，必要时也可在设计阶段进行后续补充工作。

（4）文物环境影响评估报告内容主要应包括：评估原则、评估依据、评估对象情况、评估范围文化遗产情况、影响因素识别及评估论证、评估结论等。

（5）文物影响评估工作应由通过国家文物行政主管部门的资格考核审查，且由取得相应资质证书的文物考古单位承担。

（6）文物影响评估工作应按准备工作、资料分析、报告书编制三个阶段进行。

由于我国的文物影响评估工作尚未出台相关标准和规范，给编制工作带来了一定的困难，在实际工作中，往往大量存在着文物管理部门和多方面市场利益主体进行博弈的现象。因此，文物影响评估的规范化建设及相关法制建设，是关系到文物保护工作与城市建设发展双赢的不可或缺的重要工作。目前，这项工作尚属起步阶段，需要政府部门及各相关责任主体共同努力，才能把此项工作逐步推向规范化、法制化的轨道。

注　释

［1］5W1H分析法，也叫六何分析法，通过对原因（Why）、内容（What）、范围（Where）、时间（When）、机构（Who）、方法（How）等六个方面提出问题并进行科学的工作分析，从而达到提高效率，常常被运用到制订计划草案上和对工作的分析与规划中。

［2］吴良镛：《部级领导干部历史文化讲座》，北京图书馆出版社，2004年，第33页。

［3］郑州市文物考古研究院：《郑州市城市快速轨道交通文化遗产环境影响评估报告》，2008年。

［4］兰州大学环境质量评价研究中心：《敦煌莫高窟保护利用工程项目环境影响报告书》，2006年。

（原刊于《中原文物》2014年第5期）

救治患病文物的医院：文物保护实验室

李　曼　刘文科

任何事物都无法逾越生老病死的轮回，有生命的动物和植物，会在时间的流逝中花开花落，就连看似没有生命的钢铁和石头也会在时间的流逝中慢慢氧化和风化，最后化为尘埃，这自然也包括了美轮美奂的文物。根据“全国馆藏文物腐蚀损失调查”显示，目前我国3200余座国有博物馆中，有近50.66%的馆藏文物存在不同程度的腐蚀损害，重度以上腐蚀的馆藏文物达230多万件，占被腐蚀文物的16.5%。文物疾病成了困扰文物安全的一个非常重要的问题。铜器看似坚不可摧，但是在疾病的面前却显得非常脆弱。例如，患有“粉状锈”疾病的青铜器如果没有得到有效治疗，不但自毁，甚至可能悄无声息地将一屋子的珍贵青铜器文物锈蚀成粉末。壁画等彩绘文物在出土时颜色鲜艳、画面完整，但是不久就会起卷、脱落、真菌、酥粉，等等。如果真菌得不到有效治疗，就会将整个壁画全部腐蚀。对于美好事物的珍惜是人类的天性，对于生命的珍惜出现了医院与医生，对于文化遗产的珍重便出现了文物医院和文物医生——文保实验室和文保科研工作者。

铜镜上的粉状锈

（一）除病也需“中西结合”

文物保护技术学是近几十年发展起来的一门多学科交叉渗透形成的新学科，涉及人文社会学科、自然科学和工程技术等多个领域。这一学科还很年轻，不管是在理论体系，还是在可操作的技术上。这一学科借鉴当今其他学科完善的理论构架来建设和丰富自身的学科体系，同时也积极将其他科研技术设备应用于文物保护的实验室建设。这一点如同100多年前医学引入科学实验室方法一样，应用现代分析检测设备和技术。

面对数以百万计等候“治病”的文物，文物医院和文物医生要做好文物的修复和保护工作，就必须对造成文物腐蚀、糟朽、破损的原因有一个全面而翔实的了解。造成文物患病的原因很多，有环境因素，也有人为因素。文物医生不但要采用类似于传统中医“望、闻、问、切”的方法，而且也要通过类似于现代医学“血液化验、X 透视和 CT”

等方法对待检文物进行全面诊断和体检，从而查找出文物存在的各种疾病。

找出文物患病的原因之后，文物医生就必须采用安全而有效的方法对文物进行辨证施治。众所周知，文物作为人类文化遗产，很多都有唯一性和不可再生性。面对这些孤品，文物医院不仅担负着文物疾病的治疗责任，而且还需要保证修复的完美性。中医讲究“标本兼治”，而文物医院与文物医生则要针对不同文物的不同修复需求，本着保持原貌、最小干预原则、可逆性原则，美学、功能复原等基本原则对文物疾病进行治疗。但是，有时文物无法给予施治者一个完全有效的反馈。这就对文物医院和文物医生提出了一个很高的技术要求，不但要对文物疾病充分体检，而且还要研究文物制成材料的变化规律，寻求最佳的文物保护技术方法。只有运用“西医”的现代科技检测手段查找出疾病的根源和原理，结合传统保护修复工艺技术，针对不同文物的病害情况制定出合理的保护修复技术方案和工艺路线，才能使“患病”的文物得到完美治疗。当然，这一切得视具体的文物病例分析而定，切勿一概而论。

（二）修复档案：文物病史资料

当需要治疗的文物进到文物医院之后，文物医生会建立一份完整而详尽的“病历”资料，这就是文物的修复档案。在这一份档案里，你可以查到文物的所有“病史”和“治疗”的情况与效果。在这份病历中，要通过照片、文字，以及其他音像资料来完整地记录病史和疗效，直观地呈现文物修复前、修复中和修复后的情况。在修复过程中，还要拍摄对比图，比如清洗过的部位和没有清洗过的部位之间的比照。这些病历的数据，有助于文物医生了解文物的“过往病史”，看它从前出现了哪些病害，是怎么修复的。针对考古出土文物，最好在考古发掘现场第一时间尽量多地获取信息，对出土文物与埋藏环境相关情况的数据进行采集。

（三）体检设备：文物医院的利器

患病的文物“入院”建档之后，便要开始体检，因为文物的特殊性，不可能采用有损伤性的“取样”或“切片”等方法。只能通过一些仪器对文物进行全面“体格”检查，从而发现文物所患的疾病和潜在的危险。在文物医院的体检仪器中有些设备重在查找病因，确定病症；有些则重在研究文物构成，寻找合适的“血型”或者“相同的样

三维视频显微镜可360° 成像

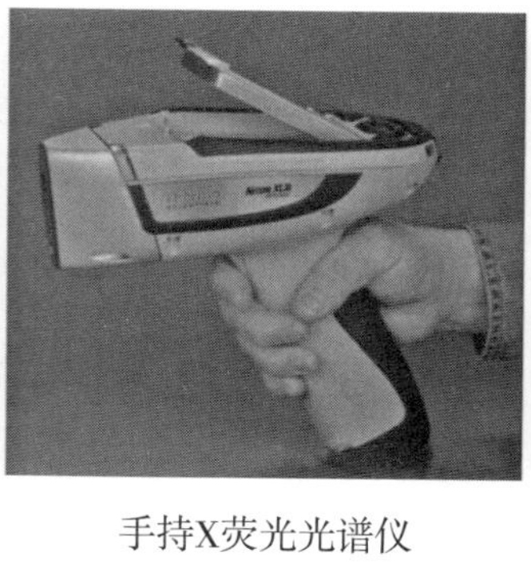

手持X荧光光谱仪

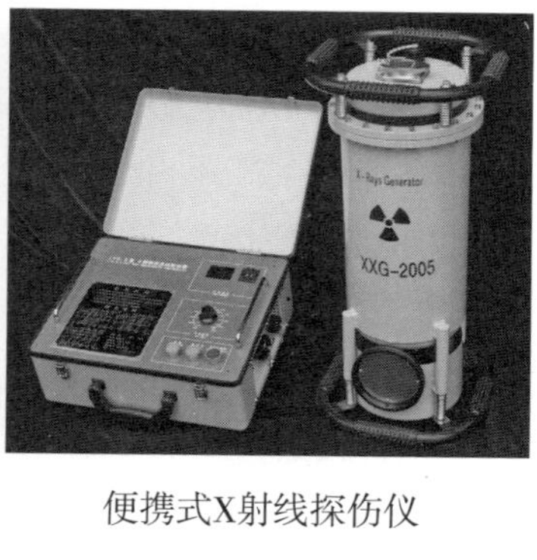

便携式X射线探伤仪

本”，为文物的修复做好准备。这些仪器往往会观察到人类肉眼无法观察到的视野，获得更为广泛和有效的信息。这些体检的仪器形态万千，有些为人熟知，有些虽素昧平生，却在文物修复中发挥着重要的作用。

（1）三维视频显微镜。可以对各类文物材料进行立体形貌观察与记录。该仪器配备的光纤探头还可观察大件文物并测量数据。三维视频显微镜分析可以 360° 全方位、高分辨率的大景深和大工作距离观察样品各个侧面的实时动态图像，在拍摄显微照片的时候，可保证获得清晰明亮的显微图像，为病害分析和后期修复提供参考资料，在现场分析中具有明显的优势。

（2）扫描电子显微镜（SEM）。能够以较高的分辨率（3.5nm）和大景深，清晰地显示粗糙样品的表面形貌或断口表面微观形态，分析研究断裂的原因和机理。SEM 在文物的研究中已成为必不可少的表征手段，对于微区形貌及微结构、甚至化学成分都可以达到无损便捷的测试。故宫博物院的藏品中有一种纺织面料被称为翎毛纱，也叫羽纱，关于翎毛纱纤维的材料质地，从清代以来就一直留有疑问和争议。研究人员选取了具有代表性的翎毛纱样品，对其材质进行分析，得出结论：一种是100%羊毛织物；另一种是经线为100% 桑蚕丝与纬线为100% 羊毛的交织物。由此解决了历史上争议已久的“翎毛纱是否由鸟的羽毛编织而成”的问题。

（3）便携式X射线探伤仪（实时成像检测系统）。是一种比较好理解的检查设备，与在医院中做透视的原理一样，设备要求也基本一样，必须有铅房防辐射。它通过 X 射线，在不破坏器物的情况下，能够观察到器物的内部结构和保存现状，也可探索部分器物的制作工艺、病害程度等情况，揭示文物的制作工艺特征、内部缺陷分布特征；可提取文物表面被覆盖或污染的文字、纹饰等信息；反映和记录文物修复前、后的内部详细情况；提供文物的各种内部信息，作为鉴别真伪的参考依据；辅助了解文物内部病害的发展状况；寻找难以打开的组合和连接方式；帮助考古现场提取物的探测检查，指导清理方法；古代化石的探测分析。用 X 射线探伤仪，能发现文物上许多肉眼看不见的东西，比如器物内部的锈斑、表面的细小裂缝……所谓“千里之堤溃于蚁穴”，及时发现文物上存在的小问题，才能避免造成更大的损失。

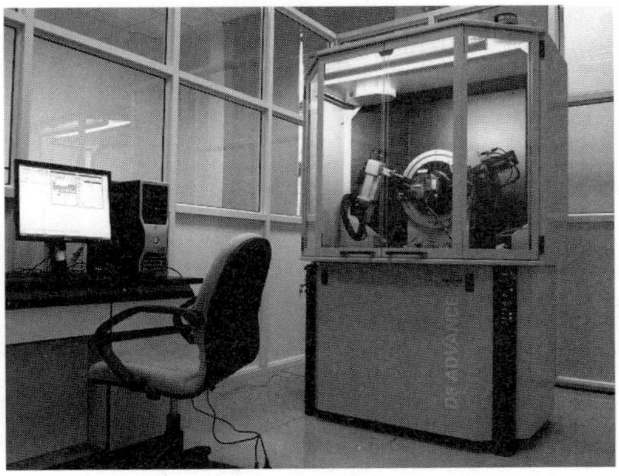

X射线衍射线

（4）手持式X荧光光谱仪。可用于文物材料的无损透射分析和元素的定量定性分析，文物质地和病害分析。它可以进行多种文物材料的纤维观察和成分分析、判断矿料来源产地。可选择不同模式对各种材质文物进行无损检测，如合金模式可分析青铜器中的金属元素含量，土壤或矿物模式可分析陶瓷、壁画中的颜料成分，以及对考古现场进行环境勘测。

（5）X射线衍射仪。能够对各类文物材料

及腐蚀产物进行定性和定量分析、微区形貌图像成分分布图像等，如金属器锈蚀物、玉石器、壁画、陶瓷器上的结晶物质。X射线衍射仪，可以分析出这些样本材料中的矿物组成信息。应用这些设备可以在文物修复前进行前期检测，并在修复后进行效果研究和评价。例如，要修复一件玉器，对于破损的位置，我们要用现代的玉石材料修复古代文物上的镶嵌部分，用X射线衍射仪就可以帮助我们分析这个材料是否与古代的相一致。如同医院通过检测找到与病人一致的血型配对。在这种配对中，常常会有一些惊人的发现，就像王丽琴等对汉阳陵陶俑颜料作分析时，发现阳陵彩绘陶俑使用的朱砂为人工制造，证明西汉景帝（157 ~ 141年）时已经出现人工制造的朱砂，这在化学工艺发展史上是一项重大突破。

现在文物保护向着“现场、原位、无损”的方向发展。考古发掘现场成为及时有效保护出土文物的第一线，这时就需要“文物的救护车”——文物移动医院。移动医院的作用，就是第一时间对文物实施急救，以前这个步骤只能在实验室中完成，文物保护移动医院的出现则保证了在考古发掘现场就能完成一部分文物保护工作，在文物保护移动车上整合了便携式无损分析仪器设备，有的光纤探头操作范围不受限。这就对一些氧化较快和急需保护的考古现场出土文物做到了有效的抢救。但是由于昂贵的价格，目前只有少数文博单位配备了这样的设备，如国家文物局、陕西省考古研究院、四川省文物考古研究院。

（四）上医治未病

文物移动医院

《黄帝内经》里提出了“上医治未病”的观点，即好的医生是能够预防疾病的人。同样，要做一名好的“文物医生”，不能仅仅停留在传统的抢救性修复上，也要重视文物的预防性保护。对人体来说，定期检查身体，就是医学的预防科学。对文物的预防性保护主要是指对文物保存环境实施有效的管理、监测、评估和控制，抑制各种环境因素对文物的危害作用，努力使文物处于一个稳定、洁净的安全生存环境中，尽可能阻止或延缓文物的物理和化学性质改变乃至最终劣化，达到长久保护和保存馆藏文物的目的。从以抢救性保护修复、被动维修遭损文物，向以预防性调控环境、主动维护防止文物发生劣化方面转变。预防性保护原则已经成为国际共识和发展方向。监测中心日益增多，像故宫博物院的世界文化遗产监测中心，完善已经建立的计算机网络监测系统——“故宫世界文化遗产监测信息化平台”，在防治馆藏文物病变等方面达到未雨绸缪之效。

（原刊于《大众考古》2014年第8期）

浅谈现代分析仪器在文物鉴定中的应用

李　曼

一、文物鉴定的内涵及重要意义

中国的艺术品市场经历了十几年的快速成长，无论从市场规模看，还是从参与广泛性和社会影响力等方面看，都取得了很大的进展，成绩有目共睹。但在肯定成绩的同时，我们也不应该回避这个新兴市场存在的问题与弊端，如法规的不完善、赝品的泛滥、诚信的缺失、秩序的不规范等，其中赝品泛滥是当前艺术品市场中最严重、最亟待解决的问题。目前这种赝品大行其道现象的出现，除了政策法规不健全及部分参与艺术品市场的主体本身缺乏诚信意识外，另一个重要原因就是文物鉴定问题。历史上，出于盈利等不同目的，一些人采取各种手段制造假古董，鱼目混珠，真假难辨，因此增加了文物鉴定的难度。自古以来传世文物中就有造假的现象，如果我们不能准确地进行辨别和断代，也就无法利用文物进行历史研究，或向其他学科提供准确的研究资料，所以，文物鉴定最主要的应该是辨别真伪和断代。

文物鉴定是一项运用传统方法或现代科学技术分析辨识文物真伪、年代、质地、用途和价值的工作。文物鉴定的主要内容包括辨别文物真伪、判明文物年代、说明质地、标定名称、评估文物价值和确定文物等级等方面。文物鉴定研究的主要对象：一是可移动文物，即文物藏品、流散或传世文物；二是部分不可移动文物，即文物遗址、遗迹。

文物鉴定者应具备广博的历史知识、文物知识、工艺美术知识、自然科学知识、现代科学技术知识，并要掌握文物作假手段，掌握传统的鉴定方法和现代科学技术分析测试法，力求从全面的角度对每一件文物做出准确的鉴定。现代科学技术鉴定方法主要是运用现代分析仪器对文物进行分析鉴定。

在文物的断代研究中，除由于作伪而造成的一些文物年代混乱从而需要鉴定辨别外，还有大量文物本身并无纪年，需要鉴定、判明年代。一些传世文物在历史流传中由于自然损坏等原因给确定年代带来了困难；还有一些文物史迹如古建筑，由于不同朝代屡次重修，更换构件，使一座建筑物具有多时代的构件，另有一些碑刻的纪年或关键字被砸去等，这些都需要通过鉴定去判明年代。

分析鉴定文物，获取丰富的信息如颜料、质地等成分。提取某一类文物的光谱特征，建立数据库，为文物的分析鉴定提供依据。如某个画家绘画中所用的颜料，某一时期的某个窑口的陶瓷的胎釉成分及釉上彩或釉下彩的成分等。对于文物的分析，其中重要任务之一是保护文物的完整性，这就要求我们在分析测试时尽可能少地取样或无损、原位分析。

二、现代分析仪器在文物鉴定中的应用

下面笔者介绍市场上流通的几类现代分析仪器在文物鉴定中的应用实例，以飨读者。

书画。激光拉曼光谱技术、光谱分析、显微技术等多运用于书画、手稿鉴定中。通过对书画作品纸张、颜料、墨迹、印章、印泥等材质方面的光谱信息分析，鉴定其成分，为书画作品的断代等提供可信的技术支持，从而起到与经验鉴定相互印证的作用。目前，运用科技手段进行书画方面的数据采集与分析对书画作品没有损伤，这种无损科技手段的运用对艺术品的保护、研究、传承等具有特别重要的意义（图一）。

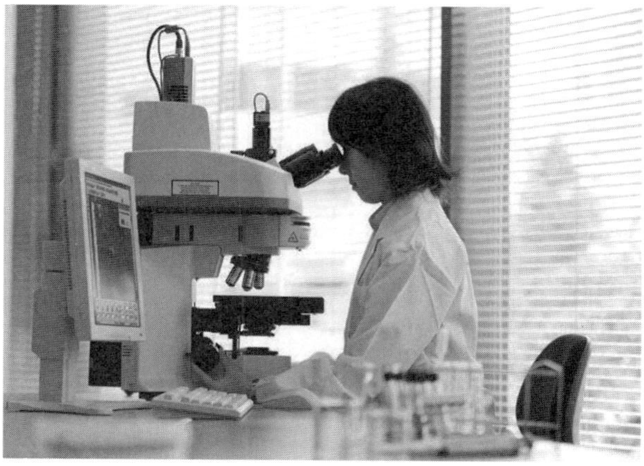
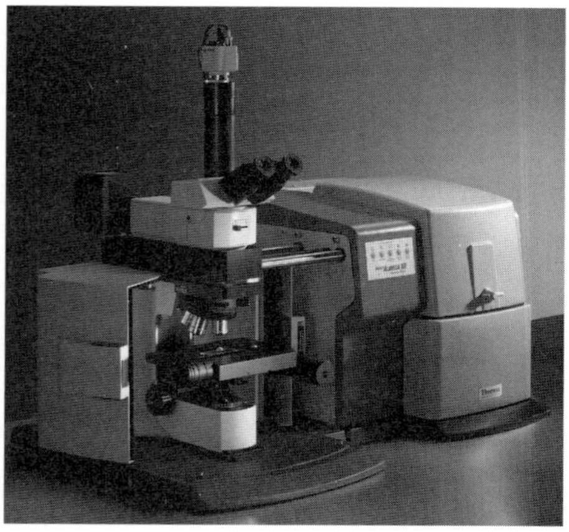

图一　拉曼光谱仪

青铜器。X荧光光谱分析可分析青铜器的合金成分；古地磁断代、热释光断代技术可测定铜器范土的年代；用X光透视可了解铜器内部的情况（如有无垫片等）和铸造工艺。例如，台北故宫博物院曾利用X光透视，看到了毛公鼎内垫片的放置情况，从而证明毛公鼎是西周晚期宣王时期的重器，绝非赝品。再比如，有一些造假分子对青铜器断裂残损器进行作伪，造假者将残片焊接，或用铜片或者树脂补缺后做旧，以假乱真。对于这种情况，只要用X射线探伤仪器一检测就能立见真假（见图二）。

瓷器。利用热释光释放光热的原理，可以较准确地测出瓷器所存世的实际年代。在瓷器的鉴定上，一些老瓷有一种温润滑腻的橘皮纹釉面，现在仿冒者在釉面配料中添加一定的元素，就可产生这种温润滑腻的釉面，目测很难辨识，如采用X射线荧光检测釉面，就知道是否有现代添加成分，可以判断真伪。一些造假者利用射线源对新烧的陶瓷仿制品进行辐照处理，会造成对热释光检测的干扰，企图以假乱真，如采用激光拉曼光

谱仪检测，以激光光束为探针进行原位无损检测，可分析玻璃、瓷器釉层的脱玻老化率以判断制作年代，并可以对树脂或仿制品所用的胶粘剂进行鉴定。曾有人夸耀过景德镇现代青花瓷的造假可以达到乱真的程度，这都是经过作伪专家精心研究分析而造就出来的。瓷土中硅酸盐的含量，器物的器形、釉色、重量、烧结瓷化的程度和由电脑模写出来的官窑款识都可以做到和真品一致，有些瓷器表面还经过氢氟酸的处理，显得很有旧意，但是，它们却无法通过热释光的检测，只要检测其中的热释光含量，很快就可以正确无误地把它的造假年代测算出来。

图二　X射线探伤仪器

玉器。红山时期玉器纹图线条采用单条阴线和粗细不等的较粗凹槽表现，与其他时期有别。较粗凹槽的制作，是先用大小不等的宽边砣具沿阴线凹槽的横向磨琢后，再用粗细不等的条棒带动解玉砂顺着阴线凹槽来拉动摩擦。因此，显微镜下其上的阴线凹槽仍能看到两种方法加工留下的痕迹。若阴线或凹槽内留下粗细相同、距离相等、平行而直的机电砂轮打磨痕迹，其真实性即大打折扣。而夏商玉器钻孔方式有对穿孔、单向打孔及穿孔后修整抛光的规范圆孔，其对穿孔的喇叭形虽较之前期不甚明显，但仍呈喇叭形或漏斗形。通过拉曼光谱检测确定古玉的主体矿物、不同类型斑晶及内含包裹体的组成，这对鉴定古玉和探讨其矿料来源的地质特征具有重要的指示意义。玉器鉴定专家王荣、冯敏等将拉曼光谱技术应用于薛家岗文化遗址出土古玉的研究中，在确定古玉的主体矿物、不同类型斑晶及内含包裹体的组成等方面取得了很好的效果。拉曼光谱也在仿古玉鉴定中发挥着重大的作用，不同的温度加热处理的玉石原料呈现出不同的拉曼光谱。还有假翡翠，无论伪造得如何逼真，只要经过查尔斯滤色镜的透视便可知晓真假，天然的真翡翠可以透过镜片，肉眼能清楚地观察到其质。而假翡翠由于染色而成，染色剂中所含有的铬成分则无法透过滤色镜片，毕竟它的透光度和真翡翠有着内在的、本质的区别。所以诸如珠宝、翡翠的鉴定，无论宝石是经过激光注色，还是经过物理的化学的处理，分子重新排列过的，都逃不过科学仪器的检测（图三）。

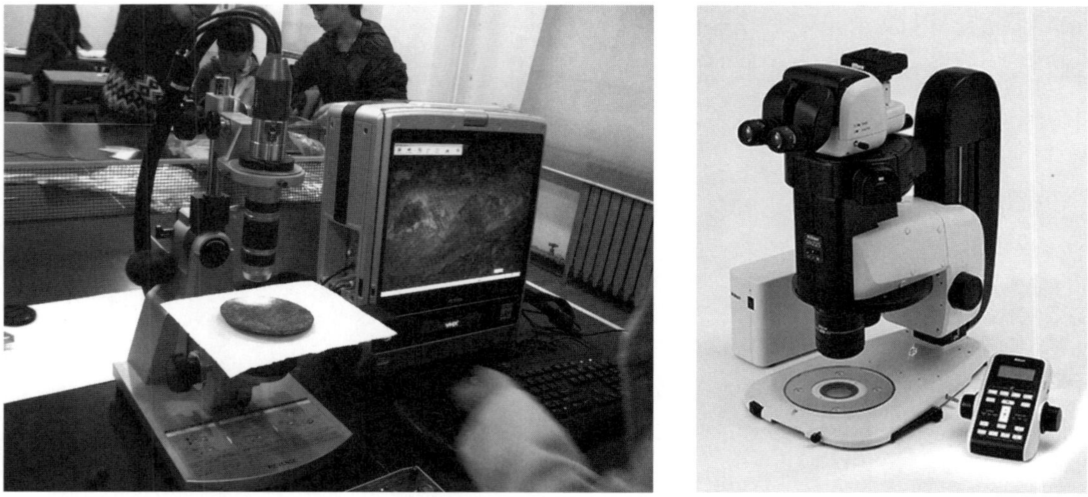

图三　显微镜仪器

三、结　　语

我国历史悠久，文物资源丰富，现代分析仪器能够对文物材质、结构和加工痕迹、制作工艺等快速便捷无损获取信息，因此在文物鉴定中的应用有着广阔的前景。单独依靠一种或两种方法判定文物真假和质地的方法已经不可取，需要将多种方法结合起来，传统方法与现代科技法这两种方法应该是相辅相成、互为补充、相互验证的，这应当是当今文物鉴定的基本原则。只有建立以传统经验鉴定为主、科技手段为辅的文物真伪科学鉴定体系，才能使鉴定这门学问更科学、更可信。

相信随着现代分析仪器在文物鉴定领域的广泛应用，以及现代科学技术鉴定和传统方法鉴定的进一步相结合，文物鉴定将会出现新的局面。

（原刊于《文物鉴定与鉴赏》2014年第7期）

田野考古测绘中的科技应用

赵向莉

望京楼遗址位于新郑市新村镇杜村和孟家沟村以西及其周边区域，为三面环水的聚落遗址。该遗址发现于20世纪60年代，2010年后，郑州市文物考古研究院对其进行全面发掘，发现二里冈文化及二里头文化的两座城址。望京楼遗址以超大型规模，城墙、道路、护城河、夯土基址等遗迹，大量铜容器、玉器等重要遗物，显示出其在中原地区夏商时代的重要地位。

GPS是全球定位系统的简称，是利用GPS卫星导航系统进行全天候、全方位测量的定位系统。根据GPS卫星接收机用途、精度和测量模式的不同，可分为导航型、测地型、毫米级、厘米级和动态、静态测量。其中，GPS-RTK实时动态测量系统，RTK技术主要是指利用更高速、更小型的计算机，将计算机装入GPS接收机内，从而可以在外作业时，及时提供厘米级的定位解。在进行动态测量时，基准站用电台将观测数据和GPS坐标实时传输给流动站，并在流动站随时进行差分处理。流动站每个点的海拔高度和平面坐标是通过坐标转换参数得出的。

图一　遗址的基点、基准站点和发掘分区

测绘在田野考古调查、勘探和发掘工作中是必不可少的一项流程，是体现考古学研究科学严谨性的前提。随着相关领域科学技术的发展，田野考古测绘工作也越来越精准和高效，不仅使考古资料更加充实和完善，为学术研究打下基础，同时也促进了田野考古的发展。新科技在田野考古测绘中应用的重要性显而易见，河南新郑望京楼遗址考古发掘便是这样的典型案例。

2010年9月，以配合郑新快速通道基本建设和厘清该聚落遗址空间结构为主要目的，郑州市文物考古研究院组织专业的考古和测绘人员，对望京楼遗址进行了大范围调查、全覆盖式勘探和针对性发掘，并及时跟踪测绘其所有的成果。按照国家文物局2009年新修订的《田野考古工作规程》要求，把全站仪、GPS-RTK两项测绘技术应用于望京楼遗址田野考古工作过程中，提高了工作效率和资料收集的系统性、全面性。主要的测绘成果包括望京楼遗址地形图、勘探分区图和布孔图、勘探遗迹分布图、考古发掘布方图和考古发掘遗迹分布图。

一、望京楼遗址地形图测绘

为了能够全面了解和宏观把握望京楼遗址的地形、地貌、周边地理环境和文化遗存的分布情况，我们对该遗址进行大范围调查，制定比例尺为1∶1000的望京楼遗址地形图测绘方案。主要内容包括：已有资料收集、设备和人员组成、数据采集、图形编绘和打印输出等。

首先，对以往考古发掘报告、文献资料、文物勘探报告、1∶10000比例尺地形图、航空影像图等基础性资料进行全面收集和系统性剖析、研读。其次，在已有的图纸或影像图上标注以往发掘地点和文化遗存的分布范围，确定望京楼遗址地形图范围。同时，依据遗址地形图范围和已标注图纸或影像图成果资料到实地进行踏勘，确定基准站点和总基点的位置，并将其标注于图纸上。

图二　全站仪联合 GPS-RTK 技术进行外业数据采集

1. GPS 基准站　2. 全站仪测站　3. GPS-RTK 流动站数据采集　4. 棱镜配合全站仪数据采集

望京楼遗址地形较为平坦，整个遗址的高差相对较小，遗址中心区域内无强电磁波干扰源、无大面积湖水和高压电线架等影响卫星信号的辐射源，故在该遗址中心区域距孟家沟村西北角的房屋约64米、乡村路南的发掘区域附近选定一处视野开阔、交通便利且易于保存的点作为望京楼遗址独立坐标系统的基准站点。同时，以望京楼遗址中心区内一座机井房的西南角为探方总基点，将望京楼遗址分为四个发掘区域（Ⅰ、Ⅱ、Ⅲ、Ⅳ）。

在望京楼遗址地形图测绘过程中，采用全站仪和GPS-RTK联合测图的工作思路和方法，即对于视野开阔的耕地、道路等地形地貌，采用GPS-RTK进行数据采集；村庄、深沟且树林密集等卫星信号较弱的地区，先用GPS-RTK测量控制点，在已知控制点上架设全站仪，在另外一个已知点上架设棱镜，完成后视定向后，即可进行碎部点数据采集。

在全站仪联合GPS-RTK技术进行外业数据采集过程中，要对作业时间、作业区域、仪器设备和人员组成等进行明确的安排部署。即要求：根据已有的影像资料或1∶1000比例尺地形图和作业时间要求，对作业区域进行详细、严谨地划分，保证同一工作时间内全站仪和GPS-RTK在相近区域作业；全站仪组有3人组成：一人操作全站仪、一人画草图并记录碎部点测点点号、一人跑棱镜杆；GPS-RTK组有2人组成，一人操作RTK、一人画草图并记录测点点号。由于望京楼遗址的坐标系统总基点位于发掘区范围内，基准站无需专人看管，如果是在基准站点位于山顶或周围没有工作人员看管的考古遗址进行测绘，需要一个人员专门看管GPS基准站。

望京楼遗址地形图测绘主要分为外业数据采集和内业图形编制两个作业步骤。其中，外业数据采集是地形图编制的基础和依据，且数据质量和精度直接决定着成果质量和精度，因此在测绘过程中，一定要保证GPS基准站设置的正确性、控制点的精度（提示固定解时采用）和全站仪定向误差（$\triangle x \leqslant 0.03$米、$\triangle y \leqslant 0.03$米、$\triangle z \leqslant 0.05$米）。

综上可知，全站仪具有不受卫星信号限制的优势，GPS-RTK具有速度快、精度高、点间无需通视等优势，两项技术相结合，取长补短，在较短时间内完成了遗址地形图测绘。该作业思路和工作方法提高了工作效率和数据精度，降低了工作难度，避免了因全站仪多次转站导致的碎部点数据误差积累和传播等。

二、望京楼遗址勘探测绘

为了厘清望京楼聚落遗址的空间布局、结构，在大范围调查的基础上，采用了“全覆盖式”大面积勘探，即用1米间隔“梅花”布孔法进行探孔布设。在望京楼遗址1∶1000地形图的基础上，根据道路、陡坎、村庄等明显地貌特征将望京楼遗址划分为A、B、C、D四大区，再以此为基础，依据每一区域内的地埂、田间道路和陡坎等界限，再细分为若干小勘探区域；较大的区域先划分若干亚区。

望京楼遗址勘探过程中的测绘工作包括探孔和勘探遗迹测绘。首先，探孔测绘技术

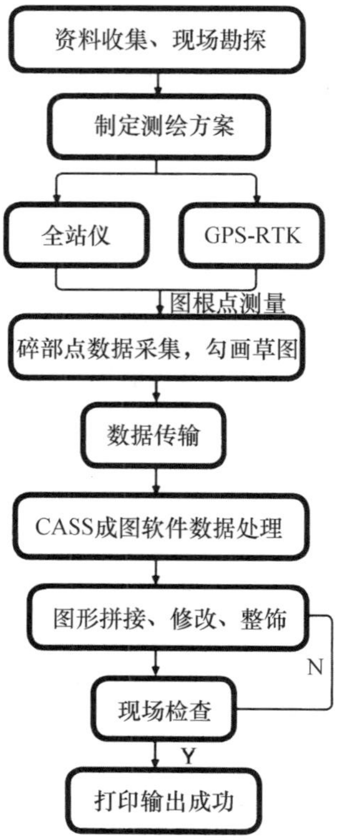

图三　地形图测绘工作流程

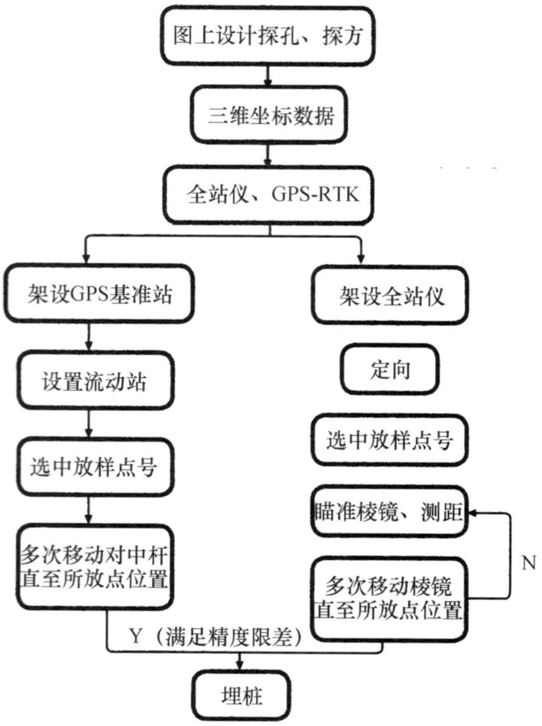

图四　三维坐标放样工作流程

方法有三维坐标测量和三维坐标放样。三维坐标测量是利用全站仪或GPS-RTK对勘探区域内所布设的探孔进行跟踪式数据采集；三维坐标放样是在望京楼遗址1∶1000地形图上对所要勘探区域，按照1米间隔“梅花”布孔法进行探孔布设，得出所有探孔点位的三维坐标数据，并将所有的坐标数据导入全站仪或GPS-RTK内存中，按照坐标放样方法将图上点位在实地进行标定。其次，在望京楼遗址勘探遗迹测绘过程中，主要采用GPS-RTK技术对勘探遗迹（如灰坑、墓葬、井等）进行跟踪测绘，尤其是对夯土墙、夯土建筑基址、壕沟、灰坑等特殊文化遗存进行测绘时，要对同一属性的勘探遗迹进行跟踪测量、画草图和记录测点点号，切忌对多种属性勘探遗迹进行交叉测绘，以免造成测点混乱导致后期勘探遗迹分布图编辑出现错误。

三、望京楼遗址发掘测绘

望京楼遗址田野考古发掘是在前期考古勘探的基础上，为进一步了解该遗址的文化内涵、性质、时代，特别是其聚落性质和空间结构，在其文化层堆积丰富区域布设探方或探沟，按照地层学原理进行解剖，系统、全面地获取实物信息资料。

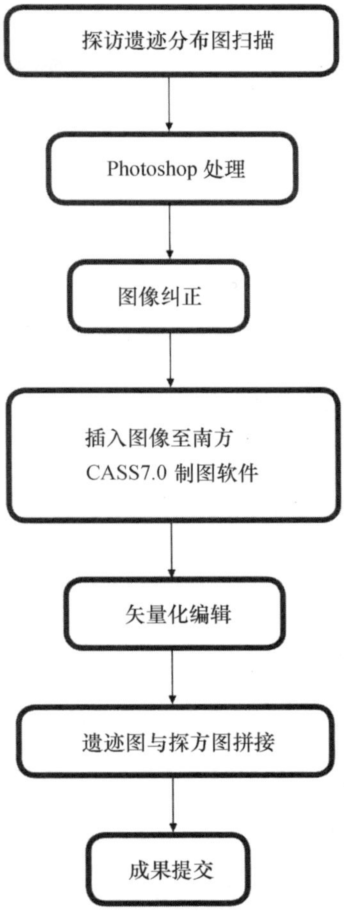

图五　矢量化作业流程

望京楼遗址田野考古工作严格按照《田野考古工作规程》，所有的三维坐标数据均在统一的遗址坐标系统内。该遗址的田野考古发掘测绘工作主要分为探方布设和发掘遗迹测绘，其中探方布设方法有三维坐标测量和三维坐标放样两种方法；发掘遗迹测绘技术方法有现场跟踪数据采集和探方遗迹分布图的矢量化两种方法。望京楼遗址田野考古发掘采用探方和探沟发掘法两种技术方法，图上设计的探方都要以发掘总基点为参照，以整十数倍确定其具体位置；望京楼遗址探沟的布设主要是为了解剖城墙和护城河，确定他们的性质、年代、结构和相互关系等，故此应在勘探遗迹分布图的基础上，根据城墙和护城河的走向及文化遗存分布情况确定探沟位置。探方和探沟实地标定的主要作业流程与探孔布设作业流程相同（如三维坐标放样流程图）。

望京楼遗址发掘遗迹测绘主要是利用全站仪配合GPS-RTK技术进行现场跟踪测绘，同时采用扫描矢量化方法对手工绘制的探方遗迹分布图进行扫描矢量化，并与相应的探方图进行配准，完成遗迹图的绘制。其中，发掘遗迹数据采集的方法与地形图、勘探遗迹测绘作业流程类同，但在发掘遗迹测绘过程中要注意遗迹与遗迹之间的打破关系、遗迹与探方之间的关系，以及遗迹相互之间的关系，尤其是打破关系一定要搞清楚打破与被打破对象，画出草图并作出注记，被打破的对象要用虚线表示。扫描矢量化法是对发掘探方内手工绘制的遗迹分布图进行扫描，扫描过程中尽量保证扫描像素要高，最好采用彩色扫描方式，把扫描的图片经Photoshop软件进行色度、亮度、扭曲度、大小等处理，得到分辨率、清晰度较高的栅格图片，方才能导入南方Cass7.0制图软件进行矢量化。在矢量化过程中，注意建立相应的图层以便于管理，同时采用样条曲线或多段线对灰坑、墓葬、房基等遗迹现象进行矢量化编辑。

全站仪联合GPS-RTK测绘技术方法应用于望京楼遗址田野考古测绘，与传统的单一测绘技术相比较，具有测绘精度高、速度快、信息资料的全面性和系统性强，同时保证所有的测量数据均在统一坐标系统内，为复原望京楼遗址聚落结构和空间布局提供重要的数字化基础信息资料。

通过把全站仪联合GPS-RTK测绘技术系统化地应用于望京楼遗址田野考古全过程，为望京楼聚落遗址研究提供了全面、详细、系统化的信息资料，同时其工作流程和思路

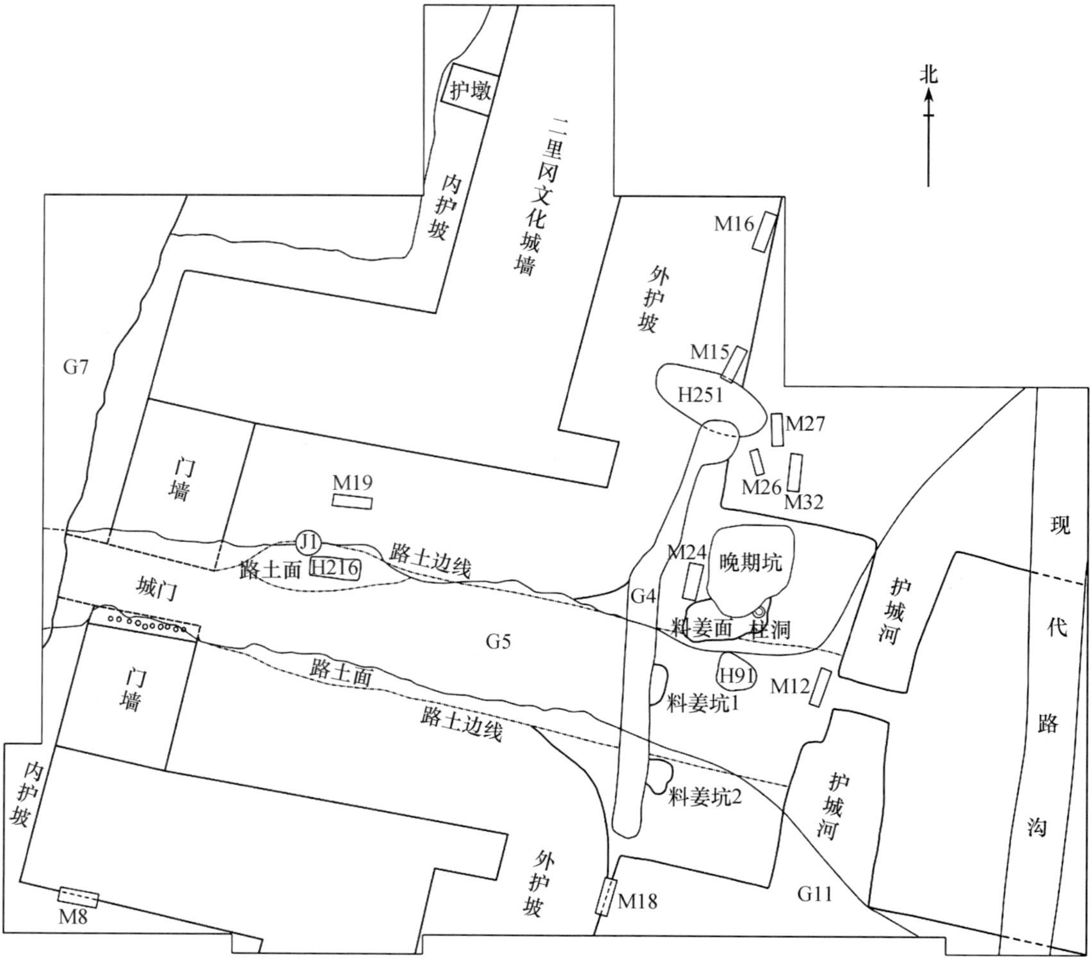

图六　GPS-RTK跟踪东一城门发掘遗迹分布图

也为其他考古遗址测绘提供了一个系统性的测绘方案。随着考古学研究的深入和数字化技术的进步，全站仪联合GPS-RTK技术应用于田野考古测绘过程中具有广阔的前景。

（原刊于《大众考古》2014年第12期）

田野考古测绘技术方法初论

赵向莉

田野考古是运用特定的技术手段和方法进行野外考古调查、勘探和发掘，全面、系统、客观地收集实物资料的过程。田野考古主要目的是为进一步的考古学研究提供客观、翔实、全面的第一手资料，为立体地复原古代的人类社会历史提供广泛的、最为原始的信息[1]。获取实物资料的主要手段包括："文字、测绘和影像三种形式，构成统一的记录系统。"[2]其中，测绘是田野考古的重要组成部分，图纸的质量和可靠度对报告编写、历史复原和研究等有重要的影响，田野考古测绘技术方法的合理应用与成果资料（图纸）的质量和精度密切相关，故探讨和分析测绘技术方法在田野考古工作中的具体应用是十分必要的。

一、田野考古测绘

随着科学技术的进步和考古学的发展，考古学研究目的上升为"复原或重建古代社会的各个层面和领域"[3]，随之对田野考古工作寄予了更高的期望："提供复原社会生活不同领域的系统信息。"[4]本人认为"系统信息"主要是指通过文字、照片、摄像及高精度且时效性强的数字化资料等形式和方法，全面、完整、准确地记录田野考古过程中实物资料的基础信息。其中文字、照片和摄像资料通过相应的记录方式和技术设备即可获取，但高精度、时效性强的数字化图纸资料获取就要求田野考古工作者具备专业的测绘知识和操作技能，保证田野考古实物资料获取的实时性、准确性和完整性，为大遗址保护、聚落考古和环境考古研究等提供系统、可靠的数字化成果资料。由此可知，技术的进步和考古学研究目的细化，不仅给田野考古工作提出了更高的要求，同时也给田野考古工作过程中实物资料获取技术手段和工具提出了高标准的要求，使传统田野考古测绘技术方法和新测绘技术方法的相互配合应用在田野考古工作中具有重要的意义。

（一）田野考古传统测绘技术

传统的田野考古测绘工作主要是采用皮尺、钢尺、绘图板、比例尺、大平板仪或小平板仪等测量工具，通过导线垂距法（又称坐标法）、平板仪射线法、距离交会法和方格网米格法等测量方法，测量目标特征点纵横坐标数据，依据测量所得数据并按一定比例尺将目标对象缩绘至米格纸或聚酯薄膜上，经过编绘、清绘和修改整饰等制图步骤，完成所需的遗址平面图、发掘区遗迹总平面图、单元遗迹平剖面图等[5]。其中，导线垂距法、距离交会法和方格米网法等均以钢尺、皮尺和基线等为主要测量工具，均属于基线测绘方法；平板仪射线法则是基于大平板仪或小平板仪对目标对象特征点进行测绘的工作方法。不论是基线测绘法还是平板仪测绘法，其最终的图形资料均为手工绘制的纸质图纸，该类成果成图周期长、效率低、精度低、可更新或修改性差，不仅劳动强度大、速度慢，而且受外界因素（天气、施工等）的影响较大。

综上可知，传统的田野考古绘图主要是基于皮尺、钢尺、平板仪等测量工具对目标对象进行手工测量并绘制成图，虽图纸的正确性和艺术性能够高质量、高标准地凸显目标对象逼真的效果，但边测量边绘图的手工作业方式，在某种程度上对成果资料的精度和质量有直接影响[6]。由于田野考古绘图是田野考古工作中不可或缺的组成部分，其应用范围贯穿于整个考古工作过程中，其第一手实测图纸的准确性和全面性对考古发掘现场复原、空间聚落结构分析和考古学研究起到决定性作用，故把新测绘技术方法引进田野考古测绘过程中成为当今时代背景下考古学发展的必然趋势。

（二）田野考古新测绘技术

与传统的田野考古测绘技术相比较，新测绘技术（全站仪、GPS-RTK）具有自动化程度高、操作简便、数据采集速度快、精度高、实时性强等优势，在田野考古工作中发挥着不可替代的作用。

全站仪是由机械、光学、电子元件组合而成的测量仪器，具备经纬仪和测距仪的功能，能够方便、快捷地进行角度（水平角、垂直角）测量和距离（斜距、平距、高差）测量，能够自动显示、计算和记录所测数据，并可测得被测目标点的三维坐标。在田野考古测绘过程中，全站仪的坐标测量和坐标放样功能被广泛应用。其工作原理：在已知控制点上架设全站仪，在另一已知点上架设棱镜进行后视定向，利用坐标测量功能对遗址区域内需要测量的地物、地貌、遗迹、遗物等进行特征点三维坐标数据采集、计算并记录，该过程被称为三维坐标测量。同时，对图上所设计的探孔和探方，可以利用全站仪的坐标放样功能把其三维坐标在实地进行放样并标定。

GPS-RTK技术是能够在野外实时得到厘米级定位精度的测量方法，它采用了载波相位动态实时差分方法，是全球卫星定位系统应用的重大里程碑[7]。GPS-RTK由基准站和流动站两部分组成，基准站由接收机、电台和发射天线等组成，流动站由接收机、手薄和天线等组成。其工作原理：基准站架设在已知基准站点上，完成对中、整平及坐标转换等设置，并与流动站建立有效关联。流动站同时接收基准站电台发射的信息和空间可视卫星数据，通过实时差分处理技术求算载波相应整周模糊度，并计算、显示流动站对中杆所架设位置的三维坐标数据。它的实时性、快速定位、高精度、点间无需通视和全天候作业等优势，为田野考古测绘提供了新的工作思路和技术支撑，保证了田野考古实物资料获取更加全面性和系统性。

把新测绘技术应用于田野考古工作过程中是考古学研究的需要和科学技术进步的必然趋势，新《田野考古操作规程》中相关技术要求的制定，旨在“引导田野考古从以获取物质文化史料为主要目的工作方式转向聚落的空间结构和形成过程的把握与分析”[8]和“加强田野考古技术的规范和系统性的要求，以最大可能保证获取资料的全面性和系统性”[9]，因此，更应该把新测绘技术贯穿于田野考古工作过程始终，以提高田野考古质量和工作效率，保证资料获取的准确性、全面性、系统性和实时性。

二、田野考古测绘技术工作流程

（一）传统测绘技术

导线垂距法、平板仪射线法、距离交会法和方格网米格法是传统田野考古测绘的基本方法。

首先，导线垂距法、距离交会法和方格网米格法都是基于皮尺、钢尺和基线等测绘工具进行测绘。其主要的作业流程：在所要测绘对象的合适方向上拉一条基线，该基线需要用水平尺测量保证基线两端水平，同时在基线两端系一皮尺，视基线和皮尺为碎部点测量参照坐标轴，用钢尺分别量取其特征点的纵、横坐标读数，此时保证钢尺、皮尺一定要垂直和保持水平。根据所得纵横坐标数据即可在图纸上按一定比例尺进行编绘，依此方法边测量边画图，最终完成图纸绘制。

其次，平板仪射线法是基于大平板仪或小平板仪、三脚架、视距尺等工具，对目标对象进行测绘的工作方法，该工作流程分为内业和外业两部分。其中内业主要包括布设控制网格、展绘控制点和图形清绘、整饰；外业主要是碎部点测量、图形连接和注记。其主要的作业流程是：①准备图板和聚酯薄膜纸，将聚酯薄膜纸固定在图板上，绘制方格网展绘相应的控制点；②对中：架设三脚架，使用垂球定点，让图上测站与相应的地面测站处于同一铅垂线内；③整平，照准仪底部直尺上装有圆水准器或水准管，扭转基座螺旋或转盘，使水准气泡居中，图板即水平；④定向，以测站点为基准、后视点为方向，使照准仪瞄准目标对象，固定图板即可完成定向；⑤测量，在所需要测量的碎部点处架设视距尺，利用照准仪瞄准视距尺读数，计算出距离和高差，依据相应的比例尺得出图上距离，即所得所测点的平面位置和高程；⑥图形编辑，根据所测点在图上的位置进行图形连接，将同一属性的图形进行编辑并注记；⑦内业图形清绘、整饰和检查。

（二）新测绘技术

在田野考古测绘过程中，皮尺、钢尺、罗盘、平板仪和垂球等测绘工具已逐渐被全站仪和GPS-RTK所取代。尤其是在大遗址保护、聚落考古和环境考古等研究领域，全站仪和GPS-RTK测绘技术的合理灵活运用为其提供了重要、翔实、可靠的数字化基础信息资料。其在田野考古调查、勘探和发掘过程中的具体应用，更是为田野考古工作提供了强有力的技术支持和新的工作思路。

全站仪和GPS-RTK技术应用于田野考古测绘，主要工作流程包括外业和内业，其中，外业测绘工作流程有：建立遗址坐标系统、控制点测量和碎部点数据采集。内业工作主要包括：数据处理、图形编绘、图形检查和图纸打印等。

1. 建立遗址坐标系统和控制测量

建立遗址坐标系统和控制测量工作之前，首先要收集该遗址区域范围内的已有地形图、航片、卫星图片等资料，分析并掌握该地区的地形、地理环境，选定遗址坐标系统基准站点、控制点位置和探方布设永久性基点。

建立遗址坐标系统和控制点测量是遗址测绘的基础工作，为后续的田野考古测绘建立一个统一的坐标系统，保证遗址范围内所测的三维坐标数据有统一的参照基准。遗址坐标系统的建立首先要在遗址区域范围内，选定一处视野较开阔、周围无强电磁波干扰源、避开高压电线塔、交通便利、易于保存的地点作为遗址基准站点和控制点，且基准站点最好在遗址区域内，该点的三维坐标数据可以依据周围已知的国家级或省级控制点联测所得；如果周围没有已知控制点，则可以根据遗址区域面积的大小假定基准站点的三维坐标（保证遗址区域内所测的三维坐标数据均为正数），建立独立坐标系统。基准站点和控制点在现场的制作都需要埋设木桩，在木桩上面钉入钉子，将GPS-RTK基准站和流动站分别架设于该钉子之上测得该点的三维坐标数据，并在桩子附近或周围标注相应的测点点号即为点之记。

探方永久性总基点是探方布设的基准，在田野考古发掘过程中发挥着重要的作用。探方总基点选择一定要保证能永久保存、易于测绘且位于遗址区域的中心，在考古现场通常把机井房房角、高压线塔塔角等不易拆建、变更的构筑物角作为发掘探方总基点。探方总基点的三维坐标测量可以采用GPS-RTK直接测量，同时也可以根据控制点使用全站仪进行测量。

2. 碎部点数据采集

在遗址地形图、考古勘探遗迹分布图和考古发掘遗迹分布图测绘过程中，特征点数据采集贯穿始终，其精度和可靠度决定图纸质量，对考古学研究、古代社会复原和遗址保护等有重要影响。碎部点数据采集过程中，把全站仪和GPS-RTK联合使用是最佳的测绘技术手段。通常在视野开阔、周围无遮挡物的考古发掘现场、田地等区域，利用GPS-RTK进行碎部点测量；在村庄、树林等卫星信号较弱的区域，采用全站仪进行碎部点测量。以上两种测绘方法均利用已建立的控制点，保证所有的测点数据均在一个遗址坐标系统。同时，在碎部点测量过程中，无论采用其中任何一种测量技术，均要根据现场实际情况绘制草图，并记录相应特征点的测点点号。

3. 数据处理、图形编绘、图形检查和图纸打印

数据处理、图形编绘、图形检查和图纸打印均属于内业工作，其中图形检查有外业图形检查、补测和内业图形修改。数据处理的对象是所测碎部点的三维坐标，任务是把全站仪和GPS-RTK内存储的三维坐标数据通过数据线传输至计算机内存。图形编绘则是在相应的成图软件中将所测点的三维坐标数据展出，并依据外业所绘制的草图进行编辑、属性添加和标注。图形检查是根据拼接完成的图纸资料到实地进行一一核对和检查，尤其是地形、地物的属性、遗迹之间相互打破关系及遗址与遗迹之间、遗迹与遗迹之间的相互关系，都要认真细致地查漏补缺，把漏测、打破关系有误、编辑不当和属性添加有误等情况直接在图纸上进行修改和标注。对漏测的部分进行重新补测，对打破关系有误、编辑不当和属性添加有误等情况可以通过修改图纸进行改正。对图形经过三次检查、修改，核对无误后，则可以采用绘图仪根据相应的比例尺打印输出成纸质图。

三、测绘技术在田野考古中的应用

测绘技术方法在田野考古工作中的具体应用主要体现在田野考古调查、勘探和发掘过程中。其中在田野考古调查、勘探过程中，主要涉及遗址点位置、文化层分布范围和勘探遗迹分布的测绘；田野考古发掘测绘的主要内容包括探方分布图、发掘区总平面图、探方总平面图、探方四壁剖面图、探方各层下开口遗迹平面图、遗迹平剖面图等。故此，当面对具体的测绘任务时，选取恰当的测绘技术方法，全面、准确、快速、实时地获取实物资料是田野考古测绘技术方法研究的主要目的，更是古代社会历史重建和科学研究的第一手基础信息资料。借此，本人根据多年的田野考古测绘实践经验，总结测绘技术在田野考古工作中的具体应用主要体现在遗址地形图、遗迹分布图、探孔和探方布设。

（一）遗址地形图

“地形图是指图上表示出道路、河流、居民地等一系列固定物体的平面位置，同时又表示出各种高低起伏形态，并经过综合取舍，按比例缩小后用规定的符号和一定的表示方法描绘在图纸上的正摄投影图。”[10]依此可知，遗址地形图是遗址区域内现状地形、地貌、人居环境和自然环境等的真实反映，是田野考古勘探、发掘的工作指南，是聚落考古、环境考古研究分析的基础数字化资料。

传统的遗址地形图测绘方法主要是平板仪射线法，即采用大平板仪或小平板仪进行测绘的技术方法，主要应用于大面积、大比例尺的遗址地形图或平面图测绘。对于发掘区域面积 较小、比例尺要求较大（如1：20、1：50、1：100）的遗迹平、剖面图，则采用导线垂距法进行测绘，尤其是结构复杂的砖室墓葬、壁画墓或出土物丰富的遗迹等其相对精度、结构特征、艺术特征和逼真性要求较高，直至今日，部分面积较小、结构复杂的遗迹现象仍然必须采用导线垂距法进行手工测绘。传统的测绘技术方法需要边测边画，测量和绘图工作需要同时在野外进行，受外界环境影响较大，工作效率较低。

数字化遗址地形图主要采用全站仪和GPS-RTK两种技术方法，该方法的主要作业流程包括：外业数据采集和内业图形编绘。其中，外业数据采集速度快、精度高、实时性强，内业数字化图形编辑可直接通过计算机进行编辑、修改、拼接、显示和打印输出成果。数字化成果图可跟随考古工作进展状况实时更新至最新成果，展示最新的考古新发现，指导田野考古工作。根据田野考古工作的进展和考古学研究对图纸的不同需要，可以在原始数字化矢量图基础上按比例尺进行缩编，编绘不同需求的图纸，根据需要打印输出纸质成果资料。

（二）考古勘探探孔布设和考古发掘布方

传统的探孔测点和探方、探沟布设方法均采用皮尺、钢尺和罗盘进行点位布设，该方法受地形和外界环境的影响较大，遇到地形起伏较大、地貌较复杂和温度变化较大时，皮尺丈量的误差就会不断增大，尤其遇到遗址面积较大时，甚至可能导致错误。然而利用全站仪或GPS-RTK技术，把图上所设计的探孔或探方三维坐标数据进行实地放样，不仅提高了工作效率和测点精度，而且节省了人力、物力和财力。尤其是大遗址的全覆盖式大面积勘探、针对性考古发掘和主动性科研考古项目，把全站仪和GPS-RTK技术应用其中，提高了工作效率和工作质量，同时为后续的田野考古发掘、整理和研究等工作提供准确、全面、系统的数字化基础资料和数据信息。

（三）考古遗迹分布图

考古遗迹分布图测绘包括勘探遗迹分布图和发掘遗迹分布图，其中考古勘探遗迹分布图是田野考古发掘工作的指南，考古发掘遗迹分布图是考古勘探成果的鉴定。传统考古遗迹分布图的测绘记录方法主要有：导线垂距法和平板仪射线法。传统测绘技术精度较低，费时费力，成图质量不高，适应于单元遗迹平、剖面图测绘。

随着测绘技术的进步，新测绘技术（全站仪、GPS-RTK）被逐渐引入田野考古工作中，可实时跟踪勘探遗迹、考古发掘遗迹测绘，绘制相应的遗迹分布图。新测绘技术具有操作简便、精度高、速度快、数字化成图质量高、可实时更新勘探、发掘成果资料等优势。该技术日益在田野考古测绘中占据重要位置，尤其是在大遗址保护、聚落考古和环境考古等方面发挥了不可替代的作用，它提供的三维坐标数据为遗址区地形、地貌和周边环境的复原、历史重建提供了可靠、翔实的数字化信息资料。

四、结　语

考古学研究深入和科学技术的进步，必定推动考古事业迈入新的发展阶段。如何使传统的技术方法和新技术方法相融合，共同推动考古事业发展，是我们新一代考古工作者应该思考的问题。据文所言，传统的测绘技术方法（导线垂距法、距离交会法和方格米网法），适用于单元遗迹平剖面、结构复杂的砖室墓、艺术特征鲜明的壁画墓或出土物丰富的遗迹等测绘对象，利用传统测绘技术方法不仅灵活性强、操作简单、精度相对较高、艺术特征和逼真效果表现较强，而且误差不积累、不传播。新测绘技术（全站仪、GPS-RTK）在大遗址地形图、拉网式调查和全覆盖式勘探、大面积开放式发掘、探方布设过程中的应用较为广泛，具有精度高、速度快、实时性强等优势，能够保证整个遗址区域范围内的坐标数据都在同一个坐标系统之内，保证成果资料的实时性、全面性和系统性。

综上所述，传统的测绘技术方法（皮尺、钢尺、基线等）测绘遗迹、遗物等文化遗存是最实用、易掌握的绘图技巧和方法，而新测绘技术（全站仪和GPS-RTK）绘制大遗址范围内的文化面貌是信息时代背景下考古学发展的必需，两者都有自己的优势和不足，为了保证田野考古工作质量，在具体的工作实践中，应根据测绘目标对象的不同选用最为恰当的测绘技术方法。在田野考古发掘现场，应当把传统手工测绘技术和新测绘技术手段相结合，严格按照《田野考古工作规程》要求，实时、高效、全面、系统地获取实物资料。

注　释

[1]《关于中国田野考古学技术和方法的思考——考古所“田野考古技术和方法纵论”青年学术讨论会纪要》，《考古》1997年第11期。

[2][4] 国家文物局：《田野考古工作规程》，文物出版社，2009年。

[3][8][9] 赵辉、秦岭等：《新形势、新需求、新规程：新修订〈田野考古工作规程〉的相关说明》，《南方文物》2009年第3期。

[5] 马鸿藻：《田野考古绘图》，北京大学出版社，2010年。

[6] 杨林、盛业华等：《数字摄影测量技术在田野考古制图中的应用》，《工程勘察》2004年第5期。

[7] 苑庆中、李莉：《GPS-RTK技术在地形测量中的应用》，《山东省测绘学术年会论文集》，2006年。

[10] 刘建国：《考古测绘、遥感与GIS》，北京大学出版社，2008年。

后　　记

本书是2010年以来单位全体业务人员研究成果的汇报。编写工作自2015年3月开始，编写大纲和目录由顾万发院长拟定，第一研究室主任刘彦锋负责资料收集和整理工作，图书资料保管部主任张文霞给予了大力支持，参加人员有焦建涛、李晓花。5月初初稿完成后，送顾万发审核，提出修改意见。根据修改意见对初稿进行了调整和修改。最后由顾万发予以审定。

在编辑过程中，科学出版社的闫向东先生、张亚娜女士给予了大力支持并提出许多宝贵建议，高谊厚爱，铭感不已！

2015年12月